Dogmatik im Dienst von Gerechtigkeit, Rechtssicherheit und Rechtsentwicklung

Festschrift für Hanns Prütting zum 70. Geburtstag

Dogmatik im Dienst von Gerechtigkeit, Rechtssicherheit und Rechtsentwicklung

Festschrift für
Hanns Prütting

zum 70. Geburtstag

Herausgegeben von

Moritz Brinkmann
Daniel Oliver Effer-Uhe
Barbara Völzmann-Stickelbrock
Sabine Wesser
Stephan Weth

Carl Heymanns Verlag 2018

Bibliographische Informationen der Deutschen Nationalbibliothek
Die Deutsche Nationalbibliothek verzeichnet diese Publikation in der
Deutschen Nationalbibliografie; detaillierte bibliografische
Daten sind im Internet über http://dnb.dnb.de abrufbar.

ISBN 978-3-452-29036-6

www.wolterskluwer.de
www.carl-heymanns.de

Alle Rechte vorbehalten
© 2018 Wolters Kluwer Deutschland GmbH, Luxemburger Straße 449, 50939 Köln

Das Werk einschließlich aller seiner Teile ist urheberrechtlich geschützt.
Jede Verwertung außerhalb der engen Grenzen des
Urheberrechtsgesetzes ist ohne Zustimmung des Verlages unzulässig und strafbar.
Das gilt insbesondere für Vervielfältigungen, Übersetzungen,
Mikroverfilmungen und die Einspeicherung und
Verarbeitung in elektronischen Systemen.

Verlag, Herausgeber und Autoren übernehmen keine Haftung für inhaltliche oder
drucktechnische Fehler.

Umschlagkonzeption: Martina Busch, Grafikdesign, Homburg Kirrberg
Satz: Innodata Inc. Noida, India
Druck: Williams Lea & Tag GmbH, München

Gedruckt auf säurefreiem und alterungsbeständigem Papier.

Vorwort der Herausgeber

I.

Ein Forscher von Format, ein begeisterter und begeisternder Lehrer, ein Theoretiker mit klarem Blick für praxistaugliche Lösungen feiert seinen 70. Geburtstag. Weggefährten, Freunde, Kollegen und Schüler haben sich zusammengefunden, um Hanns Prütting aus diesem Anlass mit einer Festschrift zu ehren. Unter dem Titel »Dogmatik im Dienst von Gerechtigkeit, Rechtssicherheit und Rechtsentwicklung« sind in der vorliegenden Festschrift über 80 Beiträge versammelt, die in ihrer großen thematischen Breite ein Spiegel der breitgefächerten Interessen des Jubilars sind.

II.

Hanns Prütting wurde am 22. Januar 1948 als Sohn des Oberamtmanns Ludwig Prütting und seiner Ehefrau Luise, geb. Dorsch, in Erlangen geboren. Im Jahr 1967 legte er dort am humanistischen Gymnasium Fridericianum das Abitur ab.

Nach dem durch die Konrad-Adenauer-Stiftung geförderten Studium der Rechtswissenschaft und der Volkswirtschaftslehre an den Universitäten Erlangen-Nürnberg und Tübingen bestand Hanns Prütting im Jahr 1971 das Erste Juristische Staatsexamen in Erlangen mit der Note »gut« und 1974 das Zweite Juristische Staatsexamen in München mit der Note »vollbefriedigend«. Von 1972 bis 1974 war er Wissenschaftliche Hilfskraft am Institut für Zivilrecht und Zivilprozessrecht der Universität Erlangen-Nürnberg und anschließend dort bis September 1981 Wissenschaftlicher Assistent bei Karl Heinz Schwab. Im Jahr 1976 promovierte er in Erlangen mit einer Arbeit über das Thema »Die Zulassung der Revision«, die mit »summa cum laude« bewertet wurde. Prütting habe damit – so Grunsky (ZZP Bd. 91, S. 107 ff.) – die bisher fehlende umfassende Gesamtdarstellung vorgelegt, die auf sämtliche mit der Zulassungsrevision zusammenhängende Probleme eingehe. Auch wenn man im Einzelnen anderer Ansicht sei als der Autor, könne dies nichts daran ändern, »dass hier so etwas wie ein Standardwerk der Zulassungsrevision vorgelegt worden« sei.

Im Jahr 1981 erfolgte ebenfalls an der Universität Erlangen-Nürnberg seine Habilitation mit der Arbeit »Gegenwartsprobleme der Beweislastlehre unter besonderer Berücksichtigung des Arbeitsrechts«. Hanns Prütting erhielt die venia legendi für Zivilrecht, Zivilprozessrecht mit freiwilliger Gerichtsbarkeit und Arbeitsrecht. Die 1983 in den »Schriften des Instituts für Arbeits- und Wirtschaftsrecht der Universität zu Köln« erschienene Habilitationsschrift hat Musielak in der ZZP 1987 umfassend rezensiert und sie eingeordnet als Teil des Bemühens der Zivilprozessrechtslehre um die Klärung der dogmatischen und rechtshistorischen Grundlagen der Beweislast, um auf diese Weise bessere und sichere Methoden zur Lösung von Einzelfragen zu gewinnen. Prütting habe die Aufgabe, die Meinungsverschiedenheiten zwischen denjenigen, die die Normentheorie Rosenbergs weiterentwickeln und vervollständigen wollten, und denjenigen, die sich von dieser Theorie abwenden wollten, zu analysieren und zu bewerten, vorzüglich gelöst. Die Grundlagen der Beweislast seien präzise beschrieben, die sich hierbei stellenden Methodenprobleme erschöpfend behandelt und einzelne sachliche Prinzipien der Beweislast zuverlässig ermittelt. Die Schrift von Prütting mit ihrem Bekenntnis zu einer weiterentwickelten und modifizierten Normentheorie leiste einen wichtigen Beitrag zur Lösung des Beweislastproblems und fördere die Diskussion innerhalb der Beweislastlehre in einem ganz wesentlichen Maße (Musielak, ZZP Bd. 100, S. 385, 411).

Im Sommersemester 1982 erhielt Hanns Prütting Rufe auf C3-Professuren an den Universitäten Göttingen, Münster und München, die er zugunsten der Professur (C4) für Bürgerliches Recht, Zivilprozessrecht und Arbeitsrecht an der Universität des Saarlandes in Saarbrücken ablehnte. Am 1. September 1982 wurde Hanns Prütting – einer der »fähigsten Hochschullehrer der jungen Generation auf dem Gebiet des Prozessrechts und des Bürgerlichen Rechts« – an der Universität Saarbrücken ernannt. Schon im Sommersemester 1985 erhielt er einen Ruf an die Universität Hamburg (Nachfolge Bettermann), den er ablehnte, und gleichzeitig einen Ruf an die Universität zu Köln (Nachfolge Baumgärtel), den er annahm. Am 1. April 1986 wurde er zum Professor (C4) für deutsches und ausländisches Zivilprozessrecht und Bürgerliches Recht an der Universität zu Köln ernannt und übernahm gleichzeitig die Leitung des Instituts für Verfahrensrecht. Trotz eines Rufes auf eine Professur (C4) für Bürgerliches Recht und Prozessrecht an der Universität Tübingen (Nachfolge E. Peters) ist er bis zu seiner Emeritierung im März 2016 seiner Universität zu Köln treu geblieben. Der Jubilar war von 1997 bis 2003 Senator der Universität zu Köln und von März 2003 bis März 2005 Dekan der Rechtswissenschaftlichen Fakultät.

III.

Die inzwischen über 30 Kölner Jahre können sicherlich als höchst erfolgreich bezeichnet werden.

1. Das Institut für Verfahrensrecht, dessen Leitung Hanns Prütting 1986 von Gottfried Baumgärtel übernahm, hat am 9. April 2016 sein 50-jähriges Bestehen gefeiert und bei dieser Gelegenheit eine beeindruckende Leistungsbilanz vorgelegt. Sie ist Ausdruck der vielfältigen Bemühungen des Jubilars um das Zivilprozessrecht und seiner besonderen Zuneigung zu diesem Gebiet, das wohl – trotz seiner vielfältigen anderen wissenschaftlichen Interessen – als sein Hauptarbeitsgebiet bezeichnet werden darf. Beleg für das besondere Interesse von Hanns Prütting am Zivilprozessrecht sind neben Dissertation und Habilitationsschrift seine zahlreichen weiteren

Veröffentlichungen auf diesem Gebiet und nicht zuletzt die Tatsache, dass er von 1988-1993 Mitglied der EG-Arbeitsgruppe zur Schaffung einer Europäischen ZPO (Storme-Kommission) und von 1994-2002 Vorstandsmitglied der Vereinigung der Zivilprozessrechtslehrer (Deutschland, Österreich, Schweiz) sowie von 2002-2012 deren Vorsitzender war.

Ein besonders beredter Beleg der Wertschätzung des Jubilars für das Verfahrensrecht ist der Festvortrag, den er zum Jubiläum des Instituts für Verfahrensrecht gehalten hat. Dieser Vortrag lässt sich durchaus als eine (vorläufige) Bilanz einer jahrzehntelangen höchst erfolgreichen Beschäftigung mit dem Zivilprozessrecht deuten. In diesem Vortrag hat er sich mit dem Thema »Gerechtigkeit im Verfahren« befasst und nachgewiesen, dass Prozessrecht keineswegs technisches Recht »in seiner allerschärfsten Ausprägung, von wechselnden Zweckmäßigkeiten beherrscht, der Ewigkeitswerte bar« (Stein, Grundriss des Zivilprozessrechts, 1921, Vorwort S. III) ist, sondern eine Legitimationsgrundlage unseres gesamten menschlichen Zusammenlebens (jM 2016, 354, 358).

2. Die Vielfältigkeit der Interessen unseres Jubilars zeigt sich auch daran, dass er neben dem Institut für Verfahrensrecht noch an vielen anderen Instituten der Universität zu Köln beteiligt ist. So ist er zusammen mit Martin Henssler Direktor des von ihm mitbegründeten Instituts für Anwaltsrecht. Das Anwaltsrecht und die Kontakte zur Anwaltschaft waren und sind Hanns Prütting besonders wichtig. Von seiner Befassung mit den Problemen um Anwaltschaft und Anwaltsrecht zeugen zahlreiche Veröffentlichungen; herausgehoben sei in diesem Zusammenhang der von ihm zusammen mit Henssler herausgegebene Kommentar zur Bundesrechtsanwaltsordnung. Des Weiteren ist Hanns Prütting Direktor des von ihm im Jahr 2008 mitbegründeten Instituts für Internationales und Europäisches Insolvenzrecht und Direktor des Instituts für Gewerblichen Rechtsschutz und Urheberrecht. Außerdem war er u.a. zusammen mit Klaus Stern Direktor des Instituts für Rundfunkrecht.

3. Verdient gemacht hat sich der Jubilar ferner um länderübergreifendes Schaffen von Wissen. Forscher aller Nationen waren ihm stets willkommen und gern gesehene und betreute Gäste seines Instituts für Verfahrensrecht. Insbesondere mit Wissenschaftlern aus Japan und Griechenland pflegt Hanns Prütting einen regen Gedankenaustausch. 1987 hatte er eine Gastprofessur an der Ritsumeikan-Universität Kyoto inne, war Honorary Fellow der Doshisha-Universität Kyoto und von 2008 bis 2015 Vorsitzender des Kuratoriums der Stiftung zur Förderung japanisch-deutscher Wissenschafts- und Kulturbeziehungen. Seit 2010 ist er Fakultätsbeauftragter für die Wissenschaftskontakte zu Japan. Im Jahr 2017 hat er erneut eine Gastprofessur in Japan angenommen, diesmal an der Chuo-Universität Tokio. Seit 2012 ist er Mitglied der Task Force for Greece, einem Komitee zur Reformierung des griechischen Zivilprozessrechts. Vorträge hat der Jubilar in der ganzen Welt gehalten, unter anderem in Chile, China, Korea, Georgien, Russland, Frankreich und der Türkei. Jahrzehnte-

lang hat er sich zudem als Fachgutachter des DAAD und Mitglied des Auswahlausschusses für den internationalen Austausch von Studierenden und Wissenschaftlern eingesetzt.

4. Ausdruck der großen Schaffenskraft des Jubilars sind nicht zuletzt seine zahlreichen Publikationen. Das Schriftenverzeichnis weist derzeit über 550 Titel aus. Welche dieser Veröffentlichungen besonders hervorzuheben sind, liegt im Auge des jeweiligen Betrachters. Es sollen hier – neben den schon genannten Veröffentlichungen – nur einige wenige herausgegriffen werden, bei denen unser Jubilar (Mit-) Herausgeber ist. Genannt werden soll der inzwischen in der 9. Auflage vorliegende Kommentar zum ArbGG, der Loseblattkommentar zur Insolvenzordnung, der seit 2006 erscheinende Kommentar zum BGB, der seit 2009 erscheinende Kommentar zur ZPO, das Handbuch der Beweislast und das von Lent begründete und sodann von Schwab fortgeführte Lehrbuch zum Sachenrecht.

5. Die Lehre war und ist Hanns Prütting außerordentlich wichtig. Er hält mit großer Begeisterung Vorlesungen und versteht es, seinen Zuhörern auch schwierigste Probleme nahezubringen. Seine Vorlesungen sind mit Begeisterung aufgenommen worden, wovon nicht zuletzt zahlreiche von ihm gewonnene Lehrpreise Zeugnis ablegen. Ebenso wichtig war ihm die Förderung des rechtswissenschaftlichen Nachwuchses. Die große Zahl seiner Doktoranden und die Tatsache, dass insgesamt fünf seiner Schülerinnen und Schüler habilitiert wurden, belegen das. Für die fachlichen Fragen und Probleme seiner Schüler hatte Hanns Prütting immer ein offenes Ohr. Mit großem Engagement, mit viel Geduld und gestützt auf sein herausragendes Fachwissen hat er ihnen aus so manchem Tief bei der Bearbeitung ihrer Themen herausgeholfen.

6. Ein Bild von Hanns Prütting wäre unvollständig ohne einen Hinweis auf die zahlreichen Ehrungen, die er erfahren hat. Hier seien neben seiner Aufnahme in die Akademie gemeinnütziger Wissenschaften zu Erfurt sowie in die Nordrhein-Westfälische Akademie der Wissenschaften und der Künste beispielhaft die Verleihung des Universitätspreises für Forschung der Universität zu Köln, der Kammermedaille der Rechtsanwaltskammer Köln und die Verleihung der Ehrendoktorwürde durch die Nationale und Kapodistrias-Universität Athen genannt. Letztlich sei für das Bemühen des Jubilars um eine gedeihliche Zusammenarbeit von Praktikern und Theoretikern die Übernahme des Vorsitzes der Kölner Juristischen Gesellschaft erwähnt, einer Vereinigung, die ihm stets besonders am Herzen gelegen hat.

IV.

Im Abiturzeugnis von Hanns Prütting vom 21.07.1967 findet sich unter »allgemeinen Bemerkungen« der Hinweis: »Hanns ist an sehr vielen Dingen lebhaft interessiert und meistert die Anforderungen, die an ihn gestellt werden, mit großer Energie. Dabei helfen ihm sein Pflichtbewusstsein und die Fähigkeit, klar zu denken. Er kann einen Standpunkt mit Temperament vertreten, bleibt dabei maßvoll und offen für andere Meinungen.«

Eine treffliche Beschreibung unseres Jubilars. Die Fähigkeit, klar zu denken, klar zu analysieren, seine Gedanken verständlich und gut nachvollziehbar zu formulieren, zu weiterführenden und – wo erforderlich – zu praxistauglichen Lösungen zu kommen, zeichnet den Jubilar aus. In der Tat vertritt er nach wie vor seinen Standpunkt in Schrift und Wort mit Temperament, aber immer maßvoll, immer mit einem offenen Ohr für die Meinung anderer und ohne diese zu verletzen. Sein Pflichtbewusstsein und sein Arbeitsdrang sind ungebrochen. Die Emeritierung im März 2016 stellte für Hanns Prütting keinen großen Einschnitt dar; er ist als »Seniorprofessor« aktiv wie eh und je. Mögen unserem Jubilar noch viele schöne Jahre vergönnt sein, um in der rechtswissenschaftlichen Forschung und Lehre tätig zu sein und um all das zu tun, was ihm am Herzen liegt und wofür ihm bisher keine Zeit blieb.

Zusammen mit allen Autoren dieser Festschrift gratulieren wir Hanns Prütting herzlich zu seinem 70. Geburtstag und wünschen ihm und seiner Familie von Herzen Gesundheit, Zufriedenheit und Glück.

Bonn, Köln, Saarbrücken im Herbst 2017

Moritz Brinkmann
Daniel Oliver Effer-Uhe
Barbara Völzmann-Stickelbrock
Sabine Wesser
Stephan Weth

Inhalt

Vorwort der Herausgeber VII
Inhalt XIII
Autorenverzeichnis XXI

Teil I Grundlagen und Bürgerliches Recht

Irakli Burduli
Nekrorezeption in Transformationsgesellschaften 3

Daniel Oliver Effer-Uhe
Singularia non sunt extendenda 15

Marie Luise Graf-Schlicker
Reformen in der Justiz – eine rechtsstaatliche und gesellschaftliche
Notwendigkeit 27

Tobias Helms
Mehrelternschaft? 41

Heinz-Peter Mansel
Gesellschaften, Unternehmen und Kaufleute und ihr
Niederlassungsaufenthalt im internationalen Vertragsrecht 51

Caroline Meller-Hannich
Rahmenbedingungen und Wirkungen von Rechtsverfolgungsmaßnahmen:
Verjährungshemmung, Verbindlichkeit, Vollstreckbarkeit 63

Joachim Münch
»Klausner« v. »Postler« – oder: Die Wehrfähigkeit von Sachenrechten . . . 79

Angelika Nussberger
Was lange währt wird endlich gut? – Überlange Verfahren vor dem
Europäischen Gerichtshof für Menschenrechte 91

Johannes Riedel
Der Europarat und die Administration der Justiz 105

INHALT

WULF-HENNING ROTH
Methodische Probleme im Zusammenspiel von Unionsrecht und
mitgliedstaatlichem Privatrecht 117

ROLF A. SCHÜTZE
Die verkannte Funktion der Rechtsprechung 131

ROLF STÜRNER
Grundstücksregister in Europa: Unterschiedliche Inhalte,
unterschiedliche Zwecke, gemeinsame Zukunft in einem Common
European Land Market? 143

MARC-PHILIPPE WELLER, NINA BENZ UND ROMAN WOLF
Vereins- und Regresshaftung bei Zuschauerausschreitungen in England
und der Schweiz 155

SABINE WESSER
Einheitliche Apothekenabgabepreise und die (objektive) Beweislast
des deutschen Gesetzgebers.. 167

TEIL II ERKENNTNISVERFAHREN

HANS-JÜRGEN AHRENS
Streitverkündung und Nebenintervention im
Kartellschadensersatzprozess 181

MARTIN AHRENS
Prozessgericht – Vollstreckungsgericht – Insolvenzgericht 195

CHRISTOPH ALTHAMMER
Beweismittelherausgabe und Auskunftserteilung nach § 33g GWB
und § 89b GWB n.F. 207

CHRISTIAN BERGER
Zum Widerruf der Prozessführungsermächtigung bei der gewillkürten
Prozessstandschaft 221

ALEXANDER BRUNS
Die Geltendmachung der Rechtsschutzdeckung in Erkenntnisverfahren
und Einzelzwangsvollstreckung 235

DAGMAR COESTER-WALTJEN
Einige Überlegungen zur Kindesanhörung im familiengerichtlichen
Verfahren.. 247

Inhalt

Tanja Domej
Unbekannter Aufenthalt, Justizgewährungsanspruch und rechtliches
Gehör im europäischen Zivilprozessrecht 261

Markus Gehrlein
Keine Berücksichtigung erstinstanzlicher unerledigter Beweisanträge
ohne entsprechende Berufungsrüge 273

Reinhold Geimer
Das Prioritätsprinzip des Art. 29 EuGVVO und seine Grenzen......... 285

Peter Gottwald
Beweislastentscheidung oder Wahrheitsfindung? 297

Reinhard Greger
Abschied vom Öffentlichkeitsgrundsatz des Zivilprozesses 305

Peter Hanau
Neue Rechtsprechung zur Kausalität der Pflichtwidrigkeit und
ihrem Beweis.. 317

Wolfgang Hau
Europarechtliche Vorgaben zum Beweismaß im Zivilprozess.......... 325

Burkhard Hess
Die Auslegung kollidierender Gerichtsstandsklauseln im europäischen
Zivilprozessrecht 337

Abbo Junker
Arbeitnehmerschutz durch Verfahren 347

Christian Katzenmeier
Beweislast 361

Nikolaos K. Klamaris
Das außerordentliche Rechtsmittel der Kassation nach der griechischen
Zivilprozessordnung 377

Hans-Willi Laumen
Der Grundsatz »nemo tenetur edere contra se« in der Rechtsprechung
des Bundesgerichtshofs 391

Dieter Leipold
Das europäische Verfahren für geringfügige Forderungen............ 401

Inhalt

Wolfgang Lüke
Die »vorbeugende negative Feststellungsklage« und die EuGVVO 417

Isamu Mori
Höchstrichterliche Überlegungen zur Feststellungsfähigkeit im Erbrecht... 431

Hans-Joachim Musielak
Beweisvereitelung im Zivilprozess 443

Georgios Orfanidis
Die vorweggenommene Beweiswürdigung im Zivilprozess 455

Ulrich Preis/Angie Schneider
Der erweiterte punktuelle Streitgegenstandsbegriff 467

Walter H. Rechberger
Gerichtskundigkeit als »Abkürzung« der prozessualen Stoffsammlung?.. 479

Hartmut Rensen
Der Einwand der Anfechtbarkeit gegen die positive Beschlussfeststellungsklage im GmbH-Beschlussmängelstreit 491

Helmut Rüssmann
Grundregel der Beweislast.. 507

Ingo Saenger
Beschlussvergleich nach § 278 Abs. 6 ZPO 517

Eberhard Schilken
Zur Bindungswirkung des Vorbehaltsurteils im Urkundenprozess 527

Ekkehard Schumann
Der Sympathieschwund für Vertreter öffentlicher Interessen im deutschen Prozessrecht 541

Astrid Stadler
Gerichtliche Verschwiegenheitsanordnungen zum Schutz von Unternehmensgeheimnissen 559

Christoph Thole
Beweisverwertungsverbot für Dashcam-Aufzeichnungen im Verkehrsunfallprozess? 573

INHALT

BARBARA VÖLZMANN-STICKELBROCK
    Geheimnisschutz ohne Geheimverfahren? 585

STEPHAN WETH
    Beweisrechtliche Geheimverfahren. 597

TEIL III ZWANGSVOLLSTRECKUNGS- UND INSOLVENZRECHT

REINHARD BORK
    Prinzipien des Internationalen Insolvenzrechts. 613

MORITZ BRINKMANN
    Von unwiderleglichen widerleglichen Vermutungen im Internationalen
    Insolvenzrecht. 627

ULRICH FOERSTE
    Das für Gesellschafter und Geschäftsführer zulässige
    Insolvenzverfahren. 639

HANS FRIEDHELM GAUL
    Bewährtes und Irrwege zur Zwangsvollstreckung
    in schuldnerfremde Sachen 651

ULRICH HAAS
    Rangrücktrittsvereinbarungen. 669

ANDREAS KONECNY
    EuInsVO 2015 und der Schuldner in Eigenverwaltung 685

BRUNO M. KÜBLER/DIETMAR RENDELS
    Aspekte der Insolvenzplan-Vergleichsrechnung in der Eigenverwaltung. . 697

WALTER F. LINDACHER
    Anmerkungen zur Unterlassungsvollstreckung bei juristischen
    Personen und Personengesellschaften 709

JÖRG NERLICH
    Dual-Track-Verfahren – Alternativlos? 717

PAUL OBERHAMMER
    Eine Verjährungsfrage im deutsch-österreichischen
    Insolvenzrechtsverkehr 725

Inhalt

Hakan Pekcanitez/Evrim Erişir
Die wesentlichen Merkmale und Problemfelder des Konkursaufschubs für Kapitalgesellschaften im türkischen Recht.................. 733

Álvaro Pérez Ragone
Insolvenz natürlicher Personen: Von der Inhaftierung, Infamie und Schuldknechtschaft bis zur Restschuldbefreiung 749

Herbert Roth
Probleme um die gewillkürte Vollstreckungsstandschaft 759

Haimo Schack
Die Vollstreckungsstandschaft im deutschen und europäischen Recht.... 773

Winfried Schuschke
Einige Überlegungen zur Zulässigkeit und zu den Grenzen der sog. »Kerntheorie« im Rahmen der Unterlassungsvollstreckung 785

Wilhelm Uhlenbruck
Gedanken eines Ruheständlers zur Einführung eines vorinsolvenzlichen Sanierungsverfahrens 795

Gerhard Wagner/Fabian Klein
Insolvenzbedingte Lösungsklauseln: Ausübungskontrolle statt Invalidierung! 805

Teil IV Alternative Streitbeilegung

Masahisa Deguchi
Das flexible Streitbeilegungsmodell zwischen Zivilprozess und ADR in Japan 821

Sunju Jeong
Kritische Betrachtung über die Gerichtsmediation in Korea 831

Athanassios Kaissis
Zum Theorienstreit über die Anerkennung und Vollstreckung am Schiedsort aufgehobener Schiedssprüche 843

Matthias Kilian
Die Vertretung von Schiedsparteien durch ausländische Rechtsanwälte vor inländischen Schiedsgerichten 855

INHALT

RAINER KLOCKE
Über Schlichtungsverfahren zum Zwecke der Verjährungshemmung gem.
§ 204 Abs. 1 Nr. 4 BGB 869

PETER SCHLOSSER
Die Wiederaufnahme im Recht der Schiedsgerichtsbarkeit 877

KARSTEN SCHMIDT
Schiedsklauseln in der Insolvenz.. 889

HEINZ VALLENDER
Mediation in nationalen und grenzüberschreitenden
Insolvenzverfahren 897

GERHARD WEGEN
Zur Möglichkeit des Auschlusses einfach zwingenden Rechts durch
Schiedsabreden bei Inlandssachverhalten mit AGB-Bezug 913

TEIL V BERUFSRECHT

WOLFGANG EWER
Erste Gedanken und Schritte zu einer konzeptionellen
Neuausrichtung des anwaltlichen Berufsrechts auf die
gemeinschaftliche Berufsausübung................................... 927

BARBARA GRUNEWALD
Die Vertretung widerstreitender rechtlicher/wirtschaftlicher Interessen
bei Mandaten für konzernierte Gesellschaften 941

MARTIN HENSSLER
Rechtsdienstleistungen für konzernverbundene
Gemeinschaftsunternehmen 949

BERND HIRTZ
Rechtsanwälte und ihre Kooperationspartner....................... 961

EKKEHART SCHÄFER
Plädoyer für einen Datenschutzbeauftragten der Rechtsanwaltschaft 973

STEFAN ZIMMERMANN/JULIA KOLBE
Digitalisierung des Verbraucherschutzes durch Verfahren............. 985

Verzeichnis der Schriften von Professor Dr. Dr. h.c. Hanns Prütting......... 997

Autorenverzeichnis

AHRENS, HANS-JÜRGEN	Prof. em. Dr., Universität Osnabrück, Richter am Oberlandesgericht Celle a.D.
AHRENS, MARTIN	Prof. Dr., Georg-August-Universität Göttingen
ALTHAMMER, CHRISTOPH	Prof. Dr., Universität Regensburg
BENZ, NINA	WissMit, Universität Heidelberg
BERGER, CHRISTIAN	Prof. Dr., LL.M., Universität Leipzig
BORK, REINHARD	Prof. Dr., Universität Hamburg
BRINKMANN, MORITZ	Prof. Dr., LL.M., Rheinische Friedrich-Wilhelms-Universität Bonn
BRUNS, ALEXANDER	Prof. Dr., LL.M., Albert-Ludwigs-Universität Freiburg
BURDULI, IRAKLI	Prof. Dr., Faculty of Law Ivane Javakhishvili Tbilisi State University
COESTER-WALTJEN, DAGMAR	Prof. em. Dr. Dr. h.c., LL.M., Georg-August-Universität Göttingen
DEGUCHI, MASAHISA	Prof. Dr., Ritsumeikan University
DOMEJ, TANJA	Prof. Dr., Universität Zürich
EFFER-UHE, DANIEL OLIVER	PD Dr., Universität zu Köln
ERIŞIR, EVRIM	Dr., Istanbul Bilgi Üniversitesi
EWER, WOLFGANG	Prof. Dr., Rechtsanwalt, Honorarprofessor an der Christian-Albrechts-Universität zu Kiel
FOERSTE, ULRICH	Prof. Dr., Universität Osnabrück
GAUL, HANS FRIEDHELM	Prof. em. Dr. Dr. h.c., Rheinische Friedrich-Wilhelms-Universität Bonn
GEHRLEIN, MARKUS	Prof. Dr., RiBGH, Honorarprofessor an der Universität Mannheim
GEIMER, REINHOLD	Prof. Dr. Dr. h.c., Notar a.D., Honorarprofessor an der Ludwig-Maximilians-Universität München
GOTTWALD, PETER	Prof. Dr. Dr. h.c., Universität Regensburg
GRAF-SCHLICKER, MARIE LUISE	MDir'in Bundesministerium der Justiz und für Verbraucherschutz, Berlin
GREGER, REINHARD	Prof. Dr., Friedrich-Alexander-Universität Erlangen-Nürnberg
GRUNEWALD, BARBARA	Prof. Dr., Universität zu Köln
HAAS, ULRICH	Prof. Dr., Universität Zürich
HANAU, PETER	Prof. em. Dr. Dres. h.c., Universität zu Köln
HAU, WOLFGANG	Prof. Dr., Ludwig-Maximilians-Universität München, Richter am Oberlandesgericht München
HELMS, TOBIAS	Prof. Dr., Philipps-Universität Marburg
HENSSLER, MARTIN	Prof. Dr., Universität zu Köln
HESS, BURKHARD	Prof. Dr. Dres. h.c., Max Planck Institute Luxembourg for Procedural Law
HIRTZ, BERND	Prof. Dr., Rechtsanwalt, Honorarprofessor an der Universität zu Köln
JEONG, SUN JU	Prof. Dr. iur., Seoul National University School of Law
JUNKER, ABBO	Prof. Dr., Ludwig-Maximilians-Universität München
KAISSIS, ATHANASSIOS	Prof. em. Dr., Aristoteles Universität Thessaloniki, International Hellenic University

AUTORENVERZEICHNIS

KATZENMEIER, CHRISTIAN	Prof. Dr., Universität zu Köln
KILIAN, MATTHIAS	Prof. Dr., Universität zu Köln
KLAMARIS, NIKOLAOS	Prof. em. Dr. Dr. h.c., National und Kapodistrias-Universität von Athen
KLEIN, FABIAN	Maître en droit, Rechtsanwalt, Berlin
KLOCKE, RAINER	Dr., Rechtsanwalt, Köln
KOLBE, JULIA	Doktorandin, Köln
KONECNY, ANDREAS	Prof. Dr., Universität Wien
KÜBLER, BRUNO M.	Dr., Rechtsanwalt, Berlin, Dresden, Köln
LAUMEN, HANS-WILLI	Dr., PräsAG a.D., Köln
LEIPOLD, DIETER	Prof. em. Dr. Dres. h.c., Albert-Ludwigs-Universität Freiburg
LINDACHER, WALTER F.	Prof. em. Dr., Universität Trier
LÜKE, WOLFGANG	Prof. Dr., LL.M. (Chicago), Technische Universität Dresden
MANSEL, HEINZ-PETER	Prof. Dr., Universität zu Köln
MELLER-HANNICH, CAROLINE	Prof. Dr., Martin-Luther-Universität Halle-Wittenberg
MORI, ISAMU	Prof. Dr., Dokkyo Universität Tokyo
MÜNCH, JOACHIM	Prof. Dr., Georg-August-Universität Göttingen
MUSIELAK, HANS-JOACHIM	Prof. em. Dr., Universität Passau
NERLICH, JÖRG	Dr., Rechtsanwalt, Köln
NUSSBERGER, ANGELIKA	Prof. Dr. Dr. h.c., Universität zu Köln, Vizepräsidentin am Europäischen Gerichtshof für Menschenrechte, Straßburg
OBERHAMMER, PAUL	Prof. Dr. Dr. h.c., Universität Wien
ORFANIDIS, GEORGIOS	Prof. Dr., Universität Athen
PEKCANITEZ, HAKAN	Prof. Dr., Galatasaray Üniversitesi
PÉREZ RAGONE, ÁLVARO	Prof. Dr., Universidad Católica del Norte, Antofagasta
PREIS, ULRICH	Prof. Dr. Dr. h.c., Universität zu Köln
RECHBERGER, WALTER	Prof. em. Dr. DDr. h.c., Universität Wien
RENDELS, DIETMAR	Dr., Rechtsanwalt, Köln
RENSEN, HARTMUT	Dr., RiOLG, Köln
RIEDEL, JOHANNES	PräsOLG a.D., Köln
ROTH, HERBERT	Prof. Dr., Universität Regensburg
ROTH, WULF-HENNING	Prof. em. Dr., LL.M., Rheinische Friedrich-Wilhelms-Universität Bonn
RÜSSMANN, HELMUT	Prof. em. Dr. Dr. h.c. mult., Universität des Saarlandes
SAENGER, INGO	Prof. Dr., Westfälische Wilhelms-Universität Münster
SCHACK, HAIMO	Prof. Dr., LL.M., Christian-Albrechts-Universität zu Kiel
SCHÄFER, EKKEHART	Rechtsanwalt, Präsident der Bundesrechtsanwaltskammer
SCHILKEN, EBERHARD	Prof. em. Dr., Rheinische Friedrich-Wilhelms-Universität Bonn
SCHLOSSER, PETER F.	Prof. Dr. Dr. h.c., Ludwig-Maximilians-Universität München
SCHMIDT, KARSTEN	Prof. Dr. Dr. h.c. mult., Bucerius Law School, Hamburg
SCHNEIDER, ANGIE	PD Dr., Universität zu Köln
SCHUMANN, EKKEHARD	Prof. em. Dr. Dr. h.c., Universität Regensburg
SCHUSCHKE, WINFRIED	Prof. Dr., VorsRiOLG a.D., Honorarprofessor an der Universität zu Köln
SCHÜTZE, ROLF A.	Prof. Dr. Dr. h.c., Rechtsanwalt, Honorarprofessor an der Universität Tübingen
STADLER, ASTRID	Prof. Dr., Universität Konstanz
STÜRNER, ROLF	Prof. em. Dr. Dres. h.c., Albert-Ludwigs-Universität Freiburg

Autorenverzeichnis

Thole, Christoph	Prof. Dr., Dipl.-Kfm., Universität zu Köln
Uhlenbruck, Wilhelm	Prof. Dr., RiAG a.D., Honorarprofessor an der Universität zu Köln
Vallender, Heinz	Prof. Dr., RiAG a.D., Honorarprofessor an der Universität zu Köln
Völzmann-Stickelbrock, Barbara	Prof. Dr., FernUniversität in Hagen
Wagner, Gerhard	Prof. Dr., LL.M., Humboldt-Universität zu Berlin
Wegen, Gerhard	Prof. Dr., LL.M., Rechtsanwalt und Attorney-at-Law (New York), Stuttgart, Professor der Universität Tübingen
Weller, Marc-Philippe	Prof. Dr., Universität Heidelberg
Wesser, Sabine	Dr. habil., Rechtsanwältin, Köln
Weth, Stephan	Prof. Dr., Universität des Saarlandes
Wolf, Roman	WissMit, Universität Heidelberg
Zimmermann, Stefan	Prof. Dr. Dr. h.c., Notar, Honorarprofessor an der Universität zu Köln

Teil I
Grundlagen und Bürgerliches Recht

Nekrorezeption in Transformationsgesellschaften

Am Beispiel des postsowjetischen georgischen Unternehmensrechts

Irakli Burduli

I. Historische Voraussetzungen

1. Postsowjetische Realität und europäische Tradition

Nach dem Zusammenbruch der Sowjetunion bedurfte die georgische Planwirtschaft einer vollständigen Umwandlung, um das Land in den globalen Wettbewerb einbeziehen zu können. Es war eine äußerst schwierige Aufgabe, hinsichtlich des erklärten Ziels, einen liberalen, rechtsstaatlichen, demokratischen Verfassungsstaat bilden zu wollen.[1] Die im postsowjetischen Raum herrschenden wirtschaftlich-politischen Verhältnisse begründen die Annahme, dass alles nicht isoliert hätte durchgeführt werden können.[2] Die dirigierte Wirtschaft wurde auf einer eigenartigen Plattform geschaffen, der die politische und wirtschaftliche Wirklichkeit zugrunde gelegt wurde. Mit der Auflösung der vorhandenen Märkte und der damit verbundenen Handelsbeziehungen[3] hat sich das Land entfremdet; einerseits gegenüber den neu entstehenden Staaten und andererseits gegenüber der übrigen Welt. Unter den gegebenen Umständen hätte die Unternehmensrechtsgesetzgebung die Funktion der Regelung der wirtschaftlichen Verhältnisse spielen sollen. Daher war zunächst eine neue Rechtsordnung zu schaffen.

---

1 *Schwartz* The Struggle for Constitutional Justice in Post-Communist Europe, 2003, 35. geor. Übers.
2 Zur diesbezüglichen Begründung hat man die Praxis zur Erarbeitung von Mustergesetzen für die postsowjetischen Länder herangezogen, die sich auf die westeuropäischen Grundsätze stützen und eine diesbezügliche Anpassung in das Recht der postsowjetischen Staaten berücksichtigen. *Knieper/Chanturia/Schramm* Das Privatrecht im Kaukasus und Zentralasien, 2010, 3.
3 Z.B. *Chanturia* Corporate Governance und Leiterhaftung im Gesellschaftsrecht, 2006, 46 ff; *Burduli* Grundlagen des Aktienrechts I, 2010, 391 ff. In den Ländern mit einer langjährigen Koexistenzerfahrung waren die kontinuierlichen Rechtsreformen dringend geboten. Selbst die Wiederherstellung des Staatswesens konnte keine feste Grundlage für die moderne Wirtschaft zustande bringen. Trotz der gewissen Folgen der Schocktherapie hat es nicht für eine nachhaltige Wirtschaftsentwicklung ausgereicht. Die Erhaltung der vorher bestehenden wirtschaftlichen Verhältnisse hätte die Grundvoraussetzung für das Wirtschaftswachstum werden sollen. Man sollte das aber mit entsprechenden rechtlichen Rahmenbedingungen festigen sollen. Die Durchführung vom Balzerowitsch-Plan, die Analyse der Wirtschaftsreformen, s. *Papava* Georgische Wirtschaft. Reformen und Pseudoreformen, 2015, 42 ff.

Die Entwicklung eines modernen Unternehmensrechts in den postsowjetischen Staaten wäre ohne Berücksichtigung der kontinuierlichen nationalen Besonderheiten von wirtschaftlichen und rechtlichen Konstrukten und ohne begleitende sozialpolitische und kulturelle Phänomene unvorstellbar. Im Hinblick auf den Aufbau einer geordneten Wirtschaft, wäre eine umfassende Privatisierung von Staatseigentum nützlich gewesen. In Georgien ging dieses Vorhaben jedoch fehl.[4]

Georgien hat traditionell der kontinentaleuropäischen Rechtsfamilie angehört,[5] was für Mittel- und Osteuropa kennzeichnend war,[6] das seinerseits unter dem Einfluss des römisch-germanischen Rechts stand.[7] Demzufolge hat Georgien den europäischen Rezeptionsweg gewählt. Das Hauptaugenmerk wurde auf die Rezeption des deutschen Rechts gelegt. Wobei diesem Ereignis nicht nur eine politisches oder persönliches,[8] sondern auch ein rechtskulturelles Phänomen zugrunde lag. Die Nähe zum deutschen Recht und die Unterstützung verschiedener Vorhaben im Rechtssetzungsprozess[9] sind mitursächlich dafür, dass Georgien das deutsche Recht bei der nationalen Rechtsentwicklung zugrunde gelegt hat.[10]

2. Entwicklungsstadien des Unternehmensrechts

Die Grundlage des modernen Gesellschaftsrechts kommt ab der zweiten Hälfte der 90-er Jahre des vergangenen Jahrhunderts[11] überwiegend als logische Synthese des deutschen Gesellschafts- und Handelsrechts[12] zustande. Die gesetzlichen Lücken, die Maßstäbe der marginalen Differenzierung von Rechtsformen sind die Grundvoraussetzung der systematischen Auflösung des nationalen Unternehmensrechts. Georgien stand hier deshalb mehrfach vor Reformbedarf. Die Entwicklung des ge-

---

4 S. z.B. *Chantura* Gorporate Governance, 46 ff; *Burduli* Grundlagen I, 391 ff. Form einer AG wurde im Zuge der Privatisierung vernachlässigt, denn diese wurde vorrangig nicht infolge der Kapitalkonzentration und Invesitionen, sondern auf Kosten der bloßen Vermögensverteilung unter den Mitarbeitern zustande gebracht. Der klassische AG-Ansatz beruht auf einem abweichenden Konzept in den westlichen Industrieländern:*Chanturia* WiRO 4/2009, 97.
5 Z.B. *Zoidze* Rezeption des Europäischen Privatrechts in Georgien, 2005, 5 ff., geor.
6 Vor der Etablierung des Sozialismus.
7 *Ajani* Am. J. Comp. L., Vol. 43, No. 1 1995, 94.
8 *Shevardnadze* Memuare, 2006, 315, 317. geor.
9 Z.B. die Aktivitäten der GIZ in Georgien. Ausführlich über die Rechtstätigkeit in den GUS-Staaten: *Knieper* Rechtsreformen entlang der Seidenstraße, 2006. Aus dem Vortrag von *Chanturia* in Berlin, am 14.03.2009, auf einem deutsch-japanischen Symposium: »Die Rolle des Rechts und juristischen Zusammenarbeit bei der Schaffung einer Zivilgesellschaft«: *Chanturia* Voraussetzungen einer juristischen Zusammenarbeit aus der Sicht der Transformationsgesellschaften, 1, Fn. 2.
10 Zur Annäherung an das europäische Recht, s.: *Chanturia* in: Basedow/Drobnig/Ellger/ Hopt/Kötz/Kulms/Mestmäcker (Hrsg.), Aufbruch nach Europa – 75 Jahre nach MPI, 2001, 893, 894 f; *Chanturia* RabelsZ 74 (2010), 155 ff.
11 *Chanturia* in:FS Jorbenadze, 1996, 32 ff., geor.
12 *Zoidze* Rezeption, 185.

orgischen Unternehmensrechts lässt sich in drei Grundstadien einteilen: 1) Ab 1995, also nach der Verabschiedung des Gesetzes über die gewerblichen Unternehmer bis 2008; 2) Von 2008 bis 2014; 3) Ab 2014 bis heute. Ursprünglich wurde es als gesetzliches Recht ausgestaltet, wobei das Dispositionsregime in den Gesellschaften einen entsprechenden Platz eingenommen hat. Im Kapitalgesellschaftsrecht haben die zwingenden Vorschriften überwogen. Das bezog sich grundsätzlich auf die AG und die e.Genoss. Der GmbH wurde Satzungsfreiheit eingeräumt. Nach der Etablierung einer komplett liberalen Haltung in der georgischen Wirtschaft – ab 2004 – unterlag das Unternehmensrecht einer »zügellosen« Deregulierung, die durch schlichte Aufhebung der gesetzlichen Vorschriften gekennzeichnet war. So kam eine absolut deregulierte »Regelung« zustande, die letztendlich viele Probleme aufkommen lässt: Eine unterentwickelte Rechtsprechung und mangelnde Normauslegung, die fehlende Kautelarjurisprudenz und ein niedriges Ausbildungsniveau der Fachjuristen hindern die Entwicklung der gesellschaftsrechtlichen Verhältnisse. Durch eine Reform von 2014 sollen diese Unzulänglichkeiten bewältigt werden, indem eine neue Fassung des georgischen Gesetzes betreffend die gewerblichen Unternehmer erarbeitet wird, die die Hauptquelle des georgischen Gesellschaftsrechts bildet.

II. Reform im Lichte der Nekrorezeption

1. Rezeption und Rechtssystemstabilität

Die Gesetzgebung hätte im postsowjetischen Raum nach der Rezeption entstehen sollen,[13] insbesondere hätte man nach dem Zusammenbruch der sozialistischen Ordnung den Rechtsstaat und die Marktwirtschaft etablieren sowie eine komplette Reform des Rechts angehen sollen.[14] Die Rezeption wird von verschiedenen Faktoren begleitet. Im Zuge der Bildung einer Rechtsordnung bedient sich ein Land überwiegend der während seiner Geschichte aus anderen Rechtsordnungen übernommenen Rechtsinstitute, der Rechtsideen und einzelner Vorschriften.[15] Die Rezeption kann Vor- und Nachteile haben, vor allem wenn man in Betracht zieht, ob es sich um eine diesbezügliche freiwillige Umsetzung[16] oder um eine »Zwangsumsetzung« handelt.[17]

---

13 Z.B. *Knieper* WiRO 2/2002, 53 ff; *Khamidov* in: Boguslavski/Knieper (Hrsg.), Wege zu neuem Recht, 1998, 86 f; auch: *Knieper/Chanturia/Schramm* (Hrsg.),Grundlagen der Zivilrechtsordnung in den Staaten des Kaukasus und Zentralasiens in Theorie und Praxis, 2008, 2 ff.
14 Z.B. *Knieper/Chanturia/Schramm* Das Privatrecht im Kaukasus, 2010, 1 ff.
15 MwN.:*Kurzynsky-Singer* in: Kurzynsky-Singer (Hrsg.), Transformation durch Rezeption? 2014, 4.
16 Hier ist der Stellungnahme von *Knieper*zuzustimmen, die Rezeption könnte ein bewusster bzw. nicht bewusster Schritt der Zusammenarbeit mit verschiedenen internationalen Organisationen sein. *Knieper* Rechtsimperialismus? in: Rechtsreformen entlang der Seidenstraße, 2006, 62.
17 Ein diesbezügliches subjektives Beispiel ist die britische Kolonialpolitik in Indien, die eine Vernichtung der nationalen industriellen Produktion, die Schließung auf Gesetzgebungs-

Der Erfolg ist vom Entwicklungsniveau des Rezeptionsrechts abhängig, denn es handelt sich dabei um die Umsetzung von etablierten Rechtsinstituten. Wenn man dabei auch die nationalen Besonderheiten berücksichtigt, kann eine Rezeption erfolgreich sein.[18]

Die bei der Rezeption geschaffene Rechtssicherheit spielt eine große Rolle.[19] Diese fördert das Vertrauen in die Rechtsordnung und hat dabei eine Vorhersehbarkeitsfunktion für den Normadressaten. Es gibt keine Rechtssicherheit ohne die Stabilität der infolge der Rezeption gebildeten Rechtsordnung. Der sich aus mehreren Komponenten zusammensetzende Rezeptionsprozess ist langfristig.[20] Die Rechtssetzung ist eine Seite der Medaille. Die Anwendung des Gesetzes ist jedoch die zweite und wichtigere Seite. Dies hätte parallel im Stile des deutschen Rechtsbewusstseins durch Übersetzung von Fachliteratur zur Normauslegung, Kommentaren, Forschung und Anpassung der Ausbildungsprogramme stattfinden sollen. Konsolidiert sähe es folgendermaßen aus: Gesetzgebung, eine diesbezügliche Durchsetzung in die Praxis,

---

ebene des englischen Marktes für indische Produktion und eine vollständige Öffnung des indischen Marktes für englische Produktion beinhaltet hat. *Nehru* The Discovery of India, 1989, 22-26 (russ. Über.). Wirtschaftliche »Expansion« wird durch die zwangsweise Unterstützung der rechtlichen Mechanismen bedingt. Dies bedeutet eine Etablierung von fremden Konstruktionen in der nationalen Rechtsordnung. Einen derartigen Neokolonialismus könnte es auch in der Neuzeit geben: s. *Bregvadze* Die Rechtskultur zwischen Globalismus und Lokalismus: zur funktionalen Erläuterung von Rechtstransfers, Amtsblatt vom georgischen Institut für Staat und Recht, 2006/1, 5, 26. georg.

18 Eine blinde Übertragung der Norm in die nationale Gesetzgebung würde ohne Berücksichtigung von Traditionen, kulturellen Phänomenen nicht funktionieren. Z.B. die Übernahme bei der Rezeption des türkischen ZGB von einem schweizerischen familienrechtlichen Institut, das festlegt: »Ein Ehemann/eine Ehefrau darf sich nicht scheiden lassen, sofern dieser/diese damit einverstanden war, die eheliche Treue bzw. den Ehebetrug vergeben hat«. Diese Vorschrift wurde in der Türkei als ein sittlich, für das Rechtsbewusstsein inakzeptables Phänomengestrichen. *Jorbenadze* in: Jorbenadze/Knieper/Chanturia (Hrsg.), Die Rechtsreform in Georgien, 1994, 139, 142. Diesbezüglich ist es sehr wichtig, Rechnung zu tragen den Werten, die für ein Volk kennzeichnend sind. *Kekelia* Straftaten gegen das menschliche Leben, die Gesundheit, die Ehre und Würde im alten georgischen Recht, 2015, 3. Auch Dernburg stellt eine rhetorische Frage mit gleicher Inspiration, die er auch selber beantwortet. zit. nach *Kekelia* ebd., 5. Für das Gesellschaftsrecht und die Geschäftsbetätigung ist es kennzeichnend, in der globalen Welt nach einheitlichen Grundsätzen zu handeln (im Unterschied zum georgischen Strafrecht, dessen hinstorische Traditionen es in Georgien gibt), insbesondere in einem Land mit schwacher Wirtschaft und keiner Tradition in diesem Bereich, wie Georgien. Die gesellschaftsrechtliche Ordnung eines finanziell starken Staates macht es möglich, die nationale kulturelle – und sogar die religiöse – Mentalität auf der Gesetzgebungsebene zu widerspiegeln. So gesehen könnte z.B. in einigen islamischen Staaten eine derartige spezifische Struktur von Corporate Governance angeführt werden, die eine Integration von kulturell-religiösen Postulaten in die Gesellschaften meint. S. z.B. *Casper* in: FS Hopt, 2010, 446 ff.

19 Die Rezeption wird hier im weiteren Sinne angewandt und umfasst auch den Prozess der Rechtstransformation und -transplantation. vgl. *Knieper* Rechtsreformen entlang der Seidenstraße, 17.

20 Vgl. *Bregvadze* Die Rechtskultur zwischen dem Globalismus und Lokalismus, 5 ff., 25 f.

eine institutionelle Architektur, Ergänzung und Verbreitung des Rezeptionsrechts.[21] Ursprünglich hatte der Prozess so begonnen, nach der »Rosenrevolution« wurde jedoch ein anderer Weg eingeschlagen. Bei der Rezeption ist unbedingt das institutionelle Bewusstsein zu berücksichtigen. Eine einheitliche Rechtsordnung stützt sich auf das historische Bewusstsein.[22] Verschwindet ein derartiges Bewusstsein bzw. löst es sich auf, so kann sich auch kein einheitliches System entwickeln. Dementsprechend ist die Rezeption ein historisches Ereignis, dessen Erfolg im Empfangsstaat von dessen institutionellen Gedächtnis abhängt.

2. Notwendigkeit der internationalen Zusammenarbeit beim Rezeptionsprozess

Eine über 25 Jahre hinausgehende Geschichte der Rechtstransformation bestätigt den Bedarf an internationaler Zusammenarbeit bei der Rezeption.[23] Die Rezeption beruft sich unter anderem auf die Erfahrung anderer Länder, der entsprechenden Rechtspraxis, die Auslegung von Rechtsvorschriften, die rechtsvergleichende Forschung und die Anpassung an die nationale Rechtswirklichkeit.[24] Dieser Prozess ist ein komplexer. Die Rezeption geht über den Rechtssetzungsprozess hinaus und umfasst dabei ein breiteres Spektrum an Handlungsformen. Gemeint ist nicht nur eine bloße Schaffung der Norm, sondern auch ihre konkrete Anwendung. Die Anpassung einer Norm an die nationalen Verhältnisse sowie die entsprechende Auslegung bedarf des internationalen Erfahrungsaustausches und der Erforschung des rezipierten Landesrechts. Deshalb ist die fachliche Unterstützung in einer Transformationsgesellschaft unverzichtbar, denn ein Land wie Georgien ist nicht in der Lage, allein die eigene Rechtsordnung den international anerkannten Standards und Grundsätzen anzupassen.[25] Es ist zu begrüßen, wenn der Reformprozess durch internationale Zusammenarbeit unterstützt wird und konkrete Projekte bzw. Entwicklungsstrategien diesem Prozess zugrunde gelegt werden.[26] *Sommermann* vertritt die Auffassung, »Es handelt sich oft um die Initiierung einer konkreten Reformüberlegung, die Konzeptualisierung und die praktische Unterstützung.«[27] Das verhilft den Transformationsstaaten

---

21 Damit befasst sich *Knieper* Juristische Zusammenarbeit: Universalität und Kontext, 2004.
22 In diesem Kontext vgl. *Chanturia* in: Pheradze (Hrsg.), Überblick der Rechts- und der politischen Denkgeschichte, III, 2015, 651 ff.
23 *Chanturia* Voraussetzungen einer juristischen Zusammenarbeit, 1.
24 Der Rezeption wurden im postsowjetischen Recht zahlreiche Aufsätze gewidmet. Z.B: *Knieper/Chanturia/Schramm* Das Privatrecht im Kaukasus und Zentralasien 2010; *Kurzynsky-Singer (Hrsg.)*, Transformation durch Rezeption?, 2014; *Bregvadze* Theorie der autopoietischen Rechtskultur: Rechtstransfer und rechtl. Selbstregulierung in der Weltgesellschaft, 2016, Diss. geor.
25 *Chanturia* Voraussetzungen einer juristischen Zusammenarbeit, 1.
26 *Dann* Entwicklungsverwaltungsrecht, 2012, 27 ff. zit: *Sommermann* in: Ognois (Hrsg.), Grenzüberschreitende Entwicklungszusammenarbeit, Speyerer Arbeitsheft Nr. 212, 2013, 8.
27 *Sommermann* a.a.O. 8.

ein eigenes einheitliches Rechtssystem mit Hilfe der Experten zu etablieren.[28] Auch das Unternehmensrecht muss natürlich Teil eines einheitlichen Rechtssystems sein, was aber in Georgien bisher nicht erreicht wurde.

3. Rezeption als ein kulturelles Phänomen und Rolle der Rechtsvergleichung

Der Rezeptionsprozess braucht eine Kultur, die die Etablierung einer fremden Norm in die nationale Gesetzgebung zu einem kulturellen Phänomen macht.[29] Dies bedingt die Integrierung der nationalen sozial-wirtschaftlichen, kulturellen Besonderheiten bei der Bildung einer Verhaltensregel zu einer gesetzlichen Vorschrift. Die Rechtsrezeption kann nicht erfolgreich sein, wenn dabei die nationalen Merkmale nicht berücksichtigt werden.[30] Deshalb unterscheidet sich die Rezeption von sog. legal transplants,[31] wodurch eine (direkte) Übertragung einer ausländischen Vorschrift in die nationale Gesetzgebung erfolgt.[32] Diese werden wie »Aufhebung und Abänderung; Übergabe und eine Übertragung wo anders; eine Transportierung in ein anders Land« ausgelegt. Von Transfers spricht man, wenn die Norm für das importierte Landesrecht fremd ist und in das nationale Recht aus einem anderen Land eingeht.[33] Die legal transplants können für die nationale Rechtswirklichkeit tauglich aber auch untauglich sein.[34] Eine systematische Durchsetzung der Reform in einer Transformationsgesellschaft hat Vorrang vor einer spontanen Übertragung der einzelnen Vorschriften. Man sollte sich das Recht, als ein kognitives Institut, in dem einzelne Vorschriften nicht voneinander abgetrennt sind, sondern einen unzertrennlichen Bestandteil des Gesamtsystems ausmachen und der Handlung eines richtigen

---

28 »Hauptverantwortlicher« für »Die Auflösung eines einheitlichen Gesetzessystems« ist nach *Chanturia* die Satzungsautonomie im Gesellschaftsrecht, in: *Pheradze* (Hrsg.), Überlegungen zur Geschichte des Rechts und des politischen Bewusstseins, 2010, 650 f.
29 Ohne Berücksichtigung der Rechtskultur wäre dieser Prozess erfolglos. Z.B.: *Bregvadze* Die Rechtskultur zwischen dem Globalismus und Lokalismus, 5 ff.
30 *Knieper/Chanturia/Schramm* Das Privatrecht im Kaukasus, 2010, 30.
31 Über dieses Phänomen s. z.B.: *Mattei* International Review of Law and Economics (1994)3 ff, 14; *Kurzynsky-Singer* a.a.O. 4 f.
32 Zum Begriff des legal transplants, zu seinem sozial-rechtlich-kulturellen Phänomen s. *Bregvadze* Die Rechtskultur zwischen dem Globalismus und Lokalismus, 23 ff.
33 *Ajani* Maastricht J. Eur. & Comp. L. 4 1997, 111.
34 Als Beispiel könnte man die Änderung von § 93 des deutschen AktG anführen, nämlich die Übertragung des amerikanischen Institutsbusiness judgement rule. S. die US-amerikanische Rechtsprechung zum Thema: *Allen/Kraakman/Subramanian* Commentaries and Cases on the Law of Business Organization, 3. Edit. 2009, 250 ff (Kamin vs. American Express Co. 54 A.D.2d 654 [N.Y. 1976]). Im deutschen Recht *Henssler/Strohn/Dauner-Lieb* AktG, 2. Auf., § 93 Rn. 17 ff; und unmittelbar zur Reform: *Fleischer* NZG 24/2004, 1130 ff; in anderen Ländern s. die modifizierten Vorschriften der fiduziarischen Leiterpflichten im japanischen Gesellschaftsrecht sowie *Kanda/Milhaupt* Am. J. Comp. L, Vol. 51, No. 4 2003, 887-901. Zu den Transplants vom westeuropäischen Modellen in das osteuropäische Recht: *Ajani* Am. J. Comp. Law, Vol. 43, No. 1 1995, 93 ff.

Verständnisses und der Akzeptanz durch den lokalen Rechtsanwender bedarf,[35] vorstellen. Auch die Bedeutung der Rechtsvergleichung ist hinsichtlich der im Zuge der Rezeption ausgestalteten Rechtsverständigung und der Interpretation enorm. Die rezipierte Vorschrift existiert unabhängig von der nationalen Gesetzgebung. Die Norm ist ein »lebendiger Körper« und unterliegt der Evolution, die eine diesbezügliche unabhängige funktional-inhaltliche Entwicklung bedeutet. Zur Funktionsfähigkeit ist eine richtige Durchsetzung erforderlich, für die die Rechtsvergleichung eine wertvolle Rolle übernimmt.[36] Die Rechtsvergleichung ist zudem eine »an sich auslegende Hilfsmethode.«[37] Diese ist auch ein kulturenvergleichendes Phänomen.[38] Das wird auch dadurch deutlich, dass nach der rechtsvergleichenden These die Rechtsvergleichung nicht nur helfe, das nationale Recht zu erforschen, sondern auch die Wechselwirkung von Recht und Gesellschaft,[39] die ohne Zweifel ein sozial-kulturelles Phänomen darstelle.[40]

III. Rezeption im Zuge der Bindung an das Europäische Recht

1. Politische Betroffenheit (politische Stabilität als die Grundvoraussetzung für den rechtlichen Nihilismus)

Das georgische »tolerante« Recht hat sich aus dem Recht von verschiedenen Staaten genährt.[41] Wobei dessen natürliche Fundstelle[42] das europäische Recht war.[43] Mit Beginn der Rezeption in Georgien ist die Frage der Anlehnung an das europäische

---

35 Z.B. *Pristor* The Standartization of Law and its Effect on Developing Economies, Am. J. Comp. L 50 (2002), 97. zit. *Kurzynsky-Singer* a.a.O. 5.
36 Vgl. *Zweigert/Kötz* Einführung in die Rechtsvergleichung, 3. Auf. 1996, 1 ff.
37 *Rabel* RabelsZ 1953, 602; *Häberle* JZ 1992, 1036, zit. bei *Kalss/Burger/Eckert* Entwicklung des österreichischen Aktienrechts, 2003, 25 f.
38 *Häberle* JZ 1992, 1036; *Häberle* Europäische Rechtskultur, 16 ff. zit. *Kalss/Burger/Eckert*, Entwicklung, 25.
39 *Ewald* Am. J. Comp. L. Vol. 43, No. 4 1995, 496 f.
40 Deshalb bezweckt die Integrierung in die realen rechtsvergleichenden Prozesse in einem Format der rechtsvergleichenden Kultur die Vergleichung der lebendigen Rechte der unterschiedlichen sozial-rechtlich-kulturellen Systeme. Das beschränkt sich allerdings nicht nur auf die Vergleichung der staatlichen Strukturen, der offiziellen Rechtsordnungen und der Gesetzgebungen, sondern umfasst dabei auch die infrastrukturellen, spontanen, nicht staatlichen, inoffiziellen und alternativen Rechtsordnungen. *Bregvadze* Die Rechtskultur zwischen dem Globalismus und Lokalismus: 5, 8.
41 S. *Zoidze* Rezeption, 39, 57 ff.
42 Gemeint ist die moderne Rechtsordnung, die sich aus dem 18. und 19. Jahrhundert entwickelt hat, wobei das georgische Recht aus verschiedenen Gründen auch vom orientalischen Recht stark beeinflusst wurde. Dementsprechend war das georgische Recht z.B. auch vom persischen Recht beeinflusst. S. *Surguladze* Die persischen Quellen der georgischen Rechtsgeschichte (»Dasthur Al-Muluk«, »Thazkirath Al-Muluk«), Amtsblatt vom georgischen Institut für Staat und Recht, 2006/1, 38-48. geor.
43 *Jorbenadze* a.a.O., 142.

Recht aufgetaucht.[44] Das Unternehmensrecht hat die Ausrichtung des europäischen Gesellschaftsrechts berücksichtigt.[45] *Chanturia* führt hierzu einige Beispiele an.[46] Diese Haltung wurde auch in den folgenden Jahren fortgesetzt, bis die neue Regierung ab 2004 das europäische Recht vollständig vernachlässigt hat. Das georgische Recht sollte jedoch am europäischen Recht angelehnt bleiben. Über die Erforderlichkeit der Annäherung des georgischen Privatrechts an das europäische Recht spricht auch *Basedow*, der den Rezeptionsbedarf nicht nur des deutschen, sondern auch des einheitlichen europäischen Rechts hervorhebt.[47] Wobei das deutsche Recht – unter Berücksichtigung der nationalen Besonderheiten[48] – das europäische Gesellschaftsrecht vollständig harmonisiert, was Georgien die Übertragung des europäischen Rechts erleichtern würde. Auch die politische Seite ist wichtig in diesem Prozess, denn durch das Assoziierungsabkommen hat sich Georgien zur Anpassung des nationalen Rechts verpflichtet. Das steigert auch Interesse europäischer Investoren am georgischen Markt. Stabilität des politischen Systems ist in einer Transformationsgesellschaft notwendig. Nur dadurch kann nachhaltige Entwicklung der bereits gebildeten Rechtsordnung gewährleistet sein. Dafür braucht man allerdings eine politische Kultur, denn allein mit einem »guten« Gesetz lässt sich kein schneller Progress erlangen. Die Haltung gegenüber den Reformkapazitäten verändert sich radikal wegen der Kulturlosigkeit und erzeugt einen Rechtsnihilismus. Die gesellschaftliche Wertehierarchie erzeugt die Rechtsdevalvation, die erheblich von einer niedrigen Kultur der politischen Elite geprägt ist.[49] Die Politik überdeckt das Recht.

2. Sozialpolitische Betroffenheit

Man muss für Reformen werben und in sämtlichen gesellschaftlichen Schichten kommunizieren. Das würde dazu beitragen, die Norm umzusetzen und die Rechtsanwendung zu erleichtern. Man sollte die Gesellschaft darauf vorbereiten und »das Recht in der Gesellschaft ergänzen/verbreiten.«[50] Eine auf die Novellierungen vorbereitete Gesellschaft wäre offen für Reformen. Das würde dem Prozess des Rechtsbewusst-

---

44 Ebd. 139 ff.
45 *Chanturia* RabelsZ 74 (2010), 155 f.
46 Ebd. 155.
47 *Basedow* in: *Kurzynsky-Singer* (Hrsg.),Transformation durch Rezeption?, 462 f.
48 Z.B. die Mitwirkung der Arbeitnehmer in den deutschen Unternehmen. Zu diesem Institut s. *Vetter* in: Marsch-Barner/Schäfer (Hrsg.), Hdb börsennotierte AG, 2. Auf., 2009, $24 Rn. 1 ff.; *Raiser/Veil* Recht der Kapitalgesellschaft, 2010, 158 ff.; zum Reformbedarf dieses Instituts in der deutschen Wirklichkeit z.B. *Neubürger* in: Hommelhof/Hopt/v. Werder(Hrsg.), Hdb Corporate Governance, 180 ff; *Chanturia* Corporate Governance, 131 ff; Vergleichung mit Georgien auch: *Burduli* Grundlagen II, 2013, 465 ff.
49 *Khubua* in: Nacvlishvili/Zedelashvili (Hrsg.),Georgische Verfassung nach 20 J. 2016, 115.
50 »Das Recht hätte die praktische Wirkung in objektiver Hinsicht nur, wenn es als eine Einheitlichkeit von Rechten und Pflichten wahrgenommen werden könnte. Es ist erforderlich, dass nicht nur die Fachleute, sondern auch einfache Menschen die Durchsetzungs- und Anwendungswege des Rechts wüssten«. *Knieper* Juristische Zusammenarbeit, 100.

seins[51] im Staat zugutekommen und damit eine Grundlage zur Achtung des Gesetzes und einer realen Anwendung schaffen.[52]

3. Rechtspolitischer Diskurs: Vor dem Dilemma der Regulierung und Reregulierung

Ab 2014 ist eine »Rückkehrtendenz« an die europäische Rechtsordnung zu beobachten. So gesehen ist die rechtspolitische Komponente für Regulierung, Deregulierung und Reregulierung evident.[53] Die vormalige liberale Tendenz des Staates hat die absolute Satzungsfreiheit durch die Aufhebung der gesetzlichen Vorschriften und die Deregulierung etabliert.[54] Das hat die Rechtsanwendung erschwert. Das Deregulierungsregime hat einen wirtschaftlichen Effekt, wobei die wirtschaftliche Betroffenheit dieser Frage nicht losgelöst von der Rechtswirklichkeit betrachtet werden kann. Wenn Deregulierungen effektiv greifen sollen, so braucht man im Land eine entwickelte Rechtsprechung, einen hohen Stand der Juristenausbildung und zudem

---

51 Das hängt zusammen mit dem Phänomen des Rechtsbewusstseins und unterscheidet sich dadurch von der Rechtskultur. Das Rechtsbewusstsein ist »konzentriert auf die einzeln genommenen Individuen. Das Rechtsbewusstsein meint die populäre Rechtswahrnehmung im Alltag«. *Bregvadze* Die Rechtskultur zwischen dem Globalismus und Lokalismus, 19. In den Rezeptionsprozess ist ein richtiger Wahrnehmungsmechanismus des Rechts zu integrieren, damit die Rechtsvorschrift dem Ziel dienlich ist. Dafür braucht man das Rechtsbewusstsein, was durch verschiedene Faktoren zustande kommt. *Zoidze* Der Versuch eines praktischen Rechtsbewusstseins, vor allem im Zuge der Grundrechte, 2013, 332 f. Nach positivem Inhalt hat sich die Rechtsordnung auf das Individuum zu konzentrieren. Akzeptiert ein konkretes Individuum das Recht, so kann es auch in der Gesellschaft gelten. Zu teilen ist die These von *Zoidze*: »Ein = allen. Alle als Wertgelten für Einen. Alle sind lediglich eine Existenzform des Einen«. Ebd.
52 Die Einbeziehung von akademischen Kreisen in den Reformprozess (was eine Grundlage für eine tiefgreifende Rezeptionsanalyse schafft und in Georgien bis heute nicht geschehen ist) sowie die breiteInformierung der Gesellschaft würden die Ängste der Umsetzung von neuen Rechtsinstituten aus dem Weg räumen. Deshalb soll die These: »Ängste, eine Novellierung zu etablieren, dürfen nicht zu einem Hindernis im Entwicklungsprozess werden« (*Chanturia* in: FS Jorbenadze, 37) im unmittelbaren Zusammenhang steht dies mit dem Grad der gesellschaftlichen Informierung. Nur so kann eine hohe Rechtsbewusstseinskultur in der Gesellschaft entstehen, was in jedem Land eine Grundvoraussetzung für die Achtung des Rechts ist.
53 S. *Chanturia* in: Pheradze (Hrsg.), Überblick der Geschichte des Rechts- und Politikbewusstseins, 2015, 654 ff. Zu begrüßen ist die Befürwortung des normativregelnden Gleichgewichtsmodells, was eine zwingende Grundvoraussetzung im Gesellschaftsrecht der Transformationsländer ist.
54 Die Etablierung von Grundsätzen des »Washington Konsensus« in einer Transformationswirtschaft hat auch Vorteile, denn man meint die Privatisierung der staatlichen Unternehmen und die Einführung von Privatinvestitionen, die Liberalisierung von Handel, dem Finanzmarkt, den internationalen Zahlungen und dem Kapitalumsatz, »die Deregulierung der Produktionsunternehmerschaft« unter Berücksichtigung vom Schutz des Privateigentums usw. *Williamson* in: Williamson (Edit.), Latin American Adjustment D. C., 1990. zit. *Knieper* Rechtsreformen entlang der Seidenstraße, 19.

eine entwickelte Kautelarjurisprudenz. Die häufigen Änderungen in der Gesetzgebung haben viele rechtliche Sackgassen gebildet. Das hat bei den Investoren zu Misstrauen in die Rechtssicherheit geführt.[55] In einem postsowjetischen Land gibt es zu einer diesbezüglichen Neutralisierung das gesetzliche normative Regime, wobei man zu berücksichtigen hat, dass der eine oder andere sozial-wirtschaftliche Bereich nicht mit gesetzlichen Regelungen aufzublähen ist.[56] Solange eine gesetzliche Norm nicht existiert, hat man auch zu prüfen, inwieweit diese zur Regelung der Verhältnisse überhaupt erforderlich ist. Möglicherweise regeln andere Vorschriften die Sachlage besser.[57] Wo Gewohnheitsnormen gut funktionieren, wäre eine diesbezügliche gesetzliche Regelung möglicherweise gar überflüssig.[58] Wobei man die Besonderheit des Gesellschaftsrechts zu berücksichtigen hat sowie ihre Neuartigkeit in der georgischen Rechtswirklichkeit. Ein Rückgriff auf Traditionen und »best practice« in diesem Bereich kann nicht fehlendes normatives Gesellschaftsrecht aufwiegen. In diesem Fall hat gerade die Gesetzgebung die »didaktischregulative« Aufgabe zu übernehmen und eine Norm zur Regelung von gesellschaftsrechtlichen Verhältnissen zu schaffen.[59] Ausgehend davon ist die staatliche Haltung auf die Schaffung des Regelungsregimes auszurichten, was allgemein einen staatlichen Eingriff in die Marktstruktur bedeutet bzw. durch die Korrektur von Marktfolgen zum Ausdruck kommt. Das traditionelle Motiv ist die Durchsetzung der auf den öffentlichen Interessen beruhenden wirtschaftlich-politischen Ziel.[60] Das bedeutet jedoch die »Usurpation« der gesetzlichen Regelung von Verhältnissen und eine ungerechtfertigte Beschränkung des freien Raums. »Die Freiheit ist auch in der gesetzlich geregelten Wirklichkeit aufrechtzuerhalten [...], besteht kein Bedarf, so kann man auf den rechtlichen Eingriff verzichten.«[61]

Eine unbedingte und unreflektierte Deregulierung wäre für die wirtschaftliche Entwicklung fatal. Mangelt es an Gründen für die Zweckmäßigkeit der Deregulierung, entsteht in postsowjetischen Ländern ein Zustand, wonach die Wirtschaftsliberalisierung nur einem beschränkten Teil der Gesellschaft nützt.[62] Ohne rechtliches System gibt es kein wirtschaftliches System.[63] Das Recht darf keinen unsystematischen Cha-

55 Die gesetzliche Regelung muss nicht unbedingt die Gegenseite des liberalen Rechts sein. »Neben der Regelung ist auch die Durchsetzung des Liberalismus möglich«. *Jibuti* Interview mit Prof. Fastrich, Rundschau des Privatrechts, N1, 2015, 138, 139.
56 *Zoidze* Rezeption, 19 f.
57 Ebd. 19.
58 Ebd. 19.
59 S. *Chanturia* Corporate Governance, 2006, 485.
60 Z.B. die Regelung vom Kapitalmarkt, was die Funktionierung und den Schutz der Investoren auf der Gesetzgebungsebene sicherstellt.
61 *Zoidze* Rezeption, 20.
62 *Sukhanov* Probleme der gesellschaftsrechtlichen Verhältnisse im Gesetzentwurf der neuen Fassung des russischen ZGBin der Sammlung: Zivilrecht und gesellschaftsrechtliche Verhältnisse, 2013, 51 ff. russ.
63 Die Entwicklung als ein einheitliches Phänomen ist nicht vorstellbar ohne einheitliche Entwicklung verschiedener sozialer Bereiche. Dementsprechend braucht ein entwickeltes Land ein entwickeltes Recht, das sich nicht dem gesamten Prozess entfremdet. *Sen* What

rakter erwerben. Es ist erforderlich, die goldene Mitte zwischen dem regulierenden und reregulierenden Regime zu finden.

Wichtig ist auch die Entwicklung der Satzungsautonomie, die die interne gesellschaftsrechtliche Freiheit schafft, wobei ohne »gesetzliche Rahmenbedingungen die Entwicklung einer vollständigen Satzungsautonomie auch nicht möglich wäre«.[64] Das Ziel der zwingenden Vorschriften besteht darin, die Interessen und Sicherheit der Beteiligten an Rechtsverhältnissen zu gewährleisten.[65] Bei jeder zwingenden Norm ist zu beachten, welches Ziel der Gesetzgeber verfolgt. Der Reformzweck soll folgendermaßen sein: Die Durchsetzung von systematischen Grundsätzen, die beispielsweise trotz einer vollen Satzungsautonomie gewährleistet bleiben.

Die Festlegung der Grenzen der Satzungsautonomie ist auch gegenüber der Frage der typologischen Vermischung der Gesellschaften zu berücksichtigen. Zweifellos ist die Satzungsautonomie für die GmbH – ganz zu schweigen von Personengesellschaften – aus ihrer strukturellen Funktion heraus eher passend, als für eine AG.[66] Wobei die gesetzliche Beschränkung der Satzungsfreiheit für die AG entsprechend ihrer typologischen Natur und wirtschaftlichen Bedeutung gerecht wird.

IV. Schlussbemerkung

Für eine effektive Anwendung rezipierten Rechts im Empfangsstaat bleibt die Rechtsvergleichung eine wichtige und fortwährende Komponente. Man hat erkannt, dass dies bereits in der juristischen Ausbildung eine wesentliche Rolle spielt. Insoweit wurden Kooperationen, vornehmlich mit Deutschland, auf universitärer Ebene aufgebaut und gepflegt. Auch in der Praxis wird nach Möglichkeit von Partnerschaften Gebrauch gemacht. So wurden beispielsweise Gerichtspartnerschaften georgischer und deutscher Gerichte etabliert. Aufgrund unzureichenden Angebots georgischer Fachliteratur ist ein Rückgriff auf deutsche Literatur und Rechtsprechung für die Auslegung des eigenen Rechts hilfreich. Dies umso mehr, da in vielen Bereichen des Rechts bei der Gesetzgebung das deutsche Recht zur Grundlage genommen wurde.

---

is the Role of Legal and Judicial Reform in the Development Process, 2000, 8. zit. *Knieper* Rechtsreformen entlang der Seidenstraße, 20.

64 *Chanturia* in: Pheradze (Hrsg.), Überblick der Geschichte des Rechts- und Politikbewusstseins I, 2010, 562.

65 Ebd.

66 »Hauptverantwortlicher« dieser Vermischung können auch die Grenzen der vollen Satzungsautonomiefreiheit sein. z.B.: *Kiria* in: Burduli (Hrsg.), Sammlung des Gesellschaftsrechts I, 2011, 15 ff.

Singularia non sunt extendenda

Eine zweifelhafte Rechtsregel und ihr römisch-rechtlicher Ursprung

DANIEL OLIVER EFFER-UHE

Den Namen des Jubilars verbindet jeder sofort mit dem Zivilprozessrecht, neben einigen anderen Gebieten wie dem Insolvenzrecht oder dem Sachenrecht. Außerhalb seiner Kölner Fakultät, an der er nach wie vor regelmäßig einschlägige Lehrveranstaltungen anbietet, weniger bekannt ist das Interesse von *Hanns Prütting* an der juristischen Methodenlehre. Dieser Beitrag greift eine Methodenregel auf, deren große praktische Bedeutung in eklatantem Gegensatz zu ihrer theoretischen Verdammung in der Methodenlehre steht und deren Existenz sich wohl nur historisch erklären lässt.

I. DER GRUNDSATZ »SINGULARIA NON SUNT EXTENDENDA«

Häufig liest man, »singuläre Rechtssätze« (Ausnahmevorschriften) seien restriktiv anzuwenden. Damit ist zum einen gemeint, eine extensive Auslegung von Ausnahmevorschriften sei unzulässig, andererseits sollen solche Ausnahmevorschriften auch nicht als Basis für einen Analogieschluss herhalten können. Zur Begründung wird angeführt, dass man sonst Gefahr laufe, das Regel-Ausnahme-Verhältnis zu unterlaufen.[1] Die juristische Methodenlehre ist demgegenüber zwar zu Recht kritisch.[2] Wenn *Muscheler*[3] schreibt, der Satz werde heute »allgemein verworfen«, ist das zwar für die Methodenlehre durchaus nah an der Realität; seine Annahme, jeder Anfänger wisse, dass Ausnahmevorschriften extensiver[4] Auslegung offenstehen,[5] scheint jedoch

---

1 *Schmalz*, Methodenlehre, 3. Aufl. Baden-Baden 1992, Rn. 261; *Beaucamp/Treder*, Methoden und Technik der Rechtsanwendung, 3. Aufl. 2015, Rn. 157; kritisch dazu z. B. *Kramer*, Juristische Methodenlehre, 5. Aufl. 2016, S. 224 f.
2 Z. B. *Säcker*, in: MünchKomm BGB, 7. Aufl. 2015, Einl Rn. 121; *Canaris*, Die Feststellung von Lücken im Gesetz, 1964, S. 181; *Honsell*, Die rhetorischen Wurzeln der juristischen Ausbildung, ZfPW 2016, 106, 124; *Würdinger*, Die Analogiefähigkeit von Normen, AcP 206 (2006), 946, 965; *Honsell*, Die rhetorischen Wurzeln der juristischen Ausbildung, in: ZfPW 2016, 106, 124; *Larenz*, Methodenlehre der Rechtswissenschaft, 6. Aufl. 1991, S. 355.
3 *Muscheler*, Singularia non sunt extendenda, in: FS Wilhelm Kruse, 2001, S. 135.
4 Die Frage, was genau eine extensive Auslegung ist, wird noch näher erörtert werden, vgl. Abschnitt IV. 2.
5 *Muscheler* (Fn. 3), S. 135, 136.

deutlich zu optimistisch. Gerade in der Rechtsprechung[6] taucht der Grundsatz immer wieder auf, und auch in der Rechtslehre dürfte er nach wie vor eine Rolle spielen: Dass die Annahme, eine ausdehnende Auslegung von Ausnahmevorschriften sei unzulässig, nach wie vor herrschend sei, wurde z. B. noch vor wenigen Jahren von *Coing/Honsell*[7] angenommen.

II. Gründe gegen den Grundsatz

In der Methodenlehre werden gegen den Grundsatz »singularia non sunt extendenda« immer wieder erhebliche Einwände vorgebracht, deren wichtigste im Folgenden kurz angerissen werden sollen:

So entspreche schon nicht immer die gesetzliche Normierung von Regel und Ausnahme der praktischen Bedeutung in der Anwendung.[8] Beispielsweise kann die gesetzliche Formulierung von Regel und Ausnahme allein der Zuweisung der materiellen Beweislast dienen,[9] und gelegentlich wird etwas, was der Sache nach schon eine ganz allgemeine Einschränkung des Grundtatbestands ist, der Formulierung nach nur als Ausnahme erscheinen.[10] Allgemeiner lässt sich sagen, dass der Begriff der »Ausnahme« schon nicht hinreichend klar definiert ist;[11] so kann man eine Ausnahme z. B. logisch als Ausnahme von einer Regel definieren, ohne dabei etwas über Häufigkeiten zu sagen, oder aber auch allein statistisch.[12] Auch sei logisch gar nicht immer festzulegen, was Regel und was Ausnahme ist, kann doch eine Regel wiederum Ausnahme von einer noch allgemeineren Regel sein, eine Ausnahme wieder Unterausnahmen beinhalten.[13] Vor allem steht der Grundsatz zumindest in seiner Ausprägung als Analogieverbot in deutlichem Widerspruch zu dem der Analogie zugrundeliegenden Gedanken:[14] Unter wesentlich gleichen Voraussetzungen sollen wesentlich gleiche Rechtsfolgen eintreten.

---

6 Z. B. BGHZ 2, 244; BSG NJW 1959, 168, 169; OLG Hamm, FamRZ 1995, 805, 806; LG Münster, Beschl. v. 31.01.2017 – 5 T 30/17 BeckRS 2017, 104663; VG Gelsenkirchen, Urt. v. 13. August 2015 – 5 K 586/14, juris Rn. 34; KG Berlin, Urt. v. 24.11.2016 - 8 U 70/15, juris Rn. 39; OVG Sachsen, Urt. v. 17.12.2015 - 3 A 582/14 – Rn. 15; BGH NJW 2013, 1174, 1174; BGH NJW 2015, 544, 546; BVerwG, Beschl. v. 26.09.2013 - 4 VR 1/13, juris Rn. 48; BVerfG NJW 1977, 1815, 1816; abgeschwächt (Analogie »grundsätzlich« unzulässig) BVerfG NJW 1990, 1593, 1594 oder BayObLG NJW 2000, 1875, 1876, wonach die Analogiefähigkeit von Ausnahmevorschriften besonderer Begründung bedürfe.
7 *Coing/Honsell*, in: Staudinger, Eckpfeiler des Zivilrechts, 2011, Einleitung zum BGB, Rdnr. 63.
8 *Kramer* (Fn. 1), S. 225.
9 *Rosenkranz*, Die Auslegung von »Ausnahmevorschriften«, in: Jura 2015, S. 783, 785.
10 *Larenz* (Fn. 2), S. 355.
11 *Rosenkranz* (Fn. 9), S. 783, 784 f.
12 *Muscheler* (Fn. 3), S. 135, 147.
13 *Muscheler* (Fn. 3), S. 135, 146.
14 *Muscheler* (Fn. 3), S. 135, 148.

III. Historische Herleitung

1. Römisches Recht

Die Wurzel unseres heutigen Singularia-Satzes ist in römisch-rechtlichen Quellen der klassischen Zeit, die später Eingang in die Digesten gefunden haben, zu sehen.[15] So heißt es bei Paul. 54 ad edictum D. 1.3.14: *Quod vero contra rationem iuris receptum est, non est producendum ad consequentias.* (Was aber gegen die Vernunft des Rechts angenommen worden ist, kann nicht auf andere Sachverhalte übertragen werden.) Ähnlich bei Iul. 27 digestorum D. 1.3.15: *In his, quae contra rationem iuris constituta sunt, non possumus sequi regulam iuris.* (Aus demjenigen, was gegen die Vernunft des Rechts festgelegt worden ist, können wir keine Rechtsregel ableiten.) Dass es dabei gerade um die Singularia geht, ergibt sich in der Zusammenschau mit Paul. libro singulari de iure singulari D. 1.3.16: *Ius singulare est, quod contra tenorem rationis propter aliquam utilitatem auctoritate constituentium introductum est.* (Sonderrecht ist, was gegen den Sinn der Vernunft wegen irgendwelcher anderen Nützlichkeit aus der Autorität der Rechssetzenden eingeführt worden ist.[16]) In diesen Definitionen des *ius singulare* klingt an, dass bei Regeln, die der Kaiser eingeführt hat, obwohl sie gegenüber dem sonstigen Recht einen Wertungswiderspruch enthalten, zwar die kaiserliche Rechtsetzungsmacht respektiert wurde, diese Sonderregelungen aber gleichwohl als systemfremd kritisiert wurden.[17] Legt man diese Definition zugrunde, zeigt sich, dass längst nicht alles, was man heute als Ausnahmevorschrift bezeichnen würde, auch *ius singulare* im paulinischen Sinne ist.

Allerdings ist es ganz so einfach dann doch nicht. Denn schon darüber, was in den Quellen genau mit *ius singulare* bezeichnet wird, besteht Unklarheit. Manche Vorschriften, die in den Quellen ausdrücklich als *ius singulare* bezeichnet werden, passen nicht unter die Definition, weil es z. B. am Verstoß gegen ein Rechtsprinzip fehlt.[18] Andere wurden, obwohl sie unter die Definition passen, auf andere Fälle ausgedehnt, beispielsweise wurde das Senatusconsultum Velleianum, nach dem Frauen von der Haftung aus Interzessionen – Bürgschaften und Darlehensaufnahmen für einen anderen – ausgenommen wurden, im Lauf der Zeit auf Sachverhalte wie die Pfandgabe ausgeweitet.[19] Auch die freiere Form des Soldatentestaments, bei dem es sich um *ius singulare* handelt,[20] fand ausdehnende Anwendung, beispielsweise auf Zivilpersonen in Feindesland.[21] Zum Teil wurde vertreten, dass *ius singulare* im römischen Recht

---

15 Vgl. *Rosenkranz* (Fn. 9), S. 783, 783; *Muscheler* (Fn. 3), S. 135, 136 f.
16 Übersetzungen nach *Babusiaux*, Wege zur Rechtsgeschichte – Römisches Erbrecht, 2015, S. 192.
17 *Babusiaux* (Fn. 16), S. 191.
18 *Muscheler* (Fn. 3), S. 135, 137.
19 *Vogenauer*, Die Auslegung von Gesetzen in England und auf dem Kontinent, 2001, S. 517; *Muscheler* (Fn. 3), S. 135, 137 f.; *Scharlach*, Das jus singulare im Römischen Recht, in: AcP 62 (1879), S. 435, 436.
20 *Babusiaux* (Fn. 16), S. 190 f.; ausdrücklich Gai. 19 ad edictum provinciale D. 29.1.2.
21 *Scharlach* (Fn. 19), S. 435, 437.

nur solche singulären Rechtssätze gewesen seien, die gerade nicht von einer gesetzgebenden Gewalt eingeführt worden seien – Rechtssätze also, die aus Utilitätsgründen als bloßes Juristenrecht entstanden sind.[22] Diese Auffassung begegnet allerdings erheblichen Bedenken. Sie lässt sich zwar für Kodizille – formlose Nachträge zum Testament, die ausweislich Inst. 2.25 pr.[23] aufgrund einer Anfrage von Augustus bei Juristen anerkannt worden seien –, mit den Quellen vereinbaren, nicht aber z. B. für Soldatentestamente, die in Gai. 19 ad edictum provinciale D. 29.1.2 als *ius singulare* bezeichnet werden und für die gemäß ebendieser Stelle besonderes Recht gerade aufgrund kaiserlicher Konstitutionen gelte. Die herrschende Meinung sieht – im Einklang mit der bereits genannten Definition des Paulus – als entscheidend an, dass von einem allgemeinen Rechtsprinzip abgewichen wird.[24]

2. Ius Commune und BGB-Gesetzgebungsprozess

Im mittelalterlichen Recht der Glossatoren und Konsiliatoren wurde dann auch Statutarrecht, das dem römischen Recht zuwiderläuft, als *ius singulare* aufgefasst.[25] Dabei handelt es sich aber um eine Frage unterschiedlicher Rechtsquellen, eine Problematik also, die bei der heutigen Anwendung des Singularia-Satzes keine Rolle mehr spielt. Schon im Gemeinen Recht wurde vereinzelt angenommen, dass *ius singulare* nicht per se einer ausdehnenden Anwendung verschlossen war, sondern nur nicht über seinen Grund hinausgehend ausgedehnt werden solle.[26] Bei den Beratungen zum BGB schließlich war zunächst im ersten Entwurf noch eine gesetzliche Regelung der Analogie[27] vorgesehen, die zu einer Begünstigung der Analogie geführt hätte.[28] Dass diese Vorschrift sich im BGB nicht mehr findet, ist nicht auf inhaltliche Kritik zurückzuführen, vielmehr hielt man sie nur für überflüssig.[29] Eine Vorschrift, die die fehlende Analogiefähigkeit von Ausnahmen regelte und die es immerhin im sächsi-

---

22 *Scharlach* (Fn. 19), S. 435, 440 f.
23 Inst. 2.25 pr.: *Dicitur convocasse prudentes, inter quos Trebatium quoque, cuius auctoritas maxima erat, et quaesisse, an possit hoc recipi ...: Et Trebatium suasisse Augusto, ...* (Augustus soll dann die Rechtsgelehrten, unter ihnen auch Trebatius, der damals die größte Autorität besaß, zusammengerufen und gefragt haben, ob man das anerkennen könne ... Und Trebatius habe dem Augustus zugeraten, ... – Übersetzung nach *Behrends/Knütel/Kupisch/Seiler*, Corpus Iuris Civilis, Band I – Institutionen, 2. Aufl. 1997, S. 129).
24 *Muscheler* (Fn. 3), S. 135, 138.
25 *Vogenauer* (Fn. 19), S. 518.
26 *Thibaut*, Rechtsauslegung – Theorie der logischen Auslegung des römischen Rechts, 1806 (zitiert nach dem Neudruck 1966), S. 85 f.
27 § 1 des ersten Entwurfs: »Auf Verhältnisse, für welche das Gesetz keine Vorschrift enthält, finden die für rechtsähnliche Verhältnisse gegebenen Vorschriften entsprechende Anwendung. In Ermangelung solcher Vorschriften sind die aus dem Geiste der Rechtsordnung sich ergebenden Grundsätze maßgebend.«
28 *Muscheler* (Fn. 3), S. 135, 140.
29 Vgl. Protokolle Band I, S. 2.

schen BGB[30] schon gegeben hatte, wurde im Gesetzgebungsprozess[31] abgelehnt, da diese Aussage in ihrer Allgemeinheit bedenklich und im Übrigen, soweit sie etwas Richtiges besage, selbstverständlich sei.[32] Vor diesem Hintergrund überrascht es, dass sich der Singularia-Satz in seiner Allgemeinheit auch nach Erlass des BGB noch gewisser Beliebtheit erfreute. Immerhin verbreitete sich seit etwa dem Beginn des 20. Jahrhunderts die Meinung, dass auch Ausnahmevorschriften analog anzuwenden seien, wenn ihre ratio auch auf den nicht geregelten Fall zutrifft.[33] Das ist konsequent, bedenkt man, dass der BGB-Gesetzgeber[34] den Singularia-Satz in seiner Allgemeinheit für bedenklich gehalten hat und er ohnehin auf Digestenstellen fußt, die nur das Recht betreffen, das »gegen den Sinn der Vernunft wegen irgendwelcher anderen Nützlichkeit aus der Autorität der Rechtsetzenden eingeführt worden ist« – eine Definition, unter die sich ein Großteil der Normen, die man heute als Ausnahmevorschriften bezeichnen würde, nicht subsumieren lässt.

IV. Analogie- und Extensionsfähigkeit von Ausnahmevorschriften

Tatsächlich wird auch heute zum Teil ausdrücklich vertreten, der Grundsatz »singularia non sunt exdendenda« sei nach wie vor überzeugend, wenn man als *lex singularis* nicht jede Ausnahmevorschrift in einem formellen Sinn verstünde, sondern nur eine »Ausreißer-Norm«, die nicht in das innere System der Rechtsordnung passe und daher inkonsistent erscheine.[35]

1. Analoge Anwendung von Ausnahmevorschriften

Aber selbst mit dieser Einschränkung erscheint die Annahme, dass Ausnahmevorschriften nicht analogiefähig seien, wenig hilfreich. Selbst eine solche Ausreißer-Norm, die nicht in das innere System der Rechtsordnung passt, wurde ja in der Regel aus irgendeinem Grund eingeführt, den der historische Gesetzgeber für die Durchbrechung des inneren Systems hatte. Auch bei solchen Normen stellt sich für den Analogieschluss daher die Frage, ob nicht der Grund für die Ausnahmevorschrift auch auf den möglicherweise vergleichbaren Fall zutrifft.

---

30 § 26 sächs. BGB: »Die Ausdehnung auf ähnliche Fälle findet nicht bei Gesetzen statt, welche aus besonderen, für einzelne Fälle bestehenden Gründen eine Ausnahme von allgemeinen Rechtssätzen enthalten.«
31 Motive Band I, S. 17.
32 Vgl. *Muscheler* (Fn. 3), S. 135, 140.
33 Vgl. *Vogenauer* (Fn. 19), S. 518.
34 Wenn ich hier die laut Motiven maßgebliche Ansicht als Auffassung des Gesetzgebers bezeichne, beruht das auf den vernünftigen Annahmen der Paktentheorie, vgl. näher *Röhl/Röhl*, Allgemeine Rechtslehre, 3. Aufl. 2008, S. 628.
35 *Kramer* (Fn. 1), S. 227; ähnlich *Heller*, Logik und Axiologie der analogen Rechtsanwendung, 1961, S. 80; *Petersen*, Die eingeschränkte Testierfähigkeit beim Pflegeheimbetrieb durch eine GmbH, in: DNotZ 2000, 739, 743 f.

Voraussetzung des Analogieschlusses ist, dass eine Gesetzeslücke, also eine planwidrige Unvollständigkeit des Gesetzes, vorliegt.[36] Hinzukommen muss eine hinreichende Ähnlichkeit zwischen dem geregelten und dem nicht geregelten Fall – die innere Rechtfertigung der Analogie wurzelt also im Gleichbehandlungsgebot.[37] Letztendlich müssen diese Voraussetzungen einer Analogie im Einzelfall geprüft werden; dass es sich bei einer Norm um eine Ausnahmevorschrift handelt, entbindet von dieser Prüfung nicht.[38] Tatsächlich wird es im Ergebnis bei einer – in einem materiellen Sinne – singulären Vorschrift nur selten zu einer Analogie kommen, bei einer Vorschrift also, die auch der Sache nach eine Ausnahme darstellt und nicht nur nach ihrer sprachlichen Ausformulierung[39], die ja z. B. auch nur die Beweislastverteilung regeln kann. Insofern hat der Singularia-Satz in der Tat einen zutreffenden Kern: Die Ausnahme soll nicht durch Analogieschlüsse zur Regel gemacht werden.[40] Aber das beruht nur indirekt auf dem Charakter der Vorschrift als Ausnahme. Der Grund dafür, dass es meist nicht zu einer Analogie kommen wird, liegt darin, dass die genannten Voraussetzungen des Analogieschlusses – planwidrige Regelungslücke und Vergleichbarkeit – nur selten vorliegen werden, wenn die Vorschrift, deren analoge Anwendung erwogen wird, eine Ausnahmevorschrift ist. Wenn es sich um eine Vorschrift handelt, die dem inneren System der Rechtsordnung entgegenläuft, um irgendeiner speziellen Konstellation Rechnung zu tragen, dann wird meist ganz bewusst nur die Erfassung genau dieser Konstellation gewollt sein, so dass es an der planwidrigen Regelungslücke fehlt. Das ist aber keineswegs zwingend; denn selbst, wenn der Gesetzgeber nur an eine ganz bestimmte Konstellation gedacht hat, sind andere Konstellationen denkbar, in denen der Grundgedanke, der für die Ausnahme gesprochen hat, ebenso einschlägig ist, und bei denen anzunehmen ist, dass der Gesetzgeber sie ebenfalls berücksichtigt hätte, wenn er sie in Erwägung gezogen hätte. Wenn dann aber der Grundgedanke ebenso einschlägig ist, spricht das sehr dafür, auch die Vergleichbarkeit von geregeltem und nicht geregeltem Fall zu bejahen. Es ist also dann – und nur dann – auch die Ausnahmevorschrift analogiefähig, wenn das der Ausnahme zugrundeliegende (engere) Prinzip seinem Sinn nach auch auf den nicht ausdrücklich geregelten Fall passt.[41] Das engere Prinzip, das der Ausnahme zugrunde liegt, darf aber nicht durch Analogieschlüsse zum allgemeinen Prinzip gemacht werden;[42] die Regelungsentscheidung des Gesetzgebers darf durch die analoge Anwendung von Ausnahmebestimmungen nicht geradezu in ihr Gegenteil verkehrt werden.[43] Entscheidend ist also, dass die analoge Anwendung einer Norm nur im

36 *Würdinger* (Fn. 2), S. 946, 950 f.
37 *Würdinger* (Fn. 2), S. 946, 952 f.
38 *Muscheler* (Fn. 3), S. 135, 149.
39 *Larenz* (Fn. 2), S. 355.
40 *Canaris*, Die Feststellung von Lücken im Gesetz, 1964, S. 181; *Würdinger* (Fn. 2), S. 946, 961.
41 *Canaris* (Fn. 40), S. 181; ähnlich *Bitter/Rauhut*, Grundzüge zivilrechtlicher Methodik – Schlüssel zu einer gelungenen Fallbearbeitung, in: JuS 2009, S. 289, 298.
42 *Canaris* (Fn. 40), S. 181.
43 *Larenz* (Fn. 2), S. 356.

Rahmen ihres Zwecks möglich ist, was aber keine Besonderheit von Ausnahmevorschriften ist; allerdings kann der Raum für Analogien bei besonders engen Zwecksetzungen recht begrenzt sein.[44] Vorschriften, die schon ihrer Natur nach jeder Analogie prinzipiell unzugänglich sind, gibt es nicht, wie schon Canaris[45] 1964 festgestellt hat. Auch Ausnahmevorschriften sind also dann analogiefähig, wenn das in ihnen verkörperte Rechtsprinzip auch auf ähnliche Fälle zutrifft,[46] so dass eine Gesetzesanalogie (Einzelanalogie) grundsätzlich möglich ist, während eine Rechtsanalogie (Gesamtanalogie) in der Regel ausscheiden wird, weil der Ausnahmevorschrift gerade kein Rechtsgrundsatz von hinreichender Allgemeingültigkeit entnommen werden kann,[47] wie er bei einer Gesamtanalogie aus einer Gesamtschau von Normen induktiv herausgearbeitet wird.[48]

2. Extensive Auslegung von Ausnahmevorschriften

Fragt man sich, ob Ausnahmevorschriften extensiv ausgelegt werden dürfen, muss man sich zunächst darüber im Klaren sein, was eine extensive Auslegung überhaupt ist. Die Bezeichnung einer Auslegung als extensiv oder restriktiv ist nämlich mehrdeutig.[49] Zum einen kann damit auf den Sinn eines Ausdrucks abgestellt sein: Die restriktive Auslegung in dieser Bedeutungsvariante beschränkt den Anwendungsbereich einer Norm auf den nächstliegenden/engeren Sinn eines Tatbestandsmerkmals, während eine extensive Auslegung auch einen weiteren Wortsinn für erfasst hält.[50]

Weiter kann der Anwendungsbereich einer Norm gemeint sein: Die restriktive Auslegung beschränkt demnach den Anwendungsbereich einer Vorschrift auf einen relativ zur extensiven Auslegung kleineren Bereich von Fällen.[51] Denkt man diesen Ansatz konsequent weiter, wäre jede Auslegung als extensiv zu bezeichnen, bei der ein Sachverhalt unter eine Norm subsumiert wird, obwohl es nicht völlig eindeutig ist, dass der Sachverhalt nach jeder nur denkbaren Auffassung unter die Norm subsumiert werden *muss*. Denn sobald es eine denkbare Variante gibt, nach der der Sachverhalt nicht unter die Norm subsumiert werden kann, ist die Bejahung der Tatbestandsvoraussetzungen in Relation extensiv. Daraus ergibt sich schon, dass bei einem solchen Verständnis die extensive Auslegung von Ausnahmevorschriften nicht ausgeschlossen sein kann, da ansonsten in vielen Fällen der Wille des Gesetzgebers ignoriert würde.

---

44 *Rosenkranz* (Fn. 9), S. 783, 787.
45 *Canaris* (Fn. 40), S. 183.
46 *Schmitt*, in: MünchKomm BGB, 7. Aufl. 2015, § 1 Rdnr. 31.
47 Vgl. *Canaris* (Fn. 40), S. 187 f.
48 Vgl. *Würdinger* (Fn. 2), S. 946, 954.
49 *Engisch*, Einführung in das juristische Denken, 11. Aufl. 2010, S. 179 ff.
50 *Engisch* (Fn. 49), S. 179 f.; für die Vorzugswürdigkeit dieser Bedeutung von extensiv/restriktiv *Wank*, Die Auslegung von Gesetzen, 5. Aufl. 2011, S. 44.
51 *Engisch* (Fn. 49), S. 181.

Teilweise wird eine Auslegung auch dann als restriktiv angesehen, wenn sie die Durchbrechung eines allgemeinen Grundsatzes in möglichst engen Grenzen hält, was nicht zwingend mit der Zuweisung der Bezeichnungen »restriktiv« und »extensiv« nach den beiden zunächst genannten Bedeutungsvarianten übereinstimmen muss.[52]

Wohl herrschend dürfte es – jedenfalls unter Vertretern einer objektiven Theorie der Gesetzesauslegung[53] – sein, die Frage, ob eine Auslegung restriktiv oder extensiv ist, am engen oder weiten Wortsinn festzumachen.[54] Die Abgrenzung zwischen extensiver Auslegung und analoger Anwendung wird dementsprechend nach objektiven Theorien der Gesetzesauslegung danach getroffen, ob sich die zu subsumierende Bedeutung noch im Bereich des möglichen Wortsinns, wenn auch im Begriffshof, findet.[55] Ob eine feste Wortlautgrenze überhaupt feststellbar ist, kann hier dahinstehen.[56] Der Ausschluss einer extensiven Auslegung von Ausnahmevorschriften in diesem Sinn geht in jedem Fall entschieden zu weit. Auch die objektive Theorie der Gesetzesauslegung verneint ja nicht per se jede Bedeutung des Willens des historischen Gesetzgebers. Wollte man Ausnahmevorschriften nämlich nur dann anwenden, wenn der Wortlaut der Vorschrift völlig eindeutig den zu subsumierenden Sachverhalt umfasst, könnte man in vielen Fällen dem Willen des Gesetzgebers nicht mehr im Wege der Auslegung Rechnung tragen, obwohl sich der vom Gesetzgeber als erfasst gewollte Fall noch im Rahmen des möglichen Wortsinns befindet, so dass der Bereich einer Analogie noch nicht erreicht wäre.

Folgt man – aus Sicht der hier vertretenen Auffassung vorzugswürdig[57] – der subjektiven Theorie der Gesetzesauslegung, dann beruht der Unterschied zwischen einer restriktiven und einer extensiven Gesetzesanwendung auf dem Verhältnis dessen, was der Gesetzgeber zum Ausdruck bringen wollte, zu dem, was er tatsächlich in Gesetzesform gegossen hat: Wenn der Wille des Gesetzgebers über den Gesetzeswortlaut hinausgeht, ist danach eine extensive Gesetzesauslegung vonnöten, um dem Willen des Gesetzgebers zum Durchbruch zu verhelfen; erfasst der Wortlaut umgekehrt Fälle, die der Gesetzgeber nicht erfasst sehen wollte, ist eine restriktive Auslegung angezeigt.[58]

Für den Subjektivisten ergeben sich insofern keine Probleme: Auslegung ist nach der subjektiven Theorie der Gesetzesauslegung in erster Linie die Suche nach dem Inhalt des Gesetzes, wie ihn der Gesetzgeber dem Gesetz beigelegt hat,[59] »so wie es

---

52 *Engisch* (Fn. 49), S. 182 f.
53 Dazu allgemein *Röhl/Röhl* (Fn. 34), S. 627 ff.
54 *Wank* (Fn. 50), S. 44; *Coing/Honsell* (Fn. 7), Rdnr. 62.
55 *Coing/Honsell* (Fn. 7), Rdnr. 62.
56 Vgl. zur Diskussion *Röhl/Röhl* (Fn. 34), S. 614 m. w. N.
57 Die Gründe habe ich an anderer Stelle ausführlich dargelegt, vgl. *Effer-Uhe*, Die Parteivernehmung – Überlegungen zu einer verstärkten Nutzbarmachung von § 448 ZPO, 2015, S. 128 ff.
58 *Engisch* (Fn. 49), S. 185; ähnlich *Reimer*, Juristische Methodenlehre, 2016, Rn. 556 zur teleologischen Extension.
59 Vgl. *Effer-Uhe*, ZRph 2013, S. 39, 50 m. w. N.

erlassen worden ist«[60]. Es geht darum, »mit rationalen Mitteln die Wertentscheidungen zu ermitteln, die der Gesetzgeber in der Rechtsordnung ... niedergelegt hat«.[61] Der Wortlaut hat dementsprechend für den Subjektivisten ohnehin eine deutlich geringere Bedeutung als für den Objektivisten: Die Auslegung als Ermittlung des historischen Normzwecks hat den Gesetzeswortlaut zum Ausgangspunkt, die sprachliche Fassung der Rechtsnorm transportiert aber nur den Normzweck, den der Normsetzer mit ihm verfolgt hat.[62] Ist das Gewollte im Wortlaut nur unvollkommen oder fehlerhaft zum Ausdruck gebracht, steht das einer Auslegung im tatsächlich gewollten Sinne daher nicht entgegen, wenn der Wille des Gesetzgebers, der im Sinne der Paktentheorie[63] aus den Äußerungen im Rahmen des Gesetzgebungsverfahrens zu konstruieren ist, auf andere Weise[64] hinreichend sicher erschlossen werden kann – ein Ergebnis, das in vielen Fällen durchaus auch Objektivisten, die von einer Wortlautgrenze ausgehen, erreichen werden, allerdings nicht mehr im Wege der Auslegung, sondern der Rechtsfortbildung. Der Streit zwischen subjektiver und objektiver Auslegung ist insofern zumindest hinsichtlich des praktischen Ergebnisses in vielen Fällen von untergeordneter Bedeutung, sondern vielmehr ein Streit um Worte. Vorzugswürdig erscheint es allerdings, in Fällen, in denen durch eine Abweichung vom Gesetzeswortlaut gerade dem Willen des Gesetzgebers Genüge getan wird, noch von einer Auslegung auszugehen: Dass eine Rechtsfortbildung nur unter engen Voraussetzungen möglich ist, dient ja gerade der Gewaltenteilung, indem der Gesetzgeber davor geschützt wird, dass die von ihm geschaffenen Normen ohne hinreichenden Grund ausgehebelt werden.[65] Diese Befürchtung besteht aber dann nicht, wenn *durch die Überschreitung des Gesetzeswortlauts* gerade dem Willen des Gesetzgebers zum Durchbruch verholfen wird. Umgekehrt bedarf dann gerade das Festhalten am Gesetzeswortlaut besonderer Begründung.

Die Einhaltung einer Wortlautgrenze ist also kein Selbstzweck. Wenn vereinzelt von objektivistischer Seite auf die Einhaltung dieser Grenze gepocht wird, liegt dem der durchaus zutreffende Gedanke zugrunde, dass der Gesetzesunterworfene sich – wenn überhaupt – in erster Linie am Wortlaut einer Norm orientieren wird und nicht an irgendwelchen Bundestagsdrucksachen. Dementsprechend kann eine stärkere Berücksichtigung des Wortlauts das Vertrauen der Rechtsunterworfenen auf diesen

---

60 *Looschelders/Roth*, Juristische Methodik im Prozeß der Rechtsanwendung, 1996, S. 31.
61 *Rüthers/Fischer/Birk*, Rechtstheorie mit Juristischer Methodenlehre, 8. Aufl. 2015, Rn. 737.
62 *Höpfner*, Die systemkonforme Auslegung, 2008, S. 144 f.
63 Vgl. dazu z. B. *Bydlinski/Bydlinski*, Grundzüge der juristischen Methodenlehre, 2. Aufl. 2012, S. 40 f.
64 Beispielsweise aufgrund der Gesetzgebungsmaterialien. Soweit das zum Teil mit der Begründung abgelehnt wird, die Äußerungen im Gesetzgebungsverfahren hätten keinen Teil an der Rechtskraft des Gesetzes (so z. B. Puppe, Kleine Schule des juristischen Denkens, 2008, S. 79), greift das zu kurz, steht doch gerade nicht in Frage, ob die Materialien Gesetzeskraft haben, sondern mit welchem Inhalt das Gesetz Gesetzeskraft hat.
65 Vgl. *Rüthers*, Die unbegrenzte Auslegung, 7. Aufl. 2012, S. 457 ff.

Wortlaut schützen.[66] Allerdings spielt das nur dann eine Rolle, wenn sich tatsächlich aufgrund des Wortlauts ein schutzwürdiges Vertrauen ergeben hat, was eine Frage des Einzelfalls ist und nicht – unter Missachtung des Willens des Gesetzgebers – einzelfallunabhängig zu einer sklavischen Bindung an eine vermeintliche Wortlautgrenze führen sollte.

Dem kann aus Sicht der subjektiven Theorie der Gesetzesauslegung ohne weiteres Rechnung getragen werden. Das leistet beispielsweise das von *Rüthers*[67] und *Höpfner*[68] vertretene dreistufige Modell der Gesetzesauslegung. Danach erfolgt auf einer ersten Stufe – der Auslegung im engeren Sinne – die Erforschung des Willens des historischen Gesetzgebers, auf einer zweiten Stufe wird die Fortgeltung des Normzwecks im Anwendungszeitpunkt geprüft, während auf einer dritten Stufe mögliche Anwendungshindernisse untersucht werden. Zu diesen Anwendungshindernissen kann unter anderem schutzwürdiges Vertrauen des Rechtsverkehrs zählen.[69] Daraus ergibt sich dann zwanglos, inwiefern Ausnahmevorschriften einer extensiven Auslegung jenseits der Wortlautgrenze zugänglich sind: Sofern es dem konstruierten Willen des historischen Gesetzgebers entspricht, dass ein bestimmter Anwendungsfall von der Norm erfasst wird, ist dieser Fall auch grundsätzlich unter die Norm zu subsumieren, sofern der historische Normzweck noch fortgilt und keine Anwendungshindernisse entgegenstehen. Nur dann, wenn sich der Normzweck zwischenzeitlich erledigt hat oder Anwendungshindernisse wie schutzwürdiges Vertrauen des Rechtsverkehrs entgegenstehen, scheidet eine derartig extensive Auslegung aus. Das ist dann allerdings keine Besonderheit von Ausnahmevorschriften, sondern ergibt sich für jede Norm aus den allgemeinen Grundsätzen.

V. Fazit

Auch wenn für den Grundsatz »Singularia non sunt extendenda« oftmals auf Digestenstellen verwiesen wird, lässt sich keineswegs eine geradlinige Entwicklung feststellen. So spricht schon im römischen Recht der klassischen Zeit und der Digesten viel dafür, dass es sich beim *ius singulare* allein um solche Vorschriften gehandelt hat, die von einem allgemeinen Rechtsprinzip abweichen. Der BGB-Gesetzgeber hielt eine dahingehende Vorschrift, wie sie das sächsische BGB noch enthalten hatte, für zu weitgehend und lehnte eine derartige Regelung bewusst ab. Um dem Sinn des Analogieschlusses, der letztlich im Gleichbehandlungsgrundsatz wurzelt, gerecht zu werden, geht es nicht an, die Analogie schon allein deswegen abzulehnen, weil es sich bei einer Vorschrift um eine Ausnahmevorschrift handelt. Vielmehr sind die allgemeinen

---

66 Effer-Uhe, Die ökonomische Analyse des Rechts und ihre Verwendbarkeit im Rahmen der Rechtsanwendung, in: ZRph 2013, 39, 53.
67 *Rüthers*, Rechtstheorie, 4. Aufl. 2008, Rn. 730 ff.; teilweise anders mittlerweile die Neuauflage *Rüthers/Fischer/Birk* (Fn. 61) Rn. 730b ff.
68 *Höpfner* (Fn. 62), S. 143 ff.
69 *Höpfner* (Fn. 62), S. 150.

Voraussetzungen einer Analogie zu prüfen. Der zutreffende Kern des Singularia-Satzes liegt darin, dass bei einer Ausnahmevorschrift planwidrige Regelungslücke und Vergleichbarkeit von geregeltem und nicht geregeltem Fall eher selten zu bejahen sein werden; liegt aber ausnahmsweise beides vor, dann ist der Analogieschluss im Wege der Einzelanalogie auch bei einer Ausnahmevorschrift angezeigt. Wenig hilfreich ist auch die Annahme, Ausnahmevorschriften seien restriktiv auszulegen. Entscheidend ist insoweit, welchen Zweck der Normsetzer mit der Ausnahmevorschrift verfolgt hat; wenn dieser Zweck für die Anwendung der Norm auf einen konkreten Fall streitet, spricht das auch dann für diese Anwendung, wenn damit nicht die engste Auslegung gewählt oder gar über den Gesetzeswortlaut hinausgegangen wird.

Reformen in der Justiz – eine rechtsstaatliche und gesellschaftliche Notwendigkeit

Marie Luise Graf-Schlicker

I. Einleitung

Der Jubilar hat sich nicht nur viele Jahre mit dem »Handwerkszeug« der Richterschaft, den Prozessordnungen befasst, sondern er hat auch immer wieder den Blick von außen auf die justiziellen Abläufe geworfen. Sein breit gefächertes wissenschaftliches Spektrum umfasst neben den Verfahrensordnungen der ZPO, des FamFG und des Arbeitsgerichtsgesetzes, vor allem das bürgerliche Recht, das Insolvenzrecht und das anwaltliche Berufsrecht. In all diesen Rechtsgebieten hat Hanns Prütting durch unzählige wissenschaftliche Beiträge und rechtstatsächliche Untersuchungen[1] sowie seine Mitwirkung an dem Simulationsverfahren der Landesjustizverwaltung Nordrhein-Westfalen zur Reform des Zivilprozessrechts[2] wichtige Impulse für die Weiterentwicklung des Rechts gegeben.

Der Beitrag soll den Blick des Jubilars auf die rechtliche Entwicklung der letzten Jahrzehnte aufgreifen. Er soll der Frage nachgehen, welche Änderungen in der Justiz notwendig sind, damit sie in einer zunehmend von digitalen Abläufen geprägten Welt und den sich stark wandelnden gesellschaftlichen Verhältnissen, die auch das Kommunikationsverhalten der Menschen betreffen, ihre Aufgaben als Dritte Gewalt im demokratischen Rechtsstaat weiterhin in qualitativ hochwertiger Weise wahrnehmen kann. Dabei steht – wegen der notwendigen Begrenzung dieses Beitrags – im Zentrum der Ausführungen der Zivilprozess.

II. Bedeutung der Justiz für den Rechtsstaat

Als Dritte Gewalt im Staate hat die Justiz eine zentrale Aufgabe für den Bestand eines demokratischen Rechtsstaats. Sie ist Garant dafür, dass die demokratischen Rechtsregeln durchgesetzt werden. Ohne die effektive Durchsetzungsmöglichkeit des Rechts durch unabhängige Richterinnen und Richter sind Rechtsregeln, die sich ein demokratischer Staat gegeben hat, weitgehend wertlos. Die Judikative ist deshalb

---

1 Hommerich/Prütting/Ebers/Lang/Traut, Rechtstatsächliche Untersuchung zu den Auswirkungen der Reform des Zivilprozessrechts auf die gerichtliche Praxis, Köln 2006.
2 Vgl. dazu Jochen Dieckmann, Die Verfahrenssimulation zum Referentenentwurf des Zivilprozessreformgesetzes, JZ 2000, 760; Kleinert, Jahrhundertwerk oder Mogelpackung?, Betrifft Justiz 2000, 365.

so aufzustellen, dass sie Rechtsschutz auch bei immer komplexeren Fallgestaltungen, denen nicht nur national geprägte, sondern europäisch und international verwobene Sachverhalte zugrunde liegen, wirkungsvoll und in angemessener Zeit zur Verfügung stellen kann.[3] Sie ist aber auch dem Volke, in dessen Namen sie urteilt, in angemessener Form zur Rechenschaft über ihre Tätigkeit verpflichtet. Dazu gehört, sich auf die Veränderungen der Kommunikation einzulassen.

III. Der Zivilprozess im Spiegel der Zeiten

Zunächst stellt sich die Frage, ob die verfahrensrechtlichen Vorschriften für den Zivilprozess den Anforderungen genügen, um den Gerichten zügige, qualitativ hochwertige Entscheidungen zu ermöglichen.

1. Bewältigung der zunehmenden Fallzahlen

Forderungen zur Änderung der Zivilprozessordnung sind ein ständiger Begleiter dieses Gesetzes. Sie wurden erstmals bereits kurze Zeit nach dem Inkrafttreten dieses Gesetzes am 1. Oktober 1879 erhoben und sind bis heute nicht verhallt. Im Kern ging es bisher bei allen Reformen um Maßnahmen zur Bewältigung der zunehmenden Fallzahlen in angemessener Zeit.[4]

a) Erhöhung der Abgrenzungsstreitwerte und Reduzierung der Richter in den Spruchkörpern

Erste grundlegende Änderungen der Zivilprozessordnung wurden durch die »Emminger Reform« von 1924 vorgenommen, mit der u. a. das Güteverfahren und der vorbereitende Einzelrichter eingeführt sowie der Zugang zum Revisionsverfahren verändert wurde.[5] Außerdem zeigten sich schon hier die ersten Ansätze, durch die Reduzierung der Entscheidungsträger in einem Spruchkörper »Entlastungspotential« zu schaffen. So wurde die Anzahl der zur Entscheidung berufenen Richter beim Oberlandesgericht von fünf auf drei und beim Reichsgericht von sieben auf fünf reduziert.[6]

In den Siebzigerjahren des letzten Jahrhunderts entwickelte der Gesetzgeber diese Maßnahme fort und führte »zur Beschleunigung des Verfahrens« die Alleinent-

---

3 Vgl. BVerfG, Beschluss v. 02.03.1993 – BvR 249/92, NJW 1993, 1635.
4 So im Ergebnis auch Prütting, Die Strukturen des Zivilprozesses unter Reformdruck und europäische Konvergenz?, Festschrift für Ekkehard Schumann, 2001, S. 309, 311.
5 Prütting, Rechtsmittelreform 2000 oder: Der Start spart und der Rechtsstaat leidet, 2000, S. 9 ff.
6 Deutsch, Rechtsstaat und Prozess vor zwei Einzelrichtern, NJW 2004, 1150.

scheidungsbefugnis des Einzelrichters am Landgericht ein.[7] Darüber hinaus wurden immer wieder die »Zuständigkeitsstellschrauben« verändert. Mit dem Entlastungsgesetz von 1974 wurde die Wertgrenze in Streitigkeiten über vermögensrechtliche Ansprüche für die amtsgerichtliche Zuständigkeit von 1.500 DM auf 3. 000 DM erhöht, die Berufungssumme wurde von 200 DM auf 500 DM angehoben.[8]

Zur Bewältigung der eklatant steigenden Fallzahlen[9] nach der deutschen Einheit 1990 griff der Gesetzgeber u. a. ebenfalls auf dieses Mittel zurück. Das Rechtspflege-Vereinfachungsgesetz vom 17. Dezember 1990[10] führte zu einer Erhöhung der Berufungssumme auf 1.200 DM und der Revisionssumme auf 60.000 DM.

Auch das Gesetz zur Entlastung der Rechtspflege vom 11. Januar 1993[11] setzte hier an. Der Abgrenzungsstreitwert zwischen Amtsgericht und Landgericht wurde auf 10.000 DM festgesetzt, die Berufungssumme zum Landgericht auf 1.500 DM erhöht.

b) Förderung der gütlichen Einigung im Prozess

Zugleich wurde beginnend mit der »Emminger-Reform« die gütliche Einigung im Prozess immer weiter ausgebaut. Im Jahre 1976 wurde mit dem Gesetz zur Vereinfachung und Beschleunigung gerichtlicher Verfahren der Sühneversuch durch die Güteverhandlung ersetzt.[12] Das zum 1. Januar 2002 in Kraft getretene Zivilprozessreformgesetz[13] baute die Regelung zu einer obligatorischen Güteverhandlung aus. Außerdem wurde mit diesem Gesetz die Möglichkeit eingeführt, den Parteien eine außergerichtliche Streitschlichtung vorzuschlagen (§ 278 Abs. 5). Geändert wurde diese Regelung im Jahre 2012 durch die Verweisung auf den Güterichter, der alle Methoden der Konfliktbeilegung einschließlich der Mediation einsetzen kann.[14] Ferner wurde § 278a in die Zivilprozessordnung eingefügt, wonach das Gericht den Parteien eine Mediation oder ein anderes Verfahren der außergerichtlichen Konfliktbeilegung vorschlagen und das Verfahren zum Ruhen bringen kann.[15]

c) Förderung der außergerichtlichen Streitschlichtung

Im Rahmen der Reformmaßnahmen wurden aber auch Maßnahmen ergriffen, bei geringfügigen Streitigkeiten eine Streitentscheidung des Gerichtes zu vermeiden oder

---

7 Gesetz zur Entlastung der Landgerichte und zur Vereinfachung des gerichtlichen Protokolls vom 20. Dezember 1974, BGBl. I S. 3651; vgl. dazu den Beschluss des Rechtsausschusses des Deutschen Bundestages vom 8. November 1974, BT-Drucks. 7/2769 S. 3.
8 BT-Drucks. 7/2769 S. 3.
9 BT-Drucks. 11/3621 S. 20; BT-Drucks. 11/8283 S. 1.
10 Rechtspflege-Vereinfachungsgesetz vom 17. Dezember 1990, BGBl 1990 I, S. 2847.
11 BGBl. I S. 50.
12 BGBl. I S. 3281.
13 Gesetz zur Reform des Zivilprozesses vom 27. Juli 2001, BGBl. I S. 1887.
14 Gesetz zur Förderung der Mediation und anderer Verfahren der außergerichtlichen Konfliktbeilegung vom 21.7.2012, das am 26.7.2012 in Kraft getreten ist, BGBl. I S. 1577.
15 BGBl. I S. 1577.

den Arbeitsaufwand der Gerichte zumindest zu reduzieren. Die im Jahre 1999 geschaffene Länderöffnungsklausel in § 15a EGZPO[16] sieht in der aktuellen Fassung vor, bei Streitigkeiten über Ansprüche aus dem Nachbarrecht, Ansprüchen wegen Verletzung der persönlichen Ehre, die nicht in Presse oder Rundfunk begangen wurden, Streitigkeiten über bestimmte Ansprüche nach dem Gleichbehandlungsgesetz[17] oder vermögensrechtliche Ansprüche bis 750 Euro[18] eine zwingende Schlichtungsmöglichkeit vor Anrufung des Gerichts zu schaffen.

d) Reduzierung des Arbeitsaufwands bei geringfügigen Streitwerten

Seit dem Rechtspflege-Vereinfachungsgesetz von 1990[19] kann das Gericht sein Verfahren nach billigem Ermessen bestimmen, wenn der Streitwert unter 600 Euro liegt.

Die Ziele der Rechtspflegeentlastungsgesetze des letzten Jahrhunderts, die Belastung der Ziviljustiz durch verringerten Richtereinsatz pro Fall oder durch Maßnahmen der Straffung der Verfahren zu reduzieren, wurden nicht erreicht. Auch die mit der Vereinfachungsnovelle[20] unternommenen Versuche, durch Hinweispflichten und gezielte Vorbereitungsmaßnahmen die Verfahren auf einen Verhandlungstermin zu konzentrieren, um eine Beschleunigung der Verfahren zu erreichen, sind letztlich nicht erfolgreich gewesen. Schon wenige Jahre nach Inkrafttreten des Gesetzes waren wieder hohe Rückstände in der Ziviljustiz zu verzeichnen.[21]

2. Strukturelle Veränderungen

Deshalb hat der Bundesgesetzgeber mit dem Gesetz zur Reform des Zivilprozesses vom 27. Juli 2001[22] versucht, auch durch strukturelle Veränderungen des gerichtlichen Verfahrens die Weichen für die Bearbeitung von Zivilsachen neu zu stellen. Zunächst aber wurde der schon bekannte Reformansatz aufgegriffen, Entlastungen der Justiz durch Verringerung des Personaleinsatzes für die einzelne Fallbearbeitung zu erzielen. Für die erstinstanzlichen Verfahren beim Landgericht wurde der originäre Einzelrichter, in Berufungssachen wurde die Übertragung des Rechtsstreits

---

16 Gesetz zur Förderung der außergerichtlichen Streitschlichtung vom 15. Dezember 1999, BGBl. I S. 2004.
17 Ergänzung durch das Gesetz zur Umsetzung europäischer Richtlinien zur Verwirklichung des Grundsatzes der Gleichbehandlung vom 18.8.2006, BGBl. I S. 1897.
18 Geändert durch das Gesetz zur Einführung des Euro in Rechtspflegegesetzen und in Gesetzen des Straf-und Ordnungswidrigkeitenrechts, zur Änderung der Mahnvordruckverordnungen sowie zur Änderung weiterer Gesetze vom 13.12.2001, BGBl. I S. 3574.
19 Rechtspflege-Vereinfachungsgesetz vom 17. Dezember 1990, BGBl 1990 I, S. 2847.
20 Gesetz zur Vereinfachung und Beschleunigung gerichtlicher Verfahren vom 3. Dezember 1976, BGBl. I S. 3281.
21 Prütting, Die Strukturen des Zivilprozesses unter Reformdruck und europäische Konvergenz, Festschrift für Schumann, S. 312; ders.; Rechtsmittelreform 2000 oder: Der Staat spart und der Rechtsstaat leidet, 2000, S. 13; Rottleuthner, DRiZ 1987, 139.
22 BGBl. I S. 1887.

auf den Einzelrichter vorgesehen. Darüber hinaus wurde die Berufungsinstanz als 2. Tatsacheninstanz abgeschafft und die Überprüfung der erstinstanzlichen Entscheidung auf die Fehlerkontrolle und -beseitigung reduziert, weil der Personaleinsatz im Verhältnis zur relativ geringen Quote der Einlegung und des Erfolgs der Rechtsmittel überproportional schien.[23] Für aussichtslose Berufungen, die keine grundsätzliche Bedeutung haben, wurde die Zurückweisung durch schriftlichen Beschluss ohne Rechtsmittelmöglichkeit eingeführt, um den Arbeitsaufwand in der zweiten Instanz im Interesse der obsiegenden Partei erster Instanz zu reduzieren[24] und die Verfahren zügig zum Abschluss zu bringen.[25]

IV. Wirkungen der ZPO-Reform von 2002

Hat die ZPO-Reform die beabsichtigen Wirkungen gezeigt? Zumindest sind nach dieser Reform die Fallzahlen nicht mehr gestiegen, sondern in erheblichem Umfang zurückgegangen.[26] Ein Rückgang der Fallzahlen entspricht – jedenfalls in einem gewissen Umfang – durchaus dem Willen des Gesetzgebers.[27] So sollte durch die Beschränkung der Berufung auf eine Fehlerkontrolle und -beseitigung die Anzahl der Berufungen reduziert werden.[28] Dieses Ziel ist unzweifelhaft erreicht worden. Schon kurze Zeit nach dem Inkrafttreten des Gesetzes konnte ein sprunghafter Rückgang der Berufungsverfahren festgestellt werden.[29] Dieser Rückgang der Fallzahlen hält an.[30] Die Anzahl der streitigen Urteile in der Berufungsinstanz hat ebenfalls erheblich abgenommen. Dagegen haben Beschlüsse nach § 522 Abs. 2 ZPO, mit denen aussichtslose Berufungen verworfen werden, und Rücknahmen der Berufung schon kurze Zeit nach Inkrafttreten des Gesetzes in beachtlichem Umfang zugenommen.[31]

23 BT-Drucks. 14/4722 S. 60.
24 BT-Drucks. 14/4722 S. 58.
25 BT-Drucks. 14/4722 S. 62.
26 Graf-Schlicker, Der Zivilprozess vor dem Aus?, AnwBl 2017, 573.
27 BT-Drucks. 14/4722 S. 65.
28 BT-Drucks. 14/4722 S. 59, 60.
29 Hommerich/Prütting/Ebers/Lang/Traut, Rechtstatsächliche Untersuchung zu den Auswirkungen der Reform des Zivilprozessrechts auf die gerichtliche Praxis, S. 6, 169 ff.
30 Für die Entwicklung bis 2012: Graf-Schlicker, Der Zivilprozess vor dem Aus?, AnwBl 2017, 573. Bei den Landgerichten sind die Berufungen von 2012 bis 2015 weiter um 8, 3 % zurückgegangen, bei den Oberlandesgerichten im diesem Zeitraum um 7, 4 %.
31 Hommerich/Prütting/Ebers/Lang/Traut, Rechtstatsächliche Untersuchung zu den Auswirkungen der Reform des Zivilprozessrechts auf die gerichtliche Praxis, stellen fest, dass bei den landgerichtlichen Berufungsentscheidungen die Erledigung durch Urteile von 51, 6 % im Jahre 2000 auf 34, 5% im Jahre 2004 gesunken ist, die Entscheidungen durch Beschluss nach § 522 Abs. 2 ZPO dagegen von 4, 2 % im Jahre 2002 auf 10, 7% im Jahre 2004 gestiegen sind, S. 6, 181. Bei den Rücknahmen der Berufungen war von 2002 bis 2004 ein Anstieg von 25, 8 % auf 31, 8 % zu verzeichnen, S. 279. Bei den Oberlandesgerichten sind in demselben Zeitraum die streitigen Urteile von 42, 2 % auf 30, 4 % zurückgegangen, die Beschlussentscheidungen nach § 522 Abs. 2 ZPO von 5, 7 % auf 11 % gestiegen, ebenso die Berufsrücknahmen von 28, 9 % auf 32, 3 %, S. 279.

Nach der Reform des § 522 Abs. 2 ZPO[32] sind diese Beschlussentscheidungen bezogen auf die gesamte Bundesrepublik geringfügig zurückgegangen, allerdings wird von der Vorschrift weiterhin mit sehr großen Unterschieden in den Gerichtsbezirken Gebrauch gemacht.[33]

Auch in der ersten Instanz haben die Fallzahlen seit 2004 in erheblichem Umfang abgenommen.[34] Sind dies Folgen der ZPO-Reform oder sind andere Ursachen ursächlich oder mitursächlich dafür? Diese Frage kann derzeit empirisch nicht beantwortet werden, weil entsprechende Untersuchungen fehlen. Dennoch gibt es gewisse Anhaltspunkte zur Beantwortung der Frage. Exorbitante Steigerungen der Fallzahlen gibt es im Bereich der Kapitalanlagesachen (350 % bei den Landgerichten).[35] Diese Entwicklung könnte darauf zurückzuführen sein, dass im Bereich der Kapitalanlagesachen infolge der Finanzkrise von 2008 höchstrichterliche Entscheidungen dazu noch fehlten. Dagegen sind in vielen anderen Rechtsgebieten, in denen die Rechtsprechung des Bundesgerichtshofs zur Klärung grundlegender Rechtsfragen geführt hat, z. B. bei Miet/Kredit/Leasingsachen, deutliche Rückgänge zu verzeichnen. Diese Entwicklungen verdeutlichen, dass das Ziel der ZPO-Reform, durch Klärung höchstrichterlicher Entscheidungen zur Entlastung der Justiz beizutragen,[36] erreicht worden ist. Sind Rechtsfragen grundsätzlich geklärt, wird im Streitfall offenbar nicht mehr der Weg zu den Gerichten gesucht, vielmehr sind entweder die Rechtsanwälte bei einer außengerichtlichen Streitschlichtung behilflich oder der Streit wird durch Schlichtungsstellen gelöst. Beides sind Lösungsmöglichkeiten, die nach den Reformzielen des Gesetzgebers in der ZPO durchaus erwünscht sind.

V. Derzeitiger Zustand: Sinkende Fallzahlen, ansteigende Verfahrensdauer

Nicht erwünscht aber ist die Folge, dass trotz sinkender Fallzahlen in der Zivilgerichtsbarkeit die Verfahrensdauer zugenommen hat. Außerdem klagen Richterinnen und Richter erheblich über eine zunehmende Belastung.

Hat die ZPO-Reform also trotz der partiellen Erreichung der gesetzten Ziele teilweise die Weichen nicht hinreichend für die Zukunft gestellt, um die Justiz für ihre Aufgaben im 21. Jahrhundert zu rüsten? Oder haben sich die tatsächlichen Gegebenheiten in der global vernetzten Welt sowie die Ansprüche von Bürgerinnen und

---

32 Gesetz zur Änderung des § 522 der Zivilprozessordnung vom 21.10.2011, BGBl. I S. 2082.
33 Gegenüber dem Zustand vor der Reform ging die Zurückweisungsquote bis 2015 bei den Landgerichten lediglich um 0, 2 % zurück, bei den Oberlandesgerichten um 1 %. Weiterhin sind große regionale Unterschiede zu verzeichnen. Die Zurückweisungsquote landgerichtlicher Berufungsverfahren schwanken zwischen 7, 4 % (OLG-Bezirk Karlsruhe) und 21, 4 % (OLG-Bezirk Oldenburg), in Berufungsverfahren vor den Oberlandesgerichten liegt sie zwischen 3, 3 % (OLG Saarbrücken) und 22, 7 % (OLG Celle). Dazu auch Nassall, Zehn-Jahre ZPO-Reform vor dem BGH, NJW 2012, 113.
34 Graf-Schlicker, Der Zivilprozess vor dem Aus?, AnwBl 2014, 573.
35 Graf-Schlicker, Der Zivilprozess vor dem Aus?, AnwBl 2014, 573.
36 Vgl. BT-Drucks. 14/4722 S 69.

Bürger an die Justiz so sehr geändert, dass die justiziellen Abläufe, die Entscheidung durch den originären Einzelrichter und das Kommunikationsverhalten der Justiz den Anforderungen des 21. Jahrhunderts nicht mehr ausreichend gerecht werden? Die nachfolgenden Ausführungen sollen erste Antworten auf diese schwierigen, umfassenden Fragen geben.

VI. Folgerungen für die Zukunft: Änderungen bei der Bearbeitung komplexer Fragestellungen

Ursache der wieder zunehmenden Verfahrensdauer in Zivilprozessen könnte sein, dass die Gerichte für die Bearbeitung komplexer Verfahren nicht angemessen aufgestellt sind. Bei den Landgerichten werden mehr als 70 % der Fälle durch den originären Einzelrichter erledigt. Hier hat die Praxis die Erwartungen des Gesetzgebers der ZPO-Reform sogar übertroffen. Die Regelung des § 348 Abs. 1 Satz 2 Nr. 2 ZPO, wonach für bestimmte Sachgebiete Spezialkammern durch die Präsidien eingerichtet werden können, läuft weitgehend leer. Spezialkammern, die gerade der Bewältigung komplexer Sachverhalte in bestimmten Sachgebieten dienen sollten, wurden bei den Gerichten nur äußerst zurückhaltend eingerichtet.[37]

Dagegen hat die Komplexität der Sachverhalte in einer weltumspannenden Vernetzung durch das Internet in den vergangenen zehn Jahren in erheblichem Umfang zugenommen. Häufig liegen einem Rechtsstreit hochkomplexe, auch sehr komplizierte technische Abläufe zugrunde, die es seitens des Gerichts zu durchdringen gilt. Zur Beurteilung solcher Sachverhalte bedarf es nicht nur guter, aktueller Kenntnisse des materiellen und des Prozessrechts, sondern auch eines tiefgreifenden Verständnisses für naturwissenschaftliche und technische Zusammenhänge. Die Herausforderung der Zukunft in einer sich rasant weiterentwickelnden Gesellschaft besteht darin, dass sich Richterinnen und Richter die komplexen tatsächlichen Zusammenhänge eines Falles erschließen, um sie rechtlich beurteilen zu können. Dafür ist es notwendig, sich Spezialwissen zu den einzelnen Sachverhalten anzueignen. Nur so können die entscheidungsrelevanten Fragestellungen herausgearbeitet und beurteilt werden.

Die Vorstellung, jeder Richter müsse in der Lage sein, sich jederzeit, von einem Tag auf den anderen in völlig neue Sachgebiete einzufinden und sofort qualitativ hochwertige Entscheidungen zügig zu treffen, geht an den realen Entwicklungen in der Gesellschaft vorbei. Die Anwaltschaft geht seit langem einen anderen Weg, nämlich den der zunehmenden Spezialisierung auf bestimmte Sachgebiete. Auch im Bereich der außergerichtlichen Schlichtung haben sich spezialisierte Schlichtungsstellen etabliert. Für die Richterinnen und Richter bedeutet das keinesfalls, dass sie in ihrem Berufsleben nicht unterschiedliche Materien bearbeiten sollten. Vielmehr erhöht sich mit jedem Wechsel die Chance, das Recht im Zusammenhang sehen und beurteilen zu können. Die Phasen der Bearbeitung einer Materie sollten aber so bemessen sein,

---

37 Callies, Der Richter im Zivilprozess – Sind ZPO und GVG noch zeitgemäß?, Gutachten für den 70. Deutschen Juristentag, Einleitung 1.

dass sich Spezialwissen und Erfahrung in der Materie aufbauen und in der Praxis auswirken können.

Erfahrung und Wissen kann auf unterschiedliche Weise vermittelt werden, z. B. durch Kollegen innerhalb einer Kammer, aber auch durch gezielte Fortbildungen. In vielen Ländern, aber auch in der Deutschen Richterakademie gibt es schon heute ein gutes Angebot. Dennoch sollten die Fortbildungsangebote stärker mit den jeweiligen Einsatzgebieten der Richterschaft verzahnt werden. So sind z. B. in Nordrhein-Westfalen vor dem Inkrafttreten der Insolvenzordnung alle Richterinnen und Richter, die diese Materie bearbeiten sollten, in dem neuen Recht geschult worden. Das setzt voraus, dass die Präsidien der Gerichte langfristige Personalplanungen vornehmen, unzweifelhaft keine leichte, aber eine sehr lohnenswerte Aufgabe. Sie dient dazu, die Richterschaft besser für ihre Aufgaben in der täglichen Praxis zu rüsten und die Belastung zu verringern.

Spezialwissen kann aber nur dann erworben werden, wenn durch die regelmäßige Bearbeitung von gleichgelagerten Fallkonstellationen Erfahrung aufgebaut werden kann. Dazu ist die Einrichtung von Spezialkammern notwendig. Die rechtlichen Möglichkeiten dafür sieht die Regelung in § 348 Abs. 1 Satz 2 Nr. 2 ZPO bereits heute vor. Sie soll es den Gerichten ermöglichen, Spezialwissen in Verknüpfung mit einer Kammerzuständigkeit aufzubauen, um so zu einer Effizienzsteigerung zu gelangen.[38] Dennoch haben die Präsidien der Gerichte davon weitgehend nicht Gebrauch gemacht. Gründe dafür sind sicherlich auch in der personellen Ausstattung der Gerichte zu suchen.

Aber diese fehlenden Spezialkammern haben Folgen für die Justiz. Bürgerinnen und Bürger sowie Unternehmen sind ganz offensichtlich nicht bereit, lange Verfahrenszeiten und Urteile, die nicht zu einer Befriedigung der Parteien führen, ohne weiteres hinzunehmen. Dies ist sicherlich auch einer der Gründe für die in erheblichem Umfang zurückgehenden Fallzahlen. Das zeigt sich deutlich am Beispiel des exorbitanten Rückganges der Bausachen in allen Instanzen trotz enormer Bautätigkeit. Um 40 % sind die Bausachen bei den Amtsgerichten, um 26 % bei den Landgerichten und um 25 % bei den Oberlandesgerichten zurückgegangen. Die Parteien weichen ganz offenbar auf andere, außergerichtliche Formen der Streitbeilegung aus.[39]

Fehlendes Spezialwissen bei den Gerichten führt zu langen Verfahrensdauern.[40] Der Einsatz des originären Einzelrichters hat darüber hinaus zur Folge, dass kein Kammermitglied das Wissen innerhalb der Kammer weitergeben kann, sondern dieses Wissen mit jedem Wechsel eines Einzelrichters verloren geht. Nicht unterschätzt werden sollten auch die Auswirkungen, die eine funktionierende Kammer auf die Entscheidungsbildung und die richterliche Sozialisation hat. Es macht einen Unter-

---

38 Graf-Schlicker/Schmidt, Die Zivilprozessreform – eine Reform für die Praxis?, DAR 2000, 388, 389.
39 Wagner, Ende der Wahrheitssuche, S. 82.
40 Keders/Walter, Langdauernde Zivilverfahren – Ursachen überlanger Verfahrensdauer und Abhilfemöglichkeit, NJW 2013, 1697, 1700, stellen fest, dass in Bausachen in besonders hohem Maße langdauernde Verfahren vorzufinden sind.

schied, ob man das Ergebnis einer Entscheidungsbildung darlegen und ggfs. gegen kritische Fragen der Kollegen verteidigen muss, oder ob man sich die Meinung allein bildet und das Ergebnis der Meinungsbildung später allenfalls durch die zweite Instanz überprüft wird.

VII. Gesetzgeberische Massnahmen zur Qualitätsverbesserung und Verringerung der Verfahrensdauer

Der Gesetzgeber hat diese Probleme gesehen und darauf in unterschiedlichen Gesetzgebungsvorhaben reagiert:

1. Zwingende Einrichtung von Spezialkammern

Im Gesetz zur Reform des Bauvertragsrechts, zur Änderung der kaufrechtlichen Mängelhaftung, zur Stärkung des zivilprozessualen Rechtsschutzes und zum maschinellen Siegel im Grundbuch und Schiffsregister vom 28.04.2017[41] wurde erstmals die obligatorische Einrichtung von Spezialkammern und -senaten vorgesehen. Sie gilt für Streitigkeiten aus Bank- und Finanzgeschäften, aus Bau und Architektenverträgen sowie Ingenieurverträgen, soweit sie im Zusammenhang mit Bauleistungen stehen, aus Heilbehandlungen und aus Versicherungsverhältnissen (§ 72a GVG, 119a GVG, § 348 Abs. 1 Satz 2 Nr. 2 ZPO).[42] Diese Regelungen sollen nach dem Willen des Gesetzgebers sicherstellen, dass innerhalb des Gerichts eine häufigere Befassung der entscheidenden Spruchkörper mit dieser Materie erfolgt und dadurch eine Qualitätssteigerung der Rechtsprechung eintritt.

Sie sollten aber nicht nur der Qualitätsverbesserung dienen, sondern auch dazu beitragen, dass die Verfahren zügiger zum Abschluss gebracht werden. Voraussetzung dafür ist allerdings, dass sich auch innerhalb der Präsidien und Gerichte die Überzeugung zur Notwendigkeit der Spezialisierung in Kammern und Senaten durchsetzt und nicht durchgängig von der Möglichkeit Gebrauch gemacht wird, die Sachen erneut auf den Einzelrichter zu übertragen.[43]

Diese gesetzliche Maßnahme sollte jedoch nur ein erster Schritt auf dem Weg zu mehr Spezialisierung in den Gerichten sein. Der Bundesrat hat in seiner Entschließung vom 31. März 2017[44] zu Recht darauf hingewiesen, dass Spezialisierungen auch in anderen Sachgebieten vorgenommen werden sollten. Als weitere Sachgebiete kommen seiner Ansicht in Betracht: Streitigkeiten über Ansprüche aus Veröffentlichungen durch Druckerzeugnisse, Bild- und Tonträger jeder Art, insbesondere in Presse, Rundfunk, Film und Fernsehen; Streitigkeiten aus der Berufstätigkeit der Rechtsan-

---

41 BGBl. I S. 969.
42 BT-Drucks. 18/11437.
43 Skeptisch dazu der Bundesrat in seiner Entschließung vom 31.03.2017, BR-Drucks. 199/17.
44 BR-Drucks. 199/17.

wälte, Patentanwälte, Steuerberater, Steuerbevollmächtigten, Wirtschaftsprüfer und vereidigten Buchprüfer; Streitigkeiten im Erbschafts- und Gesellschaftsrecht sowie aus dem EEG und Streitigkeiten aus Anfechtungen nach dem Anfechtungsgesetz und der Insolvenzverordnung.

Die Spezialisierungen sollten insbesondere auch auf die Amtsgerichte ausgedehnt werden. Damit einhergehen müssten aber auch weitere strukturelle Regelungen zur Zuständigkeit einzelner Amtsgerichte. Nicht jedes Amtsgericht muss für alle Streitigkeiten zuständig sein. Vielmehr könnten sich einzelne Amtsgerichte auf bestimmte Sachgebiete konzentrieren, um dort Spezialwissen aufbauen zu können. Vorbild könnte in gewisser Weise das Land Berlin sein, das für die Amtsgerichte innerhalb Berlins jeweils Spezialzuständigkeiten festgelegt hat. Auch länderüberschreitende Konzentrationen sollten nicht ausgeschlossen werden.

2. Beschleunigung der Sachverständigentätigkeit

Als eine Ursache für lange Verfahrensdauer gilt die Beweiserhebung mittels Sachverständigengutachtens. Nach einer Untersuchung der Oberlandesgerichte, des Kammergerichts und des Bundesgerichtshofs ist in jedem zweiten geprüften Fall lang andauernder Verfahren eine Beweiserhebung mittels Sachverständigen erfolgt. Diese Maßnahme hat durchschnittlich etwa 40 % der gesamten Verfahrensdauer ausgemacht.

Deshalb hat der Gesetzgeber[45] die Anforderungen der Gerichte an die Kontrolle der Gutachter erhöht, um Sachverständige zu einer fristgerechten Erstellung der Gutachten anzuhalten. Das Gericht hat dem Sachverständigen bei Anordnung der schriftlichen Begutachtung zwingend eine Frist zur Übermittlung des Gutachtens zu setzen. Die bisherige Sollvorschrift in § 411 Abs. 1 ZPO war nicht ausreichend, um Verzögerungen bei der Erstellung des Gutachtens zu vermeiden. Den Sachverständigen wurde nur in etwas mehr als der Hälfte der amts- und landgerichtlichen Zivilverfahren erster Instanz eine Frist zur Erstattung des Gutachtens gesetzt.[46] Missachtet der Sachverständige diese Frist, soll gegen ihn künftig ein Ordnungsgeld bis zur Höhe von 3000 € verhängt werden. Darüber hinaus hat der Sachverständige unverzüglich zu prüfen, ob Gründe vorliegen, die geeignet sind, Misstrauen gegen seine Unparteilichkeit zu rechtfertigen und solche Gründe dem Gericht unverzüglich mitzuteilen. Unterlässt er dies, kann gegen ihn ebenfalls ein Ordnungsgeld festgesetzt werden. Die Vorschrift dient dazu, sowohl auf Seiten des Gerichts als auch auf Seiten der Sachverständigen zu einem besseren Zeitmanagement zu gelangen, Überlastungssituationen frühzeitig zu erkennen und überlange Verfahren zu vermeiden.[47]

---

45 Gesetz zur Änderung des Sachverständigenrechts und zur weiteren Änderung des Gesetzes über das Verfahren in Familiensachen und in Angelegenheiten der freiwilligen Gerichtsbarkeit sowie zur Änderung des Sozialgesetzes, der Verwaltungsgerichtsordnung, der Finanzgerichtsordnung und des Gerichtskostengesetzes vom 11. Oktober 2016, BGBl. I S. 2222.
46 BT-Drucks. 18/6985 S. 15.
47 BT-Drucks. 18/6985 S. 14.

3. Spezielle Qualitätsanforderungen für Richterinnen- und Richter

Um hinreichendes Wissen bei der Richterschaft sicherzustellen, sind möglichst bei Beginn der Tätigkeit ausreichende Kenntnisse in dem zu bearbeitenden Sachgebiet erforderlich.

Mit dem Gesetz zur weiteren Erleichterung der Sanierung von Unternehmen vom 7.12.2012[48] hat der Gesetzgeber erstmals konkrete Anforderungen für die Tätigkeit eines Insolvenzrichters festgesetzt. Richter in Insolvenzsachen sollen über belegbare Kenntnisse des Insolvenzrechts, des Handels- und Gesellschaftsrechts sowie über Grundkenntnisse der für das Insolvenzverfahren notwendigen Teile des Arbeits-, Sozial- und Steuerrechts und des Rechnungswesens verfügen. Sind diese Kenntnisse bei der Übernahme der Aufgabe als Insolvenzrichter nicht vorhanden, so müssen sie alsbald nachgerüstet werden (§ 22 Abs. 6 GVG).

Entsprechende Regelungen möchte der Gesetzgeber bei den Familienrichterinnen-und -richtern einführen, um sicherzustellen, dass sie hoch konfliktträchtige Streitigkeiten in Familiensachen bestmöglich bearbeiten können und insbesondere in der Lage sind, Sachverständigengutachten zu bewerten. In seiner Entschließung vom 6. Juli 2016 hat der Bundestag deshalb die Bundesregierung aufgefordert, »gemeinsam mit den Ländern einen Gesetzentwurf zu erarbeiten, mit dem angemessene Eingangsvoraussetzungen für Familienrichter eingeführt werden«.[49]

Auch auf europäischer Ebene spielt die Spezialisierung von Gerichten inzwischen eine Rolle. Der Vorschlag für eine »Richtlinie des europäischen Parlaments und des Rates über präventive Restrukturierungsmaßnahmen, die zweite Chance und Maßnahmen zur Steigerung der Effizienz von Restrukturierung-, Insolvenz- und Entschuldungsverfahren und zur Änderung der Richtlinie 2012/30/EU« vom 22. November 2016 enthält die Aufforderung an die Mitgliedstaaten, in geeigneter Weise sicherzustellen, dass die Mitglieder der Justiz über die notwendige Sachkunde und Spezialisierung verfügen.[50]

VIII. Anpassung der Justiz an geänderte Informations- und Kommunikationsformen

Der demokratische Rechtsstaat erfährt eine hohe Akzeptanz, wenn sich die Bürgerinnen und Bürger bei der Bewältigung ihrer Probleme ernst genommen fühlen. Wichtige Voraussetzung dafür ist, dass ihr Informationsbedürfnis erfüllt wird und Entscheidungen nachvollzogen werden können.

Die Kommunikation unter den Menschen hat sich durch die sich ständig erweiternden technischen Kommunikationsmöglichkeiten in den letzten 10 Jahren fundamental verändert. Immer schneller, immer öfter können Nachrichten, Fotos, Filme

---

48 BGBl. I S. 2582.
49 BT-Drucks. 18/9092 S. 9.
50 COM/2016/0723 final, abrufbar unter www.eur-lex.europa.eu.

übermittelt werden. Es ist heute für den überwiegenden Teil der Bevölkerung selbstverständlich, diese technischen Möglichkeiten zu nutzen. Filmaufnahmen per Smartphone und die schnelle Weitergabe solcher Aufnahmen für eine Vielzahl von »Freunden« gehört für den überwiegenden Anteil der Bevölkerung zum Alltag. Fernsehen findet nicht mehr nur zu bestimmten Zeiten vor dem häuslichen Fernseher, sondern auch im Internet statt und ist reproduzierbar.

Diese Möglichkeiten haben auch den Erwartungshorizont der Bevölkerung hinsichtlich der Informationsvermittlung verändert. Neben den schriftlichen Informationen in verständlicher Sprache spielen Bilder über die Personen, die für Entscheidungen verantwortlich zeichnen, eine immer größere Rolle, um Glaubwürdigkeit zu vermitteln.

Die Justiz hat im Laufe der Jahrhunderte immer wieder auf die sich verändernden Kommunikationsformen in der Gesellschaft reagiert. Vom unnahbaren, erhöht sitzenden, autoritären Entscheider zum aktiven, auf eine mit den Parteien und deren Prozessvertreter kommunizierenden Richter war es ein längerer Weg.[51] Er zeigt aber, dass die gesellschaftlichen Veränderungen durch den Gesetzgeber immer wieder aufgegriffen wurden und Eingang in die justiziellen Abläufe gefunden haben.

Auch jetzt sind Reaktionen des Gesetzgebers auf die veränderten Informationsbedürfnisse der Bürgerinnen und Bürger notwendig. Die Justiz sollte nicht nur hinter Mauern für wenige Bürger ihre Entscheidungen verkünden, sie muss »Gesicht« zeigen und deutlich machen, dass die Entscheidung »im Namen des Volkes« ernst gemeint ist. Deshalb ist es notwendig, das absolute Verbot der Ton- und Filmaufnahmen in § 169 Satz 2 GVG aufzuheben, denn es ist nicht mehr zeitgemäß.

Das Gesetz zur Erweiterung der Medienöffentlichkeit in Gerichtsverfahren und zur Verbesserung der Kommunikationshilfen für Menschen mit Sprach- und Hörbehinderungen[52] sieht eine moderate Lockerung dieses Verbots vor und gestattet den obersten Gerichten – unter Wahrung der schutzwürdigen Interessen der Beteiligten und Dritten – eine Urteilsverkündung vor Kameras.[53] Damit kehrt die Justiz in kleinen Schritten zu Möglichkeiten zurück, die vor der gesetzlichen Implementierung der Verbotsvorschrift im Jahre 1964 bestanden.[54]

Dennoch sind die Widerstände innerhalb der Justiz enorm.[55] Es werden nicht die Chancen gesehen, die solche Möglichkeiten für die Justiz in einem lebendigen Rechtsstaat bieten, sondern in vielfach sehr emotional geprägten Diskussionen Gefahren für die Richterschaft heraufbeschworen. Zur Versachlichung der Diskussion wäre

---

51   Vgl. dazu Diwell, Vom Richter zum fürsorglichen Schlichter in: Festgabe 100 Jahre Deutscher Richterbund, S. 15 ff.; Tappert, Richterbild im Wandel der Deutschen Richterzeitung in: Festgabe 100 Jahre Deutscher Richterbund, S. 395 ff.
52   Regierungsentwurf vom 20. Oktober 2016, BT-Drucks. 18/10144; Beschlussempfehlung und Bericht des Ausschusses für Recht und Verbraucherschutz vom 31. Mai 2017, BT-Drucks. 18/12591; BGBl. I S. 3546.
53   von Coelln, AfP 2016, 491 f.
54   Gesetz zur Änderung der Strafprozessordnung und des Gerichtsverfassungsgesetzes vom 19. Dezember 1964, BGBl. I S. 1067.
55   DRiZ 2017, 154 ff.; DRiZ 2017, 198.

es hilfreich, sich auf die Grundaufgaben der Richterschaft in einem demokratischen Rechtsstaat zu besinnen: Im Namen des Volkes zu richten und diese Entscheidungen auch dem Volk zu vermitteln.

IX. Fazit

Gesellschaftliche Veränderungen in einem demokratischen Rechtsstaat müssen sich immer auch in der Dritten Gewalt widerspiegeln. Deshalb müssen Arbeitsweisen der Richterschaft, die Organisation der Gerichte sowie das Kommunikationsverhalten gegenüber dem Volk, in dessen Namen die Richterinnen und Richter ihre Entscheidungen zu treffen haben, immer wieder auf den Prüfstand gestellt und unter Berücksichtigung der gesellschaftlichen Veränderungen angepasst werden.

Mehrelternschaft?

Tobias Helms

In der rechtspolitischen Diskussion ist in letzter Zeit teilweise der Vorschlag unterbreitet worden, im deutschen Abstammungsrecht das sog. Zweielternprinzip (d.h. die Zuordnung des Kindes zu jeweils zwei Eltern) aufzulockern. Auf den ersten Blick dürfte ein solches Konzept auf Verwunderung oder gar Befremden stoßen, entfernt es sich doch weit von dem (Vor-)Bild natürlicher Elternschaft. Anliegen dieses Modells ist die Hoffnung, die Konflikte zwischen konkurrierenden Elternprätendenten entschärfen zu können und im Interesse des Kindeswohls die teilweise komplexe soziale Lebenswirklichkeit rechtlich besser erfassen zu können.

I. Rechtspolitische Diskussionsansätze

In welchen Fällen über rechtliche Mehrelternschaft ernsthaft nachgedacht werden sollte, wird unterschiedlich bewertet. Besonders weit reichen die Vorschläge von *Bettina Heiderhoff*: Sie betreffen zunächst den biologischen Vater, soweit diesem keine rechtliche Elternstellung zukommt. Denn der (bloß) biologische Vater kann einen rechtlich-sozialen Vater, der eine sozial-familiäre Beziehung zu dem Kind besitzt, wegen der Sperrwirkung des § 1600 Abs. 2 und 4 BGB nicht im Wege der Vaterschaftsanfechtung aus seiner Rechtsstellung verdrängen. Ob dieser starre Vorrang beibehalten werden sollte, ist derzeit Gegenstand kontroverser rechtspolitischer Diskussionen.[1] *Heiderhoff* sieht den Ausweg demgegenüber nicht in einer Neujustierung des Anfechtungsrechts des biologischen Vaters, sondern in einer Aufwertung seiner Rechtsstellung parallel zur Position des rechtlich-sozialen Vaters.[2] Die gleichzeitige Anerkennung der rechtlichen Vaterschaft von biologischem und sozialem Vater ist dann der Ausgangspunkt, der den Zugang zu weitreichenden Rechten und Pflichten eröffnet, über deren Verteilung nach jeweils eigenständigen Regeln entschieden werden müsse.[3] Auf grundsätzliche Zustimmung stößt dieser Ansatz bei *Dagmar Coester-Waltjen*, doch ist der Anwendungsbereich, der ihm eingeräumt wird, beschränkter: Bei *Coester-Waltjen* geht es um die Fälle, in denen der biologische Vater trotz – einer de lege ferenda vorzunehmenden – Ausweitung seines Anfechtungsrechts hinter dem rechtlich-sozialen Vater zurücktreten muss. Dann soll es immer-

---

1 Vgl. dazu die Beschlüsse D.15. und 16. auf dem 71. Deutschen Juristentag Essen 2016.
2 *Heiderhoff*, FamRZ 2008, 1901, 1904 ff.
3 *Heiderhoff*, FamRZ 2008, 1901, 1905 ff.

hin noch möglich sein, der biologischen Vaterschaft zur rechtlichen Anerkennung zu verhelfen.[4]

Einen weiteren Anwendungsbereich für eine mehrfache Elternschaft sieht *Heiderhoff* bei Stiefeltern.[5] Immerhin ca. 10% aller Kinder in Deutschland leben in Stiefkindkonstellationen.[6] Doch spielen sich nach geltendem Recht die Beziehungen zwischen Stiefeltern und -kindern im außerrechtlichen, unverbindlichen Bereich ab. Dem sog. kleinen Sorgerecht, das Stiefeltern unter den (engen) Voraussetzungen des § 1687b BGB zustehen kann, kommt nur rein symbolische Bedeutung zu. Eine ähnliche Stoßrichtung besitzen auch die Überlegungen von *Michael Coester*. Allerdings hat er zumindest teilweise einen engeren Anwendungsbereich für Mehrelternschaft im Blick als *Heiderhoff*. So spricht *Coester* nicht generell von Stiefkindkonstellationen, sondern nur von Fällen der Stiefkindadoption.[7] Das ist eine bedeutende Akzentverschiebung, denn eine Adoption setzt grundsätzlich die Zustimmung beider rechtlicher Elternteile voraus (§ 1747 Abs. 1 S. 1 BGB). Historisch und rechtsvergleichend ist dieser Vorschlag auch nicht so ungewöhnlich, denn er entspricht dem Konzept einer sog. schwachen Adoption, die auch nach heute geltendem Recht für die Volljährigenadoption nach wie vor der gesetzliche Normalfall ist (§§ 1767 Abs. 2, 1770 Abs. 2 BGB).

Darüber hinaus empfiehlt *Coester* das Modell einer Mehrelternschaft auch für Fälle gleichgeschlechtlicher Elternschaft.[8] Zu einer gleichgeschlechtlichen Elternschaft kann es de lege lata nur aufgrund einer (Stiefkind-)Adoption kommen (§ 9 Abs. 7 LPartG), doch liegt gleichgeschlechtliche Elternschaft de lege ferenda auch für Kinder nahe, die – vor allem aufgrund Samenspende – in eine gleichgeschlechtliche Beziehung hineingeboren werden.[9] In einem solchen Fall sei es für das Kind wünschenswert, wenn auch die rechtliche Vaterschaft des außerhalb der Paarbeziehung stehenden biologischen Vaters rechtlich anerkannt werde, wobei man über den Umfang der damit verbundenen Rechte und Pflichten nach gesonderten Kriterien entscheiden müsse.[10]

---

4 *Coester-Waltjen*, FamRZ 2013, 1693, 1699. Danach soll die rechtliche Position des biologischen Vaters in erster Linie als eine Art »Ausfallbürgschaft« konzipiert sein. Das schließt nach ihrem Verständnis aber die Zuweisung weiter reichender Verantwortung nicht aus.
5 *Heiderhoff*, FamRZ 2008, 1901 ff. Was Voraussetzung für die Verrechtlichung dieser Position sein soll, bleibt offen (a.a.O. 1904).
6 *Helms*, Rechtliche, biologische und soziale Elternschaft – Herausforderungen durch neue Familienformen, Gutachten F zum 71. Deutschen Juristentag Essen 2016, S. F 58 f. m.w.N.
7 *Coester*, Reformen im Kindschaftsrecht, 20. Deutscher Familiengerichtstag 2013, Brühler Schriften zum Familienrecht, Band 18, 2014, S. 57 f.
8 *Coester* (Fn. 7) S. 56.
9 Auf dem 71. Deutschen Juristentag Essen 2016 wurde die entsprechende Anwendung des § 1592 BGB auf eine zweite Frau mit 25:8:5 angenommen (B.II.11.a).
10 *Coester* (Fn. 7) S. 56.

II. Familienrechtliche Vorbedingungen

Dass eine Diskussion über Mehrelternschaft in der deutschen Familienrechtswissenschaft überhaupt ernsthaft geführt werden kann, basiert auf einer Reihe von Prämissen, von denen hier nur die zwei wichtigsten genannt werden können:

Naturgemäß ist Voraussetzung für das Konzept einer Mehrelternschaft, dass rechtliche Elternschaft und genetische Abstammung voneinander abgekoppelt werden können. Historisch und rechtsvergleichend gesehen ist das im Grunde eine Selbstverständlichkeit: Das Recht der Eltern-Kind-Zuordnung hat nie ausschließlich das Ziel verfolgt, rechtliche und biologische Abstammung in Deckung zu bringen. Man denke etwa an den besonderen Schutz, der dem Status der Ehelichkeit lange Zeit zukam (etwa durch die Beschränkung des Anfechtungsrechts auf den Ehemann und den Lauf kurzer, kenntnisunabhängiger Fristen), sowie die nur eingeschränkte Anerkennung der rechtlichen Beziehung zwischen einem nichtehelichen Kind und seinem Vater bis zum Inkrafttreten des Nichtehelichengesetzes 1969.[11] Zwar lässt sich konstatieren, dass die biologische Verwandtschaft als Zuordnungskriterium im Abstammungsrecht in den letzten Jahrzehnten eine immer größere Bedeutung erlangt hat, insbesondere durch die Aufwertung und Gleichbehandlung nichtehelicher Abstammung im Zuge der großen Kindschaftsrechtsreform aus dem Jahre 1997[12], doch wurde die Bedeutung genetischer Abstammung in Teilbereichen auch wieder ein Stück weit relativiert. So wird im Fall der Samenspende über den (partiellen) Anfechtungsausschluss des § 1600 Abs. 5 BGB[13] die rechtliche Vaterschaft des biologisch mit dem Kind nicht verwandten Wunschvaters abgesichert. Zu einer weiteren markanten Abweichung vom Bild natürlicher Elternschaft kommt es darüber hinaus in Fällen gleichgeschlechtlicher Elternschaft, die in Deutschland jedoch bislang nur mittels Adoption möglich ist (§ 9 Abs. 7 LPartG).

Ein im vorliegenden Zusammenhang wichtiger Paradigmenwechsel hat sich im Recht der elterlichen Sorge vollzogen: Bis Anfang der 90er Jahre war man bestrebt, bei Auseinanderbrechen einer Paarbeziehung für die betroffenen Kinder wieder »Eindeutigkeit« herzustellen und insbesondere das Sorgerecht einem der beiden Elternteile exklusiv zuzuweisen.[14] Seitdem hat man sich Schritt für Schritt bemüht, die »Zäsurwirkung« von Trennung und Scheidung für die Beziehung zwischen Eltern und Kindern abzumildern. Heute investieren die Familiengerichte viel Mühe und Zeit, gemeinsame Elternschaft trotz Wegfalls oder Nichtexistenz einer Paarbezie-

---

11 Vollwertige verwandtschaftliche Beziehungen des nichtehelichen Kindes zu seinem Vater wurden erst durch das Nichtehelichengesetz vom 19.8.1969 anerkannt (BGBl. I, S. 1243).
12 Gesetz zur Reform des Kindschaftsrechts vom 16.12.1997, BGBl. I, S. 2942.
13 Bewusst nicht ausgeschlossen worden ist durch § 1600 Abs. 5 BGB das Anfechtungsrecht des Kindes. De lege ferenda wird vielfach gefordert, den Anfechtungsausschluss auch auf dieses zu erstrecken (*Helms*, Fn. 6, S. F 14 f. und 20 f. m.w.N.). Eine entsprechende Forderung wurde auf dem 71. Deutschen Juristentag Essen 2016 mit 34:0:5 angenommen (A.I.2.).
14 *Limbach/Willutzki*, Die Entwicklung des Familienrechts seit 1949, in: Nave-Herz (Hrsg.), Kontinuität und Wandel der Familie in Deutschland: Eine zeitgeschichtliche Analyse, 2002, S. 32 ff. und 38 f.

hung zu ermöglichen. Vor dem Hintergrund dieser Entwicklung erscheint es aber nunmehr auch wertungsmäßig viel eher denkbar, Elternschaft von der täglich gelebten Familiengemeinschaft von Eltern und Kindern abzukoppeln und unabhängig von traditionellen Beziehungsmustern zuzuweisen.

III. Verfassungsrechtliche Sperre?

Nicht ganz so problemlos zu vereinbaren ist das Modell einer Mehrelternschaft allerdings mit der bisherigen Rechtsprechung des Bundesverfassungsgerichts. Dabei muss betont werden, dass das Bundesverfassungsgericht die Frage der verfassungsrechtlichen Zulässigkeit einer Mehrelternschaft noch nie direkt zu bewerten hatte. In seiner Entscheidung zum Anfechtungsrecht des biologischen Vaters stellte das Gericht aber fest, dass Träger des Elternrechts aus Art. 6 Abs. 2 S. 1 GG »nur eine Mutter und ein Vater« sein könne. Andernfalls wären »Rollenkonflikte und Kompetenzstreitigkeiten zwischen den Eltern gleichsam angelegt, die negativen Einfluss auf die Entwicklung des Kindes nehmen könnten.«[15] In der Entscheidung zur Sukzessivadoption durch gleichgeschlechtliche (Frauen-)Paare hat das Bundesverfassungsgericht die Beschränkung auf einen Mann und eine Frau aufgegeben, aber das Zweielternprinzip nicht in Frage gestellt. Art. 6 Abs. 2 S. 1 GG schütze nicht nur verschiedengeschlechtliche Eltern, sondern auch zwei Elternteile gleichen Geschlechts.[16]

Angesichts des weiten Gestaltungsspielraums, den das BVerfG im Bereich des Abstammungsrechts dem Gesetzgeber zubilligt, und der Entwicklungsoffenheit der Verfassungsinterpretation[17] wird man in dieser Rechtsprechung keine von vornherein unüberwindbare Hürde für das Konzept einer Mehrelternschaft sehen können.[18] Gleichwohl wird man in jeder einzelnen Konstellation genau untersuchen müssen, ob die Bedenken des Bundesverfassungsgerichts, durch eine Zuweisung von Elternschaft an mehr als zwei Personen würden »Rollenkonflikte und Kompetenzstreitigkeiten« heraufbeschworen, tatsächlich ausgeräumt werden können. Wenig überzeugend erscheint vor diesem Hintergrund der Vorschlag, mit Hilfe des Modells der Mehrelternschaft das Spannungsverhältnis zwischen rechtlich-sozialem und biologischem Vater zu entschärfen. Schließlich war genau diese Konfliktlage für das Bundesverfassungsgericht der Anlass, um das Verfassungsprinzip der Zweielternschaft zu entwickeln.

---

15 BVerfG FamRZ 2003, 816, 819.
16 BVerfG FamRZ 2013, 521, 523.
17 *Britz*, Rechtliche, biologische und soziale Elternschaft – Verfassungsrechtliche Leitlinien, Referat für den 71. Deutschen Juristentag Essen 2016, S. P 12 ff.
18 *Coester* (Fn. 7), S. 51 ff.

IV. Fragmentierung und Pluralisierung von elterntypischen Rechtspositionen

Denkt man über eine Neuzuweisung von Elternrechten in komplexen sozialen Beziehungsgefügen nach, muss man sich bewusst machen, dass rechtliche Elternschaft nach deutschem Verständnis (in Übereinstimmung mit allen anderen kontinentaleuropäischen Rechtsordnungen) ein umfassender Status ist, der mehr oder weniger automatisch mit einer ganzen Fülle an elterlichen Rechten und Pflichten sowie weitreichenden – auch öffentlich-rechtlichen – Rechtsfolgen verbunden ist: von wechselseitigen Unterhaltsansprüchen über das Umgangs- und Sorgerecht bis zum gesetzlichen Erb- und Pflichtteilsrecht sowie der Vermittlung der deutschen Staatsangehörigkeit.

Anstatt einer weiteren (dritten) für das Kind wichtigen Bezugsperson den Vollstatus der rechtlichen Elternschaft zu verleihen, könnte man ihr auch Teilrechte zusprechen, die zwar typischerweise mit der rechtlichen Elternstellung verbunden sind, aber auch Personen zustehen können, die Eltern bloß im biologischen oder sozialen Sinne sind. Das gilt schon nach geltendem Recht etwa für das Umgangs- und Auskunftsrecht des leiblichen, nicht rechtlichen Vaters (§ 1686a BGB) sowie für die Rechte von Pflege- (§§ 1630 Abs. 3, 1632 Abs. 4, 1685 Abs. 2, 1688 BGB) und Stiefeltern (§§ 1682, 1685 Abs. 2, 1687b, 1688 Abs. 4 BGB, § 9 Abs. 1 bis 4 LPartG). In einem solchen – weit verstandenen Sinne – lässt sich bereits heute von einer Pluralisierung bzw. Fragmentierung der Elternschaft sprechen.[19]

Im Rahmen zukünftiger Reformüberlegungen wird jeweils zu entscheiden sein, welcher Regelungsansatz sich als vorzugswürdig erweist: Zuweisung des abstammungsrechtlichen Vollstatus – nach dem Denkmodell einer Mehrelternschaft – auf der einen Seite oder punktuelle Gewährung vor allem sorge- und umgangsrechtlicher Teilrechte – unabhängig von rechtlicher Elternschaft – auf der anderen Seite.

V. Zurück in die Zukunft: Schwache Adoption als Regelungsmodell?

Seit der letzten umfassenden Reform des deutschen Adoptionsrechts im Jahre 1976 folgt das deutsche Recht für Minderjährigenadoptionen dem Prinzip der sog. Volladoption (§§ 1754, 1755 BGB). Danach erhält das Adoptivkind durch die Adoption rechtlich vollwertige Beziehungen zu seinen Adoptiveltern und allen weiteren Verwandten dieser Familie, während die rechtlichen Bande zur Herkunftsfamilie vollständig erlöschen.

---

19 *Schwab*, in Schwab/Vaskovics (Hrsg.), Pluralisierung von Elternschaft und Kindschaft, 2011, S. 51 ff.; *Röthel*, in Heiderhoff/Röthel (Hrsg.), Regelungsaufgabe Vaterstellung: Was kann, was darf, was will der Staat? 2014, S. 106; *Schumann*, in: Coester-Waltjen/Lipp/Schumann/Veit (Hrsg.), »Kinderwunschmedizin« – Reformbedarf im Abstammungsrecht, 2015, S. 14.

Auf einer Linie mit den aktuellen Überlegungen zum Konzept der Mehrelternschaft liegt es, wenn in der adoptionsrechtlichen Literatur vereinzelt die (Wieder-)Einführung eines schwachen Adoptionstyps gefordert wird,[20] der im Gegensatz zur Volladoption gewisse Verwandtschaftsbeziehungen zwischen Ursprungs- und Adoptivfamilie aufrechterhält. Dieser Vorschlag wurde sogar im Koalitionsvertrag der vergangenen Legislaturperiode aufgegriffen, ohne dass allerdings tatsächlich ein entsprechender Gesetzentwurf entwickelt worden wäre.[21] Gefordert wird die Aufrechterhaltung von verwandtschaftlichen Beziehungen des Kindes zur Herkunftsfamilie vor allem für Stiefkindadoptionen sowie bei der Annahme von Kindern aus Dauerpflegeverhältnissen.[22] Diesen Fallgruppen ist gemeinsam, dass typischerweise bereits mehr oder weniger intensive sozial-familiäre Beziehungen zwischen dem Kind und seinem leiblichen Elternteil bzw. seiner Ursprungsfamilie bestehen, deren vollständiger Abbruch unangemessen wäre.

Rechtsvergleichend gesehen sind schwache (Minderjährigen-)Adoptionen jedoch kein Erfolgsmodell. Eine Untersuchung des französischen und italienischen Rechts als der Nachbarrechtsordnungen, in denen schwache Adoptionen nach wie vor als Alternative zur Volladoption zur Verfügung stehen, führt zu einem eher ernüchternden Befund. So sind schwache Adoptionen in Frankreich in aller Regel Erwachsenenadoptionen. Wird dieser Adoptionstypus bei Minderjährigen eingesetzt, so handelt es sich in der Tat meist um Stiefkindadoptionen. Doch wird auch in Frankreich und Italien zahlenmäßig nur ein verschwindend geringer Anteil von Stiefkindern adoptiert: Stiefkindadoptionen sind in Frankreich und Italien offenbar – trotz des zusätzlichen Adoptionstypus, der zur Verfügung steht – kaum häufiger anzutreffen als in Deutschland.[23]

Aus deutscher Sicht erscheint diese Sachlage kaum verwunderlich: Schon lange wird in Deutschland ganz allgemein und unabhängig von adoptionsrechtlichen Fragen über eine stärkere Verrechtlichung der Beziehung zwischen Stiefkindern und Stiefeltern nachgedacht, ohne dass bislang Reformkonzepte entwickelt werden konnten, die auf generelle Zustimmung gestoßen wären.[24] Dabei dürfte zum gegenwärtigen Zeitpunkt vor allem die Frage im Vordergrund stehen, unter welchen Voraussetzungen Stiefeltern über das kleine Sorgerecht des geltenden Rechts hinaus (§ 1687b

---

20 *Reinhardt*, Reformbedarfe im Recht der Minderjährigenadoption und der Adoptionsvermittlung, 2015, S. 154 ff.; *ders.*, JAmt 2013, 499, 501; eher beiläufig *Oberloskamp*, in: FS Schwab, 2005, S. 869, 885.
21 Koalitionsvertrag der 18. Legislaturperiode, S. 99: »Wir […] wollen, dass bei Stiefkindadoptionen das Verwandtschaftsverhältnis zu den leiblichen Eltern im Einvernehmen erhalten bleiben kann.« (https://www.bundesregierung.de/Content/DE/_Anlagen/2013/2013-12-17-koalitionsvertrag.pdf?__blob=publicationFile).
22 *Reinhardt* (Fn. 20), S. 154 ff.
23 *Helms/Botthof*, Besuchskontakte nach Adoption und Formen schwacher Adoption – Eine Expertise für das Forschungszentrum Adoption (EFZA), 2017, S. 8 ff., 14 ff., 45 f. (abrufbar unter: http://www.dji.de/fileadmin/user_upload/bibs2017/Helms_Botthof_Besuchskontakte_nach_Adoption.pdf).
24 Zu den kindschaftsrechtlichen Fragen *Helms* (Fn. 6) S. F 64 ff. Zu den unterhaltsrechtlichen Fragen *Brudermüller*, Stiefkindunterhalt – Einwilligung in die künstliche Befruchtung – Abstammungsklärungsverfahren, Referat für den 71. Deutschen Juristentag Essen 2016, S. P 41 ff.

BGB) zu (Mit-)Inhabern eines vollwertigen Sorgerechts werden sollten. Schon diese Frage erweist sich als äußerst komplex.[25]

Der wesentliche Schwachpunkt des geltenden Adoptionsrechts dürfte darin liegen, dass durch eine Adoption stets alle Ansprüche auf Information und Kontakt erlöschen, auch wenn faktisch noch eine soziale Beziehung des Kindes zu seinen Herkunftseltern besteht.[26] Entscheidende Bedeutung kommt daher sowohl aus Sicht des Kindes als auch der abgebenden Eltern der Frage zu, wie dieser Kontakt auch nach der Adoption aufrechterhalten und rechtlich abgesichert werden kann. Im Zentrum steht also die Frage nach dem Fortbestand eines Umgangs- und Auskunftsrechts auch nach der Adoption. Ob darüber hinaus im Rahmen einer schwachen Adoption unter bestimmten Voraussetzungen etwa auch gesetzliche Erbrechte und (subsidiäre) Unterhaltsansprüche bestehen (wie sie nach dem Denkmodell einer Mehrelternschaft naheliegend wären), dürfte aus Sicht der Beteiligten nur eine untergeordnete Rolle spielen.

VI. Intendierte Mehrelternschaft im Falle Privater Samenspende?

Auf den ersten Blick naheliegend erscheint das Konzept einer Mehrelternschaft demgegenüber für die Fälle sog. privater Samenspende, mit denen sich die deutschen Gerichte in letzter Zeit zunehmend zu beschäftigen hatten.[27] Hier greifen typischerweise Frauenpaare auf selbstbeschaffte Samen zurück, die im Wege einer sog. Becherspende und anschließenden Selbstinsemination manchmal aber durchaus auch unter Zuhilfenahme eines Arztes für die Durchführung einer künstlichen Befruchtung verwendet werden.

Im Unterschied zu Fällen offizieller Samenspende aus einer Samenbank besteht in diesen Konstellationen keine Gewissheit darüber, welche soziale Rolle der Samenspender im Leben des Kindes einnehmen will. Das Spektrum bewegt sich insofern auf einer gleitenden Skala: von Fällen einer anonymen Spende nach Kontaktaufnahme über das Internet, die in ihrer Unpersönlichkeit und den Erwartungen der Beteiligten einer offiziellen Samenspende entsprechen, bis zu Spenden aus dem Bekannten- oder Freundeskreis, denen der Wunsch zur Gründung einer sog. Queer-Family (schwul-lesbische Co-Elternschaft) zu Grunde liegen kann.[28]

Wie häufig private Samenspenden durchgeführt werden, ist nicht bekannt. Es bestehen aber Anhaltspunkte dafür, dass die Technik recht weit verbreitet ist, sie dürfte jedes Jahr in einigen hundert Fällen erfolgreich zur Anwendung kommen.[29] Ange-

---

25 Vgl. die divergierenden Vorschläge von *Helms* (Fn. 6) S. F 66 ff. und *Schwenzer*, Plurale Elternschaft, Referat für den 71. DJT in Essen, 2016, S. P 35 ff.
26 *Botthof*, Perspektiven der Minderjährigenadoption, 2014, S. 38 ff.; *Reinhardt* (Fn. 20) S. 156 und 161 ff.
27 BGH FamRZ 2015, 828 ff.; BGH FamRZ 2013, 1209 ff. m. Anm. *Heiderhoff*; OLG Düsseldorf FamRZ 2017, 809, 810 f.; OLG Oldenburg FamRZ 2015, 67 f.; OLG Hamm FamRZ 2014, 1386 f.; OLG Celle ZKJ 2010, 74.
28 *Rupp* (Hrsg.), Die Lebenssituation von Kindern in gleichgeschlechtlichen Lebenspartnerschaften, 2009, S. 89 ff.
29 Zu den Anhaltspunkten vgl. *Helms* (Fn. 6), S. F 28.

sichts des Wissens um den prägenden Einfluss von Erbanlagen ist der Anreiz groß, den genetischen Vater des Kindes – anders als bei einer offiziellen Samenspende – nach eigenen Kriterien selbst aussuchen zu können. Außerdem besteht in vielen Fällen der Wunsch, eine männliche Bezugsperson zur Verfügung zu haben, die bereit ist, im Leben des Kindes eine gewisse Rolle zu spielen.[30]

Nach geltendem deutschen Recht finden auf private Samenspenden die allgemeinen Regeln des Abstammungsrechts Anwendung:[31] Eine automatische Co-Mutterschaft kennt das deutsche Recht nicht. In die Elternstellung einrücken kann die Partnerin der Geburtsmutter nur im Wege einer Stiefkindadoption, und das auch nur dann, wenn sie mit der Geburtsmutter verpartnert (§ 9 Abs. 7 S. 1 LPartG) oder verheiratet ist und der (potenzielle) Vater der Annahme zustimmt (§ 1747 Abs. 1 S. 1 und 2 BGB). Dass insofern dringender Reformbedarf besteht, dürfte unter Familienrechtswissenschaftlern in Deutschland nicht ernsthaft umstritten sein.[32]

Problematisch erscheint aber die Frage, welche Rolle der Samenspender de lege ferenda in diesen Konstellationen einnehmen soll: Für die Fälle offizieller Samenspende hat der deutsche Gesetzgeber im Zusammenhang mit der Einführung eines Spenderregisters im Jahre 2017 die abstammungsrechtliche Freistellung des Samenspenders angeordnet (§ 1600d Abs. 4 BGB).[33] Es lag auf der Hand, dass diese Regelung nicht pauschal auf den privaten Samenspender erstreckt werden konnte, dafür sind die Rahmenbedingungen privater Samenspende zu heterogen. Wenn aber in Fällen offizieller Samenspende der Samenspender als rechtlicher Vater stets ausscheidet, weil er durch die Abgabe seiner Spermien an die Samenbank auf seine Elternstellung (konkludent) verzichtet hat, drängt sich die Überlegung auf, ob nicht in Fällen privater Samenspende – zumindest unter bestimmten Voraussetzungen – ein ausdrücklicher Verzicht des Samenspenders auf seine rechtliche Elternstellung möglich sein sollte. Einen entsprechenden Vorschlag hat in der vergangenen Legislaturperiode die Fraktion Bündnis 90/Die Grünen in den Bundestag eingebracht.[34] Auf dieser Grundlage

---

30 *Haag*, in: Maio/Eichinger/Bozarro (Hrsg.), Kinderwunsch und Reproduktionsmedizin, 2013, S. 420.
31 Zwar steht dem Samenspender im Allgemeinen kein Recht zur Vaterschaftsanfechtung zu, doch soll etwa bei privater Samenspende an ein lesbisches Paar eine Ausnahme gelten, weil das Kind in diesem Fall nicht i.S.v. § 1600 Abs. 5 BGB mit Einwilligung eines Mannes und seiner Mutter gezeugt worden sei (BGH FamRZ 2013, 1209, 1211 m. krit. Anm. *Heiderhoff*).
32 Zur Diskussion *Helms* (Fn. 6), S. F 33 ff. Auf dem 71. Deutschen Juristentag Essen 2016 wurde die Forderung, es sei eine Möglichkeit vorzusehen, dass die lesbische Partnerin der Geburtsmutter bereits bei Geburt die rechtliche Elternschaft erlangt, mit 28:6:4 angenommen (B.II.10).
33 Gesetz zur Regelung des Rechts auf Kenntnis der Abstammung bei heterologer Verwendung von Samen vom 17.7.2017, BGBl. 2017 I, S. 2513.
34 Antrag einzelner Abgeordneter sowie der Fraktion Bündnis 90/Die Grünen, Elternschaftsvereinbarung bei Samenspende und das Recht auf Kenntnis der eigenen Abstammung, BT-Drucks. 18/7655. Der Antrag wurde mit den Stimmen der Koalitionsfraktionen in der Sitzung vom 18.5.2017 abgelehnt (Plenarprotokolle, 18. Wahlperiode, 234. Sitzung, S. 23761).

würde sich dann aber in der Tat auch die weitergehende Frage stellen, ob man nicht den involvierten Erwachsenen die Möglichkeit eröffnen sollte, unter bestimmten Voraussetzungen – etwa im Wege einer vorgeburtlichen notariell zu beurkundenden Vereinbarung – eine dreifache Elternschaft zu vereinbaren.

Würde man diesen Schritt tatsächlich gehen, hätte das Kind drei rechtliche Elternteile. So stünden ihm beispielsweise drei Unterhaltsschuldner zur Verfügung (§ 1601 BGB), doch wäre es auch umgekehrt drei Elternteilen zu Unterhalt verpflichtet, wenn diese – etwa im Alter – pflege- und betreuungsbedürftig werden. Aus der Perspektive des Gleichbehandlungsgebots wäre es nicht unproblematisch, dass für eine bestimmte Gruppe von Kindern ein Sonderstatus geschaffen würde, der unter gewissen Voraussetzungen vorteilhaft, aber in anderen Konstellationen auch nachteilhaft sein kann.

Die größten Bedenken wird man in sorgerechtlicher Hinsicht haben: drei Personen würden sich mehr oder weniger regelmäßig das Sorgerecht für das Kind teilen, was bei intakten Beziehungen auf der Elternebene kein Problem sein wird, aber sich dann als konfliktträchtig erweisen kann, wenn sich ein Elternteil mit den anderen beiden oder sogar alle drei Elternteile untereinander zerstreiten. Aus verfassungsrechtlicher Sicht wäre zu fragen, ob die Gesichtspunkte, die das Bundesverfassungsgericht bewogen haben, den Grundsatz der Zweielternschaft zu postulieren, auch hier eingreifen: Ist die Gefahr von »Rollenkonflikten und Kompetenzstreitigkeiten« deshalb minimiert, weil die betroffenen Erwachsenen die »Elternschaft zu dritt« von vornherein vereinbart und geplant haben? Ob dies ein ausreichender Indikator für die Fähigkeit zur Kommunikation und Konsensfindung auch dann noch ist, wenn die ursprünglichen Planungen aus Sicht eines der beteiligten Erwachsenen gescheitert sind, erscheint nicht selbstverständlich. Konkrete sozialwissenschaftliche Studien über die Beziehungsdynamiken und das Wohlergehen von Kindern nach Durchführung einer privaten Samenspende sind nicht bekannt.

Einstweilen dürfte eine gewisse Skepsis angebracht sein, ob die Eröffnung einer mehrfachen Elternschaft bei privater Samenspende der richtige Lösungsansatz ist: Auch wenn voluntative Elemente im deutschen Abstammungsrecht eine wichtige Rolle spielen, entspricht es doch nicht den Grundstrukturen unseres Systems der Eltern-Kind-Zuordnung, dass Elternschaft zwischen interessierten Erwachsenen frei vereinbart werden kann. Man denke etwa an das Verbot der Leihmutterschaft und die strikte Zuordnung des Kindes zur Geburtsmutter in § 1591 BGB, die darauf abzielen, eine Vereinbarung über die rechtliche Mutterposition zu untersagen und auszuschließen. Würde man demgegenüber die Position des zweiten Elternteils zur freien Disposition stellen, würde das diesen gesetzlichen Wertungen zuwiderlaufen. Zwar ist einzuräumen, dass bei Vaterschaftsanerkennungen voluntative Elemente ein sehr starkes Gewicht besitzen, doch stehen auch Vaterschaftsanerkennungen unter dem Vorbehalt der Nichtausübung der Anfechtungsrechte, die sowohl dem Vater als auch der Mutter und dem Kind zustehen (§ 1600 Abs. 1 BGB). Die rechtliche Elternschaft muss also eine soziale Bewährungsprobe überstehen und erstarkt erst nach einiger Zeit zu einer adoptionsähnlichen, nahezu unverrückbaren

Eltern-Kind-Zuordnung.[35] Im Übrigen würde sich bei Zulassung einer »Elternschaft zu dritt« die Frage stellen, warum nicht auch noch ein vierter Elternteil ins Spiel kommen könnte, wenn etwa der genetische Vater des Kindes seinerseits ebenfalls in einer – sei es heterosexuellen sei es homosexuellen – Beziehung lebt?

Meines Erachtens sollte auch in Fällen privater Samenspende am Grundsatz der Zweielternschaft festgehalten werden. Geeignete Maßstäbe müssten allerdings für die Frage entwickelt werden, wann dem Samenspender und wann der zweiten Wunschmutter die Stellung als zweiter rechtlicher Elternteil zukommt.[36] Soweit der Samenspender de lege ferenda in Fortentwicklung des neuen § 1600d Abs. 4 BGB als rechtlicher Vater ausscheidet, könnte ihm unter den Voraussetzungen des § 1686a BGB immerhin ein Umgangsrecht verbleiben, weil anders als in den Fällen offizieller Samenspende im Vorfeld der Zeugung zwischen Mutter und Samenspender stets ein mehr oder weniger intensiver Sozialkontakt bestanden hat.

VII. Fazit

Der Diagnose, dass Kinder zunehmend in komplexen Beziehungsgefügen leben, deren Bewältigung für das Familienrecht eine große rechtspolitische Herausforderung darstellt, ist uneingeschränkt zuzustimmen.

Doch scheint mir das Konzept einer Mehrelternschaft kein ideales Denkmodell zu sein, um die Herausforderung einer zeitgemäßen Weiterentwicklung des Abstammungs- und Kindschaftsrechts zu bewältigen: Rechtliche Abstammungsbeziehungen begründen eine in aller Regel lebenslange Verantwortung für ein Kind, aus der grundsätzlich auch dann mehr oder weniger umfassende wechselseitige Rechte und Pflichten resultieren, wenn eine gelebte Eltern-Kind-Beziehung nicht (mehr) besteht. Demgegenüber erweisen sich sorge- und umgangsrechtliche Beziehungen als flexibler, weil sie – unter Orientierung am Kindeswohl (§ 1697a BGB) – den Wechselfällen des Lebens leichter angepasst werden können.

Neben einer zeitgemäßen Weiterentwicklung des geltenden Abstammungsrechts sollte daher über eine weitere Flexibilisierung von Sorge- und Umgangsrechten nachgedacht werden: So sollten Umgangsrechte der Herkunftseltern – unter bestimmten Voraussetzungen – auch nach einer Adoption fortbestehen können. Außerdem sollte beispielsweise für Stiefkindkonstellationen diskutiert werden, unter welchen Voraussetzungen die Möglichkeit eröffnet werden kann, auch Personen, die keinen rechtlichen Elternstatus besitzen, sorgerechtliche Befugnisse zu übertragen.

---

35 Für das Kind beginnt die zweijährige, kenntnisabhängige Anfechtungsfrist erst mit Eintritt der Volljährigkeit (§ 1600b Abs. 3 S. 2 BGB), erlangt das Kind Kenntnis von Umständen, auf Grund derer die Folgen der Vaterschaft für es unzumutbar werden, so läuft eine neue Anfechtungsfrist (§ 1600b Abs. 6 BGB).

36 Vgl. dazu *Helms* (Fn. 6), S. 25 f.

Gesellschaften, Unternehmen und Kaufleute und ihr Niederlassungsaufenthalt im internationalen Vertragsrecht

Auslegungsfragen des Art. 19 Abs. 2 Rom I-VO

HEINZ-PETER MANSEL

Hanns Prütting verbindet in seinen Arbeiten die hohe Kunst rechtswissenschaftlicher Dogmatik und das Wissen um die realen Probleme der Praxis in idealer Weise. Ihm ist dieser Beitrag freundschaftlich und dankbar für die gemeinsamen Fakultätsjahre gewidmet. Eine Fragestellung aus der unternehmerischen Vertragspraxis ist Gegenstand dieser Skizze.

I. DER UNTERNEHMERISCHE GEWÖHNLICHE AUFENTHALT IM SINNE DES ART. 19 ABS. 1 ROM I-VO

Der gewöhnliche Aufenthalt eines Vertragsschließenden ist zentraler Anknüpfungspunkt des internationalen Vertragsrechts der Rom I-VO. Er wird in den Art. 4-6 Rom I-VO[1] für die objektive Anknüpfung des Vertragsstatuts und in Art. 11 Abs. 2 bis 4 Rom I-VO für das Formstatut verwendet. In Art. 7 Rom I-VO bestimmt der gewöhnliche Aufenthalt eines der wählbaren Rechte. Art. 8 Abs. 3 Rom I-VO knüpft subsidiär an die Niederlassung des Arbeitgebers an, um das Statut des Arbeitsvertrages festzulegen. Auf das Recht an ihrem gewöhnlichen Aufenthalt kann sich eine Vertragspartei berufen, wenn sie die Vertragsschlussregeln des Vertragsstatuts, wie etwa das deutsche Institut des kaufmännischen Bestätigungsschreibens, völlig überraschen (Art. 10 Abs. 2 Rom I-VO).

Bei der Auslegung des Begriffs des gewöhnlichen Aufenthalts natürlicher Personen außerhalb des Zusammenhangs mit ihren gewerblich-beruflichen Aktivitäten (im Folgenden auch Privatperson) kommt es auf den objektiven sozialen Daseinsmittelpunkt der Anknüpfungsperson an. Er liegt dort, wo die Privatperson sozial integriert

---

1 Verordnung (EG) Nr. 593/2008 des Europäischen Parlaments und des Rates vom 17. Juni 2008 über das auf vertragliche Schuldverhältnisse anzuwendende Recht (Rom I), ABl. Nr. L 177 S. 6, ber. 2009 Nr. L 309, S. 87.

ist, sich also der Schwerpunkt ihrer Lebensverhältnisse, ihrer sozialen und persönlichen Beziehungen befindet.²

Werden Verträge von Vereinigungen wie Personen- und Kapitalgesellschaften oder im Rahmen ihrer beruflichen Tätigkeit durch Einzelkaufleute, Gewerbetreibende oder Freiberufler geschlossen, so legt Art. 19 Rom I-VO fest, wo deren gewöhnlicher Aufenthalt im Sinne der Rom I-VO angenommen wird. Soweit ein Vertragspartner eine Gesellschaft, ein Verein oder eine juristische Person ist (im Folgenden auch Verband), bestimmt Art. 19 Abs. 1 S. 1 Rom I-VO den Ort der Hauptverwaltung zu ihrem gewöhnlichen Aufenthalt. Bei einer beruflich, das meint erwerbswirtschaftlich, tätigen natürlichen Person (im Folgenden auch Unternehmer) wird im Rahmen der Tätigkeit auf den Ort ihrer Hauptniederlassung abgestellt (Art. 19 Abs. 1 S. 2 Rom I-VO).

Allgemein wird bei verordnungsautonomer Definition unter Hauptverwaltung im Sinne des Art. 19 Abs. 1 S. 1 Rom I-VO der effektive Verwaltungssitz des Unternehmens verstanden.³ Er ist an dem Ort anzusiedeln, an welchem die unternehmerischen Leitungsentscheidungen in konkrete Geschäftsführungsakte umgesetzt werden,⁴ so dass die Vertragspartner diesen Ort lokalisieren können. Das ist generell, nicht allein bezogen auf einen bestimmten, etwa den streitgegenständlichen Vertrag zu beurteilen.

Die Hauptniederlassung einer beruflich tätigen natürlichen Person im Sinne des Art. 19 Abs. 1 S. 2 Rom I-VO ist dort anzunehmen, wo die nach außen gerichtete Unternehmenstätigkeit vorgenommen wird.⁵ Auch hier kommt es auf die allgemeine

---

2   Siehe allgemein zur entsprechenden verordnungsautonomen Begriffsauslegung BeckOGK/*Köhler*, beck-online.Großkommentar, Stand 01.04.2017, Art. 4 Rom I-VO, Rn. 72; BeckOGK/*Rass-Masson*, beck-online.Großkommentar, Stand 01.04.2017, Art. 19 Rom I-VO, Rn. 28; NK/*Doehner*, Nomos-Kommentar Rom-Verordnungen, Band 6, 2. Aufl. 2015, Art. 19 Rom I-VO, Rn. 8, alle mit weiteren Nachweisen; Magnus/Mankowski/*de Lima Pinheiro*, ECPIL, Vol. 2, Rome I Regulation, 2017, Art. 19 Rom I-VO, Rn. 16. Siehe auch die Gesetzesbegründung zu Art. 5 EGBGB: BT-Drucks. 10/504, 41 unter Bezug auf das parallele autonome deutsche wie das staatsvertragliche Begriffsverständnis; dazu siehe auch *Mansel*, Perspektiven eines deutschen interlokalen Privat- und Verfahrensrechts nach der Wiedervereinigung, IPRax 1990, 283, 286 mit weiteren Nachweisen.
3   Siehe nur Staudinger/*Magnus*, Art. 11-29 Rom I-VO, Art. 46b, c EGBGB (Int. Vertragsrecht 2), 2016, Art. 19 Rom I-VO, Rn. 13 mit zahlreichen Nachweisen. Ebenso Mankowski/Müller/J. Schmidt/*Mankowski*, EuInsVO 2015, 2016, Art. 3 EuInsVO, Rn. 61: »Der effektive Verwaltungssitz ist Kollisionsnormen europäischen Ursprungs keineswegs fremd, sondern tritt dort unter dem Namen Hauptverwaltung auf, namentlich in Art. 19 Abs. 1 UAbs. 1 Rom I-VO [...].« Siehe auch Magnus/Mankowski/*de Lima Pinheiro* (o. Fn. 2), Art. 19 Rom I-VO, Rn. 23: »the place where fundamental direction decisions are converted in acts of daily management.«
4   Siehe zu dieser allgemeinen Definition Mankowski/Müller/J. Schmidt/*Mankowski* (o. Fn. 3), Art. 3 EuInsVO, Rn. 60: »Nach seiner üblichen Definition ist der effektive Verwaltungssitz derjenige Ort, an welchem die grundlegenden unternehmenspolitischen Entscheidungen in konkrete Geschäftsführungsakte des day-to-day management umgesetzt werden.«
5   Siehe nur Staudinger/*Magnus* (o. Fn. 3), Art. 19 Rom I-VO, Rn. 19 mit zahlreichen Nachweisen; ebenso *Albers*, Die Begriffe der Niederlassung und der Hauptniederlassung im Internationalen Privat- und Zivilverfahrensrecht, 2010, 162. Dazu, dass im Regelfall Hauptverwaltung und Hauptniederlassung zusammenfallen, siehe *Max Planck Institute for Comparative and International Privat Law*, Comments on the European Commission's

Unternehmenstätigkeit an, nicht auf eine bezogen auf einen konkreten Einzelvertrag oder in Bezug zu einem bestimmten Vertragspartner.

Allerdings soll die Erkennbarkeit des Orts für den Geschäftsverkehr bei dem Begriff der Hauptniederlassung stärker von Bedeutung sein als bei dem Begriff der Hauptverwaltung.[6] Dem ist hier jedoch nicht zuzustimmen, denn die Auslegung beider Begriffe (Hauptverwaltung/Hauptniederlassung) sollte mit Blick auf den Begriff des gewöhnlichen Aufenthalts einer Privatperson einheitlichen Wertungskriterien folgen, da jene Begriffe den des gewöhnlichen Aufenthalts in den einzelnen Kollisionsnormen substituieren sollen.

Da die drei Begriffe in den einzelnen Kollisionsnormen jeweils zur Ausfüllung des gleichen Tatbestandsmerkmals, nämlich des gewöhnlichen Aufenthalts, eingesetzt werden, sind sie kohärent zueinander auszulegen. Das bedeutet, die Begriffe Hauptverwaltung/Hauptniederlassung sind an dem Begriff des gewöhnlichen Aufenthalts natürlicher (nicht gewerblich tätiger) Personen auszurichten, um eine gleichmäßige Anwendung der Normen, die an den gewöhnlichen Aufenthalt anknüpfen, und damit die gleichförmige Erreichung des Normzwecks der Normen sicherzustellen, die an den gewöhnlichen Aufenthalt anknüpfen.

Der gewöhnliche Aufenthalt einer natürlichen Person liegt – wie bereits ausgeführt – an dem Ort, an welchem sie zu außenstehenden Dritten hauptsächlich in Beziehung tritt, wo sie sozial aktiv und integriert ist. Die Substitutionsbegriffe Hauptverwaltung bzw. Hauptniederlassung sind daher so auszulegen, dass die Orte gemeint sind, an denen der Rechtsverkehr regelmäßig mit der Leitungszentrale des Verbands im Sinne des Art. 19 Abs. 1 S. 1 Rom I-VO bzw. des Unternehmers im Sinne des Art. 19 Abs. 1 S. 2 Rom I-VO in Beziehung tritt. Gerade weil Art. 19 Abs. 1 S. 1 Rom I-VO keine Anknüpfung an den Satzungssitz vorschreibt, kommt es auf die tatsächliche, nach außen tretende regelmäßige Geschäftsführung der Leitungszentrale des Verbands bzw. Unternehmers an, um den Ort der Hauptverwaltung bzw. Hauptniederlassung zu ermitteln.

Im Folgenden soll der Begriff »Unternehmen« für alle Personen im Sinne des Art. 19 Abs. 1 S. 1 und S. 2 Rom I-VO stehen, sowohl für Personenvereinigungen wie juristische und natürliche Personen. Das Wort Unternehmenszentrale ist Synonym sowohl für Hauptniederlassung wie Hauptverwaltung im Sinne der Vorschrift.

II. Nebenniederlassungsaufenthalt: Speziellere Vorschrift des Art. 19 Abs. 2 Rom I-VO

Unternehmen handeln rechtsgeschäftlich oft nicht von ihrer Zentrale aus, sondern von ihren in anderen Staaten angesiedelten Nebenniederlassungen. Art. 19 Abs. 1 Rom I-VO steht daher unter dem Vorbehalt des Art. 19 Abs. 2 Rom I-VO. Art. 19

Proposal for a Regulation of the European Parliament and the Council on the law applicable to contractual obligations (Rome I), RabelsZ 71 (2007), 225, 335.
6 Siehe nur Staudinger/*Magnus* (o. Fn. 3), Art. 19 Rom I-VO, Rn. 13 und 19.

Abs. 2 Rom I-VO hält in einem solchen Fall eine spezielle Regelung bereit. Es ist danach auf den Ort der Nebenniederlassung als gewöhnlichen Aufenthalt des Unternehmens abzustellen, wenn der Vertrag im Rahmen des Betriebs der Niederlassung geschlossen oder erfüllt wird. Die Auslegung dieser Vorschrift wirft Probleme auf, wenn verschiedene Nebenniederlassungen und die Hauptniederlassung in den Vertragsschluss oder die Vertragserfüllung involviert werden.

1. Nebenniederlassungsbegriff

Das Gesetz spricht von »Zweigniederlassung, Agentur oder sonstigen Niederlassung«. Der Begriff der Niederlassung ist damit der Oberbegriff. Durch die Aufzählung macht Art. 19 Abs. 2 Rom I-VO klar, dass es weder auf die genaue Bezeichnung noch auf die rechtliche Einordnung des Büros nach anderen Gesetzen ankommt.[7] In der Begründung[8] zu dem parallelen Art. 23 Rom II-VO[9] wird auf Art. 5 Nr. 5 EuGVVO 2001[10] (heute Art. 7 Nr. 5 EuGVVO[11]) als Vorbild verwiesen. Die zitierten Vorschriften der beiden Fassungen der EuGVVO eröffnen für »Streitigkeiten aus dem Betrieb einer Zweigniederlassung, einer Agentur oder einer sonstigen Niederlassung« die internationale Zuständigkeit der Gerichte des Mitgliedstaats der EuGVVO, in welchem die jeweilige Niederlassung belegen ist. Dadurch wird das Vertrauen eines Vertragsschließenden in die Außenstelle eines Unternehmens geschützt.

Wegen des parallelen Schutzzwecks des Niederlassungsgerichtsstands nach der EuGVVO und der Anknüpfung gemäß Art. 19 Abs. 2 Rom I-VO kann daher zur Auslegung des Art. 19 Abs. 2 Rom I-VO die Rechtsprechung zu Art. 5 Nr. 5 EuGVVO 2001 und Art. 7 Nr. 5 EuGVVO herangezogen werden.[12]

---

7 Rauscher/*Thorn*, EuZPR/EuIPR, Band 3, Rom I-VO, Rom II-VO, 4. Aufl. 2016, Art. 19 Rom I-VO, Rn. 17; ebenso wohl Reithmann/Martiny/*Martiny*, Internationales Vertragsrecht, 8. Aufl. 2015, Rn. 2.287; Musielak/Voit/*Stadler*, ZPO, 14. Aufl. 2017, Art. 7 EuGVVO, Rn. 25; Rauscher/*Leible*, EuZPR/EuIPR, Band 1, Brüssel Ia-VO, 4. Aufl. 2016, Art. 7 Brüssel Ia-VO, Rn. 155.

8 Begründung der Kommission zur Rom II-VO, KOM (2003) 427 endg, 30.

9 Verordnung (EG) Nr. 864/2007 des Europäischen Parlaments und des Rates vom 11. Juli 2007 über das auf außervertragliche Schuldverhältnisse anzuwendende Recht (Rom II), ABl. Nr. L 199 S. 40, ber. 2012 Nr. L 310 S. 52.

10 Verordnung (EG) Nr. 44/2001 des Rates vom 22. Dezember 2000 über die gerichtliche Zuständigkeit und die Anerkennung und Vollstreckung von Entscheidungen in Zivil- und Handelssachen, ABl. 2001 Nr. L 12 S. 1, ber. Nr. L 307 S. 28 und 2010 Nr. L 328 S. 36.

11 Verordnung (EU) Nr. 1215/2012 des Europäischen Parlaments und des Rates vom 12. Dezember 2012 über die gerichtliche Zuständigkeit und die Anerkennung und Vollstreckung von Entscheidungen in Zivil- und Handelssachen, ABl. Nr. L 351 S. 1, ber. 2016 Nr. L 264 S. 43.

12 Rauscher/*Thorn*, EuZPR/EuIPR (o. Fn. 7), Art. 19 Rom I-VO, Rn. 17; BeckOGK/*Rass-Masson* (o. Fn. 2), Art. 19 Rom I-VO, Rn. 33; NK/*Doehner* (o. Fn. 2), Art. 19 Rom I-VO, Rn. 6; Magnus/Mankowski/*de Lima Pinheiro* (o. Fn. 2), Art. 19 Rom I-VO, Rn. 39.

Danach ist unter einer Niederlassung im Sinne des Art. 19 Abs. 2 Rom I-VO der »Mittelpunkt geschäftlicher Tätigkeit gemeint, der auf Dauer als Außenstelle eines Stammhauses hervortritt, eine Geschäftsführung hat und sachlich so ausgestattet ist, dass er in der Weise Geschäfte mit Dritten betreiben kann, dass diese, obgleich sie wissen, dass möglicherweise ein Rechtsgeschäft mit dem im Ausland ansässigen Stammhaus begründet wird, sich nicht unmittelbar an dieses zu wenden brauchen, sondern Geschäfte an dem Mittelpunkt geschäftlicher Tätigkeit abschließen können, der dessen Außenstelle ist.«[13] Eine allein zeitweilige Repräsentanz, wie etwa ein Messestand oder eine fliegende Verkaufsstelle, ist daher mangels ausreichender Dauer keine Niederlassung im Sinne des Art. 19 Abs. 2 Rom I-VO.[14]

Der EuGH fasst seine eigene Rechtsprechung dahin zusammen, dass das »Bestehen einer solchen Niederlassung somit eine bestimmte reale und konstante Präsenz [erfordert], von der aus eine geschäftliche Tätigkeit ausgeübt wird und die sich in einer persönlichen und materiellen Ausstattung vor Ort manifestiert. Des Weiteren muss diese Niederlassung auf Dauer als Außenstelle eines Stammhauses hervortreten.«[15] Der Begriff der Niederlassung im Sinne des Art. 19 Abs. 2 Rom I-VO setzt daher tatbestandlich voraus, dass die Außenstelle die Geschäfte selbst leiten kann und gleichzeitig der Aufsicht und Leitung des Stammhauses unterliegt.[16] Dabei reicht ein

---

13 EuGH, Urt. v. 22.11.1978 – Rs. C-33/78, *Somafer SA ./. Saar-Ferngas AG*, EuGHE 1978, 2183, BeckEuRS, 1978, 67189 (zu Art. 5 Nr. 5 EuGVÜ). Darauf ebenfalls abstellend z.B. Rauscher/*Thorn*, EuZPR/EuIPR (o. Fn. 7), Art. 19 Rom I-VO, Rn. 17; BeckOGK/*Rass-Masson* (o. Fn. 2), Art. 19 Rom I-VO, Rn. 35; NK/*Doehner* (o. Fn. 2), Art. 19 Rom I-VO, Rn. 6.

14 Magnus/Mankowski/*Mankowski*, ECPIL, Brussels I Regulation, 2007, Art. 5 Rom I-VO, Rn. 27.

15 So zum parallelen Art. 97 Abs. 1 der Verordnung (EG) Nr. 207/2009 des Rates vom 26. Februar 2009 über die Unionsmarke, ABl. 2009, Nr. L 78 S. 1: EuGH, Urt. v. 18.05.2017 – Rs. C-617/15, *Hummel Holding ./. Nike*, BeckRS 2017, 110089 unter Verweis auf seine Rechtsprechung zu Art. 5 Nr. 5 EuGVVO und die Entscheidungen EuGH, Urt. v. 22.11.1978 – Rs. C-33/78, *Somafer SA ./. Saar-Ferngas AG*, BeckEuRS, 1978, 67189, Rn. 11; EuGH, Urt. v. 18.03.1981 – Rs. C-139/80, *Blanckaert & Willems ./. Trost*, BeckEuRS, 1981, 89938, Rn. 12; EuGH, Urt. v. 09.12.1987 – Rs. C-218/86, *SAR Schotte ./. Parfums Rothschild*, BeckEuRS 1987, 133256, Rn. 10 und EuGH, Urt. v. 19.07.2012 – Rs. C-154/11, *Mahamdia ./. Algerien*, BeckRS 2012, 81474, Rn. 48.

16 Siehe zur EuGVVO EuGH, Urt. v. 06.10.1976 – Rs. C-14/76, *Bloos ./. Bouyer*, EuGHE 1976, 1497 (zu Art. 5 EuGVÜ); siehe ferner EuGH, Urt. v. 22.11.1978 – Rs. C-33/78, *Somafer SA ./. Saar-Ferngas*, EuGHE 1978, 2183 (zu Art. 5 Nr. 5 EuGVÜ); EuGH, Urt. v. 18.03.1981 – Rs. C-139/80, *Blanckaert & Willems ./. Trost*, EuGHE 1981, 819 (zu Art. 5 Nr. 5 EuGVÜ); EuGH, Urt. v. 18.05.2017 – Rs. C-617/15, *Hummel Holding ./. Nike*, BeckRS 2017, 110089 (zu Art. 97 Abs. 1 der Verordnung (EG) Nr. 207/2009 des Rates vom 26. Februar 2009 über die Unionsmarke); Musielak/Voit/*Stadler* (o. Fn. 7), Art. 7 EuGVVO, Rn. 25 zu Art. 19 Rom I-VO siehe z.B. Rauscher/*Thorn*, EuZPR/EuIPR (o. Fn. 7), Art. 19 Rom I-VO, Rn. 17; Reithmann/Martiny/*Martiny* (o. Fn. 7), Rn. 2.287; BeckOGK/*Rass-Masson* (o. Fn. 2), Art. 19 Rom I-VO, Rn. 36; Palandt/*Thorn*, Art. 19 Rom I-VO, Rn. 4.

entsprechend gesetzter Rechtsschein aus. Nach der Rechtsprechung des EuGH zu Art. 7 Nr. 5 EuGVVO bzw. den Vorgängernormen ist Art. 19 Abs. 2 Rom I-VO deshalb auch dann anzuwenden, wenn eine in einem Staat ansässige juristische Person in einem anderen Staat zwar keine unselbständige Nebenniederlassung unterhält, dort »aber ihre Tätigkeiten mit Hilfe einer gleichnamigen selbständigen Gesellschaft mit identischer Geschäftsführung entfaltet, die in ihrem Namen verhandelt und Geschäfte abschließt und deren sie sich wie einer Außenstelle bedient.«[17] Das gilt unabhängig davon, ob die als Nebenniederlassung fungierende rechtlich selbständige Gesellschaft die Tochter- oder die Enkelgesellschaft eines Stammhauses ist, sofern sie auf Dauer als Außenstelle des Stammhauses auftritt.[18]

Ein Büro, das allein für die Erstellung und die Inhalte einer Bestellwebsite verantwortlich ist, ist keine Niederlassung im Sinne des Art. 19 Abs. 2 Rom I-VO, denn es fehlt hier an der erforderlichen nach außen gerichteten, die Vertragspartner konkret kontaktierenden Tätigkeit dieses Büros.[19] Das gilt auch dann, wenn der Internet-Auftritt in einer anderen Sprache erfolgt als der am Stammsitz gesprochenen und eine entsprechende Buchungsmaske vorgehalten wird.[20]

2. Spezialitätsverhältnis von Art. 19 Abs. 2 und Abs. 1 Rom I-VO

Art. 19 Rom I-VO ordnet weder eine Vermutung zugunsten der Hauptniederlassung noch eine Hilfsanknüpfung an, sondern regelt die Anknüpfung an die Nebenniederlassung als Spezialanknüpfung, welche DDIEJENIGE an die Hauptverwaltung/Hauptniederlassung im gegebenen Fall verdrängt. Der Norm ist auch keine Zweifelsregelung zugunsten der Hauptverwaltungs-/Hauptniederlassungsanknüpfung zu entnehmen. Es besteht vielmehr ein Verhältnis der Spezialität des Abs. 2 gegenüber Abs. 1. Denn Art. 19 Abs. 2 Rom I-VO stellt schon nach seinem Normtext keinerlei Vermutungen auf. Es heißt dort: »*wird* […], *so* […].« Die Anknüpfung an die Hauptverwaltung (Hauptniederlassung) kann daher nur dann erfolgen, wenn nicht die an die Nebenniederlassung eröffnet ist.[21]

---

[17] Siehe EuGH, Urt. v. 09.12.1987 – Rs. C-218/86, *SAR Schotte ./. Parfums Rothschild*, NJW 1988, 625 (zu Art. 5 Nr. 5 EuGVÜ); ebenso EuGH, Urt. v. 18.05.2017 – Rs. C-617/15, *Hummel Holding ./. Nike*, BeckRS 2017, 110089 (zu Art. 97 Abs. 1 der Verordnung (EG) Nr. 207/2009 des Rates vom 26. Februar 2009 über die Unionsmarke).

[18] Siehe EuGH, Urt. v. 18.05.2017 – Rs. C-617/15, *Hummel Holding ./. Nike*, BeckRS 2017, 110089 (zu Art. 97 Abs. 1 der Verordnung (EG) Nr. 207/2009 des Rates vom 26. Februar 2009 über die Unionsmarke); ebenso Magnus/Mankowski/*de Lima Pinheiro* (o. Fn. 2), Art. 19 Rom I-VO, Rn. 42; a.A. Ferrari/Kieninger/Mankowski/*Ferrari*, Internationales Vertragsrecht, 2. Aufl. 2011, Art. 19 Rom I-VO, Rn. 17.

[19] LG Franfurt a.M., Urt. v. 05.12.2014 – Az. 2-24 S 123/14, NZV 2016, 227, 228.

[20] LG Franfurt a.M., Urt. v. 05.12.2014 – Az. 2-24 S 123/14, NZV 2016, 227, 228.

[21] Ebenso z.B. *Pfeiffer*, EuZW 2008, 622, 625 (die Bezeichnung Art. 19 EVÜ im Aufsatz meint richtig Art. 19 Rom I-VO).

III. Telos des Art. 19 Abs. 2 Rom I-VO

1. Schutz der Erwartungen der Anknüpfungsperson und ihres Vertragspartners

Nach Art. 19 Abs. 2 Rom I-VO ist dann nicht an den Ort der Hauptniederlassung/ Hauptverwaltung anzuknüpfen, wenn die dem Vertrag zugrunde liegende Geschäftstätigkeit nicht an diesem Ort der Unternehmenszentrale entfaltet wird, sondern an einem anderen Ort, an welchem das Unternehmen eine eigene geschäftliche Repräsentanz unterhält oder den entsprechenden Anschein erweckt.[22]

Telos des Art. 19 Abs. 2 Rom I-VO in Verbindung mit denjenigen Kollisionsnormen der Rom I-VO, die auf den gewöhnlichen Aufenthalt abstellen, ist es, das Recht derjenigen örtlichen Repräsentanz *der Anknüpfungsperson* zur Anwendung zu bringen, von welcher aus diese »im Hinblick auf den konkreten Vertrag handelt und mit dessen Rechtssystem [sie typischerweise] vertraut ist.«[23] Dadurch wird *zugleich der Vertragspartner* vor der überraschenden Anwendung des Rechts der Unternehmenszentrale geschützt. Denn der Vertragspartner hat in den Konstellationen des Art. 19 Abs. 2 Rom I-VO gerade nicht mit der Hauptniederlassung bzw. -verwaltung des Unternehmens den Vertrag verhandelt bzw. ist der Unternehmenszentrale gerade nicht mittels der Vertragserfüllung verbunden. Ohne Art. 19 Abs. 2 Rom I-VO würde sonst das Recht am Ort der Hauptniederlassung/Hauptverwaltung des Unternehmens als Aufenthaltsrecht zur Anwendung gelangen. Das könnte dessen Vertragspartner überraschen, wenn er mit der Zentrale des Unternehmens selbst keine prägende Vertragsbeziehung entwickelt hat. Auch ist ohne weiteres zu erwarten, dass die Repräsentanten der Anknüpfungsperson die Gepflogenheiten des Rechtsverkehrs des Staates der Nebenniederlassung kennen. Sie müssen aber nicht zwingend mit denen des Ortes der Unternehmenszentrale vertraut sein.

Durch Art. 19 Abs. 2 Rom I-VO soll unter anderem auch »vermieden werden, dass für die vertraglichen Leistungen der inländischen Niederlassungen ausländischer Unternehmen mangels Rechtswahl ausländisches Recht gilt, was für den Vertragspartner unvorhersehbar sein kann.«[24]

2. Kein Schutz der Erwartungen des Vertragspartners auf die Relevanz seines Umweltrechts

Für die Anwendung und die Bestimmung des Schutzziels des Art. 19 Abs. 2 Rom I-VO ist es nicht entscheidend, ob der Vertragspartner des Unternehmers an dem gleichen Ort wie dieser selbst seinerseits eine eigene Haupt- oder Nebenniederlassung unterhalten hat. Denn die Vorschrift zielt gerade nicht darauf ab, das Recht

---

22 Reithmann/Martiny/*Martiny* (o. Fn. 7), Rn. 2.287.
23 Rauscher/*Thorn*, EuZPR/EuIPR (o. Fn. 7), Art. 19 Rom I-VO, Rn. 16.
24 BeckOGK/*Rass-Masson* (o. Fn. 2), Art. 19 Rom I-VO, Rn. 30.

des Staates, in welchem beide Vertragsparteien ihre Niederlassungen unterhalten, als gemeinsames Umweltrecht zu berufen, auch wenn sich dies in vielen praktischen Fällen so ergeben mag.

Es widerspricht auch nicht dem Schutzzweck des Art. 19 Abs. 2 Rom I-VO, die Norm auch dann anzuwenden, wenn der Vertragspartner des Unternehmens mit dem Staat der Unternehmenszentrale im Sinne von Art. 19 Abs. 2 Rom I-VO keine weitere Beziehung unterhält. Art. 19 Abs. 2 Rom I-VO zielt allein darauf ab, den berechtigten Erwartungen beider Parteien zu entsprechen, diejenige der Niederlassungen des Unternehmens als anknüpfungsrelevant anzusehen, welche den Kontakt zum Vertragspartner hält.[25] Art. 19 Abs. 2 Rom I-VO kann daher auch herangezogen werden, wenn der Vertrag im Betrieb einer Niederlassung im Staat A abgeschlossen wurde, welche die Geschäfte des Unternehmens in den Staaten A, B, C und D führt, und der Vertragspartner seinerseits seine Haupt- oder vertragsrelevante Nebenniederlassung im Staat B, C oder D, nicht aber A haben sollte.

IV. Art. 19 Abs. 2 Rom I-VO: Nebenniederlassung mit Vertragsbezug

1. Art. 19 Abs. 2, 1. Alt. Rom I-VO: Vertragsabschlussbezug

Erfolgt der Abschluss eines Vertrages im Rahmen des Geschäftsbetriebs einer bestimmten Nebenniederlassung, so ist gemäß Art. 19 Abs. 2, 1. Alt. Rom I-VO der Ort dieser Nebenniederlassung als gewöhnlicher Aufenthalt des vertragsschließenden Unternehmens anzusehen. Der Tatbestand der Norm stellt auf den objektiven Anknüpfungspunkt des »Vertragsabschlussbezugs« einer Nebenniederlassung ab, genauer knüpft sie an die Nebenniederlassung an, im Rahmen deren Betriebs der Vertrag »*geschlossen*« wurde.

Im Geschäftsbetrieb erfolgt insbesondere derjenige Vertragsschluss, den die Nebenniederlassung namens des Stammhauses anbahnt und verhandelt.[26] Hierbei ist nicht relevant, ob diese Nebenniederlassung, sofern sie überhaupt selbst Träger von Rechten sein kann,[27] oder das Stammhaus Vertragspartner ist. Denn dem Normtext kann nicht entnommen werden, dass die betreffende Niederlassung selbst Vertragspartner sein müsste oder eine sonstige Lokalisierung zugunsten der den Vertragsabschluss verantwortenden Niederlassung im Vertragstext zu erfolgen hätte.

Es ist nach dem Normtext und Normzweck allein entscheidend, dass der Vertragsabschluss im Rahmen des Geschäftsbetriebs der Nebenniederlassung durchgeführt

---

25 JurisPK-BGB/*Ringe*, 7. Aufl. 2014, Art. 19 Rom I-VO, Rn. 15.
26 EuGH, Urt. v. 22.11.1978 – Rs. C-33/78, *Somafer SA ./. Saar-Ferngas AG*, EuGHE 1978, 2183, Rn. 13.
27 Siehe dazu oben II.2.

wird, nicht, wer ausweislich der Vertragsdokumentation Vertragspartner ist.[28] Abzustellen ist daher darauf, welche Niederlassung die Vertragsverhandlungen maßgeblich führte und den Vertragsabschluss organisatorisch bewirkte. Oft werden Mitarbeiter, die ihren Standort an dieser Nebenniederlassung haben, auch den Vertrag als Vertreter des Unternehmens unterzeichnen, wobei dies für die tatbestandliche Erfüllung des Art. 19 Abs. 2, 1. Alt. Rom I-VO aber nicht vorausgesetzt ist.

Art. 19 Abs. 2 Rom I-VO erfordert zudem nicht, dass die den Vertrag anbahnende Nebenniederlassung die einzige gegenüber dem Vertragspartner tätig werdende Niederlassung ist. Vielmehr sind geschäftliche Kontakte mit weiteren Nebenniederlassungen sowie dem Stammhaus unschädlich, soweit der Vertragsschluss gemäß Art. 19 Abs. 2 Rom I-VO im Rahmen des Betriebs einer bestimmten Nebenniederlassung erfolgt ist. Irrelevant ist auch, ob der Vertrag unter Inanspruchnahme des Vertrauens gerade gegenüber dem Stammhaus abgeschlossen wurde, was bei weltweit wirkenden Konzernen nicht selten der Fall sein wird. Denn Anknüpfungspunkte des Art. 19 Abs. 2 Rom I-VO sind allein der Abschluss des Vertrages im Betrieb einer Niederlassung oder die Erfüllungsverantwortung einer bestimmten Niederlassung, zu dieser sogleich.

2. Art. 19 Abs. 2, 2. Alt. Rom I-VO: Erfüllungsverantwortung

Art. 19 Abs. 2 Rom I-VO nennt neben der Niederlassung, in deren Betrieb der Vertrag geschlossen wurde, in seiner zweiten Alternative als weiteren Anknüpfungspunkt die Niederlassung, welche »*für die Erfüllung gemäß dem Vertrag [...] verantwortlich*« ist. Zweiter objektiver Anknüpfungspunkt ist damit die Erfüllungsverantwortung einer Nebenniederlassung. Diese hat die Niederlassung, welche die Erfüllung nach der vertraglichen Regelung[29] (siehe den Normtext: *gemäß dem Vertrag*) organisiert[30] und dadurch erbringt.[31] Es ist anerkannt, dass »*there is no grounds for restricting the operation of Article 19(2) to contractual performance that takes place solely within the country where the branch or agency is actually located. This restriction does not arise out of either the text of the Regulation or its intended objective.*«[32]

Nach Art. 19 Abs. 2, 2. Alt. Rom I-VO ist es ebenso wie in der ersten Normvariante irrelevant, ob das Stammhaus oder eine rechtlich verselbständigte Nebenniederlassung als Vertragspartner auftritt. Vielmehr erfordert die Erfüllungsverantwortlichkeit im

---

28 BeckOGK/*Rass-Masson* (o. Fn. 2), Art. 19 Rom I-VO, Rn. 31; NK/*Doehner* (o. Fn. 2), Art. 19 Rom-VO, Rn. 7.
29 *Briggs*, Private International law in English Courts, 2014, Rn. 7.127 (»*if under the contract it is mutually contemplated*«).
30 Rauscher/*Thorn*, EuZPR/EuIPR (o. Fn. 7), Art. 19 Rom I-VO, Rn. 18 (Steuerung der vertraglichen Leistungserbringung).
31 *McParland*, The Rome I Regulation on the Law Applicable to Contractual Obligations, 2015, Rn. 5.57 f.
32 *McParland*, (o. Fn. 31) Rn. 5.60 mit weiteren Nachweisen.

Sinne des Art. 19 Abs. 2, 2. Alt. Rom I-VO, dass die Zweigniederlassung die vertragliche Leistung nach dem im Vertrag niedergelegten Regelungskonzept steuern soll.[33] Indiz ist etwa der Umstand, dass diese Nebenniederlassung die Vertragsleistungen vornimmt bzw. ihre Vornahme verantwortet oder z.B. Kontaktstelle für Gewährleistungsverlangen ist.[34]

3. Mehrzahl von Nebenniederlassungen mit Vertragsberührung

Da Art. 19 Abs. 2 Rom I-VO zwei unterschiedliche Anknüpfungspunkte nennt (Vertragsabschlussbezug und Erfüllungsverantwortung), sind beide Normalternativen eigenständig zu prüfen. Eine Mehrzahl von Niederlassungen, zu denen der Vertrag Berührung haben kann, schließt Art. 19 Abs. 2 Rom I-VO nicht aus. Die Norm behandelt ausdrücklich den Fall, dass (a) eine Niederlassung, in deren Betrieb der Vertrag geschlossen wurde, »oder« (b) eine Niederlassung, welche nach dem Vertrag für die Erfüllung verantwortlich ist, sowie (c) eine Hauptniederlassung bestehen. Die Hauptniederlassung wird als Anknüpfungspunkt verdrängt, wenn die Voraussetzungen für den Vorrang einer der beiden Alternativen des Art. 19 Abs. 2 Rom I-VO gegeben sind (siehe oben II.2).

Regelmäßig wird die Nebenniederlassung, die den Vertragsabschluss steuert, auch die Vertragserfüllung verantworten. Das ist tatbestandlich aber keinesfalls zwingend. Beide können auseinanderfallen. Fraglich ist dann, auf welche von beiden abzustellen ist. Nach dem Normtext sind beide Alternativen des Art. 19 Abs. 2 Rom I-VO gleichberechtigt. Der Normzweck verlangt jedoch eine Priorisierung, da der Niederlassungsort zusammen mit den jeweiligen Kollisionsnormen, die an den gewöhnlichen Aufenthalt anknüpfen, das anwendbare Recht bestimmt.

Eine Günstigkeitsentscheidung ist in der Norm nicht angelegt; es wäre auch unklar, auf welche Vertragspartei im Hinblick auf die Günstigkeit abgestellt und nach welchen Kriterien die Günstigkeit bemessen werden sollte.

Nach dem Grundsatz der engsten Verbindung im Einzelfall eine der beiden Niederlassungen auszuwählen, würde der Rechtssicherheit nicht dienlich sein.[35] Nach Erwägungsgrund 39 der Rom I-VO soll aber der Begriff des gewöhnlichen Aufenthalts im Sinne des Art. 19 Rom I-VO »aus Gründen der Rechtssicherheit […] eindeutig definiert werden.«

Deshalb sollte die Aufzählung in Art. 19 Abs. 2 Rom I-VO eher als Reihung verstanden und Art. 19 Abs. 2, 2. Alt. Rom I-VO als subsidiäre Anknüpfung ausgelegt werden: Wurde der Vertrag im Rahmen des Betriebs einer bestimmten Niederlassung

---

33 Vgl. Rauscher/*Thorn*, EuZPR/EuIPR (o. Fn. 7), Art. 19 Rom I-VO, Rn. 18, Fn. 82 mit dem Fall »*einer Eröffnung eines Bankkontos bei der monegassischen Filiale einer französischen Geschäftsbank*«, Cass. com. Clunet 2014, 838.
34 Siehe etwa Staudinger/*Magnus* (o. Fn. 3), Art. 19 Rom I-VO, Rn. 24.
35 A.A. Magnus/Mankowski/*de Lima Pinheiro* (o. Fn. 2), Art. 19 Rom I-VO, Rn. 40 mit einem weiteren Nachweis.

abgeschlossen, dann ist an diese Niederlassung im Sinne des Art. 19 Abs. 2, 1. Alt. Rom I-VO anzuknüpfen. Sie kann als diejenige der engsten Beziehung[36] verstanden werden.

Auf die Erfüllungsniederlassung im Sinne des Art. 19 Abs. 1, 2. Alt. Rom I-VO sollte es daher nur ankommen, wenn der Vertrag nicht im Rahmen des Betriebs einer Nebenniederlassung, sondern vom Stammhaus abgeschlossen wird, aber nach dem Vertragsreglement von einer bestimmten Niederlassung aus zu erfüllen ist.

Denkbar ist auch, dass der Vertrag von mehreren Nebenniederlassungen aus unterschiedlichen Staaten zu erfüllen ist. Dann ist auf die Niederlassung abzustellen, welche die Erfüllung insgesamt koordiniert, das kann eine bestimmte Nebenniederlassung oder die Unternehmenszentrale (Hauptverwaltung/Hauptniederlassung) sein.[37] Lässt sich das nicht bestimmen, so ist die Anknüpfung an die Nebenniederlassung im Sinne des Art. 19 Abs. 2 Rom I-VO nicht eröffnet, es verbleibt dann bei der Anknüpfung nach Abs. 1 an die Unternehmenszentrale.

4. Art. 19 Abs. 3 Rom I-VO: Anknüpfungszeitpunkt

Nach Art. 19 Abs. 3 Rom I-VO ist für die Bestimmung des gewöhnlichen Aufenthalts auch im Rahmen des Art. 19 Abs. 2 Rom I-VO der Zeitpunkt des Vertragsabschlusses maßgebend. Aus der Perspektive dieses Moments ist zu beurteilen, welche Niederlassung als diejenige mit Vertragsabschlussbezug (siehe oben unter IV.1) oder Erfüllungsverantwortung (siehe oben unter IV.2) zu qualifizieren ist. Sogenannte *post-contractual performance issues*[38] sind für die Feststellung, im Betrieb welcher Niederlassung der Vertrag geschlossen wurde oder welche Niederlassung die erforderliche Erfüllungsverantwortung hat, daher irrelevant. Unbeachtlich ist folglich, wenn nach dem Vertragstext eine bestimmte Nebenniederlassung die Vertragserfüllung zu organisieren und zu verantworten hat, abweichend davon aber später eine andere Nebenniederlassung insoweit faktisch die Erfüllungsverantwortung übernimmt.

V. Schluss

Art. 19 Abs. 1 und Abs. 2, 1. Alt. Rom I-VO haben seit dem 17.6.2017 noch einen weiteren, allerdings auf das deutsche autonome Kollisionsrecht bezogenen Anwendungsbereich, denn Art. 8 EGBGB n.F. bezieht sich auf jene Vorschriften im Rahmen der neuen Regelung des internationalen Privatrechts der gewillkürten Stellvertretung.

---

36 Dafür im Zweifelsfall: Magnus/Mankowski/*de Lima Pinheiro* (o. Fn. 2), Art. 19 Rom I-VO, Rn. 40.
37 Abweichend Staudinger/*Magnus* (o. Fn. 3), Art. 19 Rom I-VO, Rn. 27, der dann stets auf die Unternehmenszentrale abstellen möchte.
38 *McParland,* (o. Fn. 31), Rn. 5.52.

Auf die Bestimmung des gewöhnlichen Aufenthalts im Sinne des Art. 8 EGBGB ist Art. 19 Abs. 1 und 2, 1. Alt. Rom I-VO mit der Maßgabe anzuwenden, dass an die Stelle des Vertragsschlusses die Ausübung der Vollmacht tritt. Art. 19 Abs. 2, 1. Alt. Rom I-VO ist nicht anzuwenden, wenn der nach dieser Vorschrift maßgebende Ort für den Dritten nicht erkennbar ist.

Rahmenbedingungen und Wirkungen von Rechtsverfolgungsmaßnahmen: Verjährungshemmung, Verbindlichkeit, Vollstreckbarkeit

Caroline Meller-Hannich

I. Einführung

Die Klageerhebung hemmt die Verjährung. Das Ziel und regelmäßige Ergebnis einer Leistungsklage ist ein verbindliches und zur Not auch zwangsweise durchsetzbares Urteil. Die verjährungshemmende Wirkung einer Verfahrenseinleitung durch den Gläubiger, die Bindungswirkung des Verfahrensergebnisses[1] und schließlich die Vollstreckbarkeit gehen bei der klageweisen Rechtsverfolgung also Hand in Hand (II. 1.).

Es gibt aber auch Rechtsverfolgungsmaßnahmen, bei denen das nicht der Fall ist. So hat die außergerichtliche Streitbeilegung lediglich verjährungshemmende Wirkung, ein bindendes und vollstreckbares Verfahrensergebnis folgt aus ihr regelmäßig nicht (II. 2.). Andere Rechtsverfolgungsmaßnahmen, etwa Musterverfahren oder bestimmte Formen behördlicher Rechtsverfolgung, können verjährungshemmende Wirkung und Bindungswirkung *auch gegenüber Dritten* entfalten (II. 3.), was ebenfalls nicht in das eingangs beschriebene System bei der Klageerhebung zu passen scheint, da diese nur zu Gunsten des Aktivlegitimierten die Verjährung hemmt und das Urteil grundsätzlich nur zwischen den Parteien wirkt.

Die Verbindungslinien und Differenzierungen zwischen der verjährungshemmenden Wirkung einer Rechtsverfolgungsmaßnahme und ihrem verbindlichen und vollstreckbaren Ergebnis zu untersuchen, ist Gegenstand der nachfolgenden Überlegungen. Vornehmlich die außergerichtliche Streitbeilegung und der kollektive Rechtsschutz zeigen bei Verjährungshemmung, Bindungswirkung und Vollstreckbarkeit Besonderheiten, die eines näheren Blicks wert sind (II. 2. und 3.). Mein Ziel

---

1 Wenn hier und im Folgenden von Bindungswirkung oder Verbindlichkeit die Rede ist, geht es um die materiell-rechtliche Verbindlichkeit eines Verfahrensergebnisses sowie um dessen etwaige prozessuale Bindungswirkung (Rechtskraft, Interventionswirkung oder prozessuale Bindungswirkung sui generis). Nicht diskutiert werden die Rechtshängigkeitssperre sowie die Innenbindung eines Gerichts oder einer Schlichtungsstelle an das eigene Verfahrensergebnis.

ist dabei, Zusammenhänge und übergreifende Wertungen abzuleiten und vielleicht sogar eine Systembildung im Hinblick auf die Rahmenbedingungen und Wirkungen von Rechtsverfolgungsmaßnahmen auf dem Gebiet des materiellen Rechts, des Prozessrechts und des Zwangsvollstreckungsrechts vorzustellen. Diese kann für das vorhandene Recht Maßstab einer rechtssicheren Auslegung sein und Kriterien für dessen gerechte Fortentwicklung zur Verfügung stellen.

In diesem Sinne des von den Herausgebern gewählten Titels der Festschrift für *Hanns Prütting* werde ich versuchen, die dogmatische Bearbeitung in den Dienst von *Gerechtigkeit, Rechtssicherheit* und *Rechtsentwicklung* zu stellen. *Hanns Prütting* ist zudem ein Vorbild für die Arbeit an den Schnittstellen zwischen Rechtsgebieten. Auch das von mir gewählte Thema ist an einer solchen Schnittstelle – zwischen dem Zivilprozessrecht, dem materiellem Recht und dem Zwangsvollstreckungsrecht – angesiedelt. Schließlich und endlich hat der *Jubilar* auch zum Thema der Bindungswirkungen und Vollstreckbarkeit bei alternativer Streitbeilegung zuletzt grundlegende Gedanken und Ergebnisse formuliert.[2] Ich eigne *Hanns Prütting* diesen Beitrag zu und erinnere mich gerne an die vielen bereichernden fachlichen und persönlichen Begegnungen mit ihm und seinem Werk.

II. Rechtsverfolgungsmassnahmen

1. *Klageerhebung und vergleichbare Rechtsverfolgungsmaßnahmen – »der Grundfall«*

Die Klageerhebung durch Leistungsklage ist die originäre Form der Rechtsverfolgung; jeder Anspruch hat die prozessuale Durchsetzbarkeit schon als materiell-rechtliche Eigenschaft in sich.[3] Die Klageerhebung hemmt die Verjährung, weil der Gläubiger für den Schuldner erkennbar deutlich macht, seinen Anspruch gerichtlich verfolgen zu wollen. Ab diesem Zeitpunkt muss die Verjährung ausgeschlossen sein. So sieht es § 204 Abs. 1 Nr. 1 BGB vor. Am Ende der klageweisen Rechtsverfolgung steht regelmäßig das Urteil. Es entfaltet Rechtskraft und damit förmliche, sachliche und persönliche Verbindlichkeit, §§ 322, 705 ZPO. Es ist zudem vollstreckbar, § 704 ZPO. Bei der Klageerhebung machen Verjährungshemmung, Verbindlichkeit und Vollstreckbarkeit also quasi einen Staffellauf: Am Anfang hemmt die Erhebung der Klage die Verjährung, am Ende ist das Ziel und Ergebnis der Rechtsverfolgungsmaßnahme ein verbindlicher Vollstreckungstitel.

---

2 *Prütting*, Alternative Streitbeilegung in Verbraucherangelegenheiten – Bindungswirkungen und Vollstreckbarkeit, in: Schmidt-Kessel (Hrsg.), Alternative Streitschlichtung. Die Umsetzung der ADR-Richtlinie in Deutschland, Jena 2015, S. 157; Althammer/Meller-Hannich/*Prütting*, VSBG, § 19 Rn. 31 ff.
3 *Meller-Hannich*, JZ 2005, 656, 661 mwN.

Einen *cum grano salis*[4] vergleichbaren Zusammenhang finden wir etwa beim Antrag auf Erlass eines Mahnbescheids oder Europäischen Zahlungsbefehls (§ 204 Abs. 1 Nr. 3 BGB – § 794 Abs. 1 Nr. 4 oder Nr. 6 ZPO), bei der Anmeldung eines Anspruchs im Insolvenzverfahren (§ 204 Abs. 1 Nr. 10 BGB – §§ 178 Abs. 3, 201 Abs. 2 InsO), bei der funktionsäquivalenten[5] Klageerhebung in einem EU-Mitgliedstaat (§ 204 Abs. 1 Nr. 1 BGB – § 794 Abs. 1 Nr. 7, 8 und 9 ZPO, Art. 39 Brüssel Ia-VO) oder beim Beginn des schiedsrichterlichen Verfahrens (§ 204 Abs. 1 Nr. 11 BGB – § 794 Abs. 1 Nr. 4a ZPO). Jeweils wirkt die Rechtsverfolgungsmaßnahme zunächst verjährungshemmend und führt sodann – soweit erfolgreich – zu einem verbindlichen Vollstreckungstitel.

Die verjährungshemmende Wirkung setzt dabei immer die materielle Berechtigung des Klägers voraus.[6] Das entspricht dem prozessualen Begriff der Aktivlegitimation. Sie fehlt, wenn der Anspruch – mag er im Übrigen begründet sein oder nicht – jedenfalls nicht für den Kläger besteht.[7] Das Gericht hat also beispielsweise die Wirksamkeit einer Abtretung zu prüfen, wenn es um die Frage der verjährungshemmenden Wirkung einer Klage des Zessionars geht. Die nach unwirksamer Abtretung erhobene Klage des vermeintlichen Zessionars hemmt ebenso wenig die Verjährung, wie eine nach wirksamer Abtretung erhobene Klage des Zedenten. Grundsätzlich kommen also die Hemmung der Verjährung durch eine fremde Rechtsverfolgung und die Bindung an das Ergebnis einer fremden Rechtsverfolgungsmaßnahme nicht in Betracht. Es hemmt nur die *eigene Aktivität des Gläubigers* und Verbindlichkeit entsteht nur für und gegen diesen.

Zur Klageerhebung und den hier genannten vergleichbaren Rechtsverfolgungsmaßnahmen sei schließlich noch erwähnt, dass jedenfalls eine hinreichende Individualisierung des Streitgegenstands für die verjährungshemmende Wirkung notwendig ist, damit die Beteiligten den Umfang der Hemmung im aktuellen und etwaig nachfolgenden Prozess bestimmen können.[8] Gerade beim Mahnverfahren fällt dies in der Praxis schwer[9], ist aber unabdingbar.

Insgesamt kann also für die Klageerhebung und ihr vergleichbare Rechtsverfolgungsmaßnahmen festgehalten werden, dass der Gläubiger – aber auch nur dieser – durch sie die Verjährung hemmen kann und am Ende der Rechtsverfolgung ein verbindliches und im Falle des Prozessgewinns für den Gläubiger auch vollstreckbares Verfahrensergebnis steht.

---

4 So ist etwa die materielle Rechtskraft des Vollstreckungsbescheids nicht unumstritten, bei der Wirkungserstreckung ausländischer Entscheidungen ist das Recht des Ursprungsgerichts entscheidend und der Schiedsspruch muss gesondert für vollstreckbar erklärt werden.
5 BeckOGK-BGB/*Meller-Hannich*, § 204 Rn. 90.
6 BGHZ 170, 18; BGH NJW 2011, 2193; 2010, 2270; *Althammer*, NJW 2011, 2172; MünchKommBGB/*Grothe*, § 204 Rn. 17.
7 *Rosenberg/Schwab/Gottwald*, Zivilprozessrecht, München 2010, § 46 Rn. 3.
8 BeckOGK-BGB/*Meller-Hannich*, § 204 Rn. 44 ff.; kritisch etwa *Halfmeier*, DB 2012, 2145.
9 S. etwa BGH WM 2016, 254; BGH NJW 2016, 1083; 2015, 2407; BeckOGK-BGB/*Meller-Hannich*, § 204 Rn. 123 ff.; *Pioch*, MDR 2016, 863; *Halfmeier*, DB 2012, 2145.

2. Die außergerichtliche Streitbeilegung – Verjährungshemmung ohne Bindungswirkung und Vollstreckbarkeit

Ein Anspruch kann auch außerhalb eines Gerichtsverfahrens durch gütliche Streitbeilegung realisiert werden. Hier finden wir mit der Mediation, der Verbraucherschlichtung und einer Reihe weiterer Güteverfahren ein etwas disparates Feld von Möglichkeiten. Ein differenziertes Bild gibt es folglich auch im Hinblick auf Verjährungshemmung, Verbindlichkeit und Vollstreckbarkeit.

a) Verjährungshemmende Wirkung

Verhandlungen haben nach § 203 BGB verjährungshemmende Wirkung. In der Regel fällt auch die Rechtsverfolgung durch Mediation in diesen Bereich, da das Mediationsgesetz keine neue nationale Regelung zur Verjährungshemmung[10] eingeführt hat. Da es sich beim Mediationsverfahren um ein in hohem Maße von Freiwilligkeit bestimmtes Verfahren der Konfliktbeilegung handelt, ist es zumindest folgerichtig, dass die – ohnehin schwer vorstellbare – *einseitige* Einleitung einer Mediation nicht hemmend wirkt, sondern nur das notwendig zweiseitige Verhandeln. Damit ist die hemmende Wirkung von Gläubiger *und* Schuldner abhängig. Der Gläubiger kommt auch nicht in den Genuss der hilfreichen Nachfrist des § 204 Abs. 2 BGB. Grundsätzlich ist eine Mediation zwar auch im Rahmen einer Verbraucherstreitbeilegung möglich.[11] § 18 Verbraucherstreitbeilegungsgesetz (VSBG) macht dies ausdrücklich deutlich. Die Mediation wird dann aber bei einer Verbraucherschlichtungsstelle durch einen Streitmittler durchgeführt, so dass der Anwendungsbereich von § 204 Abs. 1 Nr. 4 BGB und nicht nur derjenige des § 203 BGB eröffnet ist.

Nach § 204 Abs. 1 Nr. 4 lit. a und Nr. 4 lit. b BGB hemmt die Veranlassung der Bekanntgabe eines Antrags bei einer Streitbeilegungsstelle die Verjährung. Der Gläubiger soll nicht gezwungen werden, vor Gericht zu gehen, um die Verjährung seines Anspruchs zu verhindern. Er kann vielmehr auch außergerichtlich eine gütliche Beilegung des Streits versuchen. Die Anrufung einer Streitbeilegungsstelle steht in der Hemmungswirkung der klageweisen Geltendmachung eines Anspruchs gleich. Das Gesetz differenziert dabei zwischen den »staatlichen oder staatlich anerkannten Streitbeilegungsstellen« (lit. a) und den »anderen Streitbeilegungsstellen« (lit. b). Bei letzteren hemmt nur die einvernehmliche Betreibung des Verfahrens die Verjährung, bei ersteren wirkt schon die einseitige Anrufung verjährungshemmend. Die

---

10 Angesichts des Verhandlungscharakters der Mediation hielt man das für entbehrlich: BT-Drs. 17/5335 (Regierungsentwurf); BT-Drs. 17/8058 (Beschlussempfehlung und Bericht des Rechtsausschusses); BT-Drs. 17/10102 (Beschlussempfehlung des Vermittlungsausschusses); Zur Mediationsrichtlinie im Hinblick auf Verjährungshemmung und Vollstreckbarkeit: *Wozniewski*, NZG 2008, 410.
11 Weder Mediationsrichtlinie und ADR-Richtlinie noch VSBG und Mediationsgesetz schließen einander aus. Bei einer Mediation im Rahmen der Verbraucherschlichtung gelten aber neben den Voraussetzungen von ADR-Richtlinie und VSBG die Vorschriften des Mediationsgesetzes (§ 18 VSBG, ausgenommen ist § 2 Abs. 1 MediationsG).

hemmende Wirkung beginnt schon mit dem Antragseingang, wenn dieser demnächst bekannt gegeben wird (§ 204 Abs. 1 Nr. 4 Hs. 2).[12]

Staatliche oder staatlich anerkannte Streitbeilegungsstellen im Sinne von § 204 Abs. 1 Nr. 4 lit. a BGB sind u.a. alle durch Bund oder Länder nach §§ 3-23, 24 ff. VSBG genehmigten oder sonst anerkannten privaten Schlichtungsstellen und die nach § 28 VSBG eingerichteten behördlichen Stellen.[13] Die Anerkennung ist eine behördliche Feststellung darüber, dass die Einrichtung bestimmte Anforderungen an Qualität, Fairness und Effizienz erfüllt.[14] Infolge der Anerkennung wird die Einrichtung in die Liste der Verbraucherschlichtungsstellen aufgenommen und genießt Bezeichnungsschutz (§ 2 Abs. 2 VSBG). Sowohl die anerkannten privaten als auch die behördlichen Schlichtungsstellen sind also staatlicherseits autorisiert.[15]

Als behördliche Schlichtungsstellen sind etwa die Schlichtungsstelle der Rechtsanwaltschaft nach § 191f Bundesrechtsanwaltsordnung (BRAO), die Schlichtungsstelle der Bundesanstalt für Finanzdienstleistungsaufsicht (BaFin) nach § 14 Abs. 1 Unterlassungsklagengesetz (UKlaG) oder die Bundesnetzagentur (Schlichtungsstelle Post, Schlichtungsstelle Telekommunikation) zu nennen.[16] Bei den privaten Schlichtungsstellen seien exemplarisch die Allgemeine Verbraucherschlichtungsstelle des Zentrums für Schlichtung e.V. in Kehl und der Versicherungsombudsmann erwähnt. Eine deklaratorische Übersicht bietet die beim Bundesamt für Justiz geführte Liste.[17]

Obwohl man den Begriff der Verbraucherschlichtungsstelle in § 204 BGB nicht findet, sind *alle* Verbraucherschlichtungsstellen im Anwendungsbereich des VSBG unter den Begriff der »staatlichen oder staatlich anerkannten Streitbeilegungsstelle« zu fassen.[18]

Die Durchführung der Verbraucherstreitbeilegung ist für beide Seiten *freiwillig*. Die Freiwilligkeit ist eines der Grundprinzipien der ADR-Richtlinie.[19] Unternehmer müssen gemäß §§ 36, 37 VSBG über ihre Teilnahmebereitschaft auch vorab informie-

---

12 Hier ist auf die zu § 167 ZPO entwickelten Grundsätze zurückzugreifen: BGH NJW 2010, 222.
13 Vgl. BT-Drs. 18/5089, S. 80; Während bei § 204 Abs. 1 Nr. 4 lit. a BGB die Verbraucherschlichtungsstellen als »staatliche oder staatlich anerkannte Stelle« angesehen werden, sind sie bei § 15a EGZPO allerdings nur »sonstige Gütestelle«, dazu noch u. II. 2. b); Durch die Erweiterung des Anwendungsbereichs von § 204 Abs. 1 Nr. 4 BGB über die durch die Landesjustizverwaltung eingerichtete oder anerkannte Gütestellen hinaus wurde bei der Umsetzung der ADR-Richtlinie auch eine Lücke geschlossen, die im Hinblick auf private Schiedsstellen und auf Bundesebene anerkannte Schiedsstellen bestand (vgl. dazu BGH GRUR 2014, 357; BGH BeckRS 2017, 101485; *Staudinger*, RRa 2014, 225).
14 BT-Drs. 18/5089, S. 39.
15 Vgl. BT-Drs. 18/5089, S. 80.
16 Vollständige Auflistung s. Althammer/Meller-Hannich/*Meller-Hannich*, VSBG, § 2 Rn. 25.
17 www.bundesjustizamt.de/DE/SharedDocs/Publikationen/Verbraucherschutz/Liste Verbraucherschlichtungsstellen.pdf (zuletzt aufgerufen am 8.3.2017).
18 BT-Drs. 18/5089, S. 80; BeckOGK-BGB/*Meller-Hannich*, § 204 Rn. 164 und 166.
19 *Meller-Hannich*, Die Grundlagen der europäischen ADR-Richtlinie, in: Althammer (Hrsg.), Verbraucherstreitbeilegung: Perspektiven für die Umsetzung der ADR-Richtlinie, Frankfurt/M. 2015, S. 35 f.

ren.[20] Vor diesem Hintergrund stellte sich in jüngerer Zeit auch dem BGH mehrfach die Frage, ob eine Hemmung auch in den Fällen in Betracht kommt, in denen von vornherein klar ist, dass es mangels Unternehmerbeteiligung letztlich nicht zur Verbraucherstreitbeilegung kommen wird.[21] Der Wortlaut von § 204 Abs. 1 Nr. 4 lit. a und Hs. 2 BGB ist insoweit eindeutig, denn die Norm setzt den Beginn des Verfahrens mit der *Geltendmachung eines Anspruchs durch Einrichtung des Antrags* gleich. Die Beteiligungsbereitschaft des Gegners spielt keine Rolle. Der Gesetzgeber wollte bewusst alle staatlichen oder staatlich anerkannten Stellen im Hinblick auf die Hemmung gleichstellen und den Anwendungsbereich der *schon durch Antrag eintretenden* Hemmung erweitern.[22] Auch die Regelung des § 15a Abs. 3 EGZPO kann hier systematisch herangezogen werden: Einvernehmliche Anrufung und Anerkennung als Verbraucherschlichtungsstelle werden qualitativ gleichgestellt.[23] Die Beantwortung hat sich darüber hinaus auch an Art. 12 der ADR-Richtlinie zu orientieren. Danach darf der Verbraucher nicht durch den Ablauf von Verjährungsfristen während des Verfahrens daran gehindert werden, in Bezug auf dieselbe Streitigkeit ein Gerichtsverfahren einzuleiten. Der europäische Gesetzgeber hat das Verfahren zwar freiwillig gestaltet. Im Falle der Anrufung einer Schlichtungsstelle sollte der Verbraucher aber kein Verjährungsrisiko tragen und auch im Anschluss an die Schlichtung noch klagen können. Die Informationspflicht von Unternehmerseite über die Teilnahmebereitschaft lässt hier keinen Schluss darauf zu, dass die hemmende Wirkung erst bei beiderseitiger Bereitschaft zur Beteiligung eintreten sollte. Jedenfalls sollte die Informationspflicht nicht die Folge haben, dass der Verbraucher eine Obliegenheit in dem Sinne trägt, sich informieren zu *müssen*, um das Risiko fehlender Hemmung eines Güteantrags einschätzen zu können. Deshalb sprechen sowohl die (richtlinienkonforme) Auslegung der Norm als auch der besondere Bedarf an Rechtsklarheit und -sicherheit im Verjährungsrecht dafür, dass *ab Antragseinreichung keine Verjährung* mehr eintreten darf, und zwar auch dann, wenn der Antragsgegner sich erkennbar nicht an der Streitbeilegung beteiligen möchte. Wenn der Gläubiger für den Schuldner erkennbar deutlich macht, seinen Anspruch im Wege der Streitbeilegung durchsetzen zu wollen, genügt das für die hemmende Wirkung. Die Verjährungshemmung ist und bleibt damit legitimer Zweck der Schlichtung.[24] Die europäischen und nationalen Regelungen stehen für die Legalisierung sowie Institutionalisierung

---

20 Dazu zuletzt *Gürtler*, https://verfahrensrecht.uni-halle.de/2017/01/19/neue-informationspflichten-fuer-unternehmer-ab-dem-1-2-17/ (zuletzt aufgerufen am 8.3.2017).
21 BGH NJW 2016, 233 sowie BGH NJOZ 2016, 645 nahmen insoweit Rechtsmissbrauch an; im Ergebnis zustimmend *Fries*, JZ 2016, 723; dagegen BeckOGK-BGB/*Meller-Hannich*, § 204 Rn. 180.1.
22 S. BT-Drs. 18/5089, S. 80.
23 Ausdrücklich geht es hier zwar nur um die Substituierbarkeit der »von einer Landesjustizverwaltung eingerichteten oder anerkannten Gütestellen« auch durch Verbraucherschlichtungsstellen; die Vermutung kann aber auch auf § 204 Abs. 1 Nr. 4 BGB bezogen werden, s. BeckOGK-BGB/*Meller-Hannich*, § 204 Rn. 169; zuletzt auch BGH BeckRS 2017, 101485.
24 Vgl. BGHZ 182, 287; 123, 337; so im Ansatz auch BGH NJW 2016, 233 sowie BGH NJOZ 2016, 645; BGHZ 203, 1; in diese Richtung nun auch wieder BGH BeckRS 2017, 101485.

der Schlichtung im Bereich der Verbraucherstreitbeilegung und für die Rechtsklarheit beim Eintritt der verjährungshemmenden Wirkung. Der Rechtsweg soll durch alternative Lösungsansätze nicht ausgeschlossen werden. Dazu passt auch, dass gemäß § 309 Nr. 14 BGB der Zugang zu den Gerichten durch vorformulierte Bedingungen nicht suspendiert werden darf.[25] Die Situation in der Verbraucherstreitbeilegung stellt sich insofern anders dar als beim Verhandeln nach § 203 BGB. Es genügt das einseitige Betreiben des Verfahrens. Außerdem gibt es zu Gunsten des Gläubigers die von § 204 Abs. 2 BGB geregelte Nachfrist. Der Zeitpunkt des Antragseingangs im Rahmen von § 204 Abs. 1 Nr. 4 BGB ist zudem eindeutig, vergleicht man ihn mit den naturgemäßen Unsicherheiten[26] über Beginn und Ende von Verhandlungen.

Wie bei allen in § 204 Abs. 1 BGB genannten Rechtsverfolgungshandlungen muss für einen wirksam hemmenden Streitbeilegungsantrag ein *bestimmter Anspruch* bezeichnet werden. Nur im Umfang des geltend gemachten Anspruchs erfolgt die Hemmung. Maßgeblich ist insoweit der prozessuale Anspruch.[27] Auch bei der alternativen Streitbeilegung kann insofern auf die *Individualisierung* des durch die Rechtsverfolgungsmaßnahme geltend gemachten Anspruchs im Sinne eines Streitgegenstands nicht verzichtet werden[28], wenn es zur Verjährungshemmung kommen soll. Sie ist in der gütlichen Streitbeilegung in der Tat schwierig,[29] und die standardisierte Umschreibung eines möglichen Anspruchs in einem Mustergüteantrag wird keinesfalls genügen[30], wenn sich aus ihm kein Rückschluss auf einen individualisierten Anspruch ergibt. Es muss Antragsgegner und Streitbeilegungsstelle möglich sein, Art und Umfang der Forderung sowie deren Tatsachenbasis zu identifizieren.[31] Ohne hinreichende Individualisierung ist den Beteiligten nicht erkennbar, worüber gestritten wird. Eine etwaige hemmende Wirkung wird zudem vornehmlich in einem nachfolgenden Prozess eine Rolle spielen. Auch für das später mit der Frage der Hemmung befasste Gericht kann nicht offen bleiben, welche Ansprüche von der Streitbeilegung erfasst waren. Dafür ist eine hinreichende Individualisierung im Sinne der Abgrenzung von anderen Ansprüchen notwendig, wie sie vergleichbar auch für die Bestimmung des Streitgegenstands verlangt wird.

---

25 Dazu zuletzt *Hau*, Parteivereinbarungen zur Suspendierung gerichtlichen Rechtsschutzes, Festschrift Lindacher 2017, S. 139.
26 Zuletzt etwa BGH ZIP 2017, 236; dazu *Meller-Hannich*, LMK 2017, 388010.
27 BGH NJW 2015, 2411.
28 BGHZ 206, 41; BGH NJW 2015, 2411; LG Berlin BeckRS 2014, 00807; BGH NZG 2016, 355; LG Göttingen BeckRS 2016, 17837; LG Bamberg WM 2013, 1862 mwN zum Meinungsstand; BGH BeckRS 2016, 05141; 2016, 05145; BeckOGK/*Meller-Hannich*, § 204 Rn. 162; aA *Riehm* NJW 2017, 113, 116 f.
29 Dazu etwa *Antomo*, JZ 2015, 1109; *Pitsch*, jurisPR-BKR 12/2013 Anm. 4; *Riehm*, NJW 2017, 113, 116.
30 BGH NJW 2015, 2407.
31 BGH NJW 2015, 2407.

b) Verbindlichkeit und Vollstreckbarkeit

Wenn wir auf die Ebene von Verbindlichkeit und Vollstreckbarkeit kommen, so haben Mediationsvergleich und Einigung vor einer Verbraucherschlichtungsstelle *materiell-rechtliche Verbindlichkeit*, da sie in aller Regel einen Vergleichsvertrag nach § 779 BGB darstellen. Der zu Gunsten des Verbrauchers regelmäßig zwingende Charakter des Verbraucherrechts kann allerdings im Hinblick auf die Verfügungsfähigkeit der vergleichsweise geregelten Rechte Einschränkungen bereiten. Für eine Unwirksamkeit kommen dabei vornehmlich die Fälle in Betracht, bei denen die Schlichtungsstelle nicht hinreichend ihrer aus § 19 VSBG ableitbaren Rechtsbindung[32] genügt hat. Das sollte der gerichtlichen Überprüfung, etwa bei der Klage aus dem Vergleichsvertrag, zugänglich sein.[33]

Eine *prozessuale Verbindlichkeit* im Sinne einer materiellen Rechtskraftwirkung des Verfahrensergebnisses kommt grundsätzlich in Betracht – schon allein deswegen, weil der deutsche Gesetzgeber sich in § 5 Abs. 2 VSBG gegen die Einführung der von der Richtlinie zugelassenen sog. auferlegten verbindlichen Lösungen[34] entschieden hat.[35] Das gilt allerdings dann nicht uneingeschränkt, wenn – wie etwa im Verfahren vor dem Versicherungsombudsmann[36] – die Entscheidung nach der Verfahrensordnung der Schlichtungsstelle einseitig verbindliche Wirkung haben und den (weiteren) Rechtsweg ausschließen soll. § 5 Abs. 2 VSBG lässt insofern eine asymmetrische Bindungswirkung zulasten des Unternehmers zu.

Das Ergebnis der Streitbeilegung ist *nicht vollstreckbar*. Wie erläutert, handelt es sich in der Regel um einen materiell-rechtlichen Vergleichsvertrag. Die unmittelbare zwangsweise Durchsetzung privater Vereinbarungen ist vom Justizgewährleistungsanspruch nicht gedeckt. Eine Vollstreckbarerklärung kommt nur über §§ 796a oder 796c ZPO in Betracht. Das gilt auch für einen Mediationsvergleich.[37] Die Verbraucherschlichtung darf im Übrigen die klageweise Geltendmachung nicht ausschließen, da Artt. 1, 10 Abs. 1, 12 Abs. 1 der ADR-Richtlinie ausdrücklich vorgeben, dass der Weg zu den Gerichten jedenfalls bei den Verfahren ohne auferlegtes Ergebnis – und nur solche kennt Deutschland (s. § 5 Abs. 2 VSBG) – für den Verbraucher nicht dauerhaft verschlossen werden darf (Erwägungsgrund 43, 45).[38] Durch die

---

32 S. Althammer/Meller-Hannich/*Prütting*, VSBG, § 19 Rn. 9 ff.; Art. 11 ADR-Richtlinie sieht demgegenüber eine Rechtmäßigkeit nur bei auferlegten Lösungen vor; auch ein Lösungsvorschlag, den beide Parteien annehmen, wird aber gerichtlich nicht unüberprüfbar sein.
33 Vgl. *Prütting*, in: Schmidt-Kessel (Hrsg.) aaO (Fn. 2), S. 168.
34 Vgl. Artt. 2 Abs. 1, 7 Abs. 2 lit. d, 10 Abs. 2, 11 ADR-Richtlinie.
35 Vgl. *Prütting*, in: Schmidt-Kessel (Hrsg.) aaO (Fn. 2), S. 166.
36 S. §§ 10 Abs. 3, 11 der Verfahrensordnung des Versicherungsombudsmanns (VomVO), Stand 23. November 2016.
37 Die Einführung einer expliziten Regelung zur Vollstreckbarerklärung eines Mediationsergebnisses (§ 796d ZPO des Regierungsentwurfs, BT-Drucks. 17/5335, S. 6, 21) wurde im Gesetzgebungsverfahren aufgegeben.
38 Artt. 1, 10 Abs. 1, 12 Abs. 1 sowie Erwägungsgründe 43, 45 ADR-Richtlinie.

Entscheidung *gegen* die Verbindlichkeit eines in der Verbraucherstreitbeilegung gefundenen Ergebnisses ist in Deutschland der Weg versperrt zu einer Vollstreckungstitelqualität als direkte Folge der Verbraucherstreitbeilegung. Damit ist durch das geltende Recht auch eine analoge Anwendbarkeit des § 794 Abs. 1 Nr. 1 ausgeschlossen.[39]

Eine *ipso iure Vollstreckbarkeit* erlangen nach § 794 Abs. 1 Nr. 1 ZPO lediglich Einigungen vor auf Landesebene eingerichteten oder anerkannten Gütestellen. Die dort genannten Stellen entsprechen denjenigen, denen die obligatorische vorgerichtliche Schlichtung bei § 15a Abs. 1 EGZPO anvertraut ist: Soweit ein Land eine gütliche Streitbeilegung vor Klageerhebung obligatorisch fordert und entsprechende Stellen einrichtet oder anerkennt, erlangen die dort erreichten Einigungen Vollstreckbarkeit. Eine Verbraucherschlichtungsstelle ist hiervon aber nicht erfasst.[40] Sie ist vielmehr im Kontext des § 15a Abs. 3 EGZPO als sonstige Gütestelle anzusehen. Dadurch kommt es zwar zu gewissen Friktionen mit § 204 Abs. 1 Nr. 4 BGB.[41] Diese sind aber dem freiwilligen Charakter der Verbraucherschlichtung und dem obligatorischen Charakter der Schlichtung nach § 15a EGZPO geschuldet. Die Verbraucherschlichtung substituiert zwar durch die Vermutung des Einvernehmens in § 15a Abs. 3 EGZPO die Pflicht zur obligatorischen Streitschlichtung. Nur der Begriff der von einer Landesjustizverwaltung eingerichteten oder anerkannten Gütestelle ist aber verknüpft mit der dem Landesgesetzgeber ermöglichten Einführung der Klagevoraussetzung eines obligatorischen Einigungsversuchs[42] und der *Vollstreckbarkeit* des Verfahrensergebnisses nach § 794 Abs. 1 Nr. 1 ZPO. Nach der derzeitigen gesetzgeberischen Konzeption folgt also die Vollstreckbarkeit entscheidend aus dem obligatorischen Charakter einer Schlichtung.[43]

c) Zwischenergebnis

An dieser Stelle kann festgehalten werden, dass außergerichtliche Streitbeilegung grundsätzlich verjährungshemmenden Charakter hat. Bei der Verbraucher-

---

39   Unter Geltung des alten § 204 Abs. 1 Nr. 4 BGB dafür aber zu Recht *Staudinger*, RRa 2014, 225; für die Einführung einer entsprechenden Regelung de lege ferenda *Prütting*, in: Schmidt-Kessel (Hrsg.) aaO (Fn. 2), S. 166.
40   S. BT-Drs. 18/5089, S. 79.
41   Während bei § 204 Abs. 1 Nr. 4 lit. a BGB die Verbraucherschlichtungsstellen als »staatliche oder staatlich anerkannte Stelle« angesehen werden, sind sie bei § 15a EGZPO nur »sonstige Gütestelle«. Das liegt daran, dass bei § 15a Abs. 1 EGZPO der Begriff der »von einer Landesjustizverwaltung eingerichteten oder anerkannten Gütestelle« mit dem obligatorischen Einigungsversuch verknüpft ist (BT-Drs. 18/5089). Damit die Verbraucherschlichtungsstellen diese wirksam substituieren, wird bei ihrer einseitigen Anrufung das Einvernehmen über § 15a Abs. 3 EGZPO vermutet.
42   BT-Drs. 18/5089, S. 79.
43   Anders als *Fries*, JZ 2016, 723, annimmt, kann also aus dem obligatorischen Charakter einer Schlichtung nicht auf die Hemmungswirkung schon durch einseitige Anrufung der Schlichtungsstelle geschlossen werden. Die Wirkung der *Vollstreckbarkeit* ist aber in der Tat aus dem obligatorischen Charakter ableitbar.

schlichtung gilt dies sogar schon bei einseitigem Antrag. Das Ergebnis einer Verbraucherschlichtung und dasjenige einer Mediation entfalten aber nur materiell-rechtliche Verbindlichkeit. Prozessuale Verbindlichkeit im Sinne von Rechtskraft kommt ihm ebenso wenig wie eine Vollstreckbarkeit zu. Ein Schlichtungsergebnis ist aber ausnahmsweise dann vollstreckbar, wenn eine *Pflicht* zum Versuch gütlicher Einigung bestand.

3. Verjährungshemmung und Bindungswirkung durch Rechtsverfolgung Dritter

a) Die Anmeldung zu einem Musterverfahren

Die Anmeldung zu einem Musterverfahren nach dem Kapitalanlegermusterverfahrensgesetz (KapMuG) hat verjährungshemmende Wirkung. Das ergibt sich aus dem im Jahr 2012 eingeführten § 204 Abs. 1 Nr. 6a BGB.[44] Die Verjährung wird durch die Zustellung der Anmeldung gehemmt. Bei der Anmeldung geht es – jedenfalls zunächst – um den *Anschluss an eine fremde Rechtsverfolgungsmaßnahme*. Diese dient freilich der Vorbereitung eigener Klagen, denn die Hemmung hängt von der Erhebung einer eigenen Leistungsklage innerhalb von drei Monaten nach Ende des Musterverfahrens ab.

Die Anmeldung ist erst dann möglich, wenn das Musterverfahren durch das OLG bekannt gemacht ist (§ 10 KapMuG). Ist also bis zum Beginn des Musterverfahrens schon Verjährung eingetreten, hilft die Anmeldung nicht mehr. Diese Situation könnte demnächst für die potentiellen Anmelder zu einem dem OLG Braunschweig vorliegenden Musterverfahren eintreten. Das LG Braunschweig[45] hat am 5.8.2016 eine Reihe von Feststellungszielen zum Zwecke eines Musterentscheids vorgelegt. Das OLG Braunschweig[46] hat das Musterverfahren am 8. März 2017 bekannt gemacht und den Musterkläger bestimmt. Es geht um insgesamt 1.470 Klagen von Anlegern in Aktien eines Autoherstellers, der im Rahmen der »Abgaskrise« softwaregestützte Manipulationen des Abgasausstoßes in der für die Typzulassung nach der EU-Typzulassungsverordnung (Euro-Norm 5 bzw. 6)[47] relevanten Prüfsituation vorgenommen hatte. Die Verjährungsfrist für Ansprüche wegen fehlerhafter und zu später ad hoc-Mitteilung wurde zwar durch das Kleinanlegerschutzgesetz[48] verlängert; umstritten ist freilich die Wirkung dieses Gesetzes auf Altfälle.[49] Falls die kurzen

---

44 Dazu *Schultes*, Teilnahme an Musterverfahren, in: Meller-Hannich u.a. (Hrsg.), Rechtslage, Rechtserkenntnis, Rechtsdurchsetzung – Festschrift Schilken, München 2015, S. 475.
45 LG Braunschweig WM 2016, 2019.
46 OLG Braunschweig v. 8. März 2017 – 3 Kap 1/16.
47 Verordnung (EG) Nr. 715/2007 des Europäischen Parlaments und des Rates vom 20. Juni 2007 über die Typgenehmigung von Kraftfahrzeugen hinsichtlich der Emissionen von leichten Personenkraftwagen und Nutzfahrzeugen (Euro 5 und Euro 6).
48 G vom 3. Juli 2015, BGBl. I, S. 1114.
49 BeckOGK-BGB/*Meller-Hannich*, Art. 169 EGBGB Rn. 5.

Verjährungsfristen der §§ 37b Abs. 4, 37c Abs. 4 WpHG aF noch gelten und vor Bekanntgabe des Musterverfahrens abgelaufen sind, wäre die Anmeldung in der Tat zu spät. Das führt die geschädigten Kapitalanleger in eine problematische Situation: Wenn sie ihren Anspruch nur anmelden, droht dennoch Verjährung, und der Musterentscheid ist nicht bindend. Wenn sie selbst Klage erheben, droht die zwangsweise Einbeziehung in das Musterverfahren ohne »opt out«-Möglichkeit.[50]

Eine materiell-rechtliche oder prozessuale Bindungswirkung hat das Ergebnis des abgeschlossenen Musterverfahrens für die Anmelder nicht. Im Gegensatz zum Beigeladenen (§§ 9, 22 KapMuG)[51] hat der Anmelder (§ 10 Abs. 2 und 3 KapMuG) keine eigene Klage erhoben, ist am Verfahren nicht beteiligt, und der Musterentscheid bindet ihn nicht.

b) »Follow on«-Klagen

Mit »Follow on«-Klagen sind diejenigen Klagen gemeint, die einer bereits abgeschlossenen fremden Rechtsverfolgungsmaßnahme folgen. Auch hier gibt es – freilich sehr spezifische – Möglichkeiten der Verjährungshemmung.

Dabei sei im Kartellrecht die Regelung des § 33h Abs. 6 GWB angeführt. Danach wird die Verjährung eines Schadenersatzanspruchs durch Verfahrenseinleitung einer inländischen oder ausländischen Kartellbehörde oder der Europäischen Kommission gehemmt. Nach § 33b GWB gibt es auch eine Bindungswirkung an die Feststellung des Verstoßes. Klagen in Folge von Bußgeldverfahren stehen also auf einem relativ rechtssicheren Boden. Nach § 34 Abs. 2 GWB gehen die Schadensersatzleistungen und die Geldbuße sogar der Vorteilsabschöpfung durch die Kartellbehörde vor. Eine Vollstreckbarkeit der behördlichen Entscheidung zu Gunsten Geschädigter kommt freilich nicht in Betracht. Die Risiken einer gebündelten Geltendmachung haben sich im Kartellrecht bereits erwiesen.[52] Die Verjährungshemmung und Bindungswirkung sind exemplarisch für die im Kartellrecht bestehende Verzahnung zwischen der öffentlichen und der privaten Rechtsverfolgung.[53] Die besonderen ordnungsrechtlichen Befugnisse zur Sachverhaltsermittlung und -festsetzung von Bußgeldern flankieren nicht nur die privaten Ansprüche, sondern bereiten ihnen auch den Boden.

c) Desiderate

Bei der Anmeldung zu einem fremden laufenden Verfahren müssten die Fehler des KapMuG beseitigt werden. So sollte eine verjährungshemmende Anmeldung an die

---

50 »Sogwirkung« des KapMuG: *Halfmeier/Rott/Feess*, Kollektiver Rechtsschutz im Kapitalmarktrecht, Frankfurt 2010, S. 44 f.; *Halfmeier*, ZIP 2016, 1705; *Meller-Hannich*, ZBB 2011, 180, 186.
51 Dazu *Schilken*, Nebenintervention und Beiladung – das KapMuG und künftige Optionen, in: Wilhelm u.a. (Hrsg.), Festschrift für Eduard Picker, Tübingen 2010, S. 709.
52 OLG Düsseldorf JZ 2015, 726; LG Düsseldorf JZ 2014, 635.
53 *Möllers/Pregler*, ZHR 176 (2012), 144, 152 ff., 176 ff.; vgl. *Kredel/Brückner*, BB 2015, 2947; *Gorius*, jM 2016, 134.

fremde Rechtsverfolgung schon in einem frühen Stadium ermöglicht werden und auch ein spätes opt-out noch gestattet sein. Die fremde Rechtsverfolgung sollte auch Bindungswirkung entfalten können, damit die angemeldeten Einzelansprüche effektiv prozessual bewältigt werden können. Soweit diese Bindung sich zu Ungunsten des Anmelders entfalten soll, ist freilich dessen rechtliches Gehör durch hinreichende Repräsentation im aktuellen Verfahren oder Beachtlichkeit nachträglicher Einwendungen zu wahren.[54]

Außerdem überzeugt es nicht, dass die von Verbänden im Verbraucherrecht nach dem UKlaG, im Lauterkeitsrecht nach § 8 UWG und im Kartellrecht nach § 33 GWB erhobenen Unterlassungsklagen weder eine verjährungshemmende Wirkung noch eine Bindungswirkung zu Gunsten betroffener Verbraucher, Wettbewerber und Kartellgeschädigter haben. Es ist letztlich eine gesetzgeberische Entscheidung, mit welchen Mitteln der Staat seine Interessen durchsetzen will. Handelt es sich um reine Privatinteressen, ist der Verweis auf die individuelle Klage, das *private enforcement*, systemgerecht und angemessen – es bleibt dann »lediglich« die Grenzziehung, wann ein Interesse als rein Privates einzuordnen ist. Soweit es (auch) um die Verfolgung überindividueller Interessen geht, sollte die Rechtsverfolgung *nicht* allein den Privaten und dessen beschränkten Ressourcen an Zeit, Geld und Motivation überlassen werden.

Exemplarisch kann hier der Musterkläger im KapMuG-Verfahren genannt werden, der letztlich bis an die Grenze des Zumutbaren mit Allgemeininteressen belastet wird.[55] Vergleichbares gilt etwa bei der Geltendmachung der sogenannten Gewinnzusagen nach § 661a BGB.[56] Generell ist zu erinnern, dass ein Streuschaden schon aus rationaler Apathie in der Regel nicht geltend gemacht wird, obwohl durch eine schädigende Handlung hohe Gewinne generiert werden können. Bei Massenschäden schließlich ergibt es wenig Sinn, Gerichte mit massenweise Klagen zu belasten, und erst nach Jahren eine höchstrichterliche Entscheidung zu erhalten – die Telekomverfahren und nun die »Abgaskrise« geben beredte Beispiele.

Die Wahl ist dann letztlich diejenige zwischen der behördlichen Geltendmachung oder derjenigen durch private Verbände. Die durch die Einführung von Verbandsklagen getroffene Entscheidung zu Gunsten der Verbände hat die Rechtsverfolgung zwar außerhalb des Staates auf der Ebene der Gleichordnung und in Abhängigkeit von der verbandlichen Initiative angesiedelt.[57] Der Staat hat aber die notwendigen gesetzlichen Voraussetzungen für die Klagebefugnis der Verbände geschaffen, ihr Interventionsinteresse mobilisiert und dadurch den Verbraucherschutz als überindi-

---

54 *Schultes*, Teilnahme an Musterverfahren, in: *Meller-Hannich* u.a. (Hrsg.), Festschrift Schilken aaO (Fn. 44), S. 469; *Meller-Hannich*, Gutachten zum Entwurf eines Gesetzes über die Einführung von Gruppenverfahren (BT-Drs. 18/1464) der Fraktion Bündnis 90/Die Grünen, http://www.bundestag.de/blob/364594/fc03dbcc3dc4c1 f7ec3d31689374d4d6/meller_hannich-data.pdf, S. 5 f. (zuletzt aufgerufen am 8.3.2017).
55 *Meller-Hannich*, ZBB 2011, 180, 190; *Halfmeier*, ZIP 2016, 1705; die Einführung einer Verbandsmusterklage (s. Fn. 54) ist unter diesem Aspekt zu begrüßen.
56 *Meller-Hannich*, NJW 2006, 2516.
57 Vgl. *Meller-Hannich*, Verbraucherschutz im Schuldvertragsrecht, Tübingen 2005, S. 280 ff.

viduelles Interesse definiert. Verbände werden zum Zweck der Verwirklichung einer öffentlichen Aufgabe eingesetzt, so dass eine Verjährungshemmung und Bindungswirkung für und gegen Dritte systemgerecht ist.[58]

d) Zwischenergebnis

Insgesamt lässt sich hier deshalb festhalten, dass eine Rechtsverfolgung im überindividuellen Interesse, sei es durch Behörden, Verbände oder Musterkläger, mit einer Verjährungshemmung und einer Bindungswirkung, möglichst auch mit einer zumindest potentiellen individuellen Titulierung und Vollstreckbarkeit einhergehen sollten. Andernfalls fehlt es an der sinnvollen Verzahnung zwischen kollektivem und individuellem Rechtsschutz.

III. Zusammenführung der Ergebnisse und strukturbildende Ableitungen

Die klageweise Rechtsverfolgung eines Gläubigers zielt auf ein verbindliches und vollstreckbares Verfahrensergebnis ab. Dem stehen die ausländische Klage, der Antrag auf Erlass eines Mahnbescheids oder EU-Zahlungsbefehls, die Anmeldung einer Forderung zur Eintragung in die Insolvenztabelle, der Beginn des schiedsrichterlichen Verfahrens und weitere mit einer gerichtlichen Entscheidung abschließende Verfahren gleich. Zweck der mit Einleitung dieser Rechtsverfolgungsmaßnahmen eintretenden Verjährungshemmung ist es, die Rechtsverfolgung nicht durch reinen Zeitablauf obsolet zu machen. Die Verjährungshemmung schafft also die notwendige Rahmenbedingung für eine wirkungsvolle Rechtsverfolgung. Da es sich hier jeweils um justizielle Rechtsverfolgungsmaßnahmen handelt, führen sie zu auch prozessual verbindlichen und vollstreckbaren Verfahrensergebnissen.

Bei der außergerichtlichen Streitbeilegung ist der Zweck der Verjährungshemmung vor allem, eine justizielle Rechtsverfolgung auch noch *im Anschluss* an die beendete Streitbeilegung zu ermöglichen. Der Rechtsweg soll durch alternative Lösungsansätze nicht ausgeschlossen werden – so sehen es §§ 203, 204 Abs. 1 Nr. 4 lit. a und lit. b BGB sowie Art. 12 ADR-Richtlinie vor. Dazu passt auch, dass gemäß § 309 Nr. 14 BGB der Zugang zu den Gerichten durch vorformulierte Bedingungen nicht suspendiert werden darf. Es geht also darum, dem Gläubiger eine Alternative zur Klageerhebung zu bieten, ohne dabei die Anrufung der Gerichte auszuschließen. Soweit die außergerichtliche Rechtsverfolgung hinreichend institutionalisiert und staatlich autorisiert ist, genügt für die Verjährungshemmung auch der einseitige Streitbeilegungsan-

---

58 Nach hiesiger Ansicht auch im Falle der derzeit geplanten Zuweisung von Verbraucherschutzaufgaben an die Kartellbehörde; zu den entsprechenden Entwürfen der Bundesregierung etwa BT-Drs. 18/10207 sowie http://www.bundeskartellamt.de/SharedDocs/ Publikation/DE/Diskussions_Hintergrundpapier/AK_Kartellrecht_2016_Wettbewerb_ und_Verbraucherverhalten.pdf (zuletzt aufgerufen am 13.3.2017).

trag. Insofern ist die Verjährungshemmung hier legitimer Zweck der Streitbeilegung. Bei den Verhandlungen und der nicht staatlich autorisierten Streitbeilegung kommt eine Hemmung erst bei einvernehmlicher Beteiligung von Gläubiger und Schuldner in Betracht. Da die Verfahren nicht in förmlich beglaubigten oder bestätigten Parteiakten enden, kann ihren Ergebnissen nur materiell-rechtliche Verbindlichkeit, nicht aber Vollstreckbarkeit zukommen. Trotz der verjährungshemmenden Wirkung substituiert die Streitbeilegung das gerichtliche Erkenntnisverfahren nicht, sondern stellt nur eine Ergänzung dar, die eine spätere Klage gerade nicht ausschließen kann. Anders als etwa beim Prozessvergleich, Anwalts- oder Notarvergleich und bei der vollstreckbaren Urkunde hat sich der Schuldner nicht förmlich unterworfen oder eine Verpflichtung zu Protokoll des Gerichts übernommen. Verjährungshemmung *muss* aber auch nicht mit bindenden Ergebnissen einhergehen – das ist nur bei der justiziellen oder ihr gleichgestellten Rechtsverfolgung der Fall.

Die Verbraucherstreitbeilegung und die Mediation sind insofern keine justizförmige oder dieser gleichgestellte Rechtsverfolgung. Ihre europäisch fundierte Institutionalisierung und die staatliche Autorisierung der Verbraucherschlichtungsstellen führen aber dazu, dass auch die einseitige Verfahrenseinleitung verjährungshemmend wirkt. Ein verbindliches vollstreckbares Verfahrensergebnis folgt daraus nicht.

Der vollstreckbare Vergleich vor einer durch die Landesjustizverwaltung eingerichteten oder anerkannten Gütestelle stellt insofern eine Besonderheit dar, weil hier die Streitbeilegung keine Alternative zur Klage ist. Ihr Misslingen ist *zwingende Vorstufe* zur Klage, ihr Erfolg substituiert die Klage. Deshalb ist das Ergebnis der erfolgreichen Streitbeilegung, nicht nur materiell-rechtlich verbindlich, sondern – wie dasjenige einer Klage – auch vollstreckbar.

Es gibt schließlich eine Reihe von Hemmungstatbeständen, bei denen auch die *fremde Rechtsverfolgung* hemmende Wirkung entfalten kann. Hier sollte die hemmende Wirkung bei »follow on«-Klagen im Kartellrecht auf weitere Verfahren im überindividuellen Interesse, insbesondere die Verbandsklagen, erweitert werden. Das gilt auch im Hinblick auf die Verbindlichkeit der Ergebnisse fremder Rechtsverfolgungsmaßnahmen im überindividuellen Interesse für registrierte Anmelder, woran sich auch eine individuelle Titulierung und/oder vergleichsweise Regelung eigener Ansprüche anschließen kann.

Die Bindungswirkung ist freilich nur möglich, wenn eine Verfahrensbeteiligung, Repräsentation oder nachträgliche Berücksichtigung eigener Einwendungen gegeben ist. Andernfalls fehlt es am rechtlichen Gehör. Eine Verjährungshemmung setzt diese förmliche Beteiligung aber nicht voraus – hier genügt es, wenn für den Schuldner deutlich wird, dass der Gläubiger seinen Anspruch geltend machen will, wofür etwa eine Anmeldung oder Registrierung ausreichen.

Als Gesamtergebnis ist festzuhalten, dass die Zusammenschau zwischen Verjährungshemmung, Verbindlichkeit und Vollstreckbarkeit klarstellt, was eine justizförmige Rechtsverfolgung ist und was nicht. Die Verjährungshemmung gehört zu den notwendigen Rahmenbedingungen, die Verbindlichkeit und Vollstreckbarkeit gehören zu den originären Wirkungen justizieller Rechtsverfolgung und sie sind damit sämtlich auch Bestandteil des Justizgewährleistungsanspruchs. Bei der justiziellen Rechtsverfolgung gehen sie Hand in Hand. Im Umkehrschluss kann ohne bindende und vollstreckbare Verfahrensergebnisse weder von justizförmiger noch ihr gleichgestellter Rechtsverfolgung gesprochen werden. Es kommt dann vor allem deshalb zur Verjährungshemmung, weil der Gläubiger nicht zur sofortigen Klage gezwungen und eine spätere Klage nicht ausgeschlossen werden soll. Die Unterscheidung zwischen der justiziellen und der privaten Rechtsverfolgung findet insofern nicht auf der Ebene der Verjährungshemmung, sondern derjenigen der prozessualen Verbindlichkeit und Vollstreckbarkeit statt. Verjährungshemmung durch einseitige Rechtsverfolgung setzt aber zumindest eine gewisse staatliche Institutionalisierung voraus, wie sie etwa bei der Verbraucherstreitbeilegung gegeben ist. An diesen Ergebnissen können und sollten sich Anwendung, Auslegung und Fortentwicklung Regelungen zur Verjährungshemmung, Verbindlichkeit und Vollstreckbarkeit orientieren.

»Klausner« v. »Postler« – oder:
Die Wehrfähigkeit von Sachenrechten

JOACHIM MÜNCH

I. Einleitung

Einen Beitrag zur Festschrift für *Hanns Prütting* beisteuern zu dürfen, ist eine große Ehre, und die Themenwahl sollte leichtfallen, weil der Jubilar auf so vielfältigen Gebieten unterwegs war und ist, dass sich ohne weiteres Anknüpfungspunkte zu eigenen Arbeitsschwerpunkten ergeben. Die des Jubilars und die des Gratulanten überschneiden sich zudem in recht vielfältiger Weise, es sei im Prozessrecht oder materiellen Recht, jedoch auch in Spezialgebieten, wie Berufsrecht[1] (bei ihm das Anwaltsrecht, bei mir das Notarrecht), Juristenausbildung[2] sowie vor allem Schiedsverfahrensrecht[3].

Aber: Festschriftbeiträge sind Geschenke an hochgeschätzte Mitglieder der fachlichen Gemeinschaft, und Geschenke sollen natürlich den Beschenkten etwas überraschen. Das betrifft die Festgabe als dick gebundenes Buch, indes auch deren individuelle inhaltliche »Befüllung« seitens der Autoren. Ich habe mich dafür an meinen sachenrechtlichen Begleiter aus ersten Studientagen erinnert, das Lehrbuch von (ehemalig) »Lent/Schwab« (17. Aufl. 1979), das seit der 23. Aufl. 1991 als »Schwab/Prütting« und seit der 33. Aufl. 2008 als »Prütting« firmiert und aktuell in 36. Aufl. 2017 vorliegt. Mehr als ¼ Jahrhundert hat *Hanns Prütting* also das Werk betreut, gehegt und gepflegt, es trägt inzwischen seine Handschrift, ohne seine Wurzel allerdings zu verleugnen (vgl. S. V), und ganz bestimmt zu Recht allein nun seinen Namen. Entscheidend ist aber etwas völlig anderes: in einem sich recht rasant wandelnden Literaturmarkt (zu meiner Studienzeit gab es in *der* »Kategorie« kaum eine Alternative!), ist es *Hanns Prütting* immer gelungen, den »Platz am Markt« zu verteidigen, ja auszubauen – salopp gesagt: das Werk hat mehr als bloß seinen Einband (von braun über dunkel- auf hellgrün!) geändert. Diese Leistung macht letzthin besonderen Eindruck und untermauert die Qualität der Bearbeitung gepaart mit ureigen pädagogischem Geschick.

Zur Aufgabe des Lehrbuchautors rechnet die Auswahl, d.h. die oftmals schwierige (Selbst-) Begrenzung auf Wesentliches – Einzelfälle müssen dahinstehen zugunsten

---

1 Z.B. *Henssler/Prütting*, Bundesrechtsanwaltsordnung, 4. Aufl., München 2014 – dort: §§ 27, 29, 30-43, 43b, 53, 55 BRAO, §§ 5-16, 19, 20 BORA.
2 *Prütting*, Probleme der Modularisierung der Schwerpunktbereiche, in: *Münch* (Hrsg.), Die neue Juristenausbildung – Chance, Perspektiven und Risiken, Stuttgart 2004, S. 65 ff.
3 Z.B. *Prütting/Gehrlein*, ZPO-Kommentar, 9. Aufl., Köln 2017 – dort: §§ 1025-1058 ZPO.

des Anliegens, die Strukturen zu vermitteln. Der Fall des LG Köln (ein Zufallsfund aus NJW-RR 2014, 796 f. anlässlich der Vorbereitung der Vorlesung[4]) wird es also kaum am Ende hineinschaffen in den Text der nächsten Auflage des *Prütting*schen Sachenrechts, obwohl er vieles an juristisch interessanten Fragestellungen bereithält. Ich hoffe deshalb, *Hanns Prütting* bei Lektüre seiner Festschrift zu überraschen…

II. Grundproblematik

Der Fall als solcher liegt einfach, mögen auch die Begleitumstände relativ bizarr anmuten. Der Kläger als (Besitzer und) Eigentümer eines Hausgrundstücks hat einen Briefkasten aufgestellt und der Beklagten, die gewerbsmäßig Briefsendungen verteilt, ein Hausverbot erteilt. So stritt er demnach gegen die Deutsche Post AG auf Achtung des Verbots aus § 1004 Abs. 1 S. 2 BGB (Beeinträchtigung); AG und LG haben die Klage mit Blick auf § 1004 Abs. 2 BGB (Duldungspflicht) abgewiesen.

Tatbestandsvoraussetzung für den Unterlassungsanspruch bzw. die Erhebung der konkreten Unterlassungsklage[5] ist zunächst das Vorliegen einer Eigentumsbeeinträchtigung. Weder AG noch LG setzen sich jedoch damit genauer auseinander, sondern unterstellen den relevanten Eingriff kurzerhand. Das unbefugte Betreten eines Grundstücks ist zwar keine Substanzverletzung, aber doch eine gleichfalls abwehrfähige (körperliche) Gebrauchsanmaßung[6], die noch keine – eventuell nur zeitweise – Besitzentziehung darstellt (§ 985 BGB?). Von daher ist petitorische (§ 1004 Abs. 1 BGB – sub IV) wie possessorische (§ 862 Abs. 1 iVm. § 858 Abs. 1 BGB – sub III) Störungsabwehr einschlägig[7]. Beide ermöglichen dabei Beseitigung *bestehender* Störungen (Abs. 1 S. 1) wie Unterlassen *zukünftiger* Störungen (Abs. 1 S. 2); letztere unterscheidet sich von ersterer im Schutzgut und auch was eine mögliche Einwilligung bedeutet: die *fehlende* (faktische) Zustimmung ist Tatbestandserfordernis für verbotene Eigenmacht bei § 858 Abs. 1, 1. Halbs. BGB (»ohne dessen Willen«), die *gegebene* (rechtliche) Zustimmung begründet die Pflicht zur Duldung bei § 1004 Abs. 2 BGB (»zur Duldung verpflichtet«). Der Unterschied im Zugang kulminiert danach in der Beschränkung possessorischer Gestattungen auf allein *gesetzliche* Gründe (§ 858 Abs. 1, 2. Halbs. iVm. § 863 BGB).

---

4 Vorinstanz: AG Gummersbach NJOZ 2014, 668 f.
5 Dies zielt auf die Frage nach materieller Anspruchsgewähr oder prozessualer Störungsabwehr – näher dazu *Münch* FS Beys (2003) II S. 1061 m.w.N. [I] (S. 1061-1066) mit Vorschlag zum Kompromiß: S. 1089-1091 [V]; vgl. auch erg. Soergel/*Münch* § 1004 Rn. 398-401 u. *Münch* FG Henckel (2015) S. 231, 248 f. [V 2c].
6 Staudinger/*Gursky* (2013) § 1004 Rn. 24; Jauernig/*Berger* § 1004 Rn. 4; Soergel/*Stadler* § 858 Rn. 8; *Westermann/Gursky/Eickmann*, SachR § 21 Rn. 2 mit § 35 Rn. 5; *Prütting* Rn. 572 [a].
7 BGHZ 106, 229, 232 [II 2]: »§§ 1004, 903, 862 BGB« (betreffend die Abwehr des Einwerfens von Werbewurfsendungen).

Eine weitergehende Beeinträchtigung des allgemeinen Persönlichkeitsrechts, wie sie der BGH bei Einwurf von Werbung annimmt (»Der Wille des Bürgers, insoweit seinen Lebensbereich von jedem Zwang zur Auseinandersetzung mit Werbung nach Möglichkeit freizuhalten, ist als Ausfluß seines personalen Selbstbestimmungsrechts schutzwürdig.«[8]), scheidet dagegen aus: es geht um ganz »normale Post«, sogar wenn sie »im inneren« Werbeinhalte übermitteln sollte[9] – das kann der *Übermittler* offensichtlich nicht genau genug differenzieren. Erwägbar wäre hingegen zwar, dass jemand der Briefpost völlig entsagen möchte, wieso auch immer, etwa aus Einsamkeitsstreben (Anachoret, Klausner, Einsiedler[10]), als überzeugter Verfechter von elektronischer Kommunikation, zum Schutz der Wälder (»Ökologie«), als Abwehrmaßnahme gegen Zustellversuche etc. etc. Jenes wäre – nurmehr konsequent weitergedacht – wohl als Ausfluss personaler Selbstbestimmung genauso schutzwert, passt indes hier nicht: der Kläger wollte ja »seine« Post haben – nur nicht übermittelt durch den Beklagten. Dahinter steckt eine subjektive, keine objektive Differenzierung (bzw. Diskriminierung – jenseits der Regelung des § 19 Abs. 1 AGG), wie sie altbewährt das Institut des Hausrechts erfasst. Anders gesagt: man muss keinen Lebensentwurf fassen, um ungebetene »Störenfriede« zu vertreiben (sei es als Eigentümer oder Besitzer).

III. Possessorisches

1. Beeinträchtigungstatbestand

Der Fall hätte ferner possessorisch eine völlig andere Wendung nehmen müssen: es gibt keinen Rückgriff auf § 226 BGB bzw. § 242 BGB.

»Ohne Willen« heißt Fehlen positiver, ausgedrückter Billigung[11]. Man könnte das Anbringen und Vorhalten des Briefkastens als solche (konkludente) Zustimmung deuten; dagegen spricht die explizite gegenteilige Erklärung gegenüber dem Postdienst – anders gesagt: das Betreten des Grundstücks erfolgt nicht etwa nur »*ohne* Willen« des Besitzers, sondern direkt »*gegen* seinen Willen«! Die Kenntnis des einzelnen Zustellers spielt keine eigene Rolle – entscheidend ist lediglich der Wille des Besitzers, welcher nun einmal den Zutritt gerade *nicht* billigt.

Man kann ihn auch nicht etwa als unbeachtliche Verwahrung beiseitelegen, der gegenüber die getätigte Handlung prävaliert (*protestatio facto contraria non valet*). Es geht um kein Rechtsgeschäft, sondern faktisches Handeln, sowie vor allem: es geht um eine Benutzung des Grundstückes, nicht etwa bloß des Briefkastens (wobei aber – zugegebenermaßen – hier die erstere für letztere die nötigen Voraussetzungen

---

8 BGHZ 106, 229, 233 f. [II 2] (Zitat S. 223/224).
9 Näher dazu siehe BGHZ 60, 296, 298 ff. [II]: S. 299 (ohne Widerspruch) »versus« S. 300 f. (nach Widerspruch) – betreffend den *Versender*!
10 Hinter dem Eremitentum mag jedoch gleichermaßen ein Lebensentwurf stehen – Näheres unten bei VI.
11 RG JW 1928, 497 (ausdrücklich) bzw. RGZ 72, 192, 198/199 (konkludent).

schafft). Ist aber der weitergehende (Immobiliar-) Störungsakt offensichtlich ungebilligt, darf es schon gar nicht zu der weniger weitreichenden (Mobiliar-) Störung kommen. Das scheinbar widersprechende Verhalten hat letztendlich *unterschiedliche* Bezugspunkte (vgl. auch erg. dazu § 865 BGB), ist qualitativ von ureigener Art und nicht einfach aufeinander zu projizieren (die Erklärung ist eindeutig!). Daher gilt auch die Missachtung eines Hausverbotes als eine Art Musterfall verbotener Eigenmacht (§ 858 Abs. 1 BGB), die abwehrfähig ist[12], demnach Beseitigungsansprüche auslöst (§ 862 Abs. 1 S. 1 BGB) – und bei Wiederholungsgefahr (die zweifellos hier existiert!) zur Unterlassungsklage befugt (§ 862 Abs. 1 S. 2 BGB).

§ 858 Abs. 1 BGB klassifiziert das Störungsverhalten als widerrechtlich; weder Bewusstsein davon noch auch nur Verschulden ist weiter notwendig; selbst ein Anspruch auf Überlassung des Besitzes könnte nicht helfen[13]. Gegenüber possessorischen Ansprüchen nützen bekanntlich petitorische Einwendungen nichts. Es bleibt allein die Möglichkeit verfügter *gesetzlicher* Erlaubnis (§ 858 Abs. 1, 2. Halbs. BGB iVm. Art. 2 EGBGB), sei es auf privater (z.B. §§ 227 ff., 904 BGB) oder öffentlich-rechtlicher Grundlage (z.B. § 758 ZPO).

Jedoch fehlt eine Gefahrenlage, welche zivilrechtliche Rechtfertigungsgründe heraufbeschwören könnte: § 906 Abs. 1 BGB (analog) scheidet aus, da keinerlei »Imponderabilien« vorliegen[14]; es bleibt vielleicht § 33 Abs. 1 PostG, der lizensierte Postdienste als beliehene Unternehmer mit den benötigten Hoheitsbefugnissen ausstattet. Das gilt indes doch nur zum Zwecke förmlicher – behördlicher oder gerichtlicher – Zustellung[15], infolgedessen nur für den rechtsförmlichen (!) *Zustellungsakt*, nicht etwa für bloßen »normalen« *Zugang* gewöhnlicher Postsendungen (mit Vorbehalt für § 132 Abs. 1 BGB). Eine Zutrittsermächtigung wird so oder so dadurch nicht erteilt: diese Regelung zielt alleinig auf den Zusteller, nicht etwa den Empfänger. Der Zustelldienst bedarf keines Betretensrechts, um seine Aufgaben zu erfüllen, zumal doch die Zustellungsvorschriften dafür selbst bessere (Direkt-) Vorsorge treffen (sog. »Ersatzzustellung« – z.B. § 181 ZPO [hilfsweise Niederlegung] »versus« § 180 ZPO [anstatt zwangsweisem Briefkasteneinwurf], wenn und weil die Zustellung »nicht ausführbar« ist – eventuell hilft womöglich sogar § 179 ZPO [Zustellungsfiktion nach Annahmeverweigerung – kein »erreichbarer« Raum: S. 2 analog?]).

Diese Bewertung könnte allerdings durch BGH WarnR 1978 Nr. 162, S. 453[16] noch spezieller Modifikation ausgesetzt sein.

---

12 MünchKommBGB/*Joost* § 858 Rn. 5; Soergel/*Stadler* § 858 Rn. 13; Staudinger/*Gutzeit* (2012) § 858 Rn. 39; wird verkannt von OLG Frankfurt NJW 1994, 946, 947 (Hausrecht sei kein notwehrfähiges Rechtsgut), zutr. dagegen *Löwisch/Rieble* NJW 1994, 2596.
13 Scil. jene Widerrechtlichkeit nach § 242 BGB (*dolo agit, qui petit, quod statim redditurus est*) konstruktiv doch am Ende überspielen, vgl. BGH WM 1971, 943, 944.
14 Mit Recht sehr knapp nur BGHZ 106, 229, 223 [II 2] für Werbehandzettel.
15 Siehe sehr klar schon BT-Drs. 13/7774 S. 28 re. Sp. [RV].
16 NJW 1978, 2157 = JZ 1978, 613 = WM 1978, 1012 = MDR 1978, 1011; vgl. auch erg. BGH NJW 1995, 132 f. [II 2] (zwar Anwendung, aber Ablehnung – ohne spezielles Problembewußtsein).

2. Einwendung treuwidrigen Verhaltens

Der Leitsatz dieses Urteils postuliert insoweit das offenbare Gegenteil: »Auch Besitzschutzansprüche unterliegen immanenten inhaltlichen Schranken nach § 242 BGB.« Man sollte sich dazu jedoch der zugehörigen Fallkonstellation ([II 2b] {13}) vergewissern: es ging um Besitzschutz unter Mitbesitzern, der beschränkt nur bereitsteht (§ 866 BGB) bzw. dezidiert *nicht* eingreift »als es sich um die Grenzen des den einzelnen zustehenden Gebrauchs handelt.« Für eben *diese Frage* (scil. die Abklärung der Schranken des Gebrauchs!) wird auf § 242 BGB oft dann zurückzugreifen sein; der Leitsatz ist demnach bloß zu weit geraten; richtig wäre gewesen: »Auch Besitzschutzansprüche unterliegen expliziten gesetzlichen Schranken, wie etwa gemäß § 866 BGB« (über den auch u.U. andere Normen [§ 242 BGB?] wirken können). Die h.M. geht indes weiter, versagt gleich im Ansatz deshalb schon insgesamt sogar die Störungsabwehr unter *Mit*besitzern[17], so dass jene Frage von daher gar nicht relevant würde; sie spielt auch vorliegend keine Rolle: es geht um Störungsabwehr eines *Allein*besitzers!

Unbesehen des Leitfalls betont die h.L. jeweils als Grundsatz, dass die Struktur possessorischen Schutzes rechtsgrundsätzlich der Berücksichtigung von petitorischen Einwendungen widerstreitet (arg. § 863 BGB) – das dürfe man nicht mittels Rückgriff auf § 242 BGB aushöhlen[18]. Doch verbleibt eine Hintertür. Als alles beherrschender Rechtsgrundsatz erlaubt letztlich § 242 BGB Ausnahmen in jeder Hinsicht (sogar zwingendem Recht gegenüber!)[19], indes doch selbstredend auch bei § 862 BGB nur in Extremfällen[20]. Das dogmatische Strukturargument muss gelegentlich einmal zurücktreten zugunsten individuell »gerechter« Ergebnisse; es gibt kein Gebiet, das etwa ganz und gar frei wäre von § 242 BGB. Dazu muss eine atypische Interessenlage vorliegen[21]. Die Kernfrage lautet folglich: Ist das Ergebnis nur die Konsequenz der Normgebung (und also schon legislatorisch mit »einkalkuliert« – Regelfall) oder ist

---

17 BGHZ 29, 372, 377 [4]; 62, 243, 248 [III 2a]; 145, 16, 19/20 [II 1]; wohl implizit auch OLG Stuttgart NJW 2012, 625, 626 [II 1b] {16} bzw. Bamberger/Roth/*Fritzsche* (42. Ed.) § 866 Rn. 16; Soergel/*Stadler* § 866 Rn. 15; MünchKomm/*Joost* § 866 Rn. 12; RGRK/*Krengel* § 866 Rn. 4; Staudinger/*Gutzeit* (2012) § 866 Rn. 25.
18 OLG Brandenburg, U. v. 30.04.2009, 5 U 83/08 [II 2] {22}; OLG Saarbrücken MDR 2007, 510, 511 [II 2d aa] {51}; KG NJW 1967, 1915, 1916/1917; LG Itzehoe SchlHAnz 1962, 245, 246; MünchKomm/*Joost* § 863 Rn. 7; Staudinger/*Gutzeit* (2012) § 863 Rn. 4.
19 Generell (§ 242 BGB): BGH NJW 1985, 2579, 2580; Jauernig/*Mansel* Rn. 10; MünchKomm/*Schubert* Rn. 96; Staudinger/*Loschelders*/*Olzen* (2015) Rn. 336 ff.- a.A. Soergel/*Teichmann* (12. Aufl. 1990) Rn. 117 im Anschluß an Soergel/*Siebert*/*Knopp* (10. Aufl. 1967) Rn. 44.
20 Speziell (§ 863 BGB): MünchKomm/*Joost* Rn. 7; Staudinger/*Gutzeit (2012)* Rn. 4; BGH NJW 1978, 2157, 2158 [II 2 b)]; OLG Brandenburg, U. v. 30.04.2009 – 5 U 83/08 [II 2] u. v. 02.07.2009 – 5 U 26/09 [II 2b] (eher lascher wohl anfangs NJOZ 2004, 573, 577 [B 2b bb)] u. OLG Saarbrücken MDR 2007, 510, 511 [II 2d aa] {52} (»Gesichtspunkte..., die außerhalb der gesetzlichen Wertung... [be]stehen« bzw. KG ZMR 2000, 818, 821 [IV 1] (zumindest »ausnahmsweise« statthaft) u. NJW 1967, 1915, 1916/1917 (»nur bei Vorliegen ganz besonderer Voraussetzungen«).
21 So formulierte es MünchKomm/*G. H. Roth* (5. Aufl. 2007) § 242 Rn. 112a (nicht mehr bei *Roth*/*Schubert*, 6. Aufl. 2012) – leicht anders MünchKomm/*Joost* (7. Aufl. 2017 bzw. 5. Aufl. 2009) § 863 Rn. 7: Sachkriterien außerhalb der gesetzlichen Bewertung.

es Nachhall fallspezifischer, unvorhersehbarer Umstände (und daher vom Gesetzgeber nicht mitbewertet – »Ausreißer«)? Dann mag es trotz allem womöglich Milde geben.

Solche Fallkonstellationen wurden nur selten anerkannt[22]: Besitz*störung* ohne ergänzende Abwehr paralleler Besitz*entziehung* (fehlendes erreichbares Anspruchsziel – hierbei hätte wohl schon die »Anleihe« bei § 275 Abs. 1 BGB geholfen: *impossibilium nulla obligatio est* dürfte beim Besitzschutz auch gelten)[23]; Besitzverschiebung um kollusive Vollstreckungsvereitelung zu erreichen[24] oder genereller auch Störungsabwehr allein zum Zwecke der Drittschädigung (§ 226 BGB)[25]; Widerruf anfänglich erteilter Erlaubnis zur Durchsetzung überhöhter Abfindungen[26] (hier genügte m.E. eine Zahlung mit vorbehaltener späterer Rückforderung, u.U. mitsamt eines Arrests). Nichts würde vorliegendenfalls recht passen. Erörtert wird außerdem ein Rückgriff auf § 242 BGB, wenn und weil »die Wiederherstellung der früheren Besitzlage ersichtlich zu Gewalttätigkeiten bzw. zu einer Gefahr für Leib oder Leben desjenigen führen wird, der die verbotene Eigenmacht begangen hat«[27] bzw. bei Unzumutbarkeit der Besitzeinräumung wegen voraussehbarer Gewalttätigkeit des Besitzers[28] – das kann hier auch nicht weiterhelfen.

Somit lässt sich »Klausner v. Postler« dann doch recht einfach lösen – der Fall betrifft offensichtlich die Normalsituation jeder possessorischen Hausrechtsverteidigung. Sie soll nach dem Rechtsgedanken des § 863 BGB insoweit keinen Rechtseinwand »fürchten« müssen, wenn und weil nur Besitzsphäre und Außenstörung miteinander schlicht kollidieren. Indizien atypischer Umstände, wie sie teilweise anerkannt wurden, mangeln vorliegend allemal. Es geht alleinig noch an, mit § 226 BGB die nähere Rechts*ausübung* als solche dezidiert zu begrenzen; das jedoch setzt voraus, dass Schadenszufügung *objektiv* (!) einziger Handlungszweck ist (oder wohl korrekter: sein kann)[29]. Bei Wahrnehmung des Hausrechtes steht aber doch der Selbstschutz im Vordergrund (selbst wenn er einem Neutralen »unvernünftig« erscheint!), nicht etwa die Drittschädigung. Es genügt, wenn solche, eine mögliche Schädigung überlagernde Motive mitschwingen (können), um das Schikaneverbot auszuschließen – weil danach jene Abwehr *nicht* »nur [!] den Zweck haben kann, einem anderen Schaden zuzufügen.«

22 Relativ rigide dagegen OLG Köln, U. v. 31.08.2010 – 23 U 5/10 [I 1b bb] {7}.
23 OLG Brandenburg, U. v. 02.07.2009 – 5 U 26/09 [II 2c].
24 OLG Brandenburg NJOZ 2004, 573, 577/578 (bejahend – geht am Ende zu weit).
25 KG NJW 1967, 1915, 1917 (verneinend – aber: »bedarf hier keiner Entscheidung«).
26 KG ZMR 2000, 818, 821 [IV 2] (bejahend – treuwidrig veranlaßte Zwangslage) – hier eindeutig überzogen aber OLG Stuttgart NJW 2012, 625, 627 [II 2b] {25-27} (zur Verfolgung eines [Gegen-] Anspruches aus § 8 Abs. 3 Nr. 3 VOB) m. abl. Anm. *Voit*.
27 OLG Saarbrücken MDR 2007, 510, 511 [II 2d aa] {52} – in Anlehnung an BGH, a.a.O. (Fn. 16) [II 2b] {13}.
28 LG Berlin, U. v. 06.12.2004 – 12 O 633/0412 [20].
29 Näheres siehe bei MünchKomm/*Repgen* § 226 Rn. 15 ff. sowie vor allem RGZ 68, 424, 425 einerseits (alleinig *objektive* Komponente), RGZ 72, 251, 264 andererseits (ergänzende *subjektive* Komponente); siehe auch die RG-Nachw. bei Fn. 51, aber z.B. auch BayObLG WuM 2004, 728 [II 2d] {13} u. OLG Köln OLGR 1992, 33, 34, insgesamt etwas schwächer OLG Saarbrücken, B. v. 07.02.2013 – 4 U 421/11 [II A 5] {43 ff}.

IV. Petitorisches

§ 1004 BGB ist tatbestandlich natürlich komplizierter, man kommt indes zum selben Ergebnis: »Klausner« müsste genauso gegen »Postler« am Ende gewinnen. Dabei kann man eigentliche Erfordernisse (Abs. 1) und eventuelle Verteidigung (Abs. 2) rechtslogisch klar unterscheiden, was darauf rückwirkt, wer was darlegen und beweisen muss[30].

1. Eingriffserfordernisse (Abs. 1)

Notwendig ist objektive Eigentumsbeeinträchtigung, nicht etwa ein subjektives Störgefühl des jeweiligen Eigentümers – deshalb scheiden letztlich die rechtlichen und ideellen Einwirkungen aus. Gestört wird fühlbar durch Begehen des Grundes oder u.U. auch Briefkastennutzung. Beides wirkt klar als abwehrauslösender unmittelbarer *Eigentums*eingriff (dass man hierüber normalerweise wegsieht, steht auf einem anderen Blatt), es ist eine jedenfalls *physische* Einwirkung, nicht bloß das Empfinden (oder Einbilden) einer Eigentumsbeeinträchtigung. Das LG hat diese interessante Frage dahingestellt (Urteilsstil!) – dies verlangt drei klärende zusätzliche Bemerkungen; dagegen liegt die zusätzlich noch notwendige Wiederholungsgefahr hier auf der Hand: es hat in der näheren Vergangenheit diverse Missachtungen gegeben, das zeugt von Hartnäckigkeit und Regelmäßigkeit, die gemeinhin Einschlägigkeit vorbeugenden Rechtsschutzes indiziert.

(1) Tangiert wird unmittelbar hier (Privat-) Eigentum, das sog. Hausrecht spielt keine *eigenständige* Rolle. Es ist nichts anderes als ein Synonym für einen spezifischen Teilaspekt jenes betroffenen Eigentumes, das sich umfassend darauf erstreckt, »mit der Sache nach Belieben [zu] verfahren« (§ 903 S. 1, Halbs. 2, Var. 1 BGB) und Dritte komplementär von jeglichen Nutzungen auszuschließen (§ 903 S. 1, Halbs. 2, Var. 2 BGB). Anders gesagt, einerseits: »Das Hausrecht ist nicht mehr oder Anderes als seine jeweilige Grundlage, zivilistisch also Eigentum (oder berechtigter Besitz)«[31] bzw. andererseits: Das Hausrecht ist Betätigung (samt Kundgebung) der originären Bestimmungsbefugnis des Eigentümers, wie er mit seinem Eigentum weiter verfährt, d.h. eigentlich nicht Ursache (Rechtsgrund), sondern Handeln (Aufzeigen von Schranken). Spezifika können zugegeben *bürgerlich-rechtlich*[32] bei wirklich »öffentlichem«

---

30 Generell folgt *Prütting* dabei bekanntlich mit Modifizierungen der Normentheorie: Gegenwartsprobleme der Beweislast (1983), S. 164 ff. bzw. MünchKomm/*Prütting* § 286 ZPO Rn. 93, 104-106, 110-113.
31 MünchKomm/*Baldus* § 1004 Rn. 23 mit Hinweis auf *Peukert*, Güterzuordnung als Rechtsprinzip (2008) [JP 138], S. 221; ganz ähnlich auch *Prütting* Rn. 113 aE.
32 Besonderheiten des Strafrechts (§ 123 StGB) und öffentlichen Rechts (z.B. § 68 Abs. 3 S. 1 VwVfG; § 55 VwGO, § 176 GVG; Art. 40 Abs. 2 S. 1 GG; Aufrechterhaltung des Anstaltszwecks) bleiben außen vor!

Eigentum (z.B. Behördenzugang[33]) oder öffentlich zugänglich gemachtem Privateigentum (insbes. Warenhausfälle[34]) eintreten, was beides hier jedoch nicht greift. Der Hotelier, der beliebig den Zugang zu seinem Wellnesshotel etwa einschränken darf[35], ist sicher insgesamt keinesfalls schutzwürdiger als der Klausner, der von vornherein Publikum meidet.

(2) Als Hebel zur Verneinung bleibt daher bloß die »Marginalität« der Beinträchtigung (in Anlehnung an Dig. 4, 1, 4: *minima non curat praetor*). In der Tat wird Unerhebliches gerne hier schon herausgefiltert[36] – doch bisher höchstrichterlich bloß obiter[37], den Lackmustest (Wurfwerbung im Briefkasten) verweigernd[38]. Es bestehen auch äußerste methodische Bedenken, so das bürgerliche Eigentum auszuhöhlen. Wo soll insoweit die Grenze verlaufen? Die Abfederung möglichen Missbrauchs eröffnet ohne weiteres Abs. 2, braucht also niemals nach Abs. 1 vorneweg zu erfolgen. Alles andere würde § 903 S. 1, Halbs. 2 BGB völlig leerlaufen lassen, wenn er doch umfassend Freiraum inhaltlich verheißt (Var. 1 BGB: »nach [subjektivem] *Belieben*« bzw. Var. 2 BGB: »von [objektiv] *jeder* Einwirkung ausschließen«). Das zeigt nicht zuletzt § 905 S. 2 BGB – jene Sperre tangiert nicht per se das Eigentum, sondern alleinig das Verbietungsrecht aus Eigentum.

---

33 Die Abwehrbefugnisse bei Verwaltungsvermögen folgen privatem Muster – bei selbstredend öffentlich-rechtlicher Überlagerung: BGHZ 33, 230, 231-233 (Rathauszutritt). Vgl. auch erg. BGH NJW 2011, 749, 750 {13} [III 1a bb (2)] = JZ 2011, 371, 372 (Preußische Schlösser und Gärten – »Sanssouci I«); NJW 2013, 1809, 1810 [II 1 c aa (a)] {14} = JZ 2013, 740, 741 (Preußische Schlösser und Gärten II – »Sanssouci II«); NJW 2015, 2892, 2893 u. 2894 {12 ff mit 18} [II 1b bb mit 2] (Flughafen Berlin Schönefeld).
34 BGH NJW 2010, 534, 535 {13 f.} [II 3a] (Bundesligastadien); BGHZ 165, 62, 69 f. [II 1] {23-25} (Hamburger Stadien); NJW 2006, 1054 [II 1 »versus« II 2] {7-9} (Frankfurter Flughafen); BGHZ 124, 39, 43 [II 1] (Lebensmittelmarkt); BB 1991, 1955/1956 [II 1] (Getränkemarkt), NJW 1980, 700, 701 [I 2] (Apotheke); GRUR 1966, 564, 565/566 (Drogerie). Vgl. auch erg. BGH NJW 2012, 1725, 1727 {22 f.} [II 3b aa].
35 BGH NJW 2012, 1725, 1727 {24} [II 3b bb] = JZ 2012, 686 m. Anm. *Mörsdorf,* sehr eingehend dazu ebenfalls MünchKomm/*Baldus* § 1004 Rn. 24-27.
36 RGRK-BGB/*Pikart* § 1004 Rn. 28 (aber: S. 131/132!) sowie vor allem zu § 858 BGB: Soergel/*Stadler* Rn. 8; MünchKomm/*Joost* Rn. 5; Staudinger/*Gutzeit* (2012) § 858 Rn. 5 – a.A. die h.L. zu § 1004 BGB: Soergel/*Münch* Rn. 36; Beck-OGK/*Spohnheimer* Rn. 72 u. 72.1; Staudinger/*Gursky* (2013) Rn. 27 (S. 501); wohl implizit auch Bamberger/Roth/*Fritzsche* (42. Ed.) Rn. 36 (»jede Einwirkung«) u. MünchKomm/*Baldus* Rn. 100 (arg. § 906 BGB).
37 BGH WM 1968, 843 f. [II] (»kaum faßbare Beeinträchtigung«); WM 1974, 325, 327 [5] (»nicht nennenswert beeinträchtigt«); BGHZ 90, 255, 265 [II 2] (»bei ganz unerheblichen Störungen kein schutzwürdiger Abwehranspruch«) – in anderem Zusammenhang RG RheinArch 106 (1910), 274, 276 (Wiederholungsgefahr), BGHZ 122, 283, 285 [2a] (Störereigenschaft) u. BGH NJW 2015, 2023 f. {13-15} [II 1d] (»Schwellenwert« der Wesentlichkeit iSv. § 906 BGB).
38 BGHZ 106, 229, 233 f. [II 2]. Ganz ähnlich auch BGH NJW-RR 2011, 1476, 1477 f. {12 u. 21} [II 2b mit 4b] (petitorisch: kurzzeitige Zufahrtsblockade hinreichend [weniger als drei Minuten]) u. OLG Saarbrücken OLGR 2004, 497, 498 [II 1b bb] {39} (possessorisch: »behindert oder belästigt«).

(3) Der Kläger streitet gegen die Deutsche Post AG, demnach nicht gegen den jeweils »austragenden« Postler, der womöglich auch wechselt, d.h. gegen den Arbeitgeber, nicht den Arbeitnehmer. Ist negatorisch der Unternehmer auch selbst (Handlungs-) Störer? Dafür gilt noch heute, was *Clemens Pleyer* vor mehr als ½ Jh. schon herausgearbeitet hatte[39]: bei Handeln auf Weisung ist die abzuverlangende Zurechnung unproblematisch[40], genauso bei Handeln im Rahmen »betriebstypischer« Aktion[41]; weniger klar sind dagegen Zurechnungen fahrlässiger oder gar etwa vorsätzlicher Verfehlungen[42]. Hier ist aber die erste (abstrakter Verteilauftrag) oder zweite (generelles Tätigkeitsbild) der angeführten Fallgruppen einschlägig, denn nach § 4 Abs. 2 S. 1, Var. 1 AGB-Brief verpflichtet sich die DP-AG dem Einlieferer gegenüber zur Übermittlung in den Briefkasten des Empfängers – dies ist also per Direktionsrecht wie auch nach dem einschlägigen Unternehmenszweck durchzusetzen. Wie der Flüssiggaslieferant für den Tankwagenfahrer, welcher Fremdbehälter befüllt, ohne Vorbehalt einstehen muss[43], so »haftet« vorliegend die DP-AG für das Verhalten »ihrer« Austräger. Man mag das als unmittelbare oder aber zugerechnete (»mittelbare«) Störerschaft dogmatisch qualifizieren.

2. *Duldungsverpflichtung (Abs. 2)*

Der Dreh- und Angelpunkt ist dementsprechend somit zwar die Duldungspflicht. Dazu kann und soll sich der Autor nun indes auf Weniges beschränken. Er *kann* dieses, zumal die Frage im Anlassfall von AG und LG eingehender schon thematisiert wurde, er *soll* dieses, da gewiss darin noch genug Stoff steckt für einen zweiten, neuen Beitrag, auf den sich der Jubilar bis zu seinem »Achtzigjährigen« dann freuen kann – es *darf* ja eine gewisse Spannung bleiben… Daher hier ganz knapp bloß noch drei Bemerkungen zum Grundansatz (sub a), um die ganz divergenten Lösungswege einzuordnen, und einige Klarstellungen zur Fallentscheidung (sub b), welche belegen sollen, dass man die Entscheidung zumindest anders begründen muss.

a) Im Generellen

Die klassisch erörterten Duldungen aus Vertrag oder Gesetz wollen nicht passen. Vor allem fehlt ein Duldungsvertrag, der nicht schon durch die einstige Empfangnahme von Postsendungen entsteht. Man findet keinerlei – dann selbstredend aber dauerhaf-

---

39 *Pleyer*, Die Einstandspflicht des Unternehmers für seine Mitarbeiter im Rahmen des § 1004 BGB, AcP 161 (1962), 500.
40 A.a.O. S. 501 [II], zust. *Prütting* Rn. 575 aE.
41 A.a.O. S. 505-509 [III] – mit z.T. allerdings zweifelhafter Begründung (»soziale Hypothek«). Die Fallgruppe ist zwischenzeitlich nun anerkannt: Staudinger/*Gursky* (2013) Rn. 125; Soergel/*Münch* Rn. 154; RGRK/*Pikart* Rn. 59, 63 – je zu § 1004 BGB.
42 A.a.O. S. 511-515 [IV].
43 BGH NJW 2003, 3702 [2c] {15}; BGHR 2004, 972, 973 [II 2] {12}; NJW-RR 2006, 270/271 {6} [2] u. 566 {4} [1] {4}.

te! – Vertragsbindung (wie etwa bei Leitungsrechten), welche zuvor Auflösung bzw. Kündigung nötig machte; die einseitige *faktische* Gestattung ist demgegenüber jederzeit widerruflich. Und auch § 33 Abs. 1 PostG kann nicht weiterhelfen: er betrifft die Pflicht förmlicher (!) Zustellung, nämlich den Zustellungsakt als solchen (Beleihung), begründet aber sicherlich kein Betretensrecht für Grundstücke oder Benutzungsrecht für Briefkästen. Er wirkt ja nicht als Schranke privaten Eigentums, sondern bloß für Zustelldienste als eine Pflicht (zur Ausführung der Zustellung).

Wenn besonders die Judikatur aber z.T. noch ergänzende Duldungspflichten postuliert, um Banalitäten möglichst auszunehmen, dann hat sie hier überwiegend verdichtete Beziehungen im Auge gehabt, wie etwa aus Wohnungs- oder Miteigentum (§§ 1011 ff. BGB) sowie vor allem bei nachbarlichem Gemeinschaftsverhältnis[44] (ein Fall von § 242 BGB). Das passt offensichtlich hier nicht, es fehlt an jeder rechtlich fundierten oder tatsächlich praktizierten Nähebeziehung. Ein weiterer Einwand – quasi auf einer nachgelagerten Stufe – betrifft die Unverhältnismäßigkeit des Beseitigungsaufwandes[45] (dieses zählt wohl heute zu § 275 Abs. 2 BGB), was bei *Unterlassen* allerdings von vornherein ausscheidet – der »Postler« muss schlicht nur aufhören, das Anwesen zu begehen. Was wäre daran denn nun unzumutbar?

Jener letzte Punkt berührt schon die dritte Verteidigung (jetzt als Einwendung, nicht als Einrede): es fehlt an einer Duldungspflicht und doch soll der verfolgte Anspruch ausnahmsweise letzthin scheitern. Man stützt sich hierzu auf Treu und Glauben[46] (ausschließlich in Extremfällen[47]), Sozialadäquanz[48], Rechtsmissbrauch[49] etc. oder – sehr nebulös – auch eine arbiträre (Gesamt-) Bewertung[50]. Im Prinzip ist hiermit aber des Guten zu viel getan – in einer doppelten Weise: Zum einen, weil damit das mildere Mittel des Rechtsmissbrauchs (§ 242 BGB) die harten Grenzen des letztlich spezielleren Schikaneverbotes (§ 226 BGB) systemwidrig aufweicht[51]. Zum anderen, weil *beide* allenfalls besondere (Einzelfall-) Ausnahmen darstellen und

---

44 Besonders BGHZ 28, 225, 229/230 (Gipswerke) u. BGHZ 42, 374, 377/378 (Grenzwand) – allgemein: BGHZ 88, 344, 351; NJW 2003, 1392 [II 2]; NJW-RR 2013, 650, 651 {6} [II 1a] – je m.w.N, wohl zuletzt dann NJW-RR 2014, 1043, 1045 {23} [II 3b cc]. Ein Sonderfall ist BGH NJW 1976, 619 [1b] (Landesrecht), ein »Ausreißer« ist OLG Celle OLGR 2004, 496, 497 f. [2a]. Sehr reserviert hier allerdings z.B. Staudinger/*Gursky* (2013) § 1004 Rn. 176: »unter Umständen«.
45 BGH WM 1974, 572, 573 {16}; BGHZ 62, 388, 390 [3a]; WM 1977, 536, 537 {10-12}; BGHZ 143, 1, 6 [I 3]; NJW 2008, 3122, 3123 {16-18} [II 3a].
46 Bamberger/Roth/*Fritzsche* (42. Ed.) § 1004 Rn. 73 u. 107 – je zA.
47 Sehr zurückhaltend etwa BGH WM 1971, 179, 181 [3] (§ 1004 BGB); 1974, 325, 327 [3] (§ 1027 BGB).
48 Bamberger/Roth/*Fritzsche* (42. Ed.) § 1004 Rn. 99 aE.
49 RGRK/*Pikart* § 1004 Rn. 136: beim *ausschließlichen* Ziel »Schadenszufügung« (das wäre ein Fall von § 226 BGB) – BGH WM 1976, 185, 187 [II 6] ist allein obiter dictum und verneinend im Einzelfall (»Unter diesen Umständen ...«).
50 PWW/*Englert* § 1004 Rn. 8: »wertende Momente [seien] einzubeziehen«.
51 So ganz bewußt LG Köln NJW-RR 2014, 796 re. Sp. {13-15} [§ 242 BGB: bejahend) »versus« {12} [§ 226 BGB: zweifelnd] – das geht gegen RGZ 54, 533, 434/435; RG JW 1914, 87 (Nr. 17); WarnR 9 (1916) Nr. 51, S. 83, 86 [2]; JW 1936, 673, 674 re. Sp, aber z.B. auch KG OLG-Rspr. 26 (1913), 72/73.

nicht als nahezu universale Einwendung taugen, um Abwehr abzuwehren (Priorität des Eigentums!).

Unumwunden sei konzediert, dass man den Fall (petitorisch!) verschieden entscheiden kann, je nachdem, wie man die konkreten Interessen von »Klausner« und »Postler« inhaltlich gewichtet. Ich halte den Eigentümer für wehrbefugt – er muss sich m.E. keinerlei Motivkontrolle aussetzen, hat erst recht keinen Rechtfertigungszwang gegenüber Dritten, wie er mit seinem Eigentum umgeht (arg. § 903 S 1, Halbs. 2 BGB). Was bliebe ansonsten – jenseits »äußerer« Vorgaben (iSv. § 903 S. 1, Halbs. 1 BGB, ein Spiegelbild von § 1004 Abs. 2 BGB) – vom *freien* Belieben? Anders gesagt: der Eigentümer bekommt die Vorhand zugewiesen, wer doch anderes will, muss ihm Schranken aufzeigen können – das bleibt immer jedoch Ausnahmefall.

b) Im Speziellen

Die Trias aus *echter* Duldungspflicht (§ 1004 Abs. 2 BGB), *Quasi*-Duldungspflicht (§ 275 Abs. 2 BGB) und *Pseudo*-Duldungspflicht (§ 226 BGB bzw. § 242 BGB), steht in einer Stufenabfolge, welche immer mehr vom jeweiligen Eingreifer abverlangt, der trotz allem handelt, bzw. den Eigentümer mehr und mehr begünstigt, wenn er denn dagegen negatorisch vorgeht. Man kann nicht etwa die regulären Billigkeitsschranken gegen schuldrechtlichen Missbrauch (§ 242 BGB) unbesehen und »eins zu eins« auf dingliche Konfliktsituationen übertragen [dies nur zu {12-15}] – natürlich bringt der »Königsparagraph« ein über das Systemkorsett hinauswirkendes, grundsätzliches Rechtsprinzip insoweit zum Ausdruck, man sollte aber ebenso das jeweilige Umfeld beachten, in welchem dieses wirkt. Hier bestehen durchaus signifikante Unterschiede zwischen relativen und absoluten Positionen, das nicht zuletzt wegen der *lex specialis* zur Schikane (§ 226 BGB). Petitorisch wie possessorisch gilt insoweit hier dasselbe.

Dagegen führt das LG drei *öffentlich-rechtliche Bewertungen* noch ins Feld: die Notwendigkeit rechtsförmlicher Zustellungen {20 f.} mit §§ 166 ff. ZPO u. § 132 Abs. 1 BGB einerseits (siehe dazu schon oben III 1 aE) bzw. § 33 PostG andererseits (siehe dazu schon eben IV 2a zA) und die Berufsausübungsfreiheit des Unternehmens der Postdienstleistung {19 mit 22} aus Art. 12 Abs. 1 GG. Dazu bloß noch kurz: Posteinwurf ist selten einmal rechtlich *Zustellung* (mag auch die DP-AG das selbst etwas anders sehen, vgl. § 4 Abs. 2 S. 1 AGB-Brief: »Ablieferung (›Zustellung‹)«), und auch bei normalem Briefverkehr vermöchte die DP-AG ihre Vertragspflicht gegenüber dem Versender wahrzunehmen (§ 4 Abs. 2 S. 2, Abs. 3 u. 4 AGB-Brief). Und: Seit wann ermächtigt hier etwa die Berufsausübungsfreiheit zur (entschädigungslosen) Benutzung fremden Eigentums (Art. 14 Abs. 1 GG)?

Das LG stützt sich ferner {16-19} zur Untermauerung auf weitere zivile Aspekte: die *personelle* Differenzierung (lediglich »DP-AG-Postler« betroffen – »Beklagtenperspektive«) und das mangelnde *materielle* Interesse, Eigentum zu schützen (es gehe um Verwirklichung sozialpolitischer Vorstellungen – »Klägerperspektive«). Ersteres geht fehl aufgrund des gesetzlich dem Eigentümer gewährten *freien (!)* Beliebens (§ 903 S. 1, 2. Halbs. BGB), zumal auch § 19 AGG doch nur einzelne *Schuld*verhältnisse betrifft⁵². Letzteres vernachlässigt den wichtigen Zusammenhang mit § 226 BGB: der Eingreifer, nicht etwa der Abwehrende, muss sich näher legitimieren, und kann es in bloß eingeschränktem Maße bei besonders augenfälligem Missbrauch (»*nur* den Zweck«). Das wird man hier sicher nicht sagen können: ein Verbieten unbefugten Betretens von Grundstücken ist seit jeher im (immobiliaren) dinglichen Abwehrarsenal verfügbar⁵³. Dass »Klausner« hier weiteres nennt (oder auch will), ändert daran doch gewiss nichts – dessen Eigentum prävaliert.

V. Schlusswort

Der geneigte Leser, und erst recht hier der Jubilar als ausgewiesener Arbeitsrechtler, haben es schon längst bemerkt: der Obertitel des Beitrages ist schief angesetzt – nicht etwa nur *inhaltlich*, weil er bloß in anglo-amerikanischer Weise die handelnden Personen und nicht die Probleme reflektiert (das versucht der Untertitel schon etwas abzufangen), sondern ganz formell *juristisch*. Der »Postler« ist arbeitsrechtlich nicht etwa ein Postler, Postbote, Zusteller oder Briefträger (je nach Region – der Jubilar als gebürtiger Franke sollte »Postler« zu deuten wissen), sondern »Fachkraft für Kurier-, Express- und Postdienstleistungen« (näher dazu die »KEPFachAusb-VO«⁵⁴ auf Grundlage von § 25 Abs. 1 iVm. § 2 S. 1 BBiG). Ferner ging es schließlich nur um den Arbeitgeber als Beklagten, nicht aber den Arbeitnehmer. – Und: Der »Klauser«, Robinson, Einsiedler etc. zielt gleichfalls auf einen Fachbegriff, mehr Berufung denn Beruf, und zutreffend kirchenrechtlich bezeichnet als Eremit oder Anachoret⁵⁵, möchte aber sonst auch nicht recht passen: der Kläger wollte keinerlei Einsamkeit, sondern nur Protest in einem spezifischen Falle. Vielleicht habe ich also dem Geschenk (siehe oben bei I.) die falsche Schleife gegeben…

---

52 Anders im Ansatz BGH NJW 2012, 1725 {9} [II 2b]: lediglich typologischer statt dogmatischer Ausschluss.
53 Sehr dezidiert etwa *Prütting* Rn. 572 [a] bzw. BGH NJW 2012, 1725 {8} [II 2a]; NJW 2010, 534, 535 {11} [II 2] sowie auch schon RGZ 54, 533, 434/435.
In etwas anderem Zusammenhang BVerfGE 128, 226, 259 {86} (obiter): »zwischen Privaten [!] als Ausdruck einer privatautonomen, grundsätzlich im Gutdünken stehenden Entscheidungsfreiheit des Eigentümers«.
Komplementär wirkt dazu die Einschränkung, § 242 BGB sei normlogisch idR unanwendbar, Näheres siehe bei Soergel/*Münch* § 1004 Rn. 274 m.w.N.
54 Verordnung über die Berufsausbildung zur Fachkraft für Kurier-, Express- und Postdienstleistungen vom 22.03.2005, BGBl I Nr. 18 S. 879 [in Kraft ab 01.08.2005 (§ 12)]: Erfordernis zweijähriger [!] Ausbildung (§ 2 KEPFachAusb-VO), leider inbegriffen nur die rechtlichen Rahmenbedingungen der Leistungs*erstellung* (§ 4: 4.2 KEPFachAusb-VO mit Anlagen 1 und 2).
55 § 1 Can. 603 CIC: »vitam eremiticam seu anachoreticam«. Dies setzt aber zuvor eigene, publike Bindung voraus, § 2 Can. 603 CIC: »publice profiteatur in manu Episcopi dioecesani«.

Was lange währt wird endlich gut? – Überlange Verfahren vor dem Europäischen Gerichtshof für Menschenrechte[1]

Angelika Nussberger[2]

I. Überlange Gerichtsverfahren als endemisches Problem in den Mitgliedsstaaten des Europarats

»[E]in ungeheurer Wust von Akten lag aufgeschwollen und wuchs jährlich, da die siebzehn Assessoren nicht einmal im stande waren, das Laufende wegzuarbeiten. Zwanzigtausend Prozesse hatten sich aufgehäuft, jährlich konnten sechzig abgetan werden, und das Doppelte kam hinzu.«[3]

So beschreibt Johann Wolfgang von Goethe den Zustand des Reichskammergerichts in seinen Erinnerungen »Dichtung und Wahrheit«. Nein, dies ist nicht der Zustand der deutschen Justiz im 21. Jahrhundert. Das Problem, dass zivil-, straf-, verwaltungs- und sogar verfassungsrechtliche Verfahren in Deutschland zu lange dauern, ist zwar sichtbar und hat auch in einer Vielzahl von Fällen zur Feststellung einer Verletzung der Europäischen Menschenrechtskonvention (EMRK) geführt, ist aber im Vergleich zu anderen Mitgliedsstaaten des Europarats nicht wirklich gravierend. Im Zeitraum 1959–2016 etwa standen den 102 Verurteilungen Deutschlands wegen zu langer Verfahrensdauer 1190 Verurteilungen Italiens wegen der Verletzung dieser Konventionsgarantie gegenüber.[4] Zahlreiche andere Staaten sahen sich ebenfalls mit Rügen konfrontiert und haben sich um Reformen bemüht. In 12 der 47 Mitglied-

---

1 »Die Zivilrechtler« und »die Öffentlichrechtler« scheinen an manchen Rechtswissenschaftlichen Fakultäten in Deutschland in getrennten Sphären zu leben. Nicht so an der Universität zu Köln. Mit meinem zivilrechtlichen Fakultätskollegen und lieben Freund Hanns Prütting verbinden mich viele gemeinsame wissenschaftliche und nicht-wissenschaftliche Interessen, nicht zuletzt auch die Neugier und Offenheit für fremde Kulturen. So stellt die Reise nach Japan und die gemeinsame Arbeit an dem Projekt »Georgien« für mich eine besonders wertvolle Erinnerung dar. – Für die Festschrift lag es nahe, ein Thema auszusuchen, das einen Brückenschlag zwischen den verschiedenen juristischen Disziplinen ermöglicht: Das Problem des überlangen Verfahrens beschäftigt Zivilprozessualisten wie Völkerrechtler in gleicher Weise, wenn auch aus unterschiedlicher Perspektive.
2 Die folgenden Ausführungen geben ausschließlich die persönliche Meinung der Verfasserin wieder und binden den Europäischen Gerichtshof für Menschenrechte in keiner Weise.
3 Johann Wolfgang von Goethe, »Aus meinem Leben. Dichtung und Wahrheit«, Hamburger Ausgabe, 10. Auflage München 1982, Band 9, S. 530.
4 Vgl. Übersicht unter: echr.coe.int/Documents/Stats_violation_1959_2016_ENG.pdf.

staaten des Europarats – auch in Deutschland – machen Konventionsverletzungen in Form unangemessen langer Verfahrensdauer sogar mehr als 50 Prozent aller Verurteilungen aus.[5] Ganz allgemein lässt sich also das Problem der Langsamkeit der Justiz in Europa als endemisch bezeichnen.

Zeit ist aber ein entscheidender Faktor, wenn es um Gerechtigkeit geht. Was für eine Gerechtigkeit ist es, mag man fragen, wenn jemandem gekündigt wird und er in der Folge zwar bescheinigt bekommt, dies sei zu Unrecht geschehen, das Urteil allerdings erst nach jahrelanger Prozessdauer zu einem Zeitpunkt ergeht, zu dem der Betroffene längst das Rentenalter erreicht hat? Was nutzt es einem Vater, das Recht zugesprochen zu bekommen, seine Kinder zu sehen, wenn er dies erst nach vielen Jahren erreicht, so dass er ihnen inzwischen ein Fremder geworden ist? So ist dem Verständnis des aus dem angloamerikanischen Recht übernommenen »fair trial« die Idee, Gerechtigkeit müsse schnell erreicht werden, inhärent. Damit ist das Freiheitsrecht eines »fairen Verfahrens« untrennbar verbunden mit dem, was der Europäische Gerichtshof für Menschenrechte »eine positive Verpflichtung« nennt: eine aufgrund der EMRK einforderbare Pflicht des Staates dafür zu sorgen, dass die Gerichte so mit personellen und materiellen Ressourcen ausgestattet werden, dass sie effektiv arbeiten können.[6]

In der Europäischen Menschenrechtskonvention findet sich die Verknüpfung zwischen Gerechtigkeit und Verfahrensdauer nicht nur in Art. 6 EMRK, der normiert, das Gericht habe »innerhalb angemessener Frist« zu entscheiden. Auch in Art. 5 EMRK wird festgelegt, dass derjenige, der sich in Untersuchungshaft befindet, ein Recht habe, »unverzüglich« einem Richter vorgeführt zu werden und auch »innerhalb möglichst kurzer Frist« die Gründe für die Festnahme zu erfahren. Art. 5 Abs. 4 EMRK normiert darüber hinaus das Recht des Inhaftierten, zu beantragen, dass ein Gericht »innerhalb kurzer Frist« über die Rechtmäßigkeit der Freiheitsentziehung entscheide.

Innerhalb der genannten Normen ist eine Abstufung von »unverzüglich« über »innerhalb möglichst kurzer Frist« bis hin zu »innerhalb angemessener Frist« erkennbar. »Unverzüglich« mag für sich selbst sprechen. Was eine »kurze« bzw. »angemessene« Frist ist, bedarf dagegen der Auslegung, denn man muss beachten, dass die Schnelligkeit der Entscheidung kein Selbstzweck sein darf. Vielmehr steht dieses Postulat in einem Spannungsverhältnis zu anderen Verfahrensgarantien[7], etwa dem in Art. 6 Abs. 3b) EMRK für das Strafverfahren verbürgten Recht, den Angeklagten »ausreichende Zeit und Gelegenheit zur Vorbereitung ihrer Verteidigung« zu geben. Für den Zivil- ebenso wie für den Strafprozess gibt es eine Vielzahl von Postulaten, die einer überhasteten Abwicklung des Verfahrens entgegenstehen, etwa den Anspruch auf rechtliches Gehör, den Anspruch auf sorgfältige Prüfung der Sach- und Rechts-

---

5 Dies sind: Dänemark, Deutschland, Griechenland, Irland, Italien, Luxemburg, Mazedonien, Portugal, Slowakei, Slowenien, Ungarn und Zypern (Stand Januar 2017, Übersicht abrufbar unter: echr.coe.int/Documents/Stats_violation_1959_2016_ENG.pdf).
6 Gast und Popp v. Deutschland, Urteil des EGMR vom 25.2.2000 (Nr. 22978/05), Rn. 75.
7 Grabenwarter/Pabel, Europäische Menschenrechtskonvention, 6. Aufl. 2016, § 24 Rn. 81.

lage sowie auf ein hinreichend begründetes Urteil, das auf alle aufgeworfenen Fragen nachvollziehbare Antworten gibt.

II. Entdeckung des Problems überlanger Gerichtsverfahren als Verstoss gegen den Grundsatz des »fairen Verfahrens«

1. Interpretation von Art. 6 Abs. 1 EMRK

Die erste Verletzung von Art. 6 Abs. 1 EMRK aufgrund überlanger Verfahrensdauer (in einem Strafprozess) stellte im Jahre 1966 die nach dem damaligen System dem Gerichtshof vorgeschaltete Europäische Kommission für Menschenrechte in der Rechtssache Neumeister v. Österreich[8] fest. In den fünf Jahrzehnten nach dieser Entscheidung hat der Gerichtshof eine detaillierte Rechtsprechung entwickelt, anhand derer in jedem Einzelfall geprüft werden kann, ob die Dauer des gesamten Prozesses von Einreichung der Klage bis zur Rechtskraft »angemessen« war oder nicht. Die wesentlichen Kriterien sind die Bedeutung der Sache für den Beschwerdeführer, die Komplexität des Falles und das Verhalten des Beschwerdeführers bzw. der mit der Sache befassten staatlichen Stellen.[9] Ausnahmsweise können auch äußere Faktoren wie gesellschaftliche Umbrüche, in Deutschland etwa die Wiedervereinigung, Berücksichtigung finden.[10] Ergingen dazu früher noch ausführlich begründete Kammerentscheidungen, befasst sich mit diesen als repetitiv angesehenen Fällen mittlerweile nur noch ein Ausschuss von drei Richtern im Schriftverfahren. Auch die Argumentation ist zunehmend summarisch geworden.[11]

2. Interpretation von Art. 13 EMRK

Mit dem Urteil in der Rechtssache Kudła v. Polen[12] hat der Gerichtshof seine bisherige Rechtsprechung geändert, nach der Art. 6 EMRK in Längeverfahren als *lex specialis* andere Konventionsgarantien verdrängte. Er erkannte, dass übermäßige Verzö-

---

8   Neumeister v. Österreich, Bericht der Europäischen Kommission für Menschenrechte vom 27.5.1966 (Nr. 1936/63), S. 95.
9   Silva Pontes v. Portugal, Urteil des EGMR vom 23.3.1994 (Nr. 14940/89), Rn. 39; Comingersoll S.A. v. Portugal Urteil des EGMR (Große Kammer) vom 6.4.2000 (Nr. 35282/97), Rn. 19; Sürmeli v. Deutschland Urteil des EGMR (Große Kammer) vom 8.6.2006 (Nr. 75529/01), Rn. 128.
10 Süßmann v. Deutschland, Urteil des EGMR (Große Kammer) vom 16.9.1996 (Nr. 20024/92), Rn. 60; anders dagegen Klein v. Deutschland Urteil des EGMR vom 27.7.2000 (Nr. 33379/96), Rn. 45.
11 Vgl. zu dieser Entwicklung Ann Power-Forde, Sondervotum zu Barišič v. Slowenien, Urteil des EGMR vom 18.10.2012 (Nr. 32600/05), in dem die Argumentation des Gerichtshofs kritisch als »broad brush« bezeichnet wird.
12 Kudła v. Polen, Urteil des EGMR (Große Kammer) vom 26.10.2000 (Nr. 30210/96), Rn. 148 f.

gerungen von Gerichtsverfahren ein grundlegendes Problem der Rechtsstaatlichkeit darstellen, wenn den Betroffenen keine rechtlichen Mittel gegen diese Verzögerungen zur Verfügung stehen und stellte deshalb neben einer Verletzung von Art. 6 EMRK auch eine Verletzung von Art. 13 EMRK fest, der bestimmt, dass »jede Person, die in ihren in dieser Konvention anerkannten Rechten oder Freiheiten verletzt worden ist«, das Recht habe, »bei einer innerstaatlichen Instanz eine wirksame Beschwerde zu erheben«. Dementsprechend hat der Gerichtshof in einer Reihe von Fällen untersucht, ob in den jeweiligen Mitgliedsstaaten eine wirksame Beschwerde gegen unangemessen lange Gerichtsverfahren zur Verfügung stünde.[13]

3. Abhilfemaßnahmen und Kontrolle des Erreichten

Werden Konventionsverletzungen aufgrund überlanger Gerichtsverfahren moniert, liegt es in der Natur der Sache, dass der Fehler nicht rückgängig und damit auch die Verletzung von Art. 6 EMRK nicht wiedergutgemacht werden kann. Es genügt auch nicht, die nach Art. 41 EMRK vom Gerichtshof als »gerechte Entschädigung« festgesetzte Summe zu bezahlen. Vielmehr muss der verurteilte Mitgliedstaat auch nach Art. 46 EMRK individuelle oder allgemeine Maßnahmen innerhalb der nationalen Rechtsordnung ergreifen, um die festgestellte Verletzung zu beenden und, soweit möglich, ihre Auswirkungen zu beseitigen sowie zukünftigen Verletzungen vorbeugen.[14] Dementsprechend hat, lange bevor Deutschland das »Gesetz über den Rechtsschutz bei überlangen Gerichtsverfahren und strafrechtlichen Ermittlungsverfahren« (ÜGRG) vom 24. November 2011[15] erlassen hat, eine Reihe von Mitgliedstaaten Rechtsbehelfe geschaffen, um das Problem von der europäischen auf die nationalstaatliche Ebene zurückzuholen.[16] Zudem waren teilweise umfangreiche Justizreformen nötig, um auch den der überlangen Verfahrensdauer zugrunde liegenden strukturellen Problemen zu begegnen. So hat Spanien als Reaktion auf das Urteil in

---

13 Siehe die Aufzählung in Sürmeli v. Deutschland, Urteil des EGMR (Große Kammer) vom 8.6.2006 (Nr. 75529/01), Rn. 104.
14 Vgl. Broniowski v. Polen, Urteil des EGMR (Große Kammer) vom 22.6.2004 (Nr. 31443/96), Rn. 192: »...ein Urteil, in dem der Gerichtshof eine Verletzung feststellt, erlegt dem verurteilten Staat nicht nur die Verpflichtung auf, den Betroffenen die Geldsummen zu zahlen, die ihnen im Wege der gerechten Entschädigung nach Art. 41 zugesprochen worden sind, sondern auch, unter der Aufsicht durch das Ministerkomitee, die allgemeinen und/oder, falls angemessen, individuellen Maßnahmen zu bestimmen, die innerhalb der nationalen Rechtsordnung umgesetzt werden sollen, um die Verletzung zu beenden, die der Gerichtshof festgestellt hat und um ihre Auswirkungen so weit wie möglich zu beseitigen.« (Übersetzung der Verf.).
15 BGBl. I S. 2302, in Kraft getreten am 3.12.2011.
16 Vgl. z.B. das slowenische Gesetz zum Schutz des Rechts auf ein Verfahren ohne unnötige Verzögerung (»Zakon o varstvu pravice do sojenja brez nepotrebnega odlašanja«, Uradni list RS, št. 49/2006) und das italienische Gesetz Nr. 89 vom 24.3.2001 (sog. »legge Pinto«). Ähnliche Gesetze erließen auch Bulgarien, Polen, die Slowakei und Tschechien.

der Rechtssache Unión Alimentaria Sanders S.A. v. Spanien[17] seine Gerichtsbezirke neu geordnet, neue Gerichte geschaffen und eine große Zahl neuer Juristen eingestellt. Weniger weitreichende Reformen fanden auch in Portugal, der Slowakei und dem Vereinigten Königreich statt.

Während dem Ministerkomitee die Überwachung der Umsetzung der Urteile obliegt, hat der Gerichtshof bei Vorlage entsprechender Fälle die Aufgabe, zu überprüfen, ob die neuen innerstaatlichen Rechtsbehelfe gegen überlange Verfahren den Anforderungen der EMRK und der einschlägigen Rechtsprechung des Gerichtshofs auch tatsächlich genügen. Ihre Effektivität bemisst sich entsprechend der Interpretation von Art. 13 EMRK durch den Gerichtshof danach, ob sie »die angebliche Verletzung oder ihre Fortsetzung verhindern oder eine angemessene Entschädigung für eine eingetretene Verletzung zur Verfügung stellen«.[18]

Wegweisend für die Rechtsprechung des Gerichtshofs zur konventionsrechtlichen Beurteilung gesetzgeberischer Reformen in diesem Bereich ist das Urteil der Großen Kammer in der Rechtssache Scordino v. Italien[19]. Darin ging es um die Frage, ob eine Beschwerde beim EGMR wegen überlanger Verfahrensdauer auch nach Einführung eines nationalen Rechtsbehelfs eingereicht werden könne. Mit Blick auf die Zulässigkeit war zum einen zu prüfen, ob die Beschwerde wegen Nichterschöpfung innerstaatlicher Rechtsbehelfe abgewiesen werden könne, wenn der Betroffene von dem neuen Rechtsbehelf keinen Gebrauch gemacht hatte. Zum anderen war problematisch, ob sich auch derjenige noch als »Opfer« einer Konventionsverletzung bezeichnen könne, dem nach nationalem Recht bereits eine Entschädigung zugesprochen worden war. Die Antwort auf die erste Frage hängt von der »Effektivität« des neu zur Verfügung gestellten Rechtsbehelfs ab. Im Ergebnis hat der Gerichtshof diese Frage für die entsprechenden Reformgesetze regelmäßig bejaht. Für die Beantwortung der zweiten Frage ist ausschlaggebend, ob eine Konventionsverletzung festgestellt und eine angemessene Entschädigung gewährt wurde. Bei der Prüfung der »Angemessenheit« sind verschiedene Faktoren in Rechnung zu stellen, etwa die Dauer des Entschädigungsverfahrens selbst, die Promptheit der Zahlung, die Erhebung von Gebühren im Verhältnis zur Entschädigungssumme und das Verhältnis zwischen der von den nationalen Gerichten gewährten Entschädigung zu derjenigen, die der EGMR gewährt hätte. In der Rechtssache Scordino entschied der Gerichtshof, dass die nach der neuen »*legge Pinto*« gewährte Entschädigung diesen Ansprüchen nicht gerecht geworden sei, erklärte die Beschwerde daher für zulässig und in der Sache auch für begründet. In ähnlicher Weise hat der Gerichtshof auch andere Reformgesetze, etwa das slowenische, in einer Reihe von Einzelfällen als nicht effektiv angesehen, beispielsweise wenn der Betroffene von dem Rechtsbehelf zur Beschleunigung Gebrauch gemacht, dies aber keine konkreten Auswirkungen auf das Verfahren gehabt

---

17 Unión Alimentaria Sanders S.A. v. Spanien, Urteil des EGMR vom 7.7.1989 (Nr. 11681/85).
18 Kudła v. Polen, Urteil des EGMR (Große Kammer) vom 26.10.2000 (Nr. 30210/96), Rn. 158.
19 Scordino v. Italien (No. 1), Urteil des EGMR (Große Kammer) vom 29.3.2006 (Nr. 36813/97).

hatte. Einem dieser Fälle[20] lag eine Klage auf Enteignungsentschädigung zugrunde, die zum Zeitpunkt des Urteils des Gerichtshofs bereits 40 Jahre anhängig war! Da der Gerichtshof aber nur die Zeitspanne zwischen dem Inkrafttreten der EMRK für Slowenien und dem Tod des Antragstellers (der ursprüngliche Prozess wurde von dessen Tochter weiterbetrieben) berücksichtigen durfte, betrug die konventionsrelevante Zeitspanne »nur« noch 14 Jahre.[21] Dieses Urteil wurde von der Kammer gefällt, weitere anhängige Beschwerden wurden allerdings an den Ausschuss von drei Richtern verwiesen. Auch andere Länder haben das Problem überlanger Gerichtsverfahren auf der nationalen Ebene nicht endgültig in den Griff bekommen, sodass in Einzelfällen weiterhin der Gerichtshof eingeschaltet werden muss.

III. Entwicklung der Rechtsprechung des EGMR zu Deutschland

1. König v. Deutschland – Feststellung eines Verstoßes gegen Art. 6 EMRK

Bereits im Jahr 1978 und damit noch in der frühen Phase seiner Rechtsprechung stellte der Gerichtshof in dem viel beachteten Verfahren König v. Deutschland[22] einen Verstoß Deutschlands gegen Art. 6 Abs. 1 EMRK fest. Der Beschwerdeführer, ein deutscher Facharzt, hatte die Dauer der von ihm gegen die Rücknahme der Betriebserlaubnis für seine Klinik und den Widerruf seiner Approbation angestrengten Verwaltungsgerichtsverfahren gerügt. Fast elf Jahre nach Einlegung des Widerspruchs waren diese immer noch nicht zu einem Abschluss gebracht worden. Der Gerichtshof prüfte ausschließlich Art. 6 Abs. 1, nicht jedoch Art. 13 der Konvention. Er qualifizierte die vor den Verwaltungsgerichten geführten Verfahren als zivilrechtliche Streitigkeiten im Sinne von Art. 6 Abs. 1 EMRK und analysierte im Einzelnen die Gründe für die Verzögerung des Prozessverlaufs, wobei er zwar ein Mitverschulden des Beschwerdeführers anerkannte, die Hauptverantwortung jedoch den deutschen Gerichten zuwies. Wie auch in späteren Urteilen machte der Gerichtshof bereits in diesem Urteil die verspätete Erstellung von Expertengutachten, den zeitaufwändigen Austausch von Experten, den Wechsel der zuständigen Richter und Terminverlegungen als immer wiederkehrende, prozessverzögernde Probleme aus und nahm damit wesentliche Ergebnisse der Studie vorweg, die 2011 und damit über drei Jahrzehnte später von ausgewählten deutschen Obergerichten zu dieser Thematik durchgeführt wurde.[23]

---

20 Jama v. Slowenien, Urteil des EGMR vom 19.7.2012 (Nr. 48163/08).
21 Jama v. Slowenien, Urteil des EGMR vom 19.7.2012 (Nr. 48163/08), Rn. 34.
22 König v. Deutschland, Urteil des EGMR (Plenum) vom 28.6.1978 (Nr. 6232/73).
23 OLG Hamm (Hrsg.), Langdauernde Zivilverfahren: eine Untersuchung des Oberlandesgerichts Hamm, des Oberlandesgerichts Nürnberg, des Kammergerichts sowie des Oberlandesgerichts Jena, 2011; vgl. auch die Analyse von *J. Keders, F. Walter*, Langdauernde Zivilverfahren – Ursachen überlanger Verfahrensdauern und Abhilfemöglichkeiten, NJW 2013, S. 1697-1704.

2. Sürmeli v. Deutschland – Feststellung eines Verstoßes gegen Art. 6 und Art. 13 EMRK

In den 28 Jahren zwischen dem Urteil König v. Deutschland im Jahre 1978 und dem Urteil Sürmeli v. Deutschland in 2006 wurde die Bundesrepublik in 85 Fällen wegen überlanger Gerichtsverfahren verurteilt. Zieht man in Betracht, dass Deutschland bis 2011 insgesamt nur 159 Mal verurteilt wurde, zeigt sich, dass die Verfahrensdauer ein ernstzunehmendes Problem war. Das Urteil in der Rechtssache Sürmeli v. Deutschland kam daher einem Paukenschlag gleich. Die Große Kammer musste sich darin, den Vorgaben des Urteils in der Rechtssache Kudła v. Polen folgend, mit der Frage auseinandersetzen, ob es in Deutschland einen Rechtsbehelf gegen überlange Verfahren gab, der vor dem Gang nach Straßburg hätte eingelegt werden müssen und ob dieser Rechtsbehelf effektiv war. Das Ergebnis war eindeutig und negativ: Der Gerichtshof stellte einstimig fest, dass Deutschland nicht nur das Recht auf ein faires Verfahren, sondern auch das in Art. 13 EMRK normierte Recht auf eine wirksame Beschwerde verletzt habe, da keiner der potentiell zur Verfügung stehenden Rechtsbehelfe (Verfassungsbeschwerde, Dienstaufsichtsbeschwerde, Untätigkeitsbeschwerde und Amtshaftungsklage) »wirksam« im Sinne von Art. 13 EMRK war. Wirksamkeit hätte dabei aus Sicht des EGMR vorausgesetzt, dass der Konventionsverletzung oder ihrer Fortdauer vorgebeugt oder bei Eintritt einer Verletzung eine adäquate Entschädigung gewährt worden wäre.[24] Der Gerichtshof stellte jedoch zugleich klar, dass diese beiden Aspekte, einerseits die Prävention, andererseits die Kompensation, nicht gleichberechtigt nebeneinander stehen:

> »Dennoch ist zweifellos ... die beste Lösung, absolut gesehen, wie so oft, die Vorbeugung. Wo die Justiz dem Erfordernis aus Art. 6 Abs. 1 EMRK, innerhalb angemessener Frist zu einer Entscheidung zu gelangen, nicht nachkommt, ist ein Rechtsbehelf zur Beschleunigung des Verfahrens die wirksamste Lösung, um zu vermeiden, dass dieses übermäßig lange dauert. Der Vorteil eines solchen Rechtsbehelfs gegenüber Rechtsbehelfen, die nur auf Entschädigung gerichtet sind, lässt sich nicht bestreiten, weil er auch nachfolgende Verletzungen im selben Verfahren verhindert und die Verletzung nicht lediglich im Nachhinein kompensiert, so wie das ein Rechtsbehelf tut, der nur auf Wiedergutmachung abstellt. Einige Staaten haben diese Problemlage vollkommen richtig erkannt und sich entschieden, zwei Arten von Rechtsbehelfen miteinander zu kombinieren, einen, der auf Beschleunigung des Verfahrens und einen anderen, der auf Entschädigung gerichtet ist.«[25]

Dies bedeutet, dass der Grundsatz »dulde und liquidiere« aus der Sicht der Konvention nicht akzeptabel ist, mehr noch, dass er der Philosophie der Konvention grundsätzlich entgegensteht. Der Gerichtshof selbst kann zwar im Fall einer Konventionsverletzung durch Staaten, deren innerstaatliches Recht »nur eine unvollkommene

---

24 Sürmeli v. Deutschland, Urteil des EGMR (Große Kammer) vom 8.6.2006 (Nr. 75529/01), Rn. 99, 105; der Gerichtshof orientierte sich dabei an dem Urteil Hartman v. Tschechien des EGMR vom 10.7.2003 (Nr. 53341/99) ECHR 2003-VIII.
25 Sürmeli v. Deutschland, Urteil des EGMR (Große Kammer) vom 8.6.2006 (Nr. 75529/01), Rn. 100 (Übersetzung der Verf.).

Wiedergutmachung für die Folgen dieser Verletzung« gestattet, nach Art. 41 EMRK eine gerechte Entschädigung zuzusprechen. Das gilt gerade auch bei überlangen Verfahren, bei denen die Zeit nicht mehr zurückzudrehen ist. Allerdings soll die Prozessverschleppung nicht mit dem Argument, man habe ja einen Entschädigungsanspruch, hingenommen, sondern das Problem an der Wurzel bekämpft werden. Nur war dies, und das ist die Kernaussage der Sürmeli-Entscheidung, auf der Grundlage des deutschen Prozessrechts aus dem Jahre 2006 nicht möglich, weil die Beschwerdeführer damals keinen Hebel in der Hand hatten, um Prozesse zu beschleunigen. Sie hatten daher gar keine andere Wahl als zu »dulden« und dann beim EGMR zu »liquidieren«. Allerdings hat sich der Gerichtshof mit Blick auf einen damals bereits vorliegenden, deutschen Gesetzesentwurf mit der Feststellung der Verletzung von Art. 6 und 13 EMRK begnügt, ohne zugleich Anordnungen nach Art. 46 EMRK zur Durchführung des Urteils zu erlassen.

3. *Rumpf v. Deutschland – Feststellung eines systematischen Konventionsverstoßes und Durchführung eines Piloturteil-Verfahrens*

Gebessert hat sich die Situation im Anschluss an das Urteil Sürmeli v. Deutschland vom 8. Juni 2006 allerdings nicht. Bis zum Inkrafttreten des ÜGRG am 3. Dezember 2011 gab es 58 weitere Verurteilungen Deutschlands; das Gesetzesprojekt aus dem Jahr 2005, das zur Zeit der Entscheidung Sürmeli gegen Deutschland noch anhängig war und auf das sich der EGMR bezogen hatte,[26] wurde zurückgezogen.[27]

Das war der Hintergrund, vor dem am 2. September 2010 das wichtige Urteil in der Rechtssache Rumpf v. Deutschland[28] erging, mit dem der Gerichtshof zugleich ein sogenanntes Piloturteil-Verfahren nach Art. 61 der EGMR-Verfahrensordnung einleitete. Mit diesem ursprünglich auf Richterrecht beruhenden und später in die Verfahrensordnung aufgenommenen Instrument soll solchen strukturellen Problemen in einem Mitgliedstaat begegnet werden, die zu einer Vielzahl gleichgelagerter Verfahren vor dem EGMR führen.

Die Idee ist, dann, wenn die entsprechenden Rechtsfragen im Grundsatz vom Gerichtshof geklärt sind, die Problematik an die nationale Ebene zurückzugeben und dem Gesetzgeber aufzutragen, innerhalb eines bestimmten Zeitraums eine Lösung zu finden. Dies ist eine auf Völkerrecht beruhende Verpflichtung. Die Formulierung des Gerichtshofs lässt an Deutlichkeit nichts zu wünschen übrig:

---

26 Sürmeli v. Deutschland, Urteil des EGMR (Große Kammer) vom 8.6.2006 (Nr. 75529/01), Rn. 139.
27 Vgl. zur Rechtslage vor und Diskussion zu dem neuen Gesetz *C. Steinbeiß-Winkelmann*, Rechtsschutz bei überlangen Gerichtsverfahren. Zum neuen Gesetzentwurf der Bundesregierung, ZRP 7/2010, S. 205-209.
28 Rumpf v. Deutschland, Urteil des EGMR vom 2.9.2010 (Nr. 46344/06).

»Der Gerichtshof betont, dass der Staat, gegen den die Beschwerde gerichtet war, unverzüglich und spätestens ein Jahr nachdem dieses Urteil endgültig geworden ist, einen Rechtsbehelf oder eine Kombination von Rechtsbehelfen in seiner nationalen Rechtsordnung schaffen muss, um diese mit den Feststellungen des Gerichtshofs im vorliegenden Urteil in Einklang zu bringen und den Anforderungen von Art. 46 EMRK zu entsprechen. Er muss ferner sicherstellen, dass der Rechtsbehelf oder die Rechtsbehelfe sowohl in der Theorie als auch in der Praxis den vom Gerichtshof aufgestellten Schlüsselkriterien entsprechen.« [29]

Im Gegensatz zu anderen Piloturteil-Verfahren hat der Gerichtshof die zu diesem Zeitpunkt gegen Deutschland anhängigen Fälle nicht zurückgestellt, sondern weitere Verurteilungen ausgesprochen, um zusätzlichen Druck auszuüben. So ergingen nach dem Urteil Rumpf weitere 15 Ausschuss- und fünf Kammerurteile, die bei zivilrechtlichen Verfahren Verletzungen des Rechts auf eine angemessene Verfahrensdauer festgestellten.

4. Abschluss des Piloturteil-Verfahrens und Beginn einer Experimentierphase

Die Rechtsprechung des Gerichtshofs hat letztendlich Früchte getragen: Noch innerhalb der aus Straßburg vorgegebenen Frist hat der deutsche Gesetzgeber die geforderte Neuregelung erlassen.[30] Aus der Sicht des Gerichtshofs war besonders die Übergangsvorschrift des Art. 26 S. 1 ÜGRG wichtig, nach der das neue Gesetz auch für Verfahren gilt, »die bei seinem Inkrafttreten bereits anhängig waren, sowie für abgeschlossene Verfahren, deren Dauer bei seinem Inkrafttreten Gegenstand von anhängigen Beschwerden beim Europäischen Gerichtshof für Menschenrechte ist oder noch werden kann«.

Aufgrund dieser Vorschrift wurden die betroffenen Beschwerdeführer, über 150 an der Zahl, vom Gerichtshof über die Existenz des neuen Rechtsbehelfs informiert und gleichzeitig aufgefordert, Stellung zu der Frage zu nehmen, ob sie auf diesen Rechtsbehelf zurückgreifen wollten. Darüber hinaus wurden die Betroffenen auf die Entscheidung in der Rechtssache Brusco v. Italien[31] hingewiesen, in der der Gerichtshof Prinzipien für die Behandlung von Fällen während der Übergangszeit aufgestellt hat. Danach akzeptiert der Gerichtshof, dass für die Erschöpfung innerstaatlicher Rechtsbehelfe und damit für die Zulässigkeit der entsprechenden Beschwerden die neu eingeführten Rechtsbehelfe nachträglich eingelegt werden müssen, selbst wenn sie zum Zeitpunkt der Einreichung der Beschwerde noch nicht zur Verfügung stan-

---

29 Rumpf v. Deutschland, Urteil des EGMR vom 2.9.2010 (Nr. 46344/06), Rn. 73 (Übersetzung der Verf.).
30 Vgl. dazu *C. Althammer, D. Schäuble*, Effektiver Rechtsschutz bei überlanger Verfahrensdauer – Das neue Gesetz aus zivilrechtlicher Perspektive, NJW 2012, S. 1-6; *A. Guckelberger*, Der neue staatshaftungsrechtliche Entschädigungsanspruch bei überlangen Gerichtsverfahren, DÖV 2012, S. 289-298; *W.-R. Schenke*, Rechtsschutz bei überlanger Dauer verwaltungsgerichtlicher Verfahren, NVwZ 2012, S. 257-265.
31 Brusco v. Italien, Entscheidung des EGMR vom 6.9.2001 (Nr. 69789/01).

den. Ein derartiges Vorgehen sieht der Gerichtshof aber nur unter außergewöhnlichen Umständen als gerechtfertigt an, da es zwei Grundsätzen der Rechtsprechung des Gerichtshofs widerspricht. Zum einen ist für die Zulässigkeit einer Beschwerde grundsätzlich auf den Zeitpunkt ihrer Einreichung beim Gerichtshof abzustellen, später zur Verfügung gestellte Rechtsbehelfe sind somit grundsätzlich unbeachtlich. Zum anderen ist es Sache der Regierung, nachzuweisen, dass ein bestimmter Rechtsbehelf »wirksam« ist, in der Regel durch die Vorlegung entsprechende, stattgebender Urteile. Diese Grundsätze sind für die Interpretation des Zulässigkeitskriteriums der Erschöpfung innerstaatlicher Rechtsbehelfe iSd Art. 35 EMRK entwickelt worden, um Beschwerdeführer nicht auf einen langen und von vornherein aussichtslosen Weg durch die Instanzen zu schicken, bevor sie sich an den Straßburger Gerichtshof wenden können.

Von diesen beiden prozessrechtlichen Grundsätzen weicht der Gerichtshof allerdings in ständiger Rechtsprechung bei neu eingeführten Rechtsbehelfen gegen überlange Gerichtsverfahren ab.[32] Letztlich ist dies ein pragmatisches Vorgehen zum Nutzen aller Beteiligten, würde es doch wenig Sinn ergeben, trotz erfolgreicher Reformen in allen anhängigen Verfahren weiterhin Konventionsverletzungen festzustellen. Juristisch begründet wird diese Ausnahme damit, dass es effektiver sei, zunächst die nationale Justiz mit der Fragestellung zu betrauen, da sie die rechtlichen Probleme dank ihrer Sachnähe besser beurteilen und damit auch eventuelle Entschädigungsforderungen besser beantworten könne. Außerdem würden ohne ein solches Vorgehen die Übergangsvorschriften in Reformgesetzen leerlaufen. Und schließlich sieht der Gerichtshof diese Lösung auch unter Berücksichtigung der zusätzlichen Mühen, die Beschwerdeführer auf sich nehmen müssen, als verhältnismäßig an. Dies gelte auch dann, wenn zusätzliche Kosten anfielen, soweit Prozesskostenhilfe zur Verfügung stehe und im Endergebnis eine gerechte Verteilung der Kosten erfolge.

Dieses in der Rechtssache Brusco v. Italien entwickelte Entscheidungsmuster für die Übergangszeit, in der auch die vor nationalen Gerichten anhängigen Fälle von dem zum Zweck der Abhilfe geschaffenen Gesetz erfasst werden, wurde durch zwei Leitentscheidungen, Taron v. Deutschland[33] für zivilrechtliche Beschwerden und Garcia Cancio v. Deutschland[34] für strafrechtliche Beschwerden, auf die Situation nach Inkrafttreten des ÜGRG in Deutschland übertragen. Da die Beschwerdeführer sich trotz der Warnung des EGMR geweigert hatten, den neuen Rechtsbehelf

---

32   Brusco v. Italien, Entscheidung des EGMR vom 6.9.2001 (Nr. 69789/01); Nogolica v. Kroatien, Entscheidung des EGMR vom 5.9.2002 (Nr. 77784/01); Andrášik und andere v. Slowakei, Entscheidung des EGMR vom 22.10.2002 (Nr. 57984/00, 60237/00, 60242/00, 60679/00, 60680/00, 68563/01 und 60226/00); Michalak v. Polen, Entscheidung des EGMR vom 1.3.2005 (Nr. 24549/03), Rn. 41-43; Korenjak v. Slowenien, Entscheidung des EGMR vom 15.5.2007 (Nr. 463/03), Rn. 63-71; Fakhretdinov und andere v. Russland, Entscheidung des EGMR vom 23.9.2010 (Nr. 26716/09, 67576/09 und 7698/10).
33   Taron v. Deutschland, Entscheidung des EGMR vom 29.5.2012 (Nr. 53126/07).
34   Garcia Cancio v. Deutschland, Entscheidung des EGMR vom 29.5.2012 (Nr. 19488/09).

zu nutzen, wurden ihre Beschwerden wegen »Nicht-Erschöpfung« innerstaatlicher Rechtsbehelfe für unzulässig erklärt. Eine umfassende Prüfung der neuen Rechtbehelfe nahm der Gerichtshof in diesem Zusammenhang nicht vor, formulierte aber wohlwollend:

> »... erkennt das Gericht an, dass das [ÜGRG] verabschiedet wurde, um das Problem überlanger Dauer innerstaatlicher Verfahren in wirksamer und sinnvoller Weise unter Berücksichtigung der Anforderungen der Konvention anzugehen.«[35]

An anderer Stelle erklärte er:

> »... hält der Gerichtshof es zum jetzigen Zeitpunkt nicht für zweckmäßig, jede Vorschrift des [ÜGRG] in abstracto zu prüfen, wenn er keinen Grund zu der Annahme sieht, dass das [ÜGRG] die Zwecke, zu denen es erlassen wurde, nicht erfüllen werde.«[36]

Allerdings stehen die Feststellungen des Gerichts unter einem entscheidenden Vorbehalt:

> »Der Standpunkt des Gerichtshofs kann jedoch in der Zukunft Gegenstand einer Überprüfung sein, was insbesondere davon abhängen wird, ob die innerstaatlichen Gerichte in der Lage sein werden, nach dem [ÜGRG] eine einheitliche und den Anforderungen der Konvention entsprechende Rechtsprechung zu etablieren. Darüber hinaus wird die Beweislast bezüglich der Wirksamkeit des neuen Rechtsbehelfs in der Praxis bei der beschwerdegegnerischen Regierung liegen.«[37]

Das bedeutet, dass dem Reformgesetzgeber zunächst ein gewisser »Kredit« eingeräumt und die Effektivität der neu eingeführten Rechtsbehelfe unterstellt wird.[38] Die Beschwerdeführer sind dadurch gezwungen, diese auch in Anspruch zu nehmen, weil andernfalls ihre Beschwerden als unzulässig zurückgewiesen werden würden. Erweisen sich die Rechtsbehelfe allerdings entgegen allen Erwartungen als nicht »wirksam« iSd Rechtsprechung des EGMR – sei es, weil es nicht gelingt, den Verfahrensverzögerungen im Einzelfall entgegenzuwirken, sei es, weil die gezahlten Entschädigungssummen weit unter dem vom Gerichtshof Geforderten liegen – so wird der Gerichtshof neue Beschwerden wieder für zulässig und unter Umständen auch für begründet erklären.

---

35 Taron v. Deutschland, Entscheidung des EGMR vom 29.5.2012 (Nr. 53126/07), Rn. 40 (Übersetzung der Verf.).
36 Taron v. Deutschland, Entscheidung des EGMR vom 29.5.2012 (Nr. 53126/07), Rn. 41 (Übersetzung der Verf.).
37 Taron v. Deutschland, Entscheidung des EGMR vom 29.5.2012 (Nr. 53126/07), Rn. 45 (Übersetzung der Verf.).
38 Zu einer ersten Zwischenbilanz vgl. *C. Steinbeiß-Winkelmann, T. Sporrer*, Rechtsschutz bei überlangen Gerichtsverfahren, NJW 2014, S. 177-182. Der Erfahrungsbericht über die Anwendung des ÜGRG von 2011 bis 2013 zeigt, dass es grundsätzlich gut funktioniert und es, anders als erwartet, nicht zu einer Klagewelle gekommen ist; vgl. BT Ds. 18/2950; vgl. dazu auch *H. Reiter*, Die Rechtsnatur des Entschädigungsanspruchs wegen unangemessener Verfahrensdauer, NJW 2015, S. 2554-2559.

Angelika Nussberger

5. Nachfolgende Urteile zu Sonderproblemen im Verfassungs- und Familienrecht

Das ÜGRG gilt gerichtszweigübergreifend. Aus der Sicht des EGMR aber können sich bei überlangen Verfahren in verschiedenen Rechtsgebieten je unterschiedliche Fragen stellen. So mag etwa bei Strafverfahren – anders als bei Zivilverfahren – die Frage auftreten, ob derjenige, dessen Strafe aufgrund eines überlangen Verfahrens reduziert wurde und der sich danach an den EGMR wendet, noch ein »Opfer« iSv Art. 34 EMRK ist.[39]

Eine besondere Situation ergibt sich auch in familienrechtlichen Verfahren, da hier ein überlanges Verfahren nach der Rechtsprechung des Gerichtshofs nicht nur zu einer Verletzung von Art. 6 Abs. 1 EMRK, sondern auch von Art. 8 EMRK führen kann. Kann ein Elternteil entgegen einer gerichtlichen Regelung aufgrund der Verweigerungshaltung des Partners keinen Kontakt mit seinem kleinen Kind aufnehmen, und dauert das entsprechende Vollstreckungsverfahren lange Zeit, so kann dies einen endgültigen Bruch der Vertrauensbeziehung zum Kind bedeuten. Über eine derartige Konstellation hatte der Gerichtshof im Fall Kuppinger v. Deutschland zu entscheiden.[40] Während die Beschwerde nach Art. 6 Abs. 1 EMRK wegen Nicht-Erschöpfung des Rechtsmittels unzulässig war, bejahte der Gerichtshof eine Verletzung von Art. 8 EMRK. Zudem monierte er, das ÜGRG sei für derartige familienrechtliche Konstellationen nicht effektiv, da keine unmittelbare Möglichkeit zur Verfahrensbeschleunigung bestehe. Eine mögliche Kompensationsforderung allein habe für die Gerichte keine ausreichend beschleunigende Wirkung. Vielmehr müssten präventive und kompensatorische Maßnahmen ineinandergreifen. Der Gerichtshof wendet insoweit ausdrücklich einen strengeren Maßstab an:

> »Der Gerichtshof hat hierzu festgestellt, dass die positive Verpflichtung des Staates, geeignete Maßnahmen zu ergreifen, um das Recht des Beschwerdeführers auf Achtung des Familienlebens sicherzustellen, Gefahr läuft, illusorisch zu sein, wenn die Beteiligten nur ein kompensatorisches Rechtsmittel zur Verfügung haben, das nur a posteriori zur Zuerkennung einer finanziellen Kompensation führen könnte.«[41]

Die Feststellung einer Verletzung von Art. 8 iVm Art. 13 EMRK im Fall Kuppinger hat, nachdem auch sonstige Rechtsschutzmöglichkeiten[42] für nicht ausrei-

---

39 Diese Frage stellte sich in dem Verfahren El Khoury v. Deutschland, Urteil des EGMR vom 9.7.2015 (Nr. 8824/09 und 42836/12), Rn. 87. Da aber bei einem fünfeinhalb Jahre dauernden und sich über drei Instanzen erstreckenden Strafverfahren keine Verletzung von Art. 6 Abs. 1 EMRK festgestellt werden konnte, ließ der Gerichshof die Frage offen.
40 Kuppinger v. Deutschland, Urteil des EGMR vom 15.1.2015 (ntNr. 62198/11).
41 Kuppinger v. Deutschland, Urteil des EGMR vom 15.1.2015 (Nrnt. 62198/11), Rn. 137 (Übersetzung der Verf.); der Gerichtshof orientiert sich insoweit an den Urteilen Macready v. Tschechien, Urteil des EGMR vom 22.4.2010 (Nr. 4824/06 und 15512/08) und Bergmann v. Tschechien, Urteil des EGMR vom 27.10.2011 (Nr. 8857/08).
42 Vgl. § 155 Gesetz über das Verfahren in Familiensache und in den Angelegenheiten der freiwilligen Gerichtsbarkeit sowie Untätigkeitsbeschwerde.

chend erachtet wurden, eine Nachbesserung der gesetzlichen Regelung notwendig gemacht.⁴³

Im Gegensatz zu familienrechtlichen Verfahren wendet der Gerichtshof bei Beschwerden gegen die überlange Verfahrensdauer vor dem Bundesverfassungsgericht⁴⁴ einen milderen Maßstab an und berücksichtigt ausdrücklich die besondere Rolle eines Verfassungsgerichts als Hüter der Verfassung, die insbesondere ein Abweichen vom chronologischen »Abarbeiten« der Fälle notwendig machen könne. Im Fall Peter v. Deutschland urteilte der Gerichtshof daher sybillinisch, das nur vor dem Bundesverfassungsgericht vier Jahre und 6 Monate dauernde und zu einer Unzulässigkeitsentscheidung führende Verfahren sei aufgrund der besonderen Umstände des Falles »ungewöhnlich, aber nicht übermäßig lange« (»unusually long, but not excessive«) gewesen.⁴⁵ In dem Fall war es um die rückwirkende Zuerkennung einer Hinterbliebenenrente für einen gleichgeschlechtlichen Partner gegangen.

IV. Problemlösung durch Rückführung auf die nationale Ebene?

Fünf Jahre nach seinem Inkrafttreten scheint das ÜGRG die Erwartungen zu erfüllen. Inzwischen ist in Deutschland diesbezüglich auch eine Vielzahl von Urteilen, auch auf höchstrichterlicher Ebene, ergangen.⁴⁶ Vor dem EGMR waren Anfang 2017 lediglich drei Verfahren im Zusammenhang mit überlanger Verfahrensdauer gegen Deutschland anhängig. Auf der Grundlage der Musterentscheidungen Taron v. Deutschland und Garcia Cancio v. Deutschland wurden zahlreiche Beschwerden für unzulässig erklärt bzw. aus dem Register gestrichen.⁴⁷ In den Jahren 2012 bis 2016 wurde Deutschland kein einziges Mal wegen Verstoßes gegen das Gebot angemessener Verfahrensdauer nach Art. 6 Abs. 1 EMRK verurteilt. Damit ist in Straßburg gewissermaßen *tabula rasa*, was gleichwohl nicht bedeutet, dass der nächste Sturm nicht kommen könnte.

---

43 Vgl. Art. 2 des »Gesetzes zur Änderung des Sachverständigenrechts und zur weiteren Änderung des Gesetzes über das Verfahren in Familiensachen und in den Angelegenheiten der freiwilligen Gerichtsbarkeit«, mit dem eine Beschleunigungsrüge und eine Beschleunigungsbeschwerde eingeführt wurden.
44 Vgl. zu dem Rechtsbehelf für überlange Verfahren vor dem Bundesverfassungsgericht R. Zuck, Rechtsschutz bei überlangen Gerichtsverfahren vor dem BVerfG, NVwZ 2012, S. 265-272.
45 Peter v. Deutschland, Urteil des EGMR vom 4.9.2014 (Nr. 68919/10), § 47.
46 Vgl. etwa BVerwG Urteile vom 11.7.2013 – 5 C 23.12 D und 5 C 27.12 D; VGH Kassel Urteil vom 11.2.2015 – 29 C 1241/12.E; OVG Nordrhein-Westfalen Urteil vom 28.9.2015 – 13 D 11/15; und BVerwG Urteil vom 29.2.2016 – 5 C 31.15 D.
47 Vgl. z.B. Schulz v. Deutschland, Entscheidung des EGMR (Komitee) vom 31.3.2015 (Nr. 4800/12): Das Verfahren betraf das Fehlen eines Rechtsbehelfs vor dem Berliner Verfassungsgerichtshof. Die Bundesregierung verpflichtete sich, eine Entschädigung zu zahlen, erkannt das Fehlen eines Rechtsbehelfs für die Dauer des Verfahrens vor dem Berliner Verfassungsgerichtshof an und wies darauf hin, dass das ein entsprechender Gesetzentwurf in Berlin vorgelegt worden sei.

Auch in anderen europäischen Ländern hat man sich des, wie eingangs festgestellt, weit verbreiteten Problems überlanger Gerichtsverfahren angenommen. In den Mitgliedsstaaten des Europarats sind die verschiedensten Lösungswege entwickelt worden. Grundsätzlich gibt es Beschleunigungs- und Entschädigungsverfahren oder Kombinationen von beiden. Die Ausgestaltung variiert stark von Land zu Land. Der Straßburger Gerichtshof ist grundsätzlich offen für die unterschiedlichen Lösungsansätze und räumt insoweit ein gewisses Ermessen ein.[48] Wichtig ist nur der Erfolg. Und der bemisst sich letztlich daran, dass niemand mehr Beschwerde wegen eines überlangen Gerichtsverfahrens in Straßburg einlegt und der Gerichtshof sich wieder auf wichtigere Fragen wie Verstöße gegen die grundlegenden Konventionsartikel, Art. 2 EMRK, das Recht auf Leben, Art. 3 EMRK, das Verbot der Folter und unmenschlichen Behandlung und Art. 5 EMRK, das Recht auf Freiheit, konzentrieren kann. Aus Straßburger Sicht bedeutet damit die Rückverlagerung eines strukturellen Problems auf die nationale Ebene eine zumindest vorübergehende, hoffentlich aber abschließende Lösung.

Allerdings soll nicht verschwiegen werden, dass der Straßburger Gerichtshof bei der Beanstandung von überlangen Gerichtsverfahren ein nicht übersehbares Glaubwürdigkeitsproblem hat. Goethes Eingangszitat vom ungeheuren Aktenwust, der »aufgeschwollen« auf dem Tisch liegt, trifft nämlich auch auf den EGMR zu, bei dem allerdings nicht nur wie bei Goethe 20.000, sondern 84.300 Verfahren zur Erledigung anstehen (Stand: 1. Februar 2017). Das mag man mit einem weiteren Goethe-Zitat entschuldigen:

> *»Ein allgemeiner Fehler, dessen sich die Menschen bei ihren Unternehmungen schuldig machen, war auch der erste und ewige Grundmangel des Kammergerichts: zu einem großen Zwecke wurden unzulängliche Mittel angewendet. Die Zahl der Assessoren war zu klein: wie sollte von ihnen die schwere und weitläufige Aufgabe gelöst werden!«* [49]

Bei 47 Richtern, die von einer Kanzlei von etwas mehr als 200 Juristen unterstützt werden, kann man kaum erwarten, dass die – potentiell von 800 Millionen Bürgern eingereichten Beschwerden – aufgrund von politischen Verwerfungen können es schnell einmal 10.000 pro Monat sein – »innerhalb angemessener Frist« bearbeitet werden. Aber immerhin – seit Verabschiedung des ÜGRG kommt aus Deutschland schon etwas weniger Arbeit.

---

48 Taron v. Deutschland, Entscheidung des EGMR vom 29.5.2012 (Nr. 53126/07), Rn. 41.
49 Johann Wolfgang von Goethe, »Aus meinem Leben. Dichtung und Wahrheit«, Hamburger Ausgabe, 10. Auflage München 1982, Band 9, S. 525.

Der Europarat und die Administration der Justiz

Johannes Riedel

I. Einleitung

Gegenüber der Europäischen Union, die sowohl in politischer Hinsicht wie auch in ihrem Einwirken auf das in den Mitgliedstaaten geltende Recht ständiger Gegenstand der Medienaufmerksamkeit und der öffentlichen Diskussion ist, führt der Europarat eher ein Schattendasein. Mit 47 Mitgliedstaaten sind im Europarat mit Ausnahme von Weißrussland alle europäischen Staaten vertreten, auch die Kleinstaaten. Der Vatikan hat Beobachterstatus. Die wichtigste Rechtsgrundlage des Europarats für die Praxis ist die Europäische Konvention für Menschenrechte. Wesentliche Organe sind die Parlamentarische Versammlung, das sogenannte Ministerkomitee, der Generalsekretär und natürlich der Europäische Gerichtshof für Menschenrechte in Straßburg.

Aus der EMRK und aus seinem allgemeinen Statut[1] leitet der Europarat den Auftrag ab, sich auch um die Justiz der Mitgliedstaaten zu kümmern. In diesem Zusammenhang gibt es eine Vielzahl von Aktivitäten, die teilweise vom Europarat allein, teilweise in Zusammenarbeit mit der Europäischen Union (der Kommission), teilweise mit dritten Kooperationspartnern stattfinden. Diese Aktivitäten werden nachfolgend im Überblick dargestellt.

II. Der Beratende Ausschuss Europäischer Richter (Consultative Council of European Judges – CCJE)

Der Beratende Ausschuss Europäischer Richter (Consultative Council of European Judges, Conseil consultatif de juges européens, CCJE) ist im Jahr 2000 als ein beratendes Gremium des Ministerkomitees des Europarats gegründet worden. Eine vergleichbare Kommission der Staatsanwälte (Consultative Council of European Prosecutors, Conseil consultatif de procureurs européens, CCPE) wurde wenig später eingesetzt. Die Kommissionen sind unabhängig und setzen sich ausschließlich aus den jeweiligen Berufsträgern (Richter bzw. Staatsanwälte) zusammen.

Jeder Mitgliedstaat hat das Recht, eine Person als Vertreter in das jeweilige Gremium zu entsenden. Die Mitglieder des CCJE sollen ein hohes Richteramt innehaben

---

1 Artikel 17 des Statuts des Europarats besagt, dass das Ministerkomitee zu jedem ihm wünschenswert erscheinenden Zwecke beratende oder technische Komitees oder Ausschüsse einsetzen kann.

(»of the highest possible rank in the relevant field«), im aktiven Dienst stehen, vertiefte Kenntnisse über die Abläufe der Justiz haben sowie persönlich integer sein. Sie sollen in Kontakt mit nationalen Einrichtungen ausgewählt werden, deren Aufgabe in der Sicherung der Unabhängigkeit und Unparteilichkeit der Richter besteht und die für die Administration der Justiz verantwortlich sind.[2] Das deutsche Mitglied wird durch das Bundesministerium für Justiz und Verbraucherschutz in Abstimmung mit den Landesjustizverwaltungen und nach Anhörung der Richtervereinigungen bestimmt.[3] Zahlreiche Einrichtungen haben Beobachterstatus, darunter die korrespondierenden Kommissionen des Europarats, der Europäische Gerichtshof für Menschenrechte, die Europäische Union, die Staaten mit Beobachterstatus beim Europarat sowie Europäische Richter- und Anwaltsvereinigungen. In der Praxis nehmen vornehmlich Richter- und Anwaltsvereinigungen[4] die Gelegenheit zur Teilnahme an den Plenarsitzungen des CCJE wahr.

Zuständigkeit, Aufgabenkreis und Arbeitsprogramm beider Kommissionen werden Jahr für Jahr durch das Ministerkomitee in sogenannten terms of reference festgelegt. Allgemein werden die Aufgaben des CCJE dahin beschrieben, dass das Gremium das Ministerkomitee in Angelegenheiten betreffend den Status der Richter und die Ausübung ihrer Funktionen beraten und zu diesen Themen einmal im Jahr ein Dokument (sog. opinion) für das Ministerkomitee erarbeiten soll. Außerdem sollen auf Anforderung von Organen des Europarats Stellungnahmen zur Lage der Richterschaft (specific situation of judges) abgegeben werden. Ferner soll gezielte Zusammenarbeit zur Erfüllung europäischer Justizstandards auf entsprechende Anforderung von Mitgliedstaaten, Einzelmitgliedern des CCJE oder Richterorganisationen geleistet werden. Schließlich soll das Gremium Partnerschaften unter Gerichten, Richtern und Richtervereinigungen fördern.

Das Gremium trifft sich einmal jährlich zu einer Plenarsitzung, in der die jeweilige opinion beraten und verabschiedet wird. Erarbeitet werden die opinions in einer Arbeitsgruppe, die von Jahr zu Jahr durch Wahl neu zusammengesetzt wird, wobei mehr als die Hälfte der Mitglieder dort seit vielen Jahren tätig sind. Die Arbeit an den opinions besteht in der Regel darin, zunächst einen Fragenkatalog zu erstellen, der sodann den Mitgliedern zur Beantwortung zugeleitet wird. Auf der Grundlage der Antworten wird der Text der opinion erstellt, zumeist in mehreren Sitzungen der Arbeitsgruppe. Dabei wird die Arbeitsgruppe unterstützt durch eine Expertin oder einen Experten, in der Regel aus dem universitären Bereich, die nach Anhörung der Arbeitsgruppe jeweils von der Verwaltung des Europarats beauftragt werden.

---

2 Die Dokumente des CCJE sind abrufbar unter der Webadresse http://www.coe.int/t/DGHL/cooperation/ccje/default_en.asp.
3 Von 2000 bis 2011 war Vorsitzender Richter am Bundesverwaltungsgericht *Mallman*n deutsches Mitglied, danach bis 2015 der *Verfasser*.
4 European Association of Judges (EAJ), Association »Magistrats européens pour la démocratie et les libertés« (MEDEL), Council of Bars and Law Societies of Europe (CCBE).

Die laufenden Geschäfte des CCJE werden durch ein sogenanntes Büro wahrgenommen, das aus dem Präsidenten, dem Vizepräsidenten und zwei weiteren Mitgliedern besteht, die jeweils für zwei Jahre gewählt werden. Ähnlich einem Vereinsvorstand organisiert das Büro mit Unterstützung des Sekretariats des Europarats die Sitzungen, führt die Korrespondenz und pflegt die Kontakte mit anderen Partnern und Gremien. Diese Arbeit hat sich in den letzten Jahren erheblich ausgeweitet. Zugenommen haben vor allem die Anfragen aus den Mitgliedstaaten, von Einzelpersonen, Richtervereinigungen usw., auf welche eine Reihe von Stellungnahmen erarbeitet wurden.[5] Darüber hinaus gibt das CCJE alle zwei Jahre einen sogenannten Situationsbericht (situation report) heraus, in dem Anfragen, die das Gremium bzw. das Büro erreicht haben, und das darauf Veranlasste sowie etwaige Stellungnahmen der Mitgliedstaaten zusammengestellt sind. Als Beispiel für die Vorgehensweise mag eine Äußerung des Büros zu den Verhältnissen in der Türkei dienen, die am 05.07.2016 verabschiedet und am 20.07.2016 veröffentlicht wurde; dazwischen lag der Putschversuch vom 15./16.07.2016:

> »*The Bureau of the Consultative Council of European Judges (CCJE) has recently, by its comments of 5 July 2016 on certain aspects of the legislation in Turkey, strongly recommended that the Turkish authorities improve the legislation and domestic system in order to safeguard the independence of the judiciary in a transparent manner. During the last days, the CCJE has received several notifications reporting that a large number of judges in Turkey have been removed from their offices, and that some even have been detained without any procedure previous to such decisions. The Bureau of the CCJE reiterates that irremovability of judges is an essential element of judicial independence. European and international standards provide only for very limited and specific exceptions from this principle to be applied only within the framework of due procedure. The Bureau of the CCJE reiterates its previous recommendation and respectfully urges Turkish authorities to guarantee the independence of judges and to secure the principles of due process for the judges concerned. The Bureau of the CCJE also respectfully urges Turkish authorities to limit suspensions of members of the judiciary only to those against whom a concrete suspicion of an involvement in the* »*coup d'état*« *occurs and to respect the independence and irrevocability of other judges and to secure the principles of due process for the judges concerned. The Bureau of the CCJE also welcomes all relevant international organisations in their efforts to preserve rule of law and independence of the judiciary in Turkey.*«

---

5 Der *Verfasser* war von 2013 bis 2015 Mitglied des Büros. Solche Stellungnahmen wurden in den letzten Jahren insbesondere zu den Verhältnissen in Polen, der Ukraine und der Türkei abgegeben. Zu Polen vgl. »Comments by the CCJE Bureau following the request of the Polish Judges' Association »IUSTITIA« on behalf of the Polish associations of judges to provide an opinion with respect to the decision of 22 June 2016 of the President of the Republic of Poland not to appoint as judges ten candidates presented by the National Council of the Judiciary«, http://www.coe.int/t/dghl/cooperation/ccje/Cooperation/CCJE_BU_2016_9_en.pdf. Zur Türkei vgl. z.B.«Comments by the CCJE Bureau following the request of the Association of European Administrative Judges (AEAJ) to provide opinion about certain aspects of the legislation in Turkey concerning judges and prosecutors« vom 05.07.2016. Hinweise auf aktuelle Dokumente finden sich auf der Webseite des CCJE (s. Fn. 2).

Die inzwischen 20 vom CCJE erarbeiteten opinions betreffen allesamt Fragen der Gerichtsorganisation und der Justiz im Allgemeinen.[6] Für den deutschen Leser wirkt das Spektrum der Themen eher beliebig. Es reicht von Statusfragen (Aus- und Fortbildung; Unabhängigkeit und Unabsetzbarkeit; dienstliche Beurteilungen; Spezialisierung der Richter), Beruflichem Verhalten (richterliche Ethik; Verhältnis zwischen Richtern und Staatsanwälten; Verhältnis zwischen Richtern und Rechtsanwälten), Gerichtsorganisation (Rolle der Gerichtspräsidenten; Finanzen), Verfahrensthemen (Alternative Streitbeilegung; Qualität von Gerichtsentscheidungen, Menschenrechte und Terrorismus) bis hin zu ganz allgemeinen Themen wie »Justiz und Gesellschaft« und »Verhältnis zwischen Justiz und den anderen Staatsgewalten«. Die Verschiedenheit der Fragestellungen rührt daher, dass die Interessenlage und die persönlichen Einschätzungen von der Bedeutsamkeit einzelner Themen bei den Mitgliedern naturgemäß unterschiedlich sind und diesen unterschiedlichen Wünschen in der Abarbeitung Rechnung getragen werden soll.

Mitte des Jahres 2015 hatte der Generalsekretär des Europarats das CCJE und die Schwesterorganisation der Staatsanwälte (CCPE) gebeten, bis Ende 2015 einen umfassenden Bericht über Herausforderungen und Besorgnisse (challenges and concerns) in Bezug auf Unabhängigkeit und Unparteilichkeit der Justiz in den Mitgliedstaaten zu erstellen. Dieser Auftrag lag im Grenzbereich zwischen einem unabhängigen Bericht und einer Art Überwachungsaktion (monitoring), welche nicht mehr in die Zuständigkeit des Gremiums gefallen wäre. Der Bericht wurde innerhalb kurzer Frist erarbeitet und enthält eine zwar nicht erschöpfende aber umso mehr besorgniserregende Beschreibung des Zustands der Justiz in vielen Mitgliedstaaten.[7]

Die erarbeiteten Dokumente erscheinen auf den ersten Blick zunächst nur als beschriebenes Papier, das bekanntlich geduldig ist. Dies gilt vor allem aus deutscher Sicht, weil viele der behandelten Themen und die hierzu gemachten Aussagen als selbstverständlich und oftmals als zu allgemein gehalten angesehen werden. Die im Internet veröffentlichte Liste der Aktivitäten, welche die beiden Gremien entfalten, ergibt jedoch, dass die behandelten Themen vielfach, vor allem aber in den Staaten

---

6   Zu Opinions Nrn. 3 (Richterliche Ethik, 2001), 8 (Rechtsstatlichkeit und Menschenrechte im Kontext des Terrorsimus, 2006) und 11 (Qualität von Gerichtsentscheidungen, 2008), s. im Detail *Mallmann*, ZRP 2009, 151. Die Opinions, von denen einige auch in deutscher Sprache abrufbar sind, finden sich auf der Webseite (s. Fn. 2).

7   Vgl. »›Challenges for judicial independence and impartiality in the member states of the Council of Europe‹, Report prepared jointly by the Bureau of the CCJE and the Bureau of the CCPE for the attention of the Secretary General of the Council of Europe as a follow-up to his 2015 report entitled ›State of Democracy, Human Rights and the Rule of Law in Europe – a shared responsibility for democratic security in Europe‹«, vom 24.03.2016; der Bericht ist abrufbar auf der Webseite des CCJE (s. Fn. 2); darauf aufbauend »›State of Democracy, human rights and the rule of law, A security imperative for Europe‹, *Report by the Secretary General of the Council of Europe*, 2016«.

Osteuropas, als bedeutsam und die Äußerungen von CCJE und CCPE als wichtige Referenzdokumente angesehen werden. Entsprechend ist auch die Reaktion mancher Staaten auf kritische Bemerkungen.[8] Für den Generalsekretär des Europarats haben vor allem Dokumente wie der Bericht des Jahres 2016 deshalb Gewicht, weil sie von unabhängigen Gremien verfasst sind. Dem entsprechend wird auch die Beratung durch Mitglieder dieser Gremien zunehmend nachgefragt. Der Aufwand, der mit der Erarbeitung der Texte verbunden ist, und die manchmal mühselige Suche nach allseits akzeptablen Formulierungen, die sich dann oft in Allgemeinheiten erschöpfen, erscheint nach alledem dennoch gerechtfertigt.

III. Die Venedig-Kommission

Um Verfassungsrecht kümmert sich die sogenannte Venedig-Kommission (Venice Commission, offiziell European Commission for Democracy through Law), die jüngst im Zusammenhang mit ihrer Befassung mit den Vorgängen in Polen auch in der deutschen Öffentlichkeit einen gewissen Bekanntheitsgrad erlangt hat. Die Kommission ist bereits 1990 eingerichtet worden, vor allem zur Beratung der Mitgliedstaaten des Europarats in Fragen des Verfassungsrechts und in Konfliktfällen.[9] Mitglieder aus den einzelnen Mitgliedstaaten sind in der Regel Verfassungsrichter oder andere Juristen in herausgehobenen Positionen, für vier Jahre durch die Mitgliedstaaten benannt, aber in ihrer Tätigkeit unabhängig.[10]

Die Besonderheit der Kommission liegt darin, dass auch außereuropäische Staaten dort Mitglied sind. Ihr Aufgabenbereich ist weit gefasst und betrifft im Grunde alle Fragen von Rechtsstaat und Demokratie mit einem Schwerpunkt auf Grundlagen des Verfassungsrechts.[11] Noch deutlicher als bei CCJE und CCPE ist hier, dass die

---

8   Selbst die Bundesregierung hat sich veranlasst gesehen, in der Diskussion des Entwurfes des vorstehend zitierten Berichts im Ministerkomitee im Januar 2016 zu dort erwähnten Fall der Entlassung des Generalbundesanwalts *Range* eine Stellungnahme abzugeben.
9   Vgl. die Webseite http://www.venice.coe.int: »… the dissemination and consolidation of a common constitutional heritage, playing a unique role in conflict management, and provides ›emergency constitutional aid‹ to states in transition«.
10 Im Statut heißt es »independent experts who have achieved eminence through their experience in democratic institutions or by their contribution to the enhancement of law and political science«.
11 Im Statut heißt es »The Commission shall give priority to work concerning:
    a. the constitutional, legislative and administrative principles and techniques which serve the efficiency of democratic institutions and their strengthening, as well as the principle of the rule of law;
    b. fundamental rights and freedoms, notably those that involve the participation of citizens in public life;
    c. the contribution of local and regional self-government to the enhancement of democracy.«

Kommission innerhalb ihres Mandats Stellungnahmen auf Anfragen des Ministerkomitees, der Parlamentarischen Versammlung des Europarats, eines Mitgliedsstaats und anderer Organisationen abgeben kann. Sie kann darüber hinaus aus eigener Initiative Erhebungen anstellen (carry out research), Studien, Entwürfe und Leitlinien anfertigen.

Die Kommission wird von einem Präsidenten und drei Vizepräsidenten geleitet und verfügt über ein Büro, das neben dem Präsidenten und den Vizepräsidenten aus vier weiteren Mitgliedern besteht. Sie kann Unter-Kommissionen bilden, derzeit zwölf an der Zahl. Demgemäß verfügt sie über einen deutlich größeren Unterstützungsapparat als CCJE und CCPE. Ihre Stellungnahmen sind überaus zahlreich und können hier nicht näher dargestellt werden. Es steht außer Frage, dass ihre Äußerungen hohes verfassungspolitisches Gewicht haben. Als Beispiel für die Vorgehensweise mag eine Stellungnahme des Präsidenten vom 16.01.2017 zur Auseinandersetzung um das Verfassungsgericht in Polen dienen:

> »*I am worried about the worsening situation within the Constitutional Tribunal of Poland. Following the attempts to influence the work of the Tribunal by means of legislative amendments, which were criticised by the Venice Commission, practical steps are now taken with the apparent aim to ensure that the Tribunal act in accordance with the will of the current political majority: The new President of the Tribunal was elected on the basis of a questionable procedure. The new President delegated her powers to another judge who was elected on a legal basis that had been found unconstitutional by the Tribunal. The Vice-President of the Tribunal was sent on a vacation he had not asked for. The election of three sitting judges is challenged seven years after the election. Hitherto the Constitutional Tribunal played a crucial role to ensure respect for human rights, the rule of law and democratic principles in Poland. It is alarming that it is systematically made impossible for the Tribunal to carry out this role assigned to it by the Polish Constitution.*«

IV. Die Kommission für die Effektivität der Justiz (CEPEJ)

Wenig bekannt, aber sehr wirkungsvoll ist die Kommission zur Effektivität der Justiz (Commission européenne pour l'efficacité de la justice – CEPEJ).

Diese Einrichtung wurde im Jahr 2002 durch Resolution des Ministerkomitees gegründet.[12] Die ihr vom Ministerkomitee im Statut vorgegebene Aufgabe ist es, die Effektivität und das Funktionieren der Justizsysteme der Mitgliedstaaten zu verbessern. Hierzu sollen insbesondere die Ergebnisse der justiziellen Arbeit durch gemeinsame statistische Kriterien und Mittel der Evaluation erhoben, Probleme festgestellt und Verbesserungsmöglichkeiten identifiziert werden. Außerdem soll den Mitgliedstaaten auf deren Wunsch Unterstützung bei der Erfüllung der Standards des Europarats

---

12 Resolution Res(2002)12, vgl. http://www.coe.int/t/dghl/cooperation/cepej/presentation/cepej_en.

gegeben werden.[13] Auch hier ist im Grundsatz jeder Mitgliedstaat durch ein benanntes Mitglied vertreten.[14]

Die Arbeitsmethode der Einrichtung ist im Statut näher beschrieben.[15] Es geht zum einen um Fragen der Evaluation, die Entwicklung von statistischen Methoden zur Erfassung quantitativer und qualitativer Daten betreffend die Funktion der Justiz in den Mitgliedstaaten. Ferner sollen statistische Berichte, Berichte über Fälle von zur Nachahmung würdigen Verfahren (»best practice«), Leitlinien und Ratschläge erstellt werden. Ausdrücklich wird CEPEJ ermächtigt, Kontakte zu Forschungseinrichtungen zu knüpfen und Einzelpersonen als Experten von Fall zu Fall zur Arbeit an Projekten hinzuzuziehen.

Diese breit gefächerten Arbeitsbereiche haben zu einer Fülle von Aktivitäten unter dem Dach von CEPEJ geführt, deren Einzeldarstellung hier zu weit führen würde. In

---

13 Die maßgeblichen Bestimmungen lauten:
»Article 2 – Functions
1. Without prejudice to the competence of other bodies of the Council of Europe and taking into account the work they have already carried out on the subject, the CEPEJ shall encourage and enable member States to co-operate with each other and with participating international institutions concerning specific themes. It shall have the task:
a. to examine the results achieved by the different judicial systems in the light of the principles referred to in the preamble to this resolution by using, amongst other things, common statistical criteria and means of evaluation;
b. to define problems and areas for possible improvements and to exchange views on the functioning of the judicial systems;
c. to identify concrete ways to improve the measuring and functioning of the judicial systems of the member States, having regard to their specific needs;
d. to provide assistance to one or more member States, at their request, including assistance in complying with the standards of the Council of Europe;
e. to suggest, if appropriate, areas in which the relevant steering committees of the Council of Europe, in particular the European Committee on Legal Co-operation (CDCJ), may, if they consider it necessary, draft new international legal instruments or amendments to existing ones, for adoption by the Committee of Ministers.«

14 Deutschland ist durch Beamte des Bundesministrereiums für Justiz und Verbraucherschutz vertreten. In der nachgenannten Arbeitsgruppe für Evaluation ist Frau *Dr. Kreß*, Vizepräsidentin des Landgerichts Köln, tätig. In der Arbeitsgruppe »Qualität der Justiz« wirkt Frau *Dr. Eilers*, Vorsitzende Richterin am OLG Köln, zugleich nunmehr deutsche Vertreterin im CCJE; in früheren Jahren war der *Verfasser* in dieser Arbeitsgruppe tätig. »Pilotgerichte« als Ansprechpartner für diese Arbeitsgruppe sind das Oberlandesgericht Stuttgart und das Amtsgericht Berlin-Tiergarten.

15 »Article 3 – Working methods
The CEPEJ shall fulfil its tasks by:
a. identifying and developing indicators, collecting and analysing quantitative and qualitative data, and defining measures and means of evaluation;
b. drawing up reports, statistics, best practice surveys, guidelines, action plans, opinions and general comments;
c. establishing links with research institutes and documentation and study centres;
d. inviting to participate in its work, on a case-by-case basis, any qualified person, specialist or non-governmental organisation active in its field of competence and capable of helping it in the fulfilment of its objectives, and holding hearings;
e. creating networks of professionals involved in the justice area.«

der Praxis haben sich vor allem zwei Arbeitsgruppen gebildet, deren eine sich Fragen der Statistik und Evaluation widmet, während die andere sich im weitesten Sinne um Justizforschung und die Erstellung von Leitlinien oder Handreichungen kümmert.

Die Arbeitsgruppe zur Statistik erarbeitet alle zwei Jahre einen umfassenden und sehr gründlichen Bericht über die wichtigsten Daten der Justiz in den Mitgliedstaaten.[16] Die Berichte können allen Justizverantwortlichen nur zur Lektüre empfohlen werden, weil sie mit vielen gängigen Vorurteilen aufräumen. Über die Jahre hat die Arbeitsgruppe eine recht ausgefeilte Methodik der Datensammlung erarbeitet (CEPEJ Guidelines on Judicial Statistics – GOJUST). Im Zweijahresrhythmus werden die entsprechenden Daten bei den Mitgliedstaaten abgefragt und sodann im Bericht verarbeitet. Dabei hat sich im Laufe der Zeit ein ausgeprägtes Gespür für die unterschiedlichen Gegebenheiten und rechtlichen Rahmenbedingungen in den Mitgliedstaaten etabliert, so dass methodisch sauber herausgestellt wird, in welchem Rahmen die Daten vergleichbar sind und wo dies nicht der Fall ist.[17] In den Berichten werden zum Teil die Kerndaten der Evaluation fortgeschrieben, während von Mal zu Mal auch unterschiedliche Schwerpunkte gesetzt werden. So sind Angaben zu den Budgets der Gerichte und Staatsanwaltschaften in aller Regel in den Berichten enthalten, desgleichen die Daten zur Anzahl der Justizangehörigen, zu Eingängen, Erledigungen, anhängigen Verfahren.[18] Im Zusammenhang mit dem letzten Bericht hat CEPEJ zusätzlich einen thematischen Bericht zur Nutzung von Informationstechnologie in den Gerichten erstellt, der weit über das hinaus geht, was in der Vergangenheit allgemein erhoben worden war.[19]

Die Sammlung der Daten in den Mitgliedstaaten verursacht einen beträchtlichen Aufwand, insbesondere in föderalen Systemen wie in Deutschland. In der Vergangenheit hat dies gelegentlich dazu geführt, dass deutsche Daten in den Bericht nicht eingeflossen sind, was in Fachkreisen in Strasbourg gewisse Irritationen ausgelöst hatte. Inzwischen gelingt es dem Bundesministerium für Justiz und Verbraucherschutz und den Landesjustizverwaltungen zunehmend, die aktuellen Daten zeitgerecht nach Strasbourg zu liefern, was schon deshalb ratsam ist, weil die deutsche Justiz vielfach als vorbildlich angesehen wird und der Vermutung, es gebe etwas zu verbergen, entgegengewirkt werden muss. Es kommt hinzu, dass inzwischen die Europäische Kommission die in Strasbourg gesammelten Daten für ihr jährliches sogenanntes Justizbarometer (Justice Scoreboard) nutzt. Es findet regelmäßig Erwähnung in den

---

16 Alle im Folgenden erwähnten Dokumente dieser Arbeitsgruppe finden sich auf der Webseite http://www.coe.int/t/dghl/cooperation/cepej/evaluation.

17 Z.B. war ein gängiges Vorurteil in Deutschland lange Zeit, dass hierzulande zu viele Richter arbeiten, während Großbritannien mit einer weit geringeren Richterzahl auskommt. Die Berichte zeigen, in welchem Maße richterliche Aufgaben im System des common law durch andere Amtsträger wahrgenommen werden (tribunals, Kommissionen, sogenannte magistrates usw.), wodurch die Zahlenunterschiede ihre sachliche Rechtfertigung finden.

18 Vgl. den letzten Bericht aus dem Jahr 2016 auf der Basis der Daten des Jahres 2014 – »European judicial systems – Efficiency and quality of justice«, CEPEJ STUDIES No. 23.

19 »European judicial systems – Efficiency and quality of justice«, CEPEJ STUDIES No. 24; »Thematic report: Use of information technology in European courts«.

Medien. Die CEPEJ zur Verfügung gestellten Dokumente und Daten sind auf den Internetseiten veröffentlicht und daher allgemein zugänglich. Das erhöht die Sensibilität der Mitgliedstaaten gegenüber dem, was dort steht.

Neben der Sammlung der Daten und der Evaluation bietet CEPEJ den Mitgliedstaaten an, die Daten des jeweiligen Landes im Vergleich zu anderen Staaten in Seminaren und Expertenrunden im Sinne einer »peer review« zu erörtern. Solche Veranstaltungen finden regelmäßig und in großem Umfang statt, vor allem in den Staaten Südosteuropas.

Die weiteren Arbeitsgruppen von CEPEJ können unter der Überschrift »Qualität der Justiz« zusammengefasst werden. Neben einer Gruppe mit diesem Titel haben sich ad hoc jeweils Unter-Arbeitsgruppen gefunden, die sich z.B. mit Fragen der Effektivität der Zwangsvollstreckung, des Zeitmanagements von Richtern und neuerdings wiederum vor allem der Mediation befassen.[20] Diese Arbeitsgruppen haben eine große Zahl von Leitfäden zu den verschiedensten Fragen erstellt, die hier nicht im Einzelnen dargestellt werden können. Sie sind neben den oben erwähnten Evaluationsberichten in der Schriftenreihe »CEPEJ STUDIES« veröffentlicht und enthalten vertiefte Untersuchungen betreffend die Effektivität von Justizabläufen, die Qualität gerichtlicher Entscheidungen, Fragen des Zugangs zu den Gerichten, der Mediation, der Vollstreckung, des Qualitätsmanagements, der Nutzerbefragungen, der Informationstechnik etc.

Die Arbeit in der Arbeitsgruppe Qualität von CEPEJ hat in besonderem Maße zu Kontakten zwischen ihren Mitgliedern und Einrichtungen der Justizforschung geführt, weil immer wieder bei einzelnen Projekten die Unterstützung durch Experten angezeigt war. Hier sind hervorzuheben das italienische Justizforschungsinstitut in Bologna (Istituto di ricerca sui sistemi giudiciari – IRSIG)[21] die Universität Utrecht (Utrecht University School of Law – Institute of Constitutional, Administrative Law and Legal Theory – Justice Administration and Judicial Organisation)[22] und das Kompetenzzentrum für Public Management der Universität Bern.[23] Daneben gibt es

---

20 Die Arbeitsgruppe Mediation ist wiederbelebt worden, um die von CEPEJ vor Jahren erarbeiteten Leitfäden zu überprüfen (»Under its new mandate, the GT-MED is entrusted to facilitate the implementation of the Recommendations of the Committee of Ministers to Member States concerning mediation and, in particular:
    a. assess the impact in the States of the existing CEPEJ Guidelines on penal mediation (CEPEJ[2007]13), on family and civil mediation (CEPEJ[2007]14), and on alternatives to litigation between administrative authorities and private parties (CEPEJ[2007]15), and update these Guidelines, where appropriate;
    b. draft, if appropriate, further tools aimed to ensure an effective implementation of existing recommendations and guidelines;
    c. contribute, where appropriate, to the implementation of the relevant co-operation programmes.«).
21 http://www.irsig.cnr.it/.
22 https://www.uu.nl/staff/default.aspx?Profielpagina=PMLangbroek.
23 http://www.kpm.unibe.ch/; dort ist unlängst ein umfangreiches Projekt zu »Grundlagen guten Justizmanagements in der Schweiz« durchgeführt worden, in dessen Rahmen eine Schriftenreihe zu einzelnen Forschungsthemen entstanden ist.

Kontakte zu den zentralen Justizausbildungseinrichtungen in den Mitgliedstaaten, insbesondere zur Ecole National de la Magistrature in Frankreich. In allen diesen Einrichtungen wird in unterschiedlichem Umfang Justizforschung betrieben, so dass sich die Arbeitsgruppen von CEPEJ das entsprechende Methodenwissen zunutze machen können. Aus Deutschland können entsprechende Beiträge leider nicht geleistet werden, weil eine zentrale Aus- und Fortbildungseinrichtung mit ausreichender Expertise fehlt und auch die Justizforschung seit einer kurzen Blütezeit in den siebziger Jahren des 20. Jahrhunderts praktisch zum Erliegen gekommen ist. Die fachübergreifende Arbeit im Grenzbereich von Rechtswissenschaft, Organisationslehre und Rechtssoziologie hat offenbar bislang kein ausreichendes Interesse gefunden.[24]

V. Der Einfluss der Arbeit des Europarats

Die Bilanz dieser in Deutschland wenig bekannten Aktivitäten des Europarats dürfte in der Gesamtschau insbesondere davon geprägt sein, dass die Ergebnisse dieser Arbeit eine umfangreiche Rezeption vor allem in den Mitgliedstaaten Ost- und Südosteuropas erfahren haben. Obgleich den genannten Arbeitseinheiten des Europarats jede exekutiven Befugnisse fehlen, sollte die Argumentationskraft der Arbeitsergebnisse, Stellungnahmen, Leitfäden und opinions nicht unterschätzt werden. Diese Argumentationskraft nützt den um die Unabhängigkeit und Effektivität der Justizsysteme in den Mitgliedstaaten bemühten Kräften. Sie nützt ferner den Organen des Europarats, wenn es darum geht, Fehlentwicklungen zu benennen und ihnen entgegenzuwirken. Das Gewicht der Stellungnahmen besteht vor allem darin, dass die jeweiligen Gremien aus unabhängigen Mitgliedern und Experten zusammengesetzt sind. Diese Unabhängigkeit schlägt sich auch in ihrer Tagesarbeit nieder. Es ist daher schwierig, wenn nicht unmöglich, die Arbeitsergebnisse als parteiliche und interessengeleitete Stellungnahmen zu diskreditieren.[25]

Andererseits ist festzustellen, dass viele der bearbeiteten Themen von unterschiedlichen Gremien in den Blick genommen werden, so dass zwangsläufig Doppelarbeit, Redundanzen und damit einhergehend eine Überbeanspruchung vorhandener Ressourcen bestehen. Es kommt sogar hinzu, dass auch auf der Ebene der Europäischen Union weitere Gremien mit ähnlichen Fragen befasst sind, z.B. das Netzwerk der Hohen Richterräte (Network of the European Councils of the Judiciary), das

---

24 Eine Arbeitsgruppe der European Group of Public Administration (EGPA), einer im Schwerpunkt verwaltungswissenschaftlichen Vereinigung, befasst sich auch mit Fragen der Justizorganisation, vgl. http://www.egpa-conference2017.org/call-for-papers/psg-xviii-justice-and-court-administration/; allerdings fehlt es auch hier an einer nachhaltigen deutschen Beteiligung, für die am ehesten die Deutsche Universität für Verwaltungswissenschaften in Speyer berufen erschiene.

25 Solche Vorwürfe sind selbst in den Stellungnahmen zu Äußerungen betreffend die jüngsten Vorgänge in Polen, der Türkei und der Ukraine nicht erhoben worden, sondern man hat sich im Wesentlichen darauf beschränkt, unzureichende Informationen oder Fehlerhaftigkeit der Schlussfolgerungen geltend zu machen.

Netzwerk der Präsidenten der obersten Gerichtshöfe (Network of the Presidents of the Supreme Judicial Courts), das Europäische Fortbildungsnetzwerk (European Judicial Training Network – EJTN). Die Versuche, hier die Aktivitäten zu bündeln bzw. abzugrenzen, sind wegen des Selbstverständnisses der einzelnen Gruppierungen bislang wenig erfolgreich gewesen. Im Interesse des Ganzen erscheint es letztlich indessen akzeptabler, ein Mehr an Aktivitäten mit möglichen Redundanzen in Kauf zu nehmen als bestimmte Arbeitsfelder gänzlich zu vernachlässigen.

Aus deutscher Sicht verdienen die Aktivitäten durchaus Aufmerksamkeit. Dies gilt insbesondere für die statistischen Übersichten von CEPEJ. Zudem ist die Betrachtung der verschiedenen Arbeitsergebnisse, vor allem von CEPEJ und CCJE, geeignet, den Blick auf manche Gegebenheiten der Justiz in Deutschland zu schärfen. So kann etwa die Entlassung des Generalbundesanwalts *Range* vor dem Hintergrund der »best practice« in Europa in Frage gestellt werden. Auch Fragen, die in anderen Staaten unter dem Aspekt sogenannter »codes of ethics« erörtert werden, könnten nähere Betrachtung daraufhin verdienen, ob das bestehende Dienst- und Nebentätigkeitsrecht und seine Anwendung in der Praxis alle diskussionswürdigen Fragestellungen abdecken. Vor allem aber erscheint es geboten, dass deutsche Vertreter sich in den genannten Gremien und ihrer Arbeit beherzt engagieren. Denn viele Justizangehörige anderer Mitgliedstaaten erwarten dieses Engagement, um Schwierigkeiten und Problemen unter Verweis auf die anerkanntermaßen im Großen und Ganzen gut aufgestellte und in geschützter Unabhängigkeit agierende deutsche Justiz entgegentreten zu können.

Methodische Probleme im Zusammenspiel von Unionsrecht und mitgliedstaatlichem Privatrecht

Eine Skizze

Wulf-Henning Roth

I. Einführung: das Problem

Für den Umgang mit dem Unionsrecht hat der Gerichtshof der Europäischen Union (EuGH) seit langem den Grundsatz der *unionsrechtsautonomen* Auslegung entwickelt. Mit diesem Auslegungsgrundsatz versucht er, die sich aus der Multilingualität des Unionsrechts entstehenden Probleme und Schwierigkeiten zu überwinden: Der Grundsatz der unionsrechtsautonomen Auslegung folgt – so die Begründung des EuGH – aus der Notwendigkeit einheitlicher Anwendung des Unionsrechts durch die Organe (und vor allem Gerichte) der Union und der Mitgliedstaaten wie auch aus dem Gebot der Gleichbehandlung.[1] Unionsrechtsautonome Auslegung heißt: Das Unionsrecht ist, auch wenn es sich der Amtssprachen der Mitgliedstaaten und damit der Begrifflichkeit der mitgliedstaatlichen Rechte bedienen muss, nach eigenständigen Auslegungsgrundsätzen und -regeln zu entfalten. Jedoch bedeutet das Prinzip der unionsrechtsautonomen Auslegung keineswegs, dass damit im Anwendungsbereich des Unionsrechts das mitgliedstaatliche Recht zugleich von jeder eigenständigen Gestaltung der Rechtsverhältnisse ausgeschlossen wäre. Die folgende Analyse soll zeigen, dass der Grundsatz der unionsrechtsautonomen Auslegung von der Frage zu unterscheiden ist, in welcher Weise und in welchem Ausmaß das Unionsrecht auch die Konkretisierung[2] der unionsrechtsautonom auszulegenden Normen in Anspruch nimmt (und insoweit die Konkretisierungskompetenz dem Gerichtshof zuweist) oder aber die Konkretisierung der unionsrechtlichen Regelung den mitgliedstaatlichen Rechten überlässt und insoweit auf mitgliedstaatliches Recht *verweist*.

Welch weittragende Bedeutung diese Fragestellung für die Praxis haben kann, macht die intensiv geführte Diskussion um die von der Richtlinie 2014/104/EU zum Kartellschadensersatz[3] gestellten Anforderungen an das mitgliedstaatliche Recht deutlich.[4] Hier geht es um die Frage, ob der im Unionskartellrecht geltende Unter-

---

1 Z.B. EuGH C-400/10 PPU, *J. McB.*, EU:2012:587 Rn. 41; C-201/13, *Deckmyn*, EU:2014:2132 Rn. 14; C-135/15, *Nikiforidis*, EU:C:2016:774 Rn. 28; st. Rspr.
2 Dazu Röthel, Normkonkretisierung im Privatrecht, 2004, S. 14 ff., 124 ff.
3 ABl. 2014 L 349/1.
4 Aus dem Schrifttum z.B. Könen, NZKart 2017, 15; Kersting, VersR 2017, 581, 584 ff.; Thomas, VersR 2017, 506; Klotz, WuW 2017, 226.

nehmensbegriff nicht nur die in der Richtlinie in Bezug genommenen Adressaten determiniert, sondern auch dessen Umsetzung in das nationale Recht – oder aber, ob den Mitgliedstaaten insoweit ein Gestaltungsspielraum dahingehend zusteht, einen eigenständigen Unternehmensbegriff fortzuführen bzw. zu etablieren. Da die Richtlinie den Unternehmensbegriff nicht explizit definiert, ist im Schrifttum gefolgert worden, dass das Unionsrecht dessen Festlegung und Konkretisierung dem mitgliedstaatlichen Recht überlassen will, also auf dieses verweist.[5] Konsequenz einer solchen Position wäre es, dass in einigen Mitgliedstaaten ein Mutterunternehmen für das kartellrechtswidrige Verhalten seines Tochterunternehmens schadensersatzrechtlich in Anspruch genommen werden könnte, während nach dem Recht anderer Mitgliedstaaten, wie etwa desjenigen Deutschlands, nach dem gesellschaftsrechtlichen Trennungsprinzip, eine solche Haftungserstreckung für Schadensersatz (anders als im neuen GWB-Bußgeldrecht) ausgeschlossen wäre.

Einen (Teil-) Aspekt der soeben angesprochenen Fragestellung berührt die seit etwa zwei Jahrzehnten (lebhaft und vornehmlich im deutschen Schrifttum) geführte Debatte um die Konkretisierung der in Richtlinien verwendeten unbestimmten Rechtsbegriffe und Generalklauseln durch den EuGH,[6] an der sich auch Verf. dieser Zeilen beteiligt hat.[7] Hinter dieser – differenziert geführten und hier (aus Platzgründen) nicht nachzuvollziehenden Debatte stand und steht ein grundlegendes methodisches Problem: Determiniert das Richtlinienrecht – in seiner Konkretisierung durch den Gerichtshof – den Inhalt des nationalen Rechts – oder sind Richtlinienregelungen, -begriffe und -generalklauseln nur als ein unionsrechtlicher *Rahmen* anzusehen, dessen Ausfüllung dem mitgliedstaatlichen Recht vorbehalten ist.

Manche Formulierung des Gerichtshofs verdeckt die hier aufgeworfene Problematik, wenn etwa für das Unionsrecht insgesamt – und das heißt für das primäre Unionsrecht ebenso wie für Verordnungen und Richtlinien – postuliert wird, dass Begriffe des Unionsrechts, sofern keine ausdrückliche Verweisung auf das mitgliedstaatliche Recht gegeben ist, in der Regel eine autonome Auslegung erhalten müssen.[8] Die folgende (notwendig nur skizzenhaft ausgearbeitete) Analyse will zeigen, dass es sich dabei um eine viel breiter gespannte Problematik handelt, die in verschiedenen Varianten im Mehrebenensystem des Unionsrechts aufscheint und dabei interessante

---

5 Von Hülsen/Kasten, NZKart 2015, 296, 300 f.
6 Franzen, Privatrechtsangleichung durch die Europäische Gemeinschaft, 1999; Wolff, Die Verteilung der Konkretisierungskompetenz für Generalklauseln in privatrechtsgestaltenden Richtlinien, 2002; Röthel (Fn. 2), S. 353 ff.; Schillig, Konkretisierungskompetenz und Konkretisierungsmethoden im Europäischen Privatrecht, 2009; Schmidt, Konkretisierung von Generalklauseln im Europäischen Privatrecht, 2009; Stempel, Treu und Glauben im Unionsprivatrecht, 2016, S. 86 ff., 108 ff., 114 ff., 166 ff.; Lohse, Rechtsangleichungsprozesse in der Europäischen Union, 2017, S. 182 ff., 275 ff.; Lohse, ZEuP 2017, 102; vgl. dgg etwa Tosato, Oxford J. Leg. St. 2016, 661, der von dieser Debatte nichts weiß.
7 Roth, Generalklauseln im Europäischen Privatrecht – Zur Rollenverteilung zwischen Gerichtshof und Mitgliedstaaten bei ihrer Konkretisierung, in: FS Drobnig, 1998, S. 135; vorher schon Canaris, Der EuGH als zukünftige privatrechtliche Superrevisionsinstanz? EuZW 1994, 417.
8 EuGH C-135/15, *Nikiforidis*, EU:C:2016:774 Rn. 28.

methodische Probleme aufwirft – dies zu Ehren des Jubilars, dem ich mich seit vielen Jahren freundschaftlich verbunden weiß.

II. Primäres Unionsrecht

Auf den ersten Blick scheint es nahe liegend, für das primäre Unionsrecht – das Unionsverfassungsrecht – nicht nur eine autonome Auslegung zu praktizieren, sondern auch eine Normkonkretisierungskompetenz allein auf der Ebene des Unionsrechts anzusiedeln: Die Regelung der Unionsinstitutionen und ihrer Kompetenzen, die Rollenverteilung zwischen Union und Mitgliedstaaten, die Finanzausstattung und die Auslegung der unionsweit geltenden Grundrechte müssen auf unionaler Ebene entschieden werden: Dies ergibt sich teils aus der Natur der Sache, teils aus Anforderungen der Funktionsfähigkeit der Institutionen. Zudem bietet nationales Verfassungsrecht für die meisten im Unionsverfassungsrecht geregelten Probleme keine Reserverechtsordnung, auf die zum Zwecke der Normkonkretisierung zurückgegriffen und insoweit verwiesen werden könnte. Die Gesichtspunkte der einheitlichen Geltung des Unionsrechts wie auch des Gleichbehandlungsgrundsatzes haben für das Unionsverfassungsrecht zudem ein ganz besonderes Gewicht.

Und doch kennt das Unionsverfassungsrecht einige Bereiche, in denen das hier zu diskutierende Thema aufscheint. Im Anwendungsbereich einiger Grundfreiheiten (Art. 34, 35, 45, 49, 56 AEUV) können sich die Mitgliedstaaten u.a. auf Gründe der öffentlichen Sicherheit und Ordnung, den Schutz des Lebens und der Gesundheit von Menschen[9] sowie auf die sog. zwingenden Gründe des Allgemeininteresses (Umwelt-, Kultur-, Verbraucherschutz etc.[10]) berufen, um die Grundfreiheiten einschränkende Maßnahmen zu rechtfertigen. Bei diesen Rechtfertigungsgründen geht es – solange der Unionsgesetzgeber nicht tätig geworden ist – um eine (vertikale) Verweisung auf die Kompetenz der Mitgliedstaaten, zur Verfolgung der genannten Ziele die Grundfreiheiten beschränken zu können.

In unserem Zusammenhang von Interesse ist die Struktur des Zusammenwirkens von Unionsrecht und Recht der Mitgliedstaaten: Das Unionsrecht (in der Rechtsprechung des EuGH) überlässt die Existenz und nähere Umschreibung der Rechtfertigungsgründe bzw. Schutzziele nicht den Mitgliedstaaten, sondern legt diese durch die jeweils in Bezug genommenen Begriffe selbst (autonom) fest. In diesem unionsrechtsautonom auszulegenden Rahmen ist eine Verweisung auf das mitgliedstaatliche Recht vorgesehen, das darüber entscheiden kann, ob und in welcher Weise dieses die Schutzziele bzw. Allgemeininteressen verwirklichen will. Dabei bestehen auch mitgliedstaatliche Gestaltungs- und Wertungsspielräume,[11] die allerdings ihrerseits in

---

9 EuGH C-148/15, *Deutsche Parkinson Vereinigung*, EU:C:2016:776 Rn. 30.
10 Zuletzt die Würde des Zahnarztberufs: EuGH C-339/15, *Vanderborght*, EU:C:2017:335 Rn. 68.
11 EuGH C-339/15, *Vanderborght*, EU:C:2017:335 Rn. 71 (für den Gesundheitsschutz). Die Reichweite des Verbraucherschutzes wird durch die (normative) Figur des »Refe-

mehrfacher Weise durch die Grundsätze der Geeignetheit, der Erforderlichkeit[12] und der Kohärenz[13] eingehegt sind, wobei die Wertigkeit der verfolgten Schutzziele ihrerseits von Einfluss sein kann.[14]

Es zeigt sich: Unionsrechtsautonome Auslegung bedeutet nicht zugleich auch vollständige Normkonkretisierung auf der unionalen Ebene. Vielmehr eröffnet der durch die anerkannten Rechtfertigungsgründe gesetzte unionsrechtliche Rahmen eine Verweisung auf (durchaus unterschiedliche) mitgliedstaatliche Rechte, wobei der Handlungsspielraum der Mitgliedstaaten seinerseits durch die Rückbindung an die Ziele der Grundfreiheiten eingeschränkt wird.

III. Verordnungen

1. Ausgangspunkt

Verordnungen finden – sofern ihre Bestimmungen unbedingt und justiziabel sind – unmittelbare Anwendung durch die Organe der Mitgliedstaaten. Das heißt: Sie sind einer Umsetzung durch nationales Recht i.d.R. nicht bedürftig und auch nicht fähig. Daraus hat der Gerichtshof den (Auslegungs-) Grundsatz abgeleitet, dass mit der Wahl der Verordnung (statt der Richtlinie) als Rechtsakt die unmittelbare Anwendbarkeit gewollt und mithin eine Verweisung auf mitgliedstaatliches Recht ausgeschlossen ist.[15] Im Einzelnen gilt: Wird in einer Verordnung ein Rechtsbegriff näher definiert, wie dies häufig in einem Definitionskatalog am Anfang des Rechtsakts[16] oder auch in den Erwägungsgründen geschieht, ist der Wille des Gesetzgebers erkennbar, keine Verweisung auf das mitgliedstaatliche Recht zuzulassen, sondern selbst die Normkonkretisierung auf unionsrechtlicher Ebene vorzunehmen. Fehlt es an einer solch expliziten Definition eines Begriffs, wählt der Gerichtshof gleichwohl denselben Weg einer autonomen Auslegung *und* einer unionalen Normkonkretisierung, sofern nicht von einer impliziten Verweisung auf mitgliedstaatliches Recht auszugehen ist.[17] Dieser Ansatz rechtfertigt sich als Konsequenz der unmittelbaren

---

renzverbrauchers« als »durchschnittlich informierter, aufmerksamer und verständiger Durchschnittsverbraucher« als Ausfluss des Verhältnismäßigkeitsgrundsatzes weitergehend durch das Unionsrecht bestimmt; z.B. EuGH C-358/01, *Kommission./. Spanien*, EU:C:2003:599 Rn. 53.

12 Zuletzt EuGH C-339/15, *Vanderborght*, EU:C:2017:335 Rn. 65, 72 ff.; C-342/15, *Piringer*, EU:C:2017:196 Rn. 63 ff.

13 EuGH C-539/11, *Ottica New Line*, EU:C:2013:591 Rn. 34 ff.; C-333/14, *Scotch Whisky Ass.*, EU:C:2015:845 Rn. 33, 37; erstmals wohl in EuGH Rs. 176/8, *Kommission./. Deutschland*, ECLI:EU:C:1987:126 Rn. 49; zum Ganzen etwa Mathisen, C.M.L.Rev. 47 (2010) 1021.

14 EuGH C-339/15, *Vanderborght*, EU:C:2017:335 Rn. 71.

15 EuGH C-14/08, *Roda*, EU:C:2009:395 Rn. 49; C-443/03, *Leffler*, EU:C:2005:665 Rn. 46.

16 Z.B. »Sorgerecht« in Art. 2 Nr. 9 der Verordnung Nr. 2201/2003.

17 Z.B. EuGH C-523/07, *A*, EU:C:2009:225 Rn. 35 (für den Begriff des »gewöhnlichen Aufenthalts« in Art. 8 und 10 der VO Nr. 2201/2003); C-184/14, *A gg. B*, EU:C:2015:479

Anwendbarkeit von Verordnungen, die jedenfalls im Grundsatz eine Normkonkretisierung durch mitgliedstaatliches Recht sperrt.

2. Ausdrückliche und implizite Verweisungen

Verordnungen enthalten – als Ausnahme – verschiedentlich *ausdrückliche* Verweisungen auf das Recht der Mitgliedstaaten. Dies gilt etwa für den in der VO Nr. 1215/2012[18] verwendeten Begriff des »Wohnsitzes« (Art. 62 Abs. 1). Eine Verweisung auf nationales Recht kennt die VO Nr. 2016/1103[19] für den Begriff der »Ehe« (Erwägungsgrund 17), die VO Nr. 2016/1104[20] für den Begriff der »eingetragenen Partnerschaft« (Art. 3 Abs. 1 lit. a). In der VO Nr. 462/2013 über Ratingagenturen,[21] die eine Haftung der Agenturen bei Fehlverhalten vorsieht,[22] bestimmt Art. 35a Abs. 4, dass Begriffe wie »Schaden«, »Vorsatz«, »grobe Fahrlässigkeit« (und weitere), die in der Verordnung genannt, aber nicht definiert werden, im Einklang mit nationalem Recht (das über das einschlägige IPR zur Anwendung kommt) ausgelegt und angewendet werden sollen.[23] Eine ähnliche Bestimmung findet sich in Art. 11 der VO Nr. 1286/2014 über Basisinformationsblätter (PRIIP).[24] Art. 3 Abs. 5 Rom I-VO enthält für die Vereinbarung einer Rechtswahl im Hinblick auf das Zustandekommen und die Wirksamkeit der rechtsgeschäftlichen Einigung eine ausdrückliche vertikale Verweisung auf das allgemeine Vertragsrecht desjenigen Mitgliedstaates, das die Parteien für den Hauptvertrag übereinstimmend bestimmt haben (Art. 10 Abs. 1). Und schließlich sei die VO Nr. 2016/679 (Datenschutz-Grundverordnung)[25] erwähnt, die (richtlinienähnlich) zahlreiche Regelungsspielräume für das nationale Recht eröffnet.[26]

Von einer *impliziten* Verweisung auf nationales Recht ist etwa für den Begriff des Erfüllungsorts[27] in Art. 7 Nr. 1 lit. a VO Nr. 1215/2012 auszugehen. Dasselbe gilt für die Bestimmung der Voraussetzungen für die Anwendung des *ordre public* (»öffentli-

---

Rn. 31 (zur VO 4/2009); C-484/15, *Ibrica Zulfikarpasic*, EU:C:2017:199 Rn. 32; vgl. auch C-135/15, *Nikiforidis*, EU:C:2016:774 Rn. 28, wo dieser Grundsatz auf eine Verordnung bezogen ist, jedoch ganz allgemein für das Unionsrecht und damit auch für Richtlinien behauptet wird.
18 ABl. 2012 L 351/1.
19 ABl. 2016 L 183/1.
20 ABl. 2016 L 183/30.
21 ABl. 2013 L 146/1.
22 Dazu Seibold, Die Haftung von Ratingagenturen nach deutschem, französischem, englischem und europäischem Recht, 2016.
23 Zur Bedeutung dieser Verweisung näher Roth, Das Haftungsregime für Ratingagenturen zwischen Unionsrecht und mitgliedstaatlichem Recht, in: FS Köndgen, 2016, S. 453.
24 ABl. 2014 L 352/1.
25 ABl. 2016 L 119/1.
26 Überblick bei Kühling/Martini, EuZW 2016, 448, 449.
27 S. EuGH Rs. 12/76, *Tessili*, EU:C:1976:133 Rn. 15. Anders zum Begriff des Lieferorts in lit. b: EuGH C-381/08, *Car Trim*, EU:C:2010:90 Rn. 49 ff.

che Ordnung«) nach Art. 45 Abs. 1 lit. a VO Nr. 1215/2012, Art. 21 VO Nr. 593/2008 (»Rom I-VO«)[28] und Art. 26 VO Nr. 864/2007 (»Rom II-VO«).[29]

In den Fällen der ausdrücklichen oder auch impliziten Verweisung auf nationales Recht ist das Unionsrecht jedoch nicht aus dem Spiel. Vielmehr ist notwendiger Ausgangspunkt für die Verweisung der unionsrechtliche Verweisungsbegriff und seine unionsrechtsautonome Auslegung: Nur wenn dieser Begriff bzw. die Rechtsfrage klargestellt ist, bezüglich deren die Verweisung durchgeführt werden soll, kann auch die Frage, worauf verwiesen werden soll, sinnvoll beantwortet werden. Das Unionsrecht muss (angelehnt an die Terminologie im Internationalen Privatrecht) den System- (Verweisungs-)begriff stellen, der dann zunächst in seinen Umrissen mittels unionsrechtsautonomer Auslegung festzulegen ist. Das bedeutet: Um was es beim »Erfüllungsort« iSv Art. 7 Nr. 1 lit. a VO Nr. 1215/2012 geht, muss das Unionsrecht sagen, wie er inhaltlich zu bestimmen ist, dagegen das nationale Recht. Was das Unionsrecht unter »öffentlicher Ordnung« in den jeweiligen Verordnungen versteht, muss das Unionsrecht klären (»wesentliche Rechtsgrundsätze«[30]): Es muss die Umrisse und die Grenzen dieses Begriffs festlegen. Mit welchem Inhalt der Begriff aufzufüllen, also die Normkonkretisierung vorzunehmen ist, richtet sich hingegen – im Rahmen der vom Unionsrecht gesteckten Grenzen – nach den Anschauungen des betroffenen Mitgliedstaats.[31] Schließlich: Um den Verweisungsvertrag iSv Art. 3 Abs. 5 Rom I-VO nach dem von den Parteien für den Hauptvertrag in Aussicht genommenen Recht auf Zustandekommen und Wirksamkeit überprüfen zu können, muss mittels unionsrechtsautonomer Auslegung des Systemsbegriffs – der ausdrücklichen oder stillschweigenden »Einigung« - geklärt werden, welche Anforderungen an eine solche »Einigung« zu stellen sind (genügt ein bloßer »Anschein« und was genau bedeutet das?[32]), ob diese Einigung bei den Vertragspartnern ein Rechtswahlbewusstsein verlangt[33] und wie dieses im Einzelnen (im Hinblick auf die geforderte Eindeutigkeit iSv Art. 3 Abs. 1 Rom I-VO) zu bestimmen ist.

Damit zeigt sich: Das Gebot der unionsrechtsautonomen Auslegung greift – entgegen manch missverständlicher Formulierung des Gerichtshofs[34] – bei Verordnungen auch dann, wenn eine Verweisung auf mitgliedstaatliches Recht vorliegt: Liegt eine solche vor, kommt es zu einer Koordination von Unionsrecht und nationalem Recht in der Weise, dass das Unionsrecht (nur) den unionsrechtsautonom auszule-

---

28 ABl. 2008 L 177/6.
29 ABl. 2007 L 199/40.
30 EuGH C-7/98, *Krombach*, EU:C:2000:164 Rn. 37; vgl. auch EuGH C-369/96 und 376/96, *Arblade*, EU:C:1999:575 Rn. 30.
31 EuGH C-302/13, *flyLAL*, EU:C:2014:2319 Rn. 47. Das Sachrecht des Mitgliedstaates mag seinerseits vom Unionsrecht (Grundfreiheiten; Grundrechte-Charta) und der Europäischen Menschenrechtskonvention beeinflusst sein; vgl. Helms, IPRax 2017, 153, 156.
32 Magnus in Staudinger, EGBGB/IPR – Internationales Vertragsrecht I, Neubearbeitung 2016, Art. 3 Rom I-VO, Rn. 169; Mankowski in Magnus/Mankowski (Hrsg.), Rome I Regulation, 2017, Art. 3 Rn. 111.
33 S. etwa Leible in NomosKommentar, Rom-Verordnungen, 2. Aufl. 2015, Art. 3 Rom I Rn. 49.
34 Z.B. EuGH C-135/15, *Nikiforidis*, EU:C:2016:774 Rn. 28.

genden Systembegriff stellt, während das nationale Recht (im Rahmen des Systembegriffs) den Inhalt des Verweisungsbegriffs ausfüllt, also die Normkonkretisierung vornimmt.

IV. Richtlinien

1. Ausgangspunkte

Die hier diskutierte Fragestellung erweist sich bei der Richtlinie als Handlungsinstrument der Union um einiges komplexer.[35] Zum einen ist die Richtlinie ihrer Intention nach, anders als die Verordnung, nicht auf unmittelbare Anwendbarkeit, sondern auf die Erreichung eines Regelungsziels und auf eine Umsetzung durch die Mitgliedstaaten angelegt, was von vorneherein, anders als bei einer Verordnung, für die Normkonkretisierung eine Verweisung auf mitgliedstaatliches Recht zumindest nahe legt. Zum anderen ist das Ausmaß der von der Richtlinie angestrebten Angleichung der mitgliedstaatlichen Rechte je nach Regelungszweck von Rechtsakt zu Rechtsakt durchaus unterschiedlich. Harmonisierung durch Richtlinien bedeutet – entgegen manchen Fehlverständnissen – nicht etwa automatisch eine weitgehende oder gar vollständige Angleichung der Rechtsordnungen der Mitgliedstaaten untereinander, sondern eine an den Angleichungszielen ausgerichtete Umsetzung, die in den Mitgliedstaaten durchaus zu unterschiedlichen Lösungen und damit auch zu einer unterschiedlich weit reichenden Angleichung führen kann.

Ob und inwieweit Richtlinienregelungen mitgliedstaatlichem Recht Raum gewähren bzw. eine Verweisung enthalten, wirft ein grundlegendes methodisches Problem auf: Determiniert das Richtlinienrecht (in seiner zukünftigen Konkretisierung durch die Unionsgerichte) vollständig den Inhalt des nationalen Rechts – oder aber sind Richtlinienregelungen, -begriffe und –generalklauseln nur so etwas wie ein unionsrechtlicher Rahmen, dessen Ausfüllung durch (implizite) vertikale Verweisung dem mitgliedstaatlichen Recht vorbehalten ist? Zur Beantwortung dieser Frage ist auch bei Richtlinien die soeben zum Verordnungsrecht gewonnene Einsicht zu berücksichtigen, dass zwischen dem von der Richtlinie verwendeten unionsrechtsautonom auszulegenden (Verweisungs-) Begriff einerseits und der Frage der Normkonkretisierung – entweder auf unionaler oder auf mitgliedstaatlicher Ebene – andererseits zu unterscheiden ist.[36] Dabei ist klarzustellen, dass die Frage, ob und inwieweit eine Verweisung auf mitgliedstaatliches Recht vorliegt, durch unionsrechtsautonome Ausle-

---

35 Vgl. von Danwitz, ZEuP 2010, 463, 471: »Die Achtung der Gestaltungsfreiheit des mitgliedstaatlichen Umsetzungsgesetzgebers bei gleichzeitiger Gewährleistung der vollen Wirksamkeit einer von Richtlinien veranlassten Rechtsangleichung gehört daher zu den besonders anspruchsvollen Aufgaben, die der Gerichtshof im Rahmen seiner Rechtsprechung zu bewältigen hat.«
36 Dies geschieht in der Judikatur des EuGH oftmals nicht mit der erforderlichen Deutlichkeit; z.B. EuGH C-128/11, *Usedsoft*, EU:C:2012:407 Rn. 40 f.

gung des Systembegriffs zu klären ist, der seinerseits durchaus auch konkretisierende Elemente enthalten mag.[37] Die Unterscheidung zwischen autonom auszulegendem Systembegriff und der (durch Auslegung zu klärenden) Frage, ob und inwieweit eine Verweisung auf mitgliedstaatliches Recht vorliegt, erscheint für das Richtlinienrecht ganz zentral und ist aus dem Regelungszweck der Richtlinie zu entfalten. Umso mehr erstaunt es, dass die Judikatur des Gerichtshofs diese Unterscheidung bisweilen gar nicht thematisiert oder aber dazu widersprüchliche Aussagen getroffen werden.

2. Bestandsaufnahme

a) Verweisung auf mitgliedstaatliches Recht und ihre Grenzen

Auch die Richtlinienpraxis kennt Fälle, in denen – wie in einer Verordnung – eine *ausdrückliche* Verweisung auf mitgliedstaatliches Recht vorgesehen ist. Dies mag auf den ersten Blick erstaunen, wenn man davon ausgeht, dass Richtlinien sowieso der Umsetzung in mitgliedstaatliches Recht bedürfen. Ausdrückliche Verweisungen begegnen uns in Richtlinien etwa dann, wenn es um ihren (sachlichen) *Anwendungsbereich* geht, und damit um eine Frage, für die eigentlich eine uniforme Auslegung auch bei einer Richtlinie als zwingend geboten erscheinen mag. Beispiel dafür ist die Verwendung des Begriffs des »Arbeitnehmers« in Art. 3 Abs. 1 lit. a der Richtlinie 2008/104/EG über Leiharbeit[38] und in Art. 2 Abs. 2 S. 1 der Richtlinie 2008/94/EG über den Schutz der Arbeitnehmer bei Zahlungsunfähigkeit des Arbeitgebers,[39] bei denen ausdrücklich auf mitgliedstaatliches Recht verwiesen wird.[40] Bei diesen Verweisungen zeigt die Judikatur des Gerichtshofs, dass auch hier zwischen einem unionsrechtsautonom auszulegenden Systembegriff, der die Verweisung anordnet, und der Konkretisierung durch das mitgliedstaatliche Recht zu unterscheiden ist – so etwa das Urteil *Tümer*, wenn für den in Art. 1 Abs. 1 der Richtlinie 80/987[41] verwendeten Begriff des »Arbeitnehmers«, trotz der ausdrücklichen Verweisung auf mitgliedstaatliches Recht in Art. 2 Abs. 2 und dem damit eröffneten »Ermessensspielraum«, davon ausgegangen wird, dass die Mitgliedstaaten den Begriff des Arbeitnehmers »nicht nach ihrem Gutdünken« konkretisieren können, sondern an die sozial Zweckrichtung der Richtlinie gebunden sind:[42] Der Begriff des Arbeitnehmers wird mithin als ein unionsrechtsautonom zu bestimmender Begriff verstanden, der aufgrund der Verweisung inhaltlich durch mitgliedstaatliches Recht, aber in den Grenzen des uni-

---

37 »Sinn« und »Tragweite« der Regelung: EuGH C-128/11, *Usedsoft*, EU:C:2012:407 Rn. 41.
38 ABl. 2008 L 327/9.
39 ABl. 2008 L 283/36.
40 Anders etwa die Richtlinie 92/85/EWG, ABl. 1992 L 348/1, worin keine Verweisung auf mitgliedstaatliches Recht enthalten ist; so EuGH C-232/09, *Danosa*, EU:C:2010:674 Rn. 41. Ebenso zur Richtlinie 98/59/EG, ABl. 1998 L 225/16: EuGH C-229/14, *Balkaya*, EU:C:2015:455 Rn. 33 f., 49 f.
41 ABl. 1980 L 283/23.
42 EuGH C-311/13, *Tümer*, EU:C:2014:2337 Rn. 35, 42-44.

onalen Begriffs, zu konkretisieren ist.⁴³ Und im Urteil *Ruhrlandklinik* wird zwar die Verweisung für den Begriff des Arbeitnehmers auf das nationale Recht, die in Art. 3 Abs. 2 der Richtlinie 2008/104 betr. Leiharbeit angeordnet ist, betont, zugleich aber der persönliche Anwendungsbereich dieser Verweisung im Hinblick auf das Vorliegen eines Beschäftigungsverhältnisses und dem im mitgliedstaatlichen Recht verwirklichten Schutz des Arbeitnehmers eingeschränkt: Die durch die einschlägige Richtlinienbestimmung festgelegten »Konturen« sollen den Regelungsspielraum der Mitgliedstaaten begrenzen. Damit wird das Zusammenwirken von Unionsrecht und mitgliedstaatlichem Recht umrissen: Die Verweisung auf mitgliedstaatliches Recht zur inhaltlichen Ausfüllung des unionsrechtlichen Begriffs geschieht in den Grenzen des unionsrechtsautonom auszulegenden Systembegriffs.⁴⁴

b) Normkonkretisierung auf unionaler Ebene

Verbreitet findet sich in der Judikatur des EuGH zu Richtlinienbestimmungen eine Berufung auf das Prinzip der unionsrechtsautonomen Auslegung, um diese Aussage *implizit* mit einer Normkonkretisierung auf unionaler Ebene zu verbinden oder beides in eins zu setzen. So findet sich in der jüngsten Rechtsprechung die Aussage, dass bei fehlender Definition eines Begriffs in einer Richtlinie seine Bedeutung und Tragweite nach den allgemeinen Auslegungsregeln zu bestimmen sei – wiederum ohne die Unterscheidung zwischen unionsrechtsautonomer Auslegung und Normkonkretisierung auf unionaler Ebene bzw. durch die Mitgliedstaaten anzusprechen.⁴⁵ So liest man auch immer wieder, dass dann, wenn das Unionsrecht in einer Richtlinie nicht (ausdrücklich) auf das Recht der Mitgliedstaaten verweist, »in der Regel in der gesamten Union eine autonome und einheitliche Auslegung« zu praktizieren sei.⁴⁶ Damit wird verkannt, dass unionsrechtsautonome Auslegung eines Richtlinienbegriffs nicht mit einer fehlenden Verweisung auf das Recht der Mitgliedstaaten gleichgesetzt

---

43 Auf derselben Linie argumentiert das Urteil *O'Brien*, wenn für die Richtlinie 97/81/EG betr. Teilzeitarbeit, ABl. 1998 L 14/9, zwar auf den Erwägungsgrund 16 verwiesen wird, wonach Begriffe, die in der Richtlinie nicht definiert werden (z.B. »Beschäftigte«), durch das mitgliedstaatliche Recht festgelegt werden können, aber das hierbei den Mitgliedstaaten eingeräumte Ermessen nicht unbegrenzt, sondern durch den Gesichtspunkt der praktischen Wirksamkeit und den allgemeinen Grundsätzen des Gemeinschaftsrechts eingeschränkt sein soll; EuGH C-393/10, *O'Brien*, EU:C:2012:110 Rn. 34 f.
44 Vgl. auch zum Begriff des Rechtsanwalts in der Richtlinie 77/249/EWG: EuGH C-342/15, *Piringer*, EU:C:2017:196 Rn. 29.
45 EuGH C-568/15, *Zentrale zur Bekämpfung unlauteren Wettbewerbs*, EU:C:2017:154 Rn. 18-19 (zum Begriff »Grundtarif« in der Richtlinie 2011/83/EU); C-149/15, *Wathelet*, EU:C:2016:840 Rn. 28-29 (zum Begriff des »Verkäufers« in Richtlinie 1999/44/EG).
46 EuGH C-128/11, *UsedSoft*, EU:C:2012:407 Rn. 40 f.; C-388/13, *Nemzeti*, EU:C:2015:225 Rn. 33; C-276/14, *Gmina Wroclaw*, EU:C:2015:635 Rn. 25; C-256/15, *Drago Nemec*, EU:C:2016:954 Rn. 38 (zum Begriff des »Unternehmens« in der Richtlinie 2000/35/EG); vgl. auch EuGH C-129/14 PPU, *Spasic*, EU:C:2015:586 Rn. 79. Es ist bezeichnend, dass der Gerichtshof insoweit in den Formulierungen keine Unterscheidungen oder Abstufungen zu Verordnungen trifft; z.B. EuGH C-484/15, *Ibrica Zulfikarpasic*, EU:C:2017:199 Rn. 32; C-184/14, *A./.B.*, EU:C:2015:479 Rn. 31 (zur VO 4/2009).

werden kann. Die oben angedeutete notwendige Differenzierung zwischen Systembegriff (in autonomer Auslegung) und (möglicher) Verweisung auf mitgliedstaatliches Recht wird übergangen.

c) Normkonkretisierung durch mitgliedstaatliches Recht

Ganz im Gegensatz dazu stehen Aussagen des Gerichtshofs (zur Richtlinie 2001/29/EG betr. Urheberrechte in der Informationsgesellschaft[47]), wonach dann, wenn das Richtlinienrecht keine hinreichend genauen Hinweise (etwa auf die Person des Schuldners für von der Richtlinie begründeten Verpflichtungen) erkennen lässt, die maßgebliche Festlegung in die Zuständigkeit der Mitgliedstaaten falle.[48] Und GAin Trstenjak geht von dem Grundsatz aus, dass immer dann, wenn ein Begriff in einer Richtlinie nicht legal definiert werde bzw. sich keine Auslegungshinweise fänden, der Richtliniengeber keine Harmonisierung dieses Begriffs beabsichtige und damit seine Regelungskompetenz nicht wahrgenommen habe, somit also stillschweigend auf das Recht der Mitgliedstaaten verweise, womit dem Gerichtshof die Konkretisierungskompetenz fehle.[49] Wollte man nach weiteren Belegen für diese Aussage in der Judikatur suchen, so würde man schnell fündig. In der Rechtssache *Piringer* weist der Gerichtshof darauf hin, dass hinsichtlich der Definition der Tätigkeiten, die von einem Rechtsanwalt ausgeübt werden können, mangels einer Definition in der einschlägigen Richtlinie 77/249/EWG betr. Dienstleistungsverkehr der Rechtsanwälte[50] der Unionsgesetzgeber es den Mitgliedstaaten überlassen habe, den Inhalt dieses Begriffs zu bestimmen und – wie hinzugefügt wird – »ihnen dafür ein weites Ermessen belassen wollte.«[51] Hinsichtlich des Begriffs der »angemessenen Vergütung« in Art. 8 Abs. 2 der Richtlinie 92/100/EG zum Vermietrecht[52] heißt es, dass in Ermangelung einer gemeinschaftsrechtlichen Definition dieses Begriffs es keine Rechtfertigung dafür gebe, dass der Gerichtshof den Mitgliedstaaten Kriterien vorgebe und sich damit zwangsläufig an die Stelle der Mitgliedstaaten setzen würde.[53] Für den Begriff der »Billigkeit« in Art. 17 Abs. 2 der Richtlinie 86/653/EWG betr. Handelsvertreter[54] soll das Unionsrecht einen Rahmen festlegen, innerhalb dessen die Mitgliedstaaten einen Gestaltungsspielraum haben.[55] Einen ähnlichen Ansatz verfolgt auch die (umfangreiche) Judikatur zu den Begriffen des Missbrauchs und von Treu und Glauben

---

47   ABl. 2001 L 167/10.
48   EuGH C-521/11, *Amazon*, EU-C-2013:515 Rn. 21 m.w.N.
49   Schlussanträge, C-81/09, *Idryma Typou*, C:2010:304 Rn. 42 ff.
50   ABl. 1977 L 78/17.
51   EuGH C-342/15, *Piringer*, EU:C:2017:196 Rn. 30.
52   ABl. 1992 L 346/61.
53   EuGH C-245/00, *SENA*, EU:C:2003:68 Rn. 34; ähnlich C-192/04, *Lagardère*, EU:C:2005:475 Rn. 48; C-271/10, *VEWA*, EU:C:2011:447 Rn. 35-36 (einschränkend in Rn. 37).
54   ABl. 1986 L 382/17.
55   EuGH C-381/98, *Ingmar*, EU:C:2000:65 Rn. 21; C-465/04, *Honyvem*, EU:C:2006:199 Rn. 33-36; vgl. auch C-338/14, *Quenon*, EU:C:2015:795 Rn. 26, 32 (Gestaltungsspielraum hinsichtlich der Berechnung des Ausgleichs oder des Schadensersatzes; Grenzen: Rn. 34).

in der (Klausel-) Richtlinie 93/13/EWG:[56] Die Mitgliedstaaten sollen einen Ermessenspielraum bei der Entscheidung über die Missbräuchlichkeit haben;[57] unionsrechtliche Grenzen dafür setzen die in Art. 4 Abs. 1 genannten Kriterien, die als den Ermessenspielraum einschränkende Faktoren begriffen werden,[58] sowie der Transparenzgrundsatz (in Art. 5 Satz 1), dem in der jüngsten Rechtssprechung erhebliches (mitgliedstaatliche Gestaltungsspielräume einschränkendes) Gewicht eingeräumt wird.[59] Ein letztes Beispiel: Der Begriff des »Schadens« wird in der Richtlinie 85/374/EWG betr. Produkthaftung[60] nicht näher definiert. Der Gerichtshof deutet ihn im Urteil *Veedfald* im Sinne des Gebots einer angemessenen und vollständigen Entschädigung,[61] um alle weiteren Fragen dem mitgliedstaatlichen Recht zu überlassen.[62]

3. Leitlinien

Versucht man diese durchaus nicht einheitliche Judikatur zur Normkonkretisierung von Richtlinienbestimmungen auf leitende Gesichtspunkte zu befragen, so ist der maßgebliche Schlüssel dazu nicht das Prinzip der unionsrechtsautonomen Auslegung selbst, sondern der Regelungswille des Unionsgesetzgebers dahingehend, dass die Konkretisierung des Systembegriffs auf unionsrechtlicher oder mitgliedstaatlicher Ebene (oder teilweise auf beiden Ebenen) vorzunehmen ist. Thesenförmig lassen sich aus der Judikatur die folgenden Orientierungspunkte ableiten.

(1) Wenn in Richtlinien Begriffe bzw. generalklauselartige Formulierungen im Einzelnen definiert werden, will der Unionsgesetzgeber eine Normkonkretisierung auf unionsrechtlicher Ebene vornehmen. Eine Verweisung auf mitgliedstaatliches Recht ist dann gesperrt. Dasselbe wird man idR annehmen können, wenn in den Erwägungsgründen nähere Hinweise zur Normkonkretisierung gegeben werden (etwa auch, wenn auf Begrifflichkeiten aus dem Primärrecht verwiesen wird).

Je enger der in der jeweiligen Richtlinie verwendete Begriff gefasst ist, desto näher liegt es anzunehmen, dass den Mitgliedstaaten insoweit kein Gestaltungsspielraum

---

56 ABl. 1993 L 95/29; eingehend zur Rechtsprechung etwa Stempel, Treu und Glauben im Unionsrecht, 2017; ders., ZEuP 2017, 102.
57 EuGH C-478/99, *Kommission ./. Schweden*, EU:C:2002:281 Rn. 21.
58 EuGH C-243/08, *Pannon*, EU:C:2009:350 Rn. 37; C-137/08, *Pénzügyi*, EU:C:2010:659 Rn. 40; dazu Roth, ERCL 7 (2011) 425.
59 EuGH C-92/11, *RWE*, EU:C:2013:180 Rn. 43 f.
60 ABl. 1985 L 210/29.
61 EuGH C-203/99, *Veedfald*, EU:C:2001:258 Rn. 25-28; ähnlich im Ansatz etwa EuGH C-168/00, *Simone Leitner*, EU:C:2002:163 Rn. 19, wo geklärt wird, dass der Begriff des Schadens auch immateriellen Schaden umfasst, alles weitere aber dem mitgliedstaatlichen Recht überlassen wird.
62 Um Einiges konkreter jedoch EuGH C-503/13, *Boston Scientific Medizintechnik*, EU:C:2015:148 Rn. 46 ff.

zukommen soll.⁶³ Aus der Systematik der Richtlinie mögen sich weitere Anhaltspunkte für eine Normkonkretisierung auf unionaler Ebene ergeben.

Der von der Richtlinie verfolgte Regelungs*zweck* mag ein binnenmarkt-weites uniformes Verständnis eines Begriffs erfordern (etwa des »menschlichen Embryos«,⁶⁴ des »Inverkehrbringens«⁶⁵ des »Werks« iSd Urheberrechts⁶⁶).

Die Judikatur des Gerichtshofs lässt erkennen, dass in Fällen, in denen ein und derselbe Begriff im Verordnungs- und im Richtlinienrecht verwendet wird (»Verwechslungsgefahr«;⁶⁷ »anständige Gepflogenheiten«;⁶⁸ Unterscheidungskraft⁶⁹), bei fehlender ausdrücklicher Verweisung die Konkretisierung auf unionaler Ebene vorzunehmen ist.

(2) Richtlinienbestimmungen enthalten Verweisungen auf mitgliedstaatliches Recht dort, wo die Union keine Regelungskompetenzen (wie etwa für das Erbrecht) hat⁷⁰ oder aber Kernkompetenzen der Mitgliedstaaten betroffen sind. Die Begriffe der »öffentlichen Ordnung«,⁷¹ »öffentliche Sicherheit«⁷² und der »guten Sitten« indizieren für ihre inhaltliche Ausfüllung eine Verweisung auf nationales Recht, wobei die Systembegriffe unionsrechtsautonom auszulegen sind und für den Gestaltungsspielraum der Mitgliedstaaten unionsrechtliche Grenzen gesetzt sein mögen. Verwenden Richtlinien komplexere Begriffe, wie etwa denjenigen des Schadens, liegt es nahe, dass für die konkrete inhaltliche Ausgestaltung eine Verweisung auf mitgliedstaatliches Recht gegeben ist, während der rechtliche Rahmen (die »Konturen«) durch autonome Auslegung des Systembegriffs zu ermitteln ist.

(3) Zwischen diesen beiden Polen liegen schließlich solche Fälle, in denen der Unionsgesetzgeber den Mitgliedstaaten zwar einigen Gestaltungsspielraum überlassen will, doch zugleich über die Festlegung des Systembegriffs hinausgehend eine unionale Konkretisierung durch Vorgabe allgemeiner Standards oder aber konkreter Regelungen in Teilaspekten vornimmt. Letzteres ist etwa der Fall, wenn die Richtlinie 2001/29 zwar für die begründeten Verpflichtungen weder die Person des Schuldners noch die Einzelheiten und die Höhe bestimmt (womit die Mitgliedstaaten ein weites Ermessen verfügen sollen), aber für den »gerechten Ausgleich« eine Reihe von Pa-

---

63 Vgl. zum Begriff der »Dienstleistung im Bereich der Beförderung« in Richtlinie 97/7/EG: EuGH C-336/03, *easyCar*, EU:C:2005:150 Rn. 23 ff.
64 EuGH C-34/10, *Brüstle*, EU:C:2011:669 Rn. 28.
65 EuGH C-127/04, *O'Byrne*, EU:C:2006:93 Rn. 23 f.
66 EuGH C-145/10, *Painer*, EU:C:2013:138 Rn. 97.
67 EuGH C-236/08, *Google France*, EU:C:2010:159 Rn. 77 ff., 99; st. Rspr.
68 EuGH C-100/02, *Gerolsteiner Brunnen*, EU:C:2004:11 Rn. 24; C-228/03, *Gillette*, EU:C:2005:177 Rn. 41-45.
69 EuGH C-217/13, *Oberbank*, EU:C:2014:2012 Rn. 37 ff.
70 EuGH C-518/08, *Gala-Salvador Dali*, EU:C:2010:191 Rn. 31: zum (autonom auszulegenden) Begriff des »Rechtsnachfolgers« in Art. 6 Abs. 1 der Richtlinie 2001/84/EG zum Folgerecht, ABl. 2001 L 272/32: Wer Rechtsnachfolger werden kann, richtet sich nach nationalem (Erb-) Recht.
71 EuGH C-34/10, *Brüstle*, EU:C:2011:669 Rn. 29.
72 Zu Art. 5 Abs. 3 der Richtlinie 2001/29, ABl. 2001 L 167/10, vgl. EuGH C-145/10, *Painer*, EU:C:2013:138 Rn. 101-102 einerseits und Rn. 104-110 andererseits.

rametern festlegt, an denen sich die mitgliedstaatlichen Regelungen zu orientieren haben.[73]

V. Schlussbetrachtung

Die vorgehende Analyse hat gezeigt, dass sich im unionalen Primär- und Sekundärrecht vielfältige Verknüpfungen zwischen Unionsrecht und mitgliedstaatlichem Recht ergeben. Das Prinzip der unionsrechtskonformen Auslegung ist zwar Ausgangspunkt jedes Interpretationsvorgangs, ist aber von der Frage, ob und inwieweit eine Verweisung auf mitgliedstaatliches Recht (im Rahmen des unionalen Systembegriffs) vorliegt, strikt zu unterscheiden. Letztere Frage wird vom Regelungswillen des Unionsgesetzgebers determiniert und ist damit ebenfalls durch Auslegung zu ermitteln.

Im Hinblick auf Richtlinienregelungen ist insbesondere die Eigenart dieses Regelungsinstruments zu beachten: Rechtsangleichung mag sich einerseits in mehreren Schritten vollziehen; andererseits mag es der Unionsgesetzgeber bei einer nur einen äußeren Rahmen setzenden Angleichung belassen wollen. Hinzukommt, dass auch der Rechtsangleichungskompetenz für einige Bereiche – wie sich etwa aus Art. 114 Abs. 1 AEUV ergibt[74] – Schranken gesetzt sind, die nicht nur der Unionsgesetzgeber, sondern auch der Gerichtshof in seiner konkretisierenden Auslegung des Unionsrechts zu beachten hat.[75] Bei der Frage nach der Konkretisierung des Richtlinienrechts ist darüber hinaus eine vom Unionsverfassungsrecht vorgezeichnete Rollenverteilung zwischen dem Unionsgesetzgeber und dem Gerichtshof zu beachten: Über die Verpflichtung der Mitgliedstaaten zur Angleichung ihrer Rechtsordnungen und die geforderte Intensität und Regelungstiefe wird im unionalen Gesetzgebungsverfahren, und hierbei insbesondere unter Mitwirkung der Mitgliedstaaten, entschieden. Über dieses Verfahren darf sich nicht dadurch hinweggesetzt werden, dass eine Konkretisierung des Unionsrechts angestrebt wird, die im Gesetzgebungsverfahren (evtl. aufgrund eines Widerstands im Rat) nicht erreichbar oder gar nicht angedacht war. Das Prinzip der unionsrechtsautonomen Auslegung darf daher nicht als ein Mittel dienen, die Bindung an den (ggf. beschränkten) Regelungswillen des Unionsgesetzgebers zu lockern, insbesondere auch an das von der Richtlinie vorgegebene (begrenzte) Ausmaß gebotener Rechtsangleichung. Leitlinie für die vorzunehmende Konkretisierung auf unionaler oder durch Verweisung auf der mitgliedstaatlichen Ebene ist primär der Regelungswille und –zweck des Unionsgesetzgebers (im Rahmen seiner Kom-

---

73 EuGH C-467/08, *Padawan*, EU:C:2010:620 Rn. 37 ff.; C-462/09, *Thuiskopie*, EU:C:2011:397 Rn. 21 ff.; C-521/11, *Amazon*, EU:C:2013:515 Rn. 46 ff.; C-572/13, *Hewlett-Packard*, EU:C:2015:750 Rn. 35 ff.
74 EuGH C-376/98, *BRD ./. Parlament*, EU:C:2000:544 Rn. 83 ff.. Ein wenig beachteter Aspekt ist, ob die Regelungskompetenz des Art. 114 Abs. 1 AEUV, wenn sie denn für eine bestimmte Regelung im Grundsatz gegeben ist, dann auch die Konkretisierung in allen Details umfasst.
75 Vgl. EuGH C-518/08, *Gala-Salvador Dali*, EU:C:2010:191 Rn. 31.

petenzen), der bei Richtlinien mit besonderer Sorgfalt zu ermitteln ist. Vorzubeugen ist damit auch und vor allem der Gefahr, über das (falsch verstandene) Postulat der unionsrechtsautonomen Auslegung einer Richtlinienbestimmung die Unterschiede zum Handlungsinstrument der Verordnung zu verwischen.

Die Aussage des Gerichtshofs, dass die Begriffe einer Bestimmung des Unionsrechts, die nicht ausdrücklich auf das Recht der Mitgliedstaaten verweisen, in der gesamten Union idR eine autonome und einheitliche Auslegung erhalten müssen,[76] ist mit Blick auf Richtlinien in zweierlei Hinsicht zu modifizieren: Zum einen sind Systembegriffe allein in unionsrechtsautonomer Auslegung zu bestimmen. Zum anderen: Hat der Unionsgesetzgeber keine hinreichend klaren Kriterien angegeben, mittels derer ein Begriff auf unionaler Ebene konkretisiert werden soll, fällt (auch mit dahingehenden Aussagen des Gerichtshofs) die Konkretisierung in die Zuständigkeit des Mitgliedstaaten.[77] Freilich ist letztere Aussage im Hinblick auf den verfolgten Regelungszweck zu verstehen bzw. zu relativieren: Der Regelungszweck der Richtlinie – etwa die Sicherung der Funktionsfähigkeit des Binnenmarkts – mag es wiederum nahe legen, eine möglichst einheitliche Regelung in den Mitgliedstaaten anzustreben, die nur durch eine Normkonkretisierung auf unionaler Ebene erreicht werden kann.[78]

---

76 EuGH C-135/15, *Nikiforidis*, EU:C:2016:774 Rn. 28.
77 EuGH C-521/11, *Amazon*, EU:C:2013:515 Rn. 21.
78 EuGH C-467/08, *Padawan*, EU:C:2010:620 Rn. 35; C-128/11, *Usedsoft*, EU:C:2012:407 Rn. 41-42.

Die verkannte Funktion der Rechtsprechung

ROLF A. SCHÜTZE

Der Jubilar ist ein uomo universo der Prozessrechtswissenschaft. Es gibt kein Gebiet, das ihn nicht interessiert und fasziniert hätte. Seine Einführung in das Zivilprozessrecht im Grosskommentar zur ZPO von Wieczorek/Schütze[1] ist ein Meisterwerk prozessrechtlicher Literatur. Ihm ist die nachfolgende kleine Studie zur Gewaltenteilung als Zeichen langjähriger Verbundenheit gewidmet.

I. VORBEMERKUNG

Die Gewaltenteilung ist ein wesentliches Prinzip der deutschen Verfassungsordnung. Es ist in Art. 20 Abs. 2 S. 2 GG niedergelegt und manifestiert einen Basisgrundsatz demokratischer Staatsform. In den ersten Jahren der Bundesrepublik schienen die Grenzen von Legislative, Exekutive und rechtsprechender Gewalt von den drei Gewalten verhältnismäßig gut respektiert zu werden. Im Lauf der Zeit sind diese Grenzen – aus unterschiedlichen Gründen – verwischt worden, und die Rechtsprechung nimmt Funktionen wahr, die ihr so nicht zukommen. Die Richter sind zu Ersatzgesetzgebern geworden. Sie haben auch die Aufgaben von Historikern übernommen, die ein Geschichtsbild – insbesondere auf dem Gebiet der jüngeren Vergangenheit – mit richterlicher Autorität versehen und staatlich verordnen. Man denkt hier unwillkürlich an die ironische Bemerkung eines poetisierenden Freundes gegenüber einem Reichsgerichtsrat, von der *Spendel*[2] und *Erik Wolf*[3] berichten: *Du judizierst und das ist wichtig, rechtskräftig wird's und darum richtig.*

Das ist problematisch. Der Grundsatz *Schuster bleib bei Deinen Leisten* gilt auch für den Richter.

II. DIE FUNKTION DER RECHTSPRECHUNG

Der Staat nimmt für sich das Gewaltmonopol in Anspruch. Selbsthilfe ist sowohl zur Durchsetzung privatrechtlicher Ansprüche als auch zur Ahndung strafrechtlicher

---

1 Vgl. Wieczorek/Schütze/*Prütting*, Grosskommentar zur ZPO, Bl/1, 4. Aufl., 2015, Einleitung.
2 Vgl. *Spendel*, Zur strafrechtlichen Verantwortlichkeit des Richters, FS Heinitz (1972), S. 446 ff. (451).
3 Vgl. *Erik Wolf* in seiner Dankesrede zur Verleihung des Sigmund-Freund Preises für wissenschaftliche Prosa 1972.

Delikte – von Ausnahmen abgesehen – verboten. Wo ein Bedürfnis zur Entscheidung zivilrechtlicher Streitigkeiten oder zur Bestrafung von Gesetzesbrechern besteht, sind die Gerichte berufen, diese Aufgabe zu übernehmen. Dieses ist die Funktion der Rechtsprechung. Dies beschreibt aber auch ihre Grenzen. Die durch die Unabhängigkeit geschützten Richter dürfen diese nicht überschreiten. Zu allen Zeiten hat die politische Macht Grenzüberschreitungen jedoch toleriert, ja teilweise geradezu hierzu aufgefordert – leider auch in Deutschland, das so stolz auf eine rechtsstaatliche Gewaltenteilung ist.

III. Der Missbrauch der Gerichte zur Festigung eines politischen Systems

Die Justiz ist von alters her zuweilen zu politischen Zwecken missbraucht worden, insbesondere durch Schau- und Scheinprozesse mit von vornherein feststehendem Ausgang (Todesurteile). Der Schauprozess der neueren Geschichte hat seine Wurzeln in der französischen Revolution. Er ist von den Nationalsozialisten kopiert worden. Die französische Revolution und der Nationalsozialismus bedienten sich der Justiz gleichermaßen zur Festigung ihrer Terrorherrschaft. Nicht die Feststellung von Schuld oder Unschuld des Angeklagten war ihr Ziel, sondern die politische Demonstration.

1. Der Prozess der Marie Antoinette

Die französische Revolution versuchte, bei der systematischen Ausrottung einer Klasse den Schein der Rechtsstaatlichkeit durch Schauprozesse zu erwecken, bei denen das Urteil und der Gang zur Guillotine von vornherein feststanden. Als Beispiel für diesen massenhaften Missbrauch der Justiz mag der Prozess der Marie Antoinette dienen.

Die Revolutionäre wollten den Kopf der Marie Antoinette aus politischen Gründen. Sie wollten mit dem Prozess und der Hinrichtung der ehemaligen französischen Königin -neun Monate nach der Hinrichtung Ludwig XVI, ihres Ehemannes – die Massen weiterhin gegen die abzuschaffende gesellschaftliche Klasse zu mobilisieren. Am 14. Oktober 1793 begann der Prozess mit der Anklageverlesung durch *Fouquier-Tinville*, der sich schwertat, eine die Verurteilung rechtfertigende Begründung zu finden. Aber das Urteil war beschlossene Sache. Am Abend desselben Tages wurde Marie Antoinette vom Tode verurteilt. Zwei Tage später, am 16. Oktober 1793, wurde sie auf dem Schinderwagen zur Place de la Révolution gefahren, wo bereits eine riesige Menge wartete. Die Guillotine beendete das politische Spektakel.

Marie Antoinette hatte nie eine Chance. Das Urteil stand schon fest, als das Dekret vom 1.8.1793 erlassen wurde, das bestimmte, dass Marie Antoinette vor das Revolutionstribunal gestellt werden sollte.

2. Der Prozess der Geschwister Scholl

Nach demselben Muster des Prozesses der Marie Antoinette liefen die Prozesse gegen Mitglieder der weissen Rose, insbesondere die Geschwister *Scholl* und *Christoph Probst* ab. Der Volksgerichtshof[4] erscheint in diesem ersten Weisse Rose Prozess als eine Neuauflage des Revolutionstribunals. Dieses nationalsozialistische Gericht verurteilte in gleicher Weise wie sein französisches Vorbild politisch Unliebsame in Schau- und Scheinprozessen ohne rechtsstaatliches Verfahren massenhaft zum Tode. Beide dienten zur Festigung der Terrorherrschaft der jeweils Mächtigen.

Am 18. Februar 1943 waren *Sophie* und *Hans Scholl* (zwei Tage später *Christoph Probst*) wegen der Verteilung von Flugblättern der »Weissen Rose« verhaftet worden. Nur 4 Tage später, am 22. Februar 1943, fand die Verhandlung statt, die nach nur dreistündiger Verhandlung mit der Verurteilung zum Tode endete. Vier Stunden später wurden die Todesurteile vollstreckt.

Auch die Geschwister Scholl hatten nie eine Chance. Die Urteile standen schon fest als sie festgenommen wurden.

IV. Der Missbrauch der Gerichte zur »Aufarbeitung« der Geschichte

Richter sind keine Historiker. Das ist ein Metier, das sie nicht studiert haben, und historische Forschungen und Feststellungen gehören nicht zu ihrem Aufgabenkreis. Die Gerichte haben nicht Epochen der Geschichte »aufzuarbeiten«, geschichtliche Ereignisse festzustellen oder zu werten. Ihre Aufgabe ist es allein, über Freispruch oder Verurteilung eines Angeklagten im Strafprozess oder Ansprüche und Rechtsverhältnisse der Parteien im Zivilprozess zu urteilen.

Dennoch erliegen die Gerichte häufig der Versuchung, den Strafprozess dazu zu gebrauchen, ein bestimmtes Geschichtsbild festzustellen und mit staatlicher Autorität zu versehen. Im Nachkriegsdeutschland ist das zuweilen mit der Geschichte Deutschlands zur Zeit des Nationalsozialismus und den politischen Nachwehen der letzten Jahrzehnte geschehen.

1. Der Prozess gegen Mulka u.a. (1. Ausschwitzprozess)

Eines der düstersten Kapitel des 3. Reichs war Gegenstand mehrerer Prozesse, die unter dem Schlagwort Ausschwitzprozesse bekannt geworden sind. Ihre Einleitung

---

4 Der Volksgerichtshof, der in erster und letzter Instanz urteilte, wurde 1934 – aus Unzufriedenheit der Politik mit den Urteilen des Reichstagsbrandprozesses – gegründet. Seine Zuständigkeit umfasste im wesentlichen die Aburteilung von Hoch- und Landesverrat. Von 1942 bis 1945 war sein Präsident *Roland Freisler*, der durch seine Amtsführung eine traurige Berühmtheit erlangte und auf den ein Grossteil der über 5000 Todesurteile, die dieses Gericht gesprochen hat, zurückgeht.

und Konzentration gehen im wesentlichen auf den hessischen Generalstaatsanwalt *Fritz Bauer* zurück, der als Jude, zeitweise Internierter im KZ Heuberg und Emigrant nach Dänemark und Schweden auch ein vitales Eigeninteresse an der Aufklärung der Vorgänge im KZ Ausschwitz und der Ahndung dort begangenen nationalsozialistischen Unrechts hatte[5].

In dem Strafverfahren gegen Mulka u.a., in den Medien 1. Ausschwitzprozess genannt, ging es in erster Linie um die geschichtliche Aufarbeitung der Umstände und Funktionsweise des Konzentrationslagers Ausschwitz. Das Verfahren dauerte 154 Prozesstage. 360 Zeugen wurden vernommen, teilweise im Ausland, um den Zeugen die Reise nach Deutschland zu ersparen. Die historische Funktion, die das Gericht für sich in Anspruch nahm, zeigt sich u.a. daran, dass das Gericht Historiker als Sachverständige hörte, u.a. den Wirtschaftshistoriker Kuczinski, der über die Verflechtung der sicherheitspolitischen und wirtschaftlichen Interessen bei der Errichtung des Konzentrationslagers ein Gutachten erstattete, in dem es im wesentlichen um die Rolle der I.G. Farben ging. Nun ist die wirtschaftliche Rolle der I.G. Farben im Rahmen der Konzentrationslager sicherlich von historischem Interesse, hat aber mit dem Schuldvorwurf der Angeklagten für die von ihnen begangenen Morde oder die Beihilfe oder Mittäterschaft hierzu nichts zu tun[6].

Der 1. Ausschwitzprozess hat nach umfassender Beweisaufnahme zur Verurteilung fast aller Angeklagter zur lebenslanger oder zeitlicher Haftstrafen und drei Freisprüchen geführt.

2. *Der Prozess gegen Beate Zschäpe u.a.*

Am 6. Mai 2013 fand der 1. Verhandlungstag vor dem 6. Strafsenat des OLG München statt. Angeklagt waren Beate Zschäpe und vier mutmassliche Helfer und Unterstützer der einer unter NSU (nationalsozialistischer Untergrund) bekannten Gruppierung statt. Die beiden Täter der Morde lebten schon vor Prozessbeginn nicht mehr.

---

5 Der zunächst als Vorsitzender der Kammer amtierende Vorsitzende Hans Forester erklärte sich selbst als befangen, weil er und seine Familie wegen ihrer jüdischen Herkunft von den Nationalsozialisten verfolgt worden waren. Die Kammer gab dem Ablehnungsgesuch statt mit der Begründung, bei einem Richter jüdischer Herkunft sei die gebotene Unabhängigkeit nicht gewährleistet. Fritz Bauer hat keinen Hinderungsgrund seiner Strafverfolgungstätigkreit in dem Ausschwitzprozess gesehen. Staatsanwälte haben – totz ihrer Weisungsgebundenheit – nach § 160 Abs. 2 StPO belastende und entlastende Umstände gleichermassen zu erforschen. Das wird bei Fritz Bauer zuweilen bezweifelt.

6 Bezeichnend ist die Äusserung eines Nebenklägers nach dem wohl letzten Ausschwitzprozess gegen Reinhold Hanning 2016, der der New York Times gegenüber nach dem Prozessende sein Missfallen äusserte, dass Hanning nicht genug über die Situation in Ausschwitz gesagt habe. »He« – der Nebenkläger -« learned nothing«.Vgl. International New York Times v. 18/19. Juni 2016. Die Aufarbeitung des Phänomens Ausschwitz war aber nicht die Aufgabe des Gerichts, sondern die Aburteilung der Taten Hannings.

In dem Verfahren wurden mit Akribie Gründung, Struktur und Taten der NSU und ihrer Mitglieder erforscht[7]. Deshalb berichten die Medien folgerichtig vom »NSU-Prozess« und nicht vom Verfahren gegen Beate Zschäpe u.a. Für die Feststellung ihrer Tatbeteiligung und Schuld oder Unschuld hätte es nicht mehr als 200 Verhandlungstage gebraucht mit einem Aufwand von 150.000 Euro pro Verhandlungstag, was sich schnell zu einem zweistelligen Millionenbetrag Euro summiert hat. 86 Nebenkläger wurden durch 62 Rechtsanwälte[8] vertreten.

Dieser Prozess ging weit über einen üblichen Strafprozess hinaus. Es ging in Wahrheit nur vordergründig um die Aburteilung der 5 Angeklagten, das Ziel des Prozesses war die historische Aufbereitung des Phänomens NSU. Der gigantische Aufwand von 600 benannten Zeugen, 38 Sachverständigen, 4 Bundesanwälten und ca. 75 Verteidigern steht und stand zu keinem Zeitpunkt in einem vernünftigen Verhältnis zur zu erwartenden Strafe der Angeklagten. Der Prozess diente der »Aufarbeitung« der jüngeren Geschichte Deutschlands. Dem Gericht ging es in erster Linie um historische Forschung. Die nationalsozialistischen Umtriebe in Deutschland, in denen der nationalsozialistische Untergrund eine wesentliche Rolle spielte sollten aufgeklärt werden. Der 6. Strafsenat des OLG München reklamierte – getrieben von der Vielzahl der Nebenkläger – für sich ein Historikermandat[9].

Damit überschritt es seine Aufgabe. Die Strukturen der NSU sind in ihren Details irrelevant für die Beurteilung der Frage, ob Beate Zschäpe sich der Mittäterschaft oder der Beihilfe der bei Prozessbeginn schon toten Täter schuldig gemacht hat oder freizusprechen war.

V. Der Missbrauch der Gerichte als Ersatzgesetzgeber

Gustav Boehmer hat den dritten Band seines großen Werkes *Grundlagen der bürgerlichen Rechtsordnung*[10] der Praxis richterlicher Rechtsschöpfung gewidmet[11].

---

7   Vgl. zu dem Verfahren zu Recht kritisch *Alwart*, »Schreckliches Theater« – wann wird im NSU-Prozess endlich der Vorhang fallen?, JZ 2014, 1081 ff.; kritisch auch – jedoch im Hinblick auf das deutsche Strafsystem *Schuster*, Irrsinn unseres Strafsystems am Beispiel des NSU-Verfahrens, ZRP 2014, 101 ff.
8   Einer der Nebenklägervertreter is der Rechtsanwalt *Mehmet Gürcan Daimagüler*, der den aus seiner Sicht »politischen Prozess« literarisch vehement verteidigt, vgl. *Daimagüler/Pyka*, »Politisierung« im NSU Prozess. Unnötige Verfahrensverzögerung oder umfassende Aufklärung?, ZRP 2014, 143 ff. Die Nebenkläger wollten nicht nur einen Strafprozess gegen die Angeklagten, sondern einen »politischen Prozess«. So schreiben *Daimagüler/Pyka*: »Der Prozess wird zuweilen vom Vorwirf der »Politisierung« begleitet, welche das Verfahren unnötig in die Länge ziehe. Wer jedoch den Sinn des Verfahrens nicht unterminieren will, muss sich auch unangenehme Fragen nach Hintergründen und Zusammenhängen gefallen lassen. Das gilt gerade in einem politischen Verfahren wie dem NSU-Prozess«.
9   *Alwart*, JZ 2014, 1091 ff. (1094) spricht in diesem Zusammenhang von einer »perennierenden Vergangenheitsbewältigung«.
10 Vgl. *Boehmer*, Grundlagen der bürgerlichen Rechtsordnung, Bd. 1 – 3, 1950/52.
11 Vgl. zur richterlichen Rechtsfortbildung auch Wieczorek/Schütze/*Prütting*, Einl. Rdn. 131 ff.

Der Schüler des Freirechtlers *Stampe*[12] hat die Möglichkeiten, die Notwendigkeit aber auch die Grenzen der Gerichte aufgezeigt. In jüngster Zeit war der verfahrensrechtliche Rahmen der Rechtsfortbildung Gegenstand der Tagung der Freunde des Max-Planck-Instituts am 20.Juni 2015 in Hamburg.[13]

Die an sich notwendige Vorreiterrolle der Gerichte zur Lückenfüllung hat in der gegenwärtigen Entwicklung zu erheblichen Missbräuchen geführt, was *Joachim Jahn* in einer Kolumne in der FAZ v. 7. Mai 2016 unter dem Kolumnentitel »Vom Rechts- zum Richterstaat« zu einer bewegten Klage über die Maßlosigkeit der Richter, Aufgaben der Politik – sprich des Gesetzgebers – wahrzunehmen, geführt hat. Dabei sind es nicht immer die Gerichte, die Aufgaben des Gesetzgebers usurpieren, teilweise werden sie von eben diesem Gesetzgeber in ihnen nicht zukommende Aufgaben hineingedrängt.

1. Die bewusste Nichtregelung regelungsbedürftiger Materien durch den Gesetzgeber

Zuweilen verweigert sich der Gesetzgeber bei der Regelung regelungsbedürftiger Materien, weil er Probleme bei der Akzeptanz jeglicher Regelung durch gesellschaftlich relevante Gruppen oder die Rechtsunterworfenen selbst befürchtet. Er drängt der Justiz die Rolle der ersten Gewalt auf, um sich selbst »aus der Verantwortung zu schleichen«.

a. Nichtregelung des Streikrechts

Ein Beispiel hierfür findet sich in der Unwilligkeit oder wohl auch Unfähigkeit des Gesetzgebers, das Streikrecht, das seine Grundlage in Art. 9 Abs. 3 GG hat, gesetzlich zu regeln. Erst die Lokführerstreiks haben zu einer gesetzlichen Normierung eines kleinen Teilaspekts – der Tarifeinheit – geführt. Im Übrigen hat der Gesetzgeber es den Gerichten, insbesondere dem Bundesarbeitsgericht und dem Bundesverfassungsgericht überlassen, als Ersatzgesetzgeber tätig zu werden. So sind regelungsbedürftige Lebenssachverhalte einer rechtlichen Ausgestaltung durch die Gerichte überlassen worden, so der Warnstreik[14], der politische Streik, der Sympathiestreik, der wilde Streik pp. An Regelungsvorschlägen aus der Wissenschaft hat es nicht

---

12 *Boehmer* hat noch 1963 einen Festschriftbeitrag zur Freirechtslehre veröffentlicht, vgl. *Boehmer*, Jugenderinnerungen an die Zeit der Freirechtslehre, FS Dölle, 1963, Bd. I, S. 3 ff.
13 Vgl. die Beiträge von *Basedow, Heinze, Ferrand* und *Numann*, RabelsZ80 (2016), 237 ff.
14 Das Wort Warnstreik ist eine euphemistische Umschreibung einer Streikform, durch die »Druck« auf den Arbeitgeber zur Erzielung eines Verhandlungsergebnisses ausgeübt werden soll. Es ist den Gewerkschaften gelungen, diese sprachlich falsche Wortschöpfung bei Gerichten und Medien in der Berichterstattung einzuführen und zu etablieren. Die deutsche Sprache kennt zwei Ausdrücke für die Ankündigung eines Übels: warnen und drohen. Beides sind keine Synonyme. Die Warnung ist die Ankündigung eines Ereignisses, das der Warnende nicht beeinflussen kann. Man warnt für einem Sturm, einem Tsunami, einem Verkehrsstau pp.. Die Drohung dagegen ist die Ankündigung eines Ereig-

gefehlt[15]. Sie sind aber wegen der Unwilligkeit des Gesetzgebers von vornherein zum Scheitern verurteilt gewesen.

Es ist unerheblich, ob die Rechtsprechung, die ihr aufgedrängte Aufgabe, von der Gesetzgebung bewusst ungeregelt gelassene Rechtsgebiete auszufüllen, gut oder schlecht erfüllt hat. Jedenfalls wird die Rechtsprechung unter Missachtung des Grundsatzes der Gewaltenteilung missbraucht, als Gesetzgeber zu agieren.

Das hat der 4. Senat des BAG[16] – dem sich der 10. Senat unter Aufgabe seiner bisherigen Rechtsprechung angeschlossen hat[17] – in seiner Entscheidung zur Tarifeinheit endlich klar ausgesprochen: »*Ein eventuelles rechtspolitisches Versäumnis des Gesetzgebers begründet keine der Rechtsfortbildung zugängliche Regelungslücke*«. Erst nach dieser Entscheidung hat der Gesetzgeber einen kleinen streikrelevanten Teil in Tarifeinheitsgesetz geregelt ohne allerdings auch nur zu diskutieren ob das *rechtspolitische Versäumnis* der umfassenden Regelung des Streikrechts durch die Gesetzgebung beseitigt werden soll.

b. Nichtregelung der dissenting opinion im Schiedsverfahrensrecht

Aber es sind nicht nur bedeutende Rechtsgebiete, bei denen sich der Gesetzgeber verweigert. Auch bei den »kleinen« Rechtsproblemen bleiben zuweilen Lücken bewusst offen, deren Schliessung der Gesetzgeber scheut. Als Beispiel mag die dissenting opinion im Schiedsverfahrensrecht dienen, deren Zulässigkeit und Ausgestaltung im 10. Buch der ZPO offengeblieben ist.

Obwohl die Zulässigkeit der dissenting opinion im deutschen Schiedsverfahrensrecht höchst streitig ist[18] liest man in der amtlichen Begründung zum Schiedsverfahrensneuregelungsgesetz mit Erstaunen, dass eine Regelung unterblieben sei, weil die dissenting opinion »überwiegend als zulässig« angesehen werde[19]. Ob und welche

nisses, das der Drohende selbst herbeiführen kann. Man droht, jemanden umzubringen, ein Attentat zu begehen pp.
Nimmt man die deutsche Sprache ernst, so handelt es sich bei den »Warnstreiks« um »Drohstreiks«. Denn die Gewerkschaft, die den Drohstreik ausruft, kündigt für den Fall der Nichterfüllung ihrer Forderungen einen Streik – also etwas, was sie selbst und nur sie beeinflussen kann – an. Aber da drohen ein so hässliches Wort ist, warnen dagegen einen guten Klang hat, hat man bei Gerichten und in den Medien der Drohstreik kurzerhand zu Warnstreik gemacht.

15 Vgl. z.B. Birk/Konzen/Löwisch/Raiser/Seiter, Gesetz zur Regelung kollektiver Arbeitskonflikte – Entwurf und Begründung, 1988.
16 Vgl. BAG BAGE 135, 80.
17 Vgl. BAG ZIP 2010, 1309.
18 Vgl. zum Streitstand *Peltzer*, Die Dissenting Opinion in der Schiedsgerichtsbarkeit (1999); *Schütze*, Dissenting Opinions im Schiedsverfahren, FS Nakamura (1996), S. 525 ff.; *Westermann*, Das dissenting vote im Schiedsgerichtsverfahren, FS Kerameus (2009), S. 1571 ff.; *Wilske*, Abweichende Meinung zur *dissenting opinion* in internationalen Schiedsverfahren, FS Schütze II (2014), S. 729 ff.
19 Vgl. Begründung BTDrucks. 13/5274, S. 56. Die Begründung war und ist dabei offensichtlich falsch. *Kahlert*, Vertraulichkeit im Schiedsverfahren, 2015, S. 231 ff. hat erst jüngst nachgewiesen, dass die h.L. Sondervoten in der Schiedsgerichtsbarkeit für unzulässig hält.

Meinung im Schrifttum vorherrschend ist, macht eine gesetzliche Regelung nicht überflüssig. Der wahre Grund für die Nichtregelung war die Unfähigkeit des Gesetzgebers, sich in dieser Streitfrage zu einer Entscheidung zu kommen, was ja letztlich auch dazu geführt hat, dass in der ICC-SchO die dissenting opinion ungeregelt geblieben ist, obwohl man eigens eine Kommission eingesetzt hatte, die sich mit der Zulässigkeit und Zweckmässigkeit beschäftigt hat[20]. Vielleicht hat dem Gesetzgeber auch die Diskussion über die dissenting opinion im Verfahren vor den staatlichen Gerichten, die Gegenstand des 47. Deutschen Juristentages war[21], noch in den Knochen gesessen.

2. Die Umgehung von Verfassungsänderungen durch Interpretation des Grundgesetzes

Bei der politischen Situation in Deutschland sind Verfassungsänderungen in gesellschaftspolitisch umstrittenen Fragen nahezu unmöglich. Der Gesetzgeber hat für Verfassungsänderungen hohe Hürden gesetzt, um das Grundgesetz vor der Beliebigkeit jeweils herrschender Regierungsparteien zu schützen. Die Hürde einer verfassungsändernden absoluten Zweidrittelmehrheit (Art. 79 Abs. 2 GG) sind kaum zu schaffen. Und so sind beispielsweise die Bemühungen, die deutsche Sprache als Landessprache (sprich: alleinige Amtssprache)[22] an denen gescheitert, die türkisch als weitere Amtssprache in der Zukunft sehen.

Hier hat das Bundesverfassungsgericht einen eigenen Weg gefunden. Es betätigt sich als Ersatzgesetzgeber, indem es das Grundgesetz in einer der – wie es meint – gesellschaftspolitisch wünschbaren Weise interpretiert. So ist der besondere Schutz der (heterosexuellen) Ehe und Familie gefallen[23], die Dreiprozenthürde bei der Europawahl[24] und vieles mehr. *Rüthers* formuliert in der FAZ vom 18. November 2013 treffend: »*Statt das Grundgesetz zu wahren, verändern die Richter es eigenmächtig*«.

20 Vgl. Final Report of the Working Party on Dissenting Opinions, The ICC International Court of Arbitration Bullwetin, Bd. 2, Nr. 1, S. 32 ff.
21 Vgl. dazu *Zweigert*, Emphiehlt es sich, die Bekanntgabe der abweichenden meinung des überstimmten Richters (Dissenting opinion) in den deutschen Verfahrensordnungen zuzulassen?, Gutachten für den 47. Deutschen Juristentag, 1968, D 49 ff.
22 Die Bestrebungen des Vereins deutsche Sprache e.V. und des Vereins für die deutsche Kulturbeziehungen im Ausland e.V. endeten schliesslich im Petitionsausschuss des Deutschen Bundestages. In der Sitzung vom 7. November 2011 legte *Krämer* anhand der Meinungsumfragen dar, dass eine überwiegenden Zahl der Deutschen für eine Aufnahme von Deutsch in das Grundgesetz votierte. Dennoch hatte die Petition keinen Erfolg. *Stefanowitsch* fasste die Argumente der Gegner einfach zusammen mit dem Satz, ein Betonen des Deutschen als Staatssprache sei ausländerfeindlich. Sic!
23 Nachdem noch 1957 das Bundesverfassungsgericht in BVerfGE 6, 389 die Strafvorschriften gegen Homosexuelle mit der grundlegenden Unterschiede von Homosexualität und Heterosexualität rechtfertigte, brechen in neuerer Zeit alle Dämme. Die Rechtsprechung des BVerfG tendiert zunehmend zur Gleichstellung von Ehe und gleichgeschlechtlicher Partnerschaft.
24 Vgl. BVerfG v. 26.2.2014, 2 BvE 2/13.

Dabei ist – worauf *Friedrich* in der FAZ vom 28. August 2015 hinweist – das Bundesverfassungsgericht als einziges Staatsorgan keiner gesetzlichen Kontrolle unterworfen. Auch mit einer verfassungsändernden Mehrheit kann der Bundestag Entscheidungen des BVerfG nicht kassieren.

Das Bundesverfassungsgericht nimmt bei seiner »fortentwickelnden« Interpretation der Verfassung Aufgaben des Gesetzgebers wahr, die dieser wegen der Hürde der absoluten Zweidrittelmehrheit nach seiner Ansicht nicht erfüllen kann und betätigt sich so bewusst als Ersatzgesetzgeber. Das ist ein Missbrauch der ihm zugewiesenen richterlichen Funktion.

3. Die Usurpierung von Aufgaben des Gesetzgebers und die Korrektur von gesetzgeberischen Entscheidungen

Zuweilen gefallen den Gerichten gesetzespolitische Entscheidungen nicht. In diesen Fällen greifen die Gerichte zu einer Korrektur in ihrem Sinne. Dabei gerät – wie *Joachim Jahn* in der FAZ v. 7.Mai 2016 zutreffend bemerkt – in Vergessenheit, dass die Justiz nach unserer Verfassung nur die dritte Gewalt ist, nicht die erste.

a. Die Revisibilität ausländischen Rechts

Der zum Dogma erhobene Grundsatz von der Nichtrevisibilität ausländischen Rechts – manifestiert in § 545 ZPO (§ 549 a.F. ZPO) – schien allen Angriffen in der Literatur zum trotz unantastbar. Der Gesetzeswortlauf war eindeutig. Ausländisches Recht ist eben kein »Bundesrecht«.

Dies hat der Gesetzgeber durch das FGG-Reformgesetz geändert. Der neue Wortlaut von § 545 Abs. 1 ZPO ist ebenfalls eindeutig: »*Die Revision kann nur darauf gestützt werden, dass die Entscheidung auf einer Verletzung des Rechts beruht*«. Ausländisches Recht aber wird nach einhelliger Meinung – ungeachtet der möglicherweise missverständlichen Fassung des § 293 ZPO – als Recht – nicht als Tatsache – angewendet. Auch ausländisches Recht ist im deutschen Zivilprozess Recht.

Das aber missfiel dem BGH. In der Entscheidung vom 4.7.2013[25] setzt er sich über die Gesetzesänderung hinweg und erklärte, dass sich nichts geändert habe. Ausländisches Recht sei – Gesetzesänderung hin oder her – weiterhin nicht revisibel. Der Jubilar hat Unrichtigkeit dieser Entscheidung aufgrund des Wortlauts, der Systematik, der Historie und des Telos der der Norm des § 545 Abs. 1 ZPO dargelegt[26]. Aber: Karlsruhe locuta causa finita.

---

25 Vgl. BGH NJW 2013, 3656 = WM 2013, 1894.
26 Vgl. *Prütting*, Die Überprüfung ausländischen Rechts in der Revisionsinstanz, FS Schütze II, 2014, S. 459 ff.

b. Die Haftungsbeschränkung in AGB

§ 305 Abs. 1 S. 3 BGB sieht vor, dass AGB nicht vorliegen, wenn die Vertragsbedingungen zwischen den Parteien im Einzelnen ausgehandelt werden. Mit dieser gesetzespolitischen Entscheidung kann der BGH sich nicht anfreunden. Sie passt ihm nicht. Der BGH stellt in seiner Rechtsprechung[27] bis in die jüngste Zeit[28] so hohe Anforderungen aus das »Aushandeln«, dass diese in der Praxis kaum erfüllt werden[29]. Bedeutung hat das insbesondere für Haftungsausschluss-, -begrenzungs- und Vertragsstrafeklauseln. Diese Praxis des BGH macht § 305 Abs. 1 S. 3 BGB praktisch unanwendbar.

Zwar kennt das deutsche Recht keine Präjudizienbindung. Es besteht aber eine faktische Präzedenzwirkung höchstrichterlicher Entscheidungen. Kein Gericht wird abweichend von einer ständigen Rechtsprechung des BGH entscheiden, da die Richter wissen, dass ihr Urteil ohnehin in der Revisionsinstanz aufgehoben wird mit der Kostenfolge des § 91 ZPO, die einen Prozesserfolg einer Partei in den unteren Instanzen zu einem Pyrrhussieg macht.

VI. Fazit

Die Justiz überschreitet zuweilen die ihr im Rahmen der Gewaltenteilung zugewiesenen Aufgaben teils aus eigenem Antrieb, teils, weil die der Gesetzgeber regelungsbedürftige Lebenssachverhalte nicht regeln will oder unfähig zu einer Regelung ist.

1. Die Gerichte sind in der Geschichte immer wieder zu politischen Zwecken missbraucht worden und haben sich missbrauchen lassen. Der französische Revolutionstribunal und der ihm nachgebildete Volksgerichtshof sind hierfür beredte Beispiele. Mit diesem Phänomen hat die Bundesrepublik Deutschland erfreulicherweise nicht zu kämpfen.

2. Die Gerichte haben sich – insbesondere im Rahmen der »Vergangenheitsbewältigung« – in die Rolle von Historikern drängen lassen, um ein bestimmtes Geschichtsbild festzustellen und mit staatlicher Autorität zu versehen. Damit überschreitet die Justiz den ihr zugewiesenen Aufgabenbereich und verschleudert – z.B. in den Ausschwitzprozessen und dem Zschäpeverfahren – durch extensive Beweisaufnahmen und überlange Verfahrendauer Ressourcen, deren Fehlen sie dann sich selbst bemitleidend beklagt.

---

27 Vgl. BGHZ 153, 311; BGH NJW 2005, 2543.
28 Vgl. BGH WM 2014, 838.
29 Vgl. dazu *Berger*, Aushandeln von Vertragsbedingungen im kaufmännischen Geschäftsverkehr: Stellen, Behandeln, Verhandeln, Aushandeln…?, NJW 2001, 2152 ff.; *Lischek/Mahnken*, Vertragsverhandlungen zwischen Unternehmen und AGB – Anmerkungen aus der Sicht der Praxis, ZIP 2007, 149 ff.

3. Die Justiz wird – ohne eigenes Verschulden – zuweilen in die Rolle eines Ersatzgesetzgebers gedrängt, weil die Legislative sich einer Regelung – z.B. des Streikrechts – verweigert.
4. Das Bundesverfassungsgericht greift manchmal in die Gesetzgebung durch Auslegung ein, wenn eine nach Ansicht des Gerichts notwendige Änderung des Grundgesetzes wegen der hohen Hürden einer Verfassungsänderung oder aus anderen Gründen nicht erfolgt.
5. In gleicher Weise nimmt der BGH für sich in Anspruch, von ihm für unzweckmäßig gehaltene Gesetze durch Interpretation zu ändern.

Grundstücksregister in Europa: Unterschiedliche Inhalte, unterschiedliche Zwecke, gemeinsame Zukunft in einem Common European Land Market?

ROLF STÜRNER

I. EINLEITENDE BEMERKUNGEN

Den Verfasser verbindet mit *Hanns Prütting* eine lange gemeinsame Zeit wissenschaftlicher Betätigung vor allem auf den Gebieten des Zivilprozessrechts, des Insolvenzrechts und des Sachenrechts. Hinzu kommen die gemeinsame Arbeit im Vorstand der Vereinigung der Zivilprozessrechtslehrer, wo *Hanns Prütting* dann auch sein Nachfolger als Vorsitzender dieser Vereinigung war, und viele persönliche Begegnungen und Gespräche auf Tagungen und Treffen aus unterschiedlichsten anderen Anlässen. So ist es mir eine ganz besondere Freude, in dieser Festschrift zu seiner Ehrung einen Beitrag beisteuern zu dürfen. Dieser Beitrag soll dem »Sachenrechtler« *Hanns Prütting* gewidmet sein, und er behandelt die Frage, inwieweit ein einheitlicher Binnenmarkt an Grundstücken, also ein »Common European Land Market«, und erste Schritte hierzu durch elektronische Verknüpfung der nationalen Grundstücksregister sinnvoll erscheinen. Diese Frage hat in den letzten Jahren an Aktualität gewonnen, nachdem auf eine englischen Initiative im Europäischen Parlament (Initiative European Property Rights) die Europäische Kommission von zwei multinationalen IT-Unternehmen ein Gutachten zum Thema »Land Registers Interconnection – Feasibility and Implementation Analysis« erstellen ließ.[1] Zwar mag der Schwung dieser Initiative durch den anstehenden Brexit deutlich gebremst sein, jedoch weist der Vorgang insgesamt nach wie vor auf eine denkbare Zukunft der Entwicklung des Immobilienrechts in der EU, von der man sich nicht überraschen lassen sollte und die deshalb nach wie vor näherer Erörterung wert scheint.

In einem ersten Teil soll anhand ausgewählter nationaler Register ein Überblick über die unterschiedlichen Inhalte und Zwecksetzungen der Register und die unterschiedliche Gestaltung ihrer Öffentlichkeit gegeben werden. Ein zweiter Teil stellt die Frage nach den praktischen Vorzügen und Gefahren einer Verknüpfung bei voll öffentlichem oder nur beschränktem Zugang. In einem dritten Teil soll noch auf die Kernfrage eingegangen werden, ob ein »Common European Land Market« nicht Besonderheiten zu berücksichtigen hat, wie sie aus der besonderen Qualität des Rechts-

---
1 Diese Studie vom 19.09.2014 findet sich im Ratsdokument 13182/14.

gutes folgen, das in diesem Markt gehandelt werden soll. Es geht nicht nur um Kapital, das hier bewegt wird, sondern auch um Eigentum an Land als der räumlichen Grundlage individueller Persönlichkeitsentfaltung und individueller Privatheit.

II. Die unterschiedlichen Inhalte der Grundbücher und Register in Europa und ihre unterschiedliche Öffentlichkeit

Es ist natürlich nicht möglich, die Landregister aller wichtigen Mitgliedstaaten zu beschreiben. Als gegensätzliches Paar für Inhalt und Wirkung der Registrierung sollen Deutschland und Frankreich gewählt sein. Für die Öffentlichkeit des Registers sollen vier verschiedene Modelle beispielhaft erörtert werden.

1. Unterschiedliche Inhalte und Zwecksetzung am Beispiel Frankreichs und Deutschlands

a) Das deutsche Grundbuch

Das deutsche Grundbuch ist – dem deutschen Juristen bestens bekannt – in besonderer Weise auf Rechtssicherheit und Rechtsklarheit ausgerichtet. Eine kurze Beschreibung erscheint gleichwohl auch für den deutschen Leser im rechtvergleichenden Gesamtzusammenhang sinnvoll, läuft doch das Wohlbekannte nicht selten Gefahr, für allzu selbstverständlich gehalten zu werden, um dann in rechtsharmonisierendem Schwung einer europäischen Rechtsangleichung zum Opfer zu fallen.[2] Das Grundbuch enthält zunächst einmal die genauen katastermäßigen Angaben zum Grundstück, wie sie sich aus den Akten der Katasterbehörden ergeben, wobei in Deutschland alles Land vermessen und mit Grenzen, Flächen und Nummern in Akten mit Karten festgehalten ist. Das Grundbuch hat drei verschiedene Abteilungen, eine Abteilung für die Registrierung des Eigentums bzw. des Eigentümers, eine zweite Abteilung für die Registrierung von anderen Rechten am Grundstück und eine dritte Abteilung für die Registrierung von Grundpfandrechten. Die Führung des Grundbuchs ist Teil der freiwilligen Gerichtsbarkeit, also Teil der vorsorgenden Rechtspflege (»preventative justice«), und wird von den Amtsgerichten verwaltet, im Zuge der anstehenden Elektronisierung teilweise für die einzelnen Regionen zentralisiert bei einem Amtsgericht. Das deutsche Recht verlangt zur Übertragung des Eigentums oder zur Bestellung eines Rechts am Grundstück immer drei verschiedene Schritte: Die Verpflichtung zur Rechtsänderung (Kauf, Sicherungsvereinbarung etc., »agreement«), eine gesonderte dingliche Einigung über die Rechtsübertragung (»conveyance«) oder Bestellung eines Rechts am Grundstück und den einverständlichen Antrag

---

[2] Hierzu und zum Folgenden statt vieler die Darstellung bei *Prütting*, Sachenrecht, Sachenrecht, 35. Aufl. 2014, § 15, Rz. 131 ff., § 16, Rz. 138 ff., §§ 19-24, Rz. 204 – 289a; *Baur/Stürner*, Sachenrecht, §§ 14 – 16, S. 167 ff., §§ 18, 19, 21 ff., S. 222 ff., S. 272 ff.

der Parteien zur Eintragung der Rechtsänderung (»common application of the parties for registration«). Die Eintragung ist eine zwingende Voraussetzung für jeden Rechtserwerb mit Wirkung zwischen den Vertragsparteien und gegenüber Dritten. Der Bona Fide – Erwerber kann sich auf die Eintragung bei jedem Rechtserwerb verlassen und erwirbt z.B. Eigentum auch dann, wenn der eingetragene Dritte tatsächlich nicht Eigentümer ist. Er erwirbt frei von Rechten oder Beschränkungen, die zwar bestehen, aber nicht (mehr) eingetragen sind. Die Bedeutung der Eintragung für den tatsächlichen Rechtserwerb und Rechtsverlust führt zu formalen Kontrollpflichten des sogenannten »Grundbuchrichters« und zur Mitwirkung der Notare durch Begründung notarieller Formpflichten (Beurkundung oder Beglaubigung). Die Elektronisierung der Register kann und sollte – nicht unbedingt muss – diese Gestaltung in der Sache unberührt lassen.[3] Das Register gibt keine Auskunft über bestehende öffentliche Lasten und Beschränkungen, und es zeigt vor allem bei Grundpfandrechten noch Eintragungen an, die nicht mehr valutierten Grundpfandrechten gelten und gegen den Eigentümer ohne neue Valutierung nicht mehr geltend gemacht werden können. Nicht ausreichende Rechtskenntnisse kann das Grundbuch also nicht ausgleichen, gewichtige Irrtümer nicht sachkundiger Einblick nehmender Personen bleiben denkbar und teilweise naheliegend.

b) Das französische Register

Das moderne französische Register besteht in seinem Kern aus dem Publizitätsregister (registre des formalités), das im registre des inscriptions Hypotheken und eintragungsfähige Privilegien dokumentiert, im registre des publications alle übrigen Rechtsänderungen und im registre des saisies immobilières Immobiliarpfändungen.[4] Eigentlich handelt es sich allerdings nach deutschem Verständnis nicht um ein Register, sondern um eine Sammlung von Einzelurkunden aller Rechtsvorgänge, die in der Reihenfolge ihres Eingangs abgeheftet werden. Dieses Hauptregister wird ergänzt durch ein Eingangsregister (registre des dépôts) und eine Grundkartei (fichier immobilier), die sich wiederum in eine Personenkartei (fiches personelles) und eine Art Realfolium (fiches d'immeubles) sowie eine Parzellenkartei aufteilt (fiches parcellaires).

Die Bedeutung der Registrierung – oder besser Urkundenablage –für den Rechtserwerb ist anders als in Deutschland deutlich geringer. Zwischen den Parteien wird ein

---

3 Zur grundsätzlichen Bedeutung einer Beschränkung des Einsatzes digitaler Elemente im Bereich vorsorgender Rechtspflege auf Hilfsfunktionen zur Verbesserung der Qualität persönlich verantworteter Entscheidungen schon *Stürner*, Sonderheft DNotZ 2016, 35* ff., 43*; ferner *ders.*, in: Lipp/Münch (Herausgeber), Die Freizügigkeit notarieller Urkunden in Europa. 2017, S. 47 ff., 75.
4 Zu Einzelheiten des französischen Grundstücksregisters und seiner materiell rechtlichen Verknüpfung ausführlich statt vieler *Malaurie/Aynès*, Les sûretés, la publicité foncière, 8. Aufl. 2014; *Marty/Raynaud/Jestaz*, Les sûretés, la publicité foncière, 2. Aufl. 1987; in deutscher Sprache *Wagemann*, Funktion und Bedeutung von Grundstücksregistern, 2002; *Frank*, in: Frank/Wachter, Handbuch Immobilienrecht in Europa, 2. Aufl. 2015, S. 303 ff., 320 ff.; *Baur/Stürner*, Sachenrecht, 18. Aufl. 2009, § 64 Rn. 7 ff., S. 913 ff.

Recht bereits mit Abschluss eines einheitlichen Vertrags erworben, der Verpflichtung und Verfügung enthält, Eigentum des Käufers inter partes entsteht also bereits durch den Kaufvertrag, dem allerdings in der Praxis zur Herbeiführung einer Trennung von Verpflichtung und Vollzug oft ein verpflichtender Vorvertrag (promesse de vente) vorausgeht.[5] Das Register dient nur dazu, die dingliche Drittwirkung (opposabilité aux tiers) herbeizuführen, die vor späteren Verfügungen zu Gunsten Dritter schützt und auf der Basis des zeitlichen Standes der Urkundensammlung insoweit einen gutgläubigen Erwerb erlaubt. Hat also A an B verkauft oder zu Gunsten des B eine Hypothek bestellt, so kann C von A gutgläubig Eigentum oder lastenfreies Eigentum erwerben, wenn die Rechte des B nicht registriert waren. Es handelt sich sonach um ein reines Prioritätenregister ohne Vermutung für den Bestand eingetragener Rechte. Obwohl es nur sehr eingeschränkt notarielle Formpflicht für die Wirksamkeit von Verträgen über Grundstücke gibt, führen doch die Notwendigkeit notarieller Beteiligung bei der Registrierung und der häufige Wunsch nach einer vollstreckbaren Urkunde zu einer weitreichenden notariellen Mitwirkung bei Grundstücksgeschäften. Das französische Register informiert in noch weiterem Umfang als das deutsche Grundbuch nicht zuverlässig über alle anderen vorrangigen gesetzliche Belastungen (privilèges), die teilweise auch ohne oder rückwirkend schon vor späterer Eintragung wirken. Allerdings kann in besonderen Fällen eine Nichtregistrierung Schadensersatzpflichten auslösen. Das französische Register verlangt ähnlich wie das deutsche Grundbuch oder noch stärker als das etwas übersichtlichere deutsche Grundbuch Rechtskenntnisse, die falsche Einschätzungen der bestehenden Rechtslage ausschließen. Beide Register sind nichts für Anfänger oder Gelegenheitsarbeiter in fremden Rechten.

c) Gesamteuropäische Orientierung

In Europa entsprechen in der Frage der Bedeutung einer Registrierung nur wenige Staaten voll deutschen Vorstellungen, eindeutig etwa Estland[6] und noch am ehesten Österreich, Slowenien und die Schweiz[7] sowie teilweise Spanien.[8] Dem französischen Modell gleicht mit Einschränkungen (voll konstitutive Registrierung bei Grundp-

---

5 Zur anstehenden Reform des Vertragsrechts insbesondere *Deshayes/Genicon/Laithier*, Réforme du droit des contrats, du régime général et de la preuve des obligations, 2016; guter Überblick in deutscher Sprache bei *Babusciaux/Witz* JZ 2017, 496 ff., insbes. 500, 504. Für das im Text geschilderte materielle Recht des Grundstückskaufvertrags scheinen sich allerdings inhaltlich zumindest keine weitreichenden Änderungen zu ergeben.
6 Dazu *Tiivel*, Länderbericht Estland, in: Stöcker (Herausgeber), Flexibilität der Grundpfandrechte in Europa, Band I, 2006, S. 117 ff., 126 ff.; ferner daselbst die Länderberichte Österreich von *Sadjadi/Thurner* (S. 199 ff., 21 ff.) und Slowenien von *Tratnik* (S. 371 ff., 385 ff.).
7 Zur Schweiz insbesondere *Wachter*, in: Frank/Wachter (Herausgeber), Handbuch aaO, S. 1315 ff., 1329 ff.
8 Hierzu *Eberl/Selbherr/Meyer/Anglada Bartholomai*, in: Frank/Wachter (Herausgeber), Handbuch aaO, S. 1487 ff., 1509 ff.

fandrechten) die italienische Lösung.[9] Mischsysteme wechselnder Gestaltung[10] finden sich auch in Polen, Tschechien, Ungarn und Rumänien. Und England, dessen Legal Society mit Macht »scenting business on the continent«[11] zu betreiben versucht hat und dem letztlich der Anstoß zum Projekt elektronischer Registerverknüpfung zu verdanken war? Seit dem Land Registration Act von 2002 hat es sich dem Kontinent angenähert,[12] betont aber dabei wie stets die originäre Entwicklung aus den Traditionen des Common Law, wobei allerdings Anleihen beim Torrens Register und damit auch bei kontinentalen Systemen unverkennbar sind. Beim Erwerb von registriertem Land ist die Registrierung wie in Deutschland konstitutiv für den Rechtserwerb unter Parteien und gegenüber Dritten (Notwendigkeit einer Registrierung eines equitable title durch notice zur Drittwirkung), bei Grundpfandrechten reicht inter partes der Besitz der »deed«, Registrierung sichert nur die Drittwirkung. Erwerb nicht bestehender eingetragener Rechte ist aber nach romanischer Tradition ausgeschlossen, wobei Schadensersatzansprüche den Verlust kompensieren sollen. Eine gewisse Unsicherheit folgt in der Übergangszeit aus der Verschiedenheit der erstregistrierten land titles und einem Restbestand von nicht registriertem Land. Unklarheiten für unerfahrene Verkehrsteilnehmer ergeben sich auch aus der Möglichkeit einer floating charge an Unternehmen. Electronic conveyancing durch solicitors oder licensed conveyancers ist auch unter Einsatz virtueller »deeds« möglich. Insgesamt ist aber ein Kontinentaler vor dem Gefühl der Sicherheit nach Registereinsicht eher dringend zu

9   Zu Italien *Seeber*, Grundeigentum und Sicherheiten in Italien, 2013, S. 70 ff.; *Dolce*, in: Frank/Wachter (Herausgeber), Handbuch aaO, S. 541 ff., 579 ff., insbes. 574; *Baur/Stürner*, Sachenrecht, § 64 Rz. 16 ff., 17, S. 917.
10 Siehe zu einer Übersicht für Polen *Drewicz-Tulodziecka/Gregorowicz*, in: Stöcker (Herausgeber), Flexibilität Band I, aaO S. 241 ff., 267 ff.; *Makowska*, in: Drewicz-Tulodziecka, Immobilien, Grundeigentum und Sicherheiten in Polen, 2009, S. 142 ff.; für Tschechien *Ebner*, Grundeigentum und Sicherheiten in Tschechien, 2. Aufl. 2010, S. 42 ff.; für Ungarn Botos, Länderbericht Ungarn, in: Stöcker (Herausgeber), Flexibilität, Band I aaO, S. 403 ff., 41 ff.; *Rácz/Winkler/Gâspâr*, in: Frank/Wachter (Herausgeber), Handbuch aaO, S. 1743 ff., 1765 ff.; für Rumänien *Sacalschi*, in: Stöcker (Herausgeber), Flexibilität Band II aaO, S. 47 ff., 55 ff.; *ders.*, Grundeigentum und Sicherheiten in Rumänien, 2. Aufl. 2011, S. 31 ff. Zu allen wichtigen europäischen Rechtsordnungen bestehen Übersichten über das Immobilienrecht und Grundbuchsystem, zur Printausgabe *Stöcker/Stürner*, Flexibilität, Sicherheit und Effizienz der Grundpfandrechte in Europa Band III, 3. Aufl. 2012, insbes. S. 27 ff. (frühere englischsprachige Fassung unter dem Titel *Stöcker/Stürner*, Flexibility, Security and Efficiency of Security Rights over Real Property in Europe, 2008, S. 25 ff.); die elektronische Neufassung auf neuestem Stand kann beim Verband deutscher Pfandbriefbanken, Berlin, nach Erhalt des Zugangs abgerufen werden.
11 Hierzu *Sparkes*, European Land Law, 2007, No. 7.09; zur Einordnung dieses Zitats *Stürner* notar 2016, 143, 145.
12 Zum englischen Register und seiner Bedeutung ausführlicher *Harpum/Bridge/Dixon*, in: Megarry/Wade, The Law of Real Property, 8. Aufl. 2012, Rz. 7-001 ff.; *Sparkes*, A New Land Law, 2003, insbes. Kapitel 1, 9 und 11; *Havergal/Banfield*, in: Stöcker/Luckow (Herausgeber), Rechtsfragen der Immobilienfinanzierung in England und Wales, 2006, S. 8 ff., 19 ff.; *Middleton*, in: von Bar, Sachenrecht in Europa, Band 1, 1999, S. 108 ff.; *Waldner/Kopp*, in: Frank/Wachter (Herausgeber), Handbuch Immobilienrecht aaO S. 179 ff., 195 ff.; *Baur/Stürner*, Sachenrecht, § 64 Rz. 31 ff., 37 ff.

warnen. In Europa insgesamt hat die Entwicklung von Mischsystemen unterschiedlicher Gestalt die Übersichtlichkeit nicht gerade erhöht, und zu einer klaren Linie konnte sich auch England nicht durchringen.

2. Die öffentliche Zugänglichkeit der Register

a) Unterschiedliche Formen der Zugänglichkeit

Alle Register sind in irgendeiner Weise öffentlich zugänglich. Es gibt aber in Europa verschiedene Formen der Öffentlichkeit.

aa) Voller direkter Zugang

Grundsätzlich voller Zugang kann in Gestalt von Auskunft, Erteilung von Auszügen oder sogar direkter Einsicht ohne eine besondere Voraussetzung über das Internet gegeben sein. Dieses Modell verwirklichen z.B. die Niederlande, England, und Österreich[13] und einige andere Staaten, die wohl inzwischen eher die Mehrheit in Europa bilden dürften. Allerdings besteht dabei teilweise die Möglichkeit, bestimmte Daten, insbesondere personenbezogene Daten, von einer Einsicht oder Weitergabe auszuschließen. Bestimmte Stellen oder Berufsgruppen (öffentliche Behörden, Notare, Banken etc.) haben typischerweise direkte Einsichtsmöglichkeiten in das Register. Etwas schwieriger einzuordnen ist Frankreich, das zwar ohne die Voraussetzung schutzwürdigen Interesses das Recht auf einen Auszug aus dem fichier immobilier gewährt, der direkt bei der registerführenden Behörde oder über einen Notar beantragt werden kann, jedoch bisher noch keine wesentlichen Schritte zu einem zentralen elektronischen Zugang gemacht zu haben scheint, so dass überwiegend der Notar Auskunft gibt.[14]

bb) Beschränkter Zugang bei rechtlichem Interesse

Es besteht Zugang nur für bestimmte Stellen entweder allgemein oder nur eingeschränkt. Der Anlass der Einsicht oder des Ausdrucks eines Auszugs ist zu protokollieren und dem Betroffenen mitzuteilen. Auch dieses Modell ist elektronischer

---

13 Zu Art. 3:16 BW Niederlande insbesondere *Eule*, in: Frank/Wachter (Herausgeber), Handbuch Immobilienrecht aaO s. 807 ff., 823; zu England *Banfield*, in: Stöcker/Luckow (Herausgeber), Rechtsfragen aaO, S. 22/23 (mit Hinweisen auf die Möglichkeit, auf Antrag »prejudicial information« von der Einsicht und Auskunft auszuschließen, sog. »exempt documents«); *Waldner/Kopp*, in: Frank/Wachter (Herausgeber), Handbuch Immobilienrecht aaO, S. 179 ff., 198 (mit Einzelheiten zu sec. 66 f. Land Register Act 2002); zu Österreich § 7 GrundbuchG.

14 Hierzu Art. 2449 Code Civil i.d.F. 2006 und Art. 9, 9-1 Décret no. 55-22 vom 04.01. 1955, version consolidée vom 28.05.2017; trotz zwischenzeitlicher Gesetzesänderungen noch immer lesenswert die Darstellung bei *Wagemann* aaO S. 23 f.; zur Einsicht über den Notar *Frank*, in: Frank/Wachter (Herausgeber), Handbuch Immobilienrecht aaO, S. 303 ff., 322.

Ausgestaltung zugänglich. Es entspricht dem angestrebten und teilweise bereits erreichten Rechtszustand in Deutschland.[15] Spanien verlangt für die Registereinsicht zwar auch ein rechtliches Interesse, stellt dabei aber so geringe Anforderungren, dass der Übergang zur grundsätzlich vollen Öffentlichkeit sich als durchaus fließend erweist.[16]

cc) Zugang zu Beiakten

Bei fast allen Systemen erhebt sich die Frage, wie weit die Zugänglichkeit beim Zugriff auf Urkunden wirklich reicht, die als Beiakten Bestandteil oder Grundlage des Registers sind. Insoweit bestehen vor allem noch Einschränkungen auf Grund bisher beschränkter elektronischer Speicherung und Zugänglichkeit.

b) Die grundsätzliche Abwägung zwischen Transparenz und dem Schutz privater Daten

Es ist offenkundig, dass die einzelnen Staaten den Schutz privater Daten verschieden gewichten. Während einige Staaten im Interesse der Transparenz des Grundstücksverkehrs und des Grundbesitzes auf den Schutz der Grundstücksdaten mehr oder weniger völlig verzichten, rechnen andere Staaten auch den Bereich des Grundeigentums der geschützten Persönlichkeitssphäre oder der geschützten geschäftlichen Geheimsphäre zu, in die nur bei spezifischen Interessen eingegriffen werden darf, z.B. bei Einverständnis, bei konkreten nachbarschaftlichen Interessen, im Rahmen von rechtlichen Auseinandersetzungen, bei sich bereits ganz konkret anbahnenden grundstücksbezogenen geschäftlichen Beziehungen oder bei Klärung eines Sachverhaltes konkreten öffentlichen Interesses durch Medien. Man muss natürlich sehen, dass solche Begrenzungen zu Abgrenzungsschwierigkeiten führen und im Zeitalter automatisierter, massenhafter Datenverarbeitung immer höheren Aufwand verursachen. Es ist aber auch zu berücksichtigen, dass sich in Grundstücksregistern z.B. die Geschichte von Ehescheidungen oder auch familiären Erbstreitigkeiten einzelner Persönlichkeiten mit ihren wirtschaftlichen Folgen ebenso bis ins Detail nachverfolgen lässt wie die Preisentwicklung und vor allen Finanzierung einzelner gewerblicher Grundstücke, falls man Register zu lesen weiß. Dabei kann dann aus bloßer Neugierde oder auch aus reinen Geschäftsinteressen schon sehr tief in den Persönlichkeitsbereich oder die gewerbliche Geheimsphäre in einer Weise eingegriffen werden, die sich schwer rechtfertigen lässt. Bei Systemen mit beschränktem Zugang wird das

---

15 Zum Rechtszustand in Deutschland kann auf §§ 12 ff., 133, 139 GBO und §§ 46a, 85, 85a GBV verwiesen werden; hierzu insbes. *Böhringer* Rpfleger 2014, 57 ff., 66; *ders.* DNotZ 2014, 16 ff. Den Schritt vom maschinell geführten Grundbuch zur elektronischen Grundakte (§§ 126 ff. GBO) haben bisher nur einige Bundesländer wie z.B. Baden-Württemberg gemacht.

16 Zu Art. 607 Codigo Civil und Art. 221 ff. Ley Hipotecaria *Eberl/Selbherr/Meyer/Anglada Bartholmai*, in: Frank/Wachter (Herausgeber), Handbuch Immobilienrecht aaO S. 1487 ff., 1510.

lediglich geschäftliche Interesse an Information über Verkaufsneigungen oder Verkaufszwänge oder das Interesse an anderen Einzelheiten über einzelne potentielle Kaufobjekte für eine Einsicht nicht ausreichen. Immobilienkaufleute oder Makler sind kein Freund solcher beschränkender Regelungen.

III. Vorzüge und Gefahren einer Verknüpfung der Grundstücksregister

1. Keine Kompetenz der EU zur Regelung des Eigentumserwerbs

Es ist nicht davon auszugehen, dass die Regelung des Eigentumserwerbs im Detail in die Kompetenz der EU fällt. Vielmehr folgt aus Art. 345 und Art. 50 AEUV, dass Eigentumsordnung und Eigentumserwerb mitgliedsstaatlicher Kompetenz unterliegt und der Unionsbürger nur das Recht hat, im Hoheitsgebiet eines anderen Mitgliedstaates Immobilien zu erwerben, zu nutzen und über sie zu verfügen. Diese Rechtslage hat die Kommission auch bisher bei der Schaffung von Sekundärrecht respektiert. Der EU kommt allerdings die Kompetenz zu, allgemein auf eine Rechtsharmonisierung hinzuwirken, welche die Wahrnehmung der Marktfreiheiten unter verschiedenen Rechtsordnungen erleichtert. Man muss also davon ausgehen, dass Sekundärrecht zur Verknüpfung der unterschiedlichen Registersysteme noch vom EU- Primärrecht gedeckt sein könnte, soweit kein Eingriff in die nationalen Registerrechte selbst geplant ist.

2. Die Sinnhaftigkeit einer elektronischen Verknüpfung

Die Verknüpfung der bestehenden Register soll nach den Vorstellungen des dem Europäischen Rat vorgelegten IT-Gutachtens elektronisch über ein einheitliches EU-Portal erfolgen. Die Elektronisierung verlangt indessen dann aber auch eine sehr weitreichende Formalisierung von Registrierungs-, Such- und Bezahlprozessen, standardisierte Übersetzungen schwieriger Rechtsbegriffe, fast etwas skurril anmutende und die Sache entwertende multiple-choice Abfragen zur nach nationalem Recht notwendigen Feststellung berechtigten Interesses, elektronische europaweite Authentisierung professioneller Nutzer, die Errichtung neuer nationaler Kommunikationsbehörden etc. Dabei zeigt ein Blick auf die tief im unterschiedlichen materiellen Recht verwurzelten registerrechtlichen Verschiedenheiten, dass sich diese Differenzen nicht mit Kunstgriffen formaler Vereinheitlichung und kommunikativer Bürokratie überzeugend überbrücken lassen. Solche Verknüpfung wird vielmehr zur Gefahrenquelle, weil sie einen Informationsgehalt vortäuscht, der in Wirklichkeit so gerade nicht gegeben ist. Selbst der eingearbeitete nationale Fachmann muss Mühe und Sorgfalt aufwenden, um allen Anforderungen seines Registers gerecht zu werden und gleichzeitig im Interesse seines Mandanten seine Grenzen zu erkennen. Ein

Immobilienrechtler, der sich auf seine Deutung der Daten eines fremden Registers verlässt und keinen Fachmann vor Ort beizieht, handelt in Selbstüberschätzung grob fahrlässig, weil er die verbreitete Kompliziertheit des Immobilienrechts der einzelnen Staaten und die Bedeutung der kleinen Unterschiede völlig unterschätzt. Für die Rechtspflege bringt ein solches System neben großem bürokratischem Aufwand deshalb mehr Gefahren als Nutzen und verleitet zu Oberflächlichkeit. Es ist deshalb kein Zufall, dass das bereits zwischen einigen europäischen Staaten voll installierte EULIS[17] nur schwach genutzt und von zuverlässig arbeitenden Immobilienrechtlern eher gemieden wird. Die komplizierte Struktur des Immobilienrechts ist im Übrigen keine Frucht kontinentalen Dogmatismus und notariellen Zunftwesens. Das englische Recht kann an Kompliziertheit und Unübersichtlichkeit wegen seiner sehr langsamen Lösung aus fast archaischen Traditionen[18] insoweit eher noch mehr bieten als viele kontinentale Rechtsordnungen. Den Gehalt fremder Rechtsordnungen nimmt die englische Rechtsvergleichung im Übrigen nur sehr zögerlich und im vollen Selbstbewusstsein stets überlegener Pragmatik des eigenen Rechtssystems zur Kenntnis, die allerdings im Bereich gerade des Grundstücksrechts am wenigsten prägend wirken konnte.[19] Wenn man besseren rechtlichen Überblick im europäischen Immobilienrecht wünscht, muss man über die Entwicklung gemeinsamer principles eine allmähliche Harmonisierung einleiten, bloße elektronische Verknüpfung materiell rechtlicher Unübersichtlichkeit trägt dazu nichts bei. Die Anliegen der Initiative European Property Rights, nämlich Transparenz und Rechtssicherheit bei Immobilientransaktionen innerhalb Europas, lassen sich mit diesem Projekt formaler Verknüpfung nicht befriedigen.

Wem nützt diese Verknüpfung? Doch wohl schon eher dem flüchtigen Informationsbedürfnis von Maklern und Immobilienkaufleuten bei der Suche nach neuen Geschäftsfeldern und lohnenden interessanten Objekten, also der wirtschaftlichen Entwicklung eines Common European Land Market, der sich bei voller Übersicht über Daten leichter strategisch erfassen, lenken und beherrschen lässt. Kommt der Zugang zum notariellen Berufsfeld über internationale und interprofessionelle Conveyancing Firms hinzu, ist man diesem Ziel auch ohne Rechtsharmonisierung ein gutes Stück näher. In Europa besteht insoweit ein Interessenwiderstreit, als eine solche Entwicklung für Volkswirtschaften mit hohem Anteil des Finanzsektors am Sozialprodukt wesentlich vorteilhafter ist als für überwiegend der Realwirtschaft verbundene, produzierende Volkswirtschaften, die ein kapitalmarktähnlicher volatiler Grundstücksmarkt eher stören muss.

---

17 Zum »European Land Information System« (EULIS) insbesondere *Ploeger/von Loenen*, European Review of Private Law (ERPL) 2004, 379 ff.; *Zevenbergen*, Notarius International 2003, 125 ff.; zum Überblick *Baur/Stürner*, Sachenrecht, § 64 Rz. 79.
18 Dazu *Sparkes*, European Land Law aaO, S. 524.
19 *Baur/Stürner*, Sachenrecht, aaO § 64 Rn. 31, 151, S. 922, 970.

IV. Land als Gegenstand grosser Märkte und vorsorgende Rechtspflege

Man muss die Überlegungen zur europaweiten Publizität von Grundstücksregistern im Zusammenhang mit dem Ruf nach einem Single and Common European Land Market und dem Deregulierungsdruck auf das kontinentale lateinische Notariat sehen, wie er von der Kommission ausgeht, um auf diese Weise zum Kern der Problematik und den letztlich entscheidenden rechtskulturellen Gesichtspunkten zu kommen. Was ist der Zweck von Eigentum in einer freien Gesellschaft und welchem Zweck muss die Rechtsordnung bei der Gestaltung von Grundstücksgeschäften folglich dienen? Die Funktion des Grundstückseigentums liegt einmal – in den Worten des deutschen Bundesverfassungsgerichts – darin, dem einzelnen Menschen die räumliche Grundlage persönlicher Freiheit und Entfaltung zu schaffen.[20] Zum anderen ist das Eigentum an Land aber auch die Grundlage wirtschaftlicher Produktivität im Einzelinteresse und im gesamtwirtschaftlichen Interesse. Eigentum an Land sollte also ebenso wie Kapital auch dienende Funktion haben. Daraus folgt zweierlei.

Einmal muss das Eigentum als räumliche Grundlage individueller Entfaltung mit rechtlicher Sorgfalt umhegt sein, um die Individuen wie die Gesellschaft vor Übervorteilung zu bewahren, wie sie zum Auslöser der Finanzkrise wurde. Der Gedanke rechtlicher Vorsorge liegt dem System vorsorgender Rechtspflege mit neutraler notarieller Betreuung und sicheren behördlich oder noch besser gerichtlich betreuten Registern zu Grunde. Seine Kosten sind nicht höher als die Kosten eines e – conveyancing durch private Agenturen, und es sind gerade solche privaten Akteure, welche die Finanzkrise in den USA wesentlich mit ausgelöst haben. Die Finanzkrise hat auch gezeigt, dass die Mitwirkung eines ortsnahen neutralen Dritten, der die lokalen Wertigkeiten kennt, ungleich besser vor Betrugsmanövern zu schützen vermag als die Mitwirkung weiträumig tätiger, nicht ortskundiger und rein gewinnorientierter conveyancer. Die präventive Vorsorge durch ortsnahe Rechtspflegeorgane trägt auch zum Rechtsfrieden mehr bei als späte Geldkompensation. All dies spricht gegen den Weg zu einem überregionalen conveyancing im Gewinninteresse.[21]

Zum anderen bleibt festzuhalten, dass das Grundeigentum als räumliche Produktionsgrundlage zwar ohne Zweifel größere Markträume als das Bodeneigentum des Privatmannes verträgt, als Objekt der Spekulation losgelöst von lokalen produktiven Unternehmen wird es aber nur allzu leicht zur wirtschaftlichen Gefahr. Vorsorgende Rechtspflege durch lokale neutrale Dritte vermag auch hier Auswüchse fragwürdiger Geschäftsmodelle eher zu bremsen als die isolierte Gewinnorientierung eines außerhalb der lokalen Struktur wirkenden conveyancers. Ob insbesondere der englische Grundstücksmarkt insoweit wirklich den Bedürfnissen aller Bevölkerungsschichten und Wirtschaftskreise gerecht wird, muss doch sehr offen bleiben.

---

20 BVerGE 24, 367, 369.
21 Statt vieler anderer Veröffentlichungen zu dieser Thematik *Murray/Stürner*, The Civil Law Notary – Neutral Lawyer for the Situation. A Comparative Study on Preventative Justice in Modern Societies, 2010, insbes. S. 43 ff., 59 ff., 147 ff., 169 ff.

Es gibt also gute Gründe, einem von gewinnorientiertem und weiträumigen conveyancing gesteuerten Common European Land Market zu misstrauen. Die Kommission sollte generell regionale Bedürfnisse stärker in Rechnung stellen und den von lokaler Bindung losgelösten deregulierten europäischen Markt nicht zur alles beherrschenden Ideologie erheben.[22] Soziale Unruhen waren und sind die Folge. Jeder freie Markt bleibt darauf angewiesen, dass die Bürger und die lokalen Einheiten mithalten und sich nicht passiv querlegen. Dem Dienst an solider vorsorgender Rechtspflege dient das Modell oberflächlicher Datenverknüpfung ebenso wenig wie der Einstieg in ein europaweites e- conveyancing und eine von der Kommission parallel betriebene Deregulierung des Notariats zum Dienstleister im Gewinninteresse.

---

22 Zu den Gefahren einer Fehleinschätzung der Bedeutung vertrauensbildender Regionalität in der Europäischen Union allgemein *Dahrendorf*, Die Krisen der Demokratie. Ein Gespräch mit Antonio Polito, 2003; *Böckenförde*, Welchen Weg geht Europa, in: Staat, Nation, Europa, 1999, S. 68 ff., insbes. S. 91 ff.; *Stürner*, Markt und Wettbewerb über Alles?, 2007, S. 137 ff.; *ders.*, in Lipp/Münch (Herausgeber): Die Freizügigkeit notarieller Urkunden in Europa, 2017, S. 47 ff., 68 ff., 74 ff.

Vereins- und Regresshaftung bei Zuschauerausschreitungen in England und der Schweiz

MARC-PHILIPPE WELLER, NINA BENZ UND ROMAN WOLF*

I. Einführung

Woche für Woche strömen die Zuschauer mit Begeisterung in die Fußballstadien – in Deutschland, wie auch in England und in der Schweiz. Doch es gibt auch eine Kehrseite: Zuschauerausschreitungen gehören in Europas Fußballstadien leider zur Tagesordnung.

Im Schnittbereich von privatem Vereinsrecht und öffentlich-rechtlicher Regulierung existieren verschiedene Regelungsmodelle, Störer und Vereine zu sanktionieren, um mittelbar auf eine Eindämmung der Gewalt hinzuwirken.[1] Der folgende Beitrag beleuchtet rechtsvergleichend, wie das englische und das im Profisport besonders praxisrelevante schweizerische Recht des Gewaltphänomens Herr zu werden suchen, um daraus mögliche Impulse für die Fortentwicklung des deutschen Rechts zu gewinnen.

Der Jubilar interessiert sich in vielfacher Weise für den Sport. Wir hoffen daher auf sein Interesse bei der Lektüre dieses Beitrages, der ihm – verbunden mit den besten Wünschen – zugeeignet ist.

II. Haftungskonstellationen bei Sportveranstaltungen

Störungen bei Sportveranstaltungen werfen insbesondere vier Haftungskonstellationen auf[2]:

---

* Der Beitrag geht auf einen Vortrag des Erstverf. auf einem Symposium zum Internationalen Sportrecht in Hamburg zurück; hierzu FAZ v. 18.11.2016, S. 28. Zur Rechtslage in Deutschland *Weller/Benz/Wolf*, JZ 2017, 237 ff.
1 Vgl. auch *J. Prütting/Kniepert*, ZfPW 2018 (im Erscheinen).
2 Näher *Weller/Benz/Wolf* JZ 2017, 237 ff.; *Haslinger*, Zuschauerausschreitungen und Verbandssanktionen im Fußball, 2011.

(1.) Rechtsgutsverletzungen (z.B. Körperverletzungen) gehen mit der Frage einer deliktischen *Verkehrspflichthaftung* (Schadensersatzhaftung) des veranstaltenden Vereins gegenüber den Geschädigten einher.[3]

(2.) Diskriminierende Beleidigungen durch Fangesänge – etwa gerichtet an einen Spieler mit Migrationshintergrund – können eine Haftung des Vereins für Persönlichkeitsrechtsverletzungen begründen. Hier stellt sich insbesondere die Frage, ob der diskriminierte Dritte einen Anspruch gegen den Verein auf eine immaterielle Entschädigung hat (*Diskriminierungshaftung*). Diese Frage wurde an anderer Stelle bereits ausführlich diskutiert und wird daher im Folgenden ausgeklammert.[4]

(3.) Darüber hinaus sieht sich der Verein, dessen Anhänger in Ausschreitungen involviert waren, regelmäßig einer vom übergeordneten Verband ausgesprochenen Verbandsstrafe ausgesetzt (*Pönalhaftung* bzw. *Verbandsstrafenhaftung*).

(4.) Zwecks Abschreckung wird schließlich der Rückgriff sanktionierter Vereine auf die primären Störer für die Kosten aus den vorgenannten Haftungsarten im Wege des Regresses diskutiert (*Regresshaftung*).

Im Folgenden liegt der Fokus auf der Verbandsstrafenhaftung des Vereins und der Regresshaftung des Störers.

III. Rechtslage in Deutschland

1. Verbandsstrafenhaftung

Die Verbandsstrafenhaftung eines Vereins[5] hat ihre Grundlage in dessen Mitgliedschaft im übergeordneten Verband.[6] Aufgrund der pyramidalen Regelungsstruktur im Profifußball unterliegen Vereine der Sanktionsgewalt der übergeordneten Dachverbände: Deren Satzungsinhalte und Regularien werden an die nachgeordneten Verbände weitergereicht; so auch die in Art. 67 Abs. 1 FIFA-Disziplinarreglement (FIFA-DR[7]) statuierte *verschuldensunabhängige* Haftung der Heimvereine.[8] Als Mitglied der FIFA und der UEFA ist der Deutsche Fußballbund (DFB) verpflichtet, deren Bestimmungen seinen eigenen Mitgliedern – den Regional- und Landesverbänden sowie dem Ligaverband – aufzuerlegen.

---

3 Der Platzverein ist für die Stadionsicherheit verantwortlich. Daraus resultiert seine Verkehrspflichthaftung für eine geschaffene Gefahrenquelle aus § 823 Abs. 1 BGB.
4 *Weller*, NJW 2007, 960 ff.
5 Grundlegend *Vieweg*, Normsetzung und -anwendung deutscher und internationaler Verbände, 1990, S. 143 ff.; *Westermann*, Die Verbandsstrafgewalt und das allgemeine Recht, 1972; *ders.* JZ 1972, 537.
6 *Weller* JuS 2006, 497, 498.
7 Abrufbar unter http://de.fifa.com.
8 Art. 67 FIFA-DR (2011): *(1.) Der Heimverband oder Heimklub ist, ohne dass ihn ein schuldhaftes Verhalten oder eine schuldhafte Unterlassung trifft, für das ungebührliche Verhalten von Zuschauern verantwortlich und wird gegebenenfalls mit einer Geldstrafe belegt. Bei schweren Ausschreitungen können weitere Sanktionen verhängt werden. (...)*

In Bezug auf Zuschauerausschreitungen statuiert der DFB in Umsetzung der FIFA-Regularien in § 9a DFB-Rechts- und Verfahrensordnung (DFB-RVO) eine *verschuldensunabhängige* objektive Kausalhaftung (»strict liability«) der Vereine für das Fehlverhalten ihrer Anhänger.[9]

Diesbezüglich wird diskutiert, inwieweit solche verschuldensunabhängigen Sanktionen mit strafrechtlichen Grundsätzen wie dem Verschuldensprinzip und dem Bestimmtheitsgrundsatz kollidieren.[10]

Nach vorzugswürdiger Ansicht ist in dieser Frage jedoch eine strikte Trennung der Rechtsgebiete angezeigt – der Verein maßt sich keine Strafgewalt im engeren Wortsinne an, sodass eine Heranziehung strafrechtlicher Prinzipien verfehlt wäre.[11] Im Zivilrecht ist das Verschulden keine zwingende Voraussetzung einer Pönalhaftung. Vergleichbar mit der (zulässigen) Vereinbarung von verschuldensunabhängigen Vertragsstrafen beruht auch die Unterwerfung unter das jeweilige Verbandsstrafenreglement auf einer autonomen Entscheidung[12] und ist insofern zu bejahen.[13]

Um gleichwohl eine uferlose Haftung zu vermeiden, ist der Verwirkungstatbestand in § 9a DFB-RVO restriktiv auszulegen: Der Begriff »Anhänger« erfasst hiernach nur solche Personen, welche im Auftrag des Vereins eine Funktion während des Spiels ausüben.[14]

2. Regresshaftung des Störers

Der BGH hat jüngst entschieden, der verbandsrechtlich sanktionierte Verein könne sich bei dem störenden Zuschauer schadlos halten.[15] Regressbasis der Vereine ist ein Anspruch auf Schadensersatz aus §§ 280 Abs. 1, 241 Abs. 2 i.V.m. dem Zuschauervertrag: Die mit diesem einhergehenden Rücksichtspflichten halten den Zuschauer zu einem Verhalten an, das einen ausschreitungslosen Spielverlauf erlaubt. Verstößt ein Zuschauer gegen diese Pflicht und wird gegen den Verein infolgedessen eine Verbandsstrafe verhängt, ist der störende Zuschauer für diese adäquat-kausal

---

9   § 9a DFB-Rechts- und Verfahrensordnung (DFB-RVO): *1. Vereine und Tochtergesellschaften sind für das Verhalten ihrer Spieler, Offiziellen, Mitarbeiter, Erfüllungsgehilfen, Mitglieder, Anhänger, Zuschauer und weiterer Personen, die im Auftrag des Vereins eine Funktion während des Spiels ausüben, verantwortlich.*
    2. Der gastgebende Verein und der Gastverein bzw. ihre Tochtergesellschaften haften im Stadionbereich vor, während und nach dem Spiel für Zwischenfälle jeglicher Art.
10 Eine Kollision bejahend *Walker* NJW 2014, 119 ff.; vgl. auch *Martens*, NJW 2016, 3691 ff., der von einer unzulässigen Sportgerichtsbarkeit zu Lasten Dritter (der Störer) spricht.
11 Ähnlich wie hier *CAS 2013/A/3094 – Hungarian Football Federation v. FIFA*, Rn. 85 ff.
12 *Weck*, in: Staudinger, BGB, Neubearb. 2005, Buch I, vor § 21, Rn. 38.
13 *BGH*, Urteil v. 16.2.1959 – II ZR 137/57; *BGH*, Urteil v. 22.09.2016 – VII ZR 14/16, Rn. 23 f.
14 Ausführlich *Weller/Benz/Wolf* JZ 2017, 237, 242 f.
15 *BGH*, Urteil v. 22.09.2016 – VII ZR 14/16. Ebenso etwa *Fritzweiler*, in Fritzweiler/Pfister/Summerer (Fn. 18), 5. Teil, Rn. 140; *Bernard* SpuRt 2013, 8, 9; dagegen *Martens*, NJW 2016, 3691 ff.; *Prütting/Kniepert*, ZfPW 2018 (im Erscheinen).

verantwortlich. Zu bejahen ist auch der Schutzzweckzusammenhang zwischen der Verbandsstrafe und der vertraglichen Rücksichtspflicht des Zuschauers: Die Verbandsstrafe ist eine für den Verein unvermeidbare Folge von Ausschreitungen, da der Verein nur dann am Wettbewerb teilnehmen darf, wenn er sich dem Verbandsstrafenreglement des übergeordneten Verbands unterwirft.[16]

IV. Rechtslage in der Schweiz

Ein rechtsvergleichender Seitenblick auf die Schweiz belegt, dass das deutsche Recht mit seinem dualen Ansatz aus verschuldensunabhängiger Vereinspönalhaftung und Regresshaftung des Störers keine Sonderrolle einnimmt.

1. Verbandsstrafenhaftung

Das schweizerische Recht ist für den Profisport besonders relevant, weil der Court of Arbitration for Sport (CAS) in Lausanne seinen Sitz hat.[17] Das Schweizer Recht kennt ebenfalls verschuldensunabhängige Verbandsstrafen.

Entsprechend der pyramidalen Regelungsstruktur erklärt der Schweizerische Fußballverband (SFV) die FIFA-Bestimmungen in Art. 5 seiner Statuten für sich und seine Mitglieder für verbindlich. Dementsprechend ordnet Art. 9 SFV-Rechtspflegeordnung (SFV-RPO) an, dass die Vereine vor, während und nach dem Spiel die disziplinarische Verantwortung für das Verhalten ihrer Mitglieder, Spieler, Funktionäre und Anhänger tragen.[18] Art. 20 Abs. 2 SFV-RPO stipuliert, dass Disziplinarmaßnahmen auch verschuldensunabhängig verhängt werden können.[19]

---

16 *BGH*, Urteil v. 22.09.2016 – VII ZR 14/16, Rn. 18, 20; zustimmend *Weller/Benz/Wolf* JZ 2017, 237, 243 f.
17 CAS-Schiedsverfahren haben gem. R28 CAS Code unabhängig vom tatsächlichen Verhandlungsort ihren Sitz in Lausanne. R58 CAS Code erklärt materiell-rechtlich primär die einschlägigen Verbandsstatuten für anwendbar (*lex sportiva*), subsidiär die staatliche Rechtsordnung am Sitz desjenigen Verbandes, der den streitgegenständlichen Rechtssatz erlassen hat. Daher wendet der CAS subsidiär schweizerisches Recht in Bezug auf Regularien der in der Schweiz domizilierenden Verbände UEFA und FIFA an, *Weller* JuS 2006, 497, 498 f. Die ausschließliche Zuständigkeit zur Überprüfung von Schiedssprüchen des CAS liegt gem. Art. 191 IPRG i.V.m. Art. 77 Abs. 1 (a) BGG (Bundesgesetz über das Bundesgericht vom 17. Juni 2005) beim Schweizerischen Bundesgericht, *Kaufmann-Kohler/Rigozzi*, International Commercial Arbitration – Law and Practice in Switzerland, 1. Aufl. 2015, Rn. 8.08, 1.129.
18 Art. 9 SFV-RPO: »Die Klubs sind für das Verhalten ihrer Mitglieder, Spieler, Funktionäre und Anhänger disziplinarisch verantwortlich. (…).«
19 Art. 20 Abs. 2 SFV-RPO: »[Die statutarisch vorgesehenen] Disziplinarmaßnahmen können nen gegen Klub bei unkorrektem Verhalten ihrer Anhänger verhängt werden, ohne dass den jeweiligen Klub ein schuldhaftes Verhalten oder eine schuldhafte Unterlassung trifft (…).«

Derartige Regelungen sind zwar nach schweizerischem Recht nicht unumstritten,[20] werden aber überwiegend für zulässig gehalten:[21] Die Art. 60 ff. ZGB gewähren Sportverbänden als Ausfluss der Vereinigungsfreiheit (Art. 56 BV) ein großes Maß an Satzungsautonomie.[22] Nach der Rechtsprechung des Bundesgerichts genießt ein Verein daher auch »beim Erlass und bei der Anwendung der Regeln bezüglich der gesamten Ausgestaltung der Sportart und der damit verbundenen Beziehung zu seinen Mitgliedern« weitgehende Freiheit.[23] Auf dieser Grundlage ist die FIFA kraft ihrer verbandsrechtlichen Ordnungsgewalt zur Ausdehnung ihrer Sanktionsbefugnis in Art. 3 FIFA-DR ermächtigt.[24]

Verbandsstrafen haben ihre konkrete Rechtsgrundlage in der Satzung, welche in der Schweiz als vertraglicher Zusammenschluss qualifiziert wird.[25] Sie werden daher – anders als in Deutschland – wie Konventionalstrafen (Vertragsstrafen) i.S.d. Art. 160 Abs. 1 OR behandelt.[26] Diese können gem. Art. 163 Abs. 2 OR auch verschuldensunabhängig vereinbart werden.[27] Dafür streitet auch Art. 72 Abs. 1 ZGB, der zum Vereinsausschluss eines Mitglieds ohne Angabe von Gründen ermächtigt.[28]

---

20 Bedenken gibt es vor dem Hintergrund des strafrechtlichen Schuldprinzips, vgl. *SFV-Schiedsgericht*, Urteil. v. 18.11.2002, SpuRt 2003, 34, 38; *Heini/Scherrer*, in: Basler Kommentar zum schweizerischen Privatrecht, Zivilgesetzbuch I, Art. 1-456, Neubearbeitung 2011, Art. 70 ZGB Rn. 19a; *Zen-Ruffinen*, Droit du Sport, 2002, S. 108.
21 *CAS* 98/208, Digest CAS Awards II, S. 234, 237: »To adopt criminal standard is to confuse the public law of the state with the private law of an association.« *Haas/Martens*, Sportrecht, 2016, S. 112, die weiter darauf abstellen, dass Disziplinarmaßnahmen regelmäßig ähnliche Ziele wie Unterlassungsansprüche verfolgen, weshalb in der verschuldensunabhängigen Haftung kein pauschaler Verstoß gegen das Verschuldensprinzip liegen könne. *Thaler*, Sport und Recht 2006, 245, 274, hält mit Verweis auf die verschuldensunabhängige Kausalhaftung des Geschäftsführers gem. Art. 55 OR eine strikte Pönalhaftung für zulässig.
22 *CAS* 2005/C/976 & 986 – CAS-Advisory Opinion on request by FIFA & WADA, Rn. 123, 142; *CAS* 2007/A/1217 – Feyenoord Rotterdam v. UEFA, Rn. 11.1.
23 *BGE* 134 III 193, 199; ferner *Baddeley*, L'association sportive face au droit, 1994, S. 107 ff., 218 ff.; *Beloff/Kerr/Demetriou*, Sports Law, 2. Aufl. 1999, S. 171 ff.
24 *Krieger*, Vereinsstrafen im deutschen, englischen, französischen und schweizerischen Recht, 2003, S. 50.
25 *BGE* 57 I 200, 204; 80 II 123, 133; zu der auf *v. Thur*, Allgemeiner Teil des Obligationenrechts, 1974, S. 144, zurückgehenden sog. rechtsgeschäftlichen Lösung *Riemer*, in: Berner Kommentar, (Fn. 36), Art. 70 Rn. 226; *Hadding*, in: Festschrift für Robert Fischer, 1979, S. 165 ff.
26 Vgl. *BGE* 80 II 133; 119 II 165; *Cherpillod/Coenen/Pérez*, in: Wild (Hrsg.), CAS and Football: Landmark Cases, 2011, S. 183; *Heini/Portmann*, Grundriss des Vereinsrechts, 2009, Rn. 266; *Riemer*, Berner Kommentar, Art. 70 Rn. 210, 226.
27 *BGE* 57 I 200, 204; 80 II 123, 133; 119 II 162, 165; *CAS* 2002/A/423, PSV Eindhoven v. UEFA, Rn. 26; *Becker*, in: Berner Kommentar, Obligationenrecht, Allgemeine Bestimmungen, Art. 1-183, Art. 160 Rn. 2.
28 »Wenn man in einen Verein eintrete, so pflege man dessen Statuten vorher zu lesen. Sei man damit nicht einverstanden, so bleibe man eben draussen«, Votum Isler, Protokoll der Expertenkommission, S. 52.

Daraus folgert der CAS, dass Verbände *a fortiori* zur Bestrafung ihrer Mitglieder befugt seien, ohne diesen eine Verletzung ihrer Pflichten nachweisen zu müssen.[29]

2. Regresshaftung des Störers

Nach schweizerischem Recht ist der Störer auf der Grundlage des Art. 97 OR regresspflichtig.[30] Ausgangspunkt des Regresses ist der mit Verkauf der Eintrittskarte geschlossene Zuschauervertrag. Aus diesem trifft den Zuschauer die Nebenpflicht, den Veranstaltungsablauf nicht zu beeinträchtigen.[31] Folgt aus einer Nebenpflichtverletzung ein Vermögensschaden – etwa in Form einer Verbandsstrafe –, erwächst dem Verein daher ein vertraglicher Schadensersatzanspruch aus Art. 97 OR.[32]

Eine Beschränkung der vertraglichen Schadensersatzpflicht erfolgt aber durch das Erfordernis eines adäquaten Kausalzusammenhangs.[33] Dieser liegt vor, wenn einem Verein infolge des Fehlverhaltens seiner Anhänger eine Verbandsstrafe auferlegt wird. In Einschränkung der Adäquanztheorie rekurriert das Bundesgericht vereinzelt zwar auch auf den Schutzzweck einer einschlägigen Haftungsnorm.[34] Die Theorie des Schutzzweckzusammenhangs, die Streitpunkt der in Deutschland geführten Diskussion über die Abwälzung von Verbandsstrafen darstellt, hat im schweizerischen Vertragsrecht bislang aber nicht denselben hohen Stellenwert.[35] Daher kann ein geschädigter Club nach dem Grundsatz der Totalreparation vollen Ersatz des entstandenen Schadens verlangen, sofern kein besonderer Reduktionsgrund vorliegt.[36] Nicht anspruchsmindernd wirken »strafschärfend berücksichtigte Vorstrafen« des Vereins; denn der Schädiger hat den Geschädigten nach schweizerischem Haftpflichtrecht

---

29 *CAS* 2002/A/423 – PSV Eindhoven v. UEFA, Rn. 17; uneingeschränkt bestätigt in *CAS* 2007/A/1217 – Feyenoord Rotterdam v. UEFA, Rn. 11.10 und *CAS* 2013/A/3139 – Fenerbahçe SK v. UEFA, Rn. 100.
30 *Arter* Sport und Recht 2005, 31, 73; *Jenny*, in: Scherrer/Zölch/Franz, Sportveranstaltungen, 57, 71; *Zen-Ruffinen*, aaO, S. 425; *Gurovits* CaS 2014, 267, 274.
31 *Jenny/Muresan* Causa Sport 2011, 56, 57.
32 Vgl. *Furrer/Wey*, in: Handkommentar zum Schweizer Privatrecht, Obligationenrecht, Allgemeine Bestimmungen, Art. 1-183 OR, 3. Aufl. 2016, Art. 97 Rn. 66.
33 *Furrer/Wey*, aaO, Art. 97 Rn. 100; *Gauch/Schluep/Emmenegger*, Schweizerisches Obligationenrecht Allgemeiner Teil, 10. Aufl. 2014, Bd. II, Rn. 2946, 2958; *Wiegand*, in: Basler Kommentar, Obligationenrecht I, Art. 1-529 OR, 6. Aufl. 2015, Art. 97 Rn. 41.
34 *BGE* 4C.103/2005 E.5.1: »Unter Berücksichtigung aller Umstände, aber auch des Zwecks der einschlägigen Haftungsnorm [ist danach zu fragen], ob der Eintritt des Schadens bei wertender Betrachtung billigerweise noch dem Haftpflichtigen zugerechnet werden kann.«
35 *Furrer/Wey*, in: Handkommentar, aaO, Art. 97 Rn. 110: »erst vereinzelt und kontrovers« diskutiert; *Gauch/Schluep/Emmenegger*, aaO, Rn. 2954: »im Vertragsrecht der Schweiz kaum Echo gefunden.«
36 *BGE* 127 III 73, 78; *Fischer/Böhme*, in: Haftpflichtkommentar, Kommentar zu den schweizerischen Haftpflichtbestimmungen, 1. Aufl. 2016, Art. 43 OR Rn. 12; *Gauch/Schluep/Emmenegger*, (Fn. 67), Rn. 2912.

so zu nehmen, wie dieser realiter ist.[37] Insbesondere Vorsatz – der bei randalierenden Zuschauern in der Regel gegeben ist – führt zur Ersatzpflicht für den ganzen Schaden.[38] Konventionalstrafen können allerdings gem. Art. 163 Abs. 3 OR einer *ex tunc* wirkenden Herabsetzung nach richterlichem Ermessen unterliegen.[39] Im Regressfalle kommt eine analoge Anwendung dieser Regelung in Betracht.[40] Bestünde also ein krasses Missverhältnis zwischen dem vom Störer geschuldeten Betrag und dem Interesse des Vereins an der Abwälzung der Verbandsstrafe,[41] wäre eine Kürzung der Regressschuld grundsätzlich möglich.[42]

Schließlich trifft den Verein unter Art. 44 OR eine Schadensminderungspflicht dergestalt, dass vom Verein alle Maßnahmen zu ergreifen sind, die von ihm zu erwarten wären, wenn dieser selbst für den Schaden haftbar wäre.[43] Ein Verein hat daher auch in der Schweiz rechtliche Schritte zu unternehmen, um sich gegen unbillig hohe Verbandsstrafen zu wehren.

V. Rechtslage in England

England nimmt als »Geburtsland des europäischen Hooliganismus« in Bezug auf die Bekämpfung von Zuschauerausschreitungen eine Vorreiterposition ein.[44] Während die Verbandsstrafenhaftung ähnlich ausgestaltet ist wie in Deutschland und der Schweiz, ergeben sich in Bezug auf die Haftung der Störer entscheidende Unterschiede: Denn auf diese wird nicht mittels einer zivilrechtlichen Regresshaftung, sondern durch spezialgesetzliche straf- und öffentlich-rechtliche Normen einzuwirken versucht.

1. Verbandsstrafenhaftung

Genau wie der DFB ist auch die englische Football Association (FA) Mitglied der UEFA und der FIFA. Das »strict liability«-Regime der Verbandsstrafen wird auch von der englischen Football Association befolgt. So besagt Regel E 20 des Regelwerkes der FA[45]:

---

37 *BGE* 113 II 86, 94.
38 *Heierli/Schnyder*, in: Basler Kommentar, aaO, Art. 43 Rn. 9.
39 *Becker*, in: Berner Kommentar, aaO, Art. 163 Rn. 20.
40 *Heini/Scherrer*, in: Basler Kommentar, aaO, Art. 70 Rn. 20.
41 Das auch in einem immateriellen Interesse (Gewaltfreiheit des Sports) liegen kann, vgl. *BGE* 103 II 129, 136.
42 Vgl. *BGE* 114 II 264, 265.
43 *BGE* 4C.83/2006 E.4.2.
44 Vgl. *Coenen et al.*, in: Tsoukala/Pearson/Coenen (Hrsg.), Legal Responses to Football »Hooliganism« in Europe, 2016, S. 1, 13 ff.; *Kidza*, Hooliganismus und Gewalt beim Fußball in Deutschland und Großbritannien, 2014, S. 6 ff., 146 ff.
45 Rules of the Association 2016-2017, The Football Association, 18.05.2016, http://www.thefa.com/football-rules-governance/more/rules-of-the-association, S. 119.

Each (...) Club shall be responsible for ensuring:

a) that its (...) spectators, and all persons purporting to be its supporters or followers, conduct themselves in an orderly fashion and refrain from any one or combination of the following: improper, violent, threatening abusive, indecent, insulting or provocative words or behaviour...whilst attending at or taking part in a match in which it is involved, whether on its own ground or elsewhere; and

b) that no spectators or unauthorised persons are permitted to encroach onto the pitch area, save for reasons of crowd safety, or to throw missiles, bottles or other potentially harmful or dangerous objects at or on to the pitch.

Regel E 21 sieht dabei eine (jedoch sehr eingeschränkte) Exkulpationsmöglichkeit vor:

Any (...) Club which fails effectively to discharge its said responsibility in any respect whatsoever shall be guilty of Misconduct. It shall be a defence in respect of charges against a Club for Misconduct by spectators and all persons purporting to be supporters or followers of the Club, if it can show that all events, incidents or occurrences complained of were the result of circumstances over which it had no control, or for reasons of crowd safety, and that its responsible officers or agents had used all due diligence to ensure that its said responsibility was discharged.

This defence shall not apply where the Misconduct by spectators or any other person purporting to be a supporter or follower of the Club included a reference, whether express or implied, to any one or more of ethnic origin, colour, race, nationality, religion or belief, gender, gender reassignment, sexual orientation or disability.«

So wurde etwa Birmingham City im Jahr 2010 auf Grundlage dieser Vorschriften zu einer Geldstrafe in Höhe von 20.000 Pfund verurteilt.[46] Sportvereine sind in England im Regelfall als *unincorporated association*, also in der Rechtsform eines nichtrechtsfähigen Vereins, organisiert. Es besteht jedoch die Möglichkeit einer Umwandlung in eine *incorporated association* mit eigener Rechtspersönlichkeit, von der insbesondere Clubs, die an der Premier League teilnehmen, Gebrauch machen.[47] Diese Unterscheidung wirkt sich auch auf die Unterwerfung der Vereine unter die Verbandsgewalt aus.[48] Diese kann, wie in Deutschland und der Schweiz auch, entweder aufgrund einer rechtsgeschäftlichen Unterwerfung oder durch hinreichend bestimmte dynamische Satzungsverweisungen in den jeweiligen Regelwerken erfolgen.[49] Somit wurzeln Rechtsgrundlage und Überprüfbarkeit von Verbandsstrafen auch nach englischem Recht in der Satzungsautonomie als besonderer Ausprägung der Privatautonomie.

---

46 The Guardian v. 29.03.2011, https://www.theguardian.com/football/2011/mar/29/birmingham-city-fined-pitch-invasion-cup.
47 Auch die F.A. ist in der Form der Company limited by guarantee organisiert, *Krieger* (Fn. 15), S. 63 f.
48 Ist ein Verein als *unincorporated association* organisiert, so werden mangels Rechtsfähigkeit des Vereins die einzelnen Sportler Mitglieder des übergeordneten Verbands, *Krieger* (Fn. 15), S. 66.
49 *Krieger* (Fn. 15), S. 66 ff.

Die Satzung wird als Vertrag zwischen den Mitgliedern der *association* verstanden.[50] Aus dieser Einordnung folgt grundsätzlich eine geringe Überprüfungsdichte durch staatliche Gerichte.[51] Mithin ist nach englischem Recht, ähnlich wie in der Schweiz und in Deutschland, von einer grundsätzlichen Zulässigkeit von Vertragsstrafen auszugehen.

2. Keine Regresshaftung der Störer, sondern Stadionverbote

In England ist der Sportverein als Stadioneigentümer[52] für die Sicherheit in den Stadien verantwortlich.[53] Gesetzlich angeordnet ist zudem ein Stehplatzverbot für die ersten beiden Ligen; ferner werden Sicherheitszertifikate vergeben.[54]

Ein Regress bei den Störern wird jedoch bislang nicht praktiziert; die durch den jeweiligen Verband auferlegten Verbandsstrafen trägt traditionell allein der Verein.[55] Auf die Störer selbst wird primär auf öffentlich-rechtlichem Wege einzuwirken versucht.[56] Dabei setzt England zunächst auf ein personalisiertes Verkaufssystem, das schon präventiv eine Verhaltenssteuerung bewirken soll: So wurden zuletzt die Ticketpreise stark angehoben; zudem werden über den sogenannten *official supporters' club* solche Zuschauer bei der Ticketvergabe bevorzugt, die einer umfassenden Untersuchung auf Vorstrafen u.ä. zustimmen.[57] Zusätzlich sind Ausschreitungen bei Sportveranstaltungen engmaschig gesetzlich geregelt. Ausgangspunkt für diese Entwicklung waren die negativen Ausprägungen der englischen Fankultur, die in den 1980er Jahren mit den Katastrophen von Heysel und Hillsborough ihren

---

50 »Judicial opinion has been hardening and is now firmly set along the lines that the interests and rights of persons who are members of any type of unincorporated association are governed exclusively by contracts«, *Walton J.* in *In re Bucks Constabulary Widows' and Orphans' Fund Friendly Society (No. 2)* 1979 1 WLR 936, 952.
51 *R v Jockey Club ex parte Agha Khan* [1993] WL 965990. Es muss lediglich eine Einhaltung der Vereinssatzung sowie eine Entscheidung in good faith vorliegen, *Krieger* (Fn. 15), S. 97.
52 Im Unterschied zu Ländern wie der Schweiz oder Frankreich ist der Sportverein in England üblicherweise nicht nur Pächter, sondern Eigentümer des Stadions, *Veuthey/Freeburn* Melbourne Journal of International Law 2015, Vol. 16, 203, 222.
53 In Betracht kommt hiernach eine Haftung aus der *tort of negligence*, also eine Gefährdungshaftung gegenüber den verletzten Zuschauern, vgl. grundlegend zur *duty of care Deakin/Johnston/Markesinis*, Tort Law, 5. Aufl. 2003, S. 85 ff. Zur deliktischen Haftung von Zuschauern, Spielern und Schiedsrichtern nach englischem Recht *Kevan* Journal of Personal Injury Law 2001, Vol. 2, 138 et seqq.; *Cunningham and Others v. Reading Football Club Limited* [1992] P.I.Q.R. P141.
54 *Veuthey/Freeburn* Melbourne Journal of International Law 2015, Vol. 16, 203, 222 et seqq.
55 *Anderson/Banerjee*, Regulating unruly football fans: the state of English law and proposed improvements, LawInSport v. 07.05.2015, http://www.lawinsport.com/blog/item/regulating-unruly-football-fans-the-state-of-english-law-and-proposed-improvements.
56 *Z. Kidza*, aaO, S. 380.
57 *Veuthey/Freeburn* Melbourne Journal of International Law 2015, Vol. 16, 203, 230 et seq. Zur Ausweitung polizeilicher Befugnisse im Zusammenhang mit Hooligans sowie zu sonstigen Maßnahmen *James/Pearson*, in: Tsoukala/Pearson/Coenen (Fn. 2), S. 35, 42 ff.

Tiefpunkt fanden und den englischen Gesetzgeber zu einem strikten Einschreiten veranlassten.

Ausgehend vom Football Spectators Act von 1989, der ursprünglich Spiele zwischen England und Wales regeln sollte,[58] wurde der Geltungsbereich der staatlichen Regulierung maßgeblich ausgeweitet. Spezifische Ausschreitungen wie etwa das Rennen aufs Spielfeld, die Benutzung von Pyrotechnik, rassistische Gesänge oder Alkoholmissbrauch bei Sportveranstaltungen sind durch eine Reihe weiterer Gesetze erfasst, namentlich durch den Football (Offences) Act von 1991, den Sporting Events Act aus dem Jahre 1985 sowie durch die allgemeinen Vorschriften des Criminal Justice and Public Order Act von 1994.[59] So statuiert der Football (Offences) Act in Section 4:

> ›[i]t is an offence for a person at a designated football match to go onto the playing area, or any area adjacent to the playing area to which spectators are not generally admitted, without lawful authority or lawful excuse (which shall be for him to prove)‹.

Weitere verbotene Handlungen sind hiernach das Werfen von Gegenständen (Section 2) und das Anstimmen rassistischer Gesänge (Section 3). Dabei knüpft das Gesetz an diese *relevant offences* sowie an die spezifischeren Tatbestände aus dem Football Spectators Act[60], dem Sporting Events (Control of Alcohol) Act[61] sowie dem Crimi-

---

58 http://www.legislation.gov.uk/ukpga/1989/37/introduction.
59 Ein Überblick über die einschlägigen Normen und die prozessuale Durchsetzung findet sich unter http://www.cps.gov.uk/legal/d_to_g/football_related_offences/, ausführlich hierzu *James/Pearson,* in: Tsoukala/Pearson/Coenen (Fn. 2), S. 35, 39 ff.
60 Dieser wurde zuletzt durch Schedule 1 des Football (Disorder) Act von 2000 geändert:
(1) In this Part, »violence« means violence against persons or property and includes threatening violence and doing anything which endangers the life of any person.
(2) In this Part, »disorder« includes—
(a) stirring up hatred against a group of persons defined by reference to colour, race, nationality (including citizenship) or ethnic or national origins, or against an individual as a member of such a group,
(b) using threatening, abusive or insulting words or behaviour or disorderly behaviour,
(c) displaying any writing or other thing which is threatening, abusive or insulting.
(3) In this Part, »violence« and »disorder« are not limited to violence or disorder in connection with football.
61 Section 2: Offences in connection with alcohol, containers etc. at sports grounds.
(1) A person who has intoxicating liquor or an article to which this section applies in his possession—
(a) at any time during the period of a designated sporting event (...)
(b) while entering or trying to enter a designated sports ground (...)
is guilty of an offence.
(2) A person who is drunk in a designated sports ground at any time during the period of a designated sporting event (...).
Section 2A: Fireworks etc.
(1) A person is guilty of an offence if he has an article or substance to which this section applies in his possession (...)
(3) This section applies to any article or substance whose main purpose is the emission of a flare for purposes of illuminating or signalling (as opposed to igniting or heating) or the emission of smoke or a visible gas; and in particular it applies to distress flares, fog signals,

nal Justice and Public Order Act[62] die primäre Rechtsfolge des Erlasses eines Stadionverbots als »tailor-made weapon« nach Section 14A und 14B Football Spectators Act.[63] Erlässt das angerufene Gericht keine »Football Banning Order« (FBO), ist dies gesondert zu begründen, Section 14A Football Spectators Act. Beachtlich ist hierbei, dass diese sogenannten FBOs (Football Banning Orders) trotz ihrer funktionalen Vergleichbarkeit zu den in Deutschland praktizierten Stadionverboten gerade nicht zivilrechtlicher Natur sind.[64] Kontrolliert wird die Einhaltung der staatlichen Regularien in Bezug auf die Ticketausgabe und das Geschehen in den Stadien durch die Football Licensing Authority (FLA) und ihre regionalen Büros.[65] Neben diese spezifische Sanktionierung treten allgemeine, nicht fußballspezifische Strafnormen, die im Regelfall daneben anwendbar sein werden und aktuell etwa die Hälfte der im Zusammenhang mit Fußball begangenen Straftaten ausmachen.[66] Dass das englische Sanktionierungssystem trotz seiner Härte und Engmaschigkeit Zuschauerausschreitungen nicht gänzlich zu verhindern vermag, zeigen jedoch die jüngsten Vorkommnisse bei der diesjährigen Europameisterschaft.[67]

VI. Zusammenfassung in Thesenform

Vereine kann bei Zuschauerfehlverhalten eine Verkehrspflichthaftung, eine Diskriminierungshaftung sowie eine aus der Mitgliedschaft im übergeordneten Dachverband folgende Verbandsstrafenhaftung (Pönalhaftung) treffen.

(1) Die Reglements der FIFA bzw. der nationalen Verbände sehen verschuldensunabhängige Verbandsstrafen gegen die Vereine vor und beinhalten unbestimmte Rechtsbegriffe (zB die Haftung der Vereine für ihre »Anhänger«). Darin liegt gleichwohl kein Verstoß gegen die (kriminal-)strafrechtlichen Grundsätze *nulla poena sine lega certa* sowie *nulla poena sine culpa*; diese finden entgegen zahlreicher Stimmen im Schrifttum auf Vereinsstrafen keine Anwendung.

(2) Ein Verein, gegen den infolge von Zuschauerfehlverhalten eine Verbandsstrafe verhängt wurde, kann die verantwortlichen Störer nach §§ 280, 241 Abs. 2 BGB i.V.m. dem Zuschauervertrag in Regress nehmen.

(3) Nach schweizerischem Recht sind verschuldensunabhängige Verbandsstrafen unter Art. 160 ff. OR zulässig und in Art. 9 i.V.m. Art. 20 Abs. 2 SFV-RPO

---

and pellets and capsules intended to be used as fumigators or for testing pipes, but not to matches, cigarette lighters or heaters.
62 Section 166: Sale of tickets by unauthorised persons.
63 Hierzu *Veuthey/Freeburn* Melbourne Journal of International Law 2015, Vol. 16, 203, 215.
64 *Kidza* (Fn. 2), S. 380. Ausführlich zur Vereinbarkeit dieser Normen mit Grundrechten *James/Pearson*, Public Law, 2015, Jul, 458 et seqq.
65 *Kidza* (Fn. 2), S. 380 f.
66 So etwa Section 2 ff. des Public Order Act von 1986 oder Section 68 des Criminal Justice and Public Order Acts von 1994, vgl. *James/Pearson,* in: Tsoukala/Pearson/Coenen (Fn. 2), S. 35, 41.
67 Vgl. nur Spiegel Online v. 10.06.2016, http://www.spiegel.de/sport/fussball/em-2016-englische-und-russische-fans-randalieren-in-marseille-a-1097041.html.

vorgesehen. Der Regress des sanktionierten Clubs beim störenden Zuschauer ist grundsätzlich rechtens, eine Herabsetzung für den Fall übermäßig hoher Geldstrafen allerdings nach Art. 163 Abs. 3 OR möglich.

(4) In England haften Sportvereine ebenfalls verschuldensunabhängig für Ausschreitungen ihrer Zuschauer und können vom Dachverband mit einer Verbandsstrafe belegt werden. Ein Regress des Sportvereins bei seinen Zuschauern wird in England allerdings nicht diskutiert. Die Sanktionierung der Zuschauer erfolgt vielmehr aufgrund (sport-)spezifischer, öffentlich-rechtlicher und strafrechtlicher Sondernormen, wobei insbesondere Stadionverbote (football banning order) als maßgeschneidertes Mittel der Wahl (»tailor-made weapon«) angesehen werden.

Einheitliche Apothekenabgabepreise und die (objektive) Beweislast des deutschen Gesetzgebers

Sabine Wesser

I. Einleitung

Mit seiner Monographie »Gegenwartsprobleme der Beweislast« hat mein verehrter Lehrer *Hanns Prütting* Maßstäbe im Beweisrecht gesetzt, die weit über das von ihm in diesem Werk vorrangig behandelte Arbeitsrecht hinausreichen und als Grundlage für die Überwindung eines in jedem Prozessgefüge denkbaren »non liquet« nicht nur die Wissenschaft, sondern auch die Rechtsprechung wesentlich beeinflusst haben.[1]

So legt der Jubilar in seinem Werk dar, dass es sich bei der objektiven Beweislast nicht um eine »Last« im prozessualen Sinne handelt, sondern um eine im Interesse der Kalkulierbarkeit und Vorhersehbarkeit der Rechtsanwendung vorgegebene Verteilung eines Risikos, nämlich des Risikos des Nichtbewiesenseins einer Tatsache, deren Vorliegen Voraussetzung ist für die Anwendung einer Rechtsnorm.[2] Da diese Risikoverteilung vom materiellen Recht und damit normativ vorgegeben wird, ist sie sowohl unabhängig von der jeweiligen Parteirolle als auch unabhängig vom richterlichen Ermessen. Weder wird sie davon beeinflusst, welches Beweismaß das Prozessrecht verlangt noch davon, ob das Gericht in seiner Beweiswürdigung frei oder gesetzlichen Beweisregeln unterworfen ist.

Probleme der Beweislast treten auch dann auf, wenn ein Mitgliedstaat der Europäischen Union den freien Verkehr mit Arzneimitteln durch einheitliche Apothekenabgabepreise beschränkt, er diese Beschränkung mit dem Schutz der Gesundheit und des Lebens von Menschen rechtfertigt und ein nationales Gericht den Gerichtshof der Europäischen Union um Vorabentscheidung zur Auslegung des Art. 36 AEUV ersucht.

Dies soll zu Ehren des Jubilars nachfolgend näher dargelegt werden:

---

1 Vgl. BVerfGE 97, 169 juris-Rdnr. 37; BAGE 74, 127; BAG SAE 1996, 49; BAG, AP Nr. 165 zu § 620 BGB Befristeter Arbeitsvertrag; BAG, Urt. v. 18. Mai 1999 – 9 AZR 444/98 –, juris; BGHZ 146, 298; BGH, NJW 2006, 896; BGH NJW 2010, 363; OVG Lüneburg NVwZ 1992, 379.
2 Vgl. *Prütting* Gegenwartsprobleme der Beweislast, 1983, S. 176 ff., 184 f.

II. Die Besonderheit der Ware »Arzneimittel«

Arzneimittel sind Waren besonderer Art: Einerseits sind sie »als eines der wichtigsten Hilfsmittel der ärztlichen Kunst«[3] notwendig zur Behandlung von Krankheiten und Verletzungen bei Mensch und Tier, nicht selten sogar überlebensnotwendig, andererseits können sie dem Menschen schaden, seine Gesundheit und sogar sein Leben bedrohen, und zwar nicht nur bei Fehlgebrauch, sondern allein dadurch, dass Arzneimittel neben ihren erwünschten Wirkungen immer auch unerwünschte erzeugen. Beim Warenverkehr mit Arzneimitteln besteht daher ein besonderer Kontroll- und Beratungsbedarf.

III. Das deutsche Sicherheitskonzept

Die deutsche Rechtsordnung trägt diesen Besonderheiten Rechnung, indem sie den Verkehr mit Arzneimitteln einem umfangreichen Sicherheitskonzept unterwirft:

1. Abgabe für den Endverbrauch nur in bzw. durch Apotheken

So behält sie die Abgabe von Arzneimitteln grundsätzlich besonders qualifizierten, rund um die Uhr dienstbereiten und zur Beratung der Patienten und Ärzte verpflichteten Einrichtungen vor: Fast alle Arzneimittel sind apothekenpflichtig, d.h. sie dürfen grundsätzlich nur durch – von einer Apothekerin oder einem Apotheker persönlich und in rechtlicher und wirtschaftlich Unabhängigkeit geleitete – Apotheken für den Endverbrauch abgegeben werden (sog. Apothekenvorbehalt, vgl. §§ 43 AMG, 1, 2, 7 ff. ApoG). Es ist noch gar nicht lange her, da durften apothekenpflichtige Arzneimittel sogar nur »in« Apotheken in den Verkehr gebracht werden: Durch die räumliche Beschränkung der Arzneimittelabgabe auf die Offizin der Apotheke sollte die pharmazeutische Beratung der Verbraucher durch den Apotheker »als Arzneimittelfachmann« gewährleistet werden.[4] Dass dann mit dem Gesetz zur Modernisierung der Gesetzlichen Krankenversicherung vom 14. November 2003 der Versandhandel mit apothekenpflichtigen Arzneimitteln generell erlaubt wurde, beruhte u.a. auf der Befürchtung, der EuGH könne ein Versandhandelsverbot als unzulässige Beschränkung des grenzüberschreitenden Warenverkehrs werten. Zwar entschied der EuGH Ende 2003 tatsächlich, dass ein Versandhandelsverbot die Warenverkehrsfreiheit von außerhalb Deutschlands ansässigen Apotheken stärker beeinträchtige als von Apotheken in Deutschland, doch sah er diese Beschränkung in Bezug auf verschreibungs-

---

3 BVerfGE 17, 232 juris-Rdnr. 32.
4 Vgl. BT-Drs 13/9996, S. 16 zu Nummer 25 (§ 43) sowie Begr. des Regierungsentwurfes zu § 17 und 20 ApBetrO, BR-Drucks. 498/86 v. 29.10.1986, S. 77 und 79. Lediglich der Versand von Impfstoff an Ärzte war den Apotheken infolge einer Entscheidung des Bundesverfassungsgerichts, das den § 43 Abs. 1 Satz 1 insoweit als mit Artikel 12 Abs. 1 GG unvereinbar und daher nichtig erkannt hatte, möglich, vgl. BVerfG BGBl I 2003, 455.

pflichtige Arzneimittel aus Gründen des Gesundheitsschutzes (Art. 30 EGV, jetzt Art. 36 AEUV) als gerechtfertigt an, weil mit der Verwendung dieser Arzneimittel größere Gefahren verbunden sein können.[5] Dementsprechend ist in einundzwanzig der achtundzwanzig EU-Mitgliedstaaten auch heute noch der Versand verschreibungspflichtiger Arzneimittel verboten.

2. Präventives Verbot mit Erlaubnisvorbehalt für das Herstellen und Inverkehrbringen von Arzneimitteln

Ein weiterer Schutz der Bevölkerung vor den mit Arzneimitteln einhergehenden Gefahren erfolgt seit 1976 in Reaktion auf den Contergan-Fall dadurch, dass Fertigarzneimittel nur dann in den Verkehr gebracht werden dürfen, wenn sie durch die zuständige Behörde zum Verkehr zugelassen wurden (vgl. § 21 AMG). Nur in Apotheken ist es möglich, gewerblich Arzneimittel herzustellen, die nicht Fertigarzneimittel sind und damit nicht der Zulassungspflicht unterliegen (vgl. § 4 Abs. 1 a.E. AMG, Rezepturprivileg). Die gewerbs- oder berufsmäßige Herstellung von Arzneimitteln bedarf zudem grundsätzlich behördlicher Erlaubnis. Ausgenommen von der Erlaubnispflicht sind Apothekeninhaber für die Herstellung von Arzneimitteln im Rahmen des üblichen Apothekenbetriebs (vgl. § 13 Abs. 1 und Abs. 2 Nr. 1 AMG).

3. Doppelkontrolle durch Arzt und Apotheker bei Abgabe verschreibungspflichtiger Arzneimittel

Des weiteren erlaubt das Gesetz die Abgabe von als besonders riskant erkannten (Fertig- und Rezeptur-) Arzneimitteln an Verbraucher grundsätzlich nur dann, wenn ein Arzt, Zahnarzt oder Tierarzt dies durch eine von ihm eigenhändig zu unterzeichnende Verschreibung angeordnet hat (vgl. §§ 48 AMG, 1, 2 AMVV). Die Abgabe von Arzneimitteln mit einem besonderen Risikopotential unterliegt damit einer Doppelkontrolle: der therapeutischen durch den Arzt und der pharmazeutischen durch den Apotheker.

4. Strikte Trennung der Heilberufe Arzt und Apotheker

Eine vierte Sicherung resultiert schließlich daraus, dass die Rechtsordnung den Beruf des Arzneimittel verschreibenden Arztes strikt von dem des Arzneimittel abgebenden Apothekers trennt. Dies wird u.a. durch § 11 Abs. 1 Apothekengesetz zum Ausdruck gebracht, der es verbietet, dass Apotheker (oder ihre Mitarbeiter) mit Ärzten (oder anderen Behandlungspersonen) Absprachen über die bevorzugte Lieferung bestimmter Arzneimittel, die Zuführung von Patienten oder die Zuweisung von Verschreibungen treffen. Mit dieser auf die Constitutiones des Hohenstaufenkaisers

---

5 EuGH NJW 2004, 131, juris.-Rdnr. 117 ff.

Friedrich II. zurückgehenden Trennung beider Heilberufe soll sichergestellt werden, dass sich der Arzt bei der Auswahl der von ihm anzuwendenden und zu verschreibenden Arzneimittel ausschließlich von fachlich-medizinischen Gesichtspunkten und seinem Gewissen leiten lässt und andererseits der Apotheker die ihm zugeordneten Kontroll- und Beratungsfunktionen bei der Belieferung von Verschreibungen (vgl. §§ 7 Abs. 1 Satz 4, 17 Abs. 5 Satz 2, Abs. 8, 20 ApBetrO) sachgerecht und eigenverantwortlich wahrnimmt.[6]

IV. Einheitliche Apothekenabgabepreise als massgebliche Säule dieses Sicherheitskonzepts

Das deutsche Konzept bezüglich der Sicherstellung einer ordnungsgemäßen Versorgung der Bevölkerung mit Arzneimitteln basiert damit, genauso wie in anderen EU-Mitgliedstaaten, zu einem wesentlichen Teil auf Apotheken (vgl. auch § 1 ApoG) und zwar auf solchen Apotheken, die aufgrund ihrer Präsenz vor Ort jederzeit, auch in Akut- und Notfällen, eine ordnungsgemäße Arzneimittelversorgung gewährleisten. Anders jedoch, als dies in den meisten anderen EU-Mitgliedstaaten der Fall ist, wird die hierfür erforderliche gleichmäßige Verteilung von Apotheken nicht dadurch erreicht, dass die Niederlassungsfreiheit von Apotheken beschränkt und deren räumliche Verteilung durch eine Bedarfsprüfung oder ein System geografischer Aufteilung geregelt wird; denn das Grundgesetz stellt sehr hohe Anforderungen an die Zulässigkeit einer objektiven Beschränkung der freien Berufswahl, weshalb der Gesetzgeber vom »Radikalmittel der Zulassungsbeschränkung«[7] Abstand genommen hat. Statt dessen versucht er, durch eine Regulierung des Wettbewerbs, nämlich durch einheitliche Apothekenabgabepreise, Anreize dafür zu schaffen, dass sich Apotheken auch in weniger lukrativen Gebieten niederlassen. Ursprünglich gab es solche einheitlichen Apothekenabgabepreise für alle apothekenpflichtigen Arzneimittel, durch das Gesetz zur Modernisierung der gesetzlichen Krankenversicherung vom 14. November 2003 wurde die Preisbindung auf verschreibungspflichtige Arzneimittel beschränkt (vgl. §§ 78 Abs. 2 Satz 3 AMG 1 Abs. 1 Nr. 2 i.V.m. Absatz 4 AMPreisV). Im Jahr 2015 machten die verschreibungspflichtigen Arzneimittel 83, 3 Prozent des durchschnittlichen Gesamtumsatzes von Apotheken aus.[8]

Durch den einheitlichen Apothekenabgabepreis soll ein Preiswettbewerb auf der Handelsstufe der Apotheken ausgeschlossen oder jedenfalls vermindert werden und dadurch, neben einer Senkung der Arzneimittelpreise, vor allem der Gefahr eines ruinösen Preiswettbewerbs unter Apotheken entgegengewirkt werden. Dadurch soll im öffentlichen Interesse die gebotene flächendeckende und gleichmäßige Versorgung

---

6 Vgl. z.B. *Wesser*, in: Kieser/Wesser/Saalfrank, Apothekengesetz, Kommentar, Stand Mai 2017, § 11 Rdnr. 2 m.w.N.
7 BVerfGE 7, 377 juris-Rdnr. 162 ff.
8 ABDA, Die Apotheke – Zahlen, Daten, Fakten 2016, S. 54.

der Bevölkerung mit Arzneimitteln sichergestellt[9] und Apotheken auch in weniger dicht besiedelten Gebieten ein Auskommen ermöglicht werden[10]. Des weiteren dienen einheitliche Apothekenabgabepreise dem Schutz des einzelnen Patienten, der sich aufgrund seiner Behandlungsbedürftigkeit (und des mit dieser in der Regel einhergehenden Zeitdrucks) typischerweise in einer schwächeren Verhandlungsposition befindet. Da die Arzneimittelbeschaffung nicht von wirtschaftlichen Überlegungen abhängig sein soll, soll auch die Preisgestaltung davon unabhängig sein.[11] Deswegen kann sich jeder Patient darauf verlassen, dass das ihm vom Arzt verschriebene Arzneimittel in jeder Apotheke dasselbe kostet. Auch der für öffentliche Apotheken bei verschriebenen Arzneimitteln bestehende Kontrahierungszwang (vgl. § 17 Abs. 4 ApBetrO) ist nur auf der Grundlage nicht verhandelbarer Abgabepreise denkbar.[12] Und schließlich hängt das Funktionieren des sozialgesetzlichen Sachleistungssystems maßgeblich davon ab, dass das Aushandeln von Arzneimittelpreisen die Ausnahme bildet (vgl. § 3 Abs. 2 Satz 2 RahmenV), andernfalls eine zeitnahe, den Anforderungen des § 2 SGB V an die Qualität und Wirksamkeit der von den Gesetzlichen Krankenkassen an die Versicherten zu leistenden Arzneimittelversorgung gar nicht möglich wäre.[13]

V. Die Beweislast des Gesetzgebers beim Eingriff in Grundrechte

Schreibt die Rechtsordnung Apotheken vor, zu welchem Preis sie verschreibungspflichtige Arzneimittel für den Endverbrauch abzugeben haben, so stellt dies einen Eingriff in die Berufsausübungsfreiheit der diese Apotheken leitenden Apotheker dar. Der vom Jubilar als Sachgrund der Beweislastverteilung erkannte »Angreifergedanke«[14] legt die Annahme nahe, dass der diesen Eingriff bewirkende Staat die Last des Beweises dafür trägt, dass der Eingriff tatsächlich geeignet ist, das mit ihm verfolgte Ziel zu erreichen:

1. Die Grundregel

Indem die verfassungsgebende Gewalt mit Art. 1 Abs. 1 GG die Würde des Menschen zum Ausgangspunkt der freiheitlichen demokratischen Grundordnung gemacht hat, hat sie dem verfassten Staat und seiner Rechtsordnung jede Absolutheit und jeden

---

9 Vgl. Stellungnahme des Bundesrates zum Gesetzentwurf der Bundesregierung eines Vierten Gesetzes zur Änderung des AMG, BT-Drucks 11/5373, Anl. 2, S. 27 Nr. 31 zu Artikel 1 nach Nummer 34 (§ 78 Abs 2).
10 Vgl. Gemeinsamer Senat der obersten Gerichtshöfe des Bundes, BGHZ 194, 354 juris-Rdnrn. 25 und 46; OVG Lüneburg GesR 2011, 291, juris-Rdnr. 10.
11 Vgl. BT-Drs. 3/654, S. 24 f. in § 33.
12 Vgl. *Dettling* A&R 2016, 251, 255 f.
13 Vgl. *Dettling* A&R 2016, 251, 256.
14 Vgl. *Prütting* Gegenwartsprobleme der Beweislast, S. 258.

»natürlichen« Vorrang genommen. Mit der Subjektqualität des Menschen ist ein sozialer Wert- und Achtungsanspruch verbunden, der es verbietet, den Menschen zum »bloßen Objekt« staatlichen Handelns zu degradieren. Die Würde des Menschen bleibt nur unangetastet, wenn der Einzelne als grundsätzlich frei, wenngleich stets sozialgebunden, und nicht umgekehrt als grundsätzlich unfrei und einer übergeordneten Instanz unterworfen behandelt wird. Auch das Rechtsstaatsprinzip zielt auf die Bindung und Begrenzung öffentlicher Gewalt zum Schutz individueller Freiheit.[15]

Den Artikeln 1 und 20 Abs. 3 GG lässt sich daher die Grundregel[16] entnehmen, dass der Gesetzgeber bei einem Eingriff in eine durch ein Grundrecht gewährleistete Freiheit die Last des Beweises dafür trägt, dass dieser Eingriff gerechtfertigt, also zur Erreichung eines von ihm verfolgten Gemeinwohls geeignet, erforderlich und angemessen ist.

2. Die Einschätzungsprärogative des demokratisch legitimierten Gesetzgebers

Nun sind gerade Handlungen des Gesetzgebers solche, welche die Zukunft des Gemeinwesens gestalten sollen, welche mithin Prognoseentscheidungen zum Gegenstand haben. Künftige gesellschaftliche Entwicklungen aber lassen sich kaum beweisen. Zwar sind nicht nur gegenwärtige und vergangene Tatsachen dem Beweis zugänglich, sondern auch künftige, doch stellt sich bei letzteren das Problem, dass die Beweisbarkeit um so schwieriger wird, je vielgestaltiger die Umstände sind, die den Eintritt der künftigen Tatsache beeinflussen können: Dass etwa morgen früh in Köln die Sonne »aufgehen« wird, ist eine künftige Tatsache, die sich mit Hilfe der – jedenfalls zur Zeit geltenden – Naturgesetze beweisen lässt. Dass sich die Sonne morgen um 10:00 Uhr in Köln-Lindenthal nicht hinter Hochnebel oder Wolken verstecken wird, ist hingegen eine künftige Tatsache, die sich schon nicht mehr so leicht beweisen lässt. Und dass 10 % der an der Rechtswissenschaftlichen Fakultät der Universität zu Köln eingeschriebenen Studenten eine wolkenfrei scheinende Sonne zum Anlass nehmen werden, morgen eine Vorlesung zu schwänzen, ist eine künftige Tatsache, die sich gar nicht beweisen lässt, gerade und vor allem wegen der Unberechenbarkeit menschlichen Verhaltens. Genau diese Unberechenbarkeit macht den Beweis eines künftigen Kausalzusammenhangs zwischen einer gesetzlichen Regelung und dem Eintritt der mit dieser Regelung verfolgten gesellschaftlichen Wirkung nahezu unmöglich.

Der Erhalt der Handlungsfähigkeit des verfassten Gemeinwesens setzt aber voraus, dass eine gesetzliche Regelung auch dann erlassen werden kann, wenn nicht hundertprozentig sicher ist, dass sie das mit ihr verfolgte Gemeinwohlziel zu erreichen geeignet ist. Dem Gesetzgeber ist daher in Bezug auf die Geeignetheit einer von ihm zur Verwirklichung eines bestimmten Gemeinwohls erlassenen Regelung ein soge-

---

15 BVerfG, Urteil vom 17. Januar 2017 – 2 BvB 1/13 (NPD-Verbotsantrag), juris, Rdnr. 538 ff.
16 Zur Grundregel der Beweislastverteilung im Zivilrecht siehe *Prütting* Gegenwartsprobleme der Beweislast, 1983, S. 265 ff.

nannter Einschätzungsspielraum eingeräumt: Die Einschätzung der für eine Konfliktlage maßgeblichen ökonomischen und sozialen Rahmenbedingungen wird seiner politischen Verantwortung zugewiesen, ebenso die Vorausschau auf die künftige Entwicklung und die Wirkungen seiner Regelung.[17] Dasselbe gilt für die Bewertung der Interessenlage, das heißt die Gewichtung der einander entgegenstehenden Belange und die Bestimmung ihrer Schutzbedürftigkeit.[18]

Wenn also der Gesetzgeber einen bestimmten Gemeinwohlbelang als schützenswert erachtet und im demokratischen Willensbildungsprozess zu der Einschätzung gelangt, dass sich dieser Schutzzweck mit einer bestimmten freiheitsbeschränkenden Regelung erreichen lässt, ist es nicht Sache eines die gesetzgeberische Maßnahme auf ihre Verfassungsmäßigkeit überprüfenden Gerichts, seine eigene Einschätzung, genauer gesagt die Einschätzung der Mitglieder des zur Entscheidung berufenen Spruchkörpers, an die Stelle der Einschätzung des demokratisch legitimierten Gesetzgebers zu setzen.

Wie sehr die Einschätzungen der verschiedenen Organwalter von Legislative, Exekutive und Judikative voneinander abweichen können, zeigt die im ersten Quartal 2017 geführte Diskussion um die Frage, ob der seit zwölf Jahren unbeschränkt zugelassene Arzneimittelversandhandel wieder beschränkt und nur noch bei nicht verschreibungspflichtigen Arzneimitteln zugelassen werden soll: Der Streit um die Eignung einer solchen Maßnahme zur Gewährleistung einer ordnungsgemäßen Arzneimittelversorgung der Bevölkerung machte noch nicht einmal vor den Parteigrenzen halt. Hinzu kommen die naturgemäß äußerst verschiedenen Einschätzungen der verschiedenen Interessenverbände (Versandapotheken, Krankenkassen, Verbraucher) und der von ihnen beauftragten Sachverständigen sowie der Medien. Es hat daher seinen guten Grund, die Einschätzung von Gefahren für die Allgemeinheit und die Einschätzung der Eignung von zur Verhütung dieser Gefahren zu erlassenden Regelungen dem demokratisch legitimierten Gesetzgeber zu überlassen.

Festzuhalten ist, dass das Demokratieprinzip des Art. 20 Abs. 1 GG die Grundregel dahingehend konkretisiert, dass dem Gesetzgeber bei der Einschätzung von Gefahren für die Allgemeinheit sowie der Eignung, Erforderlichkeit und Angemessenheit grundrechtsbeschränkender Regelungen zur Abwehr dieser Gefahren ein Spielraum zusteht. Dieser Einschätzungsspielraum ist erst dann überschritten, wenn die Erwägungen des Gesetzgebers so offensichtlich fehlsam sind, dass sie vernünftigerweise keine Grundlage für die angegriffenen gesetzgeberischen Maßnahmen abgeben können.[19]

---

17 BVerfGE 134, 204 juris-Rdnr. 70.
18 BVerfGE 134, 204 juris-Rdnr. 70 unter Verweis auf BVerfGE 81, 242, 255; 97, 169, 176 f.
19 BVerfGE 121, 317 juris-Rdnr. 103 m.w.N.

3. »Non liquet« erst bei offensichtlich fehlsamer Einschätzung

Die Schwelle für die Annahme eines »non liquet« ist damit heraufgesetzt: Wegen der Einschätzungsprärogative des demokratisch legitimierten Gesetzgebers darf ein Organ der Rechtsprechung ein Nichtbewiesensein der zur Rechtfertigung einer gesetzgeberischen Maßnahme notwendigen Tatsachen nur dann annehmen, wenn die Einschätzungen des Gesetzgebers so offensichtlich fehlsam sind, dass sie vernünftigerweise keine Grundlage für die angegriffene gesetzgeberische Maßnahme abgeben können. In einem solchen Fall könnte man auch annehmen, das die Verfassungsgemäßheit der gesetzlichen Norm prüfende Gericht sei vom Gegenteil der Tatsachen überzeugt, für deren Vorliegen bzw. künftiges Eintreten der Gesetzgeber die objektive Beweislast trägt, so dass das Gericht gerade keine Beweislastentscheidung trifft, wenn es die gesetzliche Regelung wegen offensichtlich fehlsamer Einschätzung des Gesetzgebers als verfassungswidrig erkennt.

Es kann jedoch dahingestellt bleiben, ob es methodisch einen Unterschied gibt zwischen dem Fall, dass ein Rechtsprechungsorgan einen Rechtssatz nicht anwendet (also die von dem Rechtssatz für abstrakt viele Fälle vorgegebene Rechtsfolge im konkreten Fall nicht als gegeben erachtet), weil es nicht davon überzeugt ist, dass die tatsächlichen Voraussetzungen dieses Rechtssatzes im konkreten Fall vorliegen, oder deswegen, weil es überzeugt ist, dass die tatsächlichen Voraussetzungen dieses Rechtssatzes nicht vorliegen oder deswegen, weil es sich gar keine Überzeugung verschaffen konnte, weder vom Vorliegen der fraglichen Voraussetzungen, noch von deren Nichtvorliegen. Denn das Ergebnis ist in allen drei Fällen dasselbe: Einen Rechtssatz, dessen tatsächliche Voraussetzungen im konkreten Fall nicht erfüllt sind, darf ein Gericht nicht anwenden.

Der (Verfassungs-) Rechtssatz, der für den Gesetzgeber das objektive Recht (die Kompetenz) begründet, die Berufsausübungsfreiheit zu beschränken, darf folglich keine Anwendung finden, wenn ein Gericht die tatsächlichen Voraussetzungen dieses Rechtssatzes (wie etwa die Eignung der gesetzlichen Berufsbeschränkung zur Verwirklichung des mit ihr bezweckten Gemeinwohls) als nicht gegeben erachtet. Folglich muss das Gericht die berufsbeschränkende gesetzliche Regelung als mit dem Grundgesetz unvereinbar erkennen und je nach dem, zu welchen weiteren Entscheidungen es befugt ist, sie entweder mit Gesetzeskraft für nichtig erklären (vgl. Art. 94 Abs. 2 GG i.V.m. § 78 BVerfGG) oder das Verfahren aussetzen und die Entscheidung des zuständigen (Bundes- oder Landes-) Verfassungsgerichts einholen (vgl. Art. 100 Abs. 1 GG).

4. Kriterien

Ob die Einschätzungen des Gesetzgebers als offensichtlich fehlsam anzusehen sind, hängt wiederum vom Gewicht des von ihm als schützenswert erachteten Gemeinguts ab: Je gewichtiger dieses Gut und je schwerer die ihm drohende Gefahr, desto geringer sind die Anforderungen an die tatsächlichen Grundlagen.

Geht es etwa um den Schutz der menschlichen Gesundheit vor den Folgen des Passivrauchens, folgt allein daraus, dass einzelne Sachverständige die Gefahr einer Schädigung durch Passivrauchbelastung als »relativ gering« einschätzen, nicht, dass der Gesetzgeber, der mit dem überwiegenden Teil der Wissenschaft eine Gesundheitsgefährdung als gegeben erachtet, seinen Einschätzungsspielraum überschreitet:

> *»Schon die Schwere der drohenden gesundheitlichen Schädigungen und das hohe Gewicht, das dem Schutz des menschlichen Lebens und der menschlichen Gesundheit in der Werteordnung des Grundgesetzes zukommt, sprechen dafür, selbst bei nicht völlig übereinstimmenden Positionen innerhalb der Wissenschaft eine ausreichende tatsächliche Grundlage für den Schutz vor Gesundheitsgefährdungen durch Passivrauchen als Gemeinwohlbelang anzuerkennen.«*[20]

Für die Beurteilung der gesetzgeberischen Einschätzung dürfte darüber hinaus von Bedeutung sein, ob es die fragliche Regelung schon länger gibt und ob das mit ihr verfolgte Ziel bislang erreicht werden konnte; denn dann spricht ein erster Anschein dafür, dass zwischen der erzielten Wirkung und der gesetzlichen Regelung ein Kausalzusammenhang besteht. Dieser Anschein kann zwar außer Kraft gesetzt werden durch Umstände, die einen anderen Geschehensablauf nahelegen, doch spricht bei Fehlen solcher Umstände eine gewisse Wahrscheinlichkeit dafür, dass die gesetzliche Regelung (zumindest mit-) ursächlich ist für das Erreichen des gesetzgeberischen Ziels. Anderslautende Einschätzungen einzelner Sachverständiger sind in einem solchen Fall daher nicht ohne weiteres geeignet, der Einschätzung des demokratisch legitimierten Gesetzgebers den Boden zu entziehen.

Dagegen ist eine Gefahreinschätzung des Gesetzgebers nicht schlüssig, wenn identischen Gefährdungen in denselben oder in anderen, aber dieselbe Materie betreffenden Gesetzen unterschiedliches Gewicht beigemessen wird.[21]

VI. Offensichtlich fehlsame Einschätzung der Eignung der Preisbindung zur Erreichung des damit verfolgten Gemeinwohlziels?

1. Die Entscheidungen deutscher Gerichte

2012 entschied nach Anrufung durch den Bundesgerichtshof der gemeinsame Senat der obersten Gerichtshöfe des Bundes, dass ein einheitlicher Apothekenabgabepreis für verschreibungspflichtige Arzneimittel eine geeignete und erforderliche Maßnahme darstellt, um im Hinblick auf die Beratungs- und Schlüsselfunktion der Apotheken einen Preiswettbewerb auf der Handelsstufe der Apotheken auszuschließen oder jedenfalls zu vermindern und dadurch im öffentlichen Interesse eine flächendeckende und gleichmäßige Versorgung der Bevölkerung mit Arzneimitteln sicherzustellen.[22]

20 BVerfGE 121, 317 juris-Rdnr. 111.
21 BVerfGE 107, 186 juris-Rdnr. 43.
22 BGHZ 194, 354 juris-Rdnr. 44 ff.

Durch eine solche Preisbindung sei weder der dem Gesetzgeber nach nationalem Recht zustehende Einschätzungsspielraum noch der den Mitgliedstaaten nach supranationalem Recht zustehende Wertungsspielraum überschritten. 2014 musste sich der Bundesgerichtshof erneut mit der Arzneimittelpreisbindung befassen. Er sah diese, genauso wie schon zuvor der Gemeinsame Senat u.a. als nach Art. 36 AEUV zum Schutz der Gesundheit der Bevölkerung gerechtfertigt an und lehnte einer Vorlage an den EuGH ab.[23] 2016 verneinte der Bundesgerichtshof erneut eine Überschreitung des Einschätzungs- bzw. Wertungsspielraums des Gesetzgebers.[24] Das Bundesverfassungsgericht nahm weder die von einer ausländischen Versandapotheke gegen § 78 Abs. 1 Satz 4 AMG erhobene Rechtssatzverfassungsbeschwerde noch die gegen die genannten BGH-Urteile erhobenen Verfassungsbeschwerden zur Entscheidung an.[25]

2. Die Entscheidung des EuGH vom 19. Oktober 2016

Obwohl auch der Gerichtshof der Europäischen Union den Mitgliedstaaten in ständiger Rechtsprechung einen Wertungsspielraum zuerkennt bei der Bestimmung, auf welchem Niveau sie den Schutz der Gesundheit der Bevölkerung gewährleisten wollen und wie dieses Niveau erreicht werden kann,[26] sieht die Erste Kammer des Gerichtshofs die deutsche Regelung als nicht geeignet an, die angestrebten Ziele zu erreichen:
Im Rahmen eines Rechtsstreits zwischen der Deutschen Parkinson Vereinigung e. V. und der Zentrale zur Bekämpfung unlauteren Wettbewerbs e. V., bei welchem es um die Zulässigkeit eines zwischen der Parkinson-Vereinigung und einer ausländischen Versandhandelsapotheke vereinbarten Bonusmodells für verschiedene verschreibungspflichtige Arzneimittel ging, legte das Oberlandesgericht Düsseldorf dem EuGH mehrere Fragen zur Vorabentscheidung vor, welche u.a. die Auslegung des Art. 36 AEUV betrafen.[27] Da die Wettbewerbszentrale ihre Klage u.a. damit begründet hatte, nur die Preisbindung bei verschreibungspflichtigen Arzneimitteln stelle eine flächendeckende und gleichmäßige Versorgung der Bevölkerung mit verschreibungspflichtigen Arzneimitteln sicher, wollte das Gericht vom EuGH wissen, wie hoch die Anforderungen an solche Feststellungen in Anbetracht des dem Gesetzgeber zustehenden Wertungsspielraums seien. Die Erste Kammer des EuGH entschied daraufhin, dass Art. 36 AEUV dahingehend auszulegen sei, dass eine nationale Regelung, die wie die im Ausgangsverfahren in Rede stehende vorsehe, dass für verschreibungspflichtige Humanarzneimittel einheitliche Apothekenabgabepreise festgesetzt werden, nicht mit dem Schutz der Gesundheit und des Lebens von Menschen im Sinne dieses Artikels gerechtfertigt werden könne, weil sie nicht geeignet sei, die angestrebten Ziele zu erreichen.[28] In den Entscheidungsgründen räumt die Erste Kammer

---

23 BGH NJW 2014, 3245.
24 BGH GRUR 2016, 523.
25 BVerfG NJW 2016, 1436; NJW 2016, 2401; Beschl. v. 02.02. 2017 – 2 BvR 787/16, juris.
26 EuGH Slg 2010, I-4629 Rdnr. 44 m.w.N.
27 OLG Düsseldorf MedR 2015, 605.
28 EuGH NJW 2016, 3771 Rdnrn. 37 und 35; vgl. aber auch BGH GRUR 2017, 635 juris-Rdnrn. 39 ff., 48, wonach die vom EuGH vermissten Feststellungen zur Eignung nachzuholen sind.

zwar ein, dass den Mitgliedstaaten ein Wertungsspielraum zuzuerkennen sei bezüglich der ihnen durch Art. 36 AEUV ermöglichten Bestimmung, auf welchem Niveau sie den Schutz der Gesundheit der Bevölkerung gewährleisten wollen und wie dieses Niveau erreicht werden soll, doch geht sie auf diesen Wertungsspielraum nicht weiter ein. Vielmehr legt sie dar, dass es den nationalen Behörden obliege, die für die Eignung und Erforderlichkeit der nationalen Maßnahme zur Gewährleistung einer flächendeckenden sicheren und qualitativ hochwertigen Arzneimittelversorgung erforderlichen Beweise in jedem Einzelfall beizubringen. Die Rechtfertigungsgründe, auf die sich ein Mitgliedstaat berufen könne, müssten von einer Untersuchung zur Geeignetheit und Verhältnismäßigkeit der von diesem Mitgliedstaat erlassenen Maßnahme sowie von genauen Angaben zur Stützung seines Vorbringens begleitet sein. Ein nationales Gericht müsse somit, wenn es eine nationale Regelung darauf prüfe, ob sie zum Schutz der Gesundheit und des Lebens von Menschen nach Art. 36 AEUV gerechtfertigt sei, mit Hilfe statistischer Daten, auf einzelne Punkte beschränkter Daten oder anderer Mittel objektiv prüfen, ob die von dem betreffenden Mitgliedstaat vorgelegten Beweise bei verständiger Würdigung die Einschätzung erlaubten, dass die gewählten Mittel zur Verwirklichung der verfolgten Ziele geeignet seien, und ob es möglich sei, diese Ziele durch Maßnahmen zu erreichen, die den freien Warenverkehr weniger einschränkten. Hinsichtlich der Geeignetheit der im Ausgangsverfahren in Rede stehenden nationalen Regelung stellt die Erste Kammer des Gerichtshofs dann fest, dass das auf die Notwendigkeit der Gewährleistung einer flächendeckenden und gleichmäßigen Versorgung mit verschreibungspflichtigen Arzneimitteln in ganz Deutschland gestützte Argument nicht in einer Weise untermauert worden sei, die den Vorgaben des Gerichtshofs genüge. Ganz im Gegenteil legten einige Unterlagen, auf die sich die Kommission stütze, nahe, dass mehr Preiswettbewerb unter den Apotheken die gleichmäßige Versorgung mit Arzneimitteln dadurch fördern würde, dass Anreize zur Niederlassung in Gegenden gesetzt würden, in denen wegen der geringeren Zahl an Apotheken höhere Preise verlangt werden könnten.

Damit hat der EuGH eine »Beweislastentscheidung« getroffen – nicht eine Beweislastentscheidung im engen Sinne, wohl aber eine Entscheidung, die davon getragen ist, dass die tatsächlichen Voraussetzungen einer bestimmten Norm, hier des Art. 36 AEUV, nicht erfüllt sind, die sich aus § 78 AMG ergebende Beschränkung des freien Warenverkehrs mithin nicht als durch diese Norm gerechtfertigt angesehen werden kann. Entgegen seiner Ankündigung hat der Gerichtshof auch nicht dem nationalen Gericht die Prüfung überlassen, ob der Beweis für das Vorliegen der tatsächlichen Voraussetzungen des Art. 36 AEUV erbracht ist, sondern selbst die Feststellung getroffen, dass Eignung und Erforderlichkeit der fraglichen Regelung nicht hinreichend »untermauert« worden seien. Ob diese »Beweislastentscheidung« durch das materielle Recht gedeckt ist, ist mehr als fraglich. Dies ist schon deswegen fraglich, weil der EuGH im Vorlageverfahren auf die Auslegung des Vertrages beschränkt ist (vgl. Art. 267 Satz 1 Buchst. a AEUV), während deren Anwendung dem vorlegenden nationalen Gericht obliegt. Die Feststellung, dass eine bestimmte nationale Regelung nicht den Anforderungen des Art. 36 AEUV genügt, ist aber nicht mehr nur

Auslegung des Art. 36 AEUV, sondern Entscheidung über die Anwendbarkeit dieser Vertragsbestimmung. Eine solche ist dem Gerichtshof nur im Rahmen eines Vertragsverletzungsverfahrens nach den Art. 257 f. AEUV erlaubt. Auch die Behandlung des den Mitgliedstaaten zustehenden Wertungsspielraums überrascht: Wo ist Raum für eine mitgliedstaatliche Wertung, wenn das Bestehen einer Gefahr für die menschliche Gesundheit nur noch auf der Grundlage »von relevanten wissenschaftlichen Untersuchungen« und die Eignung einer gesetzlichen Regelung zur Vermeidung einer solchen Gefahr nur noch »mit statistischen Daten« belegt werden können? Wie kann man – abgesehen vom Abwarten der künftigen Entwicklung – »mit Daten« belegen, dass die Anzahl der inhabergeführten Präsenzapotheken in Deutschland abnehmen wird, wenn ausländische, regelmäßig von Kapitalgesellschaften betriebene und daher über eine ganz andere Werbemacht gegenüber den Verbrauchern, über eine ganz andere Verhandlungsmacht gegenüber den Kostenträgern und überhaupt über eine ganz andere Durchsetzungsmacht verfügende Versandapotheken[29] die Abgabe verschreibungspflichtiger Arzneimittel mit geldwerten Vorteilen für die Verbraucher bewerben dürfen? Nicht unproblematisch ist die Entscheidung der Ersten Kammer des EuGH schließlich vor dem Hintergrund des deutschen Verfassungsrechts: Zum einen erlaubt Art. 23 Abs. 1 GG eine Übertragung von Hoheitsgewalt an eine supranationale Organisation nur insoweit, wie dies die Ewigkeitsgarantie des Art. 79 Abs. 3 i.V.m. Art 1 und Art. 20 GG nicht berührt und zum anderen erfolgt die Übertragung nach dem Prinzip der begrenzten Einzelermächtigung. Das Bundesverfassungsgericht ist deshalb berechtigt und verpflichtet, Handlungen der europäischen Organe und Einrichtungen darauf zu überprüfen, ob sie aufgrund ersichtlicher Kompetenzüberschreitungen oder aufgrund von Kompetenzausübungen im nicht übertragbaren Bereich der Verfassungsidentität erfolgen und gegebenenfalls die Unanwendbarkeit kompetenzüberschreitender Handlungen für die deutsche Rechtsordnung festzustellen.[30] Eine Beschränkung des parlamentarischen Gesetzgebers in seiner politischen Gestaltungsmacht dadurch, dass ein Organ der Rechtsprechung die Kompetenz beansprucht, seine eigenen Einschätzungen an die des parlamentarischen Gesetzgebers zu setzen, berührt aber das Demokratieprinzip. Zwar gesteht das Bundesverfassungsgericht dem Gerichtshof einen »Anspruch auf Fehlertoleranz« zu,[31] doch wird zu Recht angenommen, dass die Entscheidung der Ersten Kammer des EuGH vom 19. Oktober 2016 eine »Ultra-vires«-Entscheidung darstellt[32].

---

29 Obwohl der Apothekerverband Nordrhein eine niederländische Versandapotheke wiederholt erfolgreich auf Unterlassung in Anspruch genommen hatte, war es nicht möglich, die gegen sie erwirkten Ordnungsgeldbeschlüsse in Höhe von insgesamt mehr als einer Million Euro zu vollziehen. Die Versandapotheke legte weiterhin das ihr verbotene Verhalten an den Tag und betreibt nun aufgrund des EuGH-Urteils erfolgreich die Aufhebung der gegen sie gerichteten einstweiligen Verfügungen, vgl. LG Köln, Urt. v. 22.03.2017 – 84 O 90/13.
30 BVerfGE 126, 286 juris-Rdnr. 55 mwN.
31 BVerfGE 126, 286 juris-Rdnr. 66.
32 *Dettling*, A&R 2016, 251, 265.

Teil II
Erkenntnisverfahren

Streitverkündung und Nebenintervention im Kartellschadensersatzprozess

Kostenwirkungen als Justizhemmnis

Hans-Jürgen Ahrens

Hanns Prütting hat sich gegenüber Reformen des Zivilprozessrechts stets aufgeschlossen gezeigt. Denkanstöße zur Fortentwicklung des Prozessrechts gehen vermehrt von Regelungen zur verfahrensmäßigen Durchsetzung von materiell-rechtlichen Normen des Wirtschaftsrechts aus, die ihrerseits auf Unionsrecht beruhen. Mittelbar werden dadurch Ergebnisse der dem Unionsrecht zugrunde liegenden europäischen Rechtsvergleichung an das deutsche Prozessrecht herangetragen. Das gilt auch für den durch die 9. GWB-Novelle reformierten Kartellzivilprozess.

Das Interesse des Jubilars am Beweisrecht könnte es gebieten, die Pflicht des Prozessgegners zur Mitwirkung an der Beweismittelbeschaffung gem. §§ 33g und 89b GWB zu erörtern; die Normen geben Anstöße für eine Reform der ZPO weit über § 142 ZPO hinaus. Die Novelle hat jedoch mit § 89a Abs. 3 GWB noch eine weitere bemerkenswerte Regelung zum Kostenrecht geschaffen. Gesenkt werden soll das Prozesskostenrisiko für den Schadensersatzkläger aufgrund des Beitritts von Streitverkündungsempfängern auf Seiten des beklagten Rechtsverletzers. Probleme zivilprozessualer Gerechtigkeit, die durch die Belastung mit Verfahrenskosten entstehen, werden eher selten erörtert.[1] Sie dürfen jedoch nicht vernachlässigt werden, denn ihre Lösung ist mit dem verfassungsrechtlich verankerten Justizgewährungsanspruch und dem Anspruch auf ein faires Verfahren verknüpft. Praktische Bedeutung erlangt dies neuerdings im Kartellschadensersatzprozess.

I. Prozesskosten und Justizgewährungsanspruch

1. Kostenerstattung der unterlegenen Partei

Die Regelung des § 91 Abs. 1 ZPO zur vollständigen Erstattung der Prozesskosten durch die unterlegene Prozesspartei stellt aus Sicht des Beklagten eine notwendige

---

[1] S. aber z.B. Roth in Stein/Jonas, ZPO, 23. Aufl., Band 1 2014, § 2 Rdn. 6 ff.

Hemmschwelle gegen leichtfertige Klagerhebungen dar. Aus Sicht des Klägers verwirklicht sie bei einem Prozesssieg den Anspruch auf vollständige wirtschaftliche Befriedigung einer nur gerichtlich durchzusetzbaren Forderung, indem sie die Aufwendungen des Klägers für seinen Anwalt sowie für die Gerichtsgebühren und die gerichtlichen Auslagen auf die Gegenseite abwälzbar macht.

2. Der Justizgewährungsanspruch

Betroffen ist von der Kostenerstattungsregelung zugleich der Anspruch auf effektive Justizgewährung, der im Zivilprozess aus dem Rechtsstaatsprinzip des Art. 20 Abs. 3 GG abgeleitet wird. Dies gilt für beiden Prozessparteien. Soweit die Kostenbelastung ein Übermaß erreicht, kann der Kläger von der Verfolgung eines aussichtsreichen Anspruchs abgeschreckt werden, weil Prognosen über den Prozessausgang stets mit Unsicherheiten behaftet sind. Der Beklagte wird die Kosten der Verteidigung für den Fall des Prozessverlustes ebenfalls kalkulieren und sich gegebenenfalls zu einem ihm ungünstigen Vergleich entschließen oder auf ein Rechtsmittel gegen eine für ihn negative Instanzentscheidung verzichten.

3. Streitwertbestimmung als kostenbestimmender Faktor

Wesentlicher Steuerungsfaktor für die Höhe der Kosten ist die Bemessung des Streitwertes. Gebühren im Zivilprozess sind in der Regel Wertgebühren; sie richten sich nach dem Wert des Streitgegenstandes (§ 3 Abs. 1 GKG, § 2 Abs. 1 RVG). Für die Anwaltsgebühren verweist § 23 Abs. 1 S. 1 RVG auf den Gebührenstreitwert der Gerichtsgebühren, dessen Regelung in § 48 Abs. 1 S. 1 GKG wiederum auf den Zuständigkeitsstreitwert und damit auf die §§ 3 bis 9 ZPO verweist. Die Bemessung liegt damit wegen § 3 ZPO in verschiedenen Konstellationen in der Hand des Richters, soweit nicht normative Festlegungen in der ZPO oder in den Gebührengesetzen getroffen sind. Während sich der Streitwert der Gerichtsgebühren ausschließlich nach den Interessen des angreifenden Klägers richtet[2] und insoweit für die Anwaltsgebühren maßgebend ist, muss der Gegenstandswert für die von Nebenintervenienten geschuldeten Anwaltsgebühren jeweils gesondert bestimmt werden (§ 33 Abs. 1 Alt. 1 RVG),[3] denn § 66 Abs. 1 ZPO knüpft den Beitritt an sein rechtliches Interesse.

Das Bundesverfassungsgericht hat die Kostenbelastung in vereinzelten Entscheidungen unter dem Gesichtspunkt der Justizgewährung angesprochen (nachfolgend II 1). In die Gesamtschau der von der Kostenregelung betroffenen Interessen hat

---

2 Roth in Stein/Jonas § 2 Rdn. 13.
3 Roth in Stein/Jonas § 3 Rdn. 60, Stichwort »Nebenintervention« lit. b; Jacoby in Stein/Jonas § 66 Rdn. 8.

es aber auch die Interessen der anwaltlichen Prozessvertreter einbezogen, die über Art. 12 Abs. 1 GG verfassungsrechtlich anerkannt sind (nachfolgend II 2).

II. Kostenkontrolle in der Rechtsprechung des BVerfG

1. Justizzugang der Kläger/Antragsteller

Erstmals hat das Bundesverfassungsgericht 1992 in einer WEG-Sache unter dem Gesichtspunkt des Zugangs zur Justiz zur Bemessung des Geschäftswertes Stellung genommen[4] und folgenden Leitsatz für die Wertfestsetzung formuliert:

> »*Mit der aus dem Rechtsstaatsprinzip folgenden Justizgewährungspflicht ist es nicht vereinbar, den Rechtsuchenden durch Vorschriften über die Gerichts- und Anwaltsgebühren oder deren Handhabung mit einem Kostenrisiko zu belasten, das außer Verhältnis zu seinem Interesse an dem Verfahren steht und die Anrufung des Gerichts bei vernünftiger Abwägung als wirtschaftlich nicht mehr sinnvoll erscheinen lässt.*«

Im Ausgangsverfahren ging es um eine Wohnungseigentumsanlage mit 186 Wohnungen, für die eine neue Heizungsanlage durch Erhebung einer Sonderumlage in Höhe von 3.225 DM pro Wohneinheit finanziert werden sollte. Das Amtsgericht setzte für das Beschlusskontrollverfahren, in dem Verfahrensmängel der Beschlussfassung gerügt wurden, einen Geschäftswert von 600.000 DM fest, weil es mit der überwiegenden Auffassung in Rechtsprechung und Schrifttum auf das Interesse der Gesamtheit der Wohnungseigentümer am Beschlussinhalt abstellte, obwohl dem Angreifer nur zwei Wohnungen gehörten.

Das BVerfG hat eine unzumutbare Erschwerung des Zugangs zur Justiz nicht nur dann als gegeben angesehen, wenn das Kostenrisiko die wirtschaftliche Leistungsfähigkeit des Einzelnen übersteigt. Diese Fallgestaltung kann durch die Gewährung von Prozesskostenhilfe bewältigt werden und war schon Gegenstand einer früheren Entscheidung des BVerfG.[5] Die wichtige Fortführung dieser Rechtsprechung in der Entscheidung zum WEG-Ausgangsverfahren bezog sich auf die Relation zwischen Individualinteresse des Antragstellers bzw. Klägers einerseits und Kostenrisiko andererseits. Nach der Aussage des BVerfG darf die Beschreitung des Rechtsweges nicht praktisch unmöglich gemacht werden; das Kostenrisiko dürfe zu dem mit dem Verfahren angestrebten wirtschaftlichen Erfolg nicht derart außer Verhältnis stehen, dass die Anrufung des Gerichts nicht mehr sinnvoll erscheint.

---

[4] BVerfGE 85, 337 = NJW 1992, 1673; bekräftigt in BVerfGE 118, 1, 22 f. = NJW 2007, 2098 Tz. 86.
[5] BVerfGE 81, 347, 356 f.

2. Berufsausübungsfreiheit der Anwaltschaft

Die Ausgestaltung der Gebührenregelungen hat allerdings nicht nur das Interesse an der Offenhaltung des Zugangs zur Justiz zu berücksichtigen, sondern auch der Berufsfreiheit der Rechtsanwälte Rechnung zu tragen.[6] Das zu erzielende Entgelt – so das BVerfG – müsse zwar nicht genau dem Wert der anwaltlichen Leistung im Einzelfall entsprechen, aber doch so bemessen sein, dass der Anwalt aus seinem Gebührenaufkommen ungeachtet einer Mischkalkulation der Gebührentarife sowohl seinen Kostenaufwand als auch seinen Lebensunterhalt bestreiten könne.

Der Ausgleich der unterschiedlichen Interessen eröffnet einen Einschätzungsspielraum des Gesetzgebers, wie das BVerfG in seiner Entscheidung vom 13.2.2007 zur Kappung des Gegenstandswertes der Gebührentabelle bei 30 Mio. Euro (§ 22 Abs. 2 S. 1 RVG und § 23 Abs. 1 S. 1 RVG in Verb. mit § 39 Abs. 2 GKG) betont hat.[7] Die Streitwertkappung blieb deshalb verfassungsrechtlich unbeanstandet.

3. Offene Fragen

Noch nicht befassen musste sich das BVerfG mit der Frage, ob die Unkalkulierbarkeit des Prozesskostenrisikos wegen der vor Prozessbeginn nicht abschätzbaren Vielzahl von erstattungsberechtigten Prozessbeteiligten zu Begrenzungsmaßnahmen zwingt. Diese Situation kann im künftigen Kartellschadensersatzprozess nach bisher gesammelten Erfahrungen eintreten. Ihr widmet sich die neue Regelung des § 89a Abs. 3 GWB (dazu unten V 1).

Ebenfalls noch nicht geäußert hat sich das BVerfG zur Erstattungsfähigkeit von Honoraren, deren Höhe sich nach Zeitaufwand richtet. Insoweit hat der BGH für Zurückhaltung gesorgt, indem er die mögliche Anspruchsgrundlage auf einen etwaigen materiell-rechtlichen Kostenerstattungsanspruch, insbesondere einen Schadensersatzanspruch, statt des prozessualen Erstattungsanspruchs zurückgeschnitten und zudem nur in Sonderfällen eine Erforderlichkeit der Erstattung als möglich angesehen hat.[8] Allerdings könnte die vom BGH akzeptierte Ausnahme gerade im Kartellrecht einschlägig sein, nämlich die Komplexität der Materie und die mangelnde Bereitschaft der in dieser Materie versierten Anwälte, das Mandat zu den gesetzlichen Gebühren des RVG zu übernehmen. Das würde sich allerdings nicht zu Lasten klagender Kartellgeschädigter auswirken, weil gegen sie kein materiell-rechtlicher Anspruch der Kartellanten existiert. Indes sind Konflikte zwischen tatsächlich oder vermeintlich geschädigten Abnehmern in einer Lieferkette denkbar.

---

6 BVerfGE 85, 337, 349; s. auch BVerfG NJW-RR 2010, 259 Tz. 25.
7 BVerfG NJW 2007, 2098 Tz. 95 m. abweichendem Votum des Richters Gaier.
8 BGH VersR 2016, 727 Tz. 58; s. auch Hau JZ 2011, 1047, 1052 f.; Saenger/Uphoff NJW 2014, 1412, 1413 ff.

III. Unionsrecht

Das Unionsrecht gebietet ebenfalls eine Rücksichtnahme auf die Kostenbelastung. Der EuGH hat sich damit in Umweltangelegenheiten befasst.[9] Wirksamer gerichtlicher Rechtsschutz darf danach im Bereich des Umweltschutzes nicht durch übermäßige Kosten des Verfahrens beeinträchtigt werden,[10] wobei es nicht allein auf die wirtschaftliche Lage des Klägers, sondern auch auf eine »objektive Analyse der Höhe der Kosten« ankommt.[11] Objektiv unangemessene Kosten seien weder mit Art. 47 GRCh noch mit dem Effektivitätsgrundsatz zu vereinbaren.[12] Dies gelte insbesondere für Rechtsgebiete, in denen private Kläger zugleich eine aktive Rolle bei der Durchsetzung des Unionsrechts übernehmen. Diese Klägerrolle hat der EuGH auch für das Unionskartellrecht bejaht, wenn auch ohne Bezug zu den Verfahrenskosten;[13] sie entspricht der Intention des Unionsgesetzgebers bei der Schaffung der kartellrechtlichen Verfahrensverordnung VO Nr. 1/2003.

IV. Kartellschadensersatz

1. Neue Rechtsgrundlagen

Die neue nationale Regelung des GWB zum Ersatz von Kartellschäden wird durch das Unionsrecht, nämlich die Richtlinie 2014/104/EU[14] erzwungen. Deren Transformation in das nationale Recht durch die 9. GWB-Novelle vom 1.6.2017[15] liegt der Regierungsentwurf vom 7.11.2016 zugrunde.[16]

2. Zahl der Prozessbeteiligten

a) Kumulation von Rechtsverletzern

Prozesse über Kartellschadensersatz spielen sich nicht nur zwischen zwei Prozessbeteiligten ab. Ein Kartell der Rechtsverletzer setzt per definitionem eine Absprache

---

9   EuGH, 11.4.2012, C-260/11 – Edwards und Pallikaropoulos, NVwZ 2013, 855 (betr. Art. 10a Abs. 5 RL 85/337/EWG zur Umweltverträglichkeitsprüfung und Art. 15a Abs. 5 RL 96/61/EG zur Vermeidung der Umweltverschmutzung, jeweils in der Fassung der RL 2003/35/EG).
10 EuGH NVwZ 2013, 855 Tz. 38 f.
11 EuGH NVwZ 2013, 855 Tz. 40.
12 EuGH NVwZ 2013, 855 Tz. 33.
13 EuGH, 20.9.2001, C-453/99 Tz. 27 – Courage/Crehan, GRUR 2002, 367; EuGH, 13.7.2004, C-295/04 bis 298/04, WuW/E EU-R 1107 Tz. 60 und 90 f. – Manfredi.
14 ABl. EU L 349 v. 5.12.2014 S. 1.
15 BGBl. 2017 I S. 1416.
16 RegE BT-Drucks. 18/10207.

voraus, so dass es mindestens zwei Kartellanten und damit Schadensersatzschuldner geben muss. Im Regelfall liegt deren Zahl höher. Betroffen sind nicht nur Preiskartelle, sondern auch Kartelle zur Fixierung anderer Wettbewerbsparameter, z.B. Marktaufteilungen nach Regionen oder Quoten (vgl. § 33a Abs. 2 S. 3 GWB), die sich ebenfalls preiserhöhend auswirken.[17]

b) Schädigung von Abnehmern in einer Lieferkette

Schäden werden häufig in Preisaufschlägen der Kartellanten für die Abnehmer bestehen. Daher kommt eine größere Zahl von gewerblichen Abnehmern als Gläubiger in Betracht. § 33a Abs. 2 S. 1 GWB stellt eine widerlegbare Vermutung auf, dass ein Kartell einen Schaden verursacht. Die vor der Gesetzesänderung ergangene deutsche Rechtsprechung hat die Feststellung des Schadenseintritts mit einem Anscheinsbeweis begründet.[18]

Preisaufschläge stellen nicht die einzige Schadensart dar. Preiserhöhungen, die der unmittelbare gewerbliche Abnehmer des Kartellanten seinen eigenen Abnehmern berechnet, können zur Verringerung des Absatzvolumens wegen eines Nachfragerückgangs führen, was entgangene Gewinne bewirkt. Auch lassen sich am Markt u.U. nicht sämtliche Preiserhöhungswünsche durchsetzen, so dass Preisaufschläge der Kartellanten gewinnmindernd beim unmittelbaren Abnehmer wirksam werden.

Denkbare Kläger sind zudem Abnehmer von Außenseitern der Kartellanten, die die Preiserhöhung als Trittbrettfahrer des Kartells am Markt für Preiserhöhungen ausnutzen, bekannt als Preisschirmeffekt. Das kommt jedenfalls in Betracht, wenn das Kartell eine wesentliche Marktabdeckung erreicht hat.[19] Schadensersatzklagen können sich zwar nicht gegen die Außenseiter richten, wohl aber gegen die Kartellanten als deliktische Rechtsverletzer,[20] sofern man nicht nur die Kausalität der Kartellabsprache, sondern trotz der autonomen Preisgestaltung der konkurrierenden Außenseiter auch einen Zurechnungszusammenhang mit ihr bejaht.[21]

Auf die unmittelbaren Abnehmer beschränkt sich die Zahl potentieller Kläger indes nicht, weil Preisaufschläge in Lieferketten oftmals weitergereicht werden, so dass

---

17 Insoweit von einem Anscheinsbeweis ausgehend OLG Karlsruhe NZKart 2014, 366, 367 – Löschfahrzeuge; OLG Karlsruhe NZKart 2016, 595, 597 – Grauzementkartell = WuW 2017, 43, 44 m. Anm. Stadtaus/Wiedeck; LG Dortmund WuW 2017, 98 Tz. 115 ff. – Schienenfreunde. So ist wohl auch BGH, 26.2.2013 – KRB 20/12, WuW/E DE-R 3861 Tz. 76 f. – Grauzementkartell = NZKart 2013, 195 zu verstehen: Der BGH spricht von »hoher Wahrscheinlichkeit« und von »Erfahrungssatz«.
18 OLG Karlsruhe NZKart 2014, 366, 367 – Löschfahrzeuge; LG Berlin, 16.12.2014, 16 O 384/13, WuW/E DE-R 4917, 4922 f.; zustimmend Bacher in Ahrens, Wettbewerbsprozess, 8. Aufl. 2017, Kap. 82 Rdn. 11.
19 Für einen Anscheinsbeweis OLG Karlsruhe NZKart 2016, 595, 597 – Grauzementkartell = WuW 2017, 43, 45 f. Für Indizienbeweis LG Dortmund WuW 2017, 98 Tz. 123 ff., 131, 142.
20 Vgl. etwa OLG Karlsruhe NZKart 2016, 595, 599 = WuW 2017, 43, 47 (Revision anhängig unter KZR 56/16); Bacher in Ahrens, Wettbewerbsprozess, Kap. 85 Rdn. 2.
21 Vgl. dazu auch BGHZ 190, 145 Tz. 48 und allgemein BGHZ 106, 313, 316 f.

auch mittelbare Abnehmer bis zu – so im Zuckerkartell – den privaten Endabnehmern geschädigt werden. Dem tragen die Art. 12 bis 15 RL 2014/104/EG Rechnung. Allerdings ist die Existenz von Lieferketten nicht selbstverständlich. Das Schienenkartell der Stahlhersteller z.B. hat nur Netzbetreiber der Eisenbahninfrastruktur und U-Bahn- sowie Straßenbahnbetreiber[22] getroffen. Bei Dienstleistern wie den Frachtführern im Luftfrachtkartell wird der messbare Nachteil auf der ersten Abnehmerstufe hängen geblieben sein; durch das Feuerwehrfahrzeugkartell sind die Haushalte der direkt erwerbenden Kommunen belastet worden.

c) Verteidigungseinwand der Schadensverlagerung

Nach § 33c Abs. 2 GWB wird zugunsten mittelbarer Abnehmer vermutet, dass Preisaufschläge auf sie abgewälzt wurden, sofern nicht gem. § 33c Abs. 3 GWB glaubhaft gemacht wird, dass der Preisaufschlag nicht oder nicht vollständig weitergegeben wurde. Umgesetzt werden sollen damit die Vorgaben des Art. 14 RL 2014/104/EU, der in Abs. 2 eine durch Glaubhaftmachung widerlegbare Beweisregel für die erfolgreiche Schadensabwälzung auf den mittelbaren Abnehmer enthält.

Schon vor der Gesetzesnovellierung hatte der BGH in der ORWI-Entscheidung den Einwand des beklagten Kartellanten zugelassen, sein auf Schadensersatz klagender unmittelbarer Abnehmer habe die kartellbedingte Erhöhung des Einkaufspreises ganz oder teilweise durch Preisaufschläge gegenüber seinen eigenen Abnehmern kompensiert, so dass ihm nach dem Grundsatz der Vorteilsausgleichung kein Schaden verblieben sei (passing-on defence).[23] Wie generell bei der Vorteilsausgleichung oblagen danach dem schädigenden Kartellanten die Darlegung und der Beweis für die Weitergabe der Preisaufschläge durch den Kläger.[24] Die Darlegungs- und Beweislast des mittelbaren Abnehmers dafür, dass Preiserhöhungen kartellbedingt auf sie abgewälzt wurden, hat der BGH nicht durch eine tatsächliche Vermutung erleichtern wollen, sondern hat einen Nachweis der Kausalität verlangt.[25]

Zwischen Darlegung und Beweis der Vorteilsausgleichung nach der Lösung des BGH einerseits und Glaubhaftmachung der Nichtweitergabe an mittelbare Abnehmer entgegen einer Vermutung nach der jetzigen Gesetzeslage bestehen Unterschiede des theoretischen Ansatzes,[26] doch mag zweifelhaft sein, ob sich das praktisch auswirkt.

---

22 Kein Folgemarkt, LG Dortmund WuW 2017, 98 Tz. 155.
23 BGHZ 190, 145 = NJW 2012, 928 Tz. 27, 57 ff. – ORWI; LG Dortmund WuW 2017, 98 Tz. 154; Bacher in Ahrens, Wettbewerbsprozess, Kap. 82 Rdn. 32.
24 BGHZ 190, 145 Tz. 64 und 70 f.
25 BGHZ 190, 145 Tz. 44 f., 72.
26 Vgl. dazu Bacher in Ahrens, Wettbewerbsprozess, Kap. 82 Rdn. 36 und 38; nur zur Richtlinie Kersting WuW 2014, 564, 570; Lettl WRP 2015, 537 Rdn. 27.

d) Zersplitterte Prozessführung

Das Gesamtbild der Prozessbeteiligten wird damit noch nicht zur Gänze erfasst. Die Kartellanten haften gegenüber den unmittelbaren und den mittelbaren Abnehmern als Gesamtschuldner (§ 33d Abs. 1 GWB). Ob sie gleichzeitig in einem Gerichtsstand in Anspruch genommen werden, hängt von den Zuständigkeitsregelungen und von taktischen Erwägungen ab. Das Kartell eröffnet als Delikt den Zugang zu deliktischen Gerichtsständen an dem Ort, an dem das schädigende Ereignis eingetreten ist. Bei international zusammengesetzten Kartellen ist Art. 7 Nr. 2 Brüssel Ia-VO anwendbar.[27] Eine Zusammenfassung mehrerer Beklagter erlaubt der Gerichtsstand der Streitgenossenschaft gem. Art. 8 Nr. 1 Brüssel Ia-VO am Wohnsitz eines Ankerbeklagten in der EU.[28]

Die Zersplitterung der Prozessführung ist indirekt einem Umstand geschuldet, auf den die EU-Kommission bei Planung der Gesetz gewordenen Kartellschadensersatzrichtlinie keine Rücksicht genommen hat. Ursprünglich sollte der Schadensersatz für unmittelbare und für mittelbare Abnehmer mit der Möglichkeit einer Kollektivklage durch Repräsentativkläger verbunden werden. Das hätte faktisch in vielen Fällen zu einer Konzentration der Verfahren geführt. Die Verteilung erfolgreich eingeklagter Schadensersatzsummen unter Abnehmern unterschiedlicher Marktstufen hätte dann dem Repräsentativkläger oblegen. Nachdem der berechtigte politische Widerstand gegen die Art der vorgesehenen Kollektivklageberechtigung[29] einstweilen[30] zur Aufgabe dieser Verfahrensart geführt hatte, lässt das Konzept der Schadensersatzklageberechtigung zu Gunsten aller potentiell betroffenen Geschädigten einer Lieferkette die Zahl klagender Gläubiger mit unterschiedlichen Interessen hypertroph ausarten.

3. Gesamtschuldnerausgleich und Streitverkündung

a) Ausgleich mit Störungen wegen Haftungsreduzierung

Gesamtschuldnerschaft bedeutet auch Gesamtschuldnerausgleich. Er ist freilich wegen einer auch zivilrechtlichen Begünstigung von Kronzeugen, die eine Aufdeckung von Kartellen vielfach erst ermöglichen, und wegen einer Schonung kleiner und mittlerer Unternehmen im Innenverhältnis gestört. Ihnen gegenüber ist die Außenhaftung beschränkt (§ 33e Abs. 1 GWB – Kronzeuge; § 33d Abs. 3 – KMU). Zudem kann eine Störung durch einen Vergleichsabschluss eintreten (§ 33f Abs. 1 GWB). Gestörte Ausgleichsverhältnisse unter Gesamtschuldnern zwingen zu einem

---

27 Zum Handlungsort und zum Erfolgsort EuGH ZIP 2015, 2043 Tz. 44 f., 48 f., 52 – CDC Hydrogen Peroxide = WuW/E EU-R 3288; Roth Festschrift Schilken (2015), S. 427, 431 ff.; ders. IPRax 2016, 318, 321 ff.; Stadler JZ 2015, 1138, 1140; Wurmnest NZKart 2017, 2, 4 ff.
28 EuGH ZIP 2015, 2043 – CDC Hydrogen Peroxide; dazu Wurmnest NZKart 2017, 2, 6 f.
29 S. dazu Ahrens WRP 2015, 1040 ff.
30 Der Richtlinienvorschlag der EU-Kommission ist vorerst auf eine Empfehlung an die Mitgliedstaaten geschrumpft, Dokument 2013/396/EU, ABl. EU L 201 v. 26.7.2013 S. 60.

Bekenntnis, ob die damit verbundene Verlusttragung in das Außenverhältnis zu dem jeweiligen Gläubiger zu transferieren ist, oder ob die Belastung nur im Innenverhältnis der Gesamtschuldner spürbar werden soll und welcher der Gesamtschuldner dann den Verlust tragen soll, nämlich entweder der Begünstigte oder der »normal« haftende Gesamtschuldner.[31] Diese Störungsvorgänge sind vom GWB-Gesetzgeber für den Kartellschadensersatzprozess mit Regelungen bedacht worden (§ 33d Abs. 4 und 5, § 33e Abs. 3 und § 33 f Abs. 2 GWB).

Soweit eine kartellrechtliche Haftung von Konzernmüttern für deliktisches Verhalten von Tochterunternehmen besteht oder soweit verantwortliche Organwalter in Anspruch genommen werden können, sind diese Schuldner im Rahmen des Gesamtschuldnerausgleichs zu einer Haftungseinheit zusammenzufassen.

b) Prozessuale Sicherung des Ausgleichs

Die Möglichkeit des Gesamtschuldnerausgleichs, gleich ob zwischen gleichstufigen Gesamtschuldnern oder unter Beachtung von Privilegien für einzelne Schuldner, zwingt bei vorausschauender Prozessführung dazu, den potentiell Ausgleichspflichtigen den Streit zu verkünden. Damit ist die Wahrscheinlichkeit verbunden, dass die Streitverkündeten dem Prozess als Nebeninterventionen beitreten werden. Nebeninterventionen könnten im Übrigen auch ohne Streitverkündung erfolgen, weil große Kartellrechtsprozesse genügend mediale Aufmerksamkeit erfahren und dadurch bei zu Nebenintervention befugten Personen bekannt werden. Auf welcher Seite ein Nebenintervenient dem Rechtsstreit mit und ohne vorherige Streitverkündung beitritt, steht ihm grundsätzlich frei.[32] Er soll die Seiten nach einer Rücknahme des Beitritts auch wechseln können.[33]

4. Streitverkündung als Verteidigungsmittel gegen Abnehmer

a) Doppelverurteilungsrisiko

Ein Kartellant soll als Rechtsverletzer nur zum Ausgleich des tatsächlich entstandenen Schadens herangezogen werden (Art. 3 Abs. 3 RL 2014/104/EG). Art. 12 Abs. 2 RL schreibt vor, dass durch geeignete nationalstaatliche Verfahrensvorschriften gewährleistet werden müsse, dass der Ersatz auf keiner Vertriebsstufe den dort erlittenen Schaden in Form eines kartellbedingten Preisaufschlags übersteigt. Das ist

---

31 Allgemein zum gestörten Gesamtschuldnerausgleich und den nach Störanlass differenzierenden Lösungen Lange/Schiemann Gesamtschuld, 3. Aufl. 2003, § 11 A IV 2 = S. 680 ff.; P.Bydlinski in MünchKommBGB, 7. Aufl. 2016, Rdn. 7 und 54 ff.
32 Jacoby in Stein/Jonas § 66 Rdn. 3, § 74 Rdn. 2.
33 BGHZ 18, 110, 112 f. im Anschluss an die Begründung in RGZ 61, 286, 288 ff. (freies Wahlrecht ohne Verstoß gegen § 67 ZPO); Jacoby in Stein/Jonas § 66 Rdn. 3.

Ausdruck des Bereicherungsverbots, das sich aus dem Kompensationsgedanken des Schadensersatzrechts ergibt.[34]

Wegen der Vermutung der Schadensabwälzung und deren Widerlegung, die in unterschiedlichen Prozessen unterschiedlich beurteilt werden können, könnte der Kartellant einer doppelten Inanspruchnahme ausgesetzt sein. Gelingt es ihm nicht, zu beweisen dass der kartellbedingte Preisaufschlag von seinem Abnehmer in der Lieferkette weitergereicht wurde, hat er diesem Kläger Schadensersatz zu leisten. Scheitert er gegenüber dem mittelbaren Abnehmer mit der Glaubhaftmachung zur Widerlegung desselben Umstandes, wird er erneut verurteilt,[35] obwohl Art. 15 RL 2014/104/EU eine mehrfache Haftung gegenüber Schadensersatzklägern verschiedener Vertriebsstufen verhindern will. Dieses Ergebnis kann schon bei einem doppelten non-liquet eintreten.[36] Dagegen muss der Kartellant prozessuale Vorsorge treffen.

b) Streitverkündung gegen Abnehmer außerhalb des Prozessrechtsverhältnisses

Dem Schutzbedürfnis hat der BGH schon auf der Grundlage des bisherigen Rechts im Fall »ORWI« Rechnung tragen wollen.[37] Der Kartellant sollte den jeweils außerhalb des Prozessrechtsverhältnisses stehenden Abnehmern den Streit verkünden dürfen, um »verschiedene Beurteilungen desselben Tatbestandes zu vermeiden«. Mit der Richtliniengesetzgebung und der GWB-Novelle ist das Risiko für den Kartellanten aufgrund der darin enthaltenen Vermutungsregelungen (s. oben IV 2a) eher noch verschärft worden.

Eine größere Zahl an Streitverkündungen ist in einzelnen Zivilprozessen schon vor der GWB-Novelle beobachtet worden. Kartellanten haben davon gegenüber ihren Mittätern Gebrauch gemacht.[38] Beklagte Kartelltäter werden den Streit nach den Klärungen der ORWI-Entscheidung nicht nur allen Mitkartellanten verkünden, um einen internen Gesamtschuldnerausgleich vorzubereiten, sondern vorsorglich auch ihnen bekannten mittelbaren Abnehmern, die nicht als Schadensersatzkläger auftreten. Streitverkündung dient dann nicht nur der Festschreibung von Prozessergebnissen zu Angriffszwecken für den eigenen Forderungsausgleich, sondern auch der Sicherung künftiger Verteidigung gegen weitere Schadensersatzansprüche im Außenverhältnis, die durch mittelbare Abnehmer erhoben werden könnten.

Ob sich eine doppelte Inanspruchnahme durch Streitverkündung wirklich abwenden lässt, wird sich erst noch erweisen müssen.[39] Kirchhoff hat dazu ausgeführt, dass dann, wenn die Schadensweiterwälzung im Prozess des unmittelbaren Abnehmern gegen den Kartellanten nicht erwiesen ist, auch nur dies aufgrund der Interventionswirkung als festgestellt angesehen werden könne, was jedoch nicht ausreiche, um die

---

34 Für das nationale Recht so BGHZ 173, 83 Tz. 18; BGHZ 190, 145 Tz. 62 – ORWI.
35 BGHZ 190, 145 Tz. 73.
36 Stomper WuW 2016, 410, 413; Kirchhoff WuW 2015, 952, 955.
37 So auch die Erwägung in BGHZ 190, 145 Tz. 73 f.
38 Weitbrecht NJW 2012, 881, 883.
39 Zweifelnd Bacher in Ahrens, Wettbewerbsprozess Kap. 82 Rdn. 39.

Weiterwälzungsvermutung im Folgeprozess des mittelbaren Abnehmers zu widerlegen, auch wenn dort bloße Glaubhaftmachung genügt.[40] Nicht anders sehe das Problem bei umgekehrter Prozessabfolge aus. Die unwiderlegte Weiterwälzungsvermutung aus dem Prozess des mittelbaren Abnehmers erzeuge für den zweiten Prozess aufgrund der Interventionswirkung keine bindende Feststellung des Inhalts, dass der direkte Abnehmer keinen Schaden erlitten habe.

Der BGH hatte sich in der ORWI-Entscheidung zur Streitverkündung nur obiter wegen des inneren Zusammenhangs mit der Zumutbarkeit einer sekundären Darlegungslast des Abnehmers geäußert, so dass die Einzelheiten der Streitverkündung nicht zu klären waren. Getragen zu sein scheinen die Überlegungen des BGH von der Anerkennung einer Alternativfeststellung kraft Streitverkündung. Das ist nicht neu. Bereits früher hat der BGH in einem Bauprozess ausgesprochen, dass der Bauherr als Schadensersatzgläubiger bei unsicherer Verantwortlichkeit von zwei Schuldnern, die keine Gesamtschuldner sind (Bauhandwerker und planender Architekt), von denen aber entweder der eine oder der andere den Schaden ersetzen muss, die Streitverkündungswirkung für die Bindung sowohl an die tatsächlichen als auch an die rechtlichen Grundlagen des Erstprozesses sorgt.[41] Diese Bindung muss lediglich auf Sachverhalte übertragen werden, in denen eine Alternativhaftung gegenüber einem von zwei Gläubigern besteht.[42]

c) Beitritt des Streitverkündungsempfängers

Unverklagte weitere Kartelltäter und mittelbare Abnehmer, denen der beklagte Kartellant den Streit verkündet hat, können dem Streitverkünder beitreten. Daran haben mittelbare Abnehmer allerdings nur ein eingeschränktes Interesse, nämlich soweit es um die Schadensweiterwälzung geht, weil sie die übrigen Haftungsvoraussetzungen des Kartellanten befürworten müssen.[43] Ob ein mittelbarer Abnehmer auch auf Seiten des klagenden unmittelbaren Abnehmers beitreten kann, ist zweifelhaft,[44] denn Angriffs- und Verteidigungsmittel, die im Widerspruch zum Vorbringen des Streitverkünders stehen, nehmen an der Interventionswirkung nicht teil.[45] Ein rechtliches Interesse im Sinne des § 66 ZPO an der Unterstützung des klagenden unmittelbaren Abnehmers hat der mittelbare Abnehmer nicht.[46] Ideelle, wirtschaftliche oder rein tatsächliche Interessen zählen nicht.[47] Im Verhältnis zur Gegenpartei tritt nach allgemeiner Ansicht ohnehin keine Interventionswirkung ein.[48]

---

40 Kirchhoff WuW 2015, 952, 956.
41 BGHZ 100, 257, 262.
42 Vgl. dazu auch Hoffmann NZKart 2016, 9, 11 f.
43 So auch Hoffmann NZKart 2016, 9, 13.
44 Verneint von OLG Karlsruhe, Urt. v. 9.11.2016 – 6 U 204/15 Kart (2), juris Tz. 87, nicht abgedruckt in NZKart 2016, 595.
45 OLG Karlsruhe 6 U 204/15 Kart (2), juris Tz. 89.
46 OLG Karlsruhe 6 U 204/15 Kart (2), juris Tz. 87.
47 Schultes in MünchKommZPO, 5. Aufl. 2016, § 66 Rdn. 8.
48 Schultes in MünchKommZPO § 68 Rdn. 8.

Ob Interventionswirkungen vom Beitritt des streitverkündeten Nebenintervenienten nur zu seinen Ungunsten oder auch zu seinen Gunsten und damit zu Lasten der Hauptpartei (des den Streit verkündenden Kartellanten) eintreten, ist sehr umstritten.[49] Bejaht man eine auch begünstigende Wirkung, wäre dem Kartellanten in einem Folgeprozess der Einwand abgeschnitten, der mittelbare Abnehmer sei kein Opfer der Weitergabe eines Preisaufschlags seitens des unmittelbaren Abnehmers geworden.

5. Streitverkündender Kartellant als lachender Dritter?

Eine unterschiedliche Beweiswürdigung zur Marktebene des Schadensopfers in einer Lieferkette von Abnehmern könnte sich zugunsten des Kartellanten auswirken, wenn jeweils eine Schadensbetroffenheit des jeweils klagenden Abnehmers verneint wird, obwohl der Kartellant einem Gläubiger gegenüber haften soll. Zur Vermeidung dieses Ergebnisses müsste mangels Sonderregelung im GWB die These aufgegeben werden, dass die Streitverkündung nur gegen deren Empfänger Wirkung herbeiführt (s. zuvor IV 4 c).[50]

V. Streitwertbegünstigung

1. Gesetzliche Sonderregelung

Die 9. GWB-Novelle hat einen § 89a Abs. 3 GWB geschaffen, der für die Geltendmachung kartellrechtlicher Schadensersatzansprüche nach nationalem Kartellrecht oder nach Unionskartellrecht die Folgen einer mehrfachen Nebenintervention abschwächt. Die Norm lautet:

> »*Ist in einer Rechtsstreitigkeit, in der ein Anspruch nach § 33a Absatz 1 geltend gemacht wird, ein Nebenintervenient einer Hauptpartei beigetreten, hat der Gegner, soweit ihm Kosten des Rechtsstreits auferlegt werden oder soweit er sie übernimmt, die Rechtsanwaltskosten der Nebenintervention nur nach dem Gegenstandswert zu erstatten, den das Gericht nach freiem Ermessen festsetzt. Bei mehreren Nebeninterventionen darf die Summe der Gegenstandswerte der einzelnen Nebeninterventionen den Streitwert der Hauptsache nicht übersteigen.*«

Nach der Begründung des RegE soll das Risiko von Schadensersatzklägern begrenzt werden, im Fall seines Unterliegens aufgrund von Nebeninterventionen mit übermäßig hohen Prozesskosten belastet zu werden. Schon vor Beginn des Prozesses soll ihm die Prognose des Prozesskostenrisikos ermöglicht werden, weil er beim Un-

---

49 Ablehnend BGHZ 100, 257, 267. Vgl. dazu Schultes in MünchkommZPO § 68 Rdn. 9 m. w. Nachw.
50 Konsequent der Vorschlag von Hoffmann für eine besondere kartellrechtliche Streitverkündungsregelung, NZKart 2016, 9, 15.

terliegen gem. § 101 Abs. 1 ZPO auch die Kosten der Nebenintervenienten auf der Gegenseite zu tragen hat.[51] Auf die in Kartellfällen häufig hohe Zahl der Streithelfer/Nebenintervenienten hat er keinen Einfluss. Ohnehin sind bereits die Prozessvorbereitungskosten hoch, weil der Kläger ohne ein teures ökonomisches Gutachten nicht das Material für eine ausreichende prozessuale Darlegung zur Hand hat und Beweisermittlungen durch spezialisierte Anwälte erhebliche Zeithonorare anfallen lassen. Obsiegt der Kläger, tragen die Nebenintervenienten auf Seiten des Beklagten nur die Kosten ihres eigenen Anwalts (§ 101 Abs. 1 ZPO).

Verschärft wird das Prozessrisiko der Höhe nach, wenn der Gebührenstreitwert der Nebenintervention auf denselben Betrag festgelegt wird wie der Streitwert der Hauptsache. Das hat der BGH für den Fall angenommen, dass der Nebenintervent die gleichen Anträge stellt wie die von ihm unterstützte Hauptpartei.[52] Das OLG Düsseldorf hat dies im Zementkartell bei 27 Streitverkündeten[53] auch bejaht, soweit der Nebenintervenient gar keinen eigenen Antrag stellt; sein wirtschaftliches Eigeninteresse am Ausgang des Rechtsstreits sei unerheblich.[54] Das führt zu unangemessenen Ergebnissen, wenn der Wert der Hauptsache und das Rückgriffsinteresse der unterstützten Hauptpartei voneinander abweichen,[55] was insbesondere bei einem gestörten Gesamtschuldverhältnis (s. oben IV 3 a) der Fall sein wird.

2. Wirkungen der Sonderregelung

Schadensersatzforderungen wegen Kartellbildung sind in spektakulären Sachverhalten der letzten Jahre nach Presseberichten z.T. in zwei- bis dreistelliger Millionenhöhe erhoben worden. Das zieht oberhalb der Kappungsgrenze des § 39 Abs. 2 GKG keine entsprechende Wertfestsetzung für den Hauptsachestreit nach sich.

§ 89a Abs. 3 GWB reduziert die Summe aller Streitwerte der Nebeninterventionen auf das Maximum des Hauptsachewertes. Welcher Wert dann für mehrere Nebeninterventionen untereinander festgesetzt wird, steht gem. § 3 ZPO im Ermessen des Gerichts. Der Regierungsentwurf der GWB-Novelle benennt dafür als alternative Möglichkeiten die Berücksichtigung der Haftungsquoten im Innenverhältnis der Kartellanten oder mangels Kenntnis einschlägiger Indikatoren die Aufteilung nach

---

51 RegE BT-Drucks. 18/10207 S. 99 f.
52 BGHZ 31, 144, 146 f. = NJW 1960, 42, 43; BGH JurBüro 2013, 477 = ZfSch 2013, 226 (dort: aktienrechtliche Anfechtungsklage); OLG Karlsruhe NJW-RR 2013, 533, 534 (jedenfalls, wenn sich das geringere wirtschaftliche Interesse nicht verlässlich quantifizieren lässt); Wöstmann in MünchKommZPO § 3 Rdn. 99.
53 Makatsch/Abele WuW 2015, 461.
54 OLG Düsseldorf, Beschluss v. 18. 2. 2015, VI-W (Kart) 1/15 – CDC Zement zum Urteil vom gleichen Tage, VI-U (Kart) 3/14, WuW/E DE-R 4601; dazu Hempel NJW 2015, 2077, 2078 f.; kritisch Weitbrecht NJW 2015, 959, 970; Petrasincu WuW 2016, 330, 335. A.A. OLG Köln, Beschluss v. 30.3.2012, 16 W 30/11 (für Antragstellung in Übereinstimmung mit unterstützter Partei, Regresshaftung maßgebend).
55 Roth in Stein/Jonas § 3 Rdn. 60, Stichwort »Nebenintervention« lit. b und c.

Kopfteilen entsprechend den Verteilungsregeln des § 100 Abs. 1 und 2 ZPO.[56] Damit wird der Gesamtschuldnerausgleich unter den Kartellanten in den Blick genommen, nicht aber die Defensivstreitverkündung gegenüber mittelbaren Abnehmern. Der Wert einer Nebenintervention nach Streitverkündung des beklagten Kartellanten an bereits bekannte Abnehmer wird wohl überwiegend unbekannt sein, sofern Abnehmer nicht bereits im außergerichtlichen Schriftverkehr bezifferte Forderungen gestellt haben.

3. Streitige Zulassung der Nebenintervention

Die Zulassung der Nebenintervention wirkt sich wegen der Reduzierung des Gebührenstreitwerts im Verhältnis der Nebenintervenienten untereinander aus. Bisher ist die Auffassung vertreten worden, der Zwischenstreit nach § 71 ZPO über die Beitrittszurückweisung könne im Falle eines Beitritts nach Streitverkündung nur von der Gegenpartei (hier: dem Schadensersatzkläger) oder bei einem Beitritt auf der Gegenseite auch vom Streitverkünder beantragt werden.[57] Das Antragsrecht wird man auf andere Nebenintervenienten ausdehnen müssen, weil der Anspruch auf prozessuale Gebührenerstattung gegen den unterliegenden Schadensersatzkläger durch jeden weiteren zugelassenen Nebenintervenienten abnimmt. Das berührt zwar unmittelbar nur ein Gebühreninteresse des Prozessbevollmächtigten, doch ist damit zu rechnen, dass sich die Naturalpartei auf eine Gebührenvereinbarung nach § 3a Abs. 1 S. 1 RVG einlassen muss.

---

56 RegE BT-Drucks. 18/10207 S. 100.
57 Schultes in MünchKommZPO § 71 Rdn. 3 m.w. Nachw.

Prozessgericht – Vollstreckungsgericht – Insolvenzgericht

Überlegungen zur funktionellen Zuständigkeit

MARTIN AHRENS

I. PROBLEMBESCHREIBUNG

Zuständigkeitsbestimmungen gehören zu den fundamentalen Sicherungen einer unabhängigen Justiz. Die einfachgesetzlichen Zuständigkeitsnormen konkretisieren das grundrechtsgleiche Recht auf den gesetzlichen Richter aus Art. 101 I 2 GG. Damit sollen sie den Gefahren einer Manipulation der rechtsprechenden Organe durch sachfremde Einflüsse begegnen.[1] Aus Art. 101 I 2 GG ist deswegen das Gebot abzuleiten, die richterliche Zuständigkeit möglichst eindeutig durch allgemeine Normen zu regeln. Erforderlich sind Festlegungen darüber, welches Gericht, welcher Spruchkörper und welche Richter zur Entscheidung des Einzelfalls berufen sind.[2] Fundamentale Zuständigkeitsbestimmungen müssen dem Gesetzgeber vorbehalten bleiben, doch können diese durch abstrakt-generelle Regeln aufgrund eines Gesetzes im Voraus ergänzt werden.[3]

Wie fügen sich in diesen Befund die Vorschriften über die funktionelle Zuständigkeit ein? Nach einer sehr allgemeinen Charakterisierung werden im Rahmen der funktionellen Zuständigkeit verschiedenartige Rechtspflegefunktionen in derselben Sache auf verschiedene Rechtspflegeorgane verteilt.[4] Bereits bei einem ersten Blick auf die Zuständigkeitsregeln, mit denen diese Grundkategorie ausgekleidet und aufgefüllt wird, sind gravierende Schwächen einer funktionellen Festlegung des gerichtlichen Aufgabenkreises erkennbar. Weder die Leistungsbeschreibungen und Ausprägungen noch die Anwendungsfelder und Reichweite des Zuständigkeitsprofils können einen uneingeschränkt rechtssicheren Eindruck vermitteln.

---

1 Vgl. nur BVerfGE 95, 322, 327 = NJW 1997, 1497, 1498; s.a. BVerfGE 82, 286, 296 = NJW 1991, 217, 218.
2 BVerfGE 40, 356 (360 f.) = NJW 1976, 283.
3 BVerfGE 95, 322, 327 = NJW 1997, 1497, 1498; BVerfGE 19, 52, 60 = NJW 1965, 2291; NVwZ 1993, 1079, 1080.
4 *Vollkommer* Zuständigkeit, in: Lüke/Prütting, Lexikon des Rechts, Zivilverfahrensrecht, 1989, S. 419; Stein/Jonas/*Roth* 23. Aufl., § 1 Rn. 58.

Zunächst fehlt ganz unmittelbar ein gesetzlich gebildeter Begriff der funktionellen Zuständigkeit.[5] Als spätes Resultat der Prozessdoktrin war der Terminus bei Verabschiedung der ZPO noch nicht ausgeformt und ist daher nicht kodifiziert. Nicht einmal die Bezeichnung als funktionelle Zuständigkeit erscheint deswegen in ihrem unangefochtenen Bestand gesichert. Dabei signalisiert das terminologische Defizit ein tieferliegendes inhaltliches Problem. In der zivilprozessualen Kodifikation ist bis heute kein sachlich klar abgegrenzter Gegenstandsbereich der funktionalen Zuständigkeit geschaffen. Die heteronomen und verstreut geregelten Ausprägungen verhindern vielfach eine Verständigung auf mehr als nur einige allgemein anerkannte Grundlinien.[6] Letztlich stellt dies auch die Belastbarkeit des oben angeführten Erklärungsansatzes für die funktionelle Zuständigkeit infrage. Überhaupt ermangelt es an einer einheitlichen Institutsstruktur und damit auch an klaren Anwendungsregeln für diese Zuständigkeitsbestimmung und für die Konsequenzen möglicher Verstöße.

In der Folge führen diese Defizite immer wieder zu nachhaltigen Unsicherheiten über den Gegenstand und die Wirkungen der funktionellen Zuständigkeit. Auslegungserfordernisse und gerichtliche Auseinandersetzungen sind dabei noch ganz unverdächtig. Bedenkliche Konsequenzen treten erst ein, wenn allgemeine Normen und Grundsätze fehlen oder diese im Einzelfall keine verlässliche Orientierung ermöglichen. Ob die geltenden einfachgesetzlichen Regelungen und damit die gegebenen Bedingungen den Anforderungen aus dem verfassungsrechtlichen Gebot des gesetzlichen Richters hinreichend Rechnung tragen, scheint jedenfalls nicht in jedem Fall gewährleistet zu sein.

Aus dem reichen Spektrum von Erscheinungen, die im Rahmen der funktionellen Zuständigkeit thematisiert werden, soll hier eine zentrale Facette näher behandelt werden. Gemeint ist die Abgrenzung zwischen Prozess-, Vollstreckungs- und Insolvenzgericht. Selbst auf diesem allgemein geläufigen Anwendungsgebiet sind grundlegende Probleme zu verzeichnen. Um einer Klärung näher zu kommen, sind zunächst die Verständnisschwierigkeiten gegenüber der funktionellen Zuständigkeit zu bewältigen und sodann die Kompetenzbereiche der genannten Gerichte zu untersuchen.

II. Blick zurück

1. Von der Competenz- zur Zuständigkeitsordnung

Bei der Suche nach möglichen Erklärungsansätzen, warum die Bestimmung der funktionellen Zuständigkeit mit derart gravierenden Schwierigkeiten verbunden ist,

---

5 OLG Brandenburg NJW-RR 2001, 645; MünchKommZPO/*Wöstmann* 5. Aufl., § 1 Rn. 2, 9; Prütting/Gehrlein/*Gehle* 9. Aufl., § 1 Rn. 2; Thomas/Putzo/*Hüßtege* 38. Aufl., § 1 Rn. 2; BeckOK ZPO/*Wendtland* 24. Ed. § 1 Rn. 4.
6 Vgl. nur die unterschiedlichen Erklärungen der funktionellen Zuständigkeit bei Stein/Jonas/*Roth* 23. Aufl., § 1 Rn. 58 ff.; MünchKommZPO/*Wöstmann* 5. Aufl., § 1 Rn. 9; Wieczorek/Schütze/*Gamp/Reuschle* 4. Aufl., § 1 Rn. 19 ff.

eröffnet die Prozessrechtsgeschichte einen ersten Zugang. Die im geltenden Recht unter dem Oberbegriff der Zuständigkeit behandelten vielfältigen Aspekte wurden seit dem 19. Jahrhundert zumeist unter der terminologisch noch wenig differenzierten Bezeichnung der *Competenz* erörtert. Diese Feststellung trifft gleichermaßen auf das gemeine Prozessrecht[7] wie auf die Gerichts- und Verfahrensrechte der deutschen Staaten zu.[8] Wenig überraschend fehlte ein einigendes Verständnis, denn mit dem Kompetenzbegriff wurden regelmäßig ganz unterschiedliche Erscheinungen bezeichnet.

Zwei weithin übereinstimmend gebildete Begriffskerne lassen sich dann aber doch identifizieren. Überwiegend wurde die *Competenz* zumindest mit auf den Gerichtsstand und damit die heute so bezeichnete örtliche Zuständigkeit bezogen.[9] Teilweise wurde neben dem Gerichtsstand die richterliche Gewalt erwähnt[10] oder noch umfassender die *Competenz* auf den Gerichtsstand, die Arten der Gerichte und die Instanzen erstreckt.[11] Jenseits dieser Orientierung auf die räumliche Ausrichtung der richterlichen Tätigkeit wird aber noch eine weitere Ausprägung sichtbar. Häufig wurde mit dem Ausdruck die Befugnis des Gerichts bezeichnet, in einer bestimmten Rechtssache die Gerichtsbarkeit auszuüben[12] bzw. es wurde damit die Vorstellung eines gehörigen Richters verbunden, des *judex competens*.[13] In diesen zusätzlichen Dimensionen kommen bereits aufgabenbezogene Erwägungen zum Tragen. Zusammenfassend konnte mit der *Competenz* die räumliche, instanzielle und funktionelle Dimension der gerichtlichen Tätigkeit bezeichnet werden, ohne mit dem Ausdruck eine klare Unterscheidung vorzugeben.

Von der vernunftrechtlichen Prozessdoktrin wurde für die verschiedenen Konkretisierungsleistungen bei der Aufgabenbestimmung des Gerichts bzw. Richters bereits frühzeitig die eingedeutschte Bezeichnung der Zuständigkeit verwendet.[14] Im Lauf des 19. Jahrhunderts trat dieser Ausdruck immer häufiger neben den Begriff der

---

7 *Martin* Lehrbuch des teutschen gemeinen bürgerlichen Processes, 11. Aufl., Heidelberg 1834, §§ 43 ff.; *Heffter* System des römischen und deutschen Civil-Proceßrechts, 2. Aufl., Bonn 1843, § 151; *Wetzell* System des ordentlichen Civilprocesses, 3. Aufl., Leipzig 1878, §§ 37, 39 ff.
8 *Frantz* Der Preußische Civil-Prozeß, Magdeburg 1857, §§ 12 ff.; *Kamptz* Handbuch des Mecklenburgischen Civil-Prozesses, 2. Aufl., Berlin 1822, §§ 8 ff.
9 *Koch* Der Preußische Civil-Prozeß, 2. Aufl., Berlin 1855, § 58.
10 *Linde* Lehrbuch des deutschen gemeinen Civilprocesses, 6. Aufl., Bonn 1843, §§ 75, 86.
11 *Martin* Lehrbuch des teutschen gemeinen bürgerlichen Processes, 11. Aufl., Heidelberg 1834, § 43; *Wetzell* System des ordentlichen Civilprocesses, 3. Aufl., Leipzig 1878, S. 439 ff., 483 ff.
12 *Osterloh* Lehrbuch des gemeinen, deutschen ordentlichen Civilprozesses, Leipzig 1856, Nachdruck 1970, 1. Bd., § 70; *Frantz* Der Preußische Civil-Prozeß, Magdeburg 1857, §§ 12 ff.
13 *Danz* Grundsäze des gemeinen, ordentlichen bürgerlichen Prozesses, 3. Aufl., Stuttgart 1800, § 25.
14 *Grolman* Theorie des gerichtlichen Verfahrens, Giessen 1800, §§ 34 ff.; *Gönner* Handbuch des deutschen gemeinen Processes, 2. Aufl., Erlangen 1804, Bd. I, S. 247.

Competenz,[15] ohne diesen jedoch vollständig zu verdrängen. Reste dieser terminologischen Zweigleisigkeit finden sich heute noch bei den üblichen Bezeichnungen der Kompetenzkonflikte[16] bzw. der Kompetenz-Kompetenz.[17]

Als Gesetzesbegriff wurde die Zuständigkeit – soweit ersichtlich – zunächst in der Process-Ordnung in bürgerlichen Rechtsstreitigkeiten für das Großherzogtum Baden von 1832[18] und sodann insbesondere in der hannoverschen Allgemeinen Bürgerlichen Prozessordnung von 1850 (BPO) verankert.[19] Normiert wurden in diesem Prozessgesetz die allgemeine gerichtliche Zuständigkeit mit der Zuständigkeit der Gerichte nach Summen in den §§ 1 ff. BPO sowie die Zuständigkeit als Konsequenz eines bestehenden Gerichtsstands, § 18 I BPO. Im Aufbau und vielfach auch im Duktus hat die ZPO den sachlichen Kern dieser hannoverschen Bestimmungen übernommen.

Die gerichtsverfassungsrechtliche Terminologie folgte den zivilprozessrechtlichen Entwicklungen zeitlich etwas nach. Dies mag an den unterschiedlichen Gerichtsorganisationen in den deutschen Staaten gelegen haben, die einen wissenschaftlichen Austausch erschwerten. Jedenfalls wurde noch lange ausschließlich auf die Kompetenz verwiesen.[20] Im hannoverschen Gesetz über die Gerichtsverfassung aus dem Jahr 1850 wurde deswegen nur am Rand in den §§ 14, 49 des hannoverschen GVG von der Zuständigkeit gesprochen. Demgegenüber gelang im GVG ein breiter Durchbruch zur moderneren Ausdrucksweise der Zuständigkeit, vgl. die §§ 23, 27 f., 70, 72 ff., 80, 123, 135 f. GVG 1879. In der Zusammenschau wurde mit den Reichsjustizgesetzen der terminologische Wandel von der Kompetenz- zu einer Zuständigkeitsordnung endgültig vollzogen.

---

15 *Wendt* Vollständiges Handbuch des bayerischen Civilprocesses, 2. Aufl., Nürnberg 1835, Bd. I, § 18; *Bayer* Vorträge über den deutschen gemeinen ordentlichen Civilproceß, 7. Aufl., München 1842, 110; *Linde* Lehrbuch des deutschen gemeinen Civilprocesses, 6. Aufl., Bonn 1843, §§ 68, 86; *Koch* Der Preußische Civil-Prozeß, 2. Aufl., Berlin 1855, § 58; *Osterloh* Lehrbuch des gemeinen, deutschen ordentlichen Civilprozesses, Leipzig 1856, Nachdruck 1970, 1. Bd., § 70; *Trotsche* Der Mecklenburgische Civil-Proceß, Wismar 1866, Bd. I, S. 45, 54 f.; *Leonhardt* Das Civilproceßverfahren des Königreichs Hannover, Hannover 1861, § 3; *Endemann* Das Deutsche Civilprozeßrecht, Heidelberg 1968, S. 131 f.; *v. Canstein*, Das Civilprozessrecht, Berlin 1885, 1. Hälfte, S. 49; *Planck* Lehrbuch des deutschen Civilprozessrechts, 1. Bd. Berlin, 1887, S. 25.
16 Prütting/Gehrlein/*Bey* 9. Aufl., § 36 Rn. 11; MünchKommZPO/*Patzina* 5. Aufl., § 36 Rn. 33; Thomas/Putzo/*Hüßtege* 38. Aufl., § 36 Rn. 20 f.
17 Rosenberg/Schwab/Gottwald, Zivilprozessrecht, 17. Aufl., § 9 Rn. 23.
18 §§ 24 ff., 37 der Proceß-Ordnung in bürgerlichen Rechtsstreitigkeiten für das Großherzogtum Baden von 1832.
19 Später auch in den Art. 17 ff. der Civilprozeßordnung für das Königreich Württemberg von 1868.
20 Vgl. *Starke* Darstellung der bestehenden Gerichtsverfassung in dem Preussischen Staate, Berlin 1839, §§ 35, 42, 46, 48, 66 ff.

2. Defizite der zivilprozessualen Zuständigkeitsordnung

Obwohl die verschiedenen Zuständigkeiten in der Doktrin weder vollständig ausdifferenziert noch terminologisch entfaltet waren, ging die ZPO systematisch deutlich über die hannoversche BPO hinaus. Die örtliche Zuständigkeit wurde weiterhin mit dem Begriff des Gerichtsstands umschrieben. Im GVG war allerdings von der örtlichen Zuständigkeit der Staatsanwaltschaft und des ersuchten Rechtshilfegerichts die Rede, §§ 144 I, 159 II GVG 1879. Einen Schritt weiter führte bereits die in den Materialien zur ZPO und zum GVG nicht näher erläuterte Bezeichnung als sachliche Zuständigkeit. Vor allem aber waren insoweit klare Zuweisungen geschaffen. Letztlich ermöglichte damit der auf die Zuständigkeiten bezogene Regelungsansatz der ZPO einen verbesserten systematischen Zugriff, doch galt dies nur, soweit die positivierten Ordnungselemente reichten.

Die kodifizierten Strukturen wiesen jedoch erhebliche Lücken auf. Jenseits der Regelungen für die örtliche und sachliche Zuständigkeit blieb die Zuständigkeitsordnung eher der vergangenen Periode verhaftet und in wesentlichen Bereichen unvollständig. Jedenfalls fehlte ein modernes, zukunftsweisendes Konzept. Zunächst war der Blick vor allem auf die innere Konsolidierung des Reichs und weniger auf die sich entwickelnden internationalen Beziehungen gerichtet. Infolgedessen blieb die internationale Zuständigkeit ungeregelt, wie überhaupt dieser Ausdruck wohl erst von *Neuner* im Jahr 1929 geprägt und damit in die Zuständigkeitskonzeption eingeführt wurde.[21]

Zudem waren zwar in zahlreichen Einzelregelungen die Aufgaben, etwa des Prozess- und Vollstreckungsgerichts, der Instanzgerichte sowie der verschiedenen Rechtspflegeorgane, gegeneinander konturiert. Es fehlte aber noch eine klare funktionsbezogene Vorstellung von der gerichtlichen Tätigkeit und eine darauf bezogene Terminologie. Schwächen bestanden außerdem bei manchen mit Rücksicht auf die unterschiedlichen lokalen Verhältnisse und damit die hergebrachte Gerichtsorganisation unbestimmt gelassenen Aufgabenzuweisungen, die nicht notwendig nur die Geschäftsverteilung betreffen mussten.[22]

Die entscheidende Weichenstellung erfolgte erst durch *Adolf Wach*, als er 1885 von der funktionellen Begrenzung der Kompetenz sprach. Unter dieser Bezeichnung fasste er die instanzielle Ordnung und die Tätigkeit von Prozess- und Vollstreckungsgerichten, aber auch der für bestimmte Verfahrensarten berufenen Gerichte zusammen.[23] Damit nannte er bereits die wichtigsten Elemente, die auch das aktuelle Verständnis der funktionellen Zuständigkeit prägen.

Obwohl die Bezeichnung noch der älteren Kompetenzterminologie verhaftet war, wurde *Wachs* Differenzierung schnell aufgenommen und in die Zuständigkeitskonzeptionen eingefügt. Bereits zur Jahrhundertwende wurde die Kennzeichnung um-

---

21 *Neuner* Internationale Zuständigkeit, Mannheim 1929.
22 Vgl. *Hahn* Die gesammten Materialien zu den Reichs-Justizgesetzen, 1. Bd., Materialien zu dem Gerichtsverfassungs-Gesetz, 1. Abth., Berlin 1879, S. 67.
23 *Wach* Handbuch des Deutschen Civilprozessrechts, Bd. I, Leipzig 1885, S. 350, 392 ff.

fassend rezipiert und als funktionelle Zuständigkeit bezeichnet.[24] Längere Zeit wurde die funktionelle Zuständigkeit allerdings noch als Unterfall der sachlichen Zuständigkeit angesehen.[25] Dennoch war mit der Kategorie die terminologische und sachliche Grundlage geschaffen, um in eine eingehendere Diskussion über Gegenstand und Elemente der funktionellen Zuständigkeit einzutreten.

III. Aktuelle Gestaltung

1. Begriffe

Mit der Kategorie der funktionellen Zuständigkeit kann eine gewisse gesetzliche Unzulänglichkeit kompensiert, um nicht zu sagen eine spürbare kodifikatorische Leere gefüllt werden. Geschaffen ist damit ein belastbar Referenzpunkt, um die verschiedenen Regelungsfelder zu erfassen. Mangels einer gesetzlichen Fixierung ist jedoch selbst dieser Oberbegriff nicht ganz einheitlich anerkannt. Zudem erschweren die fehlende Regelungsklarheit sowie die verstreuten und punktuellen Normen ohne prinzipielle Ausgestaltung eine inhaltliche Verständigung. Infolgedessen bestehen manche Unsicherheiten über Gegenstand und Wirkungen der funktionellen Zuständigkeit.

In einem ersten Ansatz wird die Bezeichnung der funktionellen Zuständigkeit abgelehnt und stattdessen von dem graduell zuständigen Gericht gesprochen. Beschrieben werden soll damit die Stellung des Gerichts im hierarchischen Gerichtsaufbau.[26] Letztlich wird auf diese Weise allein die instanzielle Zuständigkeit bezeichnet, während andere Erscheinungen, wie die Zuständigkeiten des beauftragten oder ersuchten Richters, der Kammer für Handelssachen etc. nicht unter den Begriff der sog. funktionellen Zuständigkeit fallen sollen.[27]

Die verwendete Terminologie knüpft an eine ältere Position an, denn bereits *Weismann* hat das Instanzenverhältnis als graduelle Zuständigkeit bezeichnet.[28] Für *Weismann* stellte die graduelle Zuständigkeit lediglich eine Art der sachlichen Zuständigkeit dar. Unter dem Oberbegriff der sachlichen Zuständigkeit i.w.S. unterschied er die sachliche Zuständigkeit i.e.S. als Verteilung nach der Klagezuständigkeit, die

---

24 *Schmidt* Lehrbuch des deutschen Civilprozessrechts, Leipzig 1898, § 43; *Weismann* Lehrbuch des deutschen Zivilprozessrechts, Stuttgart 1903, Bd. I, S. 37; *Hellwig* Lehrbuch des Deutschen Zivilprozeßrechts, Leipzig 1907, 2. Bd., § 95; *Rosenberg* Lehrbuch des Deutschen Zivilprozeßrechts, 3. Aufl., Berlin 1931, S. 84 ff.; *Goldschmidt* Zivilprozessrecht, 2. Aufl., Berlin 1932, S. 86, 90, spricht noch von der funktionellen sachlichen Zuständigkeit.
25 *Weismann* Lehrbuch des deutschen Zivilprozessrechts, Stuttgart 1903, Bd. I, S. 37; *Fischer* Lehrbuch des deutschen Zivilprozeß- und Konkursrechts, 1918, S. 52; *Goldschmidt* Zivilprozeßrecht, 2. Aufl., 1932, S. 90.
26 *Braun* Lehrbuch des Zivilprozessrechts, 2014, S. 279.
27 *Braun* Lehrbuch des Zivilprozessrechts, 2014, S. 279.
28 *Weismann* Lehrbuch des deutschen Zivilprozessrechts, Stuttgart 1903, Bd. I, S. 36.

funktionelle Zuständigkeit und die graduelle Zuständigkeit.[29] Plastisch lässt sich dagegen einwenden, dass im Rahmen der sachlichen Zuständigkeit verschiedenartige Gerichte in unterschiedlichen Sachen die gleiche Funktion, im Rahmen der funktionellen Zuständigkeit aber in derselben Sache verschiedene Funktionen ausüben sollen.[30] Dann kann allerdings die funktionelle Zuständigkeit keine Untergruppe der sachlichen Zuständigkeit darstellen.

Während in dieser früheren Distinktion die instanziell verstandene graduelle Zuständigkeit neben der funktionellen Zuständigkeit steht, soll in ihrer modernen Wendung die graduelle Instanzenzuständigkeit den einzigen Anwendungsbereich darstellen und die Bezeichnung als funktionelle Zuständigkeit aufgegeben werden. Unbeantwortet bleibt dabei, wie die sonstigen gerichtlichen Aufgabenzuweisungen erfasst werden können. In der Konsequenz vergrößert diese Position deswegen eher die Unsicherheiten und wertet die klare Zuweisung einer Sache nach Art des Gegenstands ab. Mit der aufgegebenen Dimension der Zuständigkeitsordnung geht die Kontrolldichte ein Stück weit verloren.

In einer weiteren Variante wird anstelle der funktionelle Zuständigkeit von der geschäftlichen Zuständigkeit gesprochen.[31] Auch diese Kennzeichnung besitzt einen älteren Kern.[32] Sie soll beantworten, welcher im Gesetz genannte Spruchkörper oder welches sonstige Mitglied eines Gerichts generell eine dort allgemein bezeichnete rechtliche Angelegenheit betreuen muss, §§ 21e ff. GVG. Als Beispiele werden u.a. die Abgrenzung zwischen Prozessgericht und Vollstreckungsgericht, aber auch zwischen Gericht und Gerichtsvollzieher angeführt.[33] Terminologisch und normativ knüpft diese Position an die Konzeption der Geschäftsverteilung an. Dies vermag nicht zu überzeugen, weil die Geschäftsverteilung einen Selbstverwaltungsakt sui generis darstellt,[34] während die Aufgabenverteilung vielfach, bspw. zwischen Prozess- und Vollstreckungsgericht, gesetzlich ausgestaltet wird.

Eine überzeugende Alternative zum Ausdruck der funktionellen Zuständigkeit ist nicht ersichtlich. Da auch nicht erkennbar ist, wie die unmittelbare Plausibilität der Terminologie gesteigert werden kann, bleibt die Bezeichnung als funktionelle Zuständigkeit vorzugswürdig. Als weitere Aufgabe ist deswegen der Gegenstandsbereich der funktionellen Zuständigkeit zu konturieren.

---

29 *Weismann* Lehrbuch des deutschen Zivilprozessrechts, Stuttgart 1903, Bd. I, S. 37; ähnlich *Fischer* Lehrbuch des deutschen Zivilprozeß- und Konkursrechts, 1918, S. 52; *Goldschmidt* Zivilprozeßrecht, 2. Aufl., 1932, S. 86, 90.
30 *Nikisch* Zivilprozeßrecht, 1950, S. 99.
31 Baumbach/Lauterbach/Albers/*Hartmann* 74. Aufl., Grdz. § 1 Rn. 6.
32 Vgl. Stein/*Jonas* 14. Aufl., 1928, Vor § 1 VIII mit Fn. 280; s.a. *Struckmann/Koch* Die Civilprozeßordnung für das Deutsche Reich, 1. Bd., 8. Aufl., 1901, § 1 Anm. 2.
33 Baumbach/Lauterbach/Albers/*Hartmann* 74. Aufl., Grdz. § 1 Rn. 6.
34 *Kissel/Mayer* GVG, 8. Aufl., § 21e Rn. 105.

2. Elemente

Seit der ersten begrifflichen Ausprägung der funktionellen Zuständigkeit werden zumeist drei Dimensionen genannt. Die funktionelle Zuständigkeit verteilt die Rechtspflegefunktionen in derselben Sache auf verschiedene Gerichte, innerhalb eines Gerichts und innerhalb der Organe eines Gerichts.[35] Trotz der disparaten Erscheinungen ist doch eine gemeinsame Grundausrichtung zu erkennen, denn es ist die je unterschiedliche Tätigkeit der Rechtspflegeorgane betroffen. Damit wird auch die Abgrenzung zur Geschäftsverteilung ermöglicht, die gleichartige Tätigkeiten in verschiedenen Sachen unterschiedlichen Spruchkörpern oder einzelnen Mitgliedern derselben zuweist.

Bei der Instanzenordnung wird dieser weitgehende Konsens durchbrochen. Teils wird das Zuständigkeitsgebiet, wie oben ausgeführt, ganz auf die instanzielle Ordnung beschränkt,[36] teils wird diese gerade davon ausgenommen.[37] Gegen eine Einbeziehung der Instanzenordnung in die funktionelle Zuständigkeit spricht nicht schon die systemwidrige gerichtsübergreifende Zuständigkeitskonzeption, denn im Vollstreckungsverfahren ist der funktionell zuständige Gerichtsvollzieher gerade kein Organ des Vollstreckungsgerichts, § 753 I ZPO. Zudem handelt es sich stets um eine ausschließliche Zuständigkeit.[38] Deswegen kann die Instanzenordnung als Bestandteil der funktionellen Zuständigkeit angesehen werden.[39]

Aus diesem gemeinsamen Grundverständnis bricht wohl nur die Position aus, die durch die funktionelle Zuständigkeit die verschiedenartige Berufung mehrerer Organe desselben Gerichts abgrenzen will.[40] Obwohl der Anknüpfungspunkt noch eine gewisse Nähe zur allgemeinen Begriffsbildung aufweist, führt dann die Auskleidung in eine vielfach andere Richtung, soweit dort auf die Berufung des Rechtspflegeorgans in das Amt abgestellt wird.[41] Damit werden andere Fragen als die Aufgaben des Rechtspflegeorgans in einer Sache thematisiert.

---

35 Stein/Jonas/*Roth* 23. Aufl., § 1 Rn. 58; Musielak/Voit/*Heinrich* 14. Aufl., § 1 Rn. 7; Zöller/*Vollkommer* 31. Aufl., § 1 Rn. 6; Thomas/Putzo/*Hüßtege* 38. Aufl., § 1 Rn. 2; BeckOK ZPO/*Wendtland* 24. Ed. § 1 Rn. 4; BeckOK ZPO/*Wendtland* 24. Ed. § 1 Rn. 4; Kübler/Prütting/Bork/*Prütting* InsO, 48. El., § 2 Rn. 19; *Nikisch* Zivilprozeßrecht, 1950, S. 99 f.; *Blomeyer* Zivilprozeßrecht, Erkenntnisverfahren, 1963, S. 27 f.; *Rosenberg/Schwab/Gottwald*, Zivilprozessrecht, 17. Aufl., § 30 Rn. 1 ff.; s.a. Hk-ZPO/*Bendtsen* 7. Aufl., § 1 Rn. 2.
36 *Braun* Lehrbuch des Zivilprozessrechts, 2014, S. 279.
37 MünchKommZPO/*Wöstmann* 5. Aufl., § 1 Rn. 10; offengelassen von Prütting/Gehrlein/*Gehle* 9. Aufl., § 1 Rn. 2.
38 Stein/Jonas/*Roth* 23. Aufl., § 1 Rn. 58; Zöller/*Vollkommer* 31. Aufl., § 1 Rn. 6; Hk-ZPO/*Bendtsen* 7. Aufl., § 1 Rn. 3; *Rosenberg/Schwab/Gottwald*, Zivilprozessrecht, 17. Aufl., § 30 Rn. 23; a.A. Wieczorek/Schütze/*Gamp/Reuschle* 4. Aufl., § 1 Rn. 20.
39 BGH NJW 2003, 2686; 2006, 1808; NJW-RR 2004, 1655; BeckRS 2005, 3062.
40 Aktuell Wieczorek/Schütze/*Gamp/Reuschle* 4. Aufl., § 1 Rn. 19; so bereits Wieczorek 1957, § 1 Anm. B IV b.
41 Wieczorek/Schütze/*Gamp/Reuschle* 4. Aufl., § 1 Rn. 21 ff.

IV. Anwendungsfelder

1. Ausgangspunkte

Wie die Zuständigkeiten zwischen dem Prozessgericht und dem Vollstreckungsgericht zu konturieren sind, ist in verschiedenen Einzelbestimmungen normiert. Einerseits grenzen etwa die §§ 724 II, 731, 767 ff., 893 II ZPO und andererseits die §§ 764, 828 ZPO die Kompetenzen gegeneinander ab. Die Aufgabenverteilung zwischen dem Insolvenzgericht und dem Prozessgericht wird durch § 2 InsO und damit kontrastierend den §§ 36 IV 1, 89 III InsO geordnet. Da eine generalisierbare Regelung über die funktionelle Zuständigkeit fehlt, bestehen sowohl bei den Prinzipien als auch bei den Einzelheiten vielfältige Unsicherheiten. Mehrere Beispiele aus jüngster Zeit belegen dies sehr deutlich, lassen aber auch Strukturen für eine Abgrenzung erkennen.

2. Zustellung der Klauselunterlagen

Der zur Veröffentlichung in der amtlichen Sammlung vorgesehene Beschluss des V. Zivilsenats vom 13. Oktober 2016[42] weist anschaulich aus, welche Schwierigkeiten bei der Bestimmung der funktionellen Zuständigkeit selbst für die höchstrichterliche Rechtsprechung bestehen. Die Entscheidung betraf die im Zwangsvollstreckungsverfahren zuzustellenden Unterlagen bei einer verschmelzungsbedingten Rechtsnachfolge. Im Beschluss vom 8. November 2012 hatte der Senat bei einer derartigen Fallgestaltung noch zusätzlich zur titelergänzenden Vollstreckungsklausel die Zustellung eines aktuellen Registerauszugs gem. § 750 II ZPO verlangt.[43] Mit seiner nur vier Jahre später ergangenen neuerlichen Grundsatzentscheidung hat der Senat diese Rechtsprechung und damit die ergänzende Voraussetzung wieder aufgegeben. Neben dem mit einer qualifizierten Klausel versehenen Titel sind danach nur die Urkunden zuzustellen, auf die sich das erteilende Klauselorgan ausweislich der Klausel gestützt hat.

Was vordergründig ein Zustellungsproblem betrifft, berührt im Kern die Kompetenzverteilung zwischen dem Klausel- und dem Vollstreckungsorgan.[44] Da es dem Vollstreckungsgericht verwehrt ist, auf andere als die vom Klauselorgan zugrunde gelegten Urkunden abzustellen, sind die Reichweite und die Wirkungen der funktionellen Zuständigkeit betroffen. Dabei ist eine kleine Präzisierung erforderlich, denn im konkreten Fall handelte ein Notar als klauselerteilendes Organ gem. § 797 II 1 ZPO, doch wird im gesetzlichen Regelfall das Prozessgericht tätig. Ein sachlicher Unterschied resultiert daraus indessen nicht.

---

42 BGH NJW 2017, 411 mit Anm. *Ahrens* = EWIR 2017, 61 mit Anm. *Prütting* = WuB 2017, 175 mit Anm. *Walker*.
43 BGHZ 195, 292 Rn. 6.
44 *Ahrens* NJW 2017, 413; s.a. *Prütting* EWIR 2017, 61, 62; *Walker* WuB 2017, 175, 178.

Als Folge der gesetzlichen Funktionsbestimmung darf das Vollstreckungsorgan nur prüfen, ob eine Klausel vorhanden und ob sie ordnungsgemäß erteilt wurde, nicht aber, ob sie erteilt werden durfte.[45] Ausschlaggebend ist damit der Umfang des vollstreckungsgerichtlichen Prüfungsrechts. Aufgrund der Aufgabenbeschränkung erfasst das Zustellungserfordernis aus § 750 II ZPO nur die Urkunden, auf denen die Erteilung der Klausel beruht, nicht jedoch diejenigen, auf welche das Klauselorgan sich richtigerweise hätte stützen müssen.[46] Dieses funktional, systematisch und grammatikalisch unterlegte Ergebnis trägt der Zuständigkeitsverteilung Rechnung und überzeugt unmittelbar.

Bemerkenswert ist dann auch weniger diese aktuelle Entscheidung als eher das vielsagende Schweigen in der Entscheidung vom 8. November 2012. Dort sind weder die fundamentalen Aspekte der Zuständigkeitsregelung noch die daraus resultierenden Aufgabenbegrenzungen für das Prüfungsrecht des Vollstreckungsorgans thematisiert. Selbst in dieser grundlegenden Entscheidung hat der BGH der funktionellen Zuständigkeit des Vollstreckungsorgans keine Aufmerksamkeit geschenkt. Infolgedessen rührt die fehlende Sichtbarkeit oder jedenfalls Ersichtlichkeit der Prüfungsbeschränkung an den Grundfesten der funktionellen Zuständigkeitsordnung. So deutet die Entscheidung auf ein strukturelles, selbst von der höchstrichterlichen Judikatur nicht ohne Weiteres zu beherrschendes Problem bei der Aufgabenverteilung und der Bestimmung des Prüfungsrechts des Vollstreckungsorgans hin.

3. Forderungen aus vorsätzlich begangener unerlaubter Handlung nach § 850 f II ZPO

Bei der privilegierten Zwangsvollstreckung wegen einer Forderung aus vorsätzlich begangener unerlaubter Handlung nach § 850 f II ZPO ist die Sicht deutlich klarer. Aufgrund der Aufgabenverteilung zwischen Prozess- und Vollstreckungsgericht ist das Vollstreckungsgericht nur zur Auslegung des Titels und nicht zu einer eigenständigen materiellrechtlichen Prüfung des qualifizierten Schuldgrunds berechtigt.[47] Dem Vollstreckungsorgan steht keine Prüfungsbefugnis zu.

4. Bestimmung der Masse

Prinzipiell anders liegt die Situation bei den Auseinandersetzungen zwischen dem Schuldner und dem Insolvenzverwalter über die Zugehörigkeit eines Gegenstands zur Insolvenzmasse. Nach der eindeutigen Rechtslage, § 36 IV 1 InsO, und der

---

45 BGH NJW-RR 2012, 1146 Rn. 15; 2012, 1148 Rn. 12; 2013, 437 Rn. 9.
46 BGH NJW 2017, 411 Rn. 16.
47 BGHZ 152, 166, 170; BGH NJW 2005, 1663; Prütting/Gehrlein/*Ahrens* 9. Aufl., § 850 f Rn. 44; MünchKommZPO/*Smid* 5. Aufl., § 850 f Rn. 18 f.; Wieczorek/Schütze/*Lüke* 4. Aufl., § 850 f Rn. 31b; Schuschke/Walker/*Kessal-Wulf*/Lorenz 6. Aufl., § 850 f Rn. 11; *Gaul* NJW 2005, 2894, 2895.

feststehenden Rechtsprechung des IX. Zivilsenats des BGH ist diese Auseinandersetzung vor dem Prozessgericht zu führen.[48] Obwohl damit die funktionelle Zuständigkeit klar bestimmt zu sein scheint, herrschen dennoch erhebliche Unsicherheiten darüber, vor welchem Gericht derartige Streitigkeiten zu führen sind. Immer wieder ist deswegen die Zuständigkeit des Prozessgerichts Entscheidungs- und Diskussionsgegenstand.

Zuletzt musste sich der Insolvenzrechtssenat in seiner Entscheidung vom 7. April 2016 über die Massezugehörigkeit eines Kautionsguthabens nach einer Enthaftungserklärung des Insolvenzverwalters mit der allgemeinen Zuständigkeitsverteilung befassen.[49] In dem Beschluss hat er zum wiederholten Mal auf das für die Entscheidung im Streit über die Massezugehörigkeit von Forderungen zuständige Prozessgericht hingewiesen. Gleichwohl hat am 16. März 2017 der für das Insolvenzrecht zuständige IX. Zivilsenat und nicht der für das Mietrecht zuständige VIII. Senat des BGH in einem Verfahren über die rechtmäßige Anordnung einer Nachtragsverteilung auch in der Sache entschieden. In diesem Beschluss hat der Senat den Anspruch auf Rückgewähr der Mietkaution nach einer Enthaftungserklärung von der Masse ausgenommen.[50]

Diese Entscheidung ist mit dem Argument kritisiert worden, nach der Rechtsprechung des Insolvenzrechtssenats seien für den Streit eigentlich die allgemeinen Zivilgerichte zuständig.[51] Damit wird jedoch die funktionelle Zuständigkeit unzutreffend verortet.[52] Da den Gegenstand der Entscheidung vom 16. März 2017 die zulässige Nachtragsverteilung bildete und die Massezugehörigkeit des Kautionsrückzahlungsanspruchs nur als Folgefrage beantwortet werden musste, war der Insolvenzrechtssenat zuständig. Dies eröffnet eine neue Perspektive auf die Aufgabenverteilung und damit das Prüfungsrecht. Bezugspunkt ist nicht die materielle Streitfrage, sondern ob das Verfahren nur aufgrund einer Prüfung durchgeführt werden kann. Letzteres ist bei einer Nachtragsverteilung zu verneinen.

V. Erträge

Aus der prozessgeschichtlichen Entwicklung ist eine klare Vorstellung von der Terminologie und den Elementen der funktionellen Zuständigkeit zu gewinnen. Ihr offener Begriff ermöglicht eine erste Gegenstandsbestimmung. Soweit in diesem

---

48 BGH NZI 2008, 244 Rn. 7; 2009, 824 Rn. 2; 2010, 584 Rn. 2; 2014, 414; 2016, 607 Rn. 7.
49 BGH NZI 2016, 607 Rn. 7.
50 BGH NJW 2017, 1747 mit Anm. *Börstinghaus* = NZI 2017, 444 mit Anm. *Cymutta/Schädlich* Rn. 6 ff.
51 *Börstinghaus* NJW 2017, 1748, 1749.
52 *Cymutta/Schädlich* NZI 2017, 445, 446.

Rahmen die Befugnisse von Prozess-, Vollstreckungs- und Insolvenzgericht abzugrenzen sind, muss auf das jeweilige Prüfungsrecht abgestellt werden. Maßgebend ist, ob das Verfahren vor dem betreffenden Gericht nur aufgrund einer materiellen Prüfung durchgeführt werden kann. Bei kollidierenden Zuständigkeiten bleibt diese Befugnis dem Prozessgericht vorbehalten.

Beweismittelherausgabe und Auskunftserteilung nach § 33g GWB und § 89b GWB n.F.

Der Versuch einer dogmatischen Einordnung vor dem Hintergrund prozessualer Vorlagepflichten (§§ 142 ff. ZPO)

CHRISTOPH ALTHAMMER

I. Die Neuregelung in § 33g GWB und § 89b GWB

Die am 9. 6. 2017 in Kraft getretene 9. GWB-Novelle[1] dient der Umsetzung der Vorgaben der Europäischen Kartellschadensersatzrichtlinie[2]. Sie enthält mit §§ 33g, 89b GWB auch ein neuartiges System von Vorschriften, welche sich mit der Herausgabe von Beweismitteln und der Auskunftserteilung im Zusammenhang mit Kartellschadensersatzprozessen beschäftigen und der Überwindung des typischen Informationsgefälles zwischen den Parteien dienen sollen[3]. Über den genauen Inhalt und die Gelungenheit der prozessualen Sonderregelungen herrscht derzeit noch Unsicherheit, welche der vorliegende Beitrag nicht ausräumen können wird. Es besteht gleichwohl die Hoffnung, dass einige Überlegungen das Interesse des verehrten Jubilars finden, der sich um das Zivilprozessrecht, und insbesondere das Beweisrecht, große Verdienste erworben hat.

Die neuen Vorschriften lauten in Auszügen[4]:

§ 33g GWB Anspruch auf Herausgabe von Beweismitteln und Erteilung von Auskünften

(1) Wer im Besitz von Beweismitteln ist, die für die Erhebung eines auf Schadensersatz gerichteten Anspruchs nach § 33a Absatz 1 erforderlich sind, ist verpflichtet, sie demjenigen herauszugeben, der glaubhaft macht, einen solchen Schadensersatzanspruch zu haben, wenn dieser die Beweismittel so genau bezeichnet, wie dies auf Grundlage der mit zumutbarem Aufwand zugänglichen Tatsachen möglich ist.

(2) Wer im Besitz von Beweismitteln ist, die für die Verteidigung gegen einen auf Schadensersatz gerichteten Anspruch nach § 33a Absatz 1 erforderlich sind, ist verpflichtet, sie demjenigen herauszugeben, gegen den ein Rechtsstreit über den Anspruch nach Absatz 1 oder den Anspruch auf Schadensersatz nach § 33a Absatz 1 rechtshängig ist, wenn dieser die

---

[1] Neuntes Gesetz zur Änderung des Gesetzes gegen Wettbewerbsbeschränkungen v. 1.6.2017; BGBl. I 2017, 1416.
[2] Richtlinie 2014/104/EU des Europäischen Parlaments und des Rates v. 26.11.2014, ABl.EU 2014 L 349, 1 ff.
[3] *Hellmann/Steinbrück* NZKart 2017, 164 ff.
[4] Vgl. auch noch den leicht abweichenden Gesetzesentwurf der Bundesregierung, BT-Drucks. 18/10207, S. 19 f., S. 31.

Beweismittel so genau bezeichnet, wie dies auf Grundlage der mit zumutbarem Aufwand zugänglichen Tatsachen möglich ist. Der Anspruch nach Satz 1 besteht auch, wenn jemand Klage auf Feststellung erhoben hat, dass ein anderer keinen Anspruch nach § 33a Absatz 1 gegen ihn hat, und er den der Klage zugrunde liegenden Verstoß im Sinne des § 33a Absatz 1 nicht bestreitet. ...

(10) Die Absätze 1 bis 9 sowie die §§ 89b bis 89d über die Herausgabe von Beweismitteln gelten für die Erteilung von Auskünften entsprechend.

§ 89b GWB Verfahren

(1) Für die Erteilung von Auskünften gemäß § 33g gilt § 142 der Zivilprozessordnung entsprechend.

(2) § 142 Absatz 2 der Zivilprozessordnung findet mit der Maßgabe Anwendung, dass sich die Zumutbarkeit nach § 33g Absatz 3 bis 6 bestimmt.

(3) Über den Anspruch nach § 33g Absatz 1 oder 2 kann das Gericht durch Zwischenurteil entscheiden, wenn er in dem Rechtsstreit über den Anspruch auf Ersatz des Schadens nach § 33a Absatz 1 gegen die andere Partei erhoben wird. Ergeht ein Zwischenurteil, so ist es in Betreff der Rechtsmittel als Endurteil anzusehen.

Nach der Begründung des Regierungsentwurfs wird in Umsetzung von Artt. 5, 14 der Richtlinie 2014/104/EU potentiell Geschädigten ein selbstständiger, materieller Rechtsanspruch auf Auskunft und Herausgabe von Beweismitteln eingeräumt[5], der – anders als im österreichischen Umsetzungsentwurf (s. § 37j Ministerialentwurf KartG-Novelle 2016)[6] – bereits im Vorfeld eines Schadensersatzprozesses geltend gemacht werden kann, was zugleich eine außergerichtliche Einigung zwischen den Beteiligten erleichtern soll[7]. Durch die Erstreckung auf den vorprozessualen Bereich überschreitet der deutsche Gesetzgeber bewusst und in zulässiger Weise das Schutzniveau der Richtlinie, welche nur auf die Offenlegung von Beweisunterlagen im Schadensersatzprozess fokussiert ist[8]. Voraussetzung für eine Auskunftserteilung bzw. Beweismittelvorlage nach § 33g Abs. 1 i.V.m. Abs. 10 GWB ist, dass vom Geschädigten ein Anspruch auf Schadensersatz wegen einer Verletzung des Kartellrechts gemäß § 33a Abs. 1 GWB glaubhaft gemacht wird[9]. In Umsetzung von Art. 5 Abs. 1, 2 i.V.m. Art. 13 S. 2 der Richtlinie 2014/104/EU verleiht § 33g Abs. 2 GWB auch dem potentiellen Schädiger zur Verteidigung gegen den Schadensersatzanspruch

---

5 Damit wird faktisch der bisher auf § 242 BGB gegründete Auskunftsanspruch, s. BGH NJW 2007, 1806 Rdnr. 13, kodifiziert; s. auch *Hellmann/Steinbrück* NZKart 2017, 168.
6 Vgl. *Podszun/Kreifels*, GWR 2017, 67, 68 f.
7 Vgl. BT-Drucks. 18/10207, S. 62 f.
8 S. auch *Podszun/Kreifels*, GWR 2017, 67, 68 f.; *Hellmann/Steinbrück* NZKart 2017, 164, 170.
9 Auf die hieraus resultierenden terminologischen Schwierigkeiten weisen mit Recht *Klumpe/Thiede* NZKart 2016, 471 hin: Beim prozessualen Begriff der Glaubhaftmachung handle es sich üblicherweise um eine Herabsenkung des Beweisniveaus, welche im Tatbestand einer materiellen Anspruchsnorm nichts verloren hat.

einen Anspruch auf Herausgabe von Beweismitteln und Auskunftserteilung. Anders als im Falle von § 33g Abs. 1 GWB entsteht dieser jedoch erst mit Rechtshängigkeit der Kartellschadensersatzklage (bzw. bei Rechtshängigkeit des Anspruchs nach § 33g Abs. 1 GWB), so dass das Kräftegleichgewicht für vorprozessuale Einigungsverhandlungen und zur Überwindung der Informationsasymmetrie zwischen den Beteiligten durch den Gesetzgeber – dies sein ein erster Kritikpunkt[10] – letztlich doch ungleich verteilt worden ist. Nach § 33g Abs. 2 S. 2 GWB sollen Auskunfts- und Vorlageansprüche immerhin auch im Fall der negativen Feststellungsklage des mutmaßlichen Schädigers entstehen, sofern dieser den dem Schadensersatzanspruch zugrundeliegenden Verstoß nach § 33a Abs. 1 GWB nicht bestreitet[11]. Der Anspruch auf Beweismittelherausgabe sowie auf Erteilung von Auskünften steht dabei nach § 33g Abs. 3 GWB unter dem Vorbehalt der Verhältnismäßigkeit, der dort in Anlehnung an Art. 5 Abs. 3 S. 2 bzw. Art. 6 Abs. 4 der Richtlinie näher konkretisiert wird[12]. Schließlich stößt der Anspruch nach § 33g Abs. 1 GWB dort auf Grenzen, wo der Verpflichtete sich in einem Rechtsstreit über den Anspruch auf Schadensersatz (§ 33a Abs. 1 GWB) auf ein anerkanntes Zeugnisverweigerungsrecht gemäß § 383 Nr. 4-6 ZPO bzw. § 384 Nr. 3 ZPO berufen kann (§ 33g Abs. 6 GWB)[13].

In verfahrensrechtlicher Hinsicht stellt § 89b Abs. 2 GWB den Vorrang von § 33g Abs. 3-6 GWB gegenüber dem Zumutbarkeitsvorbehalt von § 142 Abs. 2 ZPO klar[14]. Mit der Verweisung von § 89b Abs. 1 GWB auf § 142 Abs. 1 ZPO will der deutsche Umsetzungsgesetzgeber nach der Regierungsbegründung den Gerichten für den Fall, dass die Voraussetzungen von § 33g GWB vorliegen, die Möglichkeit einräumen, die Erteilung von Auskünften bzw. die Herausgabe von Beweismitteln innerhalb des Schadensersatzrechtsstreits selbst anzuordnen[15]. Ein isolierter Rechtsstreit hinsichtlich des Anspruchs nach § 33g GWB, über den das Gericht nach § 89b Abs. 3 GWB durch Zwischenurteil entscheiden kann[16], sei somit nicht erforderlich, was insbesondere mit Blick auf Dritte zur Kostenreduzierung beitragen soll[17]. Erstaunlich ist, dass die Beweismittelherausgabe nur in der Regierungsbegründung[18], aber nicht im Gesetzestext von § 89b Abs. 1 GWB selbst Erwähnung findet, der nur von der »Erteilung

---

10 Eine Verletzung der prozessualen Waffengleichheit wollen auch *Podszun/Kreifels* GWR 2017, 67, 68 f.; *Hellmann/Steinbrück* NZKart 2017, 164, 170, erkennen.
11 Vgl. BT-Drucks. 18/10207, S. 62 f.
12 *Hellmann/Steinbrück* NZKart 2017, 170 f.
13 Geändert in der Beschlussempfehlung des Ausschusses für Wirtschaft und Energie, s. BT-Drucks. 18/11446, S. 6, 28 f.
14 BT-Drucks. 18/10207, S. 101.
15 BT-Drucks. 18/10207, S. 101.
16 Auch hier werden die Grenzen der üblichen prozessualen Terminologie verlassen: In dogmatischer Hinsicht handelt es sich eher um ein Teilurteil als um ein Zwischenurteil, s. zutreffend *Klumpe/Thiede* NZKart 2016, 472; *Hellmann/Steinbrück* NZKart 2017, 170.
17 BT-Drucks. 18/10207, S. 101.
18 Dort heißt es recht eindeutig: »Absatz 1 und 2 geben den Gerichten die Möglichkeit, die Erteilung von Auskünften oder die Herausgabe von Beweismitteln innerhalb von Rechtsstreiten anzuordnen, wenn die Voraussetzungen nach § 33g Absätze 1 bis 6 vorliegen«, vgl. BT-Drucks. 18/10207, S. 101.

von Auskünften gemäß § 33g« spricht. Im Schrifttum wird deswegen bereits von einem gesetzgeberischen Redaktionsversehen gesprochen[19]. Unabhängig von den Details der Ausgestaltung des Gesetzesvorschlags, sticht prima facie die »dogmatische Unstimmigkeit« ins Auge, dass § 89b Abs. 1 GWB zur verfahrensrechtlichen Durchsetzung des Anspruchs aus § 33g Abs. 1 GWB auf die prozessuale Vorlageanordnung in § 142 Abs. 1 ZPO verweist. Nach § 142 Abs. 1 ZPO können deutsche Gerichte von Amts wegen einer Partei oder einem Dritten die Vorlage von in deren Besitz befindlichen Urkunden auferlegen, welche von einer der beiden Prozessparteien in Bezug genommen wurde. § 89b Abs. 1 GWB eröffnet damit den Anwendungsbereich von § 142 Abs. 1 ZPO hinsichtlich der Erteilung von Auskünften, während hinsichtlich Beweisurkunden § 142 Abs. 1 ZPO bereits bisher auch ohne Verweisung unmittelbar anwendbar wäre[20]. Jedoch stehen Anordnungen nach § 142 ZPO im (eingeschränkt überprüfbaren) pflichtgemäßen Ermessen des Gerichts[21]. Insoweit ist es zunächst verwunderlich, wenn der Gesetzgeber der 9. GWB-Novelle in der Situation, dass ein Anspruch auf Beweismittelherausgabe bzw. Auskunftserteilung gemäß den Voraussetzungen von § 33g Abs. 1 GWB dargelegt wird, zu dessen Durchsetzung in § 89b Abs. 1, 2 GWB auf eine ermessensabhängige prozessuale Vorschrift (§ 142 Abs. 1, 2 ZPO) rekurriert[22]. Schließlich ist zu berücksichtigen, dass nach h.M. eine richterliche Vorlageanordnung i.S.v. § 142 Abs. 1 ZPO gerade unabhängig von einem materiell-rechtlichen Vorlageanspruch ergehen kann (s. dazu unten II 3.)[23]. Prozessuale und materiell-rechtliche Vorlagevoraussetzungen werden somit entgegen allen jüngeren Trends miteinander vermischt[24]. Dogmatisch näher gelegen hätte somit ein Zusammenspiel von § 33g GWB mit § 422 ZPO im Rahmen des förmlichen Urkundenbeweises[25]: Denn diese Vorschrift schreibt im Falle einer materiell-rechtlichen Vorlageverpflichtung und einem entsprechenden Antrag des Beweisführers die Herausgabe zwingend vor. Die eben geschilderten Unstimmigkeiten geben Anlass dazu, näher auf die gesetzliche Ausgestaltung der Vorschriften zur Urkundenedition einzugehen.

19 *Klumpe/Thiede* NZKart 2016, 472.
20 Zutreffend *Hellmann/Steinbrück* NZKart 2017, 171.
21 *Musielak/Voit/Stadler*, Kommentar zur Zivilprozessordnung, 14. Aufl. (2017), § 142 Rdnr. 1; *Zöller/Greger* Kommentar zur Zivilprozessordnung, 31. Aufl. (2016), § 142 Rdnr. 2; R. *Koch* Mitwirkungsverantwortung im Zivilprozess (2013), S. 163 f., 172 f.
22 S. auch BT-Drucks. 18/10207, S. 101. Fraglich ist dann aber, ob es sich um eine Rechtsgrund- oder Rechtsfolgenverweisung handelt, s. näher *Klumpe/Thiede* NZKart 2016, 472, die keine endgültige Entscheidung wagen.
23 Vgl. etwa *BGH* NJW 2007, 2989 Rdnr. 19 f.; WM 2010, 1448 Rdnr. 25.
24 Zur Kritik s. bereits *Klumpe/Thiede* NZKart 2016, 472: »Die Durchsetzung eines materiell-rechtlichen Anspruchs aus § 33g Abs. 1 und 2 GWB gerade im Wege des § 142 ZPO ist also nicht nur unnötig, sie passt generell als eine Ermessen einräumende Norm nicht zum Charakter des § 33g GWB als materiell-rechtlichem Anspruch«; Hellmann/Steinbrück NZKart 2017, 171: »In der Tat ist § 89b 2 GWB ein Beleg dafür, dass bei der 9. GWB-Novelle das komplexe Zusammenspiel von materiell-rechtlichen Ansprüchen und prozessualer Umsetzung nur unzureichend beachtet wurde.«
25 S. auch *Klumpe/Thiede* NZKart 2016, 472 Fn. 14, 18, der auf die gänzlich unklare Rolle von § 89d Abs. 4 GWB verweist, wo sowohl § 142 und § 422 ZPO in Bezug genommen werden.

II. Urkundenvorlage nach § 142 ZPO und materiell-rechtliche Vorlagepflichten

1. Parteiverantwortung und Beibringungsgrundsatz

Nach der Intention des Gesetzgebers dient § 142 ZPO neben der vollständigen Sachaufklärung auch der Verfahrensbeschleunigung, indem die für den streitigen Tatsachenvortrag notwendigen Beweismittel beschafft werden[26]. Regelmäßig werden die beweisbelasteten Parteien neben dem für sie günstigen Tatsachenvortrag auch einen Beweisantrag zur Bereitstellung der einschlägigen Urkunden stellen (§§ 421 ff. ZPO)[27]. Für eine richterliche Vorlageanordnung nach §§ 142, 144 ZPO ist deswegen von Bedeutung, ob die Beweismittelbeschaffung ausnahmsweise nicht der Parteiverantwortung überantwortet bleiben sollte[28]. Revisibel und dementsprechend anfechtbar ist die richterliche Ermessensausübung i.S.v. § 142 Abs. 1 ZPO dabei nur, wenn diese rechtsfehlerhaft erfolgt ist[29], was bei einem vollständigen Nichtgebrauch des Ermessensspielraums durch das Gericht anzunehmen wäre[30]. Im Ergebnis führen §§ 142 ff. ZPO zu einer Modifikation bzw. Aufweichung des zivilprozessualen Beibringungsgrundsatzes, wobei die Grenze zum (eingeschränkten) Untersuchungsgrundsatz nicht überschritten wird[31]. Denn eine richterliche Vorlageanordnung muss weiter auf den streitigen Parteivortrag gegründet sein[32]. Wenn der BGH im Patentverletzungsprozess hingegen die Substantiierungsanforderungen hinsichtlich des Tatsachenvortrags bewusst absenkt und einen gewissen Grad an Wahrscheinlichkeit für das Vorliegen der Patentverletzung genügen lassen will[33], handelt es sich dabei um eine rechtsgebietsspezifische Sichtweise, welche den Anforderungen des Patent-

---

26 So bereits *Stein/Jonas/Leipold*, Kommentar zur Zivilprozessordnung, 22. Aufl. (2005), § 142 Rdnr. 1; *Prütting/Gehrlein/Prütting*, ZPO Kommentar, 9. Aufl. (2017), § 142 Rdnr. 1 f.
27 *Braun*, Lehrbuch des Zivilprozessrechts, 1. Aufl. (2014), 4. Kap., S. 788 f.
28 *Stein/Jonas/Althammer*, Kommentar zur Zivilprozessordnung, 23. Aufl. (2016), § 142 Rdnr. 7.
29 *Ahrens* Der Beweis im Zivilprozess (2015), Kap. 28, § 101 Rdnr. 25. S. aber auch *Stadler* in: Festschr. für *Beys* (2003), S. 1625, 1644 f.: Eine Ermessensreduktion auf Null sei bereits gegeben, sofern ein Beweisantrag der beweisführenden Partei mangels Vorlagepflicht des Gegners nicht erfolgversprechend wäre.
30 BGHZ 173, 23 = NJW 2007, 2989, 2991 f. Rdnr. 21, 22; s. auch *Althammer* in: 2. Festschr. für Geimer (2017), S. 15, 16.
31 *R. Koch* Mitwirkungsverantwortung im Zivilprozess (2013), S. 176; *Waterstraat* ZZP 118 (2005), 459 ff.; *Ahrens* Der Beweis im Zivilprozess (2015), Kap. 28, § 101 Rdnr. 13.
32 BGH NJW 2000, 3488, 3490; NJW 2007, 2989, 2992 Rdnr. 20; NJW 2014, 3313 Rdnr. 28: »Dabei darf das Gericht jedoch einer Urkunde nichts entnehmen, was von den Parteien im Prozess noch nicht vorgetragen worden ist, denn auch § 142 ZPO ermöglicht keine Amtsaufklärung«; vgl. bereits BT-Drucks. 14/6036, S. 120 f.; s. auch *P. Gottwald* in: Festschr. für *Stürner* I (2013), S. 301, 305 f. (Pflicht der Parteien, an der Sachaufklärung mitzuwirken).
33 BGH GRUR 2013, 316 f. Rdnr. 22 – *Rohrmuffe*; BGHZ 169, 30 ff. = GRUR 2006, 962, 965 ff. Rdnr. 41 f. – *Restschadstoffentfernung*; *Stein/Jonas/Althammer*, Kommentar zur Zivilprozessordnung, 23. Aufl., § 142 ZPO Rdnr. 10.

verletzungsprozesses und Art. 43 TRIPS bzw. Art. 6 *Enforcement* – Richtlinie zu verdanken ist, und von der Judikatur nicht verallgemeinert wird[34]. Schließlich muss die Partei auch die gewünschte Urkunde genügend individualisieren, damit ein unzulässiger Ausforschungsbeweis verhindert wird[35]. Die h.M. betont dazu »gebetsmühlenartig«, dass weder die Einführung eines US-amerikanischen *Discovery*-Verfahrens noch eines englischen *Disclosure*-Verfahrens beabsichtigt ist[36].

2. §§ 33g, 89b GWB und das Ausforschungsverbot

In vorliegendem Kontext ist von Interesse, dass einige Literaturstimmen in der kartellrechtlichen Neuregelung in §§ 33g, 89b GWB bereits eine (entschärfte) Form der *pretrial discovery* erkennen wollen[37]. Obgleich der Gesetzgeber etwas einseitig zu Gunsten des Anspruchstellers vorprozessuale Ansprüche auf Herausgabe von Beweismitteln und auf Erteilung von Auskünften kreiert hat[38], wird man aber keinen wirklichen Bruch mit dem bisherigen deutschen System erkennen können. Die Verbesserung der Sachverhaltsaufklärungsmöglichkeiten der Parteien im Kartellschadensersatzprozess ist von der Richtlinie gerade intendiert[39], auch wenn, wie § 37j Ministerialentwurf KartG-Novelle 2016 in Österreich zeigt, dies nicht auch das vorprozessuale Stadium erfassen hätte müssen (s. oben unter I.). Die vor allem problematische Regelung in § 89b Abs. 5 GWB des Gesetzesentwurfs der Bundesregierung[40], welche dem Anspruchsteller die Durchsetzung der Beweismittelherausgabe und der Auskunftserteilung im Wege der einstweiligen Verfügung erlaubte, sofern der Kartellverstoß des Schädigers durch eine nach § 33b GWB bindende Behördenentscheidung festgestellt worden war – und zwar ohne Darlegung und Glaubhaftmachung der in §§ 935 und 940 ZPO enthaltenen Dringlichkeitsvoraussetzung und somit unter Vorwegnahme der Hauptsache –, ist im späteren Gesetzgebungsverfahren mit Recht gestrichen bzw. entschärft worden[41]. Dem potentiellen Schädiger hätte diese Möglichkeit zur Durchsetzung seines Anspruchs nach § 33g

---

34 S. aber auch *R. Koch* Mitwirkungsverantwortung im Zivilprozess (2013), S. 163 f.
35 BGH NJW-RR 2007, 1393 Rdnr. 10 (Aktenordner mit Berechnungsunterlagen); NJW 2014, 3312, 3313 Rdnr. 28.
36 *Brandt*, Das englische *Disclosure*-Verfahren (2015), S. 41 ff. »Eine solche Ausforschung der Parteien oder des Dritten ist und bleibt prozessordnungswidrig«, s. BT-Drucks. 14/6036, S. 121.
37 *Lübbig/Mallmann* NZKart 2016, 518 f.; *Klumpe/Thiede*, BB 2016, 3011, 3016; *Podszun/Kreifels* GWR 2017, 67 f.
38 Zur Erleichterung von Vergleichsverhandlungen, s. BT-Drucks. 18/10207, S. 62 und oben I.
39 *Hellmann/Steinbrück* NZKart 2017, 164 f.
40 S. dazu BT-Drucks. 18/10207, S. 31, 101; kritisch bereits *Podszun/Kreifels* GWR 2017, 67 f., 70; *Lübbig/Mallmann*, NZKart 2016, 520; *Hellmann/Steinbrück* NZKart 2017, 172 f.
41 Vgl. Beschlussempfehlung und Bericht des Ausschusses für Wirtschaft und Energie BT-Drucks. 18/11446, S. 10.

Abs. 2 GWB ohnehin nicht offen gestanden, was eine prozessuale Schieflage nach sich gezogen hätte[42].

3. Der Auslegungszusammenhang von § 142 ZPO und §§ 422 ff. ZPO

Die h.M. will § 142 Abs. 1 ZPO als rein prozessuales Instrument zur Verbesserung der richterlichen Verhandlungsleitung deuten und der Existenz materiell-rechtlicher Editionspflichten dabei keinen Einfluss zugestehen[43]. Nach § 142 Abs. 1 ZPO könnte eine richterliche Vorlageanordnung bereits ergehen, wenn *eine* der beiden Prozessparteien sich auf eine Urkunde bezieht, die sich im Besitz des Gegners befindet, ohne dass weitere Voraussetzungen erfüllt sein müssten. Diese Bezugnahme könnte sogar stillschweigend erfolgen, sofern sich ausreichende Anhaltspunkte im Parteivortrag finden und eine eindeutige Identifikation der Urkunde möglich ist[44]. Nach h.M. impliziert dies eine deutliche inhaltliche Erweiterung richterlicher Anordnungskompetenzen im Vergleich zu den Bestimmungen des Urkundenbeweises: Denn § 423 ZPO will nur die Bezugnahme des Urkundenbesitzers genügen lassen[45]. Sofern dagegen die Bezugnahme der die Urkunde nicht besitzenden Partei eine richterliche Vorlageanordnung nach § 142 Abs. 1 ZPO ermöglichen würde, droht ein – von der h.M. allerdings bestrittener – Wertungswiderspruch zu §§ 422, 423 ZPO:[46] Denn wenn sich die beweisbelastete Partei auf ein im Besitz des Gegners befindliches Beweismittel bezieht, verlangt § 422 ZPO stets das Bestehen einer materiell-rechtlichen Vorlagepflicht. Zur Wahrung der inneren Teleologie zwischen diesen Normenkomplexen ließe sich annehmen, dass für die amtswegige Vorlage nach § 142 Abs. 1 ZPO an sich nichts anderes gelten kann, weil ansonsten die Bestimmungen zum förmlichen Urkundenbeweis schrittweise ausgehöhlt würden[47]. Der 11. Zivilsenat des BGH[48] und

---

42   Kritisch bereits *Hellmann/Steinbrück* NZKart 2017, 172.
43   S. etwa BGH NJW 2007, 2989 Rdnr. 19 f.; WM 2010, 1448 Rdnr. 25; *Prütting/Gehrlein/Prütting*, ZPO Kommentar, 9. Aufl. (2017), § 142 Rdnr. 1 f.; s. dazu bereits *Althammer* in: 2. Festschr. für Geimer (2017), S. 15, 17 ff.
44   *Greger* DStR 2005, 482; *Zekoll/Bolt* NJW 2002, 3130.
45   Stellvertretend für die h.M. *Musielak/Voit/Stadler*, Kommentar zur Zivilprozessordnung, 13. Aufl. (2016), § 142 ZPO Rdnr. 4; *Ahrens*, Der Beweis im Zivilprozess (2015), Kap. 28, § 101 Rdnr. 19.
46   So in aller Deutlichkeit bereits *Stein/Jonas/Leipold*, Kommentar zur Zivilprozessordnung, 22. Aufl. (2005), § 142 Rdnr. 17 f.; ebenso *Leipold* in: *Marinelli/Bajons/Böhm*, Die Aktualität der Prozess- und Sozialreform *Franz Kleins* (2015), S. 131, 140 f.; *Stein/Jonas/Althammer*, Kommentar zur Zivilprozessordnung, 23. Aufl. (2016), § 142 Rdnr. 20 f.
47   Ebenso OLG Frankfurt, Urt. v. 18.10.2006 – 1 U 19/06, juris, Rdnr. 19; *Leipold*, in: Festschr. für *Meier* (2015), S. 421, 423 ff.; *Ch. Schreiber* JR 2008, 1, 5; auch noch; MünchKommZPO/*Wagner*, Kommentar zur Zivilprozessordnung, 5. Aufl. (2013), §§ 142-144 Rdnr. 10; *Althammer* in: 2. Festschr. für Geimer (2017), S. 18. – A.A.: BGHZ 173, 23 = NJW 2007, 2989, 2991; WM 2010, 1448. Zu einer zurückhaltenden Auslegung von § 142 Abs. 1 ZPO mahnt deswegen zu Recht *Prütting* AnwBl 2008, 153, 158.
48   BGH NJW 2007, 2989 Rdnr. 19 f.; WM 2010, 1448 Rdnr. 25.

ihm folgend die h.L.[49] leugnen diesen Normwiderspruch jedoch und sehen folglich für eine einschränkende, an §§ 422, 423 ZPO orientierte Auslegung der richterlichen Vorlageanordnung keine Handhabe. Ein Argument ist, dass der Gesetzgeber keine Anhaltspunkte für eine Ausrichtung an den Vorgaben für den Urkundenbeweis hinterlassen habe[50]. Auch die Begründung zum »Gesetz zur Verbesserung der Durchsetzung von Rechten des geistigen Eigentums« im Jahre 2008, welches der Umsetzung der »*Enforcement* – Richtlinie« dienen sollte[51], scheint diese großzügige Sichtweise zu stützen: »Die Zivilprozessordnung ... macht indes die Pflicht zur Vorlage von Beweismitteln durch den Gegner grundsätzlich vom materiellen Recht abhängig, so § 422 ZPO für den Urkundenbeweis und § 371 Abs. 2 ZPO für den Augenscheinsbeweis. Dieser Grundsatz ist zwar durch die Vorschriften der §§ 142 und 144 ZPO, die durch das Gesetz zur Reform des Zivilprozesses vom 27. Juli 2001 ... wesentlich ausgeweitet wurden, durchbrochen...«[52]. So eindeutig, wie der normative Befund für die h.M. zu sprechen scheint, so vordergründig sind teilweise die teleologischen Überlegungen: So verneint der BGH einen Wertungswiderspruch zwischen § 142 ZPO und §§ 422, 423 ZPO mit der Begründung, dass §§ 422, 423 ZPO eine Vorlegungspflicht des Prozessgegners vorsähen, die amtswegige Anordnung i.S.v. §§ 142, 144 ZPO hingegen ermessensabhängig ausgestaltet sei[53]. Es ist offensichtlich, dass durch die Annahme einer Ermessensreduzierung auf Null bei §§ 142, 144 ZPO die strengeren Anforderungen in §§ 422, 423 ZPO ausgehöhlt werden könnten[54]. Schließlich scheint diese strikte Trennung der Normkomplexe, wie sie die h.M. favorisiert, nunmehr durch das Zusammenspiel materiell-rechtlicher Beweismittelvorlagen (§ 33g Abs. 1 GWB) und prozessualer Anordnungsbefugnisse (§ 89b Abs. 1 GWB i.V.m. § 142 Abs. 1 ZPO) im Rahmen der 9. GWB-Novelle konterkariert zu werden, wenngleich der Gesetzgeber nicht alle diese Konsequenzen überdacht zu haben scheint[55]. Auch wenn hier allem Anschein nach § 142 ZPO nur als Durchsetzungsinstrument für die materiell-rechtliche Vorlagepflicht nach § 33g Abs. 1, 2 GWB dienen soll, erfährt

---

49 S. etwa *Kraayvanger/Hilgard* NJ 2003, 572; *Stadler* in: Festschr. für *Beys* (2003), S. 1625, 1639 f.; *Ahrens* Der Beweis im Zivilprozess (2015), Kap. 28, § 101 Rdnr. 19.

50 S. zum ZPO-RG 2001: BT-Drucks. 14/4722, S. 78, 92; *R. Koch* Mitwirkungsverantwortung im Zivilprozess (2013), 158 f.; *G. Wagner* JZ 2007, 710.

51 Richtlinie 2004/48/EG v. 29.4.2004 zur Durchsetzung der Rechte des geistigen Eigentums. Art. 6 betrifft die Übermittlung von in der Verfügungsgewalt der gegnerischen Partei befindlichen Bank-, Finanz- oder Handelsunterlagen.

52 BT-Drucks. 16/5048, S. 26. Hierzu auch *Leipold*, in: Marinelli/Bajons/Böhm, Die Aktualität der Prozess- und Sozialreform *Franz Kleins* (2015), S. 141 f.

53 BGH NJW 2007, 2989 Rdnr. 19 f.; WM 2010, 1448 Rdnr. 25; zustimmend *R. Koch* Mitwirkungsverantwortung im Zivilprozess (2013), S. 158 f.; kritisch *Leipold* in: Festschr. für *Meier* (2015), 421, 425 f.

54 Ähnlich *Leipold* in: Festschr. für *Meier* (2015), 421, 426; *ders.* in: Marinelli/Bajons/Böhm, Die Aktualität der Prozess- und Sozialreform *Franz Kleins* (2015), S. 131, 141 f.; *Braun*, Lehrbuch des Zivilprozessrechts, 1. Aufl. (2014), 4. Kap., S. 790: »in die Hand eines weisen Richters gelegt«.

55 Angedeutet auch bei *Klumpe/Thiede* NZKart 2016, 472; *Hellmann/Steinbrück* NZKart 2017, 171: »das komplexe Zusammenspiel von materiell-rechtlichen Ansprüchen und prozessualer Umsetzung nur unzureichend beachtet«.

damit § 142 ZPO eine materiell-rechtliche Einfärbung, welche in den Augen der h.M. bereits überwunden schien. Dass der Gesetzestext von § 89b Abs. 1 GWB ausdrücklich nur den Anspruch auf Auskunftserteilung erwähnt, die Gesetzesbegründung dagegen auch den Anspruch auf Beweismittelvorlage, ist eine weitere Unstimmigkeit, die bereits als Redaktionsversehen gekennzeichnet wurde (s. oben I).

Die Deutungsprobleme nehmen schließlich weiter zu, wenn § 89d Abs. 4 GWB in den Blick genommen wird:

>»(4) Die §§ 142, 144, § 371 Absatz 2, § 371a Absatz 1 Satz 1, die §§ 421, 422, 428, 429 und 432 der Zivilprozessordnung finden in einem Rechtsstreit über einen Anspruch auf Schadensersatz wegen eines Verstoßes nach § 33 Absatz 1 oder über einen Anspruch nach § 33g Absatz 1 oder Absatz 2 nur Anwendung, soweit in Bezug auf die vorzulegende Urkunde oder den vorzulegenden Gegenstand auch ein Anspruch auf Herausgabe von Beweismitteln nach § 33g gegen den zur Vorlage Verpflichteten besteht, es sei denn, es besteht ein vertraglicher Anspruch auf Vorlage gegen den Verpflichteten.«

§§ 142, 144 ZPO sollen danach nur Anwendung finden, soweit nach § 33g GWB auch ein Anspruch auf Herausgabe von Beweismitteln besteht. Nach der Begründung des Regierungsentwurfs soll § 89d Abs. 4 GWB zwar lediglich gewährleisten, dass die Vorgaben der Richtlinie und deren Umsetzung in den §§ 33g und 89c GWB nicht durch andere zivilprozessuale Vorlagepflichten oder Offenlegungspflichten unterlaufen werden[56]. Der dogmatische Sprengstoff der Regelung, welcher den rein prozessualen Charakter von § 142 ZPO wieder fraglich werden lässt, und das unklare Verhältnis zu § 89b GWB werden jedoch noch Schwierigkeiten bereiten[57]. Bedeutet die Bezugnahme auf § 422 ZPO in der Verweisungskette von § 89d Abs. 4 GWB überdies nun doch[58], dass der materiell-rechtliche Anspruch nach § 33g Abs. 1, 2 GWB im Rahmen des klassischen Urkundenbeweises durchzusetzen ist, und wie verhält sich dies zur abweichenden Bezugnahme in § 89b Abs. 1, 2 GWB auf die amtswegige prozessuale Vorlagepflicht des § 142 Abs. 1 ZPO, die nach h.M. nicht an materiell-rechtliche Erfordernisse gebunden ist (s. auch oben I)?

4. Die Materialisierung von § 142 Abs. 1 ZPO in Spezialrechtsgebieten

Gerade im Wettbewerbs- und Patentrecht gelingt es dem BGH nicht, den favorisierten prozessualen Charakter der Vorlagepflicht nach § 142 ZPO in Reinform aufrechtzuerhalten, wie mehrere Entscheidungen des 10. Zivilsenats[59] deutlich werden lassen: Im Patentverletzungsprozess werden Vorlageanordnungen gemäß § 142 Abs. 1 ZPO

---

56 BT-Drucks. 18/10207, S. 33, 105.
57 S. auch *Klumpe/Thiede* NZKart 2016, 472 Fn. 14, 18.
58 S. auch *Klumpe/Thiede* NZKart 2016, 472 Fn. 14: »Es steht zu vermuten, dass die Legisten die Unstimmigkeiten des Verweises auf § 142 ZPO letztlich bemerkten, weil in § 89d Abs. 4 GWB (also an recht versteckter Stelle) sich die treffendere Verweisung auf §§ 422 ff. ZPO dann doch noch findet.«
59 BGH GRUR 2006, 962, 967 Rdnr. 41 f. – *Restschadstoffentfernung*; GRUR 2013, 316 f. Rdnr. 22, 23 – *Rohrmuffe*; *Althammer* in: 2. Festschr. für Geimer (2017), S. 19, 20.

mit der Existenz eines materiell-rechtlichen Vorlage- bzw. Besichtigungsanspruchs (§ 809 BGB bzw. § 140c PatG) in Verbindung gebracht[60]. So soll nach den Worten des BGH das entscheidende Gericht nicht zur Anordnung einer Vorlage nach § 142 ZPO verpflichtet sein, wenn die Voraussetzungen für einen Anspruch aus § 140c PatG nicht vorliegen[61]. Zwar legt der 10. Zivilsenat damit nicht die materiell-rechtlichen Mindestvoraussetzungen der ermessensabhängigen Vorschrift fest, jedoch kann zumindest partiell eine rechtsgebietsspezifische Materialisierung der an sich prozessual gedachten Vorlageanordnung nach § 142 Abs. 1 ZPO konstatiert werden[62]. Dieser Trend zur »Rematerialisierung« von § 142 Abs. 1 ZPO findet nunmehr eine Fortsetzung im Kartellschadensersatzprozess, wie § 89b Abs. 1, 2 GWB, aber auch § 89d Abs. 4 GWB zeigen. Betrachtet man die Einheit einer möglichst allgemein formulierten und anzuwendenden Zivilprozessordnung als hohes Gut, ist dieser Entwicklung hin zur Herausbildung von Sonderprozessrechten zwar mit Bedenken zu begegnen[63]. Mit Blick auf den m.E. weiter bestehenden Wertungswiderspruch zwischen § 142 ZPO und §§ 422, 423 ZPO (s. II 3.) übernimmt die neue Spezialgesetzgebung (§§ 89b Abs. 1, 2, 89d Abs. 4 GWB) aber auch eine wichtige Hinweisfunktion.

5. Vorlageanordnungen gegenüber Dritten nach § 142 Abs. 1, 2 ZPO und der Vergleich zu §§ 33g, 89b GWB

Richterliche Vorlageanordnungen nach § 142 Abs. 1, 2 ZPO, welche gegenüber Dritten erfolgen, sind nach allgemeiner Meinung an keine weiteren materiell-rechtlichen Anspruchsvoraussetzungen geknüpft, weil kein inhaltlicher Widerspruch zu §§ 422, 423 ZPO denkbar ist[64]. Dass § 142 Abs. 1, 2 ZPO im Verhältnis zu Dritten bisher unstrittig als rein prozessuale Vorlagepflicht zu deuten ist[65], der durch das im Tatbestand enthaltene Zumutbarkeitskriterium eine wirksame inhaltliche Grenze gesetzt wird, erscheint vor dem Hintergrund von § 89 Abs. 1, 2 GWB aber nicht mehr so klar. Auch in der Gesetzesbegründung werden materiell-rechtliche und prozessuale Voraussetzungen miteinander vermengt:

> »Zudem erhalten Dritte, die die Berechtigung der Ansprüche nicht ohne Weiteres einschätzen können, durch die richterliche Anordnung die Gewähr dafür, dass das Vorliegen der

---

60 S. auch *Althammer* in: 2. Festschr. für Geimer (2017), S. 19.
61 BGH GRUR 2006, 962, 967 Rdnr. 41 f. – *Restschadstoffentfernung*; GRUR 2013, 316 f. Rdnr. 22, 23 – *Rohrmuffe*.
62 Ähnlicher Befund bei *Leipold* in: Festschr. für *Meier* (2015), S. 421, 429 f., 434 f.; s. auch *Althammer* in: 2. Festschr. für Geimer (2017), S. 20.
63 Dazu etwa *H. Roth* ZZP 129 (2016), 22 f.
64 *Stein/Jonas/Althammer*, Kommentar zur Zivilprozessordnung, 23. Aufl., § 142 ZPO Rdnr. 25.
65 *Ahrens* Der Beweis im Zivilprozess (2015), Kap. 28, § 101 Rdnr. 24; *Leipold*, in: *Marinelli/Bajons/Böhm*, Die Aktualität der Prozess- und Sozialreform *Franz Kleins* (2015), S. 131, 137; *ders.* in: Festschr. für *Meier* (2015), S. 421, 428.

Voraussetzungen nach § 33g von einem Gericht geprüft wurde. Die Regelung in § 33g Absatz 6 geht dabei den Verweigerungsrechten nach § 142 Absatz 2 der Zivilprozessordnung vor.«

Positiv zu bewerten ist es allerdings, dass die Regelungen in §§ 33g Abs. 3-6 und § 89b Abs. 2 GWB dazu führen, dass die Parteien des Schadensersatzprozesses als Verpflichtete des Anspruchs auf Beweismittelvorlage und Auskunftserteilung nach § 33g Abs. 1, 2 GWB grundsätzlich demselben Zumutbarkeitsvorbehalt und denselben einschränkenden Kriterien (§ 33g Abs. 3-6 GWB) wie Dritte (s. auch § 89b Abs. 2 GWB i.V.m. § 142 Abs. 2 ZPO) ausgesetzt sind[66]. Im ursprünglichen Kontext von § 142 ZPO fließen dagegen – nach bisher h.M. – im Verhältnis der Prozessparteien zueinander die Tatbestände des Geheimnis- und Persönlichkeitsschutzes, wie etwa die notarielle Verschwiegenheitspflicht (§ 18 BNotO)[67] oder die anwaltliche Geheimhaltungspflicht, nur in die richterliche Ermessensentscheidung ein[68], was für das Revisionsgericht schwerer überprüfbar ist[69]. Dies kann auch auf Wertungsebene nicht überzeugen: Denn ist eine Vorlageanordnung gegenüber einem Dritten wegen dessen zwingender Geheimhaltungspflicht nicht möglich (vgl. § 142 Abs. 2 ZPO), so ist kein schlagendes Argument erkennbar, warum dieser Belang im Rahmen der Ermessensausübung nach § 142 Abs. 1 ZPO bei der Vorlageanordnung gegenüber einer Partei anders beurteilt werden sollte[70]. Denn der Geheimnisschutz ist keineswegs prozessual variabel, so dass eine absolute gesetzliche Geheimhaltungspflicht im Rahmen einer Ermessensabwägung auch nicht zu einem bloßen »Geheimhaltungsinteresse« abgeschwächt werden darf[71].

---

66 S. auch die Begründung zu § 33g Abs. 3 GWB, BT-Drucks. 18/10207, S. 63: »Insbesondere bei Dritten, die zur Erteilung einer Auskunft oder Herausgabe von Beweismitteln verpflichtet werden, ist schon im Rahmen dieser Abwägung in angemessener Weise zu berücksichtigen, wenn sie gesetzlich zur Geheimhaltung von Geheimnissen, die sie in Ausübung ihrer Tätigkeit über den mutmaßlichen Schädiger erfahren haben, verpflichtet sind«.
67 BGH DNotZ 2014, 837 Rdnr. 26; kritisch *Lerch* WuB VIII A § 18 BNotO 1.14; der (zu Unrecht) meint, die Geheimhaltungspflicht des Notars der Beweisnot der Partei stets unterordnen zu können.
68 BGH NJW 2007, 2989, 2992 Rdnr. 21; DNotZ 2014, 837 Rdnr. 26 (Notarakten). Dies findet eine Stütze in der Gesetzesbegründung: BT-Drucks. 14/6036, S. 120; für Berücksichtigung im Rahmen der Ermessensausübung *Kraayvanger/Hilgard* NJ 2003, 572, 574; *Völzmann-Stickelbrock* ZZP 120 (2007), 512, 523; *G. Wagner* JZ 2007, 706, 715; *Zöller/Greger*, Kommentar zur Zivilprozessordnung, 31. Aufl. (2016), § 142 ZPO Rdnr. 14; *Rühl* ZZP 125 (2012), 25, 33.
69 BGH NJW 2007, 2989, 2992 Rdnr. 21.
70 Ähnlich *Leipold* in: Festschr. für Meier (2015), S. 421, 423 f.
71 *Leipold* in: Festschr. für *Meier* (2015), S. 421, 423; ebenso *Althammer* in: 2. Festschr. für Geimer (2017), S. 20, 21.

III. Abschliessende Bemerkungen: Der Trend zur Rematerialisierung von § 142 ZPO

Die 9. GWB-Novelle ermöglicht es zukünftig, dass Ansprüche auf Beweismittelherausgabe und Auskunftserteilung (§ 33g GWB) bereits im Kartellschadensersatzprozess selbst geltend gemacht werden können, was grundsätzlich i.S.d. effizienten Umsetzung der Kartellschadensersatzrichtlinie zu begrüßen ist. Eine rein prozessuale Lösung zur Umsetzung der Offenbarungs- und Vorlagepflichten wäre zwar vielfach begrüßt worden[72], hätte aber letztlich eine Reform bzw. Modernisierung der §§ 142 ff. ZPO nach sich gezogen, was – ebenso wie bei der Umsetzung der sog. *Enforcement*-Richtlinie[73] – rechtspolitisch offensichtlich nicht gewollt war[74]. Wie dort werden auch im Zuge der 9. GWB-Novelle[75] neue materiell-rechtliche Offenlegungs- und Auskunftspflichten in Nebengesetzen eingeführt[76]. Die Umsetzung von Art. 5 f. der Kartellschadensersatzrichtlinie ist aber insofern besser gelungen, als hier die Vorlage- und Auskunftsansprüche für deren Durchsetzung nicht zwingend selbständig eingeklagt oder im Wege des einstweiligen Rechtsschutzes verfolgt werden müssen[77]. Dass der Anspruch nach § 33g GWB direkt im Schadensersatzprozess (§ 33a GWB) geltend gemacht und mittels richterlicher Anordnung (§ 89b Abs. 6 GWB[78]) durchgesetzt werden kann, ist zwar grundsätzlich zu begrüßen, entstanden ist dabei jedoch ein eigenartiger Hybrid aus materiell-rechtlichen und prozessualen Elementen[79], der sowohl der Wissenschaft als auch der Praxis zahlreiche Fragen aufgibt[80]. Insbesondere

---

72 S. auch *Klumpe/Thiede* BB 2016, 3013 f.; *Podszun/Kreifels* GWR 2017, 69; *Hellmann/Steinbrück* NZKart 2017, 169.

73 S. dazu BT-Drucks. 16/5048, S. 27: »Der Entwurf wählt die Umsetzung auf der Grundlage materiell-rechtlicher Ansprüche. Dieser Weg entspricht der Systematik des deutschen Rechts und ermöglicht problemlos eine direkte Erzwingbarkeit der Rechtsfolgen, die den prozessrechtlichen Instituten fremd ist.«

74 So bereits *Stadler* in: Festschr. für *Leipold* (2009), S. 201 ff.

75 *Kirchhoff* WUW 2015, 952 ff.

76 S. auch *Althammer* in: 2. Festschr. für Geimer (2017), S. 21 f.

77 Allerdings ist die erwähnte Regelung in § 89b Abs. 5 GWB, die es ermöglicht hätte, im Falle der einstweiligen Verfügung auf den Nachweis der Eilbedürftigkeit zu verzichten, im Gesetzgebungsverfahren nachträglich gestrichen worden (S. oben II 2.). Vgl. auch § 140c Abs. 3 PatG für den Erlass einer einstweiligen Verfügung; zur Frage der (vermuteten) Dringlichkeit s. *Heinze* ZEuP 2009, 293; *St. Zöllner* GRUR Prax 2010, 74.

78 Die Vorschrift lautet: »Auf Antrag kann das Gericht nach Anhörung der Betroffenen durch Beschluss die Offenlegung von Beweismitteln oder die Erteilung von Auskünften anordnen, deren Geheimhaltung aus wichtigen Gründen verlangt wird oder deren Offenlegung beziehungsweise Erteilung nach § 33g Absatz 6 verweigert wird …«. Zu Zweifeln, in welchen Fällen diese Vorschrift im Verhältnis zur allgemeinen gerichtlichen Vorlageanordnung (§ 142 ZPO) anwendbar ist, s. *Hellmann/Steinbrück* NZKart 2017, 171.

79 So bereits *Althammer* in: 2. Festschr. für Geimer (2017), S. 23.

80 Kritisch auch *Hellmann/Steinbrück* NZKart 2017, 171: »Denn die Vorschrift des § 89b Abs. 2 GWB führt im Ergebnis zu einer unnötigen Doppelung der verfahrensrechtlichen Durchsetzung der Informationsinteressen der Prozessparteien, die in der Praxis zu erheblichen Unklarheiten führt«.

ist nicht eindeutig geklärt, ob der Verweis von § 89b Abs. 1 GWB auf § 142 ZPO als Rechtsfolgenverweisung oder Rechtsgrundverweisung zu verstehen ist, und welche Auswirkungen dies bei einem nachgewiesenem Anspruch aus § 33g Abs. 1, 2 GWB auf die Ermessensausübung im Rahmen von § 142 Abs. 1 ZPO hat. Im Übrigen lassen §§ 33g i.V.m. 89b, 89d Abs. 4 GWB erkennen, dass eine materiell-rechtliche Ausgestaltung der Beweismittelherausgabe und der Auskunftserteilung im Zusammenhang mit § 142 Abs. 1 ZPO theoretisch möglich ist, aber dies regelungstechnisch sauber umgesetzt werden muss, um Friktionen und unnötige Doppelungen zu vermeiden. Die Frage nach einer materiell-rechtlichen Interpretation von § 142 Abs. 1 ZPO zur Überwindung des Wertungswiderspruchs zu § 422 ZPO (s. oben II 3.)[81], welche nach der h.M. bereits abschließend und ablehnend beantwortet schien, wird damit erneut aufgeworfen und der seit der ZPO-Reform 2001 existierende Meinungsstreit um die »richtige« Auslegung bzw. »Rematerialisierung« von §§ 142, 144 sowie § 371 Abs. 2 ZPO erhält neue Nahrung[82].

---

81 Diesen jüngst wieder leugnend *Gomille*, Informationsproblem und Wahrheitspflicht (2016), S. 472.
82 S. auch *Althammer* in: 2. Festschr. für Geimer (2017), S. 23, 24; *Stein/Jonas/Althammer*, Kommentar zur Zivilprozessordnung, 23. Aufl., § 142 ZPO Rdnr. 5 f., 25.

Zum Widerruf der Prozessführungsermächtigung bei der gewillkürten Prozessstandschaft

Christian Berger

Das weitreichende wissenschaftliche Werk von Hanns Prütting ist getragen von dem Anliegen, die dogmatischen Grundlagen rechtlicher Problemstellungen aufzuarbeiten und für die Lösung von Rechtsfragen fruchtbar zu machen, ohne dabei die Interessenlage der Beteiligten und die praktischen Konsequenzen aus den Augen zu verlieren. Das trifft insbesondere auch für seine vielfältigen prozessrechtlichen Untersuchungen zu. Vor diesem Hintergrund finden die folgenden Ausführungen, die sich – anknüpfend an BGH NJW 2015, 2425 – mit dem Widerruf der Prozessführungsermächtigung befassen, vielleicht sein geschätztes Interesse. Der Beitrag befasst sich nach einer Einführung in die Problem- und Interessenlage (unter I) mit dem Parteiwechsel als möglichem alternativen Lösungsansatz (unter II), analysiert anschließend die durch BGH NJW 2015, 2425 neu gezogenen Grenzen der Widerruflichkeit der Prozessführungsermächtigung (unter III) und die Voraussetzungen des Widerrufs im Einzelnen (unter IV). Dem schließen sich Untersuchungen zur Rechtslage bei erteilter (unter V) und verweigerter (unter VI) Zustimmung zum Widerruf an.

I. Problemstellung und Interessenlage

Die gewillkürte Prozessstandschaft ist eine in der Prozesspraxis fest etablierte und dogmatisch in wesentlichen Zügen geklärte Rechtsfigur[1]. Ihre Grundlage bildet eine Ermächtigung zur Prozessführung[2], die der Rechtsträger einem Dritten erteilt, der den Rechtsstreit im eigenen Namen über das für ihn fremde Recht führt. Voraussetzung der gewillkürten Prozessstandschaft ist ferner ein schutzwürdiges Eigeninteresse des Klägers[3]. Der Prozessstandschaft korrespondiert die Erstreckung der Rechtskraft des im Standschafterprozess ergangenen Urteils auf den ermächtigenden Rechtsträger[4], der demzufolge nicht selbst ein weiteres Mal klagen kann[5]. Hatte der

---

1 Eingehend *Stein/Jonas/Jacoby*, ZPO, 23. Aufl., vor § 50, Rn. 45 ff. *Zöller/Vollkommer*, ZPO, 31. Aufl., vor § 50, Rn. 42 ff.
2 BGH NJW 1989, 1932; BGH NJW 1995, 3186, 3187 (unter II.2.c); BGH NJW 2015, 2425, Rn. 9.
3 BGH NJW 1989, 1932, 1933 (unter 4.a); BGH NJW 2015, 2425, Rn. 8.
4 BGHZ 78, 1, 7.
5 Zeitgleiche Prozesse unterbindet die Rechtshängigkeit, BGHZ 78, 1, 7.

Standschafter obsiegt, kann der Rechtsträger nach Titelumschreibung aus dem Urteil vollstrecken[6].

Der Entscheidung BGH NJW 2015, 2425 lässt sich freilich entnehmen, dass auch bei der Prozessstandschaft in Details noch Klärungsbedarf besteht[7]. Im Mittelpunkt des Urteils steht die Frage, ob eine Prozessführungsermächtigung im Laufe des Rechtsstreits widerrufen werden kann. Rechtsprechung[8] und Literatur[9] betonen insofern, dass ein Widerruf der Prozessführungsermächtigung zum Schutze des Prozessgegners nach Klageerhebung ausscheide. Gegenstimmen beschränken die Möglichkeit des Widerrufs nicht[10], verbinden damit aber einen gesetzlichen Parteiwechsel mit der Folge, dass der Rechtsträger anstelle des Standschafters in den Rechtsstreit eintritt[11].

BGH NJW 2015, 2425 setzt einen anderen Akzent. Im zugrundeliegenden Sachverhalt hatten zwei Wohnungseigentümer Klage erhoben (zuletzt) auf Feststellung, dass das Grundstück, auf dem sich ihre Eigentumswohnung befindet, keinem Anschluss- und Benutzungszwang unterliegt. Der *V. Zivilsenat* geht davon aus, dass die Kläger mit dem Feststellungsantrag einen »Anspruch des Verbandes der Wohnungseigentümer« geltend machen[12], wozu der andere Wohnungseigentümer[13] sie zunächst wirksam ermächtigt hatte[14]. Die Prozessführungsermächtigung war während des Rechtsstreits widerrufen worden. Zu entscheiden war über die Wirksamkeit

---

6 *Becker-Eberhard*, ZZP 104 (1991), 413, 439.
7 Vgl. *Braun*, Lehrbuch des Zivilprozessrechts, 2014, S. 341 (»Wenig geklärt ist der Widerruf der Ermächtigung zur Prozessführung.«).
8 BGH NJW 1995, 3186, 3187; vgl. auch die Analyse in Fn. 10.
9 Bereits *Rosenberg* JZ 1952, 137; ferner MünchKommBGB/*Bayreuther*, 7. Aufl. 2015, § 183, Rn. 13; *Staudinger/Gursky* (2014), BGB, § 183, Rn. 12.
10 Die von BGH NJW 2015, 2425, Rn. 17 angeführten Urteile dürften freilich nicht für diese Ansicht angeführt werden: BGH NJW-RR 1986, 158 hatte die jederzeitige Widerruflichkeit der Ermächtigung nur bezogen auf die Frage der Prozessstandschaft bei einem Vindikationsanspruch und sich ersichtlich nicht mit der Frage auseinander gesetzt, ob nach Klageerhebung etwas anderes anzunehmen sei; BGH NJW 1993, 3072 spricht zwar davon, der Rechtsträger hätte die Ermächtigung »jederzeit« widerrufen können, hatte aber nur die Frage des gewillkürten Parteiwechsels aufgrund Wegfalls der Prozessführungsermächtigung (infolge Tod des Standschafters) vor der ersten mündlichen Verhandlung zu entscheiden (»vor Beginn der ersten mündlichen Verhandlung erster Instanz wie im vorliegenden Fall...«); BGH NJW 2014, 1970 kann ebenfalls nicht für eine Widerruflichkeit nach Klageerhebung angeführt werden, da in dem Fall die Ermächtigung bereits vor Klageerhebung widerrufen worden war (Widerruf durch Kündigung Februar 2009, Klageerhebung Dezember 2011).
11 *Stein/Jonas/Roth*, ZPO, 23. Aufl., § 265, Rn. 13; *Leyendecker*, ZZP 122 (2009), 465, 482 ff.
12 Mit der Frage, ob nicht eine Feststellungsklage über ein Drittrechtsverhältnis (dazu *Stein/Jonas/Jacoby*, ZPO, 23. Aufl., vor § 50, Rn. 61) – jedenfalls nach Widerruf der Prozessführungsermächtigung – in Betracht kam, befasst sich die Entscheidung nicht.
13 Im Streitfall waren die Kläger Miteigentümer einer Eigentumswohnung im Rahmen einer zweigliedrigen Wohnungseigentümergemeinschaft.
14 Eine entsprechende Prozessführungsermächtigung muss nicht auf einem Mehrheitsbeschluss der Wohnungseigentümer beruhen, sondern kann auch in der Zustimmung aller Wohnungseigentümer zur Klageerhebung durch einzelne Wohnungseigentümer liegen, BGH NJW 2015, 2425, Rn. 13.

des Widerrufs und seine Auswirkungen auf die Prozessführungsbefugnis der Kläger. BGH NJW 2015, 2425 bejaht in Anlehnung an § 183 BGB die Widerruflichkeit der Ermächtigung mit der Folge, dass die Klage mangels Prozessführungsbefugnis der Kläger als unzulässig abzuweisen war. Einschränkend betont der V. Zivilsenat jedoch, dass die Ermächtigung nur solange widerruflich sei, wie dem Prozessgegner noch keine »geschützte Position« zugewachsen ist[15]. Das sei nach dem Rechtsgedanken des § 269 ZPO der Fall, wenn er zur Hauptsache mündlich verhandelt habe. Im Anschluss daran setze der Widerruf die Zustimmung des Prozessgegners voraus[16].

Die Entscheidung greift damit zwei zentrale Fragen auf: Unter welchen Voraussetzungen ist eine Prozessführungsermächtigung – wenn überhaupt – widerruflich, und welche Rechtsfolgen sind mit einem Widerruf verbunden? Beide Punkte hängen unter der Perspektive des Schutzes des Prozessgegners eng zusammen, der weder auf die Erteilung noch auf den Widerruf der Ermächtigung Einfluss nehmen kann. Die Interessen des Prozessgegners wandeln sich denn auch. Zunächst ist ihm häufig an der Abwehr der Prozessstandschaft gelegen, weil mit der Verschiebung der Parteirollen vom Rechtsträger zum Standschafter der subjektive Anknüpfungspunkt für die Parteifunktionen[17] und das Haftungsvermögen für die Prozesskostenerstattung ebenfalls verrückt wird. Die Rechtsprechung begegnet dem mit einer Missbrauchsprüfung im Rahmen des schutzwürdigen Eigeninteresses des Standschafters[18]. Ist danach aber die Klage in Prozessstandschaft zulässig, richtet sich das Interesse des Prozessgegners – genau entgegengesetzt – auf den Erhalt der im Rechtsstreit mit dem Standschafter (infolge Beweisaufnahmen und -ergebnisse, Präklusionen, Geständnis, Rechtsmitteleinlegung usw.[19]) erzielten Prozesslagen. Diese gehen verloren, wenn die Standschafterklage nach Widerruf der Ermächtigung als unzulässig abgewiesen wird. Hinzu kommt, dass der Rechtsträger nochmals klagen könnte. Die involvierten Interessen des Prozessgegners verdienen besondere Würdigung: Wenn er sich schon auf die Standschafterklage einlassen musste, sollte sich der Rechtsträger den Urteilswirkungen durch Widerruf der Ermächtigung nicht entziehen können.

Das Interesse des Rechtsträgers an einem Widerruf der Prozessführungsermächtigung erscheint demgegenüber weniger gewichtig. Er hat den Standschafter mit der Übertragung der Prozessführungsbefugnis zum Rechtsstreit legitimiert und muss sich daran festhalten lassen, auch wenn sich der Prozessverlauf als ungünstig darstellt[20]. Ein schutzwürdiges Interesse des Rechtsträgers, sich der Rechtskraft eines Urteils durch (späten) Widerruf der Prozessführungsermächtigung zu entziehen, ist kaum schutzwürdig.

---

15 BGH NJW 2015, 2425, Rn. 28 ff.
16 Das Einverständnis zum Widerruf der Prozessführungsermächtigung entnahm BGH NJW 2015, 2425, Rn. 32 dem Antrag der Beklagten, die Klage als unzulässig abzuweisen.
17 Zur Bedeutung der Parteistellung *Stein/Jonas/Jacoby*, ZPO, 23. Aufl., vor § 50, Rn. 4.
18 BGH NJW 1989, 1932, 1933 (unter 4.b]: der Beklagte darf durch die Prozessstandschaft nicht unbillig benachteiligt werden).
19 Einzelheiten bei *Roth*, NJW 1998, 2977, 2982 f.
20 *Leyendecker*, ZZP 112 (2009) 465, 476 f.

Auch die Interessen des Standschafters an der Fortdauer der Prozessführungsbefugnis sind begrenzt. Er macht keine originär eigenen Rechte geltend, sondern leitet seine Prozessführungsbefugnis von vornherein vom Rechtsträger ab. Ein Widerruf scheidet nur aus, wenn sich die Unwiderruflichkeit der Prozessführungsermächtigung aus dem Rechtsverhältnis zum Rechtsträger, beispielsweise einer vertraglichen Vereinbarung, ergibt. Ist das nicht der Fall, muss der Rechtsträger den Widerruf und die damit verbundene Klageabweisung hinnehmen. Ob er für die ihn treffende Prozesskostenlast beim Rechtsträger Regress nehmen kann, ist wiederum eine Frage des Innenverhältnisses.

II. Alternativkonzept: Gesetzlicher Parteiwechsel

Interessen des Prozessgegners an der Sicherung erstrittener Prozesslagen trotz Widerrufs der Prozessführungsermächtigung lassen sich indes nicht nur durch Perpetuierung der Parteistellung des Standschafters wahren, sondern auch im Wege eines Parteiwechsels, wenn der Rechtsträger nach Widerruf der Prozessführungsermächtigung anstelle des Standschafters in den Rechtsstreit als Partei einrückt. Die entsprechende Anwendung der §§ 239 ff. ZPO wird von BGH NJW 2015, 2425 freilich mit nur einem Satz verworfen[21]. Die ZPO stellt mit dem Parteiwechsel in §§ 239 ZPO und dem »Parteierhalt« in § 265 Abs. 2 ZPO zwei Modelle bereit, die Interessen der Gegenpartei beim Wechsel von Sachlegitimation bzw. Prozessführungsbefugnis zu wahren[22]. Beide Konzeptionen verstetigen das jeweilige Prozessrechtsverhältnis, erhalten Prozesslagen und schließen Zweitprozesse infolge der Sperrwirkung der Rechtskraft aus. Ein Parteiwechsel dient vornehmlich den Belangen des Rechtsträgers, der es danach nicht hinnehmen muss, dass eine am Prozessausgang unmittelbar nicht mehr interessierte formelle Partei den Rechtsstreit zu Ende führt[23]. Das Konzept des § 265 Abs. 2 ZPO rückt hingegen die Interessen des Prozessgegners in den Vordergrund[24], der auf den Wegfall der Aktivlegitimation bzw. der Prozessführungsbefugnis auf der Klägerseite keinen Einfluss hat. § 265 Abs. 2 Satz 1 ZPO schützt das Interesse des Prozessgegners am Fortbestand der bei Klageerhebung gewählten Parteirollen, was namentlich für die Realisierung des Kostenerstattungsanspruchs relevant sein kann, aber auch für andere Parteifunktionen wie Zeugenstellung, Parteivernehmung oder die Voraussetzungen der Ausschließung des Richters von Bedeutung ist. Ferner vermeidet das Modell des § 265 ZPO Zeitverluste infolge Unterbrechung des Rechtsstreits. Gegen den Parteiwechsel und für die Fortdauer der Prozessstandschaft beim vom Prozessgegner nicht konsentierten Widerruf der Prozessführungsermächtigung spricht zudem, dass es der Rechtsträger in der Hand hat,

---

21 BGH NJW 2015, 2425, Rn. 30.
22 Zur Abgrenzung von § 265 Abs. 2 ZPO zu den Fällen des Parteiwechsels *Schilken*, Festschrift Gerhardt, 2004, 879, 885.
23 *Stein/Jonas/Roth*, ZPO, 23. Aufl., § 265, Rn. 3.
24 MünchKommZPO/*Becker-Eberhard*, 5. Aufl., § 265, Rn. 7.

sich vorprozessual über die für ihn »bessere« Partei Gedanken zu machen. Wenn er sich für den rechtsfremden Dritten als Kläger entschieden hat und der Prozessgegner sich darauf (auch gegen seinen Willen) einlassen musste, sollte er sich daran festhalten lassen. Der Entscheidung BGH NJW 2015, 2425 ist mithin zuzustimmen, soweit sie den gesetzlichen Parteiwechsel als Alternative zur Prozessstandschaft nach Widerruf der Prozessführungsermächtigung verwirft. Wie sich allerdings zeigen wird, steht das dem der Eintritt des Rechtsträgers in den Prozess im Wege des gewillkürten Parteiwechsels nicht entgegen[25].

III. Zur eingeschränkten Widerruflichkeit der Prozessführungsermächtigung

1. Akzentverschiebung durch BGH NJW 2015, 2425

Die bis BGH NJW 2015, 2425 herrschende Auffassung, wonach die Prozessführungsermächtigung nach Klageerhebung unwiderruflich ist[26], hatte bereits RGZ 164, 240 mit dem Argument vertreten, der Rechtsträger sollte der mit seiner Zustimmung erhobenen Klage nicht nachträglich den Boden entziehen können. Begründet hatte das Reichsgericht alternativ: Qualifiziere man die Zustimmung als Prozesshandlung, sei die Unwirksamkeit des Widerrufs selbstverständlich. Deute man die Zustimmung materiellrechtlich, richte sich die Widerruflichkeit nach § 183 BGB mit der Maßgabe, dass die »Vornahme des Rechtsgeschäfts« die Klageerhebung und nicht das Urteil sei. Die damit eingeleitete Rechtsprechungslinie[27] modifiziert BGH NJW 2015, 2425 in prägnanter Weise[28]. Der *V. Zivilsenat* erklärt die Prozessführungsermächtigung bis zur letzten Prozesshandlung des Standschafters für widerruflich[29], schränkt aber die Wirkungen des Widerrufs sogleich unter Rückgriff auf den in § 269 ZPO zum Ausdruck kommenden Rechtsgedanken nicht minder signifikant wieder ein: die mit der mündlichen Verhandlung zur Hauptsache begründete Rechtsposition könne dem Prozessgegner mit einem Widerruf der Prozessführungsermächtigung nicht mehr entzogen werden[30]. Folglich sei der Widerruf danach ohne Zustimmung des Prozessgegners unwirksam.

---

25 Dazu unter V.2.
26 Vgl. die Nachweise in Fn. 9 und 10.
27 Dazu Fn. 8 und 10.
28 Dem Urteil zustimmend Lindacher, LMK 2015, 371947; grundsätzlich abweichend *Stein/Jonas/Roth*, ZPO, 23. Aufl., § 265, Rn. 13 (Vorrang des § 239 ZPO bei Widerruf der Prozessstandschaft).
29 BGH NJW 2015, 2425, Rn. 24 (»… solange zur Durchsetzung des Rechts noch Prozesshandlungen des Prozessstandschafters geboten sind.«).
30 BGH NJW 2015, 2425, Rn. 29.

2. Analyse

Die Prozessführungsermächtigung wird heute als Prozesshandlung qualifiziert. Gleichwohl ist man sich weithin darüber einig, dass Erteilung und Wirksamkeit nach bürgerlichem Recht zu bemessen sind, insbesondere weil sie häufig vorprozessual erteilt wird[31]. Den Rahmen für den Widerruf gibt folglich § 183 Satz 1 BGB vor. Selbstredend ist daher die Einwilligung zur Prozessführung bis zur Klageerhebung widerruflich. Hat der Ermächtigte von der Prozessführungsbefugnis noch keinen Gebrauch gemacht, sind auch keine Gründe ersichtlich, dem Ermächtigenden den Widerruf zu versagen. Der Rechtsträger muss die Prozessführungsbefugnis wieder vollauf an sich ziehen können. Mangels Klageerhebung spielen Interessen eines Prozessgegners naturgemäß keine Rolle.

Gemäß § 183 Satz 1 BGB ist der Widerruf einer Einwilligung aber nur bis zur Vornahme des Rechtsgeschäfts möglich, mit dem sich der Ermächtigende einverstanden erklärt hatte. Mit Blick auf die Prozessführungsermächtigung stellt sich die zentrale Frage, welche Prozesshandlung – oder prozessuale »Phase« – der »Vornahme des Rechtsgeschäfts« in § 183 BGB entspricht. Die Prozessführungsbefugnis – und damit auch die Ermächtigung zur Prozessführung – bezieht sich nicht nur auf die Klageerhebung (Prozessbegründungsbefugnis)[32], sondern umfasst auch die sich daran anschließenden mannigfachen aufeinander bezogenen Prozesshandlungen[33]. Eine Ermächtigung nur zur Klageerhebung, nicht aber zur Vornahme weiterer Prozesshandlungen, ist denn auch unzulässig.

Eine der Prozessführung insofern vergleichbare materiellrechtliche Handlungsstruktur lässt sich bei mehraktigen Verfügungsgeschäften beobachten[34], wenn für ein Gesamtrechtsgeschäft neben der vertraglichen Einigung weitere Merkmale wie Übergabe oder Eintragung erforderlich sind. Für § 183 BGB geht man davon aus, dass die Einwilligung gewöhnlich bis zur vollständigen Verwirklichung des gesamten rechtsgeschäftlichen Tatbestands widerruflich ist[35]. Allerdings ist der Widerruf bereits ausgeschlossen, wenn der Verfügende an seine Erklärung (insbesondere nach § 873 Abs. 2 BGB) gebunden ist[36]. Das ist insofern folgerichtig, als der Verfügungsempfänger dann zwar das Recht noch nicht erworben hat, ihm aber aufgrund der Bindung eine Rechtsposition zugewachsen ist, die vom Verfügenden nicht mehr einseitig aufgehoben werden kann. Unter dieser Voraussetzung soll auch der Ermächtigende der Bindungswirkung unterworfen sein und sich davon nicht mehr durch Widerruf der Einwilligung lösen können. Die dem präsumtiven Erwerber aus der

---

31 *Stein/Jonas/Jacoby*, ZPO, 23. Aufl., vor § 50, Rn. 56 m.w.N.
32 Grundlegend *Walsmann*, Die streitgenössische Nebenintervention, 1905, S. 75.
33 *Berger*, Die subjektiven Grenzen der Rechtskraft bei der Prozessstandschaft, 1990, S. 92.
34 Diese Parallele zieht BGH NJW 2015, 2425, Rn. 23.
35 Bedingungen bleiben ohnehin außer Betracht, da sie nicht zum Verfügungstatbestand zählen.
36 MünchKommBGB/*Bayreuther*, 7. Aufl. 2015, § 183, Rn. 12; ungenau BGH NJW 2015, 2425, Rn. 23 (Widerruf möglich bis zum letzten Teilstück des Rechtsgeschäfts).

Bindung erwachsene Rechtsposition muss dabei nicht einmal die Merkmale eines Anwartschaftsrechts, also eine »sichere« Erwerbsposition, aufweisen. Die Bindung an eine Einigung nach § 873 Abs. 2 BGB begründet kein Verfügungsverbot und führt nicht dazu, dass der andere Teil das Recht mit Gewissheit erwerben wird; der Verfügende kann sich späterhin noch mit einem Dritten dinglich einigen und mit Eintragung dessen Vollrechtserwerb herbeiführen[37]. Erst ein Anwartschaftsrecht aufgrund eigenem Eintragungsantrag oder Vormerkung sichert dem Verfügungsempfänger den Rechtserwerb. Ein Widerruf einer Einwilligung ist unter diesen Voraussetzungen stets ausgeschlossen.

Überträgt man diese zu § 183 Satz 1 BGB gewonnenen Einsichten auf die Prozessführung in Prozessstandschaft, stellt sich die Frage, ob bereits die aufgrund Klageerhebung entstandene Prozesslage den Widerruf einer Prozessführungsermächtigung ausschließt, wie das die herrschende Meinung bislang angenommen hatte[38]. Die aus der Klageerhebung insbesondere infolge der Rechtshängigkeit erwachsenden Wirkungen sind mannigfach, begünstigen freilich eher die Klägerseite. Der Beklagte erlangt mit Klageerhebung allein jedenfalls noch keine sichere Aussicht auf ein Sachurteil. Insbesondere kann die Klage noch bis zu seiner mündlichen Verhandlung zur Hauptsache ohne weiteres zurückgenommen werden (§ 269 Abs. 1 ZPO). Der Kläger ist also an die Klageerhebung – anders als der zur Verfügung Ermächtigte bei § 873 Abs. 2 BGB an die Einigung – noch nicht »gebunden«. Erst mit seiner Einlassung in der mündlichen Verhandlung zur Hauptsache erlangt der Beklagte ein »Anrecht« auf ein Sachurteil. Der Kläger kann die Klage nicht mehr ohne Zustimmung des Beklagten zurücknehmen. Diese Prozesslage weist Parallelen zur Bindung des Verfügenden an eine dingliche Einigung auf. Das spricht dafür, einen Widerruf der Prozessführungsermächtigung nur bis zum Zeitpunkt der Hauptsacheverhandlung des Beklagten anzuerkennen.

3. Bewertung

Dieser die bislang herrschende Meinung bestätigende Befund wirft die Frage nach den Gründen auf, die BGH NJW 2015, 2425 dazu bewogen haben, den Widerruf der Prozessführungsermächtigung in einem ersten Schritt so lange für möglich zu halten, wie zur Durchsetzung des Rechts noch Prozesshandlungen des Prozessstandschafters geboten sind[39]; folglich dürfte ein Widerruf jedenfalls bis zum Ende der mündlichen Verhandlung in der Berufungsinstanz[40] erfolgen können. Diese weitgreifende

---

37 *Brehm/Berger*, Sachenrecht, 3. Aufl., Rn. 9.3 f. (zu § 873 Abs. 2 BGB).
38 Nachweise in Fn. 8 und 9.
39 BGH NJW 2015, 2425, Rn. 24.
40 Vgl. BGH NJW 2000, 738: Die Voraussetzungen der Prozessstandschaft sind auch in der Revisionsinstanz zu prüfen. Für das Vorliegen der Prozessführungsbefugnis kommt es aber auf den Zeitpunkt in der letzten mündlichen Tatsachenverhandlung an (BGH NJW 1960, 523, 524 [unter I.5]). Ob das auch für die Prozessführungsermächtigung gilt, erscheint fraglich, weil bei Nichtvorliegen der Prozessführungsermächtigung ein Nichtig-

Widerrufsbefugnis bleibt freilich in aller Regel Theorie[41], denn zugleich begrenzt der *V. Zivilsenat* den Zeitrahmen für den Widerruf unter Hinweis auf den Rechtsgedanken des § 269 Abs. 1 ZPO auf den Beginn der mündlichen Verhandlung des Prozessgegners zur Hauptsache[42].

Nur scheinbar liegt BGH NJW 2015, 2425 ein wankelmütiger Schlingerkurs zugrunde. Vor dem Hintergrund der Stärkung der Dispositionsfreiheit des Beklagten verdient die Entscheidung Zustimmung[43]. Geht man mit der bislang herrschenden Meinung davon aus, die Prozessführungsermächtigung sei nach Klageerhebung nicht mehr widerruflich, sichert man zwar das Anrecht des Beklagten auf ein Sachurteil, zwingt ihm diesen Schutz aber zugleich auf. BGH NJW 2015, 2425 belässt dem Beklagten hingegen die Möglichkeit, eine Abweisung der Standschafterklage als unzulässig anzustreben, auch wenn die Prozessführungsermächtigung erst nach seiner mündlichen Verhandlung zur Hauptsache widerrufen wird. Das »Anrecht« auf ein Sachurteil steht damit zur Disposition des Beklagten. Er kann wählen, ob er eine Abweisung (mit dem Risiko einer erneuten Klage des Rechtsträgers) oder ein Sachurteil präferiert. Diese Lösung entspricht der Wertung des § 269 Abs. 1 ZPO, der ja ebenfalls die Klagerücknahme nach Verhandlung des Beklagten zur Hauptsache nicht verbietet, sondern ihre Wirkungen an die Einwilligung des Beklagten knüpft. Die Rücknahme der Prozessführungsermächtigung wird in diesem Punkte nicht anders behandelt.

Hinzu tritt folgender Aspekt: Die Frage des Zeitrahmens für die Rücknahme der Prozessführungsermächtigung berührt auch Interessen des Rechtsträgers. RGZ 164, 242 sprach recht undifferenziert von der Widerruflichkeit der Ermächtigung zur Prozessführung nach Klageerhebung[44]. Das ist eine auf den konkreten Prozess bezogene Aussage, die das Verhältnis des Prozessstandschafters zum Prozessgegner in den Blick nimmt. Der Rechtsträger muss die Ermächtigung aber unabhängig von einem konkreten Prozess und dessen Fortgang widerrufen können, um eine erneute Klage des Ermächtigten auszuschließen. Zwar würden einer solchen Klage Rechtskraft und Rechtshängigkeit entgegenstehen. Darauf will sich der Rechtsträger aber nicht unbedingt verlassen, zumal eine erneute Klage des Standschafters bei einer Rücknahme der Erstklage oder ihrer Abweisung als unzulässig ebenfalls in Betracht zu ziehen ist. Das Interesse des Rechtsträgers, die Ermächtigung mit Bezug auf mögliche weitere Klagen zu widerrufen, besteht unabhängig davon, in welcher Phase sich

---

keitsgrund nach § 579 Abs. 1 Nr. 4 ZPO vorliegt, was dafür spräche, ihren Widerruf auch dann noch zu berücksichtigen, wenn er erst in der Revisionsinstanz erklärt wird.
41 Praktisch dürfte das in dem Fall werden, dass Gegenstand des Revisionsverfahrens ein Zwischenurteil über die Zulässigkeit der Klage ist.
42 BGH NJW 2015, 2425, Rn. 29.
43 *Lindacher*, LMK 2015, 371947.
44 RGZ 164, 240, 242 (»Die Zustimmung war höchstens bis zur Erhebung der Widerklage widerruflich.«).

der Erstprozess befindet. Die Prozessführungsermächtigung als solche ist daher stets widerruflich und verhindert jede weitere Klageerhebung. Davon zu unterscheiden ist die Frage, wie sich der Widerruf auf einen vom Standschafter bereits begonnenen Rechtsstreit auswirkt. Nur insofern ist mit BGH NJW 2015, 2425 zu differenzieren.

IV. Zum Widerruf der Prozessführungsermächtigung

Da sich die Erteilung der Prozessführungsermächtigung nach bürgerlichem Recht richtet, liegt es nahe, auch ihren Widerruf danach zu bemessen[45]. BGH NJW 2015, 2425 wählt einen anderen Ansatz und orientiert sich an der Widerruflichkeit prozessualer Erwirkungshandlungen[46]. Freilich lässt sich die Prozessführungsermächtigung kaum als Erwirkungshandlung qualifizieren, zumal sie nicht auf die Entfaltung gerichtlicher Tätigkeit[47] gerichtet ist. Hingegen muss eine Prozessführungsermächtigung ohne weiteres widerrufen werden können, falls der Ermächtigte davon (noch) keinen Gebrauch gemacht hat[48]. Daher ist es zutreffend, die Widerruflichkeit grundsätzlich an § 183 BGB auszurichten und davon die eingeschränkten Wirkungen des Widerrufs innerhalb eines konkreten Prozesses zu unterscheiden[49].

Daraus ergeben sich im Detail folgende Konsequenzen: In Anlehnung an § 183 BGB ist der Widerruf einer unwiderruflich erteilten Prozessführungsermächtigung von vornherein ausgeschlossen. Bestehen allerdings solche Einschränkungen nicht, dürfte auch ein Teilwiderruf – vergleichbar einer Teilklagerücknahme – in Betracht kommen, soweit der Streitgegenstand teilbar ist. Im Widerruf einer Einziehungsermächtigung liegt häufig auch der konkludente Widerruf der korrespondierenden Prozessführungsermächtigung. Ein Widerruf kann dem Ermächtigten, dem Gericht oder dem Prozessgegner gegenüber erklärt werden. Wird wirksam vor Beginn zur Hauptsacheverhandlung widerrufen, gelangt der Widerruf aber nicht zur Kenntnis des Gerichts oder des Prozessgegners, dürfte in Analogie zu § 87 Abs. 1 ZPO die Ermächtigung fortwirken. Verhandelt der Prozessgegner in Unkenntnis des Widerrufs zur Hauptsache, hat der zunächst unbekannt gebliebene wirksame Widerruf seine Wirkungen indes verloren. Ein erneuter Widerruf setzt die Zustimmung des Prozessgegners voraus.

---

45 *Stein/Jonas/Jacoby*, ZPO, 23. Aufl., vor § 50, Rn. 56.
46 BGH NJW 2015, 2425, Rn. 27 f.
47 Die Gerichtsbezogenheit ist prägendes Merkmal der Erwirkungshandlung, *Stein/Jonas/Kern*, ZPO, 23. Aufl., vor § 128, Rn. 252.
48 Dazu unter III.3.
49 So wohl auch BGH NJW 2015, 2425, Rn. 22 und 29 (»auch wenn [die Ermächtigung] materiellrechtlich wirksam widerrufen wurde«).

V. Zustimmung des Prozessgegners

1. Klageabweisung

Stimmt der Prozessgegner dem Widerruf der Ermächtigung zu, entfällt die Prozessführungsbefugnis des Standschafters ohne weiteres. Die Klage ist unzulässig geworden und durch Prozessurteil abzuweisen. Einer Klage des Rechtsträgers steht weder die mit der Standschafterklage zunächst begründete, nunmehr weggefallene Rechtshängigkeit noch die (ohnehin auf den jeweiligen Zulässigkeitsmangel begrenzte[50]) Rechtskraft des Prozessurteils entgegen. Zu erwägen ist allerdings eine analoge Anwendung des § 269 Abs. 6 ZPO. Die Klage des Rechtsträgers ist unzulässig, solange der Prozessgegner die Kosten aus dem Rechtsstreit mit dem vormaligen Standschafter nicht erstattet bekommen hat[51].

Eine Zustimmung zum Widerruf der Prozessführungsermächtigung ist mit BGH NJW 2015, 2425 insbesondere dann anzunehmen, wenn der Beklagte die Abweisung der Klage als unzulässig begehrt[52]. Freilich muss der Beklagte die Unzulässigkeit der Klage gerade wegen fehlender Prozessführungsbefugnis des Klägers anstreben; macht er hingegen den Mangel anderer Sachentscheidungsvoraussetzungen geltend, liegt darin keine Zustimmung zum Widerruf der Prozessführungsermächtigung. Wird die Klage des Standschafters wegen Fehlens einer anderen Sachentscheidungsvoraussetzung als der Prozessführungsbefugnis als unzulässig abgewiesen, ist daran auch der Rechtsträger – wiederum nach Maßgabe der Rechtskraftreichweite bei Prozessurteilen – gebunden.

2. Eintritt des Rechtsträgers in den Prozess aufgrund gewillkürten Parteiwechsels?

Widerruft der Rechtsträger die Prozessführungsermächtigung, können die Belange des Prozessgegners auch durch einen gewillkürten Parteiwechsel gewahrt werden[53]. Das Prozessrechtsverhältnis bleibt dabei identisch. Der gebotene Schutz des Prozessgegners erfolgt dann über die Bindung des Rechtsträgers als neuer Partei an die zum Zeitpunkt seines Eintritts bestehenden Prozesslagen[54]. Dementsprechend hält BGH NJW 2015, 2425 den Eintritt des Rechtsträgers in den Rechtsstreit nach den Grundsätzen des gewillkürten Parteiwechsels ohne weiteres für möglich[55]. Ein gewillkürter Parteiwechsel nach Widerruf der Prozessführungsermächtigung setzt –

---

50 *Stein/Jonas/Leipold*, ZPO, 22. Aufl., § 322, Rn. 126.
51 Die Kosten kann der Rechtsträger als Dritter begleichen, § 267 Abs. 1 BGB; das Ablehnungsrecht nach § 267 Abs. 2 BGB entfällt dabei.
52 Vgl. BGH NJW 2015, 2425, Rn. 31.
53 Zum Schutz des Prozessgegners durch gesetzlichen Parteiwechsel vgl. bereits unter II.
54 Die Bindung der neu eintretenden Partei an den bisherigen Prozessverlauf begründet den Wert des gewillkürten Parteiwechsels, vgl. *Roth*, NJW 1988, 2977.
55 BGH NJW 2015, 2425, Rn. 29 unter Hinweis auf BGH NJW 1993, 3072.

abweichend von dem allgemeinen Grundsatz, dass der gewillkürte Parteiwechsel an das Einverständnis des ausscheidenden Klägers gebunden ist[56] – die Zustimmung des Standschafters aber nicht voraus[57]. Der Standschafter konnte sich stets nur auf eine vom Rechtsträger abgeleitete Streitbefugnis berufen, die ihm mit dem wirksamen Widerruf vollständig entzogen worden ist.

Allerdings stellt sich die Frage, ob für den Parteiwechsel nach Widerruf der Prozessführungsermächtigung die Zustimmung des Prozessgegners erforderlich ist, die man beim gewillkürten Parteiwechsel sonst auch verlangt[58]. Dagegen könnte sprechen, dass der Prozessgegner durch den Parteiwechsel auf der Klägerseite nicht anders gestellt wird, als wenn der Rechtsträger von vornherein selbst Klage erhoben hätte. Die Interessen des Beklagten am Erhalt der Früchte bisheriger Prozessführung bleiben gewahrt, weil der Rechtsträger als neue Partei auf der Klägerseite an die durch Prozesshandlungen und Beweisaufnahmen erreichten Prozesslagen gebunden ist[59]. Die Bindung des Rechtsträgers als neuer Partei an den seitherigen Prozessverlauf beruht dabei auf dem Gedanken, dass er – weitergehend – auch der Rechtskraft eines dem Standschafter gegenüber ergangenen Urteils unterworfen wäre[60]. Andererseits ist ein Interesse des Prozessgegners an der Abweisung der Klage als unzulässig, die nach Widerruf der Ermächtigung erfolgen muss, wenn kein Parteiwechsel erfolgt, wenig schutzwürdig. Die Zustimmung des Prozessgegners zum Eintritt des widerrufenden Rechtsträgers in den Prozess auf Klägerseite erscheint daher entbehrlich. Der Beklagte, der dem Widerruf der Prozessführungsermächtigung zustimmt, muss also damit rechnen, dass der Rechtsträger in den Prozess eintritt, und dies bei seiner Entscheidung bedenken.

Die Zustimmung zum Widerruf der Prozessführungsermächtigung erfasst indes nur den Eintritt des Rechtsträgers in den Prozess. Hatte der Rechtsträger einem Dritten ein weiteres Mal eine Prozessführungsermächtigung erteilt, tritt der Zweitermächtigte im Wege des Parteiwechsels nur in den Prozess ein, wenn der Prozessgegner sich einverstanden erklärt.

Auf der Grundlage des Parteiwechsels lässt sich auch das Problem verzögerter Zustimmung bewältigen. Widerruft der Rechtsträger die Prozessführungsermächtigung nach mündlicher Verhandlung des Prozessgegners zur Hauptsache, könnte der Prozessgegner zunächst den weiteren Verlauf des Rechtsstreits abwarten und, wenn er sich für ihn ungünstig entwickelt, die Zustimmung zum Widerruf der Prozessführungsermächtigung noch zu einem sehr späten Zeitpunkt (solange Prozesshandlungen geboten sind[61]) erteilen mit der Folge, dass die Klage erst jetzt unzulässig würde. Ebenso wie man dem Rechtsträger den Weg verbaut, dem Prozess durch späten Widerruf der Prozessführungsermächtigung die Grundlage zu entziehen, sollte man

---

56 *Roth*, NJW 1988, 2977, 2981.
57 A.A. *Leyendecker*, ZZP 112 (2009) 465, 477 f.
58 *Roth*, NJW 1988, 2977, 2981 (in den Grenzen des § 269 Abs. 1 ZPO).
59 *Roth*, NJW 1988, 2977, 2981.
60 Zu dieser Fallgruppe allgemein *Roth*, NJW 1988, 2977, 2980 f.
61 Zu dieser weiten Widerrufs- und damit auch Zustimmungsmöglichkeit vgl. oben III.3.

dem Prozessgegner die Möglichkeit aus der Hand nehmen, durch Verzögerung der Zustimmungsentscheidung im Lichte des weiteren Prozessverlaufs Vorteile zu gewinnen. Mit § 296 Abs. 3 ZPO lässt sich dieses Problem kaum bewältigen, denn der Mangel der Prozessführungsbefugnis ist unverzichtbar[62]. Eine prozesstaktisch motivierte Verzögerung der Zustimmung zum Widerruf hilft dem Prozessgegner indes nicht, wenn der Rechtsträger anstelle des Standschafters die Klägerrolle übernehmen und den Rechtsstreit unter Bindung an die erreichten Prozesslagen fortführen kann.

Umgekehrt vermag der Prozessgegner den Eintritt des Rechtsträgers in den Rechtsstreit allerdings nicht zu erzwingen. Eine Grundlage für eine entsprechende Mitwirkungspflicht des Rechtsträgers – ähnlich § 266 ZPO – besteht nicht.

Verweigert der Prozessgegner die Zustimmung zum Widerruf der Prozessführungsermächtigung, scheidet ein Parteiwechsel auf der Klägerseite allein kraft Sachdienlichkeitserklärung des Gerichts, die § 263 Fall 2 ZPO für den Fall der Klageänderung vorsieht, aus. Die Dispositionsbefugnis des Prozessgegners, die BGH NJW 2015, 2425 ihm gerade zeitlich weitgreifend einräumt, sollte nicht durch richterliche Zweckmäßigkeitsüberlegungen unterlaufen werden können.

VI. NICHTZUSTIMMUNG DES PROZESSGEGNERS

Erteilt der Prozessgegner die gebotene Zustimmung nicht, bleibt der Standschafter Partei des Rechtsstreits. Der Rechtsstreit ist mit dem Standschafter fortzusetzen. Im Übrigen aber ist der Widerruf wirksam. Insbesondere ist jede weitere, nach dem Widerruf erhobene Klage des vormals Ermächtigten bereits mangels Prozessführungsbefugnis nicht zulässig[63].

Eine ausdrückliche gesetzliche Grundlage für die Fortdauer der Prozessführungsbefugnis des Standschafters trotz Widerrufs der Ermächtigung findet sich naturgemäß nicht. Weder Prozessführungsbefugnis noch -standschaft sind Regelungsgegenstände der ZPO. § 51 ZPO, auf den BGH NJW 2015, 2425 abstellt[64], dürfte ausscheiden[65]. Im Grunde handelt es sich es sich um eine Fiktion des Fortbestehens der Prozessführungsermächtigung: Stimmt der Prozessgegner nicht zu, ist der Widerruf zwar wirksam, für den konkreten Rechtsstreit hingegen gilt er als unbeachtlich.

Dies wirft die Frage auf, ob nicht § 265 Abs. 2 ZPO ein geeignetes dogmatisches Modell für die trotz Widerruf fortdauernde Prozessführungsbefugnis bietet. Die Bestimmung erklärt außerprozessual wirksame materiellrechtliche Vorgänge (Verlust der Sachlegitimation) in einem konkreten Rechtsstreit für unbeachtlich. Allerdings verwirft BGH NJW 2015, 2425 den Rückgriff auf § 265 Abs. 2 ZPO explizit mit der Begründung, das materielle Recht werde beim Wegfall der Voraussetzungen der

---

62 Zu den verzichtbaren Rügen MünchKommZPO/*Prütting*, 5. Aufl., § 296, Rn. 155.
63 Zudem steht ihr die Rechtskraft entgegen; dazu bereits unter III.3.
64 BGH NJW 2015, 2425, Rn. 29; ebenso *Leyendecker*, ZZP 112 (2009) 465, 478 ff.
65 *Lindacher*, LMK 2015, 371947.

gewillkürten Prozessstandschaft nicht übertragen⁶⁶. Das ist im Ausgangspunkt zutreffend, würde aber einer analogen Anwendung der Vorschrift nicht entgegenstehen. In diese Richtung weisen vergleichbare Fallgruppen, die ebenfalls § 265 Abs. 2 ZPO zugeordnet werden⁶⁷: Tritt der Rechtsträger die Forderung, zu deren prozessualer Geltendmachung er den Standschafter ermächtigt hatte, nach Klageerhebung ab, befürwortet die Rechtsprechung die Anwendung des § 265 Abs. 2 ZPO im Standschafterprozess⁶⁸. Obgleich die Ermächtigung als solche infolge des Wegfalls der Rechtsträgerschaft keine Wirkungen mehr entfalten kann (zuständig zur Erteilung der Ermächtigung ist der neue Gläubiger), bleibt der vormals Ermächtigte zur Fortführung des begonnenen Rechtsstreits berufen. Für die Anwendung des § 265 Abs. 2 ZPO sollte es keinen Unterschied darstellen, ob die Ermächtigung durch Abtretung des Rechts, auf das sie sich bezieht, oder unmittelbar durch Widerruf endet. Mit dem Widerruf wandelt sich also die Grundlage der Prozessführungsbefugnis des vormals Ermächtigten: An die Stelle der gewillkürten Prozessstandschaft tritt eine gesetzliche Prozessstandschaft.

VII. Zusammenfassung

Der Widerruf der Prozessführungsermächtigung wirft die Frage nach dem Schutz des Prozessgegners auf, der weder auf die Erteilung noch die Rücknahme der Ermächtigung Einfluss nehmen kann (unter I). BGH NJW 2015, 2425 ist darin zuzustimmen, dass zum Schutzes des Prozessgegners nicht der Eintritt des Rechtsträgers im Wege des gesetzlichen Parteiwechsels, sondern die (fortdauernden) Prozessstandschaft des vormals Ermächtigten das vorzugswürdige Konzept bildet (unter II). Zutreffend ist auch die Annahme der Widerruflichkeit der Prozessführungsermächtigung bis zum Ende des Standschafterprozesses mit der allerdings weitreichenden Einschränkung, dass der Widerruf der Zustimmung des Prozessgegners bedarf, falls dieser zur Hauptsache verhandelt hatte (unter III). Der Widerruf der Prozessführungsermächtigung als solcher richtet sich nach § 183 BGB (unter IV). Stimmt der Prozessgegner dem Widerruf zu, ist die Klage als unzulässig abzuweisen, es sei denn, der Rechtsträger tritt in den Rechtsstreit im Wege des gewillkürten Parteiwechsels ein. Dieser bedarf keiner weiteren Zustimmung des Prozessgegners (unter V). Verweigert der Prozessgegner hingegen die Zustimmung, ist der Rechtsstreit nach dem Modell des § 265 Abs. 2 ZPO mit dem Standschafter fortzuführen (unter VI).

---

66 BGH NJW 2015, 2425, Rn. 31.
67 Zur Anwendung des § 265 Abs. 2 ZPO über den Tatbestand des Verlusts der Sachlegitimation hinaus *Stein/Jonas/Roth*, ZPO, 23. Aufl., § 265, Rn. 3.
68 BGH NJW 1989, 1932, 1933 (unter 3.); vgl. auch BGH NJW 2014, 1970, Rn. 12.

Die Geltendmachung der Rechtsschutzdeckung in Erkenntnisverfahren und Einzelzwangsvollstreckung

ALEXANDER BRUNS

I. GRUNDLAGEN

Die Geltendmachung von Leistungsansprüchen des Versicherungsnehmers gegen den Rechtsschutzversicherer hat in § 126 Abs. 2 VVG eine besondere gesetzliche Regelung erfahren. Danach kann die Rechtsschutzdeckung, wenn ein selbständiges Schadensabwicklungsunternehmen mit der Leistungsbearbeitung beauftragt ist, nur gegen dieses geltend gemacht werden. Diese Regelung ist zwar nicht neu. Gleichwohl ranken sich um ihre Auslegung sowohl materiellrechtliche als auch verfahrensrechtliche Unklarheiten und Zweifelsfragen. Besonders die zivilverfahrensrechtlichen Aspekte der Norm dürfen auch auf das Interesse des Jubilars *Hanns Prütting* hoffen. Legislatorischer Hintergrund der Regelung ist die Verabschiedung der Richtlinie 87/344/EWG des Rates vom 22. Juni 1987 zur Koordinierung der Rechts- und Verwaltungsvorschriften für die Rechtsschutzversicherung.[1] Die Vorgängerregelung von § 126 VVG war der am 1. Juli 1990 in Kraft getretene § 158l VVG a.F., der europarechtliche Vorgaben der Rechtsschutzversicherungsrichtlinie in deutsches Recht umsetzen sollte.[2] Diese Vorgängerregelung hat der Reformgesetzgeber mit der Novelle 2008 inhaltlich im Wesentlichen unverändert in § 126 VVG übernommen.[3] Nachdem die Rechtsschutzversicherungsrichtlinie in der Solvabilitätsrichtlinie II aufgegangen ist, dient die Norm der Umsetzung der dort niedergelegten europarechtlichen Anforderungen an die versicherungsvertragsrechtliche Gestaltung der Rechtsschutzversicherung.

Schon die Rechtsschutzversicherungsrichtlinie hatte die Aufhebung des strikten Spartentrennungsgebots, wie es in Deutschland ursprünglich gegolten hatte, für die Rechtsschutzversicherung spätestens mit Wirkung zum 30. Juni 1990 angeordnet (Art. 8 Rechtsschutzversicherungs-RiL).[4] Die geltende Solvabilitätsrichtlinie II hält an dieser Vorgabe unverändert fest (Art. 205 Solvabilitäts-RiL II) und belässt den Mitgliedstaaten ein Wahlrecht zwischen drei als gleichwertig geltenden Möglichkeiten, wie sie drohenden Interessenkonflikten beim Betrieb der Rechtsschutzversiche-

---

1 ABlEG Nr. L 185/77 vom 4.7.1987, S. 77.
2 Gesetz zur Durchführung versicherungsrechtlicher Richtlinien des Rates der Europäischen Gemeinschaften (Zweites Durchführungsgesetz/EWG zum VAG) v. 28.6.1990, BGBl. I 1249.
3 Regierungsbegründung BTDrucks. 16/3945 S. 91 l.Sp.
4 Zum Grundsatz der Spartentrennung *Bruns*, Privatversicherungsrecht, § 6 Rn. 29.

rung durch Kompositversicherer Rechnung tragen wollen: 1. personelle Trennung (Art. 200 Abs. 2 Unterabs. 1 und 2 Solvabilitäts-RiL II), 2. Ausgliederung der Rechtsschutz-Schadensverwaltung auf ein rechtlich selbständiges Unternehmen (Art. 200 Abs. 3 Solvabilitäts-RiL II) oder 3. Einräumung des vertraglichen Rechts, die Vertretung ihrer Interessen gegenüber dem Rechtsschutzversicherer einem frei wählbaren Rechtsanwalt bzw. Rechtsbeistand zu übertragen. Der deutsche Gesetzgeber hat sich für die zweite Möglichkeit entschieden.[5] Die Vorschrift des § 126 VVG ist dementsprechend für die Rechtsschutzversicherung von ganz erheblicher praktischer Bedeutung, weil das Versicherungsaufsichtsrecht die Funktionsausgliederung der Leistungsbearbeitung auf ein selbständiges Schadensabwicklungsunternehmen – außer für die Versicherung von Rechtsschutzrisiken im Zusammenhang mit dem Einsatz von Seeschiffen – zwingend vorschreibt (§ 164 VAG, § 8a VAG a.F.). Kompositversicherer müssen die Leistungsbearbeitung stets auf ein selbständiges Schadensabwicklungsunternehmen übertragen, sodass für sie § 126 Abs. 1 S. 2 und Abs. 2 VVG praktisch in aller Regel einschlägig sind.

II. Prozessstandschaft des Schadensabwicklungsunternehmens

1. Passivprozesse des Schadensabwicklungsunternehmens

Das beauftragte Schadensabwicklungsunternehmen ist bei prozessualer Geltendmachung des Anspruchs auf die Versicherungsleistung durch den Versicherer oder Versicherten gemäß § 126 Abs. 2 S. 1 VVG passiv prozessführungsbefugt. Dabei handelt es sich nach ganz allgemeiner Ansicht um einen Fall der gesetzlichen Prozessstandschaft.[6] Der Rechtsschutzversicherer verliert im Aufgabenkreis der Schadensbearbeitung richtiger Ansicht nach nicht nur seine materiellrechtliche Passivlegitimation für die Versicherungsforderung, sondern seine Prozessführungsbefugnis.[7] Diese Lösung, die einer materiellrechtlichen vollen Übertragung der Forderungszuständigkeit konstruktiv entspricht, wird der aufsichtsrechtlichen Ausgliederungspflicht (§ 164 VAG, § 8a VAG a.F.) letztlich besser gerecht als die Annahme verbleibender konkurrierender Prozessführungsbefugnis des Rechtsschutzversicherers. Eine gleichwohl gegen ihn erhobene Klage auf Erfüllung des Anspruchs auf die Versicherungsleistung ist deshalb entgegen der h.M. nicht als unbegründet abzuweisen, obwohl die Passivlegi-

---

5 Hierzu Regierungsbegründung BTDrucks. 11/6341 S. 22 l.Sp. (zu § 8a VAG a.F.).
6 Regierungsbegründung BTDrucks. 11/6341 S. 37 l.Sp.; MünchKomm VVG/*Richter* § 126 Rn. 9; Prölss/Martin/*Armbrüster* § 126 Rn. 7; Looschelders/Pohlmann/*Vogel* § 126 Rn. 4; Looschelders/*Paffenholz* § 126 VVG Rn. 9; Harbauer/*Bauer* § 126 VVG Rn. 8; van Bühren/Plote/*Wendt* § 126 Rn. 10.
7 Zutreffend Römer/Langheid/*Rixecker* § 126 Rn. 2 (»ausschließende gesetzliche Prozessstandschaft«).

timation fehlt,[8] sondern mangels Prozessführungsbefugnis schon als unzulässig.[9] Im Passivprozess auf Klage des Versicherungsnehmers (VN) oder des Versicherten geht es dabei nicht um die aktive Geltendmachung des prozessualen Anspruchs, sondern spiegelbildlich um eine prozessuale Wahrnehmung fremder Rechtspositionen im eigenen Namen. Das Schadensabwicklungsunternehmen erlangt die volle Parteistellung, welche die Wahrnehmung aller zur Prozessführung *lege artis* zu Gebote stehenden prozessualen Rechte umfasst, soweit sie zur pflichtgemäßen Wahrnehmung des privaten Amtes dienen. Die Prozessführungsbefugnis kann durch versicherungsvertragliche Vereinbarung nicht eingeschränkt werden, weil das für den VN stets Nachteile birgt (§ 129 VVG).

2. Aktivprozessführung bei negativer Zwischenfeststellungsklage?

Eine andere Frage ist, ob dem Schadensabwicklungsunternehmen auch die Prozessführungsbefugnis zur Erhebung einer negativen Feststellungsklage in Bezug auf den Anspruch auf die Versicherungsleistung zusteht (§ 256 ZPO). Das scheint angesichts des Gesetzeswortlautes, der die Geltendmachung des Anspruchs auf die Versicherungsleistung gegen das Schadensabwicklungsunternehmen anspricht (§ 126 Abs. 2 S. 1 VVG), zunächst nicht nahezuliegen, weil der Normtext dem Schadensabwickler eine passive Rolle zuweist. Näher betrachtet ergeben sich indessen durchaus Zweifel, ob diese Auslegung dem Sinn und Zweck der Regelung gerecht wird. So wie es im Zweiparteienprozess zwischen Rechtsschutzversicherer und Versicherungsnehmer Konstellationen geben kann, in denen der Versicherer zur Erhebung einer Feststellungsklage berechtigt sein kann, wie z.B. im Fall negativer Zwischenfeststellungswiderklage nach Teilklage des Versicherungsnehmers (§ 256 Abs. 2 ZPO),[10] so kann ein legitimes Schutzbedürfnis auch im Prozess gegen das Schadensabwicklungsunternehmen bestehen. Wenn man davon ausgeht, dass durch privatautonome Gestaltung gemäß § 129 VVG nicht zum Nachteil des Versicherungsnehmers von der gesetzlichen Regelung abgewichen werden kann, scheidet eine gewillkürte Prozessstandschaft des Schadensabwicklungsunternehmens aus. Es kommt also entscheidend darauf an, ob das Schadensabwicklungsunternehmen eine solche Zwischenfeststellungswiderklage aus eigener Rechtszuständigkeit erheben kann oder nicht. Verneint man das, müsste der Rechtsschutzversicherer eine entsprechende Klage erheben können. Dadurch

---

8   A.A. OLG Düsseldorf NJW-RR 2002, 454 (*in casu* im Ergebnis gleichwohl zutreffend, weil Erledigungsfeststellung eine ursprünglich zulässige und begründete Klage voraussetzt); Prölss/Martin/*Armbrüster* § 126 Rn. 7; Looschelders/Pohlmann/*Vogel* § 126 Rn. 4; Looschelders/*Paffenholz* § 126 VVG Rn. 9; MünchKomm VVG/*Richter* § 126 Rn. 9; Harbauer/*Bauer* § 126 VVG Rn. 7.
9   Allgemein hierzu *Rosenberg/Schwab/Gottwald*, Zivilprozessrecht, § 46 Rn. 46 ff., 56. Dies liegt in der Konsequenz ausschließender gesetzlicher Prozessstandschaft, wie sie auch bei Römer/Langheid/*Rixecker* § 126 Rn. 2 zutreffend angenommen wird.
10 Zu dieser Konstellation statt vieler *Rosenberg/Schwab/Gottwald*, Zivilprozessrecht, § 95 Rn. 35 ff., 37.

wäre aber wiederum die Verwirklichung des Normzwecks von § 126 Abs. 2 S. 1 VVG gefährdet, weil die von § 164 VAG intendierte strikte Trennung der Aufgabenkreise von Rechtsschutzversicherer und Schadensabwicklungsunternehmen nicht mehr gewährleistet wäre. Wollte man den Rechtsschutzversicherer dagegen auf eine isolierte Feststellungsklage verweisen, müsste er die strengeren Anforderungen gemäß § 256 Abs. 1 ZPO erfüllen,[11] und die Erreichung des mit der Ausgliederung verfolgten Zwecks wäre gleichwohl nicht zuverlässig gewährleistet. Deshalb ist davon auszugehen, dass § 126 Abs. 2 S. 1 VVG dem Schadensabwicklungsunternehmen auch die ausschließende Befugnis zur Erhebung einer Zwischenfeststellungswiderklage gemäß § 256 Abs. 2 ZPO einräumt.

3. Parteiwechsel bei Beendigung des Amtes

Endet die Passivlegitimation des Schadensabwicklungsunternehmens, sei es weil die Beauftragung widerrufen, gekündigt oder aus sonstigem Grunde beendet ist, sei es weil das Insolvenzverfahren über das Vermögen des Unternehmens eröffnet wird (§§ 116 S. 1, 115 Abs. 1-3, 119 InsO), erhebt sich die Frage nach den prozessualen Konsequenzen. In der Konsequenz der Beendigung des privaten Amtes liegt der Verlust der Prozessführungsbefugnis des Schadensabwicklungsunternehmens. Folgerichtig ist davon auszugehen, dass der Rechtsschutzversicherer mit der Passivlegitimation automatisch auch wieder die Prozessführungsbefugnis zurückerhält. Die Auswirkungen auf den schwebenden Prozess sind im Gesetz nicht näher geregelt. Richtigerweise ist – in Gesamtanalogie zu den §§ 240, 241, 243, 244 ZPO – anzunehmen, dass ein gesetzlicher Parteiwechsel und eine Unterbrechung des Rechtsstreits eintritt. Der Rechtsschutzversicherer ist gemäß § 126 Abs. 2 S. 1 VVG verpflichtet, den Rechtsstreit mit dem Versicherungsnehmer oder Dritten aufzunehmen, sodass der Prozess unter zulässiger Klageänderung durch Umstellung der Klage durch den Versicherungsnehmer oder Versicherten gegen den richtigen Beklagten weiterläuft (§ 264 Nr. 2 ZPO). Diese Lösung gilt für den Fall der negativen Zwischenfeststellungsklage des Schadensabwicklungsunternehmens entsprechend. Das ist spiegelbildlich auch dann anzunehmen, wenn im weiteren Verlauf eine erneute Beauftragung eines neuen Schadensabwicklungsunternehmens erfolgt: gesetzlicher Parteiwechsel und Prozessunterbrechung analog §§ 240, 241, 243, 244 ZPO mit Aufnahmepflicht des neu beauftragten Unternehmens gemäß § 126 Abs. 2 S. 1 VVG. Schließt die Beauftragung des neuen Schadensabwicklungsunternehmens nahtlos an die Beendigung der vorhergehenden Beauftragung an, kommt aus Gründen der Prozessökonomie und Vereinfachung ein unmittelbarer Parteiwechsel vom vorhergehenden auf das nachfolgende Schadensabwicklungsunternehmen mit Prozessunterbrechung und Aufnahmepflicht des Nachfolgers in Betracht, ohne dass es eines Doppelschritts unter Einbeziehung des Rechtsschutzversicherers als Zwischenstation bedarf.

---

11 Statt vieler hierzu *Rosenberg/Schwab/Gottwald*, Zivilprozessrecht § 90 Rn. 19 ff. und § 95 Rn. 39 ff. m.w.N.

III. Erstreckung der Titelwirkung für und gegen den Rechtsschutzversicherer

1. Problemstellung

Das Gesetz ordnet in § 126 Abs. 2 S. 2 VVG mit knappen Worten eine Wirkungserstreckung für und gegen den Rechtsschutzversicherer an: »Der Titel wirkt für und gegen den Rechtsschutzversicherer.« Die Bedeutung dieser gesetzlichen Anordnung ist unklar und teilweise streitig. Die Gesetzesmaterialien sprechen lediglich davon, dass »ein Rechtsstreit gegen das Schadensabwicklungsbüro, aber mit Wirkung für den Kompositversicherer geführt werden muss.«[12] Der Begriff »Titel« meint zweifelsohne »Vollstreckungstitel«. Ergebnis des Zivilprozesses kann natürlich ein Endurteil sein. Die Zwangsvollstreckung findet aus rechtskräftigen sowie aus vorläufig vollstreckbaren Endurteilen statt (§ 704 ZPO). Die Wirkungserstreckung könnte insoweit gleichbedeutend sein mit einer Rechtskrafterstreckung auf den Rechtsschutzversicherer. Dann wären vorläufig vollstreckbare Urteile unter Umständen nicht erfasst, was Folgen für die Reichweite der Möglichkeit haben könnte, gemäß § 126 Abs. 2 S. 3 VVG eine titelübertragende Klausel zu erteilen. Das Zivilverfahren kann darüber hinaus auch durch einen von den Parteien abgeschlossenen Prozessvergleich enden. Dabei handelt es sich ebenfalls um einen Vollstreckungstitel (§ 794 Abs. 1 Nr. 1 ZPO). Allerdings ist der Prozessvergleich nach allgemeinen Grundsätzen nach ganz h.M. nicht der Rechtskraft fähig.[13] Deshalb ist zu klären, welche Vollstreckungstitel von § 126 Abs. 2 S. 2 VVG erfasst sind und welche Wirkung sie gegenüber dem Rechtsschutzversicherer entfalten.

2. Rechtskräftige Endurteile

Die ganz h.M. versteht die in § 126 Abs. 2 S. 2 VVG angeordnete Wirkungserstreckung als volle beiderseitige Rechtskrafterstreckung auf den Rechtsschutzversicherer – und zwar ausschließlich als Rechtskrafterstreckung.[14] Das materiell rechtskräftige Endurteil im Prozess zwischen dem Versicherungsnehmer bzw. Versicherten und dem Schadensabwicklungsunternehmen wirkt danach materielle Rechtskraft für und gegen den Rechtsschutzversicherer. Richtig ist, dass die materielle Rechtskraft als Urteilswirkung eine Wirkung des Titels im Sinne von § 126 Abs. 2 S. 2 VVG ist,[15] sodass der Titel insoweit für und gegen den Rechtsschutzversicherer wirkt. Es gelten die allgemeinen zivilprozessrechtlichen Grundsätze zu Inhalt, Umfang und Grenzen

---

12 Regierungsbegründung BTDrucks. 11/6341 S. 37 l.Sp. (zu § 158l Abs. 2 VVG a.F.).
13 Statt vieler *Rosenberg/Schwab/Gottwald*, Zivilprozessrecht, § 129 Rn. 27.
14 Prölss/Martin/*Armbrüster* § 126 Rn. 8; MünchKomm VVG/*Richter* § 126 Rn. 9; Looschelders/Pohlmann/*Vogel* § 126 Rn. 7; Looschelders/*Paffenholz* § 126 VVG Rn. 10; van Bühren/Plote/*Wendt* § 126 VVG Rn. 11; Langheid/Plote/*Rixecker* § 126 Rn. 2.
15 Zu materiellen Rechtskraft als Urteilswirkung statt vieler *Rosenberg/Schwab/Gottwald*, Zivilprozessrecht, § 148 Rn. 2.

der materiellen Rechtskraftwirkung.[16] Im Sinne der vorherrschenden prozessualen Rechtskraftlehre ist die nochmalige Verhandlung und Entscheidung des rechtskräftig entschiedenen Streitgegenstandes im Folgeprozess unzulässig (*ne bis in idem*).[17] Zwar könnte der VN oder Versicherte also nach Beendigung der Schadensbearbeitung aufgrund des Wiederauflebens der Prozessführungsbefugnis im Zweitprozess zulässigerweise gegen den Rechtsschutzversicherer auf Leistung klagen, wenn er im Erstprozess gegen das Schadensabwicklungsunternehmen ganz oder teilweise unterlegen war. Aber in der Begründetheit dürfte das Gericht im Zweitprozess lediglich das Wiederaufleben der Passivlegitimation prüfen, während das rechtskräftige Urteil aus dem Erstprozess gegen das Schadensabwicklungsunternehmen hinsichtlich der Leistungspflicht des Rechtsschutzversicherers präjudiziell wirkt.

3. Vorläufig vollstreckbare Endurteile

Eine andere Frage ist, ob zu den Wirkungen des Titels, die gemäß § 126 Abs. 2 S. 2 VVG auf den Rechtsschutzversicherer erstreckt werden, neben der Rechtskraftwirkung auch die vorläufige Vollstreckbarkeit zählt. Die ganz h.M. lehnt diese Möglichkeit mit der Festlegung auf eine Rechtskrafterstreckung implizit ab. Diese Festlegung indes ist nicht frei von Zweifel. Vorläufig vollstreckbare Endurteile sind Vollstreckungstitel (§ 704 Alt. 2 ZPO), sind also als Titel im Sinne von § 126 Abs. 2 S. 2 VVG durchaus in Betracht zu ziehen. Die Anordnung der vorläufigen Vollstreckbarkeit bildet einen Bestandteil des Erkenntnisverfahrens.[18] Die vorläufige Vollstreckbarkeit rangiert prozessrechtsdogmatisch ganz unstreitig im Kreis der Urteilswirkungen.[19] Deshalb ist eine Erstreckung der vorläufigen Vollstreckbarkeit auf den Rechtsschutzversicherer denkbar: zu seinen Lasten, soweit der Titel gegen ihn vollstreckbar ist, und zu seinen Gunsten, soweit er den Titel – wegen der Kosten – gegen den VN oder Versicherten vollstrecken kann. Entsprechend dem Grundsatz der Formalisierung der Zwangsvollstreckung[20] bedarf es dazu einer titelübertragenden Klausel, die der Vollstreckungsgläubiger gemäß § 126 Abs. 2 S. 3 VVG analog § 727 ZPO erwirken kann, auch wenn kein Fall der Rechtsnachfolge vorliegt.[21]

Für die Erstreckung der vorläufigen Vollstreckbarkeit auf den Rechtsschutzversicherer als Titelwirkung im Sinne von § 126 Abs. 2 S. 3 VVG sprechen zunächst

---

16 Instruktiver Überblick bei *Rosenberg/Schwab/Gottwald*, Zivilprozessrecht, §§ 148-155 m.w.N.
17 Wiederum statt vieler *Rosenberg/Schwab/Gottwald*, Zivilprozessrecht, § 150 Rn. 5 f., 10 ff.
18 Statt vieler *Rosenberg/Gaul/Schilken*, Zwangsvollstreckungsrecht, § 14 Rn. 59 ff.; *Baur/Stürner/Bruns*, Zwangsvollstreckungsrecht, Rn. 15.7 m.N.
19 Z.B. *Rosenberg/Schwab/Gottwald*, Zivilprozessrecht, § 148 Rn. 4.
20 Hierzu *Baur/Stürner/Bruns*, Zwangsvollstreckungsrecht, Rn. 6.53 ff., 17.1 ff.
21 Zum zwangsvollstreckungsrechtlichen Hintergrund, allerdings ohne Erörterung von § 126 Abs. 2 S. 2 und 3 VVG, *Rosenberg/Gaul/Schilken*, Zwangsvollstreckungsrecht, § 16 Rn. 63 ff., 93 ff., 117 ff.; *Baur/Stürner/Bruns*, Zwangsvollstreckungsrecht, Rn. 17.6 ff., 17.19 ff.

alle Erwägungen, die den Gesetzgeber zur Schaffung des Instituts der vorläufigen Vollstreckbarkeit als Urteilswirkung veranlasst haben.[22] Es leuchtet nicht recht ein, warum sich der Rechtsschutzversicherer vollstreckungsrechtlich hinter dem Schadensabwicklungsunternehmen gleichsam in Deckung halten können sollte, wenn ein vollstreckbares Endurteil vorliegt, das gegen ihn wirken soll. Ebenso wenig ist plausibel, warum der Rechtsschutzversicherer bei Klageabweisung nicht in den Genuss der Vorteile vorläufiger Vollstreckbarkeit kommen soll, nur weil aus aufsichtsrechtlichen Gründen das Schadensabwicklungsunternehmen den Prozess führen muss. Immerhin könnte man argumentieren, die wechselseitige Beschränkung des Vollstreckungszugriffs auf rechtskräftige Endurteile wahre die Waffengleichheit und müsse als Konsequenz der aufsichtsrechtlich obligatorischen Ausgliederung eben hingenommen werden (§ 164 VAG, § 8a VAG a.F.). Es bliebe dann bei der vorläufigen Vollstreckbarkeit gegen das Schadensabwicklungsunternehmen. Systematisch spricht gegen diese Sichtweise jedoch, dass die Beschränkung einer Wirkungserstreckung auf die reine Rechtskraftwirkung an anderer Stelle im Gesetz ausdrücklich angeordnet wird, wie etwa in § 124 Abs. 1 und 2 VVG. Die Regelung in § 126 Abs. 2 S. 2 VVG enthält eine solche Beschränkung hingegen gerade nicht, und aus den Gesetzesmaterialien ergeben sich dafür keinerlei Anhaltspunkte. Sie ist auch durch den Zweck der Ausgliederung der Schadenbearbeitung auf das Schadensabwicklungsunternehmen, Interessenkonflikte zu vermeiden, letztlich nicht geboten. Die von der h.M. in Kauf genommene Beschneidung des wechselseitigen Vollstreckungszugriffs ist deshalb nicht gerechtfertigt. Die Einschränkung auf eine Rechtskrafterstreckung für und gegen den Rechtsschutzversicherer vermag bei Lichte besehen insgesamt nicht recht zu überzeugen. Vielmehr wirkt auch der vorläufig vollstreckbare Titel für und gegen den Rechtsschutzversicherer.

4. Prozessvergleiche

Schließlich kommt als Titel im Sinne von § 126 Abs. 2 S. 2 VVG, dessen Wirkung auf den Rechtsschutzversicherer übertragen wird, ein zwischen den Parteien geschlossener Prozessvergleich in Betracht. Der Prozessvergleich ist – hinreichend bestimmten vollstreckbaren Inhalt vorausgesetzt – ein Vollstreckungstitel (§ 794 Abs. 1 Nr. 1 ZPO).[23] Der Prozessvergleich hat nach h.M. eine Doppelnatur: einerseits Prozesshandlung mit prozessbeendigender Wirkung, andererseits materiellrechtlicher Vergleich im Sinne von § 779 BGB.[24] Mangels Rechtskraftwirkung des Prozessver-

---

22 Hierzu *Rosenberg/Gaul/Schilken*, Zwangsvollstreckungsrecht, § 14 Rn. 1 ff.; *Baur/Stürner/Bruns*, Zwangsvollstreckungsrecht, Rn. 15.1.
23 *Rosenberg/Gaul/Schilken*, Zwangsvollstreckungsrecht, § 13 Rn. 5 ff.; *Baur/Stürner/Bruns*, Zwangsvollstreckungsrecht, Rn. 16.7 ff.
24 BGHZ 79, 71, 74; BGH NJW 1993, 1995, 1996; 2000, 1942, 1943; aus der Literatur z.B. *Rosenberg/Schwab/Gottwald*, Zivilprozessrecht, § 129 Rn. 29 ff., 32; *Baur/Stürner/Bruns*, Zwangsvollstreckungsrecht, Rn. 16.7.

gleichs[25] scheidet eine von der h.M. ausschließlich befürwortete Rechtskrafterstreckung auf den Rechtsschutzversicherer aus. Allerdings hat der Prozessvergleich prozessbeendigende Wirkung, und man könnte die Anordnung in § 126 Abs. 2 S. 2 VVG auch im Sinne einer Klarstellung verstehen, dass der Prozess auch im Verhältnis zum Rechtsschutzversicherer beendet ist. Das allerdings wäre etwas zu kurz gegriffen. Es wohnt dem Prozessvergleich nämlich auch die Vollstreckbarkeit inne, ohne dass es einer Anordnung vorläufiger Vollstreckbarkeit bedürfte (arg. ex § 795 ZPO). Der Gläubiger muss lediglich eine Vollstreckungsklausel (vollstreckbare Ausfertigung) erwirken (§§ 724 Abs. 1, 794 Abs. 1 Nr. 1, 795 ZPO). Die Vollstreckbarkeit des Prozessvergleichs lässt sich als eine Wirkung des Titels begreifen, die in § 126 Abs. 2 S. 2 VVG erfasst sein kann, zumal wenn man das Zusammenspiel mit § 126 Abs. 2 S. 3 VVG berücksichtigt, der trotz fehlender Rechtsnachfolge die Möglichkeit einer titelübertragenden Klausel analog § 727 ZPO eröffnet. Hinzu kommt die materiellrechtliche Wirkung des Prozessvergleichs (§ 779 BGB), die Wirkung für und gegen den Rechtsschutzversicherer entfalten kann. Das ist nach hier vertretener Auffassung im Geschäftskreis der Leistungsbearbeitung eine Klarstellung der Zurechnung des Handelns des Schadensabwicklungsunternehmens kraft Amtes, bei Handeln außerhalb der Leistungsbearbeitung oder wenn man eine abweichende Konstruktion befürwortet allerdings von konstitutiver Bedeutung.

IV. Möglichkeit der Titelumstellung für und gegen den Rechtsschutzversicherer

1. Erteilung einer titelübertragenden Vollstreckungsklausel

Selbstverständlich kann der Versicherungsnehmer bzw. Versicherte als Titelgläubiger auf der Grundlage einer vollstreckbaren Ausfertigung eines Vollstreckungstitels die Zwangsvollstreckung gegen das Schadensabwicklungsunternehmen betreiben (§§ 724 Abs. 1, 794 Abs. 1 Nr. 1, 795 ZPO). Im Unterliegensfall kann das Schadensabwicklungsunternehmen seinerseits nach allgemeinen Regeln die Zwangsvollstreckung gegen den VN oder Versicherten einleiten. Obwohl zwischen dem Schadensabwicklungsunternehmen und dem Rechtsschutzversicherer in aller Regel kein Rechtsnachfolgeverhältnis vorliegt, eröffnet § 126 Abs. 2 S. 3 VVG außerdem die Möglichkeit, eine titelübertragende Vollstreckungsklausel zu erwirken (§ 727 ZPO analog). Der VN oder Versicherte, der einen Leistungstitel gegen das Schadensabwicklungsunternehmen erwirkt hat, kann den Titel unter den Voraussetzungen des § 727 ZPO gegen den Rechtsschutzversicherer umschreiben lassen. Umgekehrt kann auch der Rechtsschutzversicherer analog § 727 ZPO die Erteilung einer titelübertragenden Klausel beantragen, soweit das Schadensabwicklungsunternehmen zur Zwangsvollstreckung aus dem Titel berechtigt ist, um zwangsweise die prozessuale

---

25 Statt vieler *Rosenberg/Schwab/Gottwald*, Zivilprozessrecht, § 129 Rn. 27.

Kostenerstattung realisieren zu können. Das liegt in der Konsequenz der gesetzlich angeordneten gesetzlichen Prozessstandschaft (§ 126 Abs. 2 S. 1 VVG), der vollen beiderseitigen Wirkungserstreckung (§ 126 Abs. 2 S. 2 VVG) und des Verweises auf § 727 ZPO (§ 126 Abs. 2 S. 3 VVG).[26] Die h.M. will die Möglichkeit einer Titelumschreibung offenbar unausgesprochen auf den Fall des rechtskräftigen Endurteils beschränken, das Gegenstand der Rechtskrafterstreckung gemäß § 726 Abs. 2 S. 2 ZPO ist. Richtigerweise gehören hierher allerdings auch vorläufig vollstreckbare Endurteile und Prozessvergleiche.

2. Offenkundigkeit oder förmlicher Nachweis der Beauftragung des Schadensabwicklungsunternehmens durch den Rechtsschutzversicherer

a) Grundsätze

Nach § 727 Abs. 1 ZPO muss die Rechtsnachfolge bei Gericht offenkundig sein oder durch öffentliche oder öffentlich beglaubigte Urkunden nachgewiesen werden. Im Anwendungsbereich von § 126 Abs. 2 S. 3 VVG muss dementsprechend die Beauftragung des Schadensabwicklungsunternehmens durch den Rechtsschutzversicherer offenkundig sein oder in der Form des § 727 Abs. 1 ZPO nachgewiesen werden. Die vom Antragsgegner zugestandene Rechtsnachfolge bedarf nach allgemeinen Grundsätzen auch im Klauselerteilungsverfahren keines Beweises (§ 288 Abs. 1 ZPO).[27] Bei Klauselerteilung auf der Gläubigerseite bedarf es auch bei unstreitiger Rechtsnachfolge außerdem der Zustimmung des Titelgläubigers.[28] Schweigen des Titelschuldners hat allerdings mangels entsprechender Erklärungslast nach h.M. keine Geständniswirkung.[29] Wirksames Geständnis des Beauftragungsverhältnisses im Klauselerteilungsverfahren macht den urkundlichen Nachweis mithin nach Maßgabe allgemeiner Grundsätze entbehrlich, ohne dass es auf Offenkundigkeit im Sinne von § 291 ZPO ankommt.

b) Offenkundigkeit

Ist die Rechtsnachfolge nicht nach den dargelegten Grundsätzen zugestanden (§ 288 Abs. 1 ZPO), bedarf es gleichwohl keines förmlichen Nachweises, wenn das Beauftragungsverhältnis bei Gericht offenkundig ist (§§ 727 Abs. 1, 291 ZPO). Offenkundig und deshalb keines Beweises bedürftig (§ 291 ZPO) sind auch gerichtskundige Tatsachen.[30] Wann eine Tatsache im Klauselerteilungsverfahren als gerichtskundig anzusehen ist, ist unklar und im Einzelnen umstritten. Nach h.L. ist der Nachweis des

---

26 Zur Möglichkeit der titelübertragenden Klausel bei in gesetzlicher Prozessstandschaft erstrittenen Titeln allgemein *Zöller/Stöber* § 727 Rn. 13.
27 BGH JurBüro 2009, 163; *Münzberg* NJW 1992, 201; *Zöller/Stöber* § 727 Rn. 20.
28 BGH MDR 2006, 52; *Zöller/Stöber* § 727 Rn. 20.
29 BGH JurBüro 2009, 163; *Münzberg* NJW 1992, 201, 204; *Zöller/Stöber* § 727 Rn. 20.
30 *Rosenberg/Schwab/Gottwald*, Zivilprozessrecht, § 111 Rn. 28 m.N.

Beauftragungsverhältnisses durch öffentliche oder öffentlich beglaubigte Urkunden, der dem Nachweis des Rechtsnachfolgeverhältnisses bei direkter Anwendung von § 727 Abs. 1 ZPO entspricht, entbehrlich, weil die Beauftragung des Schadensabwicklungsunternehmens aufgrund der Bezeichnung im Versicherungsschein (§ 126 Abs. 1 S. 2 VVG) gerichtskundig sei.[31] Dem ist so nicht zu folgen. Gerichtskundig sind Tatsachen, die dem Gericht als Institution, nicht nur als Spruchinstanz aus amtlicher – nicht bloß eigener – Tätigkeit bekannt sind, wie z.B. aus früheren Straf- oder Zivilprozessen, Vollstreckungsverfahren oder aus Rechtsakten der freiwilligen Gerichtsbarkeit oder der Justizverwaltung.[32] Bloße Aktenkundigkeit genügt nicht.[33] Unklar und bislang nicht vollends geklärt ist schon die Frage, ob bereits die bloße Kenntnis des Urkundsbeamten Gerichtskundigkeit begründet oder ob die Befassung eines Richters oder Rechtspflegers erforderlich ist. Dass die funktionelle Zuständigkeit für die Erteilung der titelübertragenden Klausel nicht »beim Gericht« oder beim Richter, sondern grundsätzlich beim Urkundsbeamten der Geschäftsstelle des Gerichts des ersten Rechtszuges und, wenn der Rechtsstreit bei einem höheren Gericht anhängig ist, beim Urkundsbeamten der Geschäftsstelle dieses Gerichts liegt (§ 724 ZPO), steht der Annahme von Gerichtskundigkeit jedenfalls nicht entgegen, wenn die amtliche Kenntnis bei dessen Gericht (Richtern) vorliegt.[34] Das bedarf sorgfältiger Prüfung im Einzelfall. Erwächst das Urteil erster Instanz in Rechtskraft, kann das Beauftragungsverhältnis beim Urkundsbeamten der Geschäftsstelle dieses Gerichts gerichtskundig sein, wenn das Beauftragungsverhältnis zu amtlicher Kenntnis feststeht. Das ist dann anzunehmen, wenn das Gericht seinem Urteil die Beauftragung des Schadensabwicklungsunternehmens durch den Rechtsschutzversicherer zugrunde gelegt hat. Dabei ist umstritten, ob unstreitiges Parteivorbringen im Erkenntnisverfahren Gerichtskundigkeit im Klauselerteilungsverfahren zu begründen vermag oder ob – aufgrund des Wertungsgleichklangs zur öffentlichen Urkunde tendenziell vorzugswürdig – die Tatsachenfeststellung das Ergebnis richterlicher Beweiserhebung und Beweiswürdigung sein muss.[35] Ob und auf welcher Grundlage das Gericht im Erkenntnisverfahren das Beauftragungsverhältnis angenommen hat, wird sich in der Regel aus dem Endurteil ergeben. Wird das Urteil der Eingangsinstanz mit der Berufung erfolgreich angegriffen und wird das abändernde Berufungsurteil rechtskräftig, kann die Beauftragung des Schadensabwicklungsunternehmens beim dann wieder zuständigen Urkundsbeamten des Gerichts erster Instanz erst recht nicht ohne weiteres als offenkundig betrachtet werden. Wenn z.B. die Klage in erster Instanz man-

---

31 Prölss/Martin/*Armbrüster* § 126 Rn. 8; Harbauer/*Bauer* § 126 VVG Rn. 9; MünchKomm VVG/*Richter* § 126 Rn. 12; Looschelders/Pohlmann/*Vogel* § 126 Rn. 7; Looschelders/ *Paffenholz* § 126 Rn. 13; van Bühren/Plote/*Wendt* § 126 VVG Rn. 11.
32 Z.B. BGH NJW 1987, 1021; 1998, 3498; BGHZ 195, 292; *Rosenberg/Schwab/Gottwald*, Zivilprozessrecht, § 111 Rn. 28 m.N.
33 BGH MDR 2012, 1121.
34 Zuständigkeit zur Erteilung der Vollstreckungsklausel bei bedingten Prozessvergleichen: § 795b ZPO.
35 Für das Erfordernis richterlicher Tatsachenfeststellung OLG Celle MDR 1995, 1262; *Zöller/Stöber* § 727 Rn. 20.

gels Beauftragungsverhältnisses abgewiesen worden ist, aber das Berufungsgericht der Klage stattgibt, ist die Beauftragung in erster Instanz nicht gerichtskundig, bevor der Richter und der Urkundsbeamte erster Instanz von dem Berufungsurteil Kenntnis erlangt. Entgegen der im Versicherungsvertragsrecht ganz h.L. genügt die Vorlage des Versicherungsscheins, der keine öffentliche Urkunde (§ 415 ZPO), sondern eine Privaturkunde ist (§ 416 ZPO), für sich genommen zur Annahme von Gerichtskundigkeit des Beauftragungsverhältnisses im Klauselerteilungsverfahren in keinem Fall, weil die Angabe in der Police auch unzutreffend sein kann.[36] Gerichtskundig ist bei Vorlage des Versicherungsscheins allenfalls, welche Angabe die Police enthält, nicht die Wahrheit der angegebenen Tatsache.

c) Öffentliche oder öffentlich beglaubigte Urkunden

Das Endurteil stellt allerdings zugleich auch eine öffentliche Urkunde dar, die der Antragsteller im Klauselerteilungsverfahren vorlegen kann. Dabei muss man sich stets klarmachen, dass der Versicherungsschein selbst im Zivilprozess nicht unbedingt vorgelegen haben muss. Allerdings kann sich die Beauftragung des Schadensabwicklungsunternehmens durch den Rechtsschutzversicherer mit hinreichender Gewissheit aus dem Urteil ergeben. Noch deutlicher wird das Problem beim Prozessvergleich, der ebenfalls eine öffentliche Urkunde ist, wenn das Beauftragungsverhältnis vom protokollierenden Gericht gar nicht geprüft worden ist und sich auch sonst nicht aus dem Text der öffentlichen Urkunde zuverlässig ergibt. Hier bedarf es eines Nachweises durch andere öffentliche Urkunden, wie z.B. eine amtliche Auskunft der Aufsichtsbehörde.

3. Rechtsbehelfe

Lehnt der Urkundsbeamte die Klauselerteilung ab, steht dem Antragsteller dagegen die befristete Erinnerung mit Abhilfemöglichkeit des Urkundsbeamten zu (§§ 573 Abs. 1, 572 Abs. 1 ZPO), gegen die darauf ergehende Entscheidung des Gerichts erster Instanz die sofortige Beschwerde (§ 567 Abs. 1 ZPO). Kann der gemäß § 727 ZPO erforderliche Nachweis des Beauftragungsverhältnisses durch öffentliche oder öffentlich beglaubigte Urkunden nicht erbracht werden und ist das Beauftragungsverhältnis nicht offenkundig, muss der Titelgläubiger vor dem Gericht des ersten Rechtszuges aus dem Urteil auf Erteilung der titelübertragenden Vollstreckungsklausel klagen (§ 731 ZPO). Gegen die Erteilung der titelübertragenden Vollstreckungsklausel kann sich der Titelschuldner mit der Klauselerinnerung (§ 732 ZPO) oder der Klauselgegenklage (§ 768 ZPO) wehren.

---

36 Privaturkunden begründen auch sonst keine Gerichtskundigkeit: OLG Karlsruhe FamRZ 1987, 852; OLG Stuttgart Rpfleger 1986, 438; *Baur/Stürner/Bruns*, Zwangsvollstreckungsrecht, Rn. 17.25.

V. Würdigung der Zuständigkeitskonzentration

Die Regelung der Zuständigkeitskonzentration auf das Schadensabwicklungsunternehmen in § 126 Abs. 2 lässt zu wünschen übrig. Angesichts der Komplexität des gewünschten Regelungsziels ist der Normierungsgrad der Gesetzesfassung letztlich deutlich zu knapp ausgefallen. Das zeigt schon der interpretatorische Aufwand, der notwendig ist, um die Vorschrift praktisch handhabbar zu machen. Die Knappheit der Regelung birgt etwas die Gefahr unzureichender Umsetzung der europarechtlichen Vorgaben, wenngleich die Solvabilitätsrichtlinie II in ihrem Regelungsgehalt hinsichtlich der versicherungsvertragsrechtlichen Normierung der Ausgliederung in der Rechtsschutzversicherung selbst nicht unbedingt von besonderer Substanz gekennzeichnet ist. Auch die Feinabstimmung zwischen dem deutschen Versicherungsaufsichtsrecht und der im Versicherungsvertragsrecht angesiedelten flankierenden Regelung des § 126 Abs. 2 VVG, die auch wichtigen prozessualen Regelungsgehalt hat, wirkt wenig ausgereift. Die Zurückhaltung des Gesetzgebers bei der Konkretisierung des materiellrechtlichen Norminhalts birgt manche Unwägbarkeit. Im Prozessrecht wirkt manches nicht richtig mitbedacht. Durch Klarstellungen und Präzisierungen könnte die Vorschrift *de lege ferenda* an Kontur beträchtlich gewinnen. Allerdings fragt sich in letzter Konsequenz auch, ob der gesetzgeberische Aufwand, der mit einer stringenten Verwirklichung der Ausgliederung der Schadensbearbeitung einhergeht, wirklich gerechtfertigt ist oder ob nicht die Rückkehr zur Spartentrennung die überlegene, weil besser praktikable Lösung ist. Einer solchen Rückkehr steht indessen bis auf weiteres das Europarecht entgegen.

Einige Überlegungen zur Kindesanhörung im familiengerichtlichen Verfahren

DAGMAR COESTER-WALTJEN

I. Einleitung

Einer der wichtigsten und gedankenreichsten Kommentare zum FamFG ist *Hanns Prütting* zu verdanken. Die folgenden Ausführungen, die dem Jubilar in Verehrung gewidmet sind, sollen sich daher auf ein Problem aus dem Familienverfahrensrecht konzentrieren. Es geht um die Kindesanhörung vor allem in kindschaftsrechtlichen Verfahren.

Die grundsätzliche Notwendigkeit, Kindern in den sie betreffenden Verfahren eine Äußerungsmöglichkeit zu geben, folgt nicht nur aus dem deutschen Familienverfahrensrechts, sondern auch aus internationalen Konventionen, wie z.B. Art. 12 Abs. 1 UN-Kinderrechtekonvention[1] und Art. 24 Abs. 2 Europäische Grundrechte-Charta sowie aus europäischen Verordnungen (Erwägungsgrund 19 und Art. 11 Abs. 2 Brüssel II a-VO). Unterbleibt eine entsprechende Berücksichtigung der Kindesposition, so kann dies sogar zur Versagung der Anerkennung und Vollstreckung der in diesem Rahmen ergangenen Entscheidungen in einem anderen Mitgliedstaat/Vertragsstaat führen, wie dies in Art. 23 lit. b Brüssel IIa-VO, Art. 23 Abs. 2 lit. b KSÜ und Art. 15 Abs. 1 lit. a Europäisches Sorgerechtsübereinkommen vorgesehen ist.

In welchen Fällen eine derartige Anerkennungsversagung erlaubt oder sogar zwingend ist, beschäftigt die Gerichte im In- wie im Ausland. Ohne auf die sich daraus ergebenden Streitpunkte im einzelnen einzugehen, sollen im Folgenden kurz die Einbettung der Kindesanhörung in das deutsche familiengerichtliche Verfahren einerseits und die englische Diskussion über die Einbeziehung von Kindern in sie betreffende Verfahren andererseits skizziert werden, bevor abschließend kurz auf die Frage der Anerkennungsversagung eingegangen wird.

---

1 Art. 12: »(1) Die Vertragsstaaten sichern dem Kind, das fähig ist, sich eine eigene Meinung zu bilden, das Recht zu, diese Meinung in allen das Kind berührenden Angelegenheiten frei zu äußern, und berücksichtigen die Meinung des Kindes angemessen und entsprechend seinem Alter und seiner Reife. (2) Zu diesem Zweck wird dem Kind insbesondere Gelegenheit gegeben, in allen das Kind berührenden Gerichts- und Verwaltungsverfahren entweder unmittelbar oder durch einen Vertreter oder eine geeignete Stelle im Einklang mit den innerstaatlichen Verfahrensvorschriften gehört zu werden.«

II. Die verfahrensrechtliche Position des Kindes

Familienverfahrensrecht sollte eine gerechte, faire und relativ schnelle Beilegung der Probleme ermöglichen, dabei die besonders verletzlichen Personen, insbesondere die Kinder schützen *und* ganzheitliche, belastbare und dauerhafte Lösungen anstreben. Hierüber wird man wohl kaum streiten wollen. Fraglich ist allerdings, wie diese Ziele trotz der Unvollkommenheit der Menschen und der Begrenztheit der Ressourcen in personeller und finanzieller Hinsicht erreicht werden können.

Das mit dem FamFG im Jahre 2009 geschaffene neue Verfahrensrecht für die bereits 1976 eingerichteten Familiengerichte[2] unterscheidet sich (stärker noch als der »Vorgänger« FGG und in besonderem Maße in kindschaftsrechtlichen Verfahren)[3] vom »normalen« Zivilprozess. Wichtige Weichen wurden neu gestellt, die Verfahrensmaximen den Besonderheiten familienrechtlicher Verfahren angepasst. Familienrechtliche Verfahren sind zwar nicht notwendig (wie z.B. Adoptionsverfahren), aber sehr häufig streitig und dann sehr oft emotional hoch aufgeladen. Wesentliches Anliegen des Gesetzgebers war es daher, den kontradiktorischen Charakter des Verfahrens abzuschwächen, die Richtermacht zu stärken und die Position der betroffenen Kinder zu verbessern. Dies zeigt sich generell an so schlichten Änderungen wie die der Terminologie, an der Betonung der Rechtssubjektivität der Beteiligten, den Auskunftspflichten und gerichtlichen Auskunftsbefugnissen sowie an dem Bemühen um die Beschleunigung des Verfahrens. Speziell für die Situation der Kinder bringen des Weiteren und neben den hier gesondert betrachteten Regeln über die Kindesanhörung die Konzeption des Beteiligtenbegriffs, die Regelungen der Verfahrensfähigkeit von Minderjährigen und die Schaffung eines Verfahrensbeistands eine wesentliche Verbesserung.

Das Kind erhält in allen Verfahren, die seine Person betreffen,[4] mit der Rolle eines Beteiligten vor allem eine optimale Durchsetzungsmöglichkeit seines Grundrechts auf rechtliches Gehör (Art. 103 GG).[5] Der weite Beteiligtenbegriff des § 7 FamFG ermöglicht darüber hinaus, in Kindschaftsverfahren neben dem Jugendamt (§ 162 FamFG) und dem Verfahrensbeistand (§ 158 Abs. 4 S. 2 FamFG) auch Personen als Beteiligte hinzuzuziehen, die mit der tatsächlichen Lage und den Bedürfnissen des konkreten Kindes vertraut sind, wie z.B. Pflegepersonen und andere Bezugspersonen (§ 161 FamFG). Diese Personen haben damit eine über die Zeugenrolle hinausgehende verfahrensrechtliche Position.[6] Auf diese Weise wird ein eher kooperierendes Zusammenwirken der verschiedenen Akteure ermöglicht und die Entscheidungs-

---

2 Zur geschichtlichen Entwicklung einschließlich des FGG von 1898: *Prütting*/Helms, FamFG, 3. Aufl. 2014, Einl. Rn. 1-15a.
3 Für die Eheschließung bleibt es hingegen weiterhin bei umfangreichen Verweisen auf die ZPO: MüKo-FamFG/*Hilbig-Lugani*, 2. Aufl. 2012, Vor-§§ 121 ff. Rn. 9.
4 BGH vom 07.02.2011 – XII ZB 12/11, NJW 2011, 3454 = FamRZ 2011, 1788 m. Anm. *Stößer*; BGH vom 08.01.2012, XII ZB 498/11, FamRZ 2012, 436.
5 *Prütting,* in: Prütting/Helms, § 7 Rn. 2.
6 Vgl. BT-Drucks. 16/6308, S. 241.

grundlage für das Gericht unabhängig von den Vorträgen von Antragsteller und Antragsgegner erweitert. Beteiligtenfähig ist, wer rechtsfähig ist – also das Kind ab Geburt (§ 1 BGB), der *nasciturus* jedenfalls soweit ihm bereits Rechte zukommen.[7] Die Verfahrensfähigkeit des Kindes, die ihm die eigenständige Wahrnehmung von Verfahrensrechten ermöglicht, ist stets dann gegeben, wenn ein Gesetz ausdrücklich die Verfahrensfähigkeit vorsieht (z.B. § 36 Abs. 1 SGB I)[8] oder wenn es das 14. Lebensjahr vollendet hat und ein ihm nach bürgerlichem Recht zustehendes Recht (Antrags-,[9] Widerspruchs-,[10] Zustimmungs-[11] und/oder Widerrufsrecht[12]) ausüben will. Diese Regelung darf aber nicht darüber hinwegtäuschen, dass Minderjährige in den meisten kindschaftsrechtlichen Verfahren nicht verfahrensfähig sind. Sie bedürfen daher, da sie in Kindschafts-,[13] Adoptions-[14] und Abstammungsverfahren[15] stets Beteiligte sind, der gesetzlichen Vertretung. Gesetzliche Vertreter sind in der Regel die Inhaber des elterlichen Sorgerechts, also die Eltern oder ein Vormund. Dass die Eltern ihrerseits Verfahrensbeteiligte sind und damit möglicherweise ein gewisser Gegensatz zwischen ihren Interessen und denen des Kindes bestehen mag, steht nach Ansicht des BGH in einem kindschaftsrechtlichen Verfahren ihrer gesetzlichen Vertretung des Kindes jedenfalls nicht grundsätzlich entgegen, weil es sich nicht um ein kontradiktorisches Verfahren handelt.[16] In Abstammungsverfahren ist hingegen (nach Ansicht des BGH) zwar nicht aus der Beteiligtenstellung der Eltern allein ein Vertretungsausschluss zu folgern,[17] wohl aber bleiben die Ausschlussgründe der §§ 1795, 1796 und § 1629 Abs. 2a BGB relevant.[18] Soweit die Eltern (oder der Vormund) von der Vertretung ausgeschlossen sind, ist dem nicht verfahrensfähigen Minderjährigen für das Verfahren ein Ergänzungspfleger zu bestellen.

7 *Prütting*/Helms, § 8 Rn. 9; weitergehend: MüKo-FamFG/*Coester-Waltjen*/*Hilbig-Lugani*, § 172 Rn. 24 f.
8 Für die Ehesachen eines beschränkt geschäftsfähigen Minderjährigen bestimmt § 125 Abs. 1 FamFG ausdrücklich die Verfahrensfähigkeit, § 9 FamFG gilt nämlich nach § 113 FamFG für Eheverfahren nicht; mit der neuerlichen Heraufsetzung des Eheschließungsalters wird dies praktisch nur selten relevant.
9 Z.B. § 1684 Abs. 1 BGB.
10 Z.B. § 1671 Abs. 1 Nr. 1 BGB.
11 Z.B. § 1746 Abs. 1 S. 3 BGB.
12 Z.B. § 1746 Abs. 2 BGB.
13 S. § 7 FamFG; Prütting/Helms/*Hammer*, § 151 Rn. 57.
14 § 188 Abs. 1 Nr. 1 FamFG.
15 § 172 Abs. 1 Nr. 1 FamFG, wobei hier zu berücksichtigen ist, dass die Abstammungsverfahren nach § 169 nicht nur die rechtliche Eltern-Kind-Zuordnung umfassen, sondern auch Verfahren, in denen es um die Ersetzung der Einwilligung in eine genetische Abstammungsuntersuchung oder die Einsicht in ein Abstammungsgutachten geht.
16 So BGH v. 26.10.2011 – XII ZB 247/11, FamRZ 2012, 99, 101, Rn. 22; zustimmend: Prütting/Helms/*Hammer,* § 151 Rn. 59.
17 BGH vom 21.03.2012 – XII ZB 510/10, FamRZ 2012, 859 Rn. 16, 21.
18 BGH vom 21.03.2012 – XII, ZB 510/10, FamRZ 2012, 859 Rn. 20; weitergehend, einen Ausschluss annehmend: MüKo-FamFG/*Coester-Waltjen*/*Hilbig-Lugani*, § 172 Rn. 32 ff.

Unabhängig jedoch von der Verfahrensfähigkeit des Minderjährigen ist dem Minderjährigen im Kindschaftsverfahren, im Abstammungsverfahren und im Adoptionsverfahren stets ein Verfahrensbeistand zu bestellen, wenn es sich um Angelegenheiten (nicht vermögensrechtlicher Art) von erheblicher Bedeutung handelt und die Kindesinteressen eine unabhängige Interessenvertretung (die nicht schon durch einen Ergänzungspfleger oder eine andere Verfahrensgarantie gewährleistet ist) erforderlich machen.

Der Verfahrensbeistand ist anders als die in manchen ausländischen Rechtsordnungen vorgesehene entsprechende Person (*guardian, representative*) nicht Vertreter des Kindes (§ 158 Abs. 4 S. 6 FamFG).[19] Dies beruht auf zwei wichtigen Gesichtspunkten: Zum einen verdrängt der Verfahrensbeistand nicht die Eltern als gesetzliche Vertreter, sodass seine Bestellung nicht als Eingriff in die elterliche Sorge legitimiert werden muss.[20] Zum anderen ist seine Stellung unabhängiger als die eines Vertreters: Er soll zwar dem Gericht die Kindeswünsche vermitteln und das Gericht von dem vom Kind geäußerten Willen unterrichten, er kann in das Verfahren aber auch Gesichtspunkte einbringen, die für das Kindeswohl von einem objektiv eingenommenen Standpunkt entscheidend sein mögen.[21] Dennoch dient seine Bestellung in erster Linie der »Interessenvertretung« des Kindes. Die Position des Kindes soll damit – unabhängig von den möglicherweise auch mit den Kindesinteressen konfligierenden Anliegen der Eltern – gestärkt und seine Subjektstellung betont werden.[22] Dem Kind wird ein unabhängiges »Sprachrohr« für seine Wünsche und damit in gewisser Weise auch eine Vertrauensperson zur Verfügung gestellt.[23] Der Verfahrensbeistand ist nach § 158 Abs. 3 S. 2 FamFG Beteiligter i.S.v. § 7 FamFG und hat damit eigene Verfahrensrechte.[24] Er ist an Weisungen des Gerichts nicht gebunden, sondern nimmt seine Aufgaben selbständig und eigenverantwortlich wahr.[25] Über seine Beteiligtenrolle hinaus steht ihm das Recht zu, im Interesse des Kindes Rechtsmittel einzulegen (§ 158

---

19 Dies war für § 50 FGG i.d.F. v. 1998 bis 2009 umstritten, vgl. mit Bezug auf die widersprüchlichen Gesetzesmaterialien zu § 50 FGG: *Gummersbach*, Die Subjektstellung des Kindes – Die verfahrensrechtliche Neuerung des Anwalts des Kindes nach § 50 FGG, 2005, S. 273 ff.; das österreichische Kinderbeistandsgesetz von 2009 hat – wie das FamFG – davon abgesehen, den Kinderbeistand (§ 104a AußerStrG) als einen Vertreter zu bezeichnen, er ist auch nicht Beteiligter, hat aber dem deutschen Recht vergleichbare Befugnisse, er hat damit eine Stellung »*sui generis*«.
20 BT-Drucks. 16/6308, S. 240; BGH vom 07.09.2011 – XII ZB 12/11, FamRZ 2011, 1788, 1790, Rn. 23.
21 BT-Drucks. 16/6308, S. 239; vgl. OLG Hamm vom 16.07.2007 – 4 WF 126/07, FamRZ 2008, 427, 428 (noch zum Verfahrenspfleger nach § 50 FGG).
22 Dies war bereits der Anlass für die Einführung von § 50 FGG im Jahre 1989: BVerfGE 55, 171, 179; BT-Drucks. 13/4899, S. 129; *Gummersbach*, S. 43 f.
23 OLG Braunschweig vom 20.02.2012 – 1 WF 19/12, FamRZ 2012, 1408, 1409.
24 § 13 FamFG: Akteneinsicht; § 30 Abs. 4 FamFG: Rechtliches Gehör und Stellungnahmerecht; § 41 Abs. 1 FamFG: Recht auf Unterrichtung über die Endentscheidung; § 165 Abs. 4 S. 2 und § 156 Abs. 2 S. 1 FamFG: Zustimmungsrechte.
25 KG vom 05.04.2012 – 17 UF 50/12, FamRZ 2013, 46 = FamRB 2012, 241.

Abs. 4 S. 5 FamFG) sowie das Recht, bei der gerichtlichen Anhörung des Kindes anwesend zu sein (§ 159 Abs. 4 S. 3 FamFG).

Man mag die Einzelheiten der Regelungen über den Verfahrensbeistand durchaus kritisch sehen. Es bleiben eine Reihe ungeregelter Fragen, z.B. bezüglich seines Zeugnisverweigerungsrechts[26] und im Hinblick auf datenschutzrechtliche Regelungen.[27] Das Verhältnis von originären (§ 158 Abs. 4 S. 1 und 2 FamFG) und zusätzlichen Aufgaben (§ 158 Abs. 4 S. 3 FamFG) mag unklar auch im Hinblick auf die originären Aufgaben des Gerichts sein.[28] Dasselbe gilt für die Grenzen seiner Mitwirkung an einer einverständlichen Regelung, da eine echte mediative Tätigkeit in diesem Rahmen nicht mit seiner Funktion als Interessenvertreter des Kindes vereinbar wäre.[29] Auch die Mindestanforderungen an seine fachliche Qualifikation und persönliche Eignung sind vom Gesetzgeber[30] nur sehr generell umschrieben. Unbefriedigend mögen bei einem intensiven Engagement des Verfahrensbeistands in höchst strittigen Fällen die Entlohnungsregelungen sein.[31]

Dennoch: Mit dieser Neuregelung wird den Interessen des Kindes in besserer Weise als bisher Rechnung getragen und die gerichtliche Wahrnehmung der Bedürfnisse und Wünsche des betroffenen Kindes in größerem Umfang als bisher ermöglicht. Dies gilt auch im Vergleich zum früheren Verfahrenspfleger nach § 50 FGG.[32] Die Einführung eines Verfahrensbeistands scheint sich – soweit ersichtlich – in der Praxis zu bewähren, wie auch die steigenden Zahlen der Benennung von Verfahrensbeiständen bezeugen.

Neben diesen Verbesserungen der Stellung des Kindes in den Familienverfahren, die seine Person betreffen, hat die Anhörung des Kindes eine besondere Bedeutung, die sogleich näher zu betrachten ist.

III. Speziell die Kindesanhörung nach deutschem Recht

In den deutschen Familiengerichten ist die persönliche Anhörung des Kindes durch das Gericht in allen das Kind betreffenden (nicht vermögensrechtlichen) Streitigkeiten grundsätzlich schon seit ihrer Schaffung im Jahre 1977 vorgesehen – zunächst

---

26 Zu Recht die Anwendbarkeit von § 29 Abs. 2 FamFG i.V.m. § 383 Abs. 1 Nr. 6 ZPO bejahend: MüKo-FamFG/*Schumann*, § 158 Rn. 35 m.w.N.
27 Zu Recht analoge Anwendbarkeit von § 2 Abs. 3 Nr. 6 i.V.m. § 68 Abs. 1 SGB VIII annehmend: OLG Braunschweig vom 20.02.2012 – 1 WF 19/12, FamRZ 2012, 1408, 1410.
28 Sehr zurückhaltend bzgl. der zusätzlichen Aufgaben daher zu Recht: MüKo-FamFG/ *Schumann*, § 158 Rn. 34; krit. auch *Menne*, Der Verfahrensbeistand im neuen FamFG, ZKJ 2009, 68, 71, 74.
29 Krit. zu Recht: Prütting/Helms/*Hammer*, § 158 Rn. 48; s. auch schon zum Verfahrenspfleger: *Hammer*, Elternvereinbarung im Sorge- und Umgangsrecht, 2004, S. 123 f.
30 Vgl. § 158 Abs. 1 FamFG: »einen geeigneten Verfahrensbeistand«.
31 Vgl. § 158 Abs. 7 FamFG; krit. dazu: *Menne*, ZKJ 2009, 68, 72 f.
32 *Menne*, ZKJ 2009, 68, 74.

in § 1695 Abs. 2 BGB,[33] mit dem Gesetz zur Neuregelung der elterlichen Sorge von 1979 in § 50 FGG und nunmehr konkret in § 159 FamFG. Grundsätzlich hat das Gericht das Kind in allen familiengerichtlichen Verfahren, von denen die Person[34] des Kindes betroffen ist, anzuhören.[35] Die Anhörungspflicht gilt uneingeschränkt für das über 14 Jahre alte Kind. Kinder unter 14 Jahren sind aber ebenfalls immer anzuhören, wenn Neigungen, Bindungen und der Wille des Kindes für die Entscheidung von Bedeutung sind. Dies ist in der Regel in allen kindschaftsrechtlichen Verfahren der Fall und gilt auch, wenn es sich um vereinfachte Verfahren nach §§ 155, 155a FamFG handelt.[36] Die weitgehend das Gericht verpflichtende Anhörung soll der Sachaufklärung (§ 26 FamFG) dienen und gleichzeitig dem Gericht den gerade in Kindschaftssachen für die gerichtliche Entscheidung wesentlichen unmittelbaren Eindruck von der Persönlichkeit des Kindes, seinen Bedürfnissen und Wünschen vermitteln.[37] Es geht nicht darum, dem Kind die Entscheidung – schon gar nicht zwischen den Eltern – aufzuerlegen, zumal das Kind sich häufig in Loyalitätskonflikten befinden wird.[38] Gleichwohl dient die Anhörung im Prinzip auch der Ermittlung des wirklichen Kindeswillens, weshalb sich beispielsweise eine gemeinsame Anhörung mehrerer Kinder in dieser Hinsicht problematisch gestalten kann.[39] Dass kleinen Kindern »abstrakte rechtliche Konstruktionen« wie die gemeinsame elterliche Sorge nicht vermittelbar

---

33 Gesetz zur Neuregelung der elterlichen Sorge v. 1979: § 1695 Abs. 2 BGB: »Das Vormundschaftsgericht und das Familiengericht haben vor einer Entscheidung, welche die Sorge für die Person oder das Vermögen des Kindes betrifft, die Eltern zu hören. Sie dürfen hiervon nur aus schwerwiegenden Gründen absehen. (2) Die Gerichte können mit dem Kind persönlich Fühlung aufnehmen.« (§ 1665 i.d.F. des Ersten Eherechtsreformgesetzes 1976 vom 01.07.1977 bis 31.12.1979).

34 Auch in vermögensrechtlichen Angelegenheiten hat jedenfalls das beschwerdeberechtigte Kind (§ 60 FamFG) ein Anhörungsrecht: OLG Karlsruhe vom 12.11.2015 – 20 WF 162/15, FamRZ 3016, 567 16.

35 BGH vom 15.6.2016 – XII ZB 419/15, FamRZ 2016, 1439 Rn. 44; OLG Karlsruhe vom 22.12.2016 – 5 WF 191/16, ZKJ 2017, 114, Rn. 22.

36 BGH vom 15. 6. 2016 – XII ZB 419/15, FamRZ 2016, 1439 Rn. 44; OLG Bremen vom 1. 4. 2015 – 4 UF 33/15, FamRZ 2015, 2170, Rn. 11; *Coester*, Sorge nicht miteinander verheirateter Eltern, FamRZ 2012, 1337, 1342; *Heilmann*, Die Reform des Sorgerechts nicht miteinander verheirateter Eltern – Das Ende eines Irrwegs? NJW 2013, 1473, 1476; a.A. MüKo-FamFG/*Schumann*, § 155a Rn. 20 (für das unter 14 Jahre alte Kind, weil diese Anhörung angesichts der Vermutung der Kindeswohldienlichkeit der gemeinsamen elterlichen Sorge nicht relevant werde); es gilt auch bei Verfahren zum Ruhen der elterlichen Sorge: OLG Frankfurt vom 05. 01. 2015 – UF 350/14, FamRZ 2015, 1521 Rn. 5.

37 MüKo-FamFG/*Schumann*, § 159 Rn. 1.

38 Vgl. OLG Köln vom 04.11.2015 – II–10 UF 123/15, NZFam 2016, 1207 Rn. 21; siehe auch OLG Brandenburg vom 03.08.2015 – 13 UF 190/4, FamRZ 2016, 240 Rn.74 – (Wille des Kindes für die rechtliche Konstruktion der gemeinsamen elterlichen Verantwortung unbeachtlich, wenn es dem angehörten Kind vor allem auf den tatsächlichen Verbleib bei einem Elternteil ankommt und dieser auch unabhängig von der gemeinsamen Sorge einverständlich bestehen bleiben soll).

39 OLG Schleswig vom 22.9.2015 – 10 UF 105/15, ZKJ 2015, 466 Rn. 46.

sein dürften, lässt keinen Verzicht auf die Anhörung zu. Denn das Gericht kann üblicherweise durchaus aus den bei der Anhörung gewonnenen Eindrücken von der Persönlichkeit des Kindes Rückschlüsse auf dessen Wünsche und Bindungen ziehen.[40] Derartige Eindrücke können Kinder schon vom Erreichen des dritten Lebensjahres an vermitteln.[41]

Darüber hinaus wird mit der Anhörung dem Anspruch des Kindes[42] auf die Gewährung rechtlichen Gehörs (§ 103 GG)[43] Rechnung getragen. Die Berücksichtigung dieses Rechts wird vom Bundesverfassungsgericht ausdrücklich eingefordert,[44] wenngleich es sich dabei nicht generell um eine persönliche Anhörung handeln muss.[45] Das Anhörungsrecht des Kindes wird daher auch häufig als ein »Verfahrensrecht mit Verfassungsrang« bezeichnet[46] und kann auch gegen den Willen der Eltern durchgesetzt werden.[47] Eine äußerst sorgfältige Begründung ist daher geboten, wenn das Gericht der Anhörung keine Bedeutung für die Entscheidung beimessen[48] oder aus schwerwiegenden Gründen (§ 159 Abs. 3 FamFG) von der Anhörung absehen will.[49]

Insofern ergibt sich die grundsätzliche Pflicht des Gerichts, das Kind anzuhören, nicht nur aus dem einfachen Recht, sondern darüber hinaus sowohl aus verfassungsrechtlicher Sicht als auch aus völkerrechtlichen Verträgen und europäischen Verordnungen.

Die deutsche Praxis scheint nach anfänglichen Schwierigkeiten[50] überwiegend einen guten Weg gefunden zu haben, die Anhörung auch jüngerer Kinder in einer kindgerechten Weise durchzuführen. Dazu haben sicherlich auch die im vorgenannten Abschnitt erwähnten Neuerungen durch das FamFG beigetragen, die für eine entspanntere, weniger konfrontative Situation in familiengerichtlichen Verfahren

---

40 BVerfG vom 23. 03.2007 – 1 BvR 156/07, FamRZ 2007, 1078, 1079; BGH vom 15. 06. 2016 – XII ZB 419/15 FamRZ 2016, 1439 Rn. 46; s. auch BGH vom 12. 02. 92 – XII ZR 53/91, DAVorm 1992, 499, 507.
41 BVerfG vom 23. 03.2007 – 1 BvR 156/07, FamRZ 2007, 1078, 1079.
42 BVerfG vom 29.10.1998 – 2 BvR 1206/98, BVerfGE 99, 145, 162, Rn. 58 (Fall der gegenläufigen Kindesrückführungsanträge).
43 Dazu im Einzelnen von Münch/*Kunig*, GG, 6. Aufl. 2012, Art. 103 Rn. 4 ff.
44 BVerfG vom 05.11.1980, 1 BvR 349/80, BVerfGE 55, 171 = FamRZ 1981, 124; dazu auch *Ivanits*, Keine Beteiligung des Kindes bei elterlichem Einvernehmen? NZFam 2016, 7 ff.
45 BVerfG vom 29.10.1998 – 2 BvR 1206/98, BVerfGE 99, 145, 142, Rn. 58 (Fall der gegenläufigen Kindesrückführungsanträge).
46 BVerfG vom 23. 03.2007 – 1 BvR 156/07, FamRZ 2007, 1078, 1079; OLG Frankfurt vom 06.07.2016 – 5 WF 107 60/16, juris; OLG Brandenburg vom 03.08.2015 – 13 UF 190/4, FamRZ 2016, 240 Rn.1.
47 OLG Brandenburg vom 03. 08. 2015 – 13 UF 190/4, FamRZ 2016, 240 Rn.1.
48 OLG Koblenz vom 03. 02. 2016 – 13 UF 761/15, FamRZ 2016, 1093 Rn. 14 (Kind 5 Jahre alt, kennt den Vater bisher nicht; Vater will über Umgang Abschiebung vermeiden).
49 OLG Hamm vom 31. 03.2015 – II-3 UF 241/13, FamRZ 2015, 1732 Rn. 24 (dem Kind müsste die eventuell pädophile Neigung des Vaters erklärt werden).
50 Vgl. dazu die sich aus der Entscheidung allerdings nicht vollständig abzeichnende Handhabung der Kindesanhörung durch das OLG München in BVerfG v. 05.11.1980, 1 BvR 349/80 unter II.2. a.E. und III., BVerfGE 55, 171 = FamRZ 1981, 124.

sorgen. Hinzukommen die größeren Gestaltungsmöglichkeiten des Gerichts bei der Durchführung einer Kindesanhörung (§ 159 Abs. 4 S. 4 FamFG). Dazu gehören u.a. der grundsätzliche Ausschluss der Öffentlichkeit,[51] die Möglichkeit, auch die anderen Beteiligten bis auf den Verfahrensbeistand,[52] also insbesondere die streitenden Eltern, von der Anhörung auszuschließen (§ 159 Abs. 4 S. 3 FamFG). Schon allein damit wie auch mit der Verlagerung der Anhörung aus dem Gerichtssaal in einen anderen, weniger majestätisch anmutenden Raum kann Kindern die Scheu vor diesem Gespräch genommen werden. In der Regel gestalten die Gerichte die Einzelheiten sehr fantasievoll und nehmen dabei auf das Alter der Kinder Bedacht. Insofern ist es nicht unüblich, auch schon Kinder ab Vollendung des dritten Lebensjahres anzuhören.

IV. »KINDESANHÖRUNG« NACH ENGLISCHEM RECHT

Demgegenüber tut sich die anglo-amerikanische Welt immer noch recht schwer mit einer unmittelbaren Anhörung von (selbst älteren) Kindern durch das Gericht. Häufig meint man, den internationalen Anforderungen an die Berücksichtigung der Kindesposition schon ausreichend zu entsprechen, wenn ein Vertreter der Jugendbehörde,[53] der seinerseits das Kind angehört hat, dem Gericht hierüber berichtet. Die Zurückhaltung erklärt sich sicherlich aus dem traditionellen Bild der Justiz von Würde und Macht,[54] aus der – bis vor Kurzem jedenfalls überwiegend – fehlenden Spezialisierung der Gerichte[55] und aus den üblichen Regeln des Verfahrensrechts, das zum Teil immer noch streng kontradiktorisch gestaltet ist, ein Kreuzverhör der Zeugen

---

51 § 170 GVG; zur Vereinbarkeit mit Art. 6 EMRK: *Prütting*/Helms, Einl., Rn. 63; *Lipp,* Öffentlichkeit der mündlichen Verhandlung und Urteilsverkündung, FPR 2011, 37, 39; a.A. MüKo-FamFG/*Ulrici,* Vor §§ 23 ff. Rn. 29.

52 Nur in Ausnahmefällen kann die Anhörung auch ohne den Verfahrensbeistand erfolgen – z.B. wenn das Kind dies wünscht (19. DFGT, Brühler Schriften zum Familienrecht, Bd. 17, 2012, AK Kindesanhörung Ziff. 1 S. 106) oder wenn andere Gründe, wie z.B. die Erwartung besserer Sachaufklärung, dies legitimieren (BGH v. 28.04.2010, FamRZ 2010, 1060, Anm. *Coester* FF 2011, 365, 367).

53 Im Vereinigten Königreich erfolgt dies idR durch einen Mitarbeiter des CAFCASS (*Children and Family Court Advisory and Support Service*), in Singapur durch den *Social Welfare Officer*, einen Sozialarbeiter des *Ministry of Social and Family Development* oder einen Vertreter des *Counselling and Psychological Service Departments (CAPS)* oder den Verfahrenspfleger (*Child Representative*); in Hongkong ist die Frage, wie das Gericht »*the child's view*« wahrnehmen soll, bisher in den Verfahrensregeln nicht festgeschrieben, aber es gibt seit 2012 zwei praktische Anweisungen der *Hongkong Special Administration Region* »*Guidance on Separate Representation for Children in Matrimonial and Family Proceedings*« und »*Guidance of Meeting Children*«, aber dies sind nur Ratschläge für das Gericht, nicht mehr, s. *Katherine Lynch,* Reform of Family Justice: Children's Dispute Resolution in Hongkong, Cardozo Journal of Conflict Resolution 17 (2016) 909, 925.

54 S. dazu *Lady Hale,* Are we nearly there yet?, Rede auf der »*Association of Lawyers for Children Annual Conference*« 2015, S. 6.

55 In Hongkong bspw. gibt es auch heute noch keine Familiengerichte, während Singapur zwar bereits 1996 Family Courts eingerichtet hat und nunmehr 2014 eine große Reform

vorschreibt und atmosphärisch kaum als kindgerecht bezeichnet werden kann. Fehlendes Training der Richterschaft und der Anwälte im Umgang mit Kindern in einem Gerichtsverfahren wird häufig ebenfalls als Erklärung, aber auch als Legitimation für die Vermeidung eines direkten Kontaktes mit den Kindern angegeben.

Seit Beginn dieses Jahrtausends ist allerdings in der anglo-amerikanischen Welt Bewegung in diesen Bereich gekommen.[56] Die Lösungen variieren. Der Versuch, Kinder in die sie betreffenden Verfahren einzubinden, mag nicht immer hinreichend mit einer Veränderung der Regeln, die die Atmosphäre vor Gericht bestimmen, gekoppelt sein. Um diese Problematik zu verdeutlichen, soll ein kurzer Blick auf die Entwicklung und Diskussion im englischen Recht geworfen werden. Ein großer Reformschritt erfolgte hier im Jahre 2010. In diesem Jahr wurden die *Family Procedure Rules 2010* und eine »*Guidance for Judges Meeting Children who are Subject to Family Proceedings 2010*« erlassen. Dabei muss bedacht werden, dass Kinder in kindschaftsrechtlichen Verfahren in der Regel nicht Partei sind und auch eine dem deutschen Beteiligtenbegriff des FamFG entsprechende Position dem englischen Verfahren fremd ist. Kinder können zwar unter bestimmten Umständen[57] Parteistellung erlangen, das Verfahren kann aber dann dennoch ohne ihre direkte Beteiligung stattfinden, wenn ein gesetzlicher Vertreter oder ein Anwalt das Kind vertritt und das Gericht dies für richtig hält.[58] Anders als im deutschen kindschaftsrechtlichen Verfahren (§ 163 Abs. 3 FamFG) dürfen Kinder auch als Zeugen (einschließlich eines Kreuzverhörs) vernommen werden, bis 2010 bestand jedoch eher eine Vermutung dahin, dass die Vernehmung von Kindern nicht in Betracht komme. Mit der Entscheidung *ReW (Children)*[59] wurde diese in der Praxis übliche Vermutung durch eine, im konkreten Einzelfall vorzunehmende Abwägung zwischen dem wahrscheinlichen Beitrag der Vernehmung zur Wahrheitsfindung einerseits und dem möglichen Schaden für das Kind andererseits ersetzt. Seitdem haben sich *Court of Appeal* und *Supreme Court* verschiedentlich mit dem Problem der Zeugenstellung von Kindern beschäftigt, wobei Missbrauchsfälle[60] und Kindesentführungsfälle[61] eine besondere Rolle gespielt haben.

Eine vom Präsidenten der *Family Division* eingesetzte Arbeitsgruppe zum Thema »*Vulnerable Witnesses and Children*«[62] beklagt, dass in familiengerichtlichen Verfah-

---

dieses Gerichtszweigs und des Verfahrens durch den *Family Court Justice Act 2014* vorgenommen hat.

56 Vgl. für das Vereinigte Königreich: *Family Procedure Rules 2010*, für Australien: *New Family Law Rules 2004*, für Neuseeland: *New Family Court Rules 2002*; für Kanada: *New Supreme Court Family Rules 2010*, speziell für British Columbia: *Family Law Act 2013*; für Hongkong: *The Law Reform Commission of Hongkong, The Family Dispute Resolution Process 2003* (http://www.info.gov.hk/hkreform).
57 S. *ReF (Children)* [2016] EWCA Civ. 546.
58 Rule 12.14 (3) *Family Procedure Rules*.
59 Re W *(Children)* [2010] UKSC 12 – *leading opinion* durch *Lady Hale*.
60 Re E *(A Child)* [2016] EWCA Civ. 473 und *Re S* (Chidren) [2016] EWCA Civ. 83.
61 Re F *(Children)* [2016] EWCA Civ. 546.
62 Report Final March 2015, »*Vulnerable Witnesses and Children Working Group*«, Nr. 5.

ren bisher – anders als im Strafprozess – wenig getan worden ist, um das Verfahren der Zeugenvernehmung kindangemessen zu gestalten.[63] Sie schlägt daher eine Spezialausbildung sowohl für die mit Familiensachen beschäftigte Richterschaft als auch die entsprechende Anwaltschaft vor. Dabei will man sich an den Verbesserungen, die im Strafverfahren für die Vernehmung von Kindern (und verletzlichen Personen) eingeführt worden sind, orientieren. Dazu gehört z.B. die Vernehmung in Abwesenheit der Eltern, eine Änderung und Abschwächung des Kreuzverhörs, keine Würdigung der Glaubhaftigkeit der Kindesaussage in seiner Gegenwart u.ä. Außerdem wird die Beiordnung eines Beistands *(intermediary)* empfohlen, der dem Kind Fragen erklären kann. Insofern wird die Zeugenvernehmung von Kindern eher aus dem streng konfrontativen Verfahren herausgelöst und kindgerechter gestaltet.

Das englische Recht kennt aber darüber hinaus – wie oben bereits angedeutet – auch die Anhörung von Kindern durch das Gericht (»*judges meeting children*«). Im Prinzip ist dem englischen Richter in der Gestaltung dieses Verfahrens in ähnlicher Weise wie dem deutschen Richter Spielraum gegeben. In der Praxis mag dies wegen der fehlenden Ausbildung von Richtern für diese speziellen Aufgaben noch nicht immer kindgerecht erfolgen.[64] Die Vorschläge der Working Group und die neuen »*Guidelines for Judges Meeting Children who are Subject to Family Proceedings*«[65] versprechen hier eine bessere Kindzentriertheit.

Ein wichtiger Unterschied zur Kindesanhörung nach deutschem Recht besteht jedoch darin, dass das englische Gericht – anders als das deutsche – diese Anhörung gerade nicht zur Sachaufklärung (*Rule* 5) nutzen darf. Die Sachaufklärung ist allein der Beweisaufnahme vorbehalten. Diese erfolgt u.a. durch die Vernehmung des CAFCASS-Vertreters[66], der seine Eindrücke von dem Kind, von dessen Bedürfnissen und Wünschen schildert, sowie u.U. auch durch eine Vernehmung des Kindes als Zeugen. Demgegenüber soll die grundsätzlich im Ermessen des Gerichts stehende Anhörung des Kindes in erster Linie dem Kind vermitteln, dass es als eigene Persönlichkeit im Verfahren durch das Gericht wahrgenommen wird. Das Gericht kann und soll dem Kind auch die Bedeutung des Verfahrens erklären (besonders wichtig bei Rückführungsentscheidungen in Entführungsfällen). Es darf aber die Anhörung nicht zur Ermittlung der Wünsche des Kindes (in Bezug auf die künftigen Familienbeziehungen) nutzen. Auch dies soll und muss aus Gründen des englischen Verfahrensrechts, insbesondere der Position der Eltern, einer Beweisaufnahme vorbehalten bleiben.

---

63 Es waren zwar die *Guidelines on Children Giving Evidence in Family Proceedings 2012* (Family Law 79) vom *Family Justice Council* verabschiedet worden, diese haben die Praxis aber wohl nicht maßgeblich verändert.

64 Vgl. Re KP (A Child) [2014] EWCA 554: Die erstinstanzliche Richterin stellt dem Kind innerhalb einer Stunde 87 Fragen; krit. zu dieser Vernehmung auch: *Lady Hale,* Are we nearly there yet?, S. 13.

65 Nunmehr wird auch eine Anhörung von Kindern, die jünger als sieben Jahre sind, vorgeschlagen.

66 CAFCASS bezeichnet den *Children and Family Court Advisory and Support Service.*

Dieser Grundsatz erstaunt aus deutscher Sicht in besonderem Maße, da nach dem FamFG die Kindesanhörung gerade der Ermittlung der Wünsche des Kindes dienen soll. Die Einschränkung des Zwecks der Kindesanhörung war auch im englischen Recht keineswegs selbstverständlich.[67] Der *Court of Appeal* hat jedoch in *Re KP*[68] deutlich gemacht, dass dies nicht der Sinn der Kindesanhörung sein darf. Der *Supreme Court* hat den Fall nicht zur Entscheidung angenommen, wobei die eher einem Verhör ähnelnde Kindesanhörung durch die erstinstanzliche Richterin sicherlich zu diesem Ergebnis beigetragen haben mag.[69] Auch die neuen Richtlinien stellen klar, dass die Ermittlung des Kindeswunsches und des Kindeswillens ein Punkt für die Beweiserhebung ist. Dabei wird man zur Ermittlung des Kindeswunsches in erster Linie auf die Berichte des CAFCASS-Mitarbeiters und/oder involvierter Sozialarbeiter zurückgreifen, eventuell aber auch das Kind als Zeugen vernehmen. Im Anschluss an die angestrebte (oben bereits erwähnte) Reform der für die Durchführung einer Zeugenvernehmung von Kindern in familiengerichtlichen Verfahren geltenden Regeln werden möglicherweise in Zukunft Kinder häufiger als Zeugen vernommen werden.[70] Die Zeugenvernehmung wird dann in ihrer Bedeutung der Kindesanhörung im deutschen Recht eher entsprechen als das »*judges meet children*«:

Damit zeigt sich, dass die Kindesanhörung im englischen Familienverfahren nicht dieselben Ziele verfolgt wie im deutschen. Es ist zweifelhaft, ob die Notwendigkeit einer unmittelbaren richterlichen Begegnung mit den Kindern zu den Verfahrensgrundsätzen des englischen Rechts gehört. In einer Entscheidung, in der es um die Anerkennung einer ausländischen (rumänischen) Sorgerechtsentscheidung ging, hat zwar der *Court of Appeal* in der fehlenden Kindesanhörung einen Anerkennungsversagungsgrund gesehen. Der *Supreme Court* hielt sich jedoch zu diesem Punkt[71] in einem *obiter dictum* äußerst zurück:

> »... *Nor is it concerned with the extent to which the child's right to be heard is a fundamental principle of procedure in the courts of England and Wales in cases relating to the future of children. That is a very large question and views may differ as to precisely what the effect is of the Court of Appeals judgment.*«[72]

---

67 S. *Lady Hale*, Are we nearly there yet?, S. 13: »...*but does the same apply to ascertaining the child's wishes and feeling as to what should happen in the future? I had thought that this was something, which a judge could explore – in a private but transparent meeting with the child, just as the professionals routinely do. But the conventional view these days is that this should not happen.*«
68 *Re KP (A Child)* [2014] EWCA Civ. 554 Rn. 56.
69 *Lady Hale*, Are we nearly there yet?, S. 13 (die erstinstanzliche Richterin hatte dem Kind innerhalb von 60 Minuten 87 Fragen gestellt).
70 Für eine solche Ausweitung *Lady Hale*, Are we nearly there yet?, S. 16.
71 Der *Supreme Court* hat den Rechtsbehelf wegen fehlender Zuständigkeit (Unzulässigkeit des Rechtsbehelfs nach Art. 34, 68 Brüssel IIa-VO) zurückgewiesen, *In the matter of D (A Child)* [2016] UKSC 34, Rn. 10.
72 *In the matter of D (A Child)* [2016] UKSC 34, Rn. 10.

V. Folgerungen für die Anerkennungsversagung

Deutsche Gerichte haben sich bisher weitgehend zurückgehalten, kindschaftsrechtlichen Entscheidungen aus Mitgliedstaaten[73] die Anerkennung zu versagen.[74] Versagt wurde die Anerkennung jedoch (zu Recht) dann, wenn die betroffenen Kinder keinerlei Möglichkeiten hatten, in irgendeiner Weise gehört zu werden und das Gericht von ihren Befindlichkeiten und Bedürfnissen keine Kenntnis genommen hat.[75] In der Literatur ist umstritten, ob die Anerkennung schon dann zu versagen ist, wenn nicht die nach § 159 FamFG gestellten Voraussetzungen eingehalten worden sind,[76] oder ob die Versagung nur dann gerechtfertigt ist, wenn die internationalen Standards, wie sie insbesondere in Art. 12 UN-Kinderrechtekonvention und Art. 24 EU Grundrechte Charta festgelegt worden sind, verletzt wurden.[77]

Die vorangegangene kurze Beschreibung des englischen Rechts sollte jedoch deutlich machen, dass es durchaus unterschiedliche, aber im Effekt gleichwohl gleichwertige Wege geben kann, wie die Kindesbelange in das Verfahren eingebracht werden. Eine kindgerechte Zeugenvernehmung kann diese Funktion ebenso erfüllen wie eine richterliche Anhörung des Kindes nach deutschem Recht. Insofern sollte bei der Anerkennung nicht eine genau den Anforderungen des §§ 159 FamFG entsprechende Kindesanhörung verlangt werden. Vielmehr ist die Gesamtheit des kindschaftsrechtlichen Verfahrens im Ursprungsland im Hinblick auf das in § 159 FamFG zum Ausdruck kommende Anliegen zu untersuchen.[78] Dies mag keine ganz einfache Aufgabe sein, verlangt sie doch vom Anerkennungsrichter eine ausführlichere Beschäftigung

---

73 Entscheidungen aus Vertragsstaaten des KSÜ und des EurSorgÜ haben zu diesem Punkt – soweit ersichtlich – die deutsche Rechtsprechung noch nicht beschäftigt.
74 BGH vom 08.04.2015 – XII ZB 148/14, IPRax 2017, 98 Rn. 44, Anm. *Siehr* IPrax 2017, 77 (Besonderheit, dass es sich um eine einstweilige Maßnahme im Eilverfahren und eigentlich eher um einen Fall der Rückgabe eines zurückgehaltenen Kindes handelte und zudem der Aufenthalt des Kindes unbekannt war). So auch die Vorinstanz: OLG Stuttgart vom 05. 03. 2014 – 17 UF 262/13, FamRZ 2014, 1567.
75 OLG Frankfurt vom 16. 01. 2006 – 1 UF 40/04, IPRax 2008, 352, IPR-Rspr. 2006, Nr. 146, 318-322 (Inquisitionsgericht der *Muftia* in Griechenland für griechische Muslime); OLG München vom 20. 10. 2014 – 12 UF 1383/14, FamRZ 2015, 602 insbesondere Rn. 29 ff (belgisches Verfahren, in dem weder die Sachverständige noch das Gericht die Kinder angehört hatte; Berichte über die Kinder von Seiten einer Ergotherapeutin, der Schule etc. wurden wegen Verspätung nicht berücksichtigt).
76 *Rauscher*, EuZPR/EuIPR, 4.Aufl. 2015, Art. 23 Brüssel IIa VO Rn. 9.
77 Althammer/*M. Weller*, Brüssel IIa Rom III, 2014, Art. 23 Rn. 3; *Schlauß*, Fehlende persönliche Anhörung des Kindes durch den ausländischen Richter – ein Anerkennungshindernis? FPR 2006, 228, 230; *Völker/Steinfatt*, Die Kindesanhörung als Fallstrick bei der Anwendung der Brüssel IIa Verordnung, FPR 2005, 415, 417; *Coester-Waltjen*, Die Berücksichtigung der Kindesinteressen in der neuen EU-Verordnung »Brüssel IIa«, FamRZ 2005, 241, 248. Siehe auch EuGH vom 22.12.2010-Rs. C-491/10 – PPU: *Aguirre Zarraga/Pelz*, FamRZ 2011, 355, Rn.59 (allerdings zur Bescheinigung nach Art. 42 Brüssel IIa VO); dazu auch Anm. *A. Schulz*, FamRZ 2011, 359.
78 Vgl. dazu auch EGMR vom 08. 07. 2003, Nr. 31871/96 Rn. 71 – *Sommerfeld/Deutschland*; EGMR vom 08. 07. 2003, Nr. 30943/96 Rn. 73 – *Sahin/Deutschland*.

mit dem ausländischen Verfahrensrecht. Diese Aufgabe ist aber den internationalen Beziehungen geschuldet: Weder ein »blindes« Vertrauen in die ausländische Rechtsprechung noch die Versagung der Anerkennung wegen unterschiedlicher Verfahrensregelungen sind gerechtfertigt. Der Aufbau eines justiziellen Netzes und der Ausbau der Kommunikation von und mit Verbindungsrichtern mögen hier hilfreich sein. Auch hierin liegen noch viele Aufgaben für die Zukunft.

Unbekannter Aufenthalt, Justizgewährungsanspruch und rechtliches Gehör im europäischen Zivilprozessrecht

Tanja Domej

»*But the plans were on display ...*«
»*On display? I eventually had to go down to the cellar to find them.*«
»*That's the display department.*«
»*With a torch.*«
»*Ah, well the lights had probably gone.*«
»*So had the stairs.*«
»*But look, you found the notice, didn't you?*«
»*Yes,*« *said Arthur,* »*yes I did. It was on display in the bottom of a locked filing cabinet stuck in a disused lavatory with a sign on the door saying Beware of the Leopard.*«

Douglas Adams, The Hitchhiker's Guide to the Galaxy

I. Ausgangslage

Es kommt vor, dass die beklagte Partei – sei es, um sich der Rechtsdurchsetzung zu entziehen, sei es aus anderen Gründen – im Vorfeld einer gerichtlichen Auseinandersetzung nicht mehr auffindbar ist. Nicht selten weisen derartige Fälle grenzüberschreitende Bezüge auf. Zuweilen entsteht der grenzüberschreitende Bezug gerade dadurch, dass sich die beklagte Partei (mutmaßlich) in das Ausland absetzt. In solchen Fällen stimmige und interessengerechte Lösungen zu erzielen, die sowohl dem Interesse der klagenden Partei an wirksamer Rechtsdurchsetzung als auch jenem der beklagten Partei an der Wahrung ihrer Verteidigungsrechte angemessen Rechnung tragen, ist für Gesetzgebung wie Rechtsanwendung eine Herausforderung.

Die europäischen Rechtsakte zum internationalen Zivilprozessrecht nehmen von einer ausdrücklichen Regelung solcher Situationen weitgehend Abstand. Die EuZVO[1] findet keine Anwendung, wenn die Adresse des Empfängers des zuzustellenden Schriftstücks unbekannt ist (Art. 1 II EuZVO). Es bleibt im Wesentlichen Sache des mitgliedstaatlichen Rechts, wie dann die Zustellung des verfahrenseinleitenden Schriftstücks bewirkt werden kann. Die Unionsrechtsakte zum internationalen Ge-

---

1 Verordnung (EG) Nr. 1393/2007 des Europäischen Parlaments und des Rates vom 13.11.2007 über die Zustellung gerichtlicher und außergerichtlicher Schriftstücke in Zivil- oder Handelssachen in den Mitgliedstaaten (Zustellung von Schriftstücken) und zur Aufhebung der Verordnung (EG) Nr. 1348/2000 des Rates, ABl. L 324/79 vom 10.12.2007.

richtsstands- und Vollstreckungsrecht nehmen auf Fälle, in denen der Aufenthalt der beklagten Partei unbekannt ist, nicht ausdrücklich Bezug, schließen sie aber auch nicht aus ihrem Anwendungsbereich aus.

II. INTERNATIONALE ZUSTÄNDIGKEIT

Der EuGH hatte sich zunächst in den Fällen *Hypoteční banka*[2] und *de Visser*[3] mit der Anwendbarkeit der Zuständigkeitsvorschriften der EuGVVO[4] auf Beklagte unbekannten Aufenthalts auseinanderzusetzen. Er hielt fest, eine ausländische Staatsangehörigkeit einer Partei sei ein hinreichender Auslandsbezug, um den Anwendungsbereich der EuGVVO zu eröffnen, wenngleich die Staatsangehörigkeit nach dieser Verordnung kein Anknüpfungspunkt für die internationale Zuständigkeit sei.[5] Dem ist jedenfalls im hier interessierenden Zusammenhang[6] zuzustimmen.[7] Darüber hinaus ist m.E. auch dann, wenn die beklagte Partei über die Staatsangehörigkeit des Gerichtsstaats verfügt und vor ihrem »Verschwinden« dort ihren Wohnsitz hatte, im Zweifel von einem grenzüberschreitenden Fall auszugehen und dementsprechend die Rechtsprechung des EuGH zum Umgang mit Beklagten unbekannten Aufenthalts zu beachten. Auch hier können sich ja »Fragen hinsichtlich der Bestimmung der internationalen Zuständigkeit«[8] stellen; es ist kein Grund ersichtlich, weshalb diese Fragen gegenüber eigenen Staatsangehörigen, die zunächst im Inland wohnhaft waren und sich nunmehr möglicherweise in einen anderen Mitgliedstaat abgesetzt haben,[9] nach anderen Regeln beurteilt werden sollten als gegenüber Angehörigen anderer Mitgliedstaaten.

Ferner entschied der EuGH, auf Unionsbürger seien die Zuständigkeitsbestimmungen der EuGVVO immer dann anwendbar, wenn das Gericht nicht über »beweiskräftige Indizien« für einen Wohnsitz in einem Drittstaat verfüge.[10] Im Urteil

---

2   EuGH Rs. C-327/10, *Hypoteční banka/Lindner*, ECLI:EU:C:2011:745.
3   EuGH Rs. C-292/10, *G./de Visser*, ECLI:EU:C:2012:142.
4   Verordnung (EU) Nr. 1215/2012 des Europäischen Parlaments und des Rates vom 12.12.2012 über die gerichtliche Zuständigkeit und die Anerkennung und Vollstreckung von Entscheidungen in Zivil- und Handelssachen, ABl. L 351/289 vom 20.12.2012.
5   EuGH Rs. C-327/10, *Hypoteční banka/Lindner*, ECLI:EU:C:2011:745, Rn. 31 ff.
6   Streiten ließe sich hingegen etwa darüber, ob für die Zwecke des Art. 25 EuGVVO eine ausländische Staatsangehörigkeit einer Partei einen hinreichenden Auslandsbezug begründet (insbesondere wenn man sich grundsätzlich auf den Standpunkt stellt, ein Mitgliedstaat dürfe die »Internationalisierung« eines reinen Binnenfalls durch Prorogation eines ausländischen Gerichts untersagen).
7   Ausführlich und z.T. kritisch dazu *Spellenberg* FS Gottwald (2014) 607, 610 ff.
8   Zu diesem Kriterium für die Anwendbarkeit der EuGVVO vgl. EuGH Rs. C-327/10, *Hypoteční banka/Lindner*, ECLI:EU:C:2011:745, Rn. 35.
9   Zur Frage, ob die Unionsbürgerschaft als Anknüpfungsgrund überhaupt sachgerecht ist, vgl. auch unten V.
10 »Beweiskräftige Indizien« für das Fehlen eines Wohnsitzes in einem Mitgliedstaat genügen hingegen nicht, wenngleich Art. 6 EuGVVO an sich nicht auf das Bestehen eines Wohn-

Hypoteční banka wird dafür zumindest für Verbrauchersachen eine mehrstufige Prüfung vorgezeichnet: Zunächst habe das Gericht nämlich nach seinem eigenen Recht zu prüfen, ob die beklagte Partei einen inländischen Wohnsitz habe (jetzt Art. 62 I EuGVVO),[11] und sodann nach dem Recht der anderen Mitgliedstaaten, ob sich der Wohnsitz in einem von ihnen befinde (jetzt Art. 62 II EuGVVO).[12] Sei aufgrund dieser Prüfung kein Wohnsitz ermittelbar und mangels beweiskräftiger Indizien für einen drittstaatlichen Wohnsitz auch (jetzt) Art. 6 EuGVVO nicht anwendbar, so könne ein Verbraucher, der eine vertragliche Verpflichtung zur Mitteilung von Adressänderungen verletzt habe, an seinem letzten bekannten Wohnsitz verklagt werden.[13] Auf Fälle, in denen eine solche Verpflichtung bzw. Obliegenheit weder ausdrücklich noch konkludent vereinbart wurde, lässt sich diese Begründung für eine Zuständigkeit am letzten bekannten Wohnsitz freilich nicht übertragen – und erst recht nicht auf den außervertraglichen Bereich. Hier stehen dementsprechend gegenüber Beklagten unbekannten Aufenthalts die besonderen Gerichtsstände (Art. 7 ff. EuGVVO) zur Verfügung.[14] Keineswegs ist aber von einem generellen »Fortwirken« des letzten bekannten Wohnsitzes auszugehen. Gegenüber Verbrauchern, die nach Art. 18 II EuGVVO ja nur in ihrem Wohnsitzstaat verklagt werden können, bestünde ohne Obliegenheit zur Adressmitteilung womöglich eine Zuständigkeitslücke; insofern schafft die geschilderte Rechtsprechung einen Anreiz zur Aufnahme entsprechender Klauseln in Verbraucherverträge. Bei ursprünglichen reinen Binnenfällen ist aus Unternehmersicht zum Abschluss einer Gerichtsstandsvereinbarung gemäß Art. 19 Nr. 3 EuGVVO zu raten. Denkbar scheint immerhin, dass der EuGH die Begründung einer Notzuständigkeit unmittelbar aufgrund der Verordnung zuließe, wenn andernfalls trotz Anwendbarkeit der Verordnung in keinem Mitgliedstaat eine Zuständigkeit bestünde[15] – sieht er doch die Vermeidung einer Justizverweigerung als ein zentrales Ziel seiner Rechtsprechung zum Umgang mit unbekannt abwesenden Beklagten.[16]

Ausgeschlossen ist eine Zuständigkeitsbegründung durch Einlassung eines Kurators, der für eine unbekannt abwesende beklagte Partei bestellt wurde.[17] Unabhängig

---

sitzes in einem Drittstaat, sondern auf das Fehlen eines solchen in einem Mitgliedstaat abstellt; zur Problematik auch *Bach* EuZW 2012, 381, 383; *Grimm* GPR 2012, 87, 88.
11 EuGH Rs. C-327/10, *Hypoteční banka/Lindner*, ECLI:EU:C:2011:745, Rn. 40.
12 EuGH Rs. C-327/10, *Hypoteční banka/Lindner*, ECLI:EU:C:2011:745, Rn. 41.
13 EuGH Rs. C-327/10, *Hypoteční banka/Lindner*, ECLI:EU:C:2011:745, Rn. 42 ff.
14 Zum Deliktsgerichtsstand EuGH Rs. C-292/10, *G./de Visser*, ECLI:EU:C:2012:142, Rn. 41 f.
15 Zur Notzuständigkeit im europäischen Zivilprozessrecht aus jüngster Zeit etwa *Hau* FS Kaissis (2012) 355 ff.
16 Vgl. EuGH Rs. C-327/10, *Hypoteční banka/Lindner*, ECLI:EU:C:2011:745, Rn. 45, Rn. 51.
17 Zur EuGVVO EuGH Rs. C-112/13, *A./B.*, ECLI:EU:C:2014:2195, Rn. 47 ff.; zur EuEheVO Rs. C-215/15, *Gogova/Iliev*, ECLI:EU:C:2015:710 Rn. 42 ff.; noch offengelassen in Rs. C-327/10, *Hypoteční banka/Lindner*, ECLI:EU:C:2011:745.

davon, wie das nationale Recht das Abwesenheitsverfahren regelt, ob also (wie nach deutschem Recht) schlicht ein Versäumnisurteil ergeht, wenn die unbekannt abwesende beklagte Partei nach fiktiver Zustellung nicht erscheint, oder ob die Interessen einer solchen beklagten Partei (wie nach österreichischem Recht) durch einen gerichtlich bestellten Kurator gewahrt werden sollen, hat das Gericht seine Zuständigkeit jedenfalls von Amts wegen zu prüfen. Das ist auch gerechtfertigt, denn die Vorhersehbarkeit der Zuständigkeit für die beklagte Partei würde erheblich gefährdet, wenn sich ein von ihr nicht autorisierter Vertreter – womöglich an einem Ort, mit dem sie nichts zu tun hat – mit Wirkung für sie vor einem eigentlich unzuständigen Gericht einlassen könnte. Dadurch würde eine grundlegende Wertentscheidung des Unionsgesetzgebers untergraben. Auch die Gefahr eines Missbrauchs des Abwesenheitsverfahrens würde deutlich erhöht. In diesem Punkt ist der Rechtsprechung des EuGH daher zumindest im Ergebnis vorbehaltlos zuzustimmen.[18]

III. Zustellung

Wie bereits angesprochen, schließt die EuZVO die Zustellung an unbekannt Abwesende aus ihrem Anwendungsbereich aus (Art. 1 II EuZVO). Der Bericht der Kommission über die Anwendung der EuZVO aus dem Jahr 2013 weist auf die damit verbundenen Schwierigkeiten hin;[19] die Anregung, entsprechende Regelungen zu schaffen und namentlich die grenzüberschreitende Zusammenarbeit bei Nachforschungen zur Ermittlung der Anschrift des Empfängers klarer zu regeln, wurde jedoch bisher vom Unionsgesetzgeber nicht umgesetzt. Bis auf weiteres bleibt die Zustellung gerichtlicher Schriftstücke, insbesondere auch des verfahrenseinleitenden Schriftstücks, an solche Adressaten Sache des nationalen Rechts. Sowohl die öffentliche Zustellung[20] als auch die Zustellung an einen Kurator[21] ist dabei prinzipiell zulässig.[22] Aus Art. 28 Abs. 2 EuGVVO[23] leitet der EuGH (nur) die Vorgabe ab, das angerufene Gericht habe zu prüfen, ob »alle erforderlichen Nachforschungen, die der Sorgfaltsgrundsatz und der Grundsatz von Treu und Glauben gebieten, vorgenommen worden sind, um

---

18 So auch *Koechel* IPRax 2015, 303, 304 ff.; für die Wirksamkeit einer Einlassung des Kurators dagegen *Trenker* ZfRV 2013, 213, 225.
19 Bericht der Kommission an das Europäische Parlament, den Rat und den Europäischen Wirtschafts- und Sozialausschuss über die Anwendung der Verordnung (EG) Nr. 1393/2007 des Europäischen Parlaments und des Rates über die Zustellung gerichtlicher und außergerichtlicher Schriftstücke in Zivil- oder Handelssachen in den Mitgliedstaaten (Zustellung von Schriftstücken), KOM(2013) 858 endg., Nr. 3.2.1.
20 EuGH Rs. C-292/10, *G./de Visser*, ECLI:EU:C:2012:142, Rn. 56.
21 EuGH Rs. C-327/10, *Hypoteční banka/Lindner*, ECLI:EU:C:2011:745, Rn. 53.
22 Vgl. auch *Spellenberg* FS Gottwald (2014) 607, 608.
23 Zum Anwendungsbereich dieser Vorschrift, insbesondere zur Frage, ob dafür ein Wohnsitz in einem anderen Mitgliedstaat erforderlich ist, vgl. *Spellenberg* FS Gottwald (2014) 607, 608 f., 615 ff. m.w.N. zum Meinungsstand.

den Beklagten ausfindig zu machen«.[24] Entsprechendes wird für die Parallelbestimmungen in Art. 16 Abs. 1 EuErbVO[25], Art. 18 Abs. 1 EuEheVO[26] oder Art. 11 Abs. 1 EuUntVO[27] zu gelten haben.

Hingegen scheint es der EuGH in derartigen Situationen nicht für erforderlich zu halten, dass die Zustellung in einer Weise erfolgt, die dem Adressaten eine reale Chance der Kenntnisnahme eröffnet. Tatsächlich ist die Zustellung an Personen unbekannten Aufenthalts oft so ausgestaltet, dass eine Kenntnisnahme durch den Adressaten unwahrscheinlich ist. So lässt etwa das deutsche Recht nach wie vor den Aushang an der Gerichtstafel für eine wirksame öffentliche Zustellung genügen; die Veröffentlichung in einem elektronischen Informations- und Kommunikationssystem (§ 186 II ZPO) bzw. im Bundesanzeiger oder in anderen Blättern (§ 187 ZPO) liegt im Ermessen des Gerichts.[28] Das effektive rechtliche Gehör der beklagten Partei wird erst nachträglich geschützt, nämlich auf der Ebene der Anerkennung und Vollstreckung (durch die Versagungsgründe gemäß Art. 45 I lit. b EuGVVO, Art. 40 lit. b EuErbVO sowie Art. 22 lit. c und Art. 23 lit. c EuEheVO) oder durch einen besonderen Rechtsbehelf (Art. 19 I lit. a EuUntVO).

IV. Anerkennung und Vollstreckung

Der EuGH weist darauf hin, die Verteidigungsrechte einer unbekannt abwesenden beklagten Partei würden gewahrt, indem sie sich nach (jetzt) Art. 45 I lit. b EuGVVO gegen die Anerkennung und Vollstreckung einer ohne ihre Kenntnis vom verfahrenseinleitenden Schriftstück ergangene Entscheidung zur Wehr setzen könne.[29] Offen bleibt, ob der Versagungsgrund unabhängig von den Modalitäten einer öffentlichen Zustellung eingreifen soll. Jedenfalls aber scheint der EuGH davon auszugehen, dass die Verletzung einer Adressmitteilungspflicht der Berufung auf Art. 45 I lit. b EuGVVO nicht entgegensteht. Auch eine schuldhafte Unkenntnis

---

24 EuGH Rs. C-327/10, *Hypoteční banka/Lindner*, ECLI:EU:C:2011:745, Rn. 52; Rs. C-292/10, *G./de Visser*, ECLI:EU:C:2012:142, Rn. 55.
25 Verordnung (EU) Nr. 650/2012 des Europäischen Parlaments und des Rates vom 4.7.2012 über die Zuständigkeit, das anzuwendende Recht, die Anerkennung und Vollstreckung von Entscheidungen und die Annahme und Vollstreckung öffentlicher Urkunden in Erbsachen sowie zur Einführung eines Europäischen Nachlasszeugnisses, ABl. L 201/107 vom 27.7.2012.
26 Verordnung (EG) Nr. 2201/2003 des Rates vom 27.11.2003 über die Zuständigkeit und die Anerkennung und Vollstreckung von Entscheidungen in Ehesachen und in Verfahren betreffend die elterliche Verantwortung und zur Aufhebung der Verordnung (EG) Nr. 1347/2000, ABl. L 338/1 vom 23.12.2003.
27 Verordnung (EG) Nr. 4/2009 des Rates vom 18.12.2008 über die Zuständigkeit, das anwendbare Recht, die Anerkennung und Vollstreckung von Entscheidungen und die Zusammenarbeit in Unterhaltssachen, ABl. L 7/1 vom 10.1.2009.
28 Dazu Stein/Jonas-*Roth*[23] § 187 ZPO Rn. 1, 3.
29 EuGH Rs. C-327/10, *Hypoteční banka/Lindner*, ECLI:EU:C:2011:745, Rn. 54; Rs. C-292/10, *G./de Visser*, ECLI:EU:C:2012:142, Rn. 57.

vom Zustellversuch (zu unterscheiden von der bloßen Unkenntnis vom Inhalt des zuzustellenden Schriftstücks, etwa wegen Annahmeverweigerung) kann demnach zur Anerkennungs- und Vollstreckungsversagung führen.

Art. 45 I lit. b EuGVVO sieht eine Obliegenheit zur Einlegung eines Rechtsbehelfs im Ursprungsstaat vor, sofern ein solcher zur Verfügung steht. Verabsäumt die beklagte Partei dies, so entfällt der Versagungsgrund. Im Vergleich zu Art. 27 Nr. 2 EuGVÜ[30], aber auch noch zu Art. 22 lit. b und Art. 23 lit. c EuEheVO ist die Möglichkeit der Berufung auf Zustellmängel außerhalb des Ursprungsstaats damit eingeschränkt; der Ursprungsstaat kann die Freizügigkeit seiner Entscheidungen durch großzügige Ausgestaltung der Rechtsbehelfsmöglichkeiten stärken. Der Begriff des Rechtsbehelfs ist weit zu verstehen und umfasst insbesondere auch Anträge auf Wiedereinsetzung in den vorigen Stand nach Ablauf der Frist für die Einlegung eines ordentlichen Rechtsbehelfs.[31] Diesbezüglich hat der EuGH im Urteil *Lebek* jedoch eine Einschränkung vorgenommen: Hat der Ursprungsmitgliedstaat eine Erklärung abgegeben, wonach die in Art. 19 IV EuZVO vorgesehene Wiedereinsetzung in den vorigen Stand nur innerhalb einer bestimmten Frist beantragt werden kann (Art. 19 IV letzter Satz i.V.m. Art. 23 EuZVO), so sollen großzügigere Bestimmungen des nationalen Rechts verdrängt sein.[32] Im Ursprungsstaat kann die beklagte Partei dann also nicht mehr (oder jedenfalls nicht mehr mittels eines Wiedereinsetzungsantrags)[33] gegen das Urteil vorgehen. Im Gegenzug kann sie sich in allen anderen Mitgliedstaaten auf den Versagungsgrund des Art. 45 I lit. b EuGVVO berufen, wenn ihr die Entscheidung erst zugestellt wurde, nachdem eine vom Ursprungsstaat mitgeteilte absolute Frist bereits abgelaufen war und ein Wiedereinsetzungsantrag deshalb ausschied. Darüber hinaus soll Art. 45 I lit. b EuGVVO aus Sicht des EuGH offenbar auch dann eingreifen, wenn die Wiedereinsetzung im Ursprungsstaat zu Unrecht verweigert wurde.[34]

Nicht ganz klar ist, inwieweit die *Lebek*-Rechtsprechung auch für Beklagte unbekannten Aufenthalts relevant ist, auf welche die EuZVO an sich ja wegen ihres Art. 1 II nicht zur Anwendung kommt. Der EuGH klammert derartige Fälle zumindest nicht explizit aus. Zudem scheiterte im Anlassfall die Zustellung des verfahren-

---

30 Übereinkommen über die gerichtliche Zuständigkeit und die Vollstreckung gerichtlicher Entscheidungen in Zivil- und Handelssachen vom 27.9.1968.
31 EuGH Rs. C-70/15, *Lebek/Domino*, ECLI:EU:C:2016:524, Rn. 42 ff.; *Bach* EuZW 2016, 621 f. (Anm.); *Wißling* GPR 2017, 25, 26 f.
32 EuGH Rs. C-70/15, *Lebek/Domino*, ECLI:EU:C:2016:524, Rn. 57 f.
33 Die Tragweite der *Lebek*-Rechtsprechung, insbesondere ihre Relevanz auch für andere außerordentliche Rechtsmittel oder Rechtsbehelfe, scheint nicht völlig klar; aus Platzgründen kann auf diese Problematik hier nicht im Einzelnen eingegangen werden.
34 EuGH Rs. C-70/15, *Lebek/Domino*, ECLI:EU:C:2016:524, Rn. 47. Diese Durchbrechung des Grundsatzes des gegenseitigen Vertrauens mag man damit rechtfertigen, dass nach der Rspr. des EuGH im Hinblick auf die Wahrung der Verteidigungsrechte durch rechtzeitige Zustellung generell eine »doppelte Kontrolle« stattfindet; vgl. zuletzt EuGH Rs. C-619/10, *Trade Agency/Seramico*, ECLI:EU:C:2012:531, Rn. 32 ff. m.w.N.

seinleitenden Schriftstücks daran, dass die beklagte Partei wegen ihres Wegzugs im Ausland nicht mehr an der ursprünglichen Anschrift auffindbar gewesen war, was gleichfalls darauf hinzudeuten scheint, dass aus Sicht des EuGH ein unbekannter Aufenthalt der beklagten Partei der Anwendung von Art. 19 IV EuZVO nicht entgegensteht.[35]

Die geschilderte Rechtsprechung entlastet die beklagte Partei von der Notwendigkeit, sich mit den nationalen Vorgaben für die Wiedereinsetzung in den vorigen Stand vertraut zu machen. Dabei schießt sie jedoch über das Ziel hinaus und schafft neue Ungereimtheiten. Zunächst ist eine Anwendung von Art. 19 IV EuZVO zumindest nach dessen Wortlaut immer dann ausgeschlossen, wenn das verfahrenseinleitende Schriftstück nicht »in einen anderen Mitgliedstaat zu übermitteln« war – und damit jedenfalls in reinen Binnenfällen sowie in Fällen, in denen die Zustellung in einem Drittstaat hätte erfolgen sollen. Hier gelten allein die Rechtsbehelfsregeln des nationalen Rechts, und zwar auch dann, wenn sie großzügiger sind als Art. 19 IV EuZVO. Ob eine mögliche Einschränkung des Schutzes von beklagten Parteien, für die Art. 19 IV EuZVO gilt, gegenüber solchen Fällen vom Unionsgesetzgeber tatsächlich gewollt war, scheint zweifelhaft; eher dürfte ein Mindeststandard bezweckt gewesen sein.

Zudem werden Entscheidungskonflikte innerhalb des europäischen Justizraums begünstigt, was sowohl für den Schuldner als auch für den Gläubiger Nachteile bringt. Der Schuldner ist gezwungen, in jedem (potenziellen) Vollstreckungsstaat einen Versagungsantrag zu stellen, kann aber das Urteil im Ursprungsstaat nicht mehr bekämpfen. Weshalb das europäische Zivilprozessrecht den Fortbestand eines Urteils gebieten sollte, dessen Anerkennung und Vollstreckung in anderen Mitgliedstaaten aufgrund eben dieses europäischen Zivilprozessrechts verhindert werden kann, ist schleierhaft. Der Gläubiger ist aufgrund des Fortbestands des Urteils daran gehindert, im Ursprungsstaat ein neues Verfahren einzuleiten.[36] Ob, wie und wo eine Neutitulierung mit Wirkung für einen Staat erfolgen könnte, in dem die Anerkennung und Vollstreckung aufgrund von Art. 45 EuGVVO versagt wurde, ist fraglich, falls in diesem Staat kein Erkenntnisgerichtsstand besteht. In der Literatur wird mit guten Gründen vertreten, dass in solchen Fällen zur Vermeidung von Justizverweigerung ein Notgerichtsstand im Zielstaat anerkannt werden müsse, falls auf anderem Weg keine Rechtsdurchsetzung möglich sei;[37] ob auch der EuGH das so sähe und welche Voraussetzungen für die Anerkennung eines Notgerichtsstands vorliegen müssten, ist aber offen. Mindestens ebenso unsicher ist die Zulässigkeit einer neuen Klage im Ursprungsstaat (oder an einem anderen Erkenntnisgerichtsstand) mit dem Ziel eines Urteils allein mit Wirkung für Staaten, in denen die Anerkennung des ursprüngli-

---

35 Vgl. auch *Bach* EuZW 2016, 621, 622 (Anm.); im Ergebnis für Anwendbarkeit von Art. 19 IV EuZVO im konkreten Fall *Wißling* GPR 2017, 25, 27 f.
36 Darauf hinweisend auch *Bach* EuZW 2012, 381, 385.
37 *Hau* FS Kaissis (2012) 355, 362 ff. m.w.N.

chen Urteils versagt wurde. Überdies müsste der Gläubiger mit der Einleitung eines neuen Titelverfahrens wohl zuwarten, bis der Schuldner eine Anerkennungs- oder Vollstreckungsversagung erwirkt hätte, denn er selbst kann sich auf den Versagungsgrund nicht berufen. Wenn das Versagungsverfahren abgeschlossen ist, wird die ursprüngliche und nun neu einzuklagende Forderung aber oft verjährt sein. Allenfalls mag man die Zulässigkeit einer früheren neuen Klage darauf zu stützen versuchen, ein mit einem Anerkennungsversagungsgrund behaftetes Urteil befriedige den Justizgewährungsanspruch des Gläubigers nicht vollumfänglich; ob sich die Gerichte von einer solchen Argumentation überzeugen ließen, scheint aber mehr als unsicher. All das zeigt, dass ein zwingender Ausschluss einer Rechtsbehelfsmöglichkeit im Ursprungsstaat bei gleichzeitigem Bestand eines Anerkennungsversagungsgrunds nach europäischem Zivilprozessrecht gerade auch den Rechtsschutz des Gläubigers massiv gefährdet. Eher sollte man sich fragen, ob es nicht bei Bestand eines Anerkennungsversagungsgrunds zur Verwirklichung des Justizgewährungsanspruchs geboten ist, eine Beseitigung der mangelhaften Entscheidung und Neutitulierung (auch) auf Initiative des Urteilsgläubigers zu ermöglichen.

V. Fazit und Ausblick

Zu Recht hebt der EuGH hervor, dass die Anwendung der Zuständigkeitsvorschriften der EuGVVO auf Beklagte unbekannten Aufenthalts die Vorhersehbarkeit des Gerichtsstands für beide Seiten im Vergleich zu einem Rückgriff auf nationales Zuständigkeitsrecht erhöht.[38] Die klagende Partei zahlt dafür jedoch einen hohen Preis,[39] vor allem wenn man zugleich davon ausgeht, dass sich die beklagte Partei gegen die grenzüberschreitende Vollstreckung jedenfalls nach Art. 45 I lit. b EuGVVO (bzw. den Parallelbestimmungen in anderen Unionsrechtsakten) zur Wehr setzen kann. Ein gerechter Ausgleich zwischen den Interessen der klagenden und jenen der beklagten Partei kann so nicht gewährleistet werden. Zumindest in Fällen, in denen die beklagte Partei deshalb untertaucht, weil sie die Rechtsdurchsetzung erschweren wollte, wird es ihr ja auch ein Leichtes sein, zumindest ihr bewegliches Vermögen in einen Mitgliedstaat, in dem kein Erkenntnisgerichtsstand nach der EuGVVO besteht, zu verbringen und damit die Rechtsdurchsetzung zu vereiteln. Aber auch der Schutz der beklagten Partei bleibt lückenhaft, denn der Anerkennungsversagungsgrund greift nur außerhalb des Urteilsstaats ein. Hingegen bestimmt das nationale Recht des Urteilsstaats, ob und wie das Urteil hier beseitigt werden kann.[40]

---

38 EuGH Rs. C-327/10, *Hypoteční banka/Lindner*, ECLI:EU:C:2011:745, Rn. 33, Rn. 44.
39 Kritisch zur einschränkenden Auslegung von Art. 6 EuGVVO daher *von Hein* LMK 2014, 363610.
40 Das ist durchaus nicht überall möglich; vgl. etwa zum diesbezüglichen Meinungsstand in Deutschland MüKo ZPO-*Braun*[5] § 579 Rn. 23 f.

Vor dem Hintergrund der geschilderten Rechtsprechung liegt eine großzügige Handhabung der Rechtsbehelfsmöglichkeiten im Ursprungsstaat, insbesondere ein Verzicht auf die Festsetzung einer absoluten Frist für den Wiedereinsetzungsantrag nach Art. 19 IV EuZVO,[41] nicht nur im Interesse des Schuldners, sondern mindestens ebenso sehr in jenem des Gläubigers. Staaten, die – wie etwa Deutschland – eine entsprechende Mitteilung nach Art. 23 EuZVO vorgenommen haben, sollten nach dem *Lebek*-Urteil über deren Rückzug nachdenken.

Ein stimmiges System für den Umgang mit unbekannt abwesenden Parteien verlangt Kohärenz zwischen den Ebenen des Zustellrechts, des Prozessrechts im Ursprungsstaat (einschließlich des Rechtsbehelfssystems) sowie der Anerkennung und Vollstreckung.[42] Die Folgeprobleme, die sich in dieser Hinsicht aus der einschlägigen Rechtsprechung des EuGH ergeben, wurden bei deren Entwicklung offenbar nur unzureichend reflektiert. Freilich ist es für die Rechtsprechung auch schwierig, auf Basis der geltenden Unionsrechtsakte allen relevanten Interessen einigermaßen gerecht zu werden. Reibungsverluste beim Zusammenspiel zwischen Unionsrecht und nationalem Recht mögen beim derzeitigen Stand der europäischen Rechtsentwicklung bis zu einem gewissen Grad auch unvermeidlich sein. Wo solche Reibungsverluste allerdings die effektive Rechtsverwirklichung de facto unmöglich machen können, sollte der Unionsgesetzgeber tätig werden.

Man kann darüber streiten, ob eine Möglichkeit zur nachträglichen Bekämpfung eines Urteils, das im Anschluss an eine fiktive Zustellung gegen eine unbekannt abwesende Partei ergangen ist, immer bestehen sollte. Zumindest in Fällen, in denen eine Obliegenheit zur Adressmitteilung an den Prozessgegner verletzt wurde, ließe sich das durchaus hinterfragen. Geht man aber davon aus, dass die Wahrung der Verteidigungsrechte der beklagten Partei eine solche Bekämpfbarkeit erfordert, so sollte der Schutz durch einen Rechtsbehelf im Ursprungsstaat gewährleistet werden;[43] dies gewährleistet am ehesten einen angemessenen Ausgleich zwischen den Interessen beider Parteien. Als Vorbild könnte diesbezüglich die Regelung des Art. 19 I lit. a

---

41 Sofern man diese Bestimmung bei unbekanntem Aufenthalt der beklagten Partei trotz Art. 1 II EuZVO für anwendbar hält, was – wie unter III. angesprochen – nicht endgültig geklärt scheint.

42 Im Rahmen der Arbeit an der Schaffung von Regelungen über die Zustellung an unbekannt abwesende Parteien im Rahmen des ELI/UNIDROIT-Projekts zur Schaffung von »European Rules of Civil Procedure« wurde dies erkannt; vgl. <http://www.unidroit.org/english/documents/2016/study76a/sc04/s-76a-sc04-04-e.pdf> (29.4.2017). Die Ergebnisse dieser Arbeit – auch wenn ihnen wohl höchstens der Status von *soft law* zukommen wird – könnten hier künftig auch Anstöße für die Unionsgesetzgebung und/oder für eine Annäherung der mitgliedstaatlichen Rechte liefern.

43 Zur Vereinbarkeit eines solchen Modells mit der EMRK vgl. zuletzt EGMR (Große Kammer), Urteil vom 23.5.2016, Az. 17502/07, Avotiņš/Lettland; *Bach* EuZW 2016, 621, 622 (Anm.).

EuUntVO dienen, die überdies ausdrücklich sicherstellt, dass die klagende Partei die Vorteile durch die Unterbrechung von Verjährungsfristen nicht verliert.[44] Würde dieses Modell auch in die EuGVVO, die EuEheVO und die EuErbVO übernommen, so wäre schon viel gewonnen. Davon, dass die angedachte Verlagerung der Prüfung von Versagungsgründen in den Ursprungsstaat im Rahmen der letzten Revision der EuGVVO gescheitert ist, sollte man sich nicht von einem neuen (diesmal bescheideneren) Vorstoß in diese Richtung abhalten lassen.

Hinterfragen lässt sich auch die Anknüpfung des zuständigkeitsrechtlichen Schutzes unbekannt abwesender Parteien an die Unionsbürgerschaft.[45] An sich kommt es für die räumlich-persönliche Anwendbarkeit der EuGVVO ja nicht auf die Staatsbürgerschaft, sondern auf den Wohnsitz an. Insofern läge es näher, darauf abzustellen, ob der letzte bekannte Wohnsitz der beklagten Partei in einem Mitgliedstaat lag. Die Staatsbürgerschaft eines Drittstaats könnte dann allenfalls bei der Prüfung der »Indizien« für einen drittstaatlichen Wohnsitz relevant werden – sie muss aber nicht zwangsläufig ein »beweiskräftiges Indiz« für einen solchen sein. Dies entspräche nicht nur besser dem grundsätzlichen Konzept des Gerichtsstandsrechts der EuGVVO, sondern würde auch die Übertragung des zuständigkeitsrechtlichen Schutzes auf das LugÜ[46] erleichtern. *De lege ferenda* sollte der Anwendungsbereich (auch) der EuGVVO freilich ohnehin auch auf Drittstaatenbeklagte erweitert werden.[47] Die dabei zu schaffenden Auffanggerichtsstände könnten auch gegenüber unbekannt abwesenden Parteien zur Anwendung kommen, gegen die kein anderer Gerichtsstand zur Verfügung stünde.

Schließlich überzeugt es angesichts der heutigen technischen Möglichkeiten nicht, den zustellrechtlichen Schutz unbekannt abwesender Parteien auf ein Erfordernis angemessener Nachforschungen zu beschränken, bei deren Scheitern aber eine »öffentliche« Zustellung praktisch unter Ausschluss der Öffentlichkeit – durch Aushänge an Gerichtstafeln und ähnliche veraltete Kommunikationsmethoden – zuzulassen.[48] Das Interesse an effektiver Justizgewährung kann zwar Eingriffe in die Verteidigungsrechte der unbekannt abwesenden beklagten Partei rechtfertigen, doch müssen solche Eingriffe verhältnismäßig sein.[49] Dazu gehört, dass der Eingriff nur so weit geht wie zur Zielerreichung nötig – und dementsprechend, dass mögliche Maßnahmen zur

---

44 Auf die Vorteile einer Neueröffnung des ursprünglichen Verfahrens aus der Perspektive der Verjährung hinweisend auch *Bach* EuZW 2012, 381, 385 f.
45 Für bedenklich hält ein Abstellen auf die Unionsbürgerschaft auch *Spellenberg* FS Gottwald (2014) 607, 613; vgl. ferner *Mansel/Thorn/Wagner* IPRax 2013, 1, 14.
46 Übereinkommen über die gerichtliche Zuständigkeit und die Anerkennung und Vollstreckung von Entscheidungen in Zivil- und Handelssachen vom 30.10.2007, ABl. L 339/3 vom 21.12.2007.
47 Zur diesbezüglichen Diskussion etwa *Domej* in von Hein/Rühl (Hrsg.), Kohärenz im Internationalen Privat- und Verfahrensrecht der Europäischen Union (2016) 90, 92 ff. m.w.N.
48 Kritisch auch *Bach* EuZW 2012, 381, 385.
49 Dies festhaltend auch EuGH Rs. C-327/10, *Hypoteční banka/Lindner*, ECLI:EU:C:2011:745, Rn. 50.

Abmilderung seiner Folgen ergriffen werden. Im 19. Jahrhundert mag es zu Aushängen an der Gerichtstafel keine probaten Alternativen gegeben haben; heute ist die Nutzung der Möglichkeiten der elektronischen Kommunikation bei Zustellungen an Adressaten unbekannten Aufenthalts m.E. zwingend geboten.[50] Der Unionsgesetzgeber sollte sich dieser Frage annehmen und idealerweise ein vernetztes System schaffen, das einen einfachen Zugriff auf entsprechende elektronische Bekanntmachungsplattformen aller Mitgliedstaaten ermöglicht.[51] Aber auch ohne einen diesbezüglichen Sekundärrechtsakt resultiert m.E. bereits aus Art. 6 I EMRK und Art. 47 II Grundrechtecharta die Verpflichtung der Mitgliedstaaten, Benachrichtigungen über öffentliche Zustellungen leicht zugänglich im Internet zu publizieren. Überdies ist auch schon aufgrund des Wortlauts des Art. 28 II EuGVVO und der Parallelbestimmungen in anderen Unionsrechtsakten eine Beschränkung auf eine Nachforschungspflicht fragwürdig, denn die Bestimmung verlangt, dass »alle ... erforderlichen Maßnahmen« getroffen wurden, um den Empfang des Schriftstücks zu ermöglichen; dazu gehört m.E. zweifellos auch die Wahl geeigneter Publikationsmethoden.

---

50 Ebenso *Bach* EuZW 2012, 381, 385.
51 Vgl. dazu auch *Bach* EuZW 2012, 381, 385.

Keine Berücksichtigung erstinstanzlicher unerledigter Beweisanträge ohne entsprechende Berufungsrüge

Markus Gehrlein

I. Einleitung

Eine zulässige Berufung setzt eine ordnungsgemäße Begründung voraus. Wird den insoweit zu beachtenden gesetzlichen Anforderungen genügt, ist das Rechtsmittel zulässig. Daran schließt sich die Prüfung der Begründetheit an. Etwaige Rechtsfehler hat das Berufungsgericht auf eine zulässige Berufung gemäß § 529 Abs. 2 Satz 2 ZPO von Amts wegen zu prüfen.

Schwieriger beurteilt sich, in welchem Umfang das Berufungsgericht die erstinstanzliche Tatsachenfeststellung zu kontrollieren hat. Kraft § 529 Abs. 1 Nr. 1 Halbs. 2 ZPO ist das Berufungsgericht an die von dem erstinstanzlichen Gericht festgestellten Tatsachen gebunden, soweit nicht konkrete Anhaltspunkte Zweifel an der Richtigkeit und Vollständigkeit der entscheidungserheblichen Feststellungen begründen und deshalb eine erneute Feststellung gebieten. Auf nicht von Amts wegen zu berücksichtigende Verfahrensmängel wird die erstinstanzliche Entscheidung gemäß § 529 Abs. 2 Satz 1 nur geprüft, wenn eine den Anforderungen des § 520 Abs. 3 ZPO genügende Rüge erhoben wird.

Den Mindestanforderungen einer ordnungsgemäßen Berufungsbegründung wird zwar nicht immer, aber regelmäßig genügt, indem zumindest gegen das Ersturteil materiellrechtliche Beanstandungen erhoben werden. Auf unerledigte erstinstanzliche Beweisangebote wird vielfach nicht verwiesen. Mitunter beschließt der Anwalt seine Berufungsbegründung mit einer Bezugnahme auf den erstinstanzlichen Vortrag, dem nicht erhobene Beweisangebote zugrunde liegen. In beiden Fällen ist zu fragen, ob das Berufungsgericht zur Vermeidung eines Verstoßes gegen Art. 103 Abs. 1 GG den erstinstanzlichen Beweisanträgen nachzugehen hat.

II. Anforderungen an Berufungsbegründung

1. Auseinandersetzung mit Ersturteil

Gemäß § 520 Abs. 3 S. 2 Nr. 2 ZPO hat die Berufungsbegründung die Bezeichnung der Umstände zu enthalten, aus denen sich nach Ansicht des Rechtsmittelführers die

Rechtsverletzung und deren Erheblichkeit für die angefochtene Entscheidung ergibt. Es bestehen grundsätzlich nicht besondere formale Anforderungen für die Bezeichnung der Umstände, aus denen sich nach Ansicht des Rechtsmittelführers die Rechtsverletzung und deren Erheblichkeit ergeben (§ 520 Abs. 3 S. 2 Nr. 2 ZPO). Gleiches gilt für die Bezeichnung der konkreten Anhaltspunkte, die Zweifel an der Richtigkeit oder Vollständigkeit der Tatsachenfeststellungen im angefochtenen Urteil begründen und deshalb eine erneute Feststellung gebieten (§ 520 Abs. 3 S. 2 Nr. 3 ZPO. Die Berufungsbegründung muss aber auf den konkreten Streitfall zugeschnitten sein. Es reicht nicht aus, lediglich auf das Vorbringen in der ersten Instanz zu verweisen.[1] Unzureichend sind bloß formularmäßige Sätze oder allgemeine Redewendungen. Dies wurde etwa angenommen, wenn sich die Rechtsmittelbegründung auf die Rüge beschränkt, es werde »die tatsächliche und rechtliche Würdigung des Verhaltens des Beklagten« bemängelt[2] oder das Vordergericht habe »nicht die allgemeinen Regelungen des Europäischen Arbeitsrechts« berücksichtigt.[3]

2. Verfahrensrügen

Verfahrensfehler des Erstgerichts werden gemäß § 529 Abs. 2 Satz 1 ZPO nur auf eine ausdrückliche Rüge berücksichtigt. Die Berufungsbegründung muss, wenn sie die Verletzung des Anspruchs auf rechtliches Gehör (Art. 103 Abs. 1 GG) rügt, zur Entscheidungserheblichkeit des Verfahrensfehlers darlegen, was bei Gewährung des rechtlichen Gehörs vorgetragen worden wäre und dass nicht auszuschließen ist, dass dieser Vortrag zu einer anderen Entscheidung geführt hätte.[4]

III. Keine Berücksichtigung unerledigter erstinstanzlicher Beweisanträge von Amts wegen

Eine Berufung kann im Blick auf die geltend gemachten rechtlichen Beanstandungen zulässig sein, aber – bewusst oder unbewusst – darauf verzichten, gegen die Nichtberücksichtigung erstinstanzlicher Beweisantritte eine Verfahrensrüge zu erheben. Hier ist zu überlegen, ob das Berufungsgericht von Amts wegen den Verfahrensfehler zu beachten und den Beweis zu erheben hat. Die Antwort auf diese Frage im Sinne einer Rügeobliegenheit gibt das Gesetz in § 529 Abs. 2 ZPO.

---

1 BGH, Beschl. v. 14.7.2016 – IX ZB 104/15, MDR 2016, 1222 Rn. 7; Beschl. v. 21.7.2016 – IX ZB 88/15, MDR 2016, 1221 Rn. 5.
2 BGH, Beschl. v. 9. 11.1977 – IV ZB 29/77, VersR 1978, 182; Beschl. v. 14.7.2016 – IX ZB 104/15, Rn. 13.
3 BAG, NJW 2000, 686, 687; BGH, Beschl. v. 14.7.2016 – IX ZB 104/15, Rn. 13.
4 BGH, Beschl. v. 28.7.2016 – III ZR127/15, WM 2016, 1636 Rn. 11.

ERSTINSTANZLICHE UNERLEDIGTE BEWEISANTRÄGE

1. Prüfung von Amts wegen

Nicht von Amts wegen zu berücksichtigende Verfahrensmängel werden nur auf eine den Anforderungen des § 520 Abs. 3 ZPO genügende Rüge geprüft. Von Amts wegen zu berücksichtigende Verfahrensmängel betreffen in Anlehnung an § 295 ZPO[5] die Vorschriften, die für das Funktionieren des Rechtsstaats unerlässlich sind. Dazu gehören die Sachurteilsvoraussetzungen ebenso wie die Regelungen, die den gesetzlichen Richter oder die Öffentlichkeit der Verhandlung sicherstellen sollen.[6]

2. Rügeabhängige Mängel

Hingegen sind solche Verfahrensvorschriften nicht von Amts wegen zu berücksichtigen, auf deren Beachtung die Parteien verzichten können.[7] Beweisanträge sind ohne weiteres verzichtbar. Entsprechend dem in § 295 ZPO zum Ausdruck kommenden Rechtsgedanken kann eine Partei eine Gehörsverletzung nicht mehr rügen, wenn sie die ihr nach Erkennen des Verstoßes verbliebene Möglichkeit zu einer Äußerung nicht genutzt hat.[8] Ein Verzicht auf die Vernehmung von Zeugen durch schlüssige Handlung kann darin gesehen werden, dass die Partei, welche noch nicht vernommene Zeugen benannt hat, nach durchgeführter Beweisaufnahme ihren Beweisantrag nicht wiederholt. Diese Schlussfolgerung ist berechtigt, wenn die Partei aus dem Prozessverlauf erkennen konnte, dass das Gericht mit der bisher durchgeführten Beweisaufnahme seine Aufklärungstätigkeit als erschöpft angesehen hat.[9]

3. Folgerungen

a) Notwendigkeit einer Rüge

Grundsätzlich kann nicht gerügt werden, das Berufungsgericht habe gegen § 286 ZPO verstoßen, weil es einen im ersten Rechtszug benannten Zeugen nicht vernommen habe, wenn im Berufungsrechtszug dieses Beweisangebot nicht ausdrücklich wiederholt oder gerügt worden ist, dass dieser Beweis im ersten Rechtszug zu Unrecht nicht erhoben worden sei. Der Beweis ist in aller Regel im Berufungsrechtszug nicht schon dadurch angetreten, dass die Partei sich dort auf das Vorbringen in ihren im ersten Rechtszug eingereichten Schriftsätzen bezogen hat. Die Partei muss dem Berufungsgericht den Streitstoff in solcher Weise unterbreiten, dass dieses erkennen

---

5 BT-Drucks. 14/4722, S. 101.
6 PG/Obernheim, ZPO, 8. Aufl., § 529 Rn. 22.
7 PG/Obernheim, ZPO, 8. Aufl., § 529 Rn. 20.
8 BGH, Beschl. v. 17.3.2016 – IX ZR 211/14, NJW-RR 2016, 699 Rn. 4.
9 BGH, Urt. v. 2.11.1993 – VI ZR 227/92, NJW 1994, 329, 330; Beschl. v. 7.4.2011 – IX ZR 206/10, Rn. 6; v. 10.11.2011 – IX ZR 27/11, Rn. 6; v. 21.2.2013 – IX ZR 219/12, ZInsO 2013, 608 Rn. 7; v. 4.2.2016 – IX ZR 133/15, ZIP 2016, 624 Rn. 4.

kann, aus welchen Gründen das Urteil des ersten Rechtszuges angegriffen wird und welche weiteren Beweise noch angetreten werden.[10]

b) ZPO-Reform

Diese Anforderungen wurden im Zuge der ZPO-Reform entgegen einer zwar in die amtliche Sammlung aufgenommenen, aber vereinzelt gebliebenen höchstrichterlichen Entscheidung nicht abgemildert. Dieses Judikat verweist darauf, dass das Berufungsgericht nach § 529 Abs. 1 Nr. 1 Halbs. 2 ZPO an die von dem erstinstanzlichen Gericht festgestellten Tatsachen gebunden ist, soweit nicht konkrete Anhaltspunkte Zweifel an der Richtigkeit und Vollständigkeit der entscheidungserheblichen Feststellungen begründen und deshalb eine erneute Feststellung gebieten. Das Berufungsgericht habe nach den Gesetzesmaterialien Zweifel an der Richtigkeit oder Vollständigkeit der erstinstanzlichen Feststellungen selbst dann nachzugehen, wenn es sie unabhängig vom Parteivortrag auf Grund lediglich bei ihm gerichtskundiger Tatsachen gewonnen habe. Damit könne und müsse das Berufungsgericht erst recht konkrete Anhaltspunkte berücksichtigen, die ihre Grundlage im erstinstanzlichen Vorbringen der Parteien fänden, auch wenn das Übergehen dieses Vortrags von dem Berufungskläger nicht zum Gegenstand einer Berufungsrüge gemacht worden sei.[11]

aa) Verfahrensfehler keine gerichtskundigen Tatsachen

Betrachtet man die Gesetzesmaterialien im Gesamtzusammenhang, ist dieses Verständnis nicht gerechtfertigt. Die Berufungsbegründung muss eine Unrichtigkeit der Feststellungen ausdrücklich rügen (§ 520 Abs. 3 Nr. 3 ZPO).[12] Konkrete Anhaltspunkte für unrichtige Feststellungen können sich nach dem Willen des Gesetzgebers insbesondere aufgrund einer Rechtsfehlerhaftigkeit des Zustandekommens der erstinstanzlichen Feststellungen ergeben, wenn etwa Beweisanträge übergangen oder eine Beweiserhebung oder -würdigung nur unzureichend vorgenommen worden sind.[13] Lediglich ergänzend hat der Gesetzgeber darauf hingewiesen, dass auch gerichtskundige Tatsachen (§ 291 ZPO) bei der Beurteilung, ob die Feststellungen ernsthaften Zweifeln begegnen, zu berücksichtigen sind[14] und – wohlbemerkt – nur insoweit, weil diese Tatsachen dem Berufungsführer nicht bekannt sein können, eine Begründung als entbehrlich erachtet.[15] Schon hier ergibt der Gegenschluss, dass dem Berufungskläger erkennbare Mängel wie Verfahrensfehler einer ausdrücklichen Rüge bedürfen. Gerichtskundig sind nur solche Tataschen, die der Richter aus seiner jetzi-

---

10 BGH, Urt. v. 19.4.1961 – IV ZR 217/60, BGHZ 35, 103, 106.
11 BGH, Urt. v. 12.3.2004 – V ZR 257/03, BGHZ 158, 269, 279.
12 BT-Drucks. 14/4722 S. 96; BGH, Beschl. v. 13.9.2012 – III ZB 24/12, WM 2013, 903 Rn. 11; P/G/Lemke, ZPO, 9. Aufl., § 520 Rn. 40; Zöller/Heßler, ZPO, 31. Aufl., § 529 Rn. 13; aA BGH, Urt. v. 12.3.2004 – V ZR 257/03, BGHZ 158, 269, 278.
13 BT-Drucks. 14/4722 S. 100.
14 BT-Drucks. 14/4722 S. 100.
15 BT-Drucks. 14/4722 S. 96: Hk-ZPO/Wöstmann, 6. Aufl., § 520 Rn. 26.

gen oder früheren amtlichen Tätigkeit bereits kennt.[16] Diesen gerichtskundigen Tatsachen können nicht Verfahrensfehler gleichgestellt werden, die der Richter nur auf Rüge zu beachten und inhaltlich erst noch zu untersuchen und festzustellen hat.[17]

bb) Rügeobliegenheit für Verfahrensfehler

Für nicht von Amts wegen zu berücksichtigende Fehler im erstinstanzlichen Verfahren stellt zudem § 529 Abs. 2 Satz 1 ZPO klar, dass diese vom Berufungsgericht nur geprüft werden, wenn diese Mängel gemäß § 520 Abs. 3 Satz 2 Nr. 2 ZPO gerügt worden sind. Der rechtsstaatliche Gewinn, der in diesem Bereich durch eine amtswegige Prüfung der Verfahrensfehler durch das Berufungsgericht erreicht werden könnte, stünde nach der zutreffenden, praxisgerechten Wertung des Gesetzgebers in keinem Verhältnis zu dem zu erwartenden Aufwand, wenn das Berufungsgericht durch eine amtswegige Prüfung gezwungen wäre, im Grundsatz die gesamten Akten im Hinblick auf mögliche Verfahrensfehler und deren Relevanz für die Sachverhaltsfeststellung hin zu untersuchen.[18] Bildet eine fehlerhafte Beweiswürdigung einen Verfahrensmangel,[19] bedarf es einer entsprechenden Rüge, um dem Berufungsgericht eine Prüfung zu eröffnen. Nichts anderes hat zu gelten, wenn fehlerhafte Feststellungen auf der Nichtberücksichtigung eines bestimmten, erheblichen Beweisantrags beruhen sollen. Die Rüge eines Verfahrensverstoßes nach § 520 Abs. 3 Satz 2 Nr. 2 ZPO hätte keinen praktischen Anwendungsbereich, wenn dieser Umstand ohnehin von dem Berufungsgericht bereits in Anwendung des § 529 Abs. 1 ZPO von Amts wegen zu berücksichtigen wäre. Dies war von dem Gesetzgeber, wie die Regelung des § 529 Abs. 2 Satz 1 ZPO unterstreicht, ausdrücklich nicht gewollt und entspricht auch nicht der neueren höchstrichterlichen Sichtweise.[20]

IV. Keine Berücksichtigung unerledigter erstinstanzlicher Beweisanträge bei bloss globaler Bezugnahme auf erstinstanzliches Vorbringen

Von einer zulässigen, keine Rüge eines Verfahrensfehlers enthaltenden Berufungsbegründung ist der weitere Fall zu unterscheiden, in dem ebenfalls eine ordnungsgemäße Berufungsbegründung vorliegt und der Berufungsführer keine Verfahrensrüge erhebt, aber wenigstens ergänzend ganz allgemein auf vorinstanzliches Vorbringen verweist, das tatsächlich erstinstanzliche unerledigte Beweisantritte enthält. Auch

---

16 P/G/Laumen, ZPO, 9. Aufl., § 291 Rn. 3.
17 P/G/Laumen, ZPO, 9. Aufl., § 291 Rn. 3.
18 BT-Drucks. 14/4722 S. 101; P/G/Lemke, 9. Aufl., § 529 Rn. 19; ebenso bereits BGH, Urt. v. 19.4.1961 – IV ZR 217/60, BGHZ 35, 103, 107.
19 BGH, Urt. v. 12.3.2004 – V ZR 257/03, BGHZ 158, 269, 274 f.
20 Vgl. BGH, Beschl. v. 28.7.2016 – III ZB 127/15, WM 2016, 1636 Rn. 9 ff.

in diesen Konstellationen verbietet sich eine Berücksichtigung des Beweisantrages durch das Berufungsgericht.

1. Unzulässigkeit von Bezugnahmen

Da die Berufungsbegründung angeben muss, aus welchen Gründen der Berufungskläger die angefochtene Entscheidung in den angegebenen Punkte für unrichtig hält, reicht die bloße Bezugnahme auf »den Vortrag erster Instanz einschließlich der Beweisangebote« nicht aus.[21] Der Berufungskläger muss eine auf den zur Entscheidung stehenden Fall zugeschnittene Begründung liefern, die erkennen lässt, in welchen Punkten tatsächlicher oder rechtlicher Art das angefochtene Urteil nach seiner Ansicht unrichtig ist und aus welchen Gründen er die rechtliche oder tatsächliche Würdigung des Vorderrichters beanstandet. Diesen Anforderungen genügt die bloße Bezugnahme auf erstinstanzlichen Parteivortrag schon deshalb nicht, weil sich dieser vom zeitlichen Ablauf her noch nicht mit der tatsächlichen und rechtlichen Würdigung des Vorderrichters auseinandersetzen kann und daher in der Regel schon inhaltlich als Berufungsbegründung nicht ausreicht.[22]

2. Keine Berücksichtigung von Beweisanträgen kraft bloßer Bezugnahme

Legt man die vorstehenden Anforderungen zugrunde, kann sich der Berufungsführer nicht darauf beschränken, in seiner Berufungsbegründung pauschal auf das erstinstanzliche Vorbringen Bezug zu nehmen. Eine andere Frage ist es, wie es sich verhält, wenn eine zulässige Berufung vorliegt, aber der Berufungsführer ganz allgemein auf erstinstanzliches Vorbringen Bezug nimmt, dem unerledigte Beweisanträge entnommen werden können. Dabei handelt es sich nicht um eine ordnungsgemäße Rüge. Vielmehr kann ein Beweisantrag nach Maßgabe des § 529 Abs. 2 Satz 1 ZPO nur auf eine ausdrückliche Rüge beachtet werden.

a) Die Auffassung der höchstrichterlichen Judikatur

Im Regelfall reicht nach Ansicht des Bundesverfassungsgerichts eine globale Bezugnahme auf das Vorbringen in erster Instanz unter dem Gesichtspunkt des Art. 103 Abs. 1 GG nicht aus, um das Berufungsgericht zu verpflichten, die gesamten erstinstanzlichen Ausführungen des Berufungsklägers auf ihre Relevanz für das Berufungsverfahren zu überprüfen.[23]

---

21 BGH, Beschl. v. 10.7.1990 – XI ZB 5/90, NJW 1990, 2628; Urt. v. 7.10.1997 – XI ZR 233/96, NJW 1998, 602, 603.
22 BGH, Urt. v. 22.9.1952 – IV ZB 69/52, BGHZ 7, 171, 172; v. 29.9.1993 – XII ZR 209/92, NJW 1993, 3333, 3334.
23 BVerfG, Beschl. v. 10.10.1973 – 2 BvR 574/71, BVerfGE 36, 92, 99 f; v. 2.1.1995 – 1 BvR 234/94, NJW-RR 1995, 828.

In Ausnahmefällen könne indes die Nichtberücksichtigung eines global in Bezug genommenen Vorbringens eine Verletzung des Anspruchs auf rechtliches Gehör darstellen. Ein solcher Ausnahmefall liege vor, wenn das Erstgericht ein unter Beweis gestelltes Vorbringen als unerheblich behandele, der Berufungskläger mit seiner Berufung gerade diese Rechtsauffassung angreife und das Berufungsgericht den betreffenden Sachvortrag daraufhin ebenfalls für erheblich ansehe. Sei er bestritten und habe der Berufungskläger in der Berufungsbegründung auf seinen erstinstanzlichen Vortrag Bezug genommen, darin den Beweisantritt aber nicht ausdrücklich wiederholt, so müsse sich das Berufungsgericht Gewissheit darüber verschaffen, ob in erster Instanz Beweis angeboten worden ist, ehe es die Berufung aus diesem Grunde scheitern lasse.[24] Dieser Bewertung hat sich der Bundesgerichtshof angeschlossen. Danach ist eine globale Bezugnahme auf erstinstanzliches Vorbringen ausnahmsweise hinsichtlich solchen Vorbringens zulässig, das in erster Instanz aus Rechtsgründen nicht behandelt wurde, als rechtlich unerheblich oder unsubstantiiert behandelt oder gänzlich übergangen wurde.[25]

b) Würdigung

Dieser Betrachtungsweise kann, soweit ausnahmsweise eine globale Bezugnahme gestattet wird, nicht beigetreten werden.

aa) Kein Gehörsverstoß

Die höchstrichterliche Rechtsprechung begegnet schon im Ansatz durchgreifenden Bedenken, weil in den beschriebenen Fällen ein Gehörsverstoß vielfach gar nicht vorliegt.

(1) Das Verfahren des Ausgangsgerichts

Art. 103 Abs.1 GG ist verletzt, wenn Sachvortrag des Klägers von dem Ausgangsgericht übergangen wurde, der aus seiner eigenen rechtlichen Warte erheblich war. Diese Konstellation steht bemerkenswerterweise aber nicht im Vordergrund der vorstehend zitierten höchstrichterlichen Prüfung. Danach soll eine Bezugnahme zulässig sein, wenn Sachvortrag in erster Instanz aus Rechtsgründen nicht behandelt wurde, als rechtlich unerheblich oder unsubstantiiert behandelt oder gänzlich übergangen

---

24 BVerfG, Beschl. v. 10.10.1973 – 2 BvR 574/71, BVerfGE 36, 92, 99 f; v. 21.4.1982 – 2 BvR 810/81, BerfGE 60, 305, 309 ff; v. 2.1.1995 – 1 BvR 234/94, NJW-RR 1995, 828.
25 Vgl. etwa BGH, Urt. v. 29.9.2003 – II ZR 59/02, NJW 2004, 66; Beschl. v. 25.10.2007 – VII ZR 13/07, NJW-RR 2008, 303; zustimmend Zöller/Herget, ZPO, 31. Aufl., § 520 Rn. 40; Stein/Jonas/Althammer, ZPO, 24. Aufl., § 520 Rn. 30; Hk-ZPO/Wöstmann, 6. Aufl., § 520 Rn. 22; Thomas/Putzo/Reichold, ZPO, 36. Aufl., § 520 Rn. 31; Baumbach/Lauterbach/Hartmann, ZPO, 74. Aufl., § 520 Rn. 29.

wurde.²⁶ Nur im letzten Fall des Übergehens schlüssigen Vortrags ist Art. 103 Abs. 1 GG verletzt. Wird Sachvortrag hingegen aus Rechtsgründen nicht beachtet, als rechtlich unerheblich oder unsubstantiiert eingestuft, ist Art. 103 Abs. 1 GG nicht berührt. Die – notwendige – Unterscheidung zwischen unter Verletzung des rechtlichen Gehörs tatsächlich übergangenem und ohne Verstoß gegen Art. 103 Abs. 1 GG als unschlüssig erachtetem Sachvortrag wird von der höchstrichterlichen Rechtsprechung nicht getroffen, weil sie insbesondere das ohne Gehörsverstoß als unerheblich qualifizierte Vorbringen²⁷ in den Blick nimmt.

Jedenfalls unter dem Gesichtspunkt des Art. 103 Abs. 1 GG kann die Verfahrensweise des Ausgangsgerichts nicht beanstandet werden, wenn Sachvortrag inhaltlich behandelt, aber aus Rechtsgründen als unerheblich oder unsubstantiiert gewürdigt wurde.²⁸ Das Prozessgrundrecht gibt keinen Anspruch darauf, dass sich das Gericht mit Vorbringen einer Partei in der Weise auseinandersetzt, die sie selbst für richtig hält. Aus Art. 103 Abs. 1 GG folgt auch keine Pflicht des Gerichts, der von einer Partei vertretenen Rechtsansicht zu folgen.²⁹

(2) Das Verfahren des Berufungsgerichts

Hat das Erstgericht aus eigener Sicht erheblichen Sachvortrag des Klägers übergangen, ist ein Verstoß gegen Art. 103 begründet. Dabei handelt es sich um einen Verfahrensverstoß. Dieser Mangel kann nur mit Hilfe einer Verfahrensrüge (§ 529 Abs. 2 Satz 1 ZPO) angegriffen werden.³⁰ Eine solche Verfahrensrüge erfordert aber, wenngleich nicht die strengen Darlegungsanforderungen des Revisionsrechts gelten, den Hinweis, welches erstinstanzlich benannte Beweismittel nicht erhoben wurde.³¹ Nur in diesem Fall liegt in der Nichterhebung des Beweises durch das Berufungsgericht eine Verletzung des Art. 103 Abs. 1 GG.

Rügt der Berufungsführer die rechtliche Würdigung des Ausgangsgerichts, sein Vorbringen als unerheblich behandelt zu haben, kann dem Berufungsgericht ein Verstoß gegen Art. 103 Abs.1 GG nicht angelastet werden, wenn es das Rechtsmittel zurückweist, weil der Berufungskläger sein schlüssiges, aber bestrittenes Vorbringen in der Berufungsbegründung nicht außerdem unter Beweis gestellt hat. Art. 103 Abs. 1 GG in Verbindung mit den Grundsätzen der Zivilprozessordnung gebietet insbesondere die Berücksichtigung erheblicher Beweisanträge. Der Anspruch auf rechtliches

---

26 Vgl. etwa BGH, Urt. v. 29.9.2003 – II ZR 59/02, NJW 2004, 66; Beschl. v. 25.10.2007 – VII ZR 13/07, NJW-RR 2008, 303; zustimmend Zöller/Herget, ZPO, 31. Aufl., § 520 Rn. 40; Stein/Jonas/Althammer, ZPO, 24. Aufl., § 520 Rn. 30; Hk-ZPO/Wöstmann, 6. Aufl., § 520 Rn. 22; Thomas/Putzo/Reichold, ZPO, 36. Aufl., § 520 Rn. 31;Baumbach/Lauterbach/Hartmann, ZPO, 74. Aufl., § 520 Rn. 29.
27 BVerfG, Beschl. v. 10.10.1973 – 2 BvR 574/71, BVerfGE 36, 92, 99 f; v. 21.4.1982 – 2 BvR 810/81, BerfGE 60, 305, 309 ff; v. 2.1.1995 – 1 BvR 234/94, NJW-RR 1995, 828.
28 BVerfG, Beschl. v. 14.9.2016 – 1 BvR 1304/13, Rn. 23.
29 BGH, Beschl. v. 19.5.2011 – IX ZB 214/10, WM 2011, 1087 Rn. 13.
30 BGH, Urt. v. 19.4.1961 – IV ZR 217/60, BGHZ 35, 103, 107.
31 Vgl. BGH, Urt. v. 12.3.2004 – V ZR 257/03, BGHZ 158, 269, 276 ff.

Gehör ist verletzt, wenn die Nichtberücksichtigung von Vortrag oder von Beweisanträgen im Prozessrecht keine Stütze mehr findet.[32]

Davon kann keine Rede sein, wenn die Berufungsbegründung keinen Beweisantrag und auch keine Bezugnahme erhält. Nicht anders verhält es sich, wenn der Beweisantrag erst aufgrund einer globalen Bezugnahme aus dem erstinstanzlichen Vorbringen ersichtlich ist. Mit der globalen Bezugnahme auf das erstinstanzliche Vorbringen kann nicht die fehlerhafte Handhabung des Erstgerichts, erhebliches unter Beweis gestelltes Vorbringen als unschlüssig außer Acht gelassen zu haben, bekämpft werden. Vielmehr bedarf es zusätzlich einer konkreten Verfahrensrüge, für die eine globale Bezugnahme nicht genügt.[33] Darum steht die Nichtberücksichtigung eines lediglich erstinstanzlich gestellten Beweisantrages mit dem prozessualen Verbot globaler Bezugnahmen in Einklang. Das Prozessrecht, das globale Bezugnahmen ablehnt, gebietet gerade nicht die Prüfung, ob streitiges Berufungsvorbringen im erstinstanzlichen Sachvortrag durch Beweisanträge unterlegt wurde. Folgert das Bundesverfassungsgericht den Grundrechtsverstoß aus der Missachtung des Verfahrensrechts, kann eine Gehörsverletzung nicht angenommen werden, wenn Vorbringen lediglich global und damit in prozessual ungenügender Weise in Bezug genommen wurde. Bei einer globalen Bezugnahme auf das erstinstanzliche Vorbringen kann der Berufungsbegründung ein erheblicher Beweisantrag nicht entnommen werden, dessen Nichtberücksichtigung das rechtliche Gehör verletzt.[34]

bb) Keine sachlichen Gründe für ausnahmsweise Gestattung einer globalen Bezugnahme

Es ist kein Grund ersichtlich und vom Bundesverfassungsgericht auch nicht dargelegt worden, warum eine globale Bezugnahme auf vorinstanzliche Beweisanträge grundsätzlich ausgeschlossen ist, hingegen ausnahmsweise möglich sein soll, wenn das erstinstanzliche Vorbringen als unerheblich eingestuft wurde. Eher dürfte es sich umgekehrt verhalten. Folgt der Berufungsführer der zutreffenden rechtlichen Würdigung des Ausgangsgerichts und beanstandet er lediglich die Nichtberücksichtigung eines erheblichen Beweisantrags, muss er im Rahmen einer Verfahrensrüge (§ 529 Abs. 2 Satz 1 ZPO) diesen Beweisantrag in der Berufungsbegründung wiederholen.[35] Es ist kein einleuchtender Grund dafür ersichtlich, warum der Berufungskläger, der weitergehend die rechtliche Würdigung des Erstgerichts und darauf aufbauend die Nichtberücksichtigung schlüssigen, erheblichen Vortrags beanstandet, der Notwendigkeit enthoben ist, seinen Vortrag durch einen Beweisantrag zu befestigen. Vielmehr bedingt es eine erhebliche Mehrbelastung, das Berufungsgericht durch eine

---

32 BVerfG, Beschl. v. 26.6.2012 – 2 BvR 1013/11, Rn. 32.
33 BGH, Urt. v. 19.4.1961 – IV ZR 217/60, BGHZ 35, 103, 107; vgl. Hk-ZPO/Wöstmann, 6. Aufl., § 520 Rn. 26.
34 MünchKomm-ZPO/Rimmelpacher, 5. Aufl., § 520 Rn. 73.
35 BGH, Urt. v. 19.4.1961 – IV ZR 217/60, BGHZ 35, 103, 106; zustimmend BVerfG, Beschl. v. 10.10.1973 – 2 BvR 574/71, BVerfGE 36, 92, 99 f.

amtswegige Prüfung zu zwingen, im Grundsatz die gesamten Akten im Hinblick auf einen das Berufungsvorbringen untermauernden Beweisantrag zu untersuchen.[36] Dies ist vielmehr Sache des Berufungsführers.

cc) Gleiche Anforderungen für Anhörungs- und Berufungsrüge

Diese Bestimmung des § 321a ZPO eröffnet dem erstinstanzlichen Gericht im Falle der gerügten Verletzung des Anspruchs auf rechtliches Gehör (Artikel 103 Abs. 1 GG) die Möglichkeit der Selbstkorrektur bei unanfechtbaren Urteilen. Das erstinstanzliche Gericht ist bei einer Rüge der durch das Urteil beschwerten Partei nur dann verpflichtet, den Prozess fortzuführen, wenn eine Berufung nach § 511 Abs. 2 ZPO nicht zulässig und eine Verletzung des Anspruchs auf rechtliches Gehör in entscheidungserheblicher Weise festzustellen ist.[37] Eine Anhörungsrüge hat der der gesetzlich vorgeschriebenen Form (§ 321a Abs. 4 Sätze 1 und 2 i.V. mit Abs. 2 Satz 5 Halbs. 2, Abs. 1 Satz 1 Nr. 2 ZPO) zu genügen.

Die Rüge muss das Vorliegen eines Sachverhalts der entscheidungserheblichen Verletzung des Anspruchs auf rechtliches Gehör darlegen. Hierbei handelt es sich um den Sonderfall einer Verfahrensrüge. Der sich daraus ergebende Prüfungsmaßstab verlangt eine substantiierte Darstellung des angeblichen Gehörsverstoßes und seiner Entscheidungserheblichkeit. Die den behaupteten Verstoß enthaltenden Tatsachen müssen so genau dargelegt werden, dass aufgrund dieser Darlegung das Vorliegen (oder Fehlen) des in Rede stehenden Verfahrensmangels nach Schlüssigkeitskriterien festgestellt werden kann, wenn die behaupteten Umstände zutreffen.[38]

Mithin ist substantiiert auszuführen, welches Vorbringen und/oder welche Beweisanträge unbeachtet geblieben sind. Die Rüge kann sich nicht auf eine pauschale Bezugnahme beschränken, erhebliche Beweisangebote seien unbeachtet geblieben. Die Anhörungsrüge nach § 321a ZPO ist nur statthaft, wenn die Entscheidung unanfechtbar ist. Kann die Entscheidung mit einem Rechtsmittel angegriffen werden, geht der Gesetzgeber davon aus, dass der Gehörsverstoß in diesem Rahmen verfolgt werden kann.

Im Blick auf die Darlegung müssen in beiden Fällen einheitliche Maßstäbe gelten. An eine Berufungsbegründung, die sich auf eine Gehörsverletzung stützt, können darum keine geringen Anforderungen als an eine Anhörungsrüge gestellt werden. Mithin muss der vermeintlich übergangene Sachvortrag mitgeteilt werden. Gleiches gilt für übergangene Beweisanträge, mit denen die Richtigkeit des Sachvortrags unterlegt wurde.

---

36 BT-Drucks. 14/4722 S. 101; BGH, Urt. v. 19.4.1961 – IV ZR 217/60, BGHZ 35, 103, 107; P/G/Lemke, 9. Aufl., § 529 Rn. 19.
37 BT-Drucks. 12/4722, S. 85.
38 OLG Bamberg, MDR 2010, 833, 834.

dd) Funktion des Berufungsrechtszugs

Zweck der ZPO-Reform des Jahres 2001 war nach dem Willen des Gesetzgebers eine deutlichere Funktionsdifferenzierung der Rechtsmittelebenen durch die Umgestaltung der Berufung in ein Instrument zur Fehlerkontrolle und -beseitigung.[39] Die Berufungsinstanz soll sich in aller Regel auf den vom Eingangsgericht festgestellten Sachverhalt stützen und auf ihre genuine Aufgabe der Fehlerkontrolle und -beseitigung bei Tatbestand und rechtlicher Bewertung konzentrieren. Der Rechtsuchende soll sich grundsätzlich darauf verlassen können, dass die in erster Instanz fehlerfrei festgestellten Tatsachen im höheren Rechtszug Bestand haben. Nur wenn das Berufungsgericht aufgrund konkreter Anhaltspunkte ernstliche Zweifel an der Richtigkeit oder Vollständigkeit der entscheidungserheblichen Tatsachen in der ersten Instanz hat, sollen diese im Berufungsverfahren überprüft werden.[40] Die unökonomische und rechtsstaatlich nicht gebotene Ausgestaltung der Berufung als volle zweite Tatsacheninstanz wurde aufgegeben.[41]

Mit dieser Aufgabentrennung zwischen der ersten Instanz und dem Berufungsrechtszug ist eine Amtsprüfung, ob der erstinstanzlich nicht berücksichtigte, in der Berufungsinstanz geltend gemachte Sachverhalt erstinstanzlich durch Beweismittel unterlegt war, nicht zu vereinbaren.[42] Geht es um Fehlerkontrolle und Fehlerbeseitigung, muss der Berufungsführer, weil der Berufungsrechtszug keine bloße Fortsetzung des erstinstanzlichen Rechtsstreits bildet, die hierfür maßgeblich Umstände schlüssig einschließlich dazu gehöriger Beweisangebote darlegen. Dies folgt mit aller Deutlichkeit aus den Begründungsanforderungen des § 520 Abs. 3 Satz Nr. 2 und 3, § 529 Abs. 2 Satz 1 ZPO.[43]

IV. Zusammenfassung

Beanstandet der Berufungskläger, dass ein von ihm erstinstanzlich beantragter Beweis nicht erhoben wurde, muss er dies in der Berufungsbegründung rügen und das Beweismittel benennen. Dies gilt auch dann, wenn es sich um Vorbringen handelt, das erstinstanzlich übergangen oder zu Unrecht als unerheblich eingestuft wurde.

---

39 BT-Drucks. 12/4722, S. 1.
40 BT-Drucks. 12/4722, S. 58.
41 BT-Drucks. 12/4722, S. 64.
42 Vgl. auch Thomas/Putzo/Reichold, ZPO, 36. Aufl., § 520 Rn. 31.
43 MünchKomm-ZPO/Rimmelpacher, 5. Aufl., § 520 Rn. 73, in diese Richtung ebenfalls Wieczorek/Schütze/Gerken, ZPO, 4. Aufl., § 520 Rn. 90.

Das Prioritätsprinzip des Art. 29 EuGVVO und seine Grenzen

Reinhold Geimer

Diesen kleinen Beitrag widme ich dem großen Prozessualisten *Hanns Prütting* in Bewunderung seines immensen Œuvre. Im Mittelpunkt steht dabei die bisher weitgehend tabuisierte Frage, ob und inwieweit das auch im primären Unionsrecht verankerte Verbot des *Verfahrensmissbrauchs*[1] bei der Anwendung des Art. 29 EuGVVO gegen das bisher übliche Rechtssicherheitsargument durchzusetzen ist.[2] Es geht dabei auch um das *Fairnessgebot* des Art. 6 I der Europäischen Menschenrechtskonvention und des Art. 47 II der Europäischen Grundrechtecharta. Beide Rechtsgrundsätze müssen schon bei *Verfahrenseinleitung* ausreichende Beachtung finden.[3]

I. Ausnahmen vom Prioritätsprinzip

1. Vorrang des später angerufenen forum prorogatum gemäß Art. 31 II-IV EuGVVO

Der europäische Gesetzgeber hat in offenem Widerspruch gegen die bisherige Rechtsprechung des EuGH[4] in Art. 31 II-IV EuGVVO die vorrangige Kompetenzkom-

---

1 Nachweise bei *Klöpfer*, Missbrauch im Europäischen Zivilverfahrensrecht, 2016, 94 ff., 176 ff.
2 Hierzu unten I 6.
3 Der EuGH verlangt sogar Durchbrechung der Rechtskraft gerichtlicher Entscheidungen zu Gunsten der Effektivität des Unionsrechts, EuGH 11.11.2015 C-505/14 ECLI:EU:C:2015:742; hierzu *Laukemann* GPR 2016, 172; siehe auch *Schmahl/Köber* EuZW 2010, 927. Weitere Nachweise z.B. bei *Geimer* in Zöller, ZPO, 32. Aufl., 2018, Einl Rz. 152 ff. Einschränkend und orakelhaft im öffentlich-rechtlichen Bereich aber EuGH 6.10.2015, C-69/14 (Târșia), ECLI:EU:C:2015:662; hierzu *Vincze* EuR 2016, 544. Siehe auch *Leible* in Rauscher, Europäisches Zivilprozess- und Kollisionsrecht, 4. Aufl. 2016, Art. 32 Brüssel Ia-VO Rz. 2: »Das nationale Recht bestimmt die vom Kläger vorzunehmenden Verfahrenshandlungen und die dabei geltenden Verhaltensmaßstäbe. Diese bleiben jedoch nicht gänzlich unbeeinflusst vom Unionsrecht. Denn wie stets bei der Durchführung unmittelbar geltenden Unionsrechts muss das nationale Recht dem unionsrechtlichen Effektivitätsgrundsatz genügen, der daher auch bei Auslegung der jeweils anwendbaren nationalen Verfahrensvorschriften zu beachten und bei Lösung der zahlreichen praktischen Probleme fruchtbar zu machen ist.« *Hess*, Europäisches Zivilprozessrecht, 2010, 327 – § 6 Rz. 164: »Die Geltung des Effektivitätsprinzips ist …. uneingeschränkt zu bejahen.«
4 EuGH 9. 12. 2003 C-116/02 – Erich Gasser GmbH/MISAT Srl, ECLI:EU:C:2003:657 = Slg. 2003, I-14693 Rz. 43. = RIW 2004, 289 (*Thiele* 285) = EuZW 2004, 188 = IPRax 2004,

petenz des später angerufenen (präsumtiven) forum prorogatum eingeführt. Bejaht dieses die Wirksamkeit der ausschließlichen Zuständigkeitsvereinbarung, erlässt es – und nicht das früher angerufene (derogierte) Gericht – die Entscheidung in der Sache. Das früher angerufene Gericht hat sich gemäß Art. 31 III EuGVVO für unzuständig zu erklären.

Auch wenn dieses Art. 31 III EuGVVO ignorieren und in der Sache entscheiden sollte, wäre dies kein Grund, dass das forum prorogatum sich einer meritorischen Entscheidung enthält. Diesen Konflikt nimmt die Verordnung in Kauf. Die Anerkennung der vom forum derogatum erlassenen Entscheidung würde nach Maßgabe von Art. 45 I lit. c und d EuGVVO scheitern.[5] Die Nichtbeachtung des Art. 33 III-IV EuGVVO als solche ist kein Grund, die Anerkennung zu verweigern.[6]

2. Kehrtwendung des EuGH in den Fällen des Art. 24 EuGVVO

Im Urteil *Irmengard Weber versus Mechthilde Weber*[7] stellt der EuGH klar, es sei mit dem Gebot einer geordneten Rechtspflege nicht vereinbar, wenn das gemäß Art. 24 EuGVVO ausschließlich zuständige Gericht sein Verfahren aussetzen müsste, bis das zuerst angerufene Gericht seine Zuständigkeit verneint hat. Alles andere würde »torpedierende Klagen« begünstigen, die in einem Mitgliedstaat in missbräuchlicher Weise zuerst und zu dem einzigen Zweck erhoben werden könnten, die ausschließliche Zuständigkeit der Gerichte eines anderen Mitgliedstaates …. zu umgehen.[8] Der EuGH hatte schon vorher betont, dass das Missbrauchsverbot Bestandteil des primären Unionsrechts ist und bei der Handhabung des sekundären Unionsrechts zu

---

243 (*Grothe* 205; *Schilling* 294) = EWiR 2004, 439 (Mankowski); hierzu *Althammer/Löhnig* ZZPInt 9 (2004), 23, 31; *Jayme/Kohler* IPRax 2002, 461, 467 und 2004, 481, 486; *Klöpfer*, Missbrauch im Europäischen Zivilverfahrensrecht, 2016, 180 ff.

5   Daran hat sich auch nichts geändert seit der Erfindung der europäischen Rechtskraft durch den EuGH, die angeblich – unabhängig vom Recht des Ursprungsmitgliedstaates – die Feststellungen in den Entscheidungsgründen mitumfassen soll; denn das dogmatisch hochproblematische Urteil vom 15.11.2012 beansprucht keine Geltung für Entscheidungen in der Sache, EuGH 15.11.2012 C-456/11 – Gothaer Allgemeine Versicherung AG et alii gegen Samskip GmbH, EuZW 2013, 60 = IPRax 2014, 163 (H. Roth 136); hierzu *Mansel/Thorn/Wagner* IPRax 2013, 1, 19; *Domej* in König/Mayr, Europäisches Zivilverfahrensrecht in Österreich IV, 2015, 18, 24; *Wittwer/Fussenegger* ZEuP 2013, 812, 835; *Adolphsen* in Hess, Anerkennung im IZPR – Europäisches Vollstreckungsrecht, 2014, 1, 16; *Althammer/Tolani* ZZPInt 19 (2014), 227, 238; *M. Weller* ZZPInt 19 (2014), 251, 273; *Duintjer Tebbens*, Curia Europea locuta, res bene judicata?, in Festschrift Vrellis, 2014, 263. Dem EuGH folgend in seiner Schlussentscheidung OLG Bremen 25.4.2014 – 2 U 102/13 IPRax 2015, 354 (H. Roth 329). Kritisch *Geimer* in Festschrift Kaissis, 2012, 287; *Peiffer/Peiffer* in Geimer/Schütze, Internationaler Rechtsverkehr in Zivil- und Handelssachen (Nr. 538), Art. 36 Rz. 28.

6   Das Gleiche gilt außerhalb des Anwendungsbereichs des Art. 33 III EuGVVO für die Nichtbeachtung der Prioritätsregel des Art. 29 I EuGVVO, Fußn. 32.

7   EuGH 3.4.2014 C-438/12 NJW 2014, 1871 Rz. 56 ff. = EuZW 2014, 469 = IPRax 2015, 150 (*Nordmeier* 120).

8   Generalanwalt *Jääskinen*, Schlussanträge vom 30.1.2014, BeckRS 2014, 80257 Rz. 40.

berücksichtigen ist.⁹ Es ist aber zum ersten Mal, dass er das Missbrauchsverbot gegen das Aussetzungsgebot des Art. 29 I EuGVVO in Stellung bringt. Ausführlich hat sich *Klöpfer* mit dem Verfahrensmissbrauch im europäischen internationalen Zivilprozessrecht auseinandergesetzt; er bewertet das Weber-Urteil wie folgt:¹⁰

> »Es ist erstaunlich, mit welcher Offenheit EuGH und Generalanwalt sich hier für eine praxistaugliche Lösung aussprechen und die Bereitschaft zeigen, den Grundsatz gegenseitigen Vertrauens nicht zu Lasten der Verfahrensbeteiligten durchzusetzen. Vor allem der Verweis auf die ansonsten eintretende Verzögerung kann als revolutionär bezeichnet werden, denn in der Vergangenheit wurde ein derartiger (völlig vernünftiger) Ansatz in der Literatur bislang als abwegig bzw. mit Blick auf die Gefahr unvereinbarer Entscheidungen als gefährlich gebrandmarkt. ....Darüber hinaus von erheblicher Bedeutung .... ist die Erkenntnis des Generalanwalts, wonach eine andere Auffassung als die durch den EuGH getroffene, Torpedoklagen in Fällen offensichtlicher Unzuständigkeit des als erstes angerufenen Gerichts ermöglichen würde. Damit zeigt er eine Sensibilität für die Verhinderung von Verfahrensmissbrauch, die man so nicht erwartet hätte. So hätte er sich auf die bekannte Formel des Gerichtshofs zurückziehen können, wonach dem zuerst angerufenen Gericht dieselbe Sachkunde zur Entscheidung der Zuständigkeitsfrage zukomme, wie dem potentiell ausschließlich zuständigen und später angerufenen Gericht.«¹¹

3. Geltung der neuen EuGH-Rechtsprechung auch in sonstigen Fällen des Verfahrensmissbrauchs

Die Argumente des Weber-Urteils, nämlich Sicherstellung geordneter Rechtspflege und Bekämpfung torpedierender Klagen, gelten auch in sonstigen Fällen des Verfahrensmissbrauchs; sie sind kein Ausdruck der Besonderheiten des Art. 24 EuGVVO.¹²

---

9 Nachweise bei *Klöpfer*, Missbrauch im Europäischen Zivilverfahrensrecht, 2016, 94 ff., 176 ff.
10 Hierzu *Klöpfer*, Missbrauch im Europäischen Zivilverfahrensrecht, 2016, 296.
11 *Klöpfer*, Missbrauch im Europäischen Zivilverfahrensrecht, 2016, 296 f.
12 So schon Rechtbank van eerste aanleg te Brussel 12 5.2000 – »Röhm Enzyme« GRUR Int 2001, 170 zu Art. 21 EuGVÜ (nun Art. 29 EuGVVO): »Jede Art von Rechtsmißbrauch muß sanktioniert werden. Die Sanktion darf dabei nicht allein in der Abweisung der Klage bestehen, sondern auch darin, daß dem Beklagten, der sich gegen einen Anspruch, der rechtmäßig nicht vor Gericht hätte geltend werden dürfen, verteidigen muß, Schadensersatz geleistet wird. Durch die Erhebung von rechtsmißbräuchlichen Klagen wird nicht nur dem Beklagten, der sich gegen die Klage verteidigen muß, Schaden zugefügt, sondern auch dem Gerichtssystem, da es zu einer unnötigen Belastung der Gerichte kommt. Das Verhalten der mißbräuchlichen Klageerhebung schadet daher nicht nur dem Beklagten, sondern ist auch unter sozialen Gesichtspunkten verwerflich, da es geeignet ist, das Gerichtssystem strukturell zu unterminieren.«
Klöpfer, Missbrauch im Europäischen Zivilverfahrensrecht, 2016, 301: »Die Ausführungen in Weber lassen sich auf alle sonstigen Fälle der Torpedoklage übertragen ......«. A.a.O. 306: »Die abstrakte Gefahr unvereinbarer Entscheidungen ist mit Blick auf die konkrete Verletzung eines schützenswerten (Individual-)Interesses in diesen Fällen zu vernachlässigen.«.
Im Anwendungsbereich des autonomen deutschen Rechts wird in Parallelsituationen ebenfalls der Rechtsmissbrauch sanktioniert, z.B. KG 12.12.2007 – 3 UF 88/07 NJW-RR 2008, 744: Ein bei dem Sozialgericht eingereichter Scheidungsantrag kann wegen offen-

Daher hat das später angerufene Gericht Art. 29 EuGVVO zu ignorieren, wenn die Anrufung des zuerst angerufenen Gerichts *offensichtlich rechtsmissbräuchlich* war.

Beispiel: Die Partei täuscht nur Bereitschaft zu Vergleichsverhandlungen vor, um Zeit zu gewinnen, eine (negative) Feststellungsklage zu erheben.[13]

Auch *Kern*[14] plädiert für eine »offene Missbrauchskontrolle«:

> »*In der Tat sollte auch im europäischen Prozessrecht der Satz »summum ius, summa iniuria« nicht vergessen werden. Wenn Untergerichte immer wieder nach Wegen suchen, im Falle einer missbräuchlichen Torpedoklage Art. 27 EuGVVO a.F. [Einfügung: nunmehr Art. 29 EuGVVO n.F.] unangewandt zu lassen, und dabei sogar angesehene Oberlandesgerichte methodisch zweifelhaft argumentieren, so sollte dies nachdenklich stimmen. Die Systematik kodifizierter Rechtstexte und das gegenseitige Vertrauen in die Rechtssysteme und Rechtspflegeorgane der Mitgliedstaaten, auf die sich der EuGH in der Rechtssache Gasser berufen hat, sind gewiss wichtige Güter. Wenn ihnen aber die Einzelfallgerechtigkeit auch in evidenten Missbrauchsfällen geopfert wird, führt das Festhalten an Systematik leicht zu Begriffsjurisprudenz, kommt das Berufen auf den Vertrauensgrundsatz einer Ideologie gefährlich nahe. .... Wenn Richterinnen und Richter in Deutschland heute den Mut zum Widerstand gegen ein Systemdenken haben, das zu ungerechten Ergebnissen führt, sollte dies durchaus willkommen sein.*«

Parallel zum *Weber/Weber*-Verfahren hatte der Bundesgerichtshof[15] in der Rechtssache *Weitkämper-Krug* eine weiter gehende Vorlage zum EuGH[16] gestartet, diese aber nach dem Weber-Urteil wieder zurückgenommen. Der Vorlagebeschluss des BGH verharrte noch auf durch das Weber-Urteil überholten Positionen, die der BGH gegen das OLG Hamburg[17] verteidigt.[18] Dieser Beschluss ist daher kein leading case mehr. Im Übrigen hält auch der Bundesgerichtshof »grundsätzlich« Ausnahmen vom Aussetzungszwang für möglich.[19]

---

kundigen Rechtsmissbrauchs keine Rechtshängigkeit begründen, auch wenn im sozialgerichtlichen Verfahren nach §§ 90, 94 SGG die Rechtshängigkeit – von den Regeln der ZPO abweichend – bereits mit Klageeinreichung eintritt.

13 Das schweizerische Bundesgericht 6.7.2007 4A_143/2007 – http://www.servat.unibe.ch/verfassungsrecht/bger/070706_4A_143-2007.html – wandte in einer übereinstimmenden Konstellation Art. 27 I LugÜ (= Parallelvorschrift zu Art. 29 I EuGVVO) wegen offenkundigen Verfahrensmissbrauchs nicht an, Rz. 3.4: Das von den Beklagten des Schweizer Rechtsstreits eingereichte Verschiebungsgesuch diente damit nur dazu, »die frühere Einleitung der Klage in Mailand zu ermöglichen.« Hierzu *Markus*, Internationales Zivilprozessrecht, 2014, 445 Rz. 1662. Weitere Nachweise z.B. bei *Fuchs*, Das Europäische Patent im Wandel – Ein Rechtsvergleich des EP-Systems und das EU-Patentsystems, 2016, 98 ff.

14 *Kern* IPRax 2015, 318, 319.

15 BGH 18.9.2013 – V ZB 163/12, WM 2013, 2160, 2162. Hierzu *Klöpfer*, Missbrauch im Europäischen Zivilverfahrensrecht, 2016, 293.

16 EuGH C-571/13 – Annegret Weitkämper-Krug/NRW Bank A.d.ö.R. Hierzu *Klöpfer*, Missbrauch im Europäischen Zivilverfahrensrecht, 2016, 293.

17 OLG Hamburg 8.8.2012 – 13 W 33/12, BeckRS 2013, 411.

18 BGH 13.8.2014 – V ZB 163/12, IPRax 2015, 347 (*Kern* 318).

19 Hierzu *Kern* a.a.O. Zudem handhabt der BGH in neuerer Zeit die Kernpunktlehre restriktiv: Das OLG Hamburg GRUR 2015, 272 hatte Unterlassung auf vertraglicher Grundlage (Prozess in Belgien unter Heranziehung eines Settlement Agreement) und gesetzlicher =

Angesichts der Neupositionierung des EuGH hat die bisherige Rechtsprechung und Literatur[20] zum absoluten und unbedingten Aussetzungszwang gemäß Art. 27 EuGVVO a.F. (nunmehr: Art. 29 EuGVVO n.F.) erheblich an Bedeutung verloren. Insbesondere darf mit dem Rechtssicherheitsargument nicht jeder Verfahrensmissbrauch hingenommen werden und so sanktionslos bleiben.

4. Ausnutzung der Verfahrensgestaltungsmöglichkeiten nach part 7.5 (2) der Civil Procedure Rules

Besonders geeignet für missbräuchliche Manöver in Zusammenhang mit Art. 29 EuGVVO ist das englische Prozessrecht, das an den claim form keine aufwändigen Anforderungen stellt und dem Kläger in part 7.5 (2) der Civil Procedure Rules (CPR) eine Frist von einem halben Jahr für die Zustellung des claim form an den Beklagten (im Ausland) einräumt.

Das später in einem anderen Mitgliedstaat angerufene Gericht[21] muss die Anwendungsvoraussetzungen des part 7.5 (2) CPR selbständig prüfen, insbesondere das (behauptete) missbräuchliche vorprozessuale Verhalten des Beklagten (= Kläger des englischen Verfahrens) und deren Zögerlichkeit bei der Zustellung des claim form. Kommt es zu dem Ergebnis, dass der Missbrauchseinwand zutrifft und nach dem im Vereinigten Königreich geltenden Recht relevant ist, liegt keine wirksame Klageerhebung im Sinne von Art. 32 I 1 (a) EuGVVO vor mit der Folge, dass das Verfahren im anderen Mitgliedstaat (z.B. vor einem deutschen Gericht) schon deswegen nicht nach Art. 29 EuGVVO gesperrt ist.

5. Art. 32 I 1 EuGVVO verlangt unverzügliche, d.h. schnellstmögliche Zustellung

Selbst wenn das im Vereinigten Königreich geltenden Recht den Missbrauchseinwand nicht zulassen sollte, ist in Betracht zu ziehen, dass sowohl das primäre wie das sekundäre Unionsrecht Verfahrensmissbrauch jeder Art strikt verbietet. Dieses unionale Verbot ist gegen eine etwaige (bisherige) lockere Handhabung von part 7.5 (2) CPR durch die englischen Gerichte durchzusetzen. Dies geschieht nach dem Effektivitätsprinzip durch entsprechende unionsrechtskonforme Interpretation des

---

markenrechtlicher Grundlage (Prozess in Hamburg) als unterschiedliche Ansprüche angesehen. Das hat der BGH in einer Zurückweisung der Nichtzulassungsbeschwerde für richtig gehalten (Beschl. v. 28.1.2016 – I ZR 236/14).

20 Z.B. die zurückhaltenden Stellungnahmen zum Verfahrensmissbrauch bei *Hess*, Europäisches Zivilprozessrecht, 2010, 328 – § 6 Rz. 167; *Leible* in Rauscher, Europäisches Zivilprozess- und Kollisionsrecht, 4. Aufl. 2016, Art. 29 Brüssel Ia-VO Rz. 36; *G. Wagner* in Stein/Jonas, ZPO, 22. Aufl., 2011, Art. 27 EuGVVO, Rz. 47; *Wallner-Friedl* in *Czernich/Kodek/Mayr*, Europäisches Gerichtsstands- und Vollstreckungsrecht, 4. Aufl., 2015, Art. 29 Rz. 26 ff. Weitere Nachweise z.B. bei *Sander/Breßler* ZZP 122 (2009), 157, 165.

21 Näher unten II.

im Vereinigten Königreich geltenden autonomen Rechts. Eine teleologische, d.h. am Normzweck orientierte Auslegung der Tatbestände des Art. 32 I 1 (a) EuGVVO ergibt, dass der europäische Gesetzgeber Tricksereien und sonstige unfaire Manöver beim race to the courthouse von vorneherein ausschließen will und darüber hinaus eine möglichst rasche Klärung der für die Anwendung des Art. 29 EuGVVO wichtigen Prioritätsfrage anstrebt.

Verpönt und daher möglichst zu vermeiden sind aus der Sicht des europäischen Gesetzgebers Schwebelagen jeglicher Art, die es dem Kläger (des englischen Verfahrens) durch (verzögerte) Zustellung der Klage bzw. des sonstigen verfahrenseinleitenden Schriftstücks ermöglichen, sich aus einem in einem anderen Mitgliedstaat laufenden Verfahren (z.B. in Berlin) wieder zu »verabschieden« und aufgrund der Rückwirkung der Zustellung nach Maßgabe von Art. 32 I 1 (a) EuGVVO in ein Verfahren in einem anderen Mitgliedstaat (z.B. in London) »hinüberzugleiten«.

Vorstehendes steht möglicherweise in Widerspruch zu den Ergebnissen der bisherigen Rechtsprechung des High Court of Justice, der die Ausnutzung der Halbjahresfrist zugelassen hat, um außergerichtliche Vergleichsverhandlungen zu ermöglichen,[22] wenn die Partei keine ernsthaften Bemühungen unternommen hat, um eine Streiterledigung im Wege des Vergleichs zu erreichen. Es ist nicht sicher, ob der Rechtsstandpunkt des High Court of Justice vor dem Supreme Court Bestand gehabt hätte. Immerhin distanziert sich z.B. *Briggs* von dieser Entscheidung (»risky justification«).[23] Letztlich kann diese (nur innerhalb des Rechtssystems des Vereinigten Königreichs relevante) Frage auf sich beruhen, wenn feststeht, dass die vom Unionsrecht geforderte unverzügliche Zustellung nicht stattgefunden hat und damit die Voraussetzungen des Art. 32 I 1 (a) EuGVVO nicht gegeben sind für die Annahme der zeitlichen Priorität des Londoner Verfahrens.

Fazit: Das Unionsrecht verlangt auch bei der Variante (a) des Art. 32 I 1 EuGVVO unverzügliche, d.h. schnellstmögliche Zustellung. Denn es muss nicht nur im Interesse der Parteien, sondern vor allem auch im Interesse der betroffenen Justizapparate die Prioritätsfrage rasch entschieden werden können, und zwar ohne Rücksicht auf die Besonderheiten des jeweiligen nationalen Rechts. Insofern verdrängt bzw. beschränkt das Unionsrecht den Halbjahresspielraum von part 7.5 (2) CPR. Hat der Kläger des Londoner Verfahrens die Zustellung des claim form nicht frühestmöglich veranlasst, sind die Tatbestandsvoraussetzungen des Art. 32 I 1 (a) EuGVVO nicht erfüllt; es fehlt somit die Priorität des Londoner Verfahrens.

Zur Parallelvorschrift des Art. 16 (a) EuEheVO hat der EuGH obiter angedeutet, Verzögerungen der Zustellung der Antragsschrift seien unschädlich, soweit diese durch den Versuch einer außergerichtlichen Konfliktbereinigung verursacht sind. Es ist völlig offen, ob und – wenn ja – mit welchen Modifikationen im Hinblick auf die familienverfahrensrechtlichen Besonderheiten der EuGH diese Rechtsprechung

---

22 UBS AG London Branch et alii v. Kommunale Wasserwerke Leipzig GmbH [2010] EWHC 2566 (Comm) Rz. 72.
23 *Briggs,* Civil Jurisdiction and Judgments, 6. Aufl., 2015, 319 Fußn. 1527.

künftig auf Art. 29 EuGVVO übertragen wird. Auch wenn man dies annähme, würde sich an dem vorstehenden Ergebnis nichts ändern, wenn die das Londoner Verfahren vor dem dortigen High Court of Justice initiierende Partei zu keinem Zeitpunkt ernsthaft eine außergerichtliche Konfliktbereinigung angestrebt und die Vergleichsverhandlungen nur zum Schein geführt hat.[24]

6. Notwendigkeit der direkten Sanktionierung des Verfahrensmissbrauchs bei der Verfahrenseinleitung

Eine Hinnahme des Verfahrensmissbrauchs bei der Verfahrenseinleitung kommt trotz des Rechtssicherheitsarguments nicht in Betracht. Liegt der Anrufung des High Court of Justice in London ein unfaires und missbräuchliches Verhalten des Beklagten in einem anderen Mitgliedstaat (= Kläger in London) zugrunde, muss dieses – sofern bewiesen – durch *Nichtanwendung des Aussetzungsgebots des Art. 29 I EuGVVO* sanktioniert werden. Wollte man in solchen Fällen den Verfahrensmissbrauch und die dadurch geschaffene Prozesslage einfach hinnehmen, wäre der Sinn und Zweck der unionsrechtlichen Regelung in sein Gegenteil verkehrt. Diese will vor Verfahrensmissbrauch schützen; auch soll »der Wettlauf um die Rechtshängigkeit .... nur zu fairen Bedingungen stattfinden.«[25]

Niemand könnte sich vor eigener Klageerhebung auf außergerichtliche Gespräche zur vergleichsweisen Erledigung von Rechtsstreitigkeiten einlassen, weil er befürchten müsste, dass der Gegner hinter seinem Rücken schon andernorts gegenläufige Feststellungsklagen bei Gericht eingereicht hat.[26]

II. EIGENSTÄNDIGE PRIORITÄTSFESTSTELLUNG DURCH JEDES INVOLVIERTE GERICHT

Jedes involvierte Gericht kann und muss die Prioritätsfrage selbständig prüfen und entscheiden. Es ist weder an die tatsächlichen noch die rechtlichen Feststellungen des anderen Gerichts gebunden. Bei keinem liegt die Entscheidungsprärogative. Die

---

24 Zudem hat das Urteil des EuGH vom 16.7.2015 Missbrauchsfälle nicht im Visier. Das Gleiche gilt auch für OLG Stuttgart 30.1.2015 – 5 W 48/13 IPRax 2015, 430 (*Thole* 406).
25 So treffend *G. Wagner* in Stein/Jonas, ZPO, 22. Aufl., 2011, Art. 30 EuGVVO, Rz. 3.
26 Deutlich *G. Wagner* in Stein/Jonas, ZPO, 22. Aufl., 2011, Art. 27 EuGVVO, Rz. 32: »Diese Anreizsituation ist Gift für außergerichtliche Vergleichsverhandlungen und für den Einsatz sonstiger Instrumente der außergerichtlichen Streitschlichtung, wie zum Beispiel ein Mediationsverfahren. Die Förderung der Mediation ist der EU aber gerade ein besonderes Anliegen, wie Art. 9 der Mediations-Richtlinie belegt. Wer ständig fürchten muss, dass ihm der Gegner das Recht zur Wahl des Gerichtsstands durch Erhebung einer negativen Feststellungsklage aus der Hand schlägt, wird wenig Neigung verspüren, mit dem Gang zu Gericht abzuwarten, um zunächst den Spielraum für eine einvernehmliche Lösung der Meinungsverschiedenheiten auszuloten.«

Mitteilung nach Art. 29 II EuGVVO dient nur der gegenseitigen Information, mehr nicht.[27] Insbesondere begründet Art. 29 II EuGVVO keine Bindung an den Inhalt der Mitteilung. Dies liegt auf der Hand und wird wohl von niemandem bestritten bei offensichtlich willkürlichen Fehlentscheidungen, gilt aber darüber hinaus generell.

Kommen die involvierten Gerichte zu unterschiedlichen Ergebnissen, werden die daraus (möglicherweise) entstehenden positiven wie negativen Kompetenzkonflikte von der Verordnung – vorbehaltlich Art. 45 I (c) und (d) EuGVVO[28] – in Kauf genommen.[29]

---

27 Siehe auch *Leible* in Rauscher, Europäisches Zivilprozess- und Kollisionsrecht, 4. Aufl. 2016, Art. 29 Brüssel Ia-VO Rz. 26, der von einer »nun existenten bloßen Mitteilungspflicht« spricht.
28 Eine Versagung der Anerkennung von Amts wegen kommt nicht in Betracht. Erforderlich ist ein Versagungsverfahren, das nach Art. 45 I EuGVVO nur von einem Berechtigten in Gang gesetzt werden kann.
29 OLG Karlsruhe 28.3.2006 – 8 U 218/05 InVo 2007, 33 = IPRspr. 2006 Nr. 111: »Das erkennende deutsche Gericht hat die Frage [.....] eigenverantwortlich und ohne Bindung an etwaige Feststellungen des ausländischen Gerichts zu prüfen.«
OLG Frankfurt/Main 5.3.2001 – 13 W 18/98 IPRax 2002, 515 = IPRspr. 2001 Nr. 171; hierzu *Homann* IPRax 2002, 502, 503: Das OLG war »nicht an die Entscheidung des House of Lords in dem vorliegenden Einzelfall gebunden. .... Es musste diese Frage vielmehr einer eigenen Prüfung unterziehen, denn es ist Sache des den Art. 21 EuGVÜ [Einfügung: nun Art. 29 EuGVVO] anwendenden Gerichts, selbst dessen Voraussetzungen festzustellen.«
OLG Koblenz 30.11.1990 – 2 U 1072/89, RIW 1991, 63 = EuZW 1991, 158 = unalex DE 703 = IPRspr.1990 Nr. 194. Dieses verweigerte die Aussetzung und führte sein Verfahren fort trotz ausländischem Parallelverfahren, weil es von dessen Priorität nicht sicher überzeugt war.
Geimer, »Windhunde« und »Torpedos« unterwegs in Europa, IPRax 2004, 505, 507: »Die Prioritätsfrage entscheidet jedes Gericht selbständig ohne Bindung an die tatsächlichen und rechtlichen Feststellungen des jeweils anderen Gerichts. Dies gilt auch, soweit es auf die Anwendung des Art. 30 [Einfügung: nun Art. 32 n.F.] EuGVVO ankommt.«; *Geimer* in Festschrift Sonnenberger, 2004, 357, 362; *Geimer* in Zöller, ZPO, 32. Aufl., 2018, IZPR Rz. 96 und Anh I Art. 29 Rz. 15. Ebenso *von Hein* in Kropholler/von Hein, Europäisches Zivilprozessrecht, 9. Aufl., 2011, Art. 27 Rz. 16: »Das erkennende Gericht ist bei der Beurteilung der Anhängigkeit nicht an die Feststellungen des ausländischen Gerichts gebunden.« *Mayr* in Fasching, Zivilprozeßgesetze, Bd. 5/1, 2008, Art. 27 Rz. 21: »Insb hat das angerufene Gericht die Frage, in welchem Mitgliedstaat die Rechtshängigkeit iSd Art 30 EuGVVO [Einfügung: nun Art. 32 EuGVVO n.F.] früher eingetreten ist, selbständig und ohne Bindung an die tatsächlichen und rechtlichen Feststellungen des ausländischen Gerichts zu prüfen.« *Simons* in Simons/Hausmann, Brüssel I-Verordnung, 2012, Rz. 41 vor Artt. 27-30: »Technisch setzt die Vorrangregel dabei voraus, dass die tatsächlichen Umstände, an denen sie anknüpft, von sämtlichen beteiligten Gerichten gleichlaufend festgestellt werden. Da es keine Instanz gibt, die über die Grenzen der Mitgliedstaaten hinweg verbindlich über Entscheidungsvorrang und -nachrang entscheidet, liegt hierin ein Einfallstor für mögliche Kompetenzkonflikte.« Dann »verliert die Rechtshängigkeitsregel ihre Regelungskraft und vermag ihren Auftrag der Vermeidung von potentiellen Entscheidungskonflikten nicht mehr zu erfüllen.« Siehe auch *Simons* a.a.O. Art. 27 Rz. 82 unter Hinweis auf OLG Koblenz 30.11.1990 – 2 U 1072/89, RIW 1991, 63. Auch *Stumpe* IPRax 2008, 22, 24 verneint eine Bindung: »Vielmehr ist ein Gericht .... gerade nicht an die Entscheidung eines Gerichts eines anderen Mitgliedstaats gebunden. Widerstreitende Entscheidungen werden ge-

Auch aus Art. 29 III EuGVVO lässt sich nichts Gegenteiliges herleiten. Denn diese Vorschrift sagt nichts zu der Frage, wer über die Priorität zu befinden hat. Die Verordnung (EU) Nr. 1215/2012 überträgt – anders als im Fall des Art. 31 III EuGVVO – keinem der beteiligten Gerichte die alleinige Kompetenz für die verbindliche Entscheidung der Frage, welches Gericht zuerst angerufen worden ist. In den wenigen Bereichen, in denen die Verordnung ausnahmsweise eine Bindung an die Feststellungen eines Gerichts eines anderen Mitgliedsstaats stipuliert, ist dies im jeweiligen Text ausdrücklich niedergelegt, wie z.B. in Art. 45 II EuGVVO. Aus dem Fehlen einer solchen Bindungsregel folgt, dass es bei der selbständigen Prüfungsbefugnis eines jeden mit der Sache befassten Gerichts verbleibt.

Parallelprozesse wegen uneinheitlicher Beantwortung der Prioritätsfrage nimmt die Verordnung hin und löst die daraus unter Umständen entstehenden Widersprüchlichkeiten *mit verändertem Blickwinkel erst im Anerkennungsrecht*: Nur wenn in beiden Mitgliedstaaten inhaltlich miteinander unvereinbare Entscheidungen in der Sache (»on the merits«) ergehen, kommt eine Verweigerung der Anerkennung nach Maßgabe von Art. 45 I (c) und (d) EuGVVO in Betracht. Maßgebender Zeitpunkt ist dabei nicht mehr der Beginn des Verfahrens (Klageerhebung).[30] Die Nichtbeachtung der Prioritätsregel des Art. 29 I EuGVVO als solche ist kein Grund, die Anerkennung zu verweigern.[31]

III. Anerkennungsperspektive bei positivem Kompetenzkonflikt

Die Verordnung überträgt keinem der beteiligten Gerichte die alleinige Kompetenz für die verbindliche Entscheidung der Frage, welches Gericht zuerst angerufen worden ist. Beurteilen die angegangenen Gerichte die Prioritätsfrage unterschiedlich, d.h. hält sich jedes Gericht für das zuerst angerufene, so erfolgt keine Aussetzung. Vielmehr kann es zu miteinander unvereinbaren Entscheidungen kommen.

gebenenfalls von Art. 34 EuGVVO [Einfügung: nun Art. 45 EuGVVO n.F.] aufgefangen.« Übereinstimmend für Parallelvorschrift des Art. 19 EuEheVO Rechtbank Roermond 25.2.2009 Nr. 86226/FA RK 08-540 NIPR 2009 Nr. 113; *Dilger*, Die Regelungen zur internationalen Zuständigkeit in Ehesachen in der VO (EG) Nr. 2201/2003, 2004, Rz. 344 sowie in Geimer/Schütze, Internationaler Rechtsverkehr in Zivil- und Handelssachen, 545.357 zu Art. 19 EuEheVO Rz. 30; *Spellenberg* in Staudinger, Internationales Verfahrensrecht in Ehesachen 1, 2015, Art. 19 Brüssel IIa-VO Rz. 26: »Jedes der konkurrierenden Gerichte hat anhand des Art 16 von Amts wegen zu prüfen, wann seine Rechtshängigkeit und die des anderen Gerichts eingetreten ist.« Weitere Nachweise bei *Weller* in Hess/Pfeiffer/Schlosser, Brussels I Regulation 44/2001, Application and Enforcement in the EU, 2008, 122 Rz. 426.

30 Dies als »Wertungswiderspruch« de lege ferenda kritisierend *G. Wagner* in Stein/Jonas, ZPO, 22. Aufl., 2011, Art. 34 EuGVVO, Rz. 97.

31 *Geimer* in Zöller, ZPO, 32. Aufl., 2018, Anh I Art. 45 Rz. 51; *Simons* in Simons/Hausmann, Brüssel I-Verordnung, 2012, Art. 27 Rz. 90; *von Hein* in Kropholler/von Hein, Europäisches Zivilprozessrecht, 9. Aufl., 2011, Art. 34 Rz. 47: »Die Ignorierung der inländischen Rechtshängigkeit ist nach der EuGVO kein Grund zur Nichtanerkennung der ausländischen Entscheidung.«

Eigene Entscheidungen des um Anerkennung bzw. Vollstreckung ersuchten Mitgliedstaats (Art. 2 [e] EuGVVO) haben gemäß Art. 45 I (c) EuGVVO immer Vorrang,[32] während es aus der Sicht eines am Prioritätsstreit nicht beteiligten anderen Mitgliedstaats gemäß Art. 45 I (d) EuGVVO auf den Zeitpunkt des Erlasses (genauer: des Wirksamwerdens) der miteinander konkurrierenden Entscheidungen ankommt, nicht aber auf den Zeitpunkt der Einleitung des Verfahrens (Klageerhebung).[33]

Ergebnis: Die Vermeidung miteinander unvereinbarer Entscheidungen in verschiedenen Mitgliedstaaten ist eine Maxime des europäischen Gesetzgebers unter manchen anderen. Sie steht aber einer eigenständigen Prüfung der Prioritätsfrage im Zusammenhang mit Art. 29 I EuGVVO durch die betroffenen Gerichte in den verschiedenen Mitgliedstaaten nicht entgegen. Mit anderen Worten: Der europäische Gesetzgeber betreibt beim Prioritätstest keine Prinzipienreiterei, sondern nimmt die Gefahr miteinander unvereinbarer Entscheidungen infolge von Parallelprozessen über den gleichen Verfahrensgegenstand zwischen den gleichen Parteien in Kauf[34] und bietet im Anerkennungsrecht pragmatische Lösungsmechanismen an, die in der Praxis ohne große Schwierigkeiten gehandhabt werden können.

IV. Exkurs: Verhältnis zu den Regeln über die internationale Zuständigkeit

Die These, mit (nach Art. 29 ff. EuGVVO zu beachtender) Rechtshängigkeit in einem anderen Mitgliedstaat entfalle die an sich nach Art. 4 ff. EuGVVO gegebene (konkurrierende) internationale Zuständigkeit der übrigen Mitgliedstaaten,[35] ist nicht tragfä-

---

32 Z.B. *Geimer* in Zöller, ZPO, 32. Aufl., 2018, Anh I Art. 45 Rz. 51; *von Hein* in Kropholler/von Hein, Europäisches Zivilprozessrecht, 9. Aufl., 2011, Art. 34 Rz. 54; *Leible* in Rauscher, Europäisches Zivilprozess- und Kollisionsrecht, 4. Aufl. 2016, Art. 45 Brüssel Ia-VO Rz. 61; *Fitchen* in Dickinson/Lein, The Brussels I Regulation Recast, 2015, 13.361; *Hess* in Schlosser/Hess, EU-Zivilprozessrecht, 4. Aufl. 2016, Art. 45 EuGVVO Rz. 29: »Daher kommt es weder darauf an, ob das deutsche Urteil zeitlich früher oder später ergangen ist, noch darauf, ob es in den Anwendungsbereich der Verordnung fällt.« Zum »Grundsatz des unbedingten Vorrangs der inländischen Entscheidungen« siehe auch *Walther* in Dasser/Oberhammer, Lugano-Übereinkommen, 2. Aufl., 2011, Art. 34 Rz. 82: »Dies gilt auch dann, wenn die inländische Entscheidung unter Verstoss gegen die ausländische Rechtshängigkeit oder die Rechtskraft des ausländischen Urteils ergangen ist.«
33 Z.B. *von Hein* in Kropholler/von Hein, Europäisches Zivilprozessrecht, 9. Aufl., 2011, Art. 34 Rz. 57; *Leible* in Rauscher, Europäisches Zivilprozess- und Kollisionsrecht, 4. Aufl. 2016, Art. 34 Brüssel Ia-VO Rz. 67; *Walther* in Dasser/Oberhammer, Lugano-Übereinkommen, 2. Aufl., 2011, Art. 45 Rz. 87.
34 Siehe auch *Leible* in Rauscher, Europäisches Zivilprozess- und Kollisionsrecht, 4. Aufl. 2016, Art. 45 Brüssel Ia-VO Rz. 61: »Obwohl Art 29 ff dies eigentlich verhindern sollen, kann es dazu kommen, dass im Urteils- und im Anerkennungsstaat zwei miteinander unvereinbare Entscheidungen ergehen ....« sowie *Geimer* in Zöller, ZPO, 32. Aufl., 2018, Anh I Art. 45 Rz. 47.
35 *Heinze/Dutta* IPRax 2005, 224, 228.

hig.³⁶ Die Normen über die internationale Zuständigkeit (Art. 4 ff. EuGVVO) und die Normen über Beachtung ausländischer Rechtshängigkeit (Art. 29 ff. EuGVVO) können zwar in einem interaktiven Verhältnis zu einander stehen, mit der Folge, dass der Wohnsitzstaat und die sonstigen nach Art. 7 ff. EuGVVO zuständigen Mitgliedstaaten im Hinblick auf die anderweitige Rechtshängigkeit keine Sachentscheidung erlassen dürfen. Doch handelt es sich um zwei *selbständige Rechtsinstitute*. Es ist daher »systematisch abwegig«,³⁷ die Frage der Beachtung ausländischer Rechtshängigkeit im Inland mit der internationalen Zuständigkeit in Verbindung zu bringen.

Vorstehendes gilt erst recht bei *Rechtshängigkeit in einem Nichtmitgliedstaat*. In solchen Fällen kommen Art. 29 ff. EuGVVO nicht zur Anwendung, sondern Art. 33 EuGVVO.

Im Anwendungsbereich des Lugano-Übereinkommens fehlt eine Parallelvorschrift. Es gilt das im jeweiligen LugÜ-Vertragsstaat geltende nationale Recht. Dieses bestimmt, ob und in welchem Umfang die drittstaatliche Rechtshängigkeit zu beachten ist und deshalb eine meritorische Entscheidung blockiert.³⁸ Es kann aber nicht die Normen des Unionsrechts über die internationale Zuständigkeit verdrängen.

---

36 *Geimer* in Geimer/Schütze, Europäischen Zivilverfahrensrecht, 3. Aufl., 2010, Art. 27 EuGVVO Rz. 67 f.
37 *Habscheid*, Schweizerisches Zivilprozess- und Gerichtsorganisationsrecht, 2. Aufl., 1990, Rz. 237; *Zöller/Geimer*, ZPO, 32. Aufl., 2018, IZPR Rz. 101.
38 Zur analogen Anwendung des § 261 III ZPO in Deutschland siehe z.B. *Eicher*, Die Auswirkungen von Rechtsverwirklichungschancen in Drittstaaten auf die Justizgewährung in Deutschland, Diss. Passau, 2017, 211 ff.

Beweislastentscheidung oder Wahrheitsfindung?

Peter Gottwald

I. Einführung

Dem deutschen Zivilprozess wird gerne Effektivität bescheinigt. Es wird aber auch kritisiert, dass es den Gerichten vorrangig darum geht, (gute) Entscheidungen mit möglichst geringem Aufwand in möglichst kurzer Zeit zu erlassen und dass darunter die Wahrheitsfindung leidet.[1] Die Justizstatistik zeigt, dass eine solche Kritik nicht aus der Luft gegriffen ist. Denn der Prozentsatz der Fälle, in denen es zu Beweisaufnahmen kommt, geht laufend zurück, obgleich der Anteil streitiger Entscheidungen steigt. Im Jahr 2002 wurden bei den Landgerichten (1. Instanz) 24, 8 % aller Verfahren durch streitiges Urteil erledigt, 2015 waren es 26, 3 % der Verfahren. Während 2002 noch in 15, 9 % aller Verfahren ein Beweistermin stattfand, sank dieser Anteil bis 2015 auf 10, 9 % der Verfahren. Bei den Amtsgerichten ist derselbe Trend zu beobachten. 2002 erging hier ein streitiges Urteil in 24, 5 % der Fälle, 2015 dagegen in 30, 7 % der Verfahren, gleichzeitig sank der Anteil der Verfahren mit Beweistermin von 11, 2 % im Jahre 2002 auf nur 5, 5 % der Fälle im Jahre 2015.[2]

Dieser Befund gibt Anlass zum Nachdenken: Ist der Sachverhalt tatsächlich in immer weniger Fällen streitig? Wird er von den Anwälten beider Parteien vor oder während des Prozesses zunehmend besser aufgeklärt als früher? Oder scheuen Parteien und Gerichte die Mühen und Kosten einer Beweisaufnahme und flüchten sich in Ausweichlösungen, etwa in Beweislastentscheidungen?

Ich widme diese Überlegungen meinem seit den gemeinsamen Assistententagen bei Karl Heinz Schwab in Freundschaft verbundenen Kollegen *Hanns Prütting*. Mit seiner Habilitationsschrift über »Gegenwartsprobleme der Beweislast« von 1983 hat er eine auch heute maßgebliche Theorie der Beweislast erarbeitet. Bei all seiner bewundernswerten Vielseitigkeit und Schaffenskraft ist das Beweisrecht immer eines seiner Hauptarbeitsgebiete geblieben. Ich verweise nur auf seine wirklich große Kommentierung der §§ 284 bis 294 ZPO im Münchener Kommentar (zuletzt 2016) und seine mustergültigen Darlegungen in dem von Baumgärtel begründeten Handbuch der Beweislast.[3]

Zwar kannte die ZPO schon seit langem die Pflicht des Richters, stets auf eine gütliche Streitbeilegung bedacht zu sein, aber das Zivilprozessreformgesetz 2001 hat diese

---

[1] *Gilles*, Zur Demontage des Wahrheitspostulats im Zivilprozess durch die vorherrschende deutsche Doktrin, FS Gottwald, 2014, S. 189, 192.
[2] Statistisches Bundesamt, Fachserie 10 Reihe 2.1 Rechtspflege Zivilgerichte 2002 u. 2015.
[3] Baumgärtel/Laumen/Prütting, Handbuch der Beweislast – Grundlagen, 3. Aufl. 2016.

Pflicht durch die Einführung einer generell zwingenden formellen Güteverhandlung (§ 278 II ZPO) verstärkt.[4] Da diese am Anfang des Verfahrens vor jeder Sachaufklärung und in der Regel unmittelbar vor der sich anschließenden ersten streitigen Verhandlung stattfindet, sollte deren Effekt nicht überschätzt werden. Dennoch haben die Vergleichsquoten seit 2002 deutlich zugenommen.[5]

Ein praktischer Grund dafür ist sicherlich, dass die Einholung sachverständiger Gutachten die Erledigung des Rechtsstreits häufig stark verzögert sowie die Gesamtkosten eines Verfahrens erheblich steigen lässt und das Kostenbewusstsein der Parteien größer geworden ist. Ob auch der Wegfall der Beweisgebühr für Anwälte eine Rolle spielt,[6] stehe dahin.

Der zweite, mindestens ebenso wichtige Grund liegt wohl darin, dass die ZPO zwar eine Wahrheitspflicht der Parteien postuliert (§ 138 I ZPO),[7] hieraus und aus der Erklärungspflicht des Gegners nach § 138 II ZPO zwar eine gewisse Substantiierungspflicht, nicht aber die Pflicht zur Vorlage von Beweismitteln abgeleitet wird.[8]

II. Die Erklärungspflicht beider Parteien

Sicherlich muss der Kläger in der Klageschrift einen bestimmten Gegenstand und den Grund des erhobenen Anspruchs angeben (§ 253 II Nr. 2 ZPO). Idealiter sollten seine Erklärungen vollständig und der Wahrheit gemäß erfolgen (§ 138 I ZPO), so dass die Klage schlüssig ist. Dazu muss der Kläger Tatsachen behaupten, die – ihre Richtigkeit unterstellt – den Schluss erlauben, dass ihm das geltend gemachte Recht zustehen kann. Nähere Einzelheiten müssen dazu nicht vorgetragen werden.[9] Nur bei einer schlüssigen Klage kann der Kläger ggf. ein Versäumnisurteil im schriftlichen Vorverfahren (§ 331 III ZPO) erhalten. Nur dann muss sich die Gegenpartei in ihrer Erwiderung über die vom Gegner behaupteten Tatsachen erklären (§ 138 II ZPO).[10] Ob die Gegenpartei danach eine eigene plausible Gegenversion des Geschehens darlegen muss oder sich auf bloßes Bestreiten beschränken kann, hängt aber ganz von den Umständen des Einzelfalls ab.

---

4 Vgl. MünchKommZPO/*Prütting*, 5. Aufl. 2016, § 278 Rn. 6.
5 Vor den Amtsgerichten 2012: 12, 3 %, dagegen 2015: 14, 9 %, vor den Landgerichten 2012: 20 %, im Jahre 2015: 27, 0 % (Zahlen aus Statistisches Bundesamt Fachserie 10 Reihe 2.1 Rechtspflege Zivilgerichte 2002 und 2015).
6 So die Vermutung von *Musielak*, Zur Sachverhaltsklärung im Zivilprozess, Festgabe Vollkommer, 2006, S. 237, 255.
7 Vgl. *Prütting*, Wahrheit im Zivilprozess?, FS Gottwald, 2014, S. 507.
8 BGHZ 173, 23 (Rn. 16) = NJW 2007, 2989; *Prütting*, Die sekundäre Darlegungslast und die nicht existierende sekundäre Beweislast, FS W. Krüger, 2017, S. 433; auch Musielak/Voit/*Stadler*, ZPO, 13. Aufl., 2016, § 138 Rn. 10.
9 BGH (14.3.2017, VI ZR 225/16, Rn. 7).
10 MünchKomm/*Fritsche*, ZPO, 5. Aufl., 2016, § 138 Rn. 18; *Lüke*, Zivilprozessrecht, 10. Aufl. 2011, Rn. 219; *Gomille*, Informationsproblem und Wahrheitspflicht, 2016, S. 42.

III. Die sekundäre Behauptungs- bzw. Darlegungslast

Die von der Praxis anerkannte sog. sekundäre Behauptungs- bzw. Darlegungslast ändert daran nichts. Nach der Rechtsprechung gebietet der Grundsatz von Treu und Glauben (§ 242 BGB), dass der Prozessgegner nähere Angaben zum darzulegenden Geschehen machen muss, wenn ihm dies zumutbar ist, die eigentlich beweisbelastete Partei aber außerhalb des Geschehensablaufs steht, keine Kenntnisse der relevanten Tatsachen besitzt und sich diese Kenntnis auch nicht in zumutbarer Weise verschaffen kann.[11] Auch aus ihr folgt nur eine Pflicht/Last zu konkreteren Angaben, bislang aber nicht zur Vorlage von Beweismitteln.[12] Kommt die Gegenpartei dieser Last nicht nach, kann das Gericht dies im Rahmen der Beweiswürdigung negativ werten und die Behauptung des Gegners als zugestanden behandeln (§ 138 III ZPO). Der BGH betont, dass diese Wirkung als Sanktion für den Verstoß gegen die Mitwirkungsobliegenheit der Partei zu verstehen sei. Eine Beweislastumkehr sei damit nicht verbunden.

Da der BGH bekräftigt hat, dass es nicht Sache des Prozessrechts sei, echte Parteipflichten zu schaffen, wird die Grundlage für sekundäre Behauptungslast, die wohl mit der Aufklärungspflicht der nicht beweisbelasteten Partei weitgehend identisch ist, im materiellen Recht gesehen.[13] Aber dies passt nicht mit den gleichzeitig postulierten Rechtsfolgen zusammen, die ihrer Art nach typisch prozessualer Natur sind. Grundlage für die sekundäre Behauptungslast ist daher nicht § 242 BGB, sondern letztlich das Prozessrechtsverhältnis als solches[14] bzw. die darauf beruhende Prozessförderungspflicht (§ 282 I ZPO) und die prozessuale Wahrheits- und Vollständigkeitspflicht (§ 138 I ZPO).[15]

Handelt es sich um ein einheitliches Geschehen, über dessen Ablauf oder Ursachen beide Parteien uneins sind, so unterscheiden sich die Ergebnisse in der Sache eigentlich nicht. Diejenige nicht beweisbelastete Partei, die keine Einzelheiten darlegt, obwohl es ihr zumutbar ist, unterliegt ebenso wie die Partei, deren Verhalten als Beweisvereitelung nach § 286 ZPO frei gewürdigt wird[16] oder gar eine Beweislastumkehr rechtfertigt.

---

11 BGH FamRZ 2016, 1265 (Rn. 40); BGHZ 185, 330 (Rn. 12) = NJW 2010, 2061; BGH MDR 2014, 738 (Rn. 13 f); BGHZ 145, 170 (Rn. 41) = MDR 2001, 577; *Dölling*, Die Voraussetzungen der Beweiserhebung im Zivilprozess, NJW 2013, 3121, 3126; MünchKomm/*Prütting*, § 286 Rn. 103.

12 BGH MDR 2008, 253 (Rn. 21); BGH NJW 2008, 982 (Rn. 18); *Ahrens*, Der Beweis im Zivilprozess, 2015, Kap. 11 Rn. 25; Baumgärtel/Laumen/Prütting/*Laumen*, Handbuch der Beweislast, 3. Aufl., 2016, Kap. 22 Rn. 4; Hk-ZPO/*Wöstmann*, 7. Aufl. 2017, § 138 Rn. 4; Baumbach/Lauterbach/Albers/*Hartmann*, ZPO, 75. Aufl. 2017, § 138 Rn. 30; krit. Stein/Jonas/*Kern*, ZPO, 23. Aufl. 2016, § 138 Rn. 33. Für Erweiterung zu einer Vorlegungslast *R. Koch*, Mitwirkungsverantwortung im Zivilprozess, 2013, S. 193.

13 So MünchKomm/*Prütting*, § 284 Rn. 17; *Lüke*, Zivilprozessrecht, Rn. 219.

14 Vgl. *Ahrens* (Fn. 12), Kap. 7 Rn. 18, 31 f.

15 So zu Recht MünchKomm/*Fritsche*, § 138 Rn. 22.

16 Vgl. *Rosenberg/Schwab/Gottwald*, Zivilprozessrecht, 17. Aufl. 2010, § 115 Rn. 20; krit. *Gomille*, S. 84 ff.

Übereinstimmung besteht auch insoweit, als der Sachverhalt in allen drei Fällen nicht wirklich aufgeklärt wird, sondern eine Entscheidung (zumindest partiell) auf der Basis von Unterstellungen, also auf fiktiver Grundlage getroffen wird.

Greift die sekundäre Darlegungspflicht, ist sie im praktischen Ergebnis von einer prozessualen Aufklärungspflicht nicht allzu weit entfernt.[17] Die Problematik der sekundären Behauptungs- bzw. Substantiierungslast liegt aber darin, dass ihre Voraussetzungen zwar abstrakt klar erscheinen, aber nur schwer prognostizierbar ist, ob das Gericht ihr Vorliegen im konkreten Einzelfall bejaht.[18] Denn ihre Bejahung bzw. Verneinung beruht nicht selten auf rein materiell-rechtlichen Erwägungen, z.B. dass einem Erbenermittler ohne Bezahlung keine Offenlegung seiner Ermittlungsergebnisse zuzumuten ist,[19] die direkt nichts mit der rein prozessualen Beweislage der Parteien zu tun haben.

Wenn gesagt wird, im Rahmen der sekundären Beweislast verschaffe der Gegner der eigentlich risikobelasteten Partei doch die erforderlichen Informationen, so dass eine Nähe zur Aufklärungspflicht bestehe,[20] so ist dies nicht überzeugend. Denn es bestehen deutliche Unterschiede.

In den unter diesem Stichwort diskutierten Entscheidungen hat der Prozessgegner meist eine konkrete Darlegung vollständig verweigert.[21] In diesem Fall ist dem Kläger geholfen, denn seine eigenen Behauptungen werden als unstreitig behandelt (§ 138 III ZPO).

Schwieriger wird es, wenn der Gegner eine eigene konkrete Version des Sachverhalts darlegt, die mit den pauschalen Behauptungen des Klägers nicht (voll) übereinstimmt. Hier muss der Kläger erst seine eigenen Behauptungen daran anpassen, soll wieder ein Fall des § 138 III ZPO vorliegen.[22] Würde diese Anpassung den Kläger aber in der Sache zu einer teilweisen Klagerücknahme zwingen, so steht er vor einem kaum lösbaren Dilemma. Denn er weiß nicht, ob die nähere Darlegung des Beklagten wirklich wahr ist und kann dies mangels einer Pflicht zur Vorlage von Beweisstücken auch nicht überprüfen. Ob der Gegner die Wahrheit oder doch eine zu seinen Gunsten geschönte Version vorträgt, bleibt offen.

Der neue substantiiertere Vortrag des Beklagten muss auch nicht unbedingt die Informationen enthalten, die es dem Kläger ermöglichen, seinen anfänglichen pauschalen Vortrag zu verbessern und dazu Beweise zur Widerlegung der Behauptungen des Gegners anzubieten.[23] Anders ist es nur, soweit das materielle Recht tatsächlich über

---

17 So *G. Wagner*, Europäisches Beweisrecht, ZEuP 2001, 441, 467.
18 Bereits *Gottwald*, Aufklärung über die Aufklärungspflicht, FS Stürner, Bd. I, 2013, S. 301, 305; ausführlich jetzt *Gomille*, S. 61 ff; *R. Koch* (Fn. 12), S. 149.
19 *BGH* FamRZ 2016, 1265.
20 So *Gomille*, S. 61.
21 Etwa in dem viel erörterten Bärenfang-Fall, BGH NJW 1962, 2149.
22 So *Gomille*, S. 59.
23 Entgegen *Gomille*, S. 468, löst der neue Vortrag weder notwendig das Informationsproblem noch kann die Nichtvorlage von Beweismitteln als Beweisvereitelung gewürdigt werden.

die bloße Auskunftspflicht hinaus eine reale Vorlagepflicht vorsieht (z.B. in §§ 630g, 809, 810, 1605 I 2 BGB oder in § 140c I 1, 2 PatG).

Das Informationsproblem sollte auch nicht dadurch gelöst werden, dass die Nichtvorlage von Beweismitteln in den Fällen der sekundären Darlegungslast als Beweisvereitelung behandelt und dann negativ gewürdigt wird.[24] Denn es erscheint ungereimt, zwar eine Aufklärungspflicht (Editionspflicht) der Parteien zu verneinen, die Wahrheitspflicht des § 138 I ZPO aber doch als Grundlage dafür heranzuziehen, dass die Nichtvorlage eines zumutbar vorlegbaren Beweismittels als Beweisvereitelung gewürdigt wird. Zum anderen werden die Konturen des Instituts der Beweisvereitelung verwischt, wenn nicht nur die vorsätzliche oder fahrlässige Vernichtung eines konkret benannten Beweismittels, sondern auch die Nichtvorlage von (unbekannten) Beweismitteln, über die der Gegner nach Lage der Dinge verfügen müsste, als Beweisvereitelung negativ gewürdigt wird.[25]

Lehnt man diese Erweiterung ab, so bleibt die bloße sekundäre Darlegungslast als solche aber eine halbherzige Sache und wird letztlich weder § 242 BGB noch der Wahrheitspflicht (§ 138 I ZPO) voll gerecht.

IV. Entscheidung bei Beweislosigkeit

Bieten die Parteien zudem über ihre Sachverhaltsversionen hinaus keinen Beweis an, so muss das Gericht nach Beweislast entscheiden. Es kann dies durchaus guten Gewissens tun. Denn die Parteien disponieren über die Tatsachen und ihre Disposition ist nach h.M. jedenfalls in der Regel für das Gericht bindend. Selbst eine für Grenzfälle nützliche Regel wie Art. 153 II schweiz. ZPO, wonach das Gericht von Amts wegen Beweis erheben kann, wenn an der Richtigkeit einer unstreitigen Tatsache erhebliche Zweifel bestehen,[26] kennt das deutsche Recht nicht. Eine Bindung soll nur entfallen, wenn Anhaltspunkte dafür bestehen, dass die Parteien Dritte durch kollusives Verhalten schädigen. Die Befugnis, die meisten Beweise auch von Amts wegen zu erheben, soll daran nichts ändern. Versuche in den 70er und 80er Jahren, dem Gericht eine stärkere Stellung einzuräumen,[27] konnten sich gegen eine erdrückende liberale Mehrheit nicht durchsetzen.

Im Ergebnis führt fehlende Sachaufklärung also zu einer Entscheidung nach objektiver Beweislast. Es gibt kaum ein anderes Land, in dem Beweislastfragen einen so breiten Raum im Schrifttum wie in der Rechtsprechung einnehmen wie Deutschland.[28]

---

24 Hierfür aber *Gomille*, S. 83 ff, 289 ff.
25 Hierfür *Gomille*, S. 289.
26 Vgl. *Hasenböhler*, in Sutter-Somm/Hasenböhler/Leuenberger, Kommentar zur Schweiz. ZPO, 3. Aufl. 2016, Art. 153 Rn. 9 ff.
27 Vgl. nur *Wassermann*, Der soziale Zivilprozess, 1978, S. 97 ff; *Hahn*, Kooperationsmaxime im Zivilprozess?, 1983.
28 Vgl. die Nachweise bei MünchKomm/*Prütting*, § 286 Rn. 93 ff; Stein/Jonas/*Leipold*, Vor § 286 Rn. 47; *Rosenberg/Schwab/Gottwald*, § 115 Rn. 1 ff.

V. Fehlende Editionspflicht der Parteien

Das deutsche Recht kennt (jedenfalls nach h.M.) auch keine prozessuale Aufklärungspflicht der Parteien.[29] Diese stehe im Widerspruch zu den Grundgedanken des Privatrechts, auf denen auch der Beibringungsgrundsatz als tragendes Prinzip des Zivilprozessrechts beruhe.[30] Dementsprechend gibt es weder ein pre-trial discovery-Verfahren nach US-amerikanischem Vorbild (FRCP 26),[31] ein disclosure-Verfahren englischen Stils (CPR 31),[32] eine Aussageverpflichtung und Editionspflicht nach schweiz. Recht (Art. 160 I lit. a, b schweiz. ZPO)[33] oder nach spanischem Prozessrecht (Art. 328 ff span. LEC)[34] noch Zugang zu allen Beweismitteln entsprechend Rule 16 der Principles of Transnational Civil Procedure.[35] Der jüngst vorgestellte Teilentwurf der ELI-UNIDROIT European Rules of Civil Procedure sieht in Rules 22, 23 ebenfalls vor, dass jede Partei Zugang zu allen relevanten, nicht privilegierten Beweismitteln im Besitz der Gegenpartei oder eines Dritten haben soll und dass das Gericht auf Antrag den entsprechenden Zugang anordnet. Solche Anordnungen sollen nach den Erläuterungen ausdrücklich auch dazu benutzt werden können, um eine Klage vorzubereiten.[36] Der Grund für alle diese Regelungen ist naheliegend: Sie führen zu einer effektiven Sachaufklärung und tragen zu einem ökonomischerem Verfahren und zur Verwirklichung materieller Gerechtigkeit bei.[37] Das Adversary Principle bzw. der Beibringungsgrundsatz ist in diesen Ländern bzw. für die transnationalen Regeln tragendes Grundprinzip und doch sieht niemand darin in der Aufklärungspflicht einen Widerspruch zur Struktur des Privatrechts.

Österreich kennt wie Deutschland eine Wahrheits- und Vollständigkeitspflicht der Parteien (§ 178 I öZPO), nimmt sie aber ernster, da der Richter eine sog. diskretionäre Gewalt besitzt, den Sachverhalt aufzuklären, und danach *alle* Beweismittel auch

---

29 BGH NJW 1990, 3151; krit. bereits *v. Hippel*, Wahrheitspflicht und Aufklärungspflicht der Parteien im Zivilprozess, 1939, S. 282 ff, 337.
30 So *Braun*, Lehrbuch des Zivilprozessrechts, 2014, S. 105. Einen Verstoß gegen den Beibringungsgrundsatz sieht auch *Gomille*, S. 148.
31 Vgl. *Schack*, Einführung in das US-amerikanische Zivilprozessrecht, 4. Aufl. 2011, Rn. 109 ff; *Subrin/Woo*, Litigating in America, 2006, Chap. 7, pp. 129-154; *Adler*, US-discovery und Deutscher Patentverletzungsprozess, 2014, S. 128 ff; *Gomille*, S. 118 ff.
32 Vgl. *Zuckerman*, On Civil Procedure, 3rd. ed. 2013, Ch. 15, p. 718 ff; *Andrews*, English Civil Procedure, 2003, Ch. 26, p. 595 ff.
33 Vgl. *Hasenböhler*, in Sutter-Somm (Fn. 26), Art. 160 Rn. 8 ff, 11 ff.
34 Vgl. *Ortells Ramos*, Derecho Procesal Civil, 9ª ed. 2009, S. 397 ff; *De la Oliva Santos/ Diez-Picazo Giménez/Vegas Torres*, Curso de Derecho Procesal Civil II, 2012, Leccion 33 no 26 ff, S. 169 f.
35 Text in RabelsZ 69 (2005), 341, 346; dazu *Stürner*, RabelsZ 69 (2005), 201, 232 ff; *St. Huber*, Entwicklung transnationaler Modellregeln für Zivilverfahren, 2008, S. 392 ff.
36 UNIDROIT 2017 – C.D. (96) 7.
37 Vgl. *Beckhaus*, Die Bewältigung von Informationsdefiziten bei der Sachverhaltsaufklärung, 2010, S. 321.

von Amts wegen erheben kann (§ 183 I öZPO), es sei denn beide Parteien seien gegen die Erhebung eines bestimmten Zeugen- oder Urkundenbeweises.[38]

Besondere Aufmerksamkeit verdient insoweit das französische Zivilprozessrecht. Denn im 19. Jahrhundert griffen die deutschen Gesetzgeber die Reformen des Code Napoleon von 1806 gerne auf, um eine moderne deutsche CPO zu schaffen.[39] Bis 1972 folgte das franz. Recht dem Grundsatz »nemo contra se tenetur edere«. Damals wurde dieser Grundsatz aber aufgegeben. In Art. 10 S. 1 Code Civil (!) wurde die Regel aufgenommen, dass jedermann das Seine dazu beizutragen hat, damit vor Gericht die Wahrheit aufgedeckt wird. Außerdem macht sich der Weigernde ggf. schadensersatzpflichtig (Art. 10 S. 2 Code Civil).[40] Der franz. Gesetzgeber hat daraus auch die nötigen prozessualen Konsequenzen gezogen und angeordnet, dass der zuständige Prozessrichter jeder Partei oder jedem Dritten, der ein Beweisstück besitzt, aufgeben kann, es vorzulegen und diese Vorlage durch Zwangsgeld erzwingen kann (Art. 11 II Code de Procédure Civil). Zur Begründung wird darauf verwiesen, Rechtsprechung sei eine öffentliche Dienstleistung, der Zivilprozess habe eine soziale Funktion[41] und deshalb müssten alle Beteiligten zusammenarbeiten (»principe de coopération«), damit diese gut erbracht werden könne.[42] Diese Vorlagepflicht entspreche funktional dem Discovery-Verfahren anglo-amerikanischen Stils.[43]

Die Regel »nemo tenetur« kann man sinnvollerweise nur nach Klageerhebung anwenden. Die Frage ist dann, wie konkret oder plausibel muss eine Klage überhaupt sein, damit sie zulässig ist.[44]

VI. Der materiell-rechtliche Auskunftsanspruch

Ist der Kläger aber nicht in der Lage, konkretere Behauptungen aufzustellen, kann man ihm helfen, indem man ihm einen (vorprozessualen) materiell-rechtlichen Auskunftsanspruch zubilligt. Das ist sicherlich von Vorteil, da auf dieser Grundlage zunächst Auskunft verlangt werden kann und nicht sogleich eine teure Unterlassungs- oder Schadensersatzklage erhoben werden muss. Der Gesetzgeber führt ständig weitere Auskunftsansprüche ein, teilweise in Umsetzung eindeutig prozessual gefasster Richtlinienvorgaben der Europäischen Union. Die jüngste derartige Norm ist § 33g GWB.[45] Da sich die Voraussetzungen dieser Auskunftsansprüche im

---

38 Vgl. *Rechberger/Simotta*, Grundriß des österreichischen Zivilprozessrechts, 9. Aufl. 2015, Rn. 404; *Kodek/Mayr*, Zivilprozessrecht, 2. Aufl., 2013, Rn. 74, 796.
39 Vgl. *Rosenberg/Schwab/Gottwald*, § 4 Rn. 27, 30.
40 *Cadiet/Jeuland*, Droit judiciare privé, 9ᵉ éd., 2016, no. 566.
41 *Cadiet/Normand/Amrani Mekki*, Théorie générale du procès, 2010, no 260 (p. 860).
42 *Cadiet/Jeuland* (Fn. 40), no. 518; *J. Lang*, Die Aufklärungspflicht der Parteien des Zivilprozesses vor dem Hintergrund der europäischen Rechtsvereinheitlichung, 1999, S. 102 ff.
43 *Jeuland*, Droit processuel général, 2e éd.. 2012, no. 514.
44 Vgl. *Gomille*, S. 43 ff.
45 Kombiniert mit § 89b I GWB, der für die Anordnung von Auskünften im Prozess auf § 142 I ZPO verweist; vgl. BT-Drucks. 18/10207.

Detail unterscheiden, ist das Recht im Ergebnis aber unübersichtlich und damit auch schwieriger zu handhaben als bei einer prozessualen Generalklausel. Auch stellt sich die Frage: Warum gibt es den Auskunftsanspruch nur in enumerativen Fällen und nicht generell zwischen Beteiligten, wenn eine Seite das Bestehen eines Rechtsverhältnisses mit der Gegenseite schlüssig behauptet?

Wird die Ausübung des Auskunftsanspruchs freilich ihrerseits von der plausiblen Darlegung einer Rechtsverletzung abhängig gemacht, so wird der Auskunftsanspruch praktisch entwertet.[46] Es verwundert daher wenig, dass bei Patentverletzungsprozessen empfohlen wird, statt einer Auskunftsklage nach § 140c PatG wenn möglich in den USA ein auf 28 U.S.C. § 1782 (a) gestütztes discovery-Verfahren einzuleiten und dessen Ergebnisse dann im deutschen Verletzungsprozess zu verwerten.[47] Wäre das deutsche Recht insoweit zufriedenstellend, würde niemand auf die Idee kommen, den Betroffenen zu empfehlen, diesen teuren Umweg in die USA zu gehen.

VII. Ergebnis

Ein Verfahren mit Aufklärungspflicht ist nicht unbedingt effektiver.[48] Denn die Vorlage von Urkunden, von schriftlichen Aussagen und dergleichen verursacht einen gewissen Aufwand; das Gericht muss das vorgelegte Material prüfen usf. Dennoch sollte nicht ernstlich streitig sein, dass Entscheidungen nach umfassender Sachaufklärung qualitativ besser und für alle Beteiligten befriedigender sind als solche auf einer mehr oder weniger fiktiven Grundlage. Niemand will im Zivilprozess den Untersuchungsgrundsatz einführen und selbstverständlich sind Beweislastentscheidungen nicht ganz zu vermeiden. Sie sollten aber nicht den prozessualen Alltag bestimmen; Entscheidungen über eine schlüssige Klage auf eigentlich streitiger, aber dennoch beweisloser Grundlage sollten wirklich ultima ratio bleiben[49] bzw. wieder werden.

---

46 Vgl. *Adler* (Fn. 31), 2014, S. 50 ff, 83 f; so bereits *Stürner*, Die Informationsbeschaffung im Zivilprozess, FS Vollkommer, 2006, S. 201, 212.
47 *Adler* (Fn. 31), S. 209 ff, 457 ff, 463.
48 Diese Effektivität vermisst *Gomille*, S. 464.
49 *Prütting*, Gegenwartsprobleme der Beweislast, 1983, S. 138.

Abschied vom Öffentlichkeitsgrundsatz des Zivilprozesses

REINHARD GREGER

I. EINLEITUNG

1. Anlass der Untersuchung

Kürzlich begab es sich wieder einmal, dass ein Berufungsverfahren wiederholt werden musste, weil das Gericht versehentlich die Anforderungen an die Öffentlichkeit der Verhandlung nicht beachtet hatte. Um eine auf USB-Stick gespeicherte Video-Aufzeichnung anschauen zu können, hatten sich die Prozessbeteiligten mit allseitigem Einverständnis ins Dienstzimmer des Vorsitzenden begeben. Der Vorsitzende hatte aber keinen entsprechenden Aushang anbringen lassen. Auf Revision des Klägers hob das BAG[1] das Urteil wegen dieser Unterlassung auf und verwies die Sache zu erneuter Verhandlung zurück. Dass diese absehbar zu demselben Ergebnis führen wird, dass nach aller Wahrscheinlichkeit ohnehin kein Zuhörer erschienen wäre und dass die Parteien weiterverhandelt haben, ohne den Fehler zu rügen – all dies konnte den mit der Urteilsaufhebung verbundenen Zeit- und Kostenaufwand nicht verhindern.

Solcher Formalismus ruft bei den Verfahrensbeteiligten (mit Ausnahme natürlich des offenbar auf Zeitgewinn setzenden Revisionsführers) Frustration und beim laienhaften Betrachter Unverständnis hervor. Er entspricht indessen dem geltenden Recht. Der (sogar in Art. 6 EMRK festgeschriebene) Öffentlichkeitsgrundsatz genießt hohen Rang. Seine Verletzung stellt einen absoluten Revisionsgrund dar (§ 547 Nr. 5 ZPO) und kann nach h.M. nicht durch Rügeverzicht geheilt werden.[2]

In Literatur und Rechtsprechung werden die Konsequenzen dieser Wertung trotz mancher Vorbehalte zumeist hingenommen.[3] Unter Hinweis auf seine geschichtlichen Wurzeln und seine Bedeutung für Rechtsstaatlichkeit und Demokratie wird

---

1 BAG NJW 2016, 3611.
2 Stein/Jonas/*Jacobs* ZPO, 22. Aufl. 2011, § 169 GVG Rn. 12 m.w.N.; a.A. Zöller/*Greger* ZPO, 31. Aufl. 2016, § 295 Rn. 5.
3 BGH NJW 2000, 2508; Kissel/*Mayer* GVG, 8. Aufl. 2015, § 169 Rn. 19, 58; Stein/Jonas/*Jacobs* (Fn. 2) § 169 GVG Rn. 12, 23 f.; Wieczorek/Schütze/*Schreiber* ZPO und Nebengesetze, 3. Aufl. 1995, § 169 GVG Rn. 29; MüKoZPO/*Zimmermann* 4. Aufl. 2013, § 169 Rn. 24 ff.; Zöller/*Lückemann* (Fn. 2) § 169 GVG Rn. 13; Rosenberg/Schwab/*Gottwald* Zivilprozessrecht, 17. Aufl. 2010, § 21 Rn. 21 f.; *Schilken* Gerichtsverfassungsrecht, 4. Aufl. 2007, Rn. 164 ff.

dem Öffentlichkeitsgrundsatz eine beinahe axiomatische Wirkung zugesprochen. Dennoch sind in letzter Zeit Tendenzen zu seiner Aushöhlung oder Umgehung zu beobachten. Dies legt die Frage nahe, ob der Grundsatz in Widerspruch zu den Anforderungen eines modernen Zivilprozesses steht.[4]

In der folgenden Untersuchung soll dieser Frage nachgegangen werden. Es geht dabei letztlich um das Spannungsverhältnis zwischen der Wahrung prozessualer Prinzipien und der Öffnung für neue Entwicklungen in der Rechtspflege – eine Thematik, die das gesamte wissenschaftliche Werk *Hanns Prüttings* durchzieht.[5] Die Ergebnisse der Untersuchung werden möglicherweise nicht seine Zustimmung, hoffentlich aber sein Interesse finden.

2. Eingrenzung des Untersuchungsgegenstands

Unter Öffentlichkeit wird im Folgenden die physische Anwesenheit nicht am Verfahren beteiligter Personen in der mündlichen Verhandlung, also die unmittelbare oder Saal-Öffentlichkeit i.S.v. § 169 S. 1 GVG verstanden. Nicht eingegangen wird auf die Zulässigkeit von Rundfunk- oder Fernsehübertragungen aus dem Gerichtssaal.

Ebenso bleibt die sog. Parteiöffentlichkeit i.S.v. § 357 ZPO außen vor, die ganz anderen, insbesondere durch den Anspruch auf rechtliches Gehör vorgegebenen Zwecken dient.

Und schließlich soll sich die Untersuchung auf den Zivilprozess beschränken. In Verfahren, in denen es um die Durchsetzung staatlicher Belange geht, vor allem im Strafprozess, mag der öffentlichen Kontrolle ein ganz anderer Stellenwert zukommen.[6] Nicht immer wird dieser Differenzierung beim Umgang mit dem Öffentlichkeitspostulat die gebührende Beachtung geschenkt.[7]

II. Der Öffentlichkeitsgrundsatz

1. Historische Wurzeln

Die Öffentlichkeit des Gerichtsverfahrens, vielfach als Produkt der Aufklärung bezeichnet,[8] fand erst zu Beginn des 19. Jahrhunderts, beflügelt durch französische Inspiration,[9] in das bis dahin dem schriftlichen Verfahren verhaftete deutsche Pro-

---

4 So bereits *Grunsky* Grundlagen des Verfahrensrechts, 2. Aufl. 1974, S. 224.
5 Hierin spiegelt sich gewiss der Einfluss unseres gemeinsamen Lehrers *Karl Heinz Schwab* wider.
6 S. dazu BVerfGE 133, 168 (Rz. 88).
7 Auch die in Fn. 1 zitierte Entscheidung des BAG bezieht sich weitgehend auf Rechtsprechung zum Strafprozess.
8 BVerfGE 103, 44, 63 = NJW 2001, 1633, 1635; Stein/Jonas/*Jacobs* (Fn. 2) § 169 GVG Rn. 4. Schon die Ordonnance civile von 1667 kannte den öffentlichen Zivilprozess; s. *Oestmann* Wege zur Rechtsgeschichte: Gerichtsbarkeit und Verfahren, 2015, S. 221.
9 Der auch in Teilen Deutschlands geltende code de procédure civil von 1806 bekannte sich in Art. 87 ff. zu Mündlichkeit und Öffentlichkeit des Zivilprozesses. Eingehend zur Übernahme

zessrechtsdenken Eingang. Es ging dabei aber nicht nur um die Positionierung des mündigen, die Staatsgewalt kontrollierenden Bürgers. Dass der jahrzehntelang mit Vehemenz geführte Streit um die Öffentlichkeit des Gerichtsverfahrens letztlich zu ihren Gunsten entschieden wurde, ist vielmehr darauf zurückzuführen, dass sie zwar aus unterschiedlichen Motiven, aber im Ergebnis übereinstimmend von Exekutive und Judikative angestrebt wurde. Die Exekutive setzte auf eine Kontrollfunktion der Öffentlichkeit, mit der sich die Unabhängigkeit der Judikative im Zaum halten ließ, während die Justizjuristen in dem durch die Öffentlichkeit geweckten Vertrauen in die Justiz den Garanten für deren Unabhängigkeit von staatlichem Einfluss sahen.[10]

Keine entscheidende Rolle konnte dagegen das Streben nach mehr Transparenz des gerichtlichen Verfahrens spielen. Hierfür sorgte bereits die Ablösung des schriftlichen Verfahrens gemeinrechtlicher Prägung[11] durch das Prinzip der Mündlichkeit, gepaart mit dem Postulat der Parteiöffentlichkeit. Dass die *Allgemein*öffentlichkeit der Zivilverhandlung in der Praxis keine nennenswerte Bedeutung erlangen würde, war schon den Juristen des 19. Jahrhunderts klar.[12] Nicht auf die tatsächliche Anwesenheit von Zuhörern kam es ihnen an; entscheidend war, das allgemeine Bewusstsein zu erzeugen, dass sich Rechtspflege nicht in undurchschaubarem Schriftverkehr oder hinter verschlossenen Türen vollzieht, sondern dass sich jedermann durch Zutritt zu den Verhandlungsräumen von ihrer Funktion überzeugen könnte.[13]

2. Weitere Entwicklung

a) Bedeutungsverlust

Kontrolle der staatlichen Machtausübung, Schutz der richterlichen Unabhängigkeit und Stärkung des Vertrauens in die staatliche Rechtspflege werden auch heute noch

---

in die deutschen Landesrechte und in die Reichsverfassung von 1849 *Fögen* Der Kampf um Gerichtsöffentlichkeit, Diss. Frankfurt a.M., 1974, S. 20 f.

10 Zu diesem Bezug zur Gewaltenteilungslehre s. *Fögen* (Fn. 9) S. 37 ff.

11 S. dazu *M. Ahrens* Prozessreform und einheitlicher Zivilprozess, 2007, S. 15 ff.

12 *Fögen* (Fn. 9) S. 23 ff. mit Wiedergabe der Diskussion darüber, ob auch Kinder, Frauen und Angehörige niedriger Stände zur Ausübung dieser Kontrollfunktion befähigt sind. *Anselm v. Feuerbach*, Betrachtungen über die Öffentlichkeit und Mündlichkeit der Gerechtigkeitspflege, Bd. 2, 1825, S. 212 ff., berichtet, dass die Verhandlungen in Frankreich zumeist vor leeren Bänken, im Winter auch vor »Bettlern, herrenlosem Gesinde usw.« stattfinden, welche hier »unentgeldlich Feuerung erhalten«, und dass er gleichwohl schlafende und parteiisch verhandelnde Richter erlebte.

13 *Fögen* (Fn. 9) S. 33 ff. Auch die Soziologie sieht hierin die Bedeutung des Öffentlichkeitsgebots; s. *Luhmann* Legitimation durch Verfahren, 1969, S. 123. *Anselm v. Feuerbach* (Fn. 12, S. 224) beschließt seine Schilderung der in französischen Gerichtsverhandlungen beobachteten richterlichen Entgleisungen mit der Feststellung, »daß der Gerichtsöffentlichkeit keine Zauberkräfte beiwohnen, daß aber doch, wo jene Uebel herrschen, diese noch weit greller sich äussern würden hinter geschlossenen, als bei offenen Gerichtsthüren«.

als Zwecke des Öffentlichkeitsprinzips genannt,[14] zumeist aber verbunden mit dem Hinweis auf einen durch zwischenzeitliche Entwicklungen herbeigeführten Bedeutungsverlust. Eine obrigkeitliche Einflussnahme auf das richterliche Handeln ist mittlerweile durch Verfassung und Richtergesetz ausgeschlossen, ohne dass es bürgerschaftlicher Kontrolleure in den Gerichtssälen bedarf. Die rechtsstaatliche Ausübung der richterlichen Entscheidungsgewalt wird durch die Wächterfunktion der Anwaltschaft, den Ausbau der Verfahrensgarantien[15] und ein umfassendes, bis zum Verfassungsgericht reichendes Rechtsbehelfssystem gewährleistet, und auch das Vertrauen in die Justiz wird nicht durch die körperliche Anwesenheit in der mündlichen Verhandlung, sondern primär durch die Berichterstattung in den Medien und die Diskussion der publizierten Entscheidungen in der Fachwelt erzeugt.[16]

Wenngleich auch moderne Kodifikationen[17] sowie verfassungsgerichtliche Entscheidungen[18] davon ausgehen, dass die Allgemeinzugänglichkeit des Verfahrens einen bedeutsamen Aspekt eines rechtsstaatlichen Gerichtsverfahrens darstellt, kann nicht übersehen werden, dass dieses Postulat zunehmender Erosion ausgesetzt ist.

b) Gerichtsverfassungsrecht

Dazu hat maßgeblich beigetragen, dass der Gesetzgeber bestimmte Verfahren gänzlich vom Öffentlichkeitsgebot ausgenommen und generell zahlreiche Einschränkungen normiert hat:

Verhandlungen in Familiensachen und Angelegenheiten der freiwilligen Gerichtsbarkeit sind grundsätzlich nicht öffentlich; das Gericht kann Zuhörer zulassen, wenn kein Beteiligter widerspricht, das Rechtsbeschwerdegericht dann, wenn kein überwiegendes Interesse eines Beteiligten entgegensteht (§ 170 GVG). Durch diese Regelung hat das FamFG vom 17.12.2008 die grundsätzliche Öffentlichkeit der Verhandlung in isolierten Unterhalts- und Güterrechtssachen abgeschafft.

Der mit dem Opferschutzgesetz vom 18. Dezember1986 eingefügte § 171b GVG hat zwar in erster Linie das Strafverfahren im Auge, gilt aber unstreitig auch im Zivilprozess.[19] Ihm zufolge kann das Gericht die Öffentlichkeit ausschließen, wenn die öffentliche Erörterung von Umständen aus dem persönlichen Lebensbereich eines Beteiligten dessen schutzwürdige Interessen verletzen würde und sofern nicht das öffentliche Interesse überwiegt oder die geschützte Person dem Ausschluss widerspricht. Liegen die genannten Voraussetzungen vor und beantragt die geschützte Partei den Ausschluss, ist das Gericht hierzu verpflichtet.

---

14 S. z.B. Stein/Jonas/*Jacobs* (Fn. 2) Rn. 4; Wieczorek/Schütze/*Schreiber* (Fn. 3) Rn. 4; MüKoZPO/*Zimmermann* (Fn. 3) Rn. 1.
15 *Köbl*, FS Schnorr von Carolsfeld, 1972, S. 235, 238.
16 Zu diesem Bedeutungswandel s. auch Wieczorek/Schütze/*Schreiber* (Fn. 3) § 169 GVG Rn. 4; Kissel/*Mayer* (Fn. 3) § 169 Rn. 1.
17 S. Art. 6 Abs. 1 EMRK, Art. 47 Abs. 2 EUGRCh.
18 BVerfGE 70, 324, 358 = NJW 1986, 907; 103, 44, 63 = NJW 2001, 1633, 1635.
19 Stein/Jonas/*Jacobs* (Fn. 2) § 171b GVG Rn. 1 mwN.

§ 172 GVG stellt den Ausschluss der Öffentlichkeit ins Ermessen des Gerichts, wenn besondere Gefahrenlagen bestehen (Nrn. 1, 1a), schutzwürdige Geheimnisse zu erörtern sind (Nrn. 2, 3) oder Minderjährige vernommen werden (Nr. 4).

§ 169 GVG verlangt Öffentlichkeit lediglich für Verhandlungen vor dem erkennenden Gericht, somit nicht für Beweisaufnahmen vor dem beauftragten oder ersuchten Richter (§§ 361 f. ZPO) sowie für Güteverhandlungen vor dem Güterichter (§ 278 Abs. 5 ZPO).

c) Jüngere Verfahrensordnungen

Außerhalb des Zivilprozesses (und natürlich des hier nicht beleuchteten Strafverfahrens) wurde dem Öffentlichkeitsprinzip ein wesentlich geringerer Stellenwert eingeräumt.

Die Hauptverhandlung vor dem Anwaltsgericht ist nicht öffentlich. Auf Antrag der Staatsanwaltschaft kann, auf Antrag des Rechtsanwalts muss die Öffentlichkeit hergestellt werden. Bestimmten Funktionsträgern sowie den kammerangehörigen Rechtsanwälten ist auch bei nichtöffentlichen Sitzungen der Zutritt gestattet, andere Zuhörer kann das Anwaltsgericht zulassen (§ 235 BRAO).

Nichtöffentlichkeit (mit ähnlichen Ausnahmen) gilt auch im Verfahren vor der Truppendienstkammer (§ 105 WDO).

Im finanzgerichtlichen Verfahren ist die Öffentlichkeit auszuschließen, wenn der Steuerpflichtige es beantragt (§ 52 Abs. 2 FGO).

An den Verwaltungs- und Sozialgerichten gelten die Öffentlichkeitsvorschriften des GVG (§ 55 VwGO, § 61 SGG); es können jedoch auch Erörterungstermine durchgeführt werden (§ 87 Abs. 1 Satz 2 Nr. 1 VwGO, § 106 Abs. 3 Nr. 7 SGG), für die das Öffentlichkeitsgebot nicht gilt.[20]

d) Aushöhlung im Zivilprozessrecht

Für den Zivilprozess erfuhr der Öffentlichkeitsgrundsatz im Lauf der Jahrzehnte durch mehrere ZPO-Novellen mittelbar erhebliche Einschränkungen:

Indem die Beschleunigungsverordnung v. 22. Dezember 1923 zuließ, dass mit Zustimmung der Parteien in einem rein schriftlichen Verfahren entschieden wird,[21] stellte sie nicht nur die (dem Gesetzgeber des 19. Jahrhunderts so wichtige) mündliche Verhandlung des Zivilrechtsstreits, sondern damit zugleich seine Öffentlichkeit zur Disposition. Mit dem Gesetz zur Vereinheitlichung der Rechtspflege von 1950 wurde das schriftliche Verfahren als § 128 Abs. 2 in die ZPO übernommen und durch die Vereinfachungsnovelle von 1976 optimiert.

Diese Novelle eröffnete dem Richter am AG auch die Möglichkeit, in Verfahren mit geringem Streitwert ohne mündliche Verhandlung zu entscheiden, sofern nicht parteiseits auf eine solche angetragen wurde (§ 495a ZPO).

---

20 BVerwG NVwZ-RR 1990, 669; BSG SGb 2001, 81.
21 S. dazu Stein/*Jonas*, ZPO, 13. Aufl. 1926, Anh. zu § 128.

Das ZPO-Reformgesetz von 2001 schuf die Rechtsgrundlage für eine Verhandlung im Wege der Bild- und Tonübertragung (§ 128a ZPO) und gab damit den für einen Zuhörer wahrnehmbaren Diskurs zwischen den Parteien und mit dem Gericht auf. Auch einvernehmliche Lösungen müssen dank des gleichzeitig eingeführten schriftlichen Vergleichsverfahrens nach § 278 Abs. 6 ZPO nicht mehr coram publico ausgehandelt werden.

Schließlich bewies der Gesetzgeber mit der erweiterten Zulassung schriftlicher Entscheidungen in den Rechtsmittelverfahren,[22] dass die Zurückdrängung der öffentlichen Verhandlung einem modernen Prozessrechtsverständnis entspricht.

III. Relativierung des Öffentlichkeitspostulats

Die Gesetzgebungsgeschichte zeigt somit einen unverkennbaren Trend zur Einschränkung der ursprünglich nahezu unbegrenzten Öffentlichkeit des Zivilprozesses. Offenbar wurde hierin zunehmend eine überschießende Regulierung gesehen, die den Strafprozess vor Augen hatte und nicht undifferenziert auf den Zivilprozess zu erstrecken ist – zumal dem Öffentlichkeitsprinzip dort ein vergleichbarer Stellenwert schon deswegen nicht beigemessen werden kann, weil den Verständnismöglichkeiten der Zuhörer durch die von § 137 Abs. 3 ZPO zugelassene und ständiger Praxis entsprechende Bezugnahme auf Schriftsätze und andere Schriftstücke ohnehin enge Grenzen gesetzt sind. Was in den Unterlagen steht, erfährt der Zuhörer nicht; anders als der Anklagesatz in der Strafverhandlung gelangt ihm üblicherweise nicht einmal der Inhalt des Klageantrags zur Kenntnis, um den es im Zivilprozess geht.

Ist der Grundsatz der Öffentlichkeit im Zivilprozess somit schon von Gesetzes wegen kaum mehr als eine leere Hülse, verwundert es nicht, dass ihm in der Praxis nur geringe Bedeutung zukommt. Wichtige prozessuale Weichenstellungen (wie rechtliche Hinweise nach § 139 ZPO, Absprachen zur unstreitigen Erledigung, Erörterungen zum Verfahrensablauf) finden weitgehend auf informellem Wege außerhalb der mündlichen Verhandlung statt. Zuhörer finden sich in aller Regel nur dann ein, wenn sie ein irgendwie geartetes Interesse an dem Rechtsstreit haben, z.B. um einer Partei Beistand zu leisten oder Informationen zu erlangen, die eigenen oder überindividuellen Interessen dienlich sind. Mit den eigentlichen Zwecken des Öffentlichkeitsgebots hat dies so gut wie nichts zu tun.

Die zahlreichen Durchlöcherungen dieses Gebots lassen auch das Dogma von der Unverzichtbarkeit seiner Beachtung[23] fragwürdig erscheinen.

Für die öffentlich-rechtlichen Gerichtsbarkeiten ist anerkannt, dass auf die Öffentlichkeit des Verfahrens (auch durch unterlassene Rüge) verzichtet werden kann.[24] Zur

---

22 § 522 Abs. 2 i.d.F. des ZPO-Reform-Gesetzes v. 27.7.2001, § 552a i.d.F. des 1. Justizmodernisierungsgesetzes v. 24.8.2004.
23 Nachw. s. Fn. 2.
24 BVerwG HFR 1978, 174; BSG SGb 2001, 81; BFHE 161, 427.

Begründung wird angeführt, dass die Parteien auch auf eine mündliche Verhandlung verzichten können (§ 101 Abs. 2 VwGO, § 124 Abs. 2 SGG, § 90 Abs. 2 FGO).

Da auch im Zivilprozess die mündliche Verhandlung seit der Einführung des schriftlichen Verfahrens nach § 128 Abs. 2 ZPO zur Disposition der Parteien steht und, wie aufgezeigt, im Zuge der Novellengesetzgebung weitere Durchbrechungen des Mündlichkeitsprinzips stattgefunden haben, ist nicht recht verständlich, warum hier so unverbrüchlich an der Unverzichtbarkeit des Öffentlichkeitsgrundsatzes festgehalten wird.[25] Dies gilt erst recht, wenn diese Lehre maßgeblich auf eine Entscheidung des RG aus dem Jahre 1938 gestützt wird, die hauptsächlich darauf abhebt, es dürfe nicht eine »zu Gunsten der Volksgemeinschaft verordnete Grundlage des Verfahrens beiseitegeschoben werden«.[26]

IV. Verhältnis zum Schutz der Persönlichkeitsrechte

Abgesehen davon, dass mit der apodiktischen Aussage des RG heute nicht mehr argumentiert werden sollte, ist dem Öffentlichkeitsgrundsatz in den letzten Jahrzehnten auch ein gewichtiger Antipode in Gestalt des erstarkten Persönlichkeitsschutzes erwachsen. Den deutlichsten Ausdruck hat diese Entwicklung durch das Volkszählungsurteil[27] mit der Herausarbeitung des durch Art. 1 Abs. 1 i.V.m. Art. 2 Abs. 1 GG geschützten Rechts auf informationelle Selbstbestimmung gefunden. In dieses Recht wird eingegriffen, wenn der Staat die Bekanntgabe persönlicher Informationen verlangt und diese einer Datenverarbeitung zuführt oder anderen übermittelt.[28] Dass im Zivilprozess persönliche Informationen (z.B. private oder geschäftliche Beziehungen, Aufenthaltsorte und Betätigungen), nicht selten auch sensibler Natur (z.B. Vermögensverhältnisse, Krankheiten, Gesetzesverstöße) offengelegt werden müssen, liegt auf der Hand. Die öffentliche Erörterung derartiger Daten durch das staatliche Gericht greift in das Recht auf informationelle Selbstbestimmung ein und ist daher nur zulässig, wenn sie von einer gesetzlichen Grundlage abgedeckt ist; an diese sind wegen der Grundrechtsrelevanz strenge Anforderungen zu stellen.[29]

Die Öffentlichkeit der mündlichen Verhandlung ist zwar durch § 169 GVG vorgegeben. Diese Vorschrift ist aber nicht (mehr) geeignet, jegliche Preisgabe von Informationen aus dem persönlichen Bereich in einer allgemein zugänglichen Veranstaltung zu legitimieren. Einschränkungen des Rechts auf informationelle Selbstbestimmung dürfen nicht weiter gehen, als zum Schutz öffentlicher Interessen unerlässlich ist.[30] Eine Regelung, deren historische Wurzeln zwar auf derartige Interessen zurückgehen

---

25 Zöller/*Greger* ZPO (Fn. 2) § 295 Rn. 5 gegen die ganz h.M.
26 RGZ 157, 341, 347 f.
27 BVerfGE 65, 1.
28 Maunz/Dürig/*Di Fabio*, Grundgesetz-Kommentar (September 2016) Art. 2 Rn. 176. Zur öffentlichen Bekanntgabe s. BVerfGE 78, 77.
29 Maunz/Dürig/*Di Fabio* (Fn. 28) Art. 2 Rn. 177.
30 BVerfGE 65, 1, 44; 67, 100, 143; 78, 77, 85; 84, 239, 279f.; 85, 219, 224; Maunz/Dürig/*Di Fabio* (Fn. 28) Art. 2 Rn. 181 mwN.

(richterliche Unabhängigkeit, Vertrauen in die Justiz), die aber in über 150 Jahren diesen Bezug durch zahlreiche Ausnahmen und substituierende Normen weitgehend verloren hat, kann einen so erheblichen Eingriff in die Persönlichkeitsrechte, wie sie die Erörterung private(ste)r Verhältnisse in einer öffentlichen Gerichtsverhandlung darstellt, nicht rechtfertigen.

V. Ergebnis der Untersuchung

1. Wertungen

Es spricht viel dafür, die Öffentlichkeit des Zivilprozesses nicht mehr durch die Brille des 19. Jahrhunderts, sondern im Lichte des heutigen Verständnisses von verfassungskonformem Persönlichkeitsschutz zu betrachten. Dies gebietet eine einschränkende Auslegung des § 169 GVG.

Höherrangiges Recht steht dem nicht entgegen. Art. 6 Abs. 1 EMRK schreibt, abgesehen davon, dass er nur den Rang eines einfachen Bundesgesetzes hat und Gewährleistungen des GG nicht einschränken kann,[31] kein absolutes Öffentlichkeitsgebot vor, sondern räumt in Satz 2 dem (zudem durch Art. 8 EMRK gewährleisteten) Schutz des Privatlebens der Prozessparteien Vorrang ein. In diesen Vorbehalt können ohne Weiteres die grundrechtlichen Garantien des Persönlichkeitsschutzes hineinprojiziert werden.[32]

Art. 47 Abs. 2 EUGRCh stellt das Recht auf öffentliche Gerichtsverhandlung zwar unter keinerlei Vorbehalt, kann aber eine dem GG entsprechende Auslegung des § 169 GVG nicht hindern, weil es hier nicht um durch Unionsrecht determiniertes Recht geht.[33]

Im GG ist die Öffentlichkeit des Gerichtsverfahrens nicht explizit angesprochen.[34] Das BVerfG sieht in ihr zwar ein Element des Rechtsstaatsprinzips (Art. 20 GG).[35] Eine zweckentsprechende gesetzliche Eingrenzung wird dadurch aber nicht ausgeschlossen, insbesondere wenn sie sich aus der Abwägung gegen andere Gewährleistungen der Verfassung ergibt. Hierfür kommt, wie aufgezeigt, insbesondere der Schutz der Persönlichkeitsrechte in Betracht.[36] Aber auch in Bezug auf die Rechtsstaatlichkeit weist die Öffnung des Verfahrens für die Öffentlichkeit eine gewisse Ambivalenz auf. So kann durch Interventionen aus dem Zuhörerraum – ein in der Praxis zunehmend zu beobachtendes Phänomen – der Verfahrensablauf gestört, u.U.

---

31 BVerwG NVwZ 2017, 65, 66.
32 Ähnlich *Hauser* FS Walder, 1994, S. 165, 174.
33 Zu dieser Funktionsbeschränkung der EUGRCh s. BVerwG, NVwZ 2017, 65, 69.
34 Anders Art. 90 BV, der jedoch in bundesrechtlich geregelten Verfahren keine Geltung hat; *Meder/Brechmann*, Die Verfassung des Freistaats Bayern, 5. Aufl. 2014, Art. 90 Rn. 2.
35 BVerfGE 103, 44, 63 = NJW 2001, 1633, 1635.
36 Kissel/*Mayer* (Fn. 3) § 169 Rn. 4.

sogar die richterliche Unabhängigkeit beeinträchtigt werden.[37] Vor allem aber kann die Befürchtung, durch die öffentliche Erörterung persönlicher Umstände Nachteile für Reputation, Kreditwürdigkeit oder Geheimnisschutz zu erleiden, einen vollständigen Sachvortrag und damit die Wahrheitsfindung verhindern;[38] nicht selten wird aus diesem Grund von einer gerichtlichen Rechtsverfolgung auch gänzlich Abstand genommen oder der Weg in die Schiedsgerichtsbarkeit gewählt.[39] So betrachtet lässt die Möglichkeit einer nichtöffentlichen Verhandlung eine Barriere beim Zugang zum Recht entfallen.

2. *Lösungen*

Es gilt somit Wege zu finden, die die Belange der Rechtsstaatlichkeit (Transparenz und Funktionalität des justiziellen Verfahrens, Zugang zum Recht) mit jenen des Persönlichkeitsschutzes in Einklang bringen.

a) Geltendes Recht

De lege lata bietet sich hierfür eine sachgemäße Anwendung der §§ 171b, 172 GVG an.[40] Aus dem Recht auf informationelle Selbstbestimmung lässt sich zwanglos ein schutzwürdiges Interesse am Unterbleiben einer öffentlichen Erörterung persönlicher Umstände ableiten. In größerem Umfang als bisher üblich müssten die Gerichte den Parteien aber Gelegenheit geben, sich zu dieser Frage zu äußern, um über einen etwaigen Antrag nach § 171b Abs. 3 S. 1 GVG oder ein Geheimhaltungsinteresse nach § 172 Nr. 2 GVG entscheiden zu können. Auf eine solche Entscheidung sollten auch die Rechtsanwälte verstärkt hinwirken. Die bisher herrschende, durch den Wortlaut der Vorschriften begünstigte Ansicht, eine »Ausschließung« der Öffentlichkeit komme nur ausnahmsweise in Betracht, wenn Umstände aus dem Kernbereich der Intimsphäre zu offenbaren sind,[41] wäre durch eine verfassungskonforme, den heutigen Vorstellungen vom Schutz des Persönlichkeitsrechts entsprechende Auslegung zu ersetzen.[42] Da die Entscheidung nach § 171b Abs. 5 GVG unanfechtbar ist, kann sie auch keine Revision gegen das Urteil begründen.[43]

---

37 *Schilken* (Fn. 3) Rn. 166.
38 Wieczorek/Schütze/*Schreiber* (Fn. 3) § 169 GVG Rn. 5; Kissel/*Mayer* (Fn. 3) § 169 Rn. 13; *Schilken* (Fn. 3) Rn. 165; *Simotta* ZZP 106 (1993) 469, 481.
39 *Grunsky* (Fn. 4) S. 224 f.; *Köbl* (Fn. 12), S. 248.
40 Ausreichend nach *Prütting* ZZP 106 (1993) 427, 467; *Wagner* ZZP 108 (1995) 193, 209.
41 So z.B. MüKo/*Zimmermann* (Fn. 3) § 171b Rn. 4. Nach BSG NZS 2007, 670, 672 sollte nicht einmal die Erörterung medizinischer Diagnosen schutzwürdige Belange verletzen.
42 In diesem Sinne auch BVerfGE 77, 1, 47 = NJW 1988, 890, 893; Stein/Jonas/*Jacobs* (Fn. 2) § 171b GVG Rn. 3.
43 Stein/Jonas/*Jacobs* (Fn. 2), § 171b GVG Rn. 11; Zöller/*Lückemann* (Fn. 2), § 171b GVG Rn. 9. Durch die Regelung sollte gerade vermieden werden, dass die Gerichte wegen der Revisionsanfälligkeit von einer an sich gebotenen Ausschließung der Öffentlichkeit absehen; BT-Drucks. 10/5305, S. 24.

b) Rechtsprechung

Die Ansicht, die Öffentlichkeit der Verhandlung gehöre zu den unverzichtbaren Verfahrensvorschriften, ist im Einklang mit den öffentlich-rechtlichen Verfahrensordnungen aufzugeben.[44] Dadurch würden sinnlose Verfahrensabläufe, wie der eingangs geschilderte, vermieden, desgleichen das widersprüchliche Ergebnis, dass die Parteien zwar auf eine mündliche Verhandlung in Gänze (§ 128 Abs. 2 ZPO), aber nicht auf deren Öffentlichkeit verzichten können.

Die Zivilgerichte sollten auch keine Scheu vor nichtöffentlichen Erörterungsterminen haben. Solche sieht die ZPO zwar, anders als VwGO und SGG, nicht ausdrücklich vor, sie schließt sie aber auch nicht aus.[45]

c) Gesetzgebung

Förderlich wäre aber auch ein klares Bekenntnis des Gesetzgebers zu einer dem modernen Verfassungsverständnis entsprechenden, auch vom Gleichlauf mit dem Strafprozess befreiten Modifizierung des Öffentlichkeitsgrundsatzes. Einen Vorstoß in diese Richtung hat schon 1961 die Kommission zur Vorbereitung einer Reform der Zivilgerichtsbarkeit unternommen.[46] Ihr Vorschlag, dass nichtöffentlich zu verhandeln ist, wenn die Parteien dies übereinstimmend beantragen, wurde allerdings nicht übernommen; das Bewusstsein um den Stellenwert der informationellen Selbstbestimmung war wohl noch nicht genügend entwickelt. Im Übrigen trüge die Notwendigkeit eines übereinstimmenden Antrags dem Belang des (oft nur einseitig aktuellen) Persönlichkeitsschutzes auch nicht ausreichend Rechnung.[47] Heutzutage müsste vielmehr über Lösungen für den Fall nachgedacht werden, dass nur eine Partei für die Nichtöffentlichkeit optiert. Dabei müsste man nicht so weit gehen wie § 52 Abs. 2 FGO, demzufolge die Öffentlichkeit auf Antrag des Steuerpflichtigen auszuschließen ist.[48] Eine für den Zivilprozess passendere, die Abwägung zwischen privaten und öffentlichen Belangen sicherstellende Regelung könnte vielmehr darin bestehen, dass das Gericht auf entsprechenden Antrag zu entscheiden hat, ob und ggf. inwieweit (etwa nur bei der Beweisaufnahme, der persönlichen Anhörung oder der Güteverhandlung) nichtöffentlich verhandelt wird.

d) Fazit

Aus Vorstehendem folgt das Plädoyer für einen wesentlich sensibleren Umgang mit dem Schutz der Persönlichkeitsrechte im Zivilprozess. Es geht nicht darum, die Publizität der Zivilrechtspflege vollständig aufzugeben und zur Kabinettsjustiz des 18.

---

44 S. oben bei Fn. 24 ff.
45 Dazu *Greger*, NJW 2014, 2554.
46 Bericht (hrsg. v. Bundesministerium der Justiz), S. 179 ff.
47 Ebenso *Grunsky* (Fn. 4), S. 225; *Köbl* (Fn. 15), S. 248.
48 So aber *Grunsky* (Fn. 4), S. 225; *Köbl* (Fn. 15), S. 248 ff.

Jahrhunderts zurückzukehren. Die seit jener Zeit eingetretenen Veränderungen im Rechts- und Wertesystem erfordern aber eine Neujustierung des Regel-Ausnahme-Verhältnisses. Kein Rechtsuchender sollte von der Verfolgung seiner Rechte Abstand nehmen müssen, weil er befürchtet, dass vor den Augen und Ohren von (meist nicht nur zufällig anwesenden) Zuhörern Umstände aus seiner privaten oder geschäftlichen Sphäre erörtert werden – eine Sorge, die durch die heutigen Möglichkeiten der Informationsverbreitung (Facebook, Twitter usw.) mehr Gewicht hat denn je zuvor.

Neue Rechtsprechung zur Kausalität der Pflichtwidrigkeit und ihrem Beweis

Peter Hanau

Widmung

Ein Beitrag zu einer Festschrift sollte möglichst einen Bezug oder sogar Nähe zu dem Jubilar haben. In meinem Fall liegt eine räumliche Nähe vor, denn die Institute des Jubilars und des Verfassers lagen sich im Hauptgebäude der Universität zu Köln gegenüber. Nahe waren und sind wir auch in der Ferne, in der Verbindung zu unseren japanischen Kollegen. Ziemlich nahe waren wir uns schließlich auf den Ranking-Listen der studentischen Fachschaft für die Lehre, allerdings immer mit deutlichem Vorsprung des meist an erster Stelle gesetzten Jubilars, dem ein »toller, lockerer und verständlicher Vortragsstil« bescheinigt wurde. Unsere Forschungsgebiete sind dagegen verschieden, doch hat meine 1971 im Druck erschienene Habilitationsschrift über »Die Kausalität der Pflichtwidrigkeit« in der Behandlung der Beweislast einen Bezug zu dem vom Jubilar so nachhaltig gepflegtem Verfahrensrecht. Neue Rechtsprechung zeigt die Aktualität des Themas und rechtfertigt wohl dessen Wiederaufnahme, die Hanns Prütting in kollegialer Verbundenheit gewidmet sei.

I. Gesetzliche Grundlagen

Bei der Kausalität der Pflichtwidrigkeit geht es um die Fragen, ob die Haftung für pflichtwidriges Verhalten auch eintritt, wenn pflichtmäßiges zum gleichen Schaden geführt hätte, und wer die Beweislast für diesen hypothetischen Ablauf trägt.

Wortlaut und Systematik zahlreicher, auch neuer Bestimmungen des BGB sprechen dafür, dass keine Haftung eintritt, wenn dem pflichtwidrig Handelnden der Entlastungsbeweis gelingt. So die mit der Schuldrechtsreform 2001 eingeführte grundlegende Bestimmung des § 280 Abs. 1: Wegen einer Pflichtverletzung kann der Gläubiger Ersatz des »hierdurch entstehenden Schadens« verlangen. Hier wird also nicht an eine pflichtwidrige Handlung angeknüpft, sondern an den rechtlichen Befund einer Pflichtverletzung. Durch eine Pflichtverletzung entsteht aber nur der Schaden, der ohne die Pflichtverletzung, das heißt bei pflichtmäßigem Verhalten nicht eingetreten wäre. Dies gilt entsprechend für § 839 BGB: Pflicht zum Ersatz des Schadens, der »daraus«, nämlich aus einer Amtspflichtverletzung entstanden ist. Andere Bestimmungen lassen den Einwand fehlender Kausalität der Pflichtwidrigkeit ausdrücklich zu, aber nur, wenn er von dem pflichtwidrig Handelnden bewiesen werden kann. So

§ 284: Haftung für frustrierte Aufwendungen, es sei denn, deren Zweck wäre auch ohne die Pflichtverletzung nicht erreicht worden. Entsprechende Bestimmungen finden sich in § 287 und für den praktisch besonders wichtigen Fall pflichtwidrig unterlassener ärztlicher Aufklärung in dem neuen §§ 630 h Abs. 2 S. 2: Genügt eine ärztliche Aufklärung nicht den gesetzlichen Anforderungen, kann der Behandelnde sich darauf berufen, dass der Patient auch bei ordnungsgemäßer Aufklärung eingewilligt hätte. Auch im Deliktsrecht sind solche Regelungen häufig: §§ 831 Abs. 1 S. 2, 832 Abs. 1 S. 2, 833 S. 2, 834 S. 2, 848. § 823 Abs. 2 iVm Abs. 1 bezeichnet die Schutzpflichtverletzung als Grundlage der Haftung für den daraus entstehenden Schaden. Nicht so deutlich ist § 823 Abs. 1, der auf die Verletzung des Lebens, des Körpers, der Gesundheit, der Freiheit, des Eigentums oder eines sonstigen Rechts eines anderen abstellt und zum Ersatz des daraus entstehenden Schadens verpflichtet. Dies könnte bedeuten, dass es hier nur auf die reale Verletzungshandlung ankommt, doch spricht der Ausdruck »sonstiges Recht« dafür, dass der Grund der Haftung nicht bloß in realer Verursachung, sondern in der mit ihr einhergehenden Rechtsverletzung liegt, das heißt in der Verletzung der Pflicht zu rechtmäßigem Verhalten.

II. Rechtsprechung

1. Rechtsgrundlagen

In der Rechtsprechung ist das Erfordernis einer Kausalität der Pflichtwidrigkeit grundsätzlich anerkannt. Es wird aber nicht aus den gesetzlichen Haftungstatbeständen abgeleitet, sondern aus dem Zweck der verletzten Verhaltenspflicht. Der neueren Rechtsprechung ist dies so selbstverständlich, dass sie es nur kurz[1] oder gar nicht mehr erwähnt.[2] Eine ausführliche Begründung findet sich noch in einer Entscheidung des BGH vom 24.10.1985[3]: die Ursächlichkeit einer Amtspflichtverletzung für den Schaden hänge davon ab, wie die Dinge verlaufen wären, wenn der Amtsträger pflichtgemäß gehandelt hätte, und wie sich die Vermögenslage des Betroffenen in diesem Falle darstellen würde. Dem sei nicht zu entnehmen, dass der Ursachenzusammenhang im natürlichen Sinn bei Amtspflichtverletzungen nach anderen Maßstäben zu beurteilen sei als im sonstigen Schadensersatzrecht. Vielmehr dürften zur Feststellung des Ursachenzusammenhanges nur die pflichtwidrige Handlung hinweggedacht, nicht aber weitere Umstände hinzugedacht werden. Es gehe hier nicht um die Kausalität der Amtspflichtverletzung, sondern um ein Zurechnungsproblem, das im allgemeinen Schadensersatzrecht unter dem Begriff des rechtmäßigen Alternativverhaltens erörtert werde. Die Auffassung, dass dieses Problem der Unterfall einer allgemeinen

---

1 BGH 9.3.2012, V ZR 165/11, Rn. 17; 14.7.2016, III ZR 446/15, Rn. 29; BAG 26.7.2016, 1 AZR 160/14, Rn. 68.
2 BGH 15.7.2016, V 168/15.
3 IX ZR 91/84, Rn. 55-57.

Kausalität der Pflichtwidrigkeit sei[4] teile der Senat nicht. Es gehe vielmehr um die der Bejahung des Kausalzusammenhangs nachfolgende Frage, inwieweit Schadensverursachern die Folgen ihres pflichtwidrigen Verhaltens bei wertender Betrachtung billigerweise zugerechnet werden können. Die Frage, ob und unter welchen Voraussetzungen der Einwand des rechtmäßigen Alternativverhaltens einem Schadenersatzanspruch entgegengesetzt werden kann, sei in der Rechtslehre umstritten und werde auch von der Rechtsprechung unterschiedlich beantwortet.[5] Der BGH habe zu ihr nicht grundsätzlich Stellung genommen. Der Senat schließe sich der Auffassung an, dass der Schutzzweck der jeweils verletzten Norm darüber entscheiden müsse, ob und inwieweit der Einwand im Einzelfall erheblich sei. Für das Notarhaftungsrecht gelte insoweit nichts anderes als im allgemeinen Schadensersatzrecht. Der Grundsatz über die Ursächlichkeit von Amtspflichtverletzungen könne nicht dazu dienen, die Zurechnungsfrage schematisch zu lösen.

Damit wird nicht nur auf eine Ableitung aus den Haftungstatbeständen verzichtet, sondern auch auf eine Einordnung der Kausalität der Pflichtwidrigkeit in die Systematik des Haftungsrechts. Der ganz allgemeine Begriff der Zurechnung besagt dazu nichts. Stattdessen wird der von *v. Caemmerer*[6] eingeführte Begriff des rechtmäßigen Alternativverhaltens verwendet, der das Problem anschaulich beschreibt, aber eine Lösung nicht einmal andeutet.

Die Ableitung aus dem Zweck der einzelnen Verhaltenspflichten hat einen theoretischen und einen praktischen Nachteil. Schon theoretisch kann der Zweck der einzelnen Verhaltensnormen das Erfordernis einer Kausalität der Pflichtwidrigkeit nicht erklären, da die Haftungsvoraussetzungen jedenfalls grundsätzlich nur in den Haftungstatbeständen zu finden sind. Ganz unpraktisch ist die Ableitung aus dem Normzweck, weil die Zwecke der einzelnen Verhaltenspflichten ganz verschieden sind. Wenn dann noch auf die Billigkeit bei wertender Betrachtung abgestellt wird, verlagert sich die Rechtslage ganz in das richterliche Billigkeitsgefühl. Freilich haben alle Verhaltensnormen einen gemeinsamen Zweck, sie wollen Schäden durch normwidriges Verhalten verhindern, aber auf diesen gemeinsamen Normzweck wird von der Rechtsprechung gerade nicht abgestellt.

2. Neue Rechtsprechung zum Beweis der Kausalität der Pflichtwidrigkeit

Die aufgezeigten Mängel der Normzwecklehre wirken sich besonders bei der oft über den Prozessausgang entscheidenden Frage aus, wer die Kausalität der Pflichtwidrigkeit bzw. ihr Fehlen zu beweisen hat. Die Rechtsprechung zeigt Verständnis dafür, dass dem Geschädigten der Beweis schwer fällt, da es sich um einen hypothetischen Kausalverlauf handelt. Bei der Schadensberechnung ist allgemein anerkannt, dass der Beweis hypothetischer Kausalverläufe dem Schädiger obliegt; warum nicht

---

4 Dazu Hinweis auf Hanau, Die Kausalität der Pflichtwidrigkeit.
5 Zahlreiche Nachweise in Rn. 57.
6 Das Problem der überholenden Kausalität im Schadensersatzrecht, 1962.

auch hier? Statt einer klaren Antwort auf diese einfache Frage spaltet die Rechtsprechung die Verhaltenspflichten in einzelne Fallgruppen auf, denen sie verschiedene Beweisregeln zuordnet. Es ist nicht verwunderlich, dass der BGH von den so gewonnenen Ergebnissen nicht mehr überzeugt ist und einen neuen, allerdings immer noch gruppenbezogenen Ansatz wählt. Leitsatz 1 der grundlegenden Entscheidung vom 15.7.2016, 5 ZR 168/15, lautet:

Die Vermutung der Ursächlichkeit eines Beratungsfehlers des Verkäufers für den Entschluss des Käufers zum Erwerb einer als Kapitalanlage angebotenen Immobilie (Kausalitätsvermutung) ist auch anzuwenden, wenn sich der Käufer bei richtiger Information in einem Entscheidungskonflikt befunden hätte.

Schon der Ausgangspunkt dieser Entscheidung ist gruppenbezogen, denn es geht um einen Beratungsfehler von Verkäufern. Zur Beweisfrage heißt es dann (Rn. 10 ff.), nach der bisherigen Rechtsprechung des Senats setze die Kausalitätsvermutung allerdings voraus, dass es für den anderen Teil bei aufklärungsrichtigem Verhalten des Verkäufers vernünftigerweise nur eine bestimmte Reaktion auf die Aufklärung gebe und die Möglichkeit eines Interessenkonflikts ausscheide. Daran werde nicht festgehalten, da der 2. Zivilsenat nunmehr für die Aufklärungspflichtverletzung durch fehlerhafte Prospektangaben eine Kausalitätsvermutung annehme, die zu widerlegen Sache des Aufklärungspflichtigen sei. Ob hierfür die Grundsätze des Anscheinsbeweises oder der Beweislastumkehr anzunehmen seien, habe der 2. Zivilsenat offengelassen.[7] Ebenso habe der 3. Senat für die Haftung für Anlagevermittlern oder Anlageberatern entschieden.[8] Vor dem Hintergrund dieser Rechtsprechung gehe der 5. Senat nunmehr davon aus, dass die Vermutung der Ursächlichkeit eines Beratungsfehlers für den Entschluss des Käufers zum Erwerb einer als Kapitalanlage angebotenen Immobilie (Kausalitätsvermutung) auch anzuwenden sei, wenn sich der Käufer bei richtiger Information in einem Entscheidungskonflikt befunden hätte. In diesem Fall sei es Sache des Verkäufers darzutun, dass die dem Käufer erteilten Fehlinformationen für dessen Entscheidung zum Kauf irrelevant gewesen sind, der Käufer sich also auch bei richtiger Aufklärung zum Erwerb entschlossen hätte. Ob es sich bei dieser Kausalitätsvermutung um eine Beweiserleichterung im Sinne eines Anscheinsbeweises oder um eine zur Beweislastumkehr führende widerlegliche Vermutung handele[9], lässt der Senat, insofern dem 2. Senat folgend[10], offen.

Der 9. Senat des BGH ist dem nicht gefolgt. Er hält daran fest, dass in den Fällen der Rechts- und Steuerberaterhaftung die Beweiserleichterungen für den Ursachenzusammenhang zwischen Pflichtverletzung und Schaden nach den Grundsätzen des Anscheinsbeweises zu bestimmen sind. Lasse der Mandant die Frage offen, für welche von mehreren möglichen Vorgehensweisen er sich bei pflichtgemäßer Beratung entschieden hätte, sei die notwendige Schadenswahrscheinlichkeit nur gegeben, wenn

---

7 BGH 11.2.2014, 2 ZR 273/12, Rn. 11.
8 Nachweise in Rn. 20.
9 Dazu Hinweis auf BGH 8.5.2012, 11 ZR 262/10, Rn. 29.
10 Dazu Hinweis auf BGH 11.2.2012, 2 ZR 273/12, Rn. 10.

diese sich für alle in Betracht kommenden Ursachenverläufe ergibt; sie müsse für alle diese Ursachenverläufe dargelegt und bewiesen werden.[11]

Für ärztliche Beratungsfehler ist die Beweisfrage nun durch den neuen § 630 h Abs. 2 S. 2 geklärt, der dem Behandelnden die Darlegungs- und Beweislast für den hypothetischen Kausalverlauf überträgt.[12] Eine Entscheidung des BGH vom 17.11.2015[13] meint allerdings, dass hinsichtlich der Kausalität eines unterlassenen ärztlichen Hinweises auf die Dringlichkeit der diagnostischen Abklärung einer koronaren Herzerkrankung für den Tod des Patienten keine Beweiserleichterung eingreife.

Diese Entwicklung der Rechtsprechung spricht dafür, dass sie sich am Ende doch allgemein für die Erheblichkeit der Kausalität der Pflichtverletzung und die Beweislast des Geschädigten entscheiden wird. Sie hätte es einfacher haben können, wenn sie sich an die gesetzlichen Grundlagen gehalten hätte, in denen dies vielfach zum Ausdruck kommt. In rechtsdogmatischer Hinsicht könnte die Rechtsprechung dem Aufbau der gesetzlichen Grundlagen folgend den für die Haftung maßgeblichen Kausalzusammenhang auf die Pflichtverletzung beziehen und müsste dann die natürliche Kausalität oder bei Unterlassungen die Möglichkeit ihrer Verhinderung als einen vom Geschädigten zu beweisenden Teil der erforderlichen Kausalität ansehen. Denkbar ist auch, die haftungsbegründende Kausalität nur auf den realen Verlauf zu beziehen und die Kausalität der Pflichtwidrigkeit als Bestandteil des Rechtswidrigkeitszusammenhanges zur Beweislast des Schädigers zu rechnen.

3. Unerhebliches Alternativverhalten

All dies bedeutet nicht, dass der Normzweck der Verhaltenspflichten für die Abgrenzung der Haftung unerheblich sei. Bedeutsam sind aber nicht die verschiedenartigen Zwecke der einzelnen Verhaltenspflichten, sondern ihr allgemeiner Zweck, Schäden zu vermeiden, die bei pflichtgemäßem Verhalten nicht eingetreten wären. Dies bedeutet, dass rechtmäßiges Alternativverhalten, das zum gleichen Schaden geführt hätte, nur erheblich ist, wenn es gerade in der Einhaltung der Pflicht bestanden hätte, deren Verletzung die Haftung begründet. Rechtmäßiges Alternativverhalten, das zwar den gleichen Erfolg herbeigeführt hätte, aber für den Vorwurf der Pflichtverletzung unerheblich ist, kann die Haftung nicht ausschließen. Darauf dürfte sich die Rechtsprechung beziehen, wenn sie nicht gebotenes, sondern nur mögliches Alternativverhalten für unerheblich erklärt.[14] Deshalb ist es z.B. für die Haftung wegen Vertragsverletzung unerheblich, dass der Schuldner vom Vertrag zurücktreten konnte.

---

11 Zuletzt BGH 16.7.2015, 9 ZR 197/14, Leitsätze 1 und 2.
12 Jauernig/Mansel, BGB, 16. Aufl 2015, § 630h, Rn. 17.
13 ZR 476/14, Rn. 20.
14 BGH 9.3.2012, V ZR 156/11, Rn. 23; 14.7.2016 13 ZR, 446/15, Rn. 31.

4. Arbeitskampfrechtlicher Sonderweg?

Im Arbeitskampfrecht hat das BAG einen Sonderweg eingeschlagen und einer zugleich um rechtmäßige und rechtswidrige Forderungen streikenden Gewerkschaft den Einwand versagt, dass der Streik auch ohne die rechtswidrigen Forderungen entstanden wäre.[15] Schon früher wurde einer Gewerkschaft der Einwand versagt, ein gegen die Friedenspflicht verstoßender Streik hätte auch bei ihrer Einhaltung, also bei späterem Beginn, zu den gleichen Schadensfolgen geführt.[16] Zur Begründung wurde damals ausgeführt, wenn dagegen in Rede stünde, ob derjenige, der selbst einen realen Haftungstatbestand gesetzt habe, sich darauf berufen könne, dass er u. U. den Schaden auch legal und dann ohne Ersatzpflicht hätte verursachen können, müsse jedenfalls bei Vertragsverletzungen im Interesse der Vertragstreue, die ein oberster Grundsatz unserer Rechtsordnung sei, das Prinzip der zivilrechtlichen Prävention den Vorrang haben. Die Entscheidung vom 26.7.2016 hat das nicht wieder aufgenommen. Der Ausschluss des Einwandes rechtmäßigen Alternativverhaltens folge nicht aus einer der Friedenspflicht beizumessenden Funktion, dass mit ihr die typischerweise schwerwiegenden Folgen kollektiver Kampfmaßnahmen vermieden werden sollen (Rn. 71). Ebenso trage der Gedanke nicht, dass im Arbeitskampfrecht die Verletzung der Friedenspflicht praktisch weitgehend sanktionslos bliebe, wenn man die Möglichkeit eines zulässigen Streiks als rechtmäßige Alternative in Betracht ziehen würde. Eine sanktionierende Wirkung sei dem Schadensersatzrecht im Allgemeinen fremd; auch die Schadensersatzpflicht bei rechtswidrigem Streik habe Ausgleichs- und keine Sanktionsfunktion. In einem gewissen Widerspruch dazu heißt es dann aber (Rn. 72.), die Friedenspflicht solle verhindern, dass Änderungen des Tarifvertrages durch Arbeitskampf durchgesetzt werden. Sie sei darauf gerichtet, für die Dauer ihres Bestehens die Schädigung des Arbeitgebers durch einen Streik »als solchen« auszuschließen. Hiervon ausgehend könne die Beklagte nicht entlasten, dass ein von ihr getragener Streik ohne friedenspflichtverletzende Forderungen die gleichen Folgen gehabt hätte. Es hätte sich wegen des dann anderen Streikziels um einen anderen Arbeitskampf gehandelt. Ein solcher vermöge keine alternative Handlung abzugeben. Andernfalls würde im Rahmen von Zurechnungserwägungen an die Stelle eines aus materiellen Gründen rechtswidrigen Streiks ein Streik mit anderem Inhalt gesetzt. Die Berücksichtigung rechtmäßigen Alternativverhaltens führt aber immer dazu, dass gedanklich an die Stelle einer rechtswidrigen eine rechtmäßige Handlung mit anderem Inhalt gesetzt wird. Insofern ist das Schlussargument des BAG nicht überzeugend. Hinter ihm steht vielleicht doch der Sanktionsgedanke.

Das BAG sieht eine Stütze für dieses Argument in einer Entscheidung des BGH vom 3.2.2000 zu »behördlichem Handeln und hypothetischem Verwaltungsakt«.[17] In dieser wurde ein Amtshaftungsanspruch wegen Verbots einer zuvor erlaubten Gewässernutzung bejaht, obwohl die Erlaubnis hätte widerrufen werden können.

---

15   BAG 26.7.2016, 1 AZR 160/14. Ebenso schon BAG 8.2.1957, 1 AZR 169/55.
16   BAG 31.10.1958, 1 AZR 632/57.
17   III 296/98 zu Abs. 2b der Gründe.

Dies ist in der Tat ein Beispiel für unerhebliches Alternativverhalten in dem oben (3) wiedergegebenen Sinn, denn der Widerruf der Erlaubnis war nicht das von der verletzten Verhaltenspflicht gebotene Verhalten. Geboten war nicht der Widerruf der Erlaubnis, sondern ihre Beachtung, solange sie bestand. Anders bei der Verbindung von rechtmäßigen und rechtswidrigen Streikforderungen; das gebotene Verhalten war die Unterlassung letzterer.

III. Fazit

Der Beweis der Kausalität der Pflichtwidrigkeit bzw. ihres Fehlens ist immer noch ein großes Thema und Problem der Rechtsprechung. Langsam, aber unsicher, bewegt sie sich von fallbezogenen, kleinteiligen Ansätzen auf eine große Lösung zu: Fehlende Kausalität der Pflichtwidrigkeit ist beachtlich, aber vom Schädiger zu beweisen.

Europarechtliche Vorgaben zum Beweismaß im Zivilprozess

WOLFGANG HAU

I. Einleitung

Beim Beweismaß geht es um den Grad an Gewissheit, der erforderlich ist, damit das Gericht eine entscheidungsrelevante Tatsache, die es seiner Rechtsanwendung nicht ohnehin (etwa infolge eines Geständnisses) zugrundezulegen hat, als gegeben erachten darf. Man sollte meinen, dass zu einer derart zentralen verfahrensrechtlichen Frage im Wesentlichen längst Einvernehmen herrscht und allenfalls Details gelegentlich noch kontrovers diskutiert werden. Aber weit gefehlt: das Thema ist und bleibt ein Faszinosum, über das im deutschsprachigen Raum nach wie vor leidenschaftlich gestritten wird.[1] Eingehend erörtert wurde und wird das Beweismaß auch aus interdisziplinär bzw. international vergleichender Perspektive[2] sowie unter kollisionsrechtlichen Gesichtspunkten.[3] Das Augenmerk der folgenden Skizze gilt hingegen, nach einer kurzen Positionierung zur deutschen Diskussion (II), einem Aspekt, der bislang

---

1 Beachte schon *Prütting*, Gegenwartsprobleme der Beweislast, 1983, S. 59 ff. m. Nachw. zum damaligen Streitstand. Neuen Schwung hat die Diskussion erhalten durch *Schweizer*, Beweiswürdigung und Beweismaß – Rationalität und Intuition, 2015, insbes. S. 425 ff. Beachte dazu die Rezension von *Ahrens*, ZZP 129 (2016), 383; zudem *Prütting*, in: Münchener Kommentar ZPO, 5. Aufl. 2016, § 286 Rz. 38a; *Rüssmann*, Das flexible Beweismaß – eine juristische Entdeckung, FS Gottwald, 2014, S. 539.

2 Sowohl den Zivil- als auch den Strafprozess behandeln etwa *Frisch*, Freie Beweiswürdigung und Beweismaß, FS Stürner, 2013, Bd. I, S. 849, 863 ff.; *Schweizer*, Einheit des Beweismaßes – Soll im Straf- und Zivilprozessrecht das gleiche Beweismaß gelten?, in: Effer-Uhe, Einheit der Prozessrechtswissenschaft?, 2016, S. 341. – Monographisch zur vergleichenden Analyse ausländischer Rechtsordnungen *Brinkmann*, Das Beweismaß im Zivilprozess aus rechtsvergleichender Sicht, 2005. Beachte zudem *ders.*, The Synthesis of Common and Civil Law Standard of Proof Formulae in the ALI/UNIDROIT Principles of Transnational Civil Procedure, ULR 9 (2004), 875; *Gottwald*, Das flexible Beweismaß im englischen und deutschen Zivilprozess, FS Henrich, 2000, S. 165; *Habscheid*, Beweislast und Beweismaß – ein kontinentaleuropäisch-angelsächsischer Rechtsvergleich, FS Baumgärtel, 1990, S. 105; *Scherpe*, Alleviations of Proof in German and English Civil Evidence, RabelsZ 80 (2016), 888, 900 ff.; *Schweizer*, The civil standard of proof – what is it, actually?, Int.J. Evidence & Proof 20 (2016), 217; *Stürner*, Beweiswürdigung, Beweisregeln und Beweismaß im Europäischen Zivilprozess, GS Koussoulis, 2012, S. 781, 790 f. Angesprochen wird das Beweismaß auch in einigen der Länderberichte bei *Nagel/Bajons*, Beweis – Preuve – Evidence, 2003, vgl. S. 792 f.

3 Vgl. aus neuerer Zeit nur *Brinkmann*, Das lex fori-Prinzip und Alternativen, ZZP 129 (2016), 461, 481 f.; *Bücken*, Internationales Beweisrecht im Europäischen internationalen

kaum thematisiert wurde, nämlich etwaigen europarechtlichen Vorgaben zum zivilprozessualen Beweismaß (III), und einem Ausblick auf die weitere Entwicklung (IV).

II. Beweismass im deutschen Recht

Ausgangspunkt für die Bestimmung des Beweismaßes im deutschen Zivilprozess ist der Wortlaut von § 286 Abs. 1 ZPO, wonach das Gericht zu der »Überzeugung« gelangen muss, dass die tatsächliche Behauptung »für wahr oder für nicht wahr zu erachten sei«. Dabei sollte man keinen Widerspruch zwischen Wahrheit und bloßer Wahrscheinlichkeit konstruieren; denn das Gesetz verlangt vom Richter nicht etwa, nach der »objektiven Wahrheit« zu suchen, sondern nur, herauszufinden, was er als wahr erachtet. Und diese richterliche Überzeugung von der Wahrheit kann durchaus als Grad einer – sehr hohen – Wahrscheinlichkeit interpretiert werden: Gelangt der Richter zu der Erkenntnis, dass der zum Beweis einer Tatsache erforderliche Wahrscheinlichkeitsgrad im konkreten Fall erreicht ist, so hat er sich von der Wahrheit überzeugt, wobei er gemäß § 286 Abs. 1 S. 2 ZPO Rechenschaft vom Prozess seiner Überzeugungsbildung abzulegen hat.

Zur Anschlussfrage, wann sich der Richter überzeugt geben darf, bewährt sich nach wie vor die berühmte Faustformel des BGH aus der Anastasia-Entscheidung: Geboten ist ein für das praktische Leben brauchbarer Grad von Gewissheit, der den Zweifeln Schweigen gebietet, ohne sie völlig auszuschließen.[4] Damit verbunden ist richtigerweise eine Absage an die These, dass sich der Richter schon mit der überwiegenden Wahrscheinlichkeit begnügen dürfe.[5] Daher gilt: stehen sich im Prozess zwei unvereinbare Tatsachenbehauptungen gegenüber, ist der Richter aber weder von der einen noch von der anderen überzeugt, so darf er nicht etwa die wahrscheinlichere der beiden zugrundelegen, sondern muss anhand der Beweislastregeln entscheiden.[6]

Von der Bestimmung des Regelbeweismaßes zu unterscheiden ist die Einsicht, dass im deutschen Recht durchaus Variationen in Betracht kommen, also für bestimmte Tatsachen bzw. in bestimmten Prozesskonstellationen verschiedene »Beweismaßstä-

---

Schuldrecht, 2016, S. 185 ff.; *Schack*, Beweisregeln und Beweismaß im Internationalen Zivilprozessrecht, FS Coester-Waltjen, 2015, S. 725, 730 f.
4 BGH, 17.2.1970 – III ZR 139/67, NJW 1970, 946, 948.
5 Ebenso etwa *Ahrens*, Der Beweis im Zivilprozess, 2015, Kap. 15 Rz. 43 ff.; *ders.*, ZZP 129 (2016), 383, 386; *Foerste*, in: Musielak/Voit, ZPO, 13. Aufl. 2016, § 286 Rz. 18; *Greger*, in: Zöller, ZPO, 31. Aufl. 2016, § 286 Rz. 18 f.; *Laumen*, in Baumgärtel/Laumen/Prütting, Handbuch der Beweislast – Grundlagen, 3. Aufl. 2016, Kap. 5 Rz. 10 ff.; *ders.*, in: Prütting/Gehrlein, ZPO, 8. Aufl. 2016, § 286 Rz. 24; *Leipold*, in: Stein/Jonas, 22. Aufl. 2008, § 286 Rz. 5 und 9; *Prütting*, Gegenwartsprobleme (Fn. 1), S. 73 ff.; MünchKommZPO/*Prütting*, § 286 Rz. 35 f.; *Schilken*, Zivilprozessrecht, 7. Aufl. 2014, Rz. 478, 489. – Anders aber nunmehr wieder *Schweizer*, Beweiswürdigung (Fn. 1), S. 482 ff. m. w. Nachw.
6 Treffend etwa *Katzenmeier*, Beweismaßreduzierung und probabilistische Proportionalhaftung, ZZP 117 (2004), 187, 213 f.; Stein/Jonas/*Leipold*, § 286 Rz. 9; MünchKommZPO/ *Prütting*, § 286 Rz. 35 f. Grundlegend zur gebotenen Trennung von Beweislast und Beweismaß schon *Prütting*, Gegenwartsprobleme (Fn. 1), S. 66 ff., 84 ff.

be« (*standards of proof*) gelten können. Denkbar ist dies als Erhöhung bzw. Verschärfung des Regelbeweismaßes oder umgekehrt als Herabsetzung bzw. Abmilderung. Im deutschen Recht, das ohnehin von einem hohen Regelbeweismaß ausgeht, wird eine weitere Erhöhung freilich eher selten relevant.[7] Weitaus bedeutsamer sind Abmilderungen, also Regeln, wonach ein geringerer Grad an richterlicher Überzeugung genügt. So sind schon in der ZPO Fälle geregelt, in denen einer Partei nur die »Glaubhaftmachung« bestimmter Tatsachen abverlangt wird (vgl. etwa § 104 Abs. 2, § 118 Abs. 2, § 236 Abs. 2, § 920 Abs. 2 und § 936 ZPO). Der damit befasste § 294 ZPO bestimmt die in Betracht kommenden Beweismittel, definiert aber nicht, was mit Glaubhaftmachung gemeint ist. Allerdings besteht Einvernehmen, dass es um eine Herabsetzung des Regelbeweismaßes geht. Dies wird meist so formuliert, dass überwiegende Wahrscheinlichkeit ausreicht: Der Richter muss das Vorliegen der fraglichen Tatsache für wahrscheinlicher halten als ihr Nichtvorliegen.[8]

Variationen des für den Zivilprozess maßgeblichen Regelbeweismaßes sind in Deutschland nicht nur in der ZPO, sondern weitaus häufiger noch in materiell-rechtlichen Vorschriften vorgesehen. Ein bekanntes Beispiel ist § 252 BGB, wonach der zu ersetzende Schaden den entgangenen Gewinn umfasst, welcher »mit Wahrscheinlichkeit erwartet werden konnte«.[9] Zu betonen ist allerdings, dass das Regelbeweismaß und seine Variationen – Erleichterungen oder Verschärfungen – im deutschen Recht grundsätzlich abstrakt-generell festgelegt sind:[10] Sie ergeben sich in erster Linie aus dem Gesetz, können aber auch gewohnheitsrechtlich anerkannt sein; und als Vorstufe eines solchen Gewohnheitsrechts kommt auch eine (vorsichtige) richterliche Rechtsfortbildung für typisierbare Fallgruppen in Betracht.[11]

Nicht zu folgen ist demgegenüber der weitergehenden Lehre vom flexiblen Beweismaß, wonach das Gesetz es dem Richter erlaube, sich seine Überzeugung unterschiedlich leicht zu bilden, nämlich jeweils mit Rücksicht auf die Bedeutung der Tatsachen, etwaige Beweisschwierigkeiten oder auch den materiell-rechtlichen Kontext.[12] Die dem zugrundeliegende Vorstellung, dass letztlich in jedem Einzelfall ein

---

7 Umstritten ist, ob eine Erhöhung des Regelbeweismaßes schon dann angezeigt ist, wenn das Gesetz formuliert, dass ein Umstand »offenbar« sein muss (vgl. bspw. § 319 Abs. 1, § 660 Abs. 1, § 2155 Abs. 3 BGB). So etwa Baumgärtel/Laumen/Prütting/*Laumen*, Kap. 5 Rz. 17; *Prütting*, Gegenwartsprobleme (Fn. 1), S. 83; MünchKommZPO/*Prütting*, § 286 Rz. 43. Dagegen etwa Musielak/Voit/*Foerste*, § 286 Rz. 20.
8 Vgl. etwa *Ahrens*, Beweis (Fn. 5), Kap. 17 Rz. 89; MünchKommZPO/*Prütting*, § 294 Rz. 24 f.
9 Weitere Beispiele etwa bei Baumgärtel/Laumen/Prütting/*Laumen*, Kap. 5 Rz. 14.
10 Vgl. etwa *Ahrens*, Beweis (Fn. 5), Kap. 15 Rz. 42 f.; Musielak/Voit/*Foerste*, § 286 Rz. 18; Zöller/*Greger*, § 286 Rz. 20; *Jäckel*, Das Beweisrecht der ZPO, 2. Aufl. 2014, Rz. 738; Baumgärtel/Laumen/Prütting/*Laumen*, Kap. 5 Rz. 8; Stein/Jonas/*Leipold*, § 286 Rz. 10; MünchKommZPO/*Prütting*, § 286 Rz. 35; *Schilken*, Zivilprozessrecht, Rz. 489.
11 Klarstellend *Prütting*, Gegenwartsprobleme (Fn. 1), S. 87 ff.; Baumgärtel/Laumen/Prütting/*Laumen*, Kap. 5 Rz. 15 und 18.
12 Dafür aber *Brinkmann*, Beweismaß (Fn. 2), S. 66 ff.; *Gottwald*, FS Henrich, S. 165, 173 ff.; Rosenberg/Schwab/Gottwald, Zivilprozessrecht, 17. Aufl. 2010, § 114 Rz. 15; *Rüssmann*, FS Gottwald, S. 539, 547 ff.

pragmatisch abgestufter flexibler Maßstab gilt, steht nicht in Einklang damit, dass der deutsche Gesetzgeber es erkennbar als seine Aufgabe betrachtet, das Beweismaß festzulegen. Und das gilt nicht nur für das Regelbeweismaß, sondern auch für Abstufungen wie die Glaubhaftmachung:[13] Geht man davon aus, dass in den Fällen des § 294 ZPO ohnehin schon die überwiegende Wahrscheinlichkeit genügt, so erscheint ein weiteres Absenken des Beweismaßes kaum möglich. Insbesondere darf der Richter eine Tatsache nicht als glaubhaft gemacht betrachten, wenn er das Gegenteil für wahrscheinlicher hält.[14]

III. Europarechtliche Vorgaben

1. Überblick

Die Europäische Union hat keine allgemeine Gesetzgebungskompetenz im Bereich des Zivilverfahrensrechts. Es gibt daher auch kein echtes »europäisches Beweisrecht«, vielmehr allenfalls punktuelle Ansätze hierfür.[15] So hat das EU-Recht längst erhebliche Bedeutung für die Zusammenarbeit bei der grenzüberschreitenden Beweiserhebung (vgl. Art. 81 Abs. 2 lit. d AEUV); in der einschlägigen EuBewVO Nr. 1206/2001[16] geht es aber nur um die internationale Rechtshilfe und die extraterritoriale Beweisaufnahme, nicht hingegen um die hier interessierenden Fragen. Das zivilprozessuale Beweismaß ist auch in keinem sonstigen europäischen Rechtsakt allgemeingültig festgelegt.[17] Erstaunlicherweise fehlt selbst für das sog. Einheitspatent, für das ein ausführliches Verfahrensregime geschaffen wurde, eine allgemeine Bestimmung zum Beweismaß.[18] Allerdings gibt es Richtlinien und Verordnungen zu speziellen Rechtsgebieten, bei denen es nahe liegt, dass der europäische Gesetzgeber gewisse Vorgaben zum Beweismaß machen möchte. Dieses Phänomen wird zwar in verschiedenen Zusammenhängen erkannt, bislang aber – soweit ersichtlich – kaum rechtsaktübergreifend diskutiert.[19]

---

13 Insoweit für ein flexibles Beweismaß aber *Schweizer*, Beweiswürdigung (Fn. 1), S. 550 ff.; tendenziell auch *Ahrens*, ZZP 129 (2016), 383, 386.

14 Klarstellend MünchKommZPO/*Prütting*, § 286 Rz. 38a. Zöller/*Greger*, § 294 Rz. 6, fordert zwar Flexibilität bei der Glaubhaftmachung, dies aber nur im Sinne einer Verschärfung der Formel von der überwiegenden Wahrscheinlichkeit.

15 Vgl. hierzu die Beiträge aus verschiedenen Rechtsdisziplinen bei *Mahraun*, Bausteine eines europäischen Beweisrechts, 2007.

16 ABl. 2001 L 174/1.

17 Vgl. auch *Scherpe*, RabelsZ 80 (2016), 888, 900: »Neither European law nor Article 6 ECHR requires a default standard of proof in civil proceedings.«

18 Dazu *Ahrens*, Besonderheiten der Beweiserhebung im EPG-Verfahren, GRUR 2017, 323, 326, der vorschlägt, im Umkehrschluss zu Art. 55 Abs. 2 EPGÜ (ABl. 2013 C 175/1) von einem hohen Regelbeweismaß auszugehen.

19 Erste Hinweise zu diesem Thema finden sich bei *Bülow*, Beweislast und Beweismaß im Recht der Europäischen Gemeinschaften, EWS 1997, 155, 163 f., sowie unter demselben

2. Beispiele

a) Kartellrecht

Der Durchführung der primärrechtlichen Vorschriften zum Schutz des Wettbewerbs, die heute in Art. 101 und 102 AEUV geregelt sind, dient die Verordnung Nr. 1/2003 vom 16. Dezember 2002.[20] Sie regelt in Art. 2 zwar die Beweislast, stellt aber in Erwägungsgrund Nr. 5 klar, dass sie die nationalen Rechtsvorschriften über das Beweismaß und die Beweiswürdigung nicht berührt. Daher geht auch der EuGH in ständiger Rechtsprechung von der Maßgeblichkeit des mitgliedstaatlichen Rechts aus. Er betont aber zugleich den sog. Effektivitätsgrundsatz, wonach das nationale Prozessrecht die wirksame Anwendung der Art. 101, 102 AEUV nicht beeinträchtigen darf; daraus leitet der EuGH beispielsweise ab, dass der Beweis für einen Verstoß gegen das EU-Wettbewerbsrecht auch mittels Indizien erbracht werden kann.[21]

Um die praktische Durchsetzung des EU-Wettbewerbsrechts weiter zu verbessern, wurde die Richtlinie 2014/104/EU vom 26. November 2014 über bestimmte Vorschriften für Schadensersatzklagen nach nationalem Recht wegen Zuwiderhandlungen gegen wettbewerbsrechtliche Bestimmungen der Mitgliedstaaten und der Europäischen Union erlassen.[22] Die Richtlinie sieht etliche beweisrechtlich relevante Regelungen vor, insbesondere zur Offenlegung von Beweismitteln (Art. 5 ff.), zur Beweisvereitelung (Art. 8), zum Anscheinsbeweis (Art. 9 Abs. 2) sowie zur Beweislast (Art. 13–15 und 17). Zudem finden sich Vorschriften, die ersichtlich von einem eigenständigen Beweismaß ausgehen. So heißt es in Art. 5 Abs. 1 S. 1: »Die Mitgliedstaaten gewährleisten, dass in Verfahren über Schadensersatzklagen in der Union auf Antrag eines Klägers, der eine substantiierte Begründung vorgelegt hat, die mit zumutbarem Aufwand zugängliche Tatsachen und Beweismittel enthält, die die Plausibilität seines Schadensersatzanspruchs ausreichend stützen, die nationalen Gerichte unter den Voraussetzungen dieses Kapitels die Offenlegung von relevanten Beweismitteln durch den Beklagten oder einen Dritten, die sich in deren Verfügungsgewalt befinden, anordnen können.« Im Übrigen bekräftigt Art. 4 S. 1 den vom EuGH entwickelten Effektivitätsgrundsatz: Vorgeschrieben ist, »dass alle nationalen Vorschriften und Verfahren für die Geltendmachung von Schadensersatzansprüchen so gestaltet sind und so angewandt werden, dass sie die Ausübung des Unionsrechts auf vollständigen Ersatz des durch eine Zuwiderhandlung gegen das Wettbewerbsrecht verursachten Schadens nicht praktisch unmöglich machen oder übermäßig erschweren«. Art. 17

Titel bei *dems.*, in: Baumgärtel/Laumen, Handbuch der Beweislast im Privatrecht, Bd. 2, 2. Aufl. 1999, Rz. A 5 f. und C 1–3.
20 ABl. 2003 L 1/1.
21 EuGH, 21.1.2016 – C-74/14 (Eturas/Lietuvos Respublikos konkurencijos taryba), EuZW 2016, 435, 437 f.
22 ABl. 2014 L 349/1. Die Richtlinie war bis zum 27.12.2016 umzusetzen. Zu spät kam daher in Deutschland das 9. Gesetz vom 1.6.2017 zur Änderung des Gesetzes gegen Wettbewerbsbeschränkungen, BGBl. 2017 I, 1416. Beachte dazu den Regierungsentwurf in BT-Drucks. 18/10207.

Abs. 1 stellt klar, dass das auch speziell für die nationalen Regeln zur Beweislast und zum Beweismaß hinsichtlich der Ermittlung des Schadensumfangs gilt und dass die Möglichkeit einer richterlichen Schadensschätzung vorgesehen sein muss. Verweisend auf diese sekundärrechtlichen Vorgaben hat der BGH klargestellt, dass für die Frage, ob und in welcher Höhe ein Schaden durch einen Kartellrechtsverstoß entstanden ist, nicht das Regelbeweismaß des § 286 ZPO, sondern das geringere Beweismaß des § 287 Abs. 1 ZPO gelte; es genüge also schon eine deutlich überwiegende, auf gesicherter Grundlage beruhende Wahrscheinlichkeit.[23]

b) Internationales Zivilverfahrensrecht

Im Bereich des Internationalen Zivilverfahrensrechts haben europäische Verordnungen längst erhebliche praktische Bedeutung. Sie betreffen Fragen wie die internationale Zuständigkeit, die Anerkennung und Vollstreckung ausländischer Entscheidungen sowie die grenzüberschreitende Rechtshilfe, äußern sich aber zumindest nicht ausdrücklich zum Beweismaß oder zur Beweiswürdigung. So hat im Rahmen der Brüssel Ia-VO[24] ein in Deutschland angerufenes Gericht anhand des Maßstabs von § 286 ZPO zu prüfen, ob der vom Kläger behauptete zuständigkeitsbegründende Umstand tatsächlich vorliegt.[25] Demgemäß ist zwar anhand des Europarechts zu beurteilen, was beispielsweise ein schädigendes Ereignis im Sinne des Deliktsgerichtsstands ist (heute: Art. 7 Nr. 2 Brüssel Ia-VO). Die Frage, unter welchen Voraussetzungen der Richter davon ausgehen darf, dass ein solches Ereignis tatsächlich stattgefunden hat, bestimmt sich hingegen nicht nach dem vereinheitlichten Zuständigkeitsrecht, sondern nach der lex fori.[26]

Näher liegen sekundärrechtliche Vorgaben zum Beweismaß in denjenigen Verordnungen, die eigenständige europäische Verfahren schaffen. So heißt es für das Bagatellverfahren in Art. 9 Abs. 1 S. 1 EuBagatellVO[27], dass das Gericht die Beweismittel und den Umfang der Beweisaufnahme bestimmt, »die im Rahmen der für die Zulässigkeit von Beweisen geltenden Bestimmungen für sein Urteil erforderlich sind«. Das wird so verstanden, dass sich das Beweismaß, ebenso wie die Zulässigkeit von Beweismitteln und die Beweiswürdigung, nicht nach der EuBagatellVO, sondern –

---

23 BGH, 12.7.2016 – KZR 25/14, NJW 2016, 3527, 3532.
24 Verordnung Nr. 1215/2012 über die gerichtliche Zuständigkeit und die Anerkennung und Vollstreckung von Entscheidungen in Zivil- und Handelssachen vom 12.12.2012, ABl. 2012 L 351/1.
25 Klarstellend etwa *Mankowski*, in: Rauscher, Europäisches Zivilprozess- und Kollisionsrecht, Band I, 4. Aufl. 2016, Vor Art. 4 Brüssel Ia-VO Rz. 7; *Schlosser/Hess*, EU-Zivilprozessrecht, 4. Aufl. 2015, vor Art. 4–35 EuGVVO Rz. 8.
26 Vgl. schon EuGH, 7.3.1995 – C-68/93 (Fiona Shevill), NJW 1995, 1881. Beachte auch Generalanwältin *Trstenjak* in ihren Schlussanträgen vom 8.9.2011 in der Rechtssache C-327/10 (Hypoteční banka/Lindner), Rz. 119.
27 Verordnung Nr. 861/2007 vom 11.7.2007 zur Einführung eines europäischen Verfahrens für geringfügige Forderungen, ABl. 2007 L 199/1, geändert durch die Verordnung Nr. 2015/2421 vom 16.12.2015, ABl. 2015 L 341/1.

vermittelt durch ihren Art. 19 – nach der jeweiligen lex fori richten.[28] Es ist aber nicht ausgeschlossen, dass der EuGH diese Frage, wenn er damit befasst wird, anders beurteilen könnte. Ähnliche Probleme bereiten die Anforderungen an die richterliche Überzeugungsbildung in nicht kontradiktorisch ausgestalteten Verfahren: Unter welchen Voraussetzungen kann etwa ein Antrag auf Erlass des Europäischen Zahlungsbefehls abgewiesen werden, weil die Forderung »offensichtlich unbegründet« ist (Art. 11 Abs. 1 S. 1 lit. b EuMahnVO[29]), oder wann ist ein Europäisches Nachlasszeugnis auszustellen, weil der zu bescheinigende Sachverhalt »feststeht« (Art. 67 Abs. 1 S. 1 EuErbVO[30])? Diese Fragen sollen hier nicht in ihrem jeweiligen Regelungskontext beleuchtet, vielmehr soll festgehalten werden, dass zur Beantwortung drei Möglichkeiten in Betracht kommen:[31] Das geforderte Maß richterlicher Überzeugung kann erstens abschließend der lex fori überlassen bleiben oder zweitens verordnungsautonom festgelegt sein oder drittens zwar de lege fori bestimmt werden, wobei die Verordnung aber vorgibt, ob innerhalb der nationalen Kategorien ein eher hoher oder eher niedriger Maßstab gelten soll.

Ein Beispiel, in dem überwiegend von einer echten verordnungsautonomen Regelung zum Beweismaß ausgegangen wird, findet sich in der Verordnung Nr. 655/2014 vom 15. Mai 2014 zur Einführung eines Verfahrens für einen Europäischen Beschluss zur vorläufigen Kontenpfändung im Hinblick auf die Erleichterung der grenzüberschreitenden Eintreibung von Forderungen in Zivil- und Handelssachen.[32] Das Gericht, bei dem der Antrag gestellt wird, erlässt gemäß Art. 7 EuKontPfändVO den Beschluss zur vorläufigen Pfändung, »wenn der Gläubiger hinreichende Beweismittel vorgelegt hat, die das Gericht zu der berechtigten Annahme veranlassen«, dass die sodann im Einzelnen geregelten Voraussetzungen für den Erlass erfüllt sind. Dies wird überwiegend so verstanden, dass der Verordnungsgeber mit dem Begriff der »berechtigten Annahme« nicht etwa auf die mitgliedstaatlichen Regeln zum Beweismaß verweisen, vielmehr einen eigenen verordnungsautonomen Maßstab schaffen will.[33]

---

28 So etwa *Hau*, in: Münchener Kommentar ZPO, 5. Aufl. 2017, Art. 9 EG-BagatellVO Rz. 2; wohl auch *Varga*, in: Rauscher, Europäisches Zivilprozess- und Kollisionsrecht, Band II, 4. Aufl. 2015, Art. 9 EG-BagatellVO Rz. 2.
29 Verordnung Nr. 1896/2006 vom 12.12.2006 zur Einführung eines Europäischen Mahnverfahrens, ABl. 2006 L 1.
30 Verordnung Nr. 650/2012 vom 4.7.2012 über die Zuständigkeit, das anzuwendende Recht, die Anerkennung und Vollstreckung von Entscheidungen und die Annahme und Vollstreckung öffentlicher Urkunden in Erbsachen sowie zur Einführung eines Europäischen Nachlasszeugnisses, ABl. 2012 L 201/107.
31 Ausgeklammert bleibt hier die Ansicht, dass sich das Beweismaß stets oder zumindest unter bestimmten Voraussetzungen nach der lex causae richte.
32 ABl. 2014 L 189/59.
33 Dazu etwa *Huber*, in: Dierck/Morvilius/Vollkommer, Handbuch Zwangsvollstreckungsrecht, 2. Aufl. 2016, Teil 3 Kap. 11 Rz. 41; *Lüttringhaus*, Die Europäisierung des Zwangsvollstreckungsrechts im Bereich der vorläufigen Kontenpfändung – Der Europäische Beschluss zur vorläufigen Kontenpfändung und seine Wechselwirkungen mit der deutschen Zivilprozessordnung, ZZP 129 (2016), 187, 199; *Rauscher/Wiedemann*, in: Rauscher (Fn. 28), Art. 9 EU-KPfVO Rz. 2; *Schlosser/Hess*, EU-Zivilprozessrecht, Art. 7 EuKtPVO Rz. 4 und Art. 9 EuKtPVO Rz. 3. Für Maßgeblichkeit der lex fori aber noch *Hess/*

Davon geht auch der deutsche Gesetzgeber aus: Im Regierungsentwurf zum Durchführungsgesetz heißt es, dass die Verordnung dem Gläubiger nicht die Führung eines Vollbeweises abverlange, sondern einen Wahrscheinlichkeitsgrad genügen lasse, der im deutschen Recht der Glaubhaftmachung vergleichbar sei.[34] In der Tat liegt es nahe, dass an eine »berechtigte Annahme« geringere Anforderungen zu stellen sind als an eine richterliche »Überzeugung«, zumal die Verordnung in anderem Zusammenhang gerade eine solche fordert (nämlich in Art. 14 Abs. 3, dort für den Antrag auf Einholung von Kontoinformationen). Allerdings erscheint das Wortlautargument wenig tragfähig: Denn in Erwägungsgrund Nr. 15 ist auch gemünzt auf den Fall des Art. 7 EuKontPfändVO von »Überzeugung« die Rede. Und andere Sprachfassungen setzen den Akzent anders, so die englische, die in Erwägungsgrund Nr. 15 sowie in Art. 7 und Art. 14 einheitlich darauf abstellt, ob »the court is satisfied«, oder die französische, die jeweils von »convaincre« spricht. Geht man mit der herrschenden Meinung gleichwohl davon aus, dass Art. 7 EuKontPfändVO das Beweismaß vorgibt, so erscheint es konsequent, dass der deutsche Gesetzgeber sich dazu in § 947 Abs. 1 ZPO[35] nicht äußert, sondern sich dort nur – wie durch Art. 9 EuKontPfändVO freigestellt – zu den statthaften Beweismitteln äußert. Freilich lässt sich das eine nicht vollständig vom anderen trennen: Die ausdrückliche Zulassung der Versicherung an Eides statt legt es nahe, dass eine solche ohne weiteres eine hinreichende Basis für die geforderte »berechtigte Annahme« bilden könnte.

c) Antidiskriminierungsrecht

Um noch ein weiteres Rechtsgebiet anzusprechen: Mehrere europäische Richtlinien zum Antidiskriminierungsrecht sehen Beweiserleichterungen für die Partei vor, die eine unerlaubte Benachteiligung behauptet. Das gilt für die Richtlinie 97/80/EG vom 15. Dezember 1997 über die Beweislast bei Diskriminierungen aufgrund des Geschlechts,[36] Art. 8 der Richtlinie 2000/43/EG vom 29. Juni 2000 zur Anwendung des Gleichbehandlungsgrundsatzes ohne Unterschied der Rasse oder der ethnischen Herkunft[37] sowie Art. 10 der Richtlinie 2000/78/EG vom 27. November 2000 zur Festlegung eines allgemeinen Rahmens für die Verwirklichung der Gleichbehandlung in Beschäftigung und Beruf.[38] Im deutschen Umsetzungsrecht hatte § 611a BGB a.F. für Verwirrung gesorgt, weil dort von Glaubhaftmachung die Rede war, wobei unklar war, ob dies nur das Beweismaß herabsetzen oder zugleich die statthaften Be-

---

Raffelsieper, Die Europäische Kontenpfändungsverordnung: Eine überfällige Reform zur Effektuierung grenzüberschreitender Vollstreckung im Europäischen Justizraum, IPRax 2015, 46, 48; *Wolber*, Die Europäische Kontenpfändungsverordnung, IWRZ 2017, 5, 7.
34 BT-Drucks. 18/7560, S. 42.
35 Eingefügt durch Gesetz vom 21.11.2016, BGBl. 2016 I, S. 2591.
36 ABl. 1998 L 14/6.
37 ABl. 2000 L 180/22.
38 ABl. 2000 L 303/16.

weismittel regeln (also auf § 294 ZPO verweisen) sollte.[39] Der nunmehr einschlägige § 22 AGG wird so verstanden, dass er die Darlegungslast erleichtert, das Beweismaß absenkt und die Beweislast umkehrt:[40] Beruft sich die angeblich benachteiligte Partei auf die Verletzung eines Gleichbehandlungsgebots, so genügt sie ihrer Darlegungs- und Beweislast bereits dann, wenn sie Indizien vorträgt, die mit überwiegender Wahrscheinlichkeit darauf schließen lassen, dass eine Benachteiligung wegen eines in § 1 AGG genannten Grundes erfolgt ist. Besteht danach die Vermutung einer Benachteiligung, trägt die andere Partei die Beweislast dafür, dass der Gleichbehandlungsgrundsatz nicht verletzt worden ist. Hierfür gilt jedoch das Regelbeweismaß des § 286 ZPO: Es sind Tatsachen vorzutragen und gegebenenfalls zu beweisen, aus denen sich zur Überzeugung des Gerichts ergibt, dass ausschließlich andere als die in § 1 AGG genannten Gründe zu der beanstandeten Behandlung geführt haben. Im Schrifttum wird allerdings nach wie vor bezweifelt, ob diese Interpretation genügt, um die Vorgaben der Richtlinien und der dazu ergangenen EuGH-Judikatur umzusetzen.[41]

3. Folgerungen

Die wenigen hier skizzierten Beispiele aus verschiedenen Rechtsgebieten können nicht beanspruchen, eine abschließende Bestandsaufnahme oder wenigstens eine repräsentative Auswahl darzustellen, erhellen aber womöglich schon die Problematik und lassen einige Folgerungen zu.

Weil es im EU-Recht, außer für internationale Zivilsachen, kaum genuin verfahrensrechtliche Rechtsinstrumente gibt, erstaunt es nicht, dass sich – ausdrückliche oder konkludente – Vorgaben zum Beweismaß auch in materiell-rechtlichen Regelungen finden. Das ändert aber nichts daran, dass es sich der Sache nach um Prozessrecht handelt.[42] Was die Rechtsetzungskompetenz angeht, ist es nicht zu beanstanden, dass der EU-Gesetzgeber auch ohne allgemeines Mandat im Bereich des Zivilverfahrensrechts solche Vorgaben macht. Als tragfähige Begründung hierfür erweist sich, wie am Beispiel des Kartellrechts erläutert, der vom EuGH entwickelte Effektivitätsgrundsatz, wenn es sachrechtsergänzender prozessualer Regelungen bedarf, um die wirksame Anwendung des Primär- oder Sekundärrechts durch die mitgliedstaatlichen Gerichte sicherzustellen.

---

39 Klarsichtig etwa *Thüsing*, in: Münchener Kommentar BGB, 7. Aufl. 2015, § 22 AGG Rz. 1 f.
40 Näher aus neuerer Zeit etwa BAG, 19.5.2016 – 8 AZR 470/14, NZA 2016, 1394, 1401.
41 Näher *Stein*, Die Beweislast in Diskriminierungsprozessen – ein unbekanntes Wesen?, NZA 2016, 849, 851 ff.
42 Insbesondere lässt sich aus dem Regelungskontext nicht kollisionsrechtlich auf die Maßgeblichkeit der lex causae schließen. Anders aber (jeweils nicht speziell zum EU-Recht) *Bücken*, Internationales Beweisrecht (Fn. 3), S. 185 ff.; Baumgärtel/Laumen/Prütting/*Laumen*, Kap. 5 Rz. 2; Stein/Jonas/*Leipold*, § 286 Rz. 14.

Der Umstand, dass sich Beweismaßregeln verstreut in den unterschiedlichsten Zusammenhängen nachweisen lassen, ist kein Spezifikum des europäischen Rechts; vielmehr verhält es sich im deutschen Recht nicht anders. Man sollte den EU-Gesetzgeber auch nicht dafür schelten, dass er in den verschiedenen Rechtsgebieten und Rechtsinstrumenten keine einheitliche Terminologie verwendet, aus der jeweils klar ersichtlich wird, ob eine streitige Tatsache etwa zur Überzeugung des Richters feststehen oder überwiegend wahrscheinlich oder schlicht wahrscheinlich sein muss. Denn in dieser Hinsicht erscheint auch die deutsche Gesetzessprache alles andere als einheitlich oder gar vorbildlich.[43]

Im Ausgangspunkt ergibt sich das Beweismaß aus der lex fori.[44] Will der EU-Gesetzgeber in einem Rechtsakte eine davon abweichende Regelung schaffen, so hat er es, wenn ihm an Konsistenz gelegen ist, ungleich schwerer als im rein innerstaatlichen Bereich. Das folgt schon aus der Notwendigkeit, mehrere gleichberechtigte Sprachfassungen zu erstellen. Die Rechtsetzung wird zudem dadurch erschwert, dass das Europarecht kein Regelbeweismaß festlegt, es also an einer in sämtlichen Mitgliedstaaten verbindlichen *default rule* fehlt, wie Deutschland sie mit § 286 ZPO kennt. Gleichwohl wäre es sinnvoll, der Problematik größere Aufmerksamkeit zu schenken: Idealerweise würde zumindest in den Erwägungsgründen hervorgehoben, wenn zu bestimmten Punkten entweder ein – näher zu umschreibender – rechtsaktautonomer Maßstab gelten oder es zwar bei der jeweiligen lex fori bleiben, das Gericht innerhalb dieses Spektrums aber einen eher hohen oder eher niedrigen Maßstab anwenden soll.

IV. Ausblick

Vor diesem Hintergrund wäre es schon ein erheblicher Fortschritt, wenn für die Zwecke des Sekundärrechts an geeigneter Stelle ein europäisches Regelbeweismaß als *default rule* niedergelegt werden könnte. Besondere Aufmerksamkeit verdient auch – aber längst nicht nur – in diesem Zusammenhang ein Projekt des European Law Institute (ELI), das es sich zur Aufgabe gestellt hat, »European Rules of Civil Procedure« zu formulieren.[45] Dies knüpft an die vom American Law Institute (ALI) und UNIDROIT schon im Jahr 2004 vorgelegten »Principles of Transnational Civil Procedure« an,[46] wobei die European Rules spezieller auf den europäischen Rechts-

---

43 Vgl. nur die Zusammenstellung verschiedener Formulierungen, die auf eine Verschärfung oder Abmilderung des Regelbeweismaßes hindeuten können, bei *Prütting*, Gegenwartsprobleme (Fn. 1), S. 81 ff.
44 Außer Betracht bleibt wiederum die These, es sei an die lex causae anzuknüpfen.
45 Beachte hierzu etwa *Hess*, Ein einheitliches Prozessrecht?, IJPL 6 (2016), 55, sowie die Beiträge aus verschiedenen Perspektiven in ULR 19 (2014), 171 ff.
46 Als Buch herausgegeben von *ALI/UNIDROIT*, Principles of Transnational Civil Procedure, 2006; in deutscher Sprache auszugsweise veröffentlicht in ZZPInt 11 (2006), 403 (mit Einführung *Stürner*, 381). Hierzu aus neuerer Zeit *Pfeiffer*, Transnationale Synthese: ALI/UNIDROIT Principles of Civil Procedure und rechtsvergleichende Lehren, in: Weller/Althammer, Mindeststandards im europäischen Zivilprozessrecht, 2015, S. 115; *Stürner*,

verkehr ausgerichtet sein und sowohl grenzüberschreitende als auch innerstaatliche Sachverhalte erfassen sollen.

Ein wichtiger Bestandteil der geplanten European Rules ist der Themenkreis »access to information and evidence«, mit dem sich eine eigene ELI-Arbeitsgruppe befasst. Diese orientiert sich zur Frage des *standard of proof* an den ALI/UNIDROIT-Principles. Dort heißt es in Principle 21.2, dass »[f]acts are considered proven when the court is reasonably convinced of their truth«,[47] und ganz ähnlich formuliert die Arbeitsgruppe in ihren Draft Rules vom November 2015, dass »[a] contested fact is proven when the court is reasonably convinced of its truth«. Auf den ersten Blick mag dieser Vorschlag sachgerecht und konsensfähig klingen, was aber nicht zuletzt daran liegt, dass die weit gefasste Formulierung (allzu) viele Deutungsmöglichkeiten zulässt. Sieht man genauer hin, so zeigt sich, dass die Arbeitsgruppe offenbar von einem eher geringen und zudem flexiblen Beweismaß ausgeht.[48] Dies stünde, wie eingangs skizziert, nicht in Einklang mit dem überwiegenden – und vorzugswürdigen – Verständnis von § 286 ZPO. Aus deutscher Sicht gilt es also sehr genau darauf zu achten, welche Formulierung zum Regelbeweismaß in die Endfassung der European Rules übernommen wird – und somit womöglich irgendwann auch in eine künftige europäische Zivilprozessordnung.

Die »Principles of Transnationale Civil Procedure« am Anfang einer Wirkungsgeschichte?, ZZPInt 20 (2015), 409.

47 Dazu Comment P-21B: »The standard of ›reasonably convinced‹ is in substance that applied in most legal systems. The standard in the United States and some other countries is ›preponderance of the evidence‹ but functionally that is essentially the same.« Beachte auch *Brinkmann*, Beweismaß (Fn. 2), S. 81 ff., der Principle 21.2 als Beleg für eine international weitgehende Einigkeit über das sachgerechte Regelbeweismaß wertet. Das überzeugt freilich nicht (kritisch auch *Scherpe*, RabelsZ 80 [2016], 888, 902 ff.) und lässt sich für Deutschland nur vertreten, wenn man von der h. M. abweicht.

48 Dazu wird in dem unveröffentlichten Dokument der Arbeitsgruppe ausgeführt: »The term ›truth‹ in this context must be read free from any philosophical connotation. It is merely intended to describe the level or degree of confidence sufficient for the court to pronounce a decision on the facts. The term ›convinced‹ must also be taken with caution and should be understood to be a synonym for ›satisfied‹. It is, therefore, necessary to assume that there is certain flexibility and a need to adapt to the circumstances in order to decide when a court is ›reasonably convinced‹. There are certain types of contested facts where certain legal systems require a high standard of proof. For instance, in cases where a certain degree of ›fraud‹ or ›dishonesty‹ is imputed to the defendant, the common law tradition is circumspect of the idea that the evidence produced to support such an allegation should be very high (high standard of proof).«

Die Auslegung kollidierender Gerichtsstandsklauseln im europäischen Zivilprozessrecht

BURKHARD HESS

I. PROBLEMSTELLUNG

Die internationale Zuständigkeit der Zivilgerichte im europäischen Justizraum wird häufig über Gerichtsstandsvereinbarungen begründet. Art. 25 EuGVO enthält eine prorogationsfreundliche Regelung, die den Parteien eine frühzeitige Fixierung künftiger Rechtsstreitigkeiten ermöglicht.[1] Mit der gemeinsamen Wahl des Forums schaffen die Parteien idealerweise Rechtssicherheit und bestimmen häufig ein neutrales Forum für künftige Streitigkeiten.[2] Kombiniert mit einer Rechtswahlklausel garantiert die Gerichtsstandswahl eine Entscheidung des Rechtsstreits durch sachkundige Richter, die ihr vertrautes Heimatrecht anwenden.[3]

Bisweilen werden Zivilgerichte jedoch mit Konstellationen konfrontiert, in denen die Parteien sich auf widersprechende Gerichtsstandsklauseln berufen. Derartige Konstellationen sind unlängst bei der juristischen Aufarbeitung der Finanzkrise aus dem Jahr 2008 aufgetreten: Anleihebedingungen, Rahmenverträge für Bankgeschäfte, individuelle Zusatzvereinbarungen oder spezielle Regelungen für spezielle (bisweilen hoch riskante) Spekulationsgeschäfte enthalten häufig Rechtswahlklauseln und Gerichtsstandsvereinbarungen.[4] Diese sind teilweise als ausschließliche, teilweise als nicht ausschließliche Klauseln formuliert.[5] Solange Transaktionen auf der Basis widersprüchlicher Vertragsklauseln erfolgreich abgewickelt werden, spielen die widersprüchlichen Klauseln keine Rolle. Kommt es hingegen (nach dem Scheitern der Transaktionen) zu Rückforderungs- bzw. Haftungsprozessen, so stellt sich rasch die Frage nach der Reichweite bzw. nach dem Verhältnis der jeweiligen Klauseln.

---

1 Schlussanträge GA *Szpunar*, 7.4.2016, Rs. C-222/15, *Hőszig*, EU:C:2016:224, Rdn. 29 (unter Bezugnahme auf *Hess*, Europäisches Zivilprozessrecht (2010), § 6 Rdn. 128).
2 Das gilt freilich nur, wenn die Parteien die Vereinbarung aushandeln. In der Praxis dominieren häufig einseitig begünstigende Klauseln (in AGB). Deren grundsätzliche Zulässigkeit erkennt die Rechtsprechung an, Rauscher/*Mankowski*, Art. 25 Brüssel Ia-VO (2016), Rdn. 200; *Freitag*, FS Magnus (2014), 419 ff.
3 Dies bedeutet vor allem eine erhebliche Verkürzung der Verfahrensdauer, dazu *Hess*, Europäisches Zivilprozessrecht (2. Aufl. 2018), Rdn. 6.144 f.
4 Ähnliche Konstellationen können generell im Verhältnis zwischen Rahmenverträgen und Einzeltransaktionen auftreten, vgl. etwa OLG München, 13.10.2016, BeckRS 2016, 18800.
5 Vgl. beispielsweise Ziff. 6 AGB-Banken, der § 38 I ZPO (und nicht Art. 25 EuGVO) nachgebildet ist, dazu Kümpel/Wittig/*Peterek*, Bank- und Kapitalmarktrecht (4. Aufl. 2011), Rdn. 6.231 ff.

Dieses praktische Problem, das Parallelen in der Schiedsgerichtsbarkeit findet[6], wurde in der deutschen Rechtsliteratur bisher wenig behandelt.[7] Die Situation in England ist anders, freilich auch dort weithin ungeklärt. Unlängst hat der EuGH in der *CDC*-Entscheidung wichtige Grundsätze aufgezeigt. *Hanns Prütting*, der sich gerne mit praktischen Fragen der Rechtsdurchsetzung befasst, dürfte das hier behandelte Problem nicht unvertraut sein. Daher hoffe ich, dass die folgenden Überlegungen sein Interesse wecken.

II. Die Vorgaben des europäischen Prozessrechts

1. Die fehlende Regelung in Art. 25 EuGVO

Art. 25 der Brüssel Ia-Verordnung (EuGVO) enthält bekanntlich eine weit reichende Regelung der Gerichtsstandsvereinbarung, die Art. 31 II–IV EuGVO im Hinblick auf die vorrangige Prüfungsbefugnis des prorogierten Gerichts über die Wirksamkeit ausschließlicher Klauseln nachhaltig verstärkt hat.[8] Art. 25 EuGVO regelt vor allem die Zulässigkeit, den Abschluss und die Form der Gerichtsstandsvereinbarung, klammert hingegen deren materielle Wirksamkeit weitgehend aus.[9] Auch die Auslegung der Klausel ist nur indirekt angesprochen. Art. 25 I 2 EuGVO enthält zwar eine Vermutung, dass eine ausschließliche Zuständigkeit im Zweifel sämtliche konkurrierenden Gerichtsstände derogiert. Freilich ist damit das hier angesprochene Problem nicht gelöst, wenn nämlich die Parteien durch die Vereinbarung mehrerer (konkurrierender) Gerichtsstandsklauseln möglicherweise keine ausschließliche Zuständigkeit vereinbart haben.

2. Die Judikatur des Europäischen Gerichtshofs

Unlängst hat der EuGH im Verfahren *CDC*[10] wesentliche Fragen angesprochen. Der Gerichtshof war gefragt worden, ob und inwieweit Gerichtsstands- und Schiedsklauseln, die üblicherweise in Kaufverträgen (über den Bezug großer Mengen von Chemikalien zwischen Unternehmen) enthalten sind, konkurrierende deliktische Ansprüche (wegen Kartellrechtsverletzungen) einschließen.[11] Der EuGH ergriff die

---

6   Zur Auslegung von Schiedsklauseln vgl. rechtsvergleichend *Born*, International Commercial Arbitration (2. Aufl. 2014), § 9.02.
7   Vgl. aber *Vischer*, FS Jayme (2004), 993 ff.; *Wurmnest*, FS Magnus (2014), 567 ff.
8   *Hess*, Europäisches Zivilprozessrecht (2. Aufl. 2018), Rdn. 6.185 ff., *Garcimartín*, in: Lein/Dickinson (ed), The Recast of the Brussels I Regulation (2015), Rdn. 9.04 f.
9   *Schlosser/Hess*, Art. 25 EuGVO (4. Aufl. 2015), Rdn. 1, 33 ff.
10 EuGH, 21.5.2015, Rs. C-352/13, *CDC Hydrogen Peroxide*, EU:C:2015:335, Rdn. 67 ff.
11 Eine ausführliche Analyse der Entscheidung enthält die Heidelberger Dissertation von *P. Pavlova*, Gerichtsstandsklauseln in der privaten Durchsetzung des EU-Kartellrechts (2017), S. 116 ff.

Gelegenheit, seine Rechtsprechung (zum Abschluss und zur Wirksamkeit von Gerichtsstandsvereinbarungen) im Hinblick auf deren Auslegung zusammenzufassen. Er stellte zunächst fest, dass die Auslegung einer Gerichtsstandsvereinbarung zur Bestimmung der in ihren Geltungsbereich fallenden Rechtsstreitigkeiten Aufgabe des nationalen Gerichts ist, vor dem sie geltend gemacht wird. Der Gerichtshof sagte sodann:

> *»68 Eine Gerichtsstandsvereinbarung kann nur eine bereits entstandene Rechtsstreitigkeit oder eine künftige aus einem bestimmten Rechtsverhältnis entspringende Rechtsstreitigkeit betreffen, was die Geltung einer Gerichtsstandsvereinbarung auf die Rechtsstreitigkeiten einschränkt, die ihren Ursprung in dem Rechtsverhältnis haben, anlässlich dessen die Vereinbarung geschlossen wurde. Dieses Erfordernis soll vermeiden, dass eine Partei dadurch überrascht wird, dass die Zuständigkeit eines bestimmten Gerichts für sämtliche Rechtsstreitigkeiten begründet wird, die sich eventuell aus den Beziehungen mit ihrem Vertragspartner ergeben und ihren Ursprung in einer anderen Beziehung als derjenigen haben, anlässlich deren die Begründung des Gerichtsstands vorgenommen wurde.*[12]
>
> *69 Im Hinblick auf dieses Ziel wird das vorlegende Gericht u. a. zu berücksichtigen haben, dass eine Klausel, die sich in abstrakter Weise auf Rechtsstreitigkeiten aus Vertragsverhältnissen bezieht, nicht einen Rechtsstreit erfasst, in dem ein Vertragspartner aus deliktischer Haftung wegen seines einem rechtswidrigen Kartell entsprechenden Verhaltens belangt wird.*
>
> *70 Bei einem solchen Rechtsstreit kann nämlich, da er für das geschädigte Unternehmen im Zeitpunkt seiner Zustimmung zu der genannten Klausel nicht hinreichend vorhersehbar war, weil diesem Unternehmen eine Beteiligung seines Vertragspartners an dem rechtswidrigen Kartell zu diesem Zeitpunkt nicht bekannt war, nicht davon ausgegangen werden, dass er auf den Vertragsverhältnissen beruht. Eine solche Klausel würde mithin nicht zur wirksamen Derogation der Zuständigkeit des vorlegenden Gerichts führen.*
>
> *71 Sofern dagegen eine Klausel vorläge, die sich auf Streitigkeiten aus Haftung wegen einer Zuwiderhandlung gegen das Wettbewerbsrecht bezieht und in der ein Gericht eines anderen Mitgliedstaats als dem des vorlegenden Gerichts bestimmt wird, müsste sich das vorlegende Gericht selbst dann für unzuständig erklären, wenn diese Klausel zu einer Verdrängung der in den Art. 5 und/oder 6 der Verordnung Nr. 44/2001*[13] *vorgesehenen besonderen Zuständigkeitsregeln führen sollte.«*

Die Judikatur des Gerichtshofs lässt sich mithin wie folgt zusammenfassen: Die Bestimmung der Reichweite einer Gerichtsstandsklausel ist eine Frage der Auslegung. Es ist die Aufgabe des nationalen Richters, die Klausel zu interpretieren.[14] Dabei darf der Richter (trotz der fehlenden Regelung der Auslegung in der EuGVO) nicht einfach sein eigenes nationales Recht anwenden, sondern muss vorrangig die Rechtsprechung des Gerichtshofs beachten. Ausgangspunkt sind der Wortlaut der Klausel und die Vorstellungen der Parteien (*CDC*, Rdn. 58 und 68). Darüber hinaus ist eine

---

12 Vgl. in diesem Sinne EuGH, 10.3.1992, Rs. C-214/89, *Powell Duffryn*, EU:C:1992:115, Rdn. 31.
13 Nunmehr Art. 7 und 8 EuGVO n.F.
14 EuGH, 10.3.1992, Rs. C-214/89, *Powell Duffryn*, EU:C:1992:115, Rdn. 37, und 3.7.1997, Rs. C-269/95, *Benincasa*, EU:C:1997:337, Rdn. 31; EuGH, 21.5.2015, Rs. C-352/13, *CDC Hydrogen Peroxide*, EU:C:2015:335, Rdn. 67 ff.

Klausel im Hinblick auf jeweils bestimmte Rechtsbeziehungen anzuwenden und zu begrenzen, insbesondere auf die vertraglichen Beziehungen zwischen den Parteien, solange nicht ausdrücklich andere Ansprüche (etwa aus Delikts- oder vorvertraglicher Vertrauenshaftung) eingeschlossen sind (*CDC*, Rdn. 68 und 69). Die EuGVO stellt auf die Vorhersehbarkeit von Gerichtsständen ab (Erwägungsgrund 15). Daher ist eine generell breite Auslegung von Gerichtsstandsvereinbarungen nicht zulässig (*CDC*, Rdn. 68 – 70). Nur soweit diese Grundsätze des Unionsrechts nicht eingreifen, können nationale Richter nationales Recht zur Auslegung von Gerichtsstandsklauseln heranziehen.[15] Erste Entscheidungen nach CDC zeigen, dass nationale Gerichte diese Leitlinien aufgegriffen haben.[16]

3. Die Rechtsprechung deutscher und englischer Gerichte

Vor dem Hintergrund der gesetzlichen Vermutung (zugunsten ausschließlicher Gerichtsstandsvereinbarungen) in Art. 25 I 2 EuGVO haben deutsche Gerichte vor allem über die Auslegung ausschließlicher Gerichtsstandsklauseln entschieden.[17] Die Gerichte stellen (völlig zutreffend) zunächst auf den Wortlaut der jeweiligen Klausel ab. Eine Klausel, die sich auf »alle Streitigkeiten im Zusammenhang mit den vertraglichen Beziehungen der Parteien bezieht«, wird regelmäßig dahingehend verstanden, dass sie auch nicht vertragliche Ansprüche erfasst, die in engem Zusammenhang mit der Vertragsdurchführung stehen, etwa Ansprüche aus Rückabwicklung,[18] Schadensersatzansprüche wegen der Durchführung des Vertrages[19] etc. Vor diesem Hintergrund hat beispielsweise das OLG Brandenburg Ansprüche aus culpa in contrahendo (§ 311 II BGB) in eine Gerichtsstandsklausel für vertragliche Ansprüche einbezogen.[20] Auch bereicherungsrechtliche Ansprüche sind in eine Gerichtsstandsklausel

---

15 Dazu auch *Hausmann*, in: Reithmann/Martiny (Hrg.), Internationales Vertragsrecht (8. Aufl. 2015), Rdn. 8.130.
16 Das gilt insbesondere für die niederländischen Gerichte, vgl. Gerechtshof Amsterdam, 21.7.2015, *Kemira v. CDC*, ECLI:NL:GHAM:2015:3006; Rechtbank Rotterdam, 25. Mai 2016, *De Glazen Lift v Kone et al.*, ECLI:NL:RBROT:2016:4164; anders hingegen *Microsoft v. Song et al.*, [2017] EWHC 374 (Ch): Kartellschäden werden von einer Schiedsklausel über vertragliche Ansprüche erfasst.
17 Die Unterscheidung wird nicht immer gemacht. Häufig ist nicht einmal ersichtlich, ob eine (nicht) ausschließliche Gerichtsstandsklausel vorlag.
18 LG Berlin, 29.9.2004, IPRax 2005, 261; *Hausmann*, in: Reithmann/Martiny, Internationales Vertragsrecht (8. Aufl. 2015), Rdn. 8.133; *U. Magnus*, in: Magnus/Mankowski, Brussels I^{bis} Regulation (2. Aufl. 2016), Rdn. 151; Rauscher/*Mankowski*, Art. 25 Brüssel Ia-VO (2016), Rdn. 212; *Schlosser*, in: Schlosser/Hess, Europäisches Zivilprozessrecht, Art. 25 EuGVO, Rdn. 39.
19 *U. Magnus*, in: Magnus/Mankowski, Brussels I^{bis} Regulation (2. Aufl. 2016), Rdn. 150; Rauscher/*Mankowski*, Art. 25 Brüssel Ia-VO (2016), Rdn. 212 f.; *Schlosser*, in: Schlosser/Hess, Europäisches Zivilprozessrecht, Art. 25 EuGVO (4. Aufl. 2015), Rdn. 38 f.; Zöller/*Geimer*, Art. 25 EuGVO (31. Aufl. 2016), Rdn. 39.
20 OLG Brandenburg, 27.2.2014, BeckRS 2014, 04896; ebenso OLG München, 9.3.1989, RiW 1989, 902.

über vertragliche Streitigkeiten eingeschlossen, da sie die Vertragsbeendigung betreffen.[21] Generell ist der deutschen Judikatur eine Tendenz zu bescheinigen, die zu einer weiten Auslegung von Gerichtsstandsklauseln führt.

Dieselbe Tendenz ist auch in der englischen Rechtsprechung zu finden. Dort besteht die Vorstellung einer »one shop adjudication«.[22] Die Rechtsprechung unterstellt den Parteien generell den Willen, beim Abschluss einer (ausschließlichen) Gerichtsstandsklausel alle Streitigkeiten im prorogierten Forum konzentrieren zu wollen.[23] Dies hat eine weite Auslegung der Gerichtsstandsklausel zur Folge – dies entspricht nicht nur den Parteiinteressen, sondern auch dem Interesse der staatlichen Gerichte, nicht mit Teilaspekten (komplexer) Streitigkeiten zusätzlich befasst zu werden.[24] Diese Rechtsprechung hat der High Court of London (*Marcus Smith J.*) nach einer fünftägigen mündlichen Verhandlung unlängst im Hinblick auf die Auslegung von Schiedsvereinbarungen bekräftigt. Das Urteil des EuGH in *CDC* wurde hingegen als kein Hindernis für die Erstreckung einer Schiedsklausel über vertragliche Streitigkeiten im Hinblick auf (parallele) deliktische Ansprüche angesehen.[25]

III. Die Auslegung kollidierender Gerichtsstandsklauseln

1. Anwendbares Recht

Da die Auslegung der Klausel nicht unmittelbar in der EuGVO geregelt ist, muss zunächst das Auslegungsstatut bestimmt werden. Ausweislich von EwG 20 zur EuGVO (2012) bestimmt sich die Wirksamkeit einer Gerichtsstandsvereinbarung nach dem (Kollisions-) Recht des prorogierten Gerichts.[26] Obwohl EwG 20 nur die materielle Wirksamkeit der Klausel anspricht, kann die dort enthaltene Anknüpfung auch auf das Auslegungsstatut erstreckt werden.[27] Für eine einheitliche (und praktikable) Handhabung der Klausel macht es Sinn, alle nicht unmittelbar von Art. 25 EuGVO angesprochenen Rechtsfragen einem einheitlichen Statut zu unterstellen.[28]

---

21 LG Berlin, 29.9.2004, IPRax 2005, 261 (Anm. *Jayme*).
22 *Fili Shipping Co. Ltd. V. Premium Nafta Products* [2007] UKHL 40, Rdn. 13 (per Lord Hofmann) – besser bekannt als *Fiona Trust & Holding Corp. v. Privalov* [2007] 1 All ER 891 (CA), dazu *Born*, International Commercial Arbitration (2. Aufl. 2014), § 9.02 [D].
23 *UBS AG v. HSH Nordbank AG* [2009] EWCA Civ. 585, Rdn. 72; *Sebastian Holdings Inc v Deutsche Bank AG* [2010] EWCA Civ 998, Rdn. 42; *Fentiman*, International Commercial Litigation (2nd ed. 2015), Rdn. 2.55 ff.
24 *Briggs*, Jurisdiction Clauses and Choice of Law (2008), Rdn. 4.09; *Born*, International Commercial Arbitration (2. Aufl. 2014), § 9.02 [D] (mwN).
25 *Microsoft Mobile Oy (Ltd.) v. Sony Europe Ltd. and others* [2017] EWHC 374 (Ch.); ebenso *Ryanair Ltd. V. Esso Italian Srl* [2013] EWCA 1450.
26 EwG 20 steht in engem Zusammenhang mit Art. 31 II EuGVO: Danach entscheidet das (ausschließlich) prorogierte Gericht vorrangig über die Wirksamkeit der Klausel.
27 So auch *U. Magnus*, IPRax 2016, 521, 527 ff.
28 EwG 20 gibt keine Lösung vor, wenn die Parteien eine sog. wechselseitige Gerichtsstandsklausel vereinbaren, nach der jede Partei die andere jeweils im Gericht an deren Sitz

Allerdings ist die Rechtsfolge des EwG 20 insofern unscharf, als diese auf das Kollisionsrecht des prorogierten Forums verweist. Ein Verweis auf die Rom I-VO ist damit nicht gemeint, da Art. 1 II (c) Rom I-VO ausdrücklich Gerichtsstandsklauseln vom sachlichen Anwendungsbereich der VO ausschließt.[29] Der BGH hat vor 20 Jahren entschieden, dass – mangels Rechtswahl der Parteien – die Klausel akzessorisch an das Vertragsstatut anzuknüpfen ist.[30] Das mag zwar für den Abschluss der Vereinbarung naheliegen,[31] widerspricht allerdings dem Grundsatz der Trennung von Gerichtsstandsklausel und materiellem Vertrag.[32] Im Hinblick auf die prozessualen Wirkungen der Klausel erscheint es durchaus sachgerecht, die lex fori des prorogierten Gerichts anzuwenden.[33] Angesichts der offenen Formulierung des EwG 20 erscheint es angebracht, die Anknüpfung generell auf das Statut der Gerichtsstandsvereinbarung anzuwenden. Denn bei der Bestimmung des anwendbaren Rechts auf die Wirksamkeit und die Auslegung von Gerichtsvereinbarungen geht es um ein grundsätzliches Problem: Eine vorschnelle Anknüpfung an die Parteiautonomie verkennt, dass die Parteien im Verfahrensrecht keineswegs »frei« sind, die Tätigkeit staatlicher Gerichte durch individuelle Vereinbarungen zu steuern.[34] So wäre etwa eine Abrede, dass deutsche Gerichte zuständig sind, die Gerichtsstandsvereinbarung jedoch nach englischem Recht auszulegen ist, nach deutschem Prozessrecht unwirksam. Die Parteien können für den Prozess vor deutschen Gerichten nicht englisches Prozessrecht vereinbaren.[35] Es gilt vielmehr das Recht des prorogierten Gerichts, mithin dessen lex fori.

2. Ausschließliche und nicht ausschließliche Gerichtsstandsklauseln

Ausgangspunkt für die Behandlung überlappender oder gar widersprechender Gerichtsstandsklauseln ist die Auslegung der Klauseln selbst. Hierin sind sich Recht-

---

verklagen soll, kritisch *U. Magnus,* in: Magnus/Mankowski, Art. 25 Brussels I[bis] Regulation, Rdn. 81 f. Allerdings sollte man derartige Fälle nicht überbewerten, da die »normalen« Konstellationen durchaus mit der Kollisionsregel der EwG 20 bewältigt werden können.

29 Deutlich EuGH, 7.7.2016, Rs. C-222/15, *Höszig*, EU:C:2016:525, Rdn. 30.
30 BGH, 18.3.1997, NJW 1997, 2885, 2886, zust. *M. Weller,* FS Bonell (2016), 393, 404 f.
31 Fragen der Willenseinigung beurteilen sich in der Regel für den Vertrag und die Streitbeilegungsklausel nach denselben Kriterien – insbesondere wenn sie in demselben Dokument erfolgen.
32 Diese greift gerade im Hinblick auf die Auslegung der Gerichtsstandsklausel. Vgl. hierzu etwa *U. Magnus,* in: Magnus/Mankowski, Art. 25 Brussels I[bis] Regulation, Rdn. 82c.
33 So etwa Stein/Jonas/*Wagner,* Art. 23 EuGVO (22. Aufl. 2011), Rdn. 127 (mit freilich missverständlichem Hinweis auf die Judikatur des EuGH in *Powell Duffryn* und *Beninscasa* (oben Fn. 14) – dort wurde diese Rechtsfrage jedoch gerade nicht angesprochen).
34 So hingegen tendenziell *Wurmnest,* FS Magnus (2014), 567, 573 f.
35 Dies mag die folgende Überlegung verdeutlichen: Die Streitbeilegungsklausel bestimmt die Kognitionsbefugnis des prorogierten Gerichts für (bestimmte) Streitigkeiten. Nach deutschem Recht können die Parteien jedoch das Gericht nicht verpflichten, bestimmte Anspruchsgrundlagen zu prüfen oder nicht zu prüfen. Das mag nach ausländischem Prozessrecht durchaus anders sein.

sprechung und Literatur einig.[36] Auch ist im Ausgangspunkt festzuhalten, dass es den Parteien freisteht, durch eine spätere Gerichtsstandsvereinbarung eine frühere Gerichtsstandsvereinbarung aufzuheben oder zu modifizieren. Sie können auch Teilaspekte künftiger Streitigkeiten besonderen Gerichten zuweisen.[37] Alle Vereinbarungen müssen selbstverständlich die Formerfordernisse des Art. 25 EuGVO einhalten (actus contrarius). Auch kann man grundsätzlich davon ausgehen, dass eine spätere Gerichtsstandsklausel eine frühere derogiert – allerdings nur soweit als sich die Klauseln widersprechen.[38] Die nachfolgenden Überlegungen beruhen auf der Prämisse, dass deutsches Recht auf die Auslegung der Klausel anwendbar ist.

Bei der Auslegung ist jedoch vor allem zwischen ausschließlichen und nicht ausschließlichen Klauseln zu differenzieren. Diese Unterscheidung findet sich bisher nicht hinreichend in der deutschen Rechtsprechung und Literatur. Dies mag vor dem Hintergrund der Vermutungsregel des Art. 25 I 2 EuGVO verständlich erscheinen, dennoch erscheint die Unterscheidung wesentlich: Eine ausschließliche Gerichtsstandsklausel bezweckt die Konzentration der Rechtsstreitigkeiten der Parteien in einem Forum; hier besteht die tatsächliche Vermutung (entgegen den Ausführungen des EuGH in CDC), dass die Parteien alle Streitigkeiten in einem Forum konzentrieren wollen (one shop stop). Das ist bei einer nicht ausschließlichen Gerichtsstandsklausel anders: diese legt lediglich einen zusätzlichen, optionalen Gerichtsstand fest,[39] es geht also nicht um die Konzentration aller Rechtsstreitigkeiten in einem Forum.[40] Die unterschiedliche Funktion hat für das Verhältnis dieser Klauseln untereinander folgende Konsequenzen: Eine spätere, ausschließliche Gerichtsstandsklausel hebt die frühere auf (Konzentrationswirkung). Dagegen vermag die spätere, nicht ausschließliche Klausel, die frühere ausschließliche (im Regelfall) nicht aufzuheben: Im Zweifel legen die Parteien hier lediglich einen weiteren Gerichtsstand fest, lassen aber die vereinbarte Zuständigkeitskonzentration im Übrigen bestehen. Daher verbleibt es auch bei der Ausschließlichkeit der früheren Klausel. Keine Aufhebung bewirkt die (sukzessive) Vereinbarung mehrerer nicht ausschließlicher Klauseln – diese bestehen nebeneinander fort[41] und ermöglichen den Parteien die Wahl unterschiedlicher Gerichte.

---

36 Rauscher/*Mankowski*, Art. 25 Brüssel Ia-VO (2016), Rdn. 219 mwN; für Schiedsklauseln vgl. *Born*, International Commercial Arbitration (2. Aufl. 2014), § 9.02 [B].
37 Vergleichbar einer Teilrechtswahl in Art. 4 I 2 Rom I-VO.
38 Dazu: *Deutsche Bank AG v. Cumune di Savona* [2017] EWHC 1013 (Comm): Eine ISDA Master Agreement-Klausel bezieht sich auf die Swap-Transaktion; eine in einem Beratungsvertrag enthaltene Klausel zugunsten italienischer Gerichte betrifft hingegen Ansprüche aus dem Beratungsvertrag.
39 Etwa verbunden mit einer Wahl des Sachrechts des prorogierten Gerichts.
40 Daher greift auch nicht die Vermutung ein, dass die Vereinbarung eines nicht ausschließlichen vertraglichen Gerichtsstands konkurrierende, deliktische Ansprüche einschließt, so auch LG Düsseldorf, 29.4.2011, BeckRS 2011, 25145.
41 Es sei denn, sie schließen sich inhaltlich an.

3. Generelle und spezielle Klauseln

Ein weiteres Auslegungskriterium betrifft den jeweiligen Kontext der Klauseln. Schließen die Parteien einen Rahmenvertrag ab, so können sie mittels einer ausschließlichen Gerichtsstandklausel die Streitbeilegung in einem prorogierten Forum konzentrieren.[42] Das hindert sie jedoch nicht daran, die Zuständigkeit eines anderen Gerichts (nachträglich) für einzelne Transaktionen zu vereinbaren[43] – dies mag im Hinblick auf das auf diese Transaktion anwendbare (andere) Sachrecht sogar sinnvoll sein.[44] Ändern die Parteien einen Vertrag (und eine entsprechende Streitbeilegungsklausel), so ist es primär eine Frage der Auslegung, ob die Klausel auch frühere Streitigkeiten erfasst oder lediglich die Vertragsänderung als solche erfassen will. Umgekehrt entfaltet der Abschluss einer ausschließlichen Gerichtsstandklausel in einem (oder mehreren) speziellen Verträgen (über einzelne Transaktionen) keine Konzentration für sämtliche Rechtsstreitigkeiten der Parteien.[45]

Die Beispiele verdeutlichen, dass die Abgrenzung überlappender oder gar widerstreitender Gerichtsstandsklauseln primär eine Frage der Auslegung ist. Dabei haben die Interessen der Parteien Vorrang. Allerdings werden Streitbeilegungsklauseln häufig nicht mit der gebotenen Sorgfalt in die entsprechenden Vertragsinstrumente eingefügt – am Ende der Verhandlungen greift man auf Standardformulierungen zurück. Kommt es später zum Rechtsstreit, so resultieren hieraus unnötige (und teure) Verzögerungen und Nebenstreitigkeiten.

IV. Reformbedarf im europäischen Prozessrecht?

Es verbleibt die abschließende Frage, ob eine Regelung der Problematik in Art. 25 EuGVO de lege ferenda wünschenswert wäre. Für die Aufnahme einer entsprechenden Regelung spricht die praktische Bedeutung der Problematik – Auslegungsfragen stellen sich bei Streitbeilegungsklauseln durchaus häufig. Andererseits sind diese Fragen doch sehr auf den jeweiligen Einzelfall bezogen – das zeigt nicht zuletzt die – unterschiedliche – Behandlung der Thematik in den Kommentierungen.[46] Diese spricht

---

42 Allerdings ist es auch in dieser Konstellation eine Frage der Auslegung, ob die Klausel im allgemeinen Vertrag auch weitere Rechtsbeziehungen zwischen den Parteien erfasst. Beispiel: OLG Stuttgart, 27.4.2015, RIW 2015, 762, 767: Eine Gerichtsstandsklausel im allgemeinen Kontoeröffnungsvertrag erfasst nicht Transaktionen aus sog. ex-cum Geschäften und hieraus resultierende Haftungsansprüche gegen die Bank wegen (angeblich) mangelhafter Aufklärung.
43 OLG München, 31.10.2016, BeckRS 2016, 18800.
44 Derartige Konstellationen erscheinen im Zusammenhang mit dem anstehenden Brexit denkbar: Sofern Parteien in früheren Rahmenvereinbarungen die Zuständigkeit Londoner Gerichte vereinbart haben, können sie für Transaktionen nach dem Austritt Großbritanniens die Zuständigkeit von Gerichten im Binnenmarkt prorogieren, um die Anwendung von zwingendem Finanzmarktrecht der Union zu sichern.
45 OLG Bamberg, 24.4.2013, IPRax 2015, 154, 156 (zust. *Wais*, IPRax 2015, 127 f.).
46 Auch das *CDC*-Urteil des EuGH (oben Fn. 10) verdeutlicht, dass das Problem häufig aus

m.E. gegen eine ergänzende Regelung in der EuGVO – dasselbe Ergebnis hat *U. Magnus* unlängst für eine (entsprechende) Ergänzungsregel des deutschen Gesetzgebers vertreten.[47]

Handlungsbedarf besteht hingegen bei der Bestimmung des anwendbaren Rechts auf Fragen der materiell-rechtlichen Wirksamkeit und der Auslegung von Gerichtsstandsklauseln. Hier steht die Regelung des EwG 20 am systematisch falschen Ort: Die Vorschrift gehört in den operativen Text. Zudem sollte der Unionsgesetzgeber positiv klarstellen, dass Fragen der materiellen Wirksamkeit (und auch der Auslegung) sich nach der lex fori des prorogierten Gerichts richten. Schließlich sollte im Hinblick auf eine Derogation der Zuständigkeit der Zivilgerichte im Binnenmarkt zugunsten drittstaatlicher Gerichte klargestellt werden, dass die Derogation nicht zum Entzug zwingenden Unionsrechts führen darf.[48] Im Hinblick auf den anstehenden Brexit und der weiten Gebräuchlichkeit von Gerichtsstandsklauseln zum Justizmarkt London wäre eine derartige Klarstellung in der EuGVO erwägenswert.[49]

---

der Perspektive des Einzelfalls behandelt wird: Dort stand die Perspektive des »private enforcement« des EU-Kartellrechts im Vordergrund – dies veranlasste den Gerichtshof zu einer zurückhaltenden Beurteilung der Tragweite von Streitbeilegungsklauseln, die in einer solchen Konstellation die Bündelung von Einzelansprüchen (zur kollektiven Geltendmachung) nachhaltig erschweren. Hätte der EuGH über die Auslegung isolierter (oder konkurrierender) Streitbeilegungsklauseln zu entscheiden gehabt, wäre das Ergebnis vielleicht anders ausgefallen.

47 *U. Magnus*, IPRax 2016, 521, 527.
48 EuGH, 9.11.2000, Rs. C-381/98, *Ingmar GB*, EU:C:2000:605, Rdn. 25.
49 Zu den Auswirkungen des Brexit auf das europäische Kollisionsrecht vgl. *Hess*, IPRax 2016, 409 f.; *Dickinson*, ZEuP 2017, 539 ff.; *Fitchen*, NPIR 2017, 411 ff.

Arbeitnehmerschutz durch Verfahren

Die europäischen Vorgaben für Massenentlassungen

Abbo Junker

I. Einleitung

Der Jubilar zählt zu denjenigen Gelehrten, die sich nicht nur im Verfahrensrecht, sondern auch im Arbeitsrecht einen Namen gemacht haben. Es besteht daher Anlass zu der Hoffnung, ihn mit einem Beitrag über ein Teilrechtsgebiet zu erfreuen, das sich mit dem Titel »Arbeitnehmerschutz durch Verfahren« überschreiben lässt. Den Ausgangspunkt bildet die Richtlinie 98/59/EG zur Angleichung der Vorschriften über Massenentlassungen,[1] die eine Überarbeitung einer der ersten arbeitsrechtlichen Richtlinien überhaupt darstellt.[2] Es handelt sich um die einzige Regelung des sekundären Unionsrechts, die ausschließlich auf den Bestandsschutz des Arbeitsverhältnisses bezogen ist. Die Instrumente sind jedoch verfahrensrechtlicher Natur; materielle Maßstäbe für die Rechtfertigung von Entlassungen können aus der Richtlinie nicht abgeleitet werden.[3]

Da die Mindestvorschriften der Richtlinie 98/59/EG über die Information und Konsultation der Arbeitnehmervertreter (Art. 2) und die behördliche Anzeige von Massenentlassungen (Art. 3, 4) relativ weich formuliert sind, hatte sich der EuGH nur in wenigen Fällen mit diesen Vorschriften zu beschäftigen.[4] Den Schwerpunkt der europäischen Rechtsprechung bildet vielmehr der Anwendungsbereich der Richtlinie, der durch die drei Begriffe »Arbeitnehmer«, »Entlassung« und »Betrieb« bestimmt wird. Während bei den Begriffen des Arbeitnehmers und der Entlassung eine Tendenz zur Ausdehnung erkennbar ist, herrscht beim Merkmal des Betriebs eher

---

1 Richtlinie 98/59/EG des Rates vom 20.7. 1998 zur Angleichung der Rechtsvorschriften der Mitgliedstaaten über Massenentlassungen (Amtsblatt EG 1998 L 225/16).
2 Richtlinie 75/129/EWG des Rates vom 17.2. 1975 zur Angleichung der Rechtsvorschriften der Mitgliedstaaten über Massenentlassungen (Amtsblatt EG 1975 L 48/29).
3 *Weber*, in: Giesen/Junker/Rieble (Hrsg.), Systembildung im Europäischen Arbeitsrecht, 2017, S. 131, 137.
4 EuGH 10.9. 2009 – C-44/08, NZA 2009, 1083 – AEK/Fujitsu Siemens (zuständige Arbeitnehmervertretung im Konzern); EuGH 16.7. 2009 – C-12/08, AP Nr. 5 zu Richtlinie 98/59/EG – Mono Car Styling/Odemis (keine Rechte des einzelnen Arbeitnehmers); EuGH 3.3. 2011 – C-235/10 u.a., NZA 2011, 337 – Claes/Landesbanki Luxembourg (Adressaten der Arbeitgeberpflichten).

Zurückhaltung.⁵ Unter dem Leitgedanken »Dogmatik im Dienst von Gerechtigkeit, Rechtssicherheit und Rechtsentwicklung« soll im Folgenden versucht werden, die Anknüpfungsmerkmale der Richtlinie im Licht der Rechtsprechung des EuGH zu analysieren. Die Ausführungen zum Begriff des Betriebs mussten leider auf Grund eines Kürzungswunsches der Herausgeber dieser Festschrift entfallen und gelangen an anderer Stelle zur Veröffentlichung.

II. Persönlicher Anwendungsbereich (»Arbeitnehmer«)

Die personelle Reichweite des arbeitsrechtlichen Schutzes wird auch im europäischen Recht durch den Arbeitnehmerbegriff bestimmt. Die Richtlinie 98/59/EG setzt diesen Begriff voraus und enthält lediglich den Zusatz, dass die Mitgliedstaaten Arbeitnehmer öffentlicher Verwaltungen oder von Einrichtungen des öffentlichen Rechts⁶ und Besatzungen von Seeschiffen vom Anwendungsbereich ausnehmen können (Art. 1 Abs. 2 lit. b, c). Während die meisten der rund 20 Richtlinien der EU auf dem Gebiet des Arbeitsrechts auf das nationale Recht der Mitgliedstaaten verweisen (z.B.: »Im Sinne dieser Richtlinie ist ›Arbeitnehmer‹ jede Person, die in dem betreffenden Mitgliedstaat aufgrund des einzelstaatlichen Arbeitsrechts geschützt ist«⁷), beruft die Massenentlassungsrichtlinie nur hinsichtlich des Begriffs der »Arbeitnehmervertreter« das Recht der Mitgliedstaaten (Art. 1 Abs. 1 Unterabs. 1 lit. b). Daraus folgerte die herrschende Meinung, der Begriff des Arbeitnehmers müsse erst recht durch Rückgriff auf einzelstaatliches Arbeitsrecht ermittelt werden,⁸ während die Gegenansicht aus Art. 1 Abs. 1 Unterabs. 1 lit. b den Umkehrschluss zog, der Begriff des Arbeitnehmers i.S. der Richtlinie 98/59/EG sei autonom europäisch zu bestimmen.⁹

---

5   *Spelge,* in: Franzen/Gallner/Oetker (Hrsg.), Kommentar zum europäischen Arbeitsrecht, 2016, Art. 1 RL 98/59/EG Rn. 56 ff.; *Naber/Sittard,* in: Preis/Sagan (Hrsg.), Europäisches Arbeitsrecht, 2015, § 10 Rn. 24 ff.; *Fuchs/Marhold,* Europäisches Arbeitsrecht, 4. Aufl. (2014), S. 291-293.
6   Siehe dazu EuGH 18.10. 2012 – C-583/10, BeckRS 2012, 82058 Rn. 32 ff. – United States of America/Nolan; *Franzen,* EuZA 7 (2014), 285, 308; *Hagemeister,* EuZA 6 (2013), 340; *Mair,* ZESAR 2013, 240.
7   Richtlinie 2001/23/EG des Rates vom 12.3. 2001 zur Angleichung der Rechtsvorschriften der Mitgliedstaaten über die Wahrung von Ansprüchen der Arbeitnehmer beim Übergang von Unternehmen, Betrieben oder Unternehmens- oder Betriebsteilen (Amtsblatt EG 2001 L 82/16), Art. 2 Abs. 1 lit. d.
8   *Riesenhuber,* Europäisches Arbeitsrecht, 2009, § 23 Rn. 9; *Naber/Sittard,* in: Preis/Sagan (Fn. 5), § 10 Rn. 16 ff.; *Hohenstatt/Naber,* NZA 2014, 637, 639; *Vielmeier,* NJW 2014, 2678, 2680; *Wank,* EuZA 1 (2008), 172, 184.
9   *Weber,* in: Schlachter/Heinig (Hrsg.), Europäisches Arbeits- und Sozialrecht, 2016, § 9 Rn. 36.

1. Begriff des Arbeitnehmers

Der EuGH hat sich im Jahr 2015 im Einklang mit der zuletzt genannten Ansicht zu einem unionsrechtlich determinierten Arbeitnehmerbegriff der Richtlinie 98/59/EG bekannt und die einheitliche europäische Auslegung mit dem doppelten Harmonisierungsziel der Richtlinie begründet, im Interesse des Arbeitnehmerschutzes und im Interesse gleicher Wettbewerbsbedingungen Mindestvorschriften für Massenentlassungen aufzustellen: Der Arbeitnehmerbegriff der Richtlinie 98/59/EG sei innerhalb der Unionsrechtsordnung autonom und einheitlich auszulegen, um die Mitgliedstaaten daran zu hindern, durch unterschiedliche Berechnungsgrundlagen der Schwellenwerte den Anwendungsbereich der Richtlinie zu verändern und ihr somit die volle Wirksamkeit zu nehmen.[10]

Das Urteil resultiert aus einem Vorlagebeschluss des ArbG Verden im Kündigungsschutzprozess des entlassenen Arbeitnehmers *Balkaya* gegen die Kiesel Abbruch- und Recycling Technik GmbH. Die Beklagte hatte mehr als fünf Arbeitnehmer – darunter den Kläger – wegen einer Betriebsstilllegung entlassen, aber der Agentur für Arbeit keine Anzeige erstattet.[11] Ob der Betrieb der Beklagten »in der Regel mehr als 20 Arbeitnehmer« beschäftigte (§ 17 Abs. 1 S. 1 Nr. 1 KSchG), hing davon ab, ob der – an der GmbH nicht beteiligte – Geschäftsführer und eine Umschülerin, die Zahlungen von der Bundesagentur für Arbeit erhielt, als Arbeitnehmer anzusehen waren.[12]

Die Arbeitnehmereigenschaft des Fremdgeschäftsführers begründet der EuGH unter Rückgriff auf seine Vorabentscheidung im Rechtsstreit der Geschäftsführerin *Danosa*, die sich gegen ihre Abberufung durch eine Kapitalgesellschaft lettischen Rechts unter Berufung auf den Kündigungsschutz bei Schwangerschaft wehrte, den die Mitgliedstaaten nach der Richtlinie 92/85/EG zu gewährleisten haben.[13] Hier wie dort[14] stellt der EuGH darauf ab, dass eine Person während einer bestimmten Zeit

---

10 EuGH 9.7. 2015 – C-229/14, NZA 2015, 861 Rn. 32, 33 – Balkaya/Kiesel Abbruch Technik; s. dazu *Weber/Zimmer*, EuZA 9 (2016), 224, 228; *Arnold*, NJW 2015, 2484; *Forst*, EuZW 2015, 664, 665; *Ulrici*, JurisPR-ArbR 35/2015 (unter C II 1 a, b).
11 Siehe zur Anzeigepflicht Gemeinschaftskommentar zum Kündigungsschutzgesetz (KR)/ *Weigand*, 11. Aufl. (2016), § 17 KSchG Rn. 118 ff.; Münchener Handbuch zum Arbeitsrecht (MünchArbR)/*Berkowsky*, 3. Aufl. (2009), § 134 Rn. 30-32.
12 EuGH 9.7. 2015 – C-229/14, NZA 2015, 861 Rn. 14 ff. – Balkaya/Kiesel Abbruch Technik; s. dazu *Weber/Zimmer*, EuZA 9 (2016), 224, 226.
13 Richtlinie 92/85/EG des Rates vom 19.10. 1992 über die Durchführung von Maßnahmen zur Verbesserung der Sicherheit und des Gesundheitsschutzes von schwangeren Arbeitnehmerinnen, Wöchnerinnen und stillenden Arbeitnehmerinnen am Arbeitsplatz (Amtsblatt EG 1992 L 348/1).
14 EuGH 11.11. 2010 – C-232/09, NZA 2011, 143 Rn. 56, 74 – Danosa/LKB Lizings; s. dazu *Oberthür*, NZA 2011, 253; *Wank*, EWiR 2011, 27; *Hildebrand*, Arbeitnehmerschutz von geschäftsführenden Gesellschaftsorganen im Lichte der Danosa-Entscheidung des EuGH, 2014; *Hepp*, Mutterschutz für GmbH-Geschäftsführerinnen, 2016.

für eine andere nach deren Weisung Leistungen erbringt, für die sie als Gegenleistung eine Vergütung erhält.[15]

Dass die deutsche Rechtsprechung den Geschäftsführer einer GmbH nur ausnahmsweise – bei ungewöhnlich starker interner Weisungsgebundenheit – als Arbeitnehmer qualifiziert,[16] spiele keine Rolle, da der EuGH in ständiger Rechtsprechung davon ausgehe, dass die Natur des Beschäftigungsverhältnisses nach nationalem Recht für die Arbeitnehmereigenschaft im Sinne des Unionsrechts ohne Bedeutung sei.[17] Diese pauschale Erwägung ist von ungewöhnlicher Schlichtheit, denn aus dem gesellschaftsrechtlich vermittelten Weisungsrecht der Gesellschafterversammlung kann auch bei europäisch-rechtsvergleichender Betrachtung nicht ohne weiteres auf die soziale Schutzbedürftigkeit des Geschäftsführers geschlossen werden. Denn das Weisungsrecht ist kein Indikator für persönliche Abhängigkeit des Angewiesenen, sondern steht den Gesellschaftern zu, weil sie als Eigentümer in der Lage sein müssen, die Politik der Gesellschaft zu bestimmen.[18]

Auch die Argumentation aus dem Schutzzweck der Massenentlassungsrichtlinie[19] bleibt an der Oberfläche, denn es ist gerade die Frage, ob es dem Zweck der Massenentlassungsrichtlinie entspricht, den Geschäftsführer im Informations- und Konsultationsverfahren zum Schützling der Arbeitnehmervertreter zu machen, denen er in Fällen des Personalabbaus als Kontrahent gegenübersteht und von denen ein Geschäftsführer schwerlich repräsentiert werden kann.[20] Der EuGH lässt insoweit ein Schlupfloch, als die nationalen Gerichte das Vorliegen eines Arbeitsverhältnisses in jedem Einzelfall anhand aller Gesichtspunkte und aller Umstände, welche die Beziehungen zwischen den Beteiligten kennzeichnen, prüfen müssen.[21] Es ist aber nicht zu erwarten, dass die deutschen Gerichte diesen Spielraum nutzen werden, um zu einer Reduktion des »überschießenden« Urteils zu gelangen.[22]

---

15 EuGH 9.7. 2015 – C-229/14, NZA 2015, 861 Rn. 34 – Balkaya/Kiesel Abbruch Technik.
16 BAG 24.11. 2005 – 2 AZR 614/04, BAGE 116, 254 = AP Nr. 19 zu § 1 KSchG 1969 Wartezeit = NZA 2006, 366 (Rn. 18); s. auch *Reichold*, Arbeitsrecht, 5. Aufl. (2016), Rn. 35.
17 EuGH 9.7. 2015 – C-229/14, NZA 2015, 861 Rn. 35 – Balkaya/Kiesel Abbruch Technik unter Hinweis auf EuGH 20.9. 2007 – C-116/06, NZA 2007, 1274 Rn. 26 – Kiiski/Tampereen Kaupunki; s. dazu *Joussen*, EuZA 1 (2008), 375.
18 *Weber/Zimmer*, EuZA 9 (2016), 224, 232.
19 EuGH 9.7. 2015 – C-229/14, NZA 2015, 861 Rn. 44 – Balkaya/Kiesel Abbruch Technik: »Diese Auslegung wird im Übrigen durch die Zielsetzung der Richtlinie bestätigt, die… den Schutz der Arbeitnehmer bei Massenentlassungen verstärken soll. Diesem Ziel entsprechend [darf] der Begriff des Arbeitnehmers nicht eng ausgelegt werden.«
20 *Weber/Zimmer*, EuZA 9 (2016), 224, 233; s. auch Schaub/*Vogelsang*, Arbeitsrecht-Handbuch, 16. Aufl. (2015), § 14 Rn. 3: »Eine Arbeitnehmereigenschaft folgt nicht daraus, dass ein GmbH-Geschäftsführer gegenüber den Gesellschaftern weisungsgebunden ist (§ 37 GmbHG). Die Organmitglieder üben im Außenverhältnis letztlich die Weisungsbefugnis aus und sind damit die sozialen Gegenspieler der Arbeitnehmerschaft.«
21 EuGH 11.11. 2010 – C-232/09, NZA 2011, 143 Rn. 46 – Danosa/LKB Lizings; EuGH 9.7. 2015 – C-229/14, NZA 2015, 861 Rn. 37 – Balkaya/Kiesel Abbruch Technik.
22 *Ulrici*, JurisPR-ArbR 35/2015 (unter C II 2 a).

Immerhin wurde zwei Monate nach dem *Balkaya*-Urteil in einer Rechtssache, die den Arbeitnehmerbegriff der Art. 20 ff. EuGVVO betraf,[23] die Arbeitnehmereigenschaft eines Geschäftsführers, der zugleich Minderheitsgesellschafter war, differenziert betrachtet: Sie hängt davon ab, inwieweit ein Geschäftsführer als Anteilseigner in der Lage ist, auf die Willensbildung der Gesellschafterversammlung Einfluss zu nehmen: Wenn die Einflussmöglichkeit »nicht unerheblich« ist, besteht kein Unterordnungsverhältnis i.S. des europäischen Arbeitnehmerbegriffs.[24]

Auch die Arbeitnehmereigenschaft von Umschülern[25] wird nicht überzeugend begründet, was auch auf die Formulierung der Vorlage zurückzuführen ist:[26] Nicht entscheidend sei, dass bei einer Umschulung der Ausbildungszweck im Vordergrund stehe. Es genüge, dass die Beschäftigung »unter den Bedingungen einer tatsächlichen und echten Tätigkeit« absolviert werde. Weder der rechtliche Kontext des Beschäftigungsverhältnisses noch die Herkunft der Vergütung könne »irgendeine Rolle für die Beantwortung der Frage spielen, ob jemand als Arbeitnehmer anzusehen ist oder nicht«.[27] Dem ist zu entgegnen, dass die Rechtsordnungen zahlreicher Mitgliedstaaten zwischen Ausbildungs- und Arbeitsverhältnissen unterscheiden. Das deutsche System der Umschulung – der Bezieher von Unterstützung durch die Bundesagentur für Arbeit erhält einen »Bildungsgutschein« – kann auch unter Vergütungsgesichtspunkten kaum als Arbeitsverhältnis anzusehen sein.[28]

2. Befristet beschäftigte Arbeitnehmer

Die Richtlinie 98/59/EG ist nicht anzuwenden auf Massenentlassungen im Rahmen von Arbeitsverträgen, die für eine bestimmte Zeit oder für eine bestimmte Tätigkeit geschlossen werden, es sei denn, die Entlassung erfolgt, bevor die Zeit- oder Zweckbefristung abgelaufen oder die Bedingung eingetreten ist (Art. 1 Abs. 2 lit. a).

23 Verordnung (EU) Nr. 1215/2015 des Europäischen Parlaments und des Rates vom 12.12. 2012 über die gerichtliche Zuständigkeit und die Anerkennung und Vollstreckung von Entscheidungen in Zivil- und Handelssachen (Amtsblatt EU 2012 L 351/1).
24 EuGH 10.9. 2015 – C-47/14, NZA 2016, 183 Rn. 57 – Holterman/Spies von Büllesheim; s. dazu *Kindler*, IPRax 2016, 115; *Knöfel*, EuZA 9 (2016), 348.
25 ArbG Verden 6.5. 2014 – 1 Ca 35/13, NZA 2014, 665, 669: »Personen, die ohne Vergütung durch den Arbeitgeber, jedoch finanziell gefördert und anerkannt durch die für Arbeitsförderung zuständigen öffentlichen Stellen, praktisch mitarbeiten, um Kenntnisse zu erwerben oder zu vertiefen«.
26 *Spelge*, in: Franzen/Gallner/Oetker (Fn. 5), Art. 1 RL 98/59/EG Rn. 54: »Die Vorlage geht bereits von einem unzutreffenden Verständnis des deutschen Rechts aus. Es ist zu befürchten, dass der EuGH aufgrund der unzutreffenden bzw. unvollständigen Darstellung des deutschen Rechts… eine für Verwerfungen im deutschen Recht sorgende Antwort geben wird.«
27 EuGH 9.7. 2015 – C-229/14, NZA 2015, 861 Rn. 51 – Balkaya/Kiesel Abbruch Technik; s. dazu *Forst*, EuZW 2015, 664, 665; *Lunk*, NZA 2015, 917, 919; *Weber/Zimmer*, EuZA 9 (2016), 224, 235.
28 Zutreffend für den Arbeitnehmerbegriff des deutschen Rechts BAG 19.1. 2006 – 6 AZR 638/04, BAGE 117, 20 = AP Nr. 7 zu § 623 BGB = NZA 2007, 97 (Rn. 18, 21).

Diese Bereichsausnahme bedeutet unstreitig, dass die Verfahrensvorschriften der Richtlinie – die Gebote der Information und Konsultation der Arbeitnehmervertreter (Art. 2) und der Anzeige der beabsichtigten Entlassungen bei der zuständigen Behörde (Art. 3, 4) – nicht gelten, wenn auflösend befristete oder bedingte Arbeitsverhältnisse regulär enden.[29]

Das reguläre Ende befristeter oder bedingter Arbeitsverträge wird von vornherein vom Entlassungsbegriff des Art. 1 Abs. 1 Unterabs. 1 lit. a der Richtlinie ausgenommen: In diesen Fällen kann das Ziel der Richtlinie, aus Arbeitnehmersicht unfreiwillige Beendigungen der Arbeitsverhältnisse zu vermeiden, ihre Zahl zu beschränken oder zumindest nach Möglichkeiten zu suchen, ihre Folgen zu mildern, nicht erreicht werden.[30] Dem Versuch eines spanischen Gerichts, das Verfahren bei Massenentlassungen für die Befristungskontrolle fruchtbar zu machen,[31] hat der EuGH eine klare Absage erteilt, da die Kontrolle befristeter Arbeitsverträge Gegenstand anderer Rechtsakte sei.[32]

3. »In der Regel« beschäftigte Arbeitnehmer

Dass der reguläre Ablauf zeitbefristeter oder die Erfüllung zweckbefristeter oder auflösend bedingter Arbeitsverhältnisse keine »Entlassung« i.S. der Richtlinie darstellt (Art. 1 Abs. 2 lit. a), bedeutet jedoch nicht, dass solche Arbeitsverhältnisse bei der Berechnung der Schwellenwerte in der Modalität des Art. 1 Abs. 1 Unterabs. 1 lit. a, i der Richtlinie außer Betracht bleiben.[33] Um befristete oder bedingte Arbeitsverhältnisse berücksichtigen zu können, kommt es darauf an, ob die betreffenden Arbeitnehmer »in der Regel« im Betrieb beschäftigt sind. Mit dem Tatbestandsmerkmal »in der Regel« tut sich der EuGH schwer, was ein Vergleich mit der deutschen Dogmatik zeigt. Nach der zum deutschen Ausführungsakt (§ 17 Abs. 1 S. 1 KSchG) herrschenden Meinung ist für dieses Tatbestandsmerkmal entscheidend, ob die Beschäftigten »bei regelmäßigem Gang des Betriebs« eingesetzt werden oder nur in Zeiten außergewöhnlichen Geschäftsanfalls, z.B. um Auftragsspitzen abzudecken.[34]

---

29 EuGH 13.5. 2015 – C-392/13, NZA 2015, 669 Rn. 67 – Rabal Cañas/Nexea; EuGH 11.11. 2015 – C-422/14, NZA 2015, 1441 Rn. 26 – Pujante Rivera/Gestora Clubs; s. dazu *Franzen*, NZA 2016, 26, 27; *Maschmann*, EuZA 8 (2015), 488, 498.

30 EuGH 13.5. 2015 – C-392/13, NZA 2015, 669 Rn. 63 – Rabal Cañas/Nexea; *Franzen*, NZA 2016, 26, 27.

31 EuGH 13.10. 2015 – C-392/13, NZA 2015, 669 Rn. 65 – Rabal Cañas/Nexea: »Das vorlegende Gericht macht geltend, dass eine Einbeziehung der Beendigungen für eine bestimmte Zeit oder Tätigkeit geschlossener Arbeitsverträge in den Anwendungsbereich der Richtlinie sinnvoll wäre, um ihre Berechtigung prüfen zu können.«

32 EuGH 13.10. 2015 – C-392/13, NZA 2015, 669 Rn. 66 – Rabal Cañas/Nexea; *Maschmann*, EuZA 8 (2015), 488, 498.

33 *Franzen*, NZA 2016, 26, 27.

34 KR/*Weigand* (Fn. 11), § 17 KSchG Rn. 44 m.w.N.; ähnlich *Moll*, in: Ascheid/Preis/Schmidt (Hrsg.), Kündigungsrecht, 4. Aufl. (2012), § 17 KSchG Rn. 20; *von Hoyningen-Huene*, in:

Der EuGH scheint überfordert mit der notwendigen Differenzierung, ob eine im Betrieb befristet beschäftigte Person ein »Arbeitnehmer« i.S. des Art. 1 Abs. 1 Unterabs. 1 lit. a, i der Richtlinie ist (was bejaht werden muss), und ob dieser Arbeitnehmer bei den Schwellenwerten mitzuzählen ist, weil er »in der Regel« beschäftigt wird.[35] Der Gerichtshof setzt vielmehr beide Fragen in eins und judiziert, dass Arbeitnehmer mit einem für eine bestimmte Zeit oder Tätigkeit geschlossenen Vertrag generell zu denjenigen gehören, die i.S. des Art. 1 Abs. 1 Unterabs. 1 lit. a, i »in der Regel« in dem betreffenden Betrieb beschäftigt sind.[36] Den Ausgangsfall löst er gleich mit: Da die betroffenen Arbeitnehmer laut Vorlagebeschluss jedes Jahr im Juli für jeweils vier Wochen tätig waren, seien sie als »in der Regel« in dem betreffenden Betrieb beschäftigt anzusehen.[37] Bliebe die europäische Rechtsprechung dabei, dass Arbeitnehmer mit befristeten Arbeitsverhältnissen stets »in der Regel« beschäftigt sind, hätte dieses Merkmal seine Funktion weitgehend verloren.[38]

III. Sachlicher Anwendungsbereich (»Entlassung«)

Der EuGH hat mit seinem eigenwilligen Verständnis von »in der Regel« bei der Auslegung der Richtlinie 98/59/EG nicht zum ersten Mal für Verwunderung gesorgt. Der Schlüssel zum sachlichen Anwendungsbereich der Richtlinie ist der Begriff der Entlassung (Art. 1 Abs. 1 Unterabs. 1 lit. a). Das BAG legte früher den Entlassungsbegriff des deutschen Rechts so aus, dass er nicht schon die Abgabe der Kündigungserklärung, sondern erst »die mit ihr beabsichtigte tatsächliche Beendigung des Arbeitsverhältnisses« erfasste, also das Ausscheiden eines Arbeitnehmers aus dem Betrieb.[39] Nach dieser Auslegung genügte eine behördliche Anzeige der Massenentlassung bis zum Ablauf der Kündigungsfrist. Dahinter stand die Konzeption des deutschen Rechts der Massenentlassungen, das auf Vorbilder aus den 1920er Jahren zurückging und nach der Begründung zu §§ 15 ff. KSchG 1951 in erster Linie den arbeitsmarktpolitischen Zweck verfolgte, im Allgemeininteresse Arbeitslosigkeit

---

von Hoyningen-Huene/Linck/Krause, Kündigungsschutzgesetz – Kommentar, 15. Aufl. (2013), § 17 KSchG Rn. 20.
35 Zu Recht kritisch *Franzen*, NZA 2016, 26, 27.
36 EuGH 11.11. 2015 – C-422/14, NZA 2015, 1441 Rn. 27 ff., 41 – Pujante Rivera/Gestora Clubs.
37 EuGH 11.11. 2015 – C-422/14 Rn. 27 ff., 41 – Pujante Rivera/Gestora Clubs; s. dazu *Franzen*, NZA 2016, 26, 27: »Das ist kompetenzwidrig, weil der Gerichtshof im Vorabentscheidungsverfahren nur zur Auslegung, nicht aber zur Anwendung des Unionsrechts berufen ist.«
38 *Spelge*, in: Franzen/Gallner/Oetker (Fn. 5), Art. 1 RL 98/59/EG Rn. 15.
39 BAG 13.4. 2000 – 2 AZR 215/99, AP Nr. 13 zu § 17 KSchG 1969 = NZA 2001, 144, 145; s. zum KSchG 1951 BAG 3.10. 1963 – 2 AZR 160/63, AP Nr. 9 zu § 15 KSchG m. Anm. *A. Hueck* = SAE 1964, 6 m. Anm. *Herschel*.

möglichst zu verhindern.⁴⁰ Auch die Rechtsprechung zu den §§ 17 ff. KSchG 1969 definierte den Zweck der Regelung über die Stabilität des Arbeitsmarkts.⁴¹

1. Begriff der Entlassung

Nach dem Verständnis des EuGH diente jedoch bereits die Richtlinie 75/129/EWG in erster Linie dem Ziel, den Schutz der Arbeitnehmer bei Massenentlassungen zu verstärken (und dadurch mittelbar gleiche Wettbewerbsbedingungen im Binnenmarkt zu schaffen).⁴² Unter diesem Blickwinkel hatte das ArbG Berlin im Rechtsstreit der entlassenen Pflegehelferin *Irmtraud Junk* gegen die AWO Gemeinnützige Pflegegesellschaft Südwest mbH Zweifel an der Richtlinienkonformität der deutschen Rechtsprechung und legte dem EuGH die Frage vor, ob unter »Entlassung« die Beendigung des Arbeitsverhältnisses mit dem Ablauf der Kündigungsfrist oder der Ausspruch der Kündigung als der erste Akt zur Beendigung des Arbeitsverhältnisses zu verstehen sei.⁴³

Der EuGH bejahte am 27.1. 2005 Letzteres: Die Richtlinie 98/59/EG spreche mehrfach von »beabsichtigten« Entlassungen (Art. 2 Abs. 1, Art. 3 Abs. 1). Dies könne nur den Fall meinen, in dem noch keine abschließende Entscheidung getroffen, also die Kündigung noch nicht erklärt wurde. Dabei stellt der EuGH wohl nicht auf den Zugang, sondern auf die Abgabe der Kündigungserklärung ab.⁴⁴ Konsequenterweise dürfe die Kündigung erst nach der behördlichen Anzeige erfolgen. Auch die Konsultation der Arbeitnehmervertreter müsse vor der Kündigung abgeschlossen sein, da sonst der Zweck der Richtlinie verfehlt werde, im Interesse des Arbeitnehmerschutzes Entlassungen zu vermeiden oder wenigstens ihre Folgen zu lindern.⁴⁵

Der in dieser Weise konkretisierte Richtlinienbegriff der Entlassung, der im Wege der richtlinienkonformen Auslegung des § 17 Abs. 1 S. 1 KSchG rezipiert wurde,⁴⁶ hat einschneidende Folgen, z.B. für das deutsche Modell der Änderungskündigung

---

40 Nachweise bei *Naber/Sittard*, in: Preis/Sagan (Fn. 5), § 10 Rn. 7, 8.
41 BAG 6.12. 1973 – 2 AZR 10/73, BAGE 25, 430 = AP Nr. 1 zu § 17 KSchG 1969 m. Anm. *G. Hueck* = SAE 1974, 191 m. Anm. *Herschel;* BAG 24.10. 1996 – 2 AZR 895/95, BAGE 84, 267 = AP Nr. 8 zu § 17 KSchG 1969 = NZA 1997, 373, 375.
42 EuGH 8.6. 1994 – C-383/92, Slg. 1994, I-2479 Rn. 27 – Kommission/Vereinigtes Königreich; EuGH 17.12. 1998 – C-250/97, NZA 1999, 305 Rn. 19 – Lauge/Lønmodtagernes Garantifond.
43 ArbG Berlin 30.4. 2003 – 36 Ca 19726/02, ZIP 2013, 1265; s. dazu *von Hoyningen-Huene,* EWiR 2003, 1133.
44 EuGH 27.1. 2005 – C-188/03, NZA 2005, 213 Rn. 36, 38 – Junk/AWO Pflegegesellschaft; *Naber/Sittard,* in: Preis/Sagan (Fn. 5), § 10 Rn. 11, 35; anderer Ansicht *Spelge,* in: Franzen/Gallner/Oetker (Fn. 5), Art. 1 RL 98/59/EG Rn. 22 (Zugang der Kündigung).
45 EuGH 27.1. 2005 – C-188/03, NZA 2005, 213 Rn. 42 ff. – Junk/AWO Pflegegesellschaft.
46 BAG 23.3. 2006 – 2 AZR 343/05, BAGE 117, 281 = AP Nr. 21 zu § 17 KSchG 1969 = NZA 2006, 971 Rn. 21 f.; BAG 13.7. 2006 – 6 AZR 198/06, BAGE 119, 66 = AP Nr. 22 zu § 17 KSchG 1969 = NZA 2007, 25 Rn. 10; s. zum Übergangsrecht BVerfG 10.12. 2014 – 2 BvR 1549/07, NZA 2015, 375 Rn. 32-36.

(§ 2 KSchG): Wird der Richtlinienbegriff der Entlassung rechtsgeschäftlich gedeutet, muss schon die rechtliche Möglichkeit der Beendigung als »Entlassung« i.S. der Richtlinie 98/59/EG gewertet werden: Bereits der Ausspruch einer Änderungskündigung erfüllt den Entlassungsbegriff, und zwar unabhängig davon, ob der Arbeitnehmer später das ihm mit der Kündigung unterbreitete Änderungsangebot ablehnt, unter Vorbehalt annimmt oder vorbehaltlos akzeptiert:[47] Im maßgeblichen Zeitpunkt der Kündigungserklärung sind bei einer Änderungskündigung deutschen Rechts weder das Schutzbedürfnis des Arbeitnehmers noch das Informationsinteresse der Arbeitsverwaltung geringer als bei einer reinen Beendigungskündigung.[48]

Der Tatbestand der Entlassung i.S. der Richtlinie 98/59/EG umfasst »jede vom Arbeitnehmer nicht gewollte, also ohne seine Zustimmung erfolgte Beendigung des Arbeitsvertrags«[49] aus einem oder mehreren Gründen, die nicht in der Person der Arbeitnehmer liegen (Art. 1 Abs. 1 Unterabs. 1 lit. a). Jenseits dieses Begriffskerns schwankt die Rechtsprechung des EuGH: Nach einem Urteil aus dem Jahr 2004 umfasst der Entlassungsbegriff auch Tatbestände, die nicht auf einer willentlichen Handlung des Arbeitgebers beruhen: Wenn die portugiesische Rechtsordnung die durch höhere Gewalt erzwungene Einstellung des Unternehmens oder den Tod des Inhabers als Tatbestände automatischer Beendigung der Arbeitsverhältnisse ansehe, gelte die Richtlinie auch für diese Tatbestände.[50] In einer Entscheidung aus dem Jahr 2009 erklärt der EuGH dagegen, die im spanischen Recht vorgesehene Beendigung des Arbeitsvertrags durch den Tod des Arbeitgebers falle nicht unter die Richtlinie, weil die Entlassung durch eine Handlung des Arbeitgebers erfolgen müsse.[51] Für Letzteres spricht der Wortlaut des Art. 1 Abs. 1 Unterabs. 1 lit. a (»Entlassungen, die ein Arbeitgeber... vornimmt«).

Da das deutsche Recht seinem Ursprung nach älter ist als die Richtlinien 75/129/EWG und 98/59/EG, entspricht seine Systematik nicht dem System der Richtlinien: Während das europäische Recht nicht für die Entlassung aus Gründen in der Person des Arbeitnehmers gilt (Art. 1 Abs. 1 Unterabs. 1 lit. a), lässt die deutsche Regelung das Recht zur fristlosen Entlassung unberührt (§ 17 Abs. 4 S. 1 KSchG) und fristlose Entlassungen bei den Schwellenwerten unberücksichtigt (Art. 17 Abs. 4 S. 2 KSchG).

---

47 BAG 20.2. 2014 – 2 AZR 346/12, BAGE 147, 237 = AP Nr. 46 zu § 17 KSchG 1969 = NZA 2014, 1069 Rn. 31 ff., 35; s. dazu *Schwarze,* RdA 2015, 426, 429.
48 *Naber/Sittard,* in: Preis/Sagan (Fn. 5), § 10 Rn. 35; *Spelge,* in: Franzen/Gallner/Oetker (Fn. 5), Art. 1 RL 98/59/EG Rn. 26.
49 EuGH 12.10. 2004 – C-055/02, NZA 2004, 1265 Rn. 50 – Kommission/Portugal; EuGH 7.9. 2006 – C-187/05, NZA 2006, 1087 Rn. 28 – Agorastoudis/Goodyear Hellas; EuGH 11.11. 2015 – C-422/14, NZA 2015, 1441 Rn. 48 – Pujante Rivera/Gestora Clubs.
50 EuGH 12.10. 2004 – C-055/02, NZA 2004, 1265 Rn. 50 ff., 60 – Kommission/Portugal; s. dazu *Franzen,* EuZA 1 (2008), 1, 25.
51 EuGH 10.12. 2009 – C-323/08, NZA 2010, 151 Rn. 32 ff., 42 – Rodriguez Mayor/Herencia yacente de Rafael de las Heras Dávila; kritisch *Franzen,* EuZA 3 (2010), 306, 332; im Ergebnis zustimmend *Naber/Sittard,* in: Preis/Sagan (Fn. 5), § 10 Rn. 30.

Der Richtlinienbegriff »Gründe in der Person« umfasst in deutscher Systematik personen- und verhaltensbedingte Entlassungen.[52] Soweit in dem kritischen Zeitraum von 30 Tagen (Art. 1 Abs. 1 Unterabs. 1 lit. a, i der Richtlinie, § 17 Abs. 1 S. 1 KSchG) ordentliche personen- oder verhaltensbedingte Kündigungen ausgesprochen und dadurch die Schwellenwerte überschritten werden, sind auch in Bezug auf diese Kündigung die Vorgaben der Richtlinie einzuhalten, obwohl ihre Einbeziehung europarechtlich nicht erforderlich ist (»überschießende« Umsetzung).[53] Umgekehrt sieht die Richtlinie für fristlose Kündigungen keine Sonderregelung vor. Da außerordentliche betriebsbedingte Kündigungen nach deutscher Rechtsprechung nur mit Auslauffrist möglich sind,[54] können sie in richtlinienkonformer Anwendung des § 17 Abs. 4 KSchG unschwer als Entlassungen behandelt werden.[55]

2. Gleichgestellte Beendigungen

Die Richtlinie 98/59/EG stellt zum Zweck der Berechnung von Schwellenwerten den soeben definierten Entlassungen die Beendigungen des Arbeitsvertrags gleich, die auf Veranlassung des Arbeitgebers erfolgen, sofern die Zahl der Entlassungen mindestens fünf beträgt (Art. 1 Abs. 1 Unterabs. 2). Die Gleichstellung hat somit drei Voraussetzungen:

Wie nicht nur aus dem Wortlaut der Vorschrift, sondern auch aus dem achten Erwägungsgrund zu entnehmen ist, gilt die Gleichstellung nur »für die Berechnung der Zahl der »echten« Entlassungen«.[56] Sie betrifft nach europäischem Recht somit bloß die Frage, ob die Schwellenwerte erreicht sind, die Art. 1 Abs. 1 Unterabs. 1 lit. a für die Mindestzahl der Entlassungen vorsieht. Die Informations-, Konsultations- und Anzeigeobliegenheiten der Richtlinie (Art. 2-4) müssen nur bei den entlassenen, nicht aber bei den gleichgestellten Arbeitnehmern beachtet werden.[57] Das deutsche Recht übernimmt diese Beschränkung nicht (§ 17 Abs. 1 S. 1 KSchG), was nach dem Günstigkeitsprinzip der Richtlinie zulässig ist (Art. 5): Sind andere Beendigungen

---

52 *Riesenhuber* (Fn. 8), § 23 Rn. 11; *Spelge*, in: Franzen/Gallner/Oetker (Fn. 5), Art. 1 RL 98/59/EG Rn. 28.
53 *Naber/Sittard*, in: Preis/Sagan (Fn. 5), § 10 Rn. 38; anderer Ansicht *Spelge*, in: Franzen/Gallner/Oetker (Fn. 5), Art. 1 RL 98/59/EG Rn. 82; s. zur »überschießenden« Umsetzung nach spanischem Recht EuGH 10.12. 2009 – C-323/08, NZA 2010, 151 Rn. 26 f. – Rodriguez Mayor/Herencia yacente de Rafael de las Heras Dávila; nach englischem Recht EuGH 18.10. 2012 – C-583/10, BeckRS 2012, 82058 Rn. 34 ff. – United States of America/Nolan.
54 BAG 22.12. 2012 – 2 AZR 673/11, AP Nr. 2 zu § 626 BGB Unkündbarkeit = NZA 2013, 730 Rn. 14; BAG 26.3. 2015 – 2 AZR 783/13, AP Nr. 7 zu § 626 BGB Unkündbarkeit = NZA 2015, 866 Rn. 37.
55 *Naber/Sittard*, in: Preis/Sagan (Fn. 5), § 10 Rn. 40; *Spelge*, in: Franzen/Gallner/Oetker (Fn. 5), Art. 1 RL 98/59/EG Rn. 27.
56 EuGH 11.11. 2015 – C-422/14, NZA 2015, 1441 Rn. 45 – Pujante Rivera/Gestora Clubs.
57 *Spelge*, in: Franzen/Gallner/Oetker (Fn. 5), Art. 1 RL 98/59/EG Rn. 32.

den Entlassungen gleichzustellen, gelten auch für sie die Obliegenheiten des § 17 KSchG und die Folgen der Nichtbeachtung dieser Obliegenheiten.[58]

Andere Beendigungen werden nach der Richtlinie zweitens nur gleichgestellt, »sofern die Zahl der Entlassungen mindestens fünf beträgt« (Art. 1 Abs. 1 Unterabs. 2): Erfolgen innerhalb des relevanten Zeitraums nicht mindestens fünf »echte« (»eigentliche«) Entlassungen, können auch durch noch so viele vom Arbeitgeber veranlasste andere Beendigungen die Schwellenwerte nicht überschritten und der Massenentlassungsschutz nicht ausgelöst werden.[59] Dass die Mindestanzahl von fünf Entlassungen nicht in das deutsche Recht übernommen wurde (§ 17 Abs. 1 S. 2 KSchG), ist ebenfalls eine nach der Richtlinie statthafte, günstigere Abweichung (Art. 5).[60]

Die Beendigung des Arbeitsvertrags muss – so lautet die dritte und entscheidende Anforderung der Richtlinie und die einzige Anforderung des deutschen Rechts (§ 17 Abs. 1 S. 2 KSchG) – »auf Veranlassung des Arbeitgebers erfolgen« (Art. 1 Abs. 1 Unterabs. 2). Der EuGH verlangt eine »unmittelbare Willensäußerung des Arbeitgebers in Form einer Veranlassung«[61] und die Zustimmung des Arbeitnehmers zur Beendigung des Arbeitsvertrags.[62]

Im Rechtsstreit des Fitnesstrainers *Pujante Rivera* gegen die Gestora Clubs spielte die sog. »erweiterte Weisungsbefugnis« nach spanischem Recht eine Rolle: Wo der deutsche Arbeitgeber eine Änderungskündigung aussprechen muss, kann der spanische Arbeitgeber durch einseitige, rechtsgestaltende Erklärung »wesentliche Änderungen der Arbeitsbedingungen« einschließlich der Höhe von Lohn und Gehalt durchsetzen, »wenn hierfür nachgewiesene wirtschaftliche, technische, organisatorische oder produktionsbedingte Gründe bestehen«.[63] Liegen diese Voraussetzungen vor, kann der Arbeitnehmer seinerseits kündigen und erhält eine beträchtliche Abfindung.[64]

---

58 BT-Drs. 13/668, S. 13 unter Bezugnahme auf BAG 6.12. 1973 – 2 AZR 10/73, BAGE 25, 430 = AP Nr. 1 zu § 1 KSchG 1969 m. Anm. *G. Hueck* = SAE 1974, 191 m. Anm. *Herschel*.
59 EuGH 11.11. 2015 – C-422/14, NZA 2015, 1441 Rn. 42 ff., 46 – Pujante Rivera/Gestora Clubs; s. auch *Riesenhuber* (Fn. 8), § 23 Rn. 11; *Spelge*, in: Franzen/Gallner/Oetker (Fn. 5), Art. 1 RL 98/59/EG Rn. 33.
60 *Moll*, in: Ascheid/Preis/Schmidt (Fn. 34), § 17 KSchG Rn. 31; *Naber/Sittard*, in: Preis/Sagan (Fn. 5), § 10 Rn. 36.
61 EuGH 10.12. 2009 – C-323/08, NZA 2010, 151 Rn. 40 – Rodriguez Mayor/Herencia yacente de Rafael de las Heras Dávila; s. dazu *Spelge*, in: Franzen/Gallner/Oetker (Fn. 5), Art. 1 RL 98/59/EG Rn. 37.
62 EuGH 12.10. 2004 – C-055/02, NZA 2004, 1265 Rn. 56 – Kommission/Portugal; EuGH 11.11. 2015 – C-422/14, NZA 2015, 1441 Rn. 49 – Pujante Rivera/Gestora Clubs.
63 Art. 41 des spanischen Arbeitnehmergesetzes (Estatuto de los trabajadores, ET); s. dazu *Fröhlich*, Die erweiterte Weisungsbefugnis des Arbeitgebers im spanischen Recht, 2009.
64 Nach Art. 41 Abs. 3 ET hat der Arbeitnehmer, »wenn er durch die wesentliche Änderung der Arbeitsbedingungen einen Schaden erleidet, das Recht, sein Arbeitsverhältnis zu kündigen, sowie Anspruch auf eine Abfindung in Höhe von 20 Tagesentgelten je Dienstjahr.«

3. Erhebliche Vertragsänderungen

Da der Arbeitnehmer *Pujante Rivera*, dessen Gehalt einseitig um 25 % gekürzt worden war, von seinem Kündigungsrecht Gebrauch machte, hätte sich der EuGH darauf zurückziehen können, dass ein solcher Fall der veranlassten Eigenkündigung in den Stellungnahmen zur Richtlinie 98/59/EG geradezu als klassische Konstellation (»Schulfall«) der gleichgestellten Beendigung angesehen wird (Art. 1 Abs. 1 Unterabs. 2).[65] Der EuGH tut jedoch nichts dergleichen, sondern konstruiert – in der unausgesprochenen Tradition des angelsächsischen *constructive dismissal* – aus der vom Arbeitgeber veranlassten Eigenkündigung eine Entlassung i.S. des Art. 1 Abs. 1 Unterabs. 1 lit. a:[66] Zum einen seien die Begriffe, die den Anwendungsbereich einer Richtlinie bezeichnen (»Entlassung«), nicht eng auszulegen. Zum anderen würde jede Auslegung, die darauf hinausliefe, in einem Fall wie dem Ausgangsverfahren eine Entlassung zu verneinen, der Richtlinie die volle Wirksamkeit nehmen. Daher sei der Begriff der Entlassung bereits erfüllt, »wenn ein Arbeitgeber einseitig und zulasten des Arbeitnehmers aus nicht in dessen Person liegenden Gründen eine erhebliche Änderung der wesentlichen Bestandteile des Arbeitsvertrags vornimmt«.[67]

Dass eine Änderungskündigung deutschen Typs – eine Kündigung unter der auflösenden Bedingung, dass der Arbeitnehmer ein Änderungsangebot annimmt (§ 2 KSchG) – eine Entlassung i.S. der Richtlinie darstellt, lässt sich gut begründen (oben III 1). Dass die bloße Ausübung des »erweiterten Weisungsrechts« nach dem spanischem Arbeitnehmergesetz den Entlassungsbegriff erfüllen soll, ist jedoch zumindest dann fragwürdig, wenn es überhaupt nicht zu einer Beendigung des Arbeitsverhältnisses durch den Arbeitnehmer kommt.[68] Die Informations-, Konsultations- und Anzeigeobliegenheiten (Art. 2-4) ergeben in diesem Fall keinen Sinn. Kommt es jedoch zur veranlassten Eigenkündigung des Arbeitnehmers, greift die Regelung des Art. 1 Abs. 1 Unterabs. 2 (Gleichgestellte Beendigungen). Die neuere Rechtsprechung des EuGH bedeutet somit nicht nur eine erhebliche, sondern auch eine ungerechtfertigte Ausweitung des Entlassungsbegriffs, und es macht die Sache aus europäischer Sicht nicht besser, dass sie sich auf das deutsche Recht nicht auswirkt.[69]

IV. Zusammenfassung

1. Die europäische Richtlinie über Massenentlassungen gewährt einen Arbeitnehmerschutz durch Verfahren und soll dadurch mittelbar gleiche Wettbewerbsbedingungen im Binnenmarkt schaffen. Dahinter tritt das ursprüngliche deutsche

---

65 KR/*Weigand* (Fn. 11), § 17 KSchG Rn. 28; *von Hoyningen-Huene* (Fn. 34), § 17 KSchG Rn. 21; *Moll*, in: Ascheid/Preis/Schmidt (Fn. 34), § 17 KSchG Rn. 20.
66 EuGH 11.11. 2015 – C-422/14, NZA 2015, 1441 Rn. 50 ff. – Pujante Rivera/Gestora Clubs.
67 EuGH 11.11. 2015 – C-422/14, NZA 2015, 1441 Rn. 55 – Pujante Rivera/Gestora Clubs.
68 *Franzen*, NZA 2016, 26, 28.
69 Kritisch auch *Franzen*, NZA 2016, 26, 28.

Konzept zurück, das in erster Linie den arbeitsmarktpolitischen Zweck verfolgte, im Allgemeininteresse Arbeitslosigkeit zu verhindern. Der Anwendungsbereich wird durch die drei Begriffe »Arbeitnehmer«, »Entlassung« und »Betrieb« bestimmt. Alle drei Begriffe unterliegen der einheitlichen europäischen Auslegung.

2. Der Arbeitnehmerbegriff wird einheitlich europäisch ausgelegt, um die Mitgliedstaaten daran zu hindern, durch unterschiedliche Berechnungsgrundlagen der Schwellenwerte für eine »Massen«entlassung den Anwendungsbereich der Richtlinie zu verändern. Um der Richtlinie einen möglichst weiten Anwendungsbereich zu verschaffen, lässt der EuGH ein nur gesellschaftsrechtlich vermitteltes Weisungsrecht genügen. Bei befristet in wiederkehrender Saisonarbeit Beschäftigten wird davon ausgegangen, dass sie zu den Stammarbeitskräften gehören.

3. Der Entlassungsbegriff steht ebenfalls im Dienst des Ziels, der Richtlinie einen möglichst weiten Anwendungsbereich zu eröffnen. »Entlassung« wird rechtsgeschäftlich interpretiert und ist somit bereits die auf Kündigung gerichtete Willenserklärung. Die Änderungskündigung nach deutschem Modell ist deshalb stets eine Entlassung i.S. der Richtlinie. Das erweiterte Weisungsrecht des Arbeitgebers nach spanischem Muster soll schon bei bloßer Ausübung den Entlassungsbegriff erfüllen, was zu einer fast uferlosen Ausweitung dieses Begriffs führt.

4. Einzig der Betriebsbegriff wird auch in der neueren Rechtsprechung des EuGH ohne ungerechtfertigte Überdehnung interpretiert. Da traditionell keine hohen Anforderungen an die organisatorische Struktur gestellt werden, kann der Betriebsbegriff auch schon bei einer Filiale erfüllt sein, die als eigene Kostenstelle geführt wird. Will ein Mitgliedstaat bei der Umsetzung der Massenentlassungsrichtlinie den Betrieb als Anknüpfungspunkt durch das Unternehmen ersetzen, kann eine solche Abweichung nur im Rahmen des Günstigkeitsprinzips erfolgen.

Beweislast

Dogmatik im Dienste von Gerechtigkeit, Rechtssicherheit und Rechtsentwicklung

CHRISTIAN KATZENMEIER

I. BEWEISLASTENTSCHEIDUNGEN AUF NORMATIVER GRUNDLAGE

In seiner Habilitationsschrift »Gegenwartsprobleme der Beweislast«[1], seiner Kommentierung des Beweisrechts im »Münchener Kommentar zur Zivilprozessordnung«[2], dem von ihm mitherausgegebenen »Handbuch der Beweislast«[3] sowie zahlreichen Aufsätzen und Festschriftbeiträgen hat *Hanns Prütting* maßgeblich zur Klärung der Grundlagen und Grundfragen von Beweislastentscheidungen beigetragen. Er hat herausgestellt, dass Beweislastentscheidungen eine *besondere normative Grundlage* voraussetzen, da im non-liquet-Fall das Prozessrisiko zwischen den Parteien aufgrund eigenständiger *Zurechnungskriterien* verteilt werden muss.[4] Beweislastnormen kommt die Funktion einer Entscheidungsgrundlage zu.[5] *Prütting* betont, dass nicht nur Beweislastsonderregeln Rechtsnormqualität haben, sondern auch die – in § 193 des Ersten Entwurfs zum BGB noch vorgesehene, dann aber nicht Gesetz gewordene, weil als selbstverständlich erachtete – Grundregel, wonach jede Partei die Beweislast für die tatsächlichen Voraussetzungen der ihr günstigen Norm trägt.[6] Zur Klärung zweifelhafter Beweislastfragen bedarf es »einer sinngerechten Auslegung der Wertungen des materiellen Rechts und der für die Beweislastverteilung maßgeblichen sachlichen Gründe.«[7]

---

1 *Prütting* Gegenwartsprobleme der Beweislast, 1983.
2 *Prütting* in: MüKo-ZPO, Bd. 1, 1. Aufl. 1992, zuletzt 5. Aufl. 2016.
3 *Prütting* in: Baumgärtel/Laumen/Prütting, Handbuch der Beweislast, 9 Bde., 3. Aufl. 2007 ff.; vormals Baumgärtel, Handbuch der Beweislast im Privatrecht, 1. Aufl. 1981, 2. Aufl. 1991 ff.
4 *Prütting* Gegenwartsprobleme der Beweislast, 1983, S. 118 ff.; *ders.* in: MüKo-ZPO, Bd. 1, 5. Aufl. 2016, § 286, Rn. 93, 108.
5 *Prütting* Gegenwartsprobleme der Beweislast, 1983, S. 184 ff.; *ders.* in: Baumgärtel/Laumen/Prütting, Handbuch der Beweislast, Bd. 1, 3. Aufl. 2016, Kap. 11, Rn. 19.
6 *Prütting* Gegenwartsprobleme der Beweislast, 1983, S. 280; *ders.* in: Baumgärtel/Laumen/Prütting, Handbuch der Beweislast, Bd. 1, 3. Aufl. 2016, Kap. 11, Rn. 23 m.w.N.; zu der noch heute weitgehend anerkannten *Rosenberg'schen* Normentheorie und notwendigen Modifikationen s. Kap. 11, Rn. 26, 51 sowie Kap. 27, Rn. 6 ff.
7 *Prütting* Gegenwartsprobleme der Beweislast, 1983, S. 257 ff.; *ders.* in: MüKo-ZPO, Bd. 1, 5. Aufl. 2016, § 286, Rn. 117: »Solche sachlichen Gründe gibt es in großer Zahl. Dazu zählen auch Einwirkungen des Verfassungsrechts auf die Beweislast. Von besonderer Bedeutung

II. Richterliche Beweislastumkehrungen

Als »höchst problematisch« bezeichnet *Prütting* die mit dem Phänomen der Beweislastumkehr zusammenhängenden Fragen. »Versteht man (wie häufig) unter einer Beweislastumkehr diejenige Situation, bei der der Richter die Beweislastverteilung abweichend von der gesetzlichen Ausgangslage vornimmt, so ist Beweislastumkehr nichts anderes als eine Abweichung vom Gesetz und damit methodisch ein Problem der richterlichen Rechtsfortbildung. Eine Beweislastumkehr kann deshalb nur in seltenen Fallgruppen in Betracht kommen. Dabei bedarf es einer generellen Regelbildung und es ist darzulegen, warum eine Abweichung vom Gesetzestext notwendig erscheint. Eine Beweislastumkehr im Einzelfall, also aus Gründen der Gerechtigkeit oder der Billigkeit des einzelnen Prozesses ist in jedem Fall abzulehnen.«[8]

Allseits bekannt und besonders bedeutsam sind die Umkehrungen der Beweislast im Bereich der Produzentenhaftung[9] und der Arzthaftung[10], durch welche die Gerichte den spezifischen Beweisnöten produktfehlergeschädigter Verbraucher oder behandlungsfehlergeschädigter Patienten Rechnung zu tragen suchen. *Prütting*, dessen wissenschaftliches Interesse auch dem Medizinrecht gilt,[11] hat die Beweislastverteilung im Arzthaftungsprozess in mehreren Abhandlungen thematisiert.[12] Hier sind besonders starke Spannungen zwischen Rechtssicherheit und Rechtsklarheit verbürgender Dogmatik einerseits und Einzelfallgerechtigkeit andererseits zu verzeichnen.

---

sind insbesondere die Beweisnähe, die Durchsetzung und der Schutz von Grundrechten, der soziale Schutzgedanke, die mit der Wahrung des Besitzstandes und mit dem Rechtsfrieden verknüpfte Angreiferstellung, die Prozessverhütung, die Waffengleichheit der Parteien, das Gebot der Schaffung und Sicherung von Beweismitteln sowie der allgemeine Verkehrsschutz. Von herausragender Bedeutung innerhalb der genannten Sachgründe ist das Angreiferprinzip. In seiner Verknüpfung mit der Wahrung des Besitzstandes und des Rechtsfriedens, allerdings eingeschränkt durch das Gebot ausgleichender Gerechtigkeit, Zumutbarkeit und Waffengleichheit.«

8 *Prütting* in: MüKo-ZPO, Bd. 1, 5. Aufl. 2016, § 286, Rn. 123; *ders.* in: Baumgärtel/Laumen/Prütting, Handbuch der Beweislast, Bd. 1, 3. Aufl. 2016, Kap. 25, Rn. 4, 8.
9 Vgl. dazu nur *Katzenmeier* in: Baumgärtel/Laumen/Prütting, Handbuch der Beweislast, 4. Aufl. 2018, § 823 Anhang III; zum ProdHaftG s. Anhang IV.
10 Vgl. *Katzenmeier* in: Baumgärtel/Laumen/Prütting, Handbuch der Beweislast, 4. Aufl. 2018, § 823 Anhang II.
11 S. etwa *Prütting* in: D. Prütting, Medizinrecht Kommentar, 4. Aufl. 2017, S. 3251-3277 u. 3308-3323; *ders.* Gibt es eine ärztliche Pflicht zur Fehleroffenbarung?, in: Festschrift für Adolf Laufs, 2006, S. 1009 ff.; *ders.* Die europäische Arzthaftung im Prozess: Internationale Zuständigkeit und Kollisionsrecht, in: Katzenmeier/Bergdolt, Das Bild des Arztes im 21. Jahrhundert, 2009, S. 157 ff.; zahlreich die Beiträge für die Zeitschrift »Medizinrecht«, vgl. etwa MedR 2007, 724; 2010, 183; 2011, 717; 2014, 572; 2014, 652; 2016, 795; 2017, 799.
12 Vgl. *Prütting* Beweisprobleme im Arzthaftungsprozeß, in: Festschrift 150 Jahre Landgericht Saarbrücken, 1985, S. 257 ff.; *ders.* Die Beweislast im Arzthaftungsprozess und das künftige Patientenrechtegesetz, in: Festschrift für Helmut Rüßmann, 2012, S. 609 ff.; s. auch *ders.* in: Baumgärtel/Laumen/Prütting, Handbuch der Beweislast, Bd. 1, 3. Aufl. 2016, Kap. 25, Rn. 22 ff.

BEWEISLAST

1. Grober Behandlungsfehler

Im Arzthaftungsprozess von größtem Gewicht ist die Beweislastumkehr hinsichtlich der haftungsbegründenden Kausalität bei Vorliegen eines sog. »groben Behandlungsfehlers«. Ein Fehler ist nach ständiger Rechtsprechung grob, wenn der Arzt gegen bewährte elementare Behandlungsregeln verstößt, gegen gesicherte grundlegende Erkenntnisse der Medizin, es geht um Fehler, die aus objektiver medizinischer Sicht nicht mehr verständlich sind, weil sie dem Arzt schlechterdings nicht unterlaufen dürfen.[13] Der BGH begründet die Umkehr der Beweislast damit, »dass die nachträgliche Aufklärbarkeit des tatsächlichen Behandlungsgeschehens wegen des besonderen Gewichts des Behandlungsfehlers und seiner Bedeutung für die Behandlung in einer Weise erschwert ist, dass der Arzt nach Treu und Glauben den Patienten den vollen Kausalitätsbeweis nicht zumuten kann. Die Beweislastumkehr soll einen Ausgleich dafür bieten, dass das Spektrum der für die Schädigung in Betracht kommenden Ursachen wegen der elementaren Bedeutung des Fehlers besonders verbreitert oder verschoben worden ist.«[14]

Obwohl diese – vornehmlich im Rahmen der deliktischen Haftung herausgebildete – Rechtsprechung seit Jahrzehnten besteht und durch das Patientenrechtegesetz[15] für die vertragliche Haftung in § 630h Abs. 5 S. 1 BGB fixiert wurde, bleibt sie umstritten. Bis heute wird vor allem das *Fehlen einer dogmatisch überzeugenden Begründung* für die Beweislastumkehr – und die im Rahmen der vertraglichen Haftung nunmehr normierte, einer Beweislastsonderregel gleichkommende[16] gesetzliche Vermutung – kritisiert.[17] Eingewandt wird, die Pflicht des Arztes zu sorgfältiger Behandlung sei zu unterscheiden von den Pflichten, die auf die Herstellung oder Erhöhung der Transparenz des Krankheitsgeschehens zielten; das Gebot, schwere Fehler zu vermeiden, diene der Gesundheit des Patienten und sei nicht zu dem Zwe-

---

13 S. etwa BGHZ 159, 48 = NJW 2004, 2011 = JZ 2004, 1029; NJW 2005, 427; 2011, 3442; 2012, 227; 2016, 563.
14 Vgl. etwa BGHZ 85, 212, 216 f. = NJW 1983, 333, 334; s. auch BGHZ 99, 391, 396 ff. = NJW 1987, 1482, 1483; BGHZ 132, 47, 52 = NJW 1996, 1589, 1590; BGHZ 172, 1, 10 f. = NJW 2007, 2767, 2769; BGH NJW 2012, 2653.
15 Gesetz zur Verbesserung der Rechte von Patientinnen und Patienten (PatRG) v. 20.02.2013, BGBl I S. 277, in Kraft seit dem 26.02.2013; dazu *Katzenmeier* in: Karlsruher Forum 2013: Patientenrechte und Arzthaftung; *ders.*, NJW 2013, 817.
16 Hinweis von *Prütting* Die Beweislast im Arzthaftungsprozess und das künftige Patientenrechtegesetz, in: Festschrift für Helmut Rüßmann, 2012, S. 609, 616.
17 Nachweise bei *Katzenmeier* Arzthaftung, 2002, S. 454 ff.; aus jüngerer Zeit *Mäsch* Chance und Schaden, 2004, S. 31 ff., 121 ff.; *Schiemann* Kausalitätsprobleme bei der Arzthaftung, in: Festschrift für Claus-Wilhelm Canaris, 2007, Bd. I, S. 1161, 1166 ff.; *E. Schmidt* MedR 2007, 693, 699 ff.; *Spindler* AcP 208 (2008), 283, 328 f.; *Foerste* Beweiserleichterungen nach groben und einfachen Behandlungsfehlern, in: Festschrift für Erwin Deutsch, 2009, S. 165, 171 ff.; anlässlich der Regelung in § 630h Abs. 5 S. 1 BGB *Wagner* VersR 2012, 789, 800; *Spickhoff* VersR 2013, 267, 280; *Mäsch* NJW 2013, 1354, 1355 f.; *Schärtl* NJW 2014, 3601, 3603 f.; *Bergmann*, VersR 2017, 661, 663.

cke vorgesehen, Beweisprobleme zu verhindern.[18] Die Grundlagen der BGH-Rechtsprechung seien unklar und verlören sich »wahrscheinlich im Billigkeitsrecht«.[19] An dem Erklärungsdefizit ändere sich durch die gesetzliche Regelung nichts, denn die Rechtfertigung der Beweisregel durch den Gesetzgeber bleibe hinter den Begründungsversuchen der Rechtsprechung noch zurück.[20]

Inhaltlich wird der Sonderregel entgegengehalten, in einer Rechtsordnung, die nicht einmal die materielle Haftung nach dem Verschuldensgrad abstuft, sei eine entsprechende Differenzierung der Beweisanforderungen systemwidrig.[21] Durch das Kriterium groben Arztverschuldens werde ein sachfremdes pönales Sanktionsdenken in das geltende Zivilrecht hineingetragen.[22] Zudem bedeute die Spruchpraxis der Gerichte eine Gefahr für die Rechtssicherheit, weil die Grenze zwischen einfachem und grobem Fehler nur schwer zu ziehen sei.[23] Im Übrigen habe die Intensität der ärztlichen Fehlleistung nichts mit der Nachvollziehbarkeit des Geschehens zu tun, von ihr hingen nicht die Aufklärungserschwernisse ab, derentwegen dem Patienten Beweiserleichterungen gewährt werden,[24] weshalb die Rechtsprechung nicht einmal in sich schlüssig sei.[25]

2. Sonstige grobe Berufspflichtverletzungen

Die geäußerte Kritik und bestehenden Zweifel an der dogmatischen Begründung für eine Beweislastumkehr bzgl. der haftungsbegründenden Kausalität bei Vorliegen eines groben ärztlichen Behandlungsfehlers haben die Rechtsprechung nicht davon abgehalten, die Grundsätze in einigen Entscheidungen auf *andere Berufsgruppen* zu

---

18 *Schiemann* in: Erman, BGB, Bd. II, 13. Aufl. 2011, § 823, Rn. 142.
19 *Deutsch/Matthies* Arzthaftungsrecht, 3. Aufl. 1988, S. 61; s. auch *Laufs/Kern* in: Laufs/Kern, Handbuch des Arztrechts, 4. Aufl. 2010, § 110, Rn. 5; *E. Schmidt* MedR 2007, 693, 699 ff.; *Deutsch* NJW 2012, 2009, 2012; *Spickhoff* VersR 2013, 267, 280.
20 *Walter* GesR 2013, 129, 131, Fn. 19; *Schärtl* NJW 2014, 3601, 3604.
21 *Hanau* Die Kausalität der Pflichtwidrigkeit, 1971, S. 133; ebenso *Prütting* Beweisprobleme im Arzthaftungsprozeß, in: Festschrift 150 Jahre LG Saarbrücken, S. 257, 266; *Brüggemeier* Deliktsrecht, 1986, Rn. 683.
22 *Fleischer* JZ 1999, 766, 773; *Brüggemeier* Haftungsrecht, 2006, S. 486; *Lange/Schiemann* Schadensersatz, 3. Aufl. 2003, S. 168; *H. Weber* Der Kausalitätsbeweis im Zivilprozeß, 1997, S. 235, 238 f.; *Prölss* Beweiserleichterungen im Schadensersatzprozeß, 1966, S. 98. Anzumerken bleibt, dass der BGH allein auf die objektive medizinische Fehlerqualität abstellt, nicht auf die Schwere des Verschuldens, vgl. nur etwa BGH NJW 2012, 227, 228 = MedR 2012, 454, 456.
23 *Prütting* Beweisprobleme im Arzthaftungsprozeß, in: Festschrift 150 Jahre Landgericht Saarbrücken, 1985, S. 257, 266; *Fleischer* JZ 1999, 766, 773; *Steiner* VersR 2009, 473, 474; *Mäsch* Chance und Schaden, 2004, S. 50 ff.
24 *Foerste* Beweiserleichterungen nach groben und einfachen Behandlungsfehlern, in: Festschrift für Erwin Deutsch, 2009, S. 165, 172; *Wagner* VersR 2012, 789, 800.
25 *Hager* in: Staudinger, §§ 823 E-I, 824, 825, Neubearb. 2009, § 823, Rn. I 59; *Nüßgens* in: RGRK, Bd. II, 5. Teil, 12. Aufl. 1989, § 823, Anh. II, Rn. 306; *Brüggemeier* Deliktsrecht, 1986, Rn. 684.

übertragen, soweit deren Pflichten dem Schutz des Lebens und der Gesundheit eines anderen dienen sollen. Sie fanden Anwendung zu Lasten des Schwimmmeisters bei Ertrinken eines Schwimmschülers,[26] der Hebamme bei unterlassenem Herbeirufen eines Arztes trotz erkennbar pathologischem CTG,[27] nach einem Teil der Rechtsprechung auch zu Lasten sonstiger Pflegepersonen.[28]

Prütting lehnt die Ausdehnung der Beweislastumkehr bei groben ärztlichen Behandlungsfehlern auf andere grobe Berufspflichtverletzungen ab. Gegen sie spreche zunächst wiederum, dass die Beweislastverteilung vom Vorliegen eines völlig unbestimmten und zudem tatbestandsfremden Merkmals abhängig gemacht würde, nämlich der Frage, ob die Pflichtverletzung als grob anzusehen ist oder nicht. Dies erachtet er als mit den Geboten der Rechtssicherheit und der Vorhersehbarkeit der Beweislastverteilung in einem künftigen Prozess kaum vereinbar. Zudem sei eine Beweislastverteilung bei allen groben Berufspflichtverletzungen dogmatisch noch fragwürdiger als im ärztlichen Bereich, weil im Einzelfall und nicht typischerweise auftretende Beweisschwierigkeiten eine Umkehr der objektiven Beweislast nicht rechtfertigen können.[29]

Mit Inkrafttreten des Patientenrechtegesetzes[30] gelten die Beweislastsonderregeln des § 630h BGB indes für die vertragliche Haftung aller Personen, die gem. § 630a Abs. 1 BGB »die medizinische Behandlung eines Patienten« zusagen. Darunter fallen nicht nur Angehörige der Heilberufe, sondern auch der nichtärztlichen Heilberufe (Hebammen und Entbindungspfleger, Masseure und medizinische Bademeister, Ergotherapeuten, Logopäden, Physiotherapeuten u.a.), zudem Heilpraktiker.[31] Nicht zu den Gesundheitsfachberufen zählen Berufsträger der Hilfsberufe (z.B. medizinisch-technische Assistenten, medizinische Fachangestellte, Notfallsanitäter). Keine Behandlung i.S.v. § 630a Abs. 1 BGB sind Pflege oder Betreuung, ebenso wenig Maßnahmen des Gesundheits- und Körperpflegehandwerks.

---

26 BGH NJW 1962, 959, 960 = LM Nr. 16 zu § 823 (J) BGB.
27 BGHZ 144, 296, 302 ff. = NJW 2000, 2737, 2739; s. auch BGHZ 129, 6, 12, Rn. 22 = NJW 1995, 1611, 1612 = MedR 1995, 366, 369; OLG Braunschweig, VersR 1987, 76, 77 – Beweislast bei Unterlassen von Untersuchungen vor Sturzgeburt.
28 OLG Oldenburg, VersR 1997, 749; offengelassen in BGHZ 144, 296, 305 f., Rn. 12 = NJW 2000, 2737, 2739 = MedR 2001, 197, 198. Abgelehnt hat der BGH eine Anwendung auf die grobe Pflichtverletzung eines Anwalts, vgl. BGHZ 126, 217, 223 f. = NJW 1994, 3295, 3297; BGH NJW 1997, 1008, 1011; krit. *Canaris* Die Vermutung »aufklärungsrichtigen Verhaltens« und ihre Grundlagen, in: Festschrift für Walther Hadding, 2004, S. 3, 17 ff.
29 *Prütting* in: Baumgärtel/Laumen/Prütting, Handbuch der Beweislast, Bd. 1, 3. Aufl. 2016, Kap. 25, Rn. 37 mit Verweis auf Kap. 9, Rn. 20 ff.; ebenso *Laumen* in: Prütting/Gehrlein, ZPO, 9. Aufl. 2017, § 286, Rn. 78; krit. auch *Greger* in Zöller, ZPO, 31. Aufl. 2016, Vor § 284 Rn. 20b.
30 Gesetz zur Verbesserung der Rechte von Patientinnen und Patienten (PatRG) v. 20.02.2013, BGBl I S. 277, in Kraft seit dem 26.02.2013.
31 Zum Anwendungsbereich der §§ 630a ff. BGB s. BT-Drucks. 17/10488, S. 18; näher *Katzenmeier* in: BeckOK-BGB, 42. Edition 01.02.2017, § 630a, Rn. 30 ff.

3. Jüngste Rechtsprechungsentwicklung

Ein Blick auf die jüngere Rechtsprechung zeigt, dass diese sich nicht nur nicht von der Kritik im Schrifttum beeindrucken, sondern auch durch den Anwendungsbereich der §§ 630a ff. BGB nicht einhegen lässt.[32]

a) Apotheker

Mit Urteil vom 07. August 2013 entschied das OLG Köln, die bei der Arzthaftung anerkannte Umkehr der Beweislast wegen eines groben Fehlers gelte auch für die Haftung des *Apothekers*.[33] Dieser hatte ein offensichtlich falsch verschriebenes Medikament dem Patienten pflichtwidrig ausgehändigt. Gerade in einem solchen Fall gibt es nach Ansicht des OLG Köln *keinen qualitativen Unterschied* zwischen dem Fehler des Arztes und dem des Apothekers. Das Gericht meint, es wäre offensichtlich unbillig und dem Gerechtigkeitsempfinden grob widersprechend, wenn die Haftung aus Beweislastgründen auseinanderfiele. Auch die im Bereich der Arzneimittelhaftung (§ 84 AMG) vorgesehenen Beweiserleichterungen, die für Ärzte wie für Apotheker maßgebliche Komplexität medizinischer Abläufe und Zusammenhänge, sowie die sehr enge Verwandtschaft und Ähnlichkeit im Berufsbild und Ausbildungsgang eines Arztes und eines Apothekers, sprächen für eine Gleichbehandlung.

Das OLG Köln erkennt, dass Verträge mit Apothekern vom Anwendungsbereich der §§ 630a ff. BGB ausgeschlossen sind, da Apotheker nicht zur Behandlung von Patienten befugt sind.[34] Dies stehe einer Beweislastumkehr aber nicht entgegen, »im Gegenteil sieht der Senat die weitgehende Einbeziehung von medizinischen Berufen aller Art (etwa Logopäden und Masseure) in die für Ärzte entwickelten Grundsätze eher als Ausdruck des Bestrebens, im Zweifel dem Schutz des Patienten Vorrang zu geben.« So überträgt das OLG Köln im Ergebnis die Beweislastsonderregel – erstmals in der deutschen Gerichtspraxis – auf einen mit einem Apotheker geschlossenen Kaufvertrag.[35]

---

32 Die §§ 630a ff. BGB sind anwendbar auf ab dem 26.02.2013 geschlossene Behandlungsverträge (Art. 229 EGBGB § 5 S. 1), die Gerichte ziehen sie aber zunehmend auch bei der Beurteilung früherer Lebenssachverhalte in Betracht. Da der Gesetzgeber weitestgehend nur die Rechtsprechungsgrundsätze in Gesetzesform gegossen hat, werden keine besonderen intertemporalen Probleme erwartet, s. *Mansel* in: Jauernig, BGB, 16. Aufl. 2015, Vor § 630a, Rn. 7.
33 OLG Köln, Urt. v. 07.08.2013 – 5 U 92/12 = MedR 2014, 105, 111 = VersR 2014, 106, 111 f.; Nichtzulassungsbeschwerde zum BGH (Az. VI ZR 424/13) wurde zurückgenommen. Zum Gesamtschuldnerausgleich zwischen Apotheker und Arzt s. *Gothe/Koppermann* MedR 2014, 90 ff.
34 S. auch ausdr. BT-Drucks. 17/10488, S. 18.
35 Kritisch *Mäsch* JuS 2013, 1130, 1132.

b) Veterinärmediziner

Mit Urteil vom 10. Mai 2016 entschied der BGH, die in der Humanmedizin entwickelten Rechtsgrundsätze hinsichtlich der Beweislastumkehr bei groben Behandlungsfehlern seien auch im Bereich der *tierärztlichen Behandlung* anzuwenden.[36] Zur Begründung führte der VI. Zivilsenat aus, die veterinärmedizinische Tätigkeit beziehe sich ebenso wie die humanmedizinische auf einen *lebenden Organismus*, bei dem der Arzt zwar das Bemühen um Helfen und Heilung, nicht aber den Erfolg schulden kann. Gerade wegen der Eigengesetzlichkeit und weitgehenden Undurchschaubarkeit des lebenden Organismus könne ein Fehlschlag oder Zwischenfall nicht allgemein ein Fehlverhalten oder Verschulden des Arztes indizieren. Im Hinblick darauf komme dem Gesichtspunkt, die Beweislastumkehr solle einen Ausgleich dafür bieten, dass das Spektrum der für die Schädigung in Betracht kommenden Ursachen wegen der elementaren Bedeutung des Fehlers besonders verbreitert oder verschoben worden ist, auch bei der tierärztlichen Behandlung eine besondere Bedeutung zu. Auch der grob fehlerhaft handelnde Tierarzt habe durch einen schwerwiegenden Verstoß gegen die anerkannten Regeln der tierärztlichen Kunst Aufklärungserschwernisse in das Geschehen hineingetragen und dadurch die Beweisnot auf Seiten des Geschädigten vertieft.[37]

Der VI. Zivilsenat des BGH betont, dass das Patientenrechtegesetz der Beweislastumkehr nicht entgegenstehe. Zwar fallen Behandlungsverträge mit Veterinärmedizinern über die Behandlung von Tieren nicht unter die §§ 630a ff. BGB, weil Patient im Sinne des § 630a Abs. 1 BGB nur ein Mensch ist und die §§ 630a ff. BGB speziell auf die besonderen Bedürfnisse des Menschen und seines Selbstbestimmungsrechts zugeschnitten sind. In der Gesetzesbegründung zu § 630a BGB wird aber ausdrücklich darauf hingewiesen, dass die Tätigkeit des Tierarztes mit der medizinischen Behandlung durch einen Humanmediziner vergleichbar sei, soweit es um die Heilung und Erhaltung eines lebenden Organismus gehe. Die Rechtsprechung werde durch die gesetzlichen Regelungen zum Behandlungsvertrag nicht an einer Anwendung ihrer im Bereich der Humanmedizin entwickelten Grundsätze zur Beweislastverteilung auch im Bereich der Veterinärmedizin gehindert.[38]

Die Entscheidung ist insofern bemerkenswert, als der BGH für eine Beweislastumkehr bis dahin stets verlangte, dass der Beklagte eine Pflicht gröblich verletzt hat, die dem Schutz des Lebens und der Gesundheit eines anderen Menschen dient. Hier waren nun Leib und Leben eines Tieres betroffen, prozessiert wurde also wegen

---

36 BGH, Urt. v. 10.05.2016 – VI ZR 247/15 = BGHZ 210, 197 = NJW 2016, 2502 m. Anm. *Koch* 2461 ff. = JZ 2016, 963 m. Anm. *Fielenbach* = MedR 2017, 709. Eingehend zur Haftung des Tierarztes *Adolphsen* in: Terbille, Münchener Anwaltshandbuch Medizinrecht, 2. Aufl. 2013, § 16.

37 BGH, Urt. v. 10.05.2016 – VI ZR 247/15, Rn. 15 = BGHZ 210, 197, 204 = NJW 2016, 2502, 2503.

38 BT-Drucks. 17/10488, S. 18, wo fälschlicherweise mit BGH NJW 1982, 1327 eine bereits bestehende BGH-Rspr. angeführt wird.

einer Verletzung des *Eigentums*. Das OLG Koblenz hatte wenige Jahre zuvor keinen Grund gesehen, im Rahmen der Beweislastverteilung die fehlerhafte Behandlung eines Tieres abweichend von einer sonstigen Eigentumsverletzung zu behandeln, bei welcher der Eigentümer nachweisen muss, dass die Handlung des auf Schadensersatz in Anspruch genommenen Gegners zu dem Schaden an seinem Eigentum geführt hat.[39] Auch das OLG Oldenburg als Berufungsgericht erkannte noch gewichtige Gründe gegen eine pauschale Übernahme der für den humanmedizinischen Behandlungsvertrag entwickelten Grundsätze für eine tierärztliche Behandlung,[40] im konkreten Fall aber bejahte es eine Beweislastumkehr. Das Ergebnis entsprach der bis dato bereits überwiegenden Ansicht in Rechtsprechung und Literatur.[41]

Kurze Zeit später erklärte das OLG Köln mit Urteil vom 02. September 2016 die vom BGH auf den Tierarzt übertragenen Grundsätze auch auf den *Hufschmied* für anwendbar, »weil auch zwischen diesen Berufsgruppen die Sach- und Interessenlage in einer Weise gleich gelagert ist, dass eine unterschiedliche Handhabung nicht gerechtfertigt wäre«.[42]

c) Rettungssanitäter

Mit Urteil vom 19. Mai 2016 entschied das KG[43]: Wird ein *Rettungssanitäter* pflichtwidrig im Kompetenzbereich des Arztes tätig, gestatte dies eine Anwendung der zur Arzthaftung entwickelten Beweislastregen im Rahmen des Amtshaftungsanspruchs gem. § 839 BGB i.V.m. Art 34 GG. Zwar seien die Grundsätze der Beweislastumkehr bei groben Behandlungsfehlern beim Handeln von Rettungssanitätern grundsätzlich nicht anwendbar. Doch rechtfertige der zur Entscheidung anstehende Sachverhalt eine Übertragung zumindest in diesem Fall. Zum einen könne es nicht darauf ankommen, ob ein hoheitliches Handeln oder eine Tätigkeit auf der Grundlage eines Behandlungsvertrages vorliege. Zum anderen sei entscheidend, dass der konkrete Fehlervorwurf gegenüber den Rettungssanitätern, den Kläger keiner notfallmedizinischen Versorgung zugeführt zu haben, sich auf ein »im eigentlichen Sinne medizinisches Vorgehen« beziehe. Dies stehe einer »Behandlung« im medizinischen Sinne gleich. Deshalb seien die arzthaftungsrechtlichen Grundsätze zum groben Behandlungsfehler hier auch auf das hoheitliche Handeln der Rettungssanitäter anzuwenden.

Dass es sich bei dem Rettungssanitäter nicht um einen Angehörigen der Gesundheitsfachberufe handelt, sondern um einen Berufsträger der Hilfsberufe, für die die §§ 630a ff. BGB nicht gelten, also § 630h Abs. 5 S. 1 BGB keine Anwendung findet,

---

39 OLG Koblenz, Beschl. v. 18.12.2008 – 10 U 73/08 = VersR 2009, 1503 m. abl. Anm. *Baur* VersR 2010, 406.
40 OLG Oldenburg, Urt. v. 26.03.2015 – 14 U 100/14.
41 Nachweise in BGH, Urt. v. 10.05.2016 – VI ZR 247/15, Rn. 12 = BGHZ 210, 197, 202 f. = NJW 2016, 2502, 2503.
42 OLG Köln, Urt. v. 02.09.2016 – 19 U 129/15, Rn. 54, ablehnend bei Friseuren, Tätowierern, auch Fußpflegern.
43 KG, Urt. v. 19.05.2016 – 20 U 122/15 = MedR 2017, 388 m. Bespr. *Voigt*, MedR 2017, 375 ff.

erwähnt das KG nicht, musste den Senat aber nicht von einer Beweislastumkehr im Rahmen der Amtshaftung gem. § 839 BGB i.V.m. Art. 34 GG abhalten. Erstaunlich ist jedoch, dass das KG es bei der Feststellung, es handele sich bei der Tätigkeit der Rettungssanitäter im konkreten Fall um ein »im eigentlichen Sinne medizinisches Vorgehen«, bewenden lässt. Die Umkehr der Beweislast begründet das Gericht mit keinem Satz. Es taucht nicht einmal die formelhafte Wendung auf, dass die nachträgliche Aufklärbarkeit des tatsächlichen Behandlungsgeschehens wegen des besonderen Gewichts des Behandlungsfehlers und seiner Bedeutung für die Behandlung in einer Weise erschwert ist, dass dem Patienten der volle Kausalitätsbeweis nicht zugemutet werden kann. Die Notwendigkeit einer Abweichung von der gesetzlichen Beweislastverteilung wird vom KG nicht ansatzweise dargelegt.[44]

d) Hausnotrufdienst

Mit Urteil vom 21. Mai 2017 übertrug der III. Zivilsenat des BGH die Arzthaftungsgrundsätze auf den *Hausnotrufdienst*.[45] Mitarbeiter eines entsprechenden Anbieters fanden nach einem eingegangenen Notruf den zu betreuenden Kläger schwer angeschlagen auf dem Boden liegend. Sie begnügten sich damit, ihn auf eine Couch zu setzen und ließen ihn dann allein in der Wohnung zurück, ohne eine ärztliche Versorgung zu veranlassen. Zwei Tage später wurde der Kläger von Mitarbeitern des Pflegedienstes erneut in der Wohnung liegend aufgefunden und in eine Klinik eingeliefert, wo ein »nicht mehr ganz frischer« Schlaganfall diagnostiziert wurde. Ob die geltend gemachten Schäden des Klägers, der kurze Zeit später einen weiteren Schlaganfall erlitt, bei ordnungsgemäßer Versorgung des ersten Vorfalls vermieden worden wären, meinte der III. Zivilsenat in seinem klagestattgebenden Urteil offen lassen zu können. Wer eine *besondere Berufs- und Organisationspflicht, die dem Schutz von Leben und Gesundheit anderer dient*, grob vernachlässigt habe, könne nach Treu und Glauben die Folgen der Ungewissheit, ob der Schaden abwendbar war, nicht dem Geschädigten aufbürden. In derartigen Fällen sei die regelmäßige Beweislastverteilung dem Geschädigten nicht zuzumuten. Der seine Pflichten grob Vernachlässigende müsse daher die Nichtursächlichkeit festgestellter Fehler beweisen, die allgemein als geeignet anzusehen sind, einen Schaden nach Art des eingetretenen herbeizuführen.[46]
Der III. Zivilsenat erachtet die *Interessenlage* als mit derjenigen in Arzthaftungsfällen *vergleichbar*.[47] Dabei wird verkannt, dass es in den hier zu beurteilenden Fällen einer groben Berufspflichtverletzung an einer *typischerweise* vorliegenden Beweisnot

---

44 Anders bzgl. eines Schadensersatzanspruchs wegen Amtspflichtverletzung durch Rettungssanitäter OLG Köln, Urt. v. 22.08.2007 – 5 U 267/06, Rn. 36: »Eine Durchbrechung der allgemeinen Kausalitätsregeln, die die Lehre vom groben Behandlungsfehler bedeutet, muss Ausnahmecharakter haben und eng verstanden werden«.
45 BGH, Urt. v. 11.5.2017 – III ZR 92/16 = NJW 2017, 2108 m. Anm. *Mäsch*, 2080 f. = JZ 2017, 840 m. Anm. *Koch* = MDR 2017, 817 m. Bespr. *Laumen*, 797 ff.
46 Bestätigung und Fortführung von BGH NJW 1962, 959 f. (Schwimmmeister) und BGH NJW 1971, 241, 243 (stationäre Krankenhauspflege).
47 Zustimmend *Koch*, JZ 2017, 843, 844, das Urteil sei »konsequent und sachgerecht«.

des Klägers fehlt, es sich vielmehr stets um *Einzelfälle* handelt, die einen so weitgehenden Eingriff in die gesetzlich vorgegebene Beweislastverteilung nicht zu rechtfertigen vermögen.[48] Die Beweisnot bestand vorliegend, weil angesichts der komplexen Gemengelage aus mehreren Risikofaktoren der tatsächliche Krankheitsverlauf ebenso wie der hypothetische bei unterstelltem pflichtgemäßem Handeln nicht im Einzelnen rekonstruierbar war.[49] Stellt man auf die Verletzung einer dem Schutz von Leben und Gesundheit anderer dienenden Berufs- oder Organisationspflicht ab, dann droht eine grenzenlose Ausdehnung der Beweislastumkehr, da letzten Endes jedes Schuldverhältnis nach § 241 Abs. 2 BGB die Vertragspartner zur Rücksichtnahme auf die Rechtsgüter des Gegenüber verpflichtet.[50]

III. DIE FORMEL VON DEN »BEWEISERLEICHTERUNGEN BIS HIN ZUR BEWEISLASTUMKEHR«

In der Rechtsprechung ist verschiedentlich immer noch die Rede davon, ein grober Behandlungsfehler führe hinsichtlich der haftungsbegründenden Kausalität zu »Beweiserleichterungen bis hin zur Beweislastumkehr«[51]. Dies entspricht dem vom VI. Zivilsenat des BGH früher vertretenen Standpunkt, es dürfe nicht nach einer starren Regel stets eine Beweislastumkehr vorgenommen werden, geboten seien vielmehr »Beweiserleichterungen, die bis hin zur Beweislastumkehr reichen können«.[52] Nach der jeweiligen Sachlage gelte es zu prüfen, ob dem Patienten nach allem die regelmäßige Beweislastverteilung zugemutet werden dürfe; immer dann habe das Gericht bis zur Beweislastumkehr reichende Erleichterungen zu gewähren, wenn nach tatrichterlichem Ermessen dem Patienten die Beweislast für einen schadensursächlichen Arztfehler billigerweise nicht oder nicht voll zuzumuten sei, wobei das Ausmaß der Beweiserleichterung vornehmlich davon abhängen sollte, inwieweit der Arzt durch seine Versäumnisse die nachträgliche Aufklärbarkeit der Kausalzusammenhänge

---

48 Vgl. sub II. und II. 2.; krit. Urteilsanm. von *Laumen*, MDR 2017, 797, 798.
49 *Mäsch*, NJW 2017, 2080, 2081: faktisches Problem, keine Wertungsfrage, ob ein grober Fehler vorliegt.
50 Scharf die Kritik von *Mäsch*, NJW 2017, 2080, 2081, mit der Forderung nach alternativer Lösung in Form eines anteiligen Schadensersatzes je nach Größe der vereitelten Heilungschance; dagegen *Katzenmeier*, ZZP 117 (2004), 187, 207 f.
51 Vgl. etwa OLG Karlsruhe, Urt. v. 12.05.2004 – 7 U 204/98, Rn. 38; OLG Jena, Urt. v. 02.03.2005 – 4 U 823/03, Rn. 48, 58; OLG Jena, Urt. v. 15.10.2008 – 4 U 990/06, Rn. 62; OLG Köln, Urt. v. 04.04.2012 – 5 U 99/11, Rn. 32; OLG Koblenz, VersR 2013, 1049, Rn. 13; NJW-RR 2015, 1434; auch KG, Urt. v. 19.05.2016 – 20 U 122/15 = MedR 2017, 388, 391.
52 So erstmals BGH NJW 1972, 1520, im Zusammenhang mit einer lückenhaften Dokumentation; zu groben Behandlungsfehlern vgl. BGHZ 72, 132, 136 = NJW 1978, 2337, 2338; BGHZ 85, 212, 215 = NJW 1983, 333, 334; BGH NJW 1981, 2513; 1988, 2303, 2304; 1989, 2332.

erschwerte.[53] Die beweisrechtlichen Reaktionen sollten also direkt mit den Besonderheiten des jeweiligen Falles korrelieren.

Im Schrifttum war die Formel von den »Beweiserleichterungen bis hin zur Beweislastumkehr« begrüßt worden als eine gegenüber der starren Regel flexiblere und genauere Lösung.[54] Unklar aber blieb, an welche Beweiserleichterungen der BGH eigentlich dachte, ob an die Gewährung eines Anscheinsbeweises unter erleichterten Voraussetzungen,[55] an eine Parteivernehmung unabhängig von den Voraussetzungen des § 448 ZPO[56] oder an eine Senkung des Beweismaßes auf eine überwiegende Wahrscheinlichkeit?[57] Die flexible Praxis barg Gefahren für die Rechtssicherheit, durch die jede Konkretisierungsbemühung auf Tatbestandsseite hinfällig wurde und selbst die angestellten Überlegungen zum sachlichen Grund der Beweislastumkehr entwertet wurden.[58] Letzten Endes war die Formel von den »Beweiserleichterungen bis hin zur Beweislastumkehr« sogar *begrifflich falsch und irreführend*, indem sie den Eindruck erweckte, der Richter könne zur Linderung einer im Einzelfall bestehenden Beweisnot aus einem Katalog von Hilfsmitteln auswählen und hierbei auch zur Verlagerung der Beweislast auf die Gegenseite greifen.[59] Sie suggerierte eine Beliebigkeit oder ein freies Ermessen des Richters bei der Auswahl und Anwendung der jeweiligen Beweiserleichterungen, das in dieser Form nicht besteht.[60] Beweiserleichterungen spielen im Rahmen der Beweis*würdigung* eine Rolle und sind von der Beweis*last*umkehr strikt zu trennen.[61] Durch die gleitende Betrachtungsweise aber wurden die Unterschiede hinsichtlich der rechtlichen Grundlagen und jeweiligen Anwendungsvoraussetzungen verwischt, Beweiswürdigung und Beweislastfragen wurden dadurch unglücklich miteinander vermengt.[62] Dies geschah ohne Not, denn die vergleichsweise unbestimmte Definition des groben Behandlungsfehlers belässt

53 BGHZ 72, 132, 136 ff. = NJW 1978, 2337, 2338 ff., noch differenzierend zwischen den Rechtsfolgen bei einem groben Behandlungsfehler und bei unzulänglicher Dokumentation; in der Folgezeit wurden die beweisrechtlichen Reaktionen in beiden Fällen einander angeglichen, vgl. etwa BGH VersR 1983, 983.
54 Vgl. etwa *Baumgärtel* Handbuch der Beweislast im Privatrecht, Bd. 1, 2. Aufl. 1991, § 823 Anh. C II, Rn. 22; *Giesen* Arzthaftungsrecht, 1981, Rn. 361; *ders.* JZ 1990, 1053, 1061; s. auch *Franzki* MedR 1994, 171, 175; *Pelz* DRiZ 1998, 473, 480; *Rehborn* MDR 1999, 1169, 1173.
55 So das Verständnis von *Leipold* Beweismaß und Beweislast im Zivilprozeßrecht, 1985, S. 23 with anschl. Kritik.
56 Fragend *D. Franzki* Die Beweisregeln im Arzthaftungsprozeß, 1985, S. 62; s. aber BGH NJW 1998, 814, 815.
57 So die Interpretation der Rechtsprechung von *Brüggemeier* Prinzipien des Haftungsrechts, 1999, S. 229 f., 231, 234; *Wagner* in: MüKo-BGB, Bd. 5, 4. Aufl. 2004, § 823, Rn. 732.
58 *Katzenmeier* Arzthaftung, 2002, S. 468 f.
59 *Greger* in: Zöller, ZPO, 31. Aufl. 2016, vor § 284, Rn. 22; *Katzenmeier* Arzthaftung, 2002, S. 469.
60 *Prütting* in: MüKo-ZPO, Bd. 1, 5. Aufl. 2016, § 286, Rn. 129; *Laumen* NJW 2002, 3739 ff.
61 Vgl. nur *Leipold* in: Stein/Jonas, ZPO, 22. Aufl. 2008, § 286, Rn. 71 ff.; *Prütting* in: MüKo-ZPO, Bd. 1, 5. Aufl. 2016, § 286, Rn. 6 ff., 93 ff.; *Laumen* NJW 2002, 3739, 3743.
62 *Prütting* in: MüKo-ZPO, Bd. 1, 5. Aufl. 2016, § 286, Rn. 129; *Leipold* in: Stein/Jonas, ZPO, 22. Aufl. 2008, § 286, Rn. 207; *Greger* in: Zöller, ZPO, 31. Aufl. 2016, vor § 284, Rn. 22.

dem erkennenden Gericht genügend Spielraum bei der Anwendung der Beweislastregel im konkreten Fall.[63]

Der VI. Zivilsenat des BGH reagierte auf die Kritik und *verwarf die Formel* von den »Beweiserleichterungen bis hin zur Beweislastumkehr«.[64] Seit seiner Grundsatzentscheidung aus dem Jahr 2004 misst er Beweiserleichterungen gegenüber der Beweislastumkehr »keine eigenständige Bedeutung mehr« bei.[65] Unmissverständlich wird ausgesprochen, dass es nicht in der Verantwortung des Tatrichters im Einzelfall liegt, über die Zubilligung von Beweiserleichterungen sowie über Umfang und Qualität der eingetretenen Beweiserleichterungen zu entscheiden, und dass ein »Ermessen« des Tatrichters bei der Anwendung von Beweislastregeln dem Gebot der Rechtssicherheit zuwiderliefe.[66] Für die vertragliche Haftung ist die Rechtsfolge seit dem Jahr 2013 in § 630h Abs. 5 S. 1 BGB festgeschrieben.[67]

Diese Klarstellungen sind zu begrüßen. Doch lässt die nunmehr bei Vorliegen eines groben Behandlungsfehlers regelmäßig vorgenommene Umkehr der Beweislast als besonders scharfe Waffe des Rechts[68] Eingrenzungsbemühungen dringlicher denn je erscheinen, soll eine immer weitergehende Haftungsausweitung und damit Krise der Arzthaftpflicht[69] vermieden werden. Dies gilt umso mehr, als der grobe Behandlungsfehler sich nach ständiger, in § 630 h Abs. 5 S. 2 BGB rezipierter Rechtsprechung auch mittelbar aus einem einfachen Befunderhebungs- oder Befundsicherungsfehler ergeben kann.[70] Eine solche rechtfertigt zwar zunächst nur den Schluss, dass ein pflichtgemäßes Vorgehen einen reaktionspflichtigen Befund zu Tage gefördert hätte. Ergibt sich jedoch mit hinreichender Wahrscheinlichkeit ein so gravierender Befund, dass seine Verkennung sich als fundamental fehlerhaft darstellen müsste, so kann

---

63 *Leipold* Beweismaß und Beweislast im Zivilprozeß, 1985, S. 25.
64 BGHZ 159, 48 = NJW 2004, 2011 = JZ 2004, 1029 m. Anm. *Katzenmeier* = BGHReport 2004, 1079 m. Anm. *Laumen* = MedR 2004, 561.
65 BGHZ 159, 48, 53 = NJW 2004, 2011, 2012 = JZ 2004, 1029, 1030; bestätigt u.a. von BGH NJW 2005, 427, 428.
66 BGHZ 159, 48, 55 = NJW 2004, 2011, 2013 = JZ 2004, 1029, 1030; s. ausdr. auch BGHZ 210, 197, 205 f. = NJW 2016, 2502, 2504. Anders aber bis heute der III. Zivilsenat des BGH bei Amtshaftungsansprüchen, vgl. zuletzt BGH NVwZ 2017, 251, 255 m.w.N.
67 Bei der angeordneten Vermutung handelt es sich um eine gesetzliche Tatsachenvermutung im Sinne des § 292 ZPO, gegen die der Beweis des Gegenteils zulässig ist. Dieser Beweis des Gegenteils ist Hauptbeweis, der zur vollen Überzeugung des Gerichts geführt werden muss. Damit hat eine gesetzliche Vermutung die gleiche Wirkung wie eine Beweislastumkehr, vgl. *Prütting* Die Beweislast im Arzthaftungsprozess und das künftige Patientenrechtegesetz, in: Festschrift für Helmut Rüßmann, 2012, S. 609, 616.
68 *Baumgärtel* Handbuch der Beweislast im Privatrecht, Bd. 1, 2. Aufl. 1991, § 823 Anh. C II, Rn. 22; *H. Weber* Der Kausalitätsbeweis im Zivilprozeß, 1997, S. 216: »grobschlächtiges Instrument«.
69 Dazu *Katzenmeier* MedR 2011, 201 ff. m.w.N.
70 Zur Beweislastumkehr, wenn bereits die Unterlassung der Befunderhebung einen groben ärztlichen Fehler darstellt, vgl. etwa BGHZ 138, 1, 6 = NJW 1998, 1780, 1781; BGH NJW 1998, 1782, 1784; MedR 2010, 494, 495.

auch hier von der Kausalität zwischen Behandlungsfehler und Gesundheitsschaden ausgegangen werden.[71]

IV. Legitimierung der Beweislastumkehr

Prütting stimmt der von der Rechtsprechung im Bereich der Arzthaftung vorgenommenen Beweislastumkehr im Ergebnis zu,[72] mahnt aber zu Recht Legitimationsdefizite an.[73] Die Tatsache, dass die Beweislastumkehr bei groben Behandlungsfehlern nunmehr für das Vertragsrecht ein gesetzliches Fundament erhalten hat, enthebt nur partiell von der Notwendigkeit ihrer *Legitimierung* und auch insoweit nur bedingt von dem Erfordernis einer *sachlich-inhaltlichen Begründung*.[74] Als rein vertragsrechtliche Regelung kann § 630h Abs. 5 S. 1 BGB nicht einfach in das Deliktsrecht gespiegelt und angewendet werden.[75] Im Rahmen der deliktischen Haftung stellt die Beweislastumkehr weiterhin eine Durchbrechung des Grundsatzes der Beweislast des Anspruchstellers für die haftungsbegründende Kausalität im Wege richterlicher Rechtsfortbildung dar. Auch wenn die Beweislastumkehr mittlerweile fest etabliert ist, so ist sie als Gesetzeskorrektur nur dann zulässig, wenn unter besonderen Voraussetzungen die dringende Notwendigkeit einer Abänderung der allgemeinen Beweislastverteilung hervortritt, der innere Grund einer speziellen Regel klar herausgearbeitet und in plausible Anwendungsvoraussetzungen umgemünzt wird.[76] Eine sorgfältige dogmatische Fundierung ist auch deshalb weiterhin geboten, weil § 630h

---

71 BGHZ 159, 48, 55 = NJW 2004, 2011, 2013 = JZ 2004, 1029, 1030 m. w. N.; klarstellend BGH NJW 2004, 1871 = MedR 2004, 559: die hinreichende Wahrscheinlichkeit eines reaktionspflichtigen Befundes ist unabhängig von der Kausalitätsfrage zu beurteilen; BGH NJW 2011, 2508; 2011, 3441; Konkretisierung des Merkmals »hinreichend wahrscheinlich« durch OLG Köln VersR 2004, 247; kritisch zu dieser Sonderregel *Mäsch* Chance und Schaden, 2004, S. 55 ff.; *Foerste* Beweiserleichterungen nach groben und einfachen Behandlungsfehlern, in: Festschrift für Erwin Deutsch, 2009, S. 165, 177.

72 *Prütting* in: MüKo-ZPO, Bd. 1, 5. Aufl. 2016, § 286, Rn. 128; anders noch *ders.* Beweisprobleme im Arzthaftungsprozeß, in: Festschrift 150 Jahre Landgericht Saarbrücken, 1985, S. 257, 266.

73 Für die Beweislastverteilung in zweifelhaften Fällen maßgebliche Gründe benennt *Prütting* in: MüKo-ZPO, Bd. 1, 5. Aufl. 2016, § 286, Rn. 117; ausf. *ders.* Gegenwartsprobleme der Beweislast, 1983, S. 250 ff.

74 *Katzenmeier* in: Laufs/Katzenmeier/Lipp, Arztrecht, 7. Aufl. 2015, Kap. XI, Rn. 95, auch zum Folgenden.

75 *Prütting* Die Beweislast im Arzthaftungsprozess und das künftige Patientenrechtegesetz, in: Festschrift für Helmut Rüßmann, 2012, S. 609, 618 f.; *Katzenmeier* in: BeckOK-BGB, 42. Edition 01.02.2017, § 630h, Rn. 6; für eine analoge Anwendung des § 630h BGB aber *Spickhoff* VersR 2013, 267, 281.

76 *Leipold* Beweismaß und Beweislast im Zivilprozeß, 1985, S. 22; s. auch *Prütting* in: Baumgärtel/Laumen/Prütting, Handbuch der Beweislast, Bd. 1, 3. Aufl. 2016, Kap. 25, Rn. 4, 8; *ders.* in: MüKo-ZPO, Bd. 1, 5. Aufl. 2016, § 286, Rn. 119, 123; *Greger* in: Zöller, ZPO, 31. Aufl. 2016, vor § 284, Rn. 27; *Foerste* in: Musielak/Voit, ZPO, 14. Aufl. 2017, § 286, Rn. 37.

Abs. 5 S. 1 BGB nur auf diese Weise über die bloße Autorität einer gesetzlichen Normierung hinaus innere Überzeugungskraft zuwachsen und damit die Frage der Anwendbarkeit dieser inhaltlich wenig konkretisierten Norm in Zweifelsfällen zuverlässig bestimmt werden kann.

Der vom BGH angegebene und vom Gesetzgeber zur Begründung des § 630h Abs. 5 S. 1 BGB übernommene[77] Sachgrund, wegen des Gewichts des Behandlungsfehlers und seiner Bedeutung für die Behandlung sei die Aufklärung des Behandlungsgeschehens in besonderer Weise erschwert und das Spektrum der für die Schädigung in Betracht kommenden Ursachen verbreitet oder verschoben worden, wofür ein Ausgleich zu bieten sei, führt im Grund nicht über das reine Billigkeitsargument hinaus.[78] Misst man der Argumentation aber Bedeutung bei, vermag sie eine Beschränkung der Beweislastumkehr auf die Fälle grober Behandlungsfehler schwerlich zu erklären, da auch einfache Fehler – und vielleicht gerade diese, weil sie selten augenfällig und ihre Auswirkungen oft noch schwieriger exakt festzustellen sind – das Spektrum möglicher Schadensursachen verbreitern oder verschieben.[79]

Nun besteht kein Grund, die Rechtsprechung insgesamt zu tadeln oder zu missbilligen, weil sie sich von den abstrakt-generellen Beweislastregeln zu einem Teil gelöst hat und sich darum bemüht, die jeweiligen sozialen Rollen der Beteiligten, die Interessengegensätze, Konfliktlagen und Schutzbedürftigkeiten zu berücksichtigen. »Es wäre geradezu unnatürlich, wenn das Streben nach konkreter Gerechtigkeit, das im materiellen Recht zu einer Fülle von Tatbestandsverfeinerungen, aber auch von echten Neuschöpfungen durch die Rechtsprechung geführt hat, vor dem Gebiet des Beweisrechts haltmachen würde.«[80] Das Postulat eines möglichst geschlossenen, ausnahmslos geltenden Beweislastregelsystems verkennt das Bedürfnis nach einer flexiblen Handhabung haftungsrechtlicher Beweiserleichterungen zwecks angemessener Verarbeitung des Durchsetzungsrisikos von Schadensersatzansprüchen.[81]

---

77 Vgl. BT-Drucks. 17/10488, S. 31.
78 *Baumgärtel* Handbuch der Beweislast im Privatrecht, Bd. 1, 2. Aufl. 1991, § 823 Anh. C II, Rn. 33; *Nüßgens* in: RGRK, Bd. II, 5. Teil, 12. Aufl. 1989, § 823, Anh. II, Rn. 306 f.; *Mäsch* Chance und Schaden, 2004, S. 43 ff. Offenes Bekenntnis des Bundesrichters *Dunz* Aktuelle Fragen zum Arzthaftungsrecht, 1980, S. 53 f.: »Eine rationalere Begründung als die, dass es u. U. einfach unbillig ist, dem grob falsch behandelten Patienten den meist unmöglichen Kausalitätsbeweis aufzubürden, gibt es m. E. nicht«; zum Einfluss von *Dunz* auf die Rechtsprechung des BGH zum Arzthaftungsrecht vgl. *Steffen* MedR 1997, 99, 100.
79 Insoweit zutreffend die Kritik von *Stoll* AcP 176 (1976), 145, 157; *Brüggemeier* Deliktsrecht, 1986, Rn. 684; *H. Weber* Der Kausalitätsbeweis im Zivilprozeß, 1997, S. 235; *Fleischer* JZ 1999, 766, 773; s. auch *Nüßgens* in: RGRK, Bd. II, 5. Teil, 12. Aufl. 1989, § 823, Anh. II, Rn. 306; *Hager* in: Staudinger, §§ 823 E-I, 824, 825, Neubearb. 2009, § 823, Rn. I 59; *Schiemann* in: Staudinger, §§ 249-254, Neubearb. 2005, Vorbem zu §§ 249 ff., Rn. 95; ders. in: Erman, 13. Aufl. 2011, § 823, Rn. 142; *Foerste* Beweiserleichterungen nach groben und einfachen Behandlungsfehlern, in: Festschrift für Erwin Deutsch, 2009, S. 165, 172 f.
80 *Leipold* Beweismaß und Beweislast im Zivilprozeß, 1985, S. 21 f.
81 *Stoll* AcP 176 (1976), 145, 179; *Gottwald* Schadenszurechnung und Schadensschätzung, 1996, S. 244; *Baumgärtel* Beweislastpraxis im Privatrecht, 1996, Rn. 453.

Andererseits muss unsere Rechtsordnung richterrechtlichen Beweiserleichterungen und Beweislastumkehrungen aber gewisse Grenzen setzen, will sie nicht jede Vorhersehbarkeit und Kalkulierbarkeit verlieren.[82] Das Gebot der Rechtssicherheit verbietet nicht nur Abweichungen vom Grundsatz im Einzelfall, also Beweiserleichterungen im jeweiligen Prozess ohne normative Regelung allein aus Gründen der Gerechtigkeit oder der Billigkeit.[83] Soweit nicht von anderen, tragfähigen Gesichtspunkten begleitet, sind Billigkeitserwägungen für sich genommen auch zu schwach und zu wenig aussagekräftig, als dass sie eine judikative Beweislastumkehr methodisch und inhaltlich hinreichend legitimieren könnten.[84] Auch die Rechtsprechung zum groben Behandlungsfehler lässt sich daher überzeugend nicht schon damit begründen, dass es Patienten hier regelmäßig besondere Schwierigkeiten bereitet, den Nachweis der Kausalität für den erlittenen Körperschaden zu führen, dass eine Beweisbelastung der Behandlungsseite eher angemessen sei, einem »gerechten« Interessenausgleich entspreche, oder nach Treu und Glauben geboten erscheine. Zusätzliche Argumente sind nötig, soll der Anwendungsbereich der Beweislastumkehr hinreichend bestimmt und nachvollziehbar werden.

Die Einsicht in den starken wechselseitigen Bezug von materiellem Arzthaftungsrecht und Prozessrecht sowie die nahe Verwandtschaft zwischen Beweiserleichterungen und Haftungsverschärfung führen weg von den Billigkeitsargumenten hin zu einer Beweisrisikozuweisung entsprechend der materiell-rechtlichen Pflichtenstellung.[85] Eine Beweislastumkehr darf auch im Arzthaftungsrecht nicht allein im Hinblick auf die den Patienten bisweilen hart treffenden Schadensfolgen und dessen Beweisnöte gewährt werden, sondern hat stets auch die Aufgaben- und Pflichtenrolle des Arztes zu bedenken. Die Gesichtspunkte der Gefahrerhöhung und der Beherrschbarkeit des Geschehensablaufs erscheinen unverzichtbar, will man verhindern, dass auf dem Umweg über das Beweisrecht partiell eine Einstandspflicht des Arztes für den Erfolg

---

82 *Prütting* in: Karlsruher Forum 1989: Beweiserleichterungen für den Geschädigten: Möglichkeiten und Grenzen, 1989, S. 3, 16; *Leipold* in: Stein/Jonas, ZPO, 22. Aufl. 2008, § 286, Rn. 10, 71 ff.
83 Entschieden *Prütting* in: Baumgärtel/Laumen/Prütting, Handbuch der Beweislast, Bd. 1, 3. Aufl. 2016, Kap. 25, Rn. 4, 8; *ders.* in: MüKo-ZPO, Bd. 1, 5. Aufl. 2016, § 286, Rn. 119, 123: »Eine Beweislastumkehr im Einzelfall, also aus Gründen der Gerechtigkeit oder der Billigkeit des einzelnen Prozesses ist in jedem Fall abzulehnen«; s. auch *Leipold* Beweismaß und Beweislast im Zivilprozeß, 1985, S. 22; *Laumen* in: Prütting/Gehrlein: ZPO, 9. Aufl. 2017, § 286, Rn. 59, 65, 72.
84 *Prütting* in: MüKo-ZPO, Bd. 1, 5. Aufl. 2016, § 286, Rn. 121, 128; *Foerste* in: Musielak/Voit, ZPO, 14. Aufl. 2017, § 286, Rn. 37.
85 S. im Einzelnen *Katzenmeier* Arzthaftung, 2002, S. 172 ff., 375 ff., 423 f. I.d.S. auch *Steffen* ZVersWiss 1993, 13, 28 f.; *Nüßgens* in: RGRK, Bd. II, 5. Teil, 12. Aufl. 1989, § 823, Anh. II, Rn. 305; *v. Bar* Verkehrspflichten, 1980, S. 282; *Schiemann* Wandlungen der Berufshaftung, Festschrift für Joachim Gernhuber, 1993, S. 387, 398.

der Behandlung eingeführt wird.[86] Nur die sorgfältige Gesamtschau aller für die Regelbildung maßgeblichen Kriterien vermag im jeweiligen Einzelfall die Anwendung der Beweislastsonderregel des § 630h Abs. 5 S. 1 BGB im Rahmen der vertraglichen Haftung und die Beweislastumkehr im Rahmen des Deliktsrechts zu legitimieren.

V. Schluss

Hanns Prütting hat die Notwendigkeit der Legitimierung und der sachlich-inhaltlichen Begründung von Beweislastentscheidungen stets betont. Seine Abhandlungen genießen in der Rechtswissenschaft wie in der Gerichtspraxis höchste Anerkennung, sie haben das Beweisrecht nachhaltig beeinflusst, geformt und damit einem Abgleiten in eine konturenlose Billigkeitsrechtsprechung entgegengewirkt. *Hanns Prüttings* Schriften zum Beweisrecht sind ein Musterbeispiel für Dogmatik im Dienste von Gerechtigkeit, Rechtssicherheit und Rechtsentwicklung.

---

86 Näher *Katzenmeier* Arzthaftung, 2002, S. 464 ff.; *ders.* in: Laufs/Katzenmeier/Lipp, Arztrecht, 7. Aufl. 2015, Kap XI, Rn. 100 ff. Die Beweislastverteilung sollte möglichst das vom Schuldner übernommene Leistungsrisiko zum Ausdruck bringen, vgl. grds. *Stoll* AcP 176 (1976), 145, 149 ff.; *Larenz* Zur Beweislastverteilung nach Gefahrenbereichen, in: Festschrift für Fritz Hauß, 1978, S. 225, 235 ff.; *Taupitz* Proportionalhaftung zur Lösung von Kausalitätsproblemen – insbesondere in der Arzthaftung?, in: Festschrift für Claus-Wilhelm Canaris, 2007, Bd. 1, S. 1231, 1237 f.; *Spindler* AcP 208 (2008), 283, 328 f.; *Schärtl* NJW 2014, 3601, 3604; *v. Pentz* MedR 2011, 222, 223 f.

Das außerordentliche Rechtsmittel der Kassation nach der griechischen Zivilprozessordnung[1]

NIKOLAOS K. KLAMARIS

I. EINLEITENDE BEMERKUNGEN

Der geehrte Jubilar hat im Jahre 1977 eine eindruckvolle Doktorarbeit über das Rechtsmittel der Revision und das Revisionsverfahren veröffentlicht[2]. Diese exzellente Doktorarbeit ist bis heute immer die grundlegende Ausgangsbasis für alle Wissenschaftler, die sich mit diesem Rechtsmittel befasst haben, bzw. befassen wollen. Im Rahmen seiner Doktorarbeit über die Revision hat Kollege *Prütting* auch die rechtsvergleichende Betrachtung in seiner Forschung miteinbezogen und darunter auch die sog. »Kassationsländer« mitberücksichtigt[3]. Griechenland gehört zu diesen Kassationsländern, weil sowohl das Kassationsverfahren und die Funktion des Areopags (»Areios Pagos«) selbst auf der Grundlage der ersten griechischen ZPO des Jahres

---

1   Ich betrachte die Einladung der Herausgeber dieser Festschrift, daß ich an der Festschrift mit einem Beitrag teilnehme, als eine besondere Ehre für mich. Daher mit besonderer Freude und mit kollegialer Ehre nehme ich an dieser Festschrift für den verehrten Kollegen und lieben Freund Herrn Professor Dr.Dr. h.c. *Hanns Prütting* teil. Der Kollege Prütting hatte einerseits das wissenschaftliche Glück Schüler eines Giganten des Zivilprozessrechts – des berühmten Professors an der Erlanger Juristischen Fakultät *Karl Heinz Schwab*- und anderseits das wissenschaftliche Glück Lehrstuhlnachfolger ebenfalls eines Giganten des Zivilprozessrechts- des berühmten Professors an der Kölner Juristischen Fakultät *Gottfried Baumgärtel*- zu sein. Dem Beispiel seines Erlangers Lehrers *Karl-Heinz Schwabs* und seines Kölners Lehrstuhlvorgängers *Gottfried Baumgärtels* folgend hat der Kollege *H. Prütting* den wissenschaftlichen Kontakt mit den Zivilprozessrechtslehrern der griechischen Juristischen Fakultäten besonders gepflegt. Besonders intensiv war und ist sein wissenschaftlicher Kontakt mit der Athener Juristischen Fakultät, die auch ihm den Ehrendoktortitel verliehen hat, sowie mit dem Forschungsinstitut für Prozessrechtliche Studien. Er hat auch jungen griechische Prozessualisten in ihren ersten wissenschaftlichen Schritten geholfen und betreut, so daß bei ihm bereits zwei exzellenten – Schüler auch von mir – junge griechischen Prozessualisten promoviert haben (der Rechtsanwalt Dr.jur. *Konstantin Giannopoulos* und der Rechtsanwalt Dr. jur. *Michael Markoulakis*). Auch der Athener Fakultätskollege *Nikolaos Katiforis* (ebenfalls Schüler von mir) hatte manche Forschungsaufenthalte unter der Betreuung von *Hanns Prütting* im berühmten Kölner Institut für Verfahrensrecht gehabt. Ebenfalls meine Schülerin – jetzt Amtsrichterin/Friedensrichterin in Griechenland – Frau *K. Chronopoulou* (LL.M.) durfte im Rahmen ihres Forschungsaufenthaltes im Kölner Institut für Verfahrensrecht unter der Betreuung von Herrn Kollegen *H. Prütting* wissenschaftlich arbeiten.
2   *H. Prütting*, Die Zulassung der Revision, 1977, Berlin.
3   *H. Prütting*, aaO, S. 50–52.

1834 als Vorbild die französische Cassation – d.h. den heutigen Pourvoi en Cassation – und die Cour de Cassation nach dem napoleonischen code de procédure civile als Vorbild gehabt haben.

Das Kassationsverfahren und die Funktion des Rechtsmittels der Kassation nach der griechischen ZPO unterscheidet sich sowohl von der deutschen als auch von der österreichischen Revision, die in gewisser Hinsicht das aus funktioneller Sicht ähnliche – bzw. funktionsähnliche- Rechtsmittel mit der griechischen Kassation sind. Die deutsche Revision ist ein Rechtsmittel mit Devolutiveffekt und mit Suspensiveffekt, welche an sich ein Verfahren vor einer dritten Instanz eröffnet[4]. Auch die österreichische Revision ist ein ordentliches Rechtsmittel mit Devolutiveffekt und mit Suspensiveffekt, welches ein Verfahren vor einer dritten Instanz eröffnet[5]. Dagegen existieren viele Ähnlichkeiten zwischen der griechischen Kassation, dem französischen pourvoi en cassation und der italienischen Cassazione civile. Der pourvoi en cassation ist nach dem französischen code de procédure civile kein devolutives Rechtsmittel, während die Cour de cassation als ein »Richter des Rechts« –»juge du droit« – und *nicht* als ein »Richter der Tatsache« – »juge du fait« – oder als ein »Richter der Sache« – juge du fond« -charakterisiert[6] wird, die daher keine dritte Instanz ist (»elle n'est pas un troisième degré de juridiction«)[7]. Auch die italienische Cassazione civile hat die französische cassation als Vorbild.[8]

Obwohl der Devolutiveffekt und der Suspensiveffekt Wesenscharakteristika der deutschen Revision und der österreichischen Revision sind, während im Gegenteil diese Effekte bei dem französischen pourvoi en cassation und der griechischen Kassation fehlen, kennzeichnen sich alle diese Rechtsmittel durch dieselben oder durch ähnliche teleologische Orientierungen. Ohne die Interessen der Parteien zu ignorieren, ist auch im Rahmen der deutschen Revision die Rede von »dem öffentlichen allgemeinen Anliegen, das in der Wahrung der Einheit und der Fortbildung des Rechts besteht«[9]. Dies bedeutet natürlich nicht, daß die Frage nach dem Zweck der Revision nicht streitig ist [10] -eine Frage mit der sich auch der Jubilar[11] dieser Festschrift schon in seiner Doktorarbeit gründlich befasst hat – was dazu führt, daß weitere Fragen

---

4 *Rosenberg/Schwab/Gottwald*, Zivilprozessrecht 17. Aufl., 2010, S. 767; *Stein/Jonas/Althammer* ZPO, 22. Aufl., 2013, vor § 511, Rn. 1, 3, 4,S. 4, 6 ff.; *Stein/Jonas/Jacobs*, ZPO, 22. Aufl., 2013, vor § 542-566 Rn. 1, 2, S. 531 ff. So auch M. Schilling, Die »principes directeurs« des französischen Zivilprozesses, 2002, S. 320.
5 *W. Rechberger* (-Kodek), ZPO, 4. Aufl., 2014, S. 1666; *Rechberger/Simotta*, Zivilprozessrecht Erkenntnisverfahren, 8. Aufl., 2010, S. 552 ff.
6 *L. Cadiet/E.Jeuland*, Droit judiciaire privé, 9. Aufl., 2016, S. 713 ff., 723 f, 833 f.
7 *L. Cadiet/E. Jeuland*, aaO, S. 848.
8 Siehe: *R. Caponi*, Der italienische Kassationshof: Heutiger Stand und Reformperspektiven, ZZPInt, 20 (2015) S. 61-71(62).
9 *Prütting – Gehrlein* (-Ackermann), ZPO, 5. Aufl., 2013, S. 542, Rn. 2, S. 1428.
10 *Stein/Jonas/Jacobs*, aaO, S. 533.
11 *H. Prütting*, aaO, S. 92 ff.

in Bezug auf eine Vorrangigkeit oder eine Gleichrangigkeit zwischen den mehreren vorgesehenen Zielen entstehen[12]. Auch im Rahmen der österreichischen Revision spricht man – in Bezug auf ihre Zielsetzung – von der »Wahrung der Einheit, der Rechtssicherheit und der Rechtsentwicklung«[13]. Die Wahrung der Rechtssprechungseinheit wird ebenfalls als eine Aufgabe, bzw. Zielrichtung, des französischen pourvoi en cassation betrachtet[14].

II. Die Rechtsmittel und die Arten der Rechtsmittel der griechischen ZPO

Nach Art. 495 (512) gr. ZPO sind Rechtsmittel – im eigentlichen Sinne des Wortes- der Einspruch, die Berufung, die Wiederaufnahme des Verfahrens und die Kassation. Die obigen – von der ZPO ausdrücklich als »Rechtsmittel« genannten- Rechtsmittel unterscheiden sich a) in Devolutiven und nicht Devolutiven Rechtsmittel, b) in suspensiven und nicht suspensiven Rechtsmittel und c) in Ordentlichen und Ausserordentlichen Rechtsmittel.

Die Kassation ist a) ein nicht devolutives Rechtsmittel, b) ein nicht suspensives Rechtsmittel und schliesslich c) ein ausserodentliches Rechtsmittel.

Aus der Sicht der sachlichen Zuständigkeit gehört die Kassation zu der Zuständigkeit des Obersten Gerichts der Zivilgerichtsbarkeit (und zugleich der Strafgerichtsbarkeit) des »Areios Pagos« (bsw. »Areopags«).

Auf der Grundlage der griechischen ZPO sind sowohl der Devolutiveffekt als auch der Suspensiveffekt *keine* eigentlichen Charakteristika – bzw. Kriterien- welche die zivilprozessualen Rechtsmittel charakterisieren. Die griechische ZPO sieht also Rechtsmittel vor, von denen die Einen devolutiv – z.B. die Berufung – und/oder suspensiv- z.B. die Berufung- während die Anderen nicht devolutiv – z.B. der Einspruch und die Wiederaufnahme des Verfahrens – und/oder nicht suspensiv wirken (wie z.B. der Einspruch, die Wiederaufnahme des Verfahrens und die Kassation)[15].

---

12 *Stein/Jonas/Jacobs*, aaO, S. 533.
13 *Rechberger/Simotta*, aaO, S. 584.
14 *L. Cadiet/E.Jeuland*, aaO, Nr. 867 S. 713 (und Fn. 385: »assurer l' unité de la jurisprudence«) und S. 844 ff. Nr. 1006 ff.
15 Siehe: *G. Rammos*, Das Rechtsmittelverfahren nach dem Entwurf einer neuen griechsichen Zivilprozessordnung, ZZP 74, S. 241-256; *N.K.Klamaris*, Das Rechtsmittel der Anschlußberufung, Ein Beitrag zur Dogmatik der Anschlußrechtsmittel im deutschen Prozeßrecht unter besonderer Berücksichtigung der zivilprozessualen Anschlußberufung, Tübingen, 1975, S. 79 und 81 ff; *derselbe*, Die Klagearten, die Urteilsarten und die Rechtsmittelarten nach dem griechischen Zivilprozessrecht in: Magister artisboni et aequi, Studia in honorem *Németh János*, 2003 S. 521-533; *S. Tsantinis*, Kassation, Rechtsstaat und Rechtsmittelstaat, in: Festschrift für N.K.Klamaris B.II, 2016, S. 833-850; *D. Tsikrikas*, Kassation und Revision im europäischen Vergleich – eine rechtsvergleichende und rechtshistorische Skizze, ZZPInt, 1999, S. 171 ff.

III. Die Kassation als ein nicht devolutives Rechtsmittel, als ein nicht suspensives Rechtsmittel und als ein ausserordentliches Rechtsmittel

1. Devolutiveffekt (Begriffsbestimmung)

Devolutiveffekt in seinem eigentlichen Sinne bedeutet nach der griechischen Zivilprozessrechtstheorie, daß ein (devolutives) Rechtsmittel durch seine Einlegung die Sache an ein hierarchisch höheres Gericht verweisen kann, und sogar an ein in der Weise höheres Gericht, welches die angefochtene Entscheidung sowohl aus der Sicht der Tatfragen (=Tatfehler bzw. Tatsachenfehler), als auch aus der Sicht der Rechtsfragen (=Rechtsfehler) überprüfen bzw. kontrollieren kann. In diesem Sinne ist nur die Berufung ein reines devolutives Rechtsmittel, weil sie die Sache an die höhere (zweitinstanzliche) Instanz verweist, welche die angefochtene Entscheidung aus der Sicht aller geltendgemachten Tat- oder/und Rechtsfehler überprüft (bzw. überprüfen kann).

Als nicht devolutive Rechtsmittel gelten alle diejenigen Rechtsmittel, welche die Sache entweder an eine gleichrangige Instanz verweisen- wie z.B. der Einspruch und die Wiederaufnahme des Verfahrens- oder die Sache zwar an eine höhere Instanz verweisen, die aber nur für die Überprüfung der Rechtsfehler der angefochtenen Entscheidung zuständig ist [wie z.B. die Kassation (Revision) welche die Sache zwar an das oberste Gericht der Zivil – und Strafgerichtsbarkeit, den Areios Pagos/Areopag, verweist, welches aber auf der Grundlage der Kassation nur für die Kontrolle der Rechtsfehler zuständig ist].

2. Suspensiveffekt (Begriffsbestimmung)

Suspensiveffekt (»aufschiebende Wirkung«) in seinem eigentlichen Sinne bedeutet nach der griechischen Zivilprozessrechtstheorie, daß ein suspesives Rechtsmittel durch seine Einlegung den Eintritt der Vollstreckbarkeit der gerichtlichen Entscheidungen hemmt. Im Gegenteil weisen die nicht-suspensiven Rechtsmittel – der Einspruch, die Wiederaufnahme des Verfahrens, die Kassation- eine solche Hemmungswirkung nicht auf. Dass die Kassation keinen Suspensiveffekt hat, bedeutet nur, daß die wirkliche fristgerechte Einlegung der Kassation oder der Lauf der für ihre Einlegung vorgesehenen gesetzlichen Frist von sich aus keinen automatischen Suspensiveffekt hat. Der Kassationskläger darf aber nach der griechischen Zivilprozessordnung einen besonderen zusätzlichen Antrag stellen und beantragen, daß die Vollstreckbarkeit der von ihm durch die Einlegung seiner Kassation angeforchtenen Entscheidung gehemmt wird, bis der Areopag – »Areios Pagos« – auf die eingelegte Kassation entscheidet [Art. 565(583) gr. ZP)]. Nach der Vorschrift des 2. Absatzes des Art. 565 (583) gr. ZPO gilt in Bezug darauf Folgendes:

> »Wird glaubhaft gemacht, daß die Vollstreckung die Gefahr eines Nachteils bringen würde, der nicht leicht zu ersetzen wäre, kann auf Antrag einer Partei angeordnet werden,

daß die Zwangsvollstreckung der angefochtenen Entscheidung ganz oder zum Teil gegen angemessene Sicherheitsleistung oder auch ohne Sicherheitsleistung einstweilen eingestellt wird oder daß die Zwangsvollstreckung der Entscheidung nur gegen Sicherheitsleistung durch die siegreiche Partei stattfindet. Über diesen Antrag entscheiden in nicht öffentlicher Sitzung drei Mitglieder des zuständigen Senats, von denen eines der Berichterstatter sein muß. Eine Vorladung der Parteien ist nicht obligatorisch. Die die einstweilige Einstellung anordnende Entscheidung kann auf Antrag einer Partei auf dieselbe Weise bis zur ersten mündlichen Verhandlung über die Kassation und danach nur während der mündlichen Verhandlung aufgehoben werden«.

Ausnahmsweise von der grundsätzlichen Regelung der nicht suspensiven Wirkung der Kassation hat die Kassation – bzw. ihre Einlegung- eine automatische Hemmungswirkung nur in den folgenden Fällen: In den Eherechtsstreigkeiten des Art. 592 Nr. 1 gr. ZPO, in den Rechtsstreitigkeiten des Art. 592 Nr.Z gr. ZPO, welche die Rechtsverhältnisse zwischen Eltern und Kindern betreffen, sowie in Sachen, welche die Löschung einer Hypothek, einer Hypothekenvormerkung oder eines Verfügungsverbotes oder die Erklärung einer Urkunde als verfälscht betreffen, wird also im Gegenteil die Zwangsvollstreckung während des Laufs der Kassationsfrist sowie durch die Einlegung der Kassation gehemmt.

3. *Ausserordentliches Rechtsmittel (Begriffsbestimmung)*

Als ein ausserordentliches Rechtsmittel ist die Kassation nur gegen die in der gr. ZPO konkret genannten gerichtlichen Entscheidungen statthaft und nur in Bezug auf die Kontrolle von bestimmten Rechtsfehler zulässig, die zugleich auf der Rechtsgrundlage der streng ausschließlichen und erschöpfenden Aufzählung des Art. 559 (577) gr. ZPO die zulässigen Kassationsgründe darstellen.

4. *Das Kassationsverfahren ist keine »dritte« Instanz* [16]

Nach der herrschenden in der griechischen Zivilprozessrechtslehre Meinung stellt das Kassationsverfahren vor dem Areopag (»Areios Pagos«) *keine* »dritte« Instanz im eigentlichen Sinne dar. Es geht bloss, bzw. nur, um ein kassatorisches Verfahren, im Rahmen dessen der Areopag die durch die Kassation angefochtene Entscheidung nur aus der Sicht von Rechtsfehlern kontrolliert. Eine wichtigste Änderung in Bezug auf die Rolle der Kassation und auf das Kassationsverfahren wurde in der Vergangenheit mittels des Gesetzes 2172/1993 in Bezug auf das Zivilprozeßrecht vorgenommen. Das Gesetz 2172/1993 hatte den Areopag in ein völlig reines *Kassationsgericht* umgewandelt und unfunktioniert. Nach der damals eingeführten Regelung musste der Areopag die Angelegenheit, wenn er die angefochtene Entscheidung kassiert hatte, an die untere Instanz zur Sachentscheidung zurückverweisen (während gemäß

---

[16] G. *Feder*, Die über die Zivilprozessordnung, Vorlesungen (griechische Ausgabe), Athen, 1847, S. 113.

der abgeschafften Regelung sich eine spezielle Kammer des Areopags mit der Sache, auf Grund einer Verweisung durch die Kassationskammer, als Tatsacheninstanz ausnahmsweise befassen könnte). Die Abschaffung dieser Tatsachenkammer des Areopags könnte m.M.n. als eine *unbedachte Reform* charakterisiert werden, welche auf keiner Vorarbeit beruhte. Diese Tatsachenkammer des Areopags hatte lange Jahre eine fruchtbare rechtsprechende Funktion erfüllt und zur Verstärkung der Begründung und der Überzeugungskraft der Entscheidungen des Areopags sowie der Einheitlichkeit der Rechtsprechung beigetragen. Keine Richterorganisation, keine Juristische Fakultät, kein Gericht (weder der Areopag selbst noch die unteren Instanzen), auch keine politische Partei (selbst die damalige Regierungspartei nicht) hatten eine solche Reform im Bereich des Gerichtsverfassungsrechts vorgesehen, bzw. vorgeschlagen, oder hatten eine solche Maßnahme als notwendig erachtet und verlangt. Alle diese Umstände haben den Verdacht verstärkt, die Abschaffung dieser Kammer habe nur als eine momentan glaubhafte Rechtfertigung für die auf die Initiative der damaligen Regierung – an sich aus nicht »sauberen« Beweggründen- plötzliche Reduzierung der Richterstellen der obersten Richter, besonders im Areopag, dienen sollen.

IV. Die Kassation »im Interesse des Gesetzes«

Eine besonders charakteristische Regelung der griechischen Zivilprozessordnung ist die sog. »Kassation im Interesse des Gesetzes«. Art. 557 (575) lautet wie folgt:

> *»Der Staatsanwalt bei dem Areopag ist berechtigt, im Interesse des Gesetzes die Kassation einer jeden Entscheidung, auch derjenigen, welche von den Parteien nicht mit der Kassation angefochten werden kann, aus jedem Grund und ohne Bindung an eine Frist zu beantragen. Die auf diese Kassation hin erlassene Entscheidung hat gegenüber den Parteien keine Wirkung, es sei denn, daß die Kassation auf eine Überschreitung der Gerichtsbarkeit oder auf das Fehlen der sachlichen Zuständigkeit gestützt ist«.*[17]

Als Vorbild der griechischen Kassation im Interesse des Gesetzes hat die entsprechende Institution des französischen Zivilprozessrechts (»pourvoi dans l'intérêt de la loi«) gedient hat. Nach dem treffenden Ausdruck von L. Cadiet geht es – auch im griechischen Zivilprozessrecht – um eine »platonische« Kassation (»cassation platonique«).

V. Die Kassationsgründe

Die Kassationsgründe betreffen an sich nur Rechtsfehler der angefochtenen Entscheidung. Einen allgemeinen Kassationsgrund stellen alle Rechtsfehler in Bezug auf die Auslegung und/oder die Anwendung von matereiellrechtlichen Vorschriften, bzw.

---

17 Siehe diesbezüglich aus dem griechischen Schrifttum: *N. Katiforis*, Die Kassation im Interesse des Gesetzes nach der griechischen ZPO, in griechischer Sprache, Athen, 2007.

Normen dar. Im Gegenteil nur in Bezug auf konkrete prozessuale Vorschriften stellen Rechtsfehler betreffs die Auslegung, Anwendung und im allgemeinen Verletzung dieser Vorschriften einen Kassationsgrund dar. Nach Art. 559 (577) sind die zulässigen Kassationsgründe nur die Folgenden (es geht um eine streng ausschließliche und erschöpfende Aufzählung, so daß eine Erweiterung durch Analogie nicht zulässig ist und nicht in Frage kommt):

a) Wenn eine Norm des materiellen Rechts einschließlich der Normen über die Auslegung von Rechtsgeschäften verletzt wurde, gleichgültig, ob es sich um ein Gesetz oder um ein Gewohnheitsrecht, um inländisches, ausländisches oder internationals Recht handelt. Auf die Verletzung von Erfahrungssätzen kann die Kassation nur gestützt werden, wenn diese die Auslegung der Rechtsnormen oder die Subsumtion der festgestellten Tatsachen unter diese Normen betreffen. b) Wenn das Gericht nicht vorschriftsmäßig besetzt war oder ein Richter mitgewirkt hat, dessen Ablehnung für begründet erklärt oder gegen den eine Schadensersatzklage wegen Rechtsbeugung erhoben worden ist. c) Wenn das Gericht den Antrag auf Ablehnung eines Richters zurückgewiesen hat, obwohl dieser auf Grund der von dem Gericht festgestelltlen Tatsachen nach dem Gesetz abzulehnen war. d) Wenn das Gericht die Grenzen der den Zivilgerichten zustehenden Gerichtsbarkeit überschritten hat. e) Wenn das Gericht sich in Bezug auf die sachliche Zuständigkeit irrtümlich für zuständig oder unzuständig erklärt hat, vorbehaltlich der Bestimmungen des Art. 48, oder wenn das Gericht, an das die Sache verwiesen worden ist, die Bestimmunen des Art. 47 verletzt hat. f) Wenn gegen die Partei unter Verletzung des Gesetzes, insbesondere der für die Zustellung geltenden Vorschriften, das Versäumnisverfahren stattgefunden hat. g) Wenn die Öffentlichkeit des Verfahrens unter Verletzung des Gesetzes ausgeschlossen worden ist. h) Wenn das Gericht unter Verletzung des Gesetzes nicht vorgebrachte Tatsachen berücksichtigt oder vorgebrachte und für den Ausgang des Prozesses wesentliche Tatsachen nicht berücksichtigt hat. i) Wenn das Gericht etwas ohne Antrag oder mehr als beantragt zugesprochen oder einen Antrag übergangen hat. j) Wenn das Gericht Tatsachen, die für den Ausgang des Prozesses wesentlich sind, unter Verletzung des Gesetzes ohne Beweis als wahr angenommen hat. k) Wenn das Gericht Beweismittel, die nach dem Gesetz nicht zugelassen sind, oder nicht vorgebrachte Beweise unter Verletzung des Gesetzes berücksichtigt hat oder Beweismittel, die die Parteien vorgebracht und auf die sich berufen haben, nicht berücksichtigt hat. l) Wenn das Gericht die Vorschriften über die Beweiskraft der Beweismittel verletzt hat. m) Wenn das Gericht die Vorschriften über die Beweislast verletzt hat. n) Wenn das Gericht unter Verletzung des Gesetzes die Nichtigkeit, die Verwirkung eines Rechts oder Unzulässigkeit ausgesprochen oder nicht ausgesprochen hat. o) Wenn eine definitive Entscheidung unter Verletzung des Gesetzes widerrufen worden ist. p) Wenn das Gericht zu Unrecht angenommen hat, daß die Rechtskraftwirkung bestehe oder nicht bestehe oder daß eine Entscheidung Rechtskraftwirkung habe, obwohl sie auf Grund eines eingelegten Rechtsmittels, aufgehoben oder als Nichtentscheidung anerkannt worden ist. q) Wenn die Entscheidung einen widerspruchsvollen Inhalt hat. r) Wenn das Gericht, an das die Sache nach Kassation verwiesen worden ist, der Entscheidung des Kassationsgerichtes nicht gefolgt ist. s) Wenn die Entscheidung einer gesetzlichen Grundlage entbehrt, insbesondere, wenn keine oder in einer für den Ausgang des Prozesses wesentlichen Frage eine ungenügende oder sich widersprechende Begründung bringt. t) Wenn das Gericht den Inhalt einer Urkunde dadurch verändert hat, daß es Tatsachen als wahr angenommen hat, die offentsichtlich unterschiedlich von denen sind, die in dieser Urkunde erwähnt werden.

VI. Die Revisibilität/»Kassasibilität« des ausländischen Rechts

Ein markanter Unterschied zwischen der deutschen ZPO – d.h. der im Rahmen des deutschen Zivilprozessrechts herrschenden Meinung[18] – und der griechischen ZPO liegt in der Revisibilität – bzw.»Kassasibilität«, oder»Kassatoribilität« – des von dem inländischen Gericht angewandten ausländischen materiellen Rechts. In Bezug darauf ist es hier zunächst hervorzuheben, daß das ausländische Recht im griechischen Zivilprozessrecht als Recht (»ius«) und nicht als Tatsache (»factum«) betrachtet und angewandt wird[19].

1. Die Vorschrift des Art. 337 (363) gr. ZPO führt als Grundsatz die Regelung ein, daß das Gericht von Amts wegen und ohne Beweis das in einem ausländischen Staat geltende materielle Recht berücksichtigt und anwendet. Dasselbe gilt nach derselben Vorschrift für das Gewohnheitsrecht und für die Verkehrssitten. Falls der Richter die entsprechende fremde Sprache nicht kennt, darf er um Informationen in Bezug sowohl auf den Wortlaut als auch auf den Sinn der entsprechenden ausländischen Vorschrift bitten. Die entsprechenden Anträge zur Erteilung von solchen Rechtsauskünften können an die zuständige ausländische Botschaft in Griechenland, oder an die griechische Botschaft bei dem ausländischen Staat, oder an das »hellenische Institut für das internationale und das ausländische Recht« – welches auch die offizielle griechische Informationsstelle für Rechtsauskünfte in Bezug auf das ausländische Recht ist – oder auch an Professoren einer Rechtswissenschaftlichen Fakultät gerichtet werden (in diesem Sinne darf das Gericht also ein Rechtsgutachten einholen).

Dieselbe Vorschrift sieht jedenfalls vor, daß wenn der Richter das ausländische materielle Recht nicht kennt, dann kann er einen Beweis anordnen oder jedes,

---

18 Siehe: *Musielak/Voit ZPO/Ball*, 14.Aufl., 2017, ZPO § 545, Rn. 7/8; *Prütting/Gehrlein (-Ackermann)*, aaO, § 545, Rn. 6, S. 1445/1446; *Stein/Jonas (-Jacobs)*, ZPO, aaO, § 545, Rn. 19/20/21, S. 580/581; a. A: *Rosenberg/Schwabs/Gottwald,* aaO, S. 829; *Hess/Hübner*, NJW, 2009, S. 3132; *R. Frank*, Kritische Überlegungen zur Nichtrevisibilität ausländischen Rechts nach der deutschen Zivilprozessordnung, in: Festschrift zum 150jährigen Jubiläum des Areios Pagos, B. I, 2007, S. 69-85.

19 *G. Rammos-N.K.Klamaris*, Grundriss des Zivilprozessrechts, III. Teilband, 4. Auflage, Beweisrecht (in griechischer Sprache), Athen, 2009, S. 27; *N.K.Klamaris-S.N.Koussoulis, S.S.Pantazopoulos*, Zivilprozessordnung (Gerichtsverfassungsrecht-Allgemeine Einführung und Verfahren vor den erstinstazlichen Gerichten-Beweis) 3. Auflage, Athen, 2016 (in griechischer Sprache), S. 682.

nach seinem Ermessen, geeignetes Mittel ohne Beschränkung von den Beweisen, die die Prozessparteien vorbringen, verwenden.
2. Weil das ausländische Recht eben als Recht und nicht als Tatsache von der gr. ZPO betrachtet wird, ergibt sich daraus Folgendes:
   a) Auch in Bezug auf das ausländische Recht gilt prinzipiell der Grundsatz »iura novit curia«.
   b) Die Verletzung des ausländischen Rechts stellt – in derselben Weise wie die Verletzung des inländischen materiellen Rechts- einen Kassationsgrund (Art. 559 Abs. 1 gr. ZPO).
3. Anders als in der deutschen ZPO, nach der – gemäss Abs. 545 Abs. 1- das ausländische Recht nicht revisibel ist, ist nach der griechischen ZPO die Verletzung des ausländischen Rechts ein Kassationsgrund[20].

VII. Die Kassation ist ein Rechtsmittel für die Überprüfung von Rechtsfehlern

Die Kassation ist ein reines für die Überprüfung nur von Rechtsfehlern ausserordentliches Rechtsmittel. Daher unterliegen die Fehler in Bezug auf die Würdigung der Tatsachen und im allgemeinen des Beweismaterials nicht zur Nachprüfung durch das Kassationsgericht des Areopags, d.h. stellen diese Fehler keinen zulässigen Kassationsgrund dar. Art. 561 (579) führt folgende Regelung ein: »1. Die Würdigung von Tatsachen, insbesondere des Inhaltes von Urkunden, durch das Instanzgericht unterliegt nicht der Nachprüfung durch das Kassationsgericht, es sei denn, daß dabei Rechtsnormen einschließlich der Auslegungsregeln verletzt worden sind oder ein Kassationsgrund gem. Art. 577 Ziff. 19 und 20 vorliegt. 2. Die Würdigung des Inhalts von Prozeßschriftsätzen desselben oder eines anderen Prozesses, insbesondere von Klagen, Interventionen, Rechtsmitteln, für die mündliche Verhandlung bestimmten Schriftsätzen oder von Gerichtsentscheidungen unterliegt der Nachprüfung durch das Kassationsgericht«.

VIII. Die Trennung von Rechtsfrage und Tatfrage

Ein besonders geliebtes Thema der griechischen Prozessrechtswissenschaft ist die Trennung zwischen Rechtsfrage und Tatfrage. Die Trennung zwischen Rechtsfrage und Tatfrage beruht nach dem griechischem Rechtsmittelverständnis auf die Funktion des Rechtsmittels der Kassation als eines – im Grundsatz wenigstens – rein

---

20 Siehe auch: *K.D.Kerameus*, Revisibilität ausländischen Rechts, ZZP 99 (1986), S. 166 ff.; *R.Schütze*, Feststellung und Revisibilität europäischen Rechts im deutschen Zivilprozeß, in: Wege zu einem europäischen Zivilprozeßrecht, Tübingen, 1992, S. 93-100; *W. Ernst*, Englische Judikatur als Auslandsrecht, Festschrift für W.-H. Roth zum 70. Geburtstag, S. 83-106.

kassatorischen Rechtsmittels. Die Trennung von Rechtsfrage und Tatfrage als ein funktionelles Kennzeichen des Kassationsverfahrens nach de griechischen ZPO beruht – im Rahmen der griechischen ZPO- auf die entsprechende Theorie und Lehre von *Georg Mitsopoulos*. Die diesbezüglieche Hauptthese von *G. Mitsopoulos* hat wie folgt:

> *»Soweit das Recht die Verletzung einer Rechtsnorm zum Revisionsgrund bzw. Kassationsgrund macht, setzt es, meines Erachtens, notwendigerweise als wessentliches Fundament solcher Kontrolle die Trennung zwischen Tat- und Rechtsfrage voraus. Denn ein gerichtliches Urteil über Nichtanwendung oder Fehlanwendung einer Rechtsnorm ist ohne Analyse des subsumtiven Verhältnisse zwischen Sachverhalt und Rechtsnorm nicht möglich«*[21].

> *»Denn wenn die Konkretisierung eines Begriffs zu einer hypothetischen Beschreibung des Einzelfalls durch Verwendung »tatsächlicher« oder »empirischer« Begriffe geführt hat, dann bedeutet eine solche Konkretisierung, dass das, was ontologisch festgestellt wird, auch rechtlich als befrifflicher Inhalt des Tatbestandes des Obersatzes des Rechssyllogismus anzusehen ist. Daher stellt die logische Analyse des Rechtsanwendungsaktes die bestehende Trennung zwischen Rechts- und Tatfrage nicht nur nicht in Frage, sondern bestätigt sie im Gegenteil auch auf der Ebene dieses Konkretisierungsvorgangs bei der Anwendung des unbestimmten Begriffs im Einzelfall«*[22].

> *»Die moderne theoretische Diskussion des Problems haben m.E. jedoch keine überzeugenden Gründe gegen meine fortbestehende Auffassung geliefert, dass nämlich die Trennung von Rechts- und Tatfrage doch ein feststehendes Fundament der logischen Struktur des Aktes darstellt, der Rechtsanwendung ausmacht«*[23].

IX. Die Grundregel des Kassationsverfahrens

Im Art. 562 (580) gr. ZPO werden die folgenden Grundregeln des Kassationsverfahrens geregelt:

Die Kassation kann nicht auf einen Grund gestützt werden, der sich gegen die Entscheidung des Gerichts, an das die Sache vom Kassationsgericht zurückverwiesen wurde, richtet, soweit dieses der Kassationsentscheidung gefolgt ist.

Die Kassation kann nicht auf eine Behauptung gestützt werden, die bei dem Instanzgericht nicht vorgebracht wurde, es sei denn, daß es sich a) um eine Gesetzesverletzung, die bei dem Instanzgericht nicht geltend gemacht werden kann, b) um einen Fehler, der sich aus der Entscheidung selbst ergibt, c) um eine Behauptung, welche die öffentliche Ordnung betrifft, handelt.

Niemand kann aus seinen eigenen Handlungen oder aus denjenigen von Personen, welche in seinem Namen handeln, einen Kassationsgrund herleiten, es sei denn, daß es sich um Gründe handelt, welche die öffentliche Ordnung betreffen.

---

21 *G. Mitsopoulos*, Zur Trennung von Rechts- und Tatfrage,ZZP, 2006, S. 116.
22 *G. Mitsopoulos*, aaO, S. 117.
23 *G. Mitsopoulos*, aaO, S. 120.

Ausnahmsweise prüft der Areopag diejenigen Kassationsgründe von Amts wegen, die in den Ziffern a, d, n, p, q und s des Art. 559 gr. ZPO angegeben werden (siehe oben im Text unter <V>).

X. DIE RECHTSFOLGEN DER ENTSCHEIDUNG DES KASSATIONSGERICHTS

Im Art. 580 (598) gr. ZPO werden die Rechtsfolgen der Entscheidung des Areopags wie folgt geregelt:

Hebt der Areopag die Entscheidung wegen Überschreitung der Gerichtsbarkeit auf, so dürfen sich die Zivilgerichte nicht weiter mit der Sache befassen. In diesem Falle wird auch das etwaige durch die aufgehobene Entscheidung bestätigte erstinstanzliche Entscheidung aufgehoben, falls auch dieses eine Überschreitung der Gerichtsbarkeit enthält.

Hebt der Areopag die Entscheidung wegen Verletzung der Zuständigkeitsvorschriften auf, so verweist er die Sache an das Gericht, das er für zuständig erachtet.

Hebt der Areopag die Entscheidung aus einem anderen Grunde als den gleich oben in den Abs. 1 und 2 Genannten auf, so kann er sich mit der Sache befassen und selbst über sie entscheiden, wenn diese nach seinem Ermessen einer weiteren Aufklärung nicht bedarf. Andernfalls verweist er die Sache in eine besondere Verhandlung und wenn es um die Kassationsgründe – siehe oben im Text unter »v« – a, b, c, f bis q und t des Art. 559 gr. ZPO geht, kann er die Sache für die weitere Verhandlung an ein anderes gleichrangiges und gleichartiges Gericht – d.h. Instanzgericht – zu jenem, das die aufgehobene Entscheidung erlassen hatte, oder an dasselbe Gericht, wenn seine Besetzung mit anderen Richtern möglich ist, verweisen. Wenn aber die Entscheidung dieses letzten Gerichts aufgehoben wird, dann entscheidet der Areios Pagos selbst zur Sache über die Rechtsstreitigkeit (also zum Zwecke des Erlasses einer Sachentscheidung). In diesem Fall wird die Rechtsstreitigkeit mit Ladung in denselben Senat eingeführt.

Die Entscheidungen des Plenums und der Senate des Areopags sind in Bezug auf die entschiedenen Rechtsfragen für die Gerichte, welche sich mit derselben Sache befassen, bindend.

Wenn das Plenum des Areopags die Kassationsgründe, die an ihn verwiesen wurden, zurückweist und noch andere Kassationsgründe vorhanden sind, die an das Plenum nicht verwiesen worden sind, so ist die Sache an den Senat, der sie verwiesen hatte, weiterzuverweisen – d.h. zurückzuverweisen – in dem die Sache nach vorheriger Ladung gem. Art. 568 gr. ZPO verhandelt wird. Wenn das Plenum des Areopags die angefochtene Entscheidung aufhebt, dann verweist er gemäß den Bestimmungen des Paragraphen 3 des Art. 580 gr. ZPO die Sache dem zuständigen Senat zur weiteren Verhandlung.[24]

---

24 Zu den wesentlichen Tendenzen, den Grundlagen und den Funktionscharakteristika des griechischen Zivilprozessrechts, sowie den Hauptströmungen der griechischen Zivilprozessrechtslehre siehe unter anderen: *Georgios Mitsopoulos,* Die Unterscheidung zwischen Tatfrage und Rechtsfrage im Kassationsverfahren, ZZP 81/1968, S. 251 ff.; *ders.,* Zum

387

Einfluss der neuen griechischen Verfassung auf die griechische Zivilprozessordnung, in: Walther J.Habscheid/Hans F. Gaul/PaulMikat (Hrsg.), FS Bosch, Bielefeld 1976, S. 699 ff.; *ders.*, Die notwendige Streitgenossenschaft nach dem griechischen Zivilprozessrecht, in: Wolfgang Grusky/Rolf Stürner/Gerhald Walter/Manfred Wolf (Hrsg.), FS Baur, Tübingen 1981, S. 503 ff.; *ders.*, Zur rechtlichen Bestimmung des Tatsachenbegriffs, Studi in onore di Tito Carnacini, Milano, 1984, S. 441 ff. Spezieller über die aktuellen Reformbestrebungen und die Funktionscharakteristika des griechischen Zivilprozessrechts siehe unter anderem auch: *Kostas E. Beys*, Die prozessualen Reformen im neugriechischen Scheidungsrecht, in: Richard Holzhammer/Wolfgang Jelinek/Peter Böhm (Hrsg.), FS Fasching, Wien 1988, S. 93 ff.; *Konstantinos D. Kerameus*, Neuere Entwicklungen des Zivilprozessrechts in Griechenland, in: Hilmar Fenge/Nikos Papantoniou (Hrsg.), Griechisches Recht im Wandel: neuere Entwicklungen des Familienrechts und des Zivilprozessrechts, Neuwied Darmstadt 1987, S. 17–31; *Nikolaos K. Klamaris*, Das neue griechische Gerichtsverfassungsrecht oder »Die Rache der Wittelsbacher«, in: Walter Lindacher/Dieter Pfaff/Günter Roth/Eberhard Wieser/Peter Schlosser (Hrsg.), FS Habscheid, Bielefeld 1989, S. 161 ff.; *ders.*, Die prozessuale Aktualität in Griechenland, in: Walter Gerhardt/Uwe Diederichsen/Bruno Rimmerspacher/Jürgen Costede (Hrsg.), FS Henckel, Berlin/New York 1995, S. 437 ff.; *ders.*, Die Funktion und die Rolle der obersten Gerichtshöfe Griechenlands, in: Eberhard Schilken/Ekkehard Becker-Eberhard/Walter Gerhardt (Hrsg,) FS Gaul, Bielefeld 1997, S. 289 ff.; *Nikolaos K. Klamaris/Georgios Orfanidis/Stylianos Koussoulis/Dimitrios Tsikrikas/Nikolaos Katiforis*, Neuere Entwicklungen im nationalen und europäischen Zivilprozeßrecht in Griechenland, ZZP Int. 3/1998, S. 161 ff.; *Nikolaos K. Klamaris*, Die Grundstruktur des griechischen Zwangsvollstreckungsrechts als des effektiven Teils des prozessualen Grundrechts auf Justizgewährung, in: Andreas Heldrich/Takeyoshi Uchida (Hrsg.), FS Nakamura, Berlin/New York 1996, S. 253 ff.; *Nikolaos K. Klamaris/Georgios Orfanidis*, Die Zwangsvollstreckung der gerichtlichen Entscheidungen und die Vollstreckungsmittel der Gerichte nach dem griechischen Zivilprozeßrecht, Revue Hellénique de Droit International, B. 38/39 (1985/1986), S. 335–358; *Nikolaos K. Klamaris*, Enforcement of Court Orders and Judgements: Greece, in: Gerhald Walter/Samuel Baumgartner (Hrsg.), Recognition und Enforcement of Foreign Judgements outside the Scope of the Brussels and Lugano Conventions, Civil Procedure in Europe 3, 2000, The Hague, London, Boston S. 275-322 *ders.*, Zum Stand des griechischen Zwangsvollstreckungsrechts – eine zusammenfassende Skizze, ZZP 121/2008, S. 475–502 (mit vielen weiteren Nachweisen); *ders.*, Die »Parteibezogenen« bzw. »Persönlichen« Prozessvoraussetzungen nach dem griechischen Zivilprozessrecht (Eine zusammenfassende Analyse), in: Thomas Garber/Reinhold Geimer/Rolf A. Schütze (Hrsg.), Europäische und internationale Dimension des Rechts, FS Simotta, Wien 2012, S. 291–304; *ders.*, Die griechische ZPO-Regelung in Bezug auf die Rechtskraft im Umfeld des Eurogrundsatzes der Rechtskraft von Entscheidungen, in: Alexander Bruns/Christoph Kern/Joachim Münch/Andreas Piekenbrock/Astrid Stadler/Dimitrios Tsikrikas (Hrsg.), FS Stürner, Bd. II, Tübingen 2013, S. 1601-1624; *ders.*, Die, innerhalb der EU-Rechtsordnung, Rechtsfolgenverweisung der Art. 47 Abs.2 VO 44/2001, Art. 54 VO 650/2012, Art. 40 VO 1215/2012 auf den nationalen provisorischen Rechtsschutz der EU-Mitgliedstaaten aus der Sicht der griechischen ZPO-Regelung über den provisorischen Rechtsschutz; in: Burkhard Hess/Stephan Kolmann/Jens Adolphsen/Ulrich Haas (Hrsg.), FS Gottwald, München 2014, S. 341–354; *ders.*, Die einzelnen Sicherungsmaßnahmen in Rahmen des provisorischen Rechtsschutzes nach dem griechischen Zivilprozessrecht, in: Ekkehard Beck-Eberhard/Hans Friedhelm Gaul/Lutz HaertleinA/Caroline Mell-Hannich (Hrsg.), Rechtslage – Rechtserkenntnis – Rechtsdurchsetzung, FS Schilken, München 2015, S. 339–352; *ders.*, Transnationale Prozessführung und Elemente einer ge-

XI. Die Einheitlichkeit der Rechtsprechung

H. Prütting hat sich in seiner grundlegenden Diessertation auch mit dem Zweck und der Funktion des Rechtsmittels der Revision befasst. Seine Ausführungen über den Begriff der grundsätzlichen Bedeutung und über die »grundsätzliche Bedeutung als unbestimmter Rechtsbegriff«, sowie über den »Begriff und Einordnung der Divergenz als Zulassungsgrund« beziehen sich zwangsweise auch auf die »Einheitlichkeit der Rechtsprechung«, die ein funtionelles Kennzeichen sowohl des »Revisions«verfahrens, als auch des »Kassations«verfahrens ist[25].

Das Postulat der Einheitlichkeit der Rechtsprechung ist – vorwiegend im Rahmen des nationalen Revisionsverfahrens, bzw. des Kassationsverfahrens – in vielen Rechtsordnungen gesetzlich verankert. Zahlreiche Rechtsvorschriften sehen prozessuale und gerichtliche Mechanismen vor, welche auf die Einheitlichkeit der Rechtsprechung zielen bzw. zur Rechtsprechungseinheitlichkeit beitragen[26].

XII. Die Zuständigkeit des Plenums des Kassationsgerichts

Nach der griechischen ZPO entscheidet der Areopag in Senaten und im Plenum[27]. Es sind vier Zivilsenate und drei Strafsenate vorgesehen. Jeder der vier Zivil- und drei Strafsenate kann eine Sache an das Plenum verweisen, wenn es sich um eine Frage von allgemeinem Interesse handelt oder die Verweisung an das Plenum für die Einheitlichkeit der Rechtsprechung notwendig ist[28]. Aus denselben Gründen kann eine Sache durch gemeinsamen Verweisungsakt des Präsidenten des Areopags und des

---

rechten Verhandlung, ZZPInt 19/2014, S. 151-186; *ders.*, Die wichtigsten Grundlagen des Beweisverfahrens nach griechischem Zivilprozessrecht, in: Zwischenbilanz, Festschrift für D. Coester-Waltjen zum 70. Geburtstag, Bielefeld, 2015, S. 1025-1036.; *ders.*, Die Verfahrensgrundsätze nach dem griechischen Zivilprozessrecht, MDR, Festheft für R. Greger, Heft 16, 2016, S. 947-951; *ders.*, Die einzelnen Beweismittel nach dem griechischen Zivilprozessrecht; in: Das Zivilrecht und seine Durchsetzung, Festschrift für Professor Thomas Sutter-Somm, Zürich, Basel, Genf, 2016, S. 317-331; *ders.*, Die wichtigsten aktuellen Reformen in Bezug auf das zivilprozessuale erstinstanzliche Verfahren nach der griechischen ZPO (zugleich eine kurze kritische Analyse), in: Fairness Justice Equity, FS für R. Geimer zum 80. Geburtstag, 2017, S. 335-344; *N.K.Klamaris-M.G.Markoulakis*, Grundsätzliche Aspekte der Mediationsregelung im griechischen Recht: Eine systematische und kritische Darstellung, ZZPInt, 20(2015), S. 103-128.

25 *H. Prütting*, Die Zulassung der Revision, 1977, Berlin. Siehe auch N.K.Klamaris, Rechtsvergleichende Betrachtungen zum Postulat der Einheitlichkeit der Rechtsprechung als Grundgedanke der Europäischen Prozessrechtskonzeption, in: Wege zu einem europäischen Zivilprozessrecht, Tübingen, 1992, S. 85-92; *ders.*, »Die Zuständigkeit des Plenums des Areopags nach Verweisung«, Athen, 1990 (in griechischer Sprache).
26 *N.K.Klamaris*, aaO, S. 85-92.
27 Art. 563 griechische ZPO (i.d.F.v.1971).
28 Art. 563 gr. ZPO.

Staatsanwalts beim Areopag direkt an das Plenum verwiesen werden[29]. Früher – nach einer inzwischen abgeschafften Regelung – war auch der Präsident des Areopags allein ermächtigt, eine Sache an das Plenum zu verweisen, falls eine Angelegenheit außerordentlicher Bedeutung in Frage stünde[30]. In allen erwähnten Fällen ist die Verweisung an das Plenum fakultativ (bzw. liegt sie im Ermessen des zuständigen Senats, oder des Präsidenten usw.). Obligatorisch ist dagegen die Verweisung an das Plenum, wenn ein Senat eine Entscheidung mit nur einer Stimme Mehrheit trifft, oder wenn er zum Schluß kommt, daß ein Gesetz als verfassungswidrig nicht angewandt werden darf[31]. Nach der inzwischen abgeschafften Regelung der Möglichkeit der Verweisung von einem Senat des Aeropags an einen anderen Senat des Aeropags zum Zwecke des Erlasses der definitiven Sachentscheidung war das Plenum des Aeropags auch dann zuständig, wenn der Senat, an den die Angelegenheit von einem anderen Senat nach der Aufhebung einer angefochtenen Entscheidung zum Zwecke neuer Verhandlung und Entscheidung zur *Sache* verwiesen wurde, in Bezug auf die tragende Rechtsfrage von der vorangegangenen kassatorischen Entscheidung abweicht[32]. Das Plenum des Aeropags ist auch für die Kassation im Interesse des Gesetzes zuständig. In allen Fällen binden die Entscheidungen des Plenums und der Senate des Areopags in Bezug auf die entschiedene Rechtsfrage alle Gerichte *nur im Rahmen derselben Rechtssache* (die Identität ergibt sich aus objektiven und subjektiven Kriterien). Eine generelle Bindung fehlt, so daß in anderen Sachen (d.h. außerhalb der objektiven und/ oder subjektiven Grenzen der Rechtskraft, bzw. der Bindungswirkung) sowohl die unteren Instanzen als auch der Areopag selbst eine andere Entscheidung in Bezug auf dieselbe Rechtsfrage treffen können und dürfen. Die Institution des angelsächsischen »Precedents« – im Sinne einer allgemeinen Bindungswirkung in Bezug auf Rechtsfragen – gibt es im griechischen Zivilprozessrecht nicht.

29 Art. 563 gr. ZPO.
30 Gesetz 1756, 1988 Art. 23 (aufgehoben).
31 Art 563 gr. ZPO
32 Art. 580, Abs. 3 S. b gr. ZPO (inzwischen abgeschafft).

Der Grundsatz »nemo tenetur edere contra se« in der Rechtsprechung des Bundesgerichtshofs

HANS-WILLI LAUMEN

I. Einleitung

Mehr als 30 Jahre ist es jetzt her, dass ich den Jubilar als Nachfolger meines verehrten Lehrers Prof. Dr. Dr. h.c. mult. Gottfried Baumgärtel kennen und sehr schnell schätzen gelernt habe. Freundschaftlich verbunden bin ich mit ihm durch unsere jetzt auch schon langjährig zu nennende Zusammenarbeit als Herausgeber und Autoren des »Handbuchs der Beweislast«, dessen vierte Auflage gerade vorbereitet wird. Hinzu gekommen ist die Bearbeitung der §§ 284 – 294 ZPO in jetzt schon neun Auflagen des »*Prütting/Gehrlein*«. Was liegt näher, als für diese Festschrift auch ein Thema aus dem weiten Bereich des zivilprozessualen Beweisrechts auszuwählen, ein Thema zudem, mit dem sich der Jubilar bereits in seiner grundlegenden Habilitationsschrift[1] beschäftigt hat und das bis heute nichts an seiner Aktualität verloren hat. Letztlich geht es um die Frage, ob und inwieweit auch die nicht beweisbelastete Partei im Wege des Prozessrechts – gegebenenfalls gegen ihren Willen und zu ihren Lasten – bei der Aufklärung des Sachverhalts mitwirken muss.[2]

II. Einführung in das Thema

Der Titel dieses Beitrags ist sicherlich insoweit etwas missverständlich, als der BGH diesen Grundsatz niemals in seiner wörtlichen Fassung, sondern lediglich in seiner sinngemäßen deutschen Übersetzung verwendet hat. So heißt es etwa in einer Entscheidung vom 26. Juni 1958[3], keine Partei sei gehalten, dem Gegner für seinen Prozesssieg das Material zu verschaffen, über das er nicht schon von sich aus verfüge. Näher eingegangen auf diesen Grundsatz ist der BGH dann in seiner grundlegenden

---

1 *Prütting*, Gegenwartsprobleme der Beweislast, 1983, S. 137 ff.
2 Ausgenommen sind also die zahlreichen Auskunfts- und Mitwirkungspflichten des materiellen Rechts, die auf einer materiell-rechtlichen Sonderverbindung beruhen; s. dazu die Übersichten bei *Baumgärtel/Laumen*, Handbuch der Beweislast, Grundlagen, 3. Aufl. 2016, Kap 15 Rn. 1 ff.; *Koch*, Mitwirkungsverantwortung im Zivilprozess, 2013, S. 130 ff.
3 BGH NJW 1958, 1491, 1492 = JZ 1958, 541 = ZZP 72 (1959), 236, 237; ferner BGHZ 93, 191, 205 = NJW-RR 1986, 480 = JZ 1985, 1096 m. Anm. *Stürner/Stadler*.

Entscheidung vom 11. Juni 1990.[4] Anlass für seine Ausführungen in dieser Entscheidung war die Auseinandersetzung mit den Thesen *Stürners*, auf die das OLG Hamburg in der Vorinstanz zurückgegriffen hatte. Im Anschluss an einige frühere Arbeiten[5] leitete *Stürner* in seiner Habilitationsschrift eine allgemeine prozessuale Aufklärungspflicht der nicht beweisbelasteten Partei aus einer Rechtsanalogie zu den §§ 138, 423, 445 ff., 372 a a.F. und 654 ff. a.F. ZPO ab.[6] Sie soll sich insbesondere auf die Vorlegung von Urkunden, auf Auskünfte und die Besichtigung von Augenscheinsobjektiven beziehen. Soweit die aufklärungspflichtige Partei ihrer Verpflichtung zur Auskunft nicht nachkomme, werde der unsubstantiierte Tatsachenvortrag der behauptungs- und beweisbelasteten Partei als wahr fingiert.[7] Für die beweisbelastete Partei bleibe dann die Möglichkeit, den Beweis für die Unwahrheit der als wahr unterstellten Behauptung zu führen.[8] Danach muss also die nicht beweisbelastete Partei in gleicher Weise wie ihr Gegner bei der Aufklärung des Sachverhalts mitwirken mit der Folge, dass vom Grundsatz »nemo tenetur edere contra se« keine Rede mehr sein kann.

Die Lehre von *Stürner*, die im Schrifttum eine Reihe von Befürwortern gefunden hat[9], hat sich in der Rechtsprechung nicht durchsetzen können. In seiner Entscheidung vom 11. Juni 1990 führt der BGH dazu aus, dass es unter der Geltung des Verhandlungsgrundsatzes in erster Linie Sache der Parteien sei, die notwendigen Tatsachenbehauptungen aufzustellen und die Beweismittel zu benennen.[10] Darauf beruhe auch die Regelung der Behauptungs- und Beweislast im Zivilprozess. Ob eine Partei Ansprüche gegen die andere auf Erteilung von Auskünften, Rechnungslegung, Herausgabe von Unterlagen usw. habe, sei eine Frage des materiellen Rechts und der darin enthaltenen zahlreichen Auskunftsansprüche. Eine allgemeine Auskunftspflicht kenne das materielle Recht nicht und es sei nicht Aufgabe des Prozessrechts, sie einzuführen. Es bleibe vielmehr bei dem Grundsatz, dass keine Partei gehalten sei, dem Gegner für seinen Prozesssieg das Material zu verschaffen, über das er nicht schon von sich aus verfüge.[11]

---

4 BGH NJW 1990, 3151 f. = JZ 1991, 630 m. abl. Bespr. *Schlosser*, JZ 1991, 599 ff. = JR 1991, 415 m. Anm. *Schreiber* = ZZP 104 (1991), 203 ff. m. abl. Anm. *Stürner*.
5 *F. v. Hippel*, Wahrheitspflicht und Aufklärungspflicht der Parteien im Zivilprozeß, 1939, S. 226 ff., 233; ähnlich auch *Peters*, ZZP 82 (1969), 200 ff.
6 *Stürner*, Die Aufklärungspflicht der Parteien des Zivilprozesses, 1976, S. 92 ff.; *ders.*, NJW 1979, 1225, 1227 ff.; *ders.*, ZZP 98 (1985), 237 ff.; *ders.*, Festgabe für Vollkommer, 2006, S. 201 ff.
7 *Stürner* (FN 6), S. 242 ff.; *ders.*, ZZP 98 (1985), 237, 242.
8 *Stürner* (FN 6), S. 245 f.
9 *Schlosser*, JZ 1991, 599 ff.; *ders.*, NJW 1992, 3275 ff.; *Henckel*, ZZP 92 (1979), 100 ff.; *Musielak/Voit/Stadler*, ZPO, 13. Aufl. 2016, § 138 Rn. 11; *Katzenmeier*, JZ 2002, 533 ff.; *Klauser*, MDR 1982, 529; *Paulus*, ZZP 104 (1991), 397, 406 ff.; *Peters*, Festschrift für Schwab, 1990, S. 399, 407 ff.; *Wagner*, ZEuP 2001, 441, 463 ff.; *Waterstraat*, ZZP 118 (2005), 459, 477 ff.; de lege ferenda auch *Gottwald*, Verhandlungen zum 61. DJT 1996, Bd. 1, A 1, 15 ff.; *Lorenz*, ZZP 111 (1998), 35, 57 ff.
10 BGH NJW 1990, 3151 (FN 4).
11 BGH a.a.O.

Die Entscheidung des BGH hat im Schrifttum überwiegend Zustimmung erfahren.[12] Es gehöre zum Wesen des kontradiktorischen Verfahrens, dass die nicht beweisbelastete Partei weder zur Sachverhaltsaufklärung beitragen müsse noch Nachteile aus einem non liquet zu tragen habe.[13] Ferner wird darauf hingewiesen, dass eine allgemeine Aufklärungspflicht das gesetzliche System der Beweislastverteilung aushöhlen würde. Außerdem zeige § 422 ZPO sowie das Institut der Stufenklage des § 254 ZPO, dass eine Vorlagepflicht nur bestehe, wenn es zwischen den Parteien einen materiell-rechtlichen Auskunftsanspruch gebe.[14]

Obwohl der BGH das *nemo contra* – Prinzip immer wieder bestätigt hat[15], wird dessen Geltung von Teilen des Schrifttums heftig in Frage gestellt. So heißt es etwa bei *Stadler*[16], der Grundsatz, dass keine Partei dem Prozessgegner das Material für seinen Prozesssieg verschaffen müsse, sei überholt und daher »in die Mottenkiste zu verbannen«. Angesichts der vom BGH entwickelten vielfältigen Informationsansprüche gegen die nicht beweisbelastete Partei könne von einer solchen Regel *de facto* schon längst keine Rede mehr sein.[17] Vielmehr sei die Rechtsprechung in den praktischen Ergebnissen von der Anerkennung einer allgemeinen Aufklärungspflicht nicht mehr allzu weit entfernt.[18] Auch der BGH scheint vom *nemo contra* – Prinzip abzurücken, wenn man in einer Entscheidung aus dem Jahre 2006 den Satz liest: »Jede Partei hat in zumutbarer Weise dazu beizutragen, dass der Prozessgegner in die Lage versetzt wird, sich zur Sache zu erklären und den gegebenenfalls erforderlichen Beweis anzutreten«.[19] Es soll deshalb im Folgenden untersucht werden, ob und inwieweit dieses Prinzip angesichts der neueren Entwicklung in Gesetzgebung und Rechtsprechung in der heutigen ZPO noch Geltung beanspruchen kann. Besonderes Augenmerk soll dabei auf die Neufassung des § 142 ZPO durch das Zivilprozess-Reformgesetz vom 27. Juli 2001[20] sowie auf die Ausdehnung der Rechtsprechung zur sekundären Behauptungslast und zur Beweisvereitelung gelegt werden.

---

12 Vgl. u.a. *Arens*, ZZP 96 (1983), 1 ff.; *Brehm*, Die Bindung des Richters an den Parteivortrag und Grenzen freier Verhandlungswürdigung, 1982, S. 83 ff.; *Gruber/Kießling*, ZZP 116 (2003), 305, 312 ff.; *Lüke*, JuS 1986, 2, 3; *Musielak*, Festgabe 50 Jahre BGH, Bd. 3, 2000, S. 193, 223; *Prütting* (FN 1), S. 137 ff.; *Winkler v. Mohrenfels*, Abgeleitete Informationspflichten im deutschen Zivilprozess, 1986, S. 210 ff.; *Baumgärtel/Prütting* (FN 2), Kap. 21 Rn. 6 ff.; *Rosenberg/Schwab/Gottwald*, Zivilprozessrecht, 17. Aufl. 2010, § 109 Rn. 8; *Stein/Jonas/Leipold*, ZPO, 22.Aufl. 2008, § 138 Rn. 22.
13 *Prütting* (FN 1), S. 137 f.
14 Vgl. *Baumgärtel/Prütting* (FN 2), Kap 21 Rn. 8 ff. m.w.N.
15 Vgl. nur BGHZ 116, 47, 56 = NJW 1992, 1817, 1819 = MDR 1992, 466; BGH NJW 1997, 128, 129 = MDR 1997, 193, 194; BGH NJW 2000, 1108, 1109 = MDR 2000, 341 f.; BGH NJW 2007, 155, 156 = MDR 2007, 541.
16 *Musielak/Voit/Stadler* (FN 9), § 142 Rn. 4.
17 *Waterstraat*, ZZP 118 (2005), 459, 477.
18 *Stürner*, ZZP 104 (1991), 208; *Wagner*, ZEuP 2001, 441, 467; *Katzenmeier*, JZ 2002, 533, 535.
19 BGHZ 169, 377, 380 = NJW-RR 2007, 488, 490 = BGHReport 2007, 265 m. Anm. *Laumen*.
20 BGBl. I, S. 1887.

III. Die Anordnung der Urkundenvorlegung nach § 142 ZPO

Anders als nach der früheren Fassung der Vorschrift kann eine Partei nunmehr gem. § 142 Abs.1 ZPO auch dann zur Urkundenvorlage verpflichtet werden, wenn sie sich nicht selbst, sondern die Gegenpartei auf die Urkunde bezogen hat und ohne dass ein materiell-rechtlicher Herausgabeanspruch besteht. § 142 Abs. 1 ZPO befreit die Partei, die sich auf eine Urkunde bezieht, allerdings nicht von ihrer Behauptungs- und Substantiierungslast.[21] Dem entsprechend darf das Gericht die Urkundenvorlegung nicht zum Zwecke bloßer Informationsgewinnung, sondern nur bei Vorliegen eines schlüssigen, auf konkrete Tatsachen bezogenen Vortrags anordnen.[22] Obwohl die betreffende Partei in diesem Rahmen nicht gehindert ist, lediglich vermutete Tatsachen in den Prozess einzuführen, soweit sie sie nur für wahrscheinlich oder für möglich hält[23], ermöglicht § 142 ZPO weder eine Ausforschung durch eine Partei noch eine Tatsachenermittlung durch das Gericht.

Darüber hinaus muss auch die vorzulegende Urkunde genau bestimmt sein. Es muss für die betreffende Partei ohne weiteres möglich sein, die vorzulegende Urkunde zu identifizieren. Auch dieses Erfordernis dient dazu, eine Ausforschung zu verhindern. Es geht deshalb nicht an, die Vorlage eines umfangreichen Ordners mit diversen Urkunden zu verlangen, ohne eine bestimmte Urkunde näher zu bezeichnen.[24] Unzulässig ist ferner ein Antrag, wenn die Vorlage nur aufgrund vager Vermutungen über den Inhalt der Urkunde verlangt wird, um erst durch die Einsicht Anhaltspunkte für eine spätere Rechtsverfolgung zu gewinnen.[25] Dies alles macht deutlich, dass der Beibringungsgrundsatz durch die Neufassung des § 142 Abs. 1 ZPO unberührt geblieben ist.

Man mag die Regelung des § 142 Abs. 1 ZPO – wie der Jubilar[26] – als systemwidrig bezeichnen, zumal das Verhältnis zu den §§ 420 ff. ZPO ungeklärt ist. Sie ist aber geltendes Recht und begründet – erstmalig – eine rein prozessuale Vorlagepflicht.[27] Ordnet das Gericht – nach Ausübung seines Ermessens- der nicht beweisbelasteten Partei gegenüber die Vorlage einer Urkunde an, so geschieht das regelmäßig gegen deren Willen und zu deren Lasten, weil sie erfahrungsgemäß anderenfalls die Urkunde freiwillig zu den Akten gereicht hätte. Durch die Vorlage der Urkunde verschafft sie der gegnerischen Partei also ggf. die Möglichkeit, sich das Material für einen Prozesssieg zu verschaffen.

---

21 So bereits BT-Drucks. 14/6036, S. 121.
22 BGHZ 173, 23, 31 Rz. 20 = NJW 2007, 2989, 2991 f. = BGHReport 2007, 982, 983 m. Anm. *Laumen* = ZZP 120 (2007), 512, 515 m. Anm. *Völzmann-Stickelbrock*; BGH NJW 2014, 3312, 3313 Rz. 29; BGHZ 202, 180, 196 Rz. 42 = NJW-RR 2014, 1248; BGH MDR 2017, 1142, 1143 Rz. 29 f.
23 Vgl. BGH VersR 2016, 812, 813 Rz. 16 m.w.N.
24 So aber LG Ingolstadt ZInsO 2002, 990 ff.; krit. dazu mit Recht *Prütting*, AnwBl 2008, 153, 158 f.
25 Vgl. BGH NJW 2014, 3312, 3313 Rz. 24.
26 *Baumgärtel/Prütting* (FN 2), Kap 21 Rn. 19.
27 So auch *Prütting/Gehrlein/Prütting*, ZPO, 9. Aufl. 2017, § 142 Rn. 1.

Kommt die betreffende Partei ihrer Vorlagepflicht nicht nach, eröffnet § 142 ZPO allerdings nicht die Möglichkeit, die Vorlage der Urkunde zwangsweise durchzusetzen. Es besteht jedoch weitgehend Einigkeit darüber, dass ihre Weigerung gem. § 286 ZPO sowie in entsprechender Anwendung des § 427 Satz 2 ZPO im Rahmen der Beweiswürdigung berücksichtigt werden kann.[28] Insbesondere kann also der vom Gegner behauptete Inhalt der Urkunde als bewiesen angesehen werden, was nicht selten zum Erfolg des Klagebegehrens führen wird.

IV. Die sekundäre Behauptungslast

Bereits sehr früh hat der BGH auf diese Rechtsfigur zurückgegriffen, wobei ursprünglich auch noch von »Erklärungsobliegenheit«[29] oder »erweiterter prozessualer Aufklärungspflicht«[30] die Rede war. Man denke etwa an den »Pressedienst«-Fall[31] oder den »Bärenfang«-Fall[32], wobei es jeweils um wettbewerbsrechtliche Streitigkeiten ging. Diese Entscheidungen sind allerdings damals vereinzelt geblieben. In neuerer Zeit zieht der BGH die Grundsätze über die sekundäre Behauptungs- oder Darlegungslast in einer geradezu inflationären Fülle für alle Rechtsgebiete heran. So nennt *Sendler*[33] aufgrund der Auswertung von juris für den Zeitraum zwischen 2006 und 2013 232 Entscheidungen, für das Jahr 2016 sind es allein 83.[34] Diese Zahlen machen deutlich, welch überragende Bedeutung die sekundäre Behauptungslast in der Rechtsprechung des BGH inzwischen gewonnen hat.

Sie greift allgemein dann ein, wenn die an sich behauptungs- und beweisbelastete Partei außerhalb des von ihr darzulegenden Geschehensablaufs steht und die maßgebenden Tatsachen nicht näher kennen kann, während sie der anderen Partei bekannt und ihr ergänzende Angaben zuzumuten sind.[35] Es handelt sich also um eine Ausnahme von dem Grundsatz, dass eine Pflicht zum substantiierten Bestreiten für die nicht beweisbelastete Partei nur bei einem vorangegangenen substantiierten Vorbringen der beweisbelasteten Partei besteht. An dieses Erfordernis sind allerdings strenge Anforderungen zu stellen. Kennt die beweisbelastete Partei die relevanten Tatsachen nicht, stammen sie jedoch aus ihrem Wahrnehmungsbereich oder sind sie öffentlich

---

28 So bereits BT-Drucks. 14/4722, S. 78; ebenso BGH NJW 2014, 1341 Rz. 26; *Musielak/Voit/Stadler* (FN 16), § 142 Rn. 7; *Greger*, DStR 2005, 479, 482; einschränkend *Prütting/Gehrlein/Prütting* (FN 27), § 142 Rn. 12, der § 427 Satz 2 ZPO nicht für anwendbar hält.
29 BGH NJW 1996, 315, 317.
30 BGHZ 120, 320, 327 f.
31 BGH NJW 1961, 826 ff.
32 BGH NJW 1962, 2149 ff.
33 Festschrift für Schütze, 2015, S. 535, 537 FN 15.
34 Vgl. auch die Übersichten bei *Baumgärtel/Laumen* (FN 2), Kap 22 Rn. 6 ff; *Zöller/Greger*, ZPO, 31. Aufl. 2016, Vor § 284 Rn. 34 a.
35 Vgl. nur BGH NJW-RR 2015, 1279, 1280 Rz. 11 = MDR 2015, 726; BGH NJW-RR 2016, 1360, 1362 Rz. 14 = MDR 2016, 1264 und öfter.

zugänglich, ist sie verpflichtet, sie sich zu verschaffen.[36] Ist sie zur Substantiierung der klagebegründenden Tatsachen dagegen nicht in der Lage, kann sie sich mit einem pauschalen Vorbringen begnügen. In diesem Rahmen darf die betreffende Partei auch Tatsachen, deren Vorliegen sie lediglich vermutet, als feststehend behaupten.[37] Erforderlich ist aber stets, dass »gewisse Anhaltspunkte« für die Richtigkeit der an sich unsubstantiierten Behauptungen der beweisbelasteten Partei vorhanden sind.[38] Abzugrenzen ist das pauschale Vorbringen der beweisbelasteten Partei damit auch von den Behauptungen »aufs Geratewohl« oder »ins Blaue hinein«, die allerdings nur dann unbeachtlich sind, wenn die Partei die Unrichtigkeit der Behauptung positiv kennt.[39]

Demgegenüber wird vor allem im Zusammenhang mit der Eigentumsvermutung des § 1006 BGB die Auffassung vertreten, eine sekundäre Behauptungslast der nicht beweisbelasteten Partei könne schon durch ein bloßes Bestreiten der beweisbelasteten Partei – d.h. ohne zumindest pauschale Behauptungen – ausgelöst werden. Der Besitzer müsse von vornherein – d.h. aufgrund des bloßen Bestreitens durch den beweisbelasteten Vermutungsgegner – zu seinem Eigentumserwerb konkret und schlüssig vortragen.[40] Dem kann jedoch nicht gefolgt werden.[41] Mit dem bloßen Bestreiten darf sich die behauptungs- und beweisbelastete Partei aber nicht begnügen. Ist sie nicht einmal in der Lage, eine bestimmte Behauptung zum entscheidungserheblichen Sachverhalt aufzustellen, kann es auch nicht zu einer sekundären Behauptungslast auf Seiten des Gegners kommen. Schon begrifflich ist eine sekundäre Behauptungslast ohne primäre Behauptungslast des Gegners nicht vorstellbar.

Weiter setzt die sekundäre Behauptungslast voraus, dass die nicht beweisbelastete Partei die für die Substantiierung des Klagevorbringens erforderlichen Informationen kennt oder sie sich – weil in ihrer Sphäre liegend – unschwer verschaffen kann. Zur Erfüllung der sekundären Behauptungslast kann sie also auch gehalten sein, eigene Nachforschungen zu betreiben.[42]

Schließlich muss die sekundäre Behauptungslast für die nicht beweisbelastete Partei auch zumutbar sein. Dieses Kriterium setzt das Gericht in die Lage, die Interessen der beteiligten Parteien noch einmal gegeneinander abzuwägen. Insbesondere können in diesem Rahmen das mögliche Verschulden der einen oder der anderen Partei

---

36 BGHZ 140, 156, 158 = NJW 1999, 579, 580; BGH NJW 2009, 2894, 2895 Rz. 23 = MDR 2009, 1298, 1299.
37 BGH MDR 2003, 45, 46; BGH VersR 2012, 1429, 1430 Rz. 16 mwN.
38 Vgl. BGH NJW 2012, 3774, 3775 Rz. 17: »gewisse Wahrscheinlichkeit«; BGH NJW 2015, 947, 948 Rz. 21: »schlüssige Indizien«.
39 Vgl. *Baumgärtel/Laumen* (FN 2), Kap 9 Rn. 84 m.w.N.
40 OLG Hamm NJW 2014, 1894, 1895; MK-BGB/*Baldus*, 7. Aufl. 2016, § 1006 Rn. 21, 50; *Medicus*, Festschrift für Baur, 1981, S. 63, 77 ff.
41 S. dazu ausf. *Laumen*, MDR 2016, 370 ff.; wie hier im Ergebnis auch OLG Saarbrücken NJW-RR 2013, 1498, 1499; NJW-RR 2014, 1241; OLG Köln MDR 2015, 826.
42 BGHZ 174, 244, 250 Rz. 27 = NJW 2008, 920, 921; BGH NJW 2011, 1181, 1183 Rz. 16 = VersR 2011, 1161, 1162; BGHZ 200, 76, 81 Rz. 18 = NJW 2014, 360.

am Bestehen des Informationsdefizits oder Geheimhaltungsinteressen der nicht beweisbelasteten Partei Berücksichtigung finden.[43]

Obwohl der BGH selbst zur Begriffsverwirrung beiträgt, indem er teilweise von »sekundärer Beweislast« spricht[44], besteht Einigkeit darüber, dass mit der sekundären Behauptungslast keine Umkehr der Beweisführungslast, geschweige denn eine Umkehr der objektiven Beweislast verbunden ist.[45] Sie dient vielmehr gerade dazu, eine Beweislastentscheidung zu vermeiden. Insbesondere ergibt sich aus der sekundären Behauptungslast keine Pflicht der nicht beweisbelasteten Partei, Beweismittel zu benennen bzw. Urkunden oder andere Unterlagen vorzulegen.[46] Dies ist konsequent, geht es doch letztlich nur um die Ergänzung des unvollständigen Tatsachenvortrags der beweisbelasteten Partei. Hat die nicht beweisbelastete Partei, um ihrer Nachforschungspflicht nachzukommen, schriftliche Aufzeichnungen hergestellt, braucht sie also diese Aufzeichnungen nicht zu den Akten zu reichen, sondern muss lediglich die daraus folgenden Ergebnisse mitteilen.[47] Ein Verstoß gegen den Beibringungsgrundsatz ist mit der sekundären Behauptungslast nicht verbunden. Zwar fordert das Gericht die nicht beweisbelastete Partei auf, zum pauschalen Vorbringen der anderen Partei substantiiert Stellung zu nehmen. Bei seiner Entscheidung berücksichtigen kann das Gericht aber immer nur die Tatsachen, die von den Parteien in den Rechtsstreit eingeführt worden sind.

Gibt das Gericht zu erkennen, dass es die Voraussetzungen der sekundären Behauptungslast für gegeben erachtet und kommt die nicht beweisbelastete Partei dieser Verpflichtung nach, kann ihr Vorbringen durchaus dazu beitragen, dass der Tatsachenvortrag der beweisbelasteten Partei nunmehr ausreichend substantiiert und schlüssig wird und deren Klage dadurch Erfolg hat. Auf der anderen Seite tritt durch die Erfüllung der sekundären Behauptungslast gleichsam wieder der Normalfall ein, indem die weitere Beweisführung der beweisbelasteten Partei obliegt.[48] Ein non liquet geht also zu Lasten der beweisbelasteten Partei, weil die sekundäre Behauptungslast die Verteilung der objektiven Beweislast unberührt lässt. Kommt dagegen die nicht beweisbelastete Partei der ihr obliegenden Substantiierungslast nicht nach, wird das pauschale Vorbringen der beweisbelasteten Partei gem. § 138 Abs. 3 ZPO als zugestanden angesehen.[49] Trotz seiner mangelnden Substantiierung kann das Gericht also

---

43 Vgl. dazu den Fall BGHZ 116, 47, 56 = NJW 1992, 1817, 1819.
44 BGHZ 171, 232, 244 Rz.33 = NJW-RR 2007, 1448, 1451; BGHZ 196, 195, 206 Rz. 29 = NJW 2013, 1595.
45 BGH NJW 2009, 1494, 1495 Rz. 16 ff.; BGH NJW 2012, 74, 75 Rz. 22 f.; *Baumgärtel/ Laumen* (FN 2), Kap 22 Rn. 4 m.w.N.
46 BGH NJW 2008, 982, 984 Rz. 18 = MDR 2008, 373, 375; BGH NJW 2014, 3089, 3090 Rz. 19 = MDR 2014, 1190, 1191; *Zöller/Greger* (FN 34), Vor § 284 Rn. 34.
47 A.A. LG Nürnberg NJW-RR 2013, 469 f., das eine Pflicht zur Vorlage einer Pflegedokumentation annimmt.
48 Vgl. BGHZ 145, 170, 184 f. = NJW-RR 2001, 396, 399; *Zöller/Greger* (FN 34), Vor § 284 Rn. 34c.
49 BGH NJW 1986, 3193, 3194; BGHZ 163, 209, 214 = NJW 2005, 2614, 2615 f.; BGH NJW 2012, 3774, 3775 Rz. 20 = MDR 2012, 1423; *Prütting/Gehrlein/Prütting* (FN 27), § 138 Rn. 11.

das pauschale Vorbringen der beweisbelasteten Partei seiner Entscheidung zugrunde legen mit der Folge, dass die nicht beweisbelastete Partei den Rechtsstreit verliert.

V. Die Beweisvereitelung

Nicht so eklatant wie bei der sekundären Behauptungslast, aber doch zunehmend macht der BGH auch von den Grundsätzen über die Beweisvereitelung Gebrauch.[50] Unter Beweisvereitelung wird ganz allgemein ein Tun oder Unterlassen verstanden, ohne welches die Klärung des Sachverhalts möglich gewesen wäre.[51] Eine Beweisvereitelung kann nur gegenüber der jeweils beweisführungsbelasteten Partei begangen werden, wobei sowohl der Hauptbeweis als auch der Gegenbeweis betroffen sein kann.[52] Beweisvereitelnde Verhaltensweisen der nicht beweisführungsbelasteten Partei können in unterschiedlichster Gestalt vorkommen, und zwar sowohl während des Prozesses als auch im vorprozessualen Stadium. Sie können ferner auch alle Beweismittel betreffen. Da ein beweisvereitelndes Verhalten auch dadurch gekennzeichnet sein kann, dass im Vorfeld eines Prozesses ein Beweismittel gar nicht erst geschaffen wird, erscheint es sachgerecht, auch die Verletzung der Dokumentations- und Befundsicherungspflicht als Unterfälle der Beweisvereitelung zu verstehen.[53] Erforderlich ist dabei stets ein doppelter Schuldvorwurf, d.h. das Verschulden muss sich nicht nur auf die Vernichtung des Beweisgegenstandes, sondern auf die Beseitigung seiner Beweisfunktion beziehen.[54] Während es für eine vorsätzliche Beweisvereitelung nach dem Grundgedanken des § 444 ZPO[55] gleichgültig ist, ob sie sich vor oder während eines Rechtsstreits abgespielt hat, kann für ein vorprozessuales Verhalten der Vorwurf der Fahrlässigkeit nur erhoben werden, wenn die betreffende Partei unter Berücksichtigung aller Umstände erkennen musste, dass das Beweismittel in einem zukünftigen Prozess Bedeutung erlangen könnte.[56]

Bekanntlich sind die Rechtsfolgen einer Beweisvereitelung seit jeher heftig umstritten. Der BGH[57] hält weiterhin an der missglückten Formel von den »Beweiser-

---

50 Vgl. nur die Übersicht bei *Baumgärtel/Laumen* (FN 2), Kap 16 Rn. 7 f.
51 *Baumgärtel*, Festschrift für Kralik, 1986, S. 63, im Anschluss an BGH VersR 1960, 844, 846; vgl. aber auch die umfangreiche Definition bei BGH NJW 1997, 3311, 3312 = MDR 1997, 1105.
52 *Laumen*, MDR 2009, 177, 178; vgl. auch den Fall BGH LM Nr. 100 zu § 286 (C) ZPO m. Anm. *Prütting* = NJW 1998, 79 ff.
53 MK-ZPO/*Prütting*, ZPO, 5. Aufl. 2016, § 286 Rn. 81; *Stein/Jonas/Leipold* (FN 12). § 286 Rn. 122; *Laumen*, NJW 2002, 3739, 3745; vgl. auch den Fall BGH NJW 1996, 315, 317.
54 BGH NJW 2008, 982, 985 Rz. 23 = MDR 2008, 373, 375; MK-ZPO/*Prütting* (FN 53) § 286 Rn. 83; *Baumgärtel/Laumen* (FN 2), Kap. 16 Rn. 29 m.w.N.
55 Vgl. *Stein/Jonas/Leipold* (FN 12) § 444 Rn. 1; *Prütting/Gehrlein*/Preuß (FN 27), § 444 Rn. 3.
56 BGH NJW 2006, 434, 436 Rz. 24= MDR 2006, 510.
57 BGH NJW 2006, 434, 436 Rz. 23 (FN 56); BGH NJW 2008, 982, 985 Rz. 23 (FN 54); BGH NJW 2009, 360, 362 Rz. 23; BGH NJW 2009, 580, 582 Rz. 15; BGH NJW 2011, 778, 780 Rz. 31.

leichterungen bis hin zur Beweislastumkehr« fest, wobei häufig völlig unklar ist, ob mit »Beweislastumkehr« eine Umkehr der objektiven Beweislast oder lediglich eine Umkehr der konkreten Beweisführungslast gemeint ist.[58] Das Schrifttum befürwortet überwiegend eine Lösung im Rahmen der freien Beweiswürdigung, weil dem Richter damit eine flexible und elastische beweisrechtliche Reaktion auf das beweisvereitelnde Verhalten zur Verfügung stehe.[59] Richtiger erscheint es, dass der vereitelte Beweis – ohne jegliche Beweiserhebung – als geführt angesehen werden *kann* mit der Folge einer Umkehr der konkreten Beweisführungslast.[60]

Diese Streitfrage kann aber in diesem Zusammenhang letztlich offen bleiben. Einigkeit besteht danach jedenfalls darüber, dass ein beweisvereitelndes Verhalten der nicht beweisführungsbelasteten Partei in irgendeiner Form sanktioniert wird. Eine Sanktion wegen der Vernichtung eines Beweismittels durch die nicht beweisbelastete Partei setzt aber voraus, dass zuvor eine Pflicht zur Aufbewahrung und Bereitstellung dieses Beweismittels bestanden hat.[61] Es ist *Thole*[62] darin recht zu geben, dass sich eine solche Verpflichtung nicht allein aus dem materiellen Recht begründen lässt, zumal zwischen den Beteiligten häufig gar keine vertraglichen oder schuldrechtlichen Beziehungen bestehen werden. Anknüpfungspunkt müssen vielmehr die gesetzlich geregelten Fälle der Beweisvereitelung (§§ 371 Abs. 3, 427 Satz 2, 444, 446 und 453 ZPO) sein, die jeweils an prozessuale Pflichten anknüpfen. Dies muss für die gesetzlich nicht geregelten Fälle der Beweisvereitelung entsprechend gelten. Es ist also letztlich das Prozessrechtsverhältnis, das die nicht beweisbelastete Partei verpflichtet, ein Beweismittel aufzubewahren und dem Gegner im Prozess zur Verfügung zu stellen. Dass das Prozessrechtsverhältnis Vorwirkungen haben kann, zeigt die Regelung des § 444 ZPO, die auch die Beseitigung eines Beweismittels vor einem Rechtsstreit erfasst und sanktioniert. Als Ergebnis lässt sich also feststellen, dass die nicht beweisbelastete Partei auch zur Vermeidung der Rechtsfolgen einer Beweisvereitelung verpflichtet sein kann, dem Gegner Beweismittel zur Verfügung zu stellen, die zu dessen Prozesserfolg führen können.

VI. Schlussfolgerungen

Angesichts der aufgezeigten Entwicklungen in Gesetzgebung und Rechtsprechung und den damit verbundenen vielfältigen Mitwirkungsobliegenheiten der nicht beweisbelasteten Partei kann der Grundsatz »nemo tenetur edere contra se« im heutigen

---

58 Zur Kritik vgl. ausf. *Laumen*, NJW 2002, 3739 ff.
59 *Baumbach/Lauterbach/Hartmann*, ZPO, 75. Aufl.2017, Anh § 286 Rn. 28; *Gerhardt*, AcP 169(1969), 289, 307, 315; *Musielak*, Festgabe 50 Jahre BGH, 2000, S. 193, 218 ff.; *Rosenberg*, Die Beweislast, 5. Aufl. 1965, S. 191.
60 *Weber*, Der Kausalitätsbeweis im Zivilprozess, 1997, S. 215; *Laumen*, NJW 2002, 3739, 3746; *Thole*, JR 2011, 327, 331 f.; *Koch* (FN 2), S. 317 f.; *Zöller/Greger* (FN 34), § 286 Rn. 14 a; aus der Rspr.: OLG Frankfurt MDR 2010, 1317, 1318.
61 Zutreffend *Koch* (FN 2), S. 321.
62 JR 2011, 327, 332 f.

Zivilprozess keine allgemeine Geltung mehr beanspruchen. Dabei sind die sich aus der Wahrheitspflicht des § 138 Abs. 1 und der Erklärungslast des § 138 Abs. 2 ZPO ergebenden Obliegenheiten aus Raumgründen nicht einmal berücksichtigt worden.[63] Es geht auch nicht um einzelne Durchbrechungen des Grundsatzes, dass keine Partei verpflichtet ist, dem Gegner für dessen Prozesssieg das Material zu verschaffen.[64] Vielmehr machen die vielfältigen Mitwirkungsobliegenheiten der nicht beweisbelasteten Partei deutlich, dass sich das Regel-Ausnahme-Verhältnis umgekehrt hat. Bezeichnend ist auch, dass der BGH diesen Grundsatz – soweit ersichtlich- seit dem Jahr 2007 nicht mehr erwähnt hat. Da alle diese Obliegenheiten nicht unmittelbar erzwingbar sind, sondern an deren Missachtung nur mittelbar Sanktionen geknüpft werden, handelt es sich letztlich um Mitwirkungslasten.[65] Sie lassen in allen Fällen den Beibringungsgrundsatz unberührt, weil es dabei bleibt, dass das Gericht keine Tatsachen verwerten darf, die von den Parteien nicht in den Rechtsstreit eingeführt worden sind. Insgesamt ist diese Entwicklung zu begrüßen. Sie kann dazu führen, dass gerichtliche Entscheidungen auf eine breitere und dem wirklichen Sachverhalt näher kommende tatsächliche Grundlage gestützt werden können.

Auf der anderen Seite kann entgegen einer im Schrifttum vertretenen Auffassung[66] aber auch nicht davon die Rede sein, dass mit diesen neueren Entwicklungen die Einführung einer allgemeinen prozessualen Aufklärungspflicht der nicht beweisbelasteten Partei verbunden wäre. Zum einen handelt es sich gerade nicht um eine *allgemeine* Mitwirkungsobliegenheit der nicht beweisbelasteten Partei. Sie sind vielmehr stets an bestimmte Voraussetzungen geknüpft, an deren Vorliegen zum Teil strenge Anforderungen gestellt werden. So reicht etwa der Umstand, dass die Substantiierung der klagebegründenden Tatsachen im Einzelfall der beweisbelasteten Partei wesentlich schwerer fällt als ihrem Gegner, für sich allein nicht aus, um eine sekundäre Behauptungslast zu begründen.[67] Zum anderen – und das ist der wesentliche Unterschied zur allgemeinen prozessualen Aufklärungspflicht im Sinne von *Stürner* – bleibt die materiell-rechtlich vorgegebene Verteilung der objektiven Beweislast unberührt. Ein Eingriff in das materielle Recht mit den Mitteln des Prozessrechts muss die Ausnahme bleiben und darf nur vorgenommen werden, wenn auch die sonstigen Voraussetzungen für eine richterrechtliche Rechtsfortbildung gegeben sind. Eine Ausnahme von diesem Grundsatz macht leider der BGH selbst, indem er in nicht vertretbarer Weise als Rechtsfolge einer Beweisvereitelung auch eine Umkehr der objektiven Beweislast für möglich hält.[68]

---

63 So ist etwa die Möglichkeit, das Klagevorbringen mit Nichtwissen zu beschränken, stark eingeschränkt worden; vgl. dazu u.a. BGH NJW-RR 2015, 125 Rz. 12; BGH NJW-RR 2016, 1251, 1252 Rz. 20 ff. = MDR 2016, 1012.
64 So aber *Thole*, JR 2011, 327, 334.
65 A.A. *Ahrens*, Der Beweis im Zivilprozess, 2016, Kap 7 Rn. 25.
66 *Wagner*, ZEuP 2001, 441, 467; *Katzenmeier*, JZ 2002, 533, 535.
67 Vgl. BGH NJW 1997, 128, 129 = MDR 1997, 193, 194.
68 Zur Kritik an dieser Rspr. vgl. u.a. MK-ZPO/*Prütting* (FN 53), § 286 Rn. 85; *Thole*, JR 2011, 327, 331; *Baumgärtel/Laumen* (FN 2), Kap 16 Rn. 35 ff. m.w.N.

Das europäische Verfahren für geringfügige Forderungen

Vorbild für einen Europäischen Zivilprozess?

Dieter Leipold

I. Einführung

Mit großer Freude und in Bewunderung seines wissenschaftlichen Werks wie seiner Persönlichkeit gratuliere ich Hanns Prütting zum 70. Geburtstag, auch wenn dies nur durch einen geringfügigen Beitrag geschehen kann.

Das europäische Verfahren für geringfügige Forderungen wurde durch die Verordnung (EG) Nr. 861/2007[1] geschaffen. Es steht seit dem 1. Januar 2009 (Art. 29 Abs. 2 EuGFVO[2]) für grenzüberschreitende Streitigkeiten wahlweise neben den Verfahren nach dem Recht der Mitgliedstaaten zur Verfügung. Der deutsche Gesetzgeber erließ einige ergänzende Bestimmungen, insbesondere in den §§ 1097 bis 1109 ZPO. Die praktische Bedeutung des Verfahrens blieb gering. Um dem abzuhelfen, wurde das Verfahren durch die Verordnung (EU) 2015/2421[3] geändert. Die Neuregelung gilt gemäß Art. 3 Abs. 2 dieser Verordnung ab 14. Juli 2017. Die wichtigste Änderung ist die Anhebung der für das Verfahren geltenden Streitwertgrenze von 2 000 € auf nunmehr 5 000 €, Art. 2 Abs. 1 Satz 1 EuGFVO. Der Erfolg der Reform bleibt abzuwarten. Ungeachtet der bisher geringen Resonanz des Verfahrens erscheint eine nähere Betrachtung vor allem deshalb angezeigt, weil mit dem europäischen Verfahren für geringfügige Forderungen erstmals ein europäisch geregeltes zivilprozessuales Er-

---

1 Verordnung (EG) Nr. 861/2007 des Europäischen Parlaments und des Rates vom 11. Juli 2007 zur Einführung eines europäischen Verfahrens für geringfügige Forderungen, ABl. L 199 vom 31.7.2007, S. 1.
2 Der Abkürzung EuGFVO (eine amtliche Abkürzung gibt es nicht) wird hier der Vorzug vor der Abkürzung EuBagatellVO gegeben, da die Bezeichnung der erfassten Verfahren als »Bagatellen« noch problematischer erscheint als das amtliche Attribut »geringfügig«.
3 Verordnung (EU) 2015/2421 des Europäischen Parlaments und des Rates vom 16. Dezember 2015 zur Änderung der Verordnung (EG) Nr. 861/2007 zur Einführung eines europäischen Verfahrens für geringfügige Forderungen und der Verordnung (EG) Nr. 1896/2006 zur Einführung eines Europäischen Mahnverfahrens, ABl. L 341 vom 24.12.2015, S. 1. – Das ergänzende deutsche Gesetz zur Änderung von Vorschriften im Bereich des Internationalen Privat- und Zivilverfahrensrechts (BGBl. 2017 I S. 1607) enthält in § 1104a ZPO eine Ermächtigung der Länder zur Konzentration der örtlichen Zuständigkeit, im Übrigen nur redaktionelle Änderungen.

kenntnisverfahren vorliegt, das zuweilen bereits als mögliche Keimzelle eines künftigen, vereinheitlichten europäischen Zivilprozesses angesehen wird.[4] Zu untersuchen sind nicht nur die mit dem Verfahren für geringfügige Forderungen verfolgten Ziele und ihre Umsetzung, sondern auch die erreichte Qualität des Rechtsschutzes.

II. Geringfügigkeit als Grund einer Verfahrensdifferenzierung – die Entwicklung im deutschen Zivilprozess

Der Gedanke, für Streitigkeiten über sehr geringe Forderungen ein vereinfachtes Verfahren zu schaffen, ist für das deutsche Zivilprozessrecht alles andere als neu. Der frühere § 510c ZPO[5] erlaubte dem Gericht, sein Verfahren bei Streitigkeiten über vermögensrechtliche Ansprüche nach freiem Ermessen zu bestimmen, wenn der Wert des Streitgegenstandes 50 DM nicht überstieg. Ein in diesem Verfahren erlassenes Endurteil wurde als Schiedsurteil bezeichnet. Die mit einer zu starken Vereinfachung des Verfahrens verbundenen Gefahren waren seinerzeit nicht übersehen worden. Bei Nichtgewährung des rechtlichen Gehörs oder bei Fehlen von Entscheidungsgründen (ohne dass die Parteien darauf verzichtet hätten) konnte die Nichtigkeitsklage nach § 579 Abs. 3 ZPO aF erhoben werden. Durch die Vereinfachungsnovelle 1976 wurde § 510c ZPO aF aufgehoben. Zugleich wurde durch den neuen § 128 Abs. 3 ZPO[6] für Streitigkeiten über vermögensrechtliche Ansprüche mit einem Wert bis zu 500 DM dem Gericht die Möglichkeit eingeräumt, von Amts wegen schriftliche Verhandlung anzuordnen, wenn einer Partei das Erscheinen wegen großer Entfernung vom Gericht nicht zuzumuten war. Auf Antrag der begünstigten Partei war die Anordnung des schriftlichen Verfahrens aufzuheben. Das Schiedsurteilsverfahren, so die Gesetzesbegründung, sei neben dieser Regelung entbehrlich. Dass der Anwendungsbereich und die Zielrichtung des damals neuen § 128 Abs. 3 ZPO deutlich hinter dem früheren Schiedsurteilsverfahren zurückblieben, ist offensichtlich. Die Aufhebung der alten Bagatellverfahrensvorschrift hatte aber wohl auch damit zu tun, dass in den 1970er Jahren grundsätzliche Bedenken gegen eine Differenzierung des Verfahrens nach dem Streitwert aufgekommen waren. Sie betrafen nicht nur die Einrichtung eines Bagatellverfahrens, sondern im Zusammenhang mit damaligen Bestrebungen zur Einführung eines dreistufigen Aufbaus der Zivilgerichtsbarkeit die Unterscheidung der erstinstanzlichen amtsgerichtlichen und der landgerichtlichen Zuständigkeit nach dem Streitwert. So wurde es von manchen Autoren als generelles Gebot des Gleichheitssatzes und der Verwirklichung des sozialen Rechtsstaates bezeichnet,

---

[4] *Kropholler/von Hein*, Europäisches Zivilprozessrecht, 9. Aufl. (2011), Einl. EuGFVO Rn. 2. *M. Stürner*, Enzyklopädie für Europarecht, Bd. 3 (2014), § 21 Europäisches Bagatellverfahren, Rn. 82 sieht in der BagatellVO trotz ihrer Defizite »die Vorstufe eines – wie auch immer gearteten – europäischen Zivilverfahrens«.
[5] Dazu *Stein/Jonas/Schumann/Leipold*, ZPO, 19. Aufl., Bd. II (1972), § 510c.
[6] Dazu *Stein/Jonas/Leipold*, ZPO, 20. Aufl., Bd. I (1984), § 128 Rn. 109 ff.

alle Rechtsstreitigkeiten ohne Rücksicht auf die Höhe des Streitwerts als gleich bedeutsam zu betrachten.[7] Bekanntlich ist es gleichwohl beim vierstufigen Aufbau der Ziviljustiz geblieben. Die Abschaffung des § 510c ZPO aF wurde dann 1990 durch den damals neuen § 495a ZPO mehr als ausgeglichen. Das Gericht kann seither im amtsgerichtlichen Verfahren bis zu einem Streitwert von jetzt 600 € sein Verfahren nach billigem Ermessen bestimmen. Die zunächst parallel geltende Regelung in § 128 Abs. 3 ZPO wurde 2001 aufgehoben.

III. Das europäische Verfahren für geringfügige Forderungen und die Frage nach der Gewährung effektiven Rechtsschutzes

Die erwähnten grundsätzlichen Bedenken gegen eine Verfahrensvereinfachung aufgrund niedrigen Streitwerts werden heute kaum noch erwähnt. Man sollte sich aber durchaus daran erinnern, gerade im Hinblick auf die Ausdehnung des europäischen Verfahrens für geringfügige Forderungen auf Streitwerte von zunächst bis 2 000 € und jetzt sogar bis 5 000 €. Das europäische »Bagatellverfahren« erfasst damit nach der Reform die gesamte amtsgerichtliche Zuständigkeit, soweit diese durch den Streitwert bestimmt wird (§ 23 Abs. 1 Nr. 1 GVG). Im Jahre 1977 erschien es mir als verfehlt, etwa das gesamte amtsgerichtliche Verfahren mit seiner (damaligen) Zuständigkeitsgrenze von 3 000 DM den geringfügigen Verfahren zuzuordnen.[8] Nun ist – bei grenzüberschreitenden Streitigkeiten – genau dieser Rechtszustand geschaffen worden.

Dass man bei Streitwerten von mehreren tausend €, insbesondere bei einem Wert von 5 000 €, nicht mehr von Geringfügigkeit im üblichen Sinne des Wortes sprechen kann, liegt auf der Hand. Einen Betrag, für den der Durchschnittsbürger ein bis zwei Monate arbeiten muss, wird kaum jemand noch als geringfügig in dem Sinne ansehen, dass es kaum der Rede wert ist, ob man ihn – vielleicht zu Unrecht – einbüßt. Auch die Wortwahl in der deutschen Version der europäischen Verordnung erscheint missglückt. Während die Bezeichnung als »small claims« in der englischen Fassung nur die niedrige Höhe der Forderung zum Ausdruck bringt, ist dem Wort »geringfügig« eine negative, abschätzige Bewertung zu eigen, wie sie nur bei sehr niedrigen Werten gerechtfertigt wäre.

Eine Erörterung des Anwendungsbereichs unter dem Gesichtspunkt der Rechtsschutzgewährung würde sich freilich erübrigen, wenn das europäische Verfahren mit dem ordentlichen Prozess inhaltlich gleichwertig wäre. Dann würde sich allerdings die Frage stellen, warum das Verfahren nicht gleich für alle Zivilprozesse, unabhängig

---

7 So etwa *Kissel*, Der dreistufige Aufbau in der ordentlichen Gerichtsbarkeit. Ein Beitrag zur Großen Justizreform (1972), S. 22 f. Dazu *Leipold*, Gerichte und Verfahren für geringfügige Streitigkeiten. Small claim courts, in: *Gilles* (Hrsg.), Humane Justiz, Die deutschen Landesberichte zum ersten internationalen Kongress für Zivilprozessrecht in Gent 1977 (1977), S. 91, 98 ff.
8 *Leipold* (Fn. 7), S. 94.

vom Streitwert, eingeführt wird. Im Grunde bestätigt die Begrenzung auf niedrige Streitwerte, dass der Verordnungsgeber dem Verfahren gerade nicht dasselbe Maß an Rechtsschutzqualität zubilligt wie dem Normalprozess.

Als qualitätsgefährdende Abweichung vom Normalprozess wird man schon den Zwang zur Benutzung von Formularen bewerten müssen, der eine umfassende Darstellung der Klage wie der Verteidigung hindern kann. Vor allem aber fällt der grundsätzliche Verzicht auf eine mündliche Verhandlung ins Auge, der bei der Reform sogar noch verstärkt zum Ausdruck gebracht wurde. So konnte das Gericht nach der bisherigen Fassung des Art. 5 Abs. 1 Satz 3 EuGFVO einen Antrag einer Partei auf Anberaumung einer mündlichen Verhandlung nur ablehnen, wenn es der Auffassung war, dass in Anbetracht der Umstände des Falles ein faires Verfahren *offensichtlich* auch ohne mündliche Verhandlung sichergestellt werden konnte. In der Neufassung (jetzt Art. 5 Abs. 1a Satz 2 EuGFVO) wurde das Wort »offensichtlich« gestrichen und damit die Berechtigung des Gerichts, einen Antrag auf mündliche Verhandlung abzulehnen, deutlich erweitert.[9]

In der Literatur ist schon zur bisherigen Fassung wiederholt darauf hingewiesen worden, dass die Vereinbarkeit dieser Regelung mit der Garantie der öffentlichen und damit auch mündlichen Verhandlung durch Art. 6 Abs. 1 EMRK und Art. 47 Abs. 2 EU-Grundrechtecharta äußerst zweifelhaft ist.[10] Dass diesen Bedenken bei der Reform trotz der sehr erheblichen Erweiterung des Anwendungsbereichs nicht Rechnung getragen, sondern im Gegenteil die Schriftlichkeit verstärkt wurde, ist sehr bedauerlich. Auch wenn man die erwähnten Garantiebestimmungen im echten Bagatellbereich einschränkend auslegen und dort ein Verfahren ohne mündliche Verhandlung nach dem pflichtgemäßen Ermessen des Gerichts gerade noch akzeptieren kann, erscheint dies im jetzigen bis 5 000 € ausgedehnten Anwendungsbereich des vereinfachten Verfahrens ausgeschlossen. Bei höheren Streitwerten verlangen die erwähnten Garantien, dass einem Antrag des *Beklagten* auf Anberaumung einer mündlichen Verhandlung stets stattgegeben wird. Man wird die Regelung in der EuGFVO insoweit menschenrechts- bzw. grundrechtskonform auslegen können,[11] auch wenn

---

9   Außerdem umschreibt Art. 5 Abs. 1a Satz 1 EuGFVO (mündliche Verhandlung nur, wenn das Gericht auf der Grundlage der schriftlichen Beweismittel kein Urteil fällen kann) die Voraussetzungen für die Anordnung einer mündlichen Verhandlung von Amts wegen deutlich enger als bisher Art. 5 Abs. 1 Satz 2 EuGFVO (mündliche Verhandlung, wenn das Gericht sie für erforderlich hält) – ob das Gericht eine mündliche Verhandlung zum Zweck von Vergleichsverhandlungen anberaumen darf, erscheint nach der Neufassung zweifelhaft.

10 So u.a. *Brokamp*, Das europäische Verfahren für geringfügige Forderungen (2008), S. 111 ff.; *Kern* JZ 2012, 389, 394 ff.; *Prütting/Gehrlein/Halfmeier*, ZPO, 8. Aufl. (2016), Art. 7 EuGFVO Rn. 2; *Musielak/Voit*, ZPO, 13. Aufl. (2016), Sammelkommentierung VO (EG) Nr. 861/2007 Rn. 22; *Kropholler/von Hein* (Fn. 4), EuGFVO Art, 5 Rn. 3; *Rauscher/Vargas*, Europäisches Zivilprozess- und Kollisionsrecht, 4. Aufl. (2015), EG-BagatellVO, Einl. Rn. 62 sowie Kommentierung zu Art. 5. – Für akzeptabel halten die Regelung *Jahn* NJW 2007, 2890, 2892; *Mayer/Lindemann/Haibach*, Small Claims Verordnung, Klage, Verfahren, Urteil und Vollstreckung geringfügiger Forderungen in Europa (2009), Rn. 776 f. (unter Betonung des freien Ermessens des Richters); *M. Stürner* (Fn. 4) Rn. 49.

11 Für eine menschenrechtskonforme Auslegung (der bisherigen Regelung), wonach eine

dies nach der bewussten Verschärfung des Schriftlichkeitsprinzips durch die Neufassung nicht unzweifelhaft erscheint. Stellt der *Kläger* einen solchen Antrag, so kann man einem Recht auf mündliche Verhandlung vielleicht entgegenhalten, dass er es in der Hand hatte, überhaupt von der Wahl des europäischen Verfahrens abzusehen und mit einer Klage im Normalverfahren vor deutschen Gerichten stets ein Recht auf mündliche Verhandlung (zum Bagatellverfahren s. § 495a Satz 2 ZPO) zu erlangen.[12] Aber vollständig überzeugend ist auch dieser (auf den Kläger beschränkte) Ausweg nicht. Vielmehr liegt es näher, die Garantie der Öffentlichkeit und Mündlichkeit als eine Verpflichtung des Staates in jedem zivilprozessualen Erkenntnisverfahren zu verstehen.

Eine mündliche Verhandlung vermag nicht nur die Qualität der Rechtsfindung durch streitiges Urteil zu steigern, sondern auch die gütliche Beendigung eines Rechtsstreits erheblich zu fördern. Man sollte in diesem Zusammenhang nicht übersehen, dass mit dem Verzicht auf eine mündliche Verhandlung auch die Güteverhandlung vor dem erkennenden Gericht und die Möglichkeit einer Verweisung an den Güterichter (§ 278 Abs. 2 u. 5 ZPO) entfällt. Auch dies kann man bei echten Bagatellforderungen akzeptieren, aber nicht bei Streitwerten in Höhe von mehreren tausend Euro.

Sehr problematisch sind auch die vom Normalprozess abweichenden Bestimmungen über die Beweisaufnahme. Allein der Richter bestimmt nach Art. 9 Abs. 1 Satz 1 EuGFVO die Beweismittel und den Umfang der Beweisaufnahme. Er hat nach Art. 9 Abs. 1 Satz 2 EuGFVO die einfachste und am wenigsten aufwendige Art der Beweisaufnahme zu wählen. Gemäß Art. 9 Abs. 2 EuGFVO kann der Richter ohne weitere Voraussetzungen die Beweisaufnahme mittels schriftlicher Aussagen von Zeugen oder Sachverständigen oder eine schriftliche Parteivernehmung zulassen. Sachverständigenbeweise oder mündliche Aussagen *darf* das Gericht nach Art. 9 Abs. 4 EuGFVO nur zulassen, wenn es nicht möglich ist, aufgrund anderer Beweismittel ein Urteil zu fällen. Das Recht der Parteien auf Beweis kann bei der Anwendung dieser Vorschriften auf der Strecke bleiben. Der »Freibeweis«, der im deutschen Normalverfahren nur mit Einverständnis der Parteien zulässig ist (§ 284 Satz 2 ZPO), stellt im vereinfachten Verfahren die Regel dar. Dies wird durch § 1101 Abs. 1 Satz 1 ZPO bestätigt, wonach der Richter die Beweise in der ihm geeignet erscheinenden Art aufnehmen kann. Es liegt auf der Hand, dass die Richtigkeit der Feststellung des Sachverhalts (die angestrebte Erforschung der Wahrheit) auf diese Weise gefährdet ist.

Eine Verfahrensvereinfachung, die mit so erheblichen Abstrichen bei der inhaltlichen Qualität des Rechtsschutzes erkauft wird, kann nur bei »echten« Bagatellsachen durch die geringe wirtschaftliche Bedeutung der Streitsache gerechtfertigt werden. Hier kann der rechtsuchende Bürger nicht erwarten, dass der Staat einen

---

mündliche Verhandlung in der Regel anzuberaumen sei, *Schoibl*, FS Leipold (2009), S. 334, 337, bzw. einem Antrag auf mündliche Verhandlung in aller Regel stattgegeben werden müsse, *R. Stürner*, FS Kaissis (2012), S. 991, 1004.

12 So AG Geldern, Urteil vom 9.2.2011 – 4 C 4/11, juris, zu V.

(nicht durch Gebühren abgedeckten) Aufwand betreibt, der in keinem Verhältnis zum Wert der Forderung steht. Eine möglicherweise unrichtige Entscheidung ist den Parteien bei Beträgen zuzumuten, deren Verlust auch eine nicht vermögende Partei verschmerzen kann. Die genaue Grenzziehung ist eine rechtspolitische Frage, die zunächst der Gesetzgeber zu entscheiden hat. Dabei erscheint schon der in § 495a ZPO für das vereinfachte Verfahren gewählte Höchstbetrag von 600 € als problematisch. Die Erstreckung eines Bagatellverfahrens auf Forderungen bis zu 5 000 € aber ist weit überzogen.

Dass das europäische Bagatellverfahren nur für grenzüberschreitende Rechtssachen zur Verfügung steht, vermag an dieser Beurteilung nichts zu ändern. Die Einschränkung war in den ursprünglichen Vorschlägen für ein europäisches Bagatellverfahren nicht enthalten. Sie ist erfolgt, weil es andernfalls an der europäischen Gesetzgebungskompetenz gefehlt hätte.[13] Dass sich grenzüberschreitende Streitigkeiten durch besondere Einfachheit auszeichnen, wird niemand behaupten wollen. Eher ist das Gegenteil der Fall, da nicht selten ausländisches Recht zur Anwendung kommen wird. Zuzugeben ist, dass bei grenzüberschreitenden Zivilprozessen die Gefahr höherer Kosten und einer längeren Verfahrensdauer besteht. Aber dies rechtfertigt nicht eine qualitative Verschlechterung des Rechtsschutzes, soweit der »echte« Bagatellbereich überschritten ist.

IV. Das einseitige Wahlrecht des Klägers

Die Voraussetzungen, unter denen es zur Anwendung des europäischen Verfahrens für geringfügige Forderungen kommt, unterscheiden sich wesentlich vom vereinfachten Verfahren nach § 495a ZPO. Im deutschen Bagatellverfahren liegt es im billigen Ermessen des Richters, ob und in welcher Hinsicht er das Verfahren einfacher gestaltet als im Normalprozess.[14] Der Richter kann auch bei einem Streitwert unter 600 € die gewöhnlichen Verfahrensbestimmungen anwenden, einschließlich mündlicher Verhandlung und mit Beweisaufnahme nach den Regeln des sog. Strengbeweises. Dadurch wird auch die recht hohe Anwendungsgrenze von 600 € eher akzeptabel, denn der Richter hat bei der Verfahrensgestaltung auch die Bedeutung der konkreten Streitsache für die Parteien zu berücksichtigen. Einer rein schriftlichen Verfahrensgestaltung kann jede Partei durch einen Antrag auf mündliche Verhandlung entgegenwirken.

Dagegen hängt die Anwendung des europäischen Verfahrens für geringfügige Forderungen allein von der Entscheidung des Klägers ab. Er kann wählen, ob die von ihm behauptete Forderung nach Maßgabe der VO geltend macht oder im Normalverfahren nach der jeweiligen lex fori, in Deutschland also mit einer gewöhnlichen Klage vor dem Amtsgericht.

---

13 Dazu *Jahn* NJW 2007, 2890, 2892.
14 Dazu *Stein/Jonas/Leipold*, ZPO, 22. Aufl., Bd. 5 (2006), § 495a Rn. 18 ff.

Die oben geäußerten Bedenken gegen die inhaltliche Qualität des Rechtsschutzes bei Streitwerten, die weit jenseits echter Bagatellen liegen, verlieren auf diese Weise ihre Bedeutung, soweit es um den Anspruch des *Klägers* auf einen vollwertigen Rechtsschutz geht. Der Kläger kann, wenn ihm die Gestaltung des europäischen Verfahrens (einschließlich des grundsätzlichen Verzichts auf eine mündliche Verhandlung) nicht zusagt, ohne weiteres das Normalverfahren wählen. Das Gericht kann dann nicht von sich aus die Anwendung des vereinfachten Verfahrens anordnen.

Damit wird aber ein grundlegender Mangel der europäischen Regelung des Bagatellverfahrens unübersehbar: der *Beklagte* hat keine Möglichkeit, der Verfahrenswahl durch den Kläger zu widersprechen.[15] Damit bleiben im Hinblick auf den Beklagten die grundlegenden Einwände gegen den zu weit reichenden wertmäßigen Anwendungsbereich bestehen. Um dem Anspruch des Beklagten auf vollwertigen Rechtsschutz und dem Grundsatz der Rechtsschutzgleichheit zu genügen, müsste die Anwendung des vereinfachten Verfahrens im relativ hohen Streitwertbereich auch von seinem Willen abhängen. Es müsste also entweder die positive Zustimmung des Beklagten zur Anwendung des vom Kläger gewählten europäischen Verfahrens verlangt oder ihm zu Beginn des Verfahrens ein Widerspruchsrecht dagegen eingeräumt werden.

V. Reduzierung der Kosten

Die Zielsetzung der EuGFVO ist es, für Streitigkeiten mit niedrigem Streitwert das Verfahren zu vereinfachen und zu beschleunigen sowie die Kosten zu reduzieren. Diese drei Ziele werden in Art. 1 EuGFVO ausdrücklich formuliert und in den Erwägungsgründen mehrfach wiederholt (s. Erwägungsgründe 2007 Nr. 7, 8, 36; Erwägungsgründe 2015 Nr. 2). Die Ziele sind teleologisch miteinander verknüpft: durch Verfahrensvereinfachung kann eine Beschleunigung und eine Verminderung der Kosten erreicht werden, vor allem durch den Verzicht auf eine mündliche Verhandlung und durch eine Beschränkung der Beweisaufnahme. Soweit aber durch solche Vereinfachungen der Anspruch auf effektiven Rechtsschutz verfehlt wird, wie dies abgesehen vom »echten« Bagatellbereich der Fall ist (s. oben III), kann man sie auch nicht als Mittel zur Kostenersparnis rechtfertigen.

Die EuGFVO enthält aber auch Bestimmungen, die unmittelbar auf Kostenreduzierung abzielen. Der bei der Reform neu eingefügte Art. 15a EuGFVO versucht, die Gerichtsgebühren zu begrenzen. Art. 16 EuGFVO enthält das kostenrechtliche Unterliegensprinzip, sieht aber auch Begrenzungen der Kostentragungspflicht vor. Im Übrigen wird das Kostenrisiko, insbesondere Anfall und Höhe von Gerichts- und Anwaltsgebühren, von der lex fori bestimmt. Im Folgenden wird allein das deutsche Kostenrecht zugrunde gelegt. Die Betrachtung beschränkt sich auf das Verfahren in erster Instanz.

---

15 Dazu krit. Kropholler/von Hein (Fn. 4), EuGFVO Art. 16 Rn. 4 (im Hinblick auf die begrenzte Kostenerstattung).

DIETER LEIPOLD

1. Deutsche Kostenregeln im »Bagatellverfahren«

a) Gerichtsgebühren

Nach Nr. 1210 Kostenverzeichnis GKG fallen wie im gewöhnlichen Zivilprozess drei Gebühren im Sinne des § 34 GKG an. Eine kostenrechtliche Begünstigung gegenüber dem Normalverfahren lehnte der Gesetzgeber[16] ab; es werde zwar seltener zu einer mündlichen Verhandlung kommen als bei Verfahren nach § 495a ZPO, aber dieser Vereinfachung könne eine größere Komplexität des Falls gegenüberstehen, in dem unter Umständen ausländisches Recht und ausländische Rechtsprechung zu berücksichtigen seien.

Eine Gebühr beläuft sich gemäß § 34 Abs. 1 Satz 1 GKG bis zu einem Streitwert von 500 € auf 35 €, so dass die gesamte Gerichtsgebühr 105 € beträgt Bei Streitwerten über 500 € richtet sich die Gebühr nach der Tabelle in Anlage 2 zum GKG. Billiger wird es im gewöhnlichen Zivilprozess bei Rücknahme der Klage vor dem Schluss der mündlichen Verhandlung. Nr. 1211 Nr. 1 e Kostenverzeichnis GKG bestimmt, dass es insoweit im Verfahren nach der EuGFVO, in dem eine mündliche Verhandlung nicht stattfindet, auf den Tag ankommt, an dem das schriftliche Urteil der Geschäftsstelle übermittelt wird.

Die sonst im Zivilprozess geltende Pflicht zur Vorauszahlung der Gebühr besteht im Verfahren nach der EuGFVO nicht, § 12 Abs. 2 Nr. 2 GKG. Der Gesetzgeber[17] ging davon aus, für eine Vorwegleistungspflicht sei kein Raum, weil Art. 5 Abs. 2 Satz 2 EuGFVO eine Zustellung des Klageformulars innerhalb von 14 Tagen nach Eingang vorschreibe. Anders ist es nur, wenn das Verfahren ohne Anwendung der Vorschriften der VO (weil deren Voraussetzungen nicht vorliegen, näher s. Art. 4 Abs. 3 EuGFVO) fortgeführt wird, § 12 Abs. 4 Satz 2 GKG.

b) Anwaltsgebühren

Für den Rechtsanwalt fallen als Verfahrensgebühr 1,3 Gebühren an, Nr. 3100 Vergütungsverzeichnis RVG. Der Gebührensatz beträgt bis zu einem Streitwert von 500 € 45 €, so dass sich die Gebühr in solchen Prozessen auf 58,50 € beläuft. Mehr gibt es kraft Gesetzes nicht, wenn im Verfahren nach der EuGFVO, wie es die Regel ist, keine mündliche Verhandlung stattfindet. Es entsteht dann – anders als wenn im Verfahren nach § 495a ZPO ohne mündliche Verhandlung entschieden wird (s. Nr. 3104 Anm. 1 Nr. 1 Vergütungsverzeichnis RVG) – keine Terminsgebühr. Diese Entscheidung wurde vom Gesetzgeber[18] bewusst getroffen und damit gerechtfertigt, dass im europäischen Bagatellverfahren in der Regel ohne mündliche Verhandlung entschieden werde, so dass sich der Auftrag des Rechtsanwalts grundsätzlich auf die Mitwirkung in einem schriftlichen Verfahren beschränke. In der Praxis werden gera-

---

16 BR-Drs. 95/08, S. 48.
17 BR-Drs. 95/08, S. 47.
18 BR-Drs. 95/08, S. 48 f.

de bei niedrigen Streitwerten wohl nicht selten höhere als die gesetzlichen Gebühren vereinbart. Wie der BGH[19] unlängst bestätigt hat, kann bei niedrigen oder mittleren Streitwerten auch ein Honorar, das die gesetzlichen Gebühren um ein Mehrfaches übersteigt, angemessen (nicht sittenwidrig) sein.

c) Auswirkungen

Der Verzicht auf die Vorwegzahlung der Gerichtsgebühr dürfte den Entschluss des Klägers, das europäische Bagatellverfahren zu wählen, nur unwesentlich fördern, denn dadurch ändert sich nichts daran, dass der Kläger die Gebühren unverzüglich zu bezahlen hat. Er muss im Klageformular auch bereits angeben, auf welche Weise er die Zahlung durchzuführen gedenkt.

Gravierend erscheint dagegen, dass der Rechtsanwalt im Gegensatz zum Normalverfahren, einschließlich des Bagatellverfahrens nach § 495a ZPO, auf die Verfahrensgebühr beschränkt wird, sofern keine mündliche Verhandlung stattfindet. Zwar kann der Rechtsanwalt seine Tätigkeit von der Vereinbarung einer höheren als der gesetzlichen Gebühr abhängig machen. Aber man muss die Auswirkungen auf die Erstattungsfähigkeit bedenken. Der unterliegende Gegner hat (auch wenn grundsätzlich die Anwaltskosten auch im europäischen Bagatellverfahren zu erstatten sind) nur die gesetzlichen Gebühren, also nur die Verfahrensgebühr zu erstatten. So mag die restriktive Regelung der Anwaltsgebühren mit dazu beitragen, dass das europäische Bagatellverfahren in der Praxis so selten genutzt wird.

2. Der Versuch des europäischen Gesetzgebers, die Gerichtsgebühren zu beschränken

Bei der Reform der EuGFVO wurde ein neuer Art. 15a eingefügt, der die Höhe der Gerichtsgebühren und die Zahlungsmethoden regeln soll. Art. 15a Abs. 2 EuGFVO soll sicherstellen, dass die Parteien die Gerichtsgebühren auch mittels »Fernzahlungsmöglichkeiten«, d.h. aus einem anderen Mitgliedstaat als dem Gerichtsstaat vornehmen können. Das interessiert hier nicht weiter und ist eigentlich ohnehin selbstverständlich. Größeres Interesse verdient Art. 15a Abs. 2. Danach dürfen die für das europäische Verfahren erhobenen Gerichtsgebühren nicht unverhältnismäßig hoch sein und die Gerichtsgebühren, die im betreffenden Mitgliedstaat für vereinfachte Verfahren erhoben werden nicht überschreiten. Man kann bezweifeln ob die Vorschrift ihrer Struktur nach in eine europäische Verordnung passt, da sie sich zunächst einmal doch wohl an den jeweiligen nationalen Gesetzgeber richtet. Könnte, ja müsste das Gericht eines Mitgliedstaates die Gebühren unter Berufung auf Art. 15a Abs. 1 EuGFVO niedriger ansetzen als es die nationale Gebührenordnung vorsieht? Dagegen spricht auch die Unbestimmtheit des Maßstabes, denn darüber, was »unverhältnismäßig hoch« bedeutet, kann man trefflich streiten. Im Reformvorschlag

---

[19] BGH NJW-RR 2017, 377 Rn. 20.

war die Vorschrift wesentlich konkreter gefasst. Danach sollten die Gerichtsgebühren 10 % des Streitwerts (ohne Zinsen, Kosten und Auslagen) nicht überschreiten dürfen, und sofern die Mitgliedstaaten eine Mindestgebühr erheben, sollten bei Eingang des Klageformblatts nicht mehr als 35 € verlangt werden dürfen. In der verabschiedeten Fassung ist die genaue Begrenzung entfallen, und auch die Mindestgebühr wird nicht mehr erwähnt. Immerhin wird in Erwägungsgrund 14 zur Neufassung mitgeteilt, dass es um die Verhältnismäßigkeit zur Klage geht, und auch die Überzeugung geäußert, dass die Möglichkeit, angemessene Mindestgebühren zu erheben, unberührt bleibe.

Die deutschen Gerichtsgebühren belaufen sich, wie bereits erwähnt, bis zu einem Streitwert von 500 € auf 105 €. Bei sehr niedrigem Streitwert ist das das Vielfache des Streitwerts (bei Streitwert 10 € z.B. 1050 %) und nur mit dem Gedanken einer Mindestgebühr zu rechtfertigen. Im übrigen Bereich wird man die Gerichtsgebühren jedenfalls dann als unverhältnismäßig ansehen müssen, wenn sie höher sind als der Streitwert. Diese Grenze hat auch das BVerfG[20] (zur Bemessung des Geschäftswerts im Wohnungseigentumsverfahren) gezogen und dabei angemerkt, dass für niedrige Streitwerte anderes gelte, so dass auch das Prinzip einer Mindestgebühr wohl vor dem BVerfG Bestand hätte. Die deutschen Gerichtsgebühren sind von einem Streitwert von 105 € an nicht höher als dieser, so dass das europäische Recht keine Gebührenreduzierung auslösen kann.

3. Die Erstattungsfähigkeit der Kosten und das Kostenrisiko

Es ist klar, dass man durch eine Reduzierung der Prozesskosten die Klagefreudigkeit erhöhen kann. Wie dargestellt, setzt das europäische Recht insoweit hinsichtlich der Höhe der Gerichtsgebühren vor deutschen Gerichten keine Impulse, und mit der Höhe der Anwaltsgebühren befasst es sich ohnehin nicht. Neben der Höhe der Gebühren spielt aber für die Beurteilung des Kostenrisikos die Erstattungsfähigkeit der Kosten eine entscheidende Rolle. In diesem Punkt verfolgt die EuGFVO eine erkennbar restriktive, aber gleichwohl unklare Linie. Art. 16 Satz 1 EuGFVO bekräftigt das Unterliegensprinzip, doch sind nach Art. 16 Satz 2 EuGFVO die Kosten nicht zuzusprechen, soweit sie nicht notwendig waren oder in keinem Verhältnis zur Klage stehen. Ob die Notwendigkeit der Kosten hier anders beurteilt wird als nach deutschem Recht, bleibt abzuwarten. Dabei geht es vor allem um die Kosten anwaltlicher Vertretung. § 91 Abs. 2 Satz 1 ZPO bestimmt ausdrücklich, dass die gesetzlichen Gebühren und Auslagen des Rechtsanwalts in allen Prozessen zu erstatten sind. Es ist nicht auszuschließen, dass das europäische Recht insoweit anders ausgelegt und die Erstattungsfähigkeit von der Notwendigkeit anwaltlicher Vertretung im konkreten Fall abhängig gemacht wird. Dieses Risiko wird bei der Anrufung

---

20 BVerfGE 85, 337 = NJW 1992, 1673, 1674 (es »kann nicht gefordert werden, dass der Staat bei geringfügigem wirtschaftlichen Interesse des einzelnen seine Gerichte praktisch kostenlos zur Verfügung stellt«).

eines deutschen Gerichts eher dafür sprechen, das europäische Verfahren zu meiden und den Normalprozess vorzuziehen Die von der bereits erwähnten Beschränkung der gesetzlichen Anwaltsgebühr auf 1,3 Gebührensätze ausgehende Tendenz wird dadurch verstärkt.

Wann die Kosten in keinem Verhältnis zur Klage stehen, ist ebenfalls unklar. Wenn schon die Gerichtsgebühren bei niedrigen Streitwerten wesentlich höher sein dürfen als der Wert der eingeklagten Forderung, dann kann man die Kosten nicht schon allein deshalb als unverhältnismäßig ansehen, weil sie den Streitwert übersteigen.[21] Die Kosten, um deren Erstattungsfähigkeit es geht, können wohl nur dann als unverhältnismäßig im Sinne dieser Regelung angesehen werden, wenn sie so hoch sind, dass ein vernünftiger Kläger sie selbst bei sehr hoher Erfolgswahrscheinlichkeit nicht aufwenden würde. Das wird man erst dann annehmen können, wenn die Kosten ein Vielfaches der Klageforderung betragen.[22] Unter der Geltung des deutschen Anwalts- und Gebührenrechts, das mit pauschalen Gebühren arbeitet, kommt dies wohl nur bei Beweiskosten und hier vor allem bei Kosten von Sachverständigengutachten in Betracht. (Wobei man beachten muss, dass die EuGFVO schon die Einholung eines Sachverständigengutachtens zu begrenzen sucht, s. Art. 10 Abs. 4 EuGFVO.)

VI. Abweisung der Klage wegen offensichtlicher Unbegründetheit oder offensichtlicher Unzulässigkeit

1. Rechtsgrundlage und praktische Bedeutung

Nach Art. 4 Abs. 4 Unterabs. 2 EuGFVO wird die Klage abgewiesen,[23] wenn sie offensichtlich unbegründet oder offensichtlich unzulässig ist. Bei der Reform wurde ein weiterer Satz angefügt, wonach das Gericht den Kläger von der Abweisung in Kenntnis setzt und ihm mitteilt, ob ein Rechtsmittel gegen die Abweisung zur Verfügung steht. Um ein Urteil scheint es sich nach der Vorstellung der Verfasser nicht zu handeln, denn dieses wäre nach Art. 7 Abs. 2 Satz 2 EuGFVO den Parteien zuzustellen. Aber eine gerichtliche Entscheidung muss es doch wohl sein – wie sollten sonst Rechtsmittel dagegen möglich sein?

Die Regelung hinterlässt den Leser schon aus diesen Gründen einigermaßen ratlos. Aus deutscher Sicht handelt es sich um ein höchst bemerkenswertes Novum. Die ZPO enthält keine vergleichbare Regelung, auch nicht für Bagatellforderungen. Der Hinweis, dass es früher einmal so etwas schon gegeben habe,[24] ist wenig hilfreich. Die

---

21 Ebenso *Kropholler/von Hein* (Fn. 4) EuGFVO Art. 16 Rn. 4 – A.M. *Jahn* NJW 2007, 2890.
22 So *Prütting/Gehrlein/Halfmeier* (Fn. 10) EuGFVO Art. 16 Rn. 2.
23 Die in der deutschen Version des Textes verwendete doppelte Formulierung »zurück- bzw. abgewiesen« ergibt keinen Sinn. Näher s. *Brokamp* (Fn. 10), S. 52 ff.; *Kropholler/von Hein* (Fn. 4) EuGFVO Art. 4 Rn. 12.
24 Münchener Kommentar zur ZPO/*Hau*, 4. Aufl. (2013), Art. 4 VO (EG) 861/2007 Rn. 17 unter Hinweis auf die »Klageabweisung angebrachtermaßen«.

Justizstatistik[25] weist die »Klagezurück-/abweisung im europ. Verfahren für geringfügige Forderungen – small claims – (§§ 1097 bis 1104 ZPO)« aus, ohne anzugeben, ob die Abweisung wegen offensichtlicher Unzulässigkeit oder Unbegründetheit oder wegen nicht korrekter Ausfüllung des Klageformulars erfolgte. Die Zahlen sind:

2012	34
2013	23
2014	15
2015	13

Das sind zuletzt nur noch 13 von 539 insgesamt erledigten Verfahren, also 2,4 % gewesen. Offensichtlich machen die deutschen Gerichte von der Möglichkeit, auf diese Weise rasch reinen Tisch zu machen, nur sehr zurückhaltend Gebrauch. Eine der ganz wenigen veröffentlichten Entscheidungen zur EuGFVO betrifft immerhin die Abweisung als offensichtlich unbegründet.[26]

2. Offensichtliche Unbegründetheit oder Unzulässigkeit

Wann ist eine Klage offensichtlich unzulässig oder offensichtlich unbegründet? Die Formulierung in Erwägungsgrund Nr. 13 (2007), die Begriffe »offensichtlich unbegründet« und »unzulässig« sollten nach Maßgabe des nationalen Rechts bestimmt werden, kann sich nur auf die Unbegründetheit oder Unzulässigkeit der Klage beziehen, nicht auf das Merkmal der Offensichtlichkeit.[27] Denn erstens wäre gerade an dieser Stelle ein Abweichen vom Grundsatz der verordnungsautonomen Auslegung mit der Gefahr von Divergenzen je nach dem Mitgliedstaat des angerufenen Gerichts nicht zu rechtfertigen und zweitens ist auch gar nicht zu erwarten, dass das jeweilige nationale Recht den Begriff der Offensichtlichkeit in diesem Zusammenhang überhaupt kennt. Es ist daher auch kaum weiterführend, wenn in diesem Zusammenhang auf Ausführungen des BVerfG[28] zur offensichtlichen Unbegründetheit im verfassungsgerichtlichen Verfahren verwiesen wird.[29] Das bereits erwähnte Urteil des AG Geldern (Fn. 12) lässt der Sache nach die fehlende Schlüssigkeit des trotz ge-

---

25 Die Angaben beruhen auf Statistisches Bundesamt, Fachserie 10, Reihe 2.1 – 3 Vor dem Amtsgericht erledigte Zivilsachen 2012 (und Folgejahre) sowie nach der Art der Erledigung, Verfahrensart, Einleitungsform, anwaltliche Vertretung, Prozesserfolg und Dauer des Verfahrens. Die Gesamtzahl der nach der EuGFVO erledigten Verfahren stieg von 467 im Jahre 2012 auf 539 im Jahre 2015.
26 AG Geldern (Fn. 12).
27 *Kropholler/von Hein* (Fn. 4) EuGFVO Art. 4 Rn. 13. – AM *Musielak/Voit* (Fn. 10) Rn. 15.
28 BVerfGE 82, 316. Nach Ansicht des BVerfG setzt die Beurteilung, ein Antrag sei im Sinne des § 24 Satz 1 BVerfGG offensichtlich unbegründet, nicht voraus, dass die Unbegründetheit auf der Hand liege; sie könne auch das Ergebnis gründlicher rechtlicher Prüfung sein. Das Erfordernis der Einstimmigkeit sei insoweit hinreichender Schutz des Antragstellers. Die genannte Vorschrift erlaubt die Verwerfung eines Antrags ohne mündliche Verhandlung, nicht aber aufgrund eines lediglich einseitigen Verfahrens.
29 So aber *Musielak/Voit* (Fn. 10) Rn. 15.

richtlichen Hinweises nicht ergänzten klägerischen Vortrags genügen. Dies erscheint im konkreten Fall deswegen bedenklich, weil immerhin eine detaillierte Begründung erforderlich war, um den Anspruch verneinen zu können.[30] Man sollte, um die Sofortabweisung als offensichtlich unbegründet zu rechtfertigen, über die fehlende Schlüssigkeit hinaus verlangen, dass die Unbegründetheit in tatsächlicher und rechtlicher Hinsicht von vornherein völlig unzweifelhaft ist.[31] Soweit es um die Unzulässigkeit der Klage aufgrund der Unzuständigkeit des Gerichts geht, ist zu bedenken, dass sowohl der Mangel der internationalen Zuständigkeit als auch das Fehlen der örtlichen oder sachlichen Zuständigkeit in vielen Fällen durch rügelose Einlassung des Beklagten geheilt werden kann (woran möglicherweise auch der Beklagte ein Interesse hat[32]). Bei innerstaatlicher Unzuständigkeit ist die Möglichkeit einer Verweisung an das zuständige Gericht (§ 281 ZPO) zu beachten.[33] Eine Abweisung wegen offensichtlicher Unzulässigkeit der Klage erscheint daher nur zulässig, wenn eine Heilung des Zulässigkeitsmangels im Laufe des Verfahrens ausgeschlossen ist.

3. Abweisung der Klage ohne Rechtshängigkeit?

Die Regelung wird durchweg so verstanden, dass die Abweisung als offensichtlich unzulässig oder offensichtlich unbegründet ohne Zustellung der Klage an den Beklagten zu erfolgen hat.[34] Nach deutschem Zivilprozessrecht ist eine Klage dagegen grundsätzlich zuzustellen, auch wenn das Gericht schon aufgrund der Klageschrift klar erkennen kann, dass die Klage unzulässig oder unbegründet (insbesondere aufgrund des Klägervortrags unschlüssig) ist. Davon gibt es nur wenige Ausnahmen, etwa wenn der Beklagte nicht existiert oder wenn er völkerrechtliche Immunität

---

30 Von vornherein abwegig war die Klage nicht. Der Kläger trug vor, er habe vom Beklagten ein Auto gekauft und eine Anzahlung geleistet. Der Beklagte habe aber das Fahrzeug nicht geliefert, sondern an einen Dritten verkauft. Ein juristischer Laie wird hier den Anspruch auf Rückzahlung der Anzahlung für ziemlich sicher halten und nicht auf den Gedanken kommen, er müsse erst noch eine Frist setzen und den Rücktritt erklären, oder gar erwägen, der Beklagte könne möglicherweise (trotz Vorliegens einer Stückschuld) durch Lieferung eines anderen Autos den Vertrag erfüllen.
31 Ähnlich *Kropholler/von Hein* (Fn. 4) EuGFVO Art. 4 Rn. 13, auch unter Hinweis auf BVerfG NJW 2007, 3709 Rn. 34 (zur internationalen Zustellung; eine Klage ist nicht als offensichtlich rechtsmissbräuchlich anzusehen, wenn die Sache eine gründliche rechtliche Prüfung erfordert). – In der Lit. wird verschiedentlich eine enge Auslegung (so z.B. *Jahn* NJW 2007, 2890, 2894) bzw. eine zurückhaltende Anwendung (so Münchener Kommentar zur ZPO/*Hau* [Fn. 24] Art. 4 Rn. 19) empfohlen. Radikal ablehnend *Rauscher/Vargas* (Fn. 10) Einl. Rn. 61, Art. 4 Rn. 13 (die Vorschrift setze sich über jeden rechtsstaatlichen Maßstab hinweg).
32 Darauf weist *Musielak/Voit* (Fn. 10) Rn. 14 zutreffend hin.
33 Münchener Kommentar zur ZPO/*Hau* (Fn. 24) Rn. 19.
34 AG Geldern (Fn. 12) Leitsatz 1; *Prütting/Gehrlein/Halfmeier* (Fn. 10) EuGFVO Art. 4 Rn. 2; *Kropholler/von Hein* (Fn. 4) EuGFVO Art. 4 Rn. 12, 15; einschränkend *Musielak/Voit* (Fn. 10) Rn. 14 (nur bei Abweisung als offensichtlich unbegründet, unzulässige Klage muss zugestellt werden).

genießt, ebenso wenn es hinsichtlich des Klagegegenstandes an den Mindestanforderungen der Bestimmtheit fehlt.[35] Angesichts des klaren Wortlauts der EuGFVO kann man aber die Zulässigkeit der Schnellabweisung rechtlich nicht auf diese Fälle beschränken und die Abweisung der Klage auch nicht dogmatisch als bloße Zustellungsablehnung qualifizieren.[36] Die Erwartung, die deutschen Gerichte würden von der Abweisungsmöglichkeit wegen offensichtlicher Unbegründetheit keinen Gebrauch machen,[37] hat sich, wie das vorliegende Urteil zeigt, auch nicht erfüllt.

Andererseits darf aber nicht vorschnell darauf verzichtet werden, die Abweisung wegen offensichtlicher Unzulässigkeit oder offensichtlicher Unbegründetheit mit den Vorgaben der deutschen ZPO zu harmonisieren. Gemäß § 253 Abs. 1 ZPO erfolgt die Erhebung einer Klage durch Zustellung der Klageschrift. Erst dadurch wird nach § 261 Abs. 1 ZPO die Rechtshängigkeit begründet. Eine Klage abzuweisen, die nicht zugestellt und daher nicht rechtshängig geworden ist, ist nach deutschem Zivilprozessrecht ausgeschlossen. Ein Urteil, das ohne Rechtshängigkeit ergeht, wird konsequenter Weise nach deutschem Recht als wirkungslos angesehen.[38] Ohne Zustellung der Klage können weder die prozessualen noch die materiell-rechtlichen Wirkungen der Rechtshängigkeit eintreten. Die Ansicht, die Abweisung wegen offensichtlicher Unbegründetheit oder Unzulässigkeit der Klage erfolge ohne Rechtshängigkeit,[39] erscheint aber nicht nur dogmatisch unstimmig, sondern auch wegen ihrer Konsequenzen problematisch. Der Prozess muss ja mit der Schnellabweisung keineswegs zu Ende sein, da in vielen Fällen Rechtsmittel eingelegt werden können. Sind dann den Parteien, vor allem dem Kläger, die materiell-rechtlichen Wirkungen der Rechtshängigkeit (§ 262 ZPO), etwa die Hemmung der Verjährung oder der Anspruch auf Prozesszinsen (§ 291 Satz 1 BGB – ab Rechtshängigkeit) zu versagen? Der Schnellabweisung wegen der fehlenden Rechtshängigkeit die Rechtskraftfähigkeit abzusprechen,[40] ist im Hinblick auf das Interesse des Beklagten schwerlich vertretbar und vernachlässigt auch das Interesse der Allgemeinheit, eine Prozesswiederholung zu vermeiden.

In der Literatur ist in diesem Zusammenhang verschiedentlich auf die Regelung der internationalen Rechtshängigkeit, insbesondere in Art. 32 Abs. 1 lit. a EuGVO, hingewiesen und daraus gefolgert worden, im europäischen Bagatellverfahren komme es bei internationaler Verfahrenskonkurrenz auf den Zeitpunkt des Zugangs des Klageformulars beim Gericht an.[41] Damit lässt sich aber das hier angesprochene Problem der fehlenden Zustellung nicht lösen, denn Art. 32 EuGVO bedeutet nicht, dass auf die Zustellung der Klage verzichtet werden kann, sondern stellt bei internationaler

---

35 Näher *Stein/Jonas/Leipold*, ZPO, 22. Aufl., Bd. 4 (2008), § 271 Rn. 16 ff.
36 Erwogen, aber abgelehnt durch *Kropholler/von Hein* (Fn. 4) EuGVO Art. 4 Rn. 15.
37 So *Brokamp* (Fn. 10), S. 41 f.
38 *Stein/Jonas/Jacobs*, ZPO, 22. Aufl. Bd. 6 (2013), vor §§ 578-591 Rn. 15.
39 So wohl *Brokamp* (Fn. 10), S. 54 f. (es werde kein Prozessrechtsverhältnis begründet).
40 So *Brokamp* (Fn. 10), S. 54 f., der wegen der fehlenden Begründung eines Prozessrechtsverhältnisses die Rechtskraftfähigkeit der schnellen Zurück- bzw. Abweisung generell verneint.
41 *Rauscher/Vargas* (Fn. 10) EuGFVO Art. 4 Rn. 11.

Verfahrenskonkurrenz lediglich hinsichtlich des Zeitpunkts auf die Einreichung der Klage ab. Mit anderen Worten: die konkurrierenden Verfahren müssen rechtshängig nach der jeweiligen lex fori geworden sein.

Zuweilen wird eine radikale Lösung vertreten, wonach im europäischen Bagatellverfahren die Rechtshängigkeit generell mit Zugang des Klageformulars beim Gericht begründet wird. Die These, § 253 Abs. 1 ZPO werde durch Art. 4 EuGFVO verdrängt,[42] überzeugt jedoch nicht. Der Wortlaut gibt dafür nichts her, sondern lässt den Grundsatz des Art. 19 EuGFVO unberührt. Danach gilt das Verfahrensrecht des Mitgliedstaates des angerufenen Gerichts, soweit die EuGFVO nichts anderes bestimmt. Etwas anderes in die VO hinein zu interpretieren, wäre auch mit dem Zweck nicht vereinbar, den die prozessualen wie die materiellen Wirkungen der Rechtshängigkeit im deutschen Recht verfolgen. Beispielsweise ist die Hemmung der Verjährung an die Zustellung der Klage (oder anderer Akte der Rechtsverfolgung) geknüpft, weil ihr gegenüber dem (angeblichen) Schuldner eine Warnfunktion zukommt.[43] Nur hinsichtlich des Zeitpunkts kommt man dem Gläubiger mittels der Rückdatierung auf den Zeitpunkt der Klageeinreichung (§ 167 ZPO) entgegen, aber nur, wen die Klage »demnächst« zugestellt wird.

Die Möglichkeit einer Abweisung wegen offensichtlicher Unzulässigkeit oder Unbegründetheit der Klage ändert also in Deutschland nichts an der Notwendigkeit, die Klage dem Beklagten zuzustellen und dadurch die Wirkungen der Rechtshängigkeit zu begründen. Es erscheint allenfalls nach der EuGFVO zulässig, die Klage erst zusammen mit der Entscheidung zuzustellen, durch die die Klage als offensichtlich unzulässig oder unbegründet abgewiesen wird. Diese Entscheidung muss nach deutschem Recht (auch insoweit nach den Regeln der ZPO) durch Urteil ergehen, das dem Beklagten zuzustellen ist. Es besteht dann auch kein Grund, an der materiellen Rechtskraftwirkung eines solchen Urteils zu zweifeln. Das gilt sowohl für die Abweisung als offensichtlich unbegründet[44] als auch für die Abweisung als offensichtlich unzulässig – ein solches Prozessurteil steht einer Wiederholung der Klage im Bagatellverfahren, aber m.E. auch im ordentlichen Prozess entgegen, sofern nicht der vom Gericht monierte Zulässigkeitsmangel bei der erneuten Klage behoben wird. Als Rechtsmittel gegen ein solches Urteil ist nach deutschem Recht die Berufung nach

---

42 *M. Stürner* (Fn. 4) Rn. 44. Auch *Rauscher/Vargas* (Fn. 10) EuGFVO Art. 4 Rn. 11 nimmt an, die Rechtshängigkeitssperre gelte innerstaatlich ab Einreichung des Klageformulars, geht aber nicht auf § 253 Abs. 1, § 261 Abs. 1 ZPO ein. *Kropholler/von Hein* (Fn. 4) EuGFVO Art. 4 Rn. 18 f. lässt die Sperrwirkung sowohl national als auch international mit dem zur Rechtshängigkeit führenden Eingang des Formblatts beim Gericht eintreten, während für die Hemmung der Verjährung die Zustellung des Klageformulars an den Beklagten maßgeblich sein soll.
43 Dazu allgemein *Regenfus* NJW 2016, 2977.
44 Für Rechtskraft *Kropholler/von Hein* (Fn. 4) EuGFVO Art. 4 Rn. 15.

Maßgabe des § 511 ZPO statthaft,[45] so dass sich das Gericht bei einem Wert des Beschwerdegegenstands unter 600 € auch zur Zulassung der Berufung zu äußern hat.[46]

VII. Schlussbemerkung

Man kann die Einführung eines europäischen Bagatellverfahrens als mutigen Schritt bezeichnen, ein großer Wurf ist es mit Sicherheit nicht. Dem bisher mangelnden Erfolg vor allem mit einer – sachlich nicht zu rechtfertigenden – Ausdehnung des Anwendungsbereichs auf Streitwerte bis zu 5 000 € zu begegnen, ist eher Aktionismus als durchdachte Rechtspolitik. Es ist zu erwarten, dass die Kläger auch in Zukunft zumeist das reguläre Verfahren nach dem Prozessrecht der Mitgliedstaaten vorziehen werden, jedenfalls vor deutschen Gerichten. Als Vorbild für einen künftigen europäischen Zivilprozess ist das Verfahren nach der EuGFVO nicht geeignet.

---

[45] Münchener Kommentar zur ZPO/*Hau* (Fn. 24) Art. 4 Rn. 21; *Kropholler/von Hein* (Fn. 4) EuGFVO Art. 4 Rn. 15. – AM (sofortige Beschwerde nach § 567 ZPO) *Musielak/Voit* (Fn. 10) Rn. 15; *Rauscher/Vargas* (Fn. 10) EuGFVO Art. 4 Rn. 16.

[46] Das AG Geldern (Fn. 12) hat mit Recht die Berufung zugelassen. Wahrscheinlich wurde davon kein Gebrauch gemacht – jedenfalls konnte kein Berufungsurteil ermittelt werden.

Die »vorbeugende negative Feststellungsklage« und die EuGVVO

Wolfgang Lüke

I. Einleitung

Immer wieder kommt im internationalen Zivilprozess der potentielle Beklagte einer Leistungsklage einer solchen Klage durch Erhebung einer negativen Feststellungsklage gegen den Forderungsprätendenten zuvor.[1] Diese Klage wird in der nationalen Gerichtsbarkeit erhoben, die für den potentiellen Beklagten der Leistungsklage und die von ihm verfolgten Ziele aus dessen Sicht am besten geeignet erscheint.[2] Für den Kläger einer beabsichtigten Leistungsklage kann das schwerwiegende Folgen haben. Der Prozess wird möglicherweise in einer Gerichtsbarkeit entschieden, die mit dem anzuwendenden Recht nicht vertraut ist. Der Gerichtsort kann für den Kläger beschwerlich sein. Das Verfahren kann außerdem in einem dem potentiellen Leistungskläger unbekannten Verfahrensrecht ggf. sogar in einer ihm fremden Sprache geführt werden, die nach dem Gegenstand des Verfahrens sachlich nicht gerechtfertigt ist. All das, aber auch die Gebühren und Honorare für die anwaltliche Vertretung können zu deutlich erhöhten Kosten führen. Dies sind nur einige der Nachteile, die mit einer derartigen »vorbeugenden negativen Feststellungsklage« verbunden sein können, wenn sie einer nachfolgenden Leistungsklage entgegensteht. Das aber ist im europäischen Zivilprozess der derzeitige Stand nach der Rechtsprechung des EuGHs.

Ein Fallbeispiel soll die dargestellte Problematik verdeutlichen:

A (mit Sitz in Deutschland) unterhält mit B (Sitz im Vereinigten Königreich) geschäftliche Beziehungen. Sie vereinbaren einen Rahmenvertrag, in dem für alle Verträge auf dieser Grundlage die Geltung deutschen Rechts und Hamburg als nicht ausschließlicher Gerichtsstand vorgesehen ist. In der Folgezeit kommt es zum Abschluss einer Reihe von Verträgen unterschiedlichen Inhalts, deren Erfüllungsorte teilweise London und teilweise Hamburg oder gar Städte in anderen Ländern sind. Bezogen auf einen Vertrag entsteht zwischen A und B Streit über dessen Gültigkeit. Erfüllungsort war London. A will die erbrachte

---

1 Hierfür hat sich der unschöne Begriff der Torpedoklage eingebürgert, z.B. LG Hamburg, Urt. v. 18.9.2015 – 308 O 143/14, GRUR-RS 2015, 16872.
2 So wird vor allem die lange Verfahrensdauer in Italien oder Belgien ausgenutzt; diese präventive Form der Klageerhebung spielt vor allem in Patentrechtsstreitigkeiten eine Rolle, s. *Leitzen* GRUR 2004, 1011; *Stauder* GRURInt 1999, 191; *Sujecki* GRURInt 2012, 18; OLG Düsseldorf GRURInt 2000, 776; LG Düsseldorf GRURInt 1998, 803 u. 804; krit. MünchKomm-ZPO/*Gottwald*, 4. Aufl., 2013, Art. 29 EuGVVO Rn. 14, 23; *Leipold* GS Arens, 1993, 227; *Chr. Wolf* EuZW 1995, 366; Zöller/*Geimer*, ZPO, 31. Aufl., 2016, Art. 29 EuGVVO Rn. 21 ff.

Gegenleistung zurück, ist aber bereit, mit B über eine gütliche Regelung zu verhandeln. Auf ein anwaltliches Anspruchsschreiben reagiert B zunächst nicht. Später verlangte B konkretere Ausführungen. Schließlich sandte A ihm den Entwurf einer Klageschrift zu und kündigte an, diese einzureichen, sollte B sich nicht bis zu einem genannten Termin auf das Angebot von Verhandlungen erklären. B teilt mit, dass er die Rechtsauffassung des A für unzutreffend und das Begehren für unbegründet halte. Gleichwohl sei er aber zu Gesprächen mit A bereit. Beide Seiten vereinbaren vorsorglich einen Verjährungsverzicht. Nach langem Hin und Her, das vor allem auf angebliche Terminschwierigkeiten seitens des B beruht, und kurzfristiger Terminverlegung, die mit einem angeblichen Krankheitsfall auf Seiten von B begründet wird, findet ein Vergleichsgespräch statt. Dieses verläuft erfolglos. Am Tage des ursprünglich vereinbarten Treffens hat B bereits am High Court in London ein sog. Claim Form[3] entsprechenden Inhalts eingereicht, ohne dass A hierüber informiert wurde. Dies geschieht erst nach Erhebung der Klage durch A vor dem LG Hamburg. Zugleich beantragt B beim LG Hamburg unter Hinweis auf die vorangehende Einreichung des Claim Form, das Verfahren auszusetzen. Das Claim Form wird dann wenige Tage vor Ablauf von sechs Monaten seit Einreichung bei Gericht dem A zugestellt.

II. Regelung der EuGVVO zum Prioritätsgrundsatz

Nach der EuGVVO ist bei konkurrierenden Verfahren über denselben Streitgegenstand die zeitliche Reihenfolge, in der der prozessuale Anspruch zu dem jeweiligen Gericht gelangt, dafür maßgebend, welches Gericht über den Rechtsstreit zu entscheiden hat. Das zuerst *angerufene* Gericht ist berufen, über seine Zuständigkeit und – bejahendenfalls – über den Rechtsstreit zu erkennen. Bis zur Entscheidung über die Zuständigkeit muss das später angerufene Gericht das Verfahren von Amts wegen aussetzen (Art. 29 Abs. 1 EuGVVO). Steht die Zuständigkeit des zuerst angerufenen Gerichts fest, so hat sich das später angerufene Gericht für unzuständig zu erklären (Art. 29 Abs. 3 EuGVVO) und muss bspw. nach deutschem Prozessrecht die Klage durch Prozessurteil abweisen.

Die Regelung, die Zuständigkeit nach der Priorität zu bestimmen, war schon im EuGVÜ vorgesehen (Art. 21 Abs. 1 EuGVÜ/LugÜ-I).[4] Ihr liegt allein der Gedanke der Zweckmäßigkeit zu Grunde. Es handelt sich um eine offenbar leicht feststellbare Voraussetzung. Schon nach dem damaligen Verständnis der Vorschrift[5] sollte es trotz des anderen Wortlauts auf den Zeitpunkt der *Rechtshängigkeit* ankommen.[6] Da diese sich jeweils nach dem nationalen Verfahrensrecht richtet, war die Regelung mit dem Nachteil verbunden, dass es an einer klaren und wirksamen Bestimmung zur Rechtshängigkeit fehlte.[7] Das änderte der spätere Verordnungsgeber, indem Art. 32

---

3 S. part. 7.3 (1) C.P.R.: »A claimant must use practice form N1 or practice form N208 (the Part 8 claim form) to start a claim (but see paragraphs 3.2 and 3.4 below)«.
4 Zur Entwicklung dieser Klausel s. *Lüke* GS Arens, 1993, 273, 276 ff.
5 Art. 21 EuGVÜ/LugÜ.
6 EuGH (»Zelger«) EuGHE 1984, 2397, Nr. 15 = NJW 1984, 275.
7 *Geimer*, in: Geimer/Schütze, Europäisches Zivilverfahrensrecht, 3. Aufl., 2010, Art. 27 Rn. 8., weist überzeugend darauf hin, dass dieses Merkmal mit dem Grundsatz eines fairen Verfahrens (Art. 6 Abs. 1 EMRK, Art. 47 Abs. 2 EuGR-Charta) nur vereinbar (»hinnehmbar«)

Abs. 1 EuGVVO[8] festlegt, wann das Gericht i.S. des Art. 29 EuGVVO *angerufen* wurde. Damit sollten die sich aus den unterschiedlichen nationalen Bestimmungen ergebenden Probleme vermieden werden. Der Zeitpunkt, von dem an ein Verfahren als rechtshängig gelte, werde nunmehr, so der Verordnungsgeber, durch die Verordnung autonom festgelegt.[9]

1. Voraussetzungen des Prioritätsgrundsatzes

Nach dem durch die Reform von 2012 neu geschaffenen Art. 32 Abs. 1 lit. a EuGVVO gilt das Gericht als angerufen, wenn das verfahrensleitende (oder ein gleichwertiges) Schriftstück bei Gericht eingereicht worden ist, vorausgesetzt, dass der Kläger es in der Folge nicht versäumt hat, die ihm obliegenden Maßnahmen zu treffen, um die Zustellung des Schriftstückes an den Beklagten zu bewirken.

Wenn mehrere Gerichte ausschließlich zuständig sind, hat sich das zuletzt angerufene Gericht abweichend davon zugunsten des erstangerufenen Gerichts gleich für unzuständig zu erklären (Art. 31 Abs. 1 EuGVVO). Eine weitere Ausnahme regelt Abs. 2 der Vorschrift. Bei paralleler Anhängigkeit von Verfahren über denselben Verfahrensgegenstand und einer vereinbarten ausschließlichen Zuständigkeit (Art. 25 EuGVVO) eines der angerufenen Gerichte hat das weitere angerufene Gericht unabhängig von der Reihenfolge der Anrufung das Verfahren so lange auszusetzen, bis sich das prorogierte Gericht für nicht zuständig erklärt hat. Die weiteren angerufenen Gerichte haben sich für unzuständig zu erklären, sobald das Gericht sich aufgrund der Vereinbarung für ausschließlich[10] zuständig erklärt hat (Abs. 3).[11]

2. Wirkungen der Aussetzung nach der ZPO

Die Voraussetzungen der Aussetzung ergeben sich für diesen Fall aus der EuGVVO. Das Verfahren und die Wirkung der Aussetzung richten sich nach den nationalen Regelungen, hier also der ZPO. Dem Gericht steht somit – anders als bei § 148 ZPO – für die Aussetzung kein Ermessen zu. Vielmehr muss das Gericht wie in den Situationen der §§ 152 bis 154 ZPO[12] unter den dargestellten Voraussetzungen den

---

ist, wenn in allen Mitgliedstaaten dieselben Kriterien für den Beginn der Rechtshängigkeit gelten.
8 Entspricht Art. 30 EuGVVO a. F.
9 Erwägungsgrund 21 zur EuGVVO. Die Formulierung ist insoweit ungenau, als es nicht um die – sofern vorhanden – national geprägten Begriffe der *Anhängigkeit* oder der *Rechtshängigkeit* geht, sondern um das *Anrufen* eines Gerichts; hierzu nachfolgend.
10 Zwar spricht die Vorschrift nur von Zuständigkeit, man wird diese aber entsprechend ergänzen müssen.
11 Zur Auslegung dieser Vorschrift: EuGH (»Cartier Parfums«) EuZW 2014, 340.
12 S. auch § 246 ZPO sowie Art. 100 GG.

Rechtsstreit aussetzen. Die Aussetzung erfolgt von Amts wegen. Den Parteien ist rechtliches Gehör zu gewähren, einer mündlichen Verhandlung aber bedarf es nicht.[13] Die Wirkungen der Aussetzung sind für den deutschen Zivilprozess in § 249 ZPO geregelt. Es endet der Lauf jeglicher Fristen im Verfahren, die nach Beendigung der Aussetzung von neuem zu laufen beginnen. Soweit Prozesshandlungen gegenüber der anderen Partei vorzunehmen sind, kann dies nicht wirksam geschehen (§ 249 Abs. 2 ZPO).

III. Verhältnis von negativer Feststellungsklage und Leistungsklage nach der Rechtsprechung des EuGH

Abschließend zur Schilderung der Rechtslage soll der Streitgegenstandsbegriff im europäischen Zivilprozess skizziert und zum deutschen Begriff abgegrenzt werden. Im deutschen Zivilprozessrecht gilt der zweigliedrige Streitgegenstandsbegriff,[14] d. h. der Streitgegenstand wird durch das klägerische Begehren und dem hierzu vorgetragenen Sachverhalt gekennzeichnet. Daraus folgt für das Verhältnis zwischen negativer Feststellungsklage und Leistungsklage, dass diese sich insoweit ausschließen, als sie denselben Sachverhalt betreffen und mit der negativen Feststellungsklage nur die Verneinung des mit der Leistungsklage verfolgten Klageziels verfolgt wird. Eine zunächst erhobene negative Feststellungsklage schließt danach eine nachfolgend erhobene Leistungsklage aber nicht aus. Mit Erhebung der Leistungsklage wird die vorangehend erhobene negative Feststellungsklage vielmehr unzulässig, da mit der weitergehenden Leistungsklage das Feststellungsinteresse für die negative Feststellungsklage entfällt.[15]

Anders ist es im europäischen Zivilprozess. Dort gilt ein sehr weiter Streitgegenstandsbegriff und identisch sind die Streitgegenstände bereits, wenn dieselben *Kernpunkte* Verfahrensgegenstand sind.[16] Auf das klägerische Begehren kommt es mit anderen Worten nicht an. Deshalb handelt es sich bei beiden Klagen um identische Streitigkeiten. Für das Verhältnis von negativer Feststellungsklage und Leistungsklage, die denselben Sachverhalt betreffen, folgt daraus, dass eine spätere Leistungsklage grundsätzlich unzulässig ist, selbst wenn das nationale Prozessrecht zu gegenteiligen Ergebnissen führt.[17] Der Kläger der Leistungsklage muss bei Abweisung der negativen Feststellungsklage einen zweiten Prozess führen, strebt er einen gerichtlichen

---

13 § 248 Abs. 2 ZPO; *Stadler*, in: Musielak/Voit, ZPO, 13. Aufl., 2017, § 148 Rn. 8.
14 So schon RGZ 118, 209, 210; s. auch BGHZ 117, 1, 5; BGH NJW 1993, 2052 f., jeweils m.w.N.
15 BGHZ 99, 340, Zöller/*Greger* (Fn. 2) § 256 Rn. 7 m.w.N.; krit. *Thole* NJW 2013, 1192, 1195.
16 EuGH (»Gubisch«) EuGHE 1987, 4861, Nr. 14, 16; EuGH (»Tatry«) EuGHE 1994, I 5439, Nr. 38 = NJW 1995, 1883; ihm folgend BGH NJW 1995, 1758; NJW 2002, 2795.
17 EuGH (»Tatry«) EuGHE 1994, I 5439, Nr. 43 = NJW 1995, 1883; ebenso BGHZ 134, 210; BGH NJW 2002, 2795f.; NJW 1997, 870; s. dazu auch *Thole* NJW 2013, 1192, 1194; a.A. *Brand* IPRax 2016, 314, 317f.

Vollstreckungstitel an. Die damit notwendigerweise verbundene Ineffizienz wird vom EuGH in Kauf genommen.

Nach den dargestellten Regelungen der EuGVVO hat das erstangerufenen Gericht entsprechend dem Prioritätsgrundsatz des Art. 29 EuGVVO über die Frage der Zuständigkeit zu entscheiden. Ein durch Leistungsklage erhobener weiterer Prozess ist zunächst bis zu dieser Entscheidung auszusetzen. Hält das erstangerufene Gericht sich für zuständig, über die Feststellungsklage zu entscheiden, so ist die nachfolgend erhobene Leistungsklage nach der deutschen ZPO mangels Zuständigkeit unzulässig. Sollte die negative Feststellungsklage später als unbegründet abgewiesen werden, so muss der Kläger der Leistungsklage in einem weiteren Anlauf erneut Klage erheben, um zu einem Leistungstitel zu gelangen.

IV. Anwendung der dargestellten Grundsätze auf den Eingangsfall

Wendet man diese Grundsätze auf den eingangs geschilderten Fall an, so stellt sich die prozessuale Situation wie folgt dar. Beide Klagen haben denselben Streitgegenstand i.S. des europäischen Streitgegenstandsbegriffs. Damit liegen die Anwendungsvoraussetzungen des Art. 29 Abs. 1 EuGVVO vor und das deutsche Gericht muss das Verfahren aussetzen, sofern der High Court zuerst angerufen wurde.

1. Prüfung der Aussetzungsvoraussetzungen

Fraglich ist aber, ob und inwieweit das Landgericht die der Voraussetzungen dafür überhaupt prüfen darf. Die Verordnung regelt diese Frage für den vorliegenden Zusammenhang nicht, obgleich sie derartige Bestimmungen durchaus kennt.[18] Der Wortlaut des Art. 29 Abs. 1 EuGVVO lässt nicht erkennen, wer die Feststellung darüber zu treffen hat, ein Gericht sei das »*später angerufene Gericht*«. Art. 29 Abs. 2 EuGVVO sieht zwar vor, dass ein Gericht auf Antrag[19] eines anderen diesem unverzüglich mitzuteilen habe, wann es gem. Art. 32 EuGVVO angerufen worden sei. Hierbei handelt es sich jedoch um eine reine Auskunft[20] und nicht etwa um die Anerkennung einer Entscheidung. Auch eine Bindung an den Inhalt der Mitteilung sieht die Verordnung nicht vor. Die Vorschrift weist nicht etwa dem um Auskunft gebetenen Gericht eine Prüfungsbefugnis zu, sondern schafft eine Grundlage für das gerichtliche Auskunftsbegehren und legt eine Verpflichtung des anderen Gerichts zu unverzüglicher Auskunft fest. Die damit notwendigerweise verbundene Gefahr positiver wie negativer Kompetenzkonflikte nimmt der Verordnungsgeber offensichtlich

---

18 S. z.B. Art. 45 Abs. 2 und Art. 31 Abs. 3 EuGVVO.
19 Dabei handelt es sich nicht um einen echten Antrag, s. *Stadler*, in: Musielak/Voit (Fn. 13) Art. 29 Rn. 5; s. auch krit. zur Formulierung der Vorschrift: *Leible*, in Rauscher, Europäisches Zivilprozess- und Kollisionsrecht, 4. Aufl., 2016, Art. 29 Brüssel Ia-VO Rn. 25 f.
20 S. *Leible*, in: Rauscher (Fn. 19), Art. 29 Brüssel Ia-VO Rn. 26: »bloße Mitteilungspflicht«.

in Kauf. Auch Art. 29 Abs. 3 EuGVVO lässt sich keine Regelung der Prüfungsbefugnis entnehmen. Abweichend von Art. 31 Abs. 3 EuGVVO fehlt es also an einer Regelung der Prüfungszuständigkeit, so dass diese Frage sich nach allgemeinen Grundsätzen beurteilt.

Der Kläger hat grundsätzlich ein Recht auf eine Entscheidung über seine Klage, das durch Art. 29 Abs. 1 EuGVVO vorübergehend außer Kraft gesetzt wird. Dieser Pflicht muss das Prozessgericht grundsätzlich genügen. Nur in Ausnahmefällen darf das Gericht aussetzen. Im Falle des Art. 29 Abs. 1 EuGVVO ist es hierzu verpflichtet. Das Gericht führt das Verfahren grundsätzlich autonom. In Ermangelung einer abweichenden Regelung obliegt dem Prozessgericht die Prüfung, ob es das bei ihm rechtshängige Verfahren wegen der Sperrwirkung des anderweitigen Verfahrens zunächst aussetzen muss, bis das anderweitige Gericht seine Zuständigkeit erkannt hat. Es ist zuständig für derartige Verfahrensmaßnahmen und hat deren Voraussetzungen eigenständig zu prüfen. Schon diese Erwägungen zeigen, dass in dem geschilderten Fall das Landgericht eine eigene Prüfungszuständigkeit bezüglich sämtlicher Voraussetzungen für die Aussetzungsentscheidung haben muss.

Danach muss das in dem eingangs dargestellten Beispiel das Landgericht die Voraussetzungen der Artt. 29 und 32 EuGVVO eigenständig prüfen. Dem entspricht die überwiegende Auffassung in Literatur und Rechtsprechung in Deutschland.[21]

Soweit mitunter ein anderer Standpunkt vertreten wird, können die hierfür angeführten Argumente nicht überzeugen. So hat das OLG Frankfurt zur Zustellung nach dem EuGVÜ (und damit zur Aussetzung nach Art. 21 EuGVÜ) seinen gegenteiligen Standpunkt auf die Ratio des EuGVÜ, vor allem aber auf »pragmatische Gesichtspunkte« gestützt.[22] Die Feststellung des ausländischen Rechts, nach dessen Regeln sich die Zustellung bestimmt, könne zeitaufwendig und schwierig sein. Es spreche eine tatsächliche Vermutung dafür, dass jedes nationale Gericht seine Verfahrensvorschriften beachte. Das widerspricht aber Überlegungen, die der Bundesgerichtshof in einer späteren Entscheidung[23] – wenn auch in einem anderen Zusammenhang – angestellt hat. Das Gericht hat dort eine umfassende Pflicht zur Ermittlung ausländischen Rechts festgestellt. Es kommt hinzu, dass das OLG Frankfurt sich selbst ausführlich in der Entscheidung mit den Voraussetzungen einer Klageerhebung nach englischem Recht befasst[24] und die Begründung daher letztlich nicht konsistent erscheint.[25]

21 OLG Karlsruhe, Urt. v. 28.3.2006 – 8 U 218/05, IPRspr 2006, Nr. 111, 242 ff.; OLG Frankfurt IPRax 2001, 227; zust. *Homann* IPRax 2002, 502, 503 (m.w.N.); OLG Koblenz EuZW 1991, 158; *von Hein*, in: Kropholler/von Hein, Europäisches Zivilprozessrecht, 9. Aufl., 2011, Art. 27 EuGVVO Rn. 19; *Simons*, in: Simons/Hausmann, Brüssel – Verordnung, 2012, vor Art. 27-30 Rn. 27.
22 OLG Frankfurt IPRax 2002, 515 (Tz. 59); hierzu grds. zust.: *Homann* IPrax 2002, 502, 504.
23 BGH NJW 2017, 564.
24 OLG Frankfurt IPRax 2002, 515 (Tz. 55 f.).
25 In dem nach dem EuGVÜ zu beurteilenden Fall prüft das Gericht ausführlich die Voraussetzungen der Klageerhebung nach englischem Prozessrecht. Lediglich für die Frage der Zustellung als solcher lehnt das Gericht unter Hinweis auf *Kropholler* eine Prüfungskompetenz ab. Warum hier nun aus praktischen Erwägungen eine Bindung an den Inhalt der

2. Anrufung des Gerichts als maßgeblicher Vorgang (Art. 32 EuGVVO)

Demzufolge hat das Gericht im vorliegenden Fall zu prüfen, ob das englische Gericht möglicherweise zeitlich vor dem Landgericht angerufen wurde. Wenn demgegenüber im Schrifttum überwiegend von der *Rechtshängigkeit* die Rede ist,[26] so entspricht das zwar nicht der Terminologie der Verordnung. Das ist aber unschädlich, wenn damit nicht etwa die nationalen Regeln über die Erreichung der Rechtshängigkeit angesprochen werden sollen. Für ihre Anwendung ist kein Platz mehr. Vielmehr gilt der Begriff der »Anrufung« nach Art. 32 Abs. 1 lit. a EuGVVO.[27]

Maßgeblich ist nach dem hier anzuwendenden lit. a die Einreichung des verfahrenseinleitenden Schriftstücks bei Gericht und die Bewirkung der der Klägerin »obliegenden Maßnahmen (…), um die Zustellung des Schriftstücks an den Beklagten zu bewirken«. Neben der Einreichung der Schriftstücke, die für eine Klageerhebung nach der lex fori erforderlich sind, muss das Gericht prüfen, ob die Beklagte in England die ihr obliegenden Maßnahmen zur Zustellung ergriffen hat. Maßgeblich für den Zeitpunkt ist die Einreichung des nach nationalem Recht erforderlichen Antrags, allerdings unter der weiteren vorgenannten Voraussetzung.

Im Zusammenhang mit der Anrufung englischer Gerichte stellt sich folgendes weiteres Problem. Die Regeln der Klageerhebung und Zustellung sind in den Rules of Civil Procedure nach englischem Recht klar geregelt. Nach ihnen genügt zur Klageerhebung die Einreichung eines sog. Claim Forms.[28] Die Frage, wie dies im Einzelnen zuzustellen ist, soll im Weiteren nicht untersucht werden. Dieses Claim Form ist somit das verfahrenseinleitende Schriftstück. Dass dessen Informationsgehalt deutlich hinter dem einer Klageschrift nach § 253 ZPO zurückbleibt, nimmt die Verordnung hin. Für die erforderliche Zustellung dieses Dokuments an den Beklagten genügt es, wenn dies innerhalb von sechs Monaten geschieht.[29] Sofern der Beklagte nicht in das Klageregister Einblick nimmt, wozu er aufgrund der Vergleichsgespräche keine Veranlassung sah, wird er bis zur Zustellung nicht von der Klageerhebung erfahren.

Dieser Ansicht sind jedoch erhebliche Bedenken entgegenzubringen. Art. 32 EuGVVO stellt für die Anrufung nicht auf die Klageerhebung und ihre Erfordernisse ab. Vielmehr darf es der Kläger nach Einreichung des verfahrenseinleitenden Schriftstückes nicht versäumen, die Maßnahmen zu treffen, um die Zustellung an den Beklagten zu bewirken. Die Vorschrift stellt schon nach ihrem Wortlaut nicht auf die Erfordernisse einer Klageerhebung ab, sondern auf Maßnahmen, um eine

---

Erklärung erfolgen soll, ist unklar und letztlich im Ergebnis auch nach dem Vorgehen des Gerichts somit nicht konsistent.

26 So etwa *Schlosser*, in: Schlosser/Hess, EU-Zivilprozessrecht, 4. Aufl., 2015, Art. 29 EuGVVO Rn. 1, 6; Nagel/Gottwald, Internationales Zivilprozessrecht, 7. Aufl., 2013, § 6 Rn. 214, unterscheidet eine Rechtshängigkeit und eine endgültige Rechtshängigkeit.
27 Unstreitig, z.B. *Schlosser* aaO. Rn. 6 ff.
28 S. oben Fn. 3.
29 Part. 7.5 (2) CPR hat folgenden Wortlaut: »2) Where the claim form is to be served out of the jurisdiction, the claim form must be served in accordance with Section IV of Part 6 within 6 months of the date of issue.

Zustellung des Schriftstücks erreichen zu können. Das aber hat der Kläger ebenfalls zu unternehmen, damit das Gericht angerufen ist. Unterlässt er das stattdessen mit Blick auf die vom englischen Prozessrecht dem Beklagten eingeräumte Frist von sechs Monaten, so fehlt es an dem Ergreifen derartiger Maßnahmen. Nur darauf und nicht auf die Anforderungen an eine Klageerhebung kommt es aber an. Der gegenteilige Standpunkt ergibt angesichts der Zielsetzung der Gesamtregelung des Art. 32 EuGVVO – eine weitgehende Einheitlichkeit trotz Anwendung der lex fori zu erreichen – keinen Sinn und widerspricht auch den Vorstellungen des Rates,[30] da sich der für die Priorität maßgebliche Zeitpunkt dann doch nicht autonom bestimmen würde. Vielmehr müssen hier aus diesem Grunde allgemeine europarechtliche Erwägungen zur zügigen Verfahrensführung (und einer einheitlichen Rechtslage) den Vorrang haben.[31] Daran ändert sich nichts, wenn man Part. 7.5 der englischen C.P.R. nicht als Regelung der Klageerhebung, sondern als – grundsätzlich anwendbares – nationales Zustellungsrecht ansieht; ansonsten könnte allein diese Zuordnung das Ziel des Art. 32 EuGVVO wieder vereiteln.

Ein solches Erfordernis, die Zustellung und damit die Inkenntnissetzung des Beklagten unverzüglich einzuleiten, ergibt sich auch aus folgender Erwägung. Nach dem EuGVÜ war unstreitig die Rechtshängigkeit für eine Aussetzung des Verfahrens erforderlich. Dies verlangte, dass dem Beklagten die Klage zugestellt wurde. Die Inkenntnissetzung des Beklagten spielte also nach dem EuGVÜ für die Aussetzung eine wichtige Rolle. Da der Kläger aber vielfach den zeitlichen Ablauf der Zustellung nicht steuern kann, stellt die Verordnung nunmehr allein auf die dem Kläger obliegenden Maßnahmen ab, für eine Zustellung zu sorgen. Nur insoweit hat er Einfluss auf die Zustellung und folglich wurde lediglich insoweit auf eine Inkenntnissetzung verzichtet. Ansonsten sollte sich an der Rechtsposition der Beteiligten offensichtlich nichts ändern. Dem würde es aber widersprechen, für die Erfüllung der Obliegenheiten allein auf die lex fori und ihre Bestimmungen zur Klageerhebung oder Zustellung abzustellen. Die Aussetzung verlangt allerdings nicht eine Inkenntnissetzung, da nicht die Rechtshängigkeit nach nationalem Recht maßgeblich ist, sondern die Erfüllung der Obliegenheiten durch den Kläger, um eine Zustellung zu erreichen. Gestützt wird dieses Verständnis vom Wortlaut der Definition des Art. 32 EuGVVO und das Ziel, mit Art. 32 EuGVVO die Schwierigkeiten zu beseitigen, die sich aus den unterschiedlichen Festlegungen der Rechtshängigkeit ergaben (Erwägungsgrund 22). Weiterhin wollte der Rat neben der Vermeidung von Verfahrensmissbrauch erreichen, dem Gedanken der Waffengleichheit Rechnung zu tragen. In den Materialien zu dieser Regelung heißt es hierzu:

> »Art. 30 [des Vorschlags; d. i. der heutige Art. 32 EuGVVO, Anm. d. Verf.] schlägt einen Mittelweg vor, der die verschiedenen Verfahrensordnungen miteinander in Einklang bringt

---

30 S. o. Fn. 9.
31 S. auch *Leible*, in: Rauscher (Fn. 19), Art. 32 Brüssel Ia-VO Rn. 2, nach dem auch dem unionsrechtlichen Effektivitätsgrundsatz zu genügen ist.

und gleichzeitig die **Waffengleichheit** *der Kläger sowie den Schutz vor einem* **Verfahrensmissbrauch** *gewährleistet. Die Rechtshängigkeit tritt je nach der geltenden Verfahrensordnung zu einem unterschiedlichen Zeitpunkt ein:*

In den Mitgliedstaaten, in denen das verfahrenseinleitende Schriftstück vor dessen Zustellung an den Beklagten vor Gericht einzuleiten ist, ist das Verfahren ab dem Zeitpunkt der Einreichung dieses Schriftstücks bei Gericht anhängig, sofern der Kläger alle notwendigen Schritte unternommen hat, um die Zustellung der Klage an den Beklagten zu bewirken.« [32]

Würde man nunmehr auf die mögliche Frist von sechs Monaten abstellen, die dem Kläger nach englischem Prozessrecht offensteht, um die Klage nach Einreichung des Claim Form zuzustellen, so würde darin eine offensichtliche Bevorzugung des Klägers in England liegen und damit ein Verstoß gegen die angestrebte Waffengleichheit. Im Übrigen würde damit genau die unterschiedliche Behandlung wieder gestattet, die die Neuregelung beseitigen will.

Die Gegenauffassung würde im Übrigen zu dem Ergebnis führen, dass eine Klärung der Prioritätsfrage bei Ausnutzung der Sechsmonatsfrist durch den Kläger erst danach möglich wäre. Das aber widerspräche dem Grundgedanken, derartige Zuständigkeitsfragen sollten möglichst rasch entschieden werden, wie auch das europäische Zivilprozessrecht das Gebot einer unverzüglichen Verfahrenseinleitung vorgibt.[33] Die Geltung dieses Gebots kann aber für die einheitlich geltende EuGVVO nicht davon abhängen, ob das nationale Recht dem Kläger für die Zustellung der Klageschrift eine Frist gewährt und in diesem Fall einer solchen Frist den Vorrang einräumt. Zwar hat der EuGH in einer Entscheidung zur parallelen Vorschrift des Art. 16 (a) Brüssel IIa-VO ausgeführt,[34] dass Verzögerungen unschädlich seien, wenn diese durch den Versuch einer außergerichtlichen Konfliktbereinigung verursacht waren.[35] Das aber ist hier zum einen schon nicht der Fall, zum anderen legt diese Überlegung den Schluss zumindest nahe, für Verzögerungen aus anderen Gründen – solange sie auf das Verhalten des Klägers zurückzuführen sind – sei dem nicht so.[36]

---

32 Begründung des Vorschlags einer Verordnung (EG) des Rates über die gerichtlichen Zuständigkeiten und die Anerkennung und Vollstreckung von Entscheidungen in Zivil- und Handelssachen Kom(99) 348 endg.; Ratsdok 10742/99, BR-Dr 534/99, S. 21 (Hervorhebungen nicht im Original).
33 S. etwa *Hess*, Europäisches Zivilprozessrecht, 2010, § 6 Rn. 164, der vom Effektivitätsprinzip spricht.
34 EuGH, Beschl. v. 16.7.2015 – C-507/14, BeckRS, 2015, 81665.
35 *Nordmeier* IPRax, 2016, 329, 332 verwendet hier den Begriff der Zurechnung. Daran fehle es, wenn die Zustellung sich aus Gründen der Konfliktbeilegung verzögere; s. auch Fn. 38.
36 Im konkreten Fall musste der Aussetzungsantrag von beiden Seiten gestellt werden, insoweit sollte auch die Gegenseite über die Klageeinreichung informiert gewesen sein; hierzu *Nordmeier* IPRax, 2016, 329, 330.

V. Zwischenergebnis

Das Landgericht muss als das aussetzende Gericht die weiteren Voraussetzungen der Aussetzung prüfen. Dazu gehören im konkreten Fall die Frage, ob bei dem Londoner Gericht die Schriftsätze eingereicht wurden, die erforderlich sind, um Klage gegen den Beklagten zu erheben. Weiter hat es zu prüfen, ob der Kläger sämtliche ihm obliegende Maßnahmen ergriffen hat, damit das Claim Form zugestellt werden kann. Sofern das in dem obigen Beispiel nicht geschehen war, wofür die späte Zustellung spricht, müsste das Landgericht das Verfahren fortführen und das Londoner Gericht wäre zur Aussetzung verpflichtet.[37]

VI. Rechtsmissbrauch

In dem Beispiel war die Klägerin der Feststellungklage allerdings auf die Klärungsversuche der Beklagten zum Schein eingegangen. Sie hatte von der Beklagten eine Konkretisierung der Ansprüche verlangt. Die Beklagte ihrerseits hatte der Klägerin – auch um die Ernsthaftigkeit ihres Begehrens darzutun – den Klageentwurf vorgelegt. Mit ihrem Verhalten hatte die Klägerin bei der Beklagten den Eindruck erweckt, als sei sie ebenso an einer vergleichsweisen Beilegung interessiert, während sie in dieser Zeit mit den weiteren von der Beklagten erbetenen Informationen die negative Feststellungsklage vorbereitete und bei Gericht einreichte.

Es versteht sich, dass die Klägerin der Feststellungsklage in aller Regel behaupten wird, dass sie – trotz Erhebung der negativen Feststellungsklage – an einem solchen Vergleich durchaus interessiert gewesen sei und die Klageerhebung nicht dagegen spreche.[38] Für die Beklagte der Feststellungsklage besteht das Problem nachzuweisen, dass die Klägerin der Feststellungsklage auf das Vergleichsbegehren nur zum Schein eingegangen sei. Das Verhalten der Klägerin der Feststellungsklage erweckt zumindest den gegenteiligen Eindruck. Für die weitere Diskussion sei im vorliegenden Fall unterstellt, dass der Beklagten es gelänge, ein Verhalten der Klägerin der Feststellungsklage nachzuweisen, aus dem das Landgericht, bei dem die Leistungsklage rechtshängig ist, schließt, eine Vergleichsbereitschaft sei von der Klägerin der Feststellungsklage vorgetäuscht worden. Das Landgericht geht also von einem

---

37 Natürlich birgt dies die Gefahr einer abweichenden Bewertung durch das Londoner Gericht mit der Folge eines positiven Kompetenzkonflikts, der letztlich unvermeidlich ist, solange man dem jeweiligen Gericht eine eigene Prüfungsbefugnis einräumt.
38 S. die Entscheidung UBS AG London Branch et alii v. Kommunale Wasserwerke Leipzig GmbH [2010] EWHC 2566 (Comm) Rn. 72, indem der High Court of Justice es der Partei eingeräumt hatte, die Sechsmonatsfrist zur Führung von Vergleichsverhandlungen auszunutzen. Diese Entscheidung ist zum einen noch unter der früheren Fassung der EuGVVO ergangen, die noch keine Definition der Anrufung vorsah, zum anderen fehlte es dort an einer Führung von Vergleichsverhandlungen. So wurde schließlich kein rechtsmissbräuchliches Verhalten festgestellt, wie es im vorliegenden Fall angenommen wird; krit. zu dieser Entscheidung *Briggs*, Civil Jurisdiction and Judgments, 6. Aufl., 2015, S. 319, Fn. 1527.

rechtsmissbräuchlichen Verhalten mit dem Ziel aus, einer Leistungsklage zuvorzukommen. Es stellt sich dann als weiteres die Frage, ob dieser Umstand irgendwelche Rückwirkungen auf die Anwendung der Artt. 27 ff. EuGVVO hat.

1. Rechtsmissbrauch im europäischen Verfahrensrechts

Die Geltung des Missbrauchsverbots ist im europäischen Recht grundsätzlich anerkannt. Dies gilt sowohl für das primäre Unionsrecht als auch für die Auslegung und Anwendung des sekundären Unionsrechts.[39] Deutlich vorsichtiger wird allerdings die Übertragung dieses Grundsatzes auf das Verfahrensrecht beurteilt.[40] Ob die Anwendung des Prioritätsgrundsatzes nach Art. 29 EuGVVO unter dem Vorbehalt fehlenden rechtsmissbräuchlichen Verhaltens steht, ist zunehmend umstritten. Lange Zeit wurde dies von der h. M. abgelehnt.[41] Allerdings können die möglichen Folgen einer Zuständigkeitserschleichung unter Ausnutzung der Prioritätsregelung im Einzelfall schwerwiegend sein und Grundprinzipien europäischen Rechts widersprechen.

2. Neue Entwicklung in der Rechtsprechung des EuGH

Einen bedeutsamen Wendepunkt stellt daher die Entscheidung des EuGH vom 3. April 2014[42] dar. In ihr hat sich das Gericht erstmals von seiner Rechtsprechung abgewandt, die ausnahmslos auf den formalen Ablauf abstellte. Das Gericht hat dort eine Anwendung des Art. 29 EuGVVO abgelehnt und im Ergebnis einen solchen Vorbehalt in einem Fall befürwortet, in dem das zweitangerufene Gericht nach Art. 24 EuGVVO ausschließlich zuständig war. Es stellte sich die Frage, ob dieses Gericht sein Verfahren aussetzen müsse, bis das erstangerufene Gericht über seine Zuständigkeit entschieden habe. Sollte dieses seine Zuständigkeit befürworten, so wäre das zweitangerufene Gericht nach den allgemeinen Regeln unzuständig. Das ist die Folge der allein auf den formalen Ablauf der Verfahren abstellenden Regelungen der EuGVVO.

Hiervon hat der EuGH in der vorgenannten Entscheidung eine Ausnahme gemacht.[43] Es habe – so das Gericht – bislang über einen solchen Fall noch nicht

---

39 Zur Entwicklung der Rspr. des EuGH im Einzelnen *Klöpfer*, Missbrauch im Europäischen Zivilverfahrensrecht, 2016, S. 99 ff. m.w.N.; *ders.*, JhB f. Ital. Recht 28 (2015), 165, 179 ff.
40 S. z.B. *Leible*, in: Rauscher (Fn. 19) Art. 29 Brüssel Ia-VO Rn. 36; *G. Wagner*, in: Stein/Jonas, ZPO, 22. Aufl., 2011, Art. 27 EuGVVO Rn. 47; s. auch *Sander/Breßler* ZZP 122 (2009), 157, 165 ff.
41 Anknüpfungspunkt war regelmäßig EuGH, Urt. v. 9.12.2003 – C-116/02 (Gasser./. MISAT) EuZW 2004, 188; z.B. *Goltz/Janert* MDR 2014, 125, 129; *Hess* (Fn. 33) § 6 Rn. 168; *Tachner* EWS 2004, 494, 495; *Althammer* GS Konuralp, 2009, 103, 123 (allerdings mit Ausnahmen).
42 EuGH, Urt. v. 3.4.2014 – C-438/12 (Irmengard Weber/Mechthilde Weber), NJW 2014, 1871 ff.
43 Der BGH hatte einen weiteren Fall zu dieser Problematik dem EuGH zur Entscheidung vorgelegt, BGH, Beschl. v. 18.9.2013 – V ZB 163/12 (Wetkämper./.Krug), WM 2013, 2160,

entschieden. Vielmehr habe es, so das Gericht in seiner Entscheidungsbegründung, in seiner bisherigen Rechtsprechung stets einen Vorbehalt für derartige ausschließliche Zuständigkeiten gemacht. Grundsätzlich müsse das später angerufene Gericht aussetzen. Es dürfe nicht die Zuständigkeit des erstangerufenen Gerichts prüfen.[44] Das gelte zwar auch für den Fall, in dem das zweitangerufene Gericht aufgrund einer Vereinbarung und somit nach Art. 25 Abs. 1 Satz 2 EuGVVO grundsätzlich ausschließlich zuständig sei. Die Frage, wie in anderen Fällen der ausschließlichen Zuständigkeit des zweitangerufenen Gerichts nach der Verordnung zu verfahren sei, habe das Gericht aber bislang noch nicht entschieden, sondern ausdrücklich offen gelassen.[45] Aus dem Umstand, dass ein Urteil, das von einem Gericht unter Verletzung des Art. 24 EuGVVO getroffen wurde, gem. Art. 35 EuGVVO nicht anzuerkennen sei, folgert der EuGH in seiner Entscheidung, dass das zweitangerufene Gericht das Verfahren in einem solchen Fall nicht aussetzen dürfe, sondern in der Sache selbst entscheiden müsse, um die ausschließliche Zuständigkeit zu wahren.[46] Der gegenteilige Standpunkt widerspräche den der Systematik zugrunde liegenden Zielen, wie der abgestimmten Rechtspflege unter Vermeidung negativer Zuständigkeitskonflikte und dem freien Verkehr der Entscheidungen, insbesondere ihrer Anerkennung.

Die Bedeutung dieser Entscheidung liegt in der Abkehr von dem rein formalen Ablauf der Verfahren, indem das Gericht prüfen muss, ob die Entscheidung des erstangerufenen Gerichts anerkennungsfähig und vollstreckbar sein wird.[47] Dieses Erfordernis ist ein solches, das von der ausschließlichen Zuständigkeit unabhängig ist.

Der EuGH nimmt mit einem Anerkennungsvorbehalt in Kauf, dass es zwischen den Parteien zu einem positiven Kompetenzkonflikt kommen kann. Das zweitangerufene Gericht muss – nur dies kann aus der Entscheidung geschlossen werden – in jedem Fall prüfen, ob eine mögliche klagestattgebende Entscheidung des erstangerufenen Gerichts in der Gerichtsbarkeit des zweitangerufenen Gerichts anerkannt werden könnte. Darin liegt die weitere Bedeutung der Entscheidung. Eine Überprüfung der Anerkennungsfähigkeit kann sich nicht auf jene Fälle einer behaupteten ausschließlichen Zuständigkeit beschränken, sondern muss letztlich den gesamten Katalog der Anerkennungsverweigerungsgründe des Art. 45 i.V. mit Art. 47 EuGVVO umfassen. Damit muss das zweitangerufene Gericht auch Verstöße gegen den ordre public prüfen, der beim Verfahrensmissbrauch verletzt wird. Allenfalls ließe sich daran denken, aus Praktikabilitätsgründen die Prüfung auf die Situationen offensichtlich fehlender Anerkennungsfähigkeit zu beschränken.

2162; diese Vorlage aber nach der Entscheidung i.S. Weber./.Weber wieder zurückgenommen. In dieser Entscheidung hatte der BGH entgegen der Vorinstanz (OLG Hamburg) noch den rein formalen Standpunkt vertreten.
44 EuGH aaO. (Fn. 42) Tz. 50.
45 EuGH aaO. (Fn. 42) Tz. 51.
46 EuGH aaO. (Fn. 42) Tz. 54.
47 Eine solche wurde bislang abgelehnt oder als entbehrlich angesehen, z.B. *Gottwald*, in: Nagel/Gottwald (Fn. 26) § 6 Rn. 201; *Geimer* IPRax 2001, 191, 192; *Piltz* NJW 2002, 789, 790.

3. Bewertung der Rechtsprechung und Folgerungen

Im deutschen Schrifttum zu dieser Entscheidung wurde diese als Ausprägung des Verbots eines Verfahrensmissbrauchs angesehen.[48] Der EuGH wie auch der Generalanwalt hätten sich erstmals von dem formalen Erfordernis, in welcher Reihenfolge die Gerichte angerufen worden seien, abgewandt und sich für eine Lösung entschieden, die bislang in der Literatur überwiegend als abwegig in der Sache angesehen worden sei. Der Grundsatz gegenseitigen Vertrauens dürfe nicht zu Lasten der Verfahrensbeteiligten durchgesetzt werden. Der Generalanwalt habe sich im Verfahren nicht darauf bezogen, dass das zuerst angerufene Gericht dieselbe Kompetenz einer Zuständigkeitsprüfung habe wie das potentiell ausschließlich zuständige Gericht. In Fällen evidenten Missbrauchs dürfe nicht an der gesetzlichen Systematik und dem Grundsatz gegenseitigen Vertrauens festgehalten werden.

Der Grundsatz gegenseitigen Vertrauens ist ein im unterschiedlichen Zusammenhang immer wieder in Anspruch genommener Grundsatz. Ob ihm hier überhaupt eine tragende Rolle zukommen sollte,[49] erscheint zumindest sehr zweifelhaft. Zwar spricht für den Prioritätsgrundsatz allgemein die Überlegung, die europäischen Gerichtsbarkeiten seien gleichwertig; entsprechend sei ihnen Vertrauen entgegen zu bringen. Dem Beklagten fehlte es aber nicht an Vertrauen in die englische Justiz. Es sind die mit der Prozessführung in London verbundenen Nachteile, insbesondere der oben dargestellte vor allem materielle Aufwand, der bei einer dortigen Prozessführung, selbst wenn sie sich zunächst auf die Zuständigkeitsfrage beschränkt, gegenüber Deutschland unvergleichlich höher sein kann und den der Beklagte zu vermeiden versucht. Er kann dem Beklagten letztlich eine weitere klageweise Durchsetzung unmöglich machen, da die (Kosten-)Risiken zu hoch sind. Genau dies kann auch das verfolgte Ziel der Gegenseite sein. Der Gedanke des notwendigen gegenseitigen Vertrauens in die Gerichtsbarkeiten trifft also nicht den hier entscheidenden Punkt. Vielmehr können der mit einer Rechtsverfolgung verbundene Aufwand und infolgedessen das mit einer Rechtsverfolgung verbundene Risiko so hoch sein, dass eine Rechtsverfolgung unmöglich gemacht wird. So hat in dem vorliegenden Beispiel die Feststellungsklägerin die englischen Gerichte auch nicht angerufen, um »schlechteren Gerichten« die Zuständigkeit zu verschaffen. Ihr ging es vielmehr gerade um die bereits dargestellten Nachteile einer Rechtsverfolgung in Großbritannien.

An der Vermeidung einer rechtsmissbräuchlichen Ausnutzung des Systems der EuGVVO hat aber nicht nur der einzelne Interesse, sondern auch das Gerichtssystem, das hierdurch Schaden erleidet,[50] indem es in Anspruch genommen wird, obwohl es

---

48 *Klöpfer* (Fn. 39) S. 296; *Kern* IPrax 2015, 318, 319; s. auch *Dietze* EuZW 2014, 469, 472; a.A. *Hüßtege*, in: Thomas/Putzo, ZPO, 38. Aufl., 2017, Art. 29 EuGVVO Rn. 2; zurückhaltend *Leible*, in: Rauscher (Fn. 19), Art. 29 Brüssel Ia-VO Rn. 36.
49 So aber z.B. *Sander/Breßler* ZZP 122 (2009), 157, 167.
50 Hierauf hinweisend: Rechtbank van eerste aanleg te Brussel GRURInt 2001, 170; zust. *Schack*, Internationales Zivilverfahrensrecht, 6. Aufl., 2014, Rn. 851.

offensichtlich aus Gründen fehlender Sach- oder »Rechtsnähe« ungeeignet ist. Daran ändert auch die begründbare Zuständigkeit des erstangerufenen Gerichts nichts.

Zudem wirkt der Vertrauensgedanke in beide Richtungen. Angesichts des Vertrauens in die Rechtsprechung der verschiedenen Gerichtsbarkeiten sollte man den weiteren angerufenen Gerichten eine Prüfung der Anerkennungsvoraussetzungen ebenso zutrauen wie dem erstangerufenen Gericht die Prüfung seiner Zuständigkeit. Die Wirkungen eines unzutreffenden Ergebnisses der Zuständigkeitsprüfung werden aber eingegrenzt, wenn die weiteren angerufenen Gerichte derartige Probleme der Zuständigkeit bereits zu diesem Zeitpunkt prüfen können. Der damit für den einzelnen erreichte Zeitgewinn mindert jedenfalls hier die problematischen Folgen eines Aufeinandertreffens von engem und weiten Streitgegenstandsbegriffs, wie er in Deutschland stattfindet.

VII. Ergebnis

Aufgrund dieser vom EuGH vollzogenen Modifizierung seiner Rechtsprechung, die aus den dargelegten Erwägungen trotz der damit verbundenen Rechtsunsicherheit einer Einzelfallbeurteilung uneingeschränkte Zustimmung verdient, wird man in dem vorliegenden Beispiel auch in Fällen eines Rechtsmissbrauchs dem zweitangerufenen Gericht die Befugnis einräumen müssen, einen solchen Rechtsmissbrauch wie die Erschleichung der Erstzuständigkeit des erstangerufenen Gerichts zu prüfen. Das Landgericht darf sich in dem Fallbeispiel also nicht auf den rein formalen Ablauf der Klageeinreichungen beziehen und unter Hinweis hierauf das Verfahren aussetzen. Für die Gerichte ist das zwar mit einem erhöhten Aufwand verbunden, der aber wegen einer möglichen beantragten Anerkennungsversagung nicht überschätzt werden sollte. Im Übrigen ist er angesichts der damit erzielten verbesserten Einzelfallgerechtigkeit hinzunehmen.

Solange diese Auffassung aber noch nicht allgemein anerkannt ist, wird man für die anwaltliche Tätigkeit nur raten können, die Parteien vor einer gutgläubigen Anbahnung von Vergleichsgesprächen zu warnen, sofern nicht zuvor eine vertragliche Verpflichtung mit dem Gegenüber geschlossen wird, für die Dauer der Gespräche eine Klageerhebung zu unterlassen. Lehnt das Gegenüber eine solche Stillhaltevereinbarung ab, so bleibt nur der Weg einer frühzeitigen Klageerhebung, um einer negativen Feststellungsklage zuvorzukommen, die letztlich die eigene klageweise Durchsetzung verhindern kann. Auch diese Folge zeigt letztlich, dass nur die hier vertretene Auffassung dem Ziel einer außergerichtlichen vergleichsweisen Regelung gerecht wird.[51]

---

51 Auf diesen Aspekt weist hin *G. Wagner*, in: Stein/Jonas (Fn. 40) Art. 27 EuGVVO Rn. 32.

Höchstrichterliche Überlegungen zur Feststellungsfähigkeit im Erbrecht

Eine Kasuistik der Rechtsprechung?

Isamu Mori

I. Einleitung

Die japanische ZPO kennt im Grundsatz keine expliziten Regelungen zur Feststellungsklage. Eine Ausnahme hierzu bilden die Bestimmungen zur Feststellung der Echtheit einer Urkunde (§ 134 jap. ZPO). Die Feststellungsklage wird jedoch auch allgemein als zulässig erachtet, wobei als Zulässigkeitsvoraussetzungen stets ein feststellungsfähiger Gegenstand sowie ein Feststellungsinteresse gefordert werden. Feststellungsklagen im Bereich erbrechtlicher Streitigkeiten in Japan bilden häufig den Schnittpunkt zwischen der Problematik der Feststellungsfähigkeit sowie Problemen des japanischen Erbrechts und des japanischen Verfahrensrechts über erbrechtliche Streitigkeiten.

Im Folgenden stelle ich Entscheidungen des japanischen Obersten Gerichtshofes (japanisch: »saikô-saibansho«) zu diesem Themenbereich vor, anhand derer ich die Problematik der Erbstreitigkeiten in Japan erläutere.

Seit seiner Zeit als Assistent von Herrn Prof. Dr. Karl-Heinz Schwab hat der Jubilar, Herr Prof. Dr. Hanns Prütting, mich stets mit seiner Herzenswärme beeindruckt. Es ist mir daher eine sehr große Freude, ihn zu seinem Geburtstag mit diesem Beitrag ehren zu können, obwohl der Beitrag nicht im Ansatz die mir durch Herrn Professor Prütting, sowohl in wissenschaftlicher als auch in privater Hinsicht, entgegengebrachte Freundlichkeit aufzuwiegen vermögen wird.

II. Überblick über die Rechtslage

1. Wie bereits erwähnt, findet in der japanischen ZPO die Feststellungsklage lediglich für die Bestimmung der Echtheit einer Urkunde Erwähnung, über das Feststellungsinteresse findet sich jedoch, anders als in der deutschen ZPO, in § 256 ZPO, keine Regelung. Es findet jedoch allgemeine Zustimmung, dass die Feststellungsklage für den Fall zuzulassen ist, dass die Feststellung zur Schaffung von Rechtssicherheit in Zukunft erforderlich ist und zur Erreichung dieses Rechtsschutzzieles kein anderweitiger Weg zur Verfügung steht. Daher sind, als Ergebnis der Rezeption in Japan,

wohl auch unter dem Einfluss der deutschen ZPO, drei Gesichtspunkte Gegenstand der Diskussion:[1]
1) die Statthaftigkeit der Feststellungsklage als Klagetyp,
2) das Interesse an der alsbaldigen Feststellung,
3) die Feststellungsfähigkeit des Begehrens.

2.a) So wird zunächst hinsichtlich der Statthaftigkeit der Feststellungsklage als Klageart schlagwortartig gesagt, dass »die Leistungsklage und die Gestaltungsklage der Feststellungsklage vorgehen«. Ein Feststellungsurteil entfalte geringere Wirkungen als ein Leistungsurteil bzw. ein Gestaltungsurteil, da ein Leistungsurteil bzw. Gestaltungsurteil neben der Rechtskraft noch vollstreckbar sei bzw. unmittelbar auf die Rechtslage einwirke. So fehle in diesem Fall das Bedürfnis, eine Feststellungsklage als statthafte Klageart zuzulassen.

b) Hinsichtlich des Interesses an der alsbaldigen Feststellung gilt grundsätzlich das Gleiche, was in § 256 der deutschen ZPO mit dem Ausdruck »alsbaldige Feststellung« gemeint ist. Schlagwortartig wird gesagt »ohne Streit keine Klage«. Natürlich ist hiervon eine Ausnahme zuzulassen, wenn das gerichtliche Urteil gesetzlich notwendig ist, wie bspw. bei dem Antrag auf Korrektur eines Eintrags im japanischen Familienbuch.[2]

3. Über die Feststellungsfähigkeit des Begehrens wird lehrbuchartig gesagt, dass, mit Ausnahme der Feststellung der Echtheit einer Urkunde (§ 134 jap. ZPO, der § 256 der deutschen ZPO gleicht), die Feststellungsfähigkeit grundsätzlich das Recht bzw. das Rechtsverhältnis betreffen muss. Der japanische Oberste Gerichtshof hat im Bereich des Erbrechts diesen Prüfstein einerseits sehr geschickt gehandhabt, andererseits erweckt die »Geschicklichkeit« des Umganges mit der Feststellungsfähigkeit gerade den Eindruck, dass der japanische Oberste Gerichtshof die mit der Feststellungsfähigkeit verbundenen Probleme zugunsten einer immer weiter ausufernden Kasuistik mehr und mehr ins Dunkel schiebt.

III. Vielfältigkeit der Rechtsprechung des japanischen Obersten Gerichtshofes

1. Klage auf Feststellung der Unwirksamkeit eines Testaments

Am 15.2.72 eröffnete der japanische Oberste Gerichtshof – so stellt es sich zumindest dar – im Bereich des Erbrechts hinsichtlich der Feststellungsfähigkeit einen bislang nicht beschrittenen Weg, indem er die Feststellung der Unwirksamkeit eines Testaments zuließ. Es handelte sich um einen Fall, in dem die Miterben untereinander über die Wirksamkeit des eigenhändigen Testaments ihres Vaters stritten. Das Distriktge-

---

1 Statt aller: *Kôji Shindô*, Lehrbuch der jap. ZPO (Minji-Soshô) 5. Auflage 2011, S. 270 ff.
2 Siehe § 116 des Gesetzes zur Führung des Familienbuches (Koseki-hô).

richt[3] Fukuoka als Gericht der ersten Instanz hatte die Klage mit der Begründung als unzulässig zurückgewiesen, dass die begehrte Feststellung sich auf ein Rechtsgeschäft in der Vergangenheit beziehe und daher das Rechtsschutzinteresse fehle. Das Obergericht[4] Fukuoka als Berufungsgericht betrachtete die Klage als unzulässig und wies die Berufung zurück. Das Testament sei eine Art von Rechtsgeschäft und nur Voraussetzung für eine Rechtsfolge. Ein Testament selbst könne daher kein bestimmtes gegenwärtiges Rechtsverhältnis begründen.

Der jap. Oberste Gerichtshof sah die Klage auf Feststellung der Unwirksamkeit des Testaments indes als zulässig an und verwies die Sache an das Gericht des ersten Rechtszuges zurück. Er begründete seine Entscheidung wie folgt:[5]

> *»Da die sogenannte Klage auf Feststellung der Unwirksamkeit des Testaments mit dem Antrag auf Feststellung erhoben wird, dass das Testament unwirksam sei, wird hiermit zwar formell die Feststellung der Wirksamkeit eines in der Vergangenheit liegenden Rechtsgeschäfts begehrt, jedoch ist es, wenn auch der Antrag so formuliert wird, angemessen, eine derartige Klage für den Fall zuzulassen, dass der Antrag so ausgelegt werden kann, dass die Feststellung des Nicht-Vorhandenseins bestimmter Rechtsverhältnisse begehrt wird, die nicht gegeben sind, wenn das Testament wirksam ist und der Kläger daher ein rechtliches Interesse daran hat, eine derartige Feststellung zu begehren. In einem solchen Fall besteht auch keine Unklarheit darüber, über welches Rechtsverhältnis geurteilt wird, ohne dass man den Antrag in dem gegenwärtigen Feststellungsprozess umformulieren müsste; zudem wird die Funktion des Feststellungsprozesses dadurch klar ersichtlich erfüllt, dass über die Wirksamkeit des Testaments als das zugrundeliegende Rechtsgeschäft ohne Umschweife entschieden wird, welches das unmittelbare Objekt des Streites zwischen den Parteien bildet.«*

Zusammenfassend kann man aus diesem Urteil zunächst die Aussage ablesen, dass der jap. Oberste Gerichtshof bereit ist, die Feststellungsfähigkeit nicht allein danach zu beurteilen, ob die Feststellung sich auf das Recht bzw. Rechtsverhältnis bezieht.

2. Klage auf die Feststellung des Nachlassumfanges

Obwohl die Bezeichnung der Klage als solche missverständlich sein könnte, ist der Antrag darauf gerichtet festzustellen, ob ein einzelner Vermögensgegenstand zum Nachlass eines Erblassers gehört. In der Sache wurde darüber gestritten, ob die unbeweglichen Sachen zum Nachlass eines Erblassers gehörten. In dem Register des unbeweglichen Vermögens, ähnlich dem Grundbuch in Deutschland, war früher der Erblasser als Eigentümer der unbeweglichen Sachen eingetragen gewesen, aber zur Zeit des Erbfalls waren andere Personen (Tochter des Erblassers, der Ehemann der ältesten Tochter des Erblassers sowie ein Dritter) als Eigentümer der jeweiligen unbeweglichen Sachen eingetragen. Das Schlichtungsverfahren zur Nachlassausein-

---

3 Auf Japanisch »Chihô-Saibansho«.
4 Auf Japanisch »Kôtô-Saibansho«.
5 Saikô-saibansho-Minjisaiban-reishû (Sammlung zivilrechtlicher Rechtsprechung des jap. Obersten Gerichtshofes), Minshû, Bd. 26, H. 1, S. 30; Die Übersetzungen sind der Verständlichkeit wegen nicht wortwörtlich, sondern sinngemäß.

andersetzung war gescheitert, weil einige Erben behauptet hatten, dass die Auseinandersetzung unter Berücksichtigung dieser elf unbeweglichen Sachen hätte stattfinden müssen. Nun erhoben die Erben Klage auf Feststellung, dass diese unbeweglichen Sachen zum Nachlass des Erblassers, also ihres Vaters, gehörten. Hier gab es keinerlei Streit über die Anzahl der Miterben sowie den jeweiligen Anteil der Miterben an dem Nachlass.

Im Verfahren vor dem Distriktgericht Kyôto als erster Instanz behaupteten die Beklagten, die Klage sei mangels Rechtsschutzinteresses unzulässig, weil die Klage keine endgültige Erledigung des Streits mit sich bringe, sondern sie nur erreichen könne, dass die Eigentümerstellung des Erblassers im Register wiederhergestellt würde. Das Gericht folgte dieser Argumentation nicht und gab der Klage statt. Es führte aus, eine solche Feststellung sei notwendig für die Nachlassauseinandersetzung und daher habe die Klage eigenständige Bedeutung.

Das Obergericht Ôsaka als Berufungsgericht machte sich die Begründung des Gerichtes der ersten Instanz vollständig zu Eigen und wies die Berufung zurück.

Der jap. Oberste Gerichtshof hatte am 3.3.1986 daher von Amts wegen die Zulässigkeit einer derartigen Klage zu thematisieren und führte dazu wie folgt aus:[6]

> *Wenn zwischen den Miterben, wie im vorliegenden Fall, de facto kein Streit über die Anzahl der Miterben sowie den jeweiligen Anteil am Nachlass besteht, die Parteien jedoch darüber streiten, ob ein Vermögensgegenstand zum Nachlass eines Erblassers gehört, ist die Klage auf Feststellung des Anteils an einem Vermögensgegenstand als Miteigentümer unter Berufung darauf, dass der Vermögensgegenstand zum Nachlass gehört, natürlich zulässig, wenn dem Kläger sein Anteil an dem Nachlass zusteht und der Kläger daher mit seiner Klage den verfolgten Zweck erreichen kann. Doch stellt das der Klage stattgebende Urteil rechtskräftig nur fest, dass der Kläger den Anteil an dem Vermögen innehat. Es stellt, sofern dies nicht ausdrücklich gesagt wird, nicht fest, dass der Kläger diesen Anteil auf Grund des Erbfalls erworben hat. Wenn die familiengerichtliche Entscheidung über die Nachlassauseinandersetzung, die im Rahmen der freiwilligen Gerichtsbarkeit getroffen wird, formell rechtskräftig wird, bleibt noch die Möglichkeit, dass die Zugehörigkeit zu dem Nachlass später mit der Klage nach zivilprozessrechtlichen Grundsätzen bestritten und verneint wird und infolgedessen die familiengerichtliche Entscheidung über die Nachlassauseinandersetzung ins Leere läuft, weil die Feststellung der Zugehörigkeit eines Vermögensgegenstandes zum Nachlass in der familiengerichtlichen Entscheidung keine materielle Rechtskraft entfaltet. So entspricht das Vorhandensein dieser Möglichkeit nicht notwendigerweise dem Willen des Klägers, dass die Streitigkeit über die Zugehörigkeit zu dem Nachlass endgültig geklärt werden soll. Ferner wird nicht angenommen, dass die Quote der Anteile an dem betroffenen Vermögen jedes Miterben von Bedeutung ist, weil das Verfahren der Nachlassauseinandersetzung danach durchgeführt wird und dort die Zugehörigkeit von Vermögensgegenständen zu den einzelnen Erben erneut bestimmt wird, nachdem allein die Zugehörigkeit des fraglichen Vermögensgegenstandes zum Nachlass grundsätzlich festgestellt worden ist. Hingegen wird mit der Klage auf Feststellung des Nachlasses, ohne die Anteile jedes Miterben in Frage zu stellen, direkt die Feststellung der Zugehörigkeit eines Vermögensgegenstandes zum Nachlass, mit anderen Worten die Feststellung darüber begehrt, dass das fragliche Vermögen zu dem noch auseinanderzusetzenden gemeinschaftlichen Vermögen der Miterben gehört. Das stattgebende Urteil stellt fest, dass das fragliche Vermögen Gegenstand der Nachlassauseinandersetzung ist. Somit ist es ausgeschlossen, dass sowohl*

---

6 Minshû Bd. 40, H. 2, S. 389.

in dem folgenden Verfahren zur Nachlassauseinandersetzung als auch nach der familiengerichtlichen Entscheidung über die Nachlassauseinandersetzung erneut über die Zugehörigkeit des fraglichen Vermögens zum Nachlass gestritten wird und damit die Lösung des Konfliktes erreicht werden kann, die dem oben gezeichneten Willen des Klägers entspricht. Infolgedessen ist die Klage zulässig.«

3.a) Am 7.3.1995 befasste sich der jap. Oberste Gerichtshof erneut mit der Frage der Zugehörigkeit von Vermögen im Rahmen einer erbrechtlichen Streitigkeit, diesmal allerdings von Vermögen, das zwar nicht mehr zu dem Nachlass gehörte, aber bei der Nachlassauseinandersetzung in Betracht kommen sollte.[7] § 903 Abs. 1 jap. BGB bestimmt sinngemäß, dass bei einer Nachlassauseinandersetzung das Vermögen, das einem Miterben von dem Erblasser entweder vor dem Erbfall geschenkt oder vermacht worden ist, so betrachtet werden soll, als ob es ein Teil des Nachlasses wäre. Also soll der Wert des gesamten Nachlasses unter Einbeziehung des Wertes von diesem sog. Sondervorteil betrachtet werden und das Vermögen so berechnet werden, dass der Wert des geschenkten bzw. vermachten Vermögens von dem konkreten Erbteil dieses Miterben abgezogen wird.[8] Im vorliegenden Fall erhob ein Miterbe gegen die restlichen Miterben Klage, mit welcher er die Feststellung beantragte, dass das Vermögen als ein sog. Sondervorteil anzusehen sei.

Das Distriktgericht Tokio als Gericht erster Instanz, aber auch das Obergericht Tokio als Berufungsgericht urteilten, die Klage sei unzulässig. Die Revision am jap. Obersten Gerichtshof hatte ebenfalls keinen Erfolg. Der jap. Oberste Gerichtshof begründete die Unzulässigkeit der Klage unter Bezugnahme auf den oben genannten § 903 Abs. 1 jap. BGB. Das bedeutet, dass die Berechnung des konkreten Erbteils bei der Nachlassauseinandersetzung entsprechend dem Wert des Nachlasses beim Erbanfall erfolgen soll, also sowohl das Vermögen des Erblassers als auch der Sondervorteil miteinbezogen werden.

»Es ergibt sich daraus weder eine Pflicht des Miterben, dem das als sog. Sondervorteil qualifizierte Vermögen geschenkt bzw. vermacht wurde, die Zugehörigkeit dieses Vermögens zu dem Nachlass wiederherzustellen, noch, dass das als Sondervorteil betrachtete Vermögen als ein Teil des Nachlasses Zugehörigkeit zu dem Nachlass erlangt. Demnach ist die Klage auf Feststellung, dass das Vermögen ein als sog. Sondervorteil zu betrachtendes Vermögen sei, keine Klage auf Feststellung eines gegenwärtigen Rechts bzw. Rechtsverhältnisses. Die Feststellung, dass das Vermögen als sog. Sondervorteil zu betrachten sei, ist eine Tatsache, die nur bei dem Verfahren zur Festsetzung des konkreten Erbteils oder des Pflichtteils erforderlich ist. Daher bringt diese Feststellung keine direkte und grundlegende Erledigung des Streites über den konkreten Erbteil bzw. den Pflichtteil mit sich, da der konkrete Erbteil bzw. Pflichtteil nicht feststellbar ist, ohne den Wert dieses Vermögens sowie den Umfang des gesamten Vermögens, das zur Zeit des Erbfalls tatsächlich dem Erblasser gehörte, miteinzubeziehen und dessen realen Wert zu klären. Ferner ist es bei familiengerichtlichen Rechtsstreitigkeiten im Rahmen der freiwilligen Gerichtsbarkeit, wie die Nachlassauseinandersetzungen, oder bei Sachen im Rahmen der streitigen Gerichtsbarkeit, wie Streitigkeiten über den Pflichtteil, als Vorfrage zu klären und zu beurteilen, ob das Vermögen ein

---

7 Minshû Bd. 49, H. 3, S. 893.
8 Rechtspolitisch entspricht die Regelung die Ausgleichpflicht nach §§ 2050 ff. deut. BGB.

als Sondervorteil zu betrachtendes Vermögen ist. Damit gibt es kein Bedürfnis, außerhalb dieser Verfahren darüber selbstständige Feststellungen zu treffen.«

b) Man kann das Urteil dahingehend zusammenfassen, dass zwar zuerst erläutert wurde, ob hier die Feststellung des Rechts bzw. Rechtsverhältnisses in Frage gestellt wurde, jedoch entscheidend war, ob die rechtskräftige Feststellung, wie bei der Feststellung des Umfangs des Nachlasses, unerlässlich ist.

c) Am 24.2.2000 befasste sich der jap. Oberste Gerichtshof mit einer Sache, in der die Feststellungsfähigkeit des konkreten Erbteils in Frage gestellt wurde. Hierbei begehrte die Klägerin die Feststellung, dass der konkrete Erbteil des Beklagten, eines Miterben, unter einer bestimmten Geldsumme liege und seine Quote nicht mehr als einen bestimmten Prozentsatz erreiche. Die Klage erfolgte allerdings erst nachdem die Entscheidung des Familiengerichts über die Nachlassauseinandersetzung, in der der konkrete Erbteil berechnet wurde, formell rechtskräftig geworden war. Beide Tatsachengerichte wiesen die Klage als unzulässig zurück und gaben als Begründung an, dass der konkrete Erbteil die reine Quote sei, die bei der Nachlassauseinandersetzung als Maßstab zur Verteilung des Nachlasses wirke und deshalb nicht feststellungsfähig sei.

Die Revision wurde vom jap. Obersten Gerichtshof zwar angenommen,[9] hatte aber in der Sache keinen Erfolg. Der Senat führte aus, dass eine solche Klage wegen Fehlens des Rechtsschutzinteresses unzulässig sei und begründete die Zurückweisung der Revision unter Verweis auf das Urteil vom 7. März 1995. Er führte – wiederum unter Verweis auf § 903 Abs. 1 jap. BGB – aus:

»Der konkrete Erbteil wird als die in Geld berechnete Summe bzw. deren Quote am gesamten Betrag des Nachlasses verstanden, auf Grund derer die Teilung des Nachlasses im Verfahren zur Nachlassauseinandersetzung durchgeführt wird. Der Erbteil selbst ist nicht als materielles Rechtsverhältnis anzusehen. Er stellt für das familiengerichtliche Verfahren, in dem es um die Teilung des Nachlasses oder den Pflichtteil geht, eine Vorfrage dar, die im Rahmen der streitigen Gerichtsbarkeit geklärt werden soll.

So ist es einleuchtend, dass die von dieser Sache losgelöste und selbständige Feststellung darüber durch das Urteil des Prozessgerichts notwendig sowie geeignet ist, um die Streitigkeit direkt und endgültig zu erledigen.«

4. Klage auf Feststellung der Höhe des Erstattungsanspruchs des Pflichtteilsberechtigten

a) Am 18. Dezember 2009 befasste sich der jap. Oberste Gerichtshof mit einer negativen Feststellungsklage, mit der die Feststellung beantragt wurde, dass der Erstattungsanspruch wegen des Pflichtteils eine bestimmte Summe nicht übersteige. Bevor das Urteil des jap. Obersten Gerichtshofes vorgestellt wird, soll auch kurz die Regelung sowie die Rechtsprechung des jap. Obersten Gerichtshofes über den

---

9 Seit der Neufassung der jap. ZPO im Jahre 2006 gilt für den jap. Obersten Gerichtshof, ausgenommen absolute Revisionsgründe sowie die Revision mit der Begründung der Verfassungswidrigkeit, die Annahmerevision.

Pflichtteil in Japan erläutert werden, weil die Regelung des Pflichtteils von derjenigen in Deutschland abweicht.

b) Nach dem jap. BGB sind der Ehegatte des Erblassers und die Abkömmlinge des Erblassers als Erben der ersten Ordnung und die Verwandten des Erblassers, die mit dem Erblasser in steigender gerader Linie stehen, als Erben der zweiten Ordnung die Pflichtteilsberechtigten. Nach der Rechtsprechung des jap. Obersten Gerichtshofes wirkt das Recht des Pflichtteilberechtigten rechtsgestaltend und sachenrechtlich. So hat der Pflichtteilberechtigte an allen zum Nachlass gehörenden Sachen seinem Erbteil gemäß rückwirkend den Bruchteil inne.

c) Der in Anspruch genommene Erbe hat dagegen nach § 1041 jap. BGB das Recht, den Pflichtteilsberechtigten in Geld zu entschädigen.[10] Es reicht jedoch nicht aus, dass der in Anspruch genommene Erbe nur diesen Willen gegenüber dem Pflichtteilberechtigten erklärt, sondern es ist notwendig, den entsprechenden Betrag dem Pflichtteilberechtigten anzubieten, um den aufgrund des Pflichtteils an den Pflichtteilberechtigten übergegangenen Bruchteil sachenrechtlich zurückzuerlangen.[11]

d) Wie errechnet sich nun der richtige Betrag der entgeltlichen Ersatzleistung, der angeboten werden soll? Nach der Rechtsprechung soll rein theoretisch in dem Moment des Angebots der zu ersetzende Betrag des Gegenstandes abgezogen werden, der auf den Pflichtteilsberechtigten übergegangen ist. Dies erfolgt praktisch zur Zeit der letzten mündlichen Verhandlung des Tatgerichtes.[12]

e) Wenn man sich in einer solchen Lage befindet, kann man sich leicht vorstellen, dass der redliche Erbe, gegenüber dem ein Pflichtteilsanspruch geltend gemacht wird, wenig Ausweg weiß, falls der Pflichtteilsberechtigte zwar seinen Pflichtteilsanspruch geltend macht, aber keine weiteren Schritte unternimmt, wie z.B. Klage auf Einwilligung des Erben zur dem Pflichtteil entsprechenden Änderung der Registrierung des Inhabers des fraglichen Grundstücks im Grundbuch. In einem solchen Fall ist es für den Erben sehr schwierig, den Wert des fraglichen Gegenstandes zur Zeit der letzten mündlichen Verhandlung der hypothetischen Klage des Pflichtteilsberechtigten genau zu berechnen. Das Risiko der Veräußerung, z.B. des fraglichen Grundstücks, ist groß: Der Erbe, der ein solches Grundstück veräußert, ohne vorher die Zustimmung des Pflichtteilsberechtigten zu erlangen, kann von ihm einerseits deliktisch in Anspruch genommen werden. Andererseits muss derjenige, der das Grundstück kaufen will, das Risiko hinnehmen, dass von ihm später möglicherweise seitens des Pflichtteilsberechtigten verlangt wird, den dem Pflichtteil entsprechenden Bruchteil zurückzugeben, wenn er in Kenntnis der Tatsache gekauft hat, dass das Grundstück Teil der Haftungsmasse für den Pflichtteil ist. Das Urteil des jap. Obersten Gerichts-

---

10 § 1041 jap. BGB spricht zwar vom Recht des Pflichtigen, allerdings ist seit langem auch nach der Rechtsprechung des jap. Obersten Gerichtshofes stillschweigend anerkannt, dass der Berechtigte seinerseits auch Ersatz in Geld verlangen kann. Siehe. Urteil des jap. Obersten Gerichtshofes vom 30.8.1976, Minshû Bd. 2, H.1, S. 62.
11 Urteil des jap. Obersten Gerichtshofes vom 10.7.1979, Minshû Bd. 33, H.5, S. 562.
12 Urteil des jap. Obersten Gerichtshofes vom 30.8.1976, Minshû Bd. 30, H.7, S. 768.

hofes vom 18. Dezember 2009 eröffnet die Möglichkeit, dass der Erbe einer derartigen Sackgasse entkommen kann.

f) (1) Dem Urteil liegt folgender Sachverhalt zugrunde: Ein Erbe Y hatte gegenüber dem anderen Erben X, dem der Erblasser durch notarielles Testament ein Grundstück vermacht hatte, zwar geäußert, dass er seinen Pflichtteil in Anspruch nehme, aber unternahm keinen weiteren Schritt. Nun erhebt X Klage auf Feststellung, dass die Höhe des Pflichtteilsanspruchs von Y (beispielsweise) 300.000 Euro nicht übersteige.

(2) Das Distriktgericht Tokio gab der Klage statt, allerdings ohne nähere Begründungen. Die Fehlerhaftigkeit seines Urteils muss aus räumlichen Gründen dahinstehen.

(3) Das Berufungsgericht, also das Obergericht Tokio, nahm den Antrag nicht wörtlich und legte den Antrag richtigerweise als Antrag auf Feststellung der Höhe des Ersatzanspruchs aus. Das Berufungsgericht wies dann die Klage als unzulässig zurück und begründete dies wie folgt: Der Ersatzanspruch des Beklagten Y habe noch nicht endgültig bestanden und deshalb sei hier nicht die Feststellung eines gegenwärtigen Rechtsverhältnisses begehrt. Um von der Pflicht befreit zu werden, den betroffenen Gegenstand herauszugeben, solle der Bevollmächtigte entweder ein tatsächliches oder wörtliches Angebot machen. In dem vorliegenden Fall habe der Berufungskläger (der Beklagte) zwar den Pflichtteilsanspruch geltend gemacht, aber er habe weder die Herausgabe des fraglichen Gegenstandes geltend gemacht noch erklärt, dass er den Ersatzanspruch begehre. Wenn der Berufungsbeklagte mit der Klage die Feststellung begehre, dass der Ersatzanspruch nicht existent sei bzw. die Feststellung der Höhe des Ersatzanspruchs wünsche, richte sich die Klage auf die Feststellung eines künftiges Rechtes.

Zwar könne man sich vorstellen, dass mit der Erklärung des Berufungsbeklagten nicht endgültig, aber potenziell der Berufungskläger die Möglichkeit erlangen werde, den Ersatzanspruch geltend zu machen. Aber wie gesagt benötige die Liquidation mit dem Ersatz ein tatsächliches bzw. wörtliches Angebot. Auch wenn man die gerichtliche Feststellung darüber als zulässig ansehen könne, ob dieser potenzielle Ersatzanspruch vorhanden sei bzw. auf welche Summe er sich beliefe, sei diese Feststellung nicht geeignet dazu, mit der Feststellung des gegenwärtigen Rechtsverhältnisses diesen Konflikt zu lösen. Dabei könne man nicht annehmen, dass das Angebot sicher gemacht werde und es werde zur Zeit der letzten mündlichen Verhandlung bestimmt, ob der Ersatzanspruch noch vorhanden bzw. wie hoch er sei.

(4) Der jap. Oberste Gerichtshof nahm die Revision durch den Kläger an. Er betrachtete die Klage als zulässig und verwies die Sache unter Aufhebung der vorinstanzlichen Entscheidung an das Berufungsgericht zurück. Der jap. Oberste Gerichtshof begründet seine Entscheidung wie folgt:[13]

> aa) »In der Phase, in der der Erbteilsberechtigte zwar seinen Pflichtteilsanspruch geltend gemacht hat, aber noch nicht endgültig den Ersatzanspruch erlangt hat, kann man da-

---

13 Minshû, Bd. 63, H. 10, S. 2900.

von ausgehen, dass der Erbe sich verpflichtet, unter der auflösenden Bedingung, dass er dem Berechtigten den Wert seines Anteils erstattet oder ein wörtliches Angebot macht, den pflichtteilsgemäßen Anteil an dem fraglichen Gegenstand dem Pflichtteilsberechtigten zurückzugeben. Der Inhalt einer solchen auflösend bedingten Pflicht in Verbindung mit der auflösenden Bedingung ist ein gegenwärtiges Rechtsverhältnis. So fehlt es bei dieser Pflicht nicht an der Feststellungsfähigkeit.«

bb) Auch wenn der Erbe, gegenüber dem der Pflichtteilsanspruch geltend gemacht worden ist, unter Erstattung des Wertes nach § 1014 jap. BGB von der Pflicht zur Rückgabe des fraglichen Gegenstand befreit werden möchte, sei für die Festsetzung des Umfangs des Nachlasses der Anteil des Pflichtteilberechtigten daran sowie dessen Wert regelmäßig notwendig gerichtlich genau zu prüfen, falls die Betroffenen darüber streiten.

»Demzufolge ist es leicht vorstellbar, dass dem Erben die Möglichkeit, durch die Leistung des Geldersatzes bzw. des wörtlichen Angebots von der Herausgabepflicht auf Grund der Geltendmachung des Pflichtteils befreit zu werden, ohne gerichtliche Entscheidung über die Höhe des Ersatzanspruchs de facto genommen werden kann. Die gerichtliche Festsetzung des zu ersetzenden Betrages ist sowohl wirksam als auch geeignet, die Lage zu beseitigen, in der die Rechtsstellung des Erben tatsächlich mit Unsicherheit behaftet ist. Eine solche gerichtliche Festsetzung im Sinne des § 1041 jap. BGB entspricht den beiden Möglichkeiten, die dem Erben zur Verfügung stehen, nämlich dass er entweder den Gegenstand zurückgibt oder dem Pflichtteilsberechtigten den Wert des Gegenstandes ersetzt.

Und wenn der Erbe unter der Bereitschaftserklärung die Klage auf Feststellung der Höhe des Ersatzanspruchs erhebt, dass er nach der gerichtlichen Festsetzung der Höhe mit dem Urteil sofort erfüllen will, kann man einerseits erwarten, dass der Ersatz soweit unverzüglich geleistet werden soll, als keine besonderen Umstände vorliegen, wie die totale Zahlungsunfähigkeit des Erben. Andererseits kann der Pflichtteilsberechtigte zeitliche Diskrepanz zwischen dem Zeitpunkt der letzten mündlichen Verhandlung der vorliegenden Klage und dem Zeitpunkt der tatsächlichen Ersatzleistung vermeiden, indem er von seiner Seite her unverzüglich die Herausgabe des fraglichen Gegenstandes oder den Wertersatz in Anspruch nehmen wird. Damit das Rechtsschutzinteresse bei der vorliegenden Klage nicht verneint wird, ist die Höhe des Ersatzanspruchs im Zeitpunkt der letzten mündlichen Verhandlung des Tatgerichtes festzustellen, die sich dem Zeitpunkt der tatsächlichen Erfüllung meist annähert, auch wenn der maßgebliche Zeitpunkt für die Festlegung der Höhe des Ersatzanspruches der Zeitpunkt der tatsächlichen Leistung sein soll (Urteil des jap. Obersten Gerichtshofes vom 30.8.1976, Minshû Bd. 30, H. 7, S. 768).«

cc) Auf Grund der oben gezeigten Überlegung ist bei der vorliegenden Klage das Rechtsschutzinteresse in dem Fall dann und insoweit bejaht worden, dass der Erbe, gegenüber dem der Pflichtteilsanspruch geltend gemacht worden ist, zwar die Bereitschaft erklärt, nach § 1042 jap. BGB den Ersatz zu leisten, aber der Pflichtteilsberechtigte weder die Herausgabe des Gegenstandes selbst noch den Ersatz in Anspruch genommen hat, wenn die Betroffenen über die Höhe des Ersatzanspruches streiten und der Erbe unter der Bereitschaftserklärung die Klage auf Feststellung der Höhe des Ersatzanspruchs erhebt, dass er nach der gerichtlichen Festsetzung der Höhe mit dem Urteil sofort erfüllen will und keine besonderen Umstände vorliegen, wie die totale Zahlungsunfähigkeit des Erben.

5. Klage auf Feststellung der Unwirksamkeit des Testaments vor dem Inkrafttreten des Testaments

a) Zuletzt soll die Rechtsprechung des jap. Obersten Gerichtshofes über die Feststellung der Unwirksamkeit eines Testaments zu Lebzeiten des Testierenden dargestellt werden. Es ist klar, dass eine solche Klage in der Regel unzulässig ist. Der jap. Oberste Gerichtshof hat sie bereits als unzulässig abgewiesen.[14] Der jap. Oberste Gerichtshof begründet seine Entscheidung im Ausgangspunkt mit dem Fehlen der Feststellungsfähigkeit und führt aus, es fehle an einem zukünftigen Rechtsverhältnis. Weil der Testierende immer und ohne weiteres sein Testament widerrufen kann (§ 1022 jap. BGB) und auf das Recht zum Widerruf nicht verzichtet werden kann (§ 1026 jap. BGB), mache es keinen Sinn, vor dem Tod des Erblassers die Wirksamkeit des Testaments festzustellen.[15]

b) Am 11. Juni 1999 befasste sich der jap. Oberste Gerichtshof mit einem Fall, in dem die Testierende weder in der Lage war, das Testament zu widerrufen, noch ein neues Testament zu errichten, das als Widerruf des früheren Testaments gegolten hätte, soweit dazwischen ein Widerspruch vorhanden gewesen wäre. So hatte eine Dame (Y1) ein notarielles Testament errichtet und damit einen Teil ihres Vermögens an ihren Neffen (Y2) im Jahre 1988 vermacht. Schon zu dieser Zeit hatte Y1 mit Erkennungsschwierigkeiten zu kämpfen und im Jahre 1990 wurde die Vormundschaft für sie angeordnet. Als Vormund bestellte das Familiengericht Y2. Im Jahre 1993 erhob nun das adoptierte Kind der Y1 (=X) Klage auf Feststellung der Unwirksamkeit des Testaments von Y1.

c) Das Distriktgericht Ôsaka als erste Instanz wies die Klage im Wesentlichen unter Anlehnung an das oben genannte Urteil des jap. Obersten Gerichtshofs als unzulässig ab.

d) Das Obergericht Ôsaka als Berufsinstanz sah dagegen die Klage als zulässig an und verwies die Sache an die erste Instanz zurück. Die Begründung lautete wie folgt:[16]

aa) Das Interesse bzw. die Rechtsstellung, deren Schutz der Kläger im vorliegenden Fall beanspruche, ergebe sich daraus, dass das Rechtsverhältnis aus der Erbschaft bei dem Erbfall nicht vorhanden sein werde.

Weil die Wirkung der Erbschaft erst mit dem Tod der Testierenden eintrete und das Testament frei widerrufbar sei, sei es unsicher, ob die Erbschaft in Kraft trete, und die Klage auf Feststellung der Wirksamkeit des Testaments sei, wie schon von dem jap. Obersten Gerichtshof entschieden, in der Regel nicht zulässig.

---

14 Urteil des jap. Obersten Gerichtshofes vom 4.10.1956, Minshû Bd. 10, H. 10, S. 1229. Siehe auch Urteil des jap. Obersten Gerichtshofes vom 26.12.1955, Minshû Bd. 9, H. 14, S. 2082. Hier geht um die Rechtsstellung des Erben vor dem Erbfall.
15 Allerdings erhob in dem Fall der Testierende selbst Klage. Daher konnte man schon die Unzulässigkeit mit dem Mangel des Bedürfnisses begründen, extra die gerichtliche Feststellung zu besorgen.
16 Hanrei-Jihô Nr. 1685, S. 35.

bb) Nach Feststellung des Gerichts auf Grund des ärztlichen Gutachtens sei Y1 schon sehr alt und trotz aller Heilbemühungen fehle es ihr an der Fähigkeit, vernünftig zu entscheiden und es bestehe keine Aussicht, dass Besserung eintrete. Angesichts solcher Umstände sei es unstreitig, dass es für Y1 nicht mehr möglich sein werde, zu ihren Lebzeiten ihr Testament zu widerrufen bzw. abzuändern. In den Fällen, in denen es klar und deutlich sei, dass der Testierenden keine Möglichkeit bleibe, ihr Testament zu widerrufen oder abzuändern, um dem Streit vorzubeugen, sei es nötig und geeignet, noch zu ihren Lebzeiten die Klage auf Feststellung der Unwirksamkeit des Testaments ausnahmeweise zuzulassen.

e) Die Beklagten Y1 und Y2 legten Revision ein und ihre Revision hatte Erfolg. Der jap. Oberste Gerichtshof hob das berufungsgerichtliche Urteil auf und wies die Berufung zurück. Er führte zur Begründung aus:

aa) Der Sinn der Klage des X auf Feststellung der Unwirksamkeit des Testaments zu Lebzeiten der Testierenden liege darin, die Möglichkeit vorher zu beseitigen, dass der Nachlass gemindert würde, denn bei dem Erbfall werde X Erbe, und mit der Feststellung, dass Y2 nicht die Rechtsstellung eingeräumt worden sei, bei dem Tod der Beklagten Y1 die Erbschaft geltend zu machen.

bb) »Die Wirkung des Testaments tritt erst mit dem Tod der Testierenden (§ 985 Abs. 1 jap. BGB) ein, sie kann jederzeit das Testament widerrufen (§ 1022 jap. BGB), und die Erbschaft tritt nicht in Kraft, wenn der Erbe vor der Testierenden stirbt (§ 994 Abs.1 jap. BGB). Daraus folgt, dass zu Lebzeiten der Testierenden kein Rechtsverhältnis vermittels des Testaments zustande kommt und der in dem Testament genannte Erbe noch kein Recht erwirbt. Vielmehr steht ihm nur die tatsächliche Erwartung zu, dass er das vererbte Recht erwirbt, wenn die Wirkung des Testaments eintritt (Urteil des jap. Obersten Gerichtshofes vom 04.10.1956, Minshû Bd. 10, H.10, S. 1229). Daher kann die Stellung des Erben mit einer derartigen Erwartung nicht als feststellungsfähiges Recht bzw. Rechtsverhältnis betrachtet werden. Diese Natur der Stellung des Erben ändert sich nicht, auch wenn die Testierende dauerhaft nicht mehr im Stande ist, einen freien Willen zu bilden und keine Aussicht auf Besserung besteht und es deshalb für sie de facto unmöglich ist, das Testament zu widerrufen bzw. abzuändern.

cc) Es folgt daraus, dass die vorliegende Klage auf Feststellung der Unwirksamkeit des Testaments zu Lebzeiten der Testierenden als unzulässig anzusehen ist.«

IV. Zusammenfassende Schlussbemerkung

a) Zusammengefasst findet die Kasuistik der höchstrichterlichen Rechtsprechung über die Feststellungsfähigkeit meist positives Echo in der japanischen Literatur, wenigstens was die Ergebnisse der Argumentation angeht. Sie stellt einerseits, abgesehen von dem Urteil vom 15.02.1972, wo sie deutlich ein in der Vergangenheit liegendes Rechtsgeschäft als feststellungsfähig begreift, auch wenn dies nur »formal« ist,[17] immer »geschickterweise« darauf ab, ob das festzustellende Recht bzw. Rechtsverhält-

---

17 Wie oben gezeigt, vertritt auch der jap. Oberste Gerichtshof die Auffassung, dass materiell gesehen hier die Feststellung des Rechtsverhältnisses in der Gegenwart begehrt wird.

nis in der Gegenwart liegt, aber andererseits auch darauf, ob die prozessgerichtliche rechtskräftige Feststellung zur endgültigen Erledigung des Streites zwischen Parteien unerlässlich bzw. unabdingbar ist.

b) Die Anforderung der höchstrichterlichen Rechtsprechung, dass das festzustellende Recht immer ein gegenwärtiges Recht bzw. Rechtsverhältnis sein soll, erfordert aber eine saubere Prüfung, sonst entstünde für das Gericht Spielraum für Manipulation. So ließ der jap. Oberste Gerichtshof zwar außerhalb des erbrechtlichen Bereiches eine Klage zu, die auf die Feststellung gerichtet war, ob der Anspruch auf die Rückgabe der Kaution bei einer Vermietung eines Hauses besteht,[18] während das Mietverhältnis noch andauert. Sicher ist es sehr fraglich, ob dieser Anspruch wirklich ein gegenwärtiges Recht darstellt, da erst nach der Auflösung des Mietverhältnisses geklärt werden kann, ob der Anspruch noch geltend gemacht werden kann. Hier urteilte (musste sogar urteilen) der jap. Oberste Gerichtshof, der Anspruch auf die Rückgabe sei ein gegenwärtiges aufschiebend bedingtes Recht, obwohl man die Rechtsnatur des Anspruchs auch als zukünftiges Recht betrachten könnte. Als Hintergrund einer solchen Auslegung sind sicher die Umstände zu sehen, welche die gegenwärtige Feststellung als notwendig erscheinen ließen, um die Unsicherheit zwischen Parteien zu beseitigen, was aber aus der Begründung nicht deutlich herauszulesen ist.

c) Eine Manipulation des jap. Obersten Gerichtshofes findet man bei dem Urteil über die Zulässigkeit der Klage auf Feststellung der Unwirksamkeit eines Testaments zu Lebenszeiten. Trotz aller Entschiedenheit des jap. Obersten Gerichtshofes kann man das festzustellende Rechtsverhältnis, wie auch bei früheren Entscheidungen, als Rechtsgeschäft in der Vergangenheit oder als gegenwärtiges Erwartungsrecht konstruieren. Wenn man die Konstruktion als Erwartungsrecht wählt, fehlt es in der Regel am Rechtsschutzinteresse, da die gegenwärtige Feststellung wegen der freien Widerrufsmöglichkeit als sinnlos erschiene.

In dem Urteilsfall war die Testierende weder in der Lage, das Testament zu widerrufen, noch es zu ändern. Es verblieb nur die Unsicherheit über das Vorversterben entweder der Testierenden oder des Erben. Angesichts der nur als unwahrscheinlich anzusehenden Möglichkeit, dass der Erbe vor der Testierenden sterben würde und damit die Tätigkeit des Gerichts ins Leere liefe, durfte das Gericht das Bedürfnis des Erben an einer Feststellung nicht übergehen. Die jetzige Feststellung der Unwirksamkeit war von großer Bedeutung, z.B. wegen der Beweisschwierigkeiten für den Erben in künftigen Prozessen nach dem Tod der Testierenden.[19]

d) Abschließend erlaube ich mir, die Bewertung aus einer rechtsvergleichenden Perspektive der japanischen höchstrichterlichen Rechtsprechung über die Feststellungsfähigkeit in Japan in die Hände von Kolleginnen und Kollegen aus anderen Ländern zu übergeben.

---

18 Urteil des jap. Obersten Gerichtshofes vom 21.1.1999, Minshû Bd.53, H. 1, S. 1.
19 *Teiichirô Nakano*, Feststellung des Rechtsverhältnisses in Zukunft, in, Minjisoshouhouno-Ronten II (2001), S. 56 ff. (63 ff.); es ist nicht ersichtlich, warum die Sache außergewöhnlich lange, mehr als vier Jahre am jap. Obersten Gerichtshof anhängig war und warum das Urteil nicht in die öffentliche Entscheidungssammlung aufgenommen wurde.

Beweisvereitelung im Zivilprozess

Hans-Joachim Musielak

Nicht nur zum Beginn seiner wissenschaftlichen Karriere, sondern auch danach hat sich der Jubilar häufig Fragen des Beweisrechts angenommen und sich mit ihnen umfassend und tiefgreifend auseinandergesetzt. Dies gilt ebenso für das in der folgenden Abhandlung behandelte Problem.[1] Ich hoffe deshalb, dass diese Ausführungen, die dem Jubilar mit den besten Wünsch*en für* den weiteren Lebensweg gewidmet werden, sein Interesse finden.

I. Zum Begriff der Beweisvereitelung

Bereits das Wort Beweisvereitelung deutet an, dass es dabei um ein Verhalten geht, das der beweisführungsbelasteten Partei die Beweisführung unmöglich macht. Will man dieses Verhalten präziser beschreiben, so lässt sich sagen, dass darunter ein vorsätzliches oder fahrlässiges Tun oder Unterlassen zu verstehen ist, das dazu führt, einen möglichen Beweis zu verhindern und dadurch die Beweisführung der Gegenpartei scheitern zu lassen.[2] Der BGH hat erläuternd festgestellt: »Dies (d.h. die Beweisvereitelung) kann vorprozessual oder während des Prozesses durch gezielte oder fahrlässiger Handlungen geschehen, mit denen bereits vorhandene Beweismittel vernichtet oder vorenthalten werden. Eine Beweisvereitelung kann auch in einem fahrlässigen Unterlassen einer Aufklärung bei bereits eingetretenem Schadensereignis liegen, wenn damit die Schaffung von Beweismitteln verhindert wird, obwohl die spätere Notwendigkeit einer Beweisführung dem Aufklärungspflichtigen bereits erkennbar sein musste.«[3] Aus dieser Begriffserläuterung lässt sich der Schluss ziehen, dass durchaus unterschiedliche Verhaltensweisen beweisvereitelnd wirken können. Diese Feststellung ist bedeutsam für die Frage, welche Rechtsfolgen durch eine Beweisvereitelung ausgelöst werden, weil Unterschiede in der tatbestandlichen Verwirklichung notwendigerweise auch Differenzierungen in den Sanktionen bedingen.

Nicht zugestimmt kann der überwiegend vertretenen Meinung, dass auch ein beweiserschwerendes Verhalten als Beweisvereitelung zu werten sei.[4] Von einer

---

1 MüKoZPO/*Prütting*, 5. Auflage 2016, § 286 Rn. 80 ff.
2 MüKoZPO/*Prütting* (Fn. 1) Rn. 80; Musielak/Voit/*Foerste*, ZPO, 14. Auflage 2017, § 286 Rn. 62; Baumbach/Lauterbach/Albers/*Hartmann*, ZPO, 75. Auflage 2017, Anhang § 286 Rn. 27.
3 BGH NJW 1998, 79, 81.
4 BGH NJW 1963, 389, 390; 2004, 222; 2006, 434, 436 Rn. 23; MüKoZPO/*Prütting* (Fn. 1) Rn. 82 mwN; Thomas/Putzo/*Reichold*, ZPO, 37. Auflage 2016, § 286 Rn. 17; Zöller/

Erschwerung des Beweises kann nur gesprochen werden, wenn der Beweis trotz Schwierigkeiten zu erbringen ist, weil sonst der Beweis unmöglich wird.[5] Man kann von der Partei, die ein Beweis zu führen hat, durchaus erwarten, dass sie dies auch tut, wenn dafür Anstrengungen erforderlich sind. Eine andere Frage ist es dagegen, wie der Richter in Rahmen seiner Beweiswürdigung das Verhalten der Partei beurteilt, das die Beweisführung ihren Gegner erschwert.[6] Wer richterliche Reaktionen auf ein beweisvereitelndes Verhalten der richterlichen Beweiswürdigung zuweist, wird deshalb im Ergebnis zwischen der herrschenden Meinung und die hier vertretene Auffassung kaum Unterschiede finden.

Die fast einhellig gebilligte Feststellung, dass die Beweisvereitelung ein schuldhaftes Verhalten voraussetzt,[7] bedarf einer zusätzlichen Präzisierung. Da Verschulden subjektive Verantwortlichkeit bedeutet und Verantwortlichkeit in objektiver Hinsicht den Tatbestand einer Pflichtwidrigkeit voraussetzt,[8] muss im jeweiligen Fall danach gefragt werden, welcher Pflicht bei einer Beweisvereitelung zuwidergehandelt wird. Diese Frage wäre einfach zu beantworten, wenn es eine allgemeine Mitwirkungspflicht der Parteien bei der Stoffsammlung gebe, wie dies von manchen befürwortet wird.[9] Zu Recht wird jedoch eine derartige Mitwirkungspflicht ganz überwiegend abgelehnt,[10] weil sich eine solche Pflicht aus dem Zivilprozessrecht nicht ableiten lässt. Es kommt somit darauf an zu klären, welche konkrete Pflicht die beweisvereitelnde Partei verletzt hat. Hierfür kommen Pflichten in Betracht, die sich aus mannigfaltigen Rechtsquellen ergeben können. So kann die Grundlage in einem Vertrag zwischen dem Prozessparteien zu finden sein, wie dies zB für den Behandlungsvertrag und der daraus folgenden Befunderhebungs-und Befundsicherungspflicht des Arztes gemäß § 630 f BGB und für das Recht des Patienten auf Einsichtnahme in die Patientenakte gemäß § 630g BGB zutrifft. Ein weiteres Beispiel ergibt sich aus dem Kaufrecht, nach dem der Käufer, der Ansprüche wegen eines Mangels der Kaufsache geltend macht, den Verkäufer die Kaufsache zur Überprüfung der erhobenen Mängelrüge zur Verfügung zu stellen hat;[11] dies schließt die Verpflichtung ein, defekte Teile der Kaufsache aufzubewahren und gegebenenfalls dem Verkäufer vorzulegen.

Greger, ZPO, 31. Auflage 2016, § 286 Rn. 14a; Baumbach/Lauterbach/Albers/*Hartmann* (Fn. 2) Rn. 27.

5   Insoweit gibt es eine klare Grenzlinie zwischen beiden Fällen, die durchaus auch eine praktische Anwendung ermöglicht; aA Baumgärtel/Laumen/Prütting/*Laumen*, Handbuch der Beweislast, Grundlagen, 2. Auflage 2009, § 11 Rn. 23.

6   BGH NJW 2002, 825; GRUR 2016, 88, 91 Rn. 29.

7   Vgl. nur *Laumen* (Fn. 5) Rn. 26 mwN.

8   Medicus/*Lorenz*, Schuldrecht I, 21. Auflage 2015 Rn. 350; *Deutsch*, Fahrlässigkeit und erforderliche Sorgfalt, 2. Auflage 1995, S. 56 ff.; vgl. auch Bericht der Kommission für das Zivilprozessrecht, 1977, S. 121.

9   So *Stürner*, Die Aufklärungspflicht der Parteien im Zivilprozess, 1978, S. 85 ff.; *Peters* ZZP 82 (1969), 200, 208; Musielak/Voit/*Stadler* (Fn. 2) § 138 Rn. 11 mwN.

10 BGH NJW 1990, 3151; *Prütting*, Gegenwartsprobleme der Beweislast, 1983, S. 138, 188; *Laumen* (Fn. 5) Rn. 12 f.; Stein/Jonas/*Leipold*, ZPO, 21. Auflage 1997, § 138 Rn. 25 ff.; Rosenberg/Schwab/*Gottwald*, Zivilprozessrecht, 17. Auflage 2010, § 109 Rn. 8.

11 BGH NJW 2010, 1448 Rn. 12.

Wer solche Teile beseitigt und dadurch in Feststellung der Ursache des Mangels unmöglich werden lässt, macht sich einer Beweisvereitelung schuldig.[12] Ebenso kann die Rechtsgrundlage in gesetzlichen Auskunfts-und Rechenschaftspflichten zu suchen sein, wie dies nach § 666 BGB für den Beauftragten, den Geschäftsführer ohne Auftrag (§ 681BGB) oder für den Testamentsvollstrecker (§ 2218 BGB) gilt. Darüber hinaus ist gemäß dem Prinzip von Treu und Glauben und in Analogie zu gesetzlich normierten Auskunftspflichten ein allgemeiner Rechtsgrundsatz entwickelt worden, der jeden, der fremde Angelegenheiten ausschließlich oder zumindest neben eigenen besorgt, rechenschaftspflichtig werden lässt.[13] Hinzu kommen prozessuale Vorlagepflichten, wie sie für Urkunden und Augenscheinsobjekten aufgrund entsprechender richterlicher Anordnungen (§§ 142, 144 ZPO) begründet werden können.

Regelmäßig werden sich vertragliche oder gesetzliche Pflichten feststellen lassen, gegen die bei einer Beweisvereitelung verstoßen wird und sie deshalb schuldhaft werden lässt. Dennoch kann nicht ausgeschlossen werden, dass Fälle bleiben, in denen eine solche Pflicht nicht existiert. Wie in solchen Fällen zu verfahren ist, bleibt zu klären. Es liegt nahe, auf den Grundsatz von Treu und Glauben zu verweisen, dem das Gebot einer fairen Prozessführung zu entnehmen ist.[14] Eine Partei, die ihren Gegner bewusst und zielgerichtet ein Beweis unmöglich macht, verstößt offensichtlich gegen dieses Gebot, und die Pflicht, ein solches Verhalten zu unterlassen, ist somit Bestandteil einer fairen Prozessführung. Jedoch geht es bei der Beweisvereitelung nicht allein darum, in einem Zivilprozess die Beweisführung des Gegners zu behindern, sondern es wird auch verlangt, bereits in einem vorprozessualen Stadium Vorgänge aufzuzeichnen sowie Gegenstände zu erhalten und vorzulegen, die zur Klärung von Tatsachen in einem Prozess bedeutsam sein können, den man bei Anwendung der gebotenen Sorgfalt zumindest als möglich einschätzen muss. Sieht man im Verschuldensmerkmal einen immanenten Bestandteil des Tatbestandes der Beweisvereitelung, dann sind Fälle, in denen eine nicht durch spezielle Pflichten gebundene Partei durch ihr Verhalten den Beweis ihrer Gegner unmöglich macht, nur dann als Beweisvereitelung aufzufassen, wenn dies bewusst und zweckgerichtet, also entgegen dem Gebot von Treu und Glauben geschieht. Sachverhalte, in denen diese Voraussetzungen nicht erfüllt werden, können somit nicht zu einer Beweisvereitelung führen. Dass dennoch solche Fälle nicht folgenlos bleiben müssen, wird noch darzulegen sein.

II. Rechtsfolgen einer Beweisvereitelung

Lässt sich bei der Begriffsbeschreibung zumindest im Kern eine weit gehende Übereinstimmung feststellen, so trifft dies nicht auf die Rechtsfolgen zu, die ein beweisvereitelndes Verhalten auslösen soll. Die Vorschläge reichen von einer Umkehr der Feststellungslast, über eine Herabsetzung des erforderlichen Beweismaßes bis zu

---

12 BGH NJW 2006, 434.
13 MüKoBGB/*Krüger*, 7. Auflage 2016, § 259 Rn. 6 mN.
14 Baumgärtel ZZP 69 (1956), 89, 106.

Reaktionen im Rahmen der richterlichen Beweiswürdigung.[15] Während der BGH sich zunächst für eine Beweislastumkehr aussprach,[16] hat er später die Auffassung vertreten, einer Beweisvereitelung solle mit Beweiserleichterungen begegnet werden, die bis hin zur Beweislastumkehr gehen könnten.[17] Die mit einer solchen Formel bewirkte Flexibilität wird jedoch mit einer Rechtsunsicherheit erkauft, bei der im Einzelfall offen bleibt, von welchen Voraussetzungen welche Sanktionen abhängig sind.[18] In einer neueren Entscheidung hat der BGH bei groben Behandlungsfehlern eines Arztes die gebotene Reaktion auf ein beweisvereitelndes Verhalten in einer Umkehr der objektiven Beweislast gesehen und anderen Beweiserleichterungen demgegenüber keine eigenständige Bedeutung beigemessen.[19] Dass jedoch der BGH mit dieser Entscheidung eine grundsätzliche Änderung seiner bisherigen Rechtsprechung in Fällen einer Beweisvereitelung vollziehen und zu seiner ursprünglich vertretenen Auffassung zurückkehren wollte, ist zu verneinen. Dagegen spricht die ausdrückliche Bezugnahme auf einen groben ärztlichen Behandlungsfehler[20] und die Tatsache, dass in folgenden Entscheidungen außerhalb der Arzthaftung eine Lösung im Rahmen der richterlichen Beweiswürdigung gesucht [21] und wiederum unter Berufung auf eine ständige Rechtsprechung die Auffassung vertreten wird, dass eine Beweisvereitelung Beweiserleichterungen zur Folge habe, die in Ausnahmefällen bis hin zur Beweislastumkehr gehen könnten.[22]

Um einen eigenen Standpunkt in diesem Problembereich zu gewinnen, empfiehlt es sich, seine Aufmerksamkeit auf die Vorschriften in der ZPO zu richten, in denen über eine Beweisvereitelung entschieden wird. Auf diese Weise lässt sich feststellen, wie der Gesetzgeber eine Beweisvereitelung behandelt und welche Reaktionen er für angemessen hält. Einschlägige Vorschriften finden sich im Rahmen der gesetzlichen Regelungen des Urkundenbeweises (§§ 427, 441 Abs. 3, 444 ZPO) und der Parteivernehmung (§§ 446, 453 Abs. 2, 454 Abs. 1 ZPO). Bemerkenswert erscheint, dass zumindest nach dem Wortlaut der Vorschriften Differenzierungen in den Rechtsfolgen feststellbar sind, die aus der beschriebenen Beweisvereitelung zu ziehen sind. Während bei der Verweigerung einer Parteivernehmung ausdrücklich betont wird, dass nach freier Überzeugung und Ermessen des Gerichts über die Beweisvereitelung zu urteilen ist, kann das Gericht bei einer Vereitelung des Urkundenbeweises den verhinderten Beweis als geführt ansehen. Der Wortlaut der §§ 427, 441 Abs. 3 und 444 ZPO spricht dafür, dass in den durch diese Vorschriften geregelten Fällen von dem Erfolg des wegen der Beweisvereitelung gescheiterten Beweises ausgegangen werden kann, obwohl das Gericht eine entsprechende Überzeugung nicht gewonnen

---

15 Vgl. die Darstellung von MüKoZPO/*Prütting* (Fn. 1) Rn. 85 ff.
16 BGH NJW 1952, 867; 1972, 1131; 1976, 1315, 1316.
17 BGH NJW 1996, 315, 317; 1998, 79, 81; 2004, 222; NJW-RR 2005, 1051, 1052, jeweils mwN.
18 Kritisch deshalb zu Recht *Laumen* NJW 2002, 3739; MüKoZPO/*Prütting* (Fn. 1) Rn. 88.
19 BGH NJW 2004, 2011, 2012 f.
20 Zur Besonderheit dieser Fallgruppe vgl. *Laumen* NJW 2002, 3739, 3743 f.
21 Vgl. BGH 2008, 982, 984 Rn. 19.
22 BGH NJW 2006, 434, 436 Rn. 23; 2009, 360, 362 Rn. 23.

hat. Dies könnte auf eine Regelung der Feststellungslast hinweisen.[23] Eine solche Lösung würde den Vorschlägen übereinstimmen, die im Schrifttum insbesondere aber durch die Rechtsprechung gemacht werden, die – wie bereits ausgeführt – bis heute eine Beweislastumkehr nicht ausschließt. Es muss also der Frage nachgegangen werden, ob in Fällen, in denen eine Partei durch ihr Verhalten ihrem Gegner den Beweis unmöglich macht, ihr die Feststellungslast aufzuerlegen ist.

Gegen den Vorschlag, eine Beweisvereitelung stets mit einer Umkehr der Feststellungslast zu sanktionieren gibt es gewichtige Einwendungen. Der Jubilar hat es zu Recht als eine nicht angemessene Reaktion bezeichnet, bei einer fahrlässigen Beweisvereitelung der beweisvereitelnden Partei die Feststellungslast zuzuweisen und damit regelmäßig ihren Prozessverlust zu bewirken.[24] Aber auch in Fällen einer vorsätzlichen Beweisvereitelung ist die Umkehr der Feststellungslast kein geeignetes Mittel. Vereitelt der Gegner der beweisführungs- und feststellungsbelasteten Partei ihr den Beweis durch ein bestimmtes Beweismittel zB durch Weigerung, die Anschrift eines wichtigen Zeugens mitzuteilen oder eine bestimmte Urkunde vorzulegen, dann kann der Beweis durchaus noch auf andere Weise geführt werden und sich deshalb ein non liquet und damit die Notwendigkeit einer Beweislastentscheidung überhaupt nicht ergeben. Bei einer beweisvereitelnden Handlung jedoch jede weitere Aufklärung des Sachverhalts einzustellen und wegen der daraus folgenden Beweislosigkeit eine Beweislastentscheidung zu treffen, erscheint nicht als eine vertretbare Konsequenz. Dies entspricht auch der Auffassung des BGH, wie sich dies eindeutig aus einer neuen Entscheidung ergibt.[25] Wörtlich heißt es dort: »Die Beweisvereitelung durch den Gegner der beweisbelasteten Partei führt nicht bereits als solche zum Verlust des Prozesses, sondern allenfalls dazu, dass ihr Verhalten im Rahmen der Beweiswürdigung (§ 286 ZPO) zu ihren Lasten gewürdigt werden kann (folgen Zitate). Die Annahme einer Beweisvereitelung durch eine Partei rechtfertigt nicht die Annahme, dass vom Vortrag der beweisbelasteten Partei auszugehen ist.« Dies lässt deutlich sein, dass der BGH die Umkehr der Feststellungslast bei einer Beweisvereitelung ausschließt.

Ein weiterer gewichtiger Einwand gegen eine Umkehr der Feststellungslast als Reaktion auf ein beweisvereitelndes Verhalten ergibt sich aus der Erwägung, dass auch die feststellungsbelastete Partei ihrem Gegner den ihm obliegenden Gegenbeweis unmöglich machen kann, jedoch in diesem Fall sich die Feststellungslast nicht umkehren kann, weil sie bereits die beweisvereitelnde Partei trägt. Ein Beispiel soll diese Feststellung erläutern:

Der Kläger wird bei einem Verkehrsunfall verletzt. Die Parteien streiten darüber, wer von ihnen eine Vorfahrtverletzung begangen hat. Die Umstände des Falles sprechen für die Darstellung des Klägers, so dass von einem entsprechenden Verschulden des Beklagten ausgegangen werden muss. Im Fahrzeug des Klägers befand sich zum Unfallzeitpunkt eine weitere Person, die der Beklagte als Zeugen für seine Sachverhaltsdarstellung benennt. Der

---

23 So *Schönke* ZAkDR 1939, 193; *Nikisch*, Zivilprozessrecht, 2. Auflage 1952, § 82 VI 3 (S. 324).
24 MüKoZPO/*Prütting* (Fn. 1) Rn. 85.
25 BGH GRUR 2016, 88, 92 f. Rn. 48; ähnlich bereits BGH NJW 2008, 982, 984 Rn. 19.

> *Kläger weigert sich den Namen und die Anschrift dieses Zeugen zu nennen und gibt dafür private Gründe an. Würde der Zeuge den Sachvortrag des Beklagten glaubhaft bestätigen, wäre der Gegenbeweis erfolgreich geführt und das Gericht könnte nicht aufgrund der bisherigen Feststellungen die Klage zusprechen. Es kommt somit darauf an, welche Konsequenzen aus der Weigerung des Klägers zu ziehen sind, Namen und Anschrift des Zeugen zu nennen. Eine Umkehr der Feststellungslast kommt – wie bereits festgestellt – nicht in Betracht.*

In Betracht kommt allerdings eine Umkehr der Beweisführungslast,[26] denn von dieser Last kann auch der Gegner der feststellungsbelasteten Partei betroffen sein.[27] Da der BGH den Begriff der Beweislast ohne Unterscheidung zwischen ihrer objektiven und subjektiven Seite verwendet, ist eine Deutung der Rechtsprechung des BGH in diesem Sinne durchaus vertretbar, zumal die Beweisführungslast wie Beweiserleichterungen, die der BGH als Reaktion auf eine Beweisvereitelung erwägt, im Bereich der richterlichen Beweiswürdigung anzusiedeln sind. Die Rechtsprechung des BGH wäre dann der im Schrifttum überwiegend vertretenen Auffassung zuzurechnen, eine Beweisvereitelung stets im Rahmen der Beweiswürdigung zu berücksichtigen.

Dass der Gesetzgeber anders entschieden hat und bei Vereitelung eines Urkundenbeweises den Gegner des Beweisführers die Feststellungslast auferlegen wollte, ist noch aus einem weiteren Grund zu verneinen. In den §§ 427, 441 Abs. 3 und 444 ZPO wird es in das Ermessen des Gerichts gestellt, ob der vereitelte Beweis als geführt anzusehen ist. Die Feststellungslast wird jedoch durch strikte Normen geregelt und eine Anwendung dieser Normen kann nicht von einem richterlichen Ermessen abhängig gemacht werden.[28] Dies schließt es aus, dass die gesetzliche Regelung in den genannten Vorschriften im Sinne einer Umverteilung der Feststellungslast zu interpretieren ist.

Es bleibt zu klären, ob sich die dem Gericht eingeräumte Möglichkeit, als Sanktion eines beweisvereitelnden Verhaltens einen gescheiterten Beweis als geführt anzusehen, mit dem Grundsatz der freien Beweiswürdigung vereinbaren lässt. Hierfür kommt es darauf an, welche Umstände für die Ermessensentscheidung des Gerichts für maßgebend zu halten sind. In erster Linie wird das Gericht auf die Gründe und Ursachen sehen, die zu der Beweisvereitelung geführt haben. Für die Folgerungen, die vom Gericht aus einer Beweisvereitelung gezogen werden, macht es durchaus einen Unterschied, ob der Gegner des Beweisführers nur deshalb die Urkunde nicht vorlegen kann, weil er sie nicht sorgfältig aufbewahrt hat und sie deshalb verloren gegangen ist, oder ob er die in seinem Besitz befindliche Urkunde bewusst dem Gericht vorenthält. Auch wird das Gericht berücksichtigen, welche Bedeutung der nicht vorgelegten Urkunde für die Feststellung der rechtserheblichen Tatsachen zukommt. Schließlich spielt es eine Rolle, ob es auf die nicht zur Verfügung stehende Urkunde für die Aufklärung der streitigen Tatsache entscheidend ankommt oder ob der vereitelte Beweis durch andere Beweismittel geführt werden kann. Bei der Bewertung

---

26 Vgl. *Laumen* NJW 2002, 3739, 3745 f., der dies an einem gleichen Beispiel nachweist.
27 *Musielak*, Die Grundlagen der Beweislast im Zivilprozess, 1975, S. 39 f.
28 *Laumen* (Fn. 5) § 3 Rn. 21.

dieser und noch weiterer Umstände bildet der Grundsatz der freien richterlichen Beweiswürdigung den Maßstab. Regelmäßig wird der Umstand, dass der Gegner der mit der Beweisführung belasteten Partei ihr die Beweisführung unmöglich macht, alleine nicht ausreichen, um den vereitelten Beweis als geführt zu unterstellen. Auch das Gesetz zieht diese Konsequenz nicht. Denn gemäß § 444 ZPO bleibt selbst in dem Fall, dass eine Partei eine Urkunde in der Absicht beseitigt, um ihre Benutzung als Beweismittel zu verhindern, Raum für eine Wertung durch das Gericht, bei der davon abgesehen werden kann, die Behauptungen des Gegners über die Beschaffenheit und den Inhalt der Urkunde als bewiesen anzusehen. Andererseits müssen die Nachteile, die einer Partei durch die vom Gegner vorgenommene Beweisvereitelung entstehen, ausgeglichen werden. Dies lässt sich im Rahmen der richterlichen Beweiswürdigung am besten dadurch erreichen, dass die Anforderungen an den Beweis der Tatsache vermindert werden, auf die der vereitelte Beweis gerichtet ist. Auf diese Weise lassen sich die gesetzlichen Regelungen über die Beweisvereitelung beim Urkundenbeweis in den Rahmen einfügen, der durch den Grundsatz der freien richterlichen Beweiswürdigung im Zivilprozess geschaffen wird. Der Richter kann dabei vor allem berücksichtigen, welcher Verschuldensvorwurf die beweisvereitelnde Partei trifft und danach die Anforderungen bemessen, die von ihm an die Beweisführung der benachteiligten Partei zu stellen sind. Konkret bedeutet dies eine Absenkung des Beweismaßes gegenüber dem Regelfall.

Erläuternd ist dazu auf Folgendes hinzuweisen: Das Beweismaß wird durch eine von Rechtsprechung und Rechtswissenschaft aus § 286 Abs. 1 ZPO abgeleitete Rechtsregel festgelegt, durch die bestimmt wird, welche Anforderungen der Richter an den Beweis rechtserheblicher Tatsachen zu stellen hat.[29] Regelmäßig wird als Beweismaß ein hoher Grad von Wahrscheinlichkeit verlangt, der zur Feststellung streitige Tatsachenprozesses erreicht werden muss[30] und der mit Formulierungen wie »jeden vernünftigen Zweifel ausschließen Grad von Wahrscheinlichkeit«[31] oder »an Sicherheit grenzender Wahrscheinlichkeit«[32] beschrieben wird. Dieses aus § 286 Abs. 1 ZPO abzuleitende Regelbeweismaß wird in einer Reihe von Fällen durch andere Rechtsvorschriften verändert. So begnügt sich das Gesetz bei manchen Sachverhalten lediglich mit einem Glaubhaftmachen (zB §§ 44 Abs. 2, 104 Abs. 2, 236 Abs. 2, 296 Abs. 4, 920 Abs. 2 ZPO) und schafft dadurch nicht nur eine Erleichterung in der Beweisführung (§ 294 Abs. 1 ZPO), sondern lässt auch einen geringeren Grad von Wahrscheinlichkeit für einen gelungenen Beweis genügen. Ebenso wird im Rahmen einer Schadensermittlung aufgrund des § 287 Abs. 1 ZPO durchweg ein geringerer Wahrscheinlichkeitsgrad für genügend gehalten.[33] Es erscheint also durchaus erwägenswert, nicht nur in den Fällen einer Beweisvereitelung beim Urkundenbeweis

---

29 *Prütting*, Gegenwartsprobleme der Beweislast, 1983, S. 59; *Musielak/Voit*, Grundkurs ZPO, 13. Auflage 2016, Rn. 828.
30 *Huber*, Das Beweismaß im Zivilprozess, 1982, S. 122.
31 BGHZ 18, 311, 318; BGH VersR 1959, 632.
32 RGSt 51, 127; 58, 130 f.
33 Musielak/Voit/*Foerste* (Fn. 2) § 287 Rn. 6 f.

aufgrund der gesetzlichen Regelungen, sondern auch in anderen Fällen einer Beweisvereitelung eine Verminderung des Beweismaßes aufgrund eines entsprechenden Richterrechts vorzunehmen. Auch für eine solche Lösung des Problems der Beweisvereitelung gibt es Befürworter.[34]

Eine Verminderung des Beweismaßes scheitert nicht an dem Gebot, die vom Richter an die Beweisführung zu stellenden Anforderungen durch eine Rechtsregel verbindlich festzulegen. Eine solche Rechtsregel kann durch Richterrecht geschaffen werden. Wenn der BGH für Beweiserleichterungen in Fällen einer Beweisvereitelung eintritt, dann spricht dies dafür, dass er die Anforderungen an den Beweis absenkt, der vom Gegner der beweisvereitelnden Partei zu führen ist. Dass durch Richterrecht eine Verminderung des Beweismaßes vorgenommen wird, bedeutet kein einzigartiges Phänomen, sondern kommt durchaus auch in anderen Fällen vor, wie sich am Beispiel des Anscheinsbeweises der Kausalität feststellen lässt, bei dem wegen der Schwierigkeiten der zu treffenden Tatsachenklärungen[35] in ständiger Rechtsprechung des BGH eine Reduktion der Beweisanforderungen vollzogen wird.[36]

Ein durchaus bedeutsamer Einwand gegen den Vorschlag, auf eine Beweisvereitelung mit der Herabsetzung des Beweismaßes zu reagieren, ergibt sich aus der Überlegung, dass in Fällen, in denen einer Partei durch die Beweisvereitelung jede Beweisführung unmöglich gemacht wird, eine Beweismaßreduzierung nicht zu helfen vermag, wenn der Richter dadurch gehindert wird, die erforderlichen Erkenntnisse zu gewinnen.[37] Nun wird ein solcher Fall allerdings äußerst selten vorkommen. Regelmäßig ergeben sich aus den Umständen des Falles für den Richter trotz der Beweisvereitelung ausreichende Hinweise, die für oder gegen die Richtigkeit der von den Parteien vorgetragenen Behauptungen sprechen. Insbesondere die Sätze der Lebenserfahrung, dass jeder vernünftig Denkende und Handelnde für ihn günstige Beweismittel sichern wird, wenn für ihn ein Rechtsstreit vorausehbar ist, und dass er dem Gericht solche Beweismittel vorlegt, wenn sie seine Sachverhaltsdarstellung stützen können, gibt der beweisvereitelnden Partei auf zu erklären, warum sie anders handelt.[38] Wenn sich jedoch aus einem beweisvereitelnden Verhalten keinerlei Schlüsse zulasten des dafür Verantwortlichen ziehen lassen und sich auch aus sonstigen Umständen des Falles nicht ableiten lässt, dass die vom Gegner der beweisvereitelnden Partei aufgestellte und zu beweisende Behauptung richtig ist, kann allein auf die Beweisvereitelung die Entscheidung des Gerichts nicht gestützt werden. Es bleibt dann bei der auch sonst geltenden Verteilung der Feststellungslast und bei dem da-

---

34 *Maassen*, Beweismaßprobleme im Schadensersatzprozess, 1975, S. 181; *Bender*, FS Baur, 1981, S. 247, 267; *Walter*, Freie Beweiswürdigung, 1979, S. 236; Hk-ZPO/*Saenger*, 6. Auflage 2014, § 286 Rn. 14.
35 *Musielak*, Festschrift für Gottwald, 2014, S. 465.
36 *Leipold*, Beweismaß und Beweislast im Zivilprozess, 1985, S. 16; *Laumen* (Fn. 5) § 12 Rn. 7; *Huber* (Fn. 30) S. 135; *Engels*, Der Anscheinsbeweis der Kausalität, 1993, S. 211 f.
37 MüKoZPO/*Prütting* (Fn. 1) Rn. 87.
38 Auf die Bedenken, die im Schrifttum gegen die Anwendung solcher Erfahrungssätze geltend gemacht werden (vgl. Laumen [Fn. 5] Rn. 14 f.) wird später eingegangen werden.

mit regelmäßig verbundenen Ergebnis, dass die beweisfällige Partei den Rechtsstreit verliert.

Die aus der gesetzlichen Regelung der Beweisvereitelung beim Urkundenbeweis zu abzuleitende Rechtsfolge besteht also in einer Beweiserleichterung zu Gunsten des Gegners der beweisvereitelnden Partei, die durch eine Absenkung des Beweismaßes zu vollziehen ist. Ebenso ist bei einer Beweisvereitelung im Rahmen des Beweises durch Parteivernehmung zu verfahren, um eine einheitliche Lösung auf der Grundlage der gesetzlichen Regelungen einer Beweisvereitelung in der ZPO zu erreichen. Über die gesetzlichen Fälle der Beweisvereitelung hinaus erscheint es als eine angemessene Reaktion, auf ein beweisvereitelndes Verhalten stets der benachteiligten Partei mit gleichen Beweiserleichterungen zu helfen.[39] Dem richterlichen Ermessen ist dabei der erforderliche Raum zu lassen, um die Umstände des Einzelfalls zu berücksichtigen und darauf angemessen zu reagieren. Der Richter entscheidet somit über die von ihm zu stellenden Anforderungen an den Beweis, also darüber, wie er die Nachteile ausgleicht, die der beweisführungsbelasteten Partei durch die Beweisvereitelung entstanden sind. Allerdings wird man als Mindestmaß einer Absenkung der Beweisanforderungen verlangen müssen, dass eine überwiegende Wahrscheinlichkeit für die Richtigkeit der zu beweisenden Behauptung spricht. Kommt dagegen das Gericht unter Berücksichtigung aller für seine Bewertung bedeutsamen Umstände zu dem Ergebnis, dass für die Richtigkeit der Behauptung, zu deren Feststellung der vereitelte Beweis geführt werden sollte, eine geringere Wahrscheinlichkeit spricht alles für das Gegenteil, dann kann es nicht als gerechtfertigt angesehen werden, nur wegen des beweisvereitelnden Verhaltens den Beweis als geführt zu werten.

Die Auffassung, den vereitelten Beweis zwar in jedem Fall als geführt anzusehen, jedoch das Ergebnis dieses Beweises, die durch ihn zu beweisende Behauptung, im Rahmen der freien richterlichen Beweiswürdigung aufgrund aller dafür in Betracht zu ziehenden Umstände unter Beibehaltung des Regelbeweismaßes auf ihre Richtigkeit überprüfen,[40] wird in vielen Fällen zu demselben Ergebnis führen wie der hier empfohlene Lösungsvorschlag. Dies ist nur anders, wenn diese Prüfung zu einem Ergebnis gelangt, dass getroffenen Feststellungen auf der Grundlage des Regelbeweismaßes für die Beweisführung nicht ausreichen, selbst wenn die überwiegende Wahrscheinlichkeit für die Richtigkeit der Behauptung spricht, auf die der vereitelte Beweis gerichtet ist.

III. Die Behandlung von Fällen fehlenden Verschuldens

Gemäß der fast einhellig vertretenen Auffassung, dass die beweisvereitelnde Partei schuldhaft handeln muss, ist davon auszugehen, dass von einer Beweisvereitelung nicht gesprochen werden kann, wenn die Beweisführung durch ein Verhalten unmöglich gemacht wird, dass keine Pflichtwidrigkeit bedeutet. Es handelt sich hierbei

---

39 BVerwG BeckRS 2016, 46311.
40 *Laumen* (Fn. 5) Rn. 41 ff.; *Weber*, Der Kausalitätsbeweis im Zivilprozess, 1997, S. 216 f.

vornehmlich um Fälle, in denen es in einem vorprozessualen Stadium unterlassen wird, Vorgänge aufzuzeichnen sowie Gegenstände zu erhalten, die zur Klärung von Tatsachen in einem Prozess bedeutsam sein können, den man zumindest als möglich einschätzen muss, und in denen keine Pflicht zur Beweissicherung besteht. Dennoch kann ein solches Verhalten im Rahmen der richterlichen Beweiswürdigung berücksichtigt werden. Denn auch dann wirkt sich der bereits zitierte Satz der Lebenserfahrung aus, dass es einem vernünftigen Verhalten entspricht, solche Beweise zu sichern, die in einem möglichen Rechtsstreit zur Untermauerung des eigenen Standpunktes dienen können. Von demjenigen, der sich anders verhält, kann man eine plausible Erklärung für sein Verhalten erwarten. Der Richter kann also das Verhalten der Partei und die dafür gegebene Erklärung bewerten und daraus Schlüsse auch zum Nachteil dieser Partei ziehen.

Es geht bei Anwendung eines solchen Erfahrungssatzes ausschließlich darum, eine Erklärung von demjenigen zu verlangen, der gegen die eigenen Interessen handelt, wenn er ein ihm günstiges Beweismittel nicht sorgfältig verwahrt hat und deshalb sie in einem für ihn erkennbar bevorstehenden Rechtsstreit nicht vorlegen kann. Es geht nicht darum, diesen Erfahrungssatz als Rechtsgrundlage zu verwenden, um darauf eine alle Fälle umfassende Rechtfertigung für Sanktionen zu stützen.[41] Der Richter hat es viel mehr von der vorgetragenen Begründung abhängig zu machen, wie er das Verhalten der betroffenen Partei wertet und welche Konsequenzen der daraus zieht.

IV. Zusammenfassung

Als Beweisvereitelung ist ein schuldhaftes Verhalten zu bezeichnen, das dazu führt, der Gegenpartei den von ihr zu erbringenden Beweis unmöglich zu machen. Eine Erschwerung der Beweisführung reicht dafür nicht aus. Da ein Verschulden Pflichtwidrigkeit voraussetzt, kommt es darauf an festzustellen, ob gegen eine Pflicht zuwidergehandelt wurde, Vorgänge aufzuzeichnen sowie Gegenstände zu erhalten und vorzulegen, die der Beweisführung der Gegenpartei dienen können. Eine Pflicht zur Beweissicherung kann bereits in einem vorprozessualen Stadium bestehen, wenn bei Anwendung der gebotenen Sorgfalt erkennbar ist, dass es zu einem Zivilprozess kommen kann, in dem das zu sichernde Beweismittel Bedeutung erlangen kann. Pflichtwidrig und schuldhaft handelt auf jeden Fall derjenige, der nach Beginn eines Zivilprozesses seinem Gegner bewusst und zielgerichtet einen Beweis unmöglich macht, denn er verstößt damit offensichtlich gegen das Gebot von Treu und Glauben, dass ihm aufgibt ein solches Verhalten zu unterlassen.

Den in der ZPO zu findenden Regelungen über ein beweisvereitelndes Verhalten ist zu entnehmen, dass der dadurch betroffenen Partei Beweiserleichterungen zu gewähren sind, über die der Richter in dem ihm überlassenen Rahmen der Beweiswürdigung zu befinden hat. Dabei reicht regelmäßig allein die Tatsache nicht aus,

---

41 Davon geht offenbar *Laumen* (Fn. 5) Rn. 14 f. aus.

dass eine Partei ihrem Gegner die Beweisführung unmöglich gemacht hat, um den vereitelten Beweis als geführt anzusehen. Zumindest muss für die zu beweisende Behauptung eine größere Wahrscheinlichkeit sprechen als für das Gegenteil. Ob höhere Anforderungen als eine überwiegende Wahrscheinlichkeit an die Beweisführung der benachteiligten Partei zu stellen sind, entscheidet der Richter aufgrund aller beachtenswerten Umstände des Einzelfalls. Der Grad des Verschuldens, das der beweisvereitelnden Partei vorzuwerfen ist, liefert dabei einen wichtigen Anhaltspunkt.

Über die gesetzlichen Regelungen hinaus ist nach gleichen Maßstäben auch bei ungeregelt gebliebenen Fällen einer Beweisvereitelung zu verfahren. Die von der Rechtsprechung verwendete Formel von den Beweiserleichterungen als Reaktion auf eine Beweisvereitelung, die bis zur Umkehr der Beweislast gehen könne, verträgt sich durchaus mit der hier vorgeschlagenen Lösung, wenn man die Wendung von der Umkehr der Beweislast dahingehend präzisiert, dass damit die Beweisführungslast, also die subjektive Beweislast, gemeint ist. Denn geht der Richter aufgrund seiner Wertungen davon aus, dass der vereitelte Beweis im konkreten Fall als geführt anzusehen ist, trifft die Beweisführungslast die Gegenpartei, der obliegt, ein Gegenbeweis zu führen. Um die Feststellungslast kann sich schon deshalb nicht handeln, weil sie durch feste Rechtsregel bestimmt wird und dem Ermessen des Richters keinen Raum lässt.

Die vorweggenommene Beweiswürdigung im Zivilprozess

Georgios Orfanidis

I. Einleitung

Die ZPO enthält keine allgemeinen Vorschriften über den Umfang der Beweisaufnahme und insbesondere über die Frage, ob und unter welchen Voraussetzungen das Gericht Beweisanträge der Parteien ablehnen kann. Damit steht die ZPO in einem auffallenden Kontrast zur StPO, die in § 244 eine ausdrückliche Regelung dieser Problematik enthält.[1] Das Problem der Ablehnung von Beweisanträgen wird im Zivilprozessrecht von Rechtsprechung und Lehre meist unter dem Gesichtspunkt des Verbots der Vorwegnahme eines Beweisergebnisses behandelt.[2] Man geht von der Verpflichtung des Gerichts aus, die angebotenen Beweismittel auszuschöpfen.

Der Jubilar hat sich intensiv und wiederholt mit Fragen des Beweisrechts beschäftigt,[3] sodass der hier vorliegende Beitrag möglicherweise sein Interesse finden wird.

II. Die Begründung für das Verbot einer Vorwegnahme der Beweiswürdigung

Als sedes materiae für das Verbot einer Vorwegnahme der Beweisergebnisse wird der Grundsatz der freien Beweiswürdigung angesehen (§ 286 ZPO).[4] Dieser erfordert, dass alle Beweismöglichkeiten ausgeschöpft werden, bevor der Richter zu ihrer Würdigung schreitet. Sonst liegt ein Verfahrensverstoß vor, der in der fehlerhaften Bildung der richterlichen Überzeugung zu erblicken ist. Man weist darauf hin, dass eine umfassende Vorabwürdigung der Beweise notwendigerweise unmöglich sei. Der Wert eines Beweismittels lasse sich erst nach seiner Erhebung messen. Die höchstrichterliche Rechtsprechung hat wiederholt unterstrichen, dass das Gericht

---

1 Vgl. *Schlosser*, FamRZ 1976, 6.
2 Vgl. etwa *Stein/Jonas/Leipold*, ZPO, 22. Aufl. 2008 § 284 Rn. 64 ff. PG – *Laumen*, ZPO, 7. Aufl. 2015, § 284 Rn. 48; *Lepa*, Beweislast und Beweiswürdigung im Haftpflichtprozeß, 1988, S. 60; *Schneider*, ZZP 75, S. 173 (182); *Baumgärtel/Laumen*, Handbuch der Beweislast, 3. Aufl. 2016, S. 45 ff; Bericht der Kommission zur Vorbereitung einer Reform der Zivilgerichtsbarkeit, 1961, S. 239; Bericht der Kommission für das Zivilprozeßrecht, 1977, S. 125.
3 Vgl. nur *Prütting*, Gegenwartsprobleme der Beweislast, 1983; *Baumgärtel/Laumen/Prütting*, Handbuch der Beweislast, 3.Aufl. 2016.
4 Vgl. z.B. *Rosenberg/Schwab/Gottwald*, Zivilprozessrecht, 17. Aufl 2010, § 116 I1; aus der Rechtsprechung BGH WM 2013, 426, 428.

das Ergebnis einer Beweisaufnahme nicht voraussagen kann. Dies gelte insbesondere für den Zeugenbeweis.[5] Darüber hinaus wird auch aus der Verhandlungsmaxime und der Pflicht zur Wahrheitserforschung entnommen, dass Beweisangebote auszuschöpfen sind.[6] Schließlich spielt der Anspruch auf rechtliches Gehör eine wichtige Rolle.[7] Die Problematik hat in den letzten Jahrzehnten einen neuen Akzent erhalten. So hat *Habscheid* aus dem Grundgesetz ein »Recht auf Beweis« abgeleitet. Aus ihm sei zu folgern, dass auch fragwürdige Beweismittel nicht generell ausgeschlossen sind und dass das Recht der Parteien, Beweise anzubieten, grundsätzlich nicht beschränkt werden darf.[8]

III. Die analoge Anwendung des § 244 StPO

Der BGH hat sich wiederholt dafür ausgesprochen, dass § 244 StPO, der bestimmte Ablehnungsgründe für Beweisanträge vorsieht, auch im Zivilprozessverfahren anzuwenden ist. Er hat sich dabei eher mit der knappen Formulierung begnügt, die Vorschrift stelle das Ergebnis einer jahrzehntelangen Rechtsprechung dar.[9] Das Schrifttum hat sich zum Teil dem BGH angeschlossen.[10] Die wohl überwiegende Meinung hält die Anwendung des § 244 StPO nicht für erforderlich.[11] Diesbezüglich ist kritisch anzumerken, dass mit Rücksicht auf die gesetzliche Normierung § 244 StPO, wenn überhaupt, nur mit Einschränkungen in der ZPO Anwendung finden kann. Wie noch zu zeigen sein wird, erlaubt z.B. § 445 II bei der Parteivernehmung eine vorweggenommene Beweiswürdigung, während sie im Rahmen des § 244 StPO gerade verboten ist. § 244 Abs. 3 StPO sieht ferner einen Ablehnungsgrund wegen völliger Wertlosigkeit des Beweismittels vor. Indes wird der Begriff im Straf- und

---

5 Vgl. BGHZ 53, 245, 260; BGH DRIZ 1974, 27; MDR 1988, 513; BAG AP Nr 18 zu § 3 KSchG; s. ferner BVerfG 1993, 254, 255. Aus dem zivilprozessualen Schrifttum s. bereits *Stein*, Das private Wissen des Richters, 1893, Neudruck Aalen 1969, S. 99 f; *Goldschmidt*, Der Prozeß als Rechtslage, 1925, Neudruck Aalen 1962, S. 445; *E. Schneider*, MDR 1969, 268.
6 *Schönke*, FG Rosenberg, 1949, S. 217; OLG München NJW 1972, 2049.
7 Vgl. etwa *Rosenberg/Schwab/Gottwald*, Zivilprozessrecht, 17. Aufl 2010, § 116 I 1. *Stein/Jonas/Leipold*, aaO, § 284 Rn. 55; *Musielak/Foerste*, ZPO 9. Aufl. 2012 § 284 Rn. 14, Münchkomm ZPO/*Prütting*, 4. Aufl. 2013 § 284, Rn. 91.
8 *Habscheid*, SJZ 1984, 381 ff; s. ferner *Baumgärtel*, FS Matscher, 1993, S. 29 (32 f.); neuerdings, *Diakonis Antonios*, Grundfragen der Beweiserhebung von Amts wegen im Zivilprozess, 2014, S. 69 ff.
9 BGHZ 51, 245 (258 ff.); DRIZ 1962, 167 und 1966, 381; FamRZ 1986, 1194; NJW 1996, 2501.
10 *Thomas/Putzo*, ZPO, 33. Aufl. 2012 § 284 Rn. 3; *Schlosser*, FamRZ 1976, 6; *Stein/Jonas/Leipold*, ZPO, aaO, § 412 Rn. 9; vgl. auch *Baumgärtel/Laumen*, aaO, S. 47.
11 Vgl. insbesondere *E. Schneider*, ZZP 75, 173 (179 ff.); *Rosenberg/Schwab*, Zivilprozessrecht, 14. Aufl. § 119 I 1Fn. 2 (einschränkend jetzt *Rosenberg/Schwab/Gottwald*, aaO, § 116 I 1 Fn. 3); AK-ZPO-*Rüßman*, § 384 Rn. 2; *Gamp*, Die Ablehnung von Beweisanträgen im Zivilprozeß – Zugleich ein Beitrag zur Lehre von der Anwendbarkeit des § 244 StPO, 1980, S. 122.

Zivilprozess unterschiedlich verstanden, was bis jetzt nicht hinreichend beachtet worden ist. Im Strafprozess wird nämlich angenommen, dass der Schluss auf die völlige Ungeeignetheit ohne Rückgriff auf das bisher gewonnene Beweisergebnis zu erfolgen hat.[12] Anders ist es im Zivilprozess, wo man auf das Ergebnis einer bereits durchgeführten Beweisaufnahme abstellt.[13] Unklar ist weiterhin die Anwendung des § 244 in Bezug auf den Augenschein. Insoweit wird nämlich der Antrag auf Einnahme des Augenscheins im Strafprozess dem Ermessen des Gerichts anheimgestellt.[14]

IV. Beweisantrag – Rechtliches Gehör

Das rechtliche Gehör hat immer eine Rolle bei der Entwicklung des Beweisantragsrechts gespielt. Bereits in den Beratungen der Reichstagskommission wies *Bähr* darauf hin, dass in der Zurückweisung eines zulässigen Beweismittels eine Versagung des rechtlichen Gehörs und damit eine Rechtsverletzung liege.[15] Bei der zweiten Lesung des Entwurfs begründete ferner *Bähr* einen von ihm zusammen mit *Struckmann* unterbreiteten Vorschlag, der auf Beschränkung des Befugnisses des Gerichts, Beweisanträge zu verwerfen, abzielte, mit dem Hinweis darauf, dass der Vorschlag das rechtliche Gehör der Parteien wahren will.[16]

Die Frage nach dem Verhältnis von Beweisanträgen und rechtlichem Gehör ist in gewisser Hinsicht streitig. Verschiedene Auffassungen laufen auf die These hinaus, dass das rechtliche Gehör für die Ablehnung von Beweisanträgen nicht aussagekräftig ist.[17] Es ist auch charakteristisch, dass sich die h.M. für ihre These über das Beweisvorwegnahmeverbot in der Regel auf das Prinzip der freien Beweiswürdigung und nicht auf die Verletzung des rechtlichen Gehörs beruft. Das BVerfG nimmt bekanntlich in ständiger Rechtsprechung die Pflicht der Fachgerichte an, Anträge und Ausführungen der Verfahrensbeteiligten zur Kenntnis zu nehmen und in Erwägung zu ziehen. Es hat die These aufgestellt, das rechtliche Gehör solle als Prozessgrundrecht sicherstellen, dass die erlassene Entscheidung frei von solchen Verfahrensfehlern ergeht, die ihren Grund in der unterlassenen Kenntnisnahme und Nichtberücksichtigung des Sachvortrags der Parteien hat.[18]

---

12 *KK-Fischer*, StPO, 6 Aufl. 2008, § 244 Rn. 149; *Löwe/Rosenberg/Becker*, StPO, 26. Aufl. 2010, § 244, Rn. 232.
13 BGH DRIZ 1959, 252; FamRZ 1986, 1194.
14 S. hierzu *Gamp*, aaO, S. 103 f.
15 *Hahn Carl*, Die gesammten Materialien zur Civilprozeßordnung, 1881, S. 668 im Hinblick auf die Frage, ob der Richter den Beweismitteln gegenüber souverän steht.
16 *Hahn*, aaO, S. 976.
17 Vgl. *Maunz/Düring*, GG 1988 Art 103 Rn. 73; *Kollhoser*, Zur Stellung und zum Begriff der Verfahrensbeteiligten im Erkenntnisverfahren der freiwilligen Gerichtsbarkeit, 1970, S. 217 ff., S. 222 f; s. auch BGH ZZP 79, 450 f. mit krit. Anm. von *Habscheid*; BVerfG NJW 1988, 723.
18 BVerfGE 25, 137, 140; 53, 219, 222; 60, 249.

Diese Rechtsprechung bedeutet indessen nicht, dass jedem Beweisantrag zu entsprechen ist. Das BVerfG hat nämlich ständig betont, dass es nicht gegen Art. 103 GG verstößt, wenn das Vorbringen eines Beteiligten aus Gründen des formellen oder materiellen Rechts unberücksichtigt bleiben muss oder kann. Art. 103 GG soll den Erlass von Entscheidungen frei von Verfahrensfehlern sicherstellen.[19] Die Frage, wann ein angebotener Beweisantrag abgelehnt werden kann, muss grundsätzlich im Rahmen des Zivilprozessrechts entschieden werden. Dass die ZPO hierüber keine ausdrückliche Regelung enthält, ist unerheblich. Die einschlägigen Grundsätze sind aus der Rechtsprechung und dem Schrifttum zu entnehmen. Davon geht auch das BVerfG aus. Es hat von der Berücksichtigung des Vortrags nach den Grundsätzen der ZPO und von Ablehnungsgründen, die im Zivilprozessrecht keine Stütze finden, gesprochen.[20]

Für die vorliegende Untersuchung ist daran festzuhalten, dass auch die Annahme eines Beweisantragsrechts als Ausfluss des rechtlichen Gehörs die Existenz von Ablehnungsgründen nicht ausschließt. § 244 StPO, der als einzige Vefahrensvorschrift allgemeine Ablehnungsgründe enthält, wird, soweit ersichtlich, als verfassungskonform angesehen. Das BVerfG hat sich ausdrücklich auf ihn bezogen.[21]

V. Kritische Würdigung

Es gilt im folgenden, bestimmte Vorschriften der ZPO im Hinblick auf das Verbot einer Vorwegnahme der Beweisergebnisse einer kritischen Würdigung zu unterziehen. Es sollen dabei die verschiedenen Fälle einer Beweisantizipation differenziert betrachtet werden, wobei zu berücksichtigen ist, dass mitunter in der Rechtsprechung und im Schrifttum zwischen den verschiedenen Konstellationen einer Vorwegnahme der Beweiswürdigung nicht unterschieden wird.

1. Wahrscheinlichkeit der Behauptung als Voraussetzung für die Beweiserhebung

Die h.M. geht davon aus, dass eine Beweiserhebung nicht davon abhängig gemacht werden kann, dass die Partei ihre Behauptung zuvor als wahrscheinlich darlegt.[22] Eine Beweiserhebung darf deshalb nicht mit der Bemerkung abgetan werden, ein solches Verhalten sei kaum anzunehmen.[23] Das Gesetz macht indessen die Parteiver-

---

19 BVerfGE 69, 143 f.; 60, 305, 300; 79, 50, 62; 70, 288, 294.
20 BVerfGE 53, 219, 222; 69, 141, 144; NJW 1993, 254 f; WM 2009, 671, 672; NJW – RR 2001, 1006; ähnlich BGH FamRZ 2014, 749-750.
21 NJW 1983, 1043, 1045; NJW 2004, 1443. Im Grunde auch BGH NJW 1993, 254 f.
22 Vgl. BGH LM Nr. 5 zu § 282 ZPO; bereits RG *Warn* 1922 Nr. 73; *Zöller – Stephan*, ZPO 17. Aufl. vor § 284 Rn. 5.
23 BGH DRIZ 1963, 28; JZ 1963, 32, 33; zuletzt BGH WM 2012, 990 (991); *Wieczorek/ Schüze/ Ahrens*, ZPO, 3 Aufl. 2008, § 284 Rn. 6.

nehmung von Amts wegen (§ 448) davon abhängig, dass das Ergebnis der Verhandlungen und einer etwaigen Beweisaufnahme nicht ausreicht, um die Überzeugung des Gerichts zu begründen. Wie es der BGH formuliert hat, es müsse bereits »einiger Beweis« erbracht sein.[24] Es wird damit für die Zulässigkeit des Beweismittels verlangt, dass ein gewisser Grad von Wahrscheinlichkeit für die Behauptung spricht. Hier liegt eine nach den Maßstäben der h.M. wenig beachtete Ausnahme von dem Verbot der Abhängigkeit einer Beweiserhebung von der Wahrscheinlichkeit der Behauptung vor. Es stellt sich die Frage, ob diese Regelung für die Parteivernehmumg charakteristisch ist. Der BGH hat diese Frage bejaht.[25] Die Regelung des § 448 scheint auf dem Misstrauen des Gesetzgebers gegen die Parteiaussage zu beruhen.[26] Dies war bei dem früheren Institut des richterlichen Eids deutlicher zu erkennen.[27] Man wollte vor allem vermeiden, dass der beweispflichtigen Partei der richterliche Eid auferlegt wird. Sie könnte dann den Prozess zu ihren Gunsten entscheiden, obwohl sie keinen Beweis zu erbringen vermochte.[28] Dass die Regelung auch für die Parteivernehmung beibehalten wurde, zeugt zugleich von einem Misstrauen gegen die freie Beweiswürdigung. Gegen die Wahrscheinlichkeit als Voraussetzung für den richterlichen Eid hatte sich früher ein Teil des Schrifttums mit der Begründung ausgesprochen, die Ermittlung des wahren Sachverhalts müsse Ziel des Prozesses sein.[29] Dieser Gesichtspunkt passt aber mehr für die frei zu würdigende Parteivernehmung. Das zeigt auch die Tatsache, dass für das Verfahren im Familiensachen im Rahmen des abgeschafften § 613 ZPO zum Zweck einer besseren Aufklärung keine Wahrscheinlichkeit verlangt wurde.

Die obigen Überlegungen verbieten es, die Regelung des § 448 auf andere Beweismittel zu übertragen, die solche Besonderheiten nicht aufweisen.[30]

2. Das Gegenteil der zu beweisenden Tatsache sei erwiesen

»Etwaige« Beweisaufnahme – § 286

Wie bereits ausgeführt, begründet die Rechtsprechung und das Schrifttum das Verbot einer Vorwegnahme der Beweiswürdigung unter anderem mit dem Hinweis auf § 286.[31] Es befremdet, dass die Bedeutung des § 286 auch für eine entgegengesetzte

---

24 BGH NJW 1989, 3222 f; s. auch OLG Köln WM 2013, 367, 368.
25 BGH ZZP 74, 86, 87.
26 Vgl. *Glücklich*, Parteivernehmung nach deutschem Zivilprozeßrecht, 1938, S. 142 f.
27 Für die Warscheinlichkeit als Voraussetzung des richterlichen Eids vgl. *Kisch*, FS für Laband, 1908, S 165 (228).
28 Vgl. *Walsmann*, Festgabe der juristischen Fakultäten zum 50 – jährigen Bestehen des Reichsgerichts, 1929, S. 236 (271 f.).
29 *K. Hellwig*, System des deutschen Zivilprozeßrechts, 1912 (Neudruck Aalen 1968), § 220 I 2.
30 Vgl. BVerfG NJW – RR 2001, 1006-1007.
31 Vgl. für die h.M., wonach ein Beweisantrag nicht mit der Begründung, des Gegenteil sei erwiesen, abgelehnt werden kann BGH NJW-RR 2002, 1072; WM 2013, 426 (428) mwN;

Lösung nicht gesehen wird.³² § 286 schreibt ausdrücklich vor, dass das Gericht unter Berücksichtigung des gesamten Inhalts der Verhandlungen und des Ergebnisses einer etwaigen Beweisaufnahme nach freier Überzeugung entscheidet. Schon die Materialien zur ZPO weisen darauf hin, dass dem Richter, indem er auch das Ergebnis der Sachverhandlung nach freier Überzeugung zu würdigen hat, die Befugnis gegeben ist, eine bestrittene Tatsache aufgrund des Ergebnisses der gesamten Sachverhandlung mittels Schlussfolgerungen aus anderen unbestrittenen Tatsachen und dem gesamten Sachverhalt – ohne Beweiserhebung – als wahr anzunehmen.³³ Der gesamte Inhalt der Verhandlungen, insbesondere der substantiierte, klare und widerspruchsfreie Sachvortrag, das unsubstantiierte Bestreiten, ungenügende Erklärungen oder das Unterlassen jeder substantiierten Erklärung können dem Gericht die volle Überzeugung verschaffen.³⁴ Dass sich aus § 286 Schlussfolgerungen für die Beweisantizipation ergeben, lässt sich nicht bestreiten. Das Gericht kann angebotene Beweismittel zurückweisen, wenn es sich seine volle Überzeugung aus dem Inhalt der Verhandlung gebildet hat. Von einer Ausschöpfung der Beweismittel kann dann nicht die Rede sein.³⁵ In den wenigen Fällen, in denen diese Seite des § 286 beleuchtet wird, kommt man zu wenig befriedigenden Ergebnissen. So hat Deubner³⁶ ausgeführt, die Auffassung des BGH, § 286 gestatte es auch, eine bestrittene Behauptung als wahr anzunehmen, führe in die Irre. Noch weiter geht es, wenn § 286 für den Abstammungsprozess zum Teil völlig ausgeschlossen werden soll.³⁷ Man argumentiert insoweit damit, dass eine Entscheidung ohne Beweisaufnahme, allein aufgrund »des Inhalts der Verhandlungen«, d.h. des Vortrags und Gesamtverhaltens der Parteien im Prozess, entspreche nicht dem Ermittlungsgrundsatz. Damit will man eine Beweisaufnahme erzwingen. § 286 gilt indessen in seiner Gesamtheit auch im zivilprozessualen Untersuchungsverfahren. Das Geständnis und das Nichtbestreiten der Vaterschaft können auch im Abstammungsprozess frei verwertet und im konkreten Fall möglicherweise als ausreichend angesehen werden.³⁸ Das dargestellte Verständnis des § 286 hat nachweislich auch den Inhalt des § 448 beeinflusst. Die gewisse Wahrscheinlichkeit als Voraussetzung für die Parteivernehmumg von Amts wegen kann auch nur aus dem Ergebnis der Verhandlungen abgeleitet werden.

FamRZ 2014, 749-750; bereits VersR 1956, 504; *Warn* 1973 Nr. 199; BGHZ 53, 245 (259 f.). Aus dem Schrifttum s. *Baumgärtel/Laumen*, aaO, S. 52.
32 S. aber *Schönke/Schröder/Niese*, Lehrbuch des Zivilprozeßrechts, 8. Aufl. 1956, § 59 IV, die mit dem Grundsatz der freien Beweiswürdigung für die Ablehnbarkeit von Beweisanträgen argumentieren.
33 *Hahn*, aaO, S. 275; s. ferner *Hahn*, Die gesamten Materialien zu den Reichs-Justizgesetzen, Band 4, Materialien zur Konkursordnung, 881, S. 576, im Hinblick auf die Zahlungsunfähigkeit.
34 Vgl. etwa RG JW 1910, 154; HRR 1928 Nr. 1651; BGHZ 82, 13, 20; s. auch BGH WM 2012, 990 (991).
35 RGZ 4, 208, 212; Klee GA 77, 81, 99.
36 NJW 1982, 941.
37 Vgl. *Brühl/Göppinger/Mutschler*, Unterhaltsrecht 3 Aufl., Rn. 1352.
38 Vgl., wenn auch zurückhaltend, *Leipold* FamRZ 1973, 65, 68.

§ 445 Abs. 2 ZPO

Falls das Gericht – wie wir gesehen haben – Beweisangebote zurückweisen kann, wenn es sich aus dem Inhalt der mündlichen Verhandlung eine volle Überzeugung gebildet hat, muss eigentlich das gleiche gelten, wenn eine solche Überzeugung aufgrund einer bereits durchgeführten Beweisaufnahme zustandegekommen ist. Das sieht auch die ZPO in einem Fall ausdrüklich vor. Gem. § 445 Abs. 2 ist nämlich der Antrag auf Parteivernehmumg nicht zu berücksichtigen, wenn er Tatsachen betrifft, deren Gegenteil das Gericht für erwiesen erachtet. Die h.M. ignoriert bei ihrem Lösungsversuch diese Regelung, obwohl sie den typischen Fall der verbotenen Beweisantizipation betrifft.[39] Die Vorschrift hatte der älteren Rechtsprechung und dem Schrifttum anhand des damals im Gesetz vorgesehenen Beweismittels des zugeschobenen Parteieids große Schwierigkeiten bereitet. Man stellte die These vom Verbot der Beweisantizipation auf und fasste gleichzeitig ohne jegliche Begründung § 445 Abs. 2 als eine Ausnahme auf.[40] Eine Verallgemeinerung dieser Regelung sei unzulässig, war die gängige Begründung des RG.[41] Mit § 445 Abs. 2 korrespondiert § 450 Abs. 2, wonach das Gericht von einer beschlossenen Parteivernehmumg abzusehen hat, wenn es nach Erhebung von neuen vorgebrachten Beweisen die Beweisfrage für geklärt erachtet. Der Hinweis auf den formalen Charakter des Eids als Beweismittels[42] konnte keine Besonderheit ausmachen. In jedem Fall ist dieser Gesichtspunkt für das heutige Recht mit der Parteivernehmumg als eines freizuwürdigenden Beweismittels ohne Bedeutung. Nicht überzeugend ist hierbei die Meinung, die einen spezifischen Zweck der Regelung annimmt.[43] Der Partei soll nämlich die Gewissensbelastung erspart bleiben, eine bereits erwiesene und für sie günstige Tatsache durch ihre eigenen Aussagen widerlegen zu müssen. Der Partei obliegt eine Wahrheitspflicht im Prozess, so dass einer solchen Gewissensbelastung keine rechtlichen Folgen zuerkannt werden dürfen.

§ 412 ZPO – andere Beweismittel

Eine Verallgemeinerung des § 445 Abs. 2 ist indes nicht ohne weiteres möglich. Er erlaubt es nämlich, von der Parteivernehmung lediglich mit der Begründung abzusehen, der Sachverhalt sei genügend geklärt. Eine solche Lösung kann zunächst für den Sachverständigenbeweis aus Gründen des Parteischutzes nicht als zulässig erachtet werden. Hier sieht zwar das Gesetz eine Regelung vor, die nach den Maßstäben der h. M. ebenfalls einen Bruch in der These von dem Beweisantizipationsverbot bedeutet. § 412 schreibt vor, dass das Gericht eine neue Begutachtung anordnen kann,

---

39 Eine Ausnahme hierfür bietet das Lehrbuch von *Jauernig*, ZPR, § 51 III 4, der ab der 22. Auflage auf § 445 II hinweist. Mittlerweile Münchkomm ZPO/*Prütting*, 4. Aufl. 2013, § 284 Rn. 100.
40 Vgl. etwa *Goldschmidt*, aaO, S. 450 Fn. 2385.
41 RG JW 1915, 522 f.
42 *Goldschmidt*, aaO.
43 *Habscheid*, Das Recht auf Beweis, in: Effektivität des Rechtsschutzes und verfassungsmäßige Ordnung, 1983, S. 47.

wenn es das Gutachten für ungenügend erachtet. Daraus kann man mit dem BGH entnehmen, dass der Antrag auf Einholung eines neuen Gutachtens mit der Begründung abgelehnt werden kann, das Gegenteil sei bereits erwiesen[44]. Deswegen besteht auch kein Bedürfnis für eine analoge Anwendung des § 244 Abs. 4 StPO, der dies ausdrücklich gestattet. Der Partei muss dennoch die Möglichkeit eingeräumt werden, die Richtigkeit dieses Gutachtens anzugreifen[45]. In dieser Hinsicht ist die strafprozessuale Regelung von Bedeutung. Sie eröffnet die Möglichkeit, weitere Gutachten einzuholen, wenn die Richtigkeit des vorgelegten Gutachtens aus bestimmten im Gesetz angegebenen Gründen in Frage gestellt wird. Diese Lösung beansprucht auch im Zivilverfahren Geltung.

Eine ähnliche Lösung ist auch beim Urkundenbeweis, dem Augenschein und dem frei zu würdigenden Geständnis anzuwenden. Eine nähere Betrachtung der Rechtsprechung lässt nämlich erkennen, dass die Abweisung eines angebotenen Beweismittels als offensichtlich ungeeignet[46] oft dann erfolgt, wenn sich das Gericht aufgrund von sogenannten sicheren Beweismitteln oder durch umfangreiche Beweisaufnahme bereits eine volle Überzeugung gebildet hat. Zu diesen gehören der Augenschein, der Urkundenbeweis aber auch der Sachverständigerbeweis.[47] Im Anschluss daran wird dann oft argumentiert, man sehe jede Möglichkeit als ausgeschlossen an, dass der Beweisantrag Sachdienliches ergeben und die vom Gericht bereits gewonnene Überzeugung erschüttern könnte.[48] Die Rechtsprechung beteuert zwar, dass ein Beweisantrag nicht schon dann zurückgewiesen werden kann, weil das Gegenteil bewiesen ist. Dies sei eine unzulässige Vorwegnahme der Beweiswüdigung. Vielmehr müsse ausgeschlossen sein, dass das beantragte Beweismittel etwas Sachdienliches ergeben könnte. Das wird aber schon aufgrund der Zuverlässigkeit des Augenscheins und des Urkundenbeweises angenommen. In dem Anastasia Fall wurde die Ablehnung eines Zeugen von Hörensagen für zulässig erklärt, da dessen Aussage das bereits vorliegende sichere Ergebnis durch Urkunde und Sachverständiger nicht mehr erschüttern könnte.[49]

Diesen Lösungsansätzen ist im Grunde zuzustimmen. Wäre kein Beweisantrag gestellt, hätte das Gericht entsprechend dem bisherigen Beweisergebnis entschieden, ohne dass der Vorwurf hätte erhoben werden können, es habe sich aufdrängende Beweiserhebungen unterlassen. Wie beim Sachverständigenbeweis verlagert sich die Möglichkeit eines Gegenbeweises darauf, durch schlüssigen und substantiierten Vortrag die Überzeugung des Gerichts aufgrund der sicheren Beweismittel in Frage zu stellen.[50] Leitet z.B. das Gericht die Überzeugung aus einem außergerichtlichen

---

44 BGH VersR 1960, 596, 597; s. auch BVerwG Bucholz 310 § 86 Abs. 2 Nr. 12 und 310 § 86 Abs. 1 Nr. 106.
45 BGH FamRZ 2014, 749-750.
46 Vgl. hierzu RG JW 1930, 1061; BGH NJW 1951, 481.
47 Vgl. bereits RG SA 86 Nr. 51; RGZ 4, 86; RG Warn 1911 Nr. 104; s. auch BGH VersR 1956, 504; DRIZ 1959, 252; LM Nr 11 zu § 286 (E) ZPO; BGHZ 53, 245 ff.; NJW 1996, 1501.
48 Vgl. BGH WM 2013, 426, 427.
49 BGHZ 53, 245, 263.
50 *Stein/Jonas/Schlosser*, ZPO, 20. Aufl. § 640 Rn. 33.

Geständnis ab, dann muss die Partei seine Richtigkeit, etwa weil es durch Irrtum veranlasst war, angreifen.[51] Beim Angriff gegen einen Urkundsbeweis muss sie etwa die Vollständigkeit der Erklärung in Frage stellen. Beim Augenscheinsbeweis sind die Feststellungen des Gerichts konkret zu bemängeln. Wie beim Sachverständigenbeweis reicht die gedanklich abstrakte Möglichkeit einer Änderung des bisherigen Beweisergebnisses nicht aus.

Diese Überlegungen lassen sich nicht ohne weiteres auf den Zeugenbeweis übertragen.[52] Die Vermutung der Zuverlässigkeit, die eine Urkunde und der Augenschein für sich haben, kommt dem Zeugenbeweis nicht zu. Dies gilt insbesondere, wenn Aussage gegen Aussage steht. Der Zeuge ist kein beliebig ersetzbares Beweismittel. Für eine zulässige Ablehnung muss das Gericht eine besondere, dem konkreten Fall angepasste Begründung geben. Zu denken ist etwa an einen unmittelbar beteiligten Zeugen gegenüber einem Zeugen vom Hörensagen.

Es ergibt sich somit, dass ein Beweisantrag im zivilprozessualen Verfahren mit den erwähnten Einschränkungen zulässig mit der Begründung abgelehnt werden kann, das Gericht sei von dem Gegenteil der zu beweisenden Tatsache bereits überzeugt.

3. Die Beiziehung von Akten anderer Verfahren

Ein weiterer Fall von verbotener Beweisantizipation wird darin gesehen, dass das Gericht einen Beweisantrag ablehnt und sich stattdessen mit den Akten eines anderen Verfahrens, in der Regel eines vorangegangenen Strafverfahrens, begnügt. Die Rechtsprechung geht davon aus, dass von der beantragten Vernehmung eines Zeugen nicht deshalb abgesehen werden kann, weil bereits eine Niederschrift über die frühere Vernehmung vorliegt. Zwar kann das Gericht im Wege des Urkundenbeweises den Inhalt von Akten verwerten, wenn dies beantragt wird.[53] Stellt aber die Partei den Antrag auf Vernehmung von Zeugen, dann kann das Gericht den Beweisantrag nicht ablehnen. Das Gleiche gilt für die Vernehmung der Parteien und Sachverständigen, aber auch für die Einnahme von Augenschein. Das Moment der Vorwegnahme der Beweiswürdigung tritt hier zutage, wenn das Ergebnis der früheren Beweisaufnahme als Maßstab für die Stattgabe des Beweisantrags verwendet wird. Das ist z.B. dann der Fall, wenn der Antrag deswegen abgelehnt wird, weil eine Abweichung von der früheren Aussage für unwahrscheinlich erachtet wird, oder weil der Zeuge bei der neuen Vernehmung nicht mehr sagen würde als bisher bzw. bei der früheren Vernehmung nichts Wesentliches bekundet hat.[54]

Die h.M. nimmt mit der These von der unbedingten Stattgabe des Beweisantrags eine eher starre Haltung ein. Dies wird vor allem mit den Garantien des Unmittelbarkeitsgrundsatzes begründet. Man weist auf die Möglichkeit hin, dem Zeugen Vor-

---

51 Vgl. BGH NJW – RR 2004, 1001.
52 Vgl. BVerfG NJW – RR 2001, 1006; BGH NJW – RR 2002, 1072.
53 BVerfG NJW 1994, 1210, 1211; BGH NJW 1995, 2856, 2857; bereits RG *Warn* 1914, Nr. 229.
54 Vgl. *Schönke*, Deutsche Rechtszeitschrift 1949, 462.

haltungen zu machen, ihm weitere Fragen vorzulegen, ihn den Parteien und anderen Zeugen gegenüber zu stellen, seinen persönlichen Eindruck zu würdigen usw.[55] Diese Begründung ist mehr auf die Vernehmung von Personen zugeschnitten. Der BGH hat die These vertreten, dass dasselbe, was für die Verwertung von Zeugenaussagen gilt, auch für den Augenschein zu gelten hat.[56] Trotz der Tatsache, dass auch bei Augenschein die Unmittelbarkeit tangiert werden kann, ist eine völlige Gleichstellung der beiden Beweismittel nicht angebracht. Das zeigt sich schon dadurch, dass die Einnahme des Augenscheins einem Mitglied des Gerichts oder einem anderen Gericht übertragen werden kann (§ 372). Es besteht aber kein Unterschied zwischen diesen Fällen und dem Fall, in dem das Ergebnis einer in einem anderen Verfahren durchgeführten Augenscheinseinnahme übernommen wird.

Der h.M. ist grundsätzlich zuzustimmen. Dies schließt aber die Möglichkeit nicht aus, dass in einzelnem Fall die Beweiserhebung von Voraussetzungen abhängig gemacht wird. Das möglicherweise klare Ergebnis des Angescheins kann dazu führen, dass dem neuen Antrag nur dann stattgegeben wird, wenn die Richtigkeit der früheren Augenscheinseinnahme durch konkrete Gründe in Frage gestellt wird. Ähnliches kann in konkretem Fall für die Verwertung von Gutachten im Wege des Urkundenbeweises gelten. Auch die Vernehmung von Parteien und Zeugen kann in bestimmten Fällen von Angaben über die Ergiebigkeit einer neuen Vernehmung abhängig gemacht werden. Das ist z.B. der Fall, wenn die frühere Aussage ein Geständnis der Partei beinhaltet, wenn die Partei früher -sei es als Partei, sei es als Zeuge-andere Angaben gemacht hat,[57] wenn der Zeuge bereits eine sehr präzise und eindeutige Aussage gemacht bzw. mit Nichtwissen beantwortet oder nichts Wesentliches bekundet hat, wenn seit der ersten Vernehmung erhebliche Zeit verstrichen ist oder ähnliche Gründe vorliegen. Die Angabe von Anhaltspunkten für die erneute Vernehmung erscheint insbesondere dann geboten, wenn die Partei bereits im früheren Verfahren, das ebenfalls mit den Richtigkeitsgarantien der Unmittelbarkeit ausgestattet war, mitgewirkt hat.[58]

4. Erfolgsaussichten des Beweismittels

Der h.M. ist grundsätzlich darin zuzustimmen, dass das Gericht vor der Anordnung der Beweisaufnahme nicht zu prüfen hat, ob das beantragte Beweismittel geeignet erscheint, das in Aussicht gestellte Beweisergebnis herbeizuführen.[59] Bei der Zurück-

---

55   Vgl. BGH NJW 2000, 1420, 1421 mwN.; *Schönke*, FG Rosenberg, S. 217, 226 f.
56   BGH LM Nr 3 zu § 445 ZPO.
57   RG JW 1903, 238; BGH NJW – RR 1987, 1469; s. auch BGH WM 2013, 1030, 1031-1032, und WM 2015, 1383, 1384.
58   BGH LM Nr. 4 zu § 355; NJW 2000, 1420, 1421; s. aber auch BGH NJW 1964, 1179.
59   Bereits RG 98, 28, 30; JW 1931, 3333 f.; BGH NJW 1988, 566, 567 mit zust. Anm. von *Walter*. Aus dem Schrifttum *Stein/Jonas/Leipold*, ZPO, aaO Rn. 67.; *Wieczorek/Schütze/Ahrens*, ZPO, 3 Aufl. 2008, § 284, Rn. 96; MünchkommZPO/*Prütting*, aaO, Rn. 98;

weisung eines Beweismittels als ungeeignet sei größte Zurückhaltung geboten[60]. Insbesondere können Gründe, die die persönliche Glaubwürdigkeit des Zeugen betreffen, nicht zu einer Ablehnung von Zeugenbeweisen führen. Für die Richtigkeit dieser Ansicht verweist die h.M. auf Vorschriften des positiven Rechts. Indem die ZPO besondere Regeln für die Vernehmung von nahen Verwandten aufstellt (§ 383), wird deutlich, dass sie mit der Vernehmung solcher Personen rechnet. Hätte das Gesetz eine ex ante Feststellbarkeit der Unglaubwürdigkeit angenommen, so hätte es diese Personen für zeugnisunfähig erklärt.[61]

Ursprünglich hielt das RG nur dann eine Beweisablehnung für zulässig, wenn die Beweiserhebung, möge sie ausfallen, wie sie wolle, nach der eingehend zu begründeten Auffassung des Gerichts, nicht imstande sein würde, die Überzeugung des Gerichts zu ändern.[62] Später ging das RG auf den Gesichtspunkt des völligen Unwerts des Beweismittels über[63] Diese Rechtsprechung fand Eingang in der Rechtsprechung des BGH.[64] Hier zeigt sich, dass im Gegensatz zum Strafprozess für die Ungeeignetheit auch auf das bisherige Beweisergebnis abgestellt wird. Dies macht die Grenzen zum Fall, das Gegenteil sei schon erwiesen, fließend. Es lässt sich dennoch nicht bestreiten, dass in manchen Fällen eine Ablehnung des Beweismittels wegen Ungeeignetheit möglich sein kann. Der Richter kann einen Zeugen wegen Alters -z.B. ein Kind-oder wegen körperlicher oder geistiger Gebrechlichkeit im konkreten Fall als ungeeignet bewerten. Die ZPO sieht sogar eine Vorschrift vor, die es dem Gericht erlaubt, Beweismittel zurückzuweisen, weil sie seine Überzeugung nicht begründen können. § 448 wird dahingehend verstanden, dass das Gericht von angebotenen oder beschlossenen Beweisen absehen kann, wenn es der Überzeugung ist, dass ihr Ergebnis doch nicht hinreichend sein wird, um die Parteivernehmung überflüssig zu machen. Die Regelung bereitet der h.M. erhebliche Schwierigkeiten. Man nimmt an, dass sich das Gericht über die angebotenen Beweismittel hinwegsetzen kann, wenn ihr Ergebnis nicht reichen wird, um die Parteivernehmung überflüssig zu machen. Bringt die Parteivernehmung dennoch keine volle Überzeugung, dann sollen die allgemeinen Regeln über die Ablehnung von Beweisanträgen gelten.[65] Dies befriedigt nicht.

Auch hier kann die Beweiserhebung im einzelnen Fall von Anhaltspunkten für die Ergiebigkeit des nunmehr angebotenen Beweismittels abhängig gemacht werden. Ist z.B. seit dem Ereignis lange Zeit verstrichen, dann ist darzulegen, weshalb der Zeuge daran noch eine Erinnerung haben kann. Man sieht freilich in der Ablehnung des Beweisantrags eine unzulässige Beweisantizipation.[66] Dass substantiierte Angaben

---

Baumgärtel/Laumen, aaO, S. 49 ff; S. Zeiss, Zivilprozeßrecht, 8. Aufl. 1993 Rn. 442; Braun J, Lehrbuch des Zivilprozessrechts, 2014, S. 750. PG/*Laumen*, 7. Aufl. 2015, § 284 Rn. 48.
60 BGH NJW 2004, 767, 769.
61 Bereits *Beling* JW 1925, 2782 f.
62 *Gruchot* 57, 164 ff.; *Warn* 1917 Nr. 187.
63 RG 1930, 1061 (viel zitiert); HRR 1931 Nr. 794.
64 BGH NJW 1951, 481; LM Nr 11 zu § 286 ZPO.
65 *Stein/Jonas/Leipold*, ZPO, aaO, § 448 Rn. 15.
66 BGH NJW 2004, 767, 768 f.; s. aber auch BGH VersR 1958, 340 f; DRIZ 1959, 252.

beim Beweisantritt zu machen sind, ist aber der h.M. und dem Gesetz nicht fremd. Das wird z.B. für die inneren Tatsachen angenommen. Es muss schlüssig dargelegt werden, aufgrund welcher Umstände der Zeuge von der inneren Tatsache Kenntnis erlangt hat.[67] § 424 Abs. 1 Nr. 4 sieht ferner für den Antrag auf Vorlegung einer Urkunde vor, dass er die Angabe der Umstände enthält, auf die sich die Behauptung stützt, dass sich die Urkunde in dem Besitz des Gegners befindet. Diese Regelung sollte nach einer Meinung auch für den Zeugenbeweis als Vorbild dienen.[68] Einfluss auf die Geeignetheit des Beweismittels kann aber das Gericht durch die Möglichkeit der Austauschbarkeit der Beweismittel gewinnen. Dem Gericht steht es frei, zwischen verschiedenen, für die Richtigkeit einer Tatsache beantragten Beweismittel das am meisten geeignete zu wählen. Das gleiche gilt aber für das Verhältnis zwischen Beweisantrag und amtswegiger Beweiserhebung.[69] Anstelle des beantragten Zeugenbeweises kann das Gericht den Augenschein erheben, anstelle der angebotenen Abschriften die Vorlegung des Originals fordern, anstelle des Zeugenbeweises über den Inhalt einer Urkunde die Vorlegung der Urkunde anordnen. Auch wenn das Gericht nicht den Zeugenbeweis von Amts wegen erheben kann, kann es auf den Antritt des besseren Beweismittels hinweisen. Das gilt etwa für das Verhältnis von Zeugen vom Hörensagen zu den erreichbaren Augenzeugen, für die persönliche Vernehmung zu der Verlesung eines Protokolls. Auch in dieser Hinsicht enthält die ZPO eine ausdrückliche Regelung. Nach § 435 kann das Gericht bei öffentlichen Urkunden statt der beglaubigten Abschrift die Vorlegung der Urschrift anordnen und nach freier Überzeugung entscheiden, wenn die Anordnung erfolglos bleibt. Diese Regelung sah das ältere Schrifttum ebenfalls als Ausdruck eines allgemeinen Rechtsgedankens an.[70] Leitet das Gericht aufgrund des besseren Beweismittels, z.B. durch Augenschein, seine volle Überzeugung ab, dann kann es entsprechend den obigen Ausführungen die beantragten Beweismittel zurückweisen.

VI. Schlussfolgerung

Zusammenfassend lässt sich feststellen, dass bei der Behandlung des Problems der Vorwegnahme der Beweiswürdigung im Zivilprozess zwischen den verschiedenen Fällen einer Beweisantizipation zu unterscheiden gilt. Nach hier vertretener Ansicht ist in bestimmten Fällen eine Vorabwürdigung der angebotenen Beweise zulässig. Eine wichtige Rolle spielt dabei die Abhängigkeit der Beweiserhebung von konkreten Anhaltspunkten für die Ergiebigkeit des angebotenen Beweismittels.

---

67 BVerfG 1993, 2165 f; BGH NJW 1983, 2034.
68 *Bull* DR 1941, 1977.
69 S. aber BVerfG NJW 1994, 1210, 1211 unter Hinweis auf *Leipold*; s. ferner *Braun J.*, Lehrbuch des Zivilprozessrechts, 2014, S. 754 f.
70 *Planck*, Lehrbuch des deutschen Civilprozessrechts Bd 1, 1887, S. 180.

Der erweiterte punktuelle Streitgegenstandsbegriff

ULRICH PREIS/ANGIE SCHNEIDER

I. Einleitung

Das arbeitsgerichtliche Verfahren beruht in seinen wesentlichen Grundlagen auf dem Zivilprozessrecht. Signifikanten Ausdruck findet dies in § 46 Abs. 2 ArbGG: »Für das Urteilsverfahren des ersten Rechtszugs gelten die Vorschriften der Zivilprozessordnung über das Verfahren vor den Amtsgerichten entsprechend, soweit dieses Gesetz nichts anderes bestimmt.« Freilich gibt es manche Fragestellung, die eine durchaus relevante Besonderheit des arbeitsgerichtlichen Verfahrens beinhaltet. Und auch umgekehrt hat das arbeitsgerichtliche Verfahren die Zivilprozessordnung befruchtet. So wurde nach dem Vorbild des arbeitsgerichtlichen Güteverfahrens in § 278 Abs. 2 ZPO eine grundsätzlich obligatorische Güteverhandlung eingeführt. *Hanns Prütting* gehört zu den wenigen führenden Zivilprozessrechtslehrern, die sich intensiv wissenschaftlich mit dem arbeitsgerichtlichen Verfahren befasst haben. So bietet es sich an, ihm zu Ehren ein Thema zu behandeln, das die größte Relevanz in der Praxis hat: Die Kündigungsschutzklage.

Dieser Beitrag knüpft an einen Festschriftbeitrag des Jubilars an, in dem er die Auffassung von *Gerhard Lüke* widerlegte, Streitgegenstand der Kündigungsschutzklage sei der Bestand des Arbeitsverhältnisses. Diese Auffassung verstößt nach Auffassung von *Prütting* gegen den klaren Wortlaut des § 4 KSchG und stellt eine versteckte Rechtsfortbildung dar.[1] Eine vergleichbare Kritik wird sich *Hanns Prütting* von *uns* nicht gefallen lassen müssen. Die nachfolgenden Ausführungen zum erweiterten punktuellen Streitgegenstandsbegriff bauen auf den Erkenntnissen des Jubilars auf.

Für den Arbeitnehmer bedeutet die Kündigungsschutzklage die existentielle Entscheidung über Auflösung oder Fortbestand des Arbeitsverhältnisses. Ihre Erhebung ist maßgeblich an zwei Voraussetzungen geknüpft. Erstens bedarf es zur Vermeidung der materiellen Präklusion der Klageerhebung innerhalb von drei Wochen nach Zugang der schriftlichen Kündigung (§§ 7, 4 KSchG). Zweitens hat sich der Klageantrag gegen eine bestimmte bezeichnete Kündigung zu richten (punktueller Streitgegenstandsbegriff).

Der Kündigungsschutzantrag kann den Arbeitnehmer regelmäßig vor größere Herausforderungen stellen, so er sich nicht nur gegen eine, sondern gegen mehrere Kündigungen gerichtlich zur Wehr setzen muss. Nach dem punktuellen Streitgegenstand ist die gesonderte Geltendmachung jeder Kündigung innerhalb der jeweiligen Kündi-

---

1 *Prütting*, Der Streitgegenstand im Arbeitsgerichtsprozeß, (in: Prütting/Rüssmann (Hrsg.), Festschrift für Gerhard Lüke, 1997, S. 617.

gungsfrist erforderlich. Das BAG hat dem Arbeitnehmer bislang mit einer Kombination aus Kündigungsschutzklage und allgemeiner Feststellungsklage eine prozessuale Möglichkeit eröffnet, fristgerecht gegen alle drohenden Kündigungen vorgehen zu können (»Schleppnetzantrag«). Parallel dazu entwickelte das BAG den Streitgegenstandsbegriff weiter, ohne dadurch die Notwendigkeit eines Schleppnetzantrags im Falle mehrerer Kündigungen in Frage zu stellen.

Zuletzt allerdings muss die Rechtsprechung des BAG zum sog. erweiterten punktuellen Streitgegenstandsbegriff nicht nur Zweifel an der Existenz des Schleppnetzantrags hervorrufen, sondern Kritik an grundlegenden Maximen des Arbeits- wie Zivilprozessrechts überhaupt.

II. Grundlagen

Die Kritik an dem erweiterten punktuellen Streitgegenstand bedarf vorweg der Erläuterung der Grundlagen der Kündigungsschutzklage.

1. Kündigungsschutzantrag

Der Inhalt der Kündigungsschutzklage ergibt sich aus § 4 S. 1 KSchG. Notwendig ist die Klageerhebung drei Wochen nach Zugang der schriftlichen Kündigung. Die Versäumung der Klagefrist hat die materielle Präklusion zur Folge. Die Kündigung gilt als von Anfang an wirksam, das Arbeitsverhältnis ist beendet (§ 7 KSchG).

Die wirksame Erhebung der Kündigungsschutzklage erfordert die Bezeichnung der konkret angegriffenen Kündigung im Klageantrag. § 4 S. 1 KSchG ermöglicht und erfordert es auf diese Weise gleichermaßen, jede Kündigung einzeln darauf zu überprüfen, ob sie das Arbeitsverhältnis zum anvisierten Termin beenden kann.[2] An dem punktuellen Streitgegenstand hält die Rechtsprechung im Grundsatz weiterhin als Voraussetzung der Wirksamkeit des Kündigungsschutzantrags fest.[3]

2. Streitgegenstand und Rechtskraft

Die Unterschiede in der Interpretation des Streitgegenstands werden mit einem Blick auf die Wechselwirkungen von Streitgegenstand und Rechtskraft offenkundig.

---

[2] St. Rspr. BAG v. 12.1.1977 – 5 AZR 593/75 – AP KSchG 1969 § 4 KSchG Nr. 3; BAG v. 12.6.1986 – 2 AZR 426/85 – AP KSchG 1969 § 4 Nr. 17; BAG v. 26.9.2013 – 2 AZR 682/12 – NZA 2014, 443; APS-*Hesse*, § 4 KSchG Rn. 134; Boecken/Düwell/Diller/Hanau-*Berger*, § 4 KSchG Rn. 211; *Schwab*, RdA 2013, 357, 358.

[3] St. Rspr., BAG v. 27.6.1955 – 1 AZR 429/54 – AP BetrVG § 66 Nr. 4; weiterhin BAG v. 12.5.2011 – 2 AZR 479/09 – NZA-RR 2012, 43, 44; BAG v. 22.11.2012 – 2 AZR 732/11 – NZA 2013, 665, 666; BAG v. 26.9.2013 – 2 AZR 682/12 – NZA 2014, 443, 445; BAG v. 20.3.2014 – 2 AZR 1071/12 – NZA 2014, 1131, 1132; zuletzt BAG v. 18.12.2014 – 2 AZR 163/14 – NZA 2015, 635, 637.

Der erweiterte punktuelle Streitgegenstandsbegriff

a) Punktueller Streitgegenstand und Schleppnetzantrag

Nach dem punktuellen Streitgegenstand sieht sich der Arbeitnehmer verpflichtet, jede Kündigung gesondert anzugreifen, will er nicht die materielle Präklusion und damit riskieren, dass eine der Kündigungen die Auflösung des Arbeitsverhältnisses nach sich zieht. Aus der konkreten Bestimmung des Streitgegenstands ergibt sich der Umfang der materiellen Rechtskraft nach § 322 Abs. 1 ZPO und derjenige der Präklusionswirkung für den beklagten Arbeitgeber.[4] In Rechtskraft kann nur die Entscheidung über den »erhobenen« Anspruch erwachsen. Die mit der Kündigungsschutzklage begehrte Feststellung erfordert nach dem Wortlaut des § 4 S. 1 KSchG eine Entscheidung über das Bestehen eines Arbeitsverhältnisses zum Zeitpunkt der Kündigung.[5] In Rechtskraft erwächst bei einem stattgebenden Urteil mithin die Feststellung, dass das Arbeitsverhältnis durch die angegriffene Kündigung nicht sein Ende gefunden hat. Ein klageabweisendes Urteil beinhaltet die Feststellung, dass das Arbeitsverhältnis durch die angegriffene Kündigung aufgelöst worden ist.[6] Eine Entscheidung über wirksame wie unwirksame nachgeschobene oder überholende Kündigungen kann demgegenüber nach dem punktuellen Streitgegenstand nur dann in Rechtskraft erwachsen, wenn der Arbeitnehmer diesbezüglich jeweils fristgemäß Kündigungsschutzklage erhoben hat.

Letzteres stellte den Arbeitnehmer nicht selten vor Probleme. Die Kombination aus punktuellem Streitgegenstandsbegriff auf der einen Seite und materieller Präklusion auf der anderen Seite birgt immer die Gefahr, dass die verfristete Erhebung nur einer einzigen von mehreren notwendigen Kündigungsschutzklagen die Auflösung des Arbeitsverhältnisses nach sich zieht.

Diesen für den Arbeitnehmer misslichen Konsequenzen des punktuellen Streitgegenstands sucht das BAG seit langem zu begegnen. Nach ständiger Rechtsprechung ist dem Arbeitnehmer die Möglichkeit eröffnet, neben der Klage nach § 4 S. 1 KSchG eine allgemeine Feststellungsklage (§ 256 ZPO) zu erheben[7] – explizit mit dem Ziel, dem Risiko der materiellen Präklusion im Falle nachgeschobener Kündigungen zu begegnen.[8] Die Verbindung beider selbstständiger Klagen im Wege der objektiven Klagehäufung nach § 260 ZPO hat eine Erweiterung des Streitgegenstands zur Folge.[9] Gegenstand der Klage ist nicht mehr allein die Auflösung durch eine konkrete Kündigung, sondern die Frage eines Fortbestehens des Arbeitsverhältnisses über diese konkrete Kündigung hinaus bis zum Schluss der letzten mündlichen Verhandlung in

---

4 *Boemke*, RdA 1995, 211, 221 f.; ErfK-*Kiel*, § 4 KSchG Rn. 30; Stahlhacke/Preis/Vossen-*Vossen*, Rn. 2014.
5 BAG v. 26.9.2013 – 2 AZR 682/12 – NZA 2014, 443, 444.
6 Boecken/Düwell/Diller/Hanau-*Berger*, § 4 KSchG Rn. 230; *Boemke*, RdA 1995, 211, 223.
7 ErfK-*Kiel*, § 4 KSchG Rn. 36.
8 BAG v. 21.1.1988 – 2 AZR 581/86 – NZA 1988, 651; *Bender/Schmidt*, NZA 2004, 358, 365; Boecken/Düwell/Diller/Hanau-*Berger*, § 4 KSchG Rn. 198; Stahlhacke/Preis/Vossen-*Vossen*, Rn. 2025; *Vossen*, RdA 2015, 291.
9 Boecken/Düwell/Diller/Hanau-*Berger*, § 4 KSchG Rn. 196; ErfK-*Kiel*, § 4 KSchG Rn. 36; *Tiedemann*, ArbRB 2016, 29, 30; *Vossen*, RdA 2015, 291.

der Tatsacheninstanz.[10] Die Kombination mit dem allgemeinen Feststellungsantrag, treffend als Schleppnetzantrag bezeichnet, hat für den Arbeitnehmer vor allem den Vorteil, dass Folgekündigungen von dieser Klage erfasst werden und nicht gesondert innerhalb der 3-Wochen-Frist des § 4 S. 1 KSchG angegriffen werden müssen. Der allgemeine Feststellungsantrag dient quasi als sicheres Schleppnetz, das sich ausbreitet und alle Beendigungstatbestände einfängt, die bis zum Schluss der letzten mündlichen Tatsachenverhandlung das Arbeitsverhältnis beenden könnten. Vorausgesetzt ist freilich, dass hinsichtlich der allgemeinen Feststellungsklage das nach § 256 ZPO geforderte Feststellungsinteresse vorliegt, dass also tatsächlich neben der konkret angegriffenen Kündigung weitere Beendigungstatbestände im Raum stehen. Sollten im Einzelfall Zweifel an dem erforderlichen Interesse des Arbeitnehmers bestehen, wird dieser regelmäßig seitens des Gerichts nach § 139 ZPO zu der Darlegung veranlasst, ob und inwieweit er mit der Geltendmachung weiterer Auflösungsgründe durch den Arbeitgeber rechnet.[11] Diesen Nachweis[12] hat der Arbeitnehmer, dem Grundgedanken von § 6 KSchG folgend, bis zum Schluss der mündlichen Verhandlung erster Instanz zu erbringen.[13]

Für den Arbeitnehmer bietet diese Vorgehensweise den entscheidenden Vorteil, der materiellen Präklusion im Falle nachgeschobener Beendigungstatbestände zu begegnen. Für den Arbeitgeber, dem die kurze 3-Wochen-Frist des § 4 S. 1 KSchG Rechtsfrieden zugestehen soll, bedeutet sie keine unangemessenen Einschränkungen. Entscheidend ist, dass der Arbeitgeber erkennen kann, ob und inwieweit sich der Arbeitnehmer gegen die Auflösung des Arbeitsverhältnisses zur Wehr setzen will. Dies ist bei einem Schleppnetzantrag der Fall.[14] Denn zum einen muss der Arbeitnehmer

---

10 BAG v. 26.9.1979 – 2 AZR 532/77 – juris (Rn. 35); BAG v. 21.1.1988 – 2 AZR 581/86 – NZA 1988, 651, 653; BAG v. 20.3.2014 – 2 AZR 1071/12 – NZA 2014, 1131, 1132; BAG v. 18.12.2014 – 2 AZR 163/14 – NZA 2015, 635, 638; APS-*Hesse*, § 4 KSchG Rn.147; Boecken/Düwell/Diller/Hanau-*Berger*, § 4 KSchG Rn. 217; ErfK-*Kiel*, § 4 KSchG Rn. 36; *Vossen*, RdA 2015, 291 f.

11 BAG v. 21.1.1988 – 2 AZR 581/86 – NZA 1988, 651, 654; APS-*Hesse*, § 4 KSchG Rn. 148; Boecken/Düwell/Diller/Hanau-*Roloff*, § 6 KSchG Rn. 3, 35; ErfK-*Kiel*, § 6 KSchG Rn. 1; *Vossen*, RdA 2015, 291, 292.

12 Str. ist, ob es für die Einführung einer weiteren Kündigung in den Prozess einer Anpassung des Feststellungsantrags im Sinne von § 4 S. 1 KSchG bedarf oder ein prozessuales Berufen auf den weiteren Beendigungstatbestand ausreichend ist; zum Meinungsstand Boecken/Düwell/Diller/Hanau-*Roloff*, § 6 KSchG Rn. 34 f.

13 BAG v. 12.5.2005 – 2 AZR 426/04 – NZA 2005, 1259; BAG v. 26.9.2013 – 2 AZR 682/12 – NZA 2014, 443, 446; *Bötticher*, FS Herschel (1955), S. 181, 188 f.; ErfK-*Kiel*, § 4 KSchG Rn. 36; vgl. noch BAG v. 26.9.1979 – 2 AZR 532/77 – juris (Rn. 36); BAG v. 18.1.1988 – 2 AZR 581/86 – NZA 1988, 651, 654; *Vossen*, RdA 2015, 291, 292; zweifelnd, ob die Geltendmachung entsprechend § 6 KSchG nach der jüngsten Rspr. zum erweiterten Streitgegenstand noch notwendig ist *Lingemann/Siemer*, Anm. zu BAG v. 18.12.2014 – 2 AZR 163/14 – AP KSchG 1969 § 4 Nr. 79; zur Anwendung von § 6 KSchG im Rechtsmittelverfahren Boecken/Düwell/Diller/Hanau-*Roloff*, § 6 KSchG Rn. 49; ErfK-*Kiel*, § 6 KSchG Rn. 3, jeweils m.w.N.

14 BAG v. 21.1.1988 – 2 AZR 581/86 – NZA 1988, 651, 653; APS-*Hesse*, § 4 KSchG Rn. 141; ErfK-*Kiel*, § 4 KSchG Rn. 36.

im Hinblick auf den Kündigungsschutzantrag die Klagefrist nach § 4 S. 1 KSchG einhalten. Und zum anderen gibt er mit dem allgemeinen Feststellungsantrag deutlich zu verstehen, dass er über die konkrete Kündigung hinaus den Bestand des Arbeitsverhältnisses im gesamten streitbefangenen Zeitraum der gerichtlichen Entscheidung zuführen möchte.

b) Erweiterter punktueller Streitgegenstand

aa) Allgemein

Das BAG ist in ständiger Rechtsprechung dazu übergegangen, den punktuellen Streitgegenstand zum sog. erweiterten punktuellen Streitgegenstand weiterzuentwickeln.[15] Eine »neue« Sichtweise, die bis heute nicht ihren Abschluss gefunden hat und – auch unabhängig von der im Anschluss aufzuzeigenden Kritik – verschiedene Folgefragen aufwirft. Im Mittelpunkt der Erweiterung stehen die Auslegung des Klageantrags und die damit verbundene Erstreckung von Streitgegenstand, Rechtskraft und Präklusion auf solche Beendigungstatbestände, die zeitgleich oder vor der im Klageantrag bezeichneten Kündigung das Arbeitsverhältnis auflösen könnten.

bb) Aktueller Stand der Rechtsprechung

Die Folgen dieser Ausdehnung seien an einem Sachverhalt veranschaulicht, anhand dessen das BAG zuletzt am 18.12.2014[16] den Streitgegenstandsbegriff weiterentwickelte: Der Arbeitnehmer hatte von seinem Arbeitgeber zwei Kündigungen erhalten. Eine ordentliche, die ihm am 12.12.2012 zuging und das Arbeitsverhältnis zum nächstmöglichen Termin beenden sollte. Und eine außerordentliche, fristlose Kündigung, die er am 19.12.2012 empfing. Mit seiner danach erhobenen Klage vom 21.12.2012 griff der Arbeitnehmer nur die erste Kündigung an. Dem konkreten Klageantrag, der sich ungeachtet des Zugangs der zweiten Kündigung nur auf die erste Kündigung bezog, war dabei der Feststellungsantrag beigefügt, dass das Arbeitsverhältnis unverändert fortbestehe. Im Laufe der mündlichen Verhandlung erläuterte der Arbeitnehmer gegenüber dem Gericht, dass gleichfalls über die Unwirksamkeit der zweiten Kündigung entschieden werden soll. Bei dem beigefügten Feststellungsantrag handele es sich um einen allgemeinen Feststellungsantrag, der auch mögliche weitere Kündigungen abdecken soll – also um einen klassischen Schleppnetzantrag. Nach Auffassung des BAG hätte es dieses Schleppnetzes gar nicht bedurft:

---

15 BAG v. 12.5.2011 – 2 AZR 479/09 – NZA-RR 2012, 43, 44; BAG v. 22.11.2012 – 2 AZR 732/11 – NZA 2013, 665; BAG v. 26.9.2013 – 2 AZR 682/12 – NZA 2014, 443, 445; BAG v. 20.3.2014 – 2 AZR 1071/12 – NZA 2014, 1131, 1132; zuletzt BAG v. 18.12.2014 – 2 AZR 163/14 – NZA 2015, 635, 637; s. schon BAG v. 5.10.1995 – 2 AZR 909/94 – NZA 1996, 651; zur Entwicklung ErfK-*Kiel*, § 4 KSchG Rn. 30 f.
16 BAG v. 18.12.2014 – 2 AZR 163/14 – NZA 2015, 635.

»Die einem Antrag nach § 4 S. 1 KSchG stattgebende Entscheidung enthält zugleich die Feststellung, dass zum vorgesehenen Auflösungszeitpunkt ein Arbeitsverhältnis zwischen den Parteien noch bestanden hat. Mit Rechtskraft einer solchen Entscheidung steht fest, dass das Arbeitsverhältnis bis zu dem vorgesehenen Auflösungstermin auch nicht durch mögliche andere Beendigungstatbestände aufgelöst worden ist, selbst wenn diese von keiner Seite in den Prozess eingeführt wurden. Ein Verständnis, wonach Gegenstand des Antrags nach § 4 Satz 1 KSchG lediglich – rein punktuell – die Wirksamkeit der angegriffenen Kündigung ist, würde dem weitergehenden Wortlaut des Gesetzes nicht gerecht und könnte das Ziel der Rechtskraft, Rechtsfrieden herzustellen und Rechtsgewissheit zu schaffen, nicht erreichen. Etwas anderes gilt, wenn der Kläger selbst den Gegenstand eines Kündigungsschutzantrags in dieser Weise (konkludent) begrenzt hat.«

cc) Konsequenzen

In der zitierten Entscheidung gab das BAG der Kündigungsschutzklage des Arbeitnehmers statt. Dass ein der Klage stattgebendes Urteil über den punktuellen Streitgegenstand hinaus die Feststellung enthalten soll, dass zum vorgesehenen Auflösungszeitpunkt zwischen den Parteien ein Arbeitsverhältnis bestanden hat, unterlag zwar nicht selten der Kritik,[17] war allerdings in der Rechtsprechung bereits seit längerem anerkannt[18] und entspricht den jüngsten Entwicklungen zum erweiterten Streitgegenstand.[19] Bemerkenswert bleibt allerdings, nach welchen Maßgaben das BAG jüngst die Rechtskraft der Entscheidung über die konkrete Kündigungsschutzklage hinaus auf alle Beendigungstatbestände im streitbefangenen Zeitraum erstrecken möchte.

3. Eckpunkte der aktuellen Rechtsprechung

Aus der jüngsten Rechtsprechung des BAG lassen sich folgende Erkenntnisse zum erweiterten Streitgegenstand herausfiltern.

Mit Rechtskraft einer der Kündigung stattgebenden Entscheidung soll feststehen, dass das Arbeitsverhältnis bis zum vorgesehenen Auflösungszeitraum nicht aufgelöst worden ist, weder durch die Kündigung noch durch sonstige Beendigungstatbestände. Diese anderen Beendigungstatbestände müssen dabei nicht von einer der Parteien in den Prozess eingeführt worden sein.

Eines allgemeinen Feststellungsantrags bedarf es nicht, um diese Wirkungen zu erreichen. Im Gegenteil bedarf es deutlicher Anhaltspunkte, wenn andere Beendigungstatbestände ausgeklammert werden sollen.

Die Rechtssicherheit für den Arbeitgeber soll durch den erweiterten punktuellen Streitgegenstandsbegriff nicht beeinträchtigt werden. Für den Arbeitgeber sei

---

17 Grundsätzlich *Boemke*, RdA 1995, 211, 221 ff. m.w.N.; bzgl. der aktuellen Rspr. *Schwab*, RdA 2013, 357; ebenfalls kritisch Stahlhacke/Preis/Vossen-*Vossen*, Rn. 2019.
18 BAG v. 5.10.1995 – 2 AZR 909/94 – NZA 1996, 651 m.w.N.
19 BAG v. 26.9.2013 – 2 AZR 682/12 – NZA 2014, 443; BAG v. 20.3.2014 – 2 AZR 1071/12 – NZA 2014, 1131.

erkennbar, dass in einer Kündigungsschutzklage nach § 4 S. 1 KSchG zugleich der Angriff gegen solche Kündigungen liege, die im streitbefangenen Zeitraum die Auflösung des Arbeitsverhältnisses herbeiführen sollen.

Das Rechtsschutzbedürfnis für eine allgemeine Feststellungsklage liegt nur noch vor, wenn der Arbeitnehmer sich gegen Kündigungen wehren möchte, die außerhalb des streitbefangenen Zeitraums das Arbeitsverhältnis beenden können.

III. Kritische Würdigung

Die Reaktionen in der Literatur[20] auf den erweiterten punktuellen Streitgegenstandsbegriff waren zuletzt weniger von Kritik als vielmehr von dem Bemühen getragen, die offenen Folgefragen der aktuellen Rechtsprechung weiterzuentwickeln. So hatte das BAG etwa offengelassen, ob bzw. auf welche Weise nachgeschobene Kündigungen in den Prozess einzuführen sind. Tatsächlich existieren allerdings nicht wenige Aspekte, die zu einer grundlegenden Kritik an der erneuerten Sichtweise des BAG Anlass geben.

1. Allgemeine und besondere Feststellungsklage

a) Wortlaut § 4 S. 1 KSchG

Ausgangspunkt der Kritik ist der Wortlaut von § 4 S. 1 KSchG: Die Kündigungsschutzklage ist auf die Feststellung zu richten, dass »das Arbeitsverhältnis durch die Kündigung nicht aufgelöst« worden ist. Eine isolierte Betrachtung dieses Wortlauts mag es noch denkbar erscheinen lassen, hierin einen Hinweis auf den punktuellen oder erweiterten punktuellen Streitgegenstand zu sehen – je nachdem, ob man auf das Merkmal »die Kündigung«[21] oder – wie nun das BAG[22] – »das Arbeitsverhältnis« rekurriert.

b) Abgrenzung

Der Wortlaut der Norm darf allerdings nicht isoliert betrachtet werden. Erforderlich ist seine Auslegung unter dem Gesichtspunkt einer Abgrenzung der Kündigungsschutzklage von der allgemeinen Feststellungsklage. Aus diesem Blickwinkel kann der Fokus in § 4 S. 1 KSchG nicht auf das Arbeitsverhältnis als solches gerichtet sein. Zulässiger Streitgegenstand der allgemeinen Feststellungsklage ist das Bestehen

---

20 Zustimmend Boecken/Düwell/Diller/Hanau-*Berger*, § 4 KSchG Rn. 223 ff.; kritisch *Schwab*, RdA 2013, 357.
21 Boecken/Düwell/Diller/Hanau-*Berger*, § 4 KSchG Rn. 212; *Schwab*, RdA 2015, 357, 358.
22 BAG v. 5.10.1995 – 2 AZR 909/94 – NZA 1996, 651; BAG v. 12.5.2011 – 2 AZR 479/09 – NZA-RR 2012, 43, 44; s.a. LAG Stuttgart v. 31.5.1967 – 4 Sa 20/67 – BB 1967, 1423; *Bötticher*, FS Herschel (1955), S. 181, 185 ff.; *ders.*, BB 1959, 1032 ff.

oder Nichtbestehen eines Rechtsverhältnisses. Vorfragen und einzelne Elemente des Rechtsverhältnisses scheiden demgegenüber als Gegenstand der Feststellungsklage aus.[23] Hierzu zählt die Feststellung über die Wirksamkeit einer einzelnen Rechtshandlung und Willenserklärung, namentlich einer Kündigung.[24] An diesem Punkt greift nun die Kündigungsschutzklage als besondere Feststellungsklage ein, die es ermöglicht, die Wirksamkeit der Kündigung der Feststellung durch das Gericht zu unterwerfen.[25] Sodann drohen aber die Konturen zwischen allgemeiner und besonderer Feststellungsklage unweigerlich zu verwischen, stellt man nicht das Charakteristikum der Kündigungsschutzklage, nämlich die Entscheidung über die konkrete Kündigung in den Vordergrund, sondern das Bestehen des Arbeitsverhältnisses. Dies ist allerdings der Fall, so die Kündigungsschutzklage eine Feststellung über die Wirksamkeit der konkreten Kündigung hinaus ermöglichen soll.[26]

2. Auslegung des Klageantrags

Bedenken begegnet gleichfalls die Auslegung des Klageantrags. Und das gleich in mehrfacher Hinsicht. So legt das BAG den Klageantrag nach § 4 S. 1 KSchG dergestalt aus, dass mit dem präzisen Vorgehen gegen eine konkrete Kündigung zugleich alle Beendigungstatbestände der gerichtlichen Prüfung unterworfen werden, die bis zum vorgesehenen Auflösungszeitpunkt das Arbeitsverhältnis beenden könnten. Umgekehrt soll es einer zusätzlichen Begründung und deutlicher Anhaltspunkte bedürfen, wenn die gerichtlichen Feststellungen tatsächlich nur in Bezug auf die konkret bezeichnete Kündigung getroffen und andere relevante Kündigungen ausgeklammert werden sollen.[27]

Es ist schon fraglich, inwieweit eine solche Interpretation noch mit der Dispositionsmaxime vereinbar ist. Oder mit der Warnfunktion gegenüber dem Arbeitgeber, der das Vorgehen gegen eine konkrete Kündigung ohne weiteres als Vorgehen gegen alle in Frage kommenden Beendigungstatbestände verstehen soll. Zudem muss die Herangehensweise des BAG an die Auslegung des Klageantrags Bedenken begegnen: »Zwar ist Gegenstand und Ziel einer Kündigungsschutzklage nach § 4 S. 1 KSchG die Feststellung, dass das Arbeitsverhältnis durch die bestimmte, mit der Klage angegriffene Kündigung zu dem vom Arbeitgeber vorgesehenen Termin nicht aufgelöst worden ist. Falls der Klage stattgegeben wird, steht aber zugleich fest, dass das Arbeitsverhältnis vor oder bis zu diesem Termin auch nicht aufgrund irgendeines

---

[23] *Boemke*, RdA 1995, 211, 212 f.
[24] *Boemke*, RdA 1995, 211, 213 m.w.N.
[25] APS-*Hesse*, § 4 KSchG Rn. 134; Boecken/Düwell/Diller/Hanau-*Berger*, § 4 KSchG Rn. 212; *Gallner*, FS Wank (2014), S. 117, 118; Stahlhacke/Preis/Vossen-*Vossen*, Rn. 2015.
[26] Ebenfalls kritisch *Boemke*, RdA 1995, 211, 214, 221 ff.
[27] Bspw. bei parallel geführten Kündigungsschutzprozessen; BAG v. 22.11.2012 – 2 AZR 732/11 – NZA 2013, 665; BAG v. 18.12.2014 – 2 AZR 163/14 – NZA 2015, 635, 637; zu den Vorteilen einer Ausklammerung, vor allem für den Arbeitgeber, Boecken/Düwell/Diller/Hanau-*Berger*, § 4 KSchG Rn. 221.

anderen Umstands sein Ende gefunden hat. Ein Verständnis, wonach Gegenstand des Antrags nach § 4 S. 1 KSchG lediglich – rein punktuell – die Wirksamkeit der angegriffenen Kündigung ist, würde das mit der umfassenden Rechtskraft einhergehende Ziel, Rechtssicherheit zu schaffen, nicht erreichen«.[28] Mit anderen Worten: Weil die Rechtskraft das Bestehen des Arbeitsverhältnisses bis zum vorgesehenen Auflösungszeitpunkt umfasst, soll der Klageantrag so ausgelegt werden müssen, dass er mit dem Umfang der Rechtskraft übereinstimmt. Normalerweise sollte doch eigentlich im Sinne von § 322 Abs. 1 ZPO – und damit im Sinne der Dispositionsmaxime – davon auszugehen sein, dass die Parteien mit dem Streitgegenstand den Umfang der Rechtskraft festlegen.

3. Umfang der Rechtskraft

Mit der Erweiterung des Streitgegenstands geht eine Erweiterung des Umfangs der Rechtskraft einher. Konnten bislang nachgeschobene Kündigungen allein mittels eines Schleppnetzantrags an der Rechtskraft der Entscheidung teilnehmen, impliziert nunmehr bereits ein stattgebendes Urteil über einen konkreten Kündigungsschutzantrag die Feststellung, dass das Arbeitsverhältnis weder durch die konkret angegriffene Kündigung noch auf andere Weise sein Ende gefunden hat. Die Rechtskraft der Entscheidung erstreckt sich nach dieser Maßgabe mithin insbesondere auf nachgeschobene oder überholende Kündigungen, und zwar unabhängig davon, ob diese offensichtlich wirksam gewesen wären. Der Umfang der Rechtskraft setzt nicht die Einführung weiterer Kündigungen in den Prozess voraus, erst recht nicht unter den Voraussetzungen von § 6 KSchG. Das BAG mag zuletzt noch festgestellt haben, dass eine nachgeschobene Kündigung jedenfalls dann fristgerecht eingebracht wurde, wenn der Arbeitnehmer ihre Unwirksamkeit noch vor Schluss der mündlichen Verhandlung erster Instanz explizit geltend gemacht und mit einem Antrag nach § 4 S. 1 KSchG erfasst hat. Im weiteren Verlauf der Entscheidungsgründe führt das BAG sodann allerdings aus, die Rechtskraft umfasse andere Beendigungstatbestände auch dann, wenn diese von keiner Seite in den Prozess eingeführt worden sind. Konsequent ist nur letzteres. Und so wird ebenfalls in der Literatur diese vom BAG nicht wirklich gelöste Folgefrage dahingehend beantwortet, dass der Arbeitnehmer weitere Beendigungstatbestände nicht einbringen muss.[29] Denn will man den erweiterten Streitgegenstandsbegriff ernst nehmen, hat der Arbeitnehmer mit dem auf eine Kündigung bezogenen Kündigungsschutzantrag schon alles Erforderliche getan, um alle Beendigungstatbestände bis zum vorgesehenen Auflösungszeitpunkt der gerichtlichen Prüfung zu unterwerfen. Würde man von ihm zusätzlich verlangen, die in Betracht kommenden Beendigungstatbestände explizit bzw. in der Form

---

28 BAG v. 18.12.2014 – 2 AZR 193/14 – NZA 2015, 635, 637.
29 Boecken/Düwell/Diller/Hanau-*Berger*, § 4 KSchG Rn. 215; *Gallner*, FS Wank (2014), S. 117, 125; *Lingemann/Siemer*, Anm. zu BAG v. 18.12.2014 – 2 AZR 163/14 – AP KSchG 1969 § 4 Nr. 79; *Tiedemann*, ArbRB 2016, 29, 32; *Vossen*, RdA 2015, 291, 293 f.

des § 4 S. 1 KSchG zu benennen, würde man dem Arbeitnehmer die erleichterte Geltendmachung nachgeschobener Kündigungen, die man ihm mit dem erweiterten Streitgegenstandsbegriff mit der einen Hand noch zukommen lassen wollte, mit der anderen Hand wieder nehmen.

Konsequenterweise liegt es nunmehr an dem Arbeitgeber, weitere Beendigungstatbestände (als Einwendung)[30] in den Prozess einzuführen,[31] will er nicht riskieren, dass der Angriff des Arbeitnehmers hinsichtlich einer präzise benannten Kündigung zugleich Rechtskraft für weitere, ggf. wirksame Kündigungen entfaltet. Andernfalls ist der Arbeitgeber angesichts der umfassenden Rechtskraft in einem späteren Verfahren insbesondere mit dem Einwand ausgeschlossen, das Arbeitsverhältnis sei bereits zuvor aus einem anderen Grund, etwa durch eine überholende Kündigung beendet worden.[32]

Die vorsorgliche prozessuale Einführung weiterer Beendigungstatbestände wird sich für den Arbeitgeber künftig regelmäßig als ratsam erweisen.[33] Während er nach dem punktuellen Streitgegenstandsbegriff nur dann damit rechnen musste, dass sich der Arbeitnehmer gegen weitere Kündigungen zur Wehr setzt, wenn dieser mit dem Kündigungsschutzantrag einen Schleppnetzantrag verbunden hatte,[34] läuft er nun grundsätzlich bei jeder konkreten Kündigungsschutzklage des Arbeitnehmers Gefahr, dass nachgeschobene wirksame Kündigungen von der umfassenden Rechtskraft des Kündigungsschutzurteils erfasst werden.

4. Kündigungsschutzantrag und Schleppnetz

Fraglich bleibt nach dem erweiterten Streitgegenstand die Existenzberechtigung des Schleppnetzantrags. Bislang erwies sich dieser oft als unerlässlich und war dem Arbeitnehmer in jedem Fall anzuraten, in dem weitere Beendigungstatbestände seitens des Arbeitgebers im Raum standen. Durch den erweiterten Streitgegenstandsbegriff müssten Schleppnetzanträge weitreichend obsolet, ja unzulässig werden.[35] Wenn die Rechtskraft einer stattgebenden Entscheidung alle Beendigungstatbestände bis zum vorgesehenen Auflösungszeitpunkt umfasst, bedarf es in diesem Rahmen nicht mehr

---

30 *Vossen*, RdA 2015, 291, 294.
31 So schon im Ansatz BAG v. 26.9.2013 – 2 AZR 682/12 – NZA 2014, 443, 445; APS-*Hesse*, § 4 KSchG Rn. 134; Boecken/Düwell/Diller/Hanau-*Berger*, § 4 KSchG Rn. 215; *Gallner*, FS Wank (2014), S. 117, 125; *Lingemann/Siemer*, Anm. zu BAG v. 18.12.2014 – 2 AZR 163/14 – AP KSchG 1969 § 4 Nr. 79; *Tiedemann*, ArbRB 2016, 29, 32; *Vossen*, RdA 2015, 291, 294.
32 Boecken/Düwell/Diller/Hanau-*Berger*, § 4 KSchG Rn. 215, 218, 225 f.; *Boemke*, RdA 1995, 211, 222; ErfK-*Kiel*, § 4 KSchG Rn. 32; *Gallner*, FS Wank (2014), S. 117, 125.
33 *Lingemann/Siemer*, Anm. zu BAG v. 18.12.2014 – 2 AZR 163/14 – AP KSchG 1969 § 4 Nr. 79.
34 Siehe nur *Vossen*, RdA 2015, 291, 292.
35 APS-*Hesse*, § 4 KSchG Rn. 139; Boecken/Düwell/Diller/Hanau-*Berger*, § 4 KSchG Rn. 208 f.; *Vossen*, RdA 2015, 291, 293.

eines Schleppnetzes, um diese einzufangen.[36] Es genügt der Kündigungsschutzantrag.[37]

Die Notwendigkeit eines Schleppnetzantrags ergibt sich aber dann, wenn der Arbeitgeber Kündigungen ausspricht, die die Beendigung zu einem späteren Zeitpunkt vorsehen.[38] Der konkrete Kündigungsschutzantrag erfasst nach seiner derzeitigen Interpretation durch das BAG alle Kündigungen, die vor oder jedenfalls zeitgleich mit der zuerst ausgesprochenen Kündigung das Arbeitsverhältnis beenden sollen, nicht aber solche Beendigungstatbestände, die die Auflösung erst nach diesem Termin bewirken.[39] Später wirkende Kündigungen nehmen damit nicht an der Rechtskraft des Urteils teil. Hier gilt nun im Grundsatz wieder der punktuelle Streitgegenstand: Jede Folgekündigung, die nicht dem erweiterten Streitgegenstand unterfällt, muss von dem Arbeitnehmer gesondert innerhalb der 3-wöchigen Klagefrist angegriffen werden. Oder von vornherein mit einer Kombination aus Kündigungsschutz- und allgemeiner Feststellungsklage in Gestalt des Schleppnetzantrags. Entbehrlich könnte der Schleppnetzantrag nur dann werden, wenn der Arbeitnehmer sicher sein könnte, dass der Arbeitgeber keine Folgekündigungen ausspricht, die erst nach dem streitbefangenen und der Rechtskraft fähigen Zeitraum das Arbeitsverhältnis beenden sollen.

Der Arbeitnehmer kann sich dessen aber nicht sicher sein. Deswegen wird er sich nicht selten folgender Situation ausgesetzt sehen: Er kann nur eine Kündigungsschutzklage erheben, riskiert damit aber, die Klagefrist zu versäumen und der materiellen Präklusion ausgesetzt zu sein, wenn die Folgekündigung nicht mehr von der Rechtskraft der Entscheidung über die Kündigungsschutzklage umfasst ist. Oder er verbindet die Kündigungsschutzklage mit einem Schleppnetzantrag, riskiert dann aber die Abweisung des letzteren, wenn tatsächlich nur solche Folgekündigungen vom Arbeitgeber ausgesprochen werden, die schon von der Rechtskraft des Kündigungsschutzurteils erfasst sind. Letzteres entspricht dem (rein) punktuellen Streitgegenstand, Ersteres dem erweiterten. Und Letzteres hat auf der einen Seite für den Arbeitnehmer keine nennenswerten negativen Konsequenzen, grundsätzlich auch

---

36 BAG v. 20.3.2014 – 2 AZR 1071/12 – NZA 2014, 1131, 1132; *Tiedemann*, ArbRB 2016, 29, 31.
37 Die Rechtsprechung kommt aktuell dem Kläger, der einen nach dem erweiterten Streitgegenstand überflüssigen allgemeinen Feststellungsantrag gestellt hat, insoweit entgegen, als der Feststellungsantrag als bedingter Antrag ausgelegt wird. Es erfolgt mithin nicht, was konsequent wäre, eine Abweisung der Klage als teilweise unzulässig, sondern die Auslegung des Antrags unter der Rechtsbedingung, dass über ihn nicht schon im Rahmen des Kündigungsschutzantrags mitentschieden werden sollte, BAG v. 20.3.2014 – 2 AZR 1071/12 – RdA 2015, 120, 121 f. m. Anm. *Walker/Schmitt-Kästner*.
38 Oder solche, die erst nach Zugang der bereits streitgegenständlichen außerordentlichen fristlosen Kündigung wirken sollen, *Vossen*, RdA 2015, 291, 293.
39 BAG v. 20.3.2014 – 2 AZR 1071/12 – NZA 2014, 1131, 1132; APS-*Hesse*, § 4 KSchG Rn. 139; Boecken/Düwell/Diller/Hanau-*Berger*, § 4 KSchG Rn. 209, 217; *Boemke*, RdA 1995, 211, 219; *Lingemann/Siemer*, Anm. zu BAG v. 18.12.2014 – 2 AZR 163/14 – AP KSchG 1969 § 4 Nr. 79.

nicht hinsichtlich etwaiger Prozesskosten,⁴⁰ und führt auf der anderen Seite dem Arbeitgeber deutlich vor Augen, gegen welche Kündigungen sich der Arbeitnehmer zur Wehr setzt. Ersteres dagegen nötigt den Arbeitgeber über Gebühr zu einer Auslegung des Klageantrags⁴¹ und setzt vor allem den Arbeitnehmer dem Risiko der Beendigung des Arbeitsverhältnisses aus, wenn er eine Kündigung fehlerhaft nicht mit einem gesonderten Antrag angreift, obwohl diese nicht mehr von der Rechtskraft des Kündigungsurteils umfasst ist.

IV. Fazit

Zusammengefasst kann man sich nun am Ende nicht zu Unrecht die Frage stellen, welche Vorteile mit dem erweiterten Streitgegenstand verbunden sind. Im Mittelpunkt scheint die Entbehrlichkeit von Schleppnetzanträgen zu stehen. Ein Schleppnetzantrag mag angesichts der weiten Auslegung des Kündigungsschutzantrags weniger unerlässlich sein als er es unter der Maßgabe des punktuellen Streitgegenstands war. In der Praxis aber wird mit Blick auf das Risiko der materiellen Präklusion dem Arbeitnehmer der Rückgriff auf den allgemeinen Feststellungsantrag weiterhin anzuraten sein. Überdies sieht sich der erweiterte Streitgegenstand grundlegender Kritik ausgesetzt, angefangen mit dem Wortlaut von § 4 S. 1 KSchG über die Vereinbarkeit mit der Dispositionsmaxime bis hin zur Abgrenzung der Streitgegenstände von Kündigungsschutz- und Feststellungsklage. Vor diesem Hintergrund bleibt tatsächlich die Frage, ob nicht angesichts dieser Kritikpunkte der erweiterte punktuelle Streitgegenstand nicht nur in seiner Begründung kaum zu halten, sondern auch insgesamt entbehrlich ist.

---

40 Zu Rücknahme und teilweiser Abweisung des Schleppnetzantrags und der Frage damit verbundener Kosten *Feldmann/Schuhmann*, JuS 2017, 214, 215 m.w.N.
41 *Tiedemann*, ArbRB 2016, 29, 31; anders Boecken/Düwell/Diller/Hanau-*Berger*, § 4 KSchG Rn. 216.

Gerichtskundigkeit als »Abkürzung« der prozessualen Stoffsammlung?

WALTER H. RECHBERGER

I. NEUE FRAGEN AUF ALTBEKANNTEM TERRAIN

Wenn in Österreich auch entsprechende Stellungnahmen von Praktikern fehlen, so gilt die Feststellung von *Stackmann*[1], wonach die Gerichtsbekanntheit von Tatsachen »im Fachwissen des Praktikers bestenfalls einen Nischenplatz« fülle (der Autor spricht im Titel seines Aufsatzes gar von einer »*terra incognita*«[2]), wohl auch für Österreich – oder besser: galt auch hierzulande. Das beschauliche Dasein der »Gerichtsnotorietät« (wie wir in Österreich sagen) von Tatsachen hat nämlich – in Deutschland wie in Österreich – mit den Anlegerschutzprozessen,[3] die gegen Wertpapierunternehmer, Berater, Banken, Emissionsgesellschaften, Gesellschaftsorgane oder Entschädigungseinrichtungen geführt werden,[4] also in vorher nicht gekannter Massenhaftigkeit auftretenden Massenverfahren, sein Ende gefunden. *Stackmann*[5] formuliert noch vorsichtig, wenn er davon spricht, dass der Umgang mit gerichtsbekannten Tatschen »jenseits der täglichen Routine« des Richters liege, sich dies jedoch in einer Zeit ändern dürfte, in der Massenverfahren wegen Kapitalanlagen »auf der To-do-Liste von Gerichten und Anwälten stehen«.

Was sind nun die neuen Fragen, die sich im Bereich der Gerichtsbekanntheit von Tatsachen, der zumindest in der Literatur – wie anhand der weitgehend übereinstimmenden Lehrmeinungen in Deutschland und Österreich gezeigt werden wird – ein durchaus wohlbekanntes Land darstellt, in den genannten Massenverfahren stellen? Wenn in verschiedenen Prozessen zu einem bestimmten Schadensfall zumindest zu einem Teil immer die gleichen Tatsachen relevant sind, so hat das zur Folge, dass auch immer wieder die gleichen Beweisaufnahmen durchzuführen sind, was für alle Verfahrensbeteiligten zweifellos mit einer großen Arbeits-, Zeit- und Kostenbelastung verbunden ist. In Österreich ist insbesondere das Handelsgericht Wien an seine

---

1 *Stackmann*, Terra incognita – was ist gerichtsbekannt?, NJW 2010, 1409. Der Autor war zu dieser Zeit Vorsitzender Richter am LG München I und ist derzeit Vorsitzender Richter am OLG München.
2 Dies hat eine Erwiderung der Rechtsanwälte *Pörnbacher* und *Suchomel* hervorgerufen. Vgl. deren Artikel: Massenverfahren – Ende des Beibringungsgrundsatzes?, NJW 2010, 3202.
3 Vgl. auch dazu schon *Stackmann*, Grundsatzprobleme im Anlegerschutzprozess, NJW 2008, 1345.
4 Vgl. dazu *Konecny*, Beweisrechtliche Fragen bei Massenschäden, Vortrag Forum für Zivilrecht Traunkirchen 2016 (im Druck).
5 *Stackmann*, NJW 2010, 1409.

Kapazitätsgrenzen gelangt. Diese Situation stellte – zumindest in der österreichischen Rechtsprechung – den Nährboden für die Meinung dar, aufgrund einer Mehrzahl gleichartiger Entscheidungen (die in verschiedenen Prozessen mit unterschiedlichen Parteien ergangen sind) könnten Tatsachen gerichtsbekannt werden und damit nicht mehr beweisbedürftig sein. Das wirft aber die Frage auf, ob derartiges mit fundamentalen Prozessgrundsätzen vereinbar ist. Denn *Pörnbacher/Suchomel*[6] haben es auf den Punkt gebracht: »*Massenverfahren mögen die Gerichte vor neue Herausforderungen stellen. Sie können aber nicht als Rechtfertigung dafür dienen, die Grundprinzipien der ZPO in Frage zu stellen.*« Und das gilt – trotz manch unterschiedlicher Akzentuierung – für die deutsche und die österreichische ZPO in gleicher Weise.

II. Die Herrschende Auffassung zur Gerichtsbekanntheit von Tatsachen

Vorauszuschicken ist, dass die Regelungen von § 269 öZPO und § 291 dZPO (nahezu vollständig) *wörtlich übereinstimmen*.[7]

Nach der einhelligen Meinung in der österreichischen Literatur müssen gerichtsbekannte Tatsachen dem erkennenden Gericht *aus seiner eigenen amtlichen Wahrnehmung* (zB aus einem Vorprozess) bekannt sein, ohne dass es erst in bestimmte Unterlagen Einsicht nehmen muss. Es reicht daher auch nicht aus, wenn Tatsachen aus den Akten desselben Gerichts zu ersehen sind.[8]

Auch in der deutschen Literatur wird weitestgehend übereinstimmend betont, dass *Beweisergebnisse aus anderen Verfahren* nicht unter gerichtskundige Tatsachen zu subsumieren sind;[9] das gleiche gilt auch – so *Greger*[10] – für eine »*Sachkunde, die das Gericht aus ähnlichen Verfahren gewonnen haben will*«. Als strittig[11] wird zwar bezeichnet, ob

---

6   *Pörnbacher/Suchomel*, NJW 2010, 3204.
7   § 269 öZPO lautet: »Tatsachen, welche bei dem Gerichte offenkundig sind, bedürfen keines Beweises.«
    § 291 dZPO lautet: »Tatsachen, die bei dem Gericht offenkundig sind, bedürfen keines Beweises.«
8   Vgl. *Fasching*, Lehrbuch des österreichischen Zivilprozeßrechts, 2. Aufl. 1990, Rz. 854; Fasching/Konecny/*Rechberger*, Kommentar zu den österreichischen Zivilprozessgesetzen, 2. Aufl. 2004, III § 269 ZPO Rz. 7; Rechberger/*Rechberger*, Kommentar zur ZPO, 4. Aufl. 2014, § 269 ZPO Rz. 3; *Ballon*, Einführung in das österreichische Zivilprozessrecht. Streitiges Verfahren, 12. Aufl. 2009, Rz. 230; *Kodek/Mayr*, Zivilprozessrecht, 2. Aufl. 2013, Rz. 790.
9   *Rosenberg/Schwab/Gottwald*, Zivilprozessrecht, 17. Aufl. 2010, § 112 III Rn, 28; *Jauernig/Hess*, Zivilprozessrecht, 30. Aufl. 2011, Rn. 36 ff.; Stein/Jonas/*Leipold*, 22. Aufl. 2008, § 291 ZPO Rn. 10; Zöller/*Greger*, ZPO, 31. Aufl. 2016, § 291 ZPO Rn. 1a; MünchKomm-ZPO/*Prütting* 5. Aufl. 2016, § 291 ZPO Rn. 9 ff; Musielak/Voit/*M. Huber*, 13. Aufl. 2016, § 291 ZPO Rn. 2; Beck'scher Online-Komm ZPO/*Bacher*, § 291 ZPO Rn. 6 ff.; Baumbach/Lauterbach/Albers/*Hartmann*, 75. Aufl. 2017, § 291 ZPO Rn. 5 ff; *Saenger*, ZPO, 7. Aufl. 2017, § 291 ZPO Rn. 4 ff. AA nur Thomas/Putzo/*Reichold*, 38. Aufl. 2017, § 291 ZPO Rn. 2.
10 Zöller/*Greger*, ZPO, 31. Aufl. 2016, § 291 ZPO Rn. 1a.
11 In MünchKomm-ZPO/*Prütting* a.a.O. Rn. 9 Fn. 15 sogar als »sehr strittig«.

Gerichtskundigkeit als »Abkürzung« der prozessualen Stoffsammlung?

es ausreicht, dass der Richter die fraglichen Tatsachen ohne weiteres aus Akten *desselben* Gerichts entnehmen kann, doch lässt das – zumindest in der neueren Literatur – allein *Reichold*[12] genügen, während es alle anderen Autoren[13] übereinstimmend ablehnen. M. *Huber*[14] begründet dies damit, dass sonst der Beibringungsgrundsatz ausgehöhlt würde, und betont ausdrücklich, dass das »*auch bei einer Vielzahl (›masseweise‹) am Sitz von Fondsgesellschaften vor größeren Instanzgerichten (zB. in München) anhängigen Verfahren wegen Rückabwicklung wirtschaftlich gescheiterter Anlagemodelle*« zu gelten habe.[15]

Die deutsche Rsp. folgt den in der Literatur ganz überwiegend vertretenen Grundsätzen. Der BGH hat insbesondere betont, dass die Gerichtskundigkeit begründenden Kenntnisse nicht durch Rückgriff auf die Akten *eines anderen Verfahrens* (mag dieses auch vor demselben Gericht stattgefunden haben) erlangt werden können.[16] Auf dieser Linie liegt – und das ist selbsterklärend – auch die Ablehnung der Meinung, Aussagen von Zeugen aus einem anderen Verfahren vor demselben Gericht könnten als gerichtskundig betrachtet werden.[17]

Mit all dem stimmt auch die *bisherige* österreichische höchstgerichtliche Rechtsprechung überein. So heißt es in der Entscheidung des OGH 3 Ob 2122/96x:

> »*Auch die Gerichtskundigkeit erfordert nämlich, daß der Richter die Tatsache kennt, ohne erst in bestimmte Unterlagen Einsicht nehmen zu müssen;*[18] *andernfalls kann er nämlich nicht als ›kundig‹ angesehen werden. Es reicht daher [...] auch nicht aus, wenn Tatsachen ohne weiteres aus den Akten desselben Gerichtes zu ersehen sind.*«

---

12 Thomas/Putzo/*Reichold* § 291 ZPO Rn. 2. *Stackmann*, NJW 2010, 1409 wird zumindest von *M. Huber* a.a.O. Fn. 8 im selben Sinn verstanden, doch sind die Ausführungen dieses Autors diesbezüglich unklar. Er spricht zwar ganz allgemein von »Parallelverfahren«, aber einerseits von bereits ergangenen Entscheidungen »mit Präjudizcharakter« (1413 f), was sich nicht auf Tatsachen beziehen kann, und andererseits davon, dass die in Entscheidungen solcher Verfahren angeführten Tatsachen »zumindest durch Bezugnahme auf die eingesehene Entscheidung in das nun anhängige Verfahren einzuführen« seien (1414).
13 S. Fn. 9.
14 Musielak/Voit/*M. Huber* § 291 ZPO Rn. 2.
15 *Schilken*, Darlegungs- und Beweisfragen im Anlegerschutzprozess – insbesondere Anhörung und Parteivernehmung, ZZP 126 (2013) 403 behandelt zwar auch Problematiken der gerichtsbekannten Tatsachen (410 ff.), aber nicht ausdrücklich diese Frage. Seine Definition der gerichtsbekannten Tatsachen als solche, »von denen das Gericht aus seiner amtlichen Tätigkeit, z.B. aus früheren oder bei ihm noch laufenden Verfahren zuverlässig weiß«, lässt letztlich offen, ob es sich dabei nur um Tatsachen handeln kann, die dem erkennenden *Richter* aus seinen eigenen Verfahren bekannt sind.
16 BGH I ZR 190/08 BeckRS 2011, 05916 = NJW-RR 2011, 568. In einer älteren Entscheidung zum Strafprozess hat es der BGH allerdings für zulässig angesehen, ganz allgemein Feststellungen aus anderen Verfahren als gerichtsbekannt zu qualifizieren (BGHSt 6, 292 = NJW 1954, 1656 [1657]). Unbedenklich ist hingegen die Entscheidung des OLG Saarbrücken BeckRS 2012, 04146 = FD-StrafR 2012, 330693 (*Zimmermann*), das – dem Erstgericht folgend – seiner Entscheidung Feststellungen des den Beklagten verurteilenden Strafurteils als gerichtsbekannt zugrunde legte, zumal der Erstrichter im Strafverfahren als Beisitzer der zur Entscheidung berufenen Strafkammer beteiligt war.
17 BGH NJW-RR 2011, 568.
18 Dieselbe Formulierung findet sich in OGH 5 Ob178/09a wobl 2010/123 = NZ 2011/5 = MietSlg 62.517.

WALTER H. RECHBERGER

III. Die Neueste Rechtsprechung des Österreichischen OGH

In Anlegerschutzprozessen sind in jüngerer Zeit mehrere Entscheidungen des österreichischen OGH ergangen, wobei vor allem jene des sechsten Senats[19] ganz offensichtlich versuchen, eine Lösung für die Problematik von Tatsachenfeststellungen in »Massenverfahren« zu finden.

So sprach das Höchstgericht in der Entscheidung vom 21. Dezember 2015[20] aus:

> *»Grundsätzlich erfolgt die Feststellung von Tatsachen in jedem Rechtsstreit ohne Bindung an die Beurteilung in einem Vorprozess [...]. Die Sachverhaltsfeststellungen früherer Entscheidungen aus anderen Verfahren äußern grundsätzlich keine Bindungswirkung auf spätere Verfahren. Dies schließt aber nicht aus, dass das Gericht aufgrund eigener Sachkenntnis aus früheren Verfahren gewonnene Erkenntnisse auch in späteren Verfahren verwertet. In diesem Sinne sieht § 269 ZPO auch im streitigen Zivilverfahren die Berücksichtigung gerichtsbekannter Tatsachen vor, ohne dass es besonderer Parteibehauptungen oder eines eigenen Beweisverfahrens bedürfte [...].«*

Wenn sich der OGH hier explizit auf die (Gerichts-)Notorietät *im Sinne des § 269 ZPO* stützt, knüpft er damit implizit an all jene Grundsätze an, die er zu gerichtskundigen Tatsachen in seiner bisherigen Rechtsprechung vertreten hat. Aus dieser Entscheidung kann daher nicht ohne weiteres abgeleitet werden, dass der OGH von der Meinung abginge, die Annahme der Gerichtskundigkeit setze eine *eigene* amtliche Wahrnehmung des erkennenden Gerichts voraus.

Die Entscheidung vom 14. Jänner 2016[21] knüpft an das zuvor genannte Urteil an. Der OGH sprach aus:

> *»Im Übrigen ist auf den bereits in der Entscheidung 6 Ob 111/15i dargelegten Grundsatz zu verweisen, wonach aufgrund des Ergebnisses einer Mehrzahl gleichartiger Entscheidungen (wie hier gegen die Beklagte aufgrund ihrer Ad-hoc-Meldungen) eine ursprünglich beweisbedürftige Tatsache gerichtsbekannt wird, sodass diese in der Folge keiner neuerlichen Beweisaufnahme bedarf.«*

Durch die verkürzte Wiedergabe der ursprünglichen Entscheidung kann hier schon eher der Eindruck entstehen, dass es auf die unmittelbare Wahrnehmung des erkennenden Gerichts gar nicht ankomme. Da das jedoch die bisherige höchstgerichtliche Rechtsprechung zur Gerichtsnotorietät erheblich verändern würde, wäre zu erwarten gewesen, dass der OGH bei einem entsprechenden Willen deutlichere Worte wählt. Auch diese Entscheidung spricht daher *nicht eindeutig* für ein Abgehen von der ständigen höchstgerichtlichen Rechtsprechung zu den gerichtskundigen Tatsachen.

Dasselbe gilt für die Entscheidung vom 23. Februar 2016[22], die wiederum insofern an die traditionelle Judikatur anschließt, als sie von »gerichtsbekannt im Sinne des § 269 ZPO« spricht. Es heißt dort:

19 OGH 6 Ob 111/15i, 6 Ob 98/15b und 6 Ob 229/15t.
20 OGH 6 Ob 111/15i ÖBA 2017/2321.
21 OGH 6 Ob 98/15b AnwBl 2016, 380 = ÖBA 2016/2280 (*Kronthaler*).
22 OGH 6 Ob 229/15t ZFR 2016/229.

Gerichtskundigkeit als »Abkürzung« der prozessualen Stoffsammlung?

»In diesem Zusammenhang ist jedoch darauf zu verweisen, dass aufgrund des Ergebnisses einer Mehrzahl gleichartiger Entscheidungen eine ursprünglich beweisbedürftige Tatsache gerichtsbekannt im Sinne des § 269 ZPO werden kann, sodass diese in der Folge keiner neuerlichen Beweisaufnahme bedarf (6 Ob 111/15i; 6 Ob 98/15b). In diesem Sinne kann auch der Inhalt früherer Entscheidungen verwertet werden [...], wobei offenkundige Tatsachen nicht einmal behauptet werden müssten [...]. Ob diese Voraussetzungen im vorliegenden Fall zutreffen, obliegt der Beurteilung der Tatsacheninstanzen ebenso wie die Beurteilung der Stichhaltigkeit allenfalls angebotener Gegenbeweise.«

Zuletzt hat das OLG Wien im Urteil vom 31. Mai 2016[23] unter Berufung auf die genannten OGH-Entscheidungen *expressis verbis* ein in der bisherigen österreichischen Rechtsprechung unbekanntes Verständnis von der Notorietät von Tatsachen entwickelt. Es führt in dieser Entscheidung aus, dass eine bestimmte Ad-hoc-Meldung (es ging um eine Nachricht darüber, dass die beklagte börsennotierte Immobiliengesellschaft ein erhebliches Volumen einer Kapitalerhöhung mittelbar selbst übernahm) bereits Gegenstand zahlreicher gleichartiger Anleger-Parallelverfahren gewesen sei, zitiert dann mit der Wendung, dass Sachverhaltsfeststellungen früherer Entscheidungen aus anderen Verfahren grundsätzlich keine Bindungswirkung auf spätere Verfahren bewirken können, den OGH, um fortzusetzen:

»Anderes gilt aber ausnahmsweise dann, wenn eine Tatsache aufgrund einer Mehrzahl gleichartiger Entscheidungen als offenkundig anzusehen ist.«

Konkret erachtete das OLG Wien als gerichtsbekannte Tatsache zum einen den Umstand, dass die Bezeichnung der Kapitalerhöhung der beklagten Partei als »erfolgreich« irreführend sei, weil diese verschwiegen habe, dass ein Großteil der Zertifikate mit ihren eigenen Geldern erworben werden musste, um eine vollständige Platzierung erreichen zu können. Eine Information darüber aber hätte dem verständigen Anleger signalisiert, dass auf dem Kapitalmarkt keine ausreichende Nachfrage an diesen Zertifikaten bestand. Vereinfacht ausgedrückt wird damit der Kursverfall der beklagten Immobiliengesellschaft bei Veröffentlichung einer richtigen Ad-hoc-Meldung über die nicht vollständige Platzierung der Kapitalerhöhung als gerichtsnotorische Tatsache angesehen.

Zum anderen unterstellt das OLG Wien ebenfalls unter Berufung auf Notorietät, dass eine richtige Ad-hoc-Meldung ohnehin aufmerksame Anleger und Berater erreicht hätte. Eine solche Nachricht hätte sich rasch am Markt verbreitet, weil ihr *»von Analysten und Anlegern fraglos sehr hohe Aufmerksamkeit gewidmet worden wäre und danach auch mediale Reaktionen und entsprechende Kaufwarnungen nicht ausgeblieben wären«*.

Letztlich listet das OLG Wien die Geschäftszahlen von sieben »Parallelverfahren« auf, in denen die »einschlägige Vorgehensweise« der beklagten Immobiliengesellschaft jeweils vom Handelsgericht Wien erstgerichtlich festgestellt und der jeweiligen

---

23 OLG Wien 2 R 195/15h.

Beweisrüge der Beklagten vom OLG Wien als Berufungsgericht ein Erfolg versagt worden sei.[24]

Die durch das OLG Wien gebilligte Vorgangsweise des HG Wien im Beweisverfahren lässt sich wie folgt zusammenfassen: Es werden Tatsachenfeststellungen aus parallel laufenden Anlegerprozessen, die im Verhältnis zum konkret zu beurteilenden Verfahren höchstens *partielle Parteienidentität* aufweisen, für »gerichtsbekannt« erklärt und in der Folge verzichtet das Gericht auf eine (weitere) Beweisaufnahme hinsichtlich dieser für sein Verfahren erheblichen Tatsachen. Entscheidend ist dabei, dass diese Tatsachen dem erkennenden Gericht *nicht aus eigener Wahrnehmung* bekannt sind, sondern aufgrund der großen Vielzahl an gleichartigen Verfahren bei dem betreffenden Gerichtshof als »allgemein bekannt« erachtet werden. Dem ist freilich zu erwidern, dass gleichartige Entscheidungen (gemeint sind hier Tatsachenfeststellungen) nur dokumentieren, dass verschiedene Richter einen bestimmten Sachverhalt gleich beurteilen; gerichtsbekannt iS von »offenkundig« werden sie allein schon deshalb aber nicht.[25]

Ob die Auffassung des OLG Wien durch die jüngste Rechtsprechung des OGH tatsächlich gedeckt ist, bleibt fraglich. Das wird vom OLG Wien insofern selbst bestätigt, als es gegen sein Urteil die ordentliche Revision mit der Begründung zugelassen hat, dass »*es noch an höchstgerichtlichen Leitlinien dahin fehlt, ab wann in Massenverfahren vielfach getroffenen, bekämpften und berufungsgerichtlich übernommenen Feststellungen [...] die diesbezügliche Notorietät im Sinne von 6 Ob 111/15i und 6 Ob 98/15b zukommt.*« Die Entscheidung des OGH über die Revision steht noch aus.

IV. Die Annahme der Gerichtskundigkeit als »Abkürzung« der prozessualen Stoffsammlung

Die Motivation hinter der geschilderten Vorgangsweise besteht zweifellos darin, die Tatsachenfeststellungen und damit die Beweisaufnahme in Massenverfahren zu erleichtern bzw. zu beschleunigen. Dabei spricht der österreichische OGH durchaus das Spannungsverhältnis zu Art. 6 EMRK – freilich mit einem speziellen Vorverständnis – an: So führte der erste Senat des Höchstgerichts in seiner Entscheidung

---

24 HG Wien 46 Cg 225/09x-39 bzw. OLG Wien 2 R 172/15a; HG Wien 56 Cg 50/13s-28 bzw. OLG Wien 5 R 103/14z; HG Wien 58 Cg 85/12a-38 bzw. OLG Wien 5 R 97/15v; HG Wien 58 Cg 89/12i-32 bzw. OLG Wien 4 R 162/15w; HG Wien 58 Cg 93/12b-43 bzw. OLG Wien 2 R 181/15z; HG Wien 58 Cg 110/12b-32 bzw. OLG Wien 4 R 83/15b; HG Wien 58 Cg 177/12 f-30 bzw. OLG Wien 1 R 217/15m.

25 So auch *Konecny*, Vortrag Traunkirchen (im Druck), der allerdings trotz dieser Kritik die Auffassung des OGH, dass »aus früheren Verfahren gewonnene Erkenntnisse« verwertet werden dürfen, grundsätzlich billigt, sofern das rechtliche Gehör der Parteien gewahrt bleibt.

vom 22. Oktober 2015[26] (wieder aufgegriffen vom sechsten Senat in der oben zitierten Entscheidung vom 21. Dezember 2015) aus, dass es auf Basis der derzeitigen, auf Massenverfahren nicht Rücksicht nehmenden Verfahrensvorschriften um den Zugang der Parteien zu Informationen, um die Kosten des Verfahrens und damit letztlich um den effektiven Zugang zum Recht gehe. Er verweist aber auch auf die Belastung der Zeugen und Verfahrensparteien, insbesondere auch der Beklagten, »*die sich in einer Vielzahl von Verfahren denselben Fragen im Zuge der Zeugen- oder Parteienvernehmung stellen müssen*«, und leitet daraus – »*nicht zuletzt in Hinblick auf das Grundrecht auf ein faires Verfahren (Art. 6 EMRK)*« – die Notwendigkeit eines »*möglichst rationellen Vorgehens bei der Beweisaufnahme*« ab, das Dauer und Kosten der Verfahren im Rahmen hält. Damit wird freilich ein Aspekt des *fair trial* in den Vordergrund gerückt, der geeignet ist, die Grundintention des Art. 6 EMRK in Frage zu stellen – wobei noch zu bedenken ist, dass die Europäische Menschenrechtskonvention in Österreich Verfassungsrang genießt. So sehr das Anliegen der Verfahrensvereinfachung in Massenverfahren berechtigt ist, so wenig taugt die hier angewendete Vorgangsweise, das Beweisverfahren über die Gerichtsbekanntheit von Tatsachen »abzukürzen«. Hier wird gleichsam »das Kind mit dem Bade ausgeschüttet«, weil eine solche »Abkürzung« bei richtiger Betrachtungsweise *selbst eine erhebliche Beeinträchtigung des Grundrechts auf rechtliches Gehör* darstellt.

Oberhammer[27] hat in seinem Gutachten für den 19. Österreichischen Juristentag die – aufgrund der Überlastung bis zu einem gewissen Grad verständlichen – Bemühungen der Gerichte, in Massenverfahren wie den Anlegerprozessen Wege zu finden, wie sie sich und den geschädigten Anlegern die Stoffsammlung zur Feststellung der immer wieder mehr oder weniger gleichen Tatsachen erleichtern können, höchst anschaulich beschrieben. Freilich musste er dabei feststellen, dass die gewählten »›*Abkürzungen‹ der prozessualen Wahrheitsfindung*« nicht nur »*gegen das Zivilprozessrecht verstoßen, sondern auch konventionswidrig sind.*«[28] So hat er sich beispielsweise ausführlich mit der Frage der im Zusammenhang mit den Anlegerschutzverfahren in Österreich intensiv diskutierten Qualität eines Prüfberichts der Österreichischen Nationalbank beschäftigt. Ein derartiger Prüfbericht ist ein Gutachten im aufsichtsrechtlichen Verfahren vor der Finanzmarktaufsicht (also einem Verwaltungsverfahren), stellt aber im Zivilprozess bloß eine Privaturkunde dar und erspart keinesfalls einen Sachverständigenbeweis. *Oberhammer* wendet sich zu Recht scharf gegen den in manchen Entscheidungen der oben genannten Tatsacheninstanzen anzutreffenden Versuch, sich in Anlegerprozessen durch Heranziehung eines solchen Prüfberichts das Beweisverfahren zumindest teilweise zu ersparen,[29] und erinnert daran, dass in

---

26 OGH 1 Ob 39/15i Zak 2015/757 = JBl 2016, 49 = Jus-Extra OGH-Z 5943 = RZ 2016/9 = ecolex 2016/182 = RZ 2016, 120 EÜ95, 96 = ZVR 2016/44 (*Danzl*, tabellarische Übersicht) = EvBl 2016/106 (*Frössel*) = ÖBA 2017/2319.
27 *Oberhammer*, Kollektiver Rechtsschutz bei Anlegerklagen, in *Kalss/Oberhammer*, Anlegeransprüche – kapitalmarktrechtliche und prozessuale Fragen, 19. ÖJT II/1 (2015) 73 (98 ff.).
28 *Oberhammer* a.a.O. 110.
29 *Oberhammer* a.a.O. 99 ff.

Verfahren über *civil rights* jegliche Bindung eines Gerichts an das Ergebnis einer Expertenuntersuchung, die nicht selbst wieder Gegenstand einer gerichtlichen Überprüfung war, gegen Art. 6 EMRK verstößt.[30]

Dazu kommt, dass § 281a der österreichischen ZPO[31] die Voraussetzungen, unter denen eine *mittelbare Beweisaufnahme* zulässig ist, präzise umschreibt: Ein Protokoll über eine Beweisaufnahme oder ein schriftliches Sachverständigengutachten aus einem anderen *gerichtlichen* Verfahren kann nur dann als Beweismittel verwendet und von einer neuerlichen Beweisaufnahme Abstand genommen werden, wenn die Parteien an diesem gerichtlichen Verfahren *beteiligt* waren und *nicht* eine der Parteien *das Gegenteil beantragt* (oder das Beweismittel nicht mehr zur Verfügung steht). Eine Verwertung eines Sachverständigengutachtens (als solches) aus einem Verwaltungsverfahren kommt also von vornherein nicht in Frage. Freilich liest man im Juristentagsgutachten von *Oberhammer* auch,[32] dass der in den Anlegerschutzprozessen »*insgesamt zu konstatierende Niedergang des Unmittelbarkeitsgrundsatzes – eines Eckpfeilers unseres Zivilprozessrechts*« die schlimmsten Befürchtungen der Kritiker der seinerzeitigen Einführung von § 281a ZPO überträfen.[33]

Die vom OLG Wien im o.g. Urteil vom 31. Mai 2016 gefundene Auslegung der Gerichtskundigkeit stellt offensichtlich einen weiteren Versuch der »Abkürzung« bei der prozessualen Stoffsammlung in Massenverfahren dar: Wenn bei einem Gericht (wenn auch von verschiedenen Richtern!) »vielfach« (gemeint: die gleichen) Tatsachenfeststellungen getroffen worden sind, kann sich dieses Gericht in einem späteren Prozess, in dem es wieder »um das Gleiche« geht, das Beweisverfahren über die entscheidungserheblichen Tatsachen ersparen, weil diese Tatsachen dann ohnedies schon gerichtsbekannt sind. Dass diese Überlegung auf tönernen Füßen steht, zeigt schon die – oben bereits erwähnte – Begründung für die Zulassung der ordentlichen Revision: Das OLG Wien will vom OGH wissen, »ab wann« diese Notorietät nun tatsächlich gegeben ist. Das Gericht fragt also, ob die in seiner Entscheidung genannten sieben »Parallelverfahren des Handelsgerichts Wien«, in denen der einschlägige Sachverhalt übereinstimmend festgestellt wurde, für die Gerichtskundigkeit ausreichen. Genügen nun sieben Verfahren, oder sollten es nicht mindestens zwölf (auch das ist eine heilige Zahl) sein? Es ist allerdings fraglich, ob das Höchstgericht diese Frage – so wie sie gestellt ist – beantworten wird, hat der sechste Senat doch in seiner bisher letzten einschlägigen Entscheidung[34] nur davon gesprochen, dass »*aufgrund*

---

30 Zitiert werden dazu exemplarisch die Entscheidungen EGMR 49636/99, *Chevrol/Frankreich*, Rz. 80 f. und 40908/05, *Fazliynski/Bulgarien*, Rz. 59.
31 Diese Bestimmung wurde (erst) durch die Zivilverfahrens-Novelle 1983, öBGBl 135 eingeführt; in ihrer Stammfassung war die öZPO, sieht man von Beweisaufnahmen im Rechtshilfeweg ab, mittelbaren Beweisaufnahmen abhold. Die Erweiterte Wertgrenzen-Novelle 1997, öBGBl I 140 hat § 281a öZPO insofern noch erweitert, als die unmittelbare Beweisaufnahme auch dann erlaubt wurde, wenn die am (früheren) gerichtlichen Verfahren nicht beteiligt gewesenen Parteien dem ausdrücklich zustimmen.
32 *Oberhammer* a.a.O. 112.
33 Zitiert wird dazu Fasching/Konecny/*Rechberger*, 2. Aufl., III § 281a ZPO Rz. 1.
34 OGH 6 Ob 229/15t ZFR 2016/229. Vgl dazu oben bei Fn. 22.

GERICHTSKUNDIGKEIT ALS »ABKÜRZUNG« DER PROZESSUALEN STOFFSAMMLUNG?

des Ergebnisses einer Mehrzahl gleichartiger Entscheidungen eine ursprünglich beweisbedürftige Tatsache gerichtsbekannt im Sinne des § 269 ZPO werden kann.«[35] Ob das im konkreten Fall zutrifft, obliege aber ebenso »*der Beurteilung der Tatsacheninstanzen [...] wie die Beurteilung der Stichhaltigkeit allenfalls angebotener Gegenbeweise.*«

Die Annahme einer Notorietät kraft mehrfach übereinstimmender Sachverhaltsfeststellungen in verschiedenen Verfahren mit verschiedenen Parteien bedeutet im Ergebnis die schlichte »Übernahme« von Tatsachenfeststellungen aus einem anderen Verfahren ohne eigenes Beweisverfahren (sofern nicht – was der OGH ja einmahnt – angebotene Gegenbeweise entsprechend gewürdigt werden) und stellt damit eine besonders bedenkliche Methode der »Abkürzung« der prozessualen Stoffsammlung dar, die sowohl den Unmittelbarkeitsgrundsatz verletzt als auch das rechtliche Gehör beschneidet. Dass österreichische Gerichte eine solche Vorgangsweise angesichts der oben zitierten Bestimmung des § 281a öZPO, die – mag durch sie auch der Stellenwert der Unmittelbarkeit im Zivilprozess herabgesetzt worden sein – doch das rechtliche Gehör der Parteien zu wahren sucht, für zulässig erachten, erstaunt.

Erstaunlich ist letztlich auch die in der mehrfach erwähnten Entscheidung des OLG Wien vom 31. Mai 2016 vertretene Auffassung, für das Verhältnis zwischen (gerichts)notorischen Tatsachen und der Konstatierung eines *non liquet* (was in der österreichischen Gerichtssprache – höchst unscharf – als »Negativ-Feststellung« bezeichnet wird, obwohl das einen Beweis des Gegenteils bedeutete) habe dasselbe zu gelten wie im Verhältnis von Feststellung und Geständnis, wo der gegenteiligen Überzeugung des Gerichts, also einer getroffenen (positiven) Feststellung Vorrang zukomme, während eine »Negativ-Feststellung« bei Vorliegen eines Geständnisses unbeachtlich sei.[36] Dasselbe müsse im Verhältnis von »Negativ-Feststellung« und notorischer Tatsache gelten, »*wenn ein Richter ohnehin bloß den Fall eines non liquet annimmt*«. Wenn gewisse Tatsachen notorisch seien, ändere eine Negativ-Feststellung nichts an dieser Notorietät.

Dabei wird allerdings Ursache und Wirkung verwechselt: Wird das Vorliegen eines *non liquet* konstatiert (was vom OLG Wien in der erwähnten Entscheidung gar nicht

---

35 Hervorhebung nicht im Original.
36 Letzteres entspricht der in der jüngeren Judikatur des OGH (vgl. 17 Ob 19/11k und 10 ObS 116/14b) vertretenen Linie, die das von der österreichischen Rechtsprechung traditionell vertretene »Dogma von der Bindungswirkung des Geständnisses« (vgl. dazu *Rechberger*, NZ 1991, 70) zu Recht aufweicht. In der österreichischen Lehre wird eine solche Bindungswirkung als mit dem Grundsatz der freien Beweiswürdigung unvereinbar überwiegend abgelehnt (vgl. dazu Fasching/Konecny/*Rechberger*, 2. Aufl., III § 266, 267 ZPO Rz. 86 ff.). Im Gegensatz dazu besteht in Deutschland auch nach herrschender Lehre (so wie nach der Rechtsprechung) die Wirkung des Geständnisses »im Ausschluss der Wahrheitsprüfung durch das Gericht« (so Stein/Jonas/*Leipold*, 22. Aufl. 2008, § 288 ZPO Rn. 30; dem folgend MünchKomm-ZPO/*Prütting* 5. Aufl. 2016, § 288 ZPO Rn. 30), sodass dieses durch das Geständnis »in seinem Recht auf freie Beweiswürdigung gemäß § 286 beschränkt (ist)« (*Prütting* a.a.O.). Vgl etwa auch *Rosenberg/Schwab/Gottwald*, 17. Aufl. 2010, § 112 I Rn. 13; Beck'scher Online-Komm ZPO/*Bacher*, § 288 ZPO, Rn. 14; *Saenger*, ZPO, 7. Aufl. 2017, § 288 ZPO, Rn. 4 ff.

in Abrede gestellt wird), so zeigt dies ja, dass die vermeintlich gerichtsnotorischen Tatsachen *gerade nicht offenkundig* sind. Handelte es sich bei den entscheidungserheblichen tatsächlich um gerichtsbekannte Tatsachen, dann könnte es gar keine *non liquet*-Situation geben. Es ist höchst bemerkenswert, dass das Erstgericht im konkreten Fall aufgrund seiner Beweiswürdigung zum Ergebnis »*non liquet*« kam, während die Berufungsinstanz – ohne Beweiswiederholung – im Ergebnis erklärt, das Erstgericht hätte aufgrund einer von ihm (dem Berufungsgericht) aufgestellten Beweisregel überzeugt sein müssen. Dass dafür jegliche gesetzliche Grundlage fehlt, braucht nicht weiter erörtert zu werden.

V. Gerichtskundigkeit und Erfahrungssätze

Bedenkt man, dass der Zweck, den österreichische Instanzgerichte mit der Qualifikation der fraglichen Tatsachen als »notorisch« verfolgen, zweifellos nicht nur in der Propagierung eines »*rationellen Vorgehens bei der Beweisaufnahme*« zu sehen ist, sondern wohl auch in einer – keineswegs von vornherein unzulässigen – Beweiserleichterung für die geschädigte Partei, wird klar, dass es in Wahrheit um die *Nutzbarmachung von Erfahrungssätzen* geht. Damit kommt das Institut des Anscheinsbeweises ins Blickfeld, welches von der deutschen und dieser folgend von der österreichischen Rechtsprechung gerade für den Fall des *non liquet* im Schadenersatzprozess zugunsten des Klägers entwickelt wurde.[37] Tatsächlich wird in den Anlegerschutzprozessen – zumindest in Österreich – eine Erleichterung der Beweisführung (subjektive Beweislast) zugunsten des geschädigten Anlegers grundsätzlich an der Zulässigkeit des Anscheins- oder *prima-facie*-Beweises, insbesondere hinsichtlich des Kausalitätsbeweises, festgemacht.[38]

Zum *prima-facie*-Beweis braucht hier nur daran erinnert zu werden, dass dieser *auf typischen bzw. stereotypen Geschehensabläufen* basiert, die im Wege induktiver Auswertung zu *allgemeinen Erfahrungsgrundsätzen* verdichtet werden.[39] Steht fest, dass es sich bei dem jeweiligen Sachverhalt um einen solchen typischen Geschehensablauf handelt, so wird durch die Anwendung dieser Erfahrungsgrundsätze auf das Vorliegen der tatbestandsrelevanten Tatsachen geschlossen. Die Typizität des Geschehensablaufs erübrigt den Beweis der genauen tatsächlichen Einzelumstände des strittigen Sachverhalts.[40] Der Zweck des Anscheinsbeweises besteht demnach darin,

---

37 Vgl. für Österreich nur Fasching/Konecny/*Rechberger*, 2. Aufl., III Vor § 266 ZPO Rz. 56 ff; für Deutschland nur *Rosenberg/Schwab/Gottwald*, 17. Aufl. 2010, § 113 Rz 33.
38 Vgl dazu ausführlich OGH 9 Ob 26/14k EvBl-LS 2015/110 = VbR 2015/91 (*Schuhmacher*) = RdW 2015/387 = ÖBA 2015/2152 (*Sindelar*) = AnwBl 2015, 512 = ecolex 2015/317 = *Graf*, ecolex 2015, 841 = ZFR 2015/294 = *Schopper/Wallner*, RdW 2015/656 = ZVR 2016/44 (*Danzl*, tabellarische Übersicht) und OGH 10 Ob 86/14v ecolex 2015/413 = ZFR 2016/8 = ÖBA 2016/2191.
39 Vgl. nur Fasching/Konecny/*Rechberger*, 2. Aufl., III Vor § 266 ZPO Rz. 56.
40 S. *Bienert-Nießl*, Materiellrechtliche Auskunftspflichten im Zivilprozess (Diss. Wien 2003) 306.

GERICHTSKUNDIGKEIT ALS »ABKÜRZUNG« DER PROZESSUALEN STOFFSAMMLUNG?

tatbestandsrelevante, *nicht direkt beweisbare Tatsachen* im Umweg über den Beweis anderer Tatsachen, also mittelbar, zu beweisen.[41] Damit ein Erfahrungssatz als *Erfahrungsgrundsatz* gelten kann, wird von Rechtsprechung und Literatur gefordert, dass er »*sich aus einem gleichmäßigen, sich immer wiederholenden Hergang ergibt (›typischer Geschehensablauf‹), dem neuesten Stand der Erfahrungen entspricht sowie eindeutig und in jederzeit überprüfbarer Weise formuliert werden kann.*«[42] Die Anwendung des Erfahrungsgrundsatzes bedeutet nach *Fasching*[43] nichts anderes als »*eine typische formelhafte Verknüpfung*« der tatsächlich bewiesenen Tatsachen mit dem gesetzlich geforderten Tatbestandselement.[44]

Der österreichische OGH vertritt in seiner Judikatur zum Anscheinsbeweis eine tendenziell *restriktive Linie*. Er erachtet diese Beweiserleichterung nur in jenen Fällen als sachgerecht, in denen konkrete Beweise vom Beweispflichtigen billigerweise nicht erwartet werden können und daher ein allgemeiner, also für jedermann in vergleichbarer Weise bestehender *Beweisnotstand* vorliegt.[45]

Wesentlich erscheint dem Höchstgericht die Frage, inwieweit die Typizität des Geschehensablaufs durch (mögliche) *individuelle bzw. subjektive Willensentscheidungen* ausgeschlossen ist. Diese Überlegung veranlasste den OGH in der Entscheidung vom 26. Februar 2013[46] die Zulässigkeit eines Anscheinsbeweises *in concreto* zu verneinen:

> »*Wird in derartigen Fällen der Geschehensablauf regelmäßig von individuellen Willensentschlüssen mehrerer Personen bestimmt [...], liegt kein Tatbestand mit typischem Geschehensablauf vor, der aufgrund allgemeiner Erfahrungssätze allein den Schluss von einem bestimmten Ereignis [...] auf einen bestimmten Erfolg [...] zuließe.*«

Was nun den Anlegerschutzprozess betrifft, so führte der OGH in seiner Entscheidung vom 20. März 2015[47] nach allgemeinen Ausführungen zum Anscheinsbeweis aus, dass bei der Kausalitätsprüfung im Zusammenhang mit einer unterlassenen Ad-hoc-Meldung erstens zu fragen sei, ob der Kläger bei Einhaltung der gebotenen Meldepflicht vom Inhalt der Mitteilung erfahren hätte, und zweitens, ob er dann eine andere (oder keine) Veranlagungsentscheidung getroffen hätte. Da nach der ständigen Rechtsprechung allgemein die Anforderungen an den hypothetischen Kausalverlauf

---

41   Vgl. hierzu *Rechberger/Simotta*, Grundriss des österreichischen Zivilprozessrechts. Erkenntnis-verfahren, 8. Aufl. 2010, Rz. 768 ff; Rechberger/*Rechberger*, Kommentar zur ZPO, 4. Aufl. 2014, Vor § 266 ZPO Rz. 20 f; Fasching/Konecny/*Rechberger*, 2. Aufl., III Vor § 266 ZPO Rz. 54 ff.
42   OGH 10 Ob 13/13d ARD 6330/3/2013 = EvBl 2013/97 = EF-Z 2013/151 = RdW 2013/612 = SSV-NF 27/13, dabei wörtlich Fasching/Konecny/*Rechberger*, 2. Aufl., III Vor § 266 ZPO Rz. 58 folgend; ähnlich *Fasching*, Lehrbuch, 2. Aufl. Rz. 896.
43   *Fasching* a.a.O. Rz. 894.
44   Vgl. auch *Holzhammer*, Die einfache Vermutung im Zivilprozess, in FS Kralik (1986), 205 (213), der betont, dass die »formelhafte Verknüpfung« iS *Faschings* die Herausarbeitung von Erfahrungsgrundsätzen schon voraussetze.
45   Vgl. OGH 3 Ob 18/00v; 8 Ob 18/14a; 8 Ob 117/15m.
46   OGH 10 Ob 13/13d.
47   OGH 9 Ob 26/14k.

bei einer (angeblichen) Schädigung durch Unterlassung geringer seien als jene an den Nachweis der Verursachung bei der einer Schadenszufügung durch positives Tun, genüge die überwiegende Wahrscheinlichkeit dafür, dass dem Kläger der Inhalt der unterlassenen Ad-hoc-Meldung bei Publikation zur Kenntnis gelangt wäre. Eine generelle Beweiserleichterung für die Frage, ob sich eine Ad-hoc-Meldung »*über die Medien*« rasch verbreitet und zu einer Kaufwarnung geführt hätte, sei aber nicht geboten, weil es keinen Erfahrungssatz dahin gebe, dass dies bei jedweder Ad-hoc-Mitteilung typischerweise zutreffe. Was seine Willensentscheidung zur Veranlagung angeht, befinde sich der Kläger keinesfalls in einem ein herabgesetztes Beweismaß rechtfertigenden Beweisnotstand.

Was die Notorietätsüberlegungen des OLG Wien in der oben genannten Entscheidung angeht, fragt es sich, ob sich daraus ein *Erfahrungs(grund)satz* ableiten lässt, der den allgemeinen Anforderungen standhält, welche die höchstgerichtliche Rechtsprechung beim Anscheinsbeweis aufgestellt hat. Außerdem zeigt auch die gerade referierte höchstgerichtliche Entscheidung zum Anlegerschutzverfahren die (berechtigte) Zurückhaltung des OGH gegenüber der Annahme von Erfahrungssätzen im Zusammenhang mit Ad-hoc-Meldungen. Zumindest diskussionswürdig erscheint aber die These des OLG Wien, dass die Veröffentlichung einer Ad-hoc-Meldung über die nicht vollständige Platzierung einer Kapitalerhöhung *regelmäßig* zu einem Kursverfall des betreffenden Wertpapiers führt. Ob diese Regelmäßigkeit des beobachteten Vorgangs schon zu einer »echten« Typizität gesteigert ist, mag durchaus eine Wertungskomponente beinhalten. Denn gerade bei Kapitalerhöhungen, bei welchen im Gegensatz zu Erstemissionen Daten über das betreffende Unternehmen sehr wohl am (Kapital)Markt vorhanden sind, spielen *andere (externe) Faktoren* ebenfalls eine bedeutende Rolle, die ihrerseits wiederum den Kurs des Wertpapiers und die Nachfrage nach demselben beeinflussen können: Liquidität am Markt, konjunkturelles Umfeld, Information, Ertragsaussichten etc.

Ausgeschlossen (und mit der zuletzt genannten OGH-Entscheidung nicht vereinbar) ist die Annahme eines typischen Geschehensablaufs jedenfalls im Zusammenhang mit der Behauptung, dass eine richtige Ad-hoc-Meldung ohnehin aufmerksame Anleger und Berater erreicht hätte. Typischerweise – und dies ist eine Erkenntnis, die sich zahlreichen Anlegerschutzprozessen entnehmen lässt – lesen Kleinanleger Ad-hoc-Meldungen *gerade nicht*. Darüber hinaus ist auch (Anleger)Beratern, sofern sie nicht ausnahmsweise selbst am Kapitalmarkt agieren, der Inhalt von Ad-hoc-Meldung in der Regel *unbekannt*. Auch hinsichtlich der Informationsgewinnung spielen individuelle bzw *subjektive Willensentscheidungen* eine zentrale Rolle.

Der Einwand der Anfechtbarkeit gegen die positive Beschlussfeststellungsklage im GmbH-Beschlussmängelstreit

Hartmut Rensen

I. Einleitung

Die Rechtsdogmatik ist überall dort besonders wichtig, wo der Gesetzgeber den Rechtsuchenden im Stich gelassen und die Rechtsentwicklung mehr oder weniger weitgehend den Gerichten überlassen hat, indem er ein Rechtsgebiet ungeregelt gelassen hat, wie z.B. das des GmbH-Beschlussmängelrechts. Gerade hier muss deshalb jeder Rechtssatz besonders sorgfältig vor dem Hintergrund der Rechtsdogmatik als Kontrollinstrument geprüft werden, will man nicht die Vorhersehbarkeit der Rechtsanwendung und die damit verbundene Rechtssicherheit von vornherein aufgeben und stattdessen zu einer nur noch am Einzelfall orientierten, kaum mehr systematisierbaren Rechtsprechung gelangen. Mag dem Bundesgerichtshof in dem gesetzlich nicht unmittelbar geregelten Gebiet des GmbH-Beschlussmängelrechts[1] auch schon die befriedigende Klärung einer ganzen Reihe wichtiger Rechtsfragen gelungen sein,[2] weist die Landkarte dieses Rechtsgebiets doch noch recht viele weiße Flecken auf. Einer solcher verbirgt sich hinter der im Folgenden erörterten Frage, wann die mit einer Nichtigkeits- und Anfechtungsklage (§§ 246, 249 AktG analog)[3] gegen einen Beschluss der GmbH-Gesellschafter verbundene (§ 260 ZPO) positive Beschlussfeststellungsklage (§ 256 ZPO) begründet ist.

Mit einer Nichtigkeits- und Anfechtungsklage kann ein opponierender Gesellschafter bestenfalls erreichen, dass die Unwirksamkeit eines angegriffenen, förmlich festgehaltenen[4] Gesellschafterbeschlusses festgestellt (§§ 241, 249 AktG analog) oder

---

1   Nach BGH, NJW 1954, S. 385 f.; NJW 1981, S. 2125 (2126); NJW 1990, S. 2625; NZG 2005, S. 551 (554); NJW 2009, S. 230 finden die §§ 241 ff. AktG grds. analoge Anwendung.
2   Kürzlich etwa die Frage, ob ein zwar wirksam abberufener, aber als solcher noch eingetragener Geschäftsführer noch gemäß § 49 Abs. 1 GmbHG Gesellschafterversammlungen einberufen darf und insofern § 121 Abs. 2 S. 2 AktG analog zur Anwendung gelangt, dazu BGH, NZG 2017, S. 182 ff.
3   Nach BGH, NJW 1997, S. 1510 (1511) liegt der Nichtigkeits- und Anfechtungsklage ein einheitlicher Streitgegenstand zugrunde.
4   Zur förmlichen Festhaltung als Voraussetzung der Klageart Nichtigkeits- und Anfechtungsklage: BGH, NJW-RR 2008, S. 706 (708). Fehlt es an dieser Voraussetzung, muss stattdessen eine gegen die Gesellschaft gerichtete negative Feststellungsklage gemäß § 256 Abs. 1 ZPO erhoben werden.

der angegriffene Beschluss für unwirksam erklärt wird (§ 241 Nr. 5, §§ 243, 246, § 248 Abs. 1 S. 1 AktG).⁵ Diese kassatorische Wirkung der erfolgreichen Nichtigkeits- und Anfechtungsklage führt jedoch nicht dazu, dass der tatsächlich gefasste Beschluss als wirksam gefasst festgestellt werden kann. Zur Herbeiführung dieser über die bloße Kassation hinausreichenden Reformation bedarf es vielmehr außerdem einer auf die Feststellung des gegenteiligen Beschlusses gerichteten Feststellungsklage im Sinne des § 256 Abs. 1 ZPO, also – in der Terminologie des Beschlussmängelrechts – einer positiven Beschlussfeststellungsklage.⁶ Dabei können die auf Kassation abzielende Nichtigkeits- und Anfechtungsklage und die auf eine Reformation gerichtete positive Beschlussfeststellungsklage gegen die Gesellschaft gemäß § 260 ZPO miteinander verbunden werden.⁷ Eine solche Vorgehensweise bietet sich für einen opponierenden Gesellschafter immer dann an, wenn er ein Interesse nicht nur an der Kassation des gefassten Beschlusses, sondern auch an der Fassung eines Beschlusses mit dem gegenteiligen Inhalt hat. Das ist z.B. dann der Fall, wenn er einen Beschluss der Gesellschaft über die Ablehnung eines von ihm selbst vorgeschlagenen Beschlusses angreift. Ein Obsiegen mit der Nichtigkeits- und Anfechtungsklage hätte hier lediglich die Kassation der Ablehnung zur Folge, aber nicht die Feststellung einer wirksamen Fassung des vorgeschlagenen Beschlusses. Diese kann der opponierende Gesellschafter herbeiführen, indem er seinen auf Feststellung der Nichtigkeit bzw. Nichtigerklärung gerichteten Klageantrag um einen auf Feststellung des vorgeschlagenen Beschlusses gerichteten Antrag ergänzt. Solche verbundenen Klagen sind insbesondere bei Beschlussmängeln im Zusammenhang mit der Feststellung des Beschlussergebnisses im Hinblick zum einen auf gewisse Mehrheitserfordernisse, zum anderen auf Stimmverbote gemäß § 47 Abs. 4 GmbHG sinnvoll.⁸

Im Hinblick auf die prozessuale Lage ist zu ergänzen, dass zum einen auch die positive Beschlussfeststellungsklage nach höchstrichterlicher Rechtsprechung nicht gegen die zur Mehrheit gehörenden Gesellschafter zu richten ist, sondern gegen die Gesellschaft.⁹ Die im Hinblick auf die selbst nicht als Partei am Prozess beteiligten, aber in ihren Rechten eventuell betroffenen Gesellschafter von *Karsten Schmidt* ge-

---

5 Der Streit, ob der Nichtigerklärung nach erfolgreicher Anfechtungsklage rechtsgestaltende Wirkung zukommt (dafür etwa BGH, NJW-RR 2007, S. 1634 [1635 f.]) oder sie bloße eine nach § 241 Nr. 5 AktG (analog) eintretende Rechtsfolge zum Ausdruck bringt (vgl. *Koch*, in: Hüffer/Koch, AktG, 12. Aufl., § 248 Rn. 5), ist für die hier erörterten Gesichtspunkte nicht von Bedeutung.
6 BGH, NJW 1984, S. 489 (491 f.); *Römermann*, in: Michalski, GmbHG, 2. Aufl., § 47 Anh. Rn. 567; *Wertenbruch*, in: MünchKomm-GmbHG, 2. Aufl., § 47 Anh. Rn. 128, 283 ff.; *Zöllner*, in: Baumbach/Hueck, GmbHG, 21. Aufl., § 47 Anh. Rn. 186.
7 BGH, NJW 1984, S. 489 (491 f.); NJW 1986, S. 2051 (2052) und NJW 2009, S. 2300; *Drescher*, in: Henssler/Strohn, Gesellschaftsrecht, 2. Aufl., § 241 AktG Rn. 11, § 246 AktG Rn. 50; *Römermann*, in: Michalski, GmbHG, 2. Aufl., § 47 Anh. Rn. 567 ff.; *Zöllner*, in: Baumbach/Hueck, GmbHG, 21. Aufl., § 47 Anh. Rn. 186.
8 *Wertenbruch*, in: MünchKomm-GmbHG, 2. Aufl., § 47 Anh. Rn. 128 erörtert die positive Beschlussfeststellungsklage deshalb u.a. im Zusammenhang mit solchen Mängeln.
9 BGH, NJW 1984, S. 489 (491 f.).

gen diese pragmatische Lösung vorgebrachten Bedenken,[10] hat der Bundesgerichtshof einleuchtend vor allem unter Hinweis auf die den Gesellschaftern eröffnete Möglichkeit der streitgenössischen Nebenintervention (§ 69 ZPO) beiseitegeschoben.[11] Zum anderen ist für die folgenden Ausführungen bedeutsam, dass die Gesellschaft auch in einem Prozess wegen einer Nichtigkeits- und Anfechtungsklage sowie wegen einer damit verbundenen positiven Beschlussfeststellungsklage gemäß § 35 Abs. 1 S. 1 GmbHG von ihrem Geschäftsführer gesetzlich vertreten wird.[12]

II. Rechtsprechung des Bundesgerichtshofs

Wann sind nun die seitens eines opponierenden Gesellschafters erhobene Nichtigkeits- und Anfechtungsklage sowie die damit verbundene positive Beschlussmängelklage begründet?

Der Bundesgerichtshof hat versucht, diese Frage mit der folgenden, ebenso kurzen wie prägnanten Formulierung zu beantworten:

> »... *Die Anfechtungsklage ist begründet, wenn der gefasste Beschluss gesetzes- oder satzungswidrig ist; der an seiner Stelle festzustellende Beschluss muss seinerseits gesetzes- und satzungskonform sein ...*«[13]

Die vom Bundesgerichtshof – freilich ohne Erörterung des Problems – gewählte Lösung begegnet, soweit es im ersten Halbsatz um die Begründetheit der Anfechtungsklage geht, im Hinblick auf § 243 Abs. 1 AktG keinen Bedenken, und der zweite Halbsatz zielt ersichtlich ebenfalls auf § 243 Abs. 1 AktG ab. Hinsichtlich dieses, die positive Beschlussfeststellungsklage betreffenden, zweiten Halbsatzes ist allerdings über den analog anzuwendenden § 243 Abs. 1 AktG hinaus zu bedenken, dass analog § 245 AktG nicht die von ihrem Geschäftsführer vertretene Gesellschaft Anfechtungsklage erheben und somit Anfechtungsgründe geltend machen kann, sondern dass dazu lediglich die Gesellschafter kraft ihrer Mitgliedschaft befugt sind. Denn während Nichtigkeitsgründe von jedermann jederzeit und in jedem Zusammenhang geltend gemacht werden können, weil sich die Nichtigkeitsfolge bereits aus der analog anzuwendenden Bestimmung des § 241 AktG ergibt, setzt die Geltendmachung von Anfechtungsgründen eine Anfechtungsbefugnis voraus und kann, soweit damit die Unwirksamkeit des betroffenen Beschlusses herbeigeführt werden soll, nur mit-

---

10 *K. Schmidt*, in: Scholz, GmbHG, 6. Aufl., § 47 Rn. 29 sowie dazu und zur Rechtsnatur einer positiven Beschlussfeststellungsklage *K. Schmidt*, in: Scholz, GmbHG, 11. Aufl., § 45 Rn. 181 f.
11 BGH, NJW 1984, S. 489 (491 f.).
12 BGH, NJW 1981, S. 1041; *Bayer*, in: Lutter/Hommelhoff, GmbHG, 18. Aufl., § 47 Anh. Rn. 32; *Drescher*, in: Henssler/Strohn, Gesellschaftsrecht, 2. Aufl., § 246 AktG Rn. 17; *Koppensteiner/Gruber*, in: Rowedder/Schmidt-Leithoff, GmbHG, 5. Aufl., § 47 Rn. 149; *Römermann*, in: Michalski, GmbHG, 2. Aufl., § 47 Anh. Rn. 490; *K. Schmidt*, in: Scholz, GmbHG, 11.Aufl., § 45 Rn. 149.
13 BGH, NZG 2011, S. 902 (903).

tels einer Anfechtungsklage geschehen. Analog § 241 Nr. 5 AktG tritt nämlich die Nichtigkeit nicht ipso iure, sondern erst mit der Rechtskraft der Nichtigerklärung ein und setzt dementsprechend eine Anfechtungsklage analog § 246 AktG voraus, die analog § 245 AktG wiederum nur die Gesellschafter erfolgreich erheben können.[14] Insofern kehren die oben erwähnten, von *Karsten Schmidt* hinsichtlich der richtigen Beklagten geäußerten Bedenken bzw. seine Erwägungen zur Rechtsnatur der positiven Beschlussfeststellungsklage nicht als Feststellungs-, sondern als Gestaltungsklage[15] hier in anderem Gewand wieder und zeigt sich, dass der Bundesgerichtshof damals nur das Problem des richtigen Klagegegners für die mit der Nichtigkeits- und Anfechtungsklage verbundene positive Beschlussfeststellungsklage befriedigend gelöst hat, nicht hingegen die darüber hinausreichenden Probleme im Zusammenhang mit der Begründetheit einer mit der Nichtigkeits- und Anfechtungsklage verbundenen positiven Beschlussfeststellungsklage.

Wie soll man die hier auftretenden Probleme nun lösen? Soll man dem Bundesgerichtshof folgen und nicht nur mit guten Gründen die Gesellschaft als richtige Klagegegnerin akzeptieren, sondern darüber hinaus und unter Hintanstellung der Dogmatik des GmbH-Beschlussmängelrechts auch für die Begründetheit der positiven Beschlussfeststellungsklage ausschließlich auf § 243 Abs. 1 AktG (analog) abstellen, obgleich damit zum einen abweichend von § 245 AktG (analog) auch der Gesellschaft die Geltendmachung von Anfechtungsgründen gestattet würde, zum anderen Anfechtungsgründe abweichend von § 241 Nr. 5 AktG (analog) auch außerhalb einer Anfechtungsklage berücksichtigt würden sowie schließlich die in § 246 Abs. 1 AktG geregelte Monatsfrist ausgehebelt würde? Dass dies nach der hier vertretenen Auffassung nicht in Betracht kommt,[16] lässt sich nach den vorstehenden Erwägungen bereits unschwer erahnen. Fraglich sind jedoch die über die Ablehnung der oben erörterten einfachen Lösung des Bundesgerichtshofs hinausreichenden Einzelheiten einer möglichen eigenen Lösung.

III. Anfechtungsbefugnis, § 245 AktG

Die erfolgreiche Erhebung einer Anfechtungsklage gegen einen Gesellschafterbeschluss der GmbH setzt eine Anfechtungsbefugnis des Klägers analog § 245 AktG voraus. Dabei ist unter Anfechtungsbefugnis das Recht zu verstehen, Anfechtungsgründe im Sinne einer analogen Anwendung des § 243 Abs. 1 AktG klageweise gel-

---

14 BGHZ 11, S. 231 (235); 101, S. 113 (117 f.); 104, S. 66 (70 ff.); 108, S. 21 (29); 134, S. 364 (365 f.); *Bayer*, in: Lutter/Hommelhoff, GmbHG, 18. Aufl., Anh. § 47 Rn. 1; *Roth*, in: Roth/Altmeppen, GmbHG, 7. Aufl., § 47 Rn. 91; *Wertenbruch*, in: MünchKomm-GmbHG, 2. Aufl., § 47 Anh. Rn. 1 f.
15 *K. Schmidt*, in: Scholz. GmbHG, 6. Aufl., § 47 Rn. 29 sowie *K. Schmidt*, in: Scholz, GmbHG, 11. Aufl., § 45 Rn. 181 f.
16 So *Wertenbruch*, in: MünchKomm-GmbHG, 2. Aufl., § 47 Anh. Rn. 291; *Zöllner*, in: Baumbach/Hueck, GmbHG, 21. Aufl., § 47 Anh. Rn. 182 (allerdings zur einfachen Beschlussfeststellungsklage).

tend zu machen, also die Aktivlegitimation für die Anfechtungsklage.[17] Dementsprechend findet die Anfechtungsbefugnis ihre Rechtsgrundlage nicht in prozessualen Rechtsinstituten, sondern in der Mitgliedschaft selbst,[18] und es handelt sich demnach um ein Verwaltungs- und Kontrollrecht jedes einzelnen Gesellschafters.[19] Deshalb ist die in § 245 AktG geregelte Anfechtungsbefugnis materiell-rechtlicher Natur und liegt in der Anfechtungsklage lediglich das prozessuale Instrument zur Durchsetzung des unter den Voraussetzungen des § 245 AktG begründeten, durch Art. 14 Abs. 1 GG geschützten materiellen Rechts im Sinne des für den Zivilprozess maßgebenden Justizgewährungsanspruchs gemäß Art. 2 Abs. 1 in Verbindung mit Art. 20 Abs. 3 GG.[20] Nur vor diesem Hintergrund ist auch die Rechtsprechung des Bundesgerichtshofs zu verstehen, nach der eine Anfechtungsklage, wenn es an der Anfechtungsbefugnis analog § 245 AktG mangelt, nicht als unzulässig, sondern als unbegründet abzuweisen ist.[21]

Fest steht danach, dass der Gesellschaft selbst nicht nur nach dem Wortlaut des § 245 AktG, sondern auch mit Rücksicht auf den Hintergrund der hier geregelten Anfechtungsbefugnis in der Mitgliedschaft nicht das Recht zukommen kann, das materiell-rechtliche Verwaltungs- und Kontrollrecht eines jeden Gesellschafters gegenüber der Gesellschafterversammlung als dem für die Willensbildung zuständigen Organ der GmbH auszuüben, indem sie selbst Anfechtungsklage erhebt. Denn die mitgliedschaftlichen Rechte der Gesellschafter richten sich gerade gegen die Gesellschaft, so dass eine Ausübung solcher Rechte seitens der Gesellschaft selbst zur Konfusion führte. Einer Geltendmachung mitgliedschaftlicher Rechte allgemein und einem Gebrauch der Anfechtungsbefugnis analog § 245 AktG im Besonderen seitens der Gesellschaft steht auch entgegen, dass man auf diese Art und Weise faktisch dem Geschäftsführer als gesetzlichen Vertreter der GmbH die Disposition über den Bestand zwar nicht nichtiger, aber doch gesetzes- oder satzungswidriger Gesellschafterbeschlüsse überantwortete. Dass es sich hierbei nicht um eine Frage der Geschäftsführung handelt, liegt auf der Hand, und daran ändert sich auch dann nichts, wenn die Gesellschaft nicht durch einen Fremdgeschäftsführer, sondern durch einen Gesellschafter-Geschäftsführer gesetzlich vertreten wird. Man kann diesem Problem auch nicht ausweichen, indem man darauf abzustellen versucht, dass hinter der durch den Geschäftsführer gesetzlich vertretenen Gesellschaft letztlich die übrigen Gesellschafter, jedenfalls aber die zu der den angefochtenen Beschluss tragenden Mehrheit gehörigen Gesellschafter stehen. Denn hinter der Gesellschaft stehen bei genauer

---

17 *Raiser*, in: Ulmer, GmbHG, 2. Aufl., § 47 Anh. Rn. 167; *Römermann*, in: Michalski, GmbHG, 2. Aufl., § 47 Anh. Rn. 379; *Wertenbruch*, in: MünchKomm-GmbHG, 2. Aufl., § 47 Anh. Rn. 187 f.
18 *Drescher*, in: Henssler/Strohn, Gesellschaftsrecht, 2. Aufl., § 245 AktG Rn. 19; *Raiser*, in: Ulmer, GmbHG, 2. Aufl., § 47 Anh. Rn. 167; *Römermann*, in: Michalski, GmbHG, 2. Aufl., § 47 Anh. Rn. 388.
19 *Koch*, in: Hüffer/Koch, AktG, 12. Aufl., § 245 Rn. 3; *Raiser*, in: Ulmer, GmbHG, 2. Aufl., § 47 Anh. Rn. 167; *Wertenbruch*, in: MünchKomm-GmbHG, 2. Aufl., § 47 Anh. Rn. 188.
20 So bereits in *Rensen*, Beschlussmängelstreitigkeiten in der GmbH, 2014, Rn. 304.
21 BGH, NJW-RR 2006, S. 1110 (1112).

Betrachtung keineswegs die nach § 245 AktG zur Anfechtung befugten einzelnen Gesellschafter, sondern die Gesellschafterversammlung. Denn nicht der einzelne Gesellschafter gibt der Gesellschaft und der Geschäftsführung seinen Willen vor, sondern lediglich die Gesellschafterversammlung als Organ der GmbH ist kraft übergeordneter Geschäftsführungsbefugnis zu Weisungen berechtigt und bildet intern den Willen der Gesellschaft.[22] Was auf den ersten Blick als »Wortklauberei« erscheinen mag, entpuppt sich bei näherer Betrachtung als gravierender Unterschied: Während nämlich im Rahmen des § 245 AktG jeder Gesellschafter allein seine Entscheidungen über die Rechtsausübung treffen kann und muss, kann der einzelne Gesellschafter zwar durch (Nicht-)Ausübung seines Rede- und Stimmrechts an Entscheidungen der Gesellschafterversammlung und damit der Gesellschaft mitwirken, vermag aber die anstehenden Entscheidungen nicht allein zu treffen. Auf den vorliegenden Fall übertragen bedeutet das, dass nach § 245 AktG jeder Gesellschafter allein und ohne Rücksicht auf die Auffassungen anderer Gesellschafter über die Geltendmachung eines oder mehrerer Anfechtungsgründe zu entscheiden vermag, während er im Rahmen der Gesellschafterversammlung dem Mehrheitsprinzip unterworfen ist und weder die Geltendmachung bestimmter Beschlussmängel seitens der Gesellschaft noch ein Absehen hiervon gegen den Willen der übrigen Gesellschafter durchsetzen kann.

IV. Geltendmachung von Anfechtungsgründen

Hiernach steht allerdings keineswegs schon fest, dass die mit einer hauptsächlich erhobenen Nichtigkeits- und Anfechtungsklage sowie mit der damit verbundenen positiven Beschlussfeststellungsklage in Anspruch genommene Gesellschaft Anfechtungsgründe nicht geltend machen kann. Vielmehr folgt daraus lediglich, dass sich die verklagte GmbH nicht auf das in § 245 AktG geregelte, mitgliedschaftliche Verwaltungs- und Kontrollrecht zu stützen vermag und deshalb keine Anfechtungsklage im Sinne des analog anzuwendenden § 246 AktG erheben kann, und dieses Zwischenergebnis hat der Bundesgerichtshof in der oben zitierten Entscheidung auch mit keinem Wort in Frage gestellt. Vielmehr kommt es für die Frage, ob die klageweise in Anspruch genommene GmbH der positiven Beschlussfeststellungsklage selbst Anfechtungsgründe entgegenhalten kann, darauf an, ob Anfechtungsgründe lediglich klageweise oder auch auf andere Art und Weise, also z.B. im Wege einer Einwendung, sowie ohne Rücksicht auf die Anfechtungsbefugnis analog § 245 AktG geltend gemacht werden können.

Die Geltendmachung von Beschlussmängeln betreffend ist zwischen Nichtigkeits- und Anfechtungsgründen zu unterscheiden. Da § 241 AktG die Beschlussnichtigkeit nicht von der klageweisen Geltendmachung des betreffenden Mangels abhängig macht, sondern dieselbe unabhängig von eine Klage und ipso iure eintritt, und da fer-

---

22 BVerfG, NJW 1979, S. 699 (704); BGH, NJW 1984, S. 733 (735 f.); OLG Brandenburg, GmbHR 1997, S. 168; *Roth,* in: Roth/Altmeppen, GmbHG, 7. Aufl., § 37 Rn. 3.

ner nichtige Beschlüsse nicht vorläufig wirksam, sondern von Anfang an unwirksam sind, können Nichtigkeitsgründe auch außerhalb eines Nichtigkeits- und Anfechtungsverfahrens und ohne (Wider-)Klage von jedermann jederzeit geltend gemacht werden.[23] Mit Rücksicht auf § 241 Nr. 5 AktG und die daraus im Umkehrschluss folgende vorläufige Wirksamkeit anfechtbarer Gesellschafterbeschlüsse bis zu ihrer rechtskräftigen Nichtigerklärung können Anfechtungsgründe jedenfalls grundsätzlich weder einredeweise noch auf andere Art und Weise als durch eine (Wider-)Klage prozessual geltend gemacht werden. Denn nach § 241 Nr. 5 AktG hat ein Anfechtungsgrund nur dann die Unwirksamkeit des betroffenen Gesellschafterbeschlusses zur Folge, wenn dieser rechtskräftig für nichtig erklärt worden ist. Das aber setzt eine Nichtigkeits- und Anfechtungsklage voraus – eine außerprozessuale Geltendmachung von Anfechtungsgründen mit der Rechtsfolge des § 241 Nr. 5 AktG sieht das Gesetz nicht vor. Zur Geltendmachung von Anfechtungsgründen und einer hierauf gestützten Kassation eines Gesellschafterbeschlusses bedarf es demnach grundsätzlich entweder einer Anfechtungsklage[24] oder einer Widerklage mit entsprechendem Inhalt.[25] Diese Regelung dient der Aufrechterhaltung des Geschäftsbetriebes der GmbH ungeachtet gewisser Auseinandersetzungen. Hinsichtlich der Anfechtungsgründe hat der Gesetzgeber dem Interesse der Gesellschaft an einer ungestörten Fortsetzung ihres Geschäftsbetriebes auf diese Art und Weise den Vorrang gegenüber den hinter den verletzten Bestimmungen im Gesetz oder in der Satzung stehenden Erwägungen eingeräumt.[26] Gewisse Ausnahmen mögen unter den Gesichtspunkten des Rechtsmissbrauchs und der vorsätzlichen sittenwidrigen Schädigung nach § 826 BGB zwar denkbar sein,[27] sind hier aber nicht weiter von Interesse. Ausgehend hiervon und insbesondere mit Rücksicht auf § 241 Nr. 5 AktG setzt die Geltendmachung von Anfechtungsgründen zwecks Vernichtung eines gefassten Gesellschafterbeschlusses eine auf die analog anzuwendenden § 245, § 246 Abs. 1 AktG gestützte Anfechtungsklage voraus und scheidet deshalb die Geltendmachung von Anfechtungsgründen seitens der nicht klagebefugten Gesellschaft aus.

23 BGH, NJW 1954, S. 385 (386); *Bayer*, in: Lutter/Hommelhoff, GmbHG, 18.Aufl., § 47 Anh. Rn. 29; *Römermann*, in: Michalski, GmbHG, 2. Aufl., § 47 Anh. Rn. 234; *Raiser*, in: Ulmer, GmbHG, 2. Aufl., § 47 Anh. Rn. 81; *K. Schmidt*, in: Scholz, GmbHG, 11. Aufl., § 45 Rn. 81; *Zöllner*, in: Baumbach/Hueck, GmbHG, 21.Aufl., § 47 Anh. Rn. 68.
24 BGH, NJW 1954, S. 385 ff.; NJW 1987, S. 2514 f.; NJW 1988, S. 1844 f.; NJW 1989, S. 2694 (2695 f.); NJW 1997, S. 1510 ff.; *Bayer*, in: Lutter/Hommelhoff, GmbHG, 18. Aufl., § 47 Anh. Rn. 3, 67; *Koppensteiner/Gruber*, in: Rowedder/Schmidt-Leithoff, GmbHG, 5. Aufl., § 47 Rn. 153; *Wertenbruch*, in: MünchKomm-GmbHG, 2. Aufl., § 47 Anh. Rn. 243; anders *Raiser*, in: Ulmer, GmbHG, 2. Aufl., § 47 Anh. Rn. 107; mit anderen Ansätzen: *Casper*, ZHR 163 (1999), S. 54 ff.; *Noack*, Fehlerhafte Beschlüsse in Gesellschaften und Vereinen, S. 46; *Zöllner/Noack*, ZGR 1989, S. 525 (533 ff.).
25 BGH, NJW 1972, S. 1320; *Römermann*, in: Michalski, GmbHG, 2. Aufl., § 47 Anh. Rn. 516; *Raiser*, in: Ulmer, GmbHG, 2. Aufl., § 47 Anh. Rn. 242; *Wertenbruch*, in: MünchKomm-GmbHG, 2. Aufl., § 47 Anh. Rn. 243.
26 BGH, NJW 1988, S. 1844 f.; *Wertenbruch*, in: MünchKomm-GmbHG, 2. Aufl., § 47 Anh. Rn. 243.
27 BGH, NJW 1987, S. 2514 (2515).

V. Rechtssicherheit und Prozessökonomie

Nun ist es allerdings so, dass die zuletzt angestellten Erwägungen nicht nur einer Geltendmachung von Anfechtungsgründen ohne Erhebung einer entsprechenden Widerklage seitens der Gesellschaft entgegenstehen, sondern mit Rücksicht auf die hier zu § 245 AktG und zu § 241 Nr. 5 AktG angestellten Überlegungen könnte sich auch ein Gesellschafter nicht darauf beschränken, dem Rechtsstreit auf Seiten der verklagten Gesellschaft als Streithelfer beizutreten und in dieser prozessualen Rolle der positiven Beschlussfeststellungsklage Anfechtungsgründe als Einwendung entgegenzuhalten, sondern der betreffende Gesellschafter müsste seinerseits die Gesellschaft wegen des nach Auffassung des klagenden Gesellschafters positiv festzustellenden Beschlusses mit einer Anfechtungsklage in Anspruch nehmen. Das hätte insofern recht unangenehme Folgen, als die Auseinandersetzung um den wirksam gefassten Beschluss dann nicht innerhalb eines einzigen, durch eine mit einer positiven Beschlussfeststellungsklage verbundenen Nichtigkeits- und Anfechtungsklage eingeleiteten Rechtsstreits entschieden werden könnte, sondern mindestens zwei, abwechselnd gemäß § 148 ZPO wegen Vorgreiflichkeit auszusetzende Verfahren nach sich zöge. Hinzu käme, dass das angerufene Gericht sowohl im Rahmen des Rechtsstreits über die positive Beschlussfeststellungsklage als auch in dem durch eine Nichtigkeits- und Anfechtungsklage eingeleiteten Verfahren hinsichtlich des positiv festzustellenden Beschlusses Nichtigkeitsgründe von Amts wegen zu prüfen hätte. Welcher Prozess dann auszusetzen wäre, ist fraglich. Ebenso unklar ist, ob einer positiven Beschlussfeststellung Rechtskraft inter bzw. erga omnes analog § 248 Abs. 1 S. 1 AktG zukäme und wie sich diese Entscheidung zu derjenigen des vom anderen Gesellschafter eingeleiteten Nichtigkeits- und Anfechtungsprozesses verhielte. Oder soll hier § 246 Abs. 3 S. 6 AktG analoge Anwendung finden? Und was gilt für die Benachrichtigungspflicht und für den Lauf der Anfechtungsfrist?

Soll eine derart komplexe, allenfalls in Randbereichen gesetzlich geregelte Lage im Interesse aller Beteiligten vermieden werden und hält man stattdessen eine Entscheidung aller anstehenden Fragen zu dem wirksam gefassten Beschluss innerhalb eines einzigen Zivilprozesses sowie mit Rechtskraft inter bzw. erga omnes insbesondere mit Rücksicht auf die Gesichtspunkte der Rechtssicherheit und der Prozessökonomie für dringend geboten, kommt man um gewisse Abstriche von den oben angestellten Erwägungen zur Bedeutung der Anfechtungsbefugnis analog § 245 AktG und zur Geltendmachung von Anfechtungsgründen nur im Wege der Anfechtungsklage mit Rücksicht auf § 241 Nr. 5 AktG nicht herum. Fraglich ist lediglich, wie weit diese reichen müssen, und während der Bundesgerichtshof mit seinem oben zitierten Obersatz nicht nur die aus § 241 Nr. 5 AktG folgenden Grenzen der Geltendmachung von Anfechtungsgründen, sondern auch den Zusammenhang von Mitgliedschaft und Anfechtungsbefugnis, wie er § 245 AktG zugrunde liegt, aufgegeben hat, soll hier gezeigt werden, dass es einer so weitreichenden Lösung nicht bedarf. Ganz im Gegenteil: Unter den Gesichtspunkten der Rechtssicherheit und der Prozessökonomie reicht es aus, die § 241 Nr. 5 AktG zugrundeliegende Wertung in gewissem Umfang zurückzustellen und den zwingenden Zusammenhang zwischen Klageerhebung und Geltendmachung von Anfechtungsgründen für diesen Ausnahmefall aufzugeben. Dagegen ist es nicht ebenfalls erforderlich und lässt es sich deshalb auch nicht rechtfertigen, die Bindung der in § 245 AktG geregelten Befugnis, Anfechtungsgründe geltend zu machen, an die Mitgliedschaft aufzugeben.

VI. Benachrichtigung, § 246 Abs. 4 S. 1 AktG, und streitgenössische Nebenintervention, § 69 ZPO

Voraussetzung einer solchen Lösung ist es allerdings, dass die wegen einer analogen Anwendung der §§ 248 Abs. 1 S. 1, § 249 Abs. 1 S. 1 AktG eventuell in ihren Rechten betroffenen Gesellschafter die Möglichkeit erhalten, dem Verfahren beizutreten und hier ihre Rechte nicht nur hinsichtlich der Nichtigkeits- und Anfechtungsklage, sondern auch die positive Beschlussfeststellungsklage betreffend uneingeschränkt wahrzunehmen vermögen. Das lässt sich problemlos in drei Schritten sicherstellen:

Zunächst müssen die betreffenden, nicht schon als Kläger beteiligten Gesellschafter von dem Verfahren und seinem Inhalt Kenntnis erlangen. Das gebieten mit Rücksicht auf die Rechte der betreffenden Gesellschafter einerseits sowie die eventuell auch ihnen gegenüber eintretende Rechtskraft analog § 248 Abs. 1 S. 1 AktG, § 249 Abs. 1 S. 1 AktG andererseits schon das verfassungsrechtliche Gebot effektiven Rechtsschutzes gemäß Art. 2 Abs. 1 in Verbindung mit Art. 20 Abs. 3 GG und die Gewährleistung rechtlichen Gehörs gemäß Art. 103 Abs. 1 GG. Insofern findet § 246 Abs. 4 S. 1 AktG mit der Folge analoge Anwendung, dass die Geschäftsführung alle übrigen Gesellschafter zu informieren hat.[28]

Im Fall einer mit einer Nichtigkeits- und Anfechtungsklage verbundenen positiven Beschlussfeststellungsklage müssen die nicht von vornherein am Verfahren beteiligten Gesellschafter danach schon wegen der Nichtigkeits- und Anfechtungsklage informiert werden. Will man allerdings wegen der damit verbundenen positiven Beschlussfeststellungsklage darüber hinaus auch die Frage des tatsächlich wirksam gefassten Beschlusses eventuell mit Wirkung für und gegen alle materiell Beteiligten entscheiden können, müssen die betreffenden Gesellschafter von Verfassungs wegen nicht nur von der Erhebung der Nichtigkeits- und Anfechtungsklage in Kenntnis gesetzt werden, sondern auch von dem weiteren Klageantrag im Sinne der positiven Beschlussfeststellungsklage. Denn erst durch diese Information erlangen sie Kenntnis davon, dass es in dem Verfahren nicht nur um die Kassation des mehrheitlich gefassten Beschlusses geht, sondern um die Feststellung eines anderen gefassten Beschlusses, und nur in Kenntnis dieses Umstandes können sie sachgerecht über einen Beitritt und die Wahrnehmung ihrer Rechte im Prozess entscheiden. Deshalb müssen die analoge Anwendung des § 246 Abs. 4 S. 1 AktG und die daraus folgende Informati-

---

[28] BVerfGE 60, S. 7 (13) = NJW 1982, S. 1635 (1636); BGHZ 97, S. 28 (31) = NJW 1986, S. 2051 (2052); dazu eingehender *Rensen*, NZG 2011, S. 569 ff. m.w.N.

onspflicht über die Nichtigkeits- und Anfechtungsklage hinaus auf die damit verbundene positive Beschlussfeststellungsklage erstreckt werden, wenn alle anstehenden Fragen für alle Beteiligten verbindlich in dem darauf beruhenden Prozess entschieden werden sollen. Im Ergebnis bedeutet das nichts anderes, als dass die Geschäftsführung der GmbH die nicht von vornherein an dem mit einer Nichtigkeits- und Anfechtungsklage sowie einer damit verbundenen positiven Beschlussfeststellungsklage eingeleiteten Zivilprozess beteiligten Gesellschafter analog § 246 Abs. 4 S. 1 AktG über die Klage in ihrer Gesamtheit unterrichten muss, damit diese anschließend unter Berücksichtigung beider Klageanträge über ihren Beitritt entscheiden können.

Schließlich muss die nach einem Beitritt für die Ausübung der Rechte der beigetretenen Gesellschafter maßgebende Zivilprozessordnung eine uneingeschränkte Rechtswahrnehmung seitens der beigetretenen Gesellschafter gestatten, und hier erweckt die in § 246 Abs. 4 S. 2 AktG genannte Möglichkeit eines Beitritts auf den ersten Blick wegen des Widerspruchsverbots in § 67 Hs. 2 ZPO Bedenken. Zwar begrenzt § 68 ZPO die für den Nebenintervenienten nachteilige Wirkung des Widerspruchsverbots im Regelfall so, dass der Nebenintervenient seine Rechte entweder im Erst- oder im Zweitprozess effektiv wahrnehmen kann. Jedoch kommt diese Lösung im Fall der hier angestrebten eventuell für alle Beteiligten analog § 248 Abs. 1 S. 1, § 249 Abs. 1 S. 1 AktG verbindlichen Entscheidung aller Fragen im Zusammenhang nicht nur mit der Wirksamkeit des festgehaltenen, mehrheitlich gefassten Beschlusses, sondern auch des tatsächlich gefassten Beschlusses nicht in Betracht. Vielmehr würde das Widerspruchsverbot dazu führen, dass hier u.U. eine Entscheidung getroffen werden müsste, ohne dass die Streithelfer Gelegenheit hätten, ihre Rechte in jeder Hinsicht effektiv wahrzunehmen, und dass deshalb eventuell eine letztverbindliche Entscheidung mit Wirkung für und gegen alle materiell Beteiligten nicht getroffen werden könnte. Die Lösung für dieses Problem sieht die Zivilprozessordnung indessen selbst vor, indem sie nämlich in § 69 ZPO regelt, dass ein beitretender Nebenintervenient nicht bloß als durch das Widerspruchsverbots beschränkter Streithelfer, sondern als Streitgenossen beteiligt ist, wenn die Rechtskraft der im Hauptprozess getroffenen Entscheidung nämlich auch ihn betrifft, und genau darum geht es hier, soweit die § 248 Abs. 1 S. 1, § 249 Abs. 1 S. 1 AktG insgesamt analoge Anwendung finden.[29] Der streitgenössische Nebenintervenient in diesem Sinne ist zwar nicht befugt, selbst, etwa durch eine Klageänderung oder -rücknahme, über den Streitgegenstand zu verfügen,[30] er kann aber bestimmten Prozesshandlungen der Hauptpartei, auf deren Seite er beigetreten ist, widersprechen[31] sowie Angriffs- und Verteidigungsmittel ohne Rücksicht auf § 67 Hs. 2 ZPO sogar gegen den Willen der Hauptpartei

---

29 Zur streitgenössischen Nebenintervention hier: *Wertenbruch*, in: MünchKomm-GmbHG, 2. Aufl., § 47 Anh. Rn. 218 a.E.; anders *K. Schmidt*, in: Scholz, GmbHG, 11. Aufl., § 45 Rn. 156.
30 BGH, WM 2010, S. 1323 (1324); OLG Köln, NZG 2004, S. 46 (47); *Weth*, in: Musielak/Voit, ZPO, 14. Aufl., § 69 Rn. 7.
31 BGH, NJW-RR 1993, S. 1254; OLG Schleswig, MDR 1994, S. 460; *Weth*, in: Musielak/Voit, ZPO, 14. Aufl., § 69 Rn. 8.

geltend machen.³² Der streitgenössische Nebenintervenient kann selbst ein Rechtsmittel einlegen und dieses auch gegen den Willen der Hauptpartei durchführen; er kann auch für seine Hauptpartei die Rechtsmittelbegründungsfrist wahren und eine Säumnis verhindern.³³

VII. Nebeninterventionsfrist, § 246 Abs. 4 S. 2 AktG, und Anfechtungsfrist, § 246 Abs. 1 AktG

Die Bestimmung des § 246 Abs. 4 S. 2 AktG³⁴ sieht schon nach ihrem Wortlaut eine Monatsfrist nur für die Nebenintervention auf Klägerseite vor.³⁵ Auch diese Bestimmung ist – vorbehaltlich zwingender Gründe für eine längere Frist – auf die GmbH analog anzuwenden.³⁶ Das hat zur Folge, dass lediglich der hier mit Blick auf das Thema des Beitrags weniger interessante Beitritt auf der Klägerseite an die Monatsfrist des § 246 Abs. 4 S. 2 AktG gebunden ist, während das Gesetz für den Beitritt auf der Beklagtenseite keine prozessuale Frist vorsieht und die nicht von vornherein beteiligten Gesellschafter hier dementsprechend jederzeit beitreten können. Das bedeutet allerdings keineswegs, dass auch die materiellen Rechte der beitretenden Gesellschafter nicht an Fristen gebunden sind, sondern lediglich, dass sie unabhängig von einer Frist dem laufenden Prozess beizutreten und hier die Rolle eines Streitgenossen der beklagten Gesellschaft einzunehmen vermögen.

Kommen den streitgenössischen Nebenintervenienten auch die oben erläuterten prozessualen Rechte zu, so ist doch fraglich, inwiefern sie das ihnen nach § 245 AktG allein zukommende Recht, Anfechtungsgründe geltend zu machen, nur nach Maßgabe des analog anzuwendenden § 246 Abs. 1 AktG geltend machen können. Oben ist

---

32 BGH, NJW 1984, S. 353; NJW 1985, S. 386; WM 2008, S. 927; OLG Schleswig, NJW-RR 1993, S. 930; *Weth*, in: Musielak/Voit, ZPO, 14. Aufl., § 69 Rn. 8 sowie *K. Schmidt*, in: Scholz, GmbHG, 11. Aufl., § 45 Rn. 156; *Wertenbruch*, in: MünchKomm-GmbHG, 2. Aufl., § 47 Anh. Rn. 219; *Zöllner*, in: Baumbach/Hueck, GmbHG, 21. Aufl., § 47 Anh. Rn. 169.

33 BGH, NJW 1985, S. 2480; NJW 1990, S. 190; *Weth*, in: Musielak/Voit, ZPO, 14. Aufl., § 69 Rn. 4 und *K. Schmidt*, in: Scholz, GmbHG, 11. Aufl., § 45 Rn. 156; *Wertenbruch*, in: MünchKomm-GmbHG, 2. Aufl., § 47 Anh. Rn. 219; *Zöllner*, in: Baumbach/Hueck, GmbHG, § 47 Anh. Rn. 169.

34 Die Norm ist durchaus verfassungsgemäß, dazu *Goslar/v. der Linden*, WM 2009, S. 493; *Koch*, in: Hüffer/Koch, AktG, 12. Aufl., § 246 Rn. 40; so auch schon *Rensen*, NZG 2011, S. 569 (570 f); anders *Schwab*, in: Schmidt/Lutter, AktG, 2. Aufl., § 246 Rn. 26, der dabei allerdings die Reichweite der verfassungsrechtlichen Garantien verkennt und dem Normzweck nicht hinreichend Beachtung schenkt.

35 BGH, NZG 2009, S. 948; *Koch*, in: Hüffer/Koch, AktG, 12. Aufl., § 246 Rn. 40 a.E.; dazu eingehender *Rensen*, NZG 2011, S. 569 (570); anders allerdings *Wasmann/Kallweit*, Der Konzern 2008, S. 138, die aber die Voraussetzungen einer über den eindeutigen Wortlaut hinausgehenden Normanwendung nicht hinreichend beachten.

36 *Wertenbruch*, in: MünchKomm-GmbHG, 2. Aufl., § 47 Anh. Rn. 223; so auch bereits *Rensen*, NZG 2011, S. 569 (570 f.); anders allerdings *Zöllner*, in: Baumbach/Hueck, GmbHG, 21. Aufl., § 47 Anh. Rn. 169.

dazu bereits eingehend erläutert worden, dass man auf die nach § 241 Nr. 5 AktG an sich erforderliche klageweise Geltendmachung von Anfechtungsgründen verzichten und die analoge Anwendung des § 246 Abs. 1 AktG insofern in gewissem Umfang beschränken muss, wenn man in dem Rechtsstreit über eine mit einer Nichtigkeits- und Anfechtungsklage verbundene positive Beschlussfeststellungsklage über alle Fragen verbindlich entscheiden möchte.

Jedoch handelt es sich bei § 246 Abs. 1 AktG auch nach der Rechtsprechung des Bundesgerichtshofs nicht um die Regelung einer Klagefrist im Sinne einer Sachurteilsvoraussetzung. Mit Rücksicht auf den Sinn und Zweck des § 246 Abs. 1 AktG wird die Norm vielmehr so verstanden, dass sie für die einzelnen Anfechtungsgründe gilt und die materiell-rechtliche Befugnis des § 245 AktG, bestimmte Beschlussmängel geltend zu machen, zeitlich begrenzt. Soll eine Anfechtungsklage nicht als unbegründet abgewiesen werden, muss sie nicht nur innerhalb der Monatsfrist erhoben worden sein, sondern müssen auch die einzelnen Anfechtungsgründe innerhalb dieser Frist geltend gemacht worden sein.[37] Dementsprechend unterliegt die hier mit Rücksicht auf § 245 AktG befürwortete Geltendmachung von Anfechtungsgründen nur durch im Wege der streitgenössischen Nebenintervention (§ 69 ZPO) auf Beklagtenseite beitretende Gesellschafter der analog § 246 Abs. 1 AktG auch sonst regelmäßig zu beachtenden Monatsfrist.

Wann aber soll der Lauf derselben beginnen, wenn doch bis zur Rechtskraft der gerichtlichen Entscheidung Unsicherheit sowohl über die wirksame Fassung des mit der Nichtigkeits- und Anfechtungsklage angegriffenen Gesellschafterbeschlusses als auch über die wirksame Fassung desjenigen Beschlusses herrscht, dessen positive Feststellung der Kläger mit dem verbundenen Antrag begehrt? Auf die nach § 246 Abs. 1 AktG regelmäßig maßgebende Beschlussfassung kann man hier nicht nur wegen der unsicheren Wirksamkeit der möglicherweise gefassten Beschlüsse nicht abstellen, sondern auch deshalb nicht, weil der nach Auffassung des Klägers gefasste Beschluss in keiner Weise festgehalten worden ist und die Gesellschafter deshalb ohne weiteres nicht zu erkennen vermögen, dass dieser Beschluss gefasst worden sein könnte. Soll einerseits dem Sinn und Zweck der Anfechtungsfrist – Gewährleistung einer zügig eintretenden Rechtssicherheit sowie schnelle Klärung des Streitstoffs – Rechnung getragen werden und sollen andererseits die Rechte der beitretenden Gesellschafter nicht durch eine kaum einzuhaltende Frist unzumutbar verkürzt werden, liegt hier der von *Puszkajler* in etwas anderem Zusammenhang befürwortete Fristbeginn mit der Kenntniserlangung von der positiven Beschlussfeststellungsklage nahe,

---

37 BGH NJW 1993, S. 400 (404); NZG 2011, S. 506 f.; OLG Düsseldorf, NZG 2000, S. 1180 (1181); *Bayer*, in: Lutter/Hommelhoff, GmbHG, 18.Aufl., § 47 Anh. Rn. 67; *Koppensteiner/Gruber*, in: Rowedder/Schmidt-Leithoff, GmbHG, 5.Aufl., § 47 Rn. 139; *Römermann*, in: Michalski, GmbHG, 2. Aufl., § 47 Anh. Rn. 472; *Raiser*, in: Ulmer, GmbHG, 2. Aufl., § 47 Anh. Rn. 199; *Drescher*, in: Henssler/Strohn. Gesellschaftsrecht, 2. Aufl., § 246 AktG Rn. 9; *K. Schmidt*, in: Scholz, GmbHG, 11. Aufl., § 45 Rn. 145; anders allerdings *Zöllner*, in: Baumbach/Hueck, GmbHG, 21. Aufl., § 47 Anh. Rn. 156, der die materiell-rechtliche Natur und Wirkung der Frist nicht hinreichend berücksichtigt.

also ein Fristbeginn mit dem Zugang der entsprechenden Benachrichtigung seitens der Geschäftsführung.[38] Denn aufgrund der damit verbundenen Kenntnis vom Inhalt des Feststellungsantrages müssen die benachrichtigten Gesellschafter damit rechnen, dass der im Antrag näher bezeichnete Beschluss positiv festgestellt werden könnte und das versetzt sie in der Regel in die Lage, die entsprechenden Anfechtungsgründe vorzubringen. Im Übrigen können dann die allgemeinen, für den Fristlauf geltenden Regeln[39] Anwendung finden.

Mit Rücksicht auf § 245 AktG und die vorstehenden Erwägungen kann deshalb eine mit einer Nichtigkeits- und Anfechtungsklage sowie einer damit verbundenen positiven Beschlussfeststellungsklage klageweise in Anspruch genommene GmbH Anfechtungsgründe selbst nicht geltend machen, sondern sie selbst ist auf die Geltendmachung von Nichtigkeitsgründen beschränkt. Anfechtungsgründe hinsichtlich des nach Auffassung des Klägers positiv festzustellenden, tatsächlich gefassten Beschlusses können nur von solchen Gesellschaftern geltend gemacht werden, die dem Rechtsstreit als streitgenössische Nebenintervenienten (§ 69 ZPO) beigetreten sind. Diese müssen zwar keine Anfechtungsklage erheben, sie müssen aber die Anfechtungsgründe analog § 246 Abs. 1 AktG grundsätzlich innerhalb eines Monats nach ihrer Benachrichtigung auch von der positiven Beschlussfeststellungsklage geltend machen.

VIII. Rechtskraft, § 248 Abs. 1 S. 1, § 249 Abs. 1 S. 1 AktG

Fraglich ist schließlich, inwiefern mit Rechtskraft inter bzw. erga omnes analog § 248 Abs. 1 S. 1, § 249 Abs. 1 S. 1 AktG nicht nur über die Nichtigkeits- und Anfechtungsklage entschieden werden kann, sondern auch über die positive Beschlussfeststellungsklage. Nach den vorstehenden Erwägungen kann hierüber kein Zweifel bestehen: Soll über den anlässlich einer bestimmten Gesellschafterversammlung und mittels einer bestimmten Abstimmung anlässlich derselben wirksam gefassten Beschluss im Sinne von Rechtssicherheit und Prozessökonomie innerhalb eines einzigen Rechtsstreits verbindlich entschieden werden, genügt es nicht, der Nichtigkeits- und Anfechtungsklage analog § 248 Abs. 1 S. 1, § 249 Abs. 1 S. 1 AktG mit Rechtskraft inter bzw. erga omnes stattzugeben, sondern muss auch ein der positiven Beschlussfeststellungsklage ebenfalls stattgebendes Urteil mit Rechtskraft inter bzw. erga omnes versehen werden, muss also auch insofern § 248 Abs. 1 S. 1 AktG analoge Anwendung finden. Das lässt sich ohne Schwierigkeiten zum einen damit begründen, dass der Gesetzgeber der positiven Beschlussfeststellungsklage trotz ihrer großen Bedeutung und ihrer Besonderheiten in den §§ 241 ff. AktG keine Regelung gewidmet hat und demnach diesbezüglich eine planwidrige Regelungslücke besteht. Zum anderen

---

38 *Puszkajler*, in: HK-GmbHG, 3. Aufl., Anh. § 47 Rn. 116; so auch *Rensen*, Beschlussmängelstreitigkeiten in der GmbH, Rn. 452.
39 Dazu *Rensen*, Beschlussmängelstreitigkeiten in der GmbH, Rn. 358 ff.

ist die Interessenlage insofern mit derjenigen bei der Nichtigkeits- und Anfechtungsklage vergleichbar, als auch hier nur eine Klärung der Beschlusslage mit Wirkung für und gegen alle beteiligten Gesellschafter Sinn macht, während unterschiedliche Rechtsverhältnisse zwischen der Gesellschaft einerseits und den einzelnen Gesellschaftern andererseits nicht nur mit Rücksicht auf die gebotene Gleichbehandlung der Gesellschafter zur Problemen führen, sondern auch kaum praktizierbar sind. So ist ein ordentlicher Geschäftsbetrieb etwa dann kaum denkbar, wenn im Verhältnis zu einem Gesellschafter ein bestimmter Geschäftsführer als bestellt gilt, während das im Verhältnis zu den übrigen Gesellschaftern nicht der Fall sein soll. Dementsprechend erscheint eine analoge Anwendung des § 248 Abs. 1 S. 1 AktG hinsichtlich eines auch der positiven Beschlussfeststellungsklage stattgebenden Urteils und der entsprechenden Feststellung nicht nur sinnvoll, sondern sie ist zwingend geboten.[40] Wie auch im Fall einer klageabweisenden Entscheidung über eine Nichtigkeits- und Anfechtungsklage erstreckt sich die materielle Rechtskraft schließlich objektiv nicht nur auf die geltend gemachten oder gar nur auf die beschiedenen Beschlussmängel, sondern darüber hinaus auf alle denkbaren Beschlussmängel, und zwar auch unabhängig von der Kenntnis der Beteiligten.[41] Dass einem klageabweisenden Urteil analog § 248 Abs. 1 S. 1 AktG materielle Rechtskraft lediglich inter partes zukommt,[42] stellt auch hinsichtlich der positiven Beschlussfeststellungsklage kein Problem dar, weil die opponierenden Gesellschafter die zunächst notwendige Kassation nur innerhalb der Monatsfrist gemäß § 246 Abs. 1 AktG erreichen können und die betreffenden Klagen dann analog § 246 Abs. 3 S. 3 AktG zu verbinden sind. Auf diese Art und Weise kann jedenfalls in der Regel innerhalb eines einzigen Prozesses eine verbindliche Entscheidung nicht nur über die Wirksamkeit des mehrheitlich gefassten und festgehaltenen Beschlusses getroffen werden, sondern auch über die mit der positiven Beschlussfeststellungsklage begehrte Feststellung, dass stattdessen ein anderer Beschluss wirksam gefasst worden sei.

IX. Ergebnis

Vor dem Hintergrund dieser Erkenntnisse bedarf der oben wörtlich zitierte Obersatz des Bundesgerichtshofs hinsichtlich seines die positive Beschlussfeststellungsklage betreffenden zweiten Teils dringend einer Präzisierung und könnte wie folgt lauten:

---

40 BGHZ 76, S. 191 (199) = NJW 1980, S. 1465 (1467); NJW 2001, S. 2176 (2177); *Bayer*, in: Lutter/Hommelhoff, GmbHG, 18. Aufl., Anh. § 47 Rn. 40; *Wertenbruch*, in: MünchKomm-GmbHG, 2. Aufl., § 47 Anh. Rn. 285 a.E. m.w.N.
41 BGH, NJW 2002, S. 3465 (3466).
42 BGHZ 134, S. 364 (367) = NJW-RR 1997, S. 1510 (1511 f.); *Koppensteiner/Gruber*, in: Rowedder/Schmidt-Leithoff, GmbHG, 5. Aufl., § 47 Anh. Rn. 159; *Raiser*, in: Ulmer, GmbHG, 2. Aufl., § 47 Anh. Rn. 262; *K. Schmidt*, in: Scholz, GmbHG, 11. Aufl., § 45 Rn. 176 f.; *Wertenbruch*, in: MünchKomm-GmbHG, 2. Aufl., § 47 Anh. Rn. 276 a.E.

Der Einwand der Anfechtbarkeit gegen die positive Beschlussfeststellungsklage

> »Die positive Beschlussfeststellungsklage ist begründet, wenn zum einen die zunächst erhobene Nichtigkeits- und Anfechtungsklage Erfolg hat und zum anderen dem an seiner Stelle gefassten Beschluss weder Nichtigkeitsgründe (§ 241 AktG) noch von einem zur Anfechtung befugten (§ 245 AktG), dem Rechtsstreit als streitgenössischer Nebenintervenient wirksam beigetretenen Gesellschafter (§ 69 ZPO) rechtzeitig (§ 246 Abs. 1 AktG) geltend gemachten Anfechtungsgründe (§ 243 Abs. 1 AktG) entgegenstehen.«

Dieser Lösung kann schließlich nicht entgegengehalten werden, dass das angerufene Gericht u.U. die Fassung eines satzungs- oder gar gesetzeswidrigen Gesellschafterbeschlusses feststellen müsse und dass ein Gericht sich dazu nicht missbrauchen lassen dürfe. Denn auch dann, wenn ein klagender Gesellschafter bestimmte Anfechtungsgründe nicht geltend macht, muss das Gericht u.U. einen rechtswidrigen Gesellschafterbeschluss durch Klageabweisung unbeanstandet lassen. Auch hier muss das Gericht eventuell sehenden Auges eine rechtswidrige Lage bestehen lassen. Nichts anderes würde übrigens dann gelten, wenn nach Maßgabe des oben zitierten Obersatzes des Bundesgerichtshofs die Gesellschaft von der Geltendmachung bestimmter Anfechtungsgründe absähe. Die großzügige Rechtsprechung des Bundesgerichtshofs steht demnach nicht der Bestandskraft rechtswidriger, aber nicht nichtiger Gesellschafterbeschlüsse entgegen, sondern sie überträgt der Gesellschaft die ihr nach der Konzeption des Gesetzgebers nicht zukommende Aufgabe, Gesellschafterbeschlüsse über den § 241 AktG hinaus auf Gesetzes- oder Satzungskonformität zu prüfen und in Frage zu stellen.

Dagegen lässt die hier vorgeschlagene Lösung die dogmatischen Grundlagen des GmbH-Beschlussmängelrechts, soweit das überhaupt möglich ist, unberührt, beschränkt die Abweichung auf eine unbedingt notwendige Ausnahme vom Grundsatz, dass Anfechtungsgründe nur mit der entsprechenden Klage geltend gemacht werden können, und gewährleistet zugleich die dem Bundesgerichtshof aus naheliegenden Gründen wichtige verbindliche Bescheidung aller Fragen in einem einzigen und jedenfalls hinsichtlich der materiellen Rechtskraft umfassenden Rechtsstreit.

Grundregel der Beweislast

HELMUT RÜSSMANN

I. WELCHES KIND DARF DEN NAMEN »GRUNDREGEL DER BEWEISLAST« TRAGEN?

Der Jubilar hat in seiner Habilitationsschrift[1] eine Beweislastverteilungsregel als Grundregel der Beweislast bezeichnet.[2] Die Funktionsregel (Operationsregel) zur Sicherung der Entscheidungsmöglichkeit war ihm weniger bedeutsam. Das rief in einem umfänglichen Besprechungsaufsatz *Musielak*[3] auf den Plan, der in seiner Habilitationsschrift[4] genau diese Funktionsregel als Grundregel der Beweislast entwickelt hatte[5] und die Bedeutung dieser Grundregel gegenüber dem Jubilar zu vereidigen sucht. Nun sollte das Recht eines jeden Vaters (und einer jeden Mutter) unbestritten sein, verschiedenen Kindern den nämlichen Namen zu geben, zumal es um Kinder verschiedener Väter geht. Für die Klarheit der wissenschaftlichen Verständigung erscheint es indessen wünschenswert, dass unterschiedliche Phänomene unterschiedliche Namen tragen, um Verwechslungen und Missverständnisse zu vermeiden. Sollte sich herausstellen, dass *Musielaks* Funktionsregel funktionslos ist, spricht Manches dafür, die Bezeichnung Grundregel der Beweislast für *Prüttings* Verteilungsregel zu verwenden, auch das allerdings nur, wenn es sich um eine einigermaßen funktionsfähige Verteilungsregel handelt.

II. MUSIELAKS FUNKTIONSREGEL

Regelmäßig wird die Funktion der Beweislast bei der Bewältigung eines non liquet nach Ausschöpfung aller Beweismöglichkeiten angesetzt. Für Studenten des Rechts ist das weit weg. Die Frage scheint sich erst in der richterlichen Praxis zu stellen.

---

1 *Hanns Prütting*, Gegenwartsprobleme der Beweislast. Eine Untersuchung moderner Beweislasttheorien und ihrer Anwendung insbesondere im Arbeitsrecht, 1983.
2 »Die Beweislastgrundregel des § 193 Erster Entwurf zum BGB gilt im gesamten deutschen Recht mit Ausnahme des Strafrechts. Darüber hinaus hat diese Grundregel weltweite Geltung. Für das Zivilrecht und das Arbeitsvertragsrecht muß die Norm als Gesetzesrecht angesehen werden«, *Prütting* (aaO Fn. 1), S. 281.
3 Gegenwartsprobleme der Beweislast, ZZP 100 (1987), 385 ff.
4 *Hans-Joachim Musielak*, Die Grundlagen der Beweislast im Zivilprozeß, 1975.
5 Zu finden bei *Musielak* (aaO. Fn. 3), S. 293.

Doch sollten sich auch Studenten nach meiner Einschätzung schon vom ersten Tag des juristischen Studiums an mit Fragen der Beweislast befassen. Denn die Beweislast steuert auch die Bewältigung der Informationslosigkeit in Sachverhalten, die den Studenten zur Lösung aufgegeben werden.

Die Beweislast ermöglicht es dem Juristen ganz allgemein, auch dort zu entscheiden, wo der Sachverhalt zu rechtlich relevanten Voraussetzungen[6] schweigt – das ist schon im Studium wichtig – oder der Sachverhalt sich trotz aller Aufklärungsbemühungen zu einer rechtlich relevanten Voraussetzung als unaufklärbar erweist – dieses Problem taucht erst später in der gerichtlichen Praxis auf. Für jede rechtlich relevante Voraussetzung gibt es eine Beweislastverteilung, die dem Beweisbelasteten das Risiko des Rechts- und Prozessverlustes zuweist. Im Strafrecht ist die Verteilungsregel relativ einfach. Es gibt eine Unschuldsvermutung, die der Staat widerlegen muss. Die Beweislast für eine Straftat trägt der Staat. Die Beweislastverteilungsregel lautet: »Im Zweifel für den Angeklagten! In dubio pro reo!« Der Staat muss beweisen, dass die Voraussetzungen für den Strafanspruch gegeben sind.

In anderen Rechtsgebieten und namentlich im Zivilrecht sieht die Sache komplizierter aus. Hier wird die Beweislast für die rechtlich relevanten Voraussetzungen unter den Beteiligten eines Streitverhältnisses verteilt. Nehmen wir den Streit um einen Anspruch als Modellfall, so trägt in dem einen Bereich der Anspruchsteller die Beweislast, in dem anderen Bereich der Anspruchsgegner.

Das Rechtsinstitut, dem wir Entscheidungsmöglichkeiten bei Informationslosigkeit über rechtlich relevante tatsächliche Voraussetzungen verdanken, ist die Beweislast. Sie wirkt sich zulasten desjenigen aus, auf den die Verteilungsregel die Beweislast fallen lässt. Das Ergebnis der Beweislastverteilung ist die Einteilung der rechtlich relevanten Voraussetzungen in anspruchsbegründende (anspruchserhaltende) und gegenrechtsbegründende (gegenrechtserhaltende) Voraussetzungen.

Nach alledem scheint es entscheidend auf die Verteilungsregeln anzukommen. Wo ist der Raum für *Musielaks* Funktionsregel?

Die Funktionsregel heißt uns, etwas als nicht gegeben zu unterstellen, worüber wir keine Informationen haben. *Musielak* spricht von Fiktionen. Ich zitiere seine Position aus einer seiner eigenen Darstellungen (ohne die dort angegebenen Nachweise und in heute üblicher Rechtschreibung):[7]

> *»Der einzelne Rechtssatz, dem die von einer Partei geltend gemachte Rechtsfolge zu entnehmen ist, kennt nur die Alternative verwirklicht oder nicht verwirklicht; ist der Tatbestand des Rechtssatzes verwirklicht, dann tritt die Rechtsfolge ein, ist er nicht verwirklicht, dann bleibt die Rechtsfolge aus. Im tatsächlichen Geschehen, auf das der Rechtssatz bezogen ist, gibt es nur diese beiden Möglichkeiten. Der im Prozess vorkommende dritte Fall, dass nämlich der Richter nicht zu entscheiden vermag, ob die eine oder andere Alternative zutrifft, wird von dem Rechtssatz nicht berücksichtigt. Dementsprechend kann der Richter*

---

6 Rechtlich relevant ist eine Voraussetzung dann, wenn sie Einfluss auf die angestrebte Rechtsfolge hat.
7 *Musielak*, Die Beweislast, JuS 1983, 198, 199, 200.

auch nicht aufgrund dieses Rechtssatzes entscheiden, wenn ihm eine Tatsachenklärung misslingt.

...[8]

Bei der Entscheidung der Frage, auf welche Weise die Beweislastnormen die Umformung des für die Anwendung des Rechtssatzes nicht passenden non liquet in ein »Ja« oder »Nein« zum Beweisthema herbeiführen, muss berücksichtigt werden, dass es sich bei diesen Normen um ein Behelfsmittel handelt, das allein dem Zweck dient, trotz eines ungeklärten Tatbestandes eine richterliche Entscheidung in der Sache zu ermöglichen. Die sich aus diesen Normen ergebenden Rechtsfolgen sind auf das zum Erreichen dieses Zieles unbedingt Notwendige beschränkt. Zwar müssen die Beweislastnormen die Ungewissheit über das Bestehen der fraglichen Tatsachen beheben, aber hierfür genügt die Fiktion einer entsprechenden Tatsachenfeststellung, und es ist nicht erforderlich, dass die Beweislastnormen nach Art von Beweisregeln den Richter anweisen, die ungeklärten Tatsachen als bewiesen zu behandeln.

Eine Fiktion bewirkt die rechtliche Gleichbewertung zweier unterschiedlicher Tatbestände. Der Fiktionscharakter einer Beweislastnorm zeigt sich darin, dass durch sie der Tatbestand der Nichtaufklärbarkeit der tatsächlichen Voraussetzungen eines Tatbestandsmerkmals gleichsam in Form einer Kurzverweisung dem Tatbestand der Ermittlung des entsprechenden Sachverhalts mit entweder positivem oder negativem Ergebnis gleichgestellt wird. Diese Gleichstellung reicht nur soweit, wie dies zur Überwindung der Lücke in der Tatsachenfeststellung notwendig ist, um zu einer Sachentscheidung zu gelangen; sie hat deshalb ausschließlich Wirkung für die gerichtliche Entscheidung. Diese eingeschränkte Funktion der Beweislastnormen lässt sie zu Entscheidungsnormen werden, also zu Rechtssätzen, die sich ausschließlich an den Richter wenden und dessen Entscheidung betreffen und die keine Verhaltensregeln für andere, insbesondere nicht für die Parteien des Rechtsstreits enthalten.«

Der Jubilar würde diesem Befund *Musielaks* wohl gar nicht widersprechen wollen. Er gliedert nämlich die Beweislastentscheidung in drei gedankliche Stufen:[9]

»a) Die Frage nach dem Bestehen einer Entscheidungspflicht des Richters bei Vorliegen eines non liquet in der Tatfrage (Stufe 1);

b) der methodische Vorgang, auf dem der Richter zu seiner Entscheidung gelangt, wobei noch ausdrücklich offenbleibt, wie die Beweislast verteilt ist, wie also der Inhalt der richterlichen Entscheidung aussehen wird (Stufe 2);

c) die Frage nach der Verteilung der Beweislast, also dem Inhalt der richterlichen Entscheidung, dessen unmittelbare Konsequenz die Nachteilsaufteilung zwischen den Parteien ist (Stufe 3).«

In der Stufe 2 findet sich die Operations- und Funktionsregel, die auch *Prütting* für erforderlich hält, inhaltlich aber als bloß technische Rechtsanwendungsregel ohne ei-

---

8   Es folgt eine formalisierte Darstellung mithilfe von Symbolen aus den Grundrechenarten der Mathematik, auf deren Wiedergabe ich verzichte. Ich halte die Darstellung für ungeeignet, weil die Gleichung den schließenden Charakter des Übergangs von den Tatbestandsvoraussetzungen zur Rechtsfolge nicht zum Ausdruck bringt.
9   *Prütting* (Fn. 1), S. 165.

genen Normgehalt qualifiziert. Operationsregeln ohne eigenen Normgehalt wecken in einem Logiker[10] Erinnerungen an Schlussregeln der Logik. Sollte von dort die Frage nach der Notwendigkeit oder gar Tauglichkeit der Operations- und Funktionsregel beantwortet werden können?

1. Rekonstruktion in Wenn-Dann-Verknüpfungen der Logik

Weder *Musielak* noch *Prütting* bedienen sich des Instrumentariums der modernen Logik für ihre Analysen und Einschätzungen. Sie würden mir aber sicher zustimmen, dass Rechtsfolgen in einer Wenn-Dann-Verknüpfung mit den Tatbestandsvoraussetzungen verbunden sind. Von diesen Verknüpfungen kennt die Logik drei: die Nur-Wenn-Dann-Verknüpfung (notwendige Bedingung oder in der für logische Analysen gängigen Formalisierung $T \leftarrow R$), die Immer-Wenn-Dann-Verknüpfung (hinreichende Bedingung oder in der Formalisierung $T \rightarrow R$), die Immer-und-Nur-Wenn-Dann-Verknüpfung (zugleich hinreichende und notwendige Bedingung oder formalisiert $T \leftrightarrow R$). Obwohl *Musielak* häufig von notwendigen Bedingungen für das Eintreten einer gewünschten Rechtsfolge spricht, ist die Verknüpfung nicht angemessen, weil sie bei gegebenem T gar nicht auf R schließen lässt. Dazu bedarf es einer hinreichenden Bedingung in der Gestalt $T \rightarrow R$. Für die aber wäre eine Fiktion von Nicht-T völlig irrelevant und überflüssig, weil aus Nicht-T gar nichts folgt.[11] Die Rechtsfolge gibt es eben nur bei T. *Musielak* und *Prütting* benötigen deshalb für die Notwendigkeit der Fiktion von Nicht-T eine Äquivalenz-Verknüpfung in der Gestalt $T \leftrightarrow R$). Jetzt wird die Fiktion von Nicht-T relevant, weil sie den Schluss auf Nicht-R logisch trägt und damit die abweisende Entscheidung ermöglicht. Die Annahme einer Äquivalenzbeziehung ist aber inhaltlich mehr als nur problematisch. Rechtfertigen könnte man sie nur, wenn in T sämtliche Anspruchsbegründungsmöglichkeiten vereinigt und zusätzlich sämtliche Gegenrechtsmöglichkeiten repräsentiert sind. In den Beispielen von *Musielak* ist das nicht der Fall. Sie konzentrieren sich in der Regel auf den Tatbestand einer einzigen Anspruchsnorm.

Die adäquate Repräsentation der Anspruchsbegründungsmöglichkeiten ist die in $T \rightarrow R$ Verknüpfungen mit der zusätzlichen Regel, dass, wenn keine der Begründungsmöglichkeiten greift, der geltend gemachte Anspruch zu verneinen und die Klage abzuweisen ist. Das gilt spiegelbildlich für den Bereich der Gegenrechte (Einwendungen und Einreden), den der Jurist allerdings erst betreten muss, wenn mindestens eine der Anspruchsbegründungsmöglichkeiten greift. Auch die Gegenrechte stehen in Wenn-Dann-Verknüpfungen der Gestalt $G \rightarrow NichtR$. Sie greifen nur bei G. Die Fiktion von Nicht-G ist für ihr (Nicht)Eingreifen ebenso irrelevant wie die Fiktion von Nicht-T für das Nichteingreifen der Anspruchsnorm.

---

10 *Rüßmann*, Logik (nicht nur) für Juristen, Festschrift für Maximilian Herberger, 2017, S. 831 ff.
11 Siehe *Rüßmann* (aaO Fn. 9), S. 846.

2. Ein Blick in die Welt der Informatik

Ergänzen und unterstützen lassen sich die Überlegungen durch einen Blick auf einfachste Nachbildungen eines juristischen Entscheidungsprozesses in einem Computerprogramm. Hier könnte man die *if... then... else...* Anweisung für die Rechtsanwendung verwenden. Nach dem ersten *if* werden die Anwendungsvoraussetzungen der ersten Anspruchsnorm benannt und nach dem *then* die Rechtsfolge bezeichnet. Die Regel feuert nur, wenn die Tatbestandsvoraussetzungen gesetzt werden. Wenn nicht, geht es ohne jede Fiktion zum *else*. Dort kann sich eine weitere Anspruchsnorm mit Tatbestand und Rechtsfolge finden. Ist das System vollständig und kann keine Anspruchsnorm gesetzt werden, folgt beim letzten *else* die Feststellung, dass der geltend gemachte Anspruch nicht besteht. Dazu bedarf es nirgendwo einer Fiktion. Sollte aber mindestens eine der Anspruchsbegründungsmöglichkeiten greifen, muss das System in die Abteilung der Gegenrechte wechseln und analog die möglichen Einwendungen und Einreden durchgehen. Auch hier kommt man ohne jede Fiktion aus. Was man dem System allerdings beibringen muss, ist die Einteilung der rechtlich relevanten Voraussetzungen in solche, die der Anspruchsbegründung dienen, und solche die der Verteidigung gegen einen (vorläufig) begründeten Anspruch dienen. Das ist die Aufgabe von Beweislastverteilungsregeln.

Das Entscheidungssystem wird noch komplexer, wenn wir uns vergegenwärtigen, dass es auch Verteidigungen gegenüber einer zunächst erfolgreichen Verteidigung geben kann. Doch auch diese Gegengegenrechte folgen der gerade entwickelten Struktur. Sollte mindestens eine der Anspruchsbegründungsmöglichkeiten greifen und dagegen mindestens eine Einwendung oder Einrede erfolgreich sein, muss das System in die Abteilung der Gegengegenrechte wechseln und analog die möglichen Anspruchserhaltungen durchmustern. Auch hier kommt man abermals ohne jede Fiktion aus. Was man dem System beigebracht haben muss, ist die Einteilung der rechtlich relevanten Voraussetzungen in solche, die der Anspruchsbegründung dienen, und solche, die der Verteidigung gegen einen (vorläufig) begründeten Anspruch dienen, sowie solche, die zur Verteidigung gegen eine (vorläufig) gelungene Verteidigung herangezogen werden können. Das ist die Aufgabe von Beweislastverteilungsregeln.

Die Operations- und Funktionsregel der Beweislast erweist sich in einer logischen Analyse der Rechtsanwendung als (unschädlich aber) funktionslos. Die Stufe 2 in *Prüttings* Beweislastentscheidung ist nicht nur ohne eigenen Normgehalt. Sie ist schlicht überflüssig.[12] Als geeigneter Kandidat für die Grundregel der Beweislast

---

12 Dabei klingt doch die oben angeführte Begründung durch *Musielak* so einfach und überzeugend: »Der einzelne Rechtssatz, dem die von einer Partei geltend gemachte Rechtsfolge zu entnehmen ist, kennt nur die Alternative verwirklicht oder nicht verwirklicht; ist der Tatbestand des Rechtssatzes verwirklicht, dann tritt die Rechtsfolge ein, ist er nicht verwirklicht, dann bleibt die Rechtsfolge aus. Im tatsächlichen Geschehen, auf das der Rechtssatz bezogen ist, gibt es nur diese beiden Möglichkeiten. *Der im Prozess vorkommende dritte Fall, dass nämlich der Richter nicht zu entscheiden vermag, ob die eine oder andere Alternative zutrifft, wird von dem Rechtssatz nicht berücksichtigt.* Dementspre-

scheint allein *Prüttings* Verteilungsregel zu bleiben. Doch erweist auch sie sich am Ende dieses Namens nicht würdig.

III. Prüttings Verteilungsregel

Mit der Verteilungsregel des Jubilars habe ich mich schon vor mehr als 30 Jahren befasst.[13] Der Jubilar war so freundlich, in der mir gewidmeten Festschrift das Ausbleiben weiterer Auflagen dieser Kommentierung zu bedauern.[14] Er wird es mir deshalb nachsehen, wenn ich meine damaligen Ausführungen als Eigenplagiat zur Grundlage meiner heutigen Analyse mache.

Wenn die Phase der Informationssammlung zum tatsächlichen Geschehen abgeschlossen ist, muss das Gericht in einer endgültigen Rekonstruktion des Sachverhalts darüber befinden, ob es bei den gegebenen Informationen vom Vorliegen der nach rechtlichen Erwägungen erheblichen Sachverhaltsgestaltungen ausgehen kann. § 286 ZPO hält es dazu an »unter Berücksichtigung des gesamten Inhalts der Verhandlungen und des Ergebnisses einer etwaigen Beweisaufnahme nach freier Überzeugung zu entscheiden, ob eine tatsächliche Behauptung für wahr oder für nicht wahr zu erachten sei« und in dem Urteil die Gründe anzugeben, die für die richterliche Überzeugung leitend gewesen sind. Sollte das Gericht nach Auswertung der ihm zur Verfügung stehenden Informationen eine begründete Überzeugung weder von der Wahrheit noch von der Unwahrheit einer rechtlich relevanten Behauptung erlangen können, muss es zuungunsten der Partei entscheiden, die die Beweislast für die fragliche Behauptung trägt. Welche Partei das ist, hängt nicht von der Rolle ab, die die Partei im Prozess freiwillig oder unfreiwillig übernommen hat, sondern von den Beweislastverteilungsregeln, die unabhängig von den Parteirollen gelten und am Rechtscharakter der Normen teilhaben, über deren tatsächliche Voraussetzungen gestritten wird. Die Verteilungsregeln für die tatsächlichen Voraussetzungen prozessualer Normen gehören danach dem Prozessrecht, die für die Voraussetzungen materiellrechtlicher Normen dem materiellen Recht an.

Mit der Zuordnung der Beweislastverteilungsregeln zum Bereich der Normen, über deren tatsächliche Voraussetzungen im Prozess keine Klarheit erzielt werden kann, ist nichts darüber gesagt, welchen Inhalt die Beweislastverteilungsregeln haben, wem sie also das Risiko der Beweislosigkeit aufbürden. Diese Frage ist vornehmlich im Zusammenhang des je betroffenen Rechtsbereichs zu beantworten. Hier sollen

---

chend kann der Richter auch nicht aufgrund dieses Rechtssatzes entscheiden, wenn ihm eine Tatsachenklärung misslingt.« Falsch ist der durch mich hervorgehobene Satz. Der Fall wird berücksichtigt. Die Rechtsfolge bleibt in der Immer-Wenn-Dann-Verknüpfung aus, weil nicht alle Wenn-Voraussetzungen erfüllt sind.

13 *Rüßmann* in: Alternativkommentar zur Zivilprozessordnung, 1987, vor § 284, Rdnrn. 15 bis 20.

14 *Prütting*, Die Beweislast im Arzthaftungsprozess und das künftige Patientenrechtegesetz, in: Festschrift für Helmut Rüßmann, 2013, S. 609, 608 bis 612.

lediglich einige Grundzüge benannt und die geringe Tragweite der als Grundregel[15] bezeichneten allgemeinen Verteilungsregel gezeigt werden.

Da über Beweislastregeln materielle Chancen und Risiken verteilt werden, ist in erster Linie der Gesetzgeber berufen, Beweislastverteilungsregeln festzulegen. Der Gesetzgeber hat jedoch nur wenige Beweislastfragen ausdrücklich geregelt (im BGB etwa §§ 179 Abs. 1, 345, 363, 630h Abs. 2, 2336 Abs. 3), einige die Beweislast berührende Vermutungen in das Gesetz aufgenommen (im BGB etwa §§ 476, 630h Abs. 1, 891, 1006, 1362) und im Übrigen auf die ausdrückliche Normierung einer allgemeinen Beweislastverteilungsregel verzichtet, obwohl im Ersten Entwurf zum BGB als § 193 vorgesehen war: »Wer einen Anspruch geltend macht, hat die zur Begründung desselben erforderlichen Tatsachen zu beweisen. Wer die Aufhebung eines Anspruchs oder die Hemmung der Wirksamkeit desselben geltend macht, hat die Tatsachen zu beweisen, welche zur Begründung der Aufhebung oder Hemmung erforderlich sind.«

Die herrschende Meinung und die Rechtsprechung gehen aber dennoch von der Geltung einer allgemeinen Beweislastregel des deutschen Rechts aus, »dass jede Partei die Beweislast für alle Voraussetzungen einer von ihr in Anspruch genommenen Norm trägt« (BGHZ 53, 245, 250). Die Auffassung findet auch Rückhalt in den Motiven zum BGB, wo es über die im Entwurf vorgesehene Regel hinausgehend heißt:

> *»Wer einen Anspruch geltend macht, hat diejenigen Thatsachen anzuführen und zu beweisen, welche der Regel nach geeignet sind, den Schluß auf die Entstehung des erhobenen Anspruchs zu rechtfertigen. Es kann dem Kläger nicht angesonnen werden, neben dem Entstehen auch das Bestehen des Anspruchs zur Zeit der Geltendmachung darzuthun; ebensowenig liegt ihm ob, die Abwesenheit besonderer Thatsachen zu beweisen, die, wenn sie vorhanden wären, die dem Thatbestande an und für sich zukommende Wirkung ausschließen würden. Die Geltendmachung und der Beweis der rechtsaufhebenden und rechtshindernden Thatsachen ist ebenso Aufgabe der Gegenpartei, wie die Geltendmachung und der Beweis der Einredethatsachen im engeren Sinne« (Mot. I, 382).*

Damit scheint ein einerseits klares und andererseits sachlich angemessenes allgemeines Beweislastverteilungsprinzip gefunden. Doch der Schein trügt in beiderlei Hinsicht. Das ist letztlich auch das Ergebnis der Studie von *Prütting*, mag es dort auch heißen: »Die Beweislastgrundregel des § 193 Erster Entwurf zum BGB gilt im gesamten deutschen Recht mit Ausnahme des Strafrechts. Darüber hinaus hat diese Grundregel weltweite Geltung. Für das Zivilrecht und das Arbeitsvertragsrecht muß die Norm als Gesetzesrecht angesehen werden« (S. 281). *Prütting* schwebt dabei eine von den Abgrenzungsschwierigkeiten zwischen negativen Anspruchsvoraussetzungen und Voraussetzungen rechtshindernder Normen befreite Grundregel vor. Entscheidend für die Grundregel ist dann allein die zeitliche Zäsur. Für die Zeit bis zum Entstehen des Rechts ist nach der Grundregel der Anspruchsteller gefordert, danach der Anspruchsgegner. Einer solchen heuristischen Regel des ersten Zugriffs wird man

---

15 Vgl. zum leider nicht einheitlichen Sprachgebrauch *Prütting* (aaO Fn. 1), S. 265 ff.; *Gottwald*, Grundprobleme der Beweislastverteilung, Jura 1980, 225, 227 f.; *Musielak* (aaO Fn. 5), JuS 1983, 198, 201.

in der Tat die Geltung nicht absprechen können und sich hernach über die Ausnahmen von der Grundregel, die Belastung eines Beteiligten mit dem Beweisrisiko für Tatsachen aus dem je anderen Bereich, unterhalten müssen.

Die in den Motiven angesprochene Grundregel gewährt ganz offensichtlich keine klare Entscheidungsregel. Um diese Regel im Streitfall anzuwenden, müsste man wissen, wie man die Norm bildet, die einen Anspruch begründet. Da unstreitig zu den anspruchsbegründenden Voraussetzungen auch negative Voraussetzungen (§ 812 BGB »ohne rechtlichen Grund«) gehören können, auch solche, die in einem anderen Satz (z. B. das Fehlen der anderweitigen Ersatzmöglichkeit in § 839 Abs. 1 Satz 2 BGB), Absatz oder Paragraphen stehen, gibt es dafür jedenfalls kein allein mit den Mitteln der Sprachlogik (Grammatik) zu bewältigendes Bildungsprinzip.

Man könnte daran denken, auf die materiell-rechtlichen Differenzierungen zwischen rechtsbegründenden Tatsachen einerseits rechtsaufhebenden und rechtshindernden Tatsachen andererseits zurückzugreifen, müsste jedoch bei näherem Zusehen feststellen, dass es jedenfalls im Hinblick auf die Abgrenzung zwischen negativen Anspruchsvoraussetzungen und rechtshindernden Tatsachen gerade die Beweislastverteilung ist, welche eine Tatsache in die eine oder andere dieser Kategorien fallen lässt.[16] Wenn man nicht die Beweislastverteilung durch die Beweislastverteilung und damit gar nicht begründen will, müsste man sich nach anderen Gründen für die Zuteilung von Beweisrisiken umsehen. Die sind indessen so vielfältig, dass ein allgemeines Prinzip dabei nicht mehr herausspringt.[17] *Prüttings* Grundregel ist da schon leichter zu handhaben, weil für ihre Handhabung die Abgrenzung zwischen den negativen Voraussetzungen der anspruchsbegründenden Normen von den positiven Voraussetzungen anspruchshindernder Normen keine Rolle spielt. Das Abgrenzungsproblem wird dadurch aber nicht aufgehoben, sondern nur aufgeschoben.

Die Verteilung nach *Prüttings* Grundregel ist ja nicht die endgültige Verteilung. Sie steht vielmehr unter dem Vorbehalt anderweitiger Verteilung und das diesseits wie jenseits der durch die zeitliche Zäsur gezogenen Grenze. Der Anspruchsgegner kann mit dem Beweis von (auch negativen) Tatsachen bis zur Entstehung des Rechts und der Anspruchsteller mit dem Beweis von (auch negativen) Tatsachen nach der Entstehung des Rechts belastet sein. Nach welchen Kriterien aber soll man entscheiden, ob die Beweislast nach der Grundregel oder nach einer Ausnahme von der Grundregel verteilt ist? *Prüttings* Antwort[18] ist ebenso einfach wie bestechend und beherzigenswert: Die Verteilung richtet sich nach dem Gesetz! Der Rechtsanwender ist aufgerufen, auch bei der Festlegung von Beweislastverteilungsregeln die Gesetzesbindung zu achten. Dabei kommt nicht nur eine Bindung an das vom Gesetzgeber Gesagte, sondern auch an das von ihm Gewollte in Betracht.[19] Der Rechtsanwender

---

16 *Musielak* (aaO Fn. 5), JuS 1983, 198, 202.
17 Vgl. *Prütting* (aaO Fn. 1), S. 179 ff. mit einer Zusammenstellung der Sachgründe S. 257 ff.
18 *Prütting* (aaO Fn. 1), S. 282 ff.
19 Vgl. *Koch/Rüßmann*, Juristische Begründungslehre, 1982, § 17.

muss das gesamte Spektrum der Auslegungs- und Rechtsfortbildungsmöglichkeiten[20] abschreiten und darf nicht etwa bei der Satzbaulehre stehenbleiben und hernach Rechtsfindung nach Gutdünken betreiben.[21]

Nach der Satzbaulehre geben die vom Gesetzgeber gewählten sprachtechnischen Mittel Aufschluss darüber, welche Beweislastverteilung der Gesetzgeber auch ohne ausdrückliche Normierung dieser Frage angestrebt hat. So deuten Wendungen wie »gilt nicht, wenn...«, »ist ausgeschlossen, wenn...«, »gilt, es sei denn, dass...« darauf hin, dass hier rechtshindernde, mithin vom Gegner zu beweisende Behauptungen (Ausnahmen von *Prüttings* Grundregel) in Rede stehen, während die Formulierung »gilt, wenn... nicht vorliegen« auf eine negative Anspruchsvoraussetzung hinweist.

Wo die Satzbaulehre nicht weiterhilft, ist nach den Zielen und Grundvorstellungen des Gesetzgebers über die Risikoverteilung im je angesprochenen Bereich zu fragen. Hier mögen höchst unterschiedliche Sachgründe[22] in ihr Recht treten, mit deren Wandel es auch zu veränderten Beweislastverteilungen kommen kann. Die materiellrechtlichen Risikoverschiebungen spiegeln sich dann in veränderten Beweislastverteilungen. Das zeigen nicht zuletzt die zahlreichen »Umkehrungen der Beweislast«, zu denen die Rechtsprechung im Laufe der Zeit gegriffen hat.

Was aber bleibt von *Prüttings* Grundregel? Nach meiner Einschätzung nicht genug, um den Namen Grundregel der Beweislast für sie zu reservieren. Sie mag dem ersten heuristischen Grobzugriff auf die Beweislastverteilungsfrage dienen. Danach hat sie ausgedient.

IV. Fazit und Ausblick

Musielaks Funktionsregel erweist sich als funktionslos. *Prüttings* Grundregel schrumpft auf ein weitgehend inhaltsleeres heuristisches Prinzip des ersten Zugriffs. Keine verdient den Namen Grundregel der Beweislast.

Niemals ausgedient hat indessen die andere von unserem Jubilar in Erinnerung gerufene Regel. Die Verteilung der Beweislast richtet sich nach dem kunst- und prinzipiengerecht ausgelegten und gegebenenfalls durch Rechtsfortbildung ergänzten Gesetz. Das ist eine Regel, die den Namen Grundregel verdient, indessen keine Grundregel (nur) der Beweislast, sondern die Grundregel einer jeden Rechtsanwendung.

In diesem Sinne: *Ad multos annos*, lieber Jubilar!

---

20 Zu den letzteren *Koch/Rüßmann* (aaO Fn. 15), §§ 21 ff.
21 So auch *Musielak* (aaO Fn. 5), JuS 1983, 198, 202 f.
22 Vgl. *Prütting* (aaO Fn. 1), S. 179 ff. mit einer Zusammenstellung der Sachgründe S. 257 ff.

Beschlussvergleich nach § 278 Abs. 6 ZPO

Ersatz notarieller Beurkundung und Möglichkeit der Auflassung

INGO SAENGER[*]

I. BESCHLUSSVERGLEICH

§ 278 Abs. 6 ZPO ermöglicht einen Prozessvergleich als Streitbeilegungsmittel auch außerhalb der mündlichen Verhandlung im schriftlichen Verfahren.[1] Dies gilt nach § 36 Abs. 3 FamFG ebenso für Verfahren in Familiensachen und in Angelegenheiten der freiwilligen Gerichtsbarkeit. Das Gericht kann einen schriftlichen Vergleichsvorschlag unterbreiten, den die Parteien durch Schriftsatz gegenüber dem Gericht – und nicht gegenüber dem Gegner[2] – annehmen können,[3] so dass er nicht im Güteverfahren oder in der streitigen Verhandlung vereinbart und beurkundet werden muss. Dasselbe gilt seit dem Ersten Gesetz zur Modernisierung der Justiz[4] auch für den Fall, dass die Parteien dem Gericht einen Vergleichsvorschlag unterbreiten[5] und dieses das Zustandekommen des Vergleichs durch Beschluss feststellt. Beide den Vergleichsschluss begründenden Parteierklärungen müssen entweder protokolliert oder durch Schriftsatz gegenüber dem Gericht abgegeben werden; eine Mischform von protokolliertem Prozessvergleich und Beschlussvergleich kommt nicht in Betracht.[6] Freilich ist die gerichtliche Entscheidung nicht Voraussetzung des Vergleichsschlusses.[7] Der Beschluss, mit dem das Gericht gem. § 278 Abs. 6 S. 2 ZPO das Zustandekommen und den Inhalt des Vergleichs feststellt, hat eben nur feststellenden Charakter[8] und macht den Vergleich zum Vollstreckungstitel im Sinne von § 794 Abs. 1 Nr. 1 ZPO. Zwar ist inzwischen weitgehend anerkannt, dass das Schriftformerfordernis[9] durch den Beschluss gewahrt wird (II.). Umstritten ist aber nach wie vor, ob der Be-

---

[*] Der Autor ist Professor für Bürgerliches Recht, Zivilprozessrecht und Gesellschaftsrecht sowie Direktor des Instituts für Internationales Wirtschaftsrecht an der Westfälischen Wilhelms-Universität Münster.
[1] Zum vgl. nur Hk-ZPO/*Saenger*, 7. Aufl. 2017, § 278 Rn. 21 ff.
[2] OLG Thüringen FamRZ 2006, 1277, 1278.
[3] § 278 Abs. 6 S. 1 2. Alt. ZPO.
[4] 1. Justizmodernisierungsgesetz (JMG) vom 24.08.2004, BGBl. I S. 2198.
[5] § 278 Abs. 6 S. 1 1. Alt. ZPO.
[6] BGH NJW 2015, 2965, 2966 m. Anm. *Cordes* WuB 2016, 194, 197.
[7] *Siemon* NJW 2011, 426, 427 ff.
[8] OLG Hamm NJW 2011, 1373.
[9] § 126 BGB.

schluss auch die Form der notariellen Beurkundung¹⁰ ersetzt (III.) und ebenso dem Formerfordernis der Auflassung¹¹ genügt (IV.).

II. Schriftform

Der gerichtliche Beschluss nach § 278 Abs. 6 S. 2 ZPO ist eine öffentliche Urkunde im Sinne von § 29 Abs. 1 GBO über die festgestellten Tatsachen.¹² Ein Schriftformerfordernis, wie dies etwa in § 623 BGB für die Wirksamkeit der Kündigung eines Arbeitsverhältnisses vorgesehen ist, wird deshalb durch den Beschluss gewahrt.¹³ Demzufolge bedarf es auch keines Rückgriffs auf § 127a BGB, wonach die notarielle Beurkundung durch die Aufnahme der Erklärungen in ein nach den Vorschriften der Zivilprozessordnung errichtetes Protokoll ersetzt wird.¹⁴

III. Notarielle Beurkundung

Auch wenn inzwischen mehrheitlich¹⁵ anerkannt ist, dass der Beschlussvergleich den Erfordernissen der notariellen Beurkundung des § 128 BGB genügt,¹⁶ ist dies doch nicht unumstritten.¹⁷ Zwar wird die notarielle Beurkundung nach § 127a BGB bei einem gerichtlichen Vergleich durch die Aufnahme der Erklärungen in ein nach den Vorschriften der ZPO errichtetes Protokoll ersetzt. Ein solches wird beim Beschluss-

---

10 § 128 BGB.
11 § 925 BGB.
12 OLG München ZWE 2014, 167, 168; KG DNotZ 2011, 854, 855.
13 S. nur BAG NJW 2007, 1831, 1832 f.; Prütting/Gehrlein/*Geisler*, ZPO, 9. Aufl. 2017, § 278 Rn. 22; Zöller/*Greger*, ZPO, 31. Aufl. 2016, § 278 Rn. 35; Staudinger/*Hertel*, BGB, Neubearb. 2017, § 127a Rn. 35; BeckOK BGB/*Wendtland*, 43. Edition 06/2017, § 127a Rn. 2, 10.
14 OLG München ZWE 2014, 167, 168; vgl. aber noch BAG NJW 2007, 1831, 1833.
15 So auch Musielak/Voit/*Foerste*, ZPO, 14. Aufl. 2017, § 278 Rn. 18a.
16 Dies bejahen BAG NJW 2007, 1831, 1833f.; OLG Naumburg FamRZ 2009, 617; MüKo-ZPO/*Prütting*, 5. Aufl. 2016, § 278 Rn. 44; Stein/Jonas/*Leipold*, ZPO, 22. Aufl. 2008, § 278 Rn. 89; BeckOK ZPO/*Bacher*, 25. Edition 09/2017, § 278 Rn. 41; Hk-BGB/*Dörner*, 9. Aufl. 2017, § 127a Rn. 2; Palandt/*Ellenberger*, BGB, 76. Aufl. 2017, § 127a Rn. 2; Erman/*Arnold*, BGB, 14. Aufl. 2014, § 127a Rn. 5; *Cordes* MDR 2016, 64 ff., *Bergschneider* FamRZ 2013, 260, 261 f.; *Borsch* NZG 2013, 527, 528; allenfalls bei Instruktion durch Gericht oder Prozessbevollmächtigte hingegen OLG Celle NJW 2013, 2979f.; *Müller-Teckhof* MDR 2014, 249, 251.
17 Verneint wird dies von OLG Düsseldorf NJW-RR 2006, 1609, 1610; OLG Brandenburg FamRZ 2008, 1192; Wieczorek/Schütze/*Assmann*, ZPO, 4. Aufl. 2013, § 278 Rn. 92; Prütting/Gehrlein/*Geisler*, ZPO, 9. Aufl. 2017, § 278 Rn. 23; Musielak/Voit/*Foerste*, ZPO, 14. Aufl. 2016, § 278 Rn. 18a; Zöller/*Greger*, ZPO, 31. Aufl. 2016, § 278 Rn. 35; Staudinger/*Hertel*, BGB, Neubearb. 2017, § 127a Rn. 48; BeckOK BGB/*Wendtland*, 43. Edition 06/2017, § 127a Rn. 4; *Deckenbrock/Dötsch* MDR 2006, 1325; *Zimmer* NJW 2013, 3280, 3281 f.; *Foerste* NJW 2001, 3103, 3105.

vergleich aber gerade nicht aufgenommen. Gleichwohl steht der Beschluss nach § 278 Abs. 6 S. 2 ZPO einem Protokoll gleich, wie schon der Verweis in Satz 3 auf die Bestimmungen über die Protokollberichtigung in § 164 ZPO belegt. Deshalb ist eine entsprechende Anwendung des § 127a BGB gerechtfertigt.

Bedenken hiergegen werden vor allem damit begründet, dass dem Richter eine sonst dem Notar obliegende Beratung und gegebenenfalls eine Warnung ohne mündliche Verhandlung kaum möglich sei.[18] Wie *Cordes*[19] überzeugend nachgewiesen hat, vermögen der Wortlaut des § 127a BGB und die Schutzfunktion der notariellen Form aber nur auf den ersten Blick gegen eine solche Ersetzungswirkung sprechen.[20] Berücksichtigt man dagegen Sinn und Zweck von § 278 Abs. 6 ZPO[21] und bedenkt, dass der Übereilungsschutz der notariellen Form ebenso durch den Beschlussvergleich gewährleistet werden kann, überzeugt die Gegenansicht. Auch gesetzessystematische Erwägungen im Hinblick auf § 278 Abs. 6 S. 2 und § 794 Abs. 1 Nr. 1 ZPO sowie § 491 Abs. 4 BGB belegen den Willen des Gesetzgebers zur wertungsmäßigen Gleichstellung von protokolliertem Prozessvergleich und Beschlussvergleich. Das ist in der Praxis, insbesondere bei der Übertragung von GmbH-Geschäftsanteilen und dem Abschluss von Grundstückskaufverträgen, von erheblicher, vor allem auch ökonomischer Bedeutung.[22]

IV. Auflassung

Hinsichtlich der Auflassung bahnt sich ein »Stimmungswechsel« an. Überwiegend wird noch die Ansicht vertreten, eine Auflassung könne nicht im Wege des Beschlussvergleichs erklärt werden, da § 925 Abs. 1 BGB in Satz 1 die gleichzeitige Anwesenheit der Parteien verlange und der Richter seiner Belehrungs- und Warnungspflicht ohne mündliche Verhandlung nicht genügen könne.[23] Dem wird mehr und mehr mit dem Hinweis darauf entgegengetreten, dass sich in Satz 3 derselben Norm eine ausdrück-

---

18 Musielak/Voit/*Foerste*, ZPO, 14. Aufl. 2017, § 278 Rn. 18a.
19 *Cordes* MDR 2016, 64, 65 ff.
20 Vgl. zum Folgenden nur Hk-ZPO/*Saenger*, 7. Aufl. 2017, § 278 Rn. 23.
21 Siehe nur BT-Drs. 15/3482 S. 16 f., insb. die Ausführungen zu Verfahrenserleichterung und Prüfungskompetenz der Gerichte.
22 Vgl. *Cordes* MDR 2016, 64, 65 und 68.
23 OLG Jena NotBZ 2015, 49, 50 f. (obgleich das Gericht einräumt, dass sich weder Wortlaut, Entstehungsgeschichte noch Sinn und Zweck der Sonderregelung des § 925 Abs. 1 S. 3 BGB mit hinreichender Sicherheit der Wille des Gesetzgebers entnehmen lasse, vom Erfordernis gleichzeitiger Anwesenheit der Beteiligten Abstand zu nehmen); OLG Düsseldorf NJW-RR 2006, 1609, 1610; MüKo-ZPO/*Prütting*, 5. Aufl. 2016, § 278 Rn. 44; Prütting/Gehrlein/*Geisler*, ZPO, 9. Aufl. 2017, § 278 Rn. 26; Wieczorek/Schütze/*Assmann*, ZPO, 4. Aufl. 2013, § 278 Rn. 92; Stein/Jonas/*Leipold*, ZPO, 22. Aufl. 2008, § 278 Rn. 89; Musielak/Voit/*Foerste*, ZPO, 14. Aufl. 2017, § 278 Rn. 18a; Zöller/*Greger*, ZPO, 31. Aufl. 2016, § 278 Rn. 35; Thomas/Putzo/*Reichold*, ZPO, 38. Aufl. 2017, § 278 Rn. 17; Staudinger/*Pfeifer/Diehn*, BGB, Neubearb. 2017, § 925 Rn. 83d; MüKo-BGB/*Kanzleiter*, 7. Aufl. 2017, § 925 Rn. 15; Erman/*Artz*, BGB, 14. Aufl. 2014, § 925 Rn. 21; BeckOK

liche Regelung für den gerichtlichen Vergleich findet. Danach kann »[E]ine Auflassung ... auch in einem gerichtlichen Vergleich oder in einem rechtskräftig bestätigten Insolvenzplan erklärt werden.« § 925 Abs. 1 S. 1 BGB schreibt das Erfordernis der gleichzeitigen Anwesenheit somit nur für Erklärungen vor dem Notar vor. Für einen gerichtlichen Vergleich gilt nach § 925 Abs. 1 S. 3 BGB die Pflicht gleichzeitiger Anwesenheit aber gerade nicht. Weil das Gesetz nicht zwischen unterschiedlichen Arten gerichtlicher Vergleiche unterscheidet, unterfällt auch der Beschlussvergleich nach § 278 Abs. 6 ZPO der Spezialregelung des § 925 Abs. 1 S. 3 BGB und kann somit die wirksame Erklärung der Auflassung beinhalten.[24]

Die noch überwiegende Meinung[25] zieht indes eine scharfe Trennlinie zwischen dem Beschlussvergleich nach § 278 Abs. 6 ZPO und den sonstigen gerichtlichen Vergleichen.[26] Danach soll der Beschlussvergleich gerade nicht der Ausnahmeregelung unterfallen, obgleich sich hierfür keine Anhaltspunkte im Gesetz finden. Wollte der Gesetzgeber den Beschlussvergleich tatsächlich nicht als gerichtlichen Vergleich im Sinne von § 925 Abs. 1 S. 3 BGB ansehen und die Ausnahmeregelung nicht hierauf erstrecken (1.)? Zugleich steht auch das Verhältnis von § 925 Abs. 1 S. 1 und S. 3 BGB auf dem Prüfstand. Begründet Satz 3 tatsächlich eine Ausnahme von der Regel des Satz 1, wonach die Aufnahme der auf die Übertragung eines Grundstücks gerichteten Willenserklärungen unter Verzicht auf die gleichzeitige Anwesenheit beider Teile sozusagen als formwirksame Auflassung fingiert wird, oder soll die Vorschrift lediglich eine Erweiterung des Kreises der für die Aufnahme solcher Erklärung »zuständigen Stellen« beinhalten (2.)?

1. »Gleichwertigkeit« gerichtlicher Vergleiche

Die heute in § 925 Abs. 1 S. 3 BGB vorgesehene Alternative einer Erklärung der Auflassung in einem gerichtlichen Vergleich wurde mit dem Gesetz zur Wiederherstellung der Gesetzeseinheit auf dem Gebiete des bürgerlichen Rechts vom 05.03.1953[27] eingefügt. Tatsächlich konnten aber schon früher Auflassungen in gerichtliche Vergleiche aufgenommen werden. Der Gesetzesentwurf[28] begründet die Einfügung deshalb auch nur knapp mit dem Erfordernis, »darauf hinzuweisen, daß Auflassungen

---

GBO/*Hügel*, 29. Edition 05/2017, § 20 Rn. 48; *Demharter*, GBO, 30. Aufl. 2016, § 20 Rn. 16; *Böttcher* NJW 2016, 844, 845; *Cordes* MDR 2016, 64, 68.

24 BeckOK ZPO/*Bacher*, 26. Edition 09/2017, § 278 Rn. 41; Jauernig/*Berger*, BGB, 16. Aufl. 2015, § 925 Rn. 13; *Adam*, NJW 2016, 3484, 3485; *Bergschneider* FamRZ 2013, 260, 263; *Demharter*, FGPrax 2008, 1, 2 f.; *Dümig*, ZfIR 2007, 191 f.
25 Vgl. Fn. 23.
26 Zu den Vergleichen vor staatlichen Gerichten zählen hingegen nicht der Anwaltsvergleich nach § 796a ZPO und der Schiedsspruch mit vereinbartem Wortlaut nach § 1053 ZPO, vgl MüKo-BGB/*Kanzleiter*, 7. Aufl. 2017, § 925 Rn. 15; *Demharter*, GBO, 30. Aufl. 2016, § 20 Rn. 16.
27 Als Art. 3 Nr. 1, BGBl. I S. 33.
28 Regierungsentwurf, BT-Drs. 1/3824, S. 17.

wie bisher auch in gerichtlichen Vergleichen erklärt werden können«. Zwar mag man sich 1953 keine Vorstellungen davon gemacht haben, dass ein gerichtlicher Vergleich einmal ohne gleichzeitige Anwesenheit der Parteien oder zumindest ihrer Prozessvertreter möglich sein würde. Das ändert aber nichts daran, dass man (nur) auf das Institut des »gerichtlichen Vergleichs« abgestellt hat, dem bis heute besondere Qualität zugemessen wird. Deshalb weisen *Berger*[29] und *Bergschneider*[30] völlig zu Recht darauf hin, dass § 925 Abs. 1 S. 3 BGB keinerlei Beschränkung auf eine bestimmte Form des Zustandekommens des Vergleichs enthält.[31]

Auch den Gesetzesmaterialien ist kein Anhaltspunkt dafür zu entnehmen, dass man insoweit den Beschlussvergleich anders als einen herkömmlichen Vergleich behandeln wollte. Die Regelung des § 278 Abs. 6 ZPO wurde mit dem Gesetz zur Reform des Zivilprozesses[32] eingeführt und geht auf § 272a Abs. 2 des ursprünglichen Entwurfs der Bundesregierung[33] zurück. Damit wurde ein zuvor in Art. 1 Nr. 16 des Entwurfs eines Gesetzes zur Vereinfachung des zivilgerichtlichen Verfahrens und des Verfahrens der freiwilligen Gerichtsbarkeit[34] enthaltener Vorschlag zur Vereinfachung der Modalitäten eines gerichtlichen Vergleichsabschlusses aufgegriffen. Die Möglichkeit eines gerichtlichen Vergleichs außerhalb einer mündlichen Verhandlung im schriftlichen Verfahren sollte einigungswilligen Rechtsuchenden und ihren Anwälten den mit der Wahrnehmung eines eigenen Protokollierungstermins verbundenen Zeit- und Kostenaufwand ersparen und zugleich die Gerichte entlasten.[35] Weil das Gericht Zustandekommen und Inhalt des im schriftlichen Verfahren geschlossenen Vergleichs durch Beschluss feststellt, sollte dieser dem herkömmlichen Prozessvergleich entsprechend eine Doppelnatur haben, nämlich sowohl Rechtsgeschäft des bürgerlichen Rechts wie Prozesshandlung sein.[36] Der für den Eintritt der privatrechtlichen Wirkungen einer wirksamen Prozesshandlung im herkömmlichen Vergleich maßgeblichen Feststellung im Protokoll entspricht beim schriftlichen Vergleich die Feststellung in einem Beschluss. Gleich ist auch die prozessbeendende prozessuale Wirkung.[37] Es finden sich also weder in den Gesetzesmaterialien Anhaltspunkte dafür, dass der Gesetzgeber den Beschlussvergleich abweichend behandeln wollte noch wurde, was möglich gewesen wäre, in § 925 Abs. 1 BGB eine entsprechend einschränkende Ausnahmeregelung getroffen.

---

29 Jauernig/*Berger*, BGB, 16. Aufl. 2015, § 925 Rn. 13.
30 *Bergschneider* FamRZ 2013, 260, 263.
31 Dem zustimmend BeckOK ZPO/*Bacher*, 26. Edition 09/2017, § 278 Rn. 41, der die bislang überwiegende Meinung für »nicht restlos überzeugend« hält; *Adam*, NJW 2016, 3484, 3485.
32 Gesetz v. 27.07.2001, BGBl. I S. 1887.
33 BT-Drs. 14/4722.
34 BT-Drs. 14/163.
35 Musielak/Voit/*Foerste*, ZPO, 14. Aufl. 2017, § 278 Rn. 17.
36 BGH NJW 2015, 2965 f.; Musielak/Voit/*Foerste*, ZPO, 14. Aufl. 2017, § 278 Rn. 16.
37 Dazu im Detail BT-Drs. 14/4722, S. 82.

2. Bloße Zuständigkeitserweiterung oder echte Formerleichterung?

Der Ansicht, § 925 Abs. 1 S. 3 BGB enthalte keinerlei Beschränkung auf eine bestimmte Form des Zustandekommens des Vergleichs, tritt allerdings *Greger*[38] mit dem Argument entgegen, sie verkenne das Verhältnis des ersten und dritten Satzes der Vorschrift. Dies gibt Anlass zu der Frage nach dem Zweck der Regelung und des Verhältnisses ihres ersten und dritten Satzes. Aufschluss hierüber kann eine Gegenüberstellung des Beschlussvergleichs mit der weiteren gesetzlich geregelten Alternative der Erklärung der Auflassung geben. Denn seit Inkrafttreten der Insolvenzordnung lässt § 925 Abs. 1 S. 3 BGB es auch als formwirksam zu, wenn eine Auflassung in einen rechtskräftig bestätigten Insolvenzplan aufgenommen ist.[39] Zur Begründung dieser Ergänzung wird nur knapp erklärt, dass »durch eine Änderung des § 925 Abs. 1 Satz 3 BGB im Rahmen des Einführungsgesetzes zur Insolvenzordnung festzulegen sein [werde], daß die Auflassung ebenso wie in einem gerichtlichen Vergleich auch in einem Insolvenzplan erklärt werden kann«.[40] Denn nur so lässt sich die Wirkung des Plans nach § 254 Abs. 1 erreichen, dass mit der Rechtskraft seiner Bestätigung (§ 248 InsO) die im gestaltenden Teil festgelegten Wirkungen für und gegen alle Beteiligten eintreten. Hierzu zählt nach § 228 InsO gerade auch die Änderung sachenrechtlicher Verhältnisse. Demzufolge ordnet die Vorschrift an, dass, wenn »Rechte an Gegenständen ... übertragen werden sollen, die erforderlichen Willenserklärungen der Beteiligten in den gestaltenden Teil des Insolvenzplans aufgenommen werden« können (Satz 1). Darüber hinaus wird in Satz 2 angeordnet, dass bei Betroffenheit von im Grundbuch eingetragenen Rechten an einem Grundstück diese unter Beachtung von § 28 GBO genau zu bezeichnen sind.

Indes vertritt niemand die Ansicht, dass die entsprechenden Erklärungen bei gleichzeitiger Anwesenheit der Beteiligten abgegeben werden müssen.[41] Tatsächlich ist dies auch in § 254a Abs. 1 InsO nicht vorgesehen.[42] Bereit dessen Vorläufer, nämlich der bis zur Änderung der InsO aufgrund des Gesetzes zur weiteren Erleichterung der Sanierung von Unternehmen[43] geltende § 254 InsO a.F., enthielt einen der heutigen Regelung entsprechenden Satz 2, wonach »die in den Plan aufgenommenen Willenserklärungen der Beteiligten als in der vorgeschriebenen Form abgegeben« gelten, »soweit Rechte an Gegenständen ... übertragen werden« sollten. Unbestritten hat die

---

38 Zöller/*Greger*, ZPO, 31. Aufl. 2016, § 278 Rn. 35.
39 Eingefügt mit Art. 33 Nr. 26 EGInsO v. 05.10.1994, BGBl. I S. 2911.
40 Regierungsentwurf, BT-Drs. 12/2443, S. 213.
41 Vgl. nur OLG Düsseldorf, NJW-RR 2006, 1609, 1610; Andres/Leithaus, InsO, 3. Aufl. 2014, Rn. 8; BeckOK InsO, Geiwitz/Dankelmann, 7. Edition Stand: 31.07.2017, § 228 Rn. 2 ff.; Nerlich/Römermann/Braun, InsO, 32. EL April 2017, § 228 Rn. 6: »klarstellen, dass die Änderung der sachlichen Verhältnisse [...] durch den Plan vorgenommen werden kann«; Uhlenbruck/Lüer/Streit, InsO, 14. Aufl. 2015, § 228 Rn. 1; Braun/Frank, InsO, 7. Aufl. 2017, § 228 Rn. 3.
42 Darauf weist auch Jauernig/*Berger*, BGB, 16. Aufl. 2015, § 925 Rn. 13, freilich noch unter Bezugnahme auf die frühere Fassung des § 254 Abs. 1 S. 2 InsO a.F.
43 Gesetz v. 07.12.2011, BGBl. I S. 2582, 2800.

Vorschrift seit jeher die Funktion, dass die Aufführung im rechtskräftig bestätigten Plan die Formvorschriften verdränge, die sonst für die Willenserklärungen »an sich« anwendbar sind.[44] Auch bei der Neufassung des § 254a InsO ging man davon aus, dass die in den Plan aufgenommenen Willenserklärungen der Beteiligten mit dessen Bestätigung als in der vorgeschriebenen Form abgegeben gelten und eine zusätzliche notarielle Beurkundung oder Beglaubigung der Willenserklärungen deshalb nicht erforderlich ist.[45] Nicht zuletzt kann die Stimmabgabe über den Plan nach § 242 Abs. 1 InsO auch schriftlich erfolgen und die Zustimmung des Schuldners sogar fingiert werden.[46] Damit bleibt aber auch kein Raum für ein Erfordernis gleichzeitiger Anwesenheit. Dass solche in den Insolvenzplan aufgenommenen Erklärungen gleichwohl die wirksame Auflassung beinhalten, wird gerade von der Ausnahmeregelung des § 925 Abs. 1 S. 3 BGB legitimiert. Anhaltspunkte dafür, warum man eine in einem Vergleich enthaltene Erklärung anders behandeln soll, als die in derselben Ausnahmeregelung vorgesehene Möglichkeit der Aufnahme der Erklärung in einen Insolvenzplan, sind aber nicht ersichtlich.

Ursprünglich sah das BGB bei seiner Einführung die Einigung bei gleichzeitiger Anwesenheit beider Teile noch als die einzig mögliche Form der Auflassung vor. Die gleichzeitige Anwesenheit der Beteiligten sollte Schutzfunktion entfalten und den Beteiligten eines Grundstücksgeschäfts dessen Bedeutung vor Augen führen.[47] Dem Argument, diese Schutzfunktion sei bei einem schriftlichen Vergleich nicht mehr hinreichend gewährleistet,[48] lässt sich unter Hinweis darauf entgegentreten, dass die Warnfunktion bei einer gegenüber einem Gericht abzugebenden Erklärung durchaus erfüllt werden kann.

Weitere Bedenken werden darauf gestützt, dass ein schriftlicher Vergleich auch vor dem Amtsgericht möglich ist, bei dem auf beiden Seiten keine Anwälte beteiligt sein müssten, weshalb auch keine rechtliche Beratung und Betreuung gewährleistet sei.[49] Dieses Argument verkennt aber, dass bis zum Erlass des Beurkundungsgesetzes von 1969[50] auch Grundbuchämter und Amtsgerichte für die Entgegennahme von Auflassungen zuständig waren.[51] Nicht zuletzt zur übersichtlichen Gestaltung und Erleichterung des Beurkundungsverfahrens[52] und zur Entlastung der Gerichte sollte die Beurkundungstätigkeit dann bei den Notaren konzentriert werden.[53] Daraus er-

---

44 Statt vieler Kreft/Flessner, InsO, 5. Aufl. 2008, § 254 Rn. 7.
45 Begründung des Regierungsentwurfs, BT-Drs. 17/5712, S. 36. Vgl. auch MüKo-InsO/*Madaus*, 3. Aufl. 2014, § 254a Rn. 8.
46 Nach §§ 247 Abs. 1 und § 254b i.V.m. § 254 und § 254a InsO, vgl. *Adam*, NJW 2016, 3484, 3486.
47 Vgl. nur OLG Düsseldorf, NJW-RR 2006, 1609, 1610.
48 OLG Düsseldorf, NJW-RR 2006, 1609, 1610.
49 OLG Düsseldorf, NJW-RR 2006, 1609, 1610.
50 Beurkundungsgesetz vom 28.08.1969, BGBl. I S. 1513.
51 MüKo-BGB/*Kanzleiter*, 7. Aufl. 2017, § 925 Rn. 14.
52 Begründung des Regierungsentwurfs, BT-Drs. V/3282, S. 22 f.
53 Begründung des Regierungsentwurfs, BT-Drs. V/3282, S. 24: »Ziel der Justizreform, die Richter weitgehend von allen Aufgaben zu befreien, die keine Rechtsprechung sind …«.

schließt sich aber, dass »Beratung und Betreuung« nicht Hauptzweck der Form der Auflassung sind, sondern § 925 BGB vor allem die Schaffung nach deutschem Recht einwandfreier und unzweideutiger Unterlagen als Grundlage für den Vollzug der Eigentumsumschreibung im Grundbuch gewährleisten soll.[54]

Aber auch ungeachtet dessen verkennt das Argument des Beratungsdefizits tatsächliche wie rechtliche Gegebenheiten. Es erscheint schon lebensfremd, dass nicht anwaltlich vertretene Parteien auf den Gedanken kommen, vor einem Amtsgericht einen Beschlussvergleich zu schließen. Aber selbst in einer solchen Situation, so abwegig sie erscheinen mag, wäre davon auszugehen, dass sich der Wille bereits so verfestigt hat, dass eine Partei auch in einem Termin nur wenig Verhandlungsbereitschaft zeigt.[55] In rechtlicher Hinsicht lässt dieses Argument aber zudem unberücksichtigt, dass auch im schriftlichen Verfahren die richterliche Kontrolle bei der Beschlussfassung über die Bestätigung des Vergleichs erfolgt.[56] Zu Recht weist *Adam*[57] darauf hin, dass es dem Richter auch in diesem Stadium möglich ist, eine mündliche Verhandlung anzusetzen oder die Parteien an einen Notar zu verweisen, wie der Gesetzgeber dies auch bei Schaffung der Sonderregel für den Insolvenzplan »in schwierig gelagerten Fällen« in Betracht gezogen hat.[58] Dies dürfte vor allem mit Blick auf die Abwicklung gegenseitiger Austauschverhältnisse in Betracht kommen.[59]

Dass der Gesetzgeber mit § 925 Abs. 1 S. 3 BGB bewusst eine vom Erfordernis gleichzeitiger Anwesenheit befreiende Sonderregelung treffen wollte, belegt weiterhin das Fehlens einer entsprechenden Ausnahmevorschrift für den Abschluss eines Ehevertrags nach § 1410 BGB. Dieser erfordert deshalb zwingend die gleichzeitige Anwesenheit beider Teile und ist dem Beschlussvergleich nicht zugänglich.[60]

Das Anwesenheitsgebot haftet der Auflassung schließlich auch nicht unlösbar an.[61] So ist die Anwesenheit beider Teile aufgrund der Sachlage ausgeschlossen und trotz § 925 BGB nicht erforderlich, wenn die Erklärung eines Vertragsteils durch eine rechtskräftige gerichtliche Entscheidung nach § 894 ZPO ersetzt wurde.[62] Ebenso kann die gleichzeitige Anwesenheit der Beteiligten von vornherein ausscheiden, wenn – anders als beim Erwerb durch den Zuschlag außerhalb des Grundbuchs nach § 90 Abs. 1 ZVG – das Grundstück durch einen Notar versteigert wird und die Auflassung noch in dem Versteigerungstermin erklärt wird. § 143 Abs. 2 EGBGB eröffnet insoweit gerade die Möglichkeit landesspezifische Befreiungen vom Erfordernis

---

54 Auf letzteres weist MüKo-BGB/Kanzleiter, 7. Aufl. 2017, § 925 Rn. 14 hin.
55 *Adam*, NJW 2016, 3484, 3485.
56 *Adam*, NJW 2016, 3484, 3485.
57 NJW 2016, 3484, 3485.
58 Beschlussempfehlung des Rechtsausschusses zum Regierungsentwurf eines Einführungsgesetzes zur Insolvenzordnung, BT-Drs. 12/7303, S. 111. Zur Prüfungs- und gegebenenfalls zur Ablehnungspflicht des Gerichts vgl. *Siemon* NJW 2011, 426 bzw. *Müller-Teckhof* MDR 2014, 249, 250 f. S. dazu auch Fn. 21.
59 *Adam*, NJW 2016, 3484, 3489.
60 *Bergschneider* FamRZ 2013, 260, 263.
61 *Adam*, NJW 2016, 3484, 3485.
62 S. nur MüKo-BGB/*Kanzleiter*, 7. Aufl. 2017, § 925 Rn. 19.

gleichzeitiger Anwesenheit.[63] Auch dies belegt, ebenso wie schon die in § 925 Abs. 1 S. 3 BGB mitgeregelt Ausnahme der in den Insolvenzplan aufgenommenen Auflassung, dass die gleichzeitige Anwesenheit der Beteiligten eine conditio sine qua non des Instituts der Auflassung wäre.

V. Resümee

Mit der Schaffung des Beschlussvergleichs nach § 278 Abs. 6 ZPO, der die Möglichkeit eines gerichtlichen Vergleichs außerhalb einer mündlichen Verhandlung im schriftlichen Verfahren eröffnet, wurde das gesetzgeberische Ziel erreicht, einigungswilligen Rechtsuchenden und ihren Anwälten Zeit- und Kostenaufwand zu ersparen und die Gerichte zu entlasten. Dem würde es entgegenlaufen, wenn man den Beschlussvergleich hinsichtlich seiner formellen Anforderungen anders als herkömmliche gerichtliche Vergleiche behandeln wollte. Deshalb wird durch den Feststellungsbeschluss nicht nur das Schriftformerfordernis gewahrt, sondern ersetzt dieser ebenso die Form der notariellen Beurkundung des § 128 BGB und genügt auch dem Formerfordernis der Auflassung des § 925 BGB. Dies mag angesichts der auch historischen Bedeutung der Auflassung im deutschen Recht sowie der Haftungsrisiken,[64] die auch bei der Protokollierung herkömmlicher Vergleiche drohen können,[65] unbefriedigend sein. Selbst die überschaubare »Gefahr«, dass der Vergleich als kostengünstigere Alternative zu einer sonst notwendigen notariellen Beurkundung[66] missbraucht werden könnte, muss aber hingenommen werden, solange der Gesetzgeber keine einschränkende Neuregelung vornimmt. Hierzu sollte es nicht kommen. Dies würde dem wichtigsten – und über bloße Effizienzerwägungen hinausgehenden – Zweck des Beschlussvergleichs, nämlich eine endgültigen Klärung und Bereinigung streitiger Sachverhalte zu ermöglichen, einen Bärendienst erweisen!

---

63 Begründung des Regierungsentwurfs, BT-Drs. V/3282, S. 43.
64 Darauf weist *Adam*, NJW 2016, 3484, 3485 hin.
65 Dies gilt unabhängig davon, ob der gerichtliche Vergleich als Spruchrichtertätigkeit unter das zum Schutz der richterlichen Unabhängigkeit geltende Richterprivileg fällt oder das Risiko den Dienstherrn trifft, vgl. BGH NJW 2011, 3451, 3453. S. dazu auch Müller-Teckhof MDR 2014, 249, 253 f.; Rakete-Dombek NJW 2012, 1689, 1692 f.
66 Vgl. BGH NJW 2011, 3451, 3452.

Zur Bindungswirkung des Vorbehaltsurteils im Urkundenprozess

Eberhard Schilken

Bei der Suche und Entscheidung für das Thema eines Festschriftaufsatzes liegt es wie auch von den Herausgebern dieser Festschrift angeregt nahe, an Veröffentlichungen des Jubilars und seine Überlegungen anzuknüpfen, diese vielleicht noch etwas weiter zu entwickeln, ohne dabei aber in einen zu deutlichen Gegensatz zum Autor zu geraten. Angesichts des beeindruckenden Publikationsspektrums von *Hanns Prütting* hätten sich dafür zahlreiche Rechtsfragen des materiellen Rechts und des Prozessrechts angeboten. Mit der Bindungswirkung des Urkundenvorbehaltsurteils habe ich dennoch ein Thema gewählt, das mich seit langem bewegt, zu dem freilich nur eine lose Verbindung mit Publikationen des Jubilars besteht, der sich aber immerhin mit der Frage der Bindungswirkung des Grundurteils im Betragsverfahren näher befasst hat.[1]

I. Ausgangspunkt

Nach § 592 ZPO kann insbesondere ein Zahlungsanspruch im Urkundenprozess geltend gemacht werden, wenn sämtliche zur Begründung des Anspruchs erforderlichen Tatsachen durch Urkunden bewiesen werden können. Einwendungen des Beklagten sind gemäß § 598 ZPO als im Urkundenprozess unstatthaft zurückzuweisen, wenn der ihm obliegende Beweis nicht mit den im Urkundenprozess nur beschränkt zulässigen Beweismitteln – nach § 595 Abs. 2 ZPO Urkunden und Antrag auf Parteivernehmung – angetreten oder geführt werden kann. Hat der Beklagte dem geltend gemachten Anspruch widersprochen – einen solchen Widerspruch muss er nicht weiter begründen – und sind die Voraussetzungen des § 592 ZPO erfüllt, so erlässt das Gericht gegen ihn ein Vorbehaltsurteil, in dem ihm jedoch die Ausführung seiner Rechte im Nachverfahren vorbehalten wird (§ 599 Abs. 1 ZPO). Er kann dann auch etwaige nach § 598 ZPO als unstatthaft zurückgewiesene Einwendungen ohne Einschränkung der Beweismittel geltend machen. Bei einem solchen Verfahrensverlauf stellt sich die Frage nach einer Bindungswirkung jedenfalls im Hinblick auf solche Einwendungen nicht.

In der Praxis stellt sich der Ablauf des Urkundenprozesses aber häufig anders dar, namentlich deshalb, weil dem Beklagten in der Regel daran gelegen ist, schon

---
1 *Prütting*, Festschrift für Rechberger, 2006, S. 427.

den Erlass des Vorbehaltsurteils zu verhindern, da es ihn zunächst der Gefahr der Zwangsvollstreckung aussetzt (s. §§ 599 Abs. 3, 708 Nr. 4, 711 ZPO). Insbesondere mag er schon die Schlüssigkeit des Klageanspruchs in Frage stellen oder auch solche Einwendungen erheben, die zwar mit statthaften Beweismitteln belegt werden, aber vom Gericht für unbegründet gehalten werden, vielleicht auch schon das Vorliegen der allgemeinen oder der speziellen urkundenprozessualen Sachentscheidungsvoraussetzungen bezweifeln. Wenn das Gericht solche Verteidigungsaktivitäten – sei es aus rechtlichen Gründen oder nach einer Beweisaufnahme im Urkundenprozess – für unbegründet hält und gegen den Beklagten ein Vorbehaltsurteil erlässt, so stellt sich die Frage, ob es an entsprechende Feststellungen auch im Nachverfahren gebunden ist oder dort davon abweichen kann.

Die Frage nach der Bindungswirkung in solchen Fällen ist heftig umstritten. Die unterschiedlichen Ansichten können hier nur grob skizziert werden; die aktuellen großen Kommentare zur ZPO geben insoweit aber einen sehr informativen Überblick, auf den für die Einzelheiten verwiesen wird.[2]

II. Die Ansicht der Rechtsprechung

Die ständige Rechtsprechung schon des Reichsgerichts[3] und insbesondere des Bundesgerichtshofs[4] geht im Anschluss an eine Passage in den Motiven zur ZPO[5] und meist unter Berufung auf § 318 ZPO davon aus, dass die Feststellungen im Urkundenvorbehaltsurteil für das Nachverfahren insoweit bindend sind, »als das Urteil nicht auf der eigentümlichen Beschränkung des (*Beweis-*)Verfahrens im Urkundenstreit beruht«. Diese Auffassung manifestiert sich dann in der Kernaussage, dass »diejenigen Teile des Streitverhältnisses, die im Vorbehaltsurteil beschieden werden mussten, damit es überhaupt ergehen konnte, im Nachverfahren als endgültig beschieden dem Streit entzogen sind«.[6] Aufgrund dieser Formel soll das Vorbehaltsurteil – wie *Berger* in seiner Kommentierung sehr übersichtlich herausgestellt und belegt hat[7] –

---

2 MünchKommZPO/*Braun*, 5. Aufl. 2016, § 600 Rn. 13 ff.; Stein/Jonas/*Berger*, ZPO, 22. Aufl. 2013, § 600 Rn. 23 ff.; Wieczorek/Schütze/*Olzen*, ZPO, 4. Aufl. 2013, § 600 Rn. 28 ff., jeweils mit umfangreichen Nachweisen.
3 RG JW 1902, 217 (betr. Schlüssigkeit des Klagevorbringens); RGZ 159, 173, 175 ff. (betr. Zulässigkeit sowie tatsächliche und rechtliche Anspruchsvoraussetzungen).
4 Erstmals wohl BGH NJW 1960, 576 (betr. unschlüssige Einwendungen); umfangreiche weitere Nachweise z.B. bei Wieczorek/Schütze/*Olzen* (Fn. 2), § 600 Fn. 87 und im Folgenden.
5 Motive S. 355 = Hahn, Die gesammten Materialien zur Civilprozeßordnung, Erste Abtheilung, 1880, S. 395.
6 S. etwa BGH NJW 1960, 576 f.; NJW 1968, 2244 (LS); WM 1969, 1279; NJW 1988, 1468; NJW 1993, 668; NJW 2004, 1159 m.w.N.; BGH NJW-RR 1989, 902.
7 Stein/Jonas/*Berger* (Fn. 2), § 600 Rn. 24 s. auch MünchKommZPO/*Braun* (Fn. 2), § 600 Rn. 15 f.; Wieczorek/Schütze/*Olzen* (Fn. 2), § 600 Rn. 30 ff., jeweils mit umfangreichen Nachweisen.

eine Bindung bewirken für die Beurteilung der Sachentscheidungsvoraussetzungen einschließlich der Zulässigkeit der Klage im Urkundenprozess, für die Schlüssigkeit des anspruchsbegründenden Klagevorbringens, aber auch von Einwendungen des Beklagten und schließlich für die Würdigung der Beweiskraft der im Urkundenprozess vorgelegten Urkunden und des dort etwa erhobenen weiteren Beweises durch Parteivernehmung.

Allerdings wird diese scheinbar klare Linie von der Rechtsprechung im Hinblick auf die zulässigen Verteidigungsmöglichkeiten des Beklagten keineswegs durchweg konsequent durchgehalten.[8] Schon das Reichsgericht hat in einer frühen Entscheidung (1900) dem Beklagten, der seinen Widerspruch gegen den im Urkundenprozess erhobenen Anspruch dort nicht begründen muss, zugestanden, dass er eine schon dort erhobene Einwendung noch im Nachverfahren schlüssig begründen könne.[9] Andererseits soll eine Bindung nach der Rechtsprechung doch bestehen und eine vom Beklagten im Urkundenprozess vorgetragene Einwendung auch dann abgeschnitten sein, wenn sie dort zu Unrecht als unschlüssig zurückgewiesen worden ist.[10] Die Formungültigkeit eines Wechsels soll im Nachverfahren nicht mehr prüfbar sein,[11] ebenso wenig der nach § 781 S. 1 BGB erforderliche Zugang des Originals eines Schuldanerkenntnisses.[12] Andererseits hat es der Bundesgerichtshof dem Beklagten gestattet, die Echtheit einer im Urkundenprozess vorgelegten Privaturkunde – nämlich seiner Unterschrift – im Nachverfahren noch bestreiten zu können, wenn er sich dazu im Urkundenprozess nicht geäußert hat, wie überhaupt unbestritten sei, dass der Beklagte im Nachverfahren Tatsachen bestreiten könne, über die er sich im Vorverfahren nicht erklärt habe; anders sei es allerdings, wenn die Einwendung schon dort erhoben und beschieden worden sei.[13] Nicht ausgeschlossen sein soll wiederum das Bestreiten der Echtheit im Nachverfahren, wenn ein schon im Vorverfahren erfolgtes Bestreiten als unzureichend und die Echtheit deshalb als zugestanden angesehen worden sei.[14] All das erscheint wenig folgerichtig und hat jedenfalls mit der These von der »eigentümlichen Beschränkung der Beweismittel im Urkundenprozess« ersichtlich nichts zu tun, wohl allerdings mit der Frage, worüber im Vorbehaltsurteil wirklich entschieden worden ist.

---

8   S. auch dazu ausführlich MünchKommZPO/*Braun* (Fn. 2), § 600 Rn. 17; Stein/Jonas/*Berger* (Fn. 2), § 600 Rn. 25; Wieczorek/Schütze/*Olzen* (Fn. 2), § 600 Rn. 29, jeweils mit Nachweisen zur Rechtsprechung; zu Recht kritisch dazu schon *Stürner*, ZZP 85 (1972), 424, 427.
9   RG SeuffA 55 (1900), 471, 473.
10 BGH NJW 1960, 576.
11 BGH WM 1969, 1279.
12 BGH NJW 2004, 1159 = JR 2004, 499 m. Anm. *Probst* = jurisPR-BGHZivilR 13/2004 Anm. 3 (*Schott*) = IBR 2004, 1078 (*Hildebrandt*).
13 BGH NJW 1982, 183 m. Anm. *Schreiber*, JR 1982, 335.
14 BGH (Fn. 12).

III. Das Schrifttum

Im Schrifttum wird die Frage der Bindungswirkung des Vorbehaltsurteils im Urkundenprozess intensiv diskutiert und sehr unterschiedlich beurteilt; nicht überraschend ist die Problematik auch Thema einiger Dissertationen.

1. Überwiegende Meinung

Die ganz überwiegende Meinung in der Literatur[15] folgt – teilweise mit Einschränkungen und Differenzierungen, die hier allenfalls gestreift werden können – der »Formel« der Rechtsprechung, dass im Nachverfahren eine Bindung an diejenigen Feststellungen zum Streitverhältnis bestehe, die im Vorbehaltsurteil entschieden werden müssten, damit es überhaupt ergehe könne. Das soll nach im Einzelnen freilich unterschiedlicher Einschätzung für die Schlüssigkeit des Klagevorbringens, aber auch für vom Beklagten im Vorverfahren geltend gemachte Einwendungen und Beweise gelten. Allerdings sollen im Nachverfahren von ihm neue Tatsachen und Beweismittel vorgebracht werden können, und zwar auch dann, wenn das schon im Vorverfahren möglich gewesen wäre. Über die Schlüssigkeit des Klagevorbringens und vom Beklagten im Vorverfahren schon erhobener Einwendungen soll hingegen nach Ansicht der meisten Autoren endgültig bindend entschieden sein, ebenso über eine etwaige Beweiswürdigung, soweit dazu nicht neue Tatsachen oder Beweismittel vorgebracht werden. Entsprechendes soll für die Bejahung der allgemeinen Sachentscheidungsvoraussetzungen gelten,[16] ferner nach wohl allgemeiner Ansicht uneingeschränkt für die Statthaftigkeit der Klage im Urkundenprozess,[17] während andererseits unstreitig

---

15 Baumbach/Lauterbach/Albers/*Hartmann*, ZPO, 75. Aufl. 2017, § 600 Rn. 4 ff.; *Beckmann*, Die Bindungswirkung des Vorbehaltsurteils im Urkunden-, Wechsel- und Scheckprozess, 1989, S. 81 ff.; *Bilda*, NJW 1983, 142 ff. und JR 1988, 332 ff. (mit Differenzierungen); *Eickmann/Oellerich*, JA 2007, 43, 47; Grunsky/*Jacoby*, Zivilprozessrecht, 15. Aufl. 2016, Rn. 798; *Hall*, Vorbehaltsanerkenntnis und Anerkenntnisvorbehaltsurteil im Urkundenprozess, 1992, S. 119 ff., S. 124 ff.; Hk-ZPO/*Siebert*, ZPO, 7. Aufl. 2017, § 600 Rn. 3 f.; Jauernig/*Hess*, Zivilprozessrecht, 30. Aufl. 2011, § 89 Rn. 12; *W. Lüke*, Zivilprozessrecht, 10. Aufl. 2011, Rn. 461; *Michalski*, Zivilprozessrecht, 2. Aufl. 2003, S. 237; Musielak/*Voit*, ZPO, 13. Aufl. 2016, § 600 Rn. 8 ff.; *Pohlmann*, Zivilprozessrecht, 3. Aufl. 2014, Rn. 848 a.E.; *Prütting/Gehrlein*, ZPO, 7. Aufl. 2015, § 600 Rn. 6 ff.; Rosenberg/Schwab/*Gottwald*, Zivilprozessrecht, 17. Aufl. 2010, § 163 Rn. 34; *Schellhammer*, Zivilprozess, 15. Aufl. 2016, Rn. 1847, Rn. 1854; Thomas/Putzo/*Reichold*, ZPO, 37. Aufl. 2016, § 598 Rn. 2 ff., § 600 Rn. 4; Wieczorek/Schütze/Olzen (Fn. 2), § 600 Rn. 36 ff., allerdings mit Einschränkungen (s. noch Fn. 16 und Fn. 18).

16 Insoweit eine Bindung verneinend Wieczorek/Schütze/*Olzen* (Fn. 2), § 600 Rn. 41 im Anschluss an *Hall* (Fn. 15), S. 133 ff.

17 S. dazu MünchKommZPO/*Braun* (Fn. 2), § 600 Rn. 22 m.w.N.; grundlegend – allerdings mit anderem Ansatz zum Entscheidungsgegenstand des Vorbehaltsurteils (s. noch unten IV 3 a cc) *Stürner*, ZZP 85 (1972), 424, 435 f. und ZZP 87 (1974), 87, 92; ausführlich *Behringer*, Streitgegenstand und Bindungswirkung im Urkundenprozess, 2007, S. 53 ff. (zu § 318 ZPO), S. 57 ff. (zum Streitgegenstand), S. 106 ff. (zur Gesetzeshistorie), zusammenfassend

keine Bindung besteht, soweit im Nachverfahren Wiederaufnahmegründe geltend gemacht werden.[18]

2. Abweichende Ansicht

Nach anderer Ansicht im Schrifttum ist hingegen eine Bindung an das Vorbehaltsurteil im Nachverfahren mit Ausnahme der Entscheidung über die Statthaftigkeit der Urkundenklage vollständig zu verneinen, unabhängig davon, ob bestimmte Aspekte (Schlüssigkeit des Klagevorbringens oder von Einwendungen des Beklagten, Beweiswürdigung) bereits im Vorverfahren vom Gericht beschieden worden sind oder nicht.[19]

IV. Stellungnahme und eigene Ansicht

Für die Lösung der streitigen Frage müssen die zur die Begründung der herrschenden Meinung herangezogene Gesetzesbegründung und die Teleologie des Urkundenverfahrens unter Betrachtung des Streitgegenstandes und der Anwendbarkeit des § 318 ZPO untersucht werden.

1. Wortlautauslegung

Erster methodisch gebotener Schritt ist allerdings die *Analyse des Gesetzeswortlauts*.
  Eine ausdrückliche Regelung zur etwaigen Bindungswirkung des Vorbehaltsurteils enthält das Gesetz nicht. Nach § 599 Abs. 1 ZPO ist dem Beklagten, der dem geltend gemachten Anspruch widersprochen hat, in allen Fällen, in denen er im Urkundenprozess verurteilt wird, »die Ausführung seiner Rechte vorzubehalten«. Welche Rechte damit gemeint und umfasst sind – insbesondere: nur und welche Einwendungen des Beklagten, auch Angriffe gegen die Schlüssigkeit des Klagevorbringens oder auch solche gegen die Bejahung der allgemeinen Sachentscheidungsvorausset-

---

S. 154 ff. Auch die Kommentierung bei Stein/Jonas/*Berger* (Fn. 2), § 600 Rn. 26 f. lässt keine abweichende Ansicht erkennen, anders dazu aber wohl *Braun*, a.a.O.
18 So auch Wieczorek/Schütze/*Olzen* (Fn. 2), § 600 Rn. 42 m.w.N.
19 *Behringer* (Fn. 17), S. 154 ff.; *Braun*, Lehrbuch des Zivilprozessrechts, 2014, § 72 II 4 b (S. 1143 ff.); *Meller-Hannich*, Zivilprozessrecht, 2. Aufl. 2016, Rn. 625 Fn. 22; MünchKommZPO/*Braun* (Fn. 2), Rn. 13 ff., Rn. 20 ff.; *Peters*, Rechtsnatur und Beschleunigungsfunktion des Urkundenprozesses, 1996, S. 186; *Schilken*, Zivilprozessrecht, 7. Aufl. 2014, Rn. 802; *Schrader*, Dass prozessuale Verhältnis von Vor- und Nachverfahren im Urkunden- und Wechselprozess, 1970, S. 28 ff., S. 35 ff.; *Schreiber*, JR 1982, 335; *Stürner*, ZZP 85 (1972), 424 ff. und ZZP 87 (1974), 85, 87 ff.; Stein/Jonas/*Berger* (Fn. 2), § 600 Rn. 26 ff.; Zöller/*Greger*, ZPO, 31. Aufl. 2016, § 600 Rn. 20.

zungen – lässt die Vorschrift nicht erkennen, sondern der Umfang des Vorbehaltes bleibt unbestimmt.[20]

§ 599 Abs. 3 ZPO stellt das Vorbehaltsurteil für die Rechtsmittel und die Zwangsvollstreckung einem Endurteil gleich. Daraus ergibt sich aber lediglich die Rechtsmittelfähigkeit (Berufung und Revision) und Vollstreckbarkeit (§ 704 ZPO: Zwangsvollstreckung aus rechtskräftigen oder – hier nach § 708 Nr. 4 ZPO – für vorläufig vollstreckbar erklärten Endurteilen) des Vorbehaltsurteils, nicht aber eine inhaltliche Verbindlichkeit für das Nachverfahren.[21]

Auch aus dem Wortlaut des § 600 ZPO lässt sich für die Bindungsfrage nichts entnehmen.[22] Dass der Rechtsstreit im ordentlichen Verfahren anhängig bleibt (Abs. 1) und das Vorbehaltsurteil entsprechend dem dort verwiesenen § 302 Abs. 4 S. 2 ZPO aufzuheben und der Kläger mit dem erhobenen Anspruch abzuweisen ist, wenn dieser sich als unbegründet erweist (Abs. 2) besagt nichts darüber, aus welchen im Nachverfahren noch prüfbaren Gründen eine solche Aufhebung erfolgen kann.

Eher kann man die Vorschrift des § 598 ZPO für die Wortauslegung fruchtbar machen, nach der Einwendungen des Beklagten, zu denen der ihm obliegende Beweis nicht mit den im Urkundenprozess zulässigen Beweismitteln angetreten oder mit solchen Beweismitteln nicht völlig geführt ist, als im Urkundenprozess unstatthaft zurückzuweisen sind. Daraus lässt sich entnehmen, dass solche Einwendungen im Nachverfahren ohne Einschränkung der Beweismittel weiterverfolgt werden können.[23] Da der Beklagte nach § 599 Abs. 1 ZPO solche Einwendungen im Vorverfahren nicht einmal erheben muss, sondern sein bloßer Widerspruch gegen den geltend gemachten Anspruch ausreicht, um ihm die Geltendmachung seiner Rechte im Nachverfahren vorzubehalten, kann man § 598 ZPO zugleich als Argument dafür heranziehen, dass der Wortlaut des Gesetzes erst recht für eine Zulässigkeit von im Vorverfahren überhaupt nicht geltend gemachten, vom Beklagten zu beweisenden Einwendungen und Beweismitteln für solche Einwendungen spricht.

Im Hinblick auf das Vorliegen der Sachentscheidungsvoraussetzungen sowie die Schlüssigkeit des Klagevorbringens ergibt sich aus dem Wortlaut des § 598 ZPO allerdings kein Argument zur Bindungsfrage. Das gilt auch für Einwendungen des Beklagten, die im Vorbehaltsurteil nicht als unstatthaft, sondern ohne Rücksicht auf die Beweisbeschränkungen des Urkundenprozesses als unbegründet zurückgewiesen worden sind.[24] Eine solche Zurückweisung kann insbesondere – zu Recht oder zu Unrecht – mit der Begründung erfolgt sein, dass das Vorbringen des Beklagten zu diesen Einwendungen unschlüssig sei oder der Kläger sie mit einer liquiden Replik widerlegt habe.

---

20 So zu Recht Stein/Jonas/*Berger* (Fn. 2), § 600 Rn. 27.
21 Insoweit zutreffend *Beckmann* (Fn. 15), S. 7 f.
22 *Beckmann* (Fn. 15), S. 8.
23 Dennoch wegen der fehlenden Konkretisierung der Rechte im Nachverfahren ablehnend *Beckmann* (Fn. 15), S. 7.
24 So zutreffend MünchKommZPO/*Braun* (Fn. 2), § 598 Rn. 4.

Insgesamt ist die wörtliche Auslegung somit nur teilweise im Hinblick auf Einwendungen ergiebig und spricht insoweit gegen eine Bindungswirkung. Diese Handhabung entspricht letztlich auch der Position der herrschenden Meinung, so dass die Wortlautauslegung für eine eindeutige Lösung der Bindungsfragen nicht weiterführt.

2. Historische Auslegung

Die *historische Auslegung* erscheint schon deshalb besonders wichtig, weil sich vor allem die für die Bindungsfrage weichenstellende Rechtsprechung des Reichsgerichts darauf berufen hat, um weitgehende Bindungswirkungen des Vorbehaltsurteils zu rechtfertigen. Den historischen Hintergrund des auf dem gemeinrechtlichen Exekutivprozess fußenden Urkundenprozesses hat *Behringer* in seiner Dissertation sehr gründlich und zutreffend herausgearbeitet.[25] Maßgeblich für die gesetzliche Regelung waren danach vor allem ein einheitliches, damals allerdings noch materiell-rechtlich bestimmtes Verständnis des Streitgegenstandes von Vor- und Nachverfahren, dessen rechtskräftige Bescheidung zudem die Entscheidungsgründe mit umfassen sollte. Es liegt auf der Hand, dass diese Sicht bei Anlegung der heute weitgehend anerkannten und hier auch zugrunde gelegten Maßstäbe zur Bestimmung von Streitgegenstand (prozessual) und Rechtskraftwirkungen (beschränkt auf den Urteilsausspruch) bei der nachfolgenden teleologischen Betrachtung kritisch hinterfragt werden muss. Was die Gesetzeshistorie angeht, so muss sich die Untersuchung hier auf eine Übersicht zu den Passagen der Motive beschränken, die von der Rechtsprechung zur Begründung von Bindungswirkungen herangezogen worden sind. Das sind im Wesentlichen zwei Textstellen:

Die erste findet sich in der allgemeinen Begründung zum Abschnitt des Urkunden- und Wechselprozesses. Dort[26] heißt es u.a., der Entwurf habe die gemeinrechtliche Scheidung in zwei selbständige Prozesse aufgegeben, vielmehr beginne »mit Erhebung der Klage im Urkundenprozesse der Hauptstreit selbst« und das im Urkundenprozess ergehende Urteil entscheide »über die Zulässigkeit des Angriffs, bezüglich der Vertheidigung im Urkundenstreite definitiv, über das Hauptrecht ... nur provisorisch – ... vorbehaltlich einer eingehenderen Kognition im Wege des ordentlichen Prozesses. Nur insoweit sich schon jetzt Angriffs- oder Vertheidigungsmittel als in sich und nicht bloß wegen mangelhafter Substantiierung unbegründet darstellen, wird über sie, weil ja das Hauptrecht selbst im Prozesse befangen ist, endgültig erkannt. Insoweit kommt das Urtheil im Urkundenprozesse als Zwischenurtheil für den anhängig bleibenden Hauptstreit in Betracht und bindet folgeweise Richter und Parteien. Im Uebrigen haben bei Fortsetzung des Hauptstreits beide Parteien in Vervollständigung des Angriffs und Ausdehnung der Vertheidigung dieselbe Freiheit, wie im ordentlichen Verfahren.«

---

25 *Behringer* (Fn. 17), S. 106 ff.; s. ferner *Stürner*, ZZP 87 (1974), 87, 88 f. m.w.N.
26 Motive S. 348 f. = *Hahn* (Fn. 5), S. 389 f.

Diese Textstelle bestätigt die Einordnung der beiden Verfahrensabschnitte als einheitlichen Prozess mit demselben Streitgegenstand und im Hinblick auf die Entscheidung über die Schlüssigkeit von Angriffs- und Verteidigungsmitteln eine Bindungswirkung, andererseits aber die Möglichkeit, im Nachverfahren zur Substantiierung noch ergänzend vorzutragen. Die Charakterisierung des Vorbehaltsurteils als bindendes Zwischenurteil weist zudem deutlich auf die Bindungswirkung des § 318 ZPO (= § 289 CPO) hin.

Die zweite Textstelle findet sich in der Begründung zu den §§ 537-539 des Entwurfs = §§ 561-563 CPO = §§ 598-600 ZPO.[27] Im Hinblick auf § 537 des Entwurfs (= § 598 ZPO) heißt es dort zunächst: »Die im Urkundenprozesse vom Beklagten erhobenen Einwendungen und Dupliken gelten, weil das Hauptrecht des Klägers in lite, für den ganzen Prozeß erhoben, im Stadium des Urkundenstreits aber ist Beklagter hinsichtlich derselben auf Urkunden und Eideszuschiebung beschränkt. Vermag er sie auf diese Weise nicht oder nicht vollständig zu erweisen, so folgt daraus noch nichts für die Grundlosigkeit derselben, sie können deshalb auch nur in diesem Verfahren, d.i. provisorisch zurückgewiesen werden …Sind die Einreden oder Dupliken materiell hinfällig, so wird über dieselben zwar sachlich entschieden, gleichwohl sind auch hier in dem verurtheilenden Erkenntnisse dem Beklagten seine Rechte vorzubehalten wegen des nur unvollständigen Gehörs, das ihm im ersten Stadium des Verfahrens bewilligt war.«

Im weiteren Text, nunmehr zu § 539 des Entwurfs (= § 600 ZPO) finden sich dann Ausführungen »über den Umfang der Wirkung des gemachten Vorbehalts« mit der schon erwähnten, für die Bindungswirkung oft herangezogenen Formulierung, das Urteil des Urkundenprozesses sei »im nachfolgenden Verfahren insoweit unanfechtbar, als es nicht auf der eigenthümlichen Beschränkung des Verfahrens im Urkundenstreite beruht«, und weiter: »danach können nur neue Einwendungen und neue Beweise für solche Einwendungen, welche nur wegen mangelnden Beweises verworfen worden sind, vorgebracht werden; die rechtliche Beurtheilung der Klage, der Einwendungen und der zum Beweis der Einwendungen vorgelegten Urkunden erfolgt durch das die Ausführung der Rechte vorbehaltende Urteil definitiv.« Auch diese Textstellen bestätigen die eben (sub a) erwähnten Bindungswirkungen und lassen für das Nachverfahren lediglich neue Einwendungen sowie neue Beweismittel für im Urkundenprozess zurückgewiesene Einwendungen zu.

Zusammenfassend ist festzustellen, dass der Gesetzgeber aufgrund der Annahme eines einheitlichen Streitgegenstandes und einer Einordnung des Vorbehaltsurteils als Zwischenurteil in der Tat von einer Bindungswirkung der *rechtlichen* Beurteilung des Klagevorbringens, der etwa erhobenen Einwendungen und der Beweiswürdigung hierzu vorgelegter Urkunden ausgegangen ist, während neues und ergänzendes Beklagtenvorbringen nebst neuen Beweisangeboten zulässig sein sollte.

---

27 Motive S. 353 ff. = *Hahn* (Fn. 5), S. 394 f.

3. Teleologische Auslegung

Da im Gesetz (in § 598 ZPO) jedoch lediglich die Zulässigkeit neuer Beweismittel für vom Beklagten erhobene Einwendungen zum Ausdruck gelangt ist, kann das nicht bindend sein und es stellt sich die Frage, ob die weite Bindungswirkung – vor allem für die rechtliche Beurteilung des Klagevorbringens und Einwendungsvorbringens des Beklagten im Urkundenprozess – der *Teleologie des Urkundenprozesses* nach dem heute maßgeblichen Verständnis entspricht. Dafür ist auf die zentralen Grundlagen der Ansicht des historischen Gesetzgebers näher einzugehen, nämlich die Einheitlichkeit des Streitgegenstandes und die Bindung an Feststellungen im Vorbehaltsurteil gemäß § 318 ZPO, eine Analyse, die bereits *Stürner* und später *Behringer* jeweils mit eine Bindung ablehnendem Ergebnis unternommen haben. Da die Rechtsprechung und die herrschende Lehre davon unbeeindruckt an ihren Thesen festgehalten haben, sollen die maßgeblichen Aspekte hier einer erneuten Prüfung unterzogen werden.

a) Streitgegenstand

Der Gesetzgeber hat sich für die Einheitlichkeit des Vor- und Nachverfahrens und damit für einen einzigen, *einheitlichen Streitgegenstand* entschieden. Das kommt auch durchaus im Gesetzeswortlaut (§§ 592, 599 Abs. 1 ZPO: geltend gemachter Anspruch) zum Ausdruck. Allerdings beruht diese Entscheidung auf der heute überholten Grundlage eines materiell-rechtlichen Verständnisses des Streitgegenstandes, so dass diese Einordnung überdacht werden muss(te).

Aus Platzgründen beiseitelassen muss ich dabei die Sondermeinung von *Schrader*, der versucht hat, das Nachverfahren als ein mit dem Rechtsmittel der Berufung vergleichbares Verfahren einzuordnen.[28] Schon die Fortsetzung des Verfahrens vor demselben Instanzgericht spricht aber eindeutig gegen eine solche Parallele.

Bedeutsamer erscheint der Ansatz von *Behringer*, nach dessen Ansicht den Verfahrensabschnitten zwei unterschiedliche prozessuale Streitgegenstände zugrunde liegen, nämlich im Urkundenprozess vergleichbar dem einstweiligen Rechtsschutz (§§ 916 ff. ZPO) ein besonderer Anspruch auf beschleunigte vorläufige Verurteilung des Beklagten ohne Bindungswirkung und im Nachverfahren dann der eigentliche prozessuale Anspruch mit dem Ziel der endgültigen Verurteilung.[29] Diese Einordnung, die natürlich der Gesetzeshistorie widerspricht, gelangt auch in der gesetzlichen Regelung nicht zum Ausdruck, doch steht diese ihr auch nicht explizit entgegen.

---

28 *Schrader* (Fn. 19), passim, insbesondere S. 35 ff.
29 *Behringer* (Fn. 17), passim, insbesondere S. 77 ff., S. 123 ff. – Parallelen zum einstweiligen Rechtsschutz zieht auch *Stürner*, ZZP 85 (1972), 424, 431 f. und ZZP 87 (1974), 87, 89; dazu kritisch *Beckmann* (Fn. 15), S. 64 ff.

Für sie spricht immerhin die Teleologie des Verfahrens nach den §§ 592 ff. ZPO insofern, als mit dem Urkundenprozess eine auf der Bedeutsamkeit des Urkundenbeweises beruhende rasche Verurteilung des Beklagten ermöglicht werden soll, dem aber im Nachverfahren eine Beseitigung des Urteils mit allen dann zulässigen Beweismitteln zu Gebote stehen soll. Dennoch kann dieser Ansicht nicht gefolgt werden, weil die von *Behringer* zur Begründung herangezogene Parallele zum einstweiligen Rechtsschutz nicht trägt. Zwar mag man beide Verfahren als »summarisch« bezeichnen können, doch sind sie letztlich grundverschieden. Ein Verfahren des einstweiligen Rechtsschutzes und das sich keineswegs zwingend anschließende ordentliche Klageverfahren sind zwei völlig getrennte Prozesse, während es sich im Falle der §§ 592 ff. ZPO um ein zusammenhängendes Verfahren mit zwei aufeinander aufbauenden Verfahrensabschnitten handelt. Zuständig ist dort stets dasselbe erkennende Gericht, während das beim einstweiligen Rechtsschutz nicht zwangsläufig so sein muss (vgl. §§ 919, 924, 942 ZPO). Auch die jeweilige Beweisführung weicht elementar voneinander ab: Im Urkundenprozess geht es – anders als *Behringer* meint – nicht um ein bloßes Wahrscheinlichkeitsurteil wie bei dem lediglich eine Glaubhaftmachung der Tatsachen verlangenden einstweiligen Rechtsschutz (§ 920 Abs. 2 ZPO), sondern mittels der – allerdings nur eingeschränkt zulässigen (Urkunden und ggf. Parteivernehmung) – Strengbeweismittel um vollen Beweis, der im zusprechenden Vorbehaltsurteil zur Überzeugung des Gerichts (§ 286 ZPO) erbracht sein muss. Ebenso unterschiedlich ist jedenfalls der regelmäßige Inhalt der Entscheidungen, da das Vorbehaltsurteil einen vollstreckbaren Leistungstitel über den erhobenen Anspruch darstellt, während im einstweiligen Rechtsschutz von der Ausnahme der Befriedigungsverfügung abgesehen nur sichernde Maßnahmen angeordnet werden dürfen, was dann auch zu unterschiedlich weit gehenden Vollstreckungsmaßnahmen führt. Endlich unterscheiden sich die Verfahren auch im Hinblick auf das Schicksal der erlassenen Entscheidungen, da das Vorbehaltsurteil in unmittelbarer Fortsetzung des Verfahrens im Nachverfahren zur Überprüfung steht und dort entweder bestätigt oder aufgehoben wird, während die Entscheidungen des einstweiligen Rechtsschutzes nicht im ordentlichen Prozess überprüft werden, sondern – abgesehen von Sonderfällen der §§ 926 Abs. 2, 927, 942 Abs. 3 ZPO – allenfalls in Folge der Entscheidung des Hauptprozesses aufgehoben werden.[30]

Eine andere Lösung im Hinblick auf die Einordnung des Streitgegenstandes hat *Stürner* entwickelt.[31] Er bejaht zwar die Identität des Streitgegenstandes (= prozessualen Anspruchs) von Urkundenprozess und Nachverfahren, nimmt aber an, der Urteilsgegenstand des zusprechenden Vorbehaltsurteils sei mit diesem Streitgegenstand nicht identisch, sondern beinhalte lediglich die ansonsten nicht bindende Ent-

---

30 Die rechtskräftige Abweisung der Klage in der Hauptsache stellt einen Aufhebungsgrund nach § 927 ZPO dar, BGH NJW-RR 1987, 288; BGH NJW 1993, 2685, 2687.
31 *Stürner*, ZZP 85 (1972), 424, 430 ff. und ZZP 87 (1974), 87, 88 ff.; ähnlich *Hertel*, Der Urkundenprozess, 1992, S. 111 Fn. 53.

scheidung über das vorläufige Vollstreckungsrecht des Klägers, was allerdings mit dem den geltend gemachten Anspruch (§ 592 ZPO) zusprechenden Inhalt des Vorbehaltsurteils (§ 599 Abs. 1 ZPO) kaum zu vereinbaren ist. Vor allem aber ist mit der ganz herrschenden Meinung davon auszugehen, dass Streitgegenstand und Urteilsgegenstand im Zivilprozess grundsätzlich identisch sind, ohne dass die streitige Diskussion um einen evtl. variablen (relativen) Gegenstandsbegriff hier vertieft werden kann.[32] Die in diesem Zusammenhang bedeutsame Argumentation mit dem Umfang der Rechtskraft ist beim Vorbehaltsurteil zwar weniger wichtig, doch kann auch dieses Urteil materiell rechtskräftig werden, wenn der Beklagte nach Urteilserlass auf die Durchführung des Nachverfahrens verzichtet.[33] Auf dieser Grundlage kann die Urteilswirkung somit auch hier nicht losgelöst vom auf Zahlung (als Hauptanwendungsfall des § 592 ZPO) gerichteten prozessualen Anspruch eingeordnet werden, während ein vorläufiges Vollstreckungsrecht gerade kein Streitgegenstand ist.

Im Ergebnis ist daher davon auszugehen, dass der vom Kläger geltend gemachte *prozessuale Anspruch* den *einheitlichen Streit- und Entscheidungsgegenstand* von Urkundenprozess und Nachverfahren bildet.

b) Bestehen einer Bindungswirkung

Damit bleibt zuletzt die Frage zu entscheiden, ob und ggf. in welchem Umfang damit die von der herrschenden Meinung angenommene *Bindungswirkung des Vorbehaltsurteils gemäß § 318 ZPO* für das Nachverfahren einhergeht. Unstreitiger Normzweck des § 318 ZPO ist die Festlegung, dass ein Gerichtsurteil zur Wahrung von staatlicher Autorität, Vertrauensschutz und Rechtssicherheit für die Parteien sowie letztlich auch der Prozessökonomie nach Erlass nicht mehr vom erkennenden Gericht, sondern allenfalls im Rechtsmittelzug aufgehoben werden kann (Aufhebungsverbot) und von diesem Gericht im etwaigen weiteren Verfahren zu beachten ist (Abweichungsverbot).[34]

Zunächst stellt sich die Frage nach der (unmittelbaren oder entsprechenden) *Anwendbarkeit des § 318 ZPO auf das Urkundenvorbehaltsurteil*, die die herrschende Meinung teils explizit, teils unausgesprochen annimmt. Nach der Vorstellung des Gesetzgebers sollte es als Zwischenurteil i.S.d. damaligen Fassung des § 275 CPO = § 303 ZPO a.F. (Entscheidung über einzelne selbständige Angriffs- oder Verteidigungsmittel) für die darin erledigten Streitpunkte verbindlich sein. Diese Einordnung hat aber durch die Novelle 1924 insofern ihre Grundlage verloren, als Zwischenurteile nach

---

32 S. dazu nur MünchKommZPO/*Gottwald* (Fn. 2), § 322 Rn. 112 und *Schilken* (Fn. 19), Rn. 225, jeweils m.w.N.; zum konkreten Ansatz von *Stürner* für den Urkundenprozess kritisch auch *Beckmann* (Fn. 15), S. 61 ff. und *Behringer* (Fn. 17), S. 137 ff.
33 MünchKommZPO/*Braun* (Fn. 2), § 600 Rn. 5; Stein/Jonas/*Berger* (Fn. 2), § 600 Rn. 13. Ansonsten erlangt das Vorbehaltsurteil zwar ggf. formelle, wegen des Vorbehaltes aber keine materielle Rechtskraft, s. RGZ 159, 173, 175; BGH NJW 1977, 1687; MünchKommZPO/*Braun* (Fn. 2), § 599 Rn. 7.
34 S. nur MünchKommZPO/*Musielak* (Fn. 2), § 318 Rn. 1, Rn. 4 f. m.w.N.

§ 303 ZPO n.F. seither nur noch über Zwischenstreite prozessualen Inhalts, nicht aber über den Streitgegenstand selbst ergehen können,[35] worum es aber beim Vorbehaltsurteil nach § 599 ZPO gerade geht. Die in der ZPO weiterhin vorgesehenen Vorbehaltsurteile – namentlich nach §§ 302, 599 ZPO – sind somit keine Zwischenurteile (mehr).[36] Vielmehr handelt es sich um auflösend bedingte Endurteile[37]; sie fallen damit allerdings grundsätzlich, freilich eingeschränkt durch den Vorbehalt, doch unter § 318 ZPO, wie auch schon unmittelbar nach der Änderung des § 303 ZPO angenommen wurde.[38] Alternativ ließe sich auch eine entsprechende Anwendung des § 318 ZPO begründen, weil der Gesetzgeber den Fortfall der Anwendbarkeit des § 303 ZPO auf die Vorbehaltsurteile nicht bedacht habe, so dass eine entsprechend auszufüllende unbewusste Gesetzeslücke entstanden wäre.[39]

c) Umfang der Bindungswirkung

Der Bogen der Untersuchung schließt sich daher mit der Beantwortung der Frage, in welchem *Umfang* das auflösend bedingte Vorbehaltsurteil über den geltend gemachten Anspruch unter Berücksichtigung des Vorbehalts der Ausführung der Rechte des Beklagten im Nachverfahren auf den bisher herausgearbeiteten Grundlagen eine *Bindung nach § 318 ZPO* bewirkt. Grundsätzlich besteht Einigkeit darüber, dass die Bindungswirkung nur den im Tenor des Urteils enthaltenen Ausspruch über den geltend gemachten prozessualen Anspruch erfasst, wobei allerdings ggf. die Entscheidungsgründe zur genauen Feststellung der Bedeutung und Tragweite der Urteilsformel heranzuziehen sind.[40] Beim Aufrechnungsvorbehaltsurteil erfasst sie damit die gesamte Entscheidung über die Klageforderung, deren Bestehen das Gericht im weiteren Verfahren nur noch wegen der Aufrechnung verneinen kann;[41] zum weiteren Angriff gegen die Klageforderung ist der Beklagte hingegen auf den Rechtsmittelweg verwiesen.

---

35 MünchKommZPO/*Musielak* (Fn. 2), § 300 Rn. 1 m.w.N., allg. M.
36 So schon unmittelbar nach Änderung des § 303 ZPO Stein/*Jonas*, ZPO, 12. Aufl. 1925, § 303 Anm. I; *Beckmann* (Fn. 15), S. 40 ff.; *Behringer* (Fn. 17), S. 119; *Schrader* (Fn. 19), S. 47.
37 S. nur BGH NJW 1978, 43 m.w.N.; BGH NJW 1988, 2542, 2543; MünchKommZPO/*Musielak* (Fn. 2), Vor § 300 Rn. 2; Stein/Jonas/*Leipold*, ZPO, § 302 Rn. 22; Stein/Jonas/*Berger* (Fn. 2), § 599 Rn. 12; Wieczorek/Schütze/*Rensen*, ZPO, 4. Aufl. 2015, § 302 Rn. 20. Anders allerdings Rosenberg/Schwab/Gottwald (Fn. 15), § 59 Rn. 79: »Zwischenurteil eigener Art«.
38 Stein/*Jonas* (Fn. 36), § 318 Anm. II, § 599 Anm. III; in neuerer Zeit ausführlich *Beckmann* (Fn. 15), S. 81 ff. Die Einwendungen von *Behringer* (Fn. 17) gegen eine Anwendung des § 318 ZPO beruhen sämtlich auf Bedenken gegen die Unvollständigkeit der Tatsachengrundlage des Vorbehaltsurteils, ein Aspekt, dem indessen erst bei der Bemessung des Umfangs der Bindungswirkung Rechnung zu tragen ist; zur mangelnden Tragfähigkeit seines Konzepts s. schon oben 3 a bb.
39 Vgl. im Ergebnis Rosenberg/Schwab/*Gottwald* (Fn. 37).
40 S. nur MünchKommZPO/*Musielak* (Fn. 2), § 318 Rn. 3 m.w.N. zur Rechtsprechung.
41 S. MünchKommZPO/*Musielak* (Fn. 2), § 302 Rn. 9 m.w.N.

Beim Urkundenvorbehaltsurteil bereitet aber gerade diese Umfangsbestimmung große Schwierigkeiten, auf denen der Meinungsstreit jedenfalls vorrangig beruht. Indessen lässt sich auch dort die gebotene Lösung ermitteln, wenn man sich die in § 592 S. 1 ZPO beschriebenen Voraussetzungen des Vorbehaltsurteils nur genau ansieht. Danach »kann« ein (Zahlungs-)Anspruch im Urkundenprozess geltend gemacht werden, »wenn die sämtlichen zur Begründung des Anspruchs erforderlichen Tatsachen durch Urkunden bewiesen werden können«. Im zusprechenden Vorbehaltsurteil bestätigt das Gericht das Vorliegen eben dieser Voraussetzungen, nicht mehr und nicht weniger. Die Bindungswirkung umfasst somit die Zulässigkeit der Klage im Urkundenprozess (»kann«) sowie den Nachweis der den Anspruch begründenden Tatsachen durch Urkunden. Da für einen solchen Nachweis als Voraussetzung zunächst die Schlüssigkeit der anspruchsbegründenden Tatsachen erforderlich ist, umfasst die Bindungswirkung auch diese Schlüssigkeit und damit den entsprechenden Subsumtionsschluss des Gerichts, allerdings beschränkt auf die vorgelegten Urkunden und ggf. deren äußere Formerfordernisse. Will der Beklagte diese Entscheidungselemente angreifen, so muss er die vorgesehenen Rechtsmittel gegen das Vorbehaltsurteil einlegen (§ 599 Abs. 3 ZPO).

Hingegen kann der Beklagte die Echtheit der anspruchsbegründenden Urkunden noch im Nachverfahren bestreiten, weil das Vorbehaltsurteil lediglich über die Schlüssigkeit und Beweiskraft der vorgelegten – in diesem Fall nach seiner notwendigen Behauptung vom Beklagten unterschriebenen – Urkunden für den geltend gemachten Anspruch entscheidet.

Ist im Urkundenverfahren ausnahmsweise weiterer Beweis zur Echtheit der anspruchsbegründenden Urkunden oder zu anderen Tatsachen – namentlich zu Einwendungen des Beklagten – durch die dort zulässige Parteivernehmung (§ 595 Abs. 2 ZPO) erhoben worden, so kann die im zusprechenden Vorbehaltsurteil vorgenommene Beweiswürdigung vom Beklagten wegen der Beschränkung der Beweismittel noch durch die im Nachverfahren uneingeschränkt zulässigen Strengbeweismittel entkräftet werden.

Letztlich erfasst die Bindungswirkung somit, wie sich zum Teil zusätzlich auch aus § 598 ZPO ergibt, entgegen der Ansicht des Gesetzgebers und der herrschenden Meinung keinerlei vom Beklagten vorzutragende und ggf. zu beweisende Einwendungen gegen den Anspruch, mag er sie im Vorverfahren geltend gemacht und das Gericht sich damit befasst haben oder nicht. Unerheblich ist insoweit auch, ob das Gericht eine erhobene Einwendung aus tatsächlichen oder rechtlichen Gründen ohne oder nach Beweisaufnahme zurückgewiesen hat. Solche Einwendungen sind nicht Gegenstand des Urteilsausspruches aufgrund der §§ 592, 599 ZPO und damit auch nicht der Bindungswirkung; ist darüber nach Beweisaufnahme negativ entschieden worden, so ergibt sich das ohnehin klar aus der Beschränkung der Beweismittel im Vorverfahren.

Keine Bindungswirkung besteht endlich entgegen der Rechtsprechung für die von Amts wegen zu prüfenden allgemeinen Sachentscheidungsvoraussetzungen, zu denen § 592 ZPO allerdings nichts aussagt, die aber stets während des gesamten zivilprozessualen Verfahrens bis zum Schluss der mündlichen Verhandlung vorliegen müssen.

So richtig verstanden ist die Formel durchaus zutreffend, dem Nachverfahren seien diejenigen Teile des Streitverhältnisses als endgültig beschieden dem Streit entzogen, über die als Voraussetzungen (sc.: des § 592 Abs. 1 ZPO) für den Erlass des Vorbehaltsurteils entschieden werden musste.[42]

---

42 Teilweise Änderung der in meinem Lehrbuch (s. Fn. 19) vertretenen Auffassung.

Der Sympathieschwund für Vertreter öffentlicher Interessen im deutschen Prozessrecht

EKKEHARD SCHUMANN

I. Einleitung

Meine Freude ist groß, *Hanns Prütting* mit dem folgenden Beitrag zu seinem 70. Geburtstag zu gratulieren. Unsere erste Begegnung habe ich in lebendiger Erinnerung: Es war die Tagung der Zivilprozessrechtslehrer in Zürich im Jahr 1982. Kurz vor der Tagung war die Anmerkung *Hanns Prüttings* erschienen, in der er den Plenarbeschluss des *BVerfG* zum zivilprozessualen Revisionsrecht meisterhaft besprach.[1] Seine Anmerkung passte nahtlos zu dem Thema des von mir auf der Tagung gehaltenen Referats »Bundesverfassungsgericht, Grundgesetz und Zivilprozeß«.[2] Seitdem fühle ich mich wissenschaftlich und menschlich mit *Hanns Prütting* sehr verbunden. Ich danke ihm für die vielen interessanten, stets auch freudigen Begegnungen in all den Jahrzehnten seither.

II. DIE BETEILIGUNG VON VERTRETERN ÖFFENTLICHER INTERESSEN IM DEUTSCHEN PROZESSRECHT

Die Zahl von hoheitlich Beauftragten für die verschiedensten Arten öffentlicher oder allgemeiner Interessen hat in den letzten Jahrzehnten in Deutschland erheblich zugenommen. Sie reicht vom Wehrbeauftragten des Deutschen Bundestages sowie vom Bundesdatenschutzbeauftragten über den Kulturbeauftragten der Bundesregierung bis hin zu einer immer weiter ansteigenden Vielzahl von beauftragten Personen im Bereich des Bundes, der Länder und der Kommunen.[3] Blickt man auf das deutsche Prozessrecht, herrscht dort — wie zu zeigen sein wird — die gegenteilige Tendenz: In den letzten Jahrzehnten beseitigte der Gesetzgeber zunehmend prozessuale Vertreter zum Schutz öffentlicher oder allgemeiner Interessen. Dabei kann man unter dem

---

1 ZZP 95 (1982), S. 76 – 84 zu *BVerfGE* 54, 277 – 300; vgl. auch *Prütting*: Anmerkung, ZZP 92 (1979), S. 272 – 279 zu *BVerfGE* 49, 148 – 168.
2 ZZP 96 (1983), S. 137 – 253, Hinweise auf *Hanns Prütting* in Fn. 3, 8 und 209 (erschienen auch als Buch, 1983).
3 *G. Püttner*: Verwaltungslehre, 4. Aufl., 2007, S. 129 beklagt eine »Beauftragten-Inflation«; kritisch ebenso *P. J. Tettinger*, in: Isensee/Kirchhoff: Handbuch des Staatsrechts, Band V, 3. Aufl., 2007, § 111 Rn. 62, 68 f.

Begriff des »Vertreters des öffentlichen Interesses« drei Arten von prozessualen Beteiligten verstehen: Den *Einflussvertreter* öffentlicher Interessen, den *Staatsvertreter* und den *kontradiktorischen Vertreter*.

1. Der Sympathieschwund für den (allgemeinen) Einflussvertreter

Im Vordergrund steht derjenige Akteur, der das Gericht zum Schutz des öffentlichen Interesses[4] beraten und vor allem beeinflussen soll (*Einflussvertreter*[5]); er ist neben den Prozessparteien ein zusätzlicher Beteiligter.

a) Die stufenweise Abschaffung des Staatsanwalts als Vertreter des öffentlichen Interesses in der ZPO

Die Civilprozeßordnung von 1877 [CPO] kannte — wenn auch bereits damals sehr umstritten[6] — in Gestalt des Staatsanwalts einen Vertreter des »öffentlichen Interesses«[7]. In den Statusverfahren der Ehe- sowie der Entmündigungssachen konnte sich die Staatsanwaltschaft beteiligen (§§ 569, 586, 595 Abs. 2 CPO); sie hatte die Befugnis, (ehefreundliche) Tatsachen einzubringen (§ 569 Abs. 3, § 589 CPO) oder Rechtsbehelfe einzulegen (§§ 589, 604 CPO). Diese prozessuale Beteiligungsmöglichkeit beruhte auf dem Misstrauen der monarchischen Staatsverwaltung gegenüber der Unabhängigkeit der Richter.[8] Auch nach dem Ende der Monarchie blieb die Teilnahme der Staatsanwaltschaft an den genannten zivilgerichtlichen Verfahren unverändert. Im Zuge der totalitären Entwicklung des Nationalsozialismus erhielt

---

4   Zur Unbestimmtheit des Begriffs des »*öffentlichen Interesses*« z. B. *F. Wittreck*, in: Gärditz: VwGO, 2013, § 35 Rn. 5 und § 36 Rn. 6. »Im Kern ist das öffentliche Interesse danach dann gewahrt, wenn die gerichtliche Entscheidung dem Gesetz i. S. von Art. 20 Abs. 3 GG entspricht.« (*Wittreck*, a. a. O, § 36 Rn. 6 a. E.), ja es lässt sich sagen: »Öffentliches Interesse ist, was der Vertreter des öffentlichen Interesses als solches bestimmt.« (vgl. die Erwägungen bei *Wittreck*, a. a. O.). Angesichts dieser Auffassung ist verständlich, wenn man liest: »Insgesamt kann daher auf den Begriff des öffentlichen Interesses verzichtet werden.« (*A. Halfmeier*: Popularklagen im Privatrecht – Zugleich ein Beitrag zur Theorie der Verbandsklagen, 2006, S. 209, ähnlich S. 208: »gänzlich entbehrlich« als Begriff).
5   *Ebert*, DVBl. 2013, 484 (487 [li. Sp.]) spricht von der »Einflussnahme auf den Verfahrensverlauf« des Vertreters des öffentlichen Interesses.
6   Knapp dargestellt bei *W. Endemann*: Der deutsche Zivilprozess, 1879, § 569 Anm. (S. 8 f.).
7   Begründung zu § 545 des Entwurfs einer CPO 1877 [in Kraft getreten als § 569 CPO 1877], abgedruckt bei: *C. Hahn/E. Stegemann* (Hrsg.): Die gesammten Materialien zur Civilprozeßordnung und dem Einführungsgesetz zu derselben vom 30. Januar 1877, Erste Abtheilung, 2. Aufl., 1881, S. 399. Vgl. auch die Begründung zu § 570 des Entwurfs [§ 595 CPO], a.a.O., S. 409: »Berechtigung zur Klageanstellung« ... »seitens des Staatsanwalts entspricht« ... »der maßgebenden Berücksichtigung des öffentlichen Interesses«.
8   Vgl. *A. M. Baring*: Der Vertreter des öffentlichen Interesses im deutschen Verwaltungsprozeß, VA 50 (1959) = jur. Diss. FU Berlin 1958, S. 123 f. zur gleichzeitigen Entwicklung in der Verwaltungsgerichtsbarkeit.

die Staatsanwaltschaft sogar weitere Kompetenzen, um im Bereich der Ziviljustiz erheblich mitzuwirken.[9]

Nach dem Ende des Zweiten Weltkriegs wurden die meisten staatsanwaltschaftlichen Aufgaben auf den früheren Umfang beschränkt. Ein stufenweiser Abbau auch dieser Beteiligungen ist seit dem Jahr 1961 zu beobachten. Im Rahmen des Familienrechtsänderungsgesetzes[10] fiel das Recht des Staatsanwalts zur Anfechtung der Ehelichkeit des Kindes (§ 1595a a. F. BGB) weg.[11] Das neue Aktiengesetz 1965[12] verzichtete auf die Befugnis der Staatsanwaltschaft, »im Klagewege« gegen zu hohe Gewinnbeteiligungen von Mitgliedern des Vorstands oder Aufsichtsrats vorzugehen.[13] Sodann reduzierte der Bundestag im Zuge der großen Familienrechtsreform 1976[14] die Mitwirkung in Ehesachen auf die Nichtigkeitsklagen und die Klagen auf Feststellung des Bestehens oder Nichtbestehens einer Ehe.[15] Für die Einhaltung des zwingenden Rechts und die Wahrung des öffentlichen Interesses war nach Ansicht des Gesetzgebers die Beteiligung der Staatsanwaltschaft nicht mehr erforderlich, da die Familiengerichte zu deren Beachtung ohnehin verpflichtet sind. Im Jahr 1992 folgte die Beseitigung der Mitwirkung der Staatsanwaltschaft im Entmündigungsverfahren,[16] 1998 dann auch in den Nichtigkeitsklagen und Klagen auf Feststellung des Bestehens oder Nichtbestehens einer Ehe.[17] Das FamFG von 2008 änderte an dieser Prozesslage nichts; auch weiterhin gibt es in Familien-, Betreuungs- und Unterbringungssachen keine zusätzliche Beteiligung des Staatsanwalts (vgl. §§ 111 ff., §§ 271 ff. FamFG).

---

9 Vgl. *E. S. Carsten/E. C. Rautenberg*: Die Geschichte der Staatsanwaltschaft bis zur Gegenwart, 2. Aufl., 2012, S. 219 ff.
10 BGBl. 1961 I, S. 1221.
11 Entwurf eines Familienrechtsänderungsgesetzes, BT-Drs. III/530, S. 14 [re. Sp.]: »Es entspricht unserer heutigen Auffassung nicht, daß der Staatsanwalt die Ehelichkeit eines Kindes im öffentlichen Interesse anficht; der Staatsanwalt soll nicht in den privaten Bereich der Familie eingreifen.« Zur Wiederbelebung der Behördenanfechtung s.u. Fn. 101 a.E.
12 Vgl. Entwurf eines Aktiengesetzes, BT-Drs. IV/171, S. 127 [li. Sp. zu § 83].
13 § 77 Abs. 3 Satz 3, § 98 Abs. 4 Satz 2 AktG a. F.; vgl. etwa *A. Baumbach/A. Hueck*: AktG, 9. Aufl., 1956, § 77 Anm. 5 B.
14 Erstes Gesetz zur Reform des Ehe- und Familienrechts vom 14. Juni 1976 (BGBl. I, S. 1421).
15 Entwurf eines 1. Gesetzes zur Reform des Ehe- und Familienrechts, BT-Drs. 7/650, S. 202 [zu § 607 ZPO]: »Die Mitwirkung des Staatsanwalts, die ursprünglich der Unterstützung des Gerichts bei der Wahrheitsfindung dienen sollte, hat heute praktisch keine Bedeutung mehr.« … Es »genügt, daß die bisher der Staatsanwaltschaft zugewiesenen Aufgaben von dem erkennenden Gericht wahrgenommen werden«. … »Das öffentliche Interesse wird im Rahmen dieser Verfahren durch den Untersuchungsgrundsatz ausreichend gewahrt«.
16 Gesetz zur Reform des Rechts der Vormundschaft und Pflegschaft für Volljährige vom 12. September 1990 (BGBl. I, S. 2002).
17 Gesetz zur Neuordnung des Eheschließungsrechts vom 4. Mai 1998 (BGBl. I, S. 833).

b) Die Abschaffung des Oberbundesanwalts beim BVerwG

Besonders deutlich ist vor allem ein Sympathieschwund innerhalb der VwGO.[18] Über vierzig Jahre lang bis zum Jahresende 2001 verankerte § 35 VwGO den vom Bundespräsidenten ernannten »*Oberbundesanwalt beim Bundesverwaltungsgericht*«[19]. Ihm war »die Wahrung des öffentlichen Interesses« anvertraut (§ 35 Abs. 1 Satz 2 VwGO)[20]. Seine Aufgabe bestand nicht darin, »die Interessen eines der streitenden Beteiligten wahrzunehmen, auch nicht die Interessen beteiligter Bundesbehörden.«[21] »Er ist kein Vertreter des Bundesinteresses, sondern soll als objektive Instanz tätig werden«, wurde seine Stellung beschrieben.[22] Das Gesetz zur Neuordnung des Bundesdisziplinarrechts vom 9. Juli 2001 [BDG][23] beseitigte in Art. 14 mit Wirkung vom 1. Januar 2002 das Amt des Oberbundesanwalts beim *BVerwG*.[24] Die eigenständige prozessuale Position eines Vertreters des *öffentlichen* Interesses sah der Gesetzgeber für den Bereich der Verfahren vor dem *BVerwG* nicht (mehr) als notwendig an. Offensichtlich wird das öffentliche Interesse auch ohne eine solche prozessuale Institution gewahrt.

c) Inzwischen: Kein Vertreter des öffentlichen Interesses gemäß der VwGO in den meisten deutschen Ländern

aa) Nur in Bayern, Rheinland-Pfalz und Thüringen gibt es ihn noch

Der Entwicklung im *Bund* entspricht die Situation in den deutschen Ländern. Den in § 36 Abs. 1 VwGO ermöglichten landesrechtlichen Vertreter des öffentlichen Interesses haben in den letzten Jahrzehnten mehrere Länder wieder abgeschafft: Im Jahr 1977 *Baden-Württemberg*, 1997 *Schleswig-Holstein*, 2004 *Mecklenburg-Vorpommern*,

---

18   Grundlegend zum Thema ist auch heute noch *Baring* (Fn. 8), S. 105 – 164.
19   Vgl. *M. Redeker*, in: Redeker/von Oertzen: VwGO, 13. Aufl., 2000, § 35 Rn. 1. Den *Oberbundesanwalt beim BVerwG* kannte bereits das BVerwGG in § 8.
20   Die Überschrift des 4. Abschnitts lautete damals »Vertreter öffentlichen Interesses«. – *Redeker* (Fn. 19), 16. Aufl., 2014, § 35 Rn. 4 hält die Aufnahme des Vertreters des öffentlichen Interesses in die Beteiligtenvorschrift des § 63 VwGO für »gesetzestechnisch verfehlt«. Die Begründung ist seltsam: Der Vertreter des öffentlichen Interesses habe »weniger die Stellung eines Beteiligten am Verfahren als die eines Mitwirkenden«.
21   *Redeker* (Fn. 20), § 35 Rn. 2; *BVerwGE* 96, 258 (261 f.).
22   *Redeker* (Fn. 20), § 35 Rn. 2. Vgl. die feinsinnige Unterscheidung in *BVerwGE* 18, 205 (207) zwischen dem »öffentlichen Interesse«, »daß das Recht sich durchsetze« (als Aufgabe des Oberbundesanwalts) und der »Durchsetzung der öffentlichen Interessen der Verwaltung« (als Aufgabe der anderen hoheitlichen Beteiligten).
23   BGBl. I, S. 1510.
24   Ebenfalls beseitigt wurde das Amt des Bundesdisziplinaranwalts (§ 85 Abs. 4 Satz 1 BDG).

2008 *Nordrhein-Westfalen*.[25] Derzeit gibt es ihn nur noch in den drei Ländern *Bayern, Rheinland-Pfalz* und *Thüringen*.[26]

bb) In Rheinland-Pfalz und Thüringen ist er Teil der Ministerialverwaltung, in Bayern eine eigenständige Behörde

Der Vertreter des öffentlichen Interesses ist in Rheinland-Pfalz und Thüringen – wie im Bund[27] – ein Teil der Ministerialverwaltung[28], in Bayern hingegen als »*Landesanwaltschaft Bayern*« eine eigenständige Behörde[29] – wie der frühere Oberbundesanwalt beim *BVerwG*[30]. Anders als in Rheinland-Pfalz und Thüringen ist die Landeswaltschaft Bayern keine zusätzliche Beteiligte, sondern vertritt in Verfahren vor dem *BayVGH* und dem *BVerwG* den Staat.[31] Zugleich ist sie Vertreterin des öffentlichen Interesses[32], damit »das Recht sich durchsetzt und das Gemeinwohl keinen Schaden leidet«[33].

d) Die frühe Kritik Wolfgang Grunskys am Einflussvertreter

Die Erosion des landesrechtlichen Vertreters des öffentlichen Interesses ist keine moderne Entwicklung. Bereits in den siebziger Jahren des vergangenen Jahrhunderts stieg *Baden-Württemberg* aus.[34] Vorangegangen war die Kritik des Prozessualisten *Wolfgang Grunsky*, die in dem Satz gipfelte: »Die Institution eines Vertreters des öffentlichen Interesses hat keine Existenzberechtigung und sollte baldmöglichst

25 Vgl. *H. Schmitz*, in: Posser/Wolff: VwGO, 2. Aufl., 2014, § 36 Rn. 2. — Der »Entwurf einer Verwaltungsprozeßordnung«, hrsgg. vom Bundesminister der Justiz, 1978, sah keine Notwendigkeit für landesrechtliche Vertreter des öffentlichen Interesses (S. 165 f.), wohl aber für den Oberbundesanwalt beim *BVerwG* (S. 163 ff.).
26 *F. Hufen*: Verwaltungsprozessrecht, 10. Aufl., 2016, § 4 Rn. 33; *Schmitz* (Fn. 25), § 36 vor Rn. 1 und Rn. 2.
27 S. u. Text bei Fn. 45.
28 *Schmitz* (Fn. 25), § 36 Rn. 3.1 und 3.2.1.
29 Vgl. § 1 Abs. 1 Verordnung über die Landesanwaltschaft Bayern (LABV) vom 29. Juli 2008 (BayGVBl. S. 554) sowie *Schmitz* (Fn. 25), § 36 Rn. 3.3. — Der hessische »Landesanwalt« ist kein Vertreter des öffentlichen Interesses, sondern als »öffentlicher Kläger« vor dem Staatsgerichtshof eine Art Verfassungsanwalt (Art. 130 Abs. 1 Satz 2 HV, § 10 HessStGHG).
30 S. o. Fn. 19.
31 § 3 Abs. 3 Satz 1 LABV (Fn. 29). Vor den Verwaltungsgerichten wird der Freistaat Bayern durch die Ausgangsbehörde vertreten (§ 3 Abs. 2 Satz 1 LABV).
32 § 5 Abs. 1 Satz 1 Nr. 2 LABV (Fn. 29). Vor den Verwaltungsgerichten obliegt diese Aufgabe den Regierungen (§ 5 Abs. 1 Satz 1 Nr. 1 LABV).
33 § 5 Abs. 2 Satz 1 LABV (Fn. 29). Zu dieser Doppelaufgabe: *Johannes Schmidt* (Präsident des *BayVGH*), in: Kopp (Hrsg.): Die Vertretung des öffentlichen Interesses in der Verwaltungsgerichtsbarkeit, Passau 1982, S. 157 (158 f.): »Ich habe es gar nicht so selten erlebt, daß der Landesanwalt in solchen Fällen *loyal* den Standpunkt des Beklagten vertritt, daneben aber seine eigene Meinung unter dem Gesichtspunkt des öffentlichen Interesses darlegt und beide Auffassungen zur Entscheidung des Gerichts stellt.«
34 S. o. Fn. 25.

abgeschafft werden.«[35] In einem vom Untersuchungsgrundsatz beherrschten Verfahren (§ 86 VwGO) sorge das Gesetz »nach besten Kräften dafür, daß die Entscheidung mit der wahren Rechtslage übereinstimmt. Was bei diesem Stand der Dinge für den Vertreter des öffentlichen Interesses zu tun bleibt, ist unerfindlich« ...[36] So war es kein Wunder, dass der Vertreter des öffentlichen Interesses »oft über ein Schattendasein nicht hinweggekommen« ist.[37]

e) Kein Einflussvertreter in der Finanz-, Sozial und Arbeitsgerichtsbarkeit

Einen Einflussvertreter im hier dargelegten Verständnis ist den anderen beiden öffentlich-rechtlichen Gerichtsbarkeiten — der Finanz- und der Sozialgerichtsbarkeit — fremd.[38] Nach den bisher keineswegs optimistischen Feststellungen ist diese gesetzgeberische Enthaltsamkeit verständlich. Auch die Arbeitsgerichtsbarkeit kennt keinen solchen Vertreter des öffentlichen Interesses.

f) Zwischenergebnis: Der Einflussvertreter ist zu einem Auslaufmodell geworden

Der Einflussvertreter ist zu einem Auslaufmodell geworden. Seinem Abbau liegt vor allem die Erwägung zugrunde, die Belange der Allgemeinheit und das Gemeinwohl seien ohnehin bereits durch die Gerichte gewahrt, so dass es dieser zusätzlichen Institution nicht bedarf[39] (und sie benötigt der Staat auch nicht zu seiner eigenen Vertretung). Es ist daher kein Grund ersichtlich, *zusätzlich* zu den Prozessparteien eine

---

35 W. *Grunsky*: Grundlagen des Verfahrensrechts, 2. Aufl., 1974, S. 315.
36 *Grunsky* (Fn. 35), S. 316. – Die Kritik der Wissenschaft gegenüber zusätzlich am Prozess beteiligten staatlichen Institutionen ist nicht neu. Schon vor etwa 175 Jahren warnte *August Wilhelm Heffter* (Verfasser eines Lehrbuchs des Zivilprozessrechts) vor zusätzlich am Fiskalprozess beteiligten staatlichen Institutionen ohne klare Kompetenzen: »Sonst erscheint die Theilnahme eines öffentlichen Sachwalts, außer der oder den eigentlichen Parteien nur zu bald als etwas Ueberflüssiges, dessen man sich gern entledigt oder ohne regen Eifer annimmt« (Arch. des Criminalrechts, n. F. 1845, 612).
37 *Redeker* (Fn. 19), § 36 Rn. 2. Vom »Schattendasein« sprach bereits E. E. *Noack*, DVBl. 1957, 452 (453 [li. Sp.]). Wie in Fn. 36 kann man sagen: »ohne regen Eifer angenommen«.
38 Dort gibt es aber Beteiligungsrechte von Bundes- und Landesbehörden, vgl. z. B. § 122 Abs. 2 Satz 1 und 2 FGO und § 75 Abs. 1 Satz 2 sowie § 168 Satz 2 SGG. – Der im Jahr 1958 eingebrachte Entwurf der FGO enthielt einen »*Bundesfinanzanwalt*« (BT-Drs. III/127, § 34). Der Bundesrat verneinte das »sachliche Bedürfnis« für eine solche Behörde (BT-Drs. III/127, S. 52 sub 14). Im erneuten Entwurf einer FGO aus dem Jahr 1963 ließ die Bundesregierung den Plan eines Bundesfinanzanwalts fallen (vgl. BT-Drs. IV/1446, S. 35 sub A. III. a. E.).
39 So etwa: J. *Nolte*: Die Eigenart des verwaltungsgerichtlichen Rechtsschutzes, 2015, S. 118: »Heute ist allerdings fraglich, ob ein Vertreter des öffentlichen Interesses neben dem entsprechend objektiv arbeitenden Gericht notwendig ist.« Ebensowenig ist der Vertreter des öffentlichen Interesses als »Ratgeber des Gerichts« zu rechtfertigen (so aber J. *Gaedke*, DÖV 1950, 73 [74 bei Fn. 6]; *ders.*, DÖD 1950, 8 [re. Sp.]). Dagegen z. B. H. *Klinger*: Die VO über die Verwaltungsgerichtsbarkeit in der britischen Zone, 3. Aufl., 1954, § 10 Anm. C. 1: »Das unabhängige Gericht hat das geltende Recht anzuwenden und dabei bedarf es keines Beraters.«; ähnlich *Baring* (Fn. 8), S. 153.

Person am Verfahren teilnehmen zu lassen, um die öffentlichen Interesses zu wahren. Denn diese Interessen haben die Richter von Amts wegen (*jura novit curia*) zu beachten.[40] Ihnen gegenüber besteht daher kein institutionelles Misstrauen. Dies gilt auch für die richterliche Prozessführung.[41] Aus allen diesen Gründen sind die Sympathien geschwunden, einen zusätzlichen Prozessbeteiligten auftreten zu lassen, um die öffentlichen Interessen zu sichern.[42]

2. Nur wenige spezielle Einflussvertreter

Als einen *speziellen Einflussvertreter* kann man jenen prozessualen Vertreter bezeichnen, der als weiterer zusätzlicher Beteiligter nicht das allgemeine öffentliche Interesse, sondern spezielle öffentliche Belange wahrnimmt (*Bundesinteresse, Finanzinteresse*).

a) Vorhandene spezielle Einflussvertreter

aa) Der Vertreter des Bundesinteresses beim Bundesverwaltungsgericht [VBI]

An die Position des abgeschafften[43] Oberbundesanwalts beim *BVerwG* trat der an Weisungen der Bundesregierung gebundene (§ 35 Abs. 1 Satz 3 VwGO)[44] »im Bundesministerium des Innern« (§ 35 Abs. 1 Satz 1 [2. Halbsatz] VwGO) angesiedelte »Vertreter des Bundesinteresses«[45]. Nicht nur diese organisatorische *capitis deminutio* des Vertreters des öffentlichen Interesses zeigt die Bedeutungsschmälerung des Amts. Neben die gewichtige Änderung der Rechtsstellung tritt der Wandel der Aufgabe[46]. Während der frühere Oberbundesanwalt beim *BVerwG* gerade nicht als ein

---

40 Der thüringische Vertreter des öffentlichen Interesses, *Ebert* (Fn. 5), S. 488 sub IV. 2, erklärt, seine »hauptsächlichen Aufgaben bestehen darin, materielle Gerechtigkeit zu schaffen sowie für Rechtssicherheit zu sorgen«. Doch dies sind Aufgaben der Richter.
41 Es mag sein, dass in manchen Situationen ein Einflussvertreter »zur Objektivierung der Prozessführung« beigetragen oder »emotionale Entgleisungen« eingedämmt hat (so *Ebert* [Fn. 5]. S. 488 sub IV. 4. und S. 487 sub 3.). Aber die Prozessführung obliegt dem Gericht.
42 Den auch wissenschaftlichen Sympathieschwund zeigt *P. Reimer*: Verfahrenstheorie, 2015, S. 446 – 448, der sich nicht näher mit dem Vertreter des öffentlichen Interesses beschäftigt. Ebenso, allerdings viel früher: *R. Uerpmann*: Das öffentliche Interesse, 1999.
43 S. o. Text bei Fußn. 19 ff.
44 *Hufen* (Fn. 26), § 4 Rn. 33: »Weisungsabhängiger Vertreter des Bundesinteresses«.
45 Unverändert bleibt, dass er den Bund nicht vertreten kann, also *neben* dem Prozessbevollmächtigten des Bundes auftritt (vgl. *W.-R. Schenke/J. Ruthig*, in: *Kopp/Schenke*: VwGO, 23. Aufl., 2017, § 35 Rn. 5). Zu der dadurch möglichen »*Doppelvertretung*« öffentlicher Interessen s. u. Fn. 87.
46 *Redeker* (Fn. 20), § 35 Rn. 2 misst allerdings der dargestellten Gesetzesänderung keine wesentliche Bedeutung hinsichtlich der Aufgaben zu. Die jetzige Kommentierung übernimmt daher kaum verändert die Erläuterungen aus den früheren Auflagen zum alten Rechtszustand und auch die Nachweise hierzu.

Vertreter des Bundesinteresses angesehen wurde[47], lautet die gesetzliche Bezeichnung in § 35 VwGO und dessen Überschrift jetzt ausdrücklich und im deutlichen, direkten Gegensatz: »Vertreter des Bundesinteresses«. Ihm obliegt es demnach, »die Belange des Bundes zu wahren«, »während das öffentliche Interesse weiter zu fassen ist«[48]. Im Jahr 2016 beteiligte sich der *VBI* an etwa 20 Prozent der Revisionen.[49] Grundsätzlich hat er »die Positionen der Bundesrepublik Deutschland zu vertreten. Damit unterscheidet er sich vom Vertreter des öffentlichen Interesses nach § 36 VwGO, für den eine Beschränkung auf eine bestimmte Sichtweise nicht besteht.«[50] Natürlich bedeutet eine derart »beschränkte Sichtweise« nicht, dass dem *VBI* verwehrt sei, im Einzelfall kommunale Angelegenheiten oder die Interessen von Bürgern in seine Überlegungen einzubeziehen, wenn er damit Belange des Bundes wahrt.[51] Aber die Wende in der Aufgabenstellung gegenüber dem früheren Oberbundesanwalt bleibt deutlich.[52]

bb) Bundeskartellamt und Bundesnetzagentur als amici curiae in Zivilprozessen

Angesichts der vielfältigen Möglichkeiten, öffentliche Interessen im Zivilprozess zu schützen, ist es erklärlich, dass es nur einen schmalen Bereich gibt, für den sich der deutsche Gesetzgeber entschlossen hat, selbständige zivilprozessuale Institutionen zur Wahrung dieser Interessen zu schaffen oder zu erhalten.

---

47 Siehe das Zitat bei Fn. 22.
48 *H. Geiger*, in: Eyermann/Fröhler: VwGO, 14. Aufl., 2014, § 35 Rn. 1; *C. Steinbeiß-Winkelmann*, in: Schoch u. a.: VwGO, § 35 Rn. 5 [Stand März 2014].
49 In 57 von 314 Verfahren beteiligte er sich im Jahr 2016, Bericht (Fn. 50), S. 5.
50 *Geiger* (Fn. 48), § 35 Rn. 5. Deshalb betont der *Bericht* über die Tätigkeit des *VBI* im Geschäftsjahr 2016, Berlin 2017, S. 2 die Aufgabe, auf die Durchsetzung des Bundesrechts zu achten, besonders, wenn man bedenkt, »dass der Bund in ca. 80 % der Revisionsverfahren nicht als Partei an den Rechtsstreitigkeiten vor dem Bundesverwaltungsgericht beteiligt ist«.
51 Vgl. *Ausschussbericht* zum Entwurf eines Gesetzes zur Neuordnung des Bundesdisziplinarrechts, BT-Drs. 14/5529, S. 65: »Dabei ist die Vertretung des öffentlichen Interesses des Bundes in einem übergreifenden, unparteiischen Sinn zu verstehen. Gemeint sind die gesamtstaatlichen Interessen des Bundes, die die Belange der Länder und Kommunen ebenso einschließen wie die der einzelnen Bürgers.« Genauso *Bericht* (Fn. 50), S. 1: »Die Vertretung des öffentlichen Interesses des Bundes (Bundesinteresse) in Verfahren vor dem Bundesverwaltungsgericht ist in einem übergreifenden, unparteiischen Sinne zu verstehen. Gemeint sind die gesamtstaatlichen Interessen des Bundes, die die Belange der Länder und Kommunen ebenso einschließen wie die des einzelnen Bürgers.« Kritisch zu diesen Formulierungen *Steinbeiß-Winkelmann* (Fn. 48).
52 Kein Einfluss-, sondern Staatsvertreter (s. u. Text zu Fn. 73 ff.) ist der »*Vertreter des Finanzinteresses*« gemäß § 56 Abs. 1 und 2 Bundesleistungsgesetz [BLG]. Soweit er in einem Zivilprozess als Vertreter auftritt (vgl. *B. Dankelmann/H. Kerst*, in: Bauch/Dankelmann/Kerst: BLG, 2. Aufl., 1965, § 58 Anm. 5 [S. 140]), ist er kein zusätzlicher Beteiligter und insofern unproblematisch.

(1) Das Bundeskartellamt

Nach § 90 Abs. 1 GWB haben (auch) die Zivilgerichte das *Bundeskartellamt [BKartA]* über alle Rechtsstreitigkeiten zu unterrichten, die sich auf deutsches oder unionsrechtliches Wettbewerbsrecht gründen.[53] Dass sich bürgerliche Rechtsstreitigkeiten mit kartellrechtlichen, also öffentlich-rechtlichen Fragen beschäftigen können, liegt am drittschützenden Charakter der Regulierungsvorschriften, auf die sich Private berufen können[54] und deren Rechtsstreitigkeiten in §§ 87 ff. GWB erfasst sind.[55] Die Unterrichtung dient der öffentlich-rechtlichen Aufgabe des *BKartA*, die Freiheit des Wettbewerbs zu sichern und den Missbrauch marktbeherrschender Stellungen zu verhindern (vgl. §§ 1 ff. und 18 ff. GWB; vgl. auch Art. 101 und 102 AEUV).[56] Durch die Unterrichtung wird das *BKartA* nicht Beteiligter. Nach § 90 Abs. 2 GWB kann der Präsident des *BKartA*, wenn er es »zur Wahrung des öffentlichen Interesses als angemessen erachtet«, einen Vertreter bestellen, um im Prozess Erklärungen oder Hinweise zu geben sowie um Fragen an die Parteien, Zeugen und Sachverständige zu richten. Darüber hinausgehende prozessuale Rechte hat der Vertreter nicht; er ist vor allem an das zivilprozessuale Beweisrecht sowie an den Dispositionsgrundsatz und

---

53 *K. Schmidt*, in: Immenga/Mestmäcker: Wettbewerbsrecht, 5. Aufl., 2014, § 90 Rn. 1 ff. — § 90a Abs. 2 GWB enthält eine entsprechende Regelung für die Europäische Kommission; vgl. auch Art. 15 Kartellverfahrensordnung (VO 1/2003), Text und Kommentierung bei *R. v. d. Hout/A. Reinalter*, in: Berg/Mäsch (Hrsg.): Deutsches und Europäisches Kartellrecht, 2. Aufl., 2015, S. 1083 ff.; vgl. *A. Grimm*: Die Rechtsfigur des Amicus curiae im Kartellzivilprozess, 2014, S. 157 ff. u. ö.; *R. Lahme*: Die Eignung des Zivilverfahrens zur Durchsetzung des Kartellrechts, 2009, S. 72 ff.; *A. Zuber*: Die EG-Kommission als amicus curiae, 2001, S. 91 ff. und *K. Schmidt*, in: FS für E. Schumann, 2001, S. 405 (413 f.).
54 Vgl. *G. Schmitt-Kanthak*: Anm. zu BGH [unten in Fn. 68], N&R 2008, 86 [re. Sp.].
55 Von diesen kartellrechtlichen Gleichordnungsprozessen sind die kartellrechtlichen Verwaltungssachen zu unterscheiden, für die der Untersuchungsgrundsatz gilt (§ 70 Abs. 1 GWB) und über die die Zivilgerichte (*OLG* und *BGH*) als »Sonderverwaltungsgerichte« entscheiden (so *C. Grave*, in: Berg/Mäsch [Fn. 53], § 70 GWB Rn. 1).
56 Die Beteiligung des *BKartA* gemäß § 90 GWB hat ihren Ursprung in § 52 PatG 1936, das — anders als dies das PatG 1891 vorsah — die Informationspflicht der Zivilgerichte an das Reichspatentamt und dessen Beteiligungsbefugnis einführte (vgl. *Volkmar*, DJ 1936, S. 831 [834 ff.]; *H. Elten*: Das neue Patentgesetz vom 5. Mai 1936, 1937, S. 34 ff.). Für die damalige Zeit sehr restriktiv und mutig äußerte sich zu dieser neuen Regelung *R. Lutter*: PatG, 10. Aufl., 1936, § 52 (S. 463): »Unter allen Umständen muß natürlich der Anschein einer zu Gunsten einer Partei erfolgenden Einwirkung des Reichspatentamts auf das Gericht vermieden werden. Und auch sonst ist von der Befugnis des Patentamts mit großer Vorsicht Gebrauch zu machen.« — Nach dem Ende des Nationalsozialismus suspendierte das Erste Gesetz zur Änderung und Überleitung von Vorschriften auf dem Gebiet des gewerblichen Rechtsschutzes vom 8. Juli 1949 (§ 6, WiGBl. 1949, S. 175) den § 52 PatG 1936 »bis auf weiteres«. Ersatzlos strich ihn dann das Fünfte Gesetz zur Änderung und Überleitung von Vorschriften auf dem Gebiet des gewerblichen Rechtsschutzes vom 18. Juli 1953 (Art. 1 Nr. 22, BGBl. I, 615 [618]). Trotz dieses Wegfalls von § 52 PatG 1936 hatte zwei Jahre später der Entwurf eines Gesetzes gegen Wettbewerbsbeschränkungen keine Bedenken, unter ausdrücklicher Bezugnahme auf § 52 PatG 1936 entsprechende Regelungen (wenn auch mit Abstrichen, z. B. keine Teilnahme der Behörde an der Beratung des Gerichts) zu übernehmen (BT-Drs. II/1158, S. 54 zu § 65). Aus § 65 wurde der heutige § 90 GWB.

an die Verhandlungsmaxime, wie sie die Parteien ausüben, gebunden.[57] Das *BKartA* nützt diese Befugnis in den Tatsacheninstanzen nur selten, vor dem *BGH* jedoch fast immer, allerdings meistens nur in der mündlichen Verhandlung[58] (nicht schriftsätzlich[59]) aus[60]. Diese Mitwirkung bezeichnet das *BKartA* als die Tätigkeit eines *amicus curiae*[61].

(2) Die Bundesnetzagentur

Ähnlich sind die Regelungen bei der *Bundesnetzagentur [BNetzA]*[62]. Die Gesetze verweisen entweder auf den zitierten § 90 GWB (so § 139 TKG[63] und § 76 Gesetz zur Stärkung des Wettbewerbs im Eisenbahnbereich [ERegG]), oder sie haben einen vergleichbaren Wortlaut (so § 104 EnWG[64]). »Regelmäßig absehen«[65] werde man von diesen Beteiligungsbefugnissen, so dass es daher nur wenige Zivilprozesse sein werden, an denen sich die *BNetzA* beteiligt.[66] Deren zivilprozessuale Rolle wird als »eher der eines ›interessierten Beobachters‹« umschrieben[67].

---

57 *Schmidt* (Fn. 53), Rn. 8; *G. Hitzler*, WuW 1982, S. 509 (511 f.).
58 Vgl. *Grimm* (Fn. 53), S. 273 (jährlich fünf bis zehn Mal); z. B. *BGHZ* 199, 289 (305 Tz. 53).
59 *J. Bornkamm*, in: *Bundeskartellamt* (Hrsg.): 50 Jahre Bundeskartellamt, Bonn 2008, S. 36 (37 li. Sp.) zum Vorteil der lediglich mündlichen Äußerung.
60 *R. Bechtold/W. Bosch*: GWB, 8. Aufl., 2015, § 90 Rn. 2. Der *Tätigkeitsbericht des BKartA* in den Jahren 2013/2014 usw., BT-Drs. 18/5210, S. 37 nennt 17 Fälle, allerdings einschließlich der Verwaltungssachen (oben Fn. 50). — Die zurückhaltende Praxis des *BKartA* in den zivilprozessualen Instanzen ist nicht zu bedauern. Anders *A. Voß*, in: Kölner Kommentar zum Kartellrecht, 2014, § 90 Rn. 12: Dadurch könnte »manche schwerfällige Annäherung des Gerichts mit den eingeschränkten Mitteln der Zivilprozessordnung (Beibringungsgrundsatz, Darlegungslast, Strengbeweis) wesentlich [!] erleichtert werden.« Doch die Gerichte sind auch bei Beteiligung des *BKartA* von den Grundprinzipien der ZPO nicht dispensiert, s. o. bei Fn. 57.
61 *Bericht* (Fn. 60), S. 34 sub VII, S. 103 sub bb) a. E.; *Jahresbericht BKartA 2015*, S. 12: »In privaten Rechtsstreitigkeiten, die kartellrechtliche Grundsatzfragen zum Gegenstand haben, beteiligt sich das BKartA durch die Prozessabteilung regelmäßig vor dem Bundesgerichtshof als Berater des Gerichts (›amicus curiae‹)«. Auch Mitglieder des *BGH* verwenden die Bezeichnung, vgl. *Bornkamm* (Fn. 59).
62 Bundesnetzagentur für Elektrizität, Gas, Telekommunikation, Post und Eisenbahnen.
63 Vgl. *T. Mayen*, in: *Scheuerle/Mayen*: TKG, 2. Aufl. 2008, § 139 Rn. 5; *T. Attendorn*, in: *Geppert/Schütz*: TKG, 4. Aufl., 2013, § 139 Rn. 3 ff. — Dass § 139 TKG auch für postrechtliche Streitigkeiten gilt (so *Schmitt-Kanthak* [Fn. 54], S. 87 [li. Sp.]) ist kaum haltbar. § 44 Satz 2 PostG verweist auf nicht mehr geltende Vorschriften des TKG.
64 Vgl. *A. Werk*, in: Danner/Theobald: EnWG, Stand September 2016, § 104 Rn. 1, 11 f.; *F. Hölscher*, in: Britz u. a.: EnWG, 3. Aufl., 2015, § 104 Rn. 7 f.
65 *Werk* (Fn. 64), Rn. 3.
66 Der Entwurf des Gesetzes zur Stärkung des Wettbewerbs im Eisenbahnbereich ging von 10 Fällen im Kalenderjahr aus, in denen eine zivilgerichtliche Unterrichtung erfolgen werde und errechnete für die Bearbeitung *und* für eine etwaige Mitwirkung im Prozess einen jährlichen Aufwand von 17.340 Euro, vgl. BT-Drs. 18/8334., S. 160.
67 *B. Holznagel u. a.*: Gerichtliche Kontrolle im Lichte der Novellierung des TKG. Vorschläge zur Beschleunigung des Verfahrens, 2003, S. 97.

(3) Keine Ausdehnung auf vergleichbare Fälle

Die dargestellten Beteiligungsmöglichkeiten von *BKartA* und *BNetzA* sind Einzelregelungen. Mit Recht hat es der *BGH* abgelehnt, sie im Wege einer »Gesamtanalogie« auf vergleichbare Fälle auszudehnen, zumal mit der Beteiligung »prozessuale Befugnisse auch gegenüber den Parteien und Dritten verbunden sind«.[68]

b) Beseitigte spezielle Einflussvertreter

Richtet man den Blick auf die prozessualen Vertreter *spezieller* öffentlicher Interessen, so ist Sympathieschwund auch bei ihnen unübersehbar. Allerdings betrifft dies vor allem die *kontradiktorischen Vertreter spezieller Interessen*.[69] Gegenüber den hier behandelten *speziellen Einflussvertretern* ist ein Sympathieschwund nicht festzustellen. Ein spezieller Einflussvertreter war der »*Vertreter des Bundesinteresses*« nach § 45 des Besatzungsschädenabgeltungsgesetzes [BesSchG].[70] Er beteiligte sich am Prozess des Antragstellers gegen die Ausgangsbehörde genauso wie er selbst gegen deren Entscheidungen Klage zum Verwaltungsgericht erheben konnte.[71] Weiteren Vertretern besonderer öffentlicher Interessen verweigerte der Gesetzgeber jedoch eine prozessuale Vertreterrolle.[72]

c) Zwischenergebnis zu den drei bundesrechtlichen Einflussvertretern

Gegenüber den drei bundesrechtlichen Einflussvertretern spezieller öffentlicher Interessen (*VBI, BKartA, BNetzA*) bestehen dieselben verfahrenstheoretischen Bedenken wie bei den (allgemeinen) Einflussvertretern. Das *BVerwG* und der *BGH*, als die beiden Obersten Gerichtshöfe, vor denen diese Vertreter auftreten, bieten Gewähr, dass die jeweiligen öffentlichen Interessen berücksichtigt werden. Gleichwohl vermag ich mich der Konsequenz ihres Abbaus nicht anzuschließen. Entscheidend ist vor allem der erkennbar zurückhaltende Gebrauch ihrer Beteiligungsbefugnisse. Beim *BKartA* und der *BNetzA* kommt hinzu, dass der eindeutige Schwerpunkt die-

---

68 NJW 2008, 1165. Zustimmend *Schmidt* (Fn. 53), § 90 Rn. 12; als Behörde bedauernd *Schmitt-Kanthak* (Fn. 54). Eine Ausweitung der gesetzlichen Beteiligungsrechte erscheint ebenfalls nicht sinnvoll, vgl. z. B. *Holznagel* (Fn. 67), S. 98.
69 S. u. den Text zu Fn. 76.
70 BGBl. 1955 I, S. 734. Aufgehoben durch Art. 25 des Gesetzes zur Bereinigung von Bundesrecht im Zuständigkeitsbereich des Bundesministeriums der Finanzen usw. (BGBl. 2008 I, S. 810).
71 § 52 Abs. 3 BSchG.
72 So der »*Vertreter des Finanzinteresses*« nach § 18 Abs. 2 Satz 2 des Schutzbereichgesetzes [SchBG]), der im Rahmen des Festsetzungsverfahrens bestellt werden kann. Interessanterweise gilt diese Regelung nicht für einen etwa nachfolgenden Zivilprozess (vgl. B. *Bauch/R. Schmidt*: Kommentar zum LBG und SchBG, 1957, § 18 SchBG Anm. 6 sowie § 25 SchBG Anm. 3; *Noack* [Fn. 37]), S. 454 bei Fn. 21). Auf § 18 SchBG verweist übrigens § 19 Abs. 6 Luftverkehrsgesetz [LuftVG].

ser Behörden im öffentlichen Recht liegt und ihre zivilprozessuale Beteiligung das Ziel hat, zur Einheitlichkeit des Gesetzesvollzugs beizutragen.

3. Der Staatsvertreter als unproblematischer Beteiligter (vor allem die Landesanwaltschaft Bayern)

Eine besondere Rolle kommt der bereits vorgestellten[73] Landesanwaltschaft Bayern zu. Wie ausgeführt, ist sie auch Bevollmächtigte des Freistaates Bayern vor dem *BayVGH* und dem *BVerwG* (vgl. § 36 Abs. 1 Satz 2 VwGO). Insofern kann man die Landesanwaltschaft Bayern als *Staatsvertreter* charakterisieren. Sie tritt daher nicht als *zusätzlicher* prozessualer Beteiligter auf, vermehrt also nicht die Zahl prozessualer Akteure, sondern gehört zur staatlichen Prozesspartei.[74] Die Bedenken gegen die bisher behandelten Formen des Einflussvertreters bestehen deshalb beim Staatsvertreter nicht.[75]

4. Der deutliche Abbau kontradiktorischer Vertreter

Deutlich von den bisher erwähnten Prozessbeteiligten unterscheidet sich derjenige Vertreter des öffentlichen Interesses, der am Verfahren deshalb beteiligt wird, weil einer Prozesspartei kein geborener Gegner gegenübersteht und der Gesetzgeber zur Sicherung öffentlicher Interessen seine prozessuale Beteiligung für erforderlich hält (*kontradiktorischer* Vertreter); er ist — anders als die Einflussvertreter — ebenfalls kein zusätzlicher Beteiligter.

a) Ursprung und Funktion des kontradiktorischen Vertreters

Ohne die prozessuale Existenz des kontradiktorischen Vertreters würde der Prozesspartei kein Gegner gegenüberstehen; erst seine Beteiligung begründet den Zwei-Parteien-Prozess. Seinen Ursprung hat diese Variante des Vertreters des öffentlichen Interesses im bayerischen Recht des ausgehenden 19. Jahrhunderts.[76] Er war als kontradiktorisches Element notwendig, weil der Prozess vor dem *BayVGH* als ein ob-

---

73   S. o. Text bei Fn. 29 ff. — Zum *Vertreter des Finanzinteresses* nach dem BLG s. o. Fn. 52.
74   Dass die Bayerische Landesanwaltschaft zugleich auch das Gemeinwohl zu beachten hat (s. o. Text bei Fn. 33), erhöht nicht die Zahl der Beteiligten.
75   Nur in *dieser* Gestalt hatte auch schon *Baring* (Fn. 8), S. 164 keine Einwände gegen den Vertreter des öffentlichen Interesses.
76   Zur »besonderen Stellung« des *Königreichs Bayern* bei der Geburt des Vertreters des öffentlichen Interesses: *C. Fischer*: Gegenwart und Zukunft des Vertreters des öffentlichen Interesses, Diss. Passau 1984, S. 19 ff. Die »*Vertretung des öffentlichen Interesses*« war einer »*Staatsanwaltschaft*« anvertraut (Art. 4 und Art. 42 Gesetz, betreffend die Errichtung eines VGH und das Verfahren in Verwaltungsrechtssachen vom 8. August 1878, BayGVBl. S. 369). Eine eigene Behörde mit der Interessenswahrnehmung zu betrauen, war in der damaligen Zeit einzigartig (*Baring* [Fn. 8], S. 117).

jektives Verfahren ausgestaltet war. »Der Staat ist formell in Bayern der Regel nach nicht Streitsteil (Prozeßpartei).«[77] Nur so konnten Gegenpositionen in das Verfahren eingeführt werden.[78] Seitdem der Staat auch in den öffentlich-rechtlichen Verfahren am Prozessrechtsverhältnis beteiligt ist, entfiel der Grund für den kontradiktorischen Vertreter. Trotzdem wurde er nach dem Ende des Zweiten Weltkriegs beibehalten[79], jetzt als *zusätzlicher* Beteiligter in der Form des hier abgelehnten Einflussvertreters.

b) Die Beseitigung wichtiger kontradiktorischer Vertreter

Obwohl die Argumente gegen die Einflussvertreter überhaupt nicht auf die kontradiktorischen Vertreter öffentlicher Interessen zutreffen, sind sie gleichermaßen dem allgemeinen Sympathieschwund ausgesetzt. Jahrzehnte lang tätige bedeutende kontradiktorische Vertreter gibt es nicht mehr.[80]

aa) Asylverfahren

Im Asylverfahren beseitigte der Bundestag im Jahr 2004[81] den nach dem Vorbild von § 35 Ausländergesetz 1965 und § 5 Asylverfahrensgesetz 1982 tätigen »*Bundesbeauftragten für Asylangelegenheiten*« (§ 6 Asylverfahrensgesetz 1992)[82]. Er war als kontradiktorischer Vertreter des öffentlichen Interesses über drei Jahrzehnte prozessual notwendig gewesen, um die Anfechtung von Entscheidungen des Bundesamtes für die Anerkennung ausländischer Flüchtlinge (das heutige Bundesamt für Migration und Flüchtlinge) zu ermöglichen;[83] denn diese Entscheidungen ergingen von wei-

---

77 *A. Dyroff*: Bayerisches Verwaltungsgerichtsgesetz, 3. Aufl., 1902, Art. 8 Anm. 2a (S. 171).
78 Vgl. *Fischer* (Fn. 76) S. 20; *H. J. Schulz-Hardt*: Der allgemeine Vertreter des öffentlichen Interesses in der deutschen Verwaltungsgerichtsbarkeit, Diss. Kiel 1968, S. 19.
79 Als in der amerikanischen Besatzungszone wieder eine umfassende Verwaltungsgerichtsbarkeit eingeführt wurde (vgl. *P. v. Hufen*: VVG, 1947, S. 4), sah sie auch in Bayern einen »*Vertreter des öffentlichen Interesses*« vor, dessen Aufgabe war »mitzuwirken, daß das Recht sich durchsetzt und das Gemeinwohl keinen Schaden erleidet« (§ 18 Abs. 2 Satz 1 VVG vom 25. September 1946, BayGVBl. S. 281 [282]). Die Behörde trug die Bezeichnung »*Staatsanwaltschaft*« (Art. 3 Abs. 1 VO zum VVG vom 27. September 1946, BayGVBl. S. 291), jetzt heißt sie »*Landesanwaltschaft*«, s. o. Fn. 29.
80 Zum folgenden Text *Steinbeiß-Winkelmann* (Fn. 48), § 35 Rn. 3.
81 Vgl. *R. Marx*: AsylG, 9. Aufl. 2017, § 87b Rn. 1.
82 Vgl. z. B. *Marx*: AsylVfG, 5. Aufl. 2003, § 6 Rn. 1 ff. — Trotz seines Namens war er kein »Beauftragter« im üblichen Sinn, sondern Vertreter des öffentlichen Interesses, *J. Kruse*: Der öffentlich-rechtliche Beauftragte, Berlin 2007, S. 239.
83 *Ausschussbericht* zum Entwurf des Ausländergesetzes, BT-Drs. IV/3013, S. 7 [re. Sp.]): »Da das Verfahren vor unabhängigen Ausschüssen stattfindet« … »fehlt es an einem prozessualen Gegner des Antragstellers, der etwaige mit der Rechtslage nicht in Einklang stehende Entscheidungen der Ausschüsse mit Rechtsmitteln angreifen könnte. Nach der derzeitigen« … »Verfahrensgestaltung« … »können zu Gunsten des Antragstellers ergehende Entscheidungen« … »nicht angefochten werden, weil es an einer zur Einlegung von Rechtsmitteln befugten Institution fehlt. Die vorgeschlagene neue Bestimmung soll diese Lücke schließen und prozessuale Gleichheit zwischen dem antragstellenden Ausländer

sungsfreien Ausschüssen, später von weisungsungebundenen Entscheidern.[84] Erst auf Klage des Bundesbeauftragten hin konnte der Staat seine Interessen durchsetzen (§ 6 Abs. 2 Satz 3 AsylVfG 1992). Diese »komplizierte Rechtskonstruktion«[85] erwies sich »zunehmend als unpraktikabel und verfahrensverzögernd«[86] und war dadurch belastet, dass *neben* dem Bundesbeauftragten die Vertreter des öffentlichen Interesses sowie der Oberbundesanwalt beim *BVerwG* auftreten konnten.[87] Jetzt gilt das normale VwGO-Verfahren.[88]

bb) Lastenausgleich, ähnliche Materien, Wertpapierbereinigung

Ein weiterer bedeutender kontradiktorischer Vertreter war der *»Vertreter der Interessen des Ausgleichsfonds«*[89], der an den verwaltungsgerichtlichen Verfahren über lastenausgleichsrechtliche Streitigkeiten teilnahm. Er wurde geschaffen, um die Interessen des Ausgleichsfonds gegenüber ungünstigen Entscheidungen der Ausschüsse zu wahren.[90] Mit der Auflösung des Ausgleichsfonds durch das 34. Änderungsgesetz zum Lastenausgleichsgesetz [34. ÄndG LAG][91] entfiel seine Existenzberechtigung.[92] Wie beim jetzigen Asylverfahren laufen Prozesse in Lastenausgleichssachen nur nach der VwGO ab (vgl. § 315 LAG). Als *»Vertreter des Bundesinteresses«* gemäß § 48 des Reparationsschädengesetzes[93] [RepG] hatte der Vertreter der Interessen des

---

und dem Staat als dem Sachwalter des öffentlichen Interesses herstellen«; *Begründung* zum Entwurf eines Zuwanderungsgesetzes, BT-Drs. 15/420, S. 106 [re. Sp.] sub 1.

84 § 5 Abs. 1 Satz 1 AsylVG 1992, BGBl. I, S. 1126.
85 *Begründung* (Fn. 83) zum Entwurf eines Zuwanderungsgesetzes, a. a. O.
86 *Begründung* (Fn. 83), S. 62 [re. Sp.] und S. 65 [re. Sp.]: Beschleunigung des Verfahrens.
87 Zu dieser *»Doppelvertretung«* kritisch etwa *Noack* (Fn. 37), S. 455 [li. Sp.]: »Bei der Vielgestaltigkeit der Lebensverhältnisse, die uns in Verwaltungsprozessen begegnen, ist es in Einzelfällen denkbar, dass verschiedene öffentliche Interessen unterschiedliche Anträge rechtfertigen.« Ebenso z. B. *Baring* (Fn. 8), S. 147 f.; *Bericht* (Fn. 83); *BRH* (Fn. 115). Hingegen sah *BVerwGE* 75, 337 (339) keine Bedenken, wenn diese »nebeneinander bestehende Beteiligungsmöglichkeit« dazu führt, dass die Beteiligten »unterschiedliche öffentliche Interessen vertreten«. Doch diese Doppelvertretung verstößt möglicherweise gegen die *Waffengleichheit*, weil nunmehr dem Kläger zwei Gegner gegenüberstehen: »Es wäre auch mit dem Gedanken des Rechtsschutzes nicht vereinbar, wenn der Naturalpartei zwei und in der Revisionsinstanz sogar drei Vertreter gegenüberständen, die das öffentliche Interesse der Verwaltung wahrten. Bei dieser Betrachtung wäre die ›Waffengleichheit‹ beseitigt.« (*BVerwGE* 18, 205 sub II 1 vierter Absatz a. E).
88 Vgl. §§ 74 ff. AsylVfG. Derzeit gibt es für eine Beteiligung des Vertreters des öffentlichen Interesses an Asylverfahren gibt es »keinen Raum mehr«, so *Marx* (Fn. 82), § 6 Rn. 41 f.
89 Gemäß §§ 316, 322, 336, 338 f. des Lastenausgleichsgesetzes [LAG], BGBl. 1952 I, S. 446.
90 Etwa durch von ihm eingelegte Revisionen zum *BVerwG*, vgl. z. B. *BVerwGE* 14, 192; 22, 190; 24, 300; *BVerwG* NJW 1955, 1370; 1955, 1410; 1955, 1851.
91 Art. 1 Nr. 18 34. ÄndG LAG (BGBl. 2004 I, S. 1742).
92 Vgl. *Ausschussbericht* zum Entwurf des 34. ÄndG LAG, BT-Drs. 15/2230, S. 4 (re. Sp.).
93 Gesetz zur Abgeltung von Reparations-, Restitutions-, Zerstörungs- und Rückerstattungsschäden (BGBl. 1969 I, S. 105).

Ausgleichsfonds⁹⁴ die Interessen des Bundes zu wahren.⁹⁵ Das erwähnte 34. ÄndG LAG ließ auch diesen Vertreter wegfallen.⁹⁶ Ähnlich nahm die *Bankaufsichtsbehörde* nach dem *Wertpapierbereinigungsgesetz*⁹⁷ [WertpBG] öffentliche Interessen⁹⁸ wahr und konnte gegen die landgerichtliche Entscheidungen die sofortige Beschwerde zum OLG einlegen.⁹⁹

    c) Ein Restbestand: Zivilgerichtlicher Staatsanwalt als »Gegenbeteiligter«

Den Staatsanwalt als kontradiktorischer Vertreter kennt das *Transsexuellengesetz* [TSG]. Der »*Vertreter des öffentlichen Interesses*« nach § 3 Abs. 2 Nr. 2 TSG¹⁰⁰ amtiert neben dem Antragsteller als einziger weiterer Beteiligter.¹⁰¹

94   S. o. Text bei Fn. 89 ff.
95   Vgl. Entwurf des RepG, BT-Drs. V/2432, S. 67 [Nr. 170 zu § 44].
96   Art. 5 Nr. 3 34. ÄndG LAG (Fn. 91).
97   WiGBl. 1949, S. 295.
98   »Vertreterin des gemeinsamen Interesses aller an der einzelnen Wertpapierart Berechtigten« (Amtliche Begründung zum WertpBG, zu §§ 54 – 58, bei *H. Ziganke*: WertpBG 1950, Anhang S. 16).
99   Vgl. § 4 Abs. 3, §§ 34, 54 Abs. 3 WertpBG; vgl. *Ziganke* (Fn. 98), § 54 Fn. 16 ff. »Weil sich im allgemeinen nicht zwei Parteien gegenüberstehen«, war das FGG Verfahren (§ 61 WertpBG) anwendbar (*Ziganke* a. a. O., § 61 Fn. 3). — Ebenso hatte der »*Vertreter des Bundesinteresses*« des Allgemeinen Kriegsfolgengesetzes [AKG] diese Beschwerdebefugnis gegen die Wertpapierbereinigungskammer (vgl. *E. Féaux de la Croix/P. Beyss u. a.*: AKG, 1959, § 56 Anm. 1). Bei den Härteregelungen (§§ 68 ff. AKG) waren die Vertreter des Ausgleichsfonds als »*Vertreter des Bundesinteresses*« innerhalb des Verwaltungsrechtswegs tätig (§ 77 Satz 1 AkG). Auch diesen Vertreter gibt es nicht mehr (vgl. Art. 9 Gesetz zur Änderung und Ergänzung des Entschädigungsgesetzes usw., BGBl. 2003 I, S. 2471 [2476]).
100 Das Landesrecht bestimmt, wer als öffentlicher Vertreter berufen ist. In Bayern ist es die *Generalstaatsanwaltschaft* (§ 23 Abs. 2 BayZuständigkeitsVO, BayGVBl. 2015, S. 184).
101 Vgl. *W. Sternal*, in: Keidel: FamFG, 19. Aufl., 2017, § 1 Rn. 28 zu TSG und VerschG. Ebenso vertritt der Staatsanwalt öffentliche Interessen im Verfahren der freiwilligen Gerichtsbarkeit bei Fällen nach dem *Verschollenheitsgesetz* (vgl. z. B. § 16 Abs. 2 Buchst. a, § 30 Abs. 1 VerschG). Auch die *Bankaufsichtsbehörde* und der besondere *Vertreter des Bundesinteresses* traten in einem Verfahren der Freiwilligen Gerichtsbarkeit auf (s. o. Fn. 97 ff.). Seit dem Jahr 2008 sah § 1600 Abs. 1 Nr. 5 BGB einen Vertreter des öffentlichen Interesses vor. Die dort genannte »zuständige Behörde« konnte in dem familiengerichtlichen Verfahren über Abstammungssachen (vgl. jetzt §§ 169 ff. FamFG) die Vaterschaft anfechten (vgl. § 171 Abs. 2 Satz 3 FamFG a. F., hierzu *Wagner*, in: Bassenge/Roth: FamFG/RPflG, 12. Aufl., 2009, § 171 FamFG Rn. 5), wenn die Vaterschaft auf einer Anerkennung durch den Mann (vgl. § 1592 Nr. 2 BGB) beruhte. Damit sollte der Missbrauch »der Vaterschaftsanerkennung zum Zwecke der Erlangung eines Aufenthaltstitels bzw. der deutschen Staatsangehörigkeit« bekämpft werden (Entwurf eines Gesetzes zur Ergänzung des Rechts zur Anfechtung der Vaterschaft, BT-Drs. 16/3291, S. 1). Insoweit lebte die alte »im öffentlichen Interesse« vom Staatsanwalt ausgeübte Anfechtung der Ehelichkeit eines Kindes (§ 1595a BGB a. F.) in anderer Gestalt wieder auf; sie war im Jahr 1961 abgeschafft worden (zur damaligen Begründung o. Fn. 11). Doch die neu eingeführte »*Behördenanfechtung*« der Vaterschaft war mit Art. 16 und Art. 6 GG unvereinbar und wurde daher vom BVerfG für nichtig erklärt (*BVerfGE* 135, 48 [49]; vgl.

III. Zusammenfassung und Ergebnis

1. Der *kontradiktorische Vertreter*: Weil im ursprünglichen Verwaltungsprozess eine Prozesspartei keinen Gegner hatte, wurde im Vertreter des öffentlichen Interesses ein prozessuales Gegenüber geschaffen (*Ursprungsmodell 1878 des bayerischen Vertreters des öffentlichen Interesses*[102]). Heutzutage ist dieses Modell des kontradiktorischen Vertreters nur anzutreffen, wenn einer Prozesspartei kein geborener Gegner gegenübersteht und der Gesetzgeber zur Sicherung öffentlicher Interessen eine prozessuale Beteiligung für erforderlich hält, etwa im Transsexuellengesetz[103]. Gegen einen solchen Vertreter des öffentlichen Interesses erheben sich keine prozessrechtlichen Einwände.

2. Der *Einflussvertreter*: Er ist am Prozess aufgrund der Besorgnis beteiligt, die Richter würden die öffentlichen Interessen übersehen (*Modell des Staatsanwalts der CPO*[104]). Der Sympathieschwund gegenüber diesem Modell[105] zeigt, dass die heutige Gesetzgebung keinen Grund für eine derartige Besorgnis sieht. Auf der Verlustliste stehen außer dem abgeschafften zivilprozessualen Staatsanwalt: *Der Oberbundesanwalt beim BVerwG*[106], die meisten *landesrechtlichen Vertreter des öffentlichen Interesses der VwGO*[107] sowie zahlreiche *Vertreter spezieller öffentlicher Interessen*[108]. Der Finanz-, Sozial- und Arbeitsgerichtsbarkeit waren solche Einflussvertreter ohnedies fremd.[109]

Die Richter aller Rechtswege sind kraft ihrer Verantwortung für die Rechtsanwendung (*jura novit curia*) verpflichtet, die von der Rechtsordnung anerkannten öffentlichen Interessen zu beachten; hierzu bedarf es keines zusätzlichen prozessualen Akteurs[110]. — Soweit es vor dem *BVerwG* und dem *BGH* in der Gestalt des *VBI* sowie des *BKartA* und der *BNetzA* Einflussvertreter gibt, handelt es sich um einen schmalen Sonderbereich[111] und prozessuale Einzelregelungen[112].

auch *Marina Wellenhofer*, MünchKommBGB, 7. Aufl., 2017, § 1600 Rn. 34 - 48.). Das Gesetz zur besseren Durchsetzung der Ausreisepflicht, BGBl. 2017 I, S. 2780, zieht aus der Entscheidung des *BVerfG* die Konsequenzen; es enthält nunmehr »Regelungen zur Verhinderung missbräuchlicher Vaterschaftsanerkennungen« (*Beschlussempfehlung und Ausschussbericht*, BT-Drs. 18/12415, S. 2) und fügt in das BGB einen »§ 1597a Verbot der missbräuchlichen Anerkennung der Vaterschaft« ein. Eine gerichtliche Anfechtung von Vaterschaftsanerkennungen durch einen Vertreter öffentlicher Interessen sieht das Gesetz nicht mehr vor.

102 S. o. Text bei Fn. 76 ff.
103 S. o. Text bei Fn. 100.
104 S. o. Text bei Fn. 6 ff.
105 S. o. Text bei Fn. 4 bis 42.
106 S. o. Text bei Fn. 23 f.
107 S. o. Text bei Fn. 23 bis 28.
108 S. o. Text bei Fn. 69 ff.
109 S. o. Text bei Fn. 38.
110 S. o. z. B. bei Fn. 39 und 36. Für seine eigene Vertretung braucht der Staat ohnehin keinen solchen Vertreter (Text nach Fn. 39).
111 S. o. Absatz nach Fn. 72.
112 S. o. *BGH* in Fn. 68.

3. Der *Staatsvertreter*: Keine Einwände gibt es gegen den Staatsvertreter, der den Staat im Prozess als Prozessbevollmächtigter vertritt; dann ist er kein zusätzlicher Beteiligter (*Modell der bayerischen Landesanwaltschaft*[113]).
4. Schließen soll dieser Beitrag mit einem Zitat des *Bundesrechnungshofs [BRH]*, das den Kern der Studie zum *Einflussvertreter* auf den Punkt bringt: »Ein gesonderter Vertreter des öffentlichen Interesses ist in einem gefestigten demokratischen und rechtsstaatlichen Gemeinwesen nicht mehr erforderlich. Neben den für den Vollzug zuständigen, an Recht und Gesetz gebundenen Behörden des Bundes, der Länder und Kommunen sowie der unabhängigen Gerichtsbarkeit, sieht er [sc. der *BRH*] keinen Bedarf für eine weitere Institution zur Wahrung des Gemeinwohls. Der sachkundigen Vertretung von Einzel- oder Sonderinteressen, z. B. der Bürger, dient die Rechtsanwaltschaft; auch insofern bedarf es darüber hinaus keines staatlichen Sachwalters.«[114] Zutreffend führt der *BRH* auch wichtige prozessuale Gründe an[115]: »Eine solche Stelle vergrößert die Zahl der Verfahrensbeteiligten, schafft zusätzliche Schnittstellen, verlängert die Entscheidungsprozesse, kann zu Doppelarbeiten führen und verwischt die Verantwortlichkeiten.«[116]

---

113 S. o. Text zu Fn. 73 bis 75.
114 *BRH*: Bemerkungen 2001 zur Haushalts- und Wirtschaftsführung des Bundes, S. 87 sub 6.3.2. Wenn man diese Argumente oder die Praxisfragen der *Doppelvertretungen* (Fn. 45, 87) vernachlässigt, kann man sich leicht für den Vertreter des öffentlichen Interesses erwärmen, so *Sabine Schlacke*: Überindividueller Rechtsschutz, 2008, S. 117 f. Auch *Ebert* (Fn. 5) geht nicht auf die Bedenken gegen den Vertreter des öffentlichen Interesses ein.
115 *BRH* (Fn. 114), S. 88 sub 6.5.2.
116 Stand: Juli 2017. Aus Raumgründen sind die Nachweise in den Fußnoten meist exemplarisch und erheben keinen Anspruch auf Vollständigkeit. Ich danke meinen wissenschaftlichen Mitarbeitern, Herrn RRef. *M. Lechner* für die Unterstützung bei der Beschaffung des Materials und Herrn Regierungsrat *Dr. A. Götz* für die Hilfe bei der Herstellung des Manuskripts sowie für vielfältige, ermutigende Diskussionen und hilfreiche Kritik.

Gerichtliche Verschwiegenheitsanordnungen zum Schutz von Unternehmensgeheimnissen

Astrid Stadler

I. Einleitung

Der Jubilar hat sich ebenso wie die Autorin dieses Beitrages wiederholt mit dem Schutz von Geschäftsgeheimnissen im Zivilverfahren befasst.[1] Anlass, das Thema (trotz aller guten Vorsätze) erneut aufzugreifen, ist die Tatsache, dass man nicht müde werden darf, gesetzgeberisches Handeln einzufordern – insbesondere für die anstehende Umsetzung der Know-How-Richtlinie.[2] Die Diskussion zum Schutz von Unternehmensgeheimnissen[3] im Zivilprozess dreht sich seit rund 30 Jahren vor allem um die Zulässigkeit von sog. »in camera«-Verfahren«[4] de lege lata oder de lege ferenda und damit um den Schutz sensibler Informationen einer Partei vor der Kenntnisnahme durch den Prozessgegner. Dies soll hier nicht weiter vertieft werden. Als weitgehend unproblematisch gilt hingegen aufgrund bestehender gesetzlicher Vorschriften im GVG der Schutz von Betriebs- und Geschäftsgeheimnissen vor der Preisgabe gegenüber der Öffentlichkeit bzw. durch Weitergabe von Prozessbeteiligten (§§ 172, 174 GVG).

---

1 *Prütting/Weth*, Geheimnisschutz im Prozessrecht, NJW 1993, 576 ff; *Prütting*, Discovery im deutschen Zivilprozess?, AnwBl. 2008, 153 ff; allg. *Prütting*, Die Strukturen des Zivilprozesses unter Reformdruck und europäische Konvergenz, Festschr. Schumann (2002), 309 ff; *Prütting*, Datenschutz und Zivilverfahrensrecht in Deutschland, ZZP 106 (1993), 427; *Stadler* NJW 1989, 1202 ff; *dies.*, Der Schutz von Unternehmensgeheimnissen im deutschen und U.S.-amerikanischen Zivilprozeß sowie im Rechtshilfeverfahren, 1989; *dies.*, ZZP 123 (2010), 261 ff; *dies.*, Festschr. Leipold (2009), 201 ff.
2 RiLi 2016/943 zum Schutz vertraulichen Know-hows und vertraulicher Geschäftsinformationen.
3 Der Begriff wird im Folgenden synonym verwendet für Betriebs- und Geschäftsgeheimnisse oder Know-how.
4 Hierzu *Götz* Der Schutz von Betriebs- und Geschäftsheimnissen im Zivilverfahren, 2014, S. 367 ff, 409 ff (Bespr. *Stadler* in JZ 2016, 742); *Rausch*, Stärkung des Informationsanspruchs durch das acra-nigra-Verfahren, 2010, 117 ff; *Kersting*, Der Schutz des Wirtschaftsgeheimnisses im Zivilprozeß, 1995, S. 276 ff; *Stürner* JZ 1985, 453 ff; *Stadler* (Fn. 1) 1989 S. 231 ff und ZZP 123 (2010), 261 ff; *dies.*, Festschr. Leipold (2009), 201 ff, 214 ff; *Rojahn*, Festschr. Loewenheim (2009), 251 ff.; *McGuire* GRUR 2015, 424 ff. In der RiLi 2016/943 wurde das in Art. 9 Abs. 2 vorgesehene »in camera«-Verfahren in letzter Minute »verwässert« und schreibt nun vor, dass die gegnerische Partei mit einer »natürlichen Person« und ihrem Anwalt vertreten sein darf; zur Umsetzung in Deutschland *McGuire* GRUR 2015, 424, 433.

Dies ist schon für den herkömmlichen Zwei-Parteien-Prozess nicht ganz richtig, in Massenverfahren nach dem KapMuG liegen die Dinge noch komplizierter, denn gerade in Kapitalmarktstreitigkeiten spielen Unternehmensinterna des beklagten Unternehmens oder seiner Konzerntöchter bisweilen eine entscheidende Rolle. Der von den Klägern zu erbringende Nachweis, dass eine kapitalmarktrelevante Information nicht oder nicht rechtzeitig publiziert wurde,[5] lässt sich häufig nur durch interne Kommunikation und ähnliche Dokumente des Beklagten und/oder seiner Konzerntöchter führen.[6] Nun ist das deutsche Zivilprozessrecht bekanntermaßen sehr zurückhaltend, wenn es um die Mitwirkungs- und Vorlagepflicht von Prozessparteien und Dritten geht. Amtswegige Anordnungen zur Urkundenvorlage nach § 142 ZPO gegenüber dem Prozessgegner, die über §§ 422, 423 ZPO hinausgehen, sind nicht eben an der Tagesordnung.[7] Ein Haupthindernis ist dabei, dass auch für Anordnungen nach § 142 ZPO die beweisbelastete Partei die Urkunden und ihren Inhalt so detailliert beschreiben können muss, dass eine Identifizierung ohne Weiteres möglich ist. Die Vorlage pauschal umschriebener Akten oder ganzer Dokumentationen ist nach der Rechtsprechung und h.M. nicht möglich.[8] Die Regeln über die sekundäre Behauptungslast sollen nach Ansicht des BGH für die *Identifizierung* der Urkunden keine Anwendung finden.[9] Ist eine genaue Bezeichnung nicht möglich oder sprengt der Umfang der vorzulegenden Dokumente die Zumutbarkeitsgrenze, kommt auch eine gerichtliche Anordnung nicht in Betracht. Dritte können sich ohnehin für Unternehmensgeheimnisse auf §§ 142 Abs. 2, 384 Nr. 3 ZPO berufen. Dies alles bringt den Kläger nicht selten in erhebliche Beweisnot in Schadensersatzklagen nach dem WpHG.

In Anlegerfällen mit Bezug zu den USA kann das US-amerikanische Recht helfen, wenn sich prozessrelevante Urkunden dort befinden. Nicht in Form eines relativ umständlichen Rechtshilfeersuchens nach dem Haager Beweisübereinkommen von 1970[10], sondern auf direktem Wege über die Vorschrift des USC § 1782. Diese Vorschrift ermöglicht es einer »interessierten Person«, unter Anwendung US-amerikanischer *pretrial discovery*-Vorschriften die Vorlage von Dokumenten zu erzwingen, die sich in den USA befinden und diese im deutschen Prozess als Beweismittel zu verwenden. USC § 1782 sollte nach Vorstellung des US Kongresses explizit dazu

---

5 § 37b Abs. 2 WpHG sieht nur für die Frage des Verschuldens eine Beweislastumkehr vor.
6 S. etwa *Zuck* NJW 2010, 2913, 2914.
7 Eine über die §§ 422 ff ZPO hinausgehende Bedeutung des § 142 ZPO lehnt entgegen hM z.B. ab *Stein/Jonas/Althammer*, 23. Aufl. 2016, § 142 Rn. 17 ff.
8 BGH NJW 2014, 3312; NJW-RR 2007, 1393; OLG Stuttgart BeckRS 2016, 07931; OLG Brandenburg BeckRS 2015, 00149 Rn. 69; BeckRS 2014, 03330; OLG Frankfurt BeckRS 2014, 05132; BGH FD-ZVR 2014, 360155 (auch für § 810 BGB); *Stein/Jonas/Althammer*, § 142 Rn. 11; großzügiger im Prinzip *Wagner* JZ 2007, 706, 713 f., aber mit Zumutbarkeitsvorbehalt bei US-amerikanischen Dimensionen. Einen Sonderfall betrifft BGH NJW 1989, 2947 (Amtshilfe).
9 BGH NJW 2007, 2989 Rn. 16; a.A. *Wagner* JZ 2007, 706, 714; Musielak/Voit/*Stadler*, ZPO, 14. Aufl. 2017, § 142 Rn. 4.
10 BGBl. 1977 II, S. 1452, 1472.

dienen, bei der Beschaffung von Beweismitteln für ausländische Verfahren zu helfen, wenn dort restriktivere Mitwirkungspflichten von Parteien und Dritten gelten, als sie das US-amerikanische *pretrial discovery*-Verfahren kennt.[11] In seiner grundlegenden Entscheidung von 2004 sprach sich der US Supreme Court für eine großzügige Auslegung der Norm aus.[12] Wenn sich die für ein ausländisches Verfahren relevanten Urkunden im entsprechenden Gerichtsbezirk befinden, muss nur dargelegt werden, dass das ausländische Gericht die Verwertung der Urkunden zulässt und darf nicht ausländisches Forumrecht umgangen werden. Für letzteres genügt es aber gerade nicht, wenn etwa das deutsche Recht lediglich zurückhaltendere Beweis(ermittlungs)vorschriften kennt als das US-Recht.[13]

Enthalten die vorzulegenden Dokumente allerdings *trade secrets*, ergehen Vorlageanordnungen von US-Gerichten regelmäßig unter einer *protective order*.[14] Der Antragsteller darf dann die Dokumente oder Teile davon nicht an Dritte weitergeben und sie im ausländischen Prozess nur so einbringen, dass sie weder der Öffentlichkeit preisgegeben werden, noch eine Weitergabe durch diejenigen Personen droht, die Zugang zu den *trade secrets* erhalten.[15] Diese müssen daher regelmäßig ihrerseits einer Verschwiegenheitspflicht unterliegen.[16] Da der Prozessgegner die Unterlagen in diesen Fällen typischerweise ohnehin kennt, geht es im Folgenden »nur« um den Schutz gegenüber der Öffentlichkeit.

II. Ausschluss der Öffentlichkeit, Verschwiegenheitsanordnungen und Akteneinsichtsrecht im normalen Zivilprozess

1. Voraussetzungen und Umfang von Verschwiegenheitsanordnungen

§ 172 Nr. 2 GVG lässt den Ausschluss der Öffentlichkeit von der mündlichen Verhandlung und Beweisaufnahme zu, wenn es um Betriebs- und Geschäftsgeheimnisse

---

11 Vgl. *Intel Corp. v. Advanced Micro Devices, Inc.*, 542 U.S. 241 (2004) sub I A.
12 *Intel Corp. v. Advanced Micro Devices, Inc.*, 542 U.S. 241 (2004).
13 S. *Mees v. Buiter*, 793 F.3d 291, 304 (2d Cir. 2015); *Apple Inc.* 2012 WL 1570043; *In re Gemeinschaftspraxis Dr. Med. Schottdorf*, 2006 WL 3844464 (S.D.N.Y.); *In re Kreke Immobilien KG*, 2013 WL 5966916 (S.D.N.Y.); zum Ganzen *Brinkman*n IPRax 2015, 109 ff.
14 Rules 26 (c) (G); 37 (a) (5) (C), 45 (d) (3) (B) (i) Federal Rules of Civil Procedure.
15 Zu einzelnen Aspekten der *protective orders*, s. *Kersting* (Fn. 4) S. 204 m. Nw.
16 Verstöße gegen solche Verschwiegenheitsverpflichtungen sind im dt. Recht u.a. mit Schadensersatzpflichten sanktioniert (§§ 823 Abs. 2 BGB, 353c StGB, 174 Abs. 3 GVG), die ggf. aber auf Beweisschwierigkeiten stoßen. Bei der Umsetzung US-amerikanischer *protective orders* muss aber kein absoluter, sondern nur ein gleichwertiger Schutz bestehen. Die im US-Recht vorgesehenen Sanktionen des *contempt of court* (s. nur *Public Citizien* v. *Liggett Group, Inc.*, 858 F.2d 775782 [1st Cir. 1988]) sind gleichermaßen mit dem Nachweisproblem behaftet. In gewisser Weise erleichtern Listen, die alle Personen, die Zugang zu dem Geheimnis haben, verzeichnen, die spätere Rechtsverfolgung, s. *National Hand Tool Corp.* v. *US* 1990 WL 106722 (Ct. of Int'l Trade); *Kersting* (Fn. 4) S. 204.

einer Partei oder eines Dritten geht.[17] Deutsche Gerichte sind von Verfassungs wegen zu einer Abwägung von Geheimnisschutz (Art. 12, 14 GG), effektivem Rechtsschutz und Öffentlichkeitsgrundsatz verpflichtet und machen von dem Ausschluss regelmäßig Gebrauch.[18] Dieser kann verbunden werden mit einer strafbewehrten Geheimhaltungsanordnung für diejenigen, die in der Verhandlung weiterhin anwesend sein dürfen (§ 174 Abs. 3 GVG). Dies umfasst die Parteien, ihre Rechtsanwälte, mögliche Beweispersonen, das Gerichtspersonal[19] und ggf. Dritte (s. auch § 175 GVG).[20] Streitig ist, ob auch das Gericht selbst unter das von ihm erlassene Gebot fällt.[21] Die Frage ist jedoch angesichts der für Amtsträger allgemein bestehenden Verschwiegenheitspflicht[22] kaum relevant. Streitig ist, ob Rechtsanwälte ihre nicht persönlich anwesenden Mandanten über die Geschäftsgeheimnisse informieren dürfen, die sie in der nicht-öffentlichen Verhandlung erfahren. Hierauf wird bei den strafrechtlichen Sanktionen noch einzugehen sein.

In der Sache werden nach dem Wortlaut von § 174 Abs. 3 GVG alle Unternehmensgeheimnisse erfasst, die den anwesenden Personen »durch die Verhandlung oder ein die Sache betreffendes amtliches Schriftstück zu ihrer Kenntnis gelangen«. Nach richtiger Ansicht sind »amtliche Schriftstücke« in diesem Sinne nicht nur Protokolle (samt Anlagen) und Urteile und Beschlüsse, sondern auch die Schriftsätze der Parteien (und Beigeladenen) ggf. mit ihren Anlagen, sobald sie bei Gericht eingereicht sind.[23] Sie stehen als Bestandteil der Gerichtsakten amtlichen Schriftstücken zumindest gleich.[24] Damit wird der Schutz eindeutig über Erörterungen in der nicht-öffentlichen Verhandlung hinaus ausgedehnt und erfasst auch das bloße Lesen von solchen Schriftstücken.[25] Da es sich um eine »die Sache« betreffendes Schriftstück handeln muss, verbleibt als Bezug zur nicht-öffentlichen Verhandlung, dass es sich um dasselbe Geschäfts- oder Betriebsgeheimnis handeln muss, welches Grundlage

---

17 Zu den historischen Wurzeln, *Götz* (Fn. 4) S. 194 ff.
18 BVerfG NVersZ 2000, 132; BGH NJW-RR 2016, 606; NJW 2009, 502; den zurückhaltenden Gebrauch beklagen noch *Lachmann* NJW 1987, 2207 und die Analysen auf dem 55. DJT von *Hammerstein* (S. L 7, 21) und *Odersky* (S. L 29, 35 ff). Bei der Abwägung ist auch zu berücksichtigen, dass jede Erörterung von Unternehmensgeheimnissen in öffentlicher Verhandlung dem Geheimnis das Merkmal der »Nichtoffenkundigkeit« nimmt und damit zerstört; *McGuire* GRUR 2015, 424, 427 ff; *Götz* (Fn. 4) S. 14 ff; Lenckner/Eisele, in: Schönke/Schröder, StGB, 28. Aufl. 2010, § 203 Rn. 6. Daher für grds. Vorrang des Geheimhaltungsinteresses gegenüber der Öffentlichkeit *Götz* (Fn. 4) S. 200 mit Nw.
19 Hier gelten aber ohnehin §§ 203 Abs. 2 S. 1 Nr. 1i.V.m. 11 Abs. 1 Nr. 2 lit. b StGB.
20 MüKoZPO/*Zimmermann*, 4. Aufl. 2013, § 174 GVG Rn. 14 m. Nw.; Leppin GRUR 1984, 697; *Götz* (Fn. 4) S. 205 m. Nw.
21 *Götz* (Fn. 4) S. 207 m. Nw.
22 S. §§ 203 Abs. 2 S. 1 Nr. 1i.V.m. 11 Abs. 1 Nr. 2 lit. a StGB.
23 *Kersting* (Fn. 4) S. 209; *Götz* (Fn. 4) S. 205; Ann/Loschelder/Grosch, Praxishandbuch zum Know-How-Schutz, Köln 2010, Kap. 7 Rn. 69; a.A. *Rojahn*, Festschr. Loewenheim (2009), 251 ff, 256; *Lachmann* NJW 1987, 2206, 2208.
24 *Dreher/Tröndle/Fischer*, StGB 63. Aufl. 2016, § 353d Rn. 4 weist zu Recht darauf hin, dass nicht die Herkunft des Schriftstückes, sondern seine Zuordnung »amtlich« sein müsse.
25 *Dreher/Tröndle/Fischer*, § 353d Rn. 5.

des Öffentlichkeitsausschlusses war.[26] Ob die Kenntnisnahme dann in der Verhandlung oder außerhalb erfolgt, spielt keine Rolle.[27] Daher erstreckt der BGH das Geheimhaltungsgebot zu Recht auf Geheimnisse, die letztlich in der Verhandlung wider Erwarten gar nicht zur Sprache kamen.[28]

Gegebenenfalls bedarf es einer wiederholten Anordnung nach §§ 172, 174 Abs. 3 GVG bei mehreren Terminen, weil ein bereits ergangenes Verschwiegenheitsgebot – bis zu seiner Aufhebung – theoretisch zeitlich unlimitiert weiterwirkt[29], aber nicht automatisch solche Personen erfasst, die erst zu einem Folgetermin erscheinen, in dem das Geheimnis erneut zur Sprache kommt. Sollten die vertraulichen Informationen in der Urteilsbegründung des Gerichts eine Rolle spielen und beschrieben werden müssen, erlaubt der BGH[30], dass sie in einen Anhang zum Urteil ausgelagert werden dürfen, zu dem nur beschränkter Zugang besteht.[31] Verboten ist nach § 174 Abs. 3 GVG weiterhin nur die Weitergabe der Geheimnisse, nicht der Missbrauch durch die anwesenden Personen selbst.[32]

2. Strafrechtliche Sanktionen

§ 353d Nr. 2 StGB stellt Verstöße gegen gerichtliche Verschwiegenheitsanordnungen für alle Personen, die von einer solchen Anordnung betroffen sind, unter Strafe. Da der Schutz speziell auf den Geheimnisträger ausgerichtet ist, kommen auch Schadensersatzansprüche nach § 823 Abs. 2 BGB in Betracht. Die Frage, ob der Rechtsanwalt vertrauliche Informationen aus der Verhandlung, in der sein Mandant nicht anwesend war, weitergeben darf, wird heute von vielen verneint, nachdem der BGH dies für eine entsprechende Anordnung auf der Grundlage von § 140c PatG 2010 so entschieden hat.[33] Das ist jedenfalls dann für eine sachgerechte Beratung ohne nega-

---

26 *Kuhlen* in *Kindhäuser/Neumann/Paeffgen*, StGB, Bd. 3, 4. Aufl. 2013, § 353d Rn. 20 m. Nw.
27 Nach *Kuhlen* in *Kindhäuser/Neumann/Paeffgen*, § 353d Rn. 20 verlangt das Gesetz nicht, dass die Lektüre »einen zum Verfahren gehörenden Vorgang« darstellt.
28 BGH NJW-RR 2016, 606, 608 Rn. 10; *Zöller/Lückemann*, ZPO, 31. Aufl. 2016, § 172 GVG Rn. 1.
29 *Kuhlen* in *Kindhäuser/Neumann/Paeffgen*, § 353d Rn. 24 m. Nw.; erstaunlicherweise plädiert *McGuire* GRUR 2015, 424, 433 nur für eine Geltungsdauer bis zur Rechtskraft.
30 Dies entspricht den Maßnahmen des US-Rechts, Protokollteile und Urteilsgründe notwendigenfalls zu versiegeln, s. *Henry Hope X-Ray Prods., Inc. v. Marron Carrel Inc.*, 674 F.2d 1336, 1343 (9th Cir. 1982); *Salsbury Lab Inc. v. Merieux Lab, Inc.*, 735 F. Supp 1555 (M.D. Ga. 1989), aff'd 908 F.2d 706 (11th Cir. 1990).
31 BGH GRUR 2008, 727 f; 2008, 357 (sogar für Tenor); ggf. ist bei der Verkündung nach § 173 Abs. 2 GVG die Öffentlichkeit ebenfalls auszuschließen.
32 Dies spielt regelmäßig eine Rolle, wenn die Prozessparteien Konkurrenten sind. Eine völlig eigenständige Nutzung ohne jede Weitergabe kommt allerdings bei technischem Know how meist nicht in Frage, es kann aber bei Kalkulation, Kundenstamm und ähnlichen Geschäftsinformationen relevant werden, richtig *McGuire* GRUR 2015, 424, 428.
33 BGH GRUR 2010, 318, 321, Rn. 26 wobei das Gericht nicht verkennt, dass sich daraus ein »gewisses Spannungsfeld zu seinen berufsständischen und vertraglichen Pflichten« ergeben

tive Folgen, wenn das Unternehmensgeheimnis nicht selbst für die Prozessführung relevant ist, sondern sich ggf. untrennbar bzw. »unschwärzbar« aus Dokumenten ergibt, die in anderen Teilen prozessrelevant sind.[34]

Daneben greift unabhängig von einer Anordnung nach § 174 Abs. 3 GVG für Rechtsanwälte § 203 Abs. 1 Nr. 3 StGB. Alle vertraulichen Informationen, die dem Prozessvertreter in der Eigenschaft »als Rechtsanwalt« bekannt geworden sind,[35] unterliegen einem Offenbarungsverbot. Das Tatbestandsmerkmal des »Bekanntwerdens« ist dabei weit auszulegen.[36] Die Rechtsprechung verlangt keinen unmittelbaren Zusammenhang mit der Mandatsausübung[37], es genügt ein allgemeiner mit der beruflichen Tätigkeit des Rechtsanwaltes.[38] Dabei ist es nicht notwendig, dass es sich um ein Betriebs- oder Geschäftsgeheimnisse des eigenen Mandanten handelt.[39] Vielmehr bedarf es keiner Identität zwischen demjenigen, der ein Geheimnis in das Verfahren einbringt bzw. »anvertraut« und dem Geheimnisträger.[40] Den Tatbestand des unbefugten »Offenbarens« erfüllt jede Weitergabe an einen Empfänger, dem das Geheimnis bislang nicht bekannt war[41] und zwar auch dann, wenn dieser selbst zum Schweigen verpflichtet ist.[42] Auch insoweit scheidet daher eine Weitergabe durch den Rechtsanwalt an seinen eigenen Mandanten aus, wenn dieser die vertraulichen Informationen nicht schon kennt. Jüngst hat der Gesetzgeber hier nachgebessert und BRAO, BNotO, PAO und andere Standesregelungen um eine Verpflichtung erweitert, alle Mitarbeiter zur Verschwiegenheit zu verpflichten. Ausdrücklich zugelassen werden soll künftig ein Offenbaren gegenüber externen Dienstleistern, soweit deren Zuziehung erforderlich ist. Diese müssen im Gegenzug aber vertraglich zur Geheimhaltung verpflichtet werden und werden – ebenso wie Mitarbeiter – in die Strafbarkeit des § 203 StGB einbezogen.[43]

---

kann; so bereits *Lukes* GRUR 1984, 697; a.A. MüKoZPO/*Zimmermann*, 4. Aufl. 2013, § 174 GVG Rn. 14 und noch *Kersting* aaO S. 210. Für Strafbarkeit nach § 203 StGB bei Zuwiderhandlung *Cierniak/Pohlit* in MüKo/StGB, Bd. 4, 2. Aufl. 2012, § 203 Rn. 64; dagegen *Vorbaum* in Leipziger Kommentar, 12. Aufl. 2013, § 353d Rn. 35, der auch Weitergabe der Verschwiegenheitspflicht an den Mandanten ausschließt (insoweit aA *Zimmermann* aaO).

34 Für den Fall, dass dem Rechtanwalt eine sachgerechte Beratung des Mandanten ohne Preisgabe des Geheimnisses unmöglich erscheint, verweist in der BGH aaO Rn. 26 darauf hinzuwirken, dass er die Information seiner Partei zugänglich machen dürfe.
35 *Cierniak/Pohlit* in MüKo/StGB, § 203 Rn. 38 ff.
36 BGH, Urt. vom 20.12.1977 zit. nach *Holtz* MDr 1978, 281; OLG Hamm NStZ 2010, 164; *Rogall* NStZ 1983, 413; *Cierniak/Pohlit* in MüKo/StGB, § 203 Rn. 38 ff.
37 Nach BGH NJW 2011, 1077, 1078 erfasst die Verschwiegenheitspflicht auch sog. Zufallswissen, das der Rechtsanwalt im Rahmen seiner beruflichen Tätigkeit erlangt.
38 *Cierniak/Pohlit* in MüKo/StGB, § 203 Rn.38 ff.
39 *Cierniak/Pohlit* in MüKo/StGB, § 203 Rn.25 m. Nw.
40 BGH GRUR 2010, 318, 321, Rn. 29.
41 Keine Offenbarung iSv § 203 StGB liegt vor, bei Weitergabe an das zur ordnungsgemäßen Erledigung der übernommenen Aufgaben notwendige Hilfspersonal des Schweigepflichtigen, *Cierniak/Pohlit* in MüKo/StGB, § 203 Rn. 50, arg ex § 203 Abs. 3 S. 2 m. Nw.
42 *Cierniak/Pohlit* in MüKo/StGB, § 203 Rn. 49, 50.
43 Gesetzentwurf zur Neuregelung des Schutzes von Geheimnissen bei der Mitwirkung Dritter an der Berufsausübung schweigepflichtiger Personen, BRat Drucks. 163/17; s. § 203

3. Verbleibende Schutzlücken

Anordnungen nach § 174 Abs. 3 GVG unterliegen zwei wichtigen Einschränkungen: Sie setzen eine nach § 172 Nr. 2 GVG nicht-öffentliche Verhandlung voraus und richten sich nur an die in dieser Verhandlung anwesenden Personen. Aus der Sicht des Gesetzgebers von GVG und ZPO bot dies einen ausreichenden Geheimnisschutz, wenn man davon ausging, dass außer den in der Verhandlung noch Anwesenden ohnehin niemand Zugang zu den geheimhaltungsbedürftigen Informationen hätte. Ein öffentliches Akteneinsichtsrecht besteht nach deutschem Recht nicht. § 299 Abs. 2 ZPO macht das Einsichtsrecht Dritter von der Gestattung durch den Vorstand des Gerichts abhängig. Fehlt es an der Einwilligung der Parteien, muss ein rechtliches Interesse glaubhaft gemacht werden. Auch dann ist im Rahmen der Ermessensentscheidung das Interesse der Partei(en) an einer Geheimhaltung zu berücksichtigen, ggf. sind Aktenteile zu schwärzen oder von Einsicht auszunehmen.[44]

Die Parteien selbst haben jedoch ein uneingeschränktes Akteneinsichtsrecht (persönlich oder durch beliebige Vertreter)[45], welches auch zum Schutz von Betriebs- und Geschäftsgeheimnissen wegen ihres Anspruchs auf rechtliches Gehör[46] nicht beschränkt werden darf.[47] Da sich das Einsichtsrecht nur auf »Prozessakten« beschränkt, nimmt ein Teil der Lehre solche (Original-)Urkunden aus, welche eine Partei zu Beweiszwecken vorlegt, da diese nach Prozessabschluss zurückzugeben sind.[48] Das OLG Karlsruhe sieht dies mit guten Gründen allerdings anders und stützt ein entsprechendes Einsichtsrecht – insbesondere von nach §§ 134, 142 ZPO vorgelegten Urkunden – auf §§ 131, 133 und 299 ZPO analog unter Beachtung des Anspruchs auf rechtliches Gehör.[49]

Abs. 3 und 4 StGB n.F.; §§ 43a II, 43e n.F. BRAO, §§ 26, 26a n.F. BNotO, §§ 39a, c n.F. PAO.

44 OLG München OLGZ 1984, 477, 481; MüKoZPO/*Prütting*, 5. Aufl. 2016, § 299 Rn. 25; *Thomas/Putzo/Reichold*, ZPO, 37. Aufl. 2016, § 299 Rn. 3; *Götz* (Fn. 4) S. 21 7 f; *Kersting* (Fn. 4) S. 208; Zuck NJW 2010, 2913, 2916; *Stein/Jonas/Leipold*, ZPO, § 299 Rn. 45: bei Ausschluss der Öffentlichkeit »erhöhtes Recht« der Parteien, Dritte auch von Akteneinsicht auszuschließen.

45 *Baumbach/Lauterbach/Hartmann*, ZPO, 75. Aufl. 2017, § 299 Rn. 3, 9 m. Nw.; *Thomas/Putzo/Reichold*, § 299 Rn. 1.

46 BVerfGE 18, 405; 63, 60 zum Akteneinsichtsrecht als Ausprägung des Anspruchs auf rechtliches Gehör.

47 MüKoZPO/*Prütting*, § 299 Rn. 8, 31 (allg. für Datenschutz); *ders.* ZZP 106 (1993), 456; *Liebscher*, Datenschutz bei der Datenübermittlung im Zivilverfahren, 1994, S. 74 f.; *Stein/Jonas/Leipold*, § 299 Rn. 2 und 18; aA jedoch *Wagner* ZZP 108 (1995), 217.

48 MüKoZPO/*Prütting*, § 299 Rn. 5 unter Hinweis auf RG JW 1905, 438 Nr. 19; OLG Stuttgart BB 1962, 614; *Schneider* MDR 1984, 108, 109, allerdings im Hinblick auf Art. 103 GG mit Einschränkungen für Verwendung fremder Behördenakten; *Baumbach/Lauterbach/Hartmann*, § 299 Rn. 3; s. auch OLG Hamm BeckRS 2011, 17275 für § 299 ZPO in direkter Anwendung.

49 OLG Karlsruhe NJW-RR 2013, 312; ihm folgend *Thomas/Putzo/Reichold*, § 299 Rn. 1.

Damit ging schon die ursprüngliche Vorstellung, im Regelfall würde sich der von einer Anordnung nach § 174 Abs. 3 GVG erfasste Personenkreis mit dem der akteneinsichtsberechtigten Personen decken, fehl. Aus §§ 172, 174 Abs. 3 GVG und der eingeschränkten Akteneinsichtnahme ergibt sich zwar ein hinreichender Geheimnisschutz unmittelbar gegenüber der Öffentlichkeit. Eine Naturalpartei, die nicht in der (nicht-öffentlichen) Verhandlung war, kann sich jedoch über ihr Akteneinsichtsrecht Zugang zu vertraulichen Informationen beschaffen und unterliegt grundsätzlich keiner Geheimhaltungspflicht. Standesrecht (§ 43a BRAO) und § 203 StGB gelten nur für Anwälte (und ihr Hilfspersonal) und Amtsträger. Weitere neuralgische Punkte zeigten sich, wenn der Kläger schon zur Substantiierung seiner Klage eigene Unternehmensgeheimnisse bereits in der Klageschrift vortragen muss.[50] Im Zeitpunkt der Einreichung und Zustellung der Klageschrift kann noch keine Anordnung nach § 174 Abs. 3 GVG ergangen sein. Kommt es gar überhaupt nicht zu einer mündlichen Verhandlung, weil die Ausnahmen vom Mündlichkeitsprinzip (§ 128 Abs. 2-4 ZPO) ein rein schriftliches Verfahren erlauben, geht der nach §§ 172, 174 GVG mögliche Schutz ebenfalls ins Leere.

III. Besonderheiten im KapMuG-Verfahren

1. Funktion (und Gefahren?) des elektronischen Informationssystems

In Musterverfahren nach dem KapMuG kommen weitere Komplikation hinzu: Das Musterverfahren vor dem Oberlandesgericht ist zwar als Zwei-Parteien-Prozess konstruiert, allerdings sind die Kläger der ausgesetzten Verfahren als Beigeladene mitwirkungsberechtigt (§ 14 KapMuG). Sie haben umfassende Verfahrensrechte und sollen insbesondere auch alle im Musterverfahren ausgetauschten Schriftsätze erhalten. Zur Vereinfachung der organisatorischen Abwicklung bei Verfahren mit möglicherweise Hunderten oder Tausenden von Beigeladenen hat der Gesetzgeber ein elektronisches Informationssystem geschaffen. Während der Gesetzentwurf zur Reform des KapMuG von 2012 noch vorsah, dass sämtliche Schriftsätze in das elektronische Informationssystem eingestellt werden sollten[51], um verfahrensverzögernde Akteneinsichtsgesuche der Beigeladenen zu verhindern, wurde § 12 Abs. 2 KapMuG im Gesetzgebungsverfahren der Reform mehrfach geändert. Die ursprüngliche Version hätte einen breiten, vereinfachten Informationsaustausch unter allen Parteien und Beigeladenen ermöglicht (ohne förmliche Zustellungen zu ersetzen). Insbesondere wäre die viel kritisierte Vorschrift des § 10 KapMuG von 2005 entfallen, wonach

---

50 Nach *Götz* (Fn. 4) S. 205 kann das Gericht nach § 174 Abs. 3 GVG (analog?) für schriftlich übermittelte Informationen, insbesondere gegenüber dem Beklagten ein Geheimhaltungsgebot schon mit Zustellung der Klage erlassen; ebenso *McGuire/Joachim/Künzel/Weber* GRUR Int. 2010, 829, 834; *Rojahn*, Festschr. Loewenheim (2009), 251 ff, 256.
51 BT-Drucks. 17/8799 S. 22. Die Informationen im elektronischen System sollten sich insoweit mit den Gerichtsakten decken.

Schriftsätze von Musterkläger und -beklagten den Beigeladenen nur auf schriftlichen Antrag hin mitgeteilt wurden und ein Austausch der Schriftsätze der Beigeladenen untereinander gar nicht vorgesehen war.[52] Der am 1.7.2013 in Kraft getretene § 12 Abs. 2 sieht nunmehr vor, dass nur die Schriftsätze der Beigeladenen und die Zwischenentscheidungen des OLG eingestellt werden. Die Schriftsätze der Parteien erhalten die Beigeladenen auf gewöhnlichem Schriftweg.

Der Zugang zum elektronischen Informationssystem ist passwortgeschützt und den Prozessbeteiligten vorbehalten. Ein öffentliches Einsichtsrecht besteht nicht und nach Abschluss des Verfahrens sind die Eintragungen unmittelbar zu tilgen (§ 12 Abs. 2 S. 2 KapMuG). Damit sind alle Informationen, einschließlich etwaiger Betriebs- und Geschäftsgeheimnisse, die über Schriftsätze oder deren Anlagen in das elektronische Informationssystem gelangen, gegen eine direkte Wahrnehmung durch die Öffentlichkeit wiederum geschützt. Die verfahrensbeteiligten Rechtsanwälte unterliegen den üblichen standes- und strafrechtlichen Geheimhaltungspflichten. Für die zugangsberechtigten Parteien bzw. Beigeladenen selbst gilt dies aber nicht. Geheimhaltungsbedürftige Unterlagen können daher auf zwei Wegen in die Hände von nicht zur Vertraulichkeit verpflichteten Personen gelangen: Entweder sie werden von Beigeladenen mit Schriftsätzen (oder Anlagen) eingereicht[53] und in das elektronische Informationssystem eingestellt oder sie werden vom Musterkläger eingereicht und damit Bestandteil der Gerichtsakten. Für das Akteneinsichtsrecht im KapMuG-Verfahren bestand immer Einigkeit, dass die Beigeladenen nicht Dritte i.S.v. § 299 Abs. 2 ZPO sind und damit uneingeschränktes Einsichtsrecht haben.[54]

Wer diese Gefahren von vorn herein meiden möchte, kann die Beweisführung mit entsprechenden Urkunden dem Gericht erst einmal nur für die mündliche Verhandlung ankündigen und den Beweis gem. § 420 ZPO antreten, wenn vor Beginn der Beweisaufnahme ein Ausschluss der Öffentlichkeit verbunden mit dem Erlass einer Verschwiegenheitsanordnung erfolgt ist. Kann sich der Gegner in der Verhandlung nicht sofort auf die vorgelegten Urkunden einlassen, wird dies dazu führen, dass es zu einer Vertagung kommt oder dem Gegner ein nachträgliches Schriftsatzrecht eingeräumt wird.[55] Eine Präklusion (§ 296 Abs. 1 – ggf. iVm § 12 Abs. 1, 11 Abs. 1 KapMuG; § 296 Abs. 2 ZPO) ist nicht zu befürchten, denn die späte Vorlage im Termin erfolgt aus einem verfassungsrechtlich geschützten Geheimhaltungsinteresse heraus und ist daher keinesfalls schuldhaft, solange erst in der Verhandlung selbst ein angemessener Geheimnisschutz möglich ist. Aus denselben Gründen dürfte es keine negativen Folgen haben, wenn die Partei eine vom Gericht nach entsprechen-

---

52 Dies wollte der Rechtsausschuss wieder herstellen: BT-Drucks. 17/10160 vom 27.6.2012, S. 17. Zu verfassungsrechtlichen Bedenken, *Vorwerk/Wolf/Parigger*, KapMuG 2007, § 10 Rn. 8.
53 Beigeladene dürfen eigene Beweismittel in das Verfahren einführen, § 14 KapMuG.
54 *Vorwerk/Wolf/Parigger*, KapMuG 2007, § 9 Rn. 42 m. Nw.
55 *Thomas/Putzo/Reichold*, § 130 Rn. 1 mit § 129 Rn. 4.

der Parteiankündigung verfügte Anordnung nach § 134 ZPO zur Niederlegung der Urkunden nicht befolgt.[56]

2. Gerichtliche Anordnungen nach §§ 172 Nr. 2, 174 Abs. 3 GVG

Werden die vertraulichen Informationen im Rahmen der mündlichen Verhandlung vorgebracht, so eröffnet sich der direkte Anwendungsbereich der §§ 172 Nr. 2, 174 Abs. 3 GVG und erfasst damit nach hier vertretener Ansicht auch alle Schriftstücke der Gerichtsakten. In der Praxis hat sich jedoch gezeigt, dass im Musterverfahren nach dem KapMuG die Beigeladenen keineswegs alle von ihrem Recht Gebrauch machen, sich in dieser Phase des Prozesses aktiv zu beteiligen. Sie vertrauen offenbar häufig auf die Prozessführung durch den Musterkläger und bleiben einer mündlichen Verhandlung und Beweisaufnahme oft fern. Sie können sich weiterhin darauf verlassen, dass sie über das elektronische Informationssystem und ihr Akteneinsichtsrecht Zugang zu allen relevanten Dokumenten erhalten. Vom direkten persönlichen Anwendungsbereich des § 174 Abs. 3 GVG sind diese Nichtanwesenden daher nicht erfasst.

Auf die allgemeine Strafvorschrift des § 203 Abs. 1 Nr. 3 StGB in der Form des »Bekanntwerdens« wird man sich auch gegenüber den Anwälten häufig nicht verlassen wollen, sondern eine ausdrückliche gerichtliche Geheimhaltungsanordnung bevorzugen. Verstöße hiergegen erfüllen dann den Tatbestand des § 203 Abs. 1 Nr. 3 StGB in der Variante des »Anvertrauens«. Ein solches liegt vor, wenn der Schweigepflichtige in das Geheimnis durch einen Vertrauensakt eingeweiht wird, d.h. »unter ausdrücklicher Auflage des Geheimhaltens oder doch in einer Art und Weise, aus der sich die Erwartung des Geheimhaltens ergibt«. Die gerichtlich auferlegte Geheimhaltungspflicht erfüllt diese Voraussetzungen.[57] Sie hat aber insbesondere den Vorteil, den Betroffenen ihre Verpflichtung noch einmal ganz deutlich vor Augen zu führen und damit für erhöhte Aufmerksamkeit zu sorgen sowie die geheimzuhaltenden Tatsachen genauer zu beschreiben. Es fragt sich daher, auf welcher Rechtsgrundlage eine solche allgemeine Anordnung ergehen kann.

3. Allgemeine gerichtliche Verschwiegenheitsanordnungen de lege ferenda und de lege lata aufgrund Gesamtanalogie

Die RiLi 2016/943, die bis zum 9. Juni 2018 in nationales Recht umzusetzen ist, verpflichtet die Mitgliedstaaten in Art. 9 für den prozessualen Schutz von Betriebs- und Geschäftsgeheimnissen Sorge zu tragen. Sicherzustellen ist nach Abs. 1, dass alle am Verfahren beteiligten Personen

> »nicht befugt sind, ein Geschäftsgeheimnis oder ein angebliches Geschäftsgeheimnis zu nutzen oder offenzulegen, das von den zuständigen Gerichten aufgrund eines ordnungsgemäß

---

56 *Thomas/Putzo/Reichold*, § 134 Rn. 1 mit § 129 Rn. 4.
57 BGH GRUR 2010, 318, 321.

begründeten Antrags einer interessierten Partei als vertraulich eingestuft worden ist und von dem sie aufgrund der Teilnahme an dem Verfahren oder des Zugangs zu den Dokumenten Kenntnis erlangt haben.«

Dazu sollen nach Abs. 2 die Gerichte »spezifische Maßnahmen treffen können, die erforderlich sind, um die Vertraulichkeit eines Geschäftsgeheimnisses oder eines angeblichen Geschäftsgeheimnisses zu wahren«. Damit ist für das deutsche Recht exakt die bislang trotz § 174 Abs. 3 GVG verbleibende Lücke angesprochen und entsprechend zu schließen. Art. 9 Abs. 2 Unterabs. 2 sieht als Mindestmaßnahmen gewisse Zugangsbeschränkungen zu Dokumenten und Anhörungen vor. Leider beschränkt sich der direkte Anwendungsbereich der RiLi auf Verfahren, in denen Betriebs- oder Geschäftsgeheimnisse unmittelbar den Streitgegenstand bilden und erfasst damit nur wenige Fälle. Die Mitgliedstaaten sind freilich nicht gehindert, entsprechende Maßnahmen generell zum Schutz vertraulicher Information im Zivilprozess anzuordnen.[58] Es wäre daher in hohem Maße wünschenswert, wenn der deutsche Gesetzgeber eine allgemeine Grundlage schaffen würde, die es Gerichten ermöglicht, soweit es um Vorkehrungen gegen die Weitergabe an Dritte geht, für alle am Verfahren beteiligten Personen entsprechende Anordnungen bereits mit Zustellung der Klage treffen zu können.[59] Eine ausdrückliche Erweiterung auf Missbrauchsverbote wäre ebenfalls angezeigt.

Allerdings können Zivilgerichte eine allgemeine Verschwiegenheitsanordnung m.E. bereits de lege lata erlassen. Als Rechtsgrundlage kommt eine Gesamtanalogie zu § 174 Abs. 3 GVG und den Sonderregelungen für den Geheimnisschutz in Betracht, die der Gesetzgeber im Zuge der Umsetzung der Enforcement-RiLi in die Gesetze zum gewerblichen Rechtsschutz und durch die 9. GWB-Novelle in § 89b GWB[60] eingefügt hat.[61] Letztere geben den Gerichten ein weites Ermessen, Schutzmaßnahmen zu treffen. Das Gebot effektiven Rechtsschutzes erfordert auch in den hier behandelten Fällen, wenn Kläger oder Beigeladene Dokumente, die unter einer *protective order* stehen, entsprechende Schutzanordnungen, weil sonst eine Einführung in den Prozess unterbleiben müsste. Damit reduziert sich das gerichtliche Ermessen im Regelfall auf Null.

Die für die Analogie erforderliche planwidrige Lücke dürfte heute unstreitig sein. Auf Mängel und gewisse Lücken schon der ursprünglichen Regelung des GVG wur-

---

58 Insoweit erstaunlich zurückhaltend *McGuire* GRUR 2015, 424, 435 (z.B. kein generelles *in camera*-Verfahren für Unternehmensgeheimnisse).
59 Ebenso *McGuire* GRUR 2015, 424, 433.
60 S. den Gesetzentwurf BT-Drucks. 18/10207, verabschiedet am 9.3.2017.
61 §§ 140c Abs. 1 S. 3 PatG »Soweit der vermeintliche Verletzer geltend macht, dass es sich um vertrauliche Informationen handelt, trifft das Gericht die erforderlichen Maßnahmen, um den im Einzelfall gebotenen Schutz zu gewährleisten.«; wortgleich §§ 24c Abs. 1 S. 2 GebrMG, 19a, Abs. 1 S. 3 MarkenG, 101a Abs. 1 S. 3 UrhG, 46a Abs. 1 S. 3 GeschmMG, 37c Abs. 1 S. 3 SortSchG. Nach § 117 Abs. 2 S. 2 ZPO ist das Recht des Gegners, im PKH-Verfahren Zugang zu den Angaben des Antragstellers über seine persönlichen und wirtschaftlichen Verhältnisse zu erhalten, von der Zustimmung des Antragstellers abhängig; s. *Götz* (Fn. 4) S. 365 f.

de immer wieder hingewiesen.⁶² Obwohl die Schutzbedürftigkeit von Unternehmensgeheimnissen allgemein anerkannt ist, könnten Parteien und Beigeladenen unter bestimmten Umständen über § 299 ZPO, § 12 KapMuG vertrauliche Informationen erfahren, ohne zu deren Geheimhaltung ausdrücklich verpflichtet zu sein.⁶³ Das für Patentverletzungsverfahren entwickelte sog. »Düsseldorfer Verfahren«⁶⁴ konnte sich vor Umsetzung der Enforcement-RiLi weitgehend mit entsprechenden Einschränkungen des materiellen Besichtigungsanspruchs aus § 809 BGB behelfen.⁶⁵ Durch das »black box«-Verfahren lässt sich in gewissen Fällen durch Einschaltung eines zur Verschwiegenheit verpflichteten Sachverständigen schon vermeiden, dass Unternehmensgeheimnisse überhaupt Bestandteil der Prozessakten werden – der Anwendungsbereich ist jedoch durch den Unmittelbarkeitsgrundsatz beschränkt.⁶⁶ Eine allgemeine prozessuale Grundlage zum Geheimnisschutz hat aber weder die Umsetzung der Enforcement-RiLi noch der RiLi 2014/104/EU betreffend Schadensersatzklagen im Kartellrecht geschaffen. Angesichts der von vorne herein gewollten rein materiell-rechtlichen Verankerung des von der Enforcement-RiLi vorgegebenen Schutzes⁶⁷ unterblieb im Gesetzgebungsverfahren eine Gesamtbetrachtung der prozessualen Situation unter Einbeziehung des GVG. Im Kartellrecht hat der Gesetzgeber zwar eine prozessuale Lösung in §§ 33g, 89b GWB n.F. gewählt, die Ermächtigung zu allgemeinen Schutzmaßnahmen⁶⁸ ist jedoch auf Kartellschadensersatzklagen beschränkt.

Eine gerichtliche Anordnung, Unternehmensgeheimnisse vertraulich zu behandeln, sollte daher heute in jeder Lage des Verfahrens, im Regelfall schon mit Zustellung der Klage ergehen können.⁶⁹ Im KapMuG-Verfahren kann eine Bekanntgabe über das elektronische Informationssystem erfolgen. Eine solche Anordnung kollidiert anders als explizite Ausnahmen vom Akteneinsichtsrecht nicht mit dem Anspruch auf rechtliches Gehör, weil nicht der Zugang zu den entsprechenden Informationen, sondern nur ihre Weitergabe untersagt wird. Schutzanordnungen können damit unabhängig davon, wann und ob eine mündliche Verhandlung stattfindet, ergehen – wie es den Vorstellungen des europäischen Gesetzgebers

---

62 Bereits *Zipf* in Verhandlungen des 54. DJT 1982, Bd. I, Gutachten S. C 1, 56 (»Rechtsfortbildungsreserven«); *Götz* (Fn. 4) S. 202, 208 ff; *Rojahn*, Festschr. Loewenheim (2009), 251 ff, 252, 256; *McGuire* GRUR 2015, 424, 428, 433.
63 Für Schweigegebot gegenüber nicht anwesender Naturalpartei analog § 174 Abs. 3 GVG schon *Kersting* (Fn. 4) S. 210.
64 S. u.a. *Leppin* GRUR 1984, 697; *Ahrens* GRUR 2005, 837 ff; *Rojahn*, Festschr. Loewenheim (2009), 251 ff, 259 ff.
65 BGH GRUR 2010, 318, Rn. 15; BGHZ 150, 377.
66 *McGuire* GRUR 2015, 424, 430.
67 Befürwortend u.a. *Bornkamm*, Festschr. Ullmann (2006), 893, 896; *Ahrens* GRUR 2005, 837 ff; *Tilmann* GRUR 2005, 737; *Knaak* GRUR Int. 2004, 745; a.A. *Stadler*, Festschr. Leipold (2009), 201 ff, 208 f.
68 S. §§ 33g Abs. 3 Nr. 6; 89b Abs. 6 und 7 GWB idF der 9. GWB-Novelle, verabschiedet am 9.3.2017, BT-Drucks. 18/10207.
69 Ebenso im Erg. *Götz* (Fn. 4) S. 194, 205; *Rojahn*, Festschr. Loewenheim (2009), 251 ff, 256; skept. *McGuire/Joachim/Künzel/Weber* GRUR Int. 2010, 829, 834.

bei der RiLi 2016/943 entspricht – und können alle Verfahrensbeteiligten erfassen. Bei der Entscheidung, ob es sich bei den betroffenen Unterlagen überhaupt um schützenswerte Unternehmensgeheimnisse handelt, wird das Gericht sich ggf. in einem *in-camera*-Zwischenverfahren[70] selbst ein Bild machen bzw. bei Vorliegen einer ausländischen *protective order* diese als Vorgabe akzeptieren, da die Prozesspartei, welche die unter dieser *order* erlangten Dokumente für ihre Beweisführung benötigt, sonst in ihrem Zugangsrecht zur Justiz bzw. ihrem rechtlichen Gehör verletzt wäre.

Ob strafrechtliche Sanktionen nach § 353d Nr. 2 StGB auch zur Durchsetzung auf einer solchen Analogiebasis erlassener Verschwiegenheitsanordnungen in Betracht kommen, ohne gegen das strafrechtliche Analogieverbot zu verstoßen, erscheint allerdings fraglich.[71] Im Falle einer in Strafnormen angeordneten Zivilrechtsakzessorietät akzeptiert das Strafrecht zwar auch zivilrechtlich begründete Analogien.[72] § 353d Nr. 2 StGB stellt jedoch ausdrücklich auf eine »aufgrund eines Gesetzes auferlegte Schweigepflicht« ab. Die Analogie ist jedoch keine gesetzliche Grundlage, sondern eine methodisch zulässige, aber vom Rechtsanwender geschaffene. Freilich verbleibt für die beteiligten Rechtsanwälte die allgemeine Vorschrift des § 203 Abs. 1 Nr. 3 StGB, da das Geheimnis »anvertraut« ist. Es kommt überdies – für alle Adressaten der gerichtlichen Anordnung – § 353b Abs. 2 Nr. 2 StGB in Betracht. Danach macht sich jede Person strafbar, die »von einer anderen amtlichen Stelle unter Hinweis auf die Strafbarkeit der Verletzung der Geheimhaltungspflicht förmlich verpflichtet worden ist« und diese »an einen anderen gelangen läßt oder öffentlich bekanntmacht und dadurch wichtige öffentliche Interessen gefährdet«. In jedem Fall bleibt auch für Parteien und Beigeladene bei Offenlegung das Damoklesschwert zivilrechtlicher Schadensersatzhaftung nach §§ 823, 826 BGB.[73] Im Einzelfall mag es auch gelingen, die Beteiligten durch sog. *undertakings* englischen Vorbilds vertraglich auf Geheimhaltung und Schadensersatz festzulegen.

IV. Zusammenfassung

§§ 172, 174 GVG und § 299 ZPO lassen für den Schutz von Geschäftsgeheimnissen bislang gewisse Schutzlücken, die nur durch eine Gesamtanalogie geschlossen werden

---

70 Hierzu bereits ausführlich in Anlehnung an §§ 99 Abs. 2 VwGO, 138 Abs. 2 und 3 TKG und die im Patentverletzungsprozess entwickelten Grundsätze, s. *Wagner* JZ 2007, 706, 717; *Stadler* ZZP 123 (2010), 261 ff, 274 ff; *Götz* (Fn. 4) 356 ff, 403 ff auf der Basis einer Gesamtanalogie zu zahlreichen verfahrensrechtlichen Vorschriften.
71 Dafür *Kersting* (Fn. 4) S. 210; a.A. *Rojahn*, Festschr. Loewenheim (2009), 251 ff, 256; wohl auch *McGuire* GRUR 2015, 424, 433.
72 *Rengier*, Strafrecht – Allgemeiner Teil, 8. Aufl. 2016, S. 22 Rn. 33; *Schönke/Schröder/Eser/Hecker*, § 1 StGB Rn. 33; *Roxin*, Strafrecht Allgemeiner Teil, Bd. I, 4. Aufl. 2006, § 5 Rn. 40 für die Übernahme von Begriffsbildungen anderer Rechtsgebiete.
73 *Rojahn*, Festschr. Loewenheim (2009), 251 ff, 257.

können, um eine frühzeitige und umfassende Verschwiegenheitsanordnung des Gerichts für alle Verfahrensbeteiligten zu ermöglichen. Aus Gründen der Rechtssicherheit sollte der Gesetzgeber bei der Umsetzung der RiLi 2016/943 u.a.[74] endlich eine ausdrückliche gesetzliche Grundlage für solche Schutzanordnungen in der ZPO schaffen.

---

[74] Zu weiteren Vorschlägen *McGuire* GRUR 2015, 424, 433 ff, die m.E. allerdings nicht auf den engen Anwendungsbereich der RiLi beschränkt sein sollten.

Beweisverwertungsverbot für Dashcam-Aufzeichnungen im Verkehrsunfallprozess?

Christoph Thole

I. Die Beweisverwertung von Dashcam-Aufzeichnungen als Teilausschnitt eines grösseren Zusammenhangs

Die Digitalisierung des Straßenverkehrs und des Fahrzeugwesens stellt bekanntlich vor neue Herausforderungen. Das selbstfahrende Auto wirft die Frage nach der zivilrechtlichen Haftung und – in der Konsequenz – auch nach der Risikoverteilung zwischen Herstellern und Versicherern auf. Die dynamische Entwicklung von Telematik und on-board-Überwachungssystemen für Fahrweise, Strecken, Geschwindigkeiten und alle mögliche Parameter lässt Versicherungen spezielle Tarife für vorsichtige Autofahrer entwerfen[1], und was bei Polizisten die sog. Bodycam ist, mag im Straßenverkehr und im Fahrzeugwesen die sog. Dashcam sein. Bei Dashcams handelt es sich um Miniaturkameras, die zunehmend von Fahrzeughaltern auf dem Armaturenbrett angebracht werden. Mit diesen Kameras kann der sich vor dem Fahrzeug abspielende Straßenverkehr einschließlich der jeweiligen Fahrzeuge, Fahrer und/oder Radfahrer sowie Passanten entweder dauerhaft oder *on-demand*, d.h. anlassbezogen vom Fahrzeugführer aufgezeichnet werden. Das geschieht manchmal eher aus Spaß an der Technik, aus Neugierde, aber ggf. auch zu Zwecken der Beweissicherung. Im Falle eines Verkehrsunfalls oder sonstigen Ereignisses im Straßenverkehr kann der Fahrzeughalter oder -führer veranlasst sein, die Aufzeichnung im Zivilprozess vorzulegen, um einen Verkehrsverstoß, ein Verschulden oder Mitverschulden des Unfallgegners zu beweisen, was beim Fehlen von Zeugen häufig auch die einzige Möglichkeit ist. Damit ist bereits die Flanke zum Zivilprozessrecht geschlagen, denn tatsächlich erweist sich die Verwertbarkeit von Dashcam-Aufzeichnungen im Verkehrsunfallprozess als ein kontrovers diskutiertes Thema des Beweisrechts.

---

1 Dazu *Kinast/Kühnl*, NJW 2014, 3057.

Christoph Thole

II. Die allgemeine Entwicklung der Diskussion über Beweisverwertungsverbote im Zivilprozess

1. Vorüberlegungen

Das so zugeschnittene Thema berührt eine Reihe von allgemeinen Fragen des Prozessrechts. Seit langem wird darüber diskutiert, ob und unter welchen Voraussetzungen die von einer Prozesspartei rechtswidrig erlangten Beweise zur Untermauerung der Rechtsposition des Beweisführers in einen Zivilprozess eingeführt und vom Gericht verwertet werden dürfen; bekannte Fälle sind der Lauschzeuge bei heimlich mitgehörten Telefonaten[2] oder die Videoüberwachung durch Arbeitgeber bei Diebstählen von Arbeitnehmern in Betrieben und deren Verwertung im Kündigungsschutzprozess[3].

Charakteristisch für diese Fallgestaltungen ist, dass die Erlangung des Beweismittels durch die Parteien außerhalb des Prozesses unter Verstoß gegen materielles Recht erfolgt und nun zu entscheiden ist, ob sich das Gericht bei seiner Entscheidung auf dieses Beweismittel stützen darf. Zunächst ist die Feststellung keineswegs trivial, dass die ZPO ein explizites Verwertungsverbot für rechtswidrig erlangte Beweise nicht kennt. Es ist deshalb nicht verwunderlich, dass die zivilprozessuale Diskussion partiell Vorbilder im Strafprozessrecht gefunden hat, das entsprechende Verbote vorhält[4]. Das darf freilich nicht verdecken, dass die strafprozessrechtliche Diskussion nicht Eins zu Eins in das Zivilprozessrecht gespiegelt werden darf, denn in den hier zu behandelnden Fällen geht es gerade um die Erlangung von Beweisen außerhalb des Verfahrens und von einer Partei, nicht von einem staatlichen Organ innerhalb eines einheitlichen staatlichen Verfahrens (Ermittlungs- und Hauptverfahren).

Gleichfalls nicht zu übersehen ist, dass die Frage nach einem Beweisverwertungsverbot ganz grundlegende Wertungen des Zivilprozessrechts tangiert[5]. So steht im Hintergrund auch die Frage, ob ein liberales, den Einfluss des Richters bei der Beweisführung eher zurückdrängendes Prozessmodell maßgeblich ist, ob der Prozess eher inquisitorischer Natur ist oder mehr parteigetragen wird. Je stärker die Position des staatlichen Richters im jeweiligen Verständnis, umso mehr wird dann – bewusst oder unbewusst – die Grundrechtsbindung hoheitlicher Gewalt betont und die Perspektive des zivilrechtlichen Verhältnisses der Parteien untereinander, für das Grundrechte allenfalls mittelbar beachtlich sein können, verlassen; darauf wird zurückzukommen sein. Schließlich ist auch die Grundfrage berührt, was eigentlich Zweck des Prozesses ist. Die h.M. in Deutschland ist der Auffassung, dass Wahrheitsfindung zwar eine

---

2 BGH, NJW 1991, 1180; NJW 1994, 2289, 2292.
3 BAG, NZA 2012, 125 Rdnr. 29 f. m.w.Nachw.
4 Deutlich u.a. bei *Habscheid*, GS Peters, 1967, 841, 867; *Dilcher*, AcP 158(1958), 469, 474.
5 Zur Verfahrensgerechtigkeit vgl. etwa *Prütting*, FS Schiedermair, S. 445 ff.

Aufgabe des Verfahrens sei, nicht aber als ihr übergeordneter Zweck angesehen werden könne[6].

2. Das Meinungsspektrum zur Verwertung rechtswidrig erlangter Beweise

Vor diesem Panoramabild haben sich verschiedene Positionen zur Verwertbarkeit rechtswidrig erlangter Beweise herauskristallisiert.

a) Einheitslehren und Trennungslehren

In einem frühen Diskussionsstadium ist die Auffassung vertreten worden, es bestehe ein generelles (in der strafrechtlichen Diktion ein absolutes) Verwertungsverbot für rechtswidrig erlangte Beweismittel[7]. Das dafür bemühte Argument zielt auf die Einheit der Rechtsordnung ab: Wenn das Gesetz die Erlangung für rechtswidrig erachtet, muss auch das Prozessrecht die Verwertung als prozesswidrig behandeln.

Den Gegenpol dieser Einheitslehre bildet der neuerdings vermehrt betonte Trennungsgedanke. Die Rechtswidrigkeit eines Beweiserlangungsvorgangs außerhalb des Prozesses habe auf die Verwertbarkeit innerhalb des Prozesses keinen oder jedenfalls grundsätzlich keinen Einfluss[8]. Die dafür angeführten Begründungsansätze lassen sich auf den Gedanken herunterbrechen, dass Beweiserlangung und Beweisverwertung zwei Paar Schuhe sind. In diesem Zusammenhang wird mitunter ein Vorrang der Wahrheitsfindung postuliert oder davon ausgegangen, der Beweisführer habe ein durch den Justizgewährungsanspruch, den Anspruch auf rechtliches Gehör und ggf. auch das Recht auf faires Verfahren begründeten Anspruch auf den Beweis[9]. Damit wird zugleich deutlich gemacht, dass die Beurteilung prozessualer Fragen nach dem so bezeichneten Trennungsdogma nach prozessualen Maßstäben zu erfolgen hat, und danach sei ein Verwertungsverbot, das sich auf die Rechtswidrigkeit der Erlangung stützt, nicht gegeben. Offen bleibt meist, warum dieser Anspruch auf den Beweis Einschränkungen nicht offenstehen kann und soll.

Teilweise wird auch auf materielle Ansprüche außerhalb des Prozesses verwiesen. Der durch die rechtswidrige Beweisverschaffung Verletzte könne sich nicht gegen die Beweisverwertung wenden, aber in einem Zweitprozess einen, ggf. aus § 826 BGB folgenden Schadensersatzanspruch gegen den Verletzter geltend machen[10]. Der maßgebliche Schaden soll offenbar gerade in dem Schaden liegen, den der Beweisgegner

---

6 Stein/Jonas-*Brehm*, ZPO, 23. Aufl. 2014, vor § 1 Rdnr. 25.
7 *Kellner*, JR 1950, 270, 271; *Pleyer*, ZZP 69 (1956), 321, 334 f.; *Konzen* Rechtsverhältnisse zwischen Prozessparteien, 1976, S. 248 f.
8 *H. Roth*, in: Recht der Persönlichkeit, Münsterische Beiträge zur Rechtswissenschaft, 1996, S. 279 ff.; ebenso *Dauster/Braun*, NJW 2000, 313, 317 ff.
9 *H. Roth*, in: Recht der Persönlichkeit, S. 279 ff., 285 ff.; *Katzenmeier*, ZZP 116(2003), 371, 378; *Dauster/Braun*, NJW 2000, 313, 318 f.
10 *Brinkmann*, AcP 206 (2006), 746 ff.

dadurch erleidet, dass das Gericht das rechtswidrig erlangte Beweismittel im Ersturteil verwendet und dann den Beweisgegner verurteilt hat.

b) Differenzierende Lösungen

Die reinen Lehren von der generellen Unverwertbarkeit einerseits und der generellen Verwertbarkeit andererseits haben sich bisher nicht durchsetzen können. Die Rechtsprechung und die herrschende Lehre bekennen sich in der einen oder anderen Form zu einer differenzierenden Lösung und einer Abwägung im Einzelfall[11]. Die Differenzierung läuft im Ergebnis darauf hinaus, in bestimmten Fällen zu einer Unverwertbarkeit zu kommen, in anderen Fällen dagegen die Verwertung des Beweises zuzulassen. Die Krux liegt insoweit in der Abgrenzung der relevanten Fälle und auch darin, die Differenzierungen dogmatisch zu begründen.

aa) Beweisverwertungsverbot unter Anknüpfung
an subjektive Rechte des Beweisgegners

So wird zum Teil angenommen, das Verbot der Beweisverwertung folge aus einem subjektiven Recht des Beweisgegners[12]. Das kann ein Grundrecht sein, meist das allgemeine Persönlichkeitsrecht i.S.d. Art. 2 Abs. 1, 1 Abs. 1 GG. Dieses Recht werde – hier sind Stellungnahmen oft unklar – entweder durch die Beweiserhebung, durch die Beweisverwertung, oder aufgrund der in der Beweiswürdigung durch das Gericht liegenden Perpetuierung des Verstoßes bei der Beweiserlangung verletzt[13]. Aus der drohenden Beeinträchtigung folgt dann die Pflicht des Gerichts, den vermeintlichen (erneuten?) Eingriff zu unterlassen[14].

Die Thematik hat zunehmend einen verfassungsrechtlichen Einschlag erhalten. Das BVerfG hat mit Blick auf das Mithören von Telefonaten ohne Einwilligung des Gesprächsteilnehmers auch außerhalb des Intimbereichs den Schutz durch das allgemeine Persönlichkeitsrecht weit gezogen[15]. Die Rechtsprechung des BGH und

---

11 Vgl. nur BGH NJW 1982, 277; BGH NJW 1994, 2289, 2292 m.w.Nachw.; BAG, NZA 2014, 143, 145 ff. m.w.Nachw.; NZA 2012, 1025 Rdnr. 29 f.
12 So im Wesentlichen die Rspr., vgl. etwa BVerfG, NJW 1992, 815; NJW 2002, 3619, 3622; BAG, NJW 1988, 1331, 1333; BGH, NJW 1994, 2289, 2292; NJW 2005, 497, 499. Vgl. die Darstellung bei *Muthorst*, Beweisverbot, 2009, S. 92 ff.
13 Unklar etwa O. *Werner* NJW 1988, 993, 996 f., 1000 f.; *Habscheid*, GS Peters, 1967, S. 840, 860; vgl. auch *Kiethe*, MDR 2005, 965, 967 (»erneute Verletzung durch Verwertung«); ebenso *Schwab*, FS Hubmann, 1967, S. 421, 429; teils unklar auch BVerfG, NJW 1992, 815, 816 (Eingriff durch Verwertung, aber letztlich angeknüpft an eigentliche Erlangung); BVerfG, NJW 2002, 3619, 3622 (Erhebung und Verwertung der Zeugenaussagen als Verletzung, aber Prüfung der Einwilligung in das Mithören); ferner BGH, NJW 1994, 2289, 2292; NJW 2005, 497, 499, mit Recht stärker differenzierend *Balthasar*, JuS 2008, 35, 39.
14 BGH, NJW 1994, 2289; NJW 2005, 497, 499.
15 BVerfG, NJW 2002, 3619, 3624 = JZ 2003, 1104 mit Anm. Foerste.

des BAG liegen auf dieser Linie[16]. Dabei wird auf die Bindung des Gerichts an die Grundrechte rekurriert. Anknüpfungspunkt ist der staatliche Eingriff durch das Gericht, über den das Gericht zu entscheiden hat, nicht über die Wirkung von Grundrechten in dem bei der Erlangung des Beweismittels berührten Privatrechtsverhältnis. Auf dieser Grundlage soll bei Grundrechtseingriffen die Beweisverwertung in der Regel unzulässig sein, sofern sie nicht ausnahmsweise eine Rechtfertigung im Wege der Güterabwägung in Betracht kommt[17]. Der Rechtsprechung ist allerdings nicht immer deutlich zu entnehmen, ob allein schon die verfassungswidrige Erlangung des Beweismittels dessen Unzulässigkeit im Prozess bedingt oder ob diese Verwertung selbst gegen die Verfassung verstoßen muss; es wird teils bedenkenlos von dem vermeintlichen Eingriff in das grundgesetzliche Persönlichkeitsrecht bei der Beweiserlangung auf das Verbot der Beweisverwertung geschlossen[18].

Bei Verstößen gegen einfaches Recht soll demgegenüber die Verwertbarkeit nicht ausgeschlossen sein, wohl aber bedarf es nach der Rechtsprechung des BGH auch hier einer Abwägung zwischen dem Gebot der Wahrheitsermittlung bzw. dem Interesse des Klägers an Rechtsverwirklichung und dem Gewicht der Rechtsverletzung und des Schutzzwecks[19]. Das Beweisinteresse als solches genügt dabei aber nicht, es würde ja stets vorliegen[20].

Ähnlich, aber einfachrechtlich wird argumentiert, wenn behauptet wird, der Beweisgegner habe nach Maßgabe einer Abwägung bei rechtswidriger Erlangung eines Beweismittels einen quasi-negatorischen Beseitigungsanspruch gegen den Beweisführer aus § 1004 BGB[21]. Dieser Anspruch binde dann, was nicht recht begründet wird, auch das Gericht; anders als im bereits beschriebenen schadensersatzrechtlichen Ansatz wird diese Auseinandersetzung also nicht in einen Zweitprozess verlagert.

bb) Prozessrechtliche Begründungsansätze

Demgegenüber wird teilweise eine differenzierende Lösung nicht materiell-rechtlich, sondern prozessrechtlich begründet. So ist früh von *Dilcher* die Auffassung vertreten worden, der Beweisführer dürfe das Beweismittel dann verwenden, wenn er gegen den Beweisgegner einen Anspruch auf Vorlage habe[22]. Das folgt aus einer Erweiterung

---

16 BGHZ 153, 165 = NJW 2003, 1123, 1124 unter Bezugnahme auf BVerfG, NJW 2002, 3619 und BGH, NJW 1998, 155, die beide die Verletzung des Allgemeinen Persönlichkeitsrechts betreffen.
17 Vgl. zur Verletzung von Mitbestimmungsnormen BAG, NJW 2008, 2732, 2734.
18 Siehe Nachw. in Fn. 13.
19 BGHZ 153, 165 = NJW 2003, 1123, 1124; *Kiethe*, MDR 2005, 965, 966.
20 BGH, NJW 2003, 1727, 1728; NJW 2013, 2668, 2670 Rdnr. 22; NJW-RR 2010, 1289, 1292.
21 *Reichenbach*, § 1004 BGB als Grundlage von Beweisverboten, 2004, S. 57 ff.; *Schwab*, FS Hubmann, 1983, S. 421, 431 (bezogen auf den Beweisantrag); tendenziell *Dauster/Braun*, NJW 2000, 313, 319, die vom Grundsatz der prozessualen Verwertbarkeit ausgehen, und einstweiligen Rechtsschutz zur Durchsetzung des Anspruchs aus § 1004 BGB für möglich erachten. Kritisch *Störmer*, JuS 1994, 334, 336.
22 *Dilcher*, AcP 158(1958), 469, 480 ff.

des Konzepts des § 422 ZPO. Nach § 422 ZPO ist im Rahmen des Urkundsbeweises der Gegner zur Vorlegung der Urkunde verpflichtet, wenn der Beweisführer nach den Vorschriften des bürgerlichen Rechts die Herausgabe oder die Vorlegung der Urkunde verlangen kann. Fehle es daran, so bestehe auch ein Verwertungsverbot. Zu den prozessrechtlichen Ansätzen im weiteren Sinne gehört auch der von *Baumgärtel* entwickelte Ansatz, auf das auch im Prozessrecht beachtliche Gebot von Treu und Glauben oder auf das Gebot redlicher Prozessführung zurückzugreifen, das dann eine Konkretisierung unter dem Gesichtspunkt der Generalprävention im Einzelfall verlange[23].

3. Stellungnahme

a) Die Problematik der Einheitslehren

Es liegt in der Natur der Sache, dass differenzierende, auf Abwägung abzielende Lösungen gerade wegen ihres differenzierenden Vorgehens stets mit dem Problem der Unsicherheit behaftet sind. Die Einheitslehren vermeiden dies und haben den Charme der vermeintlichen Einfachheit. Indes tun sich Begründungslücken auf. Der Gedanke von der Einheit der Rechtsordnung kann nicht überzeugen, weil er diese Einheit in einer Absolutheit behauptet, die so nicht besteht.

Demgegenüber hat die Lehre von der generellen Verwertbarkeit rechtswidrig erlangter Beweismittel den Vorzug, dass sie auf das Fehlen eines Beweisverwertungsverbots in der ZPO verweisen kann. Es wird deutlich gemacht, dass der Prozess möglichst von schwierigen Abwägungen insbesondere mit Blick auf das allgemeine Persönlichkeitsrecht freigehalten werden sollte. Indessen wird auch insoweit ein Recht auf Beweis in einer Absolutheit behauptet, die schon prozessrechtlich nicht besteht. Die Zeugnisverweigerungsrechte und die beschränkten Urkundenvorlagerecht sowie Präklusionsvorschriften zeigen gerade, dass Einschränkungen denkbar sind. Das wird vor allem dann offenbar, wenn man das Recht auf den Beweis aus dem Justizgewährungsanspruch ableitet[24], der – wie alle Grundrechte und Justizgrundrechte – durchaus mit anderen Verfassungsgütern kollidieren kann.

Jedenfalls der Verweis auf Schadensersatzansprüche in einem Zweitprozess bei sittenwidriger Beweiserlangung[25] erscheint wenig überzeugend. Das Problem wird nur verschoben. Schon die Existenz eines Schadens ist fraglich. Eigentlich hat das Erstgericht ja auf der Grundlage des wahren Sachverhalts, d.h. materiell richtig entschieden. Für die Ermittlung eines Schadens des Beweisgegners ist zu fragen, wie das Erstgericht ohne das Beweismittel hätte entscheiden müssen. Das mag aber je nach Lage der Dinge unklar sein, weil dies u.a. davon abhängt, wie die anderen, ordnungsgemäß

---

23 *Baumgärtel*, ZZP 69(1956), 89, 106; *Rosenberg/Schwab/Gottwald*, Zivilprozessrecht, 17. Aufl. 2010, § 110 Rdnr. 25.
24 *Vgl. Kiethe*, MDR 2005, 965, 967.
25 So *Brinkmann*, AcP 206(2006), 746 ff.

erlangten Beweise gewürdigt werden und welches Gewicht ihnen beigemessen wird. Man müsste den Prozess wieder aufrollen. Anders formuliert mag dieses Konzept theoretisch seinen Charme haben. In praktischer Hinsicht erscheint es naheliegender, die Frage schon im Ausgangsprozess zu behandeln.

b) Abwägungslösung als geringstes Übel

Daher erscheinen die Abwägungslösungen als unter gegebenen Umständen beste Lösung[26], weil sie sich offen zu einer (fallgruppenartigen) Differenzierung bekennen, die nach den anderen Lehren wohl eher subkutan eingeführt würde.

Gleichwohl ist eine stärkere Strukturierung des Abwägungsvorgangs angezeigt.[27] Die Rechtsprechung prüft meist unter Hinweis auf die Verletzung durch die Beweiserlangung und folgert daraus regelmäßig das Verwertungsverbot. Indessen: Entscheidend muss dann in der Abwägung sein, ob gerade die Beweisverwertung die Interessen des Beweisgegners unangemessen zurücksetzt. In der Erlangung des Beweismittels außerhalb des Prozesses liegt ja gerade noch kein staatlicher Eingriff in das grundrechtlich geschützte Persönlichkeitsrecht. Die verfassungsrechtliche Dimension wird in der Rechtsprechung überbetont. Die entscheidende Frage sollte stets sein, ob gerade die Beweisverwertung gerechtfertigt ist bzw. ob sie eine Verletzung z.B. des Persönlichkeitsrechts des Beweisgegners darstellt. Nur unter dieser Prämisse hat es auch Sinn, die Grundrechtsbindung des Gerichts zu betonen und einen unmittelbaren Eingriff des Gerichts anzunehmen; nur insoweit ist auch die grundrechtliche Abwehrfunktion betroffen.

Die Verletzung des materiellen Rechts bei der Beweiserlangung hat auf dieser Grundlage allenfalls eine indizielle Bedeutung für die Verwertung. Schutzzweckerwägungen können – wie der Jubilar mit Recht bemerkt[28] – weiterhelfen, freilich dann nur bezogen auf die Beweisverwertung. Gestohlene Beweismittel können z.B. meist verwertet werden, weil das Prozessrecht nicht nach dem Eigentum an Beweismitteln fragt, es auch durch die Verwertung nicht weiter beeinträchtigt wird und damit das Interesse an Nichtoffenbarung nicht hinreichend stark ist[29].

Die Prüfung anhand der Beweisverwertung ist nicht das Gleiche wie die Ableitung anhand der Beweiserlangung. Die materiell-rechtliche Bewertung kann von der prozessualen abweichen[30]. Zudem kann beispielsweise im Zivilprozess bei einer unzulässigen Tonbandaufzeichnung möglicherweise – so auch vom österreichischen OGH vertreten[31] – zwar nicht das Tonband abgespielt werden, wohl aber eine Abschrift verlesen werden, weil die Verlesung den Betroffenen nicht mit seiner Sprechweise

---

26 So auch MünchKommZPO/*Prütting*, 5. Aufl. 2016, § 284 Rdnr. 66.
27 *Katzenmeier*, ZZP 116(2003), 371, 378.
28 MünchKommZPO/*Prütting*, 5. Aufl. 2016, § 284 Rdnr. 66.
29 *Katzenmeier*, ZZP 116(2003), 371, 378.
30 H. *Roth*, in: Recht der Persönlichkeit, S. 279, 281 mit dem Beispiel der Pfändung schuldnerfremder Sachen.
31 Nachweise bei *Kodek*, FS Kaissis, 2012, S. 523, 527.

und etwaigen Ausdrucksschwächen bloßstellt. In der Abwägung ist das Gewicht der Interessen des Beweisgegners möglicherweise im Prozess geringer als bei dem ursprünglichen Verstoß bei der Erlangung des Beweises, z.B. wenn Geheimnisse nunmehr bereits bekannt geworden sind. Es kommt also auf den späteren Zeitpunkt an.

III. Der Meinungsstand zur Verwertbarkeit von Dashcam-Aufzeichnungen

Vor dem so beschriebenen Hintergrund hat die Frage nach einem Beweisverwertungsverbot für Dashcam-Aufzeichnungen bisher eine kontroverse Beurteilung erfahren. Sowohl die Rechtsprechung als auch das Schrifttum sind gespalten.

1. Die Entscheidung des LG Heilbronn vom 3.2.2015

Das LG Heilbronn hat in einem Urteil vom 3.2.2015 die Zulässigkeit der Verwertung abgelehnt[32]. Da der Unfallgegner ohne seine Einwilligung gefilmt worden sein, sei dessen Grundrecht auf informationelle Selbstbestimmung verletzt. Die Videoaufzeichnung sei nicht auf Grund einer Interessen- und Güterabwägung gerechtfertigt. Es habe sich um eine Daueraufzeichnung gehandelt, die nicht von vornherein auf das konkrete Unfallgeschehen begrenzt gewesen sein. Das verstoße gegen § 6b Abs. 1 Nr. 3 BDSG und § 22 KunstUrhG. Wollte man kein Beweisverwertungsverbot annehmen, so würde nach Ansicht des Gerichts jedermann in seinem PKW permanent Kameras befestigen, um im Falle eines relevanten Vorfalls ein Beweismittel zur Hand zu haben.

2. Die Entscheidungen des AG München vom 13.08.2014 und des LG Memmingen vom 14.1.2016

Die Argumentation stimmt inhaltlich mit einem Hinweisbeschluss vom 13.8.2014 überein, in dem sich das AG München ebenfalls gegen die Zulässigkeit der Verwertung ausgesprochen hatte[33]. Zuletzt hat auch das LG Memmingen in einem Urteil vom 14.1.2016 ein Beweisverwertungsverbot für Dashcam-Aufzeichnungen angenommen, weil diese Aufzeichnungen gegen § 6b Abs. 1 BDSG verstießen und ein Beweisverwertungsverbot folgen müsse, weil die Zulassung »einer derart rechtswidrig erlangten Videoaufnahme zu einer weiteren Verbreitung von Dash-Cams und daher einer dauerhaften und flächendeckenden Überwachung im öffentlichen Verkehr führen [würde], so dass das Recht auf informationelle Selbstbestimmung völlig

---

32 LG Heilbronn, NJW-RR 2015, 1019, 1020.
33 AG München, ZfS 2014, 692 m. Anm. *Diehl*.

ausgehöhlt würde«[34]. Dem müsse durch ein Beweiserhebungsverbot Einhalt geboten werden, sofern es nicht um wesentlich bedeutendere Rechtsgüter als den »bloßen« Eigentumsschutz gehe.

Aus den Entscheidungen können bereits zwei Argumentationsansätze abgeleitet werden die in der Diskussion über Beweisverwertungsverbote häufig auftauchen, nämlich 1. das Argument, ohne ein Beweisverwertungsverbot werde praktisch ein Freifahrtschein für rechtswidriges Verhalten gegeben[35], und 2. zudem eine gewisse Akzentuierung innerhalb der angestellten Güter- und Interessenabwägung. Der Beweisführer muss jedenfalls bei persönlichkeitsrechtsrelevanten Fällen seine Beweiserlangung rechtfertigen, um ein Verbot der Beweisverwertung zu vermeiden.

3. Entscheidungen zugunsten einer Verwertbarkeit

Andere Gerichte haben eine Verwertung zugelassen. In einem Bußgeldverfahren hat das OLG Stuttgart kein Beweisverwertungsverbot angenommen, wenn es um eine schwerwiegende Verkehrsordnungswidrigkeit geht; im Strafprozess ist teils ebenfalls eine Verwertung zugelassen worden[36]. Für den Zivilprozess führt nach Auffassung einer anderen Abteilung des AG München die Abwägung zu dem Ergebnis, dass die Verwertung zulässig sei[37]. Zu der Zeit, zu der das Video aufgenommen wird, verfolge der Aufnehmende damit noch keinen bestimmten Zweck. Die Personen, die vom Video aufgenommen werden, gerieten vielmehr rein zufällig ins Bild. Das Gericht vergleicht dies mit einer Situation, in der eine Person Urlaubsfotos schießt oder Urlaubsfilme macht und dabei auch Personen mit abgebildet werden, mit denen man nichts zu tun hat. Derartige Fotoaufnahmen und Videos seien nicht verboten und sozial anerkannt. Eine Beeinträchtigung der Grundrechte der abgebildeten Person könne nur dann vorliegen, wenn eine derartige zufällig gewonnene Aufnahme dann gegen den Willen der abgebildeten Person veröffentlicht werde. Auch das OLG Nürnberg hat mit Hinweisbeschluss vom 10.08.2017 die Verwertung zugelassen.[38]

4. Stellungnahmen im Schrifttum

Im Schrifttum halten sich befürwortende und ablehnende Stellungnahmen die Waage. Stellungnahmen aus datenschutzrechtlicher Provenienz halten eine Verwertung

---

34 LG Memmingen, 14.01.2016, 22 O 1983/13, BeckRS 2016, 01288.
35 Vgl. BGH, NJW 1970, 1848; Baumgärtel, ZZP 69(1956), 103 f. Den Gedanken der Generalprävention betont besonders Kaissis, Die Verwertbarkeit materiell-rechtswidrig erlangter Beweismittel im Zivilprozeß, 1978, 120 ff. Gegen das Anreizargument *Kodek*, FS Kaissis, 2012, S. 523, 539.
36 OLG Stuttgart, 4.5.2016, 4 Ss 543/15, mitgeteilt bei becklink 2003323; AG Nienburg, DAR 2015, 280 (im Strafprozess).
37 AG München, NJW-RR 2014, 413, 414.
38 OLG Nürnberg, r + s 2017, 543. Der Schluss ist nach Drucklegung ergangen und konnte nicht mehr umfassend berücksichtigt werden.

grundsätzlich aus den in den referierten Gerichtsentscheidungen angesprochenen Gründen für unzulässig[39], während erste Stellungnahmen aus dem zivilprozessualen Bereich tendenziell eher von einer Verwertbarkeit ausgehen[40]. Eine gefestigte Meinung hat sich noch nicht gebildet. In die Kommentarliteratur hat das Problem bisher wenig Eingang gefunden. *Foerste* hält die Verwertung für gerechtfertigt, wenn sie sich auf kurze Intervalle beschränkt hat[41]. Der Jubilar geht ebenfalls in der Regel nicht von einem Beweisverwertungsverbot aus[42].

IV. Grundsätzlich kein Beweisverwertungsverbot bei Dashcam-Aufzeichnungen

In der Tat ist entgegen der Ansicht des LG Heilbronn und des AG München, ganz unabhängig von der straßenverkehrsrechtlichen oder verwaltungsrechtlichen Zulässigkeit des Einsatzes solcher Aufzeichnungen, regelmäßig ein zivilprozessuales Beweisverwertungsverbot nicht zu begründen.

1. Rechtswidrigkeit des Eingriffs fraglich

Schon die Rechtswidrigkeit der Beweiserlangung ist fraglich. Ein Verstoß gegen § 6b BDSG liegt möglicherweise nicht vor, weil die dort festgelegte Beobachtung öffentlich zugänglicher Räume durch Videoüberwachung eher auf die dauerhaft-statische Überwachung eines spezifischen Orts abzielt, aber nicht auf rasch wechselnde Situationen im bewegten Straßenverkehr. Ganz sicher nicht erfasst wären Aufnahmen, die keine Personen identifizieren[43]. Auch § 22 KUG ist problematisch, weil dort nur das Verbreiten von Bildnissen erfasst ist, was bei der Beweisverwertung nicht der Fall ist. Man kann zwar erwägen, dass bereits die Übergabe des Videos an das Gericht ein Verbreiten darstellt, doch das wäre, wie das LG Oldenburg mit Recht entschieden hat[44], inkonsequent, weil es seltsam wäre, wenn das Anfertigen von Bildnissen zu Beweiszwecken erlaubt wäre, nicht aber die Weitergabe an die für die Beweisführung zuständige Stelle, hier also das Gericht.

---

39 *Ernst*, CR 2015, 620, 623; *Terhaag/Schwarz*, K&R 2015, 556. Wohl tendenziell *Wirsching*, NZV 2016, 13, 16.
40 *Greger*, NZV 2015, 114 ff.; *Ahrens*, MDR 2015, 926 ff.
41 Musielak/Voit/*Foerste*, 13. Auflage 2016, § 286 Rdnr. 7. So auch *Balzer/Nugel*, NJW 2014, 1622 ff.
42 MünchKommZPO/*Prütting*, 5. Aufl. 2016, § 284 Rdnr. 70.
43 Vgl. EuGH, 11.12.2014 – C-212/13 (Rynea/ÚYad pro ochranu osobních údajo), EuZW 2015, 234 Rdnr. 21 f.
44 LG Oldenburg, JZ 1990, 1080, 1081.

2. Keine Unterscheidung zwischen Daueraufnahme und punktuellen Aufnahmen

Dessen ungeachtet lässt sich ein Beweisverwertungsverbot auch nicht allgemein aus dem Allgemeinen Persönlichkeitsrecht ableiten. Das LG Heilbronn argumentiert, während punktuelle Aufnahmen, die der Autofahrer on demand vornehme, eher unbedenklich seien, sei die dauerhafte Aufzeichnung während der Fahrt unverhältnismäßig und daher nicht verwertbar[45]. Das ist kaum sachgerecht. Es mag datenschutzrechtlich oder verwaltungsrechtlich eine Rolle spielen, ob sich der Autofahrer mit seiner Kamera zum Hilfssheriff aufschwingt; so auch in einer Entscheidung des VG Ansbach, in der eben einem solchen Hilfssheriff der dauerhafte Einsatz der Kamera zum Zwecke des Anschwärzens von anderen Autofahrern untersagt worden war. Zivilprozessual kann es aber keine Rolle spielen, ob der Autofahrer eine Stunde, fünf Minuten oder zwei Minuten vor dem streitgegenständlichen Unfall die Kamera eingeschaltet hat. Das führte zu Zufälligkeiten.

Zudem ist auch die vom LG Heilbronn betonte Parallele zur verdeckten ständigen Videoüberwachung durch Arbeitgeber brüchig, die nämlich nach der Rechtsprechung des BAG nur bei dem konkreten Verdacht einer strafbaren Handlung oder einer Verfehlung gegenüber dem Arbeitgeber in Betracht kommt. Es erscheint doch von einer anderen Qualität, ob jemand an seinem Arbeitsplatz dauerhaft unter Bewachung steht und damit einem sozusagen institutionalisierten Misstrauen des Arbeitgebers ausgesetzt wird, oder ob ein Teilnehmer des öffentlichen Straßenverkehrs in ebendiesem mit Beobachtung rechnen muss.

3. Das Anreizargument

Es bleibt das Anreizargument, nach dem mit einem Beweisverwertungsverbot einer Entwicklung entgegengesteuert werden müsse, um zu verhindern, dass künftig jeder Bürger Kameras in seinem Fahrzeug, aber auch an seiner Kleidung befestigen würde, um im Bedarfsfall auf die Aufzeichnungen zugreifen zu können. Natürlich hat dieses Argument unter rechtspolitischen Gesichtspunkten einen berechtigten Kern. Indessen steht nicht die datenschutzrechtliche Zulässigkeit, sondern allein die Verwertung im Prozess in Frage, und zwar für eine konkrete Situation, in der das Video zur Wahrheitsfindung beitragen kann. Wer eine Verbreitung solcher Praktiken verhindern will, muss mit dem entsprechenden Gesetzesvorbehalt beim datenschutz- und verwaltungsrechtlichen bzw. straßenverkehrsrechtlichen Sanktionen ansetzen, nicht beim Zivilprozessrecht.

---

45 Oben, III. 1.

4. Abwägung zugunsten des Beweisführers

Im Übrigen ist auch ersichtlich, dass die beim Allgemeinen Persönlichkeitsrecht stets erforderliche Abwägung im Hinblick auf die Verwertung zugunsten des Beweisführers ausfällt[46]. Die Augenscheinnahme kann den Beweisführer aus seiner Beweisnot helfen. Sie dient dem öffentlichen Interesse an der Justizgewährung. Demgegenüber ist die Beeinträchtigung des Unfallgegners eher gering. Das LG Heilbronn und das AG München argumentieren schon ungenau, wenn sie darauf abstellen, dass eine Vielzahl von Personen in kurzer Zeit in ihrem Persönlichkeitsrecht betroffen sind – Es kommt aber nur auf die Interessen der Partei des Prozesses an. Es werden Bilder gezeigt, die die Partei im öffentlichen Straßenverkehr zeigen, mithin in einer Alltagssituation. Wer sich in den Straßenverkehr begibt, weiß, dass er beobachtet wird. Die beeinträchtigende Wirkung ist gering. Die Aufnahmen werden zwar auch zum Zwecke der Beweissicherung im Falle eines Unfalls gemacht, aber der Eingriff erfolgt trotzdem – anders als zB bei einer Durchsuchung eines Mitarbeiterspinds im Verdachtsfall – nicht zielgerichtet, weil man gar nicht weiß, wann und ob es zu einem Unfall kommt. Es könnte zudem ja auch Zeugen geben, die z.B. den Unfall gesehen haben. Das Video ist in der Sache nichts anderes als der perfekte Zeuge. Der Einwand des Beweisgegners gegen die Verwertung läuft daher im Kern auf die Behauptung hinaus, er habe Anspruch darauf, dass der Beweisführer, wenn überhaupt, nur in Erinnerungs- und Wahrnehmungsvermögen naturgemäß beschränkte Zeugen als Beweismittel zur Hand habe.

V. Fazit

Entgegen einem Teil der Rechtsprechung und Literatur ist die Verwertung von Dashcam-Aufzeichnungen als Beweismittel im Verkehrsunfall- oder Haftungsprozess zulässig.

---

46 Vgl. auch in diesem Sinne zu Art. 8 EMRK EGMR, 27.5.2014 – 10764/09 (*De la Flor Cabrera/Spanien*), NJW 2015, 1079.

Geheimnisschutz ohne Geheimverfahren?

Überlegungen zur Umsetzung der Richtlinie EU 2016/943 über den Schutz vertraulichen Know-hows und vertraulicher Geschäftsinformationen vom 8. Juni 2016

Barbara Völzmann-Stickelbrock

I. Einleitung

Die Anzahl von Unternehmen, die in einer modernen Dienstleistungs- und Informationsgesellschaft mit wissensbasiertem Kapital arbeiten, wächst stetig. Dass betriebsinternes Know-how, aber auch schon die diesem Wissen vorgelagerten Informationen und Daten zur Erhaltung der Innovationskraft von Unternehmen grundsätzlich eines Schutzes bedürfen, ist allgemein anerkannt, zumal auch die Möglichkeiten unberechtigter Verbreitung und Nachahmung mit den neuen Massenkommunikationsmitteln wachsen. Da sich das Schutzniveau und die Rechtsschutzmöglichkeiten im Bereich des Geheimnisschutzes in Europa sehr unterschiedlich darstellen,[1] hat die Europäische Kommission im März 2011 die Initiative ergriffen, um den Schutz von unternehmerischem Know-how, welches nicht durch gewerbliche Schutzrechte geschützt ist, innerhalb der Europäischen Union zu vereinheitlichen und die Fragmentierung der nationalen Schutzregeln im Binnenmarkt zu verringern. Damit sollen geistige Schöpfungen begünstigt und Investitionen in innovative Prozesse, Dienstleistungen und Produkte gefördert werden, um die Wettbewerbsfähigkeit der Wirtschaft in der Union zu steigern.[2] Ein Richtlinienentwurf wurde Ende 2013 vorgestellt. Nach langwierigen Abstimmungsprozessen und trotz teilweise kritischer Analysen ist am 6. Juli 2016 die sog. »Geheimnisschutzrichtlinie«[3] in Kraft getreten. Die Umsetzungsfrist für die Mitgliedsstaaten endet am 9. Juni 2018.

Der Geheimnisschutz ist zum einen in materiell-rechtlicher Hinsicht interessant und komplex, betrifft er doch als Querschnittsthema sowohl strafrechtliche, als auch vertrags- und arbeitsrechtliche, immaterialgüterrechtliche und wettbewerbsrechtliche

---

1 Eingehend hierzu die im Auftrag der EU erstellte und im April 2013 veröffentlichte Studie: http://ec.europa.eu/internal_market/iprenforcement/docs/trade-secrets/130711_final-study_en.pdf.
2 Erwägungsgrund 3 der RL 2016/943/EG.
3 Richtlinie EU 2016/943 des Europäischen Parlaments und des Rates vom 8. Juni 2016 über den Schutz vertraulichen Know-hows und vertraulicher Geschäftsinformationen (Geschäftsgeheimnisse) vor rechtswidrigem Erwerb und rechtswidriger Nutzung und Offenlegung, ABl. Nr. L 157, S. 1.

Fragestellungen. Zum anderen schlägt die Bewährungsstunde des Geheimnisschutzes aber auch gerade im Verfahrensrecht; gleicht doch die Prozesssituation im deutschen Recht bekanntermaßen der Wahl zwischen Skylla und Charybdis. Der Kläger muss sich oftmals zwischen dem Verlust des Geheimnisses und dem Verlust des Prozesses entscheiden.[4]

Rechtspolitisch brisant ist die Materie zudem wegen ihrer Schnittstelle zum Verfassungsrecht, stehen doch nicht erst seit Wikileaks und den Panama Papers Informations- und Datensicherheit immer zugleich im Spannungsverhältnis zur Informations- und Meinungsfreiheit.

Der nachfolgende Beitrag möchte nach einem kurzen Blick auf das derzeitige System des Know-how-Schutzes in Deutschland das Konzept und einige der wesentlichen Neuerungen der Richtlinie erläutern. Näher beleuchtet werden soll dabei insbesondere, welche Vorgaben und Handlungsspielräume die Richtlinie dem Gesetzgeber bei der Umsetzung der Regelungen zum Geheimnisschutz im gerichtlichen Verfahren gibt.

II. Grundlagen des Know-how-Schutzes im deutschen Recht

1. Begriff und Gegenstand des Know-how

Was der unserer Rechtsordnung weitestgehend unbekannte Begriff des Know-how umfasst, versucht man entweder mit einer möglichst griffigen Definition zu umschreiben[5] oder aber im Einzelnen anhand von Beispielen aufzulisten.[6] Neben dem technischen Bereich der Produktbestandteile oder Herstellungsverfahren fallen hierunter kaufmännische und betriebswirtschaftliche Kenntnisse in Form von Adressverzeichnissen und Listen mit Bezugsquellen und Lieferanten, Geschäftsbüchern, Unterlagen zu Umsätzen, Kreditwürdigkeit und steuerlichen Verhältnissen über Verhandlungstaktiken, Marktstrategien und Konditionen bis hin zu Studien, Entwicklungs- und Forschungsprojekten oder Prototypen.[7] Eine nähere Eingrenzung erübrigt sich angesichts der Tatsache, dass die Geheimnisschutzrichtlinie vertrauliches Know-how und vertrauliche Geschäftsinformationen unter dem Oberbegriff der »Geschäftsgeheimnisse« zusammenfasst.

---

4 *Ohly*, GRUR 2014, 1, 2.
5 Nach heute h.M. gehört dazu auch sonderrechtsfähiges Wissen, *Henn* Patent- und Know-how-Lizenzvertrag, 5 Aufl. 2003, Rn. 29, *Bartenbach*, Patentlizenz- und Know-how-Vertrag, 7. Aufl. 2013, S. 633 f.; *Westermann*, Handbuch Know-how-Schutz, 2007, S. 2 f.
6 Z.B. *Wurzer*, CCZ 2009, 49, 52; *Pfaff/Osterrieth*, Lizenzverträge, 3. Aufl. 2010 Rn. 578 ff.
7 *Ernst* in: Ullmann, jurisPK-UWG, 4. Aufl. 2016, § 17 UWG, Rn. 20.

2. Der Schutz von Betriebs- und Geschäftsgeheimnissen durch § 17 UWG

Der historische Gesetzgeber hat den Schutz von Geschäfts- und Betriebsgeheimnissen in den §§ 17, 18 UWG strafrechtlich ausgestaltet.[8] Der Begriff des Betriebsgeheimnisses zielt auf Kenntnisse im Bereich der Technik wie Pläne und Zeichnungen, während Geschäftsgeheimnisse primär im kaufmännischen Bereich angesiedelt sind.[9] Ein Geschäfts- oder Betriebsgeheimis i.S. von § 17 UWG ist jede im Zusammenhang mit einem Betrieb stehende Tatsache, die nicht offenkundig, sondern nur einem eng begrenzten Personenkreis bekannt ist und nach dem bekundeten, auf wirtschaftlichen Interessen beruhenden Willen des Betriebsinhabers geheim gehalten werden soll.[10] Die Ausgestaltung des Geheimnisschutzes als Nebenstrafrecht erfordert, dass dem Täter Vorsatz und eine in den jeweiligen Tatbeständen näher ausgestaltete Absicht im konkreten Fall nachgewiesen werden müssen. Auch das strafrechtliche Bestimmtheitsgebot des Art. 103 Abs. 2 GG setzt der Ahndung von Verstößen enge Grenzen. So erfasst § 17 Abs. 1 UWG unmittelbar nur den Geheimnisverrat durch Beschäftigte während des Beschäftigungsverhältnisses. Um Schutzlücken zu kompensieren, bejaht der BGH einen Verstoß gegen § 17 Abs. 2 Nr. 2 UWG z.B. bereits für den Fall, dass ein ausgeschiedener Mitarbeiter Daten des Unternehmens, die er im Rahmen seiner früheren Tätigkeit befugt auf einem privaten PC aufbewahrt hat, später verwertet.[11]

3. Zivilgesetzliche und vertragsrechtliche Schutzmöglichkeiten

Gerade im Arbeitnehmerbereich ist die Abgrenzung zwischen Erfahrungswissen, das weiterverwendet werden darf, und »echten« Geheimnissen im Einzelfall schwierig. Auch zivilrechtlicher Schutz über die §§ 823 Abs. 2, 1004 BGB i.V.m. § 17 UWG besteht nur gegen die unlautere Offenbarung. Ein Prioritätsschutz, wie er dem Patent immanent ist, existiert beim Geheimnisschutz nicht. Sofern Dritte rechtmäßig in den Besitz der geschützten Information gelangen, dürfen sie diese stets auch verwerten.

Statt Geheimnisverrat reaktiv im Rahmen des § 17 UWG zu bekämpfen, versuchen Unternehmen daher durch Vertraulichkeitsvereinbarungen, Geheimhaltungsvereinbarungen, Vertragsstrafen und Wettbewerbsverbote präventiv einen unerwünschten

---

8 Neben § 17 UWG existieren Spezialregelungen im HGB (§ 333), GmbHG (§ 85) und AktG (§ 404), die eine Verletzung der Geheimhaltungspflicht durch Vorstand, Aufsichtsrat, Insolvenzverwalter, Liquidator, Wirtschafts- oder Buchprüfer ahnden bzw. im BetrVG (§ 79) für Betriebsräte oder Vertreter von Gewerkschaften bzw. Arbeitgeberverbänden.
9 An die Unterscheidung knüpft sich keine unterschiedliche Rechtsfolge, so dass eine Abgrenzung und Zuordnung im konkreten Fall auch an dieser Stelle entbehrlich ist.
10 St. Rspr. seit BGH, GRUR 1955, 424.
11 BGH, NJW 2006, 3424 – Kundendatenprogramm.

Abfluss von Informationen zu verhindern.[12] Solche Regelungen müssen dann aber wiederum in einem abgewogenen Verhältnis zur Berufsfreiheit des Art. 12 GG stehen.

III. Vorgaben der Richtlinie EU 2016/943 für das materielle Recht

1. Der Begriff des Geschäftsgeheimnisses nach Art. 2 Ziff. 1 RL

Die Richtlinie legt in Art. 2 Nr. 1 fest, bei Vorliegen welcher Merkmale von einem Geschäftsgeheimnis auszugehen ist. Es muss sich danach erstens um geheime Informationen handeln, d.h. solche, die weder in Fachkreisen bekannt noch ohne weiteres zugänglich sind. Die Informationen müssen zweitens einen kommerziellen Wert haben, weil sie geheim sind. Drittens müssen die Informationen durch angemessene Geheimhaltungsmaßnahmen abgesichert werden. Die Definition scheint zunächst weiter als die Definition des UWG, es finden sich praktisch nur die Nichtöffentlichkeit und das Geheimhaltungsinteresse wieder, nicht aber der Geheimhaltungswille und die Unternehmensbezogenheit. Gleichwohl ist nicht davon auszugehen, dass jetzt auch »private« Geheimnisse einen Schutz zugesprochen bekommen.[13] Nach Erwägungsgrund 8a sollen vom Anwendungsbereich der Richtlinie lediglich »Geschäftsinformationen, Know-how oder technologische Informationen« umfasst sein.[14] Das dürfte zumeist nur für Informationen mit Unternehmensbezug in Betracht kommen, so dass sich insoweit keine gravierende Ausweitung ergibt.[15]

An die Stelle des Geheimhaltungswillens treten in der Richtlinie die angemessenen Geheimhaltungsmaßnahmen. Dieser Terminus ist leider sehr unbestimmt. Unternehmen sollten daher auf eine Kombination von rechtlichem Schutz im Rahmen der Vertragsgestaltung und technischen und organisatorischen Schutzmaßnahmen setzen. Das wird sich in vielen Fällen mit dem decken, was heutzutage unter dem Gesichtspunkt des Datenschutzes und der IT-Sicherheit ohnehin erforderlich ist, d.h. es sind Zutritts-, Zugangs- und Zugriffskontrollen sinnvoll, um geheime Informationen gegen unbefugte Zugriffe und unbefugte Vervielfältigung zu sichern.[16] Ein erhöhter Aufwand dürfte sich auch in Bezug auf die Dokumentations- und Nachweispflichten ergeben, wenn der Geheimnisinhaber im Prozess beweisen will, dass er die geheimen Informationen mit angemessenen Geheimhaltungsmaßnahmen geschützt hat.[17] Aufgefangen werden diese etwas höheren Anforderungen aber

---

12 Siehe dazu etwa *Enders*, GRUR 2012, 26, 28; *Witz* in FS für Bornkamm, 2014, 513, 523.
13 So aber *Heinemann* in www.recht-freundlich.de/category/know-how-richtlinie.
14 Erwägungsgrund 8a der RL 2016/943/EG.
15 So auch *Koós*, MMR 2016, 224, 225.
16 Hierzu *Ann*, GRUR 2014, 12, 14 ff.; *Hauck*, NJW 2016, 2218, 2220.
17 *Redeker/Pres/Gittinger*, WRP 2015, 681, 683 f.; *Heinzke*, CCZ 2016, 179, 182.

dadurch, dass im Gegensatz zu § 17 UWG ein Verschulden für eine Rechtsverletzung nicht erforderlich ist.[18]

2. Besonderheiten im Bereich des Erwerbs, der Nutzung und Offenlegung von Geschäftsgeheimnissen

a) Reverse Engineering, Art. 3 Abs. 1 b) RL

In Art. 3 der Richtlinie wird zunächst normiert, in welchen Fällen Geschäftsgeheimnisse als rechtmäßig erworben gelten. Besonderes Augenmerk ist hier darauf zu richten, dass Beobachtung, Untersuchung und Rückbau, also das sog. »*Reverse Engineering*« von Produkten, erstmals auch in Deutschland ausdrücklich erlaubt wird,[19] sofern das Produkt legal erworben oder bereits öffentlich verfügbar gemacht wurde. Das ist letztlich nicht verwunderlich angesichts der Tatsache, dass *Reverse Engineering* in fast allen anderen Mitgliedstaaten der Europäischen Union im Wesentlichen unbeschränkt zulässig ist und auch in den USA seit alters her als *honest commercial practice* betrachtet wird.[20] Eine Ausnahme besteht nur noch gegenüber Vertragspartnern, denen vertraglich untersagt wurde, sich das Geschäftsgeheimnis durch *Reverse Engineering* zu erschließen. Von dieser Möglichkeit können Unternehmen, die ihre Produkte schützen möchten, insbesondere im Rahmen der Lizenzierung Gebrauch machen. Es wird immer wieder die Gefahr betont, dass die im Wege des *Reverse Engineering* gewonnenen Erkenntnisse anschließend nicht als Grundlage für eine Innovation sondern zu Imitationszwecken verwendet werden.[21] Insoweit gilt aber, dass ein ergänzender wettbewerbsrechtlicher Leistungsschutz nach § 4 Nr. 9 UWG gegen herkunftstäuschende oder rufausbeutende Nachahmungen – auch ohne die teilweise geforderte Klarstellung in den Erwägungsgründen[22] oder im Richtlinientext[23] – weiterhin bestehen bleibt.[24]

---

18 Widersprüche zur Regelung des § 17 UWG dürften letztlich weniger schwerwiegender sein, als dies zunächst den Anschein haben könnte. Dies zeigt sich vor allem auch beim Blick auf die Rechtsfolgen, denn das Schutzkonzept der Richtlinie zielt gerade nicht auf eine Pönalisierung der Täter, sondern eröffnet die aus dem Bereich des gewerblichen Rechtsschutzes bekannten zivilrechtlichen Möglichkeiten einer Klage auf Beseitigung, Unterlassung, Schadensersatz, Rückruf und Vernichtung rechtsverletzender Produkte.
19 Seit RGZ 149, 329, 334 – Stiefeleisenpresse wurde das Verbot des Rückbaus mehrfach bestätigt, in jüngerer Zeit wird es aber zunehmend aufgeweicht, z.B. OLG Düsseldorf, RuS 2000, 87 – Rollenwechsler; OLG Hamburg, GRUR-RR 2001, 137, 139 – PM-Regler.
20 *Schweyer*, Die rechtliche Bewertung des Reverse Engeneering in Deutschland und den USA, 2012, S. 438 ff.; *Ohly*, GRUR 2014, 1, 7 m.w.N.
21 Umfassend dazu *Kochmann*, Schutz des Know-how gegen ausspähende Produktanalysen (»Reverse Engineering«), 2009, S. 32 f. m.w.N.
22 *Ohly* in: *Kalbfus/Harte-Bavendamm*, GRUR 2014, 453, 455.
23 *v. Mühlendahl* in: *Kalbfus/Harte-Bavendamm*, GRUR 2014, 453, 455.
24 So wohl im Ergebnis auch *Redeker/Pres/Gittinger*, WRP 2015, 681, 687.

b) Der Auffangtatbestand des Art. 4 Abs. 2 b) RL

Art. 4 Abs. 2 der Richtlinie bestimmt, wann ein Umgang mit Geschäftsgeheimnissen rechtswidrig ist. Etwas befremdlich ist hier allenfalls die in Art. 4 Abs. 2 b) der Richtlinie enthaltene Generalklausel, welche einen Erwerb als rechtswidrig ansieht, wenn er auf ein sonstiges Verhalten zurückzuführen ist, das nach den Umständen mit einer seriösen Geschäftspraxis nicht vereinbar ist. Hierbei handelt es sich um eine Übersetzung des Terminus der »*honest commercial practices*«, welcher wörtlich aus Art. 39 Abs. 2 TRIPS-Abkommen stammt. Dort wird näher konkretisiert, dass unseriöse Geschäftspraktiken jedenfalls solche seien, die einen Vertragsbruch, den Bruch einer Vertraulichkeitsvereinbarung oder die Anstiftung hierzu herbeiführen. Legt man das zugrunde, wird deutlich, dass die Generalklausel keinen weitgehenden Ermessensspielraum eröffnet[25], sondern bei der Umsetzung eher eng zu handhaben sein wird.

3. Die Gewährleistung der Informationsfreiheit

Trotz der insgesamt zurückhaltenden Regelungen des Richtlinienentwurfs sprechen Journalisten und Netzaktivisten dem Vorhaben teilweise den Charakter eines »Anti-Whistleblower-Gesetzes« zu, welches einseitig die Interessen der Unternehmen schütze, während es an einem Schutz der Whistleblower und investigativen Journalisten fehle.[26] Die Forderung nach einem verbesserten Know-how Schutz zur Eindämmung von Industriespionage und zur Förderung von Innovationen, ist aber lange vor den Enthüllungen Edward Snowdens in den Mitgliedsstaaten immer wieder erhoben worden.[27] Eine Abkehr von diesen Zielen zugunsten anderer Zwecke ist der Entstehungsgeschichte der Richtlinie nicht zu entnehmen. Vielmehr bekräftigt Erwägungsgrund 20 ausdrücklich, dass die in der Richtlinie vorgesehenen Maßnahmen nicht dazu dienen sollen, die Meldung von Missständen einzuschränken. Daher soll sich der Schutz von Geschäftsgeheimnissen nicht auf Fälle erstrecken, in denen die Offenlegung eines Geschäftsgeheimnisses dem öffentlichen Interesse dient, indem ein regelwidriges Verhalten, ein Fehlverhalten oder eine illegale Tätigkeit von unmittelbarer Relevanz aufgedeckt wird.[28] Zudem gibt Art. 5 der Richtlinie den Mitgliedsstaaten auf, Maßnahmen, Verfahren und Rechtsbehelfe abzulehnen, wenn die angebliche Nutzung oder Offenlegung des Geschäftsgeheimnisses zur Ausübung des Rechts der freien Meinungsäußerung und der Informationsfreiheit erfolgt ist. Auch wenn die arbeitsrechtliche Umsetzung dieser Privilegierung schwierig ist[29] und die Wahrung der Informations- und Datensicherheit auf der einen und der Informati-

---

25 So aber *Koós*, MMR 2016, 224, 227.
26 www.juliareda.eu/2016/04/eu-richtlinie-zu-geschaeftsgeheimnissen-bedroht-whistleblower/; Zu Recht ablehnend *Ziegelmayer*, www.lto.de/recht/hintergruende/h/eu-richtlinie-geschaeftsgeheimnisse-whistleblower-meinungsfreiheit-spionage/.
27 Vgl. nur *Ann*, GRUR 2007, 39; *Ohly*, GRUR 2014, 1.
28 Erwägungsgrund 20 der RL 2016/943/EG.
29 Dazu *Ann*, GRUR-Prax 2016, 465, 466; *Kalbfus*, GRUR 2016, 1009, 1015.

onsfreiheit auf der anderen Seite oftmals einen schwierigen Spagat erfordert, stellt die Geheimnisschutzrichtlinie von ihrer Konzeption her jedenfalls keine »Lizenz zur Vertuschung« dar.

IV. Der Schutz von Geschäftsgeheimnissen im deutschen Zivilprozess

Zur Wahrung von Geschäftsgeheimnissen sieht die ZPO vorrangig den Ausschluss der Öffentlichkeit in den §§ 172 Nr. 2, 174 Abs. 3 GVG vor. Dieser ermöglicht aber nur den Ausschluss Dritter, nicht aber des Prozessgegners. Zudem kann eine Geheimhaltungsanordnung erst in der mündlichen Verhandlung erfolgen, kommt also immer dann zu spät, wenn das streitgegenständliche Betriebsgeheimnis bereits in der Klageschrift offengelegt werden muss.[30] Auch das Zeugnisverweigerungsrecht des § 384 Nr. 3 ZPO hilft der vorlagepflichtigen Partei letztlich nicht, denn diese unterliegt einer weiter gehenden Prozessförderungspflicht als der Dritte. So verweist § 451 ZPO für die Parteivernehmung auch nicht auf § 384 Nr. 3 ZPO und wird bei den Beweisanordnungen der §§ 142, 144 ZPO entsprechend zwischen Parteien und Dritten differenziert.[31]

Die Diskussion um Möglichkeiten und Grenzen eines Schutzes von geheimhaltungsbedürftigem Wissen blickt inzwischen auf eine lange Geschichte zurück, an deren Beginn bereits erste Vorschläge von *Kohler* aus dem 19. Jahrhundert stehen.[32] Prägend für die aktuelle Diskussion waren die Vorstöße von *Stürner*[33] und *Stadler*,[34] die sich seit langem für die Zulassung eines *in camera*-Verfahrens im Zivilprozess aussprechen, in dem die gegnerische Partei von Teilen der mündlichen Verhandlung bzw. der Beweisaufnahme ausgeschlossen wird, wenn ein Geheimnisschutz anders nicht gewährleistet werden kann. Etliche Stimmen im prozessrechtlichen Schrifttum sind dem gefolgt.[35] Ebenso groß ist aber auch die Zahl mahnender Stimmen,[36]

---

30 *Rojahn*, FS für Loewenheim, 2009, S. 251, 254 f. fordert daher, dass eine Geheimhaltungs-anordnung bereits de lege lata in der Klageschrift beantragt und gemeinsam mit der Zustellung derer an den Beklagten ergehen kann.
31 Wieczorek/Schütze/*Ahrens*, 4. Aufl. 2013, vor § 284 Rn. 44; *Stadler* in Musielak/Voit, ZPO, 13. Aufl. 2016, § 142 Rn. 7, § 144 Rn. 8.
32 *Kohler*, Prozessrechtliche Forschungen, 1889, 78, 82 ff.
33 *Stürner*, Die Aufklärungspflicht der Parteien des Zivilprozesses, 1976, S. 223 ff.; *Stürner*, JZ 1985, 453 ff.
34 *Stadler*, Der Schutz des Unternehmensgeheimnisses (…), 1989, S. 238 ff.; dies., NJW 1989, 1202 ff.; dies., ZZP 123 (2010), 259 ff.
35 Z.B. *Schlosser* FS für Großfeld, 1999, S. 997 ff.; *Wagner*, ZZP 108 (1995), 195, 212 ff.; ders., JZ 2007, 706, 717 ff.; *Rojahn*, FS für Loewenheim, 2009, S. 251, 257.
36 Z.B. Stein/Jonas/*Leipold*, 22. Aufl. 2005, vor § 128 Rn. 61; Gehrlein/Prütting/*Laumen*, 9. Aufl. 2016, § 285 Rn. 7; *Waldner*, Der Anspruch auf rechtliches Gehör, 2. Aufl. 2000, Rn. 51, 76 ff.; *Lachmann*, NJW 1987, 2206, 2210; *Ploch-Kumpf*, Der Schutz von Unternehmensgeheimnissen (…), 1996, S. 214.

darunter an prominenter Stelle auch die des Jubilars,[37] die insbesondere die damit einhergehende Einschränkung des Anspruchs auf rechtliches Gehör und die Verletzung von Grundsätzen des Zivilprozesses wie der Mündlichkeit, Öffentlichkeit und Unmittelbarkeit nicht für hinnehmbar halten. Das deutsche Recht sieht bereits heute ein Geheimverfahren im verwaltungsgerichtlichen Verfahren nach § 99 Abs. 2 VwGO als *in camera*-Zwischenverfahren vor. Die Regelung des § 138 TKG weitet das *in camera*-Verfahren aus und ermöglicht es, auch Teile des Hauptverfahrens unter Ausschluss der Beteiligten durchzuführen. Beide Normen gehen auf vorhergehende Entscheidungen des BVerfG in Verfassungsbeschwerdeverfahren wegen der Verletzung des Prozessgrundrechts des Art. 19 Abs. 4 GG zurück. Danach kommt eine Verengung des Schutzbereichs des Art. 103 Abs. 1 GG ausnahmsweise in Betracht, wenn nur auf diese Weise dem Gebot effektiven Rechtsschutzes genügt werden kann.[38] Allerdings monierte das BVerfG zu Recht das Fehlen der gesetzlichen Grundlage für ein solches Verfahren, die wegen der Einschränkung des rechtlichen Gehörs unverzichtbar ist.[39] Beide Aussagen müssen ebenso für den Zivilprozess gelten, in dem damit ein *in camera*-Verfahren jedenfalls *de lege lata* nicht zulässig ist.

Neuen Zündstoff erhielt die Debatte durch das Gesetz zur Verbesserung der Durchsetzung von Rechten des geistigen Eigentums im Jahre 2008.[40] Hierdurch wurden in Umsetzung von Art. 6 der Enforcement-Richtlinie[41] für die gewerblichen Schutzrechte materiell-rechtliche Besichtigungsansprüche eingefügt, welche im Wege einer einstweiligen Verfügung durchzusetzen sind. Diese ermächtigen das Gericht, zur Wahrung vertraulicher Informationen die erforderlichen Maßnahmen zu treffen, um den im Einzelfall gebotenen Schutz zu gewährleisten.[42] Während die Befürworter eines *in camera*-Verfahren davon ausgehen, dass dieses als *ultima ratio* von den erlaubten Maßnahmen umfasst ist,[43] lehnt die Kommentarliteratur im Bereich des gewerblichen Rechtsschutzes zu den neuen Vorschriften der §§ 140c I 2 PatG, § 19a I 3 MarkenG, § 101a I 3 UrhG usw. dies überwiegend ab, da sich der Gesetzgeber gerade nicht zu einer solchen Lösung, die der ausdrücklichen Regelung bedurft hätte, entschließen konnte.[44] Die Einschätzung, dass die vorgenommene allgemeine Formulierung jedenfalls keine hinreichende Rechtsgrundlage für ein echtes Geheimverfahren

---

37 MüKo/ZPO/*Prütting*, 5. Aufl. 2016, § 285 Rn. 10-12; Baumgärtel/*Prütting*, Handbuch der Beweislast, 3. Aufl. 2016, § 7 Rn. 1 ff.; *Prütting*, FS für Kigawa, Bd. 3, 1994, S. 88 ff.; *Prütting*, ZZP 106 (1993), 427, 461; *Prütting/Weth*, NJW 1993, 576 ff.
38 BVerfGE 101, 106, 128 = NJW 2000, 1175, 1176 – Verwaltungsbehörde; BVerfGE 115, 205, = NVwZ 2006, 1041 – Geschäfts- und Betriebsgeheimnis.
39 BVerfGE 115, 205, 241 ff. = NVwZ 2006, 1041, 1044.
40 BGBl. I 2008, S. 1191 ff.
41 RL 2004/48/EG, ABl. EU Nr. L 195 V. 02.06.2004, S. 16.
42 Obgleich es um die Lösung eines prozessuale Problems geht, hat sich der Gesetzgeber gegen eine rein prozessuale Ausgestaltung der Beweisermittlung und für den Weg über § 809 BGB entschieden, dazu auch Wieczorek/Schütze/*Ahrens*, 4. Aufl. 2013, vor § 284 Rn. 50; *Stadler*, ZZP 123 (2010), 259, 278.
43 *Seichter*, WRP 2006, 394, 395; *Stadler*, ZZP 123 (2010), 259, 280.
44 So ausdrücklich *Fezer*, MarkenR, vgl. auch Schricker/Loewenheim/*Wimmers*, 4. Aufl. 2010, § 101a UrhG Rn. 39.

bietet,⁴⁵ erscheint vorzugswürdig. Man kann es daher den Zivilgerichten kaum vorwerfen, wenn sie, wie es *Stadler* treffend formuliert, »angesichts der Eingriffe in die Verfahrensrechte des Klägers« nicht »den Mut aufbringen, ein *in camera*-Verfahren auf der Grundlage der neuen Generalklauseln anzuordnen.«⁴⁶ Unabhängig davon beschränkt sich der Anwendungsbereich der Enforcement-Richtlinie aber auch auf absolute Schutzrechte. Eine ausdehnende analoge Auslegung auf Geschäftsgeheimnisse kommt angesichts der Weite des Begriffs nicht in Betracht.⁴⁷

Die bei möglichen Schutzrechtsverletzungen in der Praxis bislang umgesetzten Lösungen zielen denn auch nicht auf ein Hauptverfahren unter Ausschluss einer Partei, sondern vielmehr auf eine Geheimhaltung bei der dem Verletzungsprozess vorgelagerten Informationsbeschaffung. Zu nennen sind hier vor allem die für Patentverletzungsverfahren etablierte und vom BGH gebilligte⁴⁸ »Düsseldorfer Praxis«⁴⁹, die im Rahmen eines selbstständigen Beweisverfahrens vor dem eigentlichen Prozess eine Weitergabe von Informationen zunächst nur an den Prozessvertreter einer Partei ermöglicht⁵⁰ sowie der im Recht des geistigen Eigentums ebenfalls anerkannte sog. »Wirtschaftsprüfervorbehalt«, bei dem der Geheimnisträger die Informationen lediglich einem öffentlich bestellten Wirtschaftsprüfer oder vereidigten Buchprüfer bzw. einem neutralen, zur Verschwiegenheit verpflichteten Notar offenbart.⁵¹

V. Vorgaben der Richtlinie EU 2016/943 für das Verfahrensrecht

1. Die Neuregelung des Art. 9 RL

Die Richtlinie erkennt das Bedürfnis, wirksame prozessuale Regelungen zur Geheimhaltung von Know-how zu schaffen.⁵² Neben dem Verbot an alle Verfahrensbeteiligten in Art. 9 Abs. 1 der Richtlinie, ein als vertraulich eingestuftes Geschäftsgeheimnis zu nutzen oder offenzulegen, sieht Art. 9 Abs. 2 vor, dass die zuständigen Gerichte auf ordnungsgemäß begründeten Antrag einer Partei hin Maßnahmen treffen können, die erforderlich sind um die Vertraulichkeit eines (angeblichen) Geschäftsge-

---

45 So auch *Spindler/Weber*, MMR 2006, 711, 714; a.A. *Wrede*, Das Geheimverfahren im Zivilprozess, S. 344 ff., der die im Zuge der Enforcement-Richtlinie geschaffenen Geheimhaltungsvorschriften nicht nur als hinreichende Basis für ein Geheimverfahren ansieht, sondern bereits de lege lata über eine analoge Anwendung des § 140c Abs. 1 S. 3 PatG ein Geheimverfahren auch im allgemeinen Zivilprozess für zulässig erachtet.
46 *Stadler*, ZZP 123 (2010), 259, 281.
47 *McGuire/Joachim/Künzel/Weber* GRUR Int 2010, 829, 835.
48 BGHZ 183, 153 = GRUR 2010, 318 – Lichtbogenschnürung.
49 Dazu *Stadler*, ZZP 123 (2010), 259, 269 ff.; *Deichfuß*, GRUR 2015, 436 ff.
50 Bedenklich ist dabei die den Parteivertretern auferlegte Verschwiegenheitspflicht gegenüber ihren Mandanten, dazu *McGuire*, GRUR 2015, 424, 434; *Hauck*, NJW 2016, 2218, 2222.
51 *Stadler*, ZZP 123 (2010), 259, 271 f.; krit. zur Ausdehnung dieser Möglichkeit durch das BAG MüKo/ZPO/*Prütting*, 5. Aufl. 2016, § 285 Rn. 11 f.
52 Erwägungsgrund 24 der RL 2016/943/EG.

heimnisses zu wahren. Jedoch hat es im Verlauf des Gesetzgebungsverfahrens gerade bei dieser Regelung, die teilweise als das »Herzstück«[53] der neuen Richtlinie angesehen wurde, erhebliche Einschränkungen gegeben. Während der Kommissionsentwurf noch vorsah, dass nur dem gesetzlichen Vertreter einer Partei Zugang gewährt werden muss, ist nach der jetzt beschlossenen Regelung für ein faires Verfahren ein Zugangsrecht für eine natürliche Person auf jeder Prozessseite und die jeweiligen Rechtsanwälte oder sonstigen Vertreter erforderlich. Grund hierfür waren verfassungsrechtliche Bedenken an einem Ausschluss der Gegenseite von einem Zugang zu den betroffenen Geheimnissen, die vor allem auch beim BMJ trotz der Rechtsprechung des BVerfG fortbestehen.[54] Ein Geheimverfahren sieht die Richtlinie damit jedenfalls als Mindeststandard nicht vor.

2. Handlungsoptionen des nationalen Gesetzgebers

Die zunehmende Zahl der Befürworter eines *in camera*-Verfahrens[55] mag sich durch die Formulierung des Art. 9 der Richtlinie in ihrer Forderung nach der Etablierung eines solchen Verfahrens im Zivilprozess zwar nicht bestärkt – aber vielleicht auch nicht entmutigt sehen. Denn auf nationaler Ebene wären durchaus weitergehende prozessuale Schutzmaßnahmen möglich, da Art. 9 Abs. 2 nicht in der Liste der zwingend einzuhaltenden Bestimmungen gem. Art. 1 Abs. 1 Unterabsatz 2 genannt ist. Es stünde daher dem deutschen Gesetzgeber offen, strengere Maßnahmen zur Wahrung der Vertraulichkeit von Geschäftsgeheimnissen zu treffen, als es die Richtlinie als unterste Schwelle vorsieht.

Auch wenn die Richtlinie keinen generellen prozessualen Geheimnisschutz intendiert, sondern sich auf Vorgaben für solche Gerichtsverfahren beschränkt, deren Gegenstand gerade eine Verletzung von Geschäftsgeheimnissen ist,[56] wird ihre Umsetzung von Teilen der Literatur[57] und von Stimmen aus der anwaltlichen Praxis[58] als willkommener Anlass gesehen, ein Geheimverfahren in der ZPO zu etablieren, um damit die Bundesrepublik als Technologie- und Wirtschaftsstandort zu stärken. Ob man bei der Umsetzung ein eigenes Geheimnisschutzgesetz für vorzugswürdig erachtet[59] oder sich für eine Regelung als Querschnittsthema in den unterschiedlichen Gesetzen entscheidet, ist dabei nur ein untergeordneter Aspekt.

---

53 So *Ohly* in *Kalbfus/Harte-Bavendamm*, GRUR 2014, 453, 456.
54 *Timm-Wagner* in *Kalbfus/Harte-Bavendamm*, GRUR 2014, 453, 456; ebenso auch die Stellungnahme des Bundesrates vom 14.12.2014, BR-Drucks. 786/13, S. 5.
55 Z.B. *Wrede*, Das Geheimverfahren im Zivilprozess, 2014, S. 149 ff.; *McGuire*, GRUR 2015, 424, 432, 436; *Redeker/Pres/Gittinger*, WRP 2015, 811.
56 So zutreffend *Kalbfus*, GRUR 2016, 1009, 1015.
57 *Götz*, Der Schutz von Geschäftsgeheimnissen im Zivilverfahren, 2014, S. 483; *Ann*, GRUR-Prax 2016, 465, 467.
58 *Redeker/Pres/Gittinger*, WRP 2015, 811.
59 Dafür *Ann*, GRUR-Prax 2016, 465 f., *Kalbfus*, GRUR 2016, 1009, 1016.

Gleichwohl lässt die Entstehungsgeschichte gerade der verfahrensrechtlichen Regelung der Richtlinie wohl kaum einen Zweifel daran, dass der deutsche Gesetzgeber dem Geheimverfahren im Zivilprozess weiterhin mehr als kritisch gegenübersteht.[60] Betrachtet man die bei Umsetzung der Enforcement-Richtlinie getroffenen Regelungen, so verwundert dies nicht. Denn wenn schon bei den gewerblichen Schutzrechten die Bedenken gegen eine ausdrückliche Eröffnung eines Geheimverfahrens überwogen, muss dies wohl erst recht für den Know-how Schutz gelten. Angesichts der Weite dessen, was unter den Begriff des Geschäftsgeheimnisses fallen kann[61], sind Gefahren für die Funktionsfähigkeit des Zivilprozesses in stärkerem Maße zu befürchten, als dies bei den gewerblichen Schutzrechten und beim Urheberrecht der Fall ist, wenn sich eine oder gar beide Parteien hinsichtlich einer Tatsache, für die sie darlegungs- und beweispflichtig sind, auf ein Geschäftsgeheimnis berufen. Dies sollte nicht verkannt werden, wenn man sich für eine gesetzliche Regelung des Grundrechtskonflikts zwischen dem rechtlichen Gehör des Schutzrechtsinhabers und dem Geheimnisschutz des vermeintlichen Schutzrechtsverletzers einsetzt.[62]

Auch wenn die denkbaren Prozesssituationen, in denen die Berufung auf ein Geschäftsgeheimnis eine Rolle spielen kann, breiter gefächert sein dürften, als dies bei den gewerblichen Schutzrechten der Fall ist, scheidet ein Geheimnisschutz notwendig immer dann aus, wenn das Know-how selbst den Streitgegenstand bildet. Denn eine Verurteilung zur Unterlassung etwa der Nutzung bestimmter Herstellungsdaten oder Kundenlisten dürfte letztlich ohne eine exakte Beschreibung im Urteil nicht vollstreckbar sein.[63]

Betrachtet man die Argumentation der Befürworter eines Geheimverfahrens, so wird zu dessen Rechtfertigung einerseits auf die Möglichkeit des Gehörsverzichts und das Recht hingewiesen, dieses nicht höchstpersönlich wahrnehmen zu müssen, andererseits aber das Düsseldorfer Verfahren, das letztlich auf der Konstruktion eines freiwilligen Verzichts des Schutzrechtsinhabers auf seinen Anspruch auf rechtliches Gehör beruht, als Behelfslösung betrachtet und ein Verzicht aus freien Stücken verneint, da dieser nur erfolge, um den Prozessverlust zu vermeiden.[64] Ohne die Einschränkung des rechtlichen Gehörs kommt aber auch das Geheimverfahren nicht aus – der Unterschied einer gesetzlichen Regelung des *in camera*-Verfahrens besteht aber darin, dass diese unabhängig davon eingreift, ob es sich bei dem Geheimnis um ein Angriffs- oder ein Verteidigungsmittel handelt.

Als weniger einschneidende Maßnahme gegenüber einem Geheimverfahren im Zivilprozess ließe sich das Düsseldorfer Verfahren auch als Maßnahme im Sinne des Art. 9 Abs. 2 einsetzen. Gegenstand des vorgeschalteten Beweissicherungsverfahrens

---

60 Noch weitergehender *Hauck*, NJW 2016, 2218, 2221.
61 Siehe dazu vorne II. 1.
62 *Janal*, Europäisches Zivilverfahrensrecht und Gewerblicher Rechtsschutz, 2016, S. 184.
63 *McGuire*, GRUR 2015, 420, 433 m.w.N.
64 So z.B. *Janal*, Europäisches Zivilverfahrensrecht und Gewerblicher Rechtsschutz, 2016, S. 184, 194; hierzu auch bereits *Leppin*, GRUR 1984, 695, 697; *Spindler/Weber*, MMR 2006, 711, 713.

wäre parallel zur Situation bei § 140a Abs. 1 PatG die Frage, ob die Vorlageverweigerung des Geschäftsgeheimnisses berechtigt ist. Dies hilft allerdings nur dann weiter, wenn der Kläger auf Informationen des Prozessgegners angewiesen ist, nicht aber, wenn der Kläger seine eigenen Geschäftsgeheimnisse offenbaren muss, um einen Anspruch durchzusetzen.[65] Will man den Kläger auch insoweit schützen, bedarf es aber neuer Instrumentarien. Der Blick auf die Regelungen anderer Staaten, etwa die im anglo-amerikanischen Raum übliche *protective order*[66] zur Wahrung von Geschäftsgeheimnissen kann hierbei Impulse geben.[67] Dabei muss letztlich die aus meiner Sicht zu verneinende Frage entschieden werden, ob die berechtigten Interessen an der Geheimhaltung wirklich so weit gehen können, dass der Streitgegenstand selbst geheimgehalten wird.

VI. Fazit

Mit dem Ausschluss der Parteien von den ein Beweismittel bildenden Geschäftsgeheimnissen und deren Offenbarung nur an den jeweils gegnerischen Prozessbevollmächtigten bzw. einen vom Gericht ausgewählten und bestellten Sachverständigen werden den Parteien dauerhaft wesentliche Teile des entscheidungserheblichen Sachverhalts vorenthalten, beginnend mit den verfahrenseinleitenden Schriftsätzen über die Beweisaufnahme bis hin zur gerichtlichen Entscheidung. Berufen sich beide Parteien auf ein Geheimnis, wird eine mündliche Verhandlung praktisch unmöglich.

Ob das Bedürfnis nach einem stärkeren Schutz von Geschäftsgeheimnissen derartige Einschnitte in das Gesamtgefüge des Zivilprozesses und dessen grundlegende Prinzipien erfordert, sollte sorgfältig abgewogen werden. Für die zivilprozessuale Hauptsacheklage erscheint dies im Ergebnis nicht hinnehmbar. Lösungen zur Beweisermittlung bei Geschäftsgeheimnissen sollten daher aus meiner Sicht vorrangig über vorgeschaltete Beweissicherungs- bzw. einstweilige Verfügungsverfahren gesucht werden, in denen eine Beschränkung des rechtlichen Gehörs weniger einschneidende Konsequenzen hat.

---

65 So zu Recht *McGuire*, GRUR 2015, 424, 430; *Rauer/Eckert*, DB 2016, 1239, 1244.
66 Dazu *Haller*, SchiedsVZ 2013, 135.
67 Dabei ist aber zu beachten, dass die Forderungen der Literatur nach einem *in camera*-Verfahren unter Ausschluss des Klägers im englischen Recht kein Vorbild haben. Bereits die Düsseldorfer Praxis geht insoweit über die englische Rechtspraxis hinaus; näher hierzu *Janal*, Europäisches Zivilverfahrensrecht und Gewerblicher Rechtsschutz, 2016, S. 199.

Beweisrechtliche Geheimverfahren

Zugleich einige Überlegungen zur Blauäugigkeit des Jubilars

STEPHAN WETH

I. Einleitung

Unter dem in jüngster Zeit viel diskutierten Begriff des beweisrechtlichen Geheimverfahrens verbergen sich – wie unser Jubilar jüngst formuliert hat – sehr unterschiedliche Phänomene.[1] Hanns Prütting hat sich in vielfältiger Weise mit diesen Phänomenen auseinandergesetzt und sich Anfang der neunziger Jahre des 20. Jahrhunderts intensiv mit dem Geheimverfahren zum Nachweis des Vertretenseins einer Gewerkschaft im Betrieb befasst. Damals hatte das BAG[2] – um es mit den Worten des Jubilars zu sagen – eine extreme Konstruktion für zulässig erachtet.[3] Das BVerfG[4] hatte sodann eine Verfassungsbeschwerde gegen die Entscheidung des BAG nicht zur Entscheidung angenommen und ist in seinen Entscheidungsgründen »ersichtlich an den eigentlichen Problemen vorbeigegangen.«[5]

Nachdem es um das genannte Geheimverfahren sehr ruhig geworden war, ist dieses Verfahren nunmehr mit Art. 2 des Tarifeinheitsgesetzes vom 03.07.2015[6] erneut in die Diskussion geraten, weil der Gesetzgeber in § 58 Abs. 3 ArbGG sowohl den Nachweis des Vertretensein einer Gewerkschaft in einem Betrieb geregelt hat, als auch den Nachweis der Zahl der in einem Arbeitsverhältnis stehenden Mitglieder einer Gewerkschaft.

§ 58 Abs. 3 ArbGG hat folgenden Wortlaut:

> »Insbesondere über die Zahl der in einem Arbeitsverhältnis stehenden Mitglieder oder das Vertretensein einer Gewerkschaft in einem Betrieb kann Beweis auch durch die Vorlegung öffentlicher Urkunden angetreten werden.«

Die genannte Norm ist Anlass, die Frage nach dem beweisrechtlichen Geheimverfahren erneut aufzugreifen. Dabei soll auch ins Auge gefasst werden, ob dem Jubilar seinerzeit zu Recht attestiert worden ist, er sei ein »wenig blauäugig«[7].

---

1 MüKo-ZPO/*Prütting*, 5. Aufl. 2016, § 285 Rn. 10.
2 BAG, Beschl. v. 25.03.1992 – 7 ABR 65/90, juris.
3 MüKo-ZPO/*Prütting*, 5. Aufl. 2016, § 285 Rn. 11.
4 BVerfG, Beschl. v. 21.03.1994 – 1 BvR 1485/93, juris.
5 MüKo-ZPO/*Prütting*, 5. Aufl. 2016, § 285 Rn. 12.
6 BGBl. 2015, Teil I, S. 1130 ff.
7 *Grunsky*, AuR 1990, 105, 110.

II. Der Nachweis des Vertretenseins einer Gewerkschaft im Betrieb

1. Der Streit Anfang der neunziger Jahre

Man spricht von beweisrechtlichen Geheimverfahren, wenn der Gegenpartei und ggf. auch dem Richter der konkrete Inhalt einer Beweisaufnahme vorenthalten wird, obwohl deren Ergebnis zur Entscheidungsgrundlage gemacht wird.[8] Die Diskussion um die Zulässigkeit solcher Geheimverfahren im arbeitsgerichtlichen Beschlussverfahren hat sich, wie erwähnt, an der Frage entzündet, wie eine Gewerkschaft beweisen kann, dass sie im Betrieb des Arbeitgebers vertreten ist. Der Nachweis des Vertretenseins in einem Betrieb ist für die Gewerkschaft von großer Relevanz, da ihr dieses eine Reihe betriebsverfassungsrechtlicher Rechte einräumt[9] (z.B. das Recht eine Betriebsratswahl in Gang zu setzen, § 16 Abs. 2 S. 1 BetrVG).

Eine Gewerkschaft ist im Betrieb vertreten, wenn ihr mindestens ein Arbeitnehmer des Betriebes angehört, der nicht zu den leitenden Angestellten i.S. des § 5 Abs. 3 BetrVG zählt.[10] Ist das Vertretensein einer Gewerkschaft im Betrieb im Prozess streitig, trägt die Gewerkschaft die Darlegungs- und Beweislast.[11]

Wie dem genügt werden kann war streitig. Nach damals h.M. in der Literatur und der Instanzrechtsprechung konnte die Gewerkschaft den Beweis ihres Vertretensein ohne Nennung des Namens ihres im Betrieb beschäftigten Mitglieds führen.[12] Einer Mindermeinung zufolge musste der Name des Mitglieds indes offengelegt werden.[13]

a. Die Entscheidung des BAG vom 25.03.1992

In seinem Beschluss vom 25.03.1992 hat sich das BAG erstmals mit dieser Frage befasst und sich der h.M. in der Literatur angeschlossen.[14] Es hat in seinem Beschluss ausgeführt, dass eine Gewerkschaft (eine solche war im entschiedenen Verfahren Antragstellerin) den Nachweis ihres Vertretensein im Betrieb auch durch mittelbare Beweismittel, wie eine notarielle Erklärung, führen könne, ohne hierbei den Namen des im Betrieb des Arbeitgebers (die Arbeitgeberin war im konkreten Verfahren Antragsgegnerin) beschäftigten Mitglieds nennen zu müssen. Die Beweisführung müsse nicht unmittelbar auf die Tatsachen gerichtet sein, die den gesetzlichen Tatbestand des geltend gemachten Rechts ausfüllten. Auch die Beweisführung durch Indizien, aus denen auf die gesetzlichen Tatbestandmerkmale geschlossen werden könne, sei prozessrechtlich zulässig.[15]

---

8 *Weth*, Das arbeitsgerichtliche Beschlussverfahren, 1995, S. 315.
9 Vgl. insoweit §§ 2 Abs. 1 und 2, 16 Abs. 2, 17 Abs. 2 und 3, 18 Abs. 1 und 2, 19 Abs. 2, 23 Abs. 1 und 3, 35 Abs. 1, 43 Abs. 4, 46 Abs. 1 und 2, 48, 56, 119 Abs. 2 BetrVG.
10 BAG, Beschl. v. 25.03.1992 – 7 ABR 65/90, juris Rn. 11, 15.
11 Richardi/*Richardi*, BetrVG, 15. Aufl. 2016, § 2 Rdn. 71.
12 Vgl. dazu *Weth*, Das arbeitsgerichtliche Beschlussverfahren, 1995, S. 315 mwN.
13 Vgl. dazu *Weth*, Das arbeitsgerichtliche Beschlussverfahren, 1995, S. 315 mwN.
14 BAG, Beschl. v. 25.03.1992 – 7 ABR 65/90, juris Rn. 11, 15.
15 BAG, Beschl. v. 25.03.1992 – 7 ABR 65/90, juris Rn. 18.

Wie das Beweisverfahren in dem vom BAG entschiedenen Fall im Einzelnen abgelaufen ist, ist – wie folgt – prägnant beschrieben worden:[16]

> »*Die Gewerkschaft nannte den Namen ihres Mitglieds nicht, sondern stützte sich auf eine notarielle Erklärung, in der bescheinigt wurde, vor dem Notar sei eine Person erschienen, die eidesstattlich versichert habe, daß sie derzeit in einem Werk der Bf. beschäftigt sei und in einem ungekündigten Arbeitsverhältnis stehe. Diese Person habe dem Notar einen gültigen Reisepaß sowie einen bankverbuchten Überweisungsträger, bei dem es sich nach Form und Gestaltung um einen Überweisungsträger gehandelt habe, vorgelegt. Der Überweisungsträger betreffe den Monat vor Erstellung der Bescheinigung. Als Auftraggeber sei die Bf., als Empfänger der Name des Erschienenen angegeben. Das LAG vernahm den Notar über den Inhalt des Überweisungsträgers sowie darüber, ob sich der Name der erschienenen Person auf einer Mitgliederliste der ast. Gewerkschaft befand. Außerdem vernahm es einen Sekretär der ast. Gewerkschaft zu der Frage, ob die Person, auf die sich die notarielle Bescheinigung bezog, Mitglied einer Gewerkschaft war.*[17]«

Die Beweisführung mit einer solchen notariellen Erklärung verletzte – so das BAG – nicht die Grundsätze der Unmittelbarkeit, der Öffentlichkeit und Parteiöffentlichkeit der Beweisaufnahme. Das LAG habe die Beweisaufnahme auch nicht dem Notar überlassen, sondern die notarielle Erklärung im Wege des Urkundsbeweises über Hilfstatsachen verwertet.[18] Es habe die notarielle Erklärung zutreffend als öffentliche Urkunde i.S. des § 415 ZPO behandelt.[19]

Das BAG wendet sich dann den Beweisanträgen der Antragsgegnerin (Arbeitgeberin) zu und erkennt ausdrücklich an, dass der Arbeitgeber – gegenbeweislich – beantragen kann, sämtliche Arbeitnehmer des Betriebes als Zeugen zu vernehmen, dass keiner der im Betrieb beschäftigten Arbeitnehmer Mitglied der antragstellenden Gewerkschaft sei. Zu Recht habe das LAG aber im konkreten Fall den Antrag der Arbeitgeberin als nicht ordnungsgemäß angesehen, weil diese die ladungsfähigen Personalien der Arbeitnehmer nicht angegeben habe.[20]

Das Ziel der mittelbaren Beweisführung durch die notarielle Erklärung ist nach Auffassung des BAG, die Beeinträchtigung verfassungsrechtlich geschützter Rechtspositionen zu verhindern. Die Gewerkschaft habe den Namen ihres im Betrieb der Arbeitgeberin beschäftigten Mitglieds nicht angegeben, um diesen Arbeitnehmer vor Nachteilen in seinem Arbeitsverhältnis zu bewahren und die personelle Grundlage ihres betriebsverfassungsrechtlichen Betätigungsrechts im Betrieb der Arbeitgeberin nicht zu gefährden. Nach § 75 Abs. 1 BetrVG gehöre es zu den tragenden betriebsverfassungsrechtlichen Grundsätzen für die Behandlung der Betriebsangehörigen, dass

---

16 Diese Ausführungen sind dem Sachverhalt des Beschlusses des BVerfG v. 21.03.1994 (1 BvR 1485/93) entnommen. Das BVerfG hat mit diesem Beschluss die Verfassungsbeschwerde gegen die Entscheidung des BAG vom 25.03.1992 (7 ABR 65/90) nicht zur Entscheidung angenommen.
17 BVerfG, Beschl. v. 21.03.1994 – 1 BvR 1485/93, NZA 1994, 891.
18 BAG, Beschl. v. 25.03.1992 – 7 ABR 65/90, juris Rn. 20, 54 ff.
19 BAG, Beschl. v. 25.03.1992 – 7 ABR 65/90, juris Rn. 21.
20 BAG, Beschl. v. 25.03.1992 – 7 ABR 65/90, juris Rn. 25 f., 43, 46.

sich Arbeitnehmer ohne Furcht vor Repressalien des Arbeitgebers gewerkschaftlich betätigen dürften. Art. 9 Abs. 3 GG schütze sowohl die Koalition als solche und den Kernbereich ihrer koalitionsmäßigen Betätigung als auch das Recht des einzelnen, einer Gewerkschaft beizutreten und an ihrer verfassungsrechtlich geschützten Tätigkeit teilzunehmen. Die Gewerkschaft müsse nicht zur Durchsetzung ihrer Betätigungsrechte im Betrieb ihr dort beschäftigtes Mitglied Risiken in seinem Arbeitsverhältnis aussetzen und dadurch die Koalitionsfreiheit gefährden, obwohl dies zur Wahrheitsfindung nicht erforderlich erscheine.[21]

Das BAG weist schließlich darauf hin, die vom LAG durchgeführte Beweisaufnahme sei verfassungsrechtlich nicht zu beanstanden. Der Grundsatz des rechtlichen Gehörs (Art. 103 Abs. 1 GG) führe nicht dazu, dass die Vorinstanzen auf eine Offenlegung des Namens der Gewerkschaftsmitglieder hätten hinwirken müssen und sich nicht mit den mittelbaren Beweismitteln begnügen durften. Die Arbeitgeberin habe, ohne die ihr offenstehenden Möglichkeiten des Gegenbeweises zu nutzen, ihre Einwände gegen die mittelbaren Beweismittel vorgebracht und zum Gegenbeweis Stellung genommen. Das LAG habe sich mit den Argumenten der Arbeitgeberin eingehend auseinandergesetzt.[22]

Das LAG habe auch nicht den Anspruch der Arbeitgeberin auf effektiven Rechtsschutz und auf ein faires Verfahren verletzt. Das LAG habe schließlich auch nicht gegen die prozessuale Waffengleichheit verstoßen.[23]

b. Die Entscheidung des BVerfG vom 21.03.1994

Das BVerfG hat die Verfassungsbeschwerde gegen die Entscheidung des BAG vom 25.03.1992 nicht zur Entscheidung angenommen. Der Verfassungsbeschwerde der Arbeitgeberin komme keine grundsätzliche verfassungsrechtliche Bedeutung zu, weil bereits geklärt sei, dass jedes vom LAG verwertete Beweismittel für sich genommen verfassungsrechtlich unbedenklich sei.[24] Das gelte auch für mittelbare Beweismittel, die das BVerfG jedenfalls dann für zulässig gehalten habe, wenn der Beweis durch sachnähere Beweismittel unmöglich sei, weil dieses z.B. unerreichbar sei.[25] Die Arbeitsgerichte hätten ihrer Entscheidung mehrere prozessual zulässige Beweismittel zugrunde gelegt und aus der Gesamtschau dieser Beweismittel die Überzeugung gewonnen, die antragstellende Gewerkschaft habe ihre Vertretung im Betrieb der Beschwerdeführerin nachgewiesen. Die Beweiserhebung und – würdigung, der Fachgerichte sei auf den Einzelfall bezogen gewesen und lasse keine darüber hinausgehende Klärung erwarten.[26]

---

21 BAG, Beschl. v. 25.03.1992 – 7 ABR 65/90, juris Rn. 33.
22 BAG, Beschl. v. 25.03.1992 – 7 ABR 65/90, juris Rn. 39 ff.
23 BAG, Beschl. v. 25.03.1992 – 7 ABR 65/90, juris Rn. 44, 47.
24 BVerfG, Beschl. v. 21.03.1994 – 1 BvR 1485/93, juris Rn. 6 f.
25 BVerfG, Beschl. v. 21.03.1994 – 1 BvR 1485/93, juris Rn. 8.
26 BVerfG, Beschl. v. 21.03.1994 – 1 BvR 1485/93, juris Rn. 13.

Das BVerfG hat im Übrigen darauf hingewiesen, dass die mit der Verfassungsbeschwerde angegriffenen Entscheidungen nicht in besonders krasser Weise rechtsstaatliche Grundsätze verletzen würden. Die Beschwerdeführerin habe von den ihr in diesen Entscheidungen aufgezeigten Möglichkeiten eines Gegenbeweises keinen Gebrauch gemacht. Sie sei nicht zu einem bloßen Objekt staatlichen Handelns gemacht worden.[27]

Das BVerfG geht also offensichtlich davon aus, dass dem Arbeitgeber die Möglichkeit offenstehen muss gegenbeweislich sämtliche Arbeitnehmer des Betriebs als Zeuge zu benennen, dass keiner der im Betrieb beschäftigten Arbeitnehmer Mitglied der antragsstellenden Gewerkschaft ist.

c. Die Stellungnahmen von Schilken

Eberhard Schilken hat sich in einer Anmerkung außerordentlich gründlich mit der Entscheidung des BAG vom 25.03.1992 auseinandergesetzt und zutreffend begründet, warum diese sowohl prozessordnungs- als auch verfassungswidrig ist.

Schilken hat dem BAG zunächst entgegengehalten, die Zulassung der notariellen Zeugnisurkunde verstoße gegen §§ 373 ff. ZPO. Die Verwertung von Zeugnisurkunden sei unstatthaft, wenn sie nur zu dem Zweck aufgestellt worden seien, in einem Rechtsstreit an die Stelle einer Vernehmung der erklärenden Person als Zeugen zu treten. Auch sei das dem Arbeitgeber nach § 378 ZPO zustehende Fragerecht dadurch verletzt, dass die Zeugenvernehmung durch eine Zeugnisurkunde ersetzt worden sei.[28]

Die Verwertung der notariellen Zeugnisurkunde verstoße auch gegen § 285 ZPO, der den Parteien das Recht einräumt zum Beweisergebnis Stellung zu nehmen. Die namentliche Ausweisung der betreffenden Person und die die Betriebs- und Gewerkschaftszugehörigkeit belegenden Unterlagen seien Beweisumstände, die für die Beurteilung der tatsächlichen Voraussetzungen des Vertretenseins der Gewerkschaft im Betrieb entscheidungserheblich seien. Diese Beweisumstände stünden aber dem Arbeitgeber und auch dem Gericht nicht zur Verfügung, so dass darüber nicht verhandelt werden könne. Auch Beweiseinreden, also Argumente gegen die Zulässigkeit oder Zuverlässigkeit der Beweisführung, könnten gerade im Hinblick auf diese Tatsachen nicht konkret geltend gemacht werden.[29]

Im Übrigen stelle der Umstand, dass das Gericht unter Verstoß gegen die Beweisvorschriften der §§ 373 ff. ZPO und gegen § 285 Abs. 1 ZPO das Vertretensein der Antragstellerin im Betrieb als erwiesen angesehen habe, eine unmittelbare Verletzung des Grundsatzes der freien Beweiswürdigung dar.[30] Da als Ergebnis der Verletzung der §§ 285 Abs. 1, 286 Abs. 1 ZPO der Entscheidungsbildung Umstände zugrunde

---

27 BVerfG, Beschl. v. 21.03.1994 – 1 BvR 1485/93, juris Rn. 16.
28 *Schilken*, SAE 1993, 308, 310.
29 *Schilken*, SAE 1993, 308, 312.
30 *Schilken*, SAE 1993, 308, 312.

gelegt wurden, zu denen der Arbeitgeber nicht konkret Stellung nehmen konnte, liege geradezu ein klassischer Verstoß gegen das Gebot der Wahrung rechtlichen Gehörs vor.[31] Schließlich verstoße die Entscheidung des LAG auch gegen den Anspruch auf effektiven Rechtsschutz und auf ein faires Verfahren und verstoße gegen das Gebot der prozessualen Waffengleichheit.[32]

d. Eigene Stellungnahme

Die Entscheidung des BAG ist – was für die Würdigung der gesetzlichen Regelung in § 58 Abs. 3 ArbGG von besonderer Bedeutung sein wird – in doppelter Weise widersprüchlich.

aa. Die Entscheidung des BAG ist zunächst deshalb widersprüchlich, weil einerseits das Gericht die Notwendigkeit des von ihm zugelassenen Beweises durch notarieller Urkunde damit begründet, dieses Beweisverfahren sei zum Schutz der Koalitionsfreiheit und zum Schutz des im Betrieb beschäftigten Gewerkschaftsmitglieds geboten und andererseits der Antragsgegnerin die Möglichkeit des Gegenbeweises eröffnet. Der Gegenbeweis wird nämlich dadurch geführt, dass die Antragsgegnerin (Arbeitgeberin) alle ihre Arbeitnehmer als Zeuge dafür benennt, dass sie nicht Gewerkschaftsmitglied sind. Wenn dieser Beweis erhoben wird, wird der Name des Gewerkschaftsmitglieds bekannt, wenn denn die Behauptung der Gewerkschaft zutrifft, dass eines ihrer Mitglieder Arbeitnehmer im Betrieb ist.[33]

Letztlich hat das BAG also in seiner Entscheidung vom 25.03.1992 der Arbeitgeberin die Möglichkeit genommen den Hauptbeweis zu erschüttern,[34] weil dies zum Schutz von Gewerkschaft und Arbeitnehmer erforderlich sei. Gleichzeitig verweist das Gericht die Arbeitgeberin auf einen höchst aufwendigen Gegenbeweis, der dann – jedenfalls auf dem Boden der Auffassung des BAG – das Gewerkschaftsmitglied schutzlos stellen würde, weil sein Name bekannt wird.[35]

Dieser Widerspruch hatte sich im vom BAG entschiedenen Fall nicht ausgewirkt, weil der Gegenbeweis nicht ordnungsgemäß angeboten wurde und daher nicht erhoben werden musste. Es blieb also der Name des Gewerkschaftsmitglieds anonym. Problematisch ist der hier aufgezeigte Widerspruch aber deshalb geworden, weil er nunmehr mit § 58 Abs. 3 ArbGG in Gesetzesform gegossen worden ist. Darauf wird zurückzukommen sein.

bb. Der zweite Widerspruch liegt darin, dass das BAG bewusst der Arbeitgeberin bestimmte Informationen vorenthält, also bewusst nicht den gesamten Inhalt der Beweisaufnahme zugänglich macht, so dass die Arbeitgeberin zu bestimmten Tatsachen nicht Stellung beziehen und bestimmte Beweiseinreden nicht erheben kann und dass

---

31 *Schilken*, SAE 1993, 308, 313.
32 *Schilken*, SAE 1993, 308, 313 f.
33 *Weth*, Das arbeitsgerichtliche Beschlussverfahren, 1995, S. 319.
34 Vgl. dazu auch unten bb.
35 *Weth*, Das arbeitsgerichtliche Beschlussverfahren, 1995, S. 319.

das BAG gleichzeitig behauptet, die Antragsgegnerin habe Stellung nehmen können und das LAG habe sich mit den Argumenten der Antragstellerin eingehend auseinandergesetzt. Letzteres ist nicht der Fall.

Es geht dabei entgegen der Auffassung des BAG nicht darum, ob mittelbare Beweismittel zulässig sind. Natürlich sind diese zulässig. Es mag auch sein, dass – wie das BVerfG ausgeführt hat – jedes vom LAG verwertete Beweismittel für sich genommen verfassungsrechtlich unbedenklich ist. Auch das ist nicht das Problem.

Das Problem besteht darin, dass in dem vom BAG entschiedenen Fall ein Beweisverfahren »erfunden« worden ist, das u.a. durch das Zusammenspiel von notarieller Urkunde, Ausschluss von Beweiseinreden und Beschränkung des Fragerechts der Arbeitgeberin, dieser eine wirksame Verteidigung ihrer Rechte unmöglich macht. Das zeigen folgende Überlegungen: Die notarielle Urkunde bescheinigt, dass vor dem Notar eine Person erschienen ist, die eidesstattlich versichert hat, dass sie derzeit in einem Werk der Arbeitgeberin beschäftigt ist und in einem ungekündigten Arbeitsverhältnis steht. Diese Person hatte dem Notar einen bankverbuchten Überweisungsträger vorgelegt, in dem als Auftraggeberin die Arbeitgeberin angegeben war. Durch diesen Überweisungsträger sollte der Beweis erbracht werden, dass die (namentlich nicht genannte) beim Notar erschienene Person Arbeitnehmer der Arbeitgeberin sei. Die Arbeitgeberin hatte behauptet der Überweisungsträger sei gefälscht und hatte insoweit die Einholung eines Sachverständigengutachtens beantragt. Diesem Beweisantrag wurde mit dem Hinweis nicht nachgegangen, die Beweisaufnahme sei unmöglich gewesen, weil der Überweisungsträger dem Gericht nicht zur Verfügung gestanden habe. Es wurde also die Beweiseinrede der Arbeitgeberin abgeschnitten. Die Frage der Arbeitgeberin an einen Zeugen[36] nach dem Namen des beim Notar erschienen Gewerkschaftsmitglieds, hat das LAG nicht zugelassen.

Schließlich wurde der Beweis, dass die Person, die vor dem Notar erschienen ist, Gewerkschaftsmitglied ist, durch ihre eidesstaatliche Versicherung, eine Mitgliederliste der Gewerkschaft und eine Zeugenaussage eines Gewerkschaftssekretärs gestützt, nach der die Person, auf die sich die notarielle Bescheinigung bezog, Mitglied einer Gewerkschaft war. Sind die Angaben der vor dem Notar erschienenen Person und des Gewerkschaftssekretärs falsch, so hat die Arbeitgeberin, da der Name der Person nicht offenbart wird, keinerlei realistische Chance, das aufzudecken. Sie kann weder gegen die Gewerkschaftsmitgliedschaft der vor dem Notar erschienenen Person noch gegen die Arbeitnehmereigenschaft dieser Person Einwände vorbringen, sie ist dem Beweisverfahren schutzlos ausgeliefert.

---

36 Den Gewerkschaftssekretär, der mit dem Gewerkschaftsmitglied beim Notar erschienen war.

2. Entwicklung des Streits

Seit der Entscheidung des BAG von 1992 ist es um die aufgezeigte Streitfrage ruhig geworden. Hinweise auf nachgehende Entscheidungen, die diese Rechtsprechung bestätigen oder gar in Frage stellen sucht man in der einschlägigen Kommentarliteratur ebenso vergebens wie in den juristischen Informationssystemen.

3. Neue Rechtslage

Im Zuge des Tarifeinheitsgesetzes hat der Gesetzgeber die genannte Rechtsprechung des BAG in § 58 Abs. 3 ArbGG aufgegriffen. Ausweislich der Gesetzesmaterialien soll der neue Abs. 3 klarstellen, dass zur Beweisführung eine notarielle Erklärung – im Wege des Urkundenbeweises nach § 415 ZPO – verwertet werden könne. Dadurch werde sichergestellt,

> »dass die Gewerkschaft die Namen ihrer im Betrieb beschäftigten Arbeitnehmerinnen und Arbeitnehmer in diesem Rahmen nicht nennen muss. Gewerkschaftlich organisierte Arbeitnehmerinnen und Arbeitnehmer werden damit in ihrer verfassungsrechtlich geschützten Rechtsposition aus Artikel 9 Absatz 3 GG sowie ihrem Recht aus informationelle Selbstbestimmung aus Artikel 1 Absatz 1, Artikel 2 Absatz 1 GG geschützt.«[37]

Der Gesetzgeber schließt seine Gesetzesbegründung zu § 58 Abs. 3 ArbGG mit einem ausdrücklichen Hinweis darauf, dass die sonstigen Beweismittel von der Neuregelung unberührt bleiben.[38]

a. Die Zulässigkeit des Gegenbeweises

Dieser Hinweis, die Bezugnahme der Gesetzesmaterialien auf die Entscheidungen des BAG vom 25.03.1992 und des BVerfG vom 21.03.1994, sowie der Wortlaut des § 53 Abs. 3 ArbGG, wonach der Beweis »auch durch die Vorlegung öffentlicher Urkunden angetreten werden« kann, zeigen klar, dass der Gesetzgeber auf dem Boden der bisherigen Rechtsprechung davon ausgeht, dass der Antragsgegner Gegenbeweis antreten kann. Das kann dadurch geschehen, dass ein Arbeitgeber alle Arbeitnehmer seines Betriebes als Zeuge dafür benennt, dass sie nicht Gewerkschaftsmitglied sind. Damit bleibt aber der schon der Rechtsprechung des BAG innewohnende Widerspruch, dass die Namen der Gewerkschaftsmitglieder, wenn der Gegenbeweis erhoben wird, eben nicht anonym bleiben. Der ausweislich der Gesetzesmaterialien angestrebte Schutz der Arbeitnehmer greift – im Falle des Gegenbeweises – gerade nicht.

---

37 BT-Drs. 18/4062, S. 16.
38 BT-Drs. 18/4062, S. 16.

b. § 58 Abs. 3 ArbGG – eine eklatante gesetzgeberische Fehlleistung

Obwohl § 58 Abs. 3 ArbGG – wie gezeigt – den Gegenbeweis zulässt, wird in der Kommentierung[39] vertreten, die unmittelbare Beweisführung vor Gericht über die Zahl der im Betrieb beschäftigten Gewerkschaftsmitglieder durch Offenlegung ihrer Namen und Beibringung entsprechender Nachweise über ihre Gewerkschaftsmitgliedschaft werde regelmäßig nicht in Frage kommen.[40] Die Möglichkeit des Gegenbeweises wird also verneint. Es fehlt erstaunlicherweise jeder Hinweis auf die – in den Gesetzesmaterialien in Bezug genommenen – Urteile des BAG vom 25.03.1992 und vom BVerfG vom 21.03.1994. In diesen Urteilen wird nämlich der Gegenbeweis ausdrücklich zugelassen und das BVerfG hat darauf hingewiesen, dass die Möglichkeit des Gegenbeweises ist, die gewährleistet, dass es die Arbeitgeberin nicht zu einem bloßen Objekt staatlichen Handelns gemacht wird,[41] dass also das rechtliche Gehör nicht verletzt ist. Würde man den (mittelbaren) Beweis über die notarielle Urkunde zulassen ohne der Arbeitgeberin bzw. der antragsgegnerischen Gewerkschaft die Möglichkeit zu geben, den Gegenbeweis zu führen, wäre Art. 103 Abs. 1 GG verletzt. Aus verfassungsrechtlichen Gründe kann also auf den Gegenbeweis nicht verzichtet werden.

aa. Das rechtliche Gehör ist das prozessuale Urrecht des Menschen. Der einzelne soll nicht bloßes Objekt der richterlichen Entscheidung sein, sondern vor einer Entscheidung, die seine Rechte betrifft, zu Wort kommen, um als Subjekt Einfluss auf das Verfahren und sei Ergebnis nehmen zu können.[42] Die Parteien müssen die Möglichkeit haben sich im Prozess mit tatsächlichen und rechtlichen Argumenten zu behaupten.[43] Das Gericht darf nur solche Tatsachen und Beweisergebnisse verwerten, zu denen die Beteiligten Stellung nehmen konnten.[44]

bb. Es wurde oben bereits dargelegt, dass bei der Beweisführung durch und um die notarielle Urkunde das Gericht solche Tatsachen und Beweisergebnisse verwertet, zu denen die Arbeitgeberin nicht Stellung nehmen konnte. Das vom BAG erfundene Beweisverfahren zielt nämlich gerade darauf, dass ein entscheidungserheblicher Fakt sowohl dem Gericht als auch der Antragsgegnerin (Arbeitgeberin) vorenthalten wird. Es ist der Name der im Betrieb vertretenen Person. Das vom BAG gewählte Beweisverfahren ist also eindeutig ein Geheimverfahren. An seinem Ende steht nicht der Beweis, dass eine konkrete (namentlich benannte) Person zugleich Gewerkschaftsmitglied und Arbeitnehmer der antragsgegnerischen Arbeitnehmerin ist. Am Ende des Geheimverfahrens steht vielmehr lediglich fest, dass die Arbeitgeberin, weil sie den Namen der vor dem Notar erschienenen Person nicht kennt, sich nicht gegen falsche Angaben dieser erschienenen Person und/oder des Gewerkschaftssekretärs

---

39 Betreffend den Nachweis eine Mehrheitsgewerkschaft zu sein.
40 GK-ArbGG/*Schütz*, Bd. 2, Juni 2017, § 58 Rn. 165.
41 BVerfG, Beschl. v. 21.03.1994 – 1 BvR 1485/93, juris Rn. 16.
42 BVerfG, Beschl. v. 30.04.2003 – 1 PBvU 1/02, BVerfGE 107, 395, 408 f.
43 BVerfG, Beschl. v. 11.02.1987 – 1 BvR 475/85, BVerfGE 74, 228, 233.
44 BVerfG, Beschl. v. 29.11.1989 – 1 BvR 1011/88, BVerfGE 81, 123, 126.

und/oder des Notars wehren kann. Auch dem Gericht wird der Name der vor dem Notar erschienenen Person nicht bekannt, so dass auch dieses die Richtigkeit der Angaben in der notariellen Erklärung nicht nachprüfen kann. Darüber hinaus legt das Gericht seiner Entscheidung rechtliche Würdigungen zugrunde, die von dem Notar, nicht aber vom Gericht selbst, vorgenommen wurden. So kann das Gericht den Notar zwar darüber befragen, wie er entschieden hat, ob ein Arbeitnehmer leitender Angestellter ist oder nicht. Da das Gericht den Namen des Arbeitnehmers aber nicht kennt, kann es nicht nachprüfen, ob der Notar im konkreten Fall die Abgrenzung zwischen leitendem Angestellten und (normalem) Arbeitnehmer richtig vorgenommen hat. Es ist insoweit auf die rechtliche Würdigung des Notars angewiesen.

cc. Nun kann der Gesetzgeber allerdings das rechtliche Gehör ausgestalten und dabei die Äußerungsmöglichkeiten einschränken, wenn dies durch sachliche Gründe hinreichend gerechtfertigt wird.[45] Kann aber das hier in Rede stehende Geheimverfahren, das zu einer Entscheidung führen würde, die sich auf Tatsachen stützt, die weder das Gericht noch die Antragsgegnerin kennt und die zu rechtlichen Wertungen führt, die das Gericht nicht selbst vorgenommen hat, eine Einschränkung des rechtlichen Gehörs rechtfertigen?

Hanns Prütting hat insoweit darauf hingewiesen, das Geheimverfahren zum Nachweis des Vertretenseins der Gewerkschaft im Betrieb sei nicht notwendig. Der Arbeitnehmer sei auch bei Nennung seines Namens nicht schutzlos. So stehe ihm etwa gegen die ungerechtfertigte Kündigung die Kündigungsschutzklage zu; gegen Lohnabzüge könne er sich mit der Zahlungsklage wehren.[46]

Unserem Jubilar ist insoweit bescheinigt worden, diese Auffassung wirke ein wenig blauäugig. Es bestehe nämlich die Gefahr, dass der Arbeitgeber bei geschickter Verpackung die Repression (gemeint ist die Kündigung des Arbeitsverhältnisses) unverdächtig erscheinen lassen könne und damit trotz der prozessualen Möglichkeiten des Arbeitnehmers an sein Ziel kommen könne.[47]

Unter dem Gesichtspunkt, dass die Arbeitgeberin – wie gezeigt – bei dem genannten Geheimverfahren keine realistische Chance hat nachzuweisen, dass der durch die notarielle Urkunde geführte Beweis, falsch ist, das also die Arbeitgeberin nicht wirksam ihre Rechte verteidigen kann, wird eine Einschränkung des Anspruchs auf rechtliches Gehör nur dann hinnehmbar sein, wenn diese erforderlich ist. Ist es aber erforderlich, dass der Name des Gewerkschaftsmitgliedes geheim bleibt? Nun ist anerkannt, dass im Bewerbungsgespräch der potenzielle Arbeitnehmer nicht danach gefragt werden kann, ob er Mitglied in einer Gewerkschaft ist und das BAG hat in seiner Entscheidung vom 18.11.2014 ausgesprochen, das während des Arbeitskampfes die Frage des Arbeitgebers nach der Gewerkschaftszugehörigkeit unzulässig ist.[48]

Allerdings dürfen gem. § 32 BDSG personenbezogene Daten eines Beschäftigten für Zwecke des Beschäftigungsverhältnisses erhoben werden, wenn dies für die

---

45 BVerfG, Beschl. v. 29.11.1989 – 1 BvR 1011/88, BVerfGE 81, 123, 129.
46 *Prütting/Weth*, DB 1989, 2273, 2274.
47 *Grunsky*, AuR 1990, 105, 110.
48 BAG, Urt. v. 18.11.2014 – 1 AZR 257/13, NZA 2015, 306, 309, Rn. 29.

Durchführung des Arbeitsverhältnisses erforderlich ist. Da gem. § 4 Abs. 4 TVG tarifliche Rechte nicht verwirkt werden können und ein Verzicht auf entstandene tarifliche Rechte nur in einem von den Tarifvertragsparteien gebilligten Vergleich zulässig ist und weil tarifliche Rechtsnormen unmittelbar und zwingend wirken, wird man die Kenntnis des Arbeitgebers von der Gewerkschaftszugehörigkeit seines Arbeitnehmers als erforderlich für die Durchführung des Arbeitsverhältnisses ansehen müssen. Ohne die Kenntnis der Gewerkschaftszugehörigkeit, weiß der Arbeitgeber nämlich nicht, ob er dem Arbeitnehmer die tariflichen Leistungen zukommen lassen muss. Unter Umständen würden wegen der Unverzichtbarkeit und fehlenden Verwirkbarkeit tariflicher Leistungen auf den Arbeitgeber erhebliche Nachzahlungspflichten zukommen, wenn der Arbeitnehmer oder gegebenenfalls eine Vielzahl von Arbeitnehmern tarifliche Leistungen nachfordern. Man wird daher – entgegen einer durchaus verbreiteten Auffassung – dem Arbeitgeber die Frage nach der Gewerkschaftszugehörigkeit im Arbeitsverhältnis zugestehen müssen; eine solche Frage ist durch § 32 BDSG gedeckt. Diese Überlegung zeigt, dass der Datenschutz und die informationelle Selbstbestimmung des Arbeitnehmers nicht soweit geht, dass diese umfassend vor einer Offenbarung der Gewerkschaftszugehörigkeit geschützt ist.

Wenn der Gesetzgeber wie in § 4 TVG bestimmte Rechte und Pflichten an die Gewerkschaftszugehörigkeit knüpft und wenn der Gesetzgeber wie im BetrVG und in § 4a TVG bestimmte Rechte der Gewerkschaften an die Gewerkschaftszugehörigkeit einzelner Arbeitnehmer im Betrieb knüpft, dann muss der Gesetzgeber auch die Möglichkeit eröffnen, dass im gerichtlichen Verfahren die Beteiligten und das Gericht eine realistische Chance haben nachzuprüfen, ob diese Voraussetzung, hier also konkret die Gewerkschaftszugehörigkeit, vorliegt. Den Beteiligten und dem Gericht diese Möglichkeit zu entziehen wäre ein Verstoß gegen den Anspruch auf rechtliches Gehör, gegen das Gebot des effektiven Rechtsschutzes und würde gegen den Grundsatz eines fairen Verfahrens verstoßen. Datenschutzrechtlich und individualrechtlich sei es – so Greiner – kein großes Problem, wenn es in einem gerichtlichen Verfahren auf die Mehrheit der einer Gewerkschaft angehörenden Arbeitnehmer ankomme. Der Beweis könne durch Darlegung des Mitgliederbestandes unmittelbar vor Gericht oder mittelbar durch Errichtung einer notariellen Urkunde geführt werden. In beiden Fällen sei die Datenübermittlung nach § 28 Abs. 1 Nr. 2 BDSG zur Wahrung berechtigter Interessen der verantwortlichen Stelle zugelassen.[49]

Abschließend ist noch darauf hinzuweisen, dass es nach der Rechtsprechung des BVerfG der Gesetzgeber ist, der die Äußerungsmöglichkeiten einschränken kann. Das hat er aber in § 58 Abs. 3 ArbGG bezüglich des Gegenbeweises – wie oben ausgeführt – nicht getan. Nach derzeitiger Gesetzeslage kann also der Antragsgegnerin nicht der Gegenbeweis abgeschnitten werden.

dd. Insgesamt lässt sich also feststellen, dass der Gesetzgeber gut daran getan hat, in § 58 Abs. 3 ArbGG den Gegenbeweis des Antragsgegners nicht auszuschließen. Dann aber macht der von der Norm zugelassene Beweis durch notarielle Urkunde

---

49 *Greiner*, NZA 2015, 769, 773.

keinen Sinn. Das von § 58 Abs. 3 ArbGG intendierte Beweisverfahren ist lediglich wesentlich aufwendiger als der direkte Beweis durch Nennung des Namens des Arbeitnehmers. § 58 Abs. 3 ArbGG ist eine eklatante gesetzliche Fehlleistung.

III. Zum Nachweis, eine Mehrheitsgewerkschaft zu sein

Der neue § 4a TVG sieht vor, dass soweit sich die Geltungsbereiche nicht inhaltsgleicher Tarifverträge verschiedener Gewerkschaften überschneiden (kollidierende Tarifverträge), im Betrieb nur die Rechtsnormen des Tarifvertrags derjenigen Gewerkschaft anwendbar sind, die zum Zeitpunkt des Abschlusses des zuletzt abgeschlossenen kollidierenden Tarifvertrags im Betrieb die meisten in einem Arbeitsverhältnis stehenden Mitglieder hat. Es gilt also das Mehrheitsprinzip. Welcher Tarifvertrag anwendbar ist, entscheidet das Arbeitsgericht im Beschlussverfahren gem. § 99 ArbGG. Auch in diesen Verfahren stellt sich nunmehr die Frage, wie die Gewerkschaft den Nachweis darüber führen kann, wie viele ihr angehörige Arbeitnehmer im Betrieb des Arbeitgebers sind. Nach dem neuen § 58 Abs. 3 ArbGG kann auch dieser Nachweis durch eine notarielle Erklärung geführt werden.

Die vorstehend genannten Einwände gegen § 58 Abs. 3 ArbGG gelten auch hier. Allerdings ist auf folgendes hinzuweisen: Während beim Nachweis des Vertretenseins einer Gewerkschaft im Betrieb (wenigstens einigermaßen) klar ist, wie das Beweisverfahren mit und um die notarielle Urkunde ablaufen kann, zeigt ein Blick in die Literatur, dass derzeit völlig unklar ist, wie das Beweisverfahren vermittels öffentlicher Urkunde zum Nachweis ablaufen soll, dass die antragstellende Gewerkschaft Mehrheitsgewerkschaft ist.

Ubber hat in diesem Zusammenhang drei Fragen angesprochen: Es ist zunächst die Frage, wie ein Notar den zum Stichtag maßgeblichen Mitgliederbestand einer Gewerkschaft feststellen kann. Zwar könne sich der Notar eine Mitgliederliste von der Gewerkschaft vorlegen lassen. Es sei aber unklar, wie der Notar feststellen solle, ob der Arbeitnehmer zum Zeitpunkt der Kollision der Tarifverträge Gewerkschaftsmitglied gewesen sei. Auch sei völlig unklar, wie der Notar die Betriebszugehörigkeit feststellen solle, insbesondere wenn die schwierige Frage zu klären sei, welchem Betrieb die Gewerkschaftsmitglieder angehörten. Schließlich sei auch unklar, wie der Notar mit Rechtsfragen umgehen solle. Es bleiben daher nach der Auffassung von Ubber erhebliche Zweifel, ob die Mehrheitsverhältnisse mit Hilfe notarieller Urkunden so verlässlich ermittelt werden könnten, dass sie eine sichere Grundlage für die weitreichende Entscheidung über den anwendbaren Tarifvertrag in einem Verfahren nach § 99 ArbGG seien.[50] Nach Auffassung von Schütz löst § 58 Abs. 3 ArbGG n.F. das Problem der Feststellung der Mehrheitsverhältnisse im Betrieb nicht, er weise vielmehr den Notaren eine Aufgabe zu, die für sie kaum lösbar sei. Sie bürde den Arbeitsgerichten zudem erhebliche Probleme bei der Beweiswürdigung auf.[51]

---

50 *Ubber*, RdA 2016, 361, 367 f.
51 GK-ArbGG/*Schütz*, Bd. 2, Juni 2017, § 58 Rn. 168.

Auch das spricht dafür, dass der Gesetzgeber gut beraten wäre, wenn er § 58 Abs. 3 ArbGG möglichst bald wieder streichen würde.

IV. Abschliessend

Unser Jubilar ist nicht blauäugig, weder realiter noch wissenschaftlich. Wenn er schon vor vielen Jahren darauf hingewiesen hat, dass ein Geheimverfahren zum Nachweis des Vertretenseins einer Gewerkschaft im Betrieb nicht notwendig ist, um einen Arbeitnehmer wirksam in seinen Rechten zu schützen, so hat er schon damals auf den Punkt hingewiesen, der heute für die Beurteilung des neuen § 58 Abs. 3 ArbGG der entscheidende ist.

Ein Geheimverfahren, dass beim Nachweis des Vertretenseins einer Gewerkschaft im Betrieb oder beim Nachweis, dass eine Gewerkschaft die Mehrheitsgewerkschaft im Betrieb ist, ohne Nennung der Namen des oder der Arbeitnehmer auskommen wollte, wäre wegen Verstoßes gegen das rechtliche Gehör verfassungswidrig. Ein solches Verfahren ist nämlich zum Schutz des Arbeitnehmers nicht erforderlich. Das in § 58 Abs. 3 ArbGG geregelte Verfahren, das einerseits beim Beweis der antragstellenden Gewerkschaft aufgrund der notariellen Urkunde den Namen des oder der Arbeitnehmer geheim hält, aber andererseits beim Gegenbeweis des Arbeitgebers bzw. der antragsgegnerischen Gewerkschaft zu einer Offenlegung der Namen der Arbeitnehmer führt, macht keinen Sinn; es ist lediglich wesentlich aufwendiger als der direkte Beweis durch Nennung des Namens der Arbeitnehmer. § 58 Abs. 3 ArbGG ist eine eklatante gesetzliche Fehlleistung. Er gehört schnellstmöglich abgeschafft.

Teil III
Zwangsvollstreckungs- und Insolvenzrecht

Prinzipien des Internationalen Insolvenzrechts

REINHARD BORK

Zu den vielfältigen wissenschaftlichen Interessengebieten des Jubilars gehört seit langem auch das Internationale Insolvenzrecht. Der nachfolgende Beitrag geht zurück auf eine von der Deutschen Forschungsgemeinschaft geförderte Studie, die der Verfasser während eines einjährigen Forschungsaufenthaltes am Magdalen College in Oxford erstellt hat.[1] Die hier zusammenfassend skizzierten Ergebnisse dieser Studie waren Gegenstand eines Vortrages auf der KTS-Insolvenzrechtslehrertagung in Bonn, der zu einer ebenso lebhaften wie bereichernden Diskussion mit *Hanns Prütting* geführt hat. Der Verfasser ist ihm dafür und für jahrzehntelangen wissenschaftlichen Austausch, nicht zuletzt über den gemeinsam mit *Bruno Kübler* herausgegebenen Kommentar, besonders verbunden.

I. Einführung

Rechtsregeln sind selten rein technischer, wertfreier Natur. Sie lassen sich vielmehr, wie im Weiteren darzustellen sein wird, zurückführen auf Grundprinzipien, die ebenso systematisierende wie legitimierende Funktion haben. Wie sich zeigen lässt, gilt das auch für das die grenzüberschreitenden Aspekte von Insolvenzverfahren regelnde Internationale Insolvenzrecht. Eine Analyse der dieses Rechtsgebiet bildenden Normen, seien sie geschriebenes Recht, *soft law* oder Richterrecht, fördert diese gemeinsamen Grundwerte zutage und belegt, dass sie nicht nur für die gerichtliche Auslegung und Anwendung des Rechts fruchtbar gemacht werden können, sondern dass sie auch die Gesetzgeber bei der sachgerechten Formulierung von Normen sowie bei dem Bemühen um internationale Rechtsvereinheitlichung unterstützen können.

II. Internationales Insolvenzrecht

Begibt man sich auf die Suche nach Kodifizierungen des Internationalen Insolvenzrechts, die man auf die ihnen zugrundeliegenden Prinzipien untersuchen könnte, so stößt man auf reichhaltiges Material.

---

[1] *Bork*, Principles of Cross-Border Insolvency Law, Intersentia, Cambridge/Antwerp/Portland 2017.

Reinhard Bork

1. Transnationales Recht

Eine erste Gruppe von Kodifizierungen umfasst völkerrechtlich verbindliche Rechtsregeln, die für mehr als einen Staat gelten und deshalb nicht rein nationales, sondern transnationales Recht darstellen. Hier ist an erster Stelle die im Jahre 2000 in Kraft getretene und 2015 überarbeitete Europäische Insolvenzverordnung (EuInsVO) zu nennen, die für alle Mitgliedstaaten der Europäischen Union mit Ausnahme Dänemarks gilt.[2] Ihr zu Seite steht für die skandinavischen Länder Dänemark, Finnland, Island, Norwegen und Schweden die Nordic Bankruptcy Convention vom 7. November 1933. Interessante Erkenntnisse lassen sich auch der am 5. Juni 1990 vom Europarat verabschiedeten, aber nur von Zypern ratifizierten Konvention von Istanbul entnehmen. Bereits 1889 haben die Staaten Argentinien, Bolivien, Kolumbien, Paraguay, Peru und Uruguay die Verträge von Montevideo geschlossen, die 1940 für Argentinien, Paraguay und Uruguay modifiziert wurden und die Regelungen zum Internationalen Insolvenzrecht enthalten. Dasselbe gilt für die von 15 südamerikanischen Staaten unterschriebene Konvention von Havanna vom 20. Februar 1928, besser bekannt als der Code Bustamante, und den Uniform Act Organising Collective Proceedings for Wiping off Debts für die 17 Mitgliedstaaten der OHADA vom 10. April 1998, zuletzt revidiert am 10. September 2015.

2. Transnationales soft law

In einer zweiten Gruppe lassen sich Regelungen zusammenfassen, die unverbindliche Empfehlungen für Gesetzgeber und an grenzüberschreitenden Insolvenzverfahren Beteiligte enthalten. Prominentes Beispiel ist das UNCITRAL Model Law on Cross-Border Insolvency vom 15. Dezember 1997, das mittlerweile von 41 Staaten in das nationale Recht inkorporiert wurde. Daneben treten verschiedene Empfehlungen internationaler Organisationen, etwa die im Jahre 2000 vom American Law Institute erarbeiteten Principles of Cooperation in Transnational Insolvency Cases among the NAFTA Countries (NAFTA Principles) oder das von der International Bar Association 1996 vorgelegte Cross-Border Insolvency Concordat. Hilfreich für die Praxis sind Kooperationsrichtlinien, insbesondere die 2012 gemeinsam vom American Law Institute und dem International Insolvency Institute publizierten Global Principles for Cooperation in International Insolvency Cases (Global Principles) oder die 2007 von INSOL Europe präsentierten European Communication and Cooperation Guidelines for Cross-Border Insolvencies.

---

2 Im Folgenden werden die Vorschriften der EuInsVO 2015 zitiert, auch wo es um Fälle aus der Zeit vor deren Inkrafttreten geht.

3. Nationales Recht

Daneben treten in einer dritten Gruppe nationale Regelungen des Internationalen Insolvenzrechts. Exemplarisch zu nennen sind etwa für Deutschland die stark an die EuInsVO angelehnten §§ 335 ff. InsO sowie für die USA das auf dem UNCITRAL Modellgesetz aufbauende Chapter 15 Bankruptcy Code. Das Vereinigte Königreich hat gleich vier Rechtsregime für grenzüberschreitende Sachverhalte: Im Verhältnis zu anderen Mitgliedstaaten der EU gilt derzeit noch die EuInsVO, im Verhältnis zu den Commonwealth-Staaten sec. 426 Insolvency Act 1986 (IA 1986) und im Verhältnis zu allen anderen Staaten gelten die Vorschriften der Cross-Border Insolvency Regulation 2006, mit deren Verabschiedung das UNCITRAL Modellgesetz in das nationale englische Insolvenzrecht inkorporiert wurde. Zusätzlich werden vor allem Kooperationspflichten aus dem *common law* abgeleitet[3].

III. Prinzipien

Die Prinzipien – hier verstanden als Grundwerte und nicht, wie etwa im anglo-amerikanischen Sprachraum, als bedeutsame Regelungsgegenstände[4] –, die sich aus diesen Regelungen ableiten lassen,[5] können in drei Gruppen zusammengefasst werden.

1. Kollisionsrechtliche Prinzipien

Eine erste Gruppe befasst sich mit den kollisionsrechtlichen Prinzipien, die den Umstand adressieren, dass bei grenzüberschreitenden Insolvenzverfahren mindestens zwei souveräne Staaten betroffen sind. Moderne Internationale Insolvenzrechte gehen im Allgemeinen von den Prinzipien der Einheit und der Universalität aus:[6] Es

---

3   Zur Geschichte dieser Entwicklung *Fletcher*, in: Santen/van Offeren (Hrsg.), Perspectives on International Insolvency Law: A Tribute to Bob Wessels, Kluwer, Deventer 2014, S. 55 ff.; zu den vier Quellen des englischen Internationalen Insolvenzrechts *Bowen*, IILR 2013, 121 ff.; *Moss*, in: Tribute to Bob Wessels (a.a.O.), S. 95 ff.; *Taylor*, in: Affaki (Hrsg.), Faillite internationale et conflit de juridiction – Regards croisés transatlantique, FEC/Bruylant, Paris/Bruxelles 2007, S. 125 ff. Kritisch *Williams/Walters*, 35.1 (2016) ABIJ, 16 ff.
4   Paradigmatisch *Wood*, Principles of International Insolvency Law, 2. Aufl., Sweet & Maxwell, London 2007. In diesem Buch geht es trotz seines Titels nicht um Prinzipien, sondern um wichtige Regelungsgegenstände; vgl. etwa die Überschrift zu Teil 3 des Buches (»*topics*«), ferner *Wood*, 4 (1995), IIR 94, 114 (»*key issues*«).
5   Aus Raumgründen werden im Folgenden vorwiegend die EuInsVO sowie das UNCITRAL Modellgesetz ausgewertet.
6   Vgl. für die EuInsVO Erwägungsgrund 23, ferner *EuGH* Rechtssache C-195/15 *SCI Senior Home (in administration) gegen Gemeinde Wedemark/Hannoversche Volksbank eG*, ECLI:EU:C:2016:804 Rdnr. 17; zum UNCITRAL Modellgesetz *In Re ABC Learning Centres Ltd*, 728 F.3d 301, 307 (3d Cir. 2013); *Goode*, Principles of Corporate Insolvency Law, 4. Aufl., Sweet & Maxwell, London 2011, Rdnr. 16-07, 16-08; *Omar*, in: Tribute to Bob Wessels (Fn. 3), S. 103, 105; aber auch *United Nations Commission on International Trade*

soll für einen insolventen Schuldner im Grundsatz nur ein einheitliches Verfahren geben, das weltweite Wirkung entfaltet. Letzteres gilt jedenfalls aus der Sicht des Eröffnungsstaates, der für sein »hinausgehendes« Verfahren weltweite Geltung beansprucht, während auf einem anderen Blatt steht, ob andere betroffene Staaten das »hereinkommende« Insolvenzverfahren mit seinem Geltungsanspruch anerkennen. Das Prinzip der Gleichheit von Staaten, das sich schon aus Art. 2 Abs. 1 der Charta der Vereinten Nationen ergibt, verhindert, dass ein Staat dem anderen die weltweite Geltung aufzwingt, aber das Prinzip des wechselseitigen Vertrauens zwischen Staaten[7] darauf, dass das Insolvenzrecht und die Handhabung des Insolvenzverfahrens im Ursprungsstaat den erforderlichen Standards genügen, sollte diese Anerkennung nahelegen. Jedenfalls ist das Prinzip der Kooperation und Kommunikation zwischen den Verfahrensorganen heute für grenzüberschreitende Insolvenzverfahren allgemein anerkannt. Die EuInsVO bekennt sich dazu beispielsweise in Art. 41 ff. für das Verhältnis von Haupt- zu Sekundärinsolvenzverfahren und in Art. 56 ff. für Konzerninsolvenzen, das UNCITRAL Modellgesetz schon in seiner Präambel, in der als wesentliches Ziel die Förderung der Kooperation zwischen den Verfahrensorganen beteiligter Staaten genannt wird, und in Art. 25 ff., die sich ausführlich mit der Kooperation von Gerichten und Insolvenzverwaltern befassen. Ergänzend sind auch im Internationalen Insolvenzrecht das Subsidiaritätsprinzip sowie das Prinzip der Verhältnismäßigkeit zu beachten. Zu beiden äußert sich die EuInsVO in Erwägungsgrund 86,[8] während andere Regularien sie nicht ausdrücklich erwähnen, wohl aber implizit auf ihnen aufbauen.

2. *Verfahrensrechtliche Prinzipen*

Neben die kollisionsrechtlichen treten die verfahrensrechtlichen Prinzipien. Internationales Insolvenzrecht ist deutlich geprägt vom Effizienzprinzip, demzufolge Verfahren den beantragten Rechtsschutz so schnell und umfassend wie möglich gewähren müssen. Es findet sich u. a. in den Erwägungsgründen 3 und 8 EuInsVO[9] sowie

---

Law, Legislative Guide on Insolvency Law, Part 1 and 2, United Nations Publications, New York 2005, S. 79 Rdnr. 14.
7 Für die Mitgliedstaaten der EU ergibt sich der Grundsatz wechselseitigen Vertrauens schon aus dem Europarecht; vgl. im Übrigen Erwägungsgrund 65 EuInsVO, ferner den *EuGH* in den Rechtssachen C-341/04 – *Eurofood*, ECLI:EU:C:2006:281 Rdnr. 39 und C-444/07 *MG Probud Gdynia sp. z o.o.*, ECLI:EU:C:2010:24 Rdnr. 27 ff. Bei den Beratungen des UNCITRAL Modellgesetzes wurde die Verbürgung der Gegenseitigkeit erwogen, schließlich aber verworfen, vgl. *Lifland*, in: Affaki (Fn. 3), S. 31, 54 Rdnr. 67.
8 Vgl. auch *EuGH* Rechtssache C-649/13 *Comité d'entreprise de Nortel Networks SA und andere gegen Cosme Rogeau und Cosme Rogeau gegen Alan Robert Bloom und andere*, ECLI:EU:C:2015:384 Rdnr. 49; Rechtssache C-292/08 *German Graphics Graphische Maschinen GmbH gegen Alice van der Schee*, ECLI:EU:C:2009:544 Rdnr. 24.
9 Dazu u. a. auch *EuGH* Rechtssache C-339/07 *Seagon gegen Deko Marty Belgium NV*, ECLI:EU:C:2009:83 Rdnr. 22; Rechtssache C-116/11 *Bank Handlowy w Warszawie SA und PPHU »ADAX«/Ryszard Adamiak gegen Christianapol sp. z o.o.*, ECLI:EU:C:2012:739

in der Präambel des UNCITRAL Modellgesetzes. Ihm steht das Transparenzprinzip zur Seite: Verfahren müssen öffentlich gemacht und transparent geführt werden, damit die Betroffenen daran teilnehmen und ihre Rechtspositionen einbringen können. Dieses Prinzip schlägt sich beispielsweise in Publikationsvorschriften nieder.[10] Besondere Relevanz hat das Prinzip der Vorhersehbarkeit (Rechtssicherheit). Um dieses Prinzip ist es beispielsweise der EuInsVO in den Erwägungsgründen 28, 30 und 67,[11] dem UNCITRAL Modellgesetz erneut in seiner Präambel zu tun. Diese bekennt sich schließlich auch zum Prinzip der Verfahrensgerechtigkeit, das für die EuInsVO schon europarechtlich anerkannt ist und in Erwägungsgrund 83 aufgegriffen wird.[12] Schließlich ist das Prioritätsprinzip zu beachten, demzufolge ein erstes Insolvenzverfahren ein zweites auch im Ausland grundsätzlich ausschließt.[13]

3. Materiell-rechtliche Prinzipien

Weitgehend unerforscht waren bislang die materiell-rechtlichen Prinzipien, die nicht nur das nationale, sondern auch das Internationale Insolvenzrecht prägen. Das gilt ganz besonders für das Prinzip der Gläubigergleichbehandlung, demzufolge Gläubiger mit gleichem Rang sowohl verfahrensrechtlich als auch materiell-rechtlich gleichzubehandeln sind. So steht etwa die EuInsVO, wie sich aus ihrem Erwägungsgrund 63 ergibt, ebenso auf dem Boden des Prinzips der Gläubigergleichbehandlung[14] wie das UNCITRAL Modellgesetz, was in dem begleitenden *Guide to Enactment and Interpretation* ausdrücklich hervorgehoben wird.[15] Beide Regularien verfolgen sodann im Interesse optimaler Gläubigerbefriedigung das Prinzip der bestmöglichen Masseverwertung, das UNCITRAL Modellgesetz erneut in seiner Präambel, die EuInsVO in Erwägungsgrund 48. Zum Prinzip angemessenen Schuldnerschutzes bekennt sich das UNCITRAL Modellgesetz in seiner Präambel sowie in Art. 22, die EuInsVO u. a. in den Vorschriften der Art. 78 ff. über den Datenschutz. Vor allem

---

Rdnr. 62; Rechtssache C-212/15 *ENEFI Energiahatékonysági Nyrt gegen Direcţia Generală Regională a Finanţelor Publice Braşov (DGRFP)*, ECLI:EU:C:2016:841 Rdnr. 22.
10 Z. B. Art. 24 ff. EuInsVO (dazu auch Erwägungsgrund 12), ferner Art. 14 UNCITRAL Modellgesetz, Procedural Principle 13 NAFTA Principles, Global Principle 25.1.
11 Dazu auch u. a. *EuGH* Rechtssache C-195/15 *SCI Senior Home (in administration) gegen Gemeinde Wedemark/Hannoversche Volksbank eG*, ECLI:EU:C:2016:804 Rdnr. 28.
12 Vgl. ferner *EuGH*, Rechtssache C-341/04 – *Eurofood*, ECLI:EU:C:2006:281 Rdnr. 65 ff.
13 Für die EuInsVO Art. 62 sowie *EuGH* Rechtssache C-341/04 *Eurofood IFSC Ltd.*, ECLI:EU:C:2006:281 Rdnr. 39, 49, 58; ferner Rechtssache C-444/07 *MG Probud Gdynia sp. z o.o.*, ECLI:EU:C:2010:24 Rdnr. 27.
14 Vgl. auch *EuGH* Rechtssache C-195/15 *SCI Senior Home (in administration) gegen Gemeinde Wedemark/Hannoversche Volksbank eG*, ECLI:EU:C:2016:804 Rdnr. 31; Rechtssache C-212/15 *ENEFI Energiahatékonysági Nyrt gegen Direcţia Generală Regională a Finanţelor Publice Braşov (DGRFP)*, ECLI:EU:C:2016:841 Rdnr. 23, 33.
15 *United Nations Commission on International Trade Law*, UNCITRAL Model Law on Cross-Border Insolvency Law with Guide to Enactment and Interpretation, United Nations Publications, New York 2014, Rdnr. 240.

aber wird von beiden Regelwerken das Prinzip des Vertrauensschutzes[16] hoch gehalten: von der EuInsVO insbesondere in Erwägungsgrund 67 sowie in den Art. 8 ff., die Ausnahmen von der Anwendung der *lex fori concursus* vor allem für gesicherte Gläubiger[17] und Anfechtungsgegner[18] vorsehen, vom UNCITRAL Modellgesetz wiederum in der Präambel und in Art. 22, die die Grundlage für die Gewährung von Vertrauensschutz bieten. Von großer Bedeutung ist schließlich das Sozialschutzprinzip, das beispielsweise von der EuInsVO in Art. 13 vor allem zugunsten von Arbeitnehmern fruchtbar gemacht wird, aber in Art. 11 auch zum Schutz von Mietern.[19]

4. Prinzipienhierarchien

Die vorstehend benannten Prinzipien können auch in Hierarchien dargestellt werden. So werden beispielsweise die besonders prägenden Prinzipien der Gläubigergleichbehandlung und der bestmöglichen Masseverwertung unterstützt von den Prinzipien der Verfahrenseinheit (das seinerseits durch das Prioritätsprinzip gefördert wird), der Universalität, der Kooperation und Kommunikation sowie der Effizienz. Orientiert am Schutz der von dem Verfahren Betroffenen kann man materiellen Beteiligtenschutz (für die Gläubiger durch das Gleichbehandlungsprinzip und das Prinzip der bestmöglichen Masseverwertung, für den Schuldner ebenfalls durch das Prinzip der bestmöglichen Masseverwertung sowie das Sozialschutzprinzip, für Dritte durch das Vertrauensschutz- und das Sozialschutzprinzip) vom prozeduralen Beteiligtenschutz unterscheiden, dem die Prinzipien der Transparenz, der Vorhersehbarkeit sowie der Verfahrensgerechtigkeit dienen. Man muss sich freilich hüten, aus solchen eher systematisierenden Hierarchien Rechtsfolgen abzuleiten. Vielmehr kommt es insoweit auf die Abwägung richtig gewichteter Prinzipien an.

---

16 Ausführlicher dazu *Bork*, in: Festschrift Klamaris, Sakkoulas Publications, Athens 2016, S. 77 ff.
17 Dazu unten IV.2.; vgl. hier nur *EuGH* Rechtssache C-195/15 *SCI Senior Home (in administration) gegen Gemeinde Wedemark/Hannoversche Volksbank eG*, ECLI:EU:C:2016:804 Rdnr. 17 f., 28.
18 Dazu *EuGH* Rechtssache C-310/14 *Nike European Operations Netherlands BV gegen Sportland Oy*, ECLI:EU:C:2015:690 Rdnr. 18; Rechtssache C-557/13 *Hermann Lutz gegen Elke Bäuerle*, ECLI:EU:C:2015:227 Rdnr. 34, 54.
19 Vgl. zu letzterem Bork/van Zwieten-*Snowden*, Commentary on the European Insolvency Regulation, Oxford University Press, Oxford 2016, Rdnr. 11.1.; ferner Bork/Mangano-*Bork*, European Cross-Border Insolvency Law, Oxford University Press, Oxford 2016, Rdnr. 4.81; Hess/Oberhammer/Pfeiffer-*Piekenbrock*, European Insolvency Law, C.H.Beck/Hart/Nomos 2014, Rdnr. 798; *Kienle*, NotBZ 2008, 245, 254; *Virgós/Schmit*, Report on the Convention on Insolvency Proceedings, EC Council Document 6500/96 of 3 May 1996, Rdnr. 118; *Wessels*, International Insolvency Law, Kluwer, 3. Aufl., Deventer 2012, Rdnr. 10685.

IV. Prinzipienorientierte Lösungen

Das soll im Folgenden anhand einiger ausgewählter Probleme des Internationalen Insolvenzrechts demonstriert werden.

1. Rechtsprechung

In der Rechtsprechung gibt es zahlreiche Beispiele für eine prinzipienorientierte Rechtsanwendung. Hier kann zunächst exemplarisch die Entscheidung des EuGH in *MG Probud*[20] herangezogen werden. Im zu entscheidenden Fall hatte ein deutsches Gericht die Anerkennung eines polnischen Insolvenzverfahrens verweigert und gegen den insolventen Schuldner eine Kontopfändung angeordnet. Das verstieß gegen verschiedene Prinzipien des Internationalen Insolvenzrechts. Unter dem Prinzip der Einheit konnte es nur ein Verfahren für MG Probud geben. Dies musste das polnische Verfahren sein, weil dieses nach dem Prioritätsprinzip ein deutsches Parallelverfahren ausschloss. Auf der Grundlage des Universalitätsprinzips hatte das polnische Verfahren weltweite Wirkung und wurde in Deutschland automatisch anerkannt (Art. 19 EuInsVO). Das Anerkennungshindernis des *ordre public*-Verstoßes (Art. 33 EuInsVO) musste als Ausnahme zum Universalitätsprinzip eng ausgelegt werden. Dies und das Prinzip wechselseitigen Vertrauens führte zu dem Ergebnis, dass die Kontopfändung wegen des entgegenstehenden polnischen Insolvenzverfahrens unzulässig war.

Während diese Entscheidung kaum angreifbar ist, muss die Entscheidung des kanadischen Supreme Court in dem Fall *Antwerp Bulkcarriers*[21] als außerordentlich problematisch bezeichnet werden. Dort hatte ein belgischer Insolvenzverwalter im Wege der Insolvenzanfechtung von kanadischen Behörden Herausgabe eines dem Schuldner gehörenden Schiffes verlangt, das von amerikanischen Gläubigern gepfändet worden war und sich in Kanada befand. Auch hier war wieder vom Prinzip der Verfahrenseinheit auszugehen: Es konnte für den belgischen Schuldner nur ein Verfahren geben, wobei das belgische Verfahren ein kanadisches nach dem Prioritätsprinzip ausschloss. Auf der Grundlage des Universalitätsprinzips hatte das belgische Verfahren weltweite Wirkung und dem Kooperationsprinzip zufolge mussten die kanadischen Behörden das belgische Verfahren unterstützen. Dafür sprach auch das Prinzip wechselseitigen Vertrauens, demzufolge die kanadischen Behörden dem belgischem Insolvenzrecht und Insolvenzverfahren vertrauen sollten. Gleichwohl hat der Supreme Court die Herausgabe abgelehnt, und zwar mit der (bei prinzipienorientierter Betrachtung) inakzeptablen Begründung, ausländisches Insolvenzrecht

---

20 *EuGH* Rechtssache C-444/07 *MG Probud Gdynia sp. z o.o.*, ECLI:EU:C:2010:24.
21 *Antwerp Bulkcarriers N. V. v. Holt Cargo Systems, Inc.* [2001] 3 S.C.R. 951; vgl. auch *Holt Cargo Systems Inc. v. ABC Containerline N.V. (Trustee of)* [2001] 3 S.C.R. 907 sowie die erhellende Analyse beider Entscheidungen von *Pottow*, 104 [2006] Mich. L. Rev., 1899, 1922 ff.

müsse die Regeln des kanadischen Insolvenzrechts widerspiegeln und beachten, dass der Schutz gesicherter Gläubiger ein wichtiges Ziel des kanadischen Insolvenzrechts sei, während die internationale Koordination von Insolvenzverfahren zwar ein wichtiger, aber nicht notwendig ein begrenzender Faktor sei.

Beifallswürdig ist hingegen die Entscheidung des Full Federal Court of Australia in dem Fall *Akers v. DCT*[22], in dem ein Insolvenzverwalter von den Cayman Islands Herausgabe von dem Schuldner gehörenden Vermögensgegenständen von australischen Behörden verlangte. Dem widersprachen die australischen Steuerbehörden, die aus dem in Australien belegenen Schuldnervermögen Steueransprüche befriedigen wollten. Nach dem Universalitätsprinzip hatte das Cayman Islands-Verfahren weltweite Wirkung und das Kooperationsprinzip sowie das Prinzip wechselseitigen Vertrauens verlangten an und für sich, dass die australischen Behörden dem ausländischen Insolvenzrecht und Insolvenzverfahren vertrauten und das ausländische Verfahren unterstützten. Auch hier hat das Gericht wieder anders entschieden, dieses Mal aber mit Recht, weil das Insolvenzrecht der Cayman Islands – übrigens anders als Art. 2(12) EuInsVO[23] – ausländische Steueransprüche von der Beteiligung ausschließt. Das verstößt gegen das Prinzip der Gläubigergleichbehandlung und stellt eine mit dem Prinzip der Verfahrensgerechtigkeit unvereinbare Diskriminierung dar, weshalb das Vertrauen auf die Angemessenheit des ausländischen Verfahrens nicht gerechtfertigt und eine Durchbrechung des Universalitätsprinzips geboten war.

2. *Gesetzgebung*

Eine prinzipienorientierte Herangehensweise kann auch dem Gesetzgeber die Arbeit erleichtern und zugleich die kritische Analyse bestehender Regelungen unterstützen. Nimmt man beispielsweise Art. 8 EuInsVO in den Blick, so zeigt sich leicht die Unhaltbarkeit dieser Norm. Ihr zufolge wird das dingliche Recht eines Gläubigers oder eines Dritten an körperlichen oder unkörperlichen, beweglichen oder unbeweglichen Gegenständen des Schuldners – sowohl an bestimmten Gegenständen als auch an einer Mehrheit von nicht bestimmten Gegenständen mit wechselnder Zusammensetzung –, die sich zum Zeitpunkt der Eröffnung des Insolvenzverfahrens im Hoheitsgebiet eines anderen Mitgliedstaats befinden, von der Eröffnung des Verfahrens nicht berührt. Nach heute herrschender Meinung bedeutet das, das auf Sicherungsobjekte, die sich in einem anderen Mitgliedstaat der EU als dem Eröffnungsstaat befinden, weder das Insolvenzrecht des Eröffnungsstaates (*lex fori concursus*) noch das des Belegenheitsstaates (*lex rei sitae*) anwendbar ist. Vielmehr bleibt die Sicherheit von jeglichem Insolvenzrecht unberührt und wird nach dem auf sie anwendbaren Kre-

---

[22] *Akers as joint foreign representative v. Deputy Commissioner of Taxation* [2014] FCAFC 57; dazu *Atkins/McCoy*, 11 (2014) ICR, 304 ff.
[23] Vgl. auch *EuGH* Rechtssache C-195/15 *SCI Senior Home (in administration) gegen Gemeinde Wedemark/Hannoversche Volksbank eG*, ECLI:EU:C:2016:804 Rdnr. 31; Rechtssache C-212/15 *ENEFI Energiahatékonysági Nyrt gegen Direcția Generală Regională a Finanțelor Publice Brașov (DGRFP)*, ECLI:EU:C:2016:841 Rdnr. 38.

ditsicherungsrecht außerhalb des Insolvenzverfahrens verwertet.[24] Hintergrund ist der Umstand, dass zwar alle nationalen Insolvenzrechte Kreditsicherheiten respektieren, aber unterschiedliche Regeln für Benutzung, Verbrauch und Verwertung des Sicherungsgutes sowie eine Beteiligung an den Verwertungskosten aufweisen. Die EuInsVO rechtfertigt das in den Erwägungsgründen 67 und 68 mit den Prinzipien der Vorhersehbarkeit (Rechtssicherheit) und des Vertrauensschutzes und der *EuGH* ist dem in der Entscheidung *Erste Bank Hungary* gefolgt.[25]

Es ist aber keineswegs ausgemacht, dass es sich dabei um eine sachgerechte Lösung handelt.[26] Vielmehr kollidieren hier die opponierenden Prinzipien der Universalität, der Gleichbehandlung der (gesicherten) Gläubiger, der Verfahrensgerechtigkeit und der bestmöglichen Masseverwertung mit den die Regelung unterstützenden Prinzipien der Vorhersehbarkeit (Rechtssicherheit), des Vertrauensschutzes und der Verfahrenseffizienz. Schaut man genauer hin, so erweist sich die Regelung bei prinzipienorientierter Analyse als unhaltbar. Vorzugswürdig ist vielmehr eine Norm, die auch dingliche Kreditsicherheiten dem Insolvenzrecht des Eröffnungsstaates (*lex fori concursus*) unterwirft und damit nicht nur das Universalitätsprinzip durchsetzt, sondern vor allem auch die Verfahrensgerechtigkeit und die Gleichbehandlung aller gesicherten Gläubiger, gleich ob das Sicherungsgut im Eröffnungsstaat oder in einem anderen Mitgliedstaat liegt.

Was das für die Norm ins Feld geführte Prinzip der Vorhersehbarkeit (Rechtssicherheit) angeht, so wird man konstatieren müssen, dass jede klare Regel für Rechtssicherheit sorgt. Auch die einschränkungslose Zuweisung zur *lex fori concursus* ist eine klare Regel, auf die sich die Sicherungsnehmer schon im Vorfeld einstellen können. Zwar ist das anwendbare Insolvenzrecht dann abhängig vom COMI des Schuldners bei Verfahrenseröffnung, aber der ist normalerweise evident. Die Ermittlung der

---

24 *EuGH* Rechtssache C-195/15 *SCI Senior Home (in administration) gegen Gemeinde Wedemark/Hannoversche Volksbank eG*, ECLI:EU:C:2016:804 Rdnr. 17 f.; Rechtssache C-527/10 *ERSTE Bank Hungary Nyrt gegen Magyar Állam und andere*, ECLI:EU:C:2012:417 Rdnr. 41; Rechtssache C-557/13 *Hermann Lutz gegen Elke Bäuerle*, ECLI:EU:C:2015:227 Rdnr. 38 f.; Bork/Mangano-*Bork* (Fn. 19), Rdnr. 4.66 ff.; *Mankowski/Müller/Schmidt-Schmidt*, EuInsVO 2015, München 2016, Art. 8 Rdnr. 34.

25 *EuGH* Rechtssache C-527/10 *ERSTE Bank Hungary Nyrt gegen Magyar Állam und andere*, ECLI:EU:C:2012:417.

26 Zur Kritik u. a. *Bork* (Fn. 1), Rdnr. 6.12 ff.; *Bork*, Festschrift Klamaris (Fn. 16), S. 79 ff.; Bork/van Zwieten-*van Zwieten* (Fn. 19), Rdnr. 0.49; *van Galen/André/Fritz/Gladel/van Koppen/Marks/Wouters*, Revision of the European Insolvency Regulation, Proposals by INSOL Europe, INSOL Europe, Nottingham 2012, S. 52 Rdnr 5.6 f.; *Paulus*, IILR 2014, 366, 369 ff.; *Veder*, IILR 2011, 285, 289 ff.; *Virgós/Garcimartín*, The European Insolvency Regulation: Law and Practice, Kluwer Law International, The Hague 2004, Rdnr. 164; *Wessels* (Fn. 19), Rdnr. 10640b; *Wiórek*, Das Prinzip der Gläubigergleichbehandlung im Europäischen Insolvenzrecht, Baden-Baden 2005 S. 236 ff. Die Norm wird hingegen verteidigt von *Fletcher*, Insolvency in Private International Law, Oxford University Press, 2. Aufl., Oxford 2005, Rdnr. 7.87; Moss/Fletcher/Isaacs-*Fletcher*, The EC Regulation on Insolvency Proceedings, Oxford University Press, 3. Aufl., Oxford 2016, Rdnr. 4.11 et seq.; Sheldon-*Arnold*, Cross-Border Insolvency, Bloomsbury Professional, 4. Aufl., Haywards Heath 2015, Rdnr. 2.76.

lex fori concursus mag zwar ex ante (also bei Bestellung der Sicherheit) aufwändig sein, aber das hat nichts mit der Rechtssicherheit zu tun.

Mit Blick auf das Effizienzprinzip wird man konzedieren müssen, dass die Anwendung der *lex fori concursus* weniger effizient ist bei Bestellung der Sicherheit. Aber erstens handelt es sich bei Sicherungsnehmern, die mit ausländischen Schuldnern kontrahieren, normalerweise um professionelle Kreditgeber, für die der mit der Ermittlung ausländischen Insolvenzrechts verbundene Aufwand überschaubar bleibt, und zweitens ist die Anwendung der *lex fori concursus* dafür effizienter im Insolvenzverfahren selbst, weil der Insolvenzverwalter auf alle Kreditsicherheiten unabhängig von ihrer Belegenheit dasselbe Recht anwenden kann und von der Ermittlung ausländischen Rechts befreit ist.

Auch das Prinzip des Vertrauensschutzes vermag die Norm nicht zu rechtfertigen. Geschützt werden können nur berechtigte Erwartungen, und die Erwartung, von jeglichem Insolvenzrecht befreit zu sein, ist nicht schutzwürdig. Wer Kredit gibt, muss mit der Insolvenz des Kreditnehmers und damit mit der Anwendung mindestens eines Insolvenzrechts rechnen. Auch die Erwartung, dann wenigstens nur mit der *lex rei sitae* konfrontiert zu werden, ist nicht schutzwürdig. Wenn jemand einen Kredit an einen ausländischen Schuldner vergibt, dann kommt für ihn ein ausländisches Verfahren, das nach ausländischem Recht geführt wird, nicht überraschend. Dass sich das Sicherungsobjekt in einem anderen Mitgliedstaat als dem Eröffnungsstaat befindet, rechtfertigt deshalb unter dem Aspekt des Vertrauensschutzes keine Ausnahme. Im Übrigen wählt Art. 8 EuInsVO mit der Anknüpfung an die Belegenheit bei Verfahrenseröffnung insoweit den falschen Zeitpunkt. Diese Anknüpfung setzt nicht nur falsche Anreize für eine Verlagerung des Sicherungsgutes ins Ausland vor Verfahrensbeginn, sondern sie übersieht auch, dass das Vertrauen bereits bei der Bestellung der Sicherheit investiert wird. Vorzugswürdig wäre es deshalb, gerade entgegengesetzt zu Art. 8 EuInsVO die dinglichen Sicherheiten der *lex fori concursus* zu unterwerfen, dem Sicherungsnehmer aber den Beweis zu ermöglichen, dass sich der COMI des Schuldners bei Bestellung der Sicherheit in einem anderen Mitgliedstaat als dem Eröffnungsstaat befand.[27]

3. Harmonisierung

Ein letztes Anwendungsfeld für prinzipienorientierte Lösungen ist die Harmonisierung des Internationalen Insolvenzrechts. An dieser Aufgabe arbeiten viele Organisationen, aber interessanterweise gibt es derzeit keine ausgearbeitete Theorie der

---

27 Ein Formulierungsvorschlag könnte lauten:
   (1) Das Recht des Eröffnungsstaates bestimmt die Wirkungen des Insolvenzverfahrens auf dingliche Rechte.
   (2) Sofern der gesicherte Gläubiger nachweist, dass der Schuldner den Mittelpunkt seiner hauptsächlichen Interessen bei Bestellung der Sicherheit in einem anderen Staat als dem Eröffnungsstaat hatte, bestimmt das Recht des anderen Staates die Wirkungen auf dingliche Rechte.

Harmonisierung. Es kann nicht Gegenstand und Ziel dieses Aufsatzes sein, eine solche Theorie zu entwerfen,[28] aber möglicherweise können die folgenden Überlegungen einen kleinen Beitrag zur Diskussion leisten.

Zunächst sollte Einigkeit darüber bestehen, dass die Harmonisierung des Internationalen Insolvenzrechts notwendig und sinnvoll ist.[29] Eine einheitliche, für viele Staaten geltende Regelung dieses Rechtsgebiets reduziert innerhalb ihres Anwendungsbereichs die Komplexität, die aus der konkurrierenden Anwendbarkeit divergierender nationaler Rechte resultiert. Das reduziert zugleich die Kosten sowohl für grenzüberschreitende Transaktionen, die die spätere Insolvenz eines Beteiligten antizipieren müssen, als auch für grenzüberschreitende Insolvenzverfahren, denn beide müssen sich nicht mehr in aufwändiger Weise neben der *lex fori concursus* mit weiteren Rechtsordnungen befassen, deren Regelungen ermitteln und die daraus resultierenden Rechtspositionen bestimmen. Zugleich unterstützt ein harmonisiertes Internationales Insolvenzrecht dessen Prinzipien. Die Verfahren werden effizienter, wenn sie von der Aufgabe, divergierende Rechtsordnungen einzubeziehen, befreit sind.[30] Die Entlastung von dieser kostenträchtigen Aufgabe ist daher ganz im Sinne des Effizienzprinzips, aber auch des Prinzips der bestmöglichen Masseverwertung. Außerdem werden Rechtssicherheit und wechselseitiges Vertrauen gestärkt, wenn alle Rechtsordnungen dieselben Regeln aufweisen, und das fördert zugleich die Akzeptanz des Universalitätsprinzips, da es bei vereinheitlichtem Recht kaum Gründe gibt, den weltweiten Geltungsanspruch eines anderen Staates nicht anzuerkennen.[31]

---

28 Erste Ansätze findet man bei *Faria*, 14 (2009) Unif. L. Rev., 5 ff. and den bereichernden Beiträgen in: *Andenas/Baasch Andersen* (eds.), Theory and Practice of Harmonisation, Edward Elgar Publishing, Cheltenham, UK/Northampton, MA 2012, vor allem die Überlegungen von *Andenas/Baasch Andersen/Ashcroft*, ebenda S. 572 ff. Hilfreich auch die methodischen Überlegungen von *Berger*, The Creeping Codification of the New Lex Mercatoria, Wolters Kluwer, 2. Aufl., Alphen aan den Rijn 2010, passim.

29 Vgl. nur UNCITRAL (Fn. 15), Rdnr. 5 f.: »However, national insolvency laws by and large have not kept pace with the trend, and they are often ill-equipped to deal with cases of a cross-border nature. This frequently results in inadequate and inharmonious legal approaches, which hamper the rescue of financially troubled businesses, are not conducive to a fair and efficient administration of cross-border insolvencies, impede the protection of the assets of the insolvent debtor against dissipation and hinder maximization of the value of those assets. Moreover, the absence of predictability in the handling of cross-border insolvency cases can impede capital flow and be a disincentive to cross-border investment. (…) Fraud by insolvent debtors, in particular by concealing assets or transferring them to foreign jurisdictions, is an increasing problem, in terms of both its frequency and its magnitude. The modern, interconnected world makes such fraud easier to conceive and carry out.«

30 Aus der Sicht der ökonomischen Analyse des Rechts *Gomez*, in: Hartkamp/Hesselink/Hondius/Mak/du Perron (Hrsg.), Towards a European Civil Code, Wolters Kluver, 4th ed., Alphen aan den Rijn 2011 S. 401 ff. m. w. N. in Fn. 6 und auf S. 423 ff.; *Wool*, 8 (2003) Unif. L. Rev., 389 ff.

31 *Franken*, 11 (2005) ELJ, 232, 247.

Das setzt zudem das Prinzip der Gläubigergleichbehandlung durch,[32] da Ausnahmen zum Schutz lokaler Gläubiger unnötig werden, wenn sie im Ausland genauso geschützt werden wie im Inland.

Nun soll es hier allerdings nicht um die Förderung der Prinzipien durch Harmonisierung, sondern gerade umgekehrt um die Förderung der Harmonisierung durch Prinzipien gehen. Denkbar ist eine prinzipienorientierte Harmonisierung in drei Schritten. Zunächst kann es hilfreich sein, Harmonisierungsbestrebungen nicht damit zu beginnen, unterschiedliche Lösungen für identische Probleme zu identifizieren, denn das mündet nahezu von selbst in einen Streit darüber, wer die beste Lösung anzubieten hat. Stattdessen bietet es sich an, mit einer Bestimmung der Prinzipien zu beginnen, sich also zu vergewissern, dass die beteiligten Rechtsordnungen alle auf denselben – näher zu beschreibenden – Prinzipien beruhen.

Sodann wäre gemeinsam zu fragen, welche Regelungen diese Prinzipien typischerweise erfordern. Das Prinzip der Gläubigergleichbehandlung verlangt zum Beispiel Regeln über die Information und die Beteiligungsrechte ausländischer Gläubiger (einschließlich öffentlicher Gläubiger), die ausgleichende Verteilung in- und ausländischer Verwertungserlöse sowie die einheitliche Anwendung derselben insolvenzrechtlichen Normen auf alle Beteiligten, einschließlich der Normen über Kreditsicherheiten und Insolvenzanfechtung. Das Universalitätsprinzip erfordert vornehmlich Vorschriften zur internationalen Zuständigkeit, der Anerkennung ausländischer Verfahren sowie der grenzüberschreitenden Wirkung anerkannter Verfahren, was Fragen des anwendbaren Rechts impliziert, ferner zur Unterstützung ausländischer Insolvenzverfahren im Inland.

Auf diesen beiden ersten Ebenen geht es nun lediglich darum, die richtigen Fragen zu formulieren, und noch nicht darum, sie zu beantworten. Die Erkenntnis freilich, dass man sich trotz unterschiedlicher kultureller und rechtlicher Hintergründe im Grundsätzlichen einig ist und auf derselben Grundlage dieselben Regelungsthemen identifizieren kann, kann sich förderlich auf das weitere Harmonisierungsverfahren auswirken, weil die Betonung hier noch nicht auf kontroversen Lösungen für praktische Probleme, sondern auf dem Konsens über die Prinzipien liegt.[33] Haben Verhandlungspartner erst einmal die Erfahrung gemacht, dass Konsens – hier: sowohl über die Herangehensweise als auch über die Prinzipien und die von diesen geforderten Regelungsthemen – möglich ist, werden sie möglicherweise offener an die Diskussion über konkrete Regelungsvorschläge herangehen.

---

32 *Jabez Henry*, später Britischer Richter und Autor der wegweisenden Entscheidung *Odwin v. Forbes* ([1817] 1 Buck 57, 60), forderte bereits 1825 ein einheitliches Internationales Insolvenzrecht »[in order to] place the subjects of each [state] on a footing of equality as to those rights which they are equally acknowledged to possess« (zit. nach *Nadelmann*, 10 (1961) ICLQ, 70, 77); vgl. auch *Graham*, 42 (1989) CLP, 217, 224; *Omar*, 11 (2002) IIR, 173, 184.
33 Vgl. auch *Pottow*, 104 (2006) Mich. L. Rev., 1899, 1929 f.

Natürlich müssen am Ende dann doch konkrete Probleme mit konkreten Normen adressiert werden. Aber auch hier kann es hilfreich sein, sich nicht gleich in den Wettbewerb um die beste nationale Regelung zu stürzen, sondern von den Prinzipien ausgehend zu fragen, was diese als sachgerechte Lösung nahelegen.[34] So verlangt beispielsweise das Universalitätsprinzip eine weltweite Geltung des eröffneten Insolvenzverfahrens. Dies zu akzeptieren – und damit zugleich dem Prinzip wechselseitigen Vertrauens zu genügen –, kann leichter fallen, wenn man sich vergewissert hat, dass das anzuerkennende Verfahren auf einem Rechtsrahmen basiert, der bei allen Unterschieden im Detail auf denselben Grundpfeilern ruht wie das eigene Insolvenzrecht.[35] Einigen sich also die Parteien in Harmonisierungsverhandlungen auf das Universalitätsprinzip (was heute faktisch bereits weitestgehend der Fall ist), dann sind damit zwar nicht alle Probleme gelöst, aber es ist ein wichtiger Schritt getan. Das mag dazu ermutigen, sich kontroverseren Themen zuzuwenden, etwa der Behandlung dinglicher Rechte. Wie oben[36] dargelegt, ist eine Regelung wie Art. 8 EuInsVO bei prinzipienorientierter Analyse nicht zu rechtfertigen. Prinzipiengerecht wäre vielmehr ausschließlich die strikte Anwendung der *lex fori concursus*, als Kompromisslösung akzeptabel allenfalls noch die Anwendung des Insolvenzrechts des Belegenheitsstaates, keinesfalls aber der Ausschluss sämtlichen Insolvenzrechts.

Es ist nicht zu verkennen, dass ein prinzipienorientiertes Harmonisierungsverfahren erhebliche Hürden zu überwinden hat. Sie reichen von der Beeinflussung des Internationalen Insolvenzrechts durch andere – ebenfalls harmonisierungsbedürftige – Rechtsgebiete (wie etwa das Arbeitsrecht, das Gesellschaftsrecht oder das Steuerrecht, die alle von ihnen je eigenen, von denen des Internationalen Insolvenzrechts verschiedenen Prinzipien geprägt werden[37]) bis hin zu sachfremden protektionistischen Einflüssen. Aber eine prinzipienorientierte Herangehensweise ermöglicht es zumindest, diese sachfremden Faktoren zu benennen und unter deren Einfluss zustande gekommene Regelungen kritisch zu analysieren. Sie kann jedenfalls einen fruchtbaren Austausch von Ideen und Meinungen fördern[38] und dazu beitragen, dass sich die Beteiligten Schritt für Schritt an den harmonisierungsfördernden Gedanken gewöhnen, dass Rechtsordnungen über die Landesgrenzen hinaus wirken.[39] Angesichts dessen erscheint die weltweite Harmonisierung des Internationalen Insolvenzrechts zwar derzeit unwahrscheinlich, aber nicht unmöglich.[40]

---

34 Vgl. zur Notwendigkeit der Berücksichtigung von Grundprinzipien bei der Harmonisierung auch *Gaa*, 27 (1993) Int'l. Law., 881, 884 f., 893 f.
35 *Pottow*, 104 (2006) Mich. L. Rev., 1899, 1931 ff.
36 Unter IV.2.
37 *Franken*, 11 (2005) ELJ, 232, 247.
38 *Lenaerts/Gutiérrez-Fons*, 47 (2010) CML Rev., 1629, 1630.
39 *Pottow*, 45 (2005) Virg. J. Int'l. L., 935, 1011.
40 *Westbrook* 98 (2000) Mich. L. Rev., 2276, 2294.

Von unwiderleglichen widerleglichen Vermutungen im Internationalen Insolvenzrecht

Zum Umgang mit Art. 3 Abs. 1 EuInsVO 2015

MORITZ BRINKMANN

I. Einleitung

Verfahrensrecht ist für *Hanns Prütting*

> *»keineswegs ein rein technisches Recht, ein reines Zweckmäßigkeitsrecht, sondern es ist eine Legitimationsgrundlage unseres gesamten menschlichen Zusammenlebens.«*[1]

Von ganz offensichtlich nicht nur technischer Bedeutung ist die Frage, in welchem Staat ein Insolvenzverfahren über das Vermögen eines Schuldners durchgeführt werden kann, denn die internationale Zuständigkeit besitzt wegen des lex fori-Prinzips des Internationalen Insolvenzrechts (vgl. Art. 7 EuInsVO 2015) unmittelbare Bedeutung für das anwendbare (Insolvenz-) Recht. Art. 3 Abs. 1 EuInsVO, also die Vorschrift, nach der sich die internationale Zuständigkeit zur Eröffnung eines Hauptinsolvenzverfahrens beurteilt, wurde im Zuge der Reform der EuInsVO modifiziert. Der Gesetzgeber arbeitet nun noch stärker als bisher mit Vermutungen. Es lohnt sich daher der Frage nachzugehen, wie diese Vermutungen dogmatisch einzuordnen sind und welche Folgen sich daraus für die Prüfung der internationalen Zuständigkeit ergeben.

Zugleich sind damit auch Probleme angesprochen, die weit über das Internationale Insolvenzrecht hinausreichen. Denn die Thematik berührt die Frage, wie sich die Unterschiede der Verfahrensrechtsordnungen der Mitgliedstaaten beim Umgang mit europäischem Sekundärrecht auswirken.

II. Die Regelung der EuInsVO 2015 zur Bestimmung der internationalen Zuständigkeit

Mit der Reform der EuInsVO sollte nicht zuletzt die Unsicherheit hinsichtlich der Bestimmung der internationalen Zuständigkeit zur Eröffnung eines Hauptinsolvenzverfahrens vermindert werden. Zugleich wollte der Gesetzgeber die Möglichkeiten

---

1 *Prütting*, Gerechtigkeit durch Verfahren, Vortrag, vom 9.4.2016 anlässlich der 50-Jahr-Feier des Instituts für Verfahrensrecht der Universität zu Köln, veröffentlicht in jM 2016, 354 ff.

und die Anreize für *forum shopping* minimieren. Vor diesem Hintergrund sind im Hinblick auf Art. 3 Abs. 1 EuInsVO als der normativen Grundlage für die Beurteilung der internationalen Zuständigkeit zur Eröffnung des Hauptinsolvenzverfahrens im Wesentlichen drei Änderungen zu verzeichnen:

Zum Ersten wurde Erwägungsgrund 13 der EuInsVO 2000 mehr oder weniger unverändert in den Text des Art. 3 Abs. 1 integriert (hierzu im Einzelnen sub III. 1).

Zum Zweiten hat der europäische Gesetzgeber im Zuge der Reform nun auch Vermutungen für die Bestimmung der internationalen Zuständigkeit bei Insolvenzverfahren über das Vermögen natürlicher Personen geschaffen. Eine solche Vermutung ergab sich aus der EuInsVO 2000 nur für Gesellschaften und juristische Personen. Die EuInsVO 2015 enthält nun auch Vermutungen für natürliche Personen. Während bei gewerblich oder freiberuflich tätigen natürlichen Personen vermutet wird, dass sie ihr COMI am Ort ihrer Hauptniederlassung haben, wird für alle anderen natürlichen Personen vermutet, dass der Mittelpunkt ihrer hauptsächlichen Interessen der Ort ihres gewöhnlichen Aufenthalts ist.

Neu ist zum Dritten, dass die Anwendbarkeit der bereits früher bestehenden sowie der neu geschaffenen Vermutungen von einer zeitlichen Komponente abhängig gemacht wird. Die in Art. 3 Abs. 1 EuInsVO 2015 enthaltenen Vermutungen sind jeweils nur anwendbar, wenn der Umstand, an den sie anknüpfen (Satzungssitz, Hauptniederlassung bzw. Ort des gewöhnlichen Aufenthalts), nicht innerhalb eines gewissen Zeitraums vor Antragstellung verlegt wurde. Diese sogenannte *période suspecte* soll Manipulationen der internationalen Zuständigkeit verhindern, denn sonst könnte der Schuldner durch Verlegung des Satzungssitzes, der Hauptverwaltung bzw. seines gewöhnlichen Aufenthaltsorts das sofortige Eingreifen der Vermutung auslösen. Ob die drei- bzw. sechsmonatige »Abkühlperiode« wirklich geeignet ist, um den skizzierten Manipulationsgefahren zu begegnen, darf man freilich bezweifeln,[2] denn die Fristen sind so kurz bemessen, dass sie nicht in hinreichendem Maß abschreckend wirken.[3] Es steht daher zu befürchten, dass gerade die berühmt/berüchtigten Restschuldbefreiungstouristen nach der tatsächlichen (und in manchen Fällen eben auch nur vorgetäuschten) Verlegung ihres gewöhnlichen Aufenthaltsorts schlicht sechs Monate abwarten, um dann von der Vermutung und weiter von den großzügigen Restschuldbefreiungsregeln des neuen Aufenthaltsstaats profitieren zu können.[4]

Aus wissenschaftlicher Sicht reizvoller ist freilich die Frage, was es in dogmatischer Hinsicht mit den beschriebenen Vermutungen auf sich hat, insbesondere ob und gegebenenfalls wie sie sich in die (deutschen) Kategorien von gesetzlichen Vermutungen und Beweislastnormen einordnen lassen. In diesem Zusammenhang ist auch zu

---

2 External Evaluation of Regulation No. 1346/2000/EC on Insolvency Proceedings, JUST/2011/JCIV/PR/0049/A4 (Heidelberg/Vienna Report), S. 16, 163.
3 Ebenso *Frind/Pannen*, Einschränkung der Manipulation der insolvenzrechtlichen Zuständigkeiten durch Sperrfristen – ein Ende des Forum Shopping in Sicht?, ZIP 2016, 398, 407.
4 Denkbar ist freilich auch, dass sich das Problem des Restschuldbefreiungstourismus, der ja vor allem England zum Ziel hatte, mit dem Brexit erledigen wird. So hätte dieses traurige Kapitel der europäischen Geschichte doch wenigstens eine gute Seite.

berücksichtigen, dass nach Art. 4 EuInsVO 2015 das Gericht seine internationale Zuständigkeit von Amts wegen zu prüfen hat. Dabei sollte das Gericht gemäß Erwägungsgrund 32

> *in allen Fällen, in denen die Umstände des Falls Anlass zu Zweifeln an seiner Zuständigkeit geben, den Schuldner auffordern, zusätzliche Nachweise für seine Behauptung vorzulegen, und, wenn das für das Insolvenzverfahren geltende Recht dies erlaubt, den Gläubigern des Schuldners Gelegenheit geben, sich zur Frage der Zuständigkeit zu äußern.«*

Hanns Prütting hat schon im Jahr 2004 festgestellt, dass die Vermutung des Art. 3 Abs. 1 S. 2 EuInsVO 2000 eine »echte Beweislastumkehr« zur Folge habe, die allerdings »in einem Verfahren mit Amtsermittlungsgrundsatz systemfremd«[5] sei. Das hiermit angesprochene Problem der Funktion von Vermutungen stellt sich unter der überarbeiteten Verordnung in deutlich stärkerem Maß, weil nun auch für natürliche Personen Vermutungen hinsichtlich der Belegenheit des COMI aufgestellt werden. Insofern soll hier versucht werden, das von *Hanns Prütting* bezeichnete Spannungsverhältnis genauer auszuleuchten und – soweit möglich – aufzulösen. Dazu ist es erforderlich, zunächst die Funktion der Vermutungen exakt zu bestimmen, um sodann zu fragen, wie sich die ermittelte Funktion zu Amtsermittlungs- und Amtsprüfungsgrundsatz verhält.

III. Vermutungen im europäischen Recht

Will man die Vermutungen des Art. 3 Abs. 1 EuInsVO 2015 dogmatisch einordnen, ist wie bei jedem supranationalen Rechtsakt das Gebot der autonomen Auslegung zu berücksichtigen. Der Ausgangspunkt der Überlegungen darf somit nicht das nationale Recht, sondern muss das europäische Recht sein. Zu fragen ist, welche Wirkungen der europäische Gesetzgeber mit der Schaffung der Vermutungen in Art. 3 EuInsVO erzeugen wollte und gegebenenfalls ergänzend, welche Bedeutung der Begriff der Vermutung im europäischen Recht im Allgemeinen hat.

1. Die Vermutung aus Art. 3 Abs. 1 S. 2 EuInsVO 2000 in der Rechtsprechung des EuGH

Es liegt durchaus nahe, sich bei der Frage, wie die Vermutungen des Art. 3 Abs. 1 EuInsVO 2015 zu verstehen sind, an der bisherigen Rechtsprechung des EuGH zu Art. 3 Abs. 1 S. 2 EuInsVO 2000 zu orientieren. Denn weil sich die dort enthaltene Vermutung der Sache nach auch in der Neufassung findet, kann man davon ausgehen, dass der Reformgesetzgeber im Grundsatz keine Einwände gegen die Handhabung der Vermutung durch die Rechtsprechung hatte, so dass diese Rechtsprechung auch

---

5 *Prütting*, Die Europäische Insolvenzordnung und das grenzüberschreitende Insolvenzverfahren, in: Konecny (Hrsg.), Insolvenz-Forum 2004, 157, 168.

unter der reformierten Verordnung zu beachten ist. Ferner spricht alles dafür, dass die drei in Art. 3 Abs. 1 EuInsVO 2015 enthaltenen Vermutungen in funktionaler Hinsicht einheitlich auszulegen sind. Auch für die Frage nach der dogmatischen Einordnung der für natürliche Personen anwendbaren Vermutungen kann daher auf die zu Art. 3 Abs. 1 S. 2 EuInsVO 2000 ergangene Rechtsprechung zurückgegriffen werden.

Die wichtigsten Entscheidungen des EuGH zu Art. 3 Abs. 1 EuInsVO sind die in den Verfahren *Eurofood*,[6] *Interedil*[7] und *Davide Rastelli*[8] ergangenen Urteile. Der EuGH hat sich in den genannten Entscheidungen vor allem mit der Frage befasst, wann die Vermutung des Art. 3 Abs. 1 S. 2 EuInsVO widerlegt werden kann. In allen drei Fällen betont der EuGH, dass zur Widerlegung der Vermutung nur objektive Elemente geeignet seien, die für Dritte feststellbar sind.[9] Eine Beschränkung auf diese Kriterien sei geboten, »um die Rechtssicherheit und Vorhersehbarkeit bei der Bestimmung des für die Eröffnung eines Hauptinsolvenzverfahrens zuständigen Gerichts zu garantieren.« In der *Eurofood*-Entscheidung hat der EuGH es bekanntlich in Anwendung dieser Kriterien nicht ausreichen lassen, dass der Schuldner ein abhängiges Konzernunternehmen war, dessen wirtschaftliche Entscheidungen von einer Muttergesellschaft mit Sitz in einem anderen Mitgliedstaat kontrolliert werden oder kontrolliert werden können.[10] In *Interedil* urteilte der Gerichtshof, dass auch dem Vorhandensein von Aktiva (Immobilien) und dem Bestehen von Verträgen über deren finanzielle Nutzung Bedeutung zukommen könne, allerdings komme es stets auf eine Gesamtbetrachtung aller relevanten Faktoren an, die von Dritten überprüfbar sind.[11] Und in *Davide Rastelli* entschied der Gerichtshof schließlich, dass die Tatsache, dass die Vermögen zweier Gesellschaften miteinander vermischt worden seien, nicht ausreiche, um die Vermutung zu widerlegen, weil solche Anhaltspunkte von Dritten im Allgemeinen schwer festzustellen seien und überdies aus einer Vermischung der Vermögensmassen nicht zwangsläufig auf einen einzigen Mittelpunkt der Interessen geschlossen werden könne.[12]

Wie schon erwähnt hat der Reformgesetzgeber diese Rechtsprechung aufgegriffen und positiviert, indem nun in Art. 3 Abs. 1 S. 2 EuInsVO 2015 der Mittelpunkt der hauptsächlichen Interessen ausdrücklich als der Ort definiert wird, »an dem der Schuldner gewöhnlich der Verwaltung seiner Interessen nachgeht und der für Dritte feststellbar ist.« Was mit dieser recht unbeholfenen Formulierung gemeint ist, ahnt man zwar, wird aber doch zum Beispiel in der niederländischen Fassung etwas deutlicher. Diese lautet wörtlich übersetzt: »... an dem der Schuldner gewöhnlich der

---

6 EuGH, Urt. v. 02.05.2006 – Rs C-341/04, ZIP 2006, 907 ff.
7 EuGH, Urt. v. 20.10.2011 – Rs C-396/09, ZIP 2011, 2153 ff.
8 EuGH, Urt. v. 15.12.2011 – Rs C-191/10, ZIP 2012, 183 ff.
9 EuGH, Urt. v. 02.05.2006 – Rs C-341/04 (*Eurofood*), ZIP 2006, 907 Rn. 34; EuGH, Urt. v. 20.10.2011 – Rs C-396/09 (*Interedil*), ZIP 2011, 2153 Rn. 51; EuGH, Urt. v. 15.12.2011 – Rs C-191/10 (*Davide Rastelli*), ZIP 2012, 183 Rn. 35.
10 EuGH, Urt. v. 02.05.2006 – Rs C-341/04 (*Eurofood*), ZIP 2006, 907 Rn. 36.
11 EuGH, Urt. v. 20.10.2011 – Rs C-396/09 (*Interedil*), ZIP 2011, 2153 Rn. 53.
12 EuGH, Urt. v. 15.12.2011 – Rs C-191/10 (*Davide Rastelli*), ZIP 2012, 183 Rn. 38.

Verwaltung seiner Interessen nachgeht und der für Dritte *als solcher* [zodanig] feststellbar ist.« Das COMI ist mit anderen Worten der Ort, an dem der Schuldner aus der Sicht objektiver Dritter in der Regel seine Interessen verwaltet.

Weder die Neufassung noch die bisher ergangene Rechtsprechung geben aber Auskunft darüber, wie die Vermutungen der alten oder neuen Verordnung hinsichtlich der Verortung des COMI dogmatisch einzuordnen sind. Insbesondere lässt sich keine Aussage darüber finden, ob die Vermutungen als Umkehrung der Beweislast zu verstehen sind und wie sich dies mit der amtswegigen Prüfung der internationalen Zuständigkeit vereinbaren lässt.

2. *Der Umgang mit Vermutungen in anderen europäischen Rechtsakten*

Angesichts dieses Befunds liegt es nicht ganz fern zu untersuchen, welche Funktion der Europäische Gesetzgeber und der EuGH Vermutungen zugewiesen haben, die in anderen europäischen Rechtsakten enthalten sind. Eine der vermutlich prominentesten Vermutungen aus dem Sekundärrecht ergibt sich aus Art. 5 Abs. 3 der Verbrauchsgüterkaufrichtlinie[13].[14] Hiernach wird »bis zum Beweis des Gegenteils« vermutet, »daß Vertragswidrigkeiten, die binnen sechs Monaten nach der Lieferung des Gutes offenbar werden, bereits zum Zeitpunkt der Lieferung bestanden, es sei denn, diese Vermutung ist mit der Art des Gutes oder der Art der Vertragswidrigkeit unvereinbar.« Der deutsche Gesetzgeber hat diese Vorschrift bekanntlich in § 476 BGB umgesetzt und dort schon in der Überschrift klargestellt, worum es sich bei dieser Vorschrift handelt, nämlich um eine »echte« Beweislastumkehr.

Dieses Verständnis des deutschen Gesetzgebers deckt sich mit der Rechtsprechung des EuGH zu Art. 5 Abs. 3 der Verbrauchsgüterkaufrichtlinie. Dies wurde vor allem in der *Faber*-Entscheidung deutlich, in welcher der EuGH diese Vorschrift mehrfach als »Beweislastregel« bezeichnet.[15] Zwar spricht der EuGH auch von »Beweiserleichterung«,[16] will damit jedoch nichts anderes ausdrücken, als dass es für den Verbraucher nicht nachteilig ist, wenn nicht geklärt werden kann, ob »die Vertragswidrigkeit bereits zum Zeitpunkt der Lieferung des Gutes bestand.« Diese Beweislastumkehr wirkt nach dem EuGH bekanntlich nicht nur in zeitlicher Hinsicht, sondern bezieht sich auch auf das Vorliegen eines Grundmangels, auf dem der während der Frist aufgetretene Fehler beruht.

Aus dieser Rechtsprechung darf man den Schluss ziehen, dass der EuGH Vermutungen im europäischen Sekundärrecht grundsätzlich als »echte Beweislastumkehrungen« versteht. Offen bleibt allerdings, ob diese Einordnung ohne Weiteres auch

---

13 Richtlinie 1999/44/EG des Europäischen Parlaments und des Rates vom 25. Mai 1999 zu bestimmten Aspekten des Verbrauchsgüterkaufs und der Garantien für Verbrauchsgüter.
14 Auch die Kartellschadensersatzrichtlinie, Richtlinie 2014/104/EU des Europäischen Parlaments und des Rates vom 26. November 2014, enthält in Art. 17 Abs. 2 eine Vermutung, hierzu ist aber noch keine Rechtsprechung des EuGH ergangen.
15 EuGH v. 4.6.2015 – Rs C-497/13 (*Faber*), NJW 2015, 2237 ff., Rn. 55, 66, 68 (Rn. 72).
16 A.a.O. (zB Rn. 69).

dann möglich ist, wenn der Umstand, auf den sich die Vermutung bezieht, von Amts wegen zu prüfen ist.

IV. Widerlegliche Vermutungen und Prüfung von Amts wegen

Der EuGH deutet somit die Vermutung aus Art. 5 Abs. 3 der Verbrauchsgüterkaufrichtlinie als Umkehrung der Beweislast. Dieses Verständnis deckt sich mit der dogmatischen Einordnung gesetzlicher Vermutungen im Sinne des § 292 ZPO durch die allgemeine Ansicht in Deutschland. Die von *Hanns Prütting* in seiner Habilitationsschrift getroffene Feststellung, dass »heute Einigkeit über die Wirkung widerlegbarer gesetzlicher Vermutungen als Beweislastregeln«[17] besteht, trifft auch heute noch ohne Einschränkung zu. Als Besonderheit gegenüber »normalen ausdrücklichen Beweislastnormen« enthalten Vermutungen nach *Hanns Prütting* »eine klare Anweisung an den Richter, wie er methodisch vorzugehen hat.«[18] Durch eine Vermutung weise das Gesetz »den Richter an, ein bestimmtes Tatbestandsmerkmal als gegeben zu behandeln, obwohl die diesem Merkmal zugrunde liegenden Tatsachen gerade nicht zur Überzeugung des Gerichts bewiesen sind.« *Prütting* ordnet in diesem Zusammenhang die widerleglichen Vermutungen als Fiktion ein, denn der Richter werde angewiesen, einen Sachverhalt zu unterstellen, der nicht zu seiner Überzeugung festgestellt sei. Fingiert werde »nicht die Übereinstimmung von Vermutung und objektiver Wahrheit, sondern fingiert wird ein nicht zur Überzeugung des Gerichts feststehendes Tatbestandsmerkmal als im Prozess feststehend.«[19] In letzter Konsequenz folgt hieraus, dass jede Beweislastentscheidung auf einer Fiktion basiert.

Es bleibt die Frage, wie sich eine so verstandene Vermutung zum jedenfalls durch § 5 InsO angeordneten Amtsermittlungsgrundsatz verhält. Zunächst könnte man fragen, ob im Rahmen eines Verfahrens, das dem Amtsermittlungsgrundsatz unterliegt, gesetzliche Vermutungen überhaupt Sinn ergeben. Denn man könnte meinen, dass sich eine weitere Beweiserhebung ja gerade erübrigt, wenn die Tatsachen, an die das Gesetz die Vermutung knüpft, festgestellt wurden. Für den Umgang mit Art. 3 Abs. 1 EuInsVO 2015 hieße das, dass das Gericht von Amts wegen nur ermitteln müsste, wo der Schuldner seinen Satzungssitz, seine Hauptniederlassung bzw. seinen gewöhnlichen Aufenthalt hatte und ob dieser jeweils schon die entsprechende Mindestdauer besteht. Sind die Vermutungsbasistatsachen auf diese Weise festgestellt, muss das Gericht aufgrund der Vermutung davon ausgehen, dass an dem entsprechenden Ort auch das COMI ist. Eine solche Begrenzung der Reichweite des Amtsermittlungsgrundsatzes auf die Vermutungsbasistatsachen würde aber außer Acht lassen, dass die Vermutungen des Art. 3 Abs. 1 EuInsVO 2015 widerlegbar ausgestaltet sind. Das Gericht muss daher von Amts wegen auch ermitteln, ob die Vermutung durch einen

---

17 *Prütting*, Gegenwartsprobleme der Beweislast, 1983, S. 49.
18 *Prütting*, Gegenwartsprobleme der Beweislast, 1983, S. 50.
19 Ebd.

Hauptbeweis, der darauf gerichtet ist, dass sich das COMI an einem anderen Ort befindet, widerlegt werden kann.

Der Sache nach hat dies für den Verwaltungsprozess, der nach § 86 Abs. 1 VwGO ebenfalls dem Amtsermittlungsgrundsatz unterliegt, schon *Tietgen* in seinem Gutachten zum 46. DJT (Essen 1966) geschrieben:

> »*Auch im Verwaltungsprozess gilt der Satz, daß eine Tatsache nicht bewiesen zu werden braucht, wenn eine gesetzliche Vermutung für sie spricht; angesichts dessen, daß der Richter an das Vorbringen und die Beweisangebote der Parteien nicht gebunden ist, bekommt der Satz im Verwaltungsprozess sogar die Bedeutung, daß über die Tatsache Beweis nicht erhoben werden darf, es sei denn hinsichtlich der widerlegbaren Vermutungen unter der Beweisfrage, ob das Gegenteil der Vermutung richtig sei.*«[20]

Etwas ausführlicher, aber ohne sachliche Abweichung liest man bei *Nolte* im Jahr 2015:

> »*Das Verwaltungsgericht hat aufgrund des Untersuchungsgrundsatzes aus § 86 Abs. 1 VwGO die Tatsachengrundlage der Entscheidung umfassend aufzuklären. Unter Geltung des Untersuchungsgrundsatzes versteht sich von selbst, dass widerlegbare gesetzliche Vermutungen der Aufklärung des Gegenteils durch das Gericht nicht entgegenstehen können. Sie entbinden das Gericht nicht von seiner Untersuchungspflicht. Bestehen Anhaltspunkte dafür, dass sich der Sachverhalt anders zugetragen hat, als es die Vermutung nahelegt, hat das Gericht dem nachzugehen. Zeigt sich, dass die Vermutung nicht dem tatsächlichen Sachverhalt entspricht, ist die Vermutung gegenstandslos. Widerlegbare gesetzliche Vermutungen sind unter Geltung des Untersuchungsgrundsatzes also vor allem materielle Beweislastregeln bei Unaufklärbarkeit des Sachverhalts. Sie haben im verwaltungsgerichtlichen Verfahren nur die Funktion, im Falle eines non liquet eine Entscheidung in einem bestimmten Sinn zu ermöglichen.*«[21]

Widerlegliche Vermutungen lassen sich also durchaus in ein Verfahren einpassen, das dem Amtsermittlungsgrundsatz unterliegt. In einer solchen Situation ist es Aufgabe des Gerichts, von sich aus zu prüfen, ob sich ein (Haupt-) Beweis führen lässt, der zur Widerlegung der Vermutung führt.

V. Die Prüfung des COMI nach Art. 3 Abs. 1 EuInsVO 2015 im Einzelnen

Nunmehr soll erörtert werden, was es genau bedeutet, dass das »Gericht«, bei dem es sich nach Art. 2 Nr. 6 ii) EuInsVO 2015 nicht um ein Justizorgan handeln muss, gemäß Art. 4 EuInsVO 2015 »von Amts wegen« prüft, ob es international zuständig ist. Würde Art. 4 EuInsVO tatsächlich den Amtsermittlungsgrundsatz für die Prüfung der internationalen Zuständigkeit anordnen, wäre der Umgang mit Art. 3 Abs. 1 EuInsVO 2015 vor dem Hintergrund der unter IV. dargestellten Überlegun-

---

20 *Tietgen*, Verhandlungen des 46. DJT in Essen, 1966, Bd. I (Gutachten) Teil 2B S. 53, Hervorhebung nur hier.
21 *Nolte*, Die Eigenart des verwaltungsgerichtlichen Rechtsschutzes, 2015, S. 562.

gen vergleichsweise einfach. Das Gericht müsste in einem ersten Schritt ermitteln, wo der Satzungssitz, die Hauptniederlassung bzw. der gewöhnliche Aufenthalt des Schuldners belegen ist und wie lange dieser jeweils schon besteht. Konnte das Gericht auf diese Weise feststellen, wo nach den gesetzlichen Vermutungen das COMI anzusiedeln ist, müsste es in einem zweiten Schritt von sich aus ermitteln, ob (objektive, für Dritte nachprüfbare) Umstände existieren, die so stark sind, dass bewiesen werden kann, dass sich der Mittelpunkt der hauptsächlichen Interessen des Schuldners in einem anderen Staat als dem Satzungssitz-, Hauptniederlassungs- bzw. dem Staat des gewöhnlichen Aufenthaltsorts befindet.

Für die meisten kontinentalen Rechtsordnungen dürfte das Vorgehen des Gerichts bei der Ermittlung seiner internationalen Zuständigkeit so durchaus zutreffend beschrieben sein.[22] Denn in diesen Rechtsordnungen gilt im Insolvenzverfahren schon nach nationalem Recht der Amtsermittlungsgrundsatz (vgl. z.B. § 5 Abs. 1 InsO, § 254 Abs. 5 österr. IO[23]). Deutlich schwieriger ist aber zu beantworten, was aus Art. 4 EuInsVO 2015 für das Vorgehen des Gerichts in Rechtsordnungen wie z.B. dem englischen Recht folgt, die eine Sachverhaltsermittlung von Amts wegen jedenfalls im Insolvenzverfahren nicht kennen. Hier stellt sich die Frage, zu welchen Maßnahmen Art. 4 EuInsVO 2015 das Gericht verpflichtet; insbesondere ist problematisch, ob das Gericht auch Beweiserhebungen von Amts wegen anordnen kann oder sogar muss. Eine solche Verpflichtung würde sich kaum mit dem adversialen Charakter dieser Verfahrensrechtsordnungen vereinbaren lassen.

In Erwägungsgrund 32 heißt es hierzu:

Das Gericht sollte in allen Fällen, in denen die Umstände des Falls Anlass zu Zweifeln an seiner Zuständigkeit geben, den Schuldner auffordern, zusätzliche Nachweise für seine Behauptung vorzulegen, und, wenn das für das Insolvenzverfahren geltende Recht dies erlaubt, den Gläubigern des Schuldners Gelegenheit geben, sich zur Frage der Zuständigkeit zu äußern.

Der Erwägungsgrund verdeutlicht, dass mit Art. 4 EuInsVO 2015 keineswegs der Untersuchungsgrundsatz, wie wir ihn aus § 5 Abs. 1 InsO, § 254 Abs. 5 österr. IO oder § 86 Abs. 1 VwGO kennen, angeordnet wurde. Art. 4 EuInsVO 2015 verpflichtet das Gericht eben nicht zu einer amtswegigen *Ermittlung*, sondern nur zu einer amtswegigen *Prüfung* der internationalen Zuständigkeit.[24] Mit der Verpflichtung zur Prüfung ist für das Gericht weder eine Pflicht noch ein Recht begründet, selbständig

---

[22] Vgl. für das deutsche Recht die Entscheidung des BGH vom 1.12.2011 – IX ZB 232/10, ZIP 2012, 139 Rn. 12 f.

[23] Die Vorschrift lautet: »Das Gericht hat alle für seine Beurteilung erheblichen Tatsachen von Amts wegen zu erheben und festzustellen; es hat hierzu alle geeigneten Erhebungen, insbesondere durch Vernehmung von Auskunftspersonen, zu pflegen und Beweise aufzunehmen. Auskunftsperson kann auch jedes im Unternehmen errichtete Organ der Belegschaft sein; die Bestimmungen über die Vertretung solcher Organe in gerichtlichen Verfahren sind anzuwenden.«

[24] *Garcimartin*, ZEuP 2015, 695, 709; *Lienau*, in: Wimmer/Bornemann/Lienau, Die Neufassung der EuInsVO, Rn. 256; *Vallender*, in FS für Siegfried Beck, S. 537, 538.

Beweis zu erheben. Ganz im Gegenteil macht Erwägungsgrund 32 deutlich, dass das Gericht nur dazu verpflichtet ist, *dem Schuldner* aufzugeben, Beweise vorzulegen. Selbständig ermitteln, gar von sich aus Beweise erheben, muss das Gericht dagegen europarechtlich nicht, sondern nur wenn das nationale Recht Ermittlungen von Amts wegen anordnet.[25] Art. 4 EuInsVO 2015 lässt mit anderen Worten den grundsätzlich adversialen Charakter der betroffenen Rechtsordnungen unberührt. Für die Zurückhaltung des Reformgesetzgebers hinsichtlich der Art und Weise der Sachverhaltsermittlung durch die nationalen Gerichte spricht auch der zweite Satz des Erwägungsgrunds 32, der eine Anhörung der Gläubiger im Rahmen der Entscheidung über die internationale Zuständigkeit ausdrücklich unter den Vorbehalt stellt, dass das nationale Recht eine solche erlaubt.

1. Die Prüfung der internationalen Zuständigkeit bei Eigenanträgen von natürlichen Personen, die keiner gewerblichen oder selbständigen Tätigkeit nachgehen

Stellt man sich einen Fall vor, in dem ein Verbraucher einen Eigenantrag stellt und zur internationalen Zuständigkeit behauptet, sich seit mehr als sechs Monaten für gewöhnlich im Antragsstaat aufzuhalten, folgt aus Art. 4 EuInsVO 2015 zunächst nur, dass sich das Gericht nicht ohne Weiteres mit dieser Behauptung begnügen darf, sondern prüfen muss, ob Tatsachen vorgetragen und bewiesen wurden, die diese Behauptung als wahr erscheinen lassen, so dass die Tatsachen, an die die Vermutung aus Art. 3 Abs. 1 UAbs. 3 EuInsVO 2015 anknüpft, festgestellt sind.[26] Nach der Logik einer widerlichen Vermutung darf das Gericht hierbei aber nicht stehen bleiben, sondern muss nun prüfen, ob das COMI entgegen der Vermutung nicht im Antragsstaat ist.

Genau dies ist einem englischen Gericht aber nicht möglich. Denn weder kann es von Amts wegen selbst Beweise erheben, noch sind an der Entscheidung über einen vom Schuldner gestellten Insolvenzantrag die Gläubiger zu beteiligen.[27] Es gibt insofern keinen Beteiligten, der das Recht hat, die Erhebung von Beweisen zu veranlassen, welche zur Widerlegung der Vermutung führen könnten. Im Ergebnis bedeutet das, dass die Vermutungen des Art. 3 Abs. 1 EuInsVO 2015 in Rechtsordnungen, die keine amtswegige Ermittlungsmöglichkeit des Gerichts kennen, bei Eigenanträgen der Sache nach unwiderlegbar sind und zwar aus dem einfachen Grund, dass es niemanden gibt, der den Beweis zur Widerlegung der Vermutung führen will oder kann.

---

25 MüKoInsO/*Thole*, Art. 4 EuInsVO 2015, Rn. 3.
26 Hierin mag man eine Verbesserung sehen, allerdings war bereits in den letzten Jahren eine deutliche Tendenz der englischen Gerichte zu erkennen, das Vorbringen des Antragstellers stärker zu überprüfen. Insofern löst die Reform hier ein Problem, das so im Jahr 2015 schon nicht mehr bestand.
27 Das Verfahren, in dem über einen Eigenantrag einer natürlichen Person entschieden wird, ist im englischen Recht in Insolvency Rules 1986, r.6.37 ff. geregelt.

Für natürliche Personen, die keiner gewerblichen oder freiberuflichen Tätigkeit nachgehen, folgt daraus: Verlegen sie ihren gewöhnlichen Aufenthalt nach England und warten ein halbes Jahr mit der Stellung des Antrags auf Einleitung eines *bankruptcy*-Verfahrens, so können die Antragsteller mehr oder weniger sicher sein, dass das Gericht ihren Antrag nicht wegen fehlender internationaler Zuständigkeit abweisen wird, denn dem Gericht sind die Hände gebunden, wenn der Antragsteller beweisen konnte, dass er seinen gewöhnlichen Aufenthalt in England hat. Das Gericht hat keine Möglichkeit zu beweisen, dass sich gleichwohl das COMI nicht in England befindet. Die Reform des Art. 3 EuInsVO, die doch *forum shopping*-Strategien gerade eindämmen sollte, hat im Ergebnis gerade Rechtssicherheit für Restschuldbefreiungstouristen gebracht, da sie nun wissen, wie lange sie nach ihrem Umzug mit der Stellung des Insolvenzantrags warten müssen. Es erweist sich somit, dass es vorzugswürdig gewesen wäre, der Empfehlung des Heidelberg/Vienna Reports zu folgen, der sich gegen die Aufnahme einer Vermutung im Hinblick auf das COMI natürlicher Personen ausgesprochen hatte.[28]

2. Die Prüfung der internationalen Zuständigkeit bei natürlichen Personen, die einer selbständigen oder freiberuflichen Tätigkeit nachgehen

Dagegen werden sich die negativen Auswirkungen bei der Insolvenz von natürlichen Personen, die ein Unternehmen betreiben, in Grenzen halten. Die Verordnung knüpft hier mit der Hauptniederlassung an ein Merkmal an, das auch als Anknüpfungspunkt für eine unwiderlegliche Vermutung geeignet gewesen wäre, denn es ist schwer vorstellbar, dass der Ort, an dem der Schuldner für Dritte erkennbar gewöhnlich der Verwaltung seiner hauptsächlichen Interessen nachgeht, ein anderer Ort als der der Hauptniederlassung ist.[29] Der Beweis der Vermutungsbasistatsachen deckt sich mit anderen Worten mit dem Beweis der vermuteten Tatsache selbst: Wenn festgestellt werden kann, dass der Schuldner in Staat A seine Hauptniederlassung hat, dann ist kaum ein Fall denkbar, in dem das COMI gleichwohl in einem anderen Staat belegen ist. Dass die Vermutung aus Art. 3 Abs. 1 UAbs. 2 EuInsVO nach dem oben Gesagten in Rechtsordnungen, die im Insolvenzverfahren keinen Amtsermittlungsgrundsatz kennen, nicht widerlegt werden kann, sollte somit in der Praxis nicht zu Verzerrungen hinsichtlich der Entscheidung über die internationale Zuständigkeit führen.

---

28 External Evaluation of Regulation No. 1346/2000/EC on Insolvency Proceedings, JUST/2011/JCIV/PR/0049/A4, S. 16, 163.
29 Ähnlich *Fehrenbach*, Die reformierte Europäische Insolvenzverordnung, GPR 2016, 282, 289; *Thole*, Die Reform der Europäischen Insolvenzverordnung, ZEuP 2014, 39, 54.

3. Die Prüfung der internationalen Zuständigkeit bei Gesellschaften

Gleiches gilt im Ergebnis auch für Insolvenzverfahren über das Vermögen von Gesellschaften, allerdings aus ganz anderen Gründen. Hier knüpft die von Art. 3 Abs. 1 Uabs. 1 EuInsVO 2015 aufgestellte Vermutung ganz im Gegenteil an einen Umstand an, der allenfalls empirisch, aber gerade nicht logisch oder normativ mit dem COMI verknüpft ist. Denn wo die Gesellschaft ihren Satzungssitz hat, ist für die Frage, von welchem Staat aus sie aus der Sicht Dritter ihre Interessen verwaltet, irrelevant. Allenfalls statistisch besteht zwischen Vermutungsbasistatsache (Satzungssitz in Staat A) und zu beweisender Tatsache (COMI in Staat A) ein Zusammenhang dahingehend, dass die meisten Gesellschaften ihr COMI in dem Staat haben, in dem sie auch ihren Satzungssitz haben, da Satzungs- und Verwaltungssitz bei den meisten Gesellschaften zusammenfallen. Sogenannte Briefkastengesellschaften sind eben die Ausnahme.

Dass die Anknüpfung an den Satzungssitz bislang keine gravierenden Probleme gezeigt hat und auch künftig nicht zeitigen wird, beruht darauf, dass das Gericht die zur Widerlegung der Vermutung erforderlichen Informationen in aller Regel dem Antrag entnehmen kann, sodass es nicht darauf angewiesen ist, dass von dritter Seite Beweismittel zur Widerlegung der Vermutung benannt werden. Denn aus dem Antrag und den ihn begleitenden Unterlagen wird das Gericht in aller Regel entnehmen können, wo der Schuldner seine Hauptverwaltung hat und wo die Betriebsstätten belegen sind. Bei Gesellschaften kann das Gericht also schon auf der Grundlage der im Antrag mitgeteilten Tatsachen überprüfen, ob sich die Vermutung widerlegen lässt.

Die Vermutung des Art. 3 Abs. 1 UAbs. 1 EuInsVO 2015 wäre daher im Rahmen der Reform besser aufgegeben worden,[30] denn eine Vermutung, die in den problematischen Fällen (Briefkastengesellschaften) zum falschen Ergebnis führt, ist im besten Fall wertlos, im schlechtesten irreführend. Weil die Anknüpfung an den Satzungssitz jeder logischen oder normativen Verknüpfung mit den Kriterien entbehrt, nach denen sich das COMI bestimmt, ist es kein Wunder, dass die Gerichte dieser Vermutung bisher kaum Gewicht beigemessen haben.

VI. Zusammenfassung und Ausblick

Die Vermutungen des Art. 3 Abs. 1 EuInsVO 2015 sind echte Beweislastregeln, die sich in ein Verfahren, für das der Amtsermittlungsgrundsatz gilt, grundsätzlich bruchlos einfügen lassen. Problematisch ist diese Regelungstechnik allerdings in Rechtsordnungen, die keine Ermittlung von Amts wegen im Insolvenzverfahren kennen. Denn auch durch Art. 4 EuInsVO 2015 sind die Gerichte nur zu einer amtswegigen Prüfung berechtigt und verpflichtet, hieraus ergibt sich aber gerade nicht das Recht, selbständig Beweise zu erheben. In einer solchen Rechtsordnung werden aus widerleglichen im Ergebnis unwiderlegliche Vermutungen, es sei denn, dem Gericht

---

30 MüKoInsO/*Thole*, VO (EG) 2015/848, Art. 3 Rn. 4; *ders.*, ZEuP 2014, 39, 54f.

werden im Rahmen der Antragstellung ohnehin Umstände bekannt, auf die es die Widerlegung der Vermutung stützen kann.

Diese Überlegungen zur Funktionsweise von Vermutungen zeigen zugleich, dass internationale Harmonisierungsbestrebungen die verfahrensrechtlichen Besonderheiten der betroffenen Rechtsordnungen nicht außer Acht lassen dürfen. Wie eine Vorschrift des materiellen oder des Verfahrensrechts wirkt, hängt nicht zuletzt von dem verfahrensrechtlichen Kontext ab, in dem sie zur Anwendung gebracht wird. Die Wechselbezüge zwischen Verfahrensrecht und materiellem Recht, die den Jubilar immer wieder beschäftigt haben und beschäftigen, sind somit auch bei Harmonisierungsvorhaben von größter Bedeutung.

In diesem Sinn: ad multos annos, lieber Hanns!

Das für Gesellschafter und Geschäftsführer zulässige Insolvenzverfahren

Ulrich Foerste

I. Einleitung

Die Abgrenzung der Anwendungsbereiche von Regelinsolvenzverfahren und Verbraucherinsolvenzverfahren wirft immer noch Fragen auf. Klar ist, dass dem Verbraucherverfahren jedenfalls die Schuldner unterliegen, die nie Unternehmer waren (z.B. Angestellte, Beamte, Rentner), während z.B. Gesellschaften ausgeschlossen sind. Im Übrigen ist die Abgrenzung deutlich einfacher als bei Inkrafttreten der Insolvenzordnung: Heute verweist § 304 InsO jede natürliche Person, die (weiterhin) irgendeiner selbstständigen wirtschaftlichen Tätigkeit nachgeht, auf das Regelverfahren (Abs. 1 S. 1, e contrario). Allenfalls frühere Unternehmer unterliegen dem Verbraucherinsolvenzverfahren, nämlich dann, wenn ihre Vermögensverhältnisse »überschaubar« sind – was zumindest voraussetzt, dass maximal 19 Gläubiger existieren (Abs. 2) – und keine Verpflichtungen aus Arbeitsverhältnissen (mehr) bestehen (Abs. 1 S. 2).

Fraglich ist, ob diese Regeln auch für Gesellschafter, insbesondere geschäftsführende Gesellschafter, gelten: ob diese Personen also, soweit unternehmerisch tätig, dem Verbraucherinsolvenzverfahren nur *im Einzelfall* unterliegen, ihm aber, soweit sie nicht Unternehmer sind, *stets* unterfallen. Eine selbstständige wirtschaftliche Tätigkeit setzt, eigentlich unbestritten, voraus, dass sie »im eigenen Namen, in eigener Verantwortung, für eigene Rechnung und auf eigenes Risiko ausgeübt wird«.[1] Daran scheint es bei Gesellschaftern wie Geschäftsführern indes schon auf den ersten Blick zu fehlen, denn weder in Körperschaften noch in Personengesellschaften wirtschaften natürliche Personen im eigenen Namen. Dennoch sind nach herrschender Meinung die unbeschränkt haftenden Sozien einer BGB- oder Handelsgesellschaft, aber auch Allein- und Mehrheitsgesellschafter einer Körperschaft – jedenfalls bei Einsetzung als Geschäftsführer – wie Unternehmer zu behandeln. Dieser Standpunkt verdient eine erneute Analyse, da er in der Begründung wie im Ergebnis nur bedingt überzeugt. Auf das Interesse des Jubilars, der sich dem Insolvenzrecht immer wieder gewidmet hat, hofft der Verf. auch deshalb, weil selbst dieses scheinbar nachrangige Problem zeigen dürfte, wie leicht »pragmatische« Handhabung methodische Vorgaben verfehlen kann.

---

1 BGH NJW 2006, 917, 918; *Ott/Vuia* in: MünchKomm-InsO, 3. Aufl. 2014, § 304 Rn. 63.

Ulrich Foerste

II. Der Meinungsstand

1. Die Gesellschafter von Personengesellschaften

Dass Gesellschafter einer Personengesellschaft, soweit unbeschränkt haftend, einer selbstständigen wirtschaftlichen Tätigkeit nachgehen, also nur ausnahmsweise als Verbraucher i.S.d. § 304 InsO gelten können, ist nahezu[2] allgemeine Meinung. Sie stützt sich einerseits darauf, Gesellschafter einer OHG und Komplementäre einer KG würden mit Aufnahme des Geschäftsbetriebs ihrer Gesellschaft Kaufleute[3] und seien auch »die eigentlichen Unternehmensträger«.[4] Andererseits stellt man – auch für BGB-Gesellschafter – auf ihre unbeschränkte persönliche Haftung ab, deren Äquivalent der Unternehmergewinn sei,[5] zudem auf die Struktur der resultierenden Verschuldung; sie sei der eines Einzelunternehmers vergleichbar.[6] Jedenfalls die enge Verklammerung von Gesellschaftsinsolvenz und Mithaftung der Gesellschafter (§§ 93, 227 Abs. 2 InsO) soll dafür sprechen, diesen die Tätigkeit der Gesellschaft zuzurechnen.[7] Keine selbstständige Tätigkeit wird hingegen für *Kommanditisten* angenommen;[8] diese verweist man also ohne weiteres auf Verbraucherinsolvenzverfahren, wobei meist offen bleibt, ob das selbst dann gelten soll, wenn die Haftung wegen Rückzahlung der Einlage wieder auflebt (§ 172 HGB)[9] oder auf Geschäften vor Eintragung der KG (§ 176 HGB) beruht.[10]

2. Die Gesellschafter juristischer Personen

Besonders schwierig scheint es zu sein, die Geschäfte einer Kapitalgesellschaft deren Gesellschaftern oder der Leitung dieser Körperschaft als selbstständiges wirtschaftliches Handeln zuzurechnen, haftet für solche Geschäfte doch regelmäßig nur die juristische Person. Ohne qualifizierende Voraussetzungen werden Gesellschafter und

---

2 Anders wohl MünchKomm-*Ott/Vuia* (Fn. 1), § 304 Rn. 68 a.E. für nichtgewerbliche GbR; zum Sonderfall beschränkter Außenhaftung *Kohte/Busch* in: Frankfurter Kommentar zur InsO, 8. Aufl. 2015, § 304 Rn. 17.
3 BGH NJW 2006, 917, 918; *Wenzel* in: Kübler/Prütting/Bork, Kommentar zur InsO, Lfg. 4/14, § 304 Rn. 10; Uhlenbruck/*Sternal* InsO, 14. Aufl. 2015, § 304 Rn. 14 f.; *Frege/Keller/Riedel*, Insolvenzrecht, 8. Aufl. 2015, Rn. 2222.
4 BGH NJW 2006, 917, 918; AG Leipzig ZInsO 2011, 2241, 2243; K. Schmidt/*Stephan* InsO, 19. Aufl. 2016, § 304 Rn. 5.
5 Uhlenbruck/*Sternal* (Fn. 3), § 304 Rn. 15.
6 K/P/B/*Wenzel* (Fn. 3), § 304 Rn. 18.
7 FK-*Kohte/Busch* (Fn. 2), § 304 Rn. 17; Uhlenbruck/*Sternal* (Fn. 3), § 304 Rn. 15; *Waltenberger* in: Heidelberger Kommentar zur InsO, 8. Aufl. 2016, § 304 Rn. 8.
8 Vgl. BGH NJW 2006, 917; *Häsemeyer*, Insolvenzrecht, 4. Aufl. 2007, Rn. 29.14; Uhlenbruck/*Sternal* (Fn. 3), § 304 Rn. 15; K. Schmidt/*Stephan* (Fn. 4), § 304 Rn. 5; *Fuchs* NZI 2002, 239, 240 f.
9 So in der Tat FK-*Kothe/Busch* (Fn. 2), § 304 Rn. 17.
10 Abl. aber *Andres* in: Andres/Leithaus, InsO, 3. Aufl. 2014, § 304 Rn. 6.

Organe denn auch durchweg dem Verbraucherinsolvenzverfahren unterstellt,[11] wenn nicht gerade eine Durchgriffshaftung besteht[12] oder eine Bürgschaft übernommen wurde.[13] Andererseits werden geschäftsführende Allein- oder Mehrheitsgesellschafter fast einhellig Unternehmern gleichgestellt,[14] teils ohne Begründung,[15] vor allem aber deshalb, weil sie »bei wirtschaftlicher Betrachtung« selbstständig agierten.[16] Für den geschäftsführenden Alleingesellschafter einer GmbH betont auch der BGH, er sei angesichts seiner Teilhabe an Erfolg und Misserfolg der Gesellschaft »wie« bei einer Tätigkeit im eigenen Namen betroffen; das zeige sich »typischerweise« auch bei Misserfolg, z.B. daran, dass er »unter bestimmten Voraussetzungen« einer Durchgriffshaftung ausgesetzt sei und bei Kredit- und Lieferverträgen »in der Regel« der Schuld der Gesellschaft beitrete oder eine Bürgschaft übernehme.[17] Nach überwiegender Ansicht nehmen Mehrheitsgesellschafter sogar ohne leitende Funktion eine selbstständige wirtschaftliche Tätigkeit wahr,[18] zumal sie dem Unternehmen gleichfalls stark verbunden seien.[19] Vielfach hält man statt mehrheitlicher Beteiligung gar einen Anteil von 50 % für ausreichend.[20]

III. Der Zweck des Verbraucherinsolvenzverfahrens

Der Geltungsbereich der §§ 304 ff. InsO hängt wesentlich davon ab, welche Funktion dem Verbraucherinsolvenzverfahren zukommen soll. Diese hat sich mit den Jahren leicht verändert.

---

11 K. Schmidt/*Stephan* (Fn. 4), § 304 Rn. 5; HK-*Waltenberger* (Fn. 7), § 304 Rn. 9; MünchKomm-*Ott/Vuia* (Fn. 1), § 304 Rn. 66; FK-*Kothe/Busch* (Fn. 2), § 304 Rn. 18 ff.; *Fuchs* NZI 2002, 239, 240 f.
12 So in BGH NJW 2006, 917, 918; ebenso MünchKomm-*Ott/Vuia* (Fn. 1), § 304 Rn. 66; *Henkel* ZVI 2013, 329, 330/332.
13 So MünchKomm-*Ott/Vuia* (Fn. 1), § 304 Rn. 66; bei bloßer Mithaftung abl. K/P/B/*Wenzel* (Fn. 3), § 304 Rn. 18.
14 BGH NJW 2006, 917, 918; LG Köln NZI 2004, 673; AG Duisburg ZVI 2008, 114, 115; Uhlenbruck/*Sternal* (Fn. 3), § 304 Rn. 16 f.; K/P/B/*Wenzel* (Fn. 3), § 304 Rn. 10; *Heinze* DZWIR 2006, 83, 86 f. (teleologische Reduktion des § 304); aM *Henkel* ZVI 2013, 329, 330 f.
15 Vgl etwa K. Schmidt/*Stephan* (Fn. 4), § 304 Rn. 5.
16 HK-*Waltenberger* (Fn. 7), § 304 Rn. 9.
17 BGH NJW 2006, 917, 918.
18 LG Hamburg NZI 2013, 307; AG Montabaur BeckRS 2014, 01489; *Häsemeyer* (Fn. 8), Rn. 29.14; Uhlenbruck/*Sternal* (Fn. 3), § 304 Rn. 16; K/P/B/*Wenzel* (Fn. 3), § 304 Rn. 10; FK-*Kohte/Busch* (Fn. 2), § 304 Rn. 18 ff.; *Sabel* in: Graf-Schlicker, Kommentar zur InsO, 4. Aufl. 2014, § 304 Rn. 9; K. Schmidt/*Stephan* (Fn. 4), § 304 Rn. 5; offen BGH NJW 2006, 917, 918; Gottwald/*Ahrens*, Insolvenzrechtshandbuch, 5. Aufl. 2015, § 81 Rn. 20; aM *Fuchs* NZI 2002, 239, 240 f.; Frege/Keller/Riedel (Fn. 3), § 304 Rn. 2222; wohl auch HK-*Waltenberger* (Fn. 7), § 304 Rn. 9.
19 Uhlenbruck/*Sternal* (Fn. 3), § 304 Rn. 17; differenzierend MünchKomm-*Ott/Vuia* (Fn. 1), § 304 Rn. 66.
20 So LG Hamburg NZI 2013, 307 (bei komplexen Rechtsfragen der Auseinandersetzung des Gesellschaftsvermögens); Uhlenbruck/*Sternal* (Fn. 3), § 304 Rn. 17; K. Schmidt/*Stephan*

ULRICH FOERSTE

1. Der Wandel des Verbraucherinsolvenzverfahrens

Bei Inkrafttreten der Insolvenzordnung am 1.1.1999 hatte das Verbraucherinsolvenzverfahren noch einen relativ breiten Anwendungsbereich: Ihm unterlagen natürliche Personen, die keine oder doch »nur eine geringfügige selbständige wirtschaftliche Tätigkeit« ausübten (§ 304 InsO a.F.). Andererseits sollte damals (und bis zum Jahre 2014) noch ein vereinfachtes Insolvenzverfahren stattfinden (§§ 312-314 InsO a.F.); so trat an die Stelle des Insolvenzverwalters ein Treuhänder mit reduzierten Aufgaben. Das InsO-Änderungsgesetz vom 26.10.2001[21] schränkte § 304 InsO a.F. ein. Seitdem sind Unternehmer prinzipiell dem Regelinsolvenzverfahren unterworfen,[22] es sei denn, dass sie den Geschäftsbetrieb eingestellt haben, zudem ihre Vermögensverhältnisse überschaubar sind und keine Schulden aus Arbeitsverhältnissen bestehen. Das Gesetz zur Verkürzung des Restschuldbefreiungsverfahrens und zur Stärkung der Gläubigerrechte vom 15.7.2013[23] schaffte u.a. die vereinfachten Insolvenzverfahren (§§ 312-314 InsO a.F.) ab; heute ist daher auch in Verbraucherverfahren ein Insolvenzverwalter einzusetzen, der die gleichen Befugnisse wie in Regelverfahren hat.

2. Die heutige Funktion

Die Sonderregeln über das Verbraucherinsolvenzverfahren sollen den speziellen Bedürfnissen der Verbraucher Rechnung tragen und zugleich die Gerichte soweit wie möglich entlasten.[24]

a) Bevor ein insolventer Verbraucher das kostspielige Insolvenzverfahren einleitet, soll er daher versuchen, sich außergerichtlich mit seinen Gläubigern zu einigen, und dazu auch Gelegenheit erhalten, wenn ein Fremdantrag eingeht (§ 306 Abs. 3 InsO). Das Gericht kann der gütlichen Schuldenregelung nachhelfen, wenn eine Minderheit von Gläubigern sich ihr willkürlich entzieht; davon versprach sich der Gesetzgeber zugleich Anreiz für die Gläubiger, dem Schuldner schon bei den vorgerichtlichen Verhandlungen entgegenzukommen.[25]

Hinreichende Aussicht auf einvernehmliche Schuldenregulierung vermutet der Gesetzgeber freilich nur für bestimmte »Verbraucher«, nämlich für Schuldner, die nie Unternehmer waren oder, nach früherer Unternehmertätigkeit, dank »ihrer Verschuldungsstruktur einem Verbraucher gleichzusetzen sind«, weil sie maximal 19 Gläubiger haben, ihre Vermögensverhältnisse auch sonst überschaubar sind und keine Verbindlichkeiten aus Arbeitsverhältnissen bestehen.[26]

(Fn. 4), § 304 Rn. 5; FK-*Kothe/Busch* (Fn. 2), § 304 Rn. 21; nach MünchKomm-*Ott/Vuia* (Fn. 1), § 304 Rn. 67 a.E. genügt sogar Sperrminorität von 25 %.
21 BGBl. I S. 2710.
22 BT-Drs. 14/5680 S. 30 zu Nr. 21.
23 BGBl. I S. 2379.
24 BT-Drs. 14/5680 S. 13, 30 zu Nr. 21.
25 BT-Drs. 12/7302 S. 189.
26 BT-Drs. 14/5680 S. 30 zu Nr. 21.

Derart überschaubare Verhältnisse sind auch für gewisse *aktive* Unternehmer denkbar. Für diese ist jedoch (seit 2001) ein vorrangiger Versuch einvernehmlicher Schuldenbereinigung in keinem Fall vorgesehen. Der Grund ist nicht ganz klar. Da man eine gütliche Einigung mit den Gläubigern allenfalls Kleinunternehmern zutraute, mag aber eine Rolle gespielt haben, dass sich die Abgrenzung zu größeren Insolvenzfällen als schwierig erwiesen hatte[27] und Fehleinschätzungen besonders belasten können, wenn es um werbende Unternehmen geht, zumal deren Schuldenstruktur sich rasch verändern kann. Präsent war wohl auch die Sorge, zeitraubende Verhandlungen mit den Gläubigern könnten die Insolvenzeröffnung samt Sicherungsmaßnahmen verzögern und bei werbenden Unternehmen potentielle Geschäftspartner gefährden.[28] Vielleicht wurde auch bezweifelt, ob ein Treuhänder, der bei Scheitern einer einvernehmlichen Schuldenregelung (bis zum Jahre 2014) zu berufen war, geeignet ist, ein noch aktives (Klein-)Unternehmen zu verwalten; dazu bestand freilich kein Anlass mehr, als § 313 InsO a.F. gestrichen wurde, da seitdem stets Insolvenzverwalter einzusetzen sind.

b) Für den Fall, dass eine einvernehmliche Schuldenbereinigung scheitern sollte und das – vereinfachte – Insolvenzverfahren eröffnet würde, hatte man dessen Kosten reduziert, um dem Verbraucher wenigstens auf dieser Ebene zu helfen.[29] Die Streichung des § 313 InsO a.F. hat freilich auch dem die Basis entzogen.

c) Nach heutigem Stand entlasten die §§ 304 ff. InsO (Schuldner wie Insolvenzgericht) daher »nur« noch durch die Vorgabe, im Vorfeld eine einvernehmliche Schuldenbereinigung anzustreben, und durch die Ermächtigung des Gerichts, sinnvolle Vorschläge hierfür zu fördern. Entgegen verbreiteter Skepsis[30] scheint dieser Weg auch einigen Erfolg zu haben; der Anteil der so erreichten Schuldenbereinigung für Verbraucher soll bei mindestens 17 %, teils sogar weit höher liegen.[31]

IV. Folgerungen für Insolvenzverfahren über Gesellschafter

1. Vollhaftende Gesellschafter einer Handelsgesellschaft

Gesellschafter einer OHG oder KG wirtschaften »auf eigene Rechnung« und »auf eigenes Risiko« allenfalls insofern, als OHG-Gesellschafter bzw. Komplementäre für die Schulden der Gesellschaft auch persönlich haften und am Gewinn beteiligt sind. Sie wirtschaften aber nicht im eigenen Namen, sondern namens der – rechtsfähigen –

---

27 Dazu soll gerade die zunächst vorgegebene Orientierung am Geschäftsumfang des einstigen Minderkaufmanns beigetragen haben, BT-Drs. 14/5680 S. 30 (zu Nr. 21).
28 Vgl. BT-Drs. 14/5680 S. 13 f. zu den Risiken der Verhandlung bei weniger überschaubaren Vermögensverhältnissen.
29 BT-Drs. 14/5680 S. 13.
30 S. nur *Pape* NJW 2017, 28, 29.
31 Vgl. *Stephan* VIA 2017, 9, 12; *Heuer/Hils/Richter/Schröder/Sackmann*, Der außergerichtliche Einigungsversuch im Verbraucherinsolvenzverfahren, 2005, S. 24 ff. m.w.N.

Handelsgesellschaft, sei es als Geschäftsführer, sei es kraft Gesellschaftsvertrags samt Billigung der Geschäftsaufnahme. Eine unternehmerische Tätigkeit dieser Gesellschafter lässt sich daher nicht begrifflich, sondern allenfalls teleologisch bejahen. In diese Richtung zielt offenbar der häufige Hinweis, vollhaftende Gesellschafter seien »die eigentlichen Unternehmensträger« oder gar »Kaufleute«. Doch abgesehen davon, dass die Kaufmannseigenschaft von Gesellschaftern heute durchaus umstritten ist,[32] kann die Reichweite der §§ 304 ff. InsO schwerlich aus dem Handelsrecht abgeleitet werden.[33] In dem Stichwort Unternehmensträger klingt immerhin an, dass die Gesellschafter auch den Geschäftsbetrieb initiierten. Da sie hiermit zugleich den Grundstein für ihre unbeschränkte Mithaftung legten, entspricht es dem Zweck des § 304 InsO, dessen Schranken für das Verbraucherverfahren auf vollhaftende Gesellschafter zu erstrecken: Jedenfalls analog dieser Norm lässt sich die Mithaftung für initiierte fremde Geschäftstätigkeit der Haftung für eigene Unternehmerschaft gleichstellen, denn gütliche Schuldenbereinigung soll nicht durch eine unternehmerische Verschuldungsstruktur erschwert werden und dafür ist sekundär, ob eine solche durch Eigengeschäfte des Schuldners entstand. Für diese Analogie bedarf es auch keiner normativen »Zurechnung« des Geschäftsbetriebs zu den Gesellschaftern; dazu tragen die oft bemühten §§ 93, 227 Abs. 2 i.V.m. § 11 Abs. 2 Nr. 1 InsO übrigens wenig bei, denn sie unterstreichen zwar die Akzessorietät der Mithaftung, nicht aber deren Ursache. Fazit: Bei Mithaftung für fortdauernden Geschäftsbetrieb ihrer Personengesellschaft unterliegen insolvente Gesellschafter dem Regelverfahren, bei Mithaftung für beendeten Geschäftsbetrieb dem Verbraucherinsolvenzverfahren nach Maßgabe des § 304 Abs. 1 S. 2 InsO.

2. Kommanditisten

Auch der Kommanditist haftet persönlich, unmittelbar und primär für die Schulden der KG. Nach Leistung der Einlage ist die Haftung allerdings ausgeschlossen und vorher – wie auch nach Erlass, Stundung oder Rückzahlung der Einlage – zumeist beschränkt auf die Höhe der Einlage (§§ 171 f. HGB). Unbeschränkte Haftung droht nur selten, z.B. bei Aufnahme der Geschäfte vor Eintragung der KG (§ 176 Abs. 1 HGB).[34] Doch jedwede Haftung mag zur Insolvenz des Kommanditisten führen. Dieser scheint dann Verbraucher i.S.d. § 304 InsO zu sein, denn er geht keiner selbstständigen wirtschaftlichen Tätigkeit nach, da die Geschäfte der KG nicht in seinem Namen geschlossen werden. Das gilt freilich auch für die Komplementäre. Wenn diese dennoch allgemein (und zu Recht) wie Unternehmer behandelt werden, fragt sich, weshalb für Kommanditisten weitgehend anderes gelten soll. Ein Grund dafür ist in der Tat nicht erkennbar. Denn wie beim Komplementär bildet auch etwaige Mithaftung des Kommanditisten

---

32 S. nur *K. Schmidt* in: MünchKomm-HGB, 4. Aufl. 2016, § 1 Rn. 66 f.
33 Zutr. FK-*Kohte/Busch* (Fn. 2), § 304 Rn. 15.
34 Zu weiteren Fällen s. *Strohn* in: Ebenroth/Boujong/Joost/Strohn, Kommentar zum HGB, 3. Aufl. 2014, § 171 Rn. 20 ff.

die Verschuldungsstruktur der Gesellschaft ab; dass diese Mithaftung i.d.R. beschränkt ist, ändert daran nichts (vgl. §§ 171 Abs. 2 HGB, 93 InsO). Auch Kommanditisten sollten dem Verbraucherinsolvenzverfahren daher nur analog § 304 InsO unterliegen, ohne weiteres also erst, wenn eine Mithaftung für Schulden der KG von vornherein auszuschließen ist; bei Mithaftung ist demgegenüber ein Regelverfahren geboten, solange die KG ihre Geschäfte fortführt oder wenn, nach Beendigung derselben, Forderungen aus Arbeitsverhältnissen bestehen oder die Vermögensverhältnisse des Kommanditisten nicht überschaubar sind. Die Gegenansicht dürfte dadurch beeinflusst sein, dass Kommanditisten das Tagesgeschäft der KG mangels Geschäftsführungsbefugnis nicht steuern können; doch das ist sekundär, da Kommanditisten schon die Geschäftsaufnahme mitverantworten, falls es darauf überhaupt ankommen sollte.

3. Gesellschafter der BGB-Gesellschaft

Dass GbR-Gesellschafter einer selbstständigen wirtschaftlichen Tätigkeit nachgehen, lag nach der Konzeption des BGB auf der Hand, denn mangels Rechtsfähigkeit der GbR konnten nur die Sozien Träger der Gesellschaft sein, deren Geschäfte denn auch, auf Veranlassung der Gesellschafter, in deren Namen geschlossen wurden (§ 714 BGB). Auf dieser Basis wäre § 304 InsO auf GbR-Gesellschafter schon unmittelbar anwendbar. Seit der Rechtsfortbildung, die der BGB-Gesellschaft weitgehende Rechtsfähigkeit zuerkennt,[35] führt die Doppelvertretungstheorie zum selben Ergebnis; stützt man die Mithaftung der Gesellschafter hingegen (mit der heute herrschenden Meinung) auf Analogie zu § 128 HGB, so ist auch § 304 InsO nur analog anwendbar, was im Ergebnis freilich keinen Unterschied macht: Das zu den OHG-Gesellschaftern Gesagte gilt entsprechend.

4. Gesellschafter einer juristischen Person

a) Begründungsdefizite der herrschenden Meinung

Für Mitglieder einer Kapitalgesellschaft kommt prima vista nur ein Verbraucherinsolvenzverfahren in Frage. Schließlich werden sie weder im eigenen Namen noch auf eigene Rechnung tätig und haften im Prinzip auch nicht für die Schulden der Gesellschaft. Das gilt unabhängig von der Höhe ihrer Beteiligung und ungeachtet der Möglichkeit, den Wert des eigenen Anteils durch Mitwirkung in der Gesellschaft, zumal als Geschäftsführer, zu beeinflussen.[36] Dem Regelverfahren können diese Personen daher nur unterliegen, wenn sein Anwendungsbereich erweitert werden kann, weil das Kriterium *selbstständiger* wirtschaftlicher Tätigkeit einschränkbar ist. Anhalt dafür kann nur der Normzweck geben, der den Vorrang des Versuchs gütlicher Schuldenbereinigung, wie gezeigt, an eine verbrauchertypische bzw. -ähnliche

---

35 Durchgesetzt mit BGHZ 146, 341, 343 ff.
36 *Henkel* ZVI 2013, 329, 330 f.

Verschuldungsstruktur knüpft und allenfalls noch von überschaubaren Vermögensverhältnissen abhängig macht. Schon deshalb ist ersichtlich sekundär, ob (geschäftsführende) Allein- oder Mehrheitsgesellschafter, wie der BGH meint,[37] bei Erfolg und Misserfolg der Gesellschaft »wie« Selbstständige betroffen sind; denn ungeachtet der Gewinnbeteiligung und der Gefahr, das eingebrachte Kapital zu verlieren, ungeachtet des besonderen Einflusses, den er als Geschäftsführer auf die Entwicklung des Unternehmens hat, und unbeschadet seiner Verbundenheit mit diesem droht dem Gesellschafter i.d.R. eben keine Verschuldung wegen Verbindlichkeiten der Körperschaft. Daran ändert auch nichts, dass, wie der BGH ergänzt,[38] mitunter eine Durchgriffshaftung besteht und wichtige Gesellschafter i.d.R. zu Schuldbeitritt oder Verbürgung für einzelne Verbindlichkeiten der Gesellschaft bereit sind. Denn dann beruht die Mithaftung auf diesem oder jenem besonderen Grunde (zu dessen Bewertung sogleich), nicht aber auf dem Status als – einfacher, dominierender oder geschäftsführender – Gesellschafter.

b) Etwaige Mithaftung der einflussreichen Gesellschafter

Dass die Gegenansicht einflussreiche Anteilsinhaber weitgehend auf das Regelverfahren verweist, hat daher vermutlich andere Gründe. So ist zweifellos suggestiv, dass solche Gesellschafter einem vollhaftenden Unternehmer umso ähnlicher sind, je größer ihr Einfluss ist und je mehr sie deshalb auch von Wohl und Wehe der Körperschaft betroffen sind – gleichwohl erst ein vorjuristischer Befund. Soweit die Sozien für Schulden der Kapitalgesellschaft allerdings vergleichbar mithaften, mag dies gebieten, sie wie Selbstständige zu behandeln.

aa) Schuldbeitritt oder Bürgschaft

Freilich besteht wenig Anlass, den Status eines Gesellschafters mit dessen vertraglicher Mithaftung zu vermengen. Eine solche könnte ohnehin meist gesondert berücksichtigt werden, da sie dem Gericht i.d.R. bekannt wird, bevor es über den Insolvenzantrag entscheidet. Schließlich sind entsprechende Forderungen, falls der Schuldner Insolvenzantrag stellt, mit diesem offenzulegen (§§ 13 Abs. 1 S. 3, 305 Abs. 1 Nr. 3 InsO), bei Antrag eines Gläubigers jedenfalls dann, wenn dessen Antrag zugelassen wird, da fortan § 20 InsO greift, der den Schuldner verpflichtet, Nachfragen des Gerichts zu den gegen ihn gerichteten Forderungen (und den die Verfahrensart[39] betreffenden Umständen) wahrheitsgemäß zu beantworten, und Verstöße meist sanktionierbar sind (§ 290 Abs. 1 Nrn. 5, 6 InsO).

---

37 NJW 2006, 917, 918.
38 NJW 2006, 917, 918.
39 Gegen deren spätere Auswechselung wegen neuer Erkenntnisse des Gerichts bestehen bis zur Eröffnung des Insolvenzverfahrens weithin keine Bedenken, vgl. Uhlenbruck/*Sternal*, (Fn. 3), § 304 Rn. 44.

Gegen die Behandlung von bürgenden und beitretenden Gesellschaftern als Unternehmer spricht allerdings, dass eine Mithaftung für *einzelne* höhere Verbindlichkeiten durchaus noch nicht der Verschuldungsstruktur eines Verbrauchers widerstreitet,[40] der oft genug mit Darlehen oder Bürgschaften ringt. Anderes wird sich bei systematischer Verbürgung gegenüber GmbH-Gläubigern ergeben, u.U. auch bei Hauptschulden aus Arbeitsverhältnissen (arg. § 304 Abs. 1 S. 2 InsO).

bb) Unternehmerähnliche Mithaftung

Aber auch sonst kann die Mithaftung andere Dimensionen annehmen. So trifft die *Existenzvernichtungshaftung* Gesellschafter, die zur Vernichtung von körperschaftlichem, der Befriedigung der Gläubiger vorbehaltenen Vermögen beigetragen haben. Hier ist Haftungsgrund § 826 BGB,[41] also nicht etwa, dass der Gesellschafter die Geschäftstätigkeit der GmbH initiiert hat. Doch die sittenwidrige Dezimierung des haftenden Kapitals hat vergleichbare Folgen. Denn zu ersetzen sind der GmbH nicht nur die Kapitaleinbußen, sondern auch Folgeschäden samt dem der GmbH-Insolvenz, was regelmäßig Anlass geben wird, die hypothetische wirtschaftliche Entwicklung der Gesellschaft und – wiederum – deren Verbindlichkeiten einzubeziehen. An eine verbraucherähnliche Verschuldungsstruktur wird damit kaum noch zu denken sein. Für derart haftende Gesellschafter wäre der Zugang zum Verbraucherinsolvenzverfahren daher analog § 304 InsO zu erschweren.

Auch eine *Durchgriffshaftung* des geschäftsführenden Gesellschafters nach §§ 34, 69 AO oder § 823 Abs. 2 BGB i.V.m. § 266a StGB wird i.d.R. für eine unternehmerähnliche Verschuldungsstruktur sprechen,[42] zumal dann, wenn es sich um »Forderungen aus Arbeitsverhältnissen« i.S.d. § 304 Abs. 1 S. 2 InsO handelt. Das gilt erst recht bei *Insolvenzverschleppungshaftung* des Geschäftsführers (§ 823 Abs. 2 BGB i.V.m. § 15a InsO).

cc) Verfahrenswahl bei tatrichterlichen Zweifeln

Wenn eine solche Mithaftung die Verfahrenswahl bestimmt, bleibt freilich problematisch, dass sie vor Eröffnung des Insolvenzverfahrens oft schwer feststellbar sein wird. Der Gesellschafter wird kaum Fehlverhalten einräumen. Mitteilen müsste er zwar auch Forderungen, die er bestreitet;[43] doch jedenfalls Ansprüche aus Existenzvernichtungshaftung stehen nach aktueller Rechtsprechung nur der Gesellschaft zu,[44] werden von dieser also nicht einmal erhoben worden sein, wenn der »Täter« dort weiterhin Einfluss hatte. Hier wie sonst liegt es näher, dass das Insolvenzgericht von dem (vorläufigen) Insolvenzverwalter oder dem Sachverständigen, der nach dem

---

40 Anders wohl *Henkel* ZVI 2013, 329, 330 m. Fn. 28.
41 BGHZ 173, 246, 251 ff. – TRIHOTEL.
42 Ebenso *Henkel* ZVI 2013, 329, 330.
43 Für § 305 Abs. 1 Nr. 3 InsO s. nur BGH NZI 2009, 562; *Pieper* ZInsO 2010, 174 ff.
44 BGHZ 173, 246, 251 ff. – TRIHOTEL.

(meist früheren) Insolvenzantrag über das *GmbH*-Vermögen bestellt worden ist, Hinweise auf Pflichtwidrigkeiten erhält. Zweifel werden aber bleiben.

Sie mögen es »pragmatisch« erscheinen lassen, einflussreiche GmbH-Gesellschafter gleichsam vorsorglich dem Regelverfahren zu unterwerfen. Zulässig ist das nicht. Das Gericht muss sich der einschlägigen Verfahrensart durch Amtsprüfung vergewissern, von den Voraussetzungen also *überzeugen*.[45] Das mag erleichtert sein, wo der Insolvenzantrag sich zugleich auf eine bestimmte Verfahrensart richtet, denn dann ist deren Zulässigkeit vom Antragsteller darzulegen.[46] Doch so früh, wie auf Schuldnerantrag bzw. auf Gläubigerantrag nach § 306 Abs. 3 InsO – jeweils über die Zulässigkeit des Verfahrens – zu entscheiden ist, wird die Klärung nicht immer gelingen. Dann muss auch mit reduziertem Feststellungsmaß entschieden werden können, d.h. *Wahrscheinlichkeit* genügen. Denn erstens soll die Verfahrensart zügig geklärt werden,[47] zweitens geht es hier ohnehin »nur« um die sachgerechte Verfahrens*art*[48] und vor allem um *analoge* Anwendung des § 304 InsO (auf mithaftende Nicht-Unternehmer). Ihr muss sich auch das Maß der richterlichen Überzeugung anpassen, indem beachtet wird, dass eine Mithaftung des Schuldners wegen Pflichtwidrigkeit weitaus schwerer feststellbar ist als das Tatbestandsmerkmal selbstständiger wirtschaftlicher Tätigkeit: Konkreter Anhalt für Fehlverhalten sollte genügen. Erscheint eine Mithaftung aber lediglich *möglich,* so muss sie außer Acht bleiben; eine Feststellungslast *gegen* das Verbraucherverfahren[49] ist allenfalls denkbar, wo für dieses kein Anhalt besteht.[50] Die prinzipielle Haftungsbeschränkung auf die Körperschaft gibt indes genügend Anhalt, deren Inhaber als Verbraucher zu behandeln.

c) Folgen der Behandlung als Selbstständiger

Ist ein GmbH-Gesellschafter ausnahmsweise wie ein Unternehmer zu behandeln, bleiben zwei Folgefragen. Wichtig ist zunächst, wie lange sein Status als Quasi-Unternehmer andauert, denn analog § 304 Abs. 1 S. 1 InsO kommt es auf den Zeitpunkt des Insolvenzantrags an. Maßgebend scheint zu sein, ob die GmbH ihren Geschäftsbetrieb eingestellt hat[51] oder ob sie weiterhin Schulden generiert, für die der Gesellschafter mithaftet. Dem hat *Henkel* entgegengehalten, auch nach Einstellung der

---

45 Vgl. K/P/B/*Prütting* (Fn. 3; Lfg. 10/13), § 5 Rn. 46; Stein/Jonas/*Leipold*, ZPO, 22. Aufl. 2008, § 286 Rn. 7. So offenbar auch *Henkel* für etwaige Durchgriffshaftung des GmbH-Gesellschafters, ZVI 2013, 329, 330 f. m. Fn. 28 (»Liegen diese Voraussetzungen vor, …«).
46 Vgl. MünchKomm-*Ganter/Lohmann* (Fn. 1), § 5 Rn. 15b; FK-*Kothe/Busch* (Fn. 2), § 304 Rn. 53.
47 BT-Drs. 14/5680, S. 14, 30 (zu Nr. 21).
48 Vgl. BGH NZI 2003, 647: Eine der Verfahrensarten *muss* dem Antragsteller offen stehen.
49 So Tendenzen im Schrifttum, vgl. FK-*Kothe/Busch* (Fn. 2), § 304 Rn. 51; K/P/B/*Wenzel* (Fn. 3), § 304 Rn. 4; weniger klar BGH NZI 2003, 647; ZInsO 2008, 1324.
50 Vgl. auch BT-Drs. 14/5680 S. 13 f. (sub 3 a.E.: »wenn hier keine Tatsachen bekannt sind«).
51 Ebenso *Ley* in: Berliner Kommentar zur InsO, Stand 7/2014, § 304 Rn. 52. Ein *Ausscheiden* aus der GmbH soll gleichwertig sein, entlastet den Gesellschafter aber nicht in jedem Fall.

Geschäfte blieben Geschäftsführer bzw. Gesellschafter verantwortlich, solange die GmbH nicht im Insolvenzverfahren oder gelöscht sei, weil ihnen diverse Zuständigkeiten (§ 46 Nrn. 1, 2, 8, § 60 Abs. 1 Nr. 2 GmbHG) und ggf. die Pflicht zum Insolvenzantrag über die GmbH verblieben.[52] Nach dem Zweck der Analogie kann indes beides keine Rolle spielen, da es jenseits der Gründe liegt, die für den Ausschluss aktiver Unternehmer aus Verbraucherverfahren in Frage kommen (dazu o. III 2 a).

Demnach scheint auch Raum für Analogie zu § 304 Abs. 1 S. 2 InsO zu bleiben. Doch sie könnte das Verbraucherverfahren nur öffnen, wenn bei dem Gesellschafter auch überschaubare Vermögensverhältnisse vorstellbar sind. Dagegen spricht, dass dieser nur deshalb wie ein Selbstständiger behandelt wird, weil die Mithaftung seine Verschuldungsstruktur verkompliziert, und dass dies typischerweise auch die »Vermögensverhältnisse« verunklart,[53] da hierzu gerade auch Schulden gehören (arg. § 304 Abs. 2 InsO).

V. Ergebnisse

Das Verbraucherinsolvenzverfahren soll Schuldner und Insolvenzgericht dadurch entlasten, dass vorgerichtlich, in geeigneten Fällen aber auch mit Unterstützung des Gerichts eine einvernehmliche Schuldenbereinigung anzustreben ist. Das soll auch früheren Unternehmern helfen, nach der Intention des Gesetzgebers freilich nur bei verbraucherähnlicher Verschuldungsstruktur und überschaubaren Vermögensverhältnissen. GbR-, OHG-Gesellschafter und Komplementäre gehen zwar keiner selbstständigen wirtschaftlichen Tätigkeit nach; analog § 304 InsO ist aber auch für sie der Zugang zum Verbraucherinsolvenzverfahren beschränkt, da sie für die Schulden der Gesellschaft mithaften. Für (noch oder wieder haftende) Kommanditisten gilt das nicht minder.

Demgegenüber sind Inhaber einer Kapitalgesellschaft, auch Mehrheits-, Alleingesellschafter oder Geschäftsführer,[54] entgegen der ganz herrschenden Meinung grundsätzlich auf das Verbraucherinsolvenzverfahren verwiesen, denn als Gesellschafter haften sie nicht für die Schulden der Körperschaft. Auch die Verbürgung für bestimmte Schulden genügt insoweit nicht. Steht jedoch fest oder besteht wenigstens konkreter Anhalt dafür, dass der Gesellschafter einer Durchgriffs- oder Existenzvernichtungshaftung ausgesetzt ist, so unterliegt er dem Regelverfahren, und zwar selbst dann, wenn die Gesellschaft ihre Geschäfte frühzeitig beendete.

---

52 ZVI 2013, 329, 332 f. m.w.N.; s. auch LG Hamburg ZInsO 2013, 302, 303.
53 *Henkel* ZVI 2013, 329, 333.
54 Für Fremdgeschäftsführer kann übrigens nichts anderes gelten, vgl. *Henkel* ZVI 2013, 329, 332.

Bewährtes und Irrwege zur Zwangsvollstreckung in schuldnerfremde Sachen

Hans Friedhelm Gaul

I. Widmung und Problemstellung

Dem sehr geschätzten Jubilar *Hanns Prütting* zu seinem 70. Geburtstag einen Festschriftbeitrag zu widmen, ist dem Verfasser aus mehreren Gründen ein willkommener Anlass. War der Verfasser schon mit dem Lehrer des Jubilars *Karl Heinz Schwab* gut befreundet, so hat sich diese Verbundenheit auf die Folgegeneration übertragen und zudem unter unseren Schülern fortgesetzt.

Die mit den besten Glückwünschen nachfolgend zu Ehren von *Hanns Prütting* behandelte Thematik dürfte sein Interesse finden, ist er doch mit ihr in seinem weit gespannten wissenschaftlichen Werk bestens vertraut. So dient seine betont auf die Grundzüge beschränkte Darstellung des »Zwangsvollstreckungsrechts« dem Ziel, den Studierenden vornehmlich das für sein Verständnis wesentliche »innere System des Rechtsgebiets« zu erschließen[1]. Mit Recht stellt er klar, dass »die alleinige Einordnung als öffentliches Recht dem Wesen des Zwangsvollstreckungsrechts nicht hinreichend gerecht« wird. Der Staat wird »vielmehr als neutraler Dritter zur Durchsetzung der Gläubigerrechte tätig«, um somit zugleich »der Privatrechtsordnung Geltung zu verschaffen«.[2]

Zutreffend betont *Prütting*, dass trotz der gebotenen sog. Formalisierung der Zwangsvollstreckung »die materielle Rechtslage relevant bleibt«, nur zu ihrer »Klärung vom Vollstreckungsverfahren in einen vom Dritten anzustrengenden Prozess verlagert wird«.[3] Für die Zwangsvollstreckung wegen Geldforderungen wird die Verbindung zum materiellen Recht sinnfällig, wenn man sie als das »formelle Recht der Haftungsverwirklichung« begreift.[4] So gilt es, eine öffentlich-rechtliche Überbewertung sowohl für das Vollstreckungs- wie für das Erkenntnisverfahren zu vermeiden, ohne indes ins Gegenextrem zu verfallen. Wenn neuerdings das Zivilprozessrecht bloß noch als »formelles Zivilrecht« bezeichnet, zugleich aber der Prozesszweck statt in der »Verwirklichung des materiellen Rechts« nur noch in der »Beilegung des

---

1 *Hanns Prütting/Barbara Stickelbrock*, Zwangsvollsteckungsrecht, 2002, Vorwort S. 5.
2 *Prütting/Stickelbrock*, aaO., S. 33, 35.
3 *Prütting/Stickelbrock*, aaO., S. 33, 35, 47. Speziell zur damit angesprochenen Interventionsklage vgl. *Prütting/Weth*, Die Drittwiderspruchsklage gemäß § 771 ZPO, JuS 1988, 505 ff.
4 Vgl. dazu *Gaul*, Rechtsverwirklichung durch Zwangsvollstreckung aus rechtsgrundsätzlicher und rechtsdogmatischer Sicht, ZZP 112 (1999), 135, 176 ff.; *ders.* in *Gaul/Schilken/Becker-Eberhard*, Zwangsvollstreckungsrecht, 12. Aufl., 2010, § 1 Rdnr. 1 ff., 5 f., 16 ff., 28 ff., 34 ff.

Rechtsstreits« erblickt wird,[5] gerät nicht nur das als maßgebend zugrunde gelegte »Zivilrecht« aus dem Blick, vielmehr wird »eine weitere Verselbstständigung des Prozessrechts gefördert«.[6]

II. Der Wandel der Rechtsanschauung entgegen abweichender »rechtshistorischer« Sicht und widersprüchlicher »verwaltungsrechtlicher« Ansätze

Im Beitrag »Das geltende deutsche Zwangsvollstreckungsrecht – Ergebnis eines Wandels der Rechtsanschauung oder einer ungebrochenen Kontinuität?« ist der Verfasser zuletzt in der kritischen Bestandaufnahme und Zwischenbilanz zu dem Ergebnis gelangt, dass die von *Friedrich Stein* 1913 bewirkte Wende[7] in Abkehr von der »privatrechtlichen Konzeption« im 8. Buch der CPO von 1877 insbesondere für die Mobiliarvollstreckung nach Art des »Pfandverkaufs« hin zur heute herrschenden öffentlichrechtlich-prozessualen Sichtweise sich vollauf bestätigt hat.[8] Die dagegen in jüngster Zeit vorgebrachten Anzweifelungen haben sich als haltlos erwiesen.[9]

Aufzugreifen ist hier nur nochmals die dort aus Raumgründen zuletzt notwendige Beschränkung auf eine abschließende »Positionsbestimmung« gegen die jüngsten divergierenden »verwaltungsrechtlichen« Ansätze.[10]

III. Was die zivilprozessuale Zwangsvollstreckung von der Verwaltung trennt

1. Die falsche Weichenstellung ins Verwaltungsrecht

Die hybride These vom »verwaltungsrechtlichen« Pfändungs- und »privatrechtlichen« Verwertungsakt in der Mobiliarvollstreckung setzt sich über *Steins* Lehre

---

5   So *Johann Braun*, Lehrbuch des Zivilprozessrechts, 2014, S. 11, 33.
6   Treffend dazu die Rezensionen von *H. Roth*, JZ 2015, S. 1050 f. und *A. Piekenbrock*, ZZP 129 (2016), S. 505 f.
7   *Friedrich Stein*, Grundfragen der Zwangsvollstreckung, 1913, passim.
8   Vgl. *Gaul*, Das geltende deutsche Zwangsvollstreckungsrecht – Ergebnis eines Wandels der Rechtsanschauung oder einer ungebrochenen Kontinuität? ZZP 130 (2017), 3 – 60.
9   Als haltlos erwiesen haben sich insb. die entstehungs- und zeitgeschichtliche Sicht von *Gerhard Otte*, Vom Nutzen der historischen Auslegung – dargestellt am Problem des Erwerbs schuldnerfremder Sachen in der Zwangsversteigerung –, FS für Hans Hattenhauer, 2003, S. 385 ff.; die These vom »verwaltungsrechtlichen« Pfändungs- und »privatrechtlichen« Verwertungsakt von *Jürgen Stamm*, Die Prinzipien und Grundstrukturen des Zwangsvollstreckungsrechts, 2007, passim, insb. S. 346 ff., 364 ff. sowie zuletzt die These vom Verwertungsakt als »enteignendem Verwaltugnsakt« von *Simon Müller*, Die Ablieferung nach § 817 Abs. 2 ZPO, 2014 passim.
10 Vgl. dazu *Gaul*, aaO. (Fn. 8), S. 3, 57 ff.

mit dem Vorwurf ihrer »nebulösen Unbestimmtheit« hinweg, da damals »die Verwaltungsrechtsdogmatik noch in den Kinderschuhen steckte«. Deshalb müsse sich die heutige h.M. »in ihrem Gefolge an den klaren gesetzlichen Vorgaben (des Verwaltungsrechts) messen lassen«, wolle sie diesen nicht »hinterherhinken«.[11] Mit der schlichten Gleichsetzung von »öffentlichem Recht« mit »Verwaltungsrecht« wird *Steins* Grundlegung verkannt. Wie schon seine kurz vor den »Grundfragen« erschienene Schrift über die »Grenzen zwischen Justiz und Verwaltung« zeigt,[12] war seine Konzeption durchaus »klar«, ja seiner Zeit voraus. Ausgehend von dem Wort seines Lehrers *Binding*: »Im geltenden Recht hat das Recht *zum Zwang* nur der Staat; der Gläubiger hat nur ein Recht *auf den Zwang*«[13], konnte nach *Stein* »Grundlage der Verwertung nicht ein aus dem (privatrechtlichen) Pfandrecht des Gläubigers fließender Akt«, sondern nur die Pfändung als »ein auf der staatlichen Verstrickung beruhender publizistischer Vollstreckungsakt sein« – wie es aus § 806 ZPO i.d.F. 1898 folgt und infolge des Gleichlaufs von Mobiliar- und Immobiliarvollstreckung (§ 869 ZPO) aufgrund der Beschlagnahme nach §§ 20 ff. ZVG für den Zuschlag nach § 90 ZVG gilt.[14]

2. Steins Rechtsschutzlehre als Wendepunkt von der »privatrechtlichen« zur »öffentlichrechtlichen« Sichtweise

Das »Recht des Gläubigers zum Zwang« war für *Stein* Ausdruck des »subjektiv öffentlichen Rechts gegen den Staat«, der dem Titelgläubiger einen Anspruch auf Vornahme der zulässig beantragten Vollstreckungshandlungen gibt, nämlich den noch heute sog. »*Vollstreckungsanspruch*«, den *Stein* als »Unterart des Rechtsschutzanspruchs« verstand. Da er die Zwangsvollstreckung als »Rechtsschutztätigkeit« zur Durchsetzung des aus der »bürgerlichen Rechtsstreitigkeit« hervorgegangen, im Titel verbrieften Gläubigerrechts sah,[15] lag ihm ihre Zuweisung zur »Verwaltung« ebenso fern wie der klassischen Verwaltungslehre. So heißt es bei *Otto Mayer*: »Justiz – auch Rechtspflege, Rechtsprechung, Gerichtsbarkeit genannt – begreift nicht bloß die eigentliche Rechtsprechung«, sondern umfasst »das ganze ihrer streitigen Gerichtsbarkeit dienende Verfahren« einschließlich »Pfändung und sonstigen Vollstreckungszwang«.[16] Mit Hinweis u.a. auf *Stein* heißt es zudem: »Die Prozessualisten verwahren sich mit Recht gegen Auffassungen«, es handele sich dabei »materiell« oder »der Art nach um Verwaltung«.[17] Und ebenso umfasst nach *Walter Jellinek* »Justiz« den gesamten »Prozess- und Vollstreckungsbetrieb« als »in solch nahem Zusammenhang

---

11 So *Jürgen Stamm*, aaO. (Fn. 9), S. 377 f. und dagegen *Gaul*, aaO. (Fn. 8), S. 3, 31 ff.
12 *Friedrich Stein*, Grenzen der Beziehungen zwichen Justiz und Verwaltung, 1912, S. 54, 74 f.
13 *Karl Binding*, Die Normen und ihre Übertretungen, 2 Aufl., 1890, S. 483 ff. und dazu *Stein*, Grundfragen, aaO. (Fn. 7), S. 5 (Hervorhebung im Original).
14 *Friedrich Stein*, Grundfragen aaO. (Fn. 7), S. 4, 8 ff., 25 ff., 56, 62, 70 ff.
15 *Friedrich Stein*, aaO. (Fn. 7), S. 8 f.
16 *Otto Mayer*, Deutsches Verwaltungsrecht, Bd. 1, 3. Aufl., 1924, § 1 II 2.
17 *Otto Mayer*, aaO., § 1 II 2 Fn. 10.

zur Rechtsprechung« stehend, dass die betreffende Tätigkeit »nicht als Fremdkörper der Justiz« gelten kann.[18]

Steins Rechtsschutzlehre ins »moderne Verwaltungsrecht« fortzudenken und an deren »Fortschritten« messen zu wollen, erweist sich von vornherein als Irrweg. Der »*Vollstreckungsanspruch*« war für *Stein* der »dem öffentlichen Recht angehörende Anspruch gegen den Staat«, der diesen »verpflichtet, seine Macht altruistisch, nicht egoistisch auszuüben«, um dem Titelgläubiger im Wege des Vollstreckungszwangs zur Befriedigung zu verhelfen.[19] Moderner formuliert handelt es sich um die besondere Ausprägung des *zivilprozessualen Justizgewährungsanspruchs* als Korrelat zum Verbot der Selbsthilfe.[20]

3. Die strikte Wahrung der Grenze zur zivilprozessualen Zwangsvollstreckung durch die moderne Verwaltungsrechtslehre

Die Kritik an *Stein* geht schon deshalb ins Leere, weil die von ihr als Maßstab beanspruchte »moderne Verwaltungsrechtsdogmatik« gar nicht befragt wird. Diese denkt nämlich gar nicht daran, das Zwangsvollstreckungsrecht ihrer Disziplin zu unterwerfen. So wird zwar jüngst noch von *Christian Waldhoff* in Anknüpfung an die bereits restriktiv-differenzierte Lehre *Fritz Fleiners* ein »subjektives Recht des Bürgers auf Vollzug der Verwaltungsrechtsnormen« diskutiert, ob es sich etwa vom bloßen »Reflexrecht«[21] zu einem »selektiven Anspruch auf Rechtsdurchsetzung in Einzelfällen« entwickelt haben könnte, mit dem Ergebnis der »Unmöglichkeit (der Annahme) eines subjektiv-rechtlich durchsetzbaren *allgemeinen Gesetzesvollzugs-* oder gar *Vollstreckungsanspruchs*«[22]. Der zivilprozessuale »Justizgewährungsanspruch« ist also der Verwaltungsvollstreckung von Haus aus fremd.

IV. DIE PARALLELENTWICKLUNG IN DER ÖFFENTLICHEN ABGABENVOLLSTRECKUNG

1. Das übersehene Modell der Abgabenordnung 1977

Da es hier um Versuche geht, die Mobiliarvollstreckung als vom ZPO-Gesetzgeber favorisierten Urtyp der *Zwangsvollstreckung wegen Geldforderungen* den Standards »moderner Verwaltungsrechtsdogmatik« anzupassen, erstaunt, dass zwar krude Parallelen zum »öffentlichen Baurecht« bemüht werden, um die »Zwangsvollstre-

---

18 *Walter Jellinek*, Verwaltungsrecht, 3. Aufl., 1948, § 1 2b (S. 11 f,); dazu schon *Gaul*, Zur Struktur der Zwangsvollstreckung, Rpfleger 1971, 41 zu Fn. 109 bis 111 m.w.Nachw.
19 *Friedrich Stein*, aaO. (Fn. 7), S. 8 f.
20 Vgl. dazu näher *Gaul/Schilken/Becker-Eberhard*, aaO. (Fn. 4), § 6 Rdnr. 1 ff.
21 *Fritz Fleiner*, Institutionen des Deutschen Verwaltungsrechts, 8. Aufl., 1928, S. 172 f.
22 *Christian Waldhoff*, Staat und Zwang, Der Staat als Rechtsdurchsetzungsinstanz, 2008, S. 61 ff., 64, 96 ff. zu Fn. 181 u. insb. 197 m.w.Nachw.

ckungsakte« begrifflich als »Verwaltungsakte« der Legaldefinition des § 35 S. 1 VwVfG zuzuweisen,²³ nicht aber die zwingende Parallele der *Steuerbeitreibung nach der Abgabenordnung* erkannt wird. So sind nicht nur die §§ 281 ff. AO 1977 ein getreues Abbild der fast wörtlich nach dem Vorbild des 8. Buchs der ZPO *aus den §§ 803 ff. ZPO übernommenen Regeln über die Pfändung und Versteigerung der gepfändeten Sachen,*²⁴ die §§ 118 ff., 124 ff., AO sind zudem mit der Definition des »*Verwaltungsakts*« und der Regelung der »*Fehlerfolgen*« speziell für die Abgabenvollstreckung für die Begriffsbildung des allgemeinen Verwaltungsverfahrens vorbildlich, wie sie wörtlich in den §§ 35, 43 f. VwVfG wiederkehrt. So geht schon die RAO vom 13.12.1919 maßgebend auf den Einfluss von *Otto Mayer* zurück,²⁵ ebenso wie er noch heute als »geistiger Vater des Verwaltungsakts« gilt.²⁶

Schon *Otto Mayer* grenzte die »administrative Zwangsbeitreibung« von der »Zwangsvollstreckung in bürgerlichen Rechtsstreitigkeiten« klar ab: »Hier ruft der Gläubiger nicht, wie im Zivilprozess, die ihm zur Verfügung gestellte öffentliche Gewalt an. *Er ist selbst die öffentliche Gewalt*, die sich nach den Regeln der Vollziehung in Bewegung setzt auf dieses Ziel« hin. Zuvor schon heißt es: »Der Staat zwingt hier zur Zahlung, nicht um die Rechtsordnung aufrecht zu erhalten, sondern ›zur Verwirklichung seiner Zwecke unter seiner Rechtsordnung‹: er verwaltet, indem er zwingt«.²⁷ So sehr die »Mittel der Zwangsbeitreibung« wie die »Pfändung beweglicher Sachen« dem »zivilproessrechtlichen Urbild« folgen, ist es doch immer der »Staat als Gläubiger, der selbst vollstreckt«²⁸. Es ist dies das heute allgemein anerkannte »*Prinzip der Selbstvollstreckung*«, das die Verwaltungsvollstreckung fundamental von der zivilen Zwangsvollstreckung als »*Fremdvollstreckung*« unterscheidet.²⁹

2. Die klare Grenze zwischen Justizgewährung und administrativer Selbstvollstreckung

Die »*bereichsspezifische*« Ausprägung des »*Prinzips der Selbstvollstreckung*« in der *Abgabenvollstreckung* zwecks Durchsetzung des staatlichen Steueranspruchs, wie

23 So *Jürgen Stamm*, aaO. (Fn. 9), S. 28 f.
24 Vgl. dazu näher *Gaul*, Die Mitwirkung der Zivilgerichte an der Vollstreckung von Verwaltungsakten, JZ 1979, 496, 502 ff.; *ders.* zuletzt in *Gaul/Schilken/Becker-Eberhard*, aaO. (Fn. 4), § 4 Rdnr. 31 ff., 35 ff.
25 Richtungweisend zur »Finanzgewalt« und zum »Finanzzwang« *Otto Mayer*, aaO. (Fn. 16), §§ 27 ff. (S. 315 ff) und insb. § 32 (S. 370 ff) – vgl. dazu *Fleiner*, aaO, (Fn. 21), S. 44 mit Hinweis auf den Redaktor zur RAO *Enno Becker*, Kommentar zur RAO, 5. Aufl., 1926, Vorb. zu § 73, der *Otto Mayers* Einfluss ausdrücklich betont.
26 *Otto Mayer*, aaO. (Fn. 16), § 5 II (S. 61 f.), § 9 (S. 93), abgesehen vom überholten Sprachgebrauch »Obrigkeit« und »Untertan«; – vgl. dazu noch *Bauer/Heckmann/Ruge/Schallbruch/Ritgen*, VwVfG, Kommentar, 2012, § 35 Rdnr. 3; *Mann/Sennekamp/Uechtritz/Windoffer*, VwVfG, Großkommentar, 2014, § 35 Rdnr. 2.
27 *Otto Mayer*, aaO. (Fn. 16), § 32 II (S. 373, 375) (Hervorhebung im Original).
28 *Otto Mayer*, aaO. (Fn. 16), § 32 II (S. 376 f.).
29 Vgl. dazu *Gaul*, JZ 1979, 496, 502 f., 510 f.; *ders.* in *Gaul/Schilken/Becker-Eberhard*, aaO. (Fn. 4), § 4 Rdnr. 32 ff. jeweils m.w.Nachw.

sie gerade jüngst in der Verwaltungsrechtslehre betont wird,[30] markiert die *Grenze zwischen Justiz und Verwaltung* besonders deutlich.

Für einen dem zivilprozessualen Justizgewährungsanspruch entsprechenden »Vollstreckungsanspruch« ist kein Raum, weil hier das *Recht zum Zwang* mit dem *Recht auf den Zwang* in der staatlichen Personalunion verschmilzt. Nach § 252 AO »gilt die Körperschaft als Gläubiger der zu vollstreckenden Ansprüche«, um durch die *Gläubigerfiktion* insb. die Rechtsverfolgung aus der Pfändung und dem Pfändungspfandrecht dem Vorbild der §§ 803 ff. ZPO so weit wie möglich anzupassen sowie die Passivlegitimation aus der Drittwiderspruchklage (§ 262 AO) klarzustellen.[31]

Die Bedeutung der Abgabenordnung als ihrerseits dem 8. Buch der ZPO folgendes administratives Vollstreckungsmodell wird noch dadurch erhöht, dass sie von anderen Vollstreckungsregimen der Verwaltung in weitem Umfang für anwendbar erklärt wird (wie z.B. in § 169 I 1 VwGO, § 5 I VwVG, im Zollkodex der EU sowie weithin mit §§ 249 ff AO übereinstimmendem Landesrecht).[32]

Während die durch Organe der »Rechtspflege« in der »streitigen Zivilgerichtsbarkeit« durchgeführte Zwangsvollstreckung *Justizgewährung* im intensivsten Verfahrensstadium ist, in dem der Staat den Parteien noch ebenso neutral gegenübertritt wie zuvor im Erkenntnisverfahren, bildet die Vollstreckung nach der AO durch die Finanzbehörde gleichsam die *Fortsetzung* des dem »Leistungsbescheid« (§ 118 AO) als »Grundverfügung« zugrunde liegenden *Verfahrens im Verwaltungsrechtsweg.*[33] Merkmal der Verwaltungsvollstreckung ist gemäß § 3 VwVG: »eines vollstreckbaren Titels bedarf es nicht«. Die Verwaltungsrechtslehre spricht deshalb kurzerhand von der »Titelfunktion des Verwaltungsakts«[34]. Da die »Herkunft des Titels« aus einer »bürgerlichen Rechtsstreitigkeit« oder einem »Verwaltungsakt« den *»Rechtsweg« bestimmt* (§ 13 GVG), ist zugleich für die Zwangsvollstreckung nach der ZPO wie für die Verwaltungsvollstreckung eine klare Abgrenzung gewährleistet.[35] Dabei ist unstreitig, dass die Zwangsdurchsetzung privatrechtlicher Ansprüche zum »gericht-

---

30 So repräsentativ *Chrisitan Waldhoff,* Staat und Zwang aaO. (Fn. 22), S. 62 ff., 98 ff. zu Fn. 188 ff. mit Hinweis auf das Zinsbesteuerungsurteil des BVerfGE 84, 23, 268 ff.; vgl. auch *Waldhoff,* Vollstreckung und Sanktion in *Hoffmann-Riehm/Schmidt-Aßmann/Voskuhle,* Grundlagen des Verwaltungsrechts, Bd. III, 2009, S. 269, 274 Rdnr. 9, S. 325 f. Rdnr. 92 f. S. 332 f., Rdnr. 104.

31 Vgl. *Klein/Werth,* AO, Kommentar, 13. Aufl., 2016, § 252 Rdnr. 2; *Tipke/Kruse/Loose,* AO, Kommentar 2013, § 252 Rdnr. 2, 4; *Hübschmann/Hepp/Spitaler/Jatzke,* AO, Kommentar, 2016, § 252 Rdnr. 7, 19; *Beermann/Gosch/Neumann,* AO, Kommentar, 2011, § 252 Rdnr. 3.

32 *Waldhoff,* Vollstreckung und Sanktion aaO. (Fn. 30), S. 333 zu Rdnr. 104 u. S. 339 zu Rdnr. 118; *Klein/Werth,* AO aaO. (Fn. 31), vor § 249 Rdnr. 3 ff. (dort auch zum ab 1.5.2016 geltenden neuen Zollrecht für die EU, wonach das Vollstreckungsrecht der Mitgliedstaaten gilt); *Tipke/Kruse,* AO aaO. (Fn. 31), vor § 249 Rdnr. 6 ff.

33 So insb. *Hübschmann/Hepp/Spitaler/Hummel,* AO aaO. (Fn. 31), Vor §§ 249-346 Rdnr. 41 u. 43 wie *Gaul/Schilken/Becker-Eberhard,* aaO. (Fn. 4), § 1 Rdnr. 9 ff., 16 ff., § 2 Rdnr. 18 ff.

34 So *Waldhoff,* Vollstreckung und Sanktion, aaO. (Fn. 30), S. 325, Rdnr. 92 u. S. 335 Rdnr. 109.

35 Vgl.dazu *Gaul/Schilken/Becker-Eberhard,* aaO. (Fn. 4), § 4 Rndr. 1 ff., § 23 Rdnr. 3.

lichen Verfahren« i.S. des Art. 74 I Nr. 1 GG zählt, da es ebenso das Erkenntnis- wie das Vollstreckungsverfahren umfasst.[36]

3. Die Ausrichtung der AO 1977 am Vorbild der ZPO

War für den Redaktor der RAO *Enno Becker* die »Identität von Staatsgewalt und Gläubiger« Kennzeichen der »Beitreibung«, indem er selbst »erzwingt, was ihm gebührt«, so nahm die RAO doch die »ZPO *zum Vorbild*«, um »den Zugriff in denselben Rechtsformen zu verwirklichen«, die für die Befriedigung privater Geldgläubiger gelten.[37] Nur bedurfte es der »Gläubigerfiktion« (§ 252 AO) zwecks klarer Zuordnung der Rechte aus der Pfändung und dem Pfändungspfandrecht an die durch die Finanzbehörde repräsentierte »*Körperschaft*« (§§ 281 I, 282 I AO). Mit dieser Besonderheit bieten die §§ 249 ff. AO – anders als die JBeitrO vom 1.3.1937 (RGBl. I S. 298) als reines Verweisungsgesetz (vgl. § 6 I Nr. 1 JBeitrO) – eine in sich »eigenständige« Parallelregelung zu §§ 803 ff. ZPO trotz fast wörtlicher Nachbildung. Da jeweils beide Verfahren ganz ähnliche Fragen und Interpretationsprobleme aufwerfen, hält das steuerrechtliche Schrifttum den »Rückgriff auf das Vollstreckungsrecht der ZPO für eine unerlässliche Hilfe bei der Anwendung der AO«.[38]

So wird die »*Pfändung*« nach § 281 I AO als »*Verwaltungsakt* mit privatrechtlichen Wirkungen« angesehen. Sie bewirkt als staatliche Beschlagnahme die »*Verstrickung*« als »publizistische Verfangenheit« der gepfändeten Sache sowie ein privatrechtliches relatives *Verfügungsverbot* »behördlicher« Art. (§§ 136, 135 BGB).[39] Das deckt sich mit den Wirkungen der Pfändung nach § 803 ZPO.[40] Bezüglich des Erwerbs des »*Pfandrechts*« stimmt § 282 I Halbs. 1 AO mit § 804 I ZPO fast wörtlich überein, nur dass es als »Gläubiger« zufolge § 252 AO »die Körperschaft, der die Vollstreckungsbehörde angehört«, erwirbt. Während § 804 II ZPO (wie § 709 II CPO 1877) es noch dem »durch Vertrag erworbenen Faustpfandrecht« gleichstellt, gewährt der moderner gefasste § 282 II AO 1977 gegenüber »anderen Gläubigern dieselben Rechte *wie ein Pfandrecht i.S. des BGB*«.

---

36 Vgl. dazu *Waldhoff*, Vollstreckung und Sanktion, aaO. (Fn. 33), S. 316 Rdnr. 76 m.w.Nachw.
37 Vgl. *Hübschmann/Hepp/Spitaler/Hummel*, AO aaO. (Fn. 31), Vor §§ 249-346 AO, Rdnr. 17 f. mit Hinweis auf *Becker*, RAO, S. 491 f.; ders., Die Beitreibungsordnung, StW 1924, 753, 755 ff.
38 So *Klein/Werth*, AO aaO. (Fn. 31) Vorb. zu § 249 Rdnr. 2; ebenso *Tipke/Kruse*, AO aaO. (Fn. 31), Vor § 249 Rdnr. 14; dazu zuletzt *Gaul*, Die Haftung aus der Vollziehung eines ungerchtfertigten Steuerarrestes und Steuerbescheids, JZ 2013, S. 760, 766 zu Fn. 68.
39 *Klein/Werth*, AO aaO. (Fn. 31), § 282 Rdnr. 2; *Beermann/Gosch/Geist*, AO aaO. (Fn. 31), § 282 Rdnr. 6; *Hübschmann/Hepp/Spitaler/Müller-Eiselt*, AO aaO. (Fn. 31), § 281 Rdnr. 14; *Tipke/Kruse*, AO aaO. (Fn. 31), § 282 Rdnr. 1.
40 Vgl. *Gaul*, Rpfleger 1971, 1, 7; *ders.*, FamRZ 1972, 533 ff. zu *Peter Geib*, Die Pfandverstrickung, 1969, S. 15 f., 36 f., 145 ff.; *ders.* in *Gaul/Schilken/Becker-Eberhard*, aaO. (Fn. 4), § 1 Rdnr. 30, § 6 Rdnr. 10, § 50 Rdnr. 39 ff. (*Schilken*) m.w.Nachw.; eingehend *Monika Fahland*, Das Verfügungsverbot nach §§ 135 136 BGB in der Zwangsvollstreckung und seine Beziehung zu den anderen Pfändungsfolgen, 1976, S. 13 ff., 66 ff., 85 ff., 111 ff.

Zur *Rechtsnatur des Pfändungspfandrechts* legt die neue Kommentarliteratur zur AO zwar den zivilprozessualen Theorienstreit zwischen der »privatrechtlichen«, »gemischten« und »öffentlichrechtlichen Theorie« zugrunde, folgt jedoch entgegen der zu § 804 ZPO ganz h.M. nicht der »gemischten Theorie«, sondern der *»öffentlich-rechtlichen Theorie«*, weil sie zum Wortlaut und Wesen der Vollstreckung nach der AO »am besten passt« oder ihr doch »am nächsten kommt«[41], während der BFH wohl wie der BGH der »gemischt privatrechtlich-öffentlichen Theorie« folgt, indem er als »Rechtswirkung der Pfändungsverfügung« von der »Belastung mit dem Recht des Pfändungsgläubigers, aus der Sache Befriedigung für eine Forderung zu suchen (§ 282 II AO i.Vm. §§ 1273, 1204 BGB)« spricht und mit dieser »für das Pfandrecht wesentlichen Beziehung« zur »Sicherung des Anspruchs auf Befriedigung« nur das Wesensmerkmal der *»Akzessorietät«* des Pfandrechts meinen kann.[42]

In der Tat überzeugt allein die unter der ZPO h.M. der gemischten Theorie auch für die Abgabenvollstreckung. Dafür spricht die von der AO intendierte Gleichbehandlung des Steuerfiskus mit dem Privatgläubiger, da insb. beim konkurrierenden Zugriff durch Nach- u. Mehrfachpfändung gem. §§ 307, 308 AO (= § 826 f. ZPO) nur das »Pfandrecht i.S.d. BGB« (§ 282 II AO!) die Verteilungsgerechtigkeit nach dem Prioritätsprinzip als »besseres Recht auf den Erlös« garantieren kann.

4. Der Eigentumserwerb an schuldnerfremden Sachen in der Abgabenvollstreckung

Was den *Eigentumserwerb* eines gemäß §§ 281 ff. AO von der Finanzbehörde gepfändeten, jedoch nicht vom Vollziehungsbeamten i.S. des § 296 I AO versteigerten, sondern nach § 305 AO vom privaten Auktionator versteigerten PKW ohne Kfz-Brief betrifft, geht der BGH[43] vergleichsweise für den Normalfall der öffentlichen Versteigerung durch den Vollziehungsbeamten mit der ganz h.M. davon aus, *»dass der Erwerber auch an schuldnerfremden Sachen unabhängig vom guten Glauben lastenfrei neues Eigentum erlangt (§ 817 II ZPO, § 299 II AO)«*. Dass die öffentliche Hand in der Abgabenvollstreckung insoweit kein Fiskusprivileg gegenüber dem »Pfändungs- und Versteigerungsvorgang« nach der ZPO genießt, stellt der BGH zum Schluss bündig klar: »Eine Besserstellung des Erwerbers ist nicht deswegen geboten, weil hier eine öffentliche Abgabenforderung Grundlage der Versteigerung war«[44].

Im Ergebnis stimmt also die Literatur und Judikatur zur AO mit der h.M. zur Mobiliarvollstreckung der ZPO darin überein, dass der Eigentumserwerb aufgrund öffentlicher Versteigerung gemäß § 299 II AO wie nach § 817 II ZPO mit »Aushändigung der zugeschlagenen Sache« durch den Vollziehungsbeamten »kraft Ho-

---

41 So *Hübschmann/Hepp, Spitaler/Müller-Eiselt*, AO aaO. (Fn. 31), § 282 Rdnr. 8; *Beermann/Gosch/Geist*, AO aaO. (Fn. 31), § 282 Rdnr. 13.
42 BFH, Urt. v. 19.8.2000, BFHE 192, 232, 234; die Abweichung einräumend *Klein/Werth*, AO aaO. (Fn. 31), § 282 Rdnr. 3.
43 BGHZ 119, 75, 76 f. m.w.Nachw.; dazu schon näher *Gaul*, ZZP 130 (2017), 3, 20 f.
44 BGHZ 119, 75, 92.

heitsakts« in der Weise erfolgt, dass der Ersteher *an (wirksam) gepfändeten schuldnerfremden Sachen unabhängig vom guten Glauben lastenfreies Eigentum erwirbt*[45] § 1244 BGB ist also unstreitig unanwendbar. Bis zur Neufassung der AO 1977 sah § *353 AO a.F.* (= § 326 RAO) noch ausdrücklich die Anwendbarkeit des § 817 II ZPO über die »Ablieferung der zugeschlagenen Sache« vor, da »*bei der Versteigerung nach § 1239 I S. 2 und II BGB und nach § 817 I bis III ZPO zu verfahren*« war.[46] Soweit die ältere Literatur zu §§ 353 f. AO a.F. im Anschluss an *RGZ 156, 395, 398* betont, dass es sich bei der Verwertung gepfändeter Sachen nicht um einen »Pfandverkauf« auf Grund des erworbenen »Pfandrechts« (§ 344 I AO a.F. = § 282 I AO n.F.) handelt, sondern der Vollziehungsbeamte das Eigentum »*kraft der ihm anvertrauten öffentlichen Gewalt auf den Erwerber überträgt*«,[47] folgt sie noch der von *Friedrich Stein* begründeten h.M. der gemischten Theorie, dessen Kernsätze das RG damals wörtlich übernahm: Der Gerichtsvollzieher verschafft dem Ersteher »auch dann das Eigentum an der Sache, wenn ein anderer als der Schuldner Eigentümer war, ebenso wie der Richter in der Zwangsversteigerung von Grundstücken durch den Zuschlag dem Ersteher das Eigentum verschafft, gleichviel wem das Eigentum vorher zustand (§ 90 ZVG)«[48].

Die neue Kommentar-Literatur zur AO 1977 scheut sich wohl deshalb, die Parallele des gegenüber der CPO von 1877 jüngeren ZVG heranzuziehen, weil nach § 322 I 2 AO n.F. (= § 372 AO a.F.) »auf die *Vollstreckung in das unbewegliche Vermögen* die für die gerichtliche Zwangsvollstreckung geltenden Vorschriften, namentlich die §§ 864 bis 871 und das ZVG anzuwenden sind«, *das administrative also ins judikative Zivilverfahren übergeht.*[49] Doch steht dies der Akzeptanz der Lehre *Steins* auch für die AO keineswegs entgegen, sondern spricht eher umgekehrt für ihre von *Enno Becker* beabsichtigte enge Anknüpfung an die ZPO durch Zugriff in denselben Rechtsformen.[50]

45   *Klein/Werth*, AO aaO. (Fn. 31), § 296 Rdnr. 4; *Tipke/Kruse/Loose*, AO aaO., (Fn. 31), § 296 Rdnr. 6; *Hübschmann/Hepp/Spitaler/Müller-Eiselt*, AO aaO. (Fn. 31), § 296 Rdnr. 27 u. § 299 Rdnr. 16 f.; *Beermann/Gosch/Wiese*, AO aaO. (Fn. 31), § 296 Rdnr. 7.
46   Vgl. dazu *Becker/Riewald/Koch*, RAO Kommentar, 9. Aufl., Bd. IV, 1966, § 353 Anm. 1.
47   *Becker/Riewald/Koch*, RAO aaO. (Fn. 46), § 351 Anm. 2 (Hervorhebung im Original).
48   RGZ 156, 395, 398 f. wie *Friedrich Stein*, aaO. (Fn. 7), S. 75.
49   Vgl. dazu näher *Gaul*, JZ 1979, 496, 504 ff.; zuletzt *ders*. in *Gaul/Schilken/Becker-Eberhard*, aaO. (Fn. 4), § 4 Rdnr. 41 f. m.w.Nachw.
50   *Enno Becker*, RAO, 6. Aufl., 1928 Vorb. 2 ff vor §§ 296, 297. Dazu passt, dass § *283 AO* erst seit 1977 den gleichzeitig mit dem ZVG durch Novelle 1898 eingefügten Wortlaut des § 806 ZPO übernimmt: »Wird der Gegenstand auf Grund der Pfändung veräußert«, auf den *Stein* neben § 90 ZVG damals die Akzentverlagerung vom »Pfandrecht« auf den Beschlagnahmeakt der »Pfändung« als Verwertungsgrundlage stützte; vgl. *Stein*, aaO. (Fn. 7), S. 56.

5. Der Zivilrechtsschutz gegen die Abgabenvollstreckung durch die Drittwiderspruchsklage (§ 262 AO = § 771 ZPO)

Die *Widerspruchsklage* des § 262 AO (= § 301 RAO 1919) ist dem § 771 ZPO nachgebildet. Soweit sie nur »erforderlichenfalls« zu erheben ist, ist unstreitig *kein notwendiges Vorverfahren* durch Einspruch i.S. der §§ 347 ff. AO n.F. 1996 gemeint, zumal zum Dritten kein Verwaltungsrechtsverhältnis besteht.[51] Das stellt zudem § 262 I 3 AO seit StAnpG 1934 ausdrücklich klar: »Welche Rechte die Veräußerung hindern, bestimmt sich nach Bürgerlichem Recht«.[52] Soweit § 262 I 1 AO seit AOÄndG 1965 statt vom »Widerspruch gegen die Pfändung« vom »Widerspruch gegen die Vollstreckung« spricht, ist ihr Anwendungsbereich umfassend wie der des § 771 ZPO und im Unterschied zur Vorzugsklage nach § 293 AO sowie § 805 ZPO nicht auf die Vollstreckung wegen Geldforderungen beschränkt.[53]

Versäumt der Dritte die Widerspruchsklage aus § 262 AO, treten an ihre Stelle die *zivilrechtlichen Ausgleichsansprüche* gegen die Körperschaft der Vollstreckungsbehörde auf den Erlös aus ungerechtfertigter Bereicherung gemäß § 812 I 1 Halbs. 2 BGB und bei schuldhafter Amtspflichtverletzung des Vollziehungsbeamten auf Schadensersatz aus § 839 BGB, Art. 34 GG.[54]

V. Folgerungen aus der Entwicklung der öffentlichen Abgabenvollstreckung und den Erkenntnissen der modernen Verwaltungsrechtslehre

Schon im Ansatz misslungen ist die falsche Weichenstellung ins »Verwaltungsrecht«, weil der von *Stein* bewirkte Wandel der Rechtsanschauung von der »privatrechtlichen Konzeption« des Gesetzgebers der CPO von 1877 in die heutige »öffentlichrechtlich-prozessuale« Sichtweise verkannt wird. *Steins* klare Abgrenzung zwischen »Justiz und Verwaltung« gründete in seiner Rechtsschutzlehre, die dem Titelgläubiger

---

51 Der Hinweis »erforderlichenfalls« dient nur dem Schutz der Behörde vor Haftungs- und Kostenfolgen, vgl. *Hübschmann/Hepp/Spitaler/Müller-Eiselt,*, AO aaO. (Fn. 31) § 262 Rdnr, 37; *Klein/Werth,* AO aaO. (Fn. 31), Rdnr. 7; *Tipke/Kruse/Loose,* AO aaO. (Fn. 31), § 262 Rdnr. 25; *Beermann/Gosch/Zeller-Müller,* AO aaO., § 262 Rdnr. 21.
52 Vgl. *Gaul,* Dogmatische Grundlagen und praktische Bedeutung der Drittwiderspruchsklage, FG 50 Jahre BGH Bd. III 2000, S. 521, 543 f.; *ders.* in *Gaul/Schilken/Becker-Eberhard,* aaO. (Fn. 4), § 4 Rdnr. 30, 37, § 41 Rdnr. 8, 24, 42.
53 Vgl. *Gaul/Schilken/Becker-Eberhard,* aaO. (Fn. 4), § 41 Rdnr. 23 f.; – verfehlt deshalb neuerdings *Stamm,* ZZP 126, (2013) S. 427, 430 in Beschränkung des § 771 ZPO auf die Geldvollstreckung; dagegen mit Recht wie hier MüKoZPO/*Schmidt/Brinkmann,* 5. Aufl. 2016, § 771 Rdnr. 4; *Musielak/Voit/Lackmann,* ZPO Kommentar, 14. Aufl. 2017, § 771 Rdnr. 1.
54 *Becker/Riewald/Koch,* RAO aaO. (Fn. 46), § 328 Anm. 3; *Hübschmann/Hepp/Spitaler/Müller-Eiselt,* AO aaO. (Fn. 31), § 262 Rdnr. 60; *Tipke/Kruse/Loose,* AO aaO. (Fn. 31), § 262 Rdnr. 3, 27; *Klein/Werth,* AO aaO. (Fn. 31), § 262 Rdrn. 8, 9; *Beermann/Gosch/Zeller-Müller,* AO aaO. (Fn. 31), § 262, Rdnr. 6, 24.

einen Vollstreckungsanspruch gegen den Staat gewährt, den heutigen Justizgewährungsanspruch. Dieser ist dem vom Prinzip der Selbstvollstreckung bestimmten Verwaltungsrecht fremd (s.o. III 2).

Vor allem aber mussten die Versuche, die Zivilvollstreckung dem »modernen Verwaltungsrecht anzupassen«, deshalb misslingen, weil die nächstliegende Parallelentwicklung der öffentlichen Abgabenvollstreckung ganz übersehen wurde, nämlich die AO 1977 seit der RAO 1919 des Redaktors *Enno Becker* umgekehrt dem Vorbild der ZPO folgt. Dies macht evident, wie weit sich die Umdeutung der zivilprozessualen Vollstreckungsakte in »Verwaltungsakte« von der geltenden Rechtsordnung entfernt.

1. Widerlegung der These vom »verwaltungsrechtlichen« Pfändungs- und »privatrechtlichen« Verwertungsakt

Dies betrifft zunächst die These der Aufspaltung der Mobiliarvollstreckung nach §§ 803 ff. ZPO in einen »verwaltungsrechtlichen Pfändungs-« und »privatrechtlichen Verwertungsakt«. Das ambivalente Konstrukt als solches hat sich als haltlos erwiesen[55] (s.o. II). Mehr noch erweist dies jetzt das aktuelle Abgabenvollstreckungsrecht der AO 1977. Schon die Umdeutung des *richterlichen Leistungsbefehls* in »Durchbrechung des Gewaltenteilungsprinzips« in einen »*Grundverwaltungsakt*« geht fehl, da sie die Bedeutung des Titels als judikative Eingriffsgrundlage der Zivilvollstreckung verkennt[56] und zudem die autonomen Parteititel des § 794 I Nr. 1 und 5 ZPO nicht erfasst. Ebenso widerspricht die rein begriffliche Subsumtion des Pfändungsakts des Gerichtsvollziehers unter die Legaldefinition des »Verwaltungsakts« des § 35 I VwVfG der ebenso im Prozess- wie im Verwaltungsrecht gebotenen teleologischen Methode,[57] da die Herkunft des Titels aus einer »bürgerlichen Rechtsstreitigkeit« aus dem Blick gerät.

So besteht in der Kommentarliteratur zum VwVfG kein Zweifel, dass »das Privatrecht als Grundlage für Verwaltungsakte i.S.d. § 35 VwVfG ausscheidet«, da es dann an einer Maßnahme »auf dem Gebiet des öffentlichen Rechts« fehlt.[58] Das entspricht dem Kernsatz, den *Christian Waldhoff* treffend für die moderne Verwaltungsrechtslehre formuliert hat: »Zwangsweise Rechtsverwirklichung in den Formen von Vollstreckung und Sanktion kann der gerichtlichen wie der administrativen Rechtsan-

---

55 Vgl. *Jürgen Stamm*, aaO. (Fn. 9), S. 348 ff., 364 ff.
56 Vgl. *Stamm*, aaO, (Fn. 17), S. 219 ff. – Soweit *Johann Braun*, aaO. (Fn. 5), S. 424 f. den »Mythos vom richterlichen Leistungsbefehl« verwirft, der »in die Mottenkiste obrigkeitsstaatlicher Rechtsbegriffe« gehöre, ist dies ebenso haltlos, zutr. dagegen *Piekenbrock*, aaO. (Fn. 8), S. 505, 507 f.
57 So betonte *Ernst Forthoff*, Lehrbuch des Verwaltungsrechts, Bd. I, 8. Aufl. 1961, S. 146, 184, 204 im Anschluss an *Ernst v. Hippel*, dass der ganze »Begriffsapparat des Verwaltungsrechts« und so auch der »Verwaltugnsakt« ein »teleologisch« zu erfassender »Zweckbegriff« ist; – zum Zivilproezsses vgl. *Gaul*, AcP 168 (1968), S. 27, 42 ff.
58 Vgl. *Bauer/Heckmann/Ruge/Schallbruch/Ritgen*, VwVfG aaO. (Fn. 26), § 35 Rdnr. 88; auch *Mann/Sennekamp/Uechtritz/Windoffer*, VwVfG aaO. (Fn. 26), § 35 Rdnr. 37, 47.

wendung folgen«, und zwar »die administrative durch die Verwaltung selbst«.[59] Die Art der »Rechtsdurchsetzung« richtet sich also nach dem durchzusetzenden »Recht«. Zudem übt der Gerichtsvollzieher weder eine »*öffentlich-rechtliche Verwaltungstätigkeit der Behörde*« i.S.d. § 1 I VwVfG aus, noch ist er eine »*Vollstreckungsbehörde*« i.S.d. § 1 IV VwVfG.[60] Überdies zeigt der Katalog der »Ausnahmen« des § 2 VwVfG, dass abgeschlossene Regelungen außerhalb ihres »Anwendungsbereichs« wie explizit die der *AO* (§ 2 II Nr. 1 VwVfG) nicht erfasst sind, was selbstverständlich auch für die Zivilvollstreckung nach der ZPO gilt. Handelte es sich wie nach der jüngsten Version um eine »*Justizverwaltungstätigkeit*« einer »*Verwaltungsbehörde*«,[61] unterfiele sie sogar dem »Ausschluss« des § 2 III Nr. 1 VwVfG, da sie dann gemäß §§ 23 ff. EGGVG der Nachprüfung durch den »Zivilsenat beim OLG« unterläge.

Ist in der Abgabenvollstreckung der »Verwaltungsakt« der Pfändung (§ 281 I AO) mit einem privatrechtlichen Verfügungsverbot nach §§ 136, 135 BGB sowie nach h.M. zumindest mit einem »Pfandrecht im Verhältnis zu Dritten« (§ 282 I, II AO) verbunden (s.o. IV 3), bleibt nach der Aufspaltungsthese eines »verwaltungsrechtlichen« Pfändungs- und »privatrechtlichen« Verwertungsakts der »Verwaltungsakt« der Pfändung gänzlich funktionslos. So soll sich die »*Verstrickung* als Verwaltungsakt darstellen«, die sich »als bloße Umschreibung für die Existenz eines Verwaltungsakts entpuppt« und schließlich – neben dem »privatrechtlichen« Verwertungsakt – »als Rechtsfigur in der weiteren Konsequenz als überflüssig erweist«, auf die angesichts des maßgebenden »rechtsgeschäftlichen Eigentumserwerbs aus dem Pfandverkauf« letztlich »*verzichtet*« werden könne.[62] Mit Preisgabe der »verwaltungsrechtlichen« Komponente beraubt sich das »Verständnismodell« seiner Basis. Radikaler konnte sich der zwiespältige Umdenkungsprozess des Zwangsvollstreckungsrechts ins »Verwaltungsrecht« nicht selbst entzaubern. Die dem 8. Buch der ZPO nachgebildete positive Regelung der Abgabenvollstreckung in der AO widerlegt ihn.

Die Zufluchtnahme zum »*privatrechtlichen Pfandverkauf*« ist ersichtlich ergebnisorientiert, um zur Anwendung des § 1244 BGB und damit zum gutgläubigen Eigentumserwerb aus der Pfandveräußerung zu gelangen. Sonst könnte es sich nämlich »bei hoheitlich verstandener Eigentumszuweisung um eine staatliche *Enteignung i.S. d. Art. 14 GG* handeln«, während seinen »verfassungsrechtlichen Anforderungen« der »zivilrechtliche Erwerbsvorgang genügt«.[63] Das deckt sich völlig mit der »privatrechtlichen Theorie«, nach der »die privatrechtliche Konstruktion der Veräußerungsmacht (des durch den Gerichtsvollzieher vertretenen Gläubigers) aus dem

---

59 *Christian Waldhoff*, Staat und Zwang aaO. (Fn. 22), S. 16.
60 Vgl. *Bauer/Heckmann/Ruge/Schallbruch/Albrecht*, VwVfG aaO. (Fn. 26), § 1 Rdnr. 27, 32, 48; *Mann/Sennekamp/Uechtritz/Schönenbroicher*, VwVfG aaO. (Fn. 26), § 1 Rdnr. 29, 42.
61 So zuletzt durchgängig *Jürgen Stamm*, Reformbedarf in der Zwangsvollstreckung, JZ 2012, 67, 69 ff. und dagegen zuletzt *Gaul*, ZZP 130 (2017), 3, 42 f. m.w.Nachw.
62 So jeweils *Stamm*, aaO. (Fn. 9), S. 393, 398, 400 und zusammenfassend S. 428.
63 So *Stamm*, aaO. (Fn. 9), S. 401 ff., 403 f.

Rahmen des Art. 14 III GG herausfällt«[64]. Dieser Aspekt dürfte der Grund sein, weshalb die privatrechtliche Theorie heute noch Anhänger findet.

Als Vermeidungsstrategie zum drohenden Verdikt aus Art. 14 GG erklärt sich zudem der Versuch, das gespaltene »Verständnismodell« sogar in die judikative *Immobiliarvollstreckung* zu übertragen, ohne die luzide in die umgekehrte Stoßrichtung zielende Lehre *Steins* der Anpassung der Mobiliarvollstreckung an das modernere ZVG zu beachten. Zu welch fataler Aberration abseits des geltenden Rechts dies geführt hat, wurde schon eingehend dargelegt.[65] Schon eine Nota puntata verdeutlicht das: Dem gerichtlichen Zuschlagsbeschluss des § 90 ZVG wird die »*Zwangshypothek*« als »*Grundpfändungspfandrecht*« unterlegt, aus dem der Gläubiger mit Hilfe des in seiner Funktion handelnden Vollstreckungsgerichts seine Befriedigung aus dem versteigerten Grundstück sucht. Da es sich so um einen »rechtsgeschäftlichen Eigentumserwerb i.S.d. privaten Pfandrechtstheorie« handeln soll, sei über den damit anwendbaren *Gutglaubensschutz* »des § 892 BGB sichergestellt, dass für die Enteignung des wahren Berechtigten eine gesetzliche Grundlage vorhanden« sei, »die den Anforderung des Art. 14 GG genügt«.[66]

Das »Verständnismodell« als »lex lata« auszugeben, ist unverständlich, da es dem Gesetz und den Gesetzesmaterialien frontal widerspricht. Übersehen wird, dass die *Motive zum ZVG* ausdrücklich »*die Begründung eines Pfandrechts durch die Beschlagnahme*« verworfen haben zugunsten eines »Beschlagnahmevorrechts« als »*Recht auf Befriedigung aus dem Grundstück*« (§§ 10 I Nr. 5, 11 II ZVG) und die *Denkschrift zum ZVG* klarstellt: »*Durch den Zuschlag erwirbt der Ersteher das Eigentum an dem Grundstück... ohne Rücksicht darauf, ob das Eigentum bisher dem Schuldner oder einem Dritten zustand (§ 90 I und II)*«; damit wird der (bei der Terminbestimmung) angedrohte Rechtsnachteil (§ 37 Nr. 5) verwirklicht«.[67]

2. Entkräftung der »Enteignungs«-These durch das Abgabenvollstreckungsrecht

Noch verhängnisvoller wirkt sich die Nichtbeachtung der AO 1977 auf die jüngste These von der Mobiliarvollstreckung als »enteignendem Verwaltungsakt« aus[68] (s.o. II) Als Musterbeispiel *administrativer* Vollstreckung ist an ihr die Enteignungs-These zu erproben. Wie gezeigt, ist es unstreitig, dass der Eigentumserwerb aufgrund öffentlicher Versteigerung gemäß § 299 II AO mit »Aushändigung der zugeschlagenen Sache« durch den Vollziehungsbeamten »kraft Hoheitsaktes« derart erfolgt, dass

---

64 So *Wolfgang Marotzke,* Öffentlichrechtliche Verwertungsmacht und Grundgesetz, NJW 1978, 133, 136 und dazu *Gaul,* ZZP 130 (2017), 3, 18 zu Fn. 122.
65 Zur Kritik vgl. näher *Gaul,* ZZP 130 (2017), 3, 32 ff.; ebenso zuvor schon Rezension *Eberhard Schilken,* AcP 208 (2008), 850, 853 (»verwunderliche Konstruktion«).
66 So *Jürgen Stamm,* aaO. (Fn. 9), S. 456 ff, insb. S. 460 f., 463.
67 Vgl. dazu mit Quellennachw. näher *Gaul,* ZZP 130 (2017), 3, 34 zu Fn. 150 f. und 36 zu Fn. 164 f.; mit vollständigem Zitat schon *ders.,* Rpfleger 1971, 1, 6 zu Fn. 56.
68 So *Simon Müller,* aaO. (Fn. 9), passim.

der Ersteher *an (wirksam) gepfändeten schuldnerfremden Sachen unabhängig vom guten Glauben lastenfreies Eigentum erwirbt,* § 1244 BGB also nicht anwendbar ist (s. o. IV 4).

Doch ebenso unstreitig ist, dass der so geartete Eigentumsverlust für den wahren Berechtigten *keine Enteignung oder enteignungsgleichen Eingriff* darstellt. Das gilt sogar als so selbstverständlich, dass dies nur mit der älteren BGH-Judikatur belegt wird.[69] Verwiesen wird der Drittberechtigte hingegen jeweils auf den nach versäumter Widerspruchsklage aus § 262 AO (= § 771 ZPO) verbleibenden *Zivilrechtsschutz* auf Auskehr des Erlöses gegen den Gläubiger aus ungerechtfertigter Bereicherung (§ 812 I 1 Alt. 2 BGB) oder bei schuldhafter Amtspflichtverletzung auf Schadensersatz wegen Staatshaftung aus § 839 BGB i.V.m. Art. 34 GG (s.o. IV 5).

Entgegen der jüngsten abwegigen Einreihung der judikativen Eigentumsübertragung nach § 90 ZVG unter die administrativen »Enteignungsfälle« des § 117 BauBG usw.[70] hält man im Abgabenvollstreckungsrecht den Zuschlagsbeschluss gleichfalls *nicht für eine Enteignung,* sondern verweist den »Inhaber eines der Versteigerung entgegenstehenden Rechts«, der sein Widerspruchsrecht aus § 262 AO nicht ausgeübt hat, gemäß § 322 I 2 AO, § 37 Nr. 5 ZVG auf das durch *Surrogation* »an die Stelle des versteigerten Grundstücks tretende Recht auf den Versteigerungserlös« gegen den Steuerfiskus und nach Erlösauskehr auf den *Bereicherungsausgleich.*[71]

Unstreitig ist schließlich, dass die Vollziehung des *ungerechtfertigten Steuerarrestes* gemäß § 324 AO keinen Entschädigungsanspruch aus Enteignung oder *enteignungsgleichem Eingriff* begründet.[72]

Ist Wesensmerkmal der Abgrenzung der Enteignung i.S.d. Art. 14 III GG von der Inhalts- und Schrankenbestimmung i.S.d. Art. 14 I 2 GG, dass der Staat je nach der Zweckbestimmung dem Eigentümer das Eigentum für sich selbst und damit *im öffentlichen Interesse* entzieht, während bei Entzug *im privaten Interesse* Dritter nur eine Inhalts- und Schrankenbestimmung des Eigentums vorliegt[73], ist *für die Abgabenvollstreckung* die absolute Negierung des Enteignungsgedankens nicht so selbstverständlich. Immerhin geht es hier konkret um den Eingriff *in das Eigentumsrecht*

---

69 Vgl. *Hübschmann/Hepp/Spitaler/Müller-Eiselt,* AO aaO. (Fn. 31) § 262 Rdnr. 60 mit Hinweis auf BGHZ 32, 340 ff.; *Beermann/Gosch/Zeller-Müller,* § 262 Rdrn. 6 zu Fn. 7; ebenso schon mit Hinweis auf BGHZ 32, 240 ff. *Becker/Riewald/Koch,* aaO. (Fn. 46), § 328 Anm. 3.

70 So *Simon Müller,* aaO, (Fn. 9), S. 107 ff., 114 f.

71 Vgl. *Hübschmann/Hepp/Spitaler/Hohmann,* AO aaO. (Fn. 31), § 322 Rdnr. 156 m.w.Nachw.; – dazu aus Sicht der Zivilvollstreckung näher *Klaus Bartels,* Dogmatik und Effizienz im Recht der Zwangsversteigerung, 2010, S. 209 ff., 366 ff., 508 ff., 510.

72 Streitig ist nur, ob allein eine Staatshaftung wegen schuldhafter Amtspflichtverletzung gemäß § 839 BGB, Art. 34 GG oder auch die Risikohaftung analog § 945 ZPO eingreift. Die letztere Ansicht verdient den Vorzug. Vgl. dazu näher Gaul, JZ 2013, 760 ff., 765 ff. (schon o. zu Fn. 38) mit der bisher h.M. auch zur AO; vgl. nur *Klein/Werth,* AO aaO. (Fn. 31), § 324 Rdnr. 16 m.w.Nachw.; -a.A. *Hübschmann/Hepp/Spitaler/Hohmann,* AO aaO. (Fn. 31), § 324 Rdnr. 110 (nur Haftung aus § 839 BGB, Art. 34 GG), – wo zugleich irrig der hiesige Standpunkt für den »enteignungsgleichen Eingriff« zit. wird.

73 So repäsentativ *Ossenbühl/Cornils,* Staatshaftungsrecht, 6. Aufl. 2013, S. 208 f. m.w.Nachw.

wegen einer Abgabenforderung, an deren Durchsetzung durchaus ein öffentliches Interesse besteht. Wenn zuletzt der BGH die Haftung des Fiskus aus § 945 ZPO oder § 717 II ZPO gerade deshalb in Frage stellt, weil im Vergleich zu ZPO-Titeln »die Vollziehbarkeit des Steuerbescheids auf dem *Vorrang des Allgemeininteresses vor dem Einzelinteresse* beruht«,[74] so ist das nicht nur prinzipiell bedenklich, sondern auch zweischneidig, weil es zugleich latent den Enteignungsgedanken nahelegt. Macht man sich indes das Motto des Redaktors der RAO *Enno Becker* bewusst, den Steuerbehörden »den Zugriff in denselben Rechtsformen« zu ermöglichen, die »für die Befriedigung privater Geldgläubiger« gelten,[75] ist als Kehrseite auch ihre haftungsrechtliche Gleichstellung mit Privatgläubigern folgerichtig. Das erklärt die strikte Verwerfung des Enteignungsgedankens in der Abgabenvollstreckung. Für die Zivilvollstreckung rechtfertigt das den Erst-recht-Schluss.

3. Einklang mit der Rechtsprechung des BGH und BVerfG

So ist auch das *BGH-Urteil vom 28.4.1960*[76] zu verstehen, das als Leitentscheidung für die Zivil- wie für die Abgabenvollstreckung dient. Tatsächlich betraf sie den Verlust des Dritteigentums durch den Vollstreckungszugriff der Finanzbehörde aus einem Steuerbescheid infolge versäumter Widerspruchsklage aus § 328 RAO (= § 262 AO 1977). Die Enteignung verneint der BGH, weil hier nicht »dem einzelnen *im Interesse der Allgemeinheit ein Sonderopfer* auferlegt« wurde. So wie die Vollstreckung eines »gerichtlich festgestellten Individualanspruchs *niemals Enteignung*« sei, gelte dasselbe hier, da »der Staat nicht in seiner Eigenschaft *als Vollstreckungsorgan* begünstigt« werde, sondern *als »Vollstreckungsgläubiger«*. Deshalb sei »die Vollstreckung aus dem Steuerbescheid wie die eines Zivilurteils« zu behandeln mit der Folge, dass der »fehlerhafte Zugriff auf fremdes Vermögen ebenfalls nur nach *Bereicherungs- und Amtshaftungsgrundsätzen* ausgeglichen werden kann«. Seine seither st. Rspr. hat der BGH zuletzt im Urteil vom 8.11.2013[77] bekräftigt: »Der nach § 90 ZVG mit dem Zuschlag einhergehende Verlust schuldnerfremden Eigentums ist als Inhalts- und Schrankenbestimmung nach Art. 14 I 2 GG verfassungskonform.«

Vor allem ist neuerdings seit dem *Senatsbeschluss des BVerfG vom 22.01.2001*[78] klargestellt: Die »Enteignung i.S. d. Art. 14 III GG ist beschränkt auf solche Fälle, in denen *Güter hoheitlich beschafft* werden, mit denen ein konkretes, der *Erfüllung öffentlicher Aufgaben dienendes Vorhaben* durchgeführt werden soll (BVerfGE 38,

---

74 BGH, NJW-RR 2012, 1490, 1491 und dazu krit. *Gaul,* JZ 2013, 760, 765 ff., 770 f.
75 Vgl. o. zu Fn. 37 u. 50 m.Nachw.
76 BGHZ 32, 240, 245 f. (Hervorhebung teils. im Original), bestät. BGH, BB 1967, 941; BGH, NVwZ 1998, 878, 879.
77 BGHZ 199, 31, 40 und dazu *Gaul,* ZZP 130, 3, 37 ff., 60 zu Fn. 283.
78 BVerfGE 104, 1, 10 (Baulandumlegung); zust. *Dreier/Wieland,* GG Kommentar, 3. Aufl., 2013, Art. 14 Rdnr. 92; *Ossenbühl/Cornils,* aaO, (Fn. 73), S. 206 ff. mit eingeh. Darlegung; vgl. dazu auch schon *Gaul/Schilken/Becker-Eberhard,* aaO. (Fn. 4), § 2 Rdnr. 17 m.w.Nachw.; zuletzt *Gaul,* ZZP 130 (2017), 3, 59 zu Fn. 281.

175, 179 f.). Ist mit dem Entzug bestehender Rechtspositionen der *Ausgleich privater Interessen* beabsichtigt, kann es sich nur um eine Inhalts- und Schrankenbestimmung – i.S.d. Art. 14 I 2 GG – handeln (BVerfGE 101, 239, 259)«. Für die Zwangsvollstreckung bringt es das Senatsmitglied *Evelyn Hahn* auf den Punkt: »Der Gedanke (einer Enteignung) *verfehlt ganz offensichtlich den Sinn der Zwangsvollstreckung*«.[79] Zuletzt hat das Senatsurteil des BVerfG vom 6.12.2016[80] zum Atomausstieg seinen grundlegenden Beschluss vom 22.01.2001 nochmals ausdrücklich bestätigt.

Die Befürworter der Enteignung durch den Vollstreckungszugriff differenzieren nicht, ob es sich wirklich um eine (rechtmäßige) »Enteignung« oder einen (rechtswidrigen) »*enteignungsgleichen Eingriff*« handelt, gehen aber ohne weiteres von einem »rechtswidrigen Eingriff« aus. Mit der Gleichsetzung des »Vollstreckungsakts« als »Verwaltungsakt« nehmen sie nur das staatliche Handeln als bei Drittbetroffenheit per se rechtswidriges Handeln in den Blick. Es ist jedoch zwischen dem (womöglich) rechtmäßigen Handeln der Vollstreckungsorgane und dem rechtswidrigen Vollstreckungsbetrieb des Gläubigers zu unterscheiden,[81] wie es in der Leitentscheidung des BGH vom 28.4.1960 geschieht: Das Gesetz »verleiht den Vollstreckungsorganen die Befugnis, nach dem äußeren Bild, insb. dem Gewahrsam (§ 808 I ZPO) zuzugreifen und überlässt es dem betroffenen Dritten, Übergriffe abzuwehren« (§ 771 ZPO). Wird dies »versäumt« und führt zum »Rechtsverlust«, ist dieser »nur zwischen dem Dritten und dem bereicherten Gläubiger auszugleichen« (§ 812 BGB)[82]. Rechtsfolge der Enteignung und des enteignungsgleichen Eingriffs ist jeweils die *Entschädigung durch den Staat,*[83] wie auch bei schuldhafter Amtspflichtverletzung des Vollstreckungsbeamten die Haftung des Staates auf Schadensersatz nach § 839 BGB, Art. 34 GG eingreift. Soweit die Befürworter der Enteignung durch den Vollstreckungszugriff ohne weiteres zur »*ipso iure Nichtigkeit*« des drittverletzenden Eigentumserwerbs gelangen,[84] entbehrt dies der Grundlage.

4. Der verbleibende Zivilrechtsschutz

Dem Zwangsvollstreckungsrecht ist systemimmanent, dass es als um seiner Effizienz willen notwendig »formalisiertes« Recht auf leicht überschaubare Zugriffstatbestände angewiesen ist, die regelmäßig auf die Zugehörigkeit zum Schuldnervermögen schließen lassen, den absoluten Bestandsschutz betroffener Drittrechte nicht gewähr-

---

79 *Evelyn Hahn,* NVwZ 2002, 272, 274 f. (Hervorhebung hier) mit Hinweis auf die st. BVerfG Rspr.
80 BVerfG, NJW 2017, 217, 224 zu Rdnr. 246 ff.; zuvor schon BVerfGE 126, 331, 359 (Ausschluss unauffindbarer Miterben).
81 Vgl. dazu *Gaul,* Die Haftung aus dem Vollstreckungszugriff, ZZP 110 (1999), 3, 5 ff.
82 BGHZ 32, 240, 245 f.
83 Vgl. dazu eingehend *Ossenbühl/Cornils,* aaO. (Fn. 73), S. 315 ff., zugleich unter dem Aspekt der »Subsidiarität des enteignungsgleichen Eingriffs gegenüber Rechtsschutzmöglichkeiten zur Abwehr staatlicher Eingriffe«.
84 So *Simon Müller,* aaO. (Fn. 9), S. 184 ff., 189 ff., 204, 245 f.

leisten kann. Deshalb verweist das Gesetz Dritte primär auf die Widerspruchsklage, sekundär auf den *Wertersatz aufgrund Surrogation* oder nach Erlösauskehr auf den *Bereicherungsausgleich,* so besonders klar für die *Immobiliarvollstreckung* durch §§ 37 Nr. 5 ZVG, 771 ZPO. Der redlichkeitsunabhängige Rechtserwerb des Erstehers durch den Zuschlag (§ 90 I und II ZVG) hat zugleich den bei Terminbestimmung *angedrohten Rechtsverlust* zur Folge, der als das *materielle Recht* betreffender Grund mit der auf *Verfahrensfehler* beschränkten Zuschlagsbeschwerde nach §§ 95, 100 I, II ZVG nicht korrigierbar ist.[85] Schließt zudem die *Rechtskraft des Zuschlagsbeschusses* die Korrektur aus,[86] steht in der *Mobiliarvollstreckung* weitergehenden Haftungsansprüchen des Drittberechtigten gegen den Gläubiger an sich nichts entgegen, auch nicht eine sog. »*Vollstreckungskraft*«.[87] Zwar verweist auch hier das Gesetz den benachteiligten Dritten mehrfach auf den Bereicherungsausgleich (vgl. z.B. § 878 II ZPO) und § 79 II 3 BVerfG schließt sogar den Bereicherungsausgleich bei Nichtigerklärung der dem Titel zugrunde liegenden Norm (nach versäumter Klage des § 767 ZPO) aus. Nach hiesiger Ansicht kommt aber beim Übergriff in Dritteigentum durchaus eine Haftung des Gläubigers *analog §§ 990, 989 aus dem Eigentümer-Besitzer-Verhältnis* mit dem Vorzug vor einer Deliktshaftung aus §§ 823 ff. BGB wegen Zurechnung der Kenntnis oder des Verschuldens des Anwalts (§§ 166 I, 278 BGB) in Betracht.[88]

VI. Schluss

Die jüngsten Bestrebungen eines Umdenkungsprozesses des Zwangsvollstreckungsrechts ins »Verwaltungsrecht« finden in der beanspruchten, jedoch nicht konsultierten »modernen Verwaltungsrechtslehre« keinen Rückhalt. Diese respektiert vielmehr strikt die Grenzen zwischen »Justiz und Verwaltung« und denkt gar nicht daran, das Zwangsvollstreckungsrecht ihrer Disziplin zu unterwerfen. Soweit die Gleichsetzung des »Vollstreckungsakts« mit dem »Verwaltungsakt« dazu dient, die Zwangsvollstreckung in schuldnerfremde Sachen als »enteignenden Verwaltungsakt« zu disqualifizieren, steht dem die nicht beachtete ständige Rechtsprechung des BVerfG und des

---

85 Vgl. dazu zuletzt *Gaul*, ZZP 130 (2017), 3, 36 ff. m.w.Nachw. u. Quellenbelegen, zugleich zu BGHZ 199, 31, 37 ff. u. dazu *Klaus Bartels,* Zum Erwerb schuldnerfremden Eigentums nach ZVG, ZZP 128 (2015), 341 ff., 350 ff.
86 Vgl. dazu zuletzt *Gaul*, ZZP 130 (2017), 3, 35 ff. m. Hinweis auf die st. Rspr. des RG und BGH zu Fn. 160 f.; – ob es sich dabei um eine Rechtskrafterstreckung analog § 325 ZPO (infolge Präklusion aus § 37 Nr. 5 ZVG), Tatbestandwirkung gegenüber Dritten oder Gestaltungswirkung handelt, mag hier dahinstehen, vgl. zuletzt *Panajotta Lakkis,* Gestaltungsakte im internationalen Rechtsverkehr, 2007, S. 279 ff. m.w.Nachw.
87 So *Harald Böhm,* Ungerechtfertigte Zwangsvollstreckung und materielle Ausgleichsansprüche, 1971, S. 5 f., 68, 88 und daggegen *Gaul,* AcP 173 (1973), 328 ff.; wie hier BGHZ 119, 75, 86.
88 Vgl. dazu näher *Gaul*, ZZP 110 (1997), 3, 16 f. m.w.Nachw.; zuletzt *ders.* in *Gaul/Schilken/Becker-Eberhard,* aaO. (Fn. 4), § 7 Rdnr. 20 ff. m.w.Nachw., § 41 Rdnr. 189; § 53 Rdnr. 57 *(Schilken).*

BGH entgegen. Namentlich bleibt die Parallelentwicklung in der öffentlich-rechtlichen Abgabenvollstreckung nach der AO 1977 bisher außer Acht, die als nach dem Vorbild des 8. Buchs der ZPO geformtes Muster administrativer Vollstreckung den Gedanken der Enteignung verwirft und den Drittbetroffenen auf den Zivilrechtsschutz und die Staatshaftung aus Amtspflichtverletzung verweist.

Rangrücktrittsvereinbarungen

ULRICH HAAS

I. Einleitung

Nach § 39 Abs. 2 InsO sind Forderungen, für die zwischen Gläubiger und Schuldner ein Nachrang vereinbart worden ist, im Insolvenzverfahren im Zweifel nach den in § 39 Abs. 1 InsO bezeichneten Forderungen zu berichtigen. Die Bestimmung ist eine Auslegungsregel,[1] aus der nicht hervorgeht, wie eine Nachrangvereinbarung dogmatisch einzuordnen ist, wie und mit welchem Inhalt sie zustande kommt oder welche insolvenzrechtlichen Konsequenzen sie zeitigt. Diese Fragen sollen hier näher beleuchtet werden.

II. Dogmatische Einordnung

Mit der Nachrangvereinbarung wollen die Parteien auf die insolvenz-vollstreckungsrechtliche Verteilung Einfluss nehmen. Die fragliche Forderung soll nicht mit dem ihr zustehenden gesetzlichen, sondern mit dem parteivereinbarten Rang aus der Insolvenzmasse befriedigt werden. Die dogmatische Einordnung derartiger Vereinbarungen ist unklar.[2]

1. Überblick

Das Schrifttum suchte ursprünglich eine Analogie zu den gesellschaftsrechtlichen Kapitalerhaltungsvorschriften, insb. §§ 30 f. GmbHG.[3] Eine gewisse Parallele ist nicht zu leugnen; denn § 30 Abs. 1 GmbHG regelt ebenfalls eine Art »Nachrang«. Danach sind im Stadium der Unterbilanz Ansprüche auf Ausschüttungen an die Gesellschafter gegenüber Ansprüchen von Fremdgläubigern nachrangig.[4] Bei Vorliegen einer Unterbilanz darf m.a.W. das vorhandene Gesellschaftsvermögen nicht für *causa societatis* begründete Gesellschafterforderungen eingesetzt werden.

---

1 BGH ZInsO 2014, 1661 Rn. 5.
2 *Habersack* ZGR 2000, 384, 403 f.
3 Nachweise bei *Haas/Kolmann/Pauw*, in Gottwald Insolvenzrechtshandbuch, 5. Aufl. 2016, § 92 Rn. 565.
4 Vgl. *Baumbach/Hueck/Fastrich*, GmbHG, 21. Aufl. 2017, § 30 Rn. 1; *Fleischer*, in Henssler/Strohn, Gesellschaftsrecht, 3. Aufl. 2016, § 30 GmbHG Rn. 1; *Roth/Altmeppen/Altmeppen*, GmbHG, 8. Aufl. 2015, § 30 Rn. 1.

Trotz dieser Parallele ist die gesellschaftsrechtliche Deutung von Nachrangvereinbarungen abzulehnen, denn es handelt sich nicht um ein spezifisch gesellschaftsrechtliches Phänomen.[5] Die Nachrangvereinbarung ist nicht Ausdruck einer gesellschaftsrechtlichen Autonomie der Parteien, sondern eine vollstreckungs- bzw. haftungsbezogene Vereinbarung, die grundsätzlich jedem Gläubiger und jedem Schuldner unabhängig vom gesellschaftsrechtlichen Referenzrahmen offensteht.

Die wohl h.M. verankert heute die Rangrücktrittsvereinbarung im allgemeinen Schuldrecht.[6] Sie stellt überwiegender Ansicht nach keinen Forderungsverzicht dar.[7] Die Rechtsprechung lehnt zudem auch eine Einordnung als *pactum de non petendo* ab.[8] Sie sieht in der Vereinbarung einen »*verfügenden Schuldänderungsvertrag*«, bei dem »*die Forderung mit dinglicher Kraft inhaltlich ... umgewandelt* [wird]«.[9]

2. Stellungnahme

Die Nachrangvereinbarung ist richtiger Ansicht nach nicht im Schuld-, sondern im Vollstreckungs- und Insolvenzrecht zu verorten. Sie ist nicht auf den Bestand der Forderung gerichtet, sondern entfaltet ihre Hauptwirkung im Vollstreckungsrecht, bei der Umsetzung im Vermögen des Schuldners. Dieses soll der Vereinbarung zufolge nicht in jedem Fall, sondern nur unter bestimmten Voraussetzungen für die Forderung haften müssen.

Derartige Vollstreckungsvereinbarungen sind als Prozessvereinbarungen in bestimmten Grenzen zulässig und für das Vollstreckungsorgan bindend.[10] Es ist anerkannt, dass Gläubiger und Schuldner die Vollstreckungsmöglichkeiten erweitern, begrenzen oder gar ausschließen können.[11] Die Parteien können etwa vereinbaren,

---

5 *Habersack* ZGR 2000, 384, 400.
6 Vgl. K/P/B/*Preuß*, InsO, 67. Lieferung 5/2016, § 39 Rn. 25; *Bitter* ZHR 181 (2017), 428, 460; Uhlenbruck/*Hirte*, InsO, 14. Aufl. 2015, § 39 Rn. 54; BeckOK-InsO/*Prosteder/ Dachner*, Stand: 15.10.2016, § 39 Rn. 120; Graf-Schlicker/*Neußner*, InsO, 4. Aufl. 2014, § 39 Rn. 47.
7 BGH NZI 2015, 315 Rn. 32; Uhlenbruck/*Hirte* (Fn. 6) § 39 Rn. 53. AM aber *Serick* ZIP 1980, 9, 14.
8 BGH NZI 2015, 315 Rn. 32. AM *K.Schmidt/Herchen*, InsO, 19. Aufl. 2016, 39 Rn. 22; *K. Schmidt* in K.Schmidt/Uhlenbruck (Hrsg.), Die GmbH in Krise, Sanierung und Insolvenz, 5. Aufl. 2016, Rn. 5.137.
9 BGH NZI 2015, 315 Rn. 32 so auch *Geißler* DZWIR 2015, 345, 347; *Berger* ZInsO 2015, 1938, 1941; *Knobbe-Keuk* ZIP 1983, 127, 129; Scholz/*Bitter*, GmbHG, 11. Aufl. 2015, Anh. § 64 Rn. 361; kritisch hierzu zu Recht *Ekkengga* ZIP 2017, 1493, 1497 f.
10 *Musielak/Voit*, ZPO, 13. Aufl. 2016, Vorbem § 704 Rn. 18; *Musielak*, in FS Schilken, 2015, S. 749 ff.; MüKoZPO/*K.Schmidt/Brinkmann*, 5. Aufl. 2016, § 766 Rn. 36; s. auch BGH NJW 1991, 2295, 2296.
11 *Musielak/Voit* (Fn. 10) Vorbem § 704 Rn. 17; Gaul/Schilken/*Becker-Eberhard*, Zwangsvollstreckungsrecht, 10. Aufl. 2015, § 33 Rn. 38 mit zahlreichen weiteren Beispielen; *Musielak*, in FS Schilken, 2015, S. 749, 755 ff.

nicht in einen bestimmten Gegenstand zu vollstrecken[12] oder eben auch Befriedigung aus dem Vermögen des Schuldners nur dann zu suchen, nachdem alle oder bestimmte andere Gläubiger befriedigt wurden. Abzugrenzen sind derartige Verträge von (materiellrechtlichen) Vereinbarungen, die sich auf den Anspruch selbst beziehen (wie Stundung oder Erlass).[13] Von verfügenden Vollstreckungsverträgen spricht man, wenn wie vorliegend das (Gesamt-)Vollstreckungsrecht durch die Vereinbarung rechtsgestaltend abgeändert wird.[14]

III. Der Grundsatz der Dispositionsfreiheit

Dass die haftungsrechtliche Funktion des Schuldnervermögens der Parteiautonomie (besser: der Dispositionsfreiheit)[15] unterliegt, klingt bereits in der Auslegungsregel des § 39 Abs. 2 InsO an. Danach kommt der Rangrücktrittsvereinbarung »im Zweifel« eine bestimmte Rangtiefe zu,[16] sodass sie letztlich zur Disposition der Parteien steht.[17] Zulässig ist es etwa, wenn der Insolvenzgläubiger in den Rang des § 39 Abs. 1 Nr. 5 InsO oder dahinter zurücktritt. Die Parteien können auch einen neuen Rang schaffen (Zwischenrang) oder innerhalb eines Ranges neue Unterkategorien bilden.[18] Ausgeschlossen ist nur, dass Gläubiger und Schuldner einen besseren als den gesetzlich vorgesehenen Rang vereinbaren; denn eine solche Vereinbarung würde die Interessen Dritter schädigen.[19]

Aus § 39 Abs. 2 InsO folgt nicht, dass die Parteien nur bestimmte Arten von Nachrangvereinbarungen treffen dürfen oder dass der Insolvenzverwalter nur an bestimmte Arten (als »Quasi-Rechtsnachfolger«) gebunden ist. Letztlich sind nämlich weder schutzwürdige Interessen Dritter noch insolvenzrechtliche Wertungen erkennbar, die unterschiedlichen Typen von Nachrangvereinbarung entgegenstünden. Richtiger Ansicht nach können daher die Parteien den Inhalt einer Rangrücktrittsvereinbarung auch jenseits der Rangtiefe frei bestimmen.

Folglich können die Parteien auch den zeitlichen Anwendungsbereich des Rangrücktritts frei vereinbaren,[20] indem sie etwa einen Rangrücktritt nur ab Insolvenz-

---

12 LG München BeckRS 2015, 21017; *Musielak*, in FS Schilken, 2015, S. 749, 755 f.
13 Gaul/Schilken/*Becker-Eberhard* (Fn. 11) § 33 Rn. 2; *Musielak*, in FS Schilken, 2015, S. 749: maßgebendes Abgrenzungskriterium ist, auf welchem Gebiet die Vereinbarung ihre Hauptwirkungen zeitigt.
14 *Musielak*, in FS Schilken, 2015, S. 749, 753; Gaul/Schilken/*Becker-Eberhard* (Fn. 11) Rn. 9.
15 Gaul/Schilken/*Becker-Eberhard* (Fn. 11) Rn. 14.
16 BGH NZI 2015, 315 Rn. 15; *Habersack* ZGR 2000, 384, 401; *Bitter/Heim* ZIP 2015, 638, 646; *Berger* ZIP 2016, 1, 4; *Geißler* DZWIR 2015, 345, 347.
17 Uhlenbruck/*Hirte* (Fn. 6) § 39 Rn. 52.
18 Uhlenbruck/*Hirte* (Fn. 6) § 39 Rn. 52; Scholz/*Bitter* (Fn. 9) Anh. § 64 Rn. 363.
19 BGH NZI 2014, 503 Rn. 7; HK-InsO/*Ries*, 8. Aufl. 2016, § 39 Rn. 13; siehe auch BeckOK-InsO/*Prosteder/Dachner* (Fn. 6) § 39 Rn. 117.
20 BeckOK-InsO/*Prosteder/Dachner* (Fn. 6) § 39 Rn. 110; *Bitter* ZHR 181 (2017), 428, 437.

eröffnung (nachfolgend »Insolvenznachrang«) oder zusätzlich bereits ab einem von ihnen bestimmten, vorinsolvenzrechtlichen Krisenmoment (Insolvenzreife, Unterbilanz, etc.) vorsehen. Im letzteren Fall spricht man von einem »qualifizierten Nachrang«. Die Parteien können den vorinsolvenzrechtlichen Rangrücktritt auch auflösend oder aufschiebend, bedingt oder befristet vorsehen.[21] Frei sind die Parteien ferner in Bezug darauf, welche Gläubiger Vorrang genießen sollen.[22] Ein »relativer Rangrücktritt« wirkt sich zugunsten bestimmter Gläubiger aus, ein »allseitiger Rangrücktritt« gegenüber allen vorhandenen und künftigen Gläubigern.

Was Inhalt der Vereinbarung ist, ist durch Auslegung (analog §§ 133, 157 BGB) zu ermitteln. Insoweit gilt für Vollstreckungs- (als Untergruppe von Prozessvereinbarungen) nichts anderes als für schuldrechtliche Vereinbarungen.[23] Bei der Auslegung ist nicht beim Wortlaut stehenzubleiben, sondern der wahre Parteiwille, insbesondere der von den Parteien verfolgte Zweck, zu erforschen.[24] Wollten die Parteien mit der Vereinbarung beispielsweise die Überschuldung beseitigen, wird man ihr den hierfür notwendigen Inhalt im Zweifel zuerkennen müssen.[25] Wollten die Parteien »nur« die Zahlungsunfähigkeit beseitigen, mag hierfür u.U. ein anderer Inhalt ausreichen. Problematisch kann im Einzelfall sein, ob überhaupt Raum für eine (ergänzende) Auslegung des Parteiwillens ist, d.h., ob die Parteien eine Lücke gelassen oder aber einen geheimen Vorbehalt (§ 116 BGB) oder eine Scheinvereinbarung (§ 117 BGB) getroffen bzw. etwas »Unmögliches« vereinbart haben.[26]

IV. Zustandekommen der Rangrücktrittsvereinbarung

Die InsO setzt die Zulässigkeit von Rangrücktrittsvereinbarungen voraus, ohne deren Zustandekommen zu regeln. Diese Lücke ist wie bei Prozessvereinbarungen im Allgemeinen durch Rückgriff auf die §§ 145 ff. BGB zu schließen. Mithin setzt das Zustandekommen eines Rangrücktritts – neben der Partei- und Prozessfähigkeit – eine entsprechende vertragliche Abrede zwischen den Parteien voraus.[27] Ein einseitiger Rangrücktritt des Gläubigers ist somit nicht ausreichend, kann aber u.U. so gedeutet werden, dass der Gläubiger seine Forderung nicht »ernstlich« i.S. des § 17

---

21 *Habersack* ZGR 2000, 384, 401; *Berger* ZIP 2016, 1, 4.
22 *Habersack* ZGR 2000, 384, 401.
23 Für analoge Anwendung der §§ 133, 157 BGB auf Prozessvereinbarungen, MüKoZPO/*Rauscher*, 5. Aufl. 2016, Einl. Rn. 437.
24 *K. Schmidt* ZIP 2015, 901, 904 f.
25 BGH NZI 2015, 315 Rn. 20.
26 *K. Schmidt* ZIP 2015, 901, 905; siehe auch *Bitter* ZHR 181 (2017), 428, 475.
27 BGH NZI 2014, 503 Rn. 7; OLG Frankfurt BeckRS 2013, 177702; Gaul/Schilken/*Becker-Eberhard* (Fn. 11) Rn. 43; s. auch Uhlenbruck/*Hirte* (Fn. 6) § 39 Rn. 54; Scholz/*Bitter* (Fn. 9) Anh. § 64 Rn. 361.

Abs. 2 InsO einfordert,[28] sodass diese bei der Zahlungsfähigkeitsprüfung nicht als fällige Verbindlichkeit zu berücksichtigen ist.

Die Nachrangvereinbarung kann bei Entstehen der Forderung, oder nachträglich vereinbart werden.[29] In jedem Fall muss der Schuldner aber über die vollstreckungsrechtliche Haftungsfunktion seines Vermögens disponieren können. Ist das Insolvenzverfahren einmal eröffnet, geht die Verwaltungs- und Verfügungsbefugnis auf den Insolvenzverwalter über, der allein die Nachrangvereinbarung treffen kann.[30] Die Abrede bedarf keiner bestimmten Form, sondern kann auch konkludent erfolgen.[31] Wie andere Prozessvereinbarungen auch kann die Rangrücktrittsvereinbarung einer Abschluss- und Inhaltskontrolle nach §§ 305 ff. BGB unterliegen.[32] Eine Pflicht zu einem Rangrücktritt kann wegen § 707 BGB aus der gesellschaftsrechtlichen Treuepflicht nicht abgeleitet werden.[33]

V. Geltendmachung und Befriedigung der nachrangigen Forderung

Für die Frage, welchen Einfluss die Nachrangvereinbarung auf die Geltendmachung und Befriedigung der Forderung hat, ist zu unterscheiden, ob dies innerhalb oder außerhalb des Insolvenzverfahrens geschieht.

1. Im Insolvenzverfahren

a) Rangrücktrittsvereinbarung und Eröffnungsantrag

Der Durchsetzung einer mit Nachrangvereinbarung versehenen Forderung mittels Eröffnungsantrag (§ 13 InsO) könnte auf den ersten Blick § 14 InsO entgegenstehen, der beim Gläubiger ein rechtliches Interesse an der Verfahrenseröffnung voraussetzt. Ein solches könnte aber fehlen, wenn der Gläubiger mit seiner Forderung im Rang hinter die übrigen Gläubiger zurückgetreten ist. Der BGH hat diese Frage zwar nicht für den vertraglichen, wohl aber für den gesetzlichen Nachrang (§ 39 Abs. 1 Nr. 5 InsO) geprüft und festgehalten, dass dieser das Rechtsschutzinteresse nicht tangiert. Laut BGH ist für § 14 InsO nicht maßgebend, ob der Gläubiger im Insolvenzverfah-

---

28 S. BGH ZIP 2007, 1666, 1667; ZIP 2008, 706, 708; Baumbach/Hueck/*Haas* (Fn. 4) Vor § 64 Rn. 9.
29 *Habersack* ZGR 2000, 384, 401.
30 HK-InsO/*Ries* (Fn. 17) § 39 Rn. 13; BeckOK-InsO/*Prosteder/Dachner* (Fn. 6) § 39 Rn. 111; MüKoInsO/*Ehricke*, 3. Aufl. 2013, § 39 Rn. 47.
31 Uhlenbruck/*Hirte* (Fn. 6) § 39 Rn. 54.
32 BGH NZI 2014, 503 Rn. 8 ff.; s. auch Uhlenbruck/*Hirte* (Fn. 6) § 39 Rn. 54; *Bitter* ZIP 2015, 345 ff.
33 AM LG Frankfurt NZG 2013, 1964.

ren mit einer Quote rechnen kann.[34] Vielmehr ist sein Rechtsschutzinteresse bereits dann gegeben, wenn er zu den (wenn auch nachrangigen) Insolvenzgläubigern zählt.

Im Lichte dieser Entscheidung wird man für den vertraglichen Nachrang nicht anders entscheiden können. Das gilt zumindest für einen vereinbarten Insolvenznachrang, unabhängig davon, ob dieser relativ oder allseitig ist. Ob Gleiches auch bei einem qualifizierten (allseitigen) Nachrang gilt, wird in der Literatur teilweise bezweifelt.[35] Die besseren Gründe sprechen mit Blick auf die mit dem Insolvenzverfahren verbundenen Ordnungsinteressen aber auch hier dafür, das Rechtsschutzinteresse zu bejahen. Darüber hinaus wurde auf die Durchsetzung der Forderung nicht *in toto* verzichtet, sondern einzig vorbehalten, dass die anderen Gläubiger vorab aus dem schuldnerischen Vermögen befriedigt werden. Ob dies der Fall ist oder nicht, stellt sich erst nach Ermittlung der Aktiv- und Passivmasse heraus. Mit diesen schwierigen Fragen darf das auf Schnelligkeit angelegte Eröffnungsverfahren jedoch nicht belastet werden. Zusammenfassend bleibt daher festzuhalten, dass unabhängig von der Art des vereinbarten Nachrangs das Rechtsschutzinteresse i.S. des § 14 InsO stets zu bejahen ist.

b) Rangrücktrittsvereinbarung und Verteilung des Schuldnervermögens

Ab Eröffnung des Insolvenzverfahrens ist der Insolvenzverwalter Garant für die Durchsetzung des vertraglich vereinbarten Nachrangs. Er ist als Vollstreckungsorgan an die verfügende Vollstreckungsvereinbarung gebunden. Setzt er sich darüber hinweg, haftet er den Beteiligten nach § 60 InsO. Die verteilungsrechtlichen Folgen einer Rangrücktrittsvereinbarung lassen sich nicht abstrakt benennen; denn aufgrund der Dispositionsfreiheit der Parteien ist mit dem Wort »Rangrücktritt« kein bestimmter Inhalt verbunden.[36] Die konkreten verteilungsrechtlichen Folgen ergeben sich aus dem jeweiligen Inhalt der Vereinbarung. Geht es um einen allseitigen Rangrücktritt, ist also der Gläubiger mit Insolvenzeröffnung gegenüber allen (Insolvenz-)Gläubigern zurückgetreten, darf der Insolvenzverwalter die Forderung im Verteilungsverzeichnis erst berücksichtigen, wenn alle vorrangigen Gläubiger befriedigt wurden. Flankiert wird dies durch § 174 Abs. 3 InsO, dem zufolge nachrangige Forderungen nur anzumelden sind, soweit das Insolvenzgericht dazu auffordert. Der Gesetzgeber wollte das Insolvenzverfahren mit der Anmeldung und Prüfung derartiger nachrangiger Forderungen nicht unnötig belasten.[37]

Handelt es sich dagegen um einen relativen Rangrücktritt, d.h., ist der Gläubiger im eröffneten Verfahren nur gegenüber bestimmten Gläubigern zurückgetreten, so greift § 174 Abs. 3 InsO von vornherein nicht. Der Gläubiger kann also seine Forderung sehr wohl zur Tabelle anmelden.[38] Folgenlos bleibt die Vereinbarung dennoch

---

34 BGH NZI 2011, 55 Rn. 9 ff.
35 Nachweise bei HK-InsO/*Kirchhof* (Fn. 19) § 14 Rn. 31.
36 Scholz/*Bitter* (Fn. 9) Anh. § 64 Rn. 360.
37 Uhlenbruck/*Sinz* (Fn. 6) § 174 Rn. 51.
38 Scholz/*Bitter* (Fn. 9) Anh. § 64 Rn. 370.

nicht, sind doch Gläubiger und Insolvenzverwalter im Rahmen der Befriedigung aus dem Schuldnervermögen an sie gebunden. Um die relative Rangrücktrittsvereinbarung umzusetzen, muss der Insolvenzverwalter zunächst die auf den zurückgetretenen Gläubiger entfallende Quote berechnen und diese sodann – quasi als Sondermasse – auf die begünstigten Gläubiger verteilen, bis diese vollständig befriedigt sind. Dieser Vorgehensweise stehen die §§ 187 ff. InsO nicht entgegen.[39]

2. Außerhalb des Insolvenzverfahrens

Außerhalb des Insolvenzverfahrens kann die mit einem Insolvenznachrang versehene Forderung durchgesetzt und im Vermögen des Schuldners umgesetzt werden, es sei denn, der Gläubiger ist nicht nur ab Insolvenzeröffnung, sondern bereits vorinsolvenzrechtlich im Rang zurückgetreten (»qualifizierter Rangrücktritt«). Dann haftet das Schuldnervermögen vereinbarungsgemäß bereits im Vorfeld der Insolvenzeröffnung nicht uneingeschränkt für die Forderung. Anders als im eröffneten Verfahren ist im Vorfeld des Insolvenzverfahrens der Schuldner für die Umsetzung der Vereinbarung verantwortlich. Wie dies zu geschehen hat, ist je nach Fallkonstellation unterschiedlich zu beurteilen:

a) Rangrücktrittsvereinbarung und Vollstreckung

Wird die Rangrücktrittsvereinbarung erst geschlossen, nachdem der Gläubiger einen Titel über seine Forderung erlangt hat, kann der Schuldner dem Gläubiger die Vollstreckungsvereinbarung in der Zwangsvollstreckung entgegenhalten. Ob dies im Wege der Vollstreckungserinnerung (§ 766 ZPO)[40] oder durch Vollstreckungsgegenklage (§ 767 ZPO) zu erfolgen hat, ist in Literatur und Rechtsprechung umstritten. Der BGH tendiert klar zur Vollstreckungsgegenklage.[41] Andere differenzieren danach, ob die Vereinbarung verpflichtenden oder verfügenden Charakter hat,[42] ob die aus ihr resultierende Einwendung liquide nachweisbar ist[43] oder um welche Art Einwendung es sich handelt. Hindert die Vereinbarung die Durchsetzung der Forderung insgesamt, soll nach der letztgenannten Auffassung allein § 767 ZPO einschlägig sein; denn der statthafte Rechtsbehelf dürfe nicht von der erst im Erinnerungsverfahren zu klärenden Frage abhängig sein, ob Abschluss und Inhalt der Vereinbarung leicht festzustellen und dem Vollstreckungsorgan zuzumuten sind.[44] Dieser Ansicht ist für

---

39 Auch handelt es sich hierbei nicht um einen »Vertrag zu Lasten des Insolvenzverwalters, der diesen zur Sondermassenbildung zwingt« (so *Bitter* ZHR 181 (2017), 428, 459), wird der Insolvenzverwalter doch in solchen Fällen besonders vergütet, *Graeber* NZI 2016, 860 ff.
40 Siehe OLG Hamm Rpfleger 1977, 178; OLG Karlsruhe NJW 1974, 2242.
41 BGH NJW 2002, 1788; NJW 1991, 2295, 2296.
42 *Musielak*, in FS Schilken, 2015, S. 749, 759 ff.
43 Siehe *Musielak/Voit* (Fn. 10) § 766 Rn. 7; Schuschke/Walker/Walker, Vollstreckung und vorläufiger Rechtsschutz, 6. Aufl. 2016, § 766 Rn 9.
44 *Sternal*, in Kindler/Meller-Hannich/Wolf (Hrsg), Gesamtes Recht der Zwangsvollstreckung, 3. Aufl. 2015, § 766 Rn. 13.

den hier erörterten Fall zu folgen, können doch das Vorhandensein einer Rangrücktrittsvereinbarung sowie deren Inhalt vernünftigerweise nur in einem Erkenntnisverfahren geklärt werden.[45]

b) Rangrücktrittsvereinbarung und Geltendmachung des Anspruchs

Hat der Gläubiger noch keinen Titel in Händen, ist zu fragen, ob (und wie) die Vollstreckungsvereinbarung der Geltendmachung der Forderung entgegensteht. Der BGH hat dies jüngst bejaht und insoweit von einem vorinsolvenzrechtlichen »Zahlungsverbot« gesprochen, das zu einer »Durchsetzungssperre« führe.[46] Die bei einem allseitigen Rangrücktritt ab Insolvenzeröffnung bestehende Durchsetzungssperre wird hier also auf den relevanten vorinsolvenzrechtlichen Zeitraum vorverlagert.[47] Die dogmatische Grundlage hierfür hat der BGH allerdings offen gelassen.[48]

Ob die in der Rangrücktrittsvereinbarung liegende (vollstreckungsrechtliche) Durchsetzungssperre auch ein Zahlungsverbot, d.h. eine Einwendung gegen die Forderung, begründet, ist zu bezweifeln. Inhalt der Rangrücktrittsvereinbarung ist es lediglich, die (haftungsrechtliche) Umsetzung der Forderung im Vermögen des Schuldners an bestimmte Voraussetzungen zu knüpfen. Die Vereinbarung lässt also nach dem Willen der Parteien den Inhalt und Bestand der Forderung gänzlich unberührt. Daher kann aus dem Inhalt der Forderung weder eine Einwendung gegen die Forderung noch ein Ausschluss der Klagbarkeit hergeleitet werden. Selbstverständlich kann also der Gläubiger – soweit die Prozessvoraussetzungen gegeben sind – seine Forderung ausserhalb des Insolvenzverfahrens einklagen, nicht aber in der Krise des Schuldners in das Vermögen des Schuldners vollstrecken. Lässt man – wie hier – die Geltendmachung der Forderung unberührt, wird der mit der Rangrücktrittsvereinbarung verbundene Zweck in keiner Weise unterlaufen. Folgt man der vorstehenden Ansicht, so vermeidet man zudem den Widerspruch, wonach zwar die Rangrücktrittsvereinbarung den Bestand der Forderung unberührt lässt, im gleichen Atemzug aber eine Einwendung (nämlich ein Zahlungsverbot) gegen die Forderung in der Krise des Schuldners begründet. Diese Rechtslage ist nicht mit dem in § 30 Abs. 1 GmbHG angeordneten »Nachrang« vergleichbar. Dieser hindert nämlich nicht erst die Umsetzung des fraglichen Beschlusses bzw. Rechtsgeschäfts im Gesellschaftsvermögen. Vielmehr steht dort die Geltendmachung des Anspruchs unter dem Vorbehalt der Erfüllbarkeit, sodass der Gesellschaft ein im Gesetz an sich nicht geregeltes Leistungsverweigerungsrecht zukommt.[49] Das Leistungsversprechen der GmbH an

---

45 Gaul/Schilken/*Becker-Eberhard* (Fn. 11) Rn. 54.
46 BGH NZI 2015, 315 Rn. 16; zuvor schon *Habersack* ZGR 2000, 384, 404.
47 BGH NZI 2015, 315 Rn. 19, 34; *Geißler* DZWIR 2015, 345, 349.
48 *Berger* ZIP 2016, 1, 2; *K.Schmidt* ZIP 2015, 901, 909.
49 BGH NJW 1996, 1341, 1342; Baumbach/Hueck/*Fastrich* (Fn. 4) § 30 Rn. 66; UHL/*Habersack*, GmbHG, 2. Aufl. 2012, § 30 Rn. 115f.; Scholz/*Verse* (Fn. 9) § 30 Rn. 120; Lutter/Hommelhoff/*Hommelhoff*, GmbHG, 19. Aufl. 2016, § 30 Rn. 22ff.

den Gesellschafter steht m.a.W. unter der aufschiebenden Bedingung (Vorbehalt) der Vereinbarkeit mit § 30 Abs. 1 GmbHG.[50]

c) Rechtsfolgen bei Verstoß gegen die Vollstreckungsvereinbarung

Handelt der Gläubiger einer vollstreckungsbeschränkenden Vereinbarung zuwider, können sich Schadensersatzansprüche ergeben,[51] seien dies deliktische Ansprüche[52] oder auch Ansprüche aufgrund der Vollstreckungsvereinbarung (z.B. analog § 280 BGB). Erfüllt der Schuldner allerdings das Leistungsversprechen in Kenntnis der vorinsolvenzrechtlichen »Durchsetzungssperre«, entfallen diese Anspruchsgrundlagen. Die vereinbarte Haftungs- und Verteilungsordnung kann dann auch nicht über § 812 Abs. 1 BGB wieder hergestellt werden,[53] weil diesem Anspruch in aller Regel § 814 BGB entgegenstehen wird.[54] Wird später allerdings das Insolvenzverfahren eröffnet, kommt dem BGH zufolge ein Insolvenzanfechtungsanspruch nach § 134 InsO in Betracht.[55] Dieser besteht unabhängig davon, ob der Schuldner die versprochene Leistung in Kenntnis der vorinsolvenzrechtlichen Rangrücktrittsvereinbarung erbracht hat (was zumeist zutreffen wird) oder nicht; denn § 814 BGB findet auf den Anfechtungsanspruch keine Anwendung.

Mitunter ist der BGH für diese Anwendung des § 134 InsO kritisiert worden. Es könne nicht angehen – so der Vorwurf –, »*dass aus dem nichtangetasteten Bestand der Forderung eine Nichtschuld* [werde].«[56] Diese Kritik an der Rechtsprechung geht jedoch fehl, wenn man – wie hier – die vorinsolvenzrechtliche Rangrücktrittsvereinbarung als eine den Bestand der Forderung nicht berührende Vollstreckungsvereinbarung einordnet. Die unentgeltliche Leistung besteht hier nämlich bereits darin, dass zur Befriedigung des Gläubigers Vollstreckungssubstrat des Schuldners eingesetzt wird, das nach der vereinbarten haftungsrechtlichen Verteilungsordnung hierfür nicht vorgesehen war, d.h. auf das der Gläubiger zu keinem Zeitpunkt einen Anspruch hatte.[57] Ist kein Insolvenzverfahren eröffnet worden, bleibt die Möglichkeit der Gläubigeranfechtung nach § 4 AnfG.

Diese Rechtslage ist mit dem »Rangrücktritt« in §§ 30 f. GmbHG vergleichbar. Der Verstoß gegen die Kapitalerhaltungsvorschriften lässt nämlich nach ganz h.M. das zugrundeliegende Rechtsgeschäft (und die sich daraus ergebende Forderung) unberührt.[58] Dennoch gilt eine gegen § 30 Abs. 1 GmbHG verstoßende Auszahlung

---

50 MüKoGmbHG/*Ekkenga*, 2. Aufl. 2015, § 30 Rn. 282.
51 *Musielak/Voit* (Fn. 10) Vorbem § 704 Rn. 18.
52 BGH NJW 1979, 1351, 1352; s. auch Gaul/Schilken/*Becker-Eberhard* (Fn. 11) Rn. 57.
53 Zuvor bereits *Habersack* ZGR 2000, 384, 404.
54 BGH NZI 2015, 315 Rn. 44; *Geißler* DZWIR 2015, 345, 350 f.; *Berger* ZInsO 2015, 1938, 1943; zuvor schon *Habersack* ZGR 2000, 384, 404.
55 BGH NZI 2015, 315 Rn. 46 ff.
56 *K.Schmidt* ZIP 2015, 901, 907.
57 MüKoInsO/*Kayser* (Fn. 30) § 134 Rn. 26; *Uhlenbruck/Ede/Hirte* (Fn. 6) § 134 Rn. 46; HambKommInsO/*Rogge/Leptien*, InsO, § 134 Rn. 22.
58 *Baumbach/Hueck/Fastrich* (Fn. 4) § 30 Rn. 67; *Fleischer*, in Henssler/Strohn (Fn. 4) § 30

im späteren Insolvenzverfahren als eine nach § 134 InsO »unentgeltliche« Leistung; denn auch hier steht die Geltendmachung unter dem Vorbehalt der Erfüllbarkeit nach § 30 Abs. 1 GmbHG.[59]

VI. Nachrangvereinbarung und Insolvenzauslösetatbestände

1. Rangrücktritt und Zahlungsunfähigkeit

Ob (und wie) sich eine Nachrangvereinbarung auf die Zahlungsfähigkeitsprüfung auswirkt, ist fraglich. Nach Ansicht des BGH ist dies wohl stets zu bejahen, heißt es doch in einer Entscheidung wörtlich:[60]

»So kann die Zahlung auf eine nicht im insolvenzrechtlichen Sinn fällige und damit in die Liquiditätsbilanz einzustellende Forderung, etwa eine ... einem Rangrücktritt unterliegende Gesellschafterforderung, die Zahlungsunfähigkeit erst verursachen.«

Der Entscheidung liegt offensichtlich die Vorstellung zugrunde, dass die mit einem vertraglichen Rangrücktritt versehene Forderung bei der Zahlungsfähigkeitsprüfung unter keinen Umständen zu berücksichtigen ist.[61] In der Literatur wird aber auch die entgegengesetzte Ansicht vertreten.[62] Beide Meinungen sind in dieser Absolutheit abzulehnen. Da der vertragliche Nachrang ganz unterschiedliche Formen annehmen kann, ist bei der Prüfung der Zahlungsunfähigkeit stets nach dem konkreten Inhalt der Nachrangvereinbarung zu differenzieren.

Bei »qualifiziertem Rangrücktritt« ist die Forderung in der Krise des Schuldners nicht zu berücksichtigen; denn die vorhandenen Zahlungsmittel dürfen nicht zur Befriedigung des Gläubigers eingesetzt werden.[63] Hat der Gläubiger hingegen »nur« einem (allseitigen) Insolvenznachrang zugestimmt, ist die Forderung außerhalb des Insolvenzverfahrens grundsätzlich durchsetzbar (siehe oben) und daher, soweit die übrigen Voraussetzungen erfüllt sind, im Rahmen der Zahlungsfähigkeitsprüfung zu beachten.[64] Ist der Gläubiger vorinsolvenzrechtlich nicht allseitig zurückgetreten, sondern nur gegenüber einzelnen Gläubigern, besteht, solange letztere noch nicht aus dem Schuldnervermögen befriedigt wurden, ebenfalls eine vorinsolvenzrechtliche Durchsetzungssperre. Auch hier ist daher die Forderung bei der Zahlungsfähig-

---

Rn. 32; BeckOK-GmbHG/*Heidinger*, Stand: 1.8.2016, § 30 Rn. 87.
59 S. zum Ganzen *Haas* ZIP 2006, 1373, 1377 f.; MüKoInsO/*Kayser* (Fn. 30) § 134 Rn. 39.
60 BGH NZG 2012, 1379 Rn. 13.
61 So anscheinend MüKoGmbHG/*Müller* (Fn. 49) § 64 Rn. 13.
62 Uhlenbruck/*Mock* (Fn. 6) § 17 Rn. 95, 99; *Brinkmann* in K. Schmidt/Uhlenbruck (Fn. 8) Rn. 5.19: Es sei denn, in Nachrangvereinbarung liegt ausnahmsweise auch Stundung.
63 Nur durchsetzbare Forderungen sind bei der Zahlungsfähigkeitsprüfung zu berücksichtigen, Baumbach/Hueck/*Haas* (Fn. 4) Vor § 64 Rn. 4; K.Schmidt/*K.Schmidt* (Fn. 8) § 17 Rn. 9.
64 BGH ZIP 2008, 706; AG Itzehohe ZIP 2014, 1038, 1039; Scholz/*Bitter* (Fn. 9) Vor § 64 Rn. 7.

keitsprüfung nicht zu berücksichtigen.[65] Gleiches gilt, wenn der Gläubiger vorinsolvenzrechtlich nur zeitlich befristet (allseitig oder gegenüber bestimmten Gläubigern) zurücktritt und die Forderung innerhalb der laufenden Frist geltend gemacht wird.

2. Rangrücktritt und Überschuldung

Der Überschuldungstatbestand in § 19 Abs. 2 S. 1 InsO enthält zwei gleichwertige[66] Tatbestandselemente: die Fortbestehensprognose, die eine Zahlungsfähigkeitsprognose ist,[67] und die Überschuldungsbilanz, deren Zweck in der Ermittlung des Schuldendeckungspotentials besteht. Mit einem Rangrücktritt versehene Forderungen können bei der Überschuldungsprüfung auf beiden Stufen Eingang finden.

Für die Frage, ob und inwieweit derartige Forderungen bei der Zahlungsfähigkeitsprognose zu berücksichtigen sind, gilt das zur Zahlungsfähigkeitsprüfung Gesagte entsprechend. Ob und wieweit eine mit einem Rangrücktritt versehene Forderung im Überschuldungsstatus anzusetzen ist, bestimmt sich nach § 19 Abs. 2 S. 2 InsO. Danach sind »*Forderungen auf Rückgewähr von Gesellschafterdarlehen ..., für die gemäß § 39* Abs. 2 *zwischen Gläubiger und Schuldner der Nachrang im Insolvenzverfahren hinter den in § 39* Abs. 1 Nr. 1 bis 5 *bezeichneten Forderungen vereinbart worden ist, ... nicht bei den Verbindlichkeiten nach Satz 1 zu berücksichtigen.*«

Dem Wortlaut nach bezieht sich § 19 Abs. 2 S. 2 InsO nur auf die Passivierung von Ansprüchen auf Rückgewähr von Gesellschafterdarlehen. Die Vorschrift gilt jedoch richtiger Ansicht nach für jegliche Forderungen, unabhängig davon, ob der Gläubiger Gesellschafter ist.[68] Dass Nachrangvereinbarungen in § 19 Abs. 2 S. 2 InsO im Zusammenhang mit Gesellschafterleistungen angesprochen werden, bedeutet nicht, dass diese besonders zu behandeln wären. Vielmehr bringt der Gesetzgeber damit zum Ausdruck, dass sie, obwohl bereits mit einem gesetzlichen (Insolvenz-)Nachrang versehen (§ 39 I Nr. 5 InsO), darüber hinaus einer Rangrücktrittsvereinbarung bedürfen, damit die Passivierungspflicht entfällt.[69]

Im Einklang mit Teilen der Literatur[70] hat der BGH nun auch klargestellt, dass der Verweis in § 19 Abs. 2 S. 2 InsO auf § 39 Abs. 2 InsO missverständlich ist. Eine

---

65 AM wohl *Berger* ZIP 2016, 1, 3 f.
66 *Haas/Hoffmann*, in FS Beck, 2017, S. 223, 224; Uhlenbruck/*Mock* (Fn. 6) § 19 Rn. 39; K.Schmidt/*K.Schmidt* (Fn. 8) § 19 Rn. 13.
67 BGH NZI 2007, 44; Baumbach/Hueck/*Haas* (Fn. 4) Vor § 64 Rn. 32; Uhlenbruck/*Mock* (Fn. 6) § 19 Rn. 212; Graf-Schlicker/*Bremen* (Fn. 6) § 19 Rn. 14; siehe auch AG Itzehohe ZIP 2014, 1038, 1040.
68 BGH NZI 2015, 315 Rn. 14; MüKoGmbHG/*Müller* (Fn. 49) § 64 Rn. 40; *K.Schmidt* ZIP 2015, 901, 903; *Berger* ZInsO 2015, 1938, 1940; Saenger/Inhester/*Kolmann*, GmbHG, 3. Aufl. 2016, Anh. § 30 Rn. 165. AM Scholz/*Bitter* (Fn. 9) Vor § 64 Rn. 69; *Bitter/Hein* ZIP 2015, 644, 647.
69 *K. Schmidt* ZIP 2015, 901, 903; Baumbach/Hueck/*Haas* (Fn. 4) Vor § 64 Rn. 67.
70 *Haas* DStR 2009, 326, 327; ders., in Kölner Schrift zur Insolvenzordnung, 3. Aufl. 2009, S. 1799 Rn. 59; *Frystatzki* NZI 2013, 609 ff.; Scholz/*Bitter* (Fn. 9) Vor § 64 Rn. 66. AM *Gehrlein* BB 2011, 1539, 1340; *Kahlert/Gehrke* DStR 2010, 227, 229; s. auch *Thole*, in FS Kübler, 2015, S. 681, 683.

Bilanzierungspflicht im Rahmen der Überschuldungsprüfung entfällt nämlich richtiger Ansicht nach nur bei qualifiziertem Nachrang, d.h., wenn der Gläubiger gegenüber allen anderen Gläubiger nicht erst mit Insolvenzeröffnung, sondern schon vorinsolvenzrechtlich zurücktritt. Dies folgt sowohl aus den Gesetzesmaterialien als auch aus dem Sinn und Zweck der Vorschrift, da anderenfalls die von einer Unternehmensfortführung ausgehenden Gläubigerrisiken (die der Überschuldungstatbestand ja gerade transparent machen soll) unzutreffend dargestellt würden.[71] Ist der vorinsolvenzrechtliche Nachrang lediglich befristet oder bedingt vereinbart worden, so lässt dies die Passivierungspflicht ebenfalls nicht entfallen.

3. Aufhebung der Rangrücktrittsvereinbarung

Zur Aufhebung einer geschlossenen Rangrücktrittsvereinbarung müssen die Vertragsparteien über die vollstreckungsrechtliche Haftungsfunktion disponieren können. Ist das Insolvenzverfahren bereits eröffnet, kann grundsätzlich nur der Insolvenzverwalter einen solchen Aufhebungsvertrag abschließen. Laut BGH sind jedoch Gläubiger und Schuldner schon vorinsolvenzrechtlich nicht ohne weiteres zum Abschluss eines Aufhebungsvertrags befugt, falls ein qualifizierter Nachrang zwecks Beseitigung einer Überschuldung vereinbart wurde. Nach Ansicht des BGH handelt es sich diesfalls um einen echten Vertrag zugunsten Dritter i.S. des § 328 Abs. 1 BGB, sodass die Aufhebung der Rangrücktrittsvereinbarung der Zustimmung der begünstigten Gläubiger bedarf.[72] Dies gilt dem BGH zufolge zumindest dann, wenn sich der Schuldner noch in der Krise befindet. Die Literatur stimmt dem überwiegend zu.[73]

a) Kein Vertrag zugunsten Dritter

Völlig unklar ist zunächst, welches »*Recht, ... die Leistung zu fordern,*« den Gläubigern hier aufgrund der Rangrücktrittsvereinbarung i.S. des § 328 Abs. 1 BGB zugewiesen wird.[74] Keinesfalls wird, wie vom BGH unterstellt, den übrigen Gläubigern garantiert, sich vollständig aus dem schuldnerischen Vermögen befriedigen zu können.[75] Wie nämlich der Schuldner sein Vermögen einsetzt – sei es nun zur

---

71 BGH NZI 2015, 315 Rn. 19; *Geißler* DZWIR 2015, 345, 348; *K.Schmidt* ZIP 2015, 901, 903 f.; *Berger* ZInsO 2015, 1938, 1941.
72 BGH NZI 2015, 315 Rn. 36 ff.
73 HK-InsO/*Ries* (Fn. 17) § 39 Rn. 13; *Bitter* ZHR 181 (2017), 428, 459; BeckOK-InsO/ *Prosteder/Dachner* (Fn. 17) § 39 Rn. 121; BeckOK-BGB/Janoscheck, Stand: 1.11.2016, § 328 Rn. 38a; zuvor bereits *Fleischer* DStR 1999, 1174, 1779. AM Baumbach/Hueck/*Haas* (Fn. 4) Vor § 64 Rn. 80; K. Schmidt ZIP 2015, 901, 909; Berger ZInsO 2015, 1938, 1945.
74 *Geißler* DZWIR 2015, 345, 349 spricht hier – schwammig – von einer »zugebrachten vermögenswerten Position«; zutreffend dagegen *Ekkenga* ZIP 2017, 1493, 1499.
75 So aber der BGH NZI 2015, 315 Rn. 37: Rangrücktrittsvereinbarung lässt »*volle Befriedigung der Gläubiger erwarten*«.

Befriedigung der anderen Gläubiger oder lieber für Alkohol oder Glückspiel –, ist nicht Gegenstand der Vereinbarung der Parteien. Auch geht der Wille der Parteien nicht dahin, die anderen Gläubiger zu begünstigen. Vielmehr will der zurücktretende Gläubiger einzig und allein dem Schuldner »helfen«, und zwar zumeist aus Eigennutz. Er wird sich nämlich für seinen Beitrag eine Gegenleistung ausbedingen und/oder von der Sanierung des Schuldners (besonders) profitieren wollen.[76] Der den Vertragsparteien vom BGH unterstellte Wille, alle übrigen »Gläubiger zu begünstigen«[77], ist daher reine Fiktion.[78]

b) Kein Einfrieren der Vereinbarung

Der BGH will mit seiner dogmatischen Konstruktion die von den Parteien vereinbarte haftungsrechtliche Verteilungsordnung einfrieren, indem er ihnen das Verfügungsrecht über den Nachrang faktisch entzieht.[79] Er begründet dies mit Gläubigerschutzaspekten. So heißt es in der Entscheidung, dass es

»im Interesse des Gläubigerschutzes unumgänglich ist, eine Bindung an die Rangrücktrittsvereinbarung anzuerkennen, die eine freie Aufhebung des Übereinkommens ausschließt«,

da

»ohne gesicherte Rechtsposition der Gläubiger ... eine Suspendierung der öffentlich-rechtlichen Insolvenzantragspflicht nicht gerechtfertigt werden [kann].«[80]

Diese Ansicht übersieht, dass die Parteien in vielfältiger Weise auf die Insolvenzauslösetatbestände einwirken können. So können sie etwa einen Insolvenzauslösetatbestand beseitigen, indem sie dem Schuldner Vermögenswerte übertragen. Keiner würde aber die Aktivierbarkeit dieser Vermögenswerte in der Liquiditäts- oder Überschuldungsbilanz ablehnen, weil sich der Schuldner ihrer durch eine entsprechende Verfügung wieder entäußern kann.[81] Darüber hinaus lässt sich u.U. die Zahlungsfähigkeit (oder eine positive Fortbestehensprognose) durch eine Stundungsvereinbarung wieder herstellen, was darüber hinaus bei einem »beschränkt haftenden Schuldner« die Insolvenzantragspflicht entfallen lässt. Wollte man der Rechtsansicht des BGH folgen, könnte künftig auch eine solche Stundungsvereinbarung nicht mehr aufgehoben werden.

---

76 *Habersack* ZGR 2000, 384, 406. AM *Geißler* DZWIR 2015, 345, 349: »kein akzidentieller Rechtsreflex«.
77 BGH NZI 2015, 315 Rn. 37.
78 *Ekkenga* ZIP 2017, 1493, 1500.
79 So zu Recht *Berger* ZInsO 2015, 1938, 1945; *ders.* ZIP 2016, 1; *K.Schmidt* ZIP 2015, 901, 909.
80 BGH NZI 2015, 315 Rn. 38.
81 So zu Recht *K.Schmidt* ZIP 2015, 901, 908. AM *Bitter* ZHR 181 (2017), 428, 434: »Insolvenzvermeidung durch vertragliche Maßnahmen setzt deren grundsätzliche Unumkehrbarkeit voraus.«.

Dass all dies nicht zutrifft, ist offensichtlich und vom BGH bereits selbst so entschieden worden und zwar für den Fall der (harten) Patronatserklärung.[82] Durch harte Patronatserklärungen einer Muttergesellschaft gegenüber der Tochtergesellschaft kann nämlich, so der BGH, die Zahlungsunfähigkeit der Tochter beseitigt oder vermieden werden.[83] Das schließt jedoch gemäß einer Folgeentscheidung des BGH nicht aus, dass die Patronatserklärung (im Verlauf der Krise) ex nunc gekündigt wird.[84] Dem könne

> »nicht entgegengehalten werden, dass auch eine... in der Krise... [für eine begrenzte Zeit] gegebene Patronatserklärung die Gesellschaft in die Lage versetzt hat, weiter werbend am Markt tätig zu sein und damit potentiell Gläubigerinteressen zu gefährden. Denn selbstverständlich... entfaltet die Patronatserklärung... bis zu ihrer nur ex nunc eingreifenden Kündigung Wirkung«.[85]

c) Kein Gläubigerschutzproblem

Schließlich ist darauf hinzuweisen, dass das vom BGH unterstellte Gläubigerschutzproblem gar nicht existiert. Heben die Parteien die Rangrücktrittsvereinbarung in der Krise ex nunc auf, so bleibt sie deswegen ja nicht folgenlos, sondern entfaltet – ebenso wie eine *ex nunc* beendete harte Patronatserklärung (siehe oben) – »*selbstverständlich ... bis zu ihrer nur ex nunc eingreifenden Kündigung Wirkung*«.[86] Die Forderung des Gläubigers ist und bleibt daher gegenüber allen Forderungen nachrangig, die bis zur Aufhebung oder Kündigung der Nachrangvereinbarung begründet worden sind. Nur gegenüber später entstehenden Forderungen entfällt der Nachrang. Bei Beendigung *ex nunc* entsteht mithin eine relative Nachrangvereinbarung, die den Insolvenzverwalter im Rahmen der Verteilung des Schuldnervermögens bindet (siehe oben). Eine Schutzlücke zu Lasten der Gläubiger existiert somit nicht.

Bei rückwirkender Aufhebung der Nachrangvereinbarung bedarf es ebenfalls keines durch § 328 Abs. 1 BGB vermittelten Gläubigerschutzes; denn hier greifen im Fall der Insolvenzeröffnung die insolvenzrechtlichen Schutzmechanismen, nämlich §§ 129 ff. InsO (insb. § 134 InsO), sowie bei Beschränkthaftern § 823 Abs. 2 BGB i.V.m. § 15a InsO. Im Rahmen der Verschleppungshaftung ist selbstverständlich auf den Zeitpunkt abzustellen, zu dem die Insolvenzreife ohne die Rangrücktrittserklärung *ex tunc* eingetreten wäre. Warum der insolvenzrechtliche Senat hier zusätzliche Gläubigerschutzmechanismen jenseits des Insolvenzrechts konstruiert, ist unerfindlich.

---

82 So zu Recht *Berger* ZIP 2016, 1, 3.
83 BGH NZI 2011, 913 Rn. 17 ff.
84 BGH NZG 2010, 1267, 1268 f.
85 BGH NZG 2010, 1267, 1270; s. auch *K.Schmidt* ZIP 2015, 901, 908.
86 Eine »Spontaninsolvenz mit erheblicher Unterdeckung« (so *Bitter* ZHR 181 [2017], 428, 436 f.) entsteht folglich gar nicht.

VII. Zusammenfassung

(1) Nachrangvereinbarungen sind Vollstreckungsvereinbarungen. Sie beziehen sich nicht auf den Bestand der Forderung, sondern auf deren vollstreckungsrechtliche Umsetzung im Schuldnervermögen.
(2) Die Parteien können über Rangtiefe, zeitlichen Anwendungsbereich und die Gläubiger, die vorrangig zu befriedigen sind, frei disponieren.
(3) Vollstreckungsvereinbarungen kommen analog §§ 145 ff. BGB zustande.
(4) Unabhängig von der Art des Nachrangs hat der Gläubiger ein Rechtsschutzinteresse an der Stellung eines Eröffnungsantrags.
(5) Im eröffneten Insolvenzverfahren setzt der Insolvenzverwalter die Vollstreckungsvereinbarung durch.
(6) Im Zwangsvollstreckungsverfahren ist ein vorinsolvenzrechtlicher Nachrang nach § 767 ZPO geltend zu machen.
(7) Außerhalb der Zwangsvollstreckung hindert ein vorinsolvenzrechtlicher Nachrang die Durchsetzung der Forderung im Vermögen des Schuldners, nicht aber deren Geltendmachung.
(8) Leistungshandlungen, die entgegen der Vollstreckungsvereinbarung erbracht werden, können nach InsO oder AnfG angefochten werden.
(9) Die Auswirkungen eines vereinbarten Nachrangs auf die Eröffnungstatbestände sind abhängig vom jeweiligen Eröffnungsgrund und dem konkreten Inhalt der Vereinbarung.
(10) Der Aufhebung eines vorinsolvenzrechtlichen Nachrangs stehen keine Gläubigerschutzaspekte entgegen.

EuInsVO 2015 und der Schuldner in Eigenverwaltung

ANDREAS KONECNY

I. Einleitung

Will man *Hanns Prütting* mit einem Beitrag für seine Festschrift ehren, fällt die Themenwahl leicht. Der Jubilar hat (ua) das Zivilverfahrensrecht in voller Breite behandelt, man findet also zahlreiche Anknüpfungspunkte. Zudem war und ist *Hanns Prütting* eine prägende Persönlichkeit unserer Scientific Community, wohl jeder im Zivilverfahrensrecht Tätige hat persönliche Kontakte und Kooperationen mit ihm. So denkt etwa der Verfasser sehr gerne an die Vorträge zum europäischen Insolvenzrecht zurück, die der Jubilar beim Insolvenz-Forum am schönen Grundlsee gehalten und in Sammelbänden zur Tagung veröffentlicht hat.[1] Im Konnex mit der seit kurzem geltenden EuInsVO 2015[2] liegt es nahe, ein Thema aus dem europäischen Insolvenzrecht zu wählen.

Der folgende Beitrag befasst sich mit einem der zahlreichen neuen Probleme, die uns die EuInsVO 2015 bringt, nämlich mit der Frage, welche Befugnisse ein Schuldner in Eigenverwaltung im Anwendungsbereich der neuen Verordnung hat. Sie enthält dazu nur einige wenige Anordnungen, es ist fraglich, ob die Regelungen so recht gelungen sind.

In der Folge wird kurz die unklare Rechtslage dargestellt und dann ausgeführt, warum es keine generelle Gleichstellung der Schuldner in Eigenverwaltung mit den Verwaltern gibt (s. II. und III.). Das macht es erforderlich, die Anordnungen der EuInsVO 2015 daraufhin zu analysieren, welche Verwaltungsbefugnisse bei Eigenverwaltung bestehen oder auch nicht (s. IV. und V.).

Eines noch vorweg: Es gibt ganz unterschiedliche Arten der Eigenverwaltung. In der Regel wird ein eigenverwaltender Schuldner zumindest überwacht, oft hat er (allein) gar nicht alle Verwaltungsbefugnisse. Das hat für die folgende Untersuchung keine Bedeutung, denn die Verordnung erfasst alle Arten der Eigenverwaltung, durch

---

1 Vgl. *Prütting*, Die europäische Insolvenzverordnung und das grenzüberschreitende Insolvenzverfahren, in: Konecny (Hrsg.) Insolvenz-Forum 2004, 2005, S. 157 ff; *Prütting*, Rechtsfragen bei der Insolvenz einer Scheinauslandsgesellschaft, in: Konecny (Hrsg.) Insolvenz-Forum 2008, 2009, S. 121 ff.
2 Die bislang geltende VO (EG) 1346/2000 des Rates vom 29. 5. 2000 über Insolvenzverfahren, ABl L 2000/160, 1 wird in der Folge mit »EuInsVO« zitiert, die VO (EU) 2015/848 des Europäischen Parlaments und des Rates vom 20. 5. 2015, ABl L 2015/141, 19 über Insolvenzverfahren mit »EuInsVO 2015«.

einen Verwalter bzw. das Gericht überwachte Schuldner[3] ebenso wie solche, die nur Teilbefugnisse und Verwalter neben sich haben.[4]

II. Rechtslage

1. (Unklare) Regelung der Befugnisse des Schuldners in Eigenverwaltung

Die mehr oder weniger beschränkte Verwaltung des eigenen Vermögens gilt im modernen Insolvenz- und Sanierungsrecht als wichtiges Element, die Schuldner möglichst früh zu bewegen, die richtigen Schritte zu setzen. Wie viele Rechtsordnungen sehen etwa die deutsche[5] und die österreichische[6] Insolvenzverfahren mit Eigenverwaltung vor. Auch im vorinsolvenzlichen Bereich ist sie verbreitet. So hebt zB der Richtlinienentwurf der Europäischen Kommission ua für präventive Restrukturierung[7] hervor, dass dem Schuldner grundsätzlich die Eigenverwaltung zukommen soll. Sie steht also hoch im Kurs.

Dem trägt die EuInsVO 2015 Rechnung, sie enthält – anders als die Vorgängerin – ausdrückliche Regelungen zum Schuldner in Eigenverwaltung. Obgleich er aber zumindest teilweise Verwalterbefugnisse ausübt, wird er den Verwaltern nicht ausdrücklich gleichgestellt. Und es sind ganz wenige Artikel, die sich dem Schuldner in Eigenverwaltung widmen.

Eine Definition enthält Art. 2 Nr. 3 EuInsVO 2015: Danach bezeichnet »Schuldner in Eigenverwaltung« einen Schuldner, über dessen Vermögen ein Insolvenzverfahren eröffnet wurde, das nicht zwingend mit der Bestellung eines Verwalters oder der vollständigen Übertragung der Rechte und Pflichten zur Verwaltung des Vermögens des Schuldners auf einen Verwalter verbunden ist, und bei dem der Schuldner daher ganz oder zumindest teilweise die Kontrolle über sein Vermögen und seine Geschäfte behält. Über seine Rechtsstellung im Rahmen der Insolvenzverordnung wird nichts gesagt.

---

3 *J. Schmidt* in Mankowski/Müller/J. Schmidt (Hrsg.) EuInsVO 2015, Kommentar, 2016, Art 2 Rn. 8.
4 Vgl. Art. 2 Nr. 3 EuInsVO 2015, wo eine bloß teilweise Kontrolle über Vermögen und Geschäfte ausdrücklich erwähnt ist.
5 In den §§ 270 ff InsO.
6 Bereits seit 1914 in Form des Ausgleichsverfahrens nach der Ausgleichsordnung, seit 1995 im Schuldenregulierungsverfahren (s. §§ 186 ff Konkursordnung, nunmehr Insolvenzordnung) und seit 2010 im Sanierungsverfahren mit Eigenverwaltung (s. §§ 169 ff Insolvenzordnung).
7 Vgl. Art. 5 des Vorschlags für eine RL des Europäischen Parlaments und des Rates über präventive Restrukturierungsrahmen, die zweite Chance und Maßnahmen zur Steigerung der Effizienz von Restrukturierungs-, Insolvenz- und Entschuldungsverfahren vom 22.11.2016, COM(2016) 723 final.

Zu den Rechten und Pflichten gibt es einmal vereinzelte Bestimmungen, die in einem Verwalter und Schuldner in Eigenverwaltung erwähnen:

Dazu gehören die Art. 28 und 29 EuInsVO 2015, die Bekanntmachungspflichten bzw. Bekanntmachungsmöglichkeiten regeln.

Nach Art. 38 EuInsVO 2015 unterrichtet das mit einem Antrag auf Eröffnung eines Sekundärinsolvenzverfahrens befasste Gericht den Verwalter oder den Schuldner in Eigenverwaltung des Hauptinsolvenzverfahrens umgehend davon und gibt ihm Gelegenheit, sich zum Antrag zu äußern (Abs. 1). In Abs. 3 ist unter bestimmten Umständen die Möglichkeit einer Aussetzung der Eröffnung des Sekundärverfahrens für höchstens drei Monaten vorgesehen, sie können der Verwalter oder auch der Schuldner in Eigenverwaltung beantragen; beiden gegenüber kann das Gericht in Bezug auf Gegenstände im Niederlassungsstaat Verbote aussprechen, deren Verletzung durch jeden von ihnen zum Widerruf der Aussetzung führen kann. Im Abs. 2 des Art. 38 EuInsVO 2015 ist allerdings im Zusammenhang mit einer Zusicherung nach Art. 36 EuInsVO 2015 nur vom Verwalter des Hauptinsolvenzverfahrens die Rede, und Abs. 4 räumt nur ihm, nicht dem Schuldner in Eigenverwaltung, das Recht ein, ein andere Art von Insolvenzverfahren gem. Anh. A als ursprünglich beantragt als Sekundärinsolvenzverfahren eröffnen zu lassen.

Nach Art. 55 EuInsVO 2015 über Forderungsanmeldungen ausländischer Gläubiger können neben dem Gericht der Verwalter oder der Schuldner in Eigenverwaltung in gewissen Fällen eine Übersetzung verlangen bzw. haben beide, wenn Zweifel an der angemeldeten Forderung bestehen, dem Gläubiger Gelegenheit einzuräumen, zusätzliche Belege vorzulegen.

An anderen, wiederum vereinzelten Stellen werden zwar nicht Verwalter und Schuldner gemeinsam erwähnt, es ist jedoch angeordnet, dass den Verwalter betreffende Normen für den Schuldner in Eigenverwaltung gelten:

So kann nach Art. 6 Abs. 2 UAbs. 1 EuInsVO 2015 ein Verwalter eine insolvenznahe Klage mit einer anderen zivil- oder handelsrechtlichen Klage bei den Gerichten des Wohnsitzstaats des Beklagten oder eines von mehreren Beklagten erheben, vorausgesetzt, die betreffenden Gerichte sind nach der EuGVVO 2012 zuständig. Nach UAbs. 2 gilt das auch für den Schuldner in Eigenverwaltung, sofern er nach nationalem Recht Klage für die Insolvenzmasse erheben kann.

Nach Art. 41 Abs. 1 und 2 EuInsVO 2015 arbeiten der Verwalter des Hauptinsolvenzverfahrens und der oder die in Sekundärinsolvenzverfahren bestellte(n) Verwalter in näher festgelegter Weise zusammen. Nach Abs. 3 gelten diese Regeln sinngemäß für Fälle, in denen der Schuldner die Verfügungsgewalt über sein Vermögen behält. Hier ist übrigens ausnahmsweise nicht vom Schuldner in Eigenverwaltung die Rede, aber er ist im Hinblick auf die Definition in Art. 2 Nr. 3 EuInsVO 2015 gemeint.[8]

Und Art. 76 EuInsVO 2015, der im Abschnitt 2 »Koordinierung« des Kapitels V zur Gruppeninsolvenz steht, legt fest, dass die »gemäß diesem Kapitel« für den Ver-

---

8 Siehe z.B. *Wessels* in: Bork/van Zwieten (Hrsg.) Commentary on the European Insolvency Regulation, 2016, Art. 41 Rn. 41.66.

walter geltenden Bestimmungen für den Schuldner in Eigenverwaltung gelten, soweit sie einschlägig entsprechend sind.

Dazu kommt noch ErwGr 10, laut dem in den Anwendungsbereich der Verordnung Verfahren einbezogen werden sollten, bei denen der Schuldner ganz oder teilweise die Kontrolle über seine Vermögenswerte und Geschäfte behält.

2. Meinungsstand zur Rechtsstellung des Schuldners in Eigenverwaltung

Es sind also bloß einzelne Stellen, an denen die EuInsVO 2015 den Schuldner in Eigenverwaltung anspricht. In den meisten ihrer Artikel, die sich mit dem Verwalter beschäftigen, taucht er nicht auf, und in den Erwägungsgründen ist er nur im 10. erwähnt, der sich aber mit dem Anwendungsbereich der Verordnung und nicht mit Verwaltungsaufgaben beschäftigt. Damit stellt sich die Frage, ob wirklich, von den Sonderregelungen abgesehen, zwischen Verwalter und Schuldner in Eigenverwaltung zu differenzieren ist. Die Meinungen sind unterschiedlich. So vertritt – unter ausführlicher Abwägung der Argumente pro und contra – *Hänel*,[9] dass der Schuldner in Eigenverwaltung die Aufgaben eines Insolvenzverwalters zu erfüllen und daher alle Befugnisse habe, die in der EuInsVO 2015 den Verwaltern eingeräumt seien; nach ihm kann der Schuldner in Eigenverwaltung sogar eine Zusicherung gem. Art. 36 EuInsVO 2015 zur Vermeidung eines Sekundärinsolvenzverfahrens abgeben. In diese Richtung auch *Delzant*,[10] nach dem es angezeigt wäre, dass der Schuldner in Eigenverwaltung in einigen Vorschriften neben dem Verwalter gesondert zu erwähnen wäre und der ihm ebenfalls die Abgabe einer Zusicherung zugesteht. Überwiegend wird jedoch eine Gleichstellung des Schuldners in Eigenverwaltung mit dem Verwalter abgelehnt.[11]

III. Keine generelle Gleichstellung des Schuldners in Eigenverwaltung mit dem Verwalter

Mangels klarer Regelung der Befugnisse eines Schuldners in Eigenverwaltung in der EuInsVO 2015 ist in einem ersten Schritt zu untersuchen, ob seine (im durch die

---

9 Befugnisse des Insolvenzverwalters, in: Nunner-Krautgasser/Garber/Jaufer (Hrsg.) Grenzüberschreitende Insolvenzen im europäischen Binnenmarkt, 2017, S. 183 ff, 189 ff.
10 In: Braun (Hrsg.) Insolvenzordnung, Kommentar, 7. Aufl. 2017, Art. 2 Rn. 9, Art. 36 Rn. 5.
11 Siehe *Konecny*, Europäisches Insolvenzrecht, in: Mayr (Hrsg.) Handbuch des europäischen Zivilverfahrensrechts, erscheint 2017, Rn. 17.40; *Lienau* in: Wimmer/Bornemann/Lienau (Hrsg.) Die Neufassung der EuInsVO, 2016, Rn. 154; *Mangano* in: Bork/Mangano (Hrsg.) European Cross-Border Insolvency Law, 2016, Rn. 6.75; *Mohr*, Zusicherung zur Vermeidung von Sekundärinsolvenzverfahren, in: Nunner-Krautgasser/Garber/Jaufer (Hrsg.) Insolvenzen S. 219, 222; *Moss/Fletcher/Isaacs*, The EU Regulation on Insolvency Proceedings, 3. Aufl. 2016, Rn. 8.515; *van Zwieten* in: Bork/van Zwieten (Hrsg.) European Insolvency Regulation, Art. 2 Rn. 2.10.

lex concursus vorgegebenen Rahmen erfolgende) Wahrnehmung der Aufgaben eines Verwalters zur Konsequenz hat, dass er diesem bei der Anwendung der Insolvenzverordnung gleichzuhalten ist. Das wird gelegentlich vertreten, ist jedoch mit der herrschenden Meinung abzulehnen.[12]

Dafür fehlt einmal eine gesetzliche Grundlage in der EuInsVO 2015. Sie unterscheidet klar zwischen Verwalter und Schuldner in Eigenverwaltung. Letzteren definiert sie in Art. 2 Nr. 3 als Schuldner, der ganz oder zumindest teilweise die Kontrolle über sein Vermögen und seine Geschäfte behält, weil das eröffnete Insolvenzverfahren nicht zwingend mit der Bestellung eines Verwalters oder der vollständigen Übertragung der Rechte und Pflichten zur Verwaltung des Vermögens des Schuldners auf einen Verwalter verbunden ist. Es erfolgt also bloß eine Begriffsbestimmung, nicht dagegen eine Gleichstellung mit dem Verwalter. Umgekehrt sind in Art. 2 Nr. 5 EuInsVO 2015 die Verwalter definiert, dort wiederum ist der Schuldner in Eigenverwaltung nicht ausdrücklich einbezogen. Es ist zwar die Auslegung denkbar, dass die Formulierung, Verwalter sei »jede Person oder Stelle« mit nachfolgend genannten Befugnissen, auch den Schuldner in Eigenverwaltung erfasst, wenn ihm die lex concursus eben diese Befugnisse einräumt. Dagegen spricht jedoch insbesondere, dass unerklärlich wäre, warum die EuInsVO 2015 mehrfach den Schuldner in Eigenverwaltung ausdrücklich neben dem Verwalter erwähnt bzw. Regelungen für Verwalter als für Schuldner in Eigenverwaltung relevant erklärt (siehe Art. 6, 28, 29, 38, 41, 55 und 76), wenn er ohnedies Verwalter im Sinn der Verordnung wäre. Außerdem ist der Schuldner in Eigenverwaltung nicht unter den Verwaltern gemäß Anh. B der EuInsVO 2015 aufgezählt.[13]

Es ist daher weder in Art. 2 noch an anderer Stelle der EuInsVO 2015 eine generelle Gleichstellung angeordnet. Das ist bewusst geschehen.[14] In Art. 2 lit. b des Änderungsvorschlags zur EuInsVO aus dem Jahr 2012[15] war vorgesehen, dass der Ausdruck »Verwalter« ua den Schuldner in Eigenverwaltung meine, wenn kein Verwalter bestellt werde oder die Befugnisse des Schuldners nicht einem Verwalter übertragen würden. In der 6. Ratsarbeitsgruppensitzung am 22. und 23.7.2013[16] wurde darauf hingewiesen, dass es auch Fälle eines bloß den Schuldner überwachenden Verwalters gebe, die von der vorgeschlagenen Definition nicht erfasst seien. Von Frankreich wurde eine Unterscheidung für wichtig erachtet, es gebe Informationen, die nicht dem Schuldner selbst übermittelt werden könnten. Im Ergebnis wurde von der generellen Gleichstellung Verwalter – Schuldner Abstand genommen. Soweit ersichtlich

---

12 Zum Meinungsstand siehe oben II.2.
13 Worauf zutreffend *Hänel* (in: Nunner-Krautgasser/Garber/Jaufer [Hrsg.] Insolvenzen S. 190) hinweist.
14 Vgl. – mit Darstellung der Entwicklungsgeschichte – *Lienau* in: Wimmer/Bornemann/Lienau (Hrsg.) EuInsVO Rn. 152 ff; siehe weiter *Mohr* in: Nunner-Krautgasser/Garber/Jaufer (Hrsg.) Insolvenzen S. 222.
15 Vorschlag vom 12. 12. 2012 für eine VO des Europäischen Parlaments und des Rates zur Änderung der VO (EG) 1346/2000 des Rates über Insolvenzverfahren, COM(2012) 744 final.
16 Siehe Protokoll S. 9 f.

folgt die dort getroffene Regelung aber keinem ausgefeilten Konzept für die Rechtsstellung des Schuldners in Eigenverwaltung.

IV. Die Rechtsstellung des Schuldners in Eigenverwaltung im Allgemeinen

Damit ist einmal davon auszugehen, dass alle Artikel der EuInsVO 2015, die nur den Verwalter erwähnen, nicht automatisch den Schuldner in Eigenverwaltung miterfassen. Umgekehrt ist es jedoch nicht zwingend, dass dieser nur die wenigen Rechte und Pflichten nach der Verordnung hat, die ihm ausdrücklich eingeräumt bzw. auferlegt wurden. Denn es können Fehler bei der Regelung der Rechtsstellung des eigenverwaltenden Schuldners unterlaufen sein, insbesondere könnte in einigen Artikeln auf ihn vergessen worden sein, obwohl es sachlich geboten wäre, ihn einzubeziehen.[17] Damit ist bei jeder Anordnung der Insolvenzverordnung nur zum Verwalter zu prüfen, ob sie den Schuldner in Eigenverwaltung sachgerecht oder sachwidrig nicht einbezieht.

Dabei ist zu beachten, dass der Schuldner in Eigenverwaltung in einem Punkt eine ganz andere Rechtsstellung hat als ein Verwalter. Diesem sind generell alle Befugnisse zu übertragen, während der Schuldner von sich aus umfassende Rechte und Pflichten hat, die ihm bei Eigenverwaltung (je nach lex concursus mehr oder weniger) verbleiben. Ein Grund für die knappen Regelungen der EuInsVO 2015 in Bezug auf den Schuldner in Eigenverwaltung wird wohl sein, dass man vieles, was für Verwalter anzuordnen war, bei ihm als ohnedies gegeben voraussetzt.

Allerdings erlebt auch ein Schuldner in Eigenverwaltung insolvenzspezifische Veränderungen seines Handlungsspielraums. Insgesamt hat er drei Arten von Verfügungsbefugnissen in Bezug auf sein Vermögen bzw. auf eine Insolvenzmasse. Erstens stehen ihm die erwähnten materiellrechtlichen und verfahrensrechtlichen Befugnisse zu, die er als Eigentümer seines Vermögens hat, soweit sie ihm nicht durch die Eröffnung des Insolvenzverfahrens entzogen werden (was nichts am Vorliegen eines Eigenverwaltungsverfahrens ändert, weil Art. 2 Nr. 3 EuInsVO 2015 ausdrücklich auch Schuldner mit teilweiser Kontrolle einbezieht). Zweitens kann die lex concursus einem Schuldner in Eigenverwaltung insolvenzspezifische Befugnisse einräumen, die ihm außerhalb eines Insolvenzverfahrens, also allein aufgrund seiner Stellung als Eigentümer seines Vermögens, nicht zustehen, wie besondere Verwertungsrechte, Gestaltungsrechte in Bezug auf Vertragsverhältnisse, die Befugnis zur Insolvenzanfechtung usw.[18] Dazu kommen drittens Rechte und Pflichten nach der EuInsVO 2015, die aber wie dargelegt weit hinter denen für Verwalter zurückbleiben.

---

17 Wie *Delzant* in: Braun (Hrsg.) Insolvenzordnung, 7. Aufl., Art. 2 Rn. 9 meint.
18 Das betont zutreffend *Hänel* in: Nunner-Krautgasser/Garber/Jaufer (Hrsg.) Insolvenzen S. 190.

EuInsVO 2015 und der Schuldner in Eigenverwaltung

V. Regelungsgruppen zu den Befugnissen des Schuldners in Eigenverwaltung

Zu prüfen ist nun, ob die Regelungen der EuInsVO 2015 in Bezug auf den Schuldner in Eigenverwaltung ausreichen, um eine zweckmäßige und effiziente Durchführung eines Eigenverwaltungsverfahrens zu ermöglichen. Es sind vier Regelungsgruppen zu unterscheiden. Im vorgegebenen Rahmen können sie nur allgemein dargestellt und durch einzelne Beispiele vertieft werden. Eine umfassende Analyse aller Anordnungen der EuInsVO 2015 ist nicht möglich.

1. Gleichstellende Normen

Oben bei II.1. wurden die wenigen Bestimmungen aufgelistet, die ausdrücklich den Schuldner in Eigenverwaltung einem Verwalter gleichstellen (Art. 6, 28, 29, 38, 41, 55, 76). Dabei geht es mit einer Ausnahme um besondere Rechte bzw. Pflichten nach der EuInsVO 2015. Die in Art. 6 Abs. 2 erwähnte klageweise Geltendmachung von Ansprüchen muss von der Eigenverwaltung umfasst sein.

Zwei dieser gleichstellenden Bestimmungen der Verordnung werfen Fragen auf.

In Art. 38 EuInsVO 2015 betreffen die Abs. 1 und 3 sowohl Verwalter als auch Schuldner in Eigenverwaltung, die Abs. 2 und 4 hingegen nur den Hauptinsolvenzverwalter. ME gehörten diese Anordnungen in die Gruppe der Normen, die bewusst keine Gleichstellung vorsehen.[19]

Nicht klar bzw. geglückt ist Art. 76 EuInsVO 2015 zur Gruppeninsolvenz. Nach ihm gelten die »gemäß diesem Kapitel« für den Verwalter geltenden Bestimmungen für den Schuldner in Eigenverwaltung, soweit sie einschlägig entsprechend sind. Abgesehen von der erforderlichen Analyse der zahlreichen Bestimmungen des Kapitels V zum Verwalter dahin, ob sie für den Schuldner passen,[20] wirft der Standort des Art. 76 EuInsVO 2015 die Frage auf, welche Bestimmungen denn gemeint sind. Geregelt ist die Gleichstellung Schuldner – Verwalter im Abschnitt 2 des Kapitels V zur Koordinierung der Insolvenzverfahren von Gruppenmitgliedern, auf den Art. 76 folgt noch Art. 77 zu den Kosten eines Gruppen-Koordinationsverfahrens. Nicht der systematischen Stellung, sondern Wortlaut und Teleologie den Vorrang einräumend, gilt die Gleichstellung aber auch für die Art. 56 ff EuInsVO 2015 zur Zusammenarbeit und Kommunikation bei Gruppeninsolvenzen.[21] Wer die Verwaltungsaufgaben erfüllt, kann und muss die dafür bestehenden Rechte und Pflichten wahrnehmen. Dafür spricht, dass ein Schuldner in Eigenverwaltung auch in die Zusammenarbeit

---

19 Näher dazu unten bei 3.
20 Siehe dazu z.B. *J. Schmidt* in Mankowski/Müller/*J. Schmidt* (Hrsg.) EuInsVO 2015, Art. 76 Rn. 4 ff.
21 *Konecny* in: Mayr (Hrsg.) Handbuch Rn. 17.341; *J. Schmidt* in Mankowski/Müller/ *J. Schmidt* (Hrsg.) EuInsVO 2015, Art. 76 Rn. 3.

und Kommunikation bei Haupt- und Sekundärinsolvenzverfahren (Art. 41 EuInsVO 2015) bzw. in eine Gruppen-Koordination eingebunden ist.

2. Normen ohne Bezugnahme auf handelnde Personen

Viele Normen der EuInsVO 2015 stellen auf keine bestimmte Person ab. Soweit es darin um die Verwaltungstätigkeit geht, sind sie auf Eigenverwaltungsverfahren anzuwenden.

So sagt z.B. Art. 6 Abs. 1 EuInsVO 2015, anders als der Abs. 2, nicht, dass seine Anordnung für einen Schuldner in Eigenverwaltung gilt. Aber dort ist ohne Bezugnahme auf betroffene Personen, insbesondere ohne Nennung des Verwalters, festgelegt, dass die Gerichte des Mitgliedstaats, in dem ein Insolvenzverfahren eröffnet wurde, auch für insolvenznahe Verfahren zuständig sind. Ob da ein Verwalter oder ein Schuldnern in Eigenverwaltung klagt oder geklagt wird, ist unmaßgeblich.

Auch die Rechte gemäß Art. 8 ff EuInsVO 2015 bestehen gleichermaßen Verwaltern wie Schuldner in Eigenverwaltung gegenüber.

3. Bewusste Unterlassung der Gleichstellung Verwalter – Schuldner in Eigenverwaltung

Artikel mit Erwähnung des Verwalters, nicht aber des Schuldners in Eigenverwaltung werfen die eigentlichen Auslegungsprobleme auf. An sich liegt im Hinblick auf die Entstehungsgeschichte[22] der Schluss nahe, dass Normen, die nur den Verwalter nennen, ihn allein erfassen. Denn die ursprünglich geplante generelle Gleichstellung Verwalter – Schuldner in Eigenverwaltung fand keinen Eingang in die EuInsVO 2015, sondern die Befugnisse des Letzteren wurden einzeln geregelt. Wie stets bei Schaffung von Gesetzen können dem Gesetzgeber aber Fehler unterlaufen und planwidrige Unvollständigkeiten entstanden sein. Es ist im Einzelfall zu untersuchen, ob der Schuldner in Eigenverwaltung sachgerecht nicht dem Verwalter gleichgestellt wurde. Maßstab ist, ob der Schuldner in Eigenverwaltung die Handlungsmöglichkeiten hat, die im Vergleich zur Verfahrensabwicklung durch einen Verwalter eine gleichermaßen effiziente Durchführung des Verfahrens ermöglichen.

Das ist auch ohne Regelung in der EuInsVO 2015 dort zu bejahen, wo der Schuldner ohnedies kraft eigenen Rechts so handeln kann, wie der Verwalter kraft verliehener Befugnis. So kann ein Schuldner in Eigenverwaltung wohl durchwegs als materiell Berechtigter aus dem Hoheitsgebiet anderer Mitgliedstaaten ihm gehörende Gegenstände entfernen, braucht daher in Art. 21 Abs. 1 letzter Satz EuInsVO 2015 nicht genannt werden. Oder: Üblicherweise kann ein Schuldner den Antrag auf Eröffnung eines Insolvenzverfahrens stellen, daher reicht es, die Befugnis zum Antrag auf Eröffnung eines (anderen als des begehrten) Sekundärinsolvenzverfahrens dem

---

22 Siehe oben bei III.

Hauptinsolvenzverwalter einzuräumen (vgl. Art. 37 Abs. 1 und Art. 38 Abs. 4 EuInsVO 2015).

Dann gibt es Fälle, in denen die EuInsVO 2015 gezielt nur den Verwalter anspricht. Das ist einmal der Fall, wenn ein Schuldner nicht betroffen sein kann. So kann Gruppenkoordinator nur eine Person sein, die nach dem Recht eines Mitgliedstaats geeignet ist, als Verwalter tätig zu werden (Art. 71 Abs. 1 EuInsVO 2015) – trotz Art. 76 EuInsVO 2015 ist diese Bestimmung nicht auf Schuldner in Eigenverwaltung anzuwenden,[23] weil der Koordinator eine unabhängige Person sein muss (Art. 71 Abs. 2 EuInsVO 2015).

Weiters kann die Verordnung bewusst einen Schuldner in Eigenverwaltung dem Verwalter nicht gleichstellen. Das ist mE in Art. 36 EuInsVO 2015 geschehen, wo nur dem Hauptinsolvenzverwalter die Befugnis verliehen ist, eine Zusicherung zur Vermeidung eines Sekundärinsolvenzverfahrens zu geben. Die breit geregelte Zusicherung ist eine wichtige Neuerung für den Fall, dass Sekundärverfahren eine effiziente Verwaltung der Insolvenzmasse behindern (vgl. ErwGr. 41). Auch der Eigenverwaltung schenkt die neue Vollstreckung Aufmerksamkeit, weshalb man sich durchaus fragen kann, wieso einem eigenverwaltenden Schuldner eine als sinnvoll empfundene Handlungsmöglichkeit des Hauptverwalters nicht (analog) zur Verfügung stehen soll.[24] Es gibt jedoch einen guten Grund dafür, dass nur der Hauptverwalter legitimiert wurde, die Zusicherung zur Vermeidung eines Sekundärverfahrens zu geben. Deren Nichterfüllung macht ihn nämlich persönlich haftbar, was zur Folge hat, dass ein Hauptverwalter mit der Zusicherung sorgsam umgehen wird. Die Haftungsgefahr ist aber kein taugliches Verhaltensregulativ für einen bereits insolventen Schuldner. Dieser Unterschied spricht dafür, dass der Gesetzgeber bewusst dem Schuldner in Eigenverwaltung nicht ermöglicht hat, eine Zusicherung gem. Art. 36 EuInsVO 2015 zu geben.[25]

4. Fehlende Gleichstellung Verwalter – Schuldner in Eigenverwaltung

Es gibt allerdings Fälle, wo eine Gleichstellung nicht angeordnet wurde, ohne dass sich sachliche Gründe dafür finden. Dann ist in zwei Fällen eine Analogie geboten.

---

23 *J. Schmidt* in Mankowski/Müller/J. Schmidt (Hrsg.) EuInsVO 2015, Art. 76 Rn. 8.
24 Mit dieser Überlegung befürwortet *Hänel* in: Nunner-Krautgasser/Garber/Jaufer (Hrsg.) Insolvenzen S. 192 eine Zusicherung durch den Schuldner in Eigenverwaltung. Für eine Zusicherung des Schuldners in Eigenverwaltung auch *Delzant* in: Braun (Hrsg.) Insolvenzordnung, 7. Aufl., Art. 36 EuInsVO 2017 Rn. 5. Vgl. weiter *Wimmer*, Die Regelungen zu den synthetischen Sekundärinsolvenzverfahren in der Neufassung der EuInsVO, in: Exner/Paulus, FS Beck, 2016, S. 587, 593 f, wonach im Fall, dass bei einem eigenverwaltenden Schuldner nach § 277 Abs. 1 InsO angeordnet wurde, dass eine Zusicherung nur mit Zustimmung des Sachwalters abgegeben werden kann, diese Zustimmung ein Wirksamkeitserfordernis ist.
25 So *Konecny* in: Mayr (Hrsg.) Handbuch Rn. 17.241. Gegen eine Zusicherung seitens des Schuldners *Mohr* in: Nunner-Krautgasser/Garber/Jaufer (Hrsg.) Insolvenzen S. 222; *van Zwieten* in: Bork/van Zwieten (Hrsg.) European Insolvency Regulation, Art. 2 Rn. 2.10.

Erstens, wenn insolvenzspezifische Handlungsmöglichkeiten nach der lex concursus, die also ein Schuldner in Eigenverwaltung außerhalb eines Insolvenzverfahrens nicht hat, sonst nicht ausgeübt werden können. Und zweitens, wenn die EuInsVO 2015 selbst einem Verwalter Befugnisse einräumt, die auch ein Schuldner in Eigenverwaltung haben muss, um ein Verfahren effizient abwickeln zu können.

Beispiel für den ersten Bereich sind die Art. 21 f EuInsVO 2015: Danach darf der Hauptinsolvenzverwalter in allen Mitgliedstaaten die ihm von der lex concursus verliehenen Befugnisse ausüben. Das muss auch für Schuldner in Eigenverwaltung gelten. Vielfach ergibt sich das schon aus seinen materiell- und verfahrensrechtlichen Befugnissen. So wird er etwa Gegenstände aus anderen Mitgliedstaaten entfernen können, was Art. 21 Abs. 1 letzter Satz EuInsVO 2015 dem Verwalter ausdrücklich zubilligt. Aber zu den eigenen können insolvenzspezifische Befugnisse kommen, wie sie nur ein Verwalter hat, zB Verwertungsrechte oder Auflösungsrechte in Bezug auf Vertragsverhältnisse. Sie muss ein Schuldner in Eigenverwaltung überall ausüben können wie ein sonstiger Verwalter. Und dabei muss er wie ein Verwalter das Recht des Mitgliedstats beachten, in dem er tätig werden will (vgl. Art. 21 Abs. 3 EuInsVO 2015). UU. kann ein Nachweis der Befugnisse im Sinn des Art. 22 EuInsVO 2015 nötig sein.[26] In all diesen Fällen ist kein Grund ersichtlich, warum die Ausübung insolvenzspezifischer Befugnisse auf den Verwalter beschränkt sein sollte. Die für ihn getroffenen Bestimmungen sind daher analog auf den Schuldner in Eigenverwaltung anzuwenden.[27]

Beispiele für die Ausdehnung von durch die Insolvenzverordnung dem Verwalter eingeräumten Rechten finden sich etwa bei der Regelung der Sekundärinsolvenzverfahren. Alles, was von der Verordnung als Maßnahmen zur zweckmäßigen Durchführung solcher Verfahren angesehen wird, ist nicht auf eine Fremdverwaltung zu beschränken, weil kein sachlich gerechtfertigter Bezug nur zur Person eines Verwalters besteht. So ist der Schuldner in Eigenverwaltung ausdrücklich in die Zusammenarbeit und Kommunikation der Verwalter einbezogen (Art. 41 Abs. 3 EuInsVO 2015) – das muss dann auch für die Zusammenarbeit und Kommunikation zwischen Gerichten und Verwaltern gem. Art. 43 EuInsVO 2015 gelten, wo er nicht erwähnt ist. Ist die Umwandlung eines Sekundärinsolvenzverfahrens in einen anderen Typ Insolvenzverfahren gem Art. 51 EuInsVO 2015 sinnvoll, dann sollte sie auch ein das Hauptverfahren verwaltender Schuldner begehren können.[28] Nicht nur ein Verwalter, sondern auch ein für Gläubigerforderungen zuständiger eigenverwaltender Schuldner muss die Befugnis zur Forderungsanmeldung gem. Art. 45 Abs. 2 EuInsVO 2015 haben. Analog Art. 46 EuInsVO 2015 ist dem Schuldner in Eigenverwaltung das Recht einzuräumen, die Aussetzung einer Verwertung zu erwirken. Auch das kann zur effizienten Durchführung des Insolvenzfalls, insbesondere zur Absicherung eines Sanie-

---

26 Siehe dazu *Hänel* in: Nunner-Krautgasser/Garber/Jaufer (Hrsg.) Insolvenzen S. 190, 192 f.
27 So z.B. *Hänel* in: Nunner-Krautgasser/Garber/Jaufer (Hrsg.) Insolvenzen S. 192; *Konecny* in: Mayr (Hrsg.) Handbuch Rn. 17.198.
28 *Konecny* in: Mayr (Hrsg.) Handbuch Rn. 17.320.

rungsversuchs erforderlich sein, die Gläubigerinteressen sind in Art. 46 EuInsVO 2015 ausreichend geschützt.[29]

VI. Schlussbemerkung

Die Regelung der Rechtsstellung des Schuldners in Eigenverwaltung in der EuInsVO 2015 ist nicht gut gelungen. Immerhin hat der europäische Gesetzgeber dieser Entwicklung im Insolvenzrecht Rechnung getragen und solche Verfahren klar in den Anwendungsbereich der Verordnung einbezogen. Die Entscheidung, den Schuldner in Eigenverwaltung nicht generell dem Verwalter gleichzustellen, ist vertretbar, bestehen doch einige Unterschiede. Aber warum in den meisten Fällen nur dem Verwalter, nicht dem eigenverwaltenden Schuldner die Ausübung insolvenzspezifischer Befugnisse nach der lex concursus bzw. von in der Verordnung vorgesehenen Befugnisse ermöglicht wird, ist oft nicht einzusehen. Die Eigenverwaltung darf zu keiner ineffizienten Abwicklung des Insolvenzverfahrens führen. Droht das mangels erforderlicher Rechte und Pflichten des Schuldner in Eigenverwaltung, sind die nur auf den Verwalter abstellende Regelungen der EuInsVO 2015 analog auf ihn anzuwenden.

---

29 *Konecny* in: Mayr (Hrsg.) Handbuch Rn. 17.307.

Aspekte der Insolvenzplan-Vergleichsrechnung in der Eigenverwaltung

Bruno M. Kübler/Dietmar Rendels

I. Grundlagen

1. Gesetzliche Grundlagen zum »Herzstück« Plan-Vergleichsrechnung

Die Vergleichsrechnung ist neben der Gruppenbildung vielleicht der wichtigste Bestandteil des Insolvenzplans. Dies ergibt sich u. a. aus dem sog. Schlechterstellungsverbot. In zahlreichen Vorschriften der InsO ist geregelt, dass kein Gläubiger durch den Insolvenzplan schlechter gestellt werden darf, als er ohne Insolvenzplan in der Regelinsolvenz stünde (vgl. §§ 245 Abs. 1 Nr. 1, 251 Abs. 1 Nr. 2, 251 Abs. 2, 253 Abs. 2 Nr. 3 InsO). Das Schlechterstellungsverbot zieht sich mithin wie ein »roter Faden« durch die Regelungen zum Insolvenzplan (vgl. auch § 247 Abs. 2 Nr. 1 InsO zur Unbeachtlichkeit des Schuldnerwiderspruchs bei fehlender Schlechterstellung). Wegen der zentralen Bedeutung der Vergleichsrechnung sah der Gesetzentwurf zur Insolvenzordnung hierzu ursprünglich eine spezielle Regelung in § 259 InsO-E vor[1]. In die endgültige Fassung der InsO wurde diese Entwurfsregelung auf Empfehlung des Rechtsausschusses nicht übernommen[2]. Daher enthält die InsO neben den zuvor genannten Rechtsvorschriften zum Schlechterstellungsverbot nur einige Normen, die die Anforderungen an die Vergleichsrechnung lediglich indirekt regeln. So definiert § 220 Abs. 1 und 2 InsO die Anforderungen an den darstellenden Teil, § 151 InsO regelt das Verzeichnis der Massegegenstände, § 153 InsO betrifft die Vermögensübersicht und § 229 S. 1 und S. 2 InsO regelt die Vermögensübersicht nebst Plan-Gewinn- und Verlustrechnung beim Ertragsplan. Die genannten Vorschriften und ihre Regelungsbereiche betreffen (auch) Grundlagen der Vergleichsrechnung. Die unvollkommenen gesetzlichen Vorgaben zu Gliederung und Inhalten der Vergleichsrechnung und häufige betriebswirtschaftliche sowie juristische Probleme bei der Aufstellung erklären, dass es – nicht nur für Juristen – oft erhebliche Erfassungs- und Konkretisierungsprobleme zu einzelnen Aspekten der Vergleichsrechnung gibt[3].

---

1 BT-Drs. 12/2443, 197 zu § 259 InsO-E.
2 Vgl. BT-Drs 12/7302, 96, 182.
3 Vgl. dazu vertiefend: Harmann, in: Brünkmans/Thole, Hdb. Insolvenzplan, (2016) § 6, Rz. 198; zu Gliederung und Einzelpositionen Harmann, a.a.O., § 13 Rz. 112 ff.; vgl. zu betriebswirtschaftlichen Inhalten auch Zabel, in: Kübler, Hdb. Restrukturierung in der Insolvenz, 2. A. (2015), § 27, Rz. 1 ff., 149 ff.; Buchalik/Schröder/Ibershoff, ZInsO 2016, 1445 ff.

2. ESUG und Ziele der InsO

Der ESUG-Gesetzgeber hat sich die schwierige Aufgabe gestellt, Schuldner- und Gläubigerinteressen neu auszubalancieren. Insbesondere im Interesse des Schuldners, zur besseren Planbarkeit des Verfahrens, gestaltete das ESUG den Insolvenzplan effektiver und stärkte die Eigenverwaltung[4]. Gleichzeitig bezweckte der Gesetzgeber auch einen »stärkeren Einfluss der Gläubiger«[5]. Insbesondere hat das ESUG hierzu gesetzliche Grundlagen für den vorläufigen Gläubigerausschuss im Insolvenzantragsverfahren geschaffen (vgl. § 22a InsO). Nach § 1 S. 1, 2. Alt. InsO, dessen Wortlaut durch das ESUG nicht verändert wurde, stellt das Insolvenzplanverfahren eine Alternative zur Verwertung und Verteilung des Schuldnervermögens in der Regelinsolvenz dar. Dabei gilt der Grundsatz des § 1 S. 1, 1. Alt. InsO, d. h. der Grundsatz der gleichmäßigen und bestmöglichen Gläubigerbefriedigung, auch im Verfahren der Eigenverwaltung in Kombination mit einem Insolvenzplan[6]. Dies einleitend zu betonen, ist für ein besseres Verständnis der Aspekte der Vergleichsrechnung wichtig. Die schuldnernahe Beratungsbranche versucht, teilweise die Ziele des § 1 InsO in der Eigenverwaltung zu relativieren[7]. Würde man z. B. »zukünftige Geschäftsbeziehungen«[8] oder die Eigenverwaltung selbst als Verfahrensziel ansehen, bestünde die Gefahr, dass sich in der Vergleichsrechnung der Vergleichsmaßstab und die Kontrolldichte zu Lasten der Quote ändern. Einer – im Vergleich zur Zeit vor dem ESUG – veränderten Ausrichtung der grundsätzlichen Ziele der InsO ist zu widersprechen[9]. Nach § 270 Abs. 2 Nr. 2 InsO darf die Eigenverwaltung – im Vergleich zur Regelinsolvenz – nicht nachteilig für die Gläubiger sein, was belegt, dass auch die Eigenverwaltung den Grundsätzen der bestmöglichen und gleichmäßigen Gläubigerbefriedigung Rechnung zu tragen hat.

---

4 Vgl. Begründung zum Entwurf eines Gesetzes zur weiteren Erleichterung der Sanierung von Unternehmen BT-Drs. 17/5712, S. 1 ff. mit Hinweis auf Abwanderungstendenzen nach England und der deshalb notwendigen Stärkung des Wettbewerbsstandortes Deutschland sowie weiter dort Hinweis auf Insolvenzverschleppung mangels Schuldnerperspektive.
5 Vgl. BT-Drs. 17/5712, S. 2.
6 Vgl. Bierbach, in: Kübler, Hdb. Restrukturierung in der Insolvenz, 2. A. (2015), § 11, Rz. 1 (»*Die Eigenverwaltung, in der die Ziele und Wirkungen des Regelinsolvenzverfahrens grundsätzlich beibehalten werden ...*«); Kübler, in: Kübler, Hdb. Restrukturierung in der Insolvenz, 2. A. (2015), § 1, Rz. 17 ff.
7 Vgl. Buchalik, ZInsO 2015, 484, 489 (»*... nicht die höchstmögliche Insolvenzquote..., aber den Erhalt des Unternehmens...*«); relativierend auch Brandt, in: Silcher-Brandt, Hdb. Insolvenzplan in Eigenverwaltung, (2017), Kap. 22, Rz. 59 ff. sowie Rz. 101 (»*Wie allerdings bereits unter ›Zielsetzung des Insolvenzplans‹ ... ausgeführt, muss diese nicht zwingend alleine in der höheren Quote bestehen. Zukünftige Geschäftsbeziehungen und damit der Erhalt des schuldnerischen Unternehmens an sich können ebenfalls eine ›bestmögliche Gläubigerbefriedigung‹ bedeuten*«).
8 Siehe Brandt, in: Silcher-Brandt a.a.O. (vorstehende Fußnote).
9 Siehe auch die Stellungnahme des DAV zur ab 01.05.2017 begonnenen ESUG-Evaluation, Stellungnahme 6/17 v. 26.01.2017, ZIP 2017, A. 10, S. 3.

II. Interessenkollision beim Schuldnerberater und Informationsdefizite der Gläubiger

1. Schuldnerinteressen vs. Gläubigerinteressen; Schuldnerberater (oft) als Ersteller

Da in der Eigenverwaltung die Verwaltungs- und Verfügungsbefugnis beim Schuldner bleibt, wird die Vergleichsrechnung in der Regel durch einen vom Schuldner beauftragten Berater erstellt. Der Schuldner hat ein intensives Interesse daran, im Rahmen der Eigenverwaltung in Kombination mit einem zu erstellenden Insolvenzplan möglichst viele Vermögenswerte zu »behalten«. Als vom Schuldner beauftragter und bezahlter Berater wird sich dieser grundsätzlich an den Schuldnerinteressen orientieren. Das Interesse der Gläubiger an bestmöglicher Befriedigung (s. o. I.2. zu § 1 S. 1 InsO) ist gegenläufig. Der Schuldnerberater als Ersteller der Vergleichsrechnung befindet sich mithin in einer Interessenkollision. Hieraus kann aber nicht, selbst wenn ein Anwalt Ersteller der Vergleichsrechnung sein sollte, auf die Unwirksamkeit des Beratungsvertrags oder auf einen Ausschluss des Beraters als Ersteller der Vergleichsrechnung geschlossen werden[10]. Den Schuldnerberater als Ersteller der Vergleichsrechnung auszuschließen, verbietet der Schutz des Plan-Initiativrechts des Schuldners (§ 218 InsO). Der Schuldner hat das Recht, den Insolvenzplan – und zwar den gesamten Insolvenzplan einschließlich des darstellenden Teils und damit einschließlich der Vergleichsrechnung – vorzulegen. Wollte man den Berater wegen widerstreitender Interessen als Ersteller der Vergleichsrechnung ausschließen, würde dies das Plan-Initiativrecht des Schuldners (§ 218 InsO) verletzen. Die vorstehend angesprochene Problematik widerstreitender Interessen bei der Vergleichsrechnung zeigt aber, dass die im Auftrag des Schuldners erstellte Vergleichsrechnung einer effektiven Kontrolle bedarf.

2. Informationen vom Gegner für effektiven Rechtsschutz erforderlich

Nicht nur die Problematik der Interessenkollision beim Schuldnerberater als Ersteller der Vergleichsrechnung spricht für die Notwendigkeit einer effektiven Kontrolle der Vergleichsrechnung. Da regelmäßig in der Eigenverwaltung nur der Schuldnerberater vom Schuldner die notwendigen Informationen erhält und verwaltet, befindet sich der einzelne Gläubiger, der die Vergleichsrechnung und den Insolvenzplan unter Zeitdruck überprüfen will – insbesondere wegen der regelmäßigen Komplexität der Vergleichsrechnung – in einem erheblichen Informationsnotstand. Beim Minder-

---

10 Vgl. zur Unwirksamkeit des Anwaltsvertrags bei Interessenkollisionen, BGH, Urt. v. 12.05.2016 – IX ZR 241/14, ZIP 2016, 1443, dazu EWiR 2016, 495 (*Henssler/Pommerening*); *Thole*, NZI 2017, 737, 739; vgl. weiter zur stillen Zwangsverwaltung BGH, Beschl. v. 14.07.2016 – IX ZB 31/14 ZIP 2016, 1543, 1545 Rz 27 ff., dazu EWiR 2016, 635 (*Mock*).

heitenschutzantrag nach § 251 Abs. 1 Nr. 2, Abs. 2 InsO muss der Gläubiger die Schlechterstellung im Vergleich zur Regelabwicklung im Erörterungs- und Abstimmungstermin glaubhaft machen. Im Falle der sofortigen Beschwerde muss er eine »wesentliche« Schlechterstellung mit Einlegung der Beschwerde glaubhaft machen (vgl. § 253 Abs. 2 Nr. 3 InsO). Der Gesetzgeber wollte u. a. mit diesen Regelungen die Hürden für die Zulässigkeit eines Minderheitenschutzantrags und insbesondere der sofortigen Beschwerde im Vergleich zur Rechtslage vor Inkrafttreten des ESUG deutlich erhöhen[11]. Die Prüfung des Gerichts ist auf die vom Gläubiger vorgebrachten und glaubhaft gemachten Tatsachen und Schlussfolgerungen beschränkt[12]. Um diese Hürden in berechtigten Fällen zu überwinden, ist der Gläubiger insbesondere auf die Informationen aus der Vergleichsrechnung angewiesen.

Überträgt man die Situation des Gläubigers als Beschwerdeführer auf die prozessuale Ausgangslage in einem Zivilprozess, müsste der Kläger die notwendigen Informationen für den Rechtsschutz des Beklagten beschaffen. Im Zivilprozess hilft die Rechtsprechung, einen Informationsnotstand des Beklagten mit Hilfe der »sekundären Darlegungslast«[13] oder – einzelfallabhängig vom Verhalten des Klägers – im Rahmen der Beweiswürdigung wegen Beweisvereitelung oder zumindest durch einen Informationsanspruch des Beklagten gegen den Kläger zu überwinden.

Nach dem Konzept der InsO hat der einzelne Gläubiger grundsätzlich trotz seines strukturellen Informationsdefizits keine Einzel-Informationsansprüche. Wegen der Komplexität der Vergleichsrechnung kommt das Fragerecht im Erörterungstermin oft zu spät. Die Akteneinsicht nach § 4 Abs. 1 InsO i.V.m. § 299 Abs. 1 ZPO beschränkt sich auch nur auf die Inhalte, die der Schuldner »liefert«. Um zu einer gerechten und transparenten Vergleichsrechnung zu gelangen, sind deshalb an den Inhalt der Vergleichsrechnung bestimmte »handwerkliche« Anforderungen zu stellen (vgl. insoweit zu einzelnen Akzenten nachfolgenden Erfahrungsbericht unter III.). Die »handwerklichen« Anforderungen müssen zudem von den potenziellen »Überwachungsorganen« – also vom (vorläufigen) Sachwalter, (vorläufigen) Gläubigerausschuss und ggf. dem Insolvenzgericht – effektiv durchgesetzt werden (dazu s. unten IV.).

III. Erfahrungsbericht: ausgewählte, wesentliche Problemzonen und Rechtsprechung hierzu

1. Prämisse »Betriebseinstellung« und Auslaufkosten in der Regelinsolvenz

Die Vergleichsrechnung steht und fällt mit der Beantwortung der Frage, ob im Regelinsolvenzverfahren der Insolvenzverwalter eine übertragende Sanierung realisieren

---

11 Vgl. HambKomm/Thies, 6. A. (2016), § 253, Rz. 18; K/P/B/Pleister, 71. EL (April 2017), § 253, Rz. 2.
12 HambKomm/Thies, a.a.O.
13 S. hierzu Zöller/Greger, ZPO, 31. A. (2016), Vor § 284 Rz. 34.

könnte. Ist das so, sind im Rahmen der Vergleichsrechnung bei der Bewertung der einzelnen Aktiva und Passiva für den Vergleichsmaßstab »Regelinsolvenz« Fortführungswerte anzusetzen. Müsste dagegen im Regelinsolvenzverfahren – anders als im Insolvenzplanverfahren in Kombination mit Eigenverwaltung – der Insolvenzverwalter den Betrieb einstellen, sind Aktiva und Passiva zu Liquidationswerten der Vergleichsmaßstab[14]. Ist die Betriebsschließung in der Regelinsolvenz der Vergleichsmaßstab, sind zusätzlich die Auslaufkosten, u. a. für die Beendigung von Dauerschuldverhältnissen, auszuweisen. Bei einer prognostizierten »Betriebsschließung in der Regelinsolvenz« ist deshalb oft die Masseunzulänglichkeit der Vergleichsmaßstab.

In einigen ESUG-Fällen war der Versuch des Schuldners zu beobachten, im Rahmen der Vergleichsrechnung für die Regelinsolvenz bei den Aktiva niedrige und bei den Passiva hohe »Vergleichswerte« auszuweisen und die Behauptung aufzustellen, in der Regelinsolvenz müsse der Geschäftsbetrieb des insolventen Unternehmens eingestellt werden (zur Rolle des Sachwalters und der weiteren »Kontrollinstanzen« siehe unten IV.). Begründet wurde dies vom Schuldner z. B. damit, dass nur er (entweder als natürliche Person oder als Geschäftsführer einer GmbH) über die zur Fortführung notwendigen Kunden- und Lieferantenkontakte verfüge.

2. Rechtsprechung zur Vergleichsrechnung und speziell zur Prämisse »Betriebsschließung«; M&A-Prozess

Zur Vergleichsrechnung – generell – ist die Entscheidung des BGH vom 07.05.2015[15] hervorzuheben. In der Entscheidung, die das Vorprüfungsverfahren nach § 231 InsO betraf, hält der BGH u. a. fest, dass das Wort »soll« in § 220 Abs. 2 InsO (Anforderungen an den darstellenden Teil des Insolvenzplans) als zwingende Regelung zu lesen ist[16]. Der BGH betont zu den Anforderungen an den darstellenden Teil, speziell zur Vergleichsrechnung, der Plan müsse darlegen, »welche Maßnahmen der Insolvenzverwalter in Bezug auf die Betriebsfortführung oder Betriebseinstellung im Regelverfahren ergreifen wird«[17]. Da der BGH konkrete Begründungen zu den Maßnahmen, die der Insolvenzverwalter im Regelverfahren einleiten würde, verlangt, ist aus der Entscheidung zu folgern, dass die etwaige Behauptung »Betriebseinstellung im Regelinsolvenzverfahren« anhand der Datenlage im darstellenden Teil ausführlich und transparent begründet und belegt werden muss.

In diesem Zusammenhang sei auch die Diskussion angesprochen, ob und inwieweit im Insolvenzplanverfahren ein sog. M&A-Prozess (dual track) durchgeführt werden muss[18]. In manchen Fällen – insbesondere dann, wenn es sich um größere Unterneh-

---

14 Vgl. Zabel, in: Kübler Hdb. Restrukturierung in der Insolvenz, 2. A. (2015), § 27, Rz. 1 ff., Rz. 63, 72 mit Mustern.
15 BGH, Beschl. v. 07.05.2015 – IX ZB 75/14, ZIP 2015, 1346, dazu EWiR 2015, 483 (*Spliedt*).
16 Siehe Rz. 29 der vorbezeichneten BGH-Entscheidung.
17 Siehe Rz. 30 der vorbezeichneten BGH-Entscheidung.
18 Siehe dazu Brandt, in: Silcher-Brandt, Hdb. Insolvenzplan in Eigenverwaltung, (2017) Kap. 5, Rz. 172 sowie Kap. 92 ff.; Brünkmans, in: Brünkmans/Thole, Hdb. Insolvenzplan, (2016), § 2 Rz. 83 ff.

men handelt – wird nur durch ein Angebot des Unternehmens zum Verkauf im Rahmen eines strukturierten M&A-Prozesses ausreichend Transparenz bezüglich der Vermögenswerte des schuldnerischen Unternehmens erlangt werden können. Dies gilt insbesondere, wenn im Unternehmen Vermögenswerte vorhanden sind, die nicht marktgängig sind (wie z. B. häufig in Bezug auf Marken, Patente, Kundenbeziehungen, Verträge mit wichtigen Vertragspartnern oder sonstige immaterielle Vermögensgegenstände). Dabei muss der M&A-Prozess so geführt werden, dass die Interessenten/Investoren zum einen Gebote für einen potenziellen asset deal (der auch für die übertragende Sanierung im Regelinsolvenzverfahren »steht«) und zum anderen auf die Gesellschaftsanteile am Schuldnerunternehmen – auf die bei juristischen Personen mit dem Plan nach § 225a InsO zugegriffen werden kann – abgeben[19].

Soweit ersichtlich, ist in der Rechtsprechung, insbesondere in der des BGH, noch nicht explizit entschieden worden, ob und unter welchen Voraussetzungen ein solcher M&A-Prozess notwendig ist. Die Ausführungen des BGH in der Entscheidung vom 07.05.2015[20], dass die Bewertung der Massegegenstände im Insolvenzplan vom Insolvenzgericht i. R. d. § 231 InsO »in der Kürze der Zeit bis zur Entscheidung über die Zurückweisung des Plans« regelmäßig nicht überprüft werden könne, enthält keine Aussage zur Notwendigkeit eines M&A-Prozesses. Bei § 231 InsO geht es um ein Eilverfahren. Das hat wenig mit Fragen der Effektivität des Rechtsschutzes (s. o. II.) zu tun. Hätte der BGH in der Entscheidung vom 07.05.2015 dazu Stellung nehmen wollen, hätte er dies voraussichtlich wegen der zentralen Bedeutung des Themas ausdrücklich mit ausführlicher Begründung getan. In seiner Entscheidung vom 22.09.2016 zu Vergütung und Aufgaben des vorläufigen Sachwalters hat der BGH knapp festgestellt, dass es jedenfalls nicht zu den Aufgaben des vorläufigen Sachwalters gehöre, »in eigener Zuständigkeit (einen) M&A-Prozess anzustoßen«[21]. In diesem kurzen Zitat geht der BGH zumindest von der grundsätzlichen Möglichkeit eines M&A-Prozesses auch im Rahmen der (vorläufigen) Eigenverwaltung aus. Vor diesem Hintergrund bleibt abzuwarten, wie sich der BGH, falls er Gelegenheit zu einer entsprechenden Entscheidung erhalten sollte, hierzu positioniert.

In vielen Fällen sprechen gute Gründe, nämlich Erlangung von Transparenz zu einzelnen Vermögenswerten und damit zur Vergleichsrechnung, für die Durchführung eines M&A-Prozesses. Finden sich Investoren, die auf die assets bieten, spricht dies gegen die etwaige These, ein Regel-Insolvenzverwalter müsse den Betrieb schließen. Insbesondere der (vorläufige) Gläubigerausschuss ist dazu berufen, in Abwägung der Einzelfallumstände, d. h. Umfang des Verfahrens, Kosten und Nutzen, über die Durchführung oder Nichtdurchführung eines M&A-Prozesses zu entscheiden. We-

---

19 Zu den in der Vergleichsrechnung darzustellenden Verwertungsalternativen Zabel, in: Kübler, Hdb. Restrukturierung in der Insolvenz, 2. A. (2015), § 27 Rz. 149 ff.
20 BGH, Beschl. v. 07.05.2015 – IX ZB 75/14, ZIP 2015, 1346, dazu EWiR 2015, 483 (*Spliedt*).
21 BGH, Beschl. v. 22.09.2016 – IX ZB 71/14, ZIP 2016, 1981, 1985, Rz. 62, dazu EWiR 2016, 763 (*Körner/Rendels*).

gen der Bedeutung des M&A-Prozesses für die Vergleichsrechnung und der regelmäßig hohen M&A-Kosten ist die Beauftragung eines M&A-Beraters eine »Rechtshandlung von grundsätzlicher Bedeutung«, die gem. § 276 Abs. 1 S. 1 InsO der Zustimmung des Gläubigerausschusses bedarf.

3. Notwendigkeit schriftlicher Erläuterungen zur Vergleichsrechnung

Die Vermögensübersicht (§ 153 InsO) und die Plan-Gewinn- und Verlustrechnung (§ 229 S. 2 InsO) enthalten – auch im Rahmen der Vergleichsrechnung – oft umfangreiche Zahlenkolonnen. Ohne detailliertere, schriftliche Erläuterungen im darstellenden Teil des Insolvenzplans (oder einer Plananlage) sind »die Zahlen« selbst für einen betriebswirtschaftlich geschulten und insolvenzerfahrenen Fachmann aus sich heraus in der Regel nicht verständlich. Eine Verständlichkeit wird dagegen erreicht, wenn die Planungsprämissen und die Hintergründe für einzelne Zahlen schriftlich erläutert werden.

In einer Entscheidung vom 15.07.2010 hat der BGH ausgesprochen, dass umfassende Ausführungen zu Details der Vermögensgegenstände im Insolvenzplan nicht verlangt werden[22]. Diese Aussage kann nach diesseitiger Ansicht – insbesondere vor dem Hintergrund der neueren Entscheidung des BGH vom 07.05.2015 (s. o. III.2.) – jedenfalls nicht auf die Vergleichsrechnung übertragen werden. Prämissen und einzelne Vermögenspositionen der Vergleichsrechnung sind im darstellenden Teil (oder ggf. in einer Plananlage) schriftlich zu begründen, da anderenfalls für einen außenstehenden Gläubiger in der Regel die notwendige Transparenz zur Kontrolle der Vergleichsrechnung nicht erreicht wird. Auch der IDW-Standard IDW S 6 verlangt jedenfalls im Zusammenhang mit der Erarbeitung eines Sanierungskonzepts die schriftliche Erläuterung der »Zahlen«[23].

4. Nur Erinnerungswerte betr. Haftungs- und Insolvenzanfechtungsansprüche?

Die Behandlung von Haftungs- und Insolvenzanfechtungsansprüchen im Rahmen der Vergleichsrechnung (insoweit also im darstellenden Teil, in Subsumtion des § 220 Abs. 2 InsO) war häufiger Gegenstand von Gerichtsentscheidungen. So hat der BGH in seiner Entscheidung vom 15.07.2010 ausgeführt, dass nur solche Insolvenzanfechtungsansprüche im darstellenden Teil behandelt werden müssen, die »wahrscheinlich bestehen«[24]. In seiner Grundlagenentscheidung vom 07.05.2015 zu zahlreichen

---

22   BGH, Beschl. v. 15.07.2010 – IX ZB 65/10, ZIP 2010, 1499, Rz. 45, 48, dazu EWiR 2010, 681 (*Huber*).
23   Vgl. Zabel, in: Kübler, Hdb. Restrukturierung in der Insolvenz, 2. A. (2015), § 4 Rz. 59 ff. und insbes. zur zusammenfassenden Bestätigung Rz. 162 ff.
24   BGH, Beschl. v. 15.07.2010 – IX ZB 65/10, ZIP 2010, 1499, 1503, Rz. 56, 57, dazu EWiR 2010, 681 (*Huber*).

Fragen des Insolvenzplans ist der BGH erneut auf die Behandlung von Insolvenzanfechtungsansprüchen im darstellenden und gestaltenden Teil des Insolvenzplans eingegangen[25]. Der BGH hat in dieser Entscheidung (ab Rz. 35 ff.) für eine Reihe von Aktiva die Einstellung von »Erinnerungswerten« als ausreichend angesehen.

Damit müssen auf Grundlage der BGH-Rechtsprechung erkannte Insolvenzanfechtungsansprüche im darstellenden Teil und in der Vergleichsrechnung zumindest »dem Grunde nach« ggf. knapp behandelt werden. Trotz des vorerwähnten Hinweises des BGH auf den Ansatz angemessener Erinnerungswerte ist es u. E. nicht zulässig, die Ermittlung von Insolvenzanfechtungsansprüchen (zur Zuständigkeit des Sachwalters hierfür vgl. § 280 InsO) zögerlich voranzutreiben[26].

Sofern und soweit der Anfechtungsgegner für eine sinnvolle Sanierung benötigt wird, das Zurückstellen der Insolvenzanfechtung also im Einzelfall sogar sanierungs- und quotenfördernd sein kann, sollte das im darstellenden Teil offen dargelegt werden, damit die Gläubiger im Erörterungs- und Abstimmungstermin eine Entscheidungsgrundlage haben. Das Außerachtlassen von Insolvenzanfechtungsansprüchen, namentlich solchen gegen »best friends«, führt hingegen zur Versagung der Planbestätigung wegen Verstoßes gegen § 220 Abs. 2 InsO (vgl. § 250 Nr. 1 InsO, dort zum Merkmal »Inhalt« des Insolvenzplans).

IV. Die Rolle der Kontrollorgane de Lege Lata/de Lege Ferenda

1. Kontrolle durch (vorläufigen) Sachwalter effektiv?

Nach § 274 Abs. 2 InsO hat der (vorläufige) Sachwalter die wirtschaftliche Lage des Schuldners und seine Geschäftsführung zu prüfen. Bei drohenden Nachteilen besteht eine Anzeigepflicht nach § 274 Abs. 3 InsO. Da eine intransparente Vergleichsrechnung in diesem Sinne »nachteilig« ist, gehört die Überprüfung der Vergleichsrechnung zu den Aufgaben des Sachwalters. Dies ist auch in der Rechtsprechung des BGH so angelegt. In seiner Entscheidung vom 22.09.2016 hat der BGH u. a. (im Zusammenhang mit Vergütungsfragen) darauf hingewiesen, dass der (vorläufige)

---

25 Vgl. BGH, Beschl. v. 07.05.2015 – IX ZB 75/14, ZIP 2015, 1346, 1351 unter Rz. 35 *»Die Klausel ist auch nicht wegen Verstoßes gegen § 220 II InsO unwirksam. Die Insolvenzgläubiger benötigen keine Angaben dazu, welche Anfechtungsansprüche der Insolvenzverwalter plant, um eine sachgerechte Entscheidung über den vom Schuldner vorgelegten Plan fällen zu können ...«*, dazu EWiR 2015, 483 (*Spliedt*).

26 Vgl. auch BGH, Beschl. v. 15.07.2010 – IX ZB 65/10, ZIP 2010, 1499, 1503 unter Rz. 58 *»Allerdings wäre der darstellende Teil des Insolvenzplans in einem wesentlichen Punkt fehlerhaft, wenn bestehende Anfechtungsansprüche in relevantem Umfang vom Planersteller verschwiegen würden, etwa um ... den Schuldner oder den (einzigen) Gesellschafter der Schuldnerin oder ihm nahestehende Personen zu schonen.«*

Sachwalter auch präventiv die Unternehmensplanung des Schuldners kritisch würdigen muss[27].

Die diesseitigen (nicht zwingend repräsentativen) Erfahrungen mit der Kontrolle von Vergleichsrechnungen durch Sachwalter sind uneinheitlich. Viele Sachwalter überprüfen den Schuldner und die Vergleichsrechnung intensiv. Andere Sachwalter sind dagegen recht unkritisch. Dies betrifft nach diesseitiger Erfahrung insbesondere Fälle, in denen das Gericht vom Schuldner vorgeschlagene Sachwalter (auch im Verfahren nach § 270a InsO) einsetzt. So hatten wir in einem Fall als Gläubiger-Berater eine Vergleichsrechnung zu beurteilen, in der sämtliche Liquidationswerte (bei komplexen Vermögenswerten wie Patenten, Marken, diversen immateriellen Vermögenswerten und umfangreichem Grundbesitz) ohne gutachterliche Bewertung nur schlicht geschätzt wurden. Vom (zunächst vorläufigen) Sachwalter und auch vom Insolvenzgericht nicht moniert, war zur Unterlegung der Liquidationswerte in der Vergleichsrechnung stereotyp im darstellenden Teil nachzulesen: »Es ist davon auszugehen, dass in der Regelinsolvenz das Unternehmen geschlossen werden muss und die dann nur realisierbaren Liquidationswerte maximal 50 % der Fortführungswerte betragen«. Wegen des Einflusses der Schuldnerberater in der Eigenverwaltung kann der Sachwalter auf weitere gerichtliche Bestellungen (durch den Vorschlag von Schuldnerberatern) nur hoffen, wenn er das Eigenverwaltungsverfahren jedenfalls nicht allzu kritisch »stört«[28]. In einem weiteren von uns aus Gläubigersicht begleiteten Fall (in dem starke Differenzen zwischen Gläubigern und Schuldner bestanden) erhielt der Sachwalter während des Verfahrens mit Hilfe der Schuldnerberater ein zweites »Mandat«.

Zutreffend hat der BGH, um die Unabhängigkeit des Sachwalters wenigstens tendenziell zu gewährleisten, entschieden, dass im Insolvenzplan Regelungen zur Vergütung des Sachwalters unzulässig sind[29]. Auch diese vergütungsrechtliche Entscheidung des BGH ändert aber nichts daran, dass beim »mitgebrachten« Sachwalter manchmal ein problematisches »Näheverhältnis« zum Schuldner bzw. Schuldnerberater festzustellen ist. Das führte nach hiesiger Erfahrung in einigen Fällen dazu, dass die Kontrolle u. a. der Vergleichsrechnung durch den Sachwalter intensiver hätte sein können und müssen. Dies spricht dafür, dass die Gerichte besonders auf die Einsetzung neutraler, kritisch und präventiv prüfender Sachwalter achten sollten[30].

---

27 BGH, Beschl. v. 22.09.2016 – IX ZB 71/14, ZIP 2016, 1981, 1986 (Rz. 64 »…Überwachungsaufgabe nicht nachlaufend ….hat vielmehr zukunftsorientiert zu erfolgen«), dazu EWiR 2016, 763 (*Körner/Rendels*).
28 Hammes, NZI 2017, 233, 234.
29 BGH, Beschl. v. 22.09.2016 – IX ZB 71/14, ZIP 2016, 1981, dazu EWiR 2016, 763 (*Körner/Rendels*).
30 Vgl. auch in rechtspolitischer Hinsicht in diese Richtung gehende Empfehlungen des Gravenbrucher Kreises, ESUG, Erfahrungen, Probleme, Änderungsnotwendigkeiten, ZIP 2015, 2159, 2162 unter Ziff. 3 »Stärkung der Position des Sachwalters/Anforderungen an den Sachwalter«.

Denkbar wäre auch, dass die Gerichte in Einzelfällen in Ausübung pflichtgemäßen Ermessens (§ 5 Abs. 1 InsO) den Sachwalter – oder einen externen Dritten – beauftragen, einen Prüfungsbericht zur Vergleichsrechnung, d. h. eine detaillierte Stellungnahme zu den Prämissen und den wesentlichen Positionen der Vergleichsrechnung vorzulegen.

2. Kontrolle durch (vorläufigen) Gläubigerausschuss effektiv?

Nach § 232 Abs. 1 Nr. 1 InsO ist der Insolvenzplan dem Gläubigerausschuss, wenn ein solcher bestellt ist, zuzustellen, der dazu eine Stellungnahme abgeben kann. Zudem ist der Gläubigerausschuss für »Rechtshandlungen« zuständig, die für das Verfahren »von besonderer Bedeutung sind«, so § 276 S. 1 InsO. Die Vergleichsrechnung als Bestandteil des Insolvenzplans ist zwar keine »Rechtshandlung« in diesem Sinne. Die zentrale Bedeutung als »Herzstück« des Insolvenzplans (s. o. I. 2.) führt aber dazu, dass es zu den Pflichten der Mitglieder des (vorläufigen) Gläubigerausschusses gehört, sich rechtzeitig und kritisch mit der Vergleichsrechnung zu befassen[31]. Dieser Aufgabe werden nur Gläubigerausschussmitglieder nachkommen können, die über ausreichend Erfahrung – auch in betriebswirtschaftlicher Hinsicht – in der Sanierung mittels Insolvenzplan und Eigenverwaltung verfügen.

Bei der Ernennung der Ausschussmitglieder sollten die Gerichte daher das ihnen vom Gesetz zugewiesene Einsetzungsermessen (§ 67 Abs. 1 InsO) unter Beachtung vorstehender Anforderungen im Einzelfall ausüben.

In rechtspolitischer Hinsicht wäre zudem zu erwägen, jedem einzelnen Ausschussmitglied einen umfassenden gesetzlichen Informationsanspruch zur Einholung detaillierter Auskünfte und Unterlagen im Zusammenhang mit der Erstellung der Vergleichsrechnung einzuräumen. Das hilft aus Gläubigersicht, die strukturellen Informationsdefizite betr. die Vergleichsrechnung zu überwinden (s. o. II.). Zwar dürfte in Bezug auf jedes – einzelne – Ausschussmitglied über § 276 InsO in der Eigenverwaltung § 69 InsO (zur Überwachung der Geschäftsführung) gelten[32]. Der Anspruch des Ausschussmitglieds aus § 69 S. 2 InsO (i.V.m. § 276 InsO) beschränkt sich aber auf die Einsichtnahme von Unterlagen vor Ort[33]. Zur effektiven Kontrolle der Vergleichsrechnung sollte in der Eigenverwaltung jedes einzelne Ausschussmitglied auch die Möglichkeit haben, zur Berufsverschwiegenheit verpflichtete Dritte zu Elementen und Grundlagen der Vergleichsrechnung zu befragen.

In praktischer Hinsicht ist festzustellen, dass viele Gläubiger die Möglichkeiten, die ein (vorläufiger) Gläubigerausschuss bietet, nicht nutzen oder mangels ausreichender Kenntnisse nicht nutzen können[34]. In manchen Fällen haben es die Gläubi-

---

31 Vgl. auch Knof, in: Uhlenbruck, InsO, 14. A. (2015), § 276 Rz. 13; K/P/B/Pape, 71. EL (April 2017), § 276 Rz. 4.
32 Siehe die Nachweise oben in Fußnote 31.
33 K/P/B/Kübler, § 69, 71. EL (April 2017), Rz. 25.
34 Vgl. Frind, ZIP 2017, 993 ff; Paul/Rudow, NZI 2016, 385, 391.

ger letztlich selbst zu verantworten, wenn Eigenverwaltung und Insolvenzplan die Gläubigerinteressen nicht in gebotenem Umfang wahren.

3. Kontrolle durch das Insolvenzgericht effektiv?

Eine frühzeitige Begleitung der Vergleichsrechnung gehört nicht zur Aufgabe des Gerichts, sondern zu den Aufgaben des (vorläufigen) Sachwalters (s. o. IV.1.) und des (ggf. vorläufigen) Gläubigerausschusses (s. o. IV. 2.). Nach § 231 InsO wird das Gericht – in der Regel erst – mit dem Plan und der Vergleichsrechnung befasst, wenn das Vorprüfungsverfahren nach § 231 InsO beginnt (oder dem Gericht vorher ein Planentwurf zur Verfügung gestellt wurde). Schon wegen der Komplexität zahlreicher Vergleichsrechnungen und der zugrunde liegenden Sachverhalte sowie der betriebswirtschaftlichen Anforderungen wird ein Gericht bei einer effektiven Kontrolle auf »Zuarbeit« (z. B. durch fachgerechte Stellungnahmen) des Sachwalters oder Mitglieder des (vorläufigen) Gläubigerausschusses angewiesen sein. Da das Gericht letztlich über die Bestätigung des Insolvenzplans zu befinden hat (§ 250 Ziff. 1 InsO), hat es dennoch unter Beachtung des vorstehenden »Rahmens« eine Prüfungsaufgabe. Zum »Inhalt« des Insolvenzplans i. S. d. §§ 231 Ziff. 1, 250 Ziff. 1 InsO gehört die detaillierte Plan-Vergleichsrechnung nebst dazu gehöriger Begründung (s. o. III. 2. zu den Anforderungen an die (Vor-)Prüfung nach § 231 InsO, insbesondere nach der Entscheidung des BGH vom 07.05.2015[35]).

V. Fazit

(1) Ohne detaillierte schriftliche Erläuterungen zu den Planungsprämissen und einzelnen, wesentlichen Vermögenspositionen ist das Zahlenwerk der Vergleichsrechnung in der Regel nicht verständlich (s. o. III. 3.).
(2) Insbesondere ist die These, im Rahmen der Vergleichsrechnung sei bei der Alternative der Regelinsolvenz von der Betriebsschließung auszugehen, detailliert zu begründen. Hierzu sind die Erkenntnisse aus einem ggf. flankiert geführten M&A-Prozess im darstellenden Teil des Insolvenzplans detailliert auszuwerten (s. o. III. 1. u. III. 2.).
(3) Die Überprüfung von Insolvenzanfechtungs- und Haftungsrisiken darf nicht verzögert werden. Im darstellenden Teil ist auf diese Ansprüche einzugehen (s. o. III. 4.).
(4) Sachwalter müssen sich frühzeitig und kritisch mit der Erstellung der Plan-Vergleichsrechnung befassen. Die Gerichte sollten auf die Neutralität ernannter Sachwalter achten (s. o. IV. 1.).
(5) Jedenfalls in umfangreichen Fällen sollten die Gerichte vom eingesetzten Sachwalter einen Prüfungsbericht speziell zur Plan-Vergleichsrechnung verlangen.

---

35 BGH, Beschl. v. 07.05.2015 – IX ZB 75/14, ZIP 2015, 1346, dazu EWiR 2015, 483 (*Spliedt*).

Ggf. – unter Abwägung von Kosten und Zeitverlust im Einzelfall, insbesondere bei substantiierter Gläubiger-Kritik – könnten die Gerichte in Ausübung pflichtgemäßen Ermessens (§ 5 Abs. 1 InsO) einen externen Prüfer zur Prüfung der Plan-Vergleichsrechnung benennen (s. o. IV. 1. u. II. 2.).

(6) Gläubiger interessieren sich oft viel zu wenig und zu spät für das Insolvenzverfahren in Eigenverwaltung. Die effektive Kontrolle der Vergleichsrechnung setzt die frühzeitige Befassung qualifizierter Mitglieder des (vorläufigen) Gläubigerausschusses mit der Vergleichsrechnung voraus (s. o. IV. 2.).

(7) In rechtspolitischer Hinsicht sollte bei der Eigenverwaltung jedem einzelnen Gläubigerausschussmitglied ein umfassender, über § 69 S. 2 InsO hinausgehender Informationsanspruch in Bezug auf alle Daten und Vorgänge, die für die Erstellung der Vergleichsrechnung von Bedeutung sein können, gesetzlich eingeräumt werden (z. B. Recht zur unmittelbaren Befragung von zur Verschwiegenheit verpflichteten Dritten oder auch von M&A-Beratern s. o. IV. 2.).

(8) Auch das Insolvenzgericht hat im Hinblick auf die §§ 231 Abs. 1 Nr. 1, 250 Nr. 1 InsO (Tatbestandsmerkmal: »Inhalt«) eine Prüfungspflicht. Aus faktischen Gründen ist das Gericht dabei meistens auf die Zuarbeit des (vorläufigen) Sachwalters, des (vorläufigen) Gläubigerausschusses oder ggf. eines externen Prüfers angewiesen (s. o. IV. 3. und III. 2.).

Anmerkungen zur Unterlassungsvollstreckung bei juristischen Personen und Personengesellschaften

WALTER F. LINDACHER

Unterlassungsvollstreckung nach § 890 ZPO setzt auf das Prinzip der Verhaltenssteuerung durch mittelbaren Zwang: Durch Sanktionsandrohung soll der Titelverstoß hintangehalten werden. Die Sanktion selbst setzt der einschlägigen Androhung Zähne ein, hat generalpräventiv-repressiven Charakter.[1] Soweit Unterlassen fortdauernd geschuldet, kommt der Sanktionierung des ersten Titelverstoßes ergänzend spezialpräventive Wirkung zu: Adäquate Ahndung der geschehenen Titelverletzung verdeutlicht dem Schuldner, dass die Sanktionsdrohung real, auch weitere Verstöße sich nicht lohnen, vielmehr mit Nachteilen verbunden wären.[2]

Juristische Personen und Personengesellschaften mit Rechtssubjektqualität handeln durch ihre Organe. Die Ordnungsmittelandrohung muss sachlogischerweise auf die jeweiligen Organe einwirken, diese mit Blick auf die drohende Ordnungsmittelfestsetzung anhalten, in ihrer Organrolle Gleichwohl-Verstöße zu unterlassen bzw. Verstößen seitens des Personals oder dem Einwirkungsbereich zugehöriger Dritter entgegenzuwirken.

Die klassische Streitfrage, wer Adressat der Ordnungsmittelandrohung und Passivbetroffener bei gebotener Ordnungsmittelfestsetzung im Zuwiderhandlungsfall, sollte durch die Entscheidung BGH GRUR 2012, 541 m. Anm. *D. Jestaedt* im Sinne der schon bislang ganz herrschenden Meinung einer Klärung zugeführt sein: Ordnungsgeld ist gegen den Verband zulasten des Verbandsvermögens, Ersatzhaft bzw. primäre Ordnungshaft gegen das Organ bzw. das verantwortliche Organmitglied festzusetzen (II). Keineswegs ungeteilten Beifall findet die genannte Entscheidung, soweit sie für den Fall, dass sowohl der Verband als auch sein Organ aus einem Unterlassungstitel zur Unterlassung verpflichtet sind und das Organ im Rahmen geschäftlicher Tätigkeit für den Verband dem Verbot zuwiderhandelt, dahin plädiert, das Ordnungsgeld *nur* gegen den Verband festzusetzen (III). Allemal zumindest partiell kontrovers-offen ist, welche Bedeutung einem Organwechsel in Bezug auf die Ordnungsmittelfestsetzung zukommt (IV). Im Vorgriff auf die Einzelerörterung empfiehlt sich Vergewisserung im Grundsätzlichen: Klärung der Frage nach der Funktion der Ersatzordnungshaft (I).

---

1 Ahrens/*Ahrens*, Der Wettbewerbsprozess, 8. Aufl. 2017, Kap. 68 Rn. 1; Musielak/Voit/ *Lackmann*, 14. Aufl. 2017, § 890 Rn.1; *Lindacher*, ZZP 85 (1972), 239 ff.; *B. Jestaedt*, WRP 1981, 434, 435.
2 *Gaul/Schilken/Becker-Eberhard*, Zwangsvollstreckungsrecht, 12. Aufl. 2010, § 73 Rn. 26; MünchKommZPO/*Gruber*, 5. Aufl. 2016, § 890 Rn. 2; *Lindacher*, ZZP 85 (1972), 239, 243.

WALTER F. LINDACHER

I. Ordnungsgeld, Ersatzordnungshaft, Ordnungshaft

Ordnungsgeldandrohung und Androhung primärer Ordnungshaft zielen auf Durchsetzung des Unterlassungsgebots, im Bereich der Unterlassungsvollstreckung bei juristischen Personen und Personengesellschaften auf einschlägiges Organverhalten. Ob die der Ordnungsgeldandrohung anzufügende Androhung der Ersatzordnungshaft von gleicher Stoßrichtung, wird von einer Minderheit in Zweifel gezogen. Nach älterer,[3] vereinzelt auch heute noch[4] vertretener Ansicht soll die Ersatzhaftdrohung zur Ordnungsgeldzahlung anhalten, bei juristischen Personen und Personengesellschaften das Organ/das zuständige Organmitglied bestimmen, die Zahlung des gegen den Verband festgesetzten Ordnungsgelds aus dem Verbandsvermögen zu veranlassen. Ersatzordnungshaft sei gegen das zur Zahlung des Ordnungsgelds berufene Organ festzusetzen, das nicht unbedingt für den Titelverstoß verantwortlich sein müsse.[5] Konsequenterweise stellt man auf die Fähigkeit der Organperson zur Bewirkung der Zahlung durch den Verband ab. Soweit der Verband außerstande, das Ordnungsgeld aufzubringen, scheide regelmäßig die Vollziehung der Ersatzordnungshaft aus.[6]

Solche Sinndeutung der Ersatzordnungshaft überzeugt freilich nicht, nimmt dem einschlägigen Ordnungsmittel bei Organmitgliedermehrheit und Organpersonwechsel ohne Not viel von seiner Effizienz. Näher liegt es, von einem Zweckgleichklang von Ordnungsgeld, Ersatzordnungshaft und Ordnungshaft auszugehen:[7] Auch die Ersatzordnungshaftandrohung spricht die für die Achtung des Unterlassungsgebots zuständige Organperson an, schuldhaftes titelkonträrer Verhalten derselben rechtfertigt bei Nichtbeitreibbarkeit des Ordnungsgelds die Ersatzhaftanordnung.

II. Die Durchsetzung des Unterlassungstitels gegen den Verband

Die Regel, dass das Ordnungsmittel dem Titelschuldner anzudrohen, im Titelverstoßfall gegen denselben festzusetzen und zu vollstrecken ist, bedarf – jedenfalls auf der Grundlage des vorstehend bekräftigten herrschenden Funktionsverständnisses der Ersatzordnungshaft – bezüglich des Ordnungsgelds keiner Durchbrechung.

---

3 KG GRUR 1983, 795, 796 = WRP 1983, 623; OLG Köln OLGZ 1989, 475, 477.
4 Harte/Henning/*Brüning*, UWG, 4. Aufl. 2016, Vorb zu § 12 Rn. 238; *Büscher*, in: Fezer/Büscher/Obergfell, UWG, 3. Aufl. 2016, § 12 Rn. 406; *Schilken*, in: FS U. Huber, 2006, S. 1245, 1259.
5 Harte/Henning/*Brüning*, UWG, 4. Aufl. 2016, Vorb zu § 12 Rn. 238.
6 *Büscher*, in: Fezer/Büscher/Obergfell, UWG, 3. Aufl. 2016, § 12 Rn. 406.
7 So intuitiv und ohne Begründung denn auch etwa BGH GRUR 1991, 929, 931 = WRP 1993, 4677, 469 – Fachliche Empfehlung II; Teplitzky/*Feddersen*, Wettbewerbsrechtliche Ansprüche und Verfahren, 11. Aufl. 2015, Kap. 57 Rn. 25b; Jauernig/*Berger*, Zwangsvollstreckungs- und Insolvenzrecht, 23. Aufl. 2010, § 27 Rn. 34; Stein/Jonas/*Brehm*, ZPO, 22. Aufl. 2004, § 890 Rn. 63; Zöller/*Stöber*, ZPO, 31. Aufl. 2016, § 890 Rn. 16.

Drohende Ordnungsgeldfestsetzung gegen den Verband beeindruckt typischerweise mittelbar auch den organschaftlichen Vertreter, selbst wenn die Geschäftsführung Fremdgeschäftsführung. Allfällige Illiquidität verbandsseits lässt die Ordnungsgeldandrohung nicht ins Leere laufen, wenn derselben ordnungsgemäß die Androhung von Ersatzhaft zu vollziehen am für den Titelverstoß verantwortlichen Organwalter angestückt ist. Mit dem BGH[8] und der Mehrheit der Literaturstimmen[9] lässt sich deshalb festhalten: Ist Vollstreckungsschuldner eines Unterlassungsgebots ausschließlich eine Kapital- oder Personengesellschaft, ist bei schuldhafter Zuwiderhandlung das Ordnungsgeld gegen die Gesellschaft und die ersatzweise bestimmte Ordnungshaft (ebenso wie eine allfällige primäre Ordnungshaft) gegen das Organ bzw. das Organmitglied festzusetzen, das schuldhaft gegen das Verbot verstoßen hat. Für eine Ordnungsgeldfestsetzung gegen das Organmitglied besteht weder Bedarf noch Raum.[10]

Die Sanktionsandrohung gegenüber dem Verband spricht mittelbar das für die Einhaltung des Unterlassungsgebots verantwortliche Organ bzw. Organmitglied an. Beim Ordnungsmittel der Ersatzordnungshaft wie auch der primären Ordnungshaft genügt der allgemeine Hinweis, dass die Haft am jeweiligen Organmitglied zu vollziehen ist.[11] Erst im Festsetzungsbeschluss ist die betroffene Organperson – selbstredend – zu benennen. Benennung einer bestimmten Organperson bereits auf der Androhungsstufe ist zulässig, aber inopportun: Haft kann nur ihr gegenüber angeordnet und vollstreckt werden. Festsetzung gegen einen nicht benannten verstoßverantwortlichen Vertreter scheidet aus.[12]

---

8 BGH GRUR 2012, 541 Rn. 7 m.Anm. *D. Jestaedt.*
9 *Gaul/Schilken/Becker-Eberhardt,* Zwangsvollstreckungsrecht, 12. Aufl. 2010, § 73 Rn. 18; *Baur/Stürner/Bruns,* Zwangsvollstreckungsrecht, 13. Aufl. 2000, Rn. 40.26; *Jauernig/ Berger,* Zwangsvollstreckungs- und Insolvenzrecht, 23. Aufl. 2010, § 27 Rn. 34; MünchKommZPO/*Gruber,* ZPO, 5. Aufl. 2016, § 890 Rn. 24; Prütting/Gehrlein/*Hilbig-Lugani,* ZPO, 9. Aufl. 2017, § 890 Rn. 22; Wieczorek/Schütze/*Rensen,* ZPO, 4. Aufl. 2015, § 890 Rn. 49; Zöller/*Stöber,* ZPO, 31. Aufl. 2016, § 890 Rn. 6.
10 Für Ordnungsmittelverhängung (einschließlich Ordnungsgeldfestsetzung) *nur* gegen das Organ freilich noch *Brox/Walker,* Zwangsvollstreckungsrecht, 9. Aufl. 2011, Rn. 1106 sowie *Bruns/Peters,* Zwangsvollstreckungsrecht, 3. Aufl. 1987, §§ 45 II/2, 44 III/1, für wahlweise Festsetzung des Ordnungsgelds gegen Verband und verantwortliche Organperson noch Stein/Jonas/*Brehm,* ZPO, 22. Aufl. 2004, § 890 Rn. 61.
11 BGH GRUR 1991, 929, 931 – Fachliche Empfehlung II; Teplitzky/*Feddersen,* Wettbewerbsrechtliche Ansprüche und Verfahren, 11. Aufl. 2015, Kap. 57 Rn. 39; Ahrens/ *Ahrens,* Der Wettbewerbsprozess, 8. Aufl. 2017, Kap. 68. Rn. 16; Zöller/*Stöber,* ZPO, 31. Aufl. 2016, § 890 Rn. 12; *Büscher,* in: Fezer/Büscher/Obergfell, UWG, 3. Aufl. 2016, § 12 Rn. 387; GroßkommUWG/*Grosch,* 2. Aufl. 2015, § 12 Rn. 845.
12 Musielak/Voit/*Lackmann,* ZPO, 14. Aufl. 2017, § 890 Rn. 18; Wieczorek/Schütze/*Rensen,* ZPO, 4. Aufl. 2015, § 890 Rn. 63.

III. Inhaltskonforme Unterlassungstitel gegen den Verband und die Organperson

Vor allem im Deliktsrecht (unter Einschluss der Sonderdeliktsrechte wie dem Wettbewerbsrecht) kommt es durchaus nicht selten zur Schuldnerdoppelung: Das primäre Organfehlverhalten begründet unter dem Gesichtspunkt der Wiederholungsgefahr nicht nur via Verstoßzurechnung nach § 31 BGB direkt bzw. analog die Unterlassungspflicht des Verbands, sondern auch eine Unterlassungspflicht der Organperson selbst.[13]

Wie zu verfahren, wenn die (mit)verurteilte Organperson im Rahmen der geschäftlichen Tätigkeit für den Verband dem Titelverbot zuwiderhandelt, war und ist streitig. Während verschiedene Obergerichte[14] und die zunächst wohl überwiegende Lehre[15] sich für die Festsetzung eines einheitlichen Ordnungsgelds gegen beide Schuldner als Gesamtschuldner aussprachen, schloss sich der BGH[16] der u.a. vom OLG Hamburg[17] und diversen Literaturstimmen[18] propagierten Meinung an, dass ein Ordnungsgeld gegen den Verband und nur gegen den Verband festzusetzen sei. Das Echo auf die Entscheidung bleibt freilich geteilt: Kommentarlose Gefolgschaft[19] wechselt mit Ablehnung[20].

Gemeinsames Anliegen der rivalisierenden Ansichten ist das Bestreben, eine Strafkumulierung zu vermeiden: *Eine* Zuwiderhandlung darf nicht zu schlichter Sanktionsdoppelung führen. Kommentatoren der BGH-Entscheidung[21] weisen zu Recht darauf hin, dass auch das Modell der Mithaftung der Organperson nach Gesamtschuldgrundsätzen unerwünschter Sanktionshäufung entgegenwirken würde. Gegen jenes Modell spricht freilich eine bislang – soweit ersichtlich – nicht in den Blick genommene Prämissenschwäche, die Fragwürdigkeit der These von der Festsetzbarkeit

---

13 Einlässlich, zugleich die Grenzen wettbewerbsrechtlicher Organhaftung absteckend zuletzt BGH GRUR 2014, 883 Rn. 10 ff. – Geschäftsführerhaftung.
14 OLG Hamm WRP 1987, 42 sowie WRP 2000, 413, 417; OLG Braunschweig WRP 1990, 723, 724.
15 Stein/Jonas/*Brehm*, ZPO, 22. Aufl. 2004, § 890 Rn. 61; Ahrens/*Ahrens*, Der Wettbewerbsprozess, 6. Aufl. 2009, Kap. 68 Rn. 8; *Melullis*, Handbuch des Wettbewerbsprozesses, 3. Aufl. 2000 Rn. 923; GroßkommUWG/*B. Jestaedt*, 1. Aufl. 1991, Vor § 13 E Rn. 69.
16 GRUR 2012, 541 Rn. 7.
17 OLGR 2008, 627 f.
18 Fezer/*Büscher*, UWG, 2. Aufl. 2010, § 12 Rn. 405; Schuschke/Walker/*Sturhahn*, Vollstreckung und vorläufiger Rechtsschutz, 5. Aufl. 2011, § 890 ZPO Rn. 45.
19 Zöller/*Stöber*, ZPO, 31. Aufl. 2016, § 890 Rn. 6; Thomas/Putzo/*Seiler*, ZPO, 38. Aufl. 2017, § 890 Rn. 12; Harte/Henning/*Brüning*, UWG, 5. Aufl. 2016, Vorb. zu § 12 Rn. 319; *Köhler/Feddersen*, in: Köhler/Bornkamm, UWG, 35. Aufl. 2017, § 12 Rn. 6.6.
20 MünchKommZPO/*Gruber*, 5. Aufl. 2016, § 890 Rn. 24; Musielak/Voit/*Lackmann*, ZPO, 14. Aufl. 2017, § 890 Rn. 12; Wieczorek/Schütze/*Rensen*, ZPO, 4. Aufl. 2015, § 890 Rn. 49; MünchKommUWG/*Ehricke*, 2. Aufl. 2014, Vor § 12 Rn. 167.
21 S. etwa *D. Jestaedt*, GRUR 2012, 542, 543.

eines einheitlichen Ordnungsgelds gegen den Verband und die verstoßverantwortliche Organperson. Festsetzbarkeit eines einheitlichen Ordnungsgelds setzte konvergente Zumessung des Ordnungsgelds gegenüber Verband und Organperson voraus, was ob der einschlägigen Befundtatsachendivergenz nicht der Fall: Sanktionszumessungskriterien sind anerkanntermaßen u.a. der Vorteil aus der Verletzungshandlung[22] sowie die wirtschaftlichen Verhältnisse des Titelschuldners[23]. Dem Verletzungsvorteil des Verbands entspricht aber bestenfalls bei der selbst geleiteten Einmann-Kapitalgesellschaft ein deckungsgleicher Vorteil der Organperson. Und, die wirtschaftliche Leistungsfähigkeit von Verband und Organperson kann ersichtlich nach beiden Seiten erheblich auseinandergehen.

Ein hiernach sehr wohl gebotenes Nein zum Modell der Mithaftung der Organperson nach Gesamtschuldgrundsätzen bedeutet freilich nicht ohne weiteres ein Ja zum Lösungsansatz des BGH. Als Alternative bleibt das Modell elektiver Konkurrenz, die Wahlmöglichkeit des Vollstreckungsgläubigers zwischen der Inanspruchnahme des Verbands und der Inanspruchnahme der verstoßverantwortlichen Organperson.[24]

Für eine elektive Konkurrenz spricht dabei nicht nur der systematische Gesichtspunkt, dass eine titulierte Unterlassungsschuld (hier: die Unterlassungsschuld der Organperson) potentiell der Zwangsdurchsetzung zugänglich sein sollte: Wer im Zuwiderhandlungsfall der gesamtschuldnerischen Schadensersatzhaftung ausgesetzt, sollte bereits präventiv in Anspruch genommen werden können. Vergegenwärtigt man sich, dass die von der Ordnungsmittelverhängung ausgehende Spezialprävention von der Promptheit der Verstoßsanktionierung lebt, besteht zudem auch von der Sache her Anlass, ein Wahlrecht zu gewähren. Der Vollstreckungsgläubiger hat ein legitimes Interesse bei unklarer Zahlungskraft des Verbands, aber relativer Solvenzsicherheit des Organwalters auf Ordnungsmittelfestsetzung gegen letzteren antragen zu können. Denn, was den Verband anbelangt, wird es das Gericht bei bloßen Zweifeln an der Beitreibbarkeit des Ordnungsgelds aus Verhältnismäßigkeitsgründen bei der Ordnungsgeldfestsetzung unter Ersatzhaftvorbehalt belassen. Im Illiquidätsfasll geht die Ordnungsmittelandrohung im Gleichwohl-Zuwiderhandlungsfall zunächst ins Leere, greift erst auf zweiter Stufe. Die Ordnungsgeldfestsetzung gegen das verstoßverantwortliche Organ/Organmitglied wirkt bei Solvenz desselben unmittelbar.

---

22 BGH GRUR 2004, 264 – Euro-Einführungsrabatt; Teplitzky/*Feddersen*, Wettbewerbsrechtliche Ansprüche und Verfahren, 11. Aufl. 2015, Kap. 57 Rn. 34; Prütting/Gehrlein/*Hilbig-Lugani*, ZPO, 9. Aufl. 2017, § 890 Rn. 23; *Büscher*, in: Fezer/Büscher/Obergfell, UWG, 3. Aufl. 2016, § 12 Rn. 404; *Köhler/Feddersen*, in: Köhler/Bornkamm, UWG, 35. Aufl. 2017, § 12 Rn. 6.12; Harte/Henning/*Brüning*, UWG, 4. Aufl. 2016, Vorb. zu § 12 Rn. 321.

23 Schuschke/Walker/*Sturhahn*, Vollstreckung und vorläufiger Rechtsschutz, 5. Aufl. 2011, § 890 ZPO Rn. 37; MünchKommUWG/*Ehricke*, 2. Aufl. 2014, Vor § 12 Rn. 168; Harte/Henning/*Brüning*, UWG, 4. Aufl. 2016, Vorb zu § 12 Rn. 321; *Sosnitza* in: Ohly/Sosnitza, UWG, 7. Aufl. 2016, § 12 Rn. 250; *Köhler/Feddersen*, in: Köhler/Bornkamm, UWG, 35. Aufl. 2017, § 12 Rn. 6.12; *Köhler*, WRP 1993, 666, 675.

24 Für eine solche Wahlmöglichkeit denn auch Musielak/Voit/*Lackmann*, ZPO, 14. Aufl. 2017, § 890 Rn. 12.

IV. Ordnungsmittelverhängung bei Organwechsel

Konsens herrscht hinsichtlich der Relevanz bzw. Irrelevanz des Organwechsels für die Haftung des Verbands: Der vom ausgeschiedenen Organwalter gesetzte, dem Verband zurechenbare Titelverstoß kann weiterhin via Ordnungsgeldfestsetzung gegen den Verband und Beitreibung des Ordnungsgelds aus dem Verbandsvermögen geahndet werden. Der Umstand, dass der Ausgeschiedene selber künftig keinen dem Verband zurechenbaren Verstoß mehr begehen kann, darf mit Blick auf die generalpräventiv-repressive Natur des Ordnungsmittels keine Rolle spielen.[25] Mit Organwechsel zählt als dem Verband zurechenbares Organverhalten das einschlägige Rollenverhalten des neuen Organs/Organmitglieds.

Die Auswirkungen eines Wechsels in der Geschäftsführung auf das Mittel der Ersatzordnungshaft und der primären Ordnungshaft werden hingegen weithin kontrovers beurteilt. Einigkeit besteht nur dahin, dass die gegen die Organperson bereits festgesetzte Ordnungshaft auch nach dem Ausscheiden derselben an ihr vollzogen werden kann.[26] Ob vor dem Ausscheiden begangene schuldhafte Verstöße trotz Verlustes der Organstellung noch die Anordnung der Haft (und die anschließende Vollstreckung) gegenüber dem Ausgeschiedenen rechtfertigen, ist streitig, wird verbreiteterweise zumindest für die Ersatzordnungshaft verneint.[27]

Sieht man den Zweck der Ersatzordnungshaftandrohung (im Einklang mit dem Zweck der Ordnungshaftandrohung) in der Bestimmung der zuständigen Organperson zu titelkonformem Tun und Unterlassen, nicht in der bloßen Nötigung, für die Zahlung des festgesetzten Ordnungsgelds durch den Verband zu sorgen, und nimmt man zudem ernst, dass die Verhängung des Ordnungsmittels in erster Linie generalpräventiv-repressiver Natur, sollte freilich kein Zweifel am licet der Inanspruchnahme ausgeschiedener Organpersonen bestehen:[28] Wer in seiner Eigenschaft als Organperson angesprochen wird und noch in dieser Rolle schuldhaft dem Unterlassungsbefehl zuwiderhandelt, muss trotz seines Ausscheidens mit der Vollziehung der Haft an seiner Person rechnen. Die Sanktionsdrohung muss bei Drohungsmissachtung aus Gründen institutioneller Effizienz umsetzbar bleiben.

---

25 OLG Zweibrücken WRP 1989, 61, 62; Stein/Jonas/*Brehm*, ZPO, 22. Aufl. 2004, § 890 Rn. 62; *Büscher*, in: Fezer/Büscher/Obergfell, UWG, 3. Aufl. 2016, § 12 Rn. 406; *Melullis*, Handbuch des Wettbewerbsprozesses, 3. Aufl. 2000, Rn. 924.

26 OLG Nürnberg MDR 2003, 293; Stein/Jonas/*Brehm*, ZPO, 22. Aufl. 2004, § 890 Rn. 62; MünchKommZPO/*Gruber*, ZPO, 5. Aufl. 2016, § 890 Rn. 37; *Büscher*, in: Fezer/Büscher/Obergfell, UWG, 3. Aufl. 2016 § 12 Rn. 406.

27 Gegen die (Noch-)Festsetzbarkeit der Ordnungshaft etwa KG GRUR 1983, 795, 796 = WRP 1983, 623; OLG Köln OLGZ 1989, 475, 477; *Melullis*, Handbuch des Wettbewerbsprozesses, 3. Aufl. 2000, Rn. 926; *Loschelder*, in: Gloy/Loschelder/Erdmann, Handbuch des Wettbewerbsrechts, 4. Aufl. 2010, § 93 Rn. 16; *Büscher*, in: Fezer/Büscher/Obergfell, UWG, 3. Aufl. 2016, § 12 Rn. 406; *Schilken*, in: FS U. Huber, 2006, S. 1245, 1259.

28 Übereinstimmend: *Jauernig/Berger*, Zwangsvollstreckungs- und Insolvenzrecht, 23. Aufl. 2010, § 227 Rn. 34; Stein/Jonas/*Brehm*, ZPO, 22. Aufl. 2004, § 890 Rn. 62.

Ersatzordnungshaft- bzw. Ordnungshaftfestsetzung gegen das neue Organ/Organmitglied setzt neben schuldhafter Zuwiderhandlung desselben voraus, dass Vollziehung der Haft an Organpersonen abstrakt, d.h. ohne namentliche Benennung, angedroht wurde.

Dual-Track-Verfahren – Alternativlos?

Jörg Nerlich

I. Einleitung

Im Hinblick auf die anstehende Evaluierung der Vorschriften zur Eigensanierung durch Planverfahren, stellt sich die Frage, ob die im Jahre 2012 getroffenen Regelungen den erwünschten Erfolg einer schnellen und im wesentlichen eigenverantwortlichen Sanierung eines notleidend gewordenen Schuldners nach Maßgabe eines Insolvenzplans zufriedenstellend ermöglichen, oder ob nicht vielmehr weiterhin – wie vor Inkrafttreten des ESUG – die allseits vertraute übertragende Sanierung das attraktivere Sanierungsvehikel darstellt.

Bei der Beantwortung der Frage steht im Vordergrund, ob die unterschiedlichen Wege zur Unternehmenssanierung gleichermaßen und gleichgerichtet auch das Ziel einer bestmöglichen Befriedigung der Gläubiger als Verfahrensziel im Auge behalten.

Gegebenenfalls müssen beide Sanierungsalternativen im Wege einer Zweispurigkeit verfolgt werden, so wie es seit geraumer Zeit mehrfach diskutiert und gefordert wird.

Man spricht in diesem Zusammenhang gerne von der Pflicht der Beteiligten zum Dual-Track.

Zunächst zur Bestandsaufnahme:

Lediglich bei 2, 7 % der Insolvenzverfahren von Unternehmen, die in den ersten drei Jahren seit der Einführung des ESUG beantragt wurden, handelte es sich um Eigenverwaltungsverfahren.[1] Auffällig ist, dass die Eigenverwaltung in der Mehrheit innerhalb großer Verfahren in Anspruch genommen wurde. Laut Statistik sind innerhalb der 50 größten Verfahren 44 % in Eigenverwaltung durchgeführt worden. Davon sind jedoch nur 18 % durch einen Insolvenzplan abgeschlossen worden. In 44 % der Fälle hingegen wurde übertragend saniert.[2] Vier Jahre nach der Einführung des ESUG bleibt resümierend die Zahl der beantragten Eigenverwaltungsverfahren hinter den damaligen Erwartungen zurück.[3]

Daher ist es nicht erstaunlich, dass sich innerhalb der Eigenverwaltung (§§ 270 ff. InsO) ein zweigleisiges Verfahren, der so genannte »Dual-Track« entwickelt hat.

---

1 Boston Consulting Group, 3 Jahre ESUG, 2015. Die Aussage bezieht sich auf eine Anzahl von 29.236 beantragten Insolvenzverfahren von Personen- und Kapitalgesellschaften in der Zeit von März 2012-Februar 2015.
2 Boston Consulting Group, 3 Jahre ESUG, 2015, a.a.O.
3 *Denkhaus/Ziegenhagen*, Unternehmenskauf in Krise und Insolvenz, 3. Aufl., Rdn. 459.

II. Was bedeutet der Begriff »Dual-Track«?

Übersetzt aus dem Englischen meint »Dual-Track« so viel wie »zweispurig« oder »zweigleisig«. Der Begriff findet im Deutschen Insolvenzrecht keine verbindliche Definition und auch in der Insolvenzordnung sowie den einschlägigen Kommentaren findet er keine deskriptive Erwähnung – eine Definition wird folglich nicht angeboten.

Der Begriff findet seinen Ursprung vielmehr in der Börsensprache[4]. Dort bedeutet »Dual-Track« ein Zweigleisiges Vorgehen im Rahmen eines Unternehmensverkaufs. Der Verkäufer betreibt parallel den Verkauf an einen einzelnen Investor und den Verkauf über die Börse im Rahmen eines Börsengangs (sog. *Initial Public Offering*).[5] Es findet ein Bieterwettkampf statt. Erst im letzten Moment entscheidet sich der Verkäufer für die für ihn attraktivere Option.

III. Was bedeutet »Dual-Track« im deutschen Insolvenzrecht?

In der deutschen insolvenzrechtlichen Praxis wurde der Begriff »Dual-Track« dahingehend adaptiert, dass er einen parallel zur Erstellung eines Insolvenzplans initiierten Verkaufsprozess beschreibt. Da zu Anfang des Verfahrens häufig nicht klar ist, ob ein Insolvenzplan am Ende umgesetzt werden kann, erscheint es naheliegend, zweigleisig im Verfahren vorzugehen.

Während der Schuldner die Chancen des Unternehmens über einen Insolvenzplan eruiert, findet gleichzeitig ein Investorenwettbewerb statt.

Ziel ist es, durch den parallelen Prozess beider Verfahrensalternativen die bestmögliche Lösung für die Gläubigerbefriedigung zu erzielen und im Falle des Scheiterns einer Variante auf eine Rückfallebene, gewissermaßen auf einen »Plan B« zurückgreifen zu können.[6] Denn auch in einem Insolvenzverfahren in Eigenverwaltung wird der Wettbewerb durch konkurrierende Verfahren belebt.[7]

Für einen solchen parallelen Prozess spricht auch die in jedem Insolvenzplan nachzuweisende Gläubigerbesserstellung gem. § 245 I Nr. 1 InsO gegenüber einer vergleichbaren Verwertungsalternative.[8] Das heißt auch aus Vorsichts- und Vergleichsüberlegungen bietet sich bereits von Beginn an ein Investorenprozess an.

---

4 *Regeling/Kuscheid* Unternehmensverkauf: Das Dual-Track Verfahren als vorteilhafte Alternative.
5 Bundesverband Mergers and Acquisations E.V. zu dem Begriff Dual-Track.
6 Beck/Depré-*Exner/Lebmeier*, Praxis der Insolvenz, Rdn. 134-137.
7 *Tobias/Meißner/Müller*, KSI 2016, 75.
8 Beck'scher Online-Kommentar-*Geiwitz/Danckelmann*, InsO, § 245 Rdn. 3-7; Braun-, *Braun/Frank* Insolvenzordnung, § 245 Rdn. 3.

Möchte man den Begriff im insolvenzrechtlichen Sinne definieren, könnte er wie folgt lauten:

> »Das Dual-Track-Verfahren ist ein Prozess innerhalb der (vorläufigen) (Eigen-) Verwaltung, in dem parallel zur Initiierung eines Insolvenzplans ein M & A-Prozess stattfindet, um auf ein Alternativkonzept im Falle des Scheiterns einer der Alternativen zurückgreifen zu können. Beide Verfahren stehen in direktem Wettbewerb, bis sich die Gläubiger rechtsverbindlich für die gewinnbringendere Alternative entscheiden.«

Die Variante des Dual-Track kann überdies auch gewählt werden, wenn noch unklar ist, ob ein Investor für eine angestrebte Planlösung oder für eine übertragende Sanierung gesucht wird, oder ob auch der Schuldner die finanziellen Mittel hat, die im Verhältnis zur Liquidation oder übertragenden Sanierung bessere Alternative über einen Sanierungsplan vorzulegen.

Dual-Track im Idealfall beschreibt demnach solche Fälle, die der angedachten und umsetzbaren etwaigen Planlösung ein konkurrierendes Szenario, den M&A-Prozess, gegenüberstellt.

IV. Rechtliche Gegebenheiten und tatsächliche Insolvenzpraxis

Die rechtlichen Rahmenbedingungen, innerhalb derer sich die Fragen des Dual-Track abspielen, ergeben sich in der Praxis aus den §§ 270 ff. InsO, den Vorschriften zur Eigenverwaltung.

Zwar kann auch der Insolvenzverwalter im eröffneten Insolvenzverfahren einen Insolvenzplan vorlegen, der gegebenenfalls auch mit einem Erwerbsinteresse eines anderen Investors konkurriert. Diese Fälle – die nicht so häufig vorkommen – sollen an dieser Stelle nicht weiter untersucht werden, weil sie für unsere Fragestellung von untergeordneter Bedeutung sind.

Alleine von den Voraussetzungen her lässt sich ein Dual-Track grundsätzlich sowohl in der Variante des § 270 a InsO als auch in der des § 270 b InsO, unter einem Schutzschirm, realisieren. Wie bereits dargestellt, gehört die erste Variante allerdings statistisch zu den beliebteren[9] – und dies nicht zuletzt auf Grund der unterschiedlichen Voraussetzungen.

1. Die Rolle des § 270 b InsO

Mit § 270 b InsO wird dem Schuldner im Zeitraum zwischen dem Eröffnungsantrag und der Verfahrenseröffnung ein autonomes Sanierungsverfahren zur Verfügung gestellt. Unter bestimmten Voraussetzungen erhält der Schuldner die Möglichkeit, unter dem sog. Schutzschirm einen Sanierungsplan zu erstellen, der dann anschließend

---

9 Boston Consulting Group, 3 Jahre ESUG, 2015, a.a.O.

durch einen Insolvenzplan umgesetzt werden soll.[10] Wenn der Schuldner den Eröffnungsantrag bei drohender Zahlungsunfähigkeit oder Überschuldung, also nicht bei Zahlungsunfähigkeit, stellt, die Eigenverwaltung beantragt und eine Sanierung anstrebt, die nicht offensichtlich aussichtslos ist, bestimmt das Gericht eine Frist von längstens drei Monaten, innerhalb derer ein Insolvenzplan vorzulegen ist.[11] Dafür können innerhalb der vom Gericht bestimmten Frist nur bestimmte Sicherungsmaßnahmen angeordnet werden (§§ 270b Abs. 2 S. 3, 21 Abs. 1, 2 Nr. 1a, 3-5 InsO).[12]

Verfahrensvoraussetzung ist, dass der Schuldner eine mit Gründen versehene Bescheinigung eines in Insolvenzsachen erfahrenen Steuerberaters, Wirtschaftsprüfers oder Rechtsanwalts oder einer Person mit vergleichbarer Qualifikation vorlegt, aus der sich ergibt, dass entweder drohende Zahlungsunfähigkeit oder Überschuldung, aber keine Zahlungsunfähigkeit vorliegt und die angestrebte Sanierung nicht offensichtlich aussichtslos ist.[13]

Diese erhöhten Voraussetzungen offenbaren sogleich die Schwächen des § 270 b InsO und lassen sich kaum durch seine Vorteile kompensieren.

Als problematisch erweisen sich vor allem die Planvorlegung unter der knapp bemessenen Zeitvorgabe sowie das Erfordernis der Bescheinigung.

Die Situation in der Realität stellt sich zu oft wie folgt dar:

Auf der einen Seite gibt es den Eigentümer (bzw. Schuldner), der so schnell wie möglich den Insolvenzplan umsetzen bzw. durchsetzen möchte, um die Oberhand bzw. das Mitspracherecht in »seinem« Unternehmen nicht zu verlieren. Denn diesem ist bewusst, dass er bei einem M&A-Verkauf, den er selbst nicht initiiert hat, nach dem Verkauf aller Voraussicht nach keine Rolle mehr spielen wird. Es liegt also in seinem Interesse, die von ihm favorisierte Variante entweder den von ihm aufgestellten Insolvenzplan oder den M&A-Investor, der ihm einen Vorteil verschafft, durchzusetzen.

Auf der anderen Seite wird innerhalb des (vor-) vorläufigen Gläubigerausschusses, in dem viele unterschiedliche Interessen aufeinandertreffen, darüber abgestimmt, dass zweigleisig verfahren werden soll. Im Zuge dessen wird ein (externer) Berater engagiert, der einen M&A-Prozess durchführen soll. Planerarbeitung und M&A-Prozess laufen dann im Idealfall parallel und liegen zeitgleich – im Fall von § 270 b InsO also längstens nach drei Monaten – zur Entscheidung dem vorläufigen Gläubigerausschuss vor.

Idealvorstellung und Realität weichen jedoch stark voneinander ab, denn in der Regel hat der Schuldner durch sein Vorwissen um die Lage des Unternehmens einen enormen zeitlichen Vorsprung gegenüber dem »neu eingesetzten« M&A-Berater, den Insolvenzplan aufzustellen, bzw. nach einem für ihn günstigeren Investor zu suchen,

---

10 Andres/Leithaus-*Leithaus*, InsO, § 270 b Rdn. 2 ff.
11 Andres/Leithaus-*Leithaus*, InsO, § 270 b Rdn. 10; MK-Kern, InsO, § 270 b Rdn. 24 ff.
12 MK-*Kern*, § 270 b Rdn. 98; Beck'scher Online-Kommentar-*Martini*, InsO, § 270 b Rdn. 62 ff.
13 Beck'scher Online-Kommentar-*Martini*, InsO, § 270 b Rdn. 25 ff.; MK-*Kern*, InsO, § 270 b Rdn. 42 ff.

der ihn für die Zukunft mit einbezieht. Für den neuen M&A-Berater stellt sich die Situation hingegen deutlich schwieriger dar, denn er muss in kürzester Zeit alle erforderlichen Unterlagen sichten, Verkaufsprospekte vorbereiten, Investorenansprachen tätigen, Datenräume organisieren, um letztendlich die Situation des Unternehmens bewerten zu können und das Unternehmen verkaufsfähig zu machen.

Die gewünschte Idealsituation des Dual-Track, nämlich dass beide Stränge des Tracks – Insolvenzplan und M&A-Prozess – zeitgleich fertig vorliegen und die Gläubiger auf dieser Grundlage dann ihre Entscheidung für das Unternehmen treffen können, liegt demnach schon rein praktisch, auf Grund des Fristerfordernisses in § 270 b InsO, so gut wie nie bzw. nicht ausreichend fundiert vor.

Das heißt, innerhalb des § 270 b InsO ist die von den Gläubigern eigentlich gewünschte objektive Vergleichsmöglichkeit beider Vorgänge so gut wie nicht möglich, ein Dual-Track daher kaum umsetzbar.

2. Die Rolle des § 270 a InsO

Neben § 270 b InsO besteht die Verkaufsvariante der Eigenverwaltung nach § 270 a InsO. Ist der Antrag des Schuldners auf Eigenverwaltung nicht offensichtlich aussichtslos, ordnet das Gericht die Eigenverwaltung des Schuldners an.[14]

Im Gegensatz zu § 270 b InsO, lässt sich die Eigenverwaltung nach § 270 a InsO unter deutlich vereinfachten Voraussetzungen beantragen. Weder ein Insolvenzplan wird als Voraussetzung benannt, noch ist eine Bescheinigung erforderlich.

Ein Insolvenzplan nach § 284 InsO kann vielmehr auch noch anschließend im eröffneten Eigenverwaltungsverfahren beantragt bzw. vorgelegt werden. Der Schuldner schneidet sich somit durch die Beantragung des § 270 a InsO zunächst keine Handlungsmöglichkeiten ab. Zudem ist eine Antragstellung in jeder wirtschaftlichen Lage des Unternehmens möglich, d.h. auch im Falle der Zahlungsunfähigkeit.[15]

Auf Grund der deutlich geringeren Voraussetzungen bleibt zunächst auf den ersten Blick ausreichend Zeit, sowohl den M&A-Prozess als auch den Insolvenzplan fertigzustellen und am Ende eine Abwägung durch den vorläufigen Gläubigerausschuss vornehmen zu lassen, dem beide Ergebnisse zeitgleich zur finalen Entscheidung für einen »Track« vorgelegt werden können.

Innerhalb des § 270 a InsO ist der Idealfall des Dual-Track, die Parallelität beider beiden Stränge demnach grundsätzlich viel besser umsetzbar, wenngleich andere Problemfelder festzustellen sind, die die Durchführung eines erfolgreichen Dual-Track behindern oder gar verhindern können.

---

14 MK-*Kern*, InsO, § 270 a Rdn. 18 ff.; Andres/Leithaus-Leithaus, InsO, § 270 a Rdn. 6.
15 MK-*Kern*, InsO, § 270 a Rdn. 18 ff.; Andres/Leithaus-Leithaus, InsO, § 270 a Rdn. 6.

IV. Problemlagen eines Dual Track

Im Zusammenhang mit einem Dual-Track und der damit verbundenen Abstimmung innerhalb des vorläufigen Gläubigerausschusses, können sich jedoch noch weitere Probleme ergeben.

1. Schuldnerinteressen versus Gläubigerbefriedigung

In der Realität bietet sich oft die Situation, dass insolvente Unternehmen, bzw. deren Gesellschafter/Geschäftsführer, tatsächlich gar kein konkurrierendes Szenario vor Augen haben, sondern eigentlich nur einen neuen Geldgeber für das Unternehmen suchen (Stichwort »fresh money«), da man sich bereits vorab für einen favorisierten Track entschieden hat, der unbedingt verfolgt werden soll.

Der Schuldner neigt dazu, sofern er Eigeninteressen hat, die Verkaufsvariante von vorneherein zu torpedieren, indem er beispielsweise den M &A-Berater bei der Erstellung des Datenraums behindert, potentiellen Investoren keine Auskünfte erteilt und auch im übrigen obstruktiv unterwegs ist. Die Fallgestaltungen sind hier vielfältig und lassen an Kreativität nichts fehlen.

De lege ferenda wäre es daher erforderlich, den Dual Track gesetzlich vorzuschreiben und die Eigenverwaltung gerichtlicherseits aufheben zu lassen, wenn der Gläubigerausschuss und/oder der (vorläufige) Sachwalter nachweisen können, dass der Schuldner seinen Pflichten, den Dual Track zu unterstützen, nicht nachkommt.

2. Dual-Track bei unterschiedlichen Interessenlagen von Gläubigern im (vor-)(vorläufigen) Gläubigerausschuss

Die Abstimmung im (vor-) (vorläufigen) Gläubigerausschuss kann – wegen unterschiedlicher Interessenlagen – etwa bei Großgläubigern (z.B. Banken), Arbeitnehmervertretern und Lieferanten aber auch wegen des Abstimmungsmodus im (vor-) (vorläufigen) Gläubigerausschuss zu schwierigen Fallkonstellationen führen, die einer sachgerechten Verfahrensabwicklung im Wege stehen.

Die Abstimmung im (vor-) (vorläufigen) Gläubigerausschuss wird nach der sog. »Kopfmehrheit« entschieden, § 72 InsO.[16] Das heißt, jedes Gläubigerausschussmitglied, unabhängig davon, wie hoch die Forderung des Gläubigers im Verfahren ist oder ob ein Absonderungsrecht besteht oder nicht, erhält eine Stimme. Dies kann dazu führen, dass es zu Ergebnissen kommt, die in der späteren Gläubigerversammlung, in der sowohl die sog. »Kopf- und Summenmehrheit« entscheidend ist, sonst möglicherweise nie zu Stande gekommen wären.

---

16 Uhlenbruck-*Knof*, InsO, § 72 Rdn. 1; Beck'scher Online-Kommentar-*Frind*, InsO, § 72 Rdn. 3.

Folgende Abstimmungsszenarien können sich exemplarisch innerhalb eines (vor-) (vorläufigen) Gläubigerausschusses ergeben:

Variante 1: Die Gläubigerausschussmitglieder favorisieren den M&A-Prozess, da er für aussichtsreicher in Bezug auf die Gläubigerbefriedigung gehalten wird und weil man dem Gesellschafter nicht zutraut, das Unternehmen nachhaltig zu sanieren.

Variante 2: Dem Schuldner gelingt es, den Großteil der Gläubiger auf seine Seite zu ziehen, er legt seine favorisierte Planalternative vor, dieser wird von den Gläubigern auch gewählt, d.h., der M&A-Prozess wird abgebrochen oder gar nicht erst initiiert.

Ob dem Schuldner dies gelingt, hängt allerdings auch immer von der vorinsolvenzlichen Gemengelage und dem Verhältnis zwischen dem Schuldner und seinen Gläubigern ab. Es darf mithin das Band zwischen Schuldner und Gläubigern nicht vorinsolvenzlich zerschnitten sein.

Variante 3: Eine Sondersituation stellt der Fall dar, dass der Schuldner über einen Verkaufsprozess mittels des Vehikels einer Auffanggesellschaft das Unternehmen selbst erwerben will. Innerhalb des (vor-) vorläufigen Gläubigerausschusses ist es nämlich rechtlich nicht möglich, über den Erwerb des Unternehmens durch den und die Gesellschafter des Schuldners zu entschieden. Dem steht bekanntlich die Vorschrift des § 168 InsO entgegen, wonach lediglich die Gläubigerversammlung im eröffneten Verfahren über den Verkauf an eine nahestehende Person entscheiden darf. Lediglich bei einer Minderheitsbeteiligung des Altgesellschafters dürften sich hier keine Hürden auftun.

Brisant ist in diesem Zusammenhang der Fall, dass sich der Altgesellschafter in Absprache mit einem »guten Freund« offiziell nicht an der Auffanggesellschaft beteiligt, sondern diese Beteiligung erst nach dem Erwerbsprozess offengelegt wird.

Auf Grund der durch § 72 InsO geregelten Kopfmehrheit, kann es dazu kommen, dass Großgläubiger die Abstimmung, die sie sonst ohne Probleme durch die Summenmehrheit in der Gläubigerversammlung für sich entschieden hätten, im (vor-) vorläufigen Gläubigerausschuss verlieren und letztendlich gegen ihren Willen entschieden wird.

Den Großgläubigern bleibt so im (vor-) vorläufigen Gläubigerausschuss gar keine Möglichkeit noch in irgendeiner Weise diesem Kausalverlauf entgegen zu wirken. Zwar können die Gläubiger das Angebot immer noch ablehnen, oft ist dies jedoch deshalb problematisch, weil die Gläubiger diese Sanierungsvariante nicht direkt ausschließen wollen um sich nachträglich nicht vorwerfen lassen zu müssen, man habe ein gutes Angebot ausgeschlagen.

Den Gesellschaftern des Schuldners ist es also möglich, durch ein schnelles Handeln (Planvorlegung oder M&A Alternative) die restlichen Gläubiger auf ihre Seite zu ziehen, ggfs. deren Unsicherheit über das Ergebnis des M&A-Prozesses zu nutzen und die Abstimmung im (vor) vorläufigen Gläubigerausschuss zu ihren Gunsten ausfallen zu lassen.

Bei derartig wichtigen Entscheidungen, wie der Frage, an wen verkauft werden soll bzw. ob es mit Hilfe eines Insolvenzplans oder über einen M&A-Prozess zum Erhalt des Unternehmens kommen soll, erscheint es sehr fragwürdig, dass nach Maßgabe der InsO keine gesetzliche Lösung angeboten wird, im Bedarfsfall den Schuldner, der letztendlich die desolate Situation des Unternehmens zumindest mit herbeigeführt hat, stärker in seinem Aktionsradius zu beschränken.

De lege ferenda ist zu erwägen, die Gesellschafter per se, also auch bei einem Antrag nach § 270 a InsO zu einer Erklärung dahingehend aufzufordern, ob er eine Beteiligung in der Zukunft erwäge oder nicht.

Darüber hinaus, wird es dringend erforderlich sein, über eine neue Stimmrechtsverteilung innerhalb des (vor-) (vorläufigen) Gläubigerausschusses nachzudenken, um den bereits oben benannten Ungerechtigkeiten vorzubeugen. Denn der Dual-Track Erfolg hängt – wie so immer – auch von den verschiedenen Interessenlagen der Parteien ab. Problematisch wird es immer dann einen Dual-Track umzusetzen, wenn bestimmte, einseitige Interessen im Vordergrund stehen.

De lege ferenda könnte folglich darüber nachgedacht werden, die Regelung des § 75 InsO auf Antrag eines Gläubigers bereits in das Vorverfahren zu transferieren.

Die Idee den § 75 InsO bereits vor Verfahrenseröffnung Anwendung finden zu lassen, stellt dabei nicht nur eine mögliche Lösung für die o.g. Variante 3 dar, in der der Gesellschafter des Schuldners selbst an einer Sanierungsvariante im Sinne des § 168 InsO beteiligt ist, sondern auch für den Fall, dass durch die Kopfmehrheit maßgeblich in die Rechte eines Großgläubigers eingegriffen wird, nämlich wenn das Ergebnis nach Eröffnung des Verfahrens in der Gläubigerversammlung bei Anwendung der Summenmehrheit deutlich anders ausgefallen wäre.

V. Fazit

Als Fazit lässt sich festhalten, dass das Dual-Track-Verfahren alternativlos ist, um bestimmten Schieflagen im Rahmen des ESUG zu begegnen. Der Gesetzgeber muss in diesem Zusammenhang bei der Evaluierung des Gesetzes kleinere minimalinvasive Änderungen der InsO vorsehen, um dieses Ziel zu erreichen, den Gläubigern und dem redlichen Schuldner rechtlich ausgewogene Möglichkeiten an die Hand zu geben, das Unternehmen zu sanieren und gleichzeitig zur bestmöglichen Gläubigerbefriedigung zu gelangen.

Eine Verjährungsfrage im deutsch-österreichischen Insolvenzrechtsverkehr

PAUL OBERHAMMER

I. ZU ANLASS UND THEMA

Hanns Prütting ist ein großer Rechtslehrer und überaus sympathisch; es erfüllt daher mit Freude und Stolz, an seiner Festschrift mitwirken zu dürfen. Die Auswahl eines passenden Themas fällt leicht, weil er zu so vielen interessanten Fragen Stellung genommen hat, z.B. bekanntlich im Insolvenzrecht; und wenn die Geburtstagwünsche hier von Wien nach Köln entboten werden, bietet es sich an, eine Frage des deutsch-österreichischen Insolvenzrechtsverkehrs zu traktieren: Der vorliegende Beitrag widmet sich daher einem Qualifikationsproblem des internationalen Verjährungsrechts im deutsch-österreichischen Insolvenzrechtsverkehr, welches sich daraus ergibt, dass eine deutschem Sachrecht unterliegende Forderung in einem österreichischen Insolvenzverfahren geltend gemacht wird. Die Problematik ergibt sich daraus, dass die Auswirkungen der Forderungsanmeldung bzw. der Erhebung der (nach deutscher Terminologie) Feststellungs- bzw. (nach österreichischer Terminologie) Prüfungsklage auf die Verjährung (Hemmung bzw. Unterbrechung) im deutschen und österreichischen Recht (§ 204 Abs. 1 Nr. 10 BGB bzw. § 9 IO) unterschiedlich geregelt sind; die deutsche Regelung ist hier deutlich gläubigerfreundlicher, weil es im österreichischen Recht nicht genügt, die Forderung in der Insolvenz anzumelden; wird die Forderung bestritten, so muss der Gläubiger nämlich nach österreichischem Recht innerhalb der gem. § 110 Abs. 4 IO vom Gericht zu bestimmenden (mindestens einmonatigen) Klagefrist Prüfungsklage erheben, um – zusammenfassend gesagt – auch weiterhin in den Genuss der Verjährungsunterbrechung zu kommen.[1]

II. ART. 12 ABS. 1 LIT. D ROM-I-VO ALS AUSGANGSPUNKT

Bei den in praxi dominierenden schuldvertraglichen Ansprüchen ist nach Art. 12 Abs. 1 lit. d Rom-I-VO das auf den Vertrag anwendbare Recht insbesondere auch auf die Frage der Verjährung anwendbar. Dabei stellt sich die Frage, ob die Geltung der deutschen lex causae auch die für die Hemmung bzw. Unterbrechung der Verjährung erforderlichen Tatbestände umfasst, wenn es sich bei diesen um Prozesshandlungen im Ausland handelt. Dabei kommt es nach h.M. darauf an, ob die

---

1 Vgl. dazu im Einzelnen instruktiv *Geroldinger* in Konecny, zu § 9 IO.

entsprechenden Verfahrensschritte im Ausland den im deutschen Verjährungsrecht vorgesehenen Hemmungstatbeständen vergleichbar[2] bzw. funktional gleichwertig[3] sind. Aus Sicht des internationalen Privatrechts handelt es sich dabei um eine Frage der Substitution.[4] Dabei ist völlig anerkannt, dass eine Klageerhebung im Ausland[5] ebenso wie eine Anmeldung einer Forderung in einem ausländischen Insolvenzverfahren[6] zu einer Hemmung der Verjährung i.S.v. § 204 BGB führt.[7] Im Hinblick auf die erwähnte Gleichartigkeit bzw. funktionale Gleichwertigkeit der in Österreich zu setzenden Prozesshandlungen für die Geltendmachung (bestrittener) Forderungen in der Insolvenz mit dem in § 204 Abs. 1 Nr. 10 BGB geregelten Hemmungstatbestand können m.E. keine Zweifel bestehen. Das österreichische Zivilprozess- und Insolvenzrecht ähnelt den einschlägigen deutschen Bestimmungen ja mehr als irgendein anderes ausländisches Recht. Insbesondere entsprechen die Vorschriften über die Forderungsanmeldung in der Insolvenz in Österreich funktional den deutschen; das Gleiche gilt für das Institut der Prüfungsklage (im Verhältnis zum deutschen Institut der Feststellungsklage zur Insolvenztabelle). Vor diesem Hintergrund ist also davon auszugehen, dass in Anwendung von § 204 Abs. 1 Nr. 10 BGB die Anmeldung der Forderung in einem österreichischen Insolvenzverfahren die dort geregelte Folge der Verjährungshemmung hat.[8]

---

2 *Linke/Hau*, Internationales Zivilverfahrensrecht[6] (2015) Rdnr. 2.18; *Bamberger/Roth*, BeckOK BGB Art. 12 Rom-I-VO Rdnr. 12.
3 *Schack*, Internationales Zivilverfahrensrecht[6] (2014) Rdnr. 872.
4 *Spellenberg*, MüKo BGB Art. 12 Rom-I-VO Rdnr. 132.
5 OLG Frankfurt 11.12.2015, 8 U 279/12 BeckRS 2016, 04156; *Spellenberg*, MüKo BGB Art. 12 Rom-I-VO Rdnr. 128 ua.
6 OLG Düsseldorf, 13.4.1989, 6 U 170/88, NJW 1990, S. 640 = RIW 1989, S. 743; zustimmend *Hanisch/Aderhold*, EWiR 1989 § 209 BGB 2/89; *Hess*, WuB IV A § 209 BGB 2.90; *Meller-Hannich*, BeckOGK BGB § 204 Rn. 345; vgl. auch *Henrich* in *Bamberger/Roth*, BeckOK BGB § 204 BGB Rdnr. 35 ua.
7 In diesem Zusammenhang bestehen verschiedene Streit- und Zweifelsfragen, insbesondere jene, ob es darauf ankommt, dass das ausländische Gericht international zuständig ist, oder ob im Hinblick auf die zu fällende ausländische Entscheidung eine positive Anerkennungsprognose besteht. Solche Rechtsfragen sind im deutsch-österreichischen Verhältnis wegen der aufgrund der Zuständigkeits- und Anerkennungsregeln von EuGVVO und EuInsVO bestehenden Rechtslage kaum relevant; ihre Behandlung würde auch den Rahmen des vorliegenden Beitrags bei weitem sprengen.
8 Nur am Rande sei in diesem Zusammenhang darauf hingewiesen, dass das OLG Düsseldorf in seiner eben erwähnten Entscheidung vom 13.4.1989, 6 U 170/88, NJW 1990, S. 640 = RIW 1989, S. 743 unter anderem auch darauf hingewiesen hat, dass auch nach dem – dort relevanten – niederländischen Recht die Forderungsanmeldung in der Insolvenz die Verjährung unterbricht. Dieser Gesichtspunkt könnte allenfalls instrumentalisiert werden, in dem gesagt wird, nach österreichischem Recht verhalte es sich wegen § 9 IO insofern ja nicht genauso wie im deutschen Recht. Allerdings sagt das OLG in dieser Entscheidung aber auch, dass es nicht schadet, dass das niederländische Recht der Forderungsanmeldung nicht in allen Einzelheiten mit dem deutschen übereinstimmt. Als Beispiel wird der Umstand genannt, dass der Eintrag in die Tabelle in den Niederlanden keinen Vollstreckungstitel darstellt – im österreichischen Recht, das dem deutschen auch hierin viel ähnlicher ist, ist dies jedoch sehr wohl der Fall (§ 61 IO).

III. Geltung der lex fori concursus nach Art. 7 EuInsVO?

Im Anwendungsbereich der EuInsVO stellt sich freilich die Frage, ob sich aus den Kollisionsnormen der Art. 7 ff. Abweichendes ergibt. Eine besondere Bestimmung über das Verjährungsrecht findet sich in der EuInsVO nicht. Art. 7 Abs. 1 EuInsVO ordnet für das Insolvenzverfahren und seine Wirkungen die Geltung der lex fori concursus an. Daraus kann keineswegs abgeleitet werden, dass dieses Recht auch für die Frage der Verjährungshemmung gilt, bei der es sich ja weder um eine Frage des Insolvenzverfahrens noch um eine Frage der Wirkungen des Insolvenzverfahrens als solches handelt. Zu prüfen ist jedoch, ob einer der Sondertatbestände des Art. 4 Abs. 2 EuInsVO auf das Verjährungsrecht anwendbar sein könnte.

Von den in Art. 7 Abs. 2 lit. a bis lit. m EuInsVO genannten Tatbeständen kommen eine ganze Reihe von Vornherein offenkundig nicht in Betracht. Einige der genannten Tatbestände können m.E. ebenfalls relativ klar als nicht einschlägig qualifiziert werden: Art. 7 Abs. 2 lit. e EuInsVO unterstellt die Frage, wie sich das Insolvenzverfahren auf laufende Verträge des Schuldners auswirkt, der Geltung der lex fori concursus; dabei handelt es sich jedoch augenscheinlich um Tatbestände, wie sie §§ 103 ff. dInsO bzw. §§ 21 ff. öIO vorsehen. Ebenso wenig einschlägig ist wohl eindeutig Art. 7 Abs. 2 lit. g EuInsVO, wonach die Frage, welche Forderungen als Insolvenzforderungen anzumelden sind und wie Forderungen zu behandeln sind, die nach der Eröffnung des Insolvenzverfahrens entstehen, der lex fori concursus unterliegt. Hierbei geht es augenscheinlich um die Frage der Einteilung der verschiedenen Forderungstypen in der Insolvenz als Insolvenzforderungen, Masseforderungen etc. Im Zusammenhang mit lit. h wird in der Lit. richtig hervorgehoben, dass es dabei nur um die Ausübung, jedoch nicht um den Bestand der einschlägigen Gläubigerrechte geht. Die Vorfrage nach dem Bestehen einer Forderung richtet sich demnach nicht nach dem Insolvenzstatut, sondern nach dem gemäß allgemeinen Kollisionsregeln auf die Forderung anzuwendenden Recht.[9] Wenn die Verjährung zwar nicht das »Bestehen« der Forderung in einem engeren technischen Sinne, sondern lediglich das Bestehen einer Einrede gegen die Forderung betrifft, so kann diese Aussage m.E. doch ohne Weiteres auf die hier interessierende Verjährungsproblematik übertragen werden, geht es dabei ja letztlich auch um eine materiellrechtliche Frage. Allerdings wird in der Literatur gelegentlich vertreten, dass diese Bestimmung auch die Folgen einer unterbliebenen Forderungsanmeldung der Geltung der lex fori concursus unterstellt.[10] M.E. kann damit jedoch nicht gemeint sein, dass sich die verjährungsrechtlichen Folgen einer nicht rechtzeitigen Forderungsanmeldung nach dem Insolvenzstatut richten. Vielmehr geht es hier um Fragen wie die (auch nach deutschem und österreichischem Recht bekannte) Nichtberücksichtigung von verspätet angemeldeten Forderungen

---

9 *Haß/Herweg* in *Haß/Huber/Gruber/Heiderhoff*, Art. 4 EuInsVO Rdnr. 40; *Müller* in *Mankowski/Müller/J. Schmidt*, Art. 4 EuInsVO Rdnr. 53; *Nerlich* in *Nerlich/Römermann*, InsO, Art. 4 EuInsVO Rdnr. 44.

10 Vgl. etwa *Lüer* in *Uhlenbruck*, InsO, Art. 4 EuInsVO Rdnr. 55; *ReinhArt.* in MüKO InsO, Art. 4 EuInsVO Rdnr. 39.

bei Verteilungen, oder den (dem deutschen ebenso wie dem österreichischen Recht unbekannten, aber in anderen Rechtsordnungen anzutreffenden) endgültigen Forderungsverlust bei nicht rechtzeitiger Forderungsanmeldung in der Insolvenz.

Schwieriger ist in diesem Zusammenhang allerdings die Frage nach der Anwendbarkeit von Art. 7 Abs. 2 lit. f EuInsVO. Nach dieser Bestimmung regelt die lex fori concursus, wie sich die Eröffnung eines Insolvenzverfahrens auf Rechtsverfolgungsmaßnahmen einzelner Gläubiger auswirkt; ausgenommen sind die Wirkungen auf anhängige Rechtsstreitigkeiten; letztere sind nämlich von der Sonderbestimmung des Art. 18 EuInsVO erfasst. Der Begriff der Rechtsverfolgungsmaßnahmen ist nach h.M. hier weit auszulegen und umfasst daher nicht nur das zivilprozessuale Erkenntnis- und Vollstreckungsverfahren, sondern auch Sicherungs- und andere Maßnahmen des vorläufigen Rechtsschutzes.[11] Allerdings werden in diesem Zusammenhang durchgehend Aspekte wie insbesondere die insolvenzrechtliche Prozess- und Vollstreckungssperre genannt. Problematisiert wird in diesem Zusammenhang, ob diese Bestimmung auch für die Rückschlagsperre nach deutschem Recht gilt.[12] Auf materiellrechtliche Implikationen von »Rechtsverfolgungsmaßnahmen« wird hier in der Kommentarlit. nicht verwiesen, insbesondere auch nicht auf die Verjährung bzw. ihre Hemmung. Dies überzeugt auch m.E., weil schon grammatikalisch kaum gesagt wird, die Hemmung der Verjährung durch eine Forderungsanmeldung in der Insolvenz sei eine »Auswirkung der Insolvenz auf eine Rechtsverfolgungsmaßnahme«.

In der Tat wurde das hier interessierende Verjährungsthema in der Lit. vereinzelt im Zusammenhang von lit. f diskutiert: *Geroldinger* führt in diesem Zusammenhang aus, der heutige Art. 7 Abs. 2 lit. f EuInsVO treffe keine Regelung darüber, welche Rechtsordnung über die materiellrechtliche Frage entscheidet, ob die angemeldete Forderung zu Recht besteht. Daher sei diese Norm auch nicht für die Verjährung einschlägig.[13] Diese Aussage fasst m.E. die Rechtslage vollkommen richtig zusammen: Bei der Regelung der Insolvenzwirkungen auf die in lit. f genannten »Rechtsverfolgungsmaßnahmen« geht es eben um Aspekte wie die Prozess- und Vollstreckungssperre, aber nicht um eine generelle Anordnung der Geltung der lex fori concursus für den materiellen Bestand der Forderung einschließlich der Frage, ob diese der Einrede der Verjährung ausgesetzt ist. Die gegenteilige Auffassung wäre auch durchaus etwas entlegen, weil man damit unterstellen würde, dass eine so grundlegende Frage in der EuInsVO auf so »versteckte« Weise geregelt wird. Man würde ja damit letztlich unterstellen, dass die Geltung der lex fori concursus für »Rechtsverfolgungsmaßnahmen« letztlich zur Folge hat, dass die Frage des materiellen Bestands der geltend gemachten Forderung überhaupt der lex fori concursus unterliegt. Dies hat – soweit zu sehen ist – jedoch noch niemand vertreten, und wird wohl auch nicht bedacht, wenn von *Kolmann/Keller* an einer Stelle im Schrifttum vertreten wird, ob und inwieweit die Verjährung der Forderungen durch Eröffnung des Insolvenzverfahrens

---

11 Vgl. nur *Haß/Herweg* in *Haß/Huber/Gruber/Heiderhoff*, Art. 4 EuInsVO Rdnr. 36; *Lüer* in *Uhlenbruck*, InsO, Art. 4 EuInsVO Rdnr. 48 ua.
12 Vgl. nur *Brinkmann* in *Karsten Schmidt*, InsO, Art. 4 EuInsVO Rdnr. 30 mwN.
13 *Geroldinger* in *Konecny/Schubert*, § 9 IO Rz. 104.

oder durch Anmeldung der Forderungen (wie nach § 204 I Nr. 10 BGB) gehemmt werde, unterliege dem Recht des Eröffnungsstaates.[14] An dieser Stelle verweisen diese Autoren in Fn. 194 auf eine Entscheidung des »OLG Düsseldorf RIW 1998, 742«, welche a.A. sei und auf das Schuldstatut abstelle. Dabei handelt es sich jedoch um ein Fehlzitat, gemeint ist vielmehr die schon oben zitierte Entscheidung des OLG Düsseldorf, 13.4.1989, 6 U 170/88, NJW 1990, 640 = RIW 1989, 743.[15] Diese Entscheidung war in der Tat anderer Auffassung, weil sie für die (nach altem Schuldrecht noch) Unterbrechung der Verjährung durch Forderungsanmeldung in der Insolvenz eine Anmeldung im Ausland genügen ließ. Sie ist zwar noch vor Inkrafttreten der EuInsVO ergangen, doch weist sie in ihrer Begründung schon auf das künftige europäische Insolvenzrecht hin, und zwar als Zusatzargument für die Tauglichkeit der ausländischen Forderungsanmeldung zur Erfüllung des Unterbrechungstatbestandes im BGB. Auch dieser Gesichtspunkt wurde schon damals im Schrifttum positiv hervorgehoben, so führt *Hess* aus, das OLG weise zu Recht darauf hin, dass bei einer »Europäisierung« der Geschäftsbeziehungen die dringende Notwendigkeit besteht, auch hier die angesprochenen Rechtswirkungen uneingeschränkt Platz greifen zu lassen.[16]

M.E. ist diese von *Kolmann/Keller* vertretene Auffassung ganz unrichtig: Dagegen spricht – wie schon erwähnt – zunächst der Wortlaut der Bestimmung des Art. 7 Abs. 2 lit. f EuInsVO. Auch die einschlägige Kommentarlit. vertritt nichts dergleichen, sondern stellt – wie erwähnt – hier durchgehend auf Fragen wie die Prozess- und Vollstreckungssperre, allenfalls die Rückschlagsperre, ab. Die gegenteilige Entscheidung des OLG Düsseldorf wird daher auch heute noch in der Kommentarlit. zu Recht als einschlägig zitiert.[17] Bemerkenswert ist auch, dass das OLG Düsseldorf nicht einmal in Erwägung zog, diesen Fall nach der niederländischen lex fori concursus zu beurteilen. Vielmehr stellte sich die nur die Frage, ob bei geradezu selbstverständlicher Anwendung der deutschen lex causae auf die Frage der Verjährungsunterbrechung auch der ausländischen Forderungsanmeldung die im deutschen Verjährungsrecht vorgesehenen Wirkungen zukommen konnten, was schon damals (wie erwähnt) bejaht wurde. Hintergrund dieser Frage war der Umstand, dass seinerzeit die Anerkennung von ausländischen Insolvenzverfahren noch in den Kinderschuhen steckte. So führten denn auch *Hanisch/Aderhold* in ihrer Entscheidungsanmerkung aus, nur bei unbeirrtem Festhalten am strikten Territorialitätsprinzip hätte daher in casu die Verjährungsunterbrechung durch Forderungsanmeldung im niederländischen Konkurs vermieden werden können.[18] Die EuInsVO brachte schließlich 2002 eine noch wesentlich weitergehende Zurückdrängung des Territorialitätsprinzips als das frühere deutsche und (noch mehr) österreichische Recht. Umso mehr muss also demnach die erwähnte, von der Literatur mit, so weit zu sehen ist, nur einer Ausnahme geteilte

---

14 So *Kolmann/Keller* in *Gottwald*, Insolvenzrechts-Handbuch[5] § 134 Rdnr. 104.
15 Ich darf an dieser Stelle *Stephan Kolmann* herzlich für diese Klarstellung danken!
16 *Hess*, WuB IV A § 209 BGB 2.90.
17 Vgl. etwa *Meller-Hannich*, BeckOGK BGB § 204 Rn. 345.
18 *Hanisch/Aderhold*, EWiR 1989 § 209 BGB 2/89.

Entscheidung des OLG Düsseldorf aus heutiger Sicht zutreffen. Wie schon erwähnt, wäre es auch einigermaßen absonderlich, wollte man annehmen, dass die EuInsVO hier auf so versteckte Art und Weise eine mehr oder minder allgemeine Geltung der lex fori concursus für (welche/alle?) materiellrechtliche Fragen anordnet; und in der Tat wird ja im Schrifttum (wie ebenfalls erwähnt) eindeutig vertreten, dass die Vorfrage des materiellen Bestands (und damit wohl eindeutig auch die Frage, ob die Forderung mit einer Einrede behaftet ist) nach allgemeinen kollisionsrechtlichen Grundsätzen – und damit nicht nach Art. 7 EuInsVO – zu beurteilen ist.

Dass bei dieser Frage überhaupt ein Qualifikationsproblem zu diskutieren ist, liegt wohl daran, dass die Grundsätze für die autonome Auslegung des Art. 7 EuInsVO noch nicht ausreichend diskutiert worden sind. Im Mittelpunkt steht hier die oft eher intuitive Einordnung von Einzelproblemen und insbesondere die Qualifikation von Ansprüchen, für welche der EuGH zuletzt in der *Kornhaas/Dithmar* eine wichtige und m.E. im Grundsatz richtige Weichenstellung vorgenommen hat, in dem er die aus dem Zuständigkeits- und Anerkennungsrecht geläufige *Gourdain-Nadler*-Formel auf das Kollisionsrecht übertragen hat[19], woraus sich allerdings auf die hier interessierende Frage wenig gewinnen lässt. Man möge dem *Verfasser* verzeihen, dass er sich hier schon aus Platzgründen nicht umfassend zur Frage der Auslegung von Art. 7 EuInsVO äußern kann. Jedenfalls sollte m.E. aber klar sein, dass eine solche Auslegung (von Art. 7 Abs. 1 und 2 EuInsVO) am Zweck der Anordnung der Geltung des Insolvenzstatuts für das Insolvenzverfahren und seine Wirkungen in dieser Bestimmung anzusetzen hat, mithin an dem Gesichtspunkt, ob eine Norm gerade der Verwirklichung spezifischer Insolvenzzwecke dient.[20] Daher ist im hier interessierenden Zusammenhang zu prüfen, ob mit der Bestimmung des § 9 der öIO insolvenzspezifische Zwecke verfolgt werden, welche nach Art. 7 EuInsVO eine Anwendung der lex fori concursus gebieten.[21]

Dies ist jedoch gerade nicht der Fall: Nach allgemeinem österreichischen Verjährungsrecht wird die Verjährung durch Klageerhebung unterbrochen (§ 1497 ABGB). Nach Insolvenzeröffnung kann freilich aufgrund der insolvenzrechtlichen Prozesssperre (§ 6 Abs. 1 IO) eine solche Klage zunächst nicht mehr erhoben werden, womit dem Gläubiger die Möglichkeit genommen ist, die Verjährung durch Klageerhebung zu unterbrechen. Vor diesem Hintergrund ordnet nun § 9 Abs. 1 IO zunächst an, dass die Verjährung auch durch die Forderungsanmeldung unterbrochen werden kann, also durch den in der Insolvenz des Schuldners zweckentsprechenden und möglichen Verfahrensschritt. Wird die Forderung bestritten, so ist eine Klageerhebung wieder möglich, weil der Gläubiger ja jetzt die Prüfungsklage erheben kann. Das Gericht

---

19 EuGH 10.12.2015 Rs *Kornhaas/Dithmar*, C-594/14; vgl. dort insbesondere Tz. 14–21. Vgl. dazu etwa *Böcker*, DZWIR 2016, S. 180; *Kindler*, EuZW 2016, S. 136; *Mankowski*, NZG 2016, S. 281; *Schall*, ECFR 2015, S. 280; *ders.*, ZIP 2016, 289.

20 Vgl. treffend etwa *Pannen/Riedemann* in Pannen, Art. 4 EuInsVO Rdnr. 14; *Pfeiffer* in Hess/Oberhammer/Pfeiffer, European Insolvency Law. The Heidelberg-Luxembourg-Vienna Report (2014) Rdnr. 626.

21 Für eine zweckorientierte Auslegung in diesem Zusammenhang schon *Hanisch/Aderhold*, EWiR 1989 § 209 BGB 2/89.

setzt ihm hierfür eine Frist, und daran anknüpfend bestimmt Art. 9 Abs. 2 IO, dass die Verjährungsfrist während dieser Klagefrist einer Ablaufhemmung[22] unterliegt. Diese Anordnung ist auch deshalb erforderlich, weil es sich bei der Prüfungsklage um eine Feststellungsklage handelt, und Feststellungsklagen bei Fälligkeit und Bezifferbarkeit der Forderung nach allgemeinen Grundsätzen des österreichischen Verjährungsrechts (jedenfalls nach traditioneller Auffassung[23]) die Verjährung nicht unterbrechen.[24] Auf diese Weise wird dem Gläubiger jedenfalls die Möglichkeit gegeben, durch rechtzeitige Rechtsverfolgungsmaßnahmen die Verjährungsfrist zu wahren. Der österreichische OGH hat dies wie folgt beschrieben: Die Bestimmung des heutigen § 9 IO solle »sicherstellen, daß die Verjährung des Anspruches des Gläubigers zumindest bis zum Ablauf der für die Klageführung gesetzten Frist aufgeschoben wird. Andernfalls bestünde dann, wenn die Konkurseröffnung knapp vor Ablauf der Verjährungszeit erfolgt, die Gefahr, daß der Anspruch während des Verfahrens bzw. vor Ablauf der Klagefrist verjährt und daher nicht mehr mit Erfolg geltend gemacht werden könnte. Nur diesen Nachteil soll die zitierte Bestimmung abwenden.«[25] Vor diesem Hintergrund ist klar, dass § 9 IO lediglich eine Ergänzung zur allgemeinen Vorschrift über die Verjährungsunterbrechung in § 1497 ABGB darstellt und dem Umstand Rechnung trägt, dass zwischen Insolvenzeröffnung und Forderungsbestreitung eine Klageerhebung eben nicht möglich ist. Diese Bestimmung dient damit nicht der Erreichung irgendwelcher besonderen Insolvenzzwecke, sondern soll nur dem Gläubiger auch nach Eröffnung des Insolvenzverfahrens die Möglichkeit geben, die Verjährungsfrist zu wahren.

Dass es sich dabei nur um eine Ergänzung und durchaus nicht um eine spezifischen Insolvenzzwecken verpflichtete Modifikation des Verjährungsrechts handelt, wird auch daran erkennbar, dass § 1497 ABGB – also jene Bestimmung des allgemeinen österreichischen Privatrechts, welche die Verjährungsunterbrechung regelt – neben § 9 IO weiter gilt, von dieser Bestimmung also gar nicht verdrängt wird.[26] Dies wird in jenen Fällen erkennbar, in welchen der Gläubiger bereits vor Insolvenzeröffnung Klage erhoben hat. In diesen Fällen wird der Prozess gem. § 7 Abs. 1 IO unterbrochen (nach deutscher Terminologie: ausgesetzt), im Falle der Bestreitung der Forderung im Insolvenzverfahren wird der Prozess dann als Prüfungsprozess fortgesetzt. § 1497 ABGB verlangt für die Aufrechterhaltung der Verjährungsunterbrechung auch, dass das rechtzeitig eingeleitete Verfahren »gehörig fortgesetzt« wird. Der OGH hat dabei festgehalten, dass die Verjährungsfrist durchaus gewahrt werden kann, wenn vor Insolvenzeröffnung rechtzeitig Klage erhoben wird, und die Fortsetzung dieses bereits anhängigen Verfahrens dann als Prüfungsprozess nach Bestreitung der Forderung

---

22 OGH 29.8.2000, 1 Ob 115/00v, ZIK 2000, S. 205.
23 Vgl. zu einer im Zusammenhang von Schadensersatzansprüchen in Anlegerprozessen entstandenen, hier freilich irrelevanten Kontroverse etwa (im Ergebnis freilich m.E. unrichtig) *Kodek*, ZaK 2014, S. 123; dazu auch *Vollmaier*, ÖBA 2014, S. 289.
24 Vgl. zahlreiche Entscheidungen des OGH zusammenfassend Rechtssatz RIS-Justiz RS0034771; zuletzt etwa OGH 31.1.2017, 1 Ob 219/16m.
25 OGH 1.10.1997, 9 ObA 291/97b.
26 *Geroldinger* in *Konecny/Schubert*, § 9 IO Rz 39.

zwar nicht innerhalb der vom Insolvenzgericht für die Prüfungsklage erhobenen Klagefrist, aber doch so rechtzeitig erhoben wird, dass dies als gehörige Fortsetzung i.S.v. § 1497 ABGB qualifiziert werden kann.[27]

IV. Ergebnis

All dies zeigt, dass § 9 IO in der Sache – ebenso wie § 204 Abs. 1 Nr. 10 BGB – nicht etwa eine insolvenzzweckspezifische Regelung des Verjährungsrechts vorsieht, sondern lediglich die allgemeine Bestimmung § 1497 ABGB (Verjährungsunterbrechung durch Klageerhebung) durch zusätzliche Unterbrechungstatbestände (Forderungsanmeldung, Erhebung der Prüfungsklage) ergänzt, damit aber genau die Zwecke verfolgt, die auch § 1497 ABGB, also dem allgemeinen Verjährungsunterbrechungstatbestand, zugrunde liegen. Insofern ist eben § 9 IO – ebenso wie § 204 Abs. 1 Nr. 10 BGB – trotz seiner Verortung in der Insolvenzordnung eine Vorschrift des österreichischen materiellen Privatrechts und nicht etwa des Insolvenzrechts. Da es hier damit lediglich um die materiellrechtliche Begründetheit der im Prüfungsprozess geltend gemachten Forderung geht, kann in der hier interessierenden Konstellation ohne jede Beeinträchtigung der Zwecke eines österreichischen Insolvenzverfahrens gem. Art. 12 Abs. 1 lit. d Rom I-VO ausländisches Verjährungsrecht angewendet werden.[28] Vor diesem Hintergrund spricht m.E. alles dafür, dass aus der EuInsVO (namentlich aus ihrem Art. 7 Abs. 2 lit. f EuInsVO) durchaus *nicht* abgeleitet werden kann, dass die Verjährungshemmung bzw. –unterbrechung durch Anmeldung einer Forderung in der Insolvenz nach der lex fori concursus zu beurteilen sei. Sie richtet sich vielmehr gem. Art. 12 Abs. 1 lit. d Rom-I-VO nach der lex causae.

---

27 OGH 29.8.2000, 1 Ob 115/00v, ZIK 2000, 205; zust. *Fruhstorfer*, RdW 2016, S. 731 (733); *Nunner-Krautgasser*, ÖJZ 2001, S. 793 (795).
28 Der Vollständigkeit halber sei in diesem Zusammenhang noch die Entscheidung des EuGH vom 16.4.2015 Rs *Lutz* C-557/13, erwähnt. In dieser Entscheidung geht es zwar um eine ganz andere Frage, nämlich um die kollisionsrechtliche Beurteilung der Insolvenzanfechtungsfristen. In diesem Zusammenhang erwähnt der EuGH in Tz. 46, dass Art. 4 und Art. 13 EuInsVO lex specialis zur Rom-I-VO seien. Daraus kann aber selbstverständlich nicht abgeleitet werden, dass Art. 4 Abs. 2 lit.. f EuInsVO die lex specialis für alle Fragen der Verjährung im Verhältnis zu Art. 12 Rom-I-VO ist. Im Gegenteil: Die dort interessierenden Insolvenzanfechtungsfristen sind in der Tat etwas Insolvenzspezifisches, womit ihre Beurteilung nach Art. 4, 13 EuInsVO naheliegt. Für die allgemeinen Verjährungsfristen und ihre Unterbrechung innerhalb und außerhalb eines Insolvenzverfahrens gilt dies offenkundig nicht.

Die wesentlichen Merkmale und Problemfelder des Konkursaufschubs für Kapitalgesellschaften im türkischen Recht

HAKAN PEKCANITEZ/EVRIM ERIŞIR

I. Einleitung

Die Türkei wurde seit ihrer Gründung mehrmals mit wirtschaftlichen Krisen konfrontiert. Die wirtschaftlichen Nachwirkungen dieser Krisen veranlassten den Gesetzgeber, das Zwangsvollstreckungs- und Konkursgesetz (ZvKG), das eine vollständige Rezeption des schweizerischen Schuldbetreibungs- und Konkursgesetzes (SchKG) ist,[1] öfters zu ändern.[2] Nach der Bankenkrise im Jahre 2001 wurden wiederum sanierungsorientierte Reformarbeiten durchgeführt. Folglich hat sich im Jahre 2003 der Konkursaufschub als eine Sanierungsmöglichkeit[3] für existenzfähige Kapitalgesellschaften erwiesen, die in eine Krise geraten sind. Gleich nach dem Inkrafttreten der neuen Vorschriften wurden kontroverse Diskussionen geführt. Die

---

1 Siehe zur Rezeption des türkischen ZvKG Baki *Kuru*, Das Schweizerische Schuldbetreibungs- und Konkursgesetz in der Türkei, Blätter für Schuldbetreibung und Konkurs 1965/4, S. 97 ff.; Hakan *Pekcanıtez*, Türkische Zwangsvollstreckung Das Einleitungsverfahren, Ritsumeikan Law Review, Juni 2013, S. 191; M. Kâmil *Yıldırım*, Die Grundzüge des türkischen Zwangsvollstreckungsrechts-insbesondere das Einleitungsverfahren, FS für Kostas *Beys*, Vol. 2, 2003 S. 2; Sema *Taşpınar*, İsviçre Federal İcra ve İflâs Kanunu'nda Yapılan Değişikliklere Genel Bir Bakış, FS für Prof. Dr. Baki *Kuru* zum 75. Geburtstag, 2003, S. 599-600. Siehe zur Entwicklung des Konkursrechts in der Türkei Christian *Rumpf*/Ejder *Yılmaz*, Kindler/Nachmann Handbuch Insolvenzrecht in Europa, 4. Ergänzungslieferung 2014, Rdn. 19 ff.
2 Das ZvKG wurde seit seinem Inkrafttreten im Jahre 1932 23-mal geändert. Siehe dazu Hakan *Pekcanıtez*/Mine *Akkan*/Evrim *Erişir*, İcra ve İflâs Kanunu ve İlgili Mevzuat, 16. Auflage, 2017, S. 31-32.
3 Der Konkursaufschub an sich ist im Grunde keine konkrete Maßnahme zur Sanierung einer Kapitalgesellschaft, sondern ermöglicht ihr, dass sich Sanierungsmaßnahmen ergreifen lassen, so Muhammet *Özekes*, İflâsın Ertelenmesi, Legal Hukuk Dergisi 2005/33, S. 3256, 3257; Oğuz *Atalay*, Borca Batıklık ve İflâsın Ertelenmesi, 2. Auflage, 2007, S. 67; Selçuk *Öztek*, İflâsın Ertelenmesi, 2007, S. 29, 30; Timuçin *Muşul*, İflâsın Ertelenmesi, 2008, S. 204. Da der Konkursaufschub letzendlich zur Sanierung einer Kapitalgesellschaft dient, lässt sich als eine Sanierungsmöglichkeit bezeichnen, so etwa *Rumpf/Yılmaz*, Rdn. 218.

Rechtswissenschaftler haben sich überwiegend mit der Konkursaufschubspraxis kritisch auseinandergesetzt.[4] Unter anderem wurde zum Ausdruck gebracht, dass mittels des Konkursaufschubs den Kapitalgesellschaften ein Weg eröffnet wurde, der die Vermögensgegenstände dahinschmelzen lässt.[5] Es wird sogar gefragt, ob durch den Konkursaufschub ein rechtliches Monster erzeugt wurde.[6]

Als im ersten Quartal des Jahres 2016 400 Kapitalgesellschaften einen Konkursaufschub beantragten, kam dieser über seinen rechts- und wirtschaftswissenschaftlichen Aspekt hinaus auf die Tagesordnung der Akteure im Wirtschaftsleben. Darunter herrscht auch die allgemeine Meinung, dass der Konkursaufschub von den Schuldnern des Öfteren ausgenutzt wird. Vor allem die Banken beschweren sich darüber, dass in der Praxis viele konkursreife Gesellschaften, die eigentlich vom Markt genommen werden müssten, vom Konkursaufschub unverdientermaßen profitiert haben.

Gerade in einer Zeit, in der einerseits in der Türkei eine Expertenkommission, die vom Justizministerium vor zwei Jahren beauftragt wurde, die Neufassung des ZvKG erarbeitet und andererseits in der europäischen Union die Schaffung einer vorinsolvenzlichen Sanierung im Rahmen des Richtlinienvorschlags[7] diskutiert wird, bietet eine Übersicht über die Merkmale und Problemfelder des Konkursaufschubs nach türkischem Recht eine gute Gelegenheit für einen wissenschaftlichen Austausch.

II. Überblick über das türkische Konkurssystem und die Sanierungsmöglichkeiten

Im türkischen Recht gibt wie bis zum Jahre 1999 im deutschen Recht den Konkurs, der ausschließlich auf Liquidation ausgerichtet ist. Konkursfähig sind nur Kaufleute (Art. 43 ZvKG). Daneben sind die Zahlungsunfähigkeit für alle Kaufleute und die Überschuldung für Kapitalgesellschaften Konkurseröffnungsgründe (Art. 178, 179

---

4 Siehe u. a. Hakan *Pekcanıtez*, İflâs Ertelemesinin Değerlendirilmesi ve Eleştirisi, Medenî Usûl ve İcra-İflâs Hukukçuları Toplantısı VIII, Türk, Alman ve İsviçre Hukukunda İflâs, Konkordato ve Noterlik Alanındaki Gelişmeler, 2010, S. 211 ff.; Hakan *Pekcanıtez*, İflâsın Ertelenmesi Kurumuna Eleştirisel Bakış, Legal Medenî Usûl ve İcra-İflâs Hukuku Dergisi 2010/3, S. 477 ff.

5 Süha *Tanrıver*, İflâs Dışı Konkordatoya İlişkin Güncel Sorunlar ve Bazı Değerlendirmeler, Medenî Usûl ve İcra-İflâs Hukukçuları Toplantısı VIII, Türk, Alman ve İsviçre Hukukunda İflâs, Konkordato ve Noterlik Alanındaki Gelişmeler, 2010, S. 230.

6 *Öztek*, İflâsın Ertelenmesi (Fn. 3), S. V.

7 Vorschlag für eine Richtlinie des Europäischen Parlaments und des Rates über präventive Restrukturierungsrahmen, die zweite Chance und Maßnahmen zur Steigerung der Effizienz von Restrukturierungs-, Insolvenz- und Entschuldungsverfahren und zur Änderung der Richtlinie 2012/30/EU COM (2016) 723 final. Siehe zum Richtlinienvorschlag Heinz *Vallender*, Zwingt Brüssel Deutschland zum Handeln? IWRZ 2017 S. 51 ff.; Stephan *Madaus*, Einstieg in die ESUG-Evaluation – Für einen konstruktiven Umgang mit den europäischen Ideen für einen präventiven Restrukturierungsrahmen, NZI 2017 S. 329 ff.; Christoph *Thole*, Der Richtlinienvorschlag zum präventiven Restrukturierungsverfahren, ZIP 2017, S. 101 ff.

ZvKG).⁸ Gemäß Artikel 376 Handelsgesetzbuch (HGB), was grundsätzlich von Artikel 725 des schweizerischen Obligationengesetzes übernommen wurde, erfordert die Überschuldung die Pflicht zur Anmeldung des Konkurses. Demnach erstellt der Vorstand bei Verdacht einer Überschuldung eine Zwischenbilanz zu Fortführungs- und Veräußerungswerten. Ergibt eine aktuelle Zwischenbilanz, dass die Aktiven der Gesellschaft die Forderungen der Gesellschaftsgläubiger nicht zu decken vermögen, ist der Vorstand verpflichtet, eine Überschuldungsanzeige an das Gericht abzugeben und ihren Konkurs zu beantragen.

In der Türkei taten sich jedoch in zentralen Bereichen des Konkurses Schwachstellen auf.⁹ Als Kernprobleme erweisen sich nicht ausreichende Konkursgründe, die zur einer späten Eröffnung des Konkursverfahrens führen, der Mangel an effektiven gesetzlichen Sanierungsmöglichkeiten und der Armut der Konkursmassen, zumal die Pfandgläubiger vom Konkurs nicht berührt werden und außer abgesonderten Gläubigern einen geringfügigen Bruchteil der restlichen Gläubigerforderungen besitzen.

Das türkische Konkursrecht kannte bis zum Jahre 2003 zwei Sanierungsmöglichkeiten, nämlich das sogenannte Nachlassverfahren, das grundsätzlich dem Vergleichsverfahren vor der Insolvenzordnung in Deutschland entspricht, und den Konkursaufschub, deren gesetzliche Regelung im HGB sehr knapp und recht offen ausgefallen ist,¹⁰ wonach der Konkursrichter, bei dem eine Überschuldungsanzeige abgegeben wurde, auf begründeten Antrag des Vorstands hin einen Konkursaufschub gewähren kann, falls Aussicht auf Sanierung besteht (Art. 324 HGB a. F.; Art. 377 HGB n. F.). Hierbei handelt es sich um ein Einheitsverfahren im Hinblick auf das Konkurs- und Sanierungsverfahren. Im Gegensatz zum deutschen Recht wird eine Konkurseröffnung vermieden und die Sanierung findet daher vor dem Konkurs statt. Durch die Aussetzung des sofortigen Konkursentscheids wird einer Kapitalgesellschaft ermöglicht, eine dauerhafte Sanierung zu bewerkstelligen, ohne eine Lösung mit ihren Gläubigern suchen zu müssen.¹¹ Vor und während der Konkursaufschubsfrist war jedoch kein Vollstreckungsschutz vorgesehen.

Im Nachlassverfahren (Art. 285 ff. ZvKG) wird hingegen ein Plan mit allen Gläubigern ausgehandelt. Im Rahmen dieses Plans kann beispielsweise ein anteiliger Verzicht auf Forderungen vereinbart werden. Dem Schuldner wird auf seinen Antrag hin eine max. fünfmonatige Nachlassstundung zugesprochen (Art. 287 ZvKG),

---

8   *Timo Engelhardt/Onur Taktak*, Münchener Kommentar zur Insolvenzordnung, Band 4 Länderberichte, 3. Auflage, 2016, Rdn. 20-21.
9   »*Der Konkurs des Konkurses*«, der den Grundstein für das Ende der Konkursordnung in Deutschland legte, wird auch rechtswissenschaftlich für das türkische Recht argumentiert. Siehe ausführlich zum Konkurs des Konkurses Oğuz *Atalay*, İflâs Sistemimiz Neden İflâs Etti? Medenî Usûl ve İcra-İflâs Hukukçuları Toplantısı VIII, Türk, Alman ve İsviçre Hukukunda İflâs, Konkordato ve Noterlik Alanındaki Gelişmeler, 2010, S. 181 ff.; *Rumpf/Yılmaz*, Rdn. 28.
10 İbrahim *Ermenek*, İflâsın Ertelenmesi, 2009, S. VII, S. 91-93.
11 Kamil *Yıldırım*, 4949 Sayılı Kanunun Getirdiği Değişikliklerle İcra ve İflas Kanunu'nda Yer Alan İptal Davalarına ve İflasın Ertelenmesine İlişkin Yeni Hükümler, Yeditepe Üniversitesi Hukuk Fakültesi Dergisi 2005/2, S. 483.

welche ihm die Gelegenheit zum Abschluss eines Nachlassvertrages mit den Gläubigern bietet. Sachlich zuständig ist für den Antrag auf eine Nachlassstundung das Vollstreckungsgericht, so dass es sich im schweizerischen und türkischen Recht um ein Verfahrensdualismus im Hinblick auf das Konkurs- und Nachlassverfahren handelt.[12] Während der Stundungsdauer gilt im Prinzip Zwangsvollstreckungseinstellung (Art. 289 ZvKG). Zur Leitung wird ein Nachlasskommissar mit der Aufsichtsfunktion eingesetzt, der eine Gläubigerversammlung einberuft (Art. 292 Abs. 2 ZvKG). Der Nachlassvertrag ist angenommen, wenn ihm bis zum Bestätigungsentscheid die Mehrheit der Gläubiger, die zugleich mindestens zwei Drittel des Gesamtbetrages der Forderungen vertreten, zugestimmt hat (Art. 297 ZvKG). Sollte der Vergleich vom Handelsgericht nicht beglaubigt werden, etwa wenn ein solcher nicht zustande kommt oder die Nachlassstundung aufgehoben wird, wird auf Antrag eines Gläubigers der Konkurs eröffnet (Art. 301 Abs. 1 ZvKG).[13]

Bis zum Jahr 2003 wurde das Nachlassverfahren erfolgreich praktiziert. Demgegenüber wurde der Konkursaufschub kaum beantragt, weil seine Wirkungen wie die Zwangsvollstreckungseinstellung im Aufschubszeitraum nicht geregelt waren. Die den Konkursaufschub betreffenden Vorschriften wurden im Jahre 2003 im ZvKG präzise neu formuliert. Daneben wurden weitere Sanierungsinstrumente wie der Nachlassvertrag mit Vermögensabtretung (Art. 309/a-309/l ZvKG)[14] und die einvernehmliche Restrukturierung der Kapitalgesellschaften und Genossenschaften in das ZvKG eingeführt (Art. 309/m-309/ü),[15] die bisher kaum angewandt wurden, von daher als Totgeburt bezeichnet werden können[16] und hier ausgeklammert werden. Außerdem wurde das Nachlassverfahren revidiert. Die Nachlassstundungsdauer wurde insgesamt auf 5 Monaten eingeschränkt, während die durchschnittliche Verfahrens-

---

12 Isaak *Meier*, Wege Zu einem effizienten Sanierungsverfahren: Bericht zum Schweizerischen Recht im Hinblick auf die Revision des türkischen Rechts, Medenî Usûl ve İcra-İflâs Hukukçuları Toplantısı VIII, Türk, Alman ve İsviçre Hukukunda İflâs, Konkordato ve Noterlik Alanındaki Gelişmeler, 2010, S. 85.
13 Siehe ausführlich dazu *Rumpf/Yılmaz*, Rdn. 53 ff.; Kaan *Güzel*, Die Unternehmenssanierung nach türkischem Insolvenzrecht, S. 154 ff.
14 Siehe ausführlich dazu Seyithan *Deliduman*, Malvarlığının Terki Suretiyle Konkordato, İstanbul Barosu Dergisi 2004/3, S. 1032 ff.; İbrahim *Ercan*, Mal Varlığının Terki Suretiyle Konkordato, 2008; Kaan *Güzel*, Die Unternehmenssanierung nach türkischem Insolvenzrecht, 2016, S. 170 ff.
15 Siehe ausführlich dazu Sema *Taşpınar Ayvaz*, İcra ve İflas Hukukunda Yeniden Yapılandırma, 2006; Alper Efe *Erten*, Mali Durumu Bozulan Sermaye Şirketlerinin Uzlaşma Yoluyla Yeniden Yapılandırılması, 2006; Ali Cem *Budak*, Ödeme Güçlüğü İçindeki İşletmelerin Rehabilitasyonu ile İlgili Usullerin Amacı Işığında İcra ve İflas Kanunu'ndaki 5092 Sayılı Kanun Değişikliği, Maltepe Üniversitesi Hukuk Fakültesi Dergisi, 2006/1, S. 257 ff.; Alper Efe *Erten*, Restrukturierung von Kapitalgesellschaften und Genossenschaften im türkischem Schuldbetreibungs- und Konkursrecht, In: Restrukturierung von Unternehmen, 2010, S. 39 ff.; Seyithan *Deliduman*, Sermaye Şirketleri İle Kooperatiflerin Uzlaşma Suretiyle Yeniden Yapılandırılması, Yasa Hukuk Dergisi 2004/255, S. 47 ff.; Cenk *Akil*, Determination of the Creditors and the Context of the Restructuring Project in Turkish Restructuring Law, German Law Journal, Vol. 11 No. 3 2010 S. 331 ff.; *Güzel*, S. 187 ff.
16 *Tanrıver*, S. 260.

dauer an Handelsgerichten damals 417 Tage betrug.[17] Dadurch wurde es bewusst in Kauf genommen, dass das Verfahren nicht fristgemäß zum Ende gebracht wird. Da nach dem Ablauf der Frist der Vollstreckungsschutz endet, hat sich in der Praxis eine einstweilige Anordnung entwickelt, die der Vollstreckungsschutz bis zum Verfahrensende verlängert. Nachdem auch eine solche einstweilige Anordnung durch eine Gesetzesänderung verboten wurde (Art. 287 Abs. 8 ZvKG a. F.), ging für die Gesellschaften den Anreiz verloren, ein Nachlassverfahren zu beantragen.[18] Daraufhin haben die Gesellschaften auf den Konkursaufschub fokussiert.[19] Mit anderen Worten, im Jahre 2003 ließ der Gesetzgeber das Nachlassverfahren bewusst einschlafen, stattdessen wurde der Konkursaufschub erweckt. Am 9. August 2016 haben diese Sanierungsmaßnahmen ihre Rollen wieder getauscht, indem das Verbot der einstweiligen Anordnung aufgehoben wurde.[20]

III. Die wesentlichen Merkmale des Konkursaufschubs

Der Konkursaufschub knüpft nur an den Eintritt der Überschuldung an. Bei der Zahlungsunfähigkeit ist der Gesellschaft ein Konkursaufschub verwehrt.[21]

Die Gesellschaft hat bei der Antragstellung einen aussichtsreichen Sanierungsplan vorzulegen (Art. 377 HGB; Art. 179 ZvKG).

Sachlich zuständig ist das Handelsgericht. Die ausschließlich örtliche Zuständigkeit richtet sich nach dem Verwaltungssitz der Gesellschaft (Art. 154 Abs. 3 ZvKG).

Der Aufschubsantrag wird landesweit bekannt gemacht (Art. 179/a Abs. 2 ZvKG). Daraufhin können sich die Gläubiger am Verfahren beteiligen und es geltend machen, dass die Gesellschaft nicht überschuldet ist oder keine Aussicht auf Sanierung besteht.

Die Bekanntmachung des Antrags auf einen Konkursaufschub und die lange Verfahrensdauer hatten die mit dem Aufschub bezweckte Sanierung insofern gefährdet, als Gläubiger schnell und aggressiv durch Einzelvollstreckungen das Gesellschaftsvermögen zersplittern können. Dagegen wurde in der Praxis eine einstweilige Anordnung entwickelt, die die Wirkungen eines Konkursaufschubes vorwegnimmt. Demnach wird der Gesellschaft zur Wahrung ihres Vermögens bereits während des

---

17 http://www.adlisicil.adalet.gov.tr/istatistik_2006/hukuk/12.pdf.
18 Saim *Üstandağ*, İflâs Hukuku, 6. Auflage-Ergänzungslieferung 2004, S. 23; *Öztek*, İflâsın Ertelenmesi (Fn. 3), S. VI; *Tanrıver*, S. 259; *Atalay*, İflas (Fn. 9), S. 194; *Pekcanıtez*, Değerlendirme (Fn. 4), S. 214; M. Kâmil *Yıldırım*/Nevhis Deren *Yıldırım*, İcra ve İflâs Hukuku, 7. Auflage, 2016, S. 525.
19 *Engelhardt/Taktak*, Rdn. 98.
20 Siehe unten V.
21 Hakan *Pekcanıtez*/Oğuz *Atalay*/Meral *Sungurtekin Özkan*/Muhammet *Özekes*, İcra ve İflâs Hukuku, 11. Auflage, 2013, S. 667; *Özekes*, S. 3262; *Ermenek*, S. 208. Zur Kritik siehe Hakan *Pekcanıtez*, İflâsın Ertelenmesi, İstanbul Barosu Dergisi 2005/2, S. 329; Abdurrahim *Karslı*, İflâsın Ertelenmesinde Bazı Problemler, Gedächtnisschrift für Halûk Konuralp, Band I, 2009, S. 270 ff.

Konkursaufschubverfahrens Vollstreckungsschutz gewährt und ein vorläufiger Sachwalter eingesetzt.[22] Im Jahre 2012 wurde die Vorschrift des 179/a Abs. 1 ZvKG im Vorbild dieser einstweiligen Anordnung neu gefasst.

Erweist sich der Antrag im Hauptverfahren als begründet, wird der Konkurs aufgeschoben. Im Falle einer Überschuldung und der Aussichtslosigkeit des Sanierungsplans wird der Konkurs eröffnet (Art. 179/b Abs. 5 ZvKG a. F.; Art. 179/a Abs. 10 ZvKG n. F.).

Der Konkursaufschub ist gesetzlich zunächst auf ein Jahr beschränkt. Der Gesetzgeber hat die Verlängerung durch eine neue Gesetzesänderung im Jahre 2004 auf vier Jahre ausgeweitet (Art. 179/b Abs. 4 ZvKG a. F.). Bis 9. August 2016 konnte daher eine Gesellschaft von einem Konkursaufschub von insgesamt fünf Jahren profitieren.

Die wichtigste gesetzliche Folge des Konkursaufschubs ist die Einstellung der Vollstreckungsverfahren. Neue Verfahren sind ebenfalls ausgeschlossen. Ausgenommen von den Verfolgungsbeschränkungen sind privilegierte Forderungen wie Arbeitnehmerlöhne[23] und die von Pfandgläubigern. Während des Konkursaufschubs werden auch die Verjährungs- und Ausschlussfristen gehemmt (Art. 179/b Abs. 1 ZvKG). Der Aufschub hat keine Auswirkungen auf die Fälligkeiten und den Zinsenlauf von Forderungen.

Das Gericht muss mit seinem Urteil zwingend einen Sachwalter bestellen. In der Regel belässt es die organschaftlichen Vertretungsbefugnisse bei der vorhandenen Geschäftsführung und unterwirft den Vorstand einem Zustimmungserfordernis durch den Sachwalter. Diesem kann auch nur die Aufsichtsfunktion und die Befugnis für bestimmte Geschäfte auferlegt werden. Dessen ungeachtet bewirkt die Gewährung eines Konkursaufschubs keine Beschränkung der Verfügungsfähigkeit von Gesetzes wegen. Allerdings kann das Gericht dem Vorstand auch bestimmte Rechtshandlungen verbieten.[24]

Der Sachwalter erstellt alle drei Monate Berichte über die Wiederherstellung der wirtschaftlichen Leistungsfähigkeit und zur Rentabilität entsprechend des Plans.

---

22 So ausdrücklich *Yargıtay (Kassationshof) 19. Senat*, 30.3.2011, 1443/4127 (E-Uyar). Befürwortend *Atalay, Erteleme* (Fn. 3), S. 122; Ramazan *Arslan*, İflâsın Ertelenmesi Uygulamaları, Bankacılar Dergisi 2008/67, S. 121; Selçuk *Öztek*, İflâsın Ertelenmesi Yargılaması Çerçevesinde İleri Sürülen İhtiyati Tedbir Taleplerine İlişkin Bazı Sorun ve Düşünceler, Gedächtnisschrift für Halûk Konuralp, Band II, 2009, S. 412; *Pekcanıtez*, Eleştirisel Bakış (Fn. 4), S. 493; Evrim *Erişir*, Geçici Hukukî Korumanın Temelleri ve İhtiyatî Tedbir Türleri, 2013, S. 327. Ablehnend Baki *Kuru*, İflâsın Ertelenmesi Kararından Önce İcra Takiplerinin Durdurulması Hakkında İhtiyati Tedbir Kararı Verilebilir Mi?, Gedächtnisschrift für Halûk Konuralp, Band II, 2009, S. 304.

23 Adnan *Deynekli*, İflâsın Ertelenmesinin İşçi Alacaklarının Tahsiline Etkisi, Sicil 2009/15 S. 55 ff.; Meral *Sungurtekin Özkan*, Als eine rechtsvergleichende Arbeit Der Einfluss des Arbeitgeberkonkurses auf die Dienstverhältnisse und die Arbeitnehmerforderungen im türkischen Recht, FS für Prof. Dr. Ünal Narmanlıoğlu, 2007, S. 447 ff.

24 *Atalay*, in: Pekcanıtez/Atalay/Özkan/Özekes, S. 687, 688; Seyithan *Deliduman*, İflâsın Ertelenmesinin Etkileri, 2008, S. 86 ff.; *Engelhardt/Taktak*, Rdn. 99; *Güzel*, S. 228.

Unter Berufung auf ein negatives Gutachten, dass keine Aussicht auf Sanierung mehr besteht oder am Ende der Frist die Sanierung nicht zustande kommt, kann das Gericht den Konkursaufschub widerrufen. Dann wird zwingend der Konkurs eröffnet.[25]

IV. DIE PROBLEMFELDER DES KONKURSAUFSCHUBS

1. Keine hohen Anforderungen an die Sanierungsaussicht

Zu Beginn der Konkursaufschubspraxis im Jahre 2003 haben sich die Handelsgerichte großzügig gezeigt.[26] Unter anderem haben sie die Zwangsvollstreckungsverfahren ohne eine Beweiswürdigung zügig eingestellt und keine hohen Anforderungen an die Sanierungsaussicht gestellt, was große Aufmerksamkeit vieler Gesellschaften erregte. Manche Handelsgerichte fielen gar als konkursaufschubsfreundlich auf. Dementsprechend haben einige Gesellschaften ihre Verwaltungssitze kurz vor der Antragstellung verlegt, um den Zugang zu diesen Richtern zu erhalten.[27]

2. Chronische Unterfinanzierung der Kapitalgesellschaften

Die Illiquidität ist ein weit verbreitetes Problem bei Gesellschaften in der Türkei. Effektive Möglichkeiten, zahlungsunfähige Schuldner zur Konkursanmeldung zu bewegen, enthält das türkische Recht dennoch nicht.[28] Denn beim Eintritt der Zahlungsunfähigkeit obliegt den Kapitalgesellschaften wie Überschuldung keine Antragspflicht. Dass eine andauernde und unerkannt gebliebene Zahlungsunfähigkeit die Vermögenslage verschlechtert und grundsätzlich Überschuldung verursacht, hat sich die Gesetzgebung nicht vor Augen gehalten.[29] Liegt jedoch bereits eine Überschuldung vor, ist es für eine Sanierung häufig zu spät. In erster Linie versäumen es die überschuldeten Gesellschaften oft, sich frühzeitig genug an das Handelsgericht zu wenden, sodass sich eine Überschuldung vergrößern kann. Ferner genügt für eine berechtigte Aussicht auf dauerhafte Sanierung die Beseitigung der Überschuldung nicht. Die Gesellschaft muss wieder für Produktivität und Rentabilität sorgen. Dass die Gläubiger durch Konkursaufschub nicht schlechter gestellt werden, als sie durch

---

25 Baki *Kuru*, İcra ve İflâs Hukuku El Kitabı, 2. Auflage, 2013, S. 1183; *Deliduman*, Etkiler (Fn. 24), S. 82; *Yıldırım/Deren Yıldırım*, S. 392.
26 *Pekcanıtez*, Eleştirisel Bakış (Fn. 4), S. 484, 496.
27 Seyithan *Deliduman*, İflasın Ertelenmesi Davalarında Yetkili Mahkeme ile Bunun Usuli Kazanılmış Hak Teşkil Edip Etmeyeceği ve Yargıtay Uygulaması, Erzincan Üniversitesi Hukuk Fakültesi Dergisi 2007/1-2, S. 259 ff.; Güray *Erdönmez*, Muamele Merkezinin Değiştirilmesinin İflâsın Ertelenmesi Talebini İnceleyen Mahkemenin Yetkisine Etkisi, FS für Prof. Dr. Ejder Yılmaz, Band 1, 2014, S. 867 ff.
28 *Öztek*, İflâsın Ertelenmesi (Fn. 3), S. 17; *Pekcanıtez*, Değerlendirme (Fn. 4), S. 217.
29 *Pekcanıtez*, Eleştirisel Bakış (Fn. 4), S. 487.

eine sofortige Konkurseröffnung stünden[30], stellt gerade eine Hürde dar. Denn der Konkursaufschub hat keine Wirkung auf den Zinslauf. Daneben scheitert die Restrukturierung der Schulden der Gesellschaften in diesem Zeitraum meistens, weil sie ihre Vergleichsvorschläge gegen ihre Gläubiger durchsetzen wollen.

3. Abstrakte und unüberzeugende Sanierungspläne

In der Praxis bestehen große Bedenken gegen die Anwendbarkeit der Sanierungspläne, die meistens abstrakt bzw. fiktiv sind und auf bloßen Mutmaßungen basieren.[31] Vor allem werden als Krisengründe der Gesellschaft in Sanierungsplänen oft Außengründe wie die Wirtschaftskrisen im Sektor oder in der gesamten Türkei genannt. Beispielsweise wird sich nach einer unrentabelen Tourismus-Saison mit der Erwartung eines beträchtlichen Anstiegs der Touristenankünfte und -umsätze für die nächste Saison abgefunden. In Sanierungsplänen werden ferner nicht klargestellt, wann genau die Maßnahmen verwirklicht und von welchen Ressourcen die Investments finanziert werden sollen. Zwar wird häufig auf Aufträge aus dem Ausland verwiesen, aber aus dem Plan ergibt sich nicht, wann mit der Produktion begonnen wird und die Zahlung des Auftraggebers erfolgt.

4. Keine hinreichende zur Verfügung gestellte Liquiditätsmittel

Gemäß Art. 377 HGB müssen im Sanierungsplan konkrete und reale Ressourcen einschließlich der Einlagen in Form von Geld und Maßnahmen aufgeführt werden. Das Konzept vom HGB geht davon aus, dass die Gesellschaft die Überschuldung nur durch eine Kapitalaufbringung der Gesellschafter, insbesondere durch die Bargeldeinlage beseitigen könnte.[32] Die Gesellschaftsgründer kommen jedoch oft um die Ausstattung der Gesellschaft mit liquiden Mitteln nicht herum.

5. Mangel an einer externen und unabhängigen Betriebsprüfung

Einer der Grundsteine des neuen HGB wäre die Verpflichtung aller Kapitalgesellschaften gewesen, eine externe, unabhängige Betriebsprüfung durchführen zu lassen. Eine Kapitalgesellschaft könnte nur dann eine Überschuldungsanzeige abgeben und ggf. einen Konkursaufschub beantragen, wenn die vom Vorstand erstellte Überschuldungsbilanz durch einen unabhängigen Betriebsprüfer geprüft wird. Dieser

---

30 *Pekcanıtez*, İflâsın Ertelenmesi (Fn. 17), S. 329; *Atalay*, in: Pekcanıtez/Atalay/Özkan/Özekes, S. 676; *Muşul*, S. 28; *Deliduman*, Etkiler (Fn. 24), S. 17; *Yıldırım/Deren Yıldırım*, S. 403.
31 *Pekcanıtez*, Eleştirisel Bakış (Fn. 4), S. 489, 490.
32 *Yargıtay 23. Senat*, 28.11.2014, 2215/7642 (Kazancı); *Öztek*, İflâsın Ertelenmesi (Fn. 3), S. 53. Baki *Kuru*, İstinaf Sistemine Göre Yazılmış İcra ve İflâs Hukuku, 2016, S. 545, 546; *Yıldırım/Deren Yıldırım*, S. 400; Vgl. *Atalay*, in: Pekcanıtez/Atalay/Özkan/Özekes, S. 677.

Betriebsprüfer müsste auch zur Vorlage an den Vorstand einen Bericht in Bezug auf seine Kommentare und Vorschläge erstatten.

Die ursprünglich für alle Kapitalgesellschaften vorgesehene unabhängige Prüfung wurde mit dem Änderungsgesetz nur auf die bestimmten großen Gesellschaften eingeschränkt. Darüber hinaus wurde die Prüfung der Überschuldungsbilanz durch einen unabhängigen Betriebsprüfer aufgehoben.[33] Die Einschränkung der unabhängigen Betriebsprüfung hat den nicht realen Zwischenbilanzen und dementsprechend dem Auftreten von Ausnutzungen im Konkursaufschubsverfahren Vorschub geleistet. Nun reicht nämlich für den Antrag auf einen Konkursaufschub aus, dass die Überschuldungsbilanz vom eigenen Bilanzbuchhalter der Gesellschaft erstellt wird. Folglich wird eine eigentlich nicht überschuldete Gesellschaft durch einige Bilanzpositionen, die die wahre Situation nicht wiedergeben, arglist in eine überschuldete Gesellschaft umgewandelt.[34] Beispielsweise werden sich die Passiva dadurch gesteigert, dass alle angemahnten oder eingeklagten Forderungen der Gesellschaft als zweifelhafte Forderungen eingestuft und ohne Weiteres durch eine Abschreibung oder Wertberichtigung vorgenommen werden, ohne den Grad ihrer Einbringlichkeit einzuschätzen.[35]

6. Mangel an sachkundigen Richtern über die Sanierung

Die Richter an Handelsgerichten, die während ihrer Karriere in ganz unterschiedlichen Bereichen tätig sein können, verfügen jedoch auf dem Gebiet des Konkurses und der Sanierung über keine besondere Sachkunde.[36] Deswegen zieht das Handelsgericht in allen Fällen mehrere Sachverständige mehrmals hinzu.[37] Einer von ihnen ist ein Jurist, der bei den Vor- oder Nichtvorliegen der Begründetheitsvoraussetzungen des Konkursaufschubs das Gericht unterstützt. Aber auch die Sachverständigen neben den Juristen, etwa die Steuerberater, für deren Berufung Sachkenntnis nicht erwartet wird, sind wegen des Mangels an einer entsprechenden Qualifikation meistens nicht in der Lage, dem Gericht eine Schlussfolgerung auf den Überschuldungseintritt und die Sanierungsausicht zu ermöglichen.[38]

---

33 Kritik dazu siehe Ünal *Tekinalp*, Sermaye Ortaklıklarının Yeni Hukuku, 4. Auflage, 2015, Rdn. 12-136; 17-01-03.
34 *Pekcanıtez*, Eleştirisel Bakış (Fn. 4), S. 485; *Karslı*, S. 273.
35 Siehe zur zweifelhaften Forderungen im Konkursaufschubsverfahren Seyithan *Deliduman*, İflâsın Ertelenmesi Bakımından Şüpheli Alacaklar ve Bu Alacakların Bilançoda Gösterilmesi Üzerine Düşünceler, Kazancı Hukuk Dergisi, Dezember 2009, S. 313 ff.
36 Siehe zur Bedeutung der Sachkunde im Konkursaufschubsverfahren *Yıldırım*, S. 481.
37 *Pekcanıtez*, Eleştirisel Bakış (Fn. 4), S. 490. Siehe zum Sachverständigenbeweis M. Kamil *Yıldırım*, Der Sachverständige im türkischen Beweisrecht, FS für Walter H. *Rechberger* zum 60. Geburtstag, 2005, S. 749.
38 *Öztek*, İflâsın Ertelenmesi (Fn. 3), S. VII; *Atalay*, İflas (Fn. 9), S. 195; *Atalay*, Borca Batıklık (Fn. 3), S. 5; *Pekcanıtez*, Değerlendirme (Fn. 4), S. 219.

7. Keine kompetente, faire, transparente und zuverlässige Verfahrensbegleitung der Sachwalter im Interesse aller Beteiligten

Als Sachwalter werden zumeist ein Steuerberater und manchmal auch ein Jurist bestellt. Die Sachwalter verfügen meistens über keine erforderlichen Erfahrungen und Kenntnisse, um für professionelle Betriebsleitungs- und sanierung zu sorgen.[39] Manche Steuerberater und Juristen üben die Sachwaltertätigkeit aufgrund der sogenannten geschlossenen Listen bei einigen Gerichten gleichzeitig für 10 bis 15 Gesellschaften aus.[40] Außerdem genießen die Sachwalter kein Vertrauen der Gläubiger. Denn es besteht die Vorstellung, dass vom Sachwalter, der der Gesellschaft nahesteht,[41] im Prinzip über ihre Einsprüche nicht positiv entschieden und ein eine Verlängerung des Konkursaufschubs befürwortender Bericht erstattet wird.

8. Unzumutbare Länge der Zwangsvollstreckungsbarriere

Die Zwangsvollstreckungsbarriere, die die Gläubiger zu dulden haben, ist zu lang.[42] Obwohl nach dem Gesetzeswortlaut der Konkurs maximal ein Jahr aufgeschoben werden kann, wird die Dauer des Konkursaufschubs immer auf ein Jahr festgelegt. Die insgesamt fünfjährige Dauer wird sogar in manchen Fällen um 7-8 Jahren überschritten, weil sich zum einen die Revisionsverfahren in die Länge ziehen, zum anderen die Dauer der einstweiligen Zwangsvollstreckungseinstellung bis zu einer Rechtsprechungsänderung im Jahre 2012[43] nicht miteinberechnet wurde.

9. Außerachtlassung der Neugläubiger während der Konkursaufschubsfrist

Potenzielle Neugläubiger werden während der Konkursaufschubsfrist nicht davor bewahrt, Verträge mit einer Not leidenden Gesellschaft abzuschließen. Denn während des Konkursaufschubs eingegangene Verbindlichkeiten stellen in einem nachfolgenden Konkurs keine Masseverbindlichkeiten dar und unterliegen auch dem Zwangsvollstreckungshindernis.[44] Insofern verlangen Lieferanten entweder Vorauskasse oder sie stellen die Lieferung ein. Mitarbeiter und Kunden werden noch mehr verunsichert.

---

39 *Öztek*, İhtiyati Tedbir (Fn. 19), S. 403; *Tanrıver*, S. 231, 232.
40 *Pekcanıtez*, Eleştirisel Bakış (Fn. 4), S. 492-496.
41 *Pekcanıtez*, Değerlendirme (Fn. 4), S. 247.
42 *Öztek*, İflâsın Ertelenmesi (Fn. 3), S. VI; *Özekes*, S. 3273, 3274; *Muşul*, S. 208; *Pekcanıtez*, Eleştirisel Bakış (Fn. 4), S. 495; *Tanrıver*, S. 230; *Ermenek*, S. 374; Ablehnend *Deliduman*, Etkiler (Fn. 24), S. V.
43 Yargıtay 23. Senat, 24.5.2012, 1750/3653 (Kazancı).
44 *Pekcanıtez*, İflâsın Ertelenmesi (Fn. 17), S. 355; *Pekcanıtez*, Eleştirisel Bakış (Fn. 4), S. 489.

10. Einstellung von Zahlungen der allgemeinen Herstell- und Geschäftskosten unter Berufung auf den Zwangsvollstreckungsschutz

Der Konkursaufschub bewirkt keine Stundung. Trotzdem tendieren die Gesellschaften dazu, unter Berufung auf den Vollstreckungsschutz einschließlich der Zwangsräumung, die Zahlungen der allgemeinen Herstell- und Geschäftskosten wie Miete und Strom bewusst zu verweigern.

11. Kein Rechtsbehelf gegen die einstweilige Zwangsvollstreckungseinstellung

Kein Rechtsbehelf ist statthaft gegen den Erlass der einstweiligen Zwangsvollstreckungseinstellung, die auf keinen Fall aufgehoben wird, so lange der Konkurs nicht eröffnet wird. Der durch einstweiligen Rechtsschutz vorweggenommene Konkursaufschub führt dazu, dass sich die Gesellschaft im Vollstreckungsschutz böswillig um die Verzögerung des Verfahrens bemüht.[45] Unter anderem legt sie notwendige Unterlagen zum Nachweis der Sanierungsaussicht oder Überschuldung bewusst lückenhaft oder nicht rechtzeitig vor. Daneben reicht sie mehrmals überarbeitete Sanierungspläne ein, weil der vor vielen Monaten vorbereitete Sanierungsplan angeblich nicht mehr aktuell sei.

V. DIE REFORM UND VORÜBERGEHENDE VERBOT DES KONKURSAUFSCHUBS: EIN DILEMMA DES AUSNAHMEZUSTANDS

Am 9. August 2016 wurde ein Änderungsgesetz in Bezug auf den Konkursaufschub in Kraft getreten. Die Eckpunkte der neuen Vorschriften lassen sich wie folgt zusammenfassen:

Ausschließlich örtlich zuständig wurde das Handelsgericht an dem länger als ein Jahr fortbestehenden Verwaltungssitz der Gesellschaft.

Zweifelhafte Forderungen werden je nach dem Grad ihrer Einbringlichkeit, also der Wahrscheinlichkeit ihrer Rückzahlung bilanziert werden.

Die Bereitstellung der Reserven für allgemeine Geschäftskosten und Arbeitskapital wurde unabdingbarer Bestandteil eines Sanierungsplans.

Die Anforderungen an die Informationen und Dokumente einschließlich der zu Fortführungswerten erstellten Zwischenbilanz, die die Erfolgsaussichten des Sanierungsplans aufzeigen, wurden ausführlich festgelegt. Sollte der Antragsteller diese Dokumente bei der Antragstellung nicht vorlegen und innerhalb der zweiwöchigen Notfrist nicht einreichen, so wird sein Antrag zurückgewiesen.

---

45 *Arslan*, S. 122; *Kuru*, İhtiyati Tedbir (Fn. 22), S. 317; *Pekcanıtez*, Eleştirisel Bakış (Fn. 4), S. 496, 497.

Die Sachwalter werden in einer besonderen Matrikel registriert. Ein Sachwalter kann gleichzeitig in nicht mehr als drei Verfahren tätig sein. Der Sachwalterbericht wurde inhaltlich präzisiert. Demnach sind die Betätigungen einschließlich der Realität der Einzahlung der Kapitalerhöhungen und deren Ausgabezwecke und wichtige Daten der Gesellschaft wie Produktionsmenge unter Berücksichtigung der betreffenden Branche der Gesellschaft periodisch und vergleichsweise darzustellen.

Während des Konkursaufschubsverfahrens kann nur einmal ein neuer überarbeiteter Sanierungsplan eingereicht werden.

Zur Begründetheitsvoraussetzung wurde die Würdigkeit der Gesellschaft eines Konkursaufschubs hinzugefügt. Unter der Sanierungswürdigkeit ist im Grunde redliches und zuverlässiges Handeln im Rechtsverkehr, nach dem Grundsatz »*Treu und Glauben*«, zu verstehen. Zur Präzisierung der Sanierungsunwürdigkeit wurden in der Gesetzesbegründung falsche Aufstellung der Bilanzen und Geschäftsbücher, Hauptsitzverlegung zum Zwecke des Zuständigkeitswechsels sowie Vermögensverschiebungen als Beispiele genannt.

Die Verlängerungsfrist wurde von vier Jahren auf ein Jahr verkürzt.

Den Gläubigern wurde die Überprüfung der Entscheidung über die einstweilige Zwangsvollstreckungseinstellung ermöglicht. Da ab dem 20. Juli 2016 eine Berufungsinstanz eingeführt wurde, können die Gläubiger diese Entscheidung mit der Berufung angreifen.

Das Interesse der Kapitalgesellschaften am Konkursaufschub wird sich möglicherweise nach diesen Änderungen verringern. Außer des eventuellen hindernden Effekts der neuen Regelungen auf die Kapitalgesellschaften stellt an sich das Datum des Inkrafttretens der neuen Vorschriften, nämlich der 9. August 2016 ein Hindernis für den Konkursaufschub dar. Denn nach dem Putschversuch vom 15. Juli 2016 hat die türkische Regierung im Rahmen des Ausnahmezustands einige schnelle Maßnahmen ergriffen, indem sie einige Dekrete mit Gesetzeskraft erlassen hat. Zwei dieser Dekrete betreffen auch den Konkursaufschub. Demnach wurden die Anträge auf einen Konkursaufschub während des Ausnahmezustands verboten. Sollte ein Konkursaufschub trotzdem beantragt werden, ist der Antrag unverzüglich zurückzuweisen. Deswegen werden die Gesellschaften bis zum Ende des Ausnahmezustands möglicherweise zum wiederbelebten Nachlassverfahren neigen. Mit anderen Worten: Das Nachlassverfahren, das der Gesetzgeber im Jahre 2003 einschlafen ließ, wurde vom Gesetzgeber wiedererweckt; demgegenüber wurde der Konkursaufschub während des Ausnahmezustands stillgelegt und anschließend durch neu gestellte hohe Anforderungen sein Anwendungsbereich eingeschränkt.

VI. Stellungnahme

Die Erfolgsquote beim Konkursaufschub in der Türkei wird zwar nicht statistisch erfasst. Aber der Gesetzgeber hätte doch vor der Gesetzesänderung im August 2016 Bilanz ziehen und zu dem Ergebnis kommen müssen, dass die Verluste die Gewinne eindeutig überwiegen. In der Gesetzesbegründung heißt es, dass mit den neuen Regelungen beabsichtigt wird, die Konkursaufschubspraxis streng zu disziplinieren, sodass im Grunde auch vom Gesetzgeber den Misserfolg der Konkursaufschubspraxis zugegeben wurde. Das Bedürfnis nach einer zügigen Regelung scheint so groß sein, dass der Gesetzgeber trotz der laufenden Reformbestrebungen den Zeitraum bis zum Inkrafttreten eines neuen Gesetzes überbrücken wollte.

In der Gesetzesbegründung wird weiter folgendes ausgeführt: »*In der Praxis wurde beobachtet, dass in den Fällen, in denen eine lange Aufschubsfrist gewährt wurde, die Gesellschaften zumeist die Überschuldung nicht beseitigen konnten, und in diesem Zeitraum zum einen ihre Schuldenlast zugenommen hat und zum anderen ihr Vermögen bei der Konkurseröffnung ein geringeres ist als beim Konkursaufschubsantrag, folglich die Interessen der Gläubiger durch den Konkursaufschub im Vergleich mit einer sofortigen Konkurseröffnung negativ tangiert werden.*«

Da es sich beim Konkursaufschub nur um eine Verschnaufpause für die Gesellschaft handelt[46] und somit die Rechte der Gläubiger davon nicht beeinträchtigt werden sollten, ist dieser Feststellung grundsätzlich zuzustimmen. Denn anstatt ernsthafte Sanierungsmaßnahmen zu treffen, bemühen sich die Gesellschaften meistens darum, dass ihre Gläubiger nicht gegen sie vorgehen können, falls sich ihr Eigenkapital verringert und Fremdkapital nicht bereitgestellt werden kann. Insofern wenden sie sich an das Handelsgericht zwecks der Verhinderung der Zwangsvollstreckungen. Für die Gesellschaften steht die Sanierung nicht im Vordergrund.[47] Das Fehlen einer tatsächlichen Motivation zur Sanierung stellt das Hauptproblem beim Konkursaufschub dar, das die Feststellung des Gesetzgebers rechtfertigt.

Der Konkursaufschub, der sich als Surrogat des nicht funktionsfähigen Nachlassverfahrens erwiesen hatte, konnte bisher nicht zweckmäßig angewandt werden, sodass er von seinem Ziel abgekommen ist[48] und sich zu einem Schutzmittel des Schuldners gegen die Gläubiger entwickelt hat. Insofern ist er als eine Sanierungsmöglichkeit, dessen Ruf insbesondere im Finanzmarkt nachhaltig beschädigt wurde, offenbar gescheitert.[49] Das sogenannte rechtliche Monster ist unseres Erachtens einerseits durch die Vorschriften über den Konkursaufschub, deren Flexibilität ein erhebliches Potential an Rechtsunsicherheit bzw. Unvorhersehbarkeit für Gläubiger schafft, und andererseits durch ihre schuldnerfreundliche Anwendung aufgetreten. Demgegenüber bietet das Nachlassverfahren, das in der Türkei bis 2003 mit Erfolg praktiziert wurde, aufgrund eines klaren und für alle Verfahren gleichen Regelwerks die Rechtssicherheit an, zumindest substanziell stärker als beim Konkursaufschub.

---

46 So *Yargıtay 23. Senat*, 6.5.2013, 3126/2962 (Kazancı).
47 *Atalay*, İflas (Fn. 9), S. 190.
48 Öztek, İflâsın Ertelenmesi (Fn. 3), S. V.
49 Zumindest ist es festzustellen, dass der Konkursaufschub viel mehr Nachteile als Vorteile mit sich gebracht hat und in der Praxis von den Schuldnern ausgenutzt wurde: *Öztek*, İflâsın Ertelenmesi (Fn. 3), S. 148; *Atalay*, Borca Batıklık (Fn. 3), S. 5; *Karslı*, S. 263 ff.; *Pekcanıtez*, Değerlendirme (Fn. 4), S. 220; *Muşul*, S. 208.

VII. DE LEGE FERENDA

Um den Interessenausgleich zwischen einer in Krise geratenen Gesellschaft und ihren Gläubigern wieder herzustellen, bedarf das Sanierungsrecht einer Reform.[50] In diesem Zusammenhang wird die Expertenkommission möglicherweise zunächst erörtern, ob der Verfahrensdualismus von Konkurs und Nachlass wie in der Schweiz zu bewahren ist. Dabei soll sie dem Misserfolg des gegenwärtigen Systems, in dem das Handelsgericht in einem Einheitsverfahren sowohl über den Konkurs als auch über den Konkursaufschub entscheidet, Rechnung tragen.[51] Sollte der Verfahrensdualismus von Konkurs und Nachlass bewahrt werden, ist der Konkursaufschub als eine Sanierungsmöglichkeit aufzuheben[52] und das neue Sanierungsrecht wie in der Schweiz auf das Nachlassverfahren aufzubauen. Allerdings soll der Übergang vom Eröffnungsverfahren zum Nachlassverfahren und vom Nachlassverfahren zur Konkurseröffnung offengehalten werden.[53] Beim Scheitern einer Sanierung soll nämlich der Konkurs eröffnet werden. Nach dem Vorbild von Artikel 173a SchKG könnte das Gericht den Konkursentscheid aussetzen, wenn die Gesellschaft einen Antrag auf Nachlassstundung eingereicht hat und Anhaltspunkte für das Zustandekommen einer außergerichtlichen Einigung mit den Gläubigern bestehen, wodurch dem Konkursaufschub nur eine Brückenfunktion zum Nachlassverfahren auferlegt werden könnte.

Mit der Revision des Sanierungsrechts in der Schweiz im Jahre 2014 wurde der Konkursaufschub zwar nicht aufgehoben, aber doch wurden seine wesentlichen Vorteile durch die Schaffung der sogenannten provisorischen Nachlassstundung (Art. 293a-293d SchKG) auch in der Anfangsphase des Nachlassverfahrens nutzbar gemacht.[54] Der Konkursaufschub als eine Art von der Eigenverwaltung wie heute könnte nur dann beibehalten werden, wenn er wie in der Schweiz in das Nachlassverfahren integriert wird und die Erwartungen vom ihm im Nachlassverfahren erfüllt werden.[55] Außerdem sollte der Antrag eine unabhängige Betriebsprüfung der Zwischenbilanz voraussetzen und der Gesellschaft zwar wie heute ein von der Zwangsvollstreckungsdrohung befreiter Zeitraum eingeräumt, aber doch die Verabschiedung eines Sanierungsplans mittels Mehrheitsentscheidungen der Gläubiger zugelassen wird.[56] Dadurch könnte das ordentliche Nachlassverfahren neben einer finanziellen

---

50 *Pekcanıtez*, Eleştirisel Bakış (Fn. 4), S. 499; *Atalay*, İflas (Fn. 9), S. 194-196.
51 Vgl. *Atalay*, İflas (Fn. 9), S. 196.
52 *Pekcanıtez*, Değerlendirme (Fn. 4), S. 223; *Atalay*, İflas (Fn. 9), S. 242; *Tanrıver*, S. 260. Ablehnend für das schweizerische Recht *Meier*, S. 87. Vgl. *Deliduman*, Etkiler (Fn. 24), S. VII.
53 *Tanrıver*, S. 261.
54 Siehe ausführlich *Meier*, S. 85 ff; Franco *Lorandi*, Sanierung mittels Konkursaufschub oder Nachlassstundung – Alte und neue Handlungsoptionen, Sanierung und Insolvenz von Unternehmen V, Hrsg.: Thomas *Sprecher*, Brigitte *Umbach-Spahn*, Dominik *Vock*, 2014, S. 29 ff.
55 *Atalay*, İflas (Fn. 9), S. 242; *Tanrıver*, S. 260.
56 *Atalay*, İflas (Fn. 9), S. 195.

Sanierung durch den Nachlassvertrag auch mit der operativen Sanierung erfolgreich abgeschlossen werden.

Ein solches Nachlassverfahren mit Doppelfunktion würde auf der anderen Seite dem EU-Richtlinienvorschlag zur vorinsolvenzlichen Restrukturierung entsprechen, der lediglich auf der bilanziellen Sanierung eines Unternehmens basiert, ein Sanierungsverfahren bei der Wahrscheinlichkeit einer Insolvenz vorsieht und für eine Sanierung und Verhandlungen einen Vollstreckungsschutz von bis zu 12 Monaten gibt, sofern und soweit eine solche Aussetzung zur Unterstützung der Verhandlungen über den Restrukturierungsplan notwendig ist. Denn das Nachlassverfahren kann auch ohne das Vorliegen von Konkursgründen zum Zwecke der Abwendung des drohenden Konkurses eingeleitet werden und für eine finanztechnische Sanierung eines im operativen Feld gesunden Unternehmens optimal geeignet.

Soweit der Konkurs nicht restrukturiert wird, wäre lediglich die Reform des Sanierungsrechts nicht erfolgsversprechend. Obwohl reales Wirtschaftsleben ein effektives Konkurs/Insolvenzrecht abverlangt, ist das türkische Recht wegen der oben dargestellten Gesichtspunkte nicht in der Lage, dies zu erfüllen. Das gesamte Konkurssystem bedarf daher einer Reform. Was das Eröffnungsverfahren anbelangt, ist bei dem Spannungsfeld zwischen einer möglichst frühen Einleitung des Konkursverfahrens mit ausreichender Vermögensmasse und dem berechtigten Interesse der Beteiligten an einem möglichst langen selbstbestimmten Handeln ohne hoheitlichen Zwang die frühe Einleitung des Konkursverfahrens zu bevorzugen.[57] Auch wenn mit dem Konkursaufschub im Grunde das Ziel erreicht wurde, dass die Gesellschaften nun eher beim Gericht eine Überschuldungsanzeige einreichen, so haben sich dadurch die Sanierungschancen doch nicht verbessert, da diese oft spät eingeht. Durch die Reform soll gerade der Zeitpunkt der Verfahrenseröffnung wesentlich vorgezogen werden, um auf diesem Wege dem Problem der Massearmut sinnvoll zu begegnen und die Sanierungschancen zu erhöhen. Wie im deutschen Recht (§ 15a InsO) soll auch das türkische Recht effektive Möglichkeiten enthalten, die Gesellschaft beim Eintritt der Zahlungsunfähigkeit zur Konkursanmeldung zu bewegen. Damit sich die Gesellschaft in Bedrängnis möglichst frühzeitig zum Gericht begibt, soll die Sanierung ganz gezielt weiterhin attraktiv gestaltet werden.

---

57 *Pekcanıtez*, Değerlendirme (Fn. 4), S. 215.

Insolvenz natürlicher Personen: Von der Inhaftierung, Infamie und Schuldknechtschaft bis zur Restschuldbefreiung

ÁLVARO PÉREZ RAGONE[*]

I. Einleitung

Die Restschuldbefreiung spielt im heutigen Verbraucherinsolvenzrecht eine wichtige Rolle. Diese besteht zunächst in einer Vereinbarung zwischen Schuldner und Gläubigern, die die gesamte Schuld umstrukturiert (Stundung und Restschuldbefreiung)[1]. Diese Vereinbarung wird dann von einer Verwaltungs- bzw. Gerichtsstelle überprüft und genehmigt. Schließlich werden für eine gewisse Zeit Teile des Einkommens des Schuldners (Mindestquote) den Gläubigern zur Begleichung der Verpflichtung zur Verfügung gestellt, unter Berücksichtigung eines Minimums, das dem Schuldner ein menschenwürdiges Leben sichern soll[2]. So ist zum Beispiel die deutsche Restschuldbefreiung eine »Art« modifizierte Personalexekution in Bezug auf die Person des Schuldners[3]. Seit 2012 wurde das Insolvenzrecht in Deutschland teilnovelliert. Dies betrifft in erster Linie die Verbesserung der Sanierungsbedingungen eines Unternehmens und die Verbesserung des Verbraucherinsolvenzrechts. Dazu wurde das Restschuldbefreiungsverfahren verkürzt, die Rechte der Gläubiger wurden in den letzten Jahren gestärkt[4]. Erst im Oktober 2014 ist ein radikal neues Insolvenzsystem in Chile eingeführt worden. Mit dem Gesetz 20.720 trat ein vollständiges und modernes Insolvenzrecht in Kraft. Es geht von der Regulierung des »Konkurs« auf die Insolvenz und den Neubeginn von Unternehmen und natürlichen Personen über[5].

---

[*] Professor für Zivilprozessrecht Katholische Universität von Nordchile. Diese Arbeit wurde mit Unterstützung des DAAD als Gastprofessor Universität Heidelberg 2012 angefertigt.
[1] *Frind*, Praxis-Prüfstand: Die Vorschläge zur Neuordnung des Insolvenzverfahrens natürlicher Personen, ZInsO 2012, S. 668 (Teil 2).
[2] Kritisch *Thole*, Vom Totengräber zum Heilbringer? – Insolvenzkultur und Insolvenzrecht im Wandel, JZ 2011, S. 765.
[3] *Gratzer/Stiefel* (Hrsg.), History of Insolvency and Bankruptcy from an International Perspective, 2008, S. 5-14.
[4] http://www.bmj.de/DE/Buerger/verbraucher/Insolvenzrecht/insolvenzrecht_node.html. S. auch damals den Entwurf eines Gesetzes zur Verkürzung des Restschuldbefreiungsverfahrens und zur Stärkung der Gläubigerrechte. Drucksache 17/13535 (BT), 15.5.2013; Vgl. *Pape/Grote* Das neue Insolvenz- und Restschuldbefreiungsverfahren – Was die lange überfällige Reform bringt – und ob sie Sinn macht, AnwBl 2012, S. 507.
[5] Ley de Insolvencia y Reemprendimiento (BO (GBl.) 29.01.2014).

Um Gleichheit und Interessensausgleich unter den Gläubigern herzustellen, muss zunächst verhindert werden, dass einzelne Gläubiger voll und andere Gläubiger gar nicht befriedigt werden[6]. Zweitens ist für den Schuldner eine Befreiung von seinen restlichen Verbindlichkeiten vorzusehen, um ihm einen wirtschaftlichen Neuanfang zu ermöglichen. Sowohl Effizienz als auch Justiz sind Bestandteile des Insolvenzrechts[7]. Hier wird zunächst die geschichtliche Entwicklung vom Römischen Recht bis zur modernen Schuldnerbehandlung in Deutschland dargestellt (II). Schließlich sollen vor dem geschichtlichen Hintergrund Überlegungen zur Insolvenz der natürlichen Person dargestellt werden (III). Der Artikel endet mit den Schlussfolgerungen im Fazit (IV).

II. Geschichtliche Bemerkungen: von der Personal- zur Vermögensexekution.

Das Römische Recht verfügte noch über eine Vielzahl von anorganischen und unsystematischen Verfahren zur Regulierung von Konkurrenz oder Konflikten unter den Gläubigern gegenüber einem Schuldner in der wirtschaftlichen Krise (Zahlungsunfähigkeit, Überschuldung, Zahlungsverzögerung)[8]. Der Gläubiger konnte sich sowohl eines Zugriffs auf den Körper als auch auf das Vermögen seines Schuldners zur Durchsetzung seiner Rechte bedienen[9]. Rechtsgeschichtlich gingen die Maßnahmen von einer bloßen Inhaftnahme zur Vermögensübernahme und über die Schuldknechtschaft bis zur Versklavung. Der zahlungsunfähige Schuldner wurde schon im Römischen Recht und auch später im *Ius Commune* sowohl nach strafrechtlichen als auch nach zivilrechtlichen Bestimmungen behandelt. Die Insolvenz wurde nämlich dem Diebstahl gleichgestellt. Ein Grund dafür war, dass in Europa im *Ius Commune* die römische Vorstellung vom *fallitus, ergo fraudator* (insolventer Schuldner als Betrüger) zur Anwendung kam. Die folgende Aussage von *Baldus* kann als geeignetes Motto für die meisten italienischen Insolvenzrechte gelten: *fallitus, ergo fraudator*. Es ist nicht klar, in welchem Punkt dieses harte Urteil eine empirische Berechtigung hatte, es ist aber offensichtlich, dass ein Vorliegen von Betrug (*fraus*) im Falle der Insolvenz immer vermutet wurde. Die weitere Aussage lautete daher: *falliti sunt infames*[10]. Die »*fama*« war kein juristischer Begriff; die römische Infamie hingegen basierte auf einem rein juristischen Begriff: der *existimatio* (Ruf)[11]. Die Behandlung des zah-

---

6 *Bethmann-Hollweg*, Der Römische Civilprozess, 1865, S. 316-320.
7 *Ziegel*, Facts on the Ground and Reconciliation of Divergent Consumer Insolvency Philosophies, Theoretical Inquiries, 7 2006, S. 299, 304; *Tabb*, Lessons from the globalization of consumer bankruptcy. Law Soc. Inq. 30, 2005, S. 763-782.
8 *Levinthal*, The Early History of Bankruptcy Law, 1918, S. 19-25.
9 *Wenger*, Institutionen des römischen Zivilprozessrechts, 1925, S. 220-230.
10 *Whitman*, The Moral Menace of Roman Law and the Making of Commerce: Some Dutch Evidence, 105 Yale L.J., 1841, S. 1871.
11 *Löbmann*, Der kanonische Infamiebegriff in seiner geschichtlichen Entwicklung unter besonderer Berücksichtigung der Infamielehre des Franz Suarez, 1956, S. 134: Bei der

lungsunfähigen Schuldners im späten Mittelalter und dem Beginn der Neuzeit folgte in Europa bestimmten, allen Rechtsordnungen gemeinsamen Modellen und Regeln: Vermögenübertragung auf die Gläubiger, Schuldknechtschaft oder Schuldnerinhaftierung beim Gläubiger oder Inhaftierung in einer als Gefängnis dienenden öffentlichen Stelle (Schuldturm), daneben konnten die Familienmitglieder oder die Freunde gezwungen werden, den Schuldner finanziell zu unterstützen und damit einen faktischen negativen Ruf (Schande, Infamie für den Schuldner) begründen, was sowohl als Strafe galt, als auch als präventives Signal für künftige Vertragspartner einer zahlungsunfähigen oder überschuldeten Person[12]. Die rechtshistorischen Wurzeln des Insolvenzrechts, insbesondere diejenigen des römisch-kanonisch-germanischen Prozesses in Mittelalter, sind in Bezug auf Behandlung, Rechts- und Wirtschaftsfolgen für den Schuldner den heutigen Verfahren für zahlungsunfähige natürliche Personen (*personal insolvency*, Verbraucherinsolvenzrecht, Restschuldbefreiung, *faillite civile*)[13] erstaunlich ähnlich. Einige dieser Formen können bereits als Schuldknechtschaft angesehen werden, wie sie seit der Moderne bestand. Primär war der Gläubiger dabei auf die persönliche Haftung (Vermögen) des Schuldners beschränkt[14]. Eine *infamia criminalis* konnte aus jeder (geheimen oder bekannten) Tatsache herrühren. Ein *defectus famae* dagegen sollte an die Öffentlichkeit gelangen. Insbesondere die wachsende Rolle der Städte und des Fernhandels in dieser Zeit waren von Einfluss auf das Konkursrecht, da die praktischen Bedürfnisse eines internationalen Handelsverkehrs Berücksichtigung finden mussten[15]. Seit dem 13. Jahrhundert übte das römische Recht der Schuldverhältnisse und der Insolvenz starken Einfluss auf die jeweiligen Rechtsordnungen in ganz Europa aus[16]. Auch die Behandlung von Menschen in Schuldknechtschaft wurde davon beeinflusst.

Die Liquidierung und Versteigerung des Schuldnervermögens wurde in einem besonderen ritualisierten Verfahren durchgeführt, das durch das gesamte Mittelalter

Rezeption der römischen Infamie hat das kanonische Recht seinen Fama-infamia-Begriff als Grundlage beibehalten.
12 *Spann*, Der Haftungszugriff auf den Schuldner zwischen Personal- und Vermögensvollstreckung. Eine exemplarische Untersuchung der geschichtlichen Rechtsquellen ausgehend vom römischen Recht bis ins 21. Jahrhundert unter besonderer Berücksichtigung bayerischer Quellen, 2004, S. 55-57; Vgl. *Frade*, Bankruptcy, stigma and rehabilitation, ERA Forum 13, 2012, S. 45-57.
13 *Spooner*, Long Overdue, What The Belated Reform of Irish Personal Insolvency Law Tells Us About Comparative Consumer Bankruptcy, American Bankruptcy Law Journal 86, 2012, S. 243 ff., 298; *Jacobi*, Insolvenzrechtsreform zum Verfahren natürlicher Personen, InsbürO 2012, S. 123; *Pape*, Verbraucherinsolvenz 2012 – gefühlter und tatsächlicher Reformbedarf, ZVI 2012, S. 150.
14 *Treiman*, Acts of Bankruptcy: A Medieval Concept in Modern Bankruptcy Law, Harvard Law Review 52, 1938, S. 189-215.
15 *Santarelli*, Per la storia del fallimento nelle legislazioni italiane dell'età intermedia Padova 1964, 25 ff.; *Foster* Francisco Salgado de Somoza in der Geschichte des Insolvenzrechts, 2009, S. 6-11.
16 *Taeuber*, Geld und Kredit im Mittelalter Berlin 1933, 20-38. *Strätz* Beiträge und Materialien zur Entwicklung von »Treu und Glauben« in deutschen Privatrechtsquellen vom 13. bis zur Mitte des 17. Jahrhunderts, 1974, S. 25-33.

hindurch bis ins 18. Jahrhundert Gültigkeit bewahrte[17]. So sollten zum Beispiel in Florenz Zeichen am Haus des zahlungsunfähigen Schuldners angebracht und sein Beruf, sein Name und andere private Daten der Öffentlichkeit bekannt gemacht werden[18]. In Padua zum Beispiel war es der Hauptplatz der Stadt, wo der Schuldner öffentlich seine Entscheidung bezüglich der Vermögensübergabe erklären sollte[19]. Dies führte zur Entwicklung des Begriffs der Infamie aufgrund von Tatsachen gegenüber einer Infamie aufgrund Gesetzes. Der gute Name und die Möglichkeit, auf den Märkten des Mittelalters mit Kredit zu arbeiten, wurde von der Vermögensübertragung stark geschädigt. Die Vermögensübertragung war ursprünglich für den Schuldner schon vor Beginn des Verfahrens mit negativen Folgen verbunden, damit durch den personalen Arrest die gemeinsamen Interessen der Gläubiger gesichert werden konnten[20]. Sowohl die Sicherungsmaßnahmen, als auch die Vermögensübertragung wurden in Südfrankreich von den italienischen Städten mit ähnlichen sozioökonomischen Folgen übernommen.[21] Dieser erste große Schritt, der in die Zeit der prosperierenden italienischen Handelsstädte fiel, war insgesamt jedoch nur eine Etappe vom Erbe des römischen Rechts zur Entstehung der Insolvenzgesetze nach der Methode und dem System von *Salgado de Somoza* im siebzehnten Jahrhundert[22]. Das spanische Konkursverfahren bestand in der frühen Moderne aus der Koordination und notwendigen Kombination zwischen Vermögensübertragung und Schuldhaft des zahlungsunfähigen Schuldners, deren Erfordernis gerade die Bereitwilligkeit des Schuldners war, die Vermögensübertragung zugunsten seiner Gläubiger zu erklären oder auszudrücken[23]. Die Reform des mittelalterlichen Konkursrechts begann in Deutschland mit dem Reichstag von Lindau (1496-1497). Grund dafür waren Beschwerden der

---

17 *Forster*, Konkurs als Verfahren: Francisco Salgado de Somoza in der Geschichte des Insolvenzrechts, 2009, S. 10 ff.
18 *Pertile*, Sotoria della procedura (continuazione), in: Storia del diritto italiano dalla caduta dell impero romano all codificazione Bd. 6 -2er. TBd. 2. Aufl., 1966, S. 385-395.
19 *Gloria*, La pietra del vituperio nel salone di Padova, 1851, 5-30.
20 *Pace*, Contrainte par corps: l'arresto personale per debiti nell'Italia liberale, 2004, S. 15-35.
21 *Leveille*, De l'Abolition de la Contrainte par corps (à propos de la loi projetée), Revue pratique de droit français, XXII 1866, 305-332; *Burg* Considérations sur la Contrainte par corps en matière de dettes dites commerciales, 1820, S. 10-22; *Lucq*, Abolition de la Contrainte par Corps Brusells 1867, S. 34; *Zambrana*, Histoire de six articles du Code civil français: les droits du debiteur, honneur et contrainte par corps, Revue historique de Droit Francais et Etranger 2004, S. 589-611.
22 *Forster*, aaO S. 295 ff.
23 *Demars-Sion*, Contribution à l'histoire de la faillite: étude sur la cession de biens à la fin de l'Ancien Régime, Revue historique de droit français et étranger, vol. 75, no 1 1997, S. 33-91; *Bayle-Mouillard*, De l'Emprisonnement pour dettes: considération sur son origine, ses rapports avec la morale publique et les intérêts du commerce, des familles, de la société; suivies de la Statistique de la contrainte par corps, 1836, S. 258; *Deymes*, L'evolution de la nature juridique de la contrainte par corps. Diss. Univ. Toulouse 1942, 15-24, 33-40, S. 100-125.

Bevölkerung, weil eine große Zahl von unschuldigen Menschen hingerichtet worden war. Der folgende Reichstag von Freiburg von 1497 bis 1498 beschloss deshalb eine allgemeine Reform. Im Jahr 1500 wurde auf dem Reichstag von Augsburg verfügt, dass eine solche Reform umgesetzt werden solle. Der Reformvorschlag wurde 1532 nach vielen Überarbeitungen ausgeführt. Mehr als 30 Jahre vergingen, bevor das neue Gesetz unter dem Namen *Constitutio Criminalis Carolina* in Kraft trat. Die *Carolina* trennte aber deutlich zwischen einem zahlungsunfähigen Schuldner und einem Straftäter. Im Sächsischen Recht existierte schon seit der Kursächsischen Konstitution von 1572 die öffentliche Haft im Schuldturm, daneben gab es je nach Art der Straftat weitere Sanktionen[24].

Ab der frühen Neuzeit erfolgte in der Geschichte der Schuldknechtschaft dann ein Übergang von der privaten zu öffentlichen Schuldhaft im Schuldturm[25]. Diese blieb lange Zeit Haupterscheinung der Personalvollstreckung, bis sie Ende des 19. Jahrhunderts in den meisten europäischen Ländern abgeschafft wurde[26]. Das System der Personalexekution und die Haft des »Schuldners im Gefängnis« blieben über mehrere Jahrhunderte hinweg in Anwendung. Prügelstrafe und Gefängnishaft verschwanden, der Schuldner blieb jedoch noch während des 18. und 19. Jahrhunderts Objekt sozialer Stigmatisierung[27]. Die Entstehung und Ausbreitung von Unternehmen und die Veränderungen des Kredit-Markts waren Faktoren, die langsam zu differenzierteren Vollstreckungsverfahren und Insolvenzbehandlung führten[28].

Der Schuldner sollte vom Gläubiger mit dem eigenen Haushalt unterstützt werden. Der Gläubiger trug die Verantwortung für den Schuldner und seine Familie[29]. Der Schuldturm war sowohl ein effektives Werkzeug der Strafverfolgung als auch eine wirksame Alternative zu gewalttätigen Formen der Selbsthilfe. Darüber hinaus kann die Ersetzung der Schuldknechtschaft durch das Schuldgefängnis als Höhepunkt der Durchsetzung des öffentlichen Gewaltmonopols in der Strafverfolgung angesehen werden[30].

---

24 *Meier*, Die Geschichte des deutschen Konkursrechts, insbesondere die Entstehung Reichskonkursordnung von 1877, 2003, S. 60-72.
25 *Löbmann*, Der kanonische Infamiebegriff in seiner geschichtlichen Entwicklung unter besonderer Berücksichtigung der Infamielehre des Franz Suarez, 1956, S. 11-14.
26 *Finley*, La servitude pour dette, Reviéu Histoire du Droit, IVe série, XLIII, 1965, S. 159-184; Vgl. *Cohen*, The History of Imprisonment for Debt and Its Relation to the Development of Discharge in Bankruptcy, Journal of Legal History 3 1982, S. 153, 157.
27 *von Hoiningen-Huene*, Beiträge zur geschichtlichen Entwicklung des strafbaren Bankerutts in Deutschland, 1878, S. 12-23.
28 *Buch*, Zur Zession im deutschen mittelalterlichen Recht, Zeitschrift der Savigny-Stiftung für Rechtsgeschichte, Germanistische Abteilung 34, 1913, 429-433.
29 *Dabelow*, Ausführliche Entwicklung der Lehre vom Concurse der Gläubiger, 1801, S. 30-53.
30 *Dabelow*, aaO 30 ff.; zur Vergleichung zum Deutschen als auch zum Italienischen Arrestprozess *Kisch* Der deutsche Arrestprozess, 1914, S. 15; *Wach* Der italienische Arrestprocess, 1868, S. 80.

ÁLVARO PÉREZ RAGONE

III. DIE PRIVATINSOLVENZ UND DER MODERNE SCHULDTURM:
RESTSCHULDBEFREIUNG ALS MODIFIZIERTE SCHULDKNECHTSCHAFT
DES 21. JAHRHUNDERTS?

Der Konkurs entwickelte sich relativ spät und eher vorsichtig. Sein Hauptziel war es, Gleichheit unter den Gläubigern, d. h. Gleichheit hinsichtlich des Verlusts zu erzielen, wenn der Schuldner zahlungsunfähig geworden ist. Dies kann nur durch allgemeine Zustimmung geschehen. Gäbe es kein Konkurs-System, sondern nur Vorschriften über Pfändung, würde jede Möglichkeit der Erlangung von Zahlung bei Insolvenz des Schuldners völlig abhängig davon sein, ob ein erster Pfändungsgläubiger etwas für die anderen übrig lässt. Bei einer drohenden Insolvenz gäbe es einen Wettlauf der Gläubiger bezüglich des Schuldnervermögens[31]. Durch das Insolvenz-Änderungsgesetz von 2001, in Kraft getreten am 01. 12. 2001, wurde in Deutschland allen Menschen der Zugang zum Insolvenzverfahren ermöglicht. Die Einführung der Kostenstundung führte dabei zu einer Belastung der öffentlichen Haushalte. Dabei wird eine Überprüfung der (aktuellen und in Zukunft zu erwartenden) Bonität des Schuldners vorgenommen, um Verfahrensmissbräuche zu verhindern. Es soll vermieden werden, dass Insolvenzverfahren zu Massenarmut führen[32]. Der Schuldner darf nicht über pfändbares Vermögen verfügen und muss über einen gewissen Zeitraum sein pfändbares Einkommen abgeben, um einen Missbrauch des Verfahrens zu vermeiden[33].

Durch die Angleichung der europäischen Rechtsprechung sind seit dem Jahr 2000 verschiedene Urteile zu Gunsten insolventer Schuldner im Falle ausländischer Privatinsolvenzen gesprochen worden[34]. Diese Rechtsprechungsangleichung bewirkte jedoch, dass bestimmte Länder mit besonders kurzen Wohlverhaltensphasen, z. B. England oder Frankreich, für ausländische Schuldner besonders attraktiv sind, um dort ein Privatinsolvenzverfahren zu beantragen und durchzuführen[35]. Es ist aber anzumerken, dass in Frankreich mittlerweile die Voraussetzungen für die Privatinsolvenz verschärft wurden. Wie in anderen Bereichen auch, hat sich ein »*Forum-shopping*-Wettbewerb« zwischen den nationalen Rechtsordnungen der Mitgliedstaaten

31 Bereits zutreffend bei *Kohler*, Lehrbuch des Konkursrechts, 1891, S. 8-11.
32 *Harder*, Die geplante Reform des Verbraucherinsolvenzrechts, NZI 2012, S. 113.
33 *Kilborn*, The Innovative German Approach to Consumer Debt Relief: Revolutionary Changes in German Law, and Surprising Lessons for the United States, Nw. J. Int'l L. & Bus. 24 2003-2004, 257.
34 Für eine nähere Untersuchung des Insolvenzrechts für natürliche Personen in Europa siehe die Arbeit des Max-Planck-Instituts Luxemburg in Zusammenarbeit mit den Universitäten Heidelberg und Wien, The external evaluation of Reg. No 1346/2000/EC on insolvency proceedings, Heidelberg-Luxemburg-Wien 2013, 66 ff., zugänglich unter: http://www.mpi.lu/uploads/media/evaluation_insolvency_en.pdf.
35 In Deutschland sind mehrere Entscheidung ergangen, wonach eine rechtsmissbräuchliche Erlangung einer Restschuldbefreiung nach ausländischem Recht einen Verstoß gegen den deutschen Ordre Public darstellen könne und nicht anzuerkennen sei (z. B. LG Köln, Urteil v. 14. Oktober 2011, Az. 82 O 15/08). Dies entspricht jedoch nicht der Rechtsprechung des EuGH zur Anerkennung ausländischer Insolvenzverfahren innerhalb der EU (EuGH BB 2010, 529 – MG Probud – mit Anmerkung Fichtner).

der Europäischen Union entwickelt[36]. Der Schuldner hat die Möglichkeit, den Staat zu wählen, in dem er am schnellsten Schuldenerlass erhält und von seiner Restschuld befreit wird, denn die nationalen Rechtsordnungen weichen stark voneinander ab (Schuldbefreiungstourismus)[37]. Zum Vergleich sah die deutsche Insolvenzordnung vor der Reform von 2012 eine sechsjährige Laufzeit vor, während nach dem englischen *Insolvency Act* eine Restschuldbefreiung spätestens nach zwölf Monaten stattfand. Auch in Frankreich bietet das Verfahren in bestimmten Arrondissements eine schnelle Entschuldung[38]. Das kurze »französische« Insolvenzverfahren rührt aus der Sonderstellung der grenznahen ostfranzösischen Departements Haut Rhin (Strasbourg), Bas Rhin (Mulhouse) und Moselle (Metz) her, die bis 1918 zum Deutschen Reich gehörten und damit im Geltungsbebiet der deutschen Gesetze lagen. Die deutsche Gesetzgebung wurde nach dem Rückfall dieser Departements an Frankreich teilweise als lokales Recht beibehalten. Genau das geschah auch mit der deutschen Konkursordnung aus dem Jahre 1877[39]. Das hat dazu geführt, dass durch eine Zusammengeltung und Parallelität des französischen und deutschen Rechts in Frankreich ein Verbraucherinsolvenzverfahren überhaupt erst möglich wurde. Mit der Einführung der deutschen Konkursordnung von 1877 in den angrenzenden Departements war ein Unternehmenskonkurs auch auf natürliche Personen anzuwenden: So war eine Restschuldbefreiung für natürliche Personen möglich[40]. Die Bestimmungen der französischen Insolvenzordnung (jetzt Art. 620-1 ff. *code de commerce*) gelten gemäß Art. 670-1 *code de commerce* auch für natürliche Personen, abgesehen von den Zugangsvoraussetzungen[41]. Das *Rétablissement personnel*-Verfahren entspricht der Privatinsolvenz *(faillite civile)* der Grenzdepartments Bas-Rhin, Haut-Rhin und Moselle. Erst seit 2003 gilt es für ganz Frankreich. Der Schuldner muss alle Möglichkeiten der außergerichtlichen Schuldenbereinigung ausgeschöpft haben und der Insolvenzrichter entscheidet schlussendlich, ob das Verfahren zugelassen wird oder nicht[42]. Ein

36 *Weller*, Forum Shopping im Internationalen Insolvenzrecht? in: IPRax 2004, S. 412 (413); Vgl. *Wessels*, EU Insolvency Regulation: Where to go from here?, International Insolvency Law Review 3/2011, S. 298-308. Das Landgericht Trier hat in einem Urteil vom 02.05.2013 – 5 O 247/12 – klargestellt, dass die die England erteilte Restschuldbefreiung in Deutschland und insbesondere das »Forum-Shopping« anzuerkennen ist: es besteht kein Verstoß gegen den deutschen Ordre Public (OLG Köln ZIP 2013, 644, Rn. 73; Brandenburgisches OLG ZInsO 2011, 1563; OLG Nürnberg NJW 2012, 862).
37 *Knof*, Europäisches Insolvenzrecht und Schuldbefreiungs-Tourismus, ZInsO 2005, S. 1017-1025.
38 *D'Avoine*, Internationale Zuständigkeit des deutschen Insolvenzgerichts bei offenkundiger »Rückkehroption« des ehemals selbständig wirtschaftlich tätigen Schuldners mit dem Ziel der Restschuldbefreiung, NZI 2011, S. 310 ff.
39 *Lemanissier* Faillité civile en Alsace et en Lorraine Caen 1939, 12-34; *Lencou* La faillité personnelle et la banqueroute, 1980, S. 45-69.
40 *Trancou*, De l'Extension de la Faillite aux non-commerçants, 1918, 20-43; *Budin* La faillité civile Paris 1935, S. 10-25.
41 *Kilborn*, La Responsabilisation de l'Economie: What the United States Can Learn From the New French Law on Consumer Overindebtedness, Mich. J. Int'L. 26, 2005, S. 619 ff.
42 Über die Geschichte der Insolvenz in Frankreich ab 1789: die Freiheitsanschauung der natürlichen Personen hätte dazu beigetragen. Die Willensfreiheit (art. 1134 Code civil Fr.)

Hauptproblem bei der Einschätzung von Kreditrisiken ist die Information. Deshalb kam und kommt es immer wieder zu Betrug, Täuschung und Fehleinschätzungen[43]. Zahlungsverzögerung, Zahlungsunfähigkeit, Überschuldung und Insolvenz wurden oft dem Diebstahl oder Raub gleichgestellt. Die Gläubiger konnten als Befriedigungs- und Strafmaßnahme in der Regel über Vermögen und Körper des Schuldners verfügen. Man kann, wie oben aufgezeigt wurde, einige allgemeine Entwicklungsstadien bei der Behandlung eines zahlungsunfähigen Schuldners erkennen: Zunächst gibt es eine Phase, in der der Schuldner sehr schlecht behandelt wird. In den ältesten römischen und germanischen Gesetzgebungen diente die körperliche Vollstreckung an der Person des Schuldners der Befriedigung des Gläubigers, soweit kein anderes Vermögen zur Deckung der Verbindlichkeiten vorhanden war. In dieser Phase wurden Schuldner als Diebe und Betrüger angesehen und Strafen waren obligatorisch[44]. Dieser ersten Phase folgte häufig eine Phase, in dem der Gesetzgeber die oft grausamen Vorschriften für die Behandlung von Schuldnern mildern musste. Heutzutage gibt es mit der Insolvenz natürlicher Personen insbesondere für den rechtstreuen Schuldner eine zweite Chance mit der Möglichkeit der Restschuldbefreiung[45].

Mit der Reform des Chilenischen Insolvenzrechts – vor anderen mit deutschem Einfluss – wurde ein neuer institutioneller Rahmen geschaffen.[46] Zum ersten Mal bestehen Verwaltungs- und Gerichtsverfahren für natürliche Personen. Die Neubeginnsmöglichkeiten werden damit nicht nur für Unternehmen zu Verfügung gestellt. Die Verfahren für die Restschuldbefreiung natürlicher Personen kombinieren die Vereinbarung mit den Gläubigern und die kurze Verjährung. Der Neubeginn kann kostenlos, ohne oder mit Anwälten vor der »Superintendencia« (Öffentliche Schlichtungsstelle) oder vor dem Gericht durchgeführt werden. Die Wahl der Liquidation

und »liberté contractuelle« sind unantastbar. Deswegen war die Gleichung: Zahlungseinstellung/Zahlungsunfähigkeit = Zahlungsverzögerung = Nicht-Erfüllung kein genügender Grundtatbestand um die natürliche Person unter Insolvenzrecht zu betrachten, s. dazu *Quenillet*, La bonne foi du débiteur surendetté: une voie sans issie: LPA 5/2/1992, 17. Das Überschuldungsrecht ist im 20. Jahrhundert langsam entstanden. Besonderer Auslöser war die Wirtschaftskrise von 1980. Seitdem sind die Gesetze von 1989, 1995, 1998 bis zur Reform 2003, 2010 und 2011 in Kraft getreten, um durch verschiedene Verfahren die Überschuldung natürlicher Personen zu regeln. Das Verbrauchergesetz (Art. L. 330-1) bestimmt das Verfahren für die Verbraucherinsolvenz. Daneben gelten die besondere Bestimmungen für Haut-Rhin, Bas-Rhin und Moselle (Art. L. 670-1 ff. Code de commerce), welche seit 2003 in ganz Frankreich Anwendung finden. Für eine eine detalliertere Darstellung: *Vigneau/Bourin/Cardini*, Droit du surendettement des particuliers 2. Aufl., 2012, Rn. 1-24, 36-41.

43 Vgl. *Mann*, Republic of Debtors: Bankruptcy in the Age of American Independence, 2002, S. 10-25.
44 Das Gutachten der World Bank über die schwierige Verschuldungslage der natürlichen Person ist 2012 erschienen und beschreibt ausführlich die Lage. Abrufbar unter: http://siteresources.worldbank.org/INTGILD/Resources/WBPersonalInsolvency ReportOct-2012DRAFT.pdf.
45 *Laroche*, u.a. Insolvenzrechtsreform 2. Stufe – die geplanten Änderungen in der Insolvenz natürlicher Personen, ZIP 2012, S. 558-559.
46 http://www.superir.gob.cl.

von Vermögenswerten ist jetzt eine letzte Möglichkeit, sowohl für Unternehmen als auch für Einzelpersonen[47]. Neue Daten deuten auf einen erfolgreichen Einsatz dieser neuen Alternative[48].

IV. Fazit

In einer wachsenden und immer komplexeren Wirtschaft, die zunehmend auf Kredit basierte, gab es eine immer größere Notwendigkeit für den Zugang zu Bonitätsinformationen und zu Disziplinar- und Kontrollinstrumenten. Der Staat zog sich aus diesen Aufgaben zurück, die von den Märkten übernommen wurden. Vereinigungen von Unternehmern etablierten Organisationen, die Kreditinformationen sammelten, standardisierten und zentralisierten. Einem Schuldner, der zahlungsunfähig wird, sollte eine besondere Verfahrensart zur Verfügung stehen, die weder von einseitigen Refinanzierungsbedingungen seitens des Gläubiges geprägt ist, noch als öffentlicher Schuldturm des Staates ausgestaltet ist. Sowohl die staatliche Tätigkeit (mit Insolvenzberatern, Insolvenzverwaltern, privaten und öffentlichen Stellen) als auch die Vereinbarung zwischen Gläubigern und Schuldner sind Wege zur Behandlung der zahlungsunfähigen natürlichen Person (moderner Schuldturm): private Insolvenz oder Restschuldbefreiung[49]. Gleichzeitig sind Maßnahmen zur Stärkung der Gläubigerrechte vorgesehen. Zudem soll nach der neuen Regelung kein außergerichtlicher Einigungsversuch mehr unternommen werden müssen, wenn dieser als offensichtlich aussichtslos anzusehen ist[50]. Das entspricht der Tendenz in den meisten europäischen Staaten, die Entschuldungsdauer im Rahmen eines Privatinsolvenzverfahrens von etwa fünf Jahren auf drei Jahre zu verkürzen. Zudem sehen die meisten Rechtsordnungen vollständige Restschuldbefreiung vor. Daneben sind andere Reformen im Privatinsolvenzrecht noch umzusetzen: die Verkürzung der Verfahrensdauer und eine quotenunabhängige Restschuldbefreiung[51], um den Zugang zum Privatkonkurs auch einkommensschwachen und armutsgefährdeten Personen zu ermöglichen[52]. Zur Lösung und Behandlung der Überschuldung und Zahlungsunfähigkeit priva-

---

47 S. die Literatur vor und direkt nach dem Inkrafttreten des Gesetzes in: http://www.superir.gob.cl/biblioteca-digital/publicaciones/boletines/.

48 http://www.superir.gob.cl/wp-content/document/estadisticas/ley20720/BOL-EST-201703.pdf. S. besonders positiv die steigende Benutzung (S. 14) und die Entwicklungstendenz der Verfahrenseintritte für Schuldner, die nicht Unternehmen sind, von 2014 bis März 2017.

49 *Spooner*, Fresh Start or Stalemate? European Consumer Insolvency Law Reform and the Politics of Household Debt, European Review of Private Law, 21/3 2013, S. 747–794; Schmerbach Vereinfachung des Restschuldbefreiungsverfahrens, ZInsO 2012, S. 916.

50 *Hofmeister/Schulz*, Stärkung der außergerichtlichen Einigung – wirklich gut oder gut gemeint?, ZVI 2012, S. 134.

51 Fraglich *Jäger*, Schnellere Restschuldbefreiung durch Mindestquote – § 300 Abs. 1 Satz 2 Nr. 1 InsO-RefE 2012 auf dem Prüfstand, ZVI 2012, S. 142.

52 *Schönen*, Verbraucherinsolvenzrecht im internationalen Vergleich unter besonderer Berücksichtigung der Vorschriften zur Restschuldbefreiung (Teil II), ZVI 2010, S. 81.

ter Haushalte ist das heutige Verbraucherinsolvenzverfahren als Privatkonkurs oder Restschuldbefreiung ein wichtiger Beitrag. Nichts Neues unter der Sonne: von den Regelungen in Rom und im Mittelalter kann man immer lernen[53]. Was sich als neue Herausforderung darstellt, ist eine Tendenz zu übermäßiger Kreditaufnahme. Dieser sollte mit flankierenden Maßnahmen wie etwa Informationspflichten und Beratungsleistungen entgegengewirkt werden. Beide Perspektiven (ex-post und ex-ante) können langfristig dazu beitragen, die Verantwortung des Einzelnen für sein Handeln und das Gläubigerinteresse aufrechtzuerhalten[54].

---

[53] *Kilborn*, Two Decades, Three Key Questions, and Evolving Answers in European Consumer Insolvency Law: Responsibility, Discretion, and Sacrifice, in: Johanna Niemi/Iain Ramsay/William Whitford (Hrg.) Consumer credit, debt and bankruptcy: comparative and international perspectives, 2009, S. 307 ff.
[54] *Kilborn*, Expert Recommendations and the Evolution of European Best Practices For the Treatment of Overindebtedness, 2011, S. 63-70.

Probleme um die gewillkürte Vollstreckungsstandschaft

Zum Verhältnis von materiellem Recht und Prozessrecht

HERBERT ROTH

Der verehrte Jubilar bemerkt in dem zusammen mit seiner Schülerin *Barbara Stickelbrock* verfassten Lehrbuch des Zwangsvollstreckungsrechts knapp und präzise: »Allerdings ist eine isolierte Vollstreckungsstandschaft, bei der ein Gläubiger einen Dritten nur zur Vollstreckung im eigenen Namen ermächtigt, unzulässig«.[1] Weiter heisst es: »Unstatthaft und damit keine Rechtsnachfolge iSd § 727 ZPO ist die gewillkürte Vollstreckungsstandschaft, bei der der Titelgläubiger eine dritte Person ermächtigt, im eigenen Namen die Vollstreckung zu betreiben«.[2] Der *Hanns Prütting* freundschaftlich zugeeignete Beitrag entspringt dem Nachdenken über diese Stellungnahmen.

Wie der Beitrag zeigen wird, geht es um einen Ausschnitt aus dem Fragenkreis des Verhältnisses von Prozessrecht und materiellem Recht, das den Jubilar immer wieder beschäftigt hat.[3]

I. BEGRIFFLICHES

Der ZPO ist der Begriff »Vollstreckungsstandschaft« nicht bekannt und daher kann sich in ihr keine Regelung finden. Den im Wesentlichen unter das Phänomen gebrachten drei Fallgruppen (unten II) scheint eigen zu sein, dass die Zahl der zur Zwangsvollstreckung befugten Gläubiger im Vergleich mit der Modellvorstellung des Gesetzgebers (§ 750 ZPO) vermehrt werden soll. Als »Vollstreckungsstandschaft« kann die Befugnis bezeichnet werden, fremde Ansprüche in eigenem Namen beizutreiben.[4] Dem »Institut« ist daher die Trennung von materiellem Rechtsträger und Vollstreckungsgläubiger iSd § 750 ZPO eigen.

---

1 *Prütting/Stickelbrock* Zwangsvollstreckungsrecht, 2002, S. 62.
2 Ebenda S. 79.
3 Aus jüngerer Zeit *Prütting* in: Münch (Hrsg.), Prozessrecht und materielles Recht. Liber amicorum für Wolfram Henckel, 2015, S. 261 ff.; *ders.* JM 2016, 354.
4 *Stein/Jonas/Münzberg* ZPO, 22. Aufl. 2002, vor § 704 Rn. 38 mit Fn. 202; in gleichem Sinne spricht *Kirsten Schmidt* Vollstreckung im eigenen Namen durch Rechtsfremde. Zur Zulässigkeit einer »Vollstreckungsstandschaft«, 2001, S. 15, 93 f. davon, ein Vollstreckungsverfahren »in eigenem Namen im fremden Interesse betreiben zu können«.

Die Abhandlung hat in erster Linie die Fallgestaltungen im Auge, in denen die Vollstreckungsbefugnis auf einer privatautonom erteilten Ermächtigung des materiellen Rechtsträgers beruht. In Anlehnung an die für das Erkenntnisverfahren reservierte und gebräuchliche Bezeichnung der »gewillkürten« Prozessstandschaft[5] kann dann von »gewillkürter« Vollstreckungsstandschaft gesprochen werden. Gesetzliche Vollstreckungsstandschaften sind dagegen eher selten, sieht man von den Fällen des § 265 Abs.2 ZPO mit anschließender Vollstreckung einmal ab. So werden etwa deutsche Ordnungs- und Zwangsgeldbeschlüsse (§§ 888, 890 ZPO) als anerkennungfähige Entscheidungen iSd Art.1, 2a Brüssel Ia-VO qualifiziert, wobei der Gläubiger in Vollstreckungsstandschaft für die deutsche Staatskasse handelt.[6]

II. Fallgruppen

Es haben sich drei recht deutlich unterscheidbare Fallgruppen herausgebildet, die in teils unterschiedlicher Begrifflichkeit bisweilen als Vollstreckungsstandschaften bezeichnet werden.[7] Von der inmitten der Diskussion stehenden »isolierten« (reinen) Vollstreckungsstandschaft wird in diesem Beitrag nur gesprochen, wenn die Vollstreckungsermächtigung nicht zugleich mit einer Einziehungsermächtigung des materiellen Rechts verknüpft ist.[8] Letztere wird wiederum nur gebraucht, wenn der Vollstreckungsgläubiger Leistung an sich verlangt, nicht dagegen, wenn er nur Leistung an den Rechtsinhaber fordern kann.[9] In letzterem Fall bedarf es keiner zusätzlichen

---

5 Deren Problematk und Geltungsgrund werden in diesem Beitrag nicht behandelt, grundlegend *E. Schumann* FS Musielak, 2004, S. 457, 458, der den Terminus »Prozessermächtigung« bevorzugt.
6 *Schack* Internationales Zivilverfahrensrecht, 7. Aufl. 2017, Rn.1081; ferner unten Fn. 10.
7 Ausführlicher Überblick in *Gaul/Schilken/Becker-Eberhard* Zwangsvollstreckungsrecht, 12. Aufl. 2010, § 23 Rn.31 ff. (aber gegen eine Sonderrolle des Prozessstandschafters); *Stein/Jonas/Münzberg* (oben Fn. 4), vor § 704 Rn.38 mit Fn. 202.
8 Ein gleiches Verständnis findet sich in BGHZ 120, 387, 395 f.; abweichend noch BGHZ 92, 347 (der Vollstreckungsstandschaft ist keine Prozessstandschaft vorangegangen und sie betreffe daher »isoliert« nur die Zwangsvollstreckung); das letztere Verständnis aber auch bei *P. Huber* FS Schumann, 2001, S. 227 und *Petersen* ZZP 114 (2001), 485, 486.
9 Mit Deutlichkeit: *Stein/Jonas/Jacoby*, ZPO, 23. Aufl. 2014, vor § 50 Rn. 59 (zur gewillkürten Prozessstandschaft); *Stein/Jonas/Münzberg* (oben Fn. 4), § 767 Rn. 22 Fn. 228; *Becker-Eberhard* ZZP 107 (1994), 81, 96, 97 (zur isolierten Vollstreckungsstandschaft); *ders.* ZZP 104 (1991), 413, 424 (Verurteilung des Beklagten zur Leistung an den Rechtsinhaber im Falle des § 265 Abs. 2 ZPO entspricht der Struktur nach der reinen gewillkürten Prozessstandschaft ohne materiellrechtliche Einziehungsermächtigung des Prozessstandschafters); zudem 434, insbesondere 435; im gleichen Sinne BGHZ 140, 175, 181; BGH NJW 1989, 1932, 1933 rechte Spalte (von vornherein offene oder später offengelegte Sicherungsabtretung); ebenso BGHZ 96, 151, 155 (jeweils nur Ermächtigung, auf Leistung an den Zessionar zu klagen).- In den soeben genannten Entscheidungen kommt freilich nicht klar zum Ausdruck, dass es sich dann jeweils nur um eine »reine Prozessführungsermächtigung« handelt, die nicht mit einer materiellrechtlichen Einziehungsermächtigung kombiniert ist.

materiellen Einziehungsermächtigung, weil diese Variante schon von der – dann isolierten (reinen) – Vollstreckungsermächtigung abgedeckt ist.

1. Vorangegangene Prozessstandschaft

In dieser ersten Fallgruppe der »kombinierten Prozess- und Vollstreckungsstandschaft« ist der vollstreckende Titelgläubiger des § 750 ZPO im vorangegangenen Erkenntnisverfahren als gewillkürter[10] Prozessstandschafter aufgetreten und vollstreckt aus dem Urteil in eigenem Namen. Dieser Fall wird überwiegend als unproblematisch angesehen.[11] Dem Prozessstandschafter wird ohne weiteres die Vollstreckungsklausel nach den §§ 724, 725 ZPO erteilt und er kann in eigenem Namen vollstrecken, gleichgültig, ob das Urteil auf Leistung an ihn (z.B. im Falle einer stillen Sicherungszession)[12] oder an den Inhaber des materiellen Rechts lautet (z.B. im Falle einer offenen oder später offengelegten Sicherungszession) (unten IV)[13]. Im Fall der Leistung an den Rechtsinhaber muss freilich der Vollstreckungsantrag auf Auskehrung des Erlöses an den Rechtsinhaber lauten, und das Vollstreckungsorgan hat diesen Antrag zu befolgen.[14]

2. Rückermächtigungsfälle

In der zweiten Fallgruppe hat der Gläubiger seine titulierte Forderung an einen Dritten abgetreten und ist von diesem zugleich ermächtigt worden, aus dem Titel in eigenem Namen zu vollstrecken. Die Rechtsprechung ist zu unterschiedlichen Ergebnissen gekommen.[15] Derartige Fälle kommen vor allem bei der stillen Zession (auch im Rahmen eines verlängerten Eigentumsvorbehalts) vor (unten V). Die Verwandtschaft mit Fallgruppe 1 (oben 1) liegt darin, dass Prozessstandschafter wie

---

10 Handelt es sich um eine vorangegangene gesetzliche Prozessstandschaft wie etwa bei § 265 Abs.2 ZPO, so mag man eine nachfolgende »gesetzliche« Vollstreckungsstandschaft annehmen, wenn zur Leistung an den Rechtsnachfolger verurteilt wurde, oben I.
11 BGHZ 92, 347, 349; 148, 392, 398; BGH NJW 2012, 1207 Rn.8 (materiellrechtliche Einziehungsermächtigung des vorzeitig abberufenen WEG-Verwalters); *Baur/Stürner/Bruns* Zwangsvollstreckungsrecht, 13. Aufl. 2006, Rn.12.12.; *Schmidt* (oben Fn. 4), S. 20 ff. mwN; *G.Lüke* JuS 1996, 588, 589.
12 BGHZ 140, 175, 181.
13 KG Rpfleger 1971, 103; JR 1956, 303 (zum Fall des § 265 ZPO mit Verurteilung des Gegners zur Leistung an den Rechtsnachfolger); JW 1933, 1779 Nr.2 mit abl. Anm. *Bley*; Aufbereitung der Sachfragen durch *Baur/Stürner* Zwangsvollstreckungs-, Konkurs- und Vergleichsrecht. Fälle und Lösungen, 6. Aufl. 1989, Fall 2, S. 7; *Brehm* JURA 1987, 600, 603; RGZ 167, 321, 323 für § 265 Abs.2 ZPO; abweichend BGH NJW 1984, 806 mit Anm. *W. Gerhardt* JR 1984, 287 für den Fall, dass der alte Gläubiger keine Klausel beansprucht.
14 *Schmidt* (oben Fn. 4), S. 51; *Stein/Jonas/Münzberg* (oben Fn. 4), vor § 704 Rn. 77 Fn. 395, § 815 Rn.1; *W.Gerhardt* JZ 1969, 691, 692 f.
15 BGHZ (VIII. Zivilsenat) 120, 387, 395 einerseits; BGHZ (V. Zivilsenat) 92, 347 andererseits.

Rückermächtigter originäre Titelgläubiger iSd § 750 ZPO sind, weil sie den Titel jeweils selbst erwirkt haben.

Deshalb spielt sich die Problematik bei der Vollstreckungsabwehrklage (§ 767 ZPO) ab, die der Titelschuldner regelmäßig mit der Begründung erhebt, durch die Abtretung an den Dritten sei der Titelgläubiger nicht mehr aktiv legitimiert. Der VIII. Zivilsenat hält diese Klage für unbegründet, wenn der Zessionar dem Zedenten der Forderung eine Doppelermächtigung erteilt hat. Sie liegt vor, wenn ihm neben der prozessualen Vollstreckungsermächtigung auch eine materielle Einziehungsermächtigung erteilt wurde, wonach er befugt ist, Leistung *an sich* zu verlangen[16]. Damit deckten sich die prozessualen und materiellrechtlichen Befugnisse des Titelgläubigers. Dagegen soll die Vollstreckungsabwehrklage des § 767 ZPO Erfolg haben können, wenn aus der Abrede zwischen Zedent und Zessionar (mindestens im Wege der Auslegung) hervorgeht, dass dem Zedenten lediglich die prozessuale Vollstreckungsermächtigung (»isoliert«) erteilt werden sollte, ohne dass damit eine Abspaltung des materiellen Rechts durch Erteilung einer Einziehungsermächtigung verbunden ist (Verlangen der Leistung an den Zessionar).[17] In diesem Fall ist der Zedent nur zur Zwangsvollstreckung berechtigt. Ebenso liegt es, wenn die erteilte materiellrechtliche Einziehungsermächtigung später erlischt.[18]

3. *Drittermächtigungsfälle*

In der dritten Fallgruppe ermächtigt der Titelgläubiger als Rechtsinhaber einen Dritten zur Vollstreckung. Die Rechtsfolgen sind von einer Klärung derzeit noch entfernt (unten VI). Anschaulich ist ein von *Rimmelspacher* gebildeter Fall:[19] Der Notwegberechtigte erwirkt nach § 917 Abs.1 BGB einen Titel gegen den Duldungspflichtigen auf Durchsetzung des Notwegrechts. Anschließend vermietet er das Grundstück unter Überlassung an den Mieter und ermächtigt diesen, das Notwegrecht im Wege der Zwangsvollstreckung gemäß § 890 ZPO im eigenen Namen durchzusetzen. Im Wesentlichen geht es um die Frage, ob der Dritte (Mieter) anstelle des titulierten Gläubigers als dessen Rechtsnachfolger eine titelübertragende Klausel nach § 727 ZPO verlangen kann. Anders als in den Fallgruppen 1 (Prozessstandschaft) (oben 1) und 2 (Rückermächtigung) (oben 2) ist der Vollstreckende (Mieter) kein originärer Titelgläubiger. Die überwiegende Auffassung lehnt im Falle einer bloßen Vollstreckungsermächtigung die von § 727 ZPO geforderte Rechtsnachfolge ab, woran die

---

16 So die (zutreffende) Annahme von BGHZ 120, 387, 395; *Becker-Eberhard* ZZP 107 (1994), 87, 97; *G. Lüke* JuS 1996, 588, 589; Hervorhebung durch mich.
17 So das obiter dictum in BGHZ 120, 387, 395 mit einer entsprechenden Deutung von BGHZ 92, 347; grundlegend *Becker-Eberhard* ZZP 107 (1994), 87, 97.
18 BGH NJW 2012, 1207 Rn.10 ff. (Erlöschen der Einziehungsermächtigung des vorzeitig abberufenen WEG-Verwalters).
19 *Rimmelspacher* in: Münch (Hrsg.), Prozessrecht und materielles Recht. Liber Amicorum für Wolfram Henckel, 2015, S. 269 in Abwandlung von BGH NJW-RR 2014, 526.

Titelumschreibung scheitert.[20] Heute dringt die Ansicht vor, wonach § 727 ZPO jedenfalls anwendbar ist auf den Fall einer Doppelermächtigung mit prozessualem und materiellrechtlichem Inhalt.[21]

III. Wertungen des materiellen Rechts und des Prozessrechts

1. Verschränkte Rechtsebenen

Die Suche nach richtigen Lösungen für die drei genannten Fallgruppen (oben II) wird dadurch erschwert, dass die Wertungssphären des materiellen Rechts und des Prozessrechts auf jeweils unterschiedlichen Rechtsebenen aufeinandertreffen.

In den Fallgruppen 1 und 2 (oben II 1 und 2) sind Prozessstandschafter und Rückermächtigter originäre Titelgläubiger. Als Inhaber des gegen den Staat gerichteten Vollstreckungsanspruches haben sie Anspruch auf Erteilung der einfachen Klausel nach den §§ 724, 725 ZPO und können anschließend die Zwangsvollstreckung betreiben. In diesem Stadium spielt es keine Rolle, dass sie nach materiellem Recht Rechtsfremde sind. Der sich auf Einwendungen aus dem materiellen Recht berufende Schuldner ist daher auf § 767 ZPO angewiesen, um die Vollstreckungsbefugnis des Gläubigers zu beenden (sogleich unten 2).

2. Vollstreckungsabwehrklage (§ 767 ZPO)

Den erforderlichen Durchgriff auf das materielle Recht ermöglicht dem Schuldner auf seine Initiative hin die Vollstreckungsabwehrklage aus § 767 ZPO, die im Erfolgsfall mithilfe der §§ 775 Nr. 1, 776 Satz 1 ZPO zur Einstellung der Zwangsvollstreckung und Aufhebung von Vollstreckungsmaßnahmen durch das Vollstreckungsorgan führt. Die Problematik liegt damit im Rahmen des § 767 ZPO ganz im materiellen Recht und dort wiederum bei der Bedeutung der materiellrechtlichen Einziehungsermächtigung. Entfaltet der Schuldner dagegen keine Initiative mithilfe der Klage aus

---

20 BGHZ 92, 347, 349 (bloßes obiter dictum zur »isolierten Vollstreckungsstandschaft«, da der Fall in der Sache eine Rückermächtigung betraf); *Schmidt* (oben Fn. 4), S. 30 ff., 55 ff.; *Prütting/Gehrlein* ZPO, 9. Aufl. 2017, § 50 Rn.38; *Zöller/Stöber* ZPO, 31. Aufl. 2016, § 727 Rn.13; a.A. OLG Dresden NJW-RR 1996, 444 (dort aber ein Fall der Rückermächtigung); eingehend *Rimmelspacher* (oben Fn. 19), S. 269 ff.; *Wienke* Die Vollstreckungsstandschaft, 1988, S. 176, 185 (aber eigenes rechtliches Interesse des Dritten erforderlich); *W.Gerhardt* ZZP 109 (1996), 535 f. (besonderes Interesse des Vollstreckungsstandschafters erforderlich); *G.Lüke* JuS 1996, 589; *Olzen* JR 1985, 289; *Scherer* Rpfleger 1995, 89, 92 (aber eigenes Interesse des Vollstreckungsstandschafters erforderlich).
21 MünchKommZPO/*Becker-Eberhard* ZPO, 5. Aufl. 2016, § 265 Rn.10.

§ 767 ZPO, so ist die Vollstreckungsstandschaft des Titelgläubigers gegenüber dem materiellen Recht prozessual »bestandsfest«.²²

Für die Fallgruppe 1 (oben II 1) der gewillkürten Prozessstandschaft (unten IV 3) steht im Rahmen der Begründetheit der Klage des Schuldners aus § 767 ZPO das Problem der Scheidbarkeit von Prozessführungsbefugnis und materiellrechtlicher Einziehungsermächtigung im Vordergrund. Das für die Prozessführungsbefugnis erforderliche eigene schutzwürdige Interesse des Standschafters findet für die regelmäßig mit der prozessualen Befugnis zusammentreffende materiellrechtliche Einziehungsermächtigung keine Parallele.²³ Die Beurteilung beider Institute erfolgt daher unabhängig nach deren je eigenen Regeln.²⁴

Für Fallgruppe 2 der »Rückermächtigung« (oben II 2) geht es im Wesentlichen um die Frage, ob der nachträgliche Rechtsverlust des Zedenten durch die Abtretung der Forderung auf der Ebene des materiellen Rechts durch die Abspaltung der materiellrechtlichen Einziehungsermächtigung gleichsam kompensiert wird.²⁵ Auch diese Probleme sind innerhalb der Vollstreckungsgegenklage des § 767 ZPO angesiedelt (unten V).

3. Titelübertragende Klausel (§ 727 ZPO)

Fallgruppe 3 betrifft die »Drittermächtigungsfälle« (oben II 3). Dort sind die Probleme innerhalb des der Zwangsvollstreckung vorgelagerten Klauserteilungsverfahrens des § 727 ZPO in direkter oder analoger Anwendung zu lösen. Der rechtsfremde Dritte ist nicht originärer Titelgläubiger und benötigt daher zur Vollstreckung im eigenen Namen die Erteilung einer titelübertragenden Klausel. § 727 ZPO erfordert nach der ausdrücklichen Regelung aber nicht nur die Inhaberschaft des Vollstreckungsanspruches, sondern auch die materiellrechtliche Rechtsnachfolge. Hierbei ist zweifelhaft, welche dem Anspruch iSd § 194 BGB innewohnenden Funktionen, wie der Rechtsbehelf zur Durchführung der Zwangsvollstreckung und die Rechtsposition der Empfangszuständigkeit, von der weiterbestehenden Rechtsinhaberschaft des titulierten Gläubigers zugunsten des Dritten abgespalten werden müssen, damit das von § 727 ZPO gebrauchte Tatbestandsmerkmal der »Rechtsnachfolge« erfüllt ist (unten VI).²⁶

---

22 Exakte Analyse bei *Stein/Jonas/Münzberg* (oben Fn. 4), vor § 704 Rn.38 mit Fn. 202; *Münzberg* NJW 1992, 1867 (zu BGH NJW-RR 1992, 61).
23 Klar BGH NJW 2012, 1207 Rn.10 (WEG-Verwalter).
24 *Musielak/Voit/Weth* ZPO, 14. Aufl. 2017, § 51 Rn.32; *Stein/Jonas/Jacoby* (oben Fn. 9), vor § 50 Rn.59.
25 *Gaul/Schilken/Becker-Eberhard* (oben Fn. 7), § 40 Rn.44; *Brehm* JZ 1985, 342.
26 Grundlegende Fragestellung durch *Rimmelspacher* (oben Fn. 19), S. 269, 278 ff.; zu den verschiedenen Anspruchsfunktionen *Rimmelspacher* Materiellrechtlicher Anspruch und Streitgegenstandsprobleme im Zivilprozeß, 1970, S. 48 ff.; *H. Roth* Die Einrede des Bürgerlichen Rechts, 1988, S. 44 ff., S. 74; *Medicus/Lorenz* Schuldrecht I, 21. Aufl. 2015, Rn.19.

Eine ältere Entscheidung des BGH aus dem Jahre 1984 hat diese unterschiedlichen Rechtsebenen zunächst vermengt.[27] Spätestens seit einer Entscheidung aus dem Jahre 1992 ist die Diskussion aber wieder auf dem richtigen Geleise.[28]

IV. Vorangegangene Prozessstandschaft

1. Zwangsvollstreckung und Klauselerteilung

Es sollte nach dem bisher Gesagten kein durchgreifender Zweifel daran bestehen, dass ein vom gewillkürten (oder gesetzlichen) Prozessstandschafter erwirkter Titel auf Leistung an sich selbst auf seinen Antrag mit der Vollstreckungsklausel (§§ 724, 725 ZPO) zu versehen ist und er die Zwangsvollstreckung in eigenem Namen betreiben kann (oben II 1, III 1). Das entspricht dem regelmäßigen Verlauf der stillen Zession im Rahmen eines verlängerten Eigentumsvorbehalts. Für die Abschnitte der Zwangsvollstreckung und der nachgelagerten Klauselerteilung ist es unerheblich, ob der Standschafter ein materiellrechtliches Einziehungsrecht hatte oder nicht oder ob es nachträglich entfallen ist. Diese Frage wird weder im Klauserteilungsverfahren durch den Urkundsbeamten noch im Zwangsvollstreckungsverfahren durch das Vollstreckungsorgan geprüft. Maßgebend ist allein die Stellung als Titelgläubiger (§ 750 ZPO), sodass auch die Frage nach der Fortdauer der Prozessführungsbefugnis in diesen Verfahren nicht zu stellen ist.[29]

Lautet der Titel auf Leistung an den Rechtsinhaber, so lag im Erkenntnisverfahren nur eine reine (»isolierte«) gewillkürte Prozessstandschaft ohne zugleich erteilte materielle Einziehungsermächtigung vor.[30] In Konsequenz der Annahme einer isolierten gewillkürten Prozessstandschaft ließe sich im zeitlichen Anschluss der Vollstreckung von einer zulässigen (statthaften) isolierten Vollstreckungsstandschaft sprechen, ohne dass sich für die Zwangsvollstreckung daraus Konsequenzen ergäben. Das Vollstreckungsorgan hat den Veräußerungserlös an den Rechtsinhaber auszukehren.

---

27 BGHZ 92, 347; krit. dazu *Schmidt* (oben Fn. 4), S. 85 ff. und die Rezension der Monografie durch *Becker-Eberhard* ZZP 117 (2004), 245, 248.
28 BGHZ 120, 387, 395 f.
29 *Gaul/Schilken/Becker-Eberhard* (o.Fn. 7), § 16 Rn.106; § 23 Rn.31; *Becker-Eberhard* ZZP 104 (1991), 413, 419, 428 ff.
30 So zutreffend *Becker-Eberhard* ZZP 104 (1991), 413, 435; ebenso *Stein/Jonas/Jacoby* (oben Fn. 9), vor § 50 Rn.59; nach anderer Ansicht soll dagegen die materiellrechtliche Einziehungsermächtigung sowohl den Fall des Leistungsverlangens an den Prozessstandschafter als auch denjenigen der Leistung an den Forderungsinhaber umfassen, etwa *Münzberg* NJW 1992, 1867, 1868.

2. Nachträglicher Verlust der Prozessführungsbefugnis

Fraglich ist der richtige Rechtsbehelf bei dem verfahrensrechtlichen Einwand des Schuldners, der Standschafter habe seine Prozessführungsbefugnis nachträglich verloren, etwa weil der den Zahlungstitel erstreitende WEG-Verwalter wegen gravierender Pflichtverletzungen vorzeitig abberufen worden sei. Nach Auffassung des BGH wäre der Einwand mit der Vollstreckungserinnerung des § 766 ZPO zu verfolgen.[31] Allerdings ist zweifelhaft, ob der Fortbestand der Prozessführungsbefugnis des Titelgläubigers überhaupt eine Voraussetzung der Zwangsvollstreckung bildet.[32] Im Vollstreckungsverfahren ist eine solche Überprüfung nicht vorgesehen und daher kommt es allein darauf an, welchen Gläubiger der Titel ausweist.[33]

Selbst wenn man den Fortbestand als erforderlich ansähe, müsste im Fall der Verurteilung zur Leistung an den *Rechtsinhaber* bei späterem Wegfall der Prozessführungsbefugnis ein Rechtsbehelf des Schuldners, sei es nach § 766 ZPO, sei es über § 767 ZPO, erfolglos bleiben:[34] Da der Vollstreckungsgläubiger im Titel ausgewiesen ist, liegt eine Verletzung des § 766 ZPO nicht vor und eine Klage aus § 767 ZPO (analog) ist erfolglos, weil die Vollstreckung des auf Leistung an den Rechtsinhaber lautenden Urteils das materielle Recht des Rechtsinhabers gerade verwirklicht.[35]

3. Nachträglicher Verlust der Einziehungsermächtigung

Lautet das Urteil hingegen auf Leistung an den *Prozessstandschafter*, so wird regelmäßig eine Koppelung der prozessualen Ermächtigung zur gerichtlichen Verfahrensführung mit der materiellrechtlichen Einziehungsermächtigung vorliegen, Leistung an sich selbst zu verlangen.[36] Fällt diese materiellrechtliche Einziehungsermächtigung nachträglich weg, so bleibt dem Schuldner der Weg des § 767 ZPO, weil der Inhalt des Vollstreckungstitels und materielles Recht auseinanderfallen.[37] In diesem Fall ist die Vollstreckungsstandschaft gegenüber den Wertungen des materiellen Rechts daher nicht bestandsfest. Das ändert aber nichts daran, dass sie als Befugnis des gewillkürten Prozessstandschafters im Klauselerteilungsverfahren wie im nachfolgenden Vollstreckungsverfahren wegen des Grundsatzes der formalisierten Zwangsvollstreckung

---

31 BGH NJW 2012, 1207 Rn. 6.
32 Offengelassen in BGH NJW 2012, 1207 Rn. 6.
33 So zum Fall des § 1629 Abs.3 BGB jüngst *Wolf/Lecking* MDR 2011, 1, 3.
34 *Becker-Eberhard* ZZP 104 (1991), 414, 435.
35 *Becker-Eberhard* ZZP 104 (1991), 414, 435.
36 BGH NJW 2012, 1207 Rn.9 (Bestimmung im WEG-Verwaltervertrag, der Verwalter sei berechtigt, rückständige Hausgelder im eigenen Namen gegen einzelne Wohnungseigentümer geltend zu machen).
37 So der Fall von BGH NJW 2012, 1207 (Abberufung des WEG-Verwalters wegen gravierender Pflichtverletzungen).

zunächst zulässig ist: Dort kommt es auf Wertungen des materiellen Rechts nicht an. Wer in Titel und Klausel als Gläubiger bezeichnet ist, ist vollstreckungsbefugt.[38]

V. Rückermächtigungsfälle

Auch der Rückermächtigte ist originärer Titelgläubiger (oben II 2, III 2). Er kann Erteilung der Klausel an sich beantragen und die Vollstreckung im eigenen Namen betreiben. Erhebt der Schuldner keine materiellen Einwendungen über die Klage aus § 767 ZPO, so ist die Vollstreckungsstandschaft des Gläubigers zulässig und bestandsfest gegenüber Wertungen des materiellen Rechts.[39]

1. Materiellrechtliche Einziehungsermächtigung

Dagegen müsste eine Vollstreckungsabwehrklage (§ 767 ZPO) des Schuldners regelmäßig mit der Begründung Erfolg haben, der Gläubiger habe den Anspruch abgetreten und sei daher nicht mehr sein Inhaber.[40] Anders liegt es aber, wenn der Forderungsverlust materiellrechtlich gleichwertig ersetzt wird. Das ist nach jetzt h.L. der Fall, wenn der Zessionar den nach wie vor als Titelgläubiger genannten Zedenten mit einer materiellrechtlichen Einziehungsermächtigung rückermächtigt, die Zwangsvollstreckung mit der Maßgabe zu betreiben, dass der Zedent Leistung an sich verlangen kann.[41] Hier führt die Zwangsvollstreckung trotz Zession nach wie vor zum richtigen Ergebnis.[42] Die Kombination von verfahrensrechtlicher und materiellrechtlicher Ermächtigung (»Doppelermächtigung«) macht die Vollstreckungsstandschaft also immer bestandsfest auch gegenüber der Vollstreckungsabwehrklage des § 767 ZPO. Hier findet sich eine Parallele zu den Fällen der vorangegangenen gewillkürten Prozessstandschaft (oben IV). Das Gesagte betrifft vor allem die klassischen Fälle der

---

38 *Baur/Stürner/Bruns* Zwangsvollstreckungsrecht (oben Fn. 11), Rn.12.12.
39 Hervorgehoben durch *P. Huber* FS Schumann, 2001, 227, 231.
40 *Gaul/Schilken/Becker-Eberhard* (oben Fn. 7), § 40 Rn.44.
41 BGHZ 120, 387, 395 mit Anm. *Becker-Eberhard* ZZP 107 (1994), 81, 87, 95 ff.; BGH NJW 1980, 2527, 2528; *Wittschier* JuS 1999, 804, 806; anders offenbar Schuschke/Walker/ *Schuschke* Vollstreckung und vorläufiger Rechtsschutz, 6. Aufl. 2016, § 727 Rn.31.
42 Entgegen *Scherer* Rpfleger 1995, 89, 93 ist dem der Fall gerade nicht gleichzustellen, dass der »Rückermächtigte« lediglich befugt sein soll, Leistung an den neuen Rechtsinhaber zu verlangen. Hier wird die materielle Rechtsinhaberschaft nicht ersetzt, weil der Titel auf Leistung an den Rückermächtigten lautet. Die Zwangsvollstreckung führt daher zu einem nach materiellem Recht nicht mehr richtigen Ergebnis, so auch *Becker-Eberhard* ZZP 107 (1994) 81, 97. Es handelt sich vielmehr um die bloße Übertragung der prozessualen Vollstreckungsermächtigung, ohne dass der Titelgläubiger Leistung an sich verlangen kann. Damit ist die Klage aus § 767 ZPO begründet.

stillen Sicherungsabtretung. In ihrem Rahmen wird die Einziehungsermächtigung auch von ihren Kritikern zugelassen.[43]

2. Isolierte Vollstreckungsstandschaft

Nicht ausreichend ist es dagegen, wenn die Auslegung der Abrede zwischen Zedent und Zessionar keine materiellrechtliche Einziehungsermächtigung enthält, sondern lediglich eine Vollstreckungsermächtigung (»isolierte« oder »reine« Vollstreckungsstandschaft).[44] Das betrifft die Fälle, in denen der Titelgläubiger nur zur Zwangsvollstreckung ermächtigt ist, aber nicht Leistung an sich verlangen kann (oben IV 1). Dann ist die Vollstreckungsabwehrklage des § 767 ZPO begründet, weil Vollstreckungsanspruch und materielles Recht auseinanderfallen. Diese Fälle dürften selten sein, weil die Auslegung bei stillen Sicherungsabtretungen regelmäßig zu einer Doppelermächtigung führt[45]. Eine »isolierte« Vollstreckungsstandschaft kann sich aber nachträglich ergeben, wenn die Sicherungszession offengelegt wird, weil dann die Einziehungsermächtigung nach allgemeiner Auffassung entfällt.[46] Da dann nur noch an den Sicherungsnehmer als Zessionar geleistet werden darf, ist eine Vollstreckungsgegenklage aus § 767 ZPO erfolgreich.[47]

Das nachträgliche Entfallen der Einziehungsermächtigung in den Rückermächtigungsfällen findet eine Parallele in den Fällen der vorangegangenen Prozessstandschaft des Titelgläubigers (oben IV).

VI. DRITTERMÄCHTIGUNGSFÄLLE

1. Bedürfnis für eine Vollstreckungsstandschaft

Bei den Drittermächtigungsfällen (oben II 3 und III 3) ist die Problematik der Vollstreckungsstandschaft im Klauselerteilungsverfahren des § 727 ZPO angesiedelt, das der Zwangsvollstreckung vorgelagert ist. Dort findet sich die schon mehrfach erwähnte Kombination (oben V für die Rückermächtigungsfälle und oben IV für die vorangegangene Prozessstandschaft) einer Einräumung der prozessualen Vollstreckungsermächtigung mit der Übertragung oder Abspaltung materieller Rechtsbefugnisse (»Rechtsnachfolge« im weit verstandenen Sinn) schon im Tatbestand des § 727 ZPO.

---

43 *Medicus* Bürgerliches Recht, 21. Aufl. 2007, Rn.30; nicht mehr enthalten in *Medicus/Petersen* Bürgerliches Recht, 25.Aufl. 2015, Rn. 30; BGHZ 4, 153, 164 f. hält die Einziehungsermächtigung allgemein für unbedenklich.
44 BGHZ 120, 387, 396 in Abgrenzung von BGHZ 92, 347 und BGH NJW-RR 1992, 61, wo aber eine naheliegende materielle Einziehungsermächtigung überhaupt nicht geprüft wurde.
45 Jüngst *Schmitt-Gaedke/Arz* JA 2016, 770, 772.
46 *Medicus/Petersen* Allgemeiner Teil des BGB, 11. Aufl. 2016, Rn.1009.
47 *G.Lüke* JuS 1996, 588, 590.

Gleichwohl soll diese Fallgruppe nach wohl h.L. eine Sonderstellung einnehmen. *Rimmelspacher* hat schon eingehend dargetan, dass ein rechtsschutzwürdiges Interesse an der Vollstreckungsstandschaft nicht von vornherein verneint werden kann. Insbesondere ist die vorgeschlagene Ersatzlösung einer fiduziarischen Übertragung des Rechts auf den Dritten im Ausgangsfall (oben II 3) nicht gangbar, da der Anspruch aus § 917 Abs.1 BGB nicht abtretbar ist.[48]

Der Verweis auf die Missbrauchsgefahr, wenn die Vollstreckung in die »Hände von rabiaten Spezialisten« gelegt wird,[49] schlägt ebenfalls nicht für alle Fälle durch, wie der Ausgangsfall deutlich macht. Auch ist es nicht immer möglich, bereits das Erkenntnisverfahren in zulässiger gewillkürter Prozessstandschaft durch den »Dritten« durchführen zu lassen, weil es diesen nicht schon immer gibt.

2. Abspaltung von Anpruchsbefugnissen

Im vorliegenden Fall liegt daher die Parallele mit der wenigstens kraft Gewohnheitsrechts oder richterlicher Rechtsfortbildung hingenommenen zulässigen gewillkürten Prozessstandschaft auf der Hand. Zuzugeben ist allerdings, dass § 727 ZPO nach der Modellvorstellung des Gesetzgebers gerade nicht als Vollstreckung eines fremden Rechts in eigenem Namen ausgestaltet ist. Vielmehr geht es um die Vollstreckung eines eigenen Rechts (Anspruches nach § 194 BGB), das der Klauselinhaber durch Rechtsnachfolge vom Titelgläubiger erlangt hat. Letztlich steht die Frage inmitten, ob die Rechtsnachfolge des § 727 ZPO auch Fälle erfasst, in denen dem Dritten z.B. nur ein materiellrechtliches Einziehungsrecht auf Leistung an sich (oder vergleichbar) vom Vollrecht des Titelgläubigers abgespalten wird, wobei wesentliche Funktionen des Anspruches weiterhin dem Titelgläubiger zugeordnet sind.

Abgespalten wird im Ausgangsfall (oben II 3) zum ersten die dem Anspruch (§ 194 BGB) innewohnende Rechtsbehelfsfunktion; dazu zählt die Vollstreckungsbefugnis.[50] Zum zweiten wird abgespalten als Element der Rechtsposition die (ausschließliche)

---

48 *Rimmelspacher* (oben Fn. 19), S. 269, 272; auch *Olzen* JR 1985, 288, 289 bejaht ein Gläubigerinteresse, die Zwangsvollstreckung durch Dritte durchführen zu lassen.
49 *Heiderhoff/Skamel* Zwangsvollstreckungsrecht, 2. Aufl. 2013, Rn.70.
50 *H. Roth* Einrede (oben Fn. 26), S. 45.- Mit dem Vorliegen des Vollstreckungstitels wird aus diesem Anspruchselement des Anspruchs aus § 194 BGB der gegen den Staat gerichtete Vollstreckungsanspruch auf Vornahme der beantragten Vollstreckungsmaßnahme; zum Vollstreckungsanspruch und seinem streitigen Verhältnis zum Anspruch aus § 194 BGB *Gaul/Schilken/Becker-Eberhard* (oben Fn. 7), § 6 Rn.1, aber auch Rn.11 ff., 19, 23.- Nach dem hier vertretenen Standpunkt ist die Vollstreckungsbefugnis sehr wohl eine Eigenschaft des materiellrechtlichen Anspruches, ohne dass man einen öffentlich-rechtlichen Vollstreckungsanspruch gegen den Staat mit Titelentstehung leugnen könnte. Daran ändert nichts, dass der im Titel ausgedrückte Vollstreckungsanspruch nach seinen Entstehungsvoraussetzungen nicht von der Existenz eines materiellrechtlichen Anspruches abhängig ist. Ähnlich wirkt die materielle Rechtskraft eines zusprechendes Fehlurteils nach der prozessualen Rechtskrafttheorie auch bei fehlendem Anspruch, Einzelheiten bei *H. Roth* FS *Sutter-Somm*, 2016, S. 505 ff.

»Empfangszuständigkeit« zugunsten des Vollstreckenden.[51] Das folgt aus der Eigenschaft des § 917 Abs.1 BGB als nicht abtretbarer Anspruch. Deshalb lässt sich hier nicht von »Einziehungsermächtigung« reden. An den Sachproblemen ändert das nichts. Die übrigen Elemente von Rechtsposition und Rechtsbehelf, wie sie den Anspruch ausmachen, verbleiben bei dem Titelgläubiger. Für die »Rechtsnachfolge« des § 727 ZPO reicht diese Teilabspaltung aus, weil sie diejenigen Anspruchsfunktionen betrifft, die im gewöhnlichen Fall der Zwangsvollstreckung in der Person des Vollstreckungsgläubigers zusammentreffen. Die Parallele zu den Rückermächtigungsfällen liegt auf der Hand (oben V).

Allerdings gibt es im Falle des § 727 ZPO keine statthafte »isolierte« Vollstreckungsstandschaft, die nur die prozessuale Einziehungskomponente betrifft (dagegen oben V 2). Das liegt schlicht daran, dass der Tatbestand des § 727 ZPO wenigstens die Übertragung von *materiellrechtlichen* Teilfunktionen des Anspruches verlangt, damit der Gleichlauf von Prozessrecht und materiellem Recht gesichert ist. Dagegen gewährt § 727 ZPO keine titelübertragende Klausel, wenn lediglich prozessuale Befugnisse übertragen werden sollen[52]. Denn dann fehlte der Zusammenhang mit der in § 325 Abs.1 ZPO vorausgesetzten subjektiven Rechtskraftwirkung.[53] Die hier im weitgehenden Anschluss an *Rimmelspacher* vorgeschlagene Lösung bewegt sich nicht auf der methodischen Ebene der Rechtsfortbildung, sondern bedeutet eine bloße Auslegung des Begriffes »Rechtsnachfolge« in § 727 ZPO. Es bedarf also nicht der bisweilen diskutierten Lücke für eine analoge Anwendung des § 727 ZPO.[54]

Anders als bei der gewillkürten Prozessstandschaft bedarf es zu der Anwendung des § 727 ZPO keines zusätzlichen eigenen Interesses des Dritten. Die dem Dritten übertragene Empfangszuständigkeit (für den hier diskutierten Fall des § 917 Abs.1 BGB; vorzugswürdig im Allgemeinen: materiellrechtliche Einziehungsermächtigung iSe Verlangens der Leistung an sich) reicht aus.[55] Einer Gefährdung des Schuldners durch Doppelvollstreckung lässt sich dadurch vorbeugen, dass die Klausel nach dem Prioritätsprinzip nur demjenigen erteilt wird, der den ersten Antrag stellt. Daher kann eine weitere vollstreckbare Ausfertigung nur erteilt werden (§ 733 ZPO), wenn die zuerst erteilte Ausfertigung zurückgegeben wird[56].

3. Konstruktive Besonderheiten

Auch im Falle der Drittermächtigung ist daher die Vollstreckungsstandschaft zulässig, wenn es sich um eine kombinierte Ermächtigung handelt. Der konstruktive Un-

---

51 *Rimmelspacher* (oben Fn. 19), S. 269, 279.
52 *Brox/Walker* Zwangsvollstreckungsrecht, 10. Aufl. 2014, Rn. 117; MünchKommZPO/*Becker-Eberhard* (oben Fn. 21), § 265 Rn.10.
53 Ausführlich zu § 325 ZPO: *Loritz* ZZP 95 (1982), 310, 316.
54 Anders *P. Huber* FS Schumann, 2001, S. 227, 239.
55 *Rimmelspacher* (oben Fn. 19), S. 269, 279 f.; a.A. *Wienke* (oben Fn. 20), S. 182 f. (Gefahr der Popularvollstreckung); *Scherer* Rpfleger 1995, 89, 92.
56 *Scherer* Rpfleger 1995, 89, 93.

terschied zu der gewillkürten Prozessstandschaft (oben II 1) und der Rückermächtigung (oben II 2) besteht nur darin, dass bei den beiden letztgenannten Instituten der Schuldner mit Erhebung der Vollstreckungsabwehrklage (§ 767 ZPO) eine eigene Initiative ergreifen muss, wenn er materiellrechtliche Einwendungen gegen den Anspruch erheben und damit die Unzulässigerklärung der Zwangsvollstreckung erreichen will. Dagegen ist im Falle der Drittermächtigung die Prüfung der materiellen Rechtslage (Rechtsnachfolge) bereits in das Klauselerteilungsverfahren vorverlagert und dem Rechtspfleger (§ 20 Abs.1 Nr.12 RPflG) übertragen.

VII. Ergebnis

Vollstreckungsstandschaft bedeutet das Beitreiben fremder Ansprüche im eigenen Namen (oben I). Von isolierter Vollstreckungsstandschaft sollte nur gesprochen werden, wenn lediglich eine prozessuale Vollstreckungsermächtigung erteilt worden ist, die nicht mit einer materiellrechtlichen Einziehungsermächtigung verbunden wurde (oben II vor 1).[57] Im Falle einer Verknüpfung beider Ermächtigungen kann von »kombinierter« Vollstreckungsstandschaft gesprochen werden. In den Fallgruppen der vorangegangenen Prozessführungsbefugnis (oben II 1) und der Rückermächtigung (oben II 2) liegt in der Sache eine isolierte Vollstreckungsstandschaft vor, wenn lediglich das Zwangsvollstreckungsverfahren zu beurteilen ist. Der Titelgläubiger kann also Klauselerteilung an sich beantragen und dann die Vollstreckung betreiben. Die isolierte Vollstreckungsstandschaft ist aber nicht bestandsfest gegenüber Einwendungen aus dem materiellen Recht, die der Schuldner auf seine Initiative im Wege des § 767 ZPO geltend macht.

Erst recht ist im Zwangsvollstreckungsverfahren stets die kombinierte Ermächtigung statthaft, die aus der Verknüpfung der prozessualen Vollstreckungsermächtigung mit einer materiellrechtlichen Einziehungsermächtigung entsteht. Diese »kombinierte« Vollstreckungsstandschaft hält auch einer Vollstreckungsabwehrklage (§ 767 ZPO) des Schuldners stand und erlaubt daher die Fortsetzung der Zwangsvollstreckung.

In den bei § 727 ZPO angesiedelten Fällen der Drittermächtigung (oben II 3) führt eine bloße Vollstreckungsermächtigung durch den Titelgläubiger nicht zur Klauselerteilung an den Dritten. § 727 ZPO kennt schon nach seinem Wortlaut keine isolierte Vollstreckungsstandschaft. Vielmehr muss die Übertragung der materiellrechtlichen Einziehungsermächtigung (Empfangszuständigkeit) als Teil des dem Titelgläubiger zustehenden materiellrechtlichen Anspruches an den Dritten hinzukommen. § 727 ZPO erlaubt und fordert den Durchgriff auf das materielle Recht im Klauselerteilungsverfahren, weil die Norm eine nachträgliche Schuldnerinitiative wie bei § 767 ZPO nicht voraussetzt.

---

57 So die zutreffende Terminologie von BGHZ 120, 387, 396.

Unter den genannten Voraussetzungen kann die isolierte und kombinierte Vollstreckungsstandschaft als ungeschriebenes Prozessrechtsinstitut des *Einzelzwangsvollstreckungsrechts* anerkannt werden. Im *Klauselerteilungsverfahren* des § 727 ZPO ist dagegen nur eine kombinierte Vollstreckungsstandschaft erlaubt (oben VI). Allerdings ist der Erkenntniswert des Begriffes eher gering, weil er lediglich Wertungen beschreibt und knapp zusammenfasst, die sich aus gesetzlichen Regelungen ergeben. Wollte man die »Vollstreckungsstandschaft« als *Theorie* ansehen, so handelte es sich nicht um eine Theorie mit heuristischer Funktion, sondern um eine bloß erklärende Theorie.[58]

---

58 Zum Unterschied eingehend *H. Roth* FS Sutter-Somm, 2016, S. 505 ff., 512 f.

Die Vollstreckungsstandschaft im deutschen und europäischen Recht

Haimo Schack

Anders als in vielen ausländischen Rechtsordnungen ist die gewillkürte Prozessstandschaft in Deutschland eine von der Rechtsprechung und herrschenden Lehre anerkannte[1] – und missbrauchsanfällige – Rechtsfigur. Sie dient vor allem den Sicherungsnehmern (Banken), die nicht selbst klagen wollen, aber auch dem Sicherungsgeber, der eine stille Zession auch im Einziehungsprozess nicht aufdecken muss. Das alles muss man nicht fördern, und man darf es nicht, sobald dadurch die Rechtsstellung des Schuldners verschlechtert wird.

Im Folgenden soll es nicht um die Ermächtigung eines Dritten gehen, einen Prozess über ein fremdes Recht im eigenen Namen zu führen, sondern um die Auswirkungen einer Prozessführung über fremde Rechte im anschließenden Vollstreckungsverfahren und darum, ob es eine der gewillkürten Prozessstandschaft entsprechende »Vollstreckungsstandschaft« geben kann. Das ist vor zwei Jahrzehnten viel erörtert worden,[2] nachdem der BGH die Zulässigkeit einer (isolierten) Vollstreckungsstandschaft ohne vorausgegangene Prozessstandschaft in seiner Leitentscheidung vom 26.10.1984 klar verneint hatte.[3]

In letzter Zeit hat sich ein neues Einsatzfeld für eine Vollstreckungsstandschaft gezeigt, wenn deutsche Zwangs- oder Ordnungsgeldbeschlüsse (§§ 888, 890, 891 Satz 1 ZPO) im EU-Ausland vollstreckt werden sollen. Solche Festsetzungsbeschlüsse hat der EUGH mit Recht für anerkennungsfähige Entscheidungen iSv Art. 2 lit. a EuGVO Nr. 1215/2012 gehalten,[4] obwohl die Zwangs- und Ordnungsgelder nach

---

1 Ablehnend *Schack*, Prozessführung über fremde Rechte, in FS Gerhardt 2004, S. 859, 873 f. mwN dort Fn. 60.
2 *Kirsten Schmidt*, Vollstreckung im eigenen Namen durch Rechtsfremde, 2001 (besprochen von *Becker-Eberhard* ZZP 117 (2004) 245-249); *Jens Petersen*, Die gewillkürte Vollstreckungsstandschaft, ZZP 114 (2001) 485-498; *Peter Huber*, Die isolierte Vollstreckungsstandschaft, in FS E. Schumann 2001, S. 227-240; *Scherer*, Zulässigkeit einer Vollstreckungsstandschaft?, Rpfleger 1995, 89-94; *Becker-Eberhard*, In Prozeßstandschaft erstrittene Leistungstitel in der Zwangsvollstreckung, ZZP 104 (1991) 413-448; *Wienke*, Die Vollstreckungsstandschaft, Diss. Bonn 1989.
3 BGHZ 92, 347, 349 (V. ZS) = NJW 1985, 809 = JZ 1985, 341 mit Anm. *Brehm* = JR 1985, 287 mit Anm. *Olzen*.
4 EUGH 18.10.2011, C-406/09, NJW 2011, 3568 Tz. 41 f. mit Anm. *Giebel* – Realchemie Nederland/Bayer CropScience AG, dazu *Stefan Arnold* ZEuP 2012, 315-331; *Althammer/Wolber* IPRax 2016, 51, 52; vgl. *Schack*, Internationales Zivilverfahrensrecht, 7. Aufl. 2017, Rn. 1081; und zuvor schon BGH 25.3.2010, BGHZ 185, 124, 127 ff. zu Art. 2 I EuVTVO.

deutschem Recht nicht dem Gläubiger, sondern der Staatskasse zufließen. Die unionsrechtlich gebotene Gleichbehandlung[5] mit der von Art. 55 EuGVO 2012 (= Art. 49 a.F.) unmittelbar erfassten französischen *astreinte* oder niederländischen *dwangsom* lässt sich konstruktiv durch eine Vollstreckungsstandschaft des Urteilsgläubigers für die deutsche Staatskasse erreichen[6] (unten III.2). Das ist Anlass, die Zulässigkeit und Reichweite einer Vollstreckungsstandschaft im deutschen und europäischen Recht noch einmal näher zu untersuchen.

I. Vollstreckungsstandschaft nach vorausgegangener Prozessstandschaft

Hat der Kläger das Urteil als gesetzlicher oder gewillkürter Prozessstandschafter erstritten, dann ist er durch den Titel legitimiert, auch die Zwangsvollstreckung zu betreiben[7] (§ 750 I 1 ZPO). Die nach deutschem Recht erforderliche Vollstreckungsklausel wird ihm als »Partei« (§ 725 ZPO) erteilt. Soweit es – für die in § 794 I Nr. 6-9 ZPO genannten Vollstreckungstitel aus anderen EU-Staaten – heute keiner Vollstreckungsklausel mehr bedarf,[8] folgt das schon daraus, dass die Sachlegitimation des Klägers im Vollstreckungsstaat grundsätzlich[9] nicht nachgeprüft werden darf.

1. Gesetzliche Prozessstandschaft

Eine gesetzliche Prozessstandschaft kann materiell-rechtliche oder prozessuale Gründe haben. Im ersten Fall unterliegt sie der lex causae, im zweiten der lex fori.[10]

Ebenso im Rahmen der EuEheVO für die Beitreibung in Finnland eines belg. Zwangsgeldes zur Durchsetzung einer belg. Umgangsentscheidung EUGH 9.9.2015, C-4/14, NJW 2016, 226 – Bohez/Wiertz.

5 BGHZ 185, 124, 129 Tz. 13 = IPRax 2012, 72 mit abl. Anm. *Bittmann* 62, 64.
6 *Giebel*, Die Vollstreckung von Ordnungsmittelbeschlüssen gemäß § 890 ZPO im EU-Ausland, IPRax 2009, 324, 326 f.; *Arnold* ZEuP 2012, 330; *Hall*, in FS Bornkamm 2014, S. 1045, 1049; a.A. *Bittmann*, Anm. zu EUGH (oben Fn. 4), GPR 2012, 84, 86.
7 BGHZ 92, 347, 349; *K. Schmidt/Brinkmann* in MünchKommZPO II, 5. Aufl. 2016, § 767 ZPO Rn. 67.
8 §§ 1082, 1093, 1107, 1112 ZPO; vgl. Art. 39 EuGVO 2012; *Schack*, IZVR, Rn. 1059a.
9 Ausnahmsweise gemäß Art. 45 I lit. a EuGVO (ordre public) im Verfahren zur Versagung der Vollstreckung nach Art. 46 ff. EuGVO. Ohne Ausnahme in der EuVTVO; kritisch *Schack*, IZVR, Rn. 1054 mwN.
10 Ausführlich *Schack*, IZVR, Rn. 621 ff., auch zu schwierig zu qualifizierenden Rechtsinstituten wie § 1629 III 1 BGB und der französischen *action oblique* in Art. 1341-1 n.F. C.civ. (lege fori zu beurteilende Forderungseinziehung zugunsten aller Gläubiger des Forderungsgläubigers); *Wunderlich*, Zur Prozeßstandschaft im internationalen Recht, Diss. München 1970.

a) Mitberechtigungsfälle

Als materiell Mitberechtigter kann ein einzelner Mitgläubiger, Miteigentümer, Miterbe oder Miturheber auf Leistung an alle klagen.[11] Andere Mitberechtigte sollen die Rechtsverfolgung nicht blockieren dürfen. Der Kläger macht in diesem Fall ein *auch fremdes* Recht geltend, zu dessen Durchsetzung er auch die Zwangsvollstreckung betreiben können muss.[12] Darin mag man eine gesetzliche Vollstreckungsstandschaft sehen, doch sind hier Titelgläubiger und Vollstreckungsgläubiger identisch. Die anderen Mitberechtigten können aus dem Urteil nicht vollstrecken.[13]

b) Rechtsnachfolge während des Prozesses, § 265 ZPO

In grenzüberschreitenden Verfahren wesentlich schwieriger ist die gesetzliche Prozessstandschaft des Veräußerers einer streitbefangenen Sache oder Forderung gemäß § 265 ZPO. Damit soll das ursprüngliche Prozessrechtsverhältnis gesichert werden, wenn das Urteil auch gegen den Rechtsnachfolger wirken würde (§§ 265 III, 325 ZPO). Das ist bei Abtretung einer streitbefangenen Forderung stets der Fall, da das deutsche Recht, von § 405 BGB abgesehen, keinen gutgläubigen Forderungserwerb kennt (vgl. § 325 II ZPO). Bei einer Abtretung nach Rechtshängigkeit wird der Schuldner (Beklagte) also durch die von § 325 I ZPO angeordnete Rechtskrafterstreckung auf den Zessionar wirksam geschützt.[14] Hat der Kläger abgetreten, dann muss er seinen Klageantrag auf Leistung an den Zessionar umstellen[15] (§ 264 Nr. 3 ZPO), wenn der Zessionar den Zedenten nicht zur Forderungseinziehung analog § 185 BGB rückermächtigt hat. Nur so lässt sich eine evident sachlich unzutreffende Tenorierung verhindern. Titelgläubiger bleibt in diesem Fall aber der Zedent. Nur wenn dieser die Zwangsvollstreckung nicht betreiben will, kann dem Zessionar als Rechtsnachfolger gemäß § 727 ZPO eine vollsteckbare Ausfertigung erteilt werden.

c) Internationale und europäische Perspektive

Letzteres stößt international auf Schwierigkeiten, besonders bei Titeln aus dem EU-Ausland, die in Deutschland ohne eine inländische Vollstreckungsklausel vollstreckt werden können.[16] Gemäß § 727 ZPO[17] kann der Rechtsnachfolger des Titelgläubigers eine vollstreckbare Ausfertigung verlangen, wenn das Leistungsurteil

---

11 §§ 432, 1011, 2039 BGB, § 8 II 3 UrhG.
12 KG NJW 1957, 1154 (Miterbe).
13 KG NJW-RR 2000, 1409, 1410 (obiter, Mitgläubiger).
14 Bei einer Abtretung *vor* Rechtshängigkeit greift § 407 II BGB.
15 So die herrschende Relevanztheorie, BGHZ 158, 295, 304 = NJW 2004, 2152; *Herbert Roth* in Stein/Jonas, ZPO III, 23. Aufl. 2016, § 265 ZPO Rn. 21 f. mwN. Tut er das nicht, dann wird die Klage mangels Aktivlegitimation abgewiesen; BGH NJW 1986, 3206, 3207 mwN.
16 Siehe oben Fn. 7.
17 Und notfalls im Wege einer Klauselerteilungsklage gemäß § 731 ZPO.

Rechtskraft auch gegenüber dem Rechtsnachfolger entfaltet. Ob eine Rechtsnachfolge eingetreten ist, sagt die lex causae. Ob sich die Rechtskraft eines Urteils über die Parteien hinaus auf Dritte erstreckt, richtet sich wie alle Grenzen der Rechtskraft im Ausgangspunkt nach dem Recht des Urteilsstaates (Wirkungserstreckung[18]) in den vom Anerkennungsstaat gezogenen Grenzen (Kumulationstheorie).[19] Die Rechtskrafterstreckungen[20] in § 325 ZPO und § 407 II BGB sind damit grundsätzlich auch für die Urteilsanerkennung relevant. Im Anwendungsbereich des AVAG hat der Vorsitzende einer Zivilkammer über die Erteilung der Vollstreckungsklausel »nach dem Recht des Staates zu entscheiden, in dem der Titel errichtet ist« (§§ 7 I 1, 3 III AVAG).

Art. 39 ff. der neuen, seit dem 10.1.2015 geltenden EuGVO, die auf jegliches Vollstreckbarerklärungsverfahren verzichtet, äußern sich nicht zu einer Vollstreckung durch Rechtsnachfolger oder Dritte. Für *inländische* Titel, die im EU-Ausland vollstreckt werden sollen, hat § 1111 ZPO das Bescheinigungsverfahren (Art. 53 EuGVO) dem Klauselerteilungsverfahren für §§ 726 I, 727-729 ZPO angeglichen.[21] Für EU-ausländische Titel lässt sich Art. 53 EuGVO nur entnehmen, dass ein »Berechtigter« (»any interested party«/»toute partie intéressée«) vom Ursprungsgericht die Bescheinigung der Vollstreckbarkeit (Nr. 4.4 des Formblattes im Anhang I) verlangen kann. Das muss wie bei § 727 I ZPO nicht zwingend der im Titel bezeichnete Gläubiger sein.[22] Wenn der Ursprungsstaat keine Titelumschreibung auf Rechtsnachfolger vorsehen sollte, hat es dabei sein Bewenden. Zu einer (über den hier nicht einschlägigen Art. 54 EuGVO hinausgehenden) Titelergänzung ist der Vollstreckungsstaat nicht mehr befugt.[23] Eventuelle Rechtsschutzlücken in den Mitgliedstaaten könnte man mit einer unionsweiten Vereinheitlichung der Rechtskrafterstreckung schließen,[24] am besten jedoch mit einer ausdrücklichen Regelung in der nächsten Neufassung der EuGVO.

---

18 *Geimer*, Internationales Zivilprozessrecht, 7. Aufl. 2015, Rn. 2776 ff.
19 *Schack*, IZVR, Rn. 881-886, 1012, 1045; und zuletzt *Schack*, »Anerkennung« ausländischer Entscheidungen, in FS Schilken 2015, S. 445-456 mwN.
20 Zu weiteren Fällen gesetzlicher Rechtskrafterstreckung *Schack*, Drittwirkung der Rechtskraft?, NJW 1988, 865-873.
21 Hierzu *Ulrici*, Inländische Anerkennungs- und Vollstreckungsbescheinigung nach der Brüssel Ia-VO, GPR 2015, 295-302 (fragwürdig 297). Zu Europäischen Vollstreckungstiteln vgl. *Schlosser*/Hess, EU-Zivilprozessrecht, 4. Aufl. 2015, Art. 6 EuVTVO Rn. 2.
22 Gegen *Hüßtege* in Thomas/Putzo, ZPO, 38. Aufl. 2017, Art. 53 EuGVO Rn. 1. Offener die Formulierung von *Schinkels* in Prütting/Gehrlein, ZPO, 9. Aufl. 2017, Art. 53 Brüssel Ia-VO Rn. 1; unklar *A. Staudinger* in Rauscher (Hrsg.), Europäisches Zivilprozess- und Kollisionsrecht, Band I, 4. Aufl. 2016, Art. 53 Brüssel Ia-VO Rn. 2.
23 Vgl. *Geimer* (oben Fn. 18), Rn. 3174z, 3156 ff.
24 Zu diesem Ansatz vgl. *Schack*, Europäische Rechtskraft?, in FS Geimer 2017, S. 611-618.

2. Gewillkürte Prozessstandschaft

Die gewillkürte Prozessstandschaft setzt neben der (lege causae zu beurteilenden) materiell-rechtlichen Einziehungsermächtigung[25] die Ermächtigung des Klägers voraus, den Einziehungsprozess im eigenen Namen zu führen. Für die prozessuale Ermächtigung und ihre Voraussetzungen gilt die lex fori.[26] Die materielle Einziehungsermächtigung und die Ermächtigung zur Prozessführung müssen daher klar getrennt werden. Ob nur eine Einziehungsermächtigung oder auch eine Prozessführungsermächtigung vorliegen, ist durch Auslegung zu klären. Ebenso wenig ist mit der Einräumung einer Prozessstandschaft zwingend eine anschließende Vollstreckungsstandschaft verbunden. Denn der Rechtsinhaber kann durchaus ein Interesse daran haben, dass der Dritte ihm nur die Last des Einziehungsprozesses abnimmt, die Entscheidung über die Zwangsvollstreckung jedoch dem Rechtsinhaber vorbehalten bleibt. Im Zweifel liegt deshalb in einer Prozessführungsermächtigung allein noch keine Vollstreckungsermächtigung.[27] Das gilt umso mehr, als der Rechtsinhaber die Ermächtigung des Dritten zur Prozessführung jederzeit widerrufen kann.[28] Ob es zu einer Vollstreckungsstandschaft kommt, könnte davon abhängen, ob der Titel auf Leistung an den Kläger oder auf Leistung an den Rechtsinhaber lautet.

a) Titel auf Leistung an den Kläger (Zedenten)

Die gewillkürte Prozessstandschaft erlaubt es den Parteien eines Sicherungsvertrages, die im deutschen Recht mögliche stille Zession (§ 398 BGB) auch noch im Einziehungsprozess des Zedenten geheim zu halten, obwohl er schon bei Klageerhebung nicht mehr Rechtsinhaber war. Die schuldbefreiende Wirkung einer Leistung an den Zedenten (§ 407 I BGB) tritt auch dann ein, wenn der Schuldner erst nach Rechtshängigkeit von der Abtretung erfährt, § 407 II BGB.[29] Selbst wenn die stille Zession im Verlauf des Einziehungsprozesses aufgedeckt wird, muss der Zedent seinen Klageantrag dann nicht auf Leistung an den Rechtsinhaber umstellen, wenn dessen Prozessführungsermächtigung wirksam ist und dem Zedenten auch erlaubt, auf Leistung an sich zu klagen. Die vollstreckbare Ausfertigung wird dann dem formellen Parteibegriff entsprechend dem Prozessstandschafter erteilt.[30] Auf die materiell-rechtliche

---

25 Im deutschen Recht analog § 185 BGB.
26 Vgl. *Schack*, IZVR, Rn. 626 ff.
27 *Wienke* (oben Fn. 2), S. 66; anders S. 160, wenn der Prozessstandschafter Leistung an sich selbst verlangen durfte. Vgl. auch *Loritz*, Die Umschreibung der Vollstreckungsklausel, ZZP 95 (1982) 310, 332; *Schwab*, Die prozeßrechtlichen Probleme des § 407 II BGB, in GS Rudolf Bruns 1980, S. 181, 189.
28 BGH (V. ZS), NJW 2015, 2425 Tz. 15 ff. (analog § 269 I ZPO, Tz. 29).
29 Vgl. *Quast*, Rechtskräftiger Titel des Zedenten und Schutz des Schuldners, 2009, S. 289 f. Wenn die Abtretung während des Einziehungsprozesses erfolgt, greift § 265 ZPO, s. oben 1 b.
30 Vgl. *Becker-Eberhard* ZZP 104 (1991) 419.

Gläubigerstellung kann es hier schon deshalb nicht ankommen,[31] weil diese bei der stillen Zession nicht erkennbar ist. Im Urteil als Gläubiger bezeichnet (§ 727 I ZPO) ist allein der Prozessstandschafter; nur als dessen Rechtsnachfolger könnte dem Rechtsinhaber eine vollstreckbare Ausfertigung erteilt werden. § 727 ZPO gilt indes nur für eine Rechtsnachfolge *nach* Rechtshängigkeit.[32] Dem Rechtsinhaber bleibt somit nur die Möglichkeit, gemäß § 733 ZPO eine weitere vollstreckbare Ausfertigung zu beantragen.[33] In diesem Verfahren lassen sich auch die Interessen des Schuldners wahren, keiner doppelten Vollstreckung ausgesetzt zu werden.

In dieser Situation von einer Vollstreckungsstandschaft zu sprechen,[34] ist insofern irreführend, als der Prozessstandschafter aus einem eigenen Titel, im eigenen Namen und zu eigenem Nutzen vollstreckt (auch wenn er den Erlös an den Sicherungsnehmer auskehren muss).

b) Titel auf Leistung an den Rechtsinhaber (Zessionar)

Das könnte anders sein, wenn der Prozessstandschafter nicht auf Leistung an sich selbst, sondern auf Leistung an den Rechtsinhaber geklagt hat, etwa weil die Ermächtigung zur Prozessführung von vornherein entsprechend beschränkt war. In diesem Fall will *Wienke* die vollstreckbare Ausfertigung gemäß §§ 724 f. ZPO nur dem Rechtsinhaber erteilen.[35] Eine Vollstreckungsstandschaft sei hier grundsätzlich unzulässig. Dem ist jedoch wegen der Formstrenge des Zwangsvollstreckungsrechts (§ 750 I 1 ZPO) nicht zu folgen. Nach dem Urteilstenor steht nur fest, wer Partei, nicht aber wer Rechtsinhaber der geltend gemachten Forderung ist. Wenn der Kläger auf Leistung an einen Dritten klagt, kann das ganz unterschiedliche Gründe haben: Der Dritte kann der Rechtsinhaber sein, der den Kläger nur begrenzt zur Prozessführung ermächtigt hat; der Dritte kann Begünstigter eines echten oder unechten Vertrages zugunsten Dritter (§ 328 BGB) oder aber eine schlichte Zahlstelle sein. Der im Klageantrag und Urteilstenor genannte Leistungsadressat muss also längst nicht immer der Rechtsinhaber sein. Die vollstreckbare Ausfertigung ist deshalb auch in diesem Fall allein dem Prozessstandschafter als Partei zu erteilen und nicht dem Leistungsadressaten.[36] Dass sich die Rechtskraft eines in gewillkürter Prozessstandschaft erstrittenen Titels auf den Ermächtigenden erstreckt,[37] macht diesen noch nicht zur Partei iSv § 725 ZPO.[38] Da der Ermächtigende auch nicht *nach* Rechtshängigkeit

---

31 Gegen *Wienke* (oben Fn. 2), S. 68-72.
32 BGHZ 120, 387, 392 (VIII. ZS) = NJW 1993, 1396; *Wienke* (oben Fn. 2), S. 154; *Münzberg* in Stein/Jonas, ZPO VII, 22. Aufl. 2002, § 727 ZPO Rn. 12 mwN.
33 *Wienke* (oben Fn. 2), S. 153 ff.; *Münzberg* (vorige Fn.), § 733 ZPO Rn. 7.
34 *Wienke* (oben Fn. 2), S. 204, 148 ff.
35 *Wienke* (oben Fn. 2), S. 204, 161 ff., 74 f. (in Konsequenz der Relevanztheorie).
36 Vgl. *Becker-Eberhard* ZZP 104 (1991) 424 ff., 428; *Gaul*/Schilken/Becker-Eberhard, Zwangsvollstreckungsrecht, 12. Aufl. 2010, § 10 Rn. 70.
37 RGZ 73, 306, 309; *Schack* NJW 1988, 865, 869 mwN.
38 BGH NJW 1984, 806.

Rechtsnachfolger geworden ist,[39] kann er eine vollstreckbare Ausfertigung auch nicht über § 727 ZPO,[40] sondern wieder nur ausnahmsweise über § 733 ZPO erhalten, insbesondere, wenn der Prozessstandschafter als Urteilsgläubiger die Zwangsvollstreckung nicht selbst durchführen will oder darf.[41]

II. Isolierte Vollstreckungsstandschaft

Wird eine titulierte Forderung erst nach Urteilserlass abgetreten, dann gilt § 265 ZPO für das Vollstreckungsverfahren nicht.[42] Wenn die vollstreckbare Ausfertigung gemäß § 725 ZPO dem Zedenten erteilt worden ist, kann der Schuldner mit einer Vollstreckungsabwehrklage (§ 767 ZPO) reagieren.[43] Ist die vollstreckbare Ausfertigung dem Zessionar als Rechtsnachfolger gemäß § 727 oder § 731 ZPO erteilt worden, dann steht dem Schuldner die Klauselerinnerung (§ 732 ZPO) oder die Klauselgegenklage (§ 768 ZPO) offen. Es besteht also keine Notwendigkeit, den Schuldner durch eine *gesetzliche* Vollstreckungsstandschaft des Zedenten zu schützen. Der Zweck von § 265 ZPO, den Fortbestand des Prozessrechtsverhältnisses zu sichern, greift im Vollstreckungsverfahren nicht.

Zu untersuchen bleibt, ob es eine *gewillkürte* Vollstreckungsstandschaft kraft einer Vollstreckungsermächtigung geben kann. Hier sind zwei Konstellationen zu unterscheiden: die Rückermächtigung des Titelgläubigers durch den Zessionar (unten 1.) und die Ermächtigung eines Dritten durch den Titelgläubiger = Rechtsinhaber (unten 2.).

1. Rückermächtigung

Der BGH sieht in einer bloßen Vollstreckungsermächtigung des Titelgläubigers durch den Zessionar keine Rechtsnachfolge iSv § 727 ZPO.[44] Einer Vollstreckungs-

---

39 Siehe oben bei Fn. 23.
40 Gegen die Analogie von *Becker-Eberhard* ZZP 104 (1991) 443 f., und in Gaul/Schilken/*Becker-Eberhard* (oben Fn. 36), § 16 Rn. 106 und § 23 Rn. 31.
41 Dann will OLG Köln VersR 1993, 1382 die vollstreckbare Ausfertigung dem Zessionar analog § 727 ZPO erteilen.
42 BGHZ 92, 347, 349 f.; *Olzen*, Anm. JR 1985, 289 f.; *Wienke* (oben Fn. 2), S. 126.
43 Die zeitliche Einschränkung von § 767 II ZPO gilt bei vollstreckbaren notariellen Urkunden nicht, §§ 794 I Nr. 5, 795 Satz 1, 797 IV ZPO; ebenso gemäß § 1117 II ZPO für nach der EuGVO 2012 vollstreckbare Titel (vgl. *Hüßtege* in Thomas/Putzo, ZPO, 38. Aufl. 2017, § 1117 ZPO Rn. 5). Anders § 1086 II ZPO für EuVT. Vgl. auch § 1095 II und § 1109 II ZPO.
44 BGHZ 92, 347, 349 (notarielle Urkunde, Briefgrundschuld); BGH 5.7.1991 (V. ZS), NJW-RR 1992, 61 (notarielle Urkunde), mit abl. Anm. *Münzberg*, Vollstreckungsstandschaft und Einziehungsermächtigung, NJW 1992, 1867-1869; OLG Bremen NJW-RR 1989, 574, 575 (Abtretung eines Kostenerstattungsanspruchs an den Prozessbevollmächtigten); a.A. OLG Dresden NJW-RR 1996, 444, 445.

abwehrklage des Schuldners könne der Titelgläubiger deshalb nur entgehen, wenn ihm der Zessionar die titulierte Forderung rückabgetreten hat.[45] Dieser Hinweis auf die Möglichkeit einer treuhänderischen Rückabtretung anstelle einer Ermächtigung analog § 185 BGB wäre genauso gegenüber einer gewillkürten Prozessstandschaft angebracht, die indes von der in Deutschland herrschenden Meinung hingenommen wird.[46] Die restriktive Haltung des BGH zur Vollstreckungsstandschaft ist grundsätzlich zu begrüßen, die klare Lösung wahrt die Formstrenge des Zwangsvollstreckungsrechts. Bedenken weckt allerdings die Möglichkeit einer *stillen Zession* mit anschließender Rückermächtigung des Zedenten, wenn dieser als Titelgläubiger, aber materiell Nichtberechtigter die Zwangsvollstreckung betreibt. Bleibt die stille Zession verborgen, dann konnte der Schuldner gemäß § 407 I BGB schuldbefreiend an den Zedenten leisten.[47] Bei einer Sicherungszession wäre auch das erforderliche eigene rechtliche Interesse des Zedenten gegeben, so dass in dieser Konstellation nichts gegen die Annahme einer Vollstreckungsstandschaft spricht.[48]

Praktisch bedeutsam wird die Frage nur und in dem Moment, in welchem die stille Zession noch während des laufenden Vollstreckungsverfahrens aufgedeckt wird. Dazu wird es vor allem bei einer Vollstreckung aus notariellen Urkunden häufiger kommen. Dann verliert der Schuldner den Schutz des § 407 I BGB, kann aber zur Abwendung der Zwangsvollstreckung schuldbefreiend immer noch an den materiell zur Einziehung berechtigten Zedenten leisten. Die Alternative wäre, das Vollstreckungsverfahren mit einer Vollstreckungsanwehrklage (§ 767 ZPO) zu stoppen. Ihr könnte der Vollstreckungsgläubiger den Boden nur dadurch entziehen, dass er sich die titulierte Forderung vom Zessionar treuhänderisch rückübertragen lässt. Dieser große Aufwand bewirkt im Ergebnis keinen besseren Schuldnerschutz, so dass man auch in dieser Rückermächtigungskonstellation wegen der fortbestehenden materiell-rechtlichen Einziehungsermächtigung[49] eine gewillkürte Vollstreckungsstandschaft akzeptieren kann.[50] Die Formstrenge der Zwangsvollstreckung ist gewahrt, weil der Zedent als Titelgläubiger legitimiert ist und die vollstreckbare Ausfertigung gemäß § 725 ZPO schnell und problemlos erhält.

---

45 BGHZ 92, 347, 350.
46 Siehe oben bei Fn. 1.
47 Vgl. OLG Dresden NJW-RR 1996, 444, 446; *Petersen* ZZP 114 (2001) 494 f.
48 Bejahend *Wienke* (oben Fn. 2), S. 205, 117 f., 187 ff.; gegen eine verdeckte Vollstreckungsstandschft *Olzen*, Anm. (oben Fn. 42), JR 1985, 290.
49 Dass BGHZ 92, 347 ff. sie mit keinem Wort erwähnt, kritisieren mit Recht *Brehm*, Anm. JZ 1985, 343; *Münzberg* NJW 1992, 1868; *Schmidt* (oben Fn. 2), S. 87 f.
50 *Wienke* (oben Fn. 2), S. 205, 120 ff.; *Brehm* JURA 1987, 600, 604; *Münzberg* NJW 1992, 1868; *Scherer* Rpfleger 1995, 93; *Petersen* ZZP 114 (2001) 498; *Schmidt* (oben Fn. 2), S. 79; *Huber*, in FS Schumann, S. 232 ff. So auch BGHZ 120, 387, 395 f.; OLG Köln 6.2.2002 – 13 U 18/01, openjur 2011, 18120.

2. Drittermächtigung

Dass ein Dritter vom Titelgläubiger zur Vollstreckung ermächtigt wird, dürfte seltener vorkommen, am ehesten bei einer Vollstreckung aus notariellen Urkunden.[51] Auch in Drittermächtigungsfällen will *Wienke* eine gewillkürte Vollstreckungsstandschaft nach einer Titelumschreibung analog § 727 ZPO zulassen,[52] sieht jedoch selbst, dass sich das erforderliche eigene rechtliche Interesse des Dritten an der Durchführung der Zwangsvollstreckung nur selten begründen lässt.[53] Der BGH indes lehnt bereits eine Analogie zu § 727 ZPO ab.[54] In der Tat bestehen weder eine Lücke noch ein Bedarf an einer Vollstreckungsermächtigung eines Dritten. Denn dem Titelgläubiger, der die Vollstreckung selbst nicht betreiben will, steht es frei, die titulierte Forderung an einen Treuhänder abzutreten, dem dann als Rechtsnachfolger unmittelbar gemäß §§ 727, 731 ZPO die Vollstreckungsklausel erteilt werden kann. Damit ist in Drittermächtigungsfällen eine Vollstreckungsstandschaft unzulässig.[55] Der Titelgläubiger kann seine Vollstreckungsbefugnis nicht gleichzeitig behalten und einem Dritten einräumen.

Solange der Titelgläubiger die Zwangsvollstreckung selbst betreibt, liegt – gleich ob ihm die titulierte Forderung (noch) materiell-rechtlich zusteht oder nicht – strenggenommen keine Vollstreckungsstandschaft vor.[56] Und wo sie gegeben ist, in den Fällen der Drittermächtigung, ist sie unzulässig.

III. Sonderfälle

In besonderen Konstellationen kann jedoch eine echte Vollstreckungsstandschaft zulässig sein. So fallen Vollstreckungsbefugnis und Rechtsinhaberschaft auseinander, wenn dem Rechtsinhaber ausnahmsweise die Verfügungsbefugnis fehlt (unten 1.) oder wenn der Gläubiger eines Nichtgeldleistungstitels die Vollstreckung zwar im eigenen Interesse betreibt, das festgesetzte Zwangs- oder Ordnungsgeld aber unmittelbar der Staatskasse zufließen soll (unten 2.).

---

51 Vgl. *Wienke* (oben Fn. 2), S. 110-112.
52 *Wienke* (oben Fn. 2), S. 204, 176 ff.
53 *Wienke* (oben Fn. 2), S. 182-184. Gegeben wäre es in dem von *Rimmelspacher*, Vollstreckungsstandschaft in Fällen der Drittermächtigung, in FS Henckel 2015, S. 269-282, gebildeten Fall der Ausübung eines Notwegrechts (§ 917 I BGB) durch einen Mieter. Auf keinen Fall reicht ein schlichtes Provisionsinteresse des Dritten.
54 BGHZ 92, 347, 349 (oben Fn. 3). Grundsätzlich auch BGH 22.9.1982 (VIII. ZS), JZ 1983, 150, 151 = NJW 1983, 1678 (notarielle Urkunde).
55 Ebenso *Schmidt* (oben Fn. 2), S. 56-62; *Huber*, in FS Schumann, S. 238 f.; a.A. *Rimmelspacher* (oben Fn. 53), der die vollstreckbare Ausfertigung demjenigen erteilen will, der als erster den Antrag stellt (S. 281, verfehlt).
56 *Schmidt* (oben Fn. 2), S. 93; *Becker-Eberhard* ZZP 117 (2004) 249; *Scherer* Rpfleger 1995, 91; *Rimmelspacher* (oben Fn. 53), S. 270.

1. Vollstreckungsstandschaft kraft Amtes

Bei Parteien kraft Amtes fallen Rechtsinhaberschaft und Verfügungsbefugnis auseinander. Als Parteien kraft Amtes können Insolvenzverwalter, Nachlassverwalter und Testamentsvollstrecker kraft ihrer Verwaltungs- und Verfügungsbefugnis[57] im eigenen Namen ein fremdes Recht einklagen und anschließend vollstrecken. Sobald das Amt endet und der Rechtsinhaber die Verfügungsbefugnis wiedererlangt, kann er analog § 727 ZPO die Titelumschreibung auf sich verlangen.[58] Da sich die Rechtskraft des Urteils auf den Rechtsinhaber erstreckt,[59] kann und muss er also nicht erneut klagen. Die Partei kraft Amtes verliert jedoch mit dem Amt zugleich die Vollstreckungsbefugnis.

Deutlicher wird die Vollstreckungsstandschaft kraft Amtes, wenn der Titelgläubiger die Verfügungsbefugnis erst nach Erlass des Titels verloren hat. Dann geht die Vollstreckungsbefugnis auf die Partei kraft Amtes über, der die Vollstreckungsklausel analog § 727 ZPO erteilt werden kann.[60] In diesem Fall kann man von einer gesetzlichen Vollstreckungsstandschaft kraft Amtes sprechen. Das ist auf nationaler Ebene wenig problematisch; international gilt das Recht des Staates, von dem die Partei kraft Amtes ihre Rechtsstellung herleitet. Das ist beim Insolvenzverwalter die lex fori concursus[61] und bei Nachlassverwaltern und Testamentsvollstreckern grundsätzlich das Erbstatut.[62]

2. Vollstreckung von Zwangs- und Ordnungsgeldbeschlüssen

Titel, die auf Vornahme einer unvertretbaren Handlung oder auf Unterlassung lauten, werden in Deutschland mittels eines separaten Zwangs- oder Ordnungsgeldbeschlusses (§§ 891 Satz 1, 794 I Nr. 3 ZPO) vollstreckt, den der Gläubiger beantragen muss (§§ 888 I 1, 890 I 1 ZPO). Der Gläubiger erhält damit ein wirksames Druckmittel, auch wenn die Zwangs- und Ordnungsgelder nicht an ihn, sondern an die Staatskasse fließen. Der Festsetzungsbeschluss wird im Fall von § 888 ZPO nur auf

---

57 Vgl. § 80 InsO, §§ 1984 f., §§ 2211 f. BGB.
58 BGH NJW-RR 2005, 1716 (Insolvenzverwalter); *Becker-Eberhard* ZZP 104 (1991) 435 f. mwN. Ausdrücklich geregelt nur für die Testamentsvollstreckung in § 728 II ZPO.
59 Vgl. § 327 ZPO zu Urteilen für oder gegen einen Testamentsvollstrecker.
60 Vgl. *Münzberg* in Stein/Jonas § 727 ZPO Rn. 27 ff.; *Loritz* ZZP 95 (1982) 327 ff., 331.
61 Art. 4 II lit. c. EuInsVO (= Art. 7 II lit. c n.F.); *Schack*, IZVR, Rn. 1179 mwN, 1227 (wenn die Eröffnung des ausländischen Insolvenzverfahrens gemäß § 343 InsO anerkannt wird), ggf. auch eines inländischen Partikularverfahrens nach § 354 InsO.
62 Art. 23 II lit. f EuErbVO; vgl. *Schack*, Die verfahrensmäßige Behandlung von Nachlässen im anglo-amerikanischen und internationalen Zivilverfahrensrecht, in: *Peter Schlosser* (Hrsg.), Die Informationsbeschaffung für den Zivilprozess, 1996, S. 241, 262 f.

Antrag des Gläubigers vollstreckt,[63] Ordnungsgelder dagegen von Amts wegen durch den Vorsitzenden des Prozessgerichts als Vollstreckungsbehörde.[64]

Im Fall Realchemie[65] ging es um die Vollstreckung eines deutschen Ordnungsgeldbeschlusses (§ 890 ZPO) in den Niederlanden. Während die Vollstreckungsbefugnis bei Zwangsgeldern beim Gläubiger liegt (wenn auch beschränkt auf Leistung an die Staatskasse), ist für Ordnungsgeldbeschlusse allein das Prozessgericht vollstreckungsbefugt. Als Hoheitsträger kann es aber die Zwangsvollstreckung im Ausland nicht selbst betreiben. Diese vom deutschen Recht selbst geschaffene Lücke lässt sich nach einer entsprechenden Ermächtigung durch den Vorsitzenden des Prozessgerichts mit einer gewillkürten Vollstreckungsstandschaft des Titelgläubigers schließen.[66] Der Titelgläubiger kann damit im EU-Ausland nicht nur Zwangs- sondern auch Ordnungsgelder im eigenen Namen (zugunsten der deutschen Staatskasse) beitreiben.

Diese Vollstreckungsstandschaft muss im EU-Ausland nach einer Bescheinigung (Art. 53 EuGVO) des deutschen Ursprungsgerichts ebenso anerkannt werden wie im umgekehrten Fall die als Druckmittel funktional vergleichbaren privatnützigen Zwangsgelder (*astreinte*, *dwangsom*) anderer Mitgliedstaaten gemäß Art. 55 EuGVO (oben vor I.). Völkerrechtliche Bedenken wegen des hoheitlichen Charakters der Zwangsvollstreckung sind hier fehl am Platze.[67] Gemäß Art. 4 III EUV sind die Mitgliedstaaten dem Ziel eines kohärenten und effektiven Rechtsschutzes verpflichtet. Die gebotene Kooperation bei der grenzüberschreitenden Durchsetzung von Nichtgeldleistungstiteln kann nicht an altbackenen Souveränitätsvorstellungen einer rein nationalen Zwangsvollstreckung scheitern. Genauso wie der Gläubiger eine niederländische *dwangsom* in Deutschland beitreiben kann (Art. 55 EuGVO), muss auch umgekehrt ein deutscher Ordnungsgeldbeschluss in den Niederlanden vollstreckt werden können, notfalls also auch durch eine Vollstreckungsstandschaft des Unterlassungsgläubigers für die Staatskasse als den im Festsetzungsbeschluss ausgewiesenen Gläubiger des Ordnungsgeldes. Wenn man darin eine hoheitsrechtliche Einbuße des Vollstreckungsstaates sehen will, muss er sie genauso hinnehmen wie bei einer unmittelbaren Beweisaufnahme gemäß Art. 17 EuBVO.

Da mit einer EU-weiten Vereinheitlichung des Zwangsvollstreckungsrechts, etwa durch Einführung einer originär europäischen *astreinte*,[68] in absehbarer Zeit nicht zu rechnen ist, muss die Effektivität der grenzüberschreitenden Zwangsvollstreckung durch verbesserte Kooperation der Mitgliedstaaten sichergestellt werden.[69] Hierbei ist die gewillkürte Vollstreckungsstandschaft für die Staatskasse ein kleiner

---

63 BGH NJW 1983, 1859, 1860; OLG Stuttgart FamRZ 1997, 1495; *Brehm* in Stein/Jonas, ZPO VIII, 22. Aufl. 2004, § 888 ZPO Rn. 26.
64 *Brehm* in Stein/Jonas § 890 ZPO Rn. 45; vgl. *Gruber* in MünchKommZPO II, 5. Aufl. 2016, § 890 ZPO Rn. 38.
65 EUGH oben Fn. 4.
66 Siehe oben bei Fn. 6.
67 Gegen *Bittmann*, Anm. zu EUGH (oben Fn. 4), GPR 2012, 84, 86.
68 Vgl. *Schack*, IZVR, Rn. 1081.
69 Hierzu *Domej*, Internationale Zwangsvollstreckung und Haftungsverwirklichung am Beispiel der Forderungspfändung, 2016, S. 443 ff.

Mosaikstein, solange sich der deutsche Gesetzgeber nicht dazu durchringen kann, die Zwangs- und Ordnungsgelder, wie andere Rechtsordnungen die *astreinte*, *dwangsom* oder Strafen wegen *civil contempt*[70], unmittelbar dem die Vollstreckung betreibenden Gläubiger des Nichtgeldleistungstitels zukommen zu lassen. Darüber, ob diese klare, den Gläubiger maximal begünstigende Lösung dem geltenden deutschen Recht, das jede Überkompensation vermeiden will, vorzugswürdig ist, lässt sich trefflich streiten – aber nicht mehr hier.

---

70 Vgl. *Lange/Black*, Der Zivilprozeß in den Vereinigten Staaten, 1987, Rn. 137.

Einige Überlegungen zur Zulässigkeit und zu den Grenzen der sog. »Kerntheorie« im Rahmen der Unterlassungsvollstreckung

WINFRIED SCHUSCHKE

I. DIE KERNTHEORIE IM ERKENNTNISVERFAHREN

Sie sog. »Kerntheorie«[1], kurz zusammengefasst also die Lehre, dass eine Unterlassungsverpflichtung regelmäßig nicht nur die erfolgte bzw. unmittelbar drohende konkrete Verletzungshandlung betreffe, sondern auch alle leicht abgewandelten, aber im Kern gleichwertigen Verletzungshandlungen[2], ist heute weitgehend Allgemeingut und wird nur noch wenig problematisiert. Sie ist im Rahmen der gerichtlichen Verfolgung eines Unterlassungsanspruchs in den verschiedensten Stadien von Bedeutung. Bei Einleitung des Unterlassungsprozesses stellt sich die Frage nach dem »richtigen«, d. h. die abzuwehrende Verletzungshandlung in den zu erwartenden Formen genau bezeichnenden und dabei nicht über das Ziel hinausschießenden Antrag, um nicht eine Teilklageabweisung mit entsprechender Kostenfolge zu riskieren[3]. Er soll den Streitgegenstand[4] so umschreiben, dass das abzuwehrende Unrecht in den zu erwartenden Formen voll erfasst wird, ohne sich aber bereits auf Unrechtsformen, hinsichtlich derer derzeit noch keine konkrete Verletzungsgefahr besteht, zu erstrecken. Überdies besteht bei der Antragsfassung die Gefahr, dass der Antrag aus Sicht des

---

1 Kritisch schon sehr früh zu diesem inzwischen weitgehend üblichen Begriff, da es sich nicht um eine Theorie, sondern nur um einen Auslegungsmethode handele: *Pastor*, Die Unterlassungsvollstreckung nach § 890 ZPO, 3. Aufl., S. 171. Auf den nach wie vor nicht eindeutigen Inhalt des Begriffs hinweisend: *Borck*, WRP 1990. 812, 813. Kritisch generell zur Kerntheorie: *Melullis*, GRUR 1982, 441; *Schubert*, ZZP 85 (1972), 37 ff.
2 Die genaue Reichweite dessen, was sich unter dem Begriff »Kerntheorie« verbirgt, ist umstritten. Zu der vom BVerfG als unbedenklich angesehenen Reichweite: BVerfG GRUR 2007, 618. Zu den Grenzen der Kernbereichslehre nach der Rechtsprechung des BGH: BGH GRUR 2013, 1071; GRUR 2014, 706; NJW 2014, 775. Aus der Rechtsprechung der Oberlandesgerichte: OLG Celle, BeckRS 1998, 06939; OLG München, BeckRS 2008, 15337 und GRUR 2011, 32; OLG Düsseldorf, GRUR-RR 2011, 286; OLG Stuttgart BeckRS 2011, 04167; OLG Köln BeckRS 2014, 17774 (Fall aus dem Gewaltschutzrecht im FamFG-Verfahren).
3 Zu den Schwierigkeiten der »richtigen« Antragsfassung: *Oppermann*, WRP 1989, 713.
4 Zum Streit um den »richtigen« Streitgegenstand in Unterlassungsstreitigkeiten: BGH, GRUR 2006, 421 »Markenparfümverkäufe«; OLG Düsseldorf, BeckRS 2015, 14993; *Linstow/ Büttner*, WRP 2007, 169; *Teplitzky*, WRP 2007, 1 und GRUR 2011, 1091; *v. Ungern- Sternberg*, GRUR 2009, 1009; *Lehment*, WRP 2007, 237; *Krüger*, GRUR-Prax 2015, 479; kritisch zum Streit insoweit im Wettbewerbsrecht: *Meller- Hannich*, FS Schilken, 2915, S. 724.

Gerichts durch die angestrebte Verallgemeinerung mit dem Ziel, über die mehr zufällige akute Rechtsverletzung hinaus den in ihr verborgenen Unrechtskern mit zu umschreiben[5], zu unbestimmt wird, sodass der Kläger Gefahr läuft, dass seine ganze Klage als unzulässig abgewiesen wird[6]. Letzteres ist insbesondere der Fall, wenn die Verallgemeinerung lediglich in der Widergabe des Gesetzestextes besteht[7]. Die leidvolle Erfahrung, es dem Gericht mit der Antragsfassung »nicht recht machen zu können«, veranlasst dann viele Kläger, sich mit der Antragsfassung möglichst eng an die ganz konkrete Verletzungsform anzulehnen. War der Kläger bei der Antragsfassung aber doch mutig, steht dann das Gericht bei der Abfassung des Tenors seiner Entscheidung (§ 313 Abs. 1 Nr. 4 ZPO) ebenfalls vor den vorstehend geschilderten Problemen, ob die Klage im Hinblick auf § 253 Abs. 2 Nr. 2 ZPO noch zulässig sei oder ob jedenfalls zu viel verlangt werde, sodass eine Teilklageabweisung mit der Folge des § 92 ZPO notwendig sei.

Im Verfügungsverfahren, in dem Unterlassungsanträge oft verfolgt werden, ist das Gericht zwar nicht in gleichem Maße streng an die Antragsformulierungen des Antragsstellers gebunden, da dieser nur sein Rechtsschutzziel, welchen Individualanspruch er also sichern will, bestimmt umschreiben muss, nicht aber die konkreten Maßnahmen zur Sicherstellung dieser Aufgabe[8]. Aber auch hier kann im Bemühen des Antragsstellers, im Kern gleiche, also vom Unterlassungsanspruch von Anfang an mitumfasste Handlungen in die Antragsformulierung von vornherein mit einzubeziehen, am begründeten Individualanspruch zu ungenau vorbeiformuliert[9] oder es kann umgekehrt so eng formuliert werden, dass, folgt der Tenor der einstweiligen Verfügung – wie häufig – wortwörtlich dem Antrag, Zweifel an der Reichweite des Verbots aufkommen. Im Vorfeld einstweiliger Verfügungen ist bei Abgabe einer Unterlassungsverpflichtungserklärung zu prüfen, inwieweit man kerngleiche künftige Verletzungshandlungen einbeziehen will, um insoweit die Wiederholungsgefahr auszuschließen[10], und inwieweit man künftige einstweilige Verfügungen damit abblocken will. Im Anschluss an das Verfügungsverfahren gewinnt die Kerntheorie

---

5 Zur Zulässigkeit einer »gewissen Verallgemeinerung, in der das Charakteristische der Verletzungshandlung zum Ausdruck kommt«: BGH, 2013, 1071; OLG Stuttgart WRP 2015, 1263; MüKo-ZPO/ *Becker/ Eberhard*, § 253 ZPO Rn. 133. *Teplitzky*, LMK 2010, 306927 empfiehlt sogar, durch gewisse Verallgemeinerungen im Klageantrag die Entscheidung, dass die Kernlehre zur Anwendung kommen solle, in das Erkenntnisverfahren zu verlagern und der Vollstreckungsinstanz zu überlassen. Gegen jede Verallgemeinerung im Antrag dagegen *Dassbach*, NJ 2016, 441, 445.
6 Ein schönes Beispiel eines solchen über das Ziel hinaus Schießens zeigt der Sachverhalt, der dem Urteil des BGH vom 5. 11. 2015 – I ZR 50/14 –, GRUR 2016, 705 mit Anm. *Goldmann*, GRUR-Prax 2016, 260 zugrunde lag. Gleiches gilt für den Sachverhalt des Beschlusses des OLG München vom 17. 4. 2007 – 29 W 1295/07 – BeckRS 2008, 15337. Siehe auch *Oppermann*, WRP 1989, 713; *Meller-Hannich*, FS Schilken, 2015, S. 721.
7 BGH, GRUR 2010, 749; OLG Stuttgart BeckRS 2011, 04167.
8 Einzelheiten insoweit: Schuschke/Walker, Vollstreckung und Vorläufiger Rechtsschutz, 6. Aufl., § 938 ZPO Rdn. 3; ferner: *M. Schmidt*, GRUR-Prax 2012, 179.
9 OLG München BeckRS 2008, 15337.
10 OLG Hamburg NJOZ 2012, 2112.

nochmals Bedeutung im Rahmen des § 945 ZPO bei der Bestimmung des ersatzfähigen Schadens: Welche Unterlassungen waren durch den Tenor der einstweiligen Verfügung geboten und wo ist der Schuldner seinerseits über das Ziel hinausgeschossen, indem er auch ähnliche, aber vom Kern des Unterlassungsgebotes nicht mehr erfasste Handlungen zu seinem Schaden unterlassen hatte?[11] Auch dann, wenn das Verfügungsverfahren durch eine Abschlusserklärung[12] beendet wurde, spielt die Kerntheorie insofern eine Rolle, als für weitere Unterlassungsverfügungen, die sich auf kerngleiche Handlungen beziehen, das Rechtsschutzbedürfnis fehlt[13]. Schließlich gewinnt die Kerntheorie Bedeutung bei der Bestimmung der materiellen Rechtskraft eines Unterlassungsurteils und der Beantwortung der Frage nach der Zulässigkeit einer erneuten Unterlassungsklage wegen einer nur ähnlichen oder doch kerngleichen Verletzungshandlung[14].

II. Verlagerung der Probleme in die Zwangsvollstreckung

Ist letztendlich doch ein ganz eng an die konkrete Verletzungsform angelehnter Titel ergangen, stellt sich, wenn die im Rahmen eines Vollstreckungsantrages nach § 890 ZPO zu verfolgende neue Verletzungshandlung sich nicht 100 Prozent mit der im Tenor umschriebenen verbotenen Handlung deckt, die Frage, ob aus dem vorliegenden Titel überhaupt vollstreckt werden kann. Die gleiche Frage stellt sich aber auch umgekehrt, wenn ein über den konkreten Anlass des Unterlassungsverfahrens hinausgehender, den angeblichen Kern des Unterlassungsanspruchs mit umschreibender, etwas allgemeiner formulierter Titel vorliegt[15]. Es zeigen sich dabei im Wesentlichen vier Probleme:

1. Liegt im Falle des ausschließlich eng an der konkreten Verletzungsform ausgerichteten Tenors ein auch über diesen engen Wortlaut hinaus vollstreckungsfähiger Titel vor?

Hier stellen sich Probleme der Titelauslegung. Grundsätzlich sind unpräzise formulierte Vollstreckungstitel über den engen Wortlaut des jeweiligen Tenors hinaus auslegungsfähig, soweit zur Auslegung nicht Umstände herangezogen werden müssen, die sich nicht im Tatbestand oder in den Entscheidungsgründen, sondern in sonstigen, nicht zum Bestandteil des Titels selbst gemachten Urkunden, etwa der Klageschrift[16]

---

11 Hierzu: *Borck*, WRP 1990, 812, 813.
12 Einzelheiten zur Abschlusserklärung: *Kessen* in Schuschke/ Walker, Vollstreckung und Vorläufiger Rechtsschutz, Anhang C zu § 935 ZPO Rn. 1- 11.
13 BGH GRUR 2010, 855 mit Anm. *Teplitzky*, LMK 2010, 306927.
14 *Musielak*, NJW 2000. 3593.
15 Ein Beispiel insoweit kann der Entscheidung OLG Hamm, WRP 1989, 260 entnommen werden.
16 LAG Hamm BeckRS 2010, 67339.

oder Anlagen zur Klageschrift[17], finden[18]. Bei ohne mündliche Verhandlung erlassenen einstweiligen Verfügungen kann aber ausnahmsweise auch die Antragsschrift zur Auslegung des Tenors miterangezogen werden[19], bei Anerkenntnisurteilen die Erklärung des Anerkennenden[20], da mangels Tatbestands und Entscheidungsgründen sonst jegliche Auslegungshilfe fehlte. Die Titelauslegung darf nie dazu führen, dass der Urteilsausspruch durch sie erweitert wird[21]. Weder der Tatbestand noch die Entscheidungsgründe eines Unterlassungsurteils werden in der Regel irgendwelche Aussagen, dass der Entscheidung die Kerntheorie zugrunde liegt, enthalten. Sie sind deshalb insoweit meist keine Hilfe. Es müsste daher ein allgemeiner Grundsatz zur Auslegung herangezogen werden können, dass an der konkreten Verletzungsform orientierte Unterlassungsgebote immer automatisch auch das Gebot mitumfassen, der konkreten Verletzungsform kerngleiche Handlungen ebenfalls zu unterlassen, wenn sich nicht aus dem Titel ausnahmsweise eine ganz bewusste Beschränkung gerade nur auf die konkrete Verletzungsform ergibt, was selten sein wird[22]. Ob es eine solche Auslegungsregel gibt, ist streitig[23]. Nimmt man eine solche Auslegungsregel an, bleibt dann immer noch die Ungewissheit, was noch als kerngleich eingeordnet werden kann und was bereits als nur sehr ähnlich, aber bereits außerhalb des Verbotes liegend bezeichnet werden muss[24]. Diese Ungewissheit kann dann letztlich nur das Prozessgericht als Vollstreckungsorgan auflösen.

2. Wann ist ein verallgemeinert formulierter Tenor als Titel in der Zwangsvollstreckung noch bestimmt genug?

Notwendige Voraussetzung des Beginns jeglicher Zwangsvollstreckung ist das Vorliegen eines *vollstreckungsfähigen* Titels. Eine wesentliche Voraussetzung der Vollstreckungsfähigkeit eines Titels ist seine inhaltliche Bestimmtheit. Hierzu zählt, dass sich aus dem Titel selbst (Urteil, Beschluss, Vergleich, notarielle Urkunde) ohne Hin-

---

17 LAG Düsseldorf, BeckRS 2011, 74965.
18 Ausführliche Nachweise bei: *Schuschke/ Walker*, Vollstreckung und Vorläufiger Rechtschutz, vor §§ 704-707 ZPO Rn. 13, 18.
19 OLG Zweibrücken BeckRS 2014, 00128; OLG München, GRUR Prax 2010, 303; OLG Schleswig SchlHA 2009, 293; *Sturhahn* in Schuschke/ Walker, Vollstreckung und Vorläufiger Rechtschutz, § 890 ZPO Rn. 24.
20 OLG Köln, NJW-RR 1993, 1407.
21 OLG Celle NJOZ 2002, 1844.
22 BGH, BeckRS 2016, 111442 und BGH GRUR 2013, 1071, 1072: »mit einem solchen Antrag ist im Allgemeinen kein Verzicht auf die Unterlassung kerngleicher Verletzungshandlungen verbunden.«
23 Bejahend: BGH GRUR 2013, 1071 und GRUR 2014, 2870; BGH, BeckRS 2016, 111442; OLG Düsseldorf GRUR- RR 2011, 286; OLG München GRUR –RR 2011, 32; OLG Hamburg NJOZ 2012, 2112 sowie die insoweit einhellige rechtsprechung im Übrigen und die überwiegende Meinung in der Literatur; beispielhaft: *Hilbig- Lugani*in in Prütting/ Gehrlein, ZPO, 8. Aufl., § 890 Rn. 12; *Sturhan* in Schuschke/ Walker, Vollstreckung und Vorläufiger Rechtschutz, § 890 ZPO Rn. 24, jeweils mit umfangreichen Nachweisen.
24 Dazu im Eintelnen unten unter III.

zuziehung weiterer Unterlagen, die nicht Teil des Titels sind, Inhalt und Umfang des zu vollstreckenden Anspruchs zweifelsfrei entnehmen lassen[25], ohne dass also Unklarheiten erst durch eine zusätzliche Entscheidung im Vollstreckungsverfahren beseitigt werden müssten. Dass ein Richter, der bei der Urteilsfindung bereits hätte sorgfältig prüfen müssen, ob der zur Entscheidung anstehende Antrag, dem er im Urteil dann vollinhaltlich gefolgt ist, dem Bestimmtheitsgebot des § 253 Abs. 2 Nr. 2 ZPO entspricht, enthebt das Vollstreckungsorgan – oft also der gleiche Richter, der bereits den Urteilstenor formuliert hat – nicht der Prüfung, ob der ihm nun zur Vollstreckung vorliegende Titel auch wirklich »Inhalt und Umfang des zu vollstreckenden Anspruch« zweifelsfrei erkennen lassen. Dass das Prozessgericht des ersten Rechtszuges, das den Titel oft selbst formuliert hat, hier auch Vollstreckungsorgan ist und daher wohl genau weiß, was es tenorieren wollte, führt nicht zu abgemilderten Ansprüchen an die Bestimmtheit des Vollstreckungstitels. Das Problem deckt sich nicht mit dem oben unter 1. dargestellten Problem; denn ein zulässigerweise ausgelegter Titel ist hinreichend bestimmt, während sich ein zu allgemein gefasster Titel der Auslegung entzieht. Die Verallgemeinerung darf also nie über das rechtlich Charakteristische der konkreten Verletzungsform hinausgehen[26], damit der Titel noch bestimmt genug bleibt.

3. Liegt ein Verstoß gegen das Verfassungsgebot »nulla poena sine lege« (Art. 103 Abs. 2 GG) bei der Verfolgung nur kerngleicher Handlungen als Verstoß gegen das Unterlassungsgebot vor?

Die Frage stellt sich in beiden Varianten der Titulierung des Unterlassungsgebots (– ganz eng gefasster Titel ebenso wie verallgemeinernder Titel –). Im ersten Fall, falls sich die die Vollstreckung auslösende Handlung nicht wortwörtlich mit dem Unterlassungsgebot deckt, stellt sich insoweit die Frage nach dem Analogieverbot im Strafrecht. Im zweiten Fall (– verallgemeinernd gefasster Titel –) ist die Beachtung des allgemeinen Bestimmtheitsgebots im Hinblick auf Normen mit Strafcharakter[27] fraglich. Die angesprochenen Probleme können sich allerdings nur stellen[28], wenn man dem § 890 ZPO in Verbindung mit dem jeweiligen Unterlassungsgebot im Titel jedenfalls auch strafrechtlichen Charakter zuspricht[29] und in ihm nicht nur ein

---

25 Allgemeine Meinung; Einzelheiten: *Schuschke/ Walker*, Vollstreckung und Vorläufiger Rechtsschutz, 6. Aufl., vor §§ 704- 707 ZPO Rn. 13.
26 BGH NJW 2014, 2870.
27 Näher zum Bestimmtheitsgebot: BVerfG, NJW 1992, 35; *Schmidt- Aßmann* in Maunz/ Dürig, Grundgesetz, 72. EL Juli 2016, Art. 103 Abs. 2 GG Rdn. 185, 186; MüKo- StGB/ *Schmitz*, 2. Aufl. 2011, § 1 StGB Rn. 39 ff.
28 BVerfG GRUR 2007, 618 lässt allerdings ausdrücklich offen, ob bei § 890 ZPO in Verbindung mit den jeweiligen Unterlassungstiteln überhaupt auf das strafrechtliche Bestimmtheitsgebot des Art. 103 Abs. 2 GG zurückgegriffen werden kann.
29 So BVerfG GRUR 2007, 618; BGH, MMR 2017, 239; BGH, NZ Fam 2017, 612; OLG Düsseldorf GRUR- RR 2011, 286; LG Köln BeckRS 2011, 11363.

zivilprozessrechtliches (vollstreckungsrechtliches) Zwangsmittel zur Sicherung der künftigen Befolgung des Titels sieht[30]. Folgt man der strafrechtlich orientierten Ansicht zu § 890 ZPO so überspringt man die Klippe nur, wenn man annimmt, dass das Verbot im Titel von vornherein auch alle kerngleichen Handlungen mit einschließt und dass der Begriff »kerngleich« für den angesprochenen Schuldner so eindeutig ist, dass weder eine verbotene Analogie erforderlich noch das strafrechtliche Bestimmtheitsgebot betroffen ist.

4. Wann liegt bei kerngleicher, aber nicht identischer Handlung ein schuldhafter Verstoß gegen das Unterlassungsgebot des Titels vor?

Die Frage deckt sich nicht mit der vorstehend unter 3. dargestellten Problematik. Denn ein persönliches Verschulden (Vorsatz oder jede Form der Fahrlässigkeit) des Vollstreckungsschuldners ist sowohl, wenn man, wie das Bundesverfassungsgericht und zahlreiche Stimmen in Literatur und Rechtsprechung[31], den Strafcharakter der Ordnungsmittel bejaht, erforderlich, als auch dann, wenn man sie mit der Gegenmeinung als reine Vollstreckungsmaßnahmen zur Sicherung des Unterlassungsgebotes für die Zukunft ansieht[32]. Denn auch in diesem Falle zeigt erst das Verschulden des Vollstreckungsschuldners, dass die künftige Unterlassung ohne die Verhängung eines Ordnungsmittels nicht hinreichend gesichert ist. Ein Verstoß ohne jedes dem Schuldner zurechenbare Verschulden lässt eine Wiederholung durch den Schuldner nicht befürchten. Der Schuldner muss sich bei der Frage nach seinem Verschulden allerdings nicht nur eigene unmittelbare Verletzungshandlungen, sondern auch das Verhalten Dritter zurechnen lassen, auf die er zum Zwecke der Titelbefolgung schuldhaft nicht oder nicht ausreichend Einfluss genommen hat[33] oder denen er von Anfang an die Sache vollumfänglich übertragen hatte, etwas seinem Anwalt. Irrt der Schuldner bei der Beurteilung der Frage, ob eine Handlung noch kerngleich zur konkreten im Unterlassungstitel umschriebenen Handlung ist oder ob das titulierte Verbot überhaupt kerngleichen Handlungen mit einbezieht, so ist sein Irrtum ein Verbotsirrtum. Dieser wird in aller Regel durch Einholung anwaltlichen Rats vermeidbar sein[34] und damit das Verschulden nicht ausschließen[35], sondern allenfalls bei der Bemessung des Ordnungsgeldes Berücksichtigung finden können.

30 Zur rein zivilprozessrechtlichen Betrachtungsweise im Rahen des § 890 ZPO: Schuschke/ Walker/*Sturhahn*, § 890 ZPO Rn. 29.
31 Siehe oben Fn.
32 Siehe oben Fn.
33 Einzelheiten insoweit ausführlich: Schuschke/ Walker/ *Sturhahn*, § 890 ZPO Rn. 33, 34. Siehe auch BVerfG GRUR 2007, 618; BGH, BeckRS 2016, 111442. Eigenständige Internetveröffentlichungen Dritter, die die Texte des Schuldners ungefragt verwenden und auf die der Schuldner keinen Einfluss hat, werden hier aber nicht erfasst: OLG Stuttgart, Urteil vom 8. 10. 2015 – 2 U 40/15 –; juris.
34 OLG München GRUR 2011, 32, 34; *Köhler/ Feddersen* in Köhler/ Bornkamm, UWG, 34. Aufl. 2016, § 12 UWG Rn. 6.7.
35 OLG Naumburg, NJOZ 2005, 3674, 3676.

III. Wann ist eine Verletzungshandlung noch kerngleich?

Hat man die unter II. dargestellten Klippen umschifft und sich dazu durchgerungen, zur im Titel umschriebenen konkreten (– oder leicht verallgemeinerten –) Verletzungsform kerngleiche Verletzungen als vom Titel mit umfasst anzusehen, sodass auch ihretwegen Ordnungsmittel verhängt werden könnten, stellt sich die entscheidende Frage, wann denn Kerngleichheit zu bejahen und wie sie von der bloßen Ähnlichkeit abzugrenzen ist. Die gängigen Formeln insoweit lauten: »solche gleichwertige Äußerungen..., die ungeachtet etwaiger Abweichungen im Einzelnen den Äußerungskern unberührt lassen«[36], oder »gleichartige Abwandlungen, in denen das Charakteristische der konkreten Verletzungsform zum Ausdruck kommt«[37] oder die »das Charakteristische der Verletzungshandlung aufweisen«[38] bzw. »sich wiederfindet«[39] oder die »von der tenorierten Form nur unbedeutend abweichen und deshalb den Kern oder das Charakteristische der Verletzungshandlung unberührt lassen«[40] oder die »nach der Verkehrsauffassung der verbotenen (Handlung) gleichwertig sind«[41]. Einigkeit besteht weitgehend, dass die »kerngleichen Handlungen« implizit bereits Gegenstand der Prüfung im zur Titulierung führenden Erkenntnisverfahren gewesen sein müssen[42], also vom Gericht (– stillschweigend –) mitbedacht worden sind. Ob sie damit schon vom ursprünglichen Streitgegenstand umfasst sind, ist dann allerdings wieder streitig[43]. Alle diese Bemühungen bleiben aber letztlich vage, auch wenn die Verkehrsauffassung als eingrenzendes Kriterium mitherangezogen wird[44], da immer mit unbestimmten Begriffen, die weite Wertungsspielräume enthalten, gearbeitet wird[45]. Die Forderung, im Interesse der Rechtssicherheit sehr restriktiv zu subsummieren[46], hilft hier letztlich auch nicht weiter, da dieser Maßstab wieder zu unbestimmt ist. Es ist im Ergebnis immer Sache der Einzelfallentscheidung des Richters im Vollstreckungsverfahren, Kerngleichheit festzustellen. Dass es insoweit desöfteren zu divergierenden Entscheidungen der Instanzen kommt, auch wenn alle sich auf die Verkehrsanschauung der beteiligten Verkehrskreise zurückziehen, bestätigt dieses Ergebnis. So wird, obwohl dies gerade der wichtigste Grund dafür ist, dass

---

36 BVerfG GRUR 2007, 618.
37 BGH GRUR 2014, 706; BGH GRUR 2013, 1071; BGH NJW 2014, 775; OLG München, GRUR- RR 2011, 32; OLG München GRUR- RR 2011, 286; OLG Düsseldorf BeckRS 2015, 14993; *Meller- Hannich*, FS Schilken, 2005, S. 727.
38 OLG Hamburg NJOZ 2012, 2112, 2114.
39 MüKo-ZPO/*Gruber*, § 890 Rn. 10.
40 Kehl, WRP 1999, 46, 47.
41 Brox/ *Walker*,Zwangsvollstreckungsrecht, 10. Aufl., Rn. 1099.
42 BGH NJW 2014, 2870; BGH, GRUR 2013, 1071; OLG München GRUR-RR 2011, 32; MüKo-ZPO/ *Gruber*,§ 890 Rn. 10; Schmidt-Gaedke/*Schmidt*, GRUR-Prax 2017, 343; *Sturhahn* in Schuschke/Walker, Vollstreckung und Vorläufiger Rechtsschutz, § 890 Rn. 24.
43 Zum Streitstand insoweit ausführlich: *Meller-Hannich*, FS Schilken, 2015, S. 729 ff.
44 So schon *Borck*, WRP 1990, 812, 817, der zum Ergebnis kommt, der »Kern« lasse sich letztlich nicht zufriedenstellend definieren.
45 So auch *Borck*, WRP 1990, 812, 817.
46 PG/ *Hilbig-Lugani*, § 890 ZPO Rn. 12; *Meller-Hannich*, FS Schilken, S. 728.

grundsätzlich nur inhaltlich bestimmte Entscheidungen als vollstreckungsfähig angesehen werden, sodass die Entscheidung, wann aus einem Titel in welchem Umfange im Einzelfall vollstreckt werden kann, nicht erst dem Vollstreckungsgericht obliegt, hier doch diese Entscheidung (– über die Vollstreckbarkeit im Einzelfall – nicht über die grundsätzliche Zulässigkeit der Vollstreckung aus solchen Titeln, von der oben unter II. 1. und 2. die Rede war –) letztlich dem Vollstreckungsorgan Prozessgericht übertragen.

IV. Notwendiges Ergebnis ohne befriedigende Begründung?

Als Ergebnis der unter II. und III. dargestellten Überlegungen kann demnach festgehalten werden, dass eine Verfolgung auch sog. »kerngleicher Verletzungshandlungen« in der Zwangsvollstreckung möglich erscheint, wenn man bei der Titelauslegung großzügig verfährt[47] und an die Bestimmtheit des Titels geringere Anforderungen stellt, als sonst allgemein üblich[48]. Wie lässt sich aber dieses leicht fragwürdige Ergebnis mit rechtsstaatlichen Prinzipien in Einklang bringen? Die Antwort überrascht: Es lässt sich, ja, es entspricht bei genauerer Betrachtung sogar notwendig rechtsstaatlichen Anforderungen! Ließe man die Verfolgung »kerngleicher Verletzungshandlungen« zum titulierten Unterlassungsgebot in der Zwangsvollstreckung aus diesem Titel nicht zu, wäre es dem Schuldner allzu leicht gemacht, sich der Befolgung eines Unterlassungstitels zu entziehen: Ist ihm eine Zeitungsanzeige mit einem bestimmten Inhalt untersagt, schaltet er die Anzeige im Internet oder gibt ihren Inhalt auf Werbetafeln wieder[49]. Ist ihm die Wiedergabe bestimmter Fotografien aus einer Sammlung von Fotografien untersagt, greift er auf für seinen Zweck ebenso gut geeignete andere Abbildungen aus dieser Sammlung zurück[50]. Die Beispiele lassen sich beliebig vermehren. Aber auch der nicht von vornherein arglistige Schuldner hätte wenig zu befürchten, da sich im Leben Vorgänge selten absolut deckungsgleich wiederholen. Der Verletzte müsste immer neue Unterlassungsanträge gerichtlich verfolgen, ohne letztlich bei späteren Verletzungshandlungen aus seinen Titeln erfolgreich vollstrecken zu können. Er wäre dann allein auf die Geltendmachung von Schadensersatzansprüchen, die sich oft schwer durchsetzen lassen, verwiesen. Der Verletzte hat aber aus Art. 2 Abs. 1 GG in Verbindung mit dem Rechtstaatsprinzip (Art. 20 Abs. 2 S. 2 und Abs. 3 GG) bzw. aus Art. 19 Abs. 4 GG ein Recht darauf, dass ihm der Staat möglichst lückenlosen und wirkungsvollen, das heißt auch in der Praxis – im Rah-

---

47 Siehe oben II1.
48 Siehe oben II2.
49 So im Falle OLG München GRUR-RR 2011, 32. Umgekehrt im Fall des OLG Frankfurt, WRP 2016, 630: Der Schuldner wiederholt eine ihm untersagte, von ihm bisher nur im Internet verbreitete Werbung nun in Zeitungsanzeigen oder in einer Broschüre.
50 Beim Rückgriff auf andere Fotografien des nämlichen Urhebers, die aber nicht aus dieser Sammlung stammen, dürfte Kerngleichheit zu verneinen sein: BGH NJW 2014, 2870.

men der Leistungsfähigkeit des Schuldners – durchsetzbaren Rechtschutz gewährt[51]. Ansprüche, die letztlich nicht sinnvoll tituliert werden könnten, entsprechen diesen Anforderungen nicht. Der Anspruch des Gläubigers auf effektiven Rechtschutz ist höher zu gewichten, als das letztlich auch durch Art. 2 Abs. 1 GG mit Art. 20 Abs. 2 und Abs. 3 GG geschützte Interesse des Schuldners, durch einen klaren, möglichst keinerlei Auslegung benötigenden Titel höchst mögliche Rechtssicherheit zu erlangen und der Mühe enthoben zu sein, mit – allerdings zumutbaren – Überlegungen über den Wortlaut hinaus nach dem Kern des ihm auferlegten – nicht in allen denkbaren Details ausformulierten – Gebots zu forschen, um sein Handeln entsprechend einzustellen. Allerdings ist grundsätzlich dann, wenn unterschiedliche Grundrechtspositionen mehrerer Beteiligter als Folge staatlichen Handels – hier also der Vollstreckung eines Unterlassungstitels– in Konflikt miteinander geraten, regelmäßig nicht einem der Grundrechte der alleinige Vorzug vor dem anderen einzuräumen, sondern es ist eine möglichst schonende fallbezogene Lösung im Wege praktischer Konkordanz zu suchen[52]. Beide Grundrechte müssen in ihrem Kern gewahrt bleiben und keines darf gezwungen werden, voll hinter dem anderen zurückzutreten. Das bedeutet für unseren Fall, dass die »Kerntheorie« immer sehr eng zur Anwendung kommen muss und dass nur das, was die Verkehrsauffassung der angesprochenen Kreise noch ungezwungen als Charakteristikum der Verletzungshandlung ansieht, als vom Unterlassungsgebot erfasst, betrachtet werden darf.[53] Der Gesetzgeber, nach dem bei Problemen der vorliegenden Art ansonsten meist gerufen wird, er möge doch die notwendige Klarheit schaffen, kann im vorliegenden Fall nicht weiterhelfen, da er auch nur offene Formeln zur Verfügung stellen könnte, die dann durch das Vollstreckungsorgan im konkreten Einzelfall ausgefüllt werden müssten. Das führt über den status quo nicht hinaus. So bleibt es letztlich doch im Zweifelsfall bei der – verfassungsrechtlich vertretbaren – Notwendigkeit, dass das Vollstreckungsorgan »Prozessgericht« erst in der Zwangsvollstreckung unter Berücksichtigung der Verkehrsanschauung der angesprochenen Verkehrskreise die Entscheidung trifft, was noch Kernbereich der Unterlassungsverpflichtung ist. Die hierbei verbleibende, sich erst in der ganz konkreten Unterlassungsvollstreckung auflösende Unsicherheit für alle Beteiligten ist das kleinere Übel gegenüber der ansonsten notwendigen Feststellung, der Rechtstaat könne einem Unterlassungsgläubiger in den meisten Fällen letztlich nicht effektiven Rechtschutz gewähren.

---

51 BVerfG GRUR 2007, 618; siehe auch BVerfG, Beschluss vom 8. 9. 2014 – 1 BvR 23/14 – (dort unter Ziff. 23), DÖV 2015, 75.
52 BVerfG (1 BvR 603/09), NJW 2010, 220 mit Anm. *Muckel,* JA 2010, 670; *Becker-Eberhard,* LMK 2005, 152042.
53 Ebenso: *Feddersen* in Teplitzky, Wettbewerbsrechtliche Ansprüche und Verfahren, 11. Aufl. Kap. 57 Rn. 15.

Gedanken eines Ruheständlers zur Einführung eines vorinsolvenzlichen Sanierungsverfahrens

Wilhelm Uhlenbruck[*]

I. Vorbemerkung

Der Gesetzgeber der Konkursordnung von 1877 hat das Insolvenzverfahren (Konkurs) als ein Verfahren konzipiert, das auf entsprechenden Antrag als Gesamtverfahren einzuleiten war, wenn ein Schuldner bzw. ein Schuldnerunternehmen außerstande war, sämtliche finanziellen Ansprüche seiner Gläubiger zu befriedigen. Die Rigidität dieses als Vollstreckung ausgestalteten Verfahrens führte angesichts der grundlegenden Veränderungen der politischen, sozialen und wirtschaftlichen Verhältnisse in Deutschland zu der VO über die Geschäftsaufsicht vom 8.8.1914 (RGBl. S. 363), zu dem Gesetz über den Vergleich zur Abwendung des Konkurses vom 5.7.1927 (BGBl I S. 139) und schließlich zu der Vergleichsordnung von 1935.

Im Hinblick auf die sozialen und gesamtwirtschaftlichen Folgen einer Insolvenz stellte sich die Frage, wie viele Insolvenzen und wie viel Insolvenzschäden sich der Staat leisten kann, wenn er nicht selbst Schaden nehmen will. Hatte der Gesetzgeber der Konkursordnung noch gemeint, auf ein konkursabwendendes Vergleichsverfahren verzichten zu können, setzte sich spätestens in der Weltwirtschaftskrise 1931 in Deutschland die Erkenntnis durch, dass eine Einheit des Insolvenzverfahrens für die Verfahrenseröffnung einheitliche Gründe sowie die Einheit der Insolvenzmasse und des Kreises der am Verfahren beteiligten Insolvenzgläubiger voraussetzt.

In der Reformdiskussion zur Insolvenzordnung herrschte weitgehend Einigkeit, dass es für die Erhaltung eines Unternehmens »meist zu spät ist, wenn bereits Zahlungsunfähigkeit oder Überschuldung eingetreten« sind; deshalb sollte ein »selbstständiges, dem Konkurs deutlich vorgelagertes Insolvenzverhütungsverfahren geschaffen werden.«[1] Aber anders als die meisten Mitgliedstaaten der Europäischen Gemeinschaft verfügt Deutschland seit der Insolvenzrechtsreform 1994 nicht mehr über ein eigenständiges vorgerichtliches Sanierungsverfahren.[2] Vielmehr hat sich das

---

[*] Der Beitrag, der wegen Erkrankung des Verfassers weitgehend auf das Zitieren von Quellen verzichten musste, ist Hanns Prütting in freundschaftlicher Verbundenheit gewidmet.
[1] Vgl. Erster Bericht der Kommission für Insolvenzrecht, 1985, S. 153.
[2] Zur Diskussion über die Einführung eines vorgerichtlichen Sanierungsverfahrens s. *Geldmacher*, das präventive Sanierungsverfahren als Teil eines reformierten Insolvenz-und Sanierungsrechts in Deutschland, Diss. 2012, Köln, S. 155 ff.

ESUG³ darauf beschränkt, die Sanierungsoptionen in einem eröffneten Insolvenzverfahren zu erweitern und zu verbessern.⁴ Das soll sich künftig ändern. Wenn die Empfehlungen der EU-Kommission zum Unternehmensinsolvenzrecht vom 22.11.2016 (COM [2016] 723) in einen Legislativakt umgesetzt und verbindlich ausgestaltet werden, sind »Konflikte mit den rechtspolitischen Entscheidungen der jüngsten Insolvenzrechts-Reformen vorprogrammiert.«⁵ Im Hinblick auf die weltweite Entwicklung im Bereich der Unternehmensrestrukturierung aufgrund eines vorgerichtlichen Sanierungsverfahrens stellt sich die Frage, ob die Einbeziehung der Sanierung von Unternehmen in den Rahmen eines deutschen Insolvenzverfahrens noch zu halten ist. Die Abkehr von einem einheitlichen Insolvenzverfahren und die Einführung eines vorinsolvenzlichen Sanierungsverfahrens würden zumindest teilweise den Rückschritt zur Vergleichsordnung von 1935 bedeuten, andererseits aber eine stärkere Einbindung des Gerichts ermöglichen.⁶

II. Nachteile eines »Insolvenzverfahrens aus einem Guss«

Die Einführung eines einheitlichen Insolvenzverfahrens anstelle der früheren Zweispurigkeit von Konkurs- und Vergleichsverfahren⁷ in Deutschland entsprach nicht nur einer starken Literaturmeinung⁸, sondern auch der Auffassung des 54. deutschen Juristentages.⁹ Eine »neutrale« Verfahrenseröffnung sollte es gestatten, ein tragfähiges Sanierungskonzept erst während und mit Hilfe des Verfahrens zu entwickeln. Das Eröffnungs- und Vorverfahren (Teil 1 der Verfahrensabschnitte) sollte den ersten Teil des einheitlichen Insolvenzverfahrens bilden, in dem noch nicht über das Verfahrensziel entschieden wird (Leitsatz 1.1.1 Abs. 2 des Ersten Kommissionsberichts). Das Gericht entscheidet regelmäßig erst mit dem Abschluss des Vorverfahrens, ob das Verfahren als Reorganisationsverfahren (Sanierungsverfahren) fortgesetzt oder als

---

3 Gesetz zur weiteren Erleichterung der Sanierung von Unternehmen vom 7.12.1011. BGBl. I S. 2582, 2800 (Nr. 64).
4 *Vallender*, Festheft zu Ehren von Dr. Katherine Knauth, Beilage zu ZIP Heft 22/2016, S. 82; *Lürken*, NZI 2015, 3; *Zipperer*, ZInsO 2016, 831.
5 So der Bundesjustizminister Heiko Maas anlässlich des Verwalterkongresses in Berlin am 5.11.2015, zit. bei *Vallender*, Festheft Knauth (Fn. 4), S. 82; *Bork*, Sanierungsrecht in Deutschland und England, 2011. Der grundlegende Beitrag von *Thole*, ZIP 2017, 101 ist dem Verfasser dieses Beitrags erst nach Drucklegung bekannt geworden.
6 Eingehend hierzu *Vallender* in: Vallender/Undritz, Praxis des Insolvenzrechts, 2. Aufl. 2017, § 1 Rz 104; *Madaus*, NZI 2017, 333 hält mit vielen anderen Autoren den Verzicht auf vorinsolvenzliche Sanierungshilfen für »nicht glücklich«.
7 Vgl. Erster Bericht der Kommission für Insolvenzrecht, 1985, S. 14 und 85 ff.; s. auch *Friedrich Weber*, KTS 1959, 88.
8 Z.B. *Prütting* in: Kübler/Prütting/Bork, § 5 InsO Rz. 87; *Uhlenbruck*, KTS 1981, 513, 544 f.; *Flessner*, ZIP 1981, 113.
9 Beschlüsse der Abteilung Sanierung von Unternehmen Bd. II – Sitzungsberichte – M 239; so auch *Prütting* in: Kübler/Prütting/Bork, § 5 InsO Rz. 87.

Liquidationsverfahren weitergeführt wird. Seinerzeit wurde auch auf entsprechende Regelungen zum Beispiel in Frankreich, Österreich und Spanien hingewiesen.[10]

Diese Auffassung ist inzwischen der Erkenntnis gewichen, dass ein flexibles Vorverfahren bei nur drohender Insolvenz den Schuldner weitgehend von dem Stigma der Insolvenz befreit und auch sonstige Nachteile eines Insolvenzverfahrens vermeidet, wie zum Beispiel die Einbeziehung sämtlicher Gläubiger in das Verfahren, Publizität, Gleichbehandlung aller Gläubiger und eine weitgehende gerichtliche Beteiligung am Verfahren. Die vorinsolvenzliche Sanierung könnte und sollte sich auf die Finanzgläubiger beschränken.[11] Die Möglichkeiten eines umfassenden Moratoriums, die Einstellung von Zwangsvollstreckungen, die den Sanierungserfolg gefährden, sowie die Feststellung des Verfahrensauslösers (Krise), eine formalisierte Liquidationsvergleichsrechnung und eine Festlegung der erforderlichen Zustimmungsquote (75%) bedürfen auch in einem vorgerichtlichen Sanierungsverfahren einer gesetzlichen Regelung, die sich in ihren Facetten nicht in § 270b InsO unterbringen lässt, sondern eine besondere Verfahrensordnung notwendig macht. Nicht anders ist die Forderung des Gravenbrucher Kreises[12] nach einem »klar bemessenen Restrukturierungsrahmen« zu verstehen, der keinen totalen Paradigmenwechsel von der Gläubigerbefriedigung zu einer bloßen Entschuldung verträgt.[13]

Nach inzwischen wohl herrschender Meinung sollte die Sanierung von notleidenden Schuldnerunternehmen, bei denen ein Insolvenzgrund noch nicht vorliegt, aber droht, in einem eigenständigen Gesetz geregelt werden.[14] Trotzdem stellt sich die Frage, ob das in § 270b InsO geregelte Schutzschirmverfahren nicht nur der Empfehlung und dem Richtlinienvorschlag der EU-Kommission entspricht, sondern diese sogar übertrifft.

Nach zutreffender Feststellung von *Karsten Schmidt*[15] erfolgen die wirksamsten Unternehmenssanierungen »früh, schnell und still«, also außerhalb eines gerichtlichen Insolvenzverfahrens. Selbst wenn der Gesetzgeber Einschränkungen hinsichtlich der Publizität gerichtlicher Verfahren vorsehen sollte, müssten Anfragen von Gläubigern an das Gericht, ob gegen den Schuldner ein Sanierungs- oder Insolvenzverfahren anhängig ist, positiv beantwortet werden. Damit läuft die Forderung nach einem »stillen« Verfahren weitgehend ins Leere, denn nichts spricht sich schneller herum als eine Unternehmenskrise und ein Verfahren, das die Rechte von Gläubigern

---

10 Erster Kommissionsbericht, S. 87.
11 So der Gravenbrucher Kreis, ZInsO Heft 10/2017, S. III; *Zipperer*, ZInsO 2016, 831, 834; anders *Buchalik*, zit. in NZI Heft 23/2016, S. XI.
12 ZInsO Heft 10/2017, S. III; NZI Heft 3/2017, S. IX; NZI Heft 23/2017, S. XI ff.; *Kayser*, Festheft Knauth (Fn. 4) S. 40; KSI Heft 2/2017, 79; s. auch *Zipperer*, ZInsO 2016, 831, 834; *Thole*, ZIP 2017, 101, 112.
13 Vgl. auch *Kayser*, Festheft Knauth (Fn. 4) S. 40.
14 Gravenbrucher Kreis NZI Heft 3/2017, S. IX ff. Eingehend auch *Vallender* in: Vallender/Undritz (Fn. 6), § 1 Rz 103 ff.; *Frind/Pollmächer*, ZInsO 2016, 1290. Der VID fordert ein gesondertes Sanierungserleichterungsgesetz (SEG). S. auch *Jung*, KSI 5/2016, 218 ff.
15 Gutachten D zum 54. DJT 1982, D 133; *ders*. in INDAT-Report 1/2016, S. 32, 33.

tangiert.[16] Im Übrigen ist schon heute umstritten, wann das Gericht in das Verfahren einzubeziehen ist. Streitig ist auch die Frage, ob zur Vermeidung von »Akkordstörern« die Anordnung eines Moratoriums, die Vorlage eines Sanierungsplans oder die Einsetzung eines Sanierungsbeauftragten bzw. Sachwalters erforderlich ist. Anfechtungsfeste Leistungen verlangen in der Regel einen ernsthaften Sanierungsversuch des Schuldners.[17]

Der deutsche Gesetzgeber hat sich bisher mit dem ESUG und dem Schutzschirmverfahren für die Unternehmenssanierung in einem einheitlichen Insolvenzverfahren entschieden, was vor allem im Hinblick auf die Stigmatisierung (»Makel des Konkurses«) eines solchen Verfahrens die Frage aufwirft, ob ein Schuldner bzw. Schuldnerunternehmen nicht zunächst die Flucht in einen außergerichtlichen Vergleich suchen sollte,[18] um eine Sanierung zu erreichen.[19] Die Evaluation des ESUG wird zeigen, ob dieses Verfahren letztlich nicht doch dem Kommissionsvorschlag für eine Richtlinie über präventive Restrukturierungsrahmen (COM [2016] 723 final) gerecht wird. Schon jetzt ist aber festzustellen, dass die Entscheidung des deutschen Gesetzgebers, im Rahmen des Schutzschirmverfahrens nach § 270b InsO auf vorinsolvenzliche Sanierungsinstrumente zu verzichten, nicht glücklich war.

Außergerichtliche Verfahren, bei Scheitern Vorverfahren mit gerichtlichem Einfluss, wie z.B. gerichtliche Bestätigung, und ein Scheitern des gerichtlichen Sanierungsverfahrens erfordern einen Zeitaufwand, der die Quote einer Gläubigerbefriedigung ständig schmelzen lässt, weil Liquidität verbraucht wird.

Die frühzeitige Einschaltung des Insolvenzgerichts, vor allem aber die Bestellung eines Sanierungsbeauftragten oder Moderators widerspricht dem Grundsatz »So wenig Gericht als möglich, so viel Gericht als nötig.« Selbst wenn sich das Gericht zunächst nur auf die Prüfung der Sanierungsbedürftigkeit des Schuldnerunternehmens und die Schlüssigkeit des Antrags zu beschränken hätte, könnten Gläubiger den beabsichtigten Sanierungserfolg gefährden, indem sie dem Unternehmen in Panik Liquidität in erheblichem Umfang durch Vollstreckungen entziehen.[20] Insoweit müsste § 305a InsO entsprechende Anwendung finden.

Vorteile eines vorgerichtlichen Sanierungsverfahrens und zugleich Nachteile eines einheitlichen gerichtlichen Verfahrens sind schließlich das Tempo der Verfahrensabwicklung und die Kostengünstigkeit, zumal in einem vorgerichtlichen Verfahren

---

16 So lehnt z.B. *Frind* (ZInsO 2010, 1426) ein »Geheimverfahren« ab, weil dieses dem deutschen Recht fremd sei.; ebenso *A. Braun*, Die vorinsolvenzliche Sanierung von Unternehmen, Schriften zur Restrukturierung, Bd. 8, Baden-Baden 2015, S. 282 ff.
17 Vgl. BGH v. 12.5.2016, IX ZR 65/14, NZI 2016, 636 m. Anm. *Lenger*.
18 In über 60 % aller Insolvenzverfahren haben früher außergerichtliche Sanierungsversuche stattgefunden.
19 Mit dem Finanzmarktstabilisierungsgesetz (FMStG) ist der Gesetzgeber allerdings von der Vorstellung abgewichen, dass sanierungsfähige Unternehmen zwingend ein Insolvenzverfahren zu durchlaufen haben.
20 Vgl. *Zipperer*, ZInsO 2016, 831, 838; *Bork*, ZIP 2010, 401, 414; *Beissenhirtz*, ZInsO 2011, 57, 68; *Westpfahl*, ZGR 2010, 385, 422.

auch die Gerichtskosten entfallen.[21] Die notwendige Schnelligkeit der Abwicklung wird in einem vorinsolvenzlichen Verfahren nur dann erreicht werden können, wenn auf Rechtsmittel weitgehend verzichtet wird oder diesen keine verfahrenshemmende Wirkung zukommt.[22] Auch sollte Gesellschaftern nicht die Stellung von Verfahrensbeteiligten eingeräumt werden. Da ein vorgerichtliches Sanierungsverfahren nicht immer die Zustimmung aller Gläubiger finden wird, ist ein Abstimmungsquorum festzulegen.[23]

Das ESUG hat bislang der Zielsetzung im Koalitionsvertrag von 2009 nicht entsprochen.[24] Etwa ein Drittel aller Vorverfahren, die mit einer vorläufigen Eigenverwaltung oder unter einem Schutzschirm begonnen werden, enden mit einem Regelinsolvenzverfahren.[25] Bisher bevorzugte ausländische Sanierungsmodelle, wie zum Beispiel das englische Scheme of Arrangement[26] oder das Verfahren nach Chapter 11 US Bankruptcy Code[27] lassen wegen immer komplexer werdender tatsächlicher und rechtlicher Verhältnisse die Kosten explodieren und erfordern inzwischen einen erheblichen Zeitaufwand, um einen tragfähigen Sanierungsrahmen zu erarbeiten. Eine Forderungsprüfung in einem Vorverfahren entfällt, denn sie wäre viel zu zeitaufwendig. Ein verfahrens- und kostenaufwendiges Vorverfahren führt in den meisten Fällen zum endgültigen Eintritt der Zahlungsunfähigkeit.[28]

III. Von der Notwendigkeit eines vorgerichtlichen Sanierungsverfahrens

Die EU-Kommission hat die Rangliste der Weltbank über die nationalen Insolvenzrechte zum Maßstab für die Leistungsfähigkeit der nationalen Insolvenzrechte gemacht. Anhand dieser Liste identifiziert sie diejenigen Länder, die sich als Modell für eine Rechtsvereinheitlichung eignen. Im weltweiten Vergleich steht das deutsche Insolvenzrecht auf Platz 3. Deutschland würde damit in Europa nur von Finnland über-

---

21 S. auch *Karsten Schmidt/Uhlenbruck*, Die GmbH in Krise und Insolvenz, 5. Aufl. 2016 Rz. 2.1 ff.; *Mackebrand/Jung*, KSI 2014, 5 ff.
22 S. auch *Lürken*, NZI 2015, 3, 9; *Vallender*, Beilage zu ZIP Heft 22/2016, 82, 85; *Jaffé* in: Kölner Schrift zur InsO, 3. Aufl. S. 765, Rz. 70; *Jacoby*, ZGR 2010, 359, 379, *Bork*, ZIP 2010, 397; *Kayser*, Beilage zu ZIP Heft 22, 2016, 40.
23 Vgl. *Vallender*, ZIP Beilage zu Heft 22/2016, S. 85.
24 Vgl. *Siemon*, NZI 2016, 57. Ebenso *Vallender*, NZI 2010, 838; *Madaus*, NZI 2017, 329, 332.
25 *Madaus*, NZI 2017, 329, 332 unter Berufung auf *Moldenhauer/Wolf/Drescher*, Vier Jahre ESUG – In der Realität angekommen, März 2016 (BCG Studie) S. 6.
26 Vgl. *Bork*, Sanierungsrecht in Deutschland und England, 2011; *Kusche*, Die Anerkennung des Scheme of Arrangements in Deutschland, Diss. Köln 2014, S. 7 ff.
27 S. *LoPucki*, Courting Failure, 2005, S. 97 f.
28 Zum Meinungsstand zu einem vorinsolvenzlichen Verfahren s. auch *Siemon*, NZI 2016, 57; *Bork*, ZIP 2010, 397; ders. ZIP 2014, 1905; *Goetker/Schulz*, ZIP 2016, 2095; *Jung*, KSI 2016, 218; *Beissenhirtz*, ZInsO 2016, 1778; *Eidenmüller*, ZIP 2010, 649; ders., KTS 2014, 401, 417; *Thole*, ZIP 2017, 101.

troffen.²⁹ Obwohl das ESUG bislang auch in der Praxis funktioniert,³⁰ ist die Diskussion um die Einführung eines besonderen vorinsolvenzlichen Verfahrens keineswegs verstummt.³¹ Der Legislativentwurf der europäischen Kommission über Unternehmensinsolvenzen hat vorgeschlagen, Bestimmungen zu einer vorinsolvenzlichen frühzeitigen Restrukturierung von notleidenden Unternehmen einzuführen und damit der »Kultur der zweiten Chance« gerecht zu werden.³² Ein Umsetzungsermessen besteht jedoch hinsichtlich der Frage, ob das Sanierungsverfahren in der Insolvenzordnung oder in einem besonderen Gesetz geregelt wird, sodass sich für den deutschen Gesetzgeber die Frage stellt, ob das in der Insolvenzordnung geregelte Verfahren einer vorläufigen Eigenverwaltung nach § 270a InsO und das Schutzschirmverfahren nach § 270b InsO ein vorinsolvenzliches Sanierungsverfahren entbehrlich machen. Der Vorschlag, dass der Schuldner »statt dem negativ besetzten Insolvenzantrag einen auf die Sanierung des Unternehmensträgers gerichteten und in der Insolvenzordnung geregelten Restrukturierungsantrag stellt«, hat Vieles für sich.³³ Vor allem sind Leistungen des Schuldners im Rahmen einer Sanierung anfechtungsfest.

Deutschland hat mit dem Verzicht auf ein vorinsolvenzliches Sanierungsverfahren bereits seine Erfahrungen gemacht. Der Verzicht der Konkursordnung von 1877 auf ein konkursvermeidendes Sanierungsverfahren (Vergleichsverfahren) hat bis zur VO über die Geschäftsaufsicht 1914 dazu geführt, dass *Karl Künne* ein Werk mit dem Titel »außergerichtliche Vergleichsordnung«³⁴ vorgelegt hat, das sieben Auflagen im C. H. Beck Verlag erlebt und in der insolvenzrechtlichen Praxis große Anerkennung gefunden hat. In der Praxis versuchen über 60 Prozent der notleidenden Unternehmen, sich mit ihren Gläubigern außergerichtlich zu einigen. Die Folge sind oftmals Insolvenzverschleppungen und Strafbarkeit der Geschäftsführung. Vor der Auswertung

---

29 So der BMJV Heiko Maas auf dem Insolvenzverwalterkongress in Berlin am 5.11.2015, KSI 2016, 33, 34 = NZI Heft 23/2015, XI; s. auch den Bewertungsindex der Weltbank (DTF-Score), World Bank, Doing Business 2017, 14th Ed. 2017.
30 *Tobias/Meißner/Müller*, KSI 2016, 73; zu den Vor- und Nachteilen eines Schutzschirmverfahrens nach § 270b InsO s. *Mackebrandt/Jung*, KSI 2014, 5 ff; *Thole*, ZIP 2017, 101, 112, *Kayser*, Festheft Knauth (Fn. 4), S. 40, 42; *Mönning* in: Mönning (Hrsg.), Betriebsfortführung in Restrukturierung und Insolvenz, 3. Aufl., § 9 Rz 460 f.; *Madaus*, NZI 2017, 329.
31 Vgl. *Uhlenbruck*, KSI 2010, 125; *Zipperer*, ZInsO 2016, 831; *Siemon*, NZI 2016, 57; *Geldmacher*, ZInsO 2010, 696; *Vallender*, Festheft Knauth (Fn. 4), S. 82; *Westpfahl* ZGR 2010, 385; *Thole*, KSzW 2012, 286; ders. ZIP 2017, 101; *Flöther* in: Seagon/Riggert (Hrsg.), Taugliche Sanierungsvorgaben aus Brüssel? Sonderbeilage NZI 1/2017, S. 4.
32 Empfehlung der Kommission v. 12.3.2014 für einen neuen Ansatz im Umgang mit unternehmerischem Scheitern und Unternehmensinsolvenzen (2014/135/EU), Abl. L 74/65. In der Empfehlung des Europäischen Parlaments vom 15.11.2011 an die Kommission zu Insolvenzverfahren im Rahmen des EU-Gesellschaftsrechts heißt es u.a., »das Insolvenzrecht sollte ein Mittel zur Rettung von Unternehmen sein, wann immer es möglich ist, dem Schuldner, den Gläubigern und den Arbeitnehmern« zu nützen.
33 Vgl. *Eidenmüller*, ZIP 2010, 649, 654; *Bork*, ZIP 2010, 397, 399; *Mackebrandt/Jung*, KSI 1/14, S. 5, 8; *Thole*, ZIP 2017, 101.
34 Vgl. *K. Künne*, Außergerichtliche Vergleichsordnung, Richtlinien zur Durchführung außergerichtlicher Sanierungen mit Musterformularen und einem Gesetzesanhang, München 1968, 1. Aufl. 1936. S. auch *Uhlenbruck*, NZI 2008, 201.

der Evaluationsergebnisse zum ESUG erscheint es nach Auffassung von *Vallender*[35] aber »verfrüht, die Einführung eines vorgerichtlichen Sanierungsverfahrens ernsthaft einzufordern.« Trotzdem dürfte es sinnvoll sein, sich rechtzeitig mit den Vor- und Nachteilen eines vorgerichtlichen Sanierungsverfahrens auseinanderzusetzen, wobei auch zu prüfen ist, ob das ESUG mit seinen Sanierungsoptionen im eröffneten Insolvenzverfahren letztlich nicht doch einem Legislativakt der Europäischen Kommission weitgehend entspricht. Zutreffend hat *Thole*[36] darauf hingewiesen, dass nicht entscheidend ist, überhaupt etwas auf dem Sanierungsmarkt anzubieten; vielmehr komme es auf die Qualität des Produkts an. So müsste z.B. eine vorinsolvenzliche Sanierung weitgehend ausgeschlossen sein, wenn die Gründe für die Unternehmenskrise im Bereich des operativen Geschäfts liegen. Zudem müsste die Eintrittsschwelle in ein Sanierungsverfahren ebenso gesetzlich festgelegt werden wie eine Regelung der Akkordstörerproblematik.

Insolvenzverfahren sind öffentliche Gesamtverfahren, d. h. sämtliche Gläubiger und Stakeholder eines Schuldnerunternehmens werden grundsätzlich in das Verfahren einbezogen. Zutreffend spricht *Hanns Prütting* von der »seit langem erwünschten normativen Einheit des Insolvenzrechts«, der »auch eine verfahrensmäßige Einheit zur Seite« steht.[37] Aber schon Art. 1 Abs. 1, Art. 2 Nr. 1 EuInsVO n.F. weicht von diesem Prinzip ab und lässt zu, dass nur ein »wesentlicher Teil« der Gläubiger an einem vorgerichtlichen Verfahren teilnimmt. Noch 2016 habe ich die Auffassung vertreten, die Einheitlichkeit des Verfahrens und der Verzicht auf ein außerinsolvenzliches Vorverfahren könnten nach wohlüberlegten Nachbesserungen des ESUG durchaus Vorbildfunktion im Rahmen einer Harmonisierung der europäischen Insolvenzrechte haben.[38] Richtig ist, dass nur die materielle Insolvenz eine Rechtfertigung für Eingriffe in Gläubigerrechte darstellt, während das vorinsolvenzliche Verfahren dem Grundsatz »So wenig Gericht als möglich, so viel Gericht als nötig« entspricht. Die Einschaltung des Gerichts ist schon zwingend, wenn nach Kap. 2 Art. 5 Abs. 3 RLE ein Restrukturierungsverwalter bestellt werden muss. Auch die Verlängerung von Vollstreckungsmaßnahmen (Art. 6 Abs. 4, 5) erfolgt durch das Insolvenzgericht. Besonderheiten hinsichtlich der »Anfechtungskette« bestehen, wenn eine Sanierung durch Insolvenzplan nach Aufhebung des Insolvenzverfahrens scheitert.[39] Die Mitgliedstaaten der EU verfügen über unterschiedliche Sanierungsmöglichkeiten im Rahmen eines eröffneten und außerhalb eines Insolvenzverfahrens.[40]

---

35 Festheft Knauth (Fn. 4), S. 82, 84.
36 KSzW 2012, 286, 289; ders., ZIP 2017, 101, 102 f.; nach Auffassung von *Thole* (Öffnungsklausel) und *Madaus* (NZI 2017, 329, 331) müsste die Richtlinie noch ergänzt werden.
37 In: Kübler/Pütting/Bork, InsO § 5 Rz. 87; s. auch *Prütting* in: Kölner Schrift zur Insolvenzordnung, 2. Auflage, Rz. 78, S. 246, 3. Auflage, S. 1 ff.
38 In: *Mönning* (Hrsg.), Betriebsfortführung in Restrukturierung und Insolvenz, 3. Auflage, § 1 Rz. 65 ff.
39 *Mönning* in: Kübler (Hrsg.), Handbuch Restrukturierung in der Insolvenz, 2. Aufl. 2015, § 47 Rz. 163 ff.; *Wischemeyer/Dimassi*, ZIP 2017, 593 ff.; *Frind/Köchling*, ZInsO 2013, 1666, 1671 f.
40 Diese unterscheiden sich aber deutlich, sodass es an einer gemeinsamen Grundlage fehlt.

Die Vorschläge, den Restrukturierungsrahmen in drei Stufen vorzusehen,[41] sind mit einem erheblichen Zeitverlust verbunden, sodass oftmals am Ende die Liquidation nicht zu vermeiden sein wird.

IV. Zusammenfassung

Der Legislativentwurf der Europäischen Kommission wird die Diskussion um die Einführung eines vorgerichtlichen Sanierungsverfahrens maßgeblich beeinflussen. Angesichts des davon abweichenden deutschen Sanierungsmodells, das sich in der Praxis bislang zumindest teilweise bewährt hat, stellt sich die Frage, ob dieses Modell nicht als Regelung eines eigenständigen nicht-insolvenzlichen Vorverfahrens mit den notwendigen verfahrensbedingten Änderungen übernommen und in ein einheitliches Sanierungsgesetz eingebracht werden sollte. Auch insoweit bleiben aber Bedenken, weil ein allzu fein gesponnenes Verfahren unternehmerische Entscheidungen beengt und die Gläubiger wie auch Geschäftspartner abschreckt und weil z.B. eine weitgehend formalisierte Liquidationsvergleichsrechnung (»best interest of creditors«) einer zügigen Verfahrensabwicklung entgegensteht.[42] Danach darf kein Gläubiger durch den Sanierungsplan schlechter gestellt werden, als er im Falle der Liquidation stünde. Der mit einem Insolvenzverfahren verbundene Makel lässt sich auch bei einer »freien Sanierung« nicht dadurch beseitigen, dass das Verfahren eine neutrale Bezeichnung erhält, wie zum Beispiel »Rekonstruktionsordnung (RO)«, »SanO«, »UntSanG« oder »Sanierungserleichterungsgesetz« (SEG).[43] Richtig ist vielmehr, dass sich das Stigma einer Insolvenz und der damit verbundene Wertverlust auch bei anderer Etikettierung des Vorverfahrens kaum vermeiden lässt. Bei fast allen bislang durchgeführten Schutzschirmverfahren nach § 270b InsO sind die betroffenen Schuldnerunternehmen unmittelbar nach Antragstellung zahlungsunfähig geworden, sodass die Verfahren als Regelverfahren weitergeführt werden mussten.[44]

---

41 Vgl. *Beissenhirtz*, ZInsO 2016, 1778, 1792, der ein Stufensystem vorschlägt zwischen außergerichtlicher (formfreier) Sanierung, vorinsolvenzlicher Sanierung und Sanierung in der Insolvenz. *Madaus* (NZI 2017, 329) unterscheidet in Tools.

42 So zutreffend *Stürner*, Restrukturierungsverfahren – Eine Geschichte enttäuschter Hoffnungen?, Editorial zu NZI Heft 6, 2017. *Pape* in Kübler/Prütting/Bork (§ 270b Rz 6): »Die bisherigen Erfahrungen und das höchst komplizierte Verfahren des § 270b sprechen dagegen.« S. auch *Hirte*, ZInsO 2011, 401, 402.

43 Vgl. *Brömmekamp*, ZInsO 2016, 500, 502; es ist zweifelhaft, ob ein vorinsolvenzliches Verfahren, das nicht auf das Merkmal »Insolvenz« abstellt, geeignet ist, ein Schuldnerunternehmen mit Sanierungsbedarf von dem Stigma eines wirtschaftlichen Scheiterns freizustellen. Die Wirtschaft reagiert auf wirtschaftliche Schwierigkeiten eines Unternehmens viel sensibler als gemeinhin angenommen wird; auch *W. Gerhardt*, in FS Michaelis, 1972, S. 100; ders. in FS Weber, S. 186; *Uhlenbruck*, in FS Gerhardt, S. 979.

44 S. auch *Braun*, Die vorinsolvenzliche Sanierung von Unternehmen, 2015, S. 323 f.; *Siemon*, NZI 2016, 57, 59; 43% der gestarteten 270a-Verfahren und 34% der Schutzschirmverfahren münden nach *Moldenhauer/Wolf/Drescher* (INDAT Report Heft 3/2016, 20, 23) in

Ein vorinsolvenzliches Sanierungsverfahren mit den Folgen eines Insolvenzverfahrens (Anfechtung, Insolvenzgeld, Vertragsablehnungs- und Sonderkündigungsrechte oder allgemeines Moratorium) würde dem Grundsatz »Leichter Verfahrenseinstieg, leichte Folgen« ebenso widersprechen wie Zwangseingriffe in Arbeitnehmerrechte oder die Zulassung von Insolvenzanträgen. In einem vorinsolvenzlichen Sanierungsverfahren kann auf eine Mitwirkung des Insolvenzgerichts nicht gänzlich verzichtet werden. Das gilt sowohl für eine Zulassung des Antrags, die Fristsetzung zur Vorlage eines Sanierungsplans, die Verwertung von Sicherheiten, die Einstellung von Maßnahmen der Zwangsvollstreckung als auch für die Vorprüfung und Bestätigung des von den Gläubigern nicht einstimmig beschlossenen Sanierungsplans. Schon an der Auslegung des Nachteilsbegriffs in § 270 Abs. 2 Nr. 2 InsO durch das Insolvenzgericht kann ein Eigenverwaltungsantrag scheitern. Wenn es schon nicht ohne gerichtliche Mitwirkung geht, stellt sich die Frage, ob nicht das von der Reformkommission vorgeschlagene einheitliche Verfahren nach den Leitsätzen 1.1 und 1.2.5. Abs. 3 sowie der Wegfall eines liquidationsabwendenden Vergleichsverfahrens (Leitsatz 1.1.2 Abs. 1) die bessere und fortschrittlichere Lösung des Verfahrenseinstiegs darstellt. Es widerspricht wirtschaftlicher Vernunft, wegen drohender Insolvenz ein Unternehmen insgesamt einem Restrukturierungsverfahren zu unterwerfen, nur weil es einzelne Gläubigerforderungen zum Fälligkeitszeitpunkt voraussichtlich nicht erfüllen kann. Insoweit könnte das englische Scheme of Arrangement Pate stehen. Schon die Verabschiedung vom Prinzip der Gesamtvollstreckung in einem solchen Verfahren und die Möglichkeit, das Sanierungsverfahren auf einzelne Gläubiger oder Gläubigergruppen zu beschränken (Teilplanverfahren)[45], würde zu einer wesentlichen Zeitersparnis und Kostenbeschränkung führen. Ob dies allerdings in einer Insolvenzordnung verortet werden kann, ist zweifelhaft. Jedenfalls haben Restrukturierungen nach deutschen Recht nur Aussicht auf Erfolg, wenn notwendig werdende gerichtliche Maßnahmen ihre Rechtsgrundlage in einem Insolvenzgesetz finden.[46] Ein vorinsolvenzliches Sanierungsverfahren kann in kurzer Zeit zu einer weitgehenden Entwertung der Aktivmasse eines Schuldnerunternehmens führen. Diese findet schlimmstenfalls in vier Stufen statt, vor allem wenn finanzielle Engpässe drohen, die zu einer Insolvenz führen können:

1. Kostspieliger und zeitaufwendiger außerinsolvenzlicher Sanierungsversuch durch Eigeninitiative des Schuldners ohne gerichtliche Hilfe und ohne Publizität, aber mit hohen Beratungskosten;[47]

---

ein Regelverfahren, weil es nicht gelingt, die Zahlungsfähigkeit für die Dauer von zwölf Monaten aufrecht zu erhalten.

45 Einzelheiten bei *Uhlenbruck* in: Mönning (Hrsg.), Betriebsfortführung in Restrukturierung und Insolvenz, 3. Aufl. 2016, § 1 Rz 25, 59 ff., 74 ff.; s. auch *Bork*, ZIP 2011, 2035; *Uhlenbruck*, BB 2001, 1641 ff.; ders. NZI 2009, 1 ff.; ders. KSI Heft 3/2010, 125 ff.; *Thole*, ZIP 2017, 101.
46 S. auch *Eidenmüller*, ZIP 2007, 1729, 1731; *Kayser*, Festheft Knauth, S. 40, 42.
47 S. *Pluta*, NZI Sonderbeilage 1/2007 (Hrsg. Seagon/Riggert) S. 20. *Beissenhirtz*, ZInsO 2016, 1778, 1793 unterscheidet die außergerichtliche Sanierung von der vorinsolvenzlichen Sanierung, sodass noch eine weitere Stufe der Sanierung besteht.

2. Außerinsolvenzlicher Rettungsversuch mit gerichtlicher Hilfe und Mehrheitenzwang sowie mit weiterer Entwertung des Aktivvermögens (vorinsolvenzliches Sanierungsverfahren);[48]
3. Überleitung des außerinsolvenzlichen Vorverfahrens in ein insolvenzmäßiges Sanierungsverfahren mit Anfechtung bisheriger Maßnahmen.
4. Bei Scheitern der Sanierungsbemühungen Überleitung in ein insolvenzmäßiges Liquidationsverfahren.[49]

Ergebnis: Das Verfahren endet schließlich in der Masseuzmut bzw. Masseunzulänglichkeit. Verdient haben Berater, Sachwalter und Insolvenzverwalter. Verlierer sind die Gläubiger, vor allem aber die Arbeitnehmer. Die Fehler der Vergleichsanordnung von 1935 sollten in einem neuen vorinsolvenzlichen Sanierungsgesetz nicht wiederholt werden.[50]

---

48 Es ist zweifelhaft, ob in den Fällen des Art. 10 der Richtlinie der Bestätigungsbeschluss des Gerichts bei Großinsolvenzen immer spätestens nach 30 Tagen nach Eingang des Bestätigungsantrags gefasst werden kann.
49 Die Entwertungsstufen brauchen nicht alle hintereinander durchlaufen zu werden. Trotzdem ist zu befürchten, dass diese Verfahren nicht schnell und kostengünstig durchgeführt werden. Die Einsetzung eines Moderators oder Sanierungsbeauftragten sorgt regelmäßig für negative Publizität. Letztlich führt die Richtlinie dazu, dass Deutschland zwei Möglichkeiten erhält, eine Unternehmenssanierung durchzuführen: einmal außerhalb und zum anderen im Rahmen eines Insolvenzverfahrens. Zutreffend weist *Thole* (ZIP 2017, 112) darauf hin, dass es verfehlt wäre, »wenn die Richtlinie nunmehr den deutschen Gesetzgeber dazu zwingen oder veranlassen würde, von der Stärkung der Sanierung im Insolvenzverfahren wieder Abstand zu nehmen.« Die Vielfalt der verfahrensrechtlichen Möglichkeiten birgt aber die Gefahr, dass die Sanierungsoptionen zu einer Insolvenzverschleppung missbraucht werden.
50 Allein für die Einleitung eines Schutzschirmverfahrens (§ 270b Abs. 1 InsO) sind drei Anträge des Schuldners erforderlich: 1. Antrag auf Eröffnung des Insolvenzverfahrens, 2. Antrag auf Anordnung der Eigenverwaltung sowie 3. Antrag auf Bestimmung der Frist zur Vorlage eines Insolvenzplans. Vgl. Uhlenbruck/*Zipperer*, § 270b InsO Rz 7; Graf-Schlicker, 4. Aufl. § 270b InsO Rz 3; *Zipperer/Vallender*, NZI 2012, 729 ff.

Insolvenzbedingte Lösungsklauseln: Ausübungskontrolle statt Invalidierung!

Gerhard Wagner/Fabian Klein

I. Einleitung

Insolvenzbedingte Lösungsklauseln bezeichnen Vereinbarungen zur Auflösung eines Vertrages bei Insolvenz des Vertragspartners.[1] Dabei wird entweder das Rechtsgeschäft gemäß § 158 Abs. 2 BGB unter die auflösende Bedingung des Eintritts insolvenzbezogener Umstände gestellt, oder dem jeweils nicht betroffenen Vertragsteil erwächst ein Gestaltungsrecht zur Lösung vom Vertrag, etwa ein Kündigungsrecht.[2] Als Umstände für die Auslösung der genannten Rechtsfolgen kommen die Zahlungseinstellung, die Stellung eines Insolvenzantrags oder die Eröffnung des Insolvenzverfahrens in Betracht.[3]

Derartige Vertragsgestaltungen stehen in einem Spannungsverhältnis zu den §§ 103 ff. InsO, weil sie in ihrer praktischen Wirkung dem Insolvenzverwalter die Wahl zwischen Ablehnung und Erfüllung exekutorischer Verträge aus der Hand schlagen. Deshalb ist in Rechtsprechung und Literatur zum Insolvenzrecht eine intensive Debatte um die Wirksamkeit solcher Klauseln entbrannt, an der sich auch zwei Zivilsenate des Bundesgerichtshofs beteiligt und dabei entgegengesetzte Ergebnisse erzielt haben. Auch der *Jubilar* hat dazu Stellung genommen[4] und damit den IX. Zivilsenat zu überzeugen vermocht,[5] während der VII. Zivilsenat der Gegenansicht gefolgt ist.[6] Das sollte Anlass genug sein, sich in dieser Festschrift dem Thema zu widmen.

---

1 *Ringstmeier* in: K. Schmidt, InsO, 19. Aufl. 2016, § 119, Rn. 11.
2 Vgl. zur Terminologie *Huber* in: Münchener Kommentar zur Insolvenzordnung, 3. Auflage 2013, § 119 Rn. 18.
3 BGHZ 155, 87 (95) = NJW 2003, 2744.
4 *Prütting* Vertragsbeendigung durch Insolvenz, in: Schilken (Hrsg.), FS Gerhardt, 2004, S. 761.
5 BGHZ 195, 348 = NJW 2013, 1159 = ZIP 2013, 274.
6 BGHZ 210, 1 = NJW 2016, 1945 = ZIP 2016, 981.

II. Streitstand

Die Wirksamkeit insolvenzbedingter Lösungsklauseln ist ein klassisches Thema der insolvenzrechtlichen Rechtsprechung und Literatur.[7] Dogmatischer Ausgangspunkt ist das Wahlrecht des Insolvenzverwalters gemäß § 103 InsO. Danach kann der Insolvenzverwalter Verträge, die zum Zeitpunkt der Eröffnung des Insolvenzverfahrens nicht oder nicht vollständig erfüllt sind, entweder anstelle des Schuldners erfüllen und die versprochene Gegenleistung zur Masse ziehen, oder aber ihre Erfüllung unter Verzicht auf die Gegenleistung ablehnen.[8] Vertragliche Vereinbarungen, die dieses Recht im Voraus ausschließen oder beschränken, sind gemäß § 119 InsO unwirksam.[9]

Dieser Zusammenhang begründet nach verbreiteter Auffassung die Unwirksamkeit insolvenzbedingter Lösungsklauseln.[10] Die Fortsetzung des Vertrages durch den Insolvenzverwalter sei nicht möglich, wenn dieser im Insolvenzfall schon aufgrund der Lösungsklausel beendet sei bzw. vom anderen Vertragsteil beendet werden könne. Damit sei das Wahlrecht des Insolvenzverwalters gem. § 103 InsO im Voraus ausgeschlossen. Überdies seien Lösungsklauseln insolvenzzweckwidrig. Zweck des Insolvenzverfahrens sei gemäß § 1 InsO die gleichmäßige Befriedigung der Gläubiger (S. 1) und, soweit damit vereinbar, die Sanierung des Masseschuldners (S. 2).[11] Im Interesse der Gläubiger, vor allem aber zur Wahrnehmung bestehender Sanierungsoptionen müsse die Fortsetzung der für die Masse vorteilhaften Vertragsbeziehungen auch nach Eintritt der Insolvenz ermöglicht werden.[12]

Nach der Gegenauffassung besteht das Wahlrecht des Insolvenzverwalters nur bezogen auf den Inhalt des Vertrags im Zeitpunkt der Insolvenzeröffnung. Bei Verträgen mit insolvenzbedingter Lösungsklausel gehöre auch diese zu dem vom Insolvenzverwalter zu akzeptierenden rechtlichen Bestand des Vertrages. Aus diesem

---

7 »[M]ittlerweile kaum überschaubare Flut an Veröffentlichungen«, *Huber* in: Münchener Kommentar zur Insolvenzordnung (Fn. 2), § 119 Rn. 27.
8 Vgl. *Ringstmeier* in: K. Schmidt (Fn. 1), § 103, Rn. 1 ff.
9 *Tintelnot* in: Kübler/Prütting/Bork, InsO, Stand 2017, § 119 Rn. 15.
10 Repräsentativ *Marotzke* in: Heidelberger Kommentar zur Insolvenzordnung, 8. Auflage 2016, § 119 Rn. 4; *Tintelnot* in: Kübler/Prütting/Bork (Fn. 9), § 119 Rn. 15; sowie der Jubilar: *Prütting* FS Gerhardt (Fn. 4), S. 766; umfangreiche Nachweise in BGHZ 195, 348 Rn. 12.
11 Ob die Sanierung des Masseschuldners ein eigenes Ziel des Insolvenzverfahrens darstellt, oder nur Mittel zum Zweck der Befriedigung der Massegläubiger ist, bleibt umstritten, vgl. *Ganter/Lohmann*, in: Münchener Kommentar zur Insolvenzordnung, 3. Auflage 2013, § 1 Rn. 85.Vgl. dazu aus ökonomischer Perspektive *Schwartz* A Contract Theory Approach to Business Bankruptcy, 107 Yale Law Journal 1807 (1998).
12 *Römermann* Anmerkungen zu BGH, Urteil vom 15.11.2012 – IX ZR 169/11, NJW 2013, 1162; vgl. zum masseschützenden Zweck des § 119 InsO auch BGH, EWiR 2016, 535 m. Anm. *Hartmann*.

Grund schränkten insolvenzbedingte Lösungsklauseln das von § 103 InsO garantierte Wahlrecht nicht ein; sie seien mithin auch nicht gemäß § 119 InsO unwirksam.[13]

Besondere Brisanz hat die Diskussion in jüngster Zeit durch widersprüchliche Entscheidungen des BGH gewonnen: Zunächst hatte der VII. Zivilsenat des BGH in einer Entscheidung aus dem Jahr 1985 die insolvenzbedingte Lösungsklausel in einem Bauvertrag für vereinbar mit § 17 KO – dem Vorläufer von § 103 InsO – erklärt.[14] Der IX. Zivilsenat des BGH befand mit Urteil vom 15. November 2012[15] hingegen, dass insolvenzbedingte Lösungsklauseln unwirksam seien, jedenfalls in Verträgen über die fortgesetzte Lieferung von Waren oder Energie.[16] In dem zugrundeliegenden Fall hatte der Schuldner vor der Insolvenz mit einem Energieversorgungsunternehmen einen Vertrag über die fortlaufende Lieferung von elektrischer Energie abgeschlossen, der für den Fall der Insolvenz des Schuldners die automatische Beendigung des Vertrages vorsah. Nach Eröffnung des Insolvenzverfahrens stellte sich das Energieversorgungsunternehmen auf den Standpunkt, der Vertrag sei durch die Insolvenz automatisch beendet. Gleichzeitig bot es dem Insolvenzverwalter den Abschluss eines neuen Energielieferungsvertrags zu höheren Preisen an, ohne die Lieferungen zu unterbrechen. Gegen die Forderung des Energieversorgungsunternehmens auf Zahlung des erhöhten Entgelts wandte sich der Insolvenzverwalter, der auf die fortdauernde Wirksamkeit des ursprünglichen Energielieferungsvertrages bestand. Dem ist der BGH gefolgt und hat entschieden, dass die insolvenzbedingte Lösungsklausel gemäß § 119 InsO unwirksam sei, weil sie das Wahlrecht des Insolvenzverwalters gemäß § 103 InsO aushebele.[17]

Demgegenüber hat der VII. Zivilsenat des BGH mit einem Urteil vom 7. April 2016[18] die Wirksamkeit des insolvenzbedingten Lösungsrechts in § 8 Abs. 2 Nr. 1 VOB/B erneut bejaht.[19] Im Vorfeld hatte die Mehrzahl der Stimmen im Schrifttum im Lichte des Urteils des IX. Zivilsenats erwartet, dass auch dieses Lösungsrecht nach Maßgabe des § 119 InsO für unwirksam erklärt werde.[20] Der VII. Zivilsenat hat zur Begründung seiner Entscheidung vor allem auf die Besonderheiten des Werkvertragsrechts abgestellt. Ein insolvenzbedingtes Kündigungsrecht schränke das Wahlrecht des § 103 InsO im Bauvertragsrecht nicht ein, weil der Besteller gemäß § 649 BGB

---

13 Vgl. statt aller *Huber* in: Münchener Kommentar zur Insolvenzordnung (Fn. 2), § 119 Rn. 39 ff.; *Jacoby* in: Jaeger, InsO, 2014, § 119 Rn. 27; im Ergebnis auch *Ringstmeier* in: K. Schmidt (Fn. 1), § 119 InsO, Rn. 13; weitere Nachweise in BGHZ 195, 348 Rn. 11.
14 BGHZ 96, 34.
15 BGHZ 195, 348.
16 BGHZ 195, 348, Leitsatz, Rn. 9 ff.
17 BGHZ 195, 348 Rn. 8 ff.
18 BGHZ 210, 1.
19 Der erste amtliche Leitsatz der Entscheidung lautet ausdrücklich: »Die in einen Bauvertrag einbezogenen Regelungen des § 8 Abs. 2 Nr. 1 Fall 2 i.V.m. § 8 Abs. 2 Nr. 2 VOB/B (2009) sind nicht gemäß § 134 BGB wegen Verstoßes gegen §§ 103, 119 InsO unwirksam.«, BGHZ 210, 1 LS 1.
20 *Schmitz* in: Ingenstau/Korbion, VOB Teile A und B Kommentar, 19. Aufl. 2015, § 8 Abs. 2 VOB/B Rn. 4 ff; *Franz* in: Leinemann VOB/B Kommentar, 5. Aufl. 2013, § 8 Rn. 99 ff.

ohnehin jederzeit zur Kündigung berechtigt sei.²¹ Auch soweit die Rechtsfolgen der insolvenzbedingten Kündigung gemäß § 8 Abs. 2 Nr. 2 VOB/B den Unternehmer im Vergleich zu denjenigen nach Ausübung des freien Kündigungsrechts gemäß § 649 BGB belasteten, führe das angesichts der Interessenlage bei Bauverträgen nicht zur Unwirksamkeit des Kündigungsrechts.²²

III. Stellungnahme: Wirksamkeit insolvenzbedingter Lösungsklauseln

Die besseren Gründe sprechen dagegen, insolvenzbedingte Lösungsklauseln mit Hilfe des § 119 InsO zu invalidieren. Das gilt unabhängig davon, welcher Vertragstyp in Rede steht, ob es sich also um einen Bauvertrag oder um einen Vertrag anderen Inhalts handelt.

1. Ökonomische Analyse insolvenzbedingter Lösungsklauseln

Aus ökonomischer Sicht besteht die Funktion insolvenzbedingter Lösungsklauseln primär darin, dem späteren Masseschuldner zu ermöglichen, seine Bereitschaft zur Investition in die Vermeidung der Insolvenz glaubhaft zu signalisieren.²³ Die Abgabe einer glaubhaften Selbstverpflichtung zur Vermeidung der Insolvenz liegt im Interesse beider Vertragsparteien, weil sie die fortlaufende Überwachung des Schuldners durch den Gläubiger erübrigt und so den Vertragspartner dazu bringt, den Vertrag überhaupt bzw. zu günstigeren Konditionen einzugehen. Auf der Sollseite von Lösungsklauseln stehen Kosten für die übrigen Gläubiger und die Volkswirtschaft insgesamt, die durch die Verminderung des Schuldnervermögens und insbesondere durch die Vereitelung lohnender Sanierungsperspektiven infolge der Vertragsbeendigung verursacht werden.²⁴ Ob diese Nachteile *ex post*, im Insolvenzstadium, durch die beschriebenen Vorteile *ex ante*, im Stadium des werbenden Unternehmens, ausgeglichen werden, ist innerhalb der Rechtsökonomie umstritten. Anekdoten wie diejenige von dem Schiffsbauvertrag, der kurz vor Vollendung des Werks von dem

---

21 BGHZ 210, 1 Rn. 26 f.; genauso bereits BGHZ 96, 34, 37.
22 BGHZ 210, 1 Rn. 33.
23 *Jackson* The Logic and Limits of Bankruptcy Law, 1986, S. 41 f.; wesentlich komplexer die Analysen von *Schwartz* A Contract Theory Approach to Business Bankruptcy (Fn. 11), 1807, 1809, 1844 ff.; und *Y-K Che/Schwartz* Section 365, Mandatory Bankruptcy Rules and Inefficient Continuance, 15 Journal of Law, Economics & Organization 441, 462 f. (1999).
24 *Jackson* The Logic and Limits of Bankruptcy Law (Fn. 23), S. 42 f.; vgl. auch die Begründung bei *Baird* The Elements of Bankruptcy, rev. ed. 1992, S. 132: *ipso facto* clauses nutzen den Anteilseignern, schaden den Gläubigern. Auch das ist letztlich ein Vergleich *ex ante/ ex post*.

Besteller gekündigt wird, weil die Werft Insolvenzantrag gestellt hat,[25] suggerieren, dass die Kosten *ex post* die Vorteile *ex ante* stets übersteigen werden, doch dies ist keineswegs überall der Fall. Im Übrigen steht es den Parteien frei, die Vertragsauflösung durch Verhandlungen *ex post* zu vermeiden, wenn sich so Effizienzgewinne realisieren lassen.[26]

Immerhin legt die Einsicht, dass die Beurteilung insolvenzbedingter Lösungsklauseln eine Kosten/Nutzen-Abwägung erfordert, einen differenzierten Ansatz nahe, der Pauschallösungen in die eine oder andere Richtung vermeidet.

2. Kein Verstoß gegen § 119 InsO

Der Gesetzgeber der InsO hat zwar von den eben beschriebenen rechtsökonomischen Forschungen keine Kenntnis genommen, sich aber zu der Sachfrage eindeutig positioniert. Nach Auffassung des Gesetzgebers übersteigt der Nutzen insolvenzbedingter Lösungsklauseln ihre Kosten; sie sind somit zuzulassen. Diese Schlussfolgerung ergibt sich aus der Entstehungsgeschichte der InsO.

Der Regierungsentwurf zur InsO hatte den heutigen § 119 Abs. 1 InsO um einen Abs. 2 erweitert, der ausdrücklich die Unwirksamkeit insolvenzbedingter Lösungsklauseln anordnete.[27] Dieser Absatz wurde im weiteren Gesetzgebungsverfahren vom Rechtsausschuss des Bundestages ersatzlos aus dem Entwurf gestrichen.[28] Erklärtes Ziel dieser Änderung war die Wirksamkeit insolvenzbedingter Lösungsklauseln. Damit wollte der Rechtsausschuss der Vertragsfreiheit den Vorrang vor insolvenzrechtlichen Zwecksetzungen, wie etwa der Sanierung des Schuldners geben:

> »*Absatz 2 des Regierungsentwurfs ist vom Ausschuss gestrichen worden. Die dort erfassten vertraglichen Vereinbarungen über die Auflösung eines gegenseitigen Vertrages im Falle der Eröffnung eines Insolvenzverfahrens oder der Verschlechterung der Vermögensverhältnisse einer Vertragspartei sollen durch die Insolvenzordnung nicht in ihrer Wirksamkeit*

---

25 Beispiel von *Pilgram* Ökonomische Analyse der bundesdeutschen Insolvenzordnung, 1999, S. 131.
26 Treffend *Y-K Che/Schwartz* Section 365, Mandatory Bankruptcy Rules and Inefficient Continuance (Fn. 23), 443: »Indeed, the Coase theorem suggests that section 365 [i.e., the ban of ipso facto clauses] will have no effect at all: The solvent party can bargain with the debtor in possession or the trustee to achieve the efficient outcome, whether or not ipso facto clauses are banned.«
27 Die nunmehr in § 119 InsO enthaltene Regel befand sich damals (wortgleich) in § 137 InsO-E. § 137 Abs. 2 InsO-E lautete: »Vereinbarungen, die für den Fall der Eröffnung des Insolvenzverfahrens die Auflösung eines gegenseitigen Vertrags vorsehen oder der anderen Partei das Recht geben, sich einseitig vom Vertrag zu lösen, sind unwirksam. Ist in einem gegenseitigen Vertrag vereinbart, dass bei einer Verschlechterung der Vermögensverhältnisse einer Vertragspartei die andere das Recht hat, sich einseitig vom Vertrag zu lösen, so kann dieses Recht nach der Eröffnung des Insolvenzverfahrens nicht mehr ausgeübt werden.«, Gesetzentwurf der Bundesregierung zur Insolvenzordnung, BT-Drucks. 12/2443, S. 30.
28 Beschlussempfehlung und Bericht des Rechtsausschusses des Deutschen Bundestages zum Entwurf einer Insolvenzordnung, BT-Drucks. 12/7302, S. 49.

eingeschränkt werden. Dass derartige Vereinbarungen mittelbar das Wahlrecht des Insolvenzverwalters einschränken, ist kein ausreichender Grund für einen schwerwiegenden Eingriff in die Vertragsfreiheit.« [29]

Darüber hinaus maß der Rechtsausschuss dem Verbot insolvenzbedingter Lösungsklauseln sogar eine sanierungsfeindliche Wirkung bei:

> *»Die Unwirksamkeit von Auflösungsklauseln für den Fall der Insolvenz erhöht die Insolvenzgefahr für Unternehmen, die in der kritischen Phase Sanierungsversuche unternehmen; denn potentielle Vertragspartner werden das Risiko der Bindung an den Vertragspartner im Falle der drohenden Insolvenz nicht eingehen.«* [30]

Schließlich gebiete auch die Rücksicht auf die Gepflogenheiten des internationalen Handelsverkehrs, die Wirksamkeit insolvenzbedingter Lösungsklauseln nicht anzutasten:

> *»Auch im internationalen Geschäftsverkehr wird Wert darauf gelegt, dass bei Insolvenz des Vertragspartners die Vertragsauflösung möglich bleibt.«* [31]

Der Rechtsausschuss des Bundestages wollte insolvenzbedingte Lösungsklauseln mithin erkennbar vor der Verwerfung durch die Gerichte bewahren. Dieser gesetzgeberische Wille ist für die Anwendung von § 119 InsO maßgeblich und führt zwingend zu dem Schluss, dass insolvenzbedingte Lösungsklauseln wirksam sind.[32]

Der IX. Zivilsenat meint hingegen, nicht an den erklärten Willen des Rechtsausschusses gebunden zu sein. Dieser habe nämlich im Wortlaut des Gesetzes keinen Ausdruck gefunden und widerspreche darüber hinaus der Zielsetzung des § 103 InsO.[33]

Diese Begründung überzeugt nicht. Der Rechtsausschuss hat den Gesetzentwurf der Bundesregierung in einem entscheidenden Punkt verändert, indem er eine dort enthaltene Regelung gestrichen hat. Die Streichung erfolgte nicht versehentlich oder unmotiviert, sondern mit dem eindeutig erklärten Ziel, eine Regelung in Kraft zu setzen, die der von der Bundesregierung vorgeschlagenen exakt entgegengesetzt war. Deutlicher als auf diese Weise kann das Parlament seinen Willen gar nicht artikulieren. Es war nicht nötig und ist auch sonst nicht üblich, dass das Parlament das Gegenteil der ihm von der Bundesregierung oder einer Fraktion vorgeschlagenen

---

29 Beschlussempfehlung und Bericht des Rechtsausschusses des Deutschen Bundestages zum Entwurf einer Insolvenzordnung, BT-Drucks.12/7302, S. 170.
30 Beschlussempfehlung und Bericht des Rechtsausschusses des Deutschen Bundestages zum Entwurf einer Insolvenzordnung, BT-Drucks. 12/7302, S. 170.
31 Beschlussempfehlung und Bericht des Rechtsausschusses des Deutschen Bundestages zum Entwurf einer Insolvenzordnung, BT-Drucks. 12/7302, S. 170.
32 Vgl. *Ringstmeier,* in: K. Schmidt (Fn. 1), § 119 InsO, Rn. 13.
33 BGHZ 195, 348 Rn. 13 f. Wer darüber hinaus meint, der Wille des Gesetzgebers sei »mit dem Insolvenzvertragsrecht im Übrigen und Wertungen des Bedingungsrechts (§§ 158 ff. BGB) [nicht] vereinbar« (*Tintelnot* in: Kübler/Prütting/Bork (Fn. 9), § 119 Rn. 15), negiert die Gesetzesbindung im demokratischen Rechtsstaat. Der Gesetzgeber kann die genannten dogmatischen Wertungen negieren wie es ihm beliebt.

Regelung ausdrücklich in das Gesetz schreibt, etwa in der Weise, dass ausdrücklich klargestellt würde, insolvenzbedingte Lösungsklauseln seien zulässig und wirksam. Diese Rechtsfolge ergibt sich bereits aus dem Prinzip der Vertragsfreiheit. Sie braucht in der InsO nicht ausdrücklich wiederholt zu werden. Es reichte völlig aus, diejenige Vorschrift, die die Unwirksamkeit solcher Klauseln anordnete, aus dem Gesetz zu streichen. Damit ist für jeden verständigen Interpreten klar, dass insolvenzbedingte Lösungsklauseln nicht gemäß §§ 119, 103 InsO unwirksam sein sollen.[34]

Wie auch immer man rechtspolitisch zu insolvenzbedingten Lösungsklauseln steht: Die Entstehungsgeschichte des § 119 InsO ergibt mit Eindeutigkeit, dass sie nach deutschem Insolvenzrecht wirksam sind.

IV. Ausübungs- statt Inhaltskontrolle von Lösungsklauseln

Die grundsätzliche Zulässigkeit und Wirksamkeit insolvenzbedingter Lösungsklauseln schließt eine differenzierte Würdigung konkreter Einzelfälle nicht aus. Allerdings stellt sich die Frage, mit Hilfe welchen dogmatischen Instrumentariums eine Einzelfallkontrolle ins Werk gesetzt werden kann. Einen solchen vermittelnden Weg hat *Huber* vorgeschlagen, der insolvenzbezogene Lösungsklauseln einer Vertragsinhaltskontrolle am Maßstab des Insolvenzzwecks unterziehen will. Danach sind die in Rede stehenden Klauseln grundsätzlich wirksam, jedoch ausnahmsweise nichtig, wenn sie offensichtlich den Zwecken des Insolvenzverfahrens zuwiderlaufen.[35]

Tatsächlich wäre eine Inhaltskontrolle insolvenzbezogener Lösungsklauseln anhand des Insolvenzzwecks dysfunktional. Die Inhaltskontrolle vertraglicher Vereinbarungen bedeutet eine Kontrolle *ex ante*, d. h. bezogen auf den Zeitpunkt des Vertragsschlusses.[36] Der Verstoß gegen den Insolvenzzweck müsste mithin schon bei Abschluss des Vertrages vorliegen; später eingetretene Umstände könnten bei der Prüfung nicht berücksichtigt werden. Es ist aber nicht ersichtlich, inwiefern die Vereinbarung einer insolvenzbezogenen Lösungsklausel *als solche* gegen den Insolvenzzweck verstoßen könnte. Nach Auffassung des Gesetzgebers sind sie mit der Durchführung eines Insolvenzverfahrens aus den oben genannten Gründen eben

---

34 In diesem Sinne auch *Ringstmeier* in: K. Schmidt (Fn. 1), § 119 InsO, Rn. 14: »[...] Wille des Gesetzgebers m.E. deutlich zum Ausdruck gebracht«. Die Begründung des IX. Zivilsenats ist darüber hinaus auch in sich widersprüchlich. Es ist nicht miteinander zu vereinbaren, einerseits die Bindungswirkung der gesetzgeberischen Absicht hinter § 119 InsO zu leugnen, andererseits aber die mit § 103 InsO verfolgte Zielsetzung bei der Rechtsanwendung in Bezug zu nehmen. Bei der (angeblichen) Zielsetzung von § 103 InsO handelt es sich nämlich ebenfalls um eine im Gesetz nicht zum Ausdruck gekommene gesetzgeberische Absicht.
35 *Huber* in: Münchener Kommentar zur Insolvenzordnung (Fn. 2), § 119 Rn. 31.
36 Dazu und zur Unterscheidung zwischen Inhaltskontrolle von Verträgen und Ausübungskontrolle von Rechten vgl. etwa (für Eheverträge) BGHZ 158, 81, 94 ff., 100; *Wagner* Vertragsfreiheit und Vertragsgerechtigkeit im Eherecht – Bargaining in the Shadow of Love, in: Röthel (Hrsg.) Verträge in der Unternehmerfamilie, 2014, S. 198, 208.

nicht unvereinbar.[37] Von einer pauschalen Unvereinbarkeit insolvenzbedingter Lösungsklauseln unabhängig von den Modalitäten ihrer späteren Ausübung kann mithin keine Rede sein. Insofern überrascht es nicht, dass *Huber* zur Begründung der Insolvenzzweckwidrigkeit von insolvenzbedingten Kündigungsrechten zentral auf die vom Kündigungsberechtigten mit der Kündigung verfolgte wirtschaftliche Absicht abstellt.[38] Diese Absicht lässt sich aber im Zeitpunkt *ex ante*, wenn die Lösungsklausel vereinbart wird, gar nicht feststellen.

Insolvenzbedingte Lösungsklauseln sind also kein Fall für die Vertragsinhaltskontrolle, sondern für die Ausübungskontrolle, die der Ausübung subjektiver Rechte Grenzen setzt. Die Ausübung subjektiver Rechte steht stets unter der Voraussetzung der Einhaltung von Treu und Glauben gemäß § 242 BGB. Ein Verstoß gegen diese »allen Rechten immanente Inhaltsbegrenzung«[39] ist unzulässiger Rechtsmissbrauch und führt zur Unwirksamkeit der Rechtsausübung.[40] In diesem Fall gilt: Gewährt eine Lösungsklausel ein Kündigungsrecht, ist dessen Ausübung unwirksam; begründet sie eine auflösende Bedingung, ist die Berufung des Begünstigten auf die dadurch eintretende Rechtslage unzulässig.

Die Anforderungen von Treu und Glauben sind stets unter Berücksichtigung aller relevanten Umstände des Einzelfalls zu bestimmen.[41] Dabei ist im Gegensatz zur Inhaltskontrolle eine Prüfung *ex post* angezeigt: Maßgeblich für die Beurteilung ist hier der Zeitpunkt der Rechtsausübung, nicht (wie bei der Inhaltskontrolle) derjenige des Vertragsschlusses.[42] Soweit der Grundsatz von Treu und Glauben als Grenze der Rechtsausübung wirkt, kann er anknüpfen an (1) die Ausübung des Rechts als solche, (2) die Zwecksetzung und objektive Interessenlage des Berechtigten und (3) den Zeitpunkt der Rechtsausübung.[43]

---

37 Oben, IV.
38 Vgl. *Huber* in: Münchener Kommentar zur Insolvenzordnung (Fn. 2), § 119 Rn. 42.
39 BGH NJW-RR 2005, 619, 620. Vgl. dazu auch *Grüneberg* in: Palandt, 76. Auflage 2017, § 242 Rn. 38 m.w.N.
40 Grundlegend BGHZ 12, 157 = NJW 1954, 508, 509: »Jede Rechtsausübung muss nicht nur auf die eigenen Belange und die Belange des Volksganzen, sondern auch auf die Belange jedes einzelnen Rücksicht nehmen, weil sie ist dem für die ganze Rechtsordnung maßgebenden Grundsatz von Treu und Glauben unterworfen, wie er in § 242 BGB niedergelegt ist. Verstößt die Rechtsausübung im einzelnen Falle gegen Treu und Glauben, so ist sie missbräuchlich und kann von der Rechtsordnung nicht geduldet werden.«, Nachweise weggelassen.
41 *Grüneberg* in: Palandt (Fn. 39), § 242 Rn. 38.
42 *Wagner* Vertragsfreiheit und Vertragsgerechtigkeit im Eherecht (Fn. 36), S. 208, 233; *Grüneberg* in: Palandt (Fn. 39), § 242 Rn. 42; Vgl. zum Bezugsrahmen der Inhaltskontrolle auch *Dauner-Lieb*, AcP 201, 295, 326.
43 Eine allgemein anerkannte Systematisierung der Fallgruppen der unzulässigen Rechtsausübung hat sich bislang nicht entwickelt, *Grüneberg* in: Palandt (Fn. 39), § 242 Rn. 38. Für die Zwecke der vorliegenden Untersuchung reicht die genannte Differenzierung hin. Vgl. aber z. B. fünf Fallgruppen unterscheidend *Schubert* in: Münchener Kommentar zum BGB, 7. Aufl. 2016, § 242 Rn. 243 ff.

V. Unwirksame Ausübung insolvenzbedingter Lösungsrechte

1. Verstoß gegen Treu und Glauben durch die Rechtsausübung als solche

Die Rechtsausübung als solche ist mit § 242 BGB unvereinbar, wenn sie – unabhängig von den Zielen und Motiven des Ausübenden – für sich betrachtet anstößig ist.[44] Das ist z. B. der Fall, wenn sie in unwürdiger Form, zur Unzeit, oder ohne Begründung vorgenommen wird.[45] Insofern unterscheiden sich insolvenzbedingte Lösungsrechte nicht von jeder anderen Rechtsposition; diese Fälle sollen daher im Folgenden außer Betracht bleiben.

2. Zweckwidrige Ausübung des Lösungsrechts

Die objektive Interessenlage schließt die Rechtsausübung mit Blick auf Treu und Glauben aus, wenn der Berechtigte kein schützenswertes Interesse an der Rechtsausübung hat, bzw. wenn die schutzwürdigen Belange des anderen Teils das Interesse des Berechtigten überwiegen.[46] Nicht erforderlich ist insofern, dass der Berechtigte die Interessenlage durch schuldhaftes oder objektiv rechtswidriges Verhalten hervorgerufen hat.[47] Die von den Beteiligten verfolgten Absichten und andere subjektive Merkmale sind aber als Faktoren in die Interessenabwägung einzustellen.[48]

Bereits aufgrund der Wertung des § 119 InsO, der insolvenzbedingte Lösungsklauseln gerade nicht invalidiert, ist das Interesse einer Partei daran, sich im Fall der Insolvenz des Vertragspartners von einer vertraglichen Bindung zu lösen, auch im Rahmen der Ausübungskontrolle als berechtigt anzuerkennen. Mit Blick auf die besonderen Zusammenhänge beim Bauvertrag hat der VII. Zivilsenat in seinem Urteil von 2016 dazu ausgeführt:

> »*Im Unterschied zu anderen Gläubigern, insbesondere Warenlieferanten, hat der Auftraggeber eines Bauvertrags regelmäßig ein schwerwiegendes, die Interessen der Insolvenzgläubiger an einer Fortführung des Bauvertrags erheblich überwiegendes Interesse daran, sich im Falle des Eigeninsolvenzantrags des Auftragnehmers frühzeitig vom Vertrag lösen zu können und den ihm durch die anderweitige Vergabe der Restarbeiten etwa entstehenden Schaden geltend zu machen, ohne gemäß § 649 Satz 2 BGB gegenüber dem Insolvenzverwalter zur Zahlung einer Vergütung für nicht erbrachte Leistungen verpflichtet zu sein.*[49]

---

44 *Schubert* in: Münchener Kommentar zum BGB (Fn. 43), § 242 BGB, Rn. 243.
45 *Schubert* in: Münchener Kommentar zum BGB (Fn. 43), § 242 BGB, Rn. 244 f.
46 *Schubert* in: Münchener Kommentar zum BGB (Fn. 43), § 242 BGB, Rn. 438.
47 *Schubert* in: Münchener Kommentar zum BGB (Fn. 43), § 242 BGB, Rn. 439.
48 *Schubert* in: Münchener Kommentar zum BGB (Fn. 43), § 242 BGB, Rn. 439, unter Verweis auf *Siebert*, Verwirkung und Unzulässigkeit der Rechtsausübung, 1934, S. 121 f.
49 BGHZ 210, 1 Rn. 33; ähnlich BGHZ 96, 34, 38 f.

Es ist dem Auftraggeber im Fall des Eigeninsolvenzantrags regelmäßig nicht zuzumuten, die Eröffnung des Insolvenzverfahrens und die sich anschließende Entscheidung des Insolvenzverwalters zur Fortführung des Bauvertrags abzuwarten [Nachweise].[50] *[...].*

Dem Auftraggeber ist es auch in persönlicher Hinsicht nicht zuzumuten, den Vertrag gegen seinen Willen mit dem Auftragnehmer, der einen Eigeninsolvenzantrag gestellt hat, oder mit dem Insolvenzverwalter fortzusetzen. Bei einem Bauvertrag sind die persönlichen Eigenschaften des Auftragnehmers (Fachkunde, Leistungsfähigkeit und Zuverlässigkeit) für den Auftraggeber von wesentlicher Bedeutung. Der Abschluss eines Bauvertrags erfolgt deshalb regelmäßig unter Inanspruchnahme besonderen Vertrauens.[51]

Dieses Vertrauen zerstört der Schuldner, der einen Eigenantrag stellt. Aus Sicht des Auftraggebers bringt der Auftragnehmer mit seinem Eigeninsolvenzantrag zum Ausdruck, dass ihm die finanziellen Mittel zur vertragsgemäßen Erfüllung des Bauvertrags fehlen. [...].«[52]

Diese Überlegungen sind nicht auf Bauverträge begrenzt. Im Grundsatz ist vielmehr unabhängig vom Gegenstand des Vertrages davon auszugehen, dass die Vertragsauflösung unter Berufung auf eine insolvenzbedingte Lösungsklausel in Wahrnehmung berechtigter Interessen erfolgt und deshalb im Rahmen von § 242 BGB nicht zu beanstanden ist.

Allerdings verhält es sich nicht in allen Fällen so, dass der Kündigungsberechtigte die eben beschriebenen, berechtigten Belange wahrnimmt. In dem Fall, den der IX. Zivilsenat des BGH zum Anlass für die Invalidierung der Lösungsklausel gemäß § 119 InsO genommen hat,[53] ging es dem Berechtigten nicht darum, sich von der Unsicherheit im Zusammenhang mit der Insolvenz des Masseschuldners zu befreien. Vielmehr suchte er, die Insolvenz auszunutzen, um dem Insolvenzverwalter zur Fortsetzung der zuvor bestehenden wirtschaftlichen Beziehung zu für diesen nachteiligen Konditionen – zu höheren Preisen – zu bewegen. Mit anderen Worten wollte der Berechtige mithilfe der insolvenzbedingten Lösungsklausel die ökonomische Notlage des Vertragspartners zu seinem eigenen Vorteil ausnutzen.[54] Diese Absicht ist objektiv nicht schutzwürdig, denn sie hat mit den berechtigten Interessen, die eine insolvenzbedingte Lösungsklausel stützen, nichts zu tun. Die Berufung auf die insolvenzbedingte Lösungsklausel ist in diesem Fall als gemäß § 242 BGB rechtsmissbräuchlich und mithin unzulässig zurückzuweisen. In dem vom IX. Zivilsenat entschiedenen Fall hätte der Kündigungsberechtigte sich mithin auch bei Zugrundelegung der hier vertretenen Auffassung nicht auf die Beendigung des Vertrages infolge der Insolvenz berufen können.[55]

---

50 BGHZ 210, 1 Rn. 34.
51 BGHZ 210, 1 Rn. 35, genauso bereits BGHZ 96, 34, 38.
52 BGHZ 210, 1 Rn. 36.
53 BGHZ 195, 348.
54 *Huber* in: Münchener Kommentar zur Insolvenzordnung (Fn. 2), § 119 Rn. 39.
55 Im Ergebnis genauso, in der Begründung anders, weil auf die »Inhaltskontrolle« der *Vereinbarung* der Lösungsklausel und nicht auf die *Ausübung* des Lösungsrechts abstellend *Huber* in: Münchener Kommentar zur Insolvenzordnung (Fn. 2), § 119 Rn. 31.

Im Ergebnis genauso liegt es, wenn die insolvenzbedingte Lösungsklausel zum Vorwand für einen opportunistischen Vertragsbruch genommen wird. Auch hier geht es dem Berechtigten nicht darum, mit Hilfe der Lösungsklausel Nachteile abzuwenden, die ihm gerade wegen der Insolvenz seines Vertragspartners entstehen können, sondern es geht um Vor- oder Nachteile aufgrund von Marktbewegungen oder eigenen Fehlentscheidungen. Ein Beispiel ist ein Kaufvertrag über Mineralöl mit einem Lieferziel in sechs Monaten zu einem Preis von EUR 100,- pro Fass. Angenommen, der Käufer gerät fünf Monate nach Vertragsabschluss in eine Krise und stellt einen Insolvenzantrag, und weiter angenommen, der Preis für Mineralöl ist in der Zwischenzeit auf EUR 150,- pro Fass gestiegen. »Zieht« der Verkäufer jetzt die Lösungsklausel, geschieht dies ausschließlich zu dem Zweck, sich von einer Bindung zu befreien, die die Wahrnehmung aktueller Marktchancen verhindert, denn normalerweise wird die Durchführung eines simplen Kaufvertrages durch die Insolvenz des Käufers nicht wesentlich erschwert. Folglich ist die Ausübung des Lösungsrechts auch in diesem Fall gemäß § 242 BGB unwirksam.

3. Verwirkung des Lösungsrechts

Die Rechtsausübung kann mit Blick auf das Verhalten des Berechtigten als rechtsmissbräuchlich erscheinen. Das ist der Fall, wenn der Berechtigte sich in einer Weise verhalten hat, die beim Gegner schutzwürdiges Vertrauen darauf ausgelöst hat, dass das Recht nicht (mehr) ausgeübt werde. Dabei kann positives Tun[56] des Berechtigten ebenso relevant sein wie die Unterlassung der Geltendmachung des Rechts während eines längeren Zeitraums (Verwirkung).[57]

In der Literatur wird die Auffassung vertreten, die Berufung auf insolvenzbedingte Lösungsklauseln müsse unverzüglich iSd § 121 Abs. 1 BGB erfolgen, um dem Vorwurf des Rechtsmissbrauchs zu entgehen.[58] Sollte dies so zu verstehen sein, dass die Befristung des § 121 Abs. 1 BGB auf das insolvenzbedingte Lösungsrecht übertragen werden soll, wäre dem zu widersprechen. Irrtum und Insolvenz stehen wertungsmäßig nicht auf derselben Stufe, denn den Irrtum hat der Anfechtende zu verantworten während die Insolvenz die Sphäre des Gegners betrifft.

Gleichwohl lässt sich das Erfordernis unverzüglicher Rechtsausübung begründen, und zwar auf dem Boden des § 242 BGB. Verwirkung tritt ein, wenn die Rechtsausübung im Lichte des Zeitablaufs einen treuwidrigen Widerspruch zur vorherigen Unterlassung der Rechtsausübung darstellt.[59] Erforderlich ist also einerseits der Ablauf einer gewissen Zeitspanne (sog. Zeitmoment) sowie andererseits ein darauf

---

56 *Schubert* in: Münchener Kommentar zum BGB (Fn. 43), § 242 BGB, Rn. 384.
57 »Illoyal verspätete Geltendmachung« des Rechts, vgl. *Schubert* in: Münchener Kommentar zum BGB (Fn. 43), § 242 BGB, Rn. 356 mwNachw.
58 *Huber* in: Münchener Kommentar zur Insolvenzordnung (Fn. 2), § 119 Rn. 42.
59 *Huber* in: Münchener Kommentar zur Insolvenzordnung (Fn. 2), § 242 BGB, Rn. 384 mwNachw dort Fn. 1336.

begründetes Vertrauen des Nicht-Berechtigten (sog. Umstandsmoment).[60] Die an das Zeit- und das Umstandsmoment jeweils zu stellenden Anforderungen verhalten sich umgekehrt proportional zueinander: Je ausgeprägter das eine Moment vorliegt, desto geringer sind die an das andere Element zu stellenden Anforderungen.[61] Ist eine besonders lange Zeitspanne abgelaufen, sind an das Vertrauen des Nicht-Berechtigten mithin nur geringe Anforderungen zu stellen. Umgekehrt kann bei Vorliegen besonders schutzwürdigen Vertrauens auf Seiten des Nicht-Berechtigten die Verwirkung auch schon nach Ablauf einer kurzen Zeitspanne eingreifen.[62] Vertrauen ist besonders schutzwürdig, wenn die von der Rechtsausübung betroffene Partei im Vertrauen auf die Nicht-Ausübung des Rechts bereits wirtschaftliche Dispositionen getroffen hatte.[63]

Es kommt hinzu, dass bei Gestaltungsrechten im Vergleich zu Ansprüchen ohnehin abgesenkte Anforderungen für die Verwirkung gelten,[64] denn das Interesse des Gegners, möglichst schnell Klarheit über die Rechtslage zu erlangen, ist besonders schutzwürdig.[65] Dieser Gesichtspunkt erhält im Insolvenzfall zusätzliches Gewicht durch das berechtigte Interesse des Insolvenzverwalters daran, den Wert der Masse für die Gläubiger zu maximieren und etwa bestehende Sanierungsmöglichkeiten auszuschöpfen. Die Insolvenzzwecke gebieten es, möglichst rasch Klarheit über den Bestand der vor Eintritt der Insolvenz geschlossenen Verträge zu erhalten.

Diese Überlegungen sprechen dafür, die Ausübung insolvenzbedingter Lösungsklauseln denselben zeitlichen Schranken zu unterwerfen wie die Ausübung des komplementären Wahlrechts des Insolvenzverwalters. Letzteres unterliegt allerdings keinen zeitlichen Schranken, sondern wird in § 103 Abs. 1 InsO fristlos gewährt.[66] Der Vertragspartner hat es allerdings in der Hand, den Insolvenzverwalter zur Ausübung des Wahlrechts aufzufordern; tut er dies, muss der Verwalter sich »unverzüglich« erklären, § 103 Abs. 2 S. 2, 3 InsO. Dieser Mechanismus ist sinngemäß auf die Ausübung einer Lösungsklausel zu übertragen. Diese ist zeitlich nicht befristet. Fordert der Insolvenzverwalter den Vertragspartner allerdings zur Entscheidung auf oder wählt er seinerseits die Erfüllung des Vertrags, muss der Gegner sich ohne schuldhaftes Zögern erklären. Übt er das Lösungsrecht in einer solchen Situation nicht unverzüglich aus, ist es verwirkt.

In der Literatur wird die Auffassung vertreten, die in § 103 Abs. 2 S. 2 InsO geregelte Aufforderung des Insolvenzverwalters durch den Vertragspartner zur Ausübung des Wahlrechts sei als konkludenter Verzicht auf die insolvenzbedingte Lösungsklausel

---

60 BGHZ 103, 62, 70; BGHZ 146, 217 (220); BGH NJW-RR 1995, 106; BGH NJW 2003, 824; NJW 2006, 219 Rn. 23.
61 BGHZ 146, 217, 220.
62 BGH NJW 2006, 219 Rn. 23. S. dazu auch *Schubert* in: Münchener Kommentar zum BGB (Fn. 43), § 242 BGB, Rn. 363.
63 Sog. »Vertrauensinvestitionen«, vgl. dazu *Schubert* in: Münchener Kommentar zum BGB (Fn. 43), § 242 BGB, Rn. 383 m. w. N.
64 BGH WM 1969, 721, 723; NJW 2002, 669, 670.
65 *Schubert* in: Münchener Kommentar zum BGB (Fn. 43), § 242 BGB, Rn. 382.
66 *Huber* in: Münchener Kommentar zur Insolvenzordnung (Fn. 2), § 103 Rn. 154.

zu werten.⁶⁷ Ein Verzicht auf die insolvenzbedingte Lösungsklausel setzt allerdings einen entsprechenden Rechtsbindungswillen des Berechtigten voraus, was aus Sicht eines verständigen Beobachters in der Lage des Empfängers der Aufforderung zu beurteilen ist. Ein solcher Verzichtswille kann nicht unterstellt werden, denn eine Auslegungsregel des Inhalts, dass ein Rechtssubjekt einseitig und ohne Not oder Gegenleistung auf ihm zustehende Rechtspositionen verzichtet, gibt es nicht. Im Gegenteil gilt: »Der Verzicht auf ein Recht ist niemals zu vermuten«.⁶⁸ Die Aufforderung zur Ausübung des Wahlrechts ist vielmehr im Rahmen der Ausübungskontrolle gemäß § 242 BGB zu berücksichtigen. Danach hat der Berechtigte das Lösungsrecht in dem Zeitpunkt verwirkt, in dem der Insolvenzverwalter nach Aufforderung gemäß § 103 Abs. 2 S. 2 InsO erklärt, an dem Vertrag festhalten zu wollen.⁶⁹

VI. Zusammenfassung

Im Ergebnis bleibt festzuhalten: Insolvenzbedingte Lösungsklauseln sind weder wegen Verstoßes gegen §§ 119, 103 InsO, noch aufgrund ihrer angeblichen Insolvenzzweckwidrigkeit nichtig. Die Wirksamkeit insolvenzbedingter Lösungsklauseln lässt aber noch keine Aussage darüber zu, ob der Berechtigte sich auch im Einzelfall auf diese berufen kann. Vielmehr ist hier eine Ausübungskontrolle anhand von Treu und Glauben gemäß § 242 BGB vorzunehmen. Danach ist die Berufung auf insolvenzbedingte Lösungsklauseln ausgeschlossen, wenn das Lösungsrecht wegen Zeitablaufs verwirkt ist oder die Rechtsausübung als solche rechtlich missbilligt wird. Letzteres ist der Fall, wenn die Lösung nicht in Wahrnehmung des berechtigten Interesses erfolgt, eine wegen der Insolvenz unsicher gewordene Vertragsbeziehung zu beenden, um wirtschaftliche Handlungsfreiheit am Markt zu gewinnen, sondern mit dem Ziel, dieselbe Vertragsbeziehung zu besseren Konditionen mit dem Insolvenzverwalter fortzusetzen. Gleiches gilt, wenn die Ausübung des Lösungsrechts im Rahmen eines Umsatzgeschäfts dem Zweck dient, von Preisschwankungen auf Gütermärkten zu profitieren. *Dafür* stehen insolvenzbedingte Lösungsklauseln nicht zur Verfügung.

---

67 So *Huber* in: Münchener Kommentar zur Insolvenzordnung (Fn. 2), § 119 Rn. 42.
68 BGH NJW 1984, 1346, 1347; genauso bereits RGZ 118, 63, 66; vgl. auch BGH NJW 2008, 2842 Rn. 20.
69 Im Ergebnis ähnlich *Jacoby* in: Jaeger, InsO (Fn. 13), § 119 Rn. 35.

Teil IV
Alternative Streitbeilegung

Das flexible Streitbeilegungsmodell zwischen Zivilprozess und ADR in Japan

Masahisa Deguchi

I. Einleitung

Es ist für eine funktionierende Justiz unentbehrlich, ein effektives Gerichtsverfahren innerhalb eines angemessenen Zeitraums durchzuführen. Nur so sind die Erwartungen der Rechtssuchenden zu erfüllen. Die Frage, wie ein effektives und zügiges Gerichtsverfahren zu verwirklichen ist, wird in Japan seit Jahren heftig diskutiert. Diesem Ziel diente die Einführung des sog. »Streitpunkteordnungsverfahrens«[1] im Jahre 1998, das die durchschnittliche Verfahrensdauer in erster Instanz erheblich minderte.[2] Die Idee dieses Streitpunkteordnungsverfahrens geht auf das sog. Stuttgarter Modell in Deutschland zurück.[3] Seit der Vereinfachungsnovelle von 1976 sind die Gerichte in Deutschland verpflichtet, den Rechtsstreit in einer umfassend vorbereiteten mündlichen Verhandlung, dem Haupttermin, endgültig zu erledigen. Damit sollte der bis dahin zu beobachtenden Prozessverschleppung entgegengewirkt werden. Der japanische Gesetzgeber hatte damals dieses Stuttgarter Modell sowohl theoretisch als auch rechtstatsächlich gründlich untersucht.[4] Es diente in modifizierter und verfeinerter Form dem Gesetzgeber in Japan als Grundlage zur Schaffung eines modernen Verfahrensrechts in Japan.[5] Man hat nach der ZPO-Reformdiskussion in Japan drei verschiedene Arten der Vorbereitung des Verfahrens entwickelt:
– die vorbereitende mündliche Verhandlung,
– das Verhandlungsvorbereitungsverfahren und
– das schriftliche Vorbereitungsverfahren[6].

---

1 Das Streitpunkteordnungsverfahren wird auf Japanisch »Soten Seiri Tetsuzuki« genannt; vgl. *Baum/Bälz*, in: *Shusuke Kakiuchi*, Handbuch Japanisches Handels- und Wirtschaftsrecht, 2011, S. 1314 ff.
2 Saikosaibanshojimusokyuku, Saiban no Jinsokuka nikakaru Kensho nikansuru Hokokusho Heisei 19 Nen 7 Gatsu, Saikosaibansho, S. 16.
3 *Toichiro Kigawa* hat bereits 1987 einen Einfluss des Stuttgarter Modells in Deutschland auf die ZPO-Reform in Japan prophezeit, *Kigawa*, Soshosokushi Seisaku no Shintenkai, 1987, S. 2.
4 Vgl. *Toichiro Kigawa*, Soshosokushin Seisaku no Shintenkai, 1987, S. 6 ff.
5 Dazu ausführlich *Deguchi*, Das Spannungsverhältnis im Zivilprozess, in: *Gottwald* (Hrsg.), Recht und Gesellschaft in Deutschland und Japan (Japanisches Recht 47), S. 130 ff.
6 Dazu ausführlich *Baum/Bälz*, in: *Shusuke Kakiuchi*, Handbuch Japanisches Handels- und Wirtschaftsrecht, 2011, S. 1314 ff.

Aus dem insbesondere von den Landgerichten praktizierten »Benron ken Wakai«[7] (Verhandlung und zugleich Vergleich) entwickelte sich das neue Verhandlungsvorbereitungsverfahren mit seinem eigenständigen Verfahrenscharakter.[8] Dieses Verfahren besteht im Wesentlichen aus einer informellen mündlichen Erörterung der Streitpunkte, die aber schriftlich vorbereitet werden kann (Art. 170 Abs.1 jZPO). Zweck des Benron ken Wakai ist es, Streitpunkte und Beweise zu ordnen, um anschließend eine konzentrierte Beweisaufnahme zu ermöglichen.[9] Das Stuttgarter Modell in Deutschland und das Streitpunkteordnungsverfahren in Japan dienen deshalb letztlich demselben Zweck, den Prozess zu beschleunigen. Im Großen und Ganzen ist das Ergebnis der ZPO-Reform 1997 positiv zu bewerten. In einem normalen Zivilgerichtsverfahren erster Instanz dauert es heute etwa durchschnittlich 7, 8 Monate bis ein Urteil ergeht (2006).[10] Im internationalen Vergleich befindet sich Japan damit zumindest im oberen Drittel. In Anbetracht des Umstandes, dass in Japan als drittgrößte Volkswirtschaft der Welt zwar ca. 127 Mio. Menschen leben, aber im Jahre 2016 nur 2.755 Richter und 37.680 Anwälte tätig waren, ist das sehr erstaunlich.[11] Allerdings gibt es in Japan auch nach der ZPO-Reform noch länger dauernde Rechtsstreitigkeiten. Sog. Großverfahren, wie etwa Umweltprozesse oder Schadensersatzprozesse wegen Schäden durch Medikamente dauern immer noch lange, da man in solchen Verfahren zwingend außerjuristische Fachkenntnisse benötigt.[12] Meist sind es solche sog. Fachprozesse, wie etwa Bauprozesse, Arzthaftungsprozesse bzw. Patentverfahren, die ebenfalls zu diesen lang andauernden Rechtsstreitigkeiten in Japan gehören. Hiergegen wurde in Japan in der Gerichtspraxis die sog. Fu-Chotei[13], also die Verweisung einer Rechtsstreitigkeit vom Prozessgericht ins Schlichtungsverfahren, als neue Streitbeilegungsmethode entwickelt (Art. 20 Abs. 1. Zivilschlich-

---

7 Der sog. Verhandlungs- und zugleich Vergleichstermin (Benron ken Wakai Kijitsu) ist aus der Gerichtspraxis entwickelt. Dazu ausführlich *Baum/Bälz*, in: *Shusuke Kakiuchi*, Handbuch Japanisches Handels- und Wirtschaftsrecht, 2011, S. 1315.
8 Das neue Verhandlungsvorbereitungsverfahren hat keine Präklusionswirkung mehr.
9 *Baum/Bälz*, in: *Shusuke Kakiuchi*, Handbuch Japanisches Handels- und Wirtschaftsrecht, 2011, S. 1316.
10 Saikosaibanshojimusokyuku, Saiban no Jinsokuka nikakaru Kensho nikansuru Hokokusho Heisei 19 Nen 7 Gatsu, Saikosaibansho, S. 16.
11 Bengoshihakusho, 2016, S. 48; ohne die sog. Court Annexed Vonciliation könnte Japan die hohe Zahl der Zivilrechtsstreitigkeiten nicht bewältigen; dazu ausführlich, *Egaki/Saito/Shimura/Takada*, Managing Civil Conciliation Cases by Summary Courts, International Journal of Procedural Law, 2015, Nr. 1, S. 97 ff.
12 *Toichiro Kigawa*, Kyumu to natta Saibanseido no Daikaikaku, TIMES' 2016, S. 30 besagt mit Recht, dass auch der Berufsrichter im modernen Fachprozess nicht mehr in der Lage sein kann, ohne Sachverständigengutachten richtig zu urteilen. Er spricht sogar vom »Technikrichter« (*Akira Ishikawa/Koich Miki*, Minjitetsuzukiho no Gendaitekikino, 2014, S. 119). Auch *Gaier* (NJW 2013, S. 2871, 2876) spricht vom »Prokurator« im komplexen Bauprozess.
13 Dazu *Deguchi*, Das Spannungsverhältnis im Zivilprozess, in: *Gottwald* (Hrsg.), Recht und Gesellschaft in Deutschland und Japan (Japanisches Recht 47), S. 147.

tungsverfahrensgesetz, ZSVG).¹⁴ Dabei spielt in der japanischen Gerichtspraxis das traditionelle flexible Zivilschlichtungsverfahren als besonderes Mittel gegen Prozessverschleppung gerade im Fachprozess eine große Rolle.¹⁵ Im nachfolgenden Beitrag soll nun die effektive und reibungslose neue Streitbeilegungsmethode (Fu-Chotei) in Japan kurz dargestellt werden.¹⁶ Ein besonderes Augenmerk gilt dabei der Wechselwirkung zwischen Zivilprozess und dieser Form der ADR.¹⁷

II. Das Problem des Sachverständigen in Japan

Der Sachverständigenbeweis in Japan wird im Prinzip nur auf Antrag einer Partei erhoben. Im Bauprozess wegen Mängeln eines Gebäudes braucht ein Richter oft einen Sachverständigen, um Streitpunkte und Beweise festzustellen.¹⁸ Manchmal dauert es bereits fast ein Jahr, nur um einen geeigneten Sachverständigen zu finden und zu bestellen.¹⁹ Danach kann mehr als ein (weiteres) Jahr vergehen, bis das endgültige Sachverständigengutachten erstellt ist. Das trifft vor allem zu, wenn es sich um umfangreiche und komplizierte Baumängel handelt. Im Jahre 2006 vergingen immerhin durchschnittlich etwa 6, 3 Monate von der Bestellung des Sachverständigen bis zur

---

14 Dazu ausführlich *Tetsuhiro Nakano*, Chihosaibanshi ni okeru Kenchikufuchoteijiken no Unei ni tsuite, Minjihojyoho, Nr. 167, S. 80 ff.; dagegen: *Kazuya Sawada*, Saikosai ga Senmontekichiken o yousurutoshite Honanbu karano Ifu o susumeteiru iwayuru Ifuchotei ni okeru Kekkanjyutakufunsoshori no Jittai, Seizobutsusekini, Tokushu 4, Consumer Law News, Nr. 46, 2001, S. 39 ff.; er kritisiert ein solches Überweisungsverfahren vom Erkenntnisverfahren zum Schlichtungsverfahren als »Geheimverfahren«. Nach seiner Meinung sei der Bauprozess oft nicht für das Schlichtungsverfahren geeignet, da es dabei um sehr streitige Fälle im Sinne eines »Alles oder Nichts« und nicht etwa um Streitbeilegung nach Vereinbarung gehe.
15 Eine umfangreiche Untersuchung dazu vgl. *Egaki/Saito/Shimura/Takada*, Managing Civil Conciliation Cases by Summary Courts, International Journal of Procedural Law, 2015, Nr.1, S. 97 ff.
16 Die Idee zu diesem Beitrag basiert auf dem Bericht des japanischen Richters *Katsuhiko Okazaki* aus seiner Praxiserfahrung; *Okazaki*, Kenchikukankeisosho no Unei ni tsuite Minjichoteitetsuzuki no Katsuyo o Chushin toshite, Tokyo Daigaku Hokadaigakuin Law Review, Vol. 14, 2009, S. 129 ff.
17 Über die weitere Entwickelung von ADR siehe *Shusuke Kakiuchi*, Die Förderung der außergerichtlichen Konfliktlösung in Japan, Zeitschrift für Japanisches Recht, Nr. 19 (2014), S. 3 ff.; *Ishikawa/Kajimura*, Chukai Minjichoteiho Kaiteiban, S. 304 sprechen von rechtlichem Brückenbau zwischen Zivilprozess und Zivilschlichtungsverfahren.
18 Dazu ausführlich *Osaka Chihosaibansho Senmonsoshojiken Kentoiinkai*, Osakachihosaibansho Kenchikukankeisoshoshuchubu ni okeru Shinri no Genjyo to Tenbo, Hanrei Times, Nr. 1133, 2003, S. 28 ff.
19 *Osaka Chihosaibansho Kenchikukankeisoshokento Project Team*, Kenchikukankeisosho no Shinri no arikata nit suite, Hanrei Times, Nr. 1029, S. 16 ff.

Vorlage des Sachverständigengutachtens.[20] Dieser Wert hat sich im Vergleich zu dem Zustand vor der Sachverständigen-Reform von 2003 in Japan aber wesentlich verbessert.[21]

Der Sachverständige wird durch das Gericht bestellt (Art. 213 jZPO). In der Praxis ist es jedoch für das Gericht häufig schwierig, geeignete Sachverständige vor allem in Bau- bzw. Arzthaftungsprozessen zu finden. Daher kann das Gericht zuerst die Parteien auffordern, als Sachverständige geeignete Personen zu benennen.[22] Wenn es einen Kandidaten gibt, dem beide Parteien zustimmen, so wird dieser vom Gericht zum Sachverständigen bestellt.[23] Können die Parteien – wie häufig – sich aber nicht auf eine Person einigen, so hat das Gericht seinerseits einen geeigneten Sachverständigen zu suchen.[24] Eine weitere Möglichkeit, Fachwissen für das Gericht zu generieren, ist das Institut des gerichtlichen Fachberaters (Senmonin).[25] Die Aufgabe des gerichtlichen Fachberaters ist es, sein Fachwissen in die erforderliche Aufklärung einzubringen (Art. 92 Abs. 1 jZPO) und damit zur Ordnung der Streitpunkte und Klärung der Beweisthemen sowie zur verständigen Würdigung der Beweisaufnahme beizutragen und einen Vergleichsversuch mittels Einsatz seiner Fachkenntnisse zu fördern.[26] Auf diese Weise sind Arzthaftungsprozesse inzwischen durch den Senmonin wesentlich beschleunigt worden.

Die Kosten für ein Sachverständigengutachten überschreiten jedoch manchmal immer noch die Grenze von 1 Mio. Yen (ca. 8.300 Euro). Letztlich ist die Bestellung eines Sachverständigen in komplizierten Fachprozessen, wie etwa Bauprozessen, zwar ultima ratio, aber unvermeidlich. Viel effektiver und kostengünstiger als Mittel gegen Prozessverschleppung ist dagegen die Bestellung eines »Expertenschlichters« (z.B. Architekt oder Bauingenieur) im Zivilschlichtungsverfahren. Im Vergleich zum Sachverständigen im Zivilprozess bietet er eine einfachere, schnellere und billigere Alternative.[27]

---

20 *Saikosaibanshojimusokyuku*, Saiban no Jinsokuka nikakaru Kensho nikansuru Hokokusho Heisei 19 Nen 7 Gatsu, Saikosaibansho, S. 67.
21 *Takao Kokubo*, Kenchikukankeisosho no Shinri no Arikata-Senmontekichiken no Kakutokuhohou no Shiten kara, Jurist, Nr. 1317, S. 116 ff.
22 Falls ein von einer Partei gewünschter Experte nicht als Sachverständiger bestellt werden konnte, kann man von ihm ein Gutachten als Privatgutachten erstellen lassen. Das Prozessgericht kann dieses im Wege des Urkundenbeweises würdigen. Auf diese Art wird von Privatsachverständigen in der japanischen Gerichtspraxis häufig Gebrauch gemacht.
23 *Baum/Bälz*, in: *Shusuke Kakiuchi*, Handbuch Japanisches Handels- und Wirtschaftsrecht, 2011, S. 1321.
24 *Baum/Bälz*, in: *Shusuke Kakiuchi*, Handbuch Japanisches Handels- und Wirtschaftsrecht, 2011, S. 1321.
25 *Baum/Bälz*, in: *Shusuke Kakiuchi*, Handbuch Japanisches Handels- und Wirtschaftsrecht, 2011, S. 1321.
26 *Baum/Bälz*, in: *Shusuke Kakiuchi*, Handbuch Japanisches Handels- und Wirtschaftsrecht, 2011, S. 1322.
27 *Akiko Anzai*, Senmonka no Makikomi, Hanrei Times, Nr. 1286, 2009, S. 58 ff. plädiert dafür, dass Expertenschlichter (Architekt, Ingenieur usw.) selbst zur Aktivierung der Gerichtsverhandlung am Zivilverfahren teilnehmen sollen.

III. Spezialisierung des Verfahrens durch »Expertenschlichter« im Rahmen des Zivilschlichtungsverfahrens

Das Zivilschlichtungsverfahren[28] wird in Japan sehr erfolgreich seit Jahren praktiziert.[29] Japan gilt weltweit als das Land, in dem die »Schlichtung als Mittel der Streitbeilegung unter Vermeidung gerichtlicher Auseinandersetzung« die größte Bedeutung hat.[30] Das ausdrücklich auf einen Vergleich abzielende Zivilschlichtungsverfahren ist nicht obligatorisch, sondern fakultativ. Es wird also grundsätzlich auf entsprechenden Antrag einer Partei eingeleitet. Die Parteien können normalerweise selbst einen Antrag bei der Zivilschlichtungsabteilung des zuständigen Gerichts stellen.

Nach dem Grundsatz des Zivilschlichtungsverfahrens ist durch gegenseitiges Nachgeben eine den Umständen angemessene Lösung nach den Regeln der Vernunft zu finden.[31] Das Zivilschlichtungsverfahren, das eine Art gerichtsnahes Verfahren darstellt, findet vor dem Zivilschlichtungsausschuss statt, der sich aus einem Vorsitzenden, der grundsätzlich aus dem Kreis der Richter zu bestellen ist, und – regelmäßig aus zwei – Laien als Zivilschlichtern zusammensetzt.[32] Die japanische Zivilschlichtung findet bei den Gerichten der ersten Instanz statt. Es wird zum Ziel der Beilegung privater Streitigkeiten neben dem Klageverfahren eingeleitet.[33] Die Zivilschlichter bringen in die Beratungen ihre Auffassungen ein, die sie auf ihr Expertenwissen und ihre Erfahrung aus anderen Schlichtungsfällen stützen (Art. 6 ZSVG).[34] Zu solchen »Expertenschlichtern« werden etwa Wirtschaftsprüfer, Steuerberater, Immobiliengutachter, Rechtsanwälte, Unternehmensvorstände oder Geschäftsführer, Ärzte und Universitätsprofessoren bestellt, insbesondere der Fakultäten für Architektur und Bauwesen (Art. 8 Abs. 1 ZSVG).[35] Die Bestellung zum Laienbeisitzer erfolgt unabhängig von einem konkreten Verfahren durch den Obersten Gerichtshof für den Zeitraum von

---

28 Dazu ausführlich *Leipold/Tanaka*, Das japanische Zivilschlichtungsgesetz, ZZPInt 18 (2013), S. 319 ff.
29 Die Geschichte des Zivilschlichtungsverfahrens ging auf Eodo Era 400 Jahre zurück; dazu ausführlich *Uegaki/Saito/Shimura/Takada*, Managing Civil Conciliation Cases by Summary Courts, International Journal of Procedural Law, 2015, Nr.1, S. 98 ff.
30 *Rechberger*, Schlichtungsverfahren in Japan und Österreich, in: FS A. Ishikawa, 2001, S. 409 ff.
31 Zur Interpretationsbedürftigkeit des Begriffes »Jori« siehe *Leipold/Tanaka*, Das japanische Zivilschlichtungsgesetz, ZZPInt 18 (2013), S. 321.
32 An den Sitzungen des Schlichtungsausschusses nimmt der Richter als Vorsitzender regelmäßig nicht teil, wenn der Antrag für das Zivilschlichtungsverfahren direkt am zuständigen Gericht gestellt wurde. Dies wird meist mit der zu hohen Arbeitsbelastung der Richter begründet. Anders dagegen bei der Fu-Chotei; dort wird der Richter des Prozessgerichts das Zivilschlichtungsverfahren selbst führen, wenn er es für angemessen hält.
33 *Leipold/Tanaka*, Das japanische Zivilschlichtungsgesetz, ZZPInt 18 (2013), S. 320.
34 Vgl. *Rechberger*, Schlichtungsverfahren in Japan und Österreich, in: FS A. Ishikawa, 2001, S. 411.
35 Das ist in gewisser Weise vergleichbar mit der Beteiligung fachkundiger bzw. fachmännischer Laienrichter in Arbeits- und Sozialrechtssachen bzw. Handelssachen; in diesen

zwei Jahren. Aus dem Kreise dieser Personen, die jeweils einem bestimmten Gericht zugewiesen werden, wird dann der Zivilschlichtungsausschuss für jedes Verfahren vom zuständigen Gericht bestimmt. Die Expertenschlichter des Zivilschlichtungsverfahrens in Japan werden aus der Staatskasse angemessen vergütet (Art. 9 ZSVG).[36] Finanziell betrachtet ist das ein großer Vorteil für die Parteien. Diese erlangen im Zivilschlichtungsverfahren dadurch praktisch kostenlos unparteiische Fachkenntnisse.

Das Gericht, bei dem eine Klage erhoben wurde, kann, wenn es den Gegenstand für geeignet hält, auch von Amts wegen die Schlichtung in einer bei ihm rechtshängigen Rechtssache anordnen und diese vom zuständigen Gericht erledigen lassen oder sie als Prozessgericht selbst erledigen (das sog. Fu-Chotei, also vom Prozessgerichts angeordnete Zivilschlichtungsverfahren). Wird das Schlichtungsverfahren durch das Prozessgericht angeordnet, so wird es entweder vom Richter des Prozessgerichts oder lediglich durch zwei Zivilschlichter (einem Expertenschlichter und einem Anwalt als Zivilschlichter) durchgeführt. Das Gericht kann somit für das Hauptsacheverfahren nach pflichtgemäßem Ermessen die Durchführung eines Zivilschlichtungsverfahrens anordnen (Art. 20 Abs. 1 ZSVG).[37] Wenn dies während des streitigen Verfahrens geschieht, müssen die Parteien dem zustimmen.

Ein solches Verfahren wird als Fu-Chotei bezeichnet und hat im Gegensatz zum herkömmlichen Zivilschlichtungsverfahren vor allem die Ordnung des Prozessstoffes (der Streitpunkte) und der Beweisthemen zum Ziel.[38] Sachverständige beteiligen sich an diesem Verfahren als Mitglieder des Zivilschlichtungsausschusses, so dass keine Zivilschlichtung, sondern nur die Ordnung der Streitpunkte und Beweisthemen möglich ist.[39] Die Zulässigkeit eines solchen Vorgehens wurde deswegen allerdings anfangs in der Literatur angezweifelt, weil der eigentliche Sinn und Zweck des Zivilschlichtungsverfahrens, eine Konfliktlösung mittels einer Verständigung zwischen den Parteien zu erzielen, nicht schon mit der Ordnung der Streitpunkte und Beweisthemen zu erreichen ist.[40] Allerdings kann nicht bestritten werden, dass schon

---

Angelegenheiten findet allerdings ein ordentlicher Zivilprozess statt; *Rechberger*, Schlichtungsverfahren in Japan und Österreich, in: FS A. Ishikawa, 2001, S. 411.
36 *A. Ishikawa/T. Kajimura*, Chukai Minjichoteiho, 1993, S. 153 ff.
37 *Leipold/Tanaka*, Das japanische Zivilschlichtungsgesetz, ZZPInt 18 (2013), S. 331.
38 Zu den Kriterien der Anordnung vom Prozessgericht zum Zivilschlichtungsverfahren siehe *A. Ishikawa/T. Kajimura*, Chukai Minjichoteiho, 1993, S. 311 ff.
39 *Baum/Bälz*, in: *Shusuke Kakiuchi*, Handbuch Japanisches Handels- und Wirtschaftsrecht, 2011, S. 1322 (Fn. 152).
40 *Baum/Bälz*, in: *Shusuke Kakiuchi*, Handbuch Japanisches Handels- und Wirtschaftsrecht, 2011, S. 1322 (Fn. 152); *Osaka Chihosaibansho Senmonsoshojiken Kentoiinkai*, Osakachihosaibansho Kenchikukankeisoshoshuchubu ni okeru Shinri no Genjyo to Tenbo, Hanrei Times, Nr. 1133, 2003, S. 29 ff. verlangt vom Gericht nach dem Sinn und Zweck des Gesetzes beim Fu-Chotei, zuerst die Konfliktlösung mittels Verständigung zwischen den Parteien zu versuchen. Sehr kritisch zum Fu-Chotei im Bauprozess *Kazuya Sawada*, Saikosai ga Senmontekichiken o yousurutoshite Honanbu karano Ifu o susumeteiru iwayuru Ifuchotei ni okeru Kekkanjyutakufunsoshori no Jittai, Seizobutsusekinin, Tokushu 4, Consumer Law News, Nr. 46, 2001, S. 40.

letzteres eine effektive Basis für ein gegenseitiges Nachgeben bzw. einen Ausgleich zwischen den Parteien bilden kann. Dieser Ermessenspielraum des Prozessgerichts ermöglicht zwei neue Methoden, das Verfahren vorzubereiten. Wenn beide Parteien damit einverstanden sind, den Rechtsstreit beizulegen, wird die Sache bereits im Zivilschlichtungsverfahren verglichen. Im Falle der fehlenden Einigung hat der Richter die Möglichkeit, nach Abwägung aller Argumente eine Entscheidung zu treffen, die aber durch einen Einspruch der Parteien binnen einer Frist von zwei Wochen außer Kraft treten kann (Art. 21 ZVSG). Im Falle des Scheiterns wird der Rechtsstreit zwar wieder an das Prozessgericht abgegeben. Durch die Expertenschlichter wurden die Streitpunkte jedoch bereits gründlich aufgeklärt.[41] Die Streitpunkte bzw. Beweisthemen konnten also im Schlichtungsverfahren bereits effektiv und nach Haupt- und Nebenpunkten geordnet werden, so dass das Prozessgericht den Fall später verhältnismäßig einfach entscheiden kann.[42] Dieses Schlichtungsverfahren kann dadurch die Arbeit des Sachverständigen im Prozess wesentlich erleichtern und zu einem zügigen Sachverständigengutachten beitragen.[43]

Im Zivilschlichtungsverfahren sind – wie bereits oben dargestellt – die verschiedenen fachkundigen Personen als Expertenschlichter tätig. Diese Mitwirkung von Expertenschlichtern hat sich im Zivilschlichtungsverfahren – insbesondere in Baustreitigkeiten – als sehr effektiv und zweckmäßig herausgestellt, um Streitpunkte zu ermitteln und Beweisthemen vorprozessual festzustellen. Das Zivilschlichtungsverfahren soll allerdings eigentlich dazu dienen, in Zivilstreitigkeiten im Wege des gegenseitigen Nachgebens der Parteien eine rechtlich vernünftige und dem Sachverhalt angemessene Lösung zu erzielen (Art. 1 ZSVG). Daher weicht der Zweck des Fu-Chotei als streitpunktordnendes Verfahren vom eigentlichen Zweck des Zivilschlichtungsverfahrens zur Lösung des Konflikts im Wege des gegenseitigen Nachgebens der Parteien ab.[44] Man muss deshalb die Möglichkeiten, Rechtsstreitigkeit im Zivilschlichtungsverfahren beizulegen, in einem weiten Sinne anerkennen. Auch die effektive und zügige Ordnung von Streitpunkten im Wege des Zivilschlichtungsverfahrens durch die Mitwirkung von Expertenschlichtern soll die Aufklärung des Sachverhalts wesentlich beschleunigen und damit die Chancen einer Streitbeilegung erhöhen.[45] Darin liegt der Sinn und Zweck des Fu-Choteis als streitpunkteord-

---

41 *Deguchi*, Das Spannungsverhältnis im Zivilprozess, in: *Gottwald* (Hrsg.), Recht und Gesellschaft in Deutschland und Japan (Japanisches Recht 47), S. 147.
42 *Deguchi*, Das Spannungsverhältnis im Zivilprozess, in: *Gottwald* (Hrsg.), Recht und Gesellschaft in Deutschland und Japan (Japanisches Recht 47), S. 147.
43 *Katsuhiko Okazaki*, Kenchikukankeisosho no Unei ni tsuite Minjichoteitetsuzuki no Katsuyo o Chushin toshite, Vol. 14, 2009, Tokyo Daigaku Hokadaigakuin Law Review, S. 134.
44 *Osaka Chihosaibansho Kenchikukankeisosho Project Team*, Kenchikukankeisosho no Shinri no Arikata nit suite, Hanrei Times, No. 1029, S. 12.
45 *Osaka Chihosaibansho Kenchikukankeisosho Project Team*, Kenchikukankeisosho no Shinri no Arikata nit suite, Hanrei Times, No. 1029, S. 12.

nendes Verfahren. Allerding muss den Parteien vorher mitgeteilt werden, dass das Fu-Chotei parallel auch dazu dienen soll, als Zivilschlichtungsverfahren Streitpunkte zu ordnen.[46]

IV. Verfahren der Zivilschlichtung

Das Zivilschlichtungsverfahren wird in der Regel durch einen Parteiantrag eingeleitet. Dieses Verfahren ist nicht obligatorisch. Das Zivilschlichtungsverfahren kann eine einfachere, schnellere bzw. billigere Streitbeilegung im Vergleich zum Zivilprozess ermöglichen. Im Zivilprozess kann – anders als in Deutschland – grundsätzlich nur der Streitgegenstand verglichen werden. Im Zivilschlichtungsverfahren können darüber hinaus bestehende Streitigkeiten ebenfalls beigelegt werden. Aus Sicht der Parteien könnte das Risiko einer Verfahrensverzögerung oder gar -verschleppung gegen die Durchführung eines Zivilschlichtungsverfahrens sprechen. Weiter könnte es als Gefahr angesehen werden, dass der Richter als Mitglied des Zivilschlichtungsausschusses bereits in seiner rechtlichen Würdigung durch Anhörung aus dem Zivilschlichtungsausschuss festlegt sein könnte, ohne dass für die betreffende Partei eine Widerlegungschance gewährleistet ist. Bei der Verweisung einer Rechtsstreitigkeit vom Prozessgericht in das Zivilschlichtungsverfahren sollte daher insbesondere in Baustreitigkeiten das Einverständnis der Parteien unbedingt vorliegen. Auch sollte stets ein besonders qualifizierter Expertenschlichter bestellt werden, um die Parteien im Zivilschlichtungsverfahren überzeugen zu können.

V. Schlussbetrachtung

Auch in Deutschland wurde in neuerer Zeit für den Bauprozess über strukturelle Defizite des Gerichtsverfahrens diskutiert, die den Besonderheiten von Baustreitigkeiten nicht gerecht werden.[47] Die rechtsstaatlichen Verfahrensgarantien als »die« Errungenschaften der Nachkriegszeit schlechthin führen dabei im Bauprozess tatsächlich zu dem Paradoxon, dass vielfach wegen der Kosten bzw. Verfahrensdauer kein effektiver Rechtsschutz gewährleistet werden kann.[48] Dabei wird in Deutschland die

---

46 *Osaka Chihosaibansho Kenchikukankeisosho Project Team*, Kenchikukankeisosho no Shinri no Arikata nit suite, Hanrei Times, No. 1029, S. 12.
47 *Lembcke*, Aktuelle Entwicklungen bei der Alternativen Streitbeilegung im Baurecht, NJW 2013, S. 1704; *Lüke*, Zivilprozessrecht, 10. Aufl., 2011, Rdnr. 308 spricht dagegen vom Sachverständigenurteil weder durch freie richterliche Beweiswürdigung noch der Garantie der richterlichen Unabhängigkeit.
48 *Lembcke*, Aktuelle Entwicklungen bei der Alternativen Streitbeilegung im Baurecht, NJW 2013, S. 1704; *Schulze-Hagen*, 3. Deutscher Baugerichtstag, Arbeitskreis VII. Außergerichtliche Streitbeilegung, BauR 2010, S. 1421 ff. empfahl eine gesetzlichen Regelung zur außergerichtlichen Streitbeilegung in allen Bausachen durch ein Adjudikations-Verfahren.

Diskussion typischerweise vor allem unter verfassungsrechtlichen Aspekten etwa mit Blick auf das Rechtsprechungsmonopol des Staates (Art. 92 GG) geführt.[49] Der ehemalige Präsident des Bundesverfassungsgerichts *Hans-Jürgen Papier* plädiert dagegen in einem neueren Gutachten[50] (erstattet für eine interessenübergreifende Fördergemeinschaft aus der Bauwirtschaft) für eine gesetzliche Adjudikation und hält diese für verfassungsrechtlich unbedenklich. Der Gesetzgeber müsse im Rahmen des neuen Bauvertragsrechts die Adjudikation obligatorisch vorschreiben, um ein den Erfordernissen des Justizgewährleistungsanspruchs gerecht werdendes Verfahren in Bausachen wieder her zustellen.[51] In der hierzu geführten Diskussion geht es um die Frage, ob ein zwingendes außergerichtliches Verfahren, das zu einer zumindest vorläufig verbindlichen Entscheidung führen würde, mit Blick auf das bereits oben erwähnte Rechtsmonopol des Staates verfassungsrechtlich zulässig ist.[52] Wegen der zunehmenden Verknappung der Justizressourcen und der Anforderungen des modernen Wirtschaftslebens in Zeiten der Globalisierung müssen jedenfalls neue Streitbeilegungsmethoden zwischen Zivilprozess und ADR gesucht werden.[53] Das Fu-Chotei im japanischen Zivilschlichtungsverfahren kann man als sogenannte »Soft-Law-Schlichtungsbeilegung« bezeichnen, da der Rechtsstreit in erster Linie nicht durch streitiges Urteil entschieden werden soll,[54] sondern auch durch Zivilschlichtungsverfahren beigelegt werden kann. Dazu ist eine weitere Streitbeilegungsmöglichkeit aufgrund der Wechselwirkung zwischen Prozessgericht und Zivilschlichtungsverfahren, nämlich das neue streitpunktebezogene Verfahren als Fu-Chotei zu zählen, womit der Rechtsstreit im Zivilschlichtungsverfahren verglichen werden bzw. der Prozess wieder sehr effektiv im streitigen Verfahren geführt werden könnte, da die Streitpunkte und Beweise im Zivilschlichtungsverfahren unter Mitwirkung des Expertenschlichters insbesondere im Bauprozess gründlich aufgeklärt werden konnten. Dies kann zur Prozessbeschleunigung und damit zum Rechtsschutz des Bürgers wesentlich beitragen. In Zukunft sollte das Verhältnis zwischen Zivilprozess und ADR und die Möglichkeit einer Verbindung beider Verfahrensarten in Japan vertieft untersucht werden, um die Justizressourcen als knappes Gut noch effektiver und

---

49 *Gaier*, Der moderne liberale Zivilprozess, NJW 2013, S. 2871, 2875.
50 Rechtsgutachten zur verfassungsrechtlichen Zulässigkeit der Adjudikation in Bausachen, erstellt für die Fördergemeinschaft Adjudikationsgutachten von *Hans-Jürgen Papier* unter Mitwirkung von *Meinhard Schröder*.
51 *Lembcke*, Aktuelle Entwicklungen bei der Alternativen Streitbeilegung im Baurecht, NJW 2013, S. 1704; Skeptisch zur Privatisierung der Ziviljustiz *Roth*, Die Zukunft der Ziviljustiz, ZZP 129 (2016), S. 3 ff.
52 Kritisch gegen ein obligatorisches Verfahren aus dem Grunde der Parteiautonomie *Stürner*, Die Rolle des dogmatischen Denkens im Zivilprozess, ZZP 127 (2014), S. 323.
53 *Eidenmüller*, Schlichtungszwang in Verbraucherstreitigkeiten, ZZP 128 (2015), S. 149 ff. spricht sich gegen einen Schlichtungszwang in Verbraucherstreitigkeit aus.
54 *Deguchi*, Das Spannungsverhältnis im Zivilprozess, in: *Gottwald* (Hrsg.), Recht und Gesellschaft in Deutschland und Japan (Japanisches Recht 47), S. 147.

gerechter für die Bürger einzusetzen. Gerade beim Bauprozess ist die Tatsachenfeststellung immer besonders schwierig, kompliziert und kosten- bzw. zeitaufwändig. Das Fu-Chotei als neues Streitbeilegungsmodell zwischen Zivilprozess und ADR in Japan sollte man sehr sorgfältig und mit Mut weiterentwickeln, um den Erwartungen der Bürger gerecht zu werden.[55]

---

55 *Gaier*, Schlichtung, Schiedsgericht, Staatliche Justiz – Drei Akteure in einem System institutioneller Rechtsverwirklichung, NJW 2016, S. 1367 ff., spricht auch über die Vernetzung in einem System institutioneller Rechtsverwirklichung; *Hirsch*, Außergerichtliche Beilegung von Verbraucherstreitigkeiten – ein alternativer Zugang zum Recht entsteht, NJW 2013, S. 2088 ff., betont außerdem, dass die außergerichtliche Streitbeilegung nicht nur die gerichtlichen Verfahren ergänzt und den Zugang zum Recht verbessert, was als Grundrecht in Art. 6 EMRK und Art. 47 EU-Grundrechte-Charta garantiert ist, sondern ein Instrument zur Erhaltung des sozialen Friedens ist; dagegen *Engel*, Außergerichtliche Streitbeilegung in Verbraucherangelegenheiten – Mehr Zugang zu weniger Recht, NJW 2015, S. 1633 ff.

Kritische Betrachtung über die Gerichtsmediation in Korea

Sunju Jeong

I. Einleitung

Seit langem ist die Alternative Dispute Resolution (ADR), als Alternative zum staatlichen Gerichtsverfahren, ein modisches Thema im Bereich der Streitbeilegungsmethoden und nimmt überall auf der Welt einen raschen Aufschwung. Diese Methoden ersparen viel Zeit und Kosten und bringen den Parteien ein für die Erledigung des Streites viel adäquateres und gerechteres Ergebnis als ein streitiges Urteil. Daneben tragen sie insbesondere zur Wiederherstellung des Rechtsfriedens zwischen den Parteien bei. Auch in Korea ist dieser Trend vorherrschend. Besonders ist die Mediation die meistverbreitete Form der ADR und spielt vor allem die Gerichtsmediation, sowohl gerichtsinterne als auch gerichtsnahe, eine entscheidende Rolle.

Wie bekannt, hat sich der Jubilar in seiner wissenschaftlichen Laufbahn der Entwicklung der Mediation intensiv gewidmet und besonders mit der Gerichtsmediation auseinandergesetzt.[1] In Bezug auf die Gerichtsmediation schließe ich mich der Stellung des Geehrten, also den Bedenken hinsichtlich der gerichtsinternen Mediation, im Grunde ganz an.

Im Folgenden wird diese Ansicht am Beispiel der Gerichtsmediation in Korea vertieft. Zunächst wird die Gerichtsmediation in Korea kurz aufgezeichnet und anschließend auf die damit verbundenen Probleme näher eingegangen.

II. Gesetzeslage und Entwicklung der Gerichtsmediation

In Korea werden schon lange die Vorteile der Mediation betont und das Amt der Gerichtsverwaltung des Obersten Gerichtshofs (OGH) in Korea[2] versucht die Gerichtsmediation auf vielfältige Weisen zu fördern und voranzubringen. Laut dem Gerichtsverwaltungsamt sei die Mediation eine sehr nützliche Methode der Streit-

---

1 Vor allem, Schlichten statt Richten, JZ 1985, 261; Außergerichtliche Streitschlichtung, München, 2002; Ein Plädoyer gegen Gerichtsmediation, Zeitschrift für Zivilprozess, 124, S. 163–172.
2 »National Court Administration«, http://eng.scourt.go.kr/eng/supreme/ affilorg_01nca.jsp. In Korea ist das Amt der Gerichtsverwaltung, das dem Obersten Gerichtshof gehört, verantwortlich für die allgemeine Verwaltungsangelegenheit des Gerichts, und zwar nicht nur Personal- und Haushaltsplan, sondern auch Justizpolitik.

beilegung, da diese schneller und kostengünstiger sei, als das kontradiktorische Erkenntnisverfahren. Dabei wird besonders die friedliche Beilegung der Streitigkeiten durch eine Vereinbarung der Parteien hervorgehoben, welche infolgedessen einen dauerhaften Rechtsfrieden ermöglichen kann.

Unter den verschiedenen Schritten des Gerichtsverwaltungsamtes zur Förderung der Gerichtsmediation müssen das Mediationsgesetz von 1990 und die Einführung des ständigen Mediatorsystems von 2009 akzentuiert werden.

1. Mediationsgesetz

Um die gütliche Beilegung des Rechtsstreits durch Alternative Dispute Resolution zu fördern und zu erweitern, ist im Jahr 1990 ein Gesetz zur gerichtsinternen Mediation in Zivilsachen (Mediationsgesetz) festgesetzt worden, das am 1. September 1990 in Kraft getreten ist.

Das Gesetz findet in allen Zivilsachen Anwendung, unabhängig vom Streitwert und demnach sowohl in einzelnen Streitigkeiten als auch in Massenstreitigkeiten. Anders als in Deutschland, wo lange Zeit über die gerichtsinterne Mediation diskutiert wurde und erst im Jahr 2012 in ein Gesetz[3] verankert wurde, hat Korea dafür seit 1990 eine feste Rechtsgrundlage. Ein wesentlicher Unterschied zwischen dem koreanischen und dem deutschen Mediationsgesetz ist, dass es bei dem ersten um die gerichtsinterne Mediation geht und bei dem zweiten, trotz der Einführung eines Güterichters, die Mediation außerhalb des Gerichts im Vordergrund steht.

Nach dem Mediationsgesetz beginnt die Gerichtsmediation entweder auf Antrag einer Partei (Antragsmediation) oder von Amts wegen durch das Prozessgericht (Mediation ex officio).

Bei der Antragsmediation können die Streitparteien einen Antrag auf Gerichtsmediation, sowohl schriftlich als auch mündlich, bei einem zuständigen Gericht stellen (§ 5 Mediationsgesetz). Daneben kann das Prozessgericht bis zum Erlass des Urteils in der Berufungsinstanz von Amts wegen die rechtshängige Sache zur Mediation verweisen (sog. Mediation ex officio, § 6 Mediationsgesetz). Das Gericht kann die Parteien für die Güteverhandlung an einen als Mediator tätigen Richter (sog. Richtermediator, der mit einem Güterichter in Deutschland vergleichbar ist) verweisen, der kein beauftragter oder ersuchter Richter ist.

Für die Gerichtsmediation ist im Prinzip ein Richtermediator zuständig. Er kann aber die Mediation einem vom Gericht ernannten, ständigen Mediator oder einer Mediationskammer, die sich aus einem Richter oder einem gerichtlich bestellten, ständigen Mediator als Vorsitzenden und zwei Mediatoren zusammensetzt, übertragen. Daneben kann ein Prozessgericht selbst die Funktion eines Richtermediators übernehmen, wenn es das Prozessgericht für angemessen hält (§ 7 Mediationsgesetz).

---

3 Gesetz für Förderung der Mediation und anderer Verfahren der außergerichtlichen Konfkliktbeilegung vom 21.07.2012, sog. Mediationsgesetz.

Besonders in der Sache, die das Prozessgericht von Amts wegen an die Mediation verwiesen hat, kann das Prozessgericht selbst das Mediationsverfahren durchführen.

Zusammenfassend ist festzustellen, dass bei der Gerichtsmediation in Korea vier Organe für die Mediation tätig werden können, namentlich die Richtermediatoren, ständige Mediatoren, Mediationskammern und Prozessgerichte.

2. Ständiges Mediatorsystem

Im Jahr 2009 führte das Gerichtsverwaltungsamt in Korea ein ständiges Mediatorsystem ein und errichtete ein Mediationszentrum, bei dem die ständigen Mediatoren ihre Mediation durchführen können, um die gerichtsnahe (außergerichtliche) Mediation zu fördern und voranzubringen.

Wer mehr als 15 Jahre lang als Jurist gearbeitet hat, kann vom Präsidenten des Gerichtsverwaltungsamts als ständiger Mediator ernannt werden. In der Regel sind als ständige Mediatoren die vom Amte zurückgetretenen oder pensionierten Richter tätig.

Die Amtszeit des ständigen Mediators beträgt zwei Jahre. Der ständige Mediator befasst sich mit den Schlichtungsfällen, wenn der Richtermediator oder das Prozessgericht ihn mit der Mediation beauftragen. Hinsichtlich der Mediation steht dem ständigen Mediator die gleiche Stellung und Macht wie einem Richter zu.

Ein Mediationszentrum wurde im April 2009 erst in Seoul und dann in Busan gegründet und im April 2011 folgten drei weitere in großen Städten, namentlich Daejeon, Daegu und Kwangju. Seit 2015 arbeiten landesweit insgesamt 31 ständige Mediatoren an zehn Mediationszentren. In einem Zentrum betätigt sich der ständige Mediator sowohl einzeln als auch kollegial mit Mediationen, also in Form einer Kammer.

III. Probleme der Gerichtsmediation

Auch wenn die Zahl der durch die Gerichtsmediation beschlossenen Zivilsachen in der Praxis stetig zunimmt, sollte man sich von den mit der Gerichtsmediation, vor allem von den mit dem Prozessgericht verbundenen Problemen nicht abwenden. Die schwerwiegendsten Probleme hinsichtlich der Gerichtsmediation in Korea sind folgende:

1. Subjekt der Mediation

Die Realität der Gerichtsmediation in Korea wirft zunächst die Frage auf, an welcher Stelle überhaupt die Parteien sich in einem Mediationsverfahren befinden. Nach dem eigentlichen Sinn der Mediation sollen die Parteien mit Hilfe eines objektiven Dritten ohne Entscheidungskompetenz eine freiwillige und gemeinsame Lösung finden. Die

Praxis ist dabei jedoch deckungsungleich mit der Realität. In manchen gerichtlichen Mediationen ergreifen nicht die Parteien, sondern die Richtermediatoren die Initiative. Gerichtsmediationen enden sehr oft mit einem Lösungsvorschlag des Richtermediators. Eine gemeinsame autonome Lösung der Medianten ist eher eine Ausnahme. Den Parteien wird in der Regel nur die Möglichkeit eingeräumt, den Vorschlag des Mediators anzunehmen oder abzulehnen bzw. Einspruch einzulegen. In Einzelfällen werden die Parteien in den gerichtsinternen Mediationsverfahren gar zu Vergleichen gedrängt. Dies läuft gerade dem Grundgedanken der Mediation zu wider, nach dem die streitenden Parteien eigentlich mit ehrlichen Bemühungen versuchen, eine befriedigende Lösung zu finden.

Allerdings müssen sich die Richter um eine gütliche Beilegung des Streites immer bemühen. Der Gesetzgeber hat das eindeutig im Gesetz zum Ausdruck gebracht. Gemäß § 145 KZPO (koreanische Zivilprozessordnung) soll das Gericht in jeder Lage des Verfahrens eine gütliche Beilegung des Rechtsstreites vorschlagen und kann deshalb sogar das persönliche Erscheinen der Parteien anordnen. Dieser Paragraph hat m.E. aufgrund der Gerichtsmediation nach dem Mediationsgesetz viel an Bedeutung verloren und demnach verdrängt die Gerichtsmediation den Prozeßvergleich.

Ohne sondergesetzliche Grundlage hinsichtlich der Gerichtsmediation, etwa wie dem Mediationsgesetz, sollen sich die Richter nach dem § 145 KZPO immerhin um eine Güteverhandlung bemühen und den Parteien steht es weiterhin offen, jederzeit einen Prozeßvergleich abzuschließen, wenn diese gewillt sind. Es ist daher nicht ersichtlich, ob es wirklich nötig ist, neben dieser Möglichkeit der gütlichen Beilegung eine andere Form der Streitbeilegung, nämlich die Gerichtsmediation, vor allem die in den Gerichtsprozess integrierte Mediation, also die Mediation durch das Prozessgericht, anzubieten.

Es darf außerdem nicht verkannt werden, dass im Rahmen einer Mediation eine Förderung der Kommunikation zwischen den Parteien über die Streitigkeit erfolgt und nicht nur irgendwelche Beurteilungen oder Entscheidungen des Mediators erfolgen. Subjekt der Mediation sollen nicht der Mediator, sondern die Parteien sein. Diesbezüglich ist ein Mediationsverfahren, das von Amts wegen initiiert wird, sehr problematisch.

Nach dem Mediationsgesetz kann ein Mediationsverfahren durch das Prozessgericht von Amts wegen, also ohne Antrag einer Partei, angeordnet werden. Es ist aber sehr absonderlich, dass die Parteien nicht freiwillig, sondern zwangsweise mit einer Mediation konfrontiert werden. Das wirft die zentrale Frage auf, ob die Parteien in diesem Fall überhaupt in der Lage sind, offen miteinander zu kommunizieren, um eine zufriedenstellende Lösung zu finden.

Für die Mediation im intendierten Sinne muss ein Antrag oder eine freiwillige Zustimmung der Parteien vorausgesetzt werden. Der Mediator in der Gerichtsmediation soll seine Rolle darauf begrenzen, das Mediationsverfahren reibungslos zu leiten und die Kommunikation der Parteien zu unterstützen, damit sich die Parteien als Subjekt der Mediation fühlen können. Er darf die Sache nicht entscheiden und keinesfalls Subjekt der Mediation werden.

Allerdings wird in der Literatur die Ansicht vertreten,[4] dass am Anfang des Prozesses die richterliche Überweisung der Streitsache an die Mediation keine Zustimmung der Parteien voraussetzt, weil es sich hier um eine richterliche Prozessleitung handelt. Dem muss jedoch widersprochen werden. Der richterlichen Prozessleitung obliegt es, ob das Prozessgericht zunächst zu einem Mediationsverfahren mit Zustimmung der Parteien schreitet oder ob sofort ein streitiges Verfahren eingeleitet wird. Das Recht, zu entscheiden, ob die Streitigkeit durch eine Mediation zu erledigen ist, gebührt jedoch den Parteien. Um ein Mediationsverfahren einzuleiten, ist der Wille der Parteien zweifelsohne nötig. Die Erklärung erfolgt entweder in Form eines Antrags oder einer Zustimmung.

Das Problem der Mediation ohne Parteiinitiative zeigt sich schon daran, dass im Fall der Mediation von Amts wegen (Mediation ex officio) die Quote der gescheiterten Mediationen viel höher ist, als im Fall der Mediation auf Antrag der Parteien (Antragsmediation) und die Zahl der Einsprüche gegen Beschlusses statt Mediation (Beschlussmediation) bei Mediationen von Amts wegen viel größer ist.

	2014				2015			
	Neuzugänge	Erledigung			Neuzugänge	Erledigung		
Antragsmediation	11,176 (23%)	10,647	Erfolg	1,953	18%	9,991 (19%)	10,710	Erfolg	1,573	15%
			Scheitern	2,145	20%			Scheitern	2,288	21%
			Beschluss statt Mediation	2,266	21%			Beschluss statt Mediation	2,438	23%
			Einspruch	604	27%			Einspruch	645	26%
Mediation ex officio	37,496 (77%)	37,501	Erfolg	6,398	17%	42,376 (81%)	40,721	Erfolg	6,640	16%
			Scheitern	16,139	43%			Scheitern	15,788	39%
			Beschluss statt Mediation	12,710	34%			Beschluss statt Mediation	15,554	38%
			Einspruch	6,339	50%			Einspruch	7,608	49%

2. Qualifikation des Mediators

Man kann es nicht oft genug betonen, dass eine erfolgreiche Mediation davon abhängt, wie gut ein Mediator qualifiziert ist. Auch wenn in der Mediation die Parteien die Subjekte sind, spielt der Mediator eine entscheidene Rolle für einen zügigen und reibungslosen Verlauf des Mediationsverfahrens und ein erfolgreiches Ergebnis. Die

---

4 *Junyoung Jung*, Stand und Perspektiven der Gerichtsmediation, Festgabe 20 Jahre des Mediationsgesetzes, 2010, S. 60.

Qualität des Mediators spielt im Mediationsverfahren eine entscheidene Rolle, da das Vertrauen der Parteien in den Mediator ein Kernpunkt für das Zustandekommen der Streiterledigung durch eine Mediation bildet. Um einen Entscheidungsvorschlag eines Dritten einvernehmlich annehmen zu können, bedarf es des Vertrauens der Parteien an die Befähigung und Unparteilichkeit des Mediators.

Zu beachten ist dabei die Tatsache, dass eine alleinige juristische Ausbildung nicht genügt. Erst wer sich einer speziellen Fachausbildung zum Mediatior unterzogen und seine Fähigkeit unter Beweis gestellt hat, sollte als Mediator tätig werden.

In Korea sind zurzeit Leute ohne spezielle Schulung für Mediation als Mediator tätig. Das ergibt sich daraus, dass die Regelungen in vielen Bereichen hinsichtlich einer Mediation, nämlich nicht nur bei der gerichtlichen, sondern auch in der verwaltungsrechtlichen Mediation, als einzige Voraussetzung für den Mediator ein soziales Renommee vorschreiben. Demnach kann zum Mediator ernannt werden, wer Gelehrsamkeit und Erfahrungen hat und ein hohes Ansehen in der Gesellschaft genießt, auch wenn dieser keinerlei Sachkunde über die Mediation mitbringt.

M.E. bildet diese Voraussetzung ein großes Hindernis für die Spezialisierung des Mediators. Die Zeit der Mediatoren, die auf Grund von Respekt und Ansehen ihres Amtes walten, ist vorbei. Die moderne Gesellschaft braucht einen Mediator, der mit Mediation fachkundig ist und darüber hinaus spezielles Wissen besitzt, besonders im Bereich der Grundlagen der Mediation sowie deren Ablauf, Verhandlungs- und Kommunikationstechniken, psychologischer Gesprächsführung, Konfliktmanagement usw.

Für Mediatoren ist die Ausbildung, durch die sie theoretische und handlungsrelevante Kompetenz erwerben können, sehr wichtig. Nur die Ausbildung kann sie befähigen, eigenverantwortlich als Mediatoren tätig zu werden. Der Mediator muss sowohl über theoretische Kenntnisse als auch über praktische Erfahrungen durch eine geeignete Ausbildung und eine regelmäßige Fortbildung verfügen. Erst dann kann er die Parteien in sachkundiger Weise durch die Mediation führen und das Finden einer zufriedenstellenden Lösung unterstützen. Dafür ist ein standardisiertes und präzisiertes Programm zur Ausbildung der Mediatoren unabdingbar und längst überfällig. Mit Blick auf die Zukunft sind die Ausbildungsvoraussetzungen im Gesetz zu etablieren und ein zertifiziertes Mediatorensystem wie im deutschen Mediationsgesetz in Betracht zu ziehen.

Hinsichtlich des Richtermediators sind ebenfalls keine besonderen Voraussetzungen vorgeschrieben. Ein spezielles und ausreichendes Ausbildungs- und Fortbildungsprogramm ist auch hier nicht vorhanden. Es ist freilich sehr fragwürdig, ob und inwieweit ein Richter per se zum Mediator geeignet ist und ein Rollenwechsel des Richters vom Streitentscheider zum Mediator ohne besondere Ausbildung überhaupt gelingen kann. Nicht jeder Richter, der von Berufs wegen schon auf eine rechtlich orientierte Lösung fixiert ist, darf Mediator werden. Richtlinien für eine systematische Ausbildung des Richters sind daher unverzüglich aufzustellen und in Gang zu setzen.

3. Initiative des Gerichts (statt der Parteien)

Wie oben geschildert, werden in Korea an Gerichten in vielfältiger Weise richterliche Mediationen angeboten. Freilich darf man nicht verkennen, dass man heutzutage von einem Richter die Rolle eines guten Lösungsfinders erwartet, der die beste Lösungsmethode für die Erledigung der Streitigkeiten auszusuchen und anzuwenden und nicht nur zu urteilen vermag.[5] So hat das Gesetz dem Prozessgericht ausdrücklich auferlegt, sich in jeder Zeit des Verfahrens um eine gütliche Beilegung zu bemühen. Dadurch mögen die Parteien einen Prozessvergleich abschließen.

Es ist aber sehr fraglich, ob es sinnvoll und wünschenswert ist, neben solcher Möglichkeit noch einem Gericht, vor allem einem Prozessgericht, die Aufgabe der Mediation zu überlassen.

Die Gerichtsmediation im Allgemeinen bedeutet zunächst für die Richter eine große Last, weil sie sich die für eine gute Mediation unentbehrliche Eigenschaften, nämlich die kommunikationstechnischen und physiologischen Fähigkeiten, aneignen müssen, wenn sie die Rolle eines Richtermediators übernehmen wollen. Neben dem Richten müssen sie die zusätzliche Aufgabe, die Mediation, bewältigen.

a) Mediation ex officio

Hier geht es um die Mediation, bei der die an einem Gericht bereits anhängige Streitsache von dem zur Entscheidung berufenen gesetzlichen Richter an einen anderen Richter (also Richtermediator) zur Mediation ohne Antrag der Parteien abgegeben wird. In der Praxis hält das Prozessgericht diese Institution für eine vorgeschaltete Streitschlichtungsmethode und verweist also in der Regel gleich nach der Einreichung der Klageerwiderung die Streitsache an einen Richtermediator.

Diese Institution entspricht aber dem Wesensmerkmal einer Mediation, welcher die Freiwilligkeit der Parteien zugrunde liegt, überhaupt nicht.

Jedes Mal, wenn die Gerichte die Vorteile der ADR betonen und anpreisen, stehen die schnelle Streiterledigung, die wesentlichen Einsparungen und die damit verbundene Entlastung des Gerichts im Hintergrund. Dieses Ziel soll aber nicht dadurch erreicht werden, dass die anhängige Sache zur Mediation unabhängig von dem Willen der Parteien verwiesen wird. Die Verweisung des Gerichts von Amts wegen steht dem Willen der Parteien oftmals entgegen, ist unvereinbar mit dem Grundgedanken einer Mediation und sollte daher abgeschafft werden.

Eine Mediation ist im Prinzip außerhalb des Gerichts anzustreben. Durch die Mediation soll ein gerichtliches Verfahren gerade vermieden werden. Die streitenden Parteien sollten sich im Vorfeld eines gerichtlichen Verfahrens bemühen, in Begleitung durch einen objektiven Dritten, also einen Mediator, eine Lösung des Konfliktes

---

5 In diesem Sinne ist ADR nicht mehr »Alternative Dispute Resolution«, sondern »Appropriate Dispute Resolution« zu verstehen.

selbst zu erarbeiten. Das entspricht m.E. dem ursprünglichen Sinn und Zweck einer Mediation.

Die positiven Effekte der ADR sollten vor der Klageerhebung erreicht werden. Soweit eine Klage schon erhoben ist, sollte das Gericht zunächst richten, außer wenn die Parteien die Mediation übereinstimmend beantragen oder freiwillig einem Vorschlag des Gerichts zur Mediation folgen. Wenn sich die Parteien einstimmig für eine gütliche Beilegung entscheiden, dann kann das Gericht die Mediation oder einen Prozessvergleich unterstützen. Nach der Klageerhebung sollten die Richter ihr Augenmerk auf ihre gesetzliche Kernaufgabe legen, nämlich auf das Richten.

Auch wenn die positive Folge der Mediation viel größer als das Richten sein kann, darf das Gericht keinesfalls von Amts wegen die Mediation betreiben.

Was eher zu bemühen ist, ist die Beilegung einer Streitigkeit durch ADR, damit erst gar keine Klage erhoben wird. Die Mediation muss vor allen Dingen eine außergerichtliche Streitschlichtung sein und das Mediationsverfahren muss durchgeführt werden, bevor es zu einem Prozess kommt. Der eigentliche Schauplatz der Mediation ist vor der Klageerhebung, nicht jedoch danach. Unter diesem Aspekt muss die Gerichtsmediation ex officio, vor allem die Institution ›Beschluss statt Mediation‹ sofort abgeschafft werden und die außergerichtliche Mediation demgegenüber gefördert werden.

Wenn keine Einigung in einem außergerichtlichen Mediationsverfahren zustande kommt, dann muss den Parteien der Zugang zu einem gerichtlichen Prozess und eine Entscheidung durch ein Gericht gewährt werden, falls sich die Parteien während des gerichtlichen Verfahrens weiterhin nicht einigen können. Allerdings kann das Prozessgericht jederzeit die Sache zum Richtermediator oder zum ständigen Mediator verweisen, soweit die Parteien eine Mediation wünschen.

b) Mediation durch das Prozessgericht selbst

Nach dem Mediationsgesetz kann ein mit dem Rechtsstreit befasster Richter als ein Mediator fungieren. Das Prozessgericht selbst kann nach der Rechtshängigkeit der Streitsache ein Mediationsverfahren durchführen (§ 7 III Mediationsgesetz) oder die Parteien für die Güteverhandlung an einen beauftragten oder ersuchten Richter verweisen (§ 7 V Mediationsgesetz).

In der Praxis ist die Mediation durch das Prozessgericht eine willkommene und effektive Konfliktlösungsmethode für die Gerichte. Die Befürworter, meistens Richter,[6] weisen regelmäßig darauf hin, dass der mit dem Rechtsstreit befasste Richter die rechtliche und tatsächliche Lage der Streitigkeiten ausreichend kennt und somit einen den Interessen der beiden Parteien gerechten Lösungsvorschlag machen kann. Nach meiner Ansicht kann jedoch das für den Rechtsstreit zuständige Gericht diese Vorteile eher im Wege einer Empfehlung oder durch die Unterstützung eines Pro-

---

6 Nach einer Umfrage von 2010 sind ca. 80% des Richters für diese Art Mediation.

zessvergleichs verwirklichen, was schon in der KZPO ausdrücklich geregelt ist. Einer Mediation durch das Prozessgericht bedarf es demnach nicht.

Das größte Problem der Mediation durch das Prozessgericht selbst ist, dass der die Mediation durchführende Richter bereits mit dem Gerichtsverfahren in derselben Sache beschäftigt ist. Wenn die Einigung der Parteien gescheitert ist, wird das kontradiktorische Verfahren vor dem Prozessgericht fortgesetzt. Es besteht sicherlich die Gefahr, dass das Prozessgericht, das während des Mediationsverfahrens schon vieles gesehen und gehört hat, ein beim Scheitern der Mediation fortgeführtes Gerichtsverfahren mit Vorurteilen, nicht neutral, durchführen kann.

Zudem ist den Parteien bewusst, dass der Richter beim Scheitern der einvernehmlichen Streitbeilegung richten muss. Die Parteien werden dann selbstverständlich in dem Mediationsverfahren durch das Prozessgericht nicht offen agieren und möglichst keine Informationen preisgeben, die im Fall einer möglichen gerichtlichen Entscheidung ungünstig bewertet werden könnten. Diese Umstände werden sicherlich einer Einigung in dem Mediationsverfahren schaden. In der Gerichtsmediation dürfen ein zur Streitentscheidung berufener Richter und ein mit der Mediation beauftragter Richter in keinem Fall Personenidentität aufweisen.

Der Gesetzgeber statuierte allerdings, dass die im Mediationsverfahren offengelegten Informationen nicht in das kontradiktorische Verfahren eingebracht werden dürfen. Nach §§ 23, 41 Mediationsgesetz dürfen die während eines Mediationsverfahrens gemachten Aussagen in einem eventuell nacher stattfindenen Gerichtsverfahren nicht einfließen und es kann nicht auf den Mediator als Zeuge zurückgegriffen werden. Es ist aber höchst fragwürdig, ob sich das Prozessgericht vom Ablauf der Mediation überhaupt distanzieren bzw. davon vollkommen lösen kann. Das wichtige Prinzip der Vertraulichkeit im Prozess könnte hierdurch unterwandert werden.

Daneben ist darauf hinzuweisen, dass es sehr fragwürdig ist, ob bei der Mediation durch das Prozessgericht der wahre Wille der Parteien widerspiegelt wird und dem Erfolg die echte Freiwilligkeit der Parteien zugrunde liegt. Obgleich sich die Erfolgsquote der Mediation durch das Prozessgericht als relativ hoch erweist, können sich die Parteien beim Vorschlagen des Prozessgerichts aufgrund der vom Gericht ausgehenden Autorität etwas unter Druck gesetzt fühlen und durch die Konsequenzen einer Ablehnung eingeschüchtert sein. Dann kann hier von Freiwilligkeit des Mediationsverfahrens keine Rede mehr sein.

Um der Kritik gegen die Mediation durch das Prozessgericht entgegenzutreten, wird in der Literatur der Vorschlag zur Verbesserung vertreten,[7] dass das Prozessgericht beim Mediationsverfahren keinen Vorschlag unterbreiten darf. Bei der Mediation durch ein Prozessgericht geht es jedoch hauptsächlich nicht darum, ob das Gericht selbst eine Lösung vorschlägt oder nicht, sondern vielmehr darum, dass es für das Prozessgericht sehr schwer ist, die Erkenntnisse aus dem Mediationsverfahren von denen im kontradiktorischen Verfahren klar zu trennen.

---

7 *Junyoung Jung*, Stand und Perspektiven der Gerichtsmediation, Festgabe 20 Jahre des Mediationsgesetzes, 2010, S. 63.

Wenn die Parteien während des gerichtlichen Verfahrens eine gütliche Beilegung möchten, sollte das Prozessgericht die Sache zum Richtermediator oder zu einem ständigen Mediator verweisen oder einen Abschluss eines Prozessvergleichs zwischen den Parteien empfehlen bzw. unterstützen, aber in keinem Fall selbst die Rolle eines Mediators einnehmen.

Die Gerichtsmediation hat selbstverständlich Vorteile, die die effektive Erledigung des Streits zwischen den Parteien zur Folge haben. Die gerichtsinterne Mediation soll jedoch durch einen vom Prozessgericht getrennten Körper durchführt werden, gleichgültig ob Richtermediator oder ständiger Mediator.

4. Beschluss statt Mediation

Der Beschluss statt Mediation nach dem Mediationsgesetz ist eine sehr eigenartige Institution. Beim Scheitern der Einigung der Parteien ergeht ein Beschluss, der an die Stelle der Mediation tritt. Nach § 30 Mediationsgesetz muss nämlich ein Richtermediator bei einer vergeblichen Mediation einen Beschluss statt Mediation von Amts wegen mit Rücksicht auf alle Umstände erlassen, wenn es im Interesse der Parteien ist. Die Parteien können innerhalb von 2 Wochen einen Einspruch dagegen erheben. Falls kein Einspruch erhoben wird, hat dieser Beschluss die Wirkung eines Prozessvergleichs (§ 34 IV Mediationsgesetz). Wenn ein Einspruch rechtmäßig erhoben wird, dann wird zu einem kontradiktorischen Erkenntnisverfahren übergegangen.

M.E. ist diese Institution ein Etikettenschwindel. Beim Beschluss statt Mediation handelt es sich um einen Beschluss des Gerichts im eigentlichen Sinne und dieser ist vollkommen losgelöst von der eigentlichen Mediation. Er ist eine echte Entscheidung des Gerichts. Hier geht es also um ein Richten und nicht um eine gütliche Beilegung.

Viele Richter befürworten diese Institution als Ausdruck einer effektiven Justiz und halten diese sogar für notwendig. Dabei verletzt sie jedoch den Justizgewährungsanspruch der Parteien. Da hier eine Entscheidung des Richtermediators in einem Verfahren erfolgt, das keine ausreichende Gewährleistung der Verfahrensgrundsätze bietet, vor allem nicht dem Öffentlichkeitsgrundsatz gerecht wird und demnach mit einem kontradiktorischen Erkenntnisverfahren nicht zu vergleichen ist. Ferner steht hier der Grundsatz der Mediation, also die Selbstverantwortlichkeit, in Frage, nach der die Parteien in der Mediation selbst die Lösung ihrer Streitigkeiten erarbeiten müssen. Im Prinzip ist ein Mediator nicht befugt, zu richten. Beim Beschluss statt Mediation erfüllt der Richtermediator also nicht die Rolle eines Mediators, sondern ist ein Richter. Dies ist jedoch unvereinbar mit dem Wesen einer Mediation.

5. Materielle Rechtskraft

Ein gravierendes Problem der Gerichtsmediation in Korea ist, dass die Protokolle der Einigung der Parteien im Mediationsverfahren die Wirkung eines Prozessvergleichs haben (§ 29 Mediationsgesetz). Entgegen der Ansicht in der Literatur[8] erkennt die Rechtsprechung einen Prozessvergleich als ein rechtskräftiges Urteil an.[9] Demnach entfaltet ein Prozessvergleich nicht nur die Vollstreckbarkeit und die formelle Rechtskraft, sondern auch die materielle Rechtskraft. Als Hauptgrund dafür nennt die Rechtsprechung § 461 KZPO, nach dem gegen die Protokolle des Prozessvergleichs oder Anerkenntnisses[10] nur eine Wiederaufnahmeklage als Rechtsbehelf zulässig ist. Ob ein Prozessvergleich der materiellen Rechtskraft eines Urteils gleichstehen kann, ist sehr zweifelhaft. Die Rechtskraft ist erst dann gerechtfertigt, wenn die endgültige Entscheidung des Gerichts durch einen ausgebildeten und objektiven Richter unter der Einhaltung aller grundsätzlichen Verfahrensgarantien zustandekommt und damit die Richtigkeit der Entscheidung gewährleistet wird. Beim Prozessvergleich divergiert die Lage hingegen. Hier spielt ein Richter keine mit einem Urteilsverfahren vergleichbare Rolle und der Verlauf des Prozessvergleichs ist mit keinem Urteilsverfahren vergleichbar. Darüber hinaus können die Parteien beim Prozessvergleich die Rechtsverhältnisse, die kein Gegenstand des Prozesses sind, und weitere Konfliktpunkte in die Einigung einbeziehen. Demzufolge ist der Umfang der Rechtskraft des Prozessvergleichs viel weitergehender als der eines rechtskräftigen Urteils, bei dem im Prinzip keine Entscheidungsgründe von der Rechtskraftwirkung erfasst sind. Beim Protokoll eines Prozessvergleichs gibt es keine Urteilsformel, also keine Trennung von Tenor und Entscheidungsgründen. Insoweit einem Mediationsprotokoll die Wirkung eines Prozessvergleichs zugeteilt wird, ist die Rechtskraftwirkung der Mediation viel umfangreicher als die eines Urteils. Ein Prozessvergleich soll sich m.E. mit einer Vollstreckbarkeit begnügen und das sollte auch für die Gerichtsmediation gelten.

IV. Zusammenfassung und Ausblick

Eine unter Vermittlung eines neutralen Dritten geführte konsensuale Konfliktbewältigung ist eine wesentliche und grundlegende Lösungsmethode. Selbst im kontradiktorischen Zivilverfahren kommt es häufig zu Einigungen in Form eines Vergleichs.

Wie das Bundesverfassungsgericht in seinem Beschluss vom 14. Februar 2007, 1 BvR 1351/01 zum Ausdruck gebracht hat, ist es in einem Rechtsstaat grundsätzlich vorzugswürdig gegenüber einer richterlichen Streitentscheidung, eine zunächst streitige Problemlage durch eine einverständliche Lösung zu bewältigen.

Der Gesetzgeber verfügt selbstverständlich über die Mittel für eine einverständliche Streitbewältigung, um die Konfliktlösung zu beschleunigen, den Rechtsfrieden

---

8 Vor allem *Shi-Yoon Lee*, Zivilprozessrecht, 10. Aufl., S. 598 f.
9 OGH, Urteil vom 6. 12. 2002, 2002da44014 usw. Vgl. die Rechtsprechung in Deutschland erkennt einem Prozessvergleich keine materielle Rechtskraftwirkung an, BGHZ 86, 186 = NJW 1983, 996.
10 Anders als in Deutschland ist ein Anerkenntnis zu Protokoll genommen und es braucht kein Anerkenntnisurteil.

zu fördern oder die staatlichen Gerichte zu entlasten. Es lohnt sich wirklich, die Mediation vorzuziehen, jedoch nicht, weil das gerichtliche, streitige Verfahren nicht effektiv ist, sondern weil die einvernehmliche Konfliktlösung eine grundlegende, wirkungsvolle und dauerhafte Problemlösung mit sich bringt.

Ob die Gerichtsmediation in Korea diesem Bild überhaupt entspricht, ist durchaus fraglich. Bei der Gerichtsmediation nach dem Mediationsgesetz wird großer Wert auf die schnelle Erledigung der streitigen Sachen und damit die Entlastung der Gerichte gelegt.

Die Förderung der Mediation soll sich m.E. eher zum Ziel setzen, die Kultur und die Wertanschauung in Bezug auf die Konfliktlösung zu ändern, nicht etwa Gerichte zu entlasten oder die Konflikte kostengünstiger und zügig zu erledigen. Bei der Mediation sollte man festhalten, dass ein Konflikt auf eigene und freiwillige Initiative und durch offene Kommunikationen miteinander, sowie zukunftsorientiert und flexibel gelöst werden kann, sogar während eines gerichtlichen Verfahrens. Für die weitere Entwicklung der Kultur der Konfliktbewältigung muss die gütliche Beilegung einschließlich der Mediation im Vordergrund stehen und ein gerichtliches Urteil ein Behelf für die gütliche Beilegung sein, jedoch nicht umgekehrt.

Die Förderung und Unterstützung der Mediation ist wünschenswert und als positv zu bewerten. Dabei ist zu beachten, wem die Initiative der Mediation zukommt und ob die Freiwilligkeit der Parteien gewährleistet ist. Das wichtigste Prinzip für den Beginn des Mediationsverfahrens und für eine erfolgreiche Mediation ist die Freiwilligkeit der Parteien. In der Mediation sollen die Parteien keinerlei Zwängen unterliegen und aus einem eigenen Antrieb bereit sein, das Mediationsverfahren durchzuführen und eine einvernehmliche Konfliktlösung zu erarbeiten.

Ob all dieses in der Gerichtsmediation gewährleistet ist, ist zu bezweifeln. Die Gerichtsmediation nach dem Mediationsgesetz in Korea, vor allem die Mediaton ex officio und durch das Prozessgericht, entsprechen insbesondere nicht dem Rechtsstaatsprinzip. Solche Mediationen erschweren den Zugang zum gerichtlichen Rechtsschutz für die Rechtsuchenden, auch wenn es den Zugang nicht versperrt. In diesem Sinne sind die Mediation ex officio und die Mediation durch das Prozessgericht besonders kritisch zu betrachten und möglichst sofort abzuschaffen.

Zum Theorienstreit über die Anerkennung und Vollstreckung am Schiedsort aufgehobener Schiedssprüche

ATHANASSIOS KAISSIS

Gegenstand der folgenden Ausführungen ist die kurze Darstellung zweier theoretischer Ansätze, welche konträr die Frage beantworten, ob ein Schiedsspruch, der von einer zuständigen Behörde des Landes, indem er oder nach dessen Recht er ergangen ist, aufgehoben worden ist[1], gemäß den Vorschriften des UN- Übereinkommens 1958[2], in einem anderen Mitgliedstaat des UNÜ anerkannt und vollstreckt werden kann.

Ich widme diesen Beitrag, dem Jubilar, Herrn Prof. Dr. Dr. h.c. Hanns Prütting mit großem Respekt für seine hervorragenden wissenschaftlichen Leistungen[3], mit herzlichem Dank für unseren langjährigen akademischen Dialog und Austausch, verbunden mit meinen besten Gefühlen und freundlichen Wünschen für weiteres fruchtbares Schaffen.

Die Frage der Anerkennung aufgehobener Schiedssprüche hat bekanntlich die internationale Fachliteratur[4] und im beschränktem Maße die Gerichte einiger für die internationale Schiedsgerichtsbarkeit wichtiger Länder gespalten[5].

---

1 Vgl. *Solomon*, in: *Balthasar* (ed.), Int. Comm. Arb., (2016), § 2, Rn.276: » For all practical purposes, the relevant case is the setting aside (annulment, vacatur) of the award in its country of origin, as a court-ordered suspension of the award rarely occurs«.
2 (New Yorker) UNÜ- Übereinkommen vom 10.6.1958 über die Anerkennung und Vollstreckung ausländischer Schiedssprüche.
3 Siehe unter anderem seine substantielle Kommentierung der §§ 1025-1058 des zehnten Buches der ZPO in: Prütting-Gehrlein ZPO Kommentar 8. Auflage (2016).
4 Siehe vor allem: *Adolphsen*, in: MK ZPO, 4. Aufl. (2013), § 1061 Anh. 1 UNÜ Art. V. Rn. 54 ff. *Alfons*, Recognition (2010). *Badah*, Grounds, 41 N.C.J. Int'l L. (2015), 59. *van den Berg*, The New York Convention of 1958(1981). *Ders.*,Should, ICSID Review (2014), 1 ff. *Ders.*,Enforcement, JIntArb27, (2010), 179 ff. *Ders.*,Enforcement, 9 (1998) ICCBull. 15 ff.*Bajons*,Enforcing, Croat Arb YB, 7 (2002), 55 ff. *Besson*, Is There, in: *van den Berg* (ed.), Int. Arb., ICCA C.S., 17, (2013), 378 ff. *Bird*,Enforcement, 37 N.C.J.Int'l L.& Com. Reg. (2011-2012), 1013 ff. *Born*, Int. Comm. Arb., 2nd Ed., (2014), Vol. III, 3621-3646. *Brekoulakis*, Enforcement, 19, (2008), Am.Rev. Int'l Arb., 515 ff. *di Brozolo*,The Present, in:*van den Berg* (ed.), Arbitration: The Next Fifty Years, ICCA C.S., Vol. 16, (2012), 74 ff. *Ders.*,The Enforcement, Am.Rev. Int'l Arb., 47 ff. *Ders.*,The Enforcement, Les Cahiers de l Arbitrage 2013, 1027 ff. *Ders.*,The Impact, Les Cahiers de l Arbitrage 2011-3, 663 ff. *Cabrera/Figueroa/Wöss*, The administrative, Arb. Int. 2015, 1 ff. *Chan*, The Enforceability, B.U.Int'l.J. 17, (1999), 141 ff. *de Cossío*, Enforcement, Arb.Int. (32)2016, 17 ff. *Davis*, Unconventional, 37(2002), Tex. Int'l L J. 43. *Delaume*, Reflections, JInt'lArb, 12, (1995), 5 ff. *Derains/Kiffer*, National,(2013), Int. Hand. on Com. Arb. *Jan Paulsson (ed.)*, 1 ff. *Donovan*, Chapter 14: Preclusion, in: *Brekoulakis/Lew*,

et. al (eds.), The Evolution (2016), 231 ff. *Drahozal*, Enforcing, 11 Am. Rev. Int'l Arb. (2000), 451 ff. *Dunmore,*Chapter III:, in: *Klausegger/Klein/Kremslehner, et al.* (eds.), Austr. YB on Int. Arb., (2014), 285 ff. *Ferrari/Rosenfeld,*Yucos revisited, IPRax 2016, 478 ff. *Freyer,*United States,JIntArb(2000), 1 ff. *Freyer,*The Enforcement, in:*Emmanuel Gaillard and Domenico Di Pietro*, (ed.) Enforcement, (2008), 757 ff. *Gharavi,* The International, (2002).*Gaillard,* The Enforcement, 14 ICSID R.For.Inv.L.J., (1999), 16 ff. *Ders.,*The Representations, NYLJ, (2007), Vol. 238, No 67. *Ders.,* The Present, in: *van den Berg.*(ed.), Arbitration: The Next Fifty Years, ICCA C.S., Vol. 16, (2012), 66 ff. *Ders.,* Legal Theory, (2010). *Ders.,* Transcending, in: *van den Berg* (ed.), International Arbitration: The Coming of a New Age?, ICCA C.S., Vol. 17, (2013), 371 ff. *Geimer,* in: Zöller ZPO, 31. Aufl. (2016), § 1061, Rn. 25-29. *Ders.,*IZPR 7. Aufl. (2015), Rdnr. 3944 ff. *Giardina,* The International, in: FS Böckstiegel (2001), 205 ff. *Goldstein,* Annulled, 25 (2014), 19 ff. *Hanson,* Setting Aside, Georgetown J.Int'lL., Vol. 45, 825 ff. *Holmes,* Enforcement, Arbitration 79 (2013), 244 ff. *Horvath,*What Weight, JInt'lArb 26 (2009), 249 ff. *Kendra,*The international, IntBLawJ 2012, 35 ff. *Koch,*The Enforcement, 26 JInt'lArb (2009), 267 ff. *Kröll,* 50 Jahre, SchiedsVZ 2009, S. 40.*Lastenouse,* Why, JInt'lArb 16 (1999), 25 ff.*Lew,* Achieving, Arb.Int. 22 (2006), 179 ff. *Liebscher,* in: *Wolff* (ed.), N.Y.Conv. (2012), Art. V, Rnr. 351 ff.*Market,* in: *Wilske/Beck'scher* Online –Kommentar ZPO, Stand: 01. 03. 2017, § 1061 Rn. 71 f. *Mayer,* The Enforcement, RDU 1998, 583 ff.*Chief Justice Sundaresh Menon,* Chartered Institute of Arbitrators: Singapore Centenary Conference, 3 September 2015:Standards in need of bearers: Encouraging reform from within.in: GAR Archive (Premium subscribers). *Mistelis/di Pietro,* N.Y.Conv., Art. V, in: *Mistelis (ed.),* Concise[2] (2015), 18 ff. *Mosk/Nelson,* The Effects, 18 (2001) J.Int'lArb 463.*Nacimiento/Drop,* Recognition, SchiedsVZ 2009, 272 ff. *Nagel/Gottwald,* IZPR, 7.Aufl.(2013), S. 904-905. *Nienaber,* Die Anerkennung, (2002). *Oberhammer,* Endgültigkeit, FS Kerameus, (2009), 969 ff. *Park,* Duty, in: *Park,(ed.),* Arbitration, (2006), 189 ff. *Ders.,* What, in: *Park,* (ed.), Arbitration, (2006), 185 ff. *Jan Paulsson,* May, Arb. Int. 14 (1998), 227 ff. *Ders.,* Enforcing, 9 (1) ICCBull. 14 (1998), 14 ff. *M.Paulsson,* The 1958 N.Y.Conv., (2016), 157 ff. *Petrochilos,* Enforcing, ICLQ, 48, (1999), 856 ff. *Ders.,* Procedural Law, (2004), § 7.86-7.88, 7.50-767. *Pinsolle,* The Status, Kluwer Law Int. 24 (2008), 277 ff. *Polkinghorne,* Enforcement, ICLRev, 25, (2008), 48 ff. *Poudret/Besson,* Comp. Law of Int. Arb.[2], (2007). *Rau,* Understanding (and Misunderstanding) »Primary Jurisdiktion« 21 Am. Rev. of Int'l Arb.47, (2010), 47 ff. *Reid/Rivkin,*Enforcement, GAR, 2015, Section 2: Overviews. *Reiner,* Zur Vollstreckung, IPRax 2000, 323 ff. *Reisman/Richardson,* The Present, in:*van den Berg*(ed.), Arbitration: The Next Fifty Years, ICCA C.S., Vol. 16, (2012), 25 ff. *Rivkin,*The Enforcement, in:*van den Berg* (ed.), Improving (1999), 528 ff. *Sasson,* The Question, ADR, 18, 1, (2014), 10 ff. *Schack,* IZVR[6], (2014), 523 ff. *Schütze,* Die Bedeutung, Jb. für die Prax. der Sgb.[3] (1989), 118 ff. *Ders.,* Schiedsgericht und Schiedsverfahren 6. Aufl. (2016), Rdn. 708-713. *Ders.,*in: *Wieczorek/Schütze,* ZPO Band 11, Aufl. 2014, § 1061, Rdnr. 125 ff. *Scherer,* Effects, 43 Pepp. L. Rev. 637 ff. *Saenger,* in: Saenger ZPO, 7. Auflage (2017), § 1061 Rn. 2-21. *Eric A. Schwartz,* A Comment, JInt'lArb (1997), 14, 125 ff. *Siehr,* ZZP 115(2002) 143 ff. *Silberman/Scherer,*Forum Shopping, Peking Uni Transn. L. Rev. 2014, 2, 115 ff. *Slater,* On Annulled, Arb.Int. 25 (2009) 271 ff. *Sleiman,* Enforcing, Int.Lit.Q. 30, (2013) 14 ff. *Steinbrück,* Die Vollstreckbarkeit, Int. Handelsrecht 2008, 152 ff. *Smit,* Annulment, in: *Newman/Hill (ed.),* The Leading[3], (2014), 909 ff. *Söderlund,* Lis Pendens, JInt'lArb 22 (2005), 301 ff. *Solomon,* Die Verbindlichkeit,(2007). *Ders.,* in: *Balthasar* (ed.),Int.Com.Arb.,(2016), § 2, Rn. 260, 276-289. *Stein/Jonas (Schlosser),* Kommentar zur ZPO, 23 Aufl. Band 10, (2014). *Thadikkaran,* Enforcement, JInt'lArb, 31 (2014), 575 ff. *Thöne,* Delocalisation, SchiedsVZ 2016, 257 ff. *Voit,* in: *Musielak/Voit,* ZPO Kommentar 13. Aufl. (2016),§ 1061 Rn. 18 ff. *Wahl,* Enforcement, 16 (1999), J.Int'lArb 131.*Webster,* Evolving, JInt'lArb 23 (2006), 201 ff. *Weinacht,* Die Vollstreckung, ZVglRWiss 98 (1999), 139 ff. *Ders.,* Enforcement, JInt'lArb19 (2014) 313 ff. *Wolff* (ed.), N.Y.Conv. (2012).

5 Siehe Fn. 73, 74, 77, 78.

Hinsichtlich der Vollstreckung im Ausland von im Schiedsstaat aufgehobenen Schiedssprüchen herrscht große Rechtsunsicherheit: Die im Schiedsverfahren unterlegene Partei fürchtet trotz erfolgter rechtskräftiger Aufhebung des Schiedsspruchs, dass der aufgehobene Schiedsspruch gegen sie in einem von den UNÜ-Mitgliedstaaten vollstreckt wird. Und die im Schiedsverfahren erfolgreiche, aber im Aufhebungsprozess unterlegene Partei hofft auf Anerkennung und Vollstreckung des annullierten Schiedsspruchs. Das widerspricht dem Zweck des UNÜ[6] den Parteien welche die Schiedsgerichtsbarkeit für die Lösung der Konflikte aus ihren Transaktionen wählen, einen vorhersehbaren Ausgang zu bieten.

Die Bedeutung des völkerrechtlichen New York Übereinkommens[7] (UNÜ), eines Instruments des transnationalen Handelsrechts, wird berechtigterweise unter anderem insbesondere deshalb hervorgehoben, weil es die Sicherheit anbietet, dass die nationalen Gerichte von zur Zeit 157 Staaten[8], einen ausländischen Schiedsspruch[9], der in einem anderen als dem Land ergangen ist, in dem um Anerkennung[10] bzw. Vollstreckung nachgesucht wird, anerkennen und vollstrecken lassen[11], soweit die formellen Voraussetzungen des Art IV erfüllt sind und keiner von den im Art. V. UNÜ abschließend[12] vorgesehenen Gründen vorliegt, aus denen die Anerkennung und Vollstreckung verweigert werden kann.

Ziel des anerkennungsfreundlichen UNÜ ist es, Komplexitäten, Unsicherheiten und Verzögerungen im Vollstreckungsverfahren zu reduzieren[13]. Dienlich dazu ist die erfolgte Abschaffung des Doppelexequaturs im UNÜ, welcher im Genfer

---

6 Vgl.*Kronke*, in *Kronke/Nacimiento/Otto/Port*, (2010), S. 4.
7 Siehe *Liebscher*, in *Wolff (ed.)*, aaO (Fn. 4), Prelims, 3. Rn. 18-20.
8 Vgl. *Kronke*, in *Kronke/Nacimiento/Otto/Port*, aaO (Fn. 6), 3: »Generally speaking, the single most important advantage of arbitration over litigation as a means of resolving transborder business disputes is the degree of certainty a party can have that an award will be recognized and enforced almost anywhere in the world«.
9 Zum Begriff s. *Ehle*, in *Wolff(ed.)*, aaO (Fn. 4), Article I, 1. Rn. 12 ff.
10 Den dogmatischen Unterschied zwischen Anerkennung und Vollstreckung siehe z.B. in *Redfern and Hunter*, On International Arbitration, Student Version, 6 Aufl. (2015), 11.19. *Redfern and Hunter*,On International Arbitration[5] (2009), 11.20. Vgl. *Spohnheimer*, Materiell-rechtliche FS *Daphne-Ariane Simotta* (2012), 559 (562). *Kronke*, in *Kronke/ Nacimiento/Otto/Port*, aaO (Fn. 6).
11 Vgl. die lobbede Worte von *Wetter*, The present (1990) 1 Am Rev Intl Arb 91 (93). *Mustill*, Arbitration, (1989) 6 J Intl Arb 43,(49). *Schwebel*, A celebration, (1996), 12 Arb Intl 823. Siehe aber auch die realistische Betrachtung von *M. Paulsson*, aaO (Fn. 4) (2016),XXII: » Here and there, for all its remarkable success the Convention has proven itself to be (i) unreliable, (ii) unpredictable, and (ii) inconsistent.« Vgl weiter *Otto*, Die Auslegung, FS Für *Daphne- Ariane Simotta*, (2012), 417: »... so werden diese Vorschriften jedoch nicht in allen Vertragsstaaten einheitlich ausgelegt.«
12 *van den Berg*, aaO (Fn. 4), (1981), 265: »...the grounds mentioned in Article V are exhaustive« *Goode/Kronke/ Mckendick*, Trans.Com.Law[2] (2015), 19.135. *Borris/Hennecke*, in *Wolff (ed.)*, aaO, (Fn. 4), Article V,A. Rn. 1, D.I.3. Rn. 21 ff.(bezieht sich auch auf die Ausnahmen in USA and Australia).
13 *Born*, aaO (Fn. 4), § 22.04 [A] [1], S. 2989.

Abkommen vorgesehen war[14]sowie die Begrenzung der Anerkennungsversagungsgründe[15].

Aus dem Satz des Art. V(1) (e) UNÜ[16] »Die Anerkennung und Vollstreckung des Schiedsspruchs darf… nur versagt werden …«[17]ergibt sich, dass die Anerkennung eines aufgehobenen Schiedsspruchs im Ermessen des Anerkennungsgerichts steht. Das UNÜ[18] überlässt dem Ermessendes Anerkennungsgerichtes, einen von einer zuständigen Behörde des Landes, in dem oder nach dessen Recht er ergangen ist, aufgehobenen oder in seiner Wirkung gehemmten[19]Schiedsspruch anzuerkennen oder seine

---

14 *Schlosser* in *Stein/Jonas*, aaO (Fn. 4), Anhang zu § 1061, Rn. 1. *Borris/ Hennecke*, in *Wolff*, aaO (Fn. 4), Art V.II. Rn. 15.

15 *van den Berg*, aaO (Fn. 4), (1981), 265: *Born*, aaO (Fn. 4), § 22.04 [A] [1], S. 2989. *Borris/ Hennecke*, in *Wolff*, aaO (Fn. 4), Art V.II. Rn. 14. *Liebscher*, in *Wolff* aaO (Fn. 4), Art V.Rn. 353, 355, 357. *Darwazeh*, aaO (Fn. 4), Art.V(1) (e), 305 ff. Vgl. *van den Berg*, aaO (Fn. 4), (1981), 337 ff: The intent of the drafters to eliminate the so-called »double exequatur« by using the term »binding« in Article V (1) (e) has been almost unanimously affirmed by the courts«.

16 Diese Vorschrift wirft einige schwierige und komplexe Auslegungsfragen auf. Vgl. *Kronke*, aaO (Fn. 4),S. 10: »That is a difficult and complex question…«. *Lerch M.C.* Recognition, in: Sel.Pap. on Int. Arb.(2011), Swiss Arbitration Academy Vol. 1, 101-121,(107): »Unsurprisingly, the recognition/enforcement of vacated arbitral awards is a perennial issue in international arbitration«.Art V(1) (e)stellt ein Kompromiss zwischen kollidierenden Interessen verschiedenen Staaten dar, So *Smit*, aaO (Fn. 4), S. 913, Fn. 16.

17 »May be refused« lautet die englische Fassung des Art V. Dem Ermessen des Anerkennungsgerichts überlassen die Anerkennung auch die russische und die chinesische Fassung des Art. V. Anders wird jedoch die französische Fassung ausgelegt. Siehe dazu *Born*, aaO (Fn. 4),§ 26.03[B],S. 3428 ff mit w. Nachweisen. Für das deutsche Recht interpretiert *Adolphsen*, aaO (Fn. 4), § 1061 Anh 1 UNÜ Art V, Rn. 4 den Wortlaut »…darf versagt werden« aus der völkerrechtlichen Perspektive und behauptet, daß der zuständigen Behörde insoweit kein Ermessensspielraum eingeräumt wird. So schon früher *Schwab/Walter*, a.a.aO. Kap. 56.3.Rn. 3 a), S. 456. *Kröll,in:* *Böckstiegel/Kröll/Nacimiento* (eds.), Arbitration in Germany[2] (2015), § 1061,Rn. 45 betrachtet die These des fehlenden Ermessensspielraums als die herrschende Meinung in den deutschen Gerichten »›May‹ is interpreted as ›shall‹.« Das Ermessen ist mit Vorsicht auszuüben, Vgl *Kronke* aaO (Fn. 4), S. 12: »..a discretion which itself should be exercised with caution.«.

18 Siehe aber auf nationaler Ebene It. CPC Art 840(5).

19 Zur erforderlichen Verbindlichkeit des Schiedsspruchs siehe *Schack*, aaO (Fn. 4), S. 516. *Mistelis/Di Pietro,* aaO (Fn. 4), S. 25 Nmr. 13. *Sandrock*, in FS Trinkner, (1995) 669 ff. *Born*, aaO., (Fn. 4), § 26.05 [C][e], S. 3610-3621. *Schwab/ Walter*, Schiedsgerichtsbarkeit, Kap. 57 Rn. 19 ff. *van den Berg*, aaO (Fn. 4), The New, 338 /339: »In finding the answer to the question at which moment the award can be considered binding, the prevailing judicial interpretation seems to be that this question is to be determined under the law applicable to the award«. *Nagel /Gottwald*, IZPR, 7. Aufl. (2013), § 18, Rn. 215: »… es sei denn, dass das ausländische Recht etwas anderes bestimmt«. *Adolphsen*, MünchKomm ZPO, 4. Aufl. (2013),UNÜArt. V, Rn.54 ff.Die variierenden Ansichten über die Bestimmung des Zeitpunkts der Verbindlichkeit siehe *Adolphsen*, MünchKomm ZPO, 4. Aufl. (2013), UNÜ Art. V, Rn.56. *Darwazeh*, aaO (Fn. 4), Article V(1), (e), II. A. S. 311 ff mit Übersicht nationaler Regelungen (314-319). Zur Endgültigkeit der Aufhebungsentscheidung *Oberhammer*, FS Kerameus, 2009, 969 ff. Speziell für die Rechtsprechung in Deutschland. *Solomon*, The Recognition, in: *Schmidt-Kessel(ed.),* German National Reports on the 19th Internati-

Anerkennung zu verweigern, ohne allerdings näheres darüber zu bestimmen, auf der Grundlage von welchen Kriterien die Anerkennung bzw. die Anerkennungsverweigerung erfolgen sollte[20]. Wird Art V(1) (e) mit Art. VII in Verbindung gebracht, ließe sich sogar ein Argument für die Vollstreckung aufgehobener Schiedssprüche gewinnen[21], zumal Zweck des Art VII ist, den Parteien auf nationale Regeln oder auf Regeln von völkerrechtlichen Vereinbarungen, die für die Anerkennung und Vollstreckung günstiger sind, Rückgriff zu erlauben[22]. Aus dem Günstigkeitsprinzip folgt, dass in den Vertragsstaaten des UNÜ aufgehobene Schiedssprüche anerkannt und vollstreckt werden können[23].

Die rechtliche Möglichkeit einer Aufhebungsklageerhebung, bzw. einer rechtshängigen Aufhebungsklage im Schiedsspruchstaat[24] genügt allerdings nicht, um die Anerkennung und die Vollstreckung im Anerkennungsstaat gemäß Art V(1) (e) zu verhindern[25]. Das Gericht vor welchem der Schiedsspruch geltend gemacht wird, kann, sofern es für angebracht hält, die Entscheidung über den Antrag, die Vollstreckung zuzulassen, aussetzen[26]. Bringt die Erhebung des Aufhebungsantrags die Hemmung der Wirkungen des Schiedsspruches automatisch mit sich, handelt es sich um eine *ex legis* einstweilige Hemmung der Wirkungen, welche für die Verhinderung der Vollstreckung (im Vollstreckungsstaat) nicht ausreicht, da gemäß Art V(1) (e) die einstweilige Hemmung der Wirkungen von einem Gericht bzw. von einer zuständigen Behörde des Schiedslandes ergehen soll[27].

Für die Aufhebung des Schiedsspruchs sind konkurrierend zuständig die Gerichte am Schiedsort, d.h. am Sitz des Schiedsgerichts[28], oder alternativ, die Gerichte des

---

onal Congress of Comparative Law, 2014), 55 ff (101-102). *Ders.*, Die Verbindlichkeit, aaO (Fn. 4), 89 ff., 364 ff. *Ders.*, in: *Balthasar*, aaO (Fn. 1), § 2,Rn. 261 ff.

20 *Liebscher*, aaO (Fn. 4), Rn.391: »The NYC is silent on the criteria to be followed by the enforcing court in exercising its discretion.«. *Born*, aaO (Fn. 4), S. 3623/3624: » ...nor articulates standards for when non-recognition of such an award is appropriate and when it is not.«
21 Vgl. *Born*, aaO (Fn. 4), S. 3623: Textually, the language of Art V and VI strongly suggest that an annulled or suspended award may-but need not- be denied recognition in other Contracting States.
22 *Czernich*, New Yorker (2008), Art. VII NYÜ, Rn. 1, S 69. Zu Meistbegünstigungsregel siehe *Stein/Jonas(Schlosser)*,aaO (Fn. 4), Anhang § 1061,Rn. 378. Vgl. zum Verhältnis des Art V.Abs.1UNÜ und Art VII UNÜ *Petrochilos*, aaO (Fn. 4), 874.
23 So für Deutschland *Schack*, aaO (Fn. 4), Rn. 1477.
24 *Solomon*, in Balthasar, aaO (Fn. 1), Part. 2,§ 2, Rn. 277. *Kröll*, Arbitration in Germ, § 1061, Rn.130. *Nagel /Gottwald*, IZPR, 7. Aufl. (2013), § 18, Rn. 215: »Die Möglichkeit einer Aufhebungsklage nimmt dem Schiedsspruch noch nicht seine Verbindlichkeit, aber auch insoweit entscheidet das ausländische Verfahrensrecht.«.
25 So *Liebscher* in *Wolff*, aaO (Fn. 4), Rn. 380. *Schack*, aaO (Fn. 4). S. 516, Rn. 1450.
26 Art VI, Satz 1. Vgl. dazu *Port/Simonff/Bowers*, in *Kronke* aaO (Fn. 6),Art. VI, III A. S. 419 ff. *Kröll*, Arbitration in Germ, § 1061, Rn.130.
27 *Van den Berg* aaO (Fn. 4), 1958, (1981), 352. *Poudret/Besson*, aaO (Fn. 4) (2007), Rn. 922 S. 845.
28 *Solomon*, Die Verbindlichkeit, aaO(Fn.4), S. 143. *Ders.*, in *Balthasar*, § 2,Rn. 28 und 282. *Van den Berg*, The New, aaO (Fn. 4), S. 350: » The ›competent authority‹ as mentioned in

Staates nach dessen Verfahrensrecht[29] der Schiedsspruch ergangen ist[30]. Aufhebung des Schiedsspruches von einem anderen als von den oben bezeichneten Gerichten ist für die Vollstreckbarerklärung im Vollstreckungsstaat, oder für die gemäß Art.VI Aussetzung unerheblich[31].

Die Frage, ob das Gericht des Anerkennungsstaates den durch ein ausländisches Gerichtsurteil aufgehobenen Schiedsspruch undifferenziert, quasi ignorierend, dass das ausländische Aufhebungsurteil Ausdruck der rechtssprechender Funktion eines Souveräns ist, seinem Ermessen nach, auf der Grundlage des Art V(1) (e) anerkennen oder verweigern kann, ohne den spezifischen Charakter des Aufhebungsgrunds, auf dessen Basis die Aufhebung erfolgte, zu berücksichtigen, ist von großer praktischer Bedeutung und wird dementsprechend kontrovers diskutiert.

Zwei konträre theoretische Ansätze sind dabei entwickelt worden: der *territoriale* und der *delokalisierte* Ansatz. Jeder von ihnen *begreift die Bedeutung des Sitzes des Schiedsgerichts* unterschiedlich. Die differierenden Auffassungen über die Bedeutung des Sitzes des Schiedsgerichts führens zu divergierender Beantwortung von einigen für die Schiedsgerichtsbarkeit zentralen Fragen, wie z.B. der Frage des anwendbaren Rechts. Die Differenzen zwischen den unterschiedlichen Ansätzen sind mit dem Ablauf der Jahre unscharf geworden und haben sich teilweise reduziert. Unüberbrückbar bleibt immer noch die Art und Weise, auf die die unterschiedlichen Ansätze die aufgehobenen Schiedssprüche im Vollstreckungsstaat behandelt werden[32]. Keiner von den zwei Ansätzen konnte sich in allen Staaten als die herrschende Meinung durchsetzen[33].

Der klassische theoretische Ansatz, nämlich der *territoriale* Ansatz[34], sieht die Schiedsgerichtsbarkeit in dem Rechtssystem des Sitzes des Schiedsgerichts verankert[35]. Der Sitz des Schiedsgerichts sei in der Regel Gegenstand einer vertraglichen Vereinbarung zwischen den Parteien gewesen[36], die Ausdruck der Parteiautonomie

    Article V(1),(e) for entertaining the action of setting aside the award is virtually always the court of the country in which the award was made«.
29 *Van den Berg*, The New, aaO (Fn. 4), S. 350. *Solomon*, in: *Balthasar*, aaO (Fn. 1),§ 2, Rn. 282: »…procedural law…«.
30 In der Praxis ist selten, daß der Schiedsspruch nach einem anderen Recht als dem Recht des Sitzstaates ergangen ist. Vgl *Nienander*, aaO (Fn. 4), 245 Fn. 956.
31 *Van den Berg*, The New, aaO (Fn. 4), S. 350. *Born*, aaO (Fn. 4), § 22.04 [A] [1], S. 2989. *Solomon*, in: *Balthasar*, § 2, Rdnr. 282. *Liebscver* in *Wolff*, aaO (Fn. 4), Rn.403. Siehe von der USA Rechtsprechung Juan Jose Castillo Bozo,v. Leopoldo Casillo Bozo and Gabriel Castillo Bozo, District Court of the United States, South Floridas' District, 23 May 2013. Karaha Bodas Co., L.L.C. v. Perusahaan Pertambangan Minyak Dan Gas Bumi Negara et all & Perusahaan Pertambangan Minyak Dan Gas Bumi Negara, U.S. Court of Appeals, 5th Cir., March23, 2004, XXIX Y,B Com. Arb (2004), 1262.= 364 F.3d 274.
32 So *Gaillard*, aaO (Fn. 4), 14 ICSID R.For.Inv.L.J.(1999), 17-18.
33 Vgl. *Dunmore*, in:*Klausegger/Klein/Kremslehner, et al.* (eds), aaO (Fn. 4), 285.
34 Siehe *Darwazeh*, in: *Kronke/Nacimiento/Otto/Port*, aaO (Fn. 6), 326 ff.
35 *Mann*, Lex, in: *P. Sanders(ed.)*, Liber Amicorum For Martin Domke (1967), 157 ff. Vgl. *Besson*, aaO (Fn. 4), 379 unter III.1.
36 Vgl. *Prütting, in: Prütting/Gehrlein*, ZPO Kommentar 8 Aufl., § 1043 Abs.1. ZPO. *Schütze*, Schiedsgericht, aaO (Fn. 4), § 8 S. 103 ff. *Solomon* in: *Balthasar*, aaO (Fn. 1), Part 2 § 2 Rn. 28.

sei. Die Schiedsgerichte hätten ein Forum und das sei der Sitz des Schiedsgerichts. Der Schiedsspruch sei ein Produkt des Rechtssystems des Sitzstaates. Mit der Wahl des Sitzes, die bewusst von den Parteien getroffen sei, hätten die Parteien implizit auch die Gesetze und das Rechtssystem des Sitzstaates angenommen[37]. Der Schiedsspruch sei in der Rechtsordnung des Staates verankert, in dem das Schiedsverfahren stattfindet[38]. Er schöpfe seine Gültigkeit und seine Rechtswirkung aus dem innerstaatlichen Prozessrecht[39] des Sitzes des Schiedsgerichts[40]. Es darf nicht außer Acht gelassen werden, dass in der Schiedsgerichtsbarkeit öfters anstelle des Sitzes einer der Parteien ein neutrales Forum gesucht wird[41], für dessen Wahl das Aufhebungsverfahren, die Aufhebungsgründe, der Instanzenzug, die Zeit und die Kosten des Schiedsverfahrens und des, bzw. der Gerichtsverfahren bis zur rechtskräftigen Bestätigung bzw. Aufhebung des Schiedsspruchs, eine gewichtige Rolle spielen und demgemäß berücksichtigt worden sind[42]. Die Parteien sollten also mit den Konsequenzen ihrer Entscheidung leben können[43].

Der Sitzort besitzt zentrale Bedeutung[44]. Die Gerichte des Schiedsortes haben die Aufsicht einer ordnungsgemäßen Durchführung des Schiedsverfahrens und sie bestätigen am Ende *oder heben den Schiedsspruch auf.*

Die Aufhebung des Schiedsspruchs erfolgt, bekanntlich, am Ort des Sitzes des Schiedsgerichts, nach Maßgaben des nationalen Rechts des Sitzes des Schiedsgerichts. Für den Aufhebungsantrag im Schiedsland ist das Heimatrecht des Schiedsgerichtssitzes maßgebend[45]. Für die Aufhebung liefert das UNÜ weder Standards noch Limits[46]. Es hat zwar Vorbildsfunktion für die nationale Regelung der Aufhebungsgründe, überlässt es jedoch das UNÜ diese Frage vollständig dem nationalen Gesetzgeber[47].

---

37 So *Menon*, aaO (Fn. 4), Nr. 33b.
38 Siehe *Gaillard*, The Enforcement, aaO (Fn. 4), 14 ICSID R.For.Inv.L.J.(1999), 16-45 (17). *Ders.*, Transcending, in: *van den Berg* (ed.), International Arbitration: The Coming of a New Age?, ICCA C.S., Vol. 17, (2013), 371 ff.
39 So *Liebscher*, aaO Article V, Rn.382.
40 *Dunmore*, Chapter III, in:*Klausegger/Klein/Kremslehner, et al.* (eds), aaO (Fn. 4), (2014), 285 ff.
41 So *Kronke*, in: *Kronke/Nacimiento/Otto/Port*, aaO (Fn. 6), 7.
42 *Silberman/Scherer*, aaO (Fn. 4), in Ferrari (ed.), 315: »…therefore understand possible exposure to a set aside.«
43 So *Menon*, aaO (Fn. 4), Nr. 27.
44 Siehe *Prütting*, in: *Prütting/Gehrlein*, ZPO Kommentar 8 Aufl., § 1043 Abs.1. ZPO, Rn. 1. *Schütze*, Schiedsgericht, aaO (Fn. 4), § 8, Rn. 397 und 402.
45 So *Liebscher* in: *Wolff*, aaO (Fn. 4), Rn. 379.
46 Vgl. *Solomon*, in: *Balthasar*, aaO (Fn. 1)§ 2, Rn. 280: »It neither establishes nor limits the grounds on which other countries may base the jurisdiction of their courts to set aside the award«. »Furthermore, as a matter of principle, the NYC establishes neither a minimum nor a maximum standard of review in the country of origin«.*Redfern and Hunter*, On Int. Arb.[6] (2015), 11.90.Anders Art 34 Model-Law.
47 Vgl *Liebscher* in: *Wolff*,aaO (Fn. 4), Rn.379. *Solomon*, in: *Balthasar*, aaO (Fn. 1), § 2, Rn. 280.

Wird in dem Vertragsstaat des Sitzes des Schiedsgerichts oder nach dessen Recht der Schiedsspruch aufgehoben, kann er weder in diesem Staat noch in einem anderen vollstreckt werden, da er jegliche rechtliche Geltung verliert. Der aufgehobene Schiedsspruch existiert unter dem anwendbarem Recht – welches regelmäßig das Recht des Sitzes des Schiedsgerichts ist – nicht mehr[48], und seine Anerkennung im Vollstreckungsstaat ist, demgemäß, nach der Regel *ex nihilo nil fit*[49]zu versagen[50]. Es ist nicht möglich[51],dass ein aufgehobener Schiedsspruch im Vollstreckungsstaat ins Leben gerufen wird[52]. Dieser Ansicht liegt das Verständnis zugrunde, dass die den Schiedsspruch aufhebende Gerichtsentscheidung, *erga omnes* wirkt[53]. Die Annahme des territorialen Ansatzes werde das Forum Shopping entmutigen[54]. Die Frage, welches Gericht das letzte Wort mit internationaler Wirkung über die Gültigkeit eines Schiedsspruchs hat, wird von dem territorialen Ansatz zu Gunsten des Sitzstaats entschieden[55], da er der Staat der »primary jurisdiction« ist[56].

Konträr zu dem oben skizzierten territorialen Ansatz ist der delokaliesierte Ansatz[57]bzw. die universalistische Konzeption der Schiedsgerichtsbarkeit. Diesem Ansatz

---

48   *Van den Berg*, aaO ICCBull., (Fn. 4), 16: »…after annulment, an arbitral award no longer exists under the applicable arbitration law (which is mostly the arbitration law of the place of arbitration)«.
49   *Van den Berg*, Enforcement, 9 (1998) ICCBull. 16. *Van den Berg*, Enforcement, J.Int'l'Arb.27 (2010), 179 ff, (187). *Rau*, Understanding, 21 Am.Rev. Int'l Arb, 21 (2010), 47. *M. Paulsson*, aaO (Fn. 4), S. 202, mit Fn. 186, und S. 211.
50   So *Menon*, aaO, 33c. Siehe Luxembourg Court of Appeal Entscheidung v. 27 April 2017,GAR 5.5 2017,Annulled Pemex award can't be enforced in Luxembourg.In *Deutschland* kann,nach der Ansicht von *Schütze*, der im Ausland aufgehobener Schiedsspruch nicht anerkannt und vollstreckt werden, wenn die Aufhebungsentscheidung anerkennungsfähig ist, Siehe *Schütze*, aaO, Schiedsgericht, Rn. 712. *Geimer*, IZPR, 7. Aufl. 2015, Rn. 3944. Vgl, *Darwazeh* in: *Kronke/Nacimiento/Otto/Port*, aaO (Fn. 6), 329 ff. *Weinacht*, aaO.(Fn. 4). Von der Rechtsprechung siehe, BGH, Beschluss vom 23.4.2013 – III ZB 59/12, SchiedsVZ 2013, S. 229; BGH, Beschluss vom 21. Mai 2008 – III ZB 14/07 (OLG Dresden Entscheidung 31. 01. 2007 11 Sch 18/05), SchiedsVZ 2008, S. 195 ff.OLG Dresden, Beschluß vom 31. Januar 2007 – 11 Sch 18/05, SchiedsVZ 2007, S. 327 ff.
51   *Sanders*, New York Conv., Netherlands Int'L.Rev43, 1959, 55.
52   *Van den Berg*, Enforcement, aaO (Fn. 4) J.Int'l'Arb.27 (2010), 179 ff, (187).
53   Siehe Court of Appeal-Civil Appeals Nos 150 and 151 of 2012, PT First Media TBK(formerly known as PT Broadband Multimedia TBK) v Astro Nusantara International BV and others and another appeal [2013] SGCA 57, Singapore Law Reports [2014] 1 SLR, 372 ff, S 401, Nr. 77.*van den Berg*, aaO (Fn. 4), JInt'lArb (2010) S. 182: »In contrast, the setting aside of an arbitral award has an *erga omnes* effect«. Siehe aber *Smit*, aaO (Fn. 4), S917: »…binding force only in the country of its rendition…«.
54   So *Menon*, aaO (Fn. 4), 29. Ausführlich siehe *Silberman/Scherer*, Forum Shopping, aaO, (Fn. 4), 313 ff.
55   Siehe vor allem *van den Berg*, aaO (Fn. 4), ICSID Review (2014), 24: » That the courts in the country of origin should have the last word is the prevailing view in practice«.
56   *Reisman/Richardson*, aaO., (Fn. 4).
57   *Darwazeh* in *Kronke/Nacimiento/Otto/Port*, aaO (Fn. 6), 331 ff. Vgl die Auseinandersetzung *Born* v *Menon* in Singapore in: *Ross*, Clash of the titans, Menon v Born in Singapore, www.globalarbitrationreview.com, 12.10.2015.

gemäß, ist die Aufhebung im Schiedsort für die Vollstreckung des Schiedsspruchs im Vollstreckungsstaat irrelevant.

Die Konzeption der Schiedsgerichtsbarkeit als einer eigenständigen Rechtsordnung die von der lex arbitri befreit ist, ist größtenteils auf französisches Rechtsdenken zurückzuführen[58], welches inzwischen seinen ersten Glanz eingebüßt hat. Ein zentrales Anliegen dieses Denkens war und bleibt die Notwendigkeit und die Rolle der lex arbitri im modernen Recht zu negieren. Das läuft parallel zu dem Versuch die Auswirkung der nationalen Rechte auf die internationale Schiedsgerichtsbarkeit zu reduzieren[59]. Gaillard hat in seinem Traktat *Legal Theory of International Arbitration* im Jahre 2010 die These aufgestellt, dass das UNÜ sich eindeutig von der alten klassischen Konzeption entfernt habe, dass die »Juridität« der Schiedsgerichtsbarkeit ausschließlich in der Rechtsordnung des Sitzes des Schiedsgerichts verwurzelt sei[60]. Die Schiedsgerichtsbarkeit basiere auf einer »*distinct*« transnationalen Rechtsordnung, welche als schiedsrechtliche Rechtsordnung[61] bezeichnet werden kann, und nicht auf einem nationalen Rechtssystem wie das des Landes des Sitzes des Schiedsgerichtes, oder des Ortes, oder der Orte der Vollstreckung beruhe[62]. In einem neueren Aufsatz bemüht sich Gaillard[63], der transnationalen Vision fassbare Gestalt zu geben. Er propagiert »*...an arbitral legal order that is founded on national legal systems, while at the same time transcending any individual national order*«[64]. Wie Schlosser[65] zu Recht bemerkt hat, bleibt völlig unklar, welches materiell-rechtliche Substrat diese Rechtsordnung unterfüttern soll.

Der Theorie der Delokalisierung[66]gemäß, schöpft der Schiedsspruch seine Kraft aus einer Reihe von Quellen, und nicht nur aus dem Sitz des Schiedsgerichts. Die Schiedsgerichtsbarkeit habe autonome Natur[67]und die internationalen Streitigkeiten würden nicht von dem Recht einer konkreten Rechtsordnung, sondern von der lex

---

58 *Goldman*, Les conflicts,in Collected Courses of the Hague Academy of Int. L. Vol. 109 (1963), 347 ff. *Fouchard*, L'autonomie, RevArb (1965), 99 ff. *Lalive*, L'ordre public, in:New instruments of Private International Law, Liber Fausto Pocar, Dott A. Giuffré ed. (2009), Volume II, 599 ff.
59 Vgl *Thöne*, SchiedsVZ 2016, 257 ff (257 unter II.).
60 *Gaillard*, aaO. aaO (Fn. 4), S. 31: »...the New York Convention has clearly broken away from the ancient conception which considers the juridicity of international arbitration to be exclusively rooted in the legal order of the seat.«
61 Arbitral legal order.
62 *Gaillard*, aaO (Fn. 4),S. 35: »... the juridicity of arbitration is rooted in a distinct, transnational legal order, that could be labeled as the arbitral legal order, and not in a national legal system, be it that of the country of the seat or that of the place or places of enforcement«.
63 *Gaillard*, aaO Transcending (Fn. 4), 371 ff.
64 *Gaillard*, aaO Transcending (Fn. 4), 373.
65 So *Schlosser*, aaO (Fn. 4), Vor § 1025. 2. Rn. 6, S. 8.
66 Zur ›delocalization‹ Debatte siehe *Goode/Kronke/Mckendick*, aaO (Fn. 12), 19.78. ff.
67 *Lew*, ArbInt 22(2006), 179(180).

mercatoria geregelt[68]. Die Schiedssprüche sind demzufolge anational[69]. Ihre Aufhebung bleibt für andere Rechtsordnungen irrelevant. Auch nach seiner Aufhebung im Ursprungsstaat wird der Schiedsspruch »nicht etwa ein Nullum, sondern bleibt als Faktum in der Welt«[70].

Zur Bekräftigung des delokalisierten Ansatzes werden verschiedene Argumente vorgetragen, auf die hier nur kurz verwiesen werden kann[71]. Der delokalisierte Ansatz wird insbesondere von den französischen Gerichten konsequent verfolgt[72]. Die französische Rechtsprechung anerkennt und vollstreckt aufgehobene ausländische Schiedssprüche auf der Grundlage des günstigeren nationalen Vollstreckungsrechts in Anwendung des Art VII UNÜ und unter Ausschluss des Art V (1) (e) UNÜ[73]. Es ist nicht maßgebend aus welchem Grund der Schiedsspruch aufgehoben worden ist. Frankreich ignoriert jede Aufhebung des Schiedsspruchs im Sitzstaat, egal ob dieser Staat England, die Schweiz oder Kanada ist[74]. Die niederländische[75] Rechtsprechung bewegt sich auf ähnlichem Wege.[76]

Die USA Rechtsprechung hat mit der Pemex-Entscheidung der *Comity-Doctrin* Grenzen gesetzt. Als Grundregel gilt in den USA der Respekt gegenüber ausländischen Entscheidungen, die Schiedssprüche aufheben. Das Anerkennungsgericht hat

---

68 Zum Begriff der lex mercatoria *Basedow*, Lex Mercatoria, 4 UnifLRev (2014), 697 ff. *Berger*, The Creeping Codification 2nd ed. (2010). *Ders.*, The Practice of Transnational Law. (2001). *Lando*, The Lex Merctoria, 34 ICLQ (1985), 747 ff. *Gaillard*, ArbInt 2001, 59 ff. *Rt Hon Lord Justice Mustill*, The New Lex Mercatoria: The First Twenty-five Years' in: *Maarten Bos/Ian Brownlie* (eds.), Liber Amicorum for Lord Wilberforce (1987), 158 ff. *Pamboukis*,Droit International Privé Holistique :, (2008), 297 ff. Sie auch *Calliess* (Hrsg.), Transn. Recht, (2014), mit vielen interessanten Beiträgen.
69 Zur Frage ob das UNÜ auch für anationale bzw transnationale Schiedssprüche Anwendung findet siehe insb. *Solomon*, in Balthasar, aaO (Fn. 1), Part 2 § 2 Rn. 35 ff.
70 So *Schack*, aaO (Fn. 4),IZPR, Rn.1475.
71 Siehe zusammenfassend *Dunmore*, aaO (Fn. 4), 287. Kritisch *Thöne*, SchiedsVZ 2016, 257 ff:»Moreover, the idea of delocalisation leads to arbitrary results, uncertainty jeopardises the rights of the parties and carries the risk of multiplication of proceedings; it thus leads to results international arbitration actually aims to avoid«. (261).*Di Brozolo*, aaO (Fn. 4), The Impact, 663 ff. Zur Situation in England, High Court, Malicorp Ltd v Government of the Arab Rep. of Egypt, [2015] EWHC 361(Comm), vgl. *Darwazeh* in: *Kronke/ Nacimiento/Otto/Port*, aaO (Fn. 6) (2010), 340 ff.
72 Siehe Paris Court of Appeal Entscheidung von 17.12.2016. *Pinsolle*, aaO. (Fn. 4), 277 ff. Vgl. *Darwazeh* in: *Kronke/Nacimiento/Otto/Port*, aaO (Fn. 6), (2010), 334 ff.
73 Zu den Entscheidungen des Cour de Cassation, *Norsorol* (1984), *Hilmarton* (1994) und *Putrabali* (2007), siehe *de Cossío*, ArbInt 2016, 17-27 (18-20). *Koch*, aaO. (Fn. 4), 269 ff.
74 So *van den Berg*, aaO (Fn. 4), ICSID Review 2014, 24.
75 Siehe *Darwazeh*, in: *Kronke/Nacimiento/Otto/Port*, aaO (Fn. 6) (2010), S. 330 ff.
76 Siehe Yukos Capital v. Rosneft, Gerechtshof [Court of Appeal], Amsterdam, 200, 005, 269 (Case Number) 28 April 2009. *van den Berg*, Enforcement, aaO (Fn. 4), JInt'lArb. (2100), 179 ff. Schramm, SchiedsVZ 2016, 314 ff. *Ferrari/Rosenfeld*, IPRax2016, 478 ff. *Boor*, AVR 2016, 297 ff. *Sehan*, Tex. L Rev. (2016), 101 ff. Nikolai Viktorovich Maximov v. OJSC Novolipetsky Metallurgichesky Kombinat, Court of Appeal of Amsterdam, Case No. 200.100.508/01, 18 September 2012 in: *van den Berg* (ed) YCA, 38, (2013), 427 ff. *Wells*, Int.En.L.R. (2016), 101 ff.

allerdings das Ermessen, eine ausländische Entscheidung zu ignorieren, solange sie auf lokalen Aufhebungsstandards beruht[77].

Vergleicht man die konträren Grundpositionen, bewegt man sich zwischen zwei Polen: dem territorialen Ansatz gemäß hat der Anerkennungsrichter keinen Raum für die Ausübung seines Ermessens, weil mit der Aufhebungsentscheidung der Schiedsspruchaufhört zu existieren. Nach dem delokalisierten Ansatz genösse der einmal geborene Schiedsspruch dagegen sozusagen ewiges Leben. Die Aufhebungsentscheidung ist irrelevant und das Anerkennungsgericht kann sein Ermessen frei ausüben.

Der delokalisierte Ansatz bringt zwar wie oben erwähnt, große Rechtsunsicherheit mit sich, garantiert aber die Unabhängigkeit der internationalen privaten Schiedsgerichtsbarkeit[78] und damit auch ihren Fortbestand als eines für die alternative Konfliktbeilegung des internationalen Wirtschaftsverkehrs unentbehrlichen Mechanismus. Aufhebungsentscheidungen sind mit großer Vorsicht zu behandeln insbesondere wenn der Schiedsspruch am Schiedsort auf Grund von lokalen Standards[79]aufgehoben worden ist.

---

[77] Zur Situation in den USA siehe *Fellas*, New York Law Journal, 256 (2016), Friday, October 14, 2016. *Darwazeh* in: *Kronke/Nacimiento/Otto/Port*, aaO (Fn. 6), (2010), 337 ff. *Ferrito*, Dispute Resolution Journal, 2013, 33 ff.Zu den Entscheidungen Chromalloy(1996),Baker Marine (1999), Karaha Bodas (2004), Termo-Rio (2007), Castillo Bozo (2013), Commisa (2013), siehe *de Cossío*, aaO, ArbInt(2016), 17 ff. *Goldstein*, aaO (Fn. 4), 19 ff. Zur Commisa insb. di Brozolo, aaO.(Fn. 4), Les Cahiers de l'Arbitrage, 2013-4, 1027 ff. Zu Termo- Rio and Pemex siehe *M. Paulsson*, a.a.O. (Fn. 4), 205 ff. *Cabrera/Figueroa/Wöss*, aaO. (Fn. 4).

[78] Dieser Aspekt wird in Deutschland von *Siehr*, aaO. ZPP 115 (2002), 154 f. und von *Schack*, aaO, Rn. 1477 betont.

[79] Zum Begriff »local standard annulment« siehe insbesondere *Jan Paulsson*, Enforcing, aaO. (Fn. 4), *M.Paulsson*, aaO (Fn. 4), 212. Vgl. aber *van den Berg*, Enforcement, aaO (Fn. 4), 179 ff 188 ff.

Die Vertretung von Schiedsparteien durch ausländische Rechtsanwälte vor inländischen Schiedsgerichten

Gedanken zu § 1042 Abs. 2 ZPO

Matthias Kilian

I. Einleitung

Wer eingeladen ist, *Hanns Prütting* mit einem Festschriftbeitrag zu ehren, steht vor der Herausforderung, dass die übliche thematische Anknüpfung an sein Wirken besonders anspruchsvoll ist: Sein Œuvre ist so außerordentlich breit, dass jede Entscheidung für einen oder mehrere Teilbereiche zugleich bedeutet, dass der größere Teil seiner beeindruckenden Schaffenskraft unberücksichtigt bleiben muss. Dieser Beitrag soll zwei Rechtsgebiete zusammenführen, die in *Hanns Prüttings* Wirken als Wissenschaftler und Hochschullehrer eine große Bedeutung erlangt haben: Als Gründungsdirektor des ersten Instituts für Anwaltsrecht an einer deutschen Universität pflegt *Hanns Prütting* seit nunmehr 30 Jahren intensiv das Anwaltsrecht, das in diesem Zeitraum stetig an Bedeutung gewonnen hat und mit seiner tatkräftigen Hilfe wissenschaftlich immer tiefer durchdrungen worden ist. Ebenso leidenschaftlich begeistert sich *Hanns Prütting* für die verschiedensten Konzepte alternativer Konfliktbeilegung, sei es die Mediation, die außergerichtliche Streitschlichtung oder das Schiedsverfahrensrecht. Für Letzteres steht insbesondere seine Kommentierung der §§ 1025 bis 1058 ZPO in dem von ihm begründeten und gemeinsam mit *Gehrlein* herausgegebenen ZPO-Kommentar. Anstoß für diesen Beitrag war *Prüttings* 2015 formulierter Weckruf »Schiedsgerichtsbarkeit ist Anwaltssache«, den er an die deutsche Anwaltschaft richtete[1]. Dieser Beitrag will klären, die Sache welcher Rechtsanwälte die Schiedsgerichtsbarkeit in Deutschland sein kann. *Hanns Prütting* hatte seinerzeit naturgemäß die deutsche Anwaltschaft im Blick – und deren Sache ist die Schiedsgerichtsbarkeit, wie dieser Beitrag verdeutlichen wird, ganz gewiss. Ob sie auch die Sache ausländischer Rechtsanwälte sein kann, lässt sich freilich nicht mit der Beiläufigkeit bejahen, die praktisch unisono im Schrifttum vorzufinden ist.

---

1 *Prütting*, AnwBl. 2015, 546.

II. Das Problem

Die Frage, wer in Deutschland befugt ist, als Parteivertreter in Schiedsverfahren aufzutreten, wird im (schieds)verfahrensrechtlichen Schrifttum üblicherweise nicht explizit gestellt. Erörtert wird, ob sich Schiedsparteien eines Rechtsanwalts bedienen müssen bzw. ob sie dies dürfen. Die eher knappen Betrachtungen zu diesen Fragen werden an § 1042 Abs. 2 ZPO festgemacht, der bestimmt, dass im Schiedsverfahren Rechtsanwälte als Bevollmächtigte nicht ausgeschlossen werden dürfen. *Münch* weist etwa erklärend darauf hin, dass sachkundige Beratung und Vertretung, wie sie berufenerweise Rechtsanwälte erbringen (§ 3 Abs. 1 BRAO), in einem Schiedsverfahren meist noch weniger entbehrlich als in einem staatlichen Prozess sei. Und: »Die (letztlich ja zahlenden) Parteien haben ganz freie Hand«.[2] Doch haben sie tatsächlich gänzlich freie Hand, welchen Rechtsanwalt sie mit der schiedsgerichtlichen Vertretung ihrer Interessen mandatieren? Dies setzt gedanklich voraus, dass »Rechtsanwälte« befugt sind, als Bevollmächtigte vor Schiedsgerichten aufzutreten. Es geht also nicht um das Recht einer Partei, sich vertreten zu lassen, sondern um Frage nach der Befugnis eines Rechtsanwalts, beruflich in seiner Funktion als Rechtsanwalt eine Partei vor einem Schiedsgericht zu vertreten.

Diese Fragestellung ist rechtsdienstleistungsrechtlicher Art. Im Kontext der Erläuterung des § 1042 Abs. 2 ZPO wird in den einschlägigen Kommentierungen zumeist lediglich angemerkt, dass sich eine Partei von einem Rechtsanwalt vertreten lassen könne. Damit wird eine Befugnis des Rechtsanwalts zu dieser Vertretung gedanklich vorausgesetzt.[3] Hingewiesen wird hierbei zumeist auf die Materialien des Gesetzes zur Neuregelung des Schiedsverfahrensrechts aus dem Jahr 1996, in denen es heißt, dass »die Vertretung durch Anwälte […] insbesondere in internationalen Schiedsverfahren eine bedeutende Rolle spielt]"[4]. Dass die Vertretung durch Anwälte in Schiedsverfahren eine bedeutende Rolle spielt und es unzweifelhaft im Interesse Deutschlands als Standort von Schiedsverfahren liegt, eine anwaltliche Vertretung zu ermöglichen, ändert freilich nichts an der Tatsache, dass die Erbringung von Rechtsdienstleistungen in Deutschland grundsätzlich erlaubnispflichtig ist. Während dieser Grundsatz mit Blick auf Schiedsverfahren in der Vergangenheit durchaus bedacht wurde[5], wird er mittlerweile weitgehend ausgeblendet. Es gilt aber gleichwohl: Jeder

---

2 MünchKommZPO-*Münch*, 4. Aufl. 2013, § 1042 Rn. 63.
3 Vgl. etwa AK-ZPO-Röhl, Neuwied 1987, § 1034 Rn. 4; Baumbach/Lauterbach-*Hartmann*, ZPO, 75. Aufl. 2017, § 1042 Rn. 6; MünchKomm-ZPO-*Münch*, a.a.O. (Fn. 2), § 1042 Rn. 64; Thomas/Putzo-*Seiler*, ZPO, 38. Aufl. 2017, § 1042 Rn. 3; Zöller-*Geimer*, ZPO, 31. Aufl, 2016, § 1042 Rn. 19; Hk-ZPO-*Saenger*, 7. Aufl. 2017, § 1042 Rn. 11; Musielak/Voit-*Voit*, ZPO, 14. Aufl. 2017, § 1042 Rn. 7; BeckOK ZPO-*Wilske/Markert*, 24. Ed. 1.3.2017, § 1042 Rn. 14; Wieczorek/Schütze-*Schütze*, ZPO, 4. Aufl. 2014, § 1042 Rn. 16.
4 BT-Drucks. 13/5274, S. 46.
5 Vgl. etwa LG Itzehoe, NJW 1963, 210, 211 sowie Stein/Jonas-*Schlosser*, ZPO, 20. Aufl. 1988, § 1034 Rn. 20 (mittlerweile vertritt *Schlosser*, dass der Erlaubnisvorbehalt für Schiedsverfahren teleologisch zu reduzieren sei, näher unten V 3).

Rechtsanwalt, der vor einem Schiedsgericht für eine Partei tätig wird, muss sein Tätigwerden daher auf eine diese Tätigkeit legitimierende gesetzliche Befugnis stützen können. Wie zu zeigen sein wird, kann diese gesetzliche Befugnis für »inländische« Rechtsanwälte – erwartungsgemäß – problemlos gewonnen werden. Für »ausländische« Rechtsanwälte besteht diese Befugnis hingegen nicht so selbstverständlich, wie dies allgemein angenommen wird.

III. Die Beurteilungsgrundlage

Die Vertretung einer Partei in einem Schiedsverfahren ist eine Rechtsdienstleistung, d.h. eine Tätigkeit in einer konkreten fremden Angelegenheit, die eine rechtliche Prüfung des Einzelfalls erfordert. Seit der Reform des Rechtsdienstleistungsrechts im Jahr 2007 wird die Befugnis zur Erbringung gerichtlicher Rechtsdienstleistungen in den Verfahrensordnungen geregelt, die Befugnis zur Erbringung außergerichtlicher Dienstleistungen hingegen im Rechtsdienstleistungsgesetz (RDG). Zuvor regelte das Rechtsberatungsgesetz (RBerG) sowohl gerichtliche als auch außergerichtliche Rechtsdienstleistungsbefugnisse. Ein erstes Zuordnungsproblem wird damit offenbar: Richtet sich die Beurteilung des Auftretens von Parteivertretern vor Schiedsgerichten nach dem Verfahrensrecht oder nach dem Rechtsdienstleistungsgesetz? Die für eine Antwort erforderliche Abgrenzung erfolgt an der durch § 1 Abs. 1 S. 1 RDG gezogenen Trennlinie. Nach dieser Vorschrift regelt das RDG die Befugnis, außergerichtliche Rechtsdienstleistungen zu erbringen. Was unter einem Gericht im Sinne des RDG zu verstehen ist, teilt das Gesetz allerdings nicht mit. Die durchaus umfassende Kommentarliteratur zum RDG schweigt sich ganz überwiegend zu dieser Problematik aus. Unter Hinweis auf die Gesetzesmaterialien[6] heißt es weitgehend gleichlautend lediglich, dass die Unterscheidung zwischen außergerichtlicher und gerichtlicher Rechtsdienstleistung im RDG nicht definiert werde, aber alle Handlungen außergerichtlich seien, wenn sie nicht an das Gericht adressiert sind[7]. Das Tatbestandsmerkmal »außergerichtlich« wird im Schrifttum also zumeist rein verfahrensrechtlich, nicht aber gerichtsverfassungsrechtlich erläutert. Mit einer solchen Annäherung ist für die Klärung der Frage, ob das RDG das Tätigwerden vor Gerichten schlechthin oder nur das Tätigwerden vor staatlichen Gerichten von seinem Anwendungsbereich ausnimmt, nichts gewonnen.

Nur vereinzelt wird in der Literatur zum RDG das Problem erkannt und diskutiert. *Teubel*[8] ist der Auffassung, dass in Schiedsverfahren die öffentlich-rechtlichen Organe der Justizhoheit durch frei gewählte Privatpersonen als Schiedsrichter ersetzt

---

6 BT-Drucks. 16/3655, S. 45.
7 Dreyer/Lamm/Müller-*Dreyer/Müller*, RDG, 2009, § 1 RDG Rn. 21; *Kleine-Cosack*, RDG, 3. Aufl. 2014, § 1 RDG Rn. 4; Grunewald/Römermann-*Römermann*, RDG, 2008, § 1 RDG Rn. 25; Unseld/Degen, RDG, 2009, § 1 RDG Rn. 2; *Finzel*, Kommentar zum RDG, 2008, § 1 RDG Rn. 2; Deckenbrock/Henssler-*Deckenbrock*, RDG, 4. Aufl. 2015, § 1 RDG Rn. 16.
8 Krenzler-*Teubel*, RDG, 2009, § 1 RDG Rn. 26-28.

werden, so dass sie nicht nur materielle Rechtsprechung, sondern auch nicht außergerichtliche Institutionen im Sinne von § 1 RDG seien. Gleichwohl meint *Teubel* etwas widersprüchlich, dass kein Bedürfnis für die Anwendung des RDG bestehe – eine Überlegung, die bei Nichteröffnung des sachlichen Anwendungsbereichs des Gesetzes nicht stringent ist. Im Ergebnis können nach Teubel durch Ermessensentscheidung des Schiedsgerichts beliebige Rechtsdienstleister als Parteivertreter ausgeschlossen oder zugelassen werden. *Deckenbrock*[9] schließt sich dieser Sichtweise an und betont, dass die Parteien bzw. das Schiedsgericht entscheiden, wer als Bevollmächtigter auftreten könne und für die »ergänzende Anwendung« des RDG kein Raum bestehe. Er scheint also Schiedsverfahren durchaus als von § 1 RDG erfasst anzusehen, sieht aber in § 1025ff. ZPO vorrangige und insofern abschließende Regelungen.

Bereits eine einfache Kontrollüberlegung zeigt, dass beide Sichtweisen problematisch und wenig überzeugend sind: Kaum erklärlich ist, warum in einer Rechtsstreitigkeit das außergerichtliche Tätigwerden unzweifelhaft (§ 3 RDG) einer Rechtsdienstleitungsbefugnis bedarf, so dass es nicht beliebigen Personen möglich ist, für spätere Parteien eines Schiedsverfahrens vor dessen Durchführung rechtsdienstleistend tätig zu werden – diese Beschränkungen aber in dem Moment in Fortfall kommen sollen, in denen die Parteien anstelle eines staatlichen Gerichts ein privates Gericht anrufen. Denn völlig unstreitig ist, dass die fortlaufende Beratung einer Partei und die Vorbereitung von Schriftsatzentwürfen eine außergerichtliche Tätigkeit darstellen, die am RDG zu messen ist[10]. Ebenso unzweifelhaft ist der Wille des Gesetzgebers, an das gerichtliche Tätigwerden grundsätzlich strengere Anforderungen als an das außergerichtliche Tätigwerden zu stellen[11] – nicht vice versa.

An eher versteckter Stelle zeigt sich, dass die Parteivertretung vor Schiedsgerichten tatsächlich in den Anwendungsbereich des RDG fällt: § 2 Abs. 3 Nr. 2 RDG stellt die Tätigkeit von Schiedsrichterinnen und Schiedsrichtern erlaubnisfrei. Das RDG setzt sich also mit Schiedsverfahren auseinander, nimmt aber nur Schiedsrichter von der Erlaubnispflichtigkeit ihrer Rechtsdienstleistung aus. Normsystematisch wäre eine Adressierung von Schiedsverfahren im RDG kaum erklärlich, wenn der Gesetzgeber die auf diese bezogenen Rechtsdienstleistungen nicht als außergerichtlich ansehen würde[12]. Immerhin bedurfte es bei dieser Regelung einer bewussten Zuordnung durch den Gesetzgeber, da im bis 2007 geltenden Rechtsberatungsgesetz, das sowohl gerichtliche als auch außergerichtliche Rechtsdienstleistungen erfasste, in Art. 1 § 2 Alt. 2 RBerG eine inhaltsgleiche Regelung enthalten war. Im Übrigen verdeutlicht § 2 Abs. 3 Nr. 2 RDG auch, dass der Gesetzgeber dem RDG dem Schiedsverfahrens

---

9 Deckenbrock/Henssler-*Deckenbrock*, a.a.O. (Fn. 7), § 1 RDG Rn. 22.
10 Vgl. nur *Kleine-Cosack*, a.a.O. (Fn. 7) § 1 Rn. 5.
11 Außergerichtliche Rechtsdienstleistungen werden auch nicht-anwaltlichen Rechtsdienstleistern erlaubt (§§ 10, 15 RDG); für dienstleistende EU-Anwälte ist bei solchen das Berufspflichtenprogramm weniger streng als bei gerichtlicher Vertretung (vgl. § 27 Abs. 2 EuRAG).
12 So auch *Hasenstab*, Regulierung anwaltlicher Parteivertreter in internationalen Schiedsverfahren, Frankfurt 2015, S. 35.

rechtsdienstleistungsrechtlich keineswegs eine Sonderstellung einräumen wollte: In § 2 Abs. 3 Nr. 2 RDG sind neben dem Schiedsverfahren auch Einigungsstellen und Schlichtungsverfahren als weitere Formen alternativer Konfliktlösung erwähnt.

Hieraus folgt, dass ein in einem Schiedsverfahren tätig werdender Parteivertreter eine gesetzlich durch das RDG zwingend vorausgesetzte Befugnis besitzen muss, in Deutschland Rechtsdienstleistungen zu erbringen. Diese Befugnis kann sich nach § 3 RDG aus dem RDG selbst oder aufgrund anderer Gesetze ergeben. Mit Blick auf Rechtsanwälte sind im RDG selbst keine praxisrelevanten Befugnisnormen enthalten[13], so dass die Suche Befugnisnormen in anderen Gesetzen in den Blick nehmen muss. Mehrere Fallgruppen sind bei dieser Suche zu unterscheiden.

IV. Fallgruppen

1. »Inländische Rechtsanwälte«

Für Rechtsanwälte im Sinne von § 4 S. 1 BRAO, also solche, die den deutschen Rechtsanwaltstitel führen, weil sie die Befähigung zum Richteramt nach § 5 DRiG besitzen, die Eignungsprüfung nach § 16 EuRAG bestanden haben oder nach § 11 EuRAG in die deutsche Anwaltschaft eingegliedert worden sind, folgt die Befugnis zur Erbringung von Rechtsdienstleistungen aus § 3 Abs. 1 BRAO. Nach dieser Bestimmung sind diese Rechtsanwälte der berufene berufene unabhängige Berater und Vertreter in allen Rechtsangelegenheiten. § 3 Abs. 1 BRAO wird als umfassende und erschöpfende Befugnisnorm im Sinne von § 3 RDG angesehen.[14]

2. »Ausländische Rechtsanwälte«

Weniger eindeutig ist freilich das Bild, wenn man den Blick auf »ausländische« Rechtsanwälte richtet. Das verfahrensrechtliche Schrifttum nennt diese stets in einem Atemzug mit inländischen Rechtsanwälten und postuliert, dass »ausländische« Rechtsanwälte in Deutschland uneingeschränkt vor Schiedsgerichten auftreten können.[15] Begründet wird dies üblicherweise mit einem Verweis auf die Gesetzesmateri-

---

13 § 5 RDG erlaubt Rechtsdienstleistungen im Kontext einer anderen beruflichen Hauptleistung, § 6 RDG unentgeltliche Rechtsdienstleistungen, § 7 RDG Rechtsdienstleistungen für Mitglieder von Berufs- oder Interessenvereinigungen.
14 Deckenbrock/Henssler-*Deckenbrock*, a.a.O. (Fn. 7), § 1 RDG Rn. 30; Dreyer/Lamm/Müller-*Dreyer/Müller*, a.a.O. (Fn. 7), § 3 RDG Rn. 18; Krenzler-*Offermann-Burckart*, a.a.O. (Fn. 8), § 3 Rn. 45.
15 Baumbach/Lauterbach-*Hartmann*, § 1042 Rn. 6; MünchKommZPO-*Münch*, § 1042 Rn. 67; Zöller-*Geimer*, § 1042 Rn. 19; Musielak/Voit-*Voit*, ZPO, 14. Aufl. 2017, § 1042 Rn. 7; BeckOK ZPO-*Wilske/Markert*, 24. Ed. 1.3.2017, § 1042 Rn. 14; Hk-ZPO-*Saenger*, 7. Aufl. 2017, § 1042 Rn. 11; Wieczorek/Schütze-*Schütze*, ZPO, 4. Aufl. 2014, § 1042 Rn. 16 (jeweils a.a.O. (Fn. 3)).

alien zu § 1042 ZPO, in denen es heißt, dass "unter »Rechtsanwälten«... sowohl inländische als auch ausländische Rechtsanwälte zu verstehen [sind]".[16] Diese Annahme wäre aber nach dem Gesagten nur zutreffend, wenn »ausländische« Rechtsanwälte per se eine Rechtsdienstleistungsbefugnis im Sinne von § 3 RDG besitzen. An dieser Stelle wird es deutlich komplizierter als das schiedsverfahrensrechtliche Schrifttum Glauben machen will: Aus Sicht des Rechtsdienstleistungsrechts gibt es nämlich verschiedene Typen des »ausländischen« Rechtsanwalts mit rechtsdienstleistungsrechtlich sehr unterschiedlichen Betätigungsmöglichkeiten im Inland.

a) Rechtsanwälte aus dem EWR

Dem Rechtsanwalt im Sinne von § 4 BRAO in ihren Befugnissen vollständig gleichgestellt sind »ausländische« Rechtsanwälte aus anderen Mitgliedsstaaten des EWR und der Schweiz[17], die in Deutschland dauerhaft oder vorübergehend von der unionsrechtlichen Niederlassungs- oder Dienstleistungsfreiheit Gebrauch machen. Die Richtlinie 77/249/EWG konkretisiert für EWR-Anwälte die Möglichkeit einer vorübergehenden rechtsdienstleistenden Tätigkeit in einem anderen EWR-Mitgliedstaat (dem sog. »Aufnahmestaat«) als dem Staat der Berufszulassung (dem sog. »Herkunftsstaat«). Die Richtlinie 98/5/EG ermöglicht die dauerhafte Niederlassung in einem anderen EWR-Mitgliedstaat unter der Berufsbezeichnung des Herkunftsstaats. Beide Richtlinien verlangen von den Mitgliedstaaten, Rechtsanwälten aus einem anderen Mitgliedstaat auf ihrem Territorium die uneingeschränkte Möglichkeit beruflicher Betätigung zu gewähren. Hierzu gehört insbesondere die Befugnis, nicht nur in ihrem Heimatrecht, sondern auch im Recht des Aufnahmestaats Rechtsdienstleistungen erbringen zu dürfen. Die Befugnis zur EWR-weiten beruflichen Tätigkeit wird allein über das formale Kriterium einer Zugehörigkeit zu einer Anwaltschaft eines anderen EWR-Mitgliedsstaats vermittelt und besteht unabhängig davon, ob adäquate Kenntnisse im Recht des Aufnahmestaats bestehen. Das deutsche Recht ist diesen Verpflichtungen des Sekundärrechts im Gesetz über die Tätigkeit europäischer Rechtsanwälte in Deutschland (EuRAG) nachgekommen. Für Rechtsanwälte mit einer Anwaltszulassung aus einem anderen EWR-Staat vermitteln §§ 2, 25 EuRAG[18] die nach § 3 RDG erforderliche Befugnis zur Erbringung von Rechtsdienstleistungen[19]. Rechtsanwälte aus anderen EWR-Mitgliedsstaaten und der Schweiz können

---

16 BT-Drucks. 13/5274, S. 46.
17 Diese aufgrund eines die Anwaltstätigkeit umfassenden Freizügigkeitsabkommens zwischen der EU und der Schweiz, näher *Kilian*, ZEuP 2000, 601.
18 Das EuRAG beantwortet in §§ 6, 27 EuRAG im Übrigen auch die im Schrifttum bisweilen problematisierte (vgl. etwa Stein/Jonas-*Schlosser*, ZPO, 23. Aufl. 2014, § 1042 Rn. 71), aber unzutreffend beantwortete Frage nach der Bindung von Parteivertretern im Schiedsverfahren an das „anwaltliche Standesrecht".
19 Henssler/Deckenbrock-*Seichter*, a.a.O. (Fn. 7), § 3 RDG Rn. 14.

daher in Deutschland uneingeschränkt als Parteivertreter in Schiedsverfahren tätig sein.[20]

b) Rechtsanwälte aus Nicht-EWR-Staaten

Für Rechtsanwälte aus Staaten, die nicht dem EWR angehören, sind die Betätigungsmöglichkeiten in Deutschland deutlich eingeschränkter. Sie folgen für 45 Staaten, die Mitglied der WHO, nicht aber des EWR sind, und deren Anwaltsberufe das BMJV durch Rechtsverordnung als dem deutschen Anwaltsberuf gleichwertig anerkannt hat[21], den Gewährleistungen des General Agreements in Trade And Services (GATS)[22]. Diese Gewährleistungen hat Deutschland in § 206 Abs. 1 BRAO konkretisiert. Betroffen von diesem Befugnisregime sind u.a. Rechtsanwälte aus den USA, Kanada, Japan, China, Indien oder Australien. In der Post-Brexit-Ära könnten dies künftig auch Rechtsanwälte aus dem Vereinigten Königreich, sein, wenn in Folge eines sog. »hard brexit« die Handelsbeziehungen mit der EU nach WHO-Standard erfolgen sollten.

Nach § 206 Abs. 1 BRAO ist ein Angehöriger eines Mitgliedstaates der Welthandelsorganisation, der einen Beruf ausübt, der in der Ausbildung und den Befugnissen dem Beruf des Rechtsanwalts im Sinne der BRAO entspricht, berechtigt, sich unter der Berufsbezeichnung des Herkunftsstaates zur Rechtsbesorgung auf den Gebieten des Rechts des Herkunftsstaates und des Völkerrechts in Deutschland niederzulassen, wenn er auf Antrag in die für den Ort seiner Niederlassung zuständige Rechtsanwaltskammer aufgenommen ist. Die Befugnis, in Deutschland anwaltlich tätig zu werden, ist demnach in mehrfacher Hinsicht beschränkt: Sie ist unterhalb der Schwelle einer dauerhafter Niederlassung in Deutschland, verbunden mit einer Aufnahme in eine Rechtsanwaltskammer, nicht zulässig. Inhaltlich ist die Tätigkeit beschränkt auf das Recht des Herkunftsstaats und das Völkerrecht, unzulässig ist also eine Beratung und Vertretung von Schiedsparteien im deutschen Recht oder im Recht eines Drittstaats. Bereits mit dieser eindeutigen gesetzlichen Anordnung setzt sich das schiedsverfahrensrechtliche Schrifttum nicht auseinander, wenn es postuliert, dass sich die Parteien schlechthin auch ausländischer Rechtsanwälte bedienen dürfen.

Für die Schiedspraxis dürften diese Betätigungsmöglichkeiten niedergelassener WHO-Rechtsanwälte freilich von untergeordneter Bedeutung sein: Die wenigsten ausländischen Parteivertreter in einem Schiedsverfahren werden solche sein, die dau-

---

20 Betätigungsmöglichkeiten bestehen auch für Nicht-Anwälte aus dem EWR, soweit diese eine Partei in einem ausländischen Recht vertreten möchten und sie entweder in Folge eines Sachkundenachweises in diesem ausländischen Recht als Rechtsdienstleister nach § 10 RDG registriert und niedergelassen sind oder nach § 15 RDG in ihrem Herkunftsstaat zu einer solchen Tätigkeit befugt sind und sie diese vorübergehend in Deutschland ausüben.
21 Eine solche Anerkennung durch das BMJV erfolgt i.d.R. bedarfsabhängig aufgrund Anregungen aus der Praxis und ist für alle weiteren rund 90 WHO-Mitgliedstaaten denkbar.
22 Für Rechtsanwälte aus Staaten, die nicht Mitglied der WHO sind, bestehen Befugnisse allein aufgrund bilateraler Gewährleistungen. Aktuell betrifft dies serbische Rechtsanwälte, vgl. Anlage 2 zu § 1 Abs. 2 VO zur Durchführung des § 206 BRAO (BGBl. I 2005, 1453).

erhaft in Deutschland niedergelassen sind. Von größerer praktischer Bedeutung ist das Tätigwerden ausländischer Rechtsanwälte, die im Stile des »fly-in fly-out« lediglich temporär für ein Schiedsverfahren nach Deutschland kommen und hier nicht niedergelassen, sondern dienstleistend tätig werden möchten – sei es im ausländischen Recht, sei es im deutschen Recht. Während eine solche temporäre Betätigung für EWR-Rechtsanwälte nach dem EuRAG uneingeschränkt möglich ist, fehlt es an gesetzlichen Gewährleistungen für Rechtsanwälte jenseits der EWR-Grenzen, die eine Befugnisnorm im Sinne von § 3 RDG darstellen, da der Verpflichtungskatalog der EU[23] Rechtsanwälten aus WHO-Staaten nicht die Beratung oder Vertretung von Mandanten im Inland ohne Errichtung einer kommerziellen Präsenz, d. h. einer Niederlassung, gestattet[24]. Daher ermöglicht auch das nationale Recht eine solche Betätigungsform nicht – auch nicht, wenn Gegenstand der Rechtsdienstleistung nicht das deutsche, sondern ein ausländisches Recht sein soll. Einzig eine Tätigkeit in einem ausländischen Recht aus dem Ausland heraus mit Zielrichtung, aber ohne Anwesenheit in Deutschland – zu denken ist an die Online-Schiedsgerichtsbarkeit – ist vom Erlaubnisvorbehalt des RDG nicht erfasst, weil in dieser Konstellation der internationale Anwendungsbereich des RDG nicht eröffnet ist. Der mit Wirkung zum 12.5.2017 neu gefasste § 1 Abs. 2 RDG stellt dies nun ausdrücklich klar. Für eine Tätigkeit im deutschen Recht aus dem Ausland über die Grenze hinein nach Deutschland gilt dies hingegen nicht, auch eine solche Tätigkeit unterfällt nach dem Willen des Gesetzgebers dem Erlaubnisvorbehalt des § 3 RDG.[25]

c) Zwischenergebnis

Für Rechtsanwälte aus Staaten, die nicht Mitglied des EWR sind, enthalten weder die BRAO noch das EuRAG eine nach § 3 RDG erforderliche Befugnis, in Deutschland im deutschen Recht außergerichtlich Rechtsdienstleistungen zu erbringen, also etwa in Schiedsverfahren tätig zu werden. Zumindest zur Beratung und Vertretung im Recht ihres Herkunftsstaats sind diese Rechtsanwälte befugt, wenn sie in Deutschland dauerhaft niedergelassen und unter der Berufsbezeichnung ihres Herkunftsstaates Mitglied einer Rechtsanwaltskammer sind. Das verbreitete, ersichtlich an den Bedürfnissen der Schiedsverfahrenspraxis orientierte Apodiktum, dass sich Parteien eines Schiedsverfahrens uneingeschränkt auch von ausländischen Rechtsanwälten vertreten lassen können, ist mit diesem Befund nicht vereinbar.

---

23 BGBl. 1994 II S. 1521 ff. (Englisch) bzw. 1678 ff. (Deutsch).
24 Henssler/Prütting-*Schroeder*, BRAO, 4. Aufl. 2014, vor § 206 BRAO Rn. 10.
25 BT-Drucks. 18/11468, S. 13 f.

V. Lösungsansätze

1. § 1042 Abs. 2 ZPO als Befugnisnorm im Sinne von § 3 RDG?

Hasenstab, der sich, soweit ersichtlich, in den zurückliegenden Jahren als einzige Stimme des Schrifttums vertieft mit dem in diesem Beitrag erörterten Problem befasst hat, vertritt die relativ knapp begründete Auffassung, dass § 1042 Abs. 2 ZPO selbst als Erlaubnistatbestand für ausländische Rechtsanwälte herangezogen werden könne, »begrenzt auf die Mandatsarbeit im Zusammenhang mit einem Schiedsverfahren«.[26] *Hasenstab* legt selbst eine Schwäche seiner Lösung offen, wenn er darauf hinweist, dass § 1042 Abs. 2 ZPO seinem Wortlaut nach keine typische Befugnisnorm im Sinne des § 3 RDG sei und ihr ein entsprechender Charakter allenfalls unter Beiziehung der Gesetzesbegründung entnommen werden könne, da diese »ausländische Rechtsanwälte« erwähne. Dass § 1042 Abs. 2 ZPO aber die Erbringung von Rechtsdienstleistungen gestattet, ist mehr als zweifelhaft. Wortlaut und Regelungsgehalt der Norm sprechen dafür, dass sie eine solche voraussetzt, nicht begründet, wenn sie den Ausschluss von Rechtsanwälten kraft Parteivereinbarung untersagt. Der Sache nach geht es um die Unwirksamkeit eines vertraglich herbeigeführten Tätigkeits- bzw. Vertretungsverbots eines Rechtsanwalts. Tätigkeits- bzw. Vertretungsverbote sieht die Rechtsordnung allgemein kraft gesetzlicher Anordnung vor (§§ 43a Abs. 4, 45, 46c BRAO). Sie setzen gedanklich stets eine bereits bestehende Befugnis zur Erbringung von Rechtsdienstleistungen voraus. § 1042 Ab. 2 ZPO relativiert in diesem Licht den Grundsatz der weitgehenden Parteiautonomie bei Ausgestaltung des Schiedsverfahrens und verschafft § 3 BRAO Geltung. Zugleich stellt die Vorschrift sicher, dass andere zu außergerichtlichen Rechtsdienstleistungen befugte Personen, etwa weil sie nach § 6 RDG unentgeltlich tätig werden oder sich etwa als in einem ausländischen Recht Sachkundige auf §§ 10, 15 RDG stützen, als Nicht-Rechtsanwälte von der Vertretung ausgeschlossen werden können.

Noch weniger überzeugend ist die Annahme, dass die bloße Gesetzesbegründung zu § 1042 Abs. 2 ZPO durch die Inbezugnahme vom ausländischen Rechtsanwälten das vorstehend aufgefächerte, fein abgestufte Regime der Betätigungsmöglichkeiten von ausländischen Rechtsanwälten, das nach dem EWR, der WHO und sonstigen Herkunftsstaaten differenziert, das einen Unterschied zwischen niedergelassener und vorübergehender Tätigkeit macht und das zwischen forensischer und außergerichtlicher Betätigung differenziert, gleichsam mit einem Federstrich für einen relativ engen Teilbereich des Rechtsdienstleistungsmarktes außer Kraft setzt. Hierfür spricht bereits deshalb wenig, weil die entsprechenden Regelungen des BRAO, des EuRAG und des RDG, die die Betätigungsmöglichkeiten für verschiedenste Typen ausländi-

---

26 *Hasenstab*, a.a.O. (Fn. 12), S. 37. Greifen kann dieser Ansatz von vornherein nur, wenn iSv § 1043 ZPO nicht nur der Tagungs-, sondern auch der Schiedsort im Inland belegen ist.

scher Rechtsanwälte differenzierend definieren, der Gesetzesbegründung zu § 1042 Abs. 2 ZPO zeitlich nachgehen.[27]

2. »Grundsätze des internationalen Anwaltsrechts«?

Das Dilemma, dass das Rechtsdienstleistungsrecht eine politisch keinesfalls unerwünschte Betätigung ausländischer Rechtsanwälte verbietet, weil es – teleologisch durchaus konsequent – keine partielle Öffnung für Betätigungen in Teilbereichen des Rechtsdienstleistungsmarktes vorsieht, ist keineswegs neu. Dem Auftreten ausländischer Rechtsanwälte in Schiedsverfahren vergleichbare Probleme bestanden in den 1950er Jahren in Entschädigungssachen nach dem BEG, als es nicht opportun erschien, die bei Lichte betrachtet rechtsdienstleistungsrechtlich unzulässigen Aktivitäten ausländischer Anwälte zu unterbinden, die Ansprüche von Verfolgten Nazi-Deutschlands vor deutschen Behörden durchsetzten. Geholfen werden sollte ihnen mit »Grundsätzen des internationalen Anwaltsrechts«. Sie beruhten auf einem Gedanken *Max Friedlaenders*, den dieser im Jahr 1954 veröffentlichte und der in Folge eines Zitierkartells lange Zeit das Meinungsbild prägte.[28] Der Lösungsansatz fußte in der Überlegung, dass diejenigen Rechtsbeziehungen und Vorschriften, die den Beruf als solchen in seiner Gesamtheit betreffen, also z.B. die Zulassung zum Beruf und die Berufspflichten, den Regeln des Orts der Niederlassung des Rechtsanwalts folgen, während einzelne »berufliche Vorgänge« von den Vorschriften des Landes erfasst sein sollen, in dem der Rechtsanwalt tätig wird. Selbst bei unterstellter Richtigkeit dieser Auffassung vermag sie nicht ohne weiteres zu erklären, warum auf ihrer Grundlage erlaubnispflichtige anwaltliche Dienstleistungen legitimiert werden können. Auch wenn sich Fragen der »Zulassung zum Beruf« ausschließlich nach dem Recht des Herkunftsstaats richten sollten, ist hiermit für das Rechtsdienstleistungsrecht nichts gewonnen. Die Frage, ob eine Person befugt ist, Rechtsdienstleistungen in Deutschland zu erbringen, hat mit dem Berufsrecht des Quellberufs dieses Rechtsdienstleisters, der nur zufälliger- und nicht notwendigerweise ein Rechtsanwalt ist, nichts zu tun. Diese Frage ist vielmehr eine solche des allgemeinen Gewerbe- und Polizeirechts. Dieses kann bestimmte Personen pauschal von der Erlaubnispflicht dispensieren, wie dies in Art. 1 § 3 RBerG u.a. für Rechtsanwälte im Sinne der BRAO (nicht aber eines jeden ausländischen Anwaltsgesetzes) früher geschah, oder,

---

27 Die Gesetzesbegründung zu § 1042 Abs. 2 ZPO ist wortwörtlich dem Bericht der Kommission zur Neuordnung des Schiedsverfahrensrechts entnommen (dort S. 142), die von Ende 1991 bis Anfang 1994 tätig war. Die Regelungen in § 206 BRAO und im EuRAG enstanden erst danach zwischen 1994 und 2000 im Zuge der Umsetzung des GATS und der Richtlinie 98/5/EG in nationales Recht.

28 *Friedlaender* übertrug seinerzeit die Grundsätze des Internationalen Verwaltungsrechts nach der zwischen 1910 und 1936 entwickelten Lehre *Karl Neumeyers* auf die Problematik der grenzüberschreitenden Rechtsdienstleistungen, vgl. *Friedlaender*, AnwBl. 1954, 1, 2f. Er bezog in seine Überlegungen zudem eine positiv-rechtliche Regelung zur erlaubnisfreien Vornahme einzelner ärztlicher Maßnahmen (§ 16 DVO zum Ärztegesetz vom 31.3.1936) ein, die er für die Anwaltstätigkeit fruchtbar machte.

wie nun in § 3 RDG vorgesehen, ausdrücklich gestatten, dass eine Befugnisnorm in einem anderen (nationalen) Gesetz enthalten sein kann.

3. Teleologische Reduktion?

Schlosser verfolgt einen anderen Ansatz: Er plädiert für Schiedsverfahren für eine teleologische Reduktion des grundsätzlich anwendbaren rechtsdienstleistungsrechtlichen Verbots des Tätigwerdens ausländischer Rechtsanwälte.[29] Er begründet dies nicht näher, so dass seine teleologischen Erwägungen im Dunkeln bleiben. Gewiss ist, dass der Telos des RDG nicht ist, den Schiedsstandort Deutschland zu stärken. Das RDG dient vielmehr ausweislich § 1 Abs. 1 S. 2 RDG dazu, die Rechtsuchenden, den Rechtsverkehr und die Rechtsordnung vor unqualifizierten Rechtsdienstleistungen zu schützen. Warum die Parteien eines Schiedsverfahrens, der Rechtsverkehr und die Rechtsordnung von diesem Schutz ausgenommen werden können, ist nicht ersichtlich: Das Rechtsdienstleistungsrecht stellt nicht auf die Schutzbedürftigkeit von Betroffenen ab, etwa indem es zwischen Unternehmern und Verbrauchern unterscheidet[30], noch unterwirft es seine Schutzgüter der Disposition der Betroffenen. Auch hilft der mit Blick auf die weitgehende Gestaltungsfreiheit im Schiedsverfahren nahe liegende Gedanke volenti non fit iniuria nicht weiter, da bei seiner Maßgeblichkeit das gesamte Rechtsdienstleistungsrecht obsolet würde. Da Schiedssprüche gerichtlich überprüft und zwangsweise durchgesetzt werden können, das Schiedswesen wichtiger Bestandteil der Rechtspflege in Deutschland ist, haben Rechtsverkehr und Rechtsordnung ein Interesse daran, dass die ihnen zu Grunde liegenden Rechtsdienstleistungen qualifiziert sind[31]. Eine teleologische Reduktion erscheint daher nicht möglich, zumal der für eine teleologische Reduktion erforderliche unbewusste Verzicht des Gesetzgebers auf eine an sich gebotene Ausnahmeregelung wenig wahrscheinlich erscheint, wenn der Gesetzgeber in § 2 Abs. 3 Nr. 2 RDG eine solche für Schiedsrichter als weitere Beteiligte an Schiedsverfahren getroffen hat.

4. Gewohnheitsrecht?

Ein weiterer – nicht auf Schiedsverfahren beschränkter – Begründungsansatz rechtfertigt das vorübergehende Tätigwerden ausländischer Rechtsanwälte im Inland mit einer verwaltungsgewohnheitsrechtlichen Legitimation[32], weil entsprechende Aktivitäten im Sinne einer longa consuetudo seit langem geduldet werden.[33] Die für die

---

29 Stein/Jonas-*Schlosser*, a.a.O. (Fn. 18), § 1042 Rn. 71.
30 BT-Drucks 16/3655, S. 26. Zu recht zustimmend Henssler/Deckenbrock-*Deckenbrock*, a.a.O. (Fn. 7), § 1 Rn. 8; kritisch hingegen etwa *Kleine-Cosack*, a.a.O. (Fn. 7), § 1 Rn. 29.
31 Zu diesen Regelungsanliegen des RDG anschaulich Henssler/Deckenbrock-*Deckenbrock*, a.a.O. (Fn. 7), § 1 Rn. 9 ff.
32 *Rennen/Caliebe*, RBerG, 3. Aufl. 2001, Art. 1 § 3 Rdnr. 27.
33 Der Sache nach muss es sich hierbei um Verwaltungsgewohnheitsrecht handeln, hierzu *Schmidt*, NVwZ 2004, 930 ff.

Etablierung von Gewohnheitsrecht erforderliche Feststellung einer »notwendigen Überzeugung« fällt allerdings schwer, ist doch im Bereich des Verwaltungsgewohnheitsrechts unklar, wessen opinio iuris maßgeblich sein soll – in concreto etwa die Überzeugung aller Bürger, jene der Rechtsanwaltschaft, der Landesjustizverwaltungen oder gar jene der Rechtswissenschaft[34]. Eine Überzeugung der deutschen Rechtsanwälte, dass ausländische Wettbewerber bar jeder Pflichten in Deutschland in Schiedsverfahren tätig werden dürfen, wird man getrost ausschließen können, eine Überzeugung der Bürger wird sich nicht ermitteln lassen. Ansatzpunkt könnte damit wohl nur das Verhalten der Verwaltung in dieser Frage sein. Kann durch langjährige Übung der Verwaltung, d.h. im konkreten Fall durch bewusstes Untätigbleiben, eine Art eigenmächtige Beschränkung der gesetzlich umfassend angeordneten Erlaubnispflicht herbeigeführt werden? Die Frage zu stellen, heißt, sie zu verneinen: Gewohnheitsrecht kann sich aufgrund des Vorbehalts des Gesetzes nicht gegen geschriebenes Recht entwickeln[35] oder dieses gar außer Kraft setzen, es kann sich, soweit Parlamentsgesetze betroffen sind, nach ganz herrschender Auffassung allenfalls praeter legem, aber nicht contra legem bilden[36]. Nach dem geschriebenen Recht – dem RDG – ist die Erbringung von außergerichtlichen Rechtsdienstleistungen nur zulässig, soweit sie durch das RDG oder durch ein anderes Gesetz gestattet wird. Gewohnheitsrecht gehört zwar zum Recht im Sinne des Art. 20 Abs. 3 GG, ist aber kein Gesetz im Sinne des § 3 RDG[37], so dass es nicht als Rechtsquelle einer Befugnis im Sinne des § 3 RDG in Betracht kommt. Diese Überlegungen zeigen, dass auch das Gewohnheitsrecht keine tragfähige Grundlage für die Rechtfertigung eines vorübergehenden Tätigwerdens ausländischer Rechtsanwälte vor deutschen Schiedsgerichten ist.

VI. Ausblick

Für Deutschland als Standort von Schiedsverfahren sind vorübergehende rechtsdienstleistende Betätigungsmöglichkeiten von Rechtsanwälten auch aus Staaten, die nicht zum EWR gehören, ein wichtiger Wettbewerbsfaktor. Das geltende Rechtsdienstleistungsrecht bietet solche Betätigungsmöglichkeiten aber nicht. Tragfähige Ansätze, wie dieses Problem de lege lata gelöst werden kann, sind nicht entwickelt worden. Sie sind auch nicht ersichtlich. Die Praxis ist sich des Problems nicht bewusst oder ignoriert es.

---

34 Vgl. *Schmidt*, NVwZ 2004, 930, 931.
35 Stelkens/Bonk/Sachs-*Schmitz*, Verwaltungsverfahrensgesetz, 8. Aufl. 2016, § 1 Rdnr. 216.
36 *Stern*, Das Staatsrecht der Bundesrepublik Deutschland, Band 1, 2. Aufl. 1984, S. 24. In Betracht kommt dies – nach bestrittener Auffassung – allenfalls bei einer sog. Derogation einer Norm insgesamt; vgl. *Wolff/Bachof/Stober*, Verwaltungsrecht I, 12. Aufl. 2010, § 25 Rn. 16.
37 Vgl. zum vergleichbaren Problem bei § 1 Abs. 1 VwVfG Stelkens/Bonk/Sachs- *Schmitz*, a.a.O. (Fn. 35), § 1 Rdnr. 216.

Damit ergeben sich für die Schiedsverfahrenspraxis Risiken, da ein Verstoß gegen § 3 RDG einen Unterlassungsanspruch aus § 8 UWG unter dem Gesichtspunkt einer unlauteren geschäftlichen Handlung (§ 3a UWG) auslöst.[38] Erfolgt die Beratung im ausländischen Recht, kann eine Geldbuße nach § 20 Abs. 1 Nr. 2 RDG in Höhe von bis zu 50.000 EUR verwirkt sein.[39] Unterfällt der zu Grunde liegende Geschäftsbesorgungsvertrag deutschem Recht, führt der Verstoß gegen § 3 RDG zudem zur Nichtigkeit des Vertrags nach § 134 BGB.[40]

Eine Beseitigung der misslichen Rechtslage erfordert ein Tätigwerden des Gesetzgebers. Naheliegend wäre insofern eine Freistellung in § 2 Abs. 3 RDG. Allerdings darf nicht verkannt werden, dass eine solche Freistellung einen Systembruch bewirken würde. Parteivertreter in anderen alternativen Konfliktbeilegungsverfahren – man denke an den amerikanischen Attorney, der seine Partei in Deutschland in einer Mediation begleiten möchte –, würden mit einer gewissen Berechtigung fragen, warum für sie keine vergleichbaren Erleichterungen vorgesehen werden.

---

38 Deckenbrock/Henssler-*Seichter*, a.a.O. (Fn. 7), § 3 Rn. 59 ff.
39 Vgl. Deckenbrock/Henssler-*Rillig*, a.a.O. (Fn. 7), § 20 Rn. 40.
40 Deckenbrock/Henssler-*Seichter*, a.a.O. (Fn. 7), § 3 Rn. 33.

Über Schlichtungsverfahren zum Zwecke der Verjährungshemmung gem. § 204 Abs. 1 Nr. 4 BGB

Rainer Klocke

Außergerichtliche Streitbeilegung soll nach europarechtlichen Vorgaben und dem Willen des Bundesgesetzgebers zunehmend an Bedeutung gewinnen. Jüngstes Beispiel ist das aufgrund der ADR-Richtlinie vom Bundesgesetzgeber erlassene Verbraucherstreitbeilegungsgesetz – VSBG, das zum 01. April 2016 in Kraft getreten ist.[1] Im Zuge dieser Umsetzung in deutsches Recht wurde auch § 204 Abs. 1 Nr. 4 BGB umformuliert, ohne eine Veränderung der bisherigen Rechtslage zu beabsichtigen. Der Gesetzeswortlaut verwendet nun den Begriff »Streitbeilegungsstellen«, der aber mit dem bisherigen Begriff »Gütestellen« synonym zu verstehen ist und der u.a. in § 794 Abs. 1 Nr. 1 ZPO sowie in § 15 a EGZPO weiterhin vorhanden ist. Im Zuge der Schaffung des VBSG widmet sich *Gaier*[2] einer Gesamtbetrachtung der drei Akteure in dem einheitlichen System institutioneller Rechtsverwirklichung von Schlichtung, Schiedsgericht und staatlicher Justiz. Zu den Schlichtungsstellen oder Gütestellen hebt *Gaier* hervor, dass der Staat verfassungsrechtlich nicht gehindert ist, zur Rechtsverwirklichung auch private Institute zuzulassen, die aber unter dem Primat der Freiwilligkeit sowohl hinsichtlich der Anrufung solcher privater Institutionen als auch hinsichtlich der Erfüllung der von ihnen festgestellten Ansprüche stehen.[3] Die Schlichtung bewegt sich in einem der Rechtsprechung vorgelagerten Bereich der Rechtsverwirklichung und soll sich an der Sach- und Rechtslage lediglich »orientieren«, anstatt diese verbindlich festzustellen, wie bei einer gerichtlichen Entscheidung. Dem niederschwelligen Angebot einer alternativen Streitbeilegung durch Anrufung einer Gütestelle kommt verjährungshemmende Wirkung nach § 204 Abs. 1 Nr. 4 BGB zu. Die Rechtswirklichkeit, die durch eine Vielzahl von höchst- und obergerichtlicher Rechtsprechung zutage getreten ist, weist jedoch aus, dass der Primat der Freiwilligkeit bei Schlichtungsverfahren unterlaufen werden kann, zudem Unzulänglichkeiten bei der Durchführung von Gütestellenverfahren erhebliche Rechtsunsicherheiten begründen.

1. Infolge der ADR-Richtlinie sind Regelungen zur außergerichtlichen Konfliktbeilegung vielfach geschaffen worden.[4] § 204 Abs. 1 Nr. 4 BGB lässt die verjährungshemmende Wirkung eintreten, wenn ein Streitbeilegungsverfahren vor einer

---

1 Richtlinie 2013/11/EU über die alternative Beilegung verbraucherrechtlicher Streitigkeiten (ADR-Richtlinie); Verbraucherstreitbeilegungsgesetz – VSBG, BGBl. I 2016/254.
2 *Gaier*, NJW 2016, 1367-1371.
3 *Gaier*, NJW 2016, 1367, 1368 f.
4 *Deckenbrock/Jordans*, MDR 2017, 376-379, 378.

staatlichen oder staatlich anerkannten Streitbeilegungsstelle betrieben wird oder vor einer sonstigen Streitbeilegungsstelle, in diesem Falle aber nur, wenn das Verfahren einvernehmlich zwischen den Parteien geführt wird.

Obligatorische und fakultative Güteverfahren sind dabei gleichgestellt. Die zum 26. Februar 2016 in Kraft getretene Neufassung von § 204 Abs. 1 Nr. 4 BGB brachte dabei im Wesentlichen nur eine Neuformulierung, nicht aber eine Änderung des Rechtszustandes zur vorherigen Fassung. Rechtsgrundlage für die in der Norm angeführten staatlichen oder staatlich anerkannten Streitbeilegungsstellen sind § 794 Abs. 1 Nr. 1 ZPO und § 15 a EGZPO in Verbindung mit entsprechenden Landesgesetzen. Nach § 15 a Abs. 1 EGZPO können die Länder durch Landesgesetz bestimmen, dass vor Einleitung eines Klageverfahrens zu bestimmten Streitverfahren, die § 15 a EGZPO katalogartig aufführt, der vorherige Einigungsversuch in einer solchen Gütestelle stattgefunden hat.

Greger[5] gibt einen Überblick, wie höchst unterschiedlich von den Ländern im Einzelnen die Möglichkeit verfolgt wurde, Einrichtung und Anerkennung der bundesrechtlich privilegierten Gütestellen in eigener Kompetenz zu regeln, wozu § 15 a Abs. 6 Satz 1 EGZPO den Ländern die Möglichkeit eröffnet hat. Bis auf den nun mit dem VSBG geregelten Zuständigkeitsbereich gibt es bundesrechtlich keine Regelungen zur Errichtung einer Gütestelle, auch nicht zum Erlass von Schlichtungsordnungen. Landesrechtliche Regelungen über die Anerkennung von Gütestellen sind nicht in allen Bundesländern vorhanden; in einigen Ländern wird die Anerkennung als Gütestelle aufgrund von Verwaltungsvorschriften oder bloßer Verwaltungsübung durchgeführt.[6] Daraufhin haben sich einige Rechtsanwälte als staatlich anerkannte Gütestelle darauf spezialisiert, verjährungshemmende Streitbeilegungsanträge zu bearbeiten und dem Anspruchsgegner bekannt zu geben.

2. Die Anrufung solcher staatlich anerkannter Gütestellen wurde vor allem im Zusammenhang mit Massenfällen bekannt, in denen es um Ansprüche von enttäuschten Kapitalanlegern aufgrund Mängeln der Beratung, Prospektmaterialien etc. ging. Einige Anwaltskanzleien haben sich darauf spezialisiert, geschädigte Kapitalanleger, die möglichst rechtsschutzversichert sind, einzusammeln, um deren Ansprüche in Klagewellen gegenüber Beratern, Banken, Bankenvorständen, Aufsichtsräten von Banken, testierenden Wirtschaftsprüfern etc. geltend zu machen. Dabei gelang es u.a. einer einzigen Kanzlei, mehrere tausend solcher Mandate einzufangen. Die bearbeitenden Kanzleien kamen dadurch in Bearbeitungs- und Zeitnot, was vor allem zum Jahresende 2011 einen Höhepunkt erreichte. Dies war auf Art. 229 § 6 Abs. 4 Satz 1 EGBGB zurückzuführen, wonach zum 02.01.2012 gemäß § 192 BGB die absolute Verjährung aller Schadensersatzansprüche im Sinne von § 199 Abs. 3 BGB eintrat, die vor dem 01.01.2002 begründet waren. In letzter Minute wurden Ende 2011 massenhaft Schlichtungsanträge vor einer staatlich anerkannten Streitbeilegungsstelle geltend gemacht, wovon die Antragsgegner teilweise erst mit großer zeitlicher Verzö-

---

5 *Greger*, NJW 2011, 1478-1482.
6 *Greger*, NJW 2011, 1478, 1481.

gerung in Kenntnis gebracht wurden. Güteverfahren wurden in das Geschäftsmodell sogenannter Anlegerkanzleien implementiert.

In der Folge hatte sich in 2015 der 3. Zivilsenat des BGH in 13 Entscheidungen zu Kapitalanlageberatungsfällen mit der Abfassung von Güteanträgen und den dabei zu beachtenden Anforderungen an die Individualisierung des geltend gemachten prozessualen Anspruchs zu befassen. Seine Rechtsprechung hat der 3. ZS des BGH in 2016 in weiteren 8 Entscheidungen fortgesetzt. Ebenso musste sich der 4. ZS des BGH mit der Verjährungshemmung bei Einleitung von Güteverfahren befassen. In dessen Zuständigkeitsbereich fallen versicherungsrechtliche Angelegenheiten, wobei von den sogenannten Anlegerkanzleien ebenso massenhaft Ansprüche aus den Rechtsschutzverträgen der Kapitalanleger verfolgt wurden.

3. Mit dem Urteil des BGH vom 18.06.2015 – III ZR 198/14 wurden die Anforderungen an die Güteanträge präzisiert, wie auch in Folgeentscheidungen des BGH. Danach müssen Güteanträge zum einen die formalen Anforderungen erfüllen, die sich aus der Schlichtungsordnung der angerufenen Gütestelle ergeben. Darüber hinaus müssen Güteranträge einen bestimmten Rechtsdurchsetzungswillen des Gläubigers unmissverständlich darstellen, die Streitsache und das konkrete Begehren erkennen lassen und den Anspruch hinreichend genau bezeichnen, damit auch die Schlichtungsstelle zur Wahrnehmung ihrer Funktion ausreichende Informationen erhält. Diese Anforderungen, die über eine möglicherweise schwach gehaltene Schlichtungsordnung einer Gütestelle deutlich hinaus gehen, wurden von der fortgehenden Rechtsprechung des BGH verfestigt; eine Verfassungsbeschwerde gegen das genannte Urteil des BGH vom 18.06.2015 wurde vom Bundesverfassungsgericht mit Beschluss vom 10.09.2015, 1 BvR 1816/15 nicht angenommen. Individualisierung von Ansprüchen mussten im Güteantrag enthalten sein; ohne Individualisierung konnte eine Verjährungshemmung nicht eintreten; die Individualisierung konnte auch nach Ablauf der Verjährungsfrist nicht mehr nachgeholt werden, um Verjährungshemmung zu erreichen, was ebenfalls das Urteil des BGH vom 18.06.2015 festlegte.

4. Durch das Urteil des 4. ZS des BGH vom 28.10.2015 – IV ZR 405/14 wurden diese Anforderungen bestätigt. Im dort zugrundeliegenden Verfahren wurden von einer Anlegerkanzlei insgesamt 904 Güteanträge am 31.12.2009 bei einer Gütestelle eingereicht, wobei die Bekanntgabe des Güteantrages erst am 17.03.2010 erfolgte. Der BGH befasste sich in der Entscheidung mit der Frage, ob diese Bekanntgabe noch »demnächst« im Sinne von § 167 ZPO erfolgt war, so dass die Antragstellung gem. § 204 Abs. 1 Nr. 4 BGB auf den Zeitpunkt der Antragstellung zurück wirken konnte, was vom BGH bejaht wurde. Hierzu führt der BGH aus, dass Verzögerungen im Zuge der Bekanntgabe des Güteantrages seitens der Gütestelle, die nicht aus der Sphäre des Antragstellers stammen, nicht zu seinen Lasten gehen. Auch hatte der BGH in diesem Urteil keine Bedenken, dass insgesamt 904 gleichgerichtete Güteanträge gegen die Antragsgegnerin gleichzeitig bei der Gütestelle eingereicht wurden. Unter dem Aspekt rechtsmissbräuchlicher Inanspruchnahme des Güteverfahrens war diese Vorgehensweise seitens des BGH nicht beanstandet worden, der hervorhob, dass es im Rahmen einer sinnvollen Prozessführung liegen könne, wenn

gleichgelagerte Parallelfälle an derselben Stelle erörtert und ggf. verhandelt werden, BGH a.a.O. – juris Rn. 24. Des Weiteren stellt der BGH fest, dass es grundsätzlich legitim ist und keinen Rechtsmissbrauch beinhaltet, wenn ein Antragsteller die Gütestelle ausschließlich zum Zwecke der Verjährungshemmung anruft, BGH a.a.O. – juris Rn. 25.

5. Am 28.10.2015 wurde vom 4. ZS des BGH ein weiteres Urteil – IV ZR 526/14 – erlassen. In dieser Entscheidung stellte der BGH einen Rechtsmissbrauch der Einleitung des Güteverfahrens fest, weil der Antragsgegner schon vor der Einreichung des Güteantrages eindeutig mitgeteilt hatte, dass er nicht bereit ist, am Güteverfahren mitzuwirken. In einem solchen Falle – so der BGH a.a.O. – juris Rn. 34 – ist von vornherein sicher, dass der Zweck des außergerichtlichen Güteverfahrens, nämlich die Entlastung der Justiz und die Erreichung eines dauerhaften Rechtsfriedens durch konsensuale Lösungen, nicht erreicht werden kann, wobei der BGH auf die Gesetzesbegründung in BT-Drucks. 14/980, Seite 1 und 5 hinweist. Auf diesem Hintergrund ist das gleichwohl durchgeführte Güteverfahren als rechtsmissbräuchlich einzustufen, womit es dem Antragsteller nach § 242 BGB verwehrt wurde, sich auf eine Verjährungshemmung durch Bekanntgabe des Güteantrages zu berufen.

In diesem Falle lag eine konkrete Äußerung des Antragsgegners zur Nichtmitwirkung an dem dann eingeleiteten Güteverfahren im Vorfeld zugrunde. Weitergehend aber ist der Beschluss des OLG Stuttgart vom 23.09.2016 – 6 U 90/16, WM 2017, 376 bis 378. In dieser Entscheidung erkannte das OLG Stuttgart darauf, dass die Kenntnis einer mangelnden Bereitschaft zur Mitwirkung am Güteverfahren auch dann vorliegen kann, wenn der Antragsgegner generell, also außerhalb des konkreten Streitfalls, erklärt hat, an einem Güteverfahren nicht teilnehmen zu wollen und dies zur Kenntnis der den Antragsteller vertretenden Prozessbevollmächtigten gelangt war. Für die Frage der Rechtsmissbräuchlichkeit macht es nach OLG Stuttgart keinen Unterschied, ob dem Antragsteller diese Haltung allgemein bekannt war oder im konkreten Fall erklärt worden ist.

6. Im Zuge der Schuldrechtsmodernisierung hatte der Gesetzgeber in der Gesetzesbegründung seiner Erwartung Ausdruck gegeben, dass die Gerichte in Fällen der in § 204 Abs. 1 BGB aufgeführten Verfahren dann keine Hemmungswirkung zubilligen werden, wenn sich die Rechtsverfolgungsmaßnahmen als rechtsmissbräuchlich herausstellen, so BT-Drucks. 14/6857, S. 44. Im Urteil des OLG Celle vom 24.09.2015 – 11 U 89/14 hat das Gericht aus mehreren Gründen auf rechtsmissbräuchliche Vorgehensweise der Antragsteller und ihrer Prozessbevollmächtigten erkannt. Die gegen dieses Urteil gerichtete Nichtzulassungsbeschwerde hat der BGH mit Beschluss vom 28.07.2016 – III ZR 377/15 zurückgewiesen. Im zugrundeliegenden Streitfall waren von einer sogenannten Anlegerkanzlei in Kapitalanlagesachen zum Jahresende 2011 ca. 12.000 Güteanträge, davon rund 4.500 gleichzeitig »im Paket«, bei einer einzigen Gütestelle des Rechtsanwaltes D. im Spreewald/Brandenburg eingereicht worden, der erst 10 Monate später die Bekanntgabe gegenüber den Antragsgegnern veranlasst hat. Das OLG Celle stellte im Urteil – juris Rn. 57 ff – fest, dass die mehrmonatigen Verzögerungen durch die Bevollmächtigten der Antragsteller hätten vermieden wer-

den können. Eine »demnächst« veranlasste Bekanntgabe der Güteanträge im Sinne von § 167 ZPO sei daher nicht gegeben. Eindrucksvoll rechnet das OLG Celle – juris Rn. 61 – vor, dass die Bearbeitung dieses Volumens von 12.000 Güteanträgen einen Arbeitsaufwand von rund 2.000 Stunden oder 250 Arbeitstagen betragen hätte, so dass die Überlastung von Antragstellerseite hätte zutreffend eingeschätzt werden müssen. Wäre es nach dem Sinn und Zweck von Güteverfahren zu mündlichen Verhandlungen gekommen, so hätte der Schlichter mehr als vier Jahre jeden einzelnen Arbeitstag Güteverhandlungen führen müssen, so OLG Celle, a.a.O. – juris Rn. 72. Durch die Wahl des Schlichters an einem entlegenen Ort im Spreewald sei auch von vornherein absehbar gewesen, dass es nicht um Güteverhandlungen selbst mit dem Ziel einer Einigung gegangen sei, sondern nur um die verjährungshemmende Wirkung der eingeleiteten Güteverfahren, die mit dem Urteil aus den verschiedenen Gründen des Rechtsmissbrauchs nicht zuerkannt wurde.

7. Eine »Maßnahme zur Verjährungshemmung« als solche sieht die Rechtsordnung nicht vor, worauf *Regenfus*[7] zutreffend hinweist. Die Verjährungshemmung ist kein Selbstzweck, sondern steht dem Gläubiger zur Seite, solange er sich redlich um Rechtsverfolgung bemüht, womit dem Schuldner die Unsicherheit zugemutet wird, ob es zu einer ihm nachteiligen Entscheidung kommen wird. Daneben ist der Schuldner in seinem Interesse schützenswert, dass der Gläubiger den Eintritt der Verjährung nicht uneingeschränkt durch Ergreifung verjährungshemmender Maßnahmen hinauszögern kann[8].

8. Nach § 204 Abs. 1 Nr. 4 BGB tritt Verjährungshemmung in dem Zeitpunkt ein, in dem die Gütestelle die Bekanntgabe des eingereichten Güteantrages veranlasst. Die Hemmungswirkung tritt nach § 204 Abs. 1 Nr. 4, Hs 2 BGB aber schon auf den Zeitpunkt des Eingangs des Güteantrages bei der Gütestelle ein, wenn der Antrag demnächst bekannt gegeben wird. Hierzu hat der BGH im Urteil vom 17.01.2017 – VI ZR 239/15 – klarstellend darauf erkannt, dass das Merkmal »demnächst« unter Heranziehung der nach § 167 ZPO entwickelten Grundsätze selbst dann erfüllt ist, wenn eine Verzögerung der Veranlassung der Bekanntgabe um bis zu 14 Tage erfolgt ist, was der BGH als geringfügig einstuft und selbst dann nicht in Frage stehe, wenn die Verzögerung dem Antragsteller zuzurechnen wäre.

Gleichwohl sind damit nicht sämtliche Unsicherheiten behoben.

9. *Mansel*[9] weist daraufhin, dass eine Bekanntgabe durch förmliche Zustellung in § 15 a EGZPO nicht vorgeschrieben ist, so dass auf eine förmliche Bekanntgabe des Güteantrages im Zuge der Schuldrechtsreform und Schaffung von § 204 BGB nicht abgestellt werden konnte. Deshalb kann unverändert die Bekanntgabe des Güteantrags durch die Schlichtungsstelle formlos erfolgen, beispielsweise durch einfachen Brief, dessen Zugang der Schuldner jedoch bestreiten kann. *Mansel* war Mitglied der Verjährungsrechtskommission im Zuge der Schuldrechtsreform, und führt aus, dass es dem Rechtsausschuss des deutschen Bundestages sachgerecht erschien, auf das –

---

7 *Regenfus,* NJW 2016, 2977 – 2982.
8 *Regenfus,* NJW 2016, 2977, 2980.
9 NK – BGB/*Mansel*, 3. Aufl. 2016, § 204 Rn. 80.

aktenmäßig nachprüfbare – Vorgehen der Gütestelle abzustellen. Wenn also die Gütestelle die Veranlassung der Bekanntgabe aktenmäßig nachprüfbar festhält, sollen die Voraussetzungen für die Hemmung erfüllt sein, was Mansel damit kommentiert, dass nach § 204 Abs. 1 Nr. 4 BGB »weiterhin in rechtsstaatlich bedenklicher Weise eine Verfahrenshemmung ohne Verfahrenskenntnis des Schuldners eintreten« kann.

Hieran hat sich auch durch die Neuformulierung von § 204 Abs. 1 Nr. 4 BGB mit Wirkung zum 26.02.2016 keine wesentliche Änderung ergeben, auch wenn es nun im zweiten Halbsatz der Norm heißt, dass der Antrag selbst demnächst bekannt gegeben wird, während zuvor die Veranlassung der Bekanntgabe des Antrags im Wortlaut der Norm stand.

Welche Probleme sich für einen für die Hemmung darlegungs- und beweispflichtigen Kläger gleichwohl bei der Darstellung ergeben können, wann die Veranlassung der Bekanntgabe des Güteantrages datumsgenau erfolgte, erschließt sich aus den Gründen des Urteils des OLG München vom 19.01.2017 – 23 U 2839/16 – juris Rn. 99. Die Überprüfung, ob die Bekanntgabe »demnächst« im Sinne von § 167 ZPO erfolgt war, konnte das Gericht nicht vornehmen, was zu Lasten des Klägers ging.

10. Unsicherheiten sind aber auch im Zuge der Beendigung des Güteverfahrens vorhanden. Nach § 204 Abs. 2 Satz 1 BGB beginnt die Nachlauffrist mit der Beendigung des Güteverfahrens, womit die Hemmung der Verjährung sechs Monate nach diesem Zeitpunkt endet. Mit dem schon angesprochenen Urteil des BGH vom 28.10.2015 – IV ZR 405/14 – juris Rn. 30 – kommt es zur Beendigung des Güteverfahrens auf die Veranlassung der Bekanntgabe durch die Gütestelle an. Die Weigerung des Antragsgegners, am Güteverfahren mitzuwirken, ist selbst nicht Bezugspunkt der Verfahrensbeendigung, sondern erst die Veranlassung der Bekanntgabe der Beendigung des Güteverfahrens durch die Gütestelle – BGH a.a.O. – juris Rn. 38. Auch hier wird vom BGH auf die aktenmäßig nachprüfbare Veranlassung der Bekanntgabe durch die Gütestelle abgestellt, wobei selbstverständlich der Gläubiger ausreichend Kenntnis von der danach zu berechnenden Nachlauffrist erhalten muss.

Auf eine Zustellung dieser Bekanntgabe der Verfahrensbeendigung beim Antragsteller kommt es damit nicht an. Im Urteil des BGH vom 17.01.2017 – VI ZR 239/15 wird insoweit auf das Datum des Schreibens der Gütestelle, mit dem die Verfahrenseinstellung bekannt gegeben wurde, abgestellt. Dies muss sich aber nicht mit der Veranlassung der Bekanntgabe – aktenmäßig nachprüfbar – immer in Deckungsgleichheit bringen lassen. Dies mag folgender Beispielsfall verdeutlichen:

Güteanträge vom 20.12.2013 richteten sich an die Gütestelle eines Rechtsanwaltes D. und gingen dort am 27.12.2013 ein. Die Gütestelle gab mit Schreiben vom 07.01.2014 an den Antragsgegner den eingereichten Güteantrag bekannt, bei dem dieses Schreiben am 10.01.2014 einging. Der Antragsgegner schrieb mit Datum vom 14.01.2014 an die Gütestelle, dass kein Interesse an der Durchführung des Güteverfahrens besteht. Dieses Schreiben des Antragsgegners ging in der Gütestelle am 17.01.2014, einem Freitag, ein. Mit Schreiben der Gütestelle vom 20.01.2014 stellt der RA D. als Gütestelle fest, dass der Schlichtungsversuch gescheitert ist. In einem späteren Rechtsstreit trägt der Antragsteller, nunmehr Kläger, vor, dass die Gütestelle RA D. die vorbereiteten Schreiben an die Parteien mit der Bekanntgabe der Verfahrensbeendigung, die das Datum vom 20.01.2014 tragen, erst am 22.01.2014 nach Unterzeichnung zum Postversand gegeben hat, woran die »Veranlassung der Bekanntgabe« festzumachen sei. Hierzu hat die Gütestelle, also RA D., erklärt, dass er seine Schreiben mit Datum vom 20.01.2014 von einer Kanzleimitarbeiterin habe vorbereiten lassen, aber erst am 22.01.2014 unterzeichnet und zum Versand gegeben habe, weil er am 20.01.2014 nachweislich vor einem Landgericht weit ab von seinem Kanzleisitz tätig gewesen sei, demzufolge erst zwei Tage später zur weiteren Bearbeitung und Postversand seiner Schreiben gekommen sei.

Welches Datum ist nunmehr für die Veranlassung der Bekanntgabe der Beendigung des Güteverfahrens heranzuziehen, wenn daran die Nachlauffrist von § 204 Abs. 2 Satz 1 BGB zu berechnen ist? In Betracht kommen hier als Veranlassung das Diktat am Freitag, dem 17.01.2014, als das Schreiben des Antragsgegners zur Nichtmitwirkung im Güteverfahren bei der Gütestelle einging. In Betracht kommt Montag der 20.01.2014, als die Schreiben in der Kanzlei gefertigt wurden. In Betracht kommen der Zeitpunkt der Unterzeichnung der Schreiben durch den RA D. als Gütestelle am 22.01.2014, nachdem er von dem Auswärtstermin in die Kanzlei zurückgekehrt war und die nachfolgende Aufgabe zu Post.

Die Veranlassung der Bekanntgabe des Scheiterns des Güteverfahrens ist datumsgenau festzulegen, weil Kläger und vormalige Antragsteller, ebenfalls in einem Masseverfahren, die Nachlauffrist und restliche Verjährungszeit bis zum 31.12.2013 exakt nach dem 22.01.2014 berechnet haben. Kommt es aber auf die förmliche oder formlose Versendung des Schreibens nicht an, sondern auf die aktenmäßig nachprüfbare Veranlassung der Bekanntgabe des Verfahrensendes an, so kann dieser Anknüpfungspunkt im Beispielsfall durchaus mit einem vor dem 22.01.2014 liegenden Zeitpunkt angenommen werden.

Der vorangestellte Beispielsfall zeigt, dass die Übertragung des Konzeptes der »gütestelleninternen« Veranlassung der Bekanntgabe auf den Beginn der Nachlauffrist durch das Urteil des BGH vom 28.10.2015 – IV ZR 405/14 noch weitere Klärungsfragen offen lässt. Ein »rechtssicherer zeitlicher Anknüpfungspunkt«, wie Althammer/ Lohr[10] in ihrer Anmerkung zu diesem Urteil meinen, ist nicht immer gegeben. Unter Hinweis auf dieses Urteil des BGH meint Fries[11], dass die Entscheidung durch die Neufassung von § 204 Abs. 1 Nr. 4 BGB bereits hinfällig sei. Dem widerstreitet allerdings die Entscheidung des BGH vom 17.01.2017 – VI ZR 239/15, in der auf das Datum im Schreiben der Bekanntgabe der Verfahrensbeendigung seitens der Gütestelle abgestellt wird, wenngleich die Entscheidung zu § 204 Abs. 1 Nr. 4 BGB a F ergangen ist. Allerdings sprechen sich *Althammer/Lohr*[12] in ihrer Urteilsanmerkung dafür aus, dass mit der Neufassung von § 204 Abs. 1 Nr. 4 BGB im Zuge des geschaffenen VSBG zukünftig eine verbraucherfreundliche Auslegung der Vorschrift zur Maßgeblichkeit des tatsächlichen Zugangs führen müsse.

10 *Althammer/Lohr*, NJW 2016, 238.
11 *Fries*, JZ 2016, 723-728, Fn 14.
12 *Althammer/Lohr*, NJW 2016, 238.

11. Der Gesetzgeber sollte erneut § 204 Abs. 1 Nr. 4 BGB überarbeiten und verfahrenssichere Regelungen bei der Anrufung anerkannter Gütestellen vorgeben. Dabei mag der Gesetzesgeber entscheiden, ob Güteverfahren mit dem Ziel der Verjährungshemmung weiterhin in Masseverfahren eröffnet bleiben sollen und ob damit der Sinn und Zweck alternativer Streitschlichtung einhergehen kann.

Der Jubilar hat sich in der Abhandlung »Gerechtigkeit durch Verfahren«[13] seinem Kernthema gewidmet und führt am Ende aus: »Das Verfahrensrecht ist also keineswegs ein rein technisches Recht, ein reines Zweckmäßigkeitsrecht, sondern es ist eine Legitimationsgrundlage unseres gesamten menschlichen Zusammenlebens.«

Mit diesem Ansatz könnte es auch um Verbesserungen des Güteverfahrens gehen.

---

13 *Prütting*, JM 2016, 354-358.

Die Wiederaufnahme im Recht der Schiedsgerichtsbarkeit

Peter Schlosser

Mitte des vergangenen Jahres brachte ein Urteil der französischen Cour de cassation auf ganz ungewöhnliche Weise die Affäre Tapie zu Ende[1]. In ihr ging es darum, dass im Wiederaufnahmeverfahren ein Schiedsspruch aufgehoben und durch eine gegenteilige Entscheidung ersetzt wurde. In ähnlicher Weise hat auch die schweizerische Rechtsordnung Wiederaufnahmeverfahren gegen einen Schiedsspruch akzeptiert. Das zwingt uns zu der Frage, ob wir nicht auch in Deutschland ein Wiederaufnahmeverfahren gegen einen Schiedsspruch ermöglichen müssen (II.). Es ist jedoch ratsam, sich vorher die Entwicklung in Frankreich und der Schweiz etwas genauer anzusehen (I.).

I. Die Entwicklung in Frankreich und der Schweiz

1. Frankreich

a) Faktischer Ausgangspunkt: Der »compromis«

Die Liquidatoren der Gruppe Tapie sowie die Eheleute M. et Mme Tapie einerseits und verschiedene Banken, teilweise Filialen von anderen Mitverklagten, hatte sich jahrelang vor französischen Gerichten gestritten. Es ging darum, ob die Banken beim Verkauf der großen Mehrheit der Adidas-Aktien[2], die der Gruppe Tapie und indirekt den Eheleuten Tapie gehörten, sowie bei der Finanzierung des Geschäfts illoyal und damit vertragswidrig gehandelt hatten. Anscheinend waren die Aktien von der Bank Crédit Lyonais an eine ihrer Filialen verkauft worden, die sie dann mit einem sehr hohen Gewinn an einen belgischen Anleger namens Dreyfus weiterverkaufte. Man könnte fast von einer neuen »Affäre Dreyfus« sprechen. Eine Cour d'appel hatte die Banken schon zu € 135 Millionen Schadenersatz verurteilt. Nach Kassationsbeschwerde wurde diese Entscheidung aber von der Cour de cassation teilweise aufgehoben. Daraufhin schlossen die Parteien am 16. November 2007 eine Schiedsver-

---

1 La société Groupe Bernard Tapie c/ La société CDR créances et autres, zusätzlich zwei weitere verbundene Verfahren mit wirtschaftlich mit der Beklagten liierten Firmen, ECLJ:FR.CCass:2016_C100932.
2 Genau genommen ging es um den Verkauf der Anteile an Firmen, zu deren wesentlichen Vermögensbestandteil das Aktienpaket Adidas gehörte.

einbarung – nach französischem Recht einen »compromis« im Gegensatz zu einer »convention compromissoire«. In ihm waren der Streitgegenstand genau bezeichnet und die Schiedsrichter der Person nach ernannt. Die Gesamtheit ihrer Streitigkeiten unterwarfen die Parteien der Schiedsvereinbarung und nahmen daraufhin nicht weniger als die acht gerichtlichen Streitigkeiten, die sie in der Zwischenzeit begonnen hatten, zurück. Schon nach wenig mehr als einem halben Jahr erließen die Schiedsrichter den Schiedsspruch. Die Banken mussten, wie nach französischem Recht genau unterschieden wurde, € 240 Millionen »dommage matériel« und zusätzlich € 45 Millionen »dommage moral« an die Eheleute Tapie persönlich bezahlen.

Viele Beobachter hatten schon damals Zweifel, ob im Schiedsverfahren alles mit rechten Dingen zugegangen sei. Immerhin waren die Tapies prominente Leute, er sogar Minister in der Ära Mitterand. Man konnte aber keine substantiellen Dinge in Erfahrung bringen. Jahre danach brachte aber ein strafrechtliches Ermittlungsverfahren ans Licht, dass das Schiedsverfahren von Seiten der Tapies in betrügerischer Absicht (französisch: »frauduleusement«) organisiert worden war, indem Bernd Tapie, sein Anwalt und der von ihrer Seite ernannte Schiedsrichter (Pierre Estoup) in betrügerischer Weise zusammengearbeitet hätten.

b) Die Wiederaufnahme des Schiedsverfahrens durch die Cour d'appel von Paris

Daraufhin besannen sich die Banken auf Art. 1491 c.pr.c. in der damaligen Fassung, der eine Wiederaufnahmeverfahren gegen einen Schiedsspruch ermöglichte. Nach dem Kenntnisstand des Verfassers ist Frankreich neben den Niederlanden das einzige Land, in dem ein Wiederaufnahmeantrag gegen einen Schiedsspruch gesetzlich ermöglicht wird. Das Wiederaufnahmeverfahren war freilich nur für interne Schiedssprüche vorgesehen, also solche, die keinen internationalen Wirtschaftsbezug hatten[3]. Es war vor der Cour d'appel anzustrengen und führte dazu, dass diese nach Anerkennung der Wiederaufnahmevoraussetzungen auch in der Sache selbst zu entscheiden hatte. Weil in der Tapie-Sache das Geschäftsbesorgungsverhältnis nur in Frankreich ansässige Personen und Banken betraf, wurde kein internationaler Fall angenommen. Die deutsche Rechtsnatur der ADIDS-Akten reichte dafür nicht aus. Mit Urteil vom 17. Februar 2015 erkannte die Cour d'appel von Paris die Wiederaufnahmevoraussetzungen an. Wiederaufnahmegrund war der Betrug der Tapies, ihres Anwalts und des von ihnen ernannten Schiedsrichters[4]. Die Eheleute Tapie und ihre Wirtschaftsgruppe wurden durch die Cour d'appel verurteilt, insgesamt nicht weniger als € 404.423.682 zurückzuzahlen. Die Cour de cassation hat mit Urteil vom 30 Juni dieses Jahres[5] die Aufhebung des Schiedsspruchs durch die Cour d'appel bestätigt. Der »Betrug« wurde allein darin gesehen, dass der in beiden Urteilen namentlich genannte Schiedsrichter (Pierre Estoup), Tapie und sein auch namentlich genannter Rechtsanwalt

---

3 Art. 1504 c.pr.c. n.F. = Art. 1492 a.F: »Est international l'arbitrage qui met en cause des intérêts du commerce international«.
4 Revue de l'arbitrage 2015, 832.
5 S. Fn. 1.

(»Maurice Lantourne«) sehr enge berufliche und geschäftliche Beziehungen hatten. Französisch: »liens anciens, étroits et repétés«. Allein, dass dies nicht offenbart worden war, reichte für die Annahme eines Betrugs aus, obwohl zudem Pierre Etoup nur einer von drei Schiedsrichtern war. Normalerweise wird freilich das Unterlassen einer Erklärung zur Unparteilichkeit und Unabhängigkeit nicht als Betrug gewertet. Man sagt aber in einem solchen Fall, das Schiedsgericht sei falsch besetzt und hebt den Schiedsspruch deshalb auf[6]. Allem Anschein nach wurde die Cour d'appel von Paris auch insoweit bestätigt, als sie die Eheleute Tapie zur Rückzahlung von über € 400.000 verurteilt hatte.

c) Die strafrechtliche Seite der Affaire

Die Affaire Tapie hat aber auch eine strafrechtliche Seite. Nur diese hatte offenbart, dass es zu einem missbräuchlichen Zusammenwirken der Eheleute Tapie, ihres Rechtsanwalts und des von ihnen benannten Schiedsrichters gekommen war. Die Ermittlungen richteten sich auch gegen die Leiterin des Internationalen Währungsfonds und frühere französische Finanzministerin, Christine Lagarde. Gegen sie war Anklage erhoben wegen »bandenmäßiger Betrügereien« (»esquoquérie en bande organisée«)[7]. Verurteilt wurde sie wegen fahrlässiger Untreue, anscheinend weil sie sich wegen der staatlichen Interessen an der Angelegenheit auf das Schiedsverfahren eingelassen hatte.

d) Die neue Rechtslage in Frankreich

In der Zwischenzeit ist durch die Reform von 2011 das Wiederaufnahmeverfahren gleichermaßen für interne wie für internationale Fälle vorgesehen, mit der Maßgabe, dass das alte Schiedsgericht über die Wiederaufnahme zu entscheiden hat (Art. 1502 Abs. 1, 2 c.pr.c. i.Vdg.m. Art. 1506 Abs. 5)). In internen Fällen entschied vor der Reform die Cour d'appel nach Aufhebung des Schiedsspruchs auch zur Sache. Der Schiedsspruch in der Sache Tapie war noch zur Zeit der Geltung des alten Rechts erlassen worden. Man war froh, die Sache Tapie deshalb als internrechtliche werten zu können, weil die Anteile an Gesellschaften mit den Aktien von ADIDAS von einer französischen Verkäuferin an eine französische Käuferin veräußert worden waren. Die Tatsache, dass die Werte an einen belgischen Drittkäufer weiterveräußert worden waren und gerade darin die Untreue lag, spielte keine Rolle. Heute entscheidet für rein internrechtliche Schiedssprüche das bisherige Schiedsgericht und nur wenn dieses nicht mehr zusammentreten kann, die Cour d'appel auch zur Sache selbst. Für in-

---

6   Cour de cassation, Revue de l'arbitrage 2011, 669; in Deutschland übernommen von OLG Frankfurt v. 25.01.1998, DIS-Datei.
7   Der französische Staat war offenbar finanziell in der ganzen Angelegenheit engagiert. Nach Bekundungen der Tagespresse soll die Verwicklung von Christine Lagarde darin bestehen, dass sie wegen der französischen staatlichen Interessen dem Abschluss des »compromis« zugestimmt hat. Es muss ihr aber mehr vorgeworfen werden als nur dies.

ternationale Fälle ist insofern bewusst eine Gesetzeslücke geblieben, als nicht gesagt ist, was zu geschehen hat, wenn das alte Schiedsgericht nicht mehr zusammentreten kann, etwa gerade weil der Wiederaufnahmegrund die Korruption eines der Schiedsrichter war. Wahrscheinlich muss dann ein neues Schiedsgericht gebildet werden.

2 Die Schweiz

a) Das Fehlen einer gesetzlichen Regelung als Gesetzeslücke

Das Stichwort »Gesetzeslücke« leitet über zur Entwicklung in der Schweiz. Dort war es eine besonders mutige Entscheidung des Bundesgerichts, die das Eis gebrochen hat[8]. Das Schweizerische ZGB beginnt nach Hinweis auf eine bare Selbstverständlichkeit mit dem weltberühmten Satz (Art. 1 Abs. 2):

> *»Kann dem Gesetz keine Vorschrift entnommen werden, so muss der Richter nach Gewohnheitsrecht und, wenn ein solches fehlt, nach der Regel entscheiden, die er als Gesetzgeber aufstellen würde«.*

Der Fall, den das Schweizerische Bundesgericht zur Wiederaufnahme eines Schiedsverfahrens behandelt hat, ist geradezu ein Bilderbuchfall zur Lückenfüllung. Der Ausdruck »planwidrige Gesetzeslücke« ist in der Schweiz unbekannt. Man spricht von »qualifizierten« und »nicht qualifizierten« Lücken. Die nicht qualifizierten entsprechen unseren planwidrigen. Qualifiziert ist eine Lücke, wenn der Gesetzgeber für eine bestimmte Fallkonstellation bewusst keine eigene Regel schaffen wollte. Das Bundesgericht ermittelte in dem genannten Fall sehr akribisch, dass die Schöpfer des schweizerischen IPR, in welchem die internationale Schiedsgerichtsbarkeit behandelt ist, nicht bewusst darauf verzichtet hatten, die Wiederaufnahme von Schiedsverfahren zu regeln. Es fand also, dass keine qualifizierte Lücke vorlag. Es fand weiter, dass es völlig unerträglich sei, auf eine Wiederaufnahmemöglichkeit gegenüber Schiedssprüchen gänzlich zu verzichten. Es sei also ein dringendes Bedürfnis der Gerechtigkeit, die Lücke im Sinne der Zulässigkeit einer Wiederaufnahme zu schließen.

b) Die Art der Lückenfüllung

Interessant ist aber auch, wie das Bundesgericht die Lücke schloss. Es fand es nicht empfehlenswert, den an der Wiederaufnahme Interessierten das Verfahren beginnen zu lassen, ohne ihm einen Hinweis zu geben, wohin er sich wenden muss – an das staatliche Gericht, an das an sich functus officio gewordene Schiedsgericht oder an ein neues Schiedsgericht? Das Bundesgericht besann sich auf die Regel des schweizerischen Rechts, dass gegen den Willen auch nur einer Schiedsverfahrenspartei lediglich das Bundesgericht einen formell rechtskräftig gewordenen Schiedsspruch aufheben kann, nämlich im Aufhebungsverfahren. Daher, so meinte es, müsse es auch dem

---

8 BGE 118 II 199.

Bundesgericht selbst vorbehalten bleiben zu entscheiden, wenn eine Partei gegen den Willen der anderen ein Wiederaufnahmeverfahren betreiben will. Das Bundesgericht entscheidet aber nur über das Vorliegen eines Wiederaufnahmegrundes, nach unserer Terminologie über das *judicium rescindens*[9]. Hat der Antragsteller mit einem dahin zielenden Begehren Erfolg, so geht die Sache an das Schiedsgericht zurück oder an ein neu zu konstituierendes Schiedsgericht.

c) Aufsehen erregende Fälle

Das schweizerische Wiederaufnahmeverfahren hat in zwei weltweit berühmt gewordenen Fällen Aufsehen erregt.

(i) Der eine Fall ist bekannt geworden unter dem Stichwort »Die Fregatten von Taiwan«[10]. Es ging darum, ob ein Teil der Provisionen, die an einen Vermittler zu bezahlen waren, in Wirklichkeit zur Bestechung des französischen Außenministers Dumas verwendet werden sollten. Dazu wurden im Wiederaufnahmeverfahren neue Beweise aus einem vorausgegangenen Strafverfahren in Frankreich vorgelegt. Auch dieses Verfahren hatte also eine strafrechtliche Dimension. Der ehemalige französische Außenminister *Dumas* war wegen passiver Bestechlichkeit angeklagt worden, wurde aber nach einem Aufsehen erregenden Prozess freigesprochen. Allem Anschein nach ist der Bestechungsversuch gar nicht erst unternommen worden oder missglückt. Jedenfalls aber war der neu entdeckte Zweck der »Provisionszahlungen« ein Wiederaufnahmegrund und führte zur Klageabweisung.

(ii) Der andere Fall war die Sache der Eisschnellläuferin Pechstein. Frau Pechstein hatte geltend gemacht, durch neue wissenschaftliche Forschungsergebnisse sei offenbar geworden, dass der menschliche Körper jene Substanz, die in ihrem Blut gefunden und als doping gewertet worden war, auch selbst produzieren könne. Das Wiederaufnahmegesuch war aber mit der Begründung abgelehnt worden, die angeblich neuen wissenschaftlichen Erkenntnisse hätten schon zur Zeit des CAS-Schiedsverfahrens zur Verfügung gestanden; Frau Pechstein habe nur versäumt, dies rechtzeitig geltend zu machen[11]. Nur nebenbei sei Folgendes bemerkt: Der BGH berichtet in seinem Pechstein-Urteil ganz kurz und ohne zusammenhängende Erläuterung, dass auch die »Revision« gegen das Urteil des schweizerischen Bundesgerichts abgewiesen worden sei. Er hat offenbar nicht bemerkt, dass »Revision« der schweizerischen terminus technicus für Wiederaufnahme des Verfahrens ist (s. Art 328 ff SchwZPO).

Die Schweiz und Frankreich sind neben dem U.K. die beiden Länder, die am meisten die internationale Schiedsgerichtsbarkeit prägten und prägen. Sie legen publizis-

---

9 Ganz genau ist die Entsprechung, wenn man mit der h.L. das Konditional in § 580 Nr. 7 ZPO »....eine günstigere Entscheidung herbeigeführt haben würde« einschränkend dahin auslegt, dass die Möglichkeit dazu ausreicht: BGH v. 18.10.1971 IX ZR 79/67, BGHZ 57, 211 = WM 1972, 27; Stein/Jonas/Jacobs22 § 581 Rn, 34; *Rosenberg/Schwab/Gottwald*, Lehrbuch des Zivilprozessrecht[17] § 160 Rn. 33; *Zöller/Greger* ZPO[31] § 580 Rn. 26.
10 Bulletin de l'Association Suisse de l'Arbitrage 2010, 318.
11 BG v. 28. Sept. 2010, 4A_144/2010 = Bulletin Association Suisse de l'Arbitrage 2011, 147, aufrufbar unter www.Bundesgericht.ch.

tisch größten Wert darauf, dass »ihre« Schiedssprüche Bestand haben. Gleichwohl haben sie sich der Einsicht nicht verschlossen, dass es eine Wiederaufnahmemöglichkeit geben muss.

II. Behandlung der Frage nach deutschem Recht

Im Lichte dieser Erfahrung kann es keinem Zweifel unterliegen, dass auch im deutschen Recht der Schiedsgerichtsbarkeit eine Lücke klafft – und zwar eine »nicht qualifizierte«, nach deutscher Terminologie also eine »planwidrige«. Die Idee, dass es ein Wiederaufnahmeverfahren auch gegenüber Schiedssprüchen geben müsse, ist im Gesetzgebungsverfahren weder 1876, noch in den Verfahren zur Änderung der ZPO, einschließlich der Schaffung des neuen 10. Buchs 1997 niemals aufgekommen. Es kann sich also nur darum handeln, wie die Lücke auszufüllen ist.

1. Das Wiederaufnahmeverfahren als neues Verfahren

Ausgangspunkt muss die Erkenntnis sein, dass nach deutschem Recht das Wiederaufnahmeverfahren formell ein neues Verfahren ist – jedenfalls bis zum »judicium rescindens« – und nicht nur die Fortsetzung des formell rechtskräftig abgeschlossenen alten Verfahrens. Das Recht gibt auch keine Garantie, dass die Richter des alten Verfahrens mit der Sache neu befasst werden, auch wenn die örtliche und sachliche Zuständigkeit sich nach jener des Gerichts des formell rechtskräftig abgeschlossenen Verfahrens richten, § 584 ZPO. Die Geschäftsverteilung ist eben nicht festgelegt. Auf der anderen Seite wird allerdings die Hauptsache nur insoweit neu verhandelt, als sie durch den Wiederaufnahmegrund berührt ist, § 590 ZPO. Das zeigt, dass der Gesetzgeber davon ausging, im Allgemeinen werde dieselben Richter mit der Sache befasst werden, die das Ausgangsurteil gefällt haben.

a) Zuständigkeit des alten Schiedsgerichts bei Parteieinverständnis und wenn es mit dem Rest der Sache noch befasst ist.

Die entsprechende Übertragung dieses Rechtszustands in die Schiedsgerichtsbarkeit bedeutet zum einen, dass das alte Schiedsgericht die Wiederaufnahmesache annehmen muss, wenn beide Parteien mit der Durchführung des Wiederaufnahmeverfahrens einverstanden sind. In der französischen Praxis schon vor der Reform galt es und in der schweizerischen Praxis gilt es zudem als ausgemacht, dass das alte Schiedsgericht auch dann zuständig ist, wenn es mit einem Rest der Sache noch befasst ist, etwa wenn das Wiederaufnahmebegehren sich gegen einen Teilschiedsspruch wendet[12].

---

12 Etwa der Fall Cour de cassation, Fougerolle c/Procofrance, Revue critique de droit international privé 1992, 699 = Yearbook Commercial Arbitration 1994, 205; jetzt Art. 1502 Abs. 2 c.pr.c. i.d.F. 2011, der sogar generell das alte Schiedsgericht für zuständig erklärt.

Auch diese Sicht wird man übernehmen können. Sollte in der entsprechenden Situation sich bei einem staatlichen Gericht wegen der Geschäftsverteilung die Zuständigkeit unterschiedliche Spruchköper ergeben, wird mit Sicherheit eine Verbindung angeordnet. Wie die formelle Rechtskraft des Teilschiedsspruchs überwunden werden kann, ist ähnlich zu behandeln wie deren Durchbrechung generell, was nunmehr zu erörtern ist.

b) Ausschließliche Zuständigkeit des OLG bis zum judicium rescindnes?

Für die Praxis rechtspolitisch sehr überzeugend hat das Schweizerische Bundesgericht das Recht in der Weise fortgebildet, dass für die Durchbrechung der formellen Rechtskraft des Schiedsspruchs das Bundesgericht selbst ausschließlich zuständig ist. Denn auch bezüglich des Aufhebungsantrags besteht der Grundsatz, dass nur das Bundesgericht selbst die formelle Rechtskraft eines Schiedsspruchs durchbrechen kann.

Es böte sich aus praktischen Gründen an, eine ähnliche Lösung für Deutschland zu suchen, freilich mit der Modifikation, dass das OLG zuständig ist. Jedoch hat der deutsche Richter nicht die großzügige Möglichkeit, die seinem schweizerischen Kollegen Art. 1 SchwZGB gewährt, um Gesetzeslücken zu füllen. Zweifelsohne klafft im deutschen Recht die gleiche Lücke wie im schweizerischen. Sie kann aber nur durch kluge analoge Anwendung der Wiederaufnahmebestimmungen der ZPO geschlossen werden. Jene Partei, die glaubt, dass die Widerufnahmevoraussetzungen gegeben sind, kann es daher auf gut Glück versuchen, das bisherige oder ein neues Schiedsgericht zur Wiederaufnahme seiner Tätigkeit zu bewegen. Das wäre die neue französische Lösung, die freilich allen Beteiligten (einschließlich der Schiedsrichter) eine ausdrückliche gesetzliche Grundlage für weiteres Handeln zur Verfügung stellt. Jedoch wird die interessierte Partei meist mit ihrem Begehren keinen Erfolg haben.

c) Die Anwendung von § 1032 Abs. 2 ZPO

Das deutsche Recht überlässt es aber nicht völlig dem Risiko des an der Wiederaufnahme Interessierten, ob er mit seinem Petitum Erfolg hat. Ansatzpunkt ist wieder § 1032 Abs. 2 ZPO. Das OLG entscheidet über »*die Feststellung der Zulässigkeit oder Unzulässigkeit eines schiedsrichterlichen Verfahrens*«. Das Wiederaufnahmeverfahren ist, wie schon mehrmals betont, ein neues schiedsrichterliches Verfahren. Das OLG entscheidet im ersten auftauchenden Fall und dann bei Leugnung immer wieder, ob es überhaupt ein Wiederaufnahmeverfahren bezüglich eines Schiedsspruchs gibt und dann, ob das staatliche Gericht oder das Schiedsgericht dafür zuständig ist. Das ist die Feststellung der Zulässigkeit eines Schiedsverfahrens.

Da es sich um ein neues Verfahren handelt, geht es in der Tat um die Zulässigkeit »e i n e s« Schiedsverfahrens. Wenn das Schiedsgericht schon gebildet ist, bevor die Parteien das Verfahren beginnen können, was bei ständigen Schiedsgerichten der Fall sein kann, muss man die Einschränkung in § 1032 Abs. 2 ZPO »*bis zur Bildung des Schiedsgerichts*« als gegenstandslos betrachten und den Antrag binnen der analog anzuwendenden Frist des § 568 ZPO, also binnen einer Notfrist von einem Monat, zulassen. Es ist klar, dass das Schiedsgericht ergänzt oder sogar neu konstituiert werden muss, wenn und soweit die alten Schiedsrichter nicht mehr zur Verfügung stehen. Das hindert die Annahme nicht, dass es sich um die Zulässigkeit »eines« Schiedsverfahrens handelt.

2. Die Wiederaufnahmevoraussetzungen als Voraussetzungen eines neuen Schiedsverfahrens

Die Erfolgsaussicht eines Wiederaufnahmeverfahrens gegen ein staatliches Gerichtsurteil ist freilich davon abhängig, dass die besonderen Voraussetzungen des Nichtigkeits- oder Restitutionsverfahrens vorliegen. Man sagt zu Recht, die besonderen Voraussetzungen eines Wiederaufnahmeverfahrens müssten in der Zulässigkeitsstation nur behauptet, aber nicht bewiesen werden[13] (Dies ist aber eine ungenaue Ausdrucksweise. Man beruft sich auf ein Urteil des BGH aus dem Jahr 1971,[14] Dort ist aber nur gesagt, dass der Beweiswert der neu aufgefundenen Urkunde keine Zulässigkeitsvoraussetzung der Restitutionsklage ist. Dass die Urkunde neu aufgefunden wurde und relevant ist, muss aber bewiesen werden).

Wie ist diese Rechtslage bei ihrer entsprechenden Anwendung im Recht der Schiedsgerichtsbarkeit zu behandeln? Man muss bedenken, dass im Verfahren nach § 1032 Abs. 2 ZPO nur über die besonderen Zulässigkeitsvoraussetzungen eines Schiedsverfahrens, nicht über die allgemeinen Zulässigkeitsvoraussetzungen eine Klage zu entscheiden ist. Man verwendet die Formel: Zu prüfen sei nur, »ob eine wirksame Schiedsvereinbarung... besteht, diese durchführbar ist... und der Gegenstand des Schiedsverfahrens dieser Schiedsvereinbarung... unterfällt«[15]. Dabei hat man aber immer nur an die klassischen Zulässigkeitsvoraussetzungen gedacht wie Rechtschutzbedürftigkeit, keine entgegenstehende Rechtskraft, Partei- und Prozessfähigkeit und dergl. Zur Zulässigkeit gerade speziell eines Schiedsverfahrens gehört aber auch die Zulässigkeit eines Wiederaufnahmeverfahrens gegen einen Schiedsspruch unter ähnlichen Voraussetzungen wie zur Zulässigkeit eines Wiederaufnahmeverfahrens allgemein. Das gilt unabhängig davon, dass die Frage eng mit

---

13 Statt aller *Thomas/Putzo/Reichold*, Kommentar zur Zivilprozessordnung37, vor § 578 Rn. 9; *Zöller/Krüger*, Kommentar zur ZPO[31], § 598 Rn. 2; *Stein/Jonas/Jacobs*, Kommentar zur ZPO32, vor § 578 Rn. 31, 34; aA, aber mit erheblichen Einschränkungen unter Berufung auf eine gelegentliche Bemerkung des BGH (NJW 1970, 1320); Münchner Kommentar zur ZPO[4]/Braun (2012) § 580 Rn. 52).
14 Wie Fn 9.
15 BGH v. 19.07.2012, III ZB 66/11, SchiedsVZ 2012, 281 m.w.Nw. – sich fälschlich auf BGH ZIP 2011, 1477 = 126 ZZP (2013) 111 berufend. In der Literatur nahezu unbestr. s. statt aller *Zöller/Geimer*, Kommentar zur ZPO[31], § 1032 Rn. 23.

der Grundsatzproblematik zusammenhängt, ob überhaupt eine Wiederaufnahme eines Schiedsverfahrens möglich ist. Wenn es im Schiedsverfahren einen normalen Rechtszug gibt, so kann das OLG nach § 1032 ZPO auch darüber entscheiden, ob die Schiedsvereinbarung einen solchen eröffnet. Auch wenn es um die Frage geht, ob dem Schiedsgericht spezielle Rechtsbehelfe zustehen (die vielleicht dem staatlichen Gericht nicht eröffnet werden können), geht es um die Zulässigkeit speziell des Schiedsverfahrens. Der BGH betont auch, dass gerade die »Durchführbarkeit« eines Schiedsverfahrens im Wege des Verfahrens nach 1032 Abs. 2 ZPO geklärt werden kann. Er betont, der Sinn des § 1032 Abs. 2 ZPO bestehe darin, die Frage u.a. der Durchführbarkeit eines Schiedsverfahrens frühzeitig zu klären. Dazu muss auch die rechtliche, nicht nur die tatsächliche, Durchführbarkeit des Verfahrens gehören, etwa im Rahmen von § 1030 Abs. 2 ob die Parteien befugt waren, über nicht vermögensrechtliche Fragen einen Vergleich zu schließen. Zu den rechtlichen Durchführbarkeitserfordernissen für ein Wiederaufnahme-Schiedsverfahren gehört auch die Frage des Vorliegens eines Wiederaufnahmegrunds und seiner rechtzeitigen Geltendmachung, nicht aber die Frage der Beweiskraft des neu eingeführten »Grundes«, wobei natürlich das staatliche Gericht schon prüfen kann, ob das vom Wiederaufnahmekläger gewünschte Beweisergebnis realistischer Weise denkbar ist. Die Alternative wäre denkbar unpraktisch: Gegen den Willen des neuen Schiedsbeklagten mit Ersatzbestellung eines Schiedsrichters wird ein schiedsrichterliches Wiederaufnahmeverfahren begonnen. Hat es den gewünschten Erfolg, so kann dieser vor dem staatlichen Gericht mit der Begründung angefochten werden, das Schiedsgericht habe gegen die formelle Rechtskraft des Ausgangsschiedsspruchs verstoßen, was eines Missachtung des ordre public gleichkomme. Die Fehlbeurteilung der formellen Rechtskraft ist auch anders zu beurteilen, als die fehlerhafte Beurteilung der materiellen Rechtskraft einer Vorentscheidung, über deren Tragweite in der Tat das Schiedsgericht zu befinden hat.

Grundsätzlich kann also das staatliche Gericht im Verfahren nach § 1032 Abs. 2 ZPO befinden, ob ein Wiederaufnahmeverfahren gegen einen Schiedsspruch in dem Sinne zulässig ist, ob schlüssiger Wiederaufnahmegrund nicht nur dargetan, sondern belegt ist.

3. Entsprechende Anwendung von § 579 – § 581 ZPO als praktisches Hindernis für viele Fälle einer Restitutionsklage?

a) Grund für die extreme Seltenheit von Restitutionsklagen im staatlichen Verfahren

In der Praxis sind Restitutionsklagen auch gegenüber staatlichen Gerichtsurteilen sehr selten. Dies liegt daran, dass nach § 581 ZPO in den meisten Fällen die vorherige Durchführung eines Strafverfahrens mit dem Ende einer rechtskräftigen Verurteilung Voraussetzung eines Restitutionsverfahrens ist. Das führt zu unüberwindlichen Schwerfälligkeiten. Die Praxis hilft sich mit der Anwendung von § 826 BGB. Die

Frage tauchte bisher in der Rechtsprechung meist bei Vollstreckungsversuchen aus Vollstreckungsbescheiden auf[16]. Zwar wurde ohne Berücksichtigung strafrechtlicher Aspekte auf die besonderen Umstände abgestellt, die zur Unrichtigkeit des Titels hinzukommen müssen, um seine Ausnutzung sittenwidrig zu machen. Jedoch ist ein Fall des BGH bekannt geworden[17], in dem die Sittenwidrigkeit der Ausnutzung eines Urteils in dem Prozessbetrugs gesehen wurde, den der Titelgläubiger begangen hatte. Der BGH hielt das Restitutionsrecht ausdrücklich nicht für eine lex specialis, sondern wandte § 826 BGB daneben an.

In der FS Gaul aus dem Jahre 1997[18] wusste auch der Verfasser dieser Zeilen sich nicht anders zu helfen, als die These aufzustellen, das Gebrauchmachen von einem Schiedsspruch ist dann, wenn Restitutionsgründe vorliegen, eine sittenwidrige Handlung nach § 826 BGB. Nach Kenntnis der Wiederaufnahmevoraussetzungen in Frankreich und der Schweiz (jetzt ZPO von 2008 Art. 328 Abs. 1 Buchst. 1b: »eine Verurteilung durch das Strafgericht ist nicht erforderlich« – ersichtlich unter dem Eindruck der Folgen des deutschen § 581 ZPO so verfügt) kann man aber in der entsprechenden Anwendung der §§ 578 ff ZPO auf die Anwendung auch von § 581 verzichten, wenn man nicht auch insoweit auf die Notlösung des Rückgriffs auf § 826 BGB rekurrieren will.

Im Lichte von Art. 6 der EMRK wird man § 581 ZPO ohnehin als überholt, weil viel zu umständlich, betrachten müssen. Man denke nur daran, dass ein Eid und damit ein Meineid im Zivilverfahren völlig aus der Übung gekommen ist. Die von umständlichen Komplikationen befreite Wiederaufnahmemöglichkeit gegen einen Schiedsspruch ist ein dringendes Bedürfnis der Gerechtigkeit und daher ohnehin auch durch Art. 6 EMRK gefordert. Der Gang zu Gericht und den vorgesehenen Rechtsbehelfen soll nach der Rechtsprechung des EuGH nicht nur theoretisch eröffnet, sondern auch ohne unnötige und prohibitive Schwierigkeiten möglich sein[19].

b) Notwendigkeit, unerträgliche Verfälschungen der Schiedsspruchgrundlage zu korrigieren

In der Schiedsgerichtsbarkeit gilt dies alles zumal, als dort so gut wie nie eine Eidesleistung vorkommt und daher der spezielle Wiederaufnahmegrund des § 580 Nr. 1 ZPO ohnehin obsolet ist und durch andere unerträgliche Verfälschungen der Urteilsgrundlage ersetzt werden muss.

---

16   z.B. BGHZ 101, 383; BGHZ 103, 46; BGHZ 53, 47,; BGH NJW 1998, 2818; zuletzt BGH NJW-RR 12, 304.
17   BGHZ 50, 115 = NJW 1968, 733.
18   Schiedsgerichtsbarkeit und Wiederaufnahme, Bielefeld 1997, 679.
19   (EuGHMR, EuGRZ 1991, 355 vom 27.08.1991, Akz. 32/1990/233/385: »....dürfen die Beschränkungen des Zugangs des Einzelnen zu einem Gerichtsverfahren nicht auf eine solche Weise oder in einem solchen Ausmaß eingeengt oder reduziert werden, dass der Wesensgehalt dieses Rechts beeinträchtigt wird.«).

c) Generelles Neuverständnis des Wiederaufnahmerechts
im Lichte des modernen Menschenrechtsdenkens

Die bisherigen Betrachtungen legen allerdings die Frage nahe, ob die Enge des deutschen Wiederaufnahmerechts nicht ohnehin durch modernes Menschenrechtsdenken überwunden werden muss. Moderne Kodifikationen des Prozessrechts übernehmen die Enge des deutschen Rechts nicht. Art. 328 der neuen schweizerischen ZPO etwa sagt. »[die Revision ist zulässig,....]wenn sie [eine Partei] nachträglich Tatsachen erfährt oder entscheidende Beweismittel findet, die sie im früheren Verfahren nicht vorbringen konnte«. In der Sache Pechstein[20] hat das schweizerische Bundesgericht das Aufkommen neuer wissenschaftlicher Erkenntnisse und neuer wissenschaftlicher Methoden sehr wohl als Wiederaufnahmegrund anerkannt – freilich das »Revisions«-gesuch deshalb abgewiesen, weil das angeblich Neue schon während des Schiedsverfahrens hätte vorgebracht werden können. Für die weitere Argumentation sei der Fall hypothetisch auf seinen Kern reduziert. Die Berufssportlerin, vom Schiedsgericht bestätigt, hatte verbotene Dopingsubstanzen in ihrem Blut. Deshalb wurde die Sperre verfügt. Danach wird eine wissenschaftliche Methode entdeckt, die ergeben kann (und im Privatgutachten für den vorliegenden Fall bestätigt), dass die inkriminierten Blutwerte auch aufgrund einer anormalen Erbanlage entstanden sein können. Es wäre wirklich unerträglich, wenn in einem solchen Fall eine Wiederaufnahmemöglichkeit grundsätzlich verschlossen sein sollte.

Die Enge des deutschen Wiederaufnahmerechts muss in einem solchen Fall nicht nur für das Schiedsverfahren an Art. 6 EMRK scheitern. Die EMRK ist zwar nur einfaches Gesetzesrecht. Sie ist aber zeitlich nach den hier fraglichen Teilen des 4. Buchs der ZPO entstanden[21]. Aber auch unabhängig davon ist es angebracht, Vorschriften der ZPO durch Analogie anzureichern, wenn dies durch Art. 6 EMRK geboten ist. Zur analogen Anwendung bietet sich § 359 Nr. 5 StPO an. Im Strafrecht kann man zwischen Freispruch und Verurteilung unterscheiden. Ein falscher Freispruch kann eher bestehen bleiben als eine falsche Verurteilung, weil durch einen falschen Freispruch niemand geschädigt wird. Im Zivilprozess entspricht aber das falsche Unterliegen einer falschen Verurteilung im Strafprozess. Wenn einer der Wiederaufnahmegründe des § 359 Nr. 5 vorliegt, dann sind die Interessen des obsiegenden Teils weniger gewichtig als diejenigen des zu Unrecht Unterlegenen. Die analoge Anwendung von § 359 Nr. 5 StPO hindert natürlich nicht die Anwendung der Präklusionsvorschrift des § 582 ZPO.

Nicht nur die neue schweizerische ZPO zeigt, dass die gekennzeichnete Enge des deutschen Rechts nicht mehr erträglich ist. Der (neue) französische code de procédure civile, Art. 595 Nr. 1, Nr. 4 (»fraude par la partie...«) ist, wie die Entscheidung »Tapie« zeigt, ähnlich offen. Schon die österreichische Zivilprozessordnung von 1896 hatte es abgelehnt, sich durch die Enge des deutschen Rechts inspirieren zu lassen. In § 530 Nr. 7 heißt es: »*Ein Verfahren kann wiederaufgenommen werden...., wenn*

---

20 S. Fn 11.
21 Die entscheidenden Nrn. 1-3, 7 sind seit Erlass der ZPO nicht mehr geändert worden.

die Partei in Kenntnis von neuen Tatsachen gelangt oder Beweismittel auffindet oder zu benutzen in den Stand gesetzt wird, deren Vorbringen oder Benutzen im früheren Verfahren eine ihr günstigere Entscheidung herbei geführt haben würde«. Nach dem Zeugnis von *Fasching*[22] »sind auch inzwischen neu entdeckte wissenschaftliche Erkenntnismethoden als Sachverständigenbeweis ... und neue Beweismittel tauglich«.

Für das Verfahren vor dem Europäischen Gerichtshof ist dieser Standard festgeschrieben[23]: »Die Wiederaufnahme kann beim Gerichtshof...dann beantragt werden, wenn eine Tatsache von entscheidender Bedeutung bekannt wird, die vor Verkündung des Urteils dem Gerichtshof und der die Wiederaufnahme beantragenden Partei unbekannt war«.

Selbst Urteile des Europäischen Gerichtshofs für Menschenrechte können unter ähnlichen Voraussetzungen wie nach schweizerischem oder österreichischem Recht der Wiederaufnahme ausgesetzt sein. Art 80 der Rules of the Court von 1998 sagt: »A party may, in the event of the discovery of a fact which might by its nature have a decisive influence and which, when a judgment was delivered, was unknown to the Court and could not reasonably have been known to that party request the Court.... to revise that judgment«.

Da es sich beim Wiederaufnahmeverfahren um ein neues Verfahren handelt, können die Schiedsrichter auch erneut Honorar verlangen. Sind Schiedsgerichtsinstitutionen involviert, so können sie nicht nur erneut ihre Gebühr verlangen, sondern auch für die Schiedsrichter erneut Honorarvorschuss begehren. Auch für die ordentlichen Gerichte ist das Wiederaufnahmeverfahren gebührenrechtlich eine neue Instanz[24].

III. Ergebnis der Studie:

1. Dass für das Schiedsverfahren keine Wiederaufnahme vorgesehen ist, ist wie im schweizerischen Recht eine nicht hinnehmbare Gesetzeslücke.

2. Wenn sich der Gegner der die Wiederaufnahme begehrenden Partei, oder wenn sich die Schiedsrichter, gegen die Wiederaufnahme sperren, kann eine Entscheidung des OLG nach § 1032 Abs. 2 ZPO beantragt werden, weil das Wiederaufnahmeverfahren nach der Systematik des deutschen Rechts ein neues Verfahren ist.

3. Die Wiederaufnahmemöglichkeiten des deutschen Rechts – nicht nur für die Schiedsgerichtsbarkeit – bleiben hinter dem aus Art. 6 EMRK folgenden Erfordernissen zurück und sind durch die analoge Anwendung von § 359 Nr. 5 StPO anzureichern. § 582 ZPO bleibt aber anwendbar.

---

22 Lehrbuch des österreichischen Zivilprozessrechts, 1990, Rn. 2063.
23 Art. 44 Protokoll über die Satzung des Gerichtshofs der EU v. 26.02.2001, ABl EU C 80 S. 53.
24 BGH Entscheidung vom 18.05.1995 X ZR 52/93.

Schiedsklauseln in der Insolvenz

Karsten Schmidt

Wer die unter dem Titel »Sanierung und Insolvenz« erschienene Festschrift für Klaus Hubert Görg aufschlägt, wird darin auf der Seite 371 einen aus der Feder von *Hanns Prütting* stammenden Aufsatz mit eben dem auch hier verwendeten Titel finden[1]. »Oh, welch ein Zufall!«, mögen Spötter herausplatzen, und richtig: Die Voll-Übereinstimmung des Titels ist eine Bezugnahme auf eben jenen Beitrag unseres Jubilars, das behandelte Thema jedoch eine bewusst aus dem Oeuvre des Jubilars und des Verfassers gebildete Schnittmenge. Diese deckt, wie schon *Hanns Prüttings* hier zum Ausgang genommener Festschriftbeitrag zeigt, nicht komplett die jüngst durch einen rechtsvergleichenden KTS-Beitrag von *Michael Heese* eindrucksvoll entfaltete Gesamtthematik »Schiedsverfahren und Insolvenz«[2], orientiert sich vielmehr weitgehend an dem durch ZPO und InsO vorgegebenen Rahmen, begrenzt auf die Regeln des deutschen Zivilprozess- und Insolvenzrechts.

I. Die Aufgabe

1. Versöhnung von Schiedsverfahrensrecht und Insolvenzrecht

Über das Verhältnis von Schiedsverfahrensrecht und Insolvenzrecht ist bisweilen zu lesen, es handle sich um heterogene, miteinander in Konflikt geratende Verfahrensarten[3]. Ein ihnen immanenter Widerspruch ist allerdings nicht zu erkennen. Beide Verfahren haben unterschiedliche Aufgaben und werfen unterschiedliche Fragen auf. Die Schiedsgerichtsbarkeit ist eine entfesselte Schwester des Zivilprozesses, das Insolvenzverfahren organisiert Liquidations-, Schuldenbereinigungs- und Reorganisationsprozeduren und macht sich nur einzelne ZPO-Regeln zu eigen, ohne doch selbst auf die Entscheidung eines Rechtsstreits zu zielen[4]. Das schließt eine verdrängende

---

1 *Prütting*, in: Dahl et al. (Hrsg.), Sanierung und Insolvenz, FS Görg, 2010, S. 371 ff.
2 Dazu *Flöther*, Auswirkungen des inländischen Insolvenzverfahrens auf Schiedsverfahren und Schiedsabrede, 2001, passim; *Heese*, Insolvenzverfahren und Verfahrensautonomie, KTS 2017, 167 ff.; *Riedel*, Insolvenz im nationalen Schiedsverfahren, 2016, passim; zuvor weiterführend schon *Gerhard Wagner*, KTS 2010, 39 ff.; zur EuInsVO *Mankowski*, ZIP 2010, 2478.
3 Zuletzt wieder *Heese*, KTS 2017, 167, 168.
4 Charakteristisch der unergiebige Streit über den Anteil des Rechts der streitigen und der freiwilligen Gerichtsbarkeit am Insolvenzverfahren; Angaben dazu bei *Häsemeyer*, Insolvenzrecht, 4. Aufl. 2007, Rn. 3.05.

Hierarchie zwischen beiden und einen Zielkonflikt im Grundsätzlichen prinzipiell aus[5]. Richtig ist aber, dass das Zusammentreffen beider Verfahren Stimmigkeitsanliegen begründet und zur Versöhnung der ihnen beigegebenen Regeln und Prinzipien aufruft. Um nichts anderes wird es hier gehen.

2. Das Schiedsverfahren als Legitimationsproblem

Die Befassung mit Legitimationsgrenzen von Schiedsverfahren im Insolvenzverfahren setzt einen Blick auf die Legitimationsgrundlagen des Schiedsverfahrens im Allgemeinen voraus. Diese lassen sich im Wesentlichen auf drei Elemente zurückführen: auf die Schiedsfähigkeit der zu entscheidenden Sache, auf die Ermächtigung eines Schiedsgerichts durch Schiedsvertrag oder Schiedsklausel und auf ein rite durchzuführendes Schiedsverfahren. Die nach § 1055 ZPO einem rechtskräftigen Urteil gleichende Wirkung des Schiedsspruchs lässt sich ohne diese Basis nicht rechtfertigen, womit sich die Frage stellt, welche Störeffekte das Insolvenzverfahren in diesem legitimierten Regelwerk zu Tage fördert und wie das Schiedsverfahrensrecht reagiert.

II. Schiedsfähigkeit und Schiedsabrede in der Insolvenz

1. Schiedsfähigkeit

Keine themenbezogenen Probleme wirft die objektive Schiedsfähigkeit auf[6]. Nach § 1030 Abs. 1 ZPO kann jeder vermögensrechtliche Anspruch – besser: jede vermögensrechtliche Streitigkeit – Gegenstand einer Schiedsvereinbarung und damit eines Schiedsverfahrens sein, ohne dass es noch auf die »Vergleichsfähigkeit« eingeklagter Ansprüche (§ 1025 ZPO a.F.) ankäme[7]. Fragen wie die vom *BGH* noch im Jahr 2004 diskutierte (und richtig bejahte) Schiedsfähigkeit eines Streits um die Kapitalaufbringung bei einer insolventen GmbH[8] treten nicht mehr auf. Verschiedentlich werden zwar die Grenzen der den Verwalter treffenden Bindung an Schiedsvereinbarungen als Fragen der »subjektiven Schiedsfähigkeit« bezeichnet[9], und jüngst hat *Heese* die objektive Schiedsfähigkeit von Insolvenzforderungen auf rechtsvergleichender Basis in Abrede gestellt[10] und einen »Vorrang des Insolvenzrechts vor der schiedsrechtlichen Parteiautonomie« postuliert[11], weshalb »spezifische Konfliktlagen, die sich aus

---

5 Tendenziell a.M. *Heese*, KTS 2017, 167, 170 f. (»Vorrang des Insolvenzrechts«).
6 Vgl. *Geimer*, in: Zöller, ZPO, 31. Aufl. 2016, § 1030 Rn. 11; *Münch*, in: MünchKommZPO, 5. Aufl. 2017, § 1030 Rn. 34; *Prütting*, in: FS Görg, S. 371 ff.
7 Schon unter der Geltung des § 1025 ZPO a.F. die Schiedsfähigkeit durchgehend bejahend *Jestaedt*, Schiedsverfahren und Konkurs, 1985, S. 57 ff.
8 *BGHZ* 160, 127 = NJW 2004, 2898.
9 Vgl. nur *Dahl/Thomas*, NZI 2012, 534, 535 f.
10 *Heese*, KTS 2017, 167, 181 ff.
11 Ebd., S. 171 f.

dem Aufeinandertreffen beider Verfahren ergeben, im Zweifel im Sinne der insolvenzrechtlich geschützten vielseitigen Interessen aufzulösen« seien[12]. Um Fragen des § 1030 ZPO handelt es sich indes bei diesen Überlegungen nicht.

2. Schiedsverträge und Schiedsverfahren des Insolvenzverwalters

Es sollte sich von selbst verstehen, dass der Insolvenzverwalter in Ausübung der ihm nach § 80 InsO zugestandenen Verwaltungs- und Prozessführungsbefugnis Schiedsvereinbarungen treffen und Schiedsverfahren mit Wirkung für und gegen die Masse führen kann[13]. Dies steht im Einklang mit den Principles of European Insolvency Law[14] und wird mittelbar durch die in § 160 Abs. 2 Nr. 3 InsO (vormals § 133 Nr. 2 KO) vorgeschriebene Zustimmung des Gläubigerausschusses beglaubigt[15]. Auch Anfechtungsstreitigkeiten aus § 143 InsO und Streitigkeiten um die Abwicklung gegenseitiger Verträge i.S. der §§ 103 ff. InsO sind hiervon nicht ausgenommen[16], was für die Praxis bedeutet, dass eine ad hoc auf den anstehenden Rechtsstreit bezogene Schiedsvereinbarung zwischen dem Insolvenzverwalter und einem Anfechtungsgegner als Legitimationsbasis selbst eines Anfechtungs-Schiedsverfahrens taugt.

3. Bindung an vorinsolvenzliche Schiedsverträge und Grenzen der Bindung

Nach der vorherrschenden Auffassung ist der Insolvenzverwalter bei der prozessualen Wahrnehmung massezugehöriger Rechte grundsätzlich an eine diesbezüglich vom Schuldner vereinbarte Schiedsabrede gebunden[17]. Teilweise wird diese einfache Einsicht mit den Theorien der Insolvenzverwaltung in Verbindung gebracht[18] oder auf die Überlegung gestützt, der Insolvenzverwalter trete mit Bezug auf die Masse als Rechtsnachfolger des Schuldners auf[19]. Namentlich die herrschende Amtstheorie

---

12 Ebd., S. 172.
13 Vgl. nur *Riedel*, S. 8 f.; *Rogge/Leptien*, in: HambKommInsO, 5. Aufl. 2015, § 143 Rn. 117; *Berger*, ZInsO 2009, 1033; *Gerhard Wagner*, KTS 2010, 39, 40.
14 *Gerhard Wagner*, KTS 2010, 39, 40 m.w.N.
15 Ebd.
16 Vgl. für Anfechtungsstreitigkeiten *Riedel*, S. 9; *Heidbrink*, SchiedsVZ 2009, 258, 259.
17 *RGZ* 137, 109, 111; *BGHZ* 24, 15, 18 = NJW 1957, 791; *BGHZ* 179, 304, 307 f. Rn. 11 = NJW 2009, 1747, 1748; *BGH*, NZG 2013, 1238 Rn. 8; *OLG Köln*, NJW 2017, 509, 510, m. Anm. *Poertzgen*; *LG Saarbrücken*, ZInsO 2016, 1019, 1022; *Depré*, in: Kayser/Thole (Hrsg.), HK-InsO, 8. Aufl. 2016, § 180 Rn. 2; *Eckardt*, in: Gottwald, Insolvenzrechts-Hdb., 5. Aufl. 2015, § 32 Rn. 77; *Ernestus*, in: Mohrbutter/Ringstmeyer, Hdb. Insolvenzverwaltung, 9. Aufl. 2015, Kap. 11 Rn. 56; *Hess*, InsO, 2. Aufl. 2013, § 80 Rn. 365; *Jungmann*, in: Karsten Schmidt, InsO, 19. Aufl. 2016, § 180 Rn. 4; *Mock*, in: Uhlenbruck (Hrsg.), InsO, 14. Aufl. 2015, § 85 Rn. 74; *Heidbrink/v.d. Groeben*, ZIP 2006, 265; abl. *Windel*, in: Jaeger, InsO, 2007, § 80 Rn. 249.
18 Dazu *Riedel*, S. 14 ff., 20; mit Recht kritisch *Berger*, ZInsO 2009, 1033, 1034; s. auch *Gerhard Wagner*, KTS 2010, 39, 44 ff.
19 Vgl. *Flöther*, DZWIR 2004, 161, 162; s. auch *Jestaedt*, S. 66.

dürfte dafür verantwortlich sein, dass die Streitfrage nicht selten unter der Flagge der Bindung dritter Personen durch Schiedsvereinbarungen ausgefochten wird[20]. Der Sache nach kann es aber nur darum gehen, ob die auf den Streitgegenstand bezogene schiedsvertragliche Bindung die Verfahrenseröffnung und deren aus § 80 InsO ersichtliche Wirkungen überdauert. Aus diesem Grund führen alle für die Bindung reklamierten Konstruktionsversuche nicht über die banale Feststellung des *Bundesgerichtshofs* hinaus, dass der Verwalter die Masse nur in der Rechtslage übernehmen kann, in der sie sich bei der Verfahrenseröffnung befindet[21]. Mit Recht hat der *BGH* auch herausgekehrt, dass die Bindung oder Nicht-Bindung des Insolvenzverwalters durch eine vom schiedsvertragliche Bindung des Schuldners nicht eine Frage der Schiedsfähigkeit der Sache, sondern eine Frage der Verfügungsbefugnis des Schuldners ist[22]:

Nicht von einer vom Schuldner vereinbarten Schiedsabrede erfasst sind demgemäß genuin insolvenzrechtliche Rechtspositionen, die der Verwalter nicht aus der Position des Schuldners ableitet, namentlich also die Geltendmachung von Anfechtungsansprüchen[23]. Ansprüche aus § 143 unterliegen einer Schiedsvereinbarung nur, wenn diese individuell zwischen dem Insolvenzverwalter und dem Anfechtungsgegner getroffen worden ist[24].

Umstritten ist, ob auch aus der Wahlrechtsausübung nach § 103 InsO resultierende Ansprüche der schiedsvertraglichen Bindung entzogen sind[25]. Dass die Schiedsabrede selbst mangels eines synallagmatischen Austauschverhältnisses kein »gegenseitiger Vertrag« i.S. von § 103 Abs. 1 InsO ist, darf mit *Hanns Prütting*[26] für zweifelsfrei erklärt werden[27]. Eine andere Frage ist, ob die Bindung des Insolvenzverwalters an vorinsolvenzliche Schiedsvereinbarungen auch die Entscheidung über die Anwendbarkeit der Bestimmung und über die Wahlrechtsausübung durch den Insolvenzverwalter umfasst. Nach einem häufig zitierten *BGH*-Beschluss vom 30.6.2011[28] gehört auch das dem Insolvenzverwalter nach § 103 InsO bei beiderseits nicht vollständig

---

20 Charakteristisch *Münch*, in: MünchKommZPO, 5. Aufl. 2017, § 1029 Rn. 50; *Kuhli*, SchiedsVZ 2012, 321, 323.
21 *BGHZ* 24, 15, 18 = NJW 1957, 791; *BGH*, DZWIR 2004, 161 m. Anm. *Flöther*; *BGH*, NJW-RR 2008, 558, 506 Rn. 17.
22 *BGH*, NZI 2011, 634, 636; ZIP 2017, 2317, 2318; dazu auch *Riedel*, S. 76 ff.; ähnlich schon *Henckel*, in: Jaeger, InsO, 2008, § 143 Rn. 174.
23 *BGH*, DZWiR 2004, 161; ZIP 2011, 1477; *Büteröwe*, in: Karsten Schmidt, InsO, § 143 Rn. 40; *Hess*, § 80 Rn. 378; *Wagner/Braem*, KTS 2009, 242, 245; jetzt auch *Ede/Hirte*, in: Uhlenbruck, InsO, 14. Aufl. 2015, § 143 Rn. 143; a.M. *Paulus*, ZIP 1999, 242, 244 f.
24 Weitergehend *Heidbrink/v.d. Groeben*, ZIP 2006, 265, 268.
25 Dafür etwa *BGH*, NZI 2011, 634; *Jacoby*, in: Jaeger, InsO, 2014, § 103 Rn. 306; *Dahl/Schmitz*, NZI 2013, 1059, 1060.
26 *Prütting*, in: FS Görg, S. 371, 373.
27 Vgl. nur *BGHZ* 24, 15, 18 = NJW 1957, 791; *Lachmann*, Handbuch der Schiedsgerichtspraxis, 3. Aufl. 2008, Rn. 517; *M. Huber*, in: Insolvenzrechts-Hdb., § 36 Rn. 46; *Marotzke*, in: HK-InsO, § 103 Rn. 31; *Haas*, ZZP 126 (2013), 117 ff.; *Kuhli*, SchiedsVZ 2012, 321, 324; nach Redaktionsschluss *BGH*, ZIP 2017, 2317 Rn. 13; für analoge Anwendung des § 103 InsO allerdings *Windel*, in: Jaeger, InsO, 2007, § 80 Rn. 249.
28 *BGH*, NZI 2011, 634 = SchiedsVZ 2011, 281.

erfüllten gegenseitigen Verträgen zustehende Wahlrecht zu seinen von der Bindung an eine Schiedsklausel ausgeschlossenen genuinen Rechten. Wie auch § 119 InsO erkennen lasse, handle es sich bei diesem Wahlrecht – so der *BGH* – nicht um eine ursprünglich dem Schuldner zustehende und deshalb seiner Disposition unterworfene Befugnis[29].

Für diesen Gedankengang hätte sich der *III. Zivilsenat* auch auf den eingangs erwähnten Beitrag des Jubilars berufen können, der die Begrenzung der Bindung im Rahmen des § 103 InsO auf eine ganz ähnliche Erwägung gestützt hatte[30]. *Prütting* stellt die Bindung mit Bezug auf Verträge, die dem Verwalterwahlrecht nach § 103 InsO unterliegen, unter den Vorbehalt, dass das Wahlrecht dem Insolvenzverwalter als eine unentziehbare Entscheidungsbefugnis zuwächst und nicht der Beurteilung durch ein Schiedsgericht unterworfen sein kann[31]. Eine Schiedsklausel, die das Wahlrecht unterlaufen könne, binde deshalb den Verwalter in Passivprozessen aus gegenseitigen Verträgen nicht[32].

In Kenntnis des alsbald vom *BGH* eingenommenen Standpunkts ist man geneigt, diese Überlegung als wegweisend zu bezeichnen. Über jeden Zweifel erhaben ist sie indes nicht. Es ist ja ein Unterschied, ob das Wahlrecht abbedungen oder vertraglich modifiziert wird (das sind die Themen des § 119 InsO) oder ob die Parteien die Entscheidung hierüber in die Hand eines Schiedsgerichts geben, dessen Aufgabe es ist, die zwingenden Regeln des § 103 InsO zu respektieren.

4. Anfechtbarkeit der Schiedsabrede?

Wenig Klarheit besteht bisher über die Anfechtbarkeit einer vom Schuldner abgeschlossenen Schiedsabrede gemäß §§ 129 ff. InsO[33]. Der *Bundesgerichtshof* hält eine Anfechtung abstrakt für möglich[34], und verschiedentlich werden die Grundvoraussetzungen der Anfechtungstatbestände – Rechtshandlung und Gläubigerbenachteiligung – für gegeben erklärt[35]. Aber die Rechtsfolgenanordnung des § 143 Abs. 1 InsO will nicht recht passen, weil es an einem der Rückführung in die Masse fähigen Vermögenstransfer fehlt[36]. Nicht von ungefähr gilt deshalb die Insolvenzanfechtung von Schiedsverträgen als ein Sujet für obiter dicta und als ein eher ein akademisches Thema[37]. Damit habe es hier sein Bewenden.

---

29 Ebd., Rn. 14; zust. z.B. *Dahl/Schmitz*, NZI 2013, 1059, 1060; ähnlich bereits *Heydn*, SchiedsVZ 2010, 182, 186; zweifelnd *Riedel*, S. 78.
30 *Prütting*, in: FS Görg, S. 371, 378 f.
31 *Prütting*, in: FS Görg, S. 371, 379.
32 Ebd.
33 Die Frage bleibt, soweit ersichtlich, unerwähnt bei *Kummer/Schäfer/Wagner*, Insolvenzanfechtung, 3. Aufl. 2017.
34 *BGH*, DZWIR 2004, 161, 162 m. Anm. *Flöther*.
35 *Dahl/Thomas*, NZI 2012, 534.
36 Ähnlich *Berger*, ZInsO 2009, 1033, 1036.
37 In diesem Sinne *Berger*, ebd.

III. Insolvenzforderungen in Schiedsverfahren

1. Forderungsfeststellung im »ordentlichen Verfahren«

§ 87 InsO, wonach Insolvenzgläubiger ihre Forderungen nur nach den Insolvenzverfahrensregeln verfolgen können, gilt auch bezüglich schiedsverfahrensrechtlicher Rechtsstreitigkeiten[38]. Leistungs-Schiedsklagen sind damit ebenso ausgeschlossen wie Schieds-Exequaturverfahren nach den §§ 1060 ff.[39]. Maßgeblich sind vielmehr die §§ 174 ff. InsO über das Anmeldungsverfahren, und die Frage ist nur, ob Feststellungsstreitigkeiten nach §§ 179 ff. InsO in der Schiedsgerichtsbarkeit ausgetragen werden können. Nach § 180 Abs. 1 Satz 1 InsO ist auf die Feststellung »Klage im ordentlichen Verfahren« zu erheben. Diese Formulierung wird in dem Sinne verstanden, dass das Feststellungsverfahren ein von der insolvenzrechtlichen Prozedur zu unterscheidender Rechtsstreit zu sein hat[40], nicht dagegen im Sinne eines Ausschlusses der Schiedsgerichtsbarkeit. Ohne Weiteres zulässig ist demnach eine zwischen dem angemeldeten Gläubiger und dem Bestreitenden – damit auch dem Insolvenzverwalter – eigens für den Zweck des Feststellungsstreits getroffene Schiedsvereinbarung[41], während die Bindung an eine vor der Verfahrenseröffnung getroffene Schiedsvereinbarung auch hier wieder streitig geblieben ist[42]. Die vorherrschende Ansicht bejaht diese Bindung, womit die dem Schiedsverfahren unterworfene Forderung diesen prozessualen Status gleichsam in den nach §§ 178 ff. InsO zu führenden Feststellungsstreit mitnimmt[43].

Die notwendige Umstellung vom Zahlungs- auf einen Feststellunganatrag[44] und ebenso die Begrenzung des Schiedsspruchs auf die nach der Insolvenzordnung gebotene Feststellung kann, wie der Beschluss *BGHZ* 179, 304 = NJW 2009, 1747 gezeigt hat, sogar noch im Wege der Auslegung nachvollzogen werden. Einer Vollstreckbarerklärung nach § 1060 ZPO bedarf es nach h.M. für die Tabellenberichtigung aufgrund eines Schiedsspruchs nicht[45].

---

38 Vgl. *Sternal*, in: Karsten Schmidt, InsO, § 87 Rn. 9; *Ehricke*, ZIP 2006, 1847, 1848.
39 Vgl. zuletzt *BGH* v. 26.4.2017 – 1 ZB 119/15, ZIP 2017, 1181, 1182 Rn. 19.
40 Vgl. nur *BGH*, ZIP 2009, 627, 628 Rn. 9; *Flöther*, S. 63, 108; *Jestaedt*, S. 123, 126; *Eickmann*, in: Gottwald, Insolvenzrechts-Hdb., 5. Aufl. 2015, § 64 Rn. 44; *Gerhardt*, in: Jaeger, InsO, 2010, § 180 Rn. 15; *Jungmann*, in: Karsten Schmidt, InsO, § 180 Rn. 4; *Schumacher*, in: MünchKommInsO, § 180 Rn. 9.
41 *Jestaedt*, S. 123 ff.; *Flöther*, S. 108 ff.; *Gerhardt*, in: Jaeger, § 180 Rn. 17; *Herchen*, in: HambKomm. InsO, § 180 Rn. 11; *Schumacher*, in: MünchKommInsO, § 180 Rn. 107; *Sinz*, in: Uhlenbruck, § 180 Rn. 15.
42 Ablehnend *Herchen*, in: HambKomm. InsO, § 180 Rn. 12.
43 Vgl. nur *Hess*, § 180 Rn. 3; *Jungmann*, in: Karsten Schmidt, InsO, § 180 Rn. 4; *Sinz*, in: Uhlenbruck, § 180 Rn. 16.
44 Dazu *Nacimiento/Bähr*, NJOZ 2009, 4752, 4756.
45 Angaben bei *Ehricke*, ZIP 2009, 1874, 1852.

2. Undurchführbare Schiedsverfahren

Nach § 1032 Abs. 1 Satz 2 ZPO ist eine Schiedsvereinbarung nicht bindend und rechtfertigt im ordentlichen Zivilprozess nicht die Schiedseinrede, wenn sie nichtig, unwirksam oder undurchführbar ist. Der Gegeneinwand der Undurchführbarkeit ist vom Gericht nach allgemeinen Regeln zu prüfen. Einer Kündigung der Schiedsvereinbarung bedarf es hierfür nicht[46]. Das Urteil *BGHZ* 145, 117, 119 = NJW 2000, 3270 hat es hierfür ausreichen lassen, dass der Kläger die Kosten des Schiedsverfahrens nicht aufzubringen vermag und auch nicht anderweitig für Kostendeckung gesorgt ist. Undurchführbarkeit liegt aber nach dieser Entscheidung nicht vor, wenn die Gegenpartei zur Übernahme der Kosten bereit und in der Lage ist. Die Bedeutung des Undurchführbarkeitseinwands für die schiedsvertragliche Bindung des Insolvenzverwalters ist unverkennbar. Zum Tragen kommt sie allerdings nur, wenn die Mittel der Masse nicht ausreichen, um die Kosten des Schiedsverfahrens zu decken und die Gegenseite einen helfenden Kostenvorschuss ablehnt[47]. Das Insolvenzverfahren als solches begründet noch nicht den Undurchführbarkeitseinwand.

IV. Insolvenzverfahrenseröffnung im laufenden Schiedsverfahren

Nicht auf Schiedsverfahren anwendbar ist nach der höchstrichterlichen Rechtsprechung wie nach der vorherrschenden Doktrin § 240 ZPO, wonach die Eröffnung des Insolvenzverfahrens über das Vermögen einer Prozesspartei einen laufenden Zivilprozess unterbricht[48]. Soll § 240 ZPO verwendbar sein, so bedarf dies nach h.M. einer Vereinbarung im Schiedsvertrag[49]. Der Hauptgrund hierfür wird in der nach § 1042 Abs. 3 ZPO viel freieren Verfahrensgestaltung gesehen[50], außerdem im Fehlen formalisierter Fristen[51].

Die Nichtanwendung des § 240 ZPO hat zur Folge, dass die gesetzlichen Unterbrechungswirkungen in einem Schiedsverfahren nicht ex lege eintreten. Aus Gründen des rechtlichen Gehörs darf aber auch nach der herrschenden Meinung das Verfahren nicht weiter betrieben werden, ohne dass den Parteien Gelegenheit zur

---

46 *BGHZ* 145, 117, 119 = NJW 2000, 3720; s. auch *KG*, SchiedsVZ 2003, 239; *OLG Düsseldorf*, NZG 2004, 916, 920; *Riedel*, S. 87 ff., 94 ff.; *Dahl/Schmitz*, NZI 2013, 1059, 1061; *Heidbrink/v.d. Groeben*, ZIP 2006, 265, 266; *Ph. K. Wagner*, GWR 2010, 129, 130; krit. *Gerhard Wagner*, SchiedsVZ 2003, 206, 217; *ders.*, KTS 2010, 39, 43.
47 *Riedel*, S. 91 ff.; *Dahl/Thomas*, NZI 2012, 534, 535.
48 *RGZ* 62, 24; *BGH*, KTS 1966, 246; *Kroth*, in: Braun (Hrsg.), InsO, 7. Aufl. 2017, § 84 Rn. 9; *Prütting*, in: Prütting/Gehrlein (Hrsg.), ZPO, 5. Aufl. 2013, § 1042 Rn. 21; *Schumacher*, in: MünchKommInsO, vor §§ 85-87 Rn. 53; *Geimer*, in: Zöller, ZPO, 31. Aufl. 2016, § 1042 Rn. 50; *Mock*, in: Uhlenbruck, § 85 Rn. 72 (unstimmig aber § 80 Rn. 187); *Sternal*, in: Karsten Schmidt, InsO, § 85 Rn. 12; *Windel*, in: Jaeger, InsO, § 85 Rn. 68; *Ehricke*, ZIP 2006, 1847, 1850; *Flöther*, DZWiR 2001, 89, 90 ff.; *Nacimiento/Bähr*, NJOZ 2009, 4752, 4755.
49 *Schumacher*, in: MünchKommInsO, vor §§ 85-87 Rn. 53; *Windel*, in: Jaeger, § 85 Rn. 68.
50 Vgl. nur *Schumacher*, in: MünchKommInsO, Vor §§ 85-87 Rn. 53.
51 *RGZ* 62, 24, 25.

Anmeldung der Forderung und zum Betrieb des Forderungsfeststellungsverfahrens gegeben wird[52].

Doch wird diese Lösung als provisorisch, der Stand der Praxis als klärungsbedürftig angesehen[53]. Ein klares Bekenntnis zur analogen Anwendung des § 240 ZPO auch auf laufende Schiedsverfahren hat namentlich *Gerhard Wagner* formuliert[54]: Indem der *BGH* das Schiedsgericht anhält, dem Insolvenzverwalter vor der Fortsetzung des Rechtsstreit rechtliches Gehör zu gewähren[55], habe er sich, was nur noch unmissverständlich artikuliert werden müsse, der Sache nach längst zu einer analogen Anwendung des § 240 ZPO bekannt[56]. Auch sei das schiedsgerichtliche Verfahren mittlerweile in solchem Maße verrechtlicht und formalisiert, dass der Insolvenzverwalter des innerprozessualen Schutzes durch die Unterbrechungsregel des § 240 ZPO ebenso bedürfe wie im Zivilprozess vor staatlichen Gerichten. Diese schlüssige Argumentation führt zur analogen Anwendung auch der §§ 85 ff. InsO über die Aufnahme des Rechtsstreits[57]. Aktivstreitigkeiten, die für den Schuldner über das zur Insolvenzmasse gehörende Vermögen anhängig waren, können nach den in § 85 InsO enthaltenen Regeln vom Insolvenzverwalter aufgenommen werden. Lehnt der Insolvenzverwalter die Aufnahme ab, so stellt dies eine Freigabe der streitbefangenen Rechte dar mit der Folge, dass sowohl der Schuldner als auch der Gegner zur Aufnahme des Rechtsstreits berechtigt sind (§ 85 Abs. 2). Aber auch unterbrochene Passivprozesse können – bei bindender Schiedsabrede vor dem Schiedsgericht[58] – von den Insolvenzgläubigern aufgenommen werden, bezüglich der Insolvenzforderungen folgerichtig als Feststellungsstreitigkeiten[59].

V. Schluss

Der hier zum Ausgang genommene Beitrag des Jubilars war ein früher Anstoß zu einem Diskurs, der seither fortgeführt worden ist und seinen Weg in die Kommentare zur Insolvenzordnung wie zur Zivilprozessordnung gefunden hat. Wenn diese Diskussion hier nur in Details weitergeführt werden konnte[60], kann dies den Dank an *Hanns Prütting* nicht schmälern.

---

52 *BGHZ*, 173, 103, 106 = NJW-55 2007, 1693, 1694; *BGHZ* 179, 304, 311 = NJW 2009, 1747, 1749; *Mock*, in: Uhlenbruck, § 85 Rn. 72; *Schumacher*, in: MünchKommInsO, vor §§ 85-87 Rn. 53; *Nacimiento/Bähr*, NJOZ 2009, 4752, 4755.
53 Vgl. *Flöther*, DZWiR 2004, 161 ff.
54 *Wagner*, KTS 2010, 39, 56 ff.; zust. *Riedel*, S. 113 f.
55 *BGHZ* 179, 304, 310 ff. = NJW 2009, 1747, 1749 Rn. 22, 28; *Jestaedt*, S. 36 ff.
56 *Wagner*, KTS 2010, 39, 57 f.
57 *Riedel*, S. 114; vgl. auch (in Widerspruch zu Fn. 52) *Mock*, in: Uhlenbruck, § 80 Rn. 187.
58 *Depré*, in: HK-InsO, § 180 Rn. 6 m.w.N.
59 *Eckardt*, in: Insolvenzrechts-Hdb., § 32 Rn. 194; *Sinz*, in: Uhlenbruck, § 184 Rn. 11.
60 Über ambitioniertere Arbeiten vgl. Fn. 2; vgl. auch nach Redaktionsschluss *BGH*, ZIP 2017, 2317.

Mediation in nationalen und grenzüberschreitenden Insolvenzverfahren

Heinz Vallender

I. Einleitung

Das Thema Mediation[1] im Insolvenzverfahren beschäftigt erst seit geraumer Zeit die deutsche Insolvenzrechtsliteratur.[2] Auch auf europäischer Ebene ist man dem Gedanken, in Fällen des wirtschaftlichen Scheiterns von Unternehmen durch die Bestellung einer unabhängigen Person eine interessengerechte Lösung für einen Konflikt zu finden, jüngst nahegetreten. In ihrer Empfehlung vom 12.3.2014 regt die Europäische Kommission die Beauftragung eines Mediators durch das Gericht zur Unterstützung des Schuldners und der Gläubiger an, damit erfolgreiche Verhandlungen über einen Restrukturierungsplan geführt werden können.[3] Diesen Gedanken greift der am 22.11.2016 unterbreitete Vorschlag für eine Richtlinie des Europäischen Parlaments und des Rates über präventive Restrukturierungsrahmen, die zweite Chance und Maßnahmen zur Steigerung der Effizienz von Restrukturierungs-, Insolvenz- und Entschuldungsverfahren und zur Änderung der Richtlinie 2012/30/EU auf und entwickelt ihn gleichzeitig fort.[4] So schreibt Erwägungsgrund 18 dem Mediator die Aufgabe zu, die Verhandlungen über einen Restrukturierungsplan zu unterstützen. Art. 25 gibt den Mitgliedstaaten auf sicherzustellen, dass Mediatoren, Insolvenzverwalter und sonstige Verwalter, die in Sachen im Bereich Restrukturierung, Insolvenz und zweite Chance bestellt werden, die nötige Aus- und Weiterbildung erhalten, um zu gewährleisten, dass ihre Dienste gegenüber den Parteien in einer wirksamen, unparteiischen, unabhängigen und sachkundigen Weise erbracht werden. Auch der deutsche Gesetzgeber scheint dem Gedanken, dass bereits die entsprechende Bezeichnung einer vom Insolvenzgericht eingesetzten unabhängigen Person zur Kommuni-

---

1 Mediation ist die Vermittlung in einem Konflikt durch einen neutralen Dritten, der keine Entscheidungskompetenz besitzt (Duve/Eidenmüller/Hacke, Mediation in der Wirtschaft, 2003, 59). Die Konfliktlösung wird dadurch bewirkt, dass der Mediator die Verhandlungen der Beteiligten strukturiert und auf eine einvernehmliche Einigung hinwirkt, die dann gegebenenfalls in einer Abschlussvereinbarung fixiert wird (*Schön*, ZKM 2008, 137).
2 MüKo-InsO/*Eidenmüller*, 3. Aufl. Vor §§ 217-269 Rn. 53; ders. ZZP 121, 273 (2008); ders. Unternehmenssanierung zwischen Markt und Gesetz, 1999, S. 309 ff.; *Kassing*, in Haft/Schlieffen, Handbuch Mediation, 3. Aufl., 2016; ders. ZInsO 1999, 266; ders. ZKM 2010, 116; *Schön*, ZKM 2008, 137; *Schuhmacher/Thiemann*, DZWIR 1999, 441; *Wipperfürth/Tusch*, ZInsO 2013, 971.
3 C (2014) 1500 final, B 9a.
4 COM(2016) 723 final.

kationsverbesserung in Gruppen beitragen kann, näher getreten zu sein. Während der Entwurf des Gesetzes zur Erleichterung der Bewältigung von Konzerninsolvenzen in § 269e InsO-E noch den Begriff »Koordinationsverwalter« verwendete, findet sich in dem am 21.04.2017 in Kraft tretenden entsprechenden Gesetz[5] nunmehr der Begriff »Verfahrenskoordinator«, dessen Aufgabe es bei der Insolvenz konzernverbundener Unternehmen ist, zum Vorteil aller Insolvenzmassen auf eine abgestimmte Abwicklung der einzelnen Verfahren hinzuwirken.[6]

Der verehrte Jubilar, dem ich mich seit vielen Jahren freundschaftlich verbunden fühle, hat in seinem umfassenden wissenschaftlichen Werk auch dem Thema Mediation wiederholt Aufmerksamkeit geschenkt[7]. Bereits 1997 hat er Überlegungen zur Mediation als eine Alternative zum gerichtlichen Verfahren angestellt[8]. In einem weiteren Beitrag aus dem Jahre 1999[9] hat er die positiven Aspekte der Mediation herausgestellt, gleichzeitig aber auch darauf hingewiesen, dass »jede Form außergerichtlicher Streitbelegung mit gewissen Risiken und Gefahren behaftet« sei. Der nachfolgende Beitrag, mit dem ich ein wenig von einer großen Dankesschuld abtragen möchte, unternimmt den Versuch, den aktuellen Stand der Mediation im Insolvenzverfahren näher zu beleuchten und dieser Thematik auf diese Weise auch etwas mehr Aufmerksamkeit zu verschaffen.[10]

II. Ursprünge der Mediation

Die Mediation ist keine Entwicklung der Neuzeit. Der Gedanke der Vermittlung in Konflikten reicht vielmehr in die Zeit um Christi Geburt zurück. Noch vor der Entstehung materieller Rechtsnormen und staatlicher Organisationsformen waren Menschen bestrebt, Konflikte durch eine Verhandlungs- und Vermittlungsstrategie beizulegen.[11] Insbesondere in Ländern wie Japan und China dient der Vermittlungs-

---

5 BGBl. I 2017 S. 866.
6 BT-Drucks. 18/11436 S. 25. Diese Aufgabe rückt den Verfahrenskoordinator in die Nähe eines Mediators, der sich als neutrale Person nicht auf die Seite einer Partei schlagen und nicht versuchen darf, für diese ein günstiges Ergebnis herbeizuführen.
7 *Prütting*, Streitschlichtung und Mediation im Arbeitsrecht, in FS Hanau, 1999, 743; *Prütting*, BB Beilage 1999, Nr. 9 7-13; *Prütting*, AnwBl. 2000, 273; *Prütting*, BRAK-Mitt. 2004, 244; *Prütting*, Gutachten Rechtsberatung zwischen Deregulierung und Verbraucherschutz, Deutscher Juristentag 65 G 5-68 (2004), C IV; *Prütting*, ZKM 2006, 100; *Prütting*, ZAP Fach 23, 873; *Prütting*. JZ 2008, 847; *Prütting*, ZZP 124 (2011), 163; *Prütting* AnwBl. 2012, 28; *Prütting,* AnwBl. 2012, 796; *Prütting*, AnwBl 2013, 401; *Prütting*, Mediation im Arbeitsrecht, in Haft/Schlieffen, Handbuch Mediation, 3. Aufl., 2016, § 33; *Prütting*, MDR 2016, 965.
8 JuS 1997, 1152.
9 *Prütting*, BB Beilage 1999, Nr. 9 7-13.
10 Weder in den einschlägigen Kommentaren zum Insolvenzrecht noch in entsprechenden Handbüchern zum Insolvenz- und Sanierungsrecht findet sich nicht einmal im Stichwortverzeichnis der Begriff Mediation. Eine Ausnahme bildet insoweit die 3. Aufl. des Münchener Kommentars zur Insolvenzordnung (Vor. §§ 217-269 Rn. 53 ff.).
11 *Hehn*, in Haft/Schlieffen, Handbuch Mediation, 3. Aufl., 2016, § 2 Rdn. 7.

gedanke angesichts der in diesen Ländern traditionell starken Betonung von Konsens, Kooperation und Harmonie seit jeher als Mittel zur Beilegung von Konflikten.[12]

In Europa wurden Vermittlungsstrategien bereits im Mittelalter häufig angewendet.[13] Mediatoren wurden beispielsweise beauftragt, Konflikte zwischen Privaten im Zusammenhang mit Eigentums-, Grenz- und Nutzungsfragen zu beseitigen. Allerdings erstreckte sich die Vermittlung in Konflikten nicht nur auf das Private, sondern reichte bis zur Beilegung von Konflikten im politischen Bereich zur Sicherung des Friedens.[14]

Im Völkerrecht trat bei der Vermittlung in Konflikten bereits im antiken Griechenland eine dritte Partei in Erscheinung, deren primäre Aufgabe es war, die Gesprächsbereitschaft zwischen den streitenden Konfliktparteien wiederherzustellen. *Hehn*[15] nennt als anschaulichstes Beispiel für die Einschaltung von Vermittlern bei Konflikten im Bereich des Völkerrechts die Friedensverhandlungen zum Westfälischen Frieden 1648. Zu diesen Vermittlern zählten von 1630 an Papst Urban VII oder der französische König Ludwig XIII.

Bei der Entwicklung der Mediation spielte neben dem Vermittlungsgedanken der Aspekt des Ausgleichs eine nicht unerhebliche Rolle. Vor allem beim Täter-Opfer-Ausgleich geht es um Kompensationsleistungen, um Aspekte der Schadenswiedergutmachung. Nach wie vor ist ein wesentliches Ziel der Mediation, den Beteiligten für die Zukunft die Möglichkeit zu eröffnen, nach einem beseitigten Konflikt friedlich nebeneinander zu leben.[16]

III. Mediation in Deutschland

Nach den Feststellungen des Jubilars hatte sich seit den siebziger Jahren des vergangenen Jahrhunderts die konsensuale Streitschlichtung in Praxis und Literatur zu einem fast unüberschaubaren Bereich entwickelt.[17] Dabei ragte der Begriff der Mediation heraus, der bisweilen als ein Sammelbegriff aller Formen gütlicher Streitschlichtung verstanden wurde. Als Alternative zum staatlichen Gerichtsverfahren hatte sich die »Alternative Konfliktbeilegung« (AKB) bzw. Alternative Dispute Resolution (ADR)[18] entwickelt, an deren Beginn die Beschäftigung mit dem Thema Verhandlung

---

12 *Besemer,* Mediation-Vermittlung in Konflikten, 3.- Aufl., 1995, S. 46; *Risse,* WM 1999, 1864, 1866 f.
13 Näher dazu *Duss-von Werdt,* Mediation in Europa, Studienbrief der Fernuniversität Hagen (71003-1-01- S 1), 1999, S. 15 ff.
14 *Hehn,* in Haft/Schlieffen, Handbuch Mediation, 3. Aufl., 2016, § 2 Rdn. 9.
15 in Haft/Schlieffen, Handbuch Mediation, 3. Aufl., 2016, § 2 Rdn. 13.
16 *Hehn,* in Haft/Schlieffen, Handbuch Mediation, 3. Aufl., 2016, § 2 Rdn. 26.
17 *Prütting,* MDR 2016, 965. Der Jubilar spricht insoweit von einer »zickzackförmigen Entwicklung« (*Prütting,* AnwBl 2012, 204).
18 Den Anstoß dazu hatte 1978 der amerikanische Rechtswissenschaftler Frank Sander auf der von der American Bar Association veranstalteten »Pound Conference« mit seinem Vortrag »Varieties of Dispute Processing« gegeben.

(Negotiation) stand.[19] Anlass für diese Entwicklung in Deutschland war vor allem der Umstand, dass der herkömmliche Weg der Konfliktbewältigung im Rahmen von Verwaltungsverfahren und gerichtlichen Auseinandersetzungen zunehmend Unzufriedenheit bei den direkt und indirekt betroffenen Bürgern hervorrief.[20]

1. Gesetz zur Förderung der Mediation und anderer Verfahren der außergerichtlichen Konfliktbeilegung

Bis zum Inkrafttreten des Gesetzes zur Förderung der Mediation und anderer Verfahren der außergerichtlichen Konfliktbeilegung am 26.7.2012[21], dem ein zähes rechtspolitisches Ringen vorangegangen war[22], gab es für die verschiedenen Formen der Mediation, nämlich die unabhängig von einem Gerichtsverfahren durchgeführte Mediation (außergerichtliche Mediation), die während eines Gerichtsverfahrens außerhalb des Gerichts durchgeführte Mediation (gerichtsnahe Mediation) und die während eines Gerichtsverfahrens von einem nicht entscheidungsbefugten Richter durchgeführte Mediation (gerichtsinterne Mediation) keine gesetzliche Regelung. Seit diesem Zeitpunkt schafft das Gesetz für die gerichtsinterne Mediation eine ausdrückliche rechtliche Grundlage.[23] Darüber hinaus hat es die Richtlinie 2008/52/EG des Europäischen Parlaments und des Rates vom 21. Mai 2008 über bestimmte Aspekte der Mediation in Zivil- und Handelssachen (ABl. L 136 vom 24.5.2008, S. 3) – Europäische Mediationsrichtlinie (Mediations-RL) –, die nur für grenzüberschreitende Aspekte der Mediation in Zivil- und Handelssachen gilt, in nationales Recht umgesetzt und eine umfassende Anwendungsoption in anderen Rechtsgebieten eröffnet.[24]

Das Gesetz legt in § 1 die wesentlichen Grundsätze des Mediationsverfahrens fest und definiert dabei die Begriffe Mediation und Mediator. Es stärkt die Mediation, indem es die Vertraulichkeit des Mediationsverfahrens durch eine Verschwiegenheitspflicht (§ 4 S. 1, 2 MediationsG) des Mediators, bei dem es sich um eine unabhängige und neutrale Person ohne Entscheidungsbefugnis handelt (§ 1 Abs. 2 MediationsG), schützt. § 5 MediationsG regelt die Aus- und Fortbildung des Mediators. In § 5 Abs. 2 MediationsG wurde der zertifizierte Mediator eingeführt. Schweben zwischen den Parteien Verhandlungen über den Anspruch oder die den Anspruch begründenden Umstände (§ 203 S. 1 BGB), wird die Verjährung gehemmt, weil die Mediation eine solche Verhandlung darstellt.[25]

---

19 *Haft*, in Haft/Schlieffen, Handbuch Mediation, 3. Aufl., 2016, § 3 Rdn. 3.
20 *Rösch*, Verhandlung und Mediation in der Insolvenz, Diss., 2009, S. 19.
21 BGBl. I 1577.
22 *Ahrens*, NJW 2012, 2465.
23 Dass die gerichtsbezogene Mediation mit erheblichen Problemstellungen einherging, belegt die Entscheidung des BGH v. 12.2.2009 – VII ZB 76/07 –, in der das Gericht zu dem Schluss gelangte, dass eine als Mediationsverfahren ausgestaltete Güteverhandlung nicht den Lauf der Berufungsbegründungsfrist hemmen könne.
24 BT-Drucks. 17/5335, S. 11; *Leutheusser-Schnarrenberger*, ZKM 2012, 72.
25 BT-Drucks. 17/5335, S. 11.

2. Mediation in der Krise des Schuldners und im Insolvenzverfahren

Als kollektives Vollstreckungsverfahren dient das Insolvenzrecht einem Hauptzweck, der Verwirklichung der schuldnerischen Vermögenshaftung[26]. Das Verfahren soll es den Beteiligten ermöglichen, die optimale Verwertungsentscheidung im Verhandlungsprozess zu entdecken und zu verwirklichen. Dass bereits vor[27] und während eines Insolvenzverfahrens Konfliktsituationen entstehen, ist angesichts der unterschiedlichen Interessen der Betroffenen und einer im Insolvenzverfahren regelmäßig begrenzten Haftungsmasse unvermeidbar. Während Gläubiger primär eine optimale Befriedigung ihrer Forderungen anstreben, sind die Interessen und Verhaltensweisen des Schuldners komplexer; sie sind insbesondere in Abhängigkeit vom Krisenstadium, seiner vermögens- und (bei Gesellschaften) gesellschaftsrechtlichen Stellung sowie seiner beruflichen Tätigkeit zu sehen. Der Schuldner muss nicht nur befürchten, durch die Eröffnung des Insolvenzverfahrens die Verwaltungs- und Verfügungsbefugnis über sein Vermögen zu verlieren (§ 80 InsO), sondern möglicherweise auch mit Haftungsansprüchen konfrontiert zu werden. Aus diesem Grunde wird er bestrebt sein, durch außergerichtliche Sanierungsbemühungen die Insolvenz zu vermeiden, um weiterhin das »Heft in der Hand zu behalten«. Dieses Interesse kollidiert oft mit den Interessen der Arbeitnehmer, Kunden, Lieferanten, bei denen es sich naturgemäß nicht um eine homogene Gruppe handelt, und anderen Geschäftspartnern, die in der Krisensituation unter Umständen das Vertrauen in die Überlebensfähigkeit des schuldnerischen Unternehmens verloren haben und einer Sanierungslösung zurückhaltend oder gar ablehnend gegenüberstehen. Dies gilt gleichermaßen für ursprünglich avisierte Sanierungen unter Eigenverwaltung. Dabei ist vor allem es die Einstellung der Arbeitnehmerschaft ein nicht zu unterschätzender Faktor für das Gelingen eines Sanierungsprozesses.[28]

Handelt es sich bei dem Schuldner um eine natürliche Person, ist sein Interesse primär darauf gerichtet, von seinen restlichen Verbindlichkeiten befreit zu werden, während die Gläubiger insbesondere bei Vorliegen von Anhaltspunkten für ein unredliches Verhalten des Schuldners dieses Vorhaben mit Versagungsanträgen zu durchkreuzen versuchen. Bei einer solchen Ausgangslage gewinnt vor allem der einer Mediation innewohnende Ausgleichgedanke, der insbesondere im Insolvenzplanverfahren beredten Ausdruck gefunden hat[29], zunehmend an Bedeutung und legt sowohl für die Krisenbewältigung als auch das Insolvenzverfahren selbst eine mediative Tätigkeit nahe.

26 *Vallender*, in Vallender/Undritz (Hrsg.), Praxis des Insolvenzrechts, 2. Aufl., 2017, § 1 Rdn. 28.
27 In einem Bericht des INDAt REPORT (Ausgabe 3/16 S. 12) schildert Wirtschaftsmediatorin *Sylvia Wipperfürth* eine typische Konfliktsituation in der Krisensituation eines kleineren Unternehmens, die erst durch die Einschaltung eines Mediatiors aufgelöst werden konnte. Oft lägen die Probleme nicht im Wirtschaftlichen, sondern im Menschlichen, so *Wipperfürth* (S. 13).
28 *Wipperfürth/Tusch*, ZInsO 2013, 971.
29 MüKo-InsO/*Eidenmüller*, Vor §§ 217-269 Rdn. 53.

Zwar sind die Grundregeln des Insolvenzverfahrens nicht verfügbar. Dies bedeutet indes nicht, dass das Insolvenzrecht einer Mediation nicht zugänglich ist.[30] Denn ein Ziel des reformierten deutschen Insolvenzrechts ist die Marktkonformität der Insolvenzabwicklung. Im Wesentlichen geht es darum, wie der am Markt versagende Schuldner aus dem Markt genommen oder die finanziellen Verhältnisse des Schuldners marktgerecht umgestaltet werden können.[31] Dies eröffnet den Beteiligten die Möglichkeit, optimale Verwertungsentscheidungen im Verhandlungsprozess zu entdecken und zu verwirklichen. Nach *Balz*[32] versteht sich das Insolvenzverfahren als Rahmenordnung für privatautonome Verhandlungen vor dem Hintergrund der mangels eines Insolvenzplans ablaufenden gesetzlichen Liquidation; es nehme eine out-of-court perspective der Insolvenzabwicklung ein. Den Beteiligten wird damit die Möglichkeit eröffnet, sich im weitest möglichen Umfang durch Verhandlungen zu koordinieren. Diese rechtliche Ausgangslage erlaubt und rechtfertigt es, das Mediationsverfahren, zumindest aber die Einbindung mediativer Verfahrenselemente als Instrumente zur Optimierung von Ergebnissen nicht nur im eröffneten Insolvenzverfahren, insbesondere im Planverfahren, sondern vor allem bei der vorinsolvenzlichen Restrukturierung von Unternehmen und der außergerichtlichen Schuldenbereinigung natürlicher Personen zu nutzen.[33]

a) Mediation im vorinsolvenzlichen Stadium

aa) Außergerichtlicher Einigungsversuch, § 305 Abs. 1 Nr. 1 InsO

Mit dem im Neunten Teil der Insolvenzordnung geregelten Verbraucherinsolvenzverfahren hat der Gesetzgeber ein besonderes Verfahren geschaffen, das den Bedürfnissen von Verbrauchern und Kleingewerbetreibenden angepasst ist und nicht zu einer übermäßigen Belastung der Gerichte führen soll. Den Zugang zum gerichtlichen Verfahren findet nur der Schuldner, der zuvor eine außergerichtliche Einigung mit den Gläubigern über die Schuldenbereinigung auf der Grundlage eines Plans innerhalb der letzten sechs Monate vor dem Eröffnungsantrag erfolglos versucht hat (§ 305 Abs. 1 Nr. 1 InsO). Dabei bleibt es dem Schuldner überlassen, wie er die Zustimmung der Gläubiger zu dem von ihm unterbreiteten Schuldenbereinigungsplan erzielt. Damit eröffnet sich für die Mediation zwar ein weites Feld. Denn auch bei diesen Verhandlungen können Verteilungskonflikte zwischen dem Schuldner und seinen Gläubigern auftreten, die sich durch den Austausch von unterschiedlichen Positionen in Form divergierender Vorstellungen über die einzelnen Regulierungsmodalitäten ergeben.[34].

---

30 Einschränkend *Schön*, ZKM 2008, 137, 138.
31 MüKo-InsO/*Ganter/Lohmann*, § 1 Rdn. 43.
32 ZIP 1988, 273, 294; ders. in Kölner Schrift zur Insolvenzordnung, 2. Aufl., 2000, S. 5 Rdn. 7.
33 So auch *Kassing*, in Haft/Schlieffen, Handbuch Mediation, 3. Aufl., 2016, § 37 Rdn. 3.
34 *Schön*, ZKM 2008, 137, 139.

Gleichwohl dürften sich die wenigsten Fälle für die Einbindung eines Mediators eignen, weil regelmäßig nur ein formaler »Verhandlungszwang« zu bewältigen ist.[35] Dies gilt insbesondere für die zahlreichen Fälle, in denen der Schuldner über kein pfändbares Einkommen und auch keine sonstigen Vermögenswerte verfügt. Aber selbst wenn der Schuldner Gefahr läuft, seine Eigentumswohnung oder sein Hausgrundstück zu verlieren, lassen sich auf Grund der bestehenden zwangsvollstreckungsrechtlichen Regelungen stark eskalierende Konflikte zwischen finanzierenden und grundpfandrechtlich gesicherten Gläubigern einerseits und dem Schuldner andererseits nicht verzeichnen.[36] Besteht bei einem außergerichtlichen Einigungsversuch die Aussicht auf eine Quotenverbesserung und erwachsen daraus bei den Regulierungsverhandlungen Verteilungskonflikte, mag die Einschaltung eines Mediators zu einvernehmlichen Lösungen beitragen. Sie wird aber häufig daran scheitern, dass der Schuldner nicht in der Lage ist, die entsprechenden Kosten[37] für ein Mediationsverfahren aufzubringen. Dies ändert aber nichts an der Feststellung, dass sich der Einsatz konsensualer Konfliktlösungsstrategien auch bei einem außergerichtlichen Einigungsversuch nach Maßgabe des § 305 Abs. 1 Nr. 1 InsO gewinnbringend auswirken kann. Diese Aufgabe können indes Schuldnerberatungsstellen, deren Mitarbeiter zwar häufig mediative Tätigkeiten bei den Verhandlungen mit den Gläubigern entfalten, angesichts der aus Sicht der Gläubiger fehlenden Neutralität nur unzureichend wahrnehmen. Dies gilt gleichermaßen für Rechtsanwälte, die der Schuldner zur Wahrnehmung seiner Interessen beauftragt hat. Mithin wird ohne die Bereitstellung entsprechender finanzieller Mittel die Mediation in diesem Verfahrensstadium weiterhin ein Schattendasein fristen.

bb) Mediation im Rahmen einer vorinsolvenzlichen Unternehmenssanierung

Bereits 1999 konstatierte *Eidenmüller* in seiner Habilitationsschrift »Unternehmenssanierung zwischen Markt und Gesetz«, die Bedeutung der Mediation für den Erfolg eines außergerichtlichen Unternehmensreorganisationsvorhabens könne gar nicht hoch genug eingeschätzt werden[38]. Dass die Beteiligung neutraler Dritter an den Sanierungsverhandlungen, die durch den Einsatz verschiedener Techniken versuchen, den Gläubigern und dem Schuldner auf ihrem Weg zur Verabschiedung eines Reorganisationskonzepts – wenn dieser Weg ökonomisch sinnvoll ist – zu helfen, konfliktlösend sein und damit die Sanierung fördern kann, dürfte inzwischen allgemeine Erkenntnis sein.[39]

---

35 So *Kassing,* in, Haft/Schlieffen, Handbuch Mediation, 3. Aufl., 2016, § 37 Rn. 3.Rdn. 12.
36 *Rösch,* Verhandlung und Mediation in der Insolvenz, 2009, S. 64.
37 *Ponschab/Kracht,* in, Haft/Schlieffen, Handbuch Mediation, 3. Aufl., 2016, § 56 Rdn. 34 weisen auf einen Stundendurchschnittsbetrag von 149, 00 Euro hin.
38 S. 309.
39 *Eidenmüller,* ZZP 121 (2008), 273.

(1) Der Unternehmenskriseprozess

Im Gegensatz zur Ausgangssituation eines außergerichtlichen Einigungsversuchs einer natürlichen Person stellt sich die vorinsolvenzliche Krisensituation von Unternehmen[40] als weitaus uneinheitlicher und komplexer dar. Von wem letztlich die Initiative ausgeht, einen Restrukturierungsprozess einzuleiten, hängt maßgeblich davon ab, wer über die Situation des in die Krise geratenen Unternehmens am besten informiert ist.[41]. Auch in Deutschland werden außergerichtliche Restrukturierungen (workouts) zunehmend durch gläubigerschützende Nebenabreden in Kreditverträgen/Anleihebedingungen (Covenants) ausgelöst und vorstrukturiert sowie verhandlungstechnisch durch neutrale Dritte ohne Entscheidungskompetenz (Mediation) unterstützt.[42]

(2) Mediation zur Verhandlungsunterstützung im Unternehmenskrisenprozess

Gerade in der Krise eines Unternehmens bietet sich die Einschaltung eines Mediators an[43], weil er dazu beitragen kann, einen Konflikt schnell beizulegen, die Geschäftsbeziehung beizubehalten und damit von großem wirtschaftlichen Vorteil sein kann. Eine erfolgreiche Mediation trägt mit dazu bei, Verluste für Gläubiger in der Lieferkette zu minimieren sowie das Know-how und Kompetenzen zu erhalten. Darüber hinaus bietet sich dieses Instrument einer konsensualen Streitschlichtung an, weil sowohl der Schuldner als auch die Gläubiger ein Interesse daran haben, dass der Konflikt nicht an die Öffentlichkeit gelangt[44]. Großgläubiger werden bestrebt sein, am Reorganisationsprozess selbst steuernd teilzunehmen. Dadurch lassen sich langfristige Interessen frühzeitig einbinden. Schließlich dürfte auch der Kostenfaktor ein wichtiger Aspekt sein, einem mediativen Verfahren nahezutreten. Nach Ansicht des Insolvenzverwalters und Wirtschaftsmediators *Depre* sind die Kosten einer Mediation im Verhältnis zu Beratungskosten im vorinsolvenzlichen Verfahren und in einem das Insolvenzverfahren vorbereitenden Verfahren gering.[45]

Auch wenn vorinsolvenzliche Sanierungsverhandlungen grundsätzlich einen sehr guten Rahmen für die Implementierung eines Mediationsverfahrens oder mediativer Elemente bieten, erweist sich nach wie vor das Fehlen von gesetzlichen Vorgaben, insbesondere zur Disziplinierung von obstruierenden Beteiligten, als ein Hindernis

---

40 Zum Begriff der Unternehmenskrise siehe *Baetge/Schmidt/Hater*, in Thierhoff/Müller/Illy, Liebscher, Unternehmenssanierung, 2012, S. 20 ff.
41 Eidenmüller, Unternehmenssanierung zwischen Markt und Gesetz, 1999, S. 267.
42 *Eidenmüller*, a.a.O.
43 Zu den Mediationstechniken bei Unternehmenssanierungen siehe *Eidenmüller*, BB Beilage 1998, NMr. 10, 19-25.
44 *Risse*, in Haft/Schlieffen, Handbuch Mediation, 3. Aufl., 2016, § 35 Rdn. 58.
45 INDAT Report Ausgabe 3, 2016, S. 16.

auf dem Weg zu einer erfolgreichen außergerichtlichen Sanierung[46], das auch durch den Einsatz von Mediation nicht gänzlich beseitigt werden kann. Abhilfe könnte insoweit die Einführung eines vorinsolvenzlichen Reorganisations- oder Sanierungsverfahrens schaffen, für das die Europäische Kommission mit ihrem Entwurf einer Richtlinie des Europäischen Parlaments und des Rates über präventive Restrukturierungsrahmen, die zweite Chance und Maßnahmen zur Steigerung der Effizienz von Restrukturierungs-, Insolvenz- und Entschuldungsverfahren und zur Änderung der Richtlinie 2012/30/EU[47] bereits den Grundstein gelegt hat. So ermöglicht Art. 11 des Entwurfs die Ersetzung fehlender Zustimmungen von Gläubigern zu einem vom Schuldner vorgelegten Restrukturierungsplan sogar dann, wenn er von nur einer Klasse der betreffenden Gläubiger genehmigt worden ist. Aus deutscher Sicht erscheint indes die Einführung eines vorinsolvenzlichen Insolvenzverfahrens angesichts des bereits in der InsO bestehenden Angebots an wirksamen Sanierungsinstrumenten nur sinnvoll, wenn es auf bestimmte Gläubigergruppen (Finanzgläubiger) beschränkt ist. Bei einer solchen finanzwirtschaftlichen Sanierung eines Unternehmens nimmt die Verteilung der Sanierungslasten auf die Beteiligten einen zentralen Stellenwert ein. Bei den hierbei zwangsläufig entstehenden Verteilungskonflikten bietet sich die Einschaltung eines Mediators an, der insoweit moderierend und verhandlungsunterstützend tätig werden könnte.

b) Mediation im Insolvenzverfahren

Durch die Verweisung in § 4 InsO auf die Vorschriften der Zivilprozessordnung ist auch der Weg zu § 278 und 278a ZPO eröffnet[48], der das Insolvenzgericht zur gütlichen Streitbeilegung mit dem Ziel der Verfahrensbeschleunigung, der Kostensenkung sowie der Verwirklichung des Rechtsfriedens verpflichtet. Zwar kann der Insolvenzrichter nicht über die Grundregeln des Insolvenzverfahrens verfügen. Dies bedeutet indes nicht, dass er in bestimmten Konfliktsituationen nicht auf deren gütliche Beilegung hinwirken darf und soll. Dies gilt sowohl für das gerichtliche Schuldenbereinigungsverfahren nach Maßgabe der §§ 307 ff. InsO als auch das Insolvenzplanverfahren gem. §§ 217 ff. InsO.

aa) Gerichtliches Schuldenbereinigungsverfahren

Das Insolvenzgericht wird nur dann die Durchführung des gerichtlichen Schuldenbereinigungsverfahrens anordnen (§ 306 Abs. 1 S. 3 InsO), wenn auf Grund des vom Schuldner vorgelegten außergerichtlichen Schuldenbereinigungsplans und der

---

46 *Rösch*, Verhandlung und Mediation in der Insolvenz, S. 302. Nach Ansicht von Smid/*Rattunde*/Martini, Der Insolvenzplan, 3. Aufl., 2012, Rn. 1.3, stellt die Einbindung dissentierender Gläubiger das Kernproblem einer Sanierung dar.
47 COM(2016) 723 final. Näher dazu *Vallender*, IWRZ 2017, 51; *Thole*, ZIP 2017, 101.
48 MüKo-InsO/*Eidenmüller*, 3. Aufl., 2014, Vor §§ 217-269, Rdn. 55; *Smid/Rattunde/Martini*, Der Insolvenzplan, 3. Aufl., 2012, Rdn. 2.44.

Darlegung der wesentlichen Gründe für das Scheitern des Einigungsversuchs konkrete Anhaltspunkte dafür vorhanden sind, dass eine Mehrheit der Gläubiger nach Summen und Köpfen dem Schuldenbereinigungsplan zustimmen könnte und damit die Chance besteht, die Minderheit zwangsweise in die Schuldenbereinigung einzubinden.[49] Bei zutreffender Einschätzung dieser Situation durch das Gericht läuft das Verfahren routinemäßig ab und es kommt regelmäßig zu einer Beschlussfassung nach § 308 Abs. 1 S. 1 2.HS InsO. Eine mediative Handhabung des Verfahrens durch den Insolvenzrichter bietet sich z.B. in den Fällen an, in denen ein Gläubiger im Laufe des Verfahrens zu erkennen gibt, von seiner ursprünglich positiven Einstellung zum Schuldenbereinigungsplan abweichen zu wollen. Die Verweisung in § 4 InsO auf § 278 Abs. 2 ZPO gestattet es zwar dem Insolvenzgericht, in geeigneten Fällen eine Güteverhandlung anzuberaumen, in der es das persönliche Erscheinen der Parteien anordnen kann (§ 278 Abs. 3 S. 1 InsO). Von dieser Möglichkeit wird das Gericht bereits aus Zeitgründen absehen. Regelmäßig dürfte es ausreichen, wenn es seine Vorschläge zu einer erfolgreichen Umsetzung des Plans schriftlich formuliert und diese allen Beteiligten mitteilt.

bb) Insolvenzeröffnungsverfahren

In einem Insolvenzverfahren werden die Weichen für eine erfolgreiche Sanierung des Unternehmens regelmäßig bereits in einer frühen Phase des Insolvenzeröffnungsverfahren gestellt. Die Hauptaufgabe des vom Gericht bestellten vorläufigen Insolvenzverwalters bzw. im Falle eines Antrags auf Anordnung der Eigenverwaltung des Schuldners ist es, angesichts der Liquiditätskrise des Unternehmens ein neues Finanzierungssystem zu schaffen, das zu dessen Stabilisierung führt. Dazu bedarf es ferner vertrauensbildender Maßnahmen gegenüber der Belegschaft, den Kunden und den Lieferanten.[50]

Bereits in diesem frühen Verfahrensstadium erscheint- worauf *Wipperfürth/Tusch*[51] zutreffend hinweisen – die Einbindung der Mediation zur Auflösung bereits bestehender Konflikte oder zur Vermeidung eines potenziellen Konfliktherdes denkbar und sinnvoll. Mit den Grundsätzen der Mediation zur Allparteilichkeit, Neutralität und Vertraulichkeit ist es allerdings nicht vereinbar, wenn ein vorläufiger Insolvenzverwalter oder im Falle eines Antrags auf Anordnung der Eigenverwaltung der vorläufige Sachwalter oder gar der vom Schuldner beauftragte Sanierungsberater die rechtliche und tatsächliche Stellung eines Mediators annimmt. Dies bedeutet indes nicht, dass vorläufige Insolvenzverwalter oder vorläufige Sachwalter bei ihrer Tätigkeit nicht mediative Techniken einsetzen und vermittelnd agieren sollten. Dies folgt bereits aus ihrer gesetzlich vorgeschriebenen Unabhängigkeit (§ 21 Abs. 2 Nr. 1

---

49 Uhlenbruck/*Sternal*, *14.* Aufl., 2015, § 306 Rdn. 19.
50 *Borchardt„* in: Borchardt/Frind, Betriebsfortführung im Insolvenzverfahren, 2. Aufl., 2014, Rdn. 653. Zu den Risiken und Gestaltungsmöglichkeiten des Lieferanten in Krise und Insolvenz siehe *Markgraf/Remuta*, NZI 2017, 334 f.
51 ZInsO 2013, 971.

i.V.m. § 56 Abs. 1 InsO; §§ 270a Abs. 1 S. 2, 274 Abs. 1, 56 InsO). Eine vermittelnde und moderierende Tätigkeit des vorläufigen Insolvenzverwalters kommt sowohl bei einer Betriebsfortführung als auch bei entsprechenden, der Vorbereitung einer übertragenden Sanierung vorangehenden Verhandlungen in Betracht.

Allerdings verfügen nur die wenigsten gerichtlich bestellten (vorläufigen) Verwalter bzw. Sachwalter über die erforderliche Mediationsfähigkeit bzw. eine Mediationskompetenz[52], so dass vor diesem Hintergrund ggfls. auf externe Fachleute zurückgegriffen werden muss. Deshalb erscheint es sachgerecht, in Konfliktsituationen, die von den vorgenannten Akteuren nicht (mehr) bewältigt werden können, im Einvernehmen mit den Beteiligten einen externen Wirtschaftsmediator zu beauftragen, wenn dies wirtschaftlich darstellbar ist.[53] Dessen Aufgabe besteht in diesem Fall darin, ergänzend zu vorläufigem Insolvenzverwalter bzw. vorläufigem Sachwalter als neutrale Instanz »zu einer auf Dauer angelegten Tragfähigkeit eines Sanierungskonzepts« beizutragen.[54] Dies gelingt nur dann, wenn er eine rechtlich zutreffende Analyse vornimmt, die wirtschaftliche Lage sachgerecht beurteilt und die psychologische Situation zu lösen in der Lage ist.

cc) Insolvenzplanverfahren

Der Einsatz mediativer Techniken erscheint vor allem im Insolvenzplanverfahren angezeigt, weil sowohl bei der außergerichtlichen Vorbereitung des Insolvenzplans durch den Schuldner als auch der Erstellung eines Plans im eröffneten Insolvenzverfahren selbst in den verschiedenen Phasen der Planrealisierung umfangreiche und regelmäßig komplexe Verhandlungen zwischen allen Beteiligten vorausgehen.[55] Das Planverfahren soll nach der Vorstellung des Gesetzgebers eine marktkonforme Insolvenzabwicklung ermöglichen, indem es vom Regelverfahren abweichende Gestaltungen ermöglichen will, deren jeweilige Ausgestaltung weitestgehend den Beteiligten überlassen sein soll.[56] Diese Formulierung verdeutlicht, dass im Insolvenzplanverfahren mehr Berührungspunkte mit konsensualen Konfliktbewältigungsformen bestehen als im Regelinsolvenzverfahren, das die Liquidation des schuldnerischen Vermögens vorzeichnet und alternative Vorgehensweisen nicht zulässt.[57]

Dabei ist dem (vorläufigen) Insolvenzverwalter/Sachwalter eine tragende Rolle bei der gütlichen Beilegung von Konflikt- und Streitpunkten beizumessen. Bereits die gesetzliche eingeräumte Befugnis zur Planvorlage (§§ 218 Abs. 1, 284 Abs. 1 S. 1 InsO) kann bei den Beteiligten für eine große Akzeptanz sorgen. Vorhandene mediative Fähigkeiten sollte der Verwalter nicht nur bei den Verhandlungen mit den verschiedenen Gläubigergruppen, den Anteilsinhabern sowie dem Schuldner bzw.

---

52 So die Einschätzung zahlreicher erfahrener Insolvenzverwalter, siehe INDAtReport, Ausgabe 3, 2016 S. 13.
53 *Wipperfürth/Tusch*, ZInsO 2013, 971, 975.
54 *Wipperfürth/Tusch*, a.a.O.
55 *Schuhmacher/Thiemann*, DZWIR 1999, 441, 443; *Prütting*, BB Beilage 1999, Nr. 9, 10.
56 Allg. Begr. RegE, abgedruckt bei *Uhlenbruck*, Das neue Insolvenzrecht, 1994, S. 253.
57 *Rösch*, Verhandlung und Mediation in der Insolvenz, 2008, S. 254.

dessen Repräsentanten einsetzen, sondern ggfls. auch bei der Erörterung und Abstimmung über den Plan (§§ 235 ff. InsO).[58]

Während der einzelnen Phasen des Planverfahrens ist auch das Insolvenzgericht befugt, eine Vielzahl von Mediationstechniken einzusetzen. Es kann eine Güteverhandlung anberaumen und zu diesem Zweck das persönliche Erscheinen der Parteien anordnen (§ 4 InsO i.V.m. § 278 Abs. 2, 3 InsO). Hierzu besteht unter Umständen Veranlassung, wenn etwaige Konfliktpunkte, die im Rahmen der vom (vorläufigen) Verwalter geleiteten Verhandlungen zur Planaufstellung nicht beigelegt werden konnten, durch mediative Tätigkeit entschärft oder ausgeräumt werden können.[59] Inwieweit Richter von dieser Befugnis Gebrauch machen, hängt zunächst davon ab, ob sie sich dieser ihnen zustehenden Befugnis bewusst sind, über entsprechende mediative Techniken verfügen und sie bereit sind, ihrer in § 278 ZPO auferlegten Pflicht zur gütlichen Streitbeilegung nachzukommen. Abgesehen davon steht es den Beteiligten frei, sich in jeder Lage des Insolvenzplanverfahren der Hilfe eines Wirtschaftsmediators zu bedienen.

IV. Mediation in Fällen grenzüberschreitender Unternehmensinsolvenzen und -insolvenzverfahren

Durch die vielfachen wirtschaftlichen Verflechtungen zwischen den Rechtssubjekten innerhalb und außerhalb der Europäischen Gemeinschaft kommt es immer häufiger zu grenzüberschreitenden Insolvenzverfahren. Die Geschäftstätigkeit von Unternehmen greift mehr und mehr über die einzelstaatlichen Grenzen hinaus. Dies führt dazu, dass das Vermögen von Unternehmen und Personen sich nicht auf den Verwaltungs- oder Wohnsitz beschränkt, sondern über verschiedene Staaten verteilt ist. Damit untersteht es voneinander unabhängigen Rechtsordnungen[60]. Auf internationaler Ebene ist ein funktionierendes Insolvenzrecht die Voraussetzung dafür, dass multinationale Unternehmen und Unternehmensgruppen bei Vorliegen eines Insolvenzgrundes rasch und kostengünstig grenzüberschreitend entschuldet und saniert werden können. In einer solchen Situation besteht regelmäßig ein hoher Koordinationsbedarf, den Berater, Insolvenzverwalter und auch Gerichte nicht allein zu leisten imstande sind.[61] Um sowohl in Krise und Insolvenz eine Optimierung des Verhandlungspro-

---

58 MüKo-InsO/*Eidenmüller*, 3. Aufl., 2014, Vor §§ 217-269 Rdn. 59.
59 *Rösch,* Verhandlung und Mediation in der Insolvenz., 2008, S. 272.
  MüKo-InsO/*Eidenmüller*, 3. Aufl., 2014, Vor §§ 217-269 Rdn. 59.
60 HK-*Stephan*, Vor §§ 335 ff. Rz. 1.
61 In der Insolvenz der englisch-amerikanischen Maxwell Communications-Gruppe hatte das US-amerikanische Gericht dem von ihm bestellten Examiner ausdrücklich einen Mediationsauftrag folgenden Inhalts erteilt: »The examiner shall.. (v) mediate any differences in respect of the positions of the various parties in interest vis-à-vis any issues and impediments identified or arising with respect to a plan of reorganization;..« (zitiert nach dem wörtlichen Abdruck der Order bei *Flaschen/Silverman*, The Role of the Examiner as Facilititator and Harmonizer in the Maxwell Communication Coorperation International

zesses zwischen den Streitparteien bzw. Beteiligten erreichen zu können, bietet sich auch in grenzüberschreitenden Verfahren das Instrument der Mediation an.

1. EU-Mediationsrichtlinie

Auf europäischer Ebene hat die EU-Mediationsrichtlinie 2008/52/EG[62] den Rahmen für eine »cross-border-mediation« gesteckt. Nach deren Art. 2 liegt eine grenzüberschreitende Streitigkeit vor, wenn »mindestens eine der Parteien« zu einem auf den Beginn der Mediation fallenden Zeitpunkt »ihren Wohnsitz oder gewöhnlichen Aufenthalt in einem anderem Mitgliedsstaat als dem der anderen Partei hat«. Vorrangig wird damit die grenzüberschreitende Mediation durch den Wohnsitz der Personen oder Parteien oder deren gewöhnlichem Aufenthalt in unterschiedlichen Ländern bestimmt, gleichzeitig auch durch unterschiedliche Rechtssysteme/Rechtsordnungen, zwischen denen die Mediation stattfindet.[63]

2. Grenzüberschreitende Unternehmensinsolvenz

Gehören die Beteiligten verschiedenen Ländern an, werden sie bei außergerichtlichen Restrukturierungsverhandlungen in komplexen Entscheidungssituationen als ultima ratio nur dann den Weg in ein Mediationsverfahren beschreiten, wenn sie Vertrauen in diese Form der Konfliktlösung haben bzw. entwickeln können. Die EU-Mediationsrichtlinie hat zwar dazu beigetragen, dass entsprechendes Vertrauen entstehen kann. Tatsache ist indes, dass auf EU-Ebene die Mediation in Insolvenzverfahren noch in ihren Kinderschuhen steckt. Lediglich einige wenige Mitgliedstaaten haben ausdrückliche Regelungen für den Einsatz der Mediation in Insolvenzverfahren geschaffen.

3. Grenzüberschreitende Insolvenzverfahren

Angesichts eines besonders hohen Koordinationsbedarfs ist der Mediation in grenzüberschreitenden Unternehmensinsolvenzverfahren ein besonders hoher Stellenwert einzuräumen.[64] Dies hat auch der Europäische Gesetzgeber erkannt. Für das Sekundärinsolvenzverfahren hat er in Art. 42 Abs. 1 S. 2 EuInsVO bestimmt, dass die involvierten Gerichte bei Bedarf eine unabhängige Person oder Stelle bestellen bzw. bestimmen können, die auf ihre Weisungen hin tätig wird, sofern dies mit den für sie geltenden Vorschriften vereinbar ist. Art. 57 Abs. 1 S. 2 EuInsVO enthält im Falle

---

Insolvency, in: *Ziegel* (Hrsg.), Current Developments in International and Comparative Corporate Insolvency Law, 1994, 621, 639 f.).
62 ABl. L 136 v. 24.5.2008.
63 *Trossen* (Hrsg.), CBM, Cross Border Mediation, Mediation in grenzüberschreitenden Konflikten, Handbuch zur internationalen und interkulturellen Mediation, 2012, 1 (5/12).
64 So auch *Eidenmüller*, BB Beilage 1998, Nr. 10, 19, 23/24.

von Insolvenzverfahren über das Vermögen von Mitgliedern einer Unternehmensgruppe eine inhaltsgleiche Bestimmung.

Mit der Person des Intermediärs betritt ein neuer Akteur die Bühne des europäischen Insolvenzgeschehens. Der Ursprung geht auf Art. 25 UNCITRAL zurück, der zwischen »*foreign courts*« und »*foreign representatives*« unterscheidet; sie sind in Art. 2 lit. d und e UNCITRAL definiert.[65] In Betracht kommt jede Person mit denselben Befugnissen, die der Aufsicht des Gerichts unterstellt ist. Das folgt aus dem Zusammenhang von Art. 2 lit. d und e UNCITRAL, die die gerichtliche Aufsicht auf den »*foreign representive*« erstreckt.

a) Pflichtgemäße Ermessensentscheidung des Gerichts

Die Gerichte sind nicht verpflichtet, von der in Art. 42 Abs. 1 S. 2, Art. 57 Abs. 1 S. 2 EuInsVO eingeräumten Möglichkeit, eine unabhängige Person oder Stelle zu bestellen, Gebrauch zu machen. Vielmehr überlasst das Gesetz diese Entscheidung dem pflichtgemäßen Ermessen des einzelnen Richters (»können... bei Bedarf«). Soweit aus Sicht des Gerichtes die bestellten Verwalter ihren Kooperations- und Kommunikationspflichten vollumfänglich nachkommen, besteht für eine solche Maßnahme keine Veranlassung. Sie bietet sich unter Umständen bei Sprachbarrieren an, doch können aus Kostengründen dem Gericht vertraute Verwalter mit der Zusammenarbeit beauftragt werden.[66] Soweit sich indes grundlegende Auseinandersetzungen zwischen den Verwaltern der einzelnen Verfahren abzeichnen oder sich bereits manifestiert haben und die Gerichte bei unmittelbarer Kommunikation ihre Unparteilichkeit tangiert sehen, liegt die Bestellung einer geeigneten Person oder Stelle nahe[67]: Dies gilt um so mehr, wenn die Gläubigerversammlung um eine solche gerichtliche Entscheidung ersucht. Erfolg dürfte die Tätigkeit des Intermediärs indes nur haben, wenn nicht nur die Unabhängigkeit seiner Person, sondern auch gewährleistet ist, dass er das Vertrauen der Beteiligten hat. Dies gilt insbesondere, wenn sich seine Aufgabe auf die konsensuale Streitbeilegung zwischen den Beteiligten erstreckt. Von besonderer Bedeutung sind in diesem Zusammenhang die Anforderungen, die an die Sprachkompetenz und die Kompetenz im Bereich der kulturellen Diversität aller Beteiligten, die an der Konfliktlösung mitarbeiten, zu stellen sind.[68]

---

65 Nach Art. 2 lit. e ist »*foreign court*« eine richterliche oder andere Stelle, die für die Kontrolle oder die Überwachung eines ausländischen Insolvenzverfahrens zuständig ist. Der »*foreign representative*« ist eine Person oder Stelle, einschließlich eines vorläufigen Verwalters, die in einem ausländischen Verfahren befugt ist, die Reorganisation oder Liquidation des Vermögens oder der Geschäfte des Schuldners zu verwalten oder als Verwalter des ausländischen Verfahrens zu handeln (Art. 2 lit. d EuInsVO).
66 *Fritz*, DB 2015, 1882, 1887.
67 Siehe die Beispiele bei *B. Wessels*, (Ed.), EU Cross-Border Insolvency Court-to Court Cooperation Principles 2015, S. 83.
68 *Jänicke*, in Derleder/Knops/Bamberg, Deutsches und europäisches Bank- und Kapitalmarktrecht, Bd. 2, 3. Aufl., § 78 Rdn. 13.

b) Anforderungen an die geeignete Person oder Stelle

Das Gesetz lässt zunächst offen, welche Person oder Stelle bestellt bzw. bestimmt werden kann und welche Qualifikation sie haben muss. Art. 57 Abs. 1 S. 2 EuInsVO bestimmt lediglich, dass sie unabhängig sein muss. Dies bedeutet, dass sie weder Interessenvertreter des Schuldners noch einzelner Gläubiger sein darf und zur Neutralität in sämtliche Richtungen verpflichtet ist. Da die Person oder Stelle als Erfüllungsgehilfe des Gerichts tätig wird, versteht es sich von selbst, dass sie die Fähigkeit haben muss, in einem grenzüberschreitenden Insolvenzverfahren die ihr vom Gericht zugedachten Aufgaben zu erfüllen. »Geeignet« i.S.d. Vorschrift ist sie, wenn sie über die erforderlichen Sprachkenntnisse, Erfahrung und Fachwissen verfügt (vgl. Principle 17.2 lit i der EU Cross-Border Insolvency Court-to-Court Cooperation Principles). Vor diesem Hintergrund kommt insbesondere ein Insolvenzverwalter als geeignete Person in Betracht[69]. Allerdings darf dieser keiner der Verwalter sein, die für ein Mitglied der Gruppe bestellt sind (vgl. Art. 71 Abs. 2 EuInsVO).

V. Zusammenfassung

Auch wenn die Mediation in Insolvenzverfahren in Deutschland nicht mehr in ihren »Kinderschuhen« steckt und es inzwischen allgemeiner Erkenntnis entspricht, dass sie konfliktlösend sein und damit die Sanierung fördern kann, ist noch ein langer Weg zurückzulegen, bevor sie sowohl bei vorinsolvenzlichen Sanierungs- und Restrukturierungsbemühungen eines in der Krise befindlichen Schuldners als auch im Insolvenzverfahren selbst als wirksames Instrument der konsensualen Streitschlichtung den ihr gebührenden Stellenwert einzunehmen vermag. Dies gilt gleichermaßen in grenzüberschreitenden Insolvenzverfahren. Vor diesem Hintergrund ist es zu begrüßen, dass sowohl der deutsche als auch der europäische Gesetzgeber inzwischen Regelungen geschaffen haben, die den Einsatz von Mediatoren in der Insolvenz vorsehen.

---

69 Ebenso *Bornemann*, in: Wimmer/Bornemann/Lienau, Die Neufassung der EuInsVO, 2016, Rdn. 579.

Zur Möglichkeit des Auschlusses einfach zwingenden Rechts durch Schiedsabreden bei Inlandssachverhalten mit AGB-Bezug

GERHARD WEGEN[*]

I. Einleitung

Im Zusammenhang mit der Rechtswahl durch Schiedsabreden bei zwingendem Recht, ergibt sich für den Bereich des Wirtschaftsrechts die Problematik eines Spannungsfeldes zwischen »Dogmatik im Dienst von Gerechtigkeit, Rechtssicherheit und Rechtsentwicklung«.[**] Das Umgehungsverbot der allgemeinen Geschäftsbedingungen in § 306a BGB stellt eine starre und hinderliche Einschränkung für Unternehmen dar. So wird nicht nur deren mögliche Gestaltungsfreiheit im Geschäftsverkehr, bei Vertragsverhandlungen und Unternehmenstransaktionen deutlich eingeschränkt, sondern das Einhalten zwingender Regelungen erfordert auch fundierte und aufwändige Rechtsberatung.[1] Auch bestehen immer wieder Reformbestrebungen, das »Zwangskorsett des AGB-Rechts«[2] zu lockern um Privatautonomie und Gestaltungsfreiheit im Bereich des unternehmerischen Rechtsverkehrs zu fördern.[3] Ob dieses Spannungsfeld tatsächlich gerecht ist und Rechtssicherheit schafft oder einer weiteren Rechtsentwicklung bedarf, wird im Folgenden dargestellt und etwas provozierend akzentuiert. Es soll aufgezeigt werden, inwiefern das zwingende Recht der AGB bei inländischen Sachverhalten durch Schiedsabreden ausgeschlossen werden kann. An die Problematik wird herangeführt, indem dargestellt wird, was zwingendes Recht ist und wie es sich zu nicht zwingendem Recht abgrenzen lässt (II.), welches die grundlegendenden Normen und Normkomplexe sind (III.), welche Konstellationen einer kollisionsrechtlichen Rechtswahl vor staatlichen bzw. nichtstaatlichen Gerichten in Frage kommen (VI.) und wie schlussendlich eine Teilrechtswahl in Bezug auf den Ausschluss des zwingenden Rechts dogmatisch gestaltet werden könnte (V.).

---

[*] Der Verfasser dankt Herrn Rechtsreferendar Jan Alexander Nehring-Köppl, Stuttgart, für seine wesentliche Unterstützung bei diesem Beitrag.
[**] So der Titel dieser Hanns Prütting gewidmeten Festschrift. Der Verfasser ist dem »Jubilar« Hanns Prütting über viele Jahre als Mitherausgeber des BGB-Kommentars »Prütting/Wegen/Weinreich – PWW« zu größtem Dank für viele aufschlussreiche und persönlich stets höchst angenehme Diskussionen und Begegnungen verpflichtet: ad multos annos.
1 *Valdini* ZIP 2017, 7; *Leuschner* ZIP 2015, 1045 f.
2 *Valdini* ZIP 2017, 7.
3 Zu den Reformbestrebungen siehe: *Leuschner* ZIP 2015, 1045 ff.; Verhandlungen d. 69. DJT in München 2012/2013, Bd. II/1, Abschnitt I, S. 90.

Gerhard Wegen

II. Zwingendes und nicht zwingendes Recht

1. Zwingendes Recht

Als zwingendes Recht (lat. ius cogens) bezeichnet man eine Rechtsnorm, von der nicht durch vertragliche Vereinbarungen abgewichen werden kann[4]. Zwingende Rechtsnormen gelten auch dann, wenn die Parteien explizit vereinbart haben, von diesen abzuweichen. Sinn und Zweck dieser Einschränkung der Privatautonomie ist es, Vertrauensschutz, Rechtssicherheit und rechtliche Chancengleichheit zwischen den Parteien zu schaffen.[5] Beispiele für zwingendes Recht finden sich in der gesamten deutschen Rechtsordnung. Auch bestimmte Rechtsinstitute können zwingendes Recht darstellen. So gilt bspw. der Typenzwang des Sachenrechts als unabdingbar.[6] Um Vertragsgerechtigkeit bei Sachverhalten mit einem wirtschaftlich stärkeren und einem wirtschaftlich schwächeren Teil (bspw. im Verbraucher- oder Arbeitsrecht) zu schaffen, greift der Gesetzgeber auf zwingendes Recht zurück. Auch einzelne Vorschriften des BGB normieren zwingendes Recht. So enthält § 137 Satz 1 BGB ein Verbot, die Befugnis zur Verfügung über ein veräußerliches Recht durch Rechtsgeschäft auszuschließen oder zu beschränken. § 475 Abs. 1 Satz 2 BGB normiert zwingendes Recht für den Verbrauchsgüterkauf. Ebenfalls zwingendes Recht normiert § 306a BGB mit dem Umgehungsverbot bei AGB.[7] Danach finden AGB-Normen auch dann Anwendung, wenn sie durch anderweitige Gestaltungen umgangen werden. Daneben gibt es durch das einfach zwingende Recht eine weitere Konkretisierung. Einfach zwingend sind alle Normen, die innerhalb ihrer Rechtsordnung unabdingbar sind und nicht abgewählt werden können, während sie aber durch Rechtswahl und Parteivereinbarung abdingbar sind, soweit die gesamte Rechtsordnung zu Gunsten einer anderen, fremden Rechtsordnung abgewählt wird.[8] Neben einfach zwingendem Recht, gibt es noch international zwingendes Recht. Bei diesen sog. Eingriffsnormen[9] handelt es sich um Vorschriften, die von den Parteien weder in internationalen noch rein innerstaatlichen Sachverhalten für abdingbar erklärt werden können – sie

---

4 Vertiefung: Zwingendes Recht in der internationalen Schiedsgerichtsbarkeit: *Horn* Schieds-VZ 2009, 208 ff.
5 Anhand des Beispiels AGB-Recht: Palandt/*Grüneberg*, 76. Aufl. 2017, Überbl v § 305 BGB Rn. 8.
6 MüKo BGB/*Gaier* 7. Aufl., 2017, Einl. SachenR Rn. 11.
7 MüKo BGB/*Basedow* 7. Aufl. 2016, § 306a BGB Rn. 1 ff.; PWW/*K.P. Berger* 12. Aufl. 2017, Vor §§ 305 ff. BGB Rn. 1; Palandt/*Grüneberg* 76. Aufl. 2017, Überbl v § 305 BGB Rn. 7; BGH NJW 2014, 1725.
8 MüKo BGB/*Martiny* 6. Aufl. 2015, Art. 9 Rom I-VO Rn. 7 f.; So auch: *Valdini* ZIP 2017, 7 Fn. 5.
9 MüKo BGB/*Martiny* 6. Aufl. 2015, Art. 9 Rom I-VO Rn. 10; *Pfeiffer* EuZW 2008, 622, 627 ff.

finden zwingend Anwendung.[10] International zwingendes Recht ordnet für Fälle mit grenzüberschreitendem Bezug ausdrücklich seine Geltung an – es bleibt auch dann anwendbar, wenn die Parteien nichtstaatliches Recht abgewählt haben.[11]

2. Nicht zwingendes Recht

Im Gegensatz hierzu steht das nicht zwingende, abdingbare Recht (lat. ius dispositivum). Hiervon kann Kraft vertraglicher Vereinbarung durch die Parteien abgewichen werden. So kann dispositives Recht geändert, aber auch vollständig ausgeschlossen werden. Dispositives Recht stellt im deutschen Zivilrecht die Regel dar, während zwingendes Recht die Ausnahme bildet. Schließlich fußt das BGB auf den Grundsätzen der Privatautonomie und soll den Parteien nur in rechtlichen Ausnahmesituationen Gestaltungsvorschriften »aufzwingen«.

III. Grundlegende Normkomplexe

Entscheidend sind zwei grundlegende Normen. Zuerst *§ 1051 ZPO*, der für inländische Schiedsverfahren gilt. Er regelt in der ZPO Sonderkollisionsrecht für Schiedsprozesse und somit die Ermittlung des auf den Gegenstand eines Schiedsverfahrens anwendbaren materiellen Rechts.[12] § 1051 Abs. 1 ZPO erlaubt es den Parteien, das im Schiedsverfahren anwendbare Recht selbst zu wählen. § 1051 Abs. 2 ZPO verweist bei fehlender Rechtswahl das Schiedsgericht auf die Rechtsordnung, die mit dem Gegenstand des Verfahrens die engsten Verbindungen aufweist. Die in § 1051 Abs. 3 ZPO normierte subjektive Ermächtigungsbefugnis soll verhindern, dass den Parteien eine Billigkeitsentscheidung des Schiedsgerichts aufgedrängt und weiterhin die Grundregel respektiert wird, dass auch Schiedsentscheidungen nach Recht und Gesetz zu ergehen haben.[13] § 1051 Abs. 4 ZPO erscheint als Grundnorm, die darauf Bezug nimmt, dass alle Fälle vor den Schiedsgerichten entsprechend dem Grundsatz »pacta sunt servanda« – unter Zugrundelegung der vertraglichen Vereinbarung – zu entscheiden sind.[14]

---

10 PWW/*Remien* 12. Aufl. 2017, Art. 9 Rom I-VO Rn. 1; *Valdini* ZIP 2017, 7 Fn. 5.
11 MüKo BGB/*Martiny* 6. Aufl. 2015, Art. 9 Rom I-VO Rn. 9.
12 Prütting/Gehrlein ZPO/*Prütting* 9. Auflage 2017, § 1051 ZPO Rn. 1 ff.; BeckOK ZPO/Wilske/Markert 26. Ed. 2017, § 1051 ZPO Rn. 1 ff.; MüKo ZPO/*Münch* 5. Aufl. 2017, § 1051 ZPO Rn. 1 ff.
13 Prütting/Gehrlein ZPO/*Prütting* 9. Auflage 2017, § 1051 ZPO Rn. 6 ff.; BeckOK ZPO/Wilske/Markert 26. Ed. 2017, § 1051 ZPO Rn. 12; MüKo ZPO/*Münch* 5. Aufl. 2017, § 1051 ZPO Rn. 44.
14 MüKo ZPO/*Münch* 5. Aufl. 2017, § 1051 ZPO Rn. 38, 40 f.

Eine weitere grundlegende Norm ist *Art. 3 der Rom I-Verordnung*.[15] Diese normiert den Grundsatz der Rechtswahlfreiheit für den internationalen Rechtsverkehr bzgl. vertraglicher Schuldverhältnisse.[16] Der Verordnung und ihren Regelungen kommt im Zuge eines globaler werdenden internationalen Rechts- und Wirtschaftsverkehrs grundlegende Bedeutung zu.[17] Es handelt sich um *die* Königsnorm des Internationalen Privatrechts. Nach Art. 3 Abs. 1 der Rom I-VO unterliegt ein Vertrag, der eine Verbindung zum Recht verschiedener Staaten aufweist, dem von den Parteien gewählten Recht. Art. 3 Rom I-VO erlaubt im Bereich der vertraglichen Schuldverhältnisse flexible Lösungen, da ein Großteil der Regelungen im Vertragsrecht dispositiv und somit abdingbar sind.[18]

IV. Kollisionsrechtliche Rechtswahl

Eine Rechtswahl beschreibt – insbesondere bei Vertragswerken die einen Bezug zum Ausland aufweisen – die Möglichkeit, unter verschiedenen Rechtsordnungen das für den Vertrag geltende Recht ganz oder in Teilen festzulegen. Im Folgenden werden die Grundsätze der Wahl staatlichen und nichtstaatlichen Rechts vor staatlichen bzw. Schiedsgerichten aufgezeigt, um an die Problematik der Teilrechtswahl heranzuführen.

Soll vor *staatlichen* Gerichten eine kollisionsrechtliche Rechtswahl getroffen werden, so ist es grundsätzlich unumgänglich, dass nur staatliches Recht zugelassen wird.[19] Hierfür sprechen die folgenden Argumente: So könnten Privatpersonen oder Unternehmen durch die Wahl nichtstaatlichen Rechts oder nichtstaatlicher Normkomplexe, die staatliche Rechtsordnung vor den ordentlichen Gerichten aushebeln – in Extremfällen sogar außer Kraft setzen. In Ermangelung demokratischer Legitimation kann dies durch die Parteien nicht möglich sein.[20] Entsprechend des Wortlauts der Rom I-VO, insbesondere unter Zugrundelegung der Art. 3 bis 8 Rom I-VO, wird deutlich, dass nur das »Recht von Staaten« und somit staatliches Recht gewählt werden kann. So beziehen sich Art. 3 Abs. 3 und 4 der Rom I-VO explizit auf den Staat oder Drittstaat »dessen Recht gewählt wurde« – das gleiche Muster lässt sich auch in den anderen zitierten Normen der Verordnung erkennen.[21] Unter histori-

---

15 Verordnung (EG) Nr. 593/2008 des Europäischen Parlaments und des Rates vom 17. Juni 2008 über das auf vertragliche Schuldverhältnisse anzuwendende Recht, im Folgenden: Rom I-VO.
16 PWW/*Brödermann/Wegen* 12. Aufl. 2017, Art. 3 Rom I-VO Rn. 1.
17 PWW/*Brödermann/Wegen* 12. Aufl. 2017, Vor Rom I-VO Rn. 5.
18 PWW/*Brödermann/Wegen* 12. Aufl. 2017, Art. 3 Rom I-VO Rn. 1.
19 *Wegen/Asbrand* RIW 2016, 557, 558 ff.; MüKo BGB/*Martiny* 6. Aufl. 2015, Rom I-VO Art. 3 Rn. 28 ff.
20 *Wegen/Asbrand* RIW 2016, 557, 558 f.; MüKo BGB/*Martiny* 6. Aufl. 2015, Rom I-VO Art. 3 Rn. 28.
21 So auch: *Wegen/Asbrand* RIW 2016, 557, 558; BeckOK BGB/*Spickhoff* 43. Ed. 2017, Rom I-VO Art. 3 Rn. 7; Staudinger/*Magnus* BGB (2016) Art. 3 Rom I-VO Rn. 40.

scher Betrachtung, insbesondere des ursprünglichen Verordnungsentwurfs der Europäischen Kommission, wird ersichtlich, dass eine Wahl nichtstaatlichen Rechts mit der schlussendlich ratifizierten Rom I-VO nicht gewünscht ist.[22] Während in Art. 3 Abs. 2 des Entwurfs der Verordnung (Rom I-VO) noch explizit die Wahl nichtstaatlichen Rechts niedergelegt war, wurde diese Möglichkeit im Zuge der Verhandlungen auf Grund der Gefahr von Rechtsunsicherheit abgelehnt.[23] Eine gleichlautende Regelung findet sich deshalb in der verabschiedeten, ratifizierten Rom I-Verordnung nicht mehr. I. E. kann somit vor staatlichen Gerichten auch nur staatliches Recht gewählt werden.

Soweit die Grundsätze der staatlichen Gerichtsbarkeit auch auf *Schiedsgerichte* anzuwenden sind, wäre hier die Wahl nichtstaatlichen Rechts nicht möglich. Nur staatliches Recht wäre anwendbar. Aus dem Wortlaut des § 1051 Abs. 1 ZPO ergibt sich aber, dass die Wahl nichtstaatlichen Rechts möglich sein muss. So ist in der Norm nicht wie in der Rom I-VO vom »Recht von Staaten« die Rede, sondern es wird auf die »Wahl von Rechtsvorschriften« Bezug genommen. Rechtsvorschriften müssen nicht unbedingt staatliches Recht bzw. die Festlegung auf die Wahl einer Gesamtrechtsordnung eines bestimmten Staates sein.[24] Rechtsvorschriften können auch nichtstaatliche Normkomplexe oder Rechtsgrundsätze wie bspw. die UNIDROIT- oder Lando-Prinzipien darstellen.[25] Dies verdeutlicht, dass es alleine den Parteien obliegt, auf bestimmte, auch selbst erstellte Normen wie Normkomplexe zurückzugreifen oder auch Rechtsnormen verschiedener Staaten zur Streitbeilegung heranzuziehen.[26] Weiterhin ergibt sich im Zuge des argumentum a fortiori die Zulässigkeit der Wahl nichtstaatlichen Rechts. Betrachtet man den Grundsatz des § 1051 Abs. 3 ZPO, dass das Schiedsgericht nach ausdrücklicher Ermächtigung nach freiem, billigem Ermessen entscheiden darf, so muss es den Parteien erst recht erlaubt sein, nichtstaatliches Recht in ihre Schiedsvereinbarung miteinzubeziehen, auf dessen Grundlage dann der Schiedsspruch ergeht.[27] Auch verlangt der Wortlaut der in § 1051 Abs. 3 ZPO normierten Billigkeitsentscheidung des Schiedsgerichts von diesem nicht, auf staatliche Normen zurückzugreifen, wenn es zu einer solchen ermächtigt ist.[28] Im Ergebnis ist somit die Wahl staatlichen und auch nichtstaatlichen Rechts vor Schiedsgerichten nach § 1051 ZPO möglich.

---

22 BeckOK BGB/*Spickhoff* 43. Ed. 2017, Rom I-VO Art. 3 Rn. 7, 11.
23 *Wegen/Asbrand* RIW 2016, 557, 558; MüKo BGB/*Martiny* 6. Aufl. 2015, Rom I-VO Art. 3 Rn. 28; BeckOK BGB/*Spickhoff 43. Ed. 2017*, Rom I-VO Art. 3 Rn. 11.
24 *Pfeiffer* NJW 2012, 1169, 1170; MüKo ZPO/*Münch* 5. Aufl. 2017, § 1051 ZPO Rn. 14.
25 Zur weiteren Wahl nichtstaatlichen Rechts im Einzelnen siehe: *Wegen/Asbrand* RIW 2016, 557, 559 f.
26 *Wegen/Asbrand* RIW 2016, 557, 559 f.; Saenger ZPO/*Saenger* 7. Aufl. 2017, § 1051 ZPO Rn. 3 ff.; Musielak/Voit ZPO/*Voit* 14. Aufl. 2017, § 1051 ZPO Rn. 2.
27 *Wegen/Asbrand* RIW 2016, 557, 560.
28 So auch: *Wegen/Asbrand* RIW 2016, 557, 563; BeckOK ZPO/Wilske/Markert 26. Ed. 2017, § 1051 ZPO Rn. 12.

GERHARD WEGEN

V. TEILRECHTSWAHL – ABWAHL ZWINGENDEN RECHTS DURCH SCHIEDSABREDEN

1. Die echte und unechte Teilrechtswahl

Unter Teilrechtswahl versteht man grundsätzlich, dass für ein Vertragswerk mehrere Rechtsordnungen bzw. nur ein Teil einer Rechtsordnung, genauer gesagt, nur bestimmte Rechtsvorschriften gewählt werden. Eine *echte Teilrechtswahl* ist gegeben, wenn für einen bestimmten, in sich abgrenzbaren Teil des Vertragswerks die eine Rechtsordnung und für einen anderen in sich abgrenzbaren Teil des Vertragswerks eine andere Rechtsordnung Anwendung finden soll.[29] Die Parteien wählen somit parallel zwei verschiedene Rechtsordnungen für unterschiedliche Vertragsaspekte.

Unter *unechter Teilrechtswahl* versteht man hingegen, dass lediglich ein gewisser Teil einer gesamtstaatlichen Rechtsordnung gewählt wird.[30] So könnte im gleichen Fall wie oben, auch die schiedsgerichtliche Rechtswahl der Parteien so ausfallen, dass grundsätzlich nur das deutsche Recht Anwendung findet, jedoch unter einem Ausschluss bestimmter Normenkomplexe. Demnach könnten die Parteien vereinbaren, dass die AGB-Vorschriften (§§ 305–310 BGB) im Zuge des Vertragswerks keine Anwendungen finden sollen. Dies hätte zur Folge, dass die in der Einleitung angesprochene Problematik bzgl. zu starrer und hinderlicher AGB-Vorschriften auf einfachstem Wege gelöst wäre. Doch wird diese unechte Teilrechtswahl in einer in der Literatur vertretenen Auffassung abgelehnt, weil der Rechtswahl lediglich materiell-rechtliche Wirkung zukäme, die dann durch Bestimmungen des zwingenden Rechts ergänzt würde.[31] So stellt sich dann aber die Frage der Reichweite der Unabdingbarkeit zwingender Normen im Zuge der Teilrechtswahl anhand des in § 306a BGB niedergelegten Umgehungsverbots und daran anknüpfend – soweit dies möglich erscheint – die Zulässigkeit der unechten Teilrechtswahl auch vor staatlichen Gerichten.

2. Unechte Teilrechtswahl bei grenzüberschreitenden Sachverhalten

Die AGB-Bestimmungen sind inländisches zwingendes Recht und somit – wie bereits unter II. 1. erörtert – grundsätzlich unabdingbar. Auf kollisionsrechtlicher Ebene – also auf Ebene des Internationalen Privatrechts – gilt jedoch, dass die Parteien bei grenzüberschreitenden Sachverhalten mit der Vereinbarung einer Rechtswahlklausel auch von den zwingenden Vorschriften des nationalen Rechts abweichen dürfen.[32] Dies ergibt sich daraus, dass wie bereits bei der kollisionsrechtlichen Rechtswahl dargestellt, bei Schiedsvereinbarungen, die unter § 1051 Abs. 1 ZPO fallen, auch nicht-

---

29 So auch: *Valdini* ZIP 2017, 7, 8.
30 So auch: *Valdini* ZIP 2017, 7, 8.
31 Staudinger/*Magnus* BGB (2016) Art. 3 Rom I-VO Rn. 47.
32 *Valdini* ZIP 2017, 7, 8; *Wegen/Asbrand* RIW 2016, 557, 559.

staatliches Recht gewählt werden darf.[33] Insbesondere spricht aber für eine unechte Teilrechtswahl, dass es der Gesetzgeber in den Ausführungen der Gesetzesbegründung auch für möglich angesehen hat, nur den Teil einer Rechtsordnung zu wählen.[34] Unter Zugrundelegung dieses gewichtigen historischen Arguments der Gesetzgebungsintention, ist dies auch die in der Literatur die überwiegend vertretene Auffassung.[35] Bei Sachverhalten mit grenzüberschreitendem Bezug ist es somit möglich, im Zuge der Rechtswahl auch nur Teile von Normkomplexen und gesamtstaatlichen Rechtsordnungen auszuschließen.

3. Unechte Teilrechtswahl bei inländischen Sachverhalten

Zu einem anderen, kontrovers zu diskutierenden Ergebnis kann man jedoch kommen, wenn die unechte Teilrechtswahl auf reine Inlandssachverhalte bezogen ist. In erster Linie stellt sich hier die Frage, welche Norm als Anknüpfungspunkt Anwendung finden soll. Hierzu muss zunächst das Verhältnis von § 1051 ZPO zu Art. 3 Rom I-VO erörtert werden.

Man könnte annehmen, dass Art. 3 Rom I-VO die Vorschriften des § 1051 ZPO verdrängt und auch auf Schiedsvereinbarungen Anwendung finden soll.[36] Die Verordnung basiert auf Unionsrecht. Diesem kommt zur Lösung von Normenkollisionen mit dem Recht der Mitgliedsstaaten grundsätzlich ein Anwendungsvorrang zu.[37] Des Weiteren spricht für einen Vorrang der Rom I-VO, dass nach Art. 1 Abs. 2 lit. e Rom I-VO Schiedsvereinbarungen vom Anwendungsbereich der Verordnung ausgeschlossen sein sollen. Es wird vorliegend nur die Schiedsvereinbarung, nicht aber der Hauptvertrag, auf dem sie basiert, ausgenommen.[38] Im Umkehrschluss könnte dies zur Folge haben, dass soweit nur Schiedsvereinbarungen ausgeschlossen sein sollen, jegliche weiteren Aspekte des Schiedsverfahrens – auch die Möglichkeit einer Wahl von nichtstaatlichem Recht im Hauptvertrag – Anwendung finden müssten.[39] Dies ergibt sich auch aus einem strukturell parallelen Aufbau von Schieds- und Gerichtsstandsvereinbarungen, die beide prozessuale Vereinbarungen sind und somit auch prozessrechtliche Wirkung entfalten.[40] Zu beachten ist auch, dass der Erwägungs-

---

33 *Valdini* ZIP 2017, 7, 8; *Wegen/Asbrand* RIW 2016, 557, 559.
34 BT-Drucks. 13/5274, S. 52; ferner: *Valdini* ZIP 2017, 7, 8.
35 Siehe: MüKo ZPO/*Münch* 5. Aufl. 2017, § 1051 ZPO Rn. 14; Musielak/Voit ZPO/*Voit* 14. Aufl. 2017, § 1051 ZPO Rn. 2; Saenger ZPO/*Saenger* 7. Aufl. 2017, § 1051 ZPO Rn. 4; BeckOK ZPO/*Wilske/Markert* 26. Ed. 2017, § 1051 ZPO Rn. 4.
36 Zur Vertiefung des Verhältnisses von § 1051 ZPO zu Art. 3 Rom I-VO siehe: *Wegen/Asbrand* RIW 2016, 557, 559 f.; *Wegen*, in: FS Kühne 2009, S. 933, 942 f.
37 Calliess/Ruffert/*Ruffert* 5. Aufl. 2016, Art. 1 AEUV Rn. 16 f.
38 So auch: *McGuire* SchiedsVZ 2011, 257, 262; *Giuliano/Lagarde* Bericht über das Übereinkommen über das auf vertragliche Schuldverhältnisse anwendbare Recht, ABlEG Nr. C 282/11 v. 31.10.1980.
39 *Wegen/Asbrand* RIW 2016, 557 560; *Wegen*, in: FS Kühne 2009, S. 933, 942.
40 *Wegen/Asbrand* RIW 2016, 557, 560; *McGuire* SchiedsVZ 2011, 257, 262; Mankowski RIW 2011, 30, 31.

grund Nr. 7 der damaligen Brüssel I-VO und heutigen Brüssel Ia-VO die gesamte Schiedsgerichtsbarkeit, die Rom I-VO hingegen nur die Schiedsvereinbarung von ihrem sachlichen Anwendungsbereich ausnimmt. Die Brüssel Ia-VO ist entsprechend des genannten Erwägungsgrundes zur Auslegung der Rom-Verordnungen heranzuziehen.[41] Unter Beachtung dessen, könnte man schlussfolgern, dass die Rom I-VO auch im Schiedsverfahren Anwendung findet.

Berücksichtigt man jedoch die Entstehungsgeschichte der Rom I-VO, überzeugt dieses Argument nicht mehr. Die Rom I-VO wurde als Pendant zur Brüssel Ia-VO konzipiert.[42] Art. 1 Abs. lit. d Brüssel Ia-VO normiert eine Bereichsausnahme. Danach ist, entsprechend des eindeutigen Wortlauts der Norm, die Schiedsgerichtsbarkeit in ihrer Gänze vom sachlichen Anwendungsbereich der Verordnung ausgeschlossen. Auf Grund des bestehenden engen Zusammenhangs und der ergänzenden Funktion der Rom I-VO zur Brüssel Ia-VO, wird deutlich, dass gerade keine verbindlichen Regelungen für das Schiedsverfahren getroffen werden sollten.[43] Weiterhin lässt sich ein historisches Argument anführen, warum der Rom I-VO kein Vorrang zukommt. So beruht die Verordnung auf der Kompetenzgrundlage des Art. 81 Abs. 2 lit. c AEUV, der im Gegensatz zu lit. a und b keine außergerichtlichen Entscheidungen wie Schiedsurteile erfasst.[44] Auch unter Zugrundelegung der systematischen Entstehung der Verordnung, kann man zu keiner anderen Auffassung kommen. In der französischsprachigen Fassung dieser, sowie der der Rom II-VO, werden die Begriffe »cour« und »tribunal« verwendet. Beide Formulierungen bezeichnen in Frankreich, Belgien und Luxemburg nur staatliche Gerichte.[45] Die Rom I-Verordnung geht also per se nur von staatlichen und nicht von Schiedsgerichten aus. Somit umfasst die Verordnung gerade nicht die Schiedsgerichtsbarkeit. § 1051 ZPO wird nicht verdrängt und die Rom I-VO ist nicht anwendbar, wenn in einem Schiedsverfahren das anwendbare Recht des Hauptvertrags ermittelt werden muss.[46] Die unechte Teilrechtswahl durch Schiedsabrede in Inlandssachverhalten richtet sich somit nach § 1051 ZPO.

4. Unechte Teilrechtswahl über § 1051 ZPO

Entsprechend der obigen Ausführungen, ist es möglich, bei Billigkeitsentscheidung des Schiedsgerichts nach § 1051 Abs. 3 ZPO auch lediglich reine Rechtsvorschriften und demnach nur einen Teil einer Rechtsordnung zu wählen. Somit ergibt sich hier-

---

41 *Wegen/Asbrand* RIW 2016, 557, 560.
42 *Wegen/Asbrand* RIW 2016, 557, 560.
43 *Wegen*, in: FS Kühne 2009, S. 933, 942 f.
44 So auch: *Valdini* ZIP 2017, 8 f.
45 *Wegen/Asbrand* RIW 2016, 557, 560; *Mankowski* RIW 2011, 30, 38; *Kondring* RIW 2010, 184, 189 f.
46 So auch: *Valdini* ZIP 2017, 8; *Wegen/Asbrand* RIW 2016, 557, 560; Wegen, in: FS Kühne 2009, 933, 943; MüKo ZPO/*Münch* 5. Aufl. 2017, § 1051 ZPO Rn. 9; BeckOK ZPO/Wilske/Markert 26. Ed. 2017, 1051 ZPO Rn. 3.

aus auch, dass eine unechte Teilrechtswahl – so bspw. die Abwahl des AGB-Rechts – an sich möglich sein muss. Eine Grenze für die Schiedsgerichtsbarkeit ergibt sich jedoch aus der öffentlichen Ordnung (ordre public) des § 1059 Abs. 2 Nr. 2 b ZPO. Diese ordre public-Grenze normiert, dass ein Schiedsspruch aufgehoben werden kann, wenn er wesentliche Grundsätze der Rechtsordnung verletzt.[47] So stellt sich hier die Frage, ob ein Verstoß in Form der Abweichung gegen das Umgehungsverbot im AGB-Recht bei Unternehmensverträgen nicht dem Grundgedanken der Unabdingbarkeit zwingender Normen widerspricht. Grundsätzlich ist aber nicht jeder Verstoß gegen zwingende Vorschriften und gegen unabdingbares Recht eine Verletzung der ordre public, sondern nur dann, wenn zentrale Grundlagen des staatlichen oder wirtschaftlichen Lebens nicht mehr gewahrt sind.[48] Der ordre public Verstoß nach § 1059 II Nr. 2 b ZPO ist danach ergebnisorientiert zu betrachten – d.h. liegt ein Verstoß gegen tragende Grundsätze der Rechtsordnung vor, führt dies im Ergebnis dazu, dass gleichzeitig auch die ordre public verletzt ist.[49] Das Ergebnis an sich muss den Verstoß gegen die ordre public darstellen.[50] Dementsprechend kann – soweit gerade keine tragenden Prinzipien betroffen sind – auch von zwingenden Normen in gewisser Hinsicht abgewichen werden.[51] Im Zuge dieser Abweichung von den eigentlich unabdingbaren AGB-Vorschriften würde dann zur Kontrolle des materiellen Rechts subsidiär § 242 BGB mit dem Gebot von Treu und Glauben treten und eine weitere Prüfung auf Verstöße gegen die Rechtsordnung zulassen.[52] Dies ergibt sich aus folgender Argumentation:

Für die zulässige Abweichung von den §§ 305 ff. BGB im Zuge einer Schiedsabrede bei Unternehmensverträgen spricht eine rein historische wie teleologische Herangehensweise. Zwar ist in der Begründung des Entwurfs des ehemaligen AGBG die Rede davon, dass sich der Schutzgedanke der AGB auf die gesamte Privatrechtsordnung erstreckt, von dem der kaufmännische und unternehmerische Rechtsverkehr »nicht schlechthin ausgeschlossen werden kann«[53]. Historisch gesehen, wurden die Vorschriften über die AGB aber primär geschaffen, um einen Wirtschaftsverkehr auf Augenhöhe zu gewährleisten der unter dem »wesentlichen Gesichtspunkt« des Verbraucherschutzes betrachtet wurde.[54] Tragender Grundgedanke war also primär, das Ungleichgewicht zwischen den Vertragsparteien zu vermeiden, wie es typischerweise im Verhältnis von Unternehmern und Verbrauchern vorliegt.[55] Auch nach Eingliederung in das BGB durch das SchRModG wurde die Inhaltskontrolle in erster Linie

---

47 MüKo ZPO/*Münch* 5. Aufl. 2017 § 1059 ZPO Rn. 38; *Pfeiffer* NJW 2012, 1169, 1172.
48 MüKo ZPO/*Münch* 5. Aufl. 2017 § 1059 ZPO Rn. 41; *Pfeiffer* NJW 2012, 1169, 1172.
49 So auch: *Pfeiffer* NJW 2012, 1169, 1172 f.
50 MüKo ZPO/*Münch* 5. Aufl. 2017 § 1059 ZPO Rn. 40 f.
51 So auch: *Pfeiffer* NJW 2012, 1169, 1172.
52 *Pfeiffer* NJW 2012, 1169, 1173.
53 BT-Drucks. 7/3919, S. 13 f.
54 MüKo BGB/*Basedow* 7. Aufl. 2016, Vor §§ 305 ff. BGB Rn. 12; Staudinger/*Schlosser* (2013) Vor §§ 305 ff. BGB Rn. 6 f.
55 Palandt/*Grüneberg* 76. Aufl. 2017, Überbl v § 305 BGB Rn. 9; Staudinger/*Schlosser* (2013) Vor §§ 305 ff. BGB Rn. 6 f.

herangezogen, um Asymmetrien zwischen wirtschaftlich Stärkeren und wirtschaftlich Schwächeren Vertragsparteien vorzubeugen.[56] Die AGB sollen so den Verbraucher schützen und ihn davor bewahren, dass der Unternehmer Risiken zu seinen Lasten »abwälzt«.[57] Gewisse, deutlich engere Modifizierungen erfahren neben den in § 310 Abs. 3 BGB legaldefinierten »klassischen« Verbraucherverträgen auch Individualarbeitsverträge.[58] Dies zeigt ebenfalls auf, dass das AGB-Recht grundsätzlich der Konzeption unterliegt, schwächeren Parteien ein Mehr an Schutz zu gewähren. Nun stellt sich aber die Frage, wieso bei Unternehmenstransaktionen oder generell bei B2B-Verträgen eine solche strikte Einhaltung des AGB-Rechts weiterhin geboten sein soll. Gem. § 310 Abs. 1 BGB ergibt sich für Verträge im B2B-Verkehr lediglich ein eingeschränkter Prüfungsmaßstab, der sich vor allem an § 307 BGB als Grundnorm orientiert, was der gesetzgeberischen Intention geschuldet ist, dass Unternehmen grundsätzlich mehr Selbstverantwortung im Rechtsverkehr zugeschrieben werden kann.[59] Daraus folgt, dass diese schlicht weniger schutzwürdig als Verbraucher anzusehen sind. Würde man nun den grundsätzlichen Maßstab einer Inhaltskontrolle des § 307 Abs. 1 und 2 BGB ansetzen, fände man sich bei der Prüfung einer unangemessenen Benachteiligung schlussendlich innerhalb der Abwägungsleitlinien des § 242 BGB – den Vorschriften von Treu und Glauben wieder –, die ihrerseits immer oberhalb der Grenze des ordre public-Verstoßes liegen.[60] In anderen Worten: Legt man bei B2B-Verträgen den Maßstab des § 307 Abs. 1 BGB zur Inhaltskontrolle zu Grunde, kann man im Zuge einer Schiedsabrede auch ganz auf AGB-Vorschriften verzichten, weil der Prüfungsmaßstab der unangemessenen Benachteiligung i. E. die gleichen Voraussetzungen aufweist, die auch für eine Prüfung anhand des § 242 BGB anzustellen sind.

Dies ergibt sich aus folgender Argumentation: § 307 BGB knüpft historisch mit der wortwörtlichen Bezugnahme auf »Treu und Glauben« in Abs. 1 an die frühere Rechtsprechung zur Inhaltskontrolle an, die vor Eingliederung der AGB-Vorschriften am Maßstab des § 242 BGB durchgeführt wurde.[61] Für die sog. Ausübungskontrolle bei gültigen AGB-Klauseln, zieht der BGH selbige Norm noch immer als maßgebliche Vorschrift heran.[62] Zwar ist der Anwendungsbereich des § 307 BGB als lex specialis enger zu verstehen als der des § 242 BGB, jedoch dürften grundlegende Unterschiede bei der Begründung einer unangemessenen Benachteiligung und der eines Verstoßes gegen Treu und Glauben lediglich im Einzelfall liegen.[63] Als Regelbeispiel zur unangemessenen Benachteiligung gilt die Abweichung vom wesentlichen Grundgedanken

---

56 Palandt/*Grüneberg* 76. Aufl. 2017, § 306a BGB Rn. 1.
57 PWW/*K.P. Berger* 12. Aufl. 2017, Vor §§ 305 ff. BGB Rn. 2; MüKo BGB/*Basedow* 7. Aufl. 2016, Vor §§ 305 ff. BGB Rn. 3 ff.
58 PWW/*K.P. Berger* 12. Aufl. 2017, § 310 BGB Rn. 19.
59 PWW/*K.P. Berger* 12. Aufl. 2017, § 307 BGB Rn. 29.
60 *Pfeiffer* NJW 2012, 1169, 1173.
61 MüKo BGB/*Wurmnest* 7. Aufl. 2016, § 307 BGB Rn. 32; Wolf/Lindacher/Pfeiffer/*Pfeiffer* 6. Aufl. 2013, Einl. Rn. 6.
62 Palandt/*Grüneberg* 76. Aufl. 2017, Überbl v § 305 BGB Rn. 16.
63 Palandt/*Grüneberg* 76. Aufl. 2017, Überbl v § 305 BGB Rn. 16 f.

einer Norm. Eine solche ist gegeben, wenn Gerechtigkeitsgebote die ein wesentliches Schutzbedürfnis normieren, abbedungen werden.[64] Stellt man auf eine gesonderte Betrachtung des Schutzbedürfnisses bei B2B-Verträgen ab, so kann sich durchaus ergeben, dass beide Vertragsparteien auf Augenhöhe stehen und unangemessene Benachteiligung beim Ausschluss gewisser Normen nicht mehr per se gegeben sind. Dies muss dogmatisch betrachtet auch für die AGB-Normen selbst gelten. Im Zuge der geringeren Schutzwürdigkeit von Unternehmen im Bereich des AGB-Rechts, ist dann eine weitergehende Auslegung bzgl. der unangemessenen Benachteiligung geboten, wenn kein Machtgefälle zwischen den Vertragspartnern erkennbar ist.[65] Dies lässt schlussendlich einen Zirkelschluss von § 307 BGB auf § 242 BGB zu. Hierfür spricht insbesondere, dass § 242 BGB Grundlage der allgemeinen Rechtsentwicklung ist.[66] So entstand das AGB-Recht im Zuge einer Rechtsentwicklung über § 242 BGB, nachdem die Rechtsprechung Inhaltskontrollen immer über diese Norm vorgenommen hatte.[67] Misst man nun das Schutzniveau bei abbedungenen AGB entsprechend der Grundsätze der Ergebnisbezogenheit bzgl. des ordre public Verstoßes, so ist dieses unter Geltung des § 242 BGB nicht geringer, als unter Anwendung des § 307 Abs. 1 BGB. Im Zuge dessen muss es nun auch möglich sein, die aus § 242 BGB entstandenen Rechtsgrundlagen über Treu und Glauben dahingehend zu korrigieren, dass im Wege der Dogmatik wieder Gerechtigkeit, Rechtssicherheit und Rechtsentwicklung geschaffen wird. Demnach ist es auch möglich, im Zuge einer teleologischen wie historischen Auslegung des AGB-Rechts, diese zwingenden Normen durch eine Schiedsabrede bei inländischen Sachverhalten abzubedingen und unter Wahrung des selbigen Schutzniveaus von ihnen abzuweichen, ohne dass ein Verstoß gegen den ordre public gegeben ist.

5. Vorteile einer unechten Teilrechtswahl

Legt man zu Grunde, dass zwingende Vorschriften wie das AGB-Recht bei B2B-Verträgen aus Inlandssachverhalten aus genannten Gründen abdingbar sind, hätte dies diverse Vorteile für den Wirtschaftsverkehr. In M&A-Bieterverfahren kommen regelmäßig für mehrere Bieter vorformulierte Vertragsentwürfe zum Einsatz. Bisher unterliegen diese einer Inhaltskontrolle nach AGB-Recht und somit auch einer sehr engen und restriktiven Rechtsprechung. Hier eine Individualvereinbarung nachzuweisen ist, solange für mehrere Bieter vorformulierte Vertragsklauseln gegeben sind, schwierig – die Beweislast obliegt dem Verwender.[68] Wäre es möglich, die §§ 305 ff. BGB in ihrer Gesamtheit abzubedingen, hätte dies Rechtssicherheit zur Folge. Bisher führen unwirksame Klauseln wegen der fehlenden geltungserhaltenden Reduktion

---

64 Palandt/*Grüneberg* 76. Aufl. 2017, § 307 BGB Rn. 30.
65 Beispiel für ein solches Machtgefälle: Staudinger/*Schlosser* (2013) § 305 BGB Rn. 36a.
66 MüKo BGB/*Schubert* 7. Aufl. 2016, § 242 BGB Rn. 24.
67 MüKo BGB/*Wurmnest* 7. Aufl. 2016, § 307 BGB Rn. 32.
68 Wolf/Lindacher/Pfeiffer/*Pfeiffer* 6. Aufl. 2013, § 305 BGB Rn. 60; Staudinger/*Schlosser* (2013) § 305 BGB Rn. 52.

meist zu erheblicher Rechtsunsicherheit. Weiterhin könnten Rechtsberatungskosten gesenkt und Bieterverfahren verkürzt werden. Auch können Konflikte entstehen, wenn ein Schiedsgericht mit Richtern und Praktikern aus der Anwaltspraxis zugleich besetzt ist. Ein Richter wird eher an einer Unabdingbarkeit zwingenden Rechts sowie an der Verhinderung einer Umgehung der AGB-Vorschriften festhalten als ein beratender Anwalt, dem die Einschränkungen für B2B-Verträge aus der eigenen Tätigkeit bekannt sind.[69] Zuletzt würde ein Verzicht auf AGB-Vorschriften den Schiedsgerichtsstandort Deutschland attraktiver machen. Im Zuge gesteigerter Rechtssicherheit und weniger Einschränkungen durch zwingende Rechtsnormen, wäre eine »Flucht« in ausländische Rechtsordnungen weniger wahrscheinlich. Gerade im Zuge des Brexit und eines durchaus möglichen Geltungsverlusts des Common Law innerhalb der EU wäre es sinnvoll, dem Schiedsgerichtsort Deutschland ein Mehr an Gewicht zu verleihen.

VI. Fazit

Entgegen der Auffassung, nur tiefgreifende Reformen erlaubten eine Rechtsentwicklung, ist es schon möglich, durch reine juristische Auslegung eine gewisse Abdingbarkeit zwingenden Rechts in Schiedsklauseln zu begründen. Wie dargestellt, wird die Notwendigkeit ersichtlich, dass auch bei reinen Inlandssachverhalten eine unechte Teilrechtswahl möglich sein muss. Können Unternehmen bei B2B-Verträgen im Wirtschaftsverkehr das eigentlich zwingende AGB-Recht abbedingen, könnten diverse rechtliche- wie tatsächliche Hindernisse die als »Zwangskorsett«[70] empfunden werden, beseitigt werden und somit dem Schiedsgerichtsstandort Deutschland zu neuer Attraktivität verholfen werden. Die bisherigen Einschränkungen der dogmatischen Grundlagen des AGB-Rechts stehen in Bezug auf wirtschafts- und unternehmensrechtliche Gesichtspunkte nicht im Einklang einer »Dogmatik im Dienst von Gerechtigkeit, Rechtssicherheit und Rechtsentwicklung«.

---

69 So der Eindruck des Verfassers aus verschiedenen Schiedsverfahren und vielen Gesprächen mit Kollegen, ohne dass der Eindruck empirisch belegt wäre.
70 *Valdini* ZIP 2017, 7.

Teil V
Berufsrecht

Erste Gedanken und Schritte zu einer konzeptionellen Neuausrichtung des anwaltlichen Berufsrechts auf die gemeinschaftliche Berufsausübung

Wolfgang Ewer

I. Ausgangsbefund

Übten in den 1960er Jahren fast drei Viertel der selbstständigen Rechtsanwälte ihren Beruf als Einzelanwalt aus, so finden sich seither immer mehr Rechtsanwälte in Sozietäten und anderen Berufsausübungsgemeinschaften zusammen.[1]

Gleichwohl kennt die Bundesrechtsanwaltsordnung noch immer fast ausschließlich den Rechtsanwalt – nicht nur als Maskulinum sondern vor allem im Singular.[2] Dies gilt jedenfalls im Hinblick auf seinen Status[3], seine Rolle[4] und seine Stellung als Träger von Rechten[5] und Pflichten[6] sowie als Adressaten belastender[7] und begünstigender[8] Verwaltungsakte. Sogar das jüngste Kind des anwaltlichen Berufsrechts, das besondere elektronische Anwaltspostfach, ist ausschließlich am einzelnen Rechtsanwalt und nicht etwa an der Berufsausübungsgemeinschaft ausgerichtet[9].

Auch bei der Ahndung von Berufspflichtverletzung hat das Gesetz primär den einzelnen Rechtsanwalt im Blick[10]; allerdings werden die Sanktionsmöglichkeiten hier auch auf die Geschäftsführer von Anwaltsgesellschaften erstreckt und zwar für den Fall, dass diese selbst nicht Rechtsanwälte sind[11]. Hinsichtlich dieser sieht § 115c Satz 2 BRAO vor, dass an die Stelle der Ausschließung aus der Rechtsanwaltschaft

---

1 DAV (Herausgeber), Der Rechtsdienstleistungsmarkt 2030 – Eine Zukunftsstudie für die deutsche Anwaltschaft, Berlin, 2013, S. 39.
2 Vgl. *Kilian*, Die Zukunft des Berufsrechts – neue Ansätze für eine moderne Regulierung, AnwBl 2017, 370.
3 Vgl. § 2 Abs. 1 und 2 BRAO.
4 Vgl. § 1 und § 3 Abs. 1 BRAO.
5 Vgl. etwa § 3 Abs. 2; § 43c Abs. 1; § 46 Abs. 1 und 2; § 50 Abs. 3; § 57 Abs. 3; § 58 Abs. 1; § 117; § 164 BRAO.
6 Vgl. etwa § 12a Abs. 1; § 27 Abs. 1 bis 3; § 29a Abs. 3; § 30 Abs. 1; § 43; § 43a Abs. 1 bis 6; § 43b; § 43d Abs. 1; § 44; § 45 Abs. 1 und 2; § 47 bis § 49a; § 49b Abs. 1, und 3 bis 5; § 49c; § 50 Abs. 1 und 2; § 51 Abs. 1 und 6; § 53 Abs. 1 und 6; § 56 Abs. 1 Satz 1 sowie Abs. 2 und 3; § 59 Satz 1 BRAO.
7 Vgl. § 14 Abs. 1 bis 3; § 15 Abs. 1; § 17 Abs. 3; § 29 Abs. 2; § 43c Abs. 4; § 57 Abs. 1 BRAO.
8 Vgl. § 17 Abs. 2; § 29 Abs. 1; § 29a Abs. 2 Satz 2; § 43c Abs. 2; § 46a Abs. 1 und 2 BRAO.
9 § 31a Abs. 1 Satz 1 BRAO.
10 Vgl. etwa § 113 Abs. 1 BRAO.
11 Vgl. § 74 Abs. 6 sowie § 115c, jeweils i.V.m. § 60 Abs. 1 Satz 3 BRAO.

die Aberkennung der Eignung, eine Rechtsanwaltsgesellschaft zu vertreten und ihre Geschäfte zu führen, tritt.

Zwar tauchen in § 46 BRAO die »Syndikusrechtsanwälte« und in § 47 BRAO die »Rechtsanwälte im öffentlichen Dienst« auf; indessen ist der Plural hier rein redaktioneller Art und nicht auf eine ihren Beruf gemeinsam ausübende Mehrzahl von Anwälten bezogen. Entsprechendes gilt für die das Auftreten an anderen Gerichten beschränke Regelung des § 172 BRAO, die sich an die »bei dem Bundesgerichtshof zugelassenen Rechtsanwälte« richtet.

Demgegenüber führt die ausschließlich oder zumindest unter Beteiligung von Rechtsanwälten gebildete Berufsausübungsgemeinschaft im geltenden Berufsrecht noch immer ein Schattendasein. Dies betrifft insbesondere den Bereich der beruflichen Rechte und Pflichten. Zwar ordnet § 45 Abs. 3 BRAO an, dass die Verbote der Absätze 1 und 2 auch für die mit dem Rechtsanwalt in Sozietät oder in sonstiger Weise zur gemeinschaftlichen Berufsausübung verbundenen oder verbunden gewesenen Rechtsanwälte und Angehörigen anderer Berufe gelten, soweit auch einer von diesen im Sinne der Absätze 1 und 2 befasst war. Indessen handelt es sich insoweit der Sache nach um eine bloße Rechtsfolgeerstreckung und nicht um die Statuierung eigenständiger Organisationspflichten.

Eigene Rechte – insbesondere das Recht auf Zulassung – hat der Gesetzgeber lediglich im Zweiten Abschnitt des Dritten Teils der BRAO den Rechtsanwaltsgesellschaften eingeräumt, die entgegen dem Wortlaut des Gesetzes (§ 59c Abs. 1 »Gesellschaften mit beschränkter Haftung«) nicht nur als GmbH sondern auch als Aktiengesellschaft errichtet werden können.[12] Korrespondierend damit sieht das Gesetz gegenüber diesen Gesellschaften auch eigenständige Pflichten – wie etwa die Pflicht der Rechtsanwaltsgesellschaft, an ihrem Sitz eine Kanzlei zu unterhalten (§ 59i BRAO) oder die Pflicht der Rechtsanwaltsgesellschaft, eine Berufshaftpflichtversicherung in 10 facher Mindesthöhe abzuschließen und diese während der Dauer ihrer Zulassung aufrechtzuerhalten (§ 59j BRAO) – sowie eigenständige Rechtsfolgen – wie etwa das Erlöschen der Zulassung durch Auflösung der Gesellschaft (§ 59h Abs. 1 BRAO) – vor.

Demgegenüber hat der Gesetzgeber bei der Partnerschaftsgesellschaft mit beschränkter Berufshaftung den Nachweis des Abschlusses einer Berufshaftpflichtversicherung mit entsprechend erhöhter Mindestsumme nicht nur in § 51a BRAO als anwaltliche Berufspflicht, sondern zugleich durch § 4 Abs. 3 PartGG als registerrechtliche Eintragungsvoraussetzung ausgestaltet. Ein wesentlicher Unterschied zur Rechtsanwaltsgesellschaft besteht darin, dass die Partnerschaft zwar nach § 7 Abs. 4 Satz 1 PartGG als Prozess- oder Verfahrensbevollmächtigte beauftragt werden, nicht aber Subjekt einer eigenständigen Anwaltszulassung sein kann, was damit zusammenhängen dürfte, dass es sich bei ihr um keine juristische Person, sondern um eine Personengesellschaft handelt.

---

12 Bayerisches Oberstes Landesgericht, Beschluss vom 27. März 2000 – 3Z BR 331/99 –, zit. n. juris; BGH, Beschluss vom 10. Januar 2005 – AnwZ (B) 27/03 –, BGHZ 161, 376-389, zit. n. juris.

Im Übrigen hat der Gesetzgeber Berufsausübungsgemeinschaften – insbesondere der als Gesellschaft bürgerlichen Rechts ausgestalteten Sozietät – nur punktuell mit eigenen Regelungen bedacht. So erscheint letztere in der BRAO als erstes in § 52 Abs. 2. Satz 1; diese Bestimmung stellt klar, dass die Mitglieder einer Sozietät aus dem zwischen ihr und dem Auftraggeber bestehenden Vertragsverhältnis als Gesamtschuldner haften und Satz 2 lässt es zu, dass die persönliche Haftung auf Schadensersatz auch durch vorformulierte Vertragsbedingungen auf einzelne Mitglieder einer Sozietät beschränkt werden kann, die das Mandat im Rahmen ihrer eigenen beruflichen Befugnisse bearbeiten und namentlich bezeichnet sind. Das nächste Mal taucht die Sozietät erst mehr als 100 Paragraphen weiter, nämlich in § 172a BRAO, auf. Nach Satz 1 dieser Vorschrift dürfen Rechtsanwälte, die beim Bundesgerichtshof zugelassen sind, nur untereinander eine Sozietät eingehen; Satz 2 ordnet an, dass eine solche Sozietät nur zwei Rechtsanwälte umfassen darf.

Um die legislative Visibilität des Begriffs der Berufsausübungsgemeinschaft steht es nicht viel besser: Ein erstes Mal wird der Terminus in der die Abtretung von Vergütungsforderungen oder die Übertragung ihrer Einziehung beschränkenden Vorschrift des § 49b Abs. 4 Satz 1 BRAO erwähnt. Ein zweites Mal ist er Gegenstand einer Entsprechens-Anordnung in der die vertragliche Beschränkung von Ersatzansprüchen betreffenden Vorschrift des § 52 Abs. 2 Satz 2 BRAO. Schließlich wird an zwei Stellen des Gesetzes noch der Begriff der »Berufsausübungsgesellschaft« erwähnt und zwar zum einen in Bezug auf angestellte Rechtsanwälte in § 46 Abs. 1 BRAO und zum anderen im Zusammenhang mit der Beschränkung der Befugnis des Syndikusrechtsanwalts zur Beratung und Vertretung in Rechtsangelegenheiten des Arbeitgebers in § 46 Abs. 5 Nr. 3 BRAO. Zudem wird in § 59a BRAO noch die gemeinschaftliche Berufsausübung mit anderen sozietätsfähigen Berufen geregelt. In Abs. 3 der letzteren Vorschrift kommt zudem auch – das erste und einzige Mal in der BRAO – die »Bürogemeinschaft« zu Ehren.[13] Die von *Henssler* getroffene Feststellung, dass sich das Berufsrecht der Anwaltsgesellschaften in einem desolaten Zustand befindet und letztlich einem Torso gleicht,[14] erweist sich daher zweifellos als berechtigt. So bedarf etwa insbesondere die Rechtsanwaltsaktiengesellschaft nach ihrer Anerkennung durch die Rechtsprechung dringend einer gesetzlichen Normierung, da zu befürchten steht, dass ansonsten die rechtlichen Voraussetzungen der gemeinsamen Berufsausübung in dieser Gesellschaftsform einem von Kammerbezirk zu Kammerbezirk durchaus unterschiedlichen rechtlichen Verständnis unterliegen könnten.

II. Veränderte Herausforderungen und Chancen

Angesichts des Rückgangs der Zahl der Einzelanwälte und der stetigen Zunahme von Berufsausübungsgemeinschaften, auch und gerade in Gestalt von Klein- und Kleinst-

---

13 *Deckenbrock*, Das allgemeine Berufsrecht der Berufsausübungsgemeinschaft: Überlegungen zur überfälligen Reform des anwaltlichen Gesellschaftsrechts, AnwBl 2014, 124.
14 *Henssler*, Die Anwaltschaft als Pilotberuf: Quo vadis Sozietätsrecht?, AnwBl 2017, 378.

zusammenschlüssen,[15] dürfte das geltenden Berufsrecht perspektivisch seiner Aufgabe immer weniger genügen. Grund hierfür ist der zuvor festgestellte Befund, dass es konzeptionell noch immer am Einzelanwalt ansetzt, während mit den im stetigen Vordringen befindlichen Berufsausübungsgemeinschaften bestimmte zusätzliche berufsrechtliche Risiken einhergehen. Hierzu wird von *Kilian* zutreffend festgestellt, dass Berufsträger auf viele Abläufe in der Kanzlei, die berufsrechtliche Risiken bergen, faktisch keine Einwirkungsmöglichkeiten mehr hätten oder an ihnen überhaupt nicht beteiligt seien.[16]

Als Beispiel sei nur die aus § 43a Abs. 1 BRAO folgende Pflicht des Rechtsanwalts genannt, keine Bindungen einzugehen, die seine berufliche Unabhängigkeit gefährden. Angesichts dessen,
– dass die anwaltliche Unabhängigkeit zwar in erster Linie gegenüber dem Staat, aber anerkanntermaßen auch im Verhältnis zu Dritten und zudem gegenüber den zur gemeinsamen Berufsausübung verbundenen Berufsangehörigen zu wahren ist,[17]
und
– dass die Entstehung von Berufsausübungsgemeinschaften und die Beschäftigung einer steigenden Anzahl angestellter Anwälte durch diese die Gefahr diesbezüglicher Beeinträchtigungen der Unabhängigkeit zwangsläufig ansteigen lässt,

ist insoweit zu konstatieren, dass die dargestellte Entwicklung zu einer Erhöhung des Risikopotentials führt. Das aber ist deshalb von besonderer Bedeutung, weil die »Wahrung der Unabhängigkeit … unverzichtbare Voraussetzung dafür (ist), dass Rechtsanwälte als Organe der Rechtspflege (…) und berufene Berater und Vertreter der Rechtsuchenden (…) durch ihre berufliche Tätigkeit zu einer funktionierenden Rechtspflege beitragen können (…).«[18]

Eine Erhöhung des Verletzungsrisikos dürfte auch für das aus § 43a Abs. 4 BRAO folgende Verbot der Vertretung widerstreitender Interessen gelten. Denn je größer die Berufsausübungsgemeinschaft ist, umso stärker wächst rein statistisch die Gefahr an, dass im Rahmen der Vorabkontrolle ein bestehendes und kollidierendes Mandat übersehen wird.

Das letztere Beispiel macht aber zugleich deutlich, dass durch die besagte Entwicklung auch die Chancen zur Problembewältigung steigen können und zwar gegebenenfalls in einem durchaus stärkeren Maße, als die Risikoerhöhung. Denn gerade in den großen internationalen Anwaltskanzleien gibt es nicht nur hochgradig professionalisierte Systeme zur Kollisionskontrolle, sondern werden häufig auch Maßstäbe angewandt, die als höchst vorsorglich zu bezeichnen sind, weil sie weit über die sich

---

15 DAV (Herausgeber), Der Rechtsdienstleistungsmarkt 2030 – Eine Zukunftsstudie für die deutsche Anwaltschaft, Berlin, 2013, S. 38 f.
16 *Kilian*, Die Zukunft des Berufsrechts – neue Ansätze für eine moderne Regulierung, AnwBl 2017, S. 370, 374.
17 *Prütting*, Die Unabhängigkeit als konstitutives Merkmal rechtsberatender Berufe, AnwBl 2013, 683, 685; zu den Facetten der Unabhängigkeit auch *Prütting*, Die Unabhängigkeit des Syndikusanwalts, AnwBl 2009, 402 f.
18 BVerfG, Beschluss vom 16.01.2016 - 1 BvL 6/13 -, zit.n.juris, Rn. 83 ff.

aus § 43a Abs. 4 BRAO ergebenden, bekanntlich auf dieselbe Rechtssache (vgl. § 3 Abs. 1 Satz 1 BORA) beschränkten Mindestanforderungen hinausgehen.

Ähnliches gilt für den Fall des Sozietätswechsels eines Rechtsanwalts in eine Kanzlei, die in einem Fall oder einzelnen Fällen den Prozessgegner eines Mandanten derjenigen Kanzlei vertreten hat, aus welcher der wechselnde Rechtsanwalt kommt. Die sich hieraus ergebenden Probleme sind ersichtlich sozietätsbedingt. Sie können aber nicht allein durch den Sozietätswechsler, sondern nur durch organisatorische Maßnahmen derjenigen Berufsausübungsgemeinschaft, in die der Betreffende gewechselt ist, wie etwa Arbeitsteilung in der abgebenden Kanzlei durch räumliche Trennung (bei überörtlichen Sozietäten und bei Bürogemeinschaften), Beschränkung der Zugriffsmöglichkeiten auf bestimmte physische und digitale Akten, chinese walls u.ä., gelöst werden. Da in Sozietäten der Zahlungsverkehr zumeist durch die in der Kanzlei angestellten Buchhaltungskräfte abgewickelt wird, wird auch die Erfüllung der aus § 4 Abs. 2 Satz 1 BORA folgenden Pflicht zur unverzüglichen Weiterleitung von Fremdgeldern in derartigen Fällen nicht durch den einzelnen Berufsträger, sondern nur durch entsprechende organisatorische Vorkehrungen der Berufsausübungsgemeinschaft sichergestellt werden können.

Schon diese Beispiele machen deutlich, dass angesichts der tendenziellen Zunahme gemeinschaftlicher Berufsausübung eine Umgestaltung des anwaltlichen Berufsrechts dringend geboten ist. Dabei geht es auch im Bereich gemeinschaftlicher Berufsausübung nicht etwa um einen vollständigen Paradigmenwechsel im Sinne eines alleinigen Anknüpfens an der Berufsausübungsgemeinschaft, sondern um eine »hybrid regulation«.[19] Hierbei ist der Begriff nicht im bipolaren, sondern im tripolaren Sinne zu verstehen, weil es Pflichten gibt, die ausschließlich den einzelnen Berufsträger oder ausschließlich die Berufsausübungsgemeinschaft oder aber partiell letztere und partiell die einzelnen in ihr tätigen Berufsträger treffen.

III. Versuch der Bestimmung einer Schrittfolge

Was ist als nächstes zu tun, um das bestehende anwaltliche Berufsrecht mit Blick auf die dargestellte Entwicklung konzeptionell fortzuentwickeln?

1. Evaluierung des bestehenden Katalogs berufsrechtlicher Pflichten

Als erstes sollte untersucht werden, ob und welche der Vielzahl einzelner berufsrechtlicher Pflichten, die letztlich überwiegend Ausprägung der Grundpflichten aus § 43a BRAO sind, überhaupt noch erforderlich sind oder inzwischen entbehrlich erscheinen und daher aufgehoben werden sollten. Insoweit könnte etwa an die Werbebeschränkungen in § 43b BRAO zu denken sein, die angesichts der vom Bun-

---

19 Zum Begriff vgl. *Kilian*, Die Zukunft des Berufsrechts – neue Ansätze für eine moderne Regulierung, AnwBl 2017, S. 370, 373.

desverfassungsgericht statuierten Anforderungen zum überwiegenden Teil ohnehin nicht über die sich aus dem Lauterkeitsrecht ergebenden Maßgaben hinausgehen.[20]

Hinsichtlich der aufrechtzuerhaltenden Pflichten ist als nächstes zu prüfen, ob und gegebenenfalls in welcher Hinsicht es insoweit einer Anpassung – sei es durch gesetzgeberischen Maßnahmen, im Rahmen der Normkonkretisierung durch die Berufsordnung oder auch nur eines veränderten interpretatorischen Verständnisses – bedarf. Ein Beispiel hierfür ist § 59a BRAO, der schon aufgrund der Entscheidung des Bundesverfassungsgerichts vom 12.01.2016 [21]einer Erweiterung bedarf.

Aber es gibt Pflichten, bei denen es nicht nur um Einschränkungen oder Erweiterungen, sondern um konzeptionelle Änderungen interpretatorischer oder sogar konstitutiver Art geht. Ein Beispiel: Zwar umfasst die Verschwiegenheitspflicht des § 43a Abs. 2 BRAO auch heute noch das Verbot, am Stammtisch über pikante Einzelheiten interessanter Mandate zu berichten. Aber angesichts der vermutlich sehr viel größeren Gefahren, die den Mandatsgeheimnissen inzwischen durch ein unbedachtes Telefonieren mit dem Handy in der Öffentlichkeit, dem Einsatz von Notebooks ohne Privacy-Folie im Speisewagen, dem Vergessen derartiger Geräte mit unverschlüsselter Festplatte in Zügen und Flugzeugen, dem unterlassenen oder verspäteten Updating von Virenschutzprogrammen auf dem Kanzlei-Server, der Versendung unverschlüsselter E-Mails bzw. Attachments drohen, stellt sich die Frage, ob sich die Verschwiegenheitspflicht immer noch auf eine Pflicht zum Unterlassen des Ausplauderns beschränkt. Oder ob sie nicht inzwischen – auch – als Schutzpflicht[22] zu verstehen ist, welche es gebietet, aktiv diejenigen Maßnahmen zu ergreifen, die erforderlich und angemessen sind, um zu verhindern, dass Mandatsgeheimnisse auf andere Weise – gegebenenfalls auch durch ein Hacking oder ähnliche naheliegende rechtswidrige Aktivitäten – unbefugt Dritten zur Kenntnis gelangen.

2. Einordnung oder Ausgestaltung als Berufsträger- oder Organisationspflichten

Als nächster Schritt der Problembewältigung sollten die einzelnen in der BRAO normierten Berufspflichten daraufhin untersucht werden, ob sie im Rahmen gemeinschaftlicher Berufsausübung als solche zu verstehen sind, die dem einzelnen Berufsträger oder der Berufsausübungsgemeinschaft bzw. sämtlichen ihrer Gesellschafter oder anteilig beiden obliegen. Diese Aufgabe kann an dieser Stelle nicht gelöst, sondern lediglich exemplarisch verdeutlicht werden.

So liegt es auf der Hand, dass etwa die Pflicht, keine Mandatsgeheimnisse am Stammtisch zu verbreiten oder unter dem Siegel der Verschwiegenheit im Schlafzim-

---

20 BVerfG, Beschluss vom 14.07.1987 – 1 BvR 537/81 –, BVerfGE 76, 171-196, zit.n.juris; BVerfG, Stattgebender Kammerbeschluss vom 28.07.2004 – 1 BvR 159/04 –, zit.n.juris.
21 BVerfG, Beschluss vom 12.01.2016 – 1 BvL 6/13 –, AnwBl 2016, S. 261 ff.
22 Zum Charakteristikum der Schutzpflicht, das betreffende Recht vor Eingriffen durch Dritte zu schützen, vgl. exemplarisch etwa BVerfG, Beschluss vom 30.07.2003 – 1 BvR 792/03 –, NJW 2003, 2815 f.

mer weiter zu erzählen, natürlich weiterhin jedem einzelnen Berufsträger obliegt. Aber mit der Pflicht, einen ausreichenden und damit dem Stand der Technik entsprechenden Virenschutz sicherzustellen, sieht es schon anders aus. Denn dieser wird in der Sozietät im Zweifel gar nicht von jedem einzelnen Mitglied erfüllt werden können. Sondern in aller Regel schon rein praktisch nur durch das Softwarehaus, dass regelmäßig für die Kanzlei tätig ist. Sichergestellt muss aber sein, dass dieses vertraglich so eingebunden ist, dass es innerhalb einer kurzen Frist nach Erscheinen des jeweils neusten Update dieses auch installiert. Und dass regelmäßig überprüft wird, ob das Unternehmen diese Vertragspflicht auch erfüllt oder möglicherweise erst Monate später dazu kommt, sich darum zu kümmern. Kurzum: Es müssen zum einen klare Verantwortlichkeiten geschaffen werden, wer sich primär und vertretungsweise innerhalb der Kanzlei um diese Aufgabe kümmert. Der Verantwortliche bzw. sein Vertreter müssen dann für eine hinreichende Konkretisierung der Vertragspflichten des IT-Dienstleisters sorgen. Und hierzu durch gelegentliche Stichproben überprüfen, ob dieser auch tatsächlich die dergestalt vereinbarten Fristen einhält. Mithin handelt es sich aber bei dieser Ausprägung der Verschwiegenheitspflicht um eine typische Management-Aufgabe, die als Organisationspflicht die Berufsausübungsgemeinschaft und nicht den einzelnen Berufsträger trifft. Haben die Partner hierzu einen als sachkundig und verlässlich anerkannten Kanzleiangehörigen als Verantwortlichen betraut und haben sie keinen Anlass, an der ordnungsgemäßen Erledigung der Aufgaben durch ihn zu zweifeln, so sind sie berufsrechtlich aus dem Schneider, wenn es durch einen Fehler von ihm zur Unterlassung einer rechtzeitigen Aktualisierung des Virenschutzes und einer hierdurch bedingten Offenbarung von Mandats-Daten kommt. Die Situation ist hier nicht anders als bei sonstigen Integritätssicherungspflichten; so ist etwa auch ein Lagerhalter verpflichtet, sowohl durch entsprechende technische als auch organisatorische Maßnahmen – wie etwa ordnungsgemäße Auswahl, Instruierung und Überwachung der eingesetzten Personen – dafür Sorge zu tragen, dass die ihm anvertrauten Rechtsgüter ausreichend geschützt werden.[23] Hat der Kanzlei-Verantwortliche den IT-Dienstleister ordnungsgemäß ausgewählt, dessen Vertragspflichten ordnungsgemäß ausgestaltet und seine Arbeiten stichprobenartig überwacht und kommt es dann gleichwohl zu einer entsprechenden Panne, wird auch er sich keinen Berufsrechtsverstoß vorwerfen lassen müssen. Das Beispiel macht deutlich, dass aus der Verschwiegenheitspflicht sowohl den einzelnen Berufsträger als auch die Berufsausübungsgemeinschaft treffende Einzelpflichten folgen.

Es liegt auf der Hand, dass ähnliches für andere Berufspflichten gilt. So wird etwa jeder einzelne Anwalt einer Berufsausübungsgemeinschaft allein gar nicht überblicken können, ob ein in seinem Bereich eingehendes neues Mandat zu einer Interessenkollision führt oder nicht. Es liegt daher zunächst einmal in der Verantwortung der Berufsausübungsgemeinschaft – und damit sämtlicher Sozien bzw. Partner – dafür Sorge zu tragen, dass etwa durch Einrichtung eines alle maßgeblichen Parameter erfassenden Abfrageschemas und einer entsprechenden Gruppe von kanzleiinternen

---

[23] OLG Düsseldorf, Urteil vom 22. Dezember 2016 – I-18 U 161/15 –, zit.n.juris, Rn. 43 ff.

E-Mail-Adressaten sowie eine regelmäßig zu wiederholende dokumentierte Anweisung auch an die angestellten Anwälte der für die Annahme oder Ablehnung des Auftrags zuständige Berufsträger innerhalb eines kurzen Zeitraums von allen Anwälten eine Rückmeldung erhält. Ist ein entsprechendes System implementiert und kommt es dann durch das Versehen eines Kanzleiangehörigen trotz objektiven Bestehens einer Kollisionslage zur Annahme eines Mandats, wird demjenigen, der dieses angenommen hat, kein Vorwurf zu machen sein. Anderes würde hingegen gelten, wenn ein entsprechendes System gar nicht eingeführt worden oder nicht ausreichend ausgestaltet ist. Im Grunde gelten hier ähnliche Anforderungen wie diejenigen, welche die Rechtsprechung für die Anerkennung einer ordnungsgemäßen Fristenkontrolle aufgestellt hat. Auch hier muss der Rechtsanwalt durch Implementierung eines ordnungsgemäßen Systems und Instruierung sowie Überwachung des verantwortlichen Personals alle Vorkehrungen treffen, die nach vernünftigem Ermessen geeignet und ausreichend sind.[24] Hierzu müssen die organisatorischen Maßnahmen so beschaffen sein, dass auch bei unerwarteten Störungen des Geschäftsablaufs, etwa durch Ausfall von Personal oder technische Pannen, eine ordnungsgemäße Aufgabenerfüllung sichergestellt ist.[25] Soweit es angestellte Rechtsanwälte betrifft, die mithin auf die Einführung, Unterhaltung und Überwachung eines entsprechenden Systems keine gesellschaftsrechtlichen Einwirkungsmöglichkeiten haben, wird man davon ausgehen müssen, dass diesen zumindest eine Art Remonstrationspflicht obliegt, falls ein derartiges System nicht oder nicht in funktionssicherer Weise besteht und hierdurch Verletzungen von Berufspflichten drohen.

Auch die durch § 44 Satz 1 BRAO begründete Pflicht, die Ablehnung eines angetragenen Mandats unverzüglich gegenüber dem Mandatierungswilligen zu erklären, dürfte sich bei Berufsausübungsgemeinschaften häufig als Organisationspflicht der Gesellschaft darstellen. Dies gilt jedenfalls dann, wenn die Anfrage nicht an ein konkretes Mitglied der Berufsausübungsgemeinschaft, sondern an diese als solche gerichtet ist. Hier darf es nicht passieren, dass sich jeder Gesellschafter darauf verlässt, dass ein anderer schon rechtzeitig absagen werde. Auch insofern muss durch organisatorische Vorkehrungen – etwa die Bestimmung eines Verantwortlichen für derartige Anfragen oder ein Rundmail-System – sichergestellt werden, dass die Pflicht im Ergebnis erfüllt wird. Mithin ist auch insofern von einer gesellschaftsbezogenen Organisationspflicht auszugehen.

Demgegenüber dürfte die Pflicht zur Anlegung und Führung von Handakten nach § 50 Abs. 1 und 2 BRAO teilweise berufsträger- und teilweise organisationsbezogene Komponenten beinhalten. Letzteres gilt schon deshalb, weil die ordnungsgemäße Verwahrung von Schriftstücken bzw. Speicherung von Informationen regelmäßig Voraussetzungen erfordert, deren Schaffung und Erhaltung in die Zuständigkeit der Berufsausübungsgemeinschaft und nicht des einzelnen Berufsträgers fallen.

---

24 BFH, Beschlüsse vom 17.11.2015, – V B 56/15 –,BFH/NV 2016, 222 f.; 14.12.2011 X B 50/11, BFH/NV 2012, 440 und vom 07.02.2002 VII B 150/01, BFH/NV 2002, 795.
25 BGH, Beschluss vom 27.01.2015 – II ZB 21/13 -, NJW 2015, 2038, 2039 f.

Entsprechendes gilt für die Pflicht zur Versagung der Berufstätigkeit in den durch § 45 Abs. 1 und 2 BRAO normierten Fällen. Dies folgt ausdrücklich durch die durch Abs. 3 der Vorschrift erfolgte Erstreckung dieses Verbots auf die mit dem Rechtsanwalt in Sozietät oder in sonstiger Weise zur gemeinschaftlichen Berufsausübung verbundenen oder verbunden gewesenen Rechtsanwälte und Angehörigen anderer Berufe.

Die genannten Beispiele machen aus meiner Sicht deutlich, dass im zweiten Schritt eine Analyse sämtlicher Berufspflichten der BRAO daraufhin erfolgen sollte,
- ob sie vom jeweiligen Berufsträger erfüllt werden können und sollen,
oder
- ob und gegebenenfalls in welchem Umfang sie (auch) sämtlichen Mitgliedern der Berufsausübungsgemeinschaft bzw. – im Falle der Rechtsanwaltsgesellschaft – dieser selbst obliegen,
und
- welche organisatorischen und sonstigen Maßnahmen für diesen Fall seitens der Berufsausübungsgemeinschaft bzw. ihrer Mitglieder zur Gewährleistung einer ordnungsgemäßen Pflichtenerfüllung ergriffen werden müssen,
sowie
- ob die Ausgestaltung als Organisationspflicht unter Zugrundelegung des geltenden Rechts auf rein interpretatorischem bzw. untergesetzlich normkonkretisierendem Wege möglich ist oder aber ob und gegebenenfalls welcher Änderungen der BRAO es hierzu bedarf.

In diesem Kontext ist festzustellen, dass bereits jetzt in verschiedenster Hinsicht dringender Anpassungsbedarf besteht. So stellt sich etwa die Frage, warum ein Rechtsanwalt, der seinen Beruf in einer Partnerschaftsgesellschaft mit beschränkter Berufshaftung ausübt, deren Bestehen den Nachweis einer entsprechend erhöhten Berufshaftpflichtversicherung voraussetzt, allein zum Zeitpunkt der Erlangung und des Erhalts der Zulassung eine zusätzliche personenbezogene Berufshaftpflichtversicherung vorhalten muss, obwohl deren Inanspruchnahme bereits deshalb ausgeschlossen sein dürfte, weil es gar nicht mit ihm, sondern nur mit der PartGmbB zum Abschluss von Anwaltsverträgen mit den Mandanten kommt.

Auch die Pflichten zur Übernahme einer gerichtlichen Vertretung im Falle einer Beiordnung nach § 48 BRAO sowie zur Pflichtverteidigung, Beistandsleistung und Übernahme der Beratungshilfe nach §§ 49 und 49a BRAO sollten umgehend kanzleibezogen umgestaltet werden, zumal – von Fällen der Strafverteidigung abgesehen – Mandate regelmäßig mit der Berufsausübungsgemeinschaft und nicht mit einzelnen der ihr angehörigen Berufsträger begründet werden.

Im Zusammenhang damit könnte bereits jetzt erwogen werden, neben Gesellschaften mit beschränkter Haftung auch Partnerschaftsgesellschaften mit beschränkter Berufshaftung, deren Unternehmensgegenstand die Beratung und Vertretung in Rechtsangelegenheiten ist, eine Zulassung zu ermöglichen. Dies hätte ein Vorbild in der Rechtslage in Österreich, wo die Ausübung der Rechtsanwaltschaft auch in der Rechtsform der – dort als Kommanditgesellschaft ausgestalteten – Rechtsanwalts-Partnerschaft zulässig ist und diese Gesellschaft, vergleichbar der Zulassung in Deutschland, auch eine Eintragung in die Liste der Rechtsanwaltschaften bei der Rechtsanwaltskammer erwirken kann (§ 1a Abs. 1 Satz 1 und 2 RAO). Es müssten dann gesonderte Zulassungsversagungs- und Widerrufs- sowie Rücknahmegründe normiert werden in Anlehnung an § 59d und § 59h Abs. 2 und 3 BRAO.

Weiter stellt sich die Frage, ob die Pflicht zur Bestellung eines Vertreters nach § 53 Abs. 1 BRAO nicht entfallen sollte in Fällen, in denen entweder durch das Vorhandensein von Sozien kanzleiintern eine Vertretung gewährleistet ist oder gar das Mandatsverhältnis gar nicht mit dem einzelnen Rechtsanwalt sondern der Rechtsanwaltsgesellschaft oder der Partnerschaft mit beschränkter Berufshaftung zustande kommt. Nach der Erfahrung des Unterzeichners wird in derartigen Fällen ohnehin bereits jetzt vielfach von Vertreterbestellungen abgesehen, ohne dass dies durch die Rechtsanwaltskammern beanstandet wird.

Für Fallgestaltungen, in denen keine Mandatierung eines einzelnen Rechtsanwalts sondern einer Berufsausübungsgemeinschaft erfolgte, sollte § 56 Abs. 1 und 2 BRAO so ausgestaltet werden, dass die Gemeinschaft verpflichtet ist zu gewährleisten, dass dem Vorstand der Rechtsanwaltskammer oder einem beauftragten Mitglied des Vorstandes Auskunft gegeben wird sowie auf Verlangen die Handakten vorgelegt werden oder dass einer ihrer Gesellschafter vor dem Vorstand oder dem beauftragten Mitglied erscheint. Als Folgeänderung müsste § 57 Abs. 1 BRAO entsprechend angepasst werden.

Schließlich und damit einer gehend stellt sich auch die Frage nach Berichtspflichten der Berufsausübungsgemeinschaft. Im englischen Raum sind diese bereits etabliert und werden von einer als Compliance Officer for Legal Practice (COLP) ernannten Person erfüllt.[26] Der Compliance Officer ist in erster Linie verantwortlich für die Einhaltung der Berufspflichten und Compliance-Richtlinien innerhalb der Berufsausübungsgemeinschaft. Ihm obliegt die Überwachung und die Erstellung der erforderlichen Dokumentation in Form von Berichten.[27]

3. Detailscharfe Konkretisierung organisationsbezogener Einzelpflichten oder dynamisch-prozedurales Regelungssystem?

Weiter bleibt zu prüfen, wie die jeweiligen dem einzelnen Berufsträger oder der Berufsausübungsgemeinschaft oder anteilig beiden obliegenden Berufspflichten instrumentell ausgestaltet werden sollten. Hier stellt sich im Kern die Frage, ob es bei allen Pflichten einer konkreter Ausgestaltung durch entsprechende Einzelregelungen bedarf, oder ob alternativ ein systemisch-prozeduraler Ansatz zielführender sein

---

[26] Vgl. *Kilian*, Die Zukunft des Berufsrechts – neue Ansätze für eine moderne Regulierung, Paradigmenwechsel zwischen »Risk-based regulation« und »Entity-based Regulation«, AnwBl 2017, 370 – 376.

[27] *Henssler*, Die Anwaltschaft als Pilotberuf: Quo vadis Sozietätsrecht?, AnwBl 2017, 381.

könnte. Als Beispiel sei auf die unterschiedlichen Konzepte im technischen Umwelt- und im Arbeitsschutzrecht verwiesen. Während im ersteren Bereich weitgehend mit dem Instrument konkreter Detailregelungen – unter anderem in Gestalt von Grenz-, Richt- und Orientierungswerten in untergesetzlichen Normen oder Verwaltungsvorschriften – gearbeitet wird, basiert das Arbeitsschutzrecht auf einem anderen systemischen Ansatz. Dieser ist in § 1 Abs. 1 und 2 ArbSchG mit folgenden Worten zusammengefasst:

> »(1) Der Arbeitgeber ist verpflichtet, die erforderlichen Maßnahmen des Arbeitsschutzes unter Berücksichtigung der Umstände zu treffen, die Sicherheit und Gesundheit der Beschäftigten bei der Arbeit beeinflussen. Er hat die Maßnahmen auf ihre Wirksamkeit zu überprüfen und erforderlichenfalls sich ändernden Gegebenheiten anzupassen. Dabei hat er eine Verbesserung von Sicherheit und Gesundheitsschutz der Beschäftigten anzustreben.
>
> (2) Zur Planung und Durchführung der Maßnahmen nach Absatz 1 hat der Arbeitgeber unter Berücksichtigung der Art der Tätigkeiten und der Zahl der Beschäftigten
> 1. für eine geeignete Organisation zu sorgen und die erforderlichen Mittel bereitzustellen sowie
> 2. Vorkehrungen zu treffen, dass die Maßnahmen erforderlichenfalls bei allen Tätigkeiten und eingebunden in die betrieblichen Führungsstrukturen beachtet werden und die Beschäftigten ihren Mitwirkungspflichten nachkommen können.«

Hier werden also keine statischen Vorgaben gemacht, vielmehr wird ein auf permanente Optimierung ausgerichteter prozeduraler Ansatz gewählt. Dies erinnert zum einen an Qualitätssicherungssysteme und zum anderen an den Datenschutz, der durch das Abstellen auf den Stand der Technik[28] ebenfalls auf einem dynamisch fortschreitenden System basiert. Es sollte überlegt werden, ob es jedenfalls in Bereichen wie dem organisatorisch-technischen Schutz des Mandatsgeheimnisses oder der Kollisionskontrolle vorstellbar und sinnvoll erscheint, auf einen ähnlichen Systemansatz aufzubauen und diesen mit Compliance-Elementen zu verbinden. Diese Entwicklungen im Bereich der Regulierungen haben im angelsächsischen Raum das Prinzip der Outcome Focused Regulation hervorgebracht: Der Fokus verschiebt sich weg von teilweise starren Geboten und Verboten hin zu einem flexiblen Regulierungssystem, das seinen Schwerpunkt darauf setzt, Ziele zu definieren, die ein Berufsangehöriger im Interesse seines Auftraggebers und unter Berücksichtigung seiner gesamtgesellschaftlichen Funktion erreichen soll.[29]

4. Auswirkungen auf die Ahndung von Berufspflichtverletzungen

Schließlich wird zu prüfen sein, ob und inwieweit es erforderlich werden wird, auch den Sechsten Teil der BRAO über die anwaltsgerichtliche Ahndung von Pflichtver-

---

28 Zum Stand der Technik im Datenschutzrecht vgl. § 6 Abs. 2 und Anlage zu § 9 Satz 1 BDSG.
29 *Kilian*, Die Zukunft der freien Berufe – ein kritischer Blick auf die Anwaltschaft, Gedanken zum Gegenstand des 68. Deutschen Juristentags 2010, AnwBl 2010, 546.

letzung anzupassen. Vermutlich werden hier nur kleinere Änderungen erforderlich sein. Denn die Ahndung setzt ja bei Verletzungen der entsprechenden Berufspflichten an. Sind diese aber etwa durch völlige Außerachtlassung notwendiger organisatorischer Maßnahmen – etwa im Bereich des Mandatsgeheimnisschutzes – entstanden, so sind im Zweifel sämtliche Berufsträger verantwortlich. Haben die Mitglieder der Berufsausübungsgemeinschaft hingegen eine ordnungsgemäße Delegation einzelner Pflichten vorgenommen, trifft die Verantwortlichkeit für die Verletzung der betreffenden Pflicht denjenigen, der diese übernommen, es aber unterlassen hat, sämtliche zur ordnungsgemäßen Erfüllung erforderlichen Maßnahmen zu ergreifen.

Allerdings wäre es wohl für den Fall, dass bei Berufsausübungsgemeinschaften bestimmte Berufspflichten ausdrücklich als Organisationspflichten der betreffenden Gesellschaft ausgestaltet werden, systemgerecht, auch Vorschriften über eine Ahndung von Verletzungen derartiger Pflichten gegenüber der Gesellschaft vorzusehen. Dem stünden keineswegs zwingend die Argumente entgegen, die gegen die Einführung eines Unternehmensstrafrechts erhoben werden, wie insbesondere der Einwand der Unvereinbarkeit mit dem aus dem Rechtsstaatsgrundsatz folgenden Schuldprinzip. Denn das Berufsrecht ist kein Strafrecht, sondern bereichsspezifisches Ordnungsrecht. Demgemäß kommt auch seinen Sanktionen kein Strafcharakter sondern ordnungsrechtliche Funktion zu. Mit dieser ist aber ein unternehmensbezogener Ansatz durchaus zu vereinbaren, wie exemplarisch an § 30 OWiG deutlich wird.

5. Prüfung notwendige Folgeänderungen außerhalb des Berufsrechts

Schließlich wird zu prüfen bleiben, ob und gegebenenfalls inwieweit das Anwaltsvertrags-, das Anwaltshaftungs- und das Berufshaftpflichtversicherungsrecht an die bisherigen Strukturen des Berufsrechtes anknüpfen und ob sich aus deren Neugestaltung Änderungserfordernisse für diese Rechtsbereiche ergeben.

Zu denken wäre z.B. an folgende Konstellationen:
– Vertragliche Haftungsbeschränkungen mit Wirkung für die gesamte Berufsausübungsgemeinschaft und nicht bloß für den einzelnen Berufsträger;
– Berufshaftpflichtversicherung für die gesamte Berufsausübungsgemeinschaft anstatt Anknüpfung an den einzelnen Berufsträger;
– Beschränkung der Anwaltsverträge innerhalb einer interprofessionellen Sozietät auf anwaltliche Berufsträger.

III. Abschlussbemerkung

Aufgabe und Ziel von Festschriften ist es, dem Jubilar die ihm gebührende fachliche und persönliche Anerkennung zu zollen. Und ihm zudem Stunden und Tage kontemplativen Lesevergnügens zu bescheren. Damit scheint es eigentlich schwer vereinbar zu sein, statt der Formulierung dogmatisch ausgefeilter Antwortvorschläge auf zeitlose Fragen eine teilweise noch höchst fragmentarische Grobskizze zur Abarbeitung drängender Aufgaben vorzulegen. Eigentlich fehlt nur noch ein mit Fristen versehener Zeitplan. Aber wer Hanns Prütting kennt, der weiß, dass in seinem Falle auch nach dem runden Geburtstag mit beschaulicher Lektüre im Lehnstuhl ohnehin nicht zu rechnen gewesen wäre. Sondern dass er danach brennt, das weiterzuführen, was ihn schon seit vielen Jahren bewegt und ihm großen Respekt und tiefen Dank von Anwaltschaft und Wissenschaft eingebracht hat – sein Bestreben, unser anwaltliches Berufsrecht für die vor uns liegenden Herausforderungen zukunftsfit zu machen. Und hierzu auf allen Ebenen und an verschiedensten Orten den Diskurs über die sich insoweit stellenden Fragen fortzuführen. Für das kommende Lebensjahrzehnt begleiten ihn in persönlicher, beruflicher und wissenschaftlicher Hinsicht die besten Wünsche der deutschen Anwaltschaft. Ad multos annos!

Die Vertretung widerstreitender rechtlicher/wirtschaftlicher Interessen bei Mandaten für konzernierte Gesellschaften

BARBARA GRUNEWALD

I. Problemstellung

§ 43 a Abs. 4 BRAO bestimmt, dass der Rechtsanwalt keine widerstreitenden Interessen vertreten darf. Schutzgut der Norm ist das Vertrauensverhältnis zwischen Rechtsanwalt und Mandant, die Geradlinigkeit der anwaltlichen Berufsausübung als Teil der Funktionsfähigkeit der Rechtspflege sowie die Wahrung der Unabhängigkeit des Rechtsanwalts[1]. Damit steht im Mittelpunkt der Interpretation der Norm die Frage, wann sich ein Rechtsanwalt zum »Diener gegenläufiger Interessen[2]« macht. Bei Sachverhalten mit Konzernbezug – und darum soll es im Weiteren gehen – spitzt sich die Problematik offensichtlich zu. Denn dann muss geklärt werden, wann Gesellschaften, die zu demselben Konzern gehören, gegenläufige Interessen haben. Folgt aus der Tatsache, dass verschiedene juristische Personen betroffen sind, mehr oder weniger zwangsläufig, dass diese eigenen Interessen haben, die dann eben auch einander entgegengesetzt sein können, oder es führt die Einbeziehung in einen Konzern dazu, dass jetzt gewissermaßen eine Einheit der Interessen besteht? Sofern es nicht um rechtliche sondern um wirtschaftliche Interessen geht, muss geklärt werden, ob ein Rechtsanwalt ohne entsprechenden Hinweis auf wirtschaftliche Verbindungen zur Gegenseite und ihrem Konzernverbund beratend tätig sein darf.

II. Die einzelnen Tatbestandsmerkmale von § 43A Abs. 4 BRAO

1. Dieselbe Rechtssache

Das Verbot von § 43 a BRAO betrifft nur den Fall, dass dieselbe Rechtssache betroffen ist. Das setzt voraus, dass *ein einheitlicher historischer Vorgang*, also derselbe

---

[1] *Deckenbrock* Strafrechtlicher Parteiverrat und berufsrechtliches Verbot der Vertretung widerstreitender Interessen 2009 Rn. 244; *Kleine-Cosack* BRAO 7. Aufl. § 43 Rn. 139; *Henssler*/Prütting BRAO 4. Aufl. § 43 a Rn. 161; *Träger* in Feuerich/Weyland BRAO 9. Aufl. § 43 a Rn. 54.
[2] *Deckenbrock* (s.o. Fn. 1) Rn. 246.

Sachverhalt, vorliegt[3]. Es spielt folglich keine Rolle, ob es um denselben Anspruch geht, ob dasselbe Verfahren vorliegt oder ob dieselben Personen betroffen sind[4]. Klassische Fälle betreffen einen Verkehrsunfall[5], ein Mietverhältnis[6] oder einen Erbfall[7]. Wenn ein Rechtsanwalt z.B. den Drittschuldner im Prozess gegen den Schuldner vertreten hat, ist es ihm verboten, für den Pfändungsgläubiger nun gegen den Drittschuldner vorzugehen[8].

Wenn *verschiedene Personen betroffen sind, ist dies ein Indiz gegen die Annahme*, dass dieselbe Rechtssache gegeben ist. Das müsste auch in Konzernsachverhalten gelten, obwohl sich Mutter- und Tochtergesellschaft gerade bei 100 %-igen Tochtergesellschaften schon sehr nahe stehen. Wer also z.B. bei der Durchsetzung eines Anspruchs einen Dritten gegen die Tochter beraten hat, ist nicht in derselben Rechtssache tätig, wenn er nun die Mutter bei der Aufstellung des Jahresabschlusses berät, in dem über den Abschluss der Tochter mittelbar auch die Forderung gegen den Dritten eingeht[9]. Gleiches gilt, wenn er die Tochter im Bereich der Abberufung eines Geschäftsführers berät und dann die Mutter bei der Vertragsgestaltung mit dem neuen Geschäftsführer. Anders sieht es aber schon aus, wenn ein Rechtsanwalt die Mutter bei der Abberufung des Geschäftsführers der Tochter berät und anschließend den Geschäftsführer bei der Berechnung seiner Abfindung gegen die Tochter vertritt. Denn die Abberufung des Geschäftsführers und die Berechnung der Abfindung betreffen einen einheitlichen historischen Vorgang. Daran ändert auch die Tatsache nichts, dass Gegner des Geschäftsführers einmal die Muttergesellschaft und einmal die Tochtergesellschaft ist.

2. *Widerstreitende Interessen*

Das maßgebliche Tatbestandsmerkmal sind die widerstreitenden Interessen. Diese Interessen müssen rechtliche Interessen sein, nicht wirtschaftliche. Wer also einer Tochtergesellschaft rät, ein Grundstück möglichst teuer an die Muttergesellschaft zu verkaufen, kann durchaus der Muttergesellschaft raten, das Grundstück möglichst billig zu erwerben. Allerdings wird ein Rechtsanwalt zu solchen Problemen nur selten gefragt. Die Beispiele, in denen der Unterschied zwischen rechtlichen und wirtschaftlichen Interessen relevant wird, liegen daher wesentlich problematischer.

Es geht durchweg um *Bieter- und Auktionsverfahren*, also um Verfahren, bei denen sich mehrere Personen um dasselbe Projekt bemühen. Hier, so wird gesagt, bestünden zwar unterschiedliche wirtschaftliche, nicht aber rechtliche Interessen. Schließlich gehe es nicht darum, denselben Sachverhalt unterschiedlich rechtlich zu wür-

---

3 *Henssler*/*Prütting* (s.o. Fn. 1) § 43 a Rn. 199; *Offermann*/*Burckardt* AnwBl 2008, 446, 447.
4 *Henssler*/*Prütting* (s.o. Fn. 1) § 43 a Rn. 200.
5 BayObLG NJW 1995, 606.
6 *Henssler*/*Prütting* (s.o. Fn. 1) § 43 a Rn. 200 a.
7 BGH NJW 2013, 1247.
8 BGH AnwBl 1966, 397.
9 *Grunewald* AnwBl 2005, 437, 438.

digen. Gelten würde allerdings das Verschwiegenheitsgebot und dieses sei für den Schutz der Bieter auch weitgehend ausreichend. Erst ab dem Moment, in dem Vorgespräche über die Konditionen des Verkaufs stattfinden, ändere sich das Bild. Jetzt würden widerstreitende Interessen bestehen[10]. Doch könne es sein, dass der zweite vertretene Bieter mittlerweile aus dem Verfahren ausgeschieden sei. Dann habe er an dem Erwerb kein Interesse mehr und es würden dann bei Fortführung des Mandats für den ersten Bieter auch keine widerstreitenden Interessen vertreten[11].

Diese Sicht ist nicht überzeugend. In den Auktionsfällen (ähnlich liegt es bei mehreren Gläubigern in einem Insolvenzverfahren oder bei mehreren Bewerbern um einen Studienplatz oder in Kündigungsschutzprozessen) liegen *von Anfang an widerstreitende rechtliche Interessen vor*[12]. Denn schon bei der due diligence-Prüfung und damit vor dem eigentlichen Einstieg in den Verkaufsprozess stehen auch rechtliche Überlegungen im Vordergrund. Denn natürlich ist es z.B. für Bieter 1 besser, wenn der Rechtsanwalt gegenüber Bieter 2 die Risiken eines Patentverfahrens etwas zu groß darstellt, damit Bieter 2 entweder gar nicht mehr oder zu für den Veräußerer unattraktiven Konditionen mitbietet. Keiner wird bieten, ohne die mit dem Erwerb verbundenen rechtlichen Risiken abzuschätzen. Die Situation ändert sich nur unmaßgeblich mit dem Eintritt in Verkaufsverhandlungen.

In Konzernen wird es nicht dazu kommen, dass zwei zum Verbund gehörende Gesellschaften an demselben Auktionsverfahren beteiligt sind. Sollte das aber doch einmal so sein, wird im Regelfall ein abgestimmter Plan hinter diesem Vorgehen stehen. Ein Rechtsanwalt, der diesen Plan durch Beratung beider Gesellschaften unterstützt, vertritt zwar rechtliche Interessen, aber keine widerstreitenden. Vielmehr unterstützt er das Konzerninteresse, dem sich beide Gesellschaften verschrieben haben. Darauf ist noch zurückzukommen[13].

3. Widerstreitende Interessen

a) Der Grundsatz

Die so definierten Interessen müssen des Weiteren widerstreitend sein. Das ist der Fall, wenn die Interessen unvereinbar, gegensätzlich oder widersprüchlich sind, wenn also die Realisierung des einen Interesses zu Lasten des anderen geht[14]. Dafür gibt es viele Beispiele, etwa die Vertretung mehrerer Erbprätendenten[15] oder die Verteidi-

---

10 *Henssler* FS Maier-Reimer 2010 S. 219, 229; einschränkend *Deckenbrock* (s.o. Fn. 1) Rn. 232: nur in einem sehr frühen Stadium des Unternehmenskaufs; großzügiger *Zuck* in Gaier/Wolf/Göcken, Anwaltliches Berufsrecht, 2. Aufl. 2014, § 3 BORA Rn. 10.
11 *Henssler* FS Maier-Reimer (s.o. Fn. 10) S 219, 230.
12 Ebenso *Deckenbrock* (s.o. Fn. 1) Rn. 219 ff.; *Hartung* BORA 6. Aufl. § 3 Rn. 175, der aber meint, es fehle an derselben Rechtssache.
13 II/3 b.
14 *Henssler*/Prütting (s.o. Fn. 1) § 43 a Rn. 171.
15 OLG Karlsruhe NJW 2000, 3561.

gung des Mannes wegen Sittlichkeitsverbrechens und dann die anschließende Vertretung der Frau in einem darauf gestützten Scheidungsverfahren[16].

b) Inanspruchnahme Dritter durch mehrere Konzerngesellschaften

In *Konzernsachverhalten* gehen normaler Weise *die Interessen von herrschendem Unternehmen* und *beherrschtem Unternehmen nicht auseinander.* Vielmehr definiert das herrschende Unternehmen das Konzerninteresse. Bei Bestehen eines Beherrschungsvertrages folgt dies aus § 308 Abs. 1, Abs. 2 AktG[17], bei faktischer Konzernierung einer Aktiengesellschaft muss in Bezug auf eine negative Interessenausrichtung der Konzerntochter § 311 Abs. 1 AktG beachtet werden. Diese Möglichkeit des herrschenden Unternehmens, das Konzerninteresse festzulegen, gilt jedenfalls für die Vertretung der einzelnen Unternehmen gegenüber Dritten. Daher kann ein Rechtsanwalt in dem bereits geschilderten Fall die Muttergesellschaft bei der Abberufung des Geschäftsführers der Tochter beraten und der Tochter bei der Festlegung der Abfindung nahelegen, hier großzügig zu sein. Zu Recht hat daher das OLG Koblenz die Klage einer Konzerngesellschaft gegen einen Rechtsanwalt auf Rückzahlung des Honorars wegen Verstoßes gegen § 43 a Abs. 4 BRAO abgewiesen. Gestützt war die Klage auf die Begründung, der Rechtsanwalt habe auch andere Konzerngesellschaften beraten. Es fehlte in diesem Fall an der Vertretung widerstreitender Interessen[18]. Die Muttergesellschaft kann die Tochtergesellschaft in diesen Fällen sogar anweisen, den Rechtsanwalt, den sie selbst mandatiert hat, ebenfalls zu beauftragen – etwa um Kosten im Konzerninteresse zu sparen. Sollte dieser Weg für die Tochtergesellschaft nachteilig sein, wird dies durch konzernrechtliche Normen ausgeglichen (§§ 311 Abs. 1, 302 Abs. 2 AktG).

Wenn die abhängige Gesellschaft eine Personengesellschaft oder eine GmbH ist, schützt bei Fehlen eines Beherrschungsvertrages die Treuepflicht, die die Muttergesellschaft mit der Tochtergesellschaft verbindet, vor einem Verhalten der Mutter, das die Tochtergesellschaft schädigt. Allein die Kompensation eines möglichen Nachteils der Tochtergesellschaft durch die Mutter hat – anders als in der abhängigen AG – aber nicht zur Folge, dass die Maßnahme zulässig wäre[19]. Daher gibt es in diesem Fall kein rechtmäßig festgesetztes Konzerninteresse und die Vertretung widerstreitender Interessen bleibt möglich. Der abhängigen Gesellschaft steht zudem ein Unterlassungs- und Schadensersatzanspruch gegen die Muttergesellschaft zu, den die Gesellschafter im Wege der actio pro socio geltend machen kann[20].

---

16 BGH AnwBl 1954, 199.
17 Die Norm gilt auch für Beherrschungsverträge mit Gesellschaften anderer Rechtsform *Emmerich* in Emmerich/Habersack Aktien- und GmbH-Konzernrecht 8. Aufl. § 308 Rn. 9.
18 NJW-RR 2007, 1003, ausführlich BRAK-Mitteilungen 2007, 88.
19 *Habersack* in Emmerich/Habersack Aktien- und GmbH-Konzernrecht 8. Aufl. § 318 Rn. 23.
20 *Habersack* (s.o. Fn. 19) Anhang § 318 Rn. 30, 31.

c) Interne Konzernkonflikte

Für interne Konzernkonflikte gelten allerdings andere Regeln. Macht also z.B. ein Gesellschafter einer Tochtergesellschaft im Wege der actio pro socio einen Anspruch der Tochter gegen die Mutter geltend, bestehen widerstreitende Interessen. Der Tatbestand von § 43 a Abs. 4 BRAO wäre also erfüllt, wenn der Rechtsanwalt später in derselben Sache für die Mutter tätig wird.

d) Beratung nach Umorganisation im Konzern

Nach dem Verkauf einer Tochtergesellschaft kommt es bisweilen zu Konflikten zwischen der Mutter und dem Käufer oder auch zwischen der Mutter- und der Tochtergesellschaft. Dann stellt sich die Frage, ob sich der Verkauf auf die Mandatierung von Mutter- oder Tochtergesellschaft auswirkt. Wer die Muttergesellschaft beraten hat, darf dies auch nach dem Verkauf weiterhin tun, und zwar auch dann, wenn es bei der Beratung auch um die Tochtergesellschaft ging – etwa um Bilanzierungsfragen oder um die Frage, ob Geschäft für die eine oder andere Tochter akquiriert werden soll, oder wie ein eventuell gegebenes Weisungsrecht der Mutter gegenüber der Tochter am besten ausgeübt wird. Wer die Tochter beraten hat, kann diese nach dem Verkauf ebenfalls weiter beraten. In beiden Fällen besteht nicht die Gefahr, dass die Geradlinigkeit der Anwaltschaft im Bild der Öffentlichkeit in Zweifel gezogen wird. Gleiches gilt für die Vertraulichkeit der Beratung zwischen Anwalt und Mandant. Vielmehr bleibt es bei der Beratung des Unternehmens, für das der Anwalt stets tätig war. Der Fall ähnelt der Situation, dass von mehreren von einem Rechtsanwalt gegen den Vermieter beratenen Mietern einer (etwa durch Erwerb eines Miteigentumsanteils an dem vermieteten Haus) auf die Vermieterseite wechselt. Auch das hindert den Rechtsanwalt nicht daran, die übrigen Mieter gegen die nun anders zusammengesetzte Vermietergruppe zu vertreten.

Für Fälle der *Abspaltung* und der *Aufspaltung* sowie der *Ausgliederung* gilt sinngemäß dasselbe: Der Rechtsanwalt kann seine Mandanten weiter beraten. Wenn der beratene Rechtsträger untergeht (Fall der Aufspaltung), kann sich der Rechtsanwalt nicht völlig neu positionieren. Denn es ist daran zu erinnern, dass Identität des Sachverhalts nicht die Identität der Parteien voraussetzt, so dass auch in diesem Fall § 43 a Abs. 4 BRAO einschlägig sein kann. Daher verstößt ein Rechtsanwalt gegen § 43 a Abs. 4 BRAO, wenn er den ursprünglichen Rechtsträger bei der Abfassung des Mietvertrages beraten hat und nach der Aufspaltung nun den Dritten gegen den neuen Rechtsträger unterstützt, wenn sich der Dritte darauf beruft, dass der Vertrag unwirksam sei. Dem entspricht, dass ein Verstoß gegen das Verbot der Vertretung widerstreitender Interessen auch dann vorliegt, wenn ein Rechtsanwalt einen Erblasser bei der Errichtung seines Testaments beraten hat und er später die gesetzlichen Erben unter Berufung darauf, dass das Testament ungültig ist, gegen den Testamentsvollstrecker vertritt.

4. Festlegung des Vertragspartners

Alle diese Fälle zeigen: es ist von immenser Wichtigkeit, dass der Rechtsanwalt seine Vertragspartner genau festlegt und damit auch *absteckt, wessen Interessen er vertritt*[21]. Genauso wie es etwas anderes ist, ob man das Unternehmen oder den Vorstand oder den Aufsichtsrat vertritt, ist es auch etwas anderes, ob man die Mutter- oder die Tochtergesellschaft berät. Dies gilt auch, wenn die Interessen im Ausgangspunkt gleichgerichtet sind und daher eine gemeinsame Vertretung möglich ist. Auch dann muss klar sein, ob man ein Unternehmen (und welches) oder mehrere vertritt. Denn wenn sich dann doch nachträglich ein Interessenkonflikt entwickelt (denkbar etwa bei der Beratung von Vorstand und Aufsichtsrat zur Abwehr von Schadensersatzansprüchen), ist der Rechtsanwalt, der für beide tätig war, nun für beide nicht mehr mandatierbar, da er, gleich wen er berät, stets widerstreitende Interessen vertritt.

5. Die sozietätsweite Erstreckung

§ 3 Abs. 2 S. 1 BORA ordnet an, dass das Verbot der Vertretung widerstreitender Interessen sozietätsweit gilt. Gerade diese Erstreckung führt oftmals zur Anwendung der Norm und muss daher bei der Interpretation mitberücksichtigt werden. Immerhin wird die Regelung von § 3 Abs. 2 S. 1 BORA durch Satz 2 abgeschwächt. Das Verbot gilt nicht sozietätsweit, wenn der Mandant nach umfassender Aufklärung sein Einverständnis ausdrücklich erklärt und Belange der Rechtspflege nicht betroffen sind.

III. Vertretung widerstreitender wirtschaftlicher Interessen

Außerhalb des Anwendungsbereichs von § 43 a Abs. 4 BRAO ist die Vertretung widerstreitender Interessen berufsrechtlich erlaubt. Ob solche Aktivitäten sinnvoll sind, ist eine andere Frage. Um dies zu klären, müssen eventuelle Schadensersatzansprüche mitbedacht werden.

In diesem Zusammenhang hat ein Urteil des BGH für einiges Aufsehen gesorgt. In diesem Fall hatte die Klägerin die beklagte Sozietät mit der Wahrnehmung ihrer Interessen gegenüber einer Bank betraut (Honorar 500,- Euro pro Stunde). Als eine einstweilige Verfügung gegen die Bank zur Debatte stand, erklärte der für die Klägerin tätige Rechtsanwalt, er könnte nicht vor Gericht für die Klägerin tätig werden. Er teilte mit, dass er sehr bedauere, unter diesen Druck geraten zu sein. Er habe zwar gute Kontakte zur Bank und hätte auch keinerlei Probleme gehabt, die Bank »als Klagegegner auch kräftig anzufassen«. Aber sein Partner vertrete ständig die Bank in Oberlandesgerichtsprozessen und diese habe deutlich gemacht, dass sie erwarte, dass keine Mandanten gegen sie vertreten würden. Das mache die Bank mit allen

---

21 *Jungk* AnwBl 2017, 324.

größeren Kanzleien, die sie regelmäßig mit Umsätzen versorge, immer so. Daher sehe er sich – so der Rechtsanwalt – außer Stande, die Mandantin vor Gericht zu vertreten. Die Klägerin, die bereits Honorare von insgesamt ungefähr 22.000,- Euro an die Beklagten bezahlt hatte, kündigte das Mandat und verlangte Schadensersatz in Höhe von 58.000,- Euro.

Der BGH[22] hat das die Klage abweisende Urteil der Vorinstanz aufgehoben und gemeint, der Beklagte hätte die Klägerin vor Annahme des Mandats darauf hinweisen müssen, dass sein Sozius regelmäßig für die Bank tätig sei. Zwar habe es sich nicht um dieselbe Rechtssache gehandelt, aber wenn ein Anwalt oder dessen Sozius häufig für eine bestimmte Partei tätig werde, könne es aus Sicht anderer Mandanten fraglich sein, ob die entgegengesetzten eigenen Interessen mit gleichem Nachdruck vertreten werden wie gegenüber einem dem Anwalt völlig gleichgültigen Gegner. Häufige Aufträge derselben Partei könnten zu *wirtschaftlichen Abhängigkeiten* oder zu einer besonderen Identifizierung mit deren Angelegenheiten führen und die Fähigkeit des Anwalts, sich in der gebotenen umfassenden, nur den Interessen des Auftragsgebers verpflichteten Art und Weise einzusetzen, beeinträchtigen. Der Mandant müsse in die Lage versetzt werden, die Entscheidung, ob er einen häufig für den Gegner tätigen Anwalt mandatieren will, eigenverantwortlich und rechtzeitig zu treffen. Da dies nicht geschehen sei, folge ein Anspruch der Kläger aus §§ 311 Abs. 2, 280 Abs. 1 BGB und auch aus § 628 Abs. 1 S. 2 BGB.

Die Kritik an dem Urteil bezieht sich auf die Hinweispflicht bei Vertragsschluss, betrifft aber nur den Fall, dass der Rechtsanwalt tatsächlich bereit ist, die Sache konsequent bis zum Ende der Streitigkeit zu vertreten. Sofern dem so sei, könne, so heißt es, man sich auf Integrität der Anwaltschaft verlassen. Aufklärungspflichten seien insoweit überflüssig[23]. Ein wirklich überzeugendes Argument gegen die Sicht des BGH ist das allerdings eher nicht. Denn das Urteil zweifelt ja nicht daran, dass die Anwaltschaft ordnungsgemäß handeln wird. Nur soll der Mandant entscheiden, ob er das genauso sehen will. Das hat durchaus einiges für sich[24].

Eine ältere Entscheidung des BGH liegt ähnlich. 1984 hat der BGH entschieden[25], dass ein Anwalt Veranlassung zur Mandatsentziehung im Sinne von § 628 Abs. 1 S. 2 BGB gebe, wenn er bei der Mandatierung nicht darauf hinweise, dass er zugleich Ansprüche im Interesse Dritter gegen den Mandanten geltend mache. Denn ein Mandant vertraue in der Regel darauf, dass der von ihm beauftragte Rechtsanwalt lediglich seine Interessen und nicht gleichzeitig die Interessen Dritter gegen ihn wahrnehme. Allerdings lag der Fall insofern besonders, als der Rechtsanwalt in dem einen Prozess die berufliche Qualifikation des Mandanten mit harten Worten in Frage stellte, und es auch in dem anderen Verfahren genau auf diese Qualifikation ankam.

Die Risiken, die für die Anwaltschaft mit diesen Entscheidungen verbunden sind, liegen in den unklaren Begriffen: Ab welcher Intensität der Beziehung zum Geg-

---

22 NJW 2008, 1307.
23 *Henssler/Deckenbrock* NJW 2008, 1275, 1276.
24 *Grunewald* JZ 2008, 691.
25 NJW 1985, 41.

ner entsteht die Aufklärungspflicht und wonach bemisst sich die Intensität (nach der Anzahl der Fälle, nach dem Prozentsatz am Umsatz)? Muss das Mandat auch offengelegt werden, wenn der Mandant geschäftserfahren ist und er daher mit einer gegnerischer Vertretung schon eher rechnet? Und müssen auch Mandate bedacht werden, die nicht für den Gegner sondern für mit ihm konzernverbundene Unternehmen abgewickelt wurden? Hier sollte eine restriktive Interpretation entwickelt werden, andernfalls droht die Pflicht zum Aufbau eines Systems zur Klärung wirtschaftlicher Abhängigkeiten.

Da es darum geht, dass der Mandant selbst entscheiden soll, ob er einen Rechtsanwalt mandatiert, der entweder selbst oder dessen Sozietät schon mehrfach für die Gegenseite tätig war, sollte die Offenlegungspflicht nur die wirklich erheblichen Geschäftsverbindungen betreffen. Denn nur bedeutende Mandatsbeziehungen können zu Rücksichtnahme auf solche Kontakte führen. Bereits abgewickelte Mandate, bei denen nicht mit weiteren Folgemandaten zu rechnen ist, bleiben außer Betracht, da insofern eine Beeinflussung des Rechtsanwalts nicht zu befürchten ist[26]. Mandate von Konzerngesellschaften müssen allerdings, abhängig von der Beteiligungsquote, die der Mandant hält, mit einbezogen werden. Denn die Mandatierung einer 100 %-igen Tochter kann einen Rechtsanwalt genauso wie die Mandatierung durch die Mutter selbst beeinflussen. Nachforschungen, ob Mandate für die Gegenseite bereits abgewickelt wurden, muss der Rechtsanwalt nicht betreiben. Denn ihm unbekannte Mandate der Sozietät können ihn auch nicht zu einer entsprechenden Rücksichtnahme veranlassen. Wirklich bedeutende Mandate der Sozietät wird er aber kennen. Erfährt der Rechtsanwalt aber tatsächlich einmal später im Laufe des Mandats von einer bedeutenden gegenläufigen Mandatierung seiner Sozietät für die Gegenseite, entsteht die Aufklärungspflicht in diesem Moment. Es ist dann Sache des Mandanten darüber zu entscheiden, ob er weiterhin den Rechtsanwalt beauftragen will.

IV. Zusammenfassung

1. § 43 a Abs. 4 BRAO setzt voraus, dass ein Rechtsanwalt widerstreitende rechtliche Interessen in derselben Rechtssache vertritt. Dieselbe Rechtssache kann auch betroffen sein, wenn verschiedene Personen involviert sind. Allerdings liegt in diesem Fall ein Indiz vor, das gegen die Annahme spricht, dass dieselbe Rechtssache betroffen ist. Dies gilt auch im Konzern.

2. Die Interessen können auch widerstreitend sein, wenn die Mandanten demselben Konzern angehören. Sofern eine einheitliche Konzernstrategie verfolgt wird, spricht dies gegen die Annahme, dass widerstreitende rechtliche Interessen vorliegen.

3. Vertritt ein Rechtsanwalt widerstreitende wirtschaftliche Interessen, muss er dies offenlegen. Ob solche wirtschaftliche Interessen betroffen sind, kann nur unter Einbeziehung von Konzernmandaten geklärt werden.

---

26 *Grunewald* JZ 2008, 691, 692; *Kleine-Cosack* AnwBl 2008, 278, 280.

Rechtsdienstleistungen für konzernverbundene Gemeinschaftsunternehmen

Martin Henssler

I. Einführung

In Konzernverbindungen erbringt die Holding-Gesellschaft für ihre Tochter- und Enkelgesellschaften häufig nicht nur diverse Dienstleistungen im Personal-, Service- und IT-Bereich. In vielen Fällen übernimmt ihre Rechtsabteilung auch die Aufgabe einer zentralen (Konzern-)Rechtsabteilung, die in allen Rechtsfragen Dienstleistungen gegenüber den verbundenen Unternehmen erbringt. Die Beratung wird im Wesentlichen durch zugelassene Syndikusrechtsanwälte erbracht, die in einem Arbeitsverhältnis zur Muttergesellschaft stehen.[1] Die Erbringung solcher Rechtsdienstleistungen im Konzernverbund wird vom RDG ausdrücklich gebilligt. Der einschlägige § 2 Abs. 3 Nr. 6 RDG regelt allerdings nur den typischen Fall der unmittelbar im Abhängigkeitsverhältnis erbrachten Rechtsberatung. Nicht zuletzt aufgrund der Internationalisierung der Wirtschaft kommt es aber häufig vor, dass mit Partnern paritätische Gemeinschaftsunternehmen gegründet und betrieben werden, wobei die beteiligte deutsche Konzernmuttergesellschaft und der jeweilige in- oder ausländische Partner jeweils 50 % der Anteile an dem Joint Venture halten. Gerade aktuell erfreuen sich Gemeinschaftsunternehmen besonderer Beliebtheit, weil sie – etwa für die großen deutschen Automobilkonzerne – einen Weg bieten, um sich Zugang zu Wissen und modernsten technischen Entwicklungen zu sichern.[2]

Solche Gemeinschaftsunternehmen sind nicht notwendig verbundene Unternehmen im Sinne der §§ 15 ff. AktG. Das gilt insbesondere, wenn die Muttergesellschaft allein keinen beherrschenden Einfluss auf das Gemeinschaftsunternehmen hat, weil etwa kein Beherrschungsvertrag abgeschlossen wird. Namentlich während der Anlaufphase, aber nicht nur in diesem Stadium bietet es sich gleichwohl an, dass eine der Muttergesellschaften (oder beide) gegenüber dem Gemeinschaftsunternehmen bestimmte Holding Services gegen Entgelt erbringt. Ein entsprechender Bedarf besteht etwa, wenn diese Funktionen bei einem neu gegründeten Gemeinschaftsunternehmen nicht kurzfristig aufgebaut werden können, aber auch, wenn das Mutterunternehmen über besondere – auch rechtliche Expertise – in dem Geschäftsfeld des Gemeinschaftsunternehmens verfügt. Dementsprechend übernimmt einer der

---

1 Vgl. hierzu die Neuregelung in § 46 Abs. 5 BRAO, dazu *Henssler/Deckenbrock*, in: Bundesverband der Unternehmensjuristen e.V., Die Neuregelung des Rechts der Syndikusanwälte in Theorie und Praxis, 2017 S. 224, 245 f.; *dies.*, DB 2016, 215, 220.
2 Vgl. etwa *Lockhart/Smolka*, FAZ v. 3. 5. 2017, S. 22.

Joint Venture-Partner neben der rechtlichen Beratung im direkten Zusammenhang mit dem tatsächlichen Geschäftsbetrieb des Gemeinschaftsunternehmens (z.B. Verhandlung von Verträgen, Erstellung der AGB und Datenschutzbedingungen, Beratung bei der Lizenzierung von für den Geschäftsbetrieb erforderlicher Software) auch die rechtliche Beratung in allgemeinen internen Fragen (z.B. allgemeine arbeits-, kartell- oder gesellschaftsrechtliche Beratung) und nicht zuletzt die steuerrechtliche Betreuung.

Der *Hanns Prütting* in langjähriger freundschaftlicher Verbundenheit und hoher Wertschätzung gewidmete Festschriftbeitrag befasst sich mit der bislang nicht geklärten Frage, ob eine deutsche Konzernmutter nach dem RDG auch dann Rechtsdienstleistungen gegenüber einem Unternehmen erbringen darf, wenn sie nur 50 % der Anteile an diesem Unternehmen hält. Der Verfasser hofft auf das Interesse des Jubilars, weil auch das RDG zu dem weiten Themenspektrum zählt, das *Hanns Prütting* in seiner so erfolgreichen akademischen Karriere intensiv betreut hat.[3]

II. Rechtliche Grundlagen

Der sachliche Anwendungsbereich des Rechtsdienstleistungsgesetzes wird durch den Begriff der »*Rechtsdienstleistung*« bestimmt. Nach der Legaldefinition des § 2 Abs. 1 RDG ist darunter jede Tätigkeit in konkreten fremden Angelegenheiten zu verstehen, sobald sie eine rechtliche Prüfung des Einzelfalls erfordert.[4] Auf Tätigkeiten, die unterhalb der Schwelle dieser Voraussetzungen bleiben und daher keine Rechtsdienstleistungen umfassen, ist das Rechtsdienstleistungsgesetz nicht anwendbar. Sind die Grenzen des § 2 Abs. 1 RDG dagegen überschritten, muss aufgrund der Ausgestaltung des Rechtsdienstleistungsgesetzes als Verbotsgesetz (§ 3 RDG) zugunsten des Dienstleisters ein Erlaubnistatbestand eingreifen, um den Weg zu einer legalen Tätigkeit zu eröffnen.[5]

§ 2 Abs. 3 RDG stellt im Interesse der Rechtssicherheit bestimmte Tätigkeiten (insgesamt sechs) von jeder Erlaubnispflicht frei, indem er ihnen bescheinigt, keine Rechtsdienstleistung im Sinne des § 2 Abs. 1 RDG zu sein. Nach § 2 Abs. 3 Nr. 6 RDG ist insbesondere die Erledigung von Rechtsangelegenheiten innerhalb verbundener Unternehmen (§ 15 AktG) keine Rechtsdienstleistung. Zudem fallen nur selbstständig erbrachte Rechtsdienstleistungen (§ 3 RDG) in den Anwendungsbereich des Rechtsdienstleistungsgesetzes, nur diese sind folglich auch erlaubnispflichtig. Dagegen ist die Erledigung von Rechtsangelegenheiten durch Mitarbeiter im Namen

---

3 Vgl. nur das von ihm 2004 für den 65. DJT in Bonn erstattete Gutachten »Rechtsberatung zwischen Deregulierung und Verbraucherschutz« (abgedruckt in: Ständige Deputation des Deutschen Juristentages, Verhandlungen des 65. Deutschen Juristentages Bonn 2004, Band 1, 2004, Gutachten G).
4 Zur Reichweite des § 2 Abs. 1 RDG siehe jüngst BGH NJW-RR 2016, 1056 Rn. 37 ff.; BGH NJW 2016, 3441 Rn. 20 ff.
5 *Deckenbrock*, in: Deckenbrock/Henssler, RDG, 4. Aufl. 2015, § 1 Rn. 14.

des Dienstherrn und die Erledigung eigener Rechtsangelegenheiten des Dienstherrn durch eigene Mitarbeiter unproblematisch. Eine selbstständige Erbringung setzt voraus, dass der Rechtsdienstleister die Dienstleistung im konkreten Einzelfall eigenverantwortlich und weisungsfrei erbringt.[6]

III. Die Wertung des § 2 Abs. 3 Nr. 6 RDG

Nach der Konzernklausel des § 2 Abs. 3 Nr. 6 RDG stellen Rechtsangelegenheiten innerhalb verbundener Unternehmen im Sinne des § 15 AktG keine Rechtsdienstleistungen dar.

1. Die lediglich klarstellende Funktion des Freistellungstatbestands

Diese Regelung begreift der Gesetzgeber als Klarstellung, weil mangels Fremdheit des Geschäfts an sich schon die Voraussetzungen des § 2 Abs. 1 RDG nicht erfüllt sind.[7] Zur Auslegung dieser Klarstellung dürfte sich aufgrund des ausdrücklichen Verweises auf die Regelung des § 15 AktG im Rahmen von § 2 Abs. 3 Nr. 6 RDG ein von den aktienrechtlichen Vorgaben losgelöstes Verständnis des Begriffs »verbundenes Unternehmen« verbieten. Vorzunehmen ist vielmehr eine Prüfung anhand der Vorgaben des § 15 AktG.

Liegen die Voraussetzungen eines verbundenen Unternehmens im konkreten Fall nicht vor, so bedeutet dies nicht zwangsläufig, dass von einer erlaubnispflichtigen Rechtsdienstleistung im Sinne des § 2 Abs. 1 RDG auszugehen ist. Vielmehr lässt sich dem Gesetz lediglich entnehmen, dass der Rechtsanwender in solchen Fällen nicht auf die Klarstellung zurückgreifen kann. Eine umgekehrte Wertung, dass außerhalb von verbundenen Unternehmen im Sinne von § 15 AktG generell von einem fremden Geschäft auszugehen wäre, ergibt sich aus dem Gesetz gerade nicht. Ein solches Verständnis wäre mit dem Charakter einer Klarstellung nicht zu vereinbaren. Insoweit bedarf es vielmehr einer eigenständigen Prüfung der Voraussetzungen des § 2 Abs. 1 RDG und hier insbesondere des Tatbestandsmerkmals der Fremdheit.

Hervorzuheben ist, dass es sich eben nicht um eine gegebenenfalls eng auszulegende Ausnahmeregelung von einem grundsätzlichen Verbot handelt. Der Gesetzgeber wollte vielmehr, wie sich der Genese der Vorschrift entnehmen lässt, nur für die besonders praxisrelevanten Fälle Klarheit schaffen. Liegen dagegen ohnehin, ganz unabhängig von der Regelung des § 2 Abs. 3 Nr. 6 AktG und damit außerhalb des Anwendungsbereichs der Klarstellungsregel, in einer (weit verstandenen) Konzernkonstellation die Voraussetzungen des § 2 Abs. 1 RDG nicht vor, dann ändert sich an der Bewertung durch § 2 Abs. 3 Nr. 6 RDG nichts.

---

6 *Seichter*, in: Deckenbrock/Henssler (Fn. 5), § 3 Rn. 4 ff.
7 BT-Drucks. 16/3655, S. 50.

Aus der Entstehungsgeschichte der Norm ergibt sich, dass der Gesetzgeber mit der Vorschrift auf die Rechtsunsicherheit reagieren wollte, die sich in der Praxis in Konzernkonstellationen etwa seit Mitte der 1990er Jahre und vermehrt dann seit der Jahrtausendwende ergab. Im Schrifttum fanden sich seinerzeit unterschiedliche Stellungnahmen. Sie bezogen sich jeweils auf verbundene Unternehmen im Sinne des § 15 AktG, ohne dass indes die genaue Reichweite und die Sachgerechtigkeit dieser Inbezugnahme vertieft geprüft wurden.[8]

All diese Stellungnahmen zum Rechtsberatungsgesetz verhalten sich ausschließlich zu verbundenen Unternehmen im Sinne des § 15 AktG, andere Konstellationen der Beteiligung wurden dagegen überhaupt nicht thematisiert. Vor diesem Hintergrund ist davon auszugehen, dass sich auch der Gesetzgeber über dieses in der Praxis offenbar nicht virulente Problem bei der Neuregelung des Rechtsberatungsrechts ebenfalls keine besonderen Gedanken gemacht hat. Er hat sich vielmehr allein darauf beschränkt, den in der Literatur bestehenden Streit im Sinne der herrschenden Meinung durch Klarstellung zu lösen.

Mit der rechtlichen Beurteilung der »Fremdheit der Tätigkeit« in anderen Konzernsachverhalten/Unternehmensbeteiligungen hat sich der Gesetzgeber ersichtlich nicht befasst, zumal Probleme aus der Praxis bis dato auch gar nicht bekannt waren. Ein Umkehrschluss im Sinne der bewussten Ausklammerung von Gemeinschaftsunternehmen, die einvernehmlich von zwei gleichberechtigten 50 : 50-Gesellschaftern geführt werden, enthält die Bestimmung damit nicht. Im Ergebnis lässt sich der klarstellenden Regelung des § 2 Abs. 3 Nr. 6 RDG daher ein Votum weder für noch gegen die Zulässigkeit der hier zu beurteilenden Konstruktion entnehmen. Vielmehr ist die Lösung im Rahmen der Tatbestandsmerkmale des § 2 Abs. 1 RDG zu finden.

In Stellungnahmen aus dem Schrifttum wird sogar gefordert, das Rechtsdienstleistungsgesetz über den Wortlaut des § 2 Abs. 3 Nr. 6 RDG hinausgehend generell im Rechtsverkehr zwischen Unternehmern nicht anzuwenden. Die gesetzlich fixierte Voraussetzung des verbundenen Unternehmens im Sinne des § 15 AktG sei kein ausreichender Differenzierungsgrund gemäß Art. 3 Abs. 1 GG.[9] Damit wird das Rechtsdienstleistungsgesetz im Ergebnis zu einem reinen Verbraucherschutzgesetz qualifiziert. Abgesehen davon, dass eine derartige Ausdehnung der Norm im Widerspruch zu den allgemein anerkannten Auslegungsgrundsätzen steht, dient das Rechtsdienstleistungsgesetz anerkanntermaßen dem Schutz aller Rechtsuchenden und folglich auch demjenigen von Unternehmern.[10]

Das bedeutet indes nur, dass das Rechtsdienstleistungsgesetz prinzipiell zwischen Unternehmen Anwendung finden kann.[11] Nicht gesagt ist damit, dass der geringe-

---

8   Siehe einerseits *Chemnitz/Johnigk*, RBerG, 11. Aufl. 2003, Rn. 78; *Bürkle*, BB 2002, 1538 ff.; *Michalski*, ZIP 1994, 1501, 1505 f. sowie andererseits ArbG Wiesbaden, DB 2001, 2732; *Hannewald*, DB 2001, 1830, 1831; differenzierend *Hübner-Weingarten*, DB 1997, 2593, 2594 ff.
9   *Kleine-Cosack*, RDG, 3. Aufl. 2014, § 2 Rn. 179 ff.
10 BT-Drucks. 16/3655, S. 45.
11 *Deckenbrock/Henssler*, in: Deckenbrock/Henssler (Fn. 5), § 2 Rn. 142.

ren Schutzbedürftigkeit des Dienstleistungsempfängers nicht bei der Auslegung der Generalnorm des § 2 Abs. 1 RDG Rechnung getragen werden dürfte. Auch wenn der geschilderten Auffassung somit nicht gefolgt werden kann, so stützt sie doch die These, dass die Verbotsnormen des Rechtsdienstleistungsgesetzes im Rahmen von Konzernkonstellationen restriktiv auszulegen sind.

2. Das Gemeinschaftsunternehmen als verbundenes Unternehmen im Sinne von § 15 AktG

Grundsätzlich kann auch ein Joint Venture mit einer Beteiligungsquote der beiden Joint Venture-Partner von 50: 50 als verbundenes Unternehmen im Sinne von § 15 AktG angesehen werden. § 15 AktG bezieht in den Kreis der verbundenen Unternehmen unter anderem alle Unternehmen ein, zwischen denen im Sinne von § 17 AktG ein Abhängigkeitsverhältnis zwischen »abhängigem und herrschendem Unternehmen« besteht. Ein derartiges Abhängigkeitsverhältnis im Sinne von § 17 AktG kann aber auch zwischen einem von mehreren herrschenden Unternehmen und einem Gemeinschaftsunternehmen bestehen. So kann es nach ganz einhelliger Auffassung im konzernrechtlichen Schrifttum in verschiedenen Fallgestaltungen zur mehrfachen Abhängigkeit einer Gesellschaft von anderen Unternehmen kommen.[12]

Den wohl wichtigsten Sonderfall stellen die Gemeinschaftsunternehmen dar, also gemeinsame Tochtergesellschaften mehrerer Mutterunternehmen, die zu dem Zweck gegründet oder erworben werden, Aufgaben zum gemeinsamen Nutzen der Mütter zu erfüllen. Die steuerliche Mehrmütterorganschaft bildet einen Unterfall des Gemeinschaftsunternehmens.

Freilich rechtfertigt nicht jede paritätische Beteiligung von zwei Gesellschaftern an einem Unternehmen die Annahme mehrfacher Abhängigkeit des Gemeinschaftsunternehmens. Diese setzt vielmehr voraus, dass die gemeinsame Beherrschung der abhängigen Gesellschaft durch die beiden Muttergesellschaften auf Dauer gesichert ist.[13] Als Mittel für eine derartige Absicherung kommen die Gründung einer Gesellschaft der Mütter, vor allem ihre Zusammenfassung in einem Gleichordnungskonzern, sowie Konsortial- und Stimmbindungsverträge in Betracht. Die in Rechtsprechung und Schrifttum vertretenen Anforderungen an eine Mehrfachbeherrschung variieren.[14]

Überwiegend, und zwar insbesondere auch von der Rechtsprechung, wird aber die Auffassung vertreten, dass selbst tatsächliche Verhältnisse ausreichen können,

---

12 Dazu *Emmerich*, in: Emmerich/Habersack, Aktien- und GmbH-Konzernrecht, 8. Aufl. 2016, § 17 Rn. 28 ff. mwN.
13 *Bayer*, in: MüKoAktG, Band 1, 4. Aufl. 2016, § 17 Rn. 76 ff.; *Hirschmann*, in: Hölters, AktG, 3. Aufl. 2017, § 17 Rn. 13; *Koch*, in: Hüffer/Koch, AktG, 12. Aufl. 2016, § 17 Rn. 15 f.; *Liebscher*, in: Beck'sches Handbuch der AG, 2. Aufl. 2009, § 14 Rn. 24; *Krieger*, in: Münchener Handbuch des Gesellschaftsrechts, Band 4, 4. Aufl. 2015, § 69 Rn. 51 ff.; *Böttcher/Liekefett*, NZG 2003, 701, 703 ff.
14 Sehr großzügig *Liebscher*, in: Beck'sches Handbuch der AG, 2. Aufl. 2009, § 14 Rn. 24; eng dagegen *Böttcher/Liekefett*, NZG 2003, 701, 705 ff.

sofern sie nur auf Dauer eine gemeinsame Interessenverfolgung der Mütter gewährleisten. Je nach den Umständen des Einzelfalls kann danach sogar eine bloße personelle Verflechtung der Mütter oder deren gemeinsame Beherrschung durch dieselben paritätisch beteiligten Familien die Abhängigkeit des Gemeinschaftsunternehmens begründen.[15]

Auf der anderen Seite rechtfertigt der bloße Einigungszwang, der von einer paritätischen Beteiligung an einem Gemeinschaftsunternehmen auf beide Mütter ausgeht, nach überwiegender Meinung noch nicht die Annahme gemeinsamer Beherrschung. Vielmehr muss das gemeinsame Vorgehen gegenüber dem Gemeinschaftsunternehmen durch weitere Umstände, insbesondere durch Absprachen der Mütter, sichergestellt werden. Bei einem unkoordinierten Auftreten gegenüber dem Gemeinschaftsunternehmen ist die mehrfache Abhängigkeit zu verneinen.[16]

Für die hier in Frage stehende Auslegung des Rechtsdienstleistungsgesetzes verdient ganz unabhängig von der Positionierung im Detail eine wichtige Erkenntnis festgehalten zu werden: Der Gesetzgeber hat durch den Verweis auf § 15 AktG, der seinerseits den § 17 AktG in Bezug nimmt, jedenfalls im Grundsatz anerkannt, dass die Beherrschung durch ein weiteres Unternehmen nicht automatisch dazu führt, dass bei Gemeinschaftsunternehmen von einer Fremdheit der Angelegenheit auszugehen ist. Insbesondere bedarf es keines Mehrheitsbesitzes, um die Fremdheit auszuschließen, eine 50-prozentige Beteiligung genügt.

Damit besteht grundsätzlich Raum, unter Einbeziehung des Regelungsanliegens des § 2 Abs. 1 RDG die für diese Vorschrift maßgebliche Fremdheit der Angelegenheit selbst bei einem Gemeinschaftsunternehmen zu bejahen, bei dem die Voraussetzungen des § 17 AktG möglicherweise nicht gegeben sein können. Denn die Abhängigkeit nach § 17 AktG kann, wie dargelegt, schon im Fall einer tatsächlichen Interessenkoordination zwischen den Gesellschaftern vorliegen. Die Zulässigkeit von Rechtsdienstleistungen kann hingegen nicht von der Frage abhängen, ob während eines gewissen Zeitraums eine solche Interessenkoordination erfolgt, diese nicht erfolgt oder mit zeitlichen Unterbrechungen oder inhaltlichen Ausnahmen erfolgt. Vielmehr erscheint es sachgerecht, die Zulässigkeit von Rechtsdienstleistungen immer dann anzunehmen, wenn die Abhängigkeit nach § 17 AktG dem Grunde nach eröffnet bzw. möglich ist.

---

15 BGHZ 62, 193, 199 ff. = NJW 1974, 855, 856 ff.; BGHZ 74, 359, 363 ff. = NJW 1979, 2401; BGHZ 80, 69, 73 = NJW 1981, 1512, 1513 f.; BGHZ 95, 330, 349 = NJW 1986, 188; BGHZ 122, 123, 125 f. = NJW 1993, 1200, 1202; BGH NJW 1994, 3288; BAGE 80, 322, 326 = NJW 1996, 1691; BAGE 112, 166, 173 f. = NZA 2005, 647, 649 f.; BFHE 185, 504, 507 f.; BFHE 189, 518, 521 ff. = NZG 2000, 329, 330; *Bauer*, NZG 2001, 742, 743; *Emmerich*, in: Emmerich/Habersack (Fn. 12), § 17 Rn. 30; *Gansweid*, Gemeinsame Tochtergesellschaften im deutschen Konzern- und Wettbewerbsrecht, 1976, S. 119 ff.; *Böttcher/Liekefett*, NZG 2003, 701, 705 ff.; *Maul*, NZG 2000, 470 f.
16 Dazu *Emmerich*, in: Emmerich/Habersack (Fn. 12), § 17 Rn. 28 ff. mwN.

IV. Die allgemeine Regelung der Rechtsdienstleistung in § 2 Abs. 1 RDG

1. Die Freistellung von eigenen Rechtsangelegenheiten

Ergibt sich im Einzelfall, dass eine Beurteilung als verbundenes Unternehmen nicht in Betracht kommt, so muss die Lösung in der allgemeinen Regelung des § 2 Abs. 1 RDG gefunden werden. Nach dieser Norm ist Rechtsdienstleistung jede Tätigkeit in konkreten *fremden* Angelegenheiten, sobald sie eine rechtliche Prüfung des Einzelfalls erfordert. Keiner Erlaubnis bedarf also, wer Rechtsdienstleistungen in eigenen Angelegenheiten erbringen will.

Nach § 1 Abs. 1 S. 2 RDG will das Rechtsdienstleistungsgesetz unter anderem die Rechtsuchenden vor unqualifizierten Rechtsdienstleistungen schützen. Es soll verhindert werden, dass der Rechtsuchende seine Rechtsangelegenheiten in ungeeignete Hände legt. Eines solchen Schutzes bedarf der Rechtsuchende aber nicht vor sich selbst. Tätigkeiten, die nicht in fremden, sondern in eigenen Angelegenheiten erfolgen, stellen daher keine Rechtsdienstleistung dar. Im Einzelfall kommt es daher maßgeblich darauf an, ob die Muttergesellschaft eine fremde oder eine eigene Rechtsangelegenheit wahrnimmt, wenn sie an der von ihren Juristen beratenen Beteiligungsgesellschaft nur 50 % der Anteile hält. Die Problematik ist der allgemeinen Thematik des »gemischten« Geschäfts zuzuordnen, bei der die Rechtsangelegenheit nicht nur im eigenen, sondern auch im fremden Interesse besorgt wird.

Nach der Rechtsprechung führt eine derart ambivalente Ausrichtung des Geschäfts nicht notwendig zur Annahme einer fremden Rechtsangelegenheit. Ein lediglich mittelbares Eigeninteresse beseitigt andererseits die Fremdheit (noch) nicht.[17] Entscheidend ist, wessen Interesse vorrangig wahrgenommen wird.[18] Allein der Umstand, dass mehrere Personen gleichartige Interessenlagen haben, führt zwar nicht dazu, dass die Angelegenheiten anderer zur eigenen Angelegenheit werden.[19] Die eigene Interessenwahrnehmung steht aber schon dann im Vordergrund, wenn durch die Erledigung einer eigenen Rechtsangelegenheit notwendig auch eine Rechtsangelegenheit eines Dritten mitbesorgt wird.[20] So kann etwa ein Miterbe Herausgabe eines zum Nachlass

---

17 BGHZ 48, 12, 17 f. = NJW 1967, 1558, 1560; BGH NJW 1967, 1562, 1563; BGH NJW 2007, 3570 Rn. 22; BFH, Beschl. v. 8.10.2010 – II B 111/10 (NV), BeckRS 2010, 25016612 Rn. 16.
18 BGHZ 38, 71, 80 = NJW 1963, 441, 442; BFH, Beschl. v. 8.10.2010 – II B 111/10 (NV), BeckRS 2010, 25016612 Rn. 16; *Deckenbrock/Henssler*, in: Deckenbrock/Henssler (Fn. 5), § 2 Rn. 23; *Dreyer/Müller*, in: Dreyer/Lamm/Müller, RDG, 2009, § 2 Rn. 34.
19 *Deckenbrock/Henssler*, in: Deckenbrock/Henssler (Fn. 5), § 2 Rn. 30; *Römermann*, in: BeckOK RDG, 2. Edition (Stand: 01.07.2017), § 2 Rn. 17; *Weth*, in: Henssler/Prütting, BRAO, 4. Aufl. 2014, § 2 RDG Rn. 23.
20 KG NJW 1991, 1304; *Deckenbrock/Henssler*, in: Deckenbrock/Henssler (Fn. 5), § 2 Rn. 23; *Römermann*, in: BeckOK RDG (Fn. 19), § 2 Rn. 16; *Rennen/Caliebe*, RBerG, 3. Aufl. 2001, Art. 1 § 1 Rn. 31; *Chemnitz/Johnigk* (Fn. 8), Rn. 81.

gehörenden Gegenstands an die Erbengemeinschaft verlangen (§ 2039 BGB).[21] Auch ein Gesellschafter nimmt unter Umständen zugleich zwangsläufig die Interessen der Mitgesellschafter wahr.[22]

2. Die Bewertung von Gemeinschaftsunternehmen

a) Die besondere Interessenlage

Bei einem Gemeinschaftsunternehmen handelt es sich um einen geradezu idealtypischen Fall, in dem jeder der beiden Gesellschafter vorrangig eigene Interessen verfolgt, dabei aber zwangsläufig auch fremde Interessen mitverfolgen muss. Das ergibt sich schon aus dem gegenseitigen Abstimmungsbedarf. Die gemeinsame Führung des Unternehmens ist ersichtlich auf Kooperation und nicht auf einen Interessengegensatz angelegt. Anders als bei bloßen Beteiligungen, die sogar in einem Konkurrenzverhältnis möglich sind, müssen bei einem Gemeinschaftsunternehmen die Interessen zwangsläufig zur Deckung gebracht werden. Es geht damit in keinem Fall um ein fremdes Interesse, sondern um ein eigenes Interesse, das deckungsgleich mit demjenigen des paritätischen Mitgesellschafters ist.

Generell lässt sich festhalten, dass es, jedenfalls solange es keine Konflikte zwischen den beiden Beteiligungsgesellschaften gibt, diese vielmehr ihre Interessen gebündelt und zur Deckung gebracht haben, bei einem Gemeinschaftsunternehmen an der Fremdheit der Angelegenheit fehlt. Der Kontroll- und Korrekturmechanismus ist hier die Zustimmung des Miteigentümers. Solange dieser mit der Betreuung der Rechtsangelegenheiten des Gemeinschaftsunternehmens durch die Juristen seines Partnerunternehmens einverstanden ist, liegt eine Kongruenz der Interessen vor. Das Interesse der Tochter ist damit das Interesse des Beteiligungsunternehmens.

Gibt es im Einzelfall zwischen den beiden 50-prozentigen Eigentümern Unklarheiten über die Ausrichtung des Gemeinschaftsunternehmens, kommt es auf die zwischen den Partnern getroffenen Absprachen an. Haben sie – wie dies häufig der Fall ist – vereinbart, dass für den Abschluss wesentlicher Verträge immer die Zustimmung des anderen 50-prozentigen Eigentümers erforderlich ist, prägt dieses Vetorecht die Interessenlage der Muttergesellschaft. Zwar kann die Muttergesellschaft ohne die Mitwirkung ihres Joint Venture-Partners selbst keine wesentlichen Entscheidungen treffen, andersherum kann aber auch der Partner nicht allein, also ohne das Einvernehmen der Muttergesellschaft, tätig werden. Letztlich können daher wesentliche Verträge nur mit Billigung der Muttergesellschaft getroffen werden.

---

21 Vgl. auch *Deckenbrock/Henssler*, in: Deckenbrock/Henssler (Fn. 5), § 2 Rn. 23; *Johnigk*, in: Gaier/Wolf/Göcken, Anwaltliches Berufsrecht, 2. Aufl. 2014, § 2 Rn. 30; *Römermann*, in: BeckOK RDG (Fn. 19), § 2 Rn. 16; *Rennen/Caliebe* (Fn. 20), Art. 1 § 1 Rn. 31.
22 *Deckenbrock/Henssler*, in: Deckenbrock/Henssler (Fn. 5), § 2 Rn. 23; *Johnigk*, in: Gaier/Wolf/Göcken (Fn. 21), § 2 Rn. 30 *Römermann*, in: BeckOK RDG (Fn. 19), § 2 Rn. 16; *Rennen/Caliebe* (Fn. 20), Art. 1 § 1 Rn. 31.

Zwar bleiben die Einflussmöglichkeiten der Gesellschafter eines Gemeinschaftsunternehmens in solchen Fällen hinter denen eines Alleingesellschafters zurück. Die Muttergesellschaften eines paritätischen Gemeinschaftsunternehmens können jeweils allein nur Entscheidungen verhindern und sie anders als ein alleinkontrollierender Mehrheitsgesellschafter nicht positiv herbeiführen. Gleichwohl sind die Entscheidungen, die innerhalb des Gemeinschaftsunternehmens letztlich getroffen werden, dank des Vetorechts der Muttergesellschaft stets solche, die auch in ihrem Interesse liegen. Dass sie – zwangsläufig – auch den Interessen des Partners entsprechen, ist im Rahmen von § 2 Abs. 1 RDG irrelevant.

Insoweit wird man die vom Bundesgerichtshof entwickelte Formel, nach der es für die Abgrenzung einer eigenen von einer fremden Angelegenheit maßgeblich darauf ankommen soll, wessen Interesse vorrangig wahrgenommen wird, präzisieren müssen. Maßgeblich ist, dass ein fremdes Interesse nicht gegenüber dem eigenen Interesse überwiegt. In Sachverhalten, in denen eine Tätigkeit, die aus Eigeninteresse motiviert ist, im gleichen Umfang auch im Interesse eines anderen erfolgt, greift das Rechtsdienstleistungsgesetz nicht. Erst wenn das fremde Interesse vorrangig wird, kann nicht mehr von einer eigenen Angelegenheit gesprochen werden.

Vor dem Hintergrund dieses Unterschieds zur Interessenlage bei einer schlichten Beteiligung steht der hier vertretenen Einschätzung als eigene Angelegenheit auch die bereits angesprochene Wertung des § 2 Abs. 3 Nr. 6 RDG nicht entgegen. Diese klarstellende Norm basiert auf der Vorstellung, dass grundsätzlich zwischen dem Gesellschaftsinteresse und dem Interesse des herrschenden Gesellschafters bzw. der Gesellschaftermehrheit Identität besteht.[23]

Das Interesse der Gesellschaft wird prinzipiell durch die Gesellschaftermehrheit bestimmt. Damit sind die Angelegenheiten der Gesellschaft keine fremden Angelegenheiten. In der Rechtsprechung ist dementsprechend anerkannt, dass eine bloße Beteiligung einer Kapitalgesellschaft an einer anderen nicht ausreicht, um eine Rechtsdienstleistung der einen Kapitalgesellschaft für die andere erlaubnisfrei zu stellen. Dies gilt erst recht bei bloßen Unterbeteiligungen an Gesellschaftsanteilen.[24]

Bei einem Joint Venture ist die Ausgangslage dagegen, wie gezeigt, eine gänzlich andere. Entscheidend ist insoweit, dass die gemeinsame Führung rechtlich abgesichert ist. Dies erfolgt regelmäßig durch das paritätische Beteiligungsverhältnis am Gemeinschaftsunternehmen und die damit verbundenen Absprachen, insbesondere ein Vetorecht der Partner. Ohne solche Möglichkeiten der Einflussnahme auf die Geschicke des Gemeinschaftsunternehmens würde die Erbringung von Rechtsdienstleistungen durch die Muttergesellschaft nicht vorrangig und unmittelbar im eigenen Interesse erfolgen. Um den Begriff der der eigenen Angelegenheit nicht zu überdehnen, bietet es sich allerdings an, nur echte 50 : 50-Gemeinschaftsunternehmen im Rahmen des § 2 Abs. 1 RDG auszuklammern.

---

23 Vertiefend *Jung*, Der Unternehmergesellschafter als personaler Kern der rechtsfähigen Gesellschaft, 2002, S. 180 ff.
24 BFH, Beschl. v. 8.10.2010 – II B 111/10 (NV), BeckRS 2010, 25016612 Rn. 20.

b) Die Wertung des Konzernbilanzrechts in § 310 HGB

Diese Bewertung wird durch das Konzernbilanzrecht gestützt. Das Konzernbilanzrecht trägt der Sonderkonstellation des Gemeinschaftsunternehmens in § 310 HGB durch die Möglichkeit einer Quotenkonsolidierung Rechnung. Das Mutterunternehmen kann frei entscheiden, ob sie das Gemeinschaftsunternehmen quotal konsolidiert oder eine at equity-Bewertung nach § 312 HGB vornimmt.[25] Bei einer Quotenkonsolidierung werden die Assets und Verbindlichkeiten des Gemeinschaftsunternehmens immerhin zu 50 % wie eigene Vermögensgegenstände und Schulden behandelt und in die Konzernbilanz aufgenommen.[26]

Es handelt sich also nicht nur um eine schlichte Beteiligung, die entweder nur at equity nach § 312 HGB oder aber bei einer Beteiligung von unter 20 % nach Anschaffungskosten bilanziert wird. Das Gemeinschaftsunternehmen steht im Stufenbau des Konzernbilanzrechts oberhalb dieser bloßen Beteiligung und zugleich unterhalb der Beherrschung im Sinne von § 290 HGB. Das Gemeinschaftsunternehmen wird damit jedenfalls zu 50 % nicht als »fremdes« Unternehmen eingestuft, Vermögensgegenstände und Schulden werden vielmehr zur Hälfte wie eigene des Mutterunternehmens bzw. der gedachten Einheit Konzern gewertet. Übertragen auf die Beurteilung des Rechtsdienstleistungsgesetzes handelt sich damit bei den Geschäftsvorfällen des Gemeinschaftsunternehmens um »jedenfalls auch eigene« Angelegenheiten der Muttergesellschaft.

Konstituierendes Merkmal eines Gemeinschaftsunternehmens im Sinne von § 310 HGB ist die gemeinsame Führung durch mehrere Unternehmen. Die Regelung geht auf die Vorgaben der 7. EG-Richtlinie zurück, knüpft also nicht an Regelungen des deutschen Aktienrechts, insbesondere nicht an die Voraussetzungen des § 17 AktG an. Im Schrifttum wird dementsprechend auch darauf hingewiesen, dass Gemeinschaftsunternehmen keinem beherrschenden Einfluss des Mutterunternehmens im Sinne von § 290 Abs. 2 HGB unterliegen, sondern von zwei oder mehr voneinander unabhängigen Gesellschafterunternehmen gemeinschaftlich geführt werden.[27] Abweichend vom Konzept des § 17 AktG setzt § 310 HGB gerade voraus, dass zwischen dem Beteiligungsunternehmen und dem Gemeinschaftsunternehmen kein Mutter-Tochterverhältnis gegeben ist. Die Folge einer derartigen Einordnung wäre nämlich ein Zwang zur Vollkonsolidierung des Unternehmens.

Entsprechend dem geschilderten Stufenverhältnis, von dem das Konzernbilanzrecht geprägt ist, sind die Anforderungen an eine gemeinsame Leitung geringer als an eine Beherrschung im Sinne von § 17 AktG. Auch hier genügt es nicht, wenn die Gesellschafter an dem Gemeinschaftsunternehmen nur kapitalmäßige Anteile halten. Sie müssen vielmehr an der Leitung tatsächlich beteiligt sein. Dazu bedarf es einer Mitwirkung, die über die üblichen Gesellschafterrechte hinausgeht, ohne dass jedoch eine Mitwirkung an der täglichen Geschäftsführung nötig wäre. Die notwendigen Beteiligungsrechte können etwa durch satzungsmäßige oder vertragliche Bestim-

---

25 Zum Ganzen *Pellens/Fülbier,* in: MüKoHGB, Bd. 4, 3. Aufl. 2013, § 310 Rn. 3.
26 Dazu *Pellens/Fülbier,* in: MüKoHGB (Fn. 25) § 310 Rn. 23 ff.
27 Dazu *Pellens/Fülbier,* in: MüKoHGB (Fn. 25) § 310 Rn. 1.

mungen festgeschrieben sein, indem über wichtige Fragen der Geschäftspolitik nur gemeinsam und einstimmig beschlossen werden kann.[28] Ausreichen soll es, wenn sich die gemeinsame Führung aus der Zwecksetzung des Gemeinschaftsunternehmens ergibt, weil dieses als Joint Venture für die Verfolgung bestimmter gemeinsamer Ziele, z.B. Forschung, Markterschließung oder Prospektionsvorhaben, gegründet wurde.[29]

Das Gemeinschaftsunternehmen im Sinne von § 310 HGB zeichnet demnach das Mitbestimmen und nicht das Beherrschen aus.[30] Ganz in diesem Sinne definiert auch DRS 9.3 den maßgeblichen Einfluss als »Mitwirkung an der Geschäfts- und Finanzpolitik eines Beteiligungsunternehmens, ohne dass damit die Beherrschung verbunden ist«. Deutlich wird diese Sonderrolle eines Gemeinschaftsunternehmens insbesondere dann, wenn die beiden 50-prozentigen Eigentümer vereinbaren, dass für den Abschluss wesentlicher Verträge immer die Zustimmung des Miteigentümers erforderlich ist. Ob die Holdinggesellschaft von dem Bilanzierungswahlrecht des § 310 HGB tatsächlich Gebrauch macht, spielt für die Beurteilung nach dem Rechtsdienstleistungsgesetz keine Rolle. Aus Sicht des Rechtsdienstleistungsrechts interessiert lediglich die Wertung des Gesetzgebers, welche die Sonderrolle von Gemeinschaftsunternehmen bestätigt. Das der Quotenkonsolidierung zugängliche Gemeinschaftsunternehmen unterscheidet sich insoweit grundlegend von einer bloßen Beteiligung.

Die bilanzrechtliche Bewertung von Gemeinschaftsunternehmen bestätigt damit, dass unabhängig von einem Beherrschungsverhältnis im Sinne von § 17 AktG die »Fremdheit« der Angelegenheit eines Gemeinschaftsunternehmens verneint werden kann. Angelegenheiten des Gemeinschaftsunternehmens sind, so lautet diese Bewertung, gleichberechtigt auch Angelegenheiten des Beteiligungsunternehmens.

3. Vergleich mit der Situation bei verbundenen Unternehmen

Die Gesetzgebungsmaterialien zum Rechtsdienstleistungsgesetz lassen Raum für eine diese bilanzrechtliche Differenzierung aufgreifende Auslegung. So betont die amtliche Begründung ausdrücklich, dass es auf den Umfang der Unternehmensbeteiligung nicht ankommt, soweit es sich nur um verbundene Unternehmen im Sinne des § 15 AktG handelt.[31] Im Grunde ist bei einem Gemeinschaftsunternehmen die Anbindung an das Mutterunternehmen sogar intensiver als in vielen Formen der Unternehmensverbindung nach § 15 AktG. Dort wird nämlich nicht vorausgesetzt, dass das herrschende Unternehmen die einheitliche Leitung tatsächlich ausübt. Vielmehr genügt die Möglichkeit der Leitung bzw. des beherrschenden Einflusses (vgl. § 17

---

28 *Winkeljohann/Lewe*, in: Beck'scher Bilanz-Kommentar, 10. Aufl. 2016, § 310 HGB Rn. 15; *Böcking/Gros/Tonne*, in: Ebenroth/Boujong/Joost/Strohn, HGB, Band 1, 3. Aufl. 2014, § 310 Rn. 5 f.
29 *Winkeljohann/Lewe*, in: Beck'scher Bilanz-Kommentar (Fn. 28), § 310 HGB Rn. 15; *Böcking/Gros/Tonne*, in: Ebenroth/Boujong/Joost/Strohn (Fn. 28), § 310 Rn. 5 f.
30 So explizit *Winkeljohann/Lewe*, in: Beck'scher Bilanz-Kommentar (Fn. 28), § 310 HGB Rn. 15.
31 BT-Drucks. 16/3655, S. 50 f.

AktG). Bei einem Gemeinschaftsunternehmen im Sinne von § 310 HGB muss die gemeinschaftliche Leitung dagegen immer tatsächlich ausgeübt werden.[32]

Auch von der Sache her stünde eine enge Auslegung des § 2 Abs. 1 RDG im Widerspruch zu den Normzwecken des Rechtsdienstleistungsgesetzes. Sie ginge nämlich eindeutig zulasten der beratenen Gesellschaft als dem zu schützenden Empfänger der Rechtsdienstleistung und zudem zulasten der Arbeitnehmer des Beteiligungsunternehmens. Aus Sicht des Gemeinschaftsunternehmens kann es sich insbesondere belastend auswirken, dass das erforderliche Know-How, die Branchenkontakte und das notwendige Expertenwissen bei ihm nicht sofort aufgebaut und nur schwerlich am Markt extern zugekauft werden kann. Das Gemeinschaftsunternehmen ist aber auf eine kontinuierliche und lückenlose Beratung angewiesen.

V. Zusammenfassung

Die Überlegungen lassen sich in sechs Thesen zusammenfassen:
1. Erbringt ein Unternehmen durch seine Rechtsabteilung Rechtsdienstleistungen gegenüber einem Gemeinschaftsunternehmen, so greift das Verbot des § 3 RDG grundsätzlich nicht. Vielmehr fehlt es in aller Regel an der Fremdheit der Rechtsangelegenheit im Sinne von § 2 Abs. 1 RDG.
2. Aus § 2 Abs. 3 Nr. 6 RDG folgt nicht, dass nur bei verbundenen Unternehmen im Sinne des § 15 AktG die Fremdheit der Angelegenheit bei der Muttergesellschaft verneint werden darf. Vielmehr handelt es sich um eine rein klarstellende Vorschrift, die einem Umkehrschluss nicht zugänglich ist.
3. Ob eine fremde Rechtsangelegenheit zu bejahen ist, muss bei Gemeinschaftsunternehmen im Einzelfall unter Berücksichtigung aller Besonderheiten des konkreten Falls festgestellt werden.
4. Bei einer Beteiligung von 50 % ist grundsätzlich von der Betreuung einer eigenen Angelegenheit auszugehen, wenn das Beteiligungsunternehmen das Gemeinschaftsunternehmen in rechtlichen Belangen berät. Das gilt jedenfalls dann, wenn wichtige Entscheidungen nur mit Zustimmung des Miteigentümers gefällt werden können.
5. Dass bei der rechtlichen Beratung von Gemeinschaftsunternehmen grundsätzlich keine fremden Angelegenheiten besorgt werden, ergibt sich schon aus dem Verweis in § 2 Abs. 3 Nr. 6 RDG auf §§ 15, 17 AktG. Auch Gemeinschaftsunternehmen können von § 17 AktG erfasst werden.
6. Die hier vertretene Auffassung wird durch die konzernbilanzrechtliche Quotenkonsolidierung nach § 310 HGB gestützt. Gemeinschaftsunternehmen sind danach, auch wenn sie nicht von den Beteiligungsunternehmen beherrscht werden, von bloßen Beteiligungen, bei denen eine Fremdheit grundsätzlich zu bejahen ist, zu unterscheiden.

---

32 Zum Ganzen *Pellens/Fülbier*, in: MüKoHGB (Fn. 25) § 310 Rn. 11.

Rechtsanwälte und ihre Kooperationspartner

Bernd Hirtz

I. Die vorgefundene Wirklichkeit

1.

Rechtsanwälte kooperieren mit unterschiedlichen Berufsträgern; Kooperationen werden auf verschiedene Arten verlautbart. Es gibt diese Form der Zusammenarbeit zwischen selbständigen Einzelanwälten und eigenständigen Anwaltsgesellschaften[1], es gibt sie zwischen nationalen Anwaltsgesellschaften und im Ausland niedergelassenen Anwälten[2], darüber hinaus aber vor allem auch mit nichtanwaltlichen Berufsträgern, und zwar sowohl mit nach dem Wortlaut von § 59 a) BRAO sozietätsfähigen (z.B. Steuerberater, Wirtschaftsprüfer) als auch nichtsozietätsfähigen Personen (z.B. Architekten, Ingenieure, Wirtschaftsingenieure, Ärzte).[3] Insbesondere bei den letztgenannten Gestaltungen geht es um interdisziplinäre Zusammenarbeit im Interesse der Mandanten bzw. Auftraggeber,[4] auch innerhalb besonderer Netzwerke.[5]

Gem. § 8 Satz 1 BORA darf auf eine Verbindung zur gemeinschaftlichen Berufsausübung nur hingewiesen werden, wenn sie in Sozietät oder in sonstiger Weise mit den in § 59 a BRAO genannten Berufsträgern erfolgt. Gem. § 8 Satz 2 BORA ist die Kundgabe jeder anderen Form der beruflichen Zusammenarbeit zulässig, sofern nur nicht der Eindruck einer gemeinschaftlichen Berufsausübung erweckt wird. Daraus wird, wie Hanns Prütting in seiner Kommentierung[6] zu Recht darlegt, geschlossen, dass der Hinweis auf Kooperationen auch dann möglich ist, wenn eine Kooperation mit Angehörigen nicht sozietätsfähiger Berufe erfolgt. Dieser Beitrag geht der Frage nach, ob eine Definition oder Umschreibung des Begriffs Kooperation für die Rechtsanwendung überhaupt erforderlich ist, ob die Normen (insbesondere § 59 a BRAO und § 8 BORA) für die Rechtanwendung noch Anhaltspunkte liefern und welche Folgerungen Begriffswahl und Rechtsrahmen für die Zulässigkeit von Kooperationen und deren Verlautbarungen haben.

---

1 *Peres/Senft/Peres*, Sozietätsrecht, 3. Aufl. 2015 § 11 Rn. 10.
2 *Henssler/Streck/Kilian*, Handbuch Sozietätsrecht, 2. Aufl. 2011 Kap. N Rn. 90 ff.
3 *Peres/Senft/Nitschke*, Sozietätsrecht, 3. Aufl. 2015, § 42 Rn. 5.
4 Vgl. auch BGH NJW 2005, 2962.
5 Dazu *Riechert* AnwBl. 2017, 198 ff.
6 *Henssler/Prütting/Prütting*, BRAO, 4. Aufl. 2014, § 8 BORA Rn. 10 unter Hinweis auf BGH AnwBl. 2005, 650 = NJW 2005, 2692.

2.

Es hat einen allein rechtshistorischen Grund, dass in § 8 Satz 2 BORA die Grundlage für Kooperationen mit Rechtsanwälten gesehen wird. Denn in der ursprünglichen Fassung des § 8 BORA war von »einer auf Dauer angelegten und durch tatsächliche Ausübung verfestigten Kooperation« die Rede.[7] Schon zu dieser früheren restriktiven Fassung hatte der BGH[8] klargestellt, dass unter Berücksichtigung der Entstehungsgeschichte der Norm und eine am Grundrecht der Berufsfreiheit ausgerichteten Auslegung dieser Bestimmung die Angabe von Kooperationen nicht auf sozietätsfähige Berufsgruppen beschränkt ist. Die aktuelle Fassung von § 8 BORA macht dies deutlich und gestattet in § 8 Satz 2 BORA die Kundgabe einer anderen Form der beruflichen Zusammenarbeit, wenn nicht der Eindruck einer gemeinschaftlichen Berufsausübung erweckt wird. Die Frage, um was es sich bei einer Kooperation handelt, wurde von der genannten BGH-Entscheidung[9] nicht behandelt. Jenseits der historischen Betrachtung bleibt heute festzustellen, dass der Begriff der »Kooperation« im anwaltlichen Berufsrecht weder verwendet noch vorausgesetzt noch ausdrücklich geregelt ist. § 8 Satz 2 BORA befasst sich ausschließlich mit der Kundgabe einer anderen Form der beruflichen Zusammenarbeit, also einer solchen Form, die nicht zur gemeinschaftlichen Berufsausübung geschieht.

Im Bereich der Steuerberater ist das anders. § 56 Abs. 5 StBerG enthält eine Legaldefinition der Kooperation: Gem. § 56 Abs. 5 StBerG dürfen Steuerberater und Steuerbevollmächtigte eine auf einen Einzelfall oder auf Dauer angelegte berufliche Zusammenarbeit, der nicht die Annahme gemeinschaftlicher Aufträge zu Grunde liegt, mit Angehörigen freier Berufe im Sinne des § 1 Abs. 2 des PartGG sowie von diesen gebildeten Berufsausübungsgemeinschaften eingehen (Kooperation). Sie sind verpflichtet sicherzustellen, dass bei der Kooperation ihre Berufspflichten eingehalten werden. Ist dies nicht gewährleistet, muss die Kooperation unverzüglich beendet werden.

3.

Die Analyse hat zu berücksichtigen, dass das BVerfG mit Beschluss vom 12.01.2016[10] § 59 a Abs. 1 Satz 1 BRAO insoweit wegen Verletzung von Art. 12 Abs. 1 GG für verfassungswidrig und nichtig erklärt hat, als er Rechtsanwältinnen und Rechtsanwälten verbietet, sich mit Ärztinnen und Ärzten sowie mit Apothekerinnen und Apothekern zur gemeinschaftlichen Berufsausübung in einer Partnerschaftsgesellschaft zu verbinden. Die Kernaussagen des genannten Beschlusses bedeuten, dass

---

7 Vgl. zur Geschichte der Norm *Hartung/Scharmer/v. Lewinski*, BORA/FAO, 6. Aufl. 2016, § 8 BORA Rn. 1 ff.
8 BGH AnwBl. 2005, 650 = NJW 2005, 2692.
9 BGH AnwBl. 2005, 650 = NJW 2005, 2692.
10 AnwBl. 2016, 261 = NJW 2016, 700.

der Kreis sogenannter sozietätsfähiger Berufe wesentlich weiter zuziehen ist, als es ursprünglich von § 59 a Abs. 1 Satz 1 BRAO vorgesehen war. Damit verkleinert sich der Bereich von Kooperationen mit nicht sozietätsfähigen Berufen, wie der genannte Beschluss des BVerfG unmittelbar zeigt: Während unter Beachtung des Wortlautes von § 59 a Abs. 1 Satz 1 BRAO zwischen einem Rechtsanwalt und einer Apothekerin allenfalls die Kundbarmachung einer Kooperation (in sonstiger Weise im Sinne von § 8 Satz 2 BORA) denkbar war, kommt heute eine Partnerschaftsgesellschaft mit Rechtsanwälten und Apothekern in Betracht. Die Auswirkungen dieses Paradigmenwechsels auf Zulässigkeit und Kundbarmachung von Kooperationen werden in diesem Beitrag untersucht.

II. Der rechtliche Rahmen

1.

Es gibt keine ausdrückliche anwaltsrechtliche Regelung zur Kooperation. Schon daraus folgt, dass es sich bei dem Begriff »Kooperation« nur noch um eine informelle (Begriffs-) Kategorie zur Erfassung beruflichen Zusammenwirkens jenseits von Berufsausübungsgemeinschaften handelt.[11] Aber auch diese Negativabgrenzung wird in der Literatur unterschiedlich gehandhabt. Manche grenzen Bürogemeinschaften von Kooperationen ab,[12] weil keine gemeinschaftliche Büroorganisation unterhalten werde, sondern weil auch insoweit die Kooperationspartner ihre organisatorische Eigenständigkeit behalten.[13] Zwar ordnet § 59 a Abs. 3 BRAO an, dass für Bürogemeinschaften die Abs. 1 und 2 entsprechend gelten. Daraus folgt aber nicht ohne weiteres, dass im Falle einer Bürogemeinschaft eine Kooperation ausgeschlossen wäre. Denn eine Bürogemeinschaft ist nach dem Norminhalt von § 59 a Abs. 3 BRAO gerade keine Verbindung zur gemeinschaftlichen Berufsausübung; die Bürogemeinschaft ist einer solchen Verbindung nur gleichgestellt. Daher nimmt die ganz herrschende Meinung zu Recht an, dass auch eine bloße Bürogemeinschaft mangels gemeinschaftlicher Berufsausübung als Kooperation bezeichnet werden kann.[14]

Für die Rechtsanwendung ist durch eine solche Differenzierung allerdings nichts gewonnen. Zwar legt § 59 a Abs. 1 BRAO in Verbindung mit § 8 Satz 2 BORA eine Zweiteilung der beruflichen Zusammenarbeit von Rechtsanwälten mit Dritten nahe: Auf der einen Seite gibt es die (in der Regel gesellschaftsrechtliche) Verbindung zur

---

11 *Gaier/Wolf/Göcken/Bormann*, Anwaltliches Berufsrecht, 2. Aufl. 2014, § 59 a) Rn. 27.
12 *Gaier/Wolf/Göcken/Bormann*, Anwaltliches Berufsrecht, 2. Aufl. 2014, § 59 a) Rn. 27.
13 *Peres/Senft/Bitsch/Müller*, Sozietätsrecht, 3. Auflage 2015 § 39 Rn. 16 unter Hinweis auf AGH Hamm vom 07.11.2003 – 2 ZU 10/03, BeckRS 2006, 12784; *Peres/Senft/Kunz* a.a.O. § 3 Rn. 49.
14 *Feuerich/Weyland/Träger*, BORA, 9. Aufl. 2016, § 8 BORA Rn. 17; *Hartung/Scharmer/v. Lewinski*, BORA/FAO, 6. Aufl. 2016, § 8 Rn. 21; *Henssler/Prütting/Henssler*, BRAO, 4. Aufl. 2014, § 8 Rn. 11; BeckOK BORA/*Römermann*, § 8 BORA Rn. 77.

gemeinschaftlichen Berufsausübung. Und auf der anderen Seite gibt es eine berufliche Zusammenarbeit in sonstiger Weise. Die Frage, was eine Kooperation ist, wird durch das anwaltliche Berufsrecht nicht (mehr) beantwortet. Für Steuerberater folgt aus § 56 Abs. 5 StBerG, dass eine Kooperation vorliegt, wenn mit dem Kooperationspartner keine gemeinsame Auftragserteilung betrieben wird. Letzteres ist, soweit nicht Rechtscheingrundsätze greifen, auch für die Mitglieder einer anwaltlichen Bürogemeinschaft typisch.

Nach dem bisherigen – vermeintlichen – System ist nur für die erste Fallgruppe (gesellschaftsrechtliche Verbindung) Sozietätsfähigkeit im Sinne von § 59 Abs. 1 Satz 1 BRAO erforderlich. Nun ist es aber im Hinblick auf den Beschluss des BVerfG[15] durchaus zweifelhaft, ob diese Zweiteilung künftig noch Bestand haben wird. Denn die Ausführungen des BVerfG legen nahe, dass der Schwerpunkt einer verfassungsmäßigen Regelung künftig nicht bei der Aufzählung sozietätsfähiger Berufe, sondern vielmehr bei der Sicherung der anwaltlichen Grundpflichten liegen wird[16]. Besonders deutlich wird dies an dem Umstand, dass Rechtsanwälte und Ärzte zwar eine gesetzlich geregelte Verschwiegenheitspflicht trifft, dass es aber bei Ärzten und Apothekern schon vom Ansatz her keine berufsrechtlichen Regeln gibt, die dem anwaltlichen Verbot der Vertretung widerstreitender Interessen oder anwaltlichen Tätigkeitsverbote entsprächen. Wenn der Gesetzgeber das künftig zum Anlass nimmt, die Sicherung der Berufspflichten des Anwalts bei jeder Form beruflicher Zusammenarbeit in den Mittelpunkt zu stellen, verliert das bisherige System der Zweiteilung (Verbindung zur gemeinschaftlichen Berufsausübung auf der einen Seite und Kooperation in sonstiger Weise auf der anderen Seite) auch hinsichtlich der Verlautbarung an Bedeutung.

2.

Als das Charakteristische einer Kooperation bleibt also (in Anlehnung an § 56 Abs. 5 StBerG) übrig, dass Kooperationspartner nicht in ihrer Gemeinschaft (Entität) beauftragt werden, sondern im Einzelfall in jeweils eigener Verantwortung handeln. Aus dieser Selbständigkeit des einzelnen Kooperationspartners ergeben sich Folgen sowohl für die Gestaltung des Innenverhältnisses als auch für die Rechtswirkungen nach außen (dazu im Folgenden zu III.). Kooperationen sind in diesem Sinne Erscheinungsformen einer beruflichen Zusammenarbeit, die die rechtliche Selbständigkeit des jeweiligen Kooperationspartners wahren. Das ist völlig selbstverständlich, soweit es sich um eine Kooperation (Zusammenarbeit) im Einzelfall handelt.[17] Das gilt aber auch für die in diesem Beitrag behandelten verfestigten Kooperationen, also eine verlautbarungsfähige auf Dauer angelegte berufliche Zusammenarbeit selbständiger Einheiten und/oder Personen.

---

15 S. Fußnote 10.
16 *Hellwig* AnwBl. 2016, 776 ff.; *Kilian/Glindemann* BRAK-Mitt 2016, 102, 104 ff.; differenzierend: *Henssler/Deckenbrock* AnwBl. 2016, 2011, 2015.
17 *Henssler/Streck/Graf von Westphalen*, Handbuch Sozietätsrecht, 2. Aufl. 2011 Kap. B Rn. 627, Kap. J Rn. 45.

Indessen kommt dem Begriff »Kooperation« in berufsrechtlicher Hinsicht keine eigenständige Bedeutung mehr zu. Darüber hinaus hat die Regelung in § 8 Satz 2 BORA wegen des in § 8 Satz 1 BORA vorausgesetzten Bezugs zu im früheren Sinne sozietätsfähigen Berufen im Sinne von § 59 a BRAO durch die – teilweise – Verfassungswidrigkeit dieser Regelung seine Bedeutung verloren.

3.

Unklar ist der Rechtsrahmen für das Innenverhältnis der Kooperationspartner. Hierzu heißt es in der Kommentarliteratur,[18] es handele sich um eine Zusammenarbeit, die weniger in gesellschafts- oder arbeitsrechtliche als primär in schuld- und vertragsrechtliche Kategorien eingeordnet werden könne. Eine solche Umschreibung bringt keinen Erkenntnisgewinn. Denn auch gesellschafts- oder arbeitsrechtliche Kategorien sind durchaus schuld- und vertragsrechtliche Kategorien. Der Hinweis auf letzteres benennt also nicht einmal ein Charakteristikum von Kooperationen.

In der Lebenswirklichkeit findet man sehr unterschiedliche Vertragsgestaltungen. Deren Inhalt wird davon geprägt, ob es sich um eine Kooperation mit einem anderen Rechtsanwalt oder einer Rechtsanwaltsgesellschaft handelt oder ob es sich um eine Kooperation mit Dritten handelt. Man findet Elemente des Geschäftsbesorgungsvertrages, des Werkvertrages, aber häufig auch Elemente eines GbR-Gesellschaftsvertrages[19]; im letzten Fall wird dann eine Innengesellschaft begründet.[20] Kooperationen können also insoweit auch gesellschaftsähnliche Züge aufweisen.[21]

Geht man davon aus, dass das derzeitige System von BRAO und BORA im vorgenannten Sinne eine Zweiteilung in Berufsausübungsgesellschaften auf der einen Seite und Kooperationen auf der anderen Seite kennt, wäre der Abschluss eines GbR-Außengesellschaftsvertrages ein Kriterium dafür, dass es sich nicht um eine Kooperation sondern um eine Verbindung zur gemeinschaftlichen Berufsausübung im Sinne von § 59 a Abs. 1 BRAO handelt.

Soweit allerdings angenommen wird, im Falle der Kooperation würden regelmäßig keine gemeinsamen Räume unterhalten und es finde auch keine gemeinsame Organisation des Büros statt[22], gibt es dafür weder tatsächliche Erkenntnisse noch eine rechtliche Begründung, sodass auch eine Bürogemeinschaft Kooperation sein kann (vgl. vorstehend II. 1).

---

18 Z.B. *Feuerich/Weyland/Träger*, BRAO 9. Aufl. 2016, § 8 BORA Rn. 16; *Henssler/Prütting/Prüting*, BRAO, 4. Aufl. 2014, § 8 BORA Rn. 9; BeckOK BORA/*Römermann*, § 8 Rn. 69.
19 *Henssler/Streck/Henssler*, Handbuch Sozietätsrecht, 2. Aufl. 2011, A Rn. 39.
20 BeckOK BORA/*Römermann* § 59 a BRAO Rn. 222.
21 *Henssler/Prütting/Hartung*, BRAO, 4. Aufl. 2014, § 59 a Rn. 172, 173.
22 *Gaier/Wolf/Göcken/Bormann*, Anwaltliches Berufsrecht, 2. Aufl. 2014, § 59 a Rn. 27.

4.

Soweit ersichtlich nicht behandelt ist bisher die Problematik, ob ein Angestellter der Berufsausübungsgesellschaft, der (mangels Ausübung eines sozietätsfähigen Berufs) auch nicht als Scheinpartner auf dem Briefbogen in die Namenszeile aufgenommen werden kann, wenigstens als Kooperationspartner benannt werden darf. Auf erste Sicht könnte dafür sprechen, dass auch eine arbeitsvertragliche Verbindung grundsätzlich eine Verbindung in anderer Weise im Sinne von § 8 Satz 2 BORA sein könnte. Indessen gehört es zum Charakter des Kooperationspartners, dass dieser eine gewisse Selbständigkeit aufweist. Das spricht dafür, in der Eigenschaft als Kooperationspartner einen Gegensatz zu einer arbeitsrechtlichen Weisungsabhängigkeit zu sehen, weil eine Kooperation grundsätzlich auf dem Prinzip der Zusammenarbeit in organisatorischer Eigenständigkeit der Kooperationsmitglieder beruht[23]. Wenn der Dritte ausschließlich weisungsabhängiger Arbeitnehmer der Anwaltsgesellschaft ist, dürfte damit die Verlautbarungsmöglichkeit als Kooperationspartner (auch im Hinblick auf mögliche Irreführungsgefahren) nicht bestehen. Diese Bedenken können zurücktreten, wenn der Dritte neben seiner Tätigkeit als Angestellter der Anwaltsgesellschaft zugleich selbständig (gewerblich) tätig ist. Mangels anwaltsrechtlicher Regelung der Kooperation lässt sich dieses Ergebnis aber nicht unmittelbar aus BRAO oder BORA ableiten. Nur dann, wenn durch die Verlautbarung einer Kooperation mit einem Angestellten relevante rechtliche Fehlvorstellungen des Mandanten erzeugt werden, kommt eine Verpflichtung zur Unterlassung einer solchen Verlautbarung aus § 5 UWG (vgl. dazu nachstehend unter III.) in Betracht.

5.

Aus dem Grundsatz der rechtlichen Selbständigkeit der Kooperationspartner ergeben sich Folgerungen für die Ausgestaltung des Innenverhältnisses. Diese sollte in schriftlicher Form durch eine Kooperationsvereinbarung erfolgen. In dieser Kooperationsvereinbarung sind die wechselseitigen Rechte und Pflichten auch im Hinblick auf das Auftreten gegenüber dem Mandanten oder Auftraggeber zu regeln. Dabei ist es das Typische der Kooperation, dass es zwischen dem Auftraggeber der einzelnen Partner und der Kooperation selbst keine vertraglichen Beziehungen gibt.[24] Für Rechtsanwälte finden sich in der Praxis insbesondere zwei verschiedene Gestaltungen der Abwicklung der Kooperation:[25] Bei der ersten Gestaltung erhält alleine die Rechtsanwaltsseite das Mandat vom Mandanten; in dessen Einverständnis bedient sich die Rechtsanwaltsseite dann des (ggf. nicht anwaltlichen) Kooperationspartners. Die zweite Form besteht darin, dass der Mandant/Auftraggeber mit jedem Kooperationspartner einen eigenen Vertrag abschließt.

---

23 *Peres/Senft/Bitsch/Müller*, Sozietätsrecht, 3. Aufl. 2015, § 39 Rn. 18 (S. 745).
24 *Henssler/Streck/Hartung*, Handbuch Sozietätsrecht, 2. Aufl. 2011 Kap. J Rn. 58.
25 *Henssler/Streck/Hartung*, Handbuch Sozietätsrecht, 2. Aufl. 2011 Kap. J Rn. 12 ff.

Im Rahmen der berufsrechtlichen und wettbewerbsrechtlichen Möglichkeiten verpflichten sich die Kooperationspartner regelmäßig, auf geschäftlichen Verlautbarungen in bestimmter Form auf die Kooperation hinzuweisen.[26] Empfehlenswert können Regelungen sein, die jeden Außenauftritt ausschließen, der den Eindruck einer Berufsausübungsgemeinschaft zwischen den Kooperationspartnern beförderte (Scheingesellschaft).

III. Rechtspflichten der Kooperationspartner

1.

Aus der erforderlichen Abgrenzung zur Begründung einer Verbindung zur gemeinschaftlichen Berufsausübung (vgl. § 8 Satz 2 BORA) wird der Schluss gezogen, eine – zulässige – Kooperation dürfe grundsätzlich nicht den Eindruck eines gesellschaftsrechtlichen Zusammenschlusses erwecken.[27] Nur unter dieser Voraussetzung sollen danach Kooperationen mit nicht sozietätsfähigen Personen möglich und zulässig sein. Daher soll, damit nicht der irreführende Eindruck einer Sozietät erweckt werde, ein besonderer Hinweis erfolgen, indem etwa der Begriff »Kooperation« genutzt wird.[28] Außerdem dürfe nicht der Eindruck erweckt werden, der Kooperationspartner gehöre zu den sonstigen Berufsträgern, sodass eine Aufführung von dessen Namen in der Namensleiste problematisch ist.[29] Selbst eine drucktechnische Trennung der Kooperationspartner von den sonstigen Namen auf dem Briefbogen soll nicht ausreichen, soweit nicht eine weitere Erläuterung, z.B. durch Sternchenfußnote, hinzugefügt wird.[30]

Diese Rechtsauffassungen konnten sich bislang auf die in § 8 BORA rudimentär verbliebene Systematik stützen, die Wert darauf legte, berufliche Zusammenarbeit in sonstiger Weise von gemeinschaftlicher Berufsausübung aufgrund eines Zusammenschlusses zu trennen. Dieser Ansatz zur von § 8 Satz 2 BORA zu verhindernden Irreführungsproblematik hat offenbar seinen Hintergrund in der Annahme, es werde bei nicht hinreichendem Hinweis auf eine bloße Kooperation der unzutreffende Eindruck gegenüber Dritten erweckt, der Kooperationspartner sei z.B. an die strafrechtlich sanktionierte Verschwiegenheitspflicht gebunden und er habe das Recht zur Zeugnisverweigerung und das Privileg des Verbotes der Beschlagnahme. Nach der Entscheidung des BVerfG vom 12.01.2016[31] ist aber eine Partnerschaftsgesellschaft zwischen Ärzten, Apothekern und Rechtsanwälten zulässig. Dann aber kann bei der Beteiligung Dritter das Vertrauen dahingehend, dass jeder genannte Berufsträger

---

26 *Henssler/Streck/Kilian*, a.a.O. Kap. N Rn. 91.
27 *Feuerich/Weyland/Brüggemann*, BRAO 9. Aufl. 2016 § 59 a Rn. 92 ff.
28 *Henssler/Prütting/Prütting*, a.a.O. § 8 BORA Rn. 13.
29 *Hartung/Scharmer/v. Lewinski*, BORA, 6. Aufl. 2016, § 8 Rn. 35.
30 *Hartung/Scharmer/v. Lewinski*, a.a.O. Rn. 34.
31 NJW 2016, 700.

im vorgenannten Sinne berufsrechtlich wie ein Rechtsanwalt verpflichtet ist, nicht mehr ohne weiteres Anlass für eine Fehlvorstellung sein. Da also auch eine berufliche Verbindung zur gemeinsamen Berufsausübung mit nichtsozietätsfähigen Berufen im Sinne von § 59 a BRAO nicht ohne weiteres unzulässig ist,[32] hat § 8 Satz 2 BORA, wie vorstehend zu II. 2. ausgeführt, seine eigenständige Bedeutung verloren. Daraus folgt, dass für die Beurteilung einer Verlautbarung einer Kooperation die allgemeinen wettbewerbsrechtlichen Kriterien der richtige Aufhänger sind. Es geht also im Sinne von § 5 UWG um die Frage, ob ein Auftritt oder eine Verlautbarung die Vornahme einer irreführenden geschäftlichen Handlung ist. Es kommen unterschiedliche Bereiche einer denkbaren Irreführung in Betracht.

Insoweit tragen Elemente des bisherigen Begründungsansatzes weiter. Denn jedenfalls im Rahmen einer gesellschaftsrechtlichen Zusammenarbeit mit Dritten haben die anwaltlichen Berufsträger die Verpflichtung, auch für die Berufsausübungsgemeinschaft die Einhaltung des anwaltlichen Berufsrechts sicherzustellen (vgl. § 33 BORA). Außerdem gilt der Grundsatz, dass sich bei einer beruflichen Zusammenarbeit in Gesellschaftsform (Entität) das jeweils strengste Berufsrecht durchsetzt. Damit bleibt ein Bestand an Vertrauen in die Wahrung aller Berufsrechte, für die im Rahmen einer gesellschaftsrechtlichen Verbindung gesorgt werden kann, die aber bei Bestehen einer bloßen Kooperation nicht in dem selben Maße erwartet werden kann.

Weiterhin darf sich die Verlautbarung der Kooperation zur Vermeidung einer Irreführung nicht mit einer beruflichen Bezeichnung schmücken, die lediglich ein Kooperationspartner aufweisen kann. Wenn die berufliche Qualifikation nur bei diesem gegeben ist (z.B. Steuerberater), darf also nicht der Eindruck erweckt werden, der Anwaltsgesellschaft gehöre ein Partner mit einer solchen Qualifikation an.[33]

Ein anderer Bereich möglicher Irreführung wird darin gesehen, dass bloße Kooperationen (anders als einer Gesellschaft) nicht die selben spezifischen Vorteile für den Mandanten mit sich bringen (z.B. aufeinander abgestimmte Spezialisierung/gegenseitige Vertretung).[34] Auch insoweit ist allerdings der Blick zu schärfen, weil nicht jede Fehlvorstellung tatsächlich oder rechtlich relevant ist.

Von der Frage einer wettbewerbsrechtlich relevanten Irreführung ist vom Ansatz her die Frage zu trennen, ob durch eine inhaltlich unrichtige Verlautbarung die Gefahr der Haftung aller Kooperationspartner aus Rechtsscheingrundsätzen droht.[35] Bekanntlich hatte der Anwaltssenat des BGH[36] angenommen, ein Zusammenschluss von Rechtsanwälten dürfe sich auch dann als Sozietät bezeichnen, wenn es sich nur um eine Scheinsozietät handelt. Der BGH hat es an die Voraussetzung geknüpft, dass die Beauftragung der zusammengeschlossenen Rechtsanwälte den Rechtsverkehr im Wesentlichen die gleichen Vorteile bietet wie die Mandatierung einer echten Sozietät.

---

32 BVerfG NJW 2016, 700, für die PartG.
33 BGH NJW 2003, 346.
34 BeckOK BORA/*Römermann* § 8 BORA Rn. 48.
35 *Feuerich/Weyland/Brüggemann*, BRAO, 9. Aufl. 2016, § 59 a Rn. 98 sowie 12 ff.; *Peres/Senft/Peres*, Sozietätsrecht, 3. Aufl. 2015, § 11 Rn. 11.
36 Urteil vom 12.07.2012, NJW 2012, 3102 mit meiner Anmerkung in NJW 2012, 3550.

Zu diesen Vorteilen hatte der BGH auch die Möglichkeit der gegenseitigen Vertretung gezählt, was im Bereich einer rein anwaltlichen Berufsausübungsgesellschaft immerhin vertretbar ist. Da sich bei einem Scheinpartner (also einem Kooperationspartner, bei dem der Eindruck erweckt wird, er sei Partner) die der Gesellschaft erteilten Mandate grundsätzlich auch auf ihn erstrecken[37] ist es durchaus zweifelhaft, ob eine relevante Irreführung im Fall eines nicht hinreichend als Kooperationspartner bezeichneten Dritten überhaupt vorliegen kann. Das wird erst recht gelten, wenn künftig der Kreis der sozietätsfähigen Berufe erweitert oder eine den bisherigen § 59 a BRAO entsprechende Regelung abgeschafft wird.

Die bislang einhellig vertretene These, eine Kooperation dürfe nicht in einer Weise kundgetan werden, die den Eindruck gemeinschaftlicher Berufsausübung erweckt, weil dadurch die Art der bestehenden Zusammenarbeit falsch und daher irreführend ausgewiesen würde,[38] ist künftig nicht mehr ohne weiteres haltbar. Es wird auf eine in rechtlicher und tatsächlicher Hinsicht relevante Erzeugung einer Fehlvorstellung im Sinne von § 5 UWG ankommen.

2.

Häufig wird angenommen, aus § 33 BORA folge ohne weiteres die Verpflichtung auch des nichtanwaltlichen Kooperationspartners, das Anwaltsrecht zu achten, also die Wahrnehmung widerstreitender Interessen auszuschließen und anwaltliche Tätigkeitsverbote entsprechend § 45, 46 BRAO zu beachten.[39] Für diese Auffassung gab es indessen nie eine Grundlage.

In systematischer Sicht sind zwei verschiedene Pflichtenkreise zu unterscheiden. Das erste Thema behandelt die Frage, ob der nichtanwaltliche Kooperationspartner verpflichtet sein kann, anwaltliche Berufspflichten zu achten. Das zweite Thema ist eine mögliche Verpflichtung des Anwalts, bei seinen Kooperationspartnern etwa Verschwiegenheitspflicht und die Vermeidung der Wahrnehmung widerstreitender Interessen sicherzustellen.

Beide Bereiche sind durch § 33 BROA nicht berührt. § 33 BORA hat ausschließlich den Sinn, Regelungen aus der BORA für Sozietäten auch für andere Rechtsformen der gemeinschaftlichen Berufsausübung Gültigkeit zu verschaffen. Der Wortlaut ist insoweit eindeutig. Die Regelung erfasst nur Vorschriften der Berufsordnung, nicht also Vorschriften der BRAO.[40] Und es geht nur um Rechtsformen der gemeinschaftlichen Berufsausübung,[41] also gerade nicht um eine berufliche Zusammenarbeit in sonstiger Weise im Sinne von § 8 Satz 2 BORA. Für Kooperationen gilt § 33 BORA

---

37 *Feuerich/Weyland/Brüggemann*, BRAO, 9. Aufl. 2016, § 59 a Rn. 32 m.w.M.
38 Vgl. zuletzt *Becker-Eberhard*, AnwBl. 2017, 148, 154.
39 *Henssler/Prütting/Hartung*, BRAO, 4. Aufl. 2014, § 59 a Rn. 178 ff.; *Feuerich/Weyland/Brüggemann*, BRAO, 9. Aufl. 2016, § 59 a Rn. 96; unklar aber *Feuerich/Weyland/Brüggemann*, BRAO, 9. Aufl. 2016, § 33 BORA Rn. 1.
40 *Hartung/Scharmer*, BORA/FAO 6. Aufl. 2016, § 33 Rn. 16.
41 *Hartung/Scharmer*, a.a.O. Rn. 16.

also nicht.⁴² Soweit die BORA (§ 8 Satz 2) für Kooperationen gilt, gilt sie unmittelbar und schafft eine eigene Verpflichtung.⁴³

Also ist für den Bereich der Kooperation zu konstatieren, dass das Verbot der Vertretung widerstreitender Interessen (§§ 43 a Abs. 4 BRAO, 3 Abs. 1 erste Alternative BORA) und Tätigkeitsverbote (§§ 45, 46 BRAO, § 3 Abs. 1 zweite Alternative BORA) nicht für alle Kooperationspartner gelten.⁴⁴

Für die Zusammenarbeit in der Partnerschaftsgesellschaft mit Ärzten und Apothekern hat das BVerfG die Verpflichtung des Anwalts bejaht, dafür zu sorgen, dass auch die anwaltlichen Pflichten von Berufsfremden eingehalten werden.⁴⁵ Diese Verpflichtung knüpft an die eigene Berufspflicht des Rechtsanwalts zur Verschwiegenheit an. Grundsätzlich hat jeder Rechtsanwalt auch im Rahmen von Kooperationen und Netzwerken⁴⁶ die eigenen Berufspflichten (nach § 43 ff BRAO und nach BORA) zu beachten.⁴⁷ Gerade bei Kooperationen mit nichtsozietätsfähigen Partnern besteht z.B. die Pflicht zur Verschwiegenheit (§ 203 Abs. 1 Nr. 3 StGB, § 43 Abs. 2 BRAO und § 2 BORA) auch gegenüber dem Kooperationspartner. Ohne (ausdrückliche oder konkludente) Einwilligung des Mandanten besteht auch innerhalb von Kooperationen und Netzwerken diese Verpflichtung. Daraus folgen zwei Verpflichtungen in unterschiedlichen Richtungen: Einerseits muss der Rechtsanwalt seinen Kooperationspartner zur Verschwiegenheit verpflichten; andererseits hat er die Gestattung des Mandanten zur Einbindung dieses Kooperationspartners einzuholen.⁴⁸

Man mag davon ausgehen können, dass bei Beauftragung einer interprofessionellen Anwaltsgesellschaft die interne Weitergabe mandatsrelevanter Informationen geradezu vorausgesetzt und im Zweifel auch gewollt ist.⁴⁹ Das ist im Rahmen von Kooperationen schon deshalb anders, weil der Mandant nicht eine Entität sondern in der Regel nur den Kooperationspartner (z.B. die Anwaltsgesellschaft) beauftragt.

3.

In haftungsrechtlicher Hinsicht gilt der Grundsatz, dass vertragliche Ansprüche nur im Verhältnis zum jeweiligen Vertragspartner bestehen, sodass ein bloßer Kooperationspartner einem Mandanten nur dann haftet, sollte im Einzelfall gerade auch

---

42 *Henssler/Prütting/Henssler*, BRAO, 4. Aufl. 2014, § 33 BORA Rn. 6; *Henssler/Deckenbrock* DB 2007, 447, 451.
43 *Hartung/Scharmer*, BORA/FAO 6. Aufl. 2016, § 33 Rn. 18.
44 *Henssler/Prütting/Kilian*, BRAO, 4. Aufl. 2014, § 45 Rn. 45; *Riechert* AnwBl. 2017, 198, 199.
45 BVerfG NJW 2016, 700, 702 ff.; *Riechert* AnwBl. 2017, 198, 199.
46 Vgl. dazu *Riechert* AnwBl. 2017, 198 ff.
47 *Henssler/Prütting/Henssler*, BRAO 4. Aufl. 2015, § 43 a Rn. 86.
48 *Henssler/Streck/Graf von Westphalen*, Handbuch Sozietätsrecht, 2. Aufl. 2011, Kap. B Rn. 624.
49 *Riechert* AnwBl. 2017, 198, 199 unter Bezugnahme auf Formulierungen des BVerfG NJW 2016, 700, Rz. 58.

mit ihm ein Vertrag abgeschlossen worden sein.[50] Maßgeblich ist insoweit in erster Linie die Vereinbarung mit dem Mandanten.[51] Setzt der anwaltliche Kooperationspartner seine nichtanwaltlichen Kooperationspartner als Erfüllungsgehilfen im Sinne von § 278 BGB ein, haftet der Anwalt bei einem Verstoß des Kooperationspartners gegenüber seinem Mandanten,[52] hat aber einen internen Regressanspruch.

Im Ergebnis gelten hier die allgemeinen Grundsätze (Schuldrecht, Drittzurechnung, Rechtsschein usw.). Einer berufsrechtlichen Regelung zum Pflichtengefüge des Kooperationspartners bedarf es daher nicht. Auch insoweit ist der Begriff der Kooperation ohne erhebliche rechtliche Bedeutung. Die Verwendung dieses Begriffs mag ein Anzeichen dafür sein, dass zwischen dem Mandant und dem Kooperationspartner nicht ohne weiteres ein eigenes Rechtsverhältnis begründet wird.

IV. Ergebnis

1. Rechtsanwältinnen und Rechtsanwälte dürfen mit anderen Berufen kooperieren.
2. Das Charakteristische einer Kooperation ist eine auf den Einzelfall oder auf Dauer angelegte berufliche Zusammenarbeit selbständiger Einheiten und/oder Personen, der nicht die Annahme gemeinschaftlicher Aufträge zu Grunde liegt und die nicht in Form einer Außengesellschaft betrieben wird (Anlehnung an § 56 Abs. 5 StBerG).
3. Eine ausdrückliche anwaltsrechtliche Regelung zu Möglichkeiten und Grenzen einer Kooperation gibt es nicht.
4. Infolge des Beschlusses des BVerfG vom 12.01.2016 ist (entgegen § 59 a Abs. 1 Satz 1 BRAO) der Kreis sogenannter sozietätsfähiger Berufe wesentliche weiter zu ziehen. Damit verliert die Differenzierung in § 8 BORA ihre Rechtfertigung. Zugleich verliert damit das in § 8 Satz 2 BORA enthaltene Verbot des Eindrucks gemeinschaftlicher Berufsausübung bei anderen Formen der beruflichen Zusammenarbeit seinen inneren Grund.
5. Im Einzelfall kann eine dahingehende Unterlassungspflicht aus § 5 UWG (Irreführung) folgen; die Verlautbarung einer Kooperation darf nicht über rechtlich relevante Tatsachen täuschen.
6. Ein Angestellter der Berufsausübungsgesellschaft, der mangels Ausübung eines sozietätsfähigen Berufs nicht als Scheinpartner auf dem Briefbogen in die Namenszeile aufgenommen werden kann, darf grundsätzlich (zur Vermeidung einer Irreführung) jedenfalls dann nicht als Kooperationspartner geführt werden, wenn der Dritte neben seiner Tätigkeit als Angestellter nicht zugleich selbständig (gewerblich) tätig ist.
7. § 33 BORA ist auf Kooperationen nicht anwendbar.

---

50 *Henssler/Streck/Graf von Westphalen*, Handbuch Sozietätsrecht, 2. Aufl. 2011, Kap. B Rn. 623 ff.
51 *Riechert* AnwBl. 2017, 198, 199.
52 *Henssler/Streck/Graf von Westphalen* a.a.O. Rn. 625.

8. Für die Kooperation gelten weder das Verbot der Vertretung widerstreitender Interessen (§§ 43 a Abs.4 BRAO, 3 Abs. 1 erste Alternative BORA) noch die Tätigkeitsverbote (§§ 45, 46 BRAO, 3 Abs. 1 zweite Alternative BORA).
9. Jede Rechtsanwältin/jeder Rechtsanwalt hat auch im Rahmen von Kooperationen eigene Berufspflichten zu beachten.
10. Erweckt eine bloße Kooperation den Eindruck einer Außengesellschaft, droht die Gefahr der Haftung aller Kooperationspartner nach Rechtsscheingrundsätzen. Jenseits von anderweitig gesetztem Rechtsschein haften die Kooperationspartner nicht als Entität. Es gelten die allgemeinen Grundsätze der Zurechnung (ggf. § 278 BGB).

Plädoyer für einen Datenschutzbeauftragten der Rechtsanwaltschaft

EKKEHART SCHÄFER

Bereits seit vielen Jahren setzt sich die Bundesrechtsanwaltskammer mit Nachdruck für eine unmissverständliche Klarstellung im rechtlichen Spannungsfeld von anwaltlicher Verschwiegenheit und Datenschutz ein. Die ab dem 25. Mai 2018 in allen EU-Mitgliedstaaten unmittelbar geltende Datenschutz-Grundverordnung sollte vom deutschen Gesetzgeber nun endlich zum Anlass genommen werden, eine sektorale Datenschutzkontrolle bei Rechtsanwälten vorzusehen.

I. EINLEITUNG

Die Frage, ob bzw. in welchem Umfang Rechtsanwälte bei ihrer Berufsausübung den Vorgaben des Bundesdatenschutzgesetzes unterliegen, wird bereits seit längerer Zeit kontrovers diskutiert. Da das Gesetz hierzu keine Aussage trifft, beanspruchen sowohl die Datenschutzbehörden als auch die Rechtsanwaltskammern eine datenschutzrechtliche Kontrollbefugnis für die Anwaltschaft für sich. Dieser Zustand großer Rechtsunsicherheit belastet die alltägliche Praxis der Rechtsanwälte, für die als Organ der Rechtspflege die Einhaltung der berufsrechtlichen und strafrechtlich sanktionierten Verschwiegenheitspflicht eine ganz besondere Rolle spielt.

Mit dem vom Deutschen Bundestag am 27.04.2017 verabschiedeten Gesetz zur Anpassung des Datenschutzrechts an die Verordnung (EU)2016/679[1] und zur Umsetzung der Richtlinie (EU)2016/680[2] (Datenschutz-Anpassungs-und-Umsetzungsgesetz EU-DSAnpUG-EU)[3] sieht der Gesetzgeber zwar einige Besonderheiten für Berufsgeheimnisträger vor. Eine der anwaltlichen Verschwiegenheitspflicht umfassend gerecht werdende Lösung kann aber ausschließlich mit der Einführung eines unabhängigen sektoralen Datenschutzbeauftragten der Rechtsanwaltschaft geschaffen werden.

Die Bundesrechtsanwaltskammer hat deshalb einen eigenen konkreten Vorschlag zur Änderung der Bundesrechtsanwaltsordnung[4] erarbeitet.

---

1 Amtsblatt der Europäischen Union vom 04.05. 2016, L 119/1.
2 Amtsblatt der Europäischen Union vom 04.05. 2016, L 119/89.
3 BT-Drs. 18/11325.
4 Vgl. hierzu bereits die BRAK-Stellungnahme 41/2016.

II. Der Meinungsstand

Die Datenschutzbehörden beanspruchen eine Kontrollkompetenz über die Anwaltschaft auf dem Gebiet der gesamten anwaltlichen, insbesondere auch der mandatsbezogenen Datenverarbeitung für sich selbst.

Mit Beschluss vom 08./09.11.2007 hat der so genannte »Düsseldorfer Kreis«[5] ausdrücklich begrüßt, dass die Bundesregierung in ihrer damaligen Stellungnahme zum 21. Tätigkeitsbericht des Bundesbeauftragten für den Datenschutz und die Informationsfreiheit[6] erklärt hat, dass die Erhebung und Verwendung personenbezogener – auch mandatsbezogener – Daten durch Rechtsanwälte den Vorschriften des Bundesdatenschutzgesetzes unterliegt und dass die Aufsichtsbehörden der Länder zuständig sind, die Datenschutzkontrolle durchzuführen. Der Düsseldorfer Kreis sah darin die Bestätigung seiner Auffassung, dass das BDSG auch hinsichtlich mandatsbezogener Daten auf Rechtsanwälte anwendbar ist. In der BRAO befänden sich zum Datenschutzrecht lediglich punktuelle Regelungen in § 43a Abs. 2 und § 50 BRAO. Die Vorschriften des BDSG würden aber gemäß § 1 Abs. 3 BDSG lediglich insoweit zurücktreten, als bereichsspezifische Datenschutzvorschriften bestehen. Durch das anwaltliche Berufsgeheimnis würden die Informationsrechte der Aufsichtsbehörden nach § 38 BDSG (a.F.) in Verbindung mit § 24 Abs. 6 und 2 BDSG (a.F.) nicht eingeschränkt.[7] Im Ergebnis wird damit argumentiert, dass Rechtsanwälte nicht anders zu behandeln seien als jeder andere Berufszweig und als jede andere Gruppe von Freiberuflern.[8] Dementsprechend gehöre die Fremdkontrolle der anwaltlichen Datenverarbeitung der Kontrollbefugnis der Aufsichtsbehörden für den nichtöffentlichen Sektor datenverarbeitender Stellen im Sinne des § 38 BDSG (a.F.) an. Eine Befugnis der Rechtsanwaltskammern hierfür sei hingegen abzulehnen. Den Rechtsanwaltskammern fehle zudem das entsprechende know-how und »adäquate Verfahren zur Durchsetzung des Daten- und damit des Probantenschutzes«.[9]

Demgegenüber vertritt die Bundesrechtsanwaltskammer bereits seit jeher die Rechtsauffassung, dass die Kontrollbefugnis jedenfalls im Hinblick auf die mandatsbezogene Datenverarbeitung bei den regionalen Rechtsanwaltskammern liegt. Den Kammern obliege die umfassende berufliche Aufsicht auch über alle datenschutz-

---

5 Der Düsseldorfer Kreis war bis 2013 eine informelle Vereinigung der obersten Aufsichtsbehörden, die in Deutschland die Einhaltung des Datenschutzes im nichtöffentlichen Bereich überwachen. Seit 2013 dient der Düsseldorfern Kreis in der Konferenz der unabhängigen Datenschutzbehörden des Bundes und der Länder der Kommunikation, Kooperation und Koordinierung der Aufsichtsbehörden im nichtöffentlichen Bereich.
6 Dieser Tätigkeitsbericht (2005/2006) findet sich unter: https://www.bfdi.bund.de/SharedDocs/Publikationen/Taetigkeitsberichte/TB_BfDI/21TB_05_06.html (letzter Abruf: 09.05.2017)
7 Eine ausführliche Stellungnahme des unabhängigen Landeszentrums für Datenschutz Schleswig-Holstein zu Fragen personenbezogener Datenverarbeitung durch Rechtsanwälte findet sich im Internet unter: https://www.datenschutzzentrum.de/wirtschaft/stellungnahme_brak.htm (letzter Abruf: 09.05.2017).
8 Vgl. etwa *Weichert*, Datenschutz auch bei Anwälten?, NJW 2009, 550 (552).
9 Vgl. auch insofern *Weichert*, Datenschutz auch bei Anwälten?, NJW 2009, 550 (552).

rechtlichen Belange ihrer Kammermitglieder.[10] Es entspreche dem Berufsbild der freien Advokatur, dass die Kontrolle nicht von einer staatlichen Behörde, sondern im Rahmen der Selbstverwaltung durchgeführt wird. Nur durch die ausschließliche Kontrollbefugnis der Kammern werde außerdem das Mandatsgeheimnis umfassend geschützt.[11]

Die Bundesrechtsanwaltskammer hat sich beispielsweise im Zusammenhang mit der Frage der Bestellung eines Beauftragten für Datenschutz in Rechtsanwaltskanzleien näher mit dem Verhältnis des Berufsrechts zum Bundesdatenschutzgesetz befasst.[12] Sie vertritt die Auffassung, dass Rechtsanwälte bezüglich ihrer mandatsbezogenen Informationsverarbeitung nicht verpflichtet sind, einen Beauftragten für Datenschutz zu bestellen. Die §§ 4 f, 4g BDSG (a.F.) seien gegenüber dem anwaltlichen Berufsrecht, welches einen Beauftragten für Datenschutz nicht vorsieht, nicht subsidiär. Dies entspreche dem nach der Bundesrechtsanwaltsordnung durch Unabhängigkeit, Interessenvertretung und Verschwiegenheit geprägten Berufsbild des Rechtsanwalts. Zwar eröffne das BDSG die Möglichkeit, auch eine »Person außerhalb der verantwortlichen Stelle« auszuwählen. Doch nach geltendem Berufsrecht würde sich daraus ein nicht auflösbarer Konflikt mit dem Berufsgeheimnis ergeben. Die mandatsbezogene – und überwiegend personenbezogene – Datenverarbeitung des Rechtsanwalts sei durch die ihm aufgetragene Interessenvertretung gekennzeichnet. Diese mache einen entsprechend gesteuerten Informationsumgang erforderlich, welcher allgemein eingegrenzt durch das Sachlichkeitsgebot und die Wahrheitspflicht sowie in besonderer Weise durch die Wahrung des Berufsgeheimnisses geprägt wird. Letzteres bleibe, so viel sei im BDSG ausdrücklich festgelegt, vom Datenschutzrecht »unberührt« (vgl. § 1 Abs. 3 Satz 2 (a.F.)). Dabei unterscheide sich das Berufsgeheimnis in seiner Struktur wesentlich vom Schutz des Rechts auf informationelle Selbstbestimmung derjenigen Personen, die durch die gespeicherten bzw. verarbeiteten Daten von deren Inhalt her betroffen sind. Schon im Ausgangspunkt räume das Berufsrecht dem Mandanten als Herrn des Geheimnisses eine viel gewichtigere Stellung ein als Dritten, auf deren Person sich vom Rechtsanwalt verarbeitete Daten beziehen.

Bereits in der – in der Schriftenreihe der Bundesrechtsanwaltskammer als Band 9 erschienenen – Untersuchung »Freie Advokatur, anwaltliche Informationsverarbeitung und Datenschutzrecht«[13] ist der damalige Vorsitzende des Ausschusses Datenschutzrecht bei der Bundesrechtsanwaltskammer Rüpke zu dem Ergebnis gekommen, dass die Anwendung des BDSG in Ansehung mandatsbezogener Informationsverarbeitung des Rechtsanwalts verfassungswidrig ist. Dies sei nicht allein aus Art. 12 GG abzuleiten, sondern insbesondere aus Art. 5 GG, also aus der Gewährleistung der Rede-, Meinungs- und Informationsfreiheit. Näheres ergebe sich aus der Recht-

---

10 BRAK, Presseerklärung Nr. 28 vom 28.09.2006.
11 BRAK-Ausschuss Datenschutzrecht, Entwurf zur informationsrechtlichen Ergänzung der BRAO, BRAK-Mitt. 1997, 16 (23).
12 BRAK-Stellungnahme 2004/31 und BRAK-Stellungnahme 2005/10.
13 *Rüpke*, Freie Advokatur, anwaltliche Informationsverarbeitung und Datenschutzrecht, 1995, C.H. Beck Verlag, München.

sprechung des Bundesverfassungsgerichts zum Schutz von »Beiträgen zum geistigen Meinungskampf« seitens des Rechtsanwalts im System der Rechtspflege. Das Datenverarbeitungsverbot mit gesetzlichem Erlaubnisvorbehalt sowie die im BDSG überwiegend aufgestellte Zulässigkeitsvoraussetzung der Erforderlichkeit der jeweiligen Verarbeitung würden den vom Bundesverfassungsgericht zu Art. 5 GG entwickelten Kriterien nicht gerecht. Weiterhin verstoßen nach Auffassung des Autors die etwaigen Betretungs- und Prüfungsrechte der datenschutzrechtlichen Aufsichtsbehörden nach § 38 BDSG (a.F.) in Ansehung von Anwaltspraxen gegen Art. 13 GG.

Zum Zwecke einer gesetzgeberischen Verdeutlichung der Stellung der Rechtsanwaltskammern als »sektorale Datenschutzkontrollstellen«[14] hat die Bundesrechtsanwaltskammer bereits vor zwanzig Jahren erste Vorschläge zur informationsrechtlichen Ergänzung und Änderung der BRAO[15] erarbeitet, die stetig aktualisiert worden sind.

Auch in der berufsrechtlichen Literatur spricht sich die Mehrheit[16] für eine subsidiäre Geltung des Bundesdatenschutzgesetzes gegenüber der anwaltlichen Verschwiegenheitspflicht aus; jedenfalls soweit es um Mandantengeheimnisse geht.

III. DIE RECHTSPRECHUNG

In einem viel beachteten Beschluss hat das KG Berlin[17] klargestellt, dass sich aus der Kontrollpflicht der Datenschutzbehörde keine gesetzliche Verpflichtung des Rechtsanwalts zur Weitergabe mandatsbezogener Informationen an den Datenschutzbeauftragten ergibt.

In die Hauptverhandlung eines Strafverfahrens hatte ein Rechtsanwalt als Verteidiger einem Zeugen dessen Schreiben an seinen Vermieter sowie eine von diesem im Zusammenhang mit dem Abschluss des Mietvertrags abgegebene Selbstauskunft vorgehalten. Nachdem sich der Zeuge beim Berliner Datenschutzbeauftragten beschwert hatte, forderte dieser den Rechtsanwalt auf zu offenbaren, wie er in den Besitz der Briefe gekommen ist. Dies verweigerte der Rechtsanwalt unter Berufung auf seine berufliche Verschwiegenheitspflicht nach § 203 StGB, da sein Mandant ihn nicht entbunden hatte. Auch dem anschließenden förmlichen Begehren des Datenschutzbeauftragten nach § 38 Abs. 3 BDSG (a.F.) kam der Rechtsanwalt nicht nach. Daraufhin verhängte dieser ein Bußgeld in Höhe von 3.000 Euro. Die Vorinstanz,

---

14 Vgl. zu diesem Begriff BRAK-Ausschuss Datenschutzrecht, Stellungnahme Nr. 30/2012, S. 4.
15 BRAK-Ausschuss Datenschutzrecht, Entwurf zur informationsrechtlichen Ergänzung der BRAO, BRAK-Mitt. 1997, 16 (23).
16 Vgl. insofern etwa *Hartung* in Hartung/Scharmer, BORA/FAO, 6. Auflage, 2016, § 2 BORA, Rdnr. 88 und *Henssler* in Henssler/Prütting, BRAO, 4. Auflage 2014, § 43a Rdnr. 120. Eine gegenteilige Auffassung vertritt *Zuck* in Gaier/Wolf/Göcken, Anwaltliches Berufsrecht, 2. Auflage, 2014, § 43a BRAO/§ 2 BORA Rdnr. 30.
17 NJW 2011, 324.

das AG Tiergarten, hatte den Rechtsanwalt von dem behaupteten Verstoß gegen § 43 Abs. 1 Nr. 10 BDSG (a.F.) freigesprochen.

Das KG betonte, dass die festgestellte Auskunftsverweigerung des Rechtsanwalts nicht bußgeldbewehrt ist. Zu Unrecht sei die Datenschutzbehörde davon ausgegangen, dass in diesem Fall § 1 Abs. 3 Satz 2 BDSG (a.F.) einschlägig ist. Nach dieser Vorschrift bleibt unter anderem die Verpflichtung zur Wahrung gesetzlicher Geheimhaltungspflichten »unberührt«. Danach schließen andere gesetzliche Vorschriften die Anwendung des BDSG aus, wenn sie derartige Geheimhaltungspflichten zum Gegenstand haben und den davon betroffenen Personenkreis weitergehend als im BDSG schützen. Eine solche Verschwiegenheitspflicht des Rechtsanwalts, die sich auf alles bezieht, was ihm in Ausübung seines Berufs bekannt geworden ist, ergebe sich aus § 43a Abs. 2 BRAO. Diese Schweigepflicht wird nach Auffassung des KG nicht durch § 24 Abs. 1 Satz 1 Nr. 2 BDSG (a.F.) außer Kraft gesetzt, da diese Regelung nur den Bereich der öffentlichen Stellen betrifft. Nach § 38 Abs. 3 Satz 1 BDSG (a.F.), auf den sich die Bußgeldbehörde beruft, haben die der Aufsicht unterliegenden Stellen den Datenschutzbeauftragten zwar auf Verlangen die zur Erfüllung seiner Aufgaben erforderlichen Auskünfte zu erteilen. Nach Satz 2 dieser Vorschrift kann der Auskunftspflichtige jedoch die Beantwortung dieser Fragen verweigern, mit der er sich der Gefahr einer strafrechtlichen Verfolgung aussetzt. Dies sei hier wegen § 203 StGB der Fall. Aus der Kontrollpflicht der Datenschutzbehörde ergebe sich mithin keine gesetzliche Befugnis (oder gar Verpflichtung) des Rechtsanwalts zur Weitergabe mandatsbezogener Informationen an den Datenschutzbeauftragten.

IV. Die Aktivitäten der Bundesrechtsanwaltskammer auf Europäischer Ebene

Im Stadium des Aushandelns der Datenschutz-Grundverordnung auf europäischer Ebene hat sich die Bundesrechtsanwaltskammer von Anbeginn sehr intensiv für einen lückenlosen besonderen Schutz der Verschwiegenheitspflicht aller europäischen Rechtsanwältinnen und Rechtsanwälte ausgesprochen. Auf Grund der besonderen Bedeutung der anwaltlichen Verschwiegenheitspflicht für das Vertrauensverhältnis zwischen Rechtsanwalt und Mandant wurde ein besonderer Schutz vor staatlichen Eingriffen eingefordert.

In ihren Gesprächen und Stellungnahmen[18] betonte die Bundesrechtsanwaltskammer insbesondere, dass das Institut der Verschwiegenheitspflicht nicht den Interessen der Anwaltschaft diene, sondern den Mandanten schütze. Seine Aufweichung oder Durchbrechung führe dazu, dass Mandanten sich ihren anwaltlichen Vertretern nicht mehr uneingeschränkt anvertrauen können. Rechtsanwälte könnten dann die Interessen ihrer Mandanten weder gegenüber privaten Dritten noch gegenüber Behörden, Gerichten oder anderen staatlichen Organisationen sachgerecht vertreten.

---

18 Vgl. etwa BRAK-Stellungnahme Nr. 25/2013.

Damit werde durch die anwaltliche Verschwiegenheitspflicht nicht nur das Individualinteresse des Mandanten, sondern auch das Interesse der Allgemeinheit an einer geordneten Rechtspflege geschützt. Beides könne jedoch nur aufrechterhalten werden, wenn sichergestellt ist, dass staatliche Eingriffe in den Vertrauensbereich Anwalt/Mandant ausgeschlossen sind. Dieser Aufgabe könne sich kein Staat, der sich einer freiheitlich-demokratischen Rechtsordnung verpflichtet sieht, entziehen. Vor diesem Hintergrund hat sich die Bundesrechtsanwaltskammer auch in diesem Kontext für eine sektorale Kontrollstelle für Berufsgeheimnisträger eingesetzt.

Folgende Regelung wurde daher von der Bundesrechtsanwaltskammer vorgeschlagen: »*Soweit für die Berufsaufsicht von Berufsgeheimnisträgern zum Zeitpunkt des In-Kraft-Tretens dieser Verordnung zuständige Stellen bestehen, können diese die Aufsichtsbehörden errichten.*«[19] Die Bundesrechtsanwaltskammer stellte klar, dass die Einführung einer sektoralen Datenschutzkontrollstelle für Berufsgeheimnisträger, insbesondere für die Anwaltschaft, den besonderen europarechtlichen Anforderungen, die für Rechtsanwälte zu beachten sind, gerecht werde und im Einklang mit den anderen Vorschriften der Datenschutz-Grundverordnung stehe.

V. Die Neuregelung durch das Datenschutz- Anpassungs- und -Umsetzungsgesetz

Mit dem vom Deutschen Bundestag am 27.04.2017 verabschiedeten Gesetz zur Anpassung des Datenschutzrechts an die Verordnung (EU) 2016/679 und zur Umsetzung der Richtlinie (EU) 2016/680 (Datenschutz-Anpassungs-und-Umsetzungsgesetz EU-DSAnpUG-EU)[20] ist mit § 29 BDSG (neu) eine Regelung aufgenommen worden, die eine eigenständige Vorschrift zu den Rechten der betroffenen Personen und aufsichtsbehördlichen Befugnissen im Fall von Geheimhaltungspflichten vorsieht. Im Vergleich zum ursprünglichen Referentenentwurf ist die Regelung in Bezug auf die Einschränkung der Rechte der betroffenen Personen im Fall von Geheimhaltungspflichten grundlegend überarbeitet worden. Einige Kritikpunkte der Verbände sind dabei berücksichtigt worden.

§ 29 BDSG (neu) stellt klar, dass die Pflicht zur Information gemäß Art. 14 Abs. 1 bis 4 der Datenschutz-Grundverordnung ergänzend zu den in Art. 14 Abs. 5 der Verordnung genannten Ausnahmen nicht gilt, soweit durch ihre Erfüllung Informationen offenbart würden, die ihrem Wesen nach insbesondere wegen der überwiegenden berechtigten Interessen eines Dritten geheim gehalten werden müssen.

Auch das Recht auf Auskunft der betroffenen Personen gemäß Art. 15 der Verordnung besteht nicht, soweit durch die Auskunft Informationen offenbart würden, die nach einer Rechtsvorschrift oder ihrem Wesen nach, insbesondere wegen der überwiegenden berechtigten Interessen eines Dritten, geheim gehalten werden müssen.

---

19 BRAK-Stellungnahmen Nr. 30/2012 und Nr. 25/2013.
20 BT-Drs. 18/11325.

Die Pflicht zur Benachrichtigung gemäß Art. 34 der Verordnung besteht ergänzend zu der in Art. 34 Abs. 3 der Verordnung genannten Ausnahme nicht, soweit durch die Benachrichtigung Informationen offenbart würden, die nach einer Rechtsvorschrift oder ihrem Wesen nach, insbesondere wegen der überwiegenden berechtigten Interessen eines Dritten, geheim gehalten werden müssen. Abweichend von der Ausnahme nach Satz 3 ist die betroffene Person nach Art. 34 der Verordnung zu benachrichtigen, wenn die Interessen der betroffenen Person, insbesondere unter Berücksichtigung drohender Schäden, gegenüber dem Geheimhaltungsinteresse überwiegen.

Werden Daten Dritter im Zuge der Aufnahme oder im Rahmen eines Mandatsverhältnisses an einen Berufsgeheimnisträger übermittelt, so besteht die Pflicht der übermittelnden Stelle zur Information der betroffenen Person gemäß Art. 13 Abs. 3 der Verordnung nicht, sofern nicht das Interesse der betroffenen Person an der Informationserteilung überwiegt.

Gegenüber den in § 203 Abs. 1, 2a und 3 des StGB genannten Personen oder deren Auftragsverarbeitern bestehen schließlich die Untersuchungsbefugnisse der Aufsichtsbehörden gemäß Art. 58 Abs. 1 lit. e) und f) der Verordnung nicht, soweit die Inanspruchnahme der Befugnisse zu einem Verstoß gegen die Geheimhaltungspflichten dieser Personen führen würde.

Erlangt eine Aufsichtsbehörde im Rahmen einer Untersuchung Kenntnis von Daten, die einer Geheimhaltungspflicht im Sinne des Satzes 1 unterliegen, gilt die Geheimhaltungspflicht auch für die Aufsichtsbehörde.

Dass der deutsche Gesetzgeber eine eigene Vorschrift zu den besonderen Geheimhaltungspflichten von Berufsgeheimnisträgern geschaffen hat, ist grundsätzlich positiv zu bewerten. Die Vorschrift des § 29 BDSG führt auch allgemein unbestritten zu einem verbesserten Schutz des Mandatsgeheimnisses. Gleichwohl schafft es diese neue Regelung nicht, der anwaltlichen Verschwiegenheitspflicht hinreichend Rechnung zu tragen.

Da die Verschwiegenheitspflicht durch jedwede Form des Zugriffs oder Zugangs der Aufsichtsbehörde verletzt zu werden droht, kann sinnvollerweise lediglich eine komplette Beschränkung der Befugnisse der Landesdatenschutzbeauftragten in Betracht kommen. Die Vertraulichkeit mandatsbezogener Kommunikation muss uneingeschränkt gewährleistet sein. Die Persönlichkeitsrechte der Mandanten und die Institution einer freien und unabhängigen Anwaltschaft sind gefährdet, wenn sie staatlicher Kontrolle ausgesetzt sind. Das gilt auch, wenn es sich bei den Kontrollorganen um Datenschutzaufsichtsbehörden handelt. Der wohl durchdachte Sinn und Zweck des Datenschutzrechts wird ad absurdum geführt, wenn jede Rechtsanwaltskanzlei verdachtsunabhängig kontrolliert und mit Meldeauflagen, Datenverarbeitungsverboten sowie Bußgeldern belegt werden kann.

Bereits der Blick des staatlichen Datenschutzbeauftragten in den Aktenschrank eines Rechtsanwalts kann unmittelbar das Mandatsgeheimnis brechen. Eine nachträgliche Abwägungsentscheidung, welches Material der Datenschutzbeauftragte in die eigentliche datenschutzrechtliche Prüfung einbeziehen darf und welches nicht, vermag die Pflichtverletzung des Rechtsanwalts jedenfalls nicht mehr zu heilen. Der Rechtsanwalt, der einen Datenschutzbeauftragten vor seiner Kanzleitür stehen hat, hat damit lediglich noch die Wahl zwischen Pest und Cholera. Er kann Sanktionen durch die Datenschutzbehörden in Kauf nehmen, weil er keine Kontrolle ermöglicht, oder berufs- und strafrechtliche Sanktionen, weil er das Mandatsgeheimnis verletzt. Dass dieser Sachverhalt kein rein theoretisches Konstrukt ist, zeigt der vom KG entschiedene Fall.[21] Der Berliner Beauftragte für Datenschutz und Informationsfreiheit hatte wie oben beschrieben Rechtsanwälte mittels Bußgeldbescheid zum (strafbaren!) Bruch des Mandatsgeheimnisses zwingen wollen. Erst das KG griff seinerzeit korrigierend ein.

Mit ihrem Plädoyer für die Einführung eines Datenschutzbeauftragten der Rechtsanwaltschaft[22] wendet sich die Bundesrechtsanwaltskammer weder gegen Datenschutz in Anwaltskanzleien, noch möchte sie Rechtsanwälte einer effektiven Kontrolle entziehen. Ein effektiver Datenschutz[23] ist auch – und gerade – im Mandatsverhältnis unabdingbar. Allerdings zählen Vertraulichkeit und Verschwiegenheit zu den unverzichtbaren Grundwerten der Anwaltschaft. Personenbezogene Datenverarbeitung im Anwaltsmandat muss daher nicht allein das allgemeine Datenschutzrecht, sondern auch das anwaltliche Berufsrecht beachten. Eine Datenschutzkontrolle von Rechtsanwaltskanzleien muss diese ganz spezielle Bindung respektieren. Für diese Aufgabe könnte niemand besser geeignet sein als eine aus der Anwaltschaft kommende und die Besonderheiten anwaltlicher Arbeit aus eigener Erfahrung kennende Person. Nur so wird eine effektive und zugleich berufsrechtskompatible Umsetzung des Datenschutzrechts überhaupt ermöglicht.

VI. Vorschlag zur Einführung eines Datenschutzbeauftragten der Rechtsanwaltschaft

Nicht nur die EU-Datenschutz-Grundverordnung[24], die ab dem 25.05.2018 unmittelbar geltendes Recht in allen Mitgliedstaaten der Europäischen Union sein wird, sondern auch das neu geschaffene deutsche Bundesdatenschutzgesetz lassen bereichsspezifische Regelungen zu, die angesichts der besonderen Situation von Berufsgeheimnisträgern geboten sind.

In Deutschland gibt es neben der Bundesdatenschutzbeauftragten mit ihrer Spezialzuständigkeit nach dem TKG und den Landesdatenschutzbeauftragten auch sekto-

---

21 KG, NJW 2011, 324.
22 Vgl. hierzu näher unter III.
23 Der Schutz personenbezogener Daten genießt Verfassungsrang. Er ist Voraussetzung freier Persönlichkeitsentfaltung und deshalb vom BVerfG aus Art. 1 Abs. 1 (Schutz der Menschenwürde) sowie Art. 2 Abs. 1 (Schutz der allgemeinen Handlungsfreiheit) des Grundgesetzes abgeleitet worden (hierzu grundlegend: BVerfGE 65, 1 ff. –Volkszählungsurteil).
24 Amtsblatt der Europäischen Union vom 04.05. 2016, L 119/1.

rale Datenschutzkontrollinstitutionen wie kirchliche Datenschutzbeauftragte[25] oder die Datenschutzbeauftragten der öffentlich-rechtlichen Rundfunkanstalten[26]. Die Bundesrechtsanwaltskammer schlägt vor, auch einen bereichsspezifischen Datenschutzbeauftragten für die Anwaltschaft zu schaffen.[27]

Eine staatliche Datenschutzaufsicht, die den verfassungsrechtlich geschützten Besonderheiten des anwaltlichen Mandats nicht hinreichend gerecht wird, gefährdet sowohl die informationelle Selbstbestimmung als auch das rechtsstaatliche Privileg geschützter Kommunikation zwischen Rechtsanwalt und Mandant. Durch rechtswidrige Maßnahmen der staatlichen Datenschutzaufsichtsbehörden drohen irreparable Schäden für die konkret betroffenen Mandanten. Es liegt auf der Hand, dass bei rechtswidrigem Auskunftsverlangen einer Datenschutzaufsichtsbehörde nicht in sämtlichen Fällen gerichtliche Entscheidungen herbeigeführt werden. Dem bereits zitierten Beschluss des KG[28] lag zugrunde, dass in anderen Fällen der dort mandatierte Rechtsanwalt unter Inkaufnahme eines erheblichen persönlichen Risikos seine Verfolgung durch die staatliche Datenschutzaufsichtsbehörde erduldete (und nicht durch die Erteilung der geforderten Auskunft auswich), letztlich ein Bußgeld gegen sich verhängen ließ und hiergegen rechtliche Schritte einleitete. Offensichtlich besteht nicht nur eine theoretische Möglichkeit, sondern eine erhebliche Wahrscheinlichkeit dafür, dass fehlerhafte und rechtswidrige Auskunftsverlangen der allgemeinen Datenschutzaufsichtsbehörden erfüllt und damit im konkreten Fall letztlich sogar strafbare Verletzungen des Mandatsgeheimnisses staatlich initiiert werden.

Darüber hinaus ist evident, dass für den besonderen Bereich des Mandatsgeheimnisses, der traditionell durch berufsrechtliche Sanktionen, Verfahren und Instanzen durch strafrechtliche Instrumente geschützt ist, das Eingreifen staatlicher Kontrollbehörden das Mandatsgeheimnis entwertet. Entscheidend ist insoweit allein die Wahrnehmung auf Seiten der Mandanten. Die absolute Vertraulichkeit mandatsbezogener Kommunikation erscheint für den Mandanten selbstverständlich gefährdet, wenn die Datenverarbeitungsvorgänge beim Rechtsanwalt staatlicher Kontrolle unterliegen. Die Unantastbarkeit anwaltlicher Kommunikation war und ist stets ein das Berufsbild prägender Kernbereich anwaltlicher Tätigkeit. Das anwaltliche Mandat wird auch nicht erst dann beeinträchtigt, wenn der Mandant weiß, dass seine Kommunikation mit dem Rechtsanwalt staatlich überwacht ist. Das Anwaltsmandat verändert sich bereits in dem Moment, in dem ein Mandant befürchtet, seine Kom-

---

25 Für die Evangelische Kirche in Deutschland und die Gliedkirchen besteht die Verpflichtung, für ihren Bereich Beauftragte für den Datenschutz zu bestellen (vgl. § 18 Abs. 1 DSG-EKD). Auch die katholische Kirche hat für den Bereich des Erzbistums einen Diözesandatenschutzbeauftragten zu bestellen (vgl. § 16 Abs. 1 KDO).
26 Der öffentlich-rechtliche Rundfunk besteht aus den Landesfunkanstalten des SWR, BR, SR MDR, rbb, hr, WDR und NDR. Ferner betreibt der Bund die Deutsche Welle als Auslandsrundfunk, sowie das Deutschlandradio.
27 Für eine umfassende Übertragung der Kontrollbefugnisse auf die Rechtsanwaltskammern hatte sich bereits *König* in seiner Dissertation »Sektorale Datenschutzkontrolle bei Rechtsanwälten« ausgesprochen (BRAK-Schriftenreihe, Band 21, 2015).
28 KG, NJW 2011, 324.

munikation mit dem Rechtsanwalt könne staatlicher Überwachung unterliegen. Dies gilt umso mehr, wenn Mandanten gegen staatliche Eingriffe vorgehen wollen. Der Mandant wird dann seinen Informationsaustausch mit dem Rechtsanwalt inhaltlich verändern, regelmäßig sogar verringern.

Daraus ergeben sich offensichtlich unerträgliche Folgen für eine umfassende und effiziente anwaltliche Beratung und Vertretung. Das vom Mandanten empfundene Risiko staatlicher Kommunikationsüberwachung resultiert ohne Weiteres daraus, dass nach derzeitiger Auffassung der staatlichen Datenschutzaufsichtsbehörden eine Kontrollzuständigkeit existiert, deren genaue Reichweite umstritten bleibt. Erschwerend kommt hinzu, dass die staatlichen Aufsichtsbehörden für sich reklamieren, darüber entscheiden zu können, was unter das Anwaltsgeheimnis fällt und was nicht. Vor diesem Hintergrund geht auch die von § 29 BDSG (neu) vorgesehene Verpflichtung staatlicher Aufsichtsbehörden, Berufsgeheimnisse zu wahren, letztlich ins Leere.

Die Bundesrechtsanwaltskammer schlägt daher folgende Änderung der Bundesrechtsanwaltsordnung[29] vor:

§ 191g BRAO

Datenschutzbeauftragter der Rechtsanwaltschaft

(1) Der Datenschutzbeauftragte der Rechtsanwaltschaft ist für alle Mitglieder der Rechtsanwaltskammern die datenschutzrechtliche Kontrollstelle entsprechend den europarechtlichen Vorgaben. Die Kontrolle erstreckt sich auf alle datenschutzrechtlichen Vorschriften einschließlich derer im Bereich der Telemedien und Telekommunikation; auch insoweit tritt er an Stelle anderer Kontrollstellen. Für ihn gelten die für Kontrollstellen gesetzlich vorgesehenen Aufgaben sowie Rechte und Pflichten einschließlich der Zeugnisverweigerungsrechte. Er kann Bußgelder entsprechend den Bestimmungen des Bundesdatenschutzgesetzes erheben.

(2) Der Datenschutzbeauftragte der Rechtsanwaltschaft kann Maßnahmen zur Gewährleistung der Einhaltung datenschutzrechtlicher Vorschriften anordnen. Soweit damit auch berufsrechtliche Regelungen getroffen werden müssen, unterrichtet er die Rechtsanwaltskammern, damit diese tätig werden. Für individuell zurechenbare Amtshandlungen können nach Maßgabe einer von der Satzungsversammlung genehmigten Verordnung Gebühren und Auslagen festgesetzt werden.

(3) Der Datenschutzbeauftragte der Rechtsanwaltschaft wird bei der Bundesrechtsanwaltskammer eingerichtet und ist in Ausübung des Amtes völlig unabhängig, nur dem Gesetz unterworfen und unterliegt keiner Rechts-, Fach- oder Dienstaufsicht. Ihm ist die für die Erfüllung der Aufgaben notwendige Personal- und Sachausstattung zur Verfügung zu stellen.

(4) Die Satzungsversammlung der Bunderechtsanwaltskammer wählt mit Zustimmung der Hauptversammlung einen Datenschutzbeauftragten der Rechtsanwaltschaft. Der Datenschutzbeauftragte der Rechtsanwaltschaft muss eine mindestens fünfjährige Berufserfahrung als Rechtsanwalt besitzen.

(5) Die Amtszeit beträgt fünf Jahre; eine Wiederwahl ist einmalig zulässig.

---

29 Vgl. hierzu auch BRAK-Stellungnahme 2016/41.

(6) Der Datenschutzbeauftragte der Rechtsanwaltschaft bestellt mit Zustimmung der Satzungsversammlung und der Hauptversammlung einen Vertreter.

(7) Der Datenschutzbeauftragte der Rechtsanwaltschaft kann vorzeitig mit 2/3 Mehrheit von der Satzungsversammlung aus dem Amt entlassen werden, wenn Gründe vorliegen, die bei einem Richter auf Lebenszeit die Beendigung des Amtsverhältnisses rechtfertigen.

(8) Der Datenschutzbeauftragte der Rechtsanwaltschaft darf seinen Beruf als Rechtsanwalt nicht ausüben. Er darf auch keiner anderen abhängigen Beschäftigung nachgehen oder einem Vorstand einer Rechtsanwaltskammer, der Satzungsversammlung oder einem Anwaltsgericht angehören. Er darf nicht gegen Entgelt außergerichtliche Gutachten in Datenschutzangelegenheiten abgeben.

(9) Der Datenschutzbeauftragte der Rechtsanwaltschaft veröffentlicht alle zwei Jahre einen Bericht über die Tätigkeit.

(10) Der Datenschutzbeauftragte der Rechtsanwaltschaft ist, auch nach Beendigung seiner Tätigkeit, verpflichtet, über die ihm amtlich bekanntgewordenen Angelegenheiten Verschwiegenheit zu bewahren.

Zur Gewährleistung des Datenschutzes und insbesondere des Mandatsgeheimnisses soll eine eigenständige, sektorale Datenschutzaufsicht geschaffen werden. Anstelle von 16 staatlichen Aufsichtsbehörden soll mit § 191g BRAO eine anwaltsspezifische unabhängige Kontrollstelle, der Datenschutzbeauftragte für die Rechtsanwaltschaft, errichtet werden. Nach dem Vorbild der bewährten Schlichtungsstelle der Rechtsanwaltschaft soll dieser besondere Datenschutzbeauftragte ebenfalls bei der Bundesrechtsanwaltskammer eingerichtet werden. Er soll in Ausübung seines Amtes völlig unabhängig und nur dem Gesetz unterworfen sein und keiner Rechts-, Fach- oder Dienstaufsicht unterliegen.

Der Datenschutzbeauftragte für die Rechtsanwaltschaft wäre eine Kontrollstelle entsprechend Art. 28 der Datenschutz-Grundverordnung. Für ihn gelten die dort vorgesehen Anforderungen. Seine Kontrollkompetenz soll sich umfassend auf alle anwaltlichen Tätigkeiten beziehen. Da die Maßnahmen einer Datenschutzaufsicht in die Rechte der betroffenen Rechtsanwälte eingreifen können, wurde ein ausdrücklicher Verweis auf die Regelungen der sonst für nichtöffentliche Stellen zuständigen Aufsichtsbehörden aufgenommen. Sofern berufsrechtliche Regelungen getroffen werden müssen, hat der Datenschutzbeauftragte für die Rechtsanwaltschaft die originär für berufsrechtliche Regelungen zuständigen Stellen, mithin die jeweils zuständigen regionalen Rechtsanwaltskammern, zu unterrichten, damit diese insoweit tätig werden. Wie bei anderen Aufsichtsbehörden im nichtöffentlichen Bereich soll auch hier die Möglichkeit bestehen, Personen, welche Datenschutzverstöße begangen haben, zur Zahlung heranzuziehen.

Auf Grund verfassungsrechtlicher und europarechtlicher Vorgaben soll die Wahl von der Satzungsversammlung, dem so genannten »Anwaltsparlament«, mit Zustimmung der Hauptversammlung erfolgen. Die europarechtliche Rechtsprechung und die Datenschutz-Grundverordnung fordern eine demokratische Legitimation und auferlegen die Wahl grundsätzlich dem Parlament. Auch die Bundesdatenschutzbeauftragte wird seit dem 01.01.2016 vom Bundestag gewählt. Der Europäische Datenschutzbeauftragte wird vom Europäischen Parlament und dem Rat ernannt. Das entsprechende Organ der Anwaltschaft ist die Satzungsversammlung.

Wie bei anderen datenschutzrechtlichen Kontrollstellen soll der Datenschutzbeauftragte der Rechtsanwaltschaft nur entlassen werden, wenn einerseits formell eine 2/3 Mehrheit der Satzungsversammlung dies beschließt und andererseits materiell Gründe vorliegen, die auch die Amtsbeendigung bei einem Lebenszeitrichter rechtfertigen würde. Wie bei anderen Kontrollstellen sind Inkompatibilitätsregelungen vorgesehen. Aus Transparenzgründen soll schließlich auch der Datenschutzbeauftragte der Rechtsanwaltschaft alle zwei Jahre einen Tätigkeitsbericht veröffentlichen.

Digitalisierung des Verbraucherschutzes durch Verfahren

Bedrohung oder Chance notarieller Tätigkeit?

STEFAN ZIMMERMANN/JULIA KOLBE

I. Einleitung

»Verbraucherschutz ist eine der zentralen Funktionen des Beurkundungsverfahrens.«[1] Dieser öffentlich häufig nur latent wahrgenommene Zweck notarieller Tätigkeit stellt sich indessen für den Berufstand vor dem Hintergrund anhaltender gesellschaftlicher und politischer Kritik am Notariat als bedeutsame Legitimierungsmöglichkeit dar.[2] Gerade aus europäischer Sicht wird die notarielle Funktion – wie sie in Deutschland allgemein anerkannt ist – derzeit prinzipiell in Frage gestellt: Es besteht die allgemeine angelsächsisch geprägte Tendenz, die Einhaltung besonderer Formerfordernisse als Investitionshemmnis zu begreifen, die auch vor Ländern mit klassischem Kontinentalnotariat nicht Halt macht.[3] »Kein Notar, nur Du und Dein Computer – so einfach ist die Gründung in Estland« lautet z. B. ein Artikel des Portals Gründerszene.de.[4] Gleichzeitig steht das aktuelle Zeitgeschehen generell im Zeichen der Digitalisierung.[5] Auch die notarielle Tätigkeit wurde bereits in jüngerer Vergangenheit[6] und wird noch in Zukunft durch die Substitution menschlicher Leistung verändert.[7] Verbraucherschutz hingegen genießt frei von etwaigen Rationalisierungs- oder Digitalisierungsbestrebungen in Europäischer Union und Öffentlichkeit beständig einen hohen Stellenwert.[8] Die Rolle des Notars als effektiver Verbraucherschützer ist daher potentiell geeignet, sowohl das Image des Notarberufs als auch seine Existenz zu sichern. Jeder Berufsträger wird folglich mit Nachdruck angehal-

---

1 *Bormann*, DNotZ-Sonderheft 2016, 9, 11.
2 *Kern*, DNotZ-Sonderheft 2016, 46, 56.
3 Ähnlich *Kern*, DNotZ-Sonderheft 2016, 46, 56 spricht von notarieller Beteiligung als Ursache unnötiger Transaktionskosten.
4 http://www.gruenderszene.de/allgemein/startup-buerokratie-weps, zuletzt abgerufen am 23. April 2017.
5 *Heilmann*, DNotZ-Sonderheft 2016, 22, 23; *Gaier*, DNotZ-Sonderheft 2016, 25, 34; ähnlich: *Lienemann*, azur100 Top-Arbeitgeber 2017, S. 31.
6 Bspw. in Form des EGVPs, ZTRs oder des elektronischen Handelsregisters, vgl. *Schindler*, notar 2015, 64, 67.
7 Ein aktuelles Projekt ist die Implementierung eines elektronischen Urkundenarchivs, vgl. *Fischer*, DNotZ-Sonderheft 2016, 124 ff.; *Kirchner*, DNotZ-Sonderheft, 2016, 115, 116.
8 *Kern*, DNotZ-Sonderheft 2016, 46, 56.

ten, sich dieser Aufgabe zu stellen.[9] Doch wie verhält sich verfahrensrechtlicher Verbraucherschutz zur fortschreitenden Digitalisierung? Droht dem Verbraucherschutz durch Verfahren die (gänzliche) maschinelle Substitution? Und wäre digitalisierter Verbraucherschutz durch Verfahren eine Bedrohung oder eine Chance notarieller Tätigkeit? Zur Beantwortung der Fragen erfolgt zu Beginn dieser Untersuchung eine kursorische Darstellung verbraucherschützender Elemente des Beurkundungsverfahrens. Anschließend wird analysiert, welche dieser Elemente aus heutiger Sicht digitalisiert werden könnten und sodann evaluiert, ob Digitalisierungsmaßnahmen die notarielle Tätigkeit gefährden oder ihr von Nutzen sind.

II. Verbraucherschützende Elemente Notarieller Tätigkeit

Klassische Instrumente des Verbraucherschutzes sind das Transparenzgebot, die Pflicht zur Vorabinformation, das Widerrufsrecht[10] und die AGB-Kontrolle[11].[12] Hinzu tritt die Mitwirkung des Notars.[13] Obgleich seine Einschaltung historisch nicht gezielt dem Schutz des Verbrauchers diente, agiert der Notar heute aufgrund seiner Pflicht zur Neutralität und Unabhängigkeit mittels seiner Belehrungspflichten, als faktisch-funktionaler Verbraucherschützer.[14]

1. Formgebot

Am Anfang der notariellen Beurkundung steht das gesetzliche Formgebot. In erster Linie gewährleistet die Form der notariellen Beurkundung die äußere Wirksamkeit eines Rechtsgeschäfts.[15] Zugleich sind dem Beurkundungsgebot Warnfunktion und Übereilungsschutz immanent.[16] Denn die Mitwirkung eines Notars führt den Beteiligten vor Augen, dass es sich bei dem beabsichtigten Rechtsgeschäft um ein gewichtiges handelt.[17] Die Durchführung der notariellen Beurkundung bedarf im Vorfeld gewisser Organisation[18], so dass die Beteiligten Gelegenheit bekommen, das zu be-

---

9 *Kern*, DNotZ-Sonderheft 2016, 46, 56, 57.
10 *Tamm*, Verbraucherschutzrecht, 2011, S. 347.
11 *Kern*, DNotZ-Sonderheft 2016, 46, 48.
12 Ähnlich: *Limmer*, in: Jubiläums FS Rheinisches Notariat, 1998, 15, 30 ff.; *Tamm*, in: Tamm/Tonner, Verbraucherrecht, 2. Aufl. 2016, Kap. 5, Rn. 1 ff.; *Hager*, JA 2011, 721.
13 *Kern*, DNotZ-Sonderheft 2016, 46, 47; *Terner*, NJW 2013, 1404, 1405; *Schwab*, notar 2011, 423, 424; ähnlich: *Böhr*, RNotZ 2003, 277, 291.
14 *Schwab*, notar 2011, 423, 424.
15 *Bernhard*, in: Beck'sches NotHB, 6. Aufl. 2015, G. Beurkundung, Rn. 16.
16 *Limmer*, in: Jubiläums FS Rheinisches Notariat, 1998, 15, 34; *Grziwotz*, ZIP 2002, 2109.
17 M.w.N. *Kern*, DNotZ-Sonderheft 2016, 46, 53; zur Beurkundungsbedürftigkeit von Grundstückskaufverträgen: *Kanzleiter*, in: MüKo BGB, 7. Aufl. 2016, § 311b, Rn. 1; zur Warnfunktion bei schuldrechtlichen Verträgen zur Übertragung des gegenwärtigen Vermögens, § 311 Abs. 3 BGB: *Einsele*, MüKo BGB, 7. Aufl. 2015, § 125, Rn. 8.
18 »Termine müssen vereinbart, Dokumente vorgelegt, Zeit und Kosten müssen eingeplant werden.« Vgl. *Kern*, DNotZ-Sonderheft 2016, 46, 53.

urkundende Rechtsgeschäft in Ruhe zu reflektieren, und vor einem übereilten Vertragsschluss bewahrt werden.[19] Diese Formzwecke der Beurkundung differenzieren nicht zwischen Verbraucher und Unternehmer, sondern wirken zugunsten des »Einzelnen«[20]. Die Form der notariellen Beurkundung schützt daher zwar nicht *exklusiv*, aber wenigstens *auch* den Verbraucher.[21]

2. Notarielle Kardinalpflichten, § 17 Abs. 1 S. 1 BeurkG

Neben Warnung und Übereilungsschutz verlangen komplexe und rechtlich anspruchsvolle Vorgänge die sachverständige Belehrung und Beratung der Beteiligten durch einen unabhängigen und unparteiischen Hoheitsträger.[22] Das Beurkundungsgesetz begründet zu diesem Zweck in § 17 Abs. 1 S. 1 BeurkG vier Kardinalpflichten des Notars.[23] (1) Der Notar muss sich vergewissern, ob das beantragte Rechtsgeschäft dem tatsächlichen Willen der Beteiligten entspricht. Dazu erläutert er nach Maßgabe des jeweiligen Ansuchens generelle und fallspezifische Regelungen.[24] (2) Darüber hinaus ist der Sachverhalt aufzuklären. Hierzu wertet der Notar grundsätzlich Informationen sowie Dokumente der Beteiligten aus.[25] In besonderen Fällen trifft ihn zudem die Pflicht vertiefter Nachforschung.[26] (3) In Kenntnis der Sachlage und des wahren Willens der Beteiligten ist der Notar zur Belehrung über die rechtliche Tragweite verpflichtet. Dazu prüft er zunächst die Rechtslage, um den Beteiligten im Anschluss Voraussetzungen und Rechtsfolgen des Rechtsgeschäfts zu erläutern.[27] Bei Unklarheiten können die Beteiligten den Notar unmittelbar konsultieren, den Inhalt der Vereinbarung ändern oder vom Vertrag gänzlich Abstand nehmen.[28] (4) Schließlich ist eine Niederschrift anzufertigen, welche die finalen Erklärungen der Beteiligten enthält, §§ 8, 9 Abs. 1 Nr. 2 BeurkG. Die Niederschrift ist den Beteiligten vorzulesen und muss von ihnen genehmigt sowie eigenhändig unterschrieben werden,

---

19 *Kern*, DNotZ-Sonderheft 2016, 46, 53; *Schwab*, notar 2011, 423, 424.
20 *Hecht*, in: BeckO GrKo, Stand: 1.12.2016, § 125 BGB, Rn. 5.
21 Vgl. *Kern*, DNotZ-Sonderheft 2016, 46, 48; *Hecht*, in: BeckO GrKo, Stand: 1.12.2016, § 125 BGB, Rn. 5. Man spricht daher auch vom sog. Verbraucherschutz durch Form, vgl. *Terner*, NJW 2013, 1404, 1405.
22 *Bernhard*, in: Beck'sches NotHB, 6. Aufl. 2015, G. Beurkundung, Rn. 15; *Einsele*, MüKo BGB, 7. Aufl. 2015, § 125, Rn. 8.
23 *Regler*, in: BeckO GrKo, Stand 13.05.2016, § 17 BeurkG, Rn. 20; *ders.* MittBayNot 2017, 115, 123.
24 *Regler*, in: BeckO GrKo, Stand 13.05.2016, § 17 BeurkG, Rn. 21; *Armbrüster*, in: Armbrüster/Preuß/Renner, BeurkG und DONot, 7. Aufl. 2015, § 17 BeurkG, Rn. 21.
25 *Regler*, in: BeckO GrKo, Stand 13.05.2016, § 17 BeurkG, Rn. 24.
26 *Armbrüster*, in: Armbrüster/Preuß/Renner, BeurkG und DONot, 7. Aufl. 2015, § 17 BeurkG, Rn. 18 ff.
27 *Schöttler*, Verbraucherschutz durch Verfahren, 2003, S. 41; *Regler*, in: BeckO GrKo, Stand 13.05.2016, § 17 BeurkG, Rn. 30; *Armbrüster*, in: Armbrüster/Preuß/Renner, BeurkG und DONot, 7. Aufl. 2015, § 17 BeurkG, Rn. 29.
28 *Schöttler*, Verbraucherschutz durch Verfahren, 2003, S. 41 ff.; *Kern*, DNotZ-Sonderheft 2016, 46, 53 ff.

§ 13 Abs. 1 S. 1 BeurkG. Die Kardinalpflichten gewährleisten auf diese Weise, dass ein am Beurkundungsverfahren beteiligter Verbraucher fachmännisch über Inhalt, Bedeutung und rechtliche Konsequenzen vollständig informiert wird.[29] So wird er in die Lage versetzt, eine autonome und aufgeklärte Entscheidung zu treffen, welcher der Notar in Urkundenform Geltung verschafft.[30]

3. Fürsorgepflicht des Notars, § 17 Abs. 1 S. 2 BeurkG

Liegt ein Informationsgefälle zwischen den Beteiligten vor[31], so trifft den Notar eine gesteigerte Fürsorgepflicht zugunsten des Unterlegenen, § 17 Abs. 1 S. 2 BeurkG.[32] Gegenüber dem regelmäßig unerfahrenen und unterlegenen Verbraucher ist der Notar dann verpflichtet, aktiv darauf hinzuwirken, dass dieser die Situation richtig und vollständig begreift und sich in die Verhandlung einbringt.[33] Es gilt, Informationsdefizite zu beseitigen, so dass der Verbraucher seinem Vertragspartner auf Augenhöhe begegnen und einen selbstbestimmten Entschluss in Kenntnis aller Konsequenzen treffen kann.[34]

4. Pflicht zur gesetzmäßigen Tätigkeit

Die Regelungen der §§ 14 Abs. 2 BNotO, 4 BeurkG verbieten ein Mitwirken des Notars an Handlungen, mit denen erkennbar unerlaubte oder unredliche Zwecke verfolgt werden. Daneben verpflichtet der Amtseid den Notar, unter Einhaltung aller formellen und materiellen Gesetze[35], die verfassungsmäßige Ordnung zu wahren, § 13 BNotO. Mithin ist es dem Notar berufsrechtlich untersagt, an Rechtsgeschäften mitzuwirken, die gegen Verbraucherschutzbestimmungen verstoßen.[36] Um die Pflicht zur gesetzmäßigen Tätigkeit zu erfüllen, kontrolliert der Notar vor jeder Beurkundung den Inhalt des Rechtsgeschäfts. So sichert seine Mitwirkung die Einhaltung zwingenden Verbraucherschutzrechts.[37]

---

29 *Limmer*, in: Jubiläums FS Rheinisches Notariat, 1998, 15, 35; *Schöttler*, Verbraucherschutz durch Verfahren, 2003, S. 42; *Kern*, DNotZ-Sonderheft 2016, 46, 54.
30 *Schöttler*, Verbraucherschutz durch Verfahren, 2003, S. 48.
31 *Grziwotz*, in: Grziwotz/Heine, BeurkG, 2. Aufl. 2015, § 17, Rn. 37: Nach europäischem Rechtsverständnis liegt zwischen Verbraucher und Unternehmer stets ein Informationsgefälle vor.
32 *Schöttler*, Verbraucherschutz durch Verfahren, 2003, S. 45; ähnlich: *Grziwotz*, in: Grziwotz/Heine, BeurkG, 2. Aufl. 2015, § 17, Rn. 37.
33 *Schöttler*, Verbraucherschutz durch Verfahren, 2003, S. 41, 48.
34 *Schwab*, notar 2011, 423, 424; *Bormann*, DNotZ-Sonderheft 2016, 9, 12.
35 *Kern*, DNotZ-Sonderheft 2016, 46, 51.
36 *Schöttler*, Verbraucherschutz durch Verfahren, 2003, S. 43.
37 *Schöttler*, Verbraucherschutz durch Verfahren, 2003, S. 43 ff.

5. Verfahrensverantwortung des Notars, § 17 Abs. 2a BeurkG

Seit Einführung des § 17 Abs. 2a S. 2 BeurkG existiert erstmalig »Sonderverfahrensrecht«[38] für die Beurkundung von Verbraucherverträgen.[39] Dieses verpflichtet den Notar darauf hinzuwirken, dass erstens die rechtsgeschäftlichen Erklärungen des Verbrauchers von diesem persönlich oder durch eine Vertrauensperson vor dem Notar abgegeben werden und zweitens der Verbraucher ausreichend Gelegenheit erhält, sich vorab mit dem Gegenstand der Beurkundung auseinanderzusetzen. Dies soll den Verbraucher vor übereilten und unbesonnenen Handlungen bewahren.[40] Die Einhaltung dieses verbraucherschützenden Verfahrens ist eine Amtspflicht des Notars.[41] Neben der notariellen Verfahrensverantwortung[42] selbst verstärkt daher auch ihre gerichtliche Überprüfbarkeit den Schutz des Verbrauchers.[43]

6. Psychologische Wirkung der Einschaltung des Notars

Schließlich schützt das notarielle Verfahren den Verbraucher auch durch seine psychologischen Auswirkungen.[44] So wird es vielen Beteiligten schwer fallen, in einer Beurkundungsverhandlung rücksichtslos eigene Interessen zu verfolgen, wenn sie einem Verbraucher von Angesicht zu Angesicht gegenüber sitzen.[45] Ferner hält das Verbot notarieller Mitwirkung an rechtswidrigen Handlungen davon ab, eine unwirksame, den Verbraucher benachteiligende Gestaltung überhaupt anzuregen.[46] Die Situation, sein Verhalten gegenüber einem Amtsträger verantworten zu müssen, trägt ein Übriges zur korrekten Vertragsgestaltung bei.[47]

7. Zwischenfazit

Obgleich die notarielle Tätigkeit kein originäres Verbraucherschutzinstrument ist[48], hat sie sich an die Erfordernisse des Zeitgeschehens angepasst.[49] Die Einschaltung

---

38 *Schindler*, notar 2015, 64.
39 *Armbrüster*, in: Armbrüster/Preuß/Renner, BeurkG und DONot, 7. Aufl. 2015, § 17 BeurkG, Rn. 192; *Litzenburger*, in: BeckOK BGB, 41. Edition, Stand 1.11.2016, § 17 BeurkG, Rn. 29 ff.; *Böhr*, RNotZ 2003, 277, 290; ähnlich *Schwab*, notar 2011, 423, 424 ff.
40 vgl. BGH, Urteil vom 7.2.2013 - III ZR 121/12 = DNotI-Report 2013, 62, 63; best. BGH, Urteil vom 24. 11. 2014 - NotSt(Brfg) 3/14 = DNotZ 2015, 314, 315.
41 *Terner*, NJW 2013, 1404, 1405; *Regler*, MittBayNot 2017, 115, 118.
42 Zur Terminologie der Verfahrensverantwortung: vgl. *Regler*, MittBayNot 2017, 115 ff.; *Terner*, NJW 2013, 1404, 1405.
43 *Regler*, MittBayNot 2017, 115, 118.
44 *Kern*, DNotZ-Sonderheft 2016, 46, 52 ff.
45 *Kern*, DNotZ-Sonderheft 2016, 46, 54.
46 *Kern*, DNotZ-Sonderheft 2016, 46, 52.
47 *Kern*, DNotZ-Sonderheft 2016, 46, 55.
48 *Kern*, DNotZ-Sonderheft 2016, 46, 48.
49 Vgl. *Kirchner*, MittBayNot 2015, 294.

des Notars verschafft dem Willen des Verbrauchers Geltung, fördert die Vertragsparität[50] und bewirkt so einen effektiven, facettenreichen verfahrensrechtlichen Schutz des Verbrauchers.

III. Digitalisierung Notariellen Verbraucherschutzes

»Der Begriff Digitalisierung kann auf unterschiedliche Art und Weise interpretiert werden. Traditionell ist die technische Interpretation. Danach bezeichnet Digitalisierung einerseits die Überführung von Informationen von einer analogen in eine digitalen Speicherform und andererseits thematisiert er die Übertragung von Aufgaben, die bisher vom Menschen übernommen wurden, auf den Computer.«[51] In diesem Sinne ist für den verfahrensrechtlichen Verbraucherschutz die Substitution notarieller menschlicher Leistung durch Computer von Relevanz.[52] Gemeinhin sind repetitive Tätigkeiten leicht ersetzbar, da diese in Algorithmen zu transferieren und maschinell ausführbar sind.[53] Vorweggesagt sei daher, dass Digitalisierung die notarielle Tätigkeit insbesondere in standardisierten, wiederkehrenden Verfahren beeinflusst, während – wenigstens aus heutiger Sicht – Tätigkeiten mit persönlicher Beziehung zum Menschen beständig erscheinen.[54] Welche Modifikationen der digitale Fortschritt für den notariellen Verbraucherschutz im Einzelnen auszulösen vermag, wird im Folgenden untersucht.

1. *Digitale Sachverhaltsermittlung und Willenserforschung*

Im Fokus der Sachverhaltsermittlung und Willenserforschung steht der Informationsaustausch zwischen Notar und Beteiligten.[55] Partiell erfolgt dieser heute technisch bereits via E-Mail.[56] Neben Online-Shopping, Smart Home, »Legal Tech«[57], Online-Banking, Facebook, Twitter, WhatsApp und Co. trifft die E-Mail-Kommunikation mit dem Notar den Nerv der Zeit. Digitale Verständigung ist schnell und für den Verbraucher alltäglich. Die Möglichkeit, sich per E-Mail an den Notar zu wenden, senkt die Hemmung des Verbrauchers, diesen zu kontaktieren und ermöglicht schnelleres Antworten. Im Vergleich zu Telefonaten oder persönlicher Beratung ist die E-Mail-Kommunikation jedoch distanziert, da der Notar den Verbraucher nicht

---

50 *Schöttler*, Verbraucherschutz durch Verfahren, 2003, S. 48.
51 http://www.enzyklopaedie-der-wirtschaftsinformatik.de/lexikon/technologien-methoden/Informatik—Grundlagen/digitalisierung, zuletzt abgerufen am 23. April 2017.
52 *Regler*, MittBayNot 2017, 115, 116.
53 *Brynjolfsson/McAfee*, The Second Machine Age, 2014, S. 16 ff.; *Regler*, MittBayNot 2017, 115, 116.
54 M.w.N. *Regler*, MittBayNot 2017, 115, 116, 124.
55 Siehe oben II. 2.
56 Vgl. *Kirchner*, MittBayNot 2015, 294, 295 zur digitalen Beauftragung des Notars via E-Mail.
57 *Lienemann*, azur100 Top-Arbeitgeber 2017, S. 31.

in persona wahrnimmt. Eine vollständig elektronische Interaktion birgt daher die Gefahr, den wahren Beteiligtenwillen nur unvollständig zu eruieren und den Aufbau eines Vertrauensverhältnisses zwischen Notar und Verbraucher zu gefährden. Darüber hinaus gerät der E-Mail-Verkehr in Konflikt mit der notariellen Verschwiegenheitspflicht gemäß § 18 BNotO, solange unverschlüsselte E-Mails von dritter Seite mitgelesen werden können.[58] Derzeit behilft sich die notarielle Praxis zwar mit einer konkludent erteilten Einwilligung der Beteiligten in den E-Mail-Verkehr, wenn diese ihrerseits E-Mails an den Notar senden.[59] Dies kann jedoch allenfalls eine mittelfristige Lösung sein; langfristig hingegen ist eine technische Lösung des Vertraulichkeitsproblems unverzichtbar.[60] Jüngster Innovationsansatz ist die Möglichkeit einer SMS-basierten Nachrichtenverschlüsselung über ein sog. beN-Postfach bei der NotarNetGmbH.[61]

In toto bietet der digitale Austausch zwischen Notar und Verbraucher – die Vertraulichkeit der Kommunikation vorausgesetzt – eine moderne und dem Verbraucher vertraute Verständigungsmöglichkeit zur Sachverhaltsermittlung und Willenserforschung. Sie vereinfacht und beschleunigt die Interaktion zwischen Verbraucher und Notar. Trotz dieses Mehrwerts mangelt es digitaler Kommunikation an persönlicher Wahrnehmung. Die damit verbundenen Eindrücke sind für die Willensermittlung des Notars essentiell. Daher ist der E-Mail-Verkehr zwar ein lukratives Medium zur Optimierung der notariellen Sachverhaltserforschung und Willensermittlung, kann letztere jedoch nicht gänzlich ersetzen.

Neben einem digitalen Kommunikationsmedium lässt sich mit Blick in die Zukunft auch über den Einsatz von Sachverhalts- und Willensermittlungssoftware nachdenken. Schon heute stellen Notare zunehmend über ihre Homepage Online-Fragebögen zur Ermittlung erster Eckdaten üblicher Urkundenvorgänge zur Verfügung. Dadurch erhalten sie direkt notwendige sachverhaltsbezogene Informationen. Selektive und maschinelle Informationsgewinnung beschleunigt Sachverhaltsermittlung und Willenserforschung. Die eingesparte Zeit kann der Notar wiederum zugunsten einer intensivierten Belehrung und Betreuung des Verbrauchers nutzen,[62] so dass auch digitale Sachverhalts- und Willensermittlung Verbraucherschutz durch Verfahren fördern kann. Allerdings ist insbesondere im Fall eines unerfahrenen und ungewandten Beteiligten, wie dem Verbraucher, Inhalt und Umfang der Sachverhaltserforschung stark einzelfallbezogen.[63] Der Notar ermittelt die jeweilige Sachlage in individueller Vorgehensweise und nicht mittels starrer Muster.[64] Solange diese spezifische Verfahrensgestaltung nicht in Algorithmen transferiert und von entsprechend programmierten Systemen ausgeübt werden kann, erscheint eine völlig softwarebasierte Sach-

---

58 *Kirchner*, MittBayNot 2015, 294, 295.
59 *Ebd.*
60 Vgl. *Kirchner*, MittBayNot 2015, 294, 295 zu aktuellen Lösungsmöglichkeiten.
61 Vgl. http://elrv.info/de/software/beN-SBK.php, zuletzt abgerufen am 23. April 2017.
62 Ähnlich *Schmitz-Vornmoor*, notar 2017, 108, 112 zu Einsparungen durch den Einsatz digitaler Datensätze.
63 *Sorge*, MittBayNot 2013, 168, 171.
64 *Regler*, MittBayNot 2017, 115, 120.

verhaltsermittlung und Willenserforschung ohne jegliche Mitwirkung des Notars unwahrscheinlich.[65] Demzufolge wirken die gegenwärtig existenten Formen digitaler Sachverhaltsermittlung und Willenserforschung gegenüber der notariell-analogen Ausführung zwar supplementär, nicht jedoch substituierend.

2. Digitale Entwurfserstellung

Technisch erstellt der Notar seinen Urkundenentwurf regelmäßig unter Zuhilfenahme zahlreicher Musterformulare.[66] Wurden diese früher noch abgeschrieben und händisch individualisiert, bearbeitet der Notar sie heute mittels Textverarbeitungsprogrammen am Computer.[67] Viele dieser Programme sind mit internen Datenbanken verknüpft und können mittels hinterlegter Informationen den Urkundenentwurf unmittelbar individualisieren.[68] Bietet sich dem Notariat die technische Möglichkeit, auf externe vollständige Datensätze zuzugreifen und diese in die interne Datenbank zu übernehmen, ist sogar schon das manuelle Einpflegen der Informationen obsolet.[69] Die inhaltliche Entwurfsgestaltung könnte künftig unter Verwendung neuronaler selbstlernender Systeme erfolgen.[70] Diese sollen bestimmte Ausgangsmuster (bspw. Lebenssachverhalte) erkennen und mit Ergebnismustern (bspw. Vertragstexte oder -klauseln) verknüpfen sowie durch ihre ständige Anwendung ihr Wissen erweitern, bis sie schließlich fähig sind, Sachverhalte in einen Vertragstext zu übersetzen.[71]

Im Ergebnis bieten sowohl existierende Textverarbeitungsprogramme als auch künftige selbstlernende Systeme dem Verbraucher eine gesteigerte Richtigkeitsgewähr des Vertragsentwurfs.[72] Gleichzeitig schaffen sie Arbeitsersparnisse.[73] Ökonomisch könnte der Notar demnach durch den Einsatz digitaler Programme bei der Entwurfsgestaltung die individuelle Betreuung und Belehrung des Verbrauchers bei der Lösung komplexer Einzelfälle intensivieren[74] und so die Qualität des Verbraucherschutzes durch Verfahren verbessern.

---

65 Ähnlich *Regler*, MittBayNot 2017, 115, 116, 124.
66 *Kirchner*, MittBayNot 2015, 294, 296 ff.
67 *Kirchner*, MittBayNot 2015, 294, 297.
68 *Ebd.*
69 *Ebd.* zu XML-Datensätzen des bayrischen Handelsregisters.
70 *Schmitz-Vornmoor*, notar 2017, 108, 111.
71 *Ebd.*
72 Vorausgesetzt die Systeme arbeiten mit einer geringen Fehlerquote und verfügen über korrekt eingepflegte Informationen, ähnlich: *Kirchner*, MittBayNot 2015, 294, 297.
73 *Kirchner*, MittBayNot 2015, 294, 297 betreffend das Zusammenspiel von Datenbanken und Textformularen.
74 *Schmitz-Vornmoor*, notar 2017, 108, 112 zu Einsparungen durch den Einsatz digitaler Datensätze.

3. Digitale Belehrung und Beratung des Verbrauchers

Der Inhalt notarieller Belehrung und Beratung ist in hohem Maße einzelfallbezogen.[75] Im Laufe des Beurkundungsverfahrens sind unvollständige Informationen durch den Notar zu interpretieren und kontextbezogen zu verwerten.[76] Infolgedessen kann trotz gleichen Beurkundungsgegenstands in Anbetracht unterschiedlicher Sachlagen der Inhalt der Belehrungspflicht variieren.[77] So kann der Notar im Einzelfall verpflichtet sein, über die unmittelbaren rechtlichen Folgen des Rechtsgeschäfts hinaus sowohl alternative Gestaltungsmöglichkeiten vorzuschlagen (gestaltende Beratung)[78] als auch den Verbraucher auf drohende folgenschwere, u.U. sogar finanzielle Schäden hinzuweisen (Warnpflichten).[79] Derzeit sind keine künstlichen Systeme bekannt, welche diese hochkomplexen Verknüpfungen herstellen oder eine der persönlichen Betreuung gleichwertige Leistung erbringen.[80] Aktuell ist daher anzunehmen, dass sich die persönliche notarielle Beratungsleistung nur schwerlich digitalisieren lässt. Die rasante technische Entwicklung der vergangenen Jahre hat jedoch gelehrt, in Bezug auf den digitalen Fortschritt niemals nie zu sagen.[81] Darum könnte es sich bei der voraussichtlichen Beständigkeit persönlicher notarieller Belehrung und Beratung um eine momentweise Auffassung handeln.

4. Rein elektronische Niederschrift

Den Abschluss der Beurkundung bildet die Anfertigung der Niederschrift. Sie ist im Idealfall der »rechtliche Maßanzug«[82] der Verhandlung und erfolgt nach geltendem Beurkundungsrecht in Papierform.[83] Zur Diskussion steht zwar, u.a. im Hinblick auf Entwicklungen in Ländern wie Estland, die Einführung einer rein elektronischen Urkunde, welche mittels elektronischer Signatur des Notars und der Beteiligten unterzeichnet wird.[84] Gegenwärtig stößt dieses Vorhaben jedoch mehrfach auf Kritik. Teilweise werden Bedenken gegenüber der dauerhaften Fälschungssicherheit elektronischer Signaturen bei anhaltendem technischen Fortschritt geäußert.[85] Daran anknüpfend werden außerdem Einwände gegen die inhaltliche Fälschungssicherheit

---

75 M.w.N. *Regler*, MittBayNot, 2017, 115, 118.
76 *Schmitz-Vornmoor*, notar 2017, 108, 111.
77 *Sorge*, MittBayNot 2013, 170, 171; *Regler*, in: BeckO GrKo, Stand 13.05.2016, § 17 BeurkG, Rn. 32.
78 *Armbrüster*, in: Armbrüster/Preuß/Renner, BeurkG und DONot, 7. Aufl. 2015, § 17 BeurkG, Rn. 14 ff.
79 *Regler*, MittBayNot 2017, 115, 118 ff.
80 *Schmitz-Vornmoor*, notar 2017, 108, 111.
81 *Brynjolfsson/McAfee*, The Second Machine Age, 2014, S. 203.
82 *Regler*, MittBayNot 2017, 115, 118.
83 *Kirchner*, MittBayNot 2015, 294, 298.
84 *Kirchner*, MittBayNot 2015, 294, 298 ff.; ähnlich: *ders.*, DNotZ-Sonderheft 2016, 115, 117.
85 *Kirchner*, MittBayNot 2015, 294, 298.

elektronischer Urkunden selbst erhoben.⁸⁶ Denn eine elektronische Urkunde muss beispielsweise gewährleisten, dass der Inhalt des Dokuments nachträglich nicht verändert und der Rechtsverkehr – inkl. der partizipierenden Verbraucher, die häufig nur über geringe technische Kenntnisse und Möglichkeiten verfügen, – nicht getäuscht wird. Aus Sicht der Verbraucher sind mit Ausnahme der Fälschungssicherheit keine gewichtigen Bedenken gegen eine rein elektronische Urkunde erkennbar. Vor allem ließe sich auch eine elektronische Niederschrift, wenn man eine solche Änderung auf die materialisierte Urkundenform beschränkt, im Beisein der Beteiligten weiterhin verlesen. Die Kenntnisnahme des Inhalts des Rechtsgeschäfts bliebe im Falle einer digitalen Urkundenform unverändert gewährleistet. Sofern die Beteiligten das elektronische Dokument technisch unterzeichnen können, negiert die digitale Form auch nicht die Autorisierungsfunktion ihrer Unterschrift.⁸⁷ Überdies wäre die Übersendung der Urkunde und ihrer Abschriften viel schneller möglich, da sie sich leicht und beliebig oft vervielfältigen und übertragen lassen.⁸⁸ Dadurch wird Zeit gespart und Flexibilität des Beurkundungsverfahrens gewonnen. Die elektronische Form der Urkunde wirft für das Notariat mithin zwar technische und berufsrechtliche Fragen auf.⁸⁹ Sofern sich diese lösen lassen, stellt die elektronische Urkunde für den Verbraucherschutz durch Verfahren allerdings keinen Nachteil dar, sondern begünstigt ihn durch schnellere Verfahrensabläufe und gesteigerte Flexibilität. Im Zuge der Arbeiten zur Erstellung eines elektronischen Urkundenarchivs nehmen diese Überlegungen in mittlerer Zukunft bereits konkretere Formen an.⁹⁰

5. Digitalisierung und Formgebot

Homeoffice, Videokonferenzen, Jobinterviews via Skype o.ä. sind für viele Verbraucher nicht außergewöhnlich. Digitale Aktivitäten aus der Distanz sind fester Bestandteil ihres Alltags. Auch das Recht verzichtet aufgrund technischer Möglichkeiten schon mancherorts auf die persönliche Anwesenheit rechtlicher Akteure.⁹¹ Aus notarieller Sicht lässt sich daher fragen, ob eine Online-Beurkundung die persönliche Anwesenheit der Beteiligten ersetzen kann.⁹² Obgleich die digitale Teilnahme der Urkundsbeteiligten diesen auf den ersten Blick Zeit und Aufwand ersparen mag, ist sie insbesondere für den Verbraucher mit einigen Nachteilen verbunden. Wichtiges Ziel des gesetzlichen Formgebots notarieller Beurkundung ist der Schutz und die

---

86 *Ebd.*
87 Zur Autorisierungsfunktion der Unterschrift unter die Niederschrift: *Seebach/Rachlitz*, in: BeckO GrKo, Stand: 15.03.2017, § 13 BeurkG, Rn. 125 ff.
88 *Kirchner*, MittBayNot 2015, 294, 299.
89 Vgl. bspw. *Kirchner*, MittBayNot 2015, 294, 299 ff. zur Problematik der elektronischen Urschrift.
90 Zum Stand der Überlegungen: vgl. *Fischer*, DNotZ-Sonderheft 2016, 124 ff.; *Gaul*, dortselbst, 130 ff.
91 Bspw. im Recht der Hauptversammlung, vgl. *Kirchner*, MittBayNot 2015, 294, 297.
92 *Ebd.*

Warnung des Verbrauchers vor einem übereilten Abschluss des geplanten Rechtsgeschäfts.[93] Müsste der Verbraucher zu diesem nicht mehr persönlich erscheinen, würde er die warnende Atmosphäre der Beurkundungssituation im Notariat und die nonverbale Kommunikation der Anwesenden nicht wahrnehmen, was die Intensität der intendierten Warnung reduziert.[94] Im Vergleich zur persönlichen Anwesenheit am Ort der Beurkundung ist die Online-Teilnahme zudem von geringerer Qualität.[95] Je nachdem, wo der Monitor des teilnehmenden Verbrauchers steht, lässt er sich von seiner Umgebung schnell ablenken.[96] Dadurch verliert seine Information und Belehrung an Effektivität. Schließlich kann auch der Notar nur das wahrnehmen, was ihm die Kamera übermittelt, also nur einen kleinen Ausschnitt der Umgebung, in der sich der Verbraucher befindet. Es wäre ihm daher nicht ohne weiteres möglich, festzustellen, ob der Verbraucher bewusst und freien Willens handelt.[97] Im Übrigen ist nicht zweifelsfrei feststellbar, ob der Verbraucher Inhalt und Tragweite des Rechtsgeschäfts korrekt und vollumfänglich versteht und ob die abgegebenen Erklärungen tatsächlich seinem wahren Willen entsprechen. Diese Feststellung ist geprägt von der persönlichen Wahrnehmung des Notars und kann nicht äquivalent durch eine Online-Beurkundung ersetzt werden.

Eine Online-Beurkundung würde folglich wichtige Zwecke und Funktionen der notariellen Beurkundung konterkarieren. Ihre Wirkung entspricht nicht derjenigen einer persönlichen Teilnahme der Beteiligten und kann somit auch keine digitale Alternative zum etablierten Beurkundungsverfahren darstellen. Für den Verbraucher birgt die Online-Beurkundung in besonderem Maße die Gefahr, nicht hinlänglich beraten zu werden. Ohne die ordentliche Belehrung des Verbrauchers lässt sich die Vertragsparität der Beteiligten nicht ausreichend sicherstellen, so dass die im Rahmen der Online-Beurkundung angefertigte Niederschrift eventuell nicht das gemeinsame Vertragsverständnis wiedergibt. Ergo ginge ein Verzicht auf die persönliche Anwesenheit des Verbrauchers während der Beurkundung mit dessen potentieller Benachteiligung einher. Die Online-Beurkundung schadete mithin der Qualität des Verbraucherschutzes durch Verfahren und ist demnach nicht zu befürworten.[98]

6. Digitalisierung und Verfahrensverantwortung

Die Übertragung von Verfahrensverantwortung auf den Notar verbessert den Schutz des Verbrauchers, indem die notarielle Mitwirkung eine schnelle einzelfall- und interessengerechte sowie rechtswirksame Lösung herbeiführt.[99] Die effektive Aus-

---

93 Siehe oben II. 1.
94 Ähnlich *Kirchner*, MittBayNot 2015, 294, 298.
95 *Ebd.*
96 *Ebd.*
97 *Ebd.*
98 Inwieweit die Online-Beurkundung einen etwaigen Mehrwert für den unternehmerischen Bereich erzeugt, bedarf gesonderter Betrachtung.
99 *Regler*, MittBayNot 2017, 115, 118.

übung der übertragenen Verfahrensverantwortung setzt voraus, dass der Notar nicht zum Sklaven obligatorischer Verfahrensregelungen gemacht wird, sondern Gestaltungshoheit behält.[100] Zum Vorteil eines bestmöglichen Schutzes des Verbrauchers müssen Verfahrensregelungen daher so gestaltet sein, dass der Notar in der Lage ist, das Verfahren fallorientiert zu gestalten, denn übermäßige Regulierung und ausschweifender Verfahrensschutz resultieren häufig in minderer Qualität.[101] Eine Übernahme der Verfahrensverantwortung durch digitale Systeme oder Computer ist solange undenkbar, wie sie nicht in der Lage sind, das Beurkundungsverfahren für den jeweiligen Einzelfall passgenau und kreativ zu gestalten und den Verbraucher in gleichwertiger Weise zu schützen.[102] Um den Mehrwert persönlicher Beratung durch den Notar nachhaltig zu sichern, ist der Gesetzgeber daher gehalten, zugunsten einer effektiven notariellen Verfahrensverantwortung und des effizienten Verbraucherschutzes flexible verfahrensrechtliche Regelungen zur Verfügung zu halten.[103]

IV. Ergebnis und Schlussfolgerung

Vorstehende Analyse zeigt, dass die Digitalisierung für die verbraucherschützende Funktion des Notars einige Innovationsmöglichkeiten bereithält. (1) Digitalisierte Kommunikationsmedien wirken auf den Verbraucher modern und vertraut und fördern den Austausch zwischen Notar und Beteiligten. (2) Die digitale Ergänzung der Sachverhaltsermittlung und Willenserforschung sowie der Entwurfserstellung könnte den erforderlichen Zeitaufwand deutlich senken. Die gewonnene Zeitersparnis kann der Notar zugunsten einer intensivierten Beratung der Verbraucher nutzen. (3) Die kommunikative, persönliche Betreuung durch den Notar ist hingegen nicht ersetzbar, da – zumindest aus heutiger Sicht – kein maschinelles Pendant ihrer Wirkung gleichkommt.

Gelingt es dem Notariat, die Vorteile der Digitalisierung nutzbar zu machen, könnte es nicht nur den verfahrensrechtlichen Verbraucherschutz optimieren, sondern sich selbst gegenüber etwaiger fiskalischer Kritik aus Europa und fortschreitenden digitalen Einflüssen mittelfristig als alternativloses Instrument vorsorgender Rechtspflege etablieren. Je verfeinerter und konsolidierter die individuelle Betreuung des Verbrauchers betrieben wird, desto schwerer wird ihre Substitution. Sinnvoll eingesetzte Technik setzt selbst Potentiale notarieller Tätigkeit frei, sich gegen eine vollständige Digitalisierung zu wappnen. Daher lautet die Antwort auf die Ausgangsfrage: Digitalisierung im Verbraucherschutz durch Verfahren ist für die notarielle Tätigkeit eine große Chance, die nachhaltige Früchte für den Berufsstand in seiner Gesamtheit hervorzubringen vermag.

---

100 Ebd.
101 Als gutes Beispiel dient hier die Möglichkeit des Notars, im Einzelfall von der Einhaltung der Zwei-Wochen-Frist abweichen zu dürfen, vgl. Regler, MittBayNot 2017, 115, 116, 118.
102 Ähnlich Regler, MittBayNot 2017, 115, 118, 124.
103 Ebenso Regler, MittBayNot 2017, 115, 118, 124.

Verzeichnis der Schriften von Professor Dr. Dr. h.c. Hanns Prütting*

I. Selbständige Veröffentlichungen

1. Die Zulassung der Revision, Erlanger Juristische Abhandlungen, Bd. 18, Köln/Berlin/Bonn/München 1977 (zugleich Diss. jur. Erlangen 1976)

2. Gegenwartsprobleme der Beweislast – Eine Untersuchung moderner Beweislasttheorien und ihrer Anwendung insbesondere im Arbeitsrecht, Schriften des Instituts für Arbeits- und Wirtschaftsrecht der Universität zu Köln, Bd. 46, München 1983 (zugleich Habilitationsschrift Erlangen 1981); Veröffentlichung in japanischer Sprache (1988); Veröffentlichung in chinesischer Sprache (2000; 2. Aufl. 2008)

3. Rechtskraftdurchbrechung bei unrichtigen Titeln – Die neuere Rechtsprechung zu sittenwidrigen Vollstreckungsbescheiden und ihre Folgen für die Praxis, Schriften für die Prozeßpraxis Bd. 1, Köln/Berlin/Bonn/München 1988 (zusammen mit Weth)

4. Kommentar zum Arbeitsgerichtsgesetz, München 1990 (zusammen mit Germelmann und Matthes)

5. Das deutsche Zivilprozeßrecht, Tokyo 1990 (in japanischer Sprache), zusammen mit Arens und Yoshino

6. Sachenrecht, 23. Aufl., München 1991 (begründet von Lent, 9. Aufl. bis 22. Aufl. fortgeführt von Schwab); Übersetzung in estnischer Sprache 1995 erschienen

7. Münchener Kommentar zur ZPO, 3 Bände, München 1992, §§ 272-299a, §§ 330-347 (646 Seiten Manuskript)

8. Die Entwicklung eines europäischen Zivilprozeßrechts, Saarbrücken 1992

9. Sachenrecht, 24. Aufl., München 1993

10. Gemeinschaftskommentar zum Entgeltfortzahlungsrecht (GK-EFZR), Loseblatt, Neuwied 1993 (zusammen mit Birk, Sprang, Steckhan), § 1 LFZG Teil E, § 3 LFZG, §§ 616 – 617 BGB, § 63 HGB, § 133 c GewO; 1995 eingestellt

11. Einführung in das Zivilprozeßrecht, JA-Sonderheft 5, 8. Aufl. Neuwied 1994 (begründet und bis zur 7. Aufl. fortgeführt von Baumgärtel)

---

* Stand Sommer 2017.

12. Rapprochement du Droit Judiciaire de l'Union européenne – Approximation of Judiciary Law in the European Union, hrsg. von Marcel Storme, Dordrecht 1994 (zusammen mit Huss, Jolowicz, Kerameus, Long, Meyknecht, Miguel, Normand, Pessoa Vaz, Smith, Storme, Tarzia)
13. Rechtskraftdurchbrechung bei unrichtigen Titeln – Die Rechtsprechung zur Aufhebung sittenwidriger Entscheidungen und ihre Folgen für die Praxis, 2. Aufl. 1994 (zusammen mit Weth)
14. Sachenrecht, 25. Aufl., München 1994
15. Wieczorek/Schütze, ZPO-Kommentar, Bd. I, 3. Aufl. 1994, Einleitung (66 Seiten Manuskript)
16. Arbeitsgerichtsgesetz, Kommentar, 2. Aufl. München 1995 (zusammen mit Germelmann und Matthes)
17. Der Zivilprozeßrechtsfall – Methoden und Klausuren mit Musterlösungen, 8. Aufl., Köln/Berlin/Bonn/München 1995 (begründet und bis zur 7. Aufl. fortgeführt von Baumgärtel; zusammen mit Laumen)
18. Die Examensklausur, Originalfälle – Musterlösungen – Hinweise, Köln/Berlin/Bonn/München 1996 (zusammen mit Stern und Wiedemann)
19. Sachenrecht, 26. Aufl., München 1996
20. Grundstücksrecht Ost – Kommentar (zum SachenRBerG und zum SchuldRAnpG mit NebenG), München 1996 ff., Loseblatt (zusammen mit Zimmermann und Heller), Stand: 3. Ergänzungslieferung März 1999
21. Bundesrechtsanwaltsordnung, Kommentar, München 1997 (zusammen mit Henssler)
22. Sachenrecht, 27. Aufl., München 1997
23. Das Berufsbild des Syndikusanwalts, Bd. 26 der Schriftenreihe des Instituts für Anwaltsrecht an der Universität zu Köln, Bonn 1998 (zusammen mit Hommerich)
24. Kommentar zur Insolvenzordnung, Loseblatt in 5 Bänden, ca. 7500 Seiten, 1998 ff. (zusammen mit Kübler), 1. Lieferung 1998 bis 72. Lieferung 2017 (Einleitung, §§ 1-12, §§ 47-52, EuJusVO Art. 56-77)
25. Arbeitsgerichtsgesetz, Kommentar, 3. Aufl., München 1999 (zusammen mit Matthes und Germelmann)
26. Sachenrecht, 28. Aufl., München 1999
27. Rechtsmittelreform 2000 – oder: Der Staat spart und der Rechtsstaat leidet, Köln 2000

28. Die Examensklausur, Originalfälle – Musterlösungen – Hinweise, Köln/Berlin/Bonn/München, 2. Aufl. 2000 (zusammen mit Stern und Wiedemann)

29. Sachenrecht, 29. Aufl., München 2000 (veröffentlicht in chinesischer Sprache 2001)

30. Münchener Kommentar zur ZPO, 3 Bände, 2. Aufl., München 2000, §§ 272-299a, 330-347

31. Die Bestellung des Insolvenzverwalters, Köln 2001 (zusammen mit Holzer und Kleine-Cosack)

32. Arbeitsgerichtsgesetz, Kommentar, 4. Aufl. 2002 (zusammen mit Germelmann, Matthes, Müller-Glöge)

33. Sachenrecht, 30. Auflage, München 2002

34. Münchener Kommentar zur ZPO, Aktualisierungsband zur 2. Auflage, München 2002, §§ 272-299a, 339-341a

35. Zwangsvollstreckungsrecht, Lehrbuch, Stuttgart 2002 (zusammen mit Stickelbrock)

36. Außergerichtliche Streitschlichtung, München 2003 (zusammen mit Heck, Krafka, Schmidt, Taxis)

37. Grundstücksrecht Ost – Kommentar zum SachenRBerG, zum SchuldRAnpG und zu den Nebengesetzen, gebundene und völlig überarbeitete Ausgabe, München 2003 (zusammen mit Zimmermann und Heller)

38. Sachenrecht, 31. Auflage, München 2003

39. Bundesrechtsanwaltsordnung, Kommentar, 2. Auflage, München 2004 (zusammen mit Henssler)

40. Anwaltliche Tätigkeit und berufsständische Versorgung, ABV-Materialien, Köln 2003

41. Rechtsberatung zwischen Deregulierung und Verbraucherschutz, Gutachten zum 65. Deutschen Juristentag, Bonn 2004, in: Verhandlungen des 65. Deutschen Juristentages, Band I Gutachten, München 2004, Teil G

42. Arbeitsgerichtsgesetz, Kommentar, 5. Auflage 2004 (zusammen mit Germelmann/Matthes/Müller-Glöge)

43. Wieczorek/Schütze, ZPO-Kommentar, Band III 1, 3. Auflage 2005, §§ 542-566 (195 Druckseiten)

44. Prütting/Wegen/Weinreich, BGB-Kommentar, 1. Auflage 2006 (Einleitung, §§ 1-14, §§ 812-822, Einl. Sachenrecht, §§ 854-872, §§ 929-984)

45. Sachenrecht, 32. Auflage, München 2006

46. Rechtstatsächliche Untersuchung zu den Auswirkungen der Reform des Zivilprozessrechts, Evaluation der ZPO-Reform, Köln 2006 (mit Hommerich, Ebers, Lang, Traut)
47. Prütting/Wegen/Weinreich, BGB-Kommentar, 2. Auflage 2007
48. Sachenrecht, 33. Auflage, München 2008
49. Arbeitsgerichtsgesetz, Kommentar, 6. Auflage 2008 (zusammen mit Germelmann/Matthes/Müller-Glöge)
50. Münchener Kommentar zur ZPO, 3 Bände, 3. Auflage 2008 (§§ 272-299a, 330-347)
51. Prütting/Wegen/Weinreich, BGB-Kommentar, 3. Auflage 2008
52. Prütting/Gehrlein, ZPO-Kommentar, 1. Auflage 2009 (Einleitung, §§ 128-144, §§ 1025-1058)
53. Prütting/Helms, FamFG-Kommentar, 1. Auflage 2009 (Einleitung, §§ 1-9, 26-31, 36a, 37, 485-493, Art. 111, 112 FGG-RG)
54. Arbeitsgerichtsgesetz, Kommentar, 7. Auflage 2009 (zusammen mit Germelmann/Matthes/Müller-Glöge)
55. Handbuch der Beweislast, Grundlagen, 2. Auflage 2009 (zusammen mit Laumen)
56. Prütting/Wegen/Weinreich, BGB-Kommentar, 4. Auflage 2009
57. Bundesrechtsanwaltsordnung, Kommentar, 3. Auflage 2010 (zusammen mit Henssler)
58. Sachenrecht, 34. Auflage, München 2010
59. Prütting/Wegen/Weinreich, BGB-Kommentar, 5. Auflage 2010
60. Prütting/Gehrlein, ZPO-Kommentar, 2. Auflage 2010
61. Prütting/Helms, FamFG-Kommentar, 2. Auflage 2011
62. Prütting/Wegen/Weinreich, BGB-Kommentar, 6. Auflage 2011
63. Prütting/Gehrlein, ZPO-Kommentar, 3. Auflage 2011
64. Prütting/Wegen/Weinreich, BGB-Kommentar, 7. Auflage 2012
65. Prütting/Gehrlein, ZPO-Kommentar, 4. Auflage 2012
66. Münchener Kommentar zur ZPO, 4. Auflage 2013 (§§ 272-299a, 330-347)
67. Arbeitsgerichtsgesetz, 8. Auflage 2013
68. Prütting/Wegen/Weinreich, BGB-Kommentar, 8. Auflage 2013
69. Prütting/Gehrlein, ZPO-Kommentar, 5. Auflage 2013
70. Sachenrecht, 35. Auflage, München 2014

71. Prütting/Helms, FamFG-Kommentar, 3. Aufl. 2014
72. Wieczorek/Schütze, ZPO-Kommentar, 4. Auflage 2014-2015 (Einleitung, §§ 542-566)
73. Bundesrechtsanwaltsordnung, 4. Auflage 2014 (zusammen mit Henssler)
74. Prütting/Wegen/Weinreich, BGB-Kommentar, 9. Auflage 2014
75. Prütting/Gehrlein, ZPO-Kommentar, 6. Auflage 2014
76. Prütting/Wegen/Weinreich, BGB-Kommentar, 10. Auflage 2015
77. Prütting/Gehrlein, ZPO-Kommentar, 7. Auflage 2015
78. Münchener Kommentar zur ZPO, 5. Auflage 2016 (§§ 272-299a, 330-347)
79. Prütting/Wegen/Weinreich, BGB-Kommentar, 11. Auflage 2016
80. Prütting/Gehrlein, ZPO-Kommentar, 8. Auflage 2016
81. Handbuch der Beweislast, Grundlagen, 3. Auflage 2016 (mit Laumen)
82. Sachenrecht, 36. Auflage, München 2017
83. Arbeitsgerichtsgesetz, 9. Auflage 2017 (zusammen mit Germelmann/Müller-Glöge)
84. Bundesrechtsanwaltsordnung, 5. Auflage 2017 (zusammen mit Henssler)
85. Prütting/Wegen/Weinreich, BGB-Kommentar, 12. Auflage 2017 (Einleitung, §§ 1–14, §§ 812-822, §§ 854-872, §§ 929-984)
86. Prütting/Gehrlein, ZPO-Kommentar, 9. Auflage 2017 (Einleitung, §§ 128-144, §§ 1025-1058, MediationsG, VSBG)
87. Prütting/Helms, FamFG-Kommentar, 4. Auflage 2017 (Einleitung, §§ 1-9, §§ 26-31, §§ 36a-37, §§ 485-493)

II. Herausgegeben

88. Ergänzbares Lexikon des Rechts, Loseblatt, Neuwied 1981 ff., Gruppe 18 (Gerichtsverfassungs- und Zivilverfahrensrecht; 1985 ff.), zusammen mit G. Lüke
89. Recht und Gesetz im Dialog III, Saarbrücker Vorträge, Annales Universitatis Saraviensis, Bd. 120, Köln 1986
90. Prozeßrechtliche Abhandlungen, ab Bd. 63, Köln 1988 ff. (bisher 73 Bände)
91. Schriften für die Prozeßpraxis, ab Bd. 1, Köln 1988 ff. (zusammen mit Weth); bisher 11 Bände (zum Teil in 2. und 3. Aufl.)
92. Lexikon des Rechts, Zivilverfahrensrecht (gebundene Ausgabe), Neuwied 1989 (zusammen mit G. Lüke)

93. Schriftenreihe »Japanisches Recht«, ab Bd. 23, Köln 1990 ff. (zusammen mit Baumgärtel, Hanau, Klingmüller, Meissner, Oehler, nunmehr Alleinherausgeber); bisher 51 Bände und zwei Sonderbände Japanische Rechtsprechung
94. Die deutsche Anwaltschaft zwischen heute und morgen, Köln 1990
95. Festschrift für Karl Heinz Schwab zum 70. Geburtstag, München 1990 (zusammen mit P. Gottwald)
96. Arbeitsgerichtsgesetz, 1. Aufl. 1990 bis 9. Aufl. 2017 (mit Germelmann und Mathes)
97. Festschrift für Gottfried Baumgärtel zum 70. Geburtstag, Köln/Berlin/Bonn/München 1990
98. Schriftenreihe des Instituts für Anwaltsrecht an der Universität zu Köln, ab Bd. 1, Bonn/Essen 1991 ff. (zusammen mit Henssler und Grunewald); bisher 90 Bände
99. Mitherausgeber der Zeitschrift für Wirtschaftsrecht (ZIP) ab Heft 13/1993
100. Das neue Insolvenzrecht, RWS-Dokumentation Nr. 18, 2 Bände, Köln 1994 (zusammen mit Kübler)
101. Lexikon des Rechts, Zivilverfahrensrecht (gebundene Ausgabe), 2. Aufl. Neuwied 1995 (zusammen mit G. Lüke)
102. Schriftenreihe des Instituts für Rundfunkrecht an der Universität zu Köln, München 1996 ff., ab Band 65 (zusammen mit Stern), bisher 30 Bände
103. Beiträge zum Insolvenzrecht, Köln 1996 ff., ab Band 15 (zusammen mit Balz, Kübler, Timm), bisher 35 Bände
104. Festschrift für Gerhard Lüke zum 70. Geburtstag, München 1997 (zusammen mit Rüßmann)
105. Insolvenzrecht 1996, RWS-Forum 9, Köln 1997
106. Bundesrechtsanwaltsordnung, 1. Aufl. 1997 bis 5. Aufl. 2017 (mit Henssler)
107. Die Zukunft der Medien hat schon begonnen – Rechtlicher Rahmen und neue Teledienste im Digitalzeitalter, Bd. 71 der Schriftenreihe des Instituts für Rundfunkrecht an der Universität zu Köln, 1998
108. Insolvenzordnung, Loseblatt, 1. Lieferung 1938 bis 73. Lieferung 2017 (mit Kübler/Bak)
109. Sonderband 1 zu Kübler/Prütting, Kommentar zur Insolvenzordnung, Noack, Gesellschaftsrecht, 1998
110. Die Entwicklung des Urheberrechts im europäischen Bereich, Bd. 75 der Schriftenreihe des Instituts für Rundfunkrecht an der Universität zu Köln, 1999

111. Sonderband 5 zu Kübler/Prütting, Kommentar zur Insolvenzordnung, Eickmann, Vergütungsrecht, 1999 (2. Aufl. 2001)

112. Das neue Insolvenzrecht, RWS-Dokumentation Nr. 18, 2. Aufl. Köln 2000 (zusammen mit Kübler)

113. Festschrift für Wilhelm Uhlenbruck zum 70. Geburtstag, Köln 2000 (zusammen mit Vallender)

114. Dogmatische Grundfragen des Zivilprozesses im geeinten Europa, Veröffentlichungen der Wissenschaftlichen Vereinigung für internationales Verfahrensrecht, Bd. 12, Bielefeld 2000 (zusammen mit Gottwald und Greger)

115. Marktmacht und Konzentrationskontrolle auf dem Fernsehmarkt, Bd. 79 der Schriftenreihe des Instituts für Rundfunkrecht an der Universität zu Köln, 2000

116. Festschrift für Akira Ishikawa, Berlin 2001 (zusammen mit Lüke und Mikami)

117. InsO 2002 – Text und Materialien, Köln 2002 (zusammen mit Kübler)

118. InsO – Texte, 1. Auflage, Köln 2002 bis 8. Auflage 2015 (zusammen mit Kübler)

119. Unternehmensinsolvenz, Rechtsprechungssammlung, 2 Bände, Loseblatt, 2003 ff. (zusammen mit Kübler, Keller)

120. Probleme des Zugangs zu den Medien und Telekommunikationseinrichtungen sowie Fragen der Zugangssicherung, Bd. 88 der Schriftenreihe des Instituts für Rundfunkrecht an der Universität zu Köln, 2004

121. Saarbrücker Schriften zum Medizinrecht (zusammen mit Luxenburger, Weth), Saarbrücken 2005 ff.

122. Schriftenreihe der Kölner Juristischen Gesellschaft, Köln 2005 ff., ab Band 31

123. Das Caroline-Urteil des EGMR und die Rechtsprechung des BVerfG, Band 94 der Schriftenreihe des Instituts für Rundfunkrecht an der Universität zu Köln, 2005

124. Prütting/Wegen/Weinreich, BGB-Kommentar, 1. Auflage 2006 bis 12. Auflage 2017

125. Prütting/Gehrlein, ZPO-Kommentar, 1. Auflage 2009 bis 9. Auflage 2017

126. Handbuch der Beweislast, 9 Bände, 3. Auflage 2007 bis 2011 (zusammen mit Baumgärtel und Laumen)

127. Die Examensklausur, 3. Auflage 2008 (zusammen mit Preis, Sachs, Weigend)

128. Prütting/Helms, FamFG-Kommentar, 1. Auflage 2009 bis 4. Auflage 2017

129. Anwaltschaft und Wissenschaft im Dialog – 20 Jahre Institut für Anwaltsrecht an der Universität zu Köln, 2009 (zusammen mit Henssler)

130. Kölner Schriften zum Wirtschaftsrecht (KSzW), ab 1. Jahrgang 2010

131. Die Examensklausur, 4. Auflage 2010 (zusammen mit Preis, Sachs, Weigend)

132. Brasilianische Zeitschrift für Zivilprozess (ab 2012)

133. RAW (Recht-Automobil-Wirtschaft), Zeitschrift (ab 2013)

134. Recht im Wandel europäischer und deutscher Rechtspolitik, Festschrift 200 Jahre Carl Heymanns Verlag, 2015

135. Festschrift 30 Jahre Kölner Juristische Gesellschaft, 2015

136. Festschrift für Vallender, 2015

137. Die Examensklausur, 6. Auflage 2017 (zusammen mit Preis, Sachs, Weigend)

III. Aufsätze

138. Das zweite Versäumnisurteil im technischen Sinn, in: JuS 1975, S. 150 ff.

139. Zurückverweisung nach Erlaß eines Sachurteils, in: DRiZ 1977, S. 78 ff.

140. Verjährungsprobleme bei falscher rechtlicher Beratung, insbesondere in Steuersachen, in: WM 1978, S. 130 ff.

141. Zivilrechtliche Haftungsprobleme im neuen Arzneimittelrecht, in: Deutsche Apotheker-Zeitung Nr. 118, 1978, S. 256 ff. (zusammen mit D. Prütting)

142. Versäumnisurteile in Statusprozessen, in: ZZP 91 (1978), S. 197 ff.

143. A admissibilidade do recurso aos tribunais alemaes superiores, in: Revista de Processo Nr. 9, Sao Paulo (1978), S. 153 ff. (portugiesisch)

144. Die Grundlagen des Zivilprozesses im Wandel der Gesetzgebung, in: NJW 1980, S. 361 ff.

145. Internationale Zuständigkeit kraft rügeloser Einlassung, in: MDR 1980, S. 368 f.

146. Zur Anrechung von Unfallrenten auf Betriebsrenten, in: NZA 1984, 24 ff. (zusammen mit Weth)

147. Schlichten statt Richten?, in: JZ 1985, 261 ff.

148. Teilurteil zur Verhinderung der Flucht in die Widerklage?, in: ZZP 98 (1985), 131 ff. (zusammen mit Weth)

149. Probleme des europäischen Vollstreckungsrechts (zugleich Anmerkung zu BGH, Beschlüsse v. 13.4.1983 und v. 16.5.1983), in: IPrax 1985, 137 ff.

150. Grundprobleme des Beweisrechts, in: JA 1985, 313 ff.

151. Die aktuelle Entwicklung des Beweisrechts und insbesondere der Beweislast im deutschen Recht, in: Hanrei-Times (Tokyo) Nr. 553 (1985), 23 ff. (japanisch)

152. Beweisprobleme im Arzthaftungsprozeß, in: Festschrift zum 150jährigen Bestehen des Landgerichts Saarbrücken, Köln 1985, S. 257 ff. = Hanrei-Times (Tokyo) Nr. 556 (1985), 25 ff. (japanisch)

153. Grundfragen des juristischen Beweises, in: Festschrift zum 240jährigen Bestehens des Gymnasiums Fridericianum Erlangen, Erlangen 1985, S. 210 ff.

154. Beschränkungen des Wettbewerbs durch Dienstbarkeiten, in: Gedächtnisschrift für Dietrich Schultz, Köln 1987, S. 287 ff.

155. Außergerichtliche Streitschlichtung in der Bundesrepublik Deutschland, in: Forschung Bd. 2, hrsg. vom Institut für prozeßrechtliche Studien Athen, Athen 1987, S. 524 ff.

156. Voraussetzungen für das Studium der Rechtswissenschaft, in: Beilage zu Heft 5 der Mitteilungen des Hochschulverbandes, Oktober 1987, S. 14 ff. (zusammen mit R. Mußgnug); 2. überarbeitete Aufl., Bad Honnef, 1989 als eigener Band mit dem Titel »Studierfähigkeit konkret«, S. 124 ff.; 3. neubearbeitete Aufl., Bad Honnef 1998 unter dem Titel »Studieren heute«, hrsg. von Werner Heldmann, S. 165 ff.

157. Die Revision in Zivilsachen seit der Änderung des Revisionsrechts von 1975, in: Blankenburg/Klages/Strempel, Überlegungen zu einer Strukturanalyse der Zivilgerichtsbarkeit, Speyerer Forschungsberichte Bd. 58, Speyer 1987, S. 121 ff.

158. Rechtsbehelfe in der Zwangsvollstreckung, in: Ergänzbares Lexikon des Rechts, Neuwied 1988 (Loseblatt); zugleich in: Lexikon des Rechts, Zivilverfahrensrecht (gebundene Ausgabe), Neuwied 1989

159. Beweisrecht und Beweislast, in: Ergänzbares Lexikon des Rechts, Neuwied 1988 (Loseblatt); zugleich in: Lexikon des Rechts, Zivilverfahrensrecht (gebundene Ausgabe), Neuwied 1989

160. Konkursbeteiligte, in: Ergänzbares Lexikon des Rechts, Neuwied 1988 (Loseblatt); zugleich in: Lexikon des Rechts, Zivilverfahrensrecht (gebundene Ausgabe), Neuwied 1989

161. Konkursmasse, in: Ergänzbares Lexikon des Rechts, Neuwied 1988 (Loseblatt); zugleich in: Lexikon des Rechts, Zivilverfahrensrecht (gebundene Ausgabe), Neuwied 1989

162. Mahnverfahren, in: Ergänzbares Lexikon des Rechts, Neuwied 1988 (Loseblatt); zugleich in: Lexikon des Rechts, Zivilverfahrensrecht (gebundene Ausgabe), Neuwied 1989

163. Ordentliche Gerichtsbarkeit, in: Ergänzbares Lexikon des Rechts, Neuwied 1988 (Loseblatt); zugleich in: Lexikon des Rechts, Zivilverfahrensrecht (gebundene Ausgabe), Neuwied 1989

164. Rechtsmittel und Wiederaufnahme, in: Ergänzbares Lexikon des Rechts, Neuwied 1988 (Loseblatt); zugleich in: Lexikon des Rechts, Zivilverfahrensrecht (gebundene Ausgabe), Neuwied 1989

165. Schiedsgerichtsbarkeit, in: Ergänzbares Lexikon des Rechts, Neuwied 1988 (Loseblatt); zugleich in: Lexikon des Rechts, Zivilverfahrensrecht (gebundene Ausgabe), Neuwied 1989

166. Versäumnisverfahren, in: Ergänzbares Lexikon des Rechts, Neuwied 1988 (Loseblatt); zugleich in: Lexikon des Rechts, Zivilverfahrensrecht (gebundene Ausgabe), Neuwied 1989

167. Zweige der Gerichtsbarkeit und Rechtsweg, in: Ergänzbares Lexikon des Rechts, Neuwied 1988 (Loseblatt); zugleich in: Lexikon des Rechts, Zivilverfahrensrecht (gebundene Ausgabe), Neuwied 1989

168. Die Drittwiderspruchsklage gemäß § 771 ZPO, in: JuS 1988, S. 505 ff. (zusammen mit Weth)

169. Streitschlichtung nach japanischem und deutschem Recht, in: Festschrift zum 30jährigen Jubiläum des Instituts für Rechtsvergleichung der Waseda-Universität Tokyo, Tokyo 1988, S. 719 ff. = Comparative Law Review Bd. 24, Tokyo 1991, Heft 1, S. 132 ff. (japanisch)

170. Prozessuale Aspekte richterlicher Rechtsfortbildung – Überlegungen zur Zulässigkeit und zu den Grenzen der Rechtsfortbildung mit einem Vorschlag an den Gesetzgeber, in: Festschrift der Rechtswissenschaftlichen Fakultät zur 600-Jahr-Feier der Universität zu Köln, Köln 1988, S. 305 ff. = Ritsumeikan Law Review Nr. 193, Heft 3, 1987 (japanisch)

171. Die Schlichtungsstellen im Arzthaftungsrecht: Zusammensetzung, Arbeitsweise und Leistungsfähigkeit, in: Heike Jung (Hrsg.), Alternativen zur Strafjustiz und die Garantie individueller Rechte der Betroffenen, Bonn 1989, S. 245 ff.

172. Anwaltsrecht in Forschung und Lehre – Illusion oder reale Möglichkeit?, in: AnwBl. 1989, 303 ff.

173. Die Zulässigkeit der überörtlichen Anwaltssozietät nach geltendem Recht, in: JZ 1989, 705 ff.

174. Prozessuale Probleme der Schmerzensgeldklage, in: NZV 1989, 329 ff. (zusammen mit Gielen)

175. Die Vertretung einer Gewerkschaft im Betrieb – Geheimverfahren zum Nachweis der Voraussetzungen, in: DB 1989, 2273 ff. (zusammen mit Weth)

176. Zur Rechtsstellung des Schiedsrichters – Dargestellt am richterlichen Beratungsgeheimnis, in: Festschrift für Karl Heinz Schwab, München 1990, S. 409 ff.
177. Gerichtsverfassungs- und Zivilprozeßrecht, Ein Korreferat, in: Coing u.a. (Hrsg.), Die Japanisierung des westlichen Rechts, Tübingen 1990, S. 369 ff.
178. Die Rechtsanwaltschaft im Umbruch, in: AnwBl. 1990, S. 346 ff.
179. Nochmals: Zur Zulässigkeit beweisrechtlicher Geheimverfahren, in: AuR 1990, S. 269 ff. (zusammen mit Weth)
180. Auf dem Weg zu einer Europäischen Zivilprozeßordnung – dargestellt am Beispiel des Mahnverfahrens, in: Festschrift für Gottfried Baumgärtel, Köln 1990, S. 457 ff. = Comparative Law Review Bd. 26, Heft 1, Tokyo 1992, S. 112 ff. (japanisch)
181. Die aktuelle Situation der deutschen Rechtsanwaltschaft, in: Keio Law Review 6, Tokyo 1990, S. 331 ff. (deutsch)
182. Beweiserleichterungen für den Geschädigten – Möglichkeiten und Grenzen, in: Karlsruher Forum 1989, Sonderheft VersR 1990, S. 3 ff. und Schlußwort, aaO, S. 45 f.
183. Übersicht zur Juristenaus- und Weiterbildung aus dem Blickwinkel der Hochschule, in: Holzhüter/Weber, Hochschulen und Freie Berufe, Bremen 1991, S. 158 ff.
184. Prozessuale Koordinierung von kollektivem und Individualarbeitsrecht – Erstreckt sich die Rechtskraft von Entscheidungen im Beschlußverfahren auf Individualprozesse?, in: RdA 1991, 257 ff.
185. Der Entwurf eines Gesetzes zur Entlastung der Rechtspflege – Eine Gefahr für den Rechtsstaat?, in: AnwBl. 1991, 606 ff.
186. Streitschlichtung vor und in der deutschen Arbeitsgerichtsbarkeit, in: Ritsumeikan Law Review (International Edition), Heft 7, März 1992, S. 41 ff. (deutsch)
187. Die Rechtsentwicklung der deutschen Rechtsanwaltschaft und insbesondere der Einfluß der EG-Integration, in: Ritsumeikan Law Review (International Edition), Heft 7, März 1992, S. 55 ff. (deutsch)
188. Die deutsche internationale Schiedsgerichtsbarkeit (L'arbitrato internazionale nel diritto tedesco), in: Rivista di diritto processuale 1992, Heft 2, S. 550 ff. (italienisch)
189. Rechtsprobleme im Rahmen der deutschen Wiedervereinigung, insbesondere der Aufbau einer rechtsstaatlichen Gerichtsbarkeit, in: Asia University Law Review, Bd. 27, Juni 1992, Heft 1, S. 45 ff. (deutsch)

190. Verjährung von Haftpflichtansprüchen gegen Steuerberater, in: StVj 1992, 224 ff. (zusammen mit Bern)

191. Neue Entwicklungstendenzen des Zivilprozeßrechts in Europa, in: Lakimies 1992, Heft 5, S. 744 ff. (finnisch)

192. Geheimnisschutz im Prozeßrecht, in: NJW 1993, 576 (zusammen mit Weth)

193. Die Vorbereitung der mündlichen Verhandlung und die Folgen verspäteten Vorbringens im deutschen Zivilprozeß, in: Festschrift zum 30-jährigen Bestehen der juristischen Fakultät der Yamanashigakuin Universität, Kofu 1992, S. 30 ff. (japanisch)

194. Probleme der Vorlagepflicht zum EuGH, in: Zweite Große Juristenwoche vom 26. – 30.10.1992 in Recklinghausen, hrsg. vom Justizminister des Landes NRW, Düsseldorf 1993, S. 70 ff.

195. Das Vorabentscheidungsverfahren des EuGH, in: Gedächtnisschrift für Arens, München 1993, S. 339 ff.

196. Entwicklungstendenzen des Zivilprozeßrechts in Deutschland und Europa, in: Hamburger Universitätsreden Bd. 54, Hamburg 1993, S. 17 ff.

197. Datenschutz und Zivilverfahrensrecht in Deutschland, in: ZZP 106 (1993), S. 427 ff.

198. Die Entwicklung des deutschen Revisionsrechts seit seiner Novellierung 1975, in: Festschrift für Mitsopoulos, Athen 1993, S. 1087 ff.

199. Der Fall Girmes als Problem des Rechtsberatungsgesetzes, in: ZIP 1994, S. 424 ff. (zusammen mit Weth)

200. Geheimnisschutz im Zivilprozeß, in: Festschrift für Kigawa, Band 3, Tokyo 1994, S. 88 ff.

201. Ethos anwaltlicher Berufsausübung, AnwBl. 1994, S. 315 ff.

202. Grundprobleme und neue Entwicklungstendenzen des Vorabentscheidungsverfahrens nach Art. 177 EGV – Ein Beitrag zu einem künftigen europäischen Zivilprozeßrecht, in: Dike International, Heft 1, Athen 1994, S. 1 ff.

203. Die rechtliche Organisation der Rechtsberatung aus deutscher und europäischer Sicht, in: Schlosser, Integritätsprobleme im Umfeld der Justiz, Bielefeld 1994, S. 27-57

204. Entwicklungslinien des neuen Insolvenzrechts, in: Kübler/Prütting (Hrsg.), Das neue Insolvenzrecht, RWS-Dokumentation 18, 2 Bände, Köln 1994, S. 1 ff.

205. Umfang und Grenzen zulässiger Rechtsberatung bei der Regulierung von Unfallschäden, NZV 1995, 1 ff. (zusammen mit Nerlich)

206. Der Insolvenzplan im japanischen und deutschen Recht, in: Festschrift für Henckel, 1995, S. 669 ff.

207. Unterlassungsanspruch und einstweilige Verfügung in der Betriebsverfassung, RdA 1995, 257 ff.

208. Die Vermutungen im Kartellrecht, in: Festschrift für Vieregge, 1995, S. 733 ff.

209. Verfahrensordnungen auf dem Prüfstand – Vorschläge zur Vereinfachung und Beschleunigung des Zivilgerichtsverfahrens aus deutscher und europäischer Sicht, in: Tagungsbericht über die 3. Große Juristenwoche vom 28.11.- 2.12.1994 in Recklinghausen, hrsg. vom Justizminister des Landes NRW, Düsseldorf 1995, S. 86 ff.

210. Überarbeitete Neuauflage von 10 Lexikon-Artikeln (siehe Nr. 154-163), in: Ergänzbares Lexikon des Rechts, Neuwied, Stand 1995/96 (Loseblatt); zugleich in: Lexikon des Rechts, Zivilverfahrensrecht (gebundene Ausgabe), Neuwied 1995; zugleich in: Lexikon des Rechts der Wirtschaft, Neuwied 1996 (Loseblatt)

211. Internationale Schiedsgerichtsbarkeit; in: dto.

212. Rechtshilfe, in: dto.

213. Entscheidungen im Zivilprozeß, in: dto.

214. Prozeßvoraussetzungen, in: dto.

215. Die Vereinfachung und Beschleunigung zivilgerichtlicher Verfahren – Ein Grundsatzproblem in Wissenschaft und Praxis, in: Festschrift für Nakano, Kyoto 1995, Band II, S. 613 ff.

216. Grundsatzfragen des deutschen Rechtsmittelrechts, in: Festschrift für Nakamura, Tokio 1996, S. 457 ff. (deutsch; japanische Übersetzung in Comparative Law Review, Bd. 61, 1998, S. 128 ff.)

217. Aktuelle Entwicklungen des internationalen Insolvenzrechts, ZIP 1996, 1277 ff.

218. Der Streitgegenstand im Arbeitsgerichtsprozeß, in: Festschrift für Lüke, 1997, S. 617 ff.

219. Verfassungsrechtliche Probleme der Einsicht in die Akten des Gerichtsvollziehers gemäß § 760 ZPO, in: Beys, Grundrechtsverletzungen in der Zwangsvollstreckung, Athen 1996, S. 93 ff.

220. Verfahrensrecht und Mediation, in: Breidenbach/Henssler, Mediation für Juristen, Köln 1997, S. 57 ff.

221. Außergerichtliche Streitbeilegung aus deutscher Sicht, in: Ishikawa (Hrsg.), Alternative Dispute Resolution, Tokyo 1997, S. 35

222. Allgemeine Grundsätze der Insolvenzordnung, in: Kölner Schrift zur Insolvenzordnung, Herne 1997, S. 183 ff.

223. Vorwirkungen der Insolvenzordnung, in: Prütting (Hrsg.), Insolvenzrecht 1996, RWS-Forum 9, Köln 1997, S. 331 ff.

224. Ist die Gesellschaft Bürgerlichen Rechts insolvenzfähig?, ZIP 1997, 1725 ff.

225. Das Berufsbild des Syndikusanwalts, Beilage zu AnwBl. Heft 11/1997, 44 Seiten (zusammen mit Hommerich)

226. Deckungsgrenze und Freigabeklauseln im Kreditsicherungsrecht, in: Festschrift für Gaul, 1997, S. 525 ff.

227. Darlegungs- und Beweislast im Produkthaftpflichtrecht, insbesondere im Hinblick auf die Kausalität, in: Lieb, Produktverantwortung und Risikoakzeptanz, Schriftenreihe der Bayer-Stiftung für deutsches und internationales Arbeits- und Wirtschaftsrecht, Bd. 3, 1998, S. 49-66

228. Zulässigkeit und Bedeutung einer DGB-Rechtsschutz GmbH, AuR 1998, 133 ff.

229. Die Insolvenz des Verbrauchers, in: Hogaku Kenkyu 1998 (Bd. 71, Heft 6), S. 59 ff. (japanisch)

230. Schutz und Förderung von Arbeitnehmerinteressen durch das Grundgesetz, in: Grupp/Weth, Arbeitnehmerinteressen und Verfassung, Berlin 1998, S. 11 ff.

231. Verfahrensrechtliche Probleme der Produkthaftung in Deutschland, in: Grotheer/Scheer, Produkthaftung in Deutschland und Japan, Hamburg 1998, S. 87 ff.

232. Die Beweislast im Arbeitsrecht, RdA 1999, 107 ff.

233. Zweite Ergänzungslieferung zu: Kübler/Prütting, Kommentar zur Insolvenzordnung, 1999 (Einleitung, § 11)

234. Dritte Ergänzungslieferung zu: Kübler/Prütting, Kommentar zur Insolvenzordnung, 1999 (§§ 47-52)

235. Streitschlichtung und Mediation im Arbeitsrecht, in: Festschrift für Hanau, Köln 1999, S. 743 ff.

236. Obligatorische Streitschlichtung im Zivilprozeß – Chancen und Probleme, Verhandlungen des 62. Deutschen Juristentages 1998 in Bremen, Bd. II/1, München 1998, S. O 11 ff.

237. Verfahrensrechtliche Fragen der Durchsetzung urheberrechtlicher Ansprüche im internationalen Bereich, in: Prütting (Hrsg.), Die Entwicklung des Urheberrechts im europäischen Bereich, München 1999, S. 33 ff.

238. Mediation und gerichtliches Verfahren – ein nur scheinbar überraschender Vergleich, in: Beilage 9 zu Heft 27/1999 des Betriebsberaters, Heidelberg 1999, S. 7 ff.

239. Die rechtlichen Grundlagen anwaltlicher Berufspflichten und das System der Reaktionen bei anwaltlichem Fehlverhalten, AnwBl. 1999, 361 ff. = Mitt.RAK Köln 1999, 174 ff.

240. Befangenheit des Richters in der Arbeitsgerichtsbarkeit und richterliche Aufklärungspflicht, in: Schmidt (Hrsg.), Arbeitsrecht und Arbeitsgerichtsbarkeit, Festschrift zum 50-jährigen Bestehen der Arbeitsgerichtsbarkeit in Rheinland-Pfalz, 1999, S. 565 ff.

241. Zivilprozeß ohne Grenzen: Die Harmonisierung und Vereinheitlichung des Prozeßrechts, in: Gilles (Hrsg.), Prozeßrecht an der Jahrtausendwende, 1999, S. 169 ff.

242. Anwaltschaft, Rechtsschutz, Prozeßökonomie, in: Rill, 50 Jahre freiheitlich-demokratischer Rechtsstaat, Baden-Baden 1999, S. 277 ff.

243. Fünfte Ergänzungslieferung zu: Kübler/Prütting, Kommentar zur Insolvenzordnung, 1999 (§§ 4, 6)

244. Das Fernsehen im Gerichtssaal – Ausweitung der Öffentlichkeit im Zivilprozeß?, in: Festschrift für Schütze, 1999, S. 685 ff.

245. Allgemeine Verfahrensgrundsätze der Insolvenzordnung, in: Kölner Schrift zur Insolvenzordnung, 2. Aufl. 2000, S. 221 ff.

246. Richterliche Gestaltungsspielräume für alternative Streitbehandlung, in: Bremer Beiträge zur Rechtspolitik, Heft 1, Bremen 2000, S. 28 ff.

247. Aktuelle Fragen der Rechtsmittel im Insolvenzrecht, NZI 2000, 145 ff.

248. Sechste Ergänzungslieferung zu: Kübler/Prütting, Kommentar zur Insolvenzordnung, 2000 (§ 8)

249. Richterrecht in der deutschen Rechtsprechung, in: Comparative Civil Procedural Law Review (Peking), Band 1, 1999, S. 39 ff. (chinesisch)

250. Rechtsmittelreform in Zivilsachen, in: Karpen, Justizpolitik, Dokumentation der Anhörung vom 22.9.1999, Hamburg 2000, S. 9 ff.

251. Richterliche Gestaltungsspielräume für alternative Streitbehandlung, AnwBl. 2000, 273 ff.

252. Das Versäumnisurteil im deutschen und europäischen Recht, in: Liber amicorum Paul Meijknecht, Deventer 2000, S. 217 ff.

253. Aktuelle Probleme des Insolvenzverfahrensrechts, in: Arbeitskreis für Insolvenz- und Schiedsgerichtswesen e.V. (Hrsg.), Aktuelle Probleme des neuen Insolvenzrechts, 2000, S. 17 ff.

254. The Grotius Program: Proposals for Amending Article 21 and 22 of the Brussels Convention, in: Europäische Zeitschrift für Privatrecht (ERPL) 2000, 257 ff.

255. Die Rechtshängigkeit im internationalen Zivilprozeßrecht und der Begriff des Streitgegenstandes nach Art. 21 EuGVÜ, in: Gedächtnisschrift für Lüderitz, München 2000, S. 623 ff.

256. Die Verwertung von klassischen Bühnenaufführungen in Funk und Fernsehen, in: Dörr (Hrsg.), www.othello.de – Klassik nur noch im Internet oder per pay?, Frankfurt a.M. 2000, S. 53 ff. (zusammen mit Gerth)

257. Arbeitsrechtliches Beschlußverfahren in der Insolvenz, in: Festschrift für Uhlenbruck, Köln 2000, S. 769 ff.

258. Grundfragen einer Großen Justizreform, Mitteilungen des Münchener Anwaltvereins, Heft 11 (November) 2000, S. 6 f.

259. Anwaltliches Berufsrecht, in: 50 Jahre BGH – Festgabe aus der Wissenschaft (in vier Bänden), Bd. III, München 2000, S. 839 ff.

260. Grundfragen des Rechtsmittelrechts, in: Dogmatische Grundfragen des Zivilprozesses im geeinten Europa (hrsg. von Gottwald, Greger, Prütting), Bielefeld 2000, S. 101 ff.

261. Rechtsberatung durch Medien?, in: Dokumentation des Bundesministerium der Justiz, Kriminalität in den Medien, 5. Kölner Symposium, 2000, S. 128 ff.

262. Achte Ergänzungslieferung zu: Kübler/Prütting, Kommentar zur InsO, 2000 (§ 7)

263. Die Vermutung vorherrschender Meinungsmacht, in: Prütting (Hrsg.), Marktmacht und Konzentrationskontrolle auf dem Fernsehmarkt, 2000, S. 115 ff.

264. Verfahrensgerechtigkeit – ein Diskurs über materiale und prozedurale Gerechtigkeit, in: Festschrift für Hartmut Schiedermair, Heidelberg 2001, S. 445 ff. (Übersetzung in die japanische und chinesische Sprache)

265. Die Abwahl des Insolvenzverwalters – von der Gläubigerautonomie zur Großgläubigerautonomie, in: Bork/Kübler, Insolvenzrecht 2000, Köln 2001, S. 29 ff.

266. Das Anstellungsverhältnis des Syndikusanwalts, AnwBl. 2001, 313 ff.

267. Die Präimplantationsdiagnostik – ein Umbruch im Familienrecht?, in: Festschrift für Wacke, München 2001, S. 375 ff.

268. Vertraulichkeit in der Schiedsgerichtsbarkeit und in der Mediation, in: Liber amicorum Karl-Heinz Böckstiegel, 2001, S. 629 ff.

269. Ermittlung und Anwendung von ausländischem Recht in Japan und Deutschland; in: Festschrift für Ishikawa, Berlin 2001, S. 397 ff. = Comparative Law Review Waseda University Bd. 37 (2003), Heft 1 (japanisch)

270. Elfte Ergänzungslieferung zu: Kübler/Prütting, Kommentar zur InsO, 2001 (§§ 4, 4a, 4b, 4c, 4d)

271. Die Strukturen des Zivilprozesses unter Reformdruck und europäische Konvergenz? in: Festschrift für Schumann, Tübingen 2001, S. 309 ff. (Übersetzung in die chinesische Sprache)

272. Zwölfte Ergänzungslieferung zu: Kübler/Prütting, Kommentar zur InsO, 2002 (§§ 6, 7, 9, 50)

273. La reforma del sistema recursivo, in: Revista de Direito Processual Civil, No. 22, Sao Paulo 2001, S. 795 ff.

274. Kollision von Gesellschaftsrecht und Insolvenzrecht bei der Eigenverwaltung?, ZIP 2002, 777 ff. (zusammen mit Huhn)

275. Rechtliche Rahmenbedingungen der Mediation – Haftung, in: Haft/Schlieffen, Handbuch Mediation, München 2002, S. 824 ff.

276. Mediation im Arbeitsrecht, in: Haft/Schlieffen, Handbuch Mediation, München 2002, S. 950 ff.

277. Urheberrecht, in: Internetrundfunk und Breitbanddienste im Internet – Regulierung, 3. LfR-Kolloquium Medienrecht, hrsg. von LfR NRW, Berlin 2002, S. 23 ff.

278. Schiedsgerichtsbarkeit contra Vertragsfreiheit – die seltsamen Wege des neuen Urhebervertragsrechts, in: Festschrift für Geimer, München 2002, S. 839 ff.

279. Befugnisse des vorläufigen Insolvenzverwalters – aktuelle Entwicklungen in der Rechtspraxis, ZIP 2002, 1608 ff. (zusammen mit Stickelbrock)

280. Methodische Grundfragen der Auslegung von Willenserklärungen, in: Festschrift für Jagenburg, München 2002, S. 735 ff.

281. Ist die Restschuldbefreiung verfassungswidrig?, ZVI 2002, 305 ff. (zusammen mit Stickelbrock)

282. Die Unabhängigkeit des Insolvenzverwalters, ZIP 2002, 1965 ff.

283. Die Parteifähigkeit der Gesellschaft bürgerlichen Rechts als Methodenproblem, in: Festschrift für Wiedemann, München 2002, S. 1177 ff.

284. Die Rechtsanwaltschaft beim BGH im Lichte des Verfassungsrechts, JZ 2003, 239 (zusammen mit Krämer)

285. Insolvenzantragspflichten im Konzern, in: Festschrift für Metzeler, Köln 2003, S. 3 ff.

286. Kommentierung der §§ 765 bis 778 BGB, in: Juris Praxiskommentar, BGB Allgemeiner Teil und Schuldrecht, ab Mai 2003 im Internet: www.jurisPK.de

287. Das Berufsbild des Syndikus (in japanischer Sprache), in: Japan Federation of Bar Associations, Report of The Lawyer in Germany, 2003, S. 103 ff.

288. Insolvenz von Vereinen und Stiftungen, in: Non Profit Law Yearbook 2002, hrsg. vom Institut für Stiftungsrecht der Bucerius Law School, 2003, S. 137 ff.
289. Vom deutschen zum europäischen Streitgegenstand, in: Festschrift für Beys, Athen 2003, Band II, S. 1273 ff.
290. Insolvenzabwicklung durch Eigenverwaltung und die Anordnung der Zustimmung des Sachwalters, Festschrift für Kirchhof, 2003, S. 433 ff.
291. Zwingendes und nachgiebiges Recht bei der Bürgschaft, in: Bildung – Führung – Veränderung, Festschrift Deutsche Sparkassenakademie – 75 Jahre Lehrinstitut, 2003, S. 310 ff.
292. Risiken der neuen Juristenausbildung, NWVBl. 2003, 377 ff.
293. Rechtsanwälte als Richter aus der Sicht der Wissenschaft, BRAK-Mitt. 2003, 210 ff.
294. Informatiosbeschaffung durch neue Urkundenvorlagepflichten, Festschrift für Németh, Budapest 2003, S. 701 ff.
295. Die Erledigung des Rechtsstreits: Nicht nur ein Kostenproblem, ZZP 116 (2003), 267 ff. (zusammen mit Wesser)
296. Praktische Fälle nach der EuInsVO, in: Breitenbücher/Ehricke, Insolvenzrecht, 2003, RWS-Forum Bd. 24, Köln 2003, S. 59 ff.
297. 18. Erg.Lfg. zu: Kübler/Prütting, Kommentar zur InsO, 2003 (§ 4a – § 4d)
298. Das juristische Studium in NRW nach der Ausbildungsreform, in: Reform der Juristenausbildung, JA-Sonderheft, Neuwied 2003, S. 1 ff.
299. Die materielle Prozessleitung, in: Festschrift für Musielak, München 2004, S. 397 ff. (in chinesischer Sprache: The Law Review, Taiwan, 2005, S. 111 ff.)
300. Grundfragen des Zugangs zu den Medien und Zugangsbeschränkungen, in: Prütting, Probleme des Zugangs zu den Medien und Telekommunikationseinrichtungen sowie Fragen der Zugangssicherung, München 2004, S. 1 ff.
301. Beweisrecht und Beweislast im arbeitsrechtlichen Diskriminierungsprozess, in: Festschrift 50 Jahre BAG, München 2004, S. 1311 ff.
302. Internationale Zuständigkeit und Revisionsinstanz, in: Gedächtnisschrift für W. Blomeyer, Berlin 2004, S. 803 ff.
303. Ein neues Kapitel im Justizkonflikt USA – Deutschland, in: Festschrift für Eric Jayme, 2 Bände, München 2004, Bd. 1, S. 709 ff.
304. La obtención de información en el proceso civil a través de los nuevos deberes de presentación de documentos, in: Festschrift für Moniz de Aragao, 2005 (portugiesisch) = Revista Iberoamericana de derecho procesal 2004, S. 217 ff. (spanisch)

305. Rechtsberatung zwischen Deregulierung und Verbraucherschutz, Beilage zu NJW 27/2004, S. 34 ff.
306. Probleme der Modularisierung der Schwerpunktbereiche, in: Münch, Die neue Juristenausbildung, Stuttgart 2004, S. 65 ff.
307. Handbuch des Fachanwalts Versicherungsrecht, 2. Kapitel, Besonderheiten der Prozessführung, München 2004, S. 117 ff. (zusammen mit Krahe)
308. Die Reform des Rechtsberatungsgesetzes, AnwBl. 2004, 466 ff.
309. Bericht 2004 – Aus dem Leben der Rechtswissenschaftlichen Fakultät, in: Verein zur Förderung der Rechtswissenschaft (Hrsg.), Fakultätsspiegel SS 2004, Köln 2004, S. 1 ff.
310. Vertragsbeendigung durch Insolvenz, in: Festschrift für W. Gerhardt, Köln 2004, S. 761 ff.
311. Kommentierung der §§ 765 – 778 BGB, in: Juris Praxiskommentar, 2. Aufl. 2004, Bd. 2.3, S. 918 ff.
312. Rechtsberatung im Wandel, BRAK-Mitt. 2004, 244 ff. = Kammerforum der RAK Köln 2004, 269 ff.
313. Geistiges Eigentum und Verfahrensrecht, insbesondere beweisrechtliche Fragen, in: Festschrift für Bartenbach, Köln 2005, S. 417 ff.
314. 22. Ergänzungslieferung zu: Kübler/Prütting, Kommentar zur InsO, 2005 (§ 4a)
315. Schiedsgerichtsbarkeit und Verfassungsrecht, in: Festschrift für Schlosser, Tübingen 2005, S. 705 ff.
316. Begrüßung und Bericht im Rahmen der Akademischen Feier zu Ehren der Doktoranden des Jahres 2004 sowie der Antrittsvorlesung Dauner-Lieb, in: Verein zur Förderung der Rechtswissenschaft (Hrsg.), Fakultätsspiegel WS 2004/2005, Köln 2005, S. 3 ff.
317. Die Bestellung des Insolvenzverwalters, ZIP 2005, 1097 ff.
318. Die europäische Insolvenzordnung und das grenzüberschreitende Insolvenzverfahren, in: Konecny (Hrsg.), Insolvenz-Forum 2004, Wien 2005, S. 157 ff.
319. Insolvenzanfechtung wegen Unentgeltlichkeit bei Erfüllungshandlungen, KTS 2005, 253 ff.
320. Gibt es eine ärztliche Pflicht zur Fehleroffenbarung?, in: Festschrift für Laufs, Berlin 2005, S. 1909 ff.
321. Das Caroline-Urteil des EGMR und die Rechtsprechung des BVerfG – Einführung, in: Prütting (Hrsg.), Das Caroline-Urteil des EGMR, 2005, S. 1 ff.

322. Die Bindung an das Grundurteil im Betragsverfahren, in: Festschrift für Rechberger, Wien 2005, S. 427 ff.

323. Schiedsrichter gleich Mediator und Richter als Schiedsrichter?, in: Festschrift für Busse, 2005, S. 263 ff.

324. Mediation und Gerichtsbarkeit, ZKM 2006, 100

325. Konzerninsolvenzrecht, Indat-Report 2006, Heft 1, S. 27

326. Positive Wirkung der ZPO-Reform, DRiZ 2006, 215 (mit Hommerich)

327. Besonderheiten der Prozessführung, in: Halm, Handbuch des Fachanwalts für Versicherungsrecht, 2. Auflage 2006, S. 123 (mit Krahe)

328. Formenstrenge und prozessuale Billigkeit – einst und jetzt, Festschrift für Vollkommer, 2006, S. 283

329. Das Geburtsdatum des Insolvenzschuldners als delikate Information, ZVI 2006, 477 (mit Brinkmann)

330. Das Kündigungsrecht gemäß § 8 Nr. 2 VOB/B, Festschrift für Horn, 2006, S. 509

331. Kommentierung der §§ 765-778 BGB, in: Juris-Praxiskommentar, 3. Auflage 2006

332. Rechtsberatung durch Vereine, Verbände und Stiftungen, in: Walz, Non Profit Law, Yearbook 2005, 2006, S. 255

333. Rezeption und Ausstrahlung im Zivilprozess – Globalisierung des Verfahrens, Festschrift für Lindacher, 2007, S. 89

334. Die aktuelle Entwicklung des europäischen Zivilprozessrechts, insbesondere das künftige europäische Mahnverfahren, Festschrift für Yessiou-Faltsi, 2007, S. 497

335. Richterlicher Hinweispflichten im Zivilprozess, Festschrift für den Areopag, Band 6, 2007, S. 355

336. Das Rechtsdienstleistungsgesetz – eine Gefahr für die Rechtsanwaltschaft?, Kammerforum RAK Köln, 2007, Heft 3, S. 9

337. 29. Ergänzungslieferung Kübler/Prütting/Bork, InsO, Juli 2007 (§§ 5, 8, 9)

338. Mediation und weitere Verfahren konsensualer Streitbeilegung – Regelungsbedarf im Verfahrens- und Berufsrecht, JZ 2008, 847

339. Gesetz oder Richterspruch – ungeschriebene Rechtsbehelfe als Methodenproblem, Festschrift für Adomeit, 2008, S. 571

340. Juristenausbildung und Globalisierung – Tendenzen in Deutschland, Europa und Japan, Festschrift für Kojima, 2008, S. 1107

341. Garantie einer eigenständigen Arbeitsgerichtsbarkeit im Lichte der EMRK, Festschrift für Machacek und Matscher, 2008, S. 356

342. Discovery im deutschen Zivilprozess, AnwBl 2008, 153

343. Gerechtigkeit und Zivilprozess, Feier zum 80. Geburtstag von Gerhard Lüke, Universitätsreden Band 72 der Universität des Saarlandes, 2008, S. 19

344. Mediation im Arbeitsrecht, in: Haft/Schlieffen, Handbuch Mediation, 2. Auflage 2009, S. 515

345. Haftung des Mediators, in: Haft/Schlieffen, Handbuch Mediation, 2. Auflage 2009, S. 1135

346. Besonderheiten der Prozessführung, in: Halm, Handbuch des Fachanwalts für Versicherungsrechts, 3. Auflage 2008, S. 265

347. Kommentierung der §§ 765-778 BGB, Juris-Praxiskommentar, 4. Auflage 2008

348. 37. Ergänzungslieferung Kübler/Prütting/Bork InsO, September 2009 (Einleitung InsO)

349. Bedeutungswandel in der Insolvenz durch Rechtsübertragung, Festschrift für Leipold, 2009, S. 427

350. Missbräuchliche Veräußerung von Immobilienkrediten, Festschrift für Medicus, 2009, S. 333

351. Der Begriff der Rechtsdienstleistung im neuen RDG, Festschrift für Hartung, 2009, S. 117

352. Rechtswissenschaft und Rechtspolitik in den Zeiten der Finanzmarktkrise, Festschrift für Gauweiler, 2009, S. 253

353. Entwicklungstendenzen im deutschen Rechtsmittelrecht, Festschrift für Konuralp, Band 1, 2009, S. 851

354. Die Unabhängigkeit des Syndikusanwalts, AnwBl. 2009, 402

355. Allgemeine Verfahrensgrundsätze der Insolvenzordnung, in: Kölner Schrift zur InsO, 3. Auflage 2009, S. 1

356. Die europäische Arzthaftung im Prozess: Internationale Zuständigkeit und Kollisionsrecht, in: Katzenmeier/Bergdolt, Das Bild des Arztes im 21. Jahrhundert, 2009, S. 157

357. Nutzen und Schaden der ZPO-Gesetzgebung, in: Bork/Eger/Schäfer, Ökonomische Analyse des Verfahrensrechts, Tübingen 2009, S. 1

358. 20 Jahre anwaltliches Berufsrecht, in: Henssler/Prütting, Anwaltschaft und Wissenschaft im Dialog, Schriftenreihe des Instituts für Anwaltsrecht Band 80, 2009, S. 77

359. Mediation – Privileg der rechtsberatenden Berufe?, ZAP 2009, 919 = Kammerforum RAK Köln, 2009, 99

360. Rechtsfragen bei der Insolvenz einer Scheinauslandsgesellschaft, in: Insolvenz-Forum 2008, hrsg.: Konecny, Wien 2009, S. 121

361. Kommentierung der InsO und der ZPO (Auswahl), in: D. Prütting, Medizinrecht, Kommentar, 1. Auflage 2009

362. Der nichtrechtsfähige Verein im Zivilprozess, in der Zwangsvollstreckung und Insolvenz sowie im Grundbuch, Festschrift für Reuter, 2010, S. 263

363. Schiedsklauseln in der Insolvenz, Festschrift für Görg, 2010, S. 371

364. Die Gesellschaft bürgerlichen Rechts im Grundbuch, Festschrift für Zimmermann, 2010, S. 239

365. Mediation und Rechtsstaat, in: Türkische Rechtsanwaltskammer, Band IX, 2010, S. 216

366. Gerichtsstands- und Rechtswahl in der europäischen Arzthaftung – Forum shopping, in: Cross Border Treatment – Die Arzthaftung wird europäisch, 2010, S. 37

367. Informationsbeschaffung im deutschen Zivilprozess durch Urkundenvorlage, Comparative Law Review, Tokio 2010, S. 29

368. Beweislast und Beweismaß, ZZP 123 (2010), 135

369. In Englisch vor deutschen Gerichten verhandeln, AnwBl. 2010, 113

370. Fundamentos y tendencias actuales en el desarollo del derecho procesal civil europeo, Revista de Processo, Sao Paolo 2010, Heft 190, S. 71

371. Carga de la prueba y estandar probatorio, Revista Jus et Praxis, 2010, 453

372. Der neue Überschuldungsbegriff, in: Heinrich, Wirtschaft im Umbruch, 2010, S. 109

373. Kommentierung der §§ 765-778 BGB, Juris-Praxiskommentar, 5. Auflage 2010

374. Diamesolabisi (griechisch), Synigoros 2010, Heft 3, S. 51

375. Grundlagen und aktuelle Entwicklungstendenzen im europäischen Zivilprozessrecht, Festschrift für Erecinski, Warschau 2011, S. 1255

376. 45. Ergänzungslieferung Kübler/Prütting/Bork, InsO, September 2011 (§§ 1, 3, 7, 11, 12)

377. Kommentierung der InsO und der ZPO (Auswahl), in: D. Prütting, Medizinrecht, Kommentar, 2. Auflage 2011

378. Neue Rechtssubjekte im deutschen Grundbuch, Festschrift für Günther Roth, 2011, S. 585

379. Besonderheiten der Prozessführung, in: Halm, Handbuch des Fachanwalts für Versicherungsrecht, 4. Auflage 2011, S. 273

380. Ein Plädoyer gegen Gerichtsmediation, ZZP 124 (2011), 163

381. Aktuelle Tendenzen im deutschen Anwaltsrecht, Ritsumeikan Law Review Nr. 28, Juni 2011, S. 169

382. Die rechtliche Stellung des Schiedsrichters, SchiedsVZ 2011, 233

383. Der Kampf um die Zweigstelle – was ist eine Kanzlei?, AnwBl. 2011, 46

384. 48. Ergänzungslieferung Kübler/Prütting/Bork, InsO, 2012 (§§ 1, 2, 3, 6, 7)

385. Die Stellung des Syndikusanwalts aus berufsrechtlicher Sicht, RAK Nürnberg, 2012, S. 84 = ZAP 2014, 375

386. Die internationale Zuständigkeit bei Persönlichkeitsverletzungen im Internet, Gedächtnisschrift für Koussoulis, Athen 2012, S. 459

387. Die Rechtsstellung des Rechtsanwalts als Schiedsrichter, AnwBl. 2012, 28

388. Rechtsschutz gegen Persönlichkeitsverletzungen im Internet, Gedächtnisschrift für U. Hübner, 2012, S. 425

389. Die Rolle des Anwalts bei der Rechtsfortbildung, Festschrift für Kaissis, 2012, S. 789

390. Der europäische Streitgegenstand und die Rechtssache Purucker, Festschrift für Simotta, 2012, S. 437

391. Die Stellung des Syndikusanwalts aus berufsrechtlicher Sicht, Kammerforum der RAK Köln, 2012, S. 4

392. Kommunikation anwaltlicher Spezialisierung, AnwBl. 2012, 101

393. Das neue Mediationsgesetz – Konsensuale Streitbeilegung mit Überraschungen, AnwBl. 2012, 204

394. Die Schriftenreihe japanisches Recht, in: Japanisches Kulturinstitut Köln, Vorträge und Aufsätze zum 150. Jubiläum der deutsch-japanischen Freundschaft, 2012, S. 69 (mit Hanau)

395. Die Rezeption des deutschen Zivilrechts und des Zivilprozessrechts in Japan, in: Japanisches Kulturinstitut Köln, Vorträge und Aufsätze zum 150. Jubiläum der deutsch-japanischen Freundschaft, 2012, S. 141

396. Das Mediationsgesetz ist in Kraft getreten, AnwBl. 2012, 796

397. Mediation im Arbeitsrecht, in: Vries, Mediation als Verfahren konsensualer Streitbeilegung, 2012, S. 39

398. Entwicklungslinien eines modernen Insolvenzrechts, KSzW 2012, 255

399. Rechtsmissbrauch sowie Treu und Glauben im Prozessrecht und im Insolvenzrecht, Festschrift für Stürner, 2013, S. 455

400. Die Beweislast im Arzthaftungsprozess und das künftige Patientenrechtegesetz, Festschrift für Rüssmann, 2013, S. 609

401. Die Ausgrenzung des Syndikus – ein Schritt in die falsche Richtung, AnwBl. 2013, 78

402. Insolvenzen mit Auslandsbezug, in: Heinrich, Unternehmen im Auf und Ab der Konjunktur, 2013, S. 97

403. Der neue IDW S 6 zur Erstellung von Sanierungskonzepten, ZIP 2013, 203

404. Kommentierung der §§ 765-778 BGB, Juris-Praxiskommentar, 6. Auflage 2013

405. Der rechtliche Hintergrund des IDW S 6 zur Erstellung von Sanierungskonzepten, KSI 2013, 101

406. Auf dem Weg von der mündlichen Verhandlung zur Videokonferenz, AnwBl. 2013, 330

407. Die Unabhängigkeit als konstitutives Merkmal rechtsberatender Berufe, AnwBl. 2014, 683

408. Der Zivilprozess im Jahre 2030: Ein Prozess ohne Zukunft?, AnwBl. 2013, 401

409. Die Insolvenz der Arztpraxis, Festschrift für Lothar Jaeger, 2014, S. 87

410. Prozessrecht und materielles Recht, Festschrift für Henckel zum 90. Geburtstag, 2015, S. 261

411. Wahrheit im Zivilprozess, in: Festschrift für Gottwald, 2014, S. 507

412. Die Überprüfung des ausländischen Rechts in der Revisionsinstanz, Festschrift für Schütze zum 80. Geburtstag, 2014, S. 449

413. Rechtsverwerfungen bei der BGB-Gesellschaft und die Folgen für Sozietäten, AnwBl. 2014, 107

414. Verfahrensgrundsätze im Lichte der Betriebsfortführung, in: Mönning, Betriebsfortführung in der Insolvenz, 2. Auflage 2014, S. 29

415. Der Fall Weber des EuGH und der dingliche Gerichtsstand, Festschrift für Coester-Waltjen, 2015, S. 631

416. Verfahrensfragen des Tarifeinheitsgesetzes, in: Festschrift 200 Jahre Carl Heymanns Verlag, 2015, S. 117

417. Die Folgen der BSG-Urteile: Berufsverbot für die deutschen Syndikusanwälte?, in: DAV, Der Syndikusanwalt im Anwaltsrecht, 2015, S. 137 = AnwBl. 2014, 788

418. Alternative Streitbeilegung in Verbraucherangelegenheiten – Bindungswirkung und Vollstreckbarkeit, in: Schmidt-Kessel, Alternative Streitschlichtung, 2015, S. 157

419. Wahrheit und Gerechtigkeit durch Verfahren, Festschrift 30 Jahre Kölner Juristische Gesellschaft, 2015, S. 237

420. The organisation of legal professions, in: German National Reports on 19th International Congress of Comparative Law, 2015, S. 285

421. Neues zum Streitgegenstand, Festschrift für Pekcanitez, 2015, S. 301

422. Rechtsmissbrauch und Insolvenzantrag, Festschrift für Kübler, 2015, S. 567

423. Anwaltlicher Interessenkonflikt und Third Party Legal Opinion, Festschrift für Schilken, 2015, S. 405

424. Warnpflichten des Rechtsanwalts außerhalb des Pflichtenprogramms, Festschrift für Wegen, 2015, S. 509

425. Eigenständiges Berufsrecht für Insolvenzverwalter, Festschrift für Vallender, 2015, S. 455

426. Das Eckpunktepapier des Bundesjustizministeriums zu den Syndikusanwälten, AnwBl. 2015, 199

427. Schiedsgerichtsbarkeit ist Anwaltssache, AnwBl. 2015, 546

428. Besonderheiten der Prozessführung, in: Halm, Handbuch des Fachanwalts für Versicherungsrecht, 5. Auflage 2015, S. 274 (mit Krahe)

429. Das Eigentum an Raubkunst und der Fall Gurlitt, Festschrift für Meincke, 2015, S. 273

430. Kommentierung von InsO und ZPO (Auswahl), in: D. Prütting, Medizinrecht, Kommentar, 4. Auflage 2016

431. Verfahrensgrundsätze im Lichte der Betriebsfortführung, in: Mönning, Betriebsfortführung in Restrukturierung und Insolvenz, 3. Auflage 2016, S. 43

432. Die Zukunft des Zivilprozesses, Festschrift für Klamaris, Athen 2016, S. 611

433. Kommentierung der §§ 765-778 BGB, Juris-Praxiskommentar, 7. Auflage 2016

434. Mediation im Arbeitsrecht, in: Haft/Schlieffen, Handbuch Mediation, 3. Auflage 2016, S. 733

435. Anwaltliche Fortbildung zwischen Freiheit und Zwang, AnwBl. 2016, 272

436. Das Pechstein-Urteil des BGH und die Krise der Sport-Schiedsgerichtsbarkeit, SpuRt 2016, 143

437. Gerechtigkeit durch Verfahren, JM 2016, 354

438. Der neue Syndikusrechtsanwalt und die Rechtsstellung des Altsyndikus, in: Unternehmensjurist 2016, 87

439. Gesellschaftsrechtliche Impulse für die Arbeits- und Insolvenzrechtspraxis, in: Heinrich, Untternehmenssanierung im Fokus der Arbeits- und Insolvenzrechtspraxis, 2016, S. 1

440. Der Anwalt und sein Gesellschaftsrecht, AnwBl. 2016, 637

441. Güterichter, Mediator und Streitmittler, MDR 2016, 965

442. Das neue Verbraucherstreitbeilegungsgesetz: Was sich ändert und was bleiben wird, AnwBl. 2016, 190

443. Der Rechtsanwalt als Insolvenzverwalter, Festheft für Knauth, Beilage zu ZIP 2016, Heft 22, S. 61

444. Möglichkeiten und Grenzen der Vermeidung von Anfechtungsgefahren bei der Erarbeitung von Sanierungskonzepten, Festschrift für Pannen, 2017, S. 289

445. Grenzüberschreitende Insolvenzen, in: Heinrich, Krise als Chance, 2017, S. 217

446. Die Sozietät zwischen Anwaltsnotar und Wirtschaftsprüfer, Festschrift für Oppenhoff, 2017

447. Berufsrecht 2020 – Ausgangspunkt 2016, AnwBl. 2017, 368

448. Die sekundäre Darlegungslast und die nicht existierende sekundäre Beweislast, Festschrift für Krüger, 2017, S. 433

449. Kommentierung der §§ 19-21 VSBG, in: Althammer/Meller-Hannich, VSBG, Kommentar, 1. Auflage 2017

450. Die Regelfrist des § 17 Abs. 2a BeurkG – ein Stolperstein für Notare, Festschrift für Geimer, 2017, S. 251

451. Der Arzthaftungsprozess in Deutschland als zivilprozessuales Sonderverfahren, in: Revista deProcesso, Jg. 42, Sao Paulo, Heft 271, Sept. 2017

IV. Anmerkungen, Berichte, Rezensionen, Kurzbeiträge

452. Anmerkung zu BGH, Beschluß v. 12.5.1976, in: ZZP 90 (1977), S. 77 ff. (Revisionsbegründung)

453. Besprechung von: Kupisch, Gesetzespositivismus im Bereicherungsrecht, in: WM 1978, S. 859 f.

454. Examensklausur Zivilrecht – Fall zum Zivilprozeßrecht, in: Jura 1979, S. 101 ff. (zusammen mit K.H. Schwab)

455. Anmerkung zu BVerfG, Beschluß v. 9.8.1978, in: ZZP 92 (1979), S. 272 ff. (Verfassungsmäßigkeit der Annahmerevision)

456. Anmerkung zu BVerfG, Beschluß v. 16.1.1979, in: ZZP 92 (1979), S. 279 f. (Anrufung des Plenums)

457. Zweitbearbeitung der Stichworte: Ehesachen, Eheliches Güterrecht, Freiwillige Gerichtsbarkeit, in: Bartlsperger/Boldt/Umbach, Wie funktioniert das? Der moderne Staat, 2. Aufl., Mannheim 1979, S. 188 f., 196 f., 212 f.

458. Besprechung von: Zöller, Kommentar zur Zivilprozeßordnung, 12. Aufl., in: WM 1979, S. 1227 f.

459. Besprechung von: Walter, Freie Beweiswürdigung, 1979, in: WM 1980, S. 815 f.

460. Besprechung von: de Lousanoff, Zur Zulässigkeit des Teilurteils gemäß § 301 ZPO, 1979, in: ZZP 94 (1981), S. 103 ff.

461. Anmerkung zu BVerfG, Plenarentscheidung v. 11.6.1980, in: ZZP 95 (1982), 67 ff. (Verfassungsmäßigkeit der Annahmerevision)

462. Bericht über die Tagung der Wissenschaftlichen Vereinigung für Internationales Verfahrensrecht, in: NJW 1982, 1924 f.

463. Anmerkung zu BGH, Beschluß des Großen Senats v. 11.3.1981, in: ZZP 95 (1982), 496 ff. (Kosten der Anschlußrevision)

464. Bericht über den VII. Internationalen Kongreß für Prozeßrecht, in: NJW 1984, 2018 f.

465. Besprechung von: Zöller, Kommentar zur Zivilprozeßordnung, 14. Aufl. 1984, in: NJW 1985, 725 f.

466. Anmerkung zu BGH, Urteil v. 23.11.1983, in: ZZP 99 (1986), 90 ff. (Ausschluß der Klagbarkeit)

467. Besprechung von: Fleischer, Patentgesetzgebung und chemisch-pharmazeutische Industrie im deutschen Kaiserreich, Stuttgart 1984, in: DAZ 126 (1986), 559 und 646

468. Besprechung von: Blankenburg/Voigt, Implementation von Gerichtsentscheidungen, Siegen 1984, in: JZ 1986, 279

469. Besprechung von: Morasch, Schieds- und Schlichtungsstellen in der Bundesrepublik, Köln 1984, in: ZZP 99 (1986), 345 ff.

470. Anmerkung zu BAG, Urteil v. 1.6.1983, in: EzA Nr. 69 zu § 1 LFZG (Lohnfortzahlung bei Alkoholabhängigkeit)

471. Besprechung von: Fürniss, Chemiepatent-Entscheidungen, Heidelberg 1986, in: DAZ 127 (1987), S. 795

472. Besprechung von: Blomeyer, A., Zivilprozeßrecht, Erkenntnisverfahren, 2. Aufl., Berlin 1985, in: NJW 1987, 1614 f.

473. Besprechung von: Klein/Ruban, Der Zugang zum Bundesfinanzhof, Heidelberg 1986 – Herrmann, Die Zulassung der Revision und die Nichtzulassungsbeschwerde im Steuerprozeß, Freiburg 1986, in: WM 1987, 1148

474. Besprechung von: Kropholler, Europäisches Zivilprozeßrecht, Heidelberg 1987, in: WM 1987, 1440

475. Anmerkung zu GemS-OGB, Beschluß v. 29.10.1987, in: EWiR (1988) § 13 GVG 1/88, S. 479 f. (Rechtswegabgrenzung)

476. Referat auf dem 38. Hochschulverbandstag 1988 in Köln, in: Studium ohne Wissenschaft? – 17 Kurzreferate zur Studiendauer und Studienzeitverkürzung aus der Sicht der Hochschullehrer, Bonn 1988, S. 80 ff.

477. Besprechung von: Wosgien, Konkurs und Erledigung in der Hauptsache, Göttingen 1984, in: RdA 1988, 247

478. Besprechung von: Lepa, Beweislast und Beweiswürdigung im Haftpflichtprozeß, Essen 1988, in: NZV 1989, 143

479. Besprechung von: Raiser, Rechtssoziologie, Frankfurt 1987, in: JR 1989, 219

480. Diskussionsbeitrag zur Rechtsfortbildung in der Schiedsgerichtsbarkeit, in: Böckstiegel (Hrsg.), Rechtsfortbildung durch internationale Schiedsgerichte, Köln/Berlin/Bonn/München 1989, S. 130 f.

481. Neun Diskussionsberichte, in: Prütting (Hrsg.), Die deutsche Anwaltschaft zwischen heute und morgen, Köln 1990 (§ 1, § 4, § 6 B, § 9 B, § 10 B, § 11 B, § 12 B, § 14 B, § 17)

482. Anmerkung zu BGH, Urt. vom 10.10.1989, in: NZV 1990, 147 ff. (Schmerzensgeldklage) (zusammen mit Gielen)

483. Der Gisela-Syllogismus (Satire), in: Festschrift für Hancke, Köln 1990, S. 89 ff.

484. Zweiter Tätigkeitsbericht aus dem Institut für Anwaltsrecht an der Universität zu Köln, in: BRAK-Mitteilungen 1990, Heft 2, S. 85 f.

485. Anmerkung zu BVerfG, Beschluß v. 4.4.1990, in: EWiR (1990), § 43 BRAO 5/90, S. 985 f. (Werbeverbot für Rechtsanwälte)

486. Anmerkung zu BGH, Beschluß v. 14.5.1990, in: JZ 1990, 1020 ff. (Fachanwaltsbezeichnungen)

487. Besprechung von: Vollkommer, Anwaltshaftungsrecht, München 1989, in: ZZP 103 (1990), 516 ff.

488. Anmerkung zu OLG Düsseldorf, Urteil v. 27.9.1990, in: AnwBl. 1991, 46 ff. (Wettbewerbsverstoß durch irreführende Werbung einer Rechtsanwaltssozietät)

489. Festansprache, in: Akademische Feier aus Anlaß der Überreichung einer Festschrift zum 70. Geburtstag von Prof.Dr.Dr.h.c.mult. Gottfried Baumgärtel am 24.9.1990, Köln 1991, S. 9 ff.

490. Besprechung von: Jessnitzer, Bundesrechtsanwaltsordnung, Köln, 5. Auflage 1990, in: JZ 1991, 81

491. Vorwort zu: Hartung, Das anwaltliche Verbot des Versäumnisurteils, Bonn/Essen 1991

492. Dritter Tätigkeitsbericht aus dem Institut für Anwaltsrecht an der Universität zu Köln, in: AnwBl. 1991, 585 f. = BRAK-Mitteilungen 1991, Heft 4, S. 216 f.

493. Diskussionsbeitrag zum Beweismaß im Zivilprozeß, in: Habscheid/Beys (Hrsg.), Grundfragen des Zivilprozeßrechts, Bielefeld 1991, S. 709 f.

494. Vorwort zu: Seiwert/Buschbell/Mandelkow, Zeitmanagement für Rechtsanwälte, Landsberg 1992

495. Restschuldbefreiung, ZIP 1992, S. 882 f.

496. Rechtsreport-Interview zur Insolvenzrechtsreform, in: Rechtsreport für die Praxis, Heft 5/1992, S. 11

497. Besprechung von: Schumann, Die überörtliche Anwaltssozietät, München 1990, in: AnwBl. 1992, 526

498. Telefonkommentar zur Entscheidung des BAG v. 6.10.1992 (3 AZR 242/91), NJW-Cassette 4/93 (Haftung im qualifizierten faktischen Konzern)

499. Die blinde Justitia braucht Sprache – zum Studium der Rechtswissenschaft, in: Süddeutsche Zeitung Nr. 117 vom 24.5.1993, S. 40

500. Besprechung von: Zöller, Kommentar zur ZPO, 17. Aufl. 1991, in: RdA 1993, 119

501. Besprechung von: Kissel, GVG-Kommentar, 2. Aufl. 1994, in: AnwBl. 1994, 495 f.

502. Karl Heinz Schwab zum 75. Geburtstag, in: NJW 1995, 572 f.

503. Gottfried Baumgärtel zum 75. Geburtstag, in: NJW 1995, 2537

504. Ansprache zum 70. Geburtstag von Prof. Dr. Wolfram Henckel, in: Reden aus Anlaß des 70. Geburtstages von Prof. Dr. Henckel am 21.4.1995, Köln 1996, S. 11 ff.

505. Besprechung von: Breidenbach, Mediation, Köln 1995, in: JZ 1997, 350

506. Besprechung von: Hergenröder, Zivilprozessuale Grundlagen richterlicher Rechtsfortbildung, Tübingen 1995, in: JZ 1997, 610 f.

507. Mediation – Eine Alternative zum gerichtlichen Verfahren (Echo), JuS 1997, 1152

508. Nachruf Gottfried Baumgärtel, NJW 1997, 3221 f.

509. Anm. zu BGH, Urt. vom 15.7.1997, in: EWiR (1997), § 705 BGB 2/97, S. 1125 f. (Scheckfähigkeit der BGB-Gesellschaft)

510. Besprechung von: Kropholler, Europäisches Zivilprozeßrecht, 5. Aufl. 1996, in: GRUR 1997, Heft 4

511. Anm. zu BGH, Urt. v. 17.6.1997, in: LM (1998), § 286 (C) ZPO Nr. 100 (Zusammentreffen von Anscheinsbeweis und Beweisvereitelung)

512. Obligatorische Streitschlichtung und Zivilprozeß, MDR-Blickwinkel, MDR 1998, Heft 17, S. R 1

513. Gottfried Baumgärtel zum Gedächtnis, Köln 1998, 18 Seiten

514. Anm. zu BGH, Urt. v. 13.3.1998, in: LM (1998), § 1004 BGB Nr. 234 (Änderung einer Widerklage in 2. Instanz und Unterlassungsanspruch)

515. Besprechung von: Labes/Lörcher, Nationales und internationales Schiedsverfahrensrecht, München 1998, in: JR 1999, 43

516. Die Revision des EuGVÜ – Bericht über ein Grotius-Projekt, ZZPInt. 1998 (Bd. 3), S. 265 ff. (zusammen mit Kerameus)

517. Anm. zu LG Hamburg, Beschl. v. 3.5.1999, in: EWiR (1999), § 114 ZPO 4/99, S. 671 f. (Prozeßkostenhilfe im Verbraucherinsolvenzverfahren)

518. Anm. zu BGH, Urt. v. 9.2.1999, in: LM (1999), § 826 (Gi) BGB, Nr. 31 (Rechtskraftdurchbrechung unrichtiger Vollstreckungstitel)

519. Karl Heinz Schwab zum 80. Geburtstag, in: NJW 2000, 565

520. Kriminalität in den Medien – Bericht über ein Symposium, JuS 2000, 622 f. (zusammen mit Walter)

521. Besprechung von: Baumbach/Lauterbach/Albers/Hartmann, ZPO, 58. Aufl. 2000, in: NJW 2000, 1850 f.

522. Anm. zu BGH, Urt. v. 29.1.2001, in: EWiR (2001), § 50 ZPO 1/01, S. 341 f. (Rechts- und Parteifähigkeit der BGB-Gesellschaft)

523. Quo vadis Insolvenzverwalter? – Ein Interview, in: INDAT-Report 2001, Heft 3, S. 8.

524. Anm. zu BGH, Urt. v. 29.3.2001, in: EWiR (2001) § 851 ZPO 1/01, S. 599 f. (Pfändung in offene Kreditlinie) (zusammen mit Stickelbrock)

525. Besprechung von: Greissinger, Vorgaben des EG-Vertrages für nationales Rundfunk- und Multimediarecht, Baden-Baden 2001, in: CuR 2001, 723 f. (zusammen mit Stickelbrock)

526. Zwei Diskussionsbeiträge, in: Verhandlungen des 63. Dt. Juristentages Leipzig 2000, Bd. II 2, München 2001, S. P 109 ff., P 157 ff.

527. Neues Schuldrecht und Insolvenzrecht, in: INDAT-Report 2001, Heft 12, S. 7

528. Schuldrechtsmodernisierung und Insolvenzrecht, in: NZI 2002, Heft 4, S. V f.

529. Anm. zu BGH, Beschl. v. 7.3.2002, in: EWiR 2002, 835 f. (Rechtsbeschwerde und außerordentliche Rechtsmittel)

530. Besprechung von: Degenhart, Der Funktionsauftrag des öffentlichen Rundfunks in der Digitalen Welt, Heidelberg 2001, in: CuR 2002, 699 ff. (zusammen mit Stickelbrock)

531. Grußwort, in: 25 Jahre RWS-Verlag, Köln 2002, S. 25 ff.

532. Anm. zu OLG Zweibrücken, Urt. v. 1.7.2002, in: EWiR 2003, 347 f. (Vollstreckungsabwehrklage, Vollmacht für Unterwerfungserklärung)

533. Besprechung von: Schreiber, Das Selbstverwaltungsrecht der öffentlich-rechtlichen Rundfunkanstalten, Frankfurt 2001, in ZögU 2003, 329 f.

534. Rede anlässlich der Akademischen Gedenkfeier für Georg Brunner am 06.02.2004, in: Georg Brunner zum Gedächtnis, hrsg. vom Verein zur Förderung der Rechtswissenschaft, Köln 2004, S. 4

535. Anm. zu LG Krefeld, Beschl. vom 05.04.2004, in: ZIP 2004, 1162 (Aussetzung des Verfahrens bei Verfassungsproblemen) zusammen mit M. Ahrens

536. Karl Heinz Schwab zum 85. Geburtstag, NJW 2005, 487 f.

537. Zwei Diskussionsbeiträge, in: Verhandlungen des 65. Dt. Juristentages Bonn 2004, Band II 2, München 2005, S. R 79 f. und R 154 ff. (Probleme des Rechtsberatungsgesetzes)

538. Wilhelm Uhlenbruck 75 Jahre, ZIP 2005, 1910

539. Ein Konzerninsolvenzrecht für Deutschland? – Aber bitte mit Augenmaß, INDAT-Report 2006, Heft 1, S. 27

540. Das juristische Studium – Ausbildung zum Anwalt, JA 2007, Heft 6, Editorial

541. Nachruf auf Gerhard Kegel, in: Jahrbuch 2007 der NRW-Akademie der Wissenschaften, 2007, S. 156

542. Anmerkung zu BGH vom 05.12.2006, MedR 2007, 722 (Rechtsmittelbegründung)

543. Nachruf für Karl Heinz Schwab, NJW 2008, 971

544. Restschuldbefreiung in Deutschland – Unzeitgemäße Gedanken, Indat-Report 2008, Heft 9

545. Grußadresse zum 10. Geburtstag der NZI, NZI 2008, 580

546. Die große Wende, Indat-Report 2009, Heft 7, S. 17

547. Ein Schritt in die falsche Richtung, DRiZ 2009, 361

548. Anmerkung zu BGH vom 18.11.2008, MedR 2010, 181 (tatsächlicher Vortrag in der Berufung)

549. Anmerkung zu BGH vom 20.03.2007, MedR 2010, 30 (Darlegungs- und Beweislast im Arzthaftungsprozess)

550. Anmerkung zu BGH vom 30.06.2011, EWiR 2011, 545 (Schiedsklausel in der Insolvenz)

551. Anmerkung zu BGH vom 29.03.2011, MedR 2011, 715 (Stufenklage im Arzneimittelrecht)

552. Anmerkung zu BGH vom 19.01.2012, KTS 2012, 324 (Insolvenzanfechtung bei rechtsgrundloser Leistung)

553. Anmerkung zu BGH vom 16.04.2013, MedR 2014, 649 (Beweiswürdigung in der Revision)

554. Anmerkung zu BSG vom 03.04.2014, EWiR 2014, 599 (Rentenversicherung für Syndikusanwälte)

555. Anmerkung zu BGH vom 04.07.2013, EWiR 2014, 303 (Revisibilität ausländischen Rechts)

556. Anmerkung zu BGH vom 03.07.2012, MedR 2014, 570 (Zurückweisung verspäteten Vorbringens)

557. 50. Jubiläum des Instituts für Verfahrensrecht, in: Fakultätsspiegel 2016, S. 15

558. Anmerkung zu BVerfG vom 12.01.2016, EWiR 2016, 195 (Partnerschaft von Rechtsanwalt mit Arzt und Apotheker)

559. Anmerkung zu BGH vom 21.01.2016, EWiR 2016, 361 (Grundbuchfähigkeit des nicht rechtsfähigen Vereins

560. Anmerkung zu BGH vom 22.12.2015, MedR 2016, 794 (Berufungsinstanz als Tatsacheninstanz)

561. Anmerkung zu BGH vom 13.10.2016, EWiR 2017, 61 (Zustellung in der Zwangsvollstreckung bei Rechtsnachfolge)

562. Besprechung von: Borowski/Röthemeyer/Steike, Verbraucherstreitbeilegungsgesetz, in: NJW 2017, 1932

563. Besprechung von: Höland/Meller-Hannich, Nichts zu klagen?, Der Rückgang der Klageeingangszahlen in der Justiz, in: NJW 2017, 2738